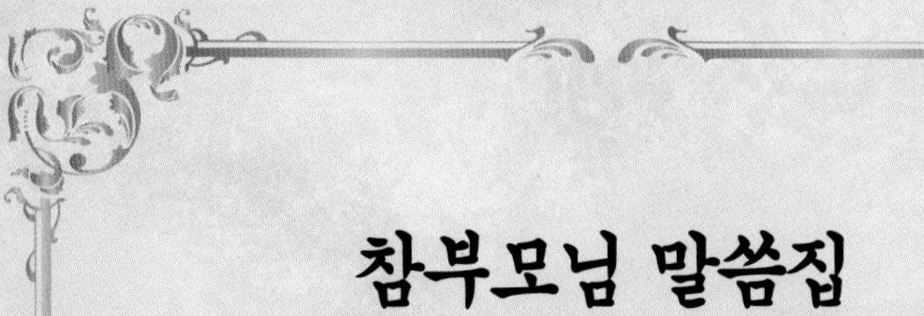

참부모님 말씀집

天聖經

세계평화통일가정연합

가정맹세

1. 천일국 주인 우리 가정은 참사랑을 중심하고 본향 땅을 찾아 본연의 창조이상인 지상천국과 천상천국을 창건할 것을 맹세하나이다.

2. 천일국 주인 우리 가정은 참사랑을 중심하고 하늘부모님과 참부모님을 모시어 천주의 대표적 가정이 되며 중심적 가정이 되어 가정에서는 효자, 국가에서는 충신, 세계에서는 성인, 천주에서는 성자의 가정의 도리를 완성할 것을 맹세하나이다.

3. 천일국 주인 우리 가정은 참사랑을 중심하고 사대 심정권과 삼대 왕권과 황족권을 완성할 것을 맹세하나이다.

4. 천일국 주인 우리 가정은 참사랑을 중심하고 하늘부모님의 창조이상인 천주대가족을 형성하여 자유와 평화와 통일과 행복의 세계를 완성할 것을 맹세하나이다.

5. 천일국 주인 우리 가정은 참사랑을 중심하고 매일 주체적 천상세계와 대상적 지상세계의 통일을 향해 전진적 발전을 촉진화할 것을 맹세하나이다.

6. 천일국 주인 우리 가정은 참사랑을 중심하고 하늘부모님과 참부모님의 대신 가정으로서 천운을 움직이는 가정이 되어 하늘의 축복을 주변에 연결시키는 가정을 완성할 것을 맹세하나이다.

7. 천일국 주인 우리 가정은 참사랑을 중심하고 위하는 생활을 통하여 본연의 혈통과 연결된 심정문화세계를 완성할 것을 맹세하나이다.

8. 천일국 주인 우리 가정은 참사랑을 중심하고 천일국시대를 맞이하여 절대신앙·절대사랑·절대복종으로 신인애 일체이상을 이루어 지상천국과 천상천국의 해방권과 석방권을 완성할 것을 맹세하나이다.

참부모님 말씀집

천 성 경

세계평화통일가정연합

머리말

인류의 참부모이신 하나님께서는 타락세계를 창조본연의 세계로 복귀하기 위해 수많은 중심인물을 세워 섭리해 나오셨습니다. 특히 예수님을 구세주로 보내셨으나 유대민족의 불신으로 그 뜻은 연장될 수밖에 없었습니다. 마침내 구원섭리를 완성하실 구세주, 재림주, 참부모로 문선명 선생님을 보내셨습니다.

하나님은 사랑과 진리와 생명의 본체이십니다. 그리고 참부모님께서는 무형으로 계시는 하나님의 실체로 오셨습니다. 참부모님께서는 타락으로 인하여 잃어버린 말씀을 되찾고, 그 진리 말씀을 통하여 타락 인간을 창조본연의 인간으로 회복하도록 하는 섭리적 사명을 갖고 오신 것입니다. 참부모님께서는 이러한 대업을 완수하기 위하여 제자들에게는 물론 일반 대중에 이르기까지 한평생 말씀을 선포하고 교육하셨습니다.

참부모님 안에서 성취된 하나님의 사랑과 진리와 생명의 말씀은 모든 시대, 모든 사람들에게 전달되어야 할 구원의 메시지입니다. 특히 참부모님께서는 복귀섭리 노정에 숨겨진 사연을 밝히셨고, 온 인류가 소망하는 천주평화통일국의 실현 방안을 제시해 주셨습니다.

참부모님께서 1952년 《원리원본》을 선포하신 이후에 남기신 말씀은 《문선명 선생 말씀선집》을 포함하여 무려 700여 권에 이릅니다. 일반 대중이 이 말씀집을 모두 읽는다는 것은 용이하지 않기 때문에 말씀을 주제별로 정리하여 《천성경》이란 이름으로 펴낸 바 있습니다. 그러나 초판 《천성경》

은 2000년 이후의 말씀은 수록하지 못했습니다. 그래서 천성경편찬위원회를 구성해 모든 말씀을 주제별로 새롭게 정리하고 천일국 국민의 사명과 관련된 참어머님의 말씀을 추가하여 선보이게 되었습니다.

참부모님의 말씀을 수합하고 핵심적인 말씀을 발췌하여 편집한《천성경》은 하나님과 참부모님을 믿고 따르고 닮아 가고자 하는 온 인류의 경전입니다. 그리고《천성경》은 사랑과 진리와 생명이 넘치는 새로운 삶과 새 인격을 갖추어 천일국의 주체가 되고, 그 지평을 세계와 천주로 확대함으로써 천일국을 완성해 나가는 데 영원한 길잡이가 될 것입니다.

따라서《천성경》을 매일 훈독하면서 영원히 살아 계시는 하나님의 말씀임을 실감하고 그대로 실천할 때 우리의 삶은 더욱 더 풍요로워질 것입니다. 그리고 한평생 우리에게 보여 주신 참부모님의 가르침과 삶을 따라 살아가는 가운데 하나님의 현존하심을 체험함으로써 말씀의 생활화와 인격화가 이루어질 수 있도록 해야 할 것입니다.

이제 새롭게 선보이는《천성경》은 온 인류가 간직하고 읽어야 할 전무후무한 경전이라 하겠습니다. 다시 한 번 한평생 하나님의 해방과 인류 구원을 위해서 큰 가르침을 주시고 이끌어 주신 천지인참부모님께 머리 숙여 감사를 드립니다. 그리고 이 책을 읽는 모든 분들께 하나님의 은혜가 충만하기를 기원합니다.

천일국 원년 천력 1월 13일 (양력 2013년 2월 22일)

세계평화통일가정연합

참부모님 말씀집

천 성 경

제1편 하 나 님

제2편 참 부 모

제3편 참 사 랑

제4편 참 인 간

제5편 참 가 정

제6편 참 만 물

제7편 지상생활과 영계

제8편 신앙생활과 수련

제9편 가정교회와 종족적 메시아

제10편 평화사상

제11편 예식과 명절

제12편 천 일 국

제13편 평화메시지

참부모님의 기도

참부모님의 기도

하나님

제1편

하나님

제1편 하나님

| 차 례 |

제1장 하나님의 존재와 속성

1절 하나님의 실존

1 선생님은 일찍이 오랜 기도와 명상의 생활에서 실존하는 하나님과 드디어 상봉하여 절대진리를 전수받게 되었습니다. 그것은 우주와 인생과 역사의 배후에 숨겨진 모든 비밀을 밝히는 놀라운 내용이었습니다. 이 내용을 사회에 적용하면 사회문제가 풀리고, 세계에 적용하면 세계문제가 풀립니다. 이뿐만 아니라 종교의 미해결 문제, 철학의 미해결 문제도 풀리는 것입니다. 이것은 일찍이 없었던 새로운 세계관이요, 새로운 우주관이요, 새로운 인생관이요, 새로운 섭리관이요, 새로운 역사관입니다. 또 모든 종교 교리나 철학의 특성을 살리면서 전체를 하나로 포용할 수 있는 통합원리이기도 합니다.

2 '하나님이 있다.'라고 하는 것은 말뿐만이 아닙니다. 원리를 통해서 주체와 대상 관계를 중심삼고 볼 때에 하나님은 불가피적으로 있어야 된다는 것이 아닙니다. 하나님은 내가 있기 전에 있었고, 내가 생각하기 전에 있었고, 내 모든 감각, 나의 일체를 주관하는 분이라는 것입니다. 그것을 인식하는 것이 무엇보다도 중요한 문제입니다. 알고 인식하는 것이 원칙이 아니라는 것입니다. 인식하고 알도록 되어 있다는 것입니다. 우리가 추우면 춥다는 것을 알고 느끼는 것이 아니라 춥다는 것을 느끼고 아는 것입니다. 이와 마찬가지로 신이 계신다면 신이 계시다는 것을 느껴야 된다는 것입니다. 세포로 느껴야 됩니다. 그 경지가 문제입니다. 다시 말하면 체휼적 입장을 어떻게 우리가 확정짓느냐 하는 문제, 이것이 문제라는 것입니다.

3 인생에 있어서 제일 문제 되는 것이 무엇이냐 할 때, 먼저 하나님이 있느냐 없느냐 하는 것입니다. 죄인 중의 가장 큰 죄인은 어떤 사람이냐 하면, 신이 있는데도 불구하고 없다고 하는 사람입니다. 예를 들어 어머니 아버지가 멀쩡하게 살아 계시는데도 자식이 어머니 아버지가 없다고 말한다면 그 자식을 효자라고 하겠습니까, 불효자라고 하겠습니까? 불효자라고 합니다. 그러면 하나님이 계시는데도 불구하고 없다고 하는 사람은 어떻게 되겠습니까? 그런 사람은 다 망하는 것입니다. 그러므로 있는 하나님을 없다고 하는 것 이상 큰 죄는 없습니다. 하나님은 죽었다고 하는 사람들이 있는데, 이 이상 큰 죄가 없

다는 것입니다.

4 여러분은 막연하게 관념적으로만 신의 실존을 인식해서는 안 됩니다. 논리적인 면으로만 신의 실존을 인식하려고 하면 무리입니다. 왜냐하면 논리권 내에만 머무르는 신이 아니기 때문입니다. 논리적으로 신을 인식하는 신앙이 우리의 생애를 이끌어 영원한 생명의 실체로 완성시켜 줄 수 있겠느냐고 할 때, 여기에는 문제점이 많다는 것입니다. 그러면 이러한 환경에서 살고 있는 우리는 어떻게 하여야 참되신 주님과 하나님 앞에 나아갈 수 있을 것이냐? 우리가 하나님 앞에 나아가고자 하는 것은 인간의 역사적인 소망인 동시에 하나님의 섭리 목표입니다.

결과적 존재에 대한 원인적 존재

5 인간은 누구나 자기가 태어나고 싶어서 태어난 사람이 없습니다. 남자면 남자, 여자면 여자, 그 누구도 자기가 태어나고 싶어서 태어난 것이 아닙니다. 부모를 통해서 태어났지만 자기 자신이 원해서 태어난 것이 아닙니다. 우리 부모도 역시 마찬가지입니다. 부모의 부모, 이렇게 해서 종지조상인 아담 해와에까지 올라가게 되면 아담 해와도 역시 마찬가지입니다. 즉 인류의 시초가 되는 조상도 자기들이 원해서 존재하게 된 것이 아닙니다. 그 누군가가, 그 어떠한 분이 동기가 돼서 존재하기 시작했습니다. '사람' 하게 되면, 남자 여자를 말합니다. 남자에게는 여자가 없으면 안 되고, 여자에게도 남자가 없으면 안 됩니다. 그리고 남자가 원해서 남자로 태어난 것이 아니고, 그 남자에게 필요한 여자도 자기가 원해서 여자로 태어난 것이 아닙니다. 태어나고 보니 남자가 되었고 여자가 되었습니다. 그리하여 여자로서, 남자로서 자라고 보니 비로소 부부를 이루기 위해서는 서로가 필요하다는 것을 알게 됩니다. 이렇게 볼 때, 이 근본 원인이 되는 것은 인간이라고 볼 수 없습니다. 만일 하나님이 없다면 인간은 존재할 수 없을 것입니다.

6 남자와 여자가 서로 만나 생활하는 과정에서 방대한 인류가 되었습니다. 그 인류는 수많은 국가에 연결되어 있고, 수많은 국가는 수많은 종족, 수많은 가정, 수많은 개인들로 연결되어 있습니다. 나 자신도 그 개인 가운데 한 사람이고, 그 가정의 일원입니다. 그러므로 현재 우리로 맺어진 그 가정 혹은 친족은 자기들이 원해서 이루어진 것이 아닙니다. 하나님에 의해서 태어나 가정의 일원이 됐고 친척의 인연을 맺게 되었습니다. 우리가 사제인연이나 부자인연을 논하는데, 그 인연도 하나님이 없었다면

있을 수 없습니다. 이 모두가 하나님으로 말미암은 결과의 세계입니다.

7 이 땅의 모든 것이 존재하기 위해서는 존재하게 만든 원인이 있어야 됩니다. 오늘날 우리가 살고 있는 사회, 우리가 지내고 있는 나라, 우리가 바라보는 세계도 결과의 자리에 있습니다. 이러한 모든 환경의 인연이 갖추어지기 위해서는 그 환경을 갖추게 한 동기가 있어야 된다는 것을 부정할 수 없습니다. 하나의 사회 형성, 하나의 국가 형성, 하나의 세계 형성을 두고 볼 때에 그것을 이어오는 것은 물론 인간입니다. 그렇지만 그 인간을 형성시킬 수 있는 근본 원인은 인간 자체가 될 수 없습니다. 인간은 어디까지나 결과적 존재 입장을 피할 수 없습니다. 그렇기 때문에 인간을 형성할 수 있는 동기와 내용이 있어야 되고 그 원인이 필히 있어야 됩니다.

8 우리 마음과 몸이 하나님을 중심삼고 하나되어야 합니다. 몸과 마음이 하나님과 완전히 하나되어 삼위일체가 되어야 합니다. 하나님을 중심삼고 하나돼야 하는 것은 하나님이 원인이기 때문입니다. 하나님과 인간은 원인과 결과가 됩니다. 인간의 몸과 마음은 상대적입니다. 우주의 근본이 그렇습니다. 우주의 근본은 원인과 결과가 하나된 것이요, 주체와 대상이 하나된 것입니다. 원인과 결과, 주체와 대상이 하나되는 그 외에는 이상적 환경, 이상적 존재를 찾을 수 없습니다.

9 인간은 어디까지나 원인적인 존재가 아닙니다. 어떠한 연유를 통한 결과적인 존재입니다. 결과는 원인과 관계없이 이루어지는 법이 없습니다. 어떠한 곡절의 과정을 거쳤다 하더라도, 그 결과는 반드시 원인과 상응할 수 있는 내용과 연결되어 이루어져 있습니다. 인간도 어떠한 원인을 닮아서 그렇게 되어 있다는 것입니다. 그 원인적인 존재가 하나님이라고 하면 인간은 하나님을 닮아서 그렇게 되었다는 결론이 나옵니다.

10 하나님은 이 우주의 원인적인 존재입니다. 모든 작용의 원인적인 존재요, 힘을 가하는 원인적인 존재요, 방향을 제시하는 원인적인 존재요, 목적을 제시하는 원인적인 존재입니다. 우리는 그분을 인격적인 신이라고 합니다. 반드시 동기를 중심으로 방향을 가지고 목적을 제시하기 때문에, 그것이 하나의 확실한 입장이기 때문에 인격적인 신이라고 하는 것입니다. 그렇기 때문에 원인을 통해서 방향을 거쳐 목적의 세계로 나아갑니다. 그런 관점에서 전체 원인적인 존재가 하나님이라는 것입니다.

인체의 신비로 본 하나님의 실존

11 사람은 우주 피조만물 가운데에서 여러분이 헤아릴 수 없을 만큼 크고도 멋진 걸작품입니다. 그러면 그 주체자, 즉 절대적인 하나님이 계셔서 사람을 만들었다면 하나님 자신이 말하는 것, 보는 것, 느끼는 것을 사람이 모르게 만들 수 있겠습니까? 하나님을 작가로 비유해 봅시다. 작가는 마음으로 생각하고 머리로 구상하여 최고의 작품을 만들려고 합니다. 하나밖에 없는 최고의 작품을 만들려고 구상해서 만든 작품이 그야말로 하나밖에 없는 작품이 되게 될 때는 무한히 기쁜 것입니다. 만일 그 작품이 자기 생각보다도 더 멋지게 되었다 할 때 '내가 생각한 것과 다르게 됐기에 깨뜨려 버린다.'라며 깨뜨려 버리는 사람은 없을 것입니다. 자기가 생각한 것보다 더 잘될 때는 자기 일생의 보물로 여기고, 가나오나 놓아두고 자랑하고 싶은 것이 작가의 마음입니다. 인간이 그 이상의 것을 바라면 하나님도 그 이상의 것을 바라실 텐데, 그렇게 인간을 지었다면 얼마나 멋지게 지었겠습니까? 여기에서 하나님도 인간을 최고의 걸작품으로 만들고 싶어하지 않을 수 없었다는 결론을 내릴 수 있습니다.

12 우리 인체의 구조는 참 신비의 왕궁입니다. 수많은 세포들이 개별적인 동시에 상응적인 관계를 중심삼고 상충이 없이 협조적인 구성을 통해서 나라는 개인의 자유 해방권을 형성하고 있다는 이 사실은 놀라운 것입니다. 방대한 세계가 유동하고 운동하는 것이 나 하나를 완성하기 위해서라는 결론도 됩니다. 더 나아가서 하나님의 뜻을 이루기 위해서 움직인다는 결론이 나옵니다.

13 인간에게 제일 중요한 곳이 얼굴입니다. 얼굴 중에서도 제일 중요한 곳이 눈입니다. 이 눈을 중심으로 생각할 때, 눈은 부모로부터 왔다고 할 수 있습니다. 그러면 그 부모의 눈은 어디서 왔습니까? 조상의 조상을 거슬러 올라가 최초의 인간인 아담 해와에까지 가서 머무르게 됩니다. 그러면 최초의 그 눈이 태어날 때, 태양이 있는 것을 알았겠습니까? 아무리 생각해도 알았다고 할 수 없습니다. 눈 자체는 복사열에 의해서 수분이 증발할 수 있는 이 지구라는 것을 알지 못했습니다. 그리고 눈썹은 눈에 먼지가 들어가는 것을 방지하기 위해서 있는데, 눈썹 자체도 생겨날 때 공기 가운데 있는 먼지가 눈 속으로 들어오는 것을 막기 위해 생겨났다는 것을 알지 못했습니다. 이와 같이 눈은 무궁무진한 신비의 궁(宮)이 돼 있다는 사실을 생각하게 될 때 눈 자체가 생겨나기 전에 이미 태양이

있고, 공기 중에 먼지가 있으며, 수분이 증발하고 있다는 것을 확실히 알고 여기에 맞게끔 탄생시킨 존재가 있었다는 것을 알 수 있습니다. 그 탄생시킨 주체를 우리는 하나님이라고 합니다.

14 귀를 보면, 귓바퀴가 앞을 향해 있습니다. 그렇지 않고 반대로 생겼다면, 또 귓바퀴가 없다고 하면 어떻겠습니까? 앞에서 오는 소리가 그냥 휙 지나가 버리고 말 것입니다. 멀리서 말하는 것도 들을 수 없을 것입니다. 귀는 앞에서 나는 말소리를 받게 되어 있습니다. 왜냐? 상대와 마주 보고 이야기를 하니까 그렇습니다. 뒤통수에다 대고 이야기하는 사람은 없습니다. 상대를 만나서 마주 보고 이야기하니까 그렇게 생긴 것입니다. 귓바퀴가 앞을 향해 있게 된 것은 앞에서 오는 소리를 듣게 되어 있다는 것을 먼저 귀가 생기기 전부터 알았다는 것입니다.

15 귓바퀴를 무엇 때문에 만들어 놨겠습니까? 그것은 공기가 가다가 거기에 걸려 화음이 되라고 그렇게 된 것입니다. 귀를 한번 잘 보세요. 큰 바퀴가 있고 작은 바퀴가 있어서 소리를 잘 거릅니다. 큰소리가 들려오면 이 큰 바퀴에서 그 소리를 슬쩍 죽여 놓습니다. 큰소리가 그냥 그대로 귀에 들어가면 충격을 받게 되니 큰 바퀴에서 소리를 한번 죽였다가 작은 바퀴로 들어가게 되어 있습니다. 그렇지 않으면 큰일 납니다. 귀는 몰랐지만 본래부터 알 수 있는 내용의 동기가 그렇게 되어 있기 때문에 그렇게 생겨난 것입니다. 그 누군가가 알았기 때문에 그렇게 만들었다는 것입니다. 조물주인지 무엇인지 모르지만 그 무엇인가가 있다는 것입니다.

16 얼굴에 시커먼 눈썹이 붙어 있는 것을 볼 적마다 '왜 이렇게 시커먼 것이 있지?' 하면서 기분 나빠할지 모릅니다. 이것이 없으면 얼굴이 얼마나 희멀끔하고 좋겠습니까? 그런데 왜 이것을 붙여 놨느냐? 사람들의 얼굴에 털이 나 있으면 눈썹이 필요하겠습니까? 짐승들은 엎드려 기어 다니니까 눈썹이 필요 없습니다. 그래도 그 형태는 있습니다. 그러나 사람은 서서 다니니까 눈썹이 절대적으로 필요합니다. 눈썹이 나 있는 부위는 대개 살짝 높습니다. 눈썹 부위가 슬쩍 높아져서 산맥을 잘 이루고 있습니다. 그야말로 명당 중에서도 왕 명당자리입니다. 왜 이렇게 만들어졌겠습니까? 사람이 서서 다닌다는 것을 알았기 때문입니다.

17 사람이 기어 다닌다면 눈썹이 필요 없습니다. 정말 잘 붙어 있다는 것

입니다. 그리고 이 눈썹이 한쪽 방향으로 나 있습니다. 왜 이렇겠습니까? 비가 와서 물이 흐를 때 한 곳으로 흘려보내기 위해서입니다. 눈썹이 한쪽 방향을 향해서 나 있고 살짝 옆쪽으로 돌아가게 되어 있기 때문에 물이 흘러내릴 때 영락없이 아래로 흘러내리는 것입니다. 만일 눈썹이 없으면 어떻게 되겠습니까? 땀이나 빗물이 눈으로 다 들어가게 됩니다. 그렇게 되면 눈이 쓰려서 어떻게 살겠습니까? 못 산다는 것입니다. 눈을 가만 보면 눈썹도 미덥지가 못해서 또 눈꺼풀로 둘러놓았습니다. 눈꺼풀로 둘러 눈을 보호하게끔 해 놨습니다. 눈물은 움푹한 곳을 통하여 옆으로 흘러 내려가게 되어 있습니다. 안전보장이 되어 있다는 것입니다. 누가 설계를 했는지 모르지만 몇 천년 몇 만년 연구해서 만들었을 것입니다.

18 코가 만약 뒤집어졌다면 어떻게 되겠습니까? 소낙비라도 오게 되면 큰일 납니다. 얼마나 심각한 일인가 생각해 보십시오. 웃을 일이 아닙니다. 코는 만물 가운데서 인간을 상징합니다. 인간에게는 천도가 있습니다. 상하관계 질서를 지켜야 된다는 것입니다. 코는 왜 밑으로 내려오면서 넓어졌느냐? 만일 그렇지 않다면 입이 큰일 난다는 것입니다. 빗물 같은 것이 입으로 흘러 들어가게 되면 입이 어떻게 되겠습니까? 그래서 코가 아래로 향하게 생겼다는 것입니다. 이렇게 생각하면서 얼굴을 보면 신기하다는 것을 느낄 수 있습니다.

19 입술을 보면 기기묘묘합니다. 입술하고 이빨이 잘 어울립니다. 그런데 입술하고 이빨이 얼마나 떨어져 있습니까? 불과 몇 밀리미터밖에 안 됩니다. 이것이 위험하다면 이 이상 위험한 것이 없습니다. 아차 잘못하게 되면 큰일 납니다. 그렇지만 불안을 느낍니까? 먹을 때는 그저 먹는 것에 바쁘지 불안을 안 느낍니다. 혀도 얼마나 기기묘묘합니까? 입속에서 끌어당기고 밀고 하면서 작두 같은 이빨 사이를 나왔다 들어갔다 하면서도 충돌 없이 얼마나 박자를 잘 맞춥니까? 조화통이라는 것입니다. 선생님이 말을 참 빨리 합니다. 이렇게 빨리 하는데도 어쩌면 이렇게 박자를 맞추고 처음 만난 여러분과 정들 수 있게끔 말하게 하는지 정말 기기묘묘한 조화통이라는 것입니다. 만약 혀가 손가락과 같은 일을 한다면 어떻게 되겠습니까? 큰일 납니다.

본심작용으로 본 하나님의 실존

20 하나님이 있는지 없는지 어떻게 알 수 있느냐? 우리는 보이지는 않지만 공기가 있는 것을 압니다. 어떻게 아느냐 하면, 공기로 숨을 쉬고 살기

때문입니다. 공기가 무슨 맛이 있습니까? 맛도 없고 보이지도 않지만 분명히 공기가 있다는 것을 압니다. 마찬가지로 우리에게는 마음이 있습니다. 보이지는 않지만 마음이 있다는 것을 우리는 확실히 압니다. 마음이 보이지 않는다고 없다고 하면 안 됩니다. 그리고 마음이 어떻게 생겼는지 모르지만 참 신기합니다.

21 하나님이 사는 곳은 어디겠습니까? 하나님은 가장 가치 있는 사랑에 정착합니다. 남자 여자 두 사람이라고 하면, 하나님은 어디에 있겠습니까? 하나님은 일체화되고 변하지 않는, 통일된 애정의 가장 밑바닥에 수직으로 계십니다. 남자 여자가 하나되면 그곳이 중심점이 되는 것입니다. 신비한 기도의 경지, 영적 체험권에 들어가서 '하나님!' 하게 되면 속에서 '왜 부르느냐? 여기 있다, 여기!'라고 대답할 것입니다. '여기'라는 것은 자기 마음 가운데입니다. 심신일체가 된 사랑의 중심점, 수직의 자리입니다. 개인으로부터 가정·종족·민족·국가·세계·천주의 중심은 어디냐? 아무리 작더라도 그 중심은 양심입니다. 우주의 사랑의 축이 머무르는 곳, 지탱하는 선단지(先端地)는 자기 양심입니다. 심신일체가 된 그 양심입니다.

22 하나님은 사랑의 뿌리, 생명의 뿌리, 혈통의 뿌리, 양심의 뿌리입니다. 이것은 틀림없는 사실입니다. 그런 하나님이 있다면 왜 못 느끼느냐? 나하고 하나되어 있기 때문입니다. 사랑과 더불어, 생명과 더불어, 혈통과 더불어, 양심과 더불어 하나되어 있습니다. 하나님은 뿌리입니다. 하나님을 나타내려면 사랑을 사방으로 뿌리라는 것입니다. 투입하라는 것입니다. 그 말은 자기 생명과 사랑과 이 모든 것을 희생시켜 완전히 영의 자리에 돌아가면 하나님이 주인으로 나타난다는 것입니다. 그래서 영이 된 그 자리에서 하나님을 중심삼고 횡적으로 연결하는 것입니다. 이것이 타락했기 때문에 종적으로 눌려 있습니다. 이것을 횡적으로 연결될 수 있게끔 하면 하나님이 자기 양심 가운데 주인이 되는 것입니다.

23 인간에게는 부정하려야 부정할 수 없는 양심이 있습니다. 양심이 있다는 것을 부정하는 사람은 없습니다. 타락한 인간은 하나님이 있는지 없는지 모릅니다. 만일 하나님이 있다면, 하나님은 창조주요 인간은 그 하나님이 지은 피조물이라고 한다면 피조물과 창조주가 합할 수 있는, 하나의 공동목적을 제시할 수 있는 그 무엇이 있어야 합니다. 하나님이 인간을 지었다면 그 지어진 인간이 하나님이 바라는 창조의 목적과 일치될

수 있는 점에 도달할 수 있는 어떤 힘의 작용체가 있어야 합니다. 그렇지 않고는 인간을 지을 수 없습니다. 하나님은 절대자이니 절대자인 하나님과 피조물인 인간이 합할 수 있는 제1의 기반, 접촉할 수 있는 제1의 터전이 반드시 있어야 합니다. 그렇기 때문에 하나님은 인간을 대해서 그 목적하는 결과에 도달할 수 있게끔 인간 가운데 작용할 수 있는 그 무엇을 존속시켜야 합니다. 그것이 없으면 하나님도 기쁘고 인간도 좋아할 수 있는 자리를 발견할 수 없습니다.

24 절대적인 하나님이 인간을 지을 때, 인간을 창조하던 창조목적의 기준과 지음 받은 인간으로서 가야 할 목적의 기준이 서로 다를 수 없습니다. 반드시 하나되어야만 하나님도 기뻐할 수 있고 인간도 기뻐할 수 있습니다. 인간 가운데 절대적인 하나님을 찾아 올라갈 수 있게 하는 무슨 작용이 있어야 합니다. 그 작용이 없으면 도달할 수 없으니 그것을 바라는 힘이 있어야 합니다. 나를 자극시켜서 끌어내어 밀어주는 힘이 있어야 합니다. 그 힘이 우리가 부정할 수 없는 양심입니다. 양심은 높아지기를 바라고 작용합니다. 양심은 현재의 자기보다 나아져라, 나아져라 하고 재촉합니다. 이 작용만은 부정할 수 없습니다. 양심은 현재의 자기보다도 높아지라고 촉구하지 낮아지라고 촉구하지는 않습니다. 오늘보다도 내일, 내일보다도 모레, 금년보다도 내년, 가면 갈수록 더 높고 더 가치적인 자기를 형성하라고 촉구하는 그 힘이 양심작용입니다.

25 인간의 양심은 어디까지나 대상적인 것이지 주체적인 것이 아닙니다. 무엇인지 모르지만 작용의 원칙을 따라 찾아가게 되면 반드시 작용하지 않을 수 없는 하나의 주체가 있습니다. 그 주체와 대상은 서로가 손해나는 것을 바라고 작용하는 것이 아니라 보다 이익이 되기를, 보다 낫기를 바라고 작용합니다. 우리 양심은 보다 나은, 보다 큰, 보다 가치적인, 보다 세계적인 것을 향해서 작용하고 있습니다. 따라서 양심작용은 혼자 하는 것이 아니라 주체와 대상이 하나의 목적을 바라고 한다는 결론을 내릴 수 있습니다.

26 주체와 대상이 우리의 양심 가운데서 작용하는 것을 두고 볼 때, 그 양심작용은 주체가 없이는 할 수 없다는 것이 천리원칙입니다. 양심이 작용을 계속하는 것을, 고차적인 무엇을 추구하는 것을 보게 될 때 고차적인 주체가 없으면 안 된다는 결론을 내릴 수 있습니다. 그렇기 때문에 양심의 주체 되는 하나님이 없다고

말할 수 없습니다. 하나님은 절대적으로 있습니다. 하나님이 절대적으로 없다고 하는 사람은 절대적으로 양심작용을 부정해야 됩니다. 양심이 있다는 것을 절대적으로 인정하는 한 하나님은 절대적으로 있습니다.

27 사람에게는 끊임없이 작용하고 있는 양심이 있습니다. 여러분이 깊은 잠에 빠져 있다가 눈을 번쩍 뜨고 나서 좋지 않은 일을 하려고 하면, 마음은 언제나 파수꾼인 양 '야, 이놈!' 이라고 합니다. 그 양심작용이 있는 것을 부정할 수 없습니다. 양심을 가진 사람은 결과적인 존재입니다. 결과적인 존재가 끊임없이 양심작용을 하고 있다는 사실을 두고 볼 때, 작용을 하는 데는 반드시 주체와 대상 관계가 있어야 하기 때문에 어떠한 주체를 공인하지 않을 수 없습니다. 그 양심작용은 내려가라고 하는 것이 아니라 최고로 올라가라고 재촉하고 있습니다. 왜 그러냐? 어떠한 높은 주체자 앞에 하나되고자 하는, 보다 가치적인 요구를 작용시키는 플러스적 요건이 거기에 있기 때문에 그런 작용을 한다고 볼 수 있습니다.

역사 속에 섭리해 오신 하나님

28 하나님은 오늘 이 시점 내에만 들어와 있는 하나님이 아닙니다. 언제나 내 생활감정에만 상대 되는 하나님이 아닙니다. 그 하나님은 과거로부터 지금까지 존속해 나오는 하나님, 즉 역사적인 하나님입니다. 그렇기 때문에 그 하나님이 역사를 계승시켜 나오시면서 바라 나온 길은 스스로 자각한 것에 취해서 노력하는 사람을 통해 역사의 배후를 따라 나오시는 하나님이 아닙니다. 섭리의 내용을 먼저 깨닫고 그 역사를 빛낼 수 있는 시점에 선 사람이 그려 가는 생활 터전을 통해서 하나님은 섭리를 발전시켜 나올 것이고, 섭리의 뜻을 존속시켜 나올 것임이 틀림없습니다. 그 자리는 자기를 위하는 자리가 아니라 공적인 자리입니다.

29 우리는 무엇으로 하나님을 붙들 수 있느냐? 정성입니다. 지금 시대는 신앙의 자유가 있으니 핍박이 없습니다. 언론·집회·결사·신앙의 자유를 향유할 수 있는 시대를 만들어 놓은 것은 끝날의 한때를 위해서입니다. 신앙을 자유롭게 할 수 있도록 만들어 놓은 것은 다 뜻이 있어서 그랬다는 것입니다. 이제 우리 시대는 아무리 하늘을 위해 수고하고 목을 내놓고 충성해도 핍박받지 않습니다. 그런 때는 지나갔습니다. 그래서 심정을 가져야 합니다. 역사적인 하나님의 심정을 가져야 합니다. 하나님은 시대적인 하나님이 아니라 역사적인 하나님입니다. 역사노정에서 수많은

선지자들을 세워 애쓰시던 하나님입니다. 여러분을 살려 놓기 위해서 역사노정에서 수많은 사람을 핍박의 길, 순교의 길을 걷게 하여 오늘날까지 나오셨습니다. 그러니 역사적인 하나님이라는 것입니다.

30 지금까지의 역사를 보면 세계 문화권은 종교 문화권 내로 흡수되어 들어오고 있습니다. 민주세계를 중심한 기독교 문화권이라든가, 극동아시아를 중심한 유·불·선 문화권이라든가, 인도를 중심삼은 힌두교 문화권이라든가, 이슬람 문화권이라든가 하는 문화권이 형성된 것을 두고 볼 때에, 수천년 동안 사람들은 종교 문화권 내로 몰려 들어왔다는 것을 알 수 있습니다. 이것은 수리공장이 세워지면 거기에 필요한 모든 부속재료들이 수리공장 주변에 모여드는 것과 마찬가지입니다. 이와 같은 사실들을 볼 때에 하나님이 역사하고 계신다는 것입니다.

무형으로 계시는 하나님

31 하나님은 이 우주 안에 안 계시는 곳이 없는데, 우리는 그런 하나님이 있는지 없는지 모르고 살고 있습니다. 그리고 공기가 있는데도 공기가 있다는 것을 평소에는 느끼지 못하고 숨이 막혀야만 있다는 것을 느낍니다. 또 맥박이 1분에 70번 정도 뛰고 있는데, 이것도 평소에는 모르고 있습니다. 만약 걸어갈 때 맥박이 뛰는 것에 보조를 맞추어 걸어가고, 눈을 깜박거릴 때도 맥박이 뛰는 것에 보조를 맞춰 깜박거리며 산다면 신경이 쇠약해져서 사흘도 못 가 쓰러지게 될 것입니다. 그러니 우리가 그런 것들을 모르기를 잘했습니다. 전지전능한 하나님, 온 천하를 요리하는 하나님이 우리 곁에 있다고 합시다. 힘으로 말하자면 산도 날려 버리고 지구도 구멍 낼 수 있는 하나님을 우리 눈으로 보면서 살라고 한다면 살 수 있겠습니까? 그러니 하나님이 안 보이길 잘했습니다. 그렇지 않고 보인다면 우리는 신경이 쇠약해져서 한 시간도 못 살 것입니다. 그렇기 때문에 하나님이 안 보이는 것을 고맙게 생각해야 됩니다.

32 우리는 태양 빛을 받고 살지만 그것에 대한 고마움을 모릅니다. 그것이 고맙다고 해서 '태양님, 고맙습니다.' 이렇게 인사하지 않습니다. 이렇듯 우리는 큰 것에 대해서는 감사할 줄 모른다는 것입니다. 만일 이 세계에 공기가 한 되밖에 남아 있지 않다면 어떻게 되겠습니까? 하나님이 짓궂은 분이라면 세계 통일은 문제없습니다. 아마 5분 이내에 통일할 것입니다. 하나님이 공기를 몽땅 끌어가면서 '너희들 통일할 거야, 안 할 거

야?' 하게 되면 세계 인류가 합창으로 '통일하겠습니다.'라고 할 것입니다. 그렇게 하면 일시에 통일할 수 있겠지만 하나님이 공기를 가지고 그렇게 안 하는 것이 고마운 일입니다. 공기가 없으면 우리는 살 수 없습니다. 이렇게 공기는 생명에 절대적으로 필요한 요소입니다.

33 지혜로운 하나님은, 전지전능하신 하나님은 중앙에서 마음대로 거동할 수 있는 무형적인 존재로서 지배하는 것이 제일 편리하겠다고 생각하였습니다. 하나님이 무형이니만큼 존재세계를 마음대로 뚫고 오더라도 누가 조금도 지장을 안 느낍니다. 여러분은 몸이 있지만 하나님이 와서 마음대로 지나가더라도 모릅니다. 하나님이 꾸벅꾸벅 조는 여러분의 몸을 마음대로 밟고 지나가도 모르고 있습니다. 그러니 얼마나 편리합니까? 그러니까 하나님이 생각 끝에 보이지 않는 하나님으로 계시는 것이 제일 편리할 것이라고 해서 그렇게 보이지 않는 하나님이 됐다고 하는 논리는 가당합니다.

34 우리는 공기가 통하고 있는 것을 알지만 그것을 못 느낍니다. 공기가 통하는 것도 못 느끼는데 하나님이 통하는 것을 어떻게 알겠습니까? 하나님은 무형의 신으로 계시는 것이 최고 편리한 방법입니다. 그러면서 이 큰 우주를 지배할 수 있는, 그것을 보자기로 싸고도 남을 수 있는 하나님이 아니면 안 된다는 것입니다. 무형의 하나님이지만 하나님의 마음은 이 우주도 작다고 보고 더 큰 것을 요구하는 것입니다.

35 여러분은 가장 소중한 것을 사람들이 보거나 만질 수 있는 곳에 두고 싶어하지 않을 것입니다. 그것을 아무도 훔쳐 가지 못하도록 아주 깊숙이 숨기려고 할 것입니다. 여러분에게 가장 소중하고 단 하나밖에 없는 가장 좋은 것이라면, 그것을 아무도 가져갈 수 없는 곳에 감추어 두려고 할 것입니다. 마음 깊은 곳, 마음 밑바닥 바로 그곳에 그런 것을 숨기고 싶어할 텐데, 그곳은 여러분 혼자만이 만날 수 있는 유일한 장소입니다. 여러분 마음은 혼자 하나님을 만날 수 있는 유일한 곳입니다. 하나님도 여러분을 개방된 장소에서 만나는 것을 좋아하지 않습니다. 독특한 인간성, 독특한 사고방식, 독특한 감정을 갖고 있는 개인으로서의 여러분을 만날 수 있는 한 장소를 원하는 것입니다. 그것이 하나님이 인간의 양심을 무형으로 지은 이유입니다.

36 세상에 오직 하나밖에 없는 보물이 있는데, 그것을 잃어버리는 날에

는 세계가 뒤집어진다고 합시다. 그런 귀중한 것을 마음속 가장자리에 갖다 놓겠습니까, 마음속 맨 중심에 갖다 놓겠습니까? 그 귀한 보물을 마음의 맨 중앙에 감추어 둘 것입니다. 그러고도 안심이 안 되어서 싸고 또 싸놓을 것입니다. 또 그것을 누가 들어와서 구경하는 것을 안 좋아하기 때문에 뚜껑을 덮고 싸고 또 싸서 절대 다른 사람이 못 보도록 할 것입니다. 이렇게 하고 싶은 것이 사람의 마음입니다. 하나님이 보인다면 이 천지간에 다이아몬드가 문제가 아닙니다. 우주에서 하나밖에 없는 유일무이한 존재인 절대자, 무한한 가치의 절대자, 무한한 생명의 절대자, 말로 표현할 수 없는 귀한 분을 어디에 감추고 싶겠습니까? 마음속에 감추고 싶어할 것입니다. 그러니까 누구도 모르는 곳에, 몇 천년 몇 만년을 두고 연구해도 모르는 곳에 감추고 싶어한다는 것입니다. 그러니 하나님이 안 보이기를 잘한 것입니다.

37 하나님은 무형의 존재입니다. 무형과 유형이 어떻게 결합하느냐? 무형세계와 유형세계를 어떻게 묶을 수 있느냐? 이것은 이론적으로 어려운 문제입니다. 육적인 무엇이 모체가 되어서는 영적인 나와 육적인 나를 묶을 수 없습니다. 영적인 부모와 육적인 부모, 타락하지 않은 본성의 기준에서 영적인 하나님과 보이는 실체적 태초의 타락하지 않은 인류조상이 무엇을 중심삼고 묶어질 것이냐 하는 것입니다. 종횡이 반드시 하나되어야 합니다. 종횡이 하나되어야 되는데, 무엇을 통해서 묶어지느냐 하면 사랑입니다. 참된 사랑끼리는 최단거리, 직단거리로 통합니다.

무소부재하시는 하나님

38 하나님의 마음은 하나님의 말씀 속에만 있는 것이 아니라 하나님이 지으신 만물 속에도 있습니다. 하늘 땅 어디를 가든지 거기에 하나님의 마음이 있다는 것입니다. 그렇기 때문에 하나님은 계시지 않은 곳이 없다, 즉 무소부재하다고 했습니다. 하나님의 마음속에 있기를 원한다면 여러분이 바라보는 물건 가운데 하나님의 마음이 있으니 그 물건을 내 것으로, 천지의 모든 존재물을 내 것으로 품고자 하는 마음을 가져야 합니다. 우리 마음은 이 민족을 넘고, 세계를 넘고, 피조만물을 넘어 하나님과 같이 있고 싶어합니다. 하나님까지도 내 것이라 할 수 있는 자리에까지 가기를 마음은 고대하고 있습니다. 그런 마음을 가진 사람은 하나님과 같이 있는 사람입니다.

39 여러분이 하나님의 편재성을 어떻게 느낄 수 있느냐? 공기를 하나님

의 입김과 같이 느끼고, 태풍이 불어오거든 그것을 하나님의 콧김과 같이 느끼라는 것입니다. 흐르는 물이 있거든 그것을 하나님이 이 세계를 위해서 수난길을 극복해 나오시면서 흘리신 땀과 같이 느끼라는 것입니다. 태양을 바라보거든 그 태양이 이 우주 전체의 생명 요인을 상징하였음을 알고 하나님의 사랑을 태양에서 배우라는 것입니다. 하나님의 심정을 체휼하는 데 있어서 하나의 교본이요 교재로 전개시킨, 사랑하는 아들딸을 기쁘게 하기 위한 교재로 세워 놓은 것이 자연입니다.

40 '천상천하에 유아독존이요, 전지전능하고 무소부재하고 나를 거치지 않은 것이 없다.'라고 할 때, 그것은 사랑을 중심삼고 하는 말입니다. 사랑을 중심삼고 무소부재하다는 것입니다. 사랑을 중심삼고는 감출 것이 없습니다. 다 나타납니다. 사랑하는 바로 그 순간에 다 드러나는 것입니다. 사랑을 중심삼은 무소부재의 자리, 사랑을 중심삼은 전지전능한 자리에 있고 싶어하는 분이 하나님입니다.

41 하나님이 우주에 없다면, 우주는 다 빈 것이나 마찬가지입니다. 그러나 하나님이 있다면 우주는 꽉 찬 것입니다. 그것은 사랑이 있기 때문입니다. 그렇기 때문에 내가 혼자 있더라도 하나님이 있는 줄 알게 될 때 우주는 꽉 찬 것입니다. 하나님은 어디에나 계십니다. 어디에나 계시는 것을 느끼게 됩니다. 그러니 사랑 가운데서 무소부재의 감동을 느낄 수 있습니다. 그러나 내가 하나님을 모르게 될 때는 모든 것이 빈 것입니다.

42 하나님이 있느냐 없느냐 할 때 하나님은 분명히 있습니다. 어디에 있느냐? 나에게 제일 가까운 자리에 있습니다. 그렇기 때문에 볼 수 없습니다. 제일 가깝기 때문에 볼 수 없습니다. 여러분 눈이 눈을 볼 수 있습니까? 가깝기 때문에 볼 수 없습니다. 그러니까 하나님도 가깝기 때문에 안 보이는 것입니다.

43 남자면 남자, 여자면 여자는 모두 하나님을 대신합니다. 하나님이 다른 곳에 있는 것이 아닙니다. 내 마음속에 있습니다. 그렇기 때문에 기도할 때 마음과 이야기해야 됩니다. 하나님은 마음 뿌리에 있습니다. 마음을 자꾸자꾸 뽑아 보면 최고의 양심 뿌리에 하나님이 있습니다. 그다음엔 사랑 뿌리에 있고, 생명 뿌리에 있고, 혈통 뿌리에 있습니다. 그러니까 집에서도 감사, 사회에 나가서도 감사, 나라와 세계 어디를 가더라도 감사한 것입니다. 하늘나라에 가더라

도 이 공식대로 됩니다. 어디 가든지 통하는 것입니다. 그것이 지상천국이요 천상천국과 마찬가지입니다.

2절 근원이요 본체이신 하나님

1 인간이 절대자에 의해서 창조되고 절대자의 사랑을 실천하도록 지음 받았다면 인간 창조의 동기와 목적이 있었음이 분명합니다. 그 동기와 목적이 밝혀지려면 절대자가 어떤 분인가 하는 문제, 즉 올바른 신관이 우선 세워져야 합니다. 올바른 신관이 세워짐으로써 그분의 창조 동기와 목적이 밝혀질 것이고, 따라서 평화를 위해서 절대사랑을 실천해야 되는 이유도 명백해질 것입니다.

제1 원인자이신 하나님

2 세상에는 남자와 여자 두 종류의 사람이 살고 있습니다. 그들은 스스로 자리를 바꿀 수 없습니다. 여러분은 자신이 원해서 그렇게 태어나지 않았습니다. 내가 생각하지 않고 원하지도 않았는데, 그리고 원인은 물론 결과나 과정도 모르는데 그렇게 태어난 것입니다. 사람이 제아무리 잘났다 하더라도 원인적인 존재가 아니고 결과적인 존재임을 부정할 수 없습니다. 따라서 제1 원인적인 존재가 있어야 합니다. 제1 원인적인 존재를 하나님이라고 부르든지, 아니면 그 무슨 이름으로 불러도 좋지만 그 원인적인 존재가 있어야 됩니다.

3 인간은 어디까지나 제1 존재가 아니라 제2 존재입니다. 제2 존재, 결과적 존재가 있기 위해서는 원인적 존재인 제1 존재가 있어야 됩니다. 제1 존재와 제2 존재는 떨어지려야 떨어질 수 없습니다. 그 제1 존재와 제2 존재는 원인과 일체 될 수 있는 결과를 바라면서 그 관계가 맺어집니다. 하나님이 인류의 중심이 되고 인간의 원인적인 존재가 됐다면, 결과적 존재인 인간에게는 그 이상을 실천할 수 있는 과정이 필요합니다. 그것이 우리가 자라서 사는 생활 과정이요, 또 긴 날을 보면 역사과정입니다.

4 모든 것을 보게 될 때 쌍쌍으로 되어 있습니다. 광물세계에도 플러스 이온이 있고 마이너스 이온이 있어서 주고받으면서 운동합니다. 꽃에도 수술과 암술이 있습니다. 동물세계에도 수놈과 암놈이 있습니다. 요즘에는 세균에도 수놈과 암놈이 있다는 얘기를 합니다. 보이지 않는 세계에까지 수놈과 암놈이 있는데, 보이는 세계는 어떻겠습니까? 무한한 세계에 수놈 암놈이 자의에 의해서 생겨났겠습니까, 타의에 의해서 생겨났겠습니까? 타의에 의해서 생겨난 것입니다. 그렇기 때문에 우리는 아무리 잘났다 해도 결과적 존재이지 제1

원인적 존재가 아닙니다. 우리는 대상적 존재에 지나지 않습니다.

5 인간은 제1 원인에서부터 시작됐습니다. 제1 원인이 뭐냐? 그 이름은 아무래도 좋습니다. 절대자이기 때문에 그분이 생각하는 이상은 절대적 이상입니다. 인간은 어디까지나 제1 존재가 아니고 결과적인 제2 존재입니다. 나에게 있어서 제1 존재는 어머니 아버지입니다. 어머니 아버지의 제1 존재는 할아버지 할머니입니다. 할아버지 할머니에서 올라가면 제1 존재는 종지조상이 됩니다. 인간 종지조상을 중심삼고 하나님, 신이 있다면 신에까지 올라갑니다.

6 하나님은 우리 마음의 동기가 되는 분입니다. 인간의 제1 원천이 되는 분입니다. 우리 이상의 기원이 되는 분입니다. 이 기원을 빼고서는 결과가 나타날 수 없습니다. 그러기에 하나님을 빼놓고는 세상이 이루어지지 않습니다. 부모를 잃은 고아와 같은 처지에 있는 것이 이 땅 위의 인류입니다. 그런데 그 고아 앞에 잃어버렸던 부모를 찾아 주게 되면 그의 환희의 함성이 얼마나 크겠습니까? 세상을 정복하여 억만거금을 손에 쥔 명장의 승리도 이 기쁨에 비교가 안 되는 것입니다. 마음이 중요합니다. 아무리 승리를 찬양할 수 있는 자리에 있다 하더라도 아버지 어머니 앞에 가지 않고는 참된 자녀로 설 수 없습니다.

본체이신 하나님

7 역사는 개인으로부터 출발하여 세계까지 벌어져 있는데 어디서 종결될 것이냐? 최고선의 본체인 절대자와 더불어 영원불변한 인연을 맺을 때까지 움직일 것입니다. 최고의 선은 영원불변한 것입니다. 그 이상의 발전이 없습니다. 오늘날 이 세상을 바라보게 될 때, 생활감정이 다른 민족들이 점점 생활감정을 같이하고 있습니다. 또 이념을 달리하던 수많은 도들이 이념을 같이하는 방향으로 나아가고 있습니다. 근본은 하나입니다. 이 절대적인 하나의 가치를 향하여 역사는 총진격하고 있습니다. 그러기에 현실에 나타난 가치는 상대적인 가치밖에 되지 못한다는 것입니다.

8 하나님은 정·지·의의 본체입니다. 그런 하나님은 어떠한 목적의식을 갖고 계시는가? 창조하고 나서부터 목적의식을 가진 것이 아니라 창조 전부터 목적의식을 가지고 창조하셨음에 틀림없습니다. 만일 그런 분이 아니라면 역사를 수습할 수 없습니다. 인간의 인식으로는 느낄 수 없는 힘이 역사의 배후에 있기 때문입니다. 만약 하나님에게 그런 인연이 없다면 역사와 모든 인류를 목적하는 세계로

인도할 수 없습니다. 그러기에 하나님은 인간이 타락하였을망정 타락하지 않은 인간에게 부여해야 될 세계적인 목적의식을 뼈저리게 느끼고 계시는 것입니다.

9 하나님은 사랑 때문에 인간을 창조하셨습니다. 사랑은 혼자로서는 성립되는 것이 아닙니다. 따라서 하나님이 절대로 필요로 하시는 오직 한 가지는 그 사랑을 베풀 수 있는 대상, 즉 하나님이 사랑할 수 있는 대상입니다. 반드시 상대가 있어야만 사랑할 수가 있습니다. 사랑과 심정의 본체이신 하나님은 그 사랑이 동기가 되어서 우주를 창조하셨고, 특히 이 기간에 창세기 1장 27절의 말씀대로 하나님을 닮은 실체대상으로 인간을 창조하셨습니다.

10 사랑의 궁극자는 하나님입니다. 이 사랑보다 더 깊은 것이 심정입니다. 하나님은 심정의 근원자입니다. 그러므로 이 심정을 중심삼고 말씀도, 행동도, 이념도 성립됩니다. 그 어떤 것도 혼자만으로는 안 됩니다. 언제나 하나님으로부터 오는 종적인 심정이 수반되어야 합니다. 하나님의 역사적 심정, 시대적 심정, 미래적 심정을 가져야 합니다.

11 하나님은 진리의 본체요, 선의 본체요, 사랑의 본체요, 생명의 본체라고 하는데, 그것이 무슨 말입니까? 다 같은 말입니다. 진리가 성립되려면 사랑과 생명이 있어야 됩니다. 참된 진리를 말할 수 있는 사람이 되려면 자신의 생명 안에 진리에 대한 의욕과 욕망이 있어야 됩니다. 생명의 본체, 사랑의 본체, 진리의 본체인 하나님은 인간의 아버지인 동시에 어머니입니다. 핵심은 부모입니다. 이렇게 보면 하나님은 간단한 분입니다.

12 참부모가 태어난 나라도 영원히 변하지 않습니다. 영원히 변하지 않는 나라의 국민과 하나되는 것이 얼마나 귀하겠습니까? 모든 결과적인 존재는 영원히 변하지 않는 본체와 하나되고 싶어하는 것입니다. 본체와 보다 가까운 데와 관계를 맺는 것이 심정세계의 최고 소망입니다.

13 하나님은 우리가 찾아야 할 소망의 본체이신 동시에 전체의 가치를 대표하는 영광의 본체이십니다. 그렇기 때문에 하나님의 전체 주관성을 복귀하기 위해서는 여러분 한 자체에서 하나님을 소유할 수 있어야 됩니다. 하나님을 맞이할 수 있는 사람이 되어야 합니다. 그 하나님은 억조만상을 지으신 하나님이요, 만물에 대한 전체 주관의 행사를 하시기 위하여 복귀의 수고를 해 나오시는 하나

님입니다. 따라서 여러분이 하나님을 소유했다고 하면, 그 하나님은 여러분의 하나님이므로 그가 영원하시면 여러분도 영원하고, 그가 피조세계에 대하여 주관성을 갖게 되면 여러분 자체도 실체를 쓴 하나님 자리에 서서 만물을 주관할 수 있게 됩니다. 그런 여러분 자체를 찾아 세우지 못한다면 하나님을 소유했다고 할 수 없을 것입니다.

14 지금까지 갖고 있는 모든 죄악의 요소들을 타파해 버릴 수 있고, 지금까지 속해 있던 사망의 권세에서 해탈할 수 있는 신앙의 기준을 가져야 합니다. 그러려면 여러분의 의심을 해명할 수 있는 길을 찾아야 됩니다. 생명으로 나아갈 수 있는 길을 찾아야 됩니다. 만일 이러한 길이 인간 세상에 없다면 하나님은 찾아오실 수가 없습니다. 자기 잘못을 깨닫고 회개할 수 있도록 양심을 자극시켜 주는 실존체가 하나님이라면, 그 하나님이 소망하는 최대의 소망과 생명과 인륜의 기준을 여러분은 반드시 세워야 합니다. 그럴 수 있는 한 날, 역사적인 종말시대가 언젠가는 어차피 와야 됩니다. 그러면 이러한 우주적인 운명의 길을 앞에 놓고 여러분은 어느 정도 생각해 보았습니까? 여러분은 우주와 이 사회와 세계, 심지어 여러분 자신에 대해서도 의심을 품을 수 있는 환경에 처해 있습니다. 이런 모든 문제를 해명해 줄 수 있는 중심존재가 하나님입니다. 또 인간이 궁금해하고 있는 모든 것을 아시는 분도 오직 하나님 한 분이요, 그것을 해결해 주실 분도 오직 한 분 절대적인 존재이신 하나님입니다.

천주의 대주재이신 하나님

15 천주의 중심존재는 하나님입니다. 그 하나님은 우주적 부모, 전체의 부모입니다. 이 모든 피조세계에 있어서 목적한 바를 틀림없이 경륜해 나가시는 분이 창조주이십니다. 그 창조주로부터 부모의 심정권을 이어받아서 이 땅 위에 태어나야 할 인류의 조상이 땅의 부모입니다. 이렇게 볼 때 천주를 중심삼고 우리는 3대 부모를 발견하게 됩니다. 영원하신 하늘의 부모가 있는 동시에 땅의 부모가 있고 가정의 부모가 있습니다. 하늘의 부모와 땅의 부모와 가정의 부모, 이 부모가 무엇을 중심삼고 공적인 내용의 생활을 하느냐? 물질을 중심한 돈도 아니고, 지식도 아니고, 권력도 아닙니다. 오직 사랑을 중심삼고 생활하는 것입니다. 사랑을 근본으로 삼고 모든 것을 치리하는 주체가 하나님이요, 땅의 참부모요, 가정의 부모입니다.

16 하나님은 인류의 부모도 되는 분

이요, 인류의 왕 중의 왕도 되는 분이요, 모든 것의 중심도 되는 분입니다. 세계적인 효자, 세계적 충신을 거느려야 할 분이 하나님입니다. 또 세계적으로 대표되는 성인을 거느릴 분이 하나님입니다. 이렇게 되면 하나님은 최고가 되는 것입니다. 그것이 따로따로 되는 것이 아니라 그 한 분이 부모도 될 수 있고 군왕도 될 수 있습니다. 전부 총합한 중심존재가 하나님입니다. 효 중에도 최고의 효요, 충 중에도 최고의 충이요, 성(聖) 중에도 최고의 성을 대표할 수 있는 자리를 차지한 자만이 하나님을 모실 수 있다면, 하나님은 이 셋을 한꺼번에 이룬 사람을, 효자도 되고 충신도 되고 성인 중의 성인도 될 수 있는 사람을 원할 것입니다.

17 우주의 중심존재로서 창조주 되는 그분은 중심에 있으면서 보호의 책임을 느끼고 보호해 줍니다. 보호해 주면서 육성해 줍니다. 잘 길러 주는 것입니다. 이뿐만이 아니라 모든 좋고 나쁜 것의 책임을 집니다. 도망가는 법이 없습니다. 그렇기 때문에 천지의 대주재 되시는 하나님은 모든 것을 책임지고 보호 육성하는 것입니다. 그분을 중심삼고 모든 존재들이 하나되려고 합니다.

18 하나님은 복을 무한히 갖고 계시는 복의 중심존재이십니다. 세상에서 무엇을 주고도 살 수 없는 복을 지니신 분입니다. 그분에게는 없는 것이 없습니다. 여러분이 사랑하는 아내보다도 귀한 것을 갖고 있는 분입니다. 여러분의 아버지보다도 귀한 것을 갖고 있습니다. 내 사랑하는 아들딸이 아니면 안 되겠다고 하며 울고불고하던 그 자식보다도 더 귀한 것을 갖고 있는 분입니다. 그렇기 때문에 이 땅 위의 인생으로서 최고로 승리했다고 하는 자, 이 세상 어디에서 보아도 최고로 성공했다고 하는 자는 하나님을 차지한 사람입니다.

19 하나님은 천지의 대주재이십니다. 그분은 최고의 이상을 지니셨기에 목적의 기준도 되고 동기의 기준도 됩니다. 그렇기 때문에 우리가 있게 된 동기도 하나님이요, 목적도 하나님입니다. 그러면 그 동기와 목적을 어디서 찾을 것이냐? 그 동기는 하나님의 뜻을 중심삼은 가정이며, 그 가정으로 하여금 세계적인 목적을 달성하게 합니다.

20 하나님은 절대적이요 전지전능하신 분이기 때문에 그분에게는 한계적이니 시한적이니 하는 것은 있을 수 없습니다. 모든 것을 초월해 계십니다. 그러므로 어떠한 사정의 한계권 내에 얽매여서 그것을 타개하지

못하는 입장에 계시는 분이 아닙니다. 그런 분이 지금까지 찾아 나오는 데 있어서 소원이 있다면, 그 소원은 그분 자신을 위한 소원이 아닙니다. 인간을 대해서 자녀를 찾고자 하는 소원을 가지고 나오십니다. 그 소원은 하나님 자체에 귀결되는 것이 아닙니다. 인간에게서 해결되어 하나님에게로 돌아가게 되어 있습니다.

21 나는 기원이 아닙니다. 나의 생명은 부모나 사회나 민족·국가를 통해 태어난 것이 아니라 그것을 초월한 하나의 기원, 즉 절대자인 하나님으로부터 비롯되었습니다. 절대적인 입장에 있는 초월적인 동기에 결부시켜야 합니다. 시대적인 인연이라든가 환경적인 인연, 혹은 사회적인 여건에 결부시켜서는 안 됩니다. 초월적인 원인에 결부시키고, 초월적인 목적에 결부시켜야만 비약하고 초월해서 탈출할 수 있습니다. 내 생명을 초월적인 동기에 결부시켜야 합니다. 내 생명은 나에게서 출발한 것이 아니기 때문입니다. 절대자이신 하나님으로부터 출발하였습니다. 자신을 초월적인 동기에 결부시키게 되면 죽더라도 초월적인 과정에서 하나님의 뜻으로 말미암아 죽게 되는 것입니다. 환경에 좌우되는 뜻이 아닙니다. 인연으로 말미암은 세계를 위한 뜻도 아닙니다. 초월적인 동기와 초월적인 인연을 통해서 초월적인 결론을 향하여 나아가는 과정에 있는 것이 뜻입니다. 다시 말하면 초월적인 동기는 하나님이요, 초월적인 과정은 뜻이요, 초월적인 목적은 세계를 위해서 나아가는 것입니다.

22 하나님은 종적인 아버지요 종적인 주체요, 인간은 횡적인 주체입니다. 종횡이 하나되어야만 구성체를 완성시킵니다. 입체적인 구성체는 종횡이 하나되고 전후가 하나되어야 합니다. 종적인 것이 부자관계입니다. 횡적인 것, 동서관계가 부부관계요, 전후관계가 형제관계입니다. 이렇게 한 가정에 사랑이상의 하나의 구형을 형성하려는 것이 하나님의 창조이상입니다. 그래 가지고 하나님이 어디 계시느냐? 중앙에 계십니다. 아버지로서 대표, 남편으로서 대표, 어머니로서 대표, 아내로서 대표, 아들딸로서 대표, 형님누나로서 대표, 동생으로서 대표할 수 있는 중심존재로 계시기 위한 것이 하나님의 창조이상입니다.

23 하나님은 공적인 목적을 중심삼고 충성을 다짐하고 생명을 걸고 나서는 자들 앞에는 언제나 주체적 입장에서 대해 주는 주체자입니다. 내가 눈물을 흘리고 몸부림치면 하나님도 그 이상 눈물을 흘리고 몸부림치

는 주체자입니다. 공적인 사랑의 마음에 불타서 가게 될 때, 하나님은 사랑의 중심이요 주체자이기 때문에 사랑에 자극된 마음에 언제나 상대가 되고, 또 거기에 대한 자극을 주어 그 목적을 이룰 수 있는 원동력을 보급해 주는 주체자입니다. 사랑을 중심삼고 그 목적을 성사시키기 위해서는 동역자가 필요한데도 불구하고 세상에는 그런 동역자가 없는데, 하나님이 동역자가 될 수 있다면 얼마나 행복하겠습니까? 그 하나님은 부모보다 낫고, 형제보다 낫고, 어떤 스승보다 낫고, 자기를 사랑하는 어떤 사람보다 낫다는 것입니다.

24 우리의 주체는 하나님입니다. 그렇기 때문에 하나님과 더불어 기뻐하고, 하나님과 더불어 노래하고, 하나님과 더불어 춤을 추어야 합니다. 그러면 얼마나 좋겠습니까? 그러므로 우리의 목적도 하나님입니다. 우리 인생길은 무엇을 찾아 나가는 길이냐? 하나님을 찾아가는 길입니다. 그 하나님은 현실적인 하나님입니다.

25 하나님은 개인의 주인이요, 부부의 주인이요, 가정의 주인이요, 나라의 주인이요, 세계의 주인이요, 천주의 주인입니다. 하나님 자신의 사랑을 가지고 하나님의 중심까지도 점령할 수 있는 주인 노릇을 하겠다는 것입니다. 상대적 기준에서 상대를 중심삼고 평화세계를 이루겠다는 것입니다. 기독교에서는 창조주는 거룩하고 인간은 속되다고 하는데, 그것은 잘 몰라서 그렇습니다. 선생님이 가르쳐 줄 것이 이것입니다. 하나님이 창조한 제1의 목적이 하나님도 형상이 필요했다는 것입니다.

26 하나님은 최고의 공적인 주체입니다. 따라서 인간을 대한 최고의 가르침이 뭐냐? 세계를 위하여 공적인 일을 하는 것보다도 하나님을 위하여 자기 생명을 내걸고 정성을 들이는 사람이 되라는 것입니다. 그런 사람이 최고입니다. 그렇기 때문에 성경에 '네 마음을 다하고 목숨을 다하고 뜻을 다하여 주 너의 하나님을 사랑하라 하셨으니 이것이 크고 첫째 되는 계명이요.'라고 쓰여 있는 것입니다. 그러면 하나님은 어떠한 분이시냐? 만우주의 주인입니다. 그렇기 때문에 하나님을 사랑하게 되면 이 세계가 하나님을 사랑하는 사람의 것이 되는 것입니다.

사랑·생명·이상의 주체이신 하나님

27 하나님은 생명의 주체입니다. 생명이 유지되는 데에는 반드시 사랑이 그 배후에 남아 있습니다. 여러분은 부모의 사랑에서부터 태어났습니다. 또한 그 배후에는 사랑과 생명과 그

목적성을 가진 분이 있습니다. 그런 분은 나와 같은 주체가 아니라 전체의 뿌리와 같은 주체입니다. 여러분이 하나의 세포와 같은 상대체라면 그러한 분은 이 전체의 뿌리와 같은, 우주 존재의 핵과 같은 주체입니다. 생명력의 전체를 대표할 수 있는 핵이요, 사랑의 힘이 있으면 사랑으로 전체를 대표한 핵이요, 어떠한 목적이 있다면 그 목적의 원인적인 하나의 핵이 되는 분입니다.

28 태양이 올라오면 모든 나무의 순은 태양을 따라가는 작용을 합니다. 순이 따라가는 태양 빛이 뭐냐? 생명의 원소입니다. 생명의 원소가 인간에게는 사랑입니다. 하나님은 사랑의 태양입니다. 알고 보면, 하나님이 사랑의 태양입니다. 그렇기 때문에 모든 사랑과 생명의 요소를 지니고 발전하기 위해서는, 무한한 세계에 동화할 수 있는 인격 구비를 위해서는 사랑이상에 접붙여서 화합해야 됩니다. 그러지 않으면 그 앞에 상대권을 취할 수 없습니다. 사랑의 상대권을 취할 수 없다는 것입니다. 그러니 인간은 고귀한 것입니다. 하나님의 사랑의 상대자로서 지은 것입니다.

29 하나님은 사랑의 주체요, 생명의 주체요, 이상의 주체입니다. 그러니 인간은 사랑의 대상이요, 생명의 대상이요, 이상의 대상이라는 결론을 세울 수 있습니다. 하나님이 절대적이라면 나도 절대적인 자리를 원해야 됩니다. 하나님이 불변이라면 나도 불변이어야 됩니다. 하나님이 유일이라면 나도 유일이어야 됩니다. 하나님이 영원이라면 나도 영원이어야 합니다. 이러한 관점에서 인간의 영생은 불가피하고, 그것은 결과적인 귀일점이 아닐 수 없습니다. 아무리 하나님에게 사랑이 있다 하더라도 나에게 사랑이 없고, 아무리 하나님에게 생명이 있다 하더라도 나에게 생명이 없고, 아무리 하나님에게 이상이 있다 하더라도 나에게 이상이 없다면 모든 것이 허사입니다.

30 우리 생명의 주체는 하나님입니다. 하나님은 생명의 주체요 사랑의 주체이기 때문에, 하나님 자체에 생명력이 있으면 그 생명력도 좋아하고 사랑도 좋아해야 됩니다. 그런데 타락함으로써 그런 세계가 안 되었기 때문에 우리는 다시 찾아 들어가야 됩니다. 그런 관점에서 우리가 살고 있는 세상은 하나님이 원하는 세상이 아니요, 우리가 원하는 세상이 아닙니다.

31 생명을 가진 존재물이 오늘도 움직이는 동시에 또 오늘 이후 영원한 미래에도 움직일 것인데, 그 생명의 주체가 하나님입니다. 또 생명을 가

진 것은 어떤 존재라 하더라도 하나님과 더불어 영원히 함께하고 싶고, 하나님을 중심삼고 생활하고 싶고, 생사까지도 같이하고 싶은 본성을 가지고 있습니다. 그러한 이념권 내에서 벗어나려야 벗어날 수 없는 세계에서 주체적인 입장에 계시는 분이 하나님입니다. 더 나아가서는 지은 만물을 대하여 자기 정열을 다 기울여 사랑과 정적인 인연을 갖고 지배하는 분이 하나님입니다.

32 우리는 지금까지 관념적으로 하나님을 불러 왔습니다. 종교적인 주체로만 하나님을 불러 왔습니다. 하나님은 생명의 주체인 동시에 생활의 주체요, 생활의 주체인 동시에 이념의 주체입니다. 그러나 아무리 그 이념의 주체가 넓고 크다 하더라도 실질적으로 그것이 생활감정에서 분석되고 체험되지 않으면 안 됩니다. 만일 생활에서 체험되는 그 이념의 가치를 존재하고 있는 어떠한 것과도 바꿀 수 없노라고 자랑할 수 있는 자리에 선 자가 있다면, 그는 하나님이 찾고 있는 사람임에 틀림없습니다.

33 행복의 터전이요 씨 중에 생명의 씨 되는 분이 하나님입니다. 그래서 생명은 위대합니다. 하나님은 생명의 씨인 동시에 이상의 옷입니다. 하나님의 행복의 터전을 통해서 이상까지 연결시킬 수 있는 것은 무엇이냐? 그것이 참사랑입니다. 하나님이 생명의 기원이요 사랑의 기원입니다. 또 남자의 기원도 되고 여자의 기원도 됩니다. 어머니의 기원도 되고 아버지의 기원도 됩니다. 형님, 누나, 형제들의 기원도 됩니다.

34 하나님은 자기 생명의 근본을 존중시하는 분입니다. 말씀을 존중시하는 분입니다. 그다음에 행동을 존중시하고, 사랑을 존중시하는 분입니다. 하나님은 자기 존재의 가치를 인정하고 말씀하면 말씀대로 되는 것이요, 말씀대로 된 것을 사랑하는 분입니다. 말을 하면 행동의 결실이 벌어지고, 그런 후에는 그것을 내버려 두는 것이 아니라 사랑하는 것입니다. 그렇기 때문에 말하는 것은 행동을 전개하기 위한 것이요, 행동을 전개해서 실체가 나오면 사랑으로 발전시키기 위한 것입니다.

3절 말씀이신 하나님

1 하나님의 말씀은 맹목적인 말씀이 아닙니다. 무한한 가치적인 존재를 만들기 위하여 원리원칙을 통해서 하시는 말씀이 하나님의 말씀이기 때문에 그 말씀에는 이의가 있을 수 없습니다. 절대적으로 하나되어야 합니다. 하나님도 믿음이 있었고, 원리원칙의 내용이 있었고, 실체가 있었습

니다. 그 실체를 통할 때에 비로소 하나님 앞에 무한한 대상의 가치를 지닌 자녀가 등장하기 때문에, 거기에서 폭발되는 사랑의 인연을 통하여 인간과 하나님의 관계는 맺어지는 것입니다. 이것은 하나님이 인간을 지을 때나 인간이 하나님을 바라볼 때나 마찬가지 입장입니다.

하나님의 말씀이란

2 창조 전에 먼저 하나님이 계셨습니다. 하나님이 계셔서 말씀을 구상하셨습니다. 그 말씀이란 실체를 빚어낼 수 있는 내용의 말씀입니다. 실체를 빚어서 그냥 그대로 하나님과 상관없는 자리에 두려고 한 것이 아니라 하나님이 그 실체와 영원히 하나되려고 한 것입니다. 가르려야 가를 수 없는, 하나님도 가를 수 없고 인간도 가를 수 없는 불가분의 일체 이상을 성사하려 한 것입니다. 그래서 출발 당시부터 하나님과 인간이 따로따로 출발한 것이 아니라 같이 출발했습니다. 하나님이 계심과 동시에 내가 출발을 했다는 것입니다.

3 하나님이 인간을 막연하게 지으신 것이 아닙니다. 거기에는 '반드시 이렇게 된다.'라는 하나님 자신의 신념이 개재돼 있습니다. 그 신념은 구체적인 내용을 지녔습니다. 그 구체적인 내용이 원리, 원리원칙입니다. 하나님 자신도 믿는 자리, 원리적인 내용을 통해 그 신념과 원리가 일치된 거기에 다시 실체가 일치되는 순간이 창조의 순간입니다. 여기서 믿음과 더불어 그 원리를 통할 수 있는 실체를 만들기 위한 것이 말씀입니다.

4 말씀이란 하나님과 인간 사이의 계약입니다. 이렇게 하면 이렇게 해준다 하는 계약입니다. 성경에서 가르쳐 주는 것이 전부 계약입니다. 이렇게 하면 이렇게 해주겠다 하는 계약입니다. 계약대로 이행하면 하늘은 흥하게 하고, 계약대로 이행 안 하면 하늘은 망하게 합니다.

5 말씀이란 심판의 규정이 되는 것입니다. 법은 심판의 기준, 선악을 구별할 수 있는 판단의 기준입니다. 그러므로 참된 진리는 선악의 기원을 결정할 수 있고, 그 선악의 내용을 결정할 수 있는 하나의 표준이 되어야 합니다. 그 표준이 통일원리여야 합니다. 여러분은 이것을 절대시할 수 있느냐? 그 말씀에 반항하거나 상치될 때는 그 말씀의 제재를 받습니다. 그 말씀의 도움을 받는 것이 원칙입니다. 말씀의 환영을 받을 수 있는 입장에 섰을 때, 비로소 인격 기준에 도달할 수 있습니다. 그러나 그것이 자기를 중심삼은 것이어서는 안 됩니다. 자신이 생활하는 데에 있어서 모

든 것을 말씀대로 했다고 해서 그 결과가 자신에게 맺혀지기를 바라서는 안 됩니다. 그것은 하늘 앞에 맺혀지게 됩니다. 나를 중심삼을 것이 아니라 전체를 중심삼아야 된다는 것입니다. 관점이 달라야 합니다.

6 우리는 하나님을 참아버지라 부를 수 있는 존재이기에 하나님이 갖고 계시는 말씀을 우리도 할 줄 알아야 합니다. 하나님의 말씀은 그 말씀이 떨어지는 곳곳마다 선의 실적이 일어나고, 부활의 역사, 재창조의 역사가 일어나게 합니다. 그래서 우리는 악을 청산하고 부활의 역사를 일으키며, 재창조의 권능을 행사할 수 있는 말씀을 가진 사람이 되어야 합니다. 이런 말씀을 가진 사람들이 모여 사는 곳이 천국입니다.

심정과 사랑과 천법의 말씀

7 인간이 살아가는 목적은 하나님의 사랑에 연결되는 것입니다. 인간을 하나님과 연결시킬 수 있는 말씀을 선포하는 사람은 땅의 사람입니다. 하지만 그 사람이 전하는 말씀은 하나님의 말씀이기 때문에 그 말씀으로 말미암아 새로운 사람이 빚어질 수 있습니다. 그렇기 때문에 여러분은 주고받는 기반에서 완성의 기준을 갖출 수 있습니다. 원리적 견해가 그렇습니다. 그 말씀에 하나님이 같이하심으로써 상대가 부활되는 입장에 서게 되고, 그러한 상대와 내가 하나되면 공고한 실체를 갖추게 되고, 그러한 실체가 갖추어짐에 따라 하나님의 심정을 체휼할 수 있게 됩니다. 그가 갖춘 정도의 깊이와 넓이가 커짐에 따라서 하나님의 심정을 체휼하는 비중도 커집니다. 말씀에서는 하나님의 심정이 약동합니다. 그러므로 아무리 타락한 사람이라도 그 말씀을 듣고 말씀을 접하게 되면 자기도 모르게 하나님의 심정이 싹터 오르는 것입니다. 하나님의 심정이 싹터 올라서 원수를 사랑할 수 있는 힘이 생기고, 사탄세계를 주관할 수 있는 기초적인 힘이 발동합니다. 이 말씀은 나 혼자만 알아서는 절대 안 됩니다. 여러분 스스로 하나님의 심정을 유발시켜야 됩니다.

8 진리란 세속적인 진리가 아니라 하나님의 사랑의 말씀을 말합니다. 하나님의 진리는 일정한 섭리적 인물을 통하여 계시로서 지상에 전달됩니다. 하나님의 진리는 절대진리입니다. 절대진리는 만능열쇠와도 같은 것으로서, 이 진리를 적용하면 어떠한 난문제도 풀리게 됩니다.

9 여러분은 하나님이 여러분 앞에 전하는 말씀을 대해 '영원한 법도의 말씀으로 주신 말씀'이라고 인식하

여 '이것이 나의 생명의 말씀입니다.' 라고 하면서 그 말씀을 받아들일 뿐만 아니라, 창조 당시에 인간을 창조하시던 말씀으로 여길 수 있는 한때를 가져야 합니다. 만일 여러분이 그러한 말씀을 갖지 못한다면, 하나님의 그 말씀을 피부로 실감할 수 있는 체험의 한때를 갖지 못한다면 하나님의 아들딸이 될 수 없습니다.

10 여러분이 진리를 찾으려면 아무 말이나 들어서는 안 됩니다. 오직 참된 진리의 말씀만 들어야 합니다. 그러면 어떤 말씀이 참된 진리의 말씀입니까? 어느 누가 듣더라도 자신도 모르게 회개의 마음이 일어나고, 자신도 모르게 그 말씀에 끌려 들어가고, 그 말씀을 지우려고 해도 지워지지 않는 말씀이 있다면 그 말씀이 바로 진리의 말씀입니다. 그것이 천륜의 이치를 통한 진리의 말씀입니다.

11 하나님이 원리적으로 재창조를 하셔야 됩니다. 무원리권의 흙덩이와 같은 인간을 어떻게 해야 되느냐? 하나님이 흙덩이로 아담 해와를 창조하시던 것과 마찬가지 자리에서 하나님의 말씀과 하나되게 하는 일을 해야 됩니다. 말씀은 막연한 것이 아닙니다. 원리에 의한, 원칙을 통한 것입니다. 사람의 눈은 이렇게 되고, 코는 이렇게 된다는 원리원칙, 설계도가 말씀입니다. 그 설계도에 일치될 수 있는 사람이 돼야 합니다.

12 하나님의 말씀은 모든 진리의 근본이며, 따라서 절대진리입니다. 또 통일된 진리입니다. 인간의 타락으로 인해 하나님을 잃어버림으로써 절대가치와 절대진리를 상실하였고, 통일된 가치와 통일된 진리를 잃어버렸습니다. 절대가치와 절대진리에서 절대가치관이 세워집니다. '관'은 관점이요 견해요 이론입니다. 따라서 오늘의 세계적 혼란을 수습할 방안은 절대가치관을 확립하는 것입니다.

13 하나님을 왜 필요로 하느냐? 그것은 하나님이 가진 진리가 불변이기 때문입니다. 하나님의 말씀은 변함이 없습니다. 천년 전에 말한 것이 몇 억만년 후에라도 그 말씀은 말씀대로 지켜져야 됩니다. 인간이 한 것은 아무리 재간을 피워서 덧붙이더라도 전부 시대가 지나면 풍화작용에 의하여 없어지지만 하나님의 말씀은 풍화작용을 초월합니다.

창조와 성장과 완성의 진리 말씀

14 하나님은 말씀으로 모든 것을 창조하셨습니다. 말씀, 즉 진리가 완전하지 않고는 그 실체가 완전할 수 없습니다. 진리가 불완전하면 실체도 불완전할 수밖에 없습니다. 신앙생

활도 완전한 자리에 입각하지 않고는 완전한 신앙생활을 할 수 없습니다. 그러기에 하나님과 천지가 바라는 완전한 진리가 나와야만 합니다.

15 하나님이 피조만물을 영원하고 유일한 말씀을 통하여 짓기 시작하였습니다. 그리하여 하나님은 아담 해와가 그 말씀의 목적을 완성하여 하나님이 실체적으로 영원히 임재할 수 있는 몸이 되기를 바라셨습니다. 이것이 아담 해와를 창조하신 목적이었습니다. 나아가 하나님은 아담 해와에게 생기를 불어넣어 그들의 마음 가운데 영원한 생명의 주체로 임재하시어 안식의 보금자리를 이루려 하셨던 것입니다. 바로 이러한 천륜의 크나큰 목적을 세워 아담 해와를 창조하셨던 것입니다.

16 하나님이 원리를 통해서 말씀하실 때에 자기 멋대로 하시는 것이 아닙니다. 원리를 중심삼고 완전히 일체 된 가운데 말씀을 하시는 것입니다. 거기서 대상의 일체관이 벌어집니다. 그렇기 때문에 여러분에게도 신앙관이 필요합니다. 하나님이 우리를 믿던 것과 마찬가지로 믿어야 됩니다. 막연하지 않아야 됩니다. 원리를 중심삼고 원리와 하나되어야 합니다. 그다음에는 원리를 원리대로 두는 것이 아니라 원리와 하나되는 믿음을 갖고 그 원리의 실체가 되어야 합니다. 이뿐만 아니라 실체를 완성함과 동시에 하나님의 사랑을 받을 수 있는 아들딸이 되어야 합니다.

17 예수 그리스도가 이 땅에 오셔서 30여 평생 눈물을 흘리며 서러운 고난의 길을 가시면서 말씀을 선포하신 목적이 무엇이겠습니까? 그것은 첫째로 인간으로 하여금 하나님과의 인연을 회복하게 하기 위함이었고, 그다음엔 인간에게 천국을 소개하기 위함이었습니다. 이와 같이 예수님은 천국을 소개하실 때 말씀으로 소개하셨습니다. 즉 진리로써 천국을 소개하려고 하셨습니다. 하나님은 그와 같이 인간과 영원불변의 인연을 맺기 위한 말씀, 이 땅에 천국이념을 실현하기 위한 말씀을 예수 그리스도를 통해 인간에게 내려 주셨습니다. 참다운 진리를 예수님을 통해 나타내려 하셨던 것입니다. 그러므로 하나님과 인간의 관계를 맺어 주기 위해 오셨고, 참다운 진리를 인간에게 증거하기 위해 진리를 가지고 오셨던 예수님은 하나님과 인간과 온 피조만물이 소망하는 천국을 건설하기 위해 진리의 말씀을 선포하기 시작하셨던 것입니다. 예수님이 이처럼 하나님과 인간의 인연을 회복하기 위해 진리를 선포해 주셨지만, 그 진리와 인연을 맺어야 할 이스라엘 민족이 예

수님을 불신함으로써 예수님의 말씀 선포의 목적은 이루어지지 못하게 되었던 것입니다.

4절 하나님의 속성

1 하나님의 속성은 절대·유일·불변·영원입니다. 이것이 하나님의 4대 속성입니다. 모든 창조는 절대적이고 유일한 것입니다. 모든 것이 절대적인 자리에 있기 때문에 절대적으로 자기 자신을 그 위치에 세우는 것입니다. 그래서 모든 것이 유일합니다. 어디에서도 마음대로 섞어지지 않습니다. 사랑의 길이란 유일합니다. 그 다음에는 불변하고 영원합니다.

하나님의 주류 속성

2 하나님의 속성은 절대·유일·불변이기 때문에 우리는 그러한 내용을 중심삼고 절대적인 사랑의 주체가 되어야 하고, 유일한 사랑의 주체가 되어야 하고, 불변의 사랑과 영원한 사랑의 주체가 되어야 합니다. 그러한 사람이 하나님의 대신자입니다. 하나님의 속성에 일치될 수 있는 존재는 하나님의 대신자가 될 수 있습니다. 하나님이 상대를 창조할 때 무엇을 가했느냐? 창조성입니다. 절대 창조성, 유일 창조성, 불변 창조성, 영원 창조성입니다. 사랑을 중심삼은 절대적인 창조성을 투입했다는 것입니다. 하나님의 사랑이 절대·유일·불변·영원한 것이기 때문에 그 사랑을 통하면 하나님과 영원히 동고·동락·동참할 수 있고, 하나님의 모든 것을 상속받을 수 있습니다. 절대적인 하나님의 사랑이 내 사랑이면 절대적인 하나님의 대상이 될 수 있습니다.

3 하나님의 속성이 절대·유일·불변·영원한 것과 마찬가지로 우리도 절대적으로 하나되어야 하고 천하에 유일적인 것, 영원한 것, 불변한 것으로 하나되어야 합니다. 그래야 영원한 사랑이 거기서부터 시작됩니다. 영원한 생명의 인연, 영원한 참된 남자, 영원한 참된 여자가 그 과정에서 절대·유일·불변·영원할 수 있는, 부동에 정착할 수 있는 사랑의 주인들이 되어야만 남자로서 완성, 여자로서 완성하는 것입니다. 사랑 완성의 자리인 동시에 남자 여자의 생명이 하나되는 자리요, 남자 여자의 생명이 하나되는 동시에 새로운 생명을 창조하는 혈통적 인연이 연결되는 것입니다.

4 하나님은 사랑을 중심으로 하여 존재합니다. 그렇기 때문에 하나님에게는 사랑을 중심으로 한 절대성, 사랑을 중심으로 한 유일성, 사랑을 중심으로 한 불변성이 있습니다. 모두 사랑을 중심으로 하고 있습니다. 사랑의 속성도 절대적이고, 불변이고, 유일한 것입니다. 그런 사랑을 인

간도 원합니다. 절대적인 사랑을 좋아한다는 것입니다. 절대로 하나밖에 없다고 하는 것이 절대성입니다. 그러므로 하나님의 속성은 절대적이고, 유일하고, 영원불변입니다.

5 사랑은 상대적 관계에서 벌어집니다. 그렇기 때문에 절대적인 하나님이라 하더라도 사랑 앞에는 절대복종해야 됩니다. 그러지 않으면 인간 도리에 대한 교육을 할 수 없습니다. 하나님은 아담 해와를 대해서 '너희 부부의 사랑은 절대적이다. 영원히 변할 수 없다.'라고 하시는 것입니다. 왜 절대적이냐 하면 아담 해와가 하나님 속성의 현현체이기 때문입니다. 하나님은 유일, 절대무이(絕對無二)한 분이십니다. 그러니 아담도 그 속성이 현현했기 때문에 절대적인 존재입니다. 아담은 하나님의 남성적인 속성이고 해와는 하나님의 여성적인 속성으로 현현했는데, 그 속성 자체가 절대적입니다. 그 내적인 속성과 외적인 속성을 갖춘 그것을 하나로 묶을 수 있는 것이 사랑인데, 그 사랑은 하나님까지도 절대복종할 수 있는 절대적 사랑입니다. 그러니 그 절대적인 사랑 앞에 부부로 오시는 분은 유일무이한 것입니다. 절대적인 동시에 영원불변입니다.

6 창조주인 하나님이 세운 목표는 변할 수 없습니다. 아무리 시대가 변하고 역사가 곡절의 과정을 거쳐 간다 하더라도, 모든 사람의 양심의 중심이 되고 모든 사람의 소망의 목표가 되는 하나님은 결코 변할 수 없습니다. 영원 전부터 영원 후까지 변할 수 없습니다. 그렇기 때문에 '나는 알파와 오메가요, 처음과 마지막이요, 시작과 끝이다.'라고 하였습니다.

참사랑의 근원이신 하나님

7 하나님은 사랑의 뿌리, 근원입니다. 또 하나님은 생명의 뿌리입니다. 그다음에 하나님은 혈통의 뿌리이고 양심의 뿌리입니다. 우리가 사랑이라든가 생명·혈통·양심을 보지도 못하고 만질 수도 없지만 있다는 것을 아는 것과 마찬가지로, 하나님을 볼 수도 없고 만질 수도 없지만 있다는 것을 알 수 있습니다. 그러면 생명의 뿌리가 되고 사랑의 뿌리가 되는 하나님은 어디에 있느냐? 공중에 있는 것이 아닙니다. 우리의 생명과 사랑의 뿌리 가운데 하나님이 계시기 때문에 못 느끼는 것입니다.

8 하나님은 참사랑의 뿌리입니다. 뿌리는 줄기를 통해서 순과 통합니다. 그렇게 돼서 가지는 동서남북으로 뻗습니다. 동서남북으로 뻗으면 뻗을수록 순도 자라고 줄기도 자라고 뿌리도 자라는 것입니다. 그래서 하

나님은 인간세계에서 참사랑을 중심 삼은 종적인 아버지라는 것을 발견할 수 있습니다. 종적인 참사랑을 중심 삼은 아버지가 창조주이십니다.

9 사랑의 뿌리가 하나님입니다. 하나님은 뿌리 중의 뿌리입니다. 그 사랑의 뿌리에 접붙여야 됩니다. 거기에 하나되면 그 사랑의 뿌리에 연결되고, 거기서 싹이 나와서 가지를 무성히 뻗치면 꽃이 피고 열매가 맺힙니다. 거기에서 주인의 소망이 꽃피는 것입니다. 싹이 나와서 가지를 틔워야 합니다. 싹만 나 가지고는 망합니다. 싹이 나와서는 가지를 뻗쳐야 됩니다. 주된 가지를 비롯해서 수많은 가지가 나와야 합니다. 수많은 잎들이 무성해야 거기에 꽃이 핍니다. 그것이 자라는 순서입니다. 그렇게 해서 본래의 완성 단계를 거쳐 가는 것입니다.

10 사랑의 주인이 하나님입니다. 하나님이 사랑의 뿌리입니다. 뿌리 가운데 중심 뿌리는 하나입니다. 중심 뿌리에 통할 수 있는 사랑이 어디 있느냐 해서 찾아가야 됩니다. 그러니 완전히 하나님과 같이 되어야 합니다. 하나님이 몸 마음이 절대적으로 하나된 것과 마찬가지로 우리도 몸 마음이 절대적으로 하나될 수 있는 아들딸이 되어야 합니다.

11 선의 하나님은 희생과 사랑의 하나님입니다. 사랑은 희생의 본질을 떠나서는 있을 수 없습니다. 사랑하는 사람을 위해 희생했다고 해서 그 희생을 희생으로 생각하지 않습니다. 희생하면 희생할수록 보람을 느끼는 것입니다. 사랑이란 그런 상이한 소성을 갖고 있습니다. 사랑이 얼마만큼 크냐 하는 것을 생각할 때, 그것을 드러내는 자리는 반드시 희생하는 그 양이 얼마나 크냐 하는 것에 따라서 크고 작고, 높고 낮은 사랑이 결정됩니다. 희생이 크면 클수록 큰 사랑을 드러내는 것이요, 희생이 작으면 작을수록 거기에는 작은 사랑을 드러내는 것입니다.

12 하나님은 절대적인 사랑의 존재입니다. 하나님은 사랑의 대상인 인간을 창조하여 당신의 사랑을 그 위에 쏟아놓을 수 있기를 원하였습니다. 그렇게 함으로써 하나님은 자연히 남자와 여자로부터 그 사랑을 돌려받기를 기대하였습니다. 그렇게 했다면 하나님은 무한한 기쁨을 느꼈을 것입니다. 아담과 해와는 먼저 자신들끼리 사랑 속에서 하나되어야만 하나님의 사랑의 완전한 대상이 될 수 있습니다. 따라서 아담과 해와가 한 쌍의 성숙한 인간이 되어 하나님을 닮고, 하나님의 사랑을 받고, 그 사랑을 하나님에게 돌려드리기 위해서는

성장·성숙의 기간이 필요했습니다.

13 하나님이 천지창조를 사랑 때문에 했습니다. 그 사랑의 대상이 누구냐? 인간입니다. 이것이 인간의 가치입니다. 하나님은 사랑의 왕이시니까 부모사랑도 갖고 있고, 부부사랑도 갖고 있고, 형제사랑도 갖고 있습니다. 동서남북·전후좌우 그 본성을 가지고 참된 사랑을 갖기를 바라는 상대가 나타날 때는 언제든지 대할 수 있는 주체이기 때문에 하나님은 사랑의 대왕이십니다.

정·지·의 인격적인 하나님

14 하나님은 인간과 어떤 관계에 있느냐? 하나님이 인간과 관계를 짓기 위해서는 인격적 신이어야 됩니다. 인격적 신이 되려면 인간 같아야 됩니다. 인간에게 마음이 있고 몸이 있는 것과 마찬가지로 인간을 지으신 하나님도 인간과 더불어 공동목적을 가질 수 있는 그 본체라면 인간을 닮아야 됩니다. 이성성상이라는 개념은 거기서 나오는 것입니다.

15 창조주이신 하나님이 창조할 때 무목적인 창조물을 지을 수 없는 것입니다. 인간은 정·지·의의 자체로 되어 있으니만큼 이와 같은 인간을 지으신 하나님도 역시 정·지·의의 본체가 아닐 수 없습니다.

16 하나님은 인격적 신입니다. 인격적 신이기 때문에 정·지·의를 갖추어야 됩니다. 그래야 우리와 통할 수 있습니다. 내가 웃으면 하나님도 웃어야 됩니다. 마음대로 할 수 있는 절대적인 하나님이 눈물을 흘릴 수 있겠습니까? 하나님도 눈물을 흘립니다.

17 기독교에서는 하나님은 유일무이하신 분이요, 절대적인 분이요, 창조주요, 신성한 자체로서 지고(至高)한 자리에 계시기 때문에 인간, 즉 피조물과 관계를 가질 수 없다고 봅니다. 피조물은 속된 것이고 창조주는 절대적이고 신성한 분이라고 봅니다. 그러나 사랑의 개념을 중심삼고 볼 때, 아무리 지고지선하신 하나님이요 아무리 저급한 피조물이라 할지라도 사랑의 관계를 맺기 위해서는 인격적인 내용이 같아야 됩니다. 심정적 내용이 같아야 됩니다. 즉 인격을 갖춘 사람과 성품이 같아야 된다는 것입니다. 그렇기 때문에 인간은 하나님을 닮았습니다. 그래서 우리 신자들이 '하나님은 우리의 아버지이시다. 우리는 하나님의 자녀다.'라고 하는 것입니다. 이것은 인간이 하나님을 닮았다는 말입니다. 무엇을 통해 닮았느냐? 핏줄을 통해서, 혈통을 통해서 닮았습니다. 혈통을 통해서 인연되었다는 것은 사랑으로 인연되었다는 뜻입니다.

18 하나님은 정·지·의를 합한 내용을 갖춘 인격적 신입니다. 그런 인격적 신이 최고로 원하는 것이 사랑이기 때문에 그 사랑의 대상으로서 인간시조를 지은 것입니다. 기독교 신학은 창조주와 피조물에 대하여 창조주는 거룩한 분이고 피조물은 속된 것이라고 말하고 있습니다. 하나님이 이상적인 사랑의 상대자를 찾고자 하는 상대이상이 절대 필요하다고 보게 될 때, 그럴 수 없다는 것입니다. 하나님이 신성하시니만큼 그 신성한 분이 상대이상을 통해서 찾고자 하는 사랑의 대상자도 신성하다는 것입니다. 인간의 특권적 권위가 여기에서 성립됩니다.

19 철학의 최후 종착점은 신을 발견하는 것입니다. 그 신은 어떠한 신이냐? 절대적인 신, 불변의 신, 유일의 신입니다. 신을 발견하는 데 있어서 그 신은 인간에게 필요한 인격적 신이어야 됩니다. 인간과 관계를 맺기 위해서는 인간이 생각하는 모든 안팎을 갖추고 뜻을 갖추고 이상을 갖춘 인격적 신이어야만 됩니다. 정서적인 면이나 뜻적인 면이나 지식적인 면이나 모든 면에서 인간과 통할 수 있는, 완전히 관계를 맺을 수 있는 신이 아니고는 아무리 신이 있다 하더라도 인간과는 완전히 상관을 지을 수 없습니다. 이렇게 볼 때 인격적 신이 되어야 한다는 표제 밑에서 철학은 하나님을 숭상 안 해왔습니다.

20 하나님이 필요로 하는 것이 사랑이라면, 하나님은 하나님 닮은 것을 사랑하십니다. 그러므로 하나님이 좋아할 수 있는, 사랑을 나눌 수 있는 상대적인 것을 필요로 합니다. 인간이 그런 상대라면 인간을 중심삼고 볼 때 신은 인격적인 신이어야 합니다. 그러면서 그 모든 요소가 백 퍼센트 화합해야 됩니다. 몸과 마음의 소성에 있어서 전부가 화합할 수 있는 신이어야 됩니다. 그렇기 때문에 정·지·의를 가진 신이어야 됩니다.

21 하나님을 중심삼고 보면 하나님은 인격을 가진 신입니다. 하나님은 인간의 주체이니까 사람과 완전히 통할 수 있는 인격자입니다. 그런 분이라면, 그분이 생각하는 인륜도덕이 있을 것입니다. 인간이 이렇게 이렇게 살아야 한다는 법칙이 있을 것입니다. 인간에게 인륜이 있고 인정이 있는 것과 마찬가지로 하나님에게 있어서도 천륜이 있고 천정이 있어야 됩니다. 하나님은 주체자로서의 사랑을 가져야 되고, 그런 법도를 가져야 됩니다. 또 인간은 대상자로서 사랑을 가져야 되고 그 법도를 가져야 됩니다. 그런데 인륜과 인정이 있는 반면 천륜과 천정이 없다면 이

것은 논리에 맞지 않습니다.

22 '원형이정(元亨利貞)은 천도지상(天道之常)이요, 인의예지(仁義禮智)는 인성지강(人性之綱)이라.'라는 말이 있습니다. 인의예지를 중요시했습니다. '원형이정'은 자연의 변함없는 순환, 춘하추동의 순환적인 우주 궤도에 대한 설명입니다. 그러나 인격적 신을 몰랐습니다. 자연세계의 음양 이치는 풀었지만, 사랑이라든가 핏줄이라든가 완성이라는 것을 몰랐습니다. 동서남북이 균형을 취한 주체 대상의, 성상 형상의 중화적 존재라는 것을 몰랐다는 것입니다.

23 이 천지를 운행하는 신은 인격적 신입니다. 인격적 신은 인간을 중심한 이상적 가정을 중심삼고 부모가 되어야 하고, 부부가 되어야 하고, 자녀를 거느리고 일족을 편성하고, 일족을 중심삼고 일국을 편성해서 세계 통일, 하늘의 대가족 국가를 형성하자는 것입니다. 그러면 단일민족이 됩니다. 예수님이 하나님의 독생자라고 한 것은 놀라운 선언입니다. 그 다음에는 신랑 신부를 말했습니다. 남자로서 이룩할 최고의 기준을 가르쳐 준 것입니다. 요한복음 14장을 보게 되면 골자를 전부 다 이야기했습니다. 그래서 나중에 신랑 신부를 찾아와서 가정 편성, 종족 편성, 국가 편성, 세계 통일천하를 위해 재림을 한다는 것입니다.

24 사랑을 논하려면 인격적인 신이 아니고는 안 됩니다. 정서와 인격적으로 사람과 같은 소성을 가진 신이어야 되는데, 그러한 신을 제시한 종교는 기독교밖에 없습니다. 기독교에서는 하나님을 아버지, 여호와 하나님이라고 했습니다. 여호와 하나님을 아버지라고 불렀다는 것입니다. 하나님을 아버지라고 했다는 사실은 위대한 발견입니다.

원리와 법도의 하나님

25 하나님은 원리의 하나님이십니다. 반대로 사탄은 비원리적인 자리에 선 자입니다. 그러므로 비원리적일 때는 사탄이 주관하고, 원리적일 때는 하나님이 주관하는 것입니다. 하나님이 천지를 창조하셨던 위치를 보게 되면 하나님이 있고, 다음에 아담 해와가 있고, 다음에 천사장이 있고, 이렇게 되어 있습니다. 이것이 원리적입니다.

26 종교생활은 뭐냐? 본성의 생활입니다. 본성은 원리의 중심입니다. 하나님은 원리의 주인입니다. 그렇기 때문에 하나님은 원리를 관리할 수 있습니다. 본성의 자리만을 중심삼고 하나님이 관리할 수 있습니다. 본

성의 자리는 절대적인 하나님과 하나되어 있기 때문에 본성도 절대적인 자리를 취하려고 합니다. 마음이 몸을 대해서 언제나 명령할 수 있는 것은 절대적이기 때문입니다. 또 원리적이기 때문입니다. 원리는 모든 사물의 중심을 결정합니다. 원리원칙일수록 그것은 중심의 자리에 가까이 가는 것입니다.

27 선한 사람, 좋은 사람은 전체의 대표자입니다. 그러므로 선을 중심삼고 볼 때, 원칙적인 원리의 자리에 가까운 사람이 보다 선한 사람입니다. 그 원리의 중심이 하나님이기 때문에 원리에 따른 본심은 자동적으로 하나님과 하나되려고 하는 작용을 하게 됩니다. 그 자동적으로 하나되려고 하는 작용이 양심작용입니다. 본래 양심은 인간이 타락하지 않았으면 몸까지도 하나 만들 수 있는 주인이었습니다. 그것이 원리였는데 타락했기 때문에 비원리적인 기반이 되었습니다. 그래서 원리의 작용은 비원리를 대해서 언제나 투쟁하면서라도 작용하지 않을 수 없습니다. 이것이 양심작용입니다.

28 참은 반드시 하나님이 중심이 되어야 합니다. 그래서 인간을 전체적으로 수습하고 주관할 수 있는 결정적인 기반을 갖게 될 때 참이 이루어지는 것입니다. 그 기반을 갖지 못하면 참이라는 명사는 성립될 수 없습니다. 참의 기원은 하나님이십니다. 하나님이 계심으로써 참이 이루어집니다. 그래서 하나님이 떠나게 될 때 참도 떠나게 됩니다. 거기에는 참이 아닌 악의 기원이 생기는 것입니다. 참이 있어야 참된 결과를 가져올 수 있습니다. 다시 말하면 하나님이 계심으로써 하나님의 소원이 이루어질 수 있다는 것입니다. 그렇기 때문에 참이니 선이니 하는 명사는 인간을 위주로 해서 세워진 것이 아니라 하나님을 위주로 해서 세워졌다는 사실을 알아야 됩니다.

29 참이란 무엇이냐? 남자 앞에 제일 진리요 참된 것이 여자이고, 여자 앞에 제일 진리요 참된 것이 남자입니다. 또 하나님 앞에 참이 사람이요, 사람 앞에 참이 하나님입니다. 진리가 딴 데 있는 것이 아닙니다. 하나님이 참이고 하나님이 진리이기 때문에 그로부터 시작된 모든 것은 참이 아닐 수 없고 진리가 아닐 수 없습니다. 그런 참된 것이 어떻게 완성을 하느냐? 남자 여자가 하나되고, 그 하나된 남자 여자하고 하나님이 하나될 때 참사랑을 중심삼고 완성이 이루어지는 것입니다. 참사랑이 아니고는 완성이 있을 수 없습니다. 이렇게 볼 때 남자 하게 되면 그 남

자는 진리의 완성을 대표한 자요, 여자도 역시 진리의 완성을 대표한 자입니다. 남자 여자가 하나되는 것은 하나님 완성과 더불어 우주 완성을 위한 것입니다.

30 하나님은 진리의 주체요 진리의 본체이시기 때문에 모든 것이 다 가능하다고 했습니다. 하나님이 진리라면 이 원칙은 마찬가지입니다. 하나님은 주체적 존재인 동시에 주체로서 모든 것을 책임진다는, 자기 소관이든 상대적인 것이든 모든 것의 책임은 내가 진다는 입장에 있습니다. 그렇기 때문에 하나님은 지금까지 역사적 중심이 되어 있고, 또 영원히 중심존재로 남아질 것입니다.

31 하나님이 천지만물을 법으로 지어 놓고, 그 법을 무시하면 그 하나님은 법을 지배할 수 있는 하나님이 못 됩니다. 법을 세웠으면 법을 지킴으로써 법을 주관할 수 있는 하나님이 됩니다. 법을 내 것으로 만들 수 있는 하나님이 된다는 것입니다. 법을 반대하면 그 법을 내 것으로 만들지 못합니다. 법을 지켜야 그 법이 하나님의 것이 됩니다. 자기가 그 법과 하나되었기 때문에 그 법을 중심삼고 판단할 수 있고, 안 된다고 제재할 수 있고 명령할 수 있습니다. 그러지 않고는 법을 가지고 판결할 수 없고 선고할 수 없습니다.

32 기독교에서 '하나님 아버지! 전지전능하신 아버지!'라고 하는데, 전지전능한 하나님도 원칙 기반 위에서 전지전능이지, 무원칙 기반 위에서 전지전능이 아닙니다. 마음대로 하는 하나님이 아닙니다. 자기가 법을 세워 놓았으면, 영원하신 분이 제정한 법은 영원한 것입니다. 자기가 세워 놓은 것이라고 해서 마음대로 할 수 없습니다.

33 기독교 목사들은 '전지전능한 하나님이, 창조의 능력을 가진 하나님이 이제라도 마음대로 할 수 있지!'라고 할는지 모르지만 천만에요! 천지의 모든 존재물은 법칙, 대원칙에 의해서 작용합니다. 제아무리 하나님이라도 이 원칙을 파괴하고 행동할 수는 없습니다. 이 나라의 대통령이라도 헌법을 위주로 하여 제정된 모든 법, 입법기관을 통해 제정된 법을 중요시해야 됩니다. 하나님은 절대자이고 영원·불변·유일의 존재이기 때문에, 그분이 정한 법은 절대·유일·불변이라는 것입니다. 이 법에 일치될 수 있는 상대자가 필요합니다. 상대자가 있어야 됩니다. 개인을 해방할 수 있는 그 법에 일치할 수 있는, 세계를 대표할 수 있는 상대자가 필요하다는 것입니다.

제2장 심정과 참사랑이신 하나님

1절 심정이신 하나님

1 하나님은 심정의 주체입니다. 그렇기 때문에 하나님도 무한히 슬픈 감정을 갖고 계시며 무한히 기쁜 감정을 갖고 계십니다. 하나님이라고 해서 기쁘고 좋은 감정만 갖고 계시는 것이 아닙니다. 슬프다면 인간이 도달할 수 없을 정도로 깊고 넓은 슬픈 심정을 갖고 계시는 분입니다.

2 인간을 지은 하나님은 우리 몸 마음의 주인임은 물론이요, 우리 이념이나 우리 감정세계의 주체격 주인격에 설 수 있는 분이며, 더 나아가서는 우리 심정의 주인이요 주체 되시는 분입니다. 우리에게는 이러한 하나님이 절대적으로 필요합니다. 우리의 의식이나 인정에 의해서 관념적으로 필요한 것이 아니라 절대적으로 필요합니다. 그런 주인을 잃어버린 것이 슬픔입니다.

하나님은 심정의 주인

3 하나님은 내 몸과 내 심정의 영원한 주인입니다. 본연의 세계는 아무리 사랑하는 부부라 하더라도 남편이 부인보다도 하나님을 더 사랑한다고 해서 부인이 그 남편을 원망하지 않습니다. 또 부인이 하나님을 남편보다 더 사랑한다고 해서 남편이 왜 하나님을 나보다 더 사랑하느냐고 하지 않습니다. 그것을 보고 좋아할 수 있는 세계가 천국입니다. 세상의 어떠한 사랑, 어떠한 내용도 초월한 주체적인 입장에 계시는 하나님은 내 몸의 영원한 주인입니다. 몸의 영원한 주인인 그 하나님의 품에, 그 동산에 있으면 죽어도 좋다는 것입니다.

4 참된 내적 심정의 종적인 자리에서 있는 분이 하나님입니다. 아버지입니다. 그러면 참부모는 뭐냐? 횡적인 심정을 중심삼고 남자 여자가 어머니 아버지가 되어서 이 수직선을 보강할 수 있는 부체가 되는 것입니다. 수직선을 구부리면 안 됩니다. 이 중앙선에 사탄이 침범할 수 있는 길이 있으니, 이것을 보강할 수 있는 사랑의 뼈 가운데 사랑의 살이 되어야 합니다. 사랑화한 뼈와 살, 사랑화한 뼈의 자리의 아버지가 종적인 하나님이고, 사랑화한 살의 부모의 자리가 참부모입니다. 이것이 핵이 되어서 부체가 정해진다는 것입니다.

5 심정의 역사는 인간의 육신과 관계되어 있는 터를 중심삼고 말하는 것이 아닙니다. 여기에는 천정이 개재

되어 있습니다. 이 천정은 근원도 천정이요 과정도 천정이요 결과도 천정의 내용을 갖추지 않으면 안 됩니다. 그렇기 때문에 하나님의 사랑을 중심 삼고 하나님과 한 몸으로 태어난, 타락하지 않은 아담 해와와 같이 하나님의 핏줄을 이어받을 수 있는 인연을 가진 자신이 되지 않고는 심정적 승리의 터전을 갖출 수 없습니다.

6 본래 아담과 해와는 하나님의 심정에 통하고 하나님의 희망에 약동하면서 나날의 생활 가운데서 하나님 품에 안겨 만족하고 모든 것에 대해서 감사하는 주체가 되어야 했습니다. 그런데 그들이 그와 같은 길을 걷지 못하는 것을 보는 하나님의 내적인 심정의 아픔은 그들 자신의 내적인 처참함 이상이었다는 것을 우리 조상들은 몰랐습니다.

7 오늘날 나는 어떤 심정으로 방황하고 있으며, 어떤 시선과 어떤 오관을 갖고 생을 영위하고 있는가? 이것을 생각하기 전에 여러분은 먼저 '하늘이여! 제가 그러한 감각을 갖고 생애를 살아가고 있으니 옛날 에덴에서 아담 해와가 타락하기 전 하나님을 대하던 심정과 타락하던 심정, 하나님이 아담 해와를 쫓아내던 심정, 이 인류를 붙들고 노아를 세울 때까지 1600년 동안 수고하시던 하나님의 심정, 노아가 120년 동안 산꼭대기에서 방주를 지으면서 무한한 천대와 학대를 받으면서도 하늘을 붙들고 수고해 나오던 그 심정, 우여곡절과 천태만상의 역사과정을 거쳐 온 하나님의 심정을 붙들고 한번 살고 싶습니다.' 라고 말할 수 있어야 합니다.

8 생활감정에 있어서 우리가 하나님의 감정과 공감된 감정을 어떻게 느끼느냐 하는 것이 문제입니다. 혼자 있으면 '아버님!' 하고 나도 모르게 부를 수 있어야 됩니다. 그러면 하나님이 '오냐!' 하는 느낌을 받게 됩니다. 일체 되면 그렇게 됩니다. 아무도 없는 것 같지만 누가 나를 주관하고 지도하고 있다는 것입니다. 그런 생활권 내에 들어간 사람이라면 하나님이 있다 없다 하는 것이 문제 되지 않습니다. 어려움에 부딪히면 반드시 나를 옹호해 주고 인도하고 있다는 것을 아는 자리에서 하나님을 저버리고 갈 수 없습니다.

9 하나님도 정·지·의를 가지고 계십니다. 하나님으로부터 지음을 받은 인간에게 정·지·의가 있는데 하나님에게는 말할 것도 없습니다. 비록 이 땅 위의 인류가 타락의 후손이지만 본래 하나님 자신의 혈족이요 직계 아들딸이기 때문에 잃어버린 아들딸을 찾는 그 이상의 부모의 심정을 가

지고 오는 분이 하나님입니다. 그렇기 때문에 우리가 이 땅을 대하여 눈물을 흘리고 죽음과 고통으로 쓰러지고 비애에 사무쳐 서러워하는 장면이 바로 하나님의 슬픔과 서러움이 반영된 장면 장면인 것입니다. 그러므로 선한 사람을 업신여기고, 선한 사람을 핍박하고, 선한 사람을 죽인 개인·가정·민족은 오래 못 갑니다. 하나님이 그것을 기억하기 때문입니다. 그러기에 우리는 자신의 눈물이 떨어질 때마다 하늘의 눈물이 떨어지는 것을 알아야 합니다. 우리가 원수를 대하여 분하고 절통한 마음이 우러날 때마다 하나님은 용서의 눈물을 흘리신다는 것을 알아야 합니다. 원수를 갚고 나서도 '야, 이놈 너 잘 죽었구나.' 라고 하는 하나님이 아닙니다. 사람을 원수로 여겨 치는 것이 아닙니다.

10 먼저 주고 맞고 빼앗아 오는 하나님입니다. 여러분도 그래야 합니다. 하나님의 비참한 경륜도 우리 때문입니다. '너와 같이 말하고 너와 같이 일하고 싶다.'라고 말하고 싶은 하나님의 역사적인 심정을 알아야 합니다. 하나님은 잊지 않고 기다리십니다. 나는 언제 하나님의 복귀섭리에 동참할 수 있을까를 생각해 보라는 것입니다. 하나님과 같이 살 수 있는 생활무대를 찾아야 합니다. 그리고 하나님과 같이 생각할 수 있고, 말할 수 있고, 행동할 수 있는 길을 찾아 들어가야 합니다.

11 하나님은 온 천주를 창조하신 창조주인 동시에 우리의 참아버지입니다. 그 참아버지는 우리를 찾아오실 것입니다. 어떠한 운명의 곡절에 처하더라도 그 곡절을 넘어 그 참아버지의 손길을 붙들고, 역사적인 소원과 자기 생애의 소원의 심정을 품고서 '나의 아버지여!' 하고 최후의 한마디를 남길 때까지 인간은 가야 합니다. 죽음의 길이 가로놓여 있다 하더라도 그곳까지 가야 합니다. 끝날에 인류 가운데에서 그러한 길을 달려가서 창조주이며 절대자인 하나님을 대하여 '나의 아버지!'라고 부를 수 있는 무리가 나오게 될 때, 거기서부터 하나님의 새로운 경륜은 시작될 것입니다.

12 우리가 더 좋은 선을 지향하고, 더 아름다운 미를 찾아 나가고, 더 정적인 사랑을 찾아 헤매는 최고의 목적은 무엇이냐? 그것은 창조주의 천적인 심정과 인연맺는 것입니다. 이러한 견지에서 하나님의 심정, 천륜의 심정, 인륜의 심정을 살펴볼 때, 이 심정들이 하나의 목적을 향하여 정상적으로 움직이고 있느냐 하면 그렇지 못하다는 것입니다. 인간 사회에서의 인륜과 섭리의 법도를 따라 움직이고 있는 천륜이 방향을 달리하

고 있습니다. 이러한 사실은 타락의 결과입니다. 타락으로 인해 창조주의 심정과 천륜의 심정, 인륜의 심정이 상충되어 있는 서글픈 사실을 알아야 됩니다. 이러한 자신들이라는 것을 인식하고, 이러한 사회라는 것을 인식하고, 이러한 세계라는 것을 인식하여 가던 발걸음을 멈추고 다시 부활한 피조세계를 바라볼 줄 알고, 창조주의 심정을 다시 바라볼 줄 알고, 사회의 실상을 다시 바라볼 줄 알고, 자기 마음과 몸을 다시 주시할 줄 알아야 됩니다. 이러지 않고는 새로운 이념의 세계, 새로운 정적인 세계는 인류역사에 등장할 수 없습니다.

13 하늘의 용사가 되려면 하나님의 심정을 알아야 됩니다. 나라의 충신이 되려면 군왕의 심정을 알아야 되고, 부모 앞에 효자가 되려면 아버지 어머니의 심정을 알아야 되듯이, 하늘의 용사가 되려면 하나님의 심정을 알아야 합니다. 하나님의 창조 전의 심정과 창조 당시의 심정, 또한 창조 이후 인간이 타락할 때의 슬픈 심정과 그 슬픈 심정을 품고 복귀역사를 엮어 나오시는 복귀의 심정, 그리고 복귀된 이후의 세계를 소망하시는 그 심정을 알아야 됩니다.

14 통일교회에서 말하는 하나님의 심정은 길고 크고 깊습니다. 창세전의 하나님의 심정, 창세 당시의 하나님의 심정, 창세 이후 아담 해와가 타락할 때의 하나님의 심정이 어떠하셨는가를 알아야 합니다. 아담 해와가 타락해서 하나님의 가슴에 얼마나 큰 못을 박았는가를 알아야 합니다. 타락한 이후에도 하나님이 얼마나 슬퍼하셨는가를 알아야 됩니다. 또 복귀노정을 걸어오시면서 얼마나 애절한 심정을 갖고 찾아오셨는가 하는 것을 알아야 합니다. 복귀의 세계를 만들기 위해 당신의 아들딸들을 처참한 죽음의 고비로 몰아넣으시면서, 참고 가라고 권고하시던 하나님의 심정이 얼마나 애절했겠는가를 알아야 됩니다. 그리하여 최후의 하나의 중심존재를 통하여 이 죄악세계를 청산하고, 하나님의 심정적인 한을 해원해 드려야만 뜻은 이루어지는 것입니다.

15 복귀섭리역사를 보면, 하나님은 세계적인 운세를 몰고 나오십니다. 하나님은 태초에 광대한 우주를 만들어 놓으시고 그 중심으로 아담과 해와를 세우셨습니다. 아담 해와를 만들 때 만물의 모든 요소를 가지고 만드시고 많은 것을 부여하셨는데, 그중에서 가장 중요한 것이 심정입니다. 심정은 사위기대의 중심이고, 사위기대의 핵은 사랑입니다. 모든 존재의 가장 핵심적인 기점은 심정입니다.

16 사랑과 심정은 어떻게 다른가? 보통 사랑이라 하면 마음이 들떠 있는 기분을 느끼고, 심정이라 하면 마음과 밀접한 관계가 있는 것처럼 느낍니다. 그런데 심정은 사방성을 가지고 있습니다. 그러므로 심정이 사랑보다 더 전체의 중심입니다. 심정은 사랑의 과정을 거친 결과적인 입장과 같은 것입니다. 그래서 심정은 입체적인 세계의 중심입니다. 그러므로 통일교회는 지금까지 사랑의 세계보다 심정의 세계를 창건하자고 주장해 온 것입니다. 이와 같이 모든 것의 중심은 심정인데, 이 심정은 반드시 가정을 중심삼고 우러납니다. 그러한 심정이 하나님을 중심삼고 연결되어 하나되어야 합니다. 이때 하나되는 심정은 개인적으로도, 가정적으로도, 민족·국가·세계적으로도 하나가 되어야 합니다. 이렇게 볼 때 복귀 완성이란 심정을 빼놓고서는 될 수 없습니다. 중심의 위치를 세울 수 없기 때문입니다.

심정을 통해 느낄 수 있는 하나님

17 역사적인 심정의 하나님은 6천년 동안 서러워했습니다. 불신한 우리 선조들을 대하여 억울해하였습니다. 이제 우리는 억울하고 서러우신 하나님을 위로해 드리는 기도를 해야 됩니다. 지금 세계에 널려 있는 제2 이스라엘을 대하는 하나님의 심정은 서글픕니다. 그 아버지의 소맷자락을 붙들고 '아버지, 어찌하여 당신의 심정이 이렇게 딱하고 억울하옵니까?' 라고 할 때 그 손을 붙들고 '오냐, 내 아들아, 내 딸아!'라고 하실 수 있는 무리가 나와야 합니다.

18 오늘날 신랑이 신부를 찾아 나오기 위한 편지체로 쓰인 성경 말씀에는 암호가 많습니다. 왜 암호로 말씀했겠습니까? 심정의 하나님이기 때문입니다. 성경을 누구나 다 풀지 못합니다. 신랑 신부만이 풀 수 있습니다. 심정을 통하여 모실 수 있는 준비를 한 사람만이 풀 수 있지, 그렇지 않은 사람은 못 풀게 돼 있습니다. 여기에 있는 암호의 정체가 무엇이겠습니까? 신랑이 올 수 있는 문을 여는 비결인데, 그 비결은 심정입니다. 부모의 심정은 어린아이를 품고 젖을 먹일 때나 그 자식이 머리카락이 세어서 백발이 되었을 때나 같습니다. 그 심정에는 차이가 없습니다.

19 기독교인들은 '아하, 주님은 구름을 타고 와야지.'라고 합니다. 그러면 얼마나 좋겠습니까? 정말 그렇다면 우리 같은 사람도 고생을 안 합니다. 그런 식으로 믿으려면 목사 장로들에게 지지 않을 만큼 믿었을 것입니다. 정성을 들이는 데에 있어서도 누구 못지않았을 것입니다. 주님이 구름

을 타고 오셔서 어떻게 하시겠습니까? 지금까지 기독교 역사를 해부해 보면 영적인 면으로만 나왔기 때문에 학살당하고 피살당하면서 나왔습니다. 땅의 기반이 없기 때문에 수많은 국가의 주권자들한테 학살당하고 희생당해야 했는데, 그것만 해도 분하고 원통한데 재림주까지 또 영적으로 와서 어떻게 하시겠다는 것입니까? 그래 가지고 기독교인만 살짝 빼돌리고 다른 사람들은 다 죽여 버리겠다는 말입니까? 하나님은 결코 그런 분이 아닙니다. 성경의 탕자의 비유처럼, 하나님은 자기 맏아들보다도 탕자인 차자를 더 사랑하는 심정의 하나님이십니다.

20 6천년 동안 심정에 굶주린 대주재요 대왕으로서 지금까지 허덕여 나오신 하나님이심을 똑똑히 알아야 됩니다. 그 하나님을 위로해 드려야 합니다. 그 하나님은 세상만사를 한꺼번에 다 심판해 버리고 싶은 마음이 간절하였으나, 당신의 목적이 있고 당신의 소원과 소망이 이 땅 위에 있는 까닭으로 그것을 바라보며 참고 또 참고 또 참아 나오신다는 것을 알아야 합니다. 그런 하나님을 아버지라고 불러야 합니다. 이름만의 하나님이 아닌 심정의 하나님을 아버지라고 불러야 합니다. 그리하여 우리의 혈족 아닌 혈족, 부모 아닌 부모, 형제 아닌 형제들이 세계적으로 동원되어 하늘의 절개를 세울 수 있고, 하늘의 심정과 인연을 맺어 동서고금을 넘고 민족과 국가를 넘어 천상의 심정을 중심삼고 움직일 수 있는 새로운 주의가 이 땅 위에 나와야 됩니다. 그것이 안 나오면 세계는 깨져 나갑니다.

21 이제 인간은 갈 곳이 없습니다. 그러나 최후의 결판을 지어야 하겠기에 절망 속에 있을 수만은 없습니다. 이제는 참다운 진리를 가지고 새로운 천지에 들어갈 수 있는 진리의 개방운동이 벌어져야 됩니다. 낙망과 절망에 부딪혀 있는 환경을 정비하고 단 하나밖에 없는 생명의 길로 인도할 수 있는 기준이 나와야 합니다. 그렇기 때문에 지금까지 무슨 주의, 무슨 주의 하면서 진리를 찾아 나온 것입니다. 완전한 진리가 나올 때에 비로소 세계는 완전히 통일되는 것입니다. 진리를 통하고 나서는 인격을 완성해야 되고, 그다음에는 심정을 완성해야 됩니다.

22 우리는 심정을 통해서 역사적인 하나님을 알아야 됩니다. 창조 당시의 하나님은 심정의 하나님이었습니다. 우리는 창조 당시의 하나님의 심정과 인간 타락 이후의 하나님의 심정이 어떠하셨으며, 역사과정을 거쳐 오면서 어떤 심정을 가지고 계시

는가 하는 역사적인 심정의 하나님을 알아야 합니다. 믿기는 믿지만 하나님의 심정을 압니까? 하나님의 심정을 알아야 합니다. 그다음에는 시대적인 하나님의 소원이 무엇이고, 시대적인 하나님의 심정이 어떠한가를 알아야 합니다. 그리하여 미래적인 하나님의 심정을 알아야 합니다.

23 애달픈 심정을 갖고 맡겨진 사명을 완수하기 위하여 무한히 애썼지만, 결국에는 십자가에 달리게 되는 예수님의 모습을 바라보시던 하나님의 서러운 심정을 느껴야 되겠습니다. 예수님에게는 만민을 대신하여, 온 우주를 대신하여 하나님의 서러움을 풀어 드리고 하나님의 뜻을 성취하여 사탄을 굴복시켜야 할 사명이 있었지만, 불신하는 무리에게 이리 몰리고 저리 몰려 결국에는 골고다산상에서 십자가까지 짊어지게 되었습니다. 이러한 예수님의 심정이 어떠했겠습니까? 자신을 중심하고 약속되었던 모든 뜻이 파괴되어 버리고 자신의 일생이 결국은 십자가의 형틀에 귀결된다는 것을 느낀 예수님이었지만, 그래도 예수님은 끝까지 하늘을 배반하지 않고 하늘에 대한 충성의 도리를 다하셨습니다. 모든 인간이 예수님을 불신했지만 예수님은 그러한 것에 상관하지 않고 천륜을 향한 그 길을 일생의 목표로 삼아 나아갔다는 것입니다. 그러한 예수님의 일생이 인간에게 역사적으로 소망의 길이 되었습니다.

24 타락한 이 땅 위에 하나님의 원한이 있다면, 그것은 참부모가 없고 참부부, 참자녀가 없는 것입니다. 이것이 하나님의 탄식입니다. 그래서 바울은 타락한 인간이 양자의 모양으로 구원을 얻을 것이라고 말했습니다. 그러나 그것은 양자임을 알아야 합니다. 아무리 잘났다고 해도 양자라는 것입니다. 그러면 하나님의 슬픔은 무엇인가? 그것은 직계의 자녀가 변하여 양자가 된 것입니다. 그렇기 때문에 역사는 하나님의 직계 자녀를 회복하기 위한 서글픔의 역사노정입니다. 이러한 하나님의 역사적인 서글픈 심정을 아는 사람은 하나님을 가까이 모실 수 있을 것입니다. 또한 세상에서 자식을 낳아 기르며 사는 부모는 자식을 사랑함으로써 하나님의 심정을 느낄 수 있습니다. 그렇기 때문에 진정한 부부의 사랑을 느끼는 사람은 그것을 통해 하나님 본연의 사랑을 느낄 수 있어야 됩니다. 자식이 부모를 사랑하는 것도 역시 마찬가지입니다. 그러한 기준이 이 땅 위에 나타나면 우리에게는 선에 대한 이념이 필요하게 됩니다. 나 자체가 선의 본체이면서도 오늘날 나 자신은 그 중심에 의한 상대적인 생활관밖에

갖고 있지 못합니다. 모든 것의 주체로 설 수 있는 가치의 중심, 생명의 중심, 이념의 중심, 사랑의 중심이 될 수 있는 것은 참부모의 사랑의 심정에서만 이루어집니다.

참부모·참스승·참주인의 주체이신 하나님

25 하나님을 완성시키는 것은 사랑을 중심삼은 아담 가정입니다. 하나님을 완성시키는 것은 사람이라는 것입니다. 또 사람을 완성시키는 것은 하나님의 사랑입니다. 이것이 신인일체이상입니다. 그래서 군사부(君師父)라는 말이 있습니다. 왕하고 스승하고 아버지입니다. 군사부일체라는 말은 3대 주체사상을 말하는 것입니다. 부모의 심정도 위하는 사랑입니다. 사랑하는 자식에 대해서는 보다 투입하고 잊어버릴 수 있는 삶을 살아야 부모입니다. 하나님은 3대 주체사상, 군사부의 주인입니다. 하나님은 아버지요, 스승 중의 스승이요, 왕 중의 왕입니다.

26 하나님은 부모 중의 참부모요, 스승 중의 참스승이요, 왕 중의 참왕입니다. 하나님은 영원한 참부모이고, 영원한 참스승이고, 영원한 참주인입니다. 우리가 하나님의 아들딸이 된다면 우선 하나님과 같은 참부모가 돼야 합니다. 하나님과 같은 참스승의 길을 가야 합니다. 그리고 하나님과 같은 참주인이 되는 길을 가야 합니다. 이것이 3대 주체사상입니다. 궁극적인 모델은 하나님입니다.

27 3대 주체사상의 중심이 누구냐 하면 부모입니다. 부모 같은 스승, 부모 같은 나라님이 되어야 합니다. 부모 중의 부모, 왕부모가 하나님입니다. 그러니까 하나님 같은 부모, 하나님 같은 스승이 되어야 합니다. 이것이 3대 주체사상입니다. 지상에서도 이 3대 주체사상만 남고 천상에서도 이 3대 주체사상만 남는 것입니다.

28 주체사상이라는 말은 3대 주체사상 가운데 어떤 것을 하나만 갖다 놓더라도 다 되는 것입니다. 3대 주체사상이라는 것은 셋이 다 주체사상이기 때문에 참부모를 갖다 놓아도 거기에는 참스승이 있고, 참주인이 있습니다. 참스승을 갖다 놓아도 거기에는 참부모가 있고, 참주인이 있습니다. 참주인을 갖다 놓아도 거기에는 참스승이 있고, 참부모가 있습니다. 3대 주체사상입니다. 이 셋은 대등합니다. 하나님은 참부모인 동시에 참스승인 동시에 참주인입니다. 어떤 스승이냐? 위하고 또 위하면서 가르쳐 주려는 스승입니다. 또 어떤 주인이냐? 전부 쥐어서 내 것으로 만들겠다는 것이 아닙니다. 하나님까지도 네 것으로 만들어 주겠다고 하

는 것입니다. '네가 주인이 되는 것이다.'라는 말입니다. 그렇기 때문에 이것을 한마디 단어를 써서 말하게 된다면 '낳아서 길러 가지고 세워 주자.'입니다. 총론이 '낳아 길러서 세워 주인 만들어 주자.'입니다. 하나님도 마찬가지입니다. 사람을 창조해 길러서 천주의 주인인 하나님 대신 사랑을 가진 자로서 자기보다 높은 자리에 있게끔 해서 주인 만들어 주겠다는 것입니다.

29 하나님의 창조이상은 가정이상입니다. 가정을 만들려고 한 것입니다. 가정이 이루어지려면 낳아 줘야 되고 길러 줘야 되고 세워 줘야 됩니다. 그 일을 부모가 합니다. 하나님과 마찬가지입니다. 하나님은 참된 부모의 자리에 계시는 분입니다. 여기에서 3대 주체사상이 나옵니다. 제1은 참부모, 제2는 참스승, 제3은 참주인입니다. 이것을 매일의 생활신조로 해야 됩니다.

30 하나님은 3대 주체사상의 주인입니다. 하나님은 부모입니다. 부모가 절대 필요하고, 참스승이 필요합니다. 세상이 혼란되어 있으니 이 셋 중에 참된 어머니 아버지만 찾아도 살 수 있습니다. 참된 스승만 붙들어도 망하지 않습니다. 참된 주인만 붙들어도 살 수 있습니다. 영생의 자리에 가는 것입니다. 왜 그러느냐? 위하는 천리의 자리에 서기 때문입니다. 하나님이 그러하시니 자기 집안에서 3대 주체사상의 실체를 이루어 여러분이 부모도 되고 스승도 되고 주인도 되라는 것입니다. 그러면 다 끝나는 것입니다. 하나님, 그 큰 데서부터 벌려서 내 가정에 전부 이루게 되면 여기에 모든 수직의 축이 엮어지는 것입니다. 통일적 기원이기 때문에 하나님 것이 내 것이 되는 것입니다. 그러니까 하나님을 닮아야 됩니다. 그것이 3대 주체사상입니다.

31 여러분의 몸 마음을 볼 때 마음이 얼마나 불쌍합니까? 마음은 하나님 대신입니다. 마음은 열조, 선조들을 대표합니다. 마음은 스승을 대표하고 나라님을 대표합니다. 그런데 그동안 이 마음을 얼마나 멸시하고 천대했습니까? 우주의 중심으로서 참된 부모, 참된 스승, 참된 주인의 자리에 있는, 참사랑을 가진 주체로 계시는 분의 대신으로 있는 마음이 이 땅 위에서 나 하나를 수습하기 위해 얼마나 희생했습니까? 그렇게 희생하면서도 불평하지 않습니다. 그저 천대받고 끌려 다니면서도 죽은 줄 알았는데 나쁜 생각을 가지고 새벽에 도둑질이라도 하게 되면 '야, 이놈의 자식아!' 하고 또다시 살아서 충고합니다. 여러분이 그런 마음을 얼마나 농락했습

니까? 마음은 부모 대신이요, 스승 대신이요, 주인 대신입니다.

32 본향에서는 하나님을 왕으로 모셔야 됩니다. 하나님은 우주의 왕이요, 나라의 왕이요, 종족의 왕이요, 가정의 왕입니다. 하나님은 우주의 스승이요, 나라의 스승이요, 종족의 스승이요, 가정의 스승입니다. 하나님은 우주의 주인이요, 나라의 주인이요, 종족의 주인이요, 가정의 주인입니다. 이것이 3대 주체사상입니다. 여기에는 위하는 사랑, 위하고 잊어버리는 사랑의 본질을 가지고 있기 때문에 이 셋 자체가 하늘을 대표한다는 것입니다. 자기 자신이 그 3대 사상을 전부 갖춘다면 가장 이상적이겠지만 그것을 전부 못 갖추더라도 참부모의 자리에 서면 스승은 오른쪽, 주인은 왼쪽에 서는 것입니다. 그렇기 때문에 이 셋 중에 어느 하나만이라도 가지면 됩니다. 참된 부모가 되든가, 참된 스승이 되든가, 참된 주인이 되든가, 어느 한 자리에만 서게 되면 천국 입적은 문제없습니다. 이것만 하면 통일되는 것입니다.

33 인간이 타락하지 않았다면 하나님이 아담 해와와 더불어 아담 가정에서부터 부모가 되고 스승이 되고 주인이 됩니다. 그다음에 종족으로 올라갑니다. 가정에서 종족의 자리에 올라가서 종족의 어버이가 되고 스승이 되고 주인이 되고, 그다음에 민족의 어버이가 되고 스승이 되고 주인이 됩니다. 그런 뜻으로 볼 때 대통령은 무엇이냐? 대통령은 나라의 부모입니다. 그렇기 때문에 백성들은 대통령을 부모로 모셔야 되고 스승으로 모셔야 됩니다. 그 대통령은 모든 민족정기와 전체 역사적 배경을 대표하여 행동적인 면에서 표제가 되어야 합니다. 그리고 스승이 되어서 주인의 자리에서 지금까지 모든 국민을 관리하던 국가체제를 그냥 전수해 나가야 됩니다. 그것이 세계로 확장되고, 하늘땅도 그렇게 되는 것입니다. 하나님 하면 거기에 반항할 무엇이 없다는 것입니다. 그분은 우리를 낳아 준 생명의 근본 되는 부모요, 모든 지식의 근원자요, 내가 깨달아서 생활할 수 있는 자유환경을 역사를 통해서 갖추어 준 스승이요, 그 모든 것을 준비하고 갖추어 나에게 넘겨준 주인임에 틀림없기 때문입니다. 이 원칙은 천상세계에서는 영원불변입니다. 그것이 우리가 세워야 할 3대 주체사상입니다. 내가 하나님같이 참부모가 되고, 참스승이 되고, 참주인이 되어야 합니다.

2절 참사랑의 하나님

1 하나님은 전지전능하신 분이기 때문에 원하는 대로 다 이룰 수 있고,

하고 싶은 대로 전부 할 수 있습니다. 그렇기 때문에 하나님이 이상 하는 그 무엇이 있을 수 없습니다. 단지 하나 사랑만이 필요합니다. 아무리 절대자 하나님이라 해도 혼자서는 사랑을 가질 수 없습니다. 사랑은 반드시 상대적 관계에서만 찾아지기 때문에 하나님이 아무리 전지전능하신 분이라 하더라도 사랑만은 하나님 혼자 소유할 수 없다는 것입니다. 물론 사랑의 소성을 가지고 있지만 사랑의 자극과 사랑의 신호는 상대를 통해서만 재현되는 것이지, 자체만으로는 현현할 수 없습니다. 이것이 사랑입니다. 사랑의 힘입니다.

2 하나님이 인간을 지으신 목적이 뭐냐? 하나님의 사랑을 중심삼고 완성한 사람을 표준으로 하셨습니다. 그것이 기준입니다. 하나님의 사랑을 중심삼고 완전한 사람이 되는 것입니다. 능력 많은 사람, 주관성이 있는 사람이 아니라 하나님의 사랑을 중심삼고 영원히 하나될 수 있고 영원히 같이 놀고 영원히 같이 즐길 수 있는 자리에 있는 완성한 사람, 사랑을 중심삼고 일체 될 수 있는 자리의 완성한 사람이 하나님이 이상 하신 최고의 기준이었습니다.

하나님은 사랑의 주관자

3 참된 사랑은 하나님으로부터 시작됐습니다. 하나님으로부터 출발해서 이어지고 있기 때문에 결국 하나님에게로 돌아가야 합니다. 하나님은 만왕의 왕입니다. 하나님은 절대적인 분이므로 하나님의 사랑은 영원함에 틀림없습니다. 그렇기 때문에 그 절대적인 사랑의 대상 자리에 섰다고 하면, 그것은 자동적으로 영생하는 것임에 틀림없습니다. 인간이 영원히 살고 싶어하는 것은 본연의 창조의 근원에서부터 그렇게 되어 있기 때문입니다. 그러니 그런 소원을 갖는 것은 당연합니다.

4 참사랑은 반드시 상대적 기반을 통하여 이루어지게 됩니다. 부부 간의 참된 사랑은 자기 부부만을 위한 것이 아닙니다. 하나님의 창조이상을 중심삼은 참사랑이 돼야 합니다. 절대적인 참사랑의 주인은 하나님입니다. 하나님의 참사랑으로 자기 상대와 하나되고자 할 때, 절대적인 하나님의 참사랑이 임재하는 것입니다. 참부부는 하나님의 참사랑을 품고 합일된 소망으로 미래세계를 향해 나아가야 합니다. 자녀의 잉태도, 가문의 번창도 이 기대 위에서 됩니다. 부부의 참사랑이 생활환경권을 넘어 하나님의 참사랑이상과 일치되는 가정을 이루는 것이 궁극적인 소원입니다.

5 하나님이 안 계신다고 한다면 인

간은 이 세상에서 살 재미가 없습니다. 눈은 무엇을 보아야 되느냐? 좋은 것을 보아야 합니다. 영화를 보는 것도 나쁜 영화를 보려고 하는 것이 아니라 좋은 영화를 보려고 합니다. 그리고 감동을 받기 위해서 좋은 영화를 보러 가는 것입니다. 귀도 좋은 것을 들으려고 합니다. 나쁜 것은 들으려고 하지 않습니다. 좋은 소리 중에서도 최고 좋은 소리를 듣겠다는 것입니다. 그러므로 인간은 보는 것도 최고 좋은 것을 보고, 듣는 것도 최고 좋은 것을 듣고, 냄새 맡는 것도 최고 좋은 것을 맡고, 만지는 것도 최고 좋은 것을 만지고 싶어합니다. 그러면 좋은 것의 최고는 무엇입니까? 사랑입니다. 그러면 사랑의 주인, 사랑의 대왕님이 누구입니까? 천지를 창조한 하나님입니다.

6 전지전능하신 하나님, 안 계시는 곳이 없는 하나님, 지혜의 왕이신 하나님은 인간세계에서 제일 나쁜 것도 제일 좋은 것으로 만들 수 있는 능력의 하나님입니다. 그래서 그런 것을 찾다 보니 사랑의 독재자의 자리가 하나님이 보실 때에 제일 좋아 보이는 자리였습니다. 사랑의 독재자의 자리가 하나님에게 제일 맞는 자리라는 것입니다. 사랑의 독재자가 되기 위해서는 어떻게 해야 되느냐? 독재자란 자기 마음대로 하는 사람을 말합니다. 하나님은 사랑의 독재자입니다. 나를 위하라는 독재자가 아니고 위하겠다는 독재자입니다. 그렇기 때문에 자기를 위하는 사람은 하나님과는 상관없습니다. 하나님의 사랑과 관계를 맺기 위해서는 자기를 위하려고 해서는 안 됩니다. 자기를 위하려는 사람은 하나님과는 상관없습니다. 그러므로 사랑의 독재자가 되기 위해서는 자기를 위하는 것이 아니라 위하려고 해야 됩니다. 위하려고 하는 사랑의 독재자, 절대적인 주인 된 분이 하나님입니다. 그렇기 때문에 위하려는 사랑을 본질로 해서 절대적인 유아독존의 자리에 계시는 분이 하나님입니다.

7 하나님은 사랑의 독재자입니다. 영원히 위하겠다는, 영원무궁토록 위하려는 사랑의 독재자가 하나님입니다. 그런 하나님이기 때문에 그와 더불어 관계를 맺고, 그와 더불어 사랑권 내에서 치리를 받기 위해서는 나도 위하는 사랑을 가지고 주장해야 됩니다. 그러지 않으면 하나님은 상대도 안 해준다는 것입니다.

8 절대적인 하나님도 사랑을 중심삼고는 절대복종하려고 하시는 것입니다. 이것은 기독교 신학에는 없는 말입니다. 힘의 세계를 중심삼고 볼 때 기독교 문화권은 많은 피를 흘렸습니

다. 힘만 가지면 다 된다고 보는 것입니다. 하나님은 마음대로 할 수 있다고 봤습니다. 그것이 잘못된 것입니다. 절대적인 힘을 주장하는 하나님도 사랑이 정착할 수 있는 자리, 사랑이 설 수 있는 자리를 찾으시는 것입니다. 하나님도 사랑을 중심삼고 절대 좋아하는 것입니다. 절대 좋아하는데 얼마만큼 좋아하느냐? 절대 능력을 발하는 것보다 더 좋아합니다. 전지전능하고 무소부재할 수 있는 것보다 더 좋아합니다. 그 말은 무엇이냐? 하나님은 모든 것을 버리더라도 사랑을 중심삼고 절대복종하려고 한다는 것입니다. 그래야 말이 됩니다. 하나님은 인류의 아버지라고 하는데, 그러면 아버지 자신이 사랑을 중심삼고 살지 않으면서 아들딸에게 '애들아, 너희는 사랑에 절대복종하고 살아라.'라는 말을 할 수 있습니까? 근원이 없으면 안 되는 것입니다. 그러므로 하나님 자신도 사랑에 절대복종하며 살 때 '내가 이렇게 사니 너희도 이렇게 살아야 된다.'라는 교육을 할 수 있는 것입니다.

9 참이 무엇이냐 하면 절대적인 사랑입니다. 절대적인 하나님도 참사랑에는 절대복종해야 됩니다. 우리 남자 여자가 사랑길을 찾아갈 때는, 그 남자 그 여자가 아니면 안 되겠다고 할 때는 자기 생명을 넘어서 움직이려고 합니다. 그 사랑하는 상대를 위해서는 내 생명을 바치려고 하고, 자기 모든 것을, 과거·현재·미래를 몽땅 희생하더라도 그 사랑과 하나되려고 합니다. 이것은 타락한 사랑이라도 그렇다는 얘기입니다. 본연의 하나님이 원하였던 완성한 사랑이라면 얼마나 강하겠습니까? 생명이 문제가 아닙니다. 그렇기 때문에 하나님 자체의 생명까지 부정시킬 수 있는 것이 참사랑의 힘입니다. 만약 하나님이 사랑도 마음대로 할 수 있다면 평화의 세계가 안 됩니다. 독재적인, 독재세계의 단일세계가 될는지 모르지만, 화합하고 상대자 입장에서 주고받을 수 있는, 서로서로 위할 수 있는 사랑이 없게 되면 평화의 세계, 하나의 세계는 안 되는 것입니다.

참사랑 때문에 태어난 인간

10 하나님이 왜 만물을 지었느냐? 자기가 사랑할 대상자를 찾기 위해서입니다. 자기가 사랑하는 대상권을 만들기 위해서입니다. 그가 먹고살다가 자기 본연의 세계로 돌아와서 영원한 하나님의 사랑의 본국에 들어와 살게 하기 위해서입니다. 남자는 여자 때문에 태어났고, 여자는 남자 때문에 태어났습니다. 그것은 사랑 때문입니다. 남자 여자가 왜 사랑을 가지려고 합니까? 하나님의 사랑을 위해서입니다. 그것이 진리입니다.

11 하나님의 주류 속성은 절대·유일·불변·영원입니다. 절대사랑·유일사랑·불변사랑·영원사랑입니다. 이 사랑을 찾기 위한 길을 가기 위해서는 자기를 중심삼고 생각해서는 거기서 끝나는 것입니다. 그러나 남자는 여자를, 여자는 남자를 절대적으로 유일적으로 불변적으로 영원적으로 위하는 자리에서 하나님 속성의 주류인 절대사랑·유일사랑·불변사랑·영원사랑이 나타나는 것입니다. 우리는 영원한 하나님을 닮아 영원한 생애를 중심삼고 태어났기 때문에 영원한 참사랑을 중심삼고 사는 것입니다. 그 참사랑은 둘이 아니라 하나입니다. 유일적 사랑입니다. 또 아무리 유일적이고 절대적이라도 변하면 큰일 납니다. 불변적 사랑이고 영원한 사랑입니다.

12 하나님 주류 속성의 절대적인 사랑의 개인 자리, 또 절대사랑의 가정 자리, 절대사랑의 종족·민족·국가·세계·천주 자리가 갈라져 있지 않고 전부 다 이렇게 커 갔다는 것입니다. 꼭대기에 올라가서는 개인시대·가정시대·종족시대·민족시대·국가시대·세계시대로 하나의 중심과 연결된, 확대된 세계가 되어야 합니다. 이렇게 돼야 할 본연의 우리의 내적인 무형의 하나님의 속성을 중심삼고, 남성격 주체의 절대 주인의 자리를 중심삼고 종적인 자리를 잡아서 이것이 정상적으로 컸더라면 타락이 없는 세계입니다.

13 아담 해와는 절대 창조주의 몸입니다. 몸으로 만든 것입니다. 무형의 실체로는 실체 자극의 세계를 대할 수 없습니다. 그래서 하나님이 아담의 마음에 들어와 아담이 성숙되기를 바랐고, 해와의 마음에 들어와 해와가 성숙되기를 바랐습니다. 그런데 아담 해와는 하나님이 성숙되기를 바라던 그때에 타락했습니다. 타락하지 않았으면 우리는 하나님의 직계 혈통을 받은 아들딸이 틀림없이 되었을 것입니다. 하나님이 뿌리가 돼 있다는 것입니다. 하나님이 사랑의 뿌리입니다. 그러나 타락했기 때문에 하나님의 사랑을 바탕으로 한 뿌리가 태어나지 않았습니다.

14 하나님은 인간조상 아담 해와를 지으시고 어떠한 기준에 두고 싶어하셨겠는가? 하나님이 본연의 인간을 지으신 목적은 인간을 슬픔 가운데, 고통 가운데, 불행 가운데 두고자 하신 것이 절대 아닙니다. 하나님의 일터로, 하나님의 마음자리로, 하나님의 사랑의 대상으로 지으셨습니다. 아담 해와는 하나님의 일터요, 마음의 집이요, 사랑의 대상이었습니다. 선하신 하나님이 지으신 창조의 세계

또한 선한 까닭으로 아담 해와가 움직이던 그 생활환경도 선해야만 했습니다. 그것이 창조 당시 하나님의 목적이요 이념이었습니다.

15 하나님이 사랑의 대상을 찾기 위해서 창조한 사상은 무엇이냐? 투입하고 잊어버리는 것입니다. 이것이 우주 발생의 기본 사상입니다. 그런데 타락함으로써 반대가 되었습니다. 하나님은 상대를 위해서 자기를 희생하고 완전 투입해서 보다 나은 제2의 상대를 만들려고 하는데, 인간은 타락해서 자기를 중심삼고 상대를 희생시키려고 합니다. 그러니 타락한 세계는 개인주의가 세계 판도로 퍼져서 지상지옥에서 파괴 현상을 이루는 것입니다. 그것이 현세입니다.

사랑으로 완성되는 창조이상

16 하나님은 무형의 하나님입니다. 정(正)에서 분(分)해 가지고 보이지 않는 것입니다. 거기서 무한히 나누어지면 보이지 않게 됩니다. 다시 합(合)에 의해 태어나는 것입니다. 여기서부터 커 올라갑니다. 커 올라가게 되면 하나님이 극에 있게 되는데, 하나님이 어떻게 완성을 하느냐? 사실 하나님이 어떻게 완성하느냐는 말은 처음 듣는 말이지만 내용이 있는 말입니다. 하나님도 완성을 해야 됩니다. 전지(全知)하기 때문에 지식의 완성이 아닙니다. 창조이상이 돈의 완성이 아닙니다. 권력의 완성이 아닙니다. 사랑의 완성입니다.

17 하나님 자신이 절대자이지만, 절대로 필요로 하는 것은 사랑입니다. 하나님도 사랑 때문에 존재합니다. 사랑을 위해서 산다는 것입니다. 우리 인간은 하나님의 이성성상의 일성, 즉 내성을 닮아서 태어났습니다. 아담은 하나님의 이성성상의 반쪽 한 부분이요, 해와는 하나님의 이성성상의 반쪽 한 부분입니다. 그렇기 때문에 이 자체들로는 완성이 있을 수 없습니다. 다시 말하면 남자 스스로의 완성, 여자 스스로의 완성이 있을 수 없다는 것입니다. 그래서 남자는 여자를 만나야 되고 여자는 남자를 만나야 됩니다.

18 인간 완성의 길은 어디에 있느냐? 남자면 남자 자체로 완성할 길이 없고, 여자면 여자 자체로 완성할 길이 없습니다. 그것은 전부 반제품이기 때문입니다. 그러므로 남자와 여자는 완전히 하나된 사랑을 중심삼고만이 완성됩니다. 아담 해와가 완성하는 데에는 하나님이 절대 필요한데, 하나님은 종적으로 절대 필요합니다. 아담 해와가 완성하려면 종횡의 사랑의 인연을 가져야 합니다. 종횡의 사랑의 인연을 갖지 않으면 회

전운동, 구형운동이 불가능합니다. 그렇기 때문에 횡적으로 아담에게 절대 필요한 것은 해와입니다. 마찬가지로 해와에게도 횡적으로 절대 필요한 것은 아담입니다.

19 사랑의 개념에서 남녀가 갈라졌습니다. 보이지 않는 하나님이 사랑이 일치된 자체에서는 자극을 느끼지 못하니까 분립시켜서 자극을 느끼기 위한 것입니다. 다시 말하면 무형의 하나님의 실체 내용이 유형의 실체 내용으로 전개된 것입니다. 무형의 성상 형상의 실체권이 유형의 실체권, 형상체 성상체로 전개되었습니다. 그것이 다시 무형의 실체가 되려면 하나돼야 합니다. 하나님이 실체로 계시기 때문에 무형의 성상 형상의 사랑으로 하나되어야 하는 것입니다. 사람도 남자 여자가 하나된 대상실체가 될 때, 비로소 하나님의 사랑의 상대가 됩니다.

20 인간 창조란 하나님 자신이 커 온 것을 실제로 재차 전개시켜 나오는 것입니다. 거기에서 하나님이 흥미를 느끼고 자극을 느끼는 것입니다. 사람도 마찬가지입니다. 화가가 걸작품을 만들기 위해서 그림을 그리는 것은 자기 내적인 소성을 전부 실제 형상으로 전개시키는 것입니다. 자기 뼛골 속 깊은 데까지 짜내서 투입하는 것입니다.

3절 참부모이신 하나님

1 남자는 하나님의 플러스 성품을, 여자는 하나님의 마이너스 성품을 대신한 실체대상입니다. 창조이념은 양성의 중화체로 계시는 하나님의 성상을 이성으로 분립했다가 다시 하나님의 본성상을 닮은 모습으로 합성일체화합니다. 한 남자와 한 여자는 각각 하나님의 일성을 닮아 나왔습니다. 따라서 이들 1남1녀의 결합은 하나님의 플러스 성품과 마이너스 성품이 하나되는 것입니다. 즉 하나님을 닮은 중화체가 되는 것입니다. 그러기에 두 사람, 즉 부부는 하나님의 전체를 표상하는 결합체입니다. 남자는 하나님의 플러스 성품을 대신함으로써 참아버지의 분신이 되고, 여자는 하나님의 마이너스 성품을 대신함으로써 참어머니의 분신이 됩니다. 그들은 각각 하나님의 대신자이기도 합니다.

우주의 중심은 부자관계

2 우리 인류의 아버지가 하나님입니다. 우리는 하나님의 아들딸입니다. 하나님이 제1세라면 우리는 제2세 하나님입니다. 1세 하나님이 플러스요, 2세 하나님이 마이너스입니다. 플러스와 마이너스가 자동적으로 하나되는 것이 창조원리입니다.

3 천지의 중심과 우주의 근본은 무엇입니까? 선생님이 신비스러운 경지에 들어가 하나님에게 기도해 보니 아버지와 아들딸의 관계, 즉 부자의 관계라고 하셨습니다. 모르는 사람들은 육친의 아버지 어머니, 아들딸과의 관계인 줄 알겠지만, 하나님과 인간의 관계를 말하는 것입니다.

4 하나님과 인간은 부자의 관계인데, 어떻게 해서 그런 관계가 맺어졌느냐? 여러분이 신비스러운 경지에 들어가서 기도하게 될 때, 인간은 피조세계의 중심인데 이 우주의 중심이 뭐냐고 물으면 부자관계라는 답을 얻게 될 것입니다. 우주의 중심에 대해서 한마디로 딱 결론을 지어 주는데 부자관계라는 것입니다. 사람들은 부자관계라고 하는 것을 보통 생각하는 자기 어머니 아버지, 즉 인륜도덕을 중심삼은 부자의 인연을 말하는 줄 알고 있지만 그것이 아닙니다. 그것을 입체적인 입장에서 보게 되면, 하나님과 인간은 부자관계의 정을 중심삼고 하나되어 있습니다. 그 자리가 우주의 중심입니다.

5 사랑을 중심삼고 볼 때 나는 어머니의 사랑의 열매요, 아버지의 사랑의 열매입니다. 하나님의 사랑의 열매입니다. 종적인 면에서는 하나님의 사랑의 열매요, 횡적인 면에서는 어머니 아버지의 사랑의 열매입니다. 배반할 수 없습니다. 왜냐하면 영원히 그 사랑을 따라서 하나되고, 영원히 그 사랑 안에서 살고 싶기 때문입니다. 그래서 어머니 아버지가 타락했을망정 그 아들딸과 영원히 살고 싶어하는 것입니다.

6 하나님 자신도 몸 마음을 갖고 있으나 그것이 주체와 대상 관계로 절대적으로 하나돼 있습니다. 하나돼 있기 때문에 하나님이 안식할 수 있는 것입니다. 하나님은 영원히 몸 마음이 하나된 자리에 계십니다. 참사랑을 중심삼고 하나돼 있습니다. 그와 같이 하나된 대상의 존재를 필요로 하기 때문에 인간을 지었습니다. 부자관계는 혈통적 관계입니다. 아버지 어머니의 요소를 아들딸이 전부 이어받습니다. 아버지 어머니의 성상과 형상을 주체와 대상 관계와 마찬가지로 이어받습니다. 어머니 아버지와 마찬가지로 플러스와 마이너스의 요소를 자녀들은 이어받는 것입니다. 그 이외에는 이어받을 것이 없습니다. 하나님의 사랑으로 일체가 되어서, 모든 골격이 일체 되어서 하나님이 하나될 수 있는 것처럼 몸 마음이 하나되는 데서부터 상대가 필요하게 됩니다. 그와 같은 자리에서 남자는 여자가 필요하고, 여자는 남자가 필요하고, 가정이 필요하고, 자녀

가 필요합니다.

7 마음의 자리를 대표할 수 있는 아버지가 하나님이고, 몸의 자리를 대표할 수 있는 아버지가 타락하지 않은 참사랑을 중심삼은 인류시조입니다. 통일교회에서는 역사시대에 몰랐던 이 사실을 캐서 이런 자체를 대치하고 대응할 수 있는 명사로 쓰는 말이 참부모입니다. 그러니 횡적인 참부모의 자리가 본래 창조하였던 이상관으로 보는 하나님의 아들딸의 자리였습니다. 아담 해와의 자리였다는 것입니다.

8 하나님은 사랑의 하나님입니다. 사랑의 하나님이 인간을 진짜 사랑할 자리가 어디냐? 인간이 요구하는 최고의 자리입니다. 하나님은 그 자리를 사랑하지 않으면 안 되는 입장에 계십니다. 인정과 천정이 결합되는 자리는 하나님과 인간이 부자관계의 인연을 맺는 자리입니다. 우주의 근본은 부자관계입니다. 그 부자관계는 천지를 창조한 절대적인 하나님과 타락하지 않은 본연의 인간과의 관계입니다. 인류가 도달해야 될 본연의 가치의 자리는 하나님이 아버지요, 인간은 자녀라고 하는 자리입니다.

9 우주의 근본은 무엇이냐? 시작은 사랑이요, 결과는 아버지와 아들입니다. 하나님은 우주를 사랑을 중심삼고 부자관계를 맺기 위해서 지었습니다. 그렇기 때문에 우주의 근본도 부자관계입니다. 여러분은 우주의 근본을 중심삼고 연결돼 있습니다. 그러기에 여러분도 아버지가 되고 아들딸이 되어야 합니다.

10 우주의 근본은 바로 부자관계입니다. 우리 본심이 가는 길은 천만인에게 물어봐도 하나님을 내 것 만들고, 하나님의 사랑을 점령하기 위해 가는 길이라고 대답할 것입니다. 아들이 열 명이 있다고 해도 아들들 개인 개인을 대하는 부모의 사랑에는 차이가 없습니다. 만민이 마음과 행동을 일치시켜서 하나님을 아버지라 부르게 될 때, 불쌍한 아버지에게서 간절한 사랑이 흘러나온다는 것입니다. 어머니 아버지의 심정을 거쳐서 뼛골에서 우러나오는 사랑이 자식에게 스며들 때, 이곳이야말로 인간이 머무를 수 있는 최고 행복의 기점이요, 인간의 마음의 본향입니다.

11 사람은 자기를 닮은 것을 좋아합니다. 이상세계는 하나님을 닮아야 됩니다. 하나님은 천지를 창조할 때 어떻게 지었느냐? 창세기 1장 27절에 '하나님이 자기 형상 곧 하나님의 형상대로 사람을 창조하시되 남자와 여자를 창조하시고'라고 되어 있습니

다. 하나님의 형상대로 남자와 여자를 창조했다는 것입니다. 그러므로 인간은 하나님을 닮은 것입니다. 우리가 자신을 닮는 것을 좋아하는 것을 보니까, 결국 하나님도 우리가 하나님을 닮았기 때문에 우리를 좋아한다는 것입니다. 그래서 하나님은 천지만물을 지어 놓고 하나님을 닮아난 그것을 보면서 좋아하는 것입니다.

12 하나님은 절대적인 분이요 전지전능한 분입니다. 그런 하나님이 누구를 닮았느냐? 우리가 그분의 형상대로 지음 받았기 때문에 하나님은 우리 인간을 닮았습니다. 하나님은 인격적인 신입니다. 그러므로 하나님은 인간을 닮은 것입니다. 인간을 하나님 형상대로 지었다고 했기 때문에 아버지인 하나님은 아들과 비슷할 것임은 틀림없습니다. 하나님은 인간을 닮았는데 인간 가운데 누구를 닮았느냐? 여자를 닮고 남자를 닮았다는 것입니다.

13 나는 누구를 닮았느냐? 하나님을 닮았습니다. 하나님을 중심삼고 보면 나는 하나님을 닮았고, 나를 중심삼고 보면 하나님이 나를 닮았습니다. 다시 말하면 아버지를 중심삼고 보면 아들이 아버지를 닮았지만, 아들을 중심삼고 보면 아버지가 아들을 닮았다는 것입니다. 하나님은 우리를 닮고 우리는 하나님을 닮았다는 것입니다. 우리 욕심은 누구의 욕심을 닮았습니까? 하나님의 욕심을 닮았습니다. 하나님의 욕심을 닮았기 때문에 그 욕심이 최고의 것을 갖겠다고 하는 것입니다. 하나님은 최고의 분이고 절대자이므로 시시한 것을 가지려고 하는 것이 아니라 최고의 것을 가지려고 합니다. 그것이 또한 우리 마음입니다.

14 하나님은 전지전능하고 무소부재하고 영원한 분인데, 어디서부터 우리가 닮아야 되느냐? 우리가 하나님을 닮았다면 어떻게 되어야 하느냐? 하나님이 영원하면 우리도 영원하여야 되고, 하나님이 무소부재하면 우리도 무소부재하여야 됩니다. 그렇기 때문에 세계 어디든지 가서 살고 싶은 것입니다. 전지전능한 힘을 가지고 전 세계를 한꺼번에 쥐고 살고 싶은 것입니다. 그렇게 하고 싶은 것이 하나님을 닮았다는 것입니다.

15 하나님과 인간의 관계를 볼 때, 하나님이 인간의 아버지이고 인간이 하나님의 아들딸이라면 인간 대해서 '하나님보다 잘생겼구먼.'이라고 하더라도 하나님은 기분 나빠하지 않습니다. 만일 기분 나빠한다면 하나님은 타락한 인간만 못하다는 것입니다. 그래서 사랑이 필요합니다.

참부모이신 하나님

16 하나님은 종적인 참부모입니다. 참사랑을 중심삼은 종적인 참부모의 자리에 서 있는 분이 창조주 하나님입니다. 하나님이 종적인 사랑의 주인이라면 종적인 사랑만 가지고는 한 점밖에 안 됩니다. 이것을 어떻게 횡적으로 전개시키느냐? 아기를 낳는 것은 하나님이 아니라 참부모입니다. 횡적인 참사랑의 부모 자리에 선 그분이 참부모입니다. 하나님 앞에, 종적인 사랑을 중심삼은 참부모 앞에 90각도를 갖춘 횡적인 사랑을 가진 분이 참부모입니다. 그렇기 때문에 여러분은 두 부모의 사랑이 필요한 것입니다. 한 분은 창조주인 부모이고, 한 분은 하나님의 대상으로서 이상을 그리면서 지으신 몸적인 부모입니다. 그렇기 때문에 하나님은 마음적인 부모의 자리에 있고, 참부모는 몸적인 부모의 자리에 있습니다.

17 하나님은 종적인 아버지입니다. 종적인 참사랑을 중심삼은 부모입니다. 그리고 아담 해와가 장성해 성숙해서 하나님의 뜻을 이루게 되었다면 이것이 횡적 부모입니다. 횡적인 입장의 참사랑을 중심삼고 부모의 자리입니다. 이 종적인 하나님과 횡적인 참부모가 사랑을 중심삼고 십자점, 90도에서 합하는 것입니다.

18 창조주는 종적인 아버지이고, 아담 해와가 타락하지 않고 완성되었으면 횡적인 부모로서 사랑을 중심삼고 하나되어 거기서부터 자녀들이 태어났더라면, 그 자녀는 종적인 부모를 닮고 횡적인 부모를 닮은 참된 부모의 사랑의 화신체가 되는 것입니다. 그렇게 태어난 아들딸은 하나님 대신이요 참부모의 대신입니다.

19 하나님은 참사랑을 중심삼은 종적인 참부모입니다. 종적인 축은 하나입니다. 그 자리는 하나밖에 없습니다. 영원불변입니다. 하나님은 참사랑을 중심삼은 종적인 참아버지 자리, 참부모의 자리에 있는 분입니다. 참사랑을 안 가지고는 하나님과 관계가 없습니다. 또 그 종적인 참사랑을 중심한 참부모 앞에 아담 해와는 참사랑을 중심삼은 횡적인 부모입니다. 참사랑을 중심삼은 횡적인 부모의 자리가 참부모의 자리입니다.

20 사랑을 중심삼고 보게 되면, 하나님은 종적인 아버지로서 종적인 사랑을 가진 참부모입니다. 종적인 생명을 낳아 줄 수 있는 참부모이고, 종적인 혈통을 상속해 줄 수 있는 참부모입니다. 하나님은 종적인 참된 사랑과 종적인 참된 생명과 종적인 참된 혈통을 이어 줄 수 있는 종적인 아버지입니다. 그 종적인 아버지의 열매로

맺혀진 것이 종적인 자리에 선 마음입니다. 그 마음은 종적인 나입니다.

21 하나님은 종적인 부모이고, 아담 해와는 횡적인 참사랑을 중심삼은 부모입니다. 이 양 부모가 하나되어서 핏줄을 이어받아 난 본래의 타락하지 않은 후손이 되어야 할 텐데, 해와가 20세 미만, 미성숙할 때 사탄하고 짝했습니다. 그렇기 때문에 아무리 잘 믿던 사람이라도 지상에서 참된 부모를 모시지 못한 사람은 천국에 간다는 원리의 법이 없습니다. 타락을 넘어선 자리에 있는 참부모는 어떤 분이냐? 하나님은 종적인 참사랑의 부모이고, 성숙된 아담 해와는 횡적인 참사랑의 부모입니다. 횡적인 부모라는 것입니다. 종적 부모와 횡적 부모를 무엇으로 묶느냐? 90각도 사랑으로 폭발되는 것입니다. 폭발되어 그 사이에서 아들딸이 태어나 이것이 가정·종족·민족·국가·세계로 퍼졌으면 하늘 사람이 되는 것입니다.

왕권을 완성해야 될 하나님

22 하나님이 도대체 누구냐? '하나님은 절대자이며 창조주로서 거룩한 분이며, 우리 인간은 속된 것'이라고 하는데 잘못 알았다는 것입니다. 하나님이 절대적으로 거룩하니만큼 그 분이 이상적으로 지은 물건도 성물이라는 것입니다. 옛날 광야시대에 있어서 법궤를 중심삼고 지성소, 성소라고 말했는데 사람이 만든 그 지성소, 성소가 하나님이 만든 아담 해와, 타락하지 않은 본성의 지성소, 성소를 감당할 수 있느냐? 그 지성소나 성소는 뭐냐? 앞으로 찾아질 수 있는, 복귀해서 이상적 아담 해와가 만날 수 있는 것을 상징적으로 복합해서 그것을 크게 넓게 높게 해서 본성전, 본지성소와 같은 실체를 만들기 위한 과정적 상징체에 불과한 것이지, 그것이 거룩한 것이 아닙니다. 타락한 인간이 만든 물건도 지성소, 성소라 하는데 절대적이고 거룩한 그분이 만드신 아담 해와는 얼마나 성스러운 것이겠습니까? 그렇기 때문에 아담 해와의 마음이 지성소와 같고, 아담 해와의 몸이 성소와 같은 그 가운데 하나님이 있는 것입니다. 그렇게 됐더라면 하나님을 중심삼고 아담은 하나님의 몸이 되는 것이요, 해와도 하나님의 몸이 되는 것입니다. 하나님의 남성격 성품을 닮은 것이 아담이요, 여성격 성품을 닮은 것이 해와입니다. 이 두 분이 결혼식 하는 것이 우주의 왕권을 세우는 식입니다. 그것이 사랑의 왕권입니다.

23 아담과 해와는 하나님의 몸입니다. 하나님을 중심삼고 아담은 미래에 왕이 되고, 해와는 왕후가 되는 것입니다. 하나님과 한 몸입니다. 그래

서 정분합입니다. 정에서 갈라지는 것은 사랑 때문입니다. 그러면 '가르지 않고도 절대적인 하나님이 마음대로 할 수 있는데 왜 갈라놓았소?'라고 물으면 뭐라고 대답하겠습니까? 갈라놓은 이유는 실체세계를 지으신 하나님이 무형이 되어서는 실체세계를 지배할 수 없기 때문입니다. 그래서 체가 필요한 것입니다. 창조하신 목적이 하나님도 실체를 써서 실체부모가 되기 위한 것입니다. 그 실체가 누구냐 하면 아담 해와입니다. 아담 해와가 완성했다면 하나님은 아담 해와의 마음자리에 들어가서 하나님을 중심한 왕권을 이루는 것입니다.

24 왜 사람을 창조했느냐? 이 우주는 실체가 있으니 실체 주인인 아담 해와를 중심삼고 관리 주도할 수 있는 입장에 서기 위해서입니다. 하나님은 영계에서 무형으로 계시기 때문에 지배할 수 없으니 실체의 몸을 씀으로써 실체를 가지고 지구성에서 생산되어 나오는 자기 아들딸 되는 후손들을 지배할 수 있는 왕이 되기 위해서 실체의 사람을 지은 것입니다. 그 왕의 얼굴이 누구의 얼굴입니까? 아담의 얼굴입니다. 왕을 만들었으니 왕후가 필요합니다. 해와가 그 왕후가 되어야 합니다. 지상의 조상인 동시에 천상세계의 조상이 됩니다. 그렇기 때문에 그 부모가 산 생활적 전통을 천년만년 이어받아서 세계에 연결하면 왕권은 하나입니다. 지상세계의 왕권인 동시에 천상세계의 왕권이 되는 것입니다.

25 하나님은 무형입니다. 영계에 가도 안 보입니다. 하나님이 아담을 사랑을 중심삼고 만든 것은 이 피조세계가 체를 갖고 있기 때문입니다. 하나님은 체를 가진 아버지가 되어야 합니다. 체를 가진 아버지가 됨으로써 보이지 않는 무형과 유형이 하나 되는 것입니다. 그것은 우주가 하나 되는 것을 상징합니다. 그렇기 때문에 체를 입기 위해서 아담 해와를 지었다는 것입니다. 아담과 해와는 하나님의 형상을 닮은 체를 갖춘 모습으로 나타나는 것입니다. 그리하여 아담의 모습과 해와의 모습이 하늘나라의 왕좌에 오르게 되어 그 왕과 왕후의 마음속에 하나님이 계셔서 지상세계와 무형세계를 통치한다는 것입니다. 하나님의 왕국을 만드는 것입니다. 사랑의 왕국입니다.

26 하나님은 왕 중의 왕이요, 부모 중의 부모이기 때문에 아담 해와는 하나님의 참사랑을 중심한 왕자 왕녀입니다. 그러나 타락으로 말미암아 이 왕자 왕녀의 자리를 잃어버렸습니다. 다시 말해서 아담 해와는 장자권·부모권·왕권을 잃어버린 것입니다.

제3장 창조주이신 하나님

1절 하나님의 창조

1 우주는 단순히 물질에 근원하였다거나 자연발생적으로 된 것이 아닙니다. 우주의 제1 원인자이신 창조주 하나님은 계십니다. 그분은 절대자요 영원불변하시고 선하십니다. 우주만상은 그분의 기본설계인 창조목적에 의하여 만들어진 피조물입니다. 정(情)의 본체이신 하나님의 창조목적은 기쁨을 누리시는 것입니다. 그런데 기쁨은 혼자서는 느낄 수가 없습니다. 어떤 주체가 기쁨을 느끼기 위해서는 반드시 그의 대상 실체가 필요합니다. 기쁨 중에서도 최고의 기쁨은 주체와 대상이 사랑을 주고받을 때 느끼게 됩니다.

2 우주는 본래 하나의 뜻 가운데서 생겨났습니다. 이 우주를 중심삼은 하늘의 부모님이 계셔서 그 부모로부터 연유되어 오늘날 이 피조세계가 생겨났습니다. 우주의 부모 되는 중심존재가 하나님입니다. 그렇기 때문에 존재세계와 하나님, 나와 하나님은 둘이 아니고 하나입니다. 하나는 중심의 자리에 서기 위해서 위로부터 땅을 향해서 수직선으로 내려오고 있고, 또 한 면에서는 평면 수준을 통해서 중심으로 연결시키려는 하나님의 뜻이 있습니다.

3 하나님이 맨 처음 천지를 창조하실 때, 이 천지와 당신의 내적 기준과 영원한 인연을 맺기 원하시는 우주관과 창조이상과 창조목적이 있었습니다. 그러한 것의 중심은 바로 하나님의 심정이었습니다. 우주의 근원은 어디까지나 하나님 자체이지만 우주창조라는 현상을 일으키게 한 최초의 근거는 하나님의 심정이었으며, 그 심정을 중심으로 일체화할 수 있는 이상권이 있었습니다.

창조란 무엇인가

4 아담 해와는 하나님의 몸입니다. 아담 해와는 보이는 하나님입니다. 아담 해와는 보이는 하나님격입니다. 하나님은 에너지의 본체이기 때문에 영계에 가서도 볼 수 없습니다. 체가 없습니다. 그렇기 때문에 실체세계를 지도하고 주관하기 위해서는 실체를 써야 됩니다. 아담 해와는 타락하지 않고 완성되어 지상에서 살다가 천상에 가게 되면 형상을 입은 하나님이 됩니다. 보이지 않는 하나님과 보이는 아담 해와가 하나되는 것입니다. 그렇게 되면 아담 해와가 '하하하' 웃는 것은 하나님이 '하하하' 웃는 것이

기 때문에, 그것은 곧 우주가 '하하하' 웃는 것입니다. 무형의 하나님이 실체를 쓴 하나님으로 등장하시기 위한 것이 피조세계 창조입니다. 이 세계를 창조한 것은 무형의 신이 실체의 하나님으로 등장하기 위한 것입니다.

5 하나님은 사람의 모체이며 만유의 핵입니다. 그런데 왜 모든 존재의 핵 되시는 하나님이 천지창조를 하셔야만 했느냐? 그것은 핵 혼자만 있어서는 핵 자체가 망해 없어지기 때문입니다. 전기로 말하면 아무리 완전한 플러스라 해도 플러스만 있고 마이너스가 없을 때는 없어지지 말라고 해도 없어집니다. 그 플러스가 없어지지 않으려면 없어지지 않을 수 있는 원칙을 따라야 하기 때문에 창조의 역사를 거쳐 완전한 마이너스가 생겨나는 것입니다. 그것은 서로가 주고받아야 존재가 결정되기 때문입니다.

6 천지만물을 창조하신 하나님은 그 내적인 마음세계에서 느끼는 모든 것으로 외적인 세계에 완전한 대상의 실체를 세워 그와 더불어 주고받게 됩니다. 책임을 지고 거기에 감당할 수 있는 위치에서 완전히 주고받을 수 있는 대상을 만들어 놓자 해서 만든 것이 사람입니다. 그렇기 때문에 하나님이 지으신 피조만물 중에 제일 좋아하는 것이 사람입니다. 또 사람이 제일 좋아하는 것은 하나님입니다. 하나님을 존중하는 것입니다. 그렇기 때문에 사람은 하나님을 찾아가게 되고, 하나님은 사람을 찾아오게 되는 것입니다.

7 '하나님이 주인이다. 천지를 창조한 창조주다.'라고 할 때, 그 창조주라는 말은 근원이라는 말이고, 주체라는 말입니다. 창조물은 대상이라는 말입니다. 화가로 말하면 자기의 걸작품을 만들겠다는 구상을 했다면 그 구상대로 그냥 전개시켜서 자기 마음에 쏙 들어야 합니다. 마음에 쏙 든다는 것은 눈에 들고 코에 들고 귀에 들고 입에 들고 오만가지 자기 세포까지 화합할 수 있게 마음에 든다는 말입니다. 그것은 마음에 드는 존재니 내 몸을 대신한 것입니다. 그렇게 보게 된다면 마음과 몸은 본래 하나되게 되어 있습니다. 우리 영인체가 영적인 오관을 가지고 있고 육체도 육적인 오관을 가지고 있는데, 이것이 서로서로 화합하여 이상적인 화동이 벌어져야 됩니다. 그것은 먹는 것으로 벌어지는 것이 아닙니다. 몸과 마음의 화동은 참된 사랑으로 말미암아 시작되는 것입니다.

8 하나님은 천지를 창조한 주체입니다. 그 주체 되시는 하나님은 아들딸 된 인류를 대하여 계시는 분이지만

'인간을 위해서 나는 있다.'라고 하는 것이 원칙입니다. 그렇다면 인간은 행복한 사람이 되는 것입니다. 그 이상 바랄 것이 없습니다. 이 원칙을 우리 인간이 본래 가져야 할 것이었는데, 못 가졌기 때문에 최고의 것을 바라보고 있습니다. 그 최고의 것이 하나님의 사랑입니다.

9 창조는 상대적 존재를 지은 것입니다. 본래 하나님이 힘을 대량 투입한 것은 하나님 당신을 위해서, 하나님이 좋기 위해서가 아닙니다. 내가 좋기 위한 것이 아니라 먼저 상대를 만들기 위해서 애를 썼습니다. 먼저 투입해 이상상대 추구라는 표제 하에 모든 천지만물을 지어 나갔다는 것입니다.

10 존재와 생명 중에 어느 것이 먼저냐? 철학이라는 것은 존재에서부터 시작하게 됩니다. 생명을 다루지 못합니다. 그러면 생명은 어디서부터 나오느냐? 생명은 혼자 스스로 나오는 것이 아니라 부모의 사랑으로부터 나옵니다. 생명의 세계와 사랑의 세계는 하나님이 관리하는 세계입니다. 그 이하의 것을 다뤄 나오는 것이 철학사상입니다. 그렇기 때문에 존재보다도 생명이 앞섭니다. 존재를 움직이는 것은 생명입니다. 생명을 움직이는 것은 무엇이냐? 사랑만이 생명을 움직일 수 있습니다. 사랑으로 말미암아 출발했기 때문에 사랑의 인연을 따라서 움직이고 사랑의 결과를 찾아가는 것이 생명이 가는 길입니다. 이렇듯 정서적인 문제가 우주 창조의 근본입니다.

11 아무리 위대한 하나님이라 하더라도 사랑의 정서를 느낄 수 없는 입장이라면 고독한 하나님입니다. 그러니 고양이라도 품에 품고 '내가 고양이를 잘 만들었구나. 내가 귀를 이렇게 만들 때 기분이 참 좋았지. 이 발톱도 쥐를 잡아먹기 좋으라고 이렇게 만들었지. 허허허, 기분 좋다.'라고 해야 됩니다. 그 좋다는 것은 정서적인 동기를 중심삼고 모든 것이 관계가 되어 있습니다.

12 하나님은 지금도 창조의 능력을 가지고 환경의 여건을 몰아서 새로운 환경을 만들려고 하십니다. 그럴 수 있는 능력을 가진 분입니다. 그것이 불가능한 것은 타락권이기 때문입니다. 어떤 조건 제시가 성립되지 않고는 불가능합니다. 그렇기 때문에 하지 않는 것이지 하지 못하는 것이 아닙니다. 환경적 조건만 제시되게 될 때는, 하늘이 활동할 수 있는 내용만 제시되게 될 때는 새로운 역사는, 새로이 창조될 수 있는 환경은 어느 때나 어느 시대나 연결될 수 있습니다. 창조 당시의 하나님이나 역사과정을

지나온 오늘의 하나님이나 미래의 하나님이나 창조주로서의 권한은 언제나 갖고 있습니다.

13 하나님이 창조할 때에 하나님의 뜻이 있었습니다. 하나님의 생각이 있었습니다. 하나님의 생각과 더불어 계획이 있었습니다. 인간을 창조해서 이러이러한 인간세계를 만들겠다는 본래 하나님의 뜻과 계획이 있었다는 것입니다. 그렇기 때문에 아무리 인간이 타락했을지라도 오늘날 하나님의 구원섭리권의 인간은 하나님의 뜻 가운데, 하나님의 뜻과 계획권 내에 서야 됩니다. 그러지 않으면 안 됩니다. 그래서 하나님은 인간을 당신의 뜻과 계획권 내에 들어설 수 있게 준비하시는 것입니다. 하나님의 계획과 그 뜻을 중심삼고 환경과 여건을 개척하면서 인간을 계획권 내에 세우기 위해 내세운 것이 역사시대에 나타난 수많은 종교입니다.

완전 투입을 통한 창조

14 하나님이 천지만물을 창조하실 때 왜 인간을 지었느냐? 상대가 없는 하나님으로서는 자극을 받지 못하기 때문에 상대를 만들어 이상의 사랑과 생명과 희망의 자극을 느끼기 위해서 지었습니다. 성경에서 보는 것처럼 하나님이 인간을 지을 때 '야! 사람아, 나타나라.'라고 해서 간단하게 지은 것이 아닙니다. 하나님은 모든 생명과 사랑과 희망을 걸고 인간을 지었습니다. 결국 하나님과 인간의 관계에 있어서는 투입이라는 말, 무조건 투입이라는 말, 전체 투입이라는 말을 할 수 있습니다. 여기에서 하나님이 참된 사랑을 이루기 위한 방향성을 찾을 수 있습니다. 상대에게 백퍼센트 투입했습니다. 투입하는 과정은 하나님 자체의 소모입니다. 그렇지만 완전 투입했다고 하는 날에는 문제가 다릅니다. 백 퍼센트 투입을 해서 완성하는 날에는 백만큼 투입한 것은 백만큼 완성해서 거기에 상대적인 사랑이 플러스되어 하나님에게로 돌아온다는 것입니다. 여기에 상대적인 사랑의 권한이, 상대적인 특권의 가치가, 자기가 투입한 모든 내용이 플러스되어 등장하게 되는 것입니다. 그럼으로써 하나님은 비로소 자극적인 행복을 느낄 수 있습니다.

15 부모는 사랑하는 자식에 대해서 전체를 투입하려고 합니다. 하나님과 마찬가지입니다. 하나님은 하나님을 위해서 투입한 것이 아닙니다. 하나님을 위해서 있는 것이 아니라 상대를 위해서 있겠다는, 상대를 위한 하나님의 자리에 서겠다는 것입니다. 하나님이 하나님을 위해서 있겠다고 하면 그것은 참된 사랑이 아닙니다. 자기를 전부 자식한테 투입해

서 그 자식과 더불어 있겠다고 하는 데서 사랑이, 생명이, 희망이 이루어집니다. 결국 참된 하나님, 참된 사랑과 참된 생명과 참된 희망을 가진 그분이 맨 처음 인간에게 주고 싶어하는 것은 참된 사랑과 참된 생명과 참된 희망입니다. 그것을 주는데 자기 입장에서 준 것이 아니라 상대 입장에 들어가서 주었다는 것입니다.

16 참된 하나님은 상대를 만드는 데 있어서 완전히 투입함으로 말미암아 보다 가치 있고 이상적인 완전형으로 전개한 것입니다. 하나님이 아담 해와를 지어 놓고는 아담 해와를 위해서 있겠다는 것입니다. 하나님을 위해서가 아닙니다. 자기를 위하던 때에서 상대를 위하는 때로 전개되는 것입니다. 이상적 존재라는 것은 자기를 위주로 하지 않습니다. 이상적 존재는 남을 위하는 데에, 대상을 위하는 데에 있습니다. 이 원칙이 우주의 근본입니다.

17 성경에는 하나님은 전지전능하기 때문에 한마디로 '이러한 천지가 되라.'라고 해서 되었다고 합니다. 그렇지만 그렇게 안 되었습니다. 하나님이 모든 것을 투입했다는 것입니다. 있는 정력을 다 투입했습니다. 있는 사랑의 힘을 다 투입해서 미래에 자기 사랑하는 아들딸, 자기 사랑하는 가정을 위한 예물로, 선물로 지었다는 것입니다.

18 창조라는 말은 힘의 투입을 말합니다. 이 세상에 예술가가 있으면 그 예술가는 걸작품을 만들기를 원합니다. 예술가가 걸작품을 만들기 위해서는 온 정신과 모든 일체의 정성을 다 투입합니다. 다 투입하는 데서만이 완전한 걸작품이 나옵니다. 불완전 투입이 아닙니다. 완전 투입, 그 이상 될 수 없다 할 수 있는 여기에서 비로소 걸작품이 생겨납니다. 정성을 안 들이고, 피와 살을 투입하지 않은 것을 사랑할 수 있습니까? 내 뼈 중의 뼈요, 살 중의 살이요, 내 사상 중의 사상이요, 내 전체 중의 전체를 투입했기 때문에 희망의 대상으로 삼을 수 있습니다. 그렇기 때문에 창조 자체가 투입에서부터 시작됐다는 것입니다. 힘을 투입해야 됩니다. 힘을 투입하지 않고는 무슨 물건이 생겨나지 않습니다. 완전한 투입을 하는 데서 완전한 대상이 성립한다는 원칙을 두고 볼 때, 하나님은 주체로서 대상을 대해서 완전히 투입했다는 것입니다. 하나님 자신이 자신을 위해서 있기 위한 것이 아니라 대상을 위해서 있는 운동을 시작한 것이 창조역사입니다.

19 만물을 창조한다는 것은 자기 본질을 빼내는 것입니다. 결국은 에너

지를 투입했다는 것이고, 에너지를 투입했다는 것은 자기 본질의 삭감을 말하는 것입니다. 손해 보는 것입니다. 대상 창조의 이념의 세계는 사랑으로 말미암아 되었기 때문에 그 뜻을 이루기 위해서 하나님은 투입하신 것입니다. 투입하는 것은 그것이 자기에게 열매맺히게 하기 위해서가 아니라 상대에게 열매가 맺히게 하기 위해서입니다. 그래서 사랑으로 지었습니다. 그렇기 때문에 투입해서 하나님이 소원함을 느끼는 것이 아니라 만족을 느낄 수 있었던 것입니다. 그것이 원칙이 됨으로써 사랑의 전통에 있어서는 부모의 사랑의 본질이 남아졌습니다. 자기를 투입해서 자기의식을 느끼는 것이 아니라, 자기의식을 망각해서 보다 상대적인 목적이 이루어질 수 있는 가치 추구에 자기 전체가 흡수돼 들어가는 것입니다. 결국은 하나님도 창조한 사람을 위하는 자리에 서겠다는 말입니다. 그것이 창조원칙입니다.

20 역학세계에서는 입력이 출력보다 큽니다. 그러나 참사랑의 세계는 입력이 출력보다 작습니다. 그래서 이것이 평면으로 해서 영원한 우주가 존재하는 것입니다. 소모하면 모두 없어집니다. 운동하기 때문에, 무한히 투입하는 사랑의 힘이 작용하기 때문에 소모 없이 커지는 것입니다. 하나님이 사랑을 중심삼고 존속하는 입장으로 돌아가는 것입니다. 반복작용에 의하여 순환작용을 계속하는 형태를 가지고 영원히 존속하도록 되어 있습니다. 그렇기 때문에 가정에서 종족, 종족에서 민족, 민족에서 세계까지 동위(同位), 등가(等價)의 기준으로 확대하여 한 사람의 머리로서 우주를 구성하는 것과 같이 인류를, 우주를 합성체와 마찬가지로 이상세계, 통일세계, 평화의 일체권, 통일권으로 이룰 수 있는 것입니다.

원칙과 법칙에 따른 창조

21 하나님이 아담 해와에게는 상대적 입장에서 명령하셨고, 상대적인 입장에서 믿음의 조건을 보고 그들을 대하셨지만, 앞으로는 실체를 찾으시게 됩니다. 그래서 상대적인 입장이 아니라 내 마음과 몸이 일체 됨으로써 내 한 실체를 찾지 않으면 안 됩니다. 이러한 실체를 찾기 위해서는 창조의 법칙을 통하여야 됩니다.

22 성경을 보면 천지 창조한 것을 간단히 말했습니다. 말씀으로 천지만물을 창조했다는 것입니다. '야, 아무개야!' 하고 부르면 '예.' 하고 나왔다는 것입니다. '별이 생겨라.' 하면 별이 생겨났고, '이 지구성이 생겨나라.' 하면 생겨났다고 되어 있습니다. 그렇지만 여기에는 무한한 질서와 법도

를 따라 전진적인 원칙을 계승시켜서 작은 것에서부터 큰 것으로 발전시켜 나온 것입니다.

23 인간생활 속에서 '위해 주는' 참사랑이 모든 상관관계의 기본인데, 이는 부모의 참사랑을 동기로 하여 체휼하는 것입니다. 신의 참사랑을 뿌리로 한 부모의 참사랑은 인간 개체를 완성시키게 됩니다. 완성된 개체들이 참사랑의 이상적인 부부를 이룬 가정에서 그들의 자녀에게 참사랑을 전수하게 되는 것이 창조의 질서입니다. 지상의 이상세계는 완전한 한 사람으로부터 참사랑에 의한 가정·사회·국가·세계로 확대되어 나갑니다. 현 세계는 이러한 이상세계와는 그 출발을 달리한 세계입니다. 인간이 신의 창조원칙 중 가장 귀한 참사랑의 질서를 떠난 타락의 결과가 확대되어 온 세계입니다. 신의 창조 질서를 도외시한 채 인위적인 조직 형태나 법칙 질서만을 중시하는 현 세계는 이상적인 개인·가정, 그리고 민족을 양성해 내지 못합니다.

24 하나님이 천지를 창조하실 때에, 만물을 지으시고 사람을 하나님의 대상으로 지으셨습니다. 대상으로 지으신 것인데 주고받는 수수작용의 원칙이 천지의 작용으로, 운동과 법칙으로 되어 있기 때문에 완전히 다 주기 전에는 돌아오지 않습니다. 이것이 원칙입니다. 아내가 남편을 완전히 사랑하려면 남편으로부터 완전히 사랑받았다고 하는 그날에 가서야 '남편을 진짜 사랑하겠다.' 이렇게 됩니다. 완전히 사랑받게 될 때에 완전히 주기 시작하는 것입니다. 그것이 천지의 원칙입니다. 주체로부터 완전히 받아야만 완전히 돌려주는 것입니다. 그것을 받기 전에 돌려주기 시작하면 완전한 것이 돌아오지 않습니다. 그것이 사랑을 중심한 수수작용, 원리원칙을 중심삼은 우주의 원칙입니다.

25 하나님의 창조과정을 중심삼고 보면, 3단계의 원칙이 있습니다. 먼저 하나님의 생각이 있고, 그다음에 마음을 통해서 그 생각을 나타내고, 그다음에 그것의 실현이 벌어집니다. 그러한 3단계를 거쳐서 창조물이 형성된 것입니다. 물론 말씀을 실천하는 데 있어서도 마음만 가지고는 안 됩니다. 거기에서도 역시 하나님을 중심삼고 하나님의 마음과 하나님의 몸이 하나되어야 합니다. 그래 가지고 '이렇게 되어라. 이렇게 창조되는 것이다.'라고 할 때 비로소 창조가 실현되는 것입니다.

26 하나님의 창조과정을 보면 맨 처음에는 지극히 작은 것을 만드는 그 동기로부터 상대적 관념을 가지고,

목적을 이룬 그 목적체에 새로운 동기를 가해 보다 큰 것으로 발전시켜 나왔습니다. 그리하여 그 단계를 높여서 목적에 동기를 가하고, 상대적 관념을 가해 목적을 이루고, 또 그 목적이 동기가 되고 점점 차원을 높여 인간까지 창조하여 나왔습니다.

27 하나님이 창조주로서 역사적 내정적인 원칙을 중심삼고 존재의 기원으로부터 지금까지 성장한 과정을 실체적으로 전개해 나오는 과정이 아담 해와의 창조과정입니다. 그러면 어디서부터 연결되느냐? 세포가 합해져서 큰 것과 마찬가지로 아기가 열 달 동안에 자라는 과정을 거쳐 나가면서 남자 여자의 형태로 갈라져 나오는 것입니다. 그러지 않으면 생명 유전을 어떻게 하느냐 하는 논리에 대해 해석할 방법이 없습니다. 다시 말하면 주체 앞에 상대권이 필요하다는 것입니다. 우리 뜻으로 말하면 성상 앞에 형상이 필요합니다.

28 내적 성상은 외적 형상과 모든 근원적인 면에서 영합도 되고 통할 수 있는 내연이 있습니다. 그렇기 때문에 사람이 태어나서 자라는 그 과정은 보이지 않는 무형의 신이 실체를 보기 위한 것이었습니다. 그러니까 자기의 내적인 모든 존재가 표현되어서 나타나니 사랑하지 않을 수 없다는 것입니다. 그것이 나입니다. 내가 나타난 실체입니다. 무형의 실체가 유형의 실체로 전개되니만큼 거기에 전부를 투입해야 됩니다.

하나님의 임재와 현현

29 하나님은 어디에 머물고 싶어하시겠습니까? 아담과 해와가 타락하지 않고 완성해서 참사랑을 중심하고 하나가 될 때 하나님은 거기에 임하십니다. 결혼한 날 첫사랑이 심어지는 거기에 중심이 되어서 만나자는 것입니다. 하나님의 피와 사랑과 생명을 어디에 심겠습니까? 내적인 것과 외적인 것, 플러스와 마이너스가 동화 일체가 되어야 하는 것입니다. 그래서 첫사랑이 가장 귀한 것입니다. 종적인 영원한 사랑의 주인이 하나님이요, 횡적인 영원한 사랑의 주인이 부부입니다.

30 하나님은 하나님과 인간이 주체와 대상으로서 종적인 사랑의 관계를 완성하는 것만을 목표로 하지는 않았습니다. 종적인 사랑을 완성하여 아담 해와 자신들의 횡적 사랑의 결실을 가져오고자 하셨습니다. 그 순간이 바로 내적 부모이신 하나님이 외적 부모인 아담 해와와 완전 일체를 이루기 위해 임재하시는 사랑이상의 성취의 순간입니다. 무형의 부모이신 하나님이 아담 해와의 형상을 쓰

고 유형세계에 영존하시는 부모가 되는 것입니다. 이때 아담 해와는 참부모·참조상이 되는 것입니다.

31 하나님이 천지를 창조하실 때에는 복귀가 필요 없었습니다. 하나님이 창조본연의 세계에서 아담을 중심삼고 소망했던 것은 오늘날 복귀해야 될 세상에서 고대하는 소망과는 본질적으로 다릅니다. 아담 해와를 창조한 전적인 소망은 그 어떤 것보다도 하나님 자신을 현현시키는 것이었습니다. 다시 말하면 아담 해와를 통하여 하나님의 내적인 요소를 외적 실체로서 전개시켜 하나님이 소망하시는 원대한 희망과 인간의 소망이 일치된 한때를 맞을 수 있기를 바랐던 것입니다.

32 하나님이 피조세계를 지으신 목적은 '같이 사는 것'인데 오늘날 인간과 만물, 모든 존재물들이 하나님과 더불어 살 수 있는 권내에 있지 않습니다. 타락으로 인해 그렇게 되었습니다. 타락한 까닭으로 하나님이 임재하실 수 있는 터전이 사라지게 되었다는 것입니다. 그렇다면 하나님이 아담 해와를 잃어버린 그날부터 오늘날까지 인간을 찾아 헤매시는 것은 무엇 때문이냐? 인간이 하나님의 전(殿)이 되고, 하나님의 몸이 되고, 하나님과 일체를 이루어 하늘과 땅을 대신한 하나의 실체 존재가 되면 인간이 기뻐하는 것이 하나님의 기쁨이 되고, 하나님의 기쁨이 인간을 통하여 만물에게 연결되기 때문입니다. 즉 인간이 하나님과 만물을 연결시키는 중간 매개체이기 때문입니다.

2절 하나님이 창조하신 피조세계

1 창세기 1장 27절을 보면 '하나님이 자기 형상대로 사람을 창조했는데 1남1녀를 창조했다.'라고 되어 있습니다. 귀납적으로 보면 하나님 가운데는 한 남성과 한 여성이 있다는 것입니다. 그것이 하나되어 가지고 하나의 주체로 나타난 분이 하나님입니다. 그리고 이런 성품을 닮아 난 것이 아담 해와입니다.

이성성상의 중화체로 계시는 하나님

2 하나님은 이성성상의 주체로 계십니다. 무형의 이성성상의 주체로 계시는 하나님의 남성격 내적 성품을 실체로 전개해서 상대적으로 만들어 놓은 것이 아담이고, 여성격 내적 성품을 실체로 전개해 놓은 것이 해와입니다. 다시 말하면 하나님의 내성적인 모든 것을 투입하여 실체화시킨 것이 인간이라는 말입니다.

3 통일원리에서는 하나님은 무형의 절대적 주체로, 이성성상의 중화적 주체로 계시는 분이라고 합니다. 이

성성상으로 계시는 하나님 자신의 분성적 실체로 아담과 해와를 만들어 놓고, 이들이 장성하게 되면 사랑을 중심삼고 횡적으로 연결될 때 종적인 입장에서 중심이 되고자 하였습니다. 그것은 아담 해와가 성숙하게 되면 하나님의 남성 성품은 아담의 마음속에, 하나님의 여성 성품은 해와의 마음속에 들어간다는 것입니다. 그렇다고 해서 하나님이 갈라지는 것은 아닙니다. 그러한 이성성상의 주체로 계신 하나님이기 때문에 아담 해와의 마음속에 임재할 수 있습니다.

4 주체와 대상은 어디서 나오는가? 이것이 나올 수 있는 바탕이 있어야 됩니다. 통일교회에서는 이것을 이성성상이라고 합니다. 이 주체와 대상은 인간 자체에서 만들어진 주체와 대상이 아닙니다. 힘 자체는 작용을 하는 것입니다. 작용하려면 그 힘을 작용시킬 수 있는 회로가 있어야 합니다. 그렇게 주고받을 수 있는 길이 없으면 힘은 작용하지 못합니다. 여러분의 심장도 동맥 정맥과 같은 순환기관이 있기 때문에 작동합니다. 이와 같이 모든 작용은 반드시 주체와 대상의 상응관계를 갖추어야 됩니다. 힘이 존재하기 이전에 주체와 대상이 있어야 된다는 것입니다. 주체와 대상이 있기 위해서는 그 바탕이 있어야 됩니다.

5 우주 전체를 보게 되면 사랑과 관계를 맺게 되어 있기 때문에 광물세계를 보더라도 거기에 플러스와 마이너스가 있고, 식물세계를 보더라도 수술 암술이 있고, 동물세계를 보더라도 수놈 암놈이 있고, 인간세계를 보더라도 남자 여자가 있고, 하늘과 땅이 있습니다. 그렇기 때문에 하나님도 그 자체에 있어서 이성성상의 존재로 계시면서, 그 이성성상이라는 플러스와 마이너스가 화합해 있으면서 이성성상의 중화적 존재이며 격으로는 남성격입니다.

6 하나님의 성상적인 결실자, 보이는 실체로 태어난 것이 아담이고 해와입니다. 두 사람이 하나된다는 것은, 하나님의 성상 형상이 비로소 사랑을 중심삼고 일체가 될 수 있는 기준이 되기 때문에 그것을 중심삼고 심정권이 시작하는 것입니다. 그것이 가정적 심정권을 중심삼고 종족적인 심정권으로 확대됩니다. 그러면 아담 해와 자체가 심정권에 있어서 개인적인 심정권, 가정적인 심정권, 국가적인 심정권의 대표자가 됩니다. 아담 일대에서 모든 모델이 형성되는 것입니다. 개인적인 모델, 가정적인 모델, 국가적인 모델, 심정적인 모델이 전부 성립될 수 있었다는 것입니다.

7 하나님은 인간을 왜 창조했습니

까? 내가 왜 태어났느냐 하는 근본문제를 알아야 합니다. 하나님은 사랑의 주체입니다. 원리를 보면 하나님이 이성성상의 중화적 존재라고 말하지만, 사랑을 중심삼은 통일적 존재라는 것은 아직까지 이야기하지 않았습니다. 거기에 사랑을 중심삼고 통일적 존재라는 것을 첨부해야 됩니다.

8 통일원리에서 하나님을 이성성상의 주체로 계신 분이라고 말하는 것은 과학적인 분석 결과에 의해 틀림없이 그렇게 계신다는 사실을 알고 말하는 것입니다. 그래서 주체와 대상이 완전히 하나되면 하나님의 힘이 그곳에 영원히 존재합니다. 주체가 없고 대상이 없는 곳에는 힘이 존재하지 않습니다. 하나님은 어떻게 존재합니까? 하나님 자체 내에 있는 주체와 대상의 힘이 주고받음으로써 영존합니다. 이것은 이론적으로 하나님을 설명하는 것입니다.

9 하나님의 이성성상의 제1성의 모든 이상적 요소를, 하나님이 상상하고 구상하던 모든 실체를 형상화시킨 것이 남성입니다. 이 남성이 사랑이상으로 열매맺게 될 때는 이 우주 존재세계의 남성권이 결실되는 것입니다. 이 남성권은 누구로 말미암아 결실되어야 하느냐? 인류의 조상 되는 참아버지가 되어야 할 아담입니다. 아담으로 말미암아 결실될 수 있는 것이었습니다. 그리고 여성권은 해와로 말미암아 결실될 것이었습니다. 이 둘이 하나가 되어야 했던 것입니다. 그래서 여자는 남자를 만나야 되고, 남자는 여자를 만나야 됩니다. 만나서 하나된 그 사이에서 자녀가 태어나야 비로소 평면에 하나님의 착륙이 벌어집니다.

하나님의 체가 될 아담과 해와

10 하나님이 만물을 창조하신 목적이 뭐냐? 첫째는 하나님이 체가 없기 때문입니다. 체를 입어야 됩니다. 타락하지 않고 완성된 아담 해와가 사랑으로 완성해서 하나님의 내적 형상을 표면화시켜 실체로 나타내기 위한 것이 아담 해와 완성의 이상입니다. 하나님의 체가 있어야 됩니다. 체가 있는 세계를 지배하려니까 그런 것입니다. 그다음에 둘째는 번식 기반이 필요하기 때문입니다. 종적인 영계에 가서는 번식이 없습니다. 종적인 사랑을 중심삼고 수직점에 연결되기 때문입니다. 종적인 이 축에서는 번식할 수 없습니다. 번식하려면 평면적인 면에 공간이 필요합니다. 평면과 360도를 중심삼고 구형이 되어 있기 때문에 방대한 공간이 필요합니다. 여기에는 얼마든지 생산할 수 있는 면적이 있기 때문에 지상에서 자녀를 낳고 하늘나라로 가야 합니다.

변식이 필요했기 때문에 하늘의 백성을 부양하기 위해서 아담 해와의 체가 필요했다는 것입니다. 셋째로는 사랑의 상대를 영속시키기 위해서입니다. 하나님이 아담 해와만 딱 만들어 놓고 사랑하면 되겠습니까? 1대에서 끊어지면 안 됩니다. 이것을 영속시키기 위해서, 혈통을 통해 하나님의 사랑의 상대를 영속적으로 남기기 위해서 체가 필요한 것입니다.

11 아담 해와를 중심으로 하여 영육 양면의 세계를, 즉 무형실체세계와 유형실체세계를 주관하시려는 것이 하나님의 인간 창조목적입니다. 따라서 인격적인 하나님으로서 나타나는 표시를 하기 위해서 하나님은 아담 해와라고 하는 실체와 관계를 맺지 않으면 안 됩니다. 아담 해와 완성과 더불어 하나님의 형상 완성, 곧 형(形)이 완성되는 것입니다. 하나님이 아담 해와를 지으실 때 그의 형태, 인상(人相), 인격 등이 무형세계의 중심에 계시는 하나님과 같은 모습이 되어야 한다는 생각을 가지고 계셨습니다. 형이 없으면 형의 세계를 주관할 수 없습니다.

12 무형의 하나님은 체가 없습니다. 체를 입지 않고는, 체를 갖지 않고는 영계나 지상세계를 치리할 수 없습니다. 하나님이 나타나기 위해서는 체를 입어야 할 텐데, 그 체를 입는 대표가 아담 해와입니다. 타락하지 않은 아담 해와의 체를 입고 나타나는 것입니다. 그러므로 아담 해와는 인류의 시조인 동시에 천지를 주재하는 하나님이 되는 것입니다. 실체를 가진 하나님, 즉 영원한 무형세계의 하나님의 형상을 대신 입고 나타난 자리, 부모의 자리에서 세계를 통치할 책임이 아담 해와에게 있었다는 것입니다. 아담 해와를 지은 것은 아담 해와의 형상을 따서 영계와 육계를 연합시키기 위해서입니다.

13 하나님은 체가 없습니다. 여러분이 영계에 가도 하나님을 못 봅니다. 하나님은 체를 입지 않았습니다. 그렇기 때문에 체가 필요합니다. 체를 입은 만물을 창조하신 하나님이기 때문에, 하나님도 체를 써야 만우주의 주인이 되기 때문에 참부모의 체를 입어서 보이는 세계와 영원한 세계의 중심이 되고, 부모가 되고, 왕이 되고, 평화의 주인공이 될 수 있습니다.

14 하나님은 무형이어서 형체가 보이지 않기 때문에 형체를 입고 나타나야 하고, 또 형체를 가진 인간과 만물을 주관하기 위해서는 아담 해와의 형체를 입고 나타나야 합니다. 그렇게 되면 아담과 해와와 하나님이 일체가 되기 때문에 아담 해와의 마음

과 같은 분이 된다는 것입니다. 아담 해와의 마음자리에 하나님이 임재해서 하나되었기 때문에 결국은 아담 해와의 내적인 주인, 내적인 아담 해와와 같은 분이 하나님이었다는 것입니다. 하나님과 아담이 하나되고 해와와 하나님이 하나되어 아담과 해와가 부부가 되면 결국 안팎의 부부와 같은 입장에 서게 되고, 거기에서 사랑하여 자녀를 낳게 되면 하나님의 직접적 혈통으로 연결되는 것입니다. 그것을 묶는 것이 사랑입니다. 하나님이 천지만물을, 이 세계를 창조한 것은 하나님 자신이 사랑을 느끼기 위해서입니다. 하나님 자신이 사랑하려고 창조한 것입니다.

15 아담 해와는 하나님의 몸입니다. 또 하나님의 사랑의 대상자입니다. 사랑은 혼자서는 못하는 것입니다. 암만 절대자라도 혼자서는 못합니다. 그렇기 때문에 이 피조세계를 지은 것은 사랑하는 대상권을 준비하기 위해서입니다. 사랑의 박물관입니다. 정원입니다.

16 무형의 하나님이 혼자 있어 가지고 뭘합니까? 보이지 않는 하나님 가지고는 아무 소용이 없습니다. 우리 인간의 부모가 되려면 체를 갖고 느낄 수 있어야 됩니다. 인간과 같은 체를 입어야 되기 때문에, 체를 입으려니 부득이 아담 해와를 이중적 존재로 짓지 않을 수 없었습니다. 왜 이중구조로 만들지 않을 수 없었느냐? 무형의 하나님과 똑같게 하려니, 마음과 몸이 일생을 거쳐 살면서 저나라에 갈 때까지 하나되었다는 기준을 세워야 되기 때문입니다. 그것이 안 되어서 저나라에 나타나면 그 형상이 하나님과 하나 안 되는 것입니다. 실체적 왕권을 가진 부모가 무형의 부모인 하나님과 일체가 되어서 영원한 천상세계에 체를 입은 왕권을 현현시키기 위해서 아담 해와를 이중구조로 지었다는 것입니다. 또 하나님이 체를 입기 위해서 아담 해와를 지었다는 것입니다.

하나님의 성전으로 창조한 인간

17 하나님도 아담 해와와 연결짓지 않고는 세상과 관계를 맺을 길이 없습니다. 아담 해와와 관계를 맺어야만 아담 해와의 아들딸과 관계가 맺어집니다. 그것은 자연히 맺어지는 것입니다. 하나님이 사람을 지은 이유는 같은 부모의 자리에 서기 위해서요, 체를 입기 위해서입니다. 그러니까 외적인 하나님은 아담 해와입니다. 아담 해와, 즉 남성 여성의 이성성상을 가진 분성전과 같이 해놓고 하나님이 거기에 들어가는 것입니다. 하나님이 들어가서 작용해야 아담 해와가 둘이 이상적 작용을 하지, 하나

님이 작용하지 못해서는 하나님의 뜻이고 뭣이고 모른다는 것입니다. 그러지 않고는 하나님이 인간과 관계를 맺을 기반이 없다는 것입니다.

18 하나님은 무형의 신이기 때문에 어디든지 통할 수 있습니다. 그래서 어디든지 안 가는 데가 없습니다. 다 통한다는 것입니다. 하나님은 어디서 사느냐? 하나님의 집, 하나님이 사는 집이 우리 마음의 한복판입니다. 남자의 마음에는 하나님의 남성격 심정이 머무르고, 여자의 마음에는 하나님의 여성격 심정이 들어가 산다는 것입니다. 그래서 아담 해와, 본래의 인류조상은 보이는 하나님입니다. 그렇기 때문에 아담이 이름 지으면 그렇게 되고, 아담이 원하는 것은 안 되는 것이 없었다는 말입니다.

19 아담 해와가 타락하지 않았으면 하나님은 아담 해와의 마음속에 계시는 것입니다. 아담 해와는 외적 부부인 동시에 내적인 부부입니다. 따라서 하나님과 안팎으로 하나된 몸에서 태어난 아들딸이 누구의 아들딸이겠습니까? 외적 하나님의 아들딸이 되는 동시에 내적 하나님의 아들딸이 됩니다. 고린도전서 3장 16절에 '너희가 하나님의 성전인 것과 하나님의 성령이 너희 안에 거하시는 것을 알지 못하느뇨.'라는 내용이 있습니다. 인간은 하나님의 성전이며, 인간의 마음속에 하나님의 성령이 임재하고 계시다는 것입니다. 인간이 그런 입장에 있기에 하나님은 인간에게 바로 아버지가 됩니다. 그렇게 되지 못한 것이 인간의 타락입니다.

20 우리 몸은 성전입니다. 하나님이 임할 수 있는 집입니다. 여러분이 신령한 세계에 들어가서 '하나님!' 하면 속에서 '오냐!' 하고 답변하는 체험을 해야 알게 됩니다. 그렇게 물어보면 하늘에서 답변하는 것이 아니라 내 마음에서 답변합니다. 본래 아담 해와가 타락하지 않았으면 하나님이 아담 해와의 본심 깊은 가운데 계셔서 아담을 조종하는 것입니다. 그렇기 때문에 성경에 보면 '아담이 이름 짓는 대로 되더라.'라고 한 것입니다.

21 '아담은 하나님의 실체이다. 몸은 하나님의 성전이다.'라고 했습니다. 하나님은 아담의 마음에 임재해 있는 보이지 않는 아버지입니다. 이 두 아버지가 하나됩니다. 합일이 되는 것입니다. 그러니 무형세계와 유형세계의 합일의 기점이 아담의 본성적 기준입니다. 그 본성적 기준은 돈 보따리, 욕심 보따리가 아닙니다. 순수한 사춘기를 통해서 모든 세포 기능이 총동원돼 하나의 촉각으로, 안테나로 나타난 그 기준을 중심삼고 하

나님이 거기에 임함으로써 자리를 잡는다는 것입니다. 하나님은 아담의 마음에 와서 내적 아버지, 아담은 외적인 아버지로서 영적 세계와 실체세계의 화합 일체의 기준에서, 하나의 남성을 중심삼고 하나의 여성과 횡적 세계에서 일체를 이룸으로써 사랑을 중심삼은 구형이 벌어집니다.

하나님과 피조세계의 관계

22 인간은 하나님을 닮았습니다. 하나님은 절대적인 주체이기 때문에 절대적인 대상의 사랑을 중심삼고 하나될 수 있습니다. 그래서 하나님은 주체와 대상의 중화적 주체로서 사람을 지을 때 아담과 해와를 지었습니다. 그 전지전능한 사랑의 힘에는 무엇이든지 허락되지 않는 것이 없습니다. 하나님이 아담 해와를 창조한 것과 마찬가지로 인간도 창조의 능력을 부여받을 수 있습니다. 하나님으로부터 창조의 능력을 부여받아 우리도 사람을 창조할 수 있는 자리가 아들딸을 낳는 자리입니다. 결국은 하나님과 마찬가지로 사람을 지었다는 자리에 인간도 설 수 있다는 것입니다.

23 하나님이 무소부재하니 우리도 무소부재하고 싶고, 하나님이 전지전능하니 우리도 전지전능하고 싶고, 하나님이 유일무이하니 우리도 유일무이하기를 바라는 것입니다. 이것이 닮았다는 것입니다. 그러면 하나님은 자신의 무엇을 닮아야 제일 좋아하느냐? 무소부재보다, 전지전능보다, 유일무이한 것보다 사랑을 닮은 것을 제일 좋아합니다. 하나님을 제일 닮게 하는 것이 사랑입니다. 그 사랑만 닮는 날에는 무엇이든 다 잃어버려도 결국은 자기 자신이 가는 대로 다 따라오게 되어 있습니다.

24 우리 주위에 우리도 모르게 벌어져 있는 천하 만상이 하나님의 사랑과 더불어 존재하는 것들이란 사실을 몰랐습니다. 신령한 경지에 들어가 보면 조그만 모래 한 알에도 우주의 이치가 들어 있고, 하나의 원자에도 무궁무진한 우주의 조화가 들어 있다는 것을 알 수 있습니다. 존재하는 모든 것은 잘 알 수는 없지만 어떤 복합적인 힘을 통하여 나타난 결과라는 것을 부정할 수 없습니다. 분자를 지나 원자, 원자를 지나 소립자 같은 것들이 무의식적으로 존재하는 것이 아니라 어떠한 의식과 목적을 갖추고 존재하는 것입니다. 그렇기 때문에 존재하는 모든 것은 하나님의 사랑의 손길을 거쳐 나온 것이요, 반드시 하나님과 심정적인 관계를 맺고 존재하고 있다는 것입니다.

25 천지만물은 하나님을 닮았습니다. 만물은 하나님을 상징적으로 닮

아 났습니다. 사람은 하나님을 형상적으로 닮아 났습니다. 하나님은 실체 자체입니다. 이 실체를 중심삼고 사람은 형상적으로 닮아 나야 되고, 만물은 상징적으로 닮아 나야 됩니다. 하나님이 지으셨다면 그래야 됩니다. 하나님은 하나님의 법도를 중심삼고 영원한 사랑을 지닌 전지전능하고 무소부재한 분으로 계십니다.

3절 사랑으로 창조하신 하나님

1 하나님이 존재하기 위한 기원이 뭐냐? 전지전능입니까? 절대적 권한입니까? 혼자 있는데 절대적 권한이 있으면 뭘합니까? 하나님의 본질이 무엇이냐 하는 문제가 중요합니다. 그것이 사랑입니다. 위하라는 사랑이 아니고 위하려고 하는 사랑입니다.

2 하나님은 전지전능하시고 무소부재하신 분으로서 아까울 것이 없고, 갖추지 못한 것이 없습니다. 모든 것을 갖추고 있지만 그 전부의 가치보다도 귀하게 내세우고 싶고 자랑하고 싶은 것이 있다면 그것이 무엇이겠습니까? 하나님은 단지 사랑 외에는 필요치 않다는 것입니다. 사랑 이외에는 필요 없습니다.

하나님에게 절대 필요한 것

3 하나님이 제일 좋아하는 것, 인간이 제일 좋아하는 것이 뭐냐? 참사랑입니다. 그것은 이의 없습니다. 성경에도 '하나님이 세상을 이처럼 사랑하사 독생자를 주셨으니 누구든지 저를 믿으면 멸망하지 않고 영생을 얻으리라.'라고 했습니다. 하나님이 제일 좋아하는 것이 무엇이냐? 사랑이라는 것입니다. 사랑으로 형제가 하나로 묶어져서 하나님 앞에 효도할 수 있는 효자 효녀로 만들기 위한 것이 하나님의 소원이었습니다. 그래서 성경에 인간으로서 해야 될 계명 중에서 첫째 계명에 대해서 말하고 있습니다. '네 마음을 다하고 뜻을 다하고 성품을 다하여 주 너의 하나님을 사랑하라 하셨으니 이것이 첫째 되는 계명이다.'라고 했습니다. 하나님이 제일 좋아하는 것이 뭐냐? 돈을 좋아하는 것이 아닙니다. 지식을 좋아하는 것이 아닙니다. 권력을 좋아하는 것이 아닙니다. 사랑입니다. 내 마음을 다하고 뜻을 다하고 성품을 다하여, 모든 것을 다해서 하나님을 사랑하는 것이 첫째 되는 계명입니다. 그리고 이웃을 내 몸과 같이 사랑하는 것이 둘째 계명입니다.

4 천지를 창조한 천지의 대주재이신 주인의 입장에 있는 하나님에게도 필요한 것은 절대적인 사랑입니다. 대우주를 주고도 바꿀 수 없는 절대적인 참사랑을 필요로 하는데, 그 사랑을 어디서 찾을 수 있느냐? 하나님

자신 가지고는 못 찾습니다. 내 마음에 사랑이 있어도 혼자서는 못 찾습니다. 사랑은 어디서 오느냐? 자기 자신으로부터 오는 것이 아니라 상대로부터 오는 것입니다. 상대가 없어서는 사랑을 찾을 수 없기 때문에 그 사랑을 찾기 위해서는 상대를 위해 줘야 됩니다. 상대를 위해 주지 않고는 사랑의 길을 찾을 길이 없습니다.

5 하나님이 최고로 기뻐하기 위해서는 어떻게 해야 되느냐? 하나님은 돈을 원하는 것도 아니요, 지식을 원하는 것도 아니요, 권력을 원하는 것도 아닙니다. 그분은 전지전능한 분이요, 창조의 능력을 갖고 계시니까 그 분에게는 결여된 것이 없습니다. 그러나 하나님에게도 단 한 가지 필요한 것이 있습니다. 하나님에게도 사랑만은 필요합니다. 사랑이 필요한데 혼자서는 사랑할 수 없습니다. 상대가 필요합니다. 이런 점에서 볼 때, 사랑 때문에 우주를 창조했다는 결론을 지을 수 있습니다.

하나님은 왜 창조하셨는가

6 하나님이 창조를 왜 했느냐? 하나님도 사랑이 필요해서 창조했습니다. 하나님이 천지를 사랑 때문에 창조했다는 것입니다. 사랑의 상대가 필요해서, 사랑의 상대를 찾기 위해서입니다. 그런 하나님이기 때문에 자기를 절대적으로 위하라고, 나를 위하라고 하는 사랑을 하지 않습니다. 하나님도 사랑의 상대는 자기보다 낫기를 바란다는 것입니다. 하나님이 천 퍼센트를 가지고 있다면 천 퍼센트를 완전히 투입하려고 합니다. 사랑의 대상이 자기보다 낫기를 바라는 것이 사랑의 본질이요 본성이기 때문입니다.

7 하나님은 사랑의 대상이 필요해서 사람을 지었습니다. 사랑은 혼자 할 수 없습니다. 대상권이 없으면 사랑이 성립될 수 없습니다. 하나님도 사랑이 절대 필요하니만큼 피조만물을 짓고 피조만물을 대표한 만물의 영장으로 사람을 지은 것입니다. 사람이 절대적으로 필요하기 때문에 절대적 사랑 대상권의 가치를 준 것입니다. 사랑을 공유하기 위해서 그 대상적 존재로 지은 것이 인간입니다. 그러니까 인간 자체가 하나님의 몸입니다.

8 하나님이 왜 아담 해와를 지었느냐? 하나님은 무형으로 계신 분이기 때문에 실체의 형상을 가진 부모가 안 돼서는 자녀를 사랑할 수 없습니다. 그래서 체를 입기 위해서 지었습니다. 첫째는 무형의 하나님이 체를 입기 위해서이고, 둘째는 체를 입음으로써 진동적인 충격을 느끼기 위해서입니다. 말만으로는 안 됩니다. 말

한마디가 있으면 음악이 있어야 되고, 그 음악에 맞춰야 됩니다. 이 충동적인 자극에 기쁨을 느끼는 것입니다. 셋째는 하나님은 중심축을 가진 수직의 아버지이기 때문에 면적이 없습니다. 하나님 자신을 두고 볼 때, 한 점밖에 없는 이 축에는 번식의 터전이 없습니다. 왜 몸이 필요하냐? 동서남북 360도를 중심삼고 면적이 필요하기 때문입니다.

9 하나님은 참사랑의 본체로 계십니다. 하나님도 사랑을 체휼하기 위해서는 상대가 필요합니다. 사랑은 주체와 대상 관계, 즉 상대를 통하여 관계를 맺어야 가능한 경험이요 기쁨이기 때문입니다. 그 어떠한 존재도 혼자 고립되어서는 사랑을 느낄 수 없습니다. 하나님의 창조 동기는 참사랑과 그 대상인 참사람입니다. 하나님은 하나님과 자유로이 사랑을 주고받을 수 있는 존재로서 인간을 창조하셨습니다. 인간은 하나님의 온전한 사랑의 대상체로 지음 받았습니다. 인간은 하나님의 아들과 딸입니다. 창조주 하나님은 인간의 참된 부모이십니다. 하나님은 아담 해와가 참사랑을 중심하고 순수하게 성장하여 참사람이 되기를 바라셨습니다.

10 하나님은 절대자인데, 무엇이 그리워서 사람을 창조했겠습니까? 황금이나 지식도 필요하지 않은 전지전능한 하나님이, 갖추지 않은 것이 없는 하나님이 무엇이 필요해서 사람을 지었겠습니까? 창조의 근본 동기가 무엇이겠습니까? 그것은 권력도 아니고, 지식도 아니고, 돈도 아닙니다. 하나님에게는 사랑의 기반이 없었습니다. 하나님도 혼자서는 사랑을 못 이룹니다. 그렇기 때문에 천지창조의 동기는 사랑입니다.

11 하나님은 왜 천지를 창조했느냐? 그 절대자가, 전지전능한 분이 무엇이 없어서 사람을 창조했겠습니까? 사랑 때문에 창조했습니다. 사랑은 상대가 없이는 나타나지 않습니다. 상대가 없는데 작용하게 되면 손해가 납니다. 전부 자기를 보호하게 되어 있습니다. 절대 손해나는 곳에는 움직이지 않습니다. 사랑은 상대가 나타나면 없는 것 같은데도 뛰쳐나옵니다. 하나님도 사랑이 있는데, 남성적인 하나님이 가만히 혼자 있을 때는 그 사랑이 안 나타납니다. 이것을 나타내 보일 수 있는 상대가 사람입니다.

12 하나님이 사람을 지은 것은 사랑을 이루기 위해서입니다. 그 사랑은 하나님으로부터 시작하는 것이 아닙니다. 상대로부터 찾아지는 것입니다. 상대가 없으면 못 찾아집니다. 그렇기 때문에 하나님이 최고 귀한 것

을 성사하기 위해서는 상대가 필요한 것입니다. 하나님도 상대가 없으면 안 됩니다. 그래서 상대를 지은 것입니다. 하나님 자신도 상대로부터 절대적인 사랑을 이룰 수 있게끔 상대를 찾아가는 것입니다. 그러므로 하나님도 사랑을 위해 있다는 것입니다. 사랑이 놀라운 것이 그것입니다. 하나님도 사람을 위해 있고, 사람은 하나님을 위해서 있습니다. 그렇기 때문에 참사랑은 위하는 자리에서부터 시작하는 것입니다.

13 본래 인간이 태어나기를 어디에서부터 태어났느냐 하면, 하나님의 사랑에서부터 시작되었습니다. 사랑 때문에 태어났습니다. 사랑이 기원입니다. 인간이 이어받은 그 생명이 귀한 것이 아닙니다. 하나님의 사랑의 이념을 통해서 생명이 나왔기 때문에 생명에 앞서서 사랑이 먼저입니다. 사랑에 뿌리를 박고 우리 생명이 흘러 나왔다는 것입니다. 그래서 사랑에서 태어나 사랑에서 자라서 사랑의 상대를 만나야 되는 것입니다.

기쁨과 사랑을 위한 창조

14 하나님은 절대자이고 유일무이한 분입니다. 그러나 그분이 아무리 높다 하더라도 혼자 계신다면 기쁨이라든가 재미가 있을 수 없습니다. 혼자서는 재미가 없고 절대 기쁨이 없습니다. 예를 들면 세계에 둘도 없는 법학자라든가 세계의 모든 권력을 가지고 한마디로 세계를 엎치락뒤치락할 수 있는 권위를 가진 사람이 있다고 합시다. 그런 입장에 있는 사람이라도 혼자 있어 가지고는 기쁠 수 없습니다. 아무리 그런 입장에 있더라도 기쁠 것이 하나도 없다는 것입니다.

15 하나님이 천지창조를 왜 했느냐? '나 같은 남자, 나 같은 여자를 보이지 않는 성상에서 실체적 형상으로 전개시켰기 때문에 그 생명들이 꿈틀거리는 것을 보기 좋아해서 지었지.' 라는 것이 맞이 있습니까, '꿈틀거리는 것도 좋기는 좋지만 이것이 둘이 하나가 되어 늘어져 둥글둥글 구르는 것을 보고 싶었다.'라고 하는 것이 좋겠습니까? 결국은 사랑하는 것을 보고 싶어서 지었다는 것입니다. 서로가 겨루는 남자 여자를 보고 싶어하겠습니까, 서로가 사랑하는 남자 여자를 보고 싶어하겠습니까? 사랑입니다. 창조의 출발 동기는 사랑입니다. 이 우주 역시 사랑 때문에 이루어진 것입니다. 그렇기 때문에 하나님이 창조의 존재세계 앞에 나타나게 될 때 사랑의 본질로 나타나야 된다는 것은 가장 이론적입니다.

16 하나님은 절대자요 유일무이하신 분인데 왜 우주를 창조하셨느냐?

하나님은 절대적인 사랑이요 생명이요 이상이지만 그 모든 것을 혼자서는 이룰 수 없습니다. 그렇기 때문에 아무리 위대한 하나님이라도 혼자서는 사랑이나 이상이 있을 수 없겠기 때문에 그 사랑과 이상을 실현하기 위해서 하신 것이 우주 창조입니다. 하나님이 왜 인간을 창조하게 되었느냐? 하나님이 좋아하기 위해서, 기뻐하기 위해서 지으셨습니다. 그런데 혼자 있어 가지고는 기쁘고 좋을 수 있는 일이 없기 때문에 상대 실현을 위해서 창조했다는 것입니다.

17 하나님은 천지창조를 왜 하셨고, 아담과 해와를 왜 지으셨습니까? 좋기 위해서 지었습니다. 하나님이 좋기 위해서 창조하신 것입니다. 아담 속에 하나님이 들어가서 무형의 아버지가 되고, 아담은 유형의 아버지가 되게 하려 하신 것입니다. 그러므로 아담은 실체를 쓴 하나님이 되어야 했습니다. 그렇다면 하나님은 왜 실체를 필요로 하시겠습니까? 당신이 지은 실체세계는 무형으로는 주관할 수 없기에 실체를 쓴 하나님이 필요해서입니다. 그래서 실체의 하나님으로 만든 것이 아담과 해와입니다. 그러니 아담과 해와는 하나님과 일체가 되어야 합니다.

18 절대자가 창조한 천지간의 창조물 자체도 절대적인 가치를 지니지는 못하더라도 절대자와 떨어질 수 없는 상대적 가치를 지니기 위해서는 그 절대자를 중심삼고 '상대적인 절대'의 자리를 찾아야 됩니다. 다시 말하면 한 분밖에 없는 절대자에게 지음을 받았다는 사실은 '상대적 절대' 형을 갖춘 존재임에 틀림없다는 증거입니다. 그렇기 때문에 절대자 자체만으로는 기쁨을 가질 수가 없습니다. 기쁨은 혼자서 이루어지는 것이 아니기 때문입니다.

19 하나님은 사람 하나를 짓기 위해서 모든 만물을 지어 나오셨습니다. 첫날부터 닷새 날까지 지은 그 만물을 바라보시게 될 때에, 무한한 소망과 무한한 희망을 갖고 즐거워하셨습니다. 그리하여 이 모든 만물의 주인으로서, 하나님 대신 만물을 주관하는 주인으로서 우리 조상인 아담과 해와를 지으셨던 것입니다. 그러고는 무한히 기쁜 심정으로 그들을 위해 축복하셨던 것입니다. 그들에게 '생육하고 번성하여 땅에 충만하라.'라고 하셨습니다. 생육하고 번성하여 땅에 충만하라는 축복의 말씀을 인간에게 주신 것은, 하나님을 기쁘게 하기 위한 목적으로 인간이 지음을 받았다는 뜻입니다. 또한 하나님도 이러한 목적을 이루기 위해서 우리에게 축복하셨던 것입니다.

제4장 해방해 드려야 할 하나님

1절 하나님의 한과 복귀섭리

1 천지만물을 지으신 하나님은 인간을 지극히 사랑하셔서 지으셨습니다. 닷새 동안에 지은 어떤 것보다도 사람 하나를 위주로 하여서 그의 영광과 소망과 돈독한 심정을 중심삼고 지으셨습니다. 그 인간 하나가 성장하여 소망을 성취함으로써 행복을 노래하고, 평화의 가정을 만들어 하나님과 더불어 있기를 하나님은 바라셨습니다. 타락하지 않은 본연의 아담 해와를 만들어 놓고 기뻐하시던 하나님, 아담 해와가 자랄 적마다 하나님은 애절한 심정, 간곡한 심정을 가지고 하나의 소망의 승리를 완결지을 수 있는 그때를 고대하셨습니다. 자라는 아담 해와를 앞에 놓고 지으신 창조세계를 바라볼 적마다 '너를 위해 지은 만물도 좋거니와 만물을 차지할 너를 바라보는 것이 더 좋구나.' 라고 하시는 아버지의 심정, 아버지의 마음이었다는 것입니다. 그러했던 아담 해와, 소망에 어리던 아담 해와, 행복의 터전이 될 수 있었던 아담 해와, 또 모든 만물세계에 있어서 그로 말미암지 않으면 안 될 중심존재인 아담 해와, 어느 한 날 타락의 날이 있어서는 안 될 아담 해와, 슬픔의 한 날이 있어서는 안 될 아담 해와였습니다. 그렇지만 그 아담 해와가 한 날 실수함으로써 타락이라는 명사가 초래됐고, 슬픔이라는 명사가 초래됐고, 하나님의 소망 세계에 흑암의 권세가 침범하였다는 사실은 원통하고 분통한 일입니다.

2 인류시조가 타락함으로써 인류시조의 슬픔은 마땅한 것이지만, 인류시조를 바라보고 소망을 갖던 하나님이 인간으로 말미암아 슬픔을 당하였습니다. 인간이 슬퍼하는 입장에 떨어짐으로써 하나님 자신이 불쌍한 자리, 억울하고 고통스러운 자리에 서지 않으면 안 되었습니다. 이는 이 땅 위에, 천지간에 있어서는 안 될, 혹은 이러한 생각이라도 할 수 없었던 일인데 인류시조의 실수로 말미암아 그런 사건이 벌어졌습니다. 이것이 인간 타락입니다.

왜 슬픔의 하나님인가

3 아담 해와가 타락함으로써 영원한 하나님의 사랑과 이념을 중심삼고 사랑의 동산에서 영원한 복락을 누리게 되어 있었던 그 창조의 이상이 좌절되었고, 하나님이 지금까지 수천년 역사 속에서 수고하시지 않을 수 없게 되었습니다. 그러므로 여러분은

아담 해와가 타락함으로써 이루지 못한 창조이상을 이루기 위하여 하나님이 지금까지 사탄과 싸우면서 느끼셨던 그 슬픈 심정을 체휼하지 않으면 안 됩니다. 여러분은 아담 해와를 잃어버렸던 그때의 서러움, 아담 해와가 하나님을 배반하고 타락했을 때의 하나님의 그 슬픈 심정을 체휼해야 됩니다. 그러기 위해서는 먼저 하나님의 사랑이 무엇인가를 알아야 하고, 하나님이 인간을 어느 정도까지 사랑하시는가를 체휼해야 됩니다. 그러지 못하면 하나님이 아담 해와를 잃어버리고 슬퍼하셨던 그 심정을 도저히 체휼할 길이 없습니다.

4 하나님은 영광으로 나타나실 존재입니다. 인간의 기쁨이 하나님의 기쁨이요, 하나님의 기쁨이 인간의 기쁨이 되는 것이 창조이념인데, 그 이념은 간 곳 없고 하나님은 처참한 모습이 되었습니다. 인간 앞에 나타나는 하나님의 모습은 영광의 모습이 아닙니다. 어떤 처참한 개인이나 민족과 비교할 수 없을 정도로 처참한 입장에 있는 하나님입니다. 원래 하나님은 영광의 모습이었으나 인간이 타락한 그날부터 그 반대의 모습으로 있게 된 것입니다. 하나님은 모든 것을 자녀인 인간에게 맡길 수 있고, 인간은 모든 것을 아버지 하나님에게 맡길 수 있는 것이 하나님과 인간의 상호 입장이었는데 그럴 수 없게 되었습니다. 처참한 모습으로 자녀들 앞에 나타날 수밖에 없는 부모의 심정이 얼마나 괴롭겠습니까? 그러나 자기 고통과 사정을 통고하고 싶지 않고 무한히 애쓰는 슬픈 모습을 보이고 싶지 않은 하나님입니다.

5 지금까지 인간은 하나님이 영광 가운데, 고난이나 고통이 없는 가운데 계시는 분인 줄로만 알았습니다. 수많은 종교도 지금까지 역사과정에서 그렇게 알고 신앙생활을 해 나왔습니다. 진정한 의미에서 하나님은 자신의 가정, 자신의 자녀, 자신의 재산, 자신의 나라와 세계를 잃어버린 입장에 계십니다. 그런 입장에 계시는 분이 우리 아버지입니다. 그 아버지를 만나면 자기의 모든 한이 해원되고 지금까지 고대하던 전부가 해결될 줄 알았습니다. 그런데 오늘날 이 길을 찾아 나와 부모를 상봉하고 보니, 그 부모가 갖고 있는 재산은 물론이요 세계와 부모의 모든 것이 원수의 수중에 놓여 있다는 것입니다.

6 여러분은 역사적으로 서러운 하나님의 모습을 심중에 모시고 슬픈 하나님의 마음을 위로하여 기쁨과 영광을 돌려드리는 효자가 되어야 합니다. 하나님은 지금까지도 낙망하고 탄식하고 계십니다. 우리는 하나님

을 모시고 민족을 넘고 세계를 넘어 만민과 더불어 천주의 전권을 대신하여 하나님의 한을 붙들고 위로해 드리며 승리의 한 날을 맞이해야 됩니다. 하나님이 심판 대신 축복해 주고 싶다 할 수 있는 그런 아들딸이 되기 위해 몸부림쳐야 합니다. 그런 사람이 되어야만 남아지는 무리가 됩니다. 모진 환경과 역경에 시달려도 거기에 굴하지 않고 '나만 남았나이다.' 라고 할 수 있어야 합니다. 이러한 심정을 가져야만 비로소 하나님과 생명의 인연을 맺을 수 있습니다. 이러한 심정에 인연되어 있으면 아무리 강한 삭풍이나 폭풍이 불어온다 하더라도 이런 생명력을 가진 심정의 유대를 감히 무너뜨릴 수 없습니다.

7 하나님은 보좌에 앉아서 영광 받는 하나님이 아닙니다. 타락한 인류를 대하여 하나님은 지금까지 구원하시느라고 매일 통곡하고 계십니다. 그런 입장에서 인류를 이끌어 오시는 것이 하나님의 모습입니다. 하나님은 이렇게 비참한 분입니다. 비참 가운데 떨어진 인류를 구원하기 위해서 하나님은 잠든 인류를 깨워서 '와라! 와라!' 하시는 것입니다. 그러나 그렇게 해서 가게 되어 있지 않습니다. 책임분담을 해야 되는데, 이것을 대신해 줄 수 없는 입장에서 일을 하시려니 얼마나 힘들었겠습니까?

8 하나님은 슬픔의 주인공이요 고통의 주인공입니다. 이렇게 우리가 모실 아버지는 기쁨과 영광을 누리고 싶은 마음은 갖고 있으나 그런 내용을 가지고 기뻐하거나 영광을 누려 보지 못한 하나님입니다. 타락의 한과 더불어 슬픔과 고통의 내용을 지니신 슬픔의 하나님이요 고통의 하나님입니다. 우리는 천국이 행복의 동산인 줄 알고 있지만 결코 그렇지 못합니다. 기쁜 내용이 있는가 하고 아무리 샅샅이 뒤져 봐도 그렇게 되어 있지 않습니다. 세상을 다스릴 권세를 가지고 영광을 누리고 행복을 노래할 수 있는 내용만을 가져야 할 하나님에게 기쁨과 영광과 선의 결실, 이상의 요소는 다 없어지고 슬픔과 고통만이 남아 있습니다. 이것이 원통하다는 것입니다. 슬프고 슬픈 일 중에도 이 이상 슬픈 일이 천지간에 없을 것입니다.

9 하나님은 제일 슬픈 분입니다. 죽어 가는 자가 어머니가 불쌍하다고 우는 사람보다도 하나님은 더 슬픈 분입니다. 선을 주장하다가 만민이 공인하는 자리에서 민족의 반역자로 몰려 원통하게 죽는 사람보다도 더 분한 분입니다. 제일 분하고 제일 불쌍한 명사를 가진 주인공이 바로 하나님입니다. 그것을 실감나게끔 가르쳐야 할 것이 종교입니다. 하나님

의 옷자락은 영광에 맞추어 입은 옷자락이 아닙니다. 피땀에 절어 있는 옷자락입니다. 그 옷은 당신의 아들딸들이 손으로 붙들겠다고 했다가 못 붙든 피어린 손가락으로 만든 옷자락입니다. 하나님의 발은 가시밭을 헤쳐 나오다 상처를 입은, 수많은 투쟁역사에서 상처를 입은 발입니다. 하나님은 한 개인을 세워 개인의 한을 찾다 쓰러질 때에 대신 맞아 나오는 분이요, 한 민족을 세워 여러 민족이 쓰러지게 될 때, 민족이 배반하게 될 때 대신 맞으면서 투쟁하는 분입니다. 우리가 믿고 나오는 하나님은 이렇게 불쌍한 분입니다.

불쌍하신 하나님

10 하나님은 연금 상태에 있습니다. 아들을 잃어버린, 영원한 독자인 아들딸을 잃어버린 부모의 고통을 품고 사는 하나님입니다. 한의 하나님입니다. 지금까지 눈물을 계속 흘리고 가슴을 치면서 구원역사를 위해 인간의 뒤를 따라오면서 수없이 죽음을 당하고 별의별 일을 보고도 참고 참은 하나님의 그 가슴에 못이 박혀 있다면 세계를 덮고 남을 수 있는 못이 박혀 있고, 한이 있다면 이 세상에 없는 한을 품고 나온 하나님입니다.

11 하나님은 만물의 주인이지만 그 주인 행사를 한 번도 해보지 못하였습니다. 사랑의 주체이지만 인간을 대하여 '나는 너를 사랑한다.'라고 해보지 못하였습니다. 모든 것을 가질 수 있는 자유로운 입장에서도 인간을 대하여 '너는 내 것이다.'라며 마음대로 취해 보지 못한 하나님입니다. 또 하나님은 땅 위에 인류가 많이 살고 있지만, 그들을 한 번도 당신의 아들딸, 혹은 사탄을 물리칠 수 있는 용자로 세워 보지 못하였습니다. 예수님을 믿고 있는 기독교인들이 많지만 하나님은 그들을 사탄에 대한 총진격 명령을 할 수 있는 총사령관으로 세워 보지 못하였고, 예수님을 세워 천사세계에 명령하여 지상과 관계를 맺으려 하였으나 그러지 못하였습니다. 땅 위의 인간에게 신부의 이념을 주고 신부를 찾아 헤매었으나 신부라고 사탄 앞에 자랑할 수 있는 한 사람을 만나지 못한 하나님입니다. 그러한 하나님 앞에 우리는 너무나 죄송한 무리입니다.

12 하나님은 무한히 불쌍한 분입니다. 죄악의 자식을 품고 사랑하는 아들이라 할 수밖에 없는 거북한 입장에 있는 하나님, 죄악 된 아들딸이 살고 있는 이 땅 위에 오셔서 찢기고 상처받고 몰리는 하나님입니다. 하나님은 통곡하고 계십니다. 하나님의 심정에는 갈기갈기 찢겨진 상처가 있습니다. 민족이 쓰러지고 새로운 민족이

이루어지는 그때마다 역사의 어느 한 쪽도 제외됨이 없이 하나님의 심정의 곡절이 스며 있다는 것입니다.

13 하나님에게는 한이 있습니다. 인간의 타락으로 말미암은 한이 있습니다. 말 못할 곡절과 한의 내용이 있습니다. 인류를 구원하시기 위해 허덕이며 찾아 나오신 하나님은 슬픈 신세입니다. 이 땅 위의 어떤 거지도 하나님보다는 낫습니다. 하나님이 그렇게 되었습니다. 하나님이 보좌에 앉아 천지만물을 호령해서 모든 것이 마음대로 된다면 왜 6천년 동안 죄악의 인류를 끌고 나왔겠습니까? 제일 불쌍한 분입니다. 주인인데도 불구하고 주인 노릇을 못하였습니다. 아버지인데도 불구하고 아버지 노릇을 못하였습니다. 이처럼 분한 일이 없다는 것입니다. 당신이 지은 것이지만 당신 마음대로 못하였고, 당신의 아들딸이지만 아들딸이라 하지 못하였습니다. 이 담을 무너뜨리기 위해 섭리해 나온 것이 6천년 역사입니다.

14 세상에서 제일 불쌍한 분이 하나님입니다. 제일 수고를 많이 한 수고의 대왕이 하나님입니다. 인간을 창조한 그날부터 인간을 보지 않으려야 보지 않을 수 없는 운명을 지닌 아버지의 입장에 계시는 하나님, 사시장철은 물론이요 6천년 역사 속에서 잠시라도 떼어 놓을 수 없는 인간상을 붙들고 뒤넘기치는 신음과 울부짖음을 생활철학으로 알고 그것을 걸고 인간을 가누어 주는 생활을 해 나온 하나님이니 얼마나 불쌍한 분입니까?

15 역사적인 하나님, 시대적인 하나님은 슬픈 하나님입니다. 과거와 현재의 하나님은 슬픔의 하나님입니다. 이 슬픈 하나님을 알아 모시지 못하는 자는 심판받는다는 것입니다. 이 세상에서 진정 하나님을 사랑하는 자라 한다면 자기 슬픔과 자기 고통이 있을 때 이것을 해결해 달라고 하나님 앞에 기도할 수 없습니다. 역사적인 슬픔과 고통을 맡아서 지금까지 찾아 나온 것만도 황송하고 고마운데, 이것을 모르고 자기 슬픔과 자기 고통까지 다 나타내는 자들은 심판받게 됩니다. 역사적인 슬픔의 하나님이요 시대적인 슬픔의 하나님에게 차마 자기 고통을 놓고 기도할 수 없어 혼자 우는 사람이 있다면 하나님은 알아주실 것입니다. '제 고통보다 하나님의 수고가 얼마나 크십니까? 제가 죽는 한이 있더라도 그 수고를 제게 맡겨 주시옵소서.'라고 하는 아들딸이 돼야 합니다. 오늘날 그저 복 달라고 기도하는 사람들은 가면 갈수록 하나님 앞에 머리를 들 수 없는 죄인이 될 것입니다. 은사가 많은 하나님의 사랑권 내에 들어가면 들어갈수록

머리를 들 수 없는 죄인입니다.

16 하나님은 영존하시는 분입니다. 하나님이 눈물짓는 것은 죽음의 길을 일소하고, 고통의 길을 일소하고, 슬픔의 길을 일소하기 위한 것입니다. 하나님이 슬픔과 고통과 죽음의 길을 일소하기 위하여 먼저 눈물짓고 피땀을 흘려 나온다는 것을 알고 우리는 그 뜻을 대신해야 합니다. 하나님이 죽음의 자리에 나가서는 안 됩니다. 지금까지 하나님은 최후의 죽음 자리, 최후의 눈물을 흘릴 자리, 최후의 피땀을 흘릴 자리에 우리 선조들을 내세웠습니다. 이렇게 한 것은 하나님이 사랑이 없어서 그랬던 것이 아닙니다. 그런 자리를 해소하기 위해 하나님도 그 이상의 아픔을 느꼈습니다. 사랑하는 자식이 죽는 그 순간 부모의 마음은 얼마나 고통스러우며, 사랑하는 자식이 고통받는 것을 바라보는 부모의 심정은 얼마나 아프겠습니까? 자신이 죽는 것보다 더 아픈 것입니다. 이러한 아픈 심정을 가지고 인류역사 이후 고통을 받아 온 하나님입니다. 우리는 일대를 중심삼고 한번 고통받고 넘어가면 우리로서는 책임이 다 끝날 수 있지만, 하나님은 지금까지 수많은 우리 선조들이 죽음의 길을 갈 적마다, 눈물의 길을 갈 적마다, 피와 땀을 흘리는 길을 갈 적마다, 슬픔과 고통의 길을 갈 적마다 심한 고통을 받아 나왔습니다.

부모의 자리를 빼앗긴 하나님의 한

17 하나님은 본연적 참부모의 자리에 있는 분입니다. 참부모가 되어야 할 하나님이 부모의 자리를 빼앗겨 버렸기 때문에 창조이상의 본연적 기준에서는 없었던 일이 생겨났습니다. 이 창조 세계에 있을 수 없는 것이 생겨난 것을 창조주 되신 하나님은 간섭할 수도 없고 그것을 책임지고 소화할 수 있는 입장에도 서지 못한다는 것입니다.

18 하나님은 원수한테 왕좌를 빼앗겼습니다. 하나님이 영광의 하나님이 못 되어 설움의 역사를 갖고 계십니다. 자기 나라의 왕으로, 우주의 왕으로 있는데도 불구하고, 왕이 살아 있는데도 불구하고 왕이 죽었다고 천대를 받고 계십니다. 결국은 자기 사랑하는 아들딸이 다 겁탈당하고, 완전히 원수의 농락터로서의 지구성이 되어 버렸습니다.

19 인간조상의 타락으로 하나님은 사랑하는 자식을 잃은 부모가 되었습니다. 자식이 감옥생활을 하는데 영광을 누리는 부모가 있겠습니까? 하나님의 심정은 한없이 아픕니다. 또한 타락으로 말미암아 인간을 위해 지은 우주만상까지도 다 사탄의 주관

권에 내주고 말았습니다. 참사랑의 주인이신 하나님은 그 사랑의 대상을 잃은 순간부터 한없이 외로운 하나님이 되었습니다. 만유의 주재자로서의 능권을 한 번도 주장해 보지 못하였습니다. 못난 타락 인간도 다 자기를 자랑하고 사는데, 하나님은 창조주의 위상을 한 번도 세워 보지 못하였습니다. 모든 생명의 주인이면서도 그들 앞에 스스로 지존하심을 나타내지 못했습니다.

20 인간이 타락함으로써 무엇을 잃어버렸느냐? 첫째는 참사랑의 이상세계를 잃어버렸고, 둘째는 참사랑의 이상가정을 잃어버렸습니다. 참사랑의 부부를 잃어버렸다는 것입니다. 셋째는 참사랑의 아들딸, 종손을 잃어버렸습니다. 이것이 하나님의 3대 비애입니다.

21 뜻의 완성을 바라 왔던 하나님 시대는 타락으로 말미암아 간 곳 없이 사라져 버렸습니다. 천지만물을 지으신 하나님의 소망의 자리에 근본적인 파탄을 가져왔습니다. 하나님이 계획했던 모든 프로그램이 완전히 파괴당하고 유린당했습니다. 영원한 사랑의 이상 대상권이 파탄당했다는 것입니다. 순수한 본질적인 사랑을 지닌 하나님이 이상적 대상으로 그리던 아담 해와가 타락하여 떨어져 나갔을 때 하나님의 마음은 지극히 슬펐을 것입니다. 지극히 지극히 비통했을 것입니다.

22 기독교에서는 하나님이 영광 가운데 있는 심판주로서 지옥 보내고 천국 보낸다고 합니다. 세상에 제일 불쌍한 분이 하나님입니다. 제일 비통하게 몸부림치면서도 광명한 천지가 흑암의 지옥으로 떨어질 수 있는 것을 극복해서 거기에서 몸을 가누어 눈을 뜨고 의식을 갖추어서, 죽었지만 이 자녀들을 다시 살려 놓겠다는 마음을 가지신 하나님입니다.

23 인간과 영원히 같이 있어야 할 하나님이 그 인간과 갈라설 때에 그 비통함과 억울함과 분함과 서러움이 얼마나 크셨겠습니까? 인간은 온 우주를 주고도 바꿀 수 없는 하나의 사랑의 기지를 바라 성숙해서 평형선상에서 종횡이 결합할 수 있는 하나의 축을 이루어야 했습니다. 그랬으면 그것이 하나의 기준이 되어 천지의 모든 만물의 측정 기준이 될 수 있었습니다. 그 사랑에 인연된 모든 것은 어디서나 다 맞게 되어 있습니다.

24 하나님도 자기 사랑의 상대가 자기보다 잘나기를 바랍니다. 그 사랑의 상대가 인간입니다. 그런데 인간의 특권적인 가치를 상실해 버리고

허덕이는 무가치한 인생을 바라보는 하나님의 내정적인 심정이 얼마나 비참하겠습니까? 저들이 본래는 내 사랑과 내 생명과 내 혈통을 통해서 직계 자식이 되어 하늘나라의 승리적 영광을 차지할 것인데, 패자의 탈을 쓰고 신음과 고통과 탄식과 절망 속에서 허덕이다 생명을 끊는 자리에 있다는 것입니다. 그것을 바라보는 하나님이 얼마나 기가 막히겠습니까? 그렇게 슬픈 하나님입니다.

25 여러분은 자기보다 더 분한 입장에 있는 사람이 위로하게 될 때는 위안을 받을 수 있습니다. 하나님은 누구보다도 더 비통함을 겪고 계시기 때문에 그 하나님을 누구도 위로할 수 없습니다. 시작도 하나님 자신이요 끝도 하나님 자신이기 때문에, 그 마음 가운데 맺혀 있는 원한을 어떻게 푸느냐 하는 것이 하나님의 내정적인 사정입니다. 하나님은 이런 사정을 품고 지금까지 복귀섭리를 해 나오셨습니다. 영계는 시간과 공간을 초월한 세계이기 때문에 6천년 전의 슬픔도 역사시대권 내에 영원히 남아지는 것입니다. 만약 스스로를 제물로 드렸다는 체험으로 기쁨을 느꼈다면, 그것이 시간권의 내용이든지 생활권의 내용이든지 간에 일생에 있어서 잊혀지지 않는 것입니다. 세월이 가면 갈수록 그 폭과 넓이가 커져 추앙의 대상이 되고, 그것이 무한한 근원과 인연이 맺어진다는 것입니다. 앞으로 여러분이 이러한 신령한 체험을 하여 그런 내용을 갖고 실행하게 되면, 하나님이 지금까지 당하신 슬픔이 일시적인 것이 아니라 연속적으로 연결되어 나왔다는 것을 알 수 있을 것입니다.

26 우리는 스스로를 내세우며 나를 함부로 말하지 말아야 합니다. 기나긴 역사의 뒤안길에서 참된 나를 말할 수 있는 자식을 찾아 한에 얽힌 복귀섭리를 해오신 하나님의 심정을 조금이라도 안다면 함부로 나를 주장할 수 없습니다. 우리는 자나 깨나 이상가정 완성을 위해 살아야 합니다. 하나님의 창조본연의 세계인 평화세계, 하나님이 천년만년 기다려 온 이상가정만 세운다면 그곳이 바로 지상천국의 출발지가 될 것입니다. 거기에서 불쌍한 하나님의 한을 풀 수 있게 될 것입니다.

변할 수 없는 하나님의 뜻

27 하나님은 절대자이시므로 뜻하신 것을 성취하지 않을 수 없고, 하시고자 했던 뜻을 기필코 성사해야 될 분입니다. 이것을 다시 수습해 재생공장에서 수리하여 본연의 하나님 사랑을 받을 수 있는, 타락하지 않은 이상 위에 아담을 다시 만들어 내야 하

고 해와를 다시 만들어 내야 합니다. 그리하여 다시 찾아진 부모로 연결시켜서 자녀를 찾지 않으면 안 됩니다. 그런 입장에 있기 때문에 구원섭리가 시작된 것입니다.

28 하나님의 뜻은 변할 수 없습니다. 사람들이 아무리 많다 하더라도 뜻을 향하여 가는 길은 하나밖에 없습니다. 절대적인 하나님이기 때문에 뜻도 하나요, 그 뜻의 길을 향하여 가는 길도 두 길이 될 수 없습니다. 마음대로 왔다 갔다 할 수 없습니다. 하나의 직선밖에 없다는 것입니다.

29 절대적인 하나님은 역사관을 갖고 있어야 됩니다. 그 역사관은 섭리를 통해서 나타납니다. 섭리 가운데는 섭리의 뜻을 따르는 사람이 있고 따르지 않는 사람이 있습니다. 다시 말하면 신앙생활을 하는 사람과 하지 않는 사람, 이 두 종류가 있습니다. 동서남북의 문화권을 수습해서 하나의 세계로 지향하는 절대적인 신의 이상, 곧 신의 뜻은 절대적으로 하나입니다. 신의 뜻, 신이 지향하는 그 목적은 인류를 파탄의 와중에 몰아넣기 위한 것이 아니라 인류를 해방과 평화의 경지로 인도하기 위한 것입니다. 그렇기 때문에 평화의 종착점을 향해서, 통일된 세계를 향해서 역사는 움직여 나가지 않으면 안 됩니다.

30 너와 나 둘이 하나님의 사랑을 중심삼고 사랑하고 뜻을 중심삼고 사랑하는 것이라면 얼마나 멋지겠습니까? 그럴 수 있는 가정, 그럴 수 있는 씨족, 그럴 수 있는 민족, 그럴 수 있는 국가, 이것이 우리가 바라는 소원입니다. 그런 권내에 내가 포괄되어 살고 있는 입장, 즉 환영하고 호흡하고 주고받는 권내에서 내가 주체적 입장에서 거동하며 산다는 입장에 설 때에 그야말로 통쾌한 일이 아닙니까? 무한한 세계가 뻗어 갈 수 있고, 무한한 세계가 축소될 수 있는 주체로서의 조화의 인연을 제시할 수 있는 나요, 맥박의 기원을 파동시킬 수 있는 나라는 것을 생각할 때 얼마나 통쾌한 자리냐는 것입니다. 그러한 내가 어디를 가게 되면 하나님도 따라오십니다. 내가 숨어 버리면 하나님도 곤란합니다. 그럴 수 있는 자각된 자리에서부터 통일의 요인이 결정되는 것입니다.

31 아무리 외적 섭리가 완결된다고 하더라도 내적 섭리가 여기에 동반하여 완결되지 않으면 하나의 전체목적을 완성할 수 없다고 보는 것이 원리의 관입니다. 여기에서 내적인 것이 중요하냐, 외적인 것이 중요하냐 하는 것이 문제입니다. 둘 중에 내적인 것을 보다 중요시하지 않을 수 없습니다. 내적인 문제는 하나님을 위한

문제이고 외적인 문제는 사람을 위한 문제이기 때문에 그렇습니다. 이런 관점에서 우리는 하나님의 뜻을 중요시하지 않을 수 없습니다. 하나님의 뜻은 하나님과 더불어 내적으로 하나된 개인을 통해서 가정을 이루고, 그 가정을 통해서 내적으로 하나된 종족을 이루고, 그 종족을 통해서 내적으로 하나된 민족을 이루며, 그 민족을 통해서 내적으로 하나된 국가를 이루어 발전시키려고 하는 것입니다. 이것이 하나님의 계획입니다.

32 죄 있는 세상에서 죄 없는 세상으로 옮겨야 되는데, 이것이 구원입니다. 옮긴다는 것은 구원인데, 곧 복귀라는 것을 알아야 됩니다. 본래 하나님의 뜻은 구원이 아닙니다. 그러니 본래 하나님의 뜻으로 돌아가야 됩니다. 메시아가 오는 목적은 하나님의 뜻을 이루기 위한 것입니다. 하나님의 뜻이 무엇이냐? 사탄 마귀 세상의 사람을 다 자기한테로 구해 내는 것이요, 나중에는 사탄 마귀를 추방하는 것입니다. 오늘날 여러분이 살고 있는 데에는 죄만 지으면 참소를 하는 사탄 마귀가 있습니다. 이것을 추방해야 됩니다. 인류를 구원하기 위한 것이 하나님의 뜻이요, 인류를 망치고 인류를 유린하는 사탄 마귀를 이 지구성에서 영원히 추방하는 것이 하나님의 뜻입니다.

33 하나님에게 있어서 제일 중요한 일이 있다면 그 일이 무엇이겠습니까? 뜻 성사임에 틀림없습니다. 뜻을 이루는 것, 다시 말하면 창조이상을 완성하는 것 이상 중요한 사항이 없습니다. 그렇지만 창조이상, 즉 뜻을 이루어야 한다는 일은 하나님 자신의 일로만 남아지는 문제가 아닙니다. 뜻 성사라는 것은 어디까지나 하나님을 떠난 상대 입장에 그 성패를 걸어 놓고 문제 되어 나옵니다. 그러므로 하나님 자신에게만 직접적으로 문제가 되는 것이 아니라 상대적 문제로도 나타나는 것입니다. 하나님이 아담 해와를 짓기 전에 천지만물을 지어 놓고 그다음에 아담 해와를 지어 중심 자리에 세워 놓았는데, 그 중심 존재가 승리의 결실체가 되는 것이 물론 하나님의 바람이지만, 그렇게 되느냐 못 되느냐 하는 것은 하나님 자신에게 관건이 있는 것이 아니라 인간 자신에게 있습니다.

34 타락한 부모, 즉 거짓 부모로부터 태어난 인간은 하나님과 관계를 맺으려야 맺을 수 없게 되었습니다. 즉 천지를 창조한 창조주와 내연의 관계를 맺을 수 있는 아무것도 갖지 못하게 된 것입니다. 창조원칙을 두고 볼 때, 인간은 하나님이 지은 인연이 있기 때문에, 그리고 하나님이 인간을 지은 목적은 인간을 타락시키기 위한

것이 아니라 완성의 표준을 세워 놓았던 창조의 법도가 있으므로 이런 인연을 중심삼고 다시 인간이 책임을 수행하도록 하기 위한 것이 제2차적인 복귀섭리노정입니다. 복귀섭리는 타락하기 전의 상태로 끌어올리는 노정입니다. 인간은 타락함으로써 무원리권의 세계로 떨어져 버렸습니다. 다시 말하면 원리가 없는 세계, 하나님이 간섭하려야 간섭할 수 없는 세계로 떨어져 버린 것입니다.

35 하나님이 주체와 동기가 되지 않고는 인간 자체만으로는 하나님과 관계를 맺을 수 없는 한의 구렁텅이로부터 벗어날 수 없습니다. 원래 인간은 창조원칙으로 볼 때 하나님과 부자의 인연을 가져야 할 것을 아시는 하나님이기에 하나님은 떨어진 인간을 다시 자녀의 자리로 끌어올리려고 하지만, 그렇게 하는 것이 쉬운 일이 아닙니다. 창조보다 몇 배 이상의 수난길을 가지 않으면 안 되는 일입니다. 하나님은 지금까지 무원리권 내로 떨어진 인간을 사다리를 놓아 끌어올리는 역사를 해 나오신 것입니다.

36 하나님은 아담 가정이 타락한 그날부터 아벨을 중심삼고 섭리했습니다. 부모가 잘못함으로써 자녀를 중심삼고 섭리했다는 것입니다. 섭리의 목적은 뜻을 세우기 위한 것인데, 그러면 뜻의 목적이 뭐냐? 창조이상, 창조목적을 완성하기 위한 것입니다. 창조목적 완성은 사랑의 일치, 이상을 실현하기 위한 것입니다. 그러므로 아담 가정에 있어서 이 일이 성사 안 됐다는 사실이 타락이라고 보는 것입니다. 그래서 뜻의 타락이요 심정의 타락이 성립된 것입니다. 이것을 복귀하기 위해서, 이것을 재창조하기 위해서 아벨을 세워서 역사한 것입니다. 아벨의 뜻과 하나님의 뜻은 분리되는 것이 아니라 일치되어야 합니다. 하나님이 보시는 차원과 아벨이 대하고 있는 차원이 일치되어 있느냐? 차원은 다르지만 가는 방향에 있어서, 아벨로서의 개인이 대하는 입장에서, 하나님의 전체 뜻 앞에는 물론 차이가 있지만 뜻을 행하여 나아가는 과정에서 대하는 뜻의 입장과 방향은 일치되어야 합니다. 그래서 아벨은 구원섭리를 완성하기 위해서 가인과 하나되어야 합니다. 가인을 일치화시키는 것이 문제입니다.

37 타락한 인류는 아직까지 세계가 입증해 줄 수 있고, 땅이 입증해 줄 수 있으며, 하늘이 입증해 줄 수 있는 영원한 생의 가치를 찾지 못하고 있습니다. 그렇기 때문에 타락한 인간들에게는 개인의 생의 가치를 찾고, 개인을 거쳐 세계적인 생의 가치를 찾고, 세계를 넘어 천적인 영원한 생

의 가치를 찾아야 할 복귀의 사명이 남아 있는 것입니다. 그러면 하나님이 오늘날까지 섭리의 뜻을 세워 놓고 전체의 생의 가치를 찾아 나오신 목적은 어디에서 종결될 것인가? 그것은 여러분 한 자체나 세계에서 종결되는 것이 아닙니다. 하늘과 땅이 하나되어 하나님이 기쁠 수 있는 동시에 세계가 기쁠 수 있고, 세계가 기쁠 수 있는 동시에 개인이 기쁠 수 있는 생의 가치를 찾아야 합니다. 그때서야 비로소 하늘의 구원섭리도 끝나고, 사탄을 중심한 세계적인 인륜도 끝나고, 개인적인 도덕관념도 끝나게 됩니다. 타락한 인류에게는 이러한 생애노정을 개척해 나가야 할 책임이 있습니다.

38 원죄를 뽑기 위한 싸움은 아담 가정에서부터 시작되었습니다. 아담 가정의 두 아들인 가인과 아벨을 갈라놓고 섭리역사는 시작되었던 것입니다. 하나님은 아벨을 사랑하게 되어 아벨한테 제물을 바치게 하였습니다. 제물을 드릴 때는 누구보다도 하나님의 말씀을 절대시해야 됩니다. 사탄이 반대하더라도 그것을 극복하고 넘어가야 됩니다. 아벨은 있는 정성을 다하여 환경상의 어려움을 극복하고 뜻에 맞게 제물을 드렸습니다. 제물을 드리는 아벨은 타락한 아담보다도 하나님의 말씀에 절대 순응해야 됩니다. 아벨은 사탄과는 영영 관계가 없는, 하나님과 영원히 하나될 수 있는 실체가 되어야 합니다. 그래야 비로소 하나님의 사랑을 받을 수 있는 자리에 들어갑니다. 그럼으로써 악한 주권 내에서 해방을 받아 선주권 내로 들어온다는 것입니다.

39 하늘과 땅 가운데서 찾아볼 수 없고 피조물 가운데서 찾아볼 수 없는 하나의 귀한 존재, 하나님 내부에 감추어져 있는 전체의 성상을 새롭게 드러낼 수 있는 보다 차원 높은 새로움의 실체가 주인공으로 나타나서 하나님의 뜻을 성사시킬 수 있는 날은 언제일 것인가? 이런 감격적이고도 충격적인 한 날을 맞기 위해 오늘날까지 하나님은 이 하나의 목적을 세워 놓으시고 복귀섭리를 거치면서 끊임없는 수고로써 역사해 나오고 계시는 것입니다.

40 하나님은 천신만고하면서 인간을 구원하기 위해 숱한 탕감의 역사를 거쳐 왔습니다. 하나님이 악마를 마음대로 쳐부수고 악마의 사람들을 마음대로 빼앗아 올 수 있는 능력이 있는 분이지만 그것은 불가합니다. 하나님이 인간을 사랑으로 키워, 사랑으로 가정을 이루어, 사랑으로 종족과 민족과 국가와 세계를 이루려 하던 본의의 뜻이 있는 한 아담 해와

는 타락하였어도 그들이 타락하기 전의 마음을 하나님은 영원히 갖고 계셔야 됩니다. 아담 해와는 타락함으로써 하나님의 마음세계를 떠났지만 이것을 힘을 가지고 강제로 돌이킬 수 없습니다. 이미 악마와 사랑의 관계를 맺었기 때문입니다. 사랑이라는 관계를 맺으면 소유권이 결정되는 것입니다. 상속권이 결정되는 것입니다. 동거권·동위권·동참권이 결정됨으로써 완전히 사탄의 소유권에 넘어가게 되는 것입니다.

41 인간이 타락함으로써 하나님이 기쁜 날을 맞이하지 못하였고, 인류시조가 기쁜 날을 맞이하지 못하였고, 하나님과 인간을 위해 지음 받았던 만물도 기쁜 날을 맞이하지 못하였습니다. 그 주인들이 슬픈 자리에서 있기 때문에 그것을 따라서 기쁜 자리에 설 수 없다는 것은 당연한 이치입니다. 하나님과 인류시조가 슬픈 자리에 떨어져 내려감으로써 만물도 슬픈 운명의 자리에 서지 않을 수 없습니다. 로마서 8장에 '만물이 탄식한다.'라고 했습니다. 만물의 탄식도 탄식이지만 인류도 탄식합니다. 인류도 탄식하지만 만물과 인류의 주체적인 입장에 선 하나님도 탄식권내에 서 있다는 것입니다. 기쁨이 아니라 슬픔으로부터 시작된 역사이기 때문에 슬픔의 역사를 돌이켜 기쁨의 역사로 복귀, 구원하고자 하는 것이 하나님의 섭리입니다.

본연의 세계를 복귀하기 위한 섭리

42 하나님이 지금까지 수고하시며 섭리해 오신 것은 오직 뜻을 성취하시기 위해서였습니다. 그런데 그 뜻의 귀일점을 어디에다 두었느냐 하면, 인간과 하나님이 동고동락할 수 있는 데에 두었습니다. 인간이 하나님이 소망하시는 뜻을 성취하여 하나님과 영원히 동고동락할 수 있는 관계를 맺게 되면 하나님은 인간의 참아버지요, 인간은 하나님의 참자녀가 되는 것입니다. 이렇게 되면 하나님의 뜻이 곧 인간의 뜻이 되며, 인간은 온 피조만물과도 화동하여 하나님에게 영광을 돌리면서 하나님의 지혜로우심과 인자하심과 은혜로우심을 영원히 찬양하게 될 것입니다. 그러한 날이 오기를 하나님과 인간과 만물은 바라고 있습니다. 뜻은 하나님의 창조이상이요, 타락한 인간에 있어서도 영원한 이상입니다. 그렇기 때문에 그 뜻이 이뤄지면 하나님과 인간이 일체가 되어 하나님이 즐거우면 인간도 즐겁고, 인간이 즐거우면 하나님도 즐겁게 됩니다. 즉 하나님의 뜻이 인간의 뜻이 되어 둘이 아닌 하나로 화동할 수 있게 됨으로써 인간은 하나님에게 영원한 이상의 즐거움을 돌려드리고, 또 자신도 그로 말미암아

영원한 기쁨을 느끼게 됩니다.

43 이 세상의 주인은 하나님이 되어야 했습니다. 하나님과 사랑의 관계를 맺은 직계 자녀로 구성된 가정을 위주로 하여 종족이 편성되고, 국가가 이루어지고, 세계가 이루어졌더라면 그야말로 하나님이 주관할 수 있는 세계요, 하나님이 주관할 수 있는 나라요, 하나님이 주관할 수 있는 가정이요, 하나님이 주관할 수 있는 개인이 되었을 것입니다. 그런데 인간이 타락함으로써 개인에서부터 가정·종족·민족·국가·세계, 이렇게 전체가 하나님과 반대되는 입장에 있게 되었습니다. 이것이 타락의 역사요 타락의 세계입니다. 이 세계를 그냥 그대로 두면 하나님이 창건하시려는 창조이상의 영원한 사랑의 세계를 이룰 수 없기 때문에, 그리고 절대자이신 하나님은 본래 의도하셨던 창조이상을 실현시켜야만 하나님 본래의 권위를 찾을 수 있기 때문에 그 자리를 표준으로 해서 악한 세계를 수습해 본래 이상 하셨던 본연의 세계로 이끌고 나오십니다. 이것이 타락한 세계에 대한 하나님의 섭리입니다.

44 지금까지 하나님의 소원은 인간이 만물과 인연을 맺고 하나님과 인연을 맺는 것이었습니다. 그래서 하나님은 타락한 인간을 종의 자리로부터 시작하여 양자의 자리를 거쳐 자녀의 자리, 그리고 부모의 자리까지 끌어올리는 일을 해오셨습니다. 그것은 한스러운 타락의 인연을 끊어 버리고 만물과 인간과 하나님이 일체의 인연을 맺어 하나님의 기쁨이 인간의 기쁨이요, 인간의 기쁨이 만물의 기쁨이 되도록 하자는 것입니다. 하나님은 아들딸을 만물세계와 천사세계에까지 자랑하고 보여 주고 위해 주고 싶으셨습니다. 인간은 어느 누구나 창조 당시의 모습이 아닙니다. 인간에게는 정적인 성품이 있기에 슬픔이나 기쁨 등의 감정을 느낄 수 있습니다. 상대를 통하여 기쁨이나 슬픔을 느낄 수 있습니다. 상대의 기쁨이 나의 기쁨이 될 때 서로 자랑하고 싶고 보여 주고 싶은 것이 인간의 마음입니다. 하나님도 마찬가지입니다. 하나님은 인간이 기뻐하는 것을 보고 기뻐하시고, 인간은 자기들로 인하여 기뻐하시는 하나님을 보고 기뻐하는 것이 바로 주고받는 기쁨입니다.

45 본연의 세계로 되돌아가는 데는 인간의 힘만으로는 불가능합니다. 그래서 하나님은 끌어올리는 역사를 하십니다. 이것이 복귀섭리입니다. 여기에 인간이 협력하면 복귀섭리는 쉬울 터인데 지금까지 인간은 이러한 하나님의 섭리에 협력하지 않았습니다. 그런 가운데서 하나님은 가정·종

족·민족·국가·세계에까지 뜻을 넓혀 오셨습니다. 그 과정에서 내적 외적으로 받으신 고충은 말할 수 없는 것이었습니다. 어떤 국가나 민족도 평면적으로는 고생을 했노라고 할 수 있지만 하나님 앞에서는 고생했노라고 할 수 없습니다. 개인은 더욱 그렇습니다. 지상뿐만 아니라 이제까지 왔다 간 모든 인간을 다 총합해 봐도 뜻을 위해 수고하고 협조했노라고 말할 수 있는 사람이 없습니다. 이것은 부정할 수 없는 사실입니다. 이러한 인간을 끌어 주시기 위해 하나님은 책임지고 친히 수고하시며 싸우고 계신 것입니다.

46 수많은 인류를 놓고 하나님은 6천년 동안 수고해 오셨습니다. 6천년 동안 수고해 오셨는데 말세라고 하는 이때, 끝날은 어떤 때냐? 이 세상에는 본연의 종으로 살 수 있는 무리가 있고, 본연의 양자와 같은 무리가 있고, 본연의 자녀와 같은 무리가 있습니다. 그 자녀와 같은 무리가 태어난 기반 위에 본연의 부모가 온다는 것입니다. 이것이 재림사상입니다. 그래서 예수님이 '나는 신랑이요 너희는 신부라.'라고 하신 것입니다. 지상에 하나의 아버지와 하나의 어머니가 나타나야 됩니다. 어린양잔치는 이 지구상에 인류가 잃어버렸던 본연의 우리 집을 비로소 건설하는 순간입니다. 우리 집을 건설하려면 거기에는 부모가 있어야 되고 형제가 있어야 됩니다. 이것을 기반으로 하여 자녀가 번식됨으로써 본연의 종족이 벌어지고, 본연의 민족이 벌어지고, 본연의 국가가 벌어지고, 본연의 세계가 벌어져서 비로소 지금까지의 악한 세계를 청산하고 선의 세계를 향하여 섭리해 나오는 것이 복귀섭리입니다.

47 인간은 타락함으로써 원리권 내가 아닌 무원리권에 떨어졌습니다. 천사는 하나님의 종인데 인간이 어느 정도 떨어졌느냐? 천사세계, 종보다도 더 나쁜 세계에 떨어졌습니다. 주인이 되어야 할, 왕자 왕녀가 되어야 할 입장에서 종보다도 나쁜 자리에 떨어졌으니 다시 올라가야 됩니다. 그래서 종의 종으로부터 종·양자·서자·직계 자녀의 자리까지, 그다음에 어머니를 통하여 아버지의 자리에 돌아가야 됩니다. 복귀입니다. 구원섭리는 병나기 전의 기준으로 다시 돌이키는 것입니다. 그렇기 때문에 구원섭리는 복귀섭리입니다. 복귀섭리는 함부로 하는 것이 아닙니다.

48 하나님은 타락으로 더럽혀진 땅을 다시 회복하시려고 남은 천사들을 통하여 인간과 관계를 맺는 구원섭리를 해 나오고 계십니다. 타락함으로써 거룩하신 하나님을 배반한 입장에

서 있는 인간, 만물에도 비교할 수 없을 만큼 여지없이 떨어진 인간을 하나님이 다시 대하시기 위하여 구원섭리를 해 나오고 계시는 것입니다. 사탄이 지배하고 사탄이 참소하는 인간을 하나님이 주관하시기 위하여 다리를 놓아서 역사해 나오신 것이 구약시대를 거치고 신약시대를 거쳐서 지금까지 나오고 있습니다.

49 하나님이 수천년 동안 복귀섭리를 하시면서 수난길을 거쳐 온 것은 하나님이 마음이 좋아서 참고 나온 것입니까? 하나님이 지금까지 인류역사 수만년 동안 구원섭리를 해 나오면서도 아직까지 지치지 않고 계속하는 그 원인이 어디 있느냐? 전지전능하시기 때문에 그런 것이 아닙니다. 사랑의 길을 찾아 나오기 때문이요, 사랑의 아들딸을 찾아 나오기 때문입니다. 그렇기 때문에 사랑은 천년을 하루와 같이 그 수난길을 넘고 넘을 수 있는 위대한 힘입니다.

50 하나님은 투입하고 잊어버리고 투입하고 잊어버리는 참사랑을 가졌기 때문에 지금까지 구원섭리를 하시는 것입니다. 참사랑을 중심삼고 투입하고 잊어버리는 역사를 거듭해 왔기 때문에 오늘날 세계가 이렇게 되었는데 지금도 투입하고 있습니다. 어느 단체를 통하거나 어느 누구를 통해서라도 투입해야 됩니다. 그렇기 때문에 하나님이 타락한 이 우주를 회복하기 위해서 지금까지 본질적인 사랑을 중심삼고 창조하셨던 참사랑의 이념을 실현하기 위하여 투입하던 본연적 기준을 영원히 계속하지 않고는 절대자인 하나님의 권위를 다시 찾을 수 없습니다.

51 인간이 죄를 지었다고 해서 '야, 이놈아, 왜 죄를 지었느냐?'라고만 하시는 하나님이 아닙니다. 죄지은 사정을 잘 아시는 하나님입니다. 당신의 사정은 생각지 않고 인간의 사정을 알아주려는 하나님입니다. 슬픈 자에게는 슬픈 사정을 갖고 찾아오셨고, 고통 받는 자에게는 고통의 사정을 갖고 찾아오셨고, 억울하고 분통한 자에게는 억울하고 분통한 사정을 갖고 찾아오셨습니다. 여러분은 하나님과 어느 정도 사정을 통해 보았습니까? 하나님은 우리의 생활환경 가운데서도 그렇게 찾아오셨습니다. 그뿐만 아니라 심정을 갖고 찾아오셨습니다. '너는 나를 배반해도 나는 네 아버지다.'라는 마음이 있기에 6천년이란 기나긴 세월을 찾아오신 것입니다.

52 자식은 자기의 피 살을 이어받은 아들딸입니다. 어머니가 눈물을 흘리면 마음이 통하여 같이 눈물 흘릴

수 있는 아들딸입니다. 아버지가 눈물 흘리고 슬퍼하면 같이 슬퍼할 수 있는 마음이 자연적으로 동할 수 있는 아들딸인데도 불구하고 그들을 지도하고 육성하는 것은 지극히 어렵습니다. 인간은 하나님이 아무리 울어도, 아무리 슬퍼해도 본체만체합니다. 이것은 인간이 사탄의 혈육을 받고 태어났기 때문입니다. 오히려 하나님이 슬퍼하는 것을 보고 찬양합니다. 망하는 것을 보면 좋아하며 웃는다는 것입니다. 하나님이 이런 인간을 놓고 지도하고 개척의 방향을 가르쳐 주려니 얼마나 수고로우시겠습니까? 그러나 하나에서부터 백, 천, 만까지 위하시는 마음, 불쌍히 여기시는 마음이 하나님에게 없었다면 하나님이 지금까지 섭리역사를 붙들고 나오실 수 없었다는 것입니다.

53 인간이 타락한 그날부터 이 땅 위에는 고통과 슬픔과 비참의 역사가 시작되었습니다. 이것은 창조 당시에 하나님이 계획한 본래의 목적이 아닙니다. 하나님도 이런 세상을 원치 않았고, 인간도 이런 세상에 태어나 살기를 원하지 않았습니다. 그러므로 하나님은 이러한 비참한 역사, 슬프고 고통스러운 역사를 청산하고 본래에 소망하였던 평화의 세계, 행복의 세계, 자유의 세계, 선의 세계를 되찾기 위한 목적을 세워 놓고 이 타락된 세상을 수습해 나오고 계신다는 것입니다. 이것이 곧 복귀의 길이요 구원섭리의 길입니다.

종교를 세운 이유

54 하나님은 타락한 인간과 복귀의 인연을 맺어 잃어버렸던 이상의 동산을 찾아 나오고 계십니다. 하나님이 타락한 인간을 복귀하여 옛날에 타락하지 아니한 아담 해와를 대하던 그 기쁨의 동산을 건설하고 하늘의 기쁨을 기점으로 하여 세계적인 이념을 창건하기 위해 섭리하시는 역사가 구원섭리역사요, 우리가 걸어 나가야 할 복귀역사입니다. 따라서 복귀의 노정을 걷고 있는 여러분이 자기 한 자체를 천륜의 노정 앞에 냉정히 세워 놓고 비판해 보아야 됩니다. 여러분 자신이 어떠한 위치에 놓여 있는가, 어떠한 입장에서 허덕이고 있는가를 반성해 보지 않으면 안 됩니다. 그 위치와 방향을 인간에게 가르쳐 주시려는 하나님의 사랑이 있었기 때문에 오늘날 인륜을 대표하는 종교가 세워졌다는 것입니다. 그래서 하나님은 신앙이란 명사를 세워 역사과정에 종교를 중심삼고 인간을 찾아 나오고 계십니다.

55 아담 해와가 선악과를 따먹지 않고 타락하지 않았으면 하나님권 내에서 결혼해서 하나님의 사랑을 이어받

고 하나님의 생명과 혈통을 이어받아 직계가 됐을 것입니다. 이런 사람들은 구세주가 필요 없습니다. 수양이 필요 없습니다. 직계는 마음이 하나 되어 있기 때문에 하나님과 같이 다 통하게 되어 있습니다. 일체가 되어서 다 통합니다. 몸 마음이 싸움하는 것이 문제입니다. 하나 안 되면 여러분이 천상세계에 가서도 억만년을 두고 하나 만들어야 됩니다. 참사랑을 중심삼고 하나 만드는 것입니다. 참사랑이 아니면 안 되기 때문에 참사랑의 도리를 가르치는 그 대표자가 참부모님입니다. 모든 역사적인 죄를 뽑아 버릴 수 있는 내용이 되어야 비로소 해방이 벌어집니다.

56 종교는 인간의 뜻을 이루기 위해 있는 것이 아니라 하나님의 뜻을 이루기 위해 있습니다. 하나님의 뜻이 이루어져야 인간의 뜻이 이루어집니다. 이것이 창조원칙이요, 하나님이 인류를 창조하신 목적입니다. 타락한 인류세계는 아직까지 하나님 뜻의 완성시대를 못 봤고, 오늘날 인간의 뜻의 완성시대를 못 봤습니다. 그렇기 때문에 지금까지 인류역사는 이상세계를 향하여, 보다 차원 높은 본연의 땅을 향하여 추구해 나온 것입니다. 그 추구하는 목적은 결국 인간의 뜻으로 하나의 목적을 달성하려는 것이 아닙니다. 하나님의 뜻을 완성하는 데에서부터 인간 뜻의 출발이 시작된다고 보는 것이 하나님 편에서 보는 섭리사적 역사관입니다. 하나님이 뜻하는 것은 일차적으로 아담 완성과 해와 완성입니다. 더 나아가서는 영계 완성입니다. 천사세계의 완성입니다. 지금까지 구원섭리는 하나님의 뜻을 이루기 위해 하나님이 중심이 되어 해 나왔습니다.

57 하나님의 뜻의 완성은 어디까지나 세상이 바라보는 것이 아닙니다. 물질적 조건이 아닙니다. 세상에서 말하는 지식 조건도 아닙니다. 권력 조건도 아닙니다. 그러면 무슨 조건이냐? 사랑을 중심삼은 완성을 표준으로 하고 있습니다. 수많은 종교들은 역사의 배경이 다르고 시대적 차이가 있으니만큼 그 차이에 따라서 이러한 목적을 표준으로 하고 나오기 때문에, 어떤 종교든지 자비라든가 사랑의 내용을 갖지 않고는 안 되게 되어 있습니다. 그 사랑은 어떤 사랑이냐? 아담에 대한 사랑이 아담에게만 미치는 것이 아니요, 해와의 사랑이 해와에게만 미치는 것이 아닙니다. 그 사랑은 아담과 해와의 사랑으로, 앞으로 가정·종족·민족·국가, 아담의 후손 전체에게 미치는 것입니다. 그래야만 그 사랑의 이상부부로부터 사랑의 이상종족·민족·국가·세계 형성이 가능하게 됩니다.

58 하나님이 세워 나온 종교 가운데는 반드시 주류 종교가 있고, 그다음엔 주류 민족이 있습니다. 주류 민족과 주류 종교를 연결시키고 주류 사상에까지 결부시켜서 하나님의 이상실현을 경륜하는 것이 하나님의 뜻입니다. 그렇기 때문에 하나님의 뜻은 이상 실현을 위한 터전이 되어야 합니다. 하나님의 뜻을 이루려는 그 터전 위에는 하나님의 뜻을 성사시킬 수 있는 민족이 있어야 되고 국가가 있어야 됩니다. 이것이 형성되지 않고는 하나님의 창조이상을 이어받을 수 없습니다. 그래서 역사 이래 하나님의 이상을 이어받는 데 있어서 반드시 하나님 앞에 가까웠던 종교를 통해서 민족이 편성됩니다. 종교를 중심삼고 하나님의 이상을 이어받을 수 있는 개인·가정·종족·민족·국가·세계로 연결됩니다. 하나님의 이상을 이어받을 수 있는 길을 가는 것이 뜻의 길입니다.

59 하나님의 뜻을 중심삼고 살기 시작한 것이 종교의 길이기 때문에 종교는 하나님의 뜻의 길을 가는 것입니다. 하나님의 뜻은 절대적이기 때문에 영원히 하나라는 것입니다. 둘이 있을 수 없습니다. 그러므로 절대적인 뜻, 절대적인 하나님의 뜻을 중심삼고 사는 사람은 개인천국의 생활을 하는 것입니다. 가정으로 그렇게 사는 사람은 가정천국의 생활을 하나님과 더불어 하는 것입니다. 민족·국가·세계를 넘어 세계적인 뜻을 중심삼고 세계가 하나되어 살게 되면 그것이 지상천국입니다.

천운을 움직이는 섭리 주역

60 뜻의 길은 하나입니다. 뜻이 가는 방향은 둘이 아닙니다. 뜻이 안착할 수 있는 곳도 하나입니다. 그러나 오늘날 이 땅 위에 사는 사람들을 보게 될 때 자기의 뜻이라고 정하고 있는 뜻의 방향이 여러 갈래입니다. 뜻이 여러 가지라는 것입니다. 방향도 여러 가지입니다. 또 그 뜻을 중심삼고 자기가 성공하는 것이나 정착해야 될 이런 모든 것이 다양합니다.

61 하나님과 인간이 하나의 뜻을 중심삼고 하나의 사랑에 화합하여 살고, 온 하늘땅이 하나님의 사랑을 즐거워하면서 그 사랑을 실제 생명의 중심으로 세운 가운데 전부 하나되어 사는 것이 하나님의 창조본연의 뜻이었습니다. 그런데 아담 해와가 타락함으로 말미암아 하나님의 사랑은 하나님의 사랑으로만 남아지게 되었습니다. 즉 인간과 관계를 맺어야 할 하나님의 사랑은 인간과 관계맺지 못하고 인간에게서 떠나게 되었고, 온 피조세계에서 떠나게 되었습니다. 그래서 하나님은 당신이 세우시

려는 그 사랑을 중심삼고 온 만물을 규합하여 하나님과 만물이 함께 즐길 수 있는 그 한 날을 소망하시면서 지금까지 6천년 역사를 경과해 나오고 계십니다. 그러나 아직까지 하나님의 사랑을 중심삼고 온 피조만상이 하나로 통일되지 못한 채 그 하나님의 이념은 이념대로 남아 있고, 찾아야 할 소망의 사랑도 그대로 남아 있습니다. 그래서 하나님은 그 뜻을 기필코 이루기 위하여 지금까지 섭리해 나오고 계십니다.

62 우리는 지금 소망 성취의 과정에 머물러 있습니다. 어떤 목적을 바라보고 그 소망을 이루어 나가는 과정에 있습니다. 이 과정에서 움직이고 있다면 여러분은 세웠던 신앙의 약속을 종결지을 수 있어야 합니다. 그러한 한계를 넘어선 한 자체는 최후의 한때에 주님의 피와 살을 받은 것을 보답하는 존재입니다. 이런 의미에서 나는 어떻게 해야 될 것인가? 예수님의 전후·좌우·상하, 또 성신의 전후·좌우·상하, 하나님의 전후·좌우·상하를 감히 대신할 수 있어야 합니다. 천상의 뜻인 동시에 지상의 뜻인 인간을 통하여 귀결짓는 한계의 날을 땅 위에 세우지 못한다면 예수님의 뜻도 성사될 수 없고, 하나님의 뜻도 성사될 수 없습니다. 그러한 뜻을 생각하면 오늘날 미미한 우리의 가치는 너무나 크다는 것입니다.

63 여러분은 6천년 역사의 최후에 남은 하나의 우주적이고 모험적인 임무를 수행해야 됩니다. 그 임무가 우주적이라면 여러분도 상대적으로 우주적인 존재가 되어야 합니다. 모험적인 내적 각오를 갖고 나서야만 그 임무를 수행할 수 있습니다. 하나님의 뜻이 우리의 신앙생활과 달리 이뤄진다면 어떻게 되겠습니까? 지금까지 초현실적인 모험의 노정을 통하여 하나님의 역사는 진전되어 나왔습니다. 이런 우주적인 모험의 관문을 거쳐야만 최후의 승리의 깃발을 들고 아버지 앞에 호산나의 개가를 부를 수 있으며, 우주적인 신부의 입장을 대신할 수 있는 존재가 될 수 있습니다. 또 그래야만 어떠한 조건에도 걸리지 않을 것이고, 어떤 환경에서 어떤 핍박과 비난이 있을지라도 초현실적인 모험의 기준을 세우는 하늘의 왕자 왕녀가 될 수 있습니다.

64 여러분은 자유 중에서도 최고의 자유, 영광 중에서도 최고의 영광, 기쁨 중에서도 최고의 기쁨의 자리에서 주님을 모셔야 됩니다. 그리하여 역사적으로 나타났던 사탄의 모든 참소조건을 벗어나 아버지를 부를 수 있어야 됩니다. 그러한 사람이 되면 하나님은 여러분이 말하기 전에 먼저

여러분을 찾아 주십니다. 그러므로 여러분은 그러한 기준을 여러분의 생활과정에서 세워야 합니다. 하나님은 이와 같이 당신의 우주적인 사랑을 중심삼은 체휼적인 인격의 가치를 지닌 한 사람, 예수님을 대신하고 역사를 대표한 인격의 가치를 지닌 한 사람을 먼저 찾아오십니다. 이러한 사람들이 모여 나라를 찾고, 세계를 찾고, 하늘땅을 찾아 주기를 예수님은 바라고 있습니다. 이것이 하나님의 뜻입니다.

65 하나님이 섭리역사를 거듭해 나오신 것은 인간으로 하여금 그 섭리에 상응하게 함으로써 인간 앞에 이상의 하나님으로 서시기 위함이었습니다. 그런데 사탄권 내에 있는 사람들에게는 하나님이 심판의 하나님이요 공포의 하나님으로 나타나시게 됩니다. 그러므로 우리가 하나님을 이상의 하나님으로 모시기 위해서는 인간의 타락으로 인한 하나님의 서러움을 우리가 대신 체휼하여 하나님과 같은 서러운 입장이 되어 하나님과 동거할 수 있는 인연을 맺어야만 되는 것입니다. 그러지 않으면 하나님은 우리에게 이상의 하나님으로 나타나실 수 없고, 또 창조이상의 주인공으로도 나타나실 수 없습니다. 우리가 이상의 하나님을 모시기 위해 나아가는 노정에서 이 길을 막고 있는 사탄들과의 싸움의 노정을 거치지 않으면 안 됩니다. 이것이 타락한 인간이 필연적으로 가야 할 탕감복귀의 길입니다.

원리원칙에 따른 구원섭리

66 우리는 하나님의 섭리를 복귀섭리라고 알고 있습니다. 복귀섭리는 무엇이냐? 잃어버린 것을 회복하는 운동입니다. 잃어버린 것을 다시 찾는 일입니다. 지었던 사람이 깨져 나갔으니 말씀을 통해 재창조하는 일입니다. 재창조되어야 할 인간입니다. 몸을 통할 수 있는 말씀도 잃어버렸고, 마음을 통할 수 있는 말씀도 잃어버렸고, 심정과 더불어 영원히 즐길 수 있는 말씀도 잃어버린 타락한 인간이기 때문에 우리는 말씀, 곧 진리를 찾아야 됩니다. 진리는 말씀이라고 하였습니다. 진리는 조직을 이끌어 가는 원칙인 동시에 천륜의 근본입니다. 그러기에 세계는 지금까지 진리를 찾아 나왔습니다. 그런데 아직까지 참된 말씀이 나와 있지 않습니다. 참된 말씀이 없으니 참된 생명의 실체가 없습니다. 참된 생명의 실체가 없으니 참다운 사랑의 실체가 없습니다. 참다운 사랑의 실체가 없으니 참다운 우주, 참다운 하늘땅이 나타나지 않았습니다.

67 하나님이 복귀섭리역사를 하는

데 주먹구구로 하시지 않습니다. 복귀섭리는 재창조의 역사이기 때문에, 다시 찾는 역사이기 때문에 원칙을 따라 하십니다. 창조원칙을 따라 재창조의 역사를 해 나오시는 것입니다. 사람이 잃어버렸기 때문에, 사람이 타락했기 때문에, 하나님이 사람을 지어 놓았지만 지어 놓지 않은 것과 마찬가지 입장에 사람이 서 있기 때문에 다시 지어졌다는 조건적인 입장에 갖다 맞춰야 됩니다.

68 구원섭리는 복귀섭리입니다. 복귀섭리는 재창조섭리입니다. 재창조섭리는 어떻게 되느냐? 하나님이 창조할 때에 무엇을 먼저 지었느냐? 천사세계를 먼저 지었습니다. 그다음엔 만물세계를 지었습니다. 그다음엔 아담 해와를 지었습니다. 이렇게 3단계를 거쳐 온 것입니다. 이와 같은 3단계 원칙을 통해서 오늘날 역사도 발전해 나왔습니다. 이 전체 역사는 재창조역사권 내에 있기 때문에 하나님이 지금까지 타락한 인류를 구원하는 데 있어서는 재창조역사 형태의 과정을 거친다는 것입니다.

69 하나님은 구원섭리를 통해서 본연의 이상 형태를 복귀하는 것입니다. 그러니까 구원섭리는 복귀섭리입니다. 복귀섭리는 무슨 섭리를 통하느냐? 재창조섭리입니다. 재창조는 사랑을 중심삼고 하나님이 재차 투입하던 사랑의 인연을 그 앞에 대신 투입해야만 재현된 이상적 창조물이 됩니다. 그렇기 때문에 네 마음을 다하고 뜻을 다하고 성품을 다하여 주 너의 하나님을 사랑하라 하였으니 이것이 첫째 계명입니다. 둘째 계명은 네 이웃 사랑하기를 네 몸같이 하라는 것입니다. 셋째 계명은 만물을 너의 어머니 아버지 대신, 부부 대신, 자녀 대신 사랑하는 마음을 가지라는 것입니다. 첫째 계명, 둘째 계명, 셋째 계명, 이렇게 끝이 나는 것입니다. 종횡을 중심삼은 사랑이상권 내에 있어서 구형적인 이상이 여기서 벌어지는 것입니다.

70 사탄은 하나님의 뜻을 파탄시키고 파괴하는 분자입니다. 하나님은 그 파괴하는 사탄에 대해 승리해서 재창조 과정을 거쳐서 찾아 나옵니다. 그냥 찾아 나올 수 없습니다. 탕감시켜 나오는 데는 그냥 주먹구구식으로 하지 않는다는 것입니다. 창조했던 그 과정으로 되돌아가야 됩니다. 그래서 구원섭리의 전반적 내용을 보게 되면 하나님의 탕감복귀섭리는 구원섭리를 해 나온다는 것입니다. 역사적 모든 전체를 우리가 총평하게 되면 첫째는 구원섭리, 둘째는 탕감복귀섭리, 셋째는 재창조섭리입니다. 이렇게 본다면 구원섭리는 복

귀섭리입니다. 구원섭리는 본연의 자리로 돌아가는 것입니다. 병원에 입원하여 생사의 경계에서 신음하던 사람이 비로소 본연의 자리로 돌아오게 될 때는 '구원받았다.'라고 합니다. 구원은 본연의 자리로 돌아간다는 것을 말합니다. 그 구원섭리는 탕감복귀섭리라는 것입니다. 돌아가는 데는 그냥 돌아갈 수 없습니다. 반드시 탕감해야 됩니다.

71 하나님의 구원섭리는 복귀섭리인데, 복귀섭리는 탕감복귀섭리입니다. 복귀섭리는 그냥 추진되지 않습니다. 반드시 지은 죄를 탕감해야 됩니다. 탕감한다는 것은 사탄을 분립시키는 것입니다. 죄를 지으면 사탄의 소유권 내에 있게 되기 때문에 그것을 탕감해서 사탄을 분리하고, 분리함으로써 본연의 기준으로 원상회복이 되어 돌아갈 수 있는 것입니다. 지금까지 오랜 역사과정을 통해 지은 인류의 죄가 얼마나 크냐는 것입니다. 그 악한 사람들이 지은 죄를 어떻게 탕감해야 되느냐? 인간은 모르지만 선한 사람들이 희생함으로써 탕감된다는 것입니다. 나라도 마찬가지입니다. 나라가 지은 죄가 있으면 그 나라의 선한 사람을 몇 사람씩 데려감으로써 그것을 메워 넣는 것입니다. 그렇게 하지 않고는 탕감이 안 됩니다. 인류 전체를 놓고 보면 이렇게 하면서 세계적인 무대까지 발전해 나왔습니다. 그 과정에서 인류가 지은 모든 죄를 탕감하고 세상을 정상적으로 돌려놓기 위해서 탕감의 제물로 간 선한 사람들이 많았다는 것입니다.

72 역사노정에 있어서 탕감이라는 것을 중심삼고 선악이 갈라지고, 또 불행과 행복이 갈라지고, 복 받는 길과 벌 받는 길이 갈라집니다. 세상도 마찬가지입니다. 그와 마찬가지로 하나님의 복귀섭리도 예외 없이 탕감하지 않으면 안 됩니다. 타락했기 때문에 탕감이 있어야 됩니다. 타락의 감정이 없이 사는 사람은 매일같이 타락의 길을 거쳐 가는 것입니다. 타락했기 때문에 하나님의 복귀섭리노정에서 하나님이 슬픈 하나님이 되었습니다. 이뿐만 아니라 하나님이 고통의 하나님이 되었습니다. 슬픔과 고통의 하나님뿐만이 아닙니다. 하나님이 고통을 받고 슬픈 것으로 끝나는 것이 아닙니다. 하나님이 원하는 모든 귀한 것을 다 잃어버렸습니다. 다 잃어버렸기 때문에 그것을 다시 찾으려니 고통을 당해야 되고, 그것을 찾으려니 슬픈 길을 가지 않을 수 없습니다. 잃어버린 것을 찾으려니 그렇다는 것입니다.

73 인간이 타락함으로 말미암아 하나님이 제일 귀한 것을 잃어버렸습

니다. 하나님은 아무 관계가 없는 것이 아닙니다. 하나님과 인간은 부자 관계입니다. 사랑을 중심삼고 일체 이상을 이루려 했던 관계가 있었기 때문에, 사람이 떨어짐으로써 하나님의 일체이상, 사랑이상을 찾을 수 없겠기 때문에 이것을 다시 찾아야 됩니다. 다시 찾는 데는 탕감복귀를 했다고 해서 그냥 그대로 찾을 수 없습니다. 인간이 떨어짐으로써 고장난 것과 마찬가지가 되었으니, 복귀섭리는 탕감을 향해서 가지만 탕감의 노정을 다 갔다고 해서 하나님이 찾아야 하는 사랑이상을 찾을 수 없습니다. 이것을 찾기 위해서는 재창조 프로그램, 공장의 모든 생산품을 만들 때의 청사진을 중심삼고 다시 만들어야 합니다.

메시아의 역할과 사명

74 하나님이 이스라엘 민족을 가나안 땅에 불러들이신 것은, 가나안 땅에 천국을 건설하기 위한 승리적인 민족 기반을 완결지어 하나의 주권을 세운 다음 장차 보낼 메시아를 맞게 하기 위함이었습니다. 그러므로 이스라엘 민족은 메시아를 자기 나라를 통치할 수 있는 주인공으로 모시고, 메시아를 중심으로 사탄세계를 쳐서 하나님의 복귀섭리를 종결지어야 합니다. 이러한 사명이 있었음에도 불구하고 이스라엘 민족과 유태교단은 그것을 몰랐습니다. 그 당시 이스라엘 민족은 구세주가 오기만 하면 자동적으로 세계를 지배할 수 있는 민족이 될 줄 알았지, 민족적인 승리와 국가적인 승리의 터전 위에 세계적인 승리의 터전을 닦아 복귀의 역사를 종결지어야 한다는 것을 몰랐습니다.

75 개인이 완성되지 못하면 새로이 자각된 가정이 형성될 수 없고, 새로운 가정이 나오지 않고는 새로운 민족과 새로운 국가도 나올 수 없습니다. 그렇기 때문에 통일교회는 개인의 완성을 결의하고 나서는 것입니다. 하나님은 개인복귀 완성을 그렇게도 고대해 나오셨습니다. 남성이면 남성 한 사람을 완성하기 위해서 지금까지 6천년 역사가 걸렸다는 것입니다. 지금까지 하나님은 복귀섭리의 전반적인 목적을 시대를 초월해서 하나의 남성 완성에 두고 그것을 표준으로 해 나오셨습니다. 그리하여 그 완성한 남성을 중심삼고 하나의 여성을 세워 하나의 가정 완성의 표본을 만들고자 하신 것인데, 그것이 메시아사상입니다. 하나님은 이 메시아사상을 중심삼고 신랑 신부를 세움으로써 복귀섭리를 귀결지으려 하신 것입니다. 그렇게 해서 전체 생활의 기반을 세우는 것입니다. 그분이 세워 놓은 생활관이나 그분이 지향하는 이념은 일체 후대의 만민이

본받아야 할 표본입니다.

76 하나님 복귀섭리의 또 하나의 공식은 메시아를 보내시기에 앞서 중심종교와 중심국가를 세워서 역사하는 것입니다. 하나님은 먼저 이스라엘 민족과 유태교를 세우시고 그 준비된 터 위에서 메시아 예수님을 보내시어 모든 인간이 점차 그와 하나되게 하심으로써 선의 판도를 넓혀 가며 세계복귀, 즉 천국이념을 구현하려고 하셨습니다. 4천년이나 걸려 준비하신 이스라엘 민족과 유태교가 예수님을 맞아 일체가 됨으로써 희생적으로 하나의 뜻을 받들었더라면, 그 당시에 바로 아랍권과 아시아를 통합하고 서양을 연결하여 전 세계 땅끝까지 급진적으로 뜻을 전파함으로써 하나님 주권으로 통일된 지상천국을 건설하였을 것입니다.

77 참사랑과 참생명의 씨를 가진 아담을 잃은 하나님은 사탄의 참소조건이 없는 새로운 씨를 가진 아들을 찾아 세워야 합니다. 창조 때 아담을 먼저 지었듯이 재창조섭리인 복귀섭리도 타락과 무관한 아들을 먼저 세워야 합니다. 이것이 메시아사상의 근본입니다. 메시아는 사탄의 관장 하에 있는 타락한 혈통을 지닌 사람들의 생명을 부정하고 새로운 생명의 씨를 접붙여 주기 위해서 오시는 참사람입니다. 뿌리는 하나님에게 두었지만 후아담으로 와서 아담이 저질러 놓은 것을 청산해야 되는 메시아입니다. 하나님이 능력만으로 역사할 초인을 메시아로 보낼 수 없는 사정이 여기에 있습니다.

78 구세주는 하나님의 뜻을 중심삼고 이루지 못한 사랑의 한을 풀어 줄 수 있는 대표자입니다. 인간은 그 사랑을 이루지 못한 한을 가진 절망자입니다. 이것을 해원성사하기 위해 오시는 분이 구세주입니다. 본연의 사랑을 구해 주기 위해서 오는 것입니다. 밥 못 먹는 사람 밥 먹여 주기 위해 오는 것이 아닙니다. 하나님을 해방해야 되는 것입니다. 남자를 해방하는 길은 참다운 사랑을 하는 아내가 있어야 됩니다. 그런 아내가 영원히 사랑하고 남을 수 있을 때 그 남자는 구속이 없습니다. 해방입니다. 본질적 중심인 하나님은 지금까지 사랑을 찾아 투입하면서 잊어버리는 입장에 있는 서글픈 하나님입니다.

79 하나님은 어떻게 해서라도 본래 계획하신 참사랑과 평화의 이상을 회복하여야 합니다. 하나님의 구원섭리는 원상회복의 섭리, 즉 복귀섭리입니다. 이와 같은 복귀섭리를 위해서 종교들을 세우고 선의 판도를 넓혀 오셨습니다. 하나님이 보내시는

메시아는 이 복귀섭리를 완결짓는 총책임을 지고 오시는 분입니다. 그러므로 메시아는 참부모로 오셔서 근본부터 바로 회복해야 합니다. 메시아로 오셨던 예수님은 참부모의 사명을 갖고 오셨습니다. 그는 지상에서 인류를 참사랑으로 중생시켜 참된 사람, 참된 부부로 회복시켜 참부모가 되도록 하기 위하여 왔던 것입니다. 불행하게도 그는 지상의 불신으로 인하여 뜻을 다 이루지 못하고 가시면서 재림을 약속하였습니다. 참부모로 다시 오셔서 하나님의 창조이상을 완전히 회복해야 되는 것입니다.

2절 재창조하시는 하나님

1 하나님은 인간의 타락으로 6일의 창조 기간, 즉 첫째 날부터 여섯째 날까지 창조한 모든 것을 잃어버렸습니다. 사람 때문에 전부 다 잃어버렸다는 것입니다. 하나님은 이것을 다시 찾기 위해서 6천년 역사를 섭리해 나오셨습니다. 이 6천년을 중심삼고 7천년 역사로 넘어가는 것입니다. 기독교에서는 천년왕국을 주장하고 있지만 하루가 천년이 될 수 있습니다. 천년왕국이라는 것은 세계적인 부활권을 말합니다.

복귀섭리역사의 발자취

2 여러분은 여러분 개인의 생활적인 면에서 영원한 생이나 세계적인 생과 관계를 맺을 수 있는 생의 발판을 세워야 됩니다. 그러지 않으면 여러분의 지금의 생이 세계적인 생을 거쳐 영원한 생이 될 수 없습니다. 이러한 우주적인 생을 세워야 할 인간조상 아담 해와가 타락함으로써 그것을 잃어버렸기 때문에 이것을 다시 복귀하기 위하여 하나님이 6천년간 수고해 오셨는데, 이런 하나님의 수고의 역사를 복귀섭리역사라고 합니다.

3 하나님을 중심삼고 인간이 완성하였더라면 인간의 즐거움이 하나님의 즐거움이요, 인간이 누리는 영광이 하나님의 영광이 되었을 것이었는데, 인간이 자신의 즐거움과 자신의 영광을 하나님이 바라시는 기준에서 누리지 못한 까닭으로 인간들에게는 슬픔이 시작되었습니다. 그리고 범죄한 인간인 까닭으로 그 이상의 동산과는 너무도 먼 거리까지 떨어져 내려왔습니다. 이렇게 떨어진 인간을 다시 찾기 위한 수고의 역사가 복귀섭리역사입니다.

4 역사 이래 지금까지 인류역사가 복귀섭리역사라는 사실을 안 사람이 없었습니다. 역사의 배후관계를 복귀라는 개념으로 정의를 내렸다는 것은 통일교회가 역사에 남긴 커다란 공적입니다. 역사의 근본이 되는 것은 하나님이고, 또 그 하나님이 책임

을 지고 지금까지 역사를 계속 지배하고 발전시켜 나오셨습니다. 그 때문에 복귀의 사명을 짊어졌던 수많은 개인·가정·종족·민족·국가가 있었고, 그에 의해서 역사는 단계적으로 발전해 왔습니다.

5 하나님 편에서 보게 되면, 역사 이래 지금까지 완전히 승리하여 그 승리의 날을 찬양한 적이 없습니다. 아담 해와가 타락한 그날부터 수천년 동안 복귀섭리역사를 더듬어 왔지만, 하나님의 창조이상을 두고 볼 때 하늘이 승리했다, 혹은 하늘이 영광을 차지했다고 하는 자리는 아직까지 미도달의 과정에 있습니다. 하나님이 바라는 것은 어디까지나 참된 승리, 즉 참이 절대적인 권위를 가지고 그 권한을 행사하는 것입니다. 그 행사는 한때뿐만이 아니라 역사성을 지니고 과거도 그래야 됐고, 현재도 그래야 되고, 미래에도 연결될 수 있는 승리로 하늘을 중심삼고 이루어지는 것입니다. 그럼에도 불구하고 하나님은 그런 때를 아직까지 맞이하지 못했습니다. 복귀섭리노정 혹은 역사시대의 어느 한 부분에서는 승리한 적이 있지만, 그 승리도 또다시 역사 과정을 거쳐 나오게 될 때는 실패의 결과로 귀결되었다는 것입니다.

6 복귀섭리역사는 아담 해와를 지어서 종적 관계로서 지금까지 역사한 것입니다. 인간은 하나님을 중심삼고 '하나님이여! 하나님이여! 우리의 완성의 기준을 세워 주소서.'라고 해서 종의 종에서부터 종, 종으로부터 양자, 양자의 자리를 거쳐서 직계 자녀의 자리를 거쳐 가지고 부모의 자리까지 올라가야 됩니다. 구약 전 시대인 종의 종에서부터, 야곱 이전시대인 종의 종을 거쳐 쭉 올라가는 것입니다. 그래서 양자의 자리를 거치고 아들딸의 자리를 거쳐 아들딸이 비로소 참부모 되시는 메시아를 만나서 인류의 부모의 자리에 서게 되면 종의 종 시대부터 종의 시대, 양자의 시대, 아들의 시대, 부모의 시대로 구원되는 것입니다.

7 역사적인 소망과 믿음으로 찾아 나오던 천국, 즉 승리의 동산을 찾아야 할 우리입니다. 여러분은 하늘이 기뻐하는 개체를 찾고 하늘이 기뻐하는 가정을 찾아 들어가야 됩니다. 그런데 그 가정을 찾으려면 참부모를 찾아야 되고, 참부부·참형제를 찾아야 됩니다. 이것을 찾기 위한 것이 하나님의 섭리역사입니다. 그렇기 때문에 소망을 상징한 시대는 구약시대요, 믿음을 상징한 시대는 신약시대입니다. 앞으로는 사랑을 상징하는 시대가 오는데 그 시대를 성약시대라고 할 수 있습니다. 그래서 그와 같은

인연이 천상으로부터 지상세계에까지 벌어지고 있습니다.

8 원래 하나의 뜻으로 세웠던 창조이상세계를 타락으로 말미암아 이루지 못하였습니다. 그러나 하나님은 절대적인 권한을 가진 분이기 때문에 모든 외적인 세상이 변하더라도 자기 스스로는 절대적으로 변할 수 없습니다. 악마한테 아담 해와를 빼앗기고 모든 만물을 사탄한테 넘겨주었지만 하나님은 역시 하나님이기 때문에, 절대적인 분이기 때문에 본래 천사장인 사탄 마귀까지도 자연굴복시켜야 됩니다. 있지만 없는 것과 같은 입장에서 절대적인 하나님의 권위를 세워야 됩니다. 선한 하나님은 악한 사탄을 먼저 칠 수가 없습니다. 선한 하나님 사랑의 본질세계에 먼저 칠 수 있는 원인, 동기가 없습니다. 원수까지 위해야 됩니다. 만물을 위해서 투입하고 투입하고 위하고 위하는 하나님의 위신은, 그 절대적인 권위는 아무리 악마가 생겨나고 반대하더라도 무너지지 않습니다. 그런 자리에서 위하고 위하면서 나오다 보니 하나님의 구원섭리는 이렇게 수천년 역사를 거쳐 오게 되었습니다. 그러면서 자연굴복시켜 나온 것입니다.

9 인류역사는 선악의 투쟁사입니다. 하나님은 참사랑을 중심한 참부모·참자녀·참가정·참국가·참세계, 그리고 참우주를 세워 참사랑의 이상으로 주관하려고 하셨는데, 사탄이 거짓 사랑을 중심삼고 거짓 부모, 거짓 자녀, 거짓 가정, 거짓 국가, 거짓 세계, 그리고 거짓 우주를 세워 주관해 나왔습니다. 이것을 되찾으려니 인류역사는 선악 투쟁사로 반복되어 나온 것입니다. 즉 개인에서부터 영원한 세계에 이르기까지 사탄은 하나님의 원리적 역사 발전을 따라 나오면서, 원리적 세계를 흉내 내어 참것이 오기 전에 참것인 양 선수를 치면서 원리의 세계를 파괴하려고 하기 때문에 선악의 투쟁이 불가피하게 되었습니다. 하나님은 위타주의의 입장에서 재창조섭리를 하시면서 위하고 또 위하면서 맞고 빼앗아 나오는 작전을 취하는 반면, 사탄은 자기 중심한 입장에서 먼저 치고는 손해배상까지 해야 하는 길을 걸어오고 있습니다. 하나님의 작전은 맞고 빼앗아 나오는 작전이고, 사탄은 치고 망해 나오는 것입니다. 이처럼 선한 편은 맞고 핍박과 희생을 치르면서 발전해 나오지만 사탄은 그 반대입니다.

구약시대·신약시대·성약시대의 의미

10 역사적인 복귀노정을 총괄적으로 살펴보면, 하나님은 지금까지 소생·장성·완성의 3단계를 통하여 섭리해 나오셨다는 것을 알 수 있습니다.

구약시대 종의 시대, 신약시대 양자의 시대, 성약시대 참자녀의 시대를 넘어 참부모의 시대로 들어가는 것이 복귀노정입니다.

11 인류역사를 보면 구약시대·신약시대·성약시대, 이렇게 3시대가 있습니다. 구약시대는 제물을 희생삼아 자녀를 구제하는 시대입니다. 하나님의 아들이 올 준비를 하는 것입니다. 신약시대는 예수님이 제물이 되어 부모를 맞이하는 시대입니다. 그렇기 때문에 재림시대를 맞이하여 신랑 신부를 세워 부모를 맞이하기 위한 준비를 해왔습니다. 성약시대에 선생님이 중심이 되어 참부모라는 이름을 가지고 지금까지 40여 년간 고생해 온 것은 하나님을 지상에 맞이하기 위한 것입니다. 그리고 신인일체가 되는 것입니다.

12 한 맺힌 6천년의 역사과정은 어떻게 이어져 나오는가? 하나님과 사탄과 인간을 중심삼고 어떤 조건을 세워 나오는 것이니, 이것이 곧 제물의 고개입니다. 6천년의 섭리역사를 회고해 볼 때, 구약시대에는 만물을 통하여 제물의 고개를 넘었고, 신약시대에는 예수 그리스도의 실체를 통해서 제물의 고개를 넘었습니다. 그러면 성약시대에는 무엇을 기준으로 하여 제물의 고개를 넘어가게 되는가? 성도들, 곧 여러분 자체들을 통해서 넘어가게 됩니다. 이렇게 전체적인 섭리역사가 제물을 중심하고 이루어지는데, 구약시대는 만물을 통해서 제물의 고개를 넘어야 했고, 신약시대는 예수 그리스도, 즉 하나님의 아들을 중심삼고 제물의 고개를 넘어야 했습니다. 그런데 성약시대인 지금은 신랑 신부의 이름을 대신할 수 있는 여러분 자신들을 조건으로 하여 제물의 고개를 넘어가야 합니다. 여러분이 그러한 제물의 고개를 넘기 전에는 이 땅 위에 참다운 평화와 자유와 이상의 세계가 이루어지지 않습니다.

13 구약시대는 물건을 희생시킨 것이요, 신약시대는 아들을 희생시킨 것이요, 성약시대는 부모님을 희생시키는 것입니다. 물건을 희생시킨 것은 소유권을 부정하는 자리에서 아들딸을 찾기 위한 것입니다. 아들을 부정한 것은 부모를 찾기 위한 것이요, 부모님이 십자가를 진 것은 하나님을 모셔 드리기 위한 것입니다. 그러므로 구약시대는 행의시대, 그다음에 신의시대, 그다음에 성약시대는 시의시대입니다.

14 구약시대에는 만물을 희생시키고, 신약시대에는 아들을 희생시키고, 성약시대에는 부모를 희생시켜

가지고 하나님을 모셨으니 이제는 뭘 해야 되겠습니까? 여러분이 어머니 아버지의 대신 자리에 서야 됩니다. 만물은 구약시대이고, 아들딸은 신약시대입니다.

15 복귀 도상에서 종의 종 시대에서부터 종의 시대를 거쳐 양자의 시대, 직계의 시대로 올라가야 합니다. 그러면 완전히 종의 종 시대를 거치고 종의 시대, 양자의 시대를 거쳐 직계 자녀의 시대와 인연을 맺을 수 있느냐? 직계시대와 인연을 맺을 때는 그냥 맺을 수 없습니다. 반드시 원리에 의해서, 믿음의 기대를 거치고 실체기대를 거치고 메시아를 위한 기대를 거쳐야 됩니다. 즉 메시아를 맞이해야 됩니다. 메시아는 하나님의 참아들입니다. 양자와 참아들은 혈통적인 관계가 다릅니다. 그렇기 때문에 혈통전환이 필요합니다.

16 여러분이 탕감복귀를 해 나가는데 있어서 근본문제는 무엇이냐? 구약을 완성해야 되고, 신약을 완성해야 되고, 성약을 완성해야 됩니다. 성약 완성은 전 세계가 하나님의 통치권 내에 들어가는 것입니다. 이것이 성약시대의 완성입니다. 구약시대는 만물을 복귀하기 위한 시대요, 신약시대는 하늘나라의 백성을 복귀하기 위한 시대요, 성약시대는 하늘나라의 주권을 복귀하기 위한 시대입니다. 세계 주권을 복귀해야 된다는 것입니다. 세계의 백성을 복귀해야 하는 것이 예수님의 사명입니다. 즉 세계 만민을 한 나라의 백성으로 복귀해야 하는 것이 기독교의 사명이고, 세계를 하나의 주권으로 복귀해야 하는 것이 재림주의 사명입니다.

구약시대 복귀섭리

17 구약시대는 종의 시대였습니다. 종의 종 자리에 있는 인간을 종의 자리로 복귀시켜 나온 시대였습니다. 그러기에 아브라함도 종이었지 아들은 못 되었습니다. 하나님은 종의 종을 세워 충성의 도리를 세우셨습니다. 그리하여 이 역사적인 세계 인류를 끌어다가 규합시켜서 세계적인 악한 무대를 하늘 편으로 점령하면서 하나님의 섭리를 발전시켜 나왔습니다. 야곱도 하나님의 아들로서 승리한 것이 아니라 종의 입장에서 승리한 것입니다. 하나님이 이렇게 종의 종으로부터 종의 위치로 복귀시키고, 종의 위치에서 양자의 자리로 복귀시키면서 섭리해 오신 것입니다.

18 구약시대의 전 인류에 대한 구원섭리는 종의 입장으로의 구원이었습니다. 그러기에 이 시대에는 시작의 시작에서부터 끝의 끝까지 남아 승리할 수 있는 중심을 세우지 않으면 종

으로의 복귀기대를 세울 수 없었습니다. 그래서 하나님은 노아나 아브라함 등 중심인물을 세우시어 4천년이라는 역사를 이끌어 오면서 수많은 희생을 치렀습니다.

19 인류역사는 종교와 더불어 출발하였고, 종교는 인류와 더불어 흘러가고 있습니다. 소망의 길을 발견해야 되기 때문입니다. 하나님은 인간이 타락한 그날부터 당신이 창조한 책임을 짊어지고 타락한 인간을 구원하기 위한 섭리를 펴시기 위하여 역사과정을 거쳐 지금까지 수고해 나오셨습니다. 타락함으로써 헤아릴 수 없는 지경에 떨어진 인간은 사탄의 지배를 받고 있지만, 사탄을 중심삼고 사랑하는 사람이 되어서는 안 되기 때문에 사탄까지도 잃어버릴 수 있는 자리로 떨어지게 만드는 것입니다. 그렇기 때문에 하나님은 종의 종 이하로 떨어진 자리에서부터 구원역사를 하십니다. 하나님이 수많은 종교를 통해서 종의 종의 도리를 가르쳐 나오는 섭리를 해 나오신 것은 그런 이유 때문입니다. 그렇기 때문에 인류를 위해 봉사하라는 것입니다. 종의 종 되는 입장에 있는 인간은 섬김을 받을 자격이 없기 때문에 무조건 순종하고 복종하는 길밖에 다른 도리가 없습니다. 종의 종 자리는 주인이 없고 종이 주인 노릇을 하는 자리입니다.

20 구약시대를 중심삼고 볼 때, 그 이전의 인류는 종의 종 자리에 있었으나 구약시대에 들어와서 종의 자리에 서게 되었고, 그렇게 됨으로써 비로소 주인을 가질 수 있게 되었습니다. 종의 종 자리에서 종의 자리까지 나오기 위해서는 인간 스스로 그 길을 개척할 수 없기 때문에 하나님이 개척자의 사명을 해 나오셨습니다. 종의 종보다도 더 악한 족속들을 교육해야 했던 것이 하나님의 사정이었습니다. 그런데 하나님은 무형으로 계시기 때문에 인간 앞에 나타나더라도 보일 수 없는 입장이므로 특정한 사람, 즉 선지자를 세워서 교육해 나오셨습니다. 그 선지자는 하나님을 대신해서 이 땅 위에 왔지만 인간으로서 하나님의 명령에 따라 순응해야 하는 입장이었습니다.

21 선지자는 인간에게 무엇을 가르쳐 주어야 했느냐? 하나님의 뜻을 따라가려면 순종의 도리를 세워 역사를 거슬러 올라가는 섭리를 해야 한다는 것을 가르쳐 주어야 했습니다. 그러므로 사탄 앞에 충성하는 그 이상으로 하나님을 위해서 충성하는 사람이 나와야 했던 것입니다. 그러한 도리를 하나님이 가르쳐 주어야 합니다. 그리하여 종의 법도를 세우고 하나의

편제를 갖춘 후에 개인·가정·종족·민족권을 형성하여 섭리의 뜻을 대할 수 있는 환경을 만들어야 됩니다. 그런데 종의 입장에서는 이것을 세울 수 없기 때문에 새로운 메시아사상을 제시해 주고 앞으로 구세주를 보내주겠다는 약속을 세워 역사를 해 나오신 것입니다. 그것이 바로 이스라엘 민족을 중심한 섭리였습니다.

22 구약시대는 제물을 희생시켜 하나님이 종으로 쓸 수 있는 사람을 마련하는 시대입니다. 이것이 구약역사입니다. 사람이 만물보다 더 낮아졌습니다. 사람이 만물보다 더 악하게 됐으니 하나님 앞에 더 가까운 만물을 둘로 갈라서 네 소유물, 내 소유물로 갈라 세웠습니다. 이렇게 분별적인 제물을 내세워야 했던 사실은 누구 때문이냐? 하나님 때문도 아니고 사탄 때문도 아닙니다. 인간이 책임분담을 못했기 때문입니다. 사탄의 핏줄을 이어받은 것은 인간이 책임분담을 못했기 때문입니다.

23 인간은 타락했으나 하나님을 저버릴 수 없기에 종의 종 자리까지 내려가야 했습니다. 종의 종은 주인이 없다는 것을 말합니다. 타락한 인간은 종의 종 자리에서부터 하나님에게 충성해야 됩니다. 사탄은 천사장이었으며 하나님의 종이었습니다. 그 종 앞에 끌려갔던 인간이기에 인간이 하나님 앞으로 돌아오기 위해서는 종의 종 입장에서 하나님 앞에 충성을 다했다는 기준을 세우지 않으면 안 됩니다.

24 구약시대에는 심부름꾼과 같은 입장의 사명자로 세워진 노아와 아브라함을 통하여 하나님의 뜻을 전해 나왔습니다. 어둠에 잠긴 이 땅 위의 만민들을 아버지가 대할 수 있는 자리로 끌어올리기 위하여 아브라함 일족을 택하고 이스라엘 민족을 세우셨습니다. 그래서 이스라엘 민족을 통하여 인간이 점진적으로 하나님에게 나아갈 수 있는 길을 개척해 나왔습니다. 그리하여 하늘은 천사들을 시켜 역사할 수 있는 하나의 기준을 세우셨습니다. 그러고는 아담 해와에 대한 하나님의 뜻을 완성했다는 기준을 갖춤으로써 아버지를 직접 대할 수 있는 승리적인 터전을 조성하기 위하여 예수님이 올 때까지 4천년 동안 수고하셨습니다.

신약시대 복귀섭리

25 하나님의 약속을 이루기 위해서 하나님의 뜻을 중심삼고 이 땅 위에 오신 분이 예수 그리스도입니다. 그는 과거 역사시대에 인간이 종의 입장에 있을 때 하나님이 했던 약속을 이루어 양자와 참아들의 인연을 갖출 수 있는 자리를 세우러 오신 것입

니다. 종이 충신의 도리를 다할 때는 양자의 자리에 설 수 있다는 것입니다. 그렇기 때문에 복귀섭리역사를 거쳐 오면서 이스라엘 민족으로 하여금 종으로서 충성을 다할 수 있는 터전을 닦아서 양자의 인연을 맺어 나오도록 했습니다.

26 양자의 인연은 어떻게 맺느냐? 하나님의 아들이 이 땅 위에 오기 전에는 불가능합니다. 하나님의 아들이 이 땅 위에 와야 되고, 그 아들의 명령을 듣고 거기에 순응해야 비로소 양자의 인연을 맺을 수 있습니다. 이것이 구약시대와 신약시대가 연결되는 역사입니다. 구약을 믿고 나오는 사람들은 종으로서 양자의 혜택을 받기를 바라는데, 그것이 바로 메시아가 오기를 바라는 이유입니다. 즉 메시아로서 종의 서글픈 신세를 넘어 양자권의 자리에 나아가는 것이 그들의 소망이라는 것입니다. 양자의 자리는 직계 아들딸이 없게 될 때 부모로부터 상속을 받을 수 있는 인연이 성립되는 자리입니다. 그래서 종의 입장을 초월해서 하나님의 뜻을 맞이할 수 있는 혜택을 받기를 바라면서 나오도록 한 것이 종의 구약시대를 지도해 나오신 하나님의 뜻입니다. 그러기에 그들이 종의 신세를 면하고 하나님의 상속을 받을 수 있는 권내에 들어갈 수 있는 특권적인 한때를 바라고 나온 것이며, 그것이 이스라엘의 선민사상입니다.

27 예수님은 한 단계 높여서 하나님의 사랑을 소개했습니다. 구약시대에는 모세가 사랑의 하나님은 소개하지 못하고 권능의 하나님, 능력의 하나님, 심판의 하나님만을 소개했습니다. 그러나 예수님은 사랑을 소개했습니다. 사랑의 하나님을 소개했고 사랑의 예수님을 소개했지만 당시의 인간은 받아들이지 않았습니다.

28 지금으로부터 2천년 전 유태교를 중심삼고 그 시대에 있어서 세계적 종교권을 만들기 위해서, 로마 앞에 반대를 받으면서 하늘 편에 서서 로마를 소화할 수 있는 종교운동의 주축으로 세우기 위해서 예수님을 보냈습니다. 유태교가 기다리고 있던 메시아를 보내신 것입니다. 그 메시아는 어떤 메시아냐? 유태교의 메시아입니다. 유태교의 메시아로 와서 세계적 메시아 노정을 개척하려고 하다가 돌아가셨습니다. 그러면 유태교는 어떻게 되느냐? 지금까지 유태교만을 위하는 하나님으로 모시는 그 하나님 가지고는 안 됩니다. 그러면 예수님이 이 땅 위에 와서 가르쳐 줘야 할 것이 뭐냐? 구약성경에서 가르쳐 준 하나님을 그냥 그대로 가르쳐 줘서는 안 됩니다. 신약시대의 하나

님으로 가르쳐 줘야 됩니다.

29 종의 이스라엘을 만들고, 종의 나라와 종의 민족을 만들고, 여기에 하나님의 아들이 와서 비로소 그 아들을 믿음으로, 예수님의 말씀을 믿음으로 말미암아 본래 종에서 예수님을 믿는 것을 통해서, 양자의 인연을 통해서 예수님이 한 단계 올라가게 되면 믿는 사람은 아들이 되는 것입니다. 예수님은 무엇으로 한 단계 올라가느냐? 이 땅의 인간이 타락함으로써 인류의 조상이 없기 때문에 조상의 자리로 올라가게 되면, 이스라엘 민족은 양자의 자리에서 접붙임을 받아 하나님 앞에서 상속권을 대할 수 있는 아들의 명분을 갖게 됩니다. 그렇기 때문에 로마서 8장에 '성령의 처음 익은 열매를 받은 우리까지도 속으로 탄식하여 양자 될 것, 곧 우리 몸의 구속을 기다리느니라.'라고 되어 있고, '너희는 다시 무서워하는 종의 영을 받지 아니하였고 양자의 영을 받았으므로 아바 아버지라 부르짖느니라.'라고 되어 있습니다. 양자밖에 못 됩니다. 지금 기독교인들은 양자입니다. 양자는 핏줄이 다릅니다.

30 양자가 되려면 어떻게 해야 되느냐? 이것이 문제입니다. 양자는 종보다 나아야 됩니다. 하나님 편의 종보다 나아야 되고, 사탄 편을 보면 사탄이 악한 세계의 왕인데 그 사탄보다 나아야 됩니다. 사탄은 본래 천사장이었는데, 그 천사장은 종이었기 때문에 그 종보다도 낫지 않은 사람은 양자가 될 수 없습니다. 이것은 원리적입니다. 그리고 이 사탄세계를 내 손으로 정복한다는 신념을 가져야 됩니다. 그러지 않고는 양자가 될 수 없습니다. 하나님을 위하는 길이 있다면 역사 이래 어떠한 사람보다, 누구보다도 하나님을 위할 수 있는 대표자가 나와야 양자의 출발을 볼 수 있습니다. 그러한 역사를 표준으로 해서 장구한 역사시대, 종적인 역사를 거쳐 하나의 민족을 동원해서 이러한 양자권을 만들기 위해 하나님은 수고를 해야 됩니다. 그 양자가 나오는 목적은 하나님을 부모로 해서 상속권을 이어받기 위해서입니다.

31 하나님에게 본래 아들이 있는데도 양자를 세우는 것이 아닙니다. 아들이 없기 때문에 양자가 필요하지, 아들이 있으면 양자가 필요 없습니다. 그 양자를 세우는 목적은 참된 아들을 찾기 위한 것입니다. 그 양자는 내가 하나님의 상속을 받더라도 그것은 내 것이 아니라 당신의 본래의 아들딸 앞에 돌려줘야 할 상속이라는 사상을 가져야 합니다. 그런 양자를 만들어야 됩니다. 양자는 앞으로 올 아들딸을 위해서 자기가 죽더라도 생

명을 다하고, 자기의 모든 것을 희생시키더라도 하나님이 원하시는 직계의 아들딸이 태어나기를 원하고, 그를 위해 준비하는 마음을 언제나 지녀야 됩니다. 양자의 이름을 세우지 않고는 아들과 상관할 수 없습니다.

성약시대 복귀섭리

32 성약은 무엇입니까? 약속을 이루었다는 것입니다. 하나님이 창조이상을 완성한다는 말입니다. 그러면 성약시대는 뭐냐? 창조이상을 완성한 아들딸, 에덴에서 쫓아내 잃어버린 그 아담 해와가 세계적 무대 위에서 비로소 대표적인 왕권을 대신할 수 있는 하나님 편 아들딸로서 돌아와야 된다는 것입니다. 그래서 타락이 없었던, 환영할 수 있는 개인으로부터 환영할 수 있는 가정, 환영할 수 있는 종족, 환영할 수 있는 민족, 환영할 수 있는 국가, 환영할 수 있는 세계가 되어야 합니다.

33 성약시대는 뭐냐? 지상에서 가정을 중심삼고, 부모님의 사랑을 중심삼고 이상세계로 가는, 사탄이 참소할 수 없는 새로운 세계로 전진하는 과정이 성약시대입니다. 성약시대는 원리적으로 보면 책임분담을 완성한 부모권을 말하는 것입니다. 약속은 책임분담입니다. 책임분담의 약속을 미완성한 것이 타락입니다. 구약은 옛날 약속입니다. 신약은 새로운 약속이고, 지금 성약은 약속을 이루는 때입니다. 약속을 이루는 것은 세계 만민들이 책임분담을 완수하는 것입니다. 그러나 책임분담을 못했기 때문에 개인·가정·종족·민족·국가·세계·천주의 책임분담이 남아진 것입니다. 사탄세계까지 생겨난 것입니다. 책임분담을 못함으로 말미암아 사탄이 생겨났으니 이 책임분담을 다 해야 됩니다.

34 하나님의 섭리를 보게 되면 3단계로 나뉩니다. 구약시대·신약시대·성약시대입니다. 기독교에서는 신·구약으로 다 끝난 줄 알고 있지만 아닙니다. 성약시대가 남아 있다는 것을 모르고 있습니다. 예수님이 다시 와서 뜻을 이루어야 되는데, 그것을 성약이라고 합니다. 구약이 있었고 새로운 약속이 있었으니, 그 약속이 이루어져야 될 것이 아닙니까? 재림주가 이 땅 위에 와서 뜻을 이루는 것입니다.

35 성약시대는 이루는 시대입니다. 개인적으로 이루고, 가정적으로 이루고, 종족·민족·국가·세계적으로 이루는 것입니다. 하나님의 사랑과 하나님의 생명과 하나님의 혈통을 중심삼고 연결됩니다. 단일 혈통, 단일 사랑, 단일 생명의 전통입니다. 이렇게 되면 사탄이 떠나야 합니다. 접붙이

는 일을 함으로써 사탄의 혈통적 인연이 없어지는 것입니다.

36 구약시대에는 만물을 희생시켜서 아들의 갈 길을 닦았고, 신약시대에는 아들을 희생시켜서 재림주, 참부모가 올 길을 닦은 것입니다. 성약시대에는 참부모가 희생함으로써 종적인 하나님을 지상에 모셔 오는 것입니다. 하나님은 인류 앞에 참사랑을 중심삼은 종적인 부모이고, 참부모는 참사랑을 중심삼고 그 종적인 아버지 앞에 횡적으로 90각도를 맞춘 횡적인 부모입니다. 그렇기 때문에 종횡의 사랑을 중심삼고 비로소 하나님의 사랑과 하나님의 생명이 격동되는 것입니다. 신인합덕이 격동되어 참부모의 사랑을 중심삼고 새로운 혈족이 펴져 나갑니다. 그렇게 됨으로써 인류역사 가운데 비로소 본연적 원리 기준을 중심삼고 하나님의 사랑 가운데서 출발한 생명의 씨가 지상에 현현하는 것입니다.

37 구약시대는 만물을 희생시켜 아들딸을 찾는 시대입니다. 신약시대는 아들딸을 희생시켜 부모가 올 길을 닦는 시대입니다. 부모가 이 땅에 와서 하나님이 올 수 있는 길을 닦는 것입니다. 종적 아버지의 수평세계를 만민세계를 넘어서 닦아야 할 것이 참부모의 사명입니다. 그렇기 때문에 이 수평의 아버지 심정권이 벌어지게 될 때는 종적인 아버지 심정권은 자연히 여기에 와서 정착합니다. 그래 가지고 종적 횡적 사랑을 품을 수 있는 자리에 가게 되면 비로소 세계를 넘어서 하나님이 핵의 자리에 가서 본연의 이상 권한을 재차 편성한 것으로써 '다 이루었다.'라고 할 수 있는 시대로 넘어간다는 것입니다.

38 우리는 하나님을 소망의 주인공으로 바라보고 있으며, 믿음의 주인공으로 바라보고 있습니다. 또 사랑의 주인공으로 바라보고 있습니다. 이 소망과 믿음과 사랑의 주인공으로 계시는 하나님은 인간으로 하여금 역사과정에서 소망을 대신한 구약시대, 믿음을 대신한 신약시대를 거치게 하셨으니 앞으로는 사랑을 대신한 성약시대를 거쳐야 됩니다. 그러면 이제 그러한 성약시대, 즉 재림시대에 있어서 영원불변의 하나의 중심 요소로 남아질 수 있는 것은 무엇인가? 그것은 하나님의 사랑입니다. 그것은 전체의 중심 요소인 동시에 전체 이상의 요소도 됩니다. 그렇기 때문에 지금까지 인간은 이 사랑을 위해 소망의 섭리노정과 믿음의 섭리노정을 거쳐 나왔습니다. 그러나 이제 사랑의 섭리노정을 여러분이 걷지 않는다면 하나님이 이 땅 위에 사랑을 중심삼고 이루어야 할 통일의 발판은

붕괴되고 만다는 것입니다.

3절 해방해 드려야 할 하나님

1 복귀섭리를 완성하기 위해서는 지금까지 완성하지 못한 모든 기준, 즉 아담이 타락한 기준, 예수님이 성취하지 못한 기준 등을 모두 현세에 끌어들여 해명하고 거듭 탕감하여 복귀하지 않으면 안 됩니다. 이것을 해야 될 것이 통일교회의 사명이고, 스스로 그것을 실행하여 선생님의 뒤를 따라오고 있는, 세계에 널려 있는 통일교회 식구들에게 그것을 행하게 하는 것이 선생님의 사명입니다.

복귀섭리 완성의 의미

2 우리가 깨달아야 할 것은, 타락하지 않은 아담 해와에게 부여하였던 그 환경적 이념세계에 대한 것을 다시 어떻게 자각하느냐 하는 것입니다. 환경이 아무리 모질고 아무리 원수 악당들이 반대하고 투쟁이 벌어지더라도 이것을 극복할 수 있는 신념과 사상 기준이 확정되어 있어야 합니다. 그럼으로 말미암아 오늘날 사회와 우리 생활에 있어서 미치는 모든 악의 결과를 타개하고 남을 수 있어야 됩니다. 이것이 밀려 떨어져 나가서는 복귀섭리의 완성은 불가능합니다. 그렇기 때문에 이 세계에서 살고 있는, 혹은 뜻을 대하고 있는 개인은 '이 세계에는 나만 남아 있고 이 세계문제를 해결할 수 있는 것은 나다.'라는 신념을 가져야 됩니다. 이 신념을 안 가지고는 주체이신 하나님 앞에 환경을 대표한 상대적 존재로 설 수가 없습니다. 그런 문제를 두고 볼 때 내가 이 세계를 넘어서 타락하지 않은 이상적 아담의 이념을 나의 실체적 주체사상으로 세워서 결의한 그 결의가 이 사망세계를 초월할 수 있는 마음의 바탕이 되어 있지 않고는 뜻길을 가는 데 있어서 번번이 실패하기 마련입니다.

3 하나님의 참사랑을 중심삼고 혈통적인 인연을 가질 수 있는 참된 가정이 없었습니다. 타락한 부모로 말미암아 거짓 사랑과 거짓 생명과 거짓 혈통의 인연을 맺음으로써 우리 몸 마음의 싸움이 벌어졌습니다. 아담 해와가 원수가 되었습니다. 또 아담의 아들딸 사이에 살육전이 벌어졌습니다. 그렇기 때문에 하나님이 이것을 복귀하기 위한 구원섭리가 복귀섭리입니다. 구원섭리를 완성하기 위해서는 잃어버린 참된 몸 마음이 하나된 아들딸로서, 절대적으로 하나된 부부로서 참사랑을 중심삼고 완전히 하나가 되어 하나님과 영원히 같이 살 수 있는 참가정을 이루어야 합니다.

4 메시아가 다시 오는 목적은 무엇이냐? 사탄 주권을 타파해 버리고 인

류를 하늘 편으로 찾아오고 사탄을 추방하는 것, 그리고 오늘날 기독교와 하나되어 구원섭리를 끝내는 것이 메시아가 오는 목적입니다. 다시 말하면 하나님의 본연의 뜻의 세계로 돌아가기 위한 복귀섭리를 완성하는 것이 메시아의 사명입니다.

5 재림주는 예수님이 못다 한 하나님의 복귀섭리의 근본을 완성하러 오십니다. 즉 창조이상을 완성할 참된 본연의 아기씨로 와서 하나님의 참사랑·참생명·참혈통의 근원이 되는 참부모 이상을 완성하러 오십니다. 그는 이미 예수님 때까지 하나님 편이 승리한 근본섭리의 터전 위에 임재하십니다. 즉 예수님이 장성하실 때까지의 승리적인 기반 위에 바로 서시어서 그가 못다 이루신, 신부를 찾아 참부모가 되시어 만민을 구해 주시는 것입니다.

6 예수님은 만민의 부모입니다. 예수님은 하나님이 보내신 두 번째의 부모입니다. 이 부모가 실패한 것을 회복하지 않고서는 제3의 승리의 부모는 태어나지 않습니다. 이것은 당연한 일입니다. 제2의 부모는 제1의 부모가 되어야 할 아담 해와의 실패를 회복하지 않으면 제2의 부모로서 승리의 기대에 설 수 없습니다. 제1의 부모의 기준이 복귀되지 않았기 때문입니다. 예수님이 돌아가셨기 때문에 제3차까지 연장된 것입니다. 그러므로 제3차에 오시는 재림주는 제1의 부모의 실패, 아담 해와의 실패와 제2의 부모의 입장으로 오신 예수님과 성령의 실패를 영·육적인 면에서 실체적으로 탕감복귀하는 승리 기반을 세우지 않으면 지상에 승리한 참부모로 나타날 수 없습니다.

7 아담이 실패하고 예수님이 죽어서 본연의 세계로 못 돌아갔으니, 예수님이 2차 아담의 사명을 완결하지 못했으니 다시 오시는 주님은 3차 아담으로 와서 영육을 완성해 가지고 사탄세계와 사탄 왕권을 없애고 구원섭리를 끝내고 본연의 하나님 완성세계로 돌아가야 됩니다. 이렇게 지상천국과 천상천국으로 통할 수 있는 결론을 짓지 않으면 안 되는 것이 하나님의 구원섭리입니다.

8 천상세계에 간 사람이나 지상세계의 사람이나 기간의 차이는 있지만 참부모의 도리를 중심삼고 막혔던 담이 다 헐려 없어집니다. 모든 사람이 천상세계를 향해서 발전해 갈 수 있는 본연적 기준의 형태를 완성시킴으로써 참부모의 사명도 다 끝나는 것입니다. 그것을 볼 때 하나님의 뜻이 완성될 수 있는 완성시대가 우리 눈앞에서 뒤넘기쳤다는 것을 잊어버려

서는 안 됩니다.

해방받아야 할 하나님

9 하나님의 사랑을 중심삼고 하나님을 해방해야 됩니다. 하나님도 지금 사랑을 중심삼고 구속되어 있습니다. 감옥에 갇혀 있는 것과 마찬가지입니다. 해방을 못 받았다는 것입니다. 전지전능하신 하나님, 우주를 창조한 하나님이 인간 때문에 사랑을 중심삼고 이루려던 이상세계를 사탄에게 빼앗겼으니, 하나님도 사탄을 분별하지 않고는 심정적인 해방을 받을 수가 없습니다. 하나님의 심정적 해방 기반이 이 우주에 생겨나지 않는다는 것입니다. 하나님도 구속당했습니다. 사랑하는 자식이 죽었는데 부모가 편안할 수 없다는 것입니다.

10 인간이 타락함으로써 자유로운 하나님이 못 됐습니다. 즉 구속의 하나님이 되었다는 것입니다. 그다음에는 인류시조가 구속되어 버렸습니다. 그다음에는 천사세계까지 구속되어 버렸습니다. 그뿐만 아니라 역사적인 수많은 종교인들이 구속권 내에서 허덕이고 있습니다. 인류도 역시 마찬가지입니다.

11 만민이 탄식권을 벗어나지 않는 한 부모의 입장에 선 하나님은 탄식권 내에서 벗어날 수 없습니다. 사랑하는 자식이 근심하고 있는데 부모가 편안한 자리에 설 수 없는 것입니다. 이런 입장에 하나님이 계시기 때문에 하나님을 해방시켜 드려야 됩니다. 무엇으로 하나님을 해방시켜 드려야 되느냐? 하나님이 만민을 사랑하지 못하는 구속권 내에 있기 때문에 만민을 대해 자유롭게 사랑할 수 있는 해방권을 하나님 앞에 찾아 드려야 할 책임이 있습니다. 타락한 사람으로 말미암아 잘못됐기 때문에 타락선을 넘어선 승리한 아들딸이 되어 해방시켜 드려야 됩니다.

12 하나님과 사탄의 싸움을 누가 말릴 수 있습니까? 그냥 싸움이 끝납니까? 하나님 앞에 효자가 없었고, 하나님 앞에 충신의 도리, 하나님 앞에 성인의 도리, 하나님 앞에 성자의 도리를 세울 수 있는 자가 없다는 것입니다. 그 나라를 지킬 수 있는 주류 사랑의 체제가 없어졌기 때문에 하나님이 설 자리가 없습니다. 지금까지 연금 상태에 머무른 하나님이 되어 있습니다. 하늘나라는 지옥과 중간영계, 낙원이 있습니다. 예수님이 낙원에 가 있는데 원래는 천국에 가야 됩니다. 하나님이 창조한 세계에서 낙원이 웬 말이고, 중간영계와 지옥이 웬 말이냐는 것입니다. 타락 때문에 그 아픔을 느끼고 있는 하나님이라는 것입니다.

13 하나님이 찾고 있는 할아버지 할머니를 만나 봤습니까? 하나님이 되고 싶은 할아버지 할머니를 만나 봤습니까, 못 만나 봤습니까? 타락했기 때문에 절대로 못 만나 봤습니다. 하나님이 찾고 있는 어머니 아버지를 만나 봤습니까? 못 만나 봤습니다. 하나님이 찾고 있는 아내 남편을 만나 봤습니까? 못 만나 봤습니다. 하나님이 찾고 있는 아들딸을 만나 봤습니까? 못 만나 봤습니다. 이 한스러움을 어떻게 풀 것이냐? 이 심정의 구속의 철망을 누가 끊을 것이냐? 그것은 하나님의 사랑 외에는 없습니다. 하나님의 본질적 사랑 외에는 없다는 것입니다.

14 우리는 하나님을 해방시켜야 할 운명에 놓여 있습니다. '인류 때문에 하나님이 구속을 받고 있구나. 나 때문에 하나님이 구속을 받고 있구나. 나라는 한 개체 때문에 하나님이 사탄의 참소를 받고 있구나. 나 때문에 예수님도 죽었구나. 나 때문에 성신이 피어린 투쟁의 역사를 붙안고 뒤넘기쳐 나오는구나. 하나님이시여, 저에게 힘을 주시옵소서. 아버지를 안식시켜 해방의 자리에 옮겨 드리겠습니다. 예수님도 성신도 해방의 자리에 옮겨 드리겠습니다.'라고 할 수 있는 신앙에 주린 자, 소망에 주린 자, 사랑에 불타는 자를 하나님은 6천년 동안 찾아오셨습니다.

15 우리는 하나님을 아버지라고 부릅니다. 하나님 아버지가 선한 사람 악한 사람 누구나 할 것 없이 악의 세력 밑에서 춤을 추고 돌아가는 것을 보고 '아이고, 좋구먼! 잘하는구먼!' 하시겠습니까? 우리와는 부자의 인연을 가진 그 아버지이기에 천지천하의 내정적인 구속의 자리, 내정적으로 처량하고 비참한 환경을 없애기 위하여 애쓰며 싸우지 않을 수 없다는 것입니다. 그러므로 우리는 그러한 하나님의 내적인 모든 사연을 알고 하나님을 그런 자리로부터 해방시켜 드려야 한다는 것입니다.

복귀섭리 완성은 하나님의 해방

16 하나님을 해방해야 됩니다. 그것도 4수입니다. 구약시대·신약시대·성약시대, 그다음에는 해원시대입니다. 해원시대에는 전체를 바쳐야 됩니다. 그래서 전체를 받아서 하나님이 갖고 있는 것이 아닙니다. 하나님이 전체를 받아서 비로소 아담에게 넘겨주는 것입니다. 아담은 받았던 것을 다시 하나님께 돌려주어야 합니다. 하나님이 아담, 참부모 앞에 넘겨줌으로써 여기에서 소유권 분배가 시작되어야 합니다. 이것을 돌려받아 통일적 왕권시대를 갖지 않으면 지상에 천국이 이뤄지지 않습니다.

17 나라를 구하고 세계를 구해야 됩니다. 세계를 구하는데 먼저 하나님을 해방해야 됩니다. 하나님이 해방되어야 세계를 해방할 수 있습니다. 하나님을 해방해 놓고 세계를 해방하자는 것입니다. 그래서 통일교회를 땅끝까지 전파하여 심정적 유대를 틀고 말뚝을 박아서 세상을 사랑으로 녹여내자는 것입니다.

18 자식을 잃어버린 불쌍한 부모의 처지를 누구한테 하소연하겠습니까? 자식이 나와서 그것을 풀어 주기 전에는 그 가슴에 맺힌 한을 풀 수 없고 박힌 못을 뺄 수 없습니다. 못을 빼고 사랑의 눈물로써, 피살로써 그것을 살이 되게끔 풀어 드려야 할 하나님의 원한의 심정을 누가 해방해 드릴 것이냐? 나의 해방에 앞서서 하나님이 해방돼야 합니다. 이것이 종교인들이 추구하는 궁극적인 해방의 길임을 알아야 됩니다.

19 기독교사상은 재림사상입니다. 예수님이 재림해서 뭘할 것이냐? 하나님 앞에 불의를 세워 달라고 항거하는 사탄을 잘라 버리지 못하면 하나님은 그 영원한 항거를 피할 수 없습니다. 이 땅에 재림주가 와서 하나님을 해방해야 됩니다. 공의의 도리 앞에서서 하나님을 해방하는 책임을 하는 주역으로 오시는 분이 재림주입니다.

20 하나님의 눈에서 눈물이 흐르고, 가슴에 붉은 피가 끓고, 피가 흘러갈 수 있는 혈통이 막혀, 기가 막혀 죽게 된 하나님을 효자·충신·성인·성자의 도리로써 해원성사해 줘야 합니다. 그 하나님이 나를 붙들고 수고했다고 눈물 흘리더라도 눈물 흘리지 않고 나는 아무 관계가 없다고 하나님의 눈물을 그치게 해 놓고 돌아서면서 눈물을 흘리겠다고 하는, 천리를 품고 나오는 사람이 참부모입니다.

21 하나님을 내 손으로 해방해야 됩니다. 하나님은 해방된 하나님이 아니라 구속된 하나님입니다. 아들딸을 잃어버린 부모, 더더욱 효자가 죽고 난 후 그 부모의 마음을 풀어 주기 위해 그 효자 이상 모든 면을 갖추어 십 배 이상 공을 들여 효를 하더라도 그 본래의 마음을 해방할 수 없습니다. 선생님이 그런 하나님을 해방하려는 것입니다. 오늘날 기독교에서는 하나님은 모든 능력이 있어서 마음대로 하는 줄 알지만 잘못 알았습니다.

22 선생님을 보면 아무것도 아닌 것처럼 보이지만 생각하는 것이 다릅니다. 사상이 다르다는 것입니다. 얼굴이, 몸이 위대한 것이 아니라 사상이 위대하다는 것입니다. 하나님까지도 움직이지 않을 수 없습니다. 하나님까지도 선생님을 따라오지 않으면 안

된다는 정신, 그것이 위대한 것입니다. 사랑의 목적을 달성하지 못한 그 하나님을 선생님은 사랑을 가지고 해방하기를 주장합니다. 사랑의 목적을 성사하지 못한 한을 가진 하나님이 선생님을 만나 해방됐다는 말은 이론에 의한 것입니다. 체계적인 이론, 과학적인 실증적 결과에 의해서 이것을 주장하는 것입니다.

23 하나님 마음 가운데 해방적 심정으로 찬양할 수 있는 본연적 이상의 아들딸의 역사는 어디 갔느냐? 선생님과 통일교회의 부부 이념은 하나님의 핏줄을 이어받고 태어난 아들딸로서 천년만년 영원한 그 부모를 모시고, 영원히 내 아들 내 딸이라고 찬양할 수 있는 아들의 자격, 딸의 자격을 갖추는 것입니다. 그 자리를 통과해야 하나님 마음속에 남아 있는 타락으로 인한 상처를 풀 수 있습니다.

24 기독교에서는 '오! 영광의 하나님, 저에게 복을 주십시오.'라고 하는데, 하나님은 그런 하나님이 아닙니다. 비참한 하나님입니다. 구속 가운데 있는 하나님입니다. 아들딸을 잘 낳아 해방받아야 할 하나님이기 때문에 하나님의 운명은 처량한 운명입니다. 그러니 여러분은 그 하나님을 해방시켜 드려야 합니다. 그러지 않으면 천도가 바로잡히지 않으니 이 땅 위에 이상세계가 오지 못한다는 것입니다. 이것을 바로잡기 위한 역사가 통일교회 역사요 사명입니다.

25 하나님은 복귀의 하나님입니다. 하나님이 본래의 하나님이 아닙니다. 원한에 사무친 하나님, 불쌍한 하나님입니다. 기쁨의 하나님이 아닙니다. 낙망의 하나님입니다. 그러기에 원래 상태로 돌려놓기 위해서는 낙망의 하나님을 해방시켜 드려야 합니다. 돈이나 권력으로도 할 수 없습니다. 어떤 사람으로도 불가능합니다. 참사랑으로만이 가능합니다.

26 통일교회 여러분은 하나님 해방군입니다. 세계 해방이 아닙니다. 세계 해방은 쉽습니다. 인간이 단결하면 세계 해방은 되지만, 하나님의 해방은 심정권을 단결시켜야 합니다. 사랑권을 단결시킬 수 있는 원리와 사상체계를 갖지 않으면 안 됩니다. 그래서 영계의 얽힌 것을 풀고 지상에 심정권의 다리를 놓지 않으면 안 됩니다. 어떠한 혁명보다 무서운 혁명이요 어려운 혁명입니다. 인류의 해방은 쉽지만 하나님의 해방은 그래서 어렵다는 것입니다. 세계에 없는 어려운 그 일을 선생님이 기수가 되어 오늘날 섭리사의 총결산이라는 논리를 통해 답을 내릴 수 있었다는 것은 놀라운 사실입니다.

제2편

참 부 모

제2편 참 부 모

| 차 례 |

제1장 참부모란

1절 참부모는 누구인가

1 선생님은 어디서 출발했느냐? 참부모라는 이름을 가지고 출발했습니다. 참부모라는 말은 놀라운 말입니다. 선생님은 하나님의 뜻을 추구하고자 합니다. 그 이상적 목적의 기준, 그 정착점이 참부모입니다. 하나님의 뜻의 완성, 창조이상의 완성은 아담과 해와가 사랑이상을 이루어 직접 주관권 내에서 부모의 자리에 서는 것입니다. 그것이 뜻의 완성의 자리입니다. 선생님이 이 땅 위에 참부모라는 이름을 가지고 온 것은 놀라운 것입니다. 타락한 인간에게는 그 나라를 잃었다가 찾는 것보다도, 세계를 잃었다가 찾는 것보다도 참부모라는 말이 세상의 말 중에 제일 복된 말입니다. 천지의 그 무엇보다도 귀하다는 것입니다.

참부모라는 말의 뜻

2 복귀섭리, 하나님의 뜻이 이루어지기 위해서는 부모가 와야 됩니다. 타락한 부모가 아니라 참부모가 와야 된다는 것입니다. 이 참부모라는 말은 여러분이 생각지도 않은 입장에서 찾아지고 만나질 수 있는 말, 그러한 내용이 아닙니다. 이것은 역사상에 처음 나타난 말입니다. 이것은 역사에 없는 기적적인 대사건입니다. 참부모라는 말을, 참이라는 말을 하게 된 것은, 지금까지 왔다 갔던 수많은 부모들의 사랑을 능가하는, 단 한 번밖에 없는 사랑을 가지고 나타났기 때문에 가능한 것입니다. 그런 기준을 지녔기 때문에 참부모라는 말을 할 수 있습니다.

3 통일교회 교인들이 습관적으로 하는 말이 참부모님입니다. 그 말은 간단하지만 그 내용은 참 놀랍습니다. 역사 이래에 어떤 도서관에도 없습니다. 그 말은 우리만이 갖고 있는 말이고 우리만이 쓰는 말입니다. 기독교가 2천년 역사를 거쳐 나오면서, 인류조상이 타락했다면 타락한 부모는 거짓 부모요 나쁜 부모이고, 타락하지 않은 부모는 선한 부모요 참부모라는 것을 대번에 알 것인데, 그것을 지금까지 발표하지 못한 것은 발표할 수 있는 이때를 기다렸기 때문입니다. 과거 역사시대에 참부모라는 것을 생각한 사람이 있을는지 모르지만 그 배후가 어떻다는 것을 풀 도리가 없었습니다. 방대한 통일원리 전체 내용을 갖추지 않고는 그것을 확실히 풀 수 없었기 때문에 누구도 간단히 참부모란 말을 할 수 없었습니다.

4 참은 세계와 연결됩니다. 또한 절대적인 것이며 역사적인 것입니다. 과거·현재·미래를 종합한 것입니다. 그렇기 때문에 참은 역사적인 열매요, 이 시대의 중심이요, 미래를 향한 출발이 됩니다. 그래서 통일교회에서 참부모가 나오게 된 것입니다. 참부모는 하나님의 뜻 가운데 찾아진 인류의 부모입니다. 참된 가정이란 그 참부모의 뜻을 상속받은 가정입니다. 참된 종족 역시 참부모를 중심삼고 이루어진 종족입니다. 여러분은 이것을 알고 참된 사람이 되어야 합니다. 참된 사람은 나라를 사랑하고, 세계를 사랑하고, 하나님을 사랑하는 사람입니다.

5 하나님이 인간세계에 줄 수 있는 최고의 선물은 여러분이 인류의 조상이 되고 참어머니 참아버지가 되는 것입니다. 그 이상이 없습니다. 장관이나 대통령도 다 못 따라갑니다. 그것이 하나님으로서 인간에게 주실 수 있는 최고의 선물입니다. 참부모가 되면 참자녀가 나오고, 참가정이 나오고, 참종족이 나오고, 참나라·참세계가 자동적으로 생겨납니다. 그러니까 참부모라는 이름, 참부모라는 용어가 제일 중요합니다.

6 참부모라는 말을 확실히 앎으로써 무엇을 알게 되었느냐? 인류시조의 타락이 불륜한 관계로 말미암아 되어졌고, 하나님과 관계없고 창조이상으로 세우려는 참된 부모와 관계없는 혈통적 인연을 남겼습니다. 그릇된 핏줄을 이어받게 되었다는 것입니다. 그렇기 때문에 참부모란 말은 인류시조로부터 역사적 모든 인간이 그릇된 혈통 가운데 사는 것을 청산하고, 하나님을 중심한 새로운 본연적인 뿌리를 중심삼고 사랑과 생명과 혈통이 이어진다는 뜻으로 하는 말입니다.

7 참부모를 중심삼은 데서부터 이상적인 역사가 출발되고, 새로운 문화가 출발되고, 새로운 사랑이 출발되고, 새로운 인생이 출발되고, 새로운 가정이 출발되고, 새로운 국가가 출발되고, 새로운 세계가 출발되고, 하늘나라와 하나님의 사랑이 출발되는 것입니다. 이 참부모라는 말은 그저 말로 할 수 있는, 그저 지금까지 알고 있던 내용의 말이 아닙니다. 이 자리는 수억천만 희생의 제물의 피가 호소하고 있는 자리입니다.

8 참부모라는 말은 하나님도 무서워하고 사탄도 무서워하는 말입니다. 인간은 타락권 내에 있기 때문에 참부모를 중심삼고 볼 때에, 그를 따르고 있는 사람들은 그의 말로 인해 심판을 받는 것입니다. 사탄이 왜 참부모라

는 말을 두려워하느냐? 인간이 참부모의 말을 믿고 따라가는 날에는 자기의 모든 것이 파괴되고 파탄되기 때문입니다. 그래서 사탄은 언제나 참부모가 가는 길을 막으면서 쓰러지기를 바라고 나빠지기를 바라는 것입니다.

9 참부모란 명사를 중심삼고서야 비로소 하나님의 심정과 일치될 수 있습니다. 참부모를 중심삼고 본연의 혈통이 시작되고, 본연의 인격이 시작되고, 언어가 본래의 위치로 돌아가고, 생활이 본연의 형태로 돌아가고, 본연의 국가가 형성되고, 본연의 세계가 이루어집니다. 이 전체를 총집약한 핵심적인 모체가 참부모입니다. 참부모 한 분으로 말미암아 모든 것이 결정됩니다. 그렇기 때문에 참부모의 모든 사상을 인계받지 않으면 안 됩니다. 그의 심정, 그의 인격, 그의 생활관, 그의 국가관, 그의 세계관을 전부 인계받지 않고는 중심된 자리에 설 수 없습니다.

10 참사랑을 중심삼고 타락하지 않은 부모가 생겼더라면 하나님이 우리 아버지입니다. 종적인 아버지입니다. 참사랑을 중심삼은 종적인 내 아버지가 하나님입니다. 이것은 위대한 발견입니다. 그 종적인 하나님 앞에 백 퍼센트 90도를 갖출 수 있는, 본연의 참사랑을 중심삼고 완성해야 했던 참인류의 부모는 아담 해와였습니다. 하나님의 사랑, 하나님의 생명, 하나님의 혈통에 횡적인 부모의 사랑, 부모의 생명, 부모의 혈통이 합해져서 천지합덕이 되어 조화의 열매로 맺힌 것이 '나'입니다.

11 하나님이 인류의 조상이 되기 위해서는 체가 필요하기 때문에 아담 해와라는 체를 입고 나오신 것입니다. 그 체는 내적인 마음체, 영인체와 외적인 몸체로 되어 있는데 이 둘이 하나가 돼야 합니다. 어떻게 하나되느냐? 마음은 종적입니다. 창조주 하나님은 종적인 참사랑을 중심삼은 참부모입니다. 아담 해와는 횡적인 참사랑을 중심삼은 참부모입니다. 창조주 종적인 참부모와 창조주의 몸과 같은 아담 해와 횡적인 참부모가 사랑을 중심삼고 하나되는 것입니다.

12 종적인 참부모와 횡적인 참부모의 참사랑은 항상 가장 빠른 속도로 최단거리를 통과합니다. 따라서 하나님으로부터 지상에 내려오는 참사랑은 최단거리인 수직선으로 내려옵니다. 남녀 간의 사랑 역시 최단거리로 통과하여 수평선을 형성합니다. 수직적인 참사랑이 수평적인 참사랑과 만나게 될 때, 그 교차점은 절대적으로 90도가 될 수밖에 없습니다. 기타 다른 방법으로는 이들 사랑의 선

이 교차할 수가 없습니다. 하나님은 참사랑을 중심으로 하는 종적인 참부모이십니다. 하나님은 우리의 종적인 부모이시기 때문에 우리 한 사람 한 사람과 매우 친밀하십니다. 완전해진 인류의 조상, 즉 아담과 해와를 참부모로서 영접할 때, 우리는 하나님의 수직적인 참사랑과 참부모의 수평적인 참사랑 간에 90도의 교차점을 만들어 내는 것입니다.

역사와 시대와 미래의 핵심

13 여러분이 기도할 때 '6천년 역사의 열매 되는 우리'라고 하는데, 어떻게 해서 6천년의 열매입니까? 부모 앞에 자녀일 뿐입니다. 그러나 참부모의 인연을 통할 수 있는 자녀의 자리에 있기 때문에 역사적인 열매요, 역사적인 결실이요, 미래의 출발 기원입니다. 그러므로 여러분의 소망은 미래에 있는 것이 아니라 참부모에게 있습니다. 여러분이 그 참부모와 완전히 하나되는 날에는 세계도 하나되는 것입니다.

14 여러분이 참부모와 완전히 하나될 때 국가도 있는 것이요, 종족도 있는 것이요, 민족도 있는 것이요, 가정도 있는 것입니다. 천지의 모든 영광의 가치를 종합한 실체 기준이 참부모입니다. 참부모를 세상의 돈과 바꾸겠습니까? 자기 생명을 주고 바꿀 수 있습니까? 옛날과 다릅니다. 여러분이 어디를 가더라도 참부모를 모셔야 됩니다. 여러분의 아들딸도, 천세만세의 후손들도 그래야 합니다.

15 천지의 운동하는 수많은 존재물들의 가치 기준을 결정할 수 있는 핵심이며 중심이 참부모입니다. 모든 존재의 소망의 가치를 결정할 수 있는 요인이 참부모라는 것입니다. 하나님이 그런 분으로 계시기 때문입니다. 역사적인 결실을 추구하는 원리의 원인이 되고 시대의 중심이며 미래의 주인이 하나님입니다. 그러므로 참부모는 하나님이 임재하실 수 있는 중심 본부입니다.

16 역사의 핵심이 되고, 시대의 핵심이 되고, 미래의 핵심이 될 사상은 무엇이냐? 역사를 두고 볼 때는 역사적인 열매, 시대를 두고 볼 때는 시대의 중심, 미래를 두고 볼 때는 미래의 기원이 될 수 있는 세계주의 사상의 중심은 참된 남자와 참된 여자입니다. 그 참된 남자와 참된 여자의 생활관은 세계를 위하여 보람 있게 사는 것입니다. 둘이 사랑하는 것도 세계를 위해서이고, 아들딸을 낳는 것도 세계를 더 사랑하는 동기를 만들기 위해서인 것입니다.

17 참부모는 역사를 심판하고, 현재

를 주관하고, 미래를 개척하실 중심 존재입니다. 인간이 역사적으로 선망해 온 것도 참부모를 맞이하는 것이었습니다. 하나님의 뜻을 대신하여 이 땅 위에 나타나야 할 참부모는 어떤 분이냐? 사탄세계와 싸워서 만물을 주관하는 입장을 수습하고, 인간세계를 주관하고 있는 사탄을 궤멸시켜야 하며, 영계의 수많은 영인들까지 주관할 수 있는 절대적인 자리를 구축해야 할 분입니다. 참부모에게는 그런 사명이 있습니다. 그래서 하나님은 만물로부터 인간, 하늘까지 연결된 하나의 세계를 복귀하기 위해서 지금까지 참부모를 보낼 수 있는 길을 닦아 나오신 것입니다.

18 우리는 인류시조의 타락으로 말미암아 고향을 잃어버렸고 나라를 잃어버렸고 세계를 잃어버렸습니다. 더 나아가서는 하나님을 잃어버렸습니다. 하나님의 사랑까지도 잃어버렸습니다. 이런 방대하고 엄청난 모든 것을 다시 찾을 수 있는 하나의 기원이 참부모입니다. 하나님이 지금까지 역사적으로 소원해 오신 섭리의 목적이 무엇이냐? 인류가 타락 이후 지금까지 탕감역사를 해 나온 것은 참부모를 찾기 위해서입니다. 수많은 기독교인들이 지금까지 소원의 한 날을 바라고 재림의 날을 기다리는 것도 이것을 위해서이고, 수많은 종교가 전부 한 날을 바라고 있는 것도 이것 때문입니다. 이런 사실을 생각할 때 참부모가 태어난 것은 무섭고도 놀라운 사건입니다.

19 섭리시대를 보면 복귀섭리는 끝날을 통해서 이루어집니다. 끝날이 가까워지면 가까워질수록 종교의 목적이 이루어지는 시대가 옵니다. 그 종교의 목적이 이루어질 수 있는 최후의 때가 부모님이 나타나는 때입니다. 그 부모는 참부모인데, 참부모라는 분은 원리에서 가르쳐 주고 있는 바와 마찬가지로 원리결과주관권과 직접주관권, 즉 간접주관권과 직접주관권을 다 거쳐서 책임분담을 완성한 자리에서 하나님의 사랑을 중심삼고 일체이상을 이룬 부모입니다. 역사상 처음으로 하나님과 인간이 사랑을 중심삼고 일체이상을 이룬 부모입니다. 하나님의 사랑이상이 비로소 지상에 참부모의 가정을 중심삼고 착륙하기 시작하는 것입니다.

20 하나님이 지금까지 복귀역사를 해 나오는 데 있어서 최종적인 목적이 어디 있느냐? 참된 부모에 있습니다. 참된 부모를 요구하는 것은 참된 가정을 대표하기 위한 것이요, 참된 가정을 요구하는 것은 참된 종족을 대표하기 위한 것이요, 참된 종족을 요구하는 것은 참된 민족, 참된 국가,

참된 세계를 대표하기 위한 것입니다. 이렇게 발전되어 나가는 것입니다. 이것을 거꾸로 보면 세계를 대표해서는 국가가 제물 되어야 하고, 국가를 대표해서는 민족이 제물 되어야 하고, 민족을 대표해서는 어떤 특정한 종족이 제물 되어야 하고, 그 종족을 대표해서는 어떤 특정한 가정이 제물 되어야 하고, 그 가정을 중심삼고는 어떤 특정한 대표적인 자리에 선 사람이 제물이 되어야 합니다. 결국 부모에 귀결됩니다.

21 우리는 선악이 투쟁하는 생활을 하고 있습니다. 그러기에 지나가 버릴 수밖에 없는 생활이 영원히 남아지는 생활로 어느 때에 교차되느냐? 또 국가는 어느 때에 교차되고 세계는 어느 때에 교차되느냐 하는 문제가 발생합니다. 이런 문제가 어디서부터 기원이 되었느냐? 아담과 해와가 타락하여 거짓 부모가 됨으로써 모든 문제가 시작되었습니다. 이것 때문에 심정 문제, 혈통 문제, 인격 문제, 언어 문제, 생활 문제, 국가 문제, 세계문제가 생겨난 것입니다. 이것을 한꺼번에 축적시킬 수 있고, 이 모든 것을 총합할 수 있는 참된 기준은 어떠한 종족권 내에서 이루어지는 것이 아니요, 사회권 내라든가 국가권 내에서 이루어지는 것도 아닙니다. 세계권 내에서도 절대 불가능합니다. 모든 문제의 기원이 거짓된 부모로부터 시작되었기 때문에 참된 부모의 인연을 중심삼고서만 복귀될 수 있습니다.

22 억천만 인간의 부모가 한꺼번에 살아나더라도 참부모의 영광을 갖춘 부모는 없습니다. 천만대의 선조들이 다 부활해서 그 부활된 영광을 찬양한다 하더라도 타락권을 벗어나지 못한 영광이요 찬양입니다. 통일교회에서 말하는 참부모는 여러분의 자리가 비참하더라도 천천만 선조들과 더불어 이 땅에 승리를 가져와서 만민 해방권을 갖춘 영광의 자리에서 찬양하는 이상의 가치를 지닌 자랑스러운 말입니다. 부모님을 만난 가운데서 하나님을 만날 수 있는 길이 연결되고, 통일교회를 만난 이 자리는 불원한 장래에 하나님의 나라와 부모님이 원하는 조국을 찾을 수 있는 길이 연결돼 있습니다.

참부모는 구세주, 재림주

23 메시아는 하나님의 사랑을 완성한 아담격이기 때문에 본연의 아버지 자격으로 오십니다. 그렇기 때문에 그 아버지를 중심삼고 어머니를 선택해서 하나님의 본연의 사랑을 중심한 그 터전을 중심삼고 소유 결정권이 개인·가정·종족·민족·국가 형태로 완결될 것이었습니다. 개인으

로부터 가정·종족·민족·국가 기준까지 참사랑을 중심삼고 소유권이 메시아의 것으로 된 이후에 국가의 것이요, 국민의 것이요, 가정의 것이요, 개인의 것이라는 소유권 판도가 벌어졌어야 됩니다.

24 메시아 본연의 사랑이 개인에서부터 국가까지 형성되어서 로마와 세계까지 전파되었더라면, 오늘날의 재림사상은 있을 수 없었다는 것입니다. 이 지구상에 그런 과정을 통과한 나라가 없습니다. 기독교의 수많은 교회들이 이와 같은 하나님의 사랑 원칙에 일치된 소유권에 속해 있지 않습니다. 하늘의 나라가 지상에는 없다는 것입니다. 이렇게 생각할 때, 참부모라는 말이 얼마나 위대하고 얼마나 엄청난 말이냐는 것입니다. 이것만이 타락권 사탄세계를 뚫고 올라갈 수 있는 하나의 기지가 됩니다.

25 재림의 목적이 무엇입니까? 참부모입니다. 재림주가 참부모입니다. 메시아는 참부모를 뜻합니다. 역사의 종착지입니다. 또 고아와 같고 나라가 없는, 모든 방황하는 무리가 참부모에게 와야만 하나의 세계가 됩니다. 한 집이 된다는 것을 알아야 합니다. 참부모가 있는 세계에는 악마가 없습니다. 그것이 원리관입니다. 참부모가 나타나게 되면 사탄은 자연히 물러가는 것입니다. 이 지상에 참부모가 나타나서 쳐 버리기를 하나님이 바라십니다. 하나님이 그런 기반을 닦으려고 하신 것입니다.

26 참부모가 역사상에 나와야 됩니다. 그러한 역사적 사명을 대행하는 하나의 존재가 구주라는 존재, 메시아라는 존재입니다. 구해 주는데 무엇을 구해 주느냐? 몸이 아니라 이상적인 사랑의 소원을 이루어 주는 것입니다. 그것을 이루려면 메시아는 틀림없이 참부모로 와야 됩니다. 예수님을 기독교에서는 메시아, 구주로 믿습니다. 참부모로 오려면 어떻게 해야 되느냐? 혼자서는 안 됩니다. 참된 아버지를 대신할 수 있는 하나의 남자로 나와야 됩니다. 그래서 '하나님 앞에 있어서 나는 독생자다.' 라고 예수님이 말한 것입니다. 독생자가 나왔는데 독생자 혼자서는 안 됩니다. 독생녀가 있어야 됩니다. 독생녀를 찾아 하나님을 중심삼고 서로가 좋아하는 자리에서 결혼해야 됩니다. 결혼을 해서 하나님이 종적인 부모로서 기뻐하고 횡적인 부모로서 기뻐할 수 있는 신랑 신부가 되어 지상에서 아들딸을 낳아야 됩니다.

27 가정 중에서 최고로 승리한 가정을 소망하며 오시는 주님이 기독교에서 말하는 재림주입니다. 그러면 그

분의 생활 기점은 어디냐? 가정을 중심한 곳이 아닙니다. 기점은 천지를 중심한 곳입니다. 그분이 가는 곳은 천지가 아닌 곳이 없습니다. 그분이 하는 일은 역사적인 일이 아닌 것이 없습니다. 그분의 모든 행적은 하나에서부터 천만사에 이르기까지 역사의 어떤 것보다 존귀한 가치로 영원히 남습니다. 그분이 쓰던 종이 조각 하나라도 역사적인 유산으로 남는 것입니다. 이처럼 모든 것이 세계적이요 천주적인 것이 아닐 수 없습니다.

28 세계의 종교를 보면 천사장격 종교와 해와격 종교가 있습니다. 해와 앞에 아담이 와야 됩니다. 이것이 기독교로 말하면 재림주입니다. 재림주가 뭐냐? 1차 아담이 실패했기 때문에 2차 아담으로 오신 분이 예수님이요, 3차 아담으로 오시는 분이 재림주입니다. 아담은 인류의 참된 조상이 되어야 하는 사람입니다. 참된 조상이 되어야 할 텐데도 불구하고 타락했기 때문에 거짓 조상이 되었습니다. 이것을 예수님이 와서 희미한 조상을 만들었습니다. 그 희미한 조상이 기독교입니다. 확실한 조상이 못 나왔기 때문에, 예수님이 왔다가 신랑 신부의 인연을 못 맺었기 때문에 부모가 안 나왔습니다. 부모가 안 나왔는데 조상이 될 수 있습니까? 그래서 할 수 없이 예수님은 영적으로만 부모 노릇을 한 것입니다.

2절 참부모의 현현

1 역사는 남성과 여성을 접촉시켜 나왔습니다. 남자와 여자는 하나의 기점에서 연결되어야 합니다. 그 연결은 참부모라는 내용을 중심삼고 되어야 하며, 그 참부모는 역사의 기원으로 출발되어야 합니다. 다시 말해서 아담 해와를 중심삼고 역사가 출발되었더라면 영원한 결과의 세계까지 뻗어 나갈 것인데, 이것이 틀어졌기 때문에 역사의 기원을 다시 만들어야 합니다. 그러려면 벌여 놓은 역사를 수습해야 되는데, 그러기 위해서는 참부모의 인연을 중심삼고 하나의 남성과 하나의 여성을 반드시 맺어 놓지 않으면 안 됩니다. 그러지 않고는 새로운 역사시대로 넘어갈 수 없습니다. 이것이 통일교회가 현실적으로 해야 할 일입니다. 통일교회를 지도하고 있는 선생님의 책임은 참부모의 인연을 결정지어야 하는 것입니다. 이것은 지금까지 그 누구도 생각지 못했던 중요한 사명입니다.

참부모를 복귀해 나온 역사

2 아담 해와가 타락하기 이전 하나님의 소망에는 무엇이 있었느냐? 아담 해와가 본연의 참부모를 중심삼은 참혈족으로서 종족·민족·국가·세계를 이루는 것입니다. 그리하여 천국

세계를 이루는 것이 본래 하나님의 창조이상인데, 인간이 타락함으로써 부모가 깨져 나가고 자녀가 깨져 나가니 결국 오늘날과 같은 세계가 되고 만 것입니다. 이 지구상에 살고 있는 인류가 하나같이 참부모의 혈통적 인연을 거치지 못하였기 때문에 현세의 이런 상태로는 하나님과 관계를 맺을 수 없습니다. 그러므로 참부모의 인연을 갖고 오시는 분이 재림주입니다. 6천년 역사는 잃어버린 참부모, 즉 아담 해와의 완성 기준을 복귀하는 역사였습니다.

3 탕감복귀 원칙에 따라 부모는 꼭 나와야 합니다. 만약 예수님이 총각된 신랑의 입장에서 처녀의 입장에 있는 신부를 찾았더라면 얼마나 좋았겠습니까? 그러나 예수님은 탕감복귀노정에서 이루어야 할 소생·장성·완성의 단계를 이루지 못한 입장에서 오셨기 때문에 이것을 전부 넘어서서 승리의 터전을 닦아야 했습니다. 이렇게 안팎으로 승리의 기반을 갖추려니 해와로 말미암아 타락했던 반대의 경로를 거쳐서 먼저 죄를 청산해야 됩니다. 이것을 위해 예수님은 신랑방을 준비해야 했고 신부를 찾아야 했습니다. 그럼에도 불구하고 이것을 못했기 때문에 예수님은 금식기도를 했던 것입니다. 그것이 하나님의 한이 되었으며 예수님의 한이 되었습니다. 인류를 살리는 것이 소망이요 목적이었기 때문에, 그 뜻을 이루지 못하고 십자가에 돌아가신 예수님은 재림하셔야 합니다. 예수님이 재림하실 때 무엇을 먼저 해야 되느냐? 제자들을 만나는 것이 아닙니다. 신부를 찾아야 합니다. 이 신부가 오늘날 신랑이 오기를 고대하며 준비해온 기독교입니다.

4 참부모가 나타나기 위해서는 참다운 아들딸이 있어야 하고, 참다운 아들딸이 나타나기 위해서는 참다운 종이 있어야 합니다. 하나님의 복귀역사노정을 보면, 종의 시대를 거치고 자녀의 시대를 거쳐서 부모의 시대를 맞이할 수 있도록 하나님께서 역사해 오신 것입니다. 또 종의 시대로부터 양자의 시대, 자녀의 시대를 거쳐 부모의 시대까지 복귀해 나오는 동안 영계에 있는 영인들도 협조해 나왔습니다. 외적으로 한 국가의 기준을 넘어서 세계적인 발판이 갖추어지기 전에는 참부모가 이 땅에 올 수 없습니다.

5 하나님은 노아와 아브라함을 거치는 2천년의 섭리역사 기간이 있은 후 야곱으로 하여금 비로소 이스라엘 민족을 형성할 수 있는 기반을 닦게 하셨습니다. 그리고 그 민족을 통하여 국가를 형성하도록 하셨습니다. 그렇

게 하기 위해서는 개인이 종의 입장에서 하나님 대신 사탄과 대결하여 이겨야 하고, 양자의 입장에서 하나님 대신 사탄과 싸워 이겨야 하고, 직계 아들딸의 입장에서 하나님 대신 사탄세계와 싸워 이겨야 합니다. 그러지 않으면 참부모를 맞이할 수 없습니다. 그렇기 때문에 섭리역사는 구약시대로부터 신약시대를 거쳐 지금까지 오랜 역사를 거쳐 나오고 있습니다. 이렇게 종의 입장을 복귀하고, 양자의 입장을 복귀한 터전 위에서 직계 아들딸의 입장을 복귀하여, 즉 승리의 기반을 닦은 후에 참부모의 인연을 세우는 것입니다. 이것이 하나님이 이 땅 위에 메시아를 보낸 목적입니다.

6 2천년 전에 오신 예수님은 종의 입장에서 싸워 승리하고, 양자의 입장에서 싸워 승리하여서 직계 아들의 입장으로 나아가야 했습니다. 이것이 예수님의 입장이었습니다. 양자의 입장과 직계 아들의 입장을 거친 후, 이스라엘 민족을 기반으로 하여 참부모의 인연을 세워 놓는 것이 하나님이 예수님을 보낸 목적이었습니다. 또 그것은 예수님이 이 땅에 와서 해야 할 사명이었습니다. 그런데 예수님이 십자가에 달려 돌아가심으로써 전체적인 기준에서 승리의 기반을 닦지 못하고 영계를 중심하고 참부모의 인연을 개척해 오신 것입니다. 그런데 아직까지 개인적인 자리, 가정적인 자리, 민족과 국가적인 자리를 잡지 못하고 있습니다. 다만 하늘의 뜻을 대하는 개인과 가정과 민족과 국가를 세워서 지금까지 돌고 돌아 나왔다는 것입니다.

7 세계적인 시대를 맞이하여 하늘은 기필코 약속하신 바와 마찬가지로 신랑 되시는 주님을 보내 주실 것입니다. 신부를 택하셔서 참된 승리의 기반을 닦으실 것입니다. 참부모의 자리는 본연의 창조목적의 자리이기 때문에 그런 자리를 닦기 위해서 하나님은 지금까지 6천년 동안 싸워 나오셨습니다. 그렇기 때문에 6천년 복귀섭리역사는 이 참부모를 찾기 위한 역사라고 해도 과언이 아닙니다. 그 참부모는 6천년의 섭리사 전체를 대신하는 분입니다. 그래서 그 참부모를 찾지 못한 것이 인류 전체의 슬픔이었고 고통이었고 비애였습니다.

8 인류역사는 참부모 복귀역사라고 할 수 있습니다. 참부모를 복귀하지 않고는 참다운 자녀가 있을 수 없고, 참다운 자녀의 인연을 세우기 전에는 참다운 가정과 참다운 종족과 참다운 민족·국가·세계·천주가 있을 수 없습니다. 하나님은 지금까지 이 기준을 세우기 위해 6천년이라는 기나긴 세월을 수고해 나오셨습니다. 지금으

로부터 2천년 전에 오셨던 예수님은 이 땅 위에 처음으로 참부모의 영광으로 오신 분입니다. 예수님이 참부모로 나타나기 위해서는, 즉 참부모는 역사적인 결실체이기 때문에 예수님이 역사적인 결실체로 서기 위해서는 일면적인 승리만을 해서는 안 됩니다. 아들의 사명만을 해서도 안 됩니다. 부모의 사명을 해야 됩니다.

9 예수님은 이 땅 위에서 육적으로는 아들의 입장을 복귀하는 노정을 거쳐 나가야 했고, 영적으로는 부모의 입장을 복귀하는 노정을 거쳐 나가야 했습니다. 이렇게 양면적인 입장에서 책임을 다하여 하나님과 하나될 수 있는 기점을 세워야 했습니다. 그 기점은 개인적·가정적·민족적·국가적인 이스라엘의 기반이 되는 것입니다. 이렇게 되었더라면 영적·육적으로 참부모의 기준을 세울 수 있었는데, 이스라엘 민족이 예수님을 불신함으로써 그 기준을 세울 수 없었습니다. 참부모는 창조원리로 보면 영적 육적으로 하나님의 축복을 받은 사람이라야 합니다. 그런데 예수님은 이스라엘 민족의 불신으로 인해서 참부모가 되지 못하였습니다. 예수님은 영계에 가서도 참부모를 모실 수 있는 터전을 닦아 나왔다는 것입니다. 이 말은 무슨 말이냐? 이 땅에 다시 오시는 주님은 영적인 부모의 입장을 복귀해야 되고, 육적인 부모의 입장을 복귀해야 된다는 말입니다.

10 예수님은 지상에서가 아니라 영계에서 섭리해 오셨기 때문에 기독교를 믿는 사람들은 전부 영적인 부모와 인연을 맺어 나왔습니다. 이 땅에 다시 오시는 주님은 예수님이 세례 요한으로부터 모든 축복을 상속받아야 했던 것과 마찬가지로, 예수님이 영계에서 닦아 놓은 영적인 개인·가정·국가·세계적인 기반을 예수님으로부터 상속받아야 합니다. 그런 입장을 거치지 않고는 참부모의 인연을 이 땅에 세울 수 없습니다.

11 예수님이 신랑으로서 부모의 자리에 나아가는 데는 신부가 있어야 합니다. 그 신랑 신부는 타락하지 않은 인간조상으로서 인류의 참부모가 되어야 합니다. 참아버지 격이 되는 분이 예수님입니다. 이 땅에서 인류의 참아버지로 서려면 참어머니가 있어야 합니다. 예수님은 아들의 사명을 완결지었으나 참어머니가 될 신부를 찾지 못했습니다. 그래서 영적으로만 부모의 인연을 남기고 간 것입니다. 예수님은 신랑으로 하늘을 대신하고 성신은 신부로 땅을 대신하여 영적 부모의 기준을 세운 것입니다. 본래 부부란 실체를 쓰고 평면적으로 이루어져야 합니다. 이것이 예수님

이 본래 이루어야 할 목적이었습니다. 영적으로만 이루어졌기 때문에 영계와 육계가 하나되지 못한 것입니다. 그리하여 신랑 되신 예수님은 하늘로 올라가고 신부 되신 성신은 땅에 내려와서 영계와 육계를 하나 만드는 일을 하고 있는 것입니다.

12 아담과 해와가 사춘기를 지나 성숙하여서 인생의 봄절기를 맞이하게 되면 하나님이 결혼시켜 주셨을 것입니다. 그때 하나님이 그들의 결혼식을 해주어야 했습니다. 그것을 못해 주었기 때문에 기독교를 중심삼고 어린양잔치라는 명사를 세운 것입니다. 성경 요한계시록 맨 나중에 보면 어린양잔치라는 말이 나옵니다. 어린양잔치가 무엇이냐? 6천년 전에 하나님이 결혼시켜 주었어야 할 아담 해와가 사탄을 중심삼고 결혼을 해서 악의 조상이 되었습니다. 그러니 그것을 복귀하기 위하여 역사적인 끝날에 하나님이 새로운 신랑 신부를 세워 다시 결혼식을 해주는 잔치가 있어야 합니다. 그 잔치가 어린양잔치입니다. 이 잔치를 함으로써 참부모가 탄생하게 되는 것입니다.

13 어린양잔치를 할 때가 왔기 때문에 제2차 세계대전 이후 세계는 달라지고 있습니다. 유엔 기구가 나와서 세계가 달라지고 있습니다. 1차대전 후에는 전승국가가 패전국가를 마음대로 학대하고 마음대로 지배하였지만 2차대전 후에는 그렇지 않습니다. 2차대전 이후에는 전승국가가 패전국을 전부 해방해 주었습니다. 부모가 올 때가 되었기 때문에 그런 것입니다. 수많은 유엔 국가들은 전부 형제국가입니다. 큰 나라, 작은 나라 할 것 없이 모두 형제입니다. 그러니 유엔을 중심삼고 전부가 일대일의 권위를 가지고 동등하게 한집안의 형제와 같은 입장이 되어야 합니다. 거기에 평화의 기수로 참부모가 와야 됩니다.

14 이상세계의 참된 기준은 참부모입니다. 그러니 참부모의 역사가 시작되어야 합니다. 참부모가 와서 세계 사람을 전부 하나의 심정 기준으로 일치시키고, 악한 것과 선한 것을 가르쳐 주어 새로운 부모의 전통을 세워야 됩니다. 그래서 새로운 혈족을 이루고 세계의 새 출발이 벌어지는 것을 보아야 합니다. 그러기에 오시는 주님은 새로운 가정을 편성하기 위해 오시는 것입니다. 그 오시는 분이 기독교에서 말하는 재림주입니다.

참부모 탄생의 배경

15 재림주가 오기 위해서는 나라가 있어야 됩니다. 그런데 선생님이 태어날 당시에는 나라가 없었습니다.

나라가 없는데도 재림주가 와야 되기 때문에 한국에서 독립운동을 한 것입니다. 이때 팔도에서 나라 찾기 운동이 전국적으로 벌어졌습니다. 그것은 사탄을 대처하기 위한 것입니다. 이때 선생님이 잉태되어 1920년 1월에 태어났습니다. 1919년 3월 1일에 독립만세운동이 일어난 그 기반을 통해 조건적인 나라를 기반으로 해서, 애국적인 피 흘린 자들을 통해서 하늘의 섭리를 이루어 나왔습니다.

16 해와가 16세에 타락했기 때문에 유관순은 하늘나라를 창건하기 위한 열여섯 살 처녀로서 원수, 사탄 나라, 여자 나라에 대항한 것입니다. 일본은 여자의 나라입니다. 나라의 독립을 위해서 이렇게 해 나온 것입니다. 나라를 잃어버렸기 때문에 조건적인 국가의 터전을 세워야 했습니다. 그런 조건적인 기반 위에 선생님이 태어났습니다. 선생님은 애국자의 가정에서 태어났고, 철들면서부터 독립운동을 한 사람입니다. 해와가 아담을 유린한 역사가 있었던 것인데, 16세의 소녀가 사탄 대왕국을 대해서 제물이 됐습니다. 굴복하지 않은 그 터전 위에 아담이 길을 닦을 수 있는 문을 열었다는 사실은 놀라운 것입니다. 여성들은 유관순 사상을 계승해야 됩니다. 유관순은 죽임을 당했지만 항복하지 않은 놀라운 전통사상을 가졌기 때문에 선생님이 그것을 조건삼아 태어날 수 있었습니다.

17 예수님은 원래 33세부터 7년노정을 걸어서 하나님이 바라는 부모의 기준을 세우고, 거기서부터 만물복귀의 기준을 세워서 40세에 모든 것을 종결짓고 하늘의 뜻을 이루어야 했습니다. 이것이 예수님의 사명이었으나, 예수님이 이 뜻을 이루지 못하고 십자가에 돌아가심으로써 이 뜻은 그대로 남게 되었습니다. 그래서 다시 오시는 참부모가 내적 외적인 싸움을 책임지지 않을 수 없기 때문에, 40년 준비기간, 혹은 투쟁 기간을 거쳐 가는 것입니다. 외적으로 40년 준비기간이었지만 내적으로는 투쟁 기간이었습니다. 이리하여 영적으로 승리의 기반을 닦아서 비로소 지상에 영육을 합한 실체적인 기반을 닦는 토대를 마련한 것입니다.

18 여러분 자신은 올바른 승리의 터전을 닦지 못한 개인이지만 참부모의 인연을 통해서 참부모와 일치된 조건만 세우면 개인적 승리, 가정적 승리, 종족적 승리, 민족적 승리, 국가적 승리의 터전을 닦을 수 있습니다. 그런 기간이 7년노정입니다. 그래서 참부모의 인연을 중심삼고 국가적인 승리의 기준을 세우면 그때부터 비로소 하나님은 만물을 주관하는 첫 출발을 할

수 있습니다. 또 만물을 주관하고, 하늘의 가정을 세워 하늘땅에 움직일 수 없는 하나의 주권을 세우고, 하나의 백성을 세우고, 하나의 영토를 세울 수 있습니다. 그때부터 하나님이 영세무궁토록 안식하실 수 있고 거기서부터 심판이 벌어지는 것입니다.

19 하늘을 대신하여, 참부모의 인연을 대신하여 뜻을 책임지고 받들어 나오는 통일교회는 시련을 자초해서 당해 나가고 있습니다. 그 과정에서 사탄세계와 분별된 자신을 세우고, 참부모가 승리의 한 본보기를 취해 사탄세계를 심판할 수 있는 참자녀의 기준을 세워 놓아야 됩니다. 그렇게 종족·민족·국가의 기준을 세워 놓지 않고는 참부모에 대한 본연의 뜻을 지상에 이룰 수 없습니다. 이 기간에 선생님과 더불어 싸우고 있는 여러분은 참부모의 개인적인 대신자요, 가정적인 대신자요, 민족적인 대신자요, 국가적인 대신자입니다. 이런 부모의 대신자로서 지금까지 한국은 물론이요 세계무대에서 책임지고 싸워야 하는 것이 여러분의 책임입니다.

20 선생님은 세계를 위해서 얼마나 많이 투입했는지 모릅니다. 피눈물을 얼마나 쏟았고, 땀을 얼마나 흘렸고, 얼마나 한숨을 쉬었겠습니까? 밥을 위해서, 출세를 위해서 그런 것이 아닙니다. 지상세계·천상세계를, 하나님을 해방하기 위해서 그랬습니다. 그런 배후의 역사를 지니고 있습니다. 그것이 관념만이 아닙니다. 실전 무대에서 실제권을 형성하는 데서 그 이상 기반을 닦아 나왔기 때문에 세계 만국이 숙연하게 머리를 숙일 수 있는 단계에까지 왔습니다.

참부모가 되기 위한 기준

21 본연의 사랑을 중심삼고 이상 실현을 하려던 참부모를 중심삼은 참아들과 참딸이 하나님의 사랑을 중심으로 해서 비로소 결합될 때, 횡적인 남녀의 사랑과 종적인 하나님의 사랑이 접붙일 수 있는 하나의 역사적인 폭발점, 사랑의 폭발 샘터가 생겨납니다. 그러나 타락으로 이 샘터를 잃어버렸습니다. 하나님의 종적 사랑이 부부의 참된 사랑과 수직선에서, 중앙선에서 부딪치는 그 자리가 아담 해와를 지어 놓고 바라보던 하나님의 소망의 자리인 참부모의 자리입니다. 참부모의 자리에 있는 것은 참다운 아들과 참다운 딸, 선남선녀입니다. 죄의식을 느끼지 않는, 하나님의 모든 의식과 동화될 수 있는 자리에 선 남녀가 서로 동서로 합하는 이 자리를 세우는 것입니다.

22 참부모의 자리는 아담 해와가 하나님을 중심삼고 완전히 하나되어 사

탄의 참소권을 벗어난 자리입니다. 사탄이 참소할 수 있는 내용을 남기지 않고 완성 기준을 넘어선 자리에 올라가야만 비로소 참부모의 기원이 생기는 것입니다. 이것이 원리적 견해로 본 참부모의 기원입니다.

23 하나님이 6천년 동안 섭리하신 것은 오시는 참부모의 터전을 마련하고 당대에 승리의 기반을 닦게 하기 위해서였는데, 이 땅 위에 있는 성도들이 영적 부모의 명령에 일치단결하여 따르지 못하고 그 명령에 보조를 맞추지 못해서, 지금까지 예수님이 닦아 놓으신 영적 기반을 다시 오시는 주님께 상속하는 기준을 세우지 못했습니다. 그래서 다시 오시는 주님, 참부모가 되실 분은 다시 영적인 세계에서 개인적인 시험으로부터 가정·종족·민족·국가·세계적인 시험을 당해야 됩니다. 그 시험을 이기지 못하고는, 내적 승리의 기준을 세우지 않고는 지상에 실체적인 승리의 기준을 세울 수 없기에 내적인 싸움을 해 오지 않을 수 없습니다.

24 새로운 세계는 참부모가 이 땅 위에 새로운 기반을 닦음으로써 시작됩니다. 그 부모로 인해 새로운 자녀, 새로운 종족, 새로운 민족, 새로운 국가, 새로운 세계, 새로운 천주가 편성되어야 합니다. 이것이 예수님이 다시 와서 섭리해야 될 소망의 목적입니다. 그렇게 되려면 그날이 한꺼번에 와서는 안 됩니다. 종의 종의 길을 수습해야 되고, 종의 길을 수습해야 되고, 양자의 길을 수습해야 되고, 그 다음에는 아들의 길을 수습해야 됩니다. 그러나 6천년 역사과정에서 모두 어그러졌으니, 오시는 주님은 이것을 일대에 걸어서 역사적인 6천년사를 수습했다는 승리의 기준을 세워야 합니다. 역사를 심판할 수 있는 참다운 기준을 세우기 전에는 이 땅 위에 참부모로 나타날 수 없습니다.

25 선생님은 지금까지 누구에게도 지지 않을 만큼 기도를 했습니다. 눈물 흘리는 데 있어서도 누구한테 지지 않았고, 회개도 누구에게 지지 않을 만큼 했습니다. 또한 열의를 내는 것도 누구에게 지지 않을 만큼의 열의를 냈습니다. 오늘날 기독교인들이 반대하는 길을 왜 가느냐? 이 길이 틀림없기 때문입니다. 아무리 들춰 보고 맞춰 봐도 틀림없습니다. 역사는 이러한 원칙에 의해서 정비될 것임을 확신하기 때문입니다.

26 역사는 새로운 부모로부터 시작되어야 합니다. 이 천지부모가 나오기 전에는 새로운 역사가 시작될 수 없습니다. 사탄과 싸워 승리하여 '당신은 천지부모요.'라고 공인을 받은

참의 부모가 나와야 됩니다. 그 부모가 나오기 전에 천지개벽은 되지 않습니다. 천지개벽이 되어야 거기에서부터 역사가 출발하기 시작합니다. 하나님과 더불어 새로운 심정을 중심삼고 자라난 아들딸들이, 하나님이 창조 당시에 아담과 해와에 대하여 소망하였던 그 심정을 지니고 일체의 생활을 하나님의 뜻에 맞게 함으로써, 하나님이 아담 해와에 대해 소망하였던 것을 대신 이루어 드려야 합니다.

27 참부모는 모든 역사를 극복해야 됩니다. 그러한 자격을 갖추어야 하고, 이 타락한 세계를 극복해야 됩니다. 참부모는 미래를 위해 길을 닦아야 합니다. 지금까지 그런 일들을 해 나왔습니다. 존경받을 충분한 자격을 갖고 있습니다. 여러분이 그 자격을 인정해야 됩니다. 여러분 중에서 몇몇이라도 그것을 인정해야 되고, 그래서 선생님으로부터 축복을 받은 것입니다. 그런 남편과 아내는 서로 싸울 수 없습니다. 이것이 사실이라면 싸움이 일어날 수 있습니까?

28 참부모가 되기 위해서는 가인세계를 사랑해야 됩니다. 가인세계는 맏아들의 세계입니다. 가인세계는 타락한 맏아들의 세계와 마찬가지이기 때문에, 그가 반대할지언정 하늘의 사랑을 다 해줬다는 조건을 세우지 않고는 사탄세계가 복귀되지 않습니다. 장자를 먼저 사랑해야 됩니다. 원칙적으로 사탄이 장자이기 때문에 장자는 '하나님이 아벨을 사랑하려면 장자를 먼저 사랑했다는 조건을 세워야 됩니다. 그런 사랑을 나에게 보이지 않고는 차자를 사랑할 수 없습니다.'라고 하는 것입니다. 이것이 원리입니다. 그러니 어머니 해와가 갈 길은 가인과 아벨을 하나 만들어서 아담한테 돌아가는 것입니다. 어머니가 아무리 우주적인 사랑을 원한다고 하더라도 그런 사랑을 해주지 못합니다. 그런 자리에 있다는 것입니다.

29 메시아라는 존재는 혈통적으로 탕감복귀한 터 위에 오지 않으면 안 됩니다. 다시 말하면 사탄의 혈통을 받고 태어난 인류 앞에 있어서 메시아는 혈통적인 면에서 사탄세계에서 태어나더라도 사탄이 참소할 수 없는 환경에서 태어나야 합니다. 사탄이 참소할 수 있는 환경에서 태어나면 창조원칙적인 입장에 맞지 않습니다. 본래 하나님이 아담 해와를 지을 때 사탄이 참소하는 자리에서 지은 것이 아니라 천사장의 후원을 받는 자리에서, 천사장이 머리 숙이는 자리에서 지었던 것처럼, 메시아인 예수님도 이 땅 위에 태어나기 위해서는, 메시아로 등장하기 위해서는 복

중시대부터 사탄에게 참소받을 수 있는 내용을 지녀서는 안 되는 것입니다. 그것이 원리입니다.

30 참부모가 나타나려면 사탄의 참소권을 초월해야 됩니다. 사탄이 참소할 수 있는 입장에서는 참부모가 나올 수 없습니다. 그러면 사탄은 어떤 존재냐? 영적인 존재입니다. 영적 존재인 사탄을 굴복시킬 수 있는 입장에 선 중심적인 분이 아니고는 참부모가 될 수 없습니다. 그러려면 지금까지 영계에 가 있는, 지상에 왔다 갔던 천천만 성도들과 수많은 선조들을 중심삼고 수천억이 되는 영계의 영인들은 참부모라는 그 한 분을 중심삼고 하나되어야 합니다. 하나되어서 사탄권에 대해 승리했다는 환희와 영광의 결정적인 터전을 갖지 않고서는 참부모는 이 땅 위에 현현할 수 없다는 것입니다.

참부모의 현현과 그 의의

31 역사가 바라는 중심, 시대가 바라는 중심, 혹은 미래가 바라고 있는 중심이 무엇이냐? 그것은 참사랑을 중심삼은 참된 가정입니다. 참된 가정은 역사적인 소원의 실체요, 시대적인 소원의 중심이요, 미래적인 소원의 출발입니다. 다시 말해서 역사적인 결실, 즉 역사적인 부활체요, 온 세계 앞에 있어서는 세계적인 중심이요, 미래 앞에는 원칙적인 출발의 기점입니다. 참된 사람과 이 참된 사람을 중심삼은 가정은 역사적인 소원이 이루어져야 나타납니다. 참된 사람으로서 참된 가정의 목적을 갖고 오는 사람이 신랑입니다. 그다음엔 신부가 이 신랑과 합해져서 참된 가정이 이루어지는 것입니다.

32 참된 부모가 나오면 참된 가정이 성립되고, 참된 사람의 목적도 이룰 수 있습니다. 과거나 현재나 미래에 영원히 찬양받을 수 있는 그 이름은 참된 부모, 참부모입니다. 참부모가 이 땅 위에 현현했다는 사실은, 참부모가 이 땅 위에 계시다는 사실은 무엇보다도 기쁜 복음 중의 복음입니다. 오늘날 사악한 인간 앞에, 악이 주관함으로써 방향을 갖추지 못하고 사망권을 이루고 있는 이 세계에 참된 부모의 인연이 성립된 것은, 오늘날 한국 강토를 중심삼고 이루어진 것뿐만 아니라 하나님의 6천년 역사적인 수고의 공적의 열매로서 나타난 것입니다. 또한 많은 인간이 갈 곳을 찾지 못하고 방향을 가리지 못하는 이 시대 앞에 갈 곳을 찾아 주고 가야 할 방향을 제시해 줄 수 있는 하나의 중심적인 모델로서 나타난 것이 참부모라는 이름입니다.

33 참부모의 이름이 나옴으로써 하

나님의 창조이상세계, 에덴동산에서 출발해야 했던 영원한 미래의 천국이 출발한다는 사실은 역사적이요 시대적이요 미래적인 것입니다. 그러므로 과거·현재·미래 전체 역사를 통틀어 보게 될 때, 이 땅 위에 현현한 참부모라는 이름은 우주의 중심을 결정하는 중심점입니다. 역사는 여기에서부터 열매맺히고, 여기에서부터 수습되고, 여기에서부터 출발하는 것입니다. 역사가 여기에서 열매맺히기 때문에 과거가 여기에서 부활되고, 세계가 여기에서 하나의 세계로 수습되고, 하나의 세계가 기원이 되어 새로운 천국이 이루어지는 것입니다. 그렇기 때문에 참부모가 나오지 않으면 안 된다는 것입니다.

34 지금까지 역사시대에 있어서 인류의 소망이 어디에 있었느냐 할 때, 그 소망은 미래에 있었습니다. 인류는 소망을 미래의 것으로만 생각해 왔습니다. 인류는 어디를 향하여 가느냐 할 때에, 미래에 이루어질 하나의 세계를 향해서 간다는 것입니다. 미래를 두고 하나의 세계를 모색했다는 것입니다. 그러므로 거짓된 인류 가운데에서 참된 부모를 맞이할 수 있는 길이 있다면 인류는 기뻐할 것입니다. 인류의 소원은 참된 부모를 맞는 것입니다. 참된 부모는 인간의 최고 희망이기 때문에, 참부모가 현현하면 역사적 전통은 미래에서 이루어지는 것이 아니라 참부모가 현현한 현실권 내에서 성사됩니다. 참부모가 나타나면 참부모가 나타난 거기가 역사 완성의 출발점이지 완성을 바라는 출발점이 아니라는 것입니다. 소원이 출발하는 자리가 아니라 소원성사가 출발하는 자리입니다.

35 하나님이 가야 할 길은 이 땅 위에 닻을 내리는 길입니다. 그러려면 지상의 모든 것들이 본연의 자세를 갖추어야 하는데, 그 본연의 자세를 갖추려면 참부모가 있어야 합니다. 이 참부모가 현현할 때까지 인류는 비참한 역사를 갖게 됩니다. 그러나 참부모가 와서 이 비참한 역사를 전부 바로잡아 하나의 기틀을 마련함으로써 참부모의 역사에 있어서 세워야 할 조건을 모두 세우게 되면, 여기서부터 바로 참된 부모의 역사, 참된 자녀의 역사가 이어지는 것입니다. 그러나 참된 부모가 역사적인 조건을 넘어서기 전에는 참된 부모의 역사는 출발할 수 없고, 참된 부모의 역사가 출발할 수 없으면 참된 자녀의 역사도 출발할 수 없으며, 아울러 참된 세계의 역사도 출발할 수 없습니다. 참된 부모의 역사, 참된 자녀의 역사가 정상적으로 이어져 나가게 되면, 그것이 참된 국가의 역사가 되고 참된 세계의 역사가 되기 때문입니다.

36 참부모는 자기 조상들을 해방했으니 가정적 참부모가 되고, 종족적 참부모, 국가적 참부모, 세계적 참부모, 천주적 참부모가 돼야 합니다. 천주적 참부모는 하나님입니다. 오시는 주님은 세계적 참부모이고, 그다음에는 국가적 참부모, 종족적 참부모, 가정적 참부모입니다. 참부모는 하나님의 직계 혈통을 받아 누가 이래라 저래라 하지 않아도 자동적으로 아들딸을 낳아 천국 갈 수 있는 하나님의 아들딸입니다. 아담 해와와 마찬가지입니다. 가정적 참부모, 종족적 참부모, 국가적 참부모, 세계적 참부모, 천주적 참부모가 연결될 수 있는 길을 다 닦았기 때문에 여러분은 가정적 참부모 입장에서 거기서 살기만 하면 됩니다.

37 참부모는 역사를 초월해 있습니다. 그 말은 지금까지 역사는 참부모를 바라며 나왔다는 것입니다. 지금까지 역사는 앞날을 바라보고 나왔습니다. 그것은 희망이 미래에 있다는 뜻입니다. 그러나 통일교회의 희망은 미래에 있는 것이 아니라 과거에 있습니다. 여기서의 과거는 세상에 없는 역사적 과거를 초월한 것이요, 현실을 대표한 것입니다. 과거의 결실이요, 현재의 중심이요, 미래의 출발 기점입니다. 전체를 통합한 중심입니다. 그렇기 때문에 역사를 초월한다는 것입니다.

3절 참부모 선포와 3대 주체사상

1 여러분이 세계의 대표가 되고 싶으면 다 될 수 있습니다. 하늘땅을 대표한 사랑을 중심삼고 세계를 하나님같이 사랑하고, 나라의 백성을 하나님같이 사랑하고, 자기 집을 창조할 때의 하나님의 마음을 가지고 사랑할 수 있다면 다 그렇게 될 수 있습니다. 내가 피땀을 흘려 재창조의 과정을 거쳐야 합니다. 나로부터 시작해서 일족을 재편성하여 천리의 대도 앞에 연결시켜야 할 역사적 탕감 사명이 타락한 후손에게 있습니다. 그렇기 때문에 선생님 혼자 핍박받으면서 나온 것입니다. 나라만이 아니라 세계까지 다 왔습니다. 이제 참부모 선포를 해야 됩니다. 진짜 참부모 선포가 끝났다 할 때는 악마의 요사스러운 것들은 다 물러가야 됩니다. 붙들고 했다가는 전부 악살박살 깨집니다. 벼락이 떨어지는 것입니다. 영계가 가만 안 둔다는 것입니다.

참부모 선포의 기준

2 1988년에 올림픽 대회를 중심삼고 장자권복귀를 선포했습니다. 장자권복귀·부모권복귀, 그다음에 왕권복귀를 선포했습니다. 천상세계·지상세계 왕권 정착을 선포한 것입니다. 이제 할 것은 뭐냐? 세상 나라에는 주

인이 없습니다. 세상 나라의 주인은 사탄입니다. 사탄의 핏줄을 중심삼은 악마가 주인입니다. 거짓 부모를 중심삼고 거짓 풍토가 된 것입니다. 여기에서 참부모 선포를 했습니다.

3 세계사적인 반대의 와중에서 개인적인 승리의 팻말을 꽂았고, 가정적 승리의 팻말을 꽂았고, 종족·민족·국가를 중심삼고 세계 150개 국가에 2만5천 가정 이상을 종족메시아로 파송할 수 있는 기반을 다 닦았습니다. 이것은 누가 잡아 치울 수 없습니다. 예수님이 실패하지 않은 땅 위에서 혈족을 중심삼고 왕권을 이어받을 수 있는 하늘의 혈육이 자라고 있는 것입니다. 그렇기 때문에 선생님 앞에는 사탄세계의 반대 환경이 없습니다. 참부모 선포를 하지 못함으로써 사탄이 생긴 것입니다. 그것은 장성기 완성급입니다. 참부모 선포라는 것은 완성기 완성급에서 원리결과주관권과 직접주관권을 중심삼고 책임분담을 완성하여 사랑의 이상가정의 출현을 이룬 것입니다. 그렇기 때문에 악마는 거기에 나타날 수 없습니다. 지상에서 악마와 싸워 자연굴복시킨 승리적 환경에서 참부모를 선포하는 것입니다. 그 기반 위에는 악마의 출현이 있을 수 없습니다.

4 참부모를 선포할 때까지 고생을 얼마나 많이 하고, 욕을 얼마나 많이 먹고, 감옥살이를 얼마나 했습니까? 여섯 번이나 감옥에 들어갔습니다. 이래 가지고 참부모를 선포한 것입니다. 세계에서 최고로 불쌍한 왕 중 왕이 선생님입니다. 그렇지만 자신을 불쌍하다고 꿈에도 생각지 않습니다. 자식을 잘못 둔 부모는 눈물을 흘려야 됩니다. 고통을 받아야 됩니다. 그 고통을 피하려고 하고 눈물 흘리는 것을 원망하는 사람은 천벌이 찾아옵니다. 지금까지 핍박받는 통일교인들을 눈물 흘리게 하는 것은 민족의 눈물을 감소시키기 위한 것입니다.

5 선생님은 4개국의 감옥생활을 경험했습니다. 국가를 초월한 감옥, 그것도 동서남북의 4수입니다. 횟수로는 사탄 수인 6회입니다. 해방권을 이루기 위한 것입니다. 그런 박해를 받으면서 참소권에 머물지 않고 그 참소권을 전부 짓밟은 뒤 승리의 깃발을 들고 천상천하에 참부모 선포를 하고 있는 것입니다.

6 오늘날 싸움판이 벌어진 잘못된 이 세상에 선생님이 참부모를 선포했습니다. 참부모를 세계적으로 선포하기 위해서는 개인적 참부모, 가정적 참부모, 종족적 참부모, 민족적 참부모, 국가적 참부모, 세계적 참부모, 천주적 참부모, 하나님과 인간을

중심삼고 하나님도 참부모, 참부모 자신도 참부모라고 할 수 있는 자리에까지 가야 됩니다. 그런 말을 선포했다는 사실은 역사적인 것입니다.

7 참부모 선포를 해야 됩니다. 역사에 이 이상의 복음이 없습니다. 이 땅 위에 이 이상의 희소식이 없다는 것입니다. 이 이상 평화의 기준이 없습니다. 역사의 종말에 이상적인 실체로 나타난 것이 참부모입니다. 참부모로 살아야 참다운 사랑을 중심삼고 참사랑의 왕궁이 생기는 것입니다.

8 오늘날 참부모를 발표했습니다. 에덴동산에서 아담 해와가 타락하지 않았으면, 하나님도 참부모이고 아담 해와도 참부모가 되었을 것입니다. 하나님은 종적인 참부모이고 아담 해와는 횡적인 참부모입니다. 종횡이 일치된 참부모인데, 그것을 보게 되면 동서남북이 다 같습니다.

9 참부모를 왜 선포하느냐? 민주세계와 공산세계는 가인 아벨 형제입니다. 민주세계와 공산세계가 두 아들과 마찬가지인데 싸웁니다. 두 아들이 싸우던 것을 선생님이 화해시켜서 환영받을 수 있는 입장에 섰기 때문에 비로소 부모의 특권을 가지고 한국 땅에 와서 참부모 선포를 거국적으로 한 것입니다.

10 선생님이 왜 고생했습니까? 내 나라를 위해서라면 왜 고생을 합니까? 세계를 위하고 하늘나라를 위하려니까 고생을 한 것입니다. 한국이 40년 동안 선생님한테 별의별 짓을 다 했습니다. 형제의 짐을 선생님이 지고, 부모와 사돈의 팔촌으로 인연된 모든 한국 백성의 짐을 선생님이 짊어지고 다 갖추어 한국에 와서 축복해 주었습니다. 그래서 참부모 선포를 한국에서 한 것입니다.

11 악마가 인류의 참조상을 죽여 버렸습니다. 1대 아담이 타락함으로써 하나님의 원수가 되어 버린 것입니다. 그다음에 제2차 참부모로 오신 분이 예수님입니다. 메시아입니다. 구세주로서 오신 이 메시아를 인류 백성들이, 자기 아들딸들이 잡아 죽였습니다. 참부모를 잡아 죽였으니 그 나라의 죄가 얼마나 큽니까? 벗어날 수 없다는 것입니다.

12 이스라엘 민족은 2천년 동안 유리고객 했습니다. 이 모든 역사적 배후를 더듬어 보면, 수많은 사람이 칼에 의해 피를 흘리고 말굽에 차이고 원한과 저주의 이슬로 사라져 갔습니다. 그러다가 근근이 2천년 역사가 지나 비로소 미국의 후원 아래 독립할 수 있었습니다. 악마가 우리의 부모를 죽여 버렸고, 악마의 아들딸들

이 제2차 참부모를 죽여 버렸고, 제3차로 오는 참부모를 세계의 악마가 모든 사상과 모든 체제를 동원해서 죽이려 했습니다. 그러나 죽지 않고 천신만고 끝에 살아남아 부모의 도리를, 참부모를 지상에 선포할 수 있다는 사실이 얼마나 하늘이 소원했던 사실입니까?

참아버님이 보시는 참어머니

13 선생님 부부가 지난 세월 동안 천의(天意)에 의한 소명을 받들고 걸어온 생애는 대한민국 모든 국민과 전 세계 인류 앞에 자랑스러운 노정이었습니다. 그동안 우리 부부가 걸어온 길은 여러분이 상상할 수 없는 가시밭길이었습니다. 전 인류를 죄악의 세계로부터 해방하고 분단된 한반도의 통일을 위해서, 미국·소련·중국·일본 등지에서 한반도 통일의 기반을 다지기 위해서 피땀을 흘리며 나왔습니다. 이제는 그 모든 기반이 튼튼하게 구축되어 민족 앞에 드러낼 때가 되었습니다. 우리 부부가 지난 몇 십 년간에 걸쳐 세계적인 기반을 닦기까지 동족인 한국 사람들로부터 당한 몰이해와 핍박은 참으로 견디기 어렵고 서글픈 것이었습니다. 역대 정권들이 선생님과 통일교단을 핍박한 것은 물론이요, 또한 일부 기독교인들의 중상모략은 너무도 악의에 찬 것이었습니다. 우리 부부는 어려운 악조건 속에서도 하나님의 뜻과 참사랑으로 완전히 하나가 되어 만난을 헤쳐 나옴으로써, 오늘날 전 세계 160여 개국에서 우리 부부를 참부모님으로 섬기는 사람들이 날로 늘어 가게 되었습니다.

14 어머니는 참된 어머니가 되자, 참된 아내가 되자, 참된 딸이 되자, 그 셋을 다 해야 됩니다. 하나도 하기 힘들지만, 어머니는 그것을 다 했습니다. 남편을 모시는 데 있어서 딸 같은 입장에서 모시고, 오빠와 같이, 형제와 같이 모셨습니다. 그다음에 남편을 모시는 데는 세계 최고의 이름을 가진 남자로 모셔야 됩니다. 그래야 참어머니가 되는 것입니다. 또 어머니가 되어서 아들딸을 낳아야 됩니다. 세계 최고의 아들딸을 낳아야 됩니다. 그래서 우리 아들딸들이 머리가 다 좋습니다. 세계에 내세워서 어느 사회에 가더라도 지지 않을 수 있는 머리를 갖고 있습니다. 자기들이 노력 안 해서 그렇지 선생님같이 소질이 다 풍부합니다. 못하는 것이 없습니다.

15 어머니는 원래 얌전했습니다. 지금은 사방을 전부 눈여겨볼 줄 알고 활동적인 어머니가 된 것은 선생님을 만나 그렇게 훈련이 되어서 그렇습니다. 사실 조용하고 얌전한 여자입니다. 성혼 전에 청파동에서 왔다

갔다 할 때도 한길로만 다녔습니다. 그런 것을 선생님이 눈여겨봤었습니다. 한 번 올 때도 그렇고, 두 번 올 때도 그렇고, 딱 다니던 길로만 다녔습니다. 그때 선생님이 어머니 될 여자를 찾으려고 여자란 여자는 다 감정할 때였습니다. 어머니가 그렇게 했던 것을 보고 '아하!'라고 했습니다. 또 한학자라는 이름이 좋았습니다. 한은 무슨 한이냐 하면, 한학(漢學)의 한도 되지만 한스러운 학문의 한(恨)도 말합니다. 그러니 누구보다도 하나님에 대해 최고로 공부한 학자가 되어야 합니다. 한학자, 여자가 그렇게 되면 틀림없이 하나님의 상대 자리에 나간다고 봤던 것입니다. 성도 좋고 이름도 좋았습니다. 그렇게 훈련해서 오늘의 자리까지 왔기 때문에 참어머니 선포를 하는 것입니다. 여성을 대표해서 한의 고개를 넘어가는 것입니다. 그래서 모든 어머니의 뿌리로서 선포하는 것입니다.

16 혈통전환과 소유권전환을 해야 됩니다. 원래는 사탄이 주인이 되기 전에 아담이 되어야 하고, 아담이 되기 이전에 하나님이 되어야 합니다. 그런데 하나님이 소유주가 되어 있지 않습니다. 아담이 소유주가 되어 있지 않습니다. 해와가 잃어버린 것, 소유권을 반환하기 위해 세계로 나가 전부 수습해야 됩니다. 하나님 편으로 반환하지 않으면 안 됩니다. 소유권을 반환하는 데는 직접 선생님한테로 가지고 올 수 없습니다. 선생님의 아들딸을 통해서, 어머니를 통해서 가져와야 합니다. 반대입니다. 복귀해 가는 것과 마찬가지입니다. 이제는 해와를 뒤에 세우면 안 됩니다. 옆에 세우는 것입니다. 그렇기 때문에 어머니를 선생님 옆에 세운 것입니다. 남성은 선생님의 뒤에 서서, 여성은 어머니의 뒤에 서서 모셔야 됩니다. 그렇게 부부가 하나될 수 있는 기반을 철저하게 닦아서 선포한 대회가 여성해방 대회입니다.

17 지금까지 어머니를 아무도 몰랐습니다. 소생·장성·완성의 3단계를 연장해서 선생님은 투입하는 것입니다. 타락하지 않았던 완성권 세계에서 아들딸을 구하는 시기가 되었기 때문에, 참아버지는 문선명이고 참어머니는 한학자라는 것을 확실히 선포하는 것입니다. 그것을 하지 않으면 영계가 보조를 맞출 수 없습니다. 이러한 것을 당당하게 세계 앞에 발표하더라도 누구 한 사람 반대할 사람이 없습니다. 그것은 부모님의 승리로 말미암은 것입니다.

참부모 선포 이후의 변화

18 천하에 참부모를 선포했으니 주

류 종교권이 해방·해탈됩니다. 주류 종교권이 없어진다는 것입니다. 구원섭리 노정에서 주류 종교, 유태교하고 기독교하고 통일교회를 통해서만이 모든 영인들이 지상을 왕래했습니다. 그러나 세계적 판도를 전부 넘어 환고향해서 국가적 기준에서 참부모를 선포한 것은 우주사적입니다. 세계 사람 가운데 선생님을 모르는 사람이 없습니다. 그리고 종족메시아는 국가 기준과 세계 기준에 있어서 종적 기준의 가지들과 마찬가지입니다. 그렇기 때문에 나라를 연결시킬 수 있는 종적 기준만 연결하면 모든 것이 끝나는 것입니다.

19 섭리적으로 볼 때, 참부모 선포와 더불어 장자권복귀 시대, 부모권복귀 시대, 왕권복귀 시대, 이런 본연적 기준을 복귀할 시대에 들어왔습니다. 그렇기 때문에 제일 중요한 것이 원리원칙적인 생활입니다. 창조이상을 실현하기 위해서는 창조원리적 생활을 해야 됩니다. 창조원리, 이것은 막연한 구원섭리에 필요한 원리가 아닙니다. 창조원리인만큼 앞으로 뜻의 세계가 오더라도 이 길은 누구든지 전부 지켜 나가야 됩니다. 그렇기 때문에 각자의 책임분담권이 아직도 남아 있다는 것입니다. 타락하기 전에도 그렇지만 타락한 이후에는 더더욱 책임분담권을 강화해야 됩니다.

20 하나님의 복귀섭리가 창세 이후 몇 천년, 몇 만년의 역사를 거쳐 왔는데, 아직까지 그 기준을 세우지 못했습니다. 비로소 통일교회 시대에 선생님이 와서 밝힘으로써 이것이 가능하게 된 것입니다. 그렇기 때문에 성약시대를 발표하고 참부모를 발표한 것입니다. 이것은 세계사적인 사건입니다. 사건이라기보다 문화세계 창건, 새로운 세계를 창건할 수 있는 하나의 기원이 됩니다. 문화세계의 창건이 뭐냐 하면, 성약시대라는 것입니다. 하나님이 인간과 더불어 창조한 그 약속을 이룬다는 것입니다. 복귀섭리시대가, 구원섭리시대가 이루어지는 것이 아닙니다. 창조이상세계가 이루어지는 것입니다. 참부모라는 이름은 인간보다도 하나님이 먼저 생각한 것입니다. 참부모의 현현이라는 것은 창조이상입니다. 태초로부터 하나님이 창조한 이상의 근본이 거기에 있습니다. 그러니까 하늘이 가만히 있을 수 없습니다. 세계적 대변혁·대변화 시대로 들어오는 것입니다.

21 참부모를 선포함으로써 어떤 일이 벌어지느냐? 하나님을 중심삼고 위하던 영계의 모든 선한 영과 사탄을 중심삼고 있던 악한 영이 딱 갈라지는 것입니다. 참부모를 중심삼은 입장에 서면 완성한 아담 해와의 입

장에 서게 되는데, 완성한 아담과 해와는 천사장이 언제나 보호하고 키워주고 협조하게 되어 있습니다. 완성한 아담권에 서면 협조뿐만 아니라 사랑이상에 의해서 실체적인 주인으로 모셔야 됩니다. 명령할 수 있는 단계입니다. 그런 자리에 올라가는 것입니다. 그렇기 때문에 세상 끝입니다. 사탄세계 거짓 부모의 사랑으로 시작한 모든 것이 끝이 나고, 새로운 참부모의 사랑을 중심삼은 새 세계가 되는 것입니다. 이것을 거름 삼아 새 세계가 벌어지는 것입니다. 그렇기 때문에 여러분이 새 생명의 생활권을 중심삼고 나가는 것입니다. 새 생명의 기원은 새 사랑입니다. 이 새 사랑이 참부모의 사랑입니다.

22 여러분은 선생님께 감사해야 됩니다. 무엇을 감사해야 되느냐? 사탄에게서 해방됐으니 감사해야 됩니다. 부모님으로 말미암아 사탄의 생활에서 해방되었습니다. 그다음엔 사탄의 혈통에서 해방됐습니다. 생활에는 문화 배경이 있고 습관성이 동반해 들어오는 것입니다. 생활이라는 것은 문화 배경에 따라 다릅니다. 영국 사람은 영국 문화를 중심삼고 살고, 미국 사람은 미국 문화를 중심삼고 사는 것입니다. 전부 생활환경이 다릅니다. 그 생활에서 해방받아야 합니다. 그다음에는 핏줄입니다. 3대 해방이 벌어집니다. 그렇기 때문에 통일문화가 자동적으로 벌어지는 것입니다. 해방받으면 뭘 하느냐? 사탄에게서 해방받았으니 하나님에게로 가는 것입니다. 사탄에게서 해방받으면 거짓 부모와 인연되어 구속됐던 것이 해방됨으로써 자유스러운 부모의 심정으로 돌아가는 것입니다. 돌아가는 데는 사탄세계의 생활권 습관성을 가지고 돌아가는 것이 아닙니다. 깨끗이 청산해야 됩니다.

23 때를 알아야 합니다. 참부모를 선포함으로써 사탄 혈통적 부모는 다 끝장을 보는 것입니다. 참부모가 사탄세계와 싸워 민주세계와 공산세계가 쓰러질 단계에 왔기 때문에 승리적 조건을 가지고 선포함으로써 사탄세계는 끝난다는 것입니다. 사탄세계가 끝난다는 것은 사탄에게서 해방된다는 것입니다. 지금까지 사탄세계의 문화권, 사탄세계의 생활권 내에서 살았는데, 사탄세계와 사탄 생활권과 사탄의 혈통에서 해방받는다는 것입니다. 사탄에게서 해방되어 하나님에게로 돌아가야 됩니다.

3대 주체사상의 중심은 참부모

24 종교(宗敎)는 마루(宗) 되는 가르침(敎)을 말합니다. 최후의 가르침입니다. 집으로 보면 마루라는 것입니다. 집이 되기 위해서는 마루가 있어

야 되는데, 종교가 마루 되는 가르침이라는 것입니다. 그 마루 되는 가르침의 총결론이 참부모·참스승·참주인입니다. 이 땅 위에는 거짓 부모가 있고, 거짓 스승이 있고, 거짓 주인이 있습니다. 참부모가 없어졌기 때문에 거짓 사랑을 중심삼은 거짓 부모, 거짓 사랑을 중심삼은 거짓 스승, 거짓 사랑을 중심삼은 거짓 주인이 있게 된 것입니다. 전부 제거해서 참부모와 참스승과 참주인을 모셔야 됩니다. 참부모와 참스승과 참주인은 하나입니다. 그분이 하나님입니다. 그분을 앎으로써 전체 가르침의 뿌리가 될 수 있고, 순이 될 수 있고, 줄거리가 될 수 있는 마루 되는 가르침을 알게 되는 것입니다.

25 여러분은 모두 참된 부모가 되어야 하고, 참된 스승이 되어야 하고, 참된 주인이 되어야 합니다. 이것이 3대 주체사상입니다. 이 3대 주체사상의 뿌리는 참사랑입니다. 참사랑은 자기의 백 퍼센트 이상을 투입하고 또 투입하겠다는 것입니다. 그런 사상을 가진 부모요 스승이요 주인이 되어야 합니다. 뿌리가 하나입니다. 그렇기 때문에 참부모 할 때는 반드시 그 오른쪽에 스승이 오고 왼쪽에는 주인이 와야 됩니다. 언제나 따라다니는 것입니다. 누구든지 아들딸을 낳는다고 참부모가 되는 것이 아닙니다. 아들딸을 낳아 길러야 됩니다.

26 대학교의 총장도 저녁이 되면 부모로서 집으로 돌아가고, 대통령도 만조백관(滿朝百官)을 거느리더라도 잘 때는 집에 들어가서 자야 됩니다. 부모가 되는 것입니다. 그런 것을 볼 때 부모가 중심입니다. 부모적 학교요, 부모적 주인의 자리입니다. 다 나갔다가도 부모에게 돌아오게 됩니다. 돌아가지 않고 살 수 있는 곳이란 부모를 모신 곳입니다. 모두 참사랑을 중심삼고 그렇게 돼 있습니다. 군사부일체(君師父一體)라는 말도 거기서 성립되는 것입니다. 선생님이 참된 가르침을 주고 있습니다. 그러니 스승 중의 스승입니다.

27 3대 주체사상의 중심사상은 참부모사상입니다. 왜 참부모가 중심이 되느냐? 수직을 통한 종적 기준은 하나밖에 없습니다. 참사랑의 수직은 하나이기 때문에 참부모와 종적인 하나님의 결착점을 가진 가정을 중심삼은 대리 기반이라는 것입니다. 그렇기 때문에 부모의 사랑을 본뜬 스승, 부모의 사랑을 본뜬 주권자는 하늘나라의 환경적 여건을 지향하게 되는데, 여기에는 사탄이 침범할 수 없습니다. 악마의 사랑권의 내용을 가지고 침범 못하기 때문에 해방권이 이뤄짐으로써 지상에 천국이 형성됩니다.

제2장 참부모와 메시아

1절 인류의 소망

참부모는 역사적 소망

1 역사시대에 참된 부모가 없었습니다. 지상에 타락한 부모만 있었기 때문에 천상에도 참부모가 없었습니다. 하나님을 인류의 부모라고 하는데, 하나님은 어떤 입장에 있느냐? 하나님 자신이 참된 부모가 되려면 참된 자식을 가져야 하는데, 그러지 못한 입장에서는 참된 부모가 될 수 없습니다. 그렇기 때문에 하나님 자체의 입장을 보더라도 인류를 창조하기는 했지만 창조한 입장에서 부모, 참된 하나님으로서의 자리를 갖지 못했다는 것입니다. 즉 인간시조가 타락했기 때문에 하나님이 참된 하나님이 되지 못했습니다. 다시 말하면 인류의 완성과 더불어 인류의 참된 부모를 중심한 인류의 참된 가정이 이루어졌을 것이고, 인류의 참된 가정과 더불어 참된 종족, 참된 민족, 참된 국가, 참된 세계가 이루어졌을 것입니다. 이렇게 됐더라면 참된 하나님의 심정을 이어받은 참된 하나님의 혈족이 되었을 것이고, 참된 하나님의 혈족으로 말미암아 참된 하나님의 민족이 형성되었을 것입니다. 그 민족을 중심삼고 하나님이 직접 지배하는 하나의 나라가 형성되었을 것입니다.

2 우리는 타락한 인간이기 때문에 참부모를 잃어버린 족속입니다. 참부모를 잃어버렸으니 참자녀가 되지 못한 무리입니다. 창조 당시 최대의 선의 이념으로 세우려 한 참부모와 참자녀가 다 깨져 나갔으나, 하나님은 역사적인 수고의 노정, 수많은 역경과 수많은 고통의 노정을 거쳐서라도 다시 참다운 부모의 인연을 세워 주겠다는 것입니다. 동시에 참다운 자녀의 인연을 세우고, 참다운 부부, 참다운 형제, 참다운 국가, 참다운 세계, 참다운 인류, 참다운 천주의 인연을 세워 주겠다는 것입니다. 하나님은 처음부터 타락한 인간의 마음 가운데 들어와 역사하는 것이 아니라 저 먼 곳, 상대적 입장에서 타락한 인간에게 만물을 연결시키고 참다운 아들과 연결시킨 후 나중에 인간의 마음속에 들어와 심정의 아버지가 되겠다고 하는 것입니다. 이것이 구원섭리의 최후 종착점입니다.

3 타락한 세계의 역사를 볼 때, 이 세계에는 타락한 부모가 태어났습니다. 타락한 부모가 태어나서 타락한 세계를 이루었다는 것입니다. 이 세계는 타락한 부모와 인연된 세계이

지, 참부모나 하나님이 이상 했던 본연의 세계와는 상관이 없는 세계입니다. 그렇기 때문에 오랜 인류역사를 거쳐 오면서 이 세상에 많은 사람들이 살다 갔지만, 그들 가운데 행복을 노래하면서 '나는 인간으로 태어나 행복했고, 인간으로서 모든 면에서 성공한 한 사람이었다.'라고 우주 앞에 자랑하고 살다 간 사람은 하나도 없다는 것입니다.

4 인간의 역사적인 소원이 참부모를 모시는 것입니다. 참부모를 맞는 것입니다. 하나님이 이스라엘 나라와 유태교를 세우신 것은 메시아를 맞기 위한 것입니다. 메시아가 참부모입니다. 또한 기독교와 기독교 문화권을 만든 것은 재림주를 맞기 위한 것입니다. 재림주는 제3차 아담으로 오시는 참부모입니다.

5 우리가 품어야 할 소망이 무엇이냐? 하늘을 대신하여 이 땅에 오시는 참부모님을 진정으로 모시는 것을 소망해야 됩니다. 모시는 데는 승리의 터전이 이루어진 후에, 만민이 우러러보고 만민이 공경하게 된 자리에서 모시기를 바라서는 안 된다는 것입니다. 슬픈 역사를 거치는 참부모를 모시기를 바라야 합니다. 슬픈 역사를 거치는 참부모를 모시지 못한 것을 선조들은 한으로 여기고 있습니다. 참부모를 진정으로 모시는 것을 모든 인류가 소망하는 것입니다. 그러므로 영광의 자리에서 모시려고 하기보다 비참한 자리에서 모시는 참효자 참효녀가 되어야 합니다.

6 참부모가 오실 때가 되면 세계의 모든 국가가 형제의 인연을 갖기 때문에, 제2차 세계대전 후에 전승국가가 패전국가를 해방시키는 일이 벌어졌습니다. 이것은 형님 된 입장에서 동생을 때려잡았으니 동생에게 복을 빌어 주지 않으면 오시는 부모에게 벌을 받기 때문에, 그런 비정상적인 역사적 현상이 벌어져 나온 것입니다. 역사가 바라면서 찾아 나온 것이 참부모를 만나는 것입니다. 종교가 나오는 것도 참부모를 만나기 위해서입니다. 세계가 나오는 것도 참부모를 찾기 위해서, 나라가 나오는 것도 참부모를 찾기 위해서입니다. 참부모의 길을 예비하기 위해 나오는 것입니다.

7 참부모는 전체 소망의 상징입니다. 타락한 인류 앞에 절대적인 소망의 상징입니다. 그는 역사적인 결실체요, 시대적인 중심이요, 세계 국가권의 중심입니다. 참부모는 이상세계로 연결될 수 있는 미래선상에 있어서의 출발점입니다. 그러면 역사시대의 선조들은 무엇을 바라느냐?

통일의 세계가 누구를 찾기를 바라느냐? 참부모 찾기를 바랍니다. 다시 말해서 참부모와 영원히 상봉하려고 하는 것입니다.

8 참부모라는 말은 역사시대에 있어서 그 누구도 불러 보지 못했고, 그 누구도 생각지 못했습니다. 그런데 우리는 부를 수 있고, 알 수 있고, 모실 수 있는 영광된 자리에 섰습니다. 이렇듯 우리는 역사시대의 그 누구보다도 행복한 자리에 서 있고, 그 누구보다도 고귀한 자리에 서 있습니다. 참부모라는 이름과 더불어 역사는 지금까지 수고해 나왔고, 참부모의 승리의 터전을 마련하기 위해서 역사적인 수많은 희생의 대가를 치렀다는 것을 생각하게 될 때, 참부모라는 명사야말로 인류에게는 복된 말씀 중에 복된 말씀이라는 것입니다. 참부모로 말미암아 역사가 치리되고, 참부모로 말미암아 새로운 세계로 돌아갈 수 있는 기원이 생겨나고, 참부모로 말미암아 사탄을 굴복시킬 수 있는 내적인 인연이 결정되고, 참부모로 말미암아 외적인 세계를 점령하고 있는 사탄을 정복하여 비로소 하나님을 해원성사해 드릴 수 있는 중심이 결정되는 것입니다. 그러므로 참부모와 더불어 살고, 참부모의 명령을 받들어 행동할 수 있는 이 놀라운 은사에 감사해야 됩니다.

9 참부모는 인류역사의 최고 희망의 존재입니다. 역사의 최고 승리의 기대입니다. 어떠한 민족도 구하지 않으면 안 되는 역사의 희망의 중심점입니다. 역사가 바라는 곳은 나라도 아니고 세계도 아닙니다. 외적으로는 나라나 세계와 같이 보이지만, 외적 세계만 가지고는 해결하지 못합니다. 하나님의 섭리는 세계를 구하는 것이 목적이지만, 세계를 구하려면 선한 부모가 이 지상에 와서 완전한 기대를 만들어야 합니다. 이것이 생기지 않는다면 완전한 국가, 세계를 구하는 길은 생기지 않습니다. 그래서 역사 전체의 희망은 나라도 아니고 세계도 아닙니다. 참부모입니다. 여기에서는 민족관이라든가 세계관은 허용되지 않습니다. 민족관도 부모의 혈통을 계승한 뒤에 세워져야 합니다. 그것이 된 후에 종족을 편성하지 않으면 안 되고, 민족을 편성하지 않으면 안 되고, 세계를 복귀하지 않으면 안 됩니다. 부모가 없으면 아무것도 없습니다. 참부모를 맞이하지 않으면 아무것도 안 됩니다.

10 역사는 무엇을 찾아 나왔느냐? 시대는 무엇을 찾아 나왔느냐? 미래는 무엇을 찾아야 되느냐? 참부모입니다. 전체가 여기에 귀결되지 않고는 행복의 기준을 역사과정이나 우주 가운데에서 찾아볼 수 없습니다. 사

랑의 기원은 본래 하나님과 인간을 중심삼고 종적 횡적 기반이 다 같아야 합니다. 이 기반이 다르게 된 것을 같게 하자는 것이 타락한 인류의 소원입니다. 이런 점에서 기독교에서는 예수님을 중심삼고 신랑 신부의 인연을 맺어 나온 것입니다.

11 우리는 목적을 천년 후의 미래에서 찾는 것이 아닙니다. 우리가 찾는 목적은 미래의 후손들도 과거에서 찾을 것입니다. 그것이 참부모입니다. 이것은 과거의 것이요, 현재의 것이요, 미래의 것입니다. 이것은 영원한 것입니다. 여러분은 이 이념을 중심삼고 다가올 세계를 환영만 해서는 안 됩니다. 참부모를 그리워하면서 모시고 나가야 합니다. 따라서 오늘날 이 시대권 내에 있는 여러분은 현재에 살고 있지만 과거의 열매요 미래의 기원이 되어야 합니다. 이 3시대가 하나되어야 한다는 것입니다. 뒤로는 과거, 앞으로는 미래를 통합시킬 수 있는 현재의 자신이 되어야 합니다. 무엇으로 통합하느냐? 참부모의 사랑으로 통합시켜야 합니다. 누구에게 통합시키느냐? 아들딸에게 통합시켜야 합니다. 그 아들딸은 참부모의 사랑을 중심삼은 아들딸입니다. 다시 말하면 타락하지 않은 아담 해와가 낳은 아들딸과 마찬가지입니다. 여기서부터 천국의 아들딸이 될 수 있습니다. 그러므로 3시대의 사랑의 인연을 갖고 태어난 자리가 참부모의 아들딸이 되는 자리입니다. 비록 인간이 타락했을망정 역사 과정을 거꾸로 올라가 그 자리를 되찾아야 합니다.

12 본성의 인연을 중심삼은 본연의 부모가 죽은 줄 알았는데 그 부모가 회생할 수 있다면, 그 길을 내가 개척하기 위해서는 말할 수 없는 정성을 들여야 됩니다. 또한 누구보다도 하늘의 서러움에 가슴이 미어지게 아파하며 억울함과 분함을 느끼는 그 자리에서 충성을 하지 않으면 안 됩니다. 그러한 마음을 가지고 부모가 살아날 수 있는 길을 닦아야 합니다. 그것이 자식의 도리이며 효자의 자리에 서는 것입니다. 이것이 우리의 책임입니다. 그렇기 때문에 생사를 개의치 않고 이 길을 개척해야 됩니다. 세상의 좋은 것과 세상의 핍박과 죽음의 길도 개의치 않고 이 길을 개척하기 위해 충효의 인연을 가져야 됩니다.

참부모의 아들딸이 된다는 것

13 오늘날 우리가 사는 이 세계에 참부모를 모셨지만, 이 땅에는 참부모의 아들딸만이 살고 있는 것이 아니라 타락한 부모의 아들딸도 살고 있습니다. 원래는 참부모의 혈육을 통해서 하나님의 사랑하는 아들딸이 될

것이었는데, 타락함으로써 타락한 아들딸이 되어 버렸습니다. 그래서 인류시조가 잘못한 그것을 해원성사해 주기 위해서 다시 오시는 부모가 재림주요 구세주입니다.

14 예수님은 타락하지 않은 참부모였습니다. 참부모의 사명을 갖고 왔습니다. 인간조상 아담 해와는 타락함으로써 타락된 혈통을 만들어 놓았습니다. 그들은 하나님이 바라는 본연의 이상세계, 타락하지 않은 세계에서 하나님과 일체가 되어 하나님의 직계 혈통을 받아 아들딸을 낳아야 할 참부모가 되지 못하고, 사탄과 인연을 맺어 죽은 자식을 낳은 사탄의 괴수가 된 것입니다. 그러니 오늘날 인류는 전부 거짓 부모를 만난 것입니다. 그렇기 때문에 거짓 부모의 혈통을 부정하고 참부모를 만나야 합니다.

15 타락은 악마의 거짓된 사랑과 거짓된 생명과 거짓된 혈통이 뿌려진 것입니다. 사람에게는 사랑이 있습니다. 생명이 있습니다. 선조로부터 이어받은 핏줄이 있습니다. 그래서 한 사람은 역사 이래 조상들로부터 이어받은 사랑의 결실이요, 생명의 결실이요, 혈통의 결실입니다. 사탄의 사랑과 사탄의 생명과 사탄의 피를 받아서 하나님의 원수가 될 수 있는 입장에 있다는 것입니다. 이것을 뿌리치고 벗어던져 버리지 않으면 지상의 평화는 올 수 없습니다. 그래서 선생님이 참부모의 이상을 들고 나온 것입니다. 참부모는 이 거짓된 사랑을 깨끗이 청산하고 개인·가정·종족·민족·국가가 분립될 수 있도록 평화와 반대되는 악의 요소를 깨끗이 청산하기 위해서 투쟁하는 것입니다.

16 기독교가 세계적인 판도를 이루기까지 얼마만한 희생의 대가를 치렀는지 모릅니다. 순교의 제단에서 끊임없이 희생함으로써 그 비참한 함성이 지구상에 울려 퍼져 그 울음소리가 안 들린 곳이 없을 만큼 되었습니다. 그 피의 제단이 연속되어서 오늘날 목전에까지 도달한 역사적인 한이 엉클어져 있다는 것입니다. 이것을 이어받아 해원해야 할 엄숙한 역사적인 과제를 안고 있는 우리는 하나님을 해방하고 기독교를 해방해야 됩니다. 기독교를 세운 이래 지금까지 기독교가 얼마나 비참한 역사를 가졌습니까? 이것을 해방해야 됩니다. 천주를 대표한 천지의 주체국으로서, 주체교로서 인류를 수습해야 될 뿐만 아니라 후대 천추만대에 승리적 왕자권인 장자권을 부여받아야 됩니다.

17 인간의 소원이 무엇이냐? 인간의 이상이니, 희망이니 하는 것이 무엇이냐? 어디에 귀결되느냐? 그 첫째

가 무엇이겠습니까? 하나님의 아들딸이 되는 것이 인간의 최대 희망이 아닐 수 없습니다. 그다음은 하나님의 사랑을 받는 아들딸이 되는 것입니다. 그다음에는 하나님의 모든 존재를 내가 상속받는 것입니다. 그 이상이 없다는 것입니다. 인간의 소망이 하나님의 아들딸이 되는 것, 하나님의 사랑을 받는 아들딸이 되는 것, 하나님의 모든 존재를 상속받는 아들딸이 되는 것입니다.

18 행복은 무엇이냐? 부모를 잃어버린 고아와 같은 백성이 6천년 만에 부모를 찾는 것입니다. 이 이상 기쁜 일이 어디에 또 있습니까? 종교를 갖는 것은 이러한 부모를 찾는 일에 가담하는 것입니다. 죽은 부모가 영원히 죽은 줄 알았는데 살 수 있다는 것입니다. 부모가 살 수 있다면 우리는 수단과 방법을 가릴 수 없습니다. 부모를 찾는데 재산이 문제입니까? 친척이 문제입니까? 나라가, 세계가 문제입니까? 그 무엇도 문제가 되지 않습니다. 모든 것을 제쳐 놓고 부모를 찾는 일에 온갖 정성을 다해야 됩니다.

19 하나님은 사랑하는 참된 아들과 딸을, 사랑을 담뿍 주고 싶은 자녀를 잃어버렸습니다. 남녀관계를 놓고 볼 때는 하나님을 중심으로 한 부부를 잃어버렸습니다. 그리고 자식으로 볼 때는 참부모를 잃어버렸습니다. 타락 행동 하나로 이 셋을 다 빼앗겼습니다. 어떻게 이 세 가지의 심정을 탕감복귀 원칙에 의해 일시에 탕감하고, 하나님이 인정할 수 있는 기준을 세우느냐 하는 것이 문제입니다. 우선 하나님 앞에 참된 아들, 참된 딸로서 하나님이 사랑하실 수 있는 기준을 복귀하고, 그 과정을 통과하여 나이가 차면 하나님의 사랑을 중심으로 한 부부로 결합하고, 거기에 다시 하나님이 기뻐하시고 하나님이 원하시는 사위기대를 이루기 위해 선한 자녀를 낳지 않으면 안 됩니다.

20 인류의 소망은 참부모를 만나는 것입니다. 역사의 결실이 참부모를 만나는 것이요, 시대의 중심이 참부모를 만나는 것이요, 미래의 출발 기지가 참부모를 만나는 것입니다. 거기에 접붙인 여러분은 가지가 되는 것입니다. 지금까지 역사시대의 소원은 전부 미래에 있었습니다. 그러나 여러분 일생을 중심한 참부모와의 인연은 영원히 한때밖에 없습니다. 한 번밖에 없는 귀중한 것입니다. 선조들도 못 가졌고 후손들도 못 가지는 것입니다. 여러분의 소망이 딴 데 있는 것이 아닙니다. 참부모의 아들딸이 되는 것입니다. 참부모의 아들딸이 되어 참효자 참효녀가 되는 것입니다. 그 참부모가 앞으로 천

하를 중심삼고 지상의 만왕의 왕이 됩니다. 그렇기 때문에 인류의 소망이니 역사의 소망이니 시대의 소망이니 하는 모든 소망의 중심이 결실할 수 있는 곳이 여기입니다. 여러분의 소망이 다른 데 있는 것이 아닙니다.

21 오늘날 만민이 소원하는 것은 무엇이냐? 세계 국가를 맞기 전에 참부모를 맞이하는 것입니다. 또한 미래의 후손들은 누구로부터 출발하고 싶어하느냐? 여러분의 새로운 아들딸은 참부모의 핏줄을 통해서 태어나고 싶어합니다. 그렇기 때문에 참부모는 새로운 미래의 출발점이 된다는 것입니다. 참부모를 완전히 사랑할 수 있는 사람은 역사를 완전히 사랑하겠다고 나설 수 있는 사람이요, 참부모를 완전히 사랑하려는 사람은 세계를 참되게 사랑하겠다는 사람이요, 참부모를 완전히 사랑할 줄 아는 사람은 미래세계의 후손들까지 사랑할 줄 아는 가치를 지닌 사람입니다. 그러므로 참부모의 사랑을 받기 위하여 자기 생명을 다 바쳐 희생하더라도 감사할 줄 알아야 합니다. 그런 사람은 참부모의 사랑을 상속받기에 부족함이 없는 것입니다.

22 인간은 하나님으로부터 지음을 받고 태어났지만, 하나님의 아들딸로서의 행세를 못하고 있습니다. 그 첫째는 하나님이 인간을 아들딸로 사랑하시지 못합니다. 하나님이 인간을 사랑하시지 못하고 또 인간은 하나님의 아들딸로서 사랑을 받지 못하는 것입니다. 둘째는 하나님의 사랑받은 아들딸로서 성례식을 하지 못하고 있으며, 셋째는 그들이 하나님의 사랑을 중심한 하늘의 가정을 못 이루고 있습니다. 이 세 가지를 그들이 다 이루었으면, 인간이 오늘날과 같이 비참하게 되지는 않았을 것입니다. 그렇기 때문에 최후에 우리가 가서 상봉해야 할 곳, 최후에 우리가 가서 머물러야 할 곳, 그곳을 찾아가야 합니다. 세계의 국가가 본연의 조국을 찾아야 하고, 세계의 수많은 인간이 본래 자기의 고향, 본향을 찾아야 하고, 수많은 종족들이 본래의 부모를 찾아야 합니다. 이것이 지금까지 하나님이 섭리해 오신 목적입니다.

23 구원이란 본연의 상태로 돌아가는 것입니다. 그러면 본연의 상태로 복귀하는 데에도 기준이 있을 것인데, 그 기준은 무엇이냐? 인간은 남자만 있는 것이 아니고 또 여자만 있는 것도 아닙니다. 그러므로 복귀의 제1 기준은 하나님의 아들이나 딸이 되는 것만이 아니고, 자녀의 자리를 거쳐 부부의 인연을 맺고 참된 부모가 되어서 새로운 혈족의 인연을 세우는 것입니다. 이것이 인간의 창조

목적이요, 인류역사의 새로운 출발 기준이 됩니다. 그렇기 때문에 어떠한 나라가, 민족·종족이 문제가 아닙니다. 또한 어떠한 아들딸이 문제가 아닙니다. 인류에게 가장 문제가 되는 것은 인류 앞에 필시 있어야 할 참부모, 하나님께서 실체로 현현하실 수 있는 참부모를 결정짓는 것입니다. 참부모를 어떻게 결정짓느냐 하는 것이 인류의 최고 문제이자 목적이라는 것입니다.

2절 예수님 재림과 참부모

1 거짓 부모로부터 연결된 그 결과를, 참부모가 이 땅에 와서 완성한 이때에 있어서 조상들이 후손들을 도와줌으로써 구원받습니다. 참부모를 닮아야 된다는 것입니다. 위하고 헌신생활을 하는 후손들로 말미암아 영계에서의 자기 위치가 변합니다. 메시아가 마지막 때에 온다는 것입니다. 모든 타락한 세대를 교육하는 것입니다. 거짓 부모가 이 땅과 저세계에 만들어 놓은 것을 완성한 참부모가 와서 다시 세우는 것입니다. 본연의 개념을 따라 하나됨으로써 바꿔칠 수 있는 것입니다. 그러기 위해서는 아벨 입장인 차자를 가인이 따라가야 됩니다. 영계가 가인 입장이니 차자 입장인 지상을 따라가야 합니다. 차자는 다음 세대를 말합니다. 기독교가 예수님을 중심삼고 나온 것입니다.

2 성경에 보면 '나는 알파와 오메가요, 처음과 마지막이요, 시작과 끝이라.'라고 나와 있습니다. 창세기에서 이루려고 하던 목적을 인간의 타락으로 인해 못 이루었기 때문에 요한계시록에 가서 마치게 된다는 것입니다. 그러면 예수님은 어떠한 분으로 왔느냐? 아담이 타락했기 때문에 타락하지 않고 하나님의 사랑에 일치될 수 있는 완성한 아담으로 오셨습니다. 그래서 고린도전서 15장 45절에 보면 '첫 사람 아담은 산 영이 되었다 함과 같이 마지막 아담은 살려 주는 영이 되었다.'라고 했습니다. 성경에 보면 예수님을 둘째 번 아담으로 지적했습니다. 하나님이 인간에게 부여할 수 있는 참된 아들의 자리, 부부의 자리, 부모의 자리를 결정짓지 않고는 하나님이 계획하신 가정을 찾을 수 없기 때문에 그것이 지상에 나타나야 됩니다.

3 타락한 인간은 어디서부터 본연의 참사랑의 기반을 찾아 나가느냐? 참하나님 참부모님으로부터, 참하나님을 중심삼고 인간이 서로 조화를 이루는 거기서부터 시작됩니다. 그래서 성경을 보면 무엇을 가르쳐 주느냐? 하나님의 뜻을 이룰 수 있는 핵심을 신·구약 66권을 통해 가르쳐 주었습니다. 하나님 소원의 핵심, 인간 소원의 핵심인 사랑의 이상세계, 천

국 가는 직행길을 가르쳐 주어야 됩니다. 그 핵심이, 하나님은 이미 계시지만 참부모는 없기 때문에 참부모를 찾는 것입니다. 세계 종교를 중심삼은 섭리의 결정권이 예수님은 신랑으로서 신부를 찾아왔다는 것에 있습니다. 그래서 신랑 신부로서 성경의 결론을 지었다는 것입니다. 그 말은 복귀해서 본연의 사랑의 동산을 찾아간다는 결론입니다.

4 창세기에 에덴동산에는 두 나무가 있었는데, 하나는 생명나무이고 또 하나는 선악을 알게 하는 나무라고 했습니다. 그 나무가 뭐냐? 하나님이 찾아야 할 참다운 남자와 여자입니다. 참다운 아버지와 어머니가 될 수 있는 것을 잃어버렸기 때문에 참다운 아버지 어머니를 상징한 말입니다. 전부 그렇게 가르쳐 주었습니다. 이스라엘 민족을 광야에서 인도할 때 불기둥과 구름기둥이 있었는데, 낮에 인도하는 것이 구름기둥이고 밤에 인도하는 것이 불기둥이었습니다. 그것은 남자 여자를 대표해서 끝날에 부모가 올 때 이스라엘 민족이 모셔 줄 것을 상징적으로 보여 준 것입니다. 이 불기둥과 구름기둥의 인도를 따르지 않는 사람은 다 멸망하게 됩니다.

5 이스라엘 민족이 40년 동안 메시아를 모시기 위한 가나안 복귀를 해서, 지상천국과 하나님의 이상세계를 실현하기 위해서 참부모로 오시는 메시아를 모실 수 있는 길을 안내하는 것이 가나안 복귀노정입니다. 그런데 그 민족이 광야에서 다 쓰러지겠으니 상징적으로 메시아 대신 준 것이 법궤 안에 들어 있는 두 석판이었습니다. 이것을 절대 모심으로써 오시는 메시아를 절대 모실 수 있다는 것입니다. 그럼으로써 하늘나라의 건국이 시작될 수 있다는 것을 보여 주었습니다. 그래서 상징적인 메시아를 세워 훈련시킨 것이 성막 이념입니다. 메시아가 올 수 있는 상징적 준비였던 것입니다.

6 끝날에는 어떻게 되느냐? 천지가 뒤집어진다는 것입니다. 천도가 바뀐다는 것입니다. 천도가 바뀐다는 것은 하늘이 갈라지는 것이 아니고 둥그렇던 땅이 평평해지는 것이 아닙니다. 천도가 바뀐다는 것은, 뜻적으로 볼 때 나중에 나오는 사람이 조상이요, 먼저 나온 사람이 자손이라는 것입니다. 인류시조가 6천년 만에 오니까 그 부모의 혈육을 받아야 본래의 정상적인 궤도가 되는 것입니다. 그래서 예수님이 '나는 아브라함보다 먼저 있었다.'라고 한 것입니다. 아브라함보다 먼저 있었다는 것은 무슨 말이냐? 예수님은 부모로 왔는데 부모는 둘이 있을 수 없습니다. 인류의 조

상은 둘이 있을 수 없습니다. 조상 격, 인류의 참부모 격으로 왔기 때문에 뜻을 중심삼고 하나님 편에서 보면 아브라함보다도 먼저라는 것입니다.

재림사상과 참부모

7 인간을 지으신 하나님의 뜻은 영적인 기준의 망상적이고 공상적인 국가 이념을 이루기 위한 것이 아니라, 살아생전에 인간들이 땀을 흘리며 살고 있는 터전 위에 가정과 종족을 편성하고 민족과 국가를 형성하여 하나님이 사랑하는 소망의 나라, 소망의 천국을 이루는 것입니다. 이러한 나라를 이루어 하나님의 사랑을 받아야 하는 것이 본래의 창조이상이었습니다. 이렇게 땅 위에 아무런 기반이 없는 영적인 나라만을 이루는 것이 하나님의 소원이 아닙니다. 다시 오시는 주님이 공중에서 구름을 타고 와서 영적으로 망상적인 국가를 창설하는 것이 하나님의 소원이 아닙니다. 그가 다시 오는 것은 이 땅을 발판으로 하여 하나님의 사랑을 몽땅 받을 수 있는 하나의 신부를 맞이해서, 인간조상이 6천년 전에 인류의 참조상이 되지 못하고 거짓 조상이 됨으로써 잃어버린 것을 되찾는 역사를 하기 위해서입니다.

8 사랑의 인연을 찾아오시던 하나님이 4천년 수고의 결실로서 예수님을 인류의 참아버지로, 참된 남성으로 보내셨기 때문에, 이스라엘 민족을 대표하여 하나의 참된 여성이 나타나서 참아버지 되는 예수님을 참어머니 입장에서 사랑했더라면 그때부터 이스라엘 민족은 불쌍한 민족도 아니요 고아도 아닌, 세계로 비약할 수 있는 민족으로 출발했을 것입니다. 그럼에도 불구하고 예수님을 쫓아냄으로써 이 땅 위에 실체를 갖추어 하나님의 사랑을 연결시키기 위해 아들로 오신 한 남성을 잃어버렸습니다. 그리하여 이 남성은 뜻을 이루지 못하고 갔기 때문에 다시 와야 됩니다.

9 우리는 기필코 찾아야 할 단 하나의 문제가 남아 있습니다. 이 하나의 문제가 무엇이냐? 하나님의 사랑입니다. 그 사랑은 거짓 부모한테서 나오는 것이 아니라 참부모에 의해 이 땅 위에 현현하게 됩니다. 참부모가 있기 위해서는 먼저 참아버지가 와야 됩니다. 그 아버지의 인격과 하나님의 사랑을 대신 지니고 이 지구성에 찾아오는 분이 오늘날 종교인들이 믿고 있는 종교사상의 중심적인 존재, 즉 재림주입니다.

10 재림사상이란 뭐냐? 그것은 메시아사상을 말합니다. 메시아는 아버지를 말합니다. 여러분은 새로운 핏줄을 이어받아야 됩니다. 새 핏줄을

이어받으려니 메시아가 아버지로 와서 사탄세계를 이긴, 사탄이 간섭할 수 없는 초세계적인 기반에서 해와를 모시고 탕감복귀해야 됩니다. 그리고 부부의 인연을 중심삼은 가정을 중심한 아들딸을 횡적으로 접붙여야 합니다. 그래서 통일교회에서 축복해 주는 것입니다. 통일교회는 핏줄이 하나님으로부터 시작됐습니다. 그렇기 때문에 아무리 사탄세계에서 반대해 보라는 것입니다. 반대하다가는 손해배상을 물게 됩니다.

11 재림사상은 참부모의 사상입니다. 참부모의 인연을 말하는 것입니다. 참부모를 통해 혈통을 전환하는 것인데, 그 혈통전환을 하는 것은 남자 혼자서도 못하고 여자 혼자서도 못합니다. 종적으로 묶어진 것이니 횡적으로 바꿔쳐야 됩니다. 거꾸로 돼야 된다는 말입니다. 부모님의 심정을 중심삼고 연결시켜 나가야 됩니다.

12 통일교회 교인들은 기독교와 관계가 없다고 생각하는데, 그것은 절대 틀린 것입니다. 구약시대도 결국은 복귀를 위한 것인데, 아담 해와, 참부모 복귀를 위한 것입니다. 신약시대도 참부모 복귀를 위한 것이고, 성약시대도 마찬가지입니다. 참부모 복귀라는 내용은 마찬가지입니다. 메시아가 참부모입니다. 그러니까 기독교나 유태교나 통일교회나 그 내용은, 목적은 마찬가지입니다. 그러면 다른 것이 뭐냐? 유태교는 국가적 차원에서 메시아를 맞으려고 했습니다. 국가적 차원에서 참부모를 맞이해서 세계로 확대시키기 위한 것이 목적이었습니다. 기독교는 뭐냐? 예수님이 왔다 간 후에 세계적인 기반에서 메시아, 참부모를 맞기 위한 것입니다. 성약시대는 뭐냐? 이것은 천주사적입니다. 영계까지 참부모를 맞게 하자는 것입니다. 차원이 다릅니다. 그것을 확실히 구별해야 됩니다.

13 하늘나라가 나오기 전에 하늘나라의 민족이 나와야 됩니다. 그 민족이 나오려면 어떻게 해야 되느냐? 한꺼번에 민족이 나오지 않습니다. 특별한 씨족이 나와야 됩니다. 그 씨족이 나와서 민족을 움직여야 됩니다. 그 씨족이 나오려면 친족이 있어야 됩니다. 그 친족이 나오려면 친족의 중심이 되는 가정이 나와야 됩니다. 그 가정이 나오려면 자녀가 있어야 됩니다. 그 자녀가 나오려면 부모가 있어야 됩니다. 그 부모가 나오려면 하늘나라의 모든 것을 대표할 수 있는 하나의 남자가 있어야 됩니다. 그것이 메시아입니다. 그 남자가 부모가 되려면 상대를 만들어 그 상대와 하나되어야 합니다. 그것이 기독교의 가르침입니다. 그게 종말입니다.

이렇게 거꾸로 떨어졌던 것을 세계적인 기독교의 터전 위에 2천년 동안 예수님을 중심삼고 반대로 영적인 복귀를 해 나왔습니다. 이것이 영적인 기독교입니다. 여기에서 메시아를 맞으면 모든 것이 끝나는 것입니다.

메시아가 해야 할 일

14 종교 중에 최고의 종교는 사랑의 논리를 세워 타락한 세상의 완전부정을 주장하고 나오는 종교입니다. 타락한 세상을 부정하고 나서, 거기에서 부정한 것 이상 긍정적 사랑을 전개시킬 수 있는 종교여야 합니다. 그러한 세계가 되면 이상세계가 온다는 것입니다. 통일교회는 무엇을 하는 곳이냐? 하나님이 아직까지 인간과의 사랑의 맛을 보지 못한 것을 보게 하고, 또 하나님의 사랑의 뿌리를 인간과 인간세계에 내리지 못했던 것을 내리게 하는 사명을 하는 곳입니다.

15 선악의 주인이 싸우고 있습니다. 인간을 중심삼고 선악의 투쟁을 하고 있습니다. 이 싸움을 누가 끝내야 되느냐? 하나님도 그 싸움을 못 끝내고 사탄도 못 끝냅니다. 악신과 선신의 싸움을 누가 끝내 줄 수 있느냐? 그것은 하나님도 아니요 사탄도 아닙니다. 인간은 인간인데, 참된 인간입니다. 참사랑에서 출발하여 참사랑을 가지고 가는, 세계 만민이 따라갈 수 있는 사랑의 주인공이 되지 않고는 하나님과 사탄의 싸움을 끝낼 수 없습니다. 그러면 누가 이 싸움을 해결할 수 있느냐? 하나님은 대표자를 보냈는데, 그 주류 사상을 메시아사상이라고 합니다.

16 메시아가 와서 무엇을 하느냐? 메시아는 역사상에 처음으로 한 나라의 주권과 국토와 백성을 찾아 그것을 기반으로 해서 횡적인 세계를 빼앗기 위한 싸움을 지도하는 사령관으로 오는 것입니다. 그것이 메시아의 사명입니다. 사탄을 굴복시키려면 국가만 굴복시켜서는 안 됩니다. 사탄은 세계적인 주권을 갖고 있기 때문에 세계 주권까지도 추방해야 됩니다. 그래야만 비로소 이 지구성에 해방권이 벌어지게 됩니다. 지구성 어디를 가든지 사탄이 반대하는 그늘이 있어서는 하나님이 자유와 평화의 동산으로 지은 에덴동산의 이상이 실현되지 않습니다. 지구성에 사탄이 반대할 수 있는 그림자가 없어져야만 지상천국이 완성되는 것입니다.

17 메시아가 해야 할 것은 개인적으로 사탄을 굴복시키고, 사탄의 혈통을 제거하여 개인적으로 승리의 길을 닦아야 되고, 가정·국가·세계적으로 승리의 길을 닦아야 됩니다. 이것이 메시아가 가야 할 길입니다. 첫째는

개인이 갈 길을 닦아야 되고, 둘째는 가정이 갈 길을 닦아야 되며, 셋째는 국가가 갈 길을 닦아야 되고, 넷째는 세계가 갈 길을 닦아야 됩니다. 개인적으로 이긴 다음에 세계적인 사탄이 동원되어서 국가와 민주세계가 합하여 공격해 오더라도 그것과 싸워 이겨야 됩니다. 가정적으로도, 세계적으로도 그래야 됩니다. 다시 말하면 야곱이 천사와 싸워 이긴 것과 마찬가지로 이겨야 된다는 것입니다. 이것은 일대일의 싸움입니다. 그렇지만 지금은 사탄세계 전체를 쳐야 되는데, 그러려면 그럴 수 있는 맨 첨단의 대표적인 나라가 있어야 합니다. 그곳이 한국입니다.

18 오시는 주님은 어떤 분이냐? 사탄 마귀를 굴복시켜야 되고, 수많은 영인, 수많은 도주, 수많은 영계의 지도자들을 굴복시켜야 됩니다. 하나님의 인격과 참된 사랑을 중심삼고 종교와 이 우주가 어떻다는 것을 납득시킴으로써 굴복한다는 것입니다. 이 땅 위의 더 높은 사랑의 주인공 앞에 흡수되려고 하는 것이 이 만유의 존재들입니다. 그렇기 때문에 참사랑을 중심삼고 굴복시켜서 그들의 모든 권한을 상속받아야 됩니다. 통일권의 상속을 받아야 됩니다. 그것이 메시아라는 분이 이 땅 위에서 해야 할 책임입니다.

19 자기가 천하에 무엇이 된다고 자랑하는 도인들이 있지만, 그들은 이 타락권을 수습하는 내용이 어떻게 돼 있는지도 모르고 그저 때만 바라고 정성만 들이고 있습니다. 그래 가지고는 안 됩니다. 사탄권에서 승리하고, 그다음에는 영계권에서 승리해야 됩니다. 그것은 보이는 세계가 아니라 보이지 않는 세계입니다. 보이지 않는 세계와 투쟁해서 사탄한테 승리하지 못하면 영계에 전진할 수 있는 길이 생겨나지 않습니다. 반드시 방해를 받기 때문에 영계에 들어가더라도, 들어갈 수도 없거니와 들어가더라도 싸워 이길 수 없습니다. 그러므로 사탄권에서 승리권을 갖추고, 그다음에는 영계에 들어가서 승리권을 갖추어서 잡도(雜道)로부터 전부 거쳐 최고의 종교까지, 기독교가 최고의 주류 종교라면 기독교까지 굴복시켜야 됩니다. 그것은 그들의 모든 것을 상속받아야 된다는 것입니다. 이런 싸움 과정을 거쳐서 하늘땅에 승리의 공인을 받게 될 때, 하나님으로부터 '너는 사탄과 영계의 승리자다!'라는 팻말을 갖고 지상 실천노정이 시작되는 것입니다. 그러한 역사가 남아 있다는 것입니다.

3절 메시아는 참부모의 기원

1 오늘날 타락한 인간은 소망의 이념과 하나의 귀일점을 찾아 헤매고

있습니다. 그의 최후 목적은 천지와 더불어 기뻐하고, 천지와 더불어 통하고, 천지와 더불어 화할 수 있는 하늘의 영광을 드러낼 수 있는 사람을 찾는 것입니다. 그러한 사람 하나가 믿음의 목적체요, 소망의 목적체요, 사랑의 목적체라는 것을 알아야 됩니다. 복귀원리를 통해서 알고 있겠지만, 믿음의 기대를 세우기 위한 탕감조건이라든지 타락성을 벗기 위한 탕감조건 등 모든 것은 믿음을 기반으로 하여 나오는 것입니다. 타락성을 벗기 위해서는 소망의 실체이신 메시아가 오셔야 합니다. 우리가 지금까지 소망의 한때를 바라고 나오고 있는 것은 오시는 메시아에 귀결되는 것입니다. 메시아는 그 자체가 믿음의 목적체요, 소망의 목적체입니다. 그러면 메시아를 위주로 하여 목적을 달성한 그때에는 무엇만이 남을 것이냐? 사랑만이 남습니다. 그 사랑은 믿음의 완성실체를 통한 사랑이요, 소망의 완성실체를 통한 사랑입니다. 그 사랑 하나를 위주로 한 대표자로 오시는 분이 메시아입니다.

메시아는 믿음·소망·사랑의 결실

2 인간은 불가능함이 가능함으로 될 수 있는 한때를 바라고 있습니다. 그 불가능함으로 말미암아 한때 한 분을 찾아 헤매는 것입니다. 믿음의 목적체요, 소망의 목적체요, 사랑의 목적체인 그 한 분을 찾기 위해서 타락한 인간은 허덕이고 있습니다. 그렇기 때문에 우리가 믿음을 부르짖을 때는 믿음의 실체가 필요한 것이요, 소망을 부르짖을 때는 소망의 실체가 필요한 것이요, 사랑을 부르짖을 때는 사랑의 실체가 필요한 것입니다. 믿음과 소망과 사랑의 실체는 타락의 인연을 받지 않고 타락의 세계와는 관계가 없는 참다운 사람입니다. 그 분으로 천지는 수습되는 것이요, 그 분으로 비로소 하늘의 영광이 시작되는 것이요, 그분으로 아버지와 아들의 사랑이 시작되는 것입니다. 또한 그분으로 말미암아 부자의 인연을 중심한 부부의 인연과 부부의 인연을 중심한 가정의 인연이 연하여 새로운 천지의 기원이 시작되는 것입니다.

3 오시는 메시아는 믿음의 실체, 소망의 실체, 사랑의 실체가 되는 분입니다. 믿음의 실체가 되기 위해서는 믿음을 위주로 하여 세계사적인 투쟁과정에서 승리한 자격을 갖추어야 합니다. 공로 없이는 안 됩니다. 소망의 실체가 되기 위해서는 세계적인 소망의 투쟁 역사에서 승리한 가치를 지녀야 합니다. 사랑의 실체가 되기 위해서도 마찬가지입니다. 신앙생활을 하고 있는 우리 개체가 믿음과 소망과 사랑을 찾는 목적은 무엇인가? 개체를 구원하기 위하여 믿는 경우도

있을 것이요, 가정을 구하기 위하여 믿는 경우도 있을 것입니다. 더 나아가 종족·국가·세계·하늘땅을 위하여 믿음의 실체를 찾는 경우도 있을 것입니다. 개인보다는 가정을 더 구하기 힘든 것이요, 가정보다는 종족을 더 구하기 힘든 것이요, 종족보다는 민족을 더 구하기 힘든 것입니다. 범위가 넓어지면 넓어질수록 더 구하기 힘든 것입니다.

4 오시는 메시아는 어떤 분이냐? 개인은 물론이거니와 가정·종족·민족·국가·세계·천주 전부를 걸어 놓고 믿음과 소망과 사랑의 실체로 설 수 있는 분입니다. 그분이 이러한 자리에 서야만 비로소 인류역사상에 남아 있는 믿음이 결실될 수 있고, 소망이 결실될 수 있고, 사랑이 결실될 수 있습니다. 그러지 않으면 믿음과 소망과 사랑이 결실될 수 없습니다. 그분이 하는 말은 개인적인 말이 아닙니다. 여러분도 그런 신념을 가지고 외치게 될 때, 그 말은 개인의 입에서 나오는 말이지만 세계사적인 내용과 인연을 갖춘 말이 된다는 것입니다.

메시아는 참감람나무로 접붙여 주는 분

5 하나님은 타락한 세계를 구원하기 위해서 종교를 세웠습니다. 세상은 사탄세계의 밭이 되었습니다. 성경을 보게 되면 돌감람나무에 대한 내용이 있습니다. 그것은 사탄이 관리하는 감람나무입니다. 하나님이 마음대로 할 수 있는 감람나무 밭을 만드는 것이 종교입니다. 돌감람나무 밭은 사탄이 마음대로 관리하기 때문에 하나님이 관리할 것이 하나도 없습니다. 그러니까 종교를 통해서 사탄이 관리할 수 있는 감람나무 밭을 하나님이 관리할 수 있는 감람나무 밭으로 만들어 확대해서 세계 사탄권, 악한 감람나무권 내의 그것을 능가하는 기반을 만드는 것입니다. 그러기 위한 것이 종교 문화권입니다.

6 사탄세계는 이미 국가가 되어 있기 때문에 하나님의 섭리도 국가를 전환시켜야 됩니다. 이 국가적 부모 입장으로 세워진 분이 온다는 것이 이스라엘 민족의 메시아사상입니다. 원래 타락하지 않았다면 참부모를 중심삼고 그대로 천국으로 가는 것입니다. 그대로 천국행, 하늘 궁전을 통해서 천국 국민이 되었을 것입니다. 그러나 타락했기 때문에 그런 입장을 전부 잃어버리고 지옥으로 가게 된 것입니다. 하나님이 이것을 수습하기 위해서 돌감람나무 밭에 참감람나무를 보내는 것입니다. 참부모가 오실 때를 대비해서 준비하는 주인 입장에 세워진 것이 종교권입니다. 종교권은 아직 참감람나무가 아닙니다. 이 지구성, 돌감람나무 밭

에는 그 나름대로 하나님 관할 내의 돌감람나무권이 있습니다. 참감람나무가 나타나게 되면 그것들이 전부 베어지고 한쪽에서 접붙이는 일이 벌어지는 것입니다.

7 하나님이 지금까지 사탄에게 창조세계를 전부 빼앗긴 입장에 섰지만, 하나님은 질 수 없기 때문에 이 세상에 하나의 참감람나무 표본을 보내자 하는 것이 메시아사상입니다. 그런데 참감람나무, 메시아 혼자 와서는 안 됩니다. 사탄세계가 부부를 중심삼고 사회를 이루고 국가를 이루었기 때문에 메시아가 혼자 와서는 참감람나무가 못됩니다. 메시아 참감람나무와 메시아의 상대되는 참감람나무를 중심삼고 하나되어야만 참감람나무로서 열매를 맺을 수 있습니다. 그래서 예수님은 이 땅에 신랑으로 와서 신부를 찾아 참감람나무 밭을 만들고, 사탄세계의 돌감람나무를 전부 잘라 버리고 접붙이는 운동을 할 수 있도록 준비해야 했습니다. 하나님이 관리하는 종족권, 일시에 전부 잘라 접붙일 수 있는 환경을 만든 것이 선민 이스라엘권이요 유태교였습니다.

8 6천년 전에 인간이 횡적인 부모로서 하나님을 종적인 부모로 삼고 종횡의 부모의 사랑을 중심삼고 기쁨의 출발을 볼 수 있었던 기원이 사탄으로 말미암아 침범을 받았기 때문에, 이것을 다시 빼앗아 참부모의 아들딸이 되게 해야 됩니다. 그러기 위해서는 돌감람나무가 되었기 때문에 참감람나무의 가지를 받아 접붙임을 받아야 됩니다. 종교는 접붙이는 일을 하는 것입니다. 이것이 기독교사상입니다. 그래서 신랑 신부의 혼인잔치가 이 땅 위에 나타나지 않으면 안 된다는 말이 나옵니다.

9 사탄이 인류를 지옥으로 전부 데리고 갔습니다. 그래서 하나님이 하나 둘 갈라내는 것입니다. 전부 사탄세계의 돌감람나무였는데 하늘 편의 감람나무를 만들었습니다. 민주세계 기독교를 중심삼고 하늘 편 돌감람나무를 만들어서 세계를 이끌게 만들어 놓은 것입니다. 사탄 편 세계가 약화되고 기독교 문화권이 되면 재림주가 와서 한꺼번에 잘라 완전히 접붙여서 하나로 만들어 돌려 세우는 것입니다.

10 참부모란 핏줄을 바로잡기 위한 주인 양반입니다. 그 비밀을, 비결을 압니다. 처결 방법을 압니다. 타락한 부모가 거짓 부모가 되었기 때문에 참부모는 이 모든 것을 요리할 수 있는 내용을 알아서 주사를 주어 부활시켜서 거짓 사랑이 아니라 참사랑·참생명·참혈통을 연결시킬 수 있는 기준을 만듦으로써 이것을 뒤집어 박

을 수 있는 것입니다. 뒤집어 박는데 가정들을 전부 같이 낳을 수 없으니 잘라서 가정을 접붙이는 것입니다. 돌감람나무 가정을 접붙이려면 참감람나무 가정이, 모델이 하나 있어야 됩니다. 모델을 접붙여서 3년만 지나면 전부 참가정 열매를 맺게 되어 있습니다. 그릇된 돌감람나무 가정들, 그 어미 아비들을 접붙여서 참부모 아들딸, 자녀의 가정을 만들어 주겠다는 것입니다.

메시아를 맞기 위한 기대

11 인간이 타락함으로써 이 세계는 사탄세계가 되었기 때문에 이 세계에는 사탄 편 개인도, 가정도, 종족도, 국가도 얼마든지 있습니다. 그렇지만 하늘 편은 없습니다. 개인은 있지만 그 기준에 올라온 가정이나 종족이나 민족이나 국가가 없다는 것입니다. 결국 메시아 개인으로서 가정을 이기고, 종족을 이기고, 국가를 이길 수 있는 터전이 없어 가지고는 일반 사람이 올라갈 길이 없다는 것입니다. 하나님은 이 땅 위에 메시아가 오게 된다면 메시아를 따라 같이 올라갈 수 있는 권(圈)을 개인으로부터 가정을 거쳐서 준비해 놓았는데, 그것이 이스라엘 민족입니다. 그리고 그 사상이 선민사상입니다. 그러나 이스라엘 나라는 아직까지 여기에 올라가지 못했습니다. 선에 걸린 것과 마찬가지입니다. 그렇기 때문에 선민의 소망이 이 선을 넘어서는 것입니다. 이 선을 넘어서야지 넘어서지 못하면 큰일 납니다. 그렇지만 이 선을 넘어서려고 해도 자기들끼리는 넘어설 길이 없습니다.

12 이스라엘 민족 앞에 메시아가 오게 되면, 그 메시아를 중심삼고 죽더라도 같이 죽겠다는 입장이 되어서 사탄이 떼려야 뗄 수 없게끔 온전히 하나되면 거기서부터 개인적으로 접붙이고, 가정적으로 접붙이고, 종족적으로 접붙이고, 민족적으로 접붙이고, 국가적으로 접붙여서 그들을 일시에 끌어올릴 수 있는 것입니다. 그렇기 때문에 이 세계에는 선민사상이 있어야 합니다. 그래서 하나님이 택한 민족을 중심삼고 하나님이 택할 수 있는 국가를 형성해야 됩니다. 선민이 있다는 말 자체는 하나님이 있다는 사실을 증거합니다. 이런 원칙으로 볼 때, 메시아를 보내겠다고 하는 예언이 있다는 것은 하나님이 있음을 증거하는 것입니다.

13 우리가 메시아를 필요로 하게 된 것은 무슨 목적이 있어서냐? 타락함으로써 우리는 거짓 부모를 가졌습니다. 하나님과 하나된 부모가 없어졌다는 것입니다. 하나님과 하나될 수 있는 부모의 자리를 우리에게 갖다

주는 분이 메시아입니다. 이것이 첫째입니다. 둘째는 우리를 다시 낳아 주는 것입니다. 결국 우리 몸에 사탄의 피가 있으니까 그 피를 빼내어 사탄의 아들딸이 아니라는 입장으로 우리를 접붙여서 다시 낳아 준다는 것입니다. 셋째는 메시아는 인간으로 하여금 사탄 마귀를 종으로 부릴 수 있는 사람으로 만들어 낸다는 것입니다. 즉 인간 앞에 메시아가 와서 우리로 하여금 사탄을 굴복시켜 종으로 만들 수 있는, 그를 처단할 수 있는 자격자로 만들어 준다는 것입니다.

14 끝날에는 어떻게 되느냐? 천주주의입니다. 천주주의는 하나님과 나의 주의입니다. 부족하기 때문에 하늘이 있는지 없는지 알지 못하고, 생의 종말시대에 있어서 환경을 어떻게 수습하고 그때가 어떻게 되는지 모르는 것이 인간입니다. 그러므로 그때가 오고 환경이 이루어지는 때에 하늘이 수습할 수 있는 분으로서 보내신 분이 메시아, 구세주입니다. 그 구세주는 역사적인, 세계적인 위대한 스승이 아닙니다. 구세주는 아버지입니다. 하나님은 내적인 아버지요, 오시는 구세주는 외적인 아버지입니다.

4절 참부모와 가정 구원

1 인간시조인 아담 해와가 장성기 완성급에서 타락함으로써 인류의 부모가 없어지게 되었습니다. 다시 말하면 하나님이 바라는 참다운 인류의 부모가 세워져야 했는데, 그렇게 되지 못했습니다. 하나님이 기뻐하실 수 있는 하나의 가정을 가져야 하는데, 그런 가정을 갖지 못했습니다. 그렇기 때문에 하나님을 중심삼은 사위기대가 성립되지 않았다는 것입니다. 타락한 가정에서 타락한 후손이 태어났습니다. 타락한 가정은 하나님과 안팎으로 인연을 맺을 수 없는 악의 권내에 떨어져 있기 때문에, 하나님과 안팎으로 인연맺을 수 있는 가정을 다시 찾기 위해 하나님께서는 지금까지 수고해 나오신 것입니다. 그것이 복귀섭리역사입니다.

가정을 찾아 나온 섭리

2 타락한 인간은 사탄의 참소권을 벗어난 하나님의 아들을 만나야 됩니다. 인간에게는 부모가 없습니다. 여러분은 타락한 부모는 가졌지만 하늘 뜻 가운데 완성한 부모를 갖지 못하였습니다. 하나님의 아들딸을 가진 후에는 하나님이 사랑할 수 있는 부모를 찾는 것입니다. 그다음엔 부모의 가정을 찾는 것입니다. 부모의 가정을 찾아서 하나님의 사랑을 찾는 것입니다. 하나님을 만나는 것입니다.

3 형제를 찾아야 되고, 아버지를 찾아야 되고, 어머니를 찾아야 되고, 내

집을 찾아 내 본향의 집을 갖지 않으면 안 되는 것이 오늘날 이 땅의 인류입니다. 하나님의 사랑을 중심한 부모가 계시는 곳, 그 부모의 사랑을 받은 아들딸을 중심한 가정이 고향이 되어 가화만사성 할 수 있는 환경에서 사랑의 노래를 하면서 횡적으로 뻗어나가게 될 때에 민족 형성이 가능한 것입니다. 아담이 가정을 잃어버렸기 때문에 종교를 통해서 찾아야 할 기준은 먼저 가정입니다.

4 타락하지 아니한 아담 해와는 하나님의 실체와 마찬가지입니다. 그렇기 때문에 내적으로는 하나님과 하나되고 외적으로는 아담과 해와가 하나되어 가정을 이룬다면 그것은 바로 하나님의 가정입니다. 그리고 가정에서 태어난 아들딸은 바로 하나님의 아들딸이 됩니다. 그런데 사탄이 해와를 겁탈하고 아담까지 타락시켰습니다. 16세의 철모르는 때에, 사랑에 대해서 아무것도 모를 때에 사탄이 침범했다는 것입니다. 그리하여 비법적인 사랑의 인연을 맺게 되었고, 하나님이 임재하셔야 할 자리에 사탄이 들어가게 된 것입니다. 그러면 아담 해와의 아버지는 누가 되는 것이냐? 사탄이 되는 것입니다. 그렇기 때문에 성경에서도 타락한 인간을 대하여 예수님이 '너희는 너희 아비 마귀에게서 났다.'라고 했고, 또 말하기를 '독사의 새끼'라고 했으며, 세례 요한도 '독사의 자식'이라고 했던 것입니다. 성경에서 말하는 뱀이 바로 인간의 조상이라는 것입니다.

5 하나님의 재창조역사는 잃어버린 아담 가정을 사탄세계의 판도권 내에서 찾아 세우는 것입니다. 사탄이 아무리 반대해도 망하지 않고, 없어지지 않고 승리해서 남아지는 하나의 가정을 만들기 위한 것입니다. 참된 하나님의 생명과 사랑을 중심삼은 왕궁에 살 수 있는 가정을 만들자는 것입니다. 그것이 구원섭리의 최고 목적입니다. 지금까지의 구원섭리역사는 완성한 가정을 찾기 위한 것이었습니다. 예수님이 와서도 이것을 못했습니다. 원래 예수님은 완성한 가정을 만들어서 나라를 거느려야 했습니다. 그리고 로마에 들어가서 로마를 소화해야 했습니다. 그랬으면 천하통일을 했을 것이기 때문에 환고향할 수 있는 것입니다.

6 지금까지 하나님은 무엇을 찾아오셨느냐? 주체를 찾아 나오신 것이 아닙니다. 이상적인 대상을 찾아 나오신 것입니다. 하나님을 본받았고, 당신이 지은 세계의 안팎의 내용을 갖추고 있는 것을 찾아 나오신 것입니다. 이런 결과적인 하나의 기점이 가정입니다. 가정보다 우주를 대표할 수 있

는 것이 없습니다. 부모와 하나되는 것은 역사와 현실이 만나는 것입니다. 여기서 '나'는 나 하나를 중심삼고 부모를 사랑함으로써 과거를 사랑할 수 있고, 상대를 사랑함으로써 현실을 사랑할 수 있고, 자녀를 사랑함으로써 미래를 사랑할 수 있습니다. 그러므로 나는 3시대의 사랑을 체험할 수 있는 것입니다. 세 가지 사랑이 결집된 핵심체가 바로 가정입니다.

7 지금까지 역사에는 어느 개인이면 개인을 본받으려고 했고, 사회가 바뀌면 발전한 사회를 본받으려고 했습니다. 그러기 위해서 노력한 사람이 많았고 또 그러한 국가도 많았습니다. 그러나 본받으려고 하는 가정은 없었습니다. 지금까지의 세계 사조 앞에 그런 가정이 나타나지 못했던 것입니다. 아무개 가정을 본받으라고 하는 주의가 안 나왔다는 것입니다. 어떤 나라를 본받으라, 아무개를 본받으라고 하는 주장들은 많았지만 어떤 가정을 본받으라고 하는 주장은 나오지 않았다는 것입니다. 그러므로 최후에 남아진 문제는 무엇이냐? 우리가 숭배할 수 있는 어떤 개인이나 어떤 나라가 나오는 것이 아니라 만민이 추앙할 수 있는 가정이 나오는 것입니다. 그러한 가정만이 새로운 세계를 창건하고 이 우주에 영원한 행복이 깃들게 할 수 있습니다. 그런 가정에서 우리가 안식하게 되면 행복의 터전이 마련되는 것입니다.

가정 구원의 시대

8 하나님이 6천년 동안 복귀섭리를 하신 것은 한 나라를 찾기 전에, 혹은 민족과 교회를 찾기 전에 가정을 찾기 위한 것입니다. 즉 자기 상대를 찾고 가정을 찾는 것이었습니다. 한 나라가 형성되기 위해서는 가정이 없어서는 안 됩니다. 따라서 전체의 근본이 가정입니다. 예수님도 4천년 역사의 기반 위에 가정을 이루어야 할 터인데, 가정의 근본 되는 해와, 즉 신부를 찾지 못했습니다. 또한 믿음의 아들딸인 세 제자를 세웠어도 그들이 가인적인 입장에서 예수님의 직계 아들딸을 모시지 못했고, 소생·장성·완성과 아담시대·예수시대·재림시대, 이 3시대를 대표하여 가인이 반대한 것을 가정적인 기준에서 탕감복귀할 수 있는 기준을 못 이루었기 때문에 예수님이 죽어 갔던 것입니다.

9 예수님은 가정을 찾으러 오셨습니다. 구원의 역사는 복귀역사입니다. 병이 났으니 병을 낫게 해야 됩니다. 예수님은 타락한 인간을 구원하기 위해서 오셨습니다. 구원은 가정을 잃어버렸기 때문에 그것을 다시 찾는 것입니다. 다시 찾으려면 잃어버린 본래의 자리로 되돌아가야 합니다.

그러지 않으면 찾지 못합니다. 그러면 어찌하여 인간이 가정을 찾아야 되느냐? 이것은 본래의 가정을 잃어버렸기 때문입니다. 병이 났으니 병을 고쳐야 됩니다. 즉 타락했으니 복귀해야 된다는 것입니다.

10 지금까지의 종교는 개인 구원을 표준으로 했지만, 앞으로 새로운 시대에 세계가 좋아할 수 있고 하나님이 세울 수 있는 종교는 가정을 구원할 수 있는 종교여야 합니다. 남자 하나만 구원받으면 여자는 몽땅 따라 들어갑니다. 또 여자가 몽땅 탕감하게 되면 남자는 몽땅 따라가게 됩니다. 다시 말하면 여자 말에 생명을 내놓고 죽도록 믿는 남자는 천국 간다는 것입니다. 또 남자 말에 절대적으로 믿는 여자도 천국 갑니다.

11 하나님을 중심한 가정을 찾지 못하면 나라도 찾을 수 없고 세계도 찾을 수 없습니다. 예수님은 이 땅에 와서 하나님이 사랑하는 가정을 이루어야 합니다. 즉 하나의 신랑으로 와서 신부를 찾아야 한 남자를 중심삼고 참부모도 생겨나고, 참된 부부도 생겨나고, 참된 형제도 생겨납니다. 이것을 이루지 못했기 때문에 다시 와서 이루겠다고 예언한 것이 어린양잔치, 신랑이 신부를 맞이하는 것입니다. 가정을 가져야 종족을 찾고, 민족을 찾고, 세계를 찾을 수 있기 때문에 가정이 문제입니다. 신랑 신부가 만나야 된다는 것입니다.

12 앞으로의 역사는 어떻게 되느냐? 신랑 되시는 주님이 와서 신부를 만나는 신랑 신부 종교권 시대가 오게 됩니다. 그것이 참부모 종교입니다. 그것은 종교가 아닙니다. 종교라는 것은 그때 없어지는 것입니다. 참부모를 모심으로써 구원을 얻는 것입니다. 통일교회에서 말하는 시의의 구원시대가 온다는 것입니다. 그러므로 참부모가 하는 말은 자기가 하는 모든 말의 근본이 되어야 하고, 참부모의 생리적 모든 감정은 자기의 모든 생리적 감정이 되어야 하고, 참부모의 생활은 자기 가정의 전통적인 문화 기반이 되어야 합니다.

13 이제는 참부모 시대를 맞이했기 때문에 다른 사람을 전도할 필요 없습니다. 자신을 전도해야 되고, 자신을 구원해야 되고, 자기 가정을 구원해야 되고, 그다음에 자기 부부가 구원돼야 하고, 자기 아들딸이 구원되어야 합니다. 이것이 역사적 총섭리의 결실입니다. 열매입니다. 지금까지 그런 열매를 따지 못했습니다. 나무는 무성합니다. 수많은 교파는 있지만 그런 열매를 못 딴 것입니다. 통일교회에서 비로소 열매를 따게 되었습니다.

제3장 참부모와 중생

1절 중생과 복귀의 길

1 타락의 기원을 보면, 타락은 사랑으로 말미암아 시작되었습니다. 사랑을 중심삼고 하나님의 몸을 받아야 할 인간이 사탄의 몸을 받게 된 것이 타락입니다. 본래 아담 해와가 하나님의 성전이 되어서 하나님과 하나되어 부부가 되었더라면, 영적인 기준이 하나됨과 동시에 실체적으로 하나되어 있기 때문에 거기에서 하나님을 중심삼은 아들딸이 나올 수 있었습니다. 요한복음 8장 44절을 보게 되면, 예수님은 우리 아버지이자 우리 인류 조상이 사탄 마귀라고 지적했습니다. 결국 우리가 타락되었다는 것은, 인간이 사탄의 전(殿)이 되고 사탄의 몸과 하나되어서 사탄의 아들딸을 낳았다는 것입니다. 이것이 타락입니다. 결국 아담 해와가 하나님이 원치 않는 가운데 사탄과 짝지어 부정적 사랑을, 불의의 사랑을 맺게 된 것이 타락입니다.

중생, 복귀가 필요한 인간

2 하나님이 인류를 구원하고자 하는 목적은 어디에 있느냐? 타락권 이하에서는 아무리 구원하려 해도 구원이 안 됩니다. 하나님은 타락하지 않은 아담 해와 이상의 참된 부모를 이 땅 위에 다시 보내 그 부모를 통해 인류가 다시 해산되는 노정을 거치게 하여, 사탄과 영원히 관계가 없게 하고 참소할 수 없게 해서 하나님만이 주관할 수 있게 하는 것입니다. 그런 자리에서 인류가 다시 태어나지 않고는 원죄를 가진 인간이 원죄가 없는 자리에 돌아갈 수가 없습니다.

3 다시 태어나야 된다는 것은 타락한 아담 해와의 후손 된 부모의 혈육을 통해서 다시 태어나야 된다는 것이 아니라 타락과 관계없는 부모의 혈육을 통해서 다시 태어나야 된다는 것입니다. 그러지 않고는 하나님께로 돌아갈 수가 없습니다. 죄의 근본 뿌리는 아담 해와로부터 시작되었기 때문에 이것을 밟고 넘어서서, 원죄와 인연이 없는 자리에서 태어났다는 자격을 갖추지 않고는 하나님 곁으로 돌아갈 수가 없습니다.

4 여러분이 세상에 태어날 때 전부 원수의 핏줄을 타고났습니다. 하나님 앞에 역적의 괫말을 든 사탄의 핏줄을 타고났습니다. 옛날에 한국에서는 원수의 집안은 7족까지 멸한다고 했습니다. 여러분은 원수의 핏줄을 타고났으니 4차 5차에 걸쳐 육신

이 독수리 밥이 된다 해도 할 말이 없을 것입니다. 다행히 그렇게 되지 않았으므로 고맙게 생각해야 됩니다. 우리는 원수의 피를 받고 태어났기 때문에 이 피를 빼내서 없애야 합니다. 그렇기 때문에 종교는 '금식을 해라, 온유겸손해라.' 하는 등 자기 육신을 치는 역사를 해 나왔습니다.

5 인간은 본래 하나님의 자녀이기 때문에 높고 넓은 천지처럼 높고 넓은 기준을 가져야 하는 것이 인간의 본성입니다. 그럼에도 불구하고 타락했기 때문에 하나님은 인간에게 그러한 기준을 부여하지 못한 것입니다. 세계를 제패하고 싶어하는 욕망은 인간의 본능입니다. 본능의 욕구라는 것입니다. 비록 인간조상이 타락하여 강도의 입장, 배신자의 입장, 역적의 입장에서 태어난 우리이지만, 인간 창조 시에 본심은 천륜을 향하여 작용하게 하는 그것이 없어지지 않았기 때문에 인간은 우주의 제일로 높아지고 싶어하고 커지고 싶어하는 것입니다. 그렇지만 종교에서는 내 몸에 있는 사탄의 정욕을 버리고 혈기를 버리라고 합니다. 금식을 해서 사탄의 핏줄을 전부 끊어 버리라는 것입니다. 여러분은 일주일 이상 하늘을 위한 금식을 하지 못했을 때에는 저나라에 가서 입적을 하지 못하게 됩니다.

6 예수님은 인간을 하나님의 혈통으로 복귀하기 위하여 오시기 때문에 복귀하기 위한 터전을 닦아 나와야 합니다. 그러고 나서 복귀해 들어가는 것입니다. 우리가 이 세상에 태어나 보니 이미 사탄세계의 인간이 되어 버렸습니다. 그러므로 하나님의 아들로 복귀되기 위해서는 거듭나야 합니다. 어머니 뱃속으로 찾아 들어갔다가 다시 나와야 합니다. 중생하지 않으면 안 된다는 것입니다. 중생이란 거듭난다는 말입니다.

7 사람은 남자로부터 생명의 씨가 여자를 거쳐서 하나의 생명으로 태어납니다. 이 전환의 길은 어디에서 그 교차점을 만들어야 되겠습니까? 그것은 여자의 뱃속입니다. 그래서 여자의 배를 향해 되돌아가는 운동을 해 나왔습니다. 다시 말해 역사는 줄곧 원점으로 되돌아가는 조건을 세워 나온 것입니다. 그리하여 여자의 뱃속에서 생명이 잉태한다고 하더라도 그 생명은 아무렇게나 잉태될 수 없습니다. 거기에는 잉태해야 할 여자가 있는 동시에 잉태시켜야 할 남자가 있어야 합니다. 결국 한 가정을 중심으로 해서 하나님은 그와 같은 일을 해왔습니다. 완전복귀라는 것을 생각할 때, 남자의 골육 속에 잠재해 있는 아기의 씨가 출발하는 것입니다. 그렇기 때문에 그 남자의 혈육 속

에 있는 아기의 씨에까지 하나님의 사랑을 중심삼고 일체가 되었다고 하는 조건을 세워 놓지 않으면 안 됩니다. 그것을 세우지 않으면 완전 혈통적 전환의 기대를 만들었다고 하는 조건이 충족되지 않습니다.

8 완전복귀의 길을 가려면 더럽혀진 핏줄을 맑게 해야 됩니다. 여러분의 몸은 사탄의 피를 받았습니다. 원리를 듣고 관념적으로 알지, 이 몸이 하나님의 원수요 인류의 원수요 역사의 원수요 천리의 역적 되는 그 역적의 피가 들어와서 소용돌이치고 있다는 것을 진짜 느끼느냐는 것입니다. 이 눈은 사탄의 눈입니다. 입도 손도 발도, 몸 전부가 사탄의 것입니다. 그래서 기독교에서는 죄를 씻으라고 하는 것입니다. 맑게 하라는 것입니다.

9 만일 몸이 핏줄을 통해 사탄의 집이 안 되었더라면 하나님의 복귀역사는 순식간에 이루어집니다. 본래는 하나님이 아버지가 되어야 합니다. 그런데 인간은 사탄의 아들로 태어났기 때문에 하나님을 아버지로 느낀다는 것은 지극히 어렵습니다. 사탄을 북극이라고 한다면 하나님은 남극과 같은 것입니다. 그렇기 때문에 세상에 제일 어려운 것이, 오늘날까지 이어받은 이 핏줄을 부정하고 자기 아버지가 아니었던 하나님을 새로이 자기 아버지 이상으로 알 수 있는 길을 찾는 것입니다. 그러지 않으면 하늘나라로 돌아갈 수 없다는 것이 구원섭리의 길이기 때문에, 역사상에서 구원의 도리가 제일 어려웠습니다. 전지전능하신 하나님이 6천년 걸려 가지고도 아직까지 완성하지 못한 원인이 여기에 있습니다.

중생은 혈통전환으로

10 아담 해와가 사랑의 전통을 파괴함으로써 핏줄을 잘못 섞었습니다. 거짓 부모가 거짓 사랑, 거짓 생명, 거짓 혈통으로 엮어서 이렇게 만들었기 때문에 참부모가 와야 됩니다. 참부모가 하늘부모를 알고 하늘나라의 비밀과 사탄세계의 비밀을 알아서 이들을 축복하여 하나님 왕권을 해방해 줘야 됩니다. 그러려면 하나님과 사탄이 싸우는 것을 정지시킬 권한이 누구에게 있습니까? 오시는 참부모 외에는 그 싸움을 말릴 자가 없습니다. 거짓 부모가 심어 놓았으니까 그렇습니다.

11 통일교회가 제시하는 내용은 가정입니다. 이것은 부모를 중심한 새로운 가정입니다. 새로운 가정제도에서 새롭게 출발하는 아들딸들은 과거를 청산짓고 나서야 됩니다. 여러분 각자의 혈통적 내용이 다르고 배후가 다를지라도 부모와 닮기 위해서

는 접붙이는 역사가 있어야 합니다. 접붙이려면 여러분 자체에 남아진 탕감노정을 다 청산지어야 합니다. 그것은 부모로부터 시작됐기 때문에 부모를 통해서 청산받아야 됩니다. 그래서 참부모에게 접붙여야 됩니다. 아담이 참부모가 되지 못하고 거짓 부모가 되었기 때문에 하나님은 지금까지 참부모를 찾아 나오시는 것입니다. 재림시대에 신랑 신부니, 어린양 잔치니 하는 것도 모두 부모를 찾기 위한 것입니다.

12 성약시대는 결혼하는 시대입니다. 아담 해와가 타락함으로 인해 하나님이 결혼식을 해주지 못했습니다. 그러니 재림주 참부모가 와서 하나님 대신 결혼시켜 줘야 됩니다. 천국은 부부가 들어가게 되어 있지 혼자 못 들어갑니다. 예수님도 지금까지 낙원에 가 있었습니다. 모든 성인들도 참부모가 다 결혼시켜 줘야 됩니다. 여러분도 참부모에 의해서 돌감람나무를 잘라 버리고, 거짓 핏줄을 잘라 버리고 거기에 참부모님의 혈통을 접붙여야 삽니다. 앞으로는 종교도 다 없어집니다.

하나님을 절대사랑해야

13 하나님은 인간을 창조본연의 인간으로 만들고 하나님의 사랑을 인간과 결합시키고 싶어했던 분입니다. 자기 일신은 잊어도 상관없다고 하는 하나님을 대한 애정심(愛情心)에 접하지 않으면 생사의 경지를 극복할 수가 없습니다. 그렇기 때문에 완전한 종교는 긍정에서부터 출발하는 것이 아니라 부정에서부터 출발하는 것입니다. 완전부정입니다. 생명까지도 부정합니다. 그러한 입장을 통과하지 않으면 떳떳이 사탄 앞에 설 수가 없습니다. 그것이 지금까지 각 개인이 신앙생활을 해온 입장입니다.

14 하나님을 믿지 못하고 타락했으니 구주를 믿고 따라가야 됩니다. 따라가서 사랑의 보금자리를 마련해야 됩니다. 그러고는 신랑 되신 예수님과 실체적으로 일체화하고 심정일체화해야 됩니다. 그래서 복귀해야 됩니다. 그리하여 하나님과 참부모와 참자녀가 상봉하는 자리, 즉 하나님이 태초에 소망하신 자리가 이 천지간에 벌어지면 거기서부터 새 천지가 열리는 것입니다. 지금 이 세상의 모든 것은 하나님의 곁을 떠나온 것들입니다. 그러니 우리는 어차피 탕감의 과정을 거쳐야 합니다. 오늘날 이러한 와중에서 통일교인들이 중차대한 입장에 있습니다. 우리가 잘해야만 민족을 살리고 세계를 살릴 수 있는 것입니다. 지금까지 우리가 희생해 나온 것은 민족적인 제단을 마련하기 위함이었습니다. 이제는 세계

적인 제물이 되기 위해 또 나아가야 합니다. 두 사명을 해야 됩니다.

15 예수님이 '네 마음을 다하고 뜻을 다하고 성품을 다하여 주 너의 하나님을 사랑하라. 그것이 첫째 되는 계명이다.'라고 한 것은 무슨 말이냐? 이것은 절대적인 입장에서 공적이라는 것입니다. 절대적인 입장에서 공적이라는 것은 '나'라는 것이 없는 것을 말합니다. 전체를 대표해서 그것을 주체로 삼는 것입니다. 이 타락한 세상은 사탄권 내에 들어가기 때문에 전체를 대신한 하나의 중심존재로서 하나님을 절대적인 주체로 모셔야 되는 것입니다. '나'라는 관념을 가져서는 안 됩니다. '나'라는 관념을 갖고 나오게 될 때는 반드시 사탄권 소유의 조건이 남아지는 것입니다. 나를 절대 부정하는 자리에서 절대 주체 관념을 중심삼은 외적 물질과 몸과 마음이 하나돼야 합니다. 이래서 제물을 드려야 됩니다.

16 예수님은 니고데모에게 '네가 거듭나지 않으면 하늘나라에 들어갈 수 없다.'라고 하셨습니다. 지금까지 살아온 나는 어차피 역사적으로 부정되어야 합니다. 아무리 잘했다고 변명하고 스스로 세워 놓은 무엇이 있다 할지라도 나 한 자체는 부정되어야 합니다. 타락의 인간이기 때문에 그런 권내를 벗어날 수 없다는 것입니다. 부정되어야 할 생애요, 부정되어야 할 생활이요, 부정되어야 할 죽은 인생이었다는 것입니다.

참부모의 심정세계에 들어가야

17 축복을 받아도 상대와의 인연은 나중에 맺어야 됩니다. 먼저 부모를 그리워해야 됩니다. 부모가 없으면 밤이나 낮이나 세상이 없고 자기 존재 가치가 없는 것 같은 마음을 느낄 수 있어야 됩니다. 부모를 향한 사모의 심정과 흠모의 심정이 여러분의 모든 생활을 점령해야 됩니다. 그래야 하늘의 아들이요 딸이라고 할 수 있습니다. 그런 생활과정을 통한 다음에라야 비로소 상대, 즉 아내면 아내, 남편이면 남편을 맞이할 수 있습니다. 그러지도 않고 어떻게 남편을 맞이하고 아내를 맞이할 수 있겠습니까? 먼저는 부모를 진심으로 그리워해야 됩니다. 내 생명의 동기도 부모요, 내 소망의 일체도 부모요, 내 모든 이상과 행복의 근원도 부모라는 기준을 중심삼고 부모를 모시지 않고는 구원을 못 받습니다. 그렇기 때문에 여러분은 '나는 참부모와 영원히 하나될 수 있는 아들딸이다.'라는 신념을 자신의 존재의식을 초월할 정도로 굳게 가져야 됩니다.

18 참부모를 모시는 것은 혼자서는

안 됩니다. 남자면 남자, 여자면 여자, 자기 상대적인 존재가 있어야 합니다. 만일 혼자일 때에는 아담의 입장에서 힘을 받아야 됩니다. 그래서 부모 앞에 그 무엇인가를 보답할 수 있고 바칠 수 있음으로써 비로소 여러분이 부모의 사랑을 상속받아 자기 후손들에게 혈통적 인연을 연결시킬 수 있습니다. 여러분의 핏줄을 통하여 이런 인연을 연결시킬 수 있는 가치적인 내용이 결정되기 때문에 이런 사랑의 터전을 기반으로 해서 모실 수 있는 것입니다. 이런 혈통적인 상대적 가치를 기준으로 해서 참부모를 모실 수 있는 것이지, 그러지 않으면 모실 수 없습니다.

19 통일교회에 들어와서 신앙생활을 할 때에 최초의 출발점이 무엇이냐? 자신이 하나님의 자녀라고 실감하는 입장입니다. 그리하여 하나님의 사랑을 중심으로 한 자녀의 입장을 복귀하고자 하는 것입니다. 하나님으로부터 사랑을 받는 사람이 이 위대한 하나님의 말씀을 자랑으로 삼고 천주에 그것을 외칠 수 있는 심정이 되어 있지 않다면, 그 사람은 하나님의 아들딸로 설 수 없습니다. 하나님의 권위를 중심삼고 그 기반에 섰다는 권위를 갖지 않으면 안 됩니다. 하나님의 아들딸로서의 권위를 가지고 사탄의 본거지에서 어떠한 일이 있더라도 바로 서서 갈 수 있는 기준이 서 있어야 합니다. 아담 해와를 범한 그 사탄을 굴복시킬 수 있는 과정을 통과하지 않으면 안 됩니다. 그러지 않으면 축복의 기준이 서지 않습니다.

20 효자가 되려면 부모의 심정을 통해야 됩니다. 통일교회에 들어와서 선생님을 알려면 선생님의 심정적 세계로 들어가야 됩니다. 별것 없습니다. 책임자들이나 전도하는 사람들이 이러한 심정에 들어가서, 길을 가면서도 하루에 몇 번씩 자기도 모르게 통곡하는 생활을 하게 되면 그 교회는 잘될 수밖에 없습니다.

21 통일교회 축복받은 가정들이 의무를 다했습니까? 본래는 여러분이 승리의 기반을 안 닦았다면, 수많은 여러분 가정들이 이 길을 중심삼고 각자가 사방으로 가야 함에도 불구하고 선생님이 대표적으로 길을 닦아 준 것입니다. 그러므로 여러분이 정성껏 심정적 기준에서 가야 합니다. 심정일치입니다. 거리를 초월하고 환경을 초월하고 역사를 초월할 수 있는 자리에서 일치되는 것입니다. 시대와 시대권을 전부 단축시킬 수 있는 같은 심정으로써, 선생님이 슬퍼하면 여러분도 슬퍼해야 되고, 한 호흡과 같이 여기서 숨을 내쉬면 들이쉴 수 있게끔 박자가 일치되어 승

리권을 맞아들일 수 있는 생활을 해 나와야 됩니다. 그래서 가정을 특별한 제단으로 삼고 언제나 기도하며 나와야 됩니다.

2절 중생과 혈통전환

1 아담 가정을 보면 아담 가정에는 가인과 아벨이 있습니다. 이들은 형제입니다. 그들 중에 누가 형이냐 하면 가인입니다. 사랑은 한 원리이지 두 원리가 아닙니다. 사랑에 두 원리가 있습니까? 《원리강론》에는 비원리적인 사랑이라고 되어 있습니다. 타락은 비원리적인 사랑의 입장에 선 것입니다. 사랑을 중심삼고 하나가 되어야지 둘이 될 수 없습니다. 아무개 아들이 백 명이라고 한다면 그 아들들이 한 형제이지 두 형제가 될 수 없습니다. 그런데 비원리적인 사랑을 가지게 되면 그 아들들은 누구의 차지입니까? 사탄의 차지입니다. 그렇게 되어 있습니다.

가인 아벨을 통한 혈통전환

2 아담 가정에서 가인을 사탄 편에 세웠고 아벨을 하나님 편에 세웠다고 했습니다. 아담이 하나님의 입장이 되어야 합니다. 그런데 이 위치가 맞습니까? 안 맞으니 순서가 거꾸로 되었다는 것입니다. 원래 사랑의 열매를 하나님이 가져야 됩니다. 그런데 천사장이 먼저 가져간 것입니다. 사랑받을 수 있는 사람을 복귀해 나오는 과정에 있어서 사랑받을 수 있는 입장에 세운 사람이 아벨입니다. 복귀역사 노정에서 하나님의 사랑으로 관계를 맺어서 부름 받은 사람들은 장자가 아니고 차자입니다. 그래서 성경을 보면 출애굽 당시 애급에서도 맏아들을 죽였던 것입니다. 다시 말하면 차자는 하늘 편이고 장자는 사탄 편이라는 것입니다. 이 사탄의 피를 없애야 됩니다. 사탄의 혈통을 끊어 버려야 된다는 것입니다. 그런데 하나님이 가인이라고 해서 죽이면 되겠습니까? 그러니까 하나님은 접붙이는 일을 하시는 것입니다. 접을 붙여 하나님의 모든 생각과 생활관을 완성한 입장에 서게 하기 위하여, 즉 하나님의 사상을 그냥 그대로 접붙여 주기 위하여 사람을 보내는 것입니다. 이것이 메시아사상입니다.

3 복귀섭리역사는 장자를 쳐서 차자 앞에 굴복시키는 역사입니다. 가인과 아벨도 그렇고, 에서와 야곱도 그렇고, 베레스와 세라도 그렇고, 요셉과 그의 열한 형제도 그러하며, 이스라엘 민족과 세계의 국가도 그렇고, 세계 인류와 하나님의 아들 예수님도 그렇습니다. 장자를 쳐서 멸망시키는 것이 아니라, 먼저 쳤던 것을 심판하여 굴복시키는 것입니다. 천도가 거꿀잡이가 되었다는 것입니다. 그

래서 형이 먼저 나와야 할 것인데 동생이 형을 타고 앉아 먼저 나오는 역사가 벌어지는 것입니다. 그래서 성경에서도 야곱이 요셉의 아들 에브라임과 므낫세에게 축복할 때, 그들의 머리에 손을 엇갈리게 해서 축복을 해주었던 것입니다. 형은 왼손으로, 동생은 오른손으로 거꾸로 축복을 해 준 것입니다. 천지가 왜 이렇게 됐는지 아무도 몰랐습니다.

4 우리에게 메시아가 필요한 목적은 무엇입니까? 구원되는 것이 그 목적입니다. 구원의 근본 기점은 하나님과의 사랑의 접촉점입니다. 거기에 다시 돌아가야 합니다. 되돌아가야 하는데, 우리 자신은 사탄의 혈통을 만들고 있습니다. 하나에서 열까지 하나님의 혈통과 관계없는 인간이 되어 있습니다. 이것은 하나님의 사랑과는 정반대라는 것입니다. 그것을 탕감하지 않으면 안 됩니다. 그것을 탕감하기 위해서는 원죄를 제거하지 않으면 안 됩니다. 원죄를 제거하는 데는 혈통적 문제가 근본적인 문제로 되어 있습니다. 이것을 어떻게 뽑아내느냐 하는 문제, 이것은 타락한 인간 스스로는 도저히 해결할 수 없습니다. 그래서 인간에게는 메시아가 필요합니다.

5 예수님이 왜 메시아냐? 새로운 생명의 씨, 하나님의 사랑을 중심삼고 하나님의 생명과 하나님의 혈통을 이어받은 대표적인 아들로서, 역사 이래에 비로소 혈통을 전환해서 역사적 결실로 태어났기 때문입니다. 그것이 예수님입니다. 그래서 독생자라는 것입니다. 역사에 있어서 혈통을 밝혀서 하나님의 사랑과 생명과 핏줄을 이어받은 대표적인 아들로 태어났기 때문에 독생자라는 것입니다. 역사시대에 성인들이 왔다 갔지만 예수님이 이들과 다른 것은, 혈통을 전환해서 하나님의 생명을 중심삼고 비로소 태어났기 때문입니다. 그렇게 태어난 대표적 입장에 서 있기 때문에 메시아입니다. 메시아는 새로운 생명을 중심삼은 중심존재가 될 수 있습니다. 인간이 타락한 이후 예수님이 올 때까지, 지금부터 2천년 전 성경 역사로 4천년 역사를 통해서 비로소 혈통전환의 대표자가 나왔습니다. 그가 메시아입니다.

6 오시는 메시아는 뭐냐? 타락한 부모가 생겨났으니 타락하지 않은 부모가 생겨나야 됩니다. 타락하지 않은 부모가 되려면 하나님 같은 입장에서 사탄 마귀도 사랑했다는 조건을 세워야 합니다. 그러지 않고는 천국에 들어갈 수 있는 길이 없습니다. 이것이 지금까지 영계의 비밀이요, 인간세계와 천상세계에 가로놓인 비애의 함

정이었습니다. 이것을 누구도 몰랐습니다. 선생님이 이것을 밝혔기 때문에 사탄세계는 일대 비운의 역사가 시작되었습니다.

7 부모를 대신한 입장에서 메시아로 오시는 예수님은 천사장과 싸우는 것입니다. '나는 하나님의 독생자다.'라며 싸우는 것입니다. 독생자는 하나님의 사랑을 처음 받은 사람입니다. 독생자로서 독생녀를 맞이해서 본연의 타락하지 않은 아담 해와와 마찬가지로 완성해야 되는 것입니다. 독생자 예수님은 메시아로 왔습니다. 메시아는 잃어버린 부모를 대신 찾아줄 수 있는 부모의 자격을 세워 부모의 혈통을 따라 접붙여서 다시 소생시키는 역사를 하는 사람입니다. 그렇기 때문에 기독교에서는 중생의 논리를 통하지 않고는 하늘나라에 못 간다고 하는 것입니다.

8 예수님은 어떠한 분이냐? 하나님은 6일 동안 천지창조를 하셨습니다. 5일 동안은 모든 만물을 창조하시고 6일째 되는 날에 아담을 창조하셨는데 그 아담과 같은 분이 예수님입니다. 이와 같이 예수님은 제2의 아담, 즉 후아담입니다. 타락하지 않은 본연의 아담이라는 것입니다. 하나님이 태초에 아담을 창조하고 그 아담을 중심삼고 해와를 창조하였으니, 이 후아담을 중심삼고 후해와를 세워야 했는데 세우지 못했습니다. 해와는 누가 세워야 하느냐? 아담이 세워야 합니다. 해와가 타락할 때 아담이 책임을 못했기 때문에 잃어버린 해와를 아담이 찾아 세워야 합니다. 탕감원칙에는 용서가 없습니다.

예수님과 성신을 중심한 중생역사

9 본래는 하늘을 남편으로 삼고, 땅을 아내 삼아 이 부부가 평면상에서 마주 보고 의논해야 할 것이었는데 타락함으로써 하늘과 땅이 갈라진 것입니다. 사탄이 점령하고 있는 하늘과 땅 사이의 경계선을 허물기 위하여 하나님은 지금까지 기독교를 발전시켜 나왔습니다. 기독교에서 성신을 받지 못하면 구원을 얻지 못한다고 하는데, 그 성신은 바로 어머니신을 말합니다. 타락은 어머니가 먼저 했으니, 즉 죄를 어머니가 뿌렸으니 어머니가 수습해야 됩니다. 그래서 성신 된 어머니가 이 땅에 와서 해산의 수고를 해야 됩니다. 인간조상의 타락으로 인하여 그릇된 자식들이 이 땅에 태어났기 때문에, 참된 영적인 아버지와 참된 영적인 어머니가 서로 사랑의 심정으로 상봉해야 됩니다. 그리하여 원수의 장벽을 헤치고 사탄의 권한을 제거해서 사랑의 진액을 받을 수 있는 경지에 들어가야만 모든 인간은 영적으로 중생하게 되는

것입니다. 어머니 아버지의 사랑 없이는 새로운 생명이 태어나는 법이 없습니다. 기독교의 부활과 중생은 바로 영적인 부모의 인연으로 다시 태어나는 것을 말합니다.

10 예수님은 누구이고 왜 오셨느냐? 인류의 참부모요 참아버지의 사명자로 오신 분입니다. 아담이 타락하지 않았더라면 하나님의 축복을 받아서 인류의 참아버지가 되었을 것이고, 해와는 참어머니가 되었을 것입니다. 그런데 타락함으로 인하여 그 축복을 잃어버렸기 때문에 그것을 복귀하기 위해 하나님은 4천년의 긴 역사를 통하여 준비하신 터전 위에 예수님을 참아버지 사명자로 보내신 것입니다. 예수님은 이러한 섭리적인 역사를 상속받아 아담적인 자리로 들어가서 사탄의 참소를 받았던 해와 입장에 있는 사람을 굴복시키고, 그 사회의 모든 조건을 빼앗아 해와 앞에서 있는 사탄 전체를 굴복시켜야 복귀할 수 있습니다. 그렇기 때문에 예수님이 와서 주장한 것이 '나는 신랑이요 너희는 신부다.'입니다. 예수님은 이 세계에서 해와 찾는 운동을 한 것입니다.

11 타락한 후손인 인간은 어머니 뱃속을 통해서 태어나기 때문에, 어머니의 사랑에 품겨 들어가야 됩니다. 이것이 성신의 사랑입니다. 성신은 어머니신이기 때문에 그 어머니신은 사랑이라는 감정을 가지고 아버지인 예수님을 찾아 세우고 품어 주어야 합니다. 그 사랑으로 말미암아 어머니신이 아버지를 영적으로 사모하게 되는 것입니다. 이렇게 사모하는 그 사랑의 힘이 작용하여 부딪치는 힘을 느끼는 것이 곧 불을 받는 것입니다. 이것을 체험해야만 비로소 새로운 생명이 생겨납니다. 다시 말하면 어머니 뱃속을 통해서 아버지 어머니를 중심삼은 사랑의 감각을 느껴야 하는 것입니다. 그 사랑의 감각을 느끼지 않고서는 새로운 생명으로 태어날 수 없습니다. 사랑이 없어 가지고는 새로운 생명이 태어날 수 없다는 것입니다. 이것이 기독교에서 말하는 중생입니다.

12 오시는 주님은 아버지이기 때문에 그 아버지 뱃속에 들어가야 됩니다. 타락한 인간은 본래 아버지 속에 들어갔다는 조건을 세우지 않고는 다시 태어날 수 없기 때문에 예수님을 신랑으로 모시는 어머니신의 혜택을 받아 남자 되는 예수님의 뱃속에 들어가기 위한 일을 해 나왔습니다. 그러나 실체로 예수님의 뱃속에 들어갈 수가 없습니다. 그래서 사랑하는 마음으로 들어가야 됩니다. 사랑하는 마음으로는 통할 수 있는 것입니다.

기독교인들이 예수님을 믿는 이유는 어머니신인 성신의 협조를 받아 예수님의 뱃속으로 들어가기 위해서입니다. 예수님은 결혼을 하지 않았기 때문에 총각 신과 마찬가지입니다. 그런 예수님의 뱃속에 있는 아기씨의 입장으로 찾아 들어가기 위해서 기독교인들은 지금까지 예수님을 믿고 있는 것입니다. 이와 같이 예수님의 뱃속에 들어간 다음 복귀된 새로운 어머니를 통하여 다시 태어났다는 입장에 서야 중생이 되는 것입니다.

13 기독교에서는 본연을 기준 삼고 예수님의 뼛골에서 태어난 아들딸의 자리에 들어가야 된다고 합니다. 아담이 타락하기 전에 아들딸의 씨를 가졌던 것과 마찬가지 자리에 들어가야 된다는 말입니다. 그렇기 때문에 기독교인들은 예수님을 중심삼고 아버지의 뼛골에서 태어난 아들딸의 자리에 들어가야 됩니다. 그러기 위해서는 너와 내가 하나되었다고 하는, 사랑의 일체가 되는 자리를 중심삼고 예수님과 하나되어 성신인 어머니를 통해서 태어나야 됩니다. 다시 태어나야 된다는 것입니다. 아버지만 가지고 중생합니까? 어머니만 가지고 중생합니까? 어머니 아버지의 실체를 이루어서 하나님의 창조이상의 뜻인 가정 완성, 사랑의 이상가정을 성사하지 못하였기 때문에 이렇게 된 것을 구원하기 위해서는 다시 와서 신랑의 자리에서 신부를 맞이하여 하나님의 사랑과 일체화되어야 합니다. 이렇게 하여 에덴동산에서 타락하지 않고 완성될 수 있는 아담의 자리가 사랑으로 일체화되어 묶어지는 날에는 그 어떤 것도 타락시킬 수 없다는 것입니다. 인간은 그날을 소원하고 있습니다.

14 예수님을 믿는다고 하는 것은 무엇입니까? 예수님은 남자로서 타락하지 않은 원래의 아담입니다. 결국 육적이면서도 영적인 아버지입니다. 그러므로 이 아버지와 하나되지 않으면 다시 태어날 길이 전혀 없습니다. 그렇기 때문에 기독교는 인간으로 하여금 예수님의 골수에까지 들어갔다고 하는, 예수님을 목마르게 그리워하며 예수님의 애정과 맞닿는 것을 체휼하게 하는 오직 하나의 가르침입니다. 예수님을 신랑으로 그리워하고 맞이하라는 가르침입니다. 신랑으로 맞이하라고 가르치는 것은 이중의 효과를 얻으려는 것입니다. 하나는 그 골육으로 들어가는 아기의 씨가 되려는 것이고, 다른 하나는 어머니의 배를 통과했다고 하는 조건도 얻으려고 하는 것인데, 이것이 바로 신부의 입장입니다.

15 본래 사람이 태어날 때 영인체와

육신이 갈라져 태어나게 돼 있지 않습니다. 예수님이 죽음으로써 영인체는 태어났지만 육신은 못 태어난 입장에 있으니 예수님이 다시 오지 않을 수 없습니다. 그렇기 때문에 예수님을 믿는 사람들은 전부 세상을 버리고 영계에 갔다가 예수님이 올 때에, 참부모가 올 때에 그 참부모, 어머니 아버지 뱃속을 거쳐서 다시 태어났다는 조건을 세우지 않으면 살 길이 없습니다. 다시 말하면 여러분은 타락하지 아니한, 어머니를 맞기 전 참된 아버지의 뱃속에 딸이라든가 아들이라든가 아기씨로 들어가 있어야 어머니를 통해서 나오는 것입니다. 그래서 '주님이여! 주님이여!' 하며 전부 주님의 몸속으로 들어가려고 하는 것입니다. 영적으로 그 일을 하고 있다는 것입니다. 예수님이 재림할 때에, 영적으로 들어갔던 것들이 예수님의 육신을 통해서 하나돼 어머니를 통해서 나올 수 있습니다. 그것이 완전복귀의 길입니다. 사탄의 혈통을 완전히 제거해서 비로소 복귀됐다는 입장에 서는 것입니다.

16 기독교는 영적 부모를 중심삼은 영적 세계, 영적 천국을 바라보면서 나온 종교입니다. 본래의 천국은 아담 해와가 이 땅에서 잃어버린 이 세계를 다시 돌려놓아 영적으로 승리한 기준을 종적이 아닌 평면적으로 이루어야 합니다. 참된 어머니, 참된 아버지가 평면적으로 사랑을 주고받을 수 있는 지상세계가 이루어지지 않고는 근본적으로 그릇된 이 모든 것들을 복귀할 수 없습니다. 따라서 다시 오시는 주님은 육신을 쓰고 이 지상에 오셔야 한다는 것입니다.

참부모와 중생의 길

17 하나님은 사람을 사랑 때문에 지었기에 아담 해와의 주인이 되어야 하고, 그다음에 사랑을 중심삼고 사랑의 주인이 되어야 하고, 생명을 중심삼고 생명의 주인이 되어야 하고, 핏줄을 중심삼고 핏줄의 주인이 되어야 했습니다. 그런 하나님이 사랑도, 생명도, 혈통도 빼앗겨 버렸습니다. 구원은 병난 사람을 병나기 전의 상태로 회복시키는 것입니다. 재림주가 할 일이 뭐냐 하면, 핏줄을 전환시키는 것입니다. 하나님과 아담 해와가 한 몸이 되는 것입니다. 여기서 종적인 하나님과 인간의 종적 관계가 딱 맺어졌으면, 횡적 관계에 있어서 아담 해와는 동서(東西)인데, 동서도 타락하지 않은 참사랑의 원칙적인 기준으로 가게 되면 직단거리입니다. 종횡이 직단거리로 만나는 것이 90각도입니다. 종의 하나님을 중심삼고 횡의 인류조상이 90각도에 일치되어 전후를 중심삼고 이상적인 사랑의 구형체를 못 이룬 것이 타락입니다.

18 하나님은 혈통전환을 못합니다. 그것을 할 수 있는 분은 참부모 외에는 없습니다. 하나님은 거짓 부모의 친구가 될 수 없습니다. 종적인 부모이지 횡적인 자리에 설 수 없습니다. 횡적인 데서 실수했으니 횡적인 자리에서 복귀해야 됩니다. 소가죽이면 소가죽을 대야지 다른 가죽 가지고는 안 됩니다. 거짓 부모로부터 구멍이 뚫렸으니 참부모로 메워야 됩니다. 참부모를 고생시키지 않으면 메워지지 않습니다. 그것은 하나님도 못합니다. 하나님이 할 수 있을 것 같았으면 벌써 했습니다.

19 참부모가 필요한 것은 사탄의 사랑·생명·혈통 기반을 청산하기 위해서입니다. 어떻게 해서 남자 여자가 비참한 자리에 떨어졌느냐? 그것은 생식기 때문입니다. 본래 생식기는 사랑의 왕궁입니다. 그 사랑의 왕궁이 지금 어떻게 되어 있습니까? 사랑의 왕궁이요, 생명의 왕궁이요, 혈통의 왕궁이요, 그렇게 귀한 것이 인간의 생식기입니다. 그것이 타락으로 말미암아 더러운 것이 되어 버렸습니다. 본연의 하나님의 관점에서 보면 그것이 더러운 것이 아니라 성스러운 것입니다. 가장 귀한 것입니다. 생명, 사랑, 그리고 혈통이 여기에 연결되어 있습니다. 이렇게 성스러운 것을 사탄이 더럽혔습니다.

20 우리에게 필요한 것은 참부모입니다. 거짓 부모로부터 출발한 것을 참부모로부터 출발시켜야 됩니다. 거짓 부모는 거짓 사랑에서 거짓 생명, 거짓 혈통을 받았습니다. 이것을 뒤집어야 됩니다. 참부모의 사랑을 중심삼고 참생명과 참혈통을 이어받아야 됩니다. 다시 말하면 생명의 씨를 잘못 받았기 때문에 이 본연의 씨를 다시 받아야 된다는 것입니다. 참부모가 없으면 받을 수 없기 때문에 이 땅 위에 메시아가 오셔서 그 메시아의 씨, 참부모의 새로운 생명의 씨를 가져와 재차 주입하여 접붙이는 양식을 통해 본연의 참감람나무의 자리로 돌아가야 됩니다. 그래서 하나님은 진짜 우리의 부모입니다. 그러니 얼마나 가깝습니까? 종적인 부모가 하나님이고 참부모는 횡적인 부모로서 이상사랑을 이루는 것입니다.

21 참부모는 타락하지 않은 아담 해와입니다. 하나님이 1대, 참부모는 2대인데, 축복가정들을 3대권 내에 접붙여 준 것입니다. 돌감람나무에 참감람나무를 접붙였기 때문에 참감람나무가 되기 위해서는 자기가 많이 노력해야 됩니다. 참사랑과 참생명과 참핏줄의 순결성을 자기 자체에서 내적 외적으로 정비해야 할 책임이 무엇보다도 급선무입니다. 참부모를 자기의 혈통적인 직계 부모로

느껴야 됩니다. 참부모 앞에 효도하고, 나라를 모시고, 하늘땅을 모시는 효자·충신·성인·성자의 도리를 다할 수 있는 기준에서 완전히 하나되어 있어야 됩니다.

22 아담 해와의 첫사랑을 중심삼고 새로이 부모의 배를 통해서 탄생할 수 있는 사랑의 인연을 거치지 않고는 생명의 인연이 시작되지 않으며, 원칙적인 복귀를 하지 않고는 완전 탕감이 안 됩니다. 그러기에 여러분이 뜻을 중심삼고 선생님을 사랑하고, 선생님의 감정을 중심삼고 여러분의 모든 감정이 선생님과 일치되고자 하는 심정적 방향이 알게 모르게 움직여 나왔다는 것입니다. 여러분이 참부모의 뼛골에서부터 심정적으로 접붙임으로써 참어머니 복중을 통해 본연의 아담 해와 입장에서 태어났다는 조건을 세우는 것입니다. 그러지 않고는 복귀가 안 됩니다. 그러니 여러분은 어머니를 중심삼고 복귀되어야 합니다. 선생님의 아들딸이 어머니 복중에 있을 때에 여러분은 그 아기를 중심삼고 가인 아벨을 복귀하는 것입니다.

23 여러분은 복중에서 태어난 가인적 존재로서 어머니를 사랑함과 동시에 아기들을 사랑하는 입장에 서야 합니다. 그리하여 그들과 일치화됨으로써 쌍태와 같은 반열에 동참했다는 심정적 조건을 세워 그들을 모시는 입장에 서야 합니다. 그래야만 복중에서 두 씨의 반발을 방지할 수 있습니다. 반발된 타락의 기원을 방지할 수 있으며, 여기에서 복귀가 되는 것입니다. 여러분이 모르는 가운데 이런 역사를 해 나왔습니다.

24 아버지와 심정적 일치점을 갖추지 않으면 아버지 뱃속으로 들어갈 길이 없습니다. 아버지 뱃속에 있는 아기씨만 되어서는 안 되기 때문에 어머니 뱃속을 통하여 다시 태어나야 됩니다. 그래서 선생님이 1960년에 성혼식을 함으로써 참어머니가 세워졌습니다. 이로 인하여 여러분이 아버지 뱃속에 있을 때 느꼈던 사랑의 은혜를 느껴서 어머니를 사랑하고 모심으로 말미암아 재차 어머니와 인연을 맺었기 때문에, 비로소 그 어머니의 사랑의 인연과 연결시켜 출생할 수 있는 것입니다.

25 통일교회 교인들은 왜 밤에도 선생님, 낮에도 선생님, 언제나 선생님을 따라다니려고 합니까? 왜 그렇게 사랑하고 야단입니까? 자기 어머니 아버지, 남편도 버리고 왜 그럽니까? 선생님의 뱃속을 통해 태어난 아들딸과 같은 심정적 인연을 갖지 않으면 다시 태어날 길이 없기 때문에 그렇게

하는 것입니다. 그리하여 어머니를 사랑하고 태어난다는 조건을 세워야 됩니다. 여러분은 꿈에라도 이런 것을 생각했습니까? 선생님은 이러한 내용을 알고, 하나님의 깊은 내용을 가지고 이 땅 위에서 나면서부터 이 뜻을 위하여 지금까지 살아 나왔습니다.

3절 장자권·부모권·왕권복귀

1 아들이란 사랑의 열매입니다. 하나님은 원리의 하나님입니다. 원리적인 입장에서 보면 먼저 태어난 아들도 하나님의 아들이 되어야 하고, 다음에 태어난 아들도 하나님의 아들이 되어야 합니다. 그런데 타락한 이후에 먼저 태어난 아들은 사탄 편이고 다음에 태어난 아들은 하늘 편입니다. 비원리형이 들이박혔습니다. 원리적으로 되려면 첫 번 태어난 아들도 하늘 편이 되어야 하고, 둘째 번 태어난 아들도 하늘 편이 되어야 합니다. 그리고 하나님 편 아들이 먼저 나와야 합니다. 사탄 편 아들이 먼저 나오는 것이 원리가 아닙니다. 그렇기 때문에 원리적인 하나님이 타락한 인간을 구원하기 위해서는 먼저 태어난 자리의 아들을 사랑하여야 됩니다. 하나님이 사랑하는 아들이 되게 하려면 먼저 태어난 자리에 세워 놓지 않으면 안 됩니다.

2 아담의 아들들은 사랑의 열매이니만큼 하나님도 주관할 수 있고 사탄도 주관할 수 있는 입장에 있기 때문에 가인과 아벨을 각각 하늘 편과 사탄 편으로 갈라 세워야 한다는 것입니다. 그래서 첫째 번 사랑은 천사장과 해와의 사랑이기 때문에 장자인 가인을 그 사랑의 표시체로 사탄 편에 세우고, 둘째 번 사랑은 해와와 아담의 사랑이기 때문에 차자인 아벨을 그 사랑의 표시체로 하나님 편에 세우게 되었습니다. 원래는 하나님 편에 서 있었던 아담이 하나님의 사랑을 중심삼고 원리적인 주관권을 가지고 해와와 천사장을 주관하여 천리의 원칙을 세워야 했습니다. 그런데 아담이 타락됨으로 말미암아 창조원리적 입장에서는 하나님이 아담을 취할 수 있는 입장이지만 사랑을 중심삼고는 사탄이 아담을 취할 수 있는 입장에 놓이게 되었습니다. 이것을 하늘 편으로 다시 찾아 세우기 위해서는 어떻게 해야 되느냐? 주관받아야 될 천사장이 거꾸로 아담을 주관했기 때문에 반대로 주관받는 자리에 들어가 원래의 기준을 복귀해야 됩니다. 그래서 사탄 편에 세워진 가인이 하나님 편에 세워진 아벨에게 역으로 굴복해야 된다는 것입니다. 굴복하지 않으면 복귀가 안 됩니다.

3 근본복귀를 하려면 중생해야 됩니다. 중생하려면 타락하지 않은 아버

지, 장가가기 전 아버지 뱃속에서부터 출발해야 됩니다. 역사를 통해서 첫째는 장자권복귀, 둘째는 부모권복귀, 셋째는 왕권복귀, 넷째는 황족권복귀를 해야 됩니다. 그러기 위해서는 핏줄을 전환해야 됩니다. 그래서 리브가를 중심삼고는 형제끼리 싸웠고, 다말을 중심삼고는 자궁에서 교체해 낳은 아들딸을 중심삼고 거기서부터 새로운 이스라엘 선민이 나온 것입니다. 예수님이 올 때까지 국가 기준을 중심삼고 마리아를 통해서 분별한 것입니다. 지금 재림시대까지 그런 일을 확대해 나오는 것입니다. 핏줄을 밝혀 왔습니다. 국가 기준에서 그와 같은 과정을 거쳐야 되기 때문에 예수님도 역시 마리아의 복중을 통해 다시 분별되어 잉태되면서부터 하나님이 주관할 수 있는 아들이 되었다는 것입니다. 독생자라는 말이 거기서 나오는 것입니다.

장자권복귀의 과정

4 예수님은 언제 혈통적으로 바꿔쳤느냐? 이것이 문제입니다. 가인 아벨을 중심삼고 혈통적으로 보게 되면 어떻게 됐느냐? 혈통을 바꿔치기 위해서는 어머니 뱃속에다 집어넣어야 됩니다. 낳아 놓았는데 장자가, 사탄편이 먼저 나왔으니, 천리의 대도를 훔쳤으니 이것을 복중에서 교체해야 됩니다. 그래서 가인 아벨의 역사는 동생이 형님의 장자권을 뒤집어 놓는 역사입니다. 낳아서 뒤집습니다. 세계 사람들을 다 낳아서 뒤집어 놓고 점점 좁혀 들어가야 됩니다. 그것을 좀 더 가까운 단계에서 뒤집어 박는 것이 무엇이냐 하면 에서와 야곱입니다. 쌍태를 중심삼고 뒤집는데 그 쌍태는 뒤집기 쉽습니다.

5 타락권을 넘어서서 장자권도 하나님 편 장자권, 차자권도 하나님 편 차자권을 이루어야만 타락하지 않은 본연의 세계에 설 수 있습니다. 이것이 본래의 창조이상입니다. 하나님이 절대적인만큼 그 이상도 절대적인 것으로 남아 있기 때문에, 이것을 다시 찾아 나오기 위한 역사과정을 거쳐서 탕감복귀하여 어느 한때라도 이것을 넘어서지 않으면 안 됩니다.

6 장자권복귀, 그게 얼마나 힘듭니까? 이것 때문에 도인들이 수없이 희생됐고, 기독교가 로마제국 4백년 동안 고생하며 사탄세계의 판도를 넘기 위해 피를 뿌린 것입니다. 로마에 가면 카타콤이라는 굴이 있습니다. 조상 시체를 단하에 묻고 그 냄새를 맡으면서 살았습니다. 하늘이 시켰으니 그것을 하지 누가 하겠습니까? 인간으로서는 못하는 것입니다. 그러니 하늘이 얼마나 고생했겠습니까? 역사에서의 그 공을 여러분은 모릅니다.

7 여러분을 세운 것은 장자권의 일족을 설정하기 위해서입니다. 자기들이 복 받으려면 장자권을 만들어 놓고, 그 장자가 복을 나눠 주면 받아먹는 것입니다. 그 장자권은 자기가 아닙니다. 오시는 주님을 중심삼고 종적인 천상세계와 인연을 맺어야 합니다. 횡적 세계만 가지고는 안 됩니다. 선생님이 이 길을 알았기 때문에 '위해서 살라!'라고 하는 논리를 세우지 않을 수 없었습니다. 태어난 것도 위해서 태어난 것입니다. 남자도 여자 때문에 태어났습니다. '나'라는 것이 없습니다.

8 개인·가정·종족·민족·국가·세계·천주까지 7단계, 하나님까지 가기 위해서는 7단계를 넘어가야 됩니다. 7단계의 과정적 장자복귀 기반을 통해서 타락하지 않은 본래의 장자 자리에 가야 합니다. 아담과 해와는 장자요 장녀였습니다. 장자 장녀가 원리결과주관권을 통해 직접주관권까지 장자권 사랑을 중심삼고 연결되게 돼 있지, 차자적 사랑을 가지고는 연결 안 되게 돼 있습니다. 그렇기 때문에 이 위치에 돌아와 장자권을 복귀해서 한 단계 한 단계 올라가지 않으면 안 됩니다. 이 싸움을 하는 것입니다.

9 아담과 해와가 타락했기 때문에 가인 아벨이 종적으로 하나되는 길이 없어졌습니다. 가인 아벨을 통해서 아담 해와의 실패를 복귀하는 입장에서 있기 때문에, 아담 해와가 종적으로 관계맺을 수 있는 기준은 없습니다. 아담 해와에게는 이것이 없어졌기 때문에, 적자권을 바라고 있는 우리에게 있어서는 종적으로 맺어질 부모와 그 자식이 하나가 된 조건이 세워지지 않으면 안 됩니다. 양자의 입장에서는 하나되어 올라갈 수 없습니다. 타락하지 않은 적자의 입장에 서지 않으면 하나님과 하나되어 완성기준에 올라갈 수 없는 것같이, 인간은 그 단계를 통과하지 않으면 안 됩니다. 아무리 하나님의 자녀가 되었다고 해도, 아무리 가인 아벨이 하나되었다고 해도 타락하지 않은 부모의 기대를 복귀하지 않으면 종적으로 올라가는 길은 생기지 않습니다. 그렇기 때문에 하나님은 지금까지 참부모의 기준을 세우게 하지 않으면 안 되었습니다.

10 가인과 아벨 때도 그랬지만 에서와 야곱 때에도 둘이 복중에서 싸웠습니다. 그때 '이 두 아이가 복중에서 싸우니 어쩐 일입니까?' 하고 하나님께 기도하니 하나님이 '네 복중에는 두 나라가 있음이며 큰 자가 작은 자를 섬기리라!' 이렇게 알려준 것입니다. 차자를 통해서 장자복귀를 하는 싸움의 노정을 거쳐 가야 합니다.

11 에서와 야곱, 형님 동생이 쌍태로 났기 때문에 심정권에 있어서는 다 통하는 것입니다. 쌍둥이는 동생이 슬퍼하면 형님도 슬퍼하게 되어 있습니다. 그렇게 통한다는 것입니다. 그런 가까운 자리인 쌍태를 중심삼고 복귀하는 것입니다. 복귀는 누가 하느냐 하면 어머니가 해야 됩니다. 타락하고 어머니가 가인을 낳았기 때문에 복귀과정에서도 어머니가 해야 됩니다. 모자협조를 중심삼고 해야 됩니다. 여기에서 어머니는 야곱을 중심삼고 에서를 속였습니다.

12 모자가 협조함으로써 장자권을 찾는 것입니다. 에서 형님이 사냥하러 갔다가 돌아올 때 동생 야곱한테 떡과 죽으로 장자권을 팔았기 때문에 복귀의 조건에 걸린 것입니다. 팔았기 때문에 실제 행동을 할 때는 굴복해야 됩니다. 팔지 않았으면 속이지 못합니다. 조건이 없이는 안 됩니다. 여기서 비로소 이스라엘이라는 이름을 갖는 계기가 된 것입니다. 비로소 장자권을 복귀한 이스라엘권이 되었다는 것입니다. 쌍태 형제를 중심삼고 바꿔쳤지만, 아직까지 복중에서는 교체하지 못했습니다. 그래서 무슨 일이 벌어지느냐? 야곱의 넷째 아들이 유다입니다. 유다에게는 아들이 셋이 있었습니다. 또 그 맏며느리가 다말이라는 여자입니다. 다말은 하나님의 축복받은 혈족이 얼마나 귀한가를 알았습니다. 그래서 그 혈족을 이어받기 위해서는 무슨 짓이라도 하려고 했던 것입니다.

13 다말이 잉태한 두 아이가 싸워 하나님께 기도하니 하나님이 에서와 야곱의 어머니 리브가에게 한 말과 똑같이 '네 복중에는 두 나라가 있음이며, 큰 자가 작은 자를 섬기리라.'라고 했습니다. 이래서 베레스와 세라가 태어났습니다. 그런데 형인 세라의 손이 먼저 나왔습니다. 세라의 손이 먼저 나올 때, 산파가 그 손에 빨간 줄을 동여매었습니다. 이것은 후대에 대한 것을 증표로 보여 주는 것입니다. 후대에 반드시 공산주의가 나올 것을 예고한 것입니다. 그런데 장자의 권한을 회복할 수 있는 베레스가 복중에서 형님을 밀치고 끌어당겨 놓고 먼저 태어남으로써 여기에서 비로소 차자가 장자복귀를 하게 되는 것입니다. 그래서 밀치고 나왔다는 뜻에서 베레스라는 이름을 지어 준 것입니다. 이렇게 리브가의 전통 역사, 다말의 전통 역사, 즉 혈대전환의 싸움 노정을 통해 복중에서 장자를 차자로 만들고 차자를 장자로 만듦으로써 여기에서 비로소 이스라엘 역사과정에서의 장자권이 시작된 것입니다. 그러니까 언제나 하나님이 도울 수 있는 것입니다. 이것을 망치려고

할 때는 하늘이 치는 것입니다. 이스라엘 역사는 이스라엘 민족을 치려고 하는 모든 이방 민족을 무자비하게 친 역사입니다.

장자권복귀는 사랑으로

14 자기가 승리하려면 나가야 됩니다. 나가서 장자권을 복귀해야 됩니다. 그 장자가 동생과 같은 차자를 형님으로 모시고 모든 축복은 너로 말미암아 받겠다고 할 수 있게끔 되어야 합니다. 그리하여 장자가 차자의 자리에 들어오고, 차자가 장자의 자리에 올라가야 됩니다. 그래 가지고 장자가 '네가 나 대신 올라가라!' 이렇게 밀어줘야 장자권 종족에서 장자권 민족으로 나아가게 됩니다. 이 일을 해야 한 단계씩 올라가는 것입니다. 장자가 대신 밀어줘야 올라가는 것입니다. 그냥 못 올라갑니다. 이런 원리적인 내용이 있기 때문에 장자권복귀 기준을 완성해야 됩니다. 그러지 않고는 하나님의 섭리를 이룰 수 없다는 것이 종교역사의 비밀입니다. 그래서 참된 종교의 길을 가기 위해서는 집을 떠나야 됩니다. 나라를 버리고 집을 버리고 출가해야 된다는 말이 이래서 나온 것입니다.

15 사탄 편은 가인입니다. 형입니다. 하늘 편은 아벨입니다. 이 싸움입니다. 하나님은 맏아들을 사랑하고 나서야 작은아들을 사랑하게 되어 있습니다. 가인인 맏아들은 사탄 편입니다. 맏아들이 사탄 편이 됐다는 것입니다. 그 맏아들을 구하기 위해 아벨을 세운 것입니다. 아벨을 세워 장자권을 복귀하는 것입니다. 장자권을 복귀하는데 주먹으로 닦달해서 하는 것이 아니라 사랑으로 감동시켜야 됩니다. 사랑으로 녹여서 복귀해야 됩니다. 사랑했다는 자리에 서지 않고는, 사랑해서 그들이 돌아서기 전에는 자기 아들딸을 사랑할 길이 없습니다. 하나님은 절대적인 하나님이니 창조이상으로 볼 때 본래 장자가 먼저 사랑받게 되어 있지 차자가 먼저 사랑받게 되어 있지 않습니다.

16 선생님은 자기 아내보다도, 자식보다도 사탄세계를 더 사랑했느냐 하는 것이 문제 됩니다. 아내, 자식을 더 사랑하면 안 됩니다. 하나님이 아벨권을 사랑하기 전에 가인을 먼저 사랑해야 됩니다. 그리고 가인을 사랑하는 이상 아벨을 사랑해서는 안 된다는 것입니다. 첫아들을 더 사랑해야 됩니다. 맏아들이 사탄 편으로 갔기 때문에 문제입니다. 그렇기 때문에 구원역사가 이렇게 오래된 것입니다. 핏줄을 통해서, 피가 계통을 통해서 연속적으로 이어졌기 때문에 핏줄을 정화시켜서 맏아들을 사랑하고 그 사랑하는 자리에 하늘

편의 모든 사람들이 서지 않고는 하늘나라로 갈 수 없습니다. 그렇기 때문에 구원섭리가 지금까지 연장되어 내려온 것입니다.

17 탕감복귀역사에서 장자를 굴복시킬 수 있는 비법이 뭐냐? 사탄은 말하기를 '하나님도 완전한 하나님, 하나님이 찾고자 하는 아담과 해와도 완전한 아담과 해와인데, 타락하지 않았다면 아담과 해와는 본연의 천사장인 나를 사랑하는 것이 원리의 기준입니다. 그렇기 때문에 나는 타락해서 나쁜 입장에 있을망정 당신들이 선하고 옳은 입장에 있으면 나를 사랑했다는 조건을 세워야 합니다. 그러지 않고는 내 앞에서 하나님 노릇을 할 수 없소!'라고 주장한다는 것입니다. 그것이 문제입니다.

18 개인 기준의 장자복귀를 했으면 가정 기준의 장자복귀를 해야 됩니다. 그러기 위해서는 반드시 사탄이 핍박하고 죽이려고 하는 일선에 나가 싸워서 사랑으로 굴복시켜 우리의 모든 것을 가르쳐 줘야 합니다. 그래서 그들이 우리의 전통이 좋은 것을 알고 자연적으로 마음에 감동을 일으켜 눈물로 회개하고 생명을 바쳐 당신을 위해서 제물이 되겠다고 선서하지 않고는 가인세계의 축복권을 찾아 돌아올 길이 없습니다.

19 사랑이 아니고는 사탄을 굴복시킬 수 없습니다. 천국 들어갈 수 있는 가정이 되기 위해서는 하나님도 타락한 천사장을 사랑했다는 자리에 서야 하고, 하나님의 아들딸 가정도 사탄을 사랑했다는 조건을 세워야 됩니다. 그리고 여러분이 나가서 싸워 사탄세계를 사랑으로 굴복시켰다는 조건 위에 서야 됩니다. '나는 원수를 전부 때려 부순 것이 아니고 원수를 사랑으로 굴복시켜 장자권을 회복하게 되었다.'라고 해야 됩니다.

20 하나님은 원수를 때려죽이는 것이 아니라 원수를 사랑했다는 조건과 원수 되는 사탄을 아담 대신의 자리에 선 사람으로 사랑했다는 조건을 세워야 합니다. 핍박을 받으면서 눈물과 피땀으로 전부 이겨내며 참고 참아서 자연굴복시켜 하나님의 사랑을 품고 돌아와서야 비로소 축복받을 수 있습니다. 거기에서 사탄이 놓아주는 것입니다. '당신은 이제부터 천국에 들어갈 수 있는 자녀가 될 수 있소!' 하는 공인을 받아야 됩니다. 누가 사인해야 되느냐 하면 사탄이 해야 됩니다. 사탄이 하고 난 후에 여러분이 사인하고, 여러분이 사인한 것을 참부모님이 사인해야 됩니다. 참부모님의 사인을 통해야 하나님 앞에 통과되는 것입니다. 그것이 천국입니다.

21 세계적으로 사탄을 사랑했다는 조건만 세우고 나면 나를 따르는 모든 사람은 사탄이 못 데려간다는 것입니다. 그러면 가인 아벨이 바뀌지는 것입니다. 아벨권이 지금까지는 몰린 자리에 있었지만, 이제 하늘나라의 장자권을 가지고 서 있는 여기에, 사랑을 중심한 이 앞에 사탄 천하는 무너져 가야 됩니다. 후퇴일로일뿐입니다. 여기에 대치할 아무것도 없습니다. 대치했다가는 악살박살나는 것입니다. 그것이 원리관입니다.

부모권복귀

22 선생님은 여태까지 가정을 찾기가 힘들었고, 교회를 찾기가 힘들었고, 그다음에는 기독교의 방향을 잡기가 힘들었고, 자유세계가 망해 가는 것을 방향 잡기가 힘들었고, 공산세계가 망해 가는 것을 방향 잡기가 힘들었습니다. 그래서 결론이 뭐냐하면 선생님으로 말미암아 장자권이 복귀된 것입니다. 본래 아담이 타락하지 않았다면 아담 자신이 장자권을 가졌을 것입니다. 또 아담 자신이 참된 부모가 됩니다. 그다음에는 아담 자신이 왕 중의 왕이 됩니다.

23 타락으로 인해 인간이 장자권을 잃어버렸습니다. 하늘땅의 대기업을 상속받을 그 장자의 권한을 잃어버렸습니다. 악마 때문에 잃어버렸습니다. 이뿐만 아니라, 하나님의 사랑과 하나님의 생명과 하나님의 혈통을 중심삼고 천지의 창조주 되는 부모를 모실 수 있는 영원한 혈족이 되어야 할 것인데도 불구하고 아담이 참부모가 될 수 있는 권한을 잃어버렸습니다. 그리고 오늘날 타락하지 않았으면 하나의 문화입니다. 아담의 문화입니다. 아담 일족입니다. 이럼으로써 하나의 왕권입니다.

24 장자권복귀를 하려면 팔정식을 끝내야 합니다. 그다음에 천부주의 시대, 부모권복귀 시대입니다. 부모가 되는 것입니다. 가인과 아벨이 하나되어 있으니까 부모가 오는 것입니다. 부모권은 무엇입니까? 아담 부모, 예수 부모는 실패했습니다. 이 아담 부모, 예수 부모, 재림주 부모의 3대 부모권을 선생님 시대에 와서 전부 완성했습니다. 선생님 대에 와서 아담도 완성했고, 예수님도 완성했고, 재림주도 완성했다는 것입니다.

25 왜 탕감이니 부모권복귀니 장자권복귀니 왕권복귀니 하는 것이 필요하냐? 사탄의 사랑과 사탄의 생명과 사탄의 핏줄이 문제이기 때문입니다. 원래 하나님으로부터 출발해야 될 것인데도 악마로부터 출발했습니다. 그 악마는 사랑이라는 엄청난 것을 중심삼고 출발했습니다. 사랑 때

문에 우주가 생겨났습니다. 창조는 모든 존재의 기원이 되는 사랑을 중심삼고 이뤄져 나왔습니다. 그 근본을 사탄이 뒤집어 놓았다는 것입니다. 그러니까 뒤집어진 근본을 뒤집어 박아야 됩니다.

26 하나님의 창조이상은 참부모의 이름으로 하늘나라의 왕국과 지상왕국을 이루는 것입니다. 참부모의 이름을 안 가지고는 지상천국과 천상천국이 생겨나지 않습니다. 오늘날 기독교인들에게 '예수님이 하나님의 사랑하는 장자이고 아들인데 어떻게 돼서 천국에 안 가 있고 낙원에 가 있소?' 하고 물어보면 대답을 못합니다. 천상천국과 지상천국은 참부모의 완성과 사랑의 기반을 통해서만이 이루어집니다. 영계에 가서 왕국을 통일하는 것이 참부모의 사명이지 다른 사람의 사명이 아닙니다. 예수님이 참부모가 못 되었으니 낙원에 가 있는 것입니다.

27 복귀가 힘든 일이니까 역사시대에 있어서 고생하면서 지금까지 연장해 왔지, 능력 많은 하나님이 왜 이렇게 수고를 했겠습니까? 가르쳐 줄 수 있으면 벌써 했다는 것입니다. 아담이 몰랐으니 아담이 책임지고 찾아야 됩니다. 천지를 가려서 찾아야 된다는 것입니다. 그러려니 얼마나 눈물을 많이 흘렸겠습니까? 눈물을 흘리고 쫓겨났으니 복귀노정에서 얼마나 눈물을 많이 흘렸겠습니까? 그런 점에서 선생님은 눈물을 많이 흘린 대왕입니다. 역사를 대표하여 진리의 길을 찾기 위해 눈물을 흘리고 피살을 에이면서 수난 노정을 이겨 나오고 있는 대표라는 것을 알아야 됩니다. 그런 놀라운 부모를 여러분이 모셨다는 것입니다. 이것이 마지막 고비입니다. 그렇기 때문에 부모권복귀 기준과 더불어 차자권을 하나 만들어야 됩니다. 선생님을 중심삼고 장자권·부모권이 다 되었습니다. 왕권까지 다 갖추어서 하나되게 되면, 어머니하고 차자하고 모자협조 기반만 이루면 마지막 판입니다.

왕권복귀

28 본래 아담이 완성하면 천국의 아버지가 완성되고, 해와가 완성하면 천국의 어머니가 완성되고, 그래서 가정의 주인이 되면 가정적 천국의 왕권이 생겨납니다. 그러므로 아담 해와는 개인적 왕이고, 가정적 왕이고, 종족적 왕이고, 민족적 왕이고, 국가적 왕이고, 세계적 왕이 됩니다. 이러한 국가 기준을 넘어설 수 있는 때에 왔기 때문에 사탄세계의 왕권을 밟고 하늘세계의 왕권을 설정할 수 있는 것입니다. 그날이 1990년 3월 27일(제31회 부모의 날)입니다.

29 선생님이 세계적인 가정 핍박을 해소하기 위해 7년노정을 갔습니다. 가정 해방을 위해서 십자가의 길을 간 것입니다. 그렇기 때문에 선생님이 가정왕이 되어야 하는 것입니다. 가정에서 장자의 왕, 부모의 왕, 가정의 왕이 되는 것이 아담에게 창조이상, 섭리관적인 입장에서 맡겨진 책임이었습니다. 한 가정에서 천국 전체의 이상적인 기준을 세워 천국의 판에다 박으려고 했던 것이 실패했기 때문에 다 없어졌습니다. 아담 1대로부터 수천 대, 지금까지 전부가 공(空)이 됐다는 것입니다. 거짓 부모가 공으로 만든 것을 참부모가 와서 하나님 대신 주인이 되어 다시 이뤄야 됩니다. 참부모가 되어서 참된 하나님의 사랑을 중심삼고 참생명을 중심삼은 축복 기반을 연결하여 혈통을 전환함으로써 사탄과 관계없는 아담 가정 완성형을 만드는 것입니다.

30 천부주의가 뭐냐? 첫째는 형제권복귀, 둘째는 부모권복귀, 셋째는 왕권복귀입니다. 민주세계에는 왕이라는 개념이 없습니다. 민주세계는 형제주의입니다. 평면적으로 보는 것입니다. 형제주의인데, 형제주의 세계에서는 서로 싸움을 합니다. 네 것, 내 것 하면서 쟁탈이 벌어지는 것입니다. 민주주의는 싸우는 개념입니다. 여당과 야당이 싸웁니다. 그 내용이 왕권을 서로 가져가겠다는 것입니다. 대통령은 왕권 아닙니까? 이것이 왔다 갔다 하고 착취하니까 잘 안 되지, 절대적인 왕이 나오게 되면 문제가 아닙니다. 절대적인 평화의 세계가 오는 것입니다.

31 민주세계의 정치체제는 투쟁의 체제입니다. 그러니까 우리가 부모의 자리에 올라가야 됩니다. 그래야 싸움을 말릴 수 있습니다. 모든 형제들이 부모를 중심삼고 하나되는 것입니다. 그렇게 하나되는 데서부터 평화의 세계가 전개되는 것입니다. 그렇지 않으면 다른 방법이 없습니다. 먼저 참부모를 찾아야 거기서부터 참자녀·참국가·참평화를 포함한 모든 것이 찾아질 수 있습니다. 그 이외에 다른 방법이 없습니다.

32 천부주의, 하나님주의를 중심삼고 통일하는 것입니다. 참부모는 가정의 왕입니다. 가정은 여러 다른 가정들과 어울려서 자동적으로 종족이 됩니다. 그러면 종족의 왕이 나옵니다. 또 종족은 여러 다른 종족들과 합해져서 민족이 되어 민족의 왕이 나오는 것입니다. 국가·세계·천주도 모두 마찬가지입니다. 이렇게 왕들이 연결되어 하나님까지 이어지는 것입니다. 그러니까 하나님은 만왕의 왕이 되는 것입니다.

제4장 참부모와 참된 자녀

1절 참부모의 길

1 참부모가 오시기까지 여러분이 생각도 못하는 배후에서 많은 눈물을 흘렸습니다. 한순간에 흘리는 눈물은 문제가 아닙니다. 과거를 통해 현재에 이르기까지 아직도 그러한 싸움을 하고 있다는 것을 알면 눈물 없이는 말할 수 없습니다. 그러한 자신을 발견해야 됩니다. 과거 현재에 걸쳐 죄를 범했으면서도 아무렇지 않게 있으면 안 됩니다. 눈물을 흘려야 합니다. 타락한 사람이 하나님 앞에 돌아가려면 감사의 눈물을 흘려야 합니다. 그러면서 복귀해 가지 않으면 하늘나라에 들어갈 길이 없습니다. 그 심정은 누구라도 그렇게 되어 있습니다. 하나님이 맞이하는 사람은 실로 그러한 사람입니다.

섭리의 출발노정

2 선생님이 태어난 때는 한국에서는 제일 비참한 때였습니다. 독립운동이 벌어지고 흉년이 들어서 모든 국민이 제일 어려운 때였습니다. 3·1독립운동을 해서 많은 사람이 비참하게 희생되었습니다. 외적인 세계는 흉년이요, 내적인 세계는 국난이 벌어져서 희생자가 속출하는 시대였습니다. 그래서 20대 청년 때까지 배고프지 않은 날이 없었습니다. 그립지 않은 것이 없을 정도의 그런 과정을 거쳤습니다. 모든 것이 그리웠습니다. 선생님 종조부께서는 독립투사이셨기 때문에 탄압이 심해 우리 가문은 완전히 파탄이 벌어지게 되었습니다. 가정 전체가 파탄이 벌어진 것입니다. 외적으로도 동요하고, 국가적으로도 동요하고, 가정적으로도 마구 뒤바뀌었습니다.

3 선생님은 16세 때에 비상한 경험을 하였습니다. 부활절 아침에 오랜 시간 눈물어린 기도 가운데 예수 그리스도께서 선생님에게 나타나 많은 계시와 교시를 주었습니다. 예수님은 심오하고도 놀라운 것들에 대해서 많은 말씀을 해주었습니다. 고통받고 있는 인류 때문에 하나님께서 슬퍼하고 계신다고 하였습니다. 그리고 선생님에게 지상에서 하나님의 역사에 대한 특별한 역할을 해야 한다고 요구하였습니다. 그 후 많은 일들이 일어났습니다. 선생님은 학업을 계속하면서 성경을 공부하였습니다. 선생님은 만민이 들어서 알 수 있는 심오한 말씀들을 예수님으로부터 받았습니다. 이 말씀들을 사람들에게 가르쳤다고 해서 선생님은 여러 번 체

포, 입감되어 심한 고문을 받았습니다. 3년 동안 북한의 '죽음의 감옥'에 있었습니다. 이 감옥에서는 사람들이 몇 달도 못 가서 죽어 나갔지만, 하나님은 3년간 선생님을 보호하시고 또 선생님을 심한 고통 속에서 살아남도록 하셨습니다.

4 선생님은 선생님 자신의 가족을 전도하거나 그들에게 영향을 줄 수 없었습니다. 선생님 자신의 형제, 부모나 어떤 친척들에게도 원리에 관해서 말하지 않았습니다. 자기 민족에게 버림받은 예수님의 입장에 있었기 때문입니다. 그래서 선생님은 혈혈단신으로 바깥 세계에서 그러한 인물들을 복귀해야 했습니다. 선생님이 바깥 사람을 복귀해서 축복함으로써 일족을 형성하고, 종족적인 단계를 형성한 지금부터는 선생님이 친척들을 전도하여 데려올 수 있습니다.

5 선생님은 부모도 친구도 스승도 없고, 어떤 환경적인 생활도 없는 외로운 심정뿐이었습니다. 혈혈단신으로 서글픈 황무지와 같은 천지 앞에 홀로 심정을 가다듬어 아버지라 부르는 그 마음과 더불어 눈물짓는 그 자리에서 흘러 들어오는 바람결이 친구였습니다. 떠올라 오는 아침 동녘 햇빛이 심정의 친구였고, 처량하게 누워 있는 그 흙이 친구였고, 바라보이는 자연이 친구였습니다. 그런 것을 여러분이 느껴 봤다면 여기에서 새로운 자아를 발견할 수 있고, 새로운 가치와 새로운 인연이 약동하는 결심을 가질 수 있을 것입니다. 이 결심을 가지고 하나님의 원한을 풀어 드리기 위해 나 한 자체만 엎드려 기도할 것이 아니라, 반드시 민족과 일족을 바치더라도 하늘을 붙들고 눈물을 흘리고 땀과 피를 흘리지 않으면 안 된다는 것입니다.

6 축복받을 수 있는 민족, 축복받을 수 있는 땅을 찾아 헤매 나온 것이 지금까지 선생님의 입장이었습니다. 이 길을 가기 위해서는 감옥에도 가고, 처참한 길도 가고, 죽음의 길도 넘어가는 것입니다. 원수의 땅은 망망대해입니다. 바라보면 하늘밖에 없습니다. 친구도 없고 동기도 없고 형제도 없습니다. 부모까지 배척하는 것입니다. 그렇지만 망하지 않습니다. 이스라엘 민족이 광야에서 쓰러졌던 역사적인 길, 노아가 탄식하며 고생했던 길, 예수님의 제자들이 십자가에 거꾸로 달리면서까지 하늘을 위하여 갔던 역사적인 비참한 길을 왜 몰랐겠습니까? 그러나 가는 것입니다. 지금까지는 선생님이 아니면 이 세계를 책임질 사람이 없었기 때문에 할 수 없이 모험의 길을 찾아 나왔던 것입니다.

고난과 승리의 노정

7 선생님의 일생은 비참했습니다. 장자의 기업을 찾기 위해 나가서 싸워 이기지 않고는 못 돌아오는 것입니다. 주먹으로 싸우는 것이 아니라 피를 토하고 희생해야 됩니다. 원수를 사랑하고 피눈물 어린 곡절의 길을 가서, 자기 나라와 자기 전체 재산과 자기에게 있는 모든 것과 자기 나라의 모든 것을 선생님한테 갖다 주고 싶어하는 가인권을, 하늘 편 장자권을 만들어서 차자가 장자의 위치에 올라가야 됩니다. 자기 몸은 물론이고 자기 모든 재산과 자기 나라까지 전부 그 뒤에다 걸어 줄 수 있는 입장이 되기 전에는 장자의 입장으로 돌아오지 못한다는 것입니다. 거기에서는 8단계를 넘어가야 됩니다.

8 역사노정에 참부모까지 가려면 몇 급까지 거쳐야 되느냐? 참된 종이 있어야 됩니다. 종의 종으로부터 시작해야 됩니다. 십자가를 진 사람도 있어야 됩니다. 그런 것을 싫다고 생각하면 참부모가 절대 나올 수 없습니다. 죄인 중에도 참된 죄인이 있어야 합니다. 그 길을 가야 되고 다리를 놓아야 됩니다. 세상에서 제일 비참한 자리에서부터 시작해 이것을 넘어갈 수 있는 사랑의 대표자가 있어야 됩니다. 그러기 위해서는 사랑의 십자가 길을 가야 합니다. 그게 다리입니다. 한 급, 한 급을 참종에서부터 참양자로 올라가고, 참아들로 올라가고, 참가인으로 올라가고, 참아벨로 올라가야 됩니다. 그 길이 선생님이 가는 길입니다. 선생님은 그 길을 가며 싸워서 살아남아 핍박하는 데 대해 승리했기 때문에 그 다리를 놓아 주는 것입니다. 그렇기 때문에 거리에서 불쌍한 사람을 보면, 선생님이 그런 길을 간 것을 알아야 됩니다. 선생님이 공산당 앞에, 그런 원수들 앞에 밟히고 고문받고 차이고 할 때에 분했지만, '하나님이여, 저 원수들에게 벼락을 내려서 전부 죽여 버리소.'라고 하지 않았습니다. 몸에서 피가 나오는 입장에서도 복을 빌어 줬던 것입니다.

9 선생님이 해방 직후 7년노정을 출발했을 때, 그 7년노정을 중심삼고 나라의 운명을 바라보니 심각했습니다. 잘하면 이 나라에 하나님이 함께 하실 것이요, 잘못하면 함께하시지 않을 것을 알았기 때문입니다. 7년노정 중에 기독교가 선생님과 하나되었으면 선생님과 손을 잡게 되어 있었습니다. 그렇게 되었다면 7년노정만으로도 통일교회는 세계적으로 뻗어나갈 수 있었을 것입니다. 북한에 있는 공산당도 없어지고, 이 세계에 있는 공산당도 벌써 다 없어졌을 것입니다. 선생님은 이 7년노정 중에 가정적인 출발을 해야 했습니다. 이

것은 역사의 소원이요, 인류의 소원이요, 모든 도인들의 희망이었습니다.

10 기독교가 1945년에 선생님을 받아들였으면 7년이면 세계를 하나 만들었을 것입니다. 축복해서 지상·천상문을 열어 천국을 이루었을 것입니다. 기독교는 나라를 찾아 나오는데 세계와 하나되어 반대하고, 세계를 찾아 나오는데 하늘땅, 지상·천상이 합해 반대해 나온 것입니다. 그렇지만 선생님이 하나님 대신 지킬 수 있는 비법을 통해 이것까지 넘어서 전 인류를 축복해야 됩니다. 축복을 안 받을 수 없습니다. 절대 성, 절대부부가 아니면 안 됩니다.

11 해방 후에 기독교 지도자들이 선생님 말만 들었다면 완전히 내 손으로 7년 후에 세계를 평정할 수 있는 판도를 꾸며 나왔을 것입니다. 세계가 어떻게 될 것이라는 것을 환히 알고 있었고, 이러다가는 망한다는 것을 환히 알고 있었습니다. 그것을 몰랐다면 오늘날 40년의 이 돌고빗길을 돌아왔겠습니까? 지루한 돌고빗길이었습니다. 그것은 어머니 아버지도 이해 못하고, 형제들도 이해 못하고, 전체가 이해 못했습니다. 사탄권 내에 이미 들어가 있었기 때문에 이해시키려고도 하지 않았습니다. 그때부터는 광야로 쫓겨난 것입니다. 집 모퉁이에 버린 돌이 요긴한 돌이 된 것과 딱 마찬가지입니다. 쓸 데가 없어 버린 돌이 되었다는 것입니다. 그렇게 버린 돌이 주인에게 요긴한 돌이 될 줄 누가 알았겠습니까?

12 하나님이 지금까지 천지를 지으신 왕의 자리에 있지만 그 권한을 타락한 부모로 말미암아 잃어버렸습니다. 사탄으로 말미암아 잃어버렸기 때문에 지금까지 왕권 행사를 한 번도 못해 봤던 것입니다. 하나님을 추대하는 것은 참부모가 하는 것이지 하나님이 하는 것이 아닙니다. 참부모가 아니면 그것을 복귀할 사람이 없습니다. 하나님이 천지를 창조한 본연의 기준인 왕권을 점령한 이후에 가정을 수습하고 종족·민족·국가·세계, 지상의 왕권시대가 온다는 것입니다. 그러니까 한꺼번에 천지 운운하면 안 됩니다. 인간과 사탄, 천사장이 합해서 하나님의 왕권을 뒤집어 박았습니다. 그런데 참부모가 와서 사탄을 제거해 버리고 하나님 섭리의 완성 기준, 즉 천상세계와 지상세계의 지옥을 철폐하고 타락이 없었던 자리에 서서 하나님을 왕권 자리에 세워 드린 것입니다.

피눈물의 복귀노정

13 선생님에게는 선생도 없습니다. 하나님도 선생이 못 되었습니다. 하

나님이 선생이 되었으면 기도하는 사람은 전부 선생이 되었을 것입니다. 선생님이 선생이 된 것은 무엇이냐? 선생님이 선생을 만들었습니다. 선생님이 참부모가 된 것은 무엇이냐? 선생님이 참부모를 만들었습니다. 선생님이 주인 된 것은 무엇이냐? 선생님이 주인을 만들었습니다. 재창조입니다. 하나님이 하실 수 있으면 순식간에 할 것입니다.

14 선생님은 17시간이나 기도한 적이 있습니다. 보통 12시간 이상 밤을 새우면서 합니다. 통곡의 눈물로 솜바지가 젖어 그것을 짜면 물이 나올 정도로 기도했습니다. 그냥 놀음 반, 웃음 반으로 나아간 통일운동이 아닙니다. 그것은 피와 땀과 눈물로, 혈육을 짜서 이루어진 진리의 길입니다. 선생님은 알게 된 그 기준을 스스로 이루고, 승리한 기대는 틀림없이 이루어지기 때문에, 실험해서 틀림이 없다고 확인했기 때문에 가르치는 것입니다. 선생님은 참부모가 되겠다가 아니라 참부모가 되어 있습니다. 그래서 세계에 '참부모와 성약시대'를 선포했습니다. 지금은 '성약시대 안착'입니다. 천하의 무엇으로도 선생님의 정착 기준을 침해할 수 없는 시대가 되었습니다.

15 통일교회 교인들이 세계에서 핍박받는데 선생님이 편안히 잠잘 수 있습니까? 밥을 굶고 잠을 못 자는 세월을 얼마나 지내봤습니까? 공산치하에서 선교사가 사형선고를 받은 날을 알고 나서는 선생님이 자야 되겠습니까, 잘 먹어야 되겠습니까? 만나 보지 않았지만 수많은 국경을 넘어서 말씀을 듣고 생명을 바치면서 '선생님, 부디 성공하십시오. 저는 먼저 갑니다.'라는 유언을 남기고 갔다는 전달을 받게 될 때, 뼈와 살이 어떻겠습니까? 나라가 없는 것이 한입니다. 하나님의 고난이 이렇게 될 줄 누가 알았겠습니까?

16 선생님은 30세까지 배고프지 않은 날이 없었습니다. 돈이 없어서, 먹을 것이 없어서 그런 것이 아닙니다. 하루 이식(二食)을 했습니다. 30세까지 옷을 내 손으로 사 입어 보지 못했습니다. 불쌍한 사람들을 구해 주어야 할 책임이 있다는 것을 알았기 때문입니다. 그래서 못 먹고 못 입는 와중에서도 배고픈 사람들을 구해 달라고 기도했고, 옷을 입지 못하는 불쌍한 사람들을 해방해 달라는 기도를 했습니다. 그것은 하늘나라에 직통하는 것입니다.

17 우리는 큰 십자가를 짊어지고 가야 됩니다. 개인적인 시련과 가정적인 시련은 종족적인 기반을 닦기 위

한 준비기간에 있었습니다. 이제 우리 앞에 나타나는 핍박과 시련이 없다고 해서 갈 길이 평탄할 것이라고 생각하지 말라는 것입니다. 범위가 더 넓어졌습니다. 과거에는 앉은자리에서 십자가를 졌지만 이제는 십자가를 지고 걸어가야 됩니다. 과거에는 십자가를 지고 한 곳만을 바라보고 나아갔지만, 이제는 한 곳만을 보아서는 안 됩니다. 동서남북을 살피며 나아가야 됩니다. 선생님은 하나님이 가시는 길을 받들어야 되고, 여러분은 선생님이 가는 길을 받들어야 됩니다. 선생님은 여러분보다 더 가중된 길을 걸어가고 있습니다. 또한 선생님을 지도하시는 하나님은 한 수 위의 길을 걸어가고 계십니다.

18 하나님이 좋은 것을 전부 아들딸에게 주고 싶었던 것과 마찬가지로, 또 아들딸은 하나님의 모든 귀한 것을 다 갖고 싶었던 거와 마찬가지로 선생님도 여러분 앞에 모든 것을 주고 싶고, 여러분도 선생님의 모든 좋은 것을 갖고 싶은 것입니다. 그것이 참부모를 중심삼은 가정입니다. 우리도 그렇게 원한다는 것입니다. 선생님은 하나님을 대신한 입장에서 여러분 앞에 모든 좋은 것을 주려고 하고, 여러분도 제일 좋은 것을 받으려고 하는 것을 원칙으로 알기 때문에 이런 길을 지도하는 것입니다.

참부모를 찾아가는 노정

19 어떻게 나를 찾느냐? 그 중심은 하나님, 참부모, 참사랑·참생명·참혈통으로 이어져야 됩니다. 하나님은 종적인 부모이고, 참부모는 횡적인 부모입니다. 그 둘이 하나되는 자리에 완성된 사랑이 정착합니다. 종적인 하나님의 사랑과 횡적인 참부모의 사랑이 정착함으로써 내 가치가 설정됩니다. 거기서 우리가 있을 수 있습니다. 그래서 가정·종족·민족·국가·세계로 확장되는 것입니다.

20 처음에 아담을 통해서 해와를 창조했습니다. 해와가 아담을 통해서 창조된 것입니다. 그래서 참아버지가 참어머니를 창조하는 것입니다. 재창조입니다. 참아버지와 참어머니는 개인·가정·종족·민족·국가·세계·천주·하나님의 8단계를 다 넘고 난 다음에 하나님의 아들딸로서 나란히 서게 되었습니다. 똑같은 차원의 자리에 서게 되었다는 것입니다. 그것은 하나님이 그렇게 만든 것이 아니라 참아버지가 그렇게 만들었습니다. 그 대가로 '참부모님 천주승리축하 선포'가 있게 되었습니다. 그러니 참부모의 모델을 여러분이 완전히 상속받지 않으면 안 됩니다. 참아버지와 참어머니의 사명은 거짓 부모였던 아담 해와에 의해 더럽혀진 세계를 청산하는 것입니다. 참부모와 절대

신앙·절대사랑·절대복종으로 하나되면 사탄이 간섭할 수 없습니다.

21 하늘부모를 중심삼고 아담 해와가 참사랑·참생명·참혈통을 상속받아 모든 인류가 하나의 나무와 같이 돼야 할 텐데, 죽은 나무와 같이 거꾸로 되어 있습니다. 이것을 바로잡아야 할 입장에 있기 때문에 참아버지 참어머니가 나와야 되고, 참아들딸이 나와야 됩니다. 그리하여 혈족을 중심삼고 종족·민족·국가를 편성해서 지상·천상천국으로 완결해 해방세계로 전진해야 됩니다.

22 아담 가정을 중심삼고 완성해야 할 본연의 자리를 잃어버렸기 때문에 거꾸로 맞추어 나감으로써 어머니가 세계의 대표로 서게 됩니다. 참아버지가 오셔서 세계의 여자들을 해와의 자리, 어머니의 자리에 세우는 것입니다. 섭리역사는 모자협조를 하던 것과 마찬가지로 여러분이 어머니 대신 자리에 서고, 하나님 대신 참부모가 오셔서 모자협조를 할 수 있는, 8단계의 사랑을 중심삼고 하나되는 것을 다 가르쳐 주는 것입니다. 하나가 됨으로써 절대·유일·불변·영원한 하나님이 사탄과 싸우던 세계를 돌이켜 세우는 것입니다.

23 어머님 앞에 모든 정비작업을 선생님이 해주고 가야 합니다. 바쁩니다. 선생님이 백 살 이상 살기를 바라지 말라는 것입니다. 영계가 얼마나 바쁜지 모릅니다. 선생님이 가서 조직을 재편성해야 됩니다. 원래는 천국문 열쇠를 선생님이 받아서 열어야 되는 것입니다. 지금은 상징적이고 조건적입니다. 엄청난 문제가 걸려 있다는 것입니다.

24 제4차 아담권 시대는 자식을 내세우게 됩니다. 여러분도 그렇게 해야 됩니다. 아내를 키우든가 자식을 키워서 내세워 가문에 말뚝을 박아야 합니다. 말뚝을 박기 위해서는 전초작업으로 아들을 준비해야 되고, 아들딸이 하나된 거기에 어머니가 서야 합니다. 메시아사상, 참부모사상은 하나님이 어머니를 중심삼고 아들딸 위에 하늘의 전통을 세우기 위한 것입니다. 하늘나라 전통의 말뚝을 박는 것입니다. 가정 전통이 아니라 나라 전통입니다. 나라를 위해서 가정이 있는 것입니다. 모든 가정들은 나라를 대신하는 가정입니다. 가정이 희생하지 않고서는 나라가 생겨나지 않습니다. 축복가정들이 희생하지 않으면 나라가 안 생겨납니다.

25 어떻게 모든 것을 하늘부모와 참부모한테 연결시킬 것이냐? 모든 가족들이 뿔뿔이 흩어져 있습니다. 그

가정들을 하나로 만들어야 됩니다. 하나로 만들고 난 다음에는 어머니와 하나되어야 합니다. 이것이 복귀노정입니다. 그리고 아들딸이 어머니와 하나되어야 하고, 그 아들딸이 어머니와 하나되고 난 다음에는 아버지와 하나되어야 합니다. 그렇게 아버지와 하나되고 나면 재림주, 참부모가 연결됩니다. 그렇게 연결된 다음에는 어떻게 모든 것을 복귀하느냐 하는 것이 문제입니다. 아버지와 어머니, 그리고 아들딸이 하나될 때 하나님이 임재하는 것입니다. 거기서부터 지상천국이 출발합니다.

26 어머니는 가인 아벨, 아들을 재창조해서 일체권을 만들 수 있는 전통적 사상, 생활적 기준과 미래에 국가를 넘어 세계로 갈 수 있고 하늘나라에서 생활할 수 있는 전부를 이제부터 가인세계에 연결해야 됩니다. 그러려니 자기 아들딸과 하나되어 가인세계를 교육해서 국가적 기준을 이뤄야 됩니다. 국가적 기준만 서면 장자권복귀·부모권복귀·왕권복귀의 기준에 들어가는 것입니다. 그러니까 선도적인 자리에서 모든 본을 보여 환경적 여건을 수습해야 할 주체적 입장이 오늘의 어머니 입장입니다. 주체적 입장은 어머니입니다. 선생님도 아닙니다. 여러분이 예수님의 한을 풀어서 국가권의 신부로서 세계까지 연결해야 됩니다.

2절 참부모의 책임과 특권

1 인간세계가 타락의 병이 났는데, 병을 치료해 줄 의사는 하나님밖에 없습니다. 역사시대에 수많은 종교가 있었는데, 그 종교의 종주들은 뭐냐 하면, 전달병(傳達兵)밖에 안 됩니다. 약을 조제하는 데 있어서 하늘이 제시한 그 조제법에 따라 조제하여 그것을 전달하는 사람밖에 안 된다는 것입니다. 그러면 최후의 인간 구원의 완성은 어떻게 귀결될 것이냐? 약을 먹는다고 해서, 치료받는다고 해서 완전히 구원이 완성되는 것이 아닙니다. 최후에는 하나님의 명령에 일치될 수 있는 과정을 거쳐야 됩니다. 그러지 않으면 완전 구원섭리가 없습니다.

영·육계 인간 구원

2 메시아는 인류 앞에 나타날 때 평등한 사상을 가지고 옵니다. 하나님은 공평하십니다. 따라서 메시아는 타락한 인간을 구하기 위한 구주로 오기 때문에, 어떤 인간이든지 구해 주기 위해서는 공평하게 대해 줍니다. 공평한 목적과 공평한 시대적 환경을 갖고 옵니다. 그러므로 메시아와 하나되는 사람은 메시아의 제자가 될 수 있습니다. 그리고 메시아는 어떤 길을 가느냐? 메시아는 인간세상

의 지옥에서부터 제일 영광된 자리까지 간다는 말이 성립됩니다. 인류 구원을 위해서는 생명을 내놓고 못 갈 곳이 없다는 것입니다.

3 역사를 되돌아볼 때, 역사상 수많은 선지 성현들이 존재하였습니다. 그들은 외적인 통일은 이루었지만 마음과 몸의 심신통일은 이루지 못하였기 때문에 근본적인 한계에 봉착하지 않을 수 없었습니다. 그러나 이제 하나님의 참사랑을 중심으로 참부모가 이 땅에 현현하여 참된 가정을 이루어 통일된 이상사회를 실현해 나가고 있으니, 하나님의 구원섭리의 주류권을 형성하게 되었습니다. 참부모님은 하나님과 인류를 접붙여 주는 중보자입니다. 인류는 참부모 없이 하나님께 나아갈 수 없습니다. 참부모는 인류를 타락에서 구원해 줄 유일한 길을 제시해 주는 분입니다.

4 참부모는 영계와 육계를 중심한 왕권을 가지고 오셨기 때문에 그것을 영계에까지 연결시키기 위해서는 영계에 통일 기반을 닦아서 영계의 왕권 기반, 소생적 장성 기반을 연결시켜야 합니다. 그러지 않고는 참부모가 지상에서 완성 기준을 이룬 자리에 영계가 동참할 수 없습니다. 그렇기 때문에 그 준비를 해 놓아야 됩니다. 영계가 참부모의 사랑의 인연을 중심삼고 통일되어 연결될 것이었는데, 전부 담으로 막혔다는 것입니다. 흥진 군과 예수님이 하나됨으로 말미암아 예수님도 흥진 군을 통해서 지상의 부모님 가정과 연락해서 올 수 있습니다.

사탄세계 청산

5 세계적으로 혼란이 벌어지고 있습니다. 그 혼란의 대상이 가정입니다. 가정 파탄, 그다음에는 청소년 윤락입니다. 이것은 에덴동산의 아담 가정 파탄과 청소년인 아담 해와의 윤락이 세계적 결실로 나타난 것입니다. 그 자리는 하나님도 손을 못 댔습니다. 하나님이 손을 못 대니 어느 누구도 손을 못 대는 것입니다. 섭리의 뜻 앞에 있는 누구도, 사탄도 그것을 어떻게 할 수가 없습니다. 그러면 이것을 누가 청산해야 되느냐? 죄지은 사람이 청산해야 됩니다. 거짓된 부모로부터 거짓 사랑, 거짓 혈통, 거짓 생명을 만들었기 때문에 참부모가 와야 됩니다. 참부모가 사탄의 비밀과 하늘나라의 비밀을 다 가지고 오는 것입니다. 이 비밀을 다 안다면 와서 두 세계의 것을 상속해서 전부 품어야 됩니다. 좌우를 품어야 된다는 것입니다. 예수님이 품지 못했기 때문에 우익과 좌익으로 갈라져서 싸움이 벌어진 것입니다. 이것을 통일해야 됩니다. 그렇기 때문에 민주세계와

공산세계, 유심론과 유물론을 품어야 되는 것입니다.

6 섭리적으로 끝날에는 해와를 중심삼고 가인 아벨의 승리권을 수습하는 것입니다. 하나님을 중심삼고 수습해서 사탄 편을 소화한 승리 기준을 세우지 않으면 안 됩니다. 그렇게 되면 완성된 아담을 중심삼고 가정·종족·민족·국가의 기반이 수습되는 것입니다. 이렇게 아담을 중심삼고 좌익과 우익을 감화시켜서 하나님 편으로 끌고 가면 사탄세계가 없어져 버립니다. 그것이 제2차 세계대전 직후에 이루어져야 했습니다. 영국은 섬나라로 여자를 상징합니다. 영국을 중심삼고 아벨과 천사장을 세우게 되는데, 아벨은 영국이 낳은 미국입니다. 프랑스는 과거에 영국의 원수였습니다. 그래서 천사장입니다. 하나님 편의 해와, 하나님 편의 아벨, 하나님 편의 천사장이 하나된 것입니다. 그 반대로 사탄 편의 해와로 세워진 것이 일본입니다. 일본도 섬나라입니다. 그리고 독일은 사탄 편 아벨 국가이고, 이탈리아는 사탄 편 천사장 국가입니다. 이렇게 세계적으로 두 진영으로 나뉘어 싸운 것이 제2차 세계대전이었습니다. 여기서 연합국이 승리함으로써 역사적으로 하나님을 중심삼고 통일세계가 벌어진 것입니다. 종교권이 세계를 통일한 것은 그때였습니다.

7 역사를 명확하게 알지 않으면 섭리를 분명하게 인식할 수 없습니다. 사탄 편 해와 국가와 아벨 국가, 천사장 국가가 하나님 편 국가로 돌아왔기 때문에 끝날이라는 것입니다. 말세입니다. 그러나 이 하나된 가인 아벨의 혈통은 하나님으로부터 상속된 것이 아닙니다. 사탄에 의한, 거짓 부모에 의한 혈통을 이어받았기 때문에 그것을 전부 탕감복귀해서 하나님에게 돌아가야 됩니다. 해와와 가인 아벨이 하나님 편의 아들딸이 되기 위해서는 사탄 편의 모든 것을 청산하고, 참사랑을 중심삼고 새로운 생명의 씨를 다시 상속받지 않으면 안 됩니다. 그 새로운 생명의 씨를 상속해 주는 실체가 바로 재림주요 구세주요 참부모입니다.

8 참부모의 자리에 서기 위해서는 거짓 부모 된 아담이 어그러뜨려 놓은 천상세계 지상세계의 모든 것을 깨끗이 정비해야 됩니다. 사탄이 참소할 조건을 완전히 정비해야 됩니다. 그러려니까 사탄은 세계를 동원해서 선생님의 가는 길을 공격하는 것입니다. 개인적으로 세계적인 공격을 했고, 가정적으로도 세계적인 공격을 했고, 종족적으로도 세계적인 공격을 했습니다. 선생님이 가는

길 앞에 있어서 사탄이 개인으로 가는데 길을 막고, 가정으로 가는데 길을 막고, 종족으로, 민족으로, 국가로, 세계로, 하늘땅 전체 세계로 가는데 길을 막았던 것을 선생님 손으로 모두 청산해 버렸습니다.

9 하나님이 메시아와 함께, 참부모와 하나되어서 세상을 해방하는 것이 구원섭리의 목적입니다. 여러분은 지금 마지막 끝자리에 서 있습니다. 한 발짝만 더 내디디면 굴러떨어집니다. 돌아서야 됩니다. 사탄이 사랑한 이상의 사랑을 갖지 않으면 안 됩니다. 그래야 사탄에게 진 빚을 청산할 수 있습니다. 어떻게 하나님과 참부모를 해방할 것이냐? 지금까지 하나님은 재창조의 역사를 해 나오고 있습니다. 재창조는 참사랑을 중심삼고 투입하고 잊어버리고, 투입하고 잊어버리고 하는 것입니다. 선생님이 가는 곳에는 사탄의 장벽이 무너집니다. 개인의 벽, 가정의 벽, 종족·민족·국가·세계의 벽, 모든 벽이 다 무너졌습니다. 왜? 장자권이 복귀된 것입니다. 왕권이 복귀되는 것입니다. 그것이 본연의 아담 자리입니다.

10 참부모는 인류를 대표해 지옥문을 열고 천국문을 열어서 천국으로 직행할 수 있는 고속도로를 만드는 것입니다. 그것이 하나님이 창조한 아담 해와에게 축복해 준 본연의 기반입니다. 천국에 들어간 사람은 지옥의 아우성을 듣고 싶지 않고, 지옥의 환경, 낙원이니 뭐니 하는 복잡한 영계의 환경을 보고 싶지 않다는 것입니다. 천국행만이 보고 싶은 환경적 내용입니다. 이것을 누가 청산하겠습니까? 참부모가 하십니다. 참부모·참가정·참종족·참국가, 이렇게 됩니다. 참국가·참세계·참천주가 나타나서 타락 이후의 하늘과 땅의 모든 것은 멸망하는 것입니다.

하나님 해방

11 참부모 성혼을 중심해서 40년간에 4천년 역사를 탕감하여 세계 인류의 축복권 내의 해방권을 이룰 수 있는 현실적 시대를 만들었습니다. 청소년 문제, 가정 파탄 문제가 지금 제일 문제가 되고 있습니다. 어느 나라 주권자, 어떠한 교육자, 어떠한 누구도 해결할 방법을 모르고 있습니다. 그것을 해결할 수 있는 특권을 갖고 있는 사람이 참부모입니다. 영계의 비밀, 지상 역사의 비밀, 그것을 다 해원성사한 것입니다. 선생님이 모든 것을 탕감해서 승리했기 때문에 절대신앙·절대사랑·절대복종으로 밤이나 낮이나 일체권을 이루겠다고 할 때는 참사랑을 중심삼고 올라갈 수 있습니다. 참부모님은 참사랑의 혈통과 참사랑의 일족과 참사랑의 민족

을 편성할 수 있게 하나님으로부터 허락받았습니다. 그래서 역사의 무엇보다도 귀한 것으로 하늘의 보화 창고를 개개인의 가정 가정에 전수한 것이 축복가정입니다.

12 어떻게 사탄의 빚을 청산하고 하나님과 참부모를 해방할 것입니까? 지금까지 역사를 통해서 많은 탕감을 치렀습니다. 종족적 메시아의 사명을 다함으로써 하나님을 해방하고 참부모를 해방할 수 있는 것입니다. 국가·세계·천주가 거기에 연결되어 있기 때문입니다. 본래 여러분이 종족적 메시아, 국가적 메시아, 세계적 메시아, 천주적 메시아를 통과해야만 하나님과 연결되는 것입니다. 이런 것들은 참부모가 다 했습니다. 여러분에게는 종족적 메시아로서의 사명밖에 없습니다.

13 선생님이 왜 여러분의 부모입니까? 여러분을 낳아 줬습니까? 선생님은 하나님의 사랑, 본래의 사랑을 연결시켜 줄 수 있는 부모입니다. 타락이 무엇이냐? 조상이 될 수 있는 부모가 하나님의 사랑을 연결 못 시킨 것입니다. 여러분의 부모들은 여러분을 하나님의 사랑에 연결시킬 수 없습니다. 참부모가 다른 것은 하나님의 사랑을 연결시킬 수 있는 특권을 가지고 온 것입니다. 이런 입장에서 여러분의 부모 말을 안 듣고 참부모 말을 듣는 것이 사회의 정의입니까, 악입니까? 정의입니다. 천주의 원칙이 그렇기 때문입니다.

14 성약시대에는 결혼을 합니다. 구약시대에는 결혼에 실패했고, 신약시대에는 결혼하려다가 보류되었습니다. 그 보류한 것을 끝날에 재림주가 와서 어린양잔치를 해서 완성한다는 것입니다. 결혼 완성 세계시대입니다. 결혼 완성 세계시대에는 결혼을 완성해서 하나님과 일치되면 천국에 들어가기 때문에 지상에 천국이 현현하는 것입니다. 타락으로 말미암아 두 길이 생겼지만 거기서 하나를 찾는 것입니다. 그래서 세계 인류가 천국 들어갈 수 있게 만드는 것입니다. 수천년 동안 막혀 있던 천국을, 축복해 줌으로 말미암아 수천년 동안 비어 있던 천국을 한꺼번에 채우는 것입니다. 그래서 세계 인류가 지상천국·천상천국, 하나의 세계, 해방된 하나의 문화, 하나의 통일된 세계로 들어가는 것입니다.

15 통일교회는 어떠한 사명을 짊어졌느냐? 기독교가 바라는 소망의 때를 바라보고 나가는 것이 아니라, 그 소망을 이룬 실체 기준을 중심삼고 나가는 사명을 짊어진 것입니다. 그 기준이 참부모입니다. 참부모는 하

나님과 연결되고, 땅과 연결되고, 영계와 연결되어야 합니다. 다시 말하면 하나님과 연결되고 땅 위의 만인과 연결되는 것은 물론이요, 천사세계까지도 연결되어야 합니다. 그리하여 우주가 참부모를 중심삼고 하나의 목적을 지향하여 하나님이 직접 주관하실 수 있는 권위를 세워야 합니다. 그때 비로소 하나님의 목적과 창조 위업이 성사되는 것입니다.

3절 참부모의 참사랑·참생명·참혈통

1 참부모라는 말은 타락한 이후에 연결된 것이 아닙니다. 하나님의 창조이상은 참부모를 중심삼고 시작됐습니다. 그런데 타락했기 때문에 핏줄이 달라졌습니다. 완전히 반대가 됐습니다. 나라도 타락하지 않은 본연의 나라와는 다릅니다. 원래는 종교가 없습니다. 종교라든가 나라라든가 타락한 이후에 타락의 혈통을 중심삼은 인연적 관계는 모두 선생님하고 관계없습니다. 그런 의미에서 하나님이 창조 전에 참부모란 개념을 중심삼고 생각하던 그 생각만이 절대적이요, 그 생각만이 하나님의 사랑과 생명과 혈통에 연결되게 돼 있지, 타락한 이후에 여러분이 생각하는 개념이나 관념, 인연적 관계는 타락하기 전 참부모의 이상과는 하등 관계가 없습니다. 그러니 깨끗이 원수같이 잘라 버려야 됩니다.

사랑과 생명과 진리의 실체

2 하나님은 당신의 소망인 천국을 이루어 드리는 중심적인 한 존재를 세우기 위해 역사해 오셨습니다. 하나님에 의해 이 땅에 세워질 그분은 먼저 하나님의 진리와 생명과 사랑을 받을 것이며, 그다음에는 사랑과 생명과 진리의 실체로 서게 될 것입니다. 이처럼 하나님의 사랑과 진리와 생명을 중심삼은 인간의 기준을 완성한 한 존재를 세우기 위해 하나님은 오랜 역사를 거쳐서 역사해 오셨습니다. 만일 몸 마음이 합한 실체로 하나님을 대신하여 나타나는 중심적인 존재를 맞지 못한다면 하나님이 이루시려는 천국과 아무런 관계도 없게 됩니다. 이뿐만 아니라 이 땅의 만민이 바라는 천국, 피조만물이 소망하는 천국은 결코 건설될 수 없습니다.

3 어느 한 존재가 하나님을 통할 수 있는 참다운 진리, 하나님을 통할 수 있는 참다운 생명, 하나님을 통할 수 있는 참다운 사랑의 중심 자리에 서게 되면, 그는 피조만물의 소망의 중심이요 하나님이 바라시는 소망의 핵심적인 존재이므로, 모든 피조물은 그 중심존재로부터 이탈하지 않게 됩니다. 그런 기준에서 하나님의 진리를 말씀한다면, 그는 실체를 갖춘 하나님의 생명을 증거할 수 있고, 실체를 갖춘 하나님의 사랑을 나타낼 수

있으며, 실체를 갖춘 하나님의 진리를 나타낼 수 있습니다. 이런 의미에서 예수님이 '나는 길이요 진리요 생명이라.'라고 말한 것입니다.

4 본연의 하나님의 사랑과 본연의 참부모의 사랑을 중심삼고 본연의 혈통의 역사를 이어 태어난 것이 본연의 나입니다. 그 나를 찾으면 거기에는 참부모와 참부모의 사랑이 있습니다. 하나님의 사랑으로부터 내가 시작되었기 때문에, 나를 찾았을 때는 내 속에 이미 그 두 사랑의 본연상이 심어져 있는 것입니다. 그것이 뿌리가 되어 있습니다. 나를 하나님에게서 떼어 버릴 수 없고 참부모에게서 빼 버릴 수 없습니다. 그 지체인데 그 지체 된 자체를 부정할 수 없습니다. 세포 같은 것을 보면, 잎의 세포를 뜯으나 뿌리의 세포를 뜯으나 같습니다. 요즘은 세포를 번식해서 식물도 번식시키는데, 그와 마찬가지입니다. 잎에도 뿌리가 있고 다 있습니다. 하나님의 사랑과 참부모의 사랑은 우주의 모든 주관성의 핵입니다. 주체성의 영원한 표준입니다. 사랑을 중심삼고 전부 주관하려 합니다.

5 탕감복귀하려면 잃어버린 상태를 다시 찾아야 합니다. 어머니를 중심삼고 가인 아벨로 갈라져 나왔던 것을 통일하기 위해서 두 패가 벌어진 것입니다. 사탄 편 어머니 아버지와 하늘 편 어머니 아버지가 싸운 것입니다. 이것을 청산하는 전쟁이 제2차 세계대전입니다. 그래서 세계는 완전히 통일권이 되었습니다. 하나님의 사랑과 참부모의 사랑을 중심삼고 참부모의 생명과 하나님의 생명, 참부모의 혈통과 하나님의 혈통이 재차 연결됩니다. 그런데 옛날 본연의 기준이 있는데 이것을 연결시키지 못했습니다. 이것은 남겨 놓고 사탄이 옆에서 뿌리를 박아 전부 점령해서 순이 나온 것을 잘라 버리고 여기에 새로운 부모를 중심삼고 재차 연결해 가지고 생명나무에 재부활권을 만들어 놓아야 합니다. 그러려면 잘라서 접붙여야 합니다.

6 예수님이 재림한다는 것은 인류의 참부모로 온다는 것입니다. 참부모로 오는데, 생명의 본연의 뿌리, 하나님과 일체가 된 참사랑을 중심삼은 참된 생명, 참된 혈통의 뿌리로서 오는 것입니다. 그렇기 때문에 전부 돌아가서 참된 혈통에 붙었다는 조건을 세워야 합니다. 핏줄을 다시 연결해야 됩니다. 사랑과 생명과 핏줄이 연결됐다는 평등적인 가치를 다시 편성하지 않고는 거기에 갈 수 없습니다. 하나님 나라는 본래의 타락하지 않은 아담 해와의 아들딸이, 혈통적인 면에서 일체 된 후손들이 가는 곳입니

다. 오늘날 타락한 인간의 혈통적 결함은 이와 같은 인연을 재차 갖지 않으면 돌아갈 수 없다는 것입니다.

7 재림주가, 이 땅 위에 구세주가 오게 되면 그분이 주인입니다. 그분은 사랑의 구세주요, 생명의 구세주입니다. 사랑이 어긋났고, 생명이 어긋났고, 혈통이 어긋났으니 참된 사랑의 구세주요, 참된 생명의 구세주요, 참된 혈통의 구세주로 오는 것입니다. 그것이 본연의 세계에서 잃어버린 것인데, 그것을 찾아야 하기 때문에 인류역사를 통해 찾아온 것이 참부모의 전통적 역사였습니다.

8 하나님과 사탄의 싸움을 누가 말립니까? 참부모입니다. 무엇을 갖고 말리느냐? 참사랑입니다. 사탄과 하나님이 손잡고 찬양하는 것이 참부모입니다. 참부모의 참사랑의 원리를 통해서 하나님을 해방하고 사탄을 해방하는 것입니다. 그러니까 지옥문을 철폐해서 하늘나라의 새로운 사랑의 광명의 햇빛이 스며들고 있고 영계에 혁명이 벌어지는 것입니다.

9 참부모는 참사랑입니다. 절대·유일·불변·영원한 사랑 기준의 중심 자리에 있는 분이 참부모입니다. 전부 상대적인 기준이 필요한 것입니다. 누구나 상대가 있어야 됩니다. 작은 것은 작은 상대가 필요합니다. 작은 것은 작은 것대로 주체 대상을 중심삼고 구형을 이루고, 큰 것은 큰 것대로 주체 대상을 중심삼고 구형을 이루는 것입니다. 이래 가지고 더 큰 것으로 커지는 것입니다. 하나님은 근본이기에 시작에서 끝까지 구형을 이루는 것입니다. 우주가 전부 그 사랑권에 들어갑니다.

10 하나님의 사랑과 생명과 엮어진 혈통을 가진 부모이니 참부모입니다. 참부모를 모르는 사람은 이제는 사람 취급을 안 합니다. 참부모는 하나님의 사랑을 완성시켜 줄 수 있는, 하나님을 사랑의 주인으로 만들어 줄 수 있는 선각자입니다. 참부모가 없으면 하나님의 사랑 완성의 프로그램을 영원히 이룰 수 없습니다.

참사랑의 핏줄로 전환

11 핏줄이 더럽혀졌기 때문에 그 핏줄이 공해가 됐습니다. 핏줄이 공해가 된 것을 밝히기 위한 이것이 얼마나 힘들었다는 것을 알아야 됩니다. 또 핏줄이 더럽혀졌기 때문에 이 세상을 하나님이 마음대로 할 수 없습니다. 원수의 자식들이기 때문에 마음대로 할 수 없습니다. 그래서 종교를 통해서 수많은 사람들의 방향을 180도 돌리는 데에 수천수만년이 걸렸다는 것입니다.

12 지상세계에서 거짓 부모로 말미암아 천상세계의 낙원으로부터 중간 영계, 지옥으로 벌어져서 지상세계도 그와 같은 실상이 연결되었습니다. 지상세계를 정리하기 위해서 구약시대에는 메시아를 보내기 위한 약속을 했고, 신약시대에는 예수님을 중심삼고 이 땅 위에서 지상천국을 이루기 위한 가정적인 천국이 이루어져야 천상천국이 시작되는데, 가정천국을 못 이루었기 때문에 세계시대까지 연장되어 나온 것입니다. 재림시대에는 어린양잔치를 중심삼은 참부모의 현현과 더불어 이 모든 것을 탕감할 수 있는 역사의 기원을 전부 정리한 자리에 섬으로써 참부모의 사랑을 중심삼고 참된 혈통의 조건을 계승해서 접붙이는 것입니다. 이것을 가정적으로 접붙여 주는 것이 축복입니다. 천국은 가정이 들어갈 수 있는 기준인데, 비로소 가정적인 기준에 접붙였기 때문에 그 열매를 가지고 들어가게 되면 돌감람나무 열매가 참감람나무로 되는 것입니다.

13 책임분담 하게 되면, 하나님의 참사랑 참생명과 연결되어 참된 핏줄만이 연결되어서 참부모의 전통이 서는 것입니다. 참부모가 되기 위해서는 핏줄을 전환해야 됩니다. 그러려면 돌감람나무에 참감람나무를 접붙이지 않으면 안 됩니다. 그 접붙이는 것이 통일교회 축복입니다.

14 하나님을 중심삼은 완전한 가정이 자리 잡지 못했고, 종족·민족·국가·세계 등 8단계, 천상세계까지 하나가 안 돼 있습니다. 가인이 아벨을 죽이고 셋을 핍박해 나온 것이 정리가 안 된 것입니다. 그래서 구세주, 메시아, 재림주, 참부모가 필요합니다. 참부모이면 됩니다. 그 참다운 사랑·생명·혈통을 중심삼고 타락이 없었던 가정이 출발하는 것입니다. 그것은 가정왕의 출발이요, 종족왕의 출발이요, 민족·국가·세계·천주, 천상천하 왕권의 출발입니다. 그 왕위를 중심삼고 전체 하나님을 위주로 한 사랑의 주권세계가 되는 것입니다.

15 종교를 믿고 참된 사람이 되는 것이 아닙니다. 타락이 없었으면 종교도 필요 없습니다. 생식기에서부터 거룩하고 깨끗한 아들딸이 나오는 것입니다. 거기서부터 참사랑이 오는 것입니다. 거기서부터 참생명이 나오고, 거기서부터 참혈통을 지닌 참된 아들딸, 사탄의 어떠한 참소도 받지 않는 해방적인 아들딸이 나오는 것입니다. 생식기는 참사랑을 중심삼은 왕궁이요, 참생명을 중심삼은 왕궁이요, 참혈통을 중심삼은 왕궁입니다. 제일 귀한 것입니다. 이것이 없어지면 천지가 없어지고, 이것이

없으면 하나님의 이상, 하나님의 가정, 하나님의 뜻이 이루어질 수 없습니다. 이것은 모든 전체를 완성할 수 있는 하나의 기원입니다.

16 통일교인은 참부모와 함께, 하나님과 함께 살아갑니다. 참부모의 사랑과 함께 태어나는 것입니다. 사랑은 영원한 인연을 맺기 때문에 사랑의 인연은 끊을 수 없습니다. 죽을 때까지 사랑을 못 잊는 것입니다. 부모는 죽어 갈 때에도 사랑의 심정을 가지고 아들딸을 사랑하면서 죽어 갑니다. 남편이나 아내도 마찬가지입니다. 사랑을 잊어버리고 죽어 가는 사람은 없습니다. 사랑은 죽음을 넘어서 영원과 연결됩니다. 그래서 사랑에 의한 생명권을 이어받은 자신, 남자와 여자는 사랑의 근본인 부모를 잊어버릴 수가 없습니다. 부모는 뿌리이고 자기 자신은 줄기라고 한다면 아들딸은 순입니다. 그것이 함께 크게 되면 종족권·민족권·국가권으로 확대되는 것입니다.

4절 참된 자녀의 길

1 6천년 복귀섭리역사는 부모를 복귀하기 위한 섭리역사입니다. 부모를 복귀하여 자녀를 복귀하는 섭리역사입니다. 그러한 복귀섭리노정에 있어서는 부모와 자녀가 같은 책임을 짊어지고 있습니다. 부모가 개인적인 십자가, 가정적인 십자가, 종족·민족·국가·세계·천주적인 7단계의 십자가노정을 걷고 있으니 자녀인 여러분도 그런 7단계의 십자가노정을 걸어야 합니다. 기간의 길고 짧은 차이는 있을망정, 앞에 가고 뒤를 따라가는 차이는 있을망정 탕감조건의 내용은 같다는 것입니다.

참된 자녀의 복귀노정

2 천운의 시대에 돌입할 때 세워질 수 있는 참부모와 참자녀와 참부부는 어떤 사람들일 것인가? 그런 사람들은 인간의 정을 통하고 하나님의 심정을 통한 사람들이요, 하나님의 심정에 사무쳐 있는 우주적인 고난을 체휼한 사람들이며, 하나님의 사랑을 중심삼고 하나님은 나의 아버지라고 할 수 있는 그 무엇을 느낀 사람들일 것입니다. 6천년 역사를 거쳐 오면서 인간은 인간의 종적인 문제를 해결하지 못했고 횡적인 문제도 해결하지 못했습니다. 인간은 이런 문제들을 해결해 줄 수 있는 종교를 지향해 나왔습니다. 우리는 종말시대에 있어서 부딪치는 고개와 모든 장벽들을 넘어가야 합니다.

3 참부모 앞에 참자녀로 서기 위해서는 자녀의 개인적인 복귀노정이 있고, 가정적인 복귀노정이 있고, 종족적인 복귀노정이 있으며, 민족적인

복귀노정이 있고, 국가적인 복귀노정이 있어야 됩니다. 부모의 개인·가정·종족·민족·국가적인 복귀노정과 자녀의 개인·가정·종족·민족·국가적인 복귀노정을 완결하여, 그 부모와 자녀가 일체 되어 승리했다는 기준을 세워 놓고서야 비로소 민족복귀를 종결짓고 세계적인 무대를 향해 새로이 출발할 수 있습니다.

4 가정이 십자가를 져야 됩니다. 이런 가정이 나와야만 이 3천만 민족의 모든 가정들을 복귀할 수 있습니다. 그러니 통일 종족의 가정 전체가 이 민족을 대표해서 고생해야 됩니다. 민족의 역군이 되어야 합니다. 여러분에게는 개인의 탕감노정이지만 선생님에게는 가정적인 탕감노정이 됩니다. 또한 선생님이 종족적인 십자가를 지고 갈 때에 여러분은 가정적인 십자가를 지고 가야 됩니다. 선생님은 여러분보다 한 단계 앞서갑니다.

5 선생님 가정이 가정적 기준에서 아벨적 책임을 다했으면, 그다음에는 여러분이 가정적 기준에서 아벨적 책임을 다해야 됩니다. 이렇게 해서 천국을 목표로 하고 뻗어 나가야 합니다. 그런데 아직도 하나님이 안식하실 수 있는 터전이 닦아지지 않았습니다. 그렇기 때문에 언제나 싸움이요, 또 언제든지 사방으로 사탄이 왕래할 수 있다는 것입니다. 그러니 언제 자리를 잡겠습니까? 이러한 어려운 문제가 남아 있다는 것입니다. 그러므로 여러분은 그러한 문제를 중심삼고 온갖 정성을 다 들여야 합니다.

6 아벨 가정이 승리해서 가인을 세워 놓았다면 그 가인은 모든 가정 앞에 아벨의 입장에 서야 합니다. 그렇게 하여 아벨의 입장에서 승리한 사람들이 안식을 취하고, 그 대신 가인적인 사람들이 하늘의 아벨의 입장을 상속받고 사탄세계의 가인들을 또다시 굴복시켜 나가야 합니다. 가인들을 굴복시킨 사람들, 즉 아벨의 입장을 상속받은 사람들은 가인적 입장이 아닌 하늘의 아벨적 입장에서 승리했기 때문에 안식할 수 있는 자리에 서고, 자기들의 입장을 새로운 대신자들에게 물려주면서 탕감복귀해 나간다는 것입니다.

7 축복가정들이 민족복귀의 과정을 거쳐 나가고 있다면 참부모는 세계적인 복귀의 과정을 거쳐 나가야 합니다. 즉 한 단계 앞서 나가야 합니다. 그런데 민족복귀의 승리적 기준이 세워지지 않으면 참부모는 세계적인 노정을 갈 수 없으므로 참부모님이 세계적인 노정을 가게 하기 위해 민족복귀의 책임을 상속받아야 합니다. 그래서 여러분은 죽을 때까지, 이 민

족의 한이 제거될 때까지 민족복귀의 책임을 지고 가야 됩니다.

참부모 가정을 수호해야

8 개인 개인을 두고 볼 때, 여러분은 사탄 앞에 있어서 자신을 수호해야 됩니다. 사탄의 일선과 하나님의 일선 가운데에서 하나님의 일선에 선 자기 자신을 수호해 가지고 사탄의 공세를 받지 않는 승리의 결정권을 여러분 자신이 확정지어야 합니다. 여러분의 가정이 사탄세계에 승리의 기반을 갖추어 주님의 가정을 수호해야 된다는 것입니다. 그다음에 예수님의 종족을 보호하려면 예수님의 종족을 구할 수 있는 수많은 민족적 보호권이 있어야 합니다. 그 민족들이 사탄세계에서 승리한 터전 위에 서서 예수님 편의 종족을 위할 수 있는 수호권을 만들어야 합니다.

9 가인 가정은 아벨 가정을 위해 있고, 가인 종족은 아벨 종족을 위해 있고, 가인 민족은 아벨 민족을 위해 있고, 가인 나라는 아벨 나라를 위해 있다는 관념이 확실히 서 있을 때 비로소 수호권이 생겨납니다. 어려운 일이 있으면 자기가 책임지겠다고 하게 될 때, 여기에서 안식권, 즉 천국이 건설되는 것입니다.

10 오늘날 좌익과 우익이 다 망하게 되었습니다. 누가 그렇게 만들었습니까? 하나님과 참부모가 그렇게 만들었습니다. 참된 부모와 하나된 가정들은 세계 어디에 있든지 지금까지 참부모가 해 나오던 길을 상속받았기 때문에 거기에서 강하고 담대하라는 것입니다. 그러면 하나님과 이 우주가 선생님을 보호하듯이 그 가정들을 보호함으로 말미암아 한 나라를 소화하는 것은 문제가 없습니다. 여러분이 일선에 서라는 것입니다. 선생님같이 일선에 서라는 것입니다. 돌아가지 말라는 것입니다. 참사랑으로 직행하는 것입니다.

11 여러분은 어디 가서든지 통일교회 신도라고 자랑스럽게 선포해야 됩니다. 우리는 참부모님께 속한 사람들입니다. 우리는 참부모의 자녀들입니다. 싸우지 말라는 것입니다. 싸우는 것은 사탄을 받아들이는 것입니다. 선포하고 다니라는 것입니다. '우리는 넘버 원 하나님의 자녀다!'라고 하라는 것입니다. 그러면 사탄이 참소할 수 없습니다. 그런 생각을 확고히 가지고 다니라는 것입니다.

12 하늘과 땅이 갈라져 있었지만 예수님이 하늘의 품격을 지니고 땅에 와서 하나되게 했으면 영육을 중심삼은 국가 승리권이 비로소 사탄세계에 이루어집니다. 그 권내는 사탄이 통

치할 수 없습니다. 만일 사탄이 침입할 수 없는 나라를 가졌다면 하나님은 종족이라든가 민족을 중심삼고 안식할 수 있는 것입니다. 나라를 중심삼고 싸워서 이기게 되면 하나님은 하나의 종족장으로서 안식할 수 있는 것입니다. 종족이 싸워서 이긴다면 하나님은 가장으로서 안식할 수 있습니다. 그렇기 때문에 국가적 승리권을 갖지 못하고서는 하나님이 민족적인 안식권을 가질 수 없고, 민족적인 승리권을 갖지 못하면 종족적 안식권이 생겨날 수 없는 것입니다. 종족적 승리권을 갖지 못하면 가정적 안식권이 생겨나지 못하며, 가정적 승리권을 갖지 못하고는 개인적 안식권을 갖지 못한다는 것입니다.

5절 참부모의 심정 전수와 상속

1 학교에 가게 되면 시험을 통과해야 됩니다. 시험을 통과해야 올라가는 것입니다. 마찬가지입니다. 여러분이 하늘나라에 가기 위해서는 참부모의 심정권을 상속받아야 합니다. 그러지 않고는 못 가는 것입니다.

2 하나님의 뜻은 참부모가 상속받고, 참부모의 뜻은 여러분이 상속받고 그 전통적인 사상을 잃어버리지 말아야 합니다. 그 전통적인 사상은 무엇이냐? 인간이 원수 사탄의 혈통을 받아 태어났기 때문에 이 원수 사탄의 혈통을 제거한 후 하나님을 중심하고 참부모를 중심한 혈통적인 복귀를 해야 됩니다. 그러려면 하나님과 심정적으로 일치되어야 합니다. 심정적인 일치를 기반으로 해서 하늘의 혈통을 받아 하나님을 뿌리로 하는 나무의 가지가 되고 잎이 되고, 하나님 대신 실체가 되어 사탄을 굴복시킬 수 있는 절대적인 기준을 지상에 세워 놓아야 합니다. 그래야만 복귀의 역사가 추진되어 나간다는 것입니다. 하나님은 결코 복귀역사를 포기하시지 않습니다. 여러분이 사명을 못한다고 해서 하나님은 이 땅을 포기하시지 않는다는 것입니다.

심정 전수는 일체화에서 가능

3 하나님이 각 시대 시대에 우리의 선조를 찾아와서 상속해 주고 싶었던 심정의 위업을 지금까지 아담 가정으로부터 역사적인 종말까지 연결시켜, 하나의 승리적인 심정의 실체로서 하늘땅 앞에 내세우고자 하는 그 자체가 하늘땅 혹은 모든 인류가 바라는 재림의 이상, 즉 참부모의 이념입니다. 그러므로 이 참부모를 중심삼고 참부모를 완전히 여러분이 상속받을 수 있고, 참부모를 여러분의 부모로서 모실 수 있으며, 참부모의 해원을 여러분의 해원으로 느끼는 자리에 서지 않으면 하늘의 축복, 혹은 상속을 받을 수 없습니다.

4 선생님은 아담으로부터 예수님까지의 심정을 상속받아 승리적인 인연을 갖추지 않으면 안 됩니다. 이것이 오늘날까지 싸워 나오고 있는 역사적인 내용입니다. 아담으로부터 끝날까지 연결시켜 하늘땅 앞에 내세우고자 하는 것이 재림의 이상이요, 참부모의 뜻입니다. 참부모의 이상, 참부모의 뜻을 느끼지 못하면 축복을 받을 수 없습니다. 지금까지의 나는 역사적인 배반자요 용서받을 수 없는 죄인이었습니다. 그러니 탄식과 한을 풀고, 실체의 중심을 모실 수 있는 환경을 마련해 놓은 자에게만 실체부모를 인연맺어 주는 것입니다. 하나님의 유업을 상속받기 위해 참부모가 있는 것이고, 여러분은 참부모의 유업을 상속받기 위해 있는 존재입니다. 우리는 참부모의 심정과 섭리역사의 슬픈 내용을 알아야 합니다. 참부모와 일체가 되어야 축복의 자리에 나아갈 수 있습니다.

5 역사적으로 볼 때 아담 앞에서도 참부모를 대신한 나요, 노아나 아브라함, 모세, 예수님 앞에서도 참부모를 대신한 나요, 하늘땅 앞에서도 참부모를 대신한 내가 되지 않고서는 축복의 자리에 설 수 없습니다. 남자는 아버지의 분신이요, 여자는 어머니의 분신입니다. 이 분신이라는 말에는 역사적인 눈물이 어려 있고, 역사적인 슬픔과 곡절이 어려 있습니다. 그렇기 때문에 이러한 역사적인 눈물과 슬픔과 곡절을 탕감하지 않으면 안 됩니다. '나는 이러이러한데 왜 축복을 해주지 않습니까?' 하게 되어 있지 않다는 것입니다. 우리는 과거와 현재와 미래에 걸친 참부모의 심정과 실체와 모든 말씀을 접붙임 받아야 합니다. 참부모를 대신하여 축복받은 선배들에게 지지 않고, 선배들이 책임을 못하면 그들의 책임까지 대신하겠다고 하면 틀림없이 그들과 같은 복을 받을 수 있습니다. 과거에는 부족했으나 끝까지 부족한 내가 되어서는 안 된다는 각오를 가져야 하는 것입니다. 개인의 목적은 허락이 안 됩니다. 참부모를 대신하지 않으면 축복받을 수 없습니다.

6 여러분은 심정을 겸해야 하늘의 용사가 될 수 있습니다. 심정을 빼고서는 안 됩니다. 심정이 없으면 인격이 안 나오고, 심정을 통한 인격이 나오지 않으면 심정을 통한 진리도 나오지 않고, 심정을 통한 진리가 나오지 않으면 이상이 나오지 않습니다. 여러분의 이상은 무엇입니까? 참부모입니다. 통일교회는 역사가 찾아 나온 중심인 참부모를 모시는 곳입니다. 시대가 요구하는 중심인 참부모를 모시는 곳입니다. 미래의 기원이 될 수 있는 참부모의 인연을 내가 상

속받을 수 있다는 것입니다. 따라서 나는 역사적인 열매입니다. 나는 시대적인 중심입니다. 미래의 기원이 되고 조상이 될 것입니다. 참부모의 심정과 일치될 수 있는 인연을 맺어야만 그렇게 된다는 것입니다. 이런 마음을 갖고 이런 기도를 하면 부끄럽지 않습니다.

7 하나님의 심정과 참부모님의 심정은 어디서부터 연결되느냐? 종적인 심정이 횡적으로 어떻게 연결되느냐? 하나님과 인간이 하나되어 완성하게 될 때 횡적인 심정권이 시작됩니다. 그러면 완성 기준이라는 말은 뭐냐? 17, 18세가 되면 성숙하게 됩니다. 아래에서 자라 중앙선까지 올라옵니다. 그렇기 때문에 심정권을 중심삼고, 반드시 참부모를 중심삼고 횡적 세계에 자기 생활무대의 인연이 벌어지는 것입니다. 이것이 하나 안 되면 심정축이 안 섭니다. 종적 기준을 중심한 하나님의 심정권은 원리로 말하면 직접주관권으로서 사탄 전체가 침범할 수 없는 절대권입니다. 심정권에서부터 직접주관이 벌어집니다.

8 여러분이 참부모의 심정과 하나님의 사랑과 그 심정을 어떻게 체휼하느냐, 그 경지에 어떻게 들어가느냐가 문제입니다. 그러려면 타락하지 않은 아담과 해와가 되어야 합니다. 사탄이 참소할 수 없어야 합니다. 그러면 사탄세계에서 어떻게 해방받겠습니까? 사탄하고 싸워서 이겨야 됩니다. 그러려면 얼마나 수고하고 얼마나 고생스러워야 되겠습니까? 야곱도 열 번 속았고, 모세도 열 번 속았고, 예수 그리스도도 그렇게 속았습니다. 선생님도 마찬가지입니다. 그것을 극복해 나가야 합니다. 그때에 하나님의 심정을 알게 되는 것입니다. 부모님의 심정을 알게 되는 것입니다. 그러지 않으면 절대 모릅니다. 그러지 않고는 사탄이 떨어지지 않는 것입니다. 사탄 앞에 승리 못하는 한 부모님의 심정을 알 수 없고 하나님의 심정을 알 수 없습니다.

9 여러분은 하나님의 슬픔을 알아야 하고, 하나님의 슬픔이 크면 클수록 우리에게 축복하시고 싶은 마음이 간절하다는 것을 알아야 합니다. 복귀과정에 있는 여러분은 먼저 참부모를 모시고 그다음에 다시 그 인연을 연결시켜 천상세계까지 수습해야 됩니다. 이러한 입장에서 여러분에게 하늘땅을 상속해 주고, 우주를 상속해 주고, 만백성을 상속해 주고 싶은 것이 하나님의 심정입니다. 그러니 여러분이 하나님 대신, 참부모 대신 참아들딸의 사명을 다하여 하나님 앞에 세움 받을 수 있는 참다운 자녀들의 영광의 터전을 마련하고, 하

나님이 충신이라고 할 수 있는 기반을 마련해야 됩니다.

10 부모의 심정을 알기 위해서는 일체라는 것을 어떻게 느끼느냐가 큰 문제입니다. 그리고 사탄에게 승리하기 전에는 절대 될 수 없습니다. 안 오는 것입니다. 그러니 선생님이 발전소와 송전소를 만들어 놓았습니다. 개인적·가정적·종족적·민족적·국가적·세계적·천주적·하나님까지 이러한 탑을 만들어 놓았습니다. 그러면 이제 심정의 전선을 걸어야 합니다. 이것은 선생님이 하는 것이 아니고 하나님이 해주는 것이 아닙니다. 여러분이 해야 됩니다.

참부모의 심정권을 상속받자

11 참된 부모가 나오지 않으면 참된 자녀가 나올 수 없습니다. 아직까지 땅 위에 참된 사람이 없었기 때문에 참된 부모가 나오지 않았습니다. 그래서 통일교회에서는 참부모를 인정하고 그 참부모를 발견해서 모시자고 합니다. 참부모의 아들딸이 되자는 것입니다. 그 아들딸이 되면 참부모가 갖고 있는 모든 것을 상속받는 것입니다. 참부모가 갖고 있는 상속권은 하늘땅, 하나님까지입니다. 하나님까지도 상속받자는 것입니다. 하늘땅이 주인이 없다면 그 하늘땅은 아무 가치도 없습니다. 그 하늘땅의 가치를 백 퍼센트 인정할 수 있고, 그 가치를 영원히 주장할 수 있는 내가 되어야 합니다. 또 그것을 공인해 줄 수 있는 분을 만나야 합니다. 그분이 하나님입니다. 그렇기 때문에 참부모의 상속권을 가져야 합니다.

12 하나님이 소원하시던 참부모요, 인류가 바라던 참부모요, 하늘땅이 고대하던 참부모는 역사적인 해원을 하고 하나님의 심정적인 위업을 상속받기 위하여 이 땅 위에 오신 분입니다. 이러한 참부모를 다시 상속받아야 하는 것이 우리, 나입니다. 이런 부모를 상속받기 위해서는 하나님의 슬픔은 다 모를지라도 참부모의 슬픔의 일면을 체험해야 됩니다. 땅을 새로 찾기 위하여 하늘이 해온 수고도 물론 알아야 되겠지만, 그것은 다 모르더라도 땅 위에서 수고하신 참부모의 심정적인 인연이 어떻다는 것과 슬픈 내용이 어떻다는 것을 어느 일면이라도 알아야 합니다.

13 여러분이 하나님의 사랑을 갖기 위해서는 하나님의 생명을 밑바탕으로 해야 됩니다. 그러지 않으면 하나님의 사랑을 못 받습니다. 하나님의 생명을 지니게 되면 은혜가 있습니다. 하나님의 생명의 인연을 바탕으로 하는 사람이 되지 않고는 하나님의 사랑을 옮길 수 없습니다. 그렇기

때문에 여러분이 은혜를 받아야 됩니다. 은혜의 표시는 환상이나 꿈같은 것으로 나타납니다. 여러분은 실체의 하나님 입장에 있는 참부모가 그리워서 울어야 합니다. 자꾸만 보고 싶어해야 됩니다. 밥이라도 한 그릇 지어 놓고, 물이라도 한 그릇 떠 놓고 모시고 싶어해야 됩니다. 그런 간절한 마음을 가져야 합니다. 눈물이 앞설 수 있는 심정을 갖고 있으면 됩니다. 그렇게 하면 선생님을 중심삼고 여러분이 심정일치가 되고, 선생님과 같이 호흡함으로써 선생님의 인격 기준과 그것을 뒷받침하는 선생님의 과거와 거기에 얽힌 사연이 어떻게 되어 있는가를 알게 되고, 나아가 그것을 상속받고 인계받을 수 있습니다.

14 선생님은 죽을 사지에 들어가는 한이 있더라도 종합적인 활동의 배후를 묶어서 책임을 다하지 않으면 안 됩니다. 이것은 숙명적인 노정이기 때문에 어떠한 일이 있더라도 전진해야지 물러서서는 안 됩니다. 참부모로부터 이러한 정신을 상속받는 여러분의 자세는 어때야 되겠습니까? 지금까지는 여러분이 마음대로 살아왔습니다. 그렇지만 선생님의 기반을 상속받아서 남은 생애를 걸고 지켜 나가야 할 숙명적인 사명이 여러분에게 남아 있습니다. 목숨을 걸고 지켜 나가지 않으면 안 될 사명이 여러분 모두에게 남아 있다는 것입니다.

15 우리가 가는 길은 아직 끝나지 않았습니다. 여러분은 하늘 앞에 감사함으로써 축복을 받을 것입니다. 여러분은 개인적으로 감사해야 할 뿐만 아니라 자기 종족을 대표해서, 더 나아가서는 민족을 대표하고 세계 인류를 대표해서 축복을 받았다는 가치를 잊어버려서는 안 됩니다. 또 참부모가 지상에서 해야 할 책임을 상속받았다는 것을 알아야 됩니다.

16 참부모님의 승리권을 상속받아야 합니다. 개인적으로 하늘땅 앞에, 부모님 앞에 부끄럽지 않아야 합니다. 그러니 절대사랑·절대복종·절대신앙으로 살아야 합니다. 모든 것을 희생하더라도 부모님을 위해서 생축의 제물이 되겠다는 심정일치권을 중심삼고 부모님이 사랑하는 이상 사랑을 지녀야 부모님이 해방됩니다. 부모님이 인류를 사랑하는 이상 사랑하는 사회가 되어야 하나님의 해방권이 생긴다는 것입니다. 그런 아들딸을 가짐으로써 비로소 아들딸을 찬양하고 아들딸을 사랑하면서 자기가 기뻐할 수 있는 해방권이 생긴다는 것입니다. 그러한 심정적 충신의 도리, 성인·성자의 도리를 지켜 가야 할 전통적 본연의 주류의 자리에 선 것을 망각해서는 안 됩니다.

제5장 천지인참부모와 승리권 상속

1절 천지인참부모

1 참부모는 천지부모이고 하나님은 천주부모입니다. 지상의 천지부모는 1대입니다. 1대에 끝나는 것입니다. 천주는 하나님의 집입니다. 영원한 것입니다. '천주(天宙)'는 두(二) 사람(人)의 집(宙)인데, 갓머리(宀)는 편안하다는 것이고 '집 주(宙)' 해서 자유스러운 집입니다. 두 사람이 살 수 있는 자유로운 집, 그것이 천주입니다. 그래서 천주주의는 하나님주의라는 말입니다. 이제부터는 천주부모와 천지부모를 달리 알아야 합니다. '천지부모' 할 때는 타락하지 않은 완성실체, 하나님 대신 실체를 쓰고 세상만사의 중심 자리에 선 분을 말하는 것입니다.

천주부모와 천지부모

2 천주부모가 하나님입니다. 천주라는 것은 하나님의 집입니다. 영계도 하나님의 집이고, 지상도 하나님의 집입니다. 천지부모는 이 땅 위의 타락한 세계에서 부모 자리에 서는 것입니다. 천지부모의 성혼식은 천주부모의 성혼식과 합덕함으로써 천주·천지부모의 왕권즉위식을 중심삼고 지상·천상 두 세계가 하나의 길에서 결정해 거두어 하늘의 열매로서 바쳐질 때가 왔습니다.

3 참부모와 하나님이 뭐가 다릅니까? 하나님은 신이요 참부모는 사람입니다. 사람과 신이 합해서 둘이 핵이 되고 중심이 되어서 영원히 산수원과 같은 샘터가 그치지 않고 태양빛이 비춰 주는 그 세계가 되면 지상·천상 만국 해방의 이상경이 될 수 있으며, 천상·지상 통일된 하나의 이상의 나라가 아닐 수 없다는 것입니다.

4 사람은 천주부모와 천지부모의 결실체입니다. 하나님도 혼자서는 사랑의 목적을 이룰 수 없습니다. 무형을 가지고는 실체세계의 아들딸을 천국까지 옮겨가서 하늘나라의 백성으로 삼을 수 있는 길이 없습니다. 체가 없어 가지고는 안 되는 것입니다.

5 하늘의 부모님을 천주부모라고 합니다. 천지부모는 땅의 참부모입니다. 천주부모와 천지부모가 일체가 되었더라면, 아담 한 가정만 참사랑과 참생명, 그리고 참혈통으로 묶어서 정착했더라면 만사가 다 끝났을 것입니다. 그 가정의 출발이 세계복귀의 출발이요, 세계축복의 출발입니다. 그 한 가정이 하늘나라의 문을

열 수 있는, 천국을 개문할 수 있는 주인입니다. 동시에 그 한 가정의 전통을 이어받은 사람들은 종교니 구세주니 메시아니 재림주니 참부모라는 이름 없이 직행해서 하늘나라의 왕터를 중심삼고 모실 수 있는 황족권의 자녀가 되었을 것입니다.

후천시대와 천지인부모

6 통일교회에서 제일 중요한 말이 천주부모·천지부모·천지인부모입니다. 하나님의 이상이 천주부모가 되는 것도 아니요, 천지부모가 되는 것도 아니요, 천지인부모가 되는 것입니다. 그것이 하나님의 창조이상이요 소원이었습니다. 부모 가운데 천주부모도 필요하고 천지부모도 필요하지만, 천지인부모가 더욱 필요합니다. 그 천지인부모를 아는 사람이 지금까지 한 사람도 없었습니다. 아담 해와가 사람으로 완성하지 못했기 때문에 하나님도 완성 못했고, 천지부모도 완성 못했습니다. 하나님도 홀로는 사랑을 찾을 수 없습니다. 천지부모도 사랑의 상대가 없으면 사랑을 못 이룹니다. 마음적 자리는 하나님, 몸적 자리는 참부모, 여러분은 3대 손자의 자리에 섬으로써 두 부모의 씨로서, 열매로서 창고에 들어갈 수 있는 하늘나라의 수확의 결실이 되는 것입니다. 그렇기 때문에 천지인부모가 제일 귀한 것입니다.

7 인간이 타락하지 않았으면 하나님이 천지인부모가 됩니다. 하나님이 직접 마음에 들어와 있고, 그다음에 몸을 쓰고, 그다음에 사랑의 상대를 만나서 사랑함으로써 자녀를 낳아 가정의 진짜 부모가 되는 것입니다. 그런 부모를 지금까지 못 모셨습니다. 그렇기 때문에 창조이상은 몸을, 체를 써서 자기 자녀로부터 가정을 만들고, 민족·국가·세계·천주를 만드는 것입니다. 타락함으로써 하나님이 몸을 쓰고 전부를 이양하지 못했기 때문에, 아들딸을 낳지 못했기 때문에 하나님이 체를 쓰고 부모가 못 됐다는 것입니다.

8 최후에는 이 땅 위에서 모든 것을 완성해야 됩니다. 하나님도, 참부모도 땅 위에서 완성해야 됩니다. 그러면 땅 위의 가정을 중심삼고 사는 개인들이 세계를 대표하는 것입니다. 세계를 대표하는 종족·민족·국가·세계·천주 전체가 지상에서 이뤄져야 합니다. 그것을 이루어서 천국에 들어가 살게 돼 있는 것이 창조이상의 관입니다. 그 세계를 잃어버렸습니다. 하나님과 인간, 천주부모와 천지부모가 갈라졌다는 것입니다. 그것이 합해져서 나중에 천지인부모가 돼야 합니다. 최후에 소망으로 바라는 것이 천지인부모입니다. 하나님이 완성하는 것은 땅에서이지 영계에서

가 아닙니다. 무형의 하나님이 실체를 쓰고 완성해야 됩니다.

9 만물을 중심삼고 잃어버린 만물을 찾는 시대가 구약시대이고, 만민, 가인 아벨을 하나 만들기 위한 시대가 신약시대이고, 그리고 천지의 부모님, 하늘의 아버지와 땅의 아버지가 하나되는 시대가 재림시대입니다. 그러므로 재림시대는 천주·천지·천지인부모의 혈통을 여러분 가정에서 전수받고 아무런 참소와 침해를 받지 않는 부모권을 가질 수 있는 시대로 이행하는 신천신지의 시대입니다. 선천시대가 후천시대로 변한다는 것입니다. 그런 종합적인 결론이 확실하게 지어져 깨끗하게 되는 것입니다.

10 천지인부모가 되기 위해서는 몸과 마음이 하나된 남성과 여성이 하나되어 가정 정착을 해야 됩니다. 그럼으로써 그 자리는 해방시대요, 하나님의 핏줄을 세계적으로 뽑아 넘기기 위하려니 석방시대입니다. 세계적 기준의 정상에 와서 석방시대까지 만들어 놓았으니 신천신지, 선천시대가 지나가고 후천시대가 됩니다. 하나님을 중심삼고 신천신지가 생겨남으로써 평화의 왕이 등장하게 됩니다.

11 선천시대는 지나가고 후천시대가 찾아옵니다. 그렇기 때문에 쌍합십승일의 날만이 아니라 해까지도 찾아야 합니다. 사탄이 날을 차지하고 해까지도 마음대로 주관하던 것을 선생님을 통해 천주·천지·천지인부모의 능력을 가지고, 무형의 하나님이 하지 못했고 예수님이 몸을 못 썼던 것을 몸을 써서 천지인, 사람의 아들딸을 낳을 수 있게 되었습니다. 그런 가정의 출발이 축복가정입니다. 그 축복가정이 없으면 하늘 족속도 없고, 나라도 없고, 세계도 없습니다.

12 여러분은 이제 죄인이 아닙니다. 지금까지 타락의 죄에서 해방됐지만, 해방된 천일국이 됐지만 천일국 나라에 사형수들이 남아 있습니다. 무기징역수, 지옥에 영원히 있는 사람까지도 해방해야 하기 때문에 석방시대를 선포했습니다. 선천시대 후천시대, 새 하늘 새 땅을 출발할 수 있는 쌍합십승일을 중심삼고 날과 해를 잃어버렸던 것을 하나님이 찾아 날과 해를 엶으로써 세상의 돈과 그다음에 물건과 사람을, 날과 해 가운데 잃어버린 것을 찾기 위한 시대에 있어서 신천신지를 발표한 것입니다.

13 하나님 자신도 사람의 몸을 쓰고 아들딸을 생산하는 가정에서 살아야 됩니다. 그것이 천국입니다. 지상·천상천국이 하나의 세계입니다. 둘이 아닙니다. 그 가외의 모든 것은 없어

집니다. 취소당하는 것입니다. 그 가외의 것들을 깨끗하게 청산해 놓고 새로운 법으로 치리해야 됩니다. 그러려니 선천시대의 모든 것을 치워 버리고 후천시대의 새 것으로 개조하지 않으면 안 됩니다. 천상이 통일된 단일 가정을 확대한 민족으로부터 새로이 편성되는 그 나라가 하나님의 나라요 여러분의 본향 땅입니다.

14 참부모가 옴으로써 초종교·초국가·초역사시대가 되었습니다. 구약시대·신약시대·성약시대를 연결하고 하늘땅을 통일한 참부모 통할시대라는 것입니다. 천주부모 천지부모가 통할할 수 있는 시대입니다. 지금까지 갈라져서 서로가 인연도 세우지 못하고 나온 것입니다. 관계를 맺을 수 없었습니다. 이제는 관계를 맺을 수 있는 시대가 됐기 때문에 '천주천지참부모님 평화통일 축복가정왕'의 출발이 가능한 것입니다.

천지인부모의 책임

15 하나님 대신 사람이 됨으로써 영육이 일체 될 수 있는 사랑의 왕조에서, 지상에서 살다가 천상세계에 천지인부모들의 일족이 가서 사는 곳이 영원한 천국 나라입니다. 천주부모·천지부모·천지인부모, 이 셋이 합해야만 조화가 벌어집니다. 천(天)하고 지(地)의 직선에는 조화가 없습니다. 천·지·인의 3점에서 조화가 벌어지는 것입니다. 천주부모가 되겠습니까, 천지부모가 되겠습니까, 천지인부모가 되겠습니까? 천지인부모는 세 번 부활해야 됩니다. 영형체·생명체·생령체의 세 고개를 넘어서야 착지하는 것입니다. 그것을 별로 말하면 위성이 아닙니다. 항성이 돼야 합니다.

16 천지인부모 자격을 따지 않고는 천국에 못 들어갑니다. 무형의 하나님 부모, 실체의 아담 부모, 실체 아담의 아들딸을 축복한 제3 창조주 입장이 천지인부모입니다. 선생님이 1대면 여러분이 2대이고, 여러분의 아들딸이 3대입니다. 3대를 중심삼고도 횡적으로 하나 만들어야 합니다. 그렇게 안 되게 될 때는 문제가 됩니다. 천지인부모의 자리를 통과하지 못한다는 것입니다. 천주부모, 그다음에는 천지부모, 그다음에는 천지인부모입니다. 여기에서 비로소 하나님도 사람이 되는 것입니다. 완전한 남자 여자를 중심삼고 사랑에 정착할 때 천지인부모입니다.

17 통일교회는 천주·천지·천지인부모를 말하고 있습니다. 3단계를 거쳐서 실체적이고 인성적인 사람의 몸을 쓴 부모로부터 아들딸이 생겨나는 것입니다. 천주부모인 무형의 신, 중화적 존재에서는 아들딸이 안 나옵니

다. 그래서 천지부모와 둘이 하나되어 사람으로서 천지인부모의 자리를 거쳐야만 아들딸을 낳고 가정이 생겨나는 것입니다. 그렇기 때문에 여러분 중에 실체를 통해서 하늘나라에 갈 수 있는 아들딸을 낳지 못한 사람들은 천국에 못 갑니다.

18 무형의 하나님인 천주 하나님과 천지 하나님, 둘이 합해서 천지인부모가 되는 것입니다. 그것이 안 돼 가지고는 지상에서 천지인 조상의 혈통을 통하여 대신자의 입장에서 상속받을 수 없습니다. 상속받지 않고는 천지인부모가 못 됩니다. 천지인부모가 돼서 아들딸을 데리고 들어가는 곳이 천국입니다.

19 천주부모는 무형의 신으로 무형세계의 주인이요, 천지부모는 땅의 주인으로 아담 완성의 주인입니다. 그런데 천주부모가 못 됐고 천지부모가 못 됐습니다. 하늘부모와 땅 부모를 연결시켜서 사람이 주인으로 정착해야 됩니다. 천지인부모만이 땅에 정착하는 것입니다. 천주부모 천지부모가 정착 못했기 때문에 아무 실효가 없습니다. 하나님이 아담 몸 가운데 들어가고 해와의 몸 가운데 들어가서 실체를 쓴 부모가 되어 아들딸을 낳아야만 정착하는 것입니다. 3대를 갖지 못한 하나님은 땅에 임재할 수 없습니다. 재림주가 지상에서 인격적 신으로서, 사람으로서 영계와 육계의 아버지, 3대 아버지의 자리를 가져야만 정착하게 됩니다.

20 천주·천지·천지인부모라는 말은 역사의 총론입니다. 천지인부모를 모시지 못하면 몸의 부모와 마음의 부모를 못 모시는 것입니다. 아무리 영계에 가 있다고 하더라도, 예수님이 영계의 낙원에 있다고 하더라도 천지인부모의 자리에 있어서 천주·천지부모와 하나된 부모를 모시지 않고는 천지인부모의 세계와 인연을 맺을 수 없습니다. 그래서 재림이라는 말이 나왔습니다.

2절 천지인부모의 대신가정

1 천주·천지·천지인 혈족의 남편과 아내가 되어 가지고 하나님과 온 우주가 숭배할 수 있는 가정을 가져야만 아담이 타락하지 않은 해방적 천국의 기원이 됩니다. 그렇게 되는 것이 원칙입니다. 그 원칙의 자리 이상이 돼야 합니다.

2 천지인부모는 무엇이냐? 제1 창조주가 하나님이요, 제2 창조주가 참부모요, 제3 창조주가 아담 해와의 아들딸입니다. 그러나 손자 손녀를 못 가졌기 때문에 제3의 천지인부모가 못 됐습니다. 그것을 대신하는 입장

에 선 것으로 생각해야 됩니다. 중요한 것이 천지인부모입니다. 여러분이 천지인부모의 가정이 돼야 합니다. 천지인부모, 자기 시대에 있어서 자리를 잡고 하나님의 조국 위에 평화의 왕권시대를 갖춰 천국에 들어갈 수 있는 시대를 선언하는 것입니다.

축복가정은 3대권

3 참부모는 하나님이 창조하신 타락하지 않은 아담을 대신한 완성한 분을 말합니다. 1대가 하나님, 2대가 참부모, 3대가 축복가정들입니다. 3대입니다. 거기에는 아무것도 없습니다. 나라니 무엇이니 없다는 것입니다. 1대 2대 3대, 그 사이에는 타락이니 거짓 사랑이니 거짓 생명이니 거짓 혈통이니 하는 것들도 없고 이름들도 없습니다.

4 형상이 없는 하나님이 체를 입기 위해서 상대이상을, 절대신앙·절대사랑·절대투입을 해서 맨 첨단 위에 세워 사랑의 대상을 만드는 것입니다. 그래서 어머니를 품어 실체 천지인부모가 됨으로 말미암아 비로소 영계나 육계에 체를 가지고 주인 노릇을 할 수 있는 시대가 됩니다. 체를 가진 그 주인을 하나님도 따라가야 되고, 사탄도 복종해야 되고, 천사세계도 복종해야 됩니다. 그래서 천지인부모의 자리에 나아가야 되겠기 때문에, 천주부모 천지부모 대신 천지인부모로서 대신가정을 상속해 주기 위해서 천일국 시대에 있어서 하나님의 조국과 평화왕국시대를 선포한 것입니다. 여러분이 천지인부모가 돼야 합니다. 그래서 3대가 하나되어야 합니다. 하나님이, 보이지 않는 이성성상의 중화적 존재가 격위에서는 남성격인데 이것이 체를 입은 것입니다. 몽땅 투입해 가지고 아담 해와를 지었다는 것입니다.

5 여러분은 축복 중심가정입니다. 축복 중심가정은 참부모 대신가정이니 하나님 앞에 선생님이 기도하던 것과 마찬가지로, 영계에 있는 모든 성인 성자도 여러분 말을 들어야 합니다. 지상에서 참부모와 더불어 축복받고 모시고 살던 사람은 여러분이기 때문에 여러분이 주인입니다. 영계에 가 보게 되면 영계가 다 그렇게 되어 있기 때문에 들어가자마자 죽죽 올라갈 수 있습니다. 사다리가 다 있습니다.

6 천주·천지·천지인부모의 왕권을 이어받고 장자권을 대표한 효자 충신의 가정이 되어서 3시대의 왕권을 고이 후대에 전수할 수 있는 가정이 되고, 과거·현재·미래의 대표적 가정이 되어 3대 왕권시대의 대표적인 왕자 왕녀의 가정이라는 자각을 해야 됩니

다. '천주·천지·천지인부모의 왕권시대에 상속받은 왕권을 대표한 효자 충신의 가정이 되겠습니다.'라고 하라는 것입니다. 3시대의 왕권을 이어받은 대표자가 내 가정이라는 인식을 해야 됩니다.

7 여러분 자신이 중심입니다. 영적 하나님과 실체적 참부모 대신 하늘나라의 법, 개인의 법, 가정의 법, 종족의 법, 민족의 법, 국가의 법을 세워야 합니다. 여러분이 전권을 중심삼고 하나님 대신, 참부모 대신 천주·천지·천지인부모의 사랑의 실권시대에 하나님과 하나되어야 하는 것입니다. 하나님과 하나되어서, 딱 뒤집어져 가지고 중심과 하나되어서 착지하는 것입니다. 천주부모와 천지부모와 천지인부모가 안팎으로 하나되는 것입니다. 그 기준에서 여러분이 상속을 받고 이제부터 여러분의 나라와 여러분의 세계가 축복 일체화되는 것입니다.

8 사랑의 실체로서 영원히 하나님의 아들딸이요, 하늘나라의 대표요, 하늘나라 백관대작(百官大爵)의 대표자라는 생각으로 생활해야 됩니다. 이럼으로 말미암아 지상에서부터 거리낌이 없이 천국에 하나님을 모신 영광의 왕자권 내에 동참할 수 있다는, 통일세계에 있어서 하나의 나라를 치리하는 백관대작의 일원이 될 수 있다는 것을 염두에 두고 정성을 들여 그 자리에까지 도달해야 됩니다. 그것이 안 되게 되면 여러분은 천만년 궁전을 바라보기만 하고 들어갈 문턱을 못 넘어서게 되는 것입니다.

천지인부모의 대신자

9 여러분은 하나님의 대신자가 되고 싶어하고, 참부모의 대신자가 되고 싶어하고, 그다음에는 천지인부모의 대신자가 되고 싶어합니다. 천주·천지·천지인부모는 자기 대신자가 자기보다 낫기를 바라는 것입니다. 여러분은 탕감노정을 안 거치고 넘어가는 것입니다. 가진 것이 아무것도 없지만 참부모님이 일생 동안 싸워 나온 신앙 기준 앞에 절대신앙만 하면 됩니다. 절대신앙은 절대사랑권을 찾기 위해 필요한 것입니다. 그러니 땅에서부터, 지옥에서부터 절대신앙자가 되어야 하니 투입하고 잊어버리고 투입하고 잊어버려야 합니다. 그렇게 해서 하늘땅, 천지가 하나된 무형의 천주부모, 그다음에 대상적 실체권이 되는 천지부모, 그다음에 천지인부모의 합덕 기반을 중심삼고 완결되었습니다.

10 천주부모·천지부모·천지인부모가 이룬 모든 것을 상속받아야 됩니다. 부모보다 못한 대신자를 부모는

원치 않습니다. 남편은 사랑을 중심삼고 아내가 자기보다 못하기를 바라지 않습니다. 아내도 마찬가지입니다. 대신자는 자기보다 나아야 되고, 대신자가 낫기 때문에 상속받을 수 있는 것입니다.

11 복귀섭리는 1차, 2차, 3차의 구약시대·신약시대·성약시대, 이렇게 나왔습니다. 이제는 해방·석방시대를 중심삼고 무한경(無限境)의 해방세계, 죄의 흔적도 없는 영육을 중심삼은 실체 아들딸의 평준화된 세계를 이뤄 나가고 있는데, 그 세계가 바로 우리가 살아가야 하는 이상세계입니다. 그렇기 때문에 천주·천지·천지인 부모, 재림주님이 이 땅에 와서 하나님 대신, 완성 아담 대신 실체적인 몸을 가지고 사랑의 실체권을 비로소 정착시키는 것입니다. 그것이 가정입니다. 그것을 정착시키지 못하고 아들딸이 없으면 사랑도 없어집니다. 부부가 아무리 해도 자녀가 없으면 끝장나는 것입니다.

3절 참부모의 승리권 상속

1 지상에 참부모가 나타나지 않았다면 영계에 영원히 하나님의 아들딸이 없게 되었을 것입니다. 처음으로 선생님에 의해서 본연의 아들딸들이 태어나게 됩니다. 선생님에 의해서 하나님의 황족이 생긴다는 것입니다. 여러분은 그러한 자부심을 가져야 합니다. 우리가 모든 나라들을 본연의 에덴으로 연결해야 됩니다. 그래서 선생님이 천주세계를 넘어서 승리적인 기반을 닦았습니다. 참부모가 그러한 기반을 닦았다는 것입니다. 참부모가 이룬 것을 참자녀들에게 상속해 주어야 합니다.

참부모의 승리권

2 참부모의 승리권은 사탄과의 싸움에서 이겼다는 말입니다. 개인적인 권에서 이겼고, 가정적 차원에서 승리했고, 종족적·민족적·국가적·세계적 기준에서 완전 승리를 거두었다는 말입니다. 결코 쉽지 않은 험한 노정이었습니다. 그러나 만난을 극복하고 승리를 쟁취하여 '하나님왕권즉위식'을 봉헌함으로써 하나님까지도 해방시켜 드리는 기적을 일구어냈습니다. 몰락한 공산주의 국가들까지도 참부모는 다시 참사랑으로 용서해 주며 품고 나가는 것입니다.

3 참부모님의 승리권은 개인이 잃어버려 사탄이 가지고 있던 것을 찾아왔다는 것입니다. 개인을 잃어버렸습니다. 해와 때문에 아담까지 잃어버렸습니다. 아담이 찾아졌기 때문에 세계의 여성을 찾아와야 됩니다. 그래서 1992년 4월 10일 어머니를 내세워 여성해방 운동을 중심삼고 찾아

오는 것입니다. 어머니 시대로 들어가는 것입니다. 어머니 시대입니다.

4 참부모가 승리했다는 것은 거짓부모로 말미암아 잃어버렸던 모든 것을 찾아서 회복했다는 것입니다. 참된 아들이 있고, 참된 딸이 있고, 참된 부부가 있게 된 것입니다. 참된 부부로 인해 참된 손자로부터 천만대의 후손이 선하지 않은 사람이 없는 일족을 남길 수 있는 뿌리가 참부모입니다.

5 참부모님의 승리권은 개인에 한한 것이 아닙니다. 우주사적입니다. 그것을 상속받아야 됩니다. 상속받으려면 아담 해와가 절대신앙을 못 가졌고, 절대사랑으로 하나 못 됨으로써 잃어버렸던 것을, 혈통적으로 더럽혀진 것을 청산해야 됩니다. 그러기 위해 선생님이 승리의 패권을 닦아 놨으니 본연의 궤도를 따라서 개인에서부터 오르락내리락해야 됩니다. 마음대로 왔다 갔다 해야 됩니다. 하나님과 인간을 평면적으로 보면 저세계 끝에 하나님을 갈라놨기 때문에 부모님이 가서 하나님을 모시고 가정으로 돌아온 것입니다. 종적으로 8단계입니다. 종적 횡적으로 전부 극복했기 때문에, 사탄의 참소권을 벗어났기 때문에 하나님을 마음대로 가정에 모실 수 있고 나라에 모실 수 있는 때가 왔습니다.

6 선생님이 참부모라는 이름을 자랑할 수 있는 것은 무엇 때문이냐? 사랑을 중심삼고 막혔던 담을 헐고 역사시대를 통해서 종횡의 모든 단계적 분야를 헤치고 문을 개방할 수 있는 내적 심정권을 갖추었기 때문입니다. 그런 승리적 기반은 내 기쁨만이 아니라 하늘땅이 기뻐해 주고, 역사가 기뻐해 주고, 시대가 기뻐해 줄 수 있어야 합니다. 그런 단계에서 기뻐해야지, 역사를 부정하고 과거를 부정하고 기뻐하면 안 됩니다. 과거·현재·미래에 같이 기뻐할 수 있는 내용으로 남아져야 됩니다.

7 혈통을 전환하고, 소유권을 전환하고, 심정권을 맡기고, 절대신앙·절대사랑·절대복종하는 가정을 중심삼고 가인 아벨 형태가 만들어져야 합니다. 승리적 패권을 쥔 가정이 승리함으로써 '참부모와 성약시대' '참부모와 성약시대 안착'이 나온 것입니다. 가정적으로 다 안착했기 때문에 세계의 가정 앞에 상대적 주체로서 인정함으로써 참부모의 승리권을 상속받게 됩니다. 그렇게 하여 아담 해와의 사위기대권을 중심삼고 개인적·가정적·종족적·민족적·국가적으로 공식 기반이 커 가는 것입니다. 커 가는 데는 한꺼번에 크는 것이 아닙

니다. 세계는 국가의 중심이요, 국가의 목적지입니다. 국가는 세계로 갈 수 있는 기점이 되는 것입니다.

8 참부모를 자랑하고 사랑해야 됩니다. 참부모와 성약시대, 참부모와 성약시대의 안착입니다. 참부모가 안착해서 참부모와 참부모의 승리권을 상속해 주는 것입니다. 안착했으니 축복해 줄 수 있는 것입니다. 세계적 안착입니다. 상속해 줬습니다. 상속을 다 해줬으니 타락한 사람들은 감사해야 됩니다. 참부모를 찬양하고 참부모를 사랑해야 됩니다. 축복해서 자랑하면서 사랑하겠다고 하늘의 부모가 모셨으니 반대로 그 하늘부모를 찬양하고 자랑해야 되는 것입니다. 그것이 하늘 가정의 슬픔을 해소시키는 것입니다.

9 아담 가정은 잃어버렸지만 그 잃어버린 것이 세계적인 형태로 완성되었기에, 이것을 참부모가 종합해서 되돌리지 않으면 안 됩니다. 거짓 부모의 사랑과 생명, 혈통에 의해서 이렇게 되었기 때문에 참부모가 개인·가정·종족·민족·국가·세계와 천주의 모든 것을 하나님 편으로 돌이키지 않으면 안 됩니다. 거짓 부모에 의해서 완전히 이렇게 뒤집어졌는데, 참부모가 이것을 되돌리는 것은 가정만이 아닙니다. 천상·지상의 모든 완성권을 탕감복귀하여 가정을 중심삼고 다시 정비하면서 종족과 민족 등 8단계를 전부 수습하지 않으면 안 됩니다. 거짓 부모에 의해서 가정을 잃어버렸지만, 이 가정에서 수습된 것을 하나님한테 돌려드릴 수 없습니다. 천주의 모든 승리권을 넘어선 자리에서 수습하는 것입니다.

10 지금 많은 선포식을 하고 있습니다. '천지부모천주안식권'이라든가 '세계평화통일가정연합 정착과 탕감해소선포식'이라든가 많은 식을 해왔습니다. 고개를 무너뜨리고 평탄하게 만들어 가면서 본래 세계의 기준으로 만들려면 어쩔 수 없습니다. 그러한 과거의 실적을 가진 사람이 아니면 참부모가 될 수 없습니다. 메시아가 될 수 없습니다. 재림주가 될 수 없다는 것입니다.

승리권을 상속받는 길

11 성약시대 안착이란 참부모의 가정을 중심삼고 큰 가정, 플러스가 되었다는 것입니다. 인류는 전부 마이너스입니다. 모든 가정이 플러스 가정의 상대 가정이 되는 것입니다. 부모님 가정하고 완전히 마이너스 입장에서 하나만 되면 전부 같은 자리로 올라간다는 것입니다. 이것이 우주의 공식입니다. 그렇게 되기 위해서는 3대 조건이 필요합니다. 첫째, 혈

통전환을 해야 됩니다. 둘째, 소유권을 전환해야 됩니다. 다음은 심정권을 전환해야 됩니다. 심정권은 개인·가정·종족, 3단계입니다. 이것이 한 범주가 되어 있습니다. 가를 수 없습니다. 그렇기 때문에 종족적 메시아는 세 단계를 한 범주에 연결하는 것입니다. 그래서 여러분이 이것을 밟고 나라로 갈 수 있는 것입니다.

12 하나님의 창조이상적 사랑의 주류인 절대사랑, 유일 사랑, 불변 사랑, 영원한 사랑을 중심삼고 참사랑·참생명이 완전히 옳은 자리의 정, 순결(純潔), 그다음에 순혈(純血), 핏줄입니다. 그다음에 순애(純愛)입니다. 가정 정착을 해서 효자·충신 가정, 성인 가정, 성자 가정에서 평면적으로 천하가 통일된 한자리에 서서 모든 승리의 패권을 대표할 수 있는 꽃과 같고 향기와 같은 자리에서 상속을 받아야 됩니다.

13 장자가 되려면, 장자권을 상속받으려면 사탄보다 나아야 합니다. 모든 분야에서 하나님을 대신하고, 원리원칙에 따라 내가 책임을 지는 입장에 서겠다고 해야 됩니다. 하나님을 더 사랑하는 사람이 상을 받는다는 것입니다. 그것이 있기 때문에 복귀섭리를 할 수 있습니다. 사랑을 중심삼고 상속받게끔 되어 있기 때문에 이 원칙에 의해서 장자의 기업을 빼앗을 수 있습니다. 사탄세계의 아들딸이 부모한테 효도하는 것보다도 하늘 편의 아들딸은 더 효도해야 되고, 사탄세계의 사람들이 가정을 사랑하고 나라와 세계와 인류를 사랑하는 것보다도 하늘 편의 사람들은 더 사랑해야 됩니다. 모든 면에서 앞서야 합니다. 이것은 강제가 아니라 자의로 해야 됩니다.

4절 참부모의 전통 상속

1 에덴동산에서 타락으로 인해 그렇게 심어졌기 때문에 그런 현상이 세계적으로 일어나서 타락의 열매를 거둘 수확기가 오는 것입니다. 지금이 그런 때라는 것입니다. 이 세상이 그냥 그대로 흘러가서는 안 되겠으니 그것을 거두기 위한 추수 절기, 즉 수확기에 들어온 것입니다. 타락한 부모의 인연으로 하나님에게서 이탈된 전통을 받아 이 세계가 이 모양이 됐습니다. 그러니 참부모가 와서 새로운 주의를 세워야 합니다. 그것이 세계주의겠습니까, 천주주의겠습니까? 참가정주의입니다. 참가정주의가 나오지 않고서는 세계주의가 못 나옵니다. 이 참가정주의의 대표자는 하나님의 참다운 아들이 되어야 합니다. 그는 하나님의 심정적인 모든 것을 상속받는 내정적인 상속자요, 외형적인 상속자요, 그리고 만물

소유권의 상속자가 되어야 합니다. 다시 말하면 하나님의 마음을 상속받을 수 있는 분이요, 몸을 상속받을 수 있는 분이요, 만물을 상속받을 수 있는 분이어야 합니다. 그런 아들이라야 하나님의 대신자가 될 수 있습니다. 그 아들이 와야 비로소 천국이 이루어지게 됩니다.

참부모의 전통

2 앞으로의 역사는 어떻게 되느냐? 참된 부모의 전통이 나오게 되면, 참부모를 중심삼고 살던 생활권은 영원토록 역사시대에 현실적인 전통의 기준으로 남아지는 것입니다. 지금부터 천년을 걸어가게 되면 인간이 소망의 미래를 바라보며 추구하는 것이 아니라 거꾸로 천년 전의 이때를 본받아서 나가게 됩니다. 지금까지 타락한 인간은 하나의 세계를 모색해 나왔지만, 하나의 세계 중심으로 결정될 수 있는 참부모가 나오게 된다면 만민은 그 참부모의 전통을 고이 본받아 그 중심을 받들어 나가는 것입니다. 따라서 가면 갈수록 중심을 중심삼은 판도가 넓어집니다. 그렇기 때문에 미래의 전통적 역사, 소망적 역사 전체를 대표할 수 있고, 미래의 시대적인 중심의 역사 전체를 대신할 수 있는 터전이 참부모의 가정입니다. 하나님의 6천년 역사는 참부모의 가정을 남기기 위해서입니다. 오늘날 인류는 무엇 때문에 허덕이고 있느냐? 참부모의 가정을 만나기 위해서입니다.

3 참부모의 사랑은 무엇이냐? 이것을 에덴동산에서 참된 우리 조상이 못했기 때문에 어느 한때에 메시아가 와서 참부모 대신 입장에서 이런 사랑의 전통을 개인으로부터 가정·종족·민족·국가·세계까지 세워 놓을 수 있어야 됩니다. 그것이 초민족적 기준에서 이루어져야만 오늘날 이 지상에 천국이, 이 지상에 하나님의 박물관이 이루어질 수 있다는 것입니다. 이런 사랑의 전통이 모든 개인 가정을 중심삼고 전체적으로 연결되지 않았던 것을 오늘날 가정을 중심삼고 하나님과 묶고 사랑할 수 있는 전통을 세우자는 것입니다. 이러한 놀라운 기반을 닦자는 것이 참부모의 사명이요, 그 뜻을 받들어서 이루는 것이 통일교회의 사명입니다.

4 심정은 부모의 심정으로, 몸은 종의 몸으로 행해야 주인이 됩니다. 이것이 하나님의 유업입니다. 이것은 아버지의 심정을 갖고 눈물과 땀을 흘리고 끓는 피를 흘려야 얻을 수 있습니다. 참다운 지도자가 되려면 참다운 지도를 받아야 합니다. 하늘의 길을 가는 참부모의 눈물, 참부모의 땀, 참부모의 피를 이어받아야 합니

다. 전통으로 남길 눈물과 땀과 피를 흘려야 합니다.

5 하나님과 참부모님의 전통이 무엇이냐? 첫째는 위하여 사는 것, 둘째는 투입하고 또 투입하고 잊어버리는 것, 셋째는 완성을 향하여 기도와 정성을 들이는 것입니다. 이것을 하기 위해서는 여러분 혼자서는 안 됩니다. 왜 기도해야 되느냐? 주체되는 하늘의 협조를 받아서 하늘이 나에게 같이 동조해야 하기 때문입니다. 그다음에 왜 정성을 들여야 되느냐? 환경적 여건을 전부 받아들일 수 있는 길을 닦아야 되기 때문입니다. 기도는 하늘과의 주체적 인연을 맺기 위한 것이고, 정성은 횡적인 인연을 확대하자는 것입니다.

6 참부모의 가정은 어떤 가정이냐? 참부모의 가정은 역사적인 열매요, 시대적인 중심이요, 미래의 기원입니다. 그렇기 때문에 우리 인류가 살고 있는 이 세상이 앞으로 소망의 천국이 될 때에, 거기의 전통은 참부모님이 살아가신 그 생활 전체가 되는 것입니다. 국가의 사상적인 모체가 뭐냐 할 때, 이것이 그 사상적인 모체입니다. 또 세계를 창건할 수 있는 기원이 뭐냐 할 때, 이것이 세계를 창건할 수 있는 기원입니다. 언제든지 참부모와 더불어 참부모의 자녀 된 인연을 중심삼고 3대권을 이루어야 합니다. 하나님, 부모, 그리고 여러분, 이렇게 3대입니다. 횡적으로 보면 선생님, 선생님의 자녀들, 그다음에 여러분, 이렇게 3대입니다. 이 3대권을 갖추어 완성하지 않으면 하늘땅이 통일되지 않는다는 것입니다.

7 전통과 교육과 실천이 참부모를 중심삼은 전통, 참부모를 중심삼은 말씀의 교육입니다. 참부모가 싸워서 이긴 모든 것을 그냥 그대로 이어받아서 하는 것입니다. 제단을 묶어서 만물의 분별이 없고, 아들딸의 분별이 없어야 합니다. 그리고 부모에 대한 사탄의 침범이 없이 몽땅 내 사랑으로써 구약시대·신약시대·성약시대를 분별하지 않고 참부모가 하나님 앞에 바쳐 드리고 난 후에, 유엔과 세계가 하나돼 바쳐 드린 후에 상속받음으로써 소유권이 시작됩니다.

8 하나님의 6천년 역사는 참부모의 가정을 남기기 위한 역사입니다. 오늘날 인류는 무엇 때문에 허덕이고 있느냐? 참부모의 가정을 만나기 위해서입니다. 미래의 우리 후손들은 참부모의 후손을 남기기 위해서 있는 것입니다. 참부모의 나라를 남기기 위해서가 아닙니다. 참부모의 세계를 남기기 위해서가 아닙니다. 참부모의 나라와 세계는 참부모가 나오면

자연히 나타나게 됩니다. 참부모의 후손을 남기기 위해서라는 것입니다. 나라를 필요로 하는 것이 아니라 부모를 중심삼은 생활을 필요로 하는 때가 바로 우리의 이상시대라는 것입니다. 그때는 이미 하늘땅이 부모의 권한에 의해 치리를 받을 수 있게 됩니다. 그때에는 평민의 이름을 가지고 지나가는 것이 아닙니다. 그렇기 때문에 참부모를 중심삼고 엮어진 그 전통은 역사적인 전통으로 억천만세에 남아집니다. 이보다 더 좋은 전통이 없습니다.

9 본래 아담 해와가 타락하지 않았다면 인류역사는 부모로부터 시작되었을 것입니다. 부모의 말이 그 후손의 말이 되는 것이요, 그 부모가 살아가는 생활방식이 그 후손들의 생활방식이 되는 것이요, 부모가 느꼈던 환경적인 요건들을 그 후손들이 느끼며 살아가게 되는 것입니다. 역사는 부모에서부터 시작되는 것입니다.

참부모 전통을 이어받으려면

10 아버지와 어머니는 사랑하는 아들딸에게 자기의 모든 것을 상속하려고 합니다. 우주의 상속은 사랑의 전통상에서 동등한 사랑의 가치적 위치를 찾게 될 때, 이 모든 것을 마음 놓고 백 퍼센트 상속하게 돼 있습니다. 그래서 부모는 효자를 원하는 것입니다. 효자가 무엇이냐? 부모의 영원한 사랑의 동참자로서 사랑의 상속을 이어 주는 사람입니다.

11 여러분은 여러분 가정의 주인을 누구로 만들고 싶습니까? 아버지나 할머니나 할 것 없이 전체 식구가 어떤 사람을 상속자로 만들고 싶을 것이냐? 보다 사랑하는 사람입니다. 할아버지가 제일 그 집안 전체를 사랑한다면 식구들은 아버지를 내놓고 할아버지한테 다 보고하는 것입니다. 그것은 어쩔 수 없습니다. 그러므로 어떤 집안의 주인이 될 수 있는 사람은 사랑의 마음을 가지고 위하는 사람입니다. 사랑의 마음을 가지고 보다 위하는 사람이 그 사랑의 가정의 전통을 이어받는다는 것입니다. 보다 사랑을 가지고 위하는 사람이 영원한 상속 계열에 동참한다는 것을 알아야 됩니다.

12 우리가 하나님의 섭리 전체를 상속받기 위해서는 그 전통에 충실해야 됩니다. 전통에 충실해 가지고는 책임을 져야 됩니다. 책임을 진 다음에는 혁명을 해야 됩니다. 이 전통이 아버지 앞에 옳지 못하다 할 때는, 그 전통을 전체 앞에 상속시키기 위해서는 사회환경의 모순된 모든 것을 타개하기 위해서 투쟁해야 됩니다. 그러지 않으면 발전이 없습니다.

13 여러분이 역사적인 인연을 상속받아 시대적인 개척자의 책임을 하기 위해서는, 하나님의 복귀섭리에 대한 역사적인 순수한 전통을 이어받고, 현재의 생활적인 환경에 있어서 그런 책임을 짊어지고 미래의 새로운 이념 터전을 건설하기 위해서 투쟁해 나가지 않으면 안 됩니다.

14 천국은 위해서 사는 사람이 가는 곳입니다. 자기를 세계에 투입하면서 세계와 연락하고 세계를 품고 세계 이상의 자리를, 하나님을 모시기 위한 사랑을 찾아 헤맨 사람들이 하늘나라의 주인이 되는 것입니다. 이런 것을 자랑해야 됩니다. 어머니 아버지를 자랑하고, 아내와 남편을 자랑하고, 아들딸을 자랑하고, 형제를 자랑해야 됩니다. 이와 같은 전통을 중심삼고 이것을 나라에 확대 적용하고, 그 공식을 세계에 적용하고 천주에 적용해야 됩니다. 이런 사람은 어디에 가든 동참권·동위권·상속권을 가질 수 있습니다.

15 선생님이 여러분에게 상속해 줄 것은 가정적 승리권입니다. 그 가정은 어떤 가정이냐? 세계를 대표하는 가정입니다. 메시아적 사명을 하는 가정은 세계를 대표한 가정으로서 모든 것을 안고 치다꺼리를 할 수 있고, 세계 만민을 대표해 왕래시킬 수 있는 가정입니다. 그런 가정이 되라는 것입니다. 오색인종이 그 가정에 파고 들어가려고 하고, 그 가정과 관계 맺으려고 할 때 그것을 막고 누구만 좋다고 하면 안 되는 것입니다. 여기의 모든 힘과 작용은 어김없이 이 점을 통해야 되는 것과 마찬가지로, 심정적 중심으로서 모든 만민의 심정들이 그 중심점을 통해서 사방으로 뻗어 나가는 것이 원칙입니다. 가정이 중심입니다. 그렇기 때문에 천국도 참다운 핵심적 가정이 없는 한 이루어지지 않습니다.

16 조국과 고향을 찾아 정착할 수 있는 기지가 가정입니다. 그 가정에서 어떻게 살아야 하느냐? 아버지를 만나서 눈물과 더불어 취해 살아야 합니다. 여러분 나라, 여러분 가정을 위해서입니다. 내 가정을 찾아서 눈물의 전통, 피의 전통, 땀의 전통, 콧물의 전통, 사지백체의 전통을 새로이 감아쥐어 여러분의 2세 3세, 천천만대의 혈족이 변치 않는 순결·순혈·순애·순성을 남겨야 합니다. 상하·전후·좌우가 깨끗해야 됩니다. 그래야 깨끗한 핏줄의 순혈·순애가 되는 것입니다. 참사랑·참생명·참혈통의 순애를 중심삼고 순성의 문을 통해서 순씨를 심어야 합니다.

17 보다 뜻을 위해서 고생해야 됩니

다. 그러면 모든 사람들이 그 뒤를 따라갑니다. 누가 교회를 위해서 희생하고, 누가 교회를 위해서 자기 일가를 희생시키고, 누가 더 고생하고 더 심정적 전통에 가까우냐? 저 말단에 있는 사람이 뜻을 위해서 밤이나 낮이나 기도하고 피와 땀을 흘리면서 사랑의 정신을 구현하려고 한다면, 그가 여자이든 남자이든 하늘은 그 사람을 통하여 새로운 역사를 이어 나간다는 것입니다. 통일교회는 이미 그러한 전통이 서 있습니다. 선생님의 아들딸 가운데서 누가 선생님의 후계자가 될 것이냐 하는 문제도 누가 뜻을 대하여 보다 많이 희생하고 누가 효성의 도리를 다하느냐에 달려 있습니다. 전부 마찬가지입니다. 가정에서도 그렇고, 교회에서도 그렇고, 전부 그러한 전통을 따라가야 합니다.

5절 참부모의 말씀 상속

1 여러분 개체를 어떻게 통일시키느냐 하는 것입니다. 세계를 통일하는 것은 문제가 아닙니다. 여러분 개체 내에서 마음과 몸이 갈라져 매일 싸우고 있는데, 그것은 하나님의 말씀으로 수습해야 됩니다. 하나님의 인격과 심정으로 수습해야 됩니다. 내가 나를 사랑하는 것을 하나님이 좋아하고, 나를 세워 놓고 하나님이 인정할 수 있어야 합니다. 내가 말하는 것을 하나님이 그렇다고 인정하지 않으면 안 됩니다. 그러한 실체가 되기 위해서는 생활권 내에서 나를 어떻게 통일시키느냐, 나 자체 내에서 어떻게 통일전선을 구축하느냐 하는 것이 가장 시급합니다. 내가 그런 실체가 될 수 있겠느냐 하는 것을 알기 위해 나가서 정성을 다해서 말씀을 전파해 보는 것입니다. 그러다 보면 말씀을 중심삼고 하나님이 항상 같이한다는 것을 알게 될 것입니다.

원리와 말씀의 가치

2 말씀을 통해서 하나님과 연결되는 것입니다. 말씀이 아니고는 하나님과 연결될 수 없습니다. 말씀 없이는 연결성을 찾을 수 없습니다. 말씀을 선포할 실체가 없으면 아무것도 안 됩니다. 하나님과 인간이 연결되는 것은 하나님의 사랑에 연결되는 것이 목적입니다. 인간을 하나님과 연결시킬 수 있는 말씀을 선포하는 사람은 땅의 사람입니다. 하지만 그 사람이 전하는 말씀은 하나님의 말씀이기 때문에 그 말씀으로 새로운 사람이 빚어지는 것입니다.

3 타락이라는 것은 하나님의 말씀을 세우지 못함으로써 가져온 것이기 때문에, 말씀을 중심삼고 찾아 나오는 이 길 가운데서 우리는 하나님의 말씀을 절대로 세우겠다고 하는 무리입니다. 그러면 하나님의 말씀에 의지

하는 사람은 어떤 사람이냐? 최대의 공적인 사람이요, 세계와 인류를 위하는 사람이요, 하나님을 위하는 사람입니다. 하나님 편에서 볼 때, 하나님의 현재의 입장에 서겠다는 것이 아니라 하나님의 이상의 자리에 서겠다는 것이요, 현재의 인류의 자리에 서겠다는 것이 아니라 현재의 인류의 자리를 넘어서 인류가 찾아 나가는 이상의 자리에 서겠다는 것입니다. 하나님의 이상에 살고, 하나님의 내일에 살고, 인류의 내일에 살겠다는 사람입니다. 그러니 얼마나 힘드냐는 것입니다. 여기서 미래의 세계를 건설하는 무리가 되자는 것입니다. 그렇게 되면 하나님이 내일을 생각할 때는 선생님과 통일교회를 생각하고, 인류가 내일을 생각하게 될 때는 통일교회와 선생님을 생각한다는 결과가 나오는 것입니다.

4 하나님은 우리를 말씀을 가지고 부르고 계시니 우리는 그 말씀대로 가야 합니다. 참다운 부모와 참다운 자녀가 상봉할 수 있는 길은 무엇이냐? 참다운 말씀을 통하는 것입니다. 그 말씀은 아버지의 말씀입니다. 아버지의 말씀을 모르고서는 자식이 될 수 없습니다. 아버지의 말씀이 절대적이요 참다운 말씀이라고 한다면, 똑같은 말씀을 천년만년 들어도 싫증이 안 납니다. 끝이 없는 것입니다. 그런 말씀을 찾아 나가야 합니다. 그 말씀은 어떠한 논리적인 조건에 딱 들어맞는다고 해서 그것으로 끝나는 것이 아닙니다. 대원칙이면서 듣고 듣고 또 듣고 영원히 들어도 생명이 될 수 있는 말씀입니다.

5 사랑하는 부모의 말씀은 영원한 것입니다. 시간과 공간을 초월한다는 말입니다. 그렇기 때문에 하나님의 말씀은 역사를 초월합니다. 시대를 초월합니다. 주의를 초월합니다. 사상을 초월합니다. 어느 누구의 말씀보다도 귀한 것입니다. 이 말씀은 밤에 들어도 낮에 들어도, 밤에 보아도 낮에 보아도 여러분의 마음에 무한히 흘러들어 가는 것입니다.

6 예수님이 유대 백성을 대하여 하시던 말씀과 그가 나타내신 모든 것은 자기 일신의 뜻이 아니었습니다. 하늘의 뜻이었습니다. 예수님은 하나님의 섭리의 뜻을 대신하였습니다. 그러나 예수님을 통하여 하나님의 뜻을 대해야 하는 타락권 내의 백성과 예수님 사이에 상충적인 논쟁이 벌어졌습니다. 타락한 세상에 하나님의 말씀이 나타난다 할 때, 이 말씀이 개인에게 나타나면 개인을 혁명할 수 있고, 민족 앞에 나타나면 민족을 혁명할 수 있고, 세계 가운데 나타나면 세계를 혁명할 수 있고, 또한 하늘

땅을 새로이 혁명할 수 있는 말씀으로 나타난다는 것을 그때의 유대 백성들은 알지 못했습니다.

7 말씀의 주인은 선생님입니다. 말씀대로 살았기 때문에 말씀의 주인이 되었습니다. 말씀의 주인이 되지 못한 인간이 참부모가 못 되었기 때문에, 참부모가 되어서 말씀의 실체를 이루어 하나님 앞에 그 열매를 갖다 바쳐야만 창조목적 이상이 해방·석방의 시대로 넘어가는 것입니다.

8 선생님의 말씀을 지워 버릴 사람이 없습니다. 50년 전에 선생님이 말씀한 것을 나 자신이 다시 들어도 경배합니다. 그때 선생님이 얼마나 심각한 입장에서 말씀을 하였고, 하늘의 가치 있는 말씀을 깨끗이, 선생님이 죽더라도 남기겠다는 심각한 자리에서 말씀했습니다. 사실 그 말씀은 선생님이 죽더라도 세계를 지배할 수 있는 내용입니다. 여러분이 말씀 책을 읽어서 그런 감동을 받아야 합니다. 영적 체험을 해야 됩니다. 놀고 춤추고 하는 것도 귀하겠지만, 그 말씀에 취해 영적으로 자라는 것이 천상세계에서나 지상의 후손들에게 복중의 복으로, 귀한 것입니다.

9 아무리 많은 신문 내용이라도 컴퓨터에 저장해 놓으면 천년만년 후에도 볼 수 있습니다. 선생님이 말씀한 내용이 많더라도 CD로 만들어 놓으면 컴퓨터를 통해 억만 세계의 억만 곳에서도 사용할 수 있습니다. 그런 시대가 된 것입니다. 그렇기 때문에 거짓을 감출 수 없습니다. 숨길 데가 없습니다. 하늘의 말씀, 하늘의 사랑의 말씀이 세계적으로 빛을 발하니까 어두운 세력들은 자멸하는 것입니다. 점점 먼 곳으로 가야 합니다. 빛이 비치기 시작하면 빛이 비칠 수 있는 한계권 내에는 빛 외에 어두움이 지배를 하지 못합니다.

10 천년 후에 통일교회 선생님의 말씀이 없어지겠습니까, 안 없어지겠습니까? 이것을 생각하면 문제가 큽니다. 여러분 품에만 남아지지 않고 말씀이 흐르고 흘러서 생수가 아니라 약수가 되어 천년 후에 모든 사람이 먹고 만병통치약이라고 자랑할 수 있는 생명의 말씀으로서 남기를 바라면서 정성들이고 있습니다.

11 통일교회 진리는 통일교회 역사 가운데서 싸움의 노정으로 말미암아 밝혀진 진리가 아닙니다. 이것은 창세전부터 참부모의 인연을 중심삼고 참된 가정, 참된 종족, 참된 민족, 참된 국가, 참된 세계를 창건하고자 했던 하나님의 창조이상 가운데 있던 진리입니다. 또한 하나님의 복귀섭

리의 이상까지도 내포한 역사적인 인연을 지니고 있는 진리입니다.

12 절대신앙의 조상이 되고, 절대사랑의 조상이 되고, 절대 지혜의 조상이 되는 분이 참부모입니다. 그러기에 원리 말씀을 절대믿음 가운데, 절대사랑 가운데, 절대 지혜를 갖춰 찾았기 때문에 하늘을 대하나, 사탄을 대하나, 인류역사를 대하나 이 원칙을 부정하지 않고 긍정할 수 있는, 패권을 가질 수 있는 하나의 방패입니다.

13 통일원리는 자연적 법칙에 의해서 모든 것이 연결되어 있기 때문에 원리라고 합니다. 천적인 원리입니다. 영원히 변치 않는 원리라는 것입니다. 원리는 교리가 아닙니다. 통일교회 교리가 아니고, 참부모님이 가르쳐 주는 교리가 아닙니다. 교리라는 것은 타락한 사람들이 하늘을 찾아가기 위한 것인데, 하늘과 같이 사는 사람들 앞에 무슨 교리입니까? 천적인 법입니다.

14 선생님의 말씀은 여러분이 들어도 금방 이해하지 못할 것입니다. 그렇지만 책으로 되어 있는 것을 여러번 읽게 되면 틀림없이 이해하게 됩니다. 선생님은 그렇게 광대한 세계를 총괄해서 분별하고 비교하고 대조해서 배열해 가는 머리를 가지고 있기 때문에, 이 세계의 모든 지식세계를 수습해서 원리라고 하는 전통적인 기준을 중심삼고 이론적인 체제를 완벽하게 해 놓았습니다. 수천수만 명의 학자들도 그 가치를 인정하지 않을 수 없습니다. 통일교회는 그런 무서운 무기를 가지고 있습니다.

15 선생님의 말씀은 통일교회가 역사에 없어지더라도 주류사상으로 언제든지 꼭대기에 남을 사상입니다. 여러분이 못하면 어느 때에 전부 하게 돼 있습니다. 수많은 나라가 경쟁해서 할 수 있는 때가 온다는 것입니다. 그러면 여러분은 거꾸로 됩니다. 처음 된 자가 나중 되고 나중 된 자가 처음 되는 것입니다. 뒤집어지는 것입니다. 때를 잃어버린 사람은 역사에 남지 못합니다.

16 여러분은 참부모를 찾아 나가는데 있어서 참부모의 말씀, 영원한 가치와 인연맺게 해주는 참다운 말씀의 가치를 느껴 보았습니까? 못 느껴 보았다면 참다운 가치의 말씀을 하시는 아버지가 오셔도 모른다는 것입니다. 이러한 참다운 말씀의 가치를 밝히 알기 위해서는 기도해야 됩니다. 이 땅 위의 인간은 참아버지의 말씀, 참말씀을 찾아 나가야 합니다. 그 말씀은 예수님의 심정이 동하는 말씀이요, 6천년 동안 섭리해 오신 하나님

의 심정이 동하는 말씀입니다. 또한 그 말씀이 이 땅 위에 나오게 되면 6천년 곡절의 역사를 밝혀 주는 것이요, 하나님의 분함과 하나님의 억울함과 하나님의 원통함을 밝혀 주는 것입니다. 그러니 하나님의 심정이 동하지 않을 수 없다는 것입니다.

17 하나님의 말씀은 어떤 원칙을 세우는 것이 아니고, 하나님의 생명과 이념을 만들기 위한 것입니다. 오늘날 이 땅에는 진리를 표방하는 많은 종교의 교리, 주의가 있지만, 그대로 실천해서 우리의 마음과 몸이 편하고 영원히 그 말씀에 젖어 들게 하는 것은 없습니다. 우주의 생명의 원천이신 하나님의 사랑이 우리의 마음 몸을 움직여 왔다면, 하나님의 참말씀이 나오면 모든 주의 주장을 근본적으로 해결할 수 있을 것입니다.

18 여러분은 말씀에 대한 전통을 세워야 합니다. 그리고 말씀과 더불어 일체가 될 수 있는 인격을 갖추어야 합니다. 끝날의 심판에는 3대 심판이 있습니다. 그 첫째는 말씀심판, 둘째는 인격심판, 셋째는 심정심판입니다. 이것이 절대적인 기준으로 되어 있습니다. 사람이 하나님의 말씀과 일치된 자리에 서지 못한 것이 타락입니다. 따먹지 말라는 말씀을 절대시하여 전통을 세웠어야 합니다. 그러지 못하고 타락하였으니 복귀의 노정을 걸어가는 사람들은 최후에 나타날 하나의 진리 말씀과 하나될 수 있는 전통을 세워야 합니다. 하늘에는 그러한 전통이 세워져 있는데, 땅 위에 살고 있는 사람들에게는 그러한 전통이 되어 있지 않습니다. 만일 이 전통이 세워지지 않으면 통일교회도 기독교처럼 수많은 교파로 분열될 가능성이 있습니다.

19 말씀을 중심삼고 일체 되는 전통을 어떻게 세울 것이냐 하는 것이 절대적인 문제입니다. 말씀은 말씀대로 우리는 우리대로 동떨어져서는 안 됩니다. 말씀을 중심삼고 자신을 키워 나갈 수 있는 사람이 되어야 합니다. 절대적인 기준의 말씀을 중심삼고 전통을 세워야 합니다. 말씀을 세울 때의 선생님 마음의 기준에 여러분도 접해야 됩니다. 여러분이 말씀을 배운다고 할지라도 말씀을 중심삼고 배운 그 기준에서 믿기 위한 것이지 완전한 것이 아닙니다. 그 말씀의 배후에 전통적인 기준이 숨어 있으니 그 기준을 체득해야 됩니다. 그렇기 때문에 더욱 말씀에 대한 전통을 세워 나가지 않으면 안 됩니다.

말씀집은 보물 창고

20 말씀집이 얼마나 많습니까? 지금까지 여러분은 말씀집에 대해 관심이

없습니다. 아무리 도서관에 책들이 많더라도 그런 것들은 하나님 편에서 볼 때 필요 없습니다. 선생님의 엄청난 말씀집을 생각해 보십시오. 그 속에 있는 말씀은 이 세계의 아들딸을 구하기 위한 것입니다. 말씀집이 원본입니다. 여러분이 그것을 사 놓으면 대대로 자랑할 수 있을 것입니다. 하나님의 입장에서 생각해 보면 가장 귀한 것이 그 말씀집입니다. 참부모라는 분은 영원히 둘이 아닙니다. 영원히 하나이고, 절대적으로 하나입니다. 아버지가 어떤 분인가를 배워야 합니다. 얼마나 깊고, 높고, 넓은 분인지를 모를 것입니다. 아버지의 인격을 말씀집을 통해서 알 수 있습니다. 그것은 어두운 밤에 빛나는 등대와 같은 것입니다.

21 많은 말씀집이 출판되었습니다. 선생님은 매일 아침 훈독하고 있습니다. 지금부터 집회 같은 것 할 필요가 없습니다. 벌써 전부 가르쳐 주었습니다. 종족메시아까지 자세하게 말씀을 해주었습니다. 선생님이 발전해 나오면서 그런 것을 구상해 온 것이 아닙니다. 면밀하게 프로그램을 작성해서 그 프로그램 기반 위에 가르쳐 주고 있습니다. 그것이 위대한 것입니다. 모두 공상 같은 말씀을 했지만, 선생님이 이미 다 이루었습니다. 말씀집을 가지게 되면 설교 같은 것은 문제없습니다. 방대한 보물입니다. 돈으로 살 수 없습니다.

22 선생님은 보통 3시 반이면 잠자리에서 일어납니다. 일어나서 지금까지 선생님이 말씀한 것을 훈독합니다. 굉장한 내용입니다. 선생님이 얘기해서 다 알고 있는 내용인데, 그것을 훈독하게 되면 나도 모르게 눈물이 납니다. 이런 귀한 말씀들을 듣고 흘러가는 자들은 용서받을 길이 없습니다. 여러분 집보다도 귀하고, 여러분 땅보다도 귀한 것입니다.

23 선생님의 말씀집을 여러분은 몇 권 정도나 읽었습니까? 심각한 것입니다. 횟수를 거듭할수록 더욱 빛납니다. 가치가 높아집니다. 그것을 전부 알지 않으면 안 됩니다. 나라를 훌륭하게 만들고 세계와 진리를 아는 왕이 있다고 한다면, 그에게 있어서 선생님의 말씀집은 보물입니다. 지금도 선생님은 그것을 훈독하고 있습니다. 죽기 전에 그것을 정비해 놓지 않으면 안 됩니다. 틀린 곳이 있으면 정정해 놓지 않으면 안 됩니다. 그것이 틀리면 문제가 됩니다.

24 선생님의 말씀집이 나온 것이 지금까지 몇 권이나 됩니까? 그 감동적인 말씀을 어디 가서 얘기하게 된다면 눈물이 줄줄 나올 수 있는 장면이

참 많습니다. 선생님은 요즘에도 매일 두 시간씩 훈독하고 있습니다. 훈독하다 보면 벌써 수십년 전에 한 기도에 오늘날 성약시대의 완성이 나오고, 내 뼛골이 울릴 정도입니다. 어쩌면 그렇게 기도가 멋진지 모릅니다. 자기 자랑을 하는 것이 아닙니다. 지금 회고해 보더라도 자극적인 인상으로 꽉 차 있습니다. 그 보따리가 대단한 보따리입니다.

25 이제는 설교가 필요 없습니다. 설교하지 말고, 선생님이 말씀한 제목을 빼서 시기에 적절하고 환경에 적절하게 맞춰서 쓰면 됩니다. 제목들을 뽑아 그 제목마다 거기에 무슨 내용이 있다는 것을 한 석 줄씩 정리해서 단행본을 만드는 것입니다. 그렇게 해서 자기가 설교할 제목을 정하고 거기에 해당하는 부분을 찾으면 다 나오게 됩니다. 무슨 설교를 해야 되겠다고 하면 그것을 중심삼고 말씀집을 읽고 설교를 하고, 기도도 선생님이 기도한 내용을 가지고 하라는 것입니다. 하늘이 그 이상 좋아하는 것이 없습니다. 언제든지 그렇게 설교하라는 것입니다.

말씀을 전하고 실천해야

26 선생님의 말씀은 영원을 통할 수 있는 내용이어야 하고, 우리의 생활환경을 넘을 수 있어야 합니다. 악한 생활환경이 참다운 말씀을 삼켜 버릴 수 없습니다. 참다운 말씀은 악한 세상의 무엇으로도 제재할 수 없습니다. 말씀을 가지고 악한 환경을 넘고 또 넘어갈 수 있는 마음을 유발시켜야 하는데, 그러지 못하기 때문에 오늘날 전 세계 기독교가 혼란 상태로 들어간 것입니다. 그러면 사랑의 마음을 갖고 오시는 아버지께서 사랑하는 자식을 대하여 진정한 말씀을 하실 수 있는 장소는 반드시 있을 것입니다. 그곳을 찾아야 합니다. 그러한 자리를 찾아 말씀을 듣는다면 천 번 들어도 새로울 것입니다. 참다운 선의 가치로서 영원을 통할 수 있는 내용일 것입니다. 여러분이 그러한 말씀을 찾지 못한다면 참다운 자녀가 못 됩니다.

27 아버지의 말씀은 천년 동안 반복해서 들어도 마냥 맛이 있습니다. 같은 말씀이라도 슬플 때 들으면 위로가 되고, 기쁠 때 들으면 축하가 되는 것입니다. 여러분의 마음상태, 생활감정이 다름에 따라 거기에 해당하는 멋진 대상의 가치로서 작용한다는 것입니다.

28 원리 말씀을 전한 비례에 의해서 식구가 늘어납니다. 원리 말씀을 얼마나 충실하게 하느냐가 문제입니다. 다른 길이 없습니다. 말씀으로 지

은 인간이 말씀을 잃어버렸기 때문에 말씀으로 재창조해야 됩니다. 하나님의 사랑의 말씀, 하나님의 생명의 말씀, 하나님의 핏줄의 말씀, 이것이 3대 요소입니다. 사랑·생명·핏줄입니다. 사랑이 격동해야 되고, 생명이 격동해야 되고, 핏줄이 격동해야 됩니다. 소생·장성·완성, 세 꺼풀을 벗겨야 사람이 생겨납니다.

29 전 세계에 선생님이 말한 것을 전수하지 않으면 안 됩니다. 그렇기 때문에 성약시대와 더불어 말씀을 전수하는 것입니다. 새로운 성약시대의 선포와 더불어 선생님의 말씀, 성약의 성서를 전 세계에 나누어 준 것입니다. 그래서 훈독하라는 것입니다. 여러분도 말씀을 중심삼고 하나되지 않으면 안 된다는 것입니다. 선생님과 하나되기 전에 말씀을 중심삼고 하나되어야 합니다.

30 말씀을 말씀답게 알아듣지 못하는 사람은 말씀의 심판을 받을 것입니다. 우리는 이 땅 위에서 죽더라도 이 말씀을 천추만대 후대 앞에 남기고 가야 합니다. 복귀의 운세가 남아 있고 하나님의 섭리가 아직까지 미완성으로 남아 있는 한, 이 말씀을 통하지 않으면 안 됩니다. 이 고귀한 말씀을 가꿔야 합니다. 이 말씀 앞에 만민이 무릎을 꿇을 날을 고대했던 것입니다. 참된 진리의 말씀 앞에 만민을 무릎 꿇리겠다고 천신만고 수난의 역사를 지금까지 가려 나온 것입니다.

31 하나님은 사탄세계에 사랑의 말씀을 주시는 것입니다. 그 가운데에서 하나님의 말씀을 절대신앙하는 사람이 나와야 합니다. 다시 말하면 아담보다도 하나님의 말씀을 더 절대적으로 믿는 무리가 필요하다는 것입니다. 하나님의 말씀을 불신하게 했던 천사 이상으로 신임할 수 있는 일을 해야 됩니다. 하나님의 말씀을 듣고 사탄세계에 있는 몸을 빼내 와야 합니다. 몸을 찾아와야 합니다.

32 여러분이 통일교회에 들어와서 원리를 통하여 배운 진리의 말씀을 머리로만 알아 가지고는 안 됩니다. 여러분은 그 말씀을 머리로 아는 동시에 마음으로 알아야 됩니다. 이와 같이 말씀을 머리로 알고 마음으로 알게 될 때에, 여러분은 그 말씀의 목적을 달성하기 위하여 움직이지 않으려야 움직이지 않을 수 없고, 사탄과 싸우지 않으려야 싸우지 않을 수 없게 됩니다. 또한 자기 입을 벌려 아버지를 욕하고, 자기 생각을 돌이켜 하늘을 배반하는 자리에 나가려 해도 나갈 수 없는 것입니다.

33 밥은 날마다 먹어도 맛있습니다.

진리에 통하는 양식은 날마다 먹으면 맛있습니다. 생명의 말씀은 날마다 먹어도 맛있다는 것입니다. 원리 말씀을 죽을 때까지 들어도 좋아하는 사람은 절대로 지옥 가지 않습니다. '전부 다 안다!'라고 할지 모르겠지만, 그것은 머리로만 알고 심정권과는 아무런 관계가 없습니다. 그것을 들으면 들을수록 하늘의 생명권이 찾아오는 것입니다.

34 생명을 길러 주는 내용은 말씀입니다. 21일수련을 받고 40일수련을 받았다고 해서 통일교회 교인이라고 생각하면 큰 착오입니다. 원리책을 중심삼고 공부해야 됩니다. 원리책과 더불어 가슴에 간직하게 되면 자기가 느끼고 본 것은 언제든지 자기 간증을 대신할 수 있습니다. 원리책에서 은혜를 받은 것을 전하는 것입니다.

35 제3 이스라엘의 선조가 되어야 할 끝날에 처한 여러분은 최후의 말씀은 하늘의 사랑의 말씀이라는 것을 알아야 합니다. 그러므로 여러분은 하나님의 말씀은 말씀대로 있고 여러분은 여러분대로 있고, 그래서는 안 됩니다. 하나님 말씀의 보이는 실체가 되어야 합니다. 하나님의 내적 심정이 여러분의 내적 심정이 되어야 합니다. 즉 본심의 실체가 되어야 합니다. 여러분은 하나님의 말씀을 번식시킬 수 있는 제2 창조주의 사명을 해야 됩니다. 즉 말씀의 번식체가 되고, 생명의 번식체가 되며, 실체의 번식체가 되어야 합니다. 그래서 사랑을 중심삼고 하나되어야만 하나님을 영원히 모실 수 있는 것입니다. 이런 기준이 제3 이스라엘의 기준입니다. 이래야만 말씀을 심어 줄 수 있고, 실체를 심어 줄 수 있으며, 생명을 심어 줄 수 있습니다.

36 말씀을 무조건 따라가는 사람이 되어서는 안 됩니다. 먼저 말씀을 통하여 주체성을 갖춘 실체, 즉 말씀의 주체가 되어 창조할 수 있는 인격을 갖추어야 합니다. 그런데 지금까지 통일교회에서 원리 말씀을 공부하는 사람들을 보면 심정적 기준이나 인격적 기준을 찾지 못하고 말씀으로만 일하고 움직이는 사람들이 많습니다. 이래서는 안 됩니다. 말씀을 배우면 그 말씀을 자기 말씀으로 토로할 수 있어야 합니다. 원리를 말하되 그 원리가 어떠한 스승이 가르쳐 준 원리로서가 아니라 자기의 뼈와 살을 통하여 생명의 인연을 갖춘 입장에서 말해야 됩니다. 그런 본연의 주체성을 갖고 말씀할 수 있는 사람이 되지 않고는 그 말씀으로 인연된 사람들이 자신과는 하등의 관계가 없습니다. 그러기에 말씀을 중심삼은 실체적인 인격을 완성해야 됩니다.

제3편

참 사 랑

제3편 참사랑

| 차 례 |

제1장 참사랑의 근원

1절 하나님의 참사랑

1 하나님은 어떠한 분이냐? 사랑의 하나님입니다. 그래서 바울은 '그리스도 안에 있는 하나님의 사랑의 줄을 누가 끊을 것이냐?'라고 했습니다. 예수 그리스도도 하나님의 사랑이 없으면 아무것도 아닙니다. 그래서 우리가 하나님의 사랑을 무엇보다도 좋아하는 것입니다. 하나님의 사랑은 생명의 원천이요, 행복의 원천이요, 평화의 원천입니다.

하나님의 사랑이란

2 하나님의 사랑은 태양보다 강합니다. 아침에 햇빛이 나면 모든 식물의 순은 태양을 향합니다. 모든 생명의 기원이요, 인간 본심의 기원이요, 이상적 요소의 주체적인 기원이 될 수 있는 것이 하나님의 사랑입니다.

3 오시는 주님에게는 본래 참된 하나님의 사랑이 있고 하나님의 참된 진리가 있습니다. 이 진리에 의해서 가정이 벌어지는 것이요, 사회와 국가와 세계가 벌어지고, 개인적·가정적·종족적·민족적·국가적·세계적인 사랑·이념·인격이 출발되는 것입니다. 이런 것들은 개인에서부터 출발합니다. 그러므로 개인으로서 참되게 사는 사람은 땅끝 어디에 있더라도 세계를 위해서 사는 사람입니다. 사랑의 세계에서는 그렇습니다. 심정의 세계에서 한 시간 사는 것을 천년사에 자랑할 수 있고, 하루 사는 것을 만년 역사에 자랑할 수 있게끔 인생의 고귀한 것을 체험할 수 있게 하는 것이 참된 사랑입니다. 참된 사랑은 세포가 팽창하는 기운까지 느낄 수 있습니다. 그런 세계가 하나님의 사랑이 있는 세계입니다. 그 세계는 말로 표현하기가 어렵지만, 마치 화창한 봄날에 구름을 타고 날아가는 듯한 느낌을 주는 황홀한 세계요, 모든 세포가 춤추는 세계입니다.

4 하나님의 사랑을 무어라고 표현할 수 있습니까? 따스한 봄날에 하늘에는 흰 구름이 두둥실 떠 있고, 땅에는 아지랑이가 아른거리고, 벌레가 나돌고, 개미들도 세상을 구경하겠다고 발랑발랑 나왔다 들어갔다 하고, 졸졸졸 흐르는 개울가에는 버들강아지가 움트고, 개구리가 봄날 노래를 부르고, 떼를 지어 벌 나비가 날아다니는 환경에 취해서 잠이 드는 것 같은데 잠은 들지 않고 좋아서 영원히 좋다 할 수 있는 맛이라고 할 수 있습니다. 하나님이 찾으시는 이상상대를

중심삼고 느끼는 기분은 나비가 날고 벌이 날아드는 꽃동산과 같습니다.

5 하나님이 계시는 곳에는 사랑이 충만합니다. 주면 줄수록 더 주고 싶고, 받으면 받을수록 거기에 천만 배 더하여 돌려주고 싶은 곳입니다. 그런 곳이 천국입니다. 거기에서는 더 주고 더 받을 수 있으니 폭발적인 자극을 느끼게 됩니다. 온 세포가 터져 나가는 듯한 자극을 느끼는 것입니다. 하나님의 사랑은 그런 것입니다.

6 선한 사람은 어떠한 사람인가? 귀하고 좋은 것을 자기만의 것으로 하지 않고 전체의 것으로 하며, 또한 그 가치를 전체의 가치로 연결시키고 싶어하는 마음을 가진 사람입니다. 천지를 창조한 하나님은 지극히 선한 분이요, 모든 만물의 근본이 되는 분이요, 사랑의 주체이신 분이라는 것입니다. 그러니 하나님은 자신이 참으로 믿을 수 있고, 사랑할 수 있고, 모든 것을 맡길 수 있는 사람이 있으면 제일 귀한 것을 고스란히 넘겨주고 싶어합니다. 이것으로 우리는 자기에게 가장 귀한 것을 참으로 주고 싶어하는 마음이 천리의 원칙이며, 인간 본연의 마음이라는 것을 미루어 짐작할 수 있습니다.

7 하나님의 사랑은 부모의 사랑, 부부의 사랑, 자녀의 사랑을 대표합니다. 물론 거기에는 형제의 사랑도 들어가고, 이것을 확대하면 국가나 세계의 사랑도 들어갑니다. 하나님의 사랑을 부모의 사랑이요, 부부의 사랑이요, 자녀의 사랑이라고 말합니다. 그것이 최고 멋진 말입니다. 사랑의 힘은 모든 것을 지배할 수 있기에 운명길도 좌우할 수 있습니다. 만일 이러한 사랑을 확실히 알았다면 이 사랑의 힘 가지고는 모든 것을 지배할 수 있기 때문에 우리의 운명길도 좌우하는 것입니다.

8 하나님이 필요로 하는 사랑은 절대적 사랑입니다. 하나님이 절대적 사랑, 유일한 사랑, 불변의 사랑, 영원한 사랑을 필요로 하는 것처럼 우리 인간도 절대·유일·불변·영원한 사랑을 필요로 합니다. 다 하나님을 닮아야 합니다. 하나님이 남성격 여성격, 양성과 음성으로 계시는 분이기 때문에 거기에서 갈라져 실체대상으로 창조된 인간도 남자와 여자로 창조되었고, 그들이 결혼하게 되면 실체로서 하나님을 대신한 양성과 음성이 되는 것입니다. 이와 같이 결혼을 통해서 종적인 하나님의 사랑이 횡적으로 완전 통일되도록 추구하는 것이 하나님의 뜻입니다.

9 하나님이 우리에게 사랑을 주게

될 때 얼마만큼 주고 싶으실 것이냐? '이만큼이면 됐다.'라는 한계를 두는 사랑이 아닙니다. 무한정으로 주고자 하는 사랑입니다. 하나님은 몽땅 주고도 '너로 말미암아 너 가운데에 살고 싶다.'라고 하는 것입니다. 그렇게 될 수 있는 본질이 사랑입니다. 하나님도 사랑 가운데 들어가서는 종살이를 해도 좋다는 것입니다. 아버지는 사랑하는 아들딸이 자신의 밥상 위에 올라가도 그것을 바라보고 기쁨을 느끼는 것입니다. 사랑은 법을 초월합니다. 하나님이 지금까지 사랑을 주었다고 해서 인간에게 '나는 완전히 다 주었는데 너는 왜 안 주느냐?'라고 할 수 있습니까? 절대적인 사랑을 가진 하나님은 아직까지도 주고 싶은 사랑을 다 못 주어 안타까워합니다. 자아를 주장할 수 없는 하나님입니다. 완전한 사랑을 주고자 했던 것이 인간을 대한 창조의 원칙인데, 하나님은 지금까지 완전한 사랑을 주지 못했으니 더 좋은 것을 주고 싶어하시는 것입니다. 그런 하나님이기에 생각할수록 좋은 것입니다.

10 하나님이 '나는 사랑이다.'라고 했는데, 이 말은 밤에도 좋아하고, 낮에도 좋아하고, 일하면서도 좋아하고, 쉬면서도 좋아하고, 춤추면서도 좋아하고, 울면서도 좋아한다는 것입니다. 그러니 '나에게는 사랑이 있다. 몽땅 있다.'라고 한 것입니다. '몽땅'이라는 말은 그 속에 전부 들어간다는 것입니다. 사랑을 제일 좋아하는 분이 하나님입니다. 그런 사랑을 몽땅 가지고 있는 하나님이기에 인간이 그 사랑을 알고 맛보면 죽더라도 하나님을 놓을 수 없습니다.

11 종적인 사랑을 받으려면 타락하지 않은 본래의 횡적인 90각도가 되어 남자는 바른쪽, 여자는 왼쪽으로 둘이 불이 붙어 딱 어울려야 됩니다. 그렇게 될 때 남자 여자를 중심삼고 그 가운데에 하나님을 모시려면 찾아가서 접붙여야 됩니다. 접붙이는데 어떻게 붙이느냐? 평형선이 되어야 합니다. 그러면 개인적으로 어떻게 됩니까? 하나님은 사랑의 뼈입니다. 그것을 알아야 합니다. 사랑을 중심삼고 하나님의 사랑은 뼈사랑이고, 인간의 사랑은 살사랑입니다. 뼈와 살이 하나돼 형태를 갖추는 것입니다. 여러분에게 뼈가 있는 것과 같이 하나님의 사랑은 뼈사랑이고, 참부모의 사랑은 살사랑입니다.

영원하고 절대적인 참사랑

12 여러분 마음에 영원한 사랑이 있습니까? '하나님의 사랑은 나에게 나타나는 것이야. 영원히 변치 않아. 천지가 변할지라도 이 공약은 변치 않아.'라고 자리가 잡혀 있습니까? 그

렇게 되어야 합니다. 하나님의 사랑은 변하지 않는 곳에 나타납니다. 불변의 사랑이기 때문에 하나님의 사랑은 영원하다는 것입니다. 변하지 않는 사랑이기 때문에 나에게 나타난다면 나 자체의 변하지 않는 마음의 터전 위에 나타납니다. 그렇기 때문에 일생 동안 먹는 것도 그 사랑을 위해서 먹고, 자는 것도 그 사랑을 위해서 자고, 활동하는 것도 그 사랑을 위해서 활동해야 됩니다. 사랑을 위해서 변하지 않는 완전한 기준을 갖고 있는 한 하나님의 사랑은 나타납니다. 그러지 않으면 이 우주의 공약 전부가 헛된 것입니다.

13 하나님은 인류 앞에 아버지 입장에 계시는 분입니다. 아버지이시기 때문에 자기 아들딸 앞에 중심입니다. 인간을 지었다고 하더라도 부모의 자리에 서 있기 때문에 자식을 대하는 자리에서는 자식을 위해 있게 마련입니다. 부모는 자식을 위해 있으려고 합니다. 밤이나 낮이나 자식이 침해받을까 봐 걱정하고, 자식에게 무슨 문제가 생길까 봐 보호해 주고, 또 어떤 반대적인 요건이 나타날까 봐 방어해 주는 것이 부모입니다. 그런 부모의 본질을 찾아 나가는 것, 부모의 본질에 연결될 수 있는 것이 선의 길, 즉 사랑의 길입니다. 이런 부자관계의 사랑의 인연을 연결시킬 수 있는 것이 선이기 때문에, 그런 선의 자리를 통해서 목적이 이루어질 수 있습니다. 그렇기 때문에 선에는 반드시 사랑이 있어야 합니다. 사랑인데 중심적인 사랑이 임재해야 됩니다. 그러지 않으면 지상에 사랑의 중심이 결정될 수 없습니다.

14 하나님은 지금까지 당신과 가까운 편에 있는 사람들과 종족, 나라에까지 사랑을 주었습니다. 하나님은 적다고 받지 않을까 봐 보태고 또 보태어 이스라엘의 개인과 종족과 나라를 축복해 주었습니다. 그리고 그것도 부족하여 사랑하는 아들을 보내어 축복해 주려고 하였습니다. 그들이 그래도 받지 않자 그 아들의 생명까지 주었던 것입니다. 이처럼 하나밖에 없는 아들이 죽고 나서도 또다시 사랑을 보태 주려고 하는 분이 하나님이기 때문에, 그 사랑이 돌아오게 되는 날에는 천지가 몽땅 이상적인 천국으로 화하게 됩니다.

15 하나님과 인간은 어디서 연결되느냐? 생명이 교류하는 곳, 사랑이 교류하는 곳, 이상이 교류하는 곳입니다. 그 점은 부자관계가 아닐 수 없습니다. 내가 하나님하고 동등할 수 있다니 그런 기쁨이 얼마나 큽니까? 사랑의 주체요 생명의 주체요 이상의 주체인데, 기도가 필요하겠습니까?

위신과 체면을 초월하는 것입니다. 서슴지 않고 하나님을 붙들 수 있습니다. 하나님이 붙안고 비벼 주고 사랑해 주는 것을 체험한다면 뼈살이 녹아날 것입니다.

16 하나님의 사랑을 접하면 어떻게 되느냐? 머리카락도 춤추고 세포도 춤춘다는 것입니다. 백 퍼센트 그 사랑에 취하면 나가자빠지는 것이 아니라 천년만년 살고지고가 됩니다. 누가 깨우려고 하면 깨우지 말라고 하는 것입니다. '신선놀음에 도끼자루 썩는 줄 모른다.'라는 말이 있습니다. 그만큼 인간이 상상할 수 없는 고차적인 사랑에 취할 수 있는 길이 있다는 것입니다.

17 만민은 왜 하나님을 좋아하면서 따라가느냐? 하나님은 만민을 위하여 모든 것을 주고 또 주면서도 부끄러워하며 '지금은 이것밖에 안 되지만 조금만 더 기다려라. 몇 백배, 몇 천배 더 좋은 것을 줄 터이니.'라고 하면서, 오늘 주는 것으로 만족하는 것이 아니라 주면서도 미래에 더 좋은 것을 주겠다고 약속하는 마음의 여유를 갖고 계시는 분이기 때문입니다. 그런 분과 더불어 있으면 비록 못 먹고 못살더라도 행복하다는 것입니다. 못 먹는 자리에 들어간다면 소망의 자극이 현실권 내에서 충격적으로 느껴지는 것입니다. 무슨 말이냐 하면 도리어 새로운 결심을 할 수 있다는 것입니다. 그 자리는 미래를 위해 서로 위로의 눈물을 같이 흘릴 수 있는 자리입니다. 절망이 같이하는 것이 아니라 내일의 소망을 현재의 자극으로 여기고 서로 결의하고, 서로 맞부딪쳐서 격려할 수 있는 폭발적인 자리가 바로 그런 자리입니다.

18 하나님은 아담과 해와의 몸을 좋아하는 것이 아니라 둘 사이의 사랑을 좋아합니다. 그들과 하나될 수 있는 자리를 바라지 않을 수 없습니다. 하나님이 인간에 대해 바라는 창조목적의 종착점은 아들딸을 만나서 사랑할 수 있는 자리가 아닐 수 없습니다. 그리고 인간이 바라는 종착점은 하나님을 아버지로 모시고 그의 아들딸로서 사랑받을 수 있는 자리가 아닐 수 없습니다. 그렇기 때문에 인간은 하나님의 아들딸이 되려 하고, 하나님은 인간을 자기 아들딸로 만들려고 하는 것입니다. 이 둘이 상봉하는 자리가 부자관계의 자리입니다. 그 이상의 자리는 없습니다.

19 하나님에게는 지식이 필요 없습니다. 지식을 창조한 분입니다. 하나님에게는 권력이 필요 없습니다. 전지전능한 분입니다. 하나님에게는 돈도 필요 없습니다. 다이아몬드나

황금도 마음대로 만들 수 있는 분입니다. 하나님에게는 필요한 것이 단 한 가지 있는데 그것이 사랑입니다. '하나님 자신이 마음대로 사랑할 수 있지 않느냐?'라고 하겠지만 천만의 말씀입니다. 하나님 혼자서는 작용을 못합니다. 아무리 훌륭한 박사님이고, 천하를 호령할 수 있는 권세자이고, 천하를 장악하고 소유하고 있는 황금 대왕이라 할지라도 혼자서는 사랑을 할 수가 없습니다. 그러니 하나님에게 제일 필요한 것은 참사랑을 나눌 수 있는 대상자입니다.

참사랑의 모체이신 하나님

20 정서적인 문제를 중심삼고 볼 때 하나님은 사랑의 모체입니다. 여기에서 부모의 사랑이 우러나왔고, 부부의 사랑이 우러나왔고, 자녀의 사랑이 우러나왔고, 형제의 사랑이 우러나왔고, 친척의 사랑, 민족의 사랑이 우러나왔습니다. 사랑의 갈래는 원줄기에서 뻗어 나가는 가지나 잎과 같이, 물결의 파문이 되어 나가는 것과 마찬가지로 먼 데로 가면 갈수록 점점점 감도의 차이가 있습니다. 여러분이 하나님의 사랑을 받는 사람이 된다면, 여러분의 친척 중에 심정적으로 제일 가까운 자리에 선 사람과 가까워지게 됩니다. 하나님이 같이 하게 되면 벌써 그 무엇인지 모르게 끌린다는 것입니다.

21 여러분은 아버지의 심정을 염려할 수 있는 아들딸의 모습이 되어 아버님을 모실 수 있어야 합니다. 그러지 않으면 여러분은 불쌍한 사람이 될 것입니다. 하나님이 계신다는 것을 모른다면 모르거니와, 안다면 우리를 찾아 수고하시는 하나님은 우리가 마음의 주인공으로만 모실 분이 아니라는 것을 알아야 합니다. 하나님은 나와 영원히 일체를 이루어 먹어도 같이 먹고, 살아도 같이 사는, 즉 영원히 동고동락할 수 있는 실체적인 주인공입니다. 영원히 변할 수 없는 사랑의 본체요, 영원한 소망의 화신체입니다. 이러한 하나님 앞에 예수님은 어떠한 변명도 조작도 없이 자기 자체를 잊어버리고 아버지를 대신한 뜻이라면 어떠한 행동도 할 수 있는 분이었습니다. 여러분은 이러한 예수님의 발자취를 인계 맡는 아들딸이 되지 않으면 안 됩니다.

22 여러분 마음은 큰 것이 있으면 전부 내 것 만들려고 합니다. 그렇기 때문에 그 마음 앞에 갖다 두지 못할 것이 없는 것입니다. 마음은 하나님을 모셔 놓고, 그 하나님 앞에 따르는 모든 나라가 있으면 그 나라까지 다 갖다 넣고, 혹은 세계가 있으면 그 세계까지 모두 갖다 넣고 싶을 만큼 방대하다는 것입니다. 그렇기 때문에 마음 가운데 하나님을 모시더라도 사고

가 나지 않는 것입니다. 이것이 마음입니다. 여러분의 마음이 그렇게 큽니다. 이 마음속에 하나님을 모시겠다는 것입니다. 하나님은 사랑하는 분이요 절대적인 분이기 때문에, 그 절대적인 가치가 있는 분을 딴 데다 둘 수 없습니다. 사랑하는 사람끼리는 같이 가고 싶어하고, 같이 있고 싶어하고, 같이 살고 싶어하는 것입니다. 어떻게 같이 살고 싶어하느냐? 거기에 파고들어 가서 하나돼 같이 살고 싶어하는 것입니다. 그것이 사랑의 본질입니다.

23 남자는 '나는 남성을 대표한 완성한 사랑의 주체자요.'라고 하고, 여자는 '나는 여성을 대표한 완성한 사랑의 주체자로서 당신과 나는 절대 필요한 것입니다.'라고 해야 됩니다. 남자에게 절대 필요한 것은 여자입니다. 남자에게 하나님 대신 지상에 절대 필요한 것이 여자라는 것입니다. 또 하나님 대신 여자에게 절대 필요한 것이 남자입니다. 그렇게 필요로 하는 것은 무엇 때문입니까? 하나님의 사랑을 받기 위해서입니다. 그러려면 남자 여자는 참된 완성의 자리에서, 돌아서려야 돌아설 수 없고 사랑을 안 하려야 안 할 수 없는 자리에서 하나님을 모셔야 됩니다. 사랑의 주인은 남자도 아니고 여자도 아닙니다. 하나님입니다.

24 하나님의 사랑의 발굴지가 어디냐? 형제간에 사랑하는 거기에서 하나님의 사랑이 나오는 것이 아닙니다. 남녀가 사랑하는 그 사랑을 중심 삼고 하나님의 사랑이 세워지는 것도 아닙니다. 하나님의 사랑은 부자관계의 사랑에 의해서 세워집니다. 종적 관계가 성립되어야 합니다. 그 종적 관계는 부모의 사랑을 받아야 하기 때문에 부자의 사랑 이외에는 없습니다. 이 사랑에는 거리가 없습니다. 이 종적 관계에서는 하나의 중심이 있어야 합니다. 중심은 하나밖에 없습니다. 중심은 제일의 자리에 있는 것입니다. 중심이 둘이면 세상에서는 싸움이 벌어집니다.

25 참사랑을 가지고 자기보다도 훌륭한 분을 찾겠다고 하니 백 퍼센트, 천 퍼센트 이상 투입하고 또 투입하는 것입니다. 그래 가지고 투입이 끝났다고 생각하는 그 순간 멈추게 됩니다. 하나님이 인간을 창조하게 될 때 자기보다도 더 훌륭한 사랑의 상대를 만들려고 했기 때문에 하나님의 모든 요소, 보이지 않는 무형요소를 백 퍼센트 실체화시키기 위해서 투입하고도 더 투입하려고 했다는 것입니다. 투입하고 잊어버릴 수 있는 그 자리에서만이 참사랑의 기원을 발견할 수 있습니다. 간단한 내용입니다. 이것이 우주의 근본원리입니다.

창조는 참사랑의 투입

26 하나님은 절대자인 동시에 참된 사랑의 주체이고, 영원불변의 유일권에 서 계시지만 위하라고 하는 것이 아닙니다. 없으니까 있게 하려니 자기로부터 투입해야 됩니다. 투입은 위하는 것입니다. 자기를 투입해야 됩니다. 투입해서 우주가 생겨난 것입니다. 그렇기 때문에 참된 사랑의 근원이, 근거지가, 출발원지가 존재하는 세계 앞에 위하려는 참된 사랑입니다. 참된 사랑으로부터 출발한 것입니다. 이것이 이상적 출발의 본연점입니다.

27 하나님이 만물을 창조할 때 자기의 모든 것을 투입함으로써 그 투입된 대상이 확정되면 거기로부터 사랑이 찾아지는 것과 마찬가지로, 우리도 공적인 세계에 투입하면 투입할수록 거기에서 사랑이 인연돼 들어오는 것입니다. 그래서 가정에서 효도하라고 하는 것입니다. 부모 앞에 효도하고, 형제끼리 왜 우애해야 되느냐? 그러면 그럴수록 사랑이 나에게 엮어지기 때문입니다. 그러면 나는 어떤 주인이 되고 싶으냐? 지식의 주인이 되고 싶은 것도 아니고, 권력과 명예의 주인이 되고 싶은 것도 아닙니다. 사랑의 주인이 되고 싶은 것이 인간이 지음 받은 최고의 목적이요, 인간이 찾아가야 할 종착점입니다.

28 어머니는 자기 몸을 투입하고 잊어버립니다. 자기 피와 살을 나눠 주면서 기억하는 어머니는 없습니다. 아기에게 젖을 먹이면서 '오늘은 몇 그램을 아기에게 공급했구나!'라고 수첩에 기록하지 않습니다. 투입하고 잊어버리고 투입하고 잊어버린다는 것입니다. 어머니가 아기를 기르면서 서 있는 곳이 하나님이 천지를 창조하면서 투입하고 잊어버리고 투입하고 잊어버리는 일을 하던 그 자리와 똑같습니다.

29 창조의 기원은 사랑을 중심삼고 위하는 논리입니다. 대상을 위하여 투입하는 것이 위대합니다. 여기에서 '위하여 살라!'라는 생활철학이 나옵니다. 사랑은 이상적인 항해를 해야 됩니다. 우리가 그런 목적 세계를 향해 방향을 갖추어 살아가기 위해서는 위하여 살아야 한다는 생활철학이 나온다는 것입니다. 완전투입을 하면서 가는 길 외에는 참된 사랑의 길을 만날 수 없습니다. 그것은 완전히 투입하고 완전히 위하는 데서만 가능하기 때문입니다.

30 참사랑은 위하는 사랑입니다. 준다는 것, 위한다는 것은 제2의 창조의 대상, 사랑의 대상을 찾는 것입니다. 하나님만이 창조하는 것이 아니고 우리도 지금 창조하고 있다는 것

입니다. 하나님이 창조할 때 자기를 완전히 투입한 것과 마찬가지로 참사랑은 자기를 완전히 투입하는 것입니다. 그렇게 자기를 완전히 투입하면 자기 대신 창조물이 생겨납니다.

31 참된 사랑은 섬김을 받는 것이 아니라 남을 섬기는 것입니다. 하나님이 맨 처음 당신의 사랑의 대상을 창조할 때 당신의 모든 에너지, 즉 당신 자신을 백 퍼센트 투입하였습니다. 이렇게 하나님은 참사랑의 본보기를 만들었습니다. 다시 말해 하나님은 자신을 완전히 소진시키는 참사랑의 전통을 세운 것입니다. 그 참사랑은 우주의 중심입니다.

32 참사랑이 가는 길은 위함을 받기 위한 길이 아니고 위해 주기 위한 길입니다. 그래서 하나님 자신도 사랑의 상대를 창조할 때, 하나님 자신이 위하는 입장에 서서 당신이 소유하고 있는 전부를 투입하고 또 투입했습니다. 이런 마음을 가진 본연의 중심존재가 천지를 창조한 하나님입니다. 참사랑은 위하는 데 있어서 백 퍼센트, 천 퍼센트 다 주고 나서 진공상태가 되는 것입니다.

33 사랑은 완전투입입니다. 남자가 사랑을 찾아가기 위해서는 전부 투입해야 됩니다. 인간의 오관, 눈·귀·코·입·촉감 모두 완전히 투입해야 됩니다. 창조의 원형을 따라 모델의 완성형태를 거치지 않으면 사랑에 미칠 수 있는 자격이 없기 때문입니다. 하나님과 닮았다는 자리에서 완전히 투입해야 됩니다.

34 하나님은 사랑을 중심삼고 창조를 시작했습니다. 하나님은 손해나는 일을 한 것이 아닙니다. 투입하는 것은 손해인데, 하나님이 왜 그렇게 했겠습니까? 사랑은 모든 것을 채우고도 남을 수 있는 힘이 있기 때문에 소모시켜서 투입했지만, 그 대신 사랑을 찾아오는 것입니다. 참사랑은 투입할수록 점점 작아지는 것이 아니고 투입하여 움직이면 움직일수록 커갑니다. 그러지 않고 참사랑이 작아진다는 원리라면, 하나님 자체가 투입되면 소모되는 것입니다. 그러나 참사랑은 투입하면 투입할수록 커지는 것입니다. 참사랑의 세계는 움직이면 움직일수록 커 갑니다. 사랑을 점령하려면 투입하고 잊어버리고 투입하고 잊어버려야 됩니다.

35 하나님이 심정을 가지고 만물을 지은 것은 자기 투입과 더불어 상대를 위해서입니다. 그 상대는 사랑의 상대입니다. 그러기에 하나님이 창조할 때 자기를 투입하고, 사랑의 마음을 가지고 좋아하였던 것과 마찬가

지로 여러분도 만물을 사랑하게 되면 하나님 편에 서게 됩니다. 만물을 사랑하면 사랑할수록 하나님 뒤를 찾아 들어가는 것입니다.

36 우주적 원리의 근원은 하나님입니다. 우주 창조에서 하나님은 자신의 창조물을 위하여 자기 전체를 투입하였습니다. 또한 역사를 통해서 제멋대로 사는 타락한 인류를 구원하기 위하여 끊임없이 희생해 온 분이 바로 하나님입니다. 하나님의 뜻을 안 예언자나 성인, 그리고 철인들은 자신들의 삶 속에서 하나님의 원리를 따랐습니다. 그리고 그들 자신이 진리를 지키는 것으로 만족하지 않고 다른 사람들을 가르치기 위해서 희생의 길을 걸었습니다.

37 남을 위해 책임을 지고 희생하는 것은 무엇 때문입니까? 자기가 어려움을 극복하는 한이 있더라도 나로 말미암아 상대방에게 영향을 미치게 하기 위해서입니다. 마치 아무것도 없는데 하나님이 힘을 투입해서 창조하는 것과 마찬가지 입장에 서기 위해서입니다. 하나님은 만들어 놓은 것을 보고 '선한지라.'라고 하였기 때문에 그러한 결과로 나타난 것도 선하게 마련입니다. 그러므로 하나님의 원리원칙을 따라, 하나님의 창조원칙을 따라 하나님과 같은 입장에 서지 않고는 선할 수 없습니다.

2절 참사랑의 근원

1 참사랑은 어디에서부터 시작됐느냐? 여러분에게서 시작된 것이 아닙니다. 하나님으로부터 시작됐습니다. 그 참사랑을 중심삼은 하나님이 참사랑의 이상상대가 필요해서 이 세상을 지었습니다. 천지창조도 참사랑에서부터 비롯된 것입니다. 사랑의 개념은 반드시 상대적 세계에서 이루어집니다. 상대 개념을 떠나서는 사랑을 찾을 수 없습니다. 그렇기 때문에 남자가 있으면 여자가 있어야 되고, 오른쪽이 있으면 왼쪽이 있어야 되고, 위가 있으면 아래가 있어야 됩니다. 상하·전후·좌우가 있어야 된다는 것입니다. 이것들이 연결되어서 하나의 구형이 이루어집니다. 창조 전 하나님에게도 몸과 마음이 있었습니다. 몸과 마음이 하나된 자리에서, 상충이 없는 사랑 가운데 이상적 사랑의 세계 실현을 꿈꾸면서 살았다는 것입니다. 그래서 하나님은 은은한 사랑이 아니라 폭발적인 사랑, 360도를 회전할 수 있는 사랑을 바라십니다. 그런 사랑의 상대를 찾기 위해서, 만들기 위해서 천지창조를 했습니다.

하나님은 참사랑의 근원

2 여러분 가운데 신비스러운 체험을

한 사람이 있다면, 그 사람은 우주의 근본을 찾아 들어가서 우주의 근본이 뭐냐 하고 궁금증을 갖게 될 것입니다. 이런 문제를 제시하고 우주의 근본을 찾아들어 갈 때, 우주의 근본은 이 만상의 세계를 대신해 있는 사람입니다. 인간의 근본은 무엇입니까? 생명입니다. 생명의 근본은 무엇입니까? 사랑입니다. 사랑이 없으면 생명이 생겨나지 않습니다. 그러면 사랑의 근본은 무엇입니까? 여기에서는 인간 이상의 것으로 올라갑니다. 그런 분이 하나님입니다. 그래서 하나님은 사랑이라고 하는 것입니다. 하나님이 사랑이라는 명사를 들고 나오게 될 때, 그 사랑이라는 명사는 혼자서는 성립될 수 없는 말입니다. 사랑은 반드시 상대적 관계를 가질 때에 쓸 수 있는 말입니다.

3 사랑이란 말은 상대적 관계에서 성립되는 말입니다. 아무리 전능하신 하나님이라 하더라도 하나님 혼자 계시면 사랑이 성립되지 않습니다. 반드시 상대적 관계가 있어야 사랑이 성립됩니다. 그렇기 때문에 아담 해와를 지은 목적이 어디 있느냐 하면 기쁘기 위해서입니다. 기쁜 데는 무엇을 중심삼고 기쁜 것이냐? 보고서 기쁜 것이 아니요, 말하고 기쁜 것이 아니요, 만져 보고 기쁜 것이 아닙니다. 사랑을 중심삼고 기쁜 것입니다. 그리고 기쁨을 성사하기 위해서 만물 창조를 시작했다는 것입니다.

4 사랑은 나에게서부터 시작되는 것이 아닙니다. 사랑은 상대로부터 오는 것입니다. 그러니 그 사랑을 받으려면 내가 문을 활짝 열고 그를 위해서 투입해야 됩니다. 밀어줘야 됩니다. 천지를 창조한 하나님이, 참사랑을 차지하고 있는 하나님이 세상을 만들게 될 때 자기를 위해서가 아니라 상대를 위해서 만들었습니다. 상대에 대해서 하나님이 전체를 투입한 것입니다. 가치 있는 전체를 투입한 것입니다.

5 참사랑은 위하는 데서부터 나옵니다. 하나님이 우주를 창조하실 때 사랑의 이상을 걸고 시작했기 때문에 하나님 자신도 지으신 물건을 위해 수천년의 역사를 거쳐 나오면서 하나님이 인류 앞에 그렇게 배반당하고, 그렇게 수욕을 당했지만 잊어버리고 또, 또, 또, 또 계속해서 사랑을 주시는 것입니다. 그러한 사랑이 이 땅에, 타락한 인간세계에 남아 있는데 그것이 부모의 사랑입니다. 그러면 참된 부모의 사랑은 무엇이냐? 자식을 사랑할 때 '아이고, 내가 이것 전부 이자 쳐서 받겠다!'라는 마음을 가진 부모는 참된 부모가 아닙니다. 밤낮으로 희생하면서도 위하여 사랑하고, 또 하고, 또 하고, 어떤 자리에 가서

도 잊지 않고 더 해주려고 하고, 24시간 거리를 초월하여 그를 위하려고 하는 사랑이 본질적인 사랑에 가까운 것입니다. 이런 사랑의 기원이 있기 때문에 인간을 구도할 수 있고 구원할 수 있는 기초를 찾을 수 있습니다.

6 사랑은 자기를 중심으로 한 입장에서 하게 되면 성립되지 않습니다. 상대를 대신하여 상대의 입장을 옹호하고 받드는 데서, 상대의 입장을 세우는 데서 비로소 사랑이란 말이 성립됩니다. 사랑하는 사람에게 '야, 이 놈아! 너는 내 종이다.'라고 말합니까? 상대를 누구보다도 높여 주고, 누구보다도 위해 주고, 상대로 말미암아 있고자 하는 자리에서 사랑이 성립됩니다. 나를 중심삼고 '너는 내가 하라는 대로 해라.'라고 하면, 그것은 사랑이 아닙니다.

7 하나님이 피조세계를 창조한 것은 하나님도 혼자서는 행복할 수 없기 때문입니다. 행복이란 말은 상대적 관계에서부터 시작됩니다. 사랑이란 말도 상대적 관계에서 벌어지고, 좋다는 말도 상대적 관계에서 벌어집니다. 자기 혼자서 행복하다는 사람이 있습니까? 혼자 좋다는 사람은 미친 사람입니다. 좋다, 사랑한다, 행복하다, 바란다 하는 것은 차원 높은 의미의 상대적 관계를 요구하는 데서 필요한 것입니다. 거기에서 행복 요건의 등위가 결정되는 것입니다.

8 사랑은 자기를 중심삼고 하게 되어 있지 않습니다. 사랑은 나로부터 오는 것이 아닙니다. 사랑은 상대를 통해서만이 관계가 맺어지지, 상대가 없어서는 이루어지지 않습니다. 그렇기 때문에 남자도 여자도 상대가 필요합니다. 그것은 자기 것이 아니기 때문입니다. 그것은 공유물입니다. 우주의 모든 전체를 품을 수 있는 힘입니다. 그 사랑은 자기로부터 오는 것이 아니라 반드시 상대를 통해서 오기 때문에 상대가 없게 될 때는 사랑을 느낄 수 없고, 있다 하더라도 작용을 안 한다는 것입니다.

9 부모의 사랑이 좋고 부부의 사랑이 좋다 할 때, 진짜 사랑은 자기를 중심삼은 사랑이 아닙니다. 사랑이란 나로부터 시작되는 것이 아니라 상대로부터 시작되는 것입니다. 남편 아내로부터 사랑이 생겨나고, 아들 형제로부터 사랑이 시작되는 것입니다. 또한 사랑은 자기 혼자에게서 시작되는 것이 아니라 상대로부터 시작됩니다. 그러므로 사랑의 주인은 상대입니다.

상대를 위해 무한히 투입하는 참사랑

10 하나님의 참사랑은 상대를 위하

여 무한히 주고자 하는 것입니다. 사랑의 마음을 가진 부모는 모든 자식이 부모보다 더 훌륭하게 되기를 바라기 때문에 자식을 위하여 크게 주고, 또 더 크게 주려고 합니다. 사랑하는 남편과 아내 역시 상대방이 자신보다 더 잘난 사람이 되기를 바라기 때문에 상대를 위하여 투입하고, 또 투입하고 잊어버립니다. 이렇게 참사랑은 상대를 위하여 투입하고, 또 투입하려는 데서 그 작용이 유발됩니다. 하나님은 이렇게 인간을 위하여 참사랑의 주체적인 입장에서 주고 또 주는 작용을 계속함으로써 영존하시는 것입니다.

11 하나님도 인간을 위해 투입했습니다. 하나님이 인간을 위해서 있습니다. 그렇기 때문에 인간은 천년만년 하나님을 따라가려고 합니다. 위하는 천리의 존재세계 앞에 자기 스스로 존재 위치를 유지하기 위해서는 위해서 존재해야 됩니다. 위하는 데서만이 동서고금을 통할 수 있습니다. 하나님은 예나 지금이나, 동양이나 서양이나 다 같은 사랑을 갖고 있기 때문에 동양·서양을 극복할 수 있고 과거·현재·미래를 극복할 수 있습니다. 그것은 과거도 현재도 미래도 극복할 수 있으니 언제나 발전할 수 있고, 동서양을 극복하니 동서양을 통일할 수 있다는 것입니다. 이것은 사랑에서만 가능합니다.

12 자기 사랑의 상대가, 자기 아들딸이 자기보다 못나기를 바라는 사람은 없습니다. 그런 마음이 어디에서 왔습니까? 하나님한테서 왔습니다. 하나님도 마찬가지입니다. 자기 사랑의 상대가, 자기 아들딸이 하나님보다 낫기를 바랍니다. 그러므로 그 나은 아들딸, 나은 사랑의 상대를 짓게 될 때는 자기 이상의 것을 투입해야 됩니다. 천배 투입하고도 잊어버리고, 만배 투입하고도 잊어버리고 잊어버려야 합니다. 투입한다는 개념이 없을 때는 그 이상의 상대는 나오지 않습니다. 그렇기 때문에 참사랑을 하는 사람은 자기 생명을 주고도 또 주고 싶고, 천년을 살았어도 또 주고 싶은 마음의 본성을 갖고 있습니다. 하나님이 자기 상대를 그 한계성까지 짓고도 또 짓고 싶어하는 논리를 갖고 있으니 그 하나님을 점령하기 위해서는 하나님 이상 투입해야 됩니다. 참사랑은 자기 생명까지도 투입하고 잊어버리려고 하는 데에 근거지가 있는 것입니다.

13 하나님은 전지전능한 분이기 때문에 자기 이상 천배 만배를 그려 가면서 투입할 수 있는 자주력을 가진 분입니다. 투입하고는 잊어버립니다. 사랑은 무한히 투입하기 때문에

무한한 가치가 생겨납니다. 투입하다 보면 자동적으로 올라갑니다. 순환운동을 하는 것입니다. 순환하는 구형의 범위 내에 있는 것은 내 소유로 할 수 있고, 천상세계 사랑의 소유권을 상속받을 수 있습니다. 사랑은 상속권이 있고 동거권과 동참권이 있기 때문에 그 활동무대는 내 것입니다. 그렇게 보면 하나님은 참 지혜의 왕입니다. 왜 투입하고 잊어버리느냐? 그래야 투입하고도 또 투입할 수 있기 때문입니다. 자동적 순환원리를 통해서 영원한 회전이 시작되기 때문에 영생의 논리가 설정됩니다. 투입하고 투입하고 또 투입하는 데서 영생의 논리가 벌어집니다.

14 사랑하고 잊어버리고 또 사랑하려고 하는 곳에, 생명을 투입하고도 잊어버리고 또 투입하는 곳에 참사랑이 거합니다. 가치 있는 것을 한꺼번에 전부 주고도 잊어버리는 것입니다. 왜 잊어버려야 되느냐? 더 주려고 하니까 잊어버려야 합니다. 어머니의 사랑은 주고 잊어버리는 사랑입니다. 그것을 전부 노트에다 치부해서 받겠다고 하지 않습니다. 자기 젖을, 생명을 나눠 주면서도 좋아합니다. 타락한 어머니도 그런 심정인데, 여러분은 그 이상 되어야 합니다. 모든 것을 투입하고도 잊어버리는 사람 가운데는 참사랑이 영원히 존재합니다.

15 참사랑은 자기를 완전히 투입하는 데서 생겨납니다. 자기 생명도 잊어버릴 때까지 전부 희생한 거기에서부터 참사랑은 이어집니다. 생명을 투입한 이상의 입장에서 참사랑은 이어집니다. 참사랑이 생명의 근원이기 때문입니다. 생명 이상으로 투입하지 않으면 참사랑으로 이어지는 길이 없습니다. 참사랑은 생명의 근원이기 때문에 자기의 전부를 희생하지 않으면 본래의 자리로 돌아갈 수 없습니다.

16 사랑은 주면 줄수록 생기는 것이요, 끝이 안 나는 것입니다. 더 가중적으로 줄 수 있는 여유가 생기는 것입니다. 하지만 다른 것은 모두 끝이 납니다. 돈도, 지식도, 권력도 끝이 납니다. 세상만사의 모든 인간 사정, 인정을 통한 것은 다 끝이 나지만, 영원한 참사랑은 아무리 주더라도 끝이 나지 않습니다. 더 무한에 가까운 내용이 영속적으로 계속되는 놀라운 것입니다. 그렇기 때문에 이 힘을 가지고는 우주를 작용시키고도 남음이 있다는 것입니다.

17 가짜 사랑과 진정한 사랑은 어떻게 다르냐? 가짜 사랑은 시작했다가 자꾸 떨어져 내려가는 사랑이요, 진짜 사랑은 시작하여 점점점 올라가는 사랑입니다. 자꾸 크기 때문에 어디까지 올라가느냐 하면 큰 세계까지입

니다. 자꾸 품는 것입니다. 그런 무한한 포용의 마음, 품어 주는 포용의 마음, '더 품겠다, 더 품겠다.'라는 본질의 마음 작용을 가진 것이 사랑 외에는 없습니다. 참사랑 외에는 없다는 것입니다.

18 사랑이란 하고 또 해도 끝이 없습니다. 부모가 자식을 사랑하는 데는 끝이 없다는 것입니다. 부모가 자식을 있는 정성을 다하여 잘 먹이고 잘 입히고 안팎으로 걸릴 것 없이 키웠는데, 만약 그 자식이 죽었다면 '난 너를 위해서 다했다.'라고 말할 수 있는 부모는 없습니다. 사랑의 길이란 진정 좋은 것을 주고도 부끄러움을 느끼는 것입니다. 좋은 것을 주고도 그것을 자랑의 조건으로 여기는 것이 아니라 머리를 숙이면서 부끄러움을 느끼는 것이 사랑입니다.

참사랑의 본질은 남을 위해 베푸는 것

19 참사랑이란 어떤 사랑입니까? 참사랑의 본질은 위함을 받겠다는 것이 아니고 남을 위해, 전체를 위해 먼저 베푸는 것입니다. 주고도 주었다는 사실 자체를 기억하지 않고 끊임없이 베푸는 사랑입니다. 기쁨으로 주는 사랑입니다. 그렇기 때문에 어머니가 자식을 품에 안고 젖을 먹이면서 기쁨과 사랑의 심정을 느끼는 것입니다. 자식이 부모 앞에 효도하며 기쁨을 느끼는 그런 희생적 사랑입니다.

20 참사랑은 보다 위하는 사랑입니다. 참사랑은 사랑하는 사람이 자기보다 높기를 바라는 것입니다. 자기 사랑하는 아내와 자식이 자기보다 훌륭하기를 바라는 것이 모든 사랑의 본질입니다. 인간세계에 있어서 그렇습니다. 사랑하는 사람이 부모보다 높고, 하나님과 같이 높기를 바라는 것입니다. 하나님도 마찬가지입니다. 하나님 앞에 상대적 입장에 있는 인간을 하나님이 자기보다 더 사랑한다는 것입니다. 하나님은 투입하고 잊어버립니다. 이것이 하나님의 본연적 사랑입니다.

21 사랑이 가는 본질적 성격은 자기를 위하는 데를 찾아가는 것이 아닙니다. 위하려고 하는 데서 사랑이 번식됩니다. 자기를 중심삼은 사랑은 소모되지만 위하는 사랑은 번식됩니다. 커 간다는 것입니다. 위해서 사랑하려는 데는 번식이 벌어져 자꾸 확장되지만, 자기를 위하라는 사랑에서는 자꾸 축소가 됩니다. 사랑의 본질은 위하려고 할 때는 커지지만 자기를 위하라고 할 때는 점점점 더 작아진다는 것입니다.

22 진정한 사랑은 주고 기억하는 것이 아닙니다. 자기를 위하는 것이 아

닙니다. 진정한 사랑은 상대를 위해 있습니다. 그렇기 때문에 사랑을 하고 나서 '나를 생각해서 내가 너를 사랑했다.'라는 그 자리로 가서는 안 됩니다. 사랑하고 나서 부끄러움을 느끼는 사람, 그 이상 많은 것을 느끼는 사람은 사랑의 원칙에 합격자가 될 수 있지만, '내가 너를 사랑했으니까 너도 나를 사랑해야 된다.'라는 사람은 이상적인 사랑의 원칙에 부합되지 않는 것입니다.

23 자식을 사랑하는 부모는 자식을 사랑할 때, '내가 너에게 아무 날 고무신을 사 주었고, 옷을 사 주었고, 너를 위해서 피땀을 흘렸는데 그 가치는 얼마다.'라고 하면서 장부에 적어 놓지 않습니다. 부모가 자식을 사랑하는 데는 세상의 어떤 왕궁의 왕자 왕녀 이상 해주고 싶은 마음에서 '내가 정성을 다해도 이것밖에 해줄 수 없으니 미안하다.'라고 하면서 해줍니다. 그 이상 더 좋은 것을 해주고 싶은 마음을 부모는 갖고 있습니다. 그래서 부모의 사랑을 좋아하는 것입니다. 부모의 사랑은 주고도 부족함을 느끼고, 사랑하고도 덜 사랑한 것이 있지 않나 하며 더 사랑하고 싶은 마음, 주고 나서 섭섭하고 안된 마음이 있기 때문에 부모의 사랑은 영원한 사랑과 통합니다. 그것이 사랑의 출발의 전통적 동기입니다.

24 참사랑은 누구나 원하는 것이지만, 사랑이란 위해 줌으로써 가능하다는 것이 원칙입니다. 상대를 위해 봉사하고 희생해야 됩니다. 나를 위하라는 마음으로 사람을 대하게 되면 모두 도망가 버립니다. 이기적인 개인주의는 사탄의 전략이요 목적이요 도구입니다. 그 결과는 지옥일 뿐입니다. 전체를 위해야 됩니다. 남을 위해, 전체를 위해 희생봉사하게 되면 전부 와서 나를 사랑해 줍니다.

25 부모의 사랑이 왜 귀합니까? 이는 종적인 사랑이지만, 종적인 사랑으로 끝나는 것이 아니라 횡적인 사랑이 깃들게 하기 위해 노력하기 때문입니다. 부모의 사랑은 자녀가 그릇될까 봐 생활을 통해서 자녀의 길잡이가 되려는 내용을 갖추고 있습니다. 종적인 사랑은 반드시 횡적인 사랑을 창조하게 되어 있습니다. 부모의 사랑도 이런 원칙에 의해서 하나님의 사랑을 중심삼고 종횡으로 집약되어 이루어진 것입니다. 이렇듯 종횡의 요소를 책임진 것이 부모의 사랑이기 때문에, 자기의 귀한 것을 그냥 그대로 자식에게 주려고 합니다. 그냥 그대로 받게 해서 횡적으로 넓히려고 하는 것입니다. 사랑의 본질은 그런 것입니다. 사랑의 본질이 왜 그러하냐? 상대적 관계에서 이루어지는 사랑이기 때문에

그럴 수밖에 없습니다. 주체와 대상의 관계는 그러지 않을 수 없습니다. 주체와 대상 간에는 서로 주고받음으로써 원형을 그리는 것입니다. 주체는 종적이요 대상은 횡적이므로 이것이 90각도가 되어 원형을 그리게 됩니다.

26 하나님의 사랑은 종적인 사랑입니다. 그러나 하나님의 사랑은 종적인 사랑으로만 끝나는 것이 아니라 횡적인 내용을 갖출 수 있는 사랑이기 때문에 횡적인 아들딸 앞에 나타나는 것입니다. 그 아들딸이 종적인 기준으로 넓힐 뿐만 아니라 횡적으로도 넓혀 나감으로 말미암아 거기에서 만유의 존재가 종적인 환경을 중심으로 횡적인 환경으로 넓어지게 되고, 세계와 천주까지 넓혀 나갑니다. 이 사랑의 마음이 동기가 되어서 세계를 지배하겠다, 무엇을 갖겠다, 무엇을 하면 좋겠다고 하는 생각을 갖게 됩니다. 그것은 우리가 모르는 가운데 종횡의 사랑의 인연이 자신의 본질적인 마음 바탕에 그려지고 있기 때문입니다. 그 본질적인 욕구에 의해 인간 욕망이 충족된다는 사실을 부정할 수 없습니다.

참사랑은 생명보다 귀한 존재의 기원

27 부모는 자식이 죽을 곳에 가 있으면 그 자식을 구하기 위해서 자기 집에 있는 모든 보물과 그 자식의 생명과 바꾸려고 할 것입니다. 이런 것을 볼 때, 보물보다 귀한 것이 생명입니다. 그러면 사랑과 생명을 두고 볼 때 무엇이 귀합니까? 부부끼리 사는데, 남편이 아내에게 사랑을 뒷받침해서 사다 주는 보물은 천년만년 갖고 싶어하지만, 사랑 없이 갖다 주는 보물은 지니고 싶지 않다는 것입니다. 보물이란 환경이 변함에 따라 변할 수 있는 내용을 지니고 있습니다. 우주 가운데서 천년만년 변하지 않는 사랑을 중심으로 한 부부가 있다면 그것은 생명보다 귀합니다. 그래서 사랑을 위해서 생명을 바치는 것입니다. 생명 때문에 사랑을 저버리지는 않지만, 사랑을 위해서는 생명까지도 저버리는 것입니다.

28 세상에는 다이아몬드나 진주 같은 보석이 있습니다. 왜 이런 것들이 보석이냐? 다이아몬드는 굳기에 있어서 누가 침범할 수 없고, 변하지 않는 특성을 갖고 있습니다. 진주는 우아한 빛깔에 있어서 최고입니다. 그 어떤 것도 갖지 못하는, 천년만년 가더라도 변하지 않는 우아한 빛깔을 갖고 있습니다. 황금이 왜 좋으냐? 황금은 누런빛에 있어서 변함이 없습니다. 천년만년 가더라도 그것을 지배할 수 있는 무엇이 없습니다. 이렇게 변하지 않는 소성을 가지고 있기

때문에 인간세계에서 보물로 취급받고 있습니다. 이런 보물을 주고도 바꿀 수 없는 것이 뭐냐? 보물은 생명이 없습니다. 사랑하는 사람의 생명과 보물을 바꿀 수 없습니다.

29 천국에서, 하늘나라에서 정하는 제1의 가치 결정 기준이 사랑입니다. 생명이 아니라 사랑입니다. 그 사랑은 유일·불변·영원한 사랑입니다. 그 기준을 중심삼고 만사의 가치 기준을 결정한다는 것입니다. 하나님은 그 이상 생각할 수 없기 때문에 그것이 결정 기준이 된다는 것은 지극히 당연한 결론입니다. '저 사람은 인격자다. 저 사람은 가치적인 존재다.'라고 하는 것은 그러한 기준에서 보게 되는 것입니다.

30 모든 존재들의 공통분모가 생명입니다. 생명은 사랑으로부터 나왔습니다. 그래서 생명보다 사랑이 귀합니다. 생명을 찾아 사랑을 희생시키겠다는 사람과 사랑을 찾아 생명을 희생시키겠다는 사람 중에서 어떤 사람이 보다 중심이냐? 어떤 사람이 보다 참에 가까우냐? 사랑을 찾아 생명을 희생하는 것이 보다 중심이요 참에 가깝습니다. 생명을 찾아 사랑을 희생시키는 것은 자기중심이지만, 사랑을 찾아 생명을 바치는 것은 자기중심이 아니기 때문입니다.

31 사랑은 생명을 굴복시킵니다. 생명을 좌우로 엇갈리게도 할 수 있는 힘이 사랑에 있습니다. 그러나 생명은 사랑을 좌우하지 못합니다. 그러면 생명의 주체요 사랑의 주체인 하나님은 어떠할 것이냐? 하나님도 사랑 앞에는 약합니다. 생명의 절대적인 기준 그 자체라 하더라도 하나님보다 더 강력한 사랑이 있다면 그 사랑 앞에는 굴복합니다. 생명의 힘까지도 움직여낼 수 있는 힘이 있다면 그것은 사랑의 힘입니다.

32 참된 사랑이란 어떤 것이냐? 인간세계에서는 하나님을 보지 못했기 때문에 모르겠다고 합니다. 어머니가 자식을 사랑하는 것 이상, 진정한 첫사랑에 불타서 생사지경도 망각하고 돌진할 수 있는 힘이 폭발하는 그 이상의 사랑을 가지고 출발하는 길입니다. 죽을 자리에 있는 자식을 부모가 자기 생명을 버리고라도 보호하려는 사랑의 마음은 하늘의 사랑에 통하는 것입니다. 거기서부터 하늘의 사랑은 출발하는 것입니다.

33 전지전능한 하나님이 참사랑의 주인공인데도 불구하고 그 사랑의 뿌리는 하나님으로부터 시작하고 싶지 않다는 것입니다. 사랑의 대상이 될 수 있는 사람으로부터 뿌리를 박겠다고 생각한다는 것입니다. 그렇기 때

문에 참사랑을 하나님이 갖고 있다 하더라도 참사랑을 할 수 있는 사람 앞에 모든 것을 다 투입하겠다는 것입니다. 투입하는데 나쁜 것부터 투입하는 것이 아닙니다. 하나님은 좋은 것부터 투입합니다. 하나님에게 제일 좋은 것은 참사랑입니다. 그 참사랑을 사랑할 사람을 위해서 완전히 투입하는 것입니다.

34 우주의 근본 생성의 동기가 하나님이지만, 그 동기의 중심이 참사랑의 길을 세우려는 데 있었기 때문에 하나님이 하나님만을 생각하지 않았습니다. 자기를 생각하기 전에 사랑의 상대가 될 수 있는 제2 대상을 존중시하고 모든 것을 그 앞에 투입했다는 것입니다. 그러면 사랑의 결실체가 누구냐? 하나님 자신이 아니고 투입한 그 자체에 사랑의 열매가 맺혀야 합니다. 놀라운 사상입니다. 이것이 우주 생성, 우주 시발의 근원입니다. 그것을 단적으로 알기 좋은 말로 하면, 하나님이 왜 천지를 창조했느냐 하는 것입니다. 철학적인 문제입니다. 천지를 왜 창조했느냐 하면 보기 좋아서 한 것이지만, 그것보다 사랑을 사랑답게 이루기 위해서 천지를 창조했다는 것입니다.

35 원인이 없는 데서는 결과가 나올 수 없습니다. 몸 마음이 부모에게서 나옵니다. 어머니 아버지의 사랑에 의해서 어머니 아버지의 생명체가 화합하게 됩니다. 사랑은 모든 것을 조화시킵니다. 어머니의 내적인 몸과 마음, 아버지의 내적인 몸과 마음이 참사랑을 통해서 서로 조화가 됩니다. 생명력이 하나의 부체와 같이 되어 사랑을 중심삼고 핏줄이 연결됩니다. 내가 생겨나게 된 최초의 동기는 어머니 아버지의 생명이 아닙니다. 그 어머니 아버지의 생명이 사랑에 의해서 연결되어 혈통을 통해 태어납니다. 어머니의 피와 아버지의 뼈를 받아 피 살을 연결시켜서 10개월이 지나 핏줄을 따라 어머니 아버지의 생명력을 지니고 태어납니다. 태어난 '나'의 근본은 여러분 자신이 아닙니다. 근본은 어머니의 생명이요 아버지의 생명입니다. 그 생명이 하나되게 한 것은 생명에 앞서 사랑입니다. 그렇기 때문에 이 세상 모든 존재의 기원, 창조된 존재의 기원은 사랑이라는 것입니다.

36 하나님이 아담 해와를 지었을 때, 사랑이라는 개념이 없었다면 어떻게 됐겠습니까? 하나님의 사랑의 개념에 맞게끔 태어난 것이 아담 해와입니다. 볼록과 오목은 창조될 때부터 그렇게 된 것입니다. 여기에는 진화가 없습니다. 진화가 성립되지 않습니다. 사랑이란 개념 때문에 수놈 암

놈이 생겨났다는 사실은 진화를 초월한 개념입니다.

37 여러분은 사랑과 생명과 혈통의 중요한 세 가지 본궁을 지니고 있습니다. 그런데 어떻게 이 셋을 완전히 하나 만드느냐 하는 것이 본궁의 목적입니다. 그것은 사랑으로 하나 만들지, 그 외에 딴 길은 없습니다. 그 자리는 가장 비밀스럽고도 거룩한 곳입니다. 그런데 왜 나빠졌느냐? 타락했기 때문입니다. 타락했기 때문에 사랑의 왕궁을 파괴시키고, 생명의 왕궁을 파괴시키고, 혈통의 왕궁을 파괴시켰습니다. 그렇기 때문에 그 자리가 도리어 제일 나쁜 것이 되고 부끄러운 곳이 된 것입니다.

참사랑 속에 살고 싶은 인간의 소원

38 사랑이 인연된 곳에는 나의 모든 신경이 충격적인 자극을 일으킵니다. 곧 사랑은 나로 하여금 제일 가까운 곳에 있게 합니다. 사랑이란 제일 가까운 동시에 나와 뗄 수 없는 인연을 갖고 있습니다. 그리고 나에게 기쁨의 자극과 충동을 전달해 줍니다. 그렇기 때문에 우리는 간절한 마음을 가지고 '보고 싶다.'라고 하고, 간절한 마음을 가지고 '가고 싶다.'라고 하는 것입니다.

39 사랑은 모든 감각을 집중시켜서 한 점에 묶을 수 있는 힘으로 나타납니다. 눈은 '아, 보고 싶다.'라고 하고, 귀는 '아, 듣고 싶다.'라고 하고, 입은 '아, 먹고 싶다. 말하고 싶다. 배우고 싶다.'라고 할 것입니다. 이뿐만 아니라 모든 세포가 거기에 움직여서 가려고 하는 것입니다. 높은 꼭대기에서 피뢰침이 번개를 만나는 것과 마찬가지로 신경의 모든 감각을 피뢰침같이 묶기 위한 작용이 사랑의 작용입니다. 사랑의 마음이 깃들게 되면 모든 감각은 한 곳으로 충동을 받아서 작용하게 됩니다. 한꺼번에 작용한다는 것입니다. 눈은 눈대로, 귀는 귀대로, 코는 코대로, 손은 손대로, 전부가 이렇게 작용합니다. 그렇게 되는 것은 나 때문이 아니라 사랑하는 사람 때문입니다.

40 자연이 인간의 어머니입니다. 그래서 그 어머니에게 공급받아 살게 되어 있습니다. 이렇게 공급받아서 크는 것입니다. 복중의 물 가운데에서 살던 것과 마찬가지로 지상에서 공기 가운데에 살게 됩니다. 그러면 무엇을 중심으로 해서 사느냐? 사랑을 중심으로 해서 삽니다. 그러므로 언제나 사랑이 문제입니다. 부모의 사랑, 아내 남편의 사랑, 아들딸의 사랑인데, 사랑이 문제입니다. 생명의 요소는 공기입니다. 어머니 뱃속에서도 공기를 흡수해야 되고, 나와 가

지고는 공기로 호흡해야 됩니다. 어머니 뱃속에서 지상으로 방향이 달라질 뿐이지 마찬가지입니다. 사람에게 제일의 생명 요소는 사랑입니다.

41 인간은 왜 태어났느냐? 사랑 때문에 태어났다는 말 한마디면 다 끝납니다. 그 사랑이 참사랑입니다. 참사랑이란 타락한 세계의 사랑을 넘어선 사랑입니다. 모든 종교는 참사랑의 세계에 도달하기 위한 것이 목적이기 때문에 종교 중의 종교인 기독교가 말하는 사랑은 세상 사랑의 한계선을 넘어설 것을 주장하고 있습니다. 그래서 예수님도 '누구보다도 나를 사랑하지 않으면 나의 제자가 못된다.'라고 했습니다. 자기 부모나 처자나 혹은 누구보다도 예수님을 더 사랑하기 전에는 예수님의 제자가 못된다는 것은 뭐이냐? 제자라는 것은 자녀라는 얘기이므로 타락선 이상을 넘어서지 않고는 하늘과 관계를 맺을 수 없습니다.

42 참사랑이란 횡적인 수평관계만이 아니라 종적인 수직관계에서도 이루어집니다. 참사랑의 횡적 관계가 종적으로 점점점 그 차원을 높이면 결국 그 정점에 도달하게 되는데, 그 자리가 참사람의 왕인 하나님의 자리입니다. 그 자리에서는 모든 것이 다 결합되고 품기고 사랑화되고 꽃필 수 있기 때문입니다. 그러므로 우주 가운데 있는 모든 존재는 사랑으로 화하기를 바라고 사랑 가운데서 살기를 원한다는 것입니다. 사랑을 위해서 태어나고, 사랑을 위해서 살다가, 사랑을 위해서 죽는다는 것입니다.

43 참사랑은 사람만이 아니라 모든 만물도 원합니다. 만물의 영장 된 인간은 하나님이 만드신 걸작품을 품고 사랑할 뿐만 아니라 모든 만물에게 사랑하는 것을 가르쳐 주어야 할 책임이 있습니다. 만물들은 이러한 주인을 찾고 있습니다. 이러한 기준에 우리 자신을 비추어 보면서 자신을 부끄러워할 줄 알아야 합니다. 다윈의 약육강식이라는 말은 이러한 참사랑의 논리로 다시 해석되어야 합니다. 그러기에 개미나 미물들마저도 참사랑을 원할 뿐만 아니라 자기를 사랑하는 주인한테 가서 죽으려고 하는 것입니다. 이런 원칙에서 하나님의 사랑의 가장 높은 대상으로 지음받은 인간은 모든 만물을 먹고 취할 수 있는 입장에 있습니다. 이 모든 것을 먹고 취하는 데 있어서 이들을 지으신 하나님의 참사랑을 대신하는 마음으로 먹고 취해야 됩니다.

3절 참사랑의 속성

1 사랑에는 끝이 없습니다. 다 되었다고 하는 끝을 느낄 수 있는 사랑은

사랑이 아닙니다. 사랑하는 남편이 나 아내에게 '당신, 나를 사랑하오? 사랑한다면 얼마만큼 사랑하오?'라고 물어봤을 때, 남편이나 아내가 얼마만큼 사랑한다고 말한다면 기분이 나쁠 것입니다. 사랑에는 끝이 없기 때문입니다. 자기만 위하여 사는 사람들의 사랑은 하루도 못 가서 끝납니다. 부부가 왜 싸움을 하느냐? 서로가 사랑을 받겠다고 하기 때문입니다. 서로가 사랑을 받겠다고 하는 패들은 오래 못 갑니다. 서로가 사랑을 받겠다고 하는 가정은 깨집니다. 그러나 서로가 사랑하겠다고 하는 가정은 깨지라고 제사를 지내도 안 깨집니다. 서로가 위해 주려고 하는 사랑은 영원한 것입니다.

절대·유일·영원·불변한 참사랑

2 창조주가 남자 여자를 지은 목적은 사랑 때문입니다. 참된 사랑은 영원하면서도 변치 않는 사랑을 말합니다. 시대가 아무리 변천하고 환경이 아무리 변하더라도 그 사랑은 변하지 않습니다. 유일하고 영원불변성을 지니고 있는 참사랑의 이상을 이루기 위해서 남자 여자를 지었습니다. 그것은 인간을 중심삼고 창조한 것이 아닙니다. 뿌리 되는 하나님을 중심삼고 창조가 시작되었다는 것입니다. 그렇기 때문에 이 모든 피조세계는 사랑 때문에 태어났다는 것입니다.

3 원래 사랑이라는 것은 인간의 사랑이 아니고 영원불변한 하나님의 사랑입니다. 하나님의 사랑에 접하여 하나님을 나의 주인으로 모시는 그 순간 그분과 하나되는 것입니다. 하나님과 내가 주고받을 수 있는 기쁨의 자리에 들어가게 되면 세계를 정복할 수 있습니다. 내가 하나님과 더불어 즐길 수 있는 장면은 온 천상천하의 모든 것을 소유하여서 기뻐하는 것 이상의 기쁨에 취할 수 있는 장면이라는 것입니다. 만일 인간이 그런 것을 체험했다면 이 몸의 모든 오관을 통해서 느끼는 자극은 문제가 되지 않는 것입니다.

4 참사랑은 누구나 다 원합니다. 천년만년 가도 참사랑은 싫다고 안 하는 것입니다. 그것을 혁명하자고 하는 무리는 없습니다. 그러면 참사랑이란 어떤 것이냐? 세상에서 처녀 총각이 좋아하는 것과 같은 일시적인 사랑이 아닙니다. 하나님이 개재되어 있기 때문에 영원성·유일성·불변성이 연결되어 있습니다. 태양계에서 태양을 중심으로 행성들이 운행하고 있는 것을 보면 변하지 않습니다. 지구가 태양의 주위를 1년에 한 바퀴씩 돌고 있는데, 수억년 동안 1초도 틀리지 않고 돌고 있습니다. 이렇게 거대한 지구가 수억년 동안 1초도 안 틀리고 돌고 있는 것을 볼 때 놀라운

것입니다. 1초만 틀려도 큰일입니다. 이처럼 참사랑은 절대적이요 영원·유일·불변한 것입니다.

5 여러분이 태어난 것은 어머니 아버지의 사랑이 있었기 때문입니다. 원인 없이는 결과가 나오는 법이 없다는 것입니다. 그러므로 천지의 모든 생명은 자기 것이 아닙니다. 여러분을 중심삼고 더 큰 하나님의 목적이 있다는 것입니다. 사랑은 영원한 것입니다. 그러나 사랑도 천리의 법도를 어기고는 나올 수 없다는 것입니다. 그러므로 사랑의 법도를 취하지 않고 나온 사람이 있을 수 없습니다. 어느 한 개인을 중심으로 사랑이 나온 것이 아닙니다. 어머니의 사랑은 하나님의 사랑입니다. 누나와 동생이 서로 싸우다가도 어머니 아버지만 있으면 평화로워집니다. 마찬가지로 인간세계에도 사랑의 어머니가 있어야 합니다. 그런데 인간세상의 사랑을 보거나 우주 간의 사랑을 보아도 사랑의 어머니가 없습니다. 원래는 있었는데 인간이 잃어버렸습니다. 인간이 잃어버린 이것이 바로 하나님의 사랑입니다.

6 참사랑이란 영원히 계속되는 사랑입니다. 봄에도 그 사랑, 여름에도 그 사랑, 가을에도 그 사랑, 겨울에도 그 사랑, 소년시대에도 그 사랑, 장년시대에도 그 사랑, 노년시대에도 그 사랑, 영원한 세계인 영계에 가서도 그 사랑입니다. 변하지 않는 사랑입니다.

7 사랑은 절대·유일·불변·영원성을 지니고 있습니다. 이런 내적인 속성의 요소를 갖고 있습니다. 이런 전반적인 면에 공통적으로 관계를 맺고자 하는 모든 속성의 근본이 참사랑 외에는 없기 때문에, 아무리 절대적이요 유일무이한 하나님이라 하더라도 참사랑 앞에는 관계를 맺지 않겠다고 하지 않습니다. 관계를 맺겠다고 하는 것입니다.

참사랑만이 가질 수 있는 특권

8 통일교회는 뭘하는 곳이냐? 종적으로는 하나님을 모시고 횡적으로는 참부모를 모셔서 완전히 공명된 자리에서 참사랑을 이어받자는, 상속받자는 것입니다. 이 참사랑의 속성에는 사랑에 동참할 수 있는 동참권과 상속권이 있습니다. 그다음에는 같은 자리에 설 수 있는 동위권이 있습니다. 또 사랑을 받는 데에는 어디든지 같이 갈 수 있다는 것입니다. 어디에 가더라도 동참할 권한이 있습니다. 이렇듯 참된 사랑의 속성 가운데는 3대 속성이 있습니다. 사랑의 인연을 맺게 될 때는 동위권·동참권·상속권을 갖습니다. 같은 자리에 대번에 서는 것입니다.

9 참사랑에 접하게 되면 동위권에 설 수 있습니다. 아버지와 아들은 위(位)가 다릅니다. 그러나 아버지 앞에 사랑하는 효자는 같은 자리에 언제나 아버지도 있기를 원하고 아들도 있기를 원합니다. 그럴 때 아버지가 '애야, 너는 자식이니 위가 달라. 그러니 그 자리를 찾아 들어가라.'라고 하지 않습니다. 위가 다르더라도 같은 자리에 언제나 앉을 수 있는 특권이 있습니다. 사랑의 속성은 권위가 언제나 같다는 것입니다. 그 자리에는 동참권이 있습니다.

10 참사랑과 하나되게 되면 동위권과 동참권을 갖습니다. 어디든지 떨어지지 않고 밤이나 낮이나 같이 참석할 수 있다는 것입니다. 사랑하는 사람이 대통령이 됐으면 대통령의 부인으로서 그가 빈민굴을 찾아가더라도 갈 수 있고 어디든지 동참할 수 있습니다. 그다음에는 상속권이 있습니다. 이것이 우주 만민 앞에 공통적으로 부여된 법입니다. 공식입니다. 그러니까 우리 마음도 자연히 그런 생각을 하는 것입니다.

11 하나님의 창조의 근본목적은 참사랑과 그 대상인 참사람입니다. 절대자 하나님 앞에 인간이 어떻게 그의 상대적인 자리에 설 수 있겠습니까? 노력이나 외적인 조건으로 되는 것이 아닙니다. 오직 참사랑의 인연으로만 가능합니다. 주체와 대상이 온전한 참사랑의 인연을 맺으면 단번에 서로 동위권·동참권·상속권을 갖게 되는 것입니다.

12 사랑을 지닌 자는 영원한 하나님을 소유한 자가 됩니다. 사랑의 속성에는 상속권이 있고, 동거권이 있고, 동참권이 있습니다. 사랑하는 남편은 대통령이고 아내는 초등학교도 못 나왔을지라도 사랑하는 부부간에는 남편 것은 아내 것이 되며, 밤낮 언제라도 같이 동거할 수 있는 것은 물론 모든 일에 동참할 수 있는 권한도 있는 것입니다. 사랑에는 이처럼 위대한 3대 속성이 있기 때문에 하나님의 절대적인 사랑, 불변적인 참사랑과 일치된 입장에 서게 되면 하나님이 계시는 곳에 내가 가세할 수 있고 언제든지 동거할 수 있는 권한을 가지게 되는 것입니다. 그렇게 되면 내가 눈을 감지 않고도 하나님을 보게 되고, 하나님의 비통한 심정을 체휼한 자는 길을 가다가도 멈추고 서서 통곡하는 체휼적 세계가 있는 것입니다. 타락한 세상에서도 어머니의 사랑은 자식이 외지에 나가서 불의의 사고를 당하게 되면 느낌으로 알게 되는 경우가 많습니다. 자다가도 '아, 아무개야!'라고 소리치고 일어나는 것입니다.

13 타락한 인간이라 하더라도 제일 높은 자리, 최고의 영광된 자리를 바라고 있습니다. 배운 사람이나 못 배운 사람이나, 흑인이나 백인이나 할 것 없이 최고의 자리를 바라는 인간의 욕망은 같습니다. 그러한 욕망을 충족시켜 줄 수 있는 것이 사랑뿐입니다. 사랑은 영원한 것입니다. 그러므로 하나님의 사랑을 소유하게 되면 영생할 수 있습니다. 하나님과 대등한 자리에, 동위권의 자리에 서려면 하나님의 사랑을 소유해야 됩니다.

14 인간은 하나님과 사랑의 관계를 맺게 되면 하나님과 동위권에 참석할 수 있습니다. 사랑으로 하나되면 동참적 권위를 갖게 되는 것입니다. 이처럼 사랑은 동참권을 가지고 있습니다. 또한 사랑은 상속권을 가지고 있습니다. 그렇기 때문에 하나님과 사랑의 관계에 들어가게 되면, 하나님 앞에 설 수 있을 뿐만 아니라 하나님이 가진 모든 소유권을 가질 수 있습니다. 인간은 본래 하나님이 가진 모든 소유권을 가질 수 있는 특권이 있기 때문에, 모든 인간이 최고의 존재가 되고 싶은 욕망을 지니는 것은 당연한 것입니다.

15 참사랑을 체험한 사람은 하나님 본래의 이상적인 세계에서는 하나님이 원하는 모든 것을 즉각적으로 소유할 수 있는 능력과 권한을 가집니다. 그리고 그러한 자격은 지상에서 이루어야 합니다. 영인체를 중심삼고 육신이 하나되는 과정에서 하나님의 사랑의 접속점이 참가정에서 이루어져야 그러한 자리에 나아갈 수 있기 때문입니다. 하나님의 참사랑은 동포를 사랑한다든가, 세계 사람을 사랑한다든가, 만물을 사랑함으로써 느낄 수 있습니다.

직단거리를 통하는 참사랑

16 하나님은 종적인 참부모이고, 타락하지 않은 아담 해와는 횡적인 부모입니다. 참된 사랑은 직단거리를 통합니다. 인간의 사랑과 하나님의 사랑이 어디에 가서 합덕을 해야 됩니까? 종횡이 어디서 만납니까? 참사랑은 직단거리로 통한다는 것입니다. 하늘에서부터 땅에 인연맺는 직단거리는 수직밖에 없습니다. 수직은 하나입니다. 천지대도의 참된 수직의 자리에 설 수 있는 것은 참사랑밖에 없습니다. 천지대도의 모든 것을 측정할 수 있는 표준적 기원이 참사랑이고, 그 참사랑이 통하는 직단거리는 수직 하나밖에 없습니다.

17 하나님의 사랑과 인간의 사랑이 어디에서 합하느냐? 참사랑이란 최직단거리를 통합니다. 위에서 오는 사랑의 직단거리는 하나밖에 없는

데, 그것이 수직입니다. 참사랑이란 위에 있는 아버지와 아래에 있는 아들의 사랑이 직단거리를 통해서 접촉하는 길이기 때문에 한 점, 수직점밖에 없습니다. 그 직단거리 앞에 동과 서의 입장에 선 남자 여자의 사랑, 부부의 사랑도 직단거리를 통하게 되니 90각도를 이루는 수평선밖에 없다는 것입니다. 그다음에 형제의 사랑도 전후를 중심삼고 직단거리를 통하기 때문에 수직, 90각도 외에는 없습니다. 그러면 이 우주 가운데 하나님의 참사랑을 중심삼고 수직점을 마련할 수 있는 남자와 여자는 어디서 만나야 되느냐? 최단거리의 수직점에서 만나야 됩니다.

18 하나님의 참사랑은 직단거리를 통합니다. 참사랑은 최고 빠르고, 최고 가까운 직단거리로 가는 것입니다. 참사랑이 정착할 수 있는 자리가 이 지상에 있다면 직단거리 한 자리밖에 없습니다. 그것은 절대적입니다. 영원한 것입니다. 이것을 타락으로 인해 잃어버렸습니다. 사랑이 정착하지 못하고, 축이 왔다 갔다 하는 것입니다. 참부모가 참사랑의 논리를 중심삼고 천지의 사랑의 철학을 깨쳐서 정착시킬 수 있는 시작을 하지 않고는 이 세상은 사랑을 중심삼은 이상 경로를 찾을 수 없습니다. 하나님의 사랑과 일치되어 수직적 사랑 앞에 수평적 사랑이 오는 것입니다. 타락하지 않았으면 남자 여자의 참사랑이 직단거리를 통하기 때문에 이 수직 앞에 90각도로 만나는 것입니다. 이것이 하나님의 창조본연적 사랑과 상봉할 수 있는 공식입니다.

19 참사랑은 직단거리를 통합니다. 참사랑은 직단거리를 통하기 때문에 참사랑의 속도는 최고의 속도입니다. 여러분도 자기 사랑하는 자식이 외국에 나가 있다고 할 때, 자식을 생각하면 벌써 자식에게 갔다 오지요? 거리를 초월하는 것입니다. 참사랑의 속도는 최고 속도이기 때문에 이 방대한 대우주를 자기 생활의 활동무대로 측정하는 것입니다. 시간과 공간을 초월하니 거리감이 없습니다. 다 눈앞에 있는 것 같습니다.

20 사랑의 속도는 최고로 빠릅니다. 사랑이 가는 길은 직단거리를 통하기 때문입니다. 그것은 세상 사랑이 아닙니다. 하나님적 사랑입니다. 하나님적 사랑이 뭐냐? 참사랑입니다. 참사랑권 내에 들어가게 되면 직단거리를 통한 최고의 속도로 오갈 수 있기 때문에 우주를 자기 생각권 내의 무대로 활동할 수 있는 것입니다. 딱 거짓말 같은 사실입니다.

21 사랑은 제일 가까운 거리를 통합

니다. 사랑을 중심으로 수직이 되려면 사랑은 직단거리를 통해야 됩니다. 사랑하는 사람을 찾아갈 때 이웃 동네 찾아가듯이 슬슬 가지 않습니다. 그저 쏜살같이 직행합니다. 밤이든 낮이든 할 것 없이, 춘하추동, 아무리 역사가 길다 해도 사랑은 제일 직단거리를 통합니다. 종적으로 제일 가까운 거리가 수직입니다. 제일 위에 있는 것과 제일 아래에 있는 것이 연결되어 제일 가까운 데에 있어야 되니까 그렇게 된 것입니다.

22 하나님의 사랑은 무슨 사랑이냐? 주고 나서 만족하는 것이 아니라 주고도 더 주고 싶어서 부끄러움을 느끼는 마음을 가지는 사랑입니다. 주고 나서 부끄러운 마음을 느끼는 사람일수록 진정한 사랑의 주인입니다. 부모는 자식에게 옷을 해 입히고 나서도 더 좋은 옷을 해 입히지 못해서 미안하게 생각합니다. 주면서도 충만함을 느끼는 것이 아니라 부족함을 느끼기 때문에 사랑을 통해서 그것을 보충해 주는 것입니다.

23 보다 위하는 사람이 중심이 됩니다. 보다 위하는 사람이 지배하고, 보다 위하는 사람이 주관하고, 보다 위하는 사람에게 상속이 벌어집니다. 그것이 천리입니다. 사랑에는 동참권이 있습니다. 밤이나 낮이나 어디서든지 동참할 수 있습니다. 자기 아들딸 방에 허락받고 들어갑니까? 자기 안방에 허락받고 들어갑니까? 그렇기 때문에 하나님을 사랑하는 사랑의 작용을 가졌다면 하나님이 어디 가든지 동참할 수 있습니다.

24 참사랑은 주고 잊어버립니다. 기억하지 않습니다. 선과 악의 기준은 무엇이냐? 악은 주고 이익을 받으려 하는 것이고, 선은 자기 것을 주고도 잊어버리는 것입니다. 집안에 있어서도 보다 위하는 사람이 선한 편입니다. 위하는 사람은 결국 그 집안의 주인이 됩니다. 열 친구가 있다고 할 때, 그중 제일 좋은 친구는 열 친구를 위해 주는 친구입니다. 그러면 열 사람이 위하는 그 친구를 중앙에 갖다 모시게 됩니다. 우주는 이렇게 상속되어 나갑니다.

25 주관의 본질은 사랑입니다. 그 사랑의 본질에 접할 수 있는 나 하나의 생명적인 요소가 완전히 주체 앞에 대상적인 가치를 지니게 될 때는 그 대상의 가치는 주체의 가치에 해당합니다. 그 대상의 가치는 원인과 대등한 자리에 설 수 있습니다. 그 말은 마음 앞에 우리의 몸은 언제나 대상의 가치를 지닌다는 것입니다. 우리의 마음은 몸 앞에 주체의 가치를 지니고 있고, 몸은 마음 앞에 대상의 가

치를 지니고 있습니다. 이 둘이 합해서 '나'라는 존재가 구성됩니다. 우주는 이와 같은 연관관계가 맺어져 있음과 동시에 전후관계, 내적 외적인 관계, 오른쪽 왼쪽의 관계, 상하관계로 연결되어 있습니다.

4절 참사랑의 힘

1 세상에서 제일 빠른 작용은 사랑의 작용입니다. 세상에서 제일 속도가 빠른 것이 전파가 아닙니다. 제일 빠르고, 제일 놀랍게 날 수 있는 힘을 가진 것이 사랑입니다. 이 땅끝과 저 땅끝에 있는 사람끼리 서로 사랑하게 되면 그 땅끝을 넘어서 잡아당깁니다. 사랑은 그러한 힘을 가지고 있습니다. 그렇기 때문에 오늘날 종교를 중심삼고 '사랑을 찾아라. 사랑의 하나님 앞에 가까이하라. 심정을 가져라. 기도해라.'라는 것은 뭐냐? 사랑의 세계에 접촉함으로써 하나님의 모든 사랑의 작용에 동반할 수 있다는 것입니다. 동반이라는 말은 같이 참여할 수 있다는 것입니다.

2 동서남북, 사방으로 확대할 수 있는 인연을 가지고 있는 것이 사랑입니다. 그렇게 볼 때, 전후·좌우·상하 관계가 사랑을 중심하고 이상적으로 조합하고 순환운동을 하는 것입니다. 그것은 우주가 순환운동을 하기 때문입니다. 우주가 돌면 그 가운데 있는 것은 아무리 싫어도 보조를 맞춰 돌아야 합니다. 그러면 그것은 무엇을 중심으로 도느냐? 그것이 축인데, 그 축은 영원히 변하지 않습니다. 돈도 변하고, 지식도 변하고, 권력도 변합니다. 인정마저도 변하는 시대에 영원불변의 축이 되는 것은 도대체 무엇이냐? 단 하나 변하지 않는 것이 바로 부모와 자식의 관계입니다. 동물세계를 보더라도 마찬가지입니다. 부모가 자녀를 사랑하는 것, 그것만은 영원하다는 것입니다.

참사랑은 주고받는 작용의 힘

3 사람이 존재하기 위해서는 자신의 몸에서부터 먼저 주고받는 과정을 거쳐야 합니다. 남자와 여자도 상대적 요건을 갖추어서 서로 주고받아야 존재할 수 있는 것입니다. 만일 남자는 여자가 필요 없다고 하고, 여자는 남자가 필요 없다고 한다면 백년도 못 가서 세계는 다 망하고 말 것입니다. 사람이 존재하기 위해서는, 즉 주고받기 위해서는 상대를 필요로 하기 때문에 지금까지 남자와 여자가 서로 사랑하며 가정을 이루어 왔던 것입니다. 이 때문에 사랑이란 주고받는 작용을 일으키는 힘입니다. 그것은 남자와 여자가 주고받는 작용의 힘입니다. 그렇기 때문에 사랑이라는 힘의 모체가 생겨나기 위해서는 주고받는 작용이 있어야 되고, 주고받는 작용

이 있기 위해서는 남자와 여자가 절대적으로 필요합니다. 즉 상대요건이 필요하다는 것입니다.

4 물질은 힘으로 되어 있습니다. 그러나 힘은 그 자체만으로는 생길 수가 없습니다. 상대적인 기준이 조성되지 않으면 주고받는 작용을 하지 않기 때문에 힘이 나오지 않습니다. 여러분의 몸에서 발생하는 힘도 사지백체에서 주고받아서 나오는 것입니다. 주고받는 그것에 비례해서 힘이 나오는 것입니다. 그런데 힘이 있기 전에 먼저 주고받는 작용이 있어야 됩니다. 주고받는 작용을 하려면 어떻게 되어야 하느냐? 혼자서는 절대 주고받는 작용을 할 수 없습니다. 따라서 주고받는 작용을 하기 위해서는 절대적으로 필요한 것이 상대입니다. 이것은 모든 존재 양상의 절대적인 요건입니다. 상대가 없으면 주고받을 수 없습니다.

5 사랑은 하면 할수록 더 큰 것으로 보태집니다. 망하는 것이 아니라 흥하는 것입니다. 사랑이 없이 흥하는 법은 없습니다. 또한 사랑이 없이는 영생도 없습니다. 그래서 예수님은 '네 마음을 다하고 목숨을 다하고 뜻을 다하여 주 너의 하나님을 사랑하라 하셨으니 이것이 크고 첫째 되는 계명이다.'라고 말씀하신 것입니다. 이것은 절대적으로 지켜야 할 계명입니다. 사랑의 인연과 사랑의 도리에서만 흥하는 것입니다.

6 참사랑은 도수의 한계선과 생명까지 넘어 투입하게 될 때 힘이 몇 천만 배 발동하게 됩니다. 참사랑을 투입해서는 망하는 법이 없습니다. 참사랑을 열만큼 투입했으면 그것이 몇 배로 증가해 나가는 것입니다. 참사랑의 힘은 작동하면 작동할수록 자꾸 커 가기 때문에 세계를 품고, 우주를 품고, 하나님까지 품을 수 있는 운동이 벌어집니다.

7 참사랑에는 소모가 없습니다. 움직이면 움직일수록 커집니다. 역학에서는 입력이 출력보다 크지만, 사랑의 세계에서는 입력보다 출력이 큽니다. 그렇기 때문에 사랑이 모든 것의 핵입니다. 그래서 상대에게 공급하고도 남을 수 있는 것이 참사랑입니다. 공급하고 모자라는 것이 아닙니다. 참사랑은 상대가 되는 그 전체에게 나눠 주고도 남을 수 있기 때문에 운동을 하면 할수록 커 갑니다.

8 참사랑의 관계에서는 입력보다 출력이 큽니다. 그래서 역사상의 성인들이 그 시대에 박해를 받고 사라졌지만, 그들은 입력보다 출력이 커지는 참사랑을 투입하고, 또 투입하고

또 투입했습니다. 하나님도 그러다 보니 우주 창조가 가능했습니다. 투입하면 커집니다. 크고, 크고, 크고, 크고, 더 크게 된다는 것입니다. 투입하는 심정권이 있으면 생명의 존재기대는 영원히 남습니다.

9 작용하는 세계가 영원히 순환할 수 있게 자극적인 힘을 보충할 수 있고, 소모되는 힘을 보강할 수 있는 가중적 보강의 힘을 갖고 있는 것이 참사랑입니다. 그렇기 때문에 참사랑만이 영존할 수 있습니다. 사람에게 제일 귀한 것은 생명과 사랑입니다. 생명은 사랑에 의해 생깁니다. 그러므로 생명을 가진 사람은 사랑을 따라가게 마련입니다.

10 참사랑이 우주에 존속할 수 있는 생명의 원천이라고 할 때, 이 우주를 위해서 저기압적 입장에서 주고 주고 또 주면 절대적 저기압 방향에서 우주는 나를 중심에 세우든가 올라가게 하든가 합니다. 중앙의 중심이 되든가 꼭대기에 올라서는 것입니다. 참사랑이란 어떤 것이냐? 완전히 투입하고 투입해서 영원한 영점까지 가게 될 때는 우주가 플러스한다는 것입니다. 그렇기 때문에 그 자리에 가게 되면 하나님이 발동해서 가는 것입니다. 투입하고 잊어버리고 잊어버릴수록 나를 밀어줍니다. 나를 밀어주고 자꾸 투입하다 보니 중앙이 되는 것입니다. 중앙이 되어서 자꾸 투입하면 땅으로 파고들어 가지 않고 올라가게 됩니다. 부풀어집니다. 중앙에서 자꾸 운동을 하니 둥그레지는 것입니다. 그래서 운동하는 우주는 구형을 이루고 있습니다.

11 사랑의 상대는 영원한 것이므로 영원히 그 상대가 나올 때까지 투입합니다. 또 상대를 가진 것도 무한히 투입하려고 합니다. 자기의 근본까지 들어가게 되어 있습니다. 하나님이 그렇게 무한하니 그 사랑의 세계에서 운동하는 모든 짝은 영원성을 지닙니다. 그러므로 무한한 절대적인 하나님의 사랑의 대상이 되면 영생하는 것입니다.

12 하나님의 사랑은 위하는 사랑, 위하려고만 하는 사랑입니다. 하나님이 자꾸 주려고 하니 참사랑도 자꾸 줄 수밖에 없기 때문에 서로가 주니까 돌아갑니다. 하나님의 사랑이 그렇습니다. 하나님이 자꾸 주려고 하니까, 이 사랑의 본질도 자꾸 주려고 하니 돌더라는 것입니다. 우주는 어디서부터 시작되었느냐 할 때 도는 데서부터 시작되었다는 것입니다. 존재하는 모든 것은 돌게 마련이라는 것이 본질입니다. 어떤 것이 영원히 가느냐? 영원히 주겠다고 하는 것,

영원한 사랑을 중심삼고 영원히 주려고 하는 그 사랑이 영원히 도는 것입니다. 주는 힘과 받는 힘이 하나되어 자꾸 주려고 하니까 확대가 벌어지는 것입니다. 그러한 원칙의 힘이 있어서 확대되어 우주가 생성할 수 있었다는 것입니다.

13 사랑은 돌아갈 수 있는 윤활작용과 궤도작용을 합니다. 사랑 없이는 윤활작용이 안 됩니다. 자동차도 움직이게 하려면 기름을 쳐야 합니다. 우리가 운동하는 데에도 기름을 칩니다. 윤활작용이 있어야 합니다. 무엇이든지 운동하려면 윤활작용이 있어야 합니다. 최고의 기쁨의 윤활작용은 사랑밖에 없습니다. 그것은 뿌리가 영원한 하나님이기 때문에 없어지지 않습니다. 작용하면 작용할수록 발전하게 되어 있습니다.

참사랑의 힘은 무한대

14 참사랑은 우주를 포괄하고도 남고, 우주를 통하고도 남고, 우주와 화하고도 남습니다. 그것은 생명의 원동력이요, 운동의 원동력이요, 모든 것의 원동력입니다. 그런 사랑이 있는 데서 비로소 생명의 가치가 있는 것입니다. 그런 사랑에서 이상적인 것도 나옵니다. 하하하 웃더라도 그것이 이상적입니다. 엉엉엉 울더라도 사랑 때문에 운다면 그것은 이상적 울음이라는 말이 나오게 됩니다. 그래서 사람은 슬플 때에도 눈물이 나오고 좋을 때에도 눈물이 나오는 것입니다. 그래서 지옥이라든지 어떤 곳에서도 행복을 알 수 있는 힘이 있다면 그 하나의 힘은 오직 전체를 위해서 살겠다는 힘입니다.

15 부족한 것을 보충할 수 있고, 미비한 것을 보강할 수 있고, 결여된 것을 완결시킬 수 있게 보충시키는 것이 사랑의 힘입니다. 그 사랑은 참사랑입니다. 그 사랑의 내용은 전체적인 것과 개체적인 것이 다를 수 없습니다. 결과의 세계에서 원인의 세계로 돌아오기 위해서는 보강되는 힘의 발로가 있어야 합니다. 그 힘의 발로가 결과적인 인간에게 있어서 충격적인 힘, 다시 돌려줄 수 있는 자극적인 힘입니다.

16 여러분이 창조 위업을 상속받게 되면 참사랑의 권한을 갖게 됩니다. 창조 위업의 상속으로 모든 것보다 강한 참사랑을 상속받을 수 있다는 것입니다. 이 참사랑을 가지고는 못할 것이 없고 안 될 것이 없습니다. 원수도 사랑할 수 있습니다. 참사랑의 힘은 싸우는 것이 아니고, 강제가 아니고 자연굴복시키는 것입니다. 그러니까 이 이상 강한 힘이 없다는 것입니다.

17 성경에 '죽고자 하는 자는 살고 살고자 하는 자는 죽는다.'라고 했습니다. 이런 역설적인 논리를 왜 지어놨느냐? 악한 세계와 선한 세계는 방향이 다르기 때문에 불가피한 결론에 의한 논리입니다. 이것이 역설적 논리이지만 하나님 편에서 보게 될 때는 정설적 논리입니다. 이러한 역설적인 환경을 타개하고 정설적인 논리인 참사랑의 길을 찾아가기 위한 비약의 운세를 타지 않고는 우리에게 해방이 있을 수 없습니다. 비약할 수 있는 힘은 무력도 아니요, 경제력도 아니요, 정치력도 아니요, 지식의 힘도 아닙니다. 오로지 사랑의 힘밖에 없습니다. 이것만이 영원불변한 정도의 첩경입니다.

18 사랑은 생활과 역사에서 뺄 수 없는, 실제 내용을 움직이고 있는 실체입니다. 그리고 사회제도라든가 모든 것을 움직이는 내적 힘의 모체입니다. 그렇기 때문에 교육을 할 때에도 국가애를 가르칩니다. 형제애·부모애·부부애, 세계적인 박애, 전부 사랑이 들어가 있습니다. 이것은 무엇을 말하느냐? 인류의 생활권이라든가 역사과정을 거치면서 사랑을 더듬지 않고는 역사를 연결시킬 수 있는 전통의 내용을 만들 수 없다는 것입니다.

19 참사랑의 힘은 위대합니다. 아무리 굳더라도 녹여내는 것입니다. 이 주먹보다도 무섭습니다. 아무리 멀고 넓더라도 휙 순식간에 점령합니다. 강해서 안 깨지는 것이 없다는 것입니다. 참된 사랑은 원수까지도 녹여냅니다. 그래서 사랑을 중심삼은 세계의 주인이 되려고 합니다. 이것이 인간 최고의 희망봉입니다.

20 참된 사랑의 마음을 두드리면 몸은 자동으로 울리게 되어 있고, 참된 사랑으로 완성된 남자 여자가 되게 되면 하나님이 자동으로 나타나게 됩니다. 그 작용은 사랑 외에는 없습니다. 그런 작용을 나타낼 수 있는 힘이 참사랑입니다. 참사랑이 도대체 뭐냐? 참사랑은 종횡을 연결하고 상하·좌우·전후를 엮을 수 있습니다. 그렇기 때문에 사랑은 위로는 하늘을 엮을 수 있고, 아래로는 땅을 엮을 수 있고, 옆으로는 오른쪽을 엮을 수 있고 왼쪽을 엮을 수 있습니다. 따라서 전후·좌우·상하를 엮을 수 있는 힘이 사랑입니다.

21 인간세계에 있어서 꿀벌이 먹는 꿀맛과 같은 맛이 무엇이냐? 진짜 사랑의 맛입니다. 그것은 타락한 세계에 살고 있는 남자 여자의 사랑이 아닙니다. 그 사랑에 접하면 모든 것이 통일됩니다. 눈도 한곳으로 통일됩니다. 모든 세포가 굳어져서 한곳으

로 모여 똘똘 뭉쳐 또르륵 굴러간다는 것입니다. 사랑은 그런 힘을 갖고 있습니다. 오만 가지의 세포들이 한데 뭉쳐서 둥그레진다는 것입니다. 둥그레져서 사랑의 길로 굴러간다는 것입니다. 굴러갈 때에는 '나'라는 것이 있는지 없는지 모릅니다. '나'라는 관념이 없습니다.

22 오미자 맛은 만병통치의 근원이 될 수 있습니다. 오미자는 약재로 많이 들어갑니다. 오미자의 알락달락한 다섯 가지 맛이 합해져서 약이 됩니다. 사랑은 약 중의 약이니 쓴맛도 있고, 짠맛도 있고, 단맛도 있고, 매운맛도 있고, 시금털털한 맛도 있습니다. 사랑의 맛이 오미자 맛과 같다는 것입니다. 그래서 음식 중에 제일 맛있는 음식이 오미자를 넣어 만든 음식입니다. 그런 음식은 약이 되는 음식이요, 인류가 희망하는 음식임에 틀림없습니다.

23 양봉 철이 되면 꿀을 뜨는 기계로 꿀을 뜹니다. 벌들이 꿀을 저장하는 곳을 소비라고 하는데, 구멍이 뻥뻥 뚫려 있습니다. 벌들이 겨울을 나기 위해 저장해 놓은 꿀을 사람이 다 빼내고 설탕물을 줍니다. 설탕물을 채워 주고 겨울을 나게 합니다. 그렇게 설탕물만 먹던 벌들이 봄이 되어 꿀맛을 보게 되면 정신을 차리지 못할 만큼 미칩니다. 봄에 꽃이 피면 벌들이 꽃을 찾아다니는데, 꽃 속에 들어 있는 벌들을 보면 꿀을 먹느라고 궁둥이를 위로 쳐들고 머리를 아래로 처박고 있습니다. 그것을 핀셋으로 잡아당겨 빼도 안 나옵니다. 힘껏 잡아당겨 꽁무니가 쏙 빠질 정도가 되어도 안 나옵니다. 그 꿀맛이 얼마나 세서 그러겠습니까? 꿀맛이 그렇다면 사랑의 맛은 어떻겠습니까? 사랑의 맛과 꿀맛 중에서 어떤 것이 더 좋겠습니까? 하나님은 무슨 맛을 제일 좋아하겠습니까? 하나님이 냄새를 맡는다면 무슨 냄새를 제일 좋아하겠습니까? 듣는다면 뭘 듣기를 좋아하고, 느낀다면 뭘 느끼기를 좋아하겠습니까? 하나님이 좋아하는 것은 사랑밖에 없습니다. 하나님의 오관을 집중시킬 수 있고 기쁨을 충만하게 할 수 있는 것이 있다면 그것은 사랑밖에 없습니다.

24 사랑의 빛이 파랗습니까, 빨갛습니까? 사랑의 빛이 무슨 빛이냐? 오색가지 빛입니다. 맛도 오미자와 마찬가지로 오색가지 맛입니다. 오색가지 빛이니 얼마나 휘황찬란하겠습니까? 무지갯빛이 일곱 가지 색으로 돼 있는데, 이것들이 전부 섞어진다고 생각해 보십시오. 무슨 색깔이 되겠습니까? 일곱 가지 색을 섞어 놓으면 흰색이 됩니다. 인간이 제일 좋아

하는 색깔이 어떤 색입니까? 하나님이 창조할 때 제일 좋아하는 색깔을 먼저 지어 놨겠습니까, 제일 싫어하는 색깔을 먼저 지어 놨겠습니까? 제일 좋아하는 색입니다. 이른 봄에 피는 꽃빛은 무슨 빛입니까? 보라색입니다. 보라색은 빨간색도 들어가 있고, 분홍색도 들어가 있고, 다 들어가 있습니다. 그렇기 때문에 고상한 것은 다 보랏빛입니다. 영계에 가 보면 제일 좋은 빛깔이 보라색입니다.

25 남자 여자가 포옹하고 키스하는 장면은 평면적 극에서 사랑을 찾아가기 위한 충돌의 빛이 나는 장면입니다. 거기에 흰 빛이 나면 색깔을 가해서 오색찬란한 빛을 만들어야 됩니다. 그 빛이 종적인 하나님의 사랑에 의해서 섞어질 때 무지개 빛깔 같은 이상적인 찬란한 광명의 세계로 전환됩니다. 인간의 사랑의 빛은 횡적인 빛으로서 단순한 빛입니다. 본연의 인간은 혼합된 빛, 즉 남자와 여자가 사랑으로 결합된 완전한 빛을 원하는 것입니다. 그때에 종적인 사랑이 내려오는 것입니다. 무지개 같이 하늘의 사랑이 이 횡적인 사랑에 내려옵니다.

참사랑은 하나되게 하는 것

26 사랑의 감각은 일방적이 아니라 종합적입니다. 세포까지도 그와 같은 작용을 합니다. 사랑에 취한다는 말이 있습니다. 그러니 한번 취해 보라는 것입니다. 취하게 되면 천하에 존재하는 모든 것을 부르면 대답하지 않는 것이 없습니다. 흘러가는 물만 보고도 천년 동안 노래를 부를 수 있습니다. 거기에 있어서 속삭임의 감미는 무궁무진합니다. 이러한 것을 볼 때 인간의 가치는 사랑을 통해서 우주와 화친할 수 있는 주인격입니다. 이것을 이루는 것이 인간의 갈 길입니다. 여러분의 마음 역량이 하나님의 사랑을 점령하고 나오는 날에는 천년만년 노래를 부르고 춤을 출 수 있습니다. 그때는 다 이루었기 때문에 다른 무엇이 필요하지 않습니다. 세상에서 그보다 귀한 것이 없습니다. 하나님의 사랑을 점령하는 날에는 금은보화도 다 필요 없습니다.

27 참사랑은 모든 것을 꽉 차게 만듭니다. 하나님의 눈에 사랑이 들어가면 하나님이 사랑에 취합니다. 가정에서 아버지가 사랑에 취해 있으면 어머니도 좋아하고, 아들딸도 좋아하고, 전체가 다 좋아합니다. 그런데 아버지가 찌푸리고 있으면 어머니도 할 수 없이 찌푸리게 되고, 아들딸도 찌푸리게 됩니다. 또 어머니가 참사랑에 취해 있으면 아버지도 그 참사랑에 녹아납니다. 아들딸도 그 참사랑에 녹아납니다. 아들딸이 참사랑

에 취해 있으면 어머니도 녹아나고 아버지도 녹아납니다.

28 참사랑은 만능입니다. 능치 못할 것이 없습니다. 자기가 이상을 그리면 이상을 그린 상대가 나타납니다. 남편이 못생겼다 하더라도 사랑하게 되면 못생긴 것이 아니라 잘생겨 보입니다. 사랑 가운데는 못생긴 것도 다 숨겨집니다. 우리는 자기 얼굴에 대해서 알지 못합니다. 매일같이 거울을 통해 자기 얼굴을 보고 있지만 자기 얼굴을 알지 못합니다. 사진을 보면서 '아, 내가 이렇게 생겼구나.'라고 하지, 거울을 통해 얼굴을 볼 때는 그런 생각을 못합니다. 어떻게 생각하면 못생긴 사람 중에 제일 못생긴 사람 같고 잘생긴 사람 중에 제일 잘생긴 사람 같습니다. 또 길쭉하다고 생각했는데 둥글게도 보입니다. 사랑의 눈으로 보게 될 때는 자기처럼 잘생긴 사람이 없습니다. 눈 가까이에 무엇을 갖다 대면 보입니까? 적당히 떼어 놓고 초점을 맞춰서 봐야 확실하게 보입니다. 너무 가까우면 감지할 수 없습니다.

29 사랑은 위대한 힘을 갖고 있습니다. 아무리 머슴살이하는 머슴이라 하더라도 주인의 딸과 사랑관계를 맺게 될 때는 머슴한테 전부 내줘야 됩니다. 사랑은 지극히 낮은 자리에서 지극히 높은 자리로 비약할 수 있습니다. 아무리 강한 담벼락이라도 격파할 수 있습니다. 아무리 혼란한 세상에서도 하나님의 사랑을 체험하고 느끼는 사람은 비약할 수 있습니다. 미국의 대통령이 시골에 있는 순박하고 무식하며 갖추지 못해 부족한 것이 많은 처녀와 사랑관계를 맺게 되면, 그 처녀는 그날부터 대통령과 같은 자리에 동참할 수 있는 권위를 부여받게 됩니다. 이렇듯 아무리 낮은 자리에 있었더라도 높은 자리로 순식간에 도약할 수 있습니다. 오늘날 인간이 아무리 비참하더라도 하나님을 중심삼고 그대가 아버지이고 내가 아들임에 틀림없다고 하는 사랑관계를 맺으면 안방 출입을 자유롭게 할 수 있는 특권이 부여되는 것입니다. 그것을 사랑만이 가능하게 합니다.

30 사랑하는 사람을 만나면 영원히 꽃을 피우고 싶어합니다. 폭발하고 싶은 것입니다. 사랑의 상대끼리 화합하게 되면 폭발을 일으킵니다. 또 사랑은 광명한 힘으로 모든 것을 점령합니다. 그 힘을 능가할 수 있는 것이 없습니다. 사랑에는 그런 폭발작용이 있습니다. 존재라는 존재는 모두 사랑 얘기만 하면 입을 벌립니다. 모든 세포가 문을 엽니다.

31 사랑하는 사람을 붙들 것이냐, 박

사학위자를 붙들 것이냐? 왜 참사랑을 좋아합니까? 아무리 돈이 많더라도 우리 몸과 마음을 하나로 만드는 힘이 없습니다. 지식이 아무리 있더라도 몸과 마음, 오관 전체를 한 초점에 모을 수 없습니다. 눈과 코와 귀와 모든 것을 한 초점에 모을 수 없습니다. 권력도 그렇게 할 수 없습니다. 그렇지만 사랑은 그렇게 할 수 있습니다. 그렇기 때문에 사랑에서 최고의 기쁨을 느낄 수 있습니다. 사랑에 의해서 영육 오관의 초점이 맞습니다. 우리에게는 영적 오관과 육적 오관이 있는데, 이 둘의 초점을 하나 만들어서 폭발적인 기쁨을 누릴 수 있습니다. 강력한 자극을 느낄 수 있습니다. 이 모든 것을 부정하고 세포들이 전부 하나될 수 있습니다. 참사랑의 힘이 영적 육적인 세포를 하나로 만들 수 있습니다. 다른 것은 그렇게 못합니다. 참사랑이 최고봉입니다.

32 사랑이란 남자와 여자를 하나되게 하는 힘입니다. 서로가 완전히 사랑한다는 것은 그가 내 안에 있고 내가 그 안에 있는 것입니다. 마치 바울이 영적인 체험을 한 후에 자신이 몸 안에 있는지 몸 밖에 있는지 몰랐다고 한 거와 마찬가지입니다. 주체와 대상을 무엇으로 묶을 것이냐? 한 남자와 한 여자가 그저 아무렇게나 만나 사는 것은 사랑이 아닙니다. 사랑은 방향이 맞는 것이고 체질과 바탕이 맞는 것입니다. 하나는 플러스요 하나는 마이너스로서 완전한 상대적 관계가 되어서, 나는 네가 죽도록 필요하고 너는 내가 죽도록 필요하다고 할 수 있는 것이 사랑입니다. 이렇게 완전히 묶어져서 하나가 될 때에는 두 인격이 합해져서 하나의 인격을 갖추기 때문에 두 사람 이상의 가치를 드러낼 수 있게 됩니다. 그러면 보다 높은 차원의 세계를 건설할 수 있는 주인이 됩니다.

33 몸과 마음이 하나되는 것은 돈을 가지고도 안 되고, 지식을 가지고도 안 됩니다. '세 살 버릇이 여든까지 간다.'라는 말이 있는데 맞는 말입니다. 습관성, 고질화된 타락성을 벗기가 얼마나 어려운지 모릅니다. 역사성을 지니고 세계성을 지니고 있습니다. 역사를 밟아 치울 수 있고, 세계를 뛰어넘을 수 있는 자각된 사람이 아니고서는 그것을 정복하지 못합니다. 남자 여자가 생리적으로 다르고 구성의 요소와 본질이 다르지만 사랑으로는 하나됩니다.

34 참사랑으로 화한 몸과 마음의 세포는 공명될 수 있게끔 돼 있습니다. 참사랑이 아니면 공명이 안 됩니다. 공명체는, 음차는 한쪽을 치면 같은 진동수라서 다른 한쪽도 울립니다.

같이 울리려면 진동수가 같아야 합니다. 마찬가지로 우리 본성의 마음과 본성의 몸이 성숙한 자리에서 하나님의 참된 사랑의 마음과 완전히 화하고 몸과 화할 수 있는 환경적 여건이 맞으면 자동적으로 움직이는 것입니다. 힘이 작용한다는 것입니다.

35 참사랑의 공명권에 들어가면 하늘땅이 훤히 보입니다. 석가모니가 '천상천하 유아독존(天上天下唯我獨尊)'이라고 말한 것은 뭐냐? 그 공명권의 핵심에 들어가 보면 천하가 다 내 손 안에 들어와 있고, 하나님이 내 속에 계시고, 천리가 나와 더불어 연결되어 있기 때문에 그런 말을 할 수 있었던 것입니다. 참사랑의 공명권에 들어가면 신앙이 필요 없습니다. 구세주가 필요 없습니다. 해방입니다.

36 몸과 마음이 언제 하나되느냐? 종횡이 하나되어 있으면, 이것이 천지의 대법에 의해서 영원히 몸 마음이 하나되어 있었을 것입니다. 내가 나를 찾는 가치의 정착점은 사랑을 할 때 생깁니다. 남자가 남자로 태어난 그 가치의 결정적 정착을 할 수 있는 자리에 간다는 것은 결혼함으로써 가능합니다. 그러니까 결혼하지 않으면 사람 축에도 못 들어갑니다. 사랑을 알게 될 때에 남자로서의 완성물이 되고, 여자로서의 완성물이 되는 것입니다. 사랑을 중심삼고 완성이 벌어지는 것입니다.

37 사람이 찾는 것 중 제일 귀한 것은 사랑입니다. 인간은 귀한 물건, 귀한 사람, 귀한 사랑을 찾아 살아갑니다. 하나님은 시작도 끝도 없는 사랑의 중심이며, 천지 주관은 하루가 아니고 영원히 하는 것입니다. 귀한 만물의 중심은 인간이요, 귀한 사랑의 중심은 하나님입니다. 하나님은 사람을 찾기 위해서 물질을, 사랑을 찾기 위해서 인간을 희생시켜 나왔습니다. 사랑은 둘이 하나되는 것! 그런 사랑을 하나님이 인간에게 주려는 것입니다. 사랑으로 맺은 인연이 없는 자리에서는 흩어지지만 사랑을 중심으로 하면 모여듭니다.

38 모든 것을 화합시킬 수 있는 것은 사랑입니다. 시집을 가 보니 층층시하에 시할아버지 시할머니로부터 시어머니 시아버지가 있다고 합시다. 옛날 사대부 집을 보게 되면 양반의 세도가 얼마나 굉장합니까? 또 권위의식이 얼마나 큽니까? 그 전통적인, 도의적인 생활법도가 얼마나 복잡합니까? 그 환경에서는 다리도 마음대로 펼 수 없다는 것입니다. 여자가 시집가게 되면 신랑이 뭔지 자기 어머니 아버지를 놔두고 자기 형제를 다

버리고 신랑에게 가려고 합니다. 조화의 능력을 발휘할 수 있는 원동력이 사랑의 힘입니다.

39 사랑이란 말 자체는 혼자서는 성립되지 않습니다. 이것은 반드시 상대적 관계를 결성하기 위해서 필요한 것입니다. 이 모양은 둘의 자리로 보이지만, 이 둘이 하나됩니다. 하나가 위가 되면 하나는 아래가 되고, 하나가 동이 되면 하나는 서가 되고, 하나가 남이 되면 하나는 북이 되고, 하나가 앞이 되면 하나는 뒤가 됩니다. 어느 곳, 어느 환경에서나 자연스럽게 맞출 수 있는 능동성을 지닌 것이 사랑입니다.

참사랑은 조화와 평등의 모체

40 참사랑을 소유하게 되면 모든 슬픔과 고통도 그 참사랑 안에서는 기쁨으로 승화됩니다. 다시 말해서 이 우주의 개인적인 권력을 가지고, 지식을 가지고, 금력을 가지고 주장하는 그 이상의 절대적 권한으로 남기고 싶은 것이 인간 본성의 욕구인 참사랑입니다. 참사랑은 어디에서 왔느냐? 말할 것도 없이 우주의 근본되시는 하나님의 참사랑에서 왔습니다. 하나님도 그런 사랑을 원하고 있기 때문에 거기서부터 유래된 것입니다. 결혼하려는 남녀에게 물어보면, 신부는 '남자는 나보다 잘났으면 좋겠어!'라고 하고, 신랑도 '색시가 나보다 잘났으면 좋겠다.'라고 생각한다는 것입니다. 또 부모들은 누구나 자기 자식들이 자기보다 더 훌륭하게 되었으면 좋겠다고 바라고 있습니다. 그런 마음들이 다 하나님으로부터 온 것입니다. 이는 참사랑을 중심하고 하는 말입니다.

41 꽃의 빛깔이 얼룩덜룩 오색가지 빛깔이 있는 것과 마찬가지로 사랑도 뿌리는 하나이지만 그것이 나타나는 데에 있어서 상대하는 작용은 천태만상으로 할 수 있습니다. 이것이 사랑입니다. 슬픈 사람을 대하면 그 사랑의 마음은 슬퍼지고, 기쁜 사람을 대하면 그 사랑의 마음은 기뻐지는 것입니다. 상대에 맞추어 나타날 수 있는 것이 사랑입니다. 사랑하는 아내의 표정이라는 것은 남편의 모든 배후의 어두운 배경도 전부 소화할 수 있습니다.

42 하나님은 참사랑의 호흡을 합니다. 하나님도 우주에 박자를 맞추기 때문에 참사랑을 중심삼고 우주가 영원히 계속되는 것입니다. 사랑에는 영생이 있습니다. 전부 하나님을 중심한 한 방향입니다. 참사랑은 영원·절대·불변의 사랑입니다. 한번 시작되면 영원히 계속합니다. 그것이 갈 때는 물결 모양이나 원형이 됩니다.

물결 모양으로 가는 것은 횡적으로 연결되고 원형은 종적으로 연결됩니다. 올라갈 때는 점점 크게 되고 내려갈 때는 작아집니다. 하늘 편은 크고 땅 편은 작아진다는 것입니다. 하나님의 참사랑은 영원한 것입니다.

43 인간 가운데 원만한 사람은 어떤 사람이냐? 여자하고 매일같이 싸움하는 사람이 원만한 사람입니까? 원만한 사람은 동쪽으로 향했다가 서쪽으로 향하더라도 부딪치지 않습니다. 꼭대기를 꾹 누르면 푹 들어갔다가 다른 데에 가서 나오더라도 자기 자체는 변하지 않습니다. 우주는 둥급니다. 태양도 둥급니다. 모든 것이 둥급니다. 둥근 것은 무엇을 중심삼고 둥급니까? 자기 혼자 있어서는 둥글어질 수 없습니다. 상대적으로 관계되어 있어야 둥글어질 수 있습니다. 이런 관계적 실체, 관계적 권을 집약시킬 하나의 존재물로 등장하는 세계는 원형권을 기반으로 하게 되어 있습니다. 여기에서 그 원형을 만들 수 있는 모체가, 조화의 모체가 사랑의 작용입니다.

44 사람은 사랑에 취해 살아야 합니다. 사랑에 취해서 사는 사람이 행복한 사람입니다. 예술가들은 예술에 취해 삽니다. 문학을 하는 사람들은 자기가 구상하는 책을 쓴다든가 어떤 명작에 취해 삽니다. 그런 사람이 행복한 사람입니다. 그렇기 때문에 인간의 사지백체는 입체적인 하나님의 이상적인 사랑에 취해 살아야 하고 그분만 따라다녀야 합니다.

45 사랑은 개인의 마음에도 통하고, 가정의 복판에도 통하고, 민족의 복판에도 통하고, 어디나 주류로 가는 것입니다. 흘러가더라도 전부가 환영합니다. 그것을 막을 길이 없습니다. 전부 사랑의 힘을 따라서 인연될 수 있게끔 지어졌습니다. 그러니 사랑의 줄을 따라서 우주와 호흡하고 살던 사람은 하나님의 궁전에 가서 마음대로 문을 열고 들어갈 수 있습니다. 거기에도 하나님을 모시는 지성소가 있는데, 그 지성소에 가서 '하나님!'이라고 하면 하나님이 '오냐! 너 왔구나.'라고 하는 것입니다.

46 평등이란 말은 사랑을 빼놓으면 아무것도 아닙니다. 사랑을 중심삼고 평등입니다. 사랑을 중심삼지 않은 평등은 없습니다. 그러면 행복이 뭐냐? 행복은 사랑의 끄트머리에 있는 하나의 열매입니다. 행복은 사랑의 뒤옆이다, 사랑의 앞옆이다, 사랑의 꼭대기다, 사랑의 발이다, 그것이 다 맞는 말입니다. 사랑은 하나이기 때문에, 둥글기 때문에 다 맞는다는 것입니다. 사랑을 빼놓고

행복이 있습니까? 여자가 아무리 미인이라도 평등적 사랑의 내용을 가진 남성이 있어야 조화가 벌어지는 것입니다.

47 참사랑을 중심삼은 권에서는 어떤 차별도 없습니다. 물이나 공기와 같습니다. 사랑의 힘은 물과 공기와 마찬가지로 언제든지 수평을 만듭니다. 물도 언제나 수평을 만들고, 공기도 고기압은 저기압으로 흘러가서 언제나 수평을 만듭니다. 사랑도 마찬가지입니다. 사랑은 모든 것을 평준화하는 것입니다. 참부모를 중심삼고 하나의 문화, 아담 문화세계가 출발합니다. 개인으로부터 시작해서 영원히 영계까지 연결됩니다.

48 사랑을 가지고는 남자와 여자가 대등하고, 사랑을 가지고는 아들이 대통령이라 하더라도 그 아들과 어머니는 대등합니다. 사랑을 가진 거기에는 모든 평등한 내용이 있습니다. 남편은 돌아다니다가 집에 들어갈 때에는 '나는 사랑하는 아내의 집에 들어간다. 사랑하는 아내의 품에 들어간다.'라고 하고, 아내는 '사랑하는 남편이여, 내 품에 들어오시오.'라고 해야 됩니다. 그것이 평화요 평등입니다. 여기에서 남편과 아내가 하나되는 것입니다. 남편은 아내의 품에 돌아가기를 원하고, 아내는 남편이 품에 돌아와 하나되기를 원합니다. 거기에는 낮은 것도 없고 높은 것도 없는 하나입니다.

49 인간이 평등이라고 할 때, 그것은 무슨 평등을 말하느냐? 본성에 의한 사랑을 받는 데 있어서 본성적으로 평등권을 갖고 있습니다. 무엇의 평등이냐 하면 사랑을 중심삼고 평등입니다. 사랑을 중심삼고 최고 평등권이 결정됩니다. 사람에게 제일 중요한 것이 사랑입니다. 하나님에게 제일 중요한 것이 사랑이기 때문에 사랑의 평등만 되면 그만입니다. 다 이룰 수 있습니다.

50 우주와 주고받으려면 사랑을 가져야 합니다. 사랑이 아니고는 영원히 주고받지 못합니다. 사랑이 온유하고 겸손한 것이라고 한 것도 영원히, 완전히 운동하기 위한 것입니다. 저항 없이 운동하기 위한 하나의 방법입니다. 온유하고 겸손하고 희생하면 어디든지 통합니다. 어디든지 저항 없이 갑니다. 이것은 희생이 아닙니다. 저항 없이 작용하기 위한 하나의 비법이 위해서 살고 희생봉사하는 것입니다.

51 사랑은 국경도 초월합니다. 하나님의 사랑에는 국경이 없습니다. 오색인종을 초월하는 것입니다. 흑인·

백인·황인 무슨 차별이 없습니다. 사랑은 위대한 것입니다. 사랑의 흐름에 있어서 환경을 개의치 않고 흘러가면 환경이 오히려 동화되는 것이지 거기에 반발하지 않습니다. 그럴 수 있는 사상적인 내용을 갖춰야 하나님이 좋아합니다.

참사랑은 평화와 행복의 원천

52 하나님의 사랑권을 통하게 되면, 봄날 향기 풍기는 꽃에서 향기란 향기를 다 마시고 취한 기분과 같습니다. 또한 봄날 잔디밭에 앉아 있을 때 솜털 같은 뭉게구름에서 형용할 수 없을 정도의 그 무엇을 느끼는 기분과 같습니다. 거기에서는 세포가 춤을 춥니다. 그렇기 때문에 하나님의 사랑은 생명력을 지닌 모든 존재의 힘의 원천이요 행복의 원천입니다. 희락이나 평화, 인생이 소망하는 것의 절대적인 요건이요, 신앙의 절대적 요소입니다.

53 남자 여자가 사랑을 중심삼고 절대적으로 하나되어야 합니다. 하나되면 어떻게 되느냐? 다투는 것이 아닙니다. 사랑의 조화를 이루어야 합니다. 그러면 거기에 행복이 깃들고 평화가 꽃피고 영원한 천국이 벌어지는 것입니다. 거기에서 영원한 세계가 달려오게 되어 있습니다. 사랑을 꽃피워야 합니다. 사랑은 만국의 행복의 터전입니다. 그렇기 때문에 참사랑의 세계를 엮게 될 때에는 만사가 보장되는 것입니다.

54 인류조상의 첫사랑의 결합은 하나님 자신의 사랑의 완성이기도 하므로 마땅히 하나님도, 아담 해와도, 우주만상도 환희와 축복 속에 취하는 행복한 잔치의 연속이어야 합니다. 하나님의 사랑과 생명과 혈통이 인간 속에서 시원(始原)을 이루면서 정착하는 행복한 의식이어야 합니다.

55 사랑의 주체가 차면 모든 것이 찹니다. 사랑이 꽉 차야 모든 것이 차기 때문에 무한히 줄 수 있고, 참되게 줄 수 있는 것입니다. 거기서 주고받는 것은 이상의 실현이요 이상의 번식입니다. 사랑의 세계는 거리를 초월합니다. 사랑이 얼마나 속도가 빠르냐 하면, 빛도 못 따라갑니다. 제일 빠른 것이 사랑입니다. 제일 밝은 것도 사랑입니다. 제일 완전한 것도 사랑입니다. 제일 완전히 찬 것도 사랑입니다. 졸던 여자도 진짜 사랑하는 상대가 나타나면 꽃이 핍니다. 사랑만이 그렇게 할 수 있습니다. 그 사랑이 무슨 사랑이냐? 우주의 주인 되는 사랑, 우주의 중심 되는 사랑, 우주의 원천 되는 사랑인 참사랑입니다.

56 일시적인 목적을 중심삼은 통일

은 누구도 원치 않습니다. 통일이 되더라도 영원히 되기를 바랍니다. 그러면 영원을 중심삼고 하나될 수 있는 그 요소가 뭐냐? 사랑입니다. 사랑은 통일하는 데 있어서의 바탕입니다. 그것은 영원히 추구해 나갈 수 있는 행복의 터전입니다. 사랑이 없어 가지고는 행복이 없습니다. 사랑이 없어 가지고는 평화가 없습니다. 사랑이 없으면 모든 일이 상충되지만, 사랑이 충만하게 될 때는 모든 일이 화합하게 됩니다.

57 사랑은 하나님이 바라는 표준을 두고 한 말입니다. 마음과 마음의 경계선을 타파하여 하나로 결속시키는 누룩과 같은 것, 즉 원인이요 동기요 모체가 사랑입니다. 이 사랑은 작다면 지극히 작은 것이요, 크다면 지극히 큰 것입니다. 사랑하는 사람들끼리는 눈만 한 번 깜박여도 그것이 천지가 뒤집어지는 것처럼 느껴지고, 또 사랑하는 사람이 방긋 한 번 웃는 표정만 지어도 천지가 들락날락하는 것을 느끼게 됩니다. 예민하다면 그렇게 예민하고, 작다면 그렇게 작고, 크다면 그렇게 크고, 보인다면 보이고, 안 보인다면 안 보이는 것입니다. 그 경계선을 깨뜨릴 수 있는 것은 사랑밖에 없습니다.

58 수많은 경계선이 있는데 이 경계선을 전부 타파할 수 있는 하나의 중심 포인트가 뭐냐? 세상에서는 돈 때문에 경계선을 버립니다. 지식 때문에 경계선을 버릴 수 있고, 또 권력 때문에 경계선을 버릴 수 있습니다. 그것이 넘어갔다 해도 넘어간 그 나라에도 또 경계선이 필요합니다. 지식도 제한된 것이요, 돈도 권력도 제한된 것입니다. 이 상하·전후·좌우, 과거부터 미래까지 동서양을 중심삼고 온 인류 전체의 경계선을 헤쳐 낼 수 있는 하나의 포인트가 참사랑입니다. 이것이 참사랑의 힘입니다. 이것만 있으면 아버지 어머니의 꼭대기에 밟고 올라가도 좋다고 하는 것입니다. 사랑을 중심삼고는 안 통하는 데가 없습니다. 그것이 이 세계에도 통할 수 있습니다. 참사랑은 세계까지도 관리 주관할 수 있는 것입니다.

59 참사랑이란 질서를 언제나 지키고도 남을 수 있는 것입니다. 그럴 수 있는 절대적인 것입니다. 아들이 아버지 어머니 자리를 침범할 수 없고, 아들 며느리 자리를 부모가 침범할 수 없습니다. 그것은 절대적입니다. 서로가 완전한 질서를 유지할 수 있는 입장에서 사랑이 벌어져야 됩니다. 사랑은 무질서한 것이 아닙니다. 참사랑에는 반드시 전후관계·상하관계·좌우관계가 다 있습니다. 그것이 경계선이 아니고 질서라는 것입니다.

60 사랑의 눈으로 세상을 보게 되면, 날아가는 새를 보고도 '아, 저 새는 왜 지지배배 하지? 아, 사랑하는 님을 그리워하는구나.'라고 하게 됩니다. 거기에서 시가 읊어지고 문학작품이 나옵니다. 거기에는 인생살이의 역사의 사연이 반복하여 재현된다는 것입니다. 보통사람은 흘러가는 물이 구불구불 지형에 따라서 굽이쳐 가고, 바윗돌이 있으면 부딪치면서 물방울을 내고 가는 것으로 보게 됩니다. 그러나 그것이 사랑을 중심삼고 흘러간다는 것을 알게 된다면, 천년을 엮고도 남을 수 있는 시가 읊어지고 소설이 엮어질 수 있는 것입니다. 그러므로 사랑의 입김도, 사랑의 손길도, 사랑의 노랫소리도, 사랑의 말소리도 모두 좋은 것입니다.

61 사랑을 통해 인간세계는 행복이 시작됩니다. 인간 자신이 이루고자 하는 완성이라든가 이상 실현은 사랑의 기준을 떠나서는 있을 수 없습니다. 우주만물은 사랑을 바탕으로 해서 살아갑니다. 만물은 하나님의 사랑을 중심삼고 시작되었습니다. 피조세계의 중심인 인간은 더욱이나 사랑을 중심삼고 출발했다는 것입니다. 사랑에서 출발해서, 사랑에 의해 완숙된 기준을 통해서, 사랑을 통해 사회생활을 하다가 사랑을 완성시켜서 영계에 돌아가게 되어 있습니다.

62 세상의 모든 것은 한 번 주면 없어집니다. 그렇지만 사랑은 주면 줄수록 더 많이 돌아옵니다. 그래서 사랑을 좋아합니다. 사랑은 언제나 줄 수 있고 채울 수 있어서 언제나 기쁘고 즐거울 수 있는 내용이 있습니다. 돈은 아무리 좋다고 해도 주고 나면 없어지고, 권력이 아무리 좋아도 쓰면 닳아지는 것입니다. 지식도 한계선이 있습니다. 하지만 사랑은 주면 줄수록 무한정 통하게 됩니다.

63 영생은 무엇으로부터 시작하느냐? 하나님의 사랑입니다. 그 사랑은 하나님의 돈도, 권력도, 지식도 아닙니다. '나는 길이요 진리요 생명이니 나로 말미암지 않으면 아버지 앞에 갈 수 없다.'라고 한 예수님 말씀 가운데 하나가 빠졌습니다. 그것이 가장 중요한 사랑입니다. '나는 길이요 진리요 생명이요 사랑이니'라고 해야 되는데, 사랑이 빠졌습니다. 이것을 앞으로 성경에 집어넣어야 됩니다. 이런 말을 하면 무식한 사람들은 '오, 불경스러운지고!'라고 할 것입니다. 하나님에게 물어보면 '그렇고 말고!' 라고 할 것입니다. 이렇게 볼 때 하나님은 사랑을 좋아합니다. 사랑 중에서도 참사랑을 좋아합니다. 이것은 이론적입니다. 맹목적이 아닙니다.

제2장 참사랑의 유형

1절 조부모의 사랑

1 한국의 가정제도는 원리적입니다. 혈통도 그렇고 역사도 그렇게 되어 있습니다. 할아버지 할머니, 어머니 아버지, 그다음에 자기, 3대가 한 가정에서 살고 있습니다. 하나님이 자기 손자를 사랑해 보지 못하고, 아담이 자기 아들딸을 사랑해 보지 못한 것이 타락입니다. 미국 가정에서는 자기 아들딸 집에 가는 것도 마음대로 못 갑니다. 손자 손녀도 마음대로 만나지 못하고, 자기 아들딸 집에 먼저 전화하지 않고는 못 갑니다. 세상에 그런 법이 어디 있습니까? 그것을 보면 얼마나 비참합니까? 부모보다도 손자를 사랑하는 것이 할아버지 할머니입니다. 하나님도 손자를 사랑하지 못했습니다. 할아버지는 하늘나라의 대사와 마찬가지입니다. 하나님의 대신자라는 것입니다. 할아버지는 하나님의 대신자요, 어머니 아버지는 세계의 왕을 대표한 분이고, 나는 미래의 하늘나라와 세계의 왕입니다. 이것이 통일교회에서 말하는 3대 왕권입니다.

조부모의 손자 사랑

2 가정을 중심삼고 볼 때, 그 가정을 좋은 가정으로 만들려면 부모와 아들과 손자가 심정일체를 이루어야 합니다. 그 집안에 아무리 복잡한 문제가 발생하더라도 부모가 아들을 사랑하는 마음, 혹은 할아버지가 손자를 사랑하는 마음에는 변함이 없어야 합니다. 여러분의 마음에 이러한 절대적인 기준을 세워 단편적인 개체의 생활관, 혹은 그런 환경을 벗어나 사방성을 가져야 합니다.

3 할머니 할아버지는 손자를 중심삼고 정을 맺어야 됩니다. 이렇게 되어야 사랑의 수직선이 시작됩니다. 또 손자는 할머니 할아버지와 하나돼야 합니다. 할아버지 할머니는 하나님과 같은 자리에 있기 때문에 하나님같이 모셔야 됩니다. 그러지 않으면 종적인 사랑의 축을 찾을 수 없습니다. 이것을 세운 다음에 횡적인 것이 벌어집니다. 횡적인 것은 사방으로 연결되지만, 종적인 것은 오직 한 방향입니다. 횡적인 것은 동서남북 360도로 움직일 수 있지만, 종적인 것은 한 점에서는 움직일 수 있지만 분리할 수는 없습니다.

4 할아버지 할머니를 사랑하고 어머니 아버지를 사랑하고 아들딸을 사랑하는 마음에는 차이가 없습니다. 같

은 사랑입니다. 할아버지 할머니 방에 손자가 들어가도 할아버지가 좋아하게 되어 있고, 어머니 아버지가 들어가도 좋아하게 되어 있습니다. 이런 원칙이 있어서 할아버지 할머니는 손자를 더 사랑한다는 것입니다. 그래서 손자들이 자랄 때 어머니 아버지보다 할아버지 할머니가 길러 주기를 바랍니다. 이치가, 원칙이, 공식이 그렇다는 것입니다. 가정은 이렇게 사위기대 이상을 중심삼은 구형을 갖춘 평균적 사랑이 일체화되는 세계입니다. 통일되는 세계가 이상적 가정에 있습니다.

5 하나님은 참사랑 앞에서라면 무릎을 꿇고 벌렁벌렁 기어 다닐 수도 있습니다. 할아버지가 사랑하는 손자를 위해서라면 손자를 태우는 말도 기꺼이 됩니다. 상투를 잡고 머리에 올라타더라도 '그래, 타라, 타라.'라고 하는 것입니다. 천지(天地)가 지천(地天)이 되고 부모(父母)가 모부(母父)가 되고 부자(父子)가 자부(子父)가 돼도 좋다는 것입니다. 사랑은 그렇게 위에서 아래로 가고 아래서 위로 가더라도 다 화할 수 있습니다. 그래서 참사랑을 가지면 하늘나라의 무엇이든지 살 수 있다는 것입니다.

6 하나님은 무섭지 않습니다. 하나님은 제일 가깝습니다. 하나님을 만나면 하나님의 등을 타고 하나님의 머리끄덩이를 쥐더라도 하나님은 좋아합니다. 손자들이 할아버지의 머리카락을 쥐고 등에 올라가도 사랑하는 손자이기에 좋아하는 것과 마찬가지입니다. 하나님이 우리의 부모가 아닙니까? 알고 보니 하나님은 무서운 분이 아닙니다. 세상에서 제일 가까운 분이 하나님입니다. 부모보다도 더 가깝고, 남편보다도 더 가깝고, 아들보다도 더 가까운 분이 하나님입니다. 그런 하나님을 알게 될 때에, 제일 가깝고 제일 귀하고 나와 더불어 영원히 같이 살 분인 것을 알게 될 때에 만사형통입니다.

7 할아버지는 손자를 만나는 시간이 제일 기쁩니다. 그렇기 때문에 건망증이 생기는 것은 아기들과 친구가 되기 위한 것입니다. 사랑의 마음, 고운 것을 사랑하는 마음을 크게 하는 것입니다. 다른 생각은 다 잊어버리고 사랑의 마음을, 손자를 사랑하는 마음을 키워 가는 것입니다. 그것이 저나라에 박자 맞추기 위한 것이고, 하나님의 창조과정이므로 나쁜 것이 아닙니다. 건망증이 생겨서 전부 잊어버리는 것입니다. 그러나 사랑하는 사람만은 더 사랑하고 더 보고 싶어하는 것입니다. 그러다 저나라에 가야 높은 자리에 올라간다는 것입니다. 그것이 하나님의 사랑입니다.

노년에 오는 건망증

8 노망한 어머니 아버지를 무시하지 말라는 것입니다. 천상세계에 가서 땅 위에서 살던 모든 잡된 것을 다 잊어버리고, 본심에서 우러나오는 인연들을 가누어 후대에 자기 아들딸이 올 때를 위해서 다리를 좋게 놓고 길을 닦기 위하여 부모의 갈 길을 준비하는 노망한 어머니 아버지를 천대하지 말라는 것입니다. 부모는 하나님을 대신하는 존재입니다. 우리의 제일 조상이 하나님입니다. 살아생전 4대조까지, 고조부 증조부 조부 아버지까지 하나님같이 모셔야 됩니다. 그분들을 자기 남편 이상, 자기 아내 이상, 아들딸 이상 모시는 그 집은 천년만년 간다는 것입니다.

9 인간은 사랑에서 태어나 사랑의 실체가 되고, 사랑에서 시작해서 사랑에서 끝을 맺어야 합니다. 또 사랑하는 사람을 만나 사랑하는 아들딸을 낳고, 그 사랑하는 아들딸을 사랑하면서 살다가 도로 어린아이가 되어 돌아갑니다. 노망이 나쁜 것이 아닙니다. 그것을 나쁜 것으로 생각해서는 안 됩니다. 그럼으로써 옛날에 자식들이 부모한테 신세진 것을, 이제는 부모가 늙었으니까 원 없이 신세를 갚을 수 있는 좋은 때입니다.

10 할아버지 할머니의 소원은 아들딸보다 손자 손녀를 더 사랑하는 것입니다. 아들딸을 기를 때는 바빠서 사랑할 겨를이 없었습니다. 할아버지 할머니가 되면 그렇지 않습니다. 영계에 갈 준비를 하는 것입니다. 아기와 친구가 되기 위해 건망증이 생겨서 다 잊어버립니다. 순결한 아기로 돌아가는 것입니다. 순결한 아기로 돌아가서 어머니 아버지를 잊어버리고 형제를 잊어버립니다.

11 나이가 많아지면 아기들의 친구가 돼야 합니다. 손자가 친구입니다. 순진하고 욕망이 없는 사람이 되어서 천국으로 돌아가야 됩니다. 아기들은 알아서 크지만, 할아버지 할머니들은 점점점 잃어 갑니다. 영에서 나왔으니 영으로 돌아갑니다. 그것은 본연으로 돌아가는 것입니다. 인격이니 자랑이니 욕망이니 하는 것이 없이 출발했으니 그 자리로 돌아가야 하늘로 연결됩니다. 손자가 있는 그 일족은 할아버지 할머니를 부모가 자식을 길러 주던 것과 마찬가지로 가정과 나라가 대신 모셔 하늘로 돌아가게 해줘야 됩니다.

12 건망증이 왜 생기느냐? 보이는 시대에서 보이지 않는 시대로 옮겨가는 경계선을 넘기 위한 준비를 해야 되겠기 때문에 나이가 많으면 건망증이라는 것이 생깁니다. 단순해지는

것입니다. 아기는 평면적인 정오를 만나기 위해서 태어나지만, 나이 많은 아기는 입체적인 하나님을 만나기 위해서 새로 태어납니다. 그것은 평면적인 세상에서 입체적인 세상으로 간다는 뜻입니다. 죽으면 입체적인 희망을 갖기 위해서 다시 태어난다는 것입니다. 여자 남자가 하나되어 입체적인 세상을 향해 가는 것입니다. 그래서 영계에 들어갑니다. 이성성상이 되어서 하나님의 입체적인 이성성상의 주체를 중심삼고 사랑의 정오를 향하여 전진합니다. 새로운 사춘기를 향해서 출발합니다.

13 사랑을 중심삼게 되면 영계와 육계의 간격이 타파되기 때문에 사망의 공포심에서 벗어납니다. 죽는 것이 무서운 것이 아닙니다. 어디로 가는지 안다는 것입니다. 그래서 대개 건망증이 생겨나는 늙은 사람들은 저나라에 대한 관심이 점점점 넓어집니다. 벌써 안다는 것입니다. '아, 내가 언제 가야겠구먼. 정비기간이로구먼.'이라고 안다는 것입니다. 세상의 모든 것을 잊어버리고 깨끗이 정비하고 가라는 것입니다. 건망증이 생겨났다고 천대하지 말라는 것입니다. 일생의 모든 과거, 선조로부터 죄악된 모든 것을 청산지을 수 있는 스스로의 청산기간을 둬서 자기의 가는 길을 바로잡기 위한 것으로 건망증이 있게 됩니다.

14 사람이 60이 넘고 70이 되어 가게 되면 정신세계가 발달합니다. 영계에 가기 위한 준비를 하기 위해서입니다. 그렇기 때문에 육체의 모든 것을 잊어버리고 건망증이 생겨나는 것입니다. 그런데 옛날에 즐겼던 자기 몸속에 잠재된 정신적 의식이 사랑하는 것하고 먹는 것입니다. 그렇기 때문에 할머니 할아버지는 그저 먹는 것을 찾고, 사람이 그리우면 울고 그러는 것입니다. 그것이 인간의 본능입니다. 생명은 먹음으로써 유지됩니다. 생명과 사랑이 귀하기 때문에 그 표시로 사랑의 대상자하고 먹는 것을 그리워합니다. 이것이 창조원칙에 의한 본능적인 욕구이기 때문에 불가피한 것입니다.

2절 부모의 사랑

1 자식은 어머니 아버지 사랑의 실현체요 투입체입니다. 어머니 아버지 생명의 연장체입니다. 또한 어머니 아버지 이상의 구현체입니다. 자식을 낳아서 사랑해 본 사람들은 압니다. 그래서 사랑하는 아들에 대해 '이는 내 사랑의 실체요, 생명의 연장체요, 이상의 구현체다. 제2의 나다.'라고 하는 것입니다. 자식은 사랑과 생명과 이상적 기반에서 태어나기 때문에 부모는 그 자식을 보면 볼수록

사랑스럽고, 보면 볼수록 생명이 약동하고, 보면 볼수록 이상적인 상대로 등장하는 것입니다.

변할 수 없는 부모의 사랑

2 전통적인, 종적인, 표본적인 사랑이 어머니 아버지의 사랑입니다. 이것은 종적입니다. 종은 변할 수 없습니다. 부부의 사랑은 이 종적 사랑을 횡적으로 잇기 위한 사랑이기 때문에 부부는 이혼할 수 있더라도 부자의 관계는 끊을 수 없습니다. 천지이치가 그렇습니다. 종적인 사랑이기 때문에 그렇다는 것입니다. 횡은 사방이 있으니까 360도를 돌아갈 수 있지만 종은 한 자리밖에 없습니다. 이것은 옮길 수 없다는 것입니다.

3 사랑 중에서 제일 귀한 사랑이 부모의 사랑입니다. 참된 사랑은 직단거리를 통하기 때문입니다. 부모의 사랑은 참사랑을 중심한 종적인 사랑입니다. 종적인 사랑은 머무르는 자리가 하나밖에 없고 가를 수가 없습니다. 그 위치를 바꾸었다가는 천지가 뒤넘기칩니다. 제아무리 능력이 많고 제아무리 수단이 좋다 하더라도 수직으로 찾아오는 종적인 사랑을 옮겨 놓았다가는 천지가 암흑천지, 지옥이 되는 것입니다. 직단거리를 통하니 이것이 수직이 아닐 수 없습니다. 이것을 상처 입힐 수 없고, 이것을 옆으로 비키게 할 수 없습니다. 단 하나밖에 없습니다. 절대적입니다. 부자관계는 종적 관계이기 때문에, 수직적 사랑이기 때문에 가를 수 없습니다.

4 부모는 유일하고, 그다음에는 불변하고 영원합니다. 부모는 변할 수 없습니다. 그렇기 때문에 부모의 사랑도 혁명을 할 수 없습니다. 아무리 혁명이 벌어진다고 하더라도 사랑을 혁명할 수 없기 때문에 사랑은 영원히 존속됩니다. 그러한 부모, 그러한 사랑의 주체 되는 부모가 나를 절대 필요로 하는 것입니다. 유일적으로 필요로 하고, 불변적으로 필요로 하고, 영원히 필요로 하는 것입니다.

5 어머니 아버지는 아들딸을 위해서 희생한 것을, 밤을 새워 일해서 벌어먹이고 학교에 보내 공부시키는 것을 수첩에 치부해 두지 않습니다. '얼마를 썼으니까 이것이 10년 지나면 은행 이자가 얼마 된다.'라고 계산해서 받으려고 하지 않는다는 것입니다. 투입하고 계산하는 것이 아니라 모두 잊어버리는 것입니다. 그래서 부모가 좋다는 것입니다. 제일 좋은 것이 부모의 사랑입니다. 부모가 없는 사람을 고아라고 하는데, 고아는 비참한 것입니다. 뿌리를 못 갖고 있기 때문에 방향도 못 갖는 것입니다. 그렇기 때문에 희생하는 데서만이 참사랑

을 찾을 수 있다는 것이 우주 창조의 원칙인 것입니다.

6 부모가 자식을 키울 때, 젖먹이 때부터 '네가 이다음에 커서 철이 들게 되면 내가 너를 키워 준 것을 알아야 돼.'라고 교육하는 부모가 있다면 그 부모는 정상적인 부모가 아닙니다. 그렇게 하려면 소를 키워서 일을 시켜 먹는 것이 낫습니다. 자기 자식에게 내가 이렇게 사랑해 주었으니 너는 이 이상으로 해 달라고 하는 부모는 없습니다. 사랑하는 사람을 위해서는 희생하는 것입니다. 주고 또 주어도 부족함을 느끼고, 또 주어도 주고 싶은 마음이 있는 것입니다. 가치의 궁극을 영속적으로 자극시킬 수 있는, 미래의 소망을 계속해서 보충해 줄 수 있는 길이 사랑의 길입니다.

7 타락한 세상에서도 어머니의 사랑은 자식들을 위해서 투입하고 잊어버리고 또 투입하고 잊어버리고 봉사하고 희생해서 잘되기를 바라지만, 그런 자식이 안 되어 늙어 죽도록 고생하면 늙어 죽을 때까지 또 투입하고 투입하는 것을 계속하는 것입니다. 그것이 어머니의 사랑입니다. 타락한 세계도 그렇습니다. 그렇게 돌아간 부모임을 알게 될 때는 무덤에 가서 불효자식을 용서해 달라고 통곡하며, 늦었지만 이제라도 몇 배 효도하겠다고 180도 돌아서서 효자의 길을 가려고 한다는 것입니다. 수단과 방법을 통한 길이 아닙니다. 이것은 진정한 피 살을 짜내는 사랑의 길에서만 가능합니다.

8 자식에 대한 부모의 사랑은 그냥 그대로 생활적인 인연만을 통해서 하는 사랑이 아니라 뼛골에서 우러나오는 사랑입니다. 잊으려 해도 잊을 수 없고, 끊으려 해도 끊을 수 없는 사랑의 마음을 부모는 가지고 있다는 것입니다. 그래서 생명의 여력이 있는 한 부모는 자식을 사랑하는 것입니다. 자식과 생명의 인연이 맺어져 있다는 것을 느낄 때, 부모에게서 자식을 사랑하는 마음이 자연히 우러나오는 것입니다. '저 애는 내 아들이니까 사랑하겠다.'라는 의식적인 마음이 앞서서 사랑하는 것이 아니라 그 마음보다도, 그 인연보다도 앞선 자기의 생명력이 자식과 연결되어 있기 때문에 사랑하지 않으려야 않을 수 없습니다.

9 참사랑은 뭐냐? 위하는 사랑인데 얼마든지 주고, 천년을 주고도 잊어버리려고 합니다. 천년을 주고도 잊어버리는 것입니다. 기억하지 않습니다. 사랑의 세계에서는 입력보다 출력이 큽니다. 부모는 일흔 살 된 아들이라 할지라도, 그 아들이 어디 나

갈 적에 '애야, 오늘 차 주의해라.'라는 말도 할 수 있습니다. 90세 노년이 되도록 매일같이 되풀이했어도 지칠 줄 모릅니다. 그것은 영원히 계속해도 지치지 않습니다. 그것이 사랑입니다. 타락한 세계의 부모사랑도 그런데 본연의 본질세계인 하나님의 사랑에 속해 있을 때 지치겠습니까? 여기서 비로소 우리 인생의 참다운 하나님의 대상권을 확정지을 수 있습니다. 하나님의 사랑이 영원불변한 것을 알게 될 때, 우리 인간의 사랑을 중심삼고 영생의 논리를 타당화할 수 있는 것입니다. 사랑을 중심삼고 보니 영생하는 것입니다.

10 부모가 자식을 사랑하는 데 있어서는 '부모는 이래야 된다.'라는 어떠한 고착된 형태를 가지고 자기를 주장하는 자리에서 자식을 사랑하는 것이 아닙니다. 자기를 주장하지 않고 자기를 부정하는 것입니다. 즉 자기가 없는 자리에서 자식을 사랑합니다. 다시 말하면 부모는 부모의 권한을 가지고 언제나 당당한 자리에서 자식을 사랑하는 것이 아니라 부모의 권한을 망각한 자리, 그 이상의 자리에서까지 자식을 사랑하는 것입니다. 그러한 사랑을 가지고 자식 앞에 임하는 것이 부모입니다.

11 부모와 자식의 관계에서 아기는 어머니의 젖가슴을 헤치고 파고드는데, 사랑을 빼놓고 보면 그럴 수 있습니까? 그럴 수 없습니다. 아기에게 부모의 사랑을 느끼게 하고 아기를 품음으로써 자기가 행복하다는 것보다도 천지가 모두 평화의 경지에 들어가는 것을 느끼고, 전체 분위기에 좋은 것이 싹튼다는 것을 느끼게 될 때에는 그 아기가 아무리 자기 가슴을 파고든다 하더라도 그것을 용서하고 '어서 해라, 어서 해라.'라고 할 수 있는 아량의 마음이 생겨나는 것입니다. 그렇기 때문에 부모들은 자식을 무한히 사랑할 수 있습니다.

부모사랑은 참사랑의 전형

12 부모는 자식을 무한히 사랑할 수 있습니다. 어떻게 보면 아기는 부모의 원수입니다. 호스를 갖다 대고 자기 피와 살을 빨아가는 원수입니다. 그러나 어머니로서의 새로운 소망의 자극, 남편에 대한 새로운 자극이 그 아기로 말미암아 찾아지는 것입니다. 그러한 경지에서는 통하는 무엇이 있습니다. 그 경지는 누가 좌지우지할 수 없습니다. 절대적인 사랑에 결부되는 것입니다. 절대적인 사랑을 중심삼고, 자기를 위하는 것이 아니라 하나님을 위하고 전체를 위하는 사랑을 중심삼고 맹세하는 그 자리에는 무엇보다도 강한 기준이 세워지게 됩니다. 그러한 기준 위에 서지 않고

그저 말로만, 또는 보고 듣고 약속하는 것만 가지고는 안 됩니다. 그것은 언제든지 변할 수 있습니다.

13 부모는 자식을 떼어 버릴 수 없습니다. 사랑의 공동체입니다. 사랑의 열매이기 때문입니다. 모든 것은 열매를 이룹니다. 모든 것은 열매를 찾아갑니다. 열매를 부정하는 것은 있을 수 없습니다. 모든 나무도 열매를 부정하는 것은 없습니다. 그것은 영원을 지속시키는 것입니다. 이 열매는 어머니 아버지의 사랑의 요소를 다 끌어오는 것입니다. 다 동원시킵니다. 그렇기 때문에 그것을 보게 되면 좋다는 것입니다. 내 속에 영원한 내가 있고 역사가 있고 발전하는 내가 있습니다. 현재와 미래의 사랑이 연결되는 것입니다. 부모가 자식을 사랑하는 것은 칠 법이 없습니다. 칠 수 없다는 것입니다. 우주가 보호하게 돼 있습니다. 부모가 사랑하는 자식을 안고 좋아하는 그 자리는 이 우주의 법이 공격할 수 없고 보호하게 되어 있습니다.

14 아기가 배가 고파 오면 어머니의 젖이 불어납니다. 젖이 불어 아파 오면 안 조이는 데가 없습니다. 배고파 하는 아이를 안고 젖을 먹이는 어머니의 기분이란 말로는 표현하기 어렵습니다. 불었던 젖이 줄어들면 어머니는 시원하고 기분이 좋아집니다. 젖 먹이는 맛은 아기 어머니 아니고는 모릅니다. 또 아기가 쪽쪽 빨아 먹으면서 젖을 만지는 것을 볼 때 어머니의 사랑이 거기에서 우러나옵니다. 그러니 모든 희로애락의 쌍곡선이 전부 부딪치는 어머니의 마음은 체험하지 않으면 모르는 것입니다.

15 본연의 사랑은 부모가 자식을 위해서 생명을 바칠 수 있는 그 사랑입니다. 자기 생명을 넘어 사랑한다는 것입니다. 본래 이 우주가 창조된 것은 생명 때문이 아닙니다. 사랑 때문에 지어졌기에 사랑이 먼저라는 것입니다. 그러므로 사랑에 부합될 수 있는 생명이지, 생명에 사랑이 부합되는 것이 아닙니다. 그렇기 때문에 진정한 사랑은 생명을 희생해서, 생명을 넘어서 하는 사랑입니다. 그것이 하늘의 사랑이요, 우주와 통할 수 있는 사랑입니다. 자기 자식을 위하여 생명을 바칠 수 있는 부모일 때 그 부모는 이 우주상에 둘도 없는 참된 부모라는 것입니다.

16 자식을 많이 키워 본 부모는 무엇인지 모르게 사랑의 심정이 넓고 크고 깊은 것을 엿볼 수 있습니다. 자식을 많이 길러 낸 사람은 악한 원수도 칠 수 없다는 것입니다. 그만큼 무엇인지 모르지만 넓은 터전에 서 있고

넓은 법도를 갖고 있기 때문입니다.

17 아기가 태어나면 어머니의 사랑의 전파를 따라 자동적으로 젖꼭지를 찾아갑니다. 추녀든 미녀든 상관없이 어머니이면 그만입니다. 이것이야말로 조화무쌍하고 거룩한 모습입니다. 사람은 사랑으로 태어나서 사랑을 받으면서 큽니다. 이런 입장에서 볼 때 '나'란 부모의 사랑의 열매입니다. 어머니 아버지의 사랑이 어떻다는 것을 실제 열매로 보여준 것이 '나'라는 것입니다. 사랑의 열매이기 때문에 부모는 나를 사랑하지 않으면 안 됩니다. 그 열매를 통해서 무한한 사랑이 다시 열매맺는 것입니다. 개인적 사랑, 가정적 사랑, 종족적 사랑, 민족적 사랑, 국가적 사랑, 세계적 사랑, 우주적 사랑, 그리고 본질적 하나님의 사랑까지 연결될 수 있는 길이 여기에 있다는 것입니다.

18 부모와 자식 간의 사랑은 부모로부터 옵니다. 우리는 태어나면서부터 부모의 사랑을 받습니다. 부모가 생존해 계시는 한 소년시대·청년시대·장년시대, 어느 시대를 막론하고 사랑을 받습니다. 부모의 사랑을 받고 성장하여 횡적인 부부의 사랑이 각자에게 벌어지게 마련입니다. 부부의 사랑이 계속되기 위해서는 자녀를 낳아 사랑해야 됩니다. 부모는 자녀가 없으면 참된 사랑이 무엇인지 알 수 없습니다. 대상이 있어야만 참된 사랑을 느낄 수 있습니다. 형제끼리는 부모의 사랑이 어떤 것인가를 모르고 자라지만, 성장해서 결혼을 하여 자녀를 가지게 되면 부모의 사랑을 알게 됩니다. 다시 말하면 부모로 시작해서 한 바퀴 돌아 부모로 돌아가 봐야 알게 된다는 것입니다. 그러니까 자녀를 낳아 봐야 성숙한 사람이라고 할 수 있습니다.

19 부부의 사랑을 통해 하나됨으로써 하나님과 같은 입장에서 창조 능력을 갖춘 것이 자녀입니다. 하나님이 창조하고 얼마나 기뻤다는 것을 우리에게 느끼게 하기 위해서 자녀를 사랑할 수 있는 마음을 주었습니다. 이렇게 보면 하나님은 제일 좋은 것을 우리 인간 앞에 다 퍼부어 주었습니다. 영원한 하나님의 사랑과 하나되어 행복과 만족 가운데 평화스러운 에덴에서 살게끔 인간을 지었던 것입니다. 그렇게 됨으로써 절대적인 하나님 앞에 인간은 하나님의 사랑을 중심삼고 영원히 상대되는 입장에서 갈라지려야 갈라질 수 없는 행복한 사람으로 살아야 할 것이 인간 본연의 모습이었습니다.

3절 부부의 사랑

1 사랑에는 희생이 따릅니다. 사랑

의 길은 흘러가면서 희생해야 원만하지, 자기가 희생을 안 하면 모든 전체 사방의 균형이 깨지는 것입니다. 부부의 사랑이란 집안의 균형을 취하기 위한 심정 작용과 마찬가지입니다. 자기 혼자 독자적으로 했다가는 문제가 벌어집니다. 크면 클수록 큰 분야에서 부부의 심정을 가지고 결여되는 것을 채워 주기 때문에 빈민굴에 있는 사람들도 사랑에 있어서 꿈을 가지고 사는 것입니다. '우리가 이런 사랑의 자리를 찾기 위해서 이런 자리에 왔으니 여기에 행복이 있는 것이다.'라고 하면서 그 자리에 정착해서 살려고 합니다.

하나님의 사랑을 체휼하는 부부사랑

2 사위기대를 조성하기 위해서는 먼저 부부의 심정을 거쳐야 합니다. 그래야 자녀의 심정을 가질 수 있고 부모의 심정을 가질 수 있습니다. 남자는 하나님의 양성적 형상이요, 여자는 하나님의 음성적 형상입니다. 부부는 천하를 한 보자기에 싼 것과 같습니다. 그러므로 부부는 하나님의 이상적인 사랑의 심정을 느낄 수 있습니다. 사위기대는 지상천국과 천상천국의 초석입니다. 천국은 혼자 세울 수 없습니다.

3 부부의 사랑을 중심삼고 하나된 자리는 창조 당시에 아담 해와와 천지만물을 짓던 하나님의 사랑을 체휼할 수 있는 자리입니다. 이 자리에서 자녀·형제·부부·부모의 실체적인 대신자로 완성했기 때문에, 첫 번 창조주인 하나님의 입장과 마찬가지로 영육을 중심삼고 제2 창조주의 입장에 서는 것입니다. 거기에는 자녀의 사랑, 형제의 사랑, 부부의 사랑, 부모의 사랑이 꽉 차 있기 때문에 제2 창조주의 자리, 대상의 자리에 서게 됩니다. 그래서 하나님이 창조하던 기쁨을 느낄 수 있게 하기 위해서 준 것이 자녀입니다. 자녀는 하늘나라의 왕자 왕녀입니다.

4 하나님의 사랑, 부모의 사랑은 종적인 사랑이고, 남녀 간의 사랑은 횡적인 사랑입니다. 남자 여자가 만나려면 횡적인 사랑을 종적인 사랑 위에 접붙여야 됩니다. 90각도로 맞춰야 됩니다. 이것을 맞추지 않은 사랑, 종적인 기준과 연결되지 않은 사랑은 떠돌이 사랑입니다. 파괴되는 것입니다. 종적인 사랑과 딱 90각도로 연결될 때는 작용하는 모든 것이 다 구형에 영향을 미칠 수 있는 힘으로 나타납니다. 종횡이 일치된 사랑권 내에 들어가면 사랑을 중심삼고 만우주를 지배할 수 있습니다. 만우주와 관계를 맺을 수 있습니다. 거기에는 지식도 권력도 돈도 생명도 필요하지 않습니다. 생명도 그 안에서

는 영생하는 것입니다.

5 인간의 가치를 알아야 합니다. 남편도 하나님의 대신자요, 아내도 하나님의 대신자입니다. 또한 어머니 아버지도 하나님의 대신자이고, 나라는 존재도 하나님의 대신자입니다. 남편은 4대를 대표합니다. 할아버지, 아버지, 남편, 형제를 대표합니다. 이 넷의 사랑을 중심삼고 대표적으로 상속받아 나선 것이 부부입니다. 그래서 부부의 사랑이 귀한 것입니다. 그렇기 때문에 부부가 깨질 때는 인류의 사랑, 조부모사랑, 부모사랑, 형제사랑이 분해되어 떠나갑니다. 인간은 우주에서 하나님을 모시고 살게 되어 있는 것이 당연하기 때문입니다. 나에게는 할아버지의 사랑이 싹틀 수 있고, 아버지의 사랑, 형제의 사랑이 싹틀 수 있습니다. 천년만년 생명의 결탁과 더불어 혈통을 통하여 횡적인 번식의 터 위에서 발전함으로써 가정을 중심삼은 종족, 종족을 중심삼은 민족, 민족을 중심삼은 국가·세계, 천상의 나라가 형성되는 것입니다.

6 결혼하고 나면 여러분 마음대로 못합니다. 하나님의 사랑을 맞기 위해 가야 됩니다. 인간이 남자로 태어나고 여자로 태어난 것은 사랑 때문입니다. 사랑으로 부부가 하나되어야 합니다. 이성성상으로 분립된 자체가 합성일체화하면 어떻게 되느냐? 하나님의 사랑을 받게 됩니다. 하나님의 사랑을 만나려면 여자는 남자와 하나되고 남자는 여자와 하나되어야 합니다. 그러지 않고는 하나님의 사랑을 만날 길이 없습니다. 하나님의 사랑을 만남으로써 동위격에 설 수 있기 때문입니다. 하나님 옆 자리에 가 설 수 있다는 것입니다. 그 사랑을 왜 하나님이 아담 해와에게 요구했느냐? 그 사랑을 중심삼고 하나님과 하나될 수 있기 때문입니다. 부부의 사랑은 하나님의 사랑을 연결시키기 위한 것입니다. 하나님의 사랑을 받게 되면 하나님과 동등한 자리에 나아갑니다. 남자와 여자가 부부의 사랑이라는 개념 앞에서는 같은 자리에 당당히 설 수 있습니다. 사랑하고 난 다음에는 둘이 하나입니다. 도망갈 수 없습니다. 언제든지 연대책임을 지는 것입니다.

7 남자와 여자가 각자 몸 마음이 하나되었느냐는 것과 둘이 한 몸이 되었느냐가 숙제입니다. 우주가 좋다고 할 수 있게 완전한 일체가 되었느냐 할 때, 참사랑이 없으면 일체가 안 됩니다. 우주에서 내가 남자면 남자, 여자면 여자로 완전히 한 몸이 될 수 있는 자리에 섰느냐 하는 것이 숙제입니다. 이것은 오늘날 철학과 종교

가 해결해야 될 문제입니다. 남자는 아내가 절대 필요하고 여자는 남편이 절대 필요하다는 것을 몰랐습니다. 남자에게 절대 귀한 것이 아내이고, 여자에게 절대 귀한 것이 남편입니다. 하나님보다도, 하나님을 만나는 것보다도 먼저 필요한 것이 남자에게는 아내, 여자에게는 남편입니다. 한 몸이 되는 것은 아내와 남편이 사랑을 중심삼고 하나되는 것입니다.

8 사랑이란 구형을 중심삼고 동서가 합하고 남북이 합하는 것입니다. 그 다음에는 하늘과 땅이 합하는 것입니다. 우주를 점령하기 위한 것입니다. 결혼하는 목적이 뭐냐? 우주를 점령하기 위해서입니다. 하나님을 점령하기 위해서입니다. 남편은 동쪽 상측 대표요, 아내는 서쪽 하측 대표입니다. 이들이 사랑으로 묶어짐으로써 천하를 점령하는 것입니다. 하나님을 점령하고 우주를 점령하는 것입니다.

9 부부가 하나님을 사랑하고 인류를 사랑하는 마음 바탕 위에서 폭발할 듯이 서로 사랑한다면, 그 가정으로 말미암아 하나님이 취하고 우주가 취할 수 있게 됩니다. 그 사랑은 하나님을 위한 사랑이요 인류를 위한 사랑이 아닐 수 없습니다. 그 사랑의 뿌리는 자기에게 있는 것이 아닙니다. 하나님이 사랑의 근원입니다.

10 남자 여자는 수평입니다. 수평을 두고 하는 말입니다. 종적으로 볼 때는 상하를 두고 하는 말입니다. 상대권을 중심삼고 모든 이상형이 그려지기 때문에 모든 말도 상대적인 말을 하게 됩니다. 사람 하면 남자와 여자입니다. 남자 여자는 무엇으로 하나되느냐? 남편과 아내는 각기 반쪽 세계입니다. 인류가 아무리 많더라도 분모를 따져 보면 남자 여자입니다. 거기에는 나쁜 남자 나쁜 여자도 있고, 오색가지가 있을 것입니다. 남자 여자 둘로 나눌 수 있습니다. 그 둘을 하나 만들 수 있는 모체는 돈도 아니요 지식도 아니요 권력도 아닙니다. 사랑입니다.

11 남녀 간에 사랑하게 되면 별의별 일이 다 벌어집니다. 하나님을 찾아갈 수 있는 길을 알고 하나님의 사랑을 진짜 맛보면, 하나님의 그 사랑은 세상의 어떤 것과도 비할 수 없는 것입니다. 그런 사랑을 맛본 사람이 있다면 어떠한 고난도 그를 점령하지 못하고 어떠한 슬픔도 그를 점령하지 못합니다. 이러한 것을 확실히 알고 하나님을 아버지로 모시고 하나님을 닮은 아들딸이 되어야 합니다. 돈이나 권력이 있다고 해서 절대 하나님의 아들딸이 될 수 없습니다. 하나님의 사랑을 맛본 사람은 하나님의 권위와 하나님의 위신과 하나님의 체면

을 중심삼고 법도대로 살아야 됩니다. 하나님의 아들딸이 시시하게 살 수는 없는 것입니다.

12 여러분은 형제의 입장에서 서로 형제를 위하고, 그 형제의 입장에서 부부의 운을 갖출 수 있는 입장에 서야 합니다. 그래야 하나님이 형제로서 사랑하지 못했던 것을 사랑했고, 부부로서 사랑하지 못했던 것을 사랑했고, 자녀로서 사랑하지 못했던 것을 사랑했다는 3대 사랑의 원칙을 복귀하게 됩니다. 이러한 3대 사랑의 원칙이 여러분 가정을 중심삼고 완전히 일치하게 되면 하나님의 사랑을 주고받을 수 있습니다. 이와 같이 가정을 중심삼고 하나님의 창조이상을 실현하고자 하는 것이 바로 통일교회에서 말하는 천주주의입니다.

13 복귀의 길에 선 우리 부부들이 본연의 세계를 향해 나아가는 데 있어서 항시 하나님의 창조이상의 심정을 느껴야 합니다. 그것에 충만하여 생애를 걸고 나아가는 노정에서 감사의 일념을 가지고 지내야 합니다. 그것이 지금부터 축복가정이 창조목적을 이루기 위해서 가야 할 노정입니다. 거기에 고생스러운 일이 있다고 하더라도 그것은 우리를 괴롭히기 위한 것이 아닙니다. 하늘에 지금까지 비밀로 쌓아 두었던 무한한 축복을 보다 더 많이 내려 주기 위해 이러한 고생스러운 길을 가게 합니다. 고마운 일입니다. 심정적인 사랑에 의해 맺어진 부부는 그 애정이 생활권을 타고 넘고 생애를 타고 넘어 하나님의 목적과 일치되었음에 틀림없다고 하는 가정을 이루어야 합니다. 그러지 않고는 하나님이 계시는 천국으로 돌아갈 수 없습니다. 이것이 창조하신 하나님의 목적입니다. 그러한 가정을 향해 나아가야 합니다.

떼려야 뗄 수 없는 부부사랑

14 남자는 여자를 위해서, 여자는 남자를 위해서 태어났습니다. 그러므로 남자의 중요한 것은, 남자의 보물은 여자에게 보관해 놓았습니다. 그리고 여자의 중요한 것은, 여자의 보물은 남자에게 보관돼 있습니다. 엇바꿔 놓았습니다. 남자의 보물을 여자에게 보관해 놨기 때문에 남자는 여자와 떨어질 수 없습니다. 또한 여자의 보물을 남자에게 보관해 놨기 때문에 여자도 남자와 떨어질 수 없습니다. 그것이 사랑의 줄입니다. 그러므로 남자의 사랑의 주인은 여자이고, 여자의 사랑의 주인은 남자입니다. 그런데 남자 여자들이 지금까지 요사스럽게 바람을 피워서 세계가 부패해 가고 있고 전부 망해 가고 있습니다. 주인 몰래 도적질하고 있습니다. 사랑의 불변의 열쇠는 오로지 남

자의 것은 여자가, 여자의 것은 남자가 갖고 있습니다.

15 내 귀한 사랑은 내게 있는 것이 아니고 상대방에게 있습니다. 그렇기 때문에 남편 것의 주인은 아내이고, 아내 것의 주인은 남편입니다. 주인을 엇바꿔 대하고 있는 것입니다. 그런데 이 남편이 자기 것인 양 요사스럽게 바람을 피우고 돌아다니면서 세상을 다 망쳐 놓았습니다. 아내도 그렇습니다. 그것이 자기 것이 아닙니다. 주인은 하나입니다. 자기가 주인이 아닙니다. 아내의 주인은 남편이고, 남편의 주인은 아내입니다. 사랑을 중심삼고 주인입니다. 그래서 사랑할 때는 몸 마음의 모든 세포가 같이 작동하는 것입니다.

16 여자가 갖고 있는 모든 것은 여자의 것이 아닙니다. 횡적인 것은 아기 것이고 종적인 것은 남자의 것입니다. '여자가 갖고 있기 때문에 여자의 것이다.'라고 생각하기 쉽습니다. 자기를 위해서는 아무 필요도 없습니다. 이것이 필요한 것은 남자입니다. 또 남자의 것은 남자에게 하등 필요가 없습니다. 여자에게 필요한 것입니다. 하나님이 엇바꿔 놓았습니다. 그래서 오목 볼록이 있는 것입니다. 남자 여자를 통일시키기 위한, 하나 만들기 위한 길은 그 길 이외에는 없습니다. 하나님이 그 기관을 지을 때 '천지간에 가장 고귀한 것이다.'라고 했습니다. 배포가 두둑하고 욕심 많은 남자가 모든 것을 치워 버리고 제일 좋아하는 것, 또 그런 여자가 제일 좋아하는 것을 자기에게서 찾게 된다면 자극이 없습니다. 상대 때문에 자극을 느끼는 것입니다. 그래서 여자 것은 남자가 주인이요, 남자의 것은 여자가 주인입니다. 그것을 자기 것같이 여기고 행동하면 천지의 대도를 파탄시키는 것입니다.

17 만약 남자가 남자 것을 자기 것으로 가졌다면 절대로 이동하지 않으려고 할 것입니다. 여자가 여자 것을 가졌다면 그냥 그대로 맞서서 천년이고 만년이고 버틸 수 있지만 그럴 수 없습니다. 상대를 자기 쪽으로 오게 하고 내가 상대 쪽으로 가면서, 엇바뀌지면서 하나되는 것입니다. 사랑은 이런 작용인데, 주고받는 작용은 반드시 엇바뀌지면서 가치가 나타나게 돼 있는 것입니다. 여자와 남자를 볼 때, 여자가 갖고 있는 사랑의 기관이 여자 것입니까? 여자의 사랑 기관의 주인은 남자이고, 남자의 사랑 기관의 주인은 여자입니다. 이것을 지금까지 몰랐기 때문에 요사스러운 세상이 됐습니다. 절대적입니다. 절대적인 사랑의 주인이 엇바꿔 갖고 있기 때문에 위대합니다.

18 남자와 여자는 무엇이 서로 다릅니까? 성기관을 포함한 몸이 우선 다릅니다. 그러면 남자의 성기관과 여자의 성기관은 누구에게 절대로 필요합니까? 남자의 성기관은 여자를 위해서 있고, 여자의 성기관은 남자를 위해서 있습니다. 인간의 성기관이 하나는 오목이고, 하나는 볼록인데 왜 그렇게 되어 있겠습니까? 둘 다 뾰족하게 하든가, 둘 다 납작하게 할 수도 있는데 왜 그렇게 다르게 생겼습니까? 모두 상대를 위해서입니다. 남자의 것은 여자가 절대 원하고, 여자의 것은 남자가 절대 원합니다. 여자 것이 남자 것이고, 남자 것이 여자 것이라는 것을 몰랐습니다.

19 사람의 말소리를 들어 보면, 그 사람에 대해서 알 수 있습니다. 여자의 말소리가 높습니까, 남자의 말소리가 높습니까? 여자의 말소리가 높습니다. 무엇이 그렇게 높게 만들었겠습니까? 여자는 힘이 남자보다 약한데 어떻게 소리를 높이 내겠습니까? 사랑의 정, 그 사랑에 있어서는 여자가 높고 남자는 넓습니다. 남자는 넓은 사랑을 하는 것입니다. 여자는 자기 남편과 아들딸만 생각하는 그 사랑에 있어서는 높습니다. 하지만 남자들은 친척이든가 나라든가 이런 것을 생각하는 그 사랑에 있어서는 넓습니다. 그렇기 때문에 아들딸을 사랑하거나 가정을 사랑하는 것은 어머니한테 배우고, 세상을 사랑하는 것은 아버지한테 배워야 됩니다. 이렇게 되는 것입니다. 이렇게 엮어 놓음으로써 원만한 원형을 이룰 수 있는 것입니다.

20 여러분은 모두가 자기를 위주로 해서 '나만 잘살면 됐지.'라고 하는 이기주의로 흘러가고 있습니다. 그러나 이제는 모든 이기주의를 버리고 사랑을 나누어 주어야 됩니다. 가정도 그래야 됩니다. 행복한 가정은 남편이 나갔다 들어오면 밖에서 있었던 모든 일을 아내와 더불어 상의하고 새롭게 개척할 수 있는 요인을 발견해야 됩니다. 서로가 힘을 합해 연구하는 가정이 행복한 가정입니다. 부모가 그렇게 하면 자식들도 거기에 힘을 보태어 우리도 이러한 가정을 만들자고 하며 동조하게 됩니다.

21 부부사랑의 자리는 만우주의 꽃입니다. 자기 아내라는 것은 인간 역사시대의 박물관에 전시한 모든 사람들의 종합체입니다. 거기에 꽃으로 나타난 것이 아내입니다. 하나님이 신방 자리에 참석한다는 것입니다. 역사 이래 기쁜 남녀의 사랑 가운데 하나님이 깃들어 정주한다는 것입니다. 그러니 얼마나 무서운 자리입니까? 내가 길을 이어 놓을 수 있는, 그

것을 연결시켜 길을 이을 수 있는, 폭발할 수 있는, 완전한 마이너스가 못 되었으니 완전한 마이너스를 만들 수 있는 역할을 내가 하고 있다는 것입니다. 여기서부터 천지에 사랑의 광명한 태양이 뜨기 시작한다는 것입니다. 생명의 보금자리, 이상의 보금자리로 전부 화해서 자기 아내의 방을 찾아들어야 됩니다.

22 사랑을 중심삼은 생활에서는 모든 것이 해결됩니다. 욕심 많은 영감의 호랑이 같은 눈도 사랑을 하게 되면 누그러져서 그림에 있는 달님 같은 모습이 되고, 얼어붙었던 입도 히죽 벌어집니다. 얼었던 모든 것을 완전히 녹일 수 있는 것이 사랑이요, 녹았던 것을 얼릴 수 있는 것도 사랑입니다. 극과 극을 포괄하고도 남을 수 있는 것이 사랑입니다. '좋을 호(好)' 자를 보면 남자 여자를 합해 놓았습니다. 남자와 여자가 싸움을 하게 되면 아주 화해할 길이 없는데, 좋기는 뭐가 좋습니까? 싸움을 열 번 하더라도 그 열 번 싸움한 것도 좋게 만들 수 있는 힘이 있기 때문입니다. 그 힘이 사랑이라는 괴물입니다. '부부 싸움은 칼로 물 베기'라는 말이 있는데, 칼로 물을 베면 자국이 남지 않습니다. 한번 싸우고도 이마를 맞대고 낄낄 웃고 나면 끝나는 것입니다. 사랑 없이는 평화가 안 옵니다.

사랑의 지성소와 본궁

23 사랑의 길은 하나님의 지성소를 찾아가는 길입니다. 법궤가 지성소가 아닙니다. 타락한 인간이 만든 법궤가 지성소가 아닙니다. 타락하지 않고 하나님의 본연의 사랑을 중심삼은 사랑을 지닐 수 있는 곳이 그 법궤 이상의 가치가 있습니다. 남자의 사랑의 생식기와 여자의 사랑의 생식기가 지성소와 같은 것입니다. 이것으로 잘못했다간 벼락을 맞습니다. 지성소를 잘못 건드렸다가 이스라엘 민족이 급살을 맞던 것과 마찬가지로, 이것을 잘못 건드렸다간 천하가 망합니다. 서로가 사랑을 지키는 대제사장이 되어야 합니다. 부부는 사랑을 지키는 대제사장입니다. 부부는 하나님의 사랑을 상속시켜 주기 위한 대제사장입니다.

24 남자 여자의 생식기는 하늘나라 왕궁의 보고입니다. 하나님도 마음대로 못합니다. 남자 것의 주인이 여자이고, 여자 것의 주인이 남자입니다. 하나님은 지혜의 왕이기 때문에 엇갈려 있게 했습니다. 그것이 최고의 귀한 것이니, 그것을 점령하기 위해서는 자기 남편과 아내를 최고로 귀하게 여겨야 됩니다. 자기 생명 이상, 자기 아들딸 이상 귀하게 여겨야 됩니다.

25 여자나 남자나 지성소를 갖고 있

습니다. 그 지성소를 돈을 주고 살 수 없습니다. 세상 사람들이 '아이고, 사랑은 하늘을 주고 땅을 주더라도 못 바꾼다.'라고 합니다. 그것이 지성소이기 때문입니다. 지성소는 하늘과 우주의 중심과 완전히 하나되고, 이상이나 모든 것을 소유하는 특권이 있는 곳입니다. 지성소에는 모든 것이 있습니다. 모든 것을 소유하고 있다는 것입니다. 생명과 사랑 중에 어느 것이 더 귀합니까? 이것이 인류역사에 정리가 안 되어 있습니다. 왜 사랑이 귀합니까? 생명은 아무리 있더라도, 남자의 생명과 여자의 생명이 지성소를 대신할 수 없다는 것입니다. 생명에는 지성소가 연결 안 되어 있습니다. 사랑에만 지성소가 연결되어 있기 때문에 사랑이 생명보다도 귀한 것입니다.

26 결혼은 반쪽 되는 남자와 여자가 생식기를 하나 만듦으로써 서로서로가 완성하는 것입니다. 남자는 여자의 사랑을 중심삼고 완성하고, 여자는 남자의 사랑을 중심삼고 완성합니다. 남자는 여자를 완성시키고 여자는 남자를 완성시킵니다. 참사랑으로 하나됩니다. 사랑이 중심이 되어 생명이 활성화돼 둘이 합하는 자리가 그 자리입니다. 남자의 피, 여자의 피가 한 도가니에서 하나될 수 있는 자리가 그 자리입니다. 그 자리에서 아들딸이 태어납니다. 그 자리는 아들딸보다도 귀한 것입니다. 남편보다도, 하나님보다도 귀한 것입니다. 그 자리가 자식보다 귀하고, 남편보다 귀하고, 부모보다 귀합니다. 그것이 없으면 부모도 무가치한 것이고, 남편과 아내도 무가치한 것이고, 아들딸도 무가치한 것입니다. 그렇게 귀한 것이기 때문에 보화 중의 보화같이 세상의 어느 누구에게도 보이지 않고 일생 동안 자물쇠를 채우고 다니는 것입니다. 그 자물쇠의 열쇠는 남자의 것은 여자가, 여자의 것은 남자가 갖고 있습니다.

27 남자 여자가 사랑하는 본궁인 생식기는 사랑의 왕궁이요, 생명의 왕궁이요, 혈통의 왕궁입니다. 할아버지 할머니도 그것을 붙들고 살고, 어머니 아버지도 그것을 붙들고 살고, 자기 부부도 그것을 붙들고 살고, 앞으로 태어날 아들딸들도 전부 그것을 붙들고 사는 것입니다. 그런데 그것이 나쁜 것, 쌍소리가 되었는데 왜 그렇게 되었습니까? 원래는 거룩한 소리입니다. 거룩한 말로 받아들여야 합니다. 거기에서 영원한 사랑이 연결되어 영원한 생명, 영원한 혈통이 나옵니다. 가장 귀한 것입니다. 그렇기 때문에 그것을 범하는 사람은 생명의 세계, 사랑의 세계, 역사세계의 환영을 못 받습니다.

28 우리가 지금까지 사랑이란 말을 쌍것으로 알고 좋지 않게 생각한 것은 타락했기 때문이지, 사실은 신성한 본궁입니다. 본연의 사랑의 자리는 거룩한 궁전이요, 최고의 귀한 곳입니다. 그 궁전 문은 마음대로 열 수 없습니다. 사랑의 왕, 사랑의 왕비가 되어야만 그 궁전 문을 열게 되어 있는 것이 인간 본래의 사랑의 전통입니다. 참부모를 가진 왕과 왕비는 그 궁전 문을 열 수 있습니다. 그러한 궁전, 그러한 본궁으로부터 하나님의 사랑하는 아들딸이 탄생합니다.

29 머리보다도 사랑의 기관이 더 중요합니다. 머리에는 참사랑의 기원이 없습니다. 참혈통의 기원도 없습니다. 그 기원이 생식기입니다. 생식기에 모든 것이 있습니다. 거기에 생명이 있고, 사랑이 있고, 혈통이 있습니다. 그곳이 사랑의 본궁입니다. 생명의 뿌리도 거기에 있습니다. 혈통도 마찬가지입니다. 인간의 몸뿐만 아니라 인간세계와 인류역사를 통해서 제일 귀한 데입니다. 그것이 없으면 인류의 번식이 불가능합니다.

30 구약성경을 보면, 성소니 지성소니 하는 말들이 나옵니다. 성소는 사람을 상징하고, 지성소는 사랑의 집을 상징합니다. 사랑할 수 있는 집을 말합니다. 사람마다 성소를 갖고 있고 지성소를 갖고 있습니다. 성소는 하나님을 모실 수 있는 집입니다. 지성소는 하나님만이 특권적 사랑의 주관권을 가질 수 있기 때문에 하나님과 관계를 맺을 수 있는 장소입니다. 지성소는 하늘과 통할 수 있는 자리입니다. 하나님과 직접 관계를 맺을 수 있는 지성소가 바로 그곳입니다. 그것이 인간의 어디에 있느냐 하면, 여러분의 생식기입니다. 이것은 누가 건드리지 못합니다. 지성소를 지키는 제사장은 절대 둘이 아닙니다. 하나입니다. 옛날 해와 앞에 그 지성소의 열쇠를 가지고 있는 이는 아담이었고, 아담의 지성소 열쇠를 갖고 있는 이는 해와였습니다.

31 사랑은 투입에서 시작합니다. 참사랑은 주고자 하는 운동에서 시작했다는 것입니다. 우주는 그러한 법도와 내용의 원칙을 따라서 움직이는데도 불구하고 받고자 하는 것은 우주를 배역하는 행동입니다. 그런 것은 천운이 쳐 버립니다. 이 우주는 주체와 대상의 상대관계를 갖추게 될 때 보호하게 마련입니다. 그렇기 때문에 상대를 찾을 때까지는 크게 되고, 그다음에는 상대를 맞아야 합니다. 그렇게 하지 못할 때는 없어지는 것입니다. 여자와 남자가 시집가고 장가가고 싶어하는 그 마음은 우주력에서 오는 것입니다.

32 주체와 대상 관계를 가지면 우주가 보호하게 되는데, 사랑을 중심삼고 주체와 대상 관계를 갖지 못하게 되면 그것을 밀어내는 우주력 때문에 섭섭함과 고통을 느끼게 됩니다. 병이 나면 왜 아픕니까? 부부끼리 살다가 하나가 먼저 죽으면 왜 마음이 아픕니까? 그렇게 하는 힘의 작용이 우주력입니다. 우주력은 주체와 대상을 보호하게 되어 있는데, 이 우주권 내에 주체와 대상이 상충되면 추방하게 됩니다. 그러지 않으면 새것이 보완 안 됩니다. 그렇기 때문에 주체와 대상 관계를 유지하면 균형을 취하는 우주력에 의해 상대적 입장에서 보호를 받지만, 한 가지라도 없게 될 때는 우주력이 밀어내기 때문에 그 아픔으로 인해 죽겠다고 야단합니다.

33 광대무변한 대우주는 주체와 대상의 공동목적체이므로 자체를 보호하는 우주력을 갖고 있으며, 동시에 주체와 대상이 완전히 하나된 존재들을 보호 육성하는 한편 주체 대상이 하나되지 못한 존재는 배척하는 작용을 합니다. 이렇기 때문에 존재의 영속성이 가능한 것입니다. 이렇게 돕는 힘을 상응작용이라 하고, 반대의 힘을 상극작용이라고 합니다. 혹은 작용과 반작용이라고도 합니다.

34 마음과 몸이 하나되어 있을 때는 우주력의 보호를 받기 때문에 기쁨을 느끼게 되지만, 마음과 몸이 하나되지 않을 때는 고통을 느끼고 반발하게 됩니다. 병 때문에 오는 고통도 마찬가지입니다. 체내에서 주체적 요소와 상대적 요소가 조화 통일이 되지 못할 때 우주의 보호력을 상실하는 한편 그 반작용에 의하여 고통을 느끼는 것입니다. 이것이 큰 병고입니다. 이때 주체 대상에 조화 통일의 길을 열어 주기 위한 것이 의사의 진단에 의한 투약입니다. 이것은 개인에서나 가정에서나 마찬가지입니다.

35 결혼 후에는 그 누구도 둘 사이에 개입하는 것을 반가워하지 않습니다. 결혼 후 주체와 대상이 완전 일체화하여 우주의 보호력에 힘입어 행복과 만족을 느끼고 있는데, 거기에 어떤 제2의 여자나 제2의 남자가 개입하면 부부가 하나되는 힘이 파괴될 우려가 있으므로 반발작용을 하게 됩니다. 이런 자극으로 말미암아 그들도 자기네들과 같이 주체와 대상을 맞아 일체를 이루어 우주력의 보호를 받아서 영속하게끔 하는 것입니다. 즉 완성을 촉진시키는 힘이 되는 것입니다. 전기작용도 주체인 플러스와 대상인 마이너스가 하나되면 원만히 작용하지만 플러스와 플러스, 마이너스와 마이너스끼리는 반발하게 마련입니다. 어떤 존재든지 이렇게

주체와 대상을 찾아 관계를 형성하면 같은 법칙에 의하여 안정과 기쁨을 느끼게 되는 것입니다.

36 어머니 아버지가 죽으면 왜 슬프냐? 우주의 힘이 몰아내기 때문에 슬픕니다. 어머니 아버지의 사랑, 부모가 자녀를 사랑하고, 자녀가 부모를 사랑하는 그 사랑을 받고 가야 됩니다. 그래야 360도 박자가 맞는 것입니다. 또한 거기에서 부부 중에 남편이 죽으면 한 곳이 뻥 깨져 나갑니다. 천지 운세는 모든 것에 박자를 맞춘, 완전히 갖춘 것을 보호하게 되어 있는데 그렇지 못하고 결여되니 그 힘이 결여되는 만큼 냅다 몰아냅니다. 그 냅다 모는 것이 아픔으로 오는 것입니다. 병이 나면 아픈 것도 마찬가지 이치입니다. 무엇이 결여되어 있으니 우주가, 천운이 보호하는 보호권 내에서 추방하는 힘에 의해서 아픈 것입니다. 그것이 추방하는 작용입니다. 그것을 잘 보호해서 존속하라는 예고입니다.

절대 성과 참사랑의 교육

37 남자에게 절대 필요한 것이 볼록이 아닙니다. 볼록은 반발합니다. 거기에는 행복이 없습니다. 절대볼록에는 절대오목이 필요합니다. 절대볼록이 절대오목을 대하는 데에는 하나님이 같이하지만, 그렇게 되지 않으면 하나님이 떠나는 것입니다. 그렇게 되지 못한 것은 사탄의 핏줄이 남아 있는 것입니다. 98퍼센트가 됐더라도 사탄 핏줄의 그늘이 조금이라도 남아 있게 되면 하나님이 임하지 않습니다. 절대 성, 절대상대, 절대사랑을 중심삼은 종횡의 90각도가 돼야 하나님이 찾아와서 그 가정의 주인이 되는 것입니다.

38 참사랑은 하나밖에 없습니다. 첫사랑은 한 남편을 거느리고 한 여자를 거느리는 것입니다. 절대적으로 하나입니다. 그래서 절대 성이라는 말입니다. 프리섹스를 방어하기 위한 것이 절대 성입니다. 여자의 눈이 깜박깜박하는데, 아내의 눈이 자기 것입니까? 남편 것입니다. 그것을 가지고 딴 남자를 옆으로 보게 되면 눈이 썩어지고 뼈다귀가 녹아나는 것입니다. 우주에 있어서 이것을 범하는 날에는 용서가 없습니다. 구원이 없습니다. 하나님이 쫓아냅니다. 쫓아내서 수천만 대의 후손을 통해서 복귀하는 것입니다.

39 절개라는 말이 있습니다. 한국에서는 절개 있는 여인을 무엇으로 표상했습니까? 춘향입니다. 한국은 절개 있는 예의지국입니다. 아내를 중심삼고는 춘향입니다. 효녀를 중심삼고는 심청을 말합니다. 그러니 여

자들은 심청 이상 되어야 하고 춘향 이상 되어야 합니다. 변사또가 수청을 들라고 해도 말을 들을 수 없다는 것입니다. 생명이 가리가리 찢어지더라도 그럴 수 없습니다. 사랑 때문에 생겨난 생명이니 나쁜 사랑 가운데서 희생하더라도 결국에는 빛나는 사랑으로 부활한다는 것입니다.

40 여자의 마음세계에 있어서 최고의 높을 수 있는 폭, 최고의 비참한 폭은 사랑 외에는 없습니다. 여자가 그렇다면 남자는 어떠하냐? 무뚝뚝하고 제멋대로 사는 것이 남자인데, 남자는 어떻습니까? 사랑의 마음은 남자가 많습니까, 여자가 많습니까? 상사병이 나는 비율이 여자보다도 남자가 높습니다. 그것은 남자에게는 품는 마음이 있기 때문입니다. 여자는 방향성 사랑이지만 남자는 사방으로 품는 마음의 사랑입니다. 사방의 방향성을 관측할 수 있는 힘이 있기 때문에 사랑의 충돌도 많은 것입니다.

41 아무리 잘난 남자라 하더라도 어떤 여자에게 홀딱 반해서 상사병에 걸려 죽을 지경이 된다면, 그 남자는 돈이고 지식이고 권세고 다 버리고, 황금 판에 누워 있더라도 그것을 다 버리고 살기 위해서 체면 불구하고 여자 궁둥이를 따라다니게 됩니다. 하나님이 진짜 사랑을 좋아한다면 진짜 사랑을 가진 하나의 상대역이 나타날 때는 하나님이 아무리 거룩한 분이라 하더라도 그 사랑을 따라가야 되는 것입니다.

사랑법은 배워 아는 것이 아니다

42 인간이 사랑의 무대를 찾아가는 데에는 교육이 필요 없습니다. 남자 여자가 시집 장가가는 데 있어서 첫날밤에는 어떻게 하라고 가르쳐 주지 않습니다. 성교육이니 뭐니 아무 틀이 없더라도 곤충들도 잘 압니다. 만물의 영장으로서 부부사랑을 하지 못하는 사람은 없습니다. 그렇기 때문에 교육이 필요 없습니다. 남자 여자가 사랑을 따라 완성하는 데에 교육이 필요하다면, 하나님은 전능하신 하나님이 아닙니다. 교육이 필요 없이 천하만국과 천하만상의 세계를 언제나 초월할 수 있는 자격을 갖추는 길이 사랑의 길입니다.

43 여러분은 가정에서 사랑하는 법을 배웠습니까? 어떤 아버지가 자녀에게 아버지한테 사랑하는 법을 배우라고 합니까? 또 어머니도 자녀에게 어머니한테 사랑하는 법을 배우라고 합니까? 또 부모가 자식 사랑하는 법을 누구한테 배웁니까? 누구로부터 신랑 신부는 이렇게 사랑해야 한다고 배웁니까? 배우지 않지만 잘 알고 있습니다. 참 신비로운 일입니다.

44 부모가 자식을 사랑하는 데 있어서 누구에게 가르침을 받아서 합니까? 여러분은 아기를 낳아 사랑하게 될 때, 그 사랑하는 방법을 배웁니까? 어디에 사랑을 가르치는 학교가 있습니까? 없지만 누구나 그 기준은 만점입니다. 부족하다고 느껴지면 느껴질수록 더욱 완전하다는 것입니다. 완전한 것은 손댈 필요도 없고 배울 필요도 없습니다. 가감이 필요하지 않은 것이 완전한 것이기 때문에 완전한 것은 변치 않는 것이요, 변치 않는 것은 영원히 갑니다.

45 '사랑' 하게 되면 이것은 막연한 말입니다. 사랑이라는 것은 말로는 이해가 안 됩니다. 부모의 사랑을 아무리 설명해 보았자 부모를 갖지 못한 사람에게는 그것이 도달할 수 없는 경지입니다. 부부의 사랑을 아무리 설명해 보았자 혼자인 사람은 이해할 수 없습니다. 부모의 사랑이 아무리 크다고 해도 자녀를 낳아 길러 보지 못한, 이러한 체험을 갖지 못한 사람에게는 도달할 수 없는 경지입니다.

46 사람은 항상 자극이 필요합니다. 행복은 자극 없이는 이루어지지 않습니다. 자극이 있어야 됩니다. 항상 먹는 밥도 먹을 때마다 배가 고파야 맛이 새로운 것처럼 부부간의 사랑도 마찬가지로 항상 자극을 통해 새로워야 합니다. 부인과 남편이 서로 보면 볼수록 더욱 보고 싶고, 온종일 함께 있고 싶어해야 됩니다. 그러기 위해 자기에 대한 연구를 해야 되고, 하나님에 대한 연구를 해야 됩니다.

47 참사랑은 경험을 통해 얻고 체휼을 통해 알게 되어 있습니다. 참사랑은 말이나 글, 혹은 일반 교육을 통해 터득할 수 있는 것이 아닙니다. 생활을 통해서만 완전히 체득할 수 있습니다. 아기로 지음 받은 아담과 해와는 성장하면서 참된 자녀의 심정, 참된 형제의 심정, 참된 부부의 심정, 참된 부모의 심정을 단계적 생활을 통해 경험하고 체휼함으로써 완성하게 되어 있었습니다. 하나님의 참사랑을 전체적으로 체득할 때 비로소 창조목적을 완성한 이상적인 인간이 되는 것입니다.

4절 자녀의 사랑

1 부모가 사랑의 원인이면 자식은 사랑의 열매요 결실입니다. 결실과 원인이 동떨어진 자리에서 출발한 것이 아닙니다. 결실과 원인이 한자리에서 출발한 것입니다. 부모의 사랑이 원인인데, 그 사랑 가운데 내가 결실로 나타났다는 말은 무슨 말이냐? 부모님의 사랑의 결과로 등장한 것이 '나'라는 것입니다. 그러므로 사랑과 더불어 일체화한 원인과 결과의 자리

를 대등하게 갖고 태어난 것이 부자 관계에 있어서 자식입니다.

부자관계는 우주의 근본

2 부자관계는 핏줄이 연결된 것을 두고 말합니다. 아버지라는 말 가운데는 사랑이 개재돼 있고 핏줄이 개재돼 있다는 것입니다. 직계 자녀가 되기 위해서는 사랑으로 한 몸이 돼야 합니다. 핏줄로 연결되어야 합니다. 피는 생명을 구성하는 것입니다. 부모님의 전통을 이어받은 생명을 지니는 것입니다. 그것은 바로 사랑에 의해서입니다.

3 부자관계가 그야말로 우주의 근본이 아닐 수 없습니다. 기쁨이 거기에서부터 싹틀 것이고, 슬픔이 시작된다면 그 이상의 슬픈 자리가 없는 것입니다. 자식에게 있어서 부모를 대하는 기쁨은 그야말로 세계를 대표한 기쁨이 되어야 하고, 부모에게 있어서 자식을 대하는 기쁨은 세계를 대표한 욕망을 충족시킬 수 있는 기쁨이 되어야 합니다. 외적인 딴 문제를 전부 잃어버리는 한이 있더라도 행복스럽게 살 수 있는 소망의 자리는 부모 앞에는 자식밖에 없습니다.

4 아들딸은 부모의 사랑의 동참자입니다. 그러면 아들딸은 어디에서 출발하느냐? 부모의 사랑에서 출발하는 것입니다. 그렇기 때문에 이 존재의 세계에서 아들딸은 부모의 사랑이 하나되는 거기에 동참해 존재하기 시작하는 것입니다. 내가 어디에서 태어났느냐? 나는 부모의 사랑이 지극히 꽃피는 자리에서 태어났습니다. 우주를 종합한 남자 여자로 태어난 그 어머니 아버지가 사랑의 꽃을 피우는 그 자리, 기쁨의 자리에서 하나의 씨로 심어진 것이 자녀입니다.

5 나는 부모의 본연적인 사랑의 출발 근원에 동참한 자요, 부모사랑의 결실로 등장한 자입니다. 이것은 원인과 결과가 한곳에서 출발했기 때문에 떼려야 뗄 수 없습니다. 원인적인 부모의 사랑과 결과적인 내 생명의 사랑의 근원은 하나입니다. 그런 의미에서 볼 때 사랑을 중심삼고 부자일신이라는 말이 가능합니다. 사랑을 빼놓고는 일신, 일체라는 말은 있을 수 없습니다. 사랑이 원인입니다. 우리는 복중에서부터 부모의 사랑을 받습니다. 내가 사랑의 본질로 말미암아 복중에 잉태된 그 시간부터 부모의 사랑과 모든 관심이 집중하게 되어 있습니다. 왜 그러냐? 사랑의 결실이기 때문입니다. 그래서 사랑으로 태어나 사랑에서 생명의 인연을 이어받아 사랑받으면서 커 가지고 상대를 맞을 수 있는 때가 되면 상대를 취하는 것입니다.

6 자녀는 부모의 사랑, 즉 부부사랑의 최고 동참자의 권위를 갖고 태어난 존재입니다. 다시 말해 자녀는 그러한 공통적인 내용의 인연을 가진, 불변과 통일적인 내용의 속성을 가진 사랑을 중심삼고 출발한 인간으로 심어졌다는 것입니다. 그렇기 때문에 부모와 자녀의 인연은 끊으려야 끊을 수 없다는 것입니다. 부모의 사랑과 부모의 생명의 주체성을 가진 것이 자녀이기 때문에, 이것을 끊으면 자기를 부정하고 자기 생명을 부정하는 자리에 서게 되므로 사랑의 결실을 부정할 수 없다는 것입니다. 그러므로 부모는 자식을 위해서 생명을 버릴 수 있다는 논리를 찾을 수 있습니다.

부모사랑의 동참자

7 우리가 태어나게 된 것은 어머니 아버지의 사랑에서입니다. 어머니 아버지의 사랑에서 나왔습니다. 생명의 연결을 말하기 전에, 핏줄을 말하기 전에 사랑으로써 핏줄이 이어지고, 사랑으로써 생명이 이어진 것입니다. '나'란 왜 귀하냐? 생명을 가졌기 때문에 귀한 것이 아니라 어머니 아버지의 사랑에 동참했기 때문에 귀한 것입니다. 사랑은 부모가 했지만 사랑의 열매는 '나'입니다. 시작과 결실을 지니고 태어난 것이 어머니 아버지가 아니라 바로 '나'이기 때문에 귀한 것입니다.

8 나는 아버지와 어머니의 두 생명이 하나로 결합된 생명의 연결체일 뿐만 아니라 부모사랑의 동참자로서 부모사랑과 일체입니다. 더 나아가 나는 부모의 이상과도 일체입니다. 이상에는 행복이니 평화니 하는 모든 것들이 다 들어갑니다. 부모에게는 자기가 세상에서 성공했을 때 기쁨이 크다 해도 잃어버린 자식을 만났을 때의 기쁨과는 비교가 안 되는 것입니다. 자식은 부모의 최고 이상과 일체라는 것입니다.

9 나에게는 어머니 아버지의 생명줄이 연결되어 있고, 사랑의 줄이 연결되어 있고, 그리고 이상의 줄이 연결되어 있는데 이 줄은 누구도 끊을 수 없습니다. 하나님도 못 끊고 우주도 끊을 수 없습니다. 오히려 우주의 모든 힘이 그것을 옹호하려고 하는 것입니다. 내가 어디 가든지 어머니 아버지가 따라오게 됩니다. 저 영계까지도 어머니 아버지는 언제나 함께하려고 하는 것입니다. 그렇기 때문에 어머니 아버지가 동행하는 것을 싫어하는 것은 가장 큰 죄입니다. 이 우주를 파탄시키는 파괴행위입니다. 부모를 모시고 가는 것을 싫어하는 것은 벌써 그 사람이 원칙에서 벗어나 타락해 간다는 것을 말합니다. 그러

므로 부모를 자기 몸같이 생각하고 사랑하고, 부모에게 효도하는 것이 인간에게 최고로 가치 있는 일입니다. '화목한 가정에 복이 온다.'라는 말도 다 그래서 하는 것입니다.

10 자식이 없으면 고독한 사람이라고 합니다. 사랑을 중심삼고 만우주를 지으신 주체 되신 하나님의 심정적 사연을 체휼하기 위한 것이 자식이기 때문입니다. 자식은 내가 동기가 되어 태어났지만, 그 자식을 낳아 사랑함으로써 '아, 하나님이 인간을 이렇게 사랑했구나.'라고 알게 됩니다. 자식을 낳아 보아야 부모 앞에 효도하라고 가르치지 않아도 그것을 깨달을 수 있습니다.

11 여러분은 부모의 사랑에 보답해야 됩니다. 부모는 자식을 키울 때에 먹을 것이 있으면 자신은 못 먹더라도 자신의 주린 배를 움켜쥐고 혀를 깨물며 그것을 자식에게 줍니다. 그 사랑은 부모를 위해서 그렇게 할 수 있는 자식으로 키우기 위한 것입니다. 부모가 먼저 수고의 노정을 가야 부모의 그 수고가 밑천이 되어 자식이 부모를 위로할 수 있는 수고의 노정을 가는 것입니다. 여러분이 먼저 부모를 위로할 수 있는 심정을 가져야 여러분의 아들딸도 그런 아들딸이 되고, 그런 아들딸을 두어야 선한 혈족으로 남아질 수 있습니다. 자기 자신만을 위주로 하고 부모님을 모른다고 한다면 그 사람은 절대로 효자가 될 수 없습니다.

12 어떤 사람을 효자라고 말합니까? 부모가 나를 위해서 하던 것과 마찬가지로 자식이 부모 앞에 할 수 있으면 그 자식은 효자라고 할 수 있습니다. 그것은 하늘과도 통합니다. 부모는 정성 들여 가며 키웠는데도 불구하고 그 자식은 아랑곳하지 않는다고 한다면 그 집안은 망하는 것입니다. 주고받는 이치에 의해서 상대적 기준이 조성되어야만 돌아오는 것이요, 또 그렇게 되어야만 비로소 하나님이 그 자리에 임재하실 수 있으며, 천국을 이루어 갈 수 있습니다. 그러면 천국에 남아질 수 있는 자식은 어떠한 자식이냐? 부모의 사랑 앞에 진 빚은 자기 스스로 갚아야 합니다. 부모가 나이 들어 노망을 했을 때는, 자기가 어린 시절에 똥 싸고 오줌 쌌던 것을 닦아 주던 그 부모의 마음으로 모든 일을 참고 어려움을 어려움으로 느끼지 않고 부모를 모셔야만 효자가 됩니다.

참된 자녀의 도리는 효

13 효자란 뭐냐? 일생 동안 부모를 위해서 자기 전체를 희생하는, 자기 주체성을 주장하지 않는 자리에서 희생하는 사람이 효자입니다. 그러면

부모의 참사랑이 남는다는 것입니다. 참사랑권이 남게 했기 때문에 효가 연결됩니다. 그 효는 우주를 향하여서 다리를 놓을 수 있기 때문입니다.

14 부모 앞에 효도를 해야 됩니다. 효자가 되어야 합니다. 부모를 중심삼고 나라의 충신이 되어야 합니다. 부모가 나라를 거느리고 세계를 거느려 왔기 때문입니다. 충신이 되기 전에 효자가 되어야 하고, 효자가 되기 전에 참된 형제를 놓고 자랑할 수 있는 식구가 되어야 합니다. 식구는 형제간에 찬양할 수 있는 권을 내세운 이름입니다. 옛날에 남자와 여자가 결혼해서 부부가 되어 가정을 거느리고 부모 앞에 효도하던 이상의 효도를 하여야 합니다. 시집 장가를 가기 전에는 진정한 효자 효녀가 되지 못합니다. 진정한 효자 효녀는 결혼을 하고 나서야 될 수 있다는 것입니다. 시집 장가를 가서 부부가 되어 그 부모 앞에 남편의 효성에 아내의 효성을 플러스시켜서 부모를 받드는 효성의 터전을 갖추어야만 참된 효도권이 성립됩니다.

15 효자가 되려면 언제나 부모의 마음 방향과 일치되어야 합니다. 효자의 길을 가는 사람은 부모와 동떨어진 행동을 하는 사람이 아닙니다. 부모가 동으로 가면 동으로 가야 되고, 부모가 서로 가면 서로 가야 됩니다. 가다가 뒤로 돌아서라 하면 돌아서야 됩니다. 거기에는 이의가 없어야 합니다. 열 번 갔다가 열 번 돌아서라 하더라도 또 돌아서서 따라가야 됩니다.

16 가정에서 '효도하라.'라고 하는데, 이것은 부모를 중심삼고 부모가 가야 할 사랑의 길에 동참자가 되라는 것입니다. 부모의 참된 사랑의 길에는 천륜이 따라갑니다. 부모만 가는 것이 아니라 보이지 않는 종적인 천륜이 인연되어 함께 가는 것입니다. 부모와 하나되라는 것은 종적인 역사와 횡적인 역사의 심정권을 이어서 가라는 것입니다. 이것이 부모 앞에 효도하는 것입니다.

17 여러분은 아버지 앞에 드릴 선물이 많습니다. 비록 가진 것이 없고 지닌 것이 없을지라도 하나님에게 드릴 수 있는 선물이 있으니, 그것은 세상 사람들이 즐겨하는 것들이 아니라 하나님을 위하여 피 흘리고 눈물 흘리고 땀을 흘리는 모습을 갖추는 것입니다. 그것이 고통의 아버지, 슬픔의 아버지, 억울함의 아버지 앞에 최대의 선물입니다.

18 가정을 중심삼고 볼 때 부모 앞에 효도하는 것이 아들딸로서의 책임입니다. 왜 효도해야 되느냐? 효

도하는 길은 나라에서의 충신의 길과 연결됩니다. 나라에 충성하는 사람은 세계에서 성인의 길을 가야 됩니다. 그것이 한 직선이 되어야 합니다. 이렇게 볼 때 효도는 못하더라도 나라의 충신이 되면 그 부모가 '아, 너 나한테 효도를 안 했다.'라고 못하는 것입니다. '너 참 잘했다.'라고 하는 것입니다. 부모를 버리고 집을 떠나서 불효를 했더라도 나라의 충신이 될 때는, 어머니 아버지가 죽어서 영계에 갔더라도 '야, 너 참 잘했다.'라고 칭찬하는 것입니다.

19 아무리 못났어도 부모와 자식 간은 직접 통해야 되는데, 그렇게 하지 못하면 부모가 아니며 자식이 아닙니다. 효자란 부모 앞에서 이로운 일만 살랑살랑 하여 사랑이나 받는 사람이 아닙니다. 효자는 부모의 슬픔을 대신 책임지기 위해 어려운 자리를 찾아가서 책임을 다함으로써 부모에게 기쁨을 드리는 사람입니다. 부모가 열만큼 일을 하는데 자식은 열다섯만큼 노력하였다면 부모는 다섯에 해당하는 기쁨을 느끼게 될 것입니다. 그러한 분야를 어떻게 보충하여 부모를 위해 드릴 수 있겠는가를 생각하면서 노력하는 사람이 효자입니다.

5절 형제자매의 사랑

1 형제가 왜 필요하냐? 남자는 여동생이나 누나를 보면서 '우리 엄마가 저렇게 자랐구나!'라고 하는 것을 알게 됩니다. 엄마가 자라는 것을 보는 것입니다. 또 여자는 오빠나 남동생을 보면서 '아버지가 저렇게 자랐구나!'라고 하는 것을 보는 것입니다. 그것이 형제애입니다. 그렇게 자라서 하나되는 것입니다. 그러니 형제를 사랑해야 됩니다.

형제사랑은 만민동포애의 모형

2 종횡을 중심삼고 연결되는 것이 형제입니다. 아담 해와를 동서라고 하면, 하나님과 아담 해와는 종적입니다. 동서는 평면밖에 안 됩니다. 그렇기 때문에 평면 기준이 필요하고 전후, 즉 입체 기준이 필요합니다. 가정애를 초월하여 확대될 수 있는 것은 형제애밖에 없습니다. 그것이 있어야 구형이 벌어집니다. 구형이 이루어질 수 있는 이상이 되기까지는 남자의 최고 소원의 기준, 여자의 최고 소원의 기준이 하나님의 심정권 내에서 창조할 때 바라던 소원인 사랑의 실체입니다. 아들딸의 실체라는 것입니다. 천하를 이어받을 수 있고, 하나님 대신 사랑을 이어받을 수 있는 아들딸이라는 것입니다. 그 아들딸이 형제인연으로 자랍니다. 형제로 자라서 올라가는 것입니다. 자라서 올라갈 때 아들딸은 아버지 어머니를 찾아가고, 아버지 어머

니는 아들딸을 찾아가서 만나야 되는 것입니다. 그렇게 만나서 완성되는데, 이것은 상대적 이념입니다.

3 동포애, 형제애를 가지고 세계를 품어야 모든 것이 이상적인 구형이 되는데, 그렇게 되면 부딪치더라도 충격이 없습니다. 그래야 비로소 하나님이 생각하던 모든 실체가 여기에 와서 결실됩니다. 하나님의 자녀이상이 여기에 와서 결실되어 합함으로써 자녀의 사랑 결실체가 됩니다. 그다음에 형제의 사랑 결실체, 부부의 사랑 결실체, 부모의 사랑 결실체가 됩니다. 무형의 하나님이 창조 당시에 구상했던 모든 실체를 다 이루면, 하나님과 상하·전후·좌우가 일치할 수 있는 것입니다.

4 남자는 생명의 주체, 생명의 씨인데 여자가 이것을 받습니다. 그렇기 때문에 남자와 여자를 동쪽과 서쪽으로 표시하는 것입니다. 동쪽에서 태양이 올라오면 서쪽에서 태양을 받습니다. 축이 있고 동서가 있으면 이것은 넷밖에 안 됩니다. 상하와 동서는 십자는 되지만 원형은 안 됩니다. 그래서 필요한 것이 형제입니다. 그 형제를 통해서 국민이 형성되고 인류가 형성됩니다. 그러니까 원형을 만드는 것이 형제입니다. 형제가 확장되어서 국민이 되고 세계가 됩니다. 그래서 형제애는 세계애와 통합니다. 많은 형제들이 자라는 가정은 이상적인 천국, 지상천국과 천상천국을 만드는 모델과 같은 것입니다.

5 세상에서 사람들 간에 이루어지는 잊을 수 없는 친구의 우애 같은 것도 평상시 보통의 환경에서 이루어지는 것이 아닙니다. 죽고 사는 마당에서, 생명을 엇바꿀 수 있는 환경에서 친구가 자기 생명의 방패가 되고 생명의 은인이 되어 줄 때 그 친구는 일생 동안 잊으려야 잊을 수가 없습니다. 그 사람은 죽을 때 자기 아들딸에게 유언을 해서라도 그 친구의 은덕을 갚고자 하는 것입니다. 그것이 은덕을 입은 친구로서의 도리입니다. 그런 자리는 그 누구도 간섭할 수 없는 사연으로 인연맺어진 깊은 자리가 아닐 수 없습니다.

6 하늘과 화합하고 조화되어 찬양할 수 있는, 전 세계가 평등하고 같이 잘 살기를 바라는 욕구의 기원은 몸에 있는 것이 아니라 마음에 있습니다. 선에 바탕을 둔 마음이 바라는 것은 인류가 서로 원수시하고, 서로 싸우면서 피를 흘리고, 서로 죽이고 죽는 이러한 것이 아니라 자유와 평화와 행복이 깃든 가운데 서로서로 우애할 수 있는 인연을 가지고 사는 것입니다. 이것은 모든 사람의 소망입니다.

제3장 참사랑의 실천

1절 참된 인생길

1 본래 하나님과 인간의 관계는 부자의 관계입니다. 하나님이 부모라면 인간은 자녀의 입장에 있는 것입니다. 부모와 자식은 사랑을 중심삼고 묶어져 있는 것입니다. 어머니 아버지의 사랑에 의해서 태어난 자식들은 부모님 사랑의 자리에 동참한 데서 출발하였다는 것이 위대합니다. 부모님 사랑을 중심삼은 그 가운데에서, 동참한 자리에서 내 존재가 시작되었다는 것입니다. 그러므로 자녀는 부모님의 사랑으로부터 태어났기 때문에 부모님이 가는 길에 사랑을 중심삼고 인연되어야 합니다. 그런데도 불구하고 오늘날 이 땅 위에 사는 사람들은 부모님의 생애, 혹은 생활을 거쳐 가는 사람이 없습니다. 그렇기 때문에 부모님 자신들도 인간고(人間苦)에 시달리면서 희비가 교차하는 슬픔의 고개를 거치는 인생행로를 가고 있는 것입니다.

인간이 가야 할 사랑길

2 인간은 사랑으로 태어나 사랑 가운데서 자라다가 그다음에 다시 다른 차원의 사랑으로 연결되는데, 그것은 부모의 사랑을 떠나 상대의 사랑을 찾아가기 때문입니다. 부모의 사랑을 소생적 사랑이라고 할 수 있고, 부부의 사랑을 장성적 사랑이라고 할 수 있습니다. 부부끼리 아무리 사랑을 하더라도 자녀가 없으면 사랑의 완성을 볼 수 없습니다. 그렇기 때문에 자녀를 원하는 것입니다. 이것이 완성적 사랑입니다. 그러므로 부모의 사랑, 부부의 사랑, 자녀의 사랑을 거치는 과정이 인생살이의 근본이요, 하나님의 창조적 사랑이상의 근본 길입니다. 참된 사랑을 중심삼고 이루어진 가정의 목적은 가정만을 위한 것이 아니라 천국을 이루기 위한 것입니다. 우주가 하나되기 위한 표준을 중심삼고 가정에서부터 민족·국가·세계·천주까지 확대해 나가는 것입니다. 그래서 세계까지 갔다가 돌아와야 합니다.

3 생명이 먼저냐, 사랑이 먼저냐? 생명이 먼저가 아니고 사랑이 먼저입니다. 그러므로 먼저 된 것 앞에 다음 된 것은 순응해야 됩니다. 그렇기 때문에 사랑을 위해서 생명을 바치는 것은 당연합니다. 인간은 사랑에서 태어났고, 사랑의 길을 가야 되고, 사랑을 위해서 죽어야 됩니다. 그 사랑은 대우주가 환영할 수 있는 사랑입니다. 하나님이 공인하고, 천사세계

가 공인하고, 만물이 공인하고, 모든 사람이 공인할 수 있는 대우주 가운데서 태어나 그 가운데서 살아가고, 그 가운데서 사랑하고, 그 가운데서 죽어 가야 합니다. 그것이 인간이 태어난 목적입니다.

4 인간은 사랑에서 태어났고 사랑의 길을 가야 합니다. 죽을 때도 사랑을 위해서 죽어야 됩니다. 우리 인생을 볼 때 생명보다 사랑이 더 귀한 것일 뿐만 아니라 사랑이 생명보다도 먼저입니다. 그러므로 사랑을 위해서는 생명까지도 기꺼이 바치는 것입니다. 사랑은 영원한 것입니다. 소설이라든가 시 같은 문학작품을 보더라도 '불변의 사랑, 영원한 내 사랑'이라는 표현이 많습니다. 이런 것을 보면 우리가 순간적인 사랑, 한시적인 사랑을 원하는 것이 아니라 영원한 사랑을 원한다는 것입니다.

5 사랑은 하나님도 꼼짝 못하게 하는 권위를 가졌습니다. 하나님도 사랑에는 약하시다는 것입니다. 전능하신 하나님도 인간의 사랑 냄새를 맡는다면 얼굴 가득히 웃으시는 것입니다. 하나님도 사랑 이야기를 좋아합니다. 이야기만 해도 좋아하는데, 실제로 사랑을 한다면 얼마나 좋아하겠습니까? 우리 인체에 있는 여러 기관들도 사랑이란 한 목적을 중심으로 생겨났습니다. 눈은 보기 위해서 생겨났는데, 어떤 것을 보기 위해서냐 하면 공동의 표제인 사랑을 찾기 위해서 생겨난 것입니다. 코도 냄새를 맡기 위해서 생겨났지만, 냄새 중에도 사랑 냄새를 맡기 위해서, 귀도 사랑의 소리를 듣기 위해서 생겨났습니다. 우리가 듣는 소리 중에서 들어도 들어도 싫지 않고 좋은 소리는 사랑한다는 말입니다. 이것은 젊은이나 노인이나 마찬가지입니다.

6 인간은 태어나기를 사랑에서 태어났고, 부모에게서 사랑으로 키움 받아 가지고 상대와 서로 사랑하게 됩니다. 또 사랑을 중심삼고 자식을 낳아 길러서 가정과 종족을 사랑하면서 더 큰 사랑의 세계로 연결됩니다. 개인의 사랑에서부터 하나님의 사랑으로까지 연결됩니다. 다시 말해서 산골에서 흐르는 작은 물줄기가 대양에 들어가서 흑조(黑潮)와 더불어 세계를 살리는데, 딱 그런 물과 같습니다. 그렇기 때문에 사랑의 세계가 있고, 사랑의 나라가 있고, 사랑의 종족이 있고, 사랑의 가정이 있고, 사랑의 개인이 있는 것입니다.

7 남자는 하늘을 상징하고, 여자는 땅을 상징합니다. 남자는 주체이기 때문에 누구한테 간섭받는 것을 싫어합니다. 여자는 사랑하기보다도 사

랑받기를 좋아합니다. 남자는 하늘을 상징하고 여자는 땅을 상징하기 때문에 남자와 여자가 하나되는 것은 우주가 하나되는 것입니다. 사랑으로써만 우주를 주관할 수 있기 때문에, 사랑으로써만 우주의 주체가 될 수 있기 때문에 자기 상대를 우주보다 더 크다고 생각해야 됩니다. 하늘과 땅, 이 두 세계를 영존하면서 연결할 수 있는 것은 변하지 않는 사랑입니다. 지상에서 사랑으로 엮어진 삶을 산 사람은 천국에 갑니다. 사랑을 중심삼은 세계가 영계입니다.

8 하나님과 인간이 완전히 하나되면 자동적으로 남자와 여자는 하나되게 되어 있고, 완전한 부부가 생겨나면 하늘땅은 통일되게 되어 있습니다. 그러면 하나님은 어디에 계시고 싶어하시느냐? 사랑은 남자와 여자 사이에서 생기는 것이기 때문에 참된 남자와 참된 여자가 사랑하는 곳에 계시고 싶어하는 것입니다. 하나님이 계시기 때문에 그 사랑은 영원할 수 있고, 영원한 통일을 이룰 수 있고, 영원한 생명을 지닐 수 있고, 영원한 이상을 지닐 수 있습니다. 그러므로 그 사랑을 찾는 자는 모든 것을 점령할 수 있습니다.

9 가정을 사랑하고 나라를 더 사랑해야 됩니다. 가정을 사랑하는 것보다도 나라를 더 사랑해야 되고, 나라를 사랑하는 것보다도 세계를 더 사랑해야 되고, 세계를 사랑하는 것보다도 하나님을 더 사랑해야 됩니다. 그것이 참된 인생이 갈 길입니다. 이것이 인류역사에 있어서 가야 할 표본적인 직행 길입니다. 이렇게 감으로써 내가 떨어져 나가는 것이 아니라 가정을 토대로 나라로, 나라에서 세계로, 세계에서 하나님에게까지 나아갈 수 있습니다. 그래야만 역사에 효자가 남고, 애국자가 남고, 성인이 남는 것입니다. 그다음에 하나님의 아들딸이 남는 것입니다. 인간의 최후 목적은 하나님의 아들딸이 되는 것입니다. 그럼으로써 여러분의 욕망이 최고로 높아지고 최고로 행복할 수 있게 되는데, 그 행복은 무한한 행복이요 전체를 위하는 행복입니다. 전체가 나를 위하고 전체가 나를 지지할 수 있는 행복의 자리에 도달하는 것입니다. 우리는 이 길을 따라서 직행해야 됩니다.

10 하나님으로부터 출발해서 하나님에게로 돌아가는 것이 인류가 가는 길입니다. 그렇게 개인·가정·종족·민족·국가·세계·천주로 돌아가려면 참사랑의 인연이 있어야 됩니다. 참사랑의 인연이 없으면 안 됩니다. 여러분의 몸과 마음의 통일도 참사랑이 아니면 안 됩니다. 그렇기 때문에 마

음은 몸을 위해서 희생하면서 잊어버리고, 또 잊어버리고 또 잊어버리는 것입니다. 마음은 하나님을 대신한 입장이기 때문에 스승 중의 스승입니다. 그 마음은 하나님이 당신을 대신해서 파송해 준 나의 중심입니다. 종적인 나입니다.

11 인간이 가야 할 최후의 길은 하나님의 사랑을 독차지할 수 있는 곳을 찾는 길입니다. 마음의 욕망은 세계를 점령하고 나서도 그보다도 더 높은 하나님이 있다면 그 하나님까지도 점령하는 것입니다. 그 하나님을 점령했다고 하더라도 하나님의 사랑을 점령하지 못할 때에는 하나님을 놓칠 수도 있습니다. 그렇기 때문에 인간 최고의 욕망은 세계를 정복하는 것도 아니요, 하나님을 정복하는 것도 아니요, 하나님을 정복하고 나서 하나님의 사랑까지 정복하겠다는 것입니다. 잘난 사람이든 못난 사람이든 너나 할 것 없이 누구나 정통의 길을 따라가게 되면 하나님을 차지할 수 있습니다. 누구나 하나님의 사랑을 점령할 수 있는 아들이 되고 딸이 될 수 있습니다. 결국 인간이 가는 최고의 길은 하나님의 아들이 되고 딸이 되는 길입니다.

12 내가 출발할 때 어머니 아버지의 사랑에서 출발했습니다. 어머니 아버지의 생명에서 출발했습니다. 부모의 생명과 부모의 사랑이 나에게 연결되어 있으니 '어머니 아버지는 내 것이오.'라고 할 수 있습니다. 또 부모 입장에서 보면 '너는 내 사랑의 연장이고 내 생명의 연장이니 내 것이다.'라고 할 수 있습니다. 하나님의 생명력이 깃들고 하나님의 사랑이 깃든 것은 하나님의 소유물이 될 수 있습니다. 타락한 인간의 소원은 하나님의 대상이 되고 소유가 되는 것입니다. 하나님의 대상이 되려면 하나님의 생명과 사랑이 있어야 됩니다. 그것이 우리의 소원입니다. 그것이 죽으나 사나 인간이 가야 할 길이요, 찾아야 할 길이요, 가서 접해야 할 최후의 목적점입니다.

13 본래 사랑의 길은 이상이 깃들 수 있는 길입니다. 그 이상은 하나님이 본래 인간을 창조하실 때의 창조이상입니다. 사랑은 최고로 불가사의한 것입니다. 인간은 하나님을 점령하고도 안식하지 않습니다. 하나님을 점령하였다고 해서 좋아하며 만족하게 되어 있지 않습니다. 사람의 욕심은 하나님의 마음 보따리, 심장 한복판에 있는 비밀 창고 속의 사랑을 원합니다. 영원한 이 사랑을 완전히 점령하고 나면 사람의 욕심도 그때는 자빠지는 것입니다. 인간은 하나님의 사랑을 점령하기 위한 경기에 출

전한 용사들입니다.

14 천국에 가는 데는 하나님을 중심삼고 사랑을 전부 모아서 가는 것입니다. 가정의 사랑을, 그다음에는 국가의 사랑을, 그다음에는 세계의 사랑을 모아 천국에 가서 하나님을 중심삼고 하나되어야 합니다. 그렇게 하나되면 모든 것이 하나님을 위주로 하고 돌게 마련입니다. 인생이 가야 할 곳이 어디냐? 효자의 길을 따라서, 충신의 길을 따라서, 성인의 도리를 따라서, 하늘의 아들딸의 길을 거쳐 하나님의 사랑의 자리에 가야 합니다. 거기에 가서 정착해야 되는 것입니다. 그것이 인간으로서 태어난 최대 행복의 길이요, 최대 완성의 길입니다. 모든 것이 거기에 다 구상되어 있습니다.

타락 인간이 가야 할 참된 인생길

15 하나님께서는 유구한 역사를 선인(善人), 선가(善家), 선민(善民)을 통하여 섭리하셨습니다. 과거의 도인들은 사탄이 못 가는 길을 갔습니다. 모두가 싫다는 길을 갔습니다. 마음이란 무엇이며, 사랑이란 무엇이며, 참이란 무엇이냐를 알기 위해 고난의 길을 갔습니다. 이것이 인간이 가야 할 길입니다.

16 하나님의 사랑을 받아야 할 인간이, 축복을 받고 행복을 누려야 할 인간이 어찌하여 이렇게 되었습니까? 소망의 길, 승리의 인생길을 가야 할 인간이 어찌하여 패배의 길, 멸망의 길을 가고 있습니까? 인간이 그러한 길을 가고 있는 것이 자신의 책임이라고 생각하고 하나님을 대신하여 애절한 마음을 갖고 마음속에서 긍휼의 심정이 솟구치는 사람이 있다면, 그는 가는 길이 고생의 길이라 하더라도 거기에서 승리할 수 있으며, 감사하는 생활, 하나님과 더불어 사는 생활을 할 수 있습니다.

17 타락한 인간이 가야 할 길은 회개의 길입니다. 그러므로 우리는 회개의 길을 찾아 나서야 합니다. 회개하지 않는 자가 나라를 사랑한다는 말은 있을 수 없고, 회개하지 않는 자가 세계를 사랑한다는 말도 있을 수 없습니다. 회개할 수 있는 인연은 어디서 찾느냐? 사람을 통해서 찾습니다. 사람을 통해서 찾으려니 메시아가 필요합니다. 그 메시아는 어떤 분이냐? 그분은 친구 중의 친구요, 스승 중의 스승이요, 어버이 중의 어버이로서 나타나시는 분입니다. 그분을 몽땅 사랑하는 것은 그분이 사랑해야 될 세계와 그분이 사랑해야 될 하늘땅을 사랑할 수 있는 권내에 돌입하는 것입니다. 그분과 더불어 인연을 맺지 않고는 사랑하려야 사랑할 수 없는

것이 타락한 후손들입니다.

18 여러분은 있는 정성을 다하여 우리 인류가 바라고 하늘이 바라는 참다운 선의 모체가 되고, 부모 중의 부모가 되고, 인류의 본이 되는 사랑의 도리를 해야 됩니다. 그러지 못한 나 자신을 원망하고 서러움과 분함을 느껴야 합니다. 그리고 원수의 피를 받고 태어났다는 사실을 알고 이 더러운 피를 다 뽑아 버리고 새롭게 하늘 앞에 바쳐질 수 있는 내가 되어야 합니다. 어떠한 수난길과 핍박의 길이 있다 하더라도 참다운 나의 모습을 갖추어 묵묵히 걸어갈 수 있는 길이 있다면 백번 천번 죽음의 자리도 기쁨으로 맞이하여 가야 할 것이 인간의 갈 길입니다. 이 타락한 세상을 부정하는 도리를 거치지 않고는 이 길을 찾아갈 수가 없습니다. 이것이 종교의 길입니다.

19 우리는 태어나기를 하나님의 사랑권 내에서 태어났습니다. 그러니 틀림없이 하나님의 혈통을 통해서 영원불변한 참다운 사랑의 길을 가야 됩니다. 몸 마음이 갈라져서 두 갈래 길을 가는 것이 아니라 마음이 몸을 주관할 수 있는 자제력을 가지고 자기 인생길을 가야 됩니다. 그러니 도를 닦지 않아도 갈 길을 스스로 알고 갈 수 있는 사람이 되어야 합니다.

나침반도 남북으로 향하는 방향을 잃지 않고, 쥐도 태풍을 만나 파손될 배를 미리 알고 줄을 타고 육지에 내리는 지각을 가졌건만, 만물의 영장인 사람이 왜 요 모양 요 꼴이 되었습니까? 가야 할 방향을 잃어버리고 목적을 알지 못하는 처참한 군상이 되었다는 것입니다.

20 인간이 가야 할 길은 개인의 방향이나 가정의 방향이나, 종족·민족·국가·세계의 방향이 지그재그로 전부 갈려 있습니다. 돈 따라가는 사람, 지식 따라가는 사람, 권력 따라가는 사람, 이들은 모두 요사스러운 사람입니다. 개인에서부터 가정·종족·민족·국가·세계가 영원히 변치 않는 일방통행의 방향으로 결정지을 수 있는 길이 참된 사랑의 길입니다. 하나님이 인간을 부르며 곧바로 '와라!'라고 하는 그 길이 참사랑의 길입니다. 그 참사랑의 길은 직단거리입니다. 참사랑의 길은 직단거리이기 때문에 곧바로 가야 됩니다. 지그재그가 없습니다. 개인의 방향은 가정의 방향과, 가정의 방향은 나라의 방향과, 나라의 방향은 성인의 방향과, 성인의 방향은 성자의 방향과 일치되어야 합니다. 그러한 방향성을 걸고 일생 동안 닦아 가야 할 수도의 길이 타락한 인간이 가야 할 인생의 행로입니다.

21 타락한 인간은 개인이 가야 할 참사랑의 방향을 잊어버렸습니다. 악마의 세계는 전부 몸을 중심삼은 것입니다. 악마의 사랑은 자기 중심삼은 사랑, 자기만을 위하라는 사랑입니다. 하늘 편 사랑은 그 반대입니다. 전체를 중심삼은 사랑입니다. 그렇기 때문에 사망으로 가는 방향은 몸이 좋아하는 곳을 찾아가는 길이요, 생명의 천국으로 가는 길은 마음이 좋아하는 곳을 찾아가는 길입니다. 180도 다릅니다.

22 인생이 이 땅 위에서 가야 할 길은 정도입니다. 정도가 뭐냐? 개인의 정도가 있어야 되고, 가정의 정도가 있어야 되고, 씨족의 정도가 있어야 되고, 민족의 정도가 있어야 되고, 국가의 정도가 있어야 되고, 세계의 정도가 있어야 되고, 우주의 정도가 있어야 되고, 하나님의 정도가 있어야 됩니다. 이런 정도를 가지 않으면 안 됩니다. 단 하나의 정도가 본연의 사랑의 길입니다.

23 타락한 이후 인간에게는 한스러운 운명의 길이 있습니다. 사랑하는 식구를 만나기 위해서는 수천만금을 일조일석에 다 날려 버린다 하더라도 '너를 만나니 얼마나 좋으냐?'라는 마음을 가져야 됩니다. 이 몸이 시달리고 고통을 당하는 일이 있다 할지라도 '사랑하는 형제 하나를 찾기 위하여서는 어떤 곳이라도 개의치 않고 가야지.'라는 마음을 가져야 됩니다. 이러한 이념을 품고, 예수님과 같이 땅 위에서 뜻을 성취하지 못하고 가는 한이 있어도 이 이념만을 위해서 가겠다는 사람은 반드시 하나님의 사랑을 접하게 됩니다.

24 타락한 인간이 거쳐 나가야 할 길은 어떤 길이냐? 이 한스러운 역사를 박차고 '할렐루야, 아멘!' 하며 승리의 용자로서 나타나 천주적인 부모를 모시는 자리를 거쳐 가야 합니다. 그다음에는 천주적인 신랑 신부의 기준을 노래하는 자리를 거치고, 천주적인 자녀를 사랑하는 자리를 거쳐 나가야 됩니다. 이것이 타락한 인간이 거쳐 가야 할 3대 길입니다. 국경이 문제가 아닙니다. 동서양이 문제가 아닙니다. 그런 사람이라면 부모도 머리 숙이고, 그런 부부라면 전부 축복해 주고, 그런 자녀라면 전체가 머리 숙이고 위해 줄 것입니다. 그러한 때가 와야 됩니다. 그런 곳이 어떤 곳이냐? 앞으로 오실 주님이 계시는 곳입니다. 그러한 무리가 앞으로 갈 곳이 하늘 보좌입니다.

25 인간은 사랑의 길을 가야 됩니다. 개인적으로 가야 할 길, 가정적으로 가야 할 길이 다르지 않습니다. 사랑

의 길은 같은 길입니다. 동서고금을 막론하고 어떠한 민족이든, 어떤 나라든 그 길은 같은 길입니다. 방향이 다르지 않습니다. 개인이 가는 사랑의 길이나 가정이 가는 사랑의 길이나 수가 많을 뿐이지 같습니다. 초점은 전부 똑같은 한 길입니다. 그것이 하나님의 사랑의 길입니다. 인간은 본래 하나님의 사랑이 근원이 되어 태어났습니다. 여러분은 본연의 부모의 사랑을 근거로 해서 우주와 연결될 수 있는 놀라운 사랑의 길에서 태어났습니다. 비록 타락은 했을망정 그 근원은 남아 있습니다. 선을 추구하고 보다 가치 있는 것을 추구하는 기준이 남아 있기 때문에 구원의 역사가 가능합니다. 또한 새로이 발전할 수 있는 기원이 거기서 생겨날 수 있습니다.

26 하나님이 천지만물을 창조하시고 인간에게 자녀의 권한을 부여해 이상세계, 사랑이상을 실현하려던 그 뜻을 잃어버렸습니다. 그렇기 때문에 복귀섭리에 있어서 재창조역사 과정을 하나님적 사랑과 하나님적 인격을 중심삼고 움직여 나왔습니다. 인간적 사랑이 아닙니다. 인간적인 인격이 아닙니다. 하나님적 사랑, 하나님적 인격입니다. 하나님적 사랑은 왜 필요하고, 하나님적 인격은 왜 필요한 것인가? 하나님적 사랑을 갖지 않고는 사탄적 사랑세계를 초월할 수 없기 때문입니다. 사탄적 사랑이 있는 그 세계에는 하나님적 사랑이 개재할 수 없습니다. 사탄적 인격의 세계에는 하나님적 인격이 동반할 수 없습니다. 하나님적 사랑을 중심삼고, 하나님적 인격을 중심삼고만이 하나님과 더불어 모든 출발을 할 수 있고 하나님과 더불어 경륜하게 돼 있습니다.

27 통일교회는 탕감법을 배우는 곳입니다. 내 짐에는 종의 종의 짐이 있고 종의 짐이 있고 양자의 짐이 있는데, 이 짐을 벗고 가고 만민을 끌어 벗기고 가겠다는 것이 통일교회입니다. 이것이 통일교회의 위대한 점입니다. 그래서 선생님도 천리를, 본향의 사랑의 세계를 찾아가려면 이 탕감법을 거쳐 가야 하기 때문에 선생님 자신이 종의 종노릇부터 했습니다. 선생님 자신이 종노릇을 했고, 선생님 자신이 양자노릇을 했습니다. 여러분은 여러분 혼자 가면 되지만 선생님은 만물을 붙들고 가야 되고, 하늘을 붙들고 이 길을 가야 됩니다. 하나의 목적을 향해서 모든 짐을 메고 가느라고 일생이 다 갔다는 것입니다.

28 타락한 악한 조상의 세계가 지상세계의 개인으로부터 천상세계의 지옥까지 문을 열어 놨으니 그것을 전

부 철폐하는 일을 참부모가 해야 됩니다. 그러려면 세계사적인 핍박을 받아야 됩니다. 그냥은 해결이 안 됩니다. 맞고 빼앗아 나와야 됩니다. 맞고 나서는 반드시 손해배상을 청구하는 것입니다. 선한 사람이 가는 길은 맞고 빼앗아 나오는 길입니다. 언제나 선한 사람은 맞았습니다. 맞고 역사가 지나간 후에 발전하는 것입니다. 천지의 도리가 그랬습니다. 계속해서 투입하니까 그런 것입니다. 투입한 사랑의 길은 언제나 입력보다도 출력이 큽니다. 그러니 영생작용이 계속되는 것입니다.

29 우리는 사탄과 싸워서 이겨야 됩니다. 이기지 못하는 사람은 하늘로 못 돌아갑니다. 이기려면 어떻게 해야 되느냐? 타락한 아담이 문제입니다. 아담이 하지 못한 이상의 일을 해야 됩니다. 아담이 하나님을 절대적으로 믿지 못했습니다. 그러니 아담보다 나으려면 하나님의 말씀을 절대로 믿어야 됩니다. 아담은 하나님의 말씀을 중심삼고 실천하지 못했습니다. 이것이 타락입니다. 하나님을 믿지 못했고, 그다음에는 실천하지 못했습니다. 실천한 후에는 하나님의 사랑이 연결됩니다. 본래 타락하지 않은 인간이 가야 할 길은 하나님의 말씀을 믿고 실천해서 넘어서야 됩니다. 그랬더라면 하나님의 사랑이 기다리는 것입니다. 하나님의 축복이 기다리는 것입니다.

2절 참사랑의 실천

1 하나님의 사랑의 본질과 화합할 수 있는 내용을 갖추지 않고는 선이 못 됩니다. 사랑은 자기가 주체적인 입장을 강조하는 것이 아닙니다. 대상적인 입장을 강조하는 것입니다. 나를 강조해서는 갈 수 없는 길입니다. 나 혼자 고독단신이 되어서는 나라의 주인이 못 됩니다. 반드시 상대적 가치를 결정지어야 됩니다. 남자와 여자는 반드시 가정에서 공인을 받을 수 있는 사람이 되어야 합니다. 이것이 이상천국 조직의 근본사상입니다. 남자가 여자 앞에 절대적인 공인을 받지 못하면 이상세계에서 절대적인 공인을 받을 수 없습니다. 한 여자 앞에 세계적인 가치를 공인받지 못하는 남자가 세계적인 가치의 세계를 맞이하겠다는 것은 모순입니다. 그런 가치의 세계를 당당히 맞이하기에 부족함이 없는 분, 그런 가정의 주인공이 되어야 합니다. 그 가정은 둘이 아니라 하나입니다. 그 가정은 주체가 되어 종족을 위해서 희생과 극복의 생활을 해야 됩니다. 그 목적은 자기에게 두는 것이 아니라 상대에게 두는 것입니다.

2 사랑의 길은 이렇게 저렇게 안 갑

니다. 한 길밖에 없습니다. 사랑의 길이 두 길입니까, 한 길입니까? 한 길입니다. 한 길만 가게 되면 이것이 안 통하는 데가 없습니다. 사랑의 길은 정숙한 길이요, 고요한 길이요, 사제들이 제사를 드리는 순간을 거쳐 나가듯이 조심스러운 길입니다.

희생을 통한 참사랑의 길

3 사람의 생명은 사랑의 이상을 중심으로 해서 잉태된 것이기 때문에 인간 생명의 본질은 사랑입니다. 그러므로 사랑을 본질로 해서 태어난 생명은 하나님이 그러하신 것같이 '위하는 삶'을 살아야 하는 것이 천리원칙입니다. 그래서 인간은 참사랑을 위하여 태어난 존재라고 말할 수 있는 것입니다. 참사랑은 위하는 데서부터 시작됩니다. 창조본연의 인간은 그 마음과 몸에 하나님의 참사랑을 지니고 그대로 감응하면서 살게 되어 있습니다. 다시 말하면 마음은 참사랑을 중심하고 하나님과 감응하며, 몸은 자동적으로 마음에 공명하는 것입니다. 몸과 마음이 싸우지 않는 참된 통일의 기원은 하나님의 참사랑을 그대로 이어받아 체감하는 데에 있는 것입니다.

4 하나님의 사랑은 하늘나라에 나타나는 것이 아닙니다. 만우주, 존재세계 앞에 나타나고 인간 앞에 나타나야 됩니다. 부모의 사랑도 자식 앞에 나타나는 것입니다. 남편의 사랑은 아내 앞에 나타나는 것이고, 아내의 사랑은 남편 앞에 나타나는 것입니다. 그것이 사랑의 공약이요 사랑이 가는 방향입니다. 그 길을 따르지 않고는 사랑을 이룰 수 없습니다.

5 하나님의 사랑을 위해서는 하나님도 희생해야 되고 인류도 희생해야 됩니다. 그것이 우리가 가야 할 길입니다. 왜 그렇게 가야 되느냐? 하나님이 그렇게 가기 때문에 우리도 하나님과 같이 가기 위해서는 그 길로 나서야 됩니다. 그러므로 그 길로 가는 자리는 내 개인이 가정의 자리에서 하나님과 동참할 수 있는 자격을 갖는 자리입니다. 그다음에는 내 가정이 종족과 민족과 국가와 세계와 천주까지 동참할 수 있는 자격을 갖는 자리입니다. 사랑의 세계를 출발할 때부터 사랑의 세계를 지나갈 때까지 그런 자격을 갖는 것입니다. 이는 하나님의 사랑을 중심삼고 출발했고, 하나님의 사랑을 중심삼고 사랑의 방향에 언제나 동참자가 되었다고 할 수 있습니다. 그러면 타락권을 벗어날 수 있습니다.

6 사랑의 길은 자기를 위하는 것이 아니라 자기를 희생하는 길입니다. 사랑하는 사람의 한마디 말을 듣고는

10년 고생도 극복할 수 있습니다. 그것은 놀라운 것입니다. 사랑하는 남편, 사랑하는 아내와 약속한 한마디를 중심삼고 10년, 아니 일생 동안도 극복할 수 있습니다. 극복하는 과정이 험하면 험할수록, 어려우면 어려울수록, 비참하면 비참할수록 약속된 내용의 사랑은 보다 차원 높은 입체성의 가치를 지니게 됩니다.

7 남편이 아내를 위해서 희생하는 마음을 가지게 될 때, 아내는 절대적인 그 희생 앞에 상대가 되기 위해서 일구월심 노력합니다. 싫어하며 노력하는 것이 아니라 진정으로 좋아하면서 노력하게 마련입니다. 여기에는 고통이 없습니다. 희생이 있지만 그 희생은 불행한 희생이 아니라 달콤하고도 얄궂은 맛을 풍깁니다. 부모가 자식을 사랑하는 데에는 희생이 동반됩니다. 희생하고 나서 대가를 치러 달라고 하는 것이 아니라 잊어버리는 것입니다. 주고 잊어버리는 것이 사랑을 통한 희생입니다. 하나님은 지금까지 만민을 위해서 많은 것을 주고 희생해 나왔지만 주고는 그 희생의 대가를 잊어버렸습니다. 그렇기 때문에 바른손이 하는 것을 왼손이 모르게 하라고 하신 것입니다. 무엇을 주고는 그것을 받겠거니 생각하는 사람은 사랑의 주인이 아닙니다. 주고 잊어버리는 사람이 사랑의 중심자입니다.

8 인간은 하나님이 원하는 사랑의 길을 찾아가야 합니다. 악마가 원하는 타락의 길을 부정하고 하나님이 원하는 사랑의 길을 찾아가야만 악마와 분립됩니다. 지식이 있다고 해서, 교리를 더 안다고 해서, 수완이 있다고 해서, 지혜가 있다고 해서 분립되는 것이 아닙니다. 사랑이 있어야 합니다. 기독교가 지금까지 남은 것은 희생해 나왔기 때문입니다. 피를 흘리며 나왔기 때문에 남을 수 있었습니다.

9 사랑의 길은 이용당하는 길입니다. 더 큰 곳을 향해서 이용당하는 길이라는 것입니다. 개인은 가정 앞에 이용당하려고 하고, 가정을 끌고 나라에 가서 이용당하겠다는 길입니다. 또 나라를 끌고 들어가서 세계 앞에 이용당하려고 하는 길입니다. 세계를 끌고 들어가서 천지 앞에 이용당하려고 하고, 천지를 끌고 들어가서 하나님 앞에 이용당하려고 하는 길이 참사랑의 길입니다.

10 오래 참는 길이 종교의 길이고, 오래 참고 희생하는 것이 종교의 길입니다. 참음과 희생으로 찾아진 위대한 사랑의 세계를 위해서 하나님을 믿고 나오는 것입니다. 하나님이 사랑이다 할 때, 그 이면에는 희생이 깃

들어 있고 인내가 깃들어 있습니다.

11 사랑하는 사람과의 사랑, 부자관계의 사랑은 계절을 타지 않습니다. 자기의 사랑하는 사람을 위하여 눈물 짓는 그 눈물은 봄이나 여름이나 가을이나 겨울이나 계절을 초월합니다. 참사랑은 젊은 시대, 중년시대, 노년시대를 초월합니다. 영생할 수 있는, 영원히 기쁘고 영원히 행복할 수 있는 궤도와 같은 것이 참사랑입니다. 세상에 변동이 오고, 혁명이 벌어지고, 생사지권이 바뀌는 일이 있더라도 사랑만은 변하지 않습니다. 언제나 그런 심정적 환경을 만들어 가야 됩니다. 기도 생활이 그런 환경을 계속하기 위해서 필요합니다. 그렇게 함으로써 자랍니다. 뜻길을 가는 데는, 사랑의 길을 찾아가는 데는 감옥이 문제가 아니고 죽음이 문제가 아닙니다. 죽음을 극복하고 어려움을 극복할 수 있는 길이 참사랑을 찾아가는 길입니다.

12 참이 영존할 수 있는, 시공을 초월해서 영속시킬 수 있는 힘에 연결되기 위해서는 하나님의 참사랑에 연결되어야 합니다. 우리는 사랑을 위해 희생해서 상대적 사랑을 세워야 됩니다. 부부를 희생시켜서 가정을 찾고, 가정을 희생시켜서 종족을 찾고, 종족을 희생시켜서 민족을 찾고, 민족을 희생시켜서 국가를 찾고, 국가를 희생시켜서 세계를 찾고, 세계를 희생시켜서 하늘땅을 찾고, 하늘땅을 희생시켜서 하나님을 찾고, 하나님까지도 희생시켜서 사랑의 길을 가자는 것입니다. 하나님도 희생하신다는 것입니다. 사랑 때문에 하나님도 희생하고 계십니다.

희생자는 중심이 된다

13 사랑의 길을 찾아가려면 희생봉사를 해야 됩니다. 희생봉사가 없으면 열만큼의 사랑의 인연을 갖고 온 사람이 백, 천, 만의 인연의 길을 가려고 해도 갈 수 없습니다. 선조가 나쁘다면 열만큼의 사랑도 못 갖고 오는 것입니다. 그런데 열만큼의 사랑의 인연을 갖고 온 사람도 백, 천, 만의 사랑의 인연을 차지할 수 있는 길이 있다면 그런 길을 한번 가 보고 싶을 것입니다. 선생님은 이것을 알았기 때문에 욕을 먹고 별의별 수모를 당하고 감옥에 들어가 죽을 고통을 당하면서도 참아 나온 것입니다. 그러기에 민족을 위하고 사랑하는 데 있어서 누구보다도 희생하려고 합니다. 사랑하는 데에 있어서도 이만큼 사랑을 했으면 됐다고 하고 가다가도 선생님보다 희생과 사랑의 도수가 높은 사람이 있으면 선생님은 더한 희생과 사랑, 즉 천배 만배 희생하고 사랑해야 한다면 그 길을 가겠다고 한

다는 것입니다. 그러한 선생님이 되어야만 하나님이 사랑을 퍼부어 줄 수 있는 것입니다.

14 남을 위해 희생하는 데에만 사랑의 길이 있습니다. 부모가 자식을 사랑하는 데 있어서 '내가 너를 20년 동안 공부시켰으니까 너는 탕감복귀원칙에 의해서 20년 동안 부모 앞에 희생해라.'라고 하지 않습니다. 자기의 대가를 치지 않고 수고하면 할수록, 그 수고가 극하면 극할수록 자식은 부모에 대해 사랑의 마음을 갖습니다. 그 대가를 요구하지 않더라도 부모를 사랑하지 않을 수 없는 것이 자식의 본심입니다. 그렇기 때문에 자식을 사랑하는 부모 앞에는 불효자가 있을 수 없습니다. 부모를 염려시키는 불효자는 있을 수 없다는 것입니다. 자식을 위하여 희생하는 부모 앞에는 효자가 생겨납니다. 한 나라의 군왕이면 군왕이 신하들을 위하여 희생하면 할수록 그 신하들은 충신이 아니 되려야 아니 될 수 없습니다. 그렇기 때문에 사랑의 길이란 보다 수고하고 보다 고생하면 할수록 그 가치가 감소하는 것이 아니라 배가되는 것입니다. 이것이 사랑의 길입니다.

15 희생의 자리에 내모는 것이 사랑입니다. 그 자체는 억울할지 모르지만, 쓰러지고 죽어 제물 되는 그 배후에는 하나님의 사랑이 자신도 모르는 사이에 쌓여 가는 것입니다. 그렇기 때문에 그것을 넓혀 종족권을 넘고, 그것을 넓혀 민족권 앞에 영향을 주고, 그것을 넓혀 국가의 기준을 바꾸는 날에는 새로운 나라의 깃발을 들고 세계를 향하여 진군할 수 있는 출발이 이루어지는 것입니다. 그 목적을 향하여 가는 길이 통일교회의 길입니다. 그러므로 여러분은 이 나라를 자신의 아들딸보다 더 사랑할 수 있어야 합니다. 뜻을 따라가는 입장에서는 대표적으로 책임지고 가는 때가 많아야 됩니다.

16 사랑의 길은 희생을 동반합니다. 그것은 상대의 사랑을 완전히 점령하기 위해서입니다. 상대가 완전히 나와 하나될 수 있고, 나에게 순응할 수 있는 터전을 만들어야 하기 때문입니다. 사랑을 위해서 희생의 대가를 치러 나오는 사람 앞에는 사랑을 중심삼고 완전히 일체가 되는 것입니다. 그렇기 때문에 사랑의 소재지는 자기가 아니라 상대입니다. 내가 잘나서 아내나 남편이 나를 사랑하는 것이라고 생각하면 안 됩니다.

17 사랑의 근거지는 자기 자체에게 있는 것이 아니고 상대에게 있습니다. 그렇기 때문에 상대의 가치를 백 퍼센트 인정하는 데서만이 백 퍼센트

사랑의 가치가 드러나는 것입니다. 사랑의 길에서는 왜 희생해야 되느냐? 그것은 자기 것이 아니기 때문입니다. 상대라는 근거지를 두고 있기 때문에 그 근거지에 완전히 일치될 수 있는 여건을 제시하지 않고는 사랑의 목적을 달성할 수 없습니다. 그러므로 완전한 사랑을 하려면 완전한 희생을 해야 됩니다. 완전한 희생을 넘어서 가는 사랑의 길에는 완전한 통일이 벌어집니다.

18 희생하는 자는 반드시 중심자가 됩니다. 가정에 있어서 효자는 보다 희생하는 사람입니다. 그렇기 때문에 가정의 중심이 됩니다. 나라의 애국자는 보다 희생하는 사람이기 때문에 나라의 중심자가 됩니다. 성인 중에서도 보다 희생하는 성인이 성인 중의 중심이 됩니다. 이것이 천리이기 때문에 이 천리의 길을 엄숙히 따라가고 모든 분야에 화할 수 있는 사람이 돼야 합니다. 그러면 하나님의 새로운 희망이 깃들고 하나님의 사랑의 힘이 가중됩니다.

19 사랑의 길은 희생함으로써 빛나는 것입니다. 그렇기 때문에 성경에 '네 마음을 다하고 목숨을 다하고 뜻을 다하고 힘을 다하여 주 너의 하나님을 사랑하라.'라고 했고, 이것이 첫째 되는 계명이라고 했습니다. 우주의 모든 계명 중에 제1차의 계명이 있다면 이 계명입니다. 이것이 제일 중요한 법입니다. 이 법을 중심삼고 이루어지게 되면 그 외의 모든 법도는 이 법도권 내에서 치리받게 됩니다. 이런 관점에서 하나님의 뜻을 이루기 위해서는, 하나님의 창조이상을 이루기 위해서는 가야 할 길이 있습니다. 창조이상은 절대적인 하나님의 사랑과 관계를 맺게 될 때 실현되는 것입니다.

20 참된 사랑의 길은 자기편을 희생시키더라도 더 큰 세계를 향하여 전진하고 손을 넓히고 희생하는 것입니다. 가정을 중심삼고 보면 가정이 사회를 위하여 존재할 때는 가정을 떠나더라도 그 가정을 떠나는 것이 아니고 그와 같은 위치에서 사회와 더불어 하나되는 것입니다. 아들이 자라서 상대를 만나 부부를 이루게 되면 부모와 떨어지지만 부부를 이룸으로써 부모와의 사랑의 인연이 더 깊어질 수 있고, 자녀를 낳음으로써 더 커질 수 있습니다. 그 가정이 사회로 나가면 더 커질 수 있고, 발전하면 할수록 더 커질 수 있는 것입니다.

21 부모가 자기만을 위주로 하여 자식을 사랑하면 그것은 가짜 사랑입니다. 또 자식이 자기만을 위주로 하여 부모를 사랑하면 그것도 가짜 사랑입

니다. 통일교회는 어떻게 해야 되느냐? 진짜 사랑을 가진 참된 종교라면 통일교회를 위한 사랑은 하지 말아야 됩니다. 자기는 희생하더라도 부모를 사랑해야 효자이고, 자기는 희생하더라도 자식을 사랑해야 참부모가 되는 것처럼, 통일교회는 희생하더라도 나라를 사랑하고 세계를 사랑해야 됩니다. 이것이 사랑의 법도를 세우는 제일 가까운 길입니다.

22 우리 개인이 가정을 위해서 희생하는 것은 가정적인 사랑의 길을 찾기 위한 것이고, 가정을 희생시켜서 종족을 찾으려고 하는 것은 종족적 사랑의 길을 넓히기 위한 것이고, 종족을 희생시켜서 민족을 구하는 것은 민족적 사랑의 길을 넓히기 위한 것이고, 민족을 희생시켜서 세계를 구하는 것은 세계적 사랑의 길을 넓히기 위한 것입니다. 이렇게 세계적 사랑을 중심삼고 하나님의 사랑까지 가야 합니다. 이렇게 가야 할 길이 금후에 우리가 가야 할 길입니다.

23 종교는 개인이 희생하고, 가정이 희생하고, 종족이 희생하고, 나라까지도 희생하는 것입니다. 이스라엘 나라도 종족권을 희생해 나왔습니다. 그래서 세계의 국가 중에서도 종교를 믿는 국가는 지금까지 희생의 역사를 걸어오는 것입니다. 창조적 사랑의 대상이념을 이루기 위해서는 그것이 사랑의 본질적인 원칙이기 때문에 그 원칙을 통하지 않고는 하나님과 일치될 수 있는 자리를 가질 수 없습니다. 또한 하나님이 주관하는 사랑의 이상세계와 관계를 맺을 수 없습니다. 사랑의 이상세계와 관계를 맺으려면 그 원칙의 전통을 이어받지 않고는 안 되기 때문에 종교가 가는 길은 사랑을, 박애주의를 내세워 희생을 강조하는 것입니다. 천국과 지옥, 선과 악은 여기에서 갈라집니다.

피와 땀과 눈물의 길

24 하나님은 지금까지 우리를 찾아오는 노정에서 사탄과 대결해 나오셨습니다. 하나님이 수고한 그 노정을 본받아 우리도 그 길을 가지 않으면 안 됩니다. 알고 보니 하나님은 부모의 심정을 지니고 종의 몸을 쓰고, 땀은 땅을 위하여, 눈물은 인류를 위하여, 피는 하늘을 위하여 뿌리며 잃어버린 자식을 찾기 위하여 역사노정 가운데 숱한 수고를 해 나오셨습니다. 우리도 역시 부모를 찾아 모시기 위해 그러한 땀과 눈물과 피를 대신 흘려야 하고, 부모의 심정을 체휼하기 위하여 종의 몸을 쓰고 나가지 않으면 안 됩니다. 하나님은 우리를 찾아오기에 수고하고, 우리 또한 하나님을 찾아가기에 수고하는 이 노정에서 맺어진 눈물은 우리 개체만을 위

한 눈물이 아닙니다. 이 눈물이야말로 하나님이 함께하실 수 있는 눈물이요, 그 땀이야말로 하나님이 함께하실 수 있는 땀입니다. 그 피와 희생도 개체만을 위한 것이 아니라 하나님이 피 흘리고 희생하는 자리에 동참하기 위한 것입니다.

25 하나님은 부모의 심정을 지니고 종의 몸을 쓰고 지상에 왔습니다. 만민이 눈물을 흘리면 하나님도 눈물을 흘렸고, 만민이 땀을 흘리면 하나님도 땀을 흘렸습니다. 또 만민이 죽음의 자리에 설 때에 만민을 대신하여 피를 흘렸다는 것입니다. 나를 대신하여 하나님이 몇 천만번 제물이 되었는지 모릅니다. 하나님이 얼마나 여러 번 손수 제사장의 노릇을 하였는지 모릅니다. 이러한 일을 개인으로부터 가정·종족·민족·국가·세계로까지 해 나왔으니 얼마나 고통이 많았겠습니까? 아들을 보내어 이 사명을 하게 하려 하였는데, 그나마 실패하여 하나님이 아들의 사명까지 하지 않으면 안 되었습니다.

26 죽은 우리를 살리기 위하여 하나님이 무덤길을 가셨으니 여러분은 부모의 심정을 지니고 눈물과 피와 땀을 흘리며 가야 합니다. 이 길은 타락 후손들에게는 운명길입니다. 예수님이 이 땅에 와서 눈물은 인류를 위해서, 피는 하늘을 위해서, 땀은 땅을 위해서 흘린 것입니다. 과거와 현재를 걸어 놓고 한꺼번에 심정적인 실체 기준을 마련한 것입니다. 심정적인 탕감을 하기 위해 불효자의 입장에 놓여 있는 인류를 대신하여 용서의 기준을 세워 놓고 갔습니다.

27 하나님과 심정적으로 통하고 심정적으로 체휼해야 됩니다. 심정적인 체휼을 하지 않은 사람은 절대로 아버지 앞에 못 갑니다. 예수님 당시의 이스라엘 민족은 어떠했습니까? 하나님의 눈물로 세우고, 하나님의 피로 세우고, 하나님의 땀으로 세운 그들에게는 하나님의 심정을 통한 눈물이 남아 있고, 하나님의 심정을 통한 피가 남아 있고, 하나님의 심정을 통한 땀이 남아 있는데도 불구하고 택함 받은 이스라엘 민족은 그것을 다 잊어버렸습니다.

28 일편단심 한 길을 가야 할 운명에 있는 우리는 어떻게 그 길을 가야 할 것인가? 지혜로 갈 수 없으면 땀과 눈물로, 땀과 눈물로 갈 수 없으면 피로라도 가야 합니다. 우리의 땀을 하나님의 땀으로, 우리의 눈물을 하나님의 눈물로 바쳐야 합니다. 피는 하나님을 위해, 눈물은 인류를 위해, 땀은 땅을 위해 흘려야 합니다. 그리하여 하나님과 땅과 인류가 상봉할 수

없는 원한의 터전을 여지없이 밟아 치워야 됩니다. 이것이 우리가 해야 될 일입니다. 내 생활감정이 '하나님의 일이자 나의 일이요, 나의 일이자 땅의 일이요, 나의 일이자 인류의 일이다.'라고 할 수 있는 자리까지 나아가 나를 중심한 천적 가치를 노래할 수 있어야 합니다.

29 우리는 살아 계시는 하나님의 존재를 알고, 사탄이 더 이상 이 세계를 망치기 전에 인류를 구해야 됩니다. 나는 비록 낮은 자리에서 망하는 자리로 들어간다 해도 통일교회가 이 민족과 세계 인류 앞에 제시할 수 있는 재료를 갖는 것이 급선무입니다. 선생님은 그런 것을 염려하는 것입니다. 그 재료가 필요합니다. 역사를 두고 제시할 수 있는 재료, 시대를 두고 제시할 수 있는 재료, 미래를 두고 제시할 수 있는 재료가 필요합니다. 그렇다면 그 재료가 무엇이냐? 그것은 피와 눈물과 땀입니다. 심정으로 통할 수 있는 피와 눈물과 땀, 하나님을 눈물 흘리게 할 수 있는 피와 눈물과 땀, 민족을 눈물 흘리게 할 수 있는 피와 눈물과 땀입니다. 개인 개인이, 세계인이 그것을 듣게 될 때에 눈물을 흘릴 수 있는 피와 땀이 있어야 합니다.

30 여러분이 가지고 있는 가장 귀중한 것은 무엇입니까? 그것을 아무런 후회 없이 서슴지 않고 줄 수 있어야 합니다. 여러분에게 가장 귀중한 소유물은 여러분의 눈물과 땀과 피입니다. 여러분은 만물을 위하여 땀을 흘려야 합니다. 하늘을 위하여 여러분의 피를 뿌려야 합니다. 인류를 위하여 여러분의 눈물을 흘려야 합니다. 이것이 원리운동의 표어입니다. 우리는 이러한 것들을 자유로이 나누어 줄 수 있어야 합니다. 그래야만 심령적으로 하나될 수 있고 심정적으로 하나될 수 있습니다.

31 여러분은 시멘트가 되고, 자갈이 되고, 모래가 되고, 물이 되어야 합니다. 여러분의 피와 땀과 눈물은 물로 삼고, 여러분의 살은 모래로 삼고, 여러분의 뼈는 자갈로 삼아야 합니다. 그래서 자기 자신의 기초를 다져야 합니다. 그렇게 해서 다져진 터전은 창조적인 것이기 때문에 천년의 역사가 지나가도 허물어질 수 없고, 만년의 역사가 지나가도 허물어질 수 없고, 또 어떠한 단체가 천년만년 노력해도 허물어뜨릴 수 없습니다.

원수 사랑과 원리의 길

32 예수님이 십자가를 지면서도 왜 원수를 사랑하라고 했느냐? 사탄을 굴복시킬 수 있는 것은 사랑밖에 없기 때문입니다. 하나님을 중심삼은

사랑은 세계를 구하려고 하는 사랑입니다. 사탄세계의 사랑권을 빼앗아 오자는 것입니다. 하나님의 사랑의 목적이 사탄세계를 굴복시키는 것입니다. 구원의 목적은 하나님이 원하는 섭리의 뜻을 완성하는 것입니다. 그 섭리의 뜻을 완성하는 골자가 사랑입니다. 사랑을 가지고 이 세계를 사탄한테서 탈환해야 됩니다.

33 성경에 원수를 사랑하라는 것은 악마와 접한 사람을 사랑하라는 것이지, 악마 자체를 사랑하라는 것이 아닙니다. 우리의 소원이 영생입니다. 영생은 참사랑의 길에만 있습니다. 그런 하나님의 사랑을 중심삼고 몸과 마음이 위하고 또 위할 수 있는 길을 가게 될 때는 거기에서 통일이 벌어집니다. 통일은 마음이 몸을 위하듯이 몸이 마음을 위하는 자리에서 됩니다. 그런 자리에서 주고받게 되면 중앙을 중심삼고 축을 따라서 반드시 통일이 이루어집니다. 이 원칙적인 사랑의 축 앞에 평형선, 수평선이 십자로 된 여기에 자기 존재 위치가 있는 것입니다.

34 인간은 두 핏줄이 연결돼 있습니다. 하나는 태어나게 한 역사적인 조상을 중심삼고 사탄의 핏줄로 연결되어 있습니다. 이 핏줄이 생겨난 동기가 자기를 중심삼은 자주적 자각성을 취했기 때문입니다. 그러면 하나님의 핏줄은 뭐냐? 자기가 아니라 전체를 위하는 것입니다. 위하는 핏줄입니다. 그렇기 때문에 교만한 사람은 영원히 사탄의 핏줄권을 벗어날 수 없습니다. 그 핏줄권을 벗어나려니까 어떻게 해야 되느냐? 세계 사람은 전부 자기를 위하는데 하늘 편은 반대입니다. 자기를 위하려고 하지 않고 전체를 위하고 있다는 것입니다. 타락권을 벗어나기 위한 그 표제가 원수를 사랑하는 것입니다.

35 사랑을 찾아갈 때는 마음이 먼저 갑니다. 그런데 상대가 안 될 때에는 지금까지 투입했던 모든 것은 없어지는 것입니다. 그래서 하나님은 하나님의 사랑이 성립될 때까지 두근거리는 것을 계속해서 자꾸 이으려고 합니다. 중단이 안 됐기 때문에 계속해서 모든 세포에 꽉 채워서 인연을 맺으려는 것입니다. 그러려니 계속해서 완성될 때까지 투입하고 투입하는 마음을 가지고 창조 활동을 해 나갑니다. 여기에 위하는 철학의 근본 논리가 있습니다.

36 하나님이 천지만물을 창조했다는 것은 자기의 모든 사랑의 심정을 투입했다는 것을 말합니다. 그러한 하나님이라면 그러한 마음을 가진 대상이 반드시 생겨나야 합니다. 그래

야 하나님과 인간의 관계가 형성될 뿐만 아니라 하나님의 사랑이 현현합니다. 그런 사람은 흥하게 마련입니다. 양심은 이런 사실을 이론적으로는 확실히 모르지만 서로서로 사랑하고 서로서로 위하라고 하는 것입니다. 그리고 종교는 남을 위해서 희생하라고 가르치는 것입니다.

37 하나님이 위하는 원칙을 세웠다는 것은, 공기로 말하면 평준화된 공기 가운데에서 완전 진공상태로 들어가라는 것입니다. 절대 진공권 내로 들어가면 들어갈수록 고기압은 자동적으로 저기압 쪽으로 순회합니다. 하나님 자신이 사랑의 상대를 찾기 위해서 투입하고 투입하다 보니 그 자리에 있더라도 자연히 돌아오게 되는 것입니다. 이런 논리적 근거를 중심삼고 피조물을 쌍쌍제도로 창조했는데, 전진적으로 차원 높은 상부의 급을 통해 인간과 하나님의 이상적 발판을 만들기 위해서 천지를 창조했다는 것입니다.

38 참된 사랑은 위하라고 하는 데 있는 것이 아닙니다. 참된 이상, 참된 행복, 참된 평화의 기준은 위하라고 하는 데에 있지 않습니다. 위하려고 하는 데서부터 시작됩니다. 그렇기 때문에 참된 부부, 참된 부모, 참된 스승, 참된 애국자는 자기 자신을 중심삼고 끌어 붙이는 데서 시작되는 것이 아닙니다. 자기 자신을 투입하는 데서부터 시작됩니다. 창조 자체가 곧 투입입니다.

39 잘되고자 하는 사람은 상대세계를 잘되게 해야 됩니다. 이런 관점에서 통일교회에서는 '위해서 살라!'라고 하는 것입니다. 태어나기를 위해서 태어났습니다. 창조는 하나님 전체의 투입인데, 하나님도 사랑을 중심삼고 사랑을 위해서 창조했다는 것입니다. 세계가 지금까지 '나를 위해서 살라!'라고 해왔는데, 출발부터 잘못된 것입니다. 부모를 위해서 태어났고, 아내를 위해서 태어났고, 남편을 위해서 태어났다는 것입니다. 내 생은 부모를 위해서 이어받았고, 남편은 아내를 위해서 이어받았고, 아내는 남편을 위해서 이어받았고, 형제를 위해서 이어받았고, 나라를 위해서 이어받았습니다. 세계를 위해서 태어난 것입니다.

40 통일원리는 아담 해와가 타락한 후에 만들어졌느냐, 타락 전에 만들어졌느냐? 타락 전에도 원리는 있었습니다. 그 원리의 길은 아담 해와가 가야 할 길입니다. 아담 해와가 인류의 조상으로서 백 퍼센트 완성해 하나님의 사랑권 내에서 일치되면 어느 누구도 떼어갈 수 없습니다. 하나님

도 떼어갈 수 없습니다. 구원의 길은 복귀의 길이요, 복귀의 길은 재창조를 통해 가야 할 길입니다. 재창조는 아담 해와가 타락하기 전의 원리원칙을 적용해 그 원리원칙에 일치될 수 있는 완성적 내용을 거쳐서 존재의 가치를 결정지어야 합니다. 그러지 않고는 돌아갈 수 없습니다. 하나님과 관계를 맺을 수 없는 것입니다.

41 원리의 길은 밟아 가는 길이요, 복귀의 길은 찾아가는 길입니다. 탕감복귀, 복귀의 길은 찾아가는 길이고, 찾았으면 그 길을 밟아 가지 않으면 안 됩니다. 지금까지 복귀의 길을 몰랐습니다. 선생님에 의해 모두 해명되었기 때문에 원리의 길, 복귀노정의 원리의 길은 그대로 밟아 가지 않으면 안 됩니다. 공식노정이기 때문에 선조도 후손도 그것을 통과하지 않으면 안 됩니다.

42 원리의 길은 인간만이 가는 것이 아니고 하나님도 그 원리의 길을 통해야만 인간을 만나는 것입니다. 이렇게 하나님도 원리의 길을 가려고 추구하고, 또 인간도 역시 원리의 길을 가려고 노력해야만 됩니다. 이 둘의 원리의 길을 통해서만 승리의 상봉이 있게 됩니다. 그러면 악이라는 것은 무엇이냐? 원리의 길을 가는 것을 반대하게 하는 것이 악입니다. 그 길을 가지 못하게 하는 것이 악입니다. 거기에 장애물을 갖다 놓는 것이 악이 됩니다. 그렇기 때문에 원리원칙에는 용서가 없는 것입니다.

43 인간조상인 아담 해와가 조상의 길을 잃어버렸기 때문에 여러분이 다시 찾아가야 됩니다. 그래서 복귀의 길은 찾아가는 길이요, 원리의 길은 밟아 가는 길입니다. 원리의 길은 밟아 가는 길이기 때문에 여러분은 선생님이 가는 길을 가야 됩니다. 그런데 선생님의 길은 영적인 사탄과 세상적인 사탄, 즉 영육을 중심삼은 천주적인 사탄과 싸워 승리해서 밟아 가는 길이지만 여러분에게는 그것이 없습니다. 세계적인 사탄도 없고 국가적인 사탄도 없습니다.

44 천운을 타려면 원리의 길을 가야 됩니다. 원칙적인 길을 가야 됩니다. 이것이 선생님의 생활철학입니다. 지금까지 핍박받으며 나왔는데, 다 망할 줄 알았지만 망하는 자리에서 도약해서 더 큰 세계로, 더 큰 무대로 발전해 나온 것입니다. 하늘이 협조할 수 있었던 것은 천리원칙에 일치된 길을 걸어왔기 때문입니다.

45 통일교회 교인들은 선생님을 통해서 복귀의 길을 찾아 나가는 원리를 알았으니, 여러분은 반드시 원리

의 길을 밟아 가야 됩니다. 원리의 길에는 용서가 없습니다. 할아버지도 가야 되고, 아버지도 가야 되고, 자기도 가야 됩니다. 축복받고 태어난 아들딸이라고 해서 예외가 없습니다.

46 복귀의 길은 찾아가는 길이기 때문에 선생님이 지금 여러분 앞에서 찾아가고 있는 것입니다. 찾아가서 실험을 해서 원리의 길을 닦아 나오는 것입니다. 그러니 여러분은 이것을 그냥 그대로 밟아 가지 않으면 안 됩니다. 길잡이 하는 사람이 바다를 건너게 되면 같이 따라 건너야 되고, 높은 산맥을 타고 넘어가게 되면 같이 따라 넘어가야 됩니다. 그것을 싫다고 해서는 자기 해방권을 맞이할 수 없습니다.

47 선생님은 지금까지 하나님에 대해서 불평 한마디 안 하고 뜻길을 걸어 나왔습니다. 죄 없이 감옥에 들어가서 불한당들에게 맞고 피를 토하는 자리에서도 '하나님, 왜 이러십니까?' 하고 원망을 하지 않았습니다. 종들이 억천만세 반대할지라도 아들만은 그들 편이 되어서는 안 됩니다. 반대하는 사탄이 있는 것을 알면서 아들이 어떻게 하나님을 반대할 수 있겠습니까? 그렇지 않습니까? 죽더라도 아버지 편에 서서 죽어야 합니다. 어떤 어려움도 참고 견디어 나오다 보면 아버지 앞에 말하고 싶은 것이 많이 있을 것입니다. 하지만 말하지 않는 것이 위대한 것입니다.

48 여러분은 어떠한 비참한 노정이라도 가야 합니다. 선생님도 그런 길을 간 사람입니다. 가는 데에 있어서 세상의 어느 누구를 원망해서는 안 됩니다. 원망에 앞서 이 나라, 이 세계가 어떻게 될 것인가 하는 것과 뜻이 가는 길을 염려해야 됩니다. 이것이 복귀의 책임자로서 취해야 할 응분의 태도입니다. 여러분은 그런 심적 기준을 하늘 앞에 세우지 않으면 안 됩니다.

49 복귀의 길은 기쁨으로 가야 됩니다. 죽음길도 기쁨으로 가야 하늘이 찾아오지, 우울하고 한탄하는 입장에서 가게 되면 사탄이 따라옵니다. 순교를 해도 자기가 천국 가기 위해서 순교한 사람은 반대의 자리에 들어갑니다. 하나님을 해방하고 세계를 살리기 위해서 내가 순교한다고 해야 됩니다. 예수님의 생애는 로마까지 구하기 위한 생애였기 때문에 로마 병정을 사랑했던 것입니다. 그래서 죽었더라도 로마를 사랑했기 때문에 로마가 기독교 품에 들어온 것입니다. 거기에서 울고불고했으면 하나님이 와서 존경할 여지가 마음세계에 없어지는 것입니다. 자리가 없어

지고 사탄이 자리 잡게 됩니다. 그래서 뜻길을 가는 사람은 죽더라도 불평할 수 없습니다. 불평하는 사람을 친구로 하는 것은 제일 위험합니다.

50 기쁨을 느끼면 하나님이 나에 대해 관심을 갖고 하나님의 사랑권 내에 들어가지만, 이 기쁨을 어떻게 실천하느냐가 과제입니다. 모든 것이 기쁘면 기쁜 자기 자체에 머무르지 않고 모든 만물과 더불어 화동할 수 있고 만물의 상대적 기쁨으로 남겨 놓아야 됩니다. 신앙생활도 재미있고, 하나님의 뜻길에 있어서 하는 일도 재미있어야 됩니다. 할 수 없어서 하는 것은 안 됩니다. 아무리 힘들어도 재미있고 힘들다는 것이 느껴지지 않아야 됩니다. 생활환경에서 이것을 뿌리박아야 됩니다.

51 천주 형제주의 공동생활 체험을 확대해야 합니다. 자기 한 가정만 살아서는 안 됩니다. 사위기대면 사위기대의 네 가정, 4개국 가정이 콘도 같은 데서 3년 이상 같이 생활하는 것입니다. 아들딸도 자기 아들딸이 아닙니다. 전체를 자기 아들딸같이 사랑해야 합니다. 하나님이 원하는 형제 가정과 같은 제도를 만들어 체험할 수 있어야 합니다.

52 앞으로 가정적으로 훈련시킬 아파트가 생겨나는 것입니다. 문화 주택, 아파트 말입니다. 일곱 가정 이상 적합한 생활을 할 수 있는 가정집을 만든다는 것입니다. 그래서 몇 개월씩 들어가 가지고 공동생활을 하면서 문화생활을 할 수 있는 훈련 주택, 아파트 훈련소가 생겨난다는 것입니다. 여러분은 전부 다 그 훈련소를 거치지 않으면 안 됩니다. 그 아파트에서 3세대가 같이 사는 것입니다. 밥도 같이 먹고 공부도 같이 하는 것입니다. 이것이 원리입니다.

53 여러분이 삼위기대의 세 부인들끼리 하나 못 되면 안 됩니다. 그래서 지금 하나되게 훈련시키는 것입니다. 앞으로는 열두 가정이 한집에서 살아야 됩니다. 그다음에는 120가정 혹은 1200가정이 전부 다 한집에서 사는 것입니다. 한 동네에서 살더라도 싸움을 해서는 안 됩니다. 천세 만세의 역사를 움직일 수 있는 전통을 세워야 할 때가 현재 참부모와 같이 사는 이 시대라는 것입니다. 이 시대에 그런 전통을 세우지 못하면 큰일 납니다. 만일 세 가정 중에 한 가정이라도 아들딸을 못 낳게 되면 아들딸을 낳은 가정이 못 낳은 가정한테 아들딸을 낳아서 주어야 됩니다.

효자·충신·성인·성자의 길

54 효자가 가는 길이 다르고, 충신이

가는 길이 다르고, 성인이 가는 길이 다르고, 성자가 가는 길이 다르지만, 전부 한 계통입니다. 한 계통인데, 무엇이 한 계통으로 하느냐? 세상에서 부모를 사랑하는 것은 효자 일대에 그칩니다. 충신도 그 한 곳에서만 그치는 것입니다. 그러나 참사랑을 중심삼고 가면 그 방향은 영원히 남습니다. 그 조상을 중심삼고 세운 기반이 있으면 그 기반은 자기 후손들이 지키지 못할 때라도 언제나 남아져서 그 기반에서 공을 세우면 거기서 쌓아 올라갈 수 있습니다. 그렇기 때문에 참사랑을 중심삼은 방향성을 가지고 효자·충신·성인·성자의 도리를 하면 할수록 거기에는 발전만이 있을 뿐이지 후퇴는 없습니다.

55 여러분은 하나님이 바라시는 것과 같이 가정에서 효자가 되겠다는 생각, 나라에서 충신이 되겠다는 생각, 세계에서 성인이 되겠다는 생각, 그리고 하늘땅 앞에 성자가 되겠다는 생각을 해봤습니까? 역사적으로 볼 때 모든 성인들은 효자가 되고 충신·성인·성자가 되라고 가르쳐 왔습니다. 이것을 가르치지 못하는 종교는 종교로서 역사에 남지 못합니다. 어차피 이것은 인간의 숙명입니다. 숙명은 부자관계와 같은 것을 말합니다. 숙명은 가를 수 없습니다. 운명은 대치할 수 있지만 숙명은 그렇게 할 수 없습니다.

56 효자라는 명사를 갖고 뜻길을 가야 승리자가 될 수 있습니다. 6천년 죄악의 역사를 책임지겠다는 각오 아래 하나님 앞에 순종의 왕자, 복종의 왕자가 되어야 합니다. 예수님이 '내 뜻대로 마시옵고 아버지 뜻대로 하시옵소서.'라고 했던 것처럼 효자의 기준을 세우고 난 다음에 '사탄이 드디어 저희 앞에 굴복하였나이다.'라고 해야 천국에 들어갈 수 있습니다. 그럼으로써 말씀의 조상이 되고, 실체의 조상이 되고, 심정의 조상이 되고, 순종의 조상이 되고, 혈통의 조상이 되어야 합니다.

57 효자는 자기 일신을 무시하고 자기에 속한 처자를 무시하고 부모의 뜻을 따라야 합니다. 그것이 효자의 도리라는 것입니다. 그렇기 때문에 뜻이 가는 길은 사랑이 가는 길입니다. 내 개인보다도 큰일을 먼저 사랑하는 길이 뜻이 가는 길이요, 사랑이 가는 길이라는 것입니다.

58 효자는 부모에 대해서 사랑을 중심삼고 절개를 지키는 사람입니다. 충신은 애국, 나라를 사랑하는 사람이요, 성인은 애세(愛世), 세상을 사랑하는 사람입니다. 성자는 하늘나라의 왕궁권까지도 사랑하는 사람입

니다. 그렇기 때문에 앞으로 뜻을 품은 사나이로서 세계에 이름을 풍미하면서 만민의 추앙을 받겠다는 소망을 가지고 뜻길을 가고자 한다면 고생하는 길에서 누구보다도 빛나는 투사가 되어야 합니다.

59 나라를 위해서 땅을 파는 것이 충신이 가는 길입니다. 나라를 위해서 소 돼지를 파는 것이 충신이 가는 길입니다. 아들딸을 학교에 못 보내면서도 가는 것이 충신이 가는 길입니다. 살을 에어 땅에 뿌리면서라도 애국하고 후대를 위해서 싸우겠다는 것이 애국자의 가는 길입니다.

60 나라를 위해서 자기 일족과 일가를 희생시키고도 가겠다는 것이 충신입니다. 자기 불행과 불편을 무릅쓰고 남편을 위해서 사랑의 마음을 가지고 희생하는 것이 열녀입니다. 부모를 위해서 사랑을 가지고 희생길을 찾아가는 것이 효자입니다. 그것이 원칙입니다. 반드시 좋은 것에는 희생이 따르게 마련입니다. 자기를 부정하는 것이 희생입니다. 완전부정은 완전희생입니다.

61 국민이 가야 할 진리의 길은 나라의 중심존재를 위해서 변치 않는 사랑의 인연을 찾아가는 길입니다. 그 길이 애국자의 길입니다. 국민은 애국자의 길을 가야 됩니다. 그다음에 인류가 가야 할 진리의 길이 성인의 길입니다. 성인의 길을 가야 합니다. 자기 일국을 넘어서 만민을 동포와 같이, 형제와 같이, 자기 대상과 같이 사랑하며 가는 것이 세계를 향해 가는 진리의 길입니다.

62 세상에는 가정을 위하여 충성하는 사람도 있고, 사회를 위하여 충성하는 사람도 있고, 국가를 위하여 충성하는 사람도 있습니다. 국가를 위하여 충성한 사람은 국가이념을 후대에 남기는 데 있어서 하나의 전통의 조건을 세울 수 있습니다. 그러나 이 땅과 이 세계의 모든 것은 어차피 한 번 심판대에 서야 됩니다. 이것을 넘기 위해서는 일개 민족을 위한 충신 말고, 일개 부모를 위한 효자 말고, 만천하 왕 중의 왕이요, 주인 중의 주인이요, 만유의 아버지인 하나님 앞에 충신이 되고 효자가 되라고 종교에서는 가르치고 있습니다. 이것이 종교의 도리입니다.

63 애국자는 나라를 위하는 충신을 말하고, 성인은 국경을 넘어 세계 인류를 사랑하는 사람을 말합니다. 그렇기 때문에 가정에서는 효자, 나라에서는 충신, 세계에서는 성인, 하늘땅을 대해서는 성자의 도리를 지켜야 됩니다. 예수님과 같이 하늘 궁전법

과 하늘나라의 법을 사랑으로 연결시킬 수 있는 개인이 되어야 합니다. 이 길은 전부 직선입니다. 악마의 사랑은 이 길과 반대로 가는 것입니다. 그렇기 때문에 사탄 편적 습관과 하늘 편적 습관은 180도 다릅니다. 사탄 편은 자기를 위주로 하고 투입하라고 하는 역사적 성품을 지녀 왔고, 하늘 편은 상대를 위해 투입하려는 역사적 성품을 지녀 왔기 때문에 투입한 사람이 주인이 되는 것입니다.

64 성인과 충신은 무엇이 다르냐? 충신은 국가를 못 넘어서지만 성인은 국가를 넘어섭니다. 자기 나라만 사랑하는 것이 아니라 인류와 세계를 중심삼고 모든 수난 가운데서 자기 생명을 뛰어넘어 인류애를 중심삼고 간 사람이 성인입니다.

65 기독교에서 말하는 성자는 예수님 같은 사람을 말하는데, 성자는 하늘나라의 모든 사랑권과 역사를 대표하고 지상세계 인류의 사랑권을 대표한 것입니다. 이뿐만 아니라 하늘나라 왕궁의 왕권을 중심삼은 안팎의 내용을 갖춘 사랑을 가지고 살려고 한 사람이 성자입니다. 성자와 성인은 다릅니다. 성인은 하나의 세계를 갖추지 못하고 막연하게 전 인류를 동포애로 사랑하려고 했던 사람이고, 성자는 하늘나라와 땅, 지상천국과 천상천국을 중심삼고 사랑하는 것입니다. 그 주체는 영원해야 됩니다. 나라의 백성들은 한 시대를 거쳐 가지만, 그 주권은 영원을 대표합니다. 하늘나라의 왕권을 중심삼고 끝까지 사랑하겠다고 한 사람이 성자입니다.

66 성자의 길이 뭐냐? 인간세계만이 아니라 보이지 않는 영계까지도 통해서 전통적 충효의 길을 온 우주를 대표해서 가는 길이 성자의 길입니다. 그러니까 성인의 길의 사랑을 희생시켜서 그 이상 사랑의 길을 세우려는 것이 성자의 길입니다. 예수님은 이 땅에 와서 성자의 법, 도리를 따르는 길을 알았기 때문에 원수까지도 사랑하려고 했던 것입니다.

67 성인은 세계를 사랑하는 사람들입니다. 종교지도자들은 전부 성인의 도리를 따라갑니다. 천년만년 역사를 넘고 국경을 극복해 나가면서 세계를 사랑하는 길입니다. 그다음에 예수님과 같은 성자는 뭐냐? 하나님을 중심삼고 하늘나라와 하늘나라의 왕권을 사랑하는 사람입니다.

68 가정에서 부모를 위하고 사랑하는 사람은 효자요, 나라를 위하고 사랑하는 사람은 애국자요, 세계를 위하고 사랑하는 사람은 성인입니다. 선생님은 하나님과 세계와 우주를 위

하고 사랑하는 성자가 되라고 가르칩니다. 성자가 되려면 하나님과 같은 사랑을 마음에 가져야 됩니다.

69 인류역사는 무엇을 통해서 엮어져 나왔느냐? 타락한 세상이지만 인륜도덕을 중심삼고 나왔습니다. 그 도덕의 중심이 사랑입니다. 부모 앞에 효자는 부모를 더더욱 사랑하는 사람이요, 나라 앞에 충신은 더더욱 나라를 사랑하는 사람이요, 나라를 넘어 세계 앞에 사랑을 가르치고자 하는 것이 성인의 길입니다. 세계를 자기 가정보다도, 자기 나라보다도 사랑하려고 하는 것이 성인의 도리입니다. 성자의 도리는 하늘과 땅의 모든 법보다 왕궁법을 중심삼고 '최고의 사랑을 하라.'라고 하는 것입니다. 사랑을 중심삼고 모든 것은 이렇게 되는 것입니다.

70 효자는 충신이 되면 자연히 되는 것입니다. 충신이 될 때는 천 사람 만 사람의 효자 위에 서는 것입니다. 또 충신보다 성인이 되면 충신 몇 천명이 일군 기반이 있다 하더라도 성인의 자리 앞에 흡수됩니다. 성자는 하나님의 아들입니다. 수많은 성인들이 있다고 하더라도 성자의 길을 가게 될 때는 성인은 거기에 순응해야 됩니다. 사랑해야 되고 위해야 됩니다. 효자의 길, 충신의 길, 성인의 길, 성자의 길을 가는 사람은 어떤 사람이냐? 자기 목숨보다도, 자기 처자보다도 더 큰 것을 사랑하고 위해 살려고 하는 사람입니다.

71 성인이라고 해서 다 성자가 되는 것은 아닙니다. 하나님의 아들이 다 되는 것이 아닙니다. 성자가 돼야 합니다. 아무리 나라님을 사랑하고 백성을 사랑했다 하더라도 성자가 되기 위해서는 하늘나라의 왕궁법을 알아야 됩니다. 왕궁법의 치리를 받아 거기에 박자를 맞출 수 있는 단 하나의 법을 알아야 됩니다.

72 지상에서 충신의 자격을 갖추어야 되고, 세계를 대표하는 성인의 자격을 갖추어야 되고, 하늘땅을 대표하는 성자의 자격을 갖추어야 됩니다. 성자는 누구입니까? 하늘나라의 왕궁법까지 지킬 줄 아는 자가 성자입니다. 예수님을 성자라고 하는 것도 그러한 분이기 때문입니다. 효자는 위하는 사랑을 갖고 가정과 나라와 세계를 위해 사랑을 중심삼고 전 생애를 투입해야 됩니다. 성자의 길을 위해서는 자기 일대뿐만 아니라 수백 대를 대표한 자리에서 투입하여, 영계의 선한 영들을 지상에 재림시켜서 자기를 협조할 수 있는 기반을 얼마만큼 폭 넓게 하여 국가를 넘어서 영향을 미치고 가느냐 하는 것

입니다. 얼마만큼 위하는 사랑을 가지고 가느냐 하는 것이 하늘나라에서 등위 결정의 기준이 됩니다.

73 성자의 길은 하늘나라의 왕궁법도 알고 지상세계의 왕궁법도 다 알고 여기에 맞추어서 살겠다고 하는 것입니다. 그렇게 하는 것이 하늘나라의 왕자의 도리입니다. 하나님이 그러하시니 그 하나님의 부모의 심정을 이어받아, 그 왕권의 모든 심정을 이어받아 밤이나 낮이나 그렇게 살려고 하는 아들이 참된 아들이기 때문입니다. 성자의 걸음걸이가 오늘날 가정에서부터 천상세계에까지 곡절의 길을 가는 것이 아니라 직단거리로 연결될 수 있는 사랑의 길을 가는 것입니다.

74 성인은 세계 인류를 위해서 희생하고 가는 사람이고, 성자는 하나님을 중심삼고 세계 사람을 하나님같이 위해 가는 사람입니다. 역사적 성인은 지금까지 세계 사람을 위해서 죽어간 사람이고, 하나님의 아들 성자는 하나님에게도 충성을 하지만 하나님같이 만민을 위해서 살아가는 사람입니다. 이렇게 성자는 성인과 다릅니다. 참된 효자는 자기 어머니 아버지를 위하듯이 형제를 위해 가는 사람이고, 참된 충신은 군왕을 위하듯이 백성을 위해 가는 사람입니다. 참된 성자, 하나님의 아들딸은 하나님을 위하듯이 하나님에게 속한 모든 전부를 위해 가려고 하는 사람입니다.

3절 참부모의 참사랑

1 하나님의 사랑을 체휼한 사람에게는 환난이나 핍박은 문제가 안 됩니다. 선생님은 지금까지 핍박을 받으면서도 당당히 나왔습니다. 세계문제를 다 극복하고 여러분과 대할 수 있는 것도 딴 것이 아닙니다. 하나님을 알았기 때문입니다. 하나님의 사랑이 어떻다는 것을 알았기 때문입니다. 진정한 사랑의 길을 누가 막을 수 있겠습니까? 인간 남녀끼리의 사랑의 길도 못 막는데, 인간의 근본 되시는 하나님의 사랑을 느낀 그 사랑의 길을 그 누가 막을 수 있겠습니까? 아무도 막을 수 없습니다.

참부모가 걸으신 사랑의 길

2 선생님의 내력을 이야기하자면 사연이 많습니다. 선생님은 낙망할 수 있는 자리에서 낙망하지 않았고, 비굴해질 수 있는 자리에서도 비굴하지 않았습니다. 선생님은 평양에서 겪었던 일이 생생합니다. 평양에서 쇠고랑을 차고 형무소로 가면서 식구들에게 잘 있으라며 손짓하던 그때의 일이 언제나 잊히지 않습니다. 다른 사람들은 형무소에 들어갈 때 낙망과 절망하는 가운데 들어갔지만, 선생

님은 오히려 희망을 가지고 들어갔습니다. 하나님은 옥중에서 어떤 사람을 만날 것인지 알려주셨습니다. 하나님은 선생님이 배고플 때에는 사람들을 동원하여 밥을 가져다 먹게 해 주셨고, 말을 하지 않아도 수많은 사람들이 따르는 역사적인 산 실증을 보여 주셨기 때문에 선생님은 항상 자신만만했습니다.

3 선생님의 일족은 뜻길 때문에 망했습니다. 아버지 어머니 형제가 다 망했습니다. 선생님 일족을 망하게 해서 반대받는 여러분을 사랑한 것입니다. 자기 일족을 망하게 함으로써 난데없는 원수의 가족들을 사랑하고, 또 그들에게서 자기 일족을 희생시킨 대가를 찾고자 하는 것이 통일사상이요 하나님사상입니다. 그렇기 때문에 하나님은 자기 아들딸, 자기와 제일 가까운 민족을 망하게 해 가지고 원수의 나라와 원수의 민족을 사랑하십니다.

4 선생님은 역사의 부끄러움을 전부 통과해 왔습니다. 뜻길을 바로 세우기 위해서 얼마나 모욕을 당했는지 모릅니다. 어떤 여자 한 사람을 전도하는 데 1년 8개월 이상이 걸린 적도 있습니다. 그 집에 들어가서 그 남편의 핍박을 받으면서도 그 남편과 같은 식탁에 앉아 같이 밥을 먹으면서 전도했습니다. 남자로서 원리를 바로 세우기 위해서 그와 같은 최악의 모욕의 노정을 통과해 나왔습니다.

5 선생님은 하나님을 모시고 나오는 데에 있어서 선생님 자신을 생각해 본 적이 없습니다. '하나님은 어찌하여 사랑하는 아들이라고 하면서 평생 이렇게 고생만 시킵니까?'라고 해 본 적이 없습니다. 오히려 선생님이 동정해야 될 하나님이라고 생각했습니다. 철창에 갇히는 신세의 자리에서도 그랬습니다. 뜻길을 가기 위한 그 첫걸음에서부터 '이렇게 생명이 남아 있으니 감사합니다.'라고 오히려 하나님을 위로해 드렸습니다. 오늘날 통일교회의 전통사상을 지녀 온 역사적 탕감 기준을 남기기 위해서 그런 길을 걸어온 것입니다. 이것은 어느 누가 침범하려고 해도 침범할 수 없습니다. 하나님 아버지 외에는 침범할 수 없습니다.

6 뜻길을 가는 데 있어서 사랑을 뼈로 삼아서 어디든지 가는 사람은 하늘땅이 보호할 것입니다. 감옥에 있다고 패자가 아닙니다. 선생님이 감옥에 들어갔다고 '아버지, 당신이 사랑하는 아들이 감옥에 들어왔으니 원수를 갚아 주십시오.'라고 하지 않았습니다. '하나님의 사랑의 담이 아직까지 헐리지 않았기 때문에 감옥길이

남아 있습니다. 내 몸과 마음을 홍해를 갈랐던 모세의 작대기로 치시옵소서. 살이 찢기고 뼈가 부러지더라도 가겠습니다. 저는 아직까지 죽지 않았습니다.'라고 기도했습니다.

7 선생님은 뜻을 이루기 전에 지칠 수 없습니다. 하나님이 어떤 입장에 계시는지 알기 때문입니다. 그런 의미에서 선생님과 여러분은 다릅니다. 여러분이 전부 이 뜻길에서 떨어진다 해도 선생님만은 절대로 떨어질 수 없습니다. 여러분은 세상으로 흘러가고 싶으면 이 길에서 떨어질 수도 있겠지만, 선생님은 그럴 수 없어 홀로 그 길을 나가고 있습니다.

8 선생님은 지금까지 많은 일을 했습니다. 많은 돈도 투자했습니다. 그러나 선생님은 돈을 벌기 위하여 투자하지 않았습니다. 선생님은 명예를 위해서도 일하지 않았습니다. 오직 하나님을 슬픔과 고통에서 해방시켜 드리기 위해서, 참다운 인류의 평화를 위해서 피와 땀과 눈물을 흘려 왔습니다. 인간이 개인적으로나 가정적으로나 국가적으로나 세계적으로나 먼저 하나님을 슬픔과 고통에서 해방시켜 기쁘게 해드리지 않고는 인류의 참평화가 있을 수 없습니다. 선생님은 이것을 철저히 깨닫고 실천하여 왔습니다.

9 선생님은 처자를 희생시키면서 이 길을 왔습니다. 이 길을 나설 때 선생님은 어머니와 아버지, 일족에게 먼저 세계의 복을 주겠다고 생각하지 않았습니다. 충신이 가는 길은 나라를 사랑함으로써 나라와 하나되고 나서 자기 가정을 찾아가 사랑하는 것입니다. 그것이 충신이 가는 길입니다. 성인이 가는 길은 자기 나라를 버리고 세계 사람을 찾아 세계 사람과 더불어 나라를 위하는 길을 소개해 주는 것입니다. 성자의 길은 하늘나라의 왕자로 이 땅에 태어나서 천법을 다 수행하고 나서 하늘나라와 더불어 사랑하겠다는 것입니다.

원수에 대한 사랑

10 선생님의 생활 가운데에는 나그네와 같은 행로가 많이 있었습니다. 어둠을 재촉하는 석양빛을 받으며 길을 가는 나그네와 같은 길도 많이 걸어왔습니다. 배낭을 짊어지고 '사랑하는 처자를 남겨 두고 저는 가야 합니다. 안 갈 수 없습니다.'라고 기도하던 때를 선생님은 지금도 잊지 못하고 있습니다. 잘하면 충성의 길이요, 잘못하면 원수가 될 수밖에 없는 기로에서, 하나님을 맞이할 때까지 선생님은 처자를 사랑하지 않겠다고 기도했습니다. 세계를 살리기 위해서는 이런 피맺힌 노정을 가지 않으면 안 됩니다. 그런 각오가 없으면 참

의 세계를 이룰 수 없습니다. 그런 자리에서도 자기 처자, 자기 집안을 붙들고 눈물 흘리지 말고, 찾아야 할 미래의 크나큰 세계를 붙들고 눈물을 흘려야 됩니다.

11 배낭을 짊어지고 길을 가는 나그네 행로에는 지름길이 없고 고른 길이 없습니다. 피땀 흘리며 찾아가야 할 곤고한 길인 것입니다. 나그네의 행로를 걷는, 하늘 길을 찾아 나가는 청년의 모습은 몰리고 쫓기는 한 마리의 양과 마찬가지입니다. 찾아가는 그 길에서 흘리는 눈물은 나의 눈물이 아니라 나를 통해서 흘리는 하나님의 눈물인 것입니다.

12 성경을 보면 처음 사랑을 잃어버리지 말라고 하였습니다. 선생님은 지금까지 복귀섭리를 책임지고 많은 수난과 역경을 겪어 나오면서도 하나님과의 처음 사랑을 잃지 않고 나왔습니다. 그 누가 뭐라 해도 그것은 부정할 수 없고, 내 생명이 천만번 찢겨지는 한이 있다 하더라도 그것은 부정할 수 없다고 하면서 나왔습니다. 이것은 하나님이 아십니다. 선생님은 하나님을 보면 가슴이 미어집니다. 하나님의 사정을 생각하면 하늘 뜻을 반대하는 삼천만 민족이 밉기도 합니다. 그러나 그런 생각을 하다가도 하나님이 지금까지 복귀섭리를 해나오시면서 참아 나오신 것을 생각하면 부끄러운 생각이 듭니다. 이렇게 하며 선생님도 참고 나온 것입니다.

13 하나님께서 만일 타락한 인간을 저주했더라면 인류의 앞길이 막혔을 것입니다. 그러나 그러지 않으셨으므로 인류역사에 구원섭리의 소망이 남아 있는 것과 마찬가지로, 선생님도 그 전통과 사랑의 마음을 이어받았기 때문에 원수가 죽음길로 몰더라도 지금까지 그들을 위해 축복의 잔을 부어 주고 잘되게 축하해 주면서 나왔습니다. 이것이 통일교회 스승이 지니고 나온 사상이요, 여러분이 다년간 선생님을 모시고 나오면서 보고 체험한 사실임을 부정할 수 없습니다. 칼을 뽑아 원수의 입장에 서 있는 이 나라 삼천만 민족의 머리를 치고 그 가슴을 갈기갈기 찢어 놓는다 하더라도 풀리지 않을 하늘의 한을 품고 있는 선생님이지만, 사랑의 길은 그런 인간을 더욱 사랑해야 되는 길인 것을 알고 있었기 때문에 그 사람들을 위해서 선생님이 품고 온 하나님의 사랑이 이렇다고 하는 사실을 설명이라도 해주어야 합니다.

14 선생님은 이 길을 걸어 나오면서 모진 매를 맞았습니다. 생각해 보면 분합니다. 분한 일이 있을 때에는 전부 갈아치우고 싶은 생각이 들 때도

있습니다. 그러나 하나님을 생각할 때는 원수들이 불쌍하다는 것입니다. 이 원수들 앞에 아직까지 미련이 남아 이들을 사랑해야 되겠다는 소원을 갖고 나온 하나님의 모습을 생각할 때 위로해 드리지 않을 수 없습니다. 자식이 맞고 돌아올 때 눈물을 흘리시던 아버지의 한을 풀어 드려야 할 길이 바쁘다는 것입니다. 그러니 동네 개가 짖든 말든, 바위가 굴러가든 말든 내 갈 길이 바쁠 뿐이었습니다. 이런 것이 통일교회 선생님이 가는 길입니다. 선생님은 지금까지 수십 평생을 바쳐서 이 일을 해왔습니다. 왜정 때부터 이 일을 하다 반대받아서 감옥에도 갔었고, 가는 데마다 쫓기고 몰리고 배척받는 처량한 신세가 되기도 했습니다. 그래도 사탄을 원망치 않고, 다만 그 환경을 탄식하며 이 일을 해 나온 것입니다.

15 여러분은 예수님이 제자들의 발을 씻겨 준 것을 성경을 통해 알 것입니다. 여러분도 그러한 전통을 세우지 않고는 그들을 규합하지 못합니다. 선생님은 그렇게 해 나왔습니다. 선생님은 원수의 자식들이 밥을 굶는다는 소문을 들었을 때 속옷과 이불 하나만 남겨 놓고 전부 갖다 준 적이 있습니다. 그러고는 속옷만 입고 이불 하나만 덮고서 일주일 동안 살았습니다. 그러다가 나중에는 하나 남아 있는 이불까지 그들을 위해 팔았습니다. 왜 그런 일을 했느냐? 선생님이 못나서 그런 것이 아닙니다. 복귀의 길을 가려면 원수를 사랑했다는 절대적인 조건을 세워야 되기 때문입니다. 원수를 사랑하라는 성경 말씀을 실천해야 되기 때문에 그런 일까지 한 것입니다.

16 하나님이 누구를 보고 통일교회를 도와줄 것인가? 여러분은 나를 봐서 도와 달라고 말할 수 있는 사람이 되어야 합니다. 하나님이 나 때문에 협조한다고 할 수 있는 삶이 되어야 합니다. 나를 중심하고 하나님이 도울 수 있는 사람이 되어야 합니다. 이것은 선생님의 생활철학이요 비밀입니다. 하나님이 너로 인하여 대한민국을 사랑할 수밖에 없다고 할 수 있는 사람이 되어야 합니다. 이러한 책임자가 되어야 합니다. 그런데 여러분을 보고 하나님이 통일교회를 밀어 줄 수 있을까 하는 것이 문제입니다. 원수를 미워해서는 안 됩니다. 또한 원수가 망하는 것을 보고 기뻐해서도 안 됩니다. 만일 하나님이 원수가 망하는 것을 보고 기뻐하신다면 이 세계는 남아질 수 없을 것입니다. 하나님이 사탄까지도 미워할 수 없기에 선생님도 그러합니다.

17 하나님을 사랑하고 세계를 사랑

하고 나라를 사랑하지 못하는 것이 한이 되어 눈물지을 때, 하나님도 눈물지으며 '오냐 오냐, 그럴 수 있는 날을 이루어 주마. 네 소원이 그렇기 때문에 그런 날이 올 것이다.'라고 위로해 줄 수 있는 여러분이 되어야 합니다. 그런 다음에야 종족을 사랑하고 가정을 사랑하고 맨 나중에 자기를 사랑할 수 있습니다. 이것이 지금까지 하나님의 섭리역사에 있어서 인간이 가져야 할 중심사상이었습니다.

18 선생님은 하나님의 슬펐던 역사적인 사연을 알았습니다. 예수님을 그런 운명의 자리로 내보낸 하나님의 심정을 알았습니다. 그러했기 때문에 선생님은 어떻게 하늘 뜻 앞에 드려질까를 생각했습니다. 민족과 세계로부터 조롱받고 몰리면서도 원수의 무리를 어떻게 해서라도 하나님의 뜻 앞으로 돌이키기 위해서 누구보다도 사랑해 주었습니다. 사랑할 뿐만 아니라 복을 빌어 주었습니다. 그리고 내 아들과 딸이 있거든 그들에게 어떻게 원수들을 위해 내 대신 축복해 주고 내 대신 사랑해 달라고 유언을 남길 것인가 하고 생각했습니다. 이것이 선생님의 소원이요, 그럴 수 있도록 길을 닦아 나온 선생님이었습니다.

가인권 사랑과 실천

19 어머니는 나를 지극히 사랑했습니다. 형제를 낳기는 열 셋을 낳았는데, 8남매만이 살아남았습니다. 아들은 둘뿐이고 누이가 여섯인데, 그중에서도 어머니는 선생님을 제일 사랑했습니다. 그런 어머니에게 정성 들인 손수건 한 장 사서 드리지 못했습니다. 하늘을 따라가야 하기 때문이었습니다. 어머니를 위하여 정성 들이는 이상 세상을 사랑해야 되기 때문이었습니다. 그러지 않으면 사랑의 강도가 됩니다. 사기꾼이 되는 것입니다. 그래서 선생님은 어머니보다 세상을 더 사랑해야 되고, 처자보다 세상을 더 사랑해야 됩니다. 자기에게 화살을 들고 나온 원수는 사랑하지 못하더라도 그 원수의 아들딸들은 사랑해야 됩니다. 하나님의 섭리가 천사장은 사랑하지 못해도 천사장의 후손을 사랑하여 복귀하는 것이기 때문에 우리는 사탄에게 속해 있는 아들딸들을 사랑해야 됩니다.

20 선생님이 천신만고 끝에 찾아 놓은 영계의 모든 비밀의 내용은 보화 중의 보화요, 그 무엇을 주고도 바꿀 수 없는 귀한 것입니다. 그런데 이것을 사랑하는 부모 형제와 함께 나눌 수 없었으니, 이것이 얼마나 한스러웠겠습니까? 어머니를 뒤에 두고 나설 때에 눈물을 머금고 마음속으로 '어머님, 이제 이 집을 떠나면 다시 만나 뵐 수 없는 길로 가게 됨을 용서하

십시오.'라고 인사를 드리고 어머님과 헤어졌는데, 선생님이 감옥에 들어가 있을 때 찾아와서 하염없는 눈물을 흘렸습니다. 그러나 선생님은 그 어머니께 위로의 말 한마디 해드리지 못하고, 도리어 눈물을 흘리고 계시는 어머니께 '졸장부 아들을 낳은 어머니가 되지 말고 대장부를 낳은 어머니가 되십시오.'라고 하면서 눈물을 그치게 했습니다. 이런 역사를 선생님은 지니고 있습니다.

21 여러분은 아들딸을 사랑하기 전에 사탄 편적 아들딸을 사랑해야 됩니다. 사탄 편적 아들딸을 사랑했다는 조건을 세우지 않고는 자기 아들딸을 사랑할 수 없습니다. 선생님도 그런 운명이 있었기 때문에 자기 자식을 다 버리고 삼팔선 이북으로 보따리를 싸 가지고 나선 것입니다. 원수의 국가에 가서 수많은 사람들을 사랑했다는 조건을 세우고 다시 돌아오지 않으면 안 되었습니다. 원수의 국가를 굴복시키고 돌아오지 않으면 안 되었던 것입니다.

22 선생님은 30세가 될 때까지 옷을 스스로 사 입어 보지 못했습니다. 돈이 없어서 그런 것이 아닙니다. 내가 치리하고 거느리고 있는 아들딸들이 있지만 내가 정성을 다해서 어느 한 가지도 못 해주었기 때문입니다. 나의 마음을 다하고 정성을 다하여 사랑하는 마음으로 자녀들에게 그렇게 해주고 나서야 옷을 해 입고 싶다는 것입니다. 이것이 도의 가르침이요, 부모의 마음입니다. 선생님은 그러한 자리를 못 갖추었기 때문에 옷도 사 입지 못했습니다. 또 선생님은 30평생 배고프지 않은 날이 없었습니다. 선생님이 돈이 없어서 그런 것이 아닙니다. 돈이야 있었지만 그 돈을 선생님을 위해 쓰지 않았습니다. 병에 걸려 길거리에 누워서 집에 못 가고 있는 사람을 있는 힘을 전부 투입해서 천리 길 이상을 메고 업고 다니면서 도와주었다는 것입니다.

23 선생님은 지금까지 통일교회를 찾아오는 사람들이 옷을 못 입고, 꿰맨 허름한 옷을 입은 사람을 보면 옷 사 입을 돈을 주었습니다. 선생님은 자식으로서 아버지 어머니에게 옷 한 벌 못 사 드렸습니다. 그러니 어떻게 부모님을 뵙겠습니까? 먹지 못하여 얼굴이 해쓱해져 있는 사람을 보게 되면 먹을 것이 있어도 목이 메어 먹지 못했습니다. 그 후에도 그가 생각나서 목이 메어 먹을 수가 없었습니다. 그래서 맛있는 것이 있으면 목이 메어 못 먹고 두었다가 그들에게 주고 싶었습니다. 누구든지 아무리 못생겼어도 선생님을 찾아오면 감사하여 백배 사례할 정도로 그렇게

했습니다.

옥중생활과 참사랑 훈련

24 지금까지 선생님은 옥중에서도 옥중의 생활을 한 사람입니다. 지금까지 수차례에 걸쳐 감옥살이를 했지만, 그 옥중생활이 선생님에게 슬픔을 주지 못했습니다. 그곳은 선생님에게 둘도 없는 제일의 도장이었습니다. 인간을 진정으로 사랑할 수 있느냐, 원수를 진정으로 사랑할 수 있느냐, 사형수와 코를 맞대고 입김을 나눌 수 있느냐 하는 것을 생각할 수 있는 도장이었습니다. 그리고 그런 자리에서 이 민족의 한을 느끼고, 정열을 가지고 사회의 부정을 신랄히 비판할 수 있느냐 하는 것을 생각할 수 있는 좋은 도장이었던 것입니다. 거기에서부터 우리 교회가 출발한 것입니다. 그런 자리에서도 인간이 갖추어야 할 기준, 하나님이 제시한 인격적 기준을 상실하지 않고 아무리 어려운 환경이라도 극복할 수 있는 하나의 원천적인 실체를 어떻게 수습하느냐 하는 것을 지금까지 필승의 생활철학으로 삼아 온 것입니다.

25 옥중의 수난 가운데서 채찍을 맞고 피를 토하는 고문을 당하면서도 선생님은 채찍질하는 원수를 원망하지 않았습니다. 참의 하나님은 당신이 제일 사랑하는 아들을 희생시켜서라도 원수를 구해 주고, 이뿐만 아니라 제일 귀한 예물까지도 그 원수한테 내주는 분입니다. 이것이 바로 하나님의 사랑입니다. 채찍질하는 원수들을 위해서 눈물 흘리며 기도해야 되는 것이 하나님의 도리입니다. 그래서 선생님은 지금까지 그런 일을 해 나왔습니다.

26 선생님은 24세 때부터 감옥살이를 했습니다. 고문을 당하다가 코가 부러지고 머리가 깨지고 목이 부러지는 자리에서도 철석같은 신념을 가지고 그 나라를 상대로 해서 절대로 굴복하지 않았던 사나이입니다. '아무리 몽둥이로 쳐 봐라. 내 몸이 부러지는 것이 아니라 몽둥이가 부러질 것이다. 손가락을 끊어 봐라. 어떤 독한 고문을 해도 굴복하지 않는다.'라고 하면서 버틴 사나이입니다. 심정의 골수에 맺힐 수 있는 사연, 그 누구도 풀 수 없는 사연의 자리에서 눈물어린 아버지의 사랑이 담겨 있다는 것을 알았습니다. 아직도 남이 모르는 깊은 골짜기에서 뒤넘기쳐야 할 고빗길이 남아 있는 것입니다.

27 선생님은 감옥에 있을 때 부모님이 찾아왔는데도 그분들을 바로 돌려보냈습니다. 선생님은 그렇게 해야 했습니다. 선생님은 선생님의 형제들을 결코 보지 않았습니다. 선생님

은 형제, 가정, 친척들을 희생해서 새로운 사람들을 찾으려고 했습니다. 선생님은 선생님의 부모 형제, 또는 친척들을 사랑했던 것보다 여러분을 더 사랑해 왔습니다. 하나님이 그와 같기 때문입니다. 하나님은 그 아들을 희생시켜서 전 세계를 구하려고 하셨습니다. 하나님은 독생자의 생명까지 희생시켜야 했습니다. 그렇게 해서라도 전 세계를 구원하려고 했습니다. 선생님도 그러한 본보기를 따라야 했습니다.

28 감옥에서 선생님은 따르는 많은 사람들을 만났습니다. 그들은 선생님을 따르라는 계시를 하늘로부터 받고 그런 것입니다. 그러나 먼저 선생님을 따랐던 사람들은 '하나님이 사랑하는 사람이 어떻게 감옥에 들어갈 수 있는가?'라고 의심을 품게 되어 선생님을 더 이상 믿지 못하고 흩어졌습니다. 예수님도 십자가에 못 박혔을 때 열두 제자를 잃었습니다. 그래서 선생님은 감옥에서 그들 열두 제자를 복귀해야 했습니다. 감옥에도 죄수로 변장한 많은 공산당의 스파이들이 있었습니다. 그래서 선생님은 감옥에서 한마디도 말할 수가 없었습니다. 그러나 영계가 사람들에게 증거하였고, 그래서 그들이 선생님을 따랐습니다. 선생님이 배고플 때 선생님이 알지 못하던 많은 사람들이 선생님에게 주먹밥을 가지고 왔는데, 그들 조상들이 꿈에 나타나 주먹밥을 선생님에게 갖다 주라고 했기 때문입니다.

29 하나님이 선생님을 얼마나 훈련시켰는지 모릅니다. 선생님에게는 하나님이 사랑의 하나님이 아니었습니다. 생각만 해도 끔찍했습니다. 세상의 장사치 같은 마음을 가졌으면 벌써 도망갔을 것입니다. 뜻 같은 것은 생각지도 않고 하나님이 찾아올까 봐 멀리멀리 도망갔을 것입니다. 하나님은 선생님이 감옥에 들어가 고생할 때 가장 많이 사랑해 주셨던 것입니다. 그 자리에 가 보면 '아, 하나님이 날 사랑하는구나!'라고 알 수 있습니다. 그래서 감옥에 들어간다 하더라도 싫지가 않습니다. 통일교인들은 고생해야 됩니다. 감옥, 구치소에 들어가서라도 고생하라는 것입니다. 하나님을 만날 수 있는 장소가 어디냐? 가장 심각하고 힘든 장소에서 하나님을 만날 수 있습니다.

나라와 세계를 위한 꾸준한 투입

30 이 한민족을 위해 눈물을 흘린 것으로 말한다면 선생님은 그 어느 애국자보다 더 많이 흘렸습니다. 선생님이 일본으로 유학을 떠나던 1941년 4월 1일 새벽 2시에 부산 부두에서 한국을 바라보며 기도하던 것이 잊히지

않습니다. '내가 지금 비록 떠나지만 너를 더욱더 사랑하고, 너를 위하여 더 많은 눈물을 흘려 주마.'라고 약속했던 것입니다. 일본에 가서도 굶주린 친구를 만나게 되면 선생님은 굶더라도 그에게 먹을 것을 주었고, 굶주린 고학생을 만나면 부둥켜안고 통곡을 했습니다. 그들이 먹을 것이 없을 때에는 그들에게 먹을 것을 마련해 주기 위해 학생복을 벗어 던지고 부두 노동을 했고, 석탄 짐을 지고 운반도 했습니다. 선생님은 그러한 젊은 동지들을 사랑하기 위해 싸워 나왔다는 것을 알아야 합니다. 선생님을 만났던 사람들은 그 누구보다도 나를 친한 친구로 생각했습니다.

31 선생님은 지금까지 누구를 사랑했느냐? 처자와 부모를 사랑하지 않았습니다. 세계를 사랑하고 나라를 사랑했습니다. 세계를 사랑하고 나라를 사랑하려면 민족과 종족을 사랑해야 됩니다. 하늘이 사랑하고 싶었던 나라를 이 땅에서 사랑해야 되고, 하늘이 사랑하고 싶었던 종족을 이 땅에서 사랑해야 되고, 하늘이 사랑하고 싶었던 가정을 이 땅에서 사랑해야 됩니다. 선생님은 세계 만민을 위해서 사랑의 눈물을 많이 흘렸습니다. 그것은 하늘이 공인할 것입니다. 이 나라를 위해서도 사랑의 눈물을 많이 흘렸습니다. 선생님은 민족을 누구보다도 사랑했고 종족을 누구보다도 사랑했습니다.

32 새로운 사상을 품은 이 사나이는 불쌍한 한국 땅에서 태어났습니다. 불쌍한 한국 땅에서 태어나 그렇게도 지지리 고생했고, 그렇게도 지지리 천대받았고, 그렇게도 지지리 몰림받으며 지금까지 왔습니다. 여러분은 그저 편안히 앉아 가지고 내가 팔자가 좋아서 여기에 와 있다고 생각해서는 안 됩니다. 단단히 정신 차려야 합니다. 여러분이 좋은 자리에서 행복의 콧노래를 부르고 살 때, 선생님은 어느 농가 처마 밑에서 비를 피해 가며 뜻을 위해 눈물을 흘렸습니다. 쌀쌀한 날에도 찬바람과 진눈깨비를 맞아 가며 거지 신세가 되어서 거리를 헤매기도 했습니다. 그래도 민족과 세계를 위하여 싸웠습니다. 그러니 여러분이 전차나 혹은 버스를 타게 될 때 거기에 축축한 옷을 입은 그러한 청소년이 있으면 그를 푸대접하지 마십시오. 스승이 그런 길을 걸어왔습니다.

33 선생님은 미천한 가문에서 태어난 사람이 아닙니다. 고생길을 가도록 태어난 사나이가 아닙니다. 그렇지만 고생하지 않고는 복귀의 길이 열리지 않기 때문에 그런 길을 가지 않을 수 없었다는 것을 알아야 합니

다. 선생님은 민족 전체를 사랑하고 싶었던 마음이 간절했고, 세계 인류를 사랑하고 싶었던 마음이 간절했습니다. 하나님을 통곡시켜서 민족을 사랑할 수 있는 인연을 맺고 싶었고, 세계를 사랑할 수 있는 인연을 맺고 싶었습니다. 이러한 인연을 이 삼천리반도 황폐한 땅 위에 맺어 놓았기 때문에 앞으로 세계가 통일사상을 중심삼고 한국 땅을 조국으로서 환영할 수 있는 날이 올 것입니다.

34 선생님은 고향도 버리고, 나라도 버리고, 한국 교회도 다 버리고 핍박을 받고 욕을 먹으면서 쫓기는 걸음으로 지금까지 나왔습니다. 우리는 몰리고 쫓기면서 발전하는 것입니다. 우리는 절망적인 사람이 아니라 희망적인 사람들입니다. 그 무엇으로도 끊을 수 없는 절대적인 사랑으로 하나된 사람들이기 때문에 우리를 점령할 자가 없습니다. 사랑만이 모든 승리를 가져올 수 있습니다. 사랑이 있는 곳에 영원한 승리와 영원한 천국이 이루어집니다. 사랑 앞에는 모든 것이 해방됩니다. 선생님은 그 곳을 향하여 가려고 하는 것입니다.

35 선생님은 하나님을 사랑했고, 세계를 사랑했고, 인류를 사랑했습니다. 해방 직후에 선생님을 죄수로 몰아 총살시키려 했던 원수들까지도 사랑했습니다. 그의 자식이 굶고 있을 때 양복에서부터 속옷까지 다 팔아 그에게 주고 아무것도 없이 2주일 동안 살아 본 적도 있습니다. 나중에는 입을 것이 없어서 밖에 나가지 못했습니다. 그것은 어떤 수단으로 그렇게 한 것이 아니라 진정한 의미에서 그렇게 했던 것입니다. 선생님의 아들딸을 위해서 눈물어린 기도를 해 본 일이 없습니다. 눈물을 흘려도 여러분을 위해서 흘렸습니다. 만약 선생님이 여러분을 위해 눈물 흘리며 살아 온 기반이 없었다면 하나님이 역사해 주시지 않았을 것입니다.

36 선생님이 바라는 것은 선생님을 사랑하기 전에 하나님을 사랑하는 것입니다. 선생님이 어머니면 어머니에게, 자식이면 자식에게 교훈하는 것이 무엇이냐 하면, 하나님을 사랑하기 전에 선생님을 사랑하지 말라는 것입니다. 그러니 하나님을 사랑하기 위해서 선생님이 천리만리 순례의 길을 떠나도 섭섭해하지 말라는 것입니다. 여러분은 선생님을 사랑하기 전에 하나님을 사랑해야 되고 세계 인류를 사랑해야 됩니다. 세계 어디를 가든지 공의의 법도 앞에서 감당할 수 있는 권위와 그 내용을 실천할 수 있는 자격을 갖추지 못하면 약속을 못하는 것이 천륜의 이치요 인륜 도덕의 이치입니다.

제4편

참 인 간

제4편 참 인 간

| 차 례 |

제1장 하나님이 창조하신 참인간

1절 참인간은 하나님의 실체

1 만물은 형상적인 꼴을 가지고 있지만 하나님은 무형의 존재입니다. 하나님은 어떠한 형도 가지고 있지 않습니다. 크다고 하면 무한대요, 작다고 하면 무한히 작은 분입니다. 그런 하나님이 어떤 표준적인 형을 형성하고 표시하더라도, 형체를 나타낸다 하더라도 실체를 가진 만물은 그 하나님에게 직접 주관을 받을 수는 없습니다. 그러니까 실체를 가진 피조세계에는 실체를 가진 주인의 인격과 형을 갖춘 존재가 있지 않으면 안 됩니다. 하나님은 이 지상 만물뿐만 아니라 무한한 영계도 주관하시지 않으면 안 됩니다. 천사장이나 여러 형체를 가진 실체, 그리고 무형의 실체까지도 주관하려면 그 중심적인 형상이 필요합니다. 그래서 하나님은 아담 해와를 창조하신 것입니다.

인간을 창조하신 이유

2 하나님은 인간을 왜 창조했느냐? 하나님이 인간을 창조한 것은 사랑 때문입니다. 하나님이 무슨 예술작품을 만들려고 한 것이 아닙니다. 사랑 때문에 창조를 시작했습니다. 그렇기 때문에 나 하나가 존재하는 것보다 사랑이 앞섭니다. 사랑의 모델을 표준으로 해서 지었습니다. 하나님이 본래 사랑의 모델을 놓고, 그 이상적인 모델을 중심삼고 남자를 지었고, 여자를 지었고, 이 피조세계를 지었다는 것입니다.

3 절대적인 하나님이 왜 인간을 지었느냐? 돈 때문에 지은 것이 아닙니다. 지식 때문에 지은 것이 아닙니다. 권력 때문에 지은 것이 아닙니다. 사랑 때문입니다. 하나님이 사랑을 느낄 수 있는 단 하나의 길은 인간이라는 상대를 통하는 길입니다. 그런 관점에서 하나님은 아버지이고 인간은 아들딸이라는 말이 나옵니다. 이것이 하나의 축입니다. 만약 이 축이 연결됐다면 인간과 하나님은 사랑으로 일체가 됩니다. 이렇게 일체 된 관계는 그 무엇이 작용을 해서 떼려고 해도 뗄 수 없습니다. 저지할 수 없습니다.

4 하나님이 인간을 창조하신 목적이 무엇이겠습니까? 전지전능하시고 무소부재하신 하나님도 홀로 있는 것을 원치 않으셨기에, 먼저 천주는 인간을 위한 환경의 일환으로 창조하시고, 그 터 위에 당신의 절대사랑의 대상으로 인간을 창조하셨습니다. 하나님은 대상인 인간이 하나님 자신보

다 더 훌륭하고 큰 존재가 되기를 바라셨기 때문에 인간을 당신의 자식으로 지으신 것입니다. 세상에서도 부모는 자식들이 자신들보다 더 잘되고 훌륭해지기를 바라지 않습니까? 그것은 모두 하나님이 축복으로 주신 부모들의 전통적 사랑입니다. 자식으로 지은 인간이 성장하고 완성하여 당신으로부터 축복결혼을 받고 참사랑·참생명·참혈통의 열매 되는 참된 자녀를 번식하여 참된 가정에서 참되고 영원한 이상천국을 이루어 사는 것을 보고 기쁨을 느끼고 싶었던 것이 하나님의 창조목적입니다.

5 하나님이 천지만물을 창조하기 시작했다는 것은 대상의 세계를 전개하기 위해서입니다. 결국 또 다른 자기 상대 존재를 만들자는 것입니다. 그래서 하나님 자체를 투입한 것입니다. 보이지 않는 하나님에서 보이는 하나님으로 전개시키겠다는 것입니다. 창조역사를 한다는 것은 힘의 투입을 말합니다. 창조란 힘을 소모시키는 것입니다. 투입했는데 얼마나 투입했느냐? 참된 생명을 완전히 투입하고, 참된 사랑을 완전히 투입하고, 참된 이상을 완전히 투입한 것입니다. 창조하기 전과 창조하고 난 후가 다릅니다. 창조하기 전에는 자기를 생각했지만, 창조를 하기 시작하면서부터 대상을 위하는 시대로 전환되는 것입니다. 내가 있는 것은 나를 위해서가 아니라 상대를 위해서입니다. 사랑과 이상이라는 말은 대상을 두고 하는 말이기 때문에, 이상적인 존재의 기원은 자기를 위하는 데서가 아니라 상대를 위하는 자리에서 출발하는 것입니다.

6 하나님은 인간을 무엇 때문에 창조했느냐? 아들딸의 생명을 보기 위해 창조한 것이 아닙니다. 그 아들딸과 더불어 사랑하기 위해서 창조한 것입니다. 아무리 생각해도 그럴 수밖에 없습니다. 인간을 창조한 목적은 사랑 때문입니다. 하나님의 사랑을 중심삼고 그 바탕에서 생명이 창조된 것이지, 생명을 만들어서 사랑을 유발시킨 것이 아닙니다. 다시 말하면 하나님의 마음에 사랑이 싹트기 시작해서 생명이 시작되고, 그 생명이 사랑으로부터 시작됐기 때문에 결과도 사랑으로 되어야 합니다. 시작이 사랑이었기 때문에 끝도 사랑이어야 합니다. 그렇기 때문에 사랑을 빼면 인간은 불행한 것입니다. 그러므로 사랑은 자기를 두고 하는 말이 아니라 상대적인 관계에서 이루어지는 말입니다. 사랑은 둘 이상, 반드시 주체와 대상의 관계에서 벌어지는 것입니다.

7 하나님 창조의 최후 목적은 체를

쓰는 것입니다. 실체세계를 주관하기 위해서는 무형의 하나님으로는 안 되기 때문에 만민의 아버지로서 어머니로서 체를 쓰고 나타나야 합니다. 감각기관을 가지고 자극을 느낄 수 있는 주체와 대상으로 서기 위해서는 체를 입어야 됩니다.

8 하나님은 왜 아담과 해와를 필요로 했겠습니까? 두 가지의 목적이 있습니다. 첫째는 사랑의 이상을 성사하자는 것입니다. 둘째는 무형의 하나님이 형상을 쓰고 나타나시기 위해서입니다. 그렇기 때문에 무형의 하나님이 유형의 형상을 쓰고 유형세계와 관계맺을 수 있는 그 기초, 그 핵심이 아담과 해와입니다. 그래서 아담과 해와가 완성해서 영계에 가면, 아담과 해와는 하나님의 몸과 같고 하나님은 아담과 해와의 마음과 같은 자리에서 보이지 않는 것입니다. 하나의 사람, 하나의 영적 세계에 완성한 사람을 실체세계의 몸과 마음 같은 하나의 결과로 이루어 놓자는 것이 하나님이 아담과 해와를 창조하신 목적입니다.

9 하나님과 인간이 사랑을 중심삼고 완전히 하나됨으로써 아담의 몸과 하나님의 몸이 하나되고, 아담의 마음과 하나님의 마음이 하나됩니다. 그래서 아담의 형상, 해와의 형상을 전부 느끼는 것입니다. 여기에서 정분합 논리가 나옵니다. 정에서부터 나뉘어서 합하게 됩니다. 나눠진 목적이 어디에 있느냐? 첫째는 하나님 자신이 체를 입은 사랑의 대상체를 통해서 사랑을 완성할 수 있는 입장이 됩니다. 종적인 상하관계가 아니고 평면적인 입장에 서는 것입니다. 마음은 종적이요 몸은 횡적인 것과 마찬가지로, 하나님 자신에게도 마음과 몸이 있는데 몸적인 분야는 아담의 몸과 하나되고, 마음적인 분야는 아담의 마음과 하나됩니다. 그런 실체, 몸 마음이 하나된 여자면 여자, 남자면 남자를 찾아야 됩니다. 보이지 않는 하나님은 성상과 형상이 있지만 마음적인 기준의 하나님입니다. 그래서 몸적인 분야에서 하나되기 위해 아담 해와를 지었다는 것입니다.

10 하나님이 아담과 해와를 왜 만들었느냐? 무형의 신으로서는 이 실체세계를 주관하지 못합니다. 보이지 않는 신으로서는 이 보이는 세계, 창조물, 우주를 지배할 수 없습니다. 그렇기 때문에 하나님은 사랑을 중심삼고 체를 입어야 됩니다. 그래서 창조한 것입니다. 사랑을 중심삼고 체를 입으면 내적 외적 자극이 벌어집니다. 자극이 벌어진다는 것입니다. 내적 기준에 있어서 마음만 있고 거기에 상대가 없으면 자극이 안 벌어집니다.

11 무형의 신으로 계시는 하나님으로는 이 우주를 상대로 자극을 못 느낍니다. 아무리 자극을 해도 마음 자체만 가지고는, 무형만으로는 감동이 없습니다. 같은 것이니까 같아서 자극이 안 온다는 것입니다. 서로 상충된 것끼리 합하면, 더운 물과 찬물이 합하면 폭발하듯이 그런 자극이 필요하다는 것입니다. 그렇게 상대적 거리를 두고 자극적이고 충동적인 것을 필요로 하기 때문에 하나님은 플러스로서 마이너스적인 상대를 만든 것입니다.

12 창조원리의 결론은 하나님이 왜 창조했느냐는 것입니다. 이성성상 자체의 분립상을 만든 것입니다. 그러니까 하나님이 완전한 하나님이라면 아담과 해와는 반쪽의 하나님입니다. 아담도 반쪽의 하나님, 해와도 반쪽의 하나님입니다. 하나님을 갈라놓았으니까 반쪽의 하나님입니다. 하나님의 반쪽 실체를 갖는 목적이 무엇이냐? 가정을 만들고 나라와 천국을 만드는 것은 혼자서는 안 됩니다. 반쪽의 아담과 해와가 사랑을 통해서 하나돼야 합니다.

인간은 하나님의 성전

13 만일 인간조상 아담과 해와가 타락하지 않았다면 어떻게 되었을 것이냐? 아담과 해와는 하나님과 한 몸이 되어 하나님과 같은 자리에 서서 하나님 창조의 위업을 이어받아 하나님이 창조 후 기뻐하셨던 것과 마찬가지 자리에 섰을 것입니다. 하나님과 인간 사이에 그런 관계를 맺게 되는 것입니다. 타락하지 않은 본연의 사람은 하나님의 성전이 됩니다. 아담 해와가 타락하지 않은 조상이 되었다면 그 마음속에는 하나님이 같이하시는 것입니다. 결국 하나님이 마음속에 들어와 있으니, 하나님이 중심이 되고 아담 해와는 하나님의 외적인 몸과 같다는 것입니다. 예수님도 '나는 아버지 안에 있고 아버지는 내 안에 있다.'라고 했습니다. 한 몸이라는 것입니다. 그와 마찬가지입니다. 예수님은 타락하지 않은 분입니다. 아담과 해와가 성숙해서 성혼식을 했으면 그들은 하나님을 중심삼고 직접적인 사랑권 내에서 하나되는 것입니다. 여기의 중심은 하나님입니다. 그렇게 되었다면 인간은 실체를 쓴 하나님의 몸이 됩니다.

14 아담은 실체를 쓴 하나님의 몸입니다. 고린도전서 3장 16절에 '너희의 몸이 성전이 되는 것을 모르느냐?'라고 돼 있는데, 성전은 무엇입니까? 하나님이 계시는 곳입니다. 우리 마음에 본연의 사랑이 싹트는 그 자리를 지성소로 삼는 것입니다. 그래서 아담의 마음에 하나님이 우

주적인 사랑의 성전을 짓고 사랑의 힘을 뻗어서 사랑의 꽃을 피우려 하는 것입니다. 이것이 하나님이 아담 해와를 지어 가정과 세계에 번식하라고 축복해 주신 목적입니다.

15 하나님은 온 만물을 지으시고 그 만물의 주인공으로 인간시조를 에덴동산에 지어 놓으셨습니다. 인간을 지으실 때는 하나님의 어떠한 장난거리로 지으신 것이 아닙니다. 취미로 지으신 것이 아닙니다. 인간을 지어 만물을 대표하는 중심으로 세우게 될 때까지의 하나님의 수고와 정성은 이루 말할 수 없었습니다. 하나님은 인간을 지으실 때 온갖 정성을 다 들이시고 또한 당신의 심혈과 생명의 핵심을 다 기울여 지으셨으며, 사랑과 애정을 몽땅 퍼부어서 지으셨습니다. 어떠한 힘 가지고도 떼려야 뗄 수 없고, 가르려야 가를 수 없는 인연 가운데서 지으신 것입니다. 이렇게 지으신 인간이기에 그 인간을 바라보시는 하나님은 비로소 평화가 깃들 수 있고, 모든 정과 행복은 그 인간을 통하여서만 깃들 수 있는 것입니다.

16 하나님은 인간의 아버지요, 인간은 하나님의 아들딸입니다. 하나님의 뼈 중의 뼈, 살 중의 살, 골수 중의 골수를 몽땅 퍼부어 지은 인간이기에 이런 인간이 하나님을 끌면 안 끌려오실 수 없고, 또한 하나님이 인간을 끌면 안 끌려갈 수 없습니다. 하나님은 이러한 인연 가운데서 내용과 목적이 일치된 인간으로 지으셨습니다. 만일 그렇게 지어 놓은 사람을 보고 하나님이 찬양할 수 있는 어떠한 말씀이나 시가 있다면 그것은 세상의 어떤 시인이나 문인도 표현하지 못하는 최고의 작품이 될 것입니다. 그 대상은 하나님도 아니요, 만물도 아니요, 오직 만물을 대표한 인간입니다.

17 주체 되시는 하나님과 인간의 관계에 있어서 사랑을 중심삼고 서로 점령하고 점령당할 수 있는 자리가 어떤 자리냐? 하나님을 중심삼고 인간이 제자의 입장에서 사랑받는 자리냐 하면 아닙니다. 하나님에게 딸이 있고 아들이 있다면 하나님의 사위가 되고 며느리가 되는 자리가 최고의 목적이냐 하면 그것도 아닙니다. 인간은 그보다도 한 걸음 더 들어가서 하나님의 아들이 되고 딸이 되는 것을 목적으로 합니다. 그 이외의 자리는 원치 않습니다. 이런 관계가 맺어지는 자리가 바로 하나님과 인간의 부자관계의 자리입니다. 인간이 찾아가야 할 자리, 이 우주의 궁극적인 진리 문제를 놓고 누구보다도 고심한 사람이 선생님입니다. 신비스러운 경지에 들어가서 인간이 찾아야 할 우주의 최고 진리가 무엇이냐 하는

것을 타진하였을 때, 그때 얻은 답이 부자관계라는 말입니다.

18 절대적인 하나님 앞에 인간은 상대적 존재입니다. 절대적인 사랑을 중심삼고 한 몸이 되어야 합니다. 그렇게 하나님과 아담 해와가 한 몸이 되어 있으면, 그 아담 해와를 중심삼고 태어난 아들딸은 아담 해와의 아들딸이자 하나님의 아들딸입니다. 그렇게 되었으면 하나님의 혈족으로서 이 땅 위에 가정을 이루고, 종족을 이루고, 민족을 이루고, 국가를 이루고, 세계를 이루었을 것입니다. 영원하신 하나님의 사랑을 중심삼고 맺어진 그 인연은 끊을 자가 없기 때문에, 그 나라 자체가 하나님의 사랑을 기반으로 한 지상천국이 된다는 것입니다.

19 하나님은 절대자요, 그 절대자는 우리의 아버지요, 그 아버지는 천지의 주권자이십니다. 이것을 다시 보게 되면 그 절대자는 나를 중심삼고는 아버지요, 세계를 중심삼고는 주권자요, 하늘의 중심이십니다. 그렇기 때문에 아버지라는 명사는 고귀한 것입니다. 영계를 통합시킬 수 있는 제일 가까운 자리에 있는 것도 그 명사요, 세계를 통합시킬 수 있는 제일 가까운 자리에 있는 것도 그 명사입니다. 나와 그가 통일될 수 있는 가장 가까운 자리에 있는 것도 그 명사밖에 없습니다. 영계에서나 육계에서나 그 명사 이외에 더 가까운 것이 없다는 것입니다.

2절 참인간의 마음과 몸

1 피조세계에는 두 축이 있습니다. 두 축이 있는데, 보이는 축과 보이지 않는 축, 이중구조로 되어 있습니다. 하나의 주체를 중심삼고 돌아가는데 그 주체 자신도 돌아갑니다. 몸과 마음이 주고받으면 돌게 되는 것과 같습니다. 모든 존재물은 이와 같은 원칙에 의하여 존재합니다. 마찬가지로 타락한 인간세계에서의 복귀의 길도 축을 고치지 않으면 안 됩니다. 인간에게 몸의 중심은 마음입니다. 마음을 중심삼고 몸이 연결되어 있기 때문에 몸은 마음을 중심삼고 도는 것입니다. 마음의 명령에 몸이 움직입니다. 마음이 '동으로 가라!' 하면 동으로 가야 되고, '서로 가라!' 하면 서로 가야 됩니다.

마음과 몸이 뭐냐

2 마음은 뭐냐? 종적인 아버지, 창조주 아버지의 사랑을 이어받은 것이 마음입니다. 그리고 횡적인 부모의 사랑을 통해서 이어받은 것이 이 몸입니다. 그렇기 때문에 마음은 종적인 나요, 몸은 횡적인 나입니다. 주체 대상관계입니다. 환경적으로 나라는 존재에 있어서 비로소 마음과 몸이

초점을 맞춤으로써 종횡의 일치가 벌어지는 것입니다. 사랑을 중심삼고 종횡에 있어서 종적인 플러스와 횡적인 마이너스가 90각도의 초점을 맞추는 이상적 결착점이 중앙점입니다. 중앙점은 아무것도 없는데, 모든 힘은 그 한 초점을 통하는 것입니다. 반대가 없습니다. 점프, 다이빙해 들어옵니다. 태풍같이 들어옵니다. 그것을 막을 도리가 없습니다. 그래서 하나님은 지혜의 왕입니다. 이 중심은 진공상태입니다. 진공상태에서는 끌어당기는 힘이 그것에 비례해서 몇 백배 강해집니다. 그렇기 때문에 오라 하지 않는다고 해도 끌려오게 마련입니다. 당기는 힘이 강하니까 그 앞에 있는 것은 태산이든 무엇이든 다 까뭉개는 것입니다.

3 마음은 종적인 주인입니다. 하나님의 핏줄을 이어받았기 때문에 종적인 주인입니다. 몸은 완성한 아담, 횡적인 핏줄을 받은 나입니다. 나에게는 두 주인이 있습니다. 그중에 하나는 수직으로 이어받은 하나님의 혈통입니다. 하나님의 혈통만 있어서는 안 됩니다. 하나님의 혈통을 중심삼은 수직 앞에 가로질러서 수평선이 연결되어야 합니다. 그래서 갈라진 동서남북이 중앙으로 통할 수 있어야 됩니다. 수직 앞에 수평선이 연결되어 90각도가 되는 것입니다. 동쪽 서쪽 남쪽 북쪽이 90각도, 수직을 중심삼고 거리가 같은 원형을 이룰 때는 전부 똑같습니다.

4 마음과 몸을 보면 마음은 주체요 몸은 대상입니다. 이것 둘이 싸우게 됐는데, 왜 싸우게 됐느냐? 몸이 플러스가 되었기 때문입니다. 주체 되는 마음 앞에 몸이 영원한 대상이 되어야 할 텐데, 이것이 또 다른 주체가 되었습니다. 그것이 타락입니다.

5 하나님의 사랑이 수직적 사랑이라면 수평적 사랑이 있어야 되는데, 그 수평적 사랑은 누가 차지할 수 있느냐? 누가 차지해야 될 사랑의 자리이겠습니까? 그 자리는 타락하지 않고 완성되어 본연의 참사랑과 화합되어야 할 참된 조상의 자리입니다. 그렇게 해서 하나되었더라면 그 사랑을 통해서 하나님의 마음과 몸을 닮고, 어머니 아버지의 마음과 몸을 닮아 태어날 수 있었을 것입니다. 이것이 나라는 존재입니다.

6 마음은 수직적 나이고, 몸은 수평적 나입니다. 수직적 부모와 수평적 부모가 함께 나를 만들어 놓은 것입니다. 그들로부터 참사랑, 참생명, 나아가 참혈통을 이어받은 것입니다. 내가 그렇게 된 것입니다. 참사랑으로 하나되어 이뤄진 것이 나입니다. 나

는 우주의 중심이요 사랑을 대표한 중심입니다. 또한 공식의 중심입니다. 나는 수평적 사랑의 중심존재라는 것입니다. 수평적 사랑과 수직적 사랑이 합해져서 하나가 된 참사랑의 중심존재입니다. 그것이 바로 나입니다.

7 나를 두고 볼 때, 마음은 종적 면을 대표하고 몸은 횡적 면을 대표합니다. 마음이 바르다, 곧다는 말을 합니다. 바르다는 것은 뭐냐 하면 수직으로도 맞고 수평으로도 맞는다는 것입니다. 다시 말해서 세워 놓으면 수직선으로도 맞고 뉘어 놓으면 수평선으로도 맞는다는 것입니다. 마음이 종적이라면 몸은 횡적입니다. 그러므로 마음이 원하는 대로 몸과 잘 주고받게 되면 마음의 고통이 없게 됩니다. 그럴 때 잘 자라는 것입니다. 육체적 고통도 고통이지만 마음의 고통이 더 무섭습니다. 그것은 종적인 것이 중심이기 때문입니다.

8 우리 몸과 마음은 처해 있는 위치가 다릅니다. 마음은 종적인 것이요, 몸은 횡적인 것입니다. 이것이 하나되지 않고는, 수평이 되지 않고는 본질적인 하나님의 절대적인 사랑의 방향에 일치될 수 있는 수직을 그을 수 없습니다. 이 수직은 둘이 아니라 하나입니다. 그러므로 제일 노력해야 될 것은, 더욱이나 신앙생활을 하는 우리가 노력해야 될 것은 마음을 중심삼고 어떻게 몸을 하나 만드느냐 하는 것입니다.

9 사람은 몸과 마음의 이중으로 되어 있는데, 마음은 종적인 면을 대신하고 있고 몸은 횡적인 면을 대신하고 있습니다. '저 사람은 마음이 바르다.'라고 할 때 그것은 수평을 중심삼고 봤다는 것입니다. 수직으로 보았다는 말이 아닙니다. '그 사람은 바른 사람이다.'라고 할 때 그 '바른 사람'이라고 하는 것은 수평을 두고 하는 말입니다. 불교에서는 참선을 통해 마음이 무엇인가를 연구해 나왔지만, 아직도 마음이 무엇인지를 모릅니다. 마음은 종적인 나입니다. 또 몸은 횡적인 나입니다. 그래서 그 횡적인 '나'와 종적인 '나'가 통일되는 자리에서 나라고 하는 인격이 완성됩니다. 무엇을 중심삼고 이 종적인 것과 횡적인 것이 통일될 수 있느냐? 공명될 수 있는 본질을 통해 하나되는 데서 완성을 논할 수 있습니다. 그것은 돈도 아니요, 지식도 아니요, 권력도 아닙니다. 오로지 하나님의 참사랑에 의해서만이 공명되는 것입니다.

10 몸은 수평을 상징하고 마음은 수직을 상징합니다. 수직과 수평이 90각도를 갖춰야 됩니다. 이 90각도 넷이 합해서 360도가 되어야 합니다.

그러지 않고는 완전한 사람이 못 됩니다. 그래서 수직을 중심삼고 하나 되어야 합니다. 몸과 마음이 하나되는 데는 몸을 중심삼고 하나될 수 없습니다. 마음이 이동할 수 없습니다. 몸이, 수평이 조정해서 마음, 수직 앞에 완전히 하나될 수 있는, 90각도에 하나될 수 있는 나를 찾아야 됩니다. 그 나라는 것은 사람이 성숙해서 비로소 사랑을 알게 될 때 찾아지는 것입니다. 동쪽에서 사는 사람이 담을 넘어 서쪽을 바라보고, 서쪽에 사는 사람이 담을 넘어 동쪽을 바라볼 수 있으려면 성숙해야 됩니다.

11 마음은 천지의 이치를 따라서 종적인 인격관을 대신합니다. 그렇기 때문에 마음은 높습니다. 마음이 넓다고 하지만 넓다는 개념 가운데는 높다는 개념이 들어가 있습니다. 여러분의 마음은 넓고도 높다는 것입니다. 바른 데는 어디까지나 하늘 끝에서부터 땅 끝까지 수직이 되어야 합니다. 운동하는 세계, 원형의 대우주권 내도 수직은 하나입니다. 하나여야 됩니다. 모든 만물이 바라고 모든 존재들이 이상으로 바라는 수직이 있다면 그것은 하나라야 됩니다. 그것이 참사랑입니다. 참사랑이라는 수직은 이 우주에 둘이 있어서는 안 됩니다. 동양 사람이나 서양 사람이나, 과거·현재·미래를 막론하고 참사랑의 수직은 오로지 하나입니다. 그 수직 앞에 하나님도 달려 있고, 그 하나의 수직 앞에 사랑의 작용이 벌어지기 때문에 하나님이 바라는 이상도 그 수직권 내에서 연결되는 것입니다. 그러한 축이, 그러한 수직이 이 땅 위에 안 생겨났다는 것입니다.

12 우리는 흔히 마음이 곧다는 말을 합니다. 똑바로 수직으로 선 것을 곧다고 합니다. 나무도 옆으로 기울어진 것은 곧다고 하지 않습니다. 마음이 곧다는 것은 수직으로 서 있다는 뜻입니다. 그래서 사람은 서서 다니는 것입니다. 수직이 되어야 곧은 것입니다. 자기 마음을 완전히 수직이 되게 해야 됩니다. 거기에 몸이 수평선이 되는 것입니다. 이렇게 수직과 수평이 우리 내부에서 이루어질 때에 수직에서 당겨주는 힘과 수평에서 밀어주는 힘이 균형을 취하게 되어 구심력과 원심력이 형성됩니다.

13 우리는 몸과 마음이 있습니다. 그 몸 마음이 하나됐을 때는 고통을 안 느낍니다. 몸 마음이 하나 안 돼 있을 때, 수평선이 안 되게 될 때 고통을 느낍니다. 마음이 높아도 야단이고 몸이 높아도 야단입니다. 그렇지만 몸 마음이 수평선에 있게 될 때는 고통을 안 느끼는 것입니다. 몸 마음이 수평선일 때는 고통을 안 느끼

지만, 몸과 마음이 수직이 됐을 때는 작동하는 것입니다. 약동한다는 것입니다. 기쁘다는 것입니다. 그렇기 때문에 전부가 수직을 맞춰야 됩니다. 수평과 수직이 언제나 조화를 이루어야 됩니다.

14 천국은 남자 여자의 사랑에서 시작합니다. 하나님의 사랑을 중심삼고 수직선을 중심으로 해서 수평선이 통일되어 있는 곳이 본연의 천국입니다. 하나님이 계시는데, 그 가운데서 남자 여자가 핵이 되어서 몸과 마음이 같이 딱 둥글어지는 것입니다. 거기서 마음은 수직적인 나입니다. 몸은 수평적인 나입니다. 명확한 것입니다. 수직적인 마음은 하나님이고, 수평적인 몸은 참부모입니다. 그것이 하나되는 것입니다.

15 마음은 보이지는 않지만 수직적입니다. 몸은 보이지만 수평적입니다. 인간은 대우주의 축소체입니다. 사람 가운데 영계가 있습니다. 영이 들어와 있습니다. 그것이 마음입니다. 보이지 않는 마음, 보이는 몸은 세계의 대표입니다. 둘이 중심을 중심삼고 완전히 사방을 돌아다녀도 한 자리를 떠나지 않으면 이상적인 사람이 됩니다. 보이지 않는 마음과 보이는 몸이 참사랑의 핵을 중심으로 하나가 될 때, 이것이 이상적인 남자와 여자, 개인의 완성입니다.

마음은 제2의 하나님

16 열 명의 친구 가운데 자기를 위하라고 하는 사람에게서는 친구들이 다 흩어져 갑니다. 그러나 아홉 사람을 위해서 자기 생명까지 바치려는 사람은 중심자가 됩니다. 그렇기 때문에 위해 살게 되면 망하는 것이 아닙니다. 주인이 되고 스승이 되고 부모가 되는 것입니다. 하나님은 멀리 있지 않습니다. 내 속에 있습니다. 마음이 여러분의 주인입니다. 밤에 나쁜 짓을 하려 해도 나타나서 하지 말라고 하고, 언제든지 나타나 주인 노릇을 하고, 어디에서든지 어머니같이, 스승같이 가르쳐 주는 것입니다.

17 양심은 제2의 하나님입니다. 제1 하나님이 플러스이고, 마음은 마이너스로 제2의 하나님입니다. 그런 개념을 가져야 됩니다. 마음이 제2의 하나님입니다. 제2의 하나님이 항상 나와 같이합니다. 양심 깊은 곳에서, 사랑·생명·혈통 깊은 곳에서 나와 관계맺고 있습니다. 모든 것을 정리하고 수습하고 제거해서 나를 자꾸 높은 자리로 인도합니다. 그래서 본연의 양심이 자꾸 올라가는 것입니다. 그 힘이 육신을 주관하는 것입니다. 이것이 플러스와 마이너스로서 하나되어 자동적으로 통일되고 완성됩니

다. 나의 양심은 제2의 하나님이요, 이 강력한 힘이 언제나 하나의 중심으로 다 주관하는 것입니다.

18 여러분의 마음은 스승이 필요 없습니다. 마음은 제2의 하나님입니다. 스승을 따라가지 말고 여러분의 마음을 모시라는 것입니다. 마음은 어떻습니까? 새벽에 혼자 일어나서 쥐 소리도 안 들리고 파리 소리도 안 들리고 조용한데, '아이고, 나 요런 것을 좀 해야 되겠다. 좋은 일을 해야 되겠다.'라고 하면 마음이 '좋아! 좋아! 어서 해라!'라고 하지만, 나쁜 생각을 하면 마음이 '이놈!'이라고 합니다. 마음은 그렇다는 것입니다. 마음은 잘 아는 것입니다.

19 마음은 여러분의 파수꾼이 되어 밤이나 낮이나 여러분을 지켜 주고, 여러분을 쉬지 못하게 자꾸 '선한 일을 해라. 선한 일을 해라!'라고 합니다. 그러니 얼마나 피로하겠습니까? 의식을 할 수 있고 사회환경에 있어서 모든 제도를 분석할 수 있는 지능이 생긴 그날부터 일생을 따라다니면서, 자기 스승도 못 따라가고 어머니 아버지도 못 따라가지만 태어난 그날부터 죽을 때까지 양심은 영원히 나에 대해서 명령한다는 것입니다. 하나님 닮아라, 성인 닮아라, 애국자 닮아라, 효자 닮아라 하는 것입니다. 항상 몸을 대해서 '몸 너는 나를 닮아라!'라고 한다는 것입니다.

20 나 자신에게 위대한 스승이 있는 것을 몰랐습니다. 마음은 위대한 어머니 아버지 대신인 것입니다. 어머니 아버지가 마음을 거슬러 훈시하는 법이 없습니다. 마음이 어머니 아버지와 같이 훈계할 때는 복종할 줄 알아야 됩니다. 이런 모든 질서적 환경에 있어서 기원이 될 수 있는 도의적인 결론이 안 나와 있습니다. 그런 공식이 안 나와 있다는 것입니다. 마음은 선생 대신, 부모 대신, 하나님 대신입니다. 그러니 마음을 가르칠 수 있는 스승이 없습니다.

21 마음은 하나님보다 낫습니다. 마음은 내가 있기 전부터 있었습니다. 하나님보다 낫고, 부모보다 낫고, 왕보다 더 나은 것입니다. 그런 귀한 것이 마음입니다. 나쁜 일을 하려고 할 때 '어서 해라!'라고 말하는 마음 소리는 없습니다. 여러분이 나쁜 일을 하려고 하면 마음이 '야, 이 녀석아, 하지 마!'라고 하는 것입니다. 양심의 말을 절대 들어야 됩니다. 그래 가지고 이렇게 키워 나오면 양심하고 나하고 말을 합니다.

22 기도할 때는 마음을 붙들고 기도해야 됩니다. 마음이 원하는 대로 얼

마나 했느냐? 마음을 뒤에 놓고 하나님을 아무리 불러야 안 통합니다. 마음과 하나되어서야 통하게 돼 있는 하나님입니다. 그렇기 때문에 마음의 명령을 중심삼고 생각해야 됩니다. 언제든지 마음보고 물어보라는 것입니다. 부모한테 물어보는 대신 영원한 양심한테 물어보라는 것입니다. 양심은 부모보다 앞서 있습니다. 부모와 갈라질 수도 있고 이별할 수도 있지만 마음과는 갈라질 수 없습니다. 스승과 갈라질 수 있지만 마음과는 갈라질 수 없습니다. 주인과 갈라질 수 있지만 마음과는 갈라질 수 없습니다. 그 3대 주체를 모시고 사는 마음을 무시하는 것은 엄청난 죄입니다. 부모를 무시하는 것이요, 스승을 무시하는 것이요, 우주의 주인인 하나님을 무시하는 것입니다.

23 마음하고 즐기는 시간을 가져야 합니다. 세상으로 보면 외로운 자리 같지만 마음하고 친구 되는 시간입니다. 앉아서 명상이라도 해보라는 것입니다. 깊은 기도의 자리로 들어갑니다. 남모르는 깊은 세계로 들어가는 것입니다. 그런 것이 필요합니다.

24 마음은 내 주인입니다. 내 스승입니다. 마음을 닮은 몸을 낳았으니 마음은 내 몸의 근원입니다. 그렇기 때문에 마음은 평면적으로 어머니 아버지 대신입니다. 마음은 부모 대신이요, 스승 대신이요, 주인 대신입니다.

25 마음의 가치, 내게서 마음이 얼마나 비싼 것인가를 생각해 봤습니까? 마음은 몸이 잘못된 곳에 가려고 하면 언제든지 충고를 하고 '이러면 안 된다.'라고 전부 다 제재를 합니다. 그러나 몸은 언제나 마음을 공격하고 무시하고 짧아치우고 제멋대로 합니다. 핍박을 당하면서도 죽을 때까지 나에게 있어서 전우와 같이, 스승과 같이 주체적 사명을 감당하기에 희생을 치러 나가는 것이 몸에 달려 있는 마음입니다.

26 어떤 사람을 척 보면 그 사람이 어떻다는 것을 마음은 대번에 압니다. 벌써 그것을 안다는 것입니다. 제일 가까운 선생이 자기 마음입니다. 그러니 그 마음을 괴롭게 하지 말고 슬프게 하지 말라는 것입니다. 그것은 선생을 슬프게 하는 것이요, 천주의 주인을 슬프게 하는 것입니다. 마음이 내 일생의 주인입니다. 그러니 마음을 슬프게 하는 것은 내 일생의 주인을 슬프게 하는 것입니다. 마음이 기뻐할 수 있는 길을 가야 됩니다.

27 여러분의 마음은 부모보다 앞서 있고, 스승보다 앞서 있습니다. 그 마음은 영원히 나와 더불어 하나돼 있

습니다. 그런데 부모가 영원히 하나 안 돼 있고, 스승이 영원히 하나 안 돼 있고, 주인이 영원히 하나 안 돼 있습니다. 그러니 마음이 위대한 가치가 있다는 것입니다. 그렇기 때문에 부모님에게 물어보기 전에 마음과 의논해야 됩니다. 그러면 물어볼 필요가 없습니다. 그것은 하나님과 직결돼 있기 때문에 공명권에 들어감으로써, 몸이 원하는 것을 물어보면 주파가 같기 때문에 답이 오는 것입니다. '내일 이러이러한 사람을 만나러 가는데 어떨까?' 하고 마음보고 물어보면 마음이 기뻐하든가 나빠하든가 한다는 것입니다. 가서 만나는 것이 좋은지 나쁜지 마음이 압니다. 싫으면 마음이 쭈그러듭니다.

28 참을 찾아 나간다면 마음을 절대 위하는 몸이 되어야 합니다. 이것이 하나되어 하늘땅에 하나님을 중심삼고 90각도로 연결되면, 동서남북 상하 어디에 가든지 압니다. 자동적으로 영계와 통합니다. 배우지 않고도 다 압니다. 선생님이 어떻게 천지의 비밀을 다 알았겠습니까? 그 경지에 들어가니까 다 알게 된 것입니다. 참된 사랑을 중심삼고 몸과 마음이 공명되는 경지에 딱 들어가 보니 다 보이더라는 것입니다. 하나님도 보이고, 천상세계도 보이고, 역사도 보이고, 다 보입니다. 참된 사랑을 통해서 관계맺고 인연짓고 이상적 생활을 할 수 있는 환경적 요건이 본래 하나님의 창조이상 원칙이었기 때문에, 그 경지에 들어가 보니 안 통하는 데가 없습니다. 영계의 조상도 부르면 재까닥 나와서 만나 무엇이든지 물어볼 수 있습니다.

심신일체를 이루는 길

29 양심은 몸이 잘못하게 되면 아무리 밤중이라도 '이놈아, 하지 마라!'라고 합니다. 나쁜 일을 하려 하면 벌써 양심의 가책을 받습니다. 죽었던 하나님이 살아오고, 죽었던 스승이 살아오고, 죽었던 부모가 살아오는 것입니다. 그러니까 양심이 원하는 대로 안 할 수 없습니다. 인간이 타락하기 전에도 양심과 몸이 싸웠느냐 하면 아닙니다. 하나님은 양심과 몸이 싸우지 않는데, 그러한 하나님의 아들딸이 못 됐기 때문에 몸과 마음이 싸우는 것입니다. 근원이 다 달라졌습니다. 간단한 원리인데, 성인현철도 이것을 해결하지 못했습니다. 선생님도 이 문제에 부딪혀서 얼마나 몸부림쳤는지 모릅니다. 그래서 '우주주관 바라기 전에 자아주관 완성하라.'라는 것입니다. 이놈의 몸이 우주의 원수입니다.

30 모든 인간은 저마다 자신 속에 가장 소중한 스승을 일생 동안 내내 간

직하고 있습니다. 그럼에도 불구하고 그 스승을 잘못 대우하고 짓밟고 남용합니다. 그 스승이 바로 인간의 양심입니다. 우리 양심은 항상 우리 자신에게 도움이 되도록 말을 하며, 우리를 참사랑과 연결시켜 주고자 합니다. 우리 양심은 부모처럼 우리로 하여금 선하고 비이기적인 사람이 되라고 촉구하며, 하나님의 뜻에 따라 행동하도록 인도해 줍니다. 그러나 각자에게는 양심의 소리에 항상 거역하는 반란자가 있습니다. 그 반란자는 바로 육체입니다.

31 타락한 세계의 부모와 스승과 주인은 알 수 있지만, 인간으로서 알 수 없는 그 주인이 양심입니다. 하나님 본연의 부모의 뿌리를, 스승의 뿌리를, 주인의 뿌리를 인간에게 심어 준 것이 양심입니다. 이것을 선생님이 알고 깜짝 놀랐습니다. 선생님이 찾아 나온 모든 것의 최종결, 감추어진 집이 양심이었습니다. '내가 하나님께 책임을 추궁할 아무것도 없구나. 내 양심의 사명을 다할 것을 추궁할 수밖에 없다. 책임을 추궁할 장소가 없으니 내가 책임지겠다.'라고 나선 것이 선생님의 입장입니다. 거기에서 하나님은 선생님을 사랑하지 않을 수 없는 것입니다.

32 양심혁명은 양심의 소리 앞에 절대복종해야 되는 내적 혁명입니다. 여러분 속에서 아직도 선을 지향하는 양심의 명령과 육신의 욕망을 좇는 육심의 유혹이 끊임없는 갈등을 계속하고 있습니다. 그런 부끄러운 내면의 싸움을 종식시키기 위해서는 양심의 위치와 작용을 확실히 알아야 합니다. 양심은 여러분의 일거수일투족, 더 나아가서는 여러분의 생각까지 일점일획도 가감 없이 파악하고 있습니다. 여러분의 스승보다 먼저 압니다. 여러분의 부모보다도 먼저 압니다. 하나님보다도 먼저 압니다. 그런 양심의 명령을 거역하면 여러분 스스로 가책을 받습니다. 여러분의 영혼에 먼지가 끼고, 때가 묻고, 상처가 생긴다는 것입니다. 그 상처는 영원히 지울 수 없이 고스란히 영계로 지고 가야 하는 무거운 짐입니다. 따라서 혁명적 차원에서 자신의 육심을 누르고 양심의 안내를 받아 하나님 앞에 나아가는 그날까지 티 없이 맑고 깨끗한 영혼을 간직하라는 것입니다.

33 본래 마음과 몸은 떼려야 뗄 수 없는 하나였습니다. 인간의 마음은 하나님의 마음이요, 인간의 몸은 그 마음을 담는 그릇이었습니다. 그런데 인간의 타락으로 인간의 몸을 악마에게 내주었습니다. 그로부터 인간의 몸은 악마의 종이 되었습니다.

인간의 양심은 하나님을 대표하는 마음입니다. 양심은 나를 위해 존재하지 아니합니다. 하늘의 의를 위해 존재합니다. 양심은 항상 선을 향해 달리려 합니다. 여기에 몸은 반항합니다. 몸은 자기만 편하려고 하고, 이기적이며, 본능적 요구에 따라 육욕을 채우고자 합니다. 양심은 이 몸을 질책하여 마음에 순응케 하려고 합니다. 여기에 항상 피나는 갈등과 투쟁이 한 몸에서 일어나게 됩니다.

34 모든 종교는 내 몸을 치는 길을 가르쳤습니다. 종교는 육욕을 제어하고, 몸을 마음에 굴복시키는 도장입니다. 종교는 인간을 창조본연의 인간으로 이끌어 가는 도장입니다. 그러나 그 누구도 하나님을 내 안에 모셔 들이지 않고서는 내 몸을 정복할 자가 없습니다. 오직 하나님의 참사랑과 진리의 힘을 중심삼고 주체 되는 마음은 대상 되는 몸을 거느리고 하나님과 일체이상을 이루게 되어 있습니다. 이것이 종교가 말하는 완성한 인간입니다.

35 인간의 귀중한 가치를 만점으로 만드는 것은 참사랑과 일체가 될 때에 가능합니다. 심신일체는 양심과 육신이 공명권에 서 있는 것을 말합니다. 소리굽쇠의 진동수가 같을 때, 하나를 땡 치면 그 반대의 소리굽쇠가 울립니다. 그것과 마찬가지로 참사랑으로 양심을 치면 육신이 울리는 것입니다. 참사랑으로 육신을 땡 치면 양심이 공명권을 만들게 됩니다. 거기에는 교육이 필요 없습니다. 그 한가운데 들어가면 가르쳐야 될 모든 것을 알게 되어 있습니다.

36 인간 자체를 두고 보면 몸과 마음이 싸우고 있습니다. 그것은 오늘날 이 시대에 시작된 것이 아닙니다. 우리 종주 선조로부터, 성경에 기록된 아담 해와가 타락한 직후로부터 이런 작용이 벌어지고 있습니다. 역사상의 성현들 가운데 '나는 인류역사에서 인간을 대표해 몸과 마음이 싸우지 않고 완전히 통일을 이루었으니 내 본을 받아라!'라고 한 사람이 있었습니까? 마음도 중요하고 몸도 중요합니다. 더 중요한 것은 내 몸 마음의 통일권입니다. 그것이 중요합니다. 그것이 안 된 사람은 아무리 세계가 통일되었다고 하더라도 그는 불행한 사람입니다. 통일된 세계에서 불행한 싸움을 하는 나 자체는 그 세계에 흡수, 소화될 수 없습니다. 반발을 받습니다. 추방당한다는 것입니다. 그러므로 세계의 통일에 앞서서, 새로운 세계의 이상적 비전을 성취하기 전에 나 자신이 그것을 받아 소화할 수 있고 화합할 수 있는 자체를 발견할 수 있어야 됩니다.

37 통일교인은 어떤 일이 있더라도 심신일체권을 이루어야 됩니다. 이 생애 동안에 심신일체권을 이루지 못하는 사람이 사랑을 생각하고 이상을 생각한다는 것은 부끄러운 것입니다. 천운에 어긋납니다. 그런 것을 완성한 자기 자신을 지향하는 거기에 새로운 희망의 길이 연결되지, 그냥 그대로의 기준에서는 새로운 희망의 천국에 연결되는 길이 나타나지 않습니다.

38 창조본연의 인간은 그 마음과 몸에 하나님의 참사랑을 지니고 그대로 감응하면서 살게 되어 있습니다. 마음은 참사랑을 중심하고 하나님과 감응하며, 몸은 자동적으로 마음에 공명하는 것입니다. 몸과 마음이 싸우지 않는 참된 통일의 기원은 하나님의 참사랑을 그대로 이어받아 체감하는 데에 있습니다. 마음과 몸이 통일체가 되는 인간의 이상은 하나님의 참사랑을 온전히 소유할 때 이룩됩니다. 마음과 몸이 참사랑을 중심으로 통일되는 데서부터 진정한 자유와 평화의 이상이 출발할 수 있습니다. 그리고 마음과 몸이 통일된 기반 위에서 자유롭고 평화로운 개인·가정·종족·민족·국가·세계를 이룩할 수 있습니다.

3절 인간 창조목적과 3대 축복

1 하나님이 천지를 창조할 때 절대신앙·절대사랑과 절대·유일·불변·영원한 그 이상에서부터 지었습니다. 하나님의 말씀대로입니다. 말씀대로 된다는 것입니다. 절대신앙 위에서 하나님과 하나된다는 것입니다. 그 창조는 하나님이 필요한 상대자를 찾자는 것입니다. 보이지 않는 하나님, 무형의 하나님이 보이는 하나님으로 나타나서 하나님 대신 형상을 쓰고, 하나님의 사랑의 상대를 만들자는 것입니다. 그래서 창조의 첫째 목적은 체를 입는 것입니다. 무형의 하나님이니까 앞으로의 인간을 중심삼고 창조이상이 완성되면 체를 쓴 아담 해와와 체를 쓴 아담 해와의 아들딸이 영계에 옴으로써 하나님이 영계에서도 아버지가 되고 왕이 된다는 것입니다. 체가 없으면 안 됩니다. 그러면 하나님이 체를 쓰고 나타난 그 모양이 누구의 모양이었느냐? 완성된 부부가 하나님의 축복을 받아 한 몸이 된 그 아담 해와의 얼굴이라는 것입니다. 그 아담 해와는 하나님의 사랑의 상대입니다.

기쁨의 대상으로 창조

2 하나님의 창조목적은 기쁨입니다. 기쁨을 누리시고자 인간과 세상을 지으셨습니다. 그런데 기쁨은 홀로는 느낄 수 없습니다. 기쁨을 누리려면 반드시 대상, 짝이 필요합니다. 주체와 대상이 서로 상대기준을 이루어

주고받을 때 비로소 기쁨을 느낄 수 있습니다. 그리고 최고의 기쁨은 사랑을 주고받을 때 느낄 수 있습니다. 그래서 하나님은 인간을 대상으로 지으시고, 그 대상과 더불어 무한한 사랑을 주고받으면서 영원히 기쁨을 누리고자 하셨던 것입니다. 그것이 곧 창조목적입니다. 이와 같은 창조목적을 이루기 위하여 인간조상으로 아담과 해와를 지으셨습니다. 그 아담과 해와가 하나님의 완전한 기쁨의 대상이 되어 사랑을 주고받으며 선한 자녀를 번식하였더라면, 바로 그 가정이 확대되어 사회가 되고, 그 사회가 발전하여 국가가 되며, 그 국가는 세계로 발전되어 이 지구는 아담족 일족으로 충만하고, 이 땅 위에는 하나님의 선과 사랑을 완성한 기쁨의 세계가 이루어졌을 것입니다.

3 하나님이 아담 해와의 자리에 들어가 어머니 아버지로서 역사하실 수 있습니다. 하나님은 형상이 없습니다. 하나님이 천지창조를 한 것은 형상을 입고, 인간과 더불어 실체를 가지고 사랑하기 위해서입니다. 사랑하기 위해서 인간을 창조했다는 것입니다. 하나님이 인간을 창조하신 목적은 세 가지인데, 첫째는 사랑을 성립시키기 위함이요, 둘째는 체를 입기 위함이요, 셋째는 인류의 아버지가 되기 위함입니다.

4 하나님은 천지만물을 창조하시고 그 만물을 주관할 수 있는 인류의 조상을 세운 후 거기에 소망을 두셨습니다. 창조이념을 중심삼고 아담 해와를 바라보셨습니다. 소망의 실체로서 바라보셨습니다. 아담 해와가 성장한 후에 하나님은 그들을 찾아가고 싶었습니다. 그들의 마음속에 찾아 들어가려고 했다는 것입니다. 마음뿐만이 아니라 심정 깊은 곳에 자리를 잡으려고 하셨습니다. 하나님이 인간을 창조하신 목적은 하나님의 심정을 인간의 심정 깊은 곳에 심는 것이었습니다.

5 본래 인간시조는 하나님의 심정과 사랑을 중심삼고 하나님과 완전히 하나되어야 했습니다. 하나님은 심정의 목적을 완결짓기 위해 천지를 창조하셨기 때문에, 이 심정의 대상인 천지만물을 사랑하는 아들딸한테 사랑을 중심삼고 상속해 줘야 합니다. 하나님이 천지만물을 창조하신 것은 하나님을 위해서가 아니라 아담 해와를 위해서였기 때문에, 기쁨 또한 하나님 자신으로 말미암아 생기는 것이 아니라 아담 해와로 말미암아 생기는 것입니다. 세상의 부모들도 자식을 보고 기뻐합니다. 그렇듯 기쁨이란 대상으로 말미암아 생기는 것입니다.

6 하나님이 인간을 지으신 것은 아

담 해와를 보기 위해서가 아닙니다. 지은 목적은 좋기 위해서입니다. 좋은 데는 사랑함으로써 좋은 것입니다. 그 창조의 출발은 사랑 때문입니다. 모든 존재의 기원은 사랑입니다. 인간뿐만 아니라 모든 동물도 전부 사랑의 근거를 통해서 생겨납니다. 생물이 생명을 사랑 때문에 이어받습니다. 인간이 하나님을 대해 짝짜꿍도 할 수 있고 맞장구도 칠 수 있는 무엇이 없이 어떻게 절대적인 하나님의 상대가 되느냐는 것입니다.

7 하나님은 우주의 제1 원인이시며 삼라만상의 창조주입니다. 그리고 인간의 사랑하는 아버지이십니다. 하나님은 특별한 뜻을 이루시기 위하여 만물을 창조하셨으며, 그 목적은 바로 사랑의 구현입니다. 하나님은 참사랑의 근원이지만, 아무리 전능하신 하나님일지라도 혼자서는 결코 사랑의 기쁨을 느낄 수 없습니다. 하나님은 사랑의 대상이 필요하며, 그 대상으로부터 자발적인 사랑을 돌려받기를 원하십니다. 그 대상으로서 최고의 피조물이 바로 인간입니다. 그러한 이유 때문에 인간의 삶에는 목적이 있습니다. 인생의 목적은 성숙하여 하나님과 영원한 참사랑의 관계를 실현하는 데 있습니다. 이것이 바로 하나님과 인간 사이에 평화를 이루는 근본원리입니다.

8 하나님의 뜻은 누구에게 열매맺혀야 되느냐? 이것은 어디까지나 상대적 관계입니다. 상대적 관계에서 뜻이 이루어집니다. 창조목적 완성이 결국은 누구에게 결과맺히느냐는 것입니다. 아담 해와에게 열매맺힙니다. 인간에게 열매맺히는 것입니다. 결국은 아담 해와가 완성하면 창조목적이 이루어진다는 것입니다. 아담 해와가 완성하면 사위기대를 완성하게 됩니다. 그것이 원리입니다. 창조목적 완성은 사위기대 완성에서 시작됩니다. 그렇기 때문에 하나님의 뜻은 하나님만이 가진 뜻이 아니라 인간에게 절대 필요한 것입니다. 결국은 아담 해와가 하나님이 원하는 대로 어떻게 완성하느냐 하는 문제가 결부됩니다. 거기서부터 하나님의 뜻의 성사가 시작됩니다. 그래서 뜻과 개체완성은 뗄 수 없는 인연입니다.

9 창조이상세계는 하나님의 사랑을 중심삼고 하나님과 아들딸인 아담과 해와가 하나되고, 그다음에는 하나님의 사랑을 중심삼고 아담 해와가 부모가 되어 자녀와 하나된 사랑의 이상적 가정입니다. 그렇기 때문에 창조이상세계에는 첫째로 하나님이 계셔야 합니다. 그다음엔 하나님의 사랑을 중심삼은 참된 아들이 있고 딸이 있어야 됩니다. 그다음에는 참된 부부가 있어야 됩니다. 그다음에

는 인간을 중심삼은 참된 부모가 나오고 참된 아들딸이 있어야 됩니다. 그러니 우리가 창조이상세계에 들어가려면 창조이상의 내용을 중심삼은 사랑을 다 찾아야 합니다. 그러지 않고는 들어가지 못한다는 것입니다. 하나님의 사랑 가운데서 내가 태어나야 되고, 하나님의 사랑 가운데서 개체를 완성해야 되고, 하나님의 사랑 가운데서 부부가 되어야 합니다. 그런 다음에는 하나님의 사랑 가운데서 아들딸을 가져야 됩니다.

하나님께 충효의 도리를 다해야

10 인간 개인은 물론 땅 위에 살고 있는 수많은 인간 중에서 선하기를 바라지 않는 사람이 없습니다. 지금까지 역사도 선을 지향하여 나왔으며, 교육자들이나 신앙자들도 선의 기준을 세우기 위하여 노력하며 싸워 나왔습니다. 그러므로 태어나는 것도 선을 위하여 태어나야 되고, 사는 것도 선을 위하여 살아야 되고, 죽는 것도 선을 위하여 죽어야 됩니다. 이것이 인생의 목적입니다. 인생의 목적뿐만이 아니라 인간의 생활을 엮어 온 역사의 목적입니다.

11 자기들이 잘사는 것도 중요하고 무엇을 하는 것도 중요하겠지만, 먼저는 자신들이 종적인 하늘부모 앞에 효의 도리를 해야 됩니다. 종적인 하늘부모 앞에 충의 도리를 해야 됩니다. 종적인 하늘부모 앞에 성인 이상의 도리를 해야 됩니다. 그것이 인간이 태어난 본래의 목적입니다. 또 그러한 사람을 만나기 위해서 하나님이 사람을 지은 것입니다. 그런 목적이 있다는 것입니다. 그다음에 횡적인 부모 앞에 효자가 되어야 합니다. 절대적으로 하나되어야 합니다. 절대적으로 하나가 되고 절대적으로 같이 살아야 됩니다.

12 사람은 자기가 좋을 때는 부모, 형제, 친척을 찾아 함께 즐기고자 합니다. 좋은 것은 행복한 것입니다. 행복은 영원한 것이요, 영원한 것은 심정입니다. 우주의 중심은 부모와 자식입니다. 즉 부모와 나입니다. 하나님과 나라는 것입니다. 하나님은 아버지, 나는 아들입니다. 인생의 궁극적 목적은 아버지를 찾아 뗄 수 없는 관계를 맺어 기쁨을 느끼는 것입니다.

13 인간에게 최고의 소원은 무엇이냐? '믿음·소망·사랑 이 세 가지는 항상 있을 것인데 그중에 제일은 사랑이라.'라는 말씀은 참으로 좋은 말씀입니다. 그렇지만 모든 사람이 여기에 대한 완전한 내용을 모르고 있습니다. 여러분은 확실히 알아야 됩니다. 선한 것은 우주가 보호하고 육성

합니다. 자유와 해방과 평화가 깃들어 있습니다. 거기에 정성이 같이하기 때문에 인력이 생기는 것입니다.

14 인간은 무엇을 목적으로 해야 되느냐? 개인을 목적으로 하는 것보다, 가정을 목적으로 하는 것보다, 단체를 목적으로 하는 것보다, 국가를 목적으로 하는 것보다, 세계를 목적으로 하는 것보다, 하늘땅을 목적으로 하는 것보다 하나님을 중심삼고 하나님과 인간이 합한 목적을 향해 나아가야 하는 것입니다. 그러면 어느 목적이 최후에 남을 것인가? 개인을 위주로 하는 것은 흘러가고, 가정을 위주로 하는 것도 흘러가고, 자기 단체를 위주로 하는 것도 흘러가고, 나라를 위주로 하는 것도 흘러가고, 세계를 위주로 하는 것도 흘러가는 것입니다. 그러나 맨 나중에까지 남을 수 있는 하나의 목적은 하나님과 인간이 합동해서 추구하는 목적입니다. 그런 목적만이 인간 역사의 최후에까지 남을 수 있습니다.

15 여러분의 마음이 최후에 안착할 수 있는 종착점이 어디냐? 하나님을 찾아 자기 것으로 만들었다고 해도 거기에 여러분의 마음은 안식하려고 하지 않습니다. 여러분 마음의 최후 종착점은 하나님을 점령하고 하나님의 사랑을 점령하는 자리입니다. 그러니 여러분이 하나님의 사랑을 점령하지 못하면 만사가 허사입니다. 인생 최후의 목적은 무엇이냐? 하늘의 중심이 되는 그분을 만나는 것이 문제가 아닙니다. 그분과 같이 살아야 됩니다. 그분을 어떤 자리에서 만나고, 그분과 어떤 자리에서 사느냐가 문제입니다. 그분을 중심의 자리에서 만나고 그분과 중심의 자리에서 살자는 것인데, 그 중심의 자리는 하나님의 사랑의 자리입니다. 그렇기 때문에 인류의 양심이 지향하는 최고의 목표는 천운을 따라가서 하나님과 일치되어 하나님의 사랑을 내 것으로 하자는 것입니다.

16 '나'라는 사람을 볼 때, 개인으로 살다가 죽고 싶은 사람은 없습니다. 얼굴은 제멋대로 생겼지만 세계적인 사람, 세계적으로 주목받는 사람이 되고 싶은 것이 인간의 욕망입니다. 그것은 인간이면 누구나 가야 할 길입니다. 누구나 따를 길입니다. 그것이 정상적인 욕망을 가진 사람입니다. 인간이 최후에 도달하고 싶은 곳은 최고 되시는 분의 사랑의 대상이 되는 자리입니다. 그 최고의 분이 인간 아버지인 동시에 하나님입니다.

3대 축복과 참사랑의 완성체

17 하나님은 인간조상 아담 해와를 지으시고 '생육하고 번성하여 땅에

충만하고 만물을 다스리라.'라는 3대 축복을 내리셨습니다. 제1의 축복인 생육하라는 것은 인간이 자라서 하나님을 중심으로 완성된 인격자가 되라는 뜻이었습니다. 제2의 축복은 완성한 남녀가 참된 부부를 이루고 자녀를 낳아 참부모의 도리를 하면서 이상가정을 이루라는 것이었습니다. 제3의 축복은 인간이 하나님이 허락하신 환경 속에서 불편이나 부족함이 없는 지상천국의 환경을 소유하라는 것이었습니다. 참사랑의 본체이신 하나님은 사랑의 대상체요 자녀로 지은 인간이 참사랑의 완성체가 되고, 그다음에 참사랑에 의한 부부의 이상을 이루어 천국 환경을 갖기를 소망했습니다.

18 인간의 첫째 소망은 개성완성, 곧 개인이 타락했기 때문에 부활한 하나의 개체를 중심삼고 새로이 태어나는 것입니다. 둘째 소망은 상대완성, 태어난 그 자체가 축복을 받는 것입니다. 셋째는 선의 자녀를 번식하는 것입니다. 아무리 좋고 좋은 날이 있다 해도 자신에게 직접적으로 좋은 날은 자기가 이 땅에 태어난 날, 자기 상대를 결정하는 날, 그리고 부부 사이에서 새로운 자녀가 태어나는 날입니다. 그러므로 이런 날을 갖지 못한 사람은 불행한 사람입니다. 하나님도 마찬가지입니다. 하나님에게 제일 기쁜 날은 아담이 태어난 날입니다. 이날은 실체세계의 하나님으로서 출발하는 첫날이기 때문입니다. 즉 우주적인 하나님의 가치로서 태어날 수 있는 실체적인 첫 출발이 아담으로부터 시작되기 때문입니다.

19 천국은 어떻게 가느냐? 천국은 하나님이 계시는 곳이므로 하나님과 함께 살 수 있는 자격자가 되어야 가는 곳입니다. 그 자격은 생육하고 번성하여 땅에 충만하라, 만물을 주관하라는 축복을 이루는 것입니다. 사랑하는 부부가 자식을 데리고 함께 갈 수 있어야 천국입니다.

20 여러분의 자녀는 천국 백성입니다. 영원한 세계의 백성이 되는 것입니다. 자녀를 얼마나 많이 낳았느냐 하는 것이 여러분이 저나라에서 자랑할 수 있는 기준이 됩니다. 그것이 가장 자랑스러운, 최고로 소중한 재산이 됩니다. 믿음의 자녀를 많이 만드는 것이 하늘나라에 가서 여러분의 소유가 됩니다. 가인 편 자녀와 아벨 편인 자기 자녀가 하나되면 타락세계를 복귀하는 이상 기준이 벌어집니다. 그 둘이 하나됨으로써 확장이 벌어지는 것입니다. 그래서 아담은 아들 완성, 그다음에는 형님 완성, 오빠 완성, 남편 완성을 해야 됩니다. 해와는 딸 완성, 그다음에는 누이동생 완

성, 아내 완성을 해야 됩니다. 이것이 딱 준비되어 있다는 것입니다. 아담이나 해와는 출발해서 이제는 더 갈 데가 없습니다. 더 연장하려야 연장할 수 없습니다. 가만 보니까 남자나 여자나 상대를 찾아가게 되어 있습니다. 그래서 절대적으로 결혼을 안 하면 안 된다는 것입니다.

21 하나님이 인간을 창조하고 축복하기를 '만물을 주관하라.'라고 하셨습니다. '땅에 충만하도록 번식하라.'라고 하셨습니다. 인간이 이 말씀을 다 이루어 완성하면 하나님은 그 완성한 인간을 친히 주관하려고 하셨습니다. 이것이 창조의 기준이었습니다. 그런데 인간은 이 기준을 지금까지 완성하지 못했습니다. 그러므로 우리는 땅을 주관하지 못한 자들이요, 참다운 사랑의 세계에서 번식하지 못한 자들이요, 참다운 하나님의 사랑을 받지 못한 자들입니다. 이것이 우리의 슬픔입니다. 이러한 인연권 내에 있기 때문에 우리가 사탄의 시험의 제물이 되고 있습니다. 이러한 인류를 하늘은 다시 일으켜 땅을 주관하게 하셔야 하고, 선의 공적을 쌓아 악으로 엉클어진 타락한 인류의 모든 것을 청산해 버리고, 이들을 다시 화합해 하늘의 혈족으로 만드셔야 합니다. 이것이 인간이 지향해 나가는 역사적인 목적이요, 인류가 마음으로 동경하는 소망의 기준입니다.

4절 참인간의 가치와 신인일체

1 하나님이 사랑을 찾아가는 대상을 만들려고 할 때 누구를 닮게 만들었겠습니까? 하나님을 닮게 만들었습니다. 하나님을 닮게 만든다면, 하나님 가운데에 있는 남자 성품이 있어야 되고 여자 성품이 있어야 됩니다. 그렇기 때문에 이성성상의 논리가 나옵니다. 하나님을 닮게 만드는데, 하나님이 자기 본성상 본형상에서부터 전부 빼내서 보이지 않는 성상, 보이지 않는 생각의 형태를 실체로 전개시킨 것이 인간입니다. 그렇기 때문에 성경의 창세기에 나오는, 하나님이 자기 형상대로 인간을 창조했다는 말이 맞습니다.

2 하나님에게 필요한 것은 사람입니다. 사람의 얼굴을 보고 좋아하는 것이 아닙니다. 눈이 잘생겨서 좋아하는 것이 아닙니다. 외모가 아름답다고 좋아하는 것이 아닙니다. 그 모양이 자기를 닮았다고 좋아하는 것이 아닙니다. 사람은 하나님이 영원히 즐길 수 있는 참된 사랑의 대상적 가치를 지니고 있습니다. 이 가치가 현현되는 날, 이 가치가 등장하는 날 하나님은 비로소 웃으실 수 있고, 인간은 거기에 같이 화동하는 상대가 되는 것입니다. 말을 하더라도 혼자 하

는 것이 아니라 상대적 관계를 가져서 해야 됩니다. 그러한 상대가 인간 조상 아담 해와가 되어야 했습니다.

3 하나님은 인간을 하나님이 필요로 하는 사랑의 대상이기 때문에 제일 귀하게 여깁니다. 그러므로 사람에게 제일 귀한 것은 하나님의 사랑입니다. 아무리 하나님이 사랑을 갖고 있다고 하더라도 사랑할 대상이 없으면 사랑을 느끼지 못합니다. 상대적 관계에서만 사랑을 느낀다는 것입니다. 하나님이 인간을 제일 귀하게 여기는 것은 인간이 하나님이 사랑할 수 있는 대상의 자리에 서 있기 때문입니다. 하나님이 제일 귀하게 여기는 것이 바로 사람입니다.

4 하나님이 천년만년 그리워할 수 있는 존재가 사람입니다. 이것이 우주의 근본입니다. 이것이 안팎의 관계가 됐으니 종횡의 사랑의 세계관이 성립됩니다. 상하관계와 좌우관계가 되니까 종횡의 사랑의 세계관이 벌어집니다. 그 중심에는 하나님이 임재하시는 것입니다. 하나님과 인간이 하나로 단단히 묶어질 수 있는 자리가 종횡의 중심 자리입니다. 이것을 묶어 놓지 않으면 종횡의 기준이 사랑의 이상형으로 나오지 않습니다.

5 인간의 욕심은 끝이 없습니다. 하나님까지 점령하고 싶어합니다. 그 끝이 없는 욕망을 실현시킬 수 있는 무기가 참사랑입니다. 하나님이 숨겨 놓은 단 하나밖에 없는 사랑이 자기 자신의 것이 됩니다. 그러한 본심이 있기 때문에 자기가 세계 최고가 되고 싶어합니다. 이것이 본래의 인간이 가져야 할 권리입니다. 본래의 인간의 가치입니다. 하나님은 천지를 창조한 왕이기 때문에 그 왕의 아들딸이 되지 않으면 안 됩니다. 그분은 자기 부모가 되는 하나님입니다. 그렇기 때문에 인간은 하나님의 왕족인 형제들입니다. 그 나라가 자기 나라입니다. 부녀일체·부자일체·부부일체, 이것을 이루는 것이 축복받아서 낳은 아들딸의 책임분담입니다. 잘 관리해야 됩니다. 그러니까 제1의 문제는 남녀의 문제입니다.

6 인간이 피조세계의 중심이라는 것은 사랑 때문에 피조세계가 지어졌기 때문입니다. 사랑의 하나님을 대표하여 그 주인 앞에 첫 번으로 중심 자리에 서서 사랑을 받을 수 있는 특권을 가지고 있기 때문에 '인간은 만물의 영장이다.'라는 말이 성립되는 것입니다. 그 영장이라는 말은 하나님의 상대적 사랑권을 빼 버리고는 있을 수 없습니다. 인간의 특유한 가치는, 사랑의 특권을 지닐 수 있는 온 피조세계를 대표해서 하나님 앞에 첫

번으로 상대적 입장에 서서 이 우주를 지배할 수 있는, 그런 사랑의 인연의 자리에 동참할 수 있는 권위를 가진 것입니다. 사랑을 빼놓으면 다 없어진다는 것입니다.

신인애일체권

7 인간은 신을 추구해 나왔습니다. 6천년 역사를 거쳐 오면서 하나님과 멀어진 것이 아니라 접근해 나왔습니다. 여기에서 하나는 플러스, 하나는 마이너스가 되어야 합니다. 플러스와 플러스가 만나서는 안 됩니다. 또 마이너스와 마이너스가 만나서도 안 됩니다. 플러스와 마이너스 관계를 가져야 됩니다. 그래서 '천지'라는 말이 필요합니다. 상하·전후·좌우라는 말이 필요합니다. 천지는 나를 중심삼고 하는 말입니다. 또한 상하·좌우·전후도 나를 중심삼고 하는 말입니다. 결국 모든 것이 나를 중심삼고 되어 있습니다. 이처럼 인격의 최고 기준을 추구하고, 하나의 세계를 추구하는 것은 하나님이 아니라 나 자신입니다. 내가 추구하는 것입니다. 그러니 인간이 우주의 중심이 됩니다. 그렇기 때문에 신인일체가 되고, 그와 동시에 신의 소원과 인간의 소원이 일체 되는 것입니다. 신에게도 소원이 있습니다. 이 소원이 하나의 기점입니다. 그래서 천·지·인(天地人)이라고 하는 것입니다. 이런 길을 인간이 기필코 가야 됩니다.

8 에덴동산에서 하나님이 창조할 그 당시에 절대신앙·절대사랑·절대복종으로 창조했습니다. 절대신앙·절대사랑·절대복종으로 신인애일체권을 만드는 것입니다. 지상천국과 천상천국이 신인애일체권이 되어서 절대적인 하나님과 같은 아들딸의 모든 권한도 자유롭게 행사할 수 있고, 자유분방한 세계가 되어 어디든지 통할 수 있습니다. 그런 활동을 할 수 있는 능력자가 되어야만 비로소 하나님을 해방할 수 있습니다.

9 가정을 두고 보면 가정에는 부모가 있습니다. 부모는 사랑을 중심삼고 하나돼 있습니다. 부부일신이라는 말은 남자를 두고 하는 말이 아니요 여자를 두고 하는 말도 아닙니다. 가정을 두고도 하는 말이 아닙니다. 그 부부가 사랑을 중심삼고 하나라는 것입니다. 부자일신도 마찬가지입니다. 아버지와 아들이 한 몸이라는 말이 있지만, 실제로는 한 몸이 될 수 없습니다. 그것은 사랑을 중심삼고 떨어질 수 없다는 것입니다. 영원히, 영원히 분립될 수 없기 때문에 한 몸이라고, 하나라고 결론지어도 이것은 타당한 것입니다. 인간이 타락하지 않았다면 하나님과 인간은 신인일체, 신과 사람이 한 몸이 되었을 것입

니다. 아버지와 자식이 한 몸이 될 수 있고, 남자와 여자가 한 몸이 될 수 있다면, 부모를 중심삼고 태어나 자라서 남녀가 하나될 수 있다면 하나 된, 일체이상을 이룬 그 가정은 하나님의 사랑을 중심삼고 일체의 자리에 들어가는 것입니다.

10 선생님이 우주의 근본을 파헤쳐 들어갈 때 제일 고심한 것이 사랑이 어떻게 움직이고 어떻게 정착하느냐 하는 문제였습니다. 사랑은 직단거리를 통한다는 이 한마디를 알아냄으로써 모든 것이 해결됐습니다. 참사랑이 하늘로부터 땅에 찾아올 때 어떤 길을 통해서 오겠느냐? 최고 직단거리니까 수직입니다. 이것은 수직 하나밖에 없습니다. 사랑이 제일 빠르고 직단거리를 통한다고 할 때, 천상세계와 지상세계의 접착지는 완전 수평 가운데 한 점밖에 없습니다. 절대적으로 하나입니다.

11 하나님은 내적 하나님이고 우리는 외적 하나님이 되자는 것입니다. 다 하나님 되고 싶은 욕망이 있습니다. 창조이상은 사위기대의 완성입니다. 사위기대 완성은 아담과 해와가 사랑으로 하나님과 하나되는 것입니다. 상하·좌우·전후에 하나님이 들어오는 것입니다. 그래서 인간 사랑과 하나님 사랑을 완성하는 것입니다. 신인애 완성입니다. 일체입니다.

5절 피조세계와 인간의 위치

1 인간은 만물의 영장이라고 하는데, 영장이라는 말은 반드시 중심에 서서 전체의 가치를 대신할 수 있어야만 할 수 있습니다. 잘난 사람이든 못난 사람이든 사람은 세계적인 중심이 되려고 하는 욕망이 있습니다. 무한한 가치를 가진 중심이 되고 싶어 한다는 것입니다. 어떤 존재가 있으면 그 존재 중에 최고의 존재가 되고 싶어하고, 또한 절대적인 중심이 있다면 그 중심과 하나되고 싶어합니다. 이와 같이 보다 나은 가치와 관계를 맺고 싶어하는 것이 인간의 마음입니다. 그것은 본래 인간이 역사시대의 전체 가치를 대표하는 중심적 가치를 지니고 있기 때문입니다.

2 하나님은 인간을 만물의 영장으로 세울 때 하늘땅의 모든 환경을 대표한 그 중심으로 세웠습니다. 그렇기 때문에 모든 사람은 우주의 중심이 되겠다고 주장할 수 있는 자주권을 갖고 있습니다. 그것은 원숭이세계라든가 사자세계, 호랑이세계에는 없습니다. 사람세계에만 있습니다.

3 사람이 만물의 영장이라고 말하지만, 만물의 근본 된 영장은 하나님입니다. 인간에게는 영이 있습니다. 인

간은 그 영 중의 장(長)이기 때문에 결국 하나님과 직결시켜서 영장이라고 하는 것입니다. 만물의 영장은 인간 그 자체만으로는 될 수 없습니다. 인간도 피조물인데 어떻게 만물의 영장이 되느냐는 것입니다. 피조물이란 상대적 결과체입니다. 피조물만 되어서는 원인을 통할 수 없고 원인을 점령할 수 없습니다. 피조물은 원인으로 말미암아 점령당하게 되어 있습니다. 인간은 결과적 존재임이 틀림없습니다. 영장의 장은 영 가운데 중심이라는 말입니다. 이 말은 본래 하나님과 인간이 하나된 관계를 두고 하는 말입니다.

4 동물과 인간이 다른 것이 뭐냐? 먹는 것도 같고, 자는 것도 같습니다. 옷 입고 이런 것에 있어서는 다르지만 같다는 것입니다. 눈과 코의 생김새, 구조로 보면 별반 차이가 없습니다. 인간은 영과 육이 합해져서 하나의 사람이 되어 있습니다. 그런데 육적인 생활, 육을 가지고 사는 생활은 동물적인 생활과 별 차이가 없습니다. 먹고 자고 또 먹이를 위해서 활동하는 것은 마찬가지입니다. 인간이 동물과 다른 것은 이 우주세계에서 다른 가치를 갖게 하는, 귀한 가치를 갖게 하는 것이 될 것입니다. 귀한 사람은 육적인 사람이 아니라 영적인 사람입니다. 영적 편이 귀하다고 하는 것은 육적 편과 다릅니다. 달라야 됩니다.

5 원숭이와 사람은 근본이 다릅니다. 원숭이는 그저 먹고 자고 새끼 낳는 것이 제일입니다. 사람과는 종자가 다르다는 것입니다. 사람은 자기를 중심삼는 것이 아니라 남을 중심삼고, 보다 큰 것을 중심삼고 소망하면서 살게 되어 있지, 자기보다 낮은 것을 소망하면서 살게 되어 있지 않습니다. 차원이 다르다는 것입니다. 인간은 생겨날 때부터 신을 숭상해 왔습니다. 신을 숭상하지 않은 종족이 없습니다. 신을 생각하고 인간이 보다 나을 수 있는 우주를 생각하면서 나왔다는 것입니다.

6 여러분이 자식을 낳아서 젖을 먹이며 귀엽다고 하지만, 누구 때문에 귀여워합니까? 그것은 하늘땅을 대신하여 귀여워해야 하는 것입니다. 이 세계 때문에, 하나님 때문에 귀여워해야 됩니다. 하나님의 사랑에 따른 천륜의 운세는 세계를 넘어 천지를 포용하기 위하여 움직이고 있습니다. 그런데 그 인연을 통해 태어난 아들딸을 나 때문에 사랑한다는 것은 용납받을 수 없습니다. 자식을 품고 젖을 먹이는 어머니들은 하늘땅을 대신하여 하나님의 사랑하는 아들딸을 품는다는 사무친 심정으로 자기 아들딸을 품어야 됩니다. 하나님이 소망

하시는 에덴에서 살 수 있는 아들딸은 우주성을 갖춘 아들딸이어야 됩니다. 만물을 주관하라 하셨으니 주관자로서의 자격을 가진 존재라야만 된다는 것입니다.

7 여러분 자체는 하늘이 전체를 주관하는 그 입장을 대신하고, 만물의 주관주를 대신하는 그 가치를 드러내야 되겠습니다. 그리하여 자기 입으로 '당신이 찾고자 하는 하나의 존재, 전체를 대신한 본래의 주관주 자체로서 세움 받은 뜻을 다 이루었사오니, 하나님이여, 명령하시옵소서.'라고 할 수 있어야 됩니다. 이러한 입장에 설 수 있는 하나의 존재가 6천년 동안 섭리하며 찾아 나오신 하나님이 바라는 존재입니다.

8 인간은 화동의 중심체입니다. 그런데 화동하기 위해서는 절대적인 중심 기준이 결정되어 있어야 합니다. 여러 사람이 박자를 맞추려면 마치 지휘자를 중심으로 상하관계가 잘 연결되어야 하는 것과 마찬가지입니다. 이 우주의 화동의 중심체가 인간입니다. 이러한 인간은 절대적 기준과 일치된 자리에 있기 때문에 그 인간이 머무르는 곳에 우주가 머무르는 것이요, 존재세계가 그를 중심삼고 작용하는 것입니다. 그리고 그 작용으로 말미암아 존재세계에 힘이 생겨나는 것입니다.

9 사람은 대우주의 축소체입니다. 여러분이 소우주입니다. 대우주는 피조세계입니다. 작용의 원천, 힘의 원천은 하나님입니다. 나는 대우주 앞에 선 하나의 소우주로서, 대우주의 끊임없는 힘의 원천이 되는 그 힘이 내 마음에 들어옴으로써 이 대우주와 상응적인 상대의 가치를 지니고 있습니다. 그렇기 때문에 인간은 우주의 꽃입니다.

10 사람은 나 혼자가 아닙니다. 우주 공동의 인연을 종합한 결실체로 나타난 것이 인간입니다. 이런 인간에게는 만물의 종합상이 다 들어가 있고, 우리 선조로부터 이어받은 수많은 선조들의 모든 소성이 전부 투입되어 있습니다. 얼굴은 지금 자기 얼굴같이 느끼고 있지만 그 얼굴이 있기까지는 수만년의 역사를 거쳐 왔다는 것입니다. 수만년에 걸쳐서 선조들의 피를 이어받고 그렇게 생겨난 것입니다. 기적적인 실체입니다. 그뿐만이 아니라 그 배후에는 하늘의 인연이 따라왔기 때문에 그가 남았다는 것입니다. 하늘의 인연을 두고 볼 때 무한한 곡절의 인연을 거쳐서 오늘날의 자기를 이루어 놨다는 것입니다. 만물의 모든 관계적 존재가 투입되고 투영된 실체가 자기라는 것입니다.

제2장 인간의 책임분담과 타락

1절 인간의 성장과 책임분담

1 아담 해와가 하나님의 사랑을 알고, 하나님과 완전히 하나될 수 있는 기준, 하나님의 사랑의 중심 기준과 아담 해와의 사랑의 중심 기준이 한 점에서 모여야 됩니다. 아담 해와는 횡적인 대표 존재요, 하나님은 종적인 대표 존재입니다. 그러니 이 셋이 일치가 돼야 합니다. 이렇게 해서 사랑의 구형이 이루어져야 됩니다. 내재적 핵의 하나님의 사랑을 중심삼고, 외재적 아담 해와의 사랑을 중심삼고 하나되어 구형이 벌어져야 됩니다. 세포에도 핵이 있습니다. 핵을 중심삼고 주체와 대상적인 기준이 주고받아야 됩니다. 그것이 이루어지지 않았기 때문에 역사시대를 거쳐서 이것을 다시 수습해야 됩니다.

인간 책임분담과 성장기간

2 인간 책임분담은 타락하지 않은 아담 해와에게만 있었습니다. 참부모가 생겨난 후에는 지상의 모든 부모가 품어 주기 때문에 사탄이 간섭할 수 없습니다. 사탄이 참소할 무엇이 없습니다. 타락 전에는 아담 해와에게만 가능했습니다. 지금까지 역사상에서 아담 해와 완성이 안 되었기 때문에 이 원칙의 영향은 모든 역사과정에, 전체 분야에 걸려 있습니다. 그렇기 때문에 타락한 세계의 인간은 참부모가 나오기를 얼마나 고대했고, 영계에 간 영인도 얼마나 재림의 날을 고대했는지를 알아야 됩니다.

3 아담 해와 앞에 놓인 책임분담은 한번 잘못하면 억천만세 동안 인간에게 암이 될 수 있는 무서운 구렁텅이가 됩니다. 이런 책임을 해야 될 입장에 있는 아담 해와이기에 하나님은 사탄의 공박이 있을 것을 예상해서 '따먹지 말라.'라고 경고했습니다. 그런데도 불구하고 선악과를 따먹었으니 그것을 바라보는 하나님의 마음이 어떠했겠습니까? 그런 입장에서 어그러지는 경각에도 하나님은 너만은 그러지 않으리라고 믿고 싶었을 것입니다.

4 창조의 원칙을 두고 볼 때, 여러분은 어떻게 하든지 여러분 자체를 책임져야 합니다. 95퍼센트의 책임은 하나님이 하는 것이요, 5퍼센트의 책임은 인간이 하는 것입니다. 이것이 합해져서 백 퍼센트가 됩니다. 이것이 창조원리입니다. 그렇기 때문에 창조주의 권한에 가담하기 위한 특권적인 권한을 부여받아야 합니다. 이

렇듯 95퍼센트의 책임은 하나님이, 5퍼센트의 책임은 인간이 하는 것인데도 불구하고, 인간은 이러한 기준을 넘지 못하였기 때문에 역사는 시작했다가 참된 세계의 맛도 보지 못하고 시작과 더불어 저물어 버렸습니다. 그리하여 인간은 참된 세계의 맛을 모르는 세계에서 살게 된 것입니다.

5 책임분담이란 뭐냐? 첫째는 참된 자녀가 되는 것이요, 둘째는 참된 형제가 되는 것이요, 셋째는 참된 부부가 되는 것이요, 넷째는 참된 부모가 되는 것입니다. 그래서 아들딸로 태어나서 자녀가 되고, 형제가 되고, 부부가 되고, 부모가 되는 것입니다. 그래서 하나님 대신 창조하는 것입니다. 하나님이 아담 해와를 짓고 좋아하던 그 사실을 내적 외적으로 체험하는 것입니다.

6 원리결과주관권과 직접주관권을 연결시켜야 되는데, 그것을 연결시키는 것이 참사랑입니다. 아담 해와가 연결시키지 못했던 그것을 연결시켜야 됩니다. 그것을 연결시켰더라면 거기서부터 모든 전체가 하나의 문화권, 하나의 국민, 하나의 국가, 하나의 국토가 되었을 것입니다. 그런데 그것이 안 되었기 때문에 악마를 중심삼고 분열해서 복잡하게 많은 나라가 되었으니, 이것을 다시 통합해서 본연의 세계로 돌아가야 됩니다.

7 책임분담이란 직접주관권과 간접주관권을 극복하는 것입니다. 마음대로 천상세계와 지상세계를 통하기 위해서는 하나님의 사랑을 중심삼고 일체적 심정권에 들어가야 됩니다. 그것이 원리 기준입니다. 거기에서 하나님의 사랑을 중심삼고 종적인 부모의 자리를 대신할 수 있는 횡적인 면만 결정되면 거기서부터 사탄은 없는 것입니다. 직접주관권입니다.

8 인간에게 책임분담 기준을 세워 준 것은 사랑이상을 완성하기 위해서이고, 하나님이 창조과정에서 인간에게 책임분담 5퍼센트를 부여한 것은 그 대상권이 필요했기 때문입니다. 사랑은 혼자 이룰 수 없습니다. 아무리 전지전능한 하나님이라도 그 대상 없이는 사랑이 현현할 수 없습니다. 10대들이 자기 혼자 있을 때는 사랑이 있는지 없는지 모릅니다. 상대가 나타나게 될 때 비로소 사랑이라는 것이 운동하기 시작합니다. 그와 마찬가지로 책임분담이라는 과정을 중심삼고 어느 때까지 기다려서, 인간 자체가 스스로 성숙기를 맞이해서 꽃이 피고 향기를 풍길 수 있는 때가 됐다면 하나님의 영이 아담과 해와 속에 들어가 인류의 내적인 아버지, 내적인 어머니의 자리를 차지해

서 인류의 가정을 이루었을 것입니다. 인류의 가정뿐만 아니라 종족·민족·국가·세계로 발전했을 것입니다. 그러면 인류 전체는 하나님의 직계 혈족이 됩니다.

9 하나님은 어찌하여 인생 가운데 책임분담을 세웠느냐? 전지전능한 분이니 그 전지전능한 창조성까지 부여하고, 또 영원불변한 사랑의 주체이시니 그 사랑의 주체를 대신할 수 있는 자리에 세우기 위해서 책임분담을 주시지 않을 수 없었던 것입니다. 이것은 복의 조건이 되고, 전체를 점령할 수 있는 하나의 열쇠와 같은 것이기에 이것을 안 줄 수 없었습니다. 그런데 이 책임분담이 문제가 되어서 타락하였습니다.

10 하나님은 왜 인간 앞에 책임분담을 주었느냐? 참사랑을 인간에게만 부여했기 때문에 너희만은 이 법을 지키라는 것입니다. 그래서 참사랑에 도착할 수 있는 책임분담을 인간에게 준 것입니다. 원리결과주관권 내에서 하나님을 위하고 서로서로 위하는 자리에 들어갔더라면 자연히 자라는 것입니다. 그런데 이것을 악마가 알고서 자기 각성을 하게 만들었습니다. 자기 각성은 천사장으로부터 시작했습니다. 천사의 유혹을 해와가 받아서 제2 자아 각성으로 말미암아 타락하게 되었습니다. 그렇기 때문에 신앙생활은 사탄세계에 대해서 완전부정을 하는 것입니다. 그러므로 사탄세계의 혈연관계를 어떻게 극복하느냐 하는 것이 큰 문제입니다. 참사랑의 참부모로부터 여러분의 생명이 시작되면 여기서부터 심정권이 조성되는 것입니다.

11 인간이 책임분담 완성 단계에 나갔다면 하나님 사랑의 5퍼센트를 창조해서 완성했을 것입니다. 다시 말하면 하나님의 사랑을 완성할 수 있었을 것입니다. 하나님의 사랑을 완성할 수 있다는 사랑이상의 창조 위업을 하나님이 인간에게 부여하고자 했습니다. 그러니 인간의 가치가 얼마나 고귀합니까?

12 하늘나라에 들어가는 사람은 책임분담 완성을 해서 참부모의 혈육을 지닌 자식이 되어 하나님의 직접적 사랑을 받을 수 있는 자리에 가야 됩니다. 그런 자리에서 주관을 받으며 살던 사람들이 가는 곳이 천국입니다. 그렇기 때문에 이것을 모르면 천국에 들어가서 입적을 못합니다. 덮어놓고 안 됩니다. 그러니 책임분담을 알아야 됩니다. 책임분담을 왜 주었느냐? 그것은 인간에게 무한하고 고귀한 가치를 부여하기 위해서, 하나님의 창조의 위업에 가담시키기 위

해서입니다. 만약 인간에게 책임분담을 부여하지 않았다면 인간은 하나님의 사랑을 대할 수 있는 대상의 자리에 설 수 없습니다.

13 하나님이 백 퍼센트 만들어 주면 안 됩니다. 95퍼센트는 하나님이 만들고 5퍼센트는 인간 자신이 책임을 하는 것입니다. 그래야 백 퍼센트를 채우는 데 있어서 협력자로서의 동등한 자리에 설 수 있습니다. 그럼으로써 절대적 주체인 하나님 앞에 당당하게 상대적인 자격을 갖춘 자리에서 사랑을 주고받을 수 있습니다. 이렇게 해서 사랑이상을 형성할 수 있습니다. 책임분담이 없다면 우리 자체로는 하나님의 사랑이상을 대등한 자리에서 받을 만한 위신을 세울 수 없습니다. 그래서 하나님은 인간에게 하나님의 사랑을 받을 수 있는 위신을 세워 주기 위해서 책임분담을 설정한 것입니다.

14 인간은 성숙기간에 책임분담을 해야 됩니다. 책임분담을 함으로 말미암아 95퍼센트 창조된 거기에다 5퍼센트 창조의 협조적 조건을 세워 창조자의 권한에 동참하는 것입니다. 하나님이 사랑하는 대상인 인간을 전부 만들었다면 그 인간은 인형과 마찬가지이며 아무 권한이 없습니다. 하나님은 인간에게 대상의 자격을 부여하기 위해서 하나님도 간섭할 수 없는 특권을 주셨습니다. 인간이 인간 자신을 짓는 데에 협조했다는 조건을 세우게 하기 위해서 책임분담을 준 것입니다.

15 인간에게는 책임분담이 있습니다. 하나님이 인간에게 책임분담을 준 목적은 하나님의 창조 위업에 동참시키기 위해서입니다. 95퍼센트는 하나님이 만들고 5퍼센트는 인간이 만듦으로 말미암아 인간을 창조하는 데 있어서 하나님만이 창조하지 않고 인간도 스스로 창조했다는 조건이 된다는 것입니다. 이 동등한 가치권을 부여하기 위한 것이 책임분담입니다. 이것은 위대한 것입니다. 인간에게만 책임분담이 있습니다. 그런데 역사 이래로 책임분담을 완성한 사람이 없습니다. 책임분담이라는 것 자체를 몰랐습니다.

16 인간 책임분담을 왜 주었느냐? 창조 위업에 가담시키기 위해서이고, 하나님의 창조성을 닮게 하여 만물을 주관할 수 있는 자격을 주기 위해서입니다. 그다음에는 원리의 절대성과 완전무결성을 위해서입니다. 이 세 가지 내용입니다. 여러분이 하나님의 창조 위업에 가담해야 됩니다. 원래 타락하지 않았어도 그런 책임은 있습니다. 타락해서 인간 책임

분담이 설정된 것이 아니고, 타락하지 않아도 인간 책임을 짊어지고 있다는 것입니다. 사람으로서 완성할 수 있는 하나님의 95퍼센트 창조이상적 형태를 다 갖추었더라도 자기의 5퍼센트 책임을 완수해야 됩니다. 인간 자체의 완성을 하나님만이 시키는 것이 아니고, 자기가 거기에 보태서 완성해야 되는 책임이 있습니다.

17 원리란 용서가 없습니다. 어차피 가야 합니다. 죽어서도 가야 됩니다. 영원을 두고 가야 됩니다. 하나님 자신이 이것을 마음대로 할 수 있다면 하나님이 지금까지 복귀섭리노정에서 수난길을 갈 필요도 없습니다. 그러나 책임분담적 한계선이 있기 때문에 하나님이 그 코에 걸려서 지금까지 인간을 복귀하기 위해 수많은 수난길을 걸어온 것입니다. 그 책임이란 하나님에게만 있는 것이 아닙니다. 인간과 공동으로 책임지고 있습니다. 타락하지 않았어도 그렇습니다.

18 오늘날 타락한 인간은 어떻게 돼 있느냐? 타락한 인간은 인간 책임분담뿐만이 아닙니다. 전체 창조의 97퍼센트를 유린해 버렸습니다. 그렇기 때문에 재창조를 해야 되는데 재창조란 것은 뭐냐? 책임분담 한계선에 나아갈 수 있는, 한계선에 설 수 있는 것이 아닙니다. 창조과정 전부가 무너졌습니다. 그러니 그것이 얼마나 어렵겠습니까? 그러므로 인간이 97퍼센트에 해당하는 책임을 해주지 않고는 책임분담을 완성할 수 있는 길이 영원히 없습니다. 재창조해야 됩니다. 복귀섭리는 재창조역사인데 재창조가 왜 반드시 필요하냐? 인간 책임분담 때문입니다. 인간 책임분담을 하여 그 자리에까지 나아가기 위해서도 반드시 재창조의 과정을 거쳐야 됩니다.

책임분담과 뜻 성사

19 섭리에는 수행해야 될 주체가 있고 수행해야 될 대상이 있습니다. 주체는 하나님이고 대상은 사람입니다. 그 주체와 대상이 섭리의 뜻을 중심삼고 하나로 완성되지 않고는 승리의 기원을 찾을 수 없습니다. 하나님은 주체와 대상이 하나되게 만들지, 왜 안 되게끔 만들었느냐? 그것은 인간 책임분담이 있기 때문입니다. 인간 책임분담이 있기 때문에 이런 복잡한 문제가 연장되어 내려왔습니다. 만약 인간 책임분담이 없었다면 하나님은 언제나 승리의 역사로부터 승리의 과정을 거쳐서 승리의 종착점까지 갔을 것입니다.

20 타락한 후손인 여러분에게는 책임분담권이 다 남아 있습니다. 개인

적인 책임분담을 중심삼고 볼 때, 개인적인 원리결과주관권에서 개인완성을 해서 하나님의 사랑과 연결시켜 하나님과 직접적인 사랑의 인연을 맺을 수 있는 개인적인 직접주관권 기반을 가졌느냐 할 때 못 가졌다는 것입니다. 탕감복귀는 사탄을 분립시키기 위해서 필요합니다. 사탄을 분립하지 않고는 책임분담을 할 수 없습니다. 그렇기 때문에 책임분담 길을 가서 성숙하여 17, 18세가 되어 남자에게 절대 필요한 것이 여자이고 여자에게 절대 필요한 것이 남자라는 것을 알아야 됩니다.

21 하나님이 인간에게 책임분담 기간을 왜 두었느냐? 어찌하여 하나님이 책임분담이라는 과정을 중심삼고 서로 접근하지 않으면 안 되게 했느냐? 왜 하나의 공동목적인 창조 위업 완성이라는 과제를 완성시켜야 할 공동적인 한때를 바라면서 가야 되느냐? 그것은 다름 아닌 사랑 때문입니다. 청년 남녀들은 사춘기를 맞이하는데, 영적이나 육적으로 완전히 성숙해서 꽃이 필 수 있는 때가 사춘기입니다. 사춘기는 18세를 전후해서 인간에게 반드시 찾아옵니다. 그 사춘기에 있어서 영적인 사람과 육적인 사람이 있으면 비로소 그들이 하나되어서 꽃을 피우는 것입니다. 만물의 중심인 인간이 그 향기를 풍기면 이 모든 우주가 화동할 수 있는 하나의 봄절기를 맞는 환경이 되었을 것입니다. 그 봄절기는 인간의 봄절기인 동시에 하나님의 봄절기입니다. 하나님이 기쁜 가운데 향취를 맡고 노래를 부르며 '기쁘다.'라고 할 수 있으면 거기에서 비로소 하나님의 완성적 이상 생활권이 출발하였을 것입니다.

22 사랑의 중심은 인간이 아니고 어디까지나 하나님입니다. 그렇기 때문에 원리에 있어서 책임분담 완성은 인간의 사랑과 하나님의 사랑이 하나되는 것을 말합니다. 하나님의 사랑은 영원한 사랑이니만큼 영원한 사랑을 중심삼고 상대의 자리에서 하나되는 것은 영원한 일체를 이루는 것입니다. 거기에는 분립이 있을 수 없습니다.

23 아담 한 사람의 책임분담 완성으로 개인 책임분담 완성뿐만 아니라 가정·종족·민족·국가·세계·천주 책임분담 완성을 할 수 있는 기반이 그 일대에서 닦아집니다. 그러면 아담의 후손은 책임분담 완성권에 서기 때문에 하늘나라의 직접 통치를 받을 수 있는 세계사적인 기준에 서게 됩니다. 거기에는 세계 책임분담이니 국가 책임분담이니 하는 것이 남지 않습니다. 아담 완성과 더불어 세계 책임분담 완성이 벌어집니다. 책임분

담을 완성함으로써 원리결과주관권과 직접주관권이 연결됩니다.

24 직접주관권과 원리결과주관권이 연결된 그 길, 그 접선은 사랑으로 말미암아 시작됩니다. 그것이 연결되기 때문에 사랑으로 연결되는 사랑의 다리가 생겨난 것입니다. 하나님과 인간 사이에 사랑의 다리가 비로소 생기는 것입니다. 그러나 책임분담 완성을 하지 않은 자리는 인간과 하나님의 사랑에 원래의 이상적 다리가 놓이지 않습니다. 이상적 사랑의 자리는 책임분담을 완성하게 될 때 이루어집니다.

25 직접주관권이란 뭐냐? 사랑을 중심삼고 비로소 주체가 생기고 객체가 생겨나서 주체의 의도에 의한 객체의 환경권이 연결됩니다. 그러한 세계는 아담 가정 완성이자 전체의 완성입니다. 거기에는 사탄도 없고, 오늘날과 같은 타락한 세계도 없습니다. 책임분담권이라는 자리에는, 아담 해와를 지어 놓고 책임분담을 하라고 한 자리에는 사탄이 없었습니다.

26 원리결과주관권과 직접주관권 내에서 아담이 책임분담을 완성함으로써 아담 해와를 중심삼고 하나님이 임재하여 가정에서부터 참사랑의 정착 기지가 시작됩니다. 그 가정은 개인적인 가정이 아닙니다. 그 가정은 천주를 대표한 가정입니다. 세계를 대표한 가정입니다. 세계 국가를 대표한 가정이고, 세계 종족, 세계 가정, 세계 개인들을 대표한 가정입니다. 개인·가정·종족·민족·국가·세계·천주, 전부를 거꾸로 대표한 자리입니다. 밑에서부터 천주·세계·나라·민족·종족·가정·부부가 됩니다. 이 대표가 되어 여기에서 사랑을 중심삼고 하늘과 하나됨으로써 이 전체가 하늘 가정에 연결된 왕권시대로 전진할 것이었습니다.

27 하늘과 땅과 사람이 갈라진 것이 어디서 합하느냐? 남자가 사춘기까지 성숙하고 여자도 사춘기까지 배우고 성숙해서 결국은 남자를 알고 여자를 알게 됩니다. 여기에 와서 비로소 복수가 되기 때문에 복수로 연결됩니다. 그럼으로써 운동이 벌어집니다. 이 자리가 통일교회에서 말하는 5퍼센트 책임분담입니다. 이 자리는 하늘과 땅이 접하는 자리입니다. 세계가 횡적으로 접하는 자리요, 하늘땅이 종적으로 접하는 자리요, 전후로 우주 전부가 합하는 곳입니다. 남자 여자가 근원에서부터 갈라져서 출발했기 때문에 이곳으로 돌아가야 됩니다. 그렇기 때문에 여러분은 온 우주의 중심입니다. 가장 귀한 우주의 중심을 다시 한 번 찾아야 됩니다.

그 우주의 중심을 찾아가는 길은 돈도 아니고, 지식도 아니고, 권력도 아닙니다. 참사랑 외에는 없습니다.

28 남자와 여자는 천주의 압축된 핵입니다. 부부가 참사랑을 하는 데는 온 우주가 걸려듭니다. 남자와 여자는 사랑을 위해서 태어났습니다. 그렇기 때문에 직접주관권이 종적인 것입니다. 본래 인간은 종적으로 되어 있습니다. 책임분담을 완성함으로써 종적인 주인이 설정되고, 그다음에 횡적인 주인이 설정됩니다. 그것은 참사랑에 의해서 설정됩니다.

29 원리결과주관권에서 직접주관권으로 넘어가기 위해서는 반드시 성숙한 자리에서 부부의 사랑을 이루어야 됩니다. 그럼으로써 책임분담이 완성됩니다. 사랑 기준이 하나님과 절대적 기준에서 연결된 부부를 통해서 태어난 그 아들딸은 절대적인 혈연입니다. 그 기준을 목표로 해서 성사시켜 놓아야 할 책임이 인간에게 있습니다.

30 원리결과주관권과 직접주관권, 지상과 천상을 통일하고 심신을 통일하는 것이 책임분담 완성입니다. 하나님과 횡적인 참부모는 하나입니다. 거기에 있어서 통일된 사랑, 하늘과 지상을 연결하는 사랑, 몸과 마음이 하나된 사랑, 남자와 여자가 하나된 사랑이 문제입니다. 통일된 사랑의 기반을 닦음으로써 처음으로 하늘의 사랑과 하늘의 생명과 하늘의 혈통이 연결될 수 있고, 그것의 횡적인 확대가 팔방으로 전개됨으로써 왕권이 생기는 것입니다.

31 하나님이 아담 해와를 간섭하지 못한 것은 인간 책임분담이 있었기 때문입니다. 이들이 소생·장성 기간을 거쳐 완성의 자리인 직접주관권 내에서 축복을 받았더라면, 인간의 책임분담 5퍼센트를 완성했더라면 모든 것이 다 끝났을 것입니다. 거기서부터 새로운 출발, 개인적인 인생살이와 가정적인 인생살이가 시작되었을 것이고, 역사적인 모든 출발에 있어서 하나님의 뜻의 완성을 봤을 것입니다. 그랬더라면 거기서부터 참된 사랑을 중심삼은 하나님의 혈족되는 참된 부모가 나와서 참된 가정, 참된 자녀를 이루어 종족·민족·국가를 편성해서 지상에 하나님이 소원하던 이상 실현의 국가가 이루어졌을 것입니다. 그것이 지상천국입니다.

32 아담 해와가 책임분담을 완수했더라면 우리에게는 한이라는 말이 남아지지 않았을 것입니다. 책임분담을 다하지 못한 까닭으로 우리의 역사과정에는 한스러운 길이 남아

있습니다. 만일 책임분담을 완수했더라면 인간과 천사세계, 전 피조세계는 기쁨과 영광 가운데서 하나님의 주관을 받게 되었을 것입니다. 이것이 원칙입니다. 책임분담 미완성으로 인해 사탄세계가 형성되었고, 이 땅이 사탄 주관권 내에 남아졌습니다. 이 책임분담 미완성으로 인해 하나님도 수고의 길을 지금까지 가려 나오고 있습니다. 이 책임분담은 어느 시대나 어떠한 개인이나 어떠한 민족이면 민족, 어떠한 세계에도 남아져 있습니다. 한 개인을 볼 때도 이 책임분담이라는 과제를 자기 생애를 중심삼고 언제나 앞에서 이미 추구하고 있습니다.

33 창조 위업을 경륜한 이후의 하나님은 완성의 뜻을 보지 못한 하나님입니다. 그 하나님을 모시고 나온 인류는 완성을 보지 못한 채 신음하고 있는 인류입니다. 그러면 어느 때에 하나님의 해방의 날이 올 것이냐? 어느 때 인류 해방의 날이 올 것이냐? 그 해방이라는 것은 책임분담을 중심삼고 와야 합니다. 그러지 않고는 인간이 바라는 이상세계, 통일교회가 바라는 지상천국 실현은 불가능합니다. 책임분담을 완성한 자리에 선 인간은 하나님과 같이 완전한 사람입니다. 하나님이 95퍼센트 창조했지만, 인간이 백 퍼센트 완성한 창조물의 자격을 부여받을 수 있는 자리에 서기 때문에 인간 완성이자 하나님 창조 위업의 완성이 되는 것입니다. 창조 위업의 완성이자 뜻의 완성이요, 뜻의 완성이자 하나님의 완성이 된다는 말입니다.

책임분담이 중요한 이유

34 하나님은 모든 생명의 중심인 동시에 사랑의 중심입니다. 물론 생명도 사랑의 중심이요, 사랑도 생명의 중심입니다. 하나님은 인류가 고통받고 있는 것을 알면서도 왜 행복한 인류가 되게끔 못하였느냐? 얼핏 생각하는 사람은 '하나님이 계시다면, 어떤 절대적인 신이 계시다면 어찌하여 전 세계 인류가 역사를 통해 어느 때를 막론하고 수난길을 가야 되며, 알지 못하는 길을 방황하며 더듬어 가지 않으면 안 되는 운명에 처하였느냐?'라고 할 것입니다. 이런 자체를 보게 될 때 사랑의 신이 없다고 속단하기 쉽습니다.

35 비참한 복귀역사는 하나님 자신이 여하한 권력을 가지고도 어떻게 할 수 없습니다. 그것은 인간 책임분담의 5퍼센트가 남아 있기 때문입니다. 하나님이 아무리 눈물을 흘려도 어떻게 할 수가 없습니다. 이 중대한 기준은 사람이 하지 않으면 안 됩니다. 인간에게는 책임이 있습니다. 그

것을 지금까지 인간이 알지 못했습니다. 하나님은 전능한 신이니까 그 신이 하려고만 든다면 못할 일이 없다고 생각하는 신자가 많지만, 하나님에게는 이렇게도 저렇게도 할 수 없는 것이 있습니다.

36 하나님은 인간이 타락할 때 왜 간섭하지 않았느냐? 절대적인 창조자로서 인정한 이상, 완성할 때까지는 그 자신이 책임을 지게 하지 않으면 안 됩니다. 중간에 간섭하면 절대적인 권한의 기준이 무너진다는 것입니다. 하나님은 위대하신 분입니다. 제2창조주의 권한을 맡겨 주기 위해서 그렇게 하신 것입니다. 개성진리체로 되어 있기 때문에 하나님도 마음대로 할 수 없습니다.

37 인간 책임분담이라는 이 확실한 사상적 근거로 말미암아 탕감복귀라는 제일 싫은 원한의 술어가 나왔습니다. 그 탕감복귀노정은 하나님도 절대 후원할 수 없으며, 혼자서 가야 됩니다. 도와주게 될 때는 탕감이 안 됩니다. 왜 그러냐? 인간 책임분담이라는 원칙이 있으니, 그 원칙에 있어서 도와주는 것은 탕감이 안 됩니다. 도울 수 있었다면 인간이 타락할 때 하나님이 간섭해서 타락 안 하게 했을 것입니다. 책임분담이 있기 때문에 돕지 못했다는 것입니다.

38 지금까지 신학자들이나 영계를 통하는 수많은 사람들이 사탄이 있는 줄은 알았지만, 전지전능한 하나님 앞에 반대하는 사탄을 왜 방어하지 못했느냐 하는 문제는 모릅니다. 이것은 영계를 통해서도 문제입니다. 어느 때든지 하나님 편으로 가려면 반드시 사탄이 방해하게 되어 있습니다. 다방면에서, 일방이 아닌 팔방에서 반대하게 되는데, 왜 하나님이 그것을 간섭하지 못하고 제재하지 못하느냐? 이런 문제가 지금까지 수수께끼입니다. 영계를 통해도 그것만은 모릅니다. 그래서 이렇게 된 모든 것을, 사탄으로 말미암아 이렇게 된 비참한 사실을, 영계가 왜 이렇게 되었고 지상이 왜 이렇게 되었는가 하는 것을 풀어야 됩니다. 그것을 하나님이 안다고 해서 가르쳐 줄 수 없다는 것입니다. 그것은 책임분담이 걸려 있기 때문입니다.

39 책임분담을 책임질 수 있는 사람은 본래 타락하지 않고 완성해야 될 아담 해와, 참부모가 되어야 할 아담 해와였습니다. 부모만이 책임질 수 있는 책임분담이었습니다. 부모가 책임분담을 하지 못하여 이런 결과의 세계가 되었기 때문에, 누구한테도 책임분담이라는 것을 가르쳐 줄 수 없습니다. 부모한테 못 가르쳐 준 하나님이기 때문에 누구한테도 가르쳐

줄 수 없습니다. 통일원리에서 말하는 책임분담이라는 말이 안 나왔다면 역사는 풀 길이 없다는 것입니다.

40 책임분담이라는 것을 모르면 큰일 납니다. 책임분담을 중심삼고 뒤집어엎기 위한 탕감노정을 가고 있다는 사실을 모르면 종교세계의 역사가 풀리지 않습니다. 이것이 풀리지 않으면 영계에 가서도 전부가 풀리지 않고 다 맺힌다는 것입니다. 풀릴 길이 없습니다. 여러분이 알기로는 책임분담이라는 말이 간단한 것 같지만 엄청난 역사적인 복음입니다.

41 통일교회에서 인간 책임분담이라는 것을 알아냈다는 사실은 우주적인 발견입니다. 원자폭탄을 발명한 것, 아인슈타인이 상대성원리를 발견한 것은 비교도 안 됩니다. 그것을 모르면 역사의 모든 것이 해결되지 않습니다. 하나님과 인간의 관계, 역사의 모든 일이 두루뭉술입니다. 정의로운 사람들이 역사시대에 왜 희생해 나왔고, 지나간 후에야 왜 그 사람들의 이름이 나타나느냐 하는 문제는 역사학자도 철학자도 해결할 방법이 없다는 것입니다.

42 책임분담을 완성했다고 할 때에 사탄세계는 내 앞에 나타나서는 안 됩니다. 여러분 앞에 사탄세계가 안 나타났습니까? 이것이 문제입니다. 선생님이 이 책임분담을 몰랐으면 오늘날 복귀역사니 세계 구도니 금의환향이니 해방권이니 하는 것이 있을 수 없습니다. 신·구약 역사가 찾아 해결해야 될 문제가 책임분담권을 어떻게 넘느냐 하는 것입니다. 그것이 신·구약의 소망입니다. 메시아가 왜 필요하냐? 메시아는 책임분담권 상위의 사람입니다. 메시아하고 하나되면 사탄이 참소할 수 없습니다. 하늘 권한을 가지고 책임분담 완성권 기반 위에 하나님의 사랑에 일치된 혈통권을 갖고 나타나기 때문에 사탄세계가 반대할 수 없습니다. 반대받는 것은 왜냐? 사탄세계의 사람을 붙잡고 죽더라도 안 놓겠다고 하니까 십자가에 죽인다고 야단이 벌어지는 것입니다. 책임분담을 완성하지 못한 사람은 천국 갈 수 있는 권한이 절대 없습니다. 사탄의 혈통을 이어받지 않은 아담 해와도 책임분담을 못하니까 사탄이 끌어갔습니다.

43 탕감복귀가 없으면 아벨권을 찾을 수 없습니다. 아벨권을 찾지 못하면 부모가 나올 길이 없다는 것입니다. 부모를 찾지 못하면 하나님이 이상 하는 본연의 세계를 찾을 길이 없습니다. 그렇기 때문에 모든 인간은 개인적 책임분담에 걸려 있고, 가정적 책임분담에 걸려 있습니다. 그리

고 종족적 책임분담, 민족적 책임분담, 국가적 책임분담, 세계적 책임분담에 걸려 있습니다. 이것을 풀지 못했기 때문에 영계까지 지옥과 천국으로 갈라져 있습니다. 영원한 영계까지도 지옥과 천국으로 갈라져 있는 것은 책임분담 문제를 해결하지 못했기 때문입니다. 거기에는 사람이 있다고 해도 사탄의 사람입니다. 하나님과 하등의 관계가 없습니다. 그러니까 책임분담과 탕감복귀는 절대 필요합니다.

44 여러분은 책임분담을 하루에 몇 번이나 생각합니까? 밥 먹을 때 책임분담, 숟가락 쥘 때 책임분담, 숟가락과 접시를 씻을 때도 책임분담, 변소 가서 대변을 누거나 소변을 보면서도 책임분담, 걸어가면서도 책임분담을 외워야 합니다. 아담 해와가 책임분담을 생각하지 않았기 때문에 망했습니다. 여러분도 책임분담을 하지 않고는 망합니다. 우리는 아담 해와와 같이 책임을 못해 타락한 사람이 되어서는 안 됩니다. 복귀해서 승리한 사람이 되기 위해서는 24시간 책임분담을 존중하고 생각해야 됩니다.

2절 인간의 타락

1 성서의 내용을 관찰해 보면, 인류 시조가 불륜한 사랑을 함으로써 사탄 마귀를 중심삼고 부자의 관계를 맺었다는 사실을 부정할 수 없습니다. 하나님의 핏줄을 받아 하나님의 절대적인 사랑 가운데 하나님의 직계 아들딸로 태어나야 할 가치적인 인간이 사탄 마귀의 혈통을 받아 사탄의 아들딸로 태어났다는 것입니다.

2 타락은 어디서부터 시작되었습니까? 남녀 간에 타락한 것이 무엇이겠습니까? 성서의 문자 그대로 선악과를 따먹은 것이 타락이겠습니까? 과일을 따먹은 것이 원죄가 될 수 없습니다. 이성 간에 타락할 수 있는 것은 잘못된 사랑일 수밖에 없습니다. 인간시조가 과일을 따먹은 죄로 그 후손이 천대만대 죄인이 될 수 있겠습니까? 그것은 혈통적으로 죄의 뿌리를 심어 놓았기 때문에 유전법칙에 의하여 영원히 지속되는 것입니다. 불륜한 행음관계에 의하여 해와는 천사장과 하나가 됐고, 아담은 다시 천사장과 하나된 해와와 하나됨으로써 아담과 해와는 하나님을 중심하지 않고 천사장을 중심한 부부관계를 맺고 가정을 이루게 됐기 때문에 아담 해와의 후손인 모든 인간은 결국 사탄의 핏줄을 이어받게 된 것입니다.

간접주관권과 직접주관권

3 하나님의 실체가 되어야 했고, 인류의 참부모가 되어야 했던 아담 해와가 사춘기도 되기 전에 타락하고

말았습니다. 다시 말해서 가을에 좋은 열매를 맺기 위해 봄에 씨앗을 뿌렸는데, 이것이 가을까지 가지 못하고 여름에 떨어졌다는 것입니다. 타락이란 바로 이렇게 중도에서 탈락한 것을 말합니다.

4 본래 아담 해와가 완성하게 되면 하나님이 그 완성 자리에 들어가 아담 해와와 하나되는 것입니다. 그래서 결국은 영적 육적인 입장이 하나되어 영육을 중심삼고 하나님의 사랑에 연결돼야 합니다. 미성년 때에, 성숙한 사춘기를 맞지 못한 청소년 때에 타락했습니다. 영육이 하나님의 사랑과 연결될 수 없는 미달기에서 타락했다는 것입니다. 그렇기 때문에 사랑을 모르고 있습니다. 밤송이는 밤송이인데 알맹이 없는 밤송이 모양과 마찬가지입니다.

5 우주의 근본은 탈선이 있을 수 없다는 것입니다. 그런데 해와가 자라기 전 미성년일 때에 천사장 누시엘을 보니까 말하는 것이 천지이치를 다 아는 것 같았습니다. 하나님의 심부름을 해서 천지창조에 대해서도 얘기할 줄 알고 말입니다. 아담이야 뚱해 가지고, 요즘으로 말하면 새나 잡으러 다녔습니다. 몽둥이를 들고 새나 잡으러 다니고, 뱀이나 잡으러 다니고, 개구리나 잡으러 다니고 그랬다는 것입니다. 자연에 흡수된 모든 것을 앞으로 주관하고 관리하고 친하려니까, 전부 그 동화자가 되려니까 그랬습니다. 해와에 대해서는 관심이 없었습니다.

6 타락하지 않았으면 인간 아담 해와는 청소년 시기를 지나 사춘기를 맞이해서 자연히 하나되었을 것입니다. 누가 가르쳐 주지 않아도 자연히 하나되게 되어 있습니다. 누구를 중심삼고 하나되느냐? 아담도 아니요 해와도 아닙니다. 사랑의 뿌리 되는 하나님을 중심삼고 하나되는 것입니다. 꽃이 필 때에 그 꽃 자체에서 피는 것이 아니라 뿌리를 통해서 피는 것과 마찬가지로, 하나님이 그런 입장에서 인간과 더불어 완전히 상대적 이상을 이루어 사랑을 완성했더라면 모든 것이 공인되었을 것입니다. 즉각 거기서부터 천국생활입니다. 이렇게 볼 때 타락했다는 사실은 하나님이 인간에게 바라던 이상의 사랑 완성 기준을 잃어버렸다는 것을 뜻합니다.

7 하나님은 왜 책임분담이라는 것을 두었느냐? 사람은 커야 된다는 것입니다. 장성하여 올라가지 않으면 안 됩니다. 15, 16, 17, 18세 사춘기까지 장성해야 됩니다. 자랄 때까지 기다려야 됩니다. 그렇기 때문에 이것을

원리결과주관권 또는 간접주관권이라고 합니다. 자라서 성숙하기 전에는 사랑을 모른다는 것입니다. 그러니 성숙할 때까지 기다리는 것입니다. 다 자라서 평면적인 극에서 둘이 하나될 수 있는 그때에 하나님이 딱 오셔서 그들에게 결혼식을 해주면 끝나는 것입니다.

8 인간이 타락함으로써 간접주관권 내에만 있게 되었습니다. 직접주관권은 아직까지 연결이 안 되어 있습니다. 아담 해와가 책임분담을 다하지 못함으로 말미암아 간접주관권에서 직접주관권을 연결시키지 못했던 것입니다. 여기에 책임분담이 관계되어 있습니다. 그렇기 때문에 복귀섭리는 책임분담 때문에 자꾸 연장되어 나갑니다. 하나님의 직접주관권에 연결되는 하나님의 사랑권에 가기 위해서는, 즉 완성하기 위해서는 간접주관권에서 자기 책임분담을 완성해야 됩니다.

9 간접주관권과 직접주관권을 연결시키기 위해서 책임분담을 완성해야 됩니다. 책임분담 완성이라는 것은 남자가 성숙하고 여자가 성숙해야 됩니다. 에덴동산에서의 완성은 하나님밖에 모르는 것입니다. 하나님을 제1로 사랑해야 됩니다. 그다음에 남자는 여자를 제2로 알고 여자는 남자를 제2로 아는 사람들이 되어야 합니다. 이렇게 될 때 책임분담을 완성함으로써 간접주관권에서 직접주관권 내로 갈 수 있는 새로운 차원으로 넘어서는 것입니다.

10 여러분은 원리결과주관권에서 직접주관권에 이르기까지 가정을 중심삼고 탕감조건을 세워 스스로 책임분담을 완수했다는 조건을 세워야 합니다. 그렇게 하여 하나님의 사랑을 중심삼고 직접주관권과 관계를 맺지 않고는 천국에 들어갈 길이 없습니다. 이것이 원리입니다. 그러면 책임분담을 왜 세웠느냐는 것입니다. 하나님의 모든 것을 상속받고 하나님의 대상자가 되게 하기 위해 탕감조건이 세워졌습니다. 그다음에 직접주관권이 왜 필요하냐? 직접주관권을 연결시키지 않고는 사랑이 인간과 하나님에게 연결이 안 되기 때문입니다. 이 사랑이 연결되지 않으면 하나님으로부터 우주를 상속받을 수 없습니다. 사랑을 중심삼고 상속하게 돼 있습니다. 그렇기 때문에 모든 나라나 모든 가정도 사랑하는 자식을 중심삼고 상속하려고 합니다. 그것은 원리가 그렇기 때문입니다.

11 책임분담권은 사랑을 중심삼고 하나된 자리입니다. 완성해서 종적인 하나님의 사랑과 연결되었을 때

간접주관권과 직접주관권이 연결됩니다. 직접주관권과 간접주관권이 연결되면 심정권이 연결된 것이기 때문에 사탄이 거기에 존재하지 못합니다. 그 전에 타락했기 때문에 문제입니다. 인간으로서는 아무리 해도 이것을 모릅니다. 그러니까 만민이 전부 지옥에 가는 것입니다. 여기 중간에서 복귀섭리의 도를 세워 중간 양심권을 계발하면서 그것을 다져 나온 역사적 이면의 터전이 종교입니다.

12 직접주관권은 아담과 해와가 사랑을 중심삼고 동참할 수 있는 자리입니다. 그러니까 간접주관권은 책임분담 미완성권입니다. 책임분담 완성과 동시에 아담과 해와가 사랑을 중심삼고 부부를 이루어서, 하나님은 내적 아버지가 되고 아담과 해와는 외적 아버지 어머니가 되어 안팎으로 하나되게 될 때에 비로소 직접주관권이 설정될 수 있습니다. 그렇기 때문에 이 과정에서는 결혼이 절대 필요합니다. 독신으로는 못 넘어가는 것입니다.

13 하나님의 사랑을 중심삼고 완전한 하나님의 사랑이 현현하게 될 때는 사탄이 나타나지 못합니다. 그것이 책임분담 완성입니다. 책임분담을 완성했더라면 간접주관권과 직접주관권에 있어서 사랑의 인연이 맺어집니다. 거기에서 종적 사랑과 횡적 사랑이 연결되는 것입니다. 그렇게 되면 그 종횡의 사랑을 통해서 하나님의 혈통적 인연이 생겨나는 것입니다. 핏줄이 생깁니다. 하나님의 사랑을 중심으로 하나된 종횡의 사랑과 인연되어 태어난 핏줄은 사탄이 간섭할 수 없습니다. 사탄과 인연이 없는 것입니다. 그러니 심정을 이어받기 위해서는 순수한 하나님의 사랑을 중심삼은 본연의 전통적 혈통을 이어받아야 됩니다.

인간 책임분담과 타락

14 에덴동산에서 아담 해와가 하나님의 명령에 순종했더라면 타락이 없었을 것입니다. 하나님의 명령에 순종했더라면 그 개인으로 말미암아 가정이 이루어지고, 그 가정으로 말미암아 국가·세계가 이루어져 지상천국, 즉 하나님만이 주관할 수 있는 세계가 되었을 것입니다. 그런데 하나님의 명령을 순종하지 않음으로써, 반역함으로써 사탄을 중심삼은 개인·가정·종족·민족·국가가 이루어졌기 때문에 본래 하나님이 의도한 하나님의 나라는 아직까지 이루어지지 않았습니다. 본래 하나님이 의도하던 세계와 반대가 되었기 때문에 반대의 중심존재인 사탄이 생겨났고, 사탄이 주관하는 개인과 가정과 세계가 되었다는 것입니다.

15 아담과 해와가 타락하기 전에 하나님에게 먼저 물어봤다면 타락하지 않았을 것입니다. '천사장이 이러고 저러고 하는데 어떻게 합니까?'라고 물어봐야 했습니다. 그랬으면 하나님이 답변했을 것입니다. 이 물어보는 것이 책임분담 5퍼센트입니다. 물어보는 것은 자유입니다. 그러나 물어보지 않고 횡적 관계를 맺어 버렸습니다. 물어보지 않고 행동했기 때문에 문제가 벌어진 것입니다. 언제든지 그렇습니다. 여러분은 자신의 책임분담 5퍼센트를 감당할 자신이 있습니까? 없으면서 날뛰는 별의별 사람들이 많습니다.

16 아담과 해와가 왜 타락을 했느냐? 책임을 못했기 때문입니다. 책임분담은 아담이나 해와 혼자 할 수 있습니까? 먼저 하나님과 하나되어야 합니다. 하나님과 하나되기 전에는 책임분담을 완수할 수 없습니다. 그다음에는 원리와 하나되어야 합니다. 이 두 가지 조건이 성립되어야 합니다. 그렇기 때문에 '신앙하는 사람은 절대적으로 하나님을 믿어라! 절대적으로 하나님 앞에 귀의해라! 하나님을 중심삼고 완전히 서라!'라고 하는 것이 신앙의 제1조입니다. 어떠한 종교든지 이것이 신앙하는 사람들에게 제1조입니다. 그다음에는 원리, 하나님이 세운 법도와 완전히 하나되라는 것입니다.

17 책임분담이라는 것이 있었기 때문에 탕감도 생기게 되었습니다. 만약 책임분담이 없었다면 하나님은 언제든지 주관하실 수 있습니다. 타락할 때 '야, 그렇게 하면 안 된다.'라고 할 수 있지만, 인간의 책임분담이 있어서 하나님이 간섭할 수 없는 자리에 있었기 때문에 인간이 타락하고 사탄이 활동하는 것을 방지하지 못했습니다. 책임분담을 아담과 해와가 못했습니다. 그 책임을 못한 것이 아담과 해와 자체만으로 끝난 것이 아닙니다. 아담과 해와가 뿌리가 되어서 줄기가 되고 가지가 되고 잎이 되어, 온 인류는 결국 책임을 못한 자리에 머물러 있습니다.

18 죄는 아담 해와가 지었습니다. 아담 해와가 죄지은 것은 하나님이 마음대로 할 수 없습니다. 사탄은 죄지은 아담 해와를 붙들고 하나님의 뜻을 망칠 수 있게끔 마음대로 할 수 있지만 말입니다. 어느 한때에 이 땅 위에 재림주, 메시아가 와서 악마를 굴복시킬 수 있는 그날이 오지 않고는 하나님 자신이 해방될 수 없습니다. 종교 믿는 사람들은 이런 것을 꿈에도 생각지 않고 하나님은 전지전능하기 때문에 마음대로 한다고 합니다. 아무리 권한이 있더라도 정해진 헌법

을 준수해야 됩니다. 천지창조의 대원칙 기준을 중심삼고 하나님이 정한 그 법을 어기고 자기 마음대로 하는 하나님이 아닙니다. 그렇기 때문에 타락한 아담 해와를 간섭하지 못한 것입니다. 간섭할 수 있는 자리는 완성의 자리입니다. 그 자리에 서야 하나님이 거두어서 간섭하게 돼 있습니다. 타락한 아담 해와를 간섭 못한 것은 장성기 완성급에 있었기 때문입니다. 중간 단계에 있기에, 아직까지 열매가 되어 씨가 될 수 없기에 그것을 거두어 줄 수 없습니다. 하나님은 완전히 결실한, 완숙한 열매를 거두어 그것을 확산시키게 되어 있지, 완숙하지 못한 것은 간섭할 수 없습니다.

19 아담이 죄를 지었기 때문에 아담이 풀어야 됩니다. 미완숙한 아담으로 말미암아 무지의 자리에서 타락했기 때문에, 완숙한 아담이 나타나 악마가 알고 하나님이 아는 모든 비밀을 파헤쳐서 악마를 끌어다가 하나님 앞에 고소할 줄 알아야 됩니다. 그렇기 때문에 천국 가려고 할 때 예수님이 낙인을 찍는 것이 아닙니다. 악마 앞에 승리했다는 증명서가 없으면 천국에 못 들어갑니다. 이런 내용을 완전히 파헤쳐서 하나님의 내밀적인 사실, 사탄의 내밀적인 사실, 역사과정에서 사탄이 한 행동을 증거적 사실로 들어서 이런 원칙에 위배된다는 모든 논리적 근거를 제시해야 됩니다. 개인과 가정에 위배되고, 종족 앞에도 위배되고, 민족 앞에도 위배되고, 국가 앞에도 위배되고, 세계 앞에, 하나님이 이상 한 천상천국과 지상천국 이념에 위배된다는 확실한 근거 밑에서 사탄을 규명하고 규탄해야 됩니다. 그런 증거자료를 제시하게 될 때 사탄은 죄를 지은 악마로서 굴복하는 것입니다.

20 죄의 기반, 타락의 기반, 악의 기반, 지옥의 기반, 이런 것이 구체적으로 어떻게 되어서 생기게 되었느냐 하는 것이 문제입니다. 이것은 아담과 해와로 돌아가 생각해 보아야 합니다. 아담과 해와가 왜 타락했느냐 하는 근원을 헤쳐 보면, 아담과 해와는 하나님이 명령한 선악과를 따먹지 말라는 말을 불신해서 타락했습니다. 둘째는 자기중심적이었습니다. 셋째는 자기를 중심삼고 사랑하려고 했습니다. 이것이 타락한 중심 골자의 내용이기 때문에 이 내용에 같이 하는 것은 사탄 편이라는 결론이 나옵니다. 타락한 사람들은 전부 불신의 사랑, 자기중심의 사랑을 한 사람들입니다. 결국 자기중심의 사랑을 주장하는 것이 이 세계 사람들이라고 보는 것입니다.

21 하나님이 따먹지 말라고 했는데,

뭘 따먹지 말라고 한 것입니까? 에덴 동산의 생명나무와 선악을 알게 하는 나무는 아담과 해와를 말합니다. 아담의 생식기가 생명나무입니다. 선악을 알게 하는 나무는 해와의 사랑을 말합니다. 마피아와 사랑하면 마피아 아들딸을 열매맺고, 왕과 사랑하면 왕의 아들딸을 열매맺습니다. 그러니까 혈통적으로 악마의 혈통을 이어받았다는 것입니다.

22 선악과는 미완성한 해와의 정조, 나아가 해와의 생식기를 가리키는 것입니다. 충신이 아들딸을 잘 낳아서 키웠다고 할 때 그 근원은 사랑입니다. 그 사랑이 어디에서 이뤄지느냐 하면 어머니 아버지의 생식기입니다. 그것이 나쁜 것이 아닙니다. 지극히 거룩한 것입니다. 하늘나라의 왕권을 어디에서 잃어버렸습니까? 정조를 잃어버림으로써 그것을 통해서 잃어버렸습니다. 하나님의 가정, 하나님의 이상권을 어디에서 깨뜨려 버렸느냐? 그것을 깨뜨려 버림으로써 모든 것이 깨져 나간 것입니다. 그것을 깨뜨려 버리지 않았다면, 그것이 하나님 나라의 왕궁을 지을 수 있었던 본원지였습니다. 그래서 생식기는 사랑의 왕궁이요, 생명의 왕궁이요, 혈통의 왕궁이라는 말을 하는 것입니다. 충신도 그 문을 통해서, 성자도 그 문을 통해서, 하나님의 아들딸도 그 문을 통해서 태어나는 것입니다. 하나님도 그 문을 통해서 혈통을 심고 싶었다는 것입니다.

23 성경에 보면 선악과를 따먹고 타락했다고 했는데, 하체를 가렸다는 것은 뭐냐? 기독교에서 성경을 조금 더 지성적으로 해석할 수 있는 마음만 있으면 대번에 타락의 기원을 알 수 있습니다. 왜 하체가 부끄러운 것이냐? 입을 가리고 손을 가려야 할 텐데 왜 하체를 가렸느냐? 하체라고 흉 될 것이 없습니다. 하체로 타락함으로써 하늘 사랑을 유린한 부끄러움의 궁전이 되었습니다. 참사랑의 샘이 솟아야 할 텐데 악마의 사랑을 중심삼은 거짓 사랑의 샘이 터져 나왔습니다. 이러니 이것이 사랑의 터전 가운데 제일 나쁜 사랑의 터전이 되었던 것입니다.

타락의 동기와 이유

24 성경에는 선악과를 따먹었다고 쓰여 있습니다. 그리고 입으로 들어가는 것이 사람을 더럽히지 못한다고 했습니다. 선악과를 따먹는다면 눈으로 보고 그다음에는 손으로 만져서 입에 넣어야 합니다. 그런데 선악과를 따먹고 난 후에 어떻게 했습니까? 입이나 손, 눈을 가리지 않고 하체를 가렸던 것입니다. 얼토당토않은 부분을 가렸다는 것입니다. 천사가 간

음했다는 사실과 해와가 하체를 가린 문제를 두고 볼 때, 우리는 여기에 공통된 내용이 있다고 보지 않을 수 없습니다. 해와는 선악과를 따먹고 나서 부끄러운 것을 깨닫고 아담한테 선악과를 따먹으라고 강요했습니다. 해와는 천사와 불륜의 정조관계를 맺고 보니, 자기의 본 남편이 천사가 아니고 아담인 것을 안 것입니다. 하나님 앞에 돌아가야 할 자기 자신이 두려우니까 자기가 머무를 수 있는 자리를 찾기 위하여 아담을 유인했던 것입니다. 그리하여 아담 해와 둘이 관계를 맺고는 둘 다 하체를 가리고 숨었습니다. 가렸다는 사실은 결국 부끄러운 곳이 생겼다는 것입니다. 즉 하나님 앞에 드러낼 수 없는 허물이 생겼다는 것입니다.

25 성경 욥기 31장 33절에 보면 '내가 언제 아담처럼 부끄러운 곳을 가리었던고.'라는 말씀이 있습니다. 세상에서도 남자나 여자나 얼굴에 무슨 흠이 있으면 그것을 가리려고 하는 것은 본성입니다. 이러한 점에서 볼 때, 아담 해와에게 흠이 생긴 곳은 입도 아니요, 손도 아니요, 눈도 아니요, 하체라는 것을 부정할 수 없습니다. 또 요한복음 8장 44절을 보면 예수님이 불신하는 사람을 대해서 책망하기를 '너희는 너희 아비 마귀에게서 났으니, 너희 아비의 욕심을 너희도 행하고자 하느니라.'라고 결정적인 말씀을 하셨습니다. 결국 예수님은 인류의 조상은 사탄 마귀라고 하였습니다. 세례 요한도 불신하는 이스라엘 민족을 대해서 독사의 자식들이라고 지적했습니다. 그것은 뱀과 관계가 있다는 것이요, 뱀은 사탄과 관계가 있다는 말입니다. 인류시조가 사탄 마귀에 의해 타락하였기 때문에 우리는 그 사탄의 피를 받은 후예가 된 것입니다. 여러분의 살에는 용서할 수 없는, 하나님이 제일 무서워하는 원수의 피가 흐르고 있다는 것입니다.

26 악마가 타락시킨 것이 무엇이냐? 선악과를 먹고 하체를 가렸습니다. 이것이 악을 뿌린 씨가 됐습니다. 10대, 성숙하지 못한 때에 타락을 했습니다. 이 역사적인 인간 세상의 핏줄이 거기서 뻗었기 때문에, 그것이 인간 종말시대에 성하게 되는 것입니다. 전 세계적으로 청소년들이 아담과 해와같이 그늘 아래서 독자적으로 사랑의 윤리를 파괴하고 하늘땅이 무서운 줄을 모르는 때가 되면 사탄의 전권시대가 땅 위에 도래한 줄 알아야 됩니다. 그때는 하나님의 철퇴가 목전에 다가오는 것입니다.

27 아담 해와가 타락한 것, 그 하루의 실수가 무서운 결과를 가져왔습니다. 그렇기 때문에 남녀문제가 무섭고 결

혼하기가 무서운 것입니다. 상대가 나를 붙들고 내가 상대를 붙들어서, 상대가 나를 해방해 주고 내가 상대를 해방해 주는 것입니다. 무엇에서 해방해 주느냐? 사랑의 함정에서 해방해 주는 것입니다. 그 사랑의 함정이 개인적 사랑의 함정, 가정적 사랑의 함정, 국가·세계·천주적 사랑의 함정입니다. 하나님이 그 함정 가운데 떨어진 것입니다. 참부모가 이상 하던 모든 창조세계가 사랑의 함정에 떨어졌습니다. 그 사랑의 함정이 그릇된 생식기를 중심삼은 사랑으로 하나된 자리입니다. 거기에 빠졌습니다.

28 타락은 생식기를 잘못 사용한 것입니다. 생식기를 잘못 사용함으로써 신랑이 달라지고 사랑하는 상대가 달라졌습니다. 그래서 근본적인 타락입니다. 이것을 범해서 우주의 어디를 가든지, 동물세계라든가 식물세계라든가 광물세계라든가 어디든지, 쥐 세계에서도, 어떤 벌레 세계에서도 이것을 내세우지 못할 만큼 그릇됐기 때문에 이 우주에서 쫓아내 버려야 된다는 것입니다. 그래서 에덴에서 쫓아낸 것입니다.

29 여자와 남자의 그것은 독사입니다. 독사의 함정입니다. 뱀이 꼬였다는 것이 무슨 말입니까? 그것은 바로 생식기를 말합니다. 여자의 생식기, 독사보다도 무서운 생식기가 얼마나 많습니까? 마찬가지로 남자의 생식기, 독사 같은 생식기로 꼬여 겁탈하려고 합니다. 그것을 잘못 물었다가는 큰일 나는 것입니다. 나라가 망하고 세계가 망합니다. 하늘나라가, 영생길이 막히는 것입니다.

30 남자의 생식기는 타락 전 천사장과 마찬가지입니다. 두 혓바닥을 놀려 속이고 꾀어서 완전히 지옥에 처넣던 것과 마찬가지로 그런 뱀 대가리 같은 것을 중심삼고 다시 타락시키는 일을 하는 것입니다. 뱀이 문다는 것입니다. 뱀을 시켜서 따먹었다는 것입니다. 남자에게 있어서 여자를 잡아먹는 것이 그것밖에 어디 있습니까? 먹는 것이 그것밖에 없습니다. 그것이 무서운 기관입니다. 그것이 천사장, 뱀 대가리 같은 남자의 생식기라는 것입니다.

31 절대신앙·절대사랑·절대복종, 그것은 생식기를 두고 하는 말입니다. 타락은 하나님과 인간의 생식기가 하나 못 된 것입니다. 합덕이 안 된 것입니다. 그것을 절대 믿어야 합니다. 내 가정 역사의 기둥이요, 내 일족 역사의 기둥이요, 내 핏줄 역사의 기둥이라는 것입니다.

32 아담과 해와는 하나님의 만대 독

자 독녀였습니다. 만대 독자 독녀 된 하나님의 아들딸을 망하게 만든 것이 사랑의 기관, 생식기였습니다. 영원불변의 사랑의 기관이요, 영원불변한 하나님 심정의 주류를 이어받아 영생불멸의 복지 기반을 이룰 것을 파괴한 것이 타락입니다.

33 무엇 때문에 타락했느냐? 사랑 때문에 타락했습니다. 잘못된 사랑이 타락입니다. 잘못된 사랑은 잘못된 생식기의 행동을 통해서 이루어졌습니다. 이것은 공식입니다. 아담과 해와의 생식기가 없었다면 인류가 생겨날 수 있습니까? 생식기가 없다면 지상천국이 출발할 수 있습니까? 완전한, 참된, 선한 생식기를 통해서 참되고 선한 지상·천상천국이 생겨납니다. 참되지 못한 생식기를 통해서는 지옥이 생겨납니다.

34 하나님과 아담 해와가 하나될 수 있어야 했는데 왜 그렇게 못 됐느냐? 그 원인은 천사장이었습니다. 천사장의 거짓 사랑 때문에 타락했습니다. 수직으로 연결돼야 했는데 옆에서 가로채 버린 것입니다. 그렇게 옆으로 관계를 맺은 것이 육신입니다. 인간이 내적인 자신과 외적인 자신의 이중으로 돼 있습니다. 그런데 심신일체가 되지 못했습니다. 타락의 결과로 심신이 갈라진 인류역사가 시작됐기 때문에 싸움으로 점철되는 것입니다. 그것은 개인뿐만이 아닙니다. 대우주가 그렇게 돼 있습니다. 어떻게 그것을 빼낼 수 있느냐 하는 것이 하나님의 구원섭리입니다.

35 남자는 여자를, 여자는 남자를 위해서 태어났는데, 자체 자각이 아닌 타아 자각을 해서 자체 자각이 재인정되면 두 사람의 소유권과 승리권이 갖춰집니다. 그런데 상대권 두 사람의 가치를 융합시키기 전에 자체 자각을 하여 행동해서 나선 것이 타락입니다. 그것이 무엇이기에 하나님이 이렇게 손을 못 대고 무력하게 되었느냐? 무슨 타락이기에 그렇게 지독하냐는 것입니다. 선악과를 따먹었으면 왜 하체를 가렸겠습니까? 피를 더럽혔습니다. 피를 더럽혔다는 말은 생명을 더럽혔다는 말이요, 생명을 더럽혔다는 것은 사랑을 더럽혔다는 말입니다. 천지 대도의 신경기관이 되어야 할 인간이 미성년기에 타락했습니다. 여자를 누가 겁탈했느냐? 종 되는 천사장이 하나님의 딸, 미래에는 하나님의 황후가 될 수 있고, 하나님의 외적인 몸이 될 수 있는 해와를 겁탈해 버렸다는 것입니다. 핏줄을 엇바꿔 놓았습니다.

36 사탄은 자체 자각을 중심삼고 모든 것을 자기에게 결착시키려고 하기

때문에, 우주가 전체를 위하는 것을 중심삼고 크기를 바라는데 이것은 반대로 조이니 질식할 수밖에 없습니다. 탄식과 원한의 구덩이에 빠져 들어가는 것입니다. 이론적으로 그렇습니다. 부정할 도리가 없습니다. 이런 논리를 확대시킬 때, 에덴에서 어떻게 되어서 인간이 어려운 자리에 들어갔느냐 하면 타락했기 때문입니다. 타락이 자체 자각입니다. 자체 자각을 해서 타락했기 때문에 우리는 자체를 부정해야 됩니다. 자기 가정에서부터 종족·민족·국가, 하나님 앞에 가서도 '나는 하나님의 아들이 아닙니다.'라고 해야 됩니다.

37 타락은 자유의사에 의해서가 아니라 자체 자각에 의해서 됐습니다. 환경여건을 망각하고 자기만을 중심삼고 자체 자각을 한 것입니다. 전체가 화동하는 것을, 전체 주체와 대상의 연체적 관계를 무시해 버리고 개별적 관계에서 연체관계의 이상을 점령했으니 도적놈입니다. 그것이 사탄입니다. 창조이상의 대우주 연체적 관계의 사랑권을 개인을 중심삼고 울타리를 벗어나서 타고 앉았다는 것은 하나님까지 무시해 버린 것입니다.

사탄의 정체를 알아야 하는 이유

38 사탄 마귀가 어디서 왔느냐 하는 것이 문제입니다. 사탄 마귀가 없다면 예수님도 올 필요가 없고, 하나님의 복귀섭리니 구원섭리니 하는 것도 필요 없습니다. 이 모두는 사탄 때문에 필요하게 된 것입니다. 사탄이 있는 한 하나님의 복귀섭리는 계속되고, 사탄이 있는 한 구주는 와야 됩니다. 이렇게 볼 때, 사탄이라는 존재는 하나님이 지으신 피조물 가운데에서 생겨났다고 봐야 됩니다. 타락했다는 것은 그 자체가 고장이 났음을 뜻합니다. 병이 났다는 말입니다. 누가 타락시켰느냐 하면 사탄 마귀입니다. 그러므로 우리는 이 사탄 마귀의 정체를 알아야 됩니다. 사탄이 지금까지 남아 있는 것은 사탄 마귀가 저지른 정죄의 근본을 파헤쳐서 하나님 앞에 참소하는 사람이 없었기 때문입니다. 만약 그런 사람이 있을 때는 사탄 마귀를 처단할 수 있습니다. 사탄 마귀를 굴복시키려면 사탄 마귀의 정체를 파헤쳐서 천상과 지상에서 추방운동을 하면 됩니다.

39 사탄은 하나님의 간부(姦夫)입니다. 따라서 간부를 용서해 주면 천리의 원칙에 어긋나기 때문에 용서할 수가 없습니다. 그러므로 사탄세계의 인간은 백번 천번 용서할 수 있어도 사탄만은 절대로 용서할 수가 없습니다. 그래서 대심판이 있는 것입니다. 대심판은 누구를 심판하는 것

이냐? 사람을 심판하는 것이 아니라 인간의 마음속에 주인인 양 임재해 있는 사탄을 심판하는 것입니다.

40 사탄은 원래 어떤 존재냐? 악마라는 존재는 하나님의 종입니다. 이 종이 주인의 딸을 겁탈한 것입니다. 이것이 타락입니다. 성경에 나오는 그 타락이 뭐냐? 해와가 선악과를 따 먹은 것이 타락이라고 하는데 선악과는 과일이 아닙니다. 종이 주인의 딸을 겁탈한 것입니다. 앞으로 대를 이을 아들과 딸을 낳아 길러서 하나님의 이상을 이루려고 하였는데, 종으로 지었던 천사장이 주인의 딸을 겁탈한 것이 인류 타락의 기원이 되었습니다. 세상에 그럴 수 있습니까? 천지가 그렇게 됐다는 것입니다.

41 원래 인간은 하나님을 중심삼고 참생명과 참혈통을 이어받아 우주의 권한을 가지고 영광의 생활을 하고 있어야 했는데, 타락함으로써 사탄 사랑을 중심으로 사탄 혈통, 사탄 생명을 받은 것입니다. 사탄은 하나님의 사랑의 원수요 간부입니다. 여자 셋이 모인 것을 '간(姦)' 자로 씁니다. 사랑하는 여자를 빼앗아 간 그를 간부라고 합니다.

42 본래의 주인을 쫓아내고 그의 아내를 빼앗아 그 아들딸까지 모두 죽음의 자리로 끌고 간 괴수가 사탄 마귀입니다. 이렇게 볼 때 하나님의 원수요 인류의 원수인 사탄 마귀를 용서할 길이 있습니까? 그런 사탄을 용서한다면 세상을 다 파탄시켜 버리고 마는 것입니다. 그러므로 여러분 그냥 그대로가 하나님의 아들딸이 될 수 있다고 공인해야 됩니다. 그렇기 때문에 하나님과 인류는 이것을 바꿔치기하는 날까지 신음과 고통의 길을 모면할 수 없는 자리에서 역사를 엮어 오는 것입니다.

43 하나님은 온갖 정성을 다해 희망찬 대업을 꿈꾸며 우주를 창조하셨는데, 그 모든 대업과 생명과 이념의 모든 조건이 일시에 파탄되어 망하게 될 때 천지가 캄캄했다는 것입니다. 여기에 원수로 등장한 것이 천사장 누시엘이었습니다. 이 누시엘을 때려잡아야 되겠습니까, 안 때려잡아야 되겠습니까? 하나님이 가장 사랑하던 뼈 중의 뼈요, 살 중의 살인 아들딸을 누시엘이 자기 아들딸로 삼은 것입니다. 이러한 원수의 목을 잘라야 되느냐, 그대로 놔두어야 되느냐? 이런 문제를 놓고 역사 이래 처음으로 고심한 분이 하나님입니다.

3절 타락의 결과

1 타락한 결과 인간은 사망권 내에 떨어졌습니다. 하나님이 선악과를

따먹으면 반드시 죽으리라 하신 말씀과 같이 죽을 수 있는 사망권 내에 떨어져 들어왔습니다. 타락한 결과 어떻게 됐느냐? 요한복음 8장 44절에 보면 사탄 마귀가 인류의 아버지가 되었다고 예수님은 지적했습니다. 하나님을 아버지로 모셔야 할 아담과 해와가 타락함으로써 사탄 마귀를 아버지로 모시게 됐다는 이 원통한 사실이 타락의 보응입니다.

사탄의 혈통을 이어받은 인간

2 타락은 혈통이 달라진 것입니다. 가정이 없어져 버렸고 나라가 없어져 버렸습니다. 그러므로 혈통을 정비해야 됩니다. 무엇이든지 동기로부터 결과까지를 모르면 새로운 동기와 방향, 그리고 결과를 얻을 수 없습니다. 그렇기 때문에 사탄의 비밀을 알지 않으면 바로잡을 수 없습니다. 제일 중요한 것은 타락했다는 것입니다. 사탄의 혈통이 들어와 심장으로부터 동맥과 정맥이 사탄의 피로 움직여서 모든 세포가 못 쓰게 된 것입니다. 혈통계가 엉망진창이 됐기 때문에 실체세계의 역사를 모르는 무지에 떨어져서 비참하게 되었습니다. 해와는 자기를 중심하고 자각했습니다. 미완성의 권내에서 자기를 중심으로 자각하고 처신해서 천주를 뒤집어 박아 버렸기 때문에 그 자각을 새롭게 하지 않으면 안 됩니다. '타락세계를 내 손으로 완전히 소화해 버리겠다. 전 세계를 내 권한 하에 두고 소화하고도 남을 수 있다. 하나님이 믿지 않으면 믿을 수 있도록 해드리겠다.'라고 하면서 말입니다.

3 타락은 핏줄을 전환한 것입니다. 핏줄이 문제입니다. 하나님은 달라진 핏줄을 어떻게 할 수 없습니다. 하나님의 몸이 되고, 하나님의 실체를 중심삼은 부모의 혈육을 받은 직계의 자녀가 돼야 할 것인데, 원수한테 빼앗겨서 하나님이 계획했던 전부를 잃어버렸습니다. 하늘나라라든가 지상천국의 이념을 중심삼고 사랑의 기둥들이 세워져야 했지만 그 기둥들이 다 무너졌다는 것입니다.

4 하나님을 1대라고 하면 아담이 2대였는데 3대가 연결되지 않았습니다. 그 3대가 연결돼야 합니다. 아담 해와가 하나님의 사랑을 중심삼은 절대생명·절대혈통을 연결시키지 못했습니다. 거기까지 돌아가는 것입니다. 하나님이 아들딸은 품을 수 있었지만 손자 손녀를 품어 보지 못했습니다. 혈통이 끊어져 버렸습니다. 그것을 이론적으로 부정할 수 없습니다. 하나님 사랑의 결실체, 생명의 결실체, 혈통의 결실체로서 손자 손녀를 품어 본 적이 없다는 것입니다. 그래서 전 세계 인류가 하나님의 사랑과 무관하

게 돼 버렸습니다.

5 아담과 해와는 타락 때문에 혈통이 바뀌었습니다. 하나님의 원수요 간부인 사탄의 사랑에 의해서 사탄의 생명체가 된 것입니다. 남자의 생명체, 여자의 생명체가 사탄의 사랑에 뒤섞여서 하나가 되고 그 둘로 인해 결실된 것이 아들딸입니다. 그러므로 그 아들딸은 사탄의 사랑, 사탄의 생명, 사탄의 혈통을 계승하고 있는 것입니다.

6 지금까지 종교는 금식과 고행을 해 나왔습니다. 왜 몸을 치느냐? 사탄의 피, 하나님의 원수의 피를 받았기 때문입니다. 하나님의 원수가 간부입니다. 하나님의 사랑의 원수입니다. 그 간부의 피를 받았습니다. 하늘나라의 왕권을 이어받아 황후가 될 수 있었던 해와가 악마의 배필이 됐고 종의 짝이 됐다는 것입니다. 이것은 천지의 비밀인데, 선생님 시대에 와서 비로소 폭로됐으니 사탄세계는 물러가야 됩니다.

7 아담과 해와의 거짓 사랑으로 거짓 생명이 되었습니다. 사랑과 생명에 사탄의 혈통이 연결되었습니다. 아무도 그것을 모르지만 부정할 수 없는 사실입니다. 아담과 해와가 타락한 다음에는 하나님 앞에서 쫓겨났습니다. 그들이 쫓겨날 때는 아들딸이 없었습니다. 그들이 쫓겨난 다음에 아들딸을 낳아서 사탄의 혈통이 연결된 것입니다. 이론적으로 부정할 수 없습니다. 타락한 다음에 완성의 개념을 알게 되었습니다. 어떻게 하나님의 사랑과 생명, 그리고 혈통으로 돌아가느냐 하는 것이 문제입니다. 타락으로 말미암아 인류가 하나님의 사랑과 생명 그리고 혈통으로부터 단절되고, 사탄의 사랑과 생명 그리고 혈통이 연결되었습니다. 인간 조상 아담과 해와가 타락했다는 것은 거짓 부모의 혈통이 상속되어서 결실을 맺었다는 것입니다. 그것을 어떻게 뒤집어 박을 것인가가 문제입니다. 180도 달라져야 됩니다.

타락 세계와 말세 현상

8 사탄이 해와를 꼬였고 해와는 아담을 꼬여 서로서로가 속이는 비극의 역사가 출발했습니다. 그래서 그들이 사탄 마귀를 중심한 죄악성을 지닌 부부가 되어 거기서부터 죄 있는 아들딸을 낳게 됐습니다. 그렇기 때문에 죄 있는 부모의 전통으로부터 죄 있는 자녀의 전통으로 이어진 것입니다. 그리하여 죄 있는 형제, 죄 있는 종족, 죄 있는 민족, 죄 있는 국가, 죄 있는 세계에 이르기까지 온 세계를 사탄 마귀가 주관하게 되었으니 이 세계는 명실공히 지상지옥이 아닐

수 없습니다. 사탄이 개인적으로 원수지게 만들고 가정적으로 원수지게 만들고, 종족·민족·국가·세계적으로 모두 분열시켜 놓았기에 누구도 하늘 편으로 돌아가지 못하게끔 다 쫓겨났던 것입니다.

9 창세기 6장 6절을 보게 되면, 아담 해와가 타락한 후에 하나님이 인간을 창조한 것을 한탄했다고 했으니, 이것은 하나님의 본의가 아님이 틀림없습니다. 인간이 타락함으로써 하나님과 인연이 맺어진 것이 아니라 인연이 떨어져서 하나님으로부터 에덴동산에서 쫓겨났다는 것입니다. 그렇기 때문에 타락한 이 세상은 하나님의 뜻대로 된 세상이 아닙니다. 하나님의 뜻대로 되지 않고 사탄과 마귀의 뜻대로 된 세상이 되었습니다.

10 사탄 마귀가 인류시조를 타락시킴으로써 무엇이 되었느냐? 성경 요한복음 12장 31절을 보면 '이 세상의 임금이 되었다.'라고 했습니다. 이 우주를 지으신 주인공이 하나님이신데도 불구하고 그 주인공을 제쳐놓고 어떻게 사탄이 인류를 주관하고 세계를 지배할 수 있는 임금이 됐느냐는 것입니다. 그러므로 이 세계는 선한 하나님이 주관하는 선주권의 세계가 아니고, 악한 사탄이 주관하는 악주권의 세계입니다. 인간은 악주권, 사탄 수하에서 지배를 받고 있습니다. 이것이 첫째 문제입니다. 그다음 문제는 인간이 원죄를 지니고 있다는 것입니다. 성경에 의하면 인류의 조상이 선악과를 따먹었다고 했는데, 그것이 무슨 지독한 죄이기에 인류가 수천년 동안 그 죄를 계승받아 나와야만 하느냐는 것입니다. 아직까지 이 원죄의 뿌리를 뽑아 버리지 못했습니다. 이 원죄의 뿌리가 있기 때문에 사탄 마귀는 이 세상의 임금이 될 수 있는 것입니다.

11 천리 대도의 기준이, 사랑의 원축이, 천지의 축이 됐어야 할 중심점이 타락으로 말미암아 파괴됐습니다. 여자가 자각을 하고 천사장이 자기 자각을 함으로써 인연되어서 우주의 근본을 격파한 원한의 구렁텅이가 생겨났습니다. 그것은 왕후가 될 수 있는 사람을 종이 타고 앉았다는 것입니다. 그러니 우주 대도의 원칙이 될 수 있는 근본 기준이 어긋난 것입니다. 결국 그 악마는 뭐냐? 사랑의 하늘나라 왕궁을 근본적으로 파탄시킨 괴수입니다.

12 인류는 부모를 잃어버린 고아와 마찬가지입니다. 하나님이 진짜 자기 부모라는 것을 안다면 얼마나 반갑겠습니까? 고아로서 천대받던 한의 역사 이상 부모를 존중시하는 것

입니다. 여러분과 선생님이 다른 것이 그것입니다. 하나님이 누구인지를 알고, 길을 가다가도 어디를 가나 존중하는 것입니다. 그것은 누구도 못 따라갑니다.

13 어떤 관념이 한번 머릿속에 자리 잡히면 빼내기 힘듭니다. 그래서 종교가 필요한 것입니다. 종교가 없는 곳은 망합니다. 우리는 절대자인 하나님을 아버지로 모시고 있습니다. 우리는 하나님의 아들딸입니다. 사탄은 하나님의 사랑을 짓밟은 간부입니다. 우리의 진정한 아버지는 하나님인데 사탄이 아버지 노릇을 하고 있습니다. 그러기에 요한복음 8장 44절에서 예수님은 '너희 아비의 욕심을 너희도 행하려 한다.'라고 책망했던 것입니다. 사탄의 피를 받은 분통한 사실을 알았으면 분한 마음이 솟구쳐 내 몸을 칼로 찔러 더러운 거짓 피를 빼 버리고 싶은 의협심이 일어나야 합니다.

14 인간조상이 타락한 후에는 하나님의 가정과 하나님의 상대가 없었습니다. 하나님이 제1대, 아담은 제2대라고 하지만 그 관계가 맺어지지 않았습니다. 아담 해와가 축복을 받지 않았습니다. 축복을 받음으로써 사랑에 의해서 하나님과 관계가 맺어질 것이었는데, 그렇게 되지 못하고 완전히 단절되었기 때문에 하나님 혼자였습니다. 아담 해와가 혈통적으로 연결될 수 있는 아무런 내용이 없었습니다. 모두 갈라져 버렸습니다. 하나님을 중심하고 말하게 되면 너라든가, 당신이라든가, 그라든가, 가정이라는 관념이 없습니다. 상대적인 존재가 없어져 버렸습니다. 그러니까 인간 타락 이후로 하나님 혼자만 존재해 온 것입니다. 창조하시기 전보다 더 비참합니다. 창조를 시작하신 이후에는 만물이 상대적인 기준 위에서 기다렸지만, 그 중심인 인간이 타락했기 때문에 전부 잃어버렸습니다. 완전히 상대권을 잃어버린 하나님의 입장이 됐습니다. 그렇게 타락이 무섭습니다.

15 음행에 의해 타락했으므로 끝날의 시기에는 그대로 됩니다. 청소년들이 모두 타락하고 마는 것입니다. 선조가 그렇게 씨앗을 뿌렸으니 수확기에는 그처럼 청소년들의 타락이 세계적으로 만연하고 세계를 멸망시키고 있습니다. 오늘날이 그렇습니다. 그것을 부정할 수 없습니다. 프리섹스를 누가 시작했습니까? 아담과 해와입니다. 타락했으니까 프리섹스의 선조는 아담과 해와입니다.

16 참사랑은 귀한 것이므로 참사랑을 유린하는 것은 우주적인 범죄가

됩니다. 불륜과 청소년들의 윤락, 가정 파탄, 근친상간, 동성연애, 형언할 수 없는 성범죄 등 오늘날의 현실은 하나님을 서럽게 하고 있습니다. 창조이상이 숭고하고 영원한 사랑을 중심삼은 가정이상의 성취에 있는데, 왜 이런 결과가 초래되었습니까? 그것은 말세를 당하여 인류의 조상이 타락한 결과가 그대로 결실됨으로써 심은 대로 거두는 세기말적 작태를 나타냄이라고 하겠습니다.

17 지금 미국에서의 청소년 윤락 문제를 미국 정부가 해결할 수 있습니까? 군사력 가지고, 경제력 가지고, 과학기술 가지고 안 됩니다. 요즘에는 성해방이라고 해서 별의별 요사스러운 일이 다 벌어지는데, 사랑이 그런 것입니까? 영원한 생명을 지닐 수 있는 참사랑이 이렇게까지 되었으니 여기에 무슨 희망이 있습니까? 절망입니다. 남자와 부딪쳐도 절망이고, 아들과 부딪쳐도 절망이고, 부모와 만나도 절망이고, 어디 가든지 만나면 절망입니다.

18 요즘에는 독신생활을 강조합니다. 또 동성애 같은 것이 문제가 됩니다. 그렇게 안 될 수 없는 내용이 뭐냐는 것입니다. 근친상간으로 말미암아 그렇게 된 것입니다. 할아버지가 손녀딸을 유린합니다. 자진해서 유린하는 것입니다. 아버지가 자기 딸을 유린합니다. 근친상간 관계이니만큼 어차피 성개방의 시대, 프리섹스 시대가 왔기 때문에 마음대로 접촉하는 것입니다. 접촉하는데, 그것이 먼 동네의 모르는 사람이 아닙니다. 제일 가까운 친척관계에서 벌어지는 것입니다.

19 제일 심각한 것이 가정의 문제입니다. 청소년 문제, 가정 파탄 문제가 마지막입니다. 사탄 전권을 하나님이 허락했습니다. 사탄이 '아담 해와를 마음대로 품고 사랑하던 그 기준을 인간세계의 끝날에 와서 나에게 허락해야 됩니다. 그렇게 뿌렸으니 요사스러운 사랑을 중심삼고 전체를 파탄시킬 수 있는 전권의 행사를 나에게 허락해야 됩니다. 그래야 내 소원대로 다 하고 하나님 앞에 요구할 것이 없어지니 참소가 끊어지지 않겠습니까?'라고 하니, 하나님이 '그렇다.'라고 해서 사탄의 전권시대를 허락했다는 것입니다. 하나님의 사랑 가운데서는 성해방이 있을 수 없고 동성애가 있을 수 없습니다.

20 사탄은 어떤 무기를 이용했느냐? 공기 무기를 이용했습니다. 그것이 담배입니다. 다음에 액체 무기는 술입니다. 그다음에 고체 무기는 마약입니다. 이래 놓고는 정신까지 전부

썩혀 놓습니다. 몸을 썩히고, 정신을 썩히고, 콧구멍으로 폐를 다 썩혀 놓는 것입니다. 그래서 우리는 술을 안 마시고 담배를 안 피웁니다. 이것은 인류를 멸망시키기 위한 사탄의 무기입니다. 신과 통할 수 있는 정신을 방해하는 요소인 이 세 가지가 원수의 최고 무기입니다. 그다음에는 사랑입니다. 프리섹스, 사랑의 질서를 파탄시키는 것입니다. 그런 것을 선생님 손으로 다 정비하는 것입니다.

타락 인간을 보시는 하나님의 심정

21 부모가 사랑하는 자식을 믿고 있는데도 자식이 배반할 때, 그 믿음에 비례해서 부모가 받는 충격과 고충, 그리고 비참함은 이루 말할 수 없습니다. 또한 생명을 걸고 서로 사랑했던 사람이 배반하고 배척하여 불신할 때도 역시 말할 수 없이 비참합니다. 그러한 자리에서 몸부림치며 겪는 고통은 경험하지 못한 사람은 모릅니다. 말만 가지고는 알 수 없습니다. 이것은 세상일을 보아서 알 수 있습니다. 그러면 하나님은 어떻게 되어 비참해졌느냐? 하나님은 막연한 하나님이 아닌 구체적인 하나님입니다. 인간과는 최고의 관계를 가진 하나님입니다. 하나님이 기뻐하는 것이 있다면, 그것은 인간과 더불어 기쁨으로 출발해서 끝이 없는 영원을 향해 계속 나아갈 수 있는 출발의 기점을 보는 것입니다. 그런데 그 출발의 기점을 인간으로 인해 잃어버렸습니다.

22 인간은 타락했습니다. 이것은 천년간의 한으로 탕감할 수 있는 것이 아닙니다. 억천만세에 수많은 억조창생이 죽음의 고비에 걸릴 함정이 될 것을 아시는 하나님이셨으니 얼마나 분했겠습니까? 그러한 비참한 상처를 입힌 인간입니다. 이런 것을 생각해 볼 때 인간은 할 말 없는 존재입니다. 세상에서도 부모가 환갑이 넘어 낳은 만득자(晩得子)인 7대 독자가 죽는다고 생각하면 절망 중의 절망일 것입니다. 젊으면 또 낳을 수 있지만 만득자로 태어난 7대 독자가 잘 자라지 못하고 죽는다면 7대권을 계승하려던 조상들이 얼마나 애가 타겠습니까? 조상들은 자기 후손, 자기 핏줄을 통해 세계에 없는 만복을 받고 싶어합니다. 그러니 자식이 죽는다면 부모는 따라 죽고 싶을 것입니다. 그런데 아담은 7대 독자가 아니라 영원한 독자입니다. 하나밖에 없는 아담을 가정을 이루게 하여 창조의 대업을 이룬 자리에 세우려 하였는데, 그 아담이 죽었으니 하나님의 마음이 어떠했겠습니까?

23 원래 창조원칙을 보면, 사랑 일체 이상권 내에 가게 되면 영원한 소유

주가, 사랑을 중심삼은 주체자가 중심이 됩니다. 그런데 하나님이 그런 중심이 되어야 했는데 사탄이 중심이 되었습니다. 천지가 지천이 되고 전부 거꾸로 된 것입니다. 하나님 자신이 참된 이상으로 바라던 사랑이상, 참된 사랑을 중심삼고 일체 된, 한 몸이 된 것은 가를 수 없어야 할 것인데, 그 핏줄도 하나님의 직계 자녀가 되어야 할 것인데 그것이 틀어짐으로써 반대가 됐다는 것입니다.

24 아담 해와가 선악과를 따먹으려고 할 때에 하나님이 '내가 염려했던 대로 되는구나. 조금만 더 해라.'라고 했겠습니까? 아닙니다. 심장이 오그라들고 모든 감각이 한 곳으로 빨려 들어가는 입장이었습니다. '그것을 따먹어서는 안 되느니라.'라고 피 흘리며 떨고 형용할 수 없는 애절한 안타까움 때문에 아무것도 생각할 수 없는 입장에 서지 않을 수 없었던 하나님이었던 것입니다. 그런 하나님이 아담 해와가 선악과를 따먹고 있을 때 구경만 했겠느냐는 말입니다. 칼이 있으면 역사를 베고, 이 천하를 베어 잘라 버리고 싶은 마음이었지만 그렇게 하지 못한 입장을 자탄할 수밖에 없었던 하나님이었습니다. 그러니 하나님이 얼마나 처량하고 비참하고 안타까웠겠습니까? 역사상의 그 누구보다도 처량하고, 그 누구보다도 안타깝고, 그 누구보다도 비참했습니다. 아담 해와가 선악과를 따먹는 순간 심장이 폭발하는 듯한 안타까운 심정을 가지신 분이었습니다. 그러나 하나님은 그들을 사랑하지 않을 수 없었습니다.

25 하나님 앞에 서 있던 아담과 해와가 하나님의 내정을 살필 수 있었으면 타락하려야 타락할 수 없었을 것입니다. 부모는 부모로서 자식을 대해 사랑의 마음을 갖고 있지만, 자식은 부모의 깊은 심정까지는 몰랐다는 것입니다. 물론 어려서 타락했겠지만 그 연령의 미급함이 타락의 동기가 된 것이 아니라 심정의 미급함으로 말미암아 타락한 것입니다. '저분은 나를 위해 있다. 저분은 나와 더불어 있다. 저분은 나와 하나다. 저분은 영원히 나와 떨어지려야 떨어질 수 없다.'라고 하며 하나님이 일체의 문제에 관계돼 있다는 것을 아담과 해와가 느낄 수 있었다면 그들은 타락할 수 없었을 것입니다. 결국 심정의 일치점을 갖지 못했기 때문에, 하나님의 바람과 자기들의 바람이 엇갈렸기 때문에, 자기 생각하는 방향이 하나님이 생각하는 것과 엇갈렸기 때문에, 그렇게 하는 것이 그렇게 큰 문제가 제기된다는 것을 몰랐기 때문에, 그렇게 되면 생명의 사활 문제가 어떻게 된다는 것을 뼈 살

에 사무치도록 느끼지 못했기 때문에 타락하게 된 것입니다.

26 우리는 하나님의 심정을 배반한 타락한 후손입니다. 우리 조상이 무엇을 배반한 줄 압니까? 따먹지 말라는 선악과 하나 따먹은 것인 줄 압니까? 아닙니다. 심정을 배반한 것입니다. 하나님의 심정을 배반했습니다. 문제는 거기에 있습니다. 하나님의 창조이상의 심정, 소망의 심정을 배반한 것입니다.

27 사탄을 왜 대번에 못 떼어 버리느냐? 왜 하나님이 능력 많으시면서 대번에 못 떼어 버리느냐? 핏줄이 연결돼 있기 때문입니다. 한꺼번에 뽑아 버리고 없애 버리면 인류를 전부 멸종시켜야 됩니다. 사탄의 피를 받은 것을 한꺼번에 빼 버리면 인류가 없어져야 됩니다. 아담과 해와까지 없어집니다. 때려 부숴야 됩니다. 왜 하나님은 아담과 해와를 때려 부수고 다시 못 만드느냐? 다시 만들게 안 돼 있습니다. 사랑은 알파이자 오메가이기 때문에, 첫 번이자 영원이기 때문에, 그런 이상적 기준으로 되어 있기 때문에 그 사랑의 대상적 사람은 칠 수 없습니다.

28 세상의 부모도 자기 아들딸이 죄를 지어 교수형에 처해지게 된다면 그 자식이 죽기를 원하는 부모가 없습니다. 자기 마음대로 자식을 살려 줄 수 있으면 백번 천번 살려 주고 싶은 것이 부모의 마음입니다. 어머니 마음이 더 그렇습니다. 타락한 세계의 여인의 마음도 그런데 전지전능하신 하나님이 대관절 무엇 때문에 끝날에 가서 심판을 해 버려야 되느냐는 것입니다. 하나님이 왜 용서를 못해 주느냐는 것입니다. 하나님은 얼마만큼 사랑하느냐? 예수님이 일흔 번씩 일곱 번을 용서한다면 하나님은 일흔 번씩 칠천 번 이상 용서해야 될 것입니다. 하나님의 마음은 그렇다는 것입니다.

29 전지전능하신 권한으로 온 세계와 사탄까지도 심판해 버릴 수 있는 하나님인데도, 능력을 가지고 있으면서도 지금까지도 그렇게 수고하는 입장에서 손을 대려야 댈 수 없고, 하나님 자신이 가져야 할 환경을 갖지 못한 채 고독단신으로 사탄 앞에 참소받고 사탄세계에 발판을 몽땅 빼앗기고 신음하시는 하나님의 입장을 생각하게 될 때 기가 막히는 일이 아닐 수 없습니다. 이러한 하나님을 동정하면서 얼마나 눈물을 흘려 봤습니까? 문제는 여기에 귀결됩니다.

30 여러분이 하나님을 위해 얼마나 눈물을 흘려 봤습니까? 하나님이 하

신 수고 앞에 대신 수고하기 위해 사지가 찢기는 길이라도 찾아가려고 발버둥을 쳐 봤습니까? 못해 봤다는 것입니다. 여러분이 자녀라는 자리를 추구하기 위해서는 공적인 눈물을 흘려야 됩니다. 하나님 아버지를 만나서 '아버지여, 당신의 아들인 저를, 우리 조상을 잃어버렸을 때 당신의 마음에 얼마나 슬픔이 사무쳤습니까? 그 후손을 통해 지금까지 역사과정에서 당하신 수욕과 고통과 극난한 일이 얼마나 많았습니까?'라고 위로해 드리면서 무한히 눈물을 흘릴 수 있어야 합니다.

31 인간보다 더 큰 고통과 비애 속에 떨어진 분이 하나님입니다. 당신의 창조이상을 겁탈당하고, 사랑하는 아들딸을 겁탈당하고, 참사랑 이상동산으로 창조해 놓은 지구성까지 원수 사탄의 농락 터로 내주고 말았으니 얼마나 분통하며 서러운 한의 심정이었겠습니까? 기가 막히는 일이 아닐 수 없습니다. 여러분은 이런 하나님의 입장을 놓고 얼마나 많은 위로의 눈물을 흘려 보았습니까? 사랑하는 아들을 원수에게 내줄 수밖에 없었던 하나님, 권한이 없고 능력이 없어서가 아니고 천리원칙으로 세워 놓은 사랑의 천도를 당신 스스로 짓밟을 수 없었기에 눈물로 참고 기다리며 복귀섭리를 진행시켜 오신 우리 아버지이십니다. 창조주 되신 당신 자신까지도 부정해야 하는 수모를 겪으면서 자식 찾아 6천년의 길을 걸어오신 분입니다. 전지전능하신 하나님도 참된 혈통을 복귀하기 위해서 이처럼 지옥보다 더 힘든 노정을 거치지 않으면 안 되었던 것입니다.

32 본연적 참부모의 자리에 계셨어야 할 하나님이 부모의 자리를 빼앗겼으니 얼마나 비통하시겠습니까? 거짓 부모인 원수 사탄의 핏줄을 물려받아 참부모를 몰라보는 타락한 자식을 바라보셔야 하는 하나님의 심정이 얼마나 참혹하겠습니까? 인간의 비참상을 매순간 바라보시는 하나님의 심정, 부모의 심정이 어떻겠습니까? 온 우주를 주고도 바꿀 수 없는 참사랑의 실체대상을 잃음으로써 만물만상까지 다 잃어버리고 창조이상 전체가 무너지는 듯한 슬픔의 하나님이 되신 것입니다. 천주의 왕좌를 원수에게 빼앗긴 억울한 하나님이 되셨습니다. 절대신앙·절대사랑·절대복종의 원리에 철저하면서 참사랑을 투입하셨기에 타락의 결과에 더욱 안타까워하실 수밖에 없는 하나님이 되셨습니다. 하나님은 당신의 이상을 겁탈당하고, 사랑하는 아들딸을 겁탈당하고, 천주의 왕권을 겁탈당하고서도 사탄으로부터 참소를 받아 오신 것입니다.

제3장 참인간으로 복귀하는 길

1절 인간의 탕감복귀

1 여러분은 한 생명이 고귀하다는 것을 느껴야 됩니다. '온 천하를 얻고도 제 목숨을 잃으면 무엇이 유익하리오.'라고 했던 예수님의 말씀을 그대로 느끼고 체험할 수 있는 사람이 되어야만 우주를 주관하는 자격자가 될 수 있습니다. 여러분은 조건을 세울 자격자가 되었습니까? 여러분이 언제 사탄으로부터 찬사를 받을 정도로 하나님을 사랑해 보았고, 여러분이 언제 사탄을 지극히 감동시킬 수 있는 일을 해보았습니까? 여러분이 그렇게 하지 못했기 때문에 하나님이 인류를 사랑하사 탕감길을 개척해 놓고 그 본연의 세계로 돌아갈 때까지 따라가라고 가르쳐 주는 것입니다. 그것이 통일교회 원리입니다. 복귀의 길은 찾아가는 것이요 원리의 길은 밟아 가는 것입니다. 선생님이 이 탕감복귀의 길을 나올 때 선생님의 일생은 찾아 나오는 노정이었습니다. 그러니 여러분은 선생님이 이미 찾아 놓은 길을 따라서 나오기만 하면 됩니다.

왜 탕감복귀를 해야 되느냐

2 탕감복귀가 왜 생겼습니까? 타락 때문에 생겼지만, 타락 이후 무엇 때문에 생겼습니까? 책임분담이 없으면 탕감복귀라는 말이 필요 없습니다. 사람이 책임분담을 해 나가는 과정에서 타락했습니다. 이때 타락한 인간은 책임분담권을 사탄에게 넘겨줬습니다. 사탄한테 빼앗겨 버렸다는 것입니다. 그러므로 책임분담권을 다시 찾아와야 됩니다.

3 하나님이 인간에게 책임분담을 설정하지 않았더라면, 오늘날 통일교회에서 주장하는 탕감복귀라는 말이 나오지 않았을 것입니다. 그냥 그대로 복귀하면 했지 탕감이 필요 없습니다. 왜 탕감해야 되느냐? 인간에게는 책임분담이 있기 때문입니다. 인간이 완성해야 될 책임분담을 스스로 깨뜨려 버렸기 때문에 그 부여된 책임을 해 나가야 됩니다. 그렇게 하기 위해서는 사탄세계의 모든 것을 이기고 사탄을 주관하는 자리에 서서, 당당하게 사탄세계의 반대 환경을 제거시킨 그 자리에 서서 하나님의 사랑을 받을 수 있는 자리에 들어가야 됩니다. 그렇게 되면 사탄은 떨어지는 것입니다.

4 탕감복귀는 불가피한 것입니다. 왜 사탄을 분립해야 되느냐? 자연스

러운 본연의 책임분담, 자유 환경 기반을 필요로 하기 때문입니다. 그러면 사탄이 참소할 수 없고, 사탄이 인연지을 수 없는 자리를 내가 차지하게 되기 때문입니다. 그래서 탕감복귀, 개인 책임분담 완성이라는 기준은 논리적으로도 불가피합니다. 그러므로 사탄을 분립해야 됩니다. 그렇기 때문에 밥을 굶고 앉아 있더라도 사탄세계와는 관계가 없다는 생각을 가지고 있어야 됩니다. 여기가 분수령입니다. 그것이 경계선입니다.

5 책임분담이 얼마나 중요한지를 다 모르고 살았습니다. 탕감복귀는 책임분담 완성을 할 수 있는 자유 환경을 만들기 위한 것입니다. 사탄이 침범하니 사탄을 방어해야 되기 때문입니다. 사탄을 방어하려면 사탄보다도 하나님을 더 사랑하고 인류를 더 사랑해야 됩니다. 사탄은 하나님을 미워하고 인류를 미워하는 반면에 우리는 '하나님을 더 사랑하고 인류를 더 사랑한다.'라고 해야 됩니다. 타락하지 않은 인간이 지니고 가야 할, 책임분담 완성권을 넘어서서 가야 할 기준을 중심삼고 일방통행시킬 수 있는 입장에 서지 않고는 사탄을 분립할 수 없습니다.

6 책임분담 완성을 위해서는 탕감조건이 필요합니다. 선생님이 탕감조건을 치렀으니 여러분은 선생님이 걸어온 생애의 목적관을 중심삼고 그것을 이어받은 사랑의 기수로서 당당히 나라에 나타나게 되면 애국자가 되는 것이요, 가정에 들어가게 되면 효자 효녀가 되는 것이요, 부부의 자리에 서면 열남 열녀가 되는 것이요, 세계를 향해서는 성인의 도리의 길을 가는 것이요, 하늘나라의 왕궁법에 보조를 맞추는 왕자의 자리까지 가게 됩니다. 무사통과할 수 있는 단 하나의 길이 있다면 사랑을 위해 살겠다고 모든 것을 바치는 생활입니다. 이것은 놀라운 사실입니다.

7 탕감복귀는 조건복귀가 아닙니다. 선생님 때는 조건탕감이었습니다. 사실탕감이라는 것입니다. 그런 것은 원리에는 없습니다. 조건탕감이면서 사실탕감이라고 하는 말은 처음 들을 것입니다. 그러므로 지금까지의 복귀노정을 생각해 보면 사탄세계에서 가장 양심적인 한 사람을 세웁니다. 노아가 바로 그런 사람이었습니다. 노아 한 사람의 신앙을 절대신앙의 기대 위에 세워 노아 가정을 중심으로 해서 착륙하게 되는 것입니다. 절대신앙의 남자, 절대신앙의 여자, 절대신앙의 사위기대가 필요합니다.

8 탕감복귀의 길은 사탄을 분립하기

위한 길입니다. 사탄분립은 책임분담권을 찾기 위해서입니다. 본래 책임분담권은 사탄이 없는 곳입니다. 아담의 책임분담권이 그렇습니다. 아담의 책임분담권은 본래 사탄이 침범할 수 있는 기준이 아닙니다. 그 확실한 사상을 주입해야 됩니다. 우리는 어차피 가야 됩니다. 책임분담을 완성해서 하나님의 사랑 가운데에 접붙여야 됩니다. 하나님의 사랑 가운데 접붙이려면 사탄을 분립해야 됩니다. 사탄과 인연된 모든 것을 완전히 분립해야 됩니다.

9 탕감복귀가 왜 필요하냐? 그것은 책임분담 자유화권을 만들기 위해서입니다. 사탄분립이 왜 필요하냐? 타락하지 않은 본연의 책임분담 자유 환경을 복귀하기 위해서입니다. 이론적으로 되어 있는 것입니다. 선생님도 그 코에 걸려 있습니다. 그러니 선생님이 세계적인 반대를 받는 것입니다. 세계적인 핍박을 받고 세계적으로 공격을 받습니다. 그 세계적 핍박을 받는 가운데서 세계적으로 사탄을 분립하는 것입니다. 그래서 댄버리를 중심삼고 분립해 나왔습니다. 거기에서 원수를 사랑하고, 원수의 나라를 사랑하고, 사랑으로 하나님을 위하고, 사랑으로 하나님을 위하는 데 있어서 선두의 자리에 서고, 사랑으로 인류를 품는 데 있어서 사탄이 사랑하는 이상의 자리에 섰다고 선포할 수 있는 조건을 들고 나가는 것입니다. 그것이 분립되었기 때문에 책임분담 완성권이 이루어지는 것입니다.

8단계 탕감복귀

10 하나님은 지금까지 사랑을 중심삼고 아담 이후에 천사장까지 원수시하지 않고 명령 없이 참아 나왔습니다. 하늘의 비밀, 사탄의 비밀을 몰라서 혼란에 떨어진 시대에 참부모가 와서 전부 개발한 것입니다. 그래서 복귀의 길은 찾아가야 되고, 원리의 길은 밟아 가야 됩니다. 복귀의 길, 몰랐던 것을 선생님이 찾아왔으니 여러분은 그냥 그대로 순식간에 자동차를 타고 고속도로를 달리는 것입니다. 몇 십년 가던 것을 몇 시간에 달릴 수 있는 시대에 들어갑니다. 그래서 그런 말들이 이 원칙을 중심삼고 해명되는 것입니다.

11 여러분이 탕감복귀의 길을 가고 있다는 사실, 책임분담이라는 운명적인 길을 가고 있다는 사실을 얼마나 감사히 받았습니까? '통일교회 원리 말씀은 좋지만 탕감복귀는 싫어!' 라고 할 수 없습니다. 대학에 들어가기 위해서는 그 관문을 통과하기 위해 시험을 치러야 됩니다. 내가 원하는 반대의 길이 가로놓여 있습니다.

이것을 해결하지 않고는 학교에 들어갈 수 없습니다. 마찬가지입니다. 통일교회의 가는 길은 쉽지 않습니다.

12 통일교회는 탕감복귀의 길을 걸어왔습니다. 탕감복귀하기 위해 이와 같은 사연의 길을 거치면서 선생님이 지금까지 기반을 닦았습니다. 망하지 않고, 사탄의 코에 걸려서 낚이지 않고 남아졌습니다. 이 기반은 선생님을 위해 닦은 것이 아닙니다. 인류를 위해 닦은 것입니다. 이것을 통일교회의 것으로 남겨서는 안 되는 것입니다. 인류를 위한 것으로 남겨야 됩니다. 앞으로 통일교회는 없어져야 됩니다. 하나의 주권 속으로 넘어가야 됩니다. 그것이 모든 종교가 바라는 것입니다.

13 인내와 극복, 이 말은 참고 견디라는 것입니다. 참고 견디는 것을 좋아하는 사람은 하나도 없습니다. 그렇지만 억지로라도 해야 됩니다. 사람이 참고 견디며 살게 되어 있지 않기 때문입니다. 타락했기 때문에 참고 견디며 살아야 합니다. 보응을 치르고 넘어가야 되기 때문입니다. 인간조상이 참지 못하고 견디지 못했기 때문에 타락하지 않았습니까? 그러니 그것을 탕감복귀하려면 끝까지 참고 견뎌야 됩니다. 이것이 탕감원칙입니다. 참고 견디는 데는 사탄이 꼼짝 못하고 굴복합니다. 어디까지 참고 견디어야 되느냐 하면, 끝까지 참고 견디어야 합니다. 그렇기 때문에 하나님은 6천년 동안 참고 견디어 나오셨습니다. 그분이 우리 아버지입니다. 우리는 그 아버지의 천품과 피살을 이어받았기 때문에 그 아버지와 같이 되어야 합니다. 그렇기 때문에 타락한 세계에서의 생활철학은 참고 견디는 것이어야 합니다. 누구를 위해서냐? 하나님을 위해서입니다. 여기서부터 효의 도리가 시작되고 충의 도리가 시작됩니다. 여기에서부터 나라도 세계도 해방의 운동이 벌어집니다. 여기에서는 좋은 세계도 환영이요 나쁜 세계도 환영이니 지옥은 없어지는 것입니다. 이러한 원칙 하에서 참고 견뎌야 됩니다.

14 6천년 역사는 개인에서부터 가정·종족·민족·국가·세계적으로 나온 역사입니다. 통일교회는 개인·가정·종족·민족·국가·세계·천주·하나님의 사랑 복귀까지 8단계를 거치는 것입니다. 기도할 때 이 8단계를 중심삼고 합니다. 개인복귀 완성은 가정 가운데 있고, 가정복귀 완성은 종족 가운데, 종족복귀 완성은 민족 가운데, 민족복귀 완성은 국가 가운데, 국가복귀 완성은 세계 가운데, 세계복귀 완성은 천주 가운데, 천주복귀 완성은 하나님의 사랑 가운데 있습니다.

하나님의 사랑을 중심삼고 천주적으로 하나되자는 것입니다.

15 가정을 위해서도 살지만 가정보다 더 큰 종족을 위해서 살려고 하는 사람이 돼야 합니다. 또 종족을 위해 살고 있지만 종족보다 민족을 위해 살아야 합니다. 그러면 한 단계 더 남아집니다. 그래서 세계를 뚫고 나가야 합니다. 지금 우리가 살고 있는 세계는 타락권입니다. 개인 타락권, 가정 타락권, 종족 타락권, 민족 타락권, 국가 타락권, 세계 타락권, 천주타락권, 타락권이 이렇게 되어 있습니다. 이 7단계를 넘어서야 하나님께 가게 되어 있습니다. 그것을 한꺼번에 넘으면 얼마나 좋겠습니까? 그것이 이상적입니다. 타락하지 않을 때 아담을 중심삼고 21년 사춘기를 넘으면 자동적으로 그것을 한꺼번에 넘게 되어 있었습니다.

16 종의 종으로부터 시작하는 것은 내적 탕감분별 노정입니다. 사탄세계의 모든 종적인 탕감조건을 세우게 되면, 사탄이 공격하려야 공격할 조건이 없습니다. 그래서 선생님 자신이 종의 종에서부터 종으로, 종에서 양자로, 양자에서 서자로 취급받고 이렇게 탕감복귀해 나옵니다. 그다음에는 아들 복귀, 어머니 복귀를 해야 되고 아버지 복귀를 해야 됩니다. 남성으로서 최고의 자리에 올라가고 여성으로서 최고의 자리에 올라갔다고 할 수 있는 조건이 되어야 부모의 자리에 올라가는 것이지, 그냥 올라가는 것이 아닙니다. 내적 탕감조건을 확실히 해야 됩니다.

17 복귀해 나가는 데는 세계적인 큰 핍박이 있습니다. 반드시 피를 흘린다는 것입니다. 종의 종에서 종의 자리에 올라오고, 종에서 양자의 자리로 넘어가는 데에도 반드시 핍박이 있습니다. 7단계까지 마찬가지입니다. 하나님까지 해서 8단계입니다. 사람들은 변해 나오지만 하나님은 변함이 없습니다. 그래서 이 세계의 종교 중에는 종의 종이 되는 종교, 종의 종교, 양자의 종교, 서자의 종교, 자녀의 종교, 어머니의 종교, 아버지의 종교, 참부모의 종교가 있습니다. 종교는 오랜 역사를 초월하면서 나오기 때문에 그런 종교 형태가 남아 있습니다. 그렇지만 끝날에 가서는 참부모를 중심삼은 참부모의 종교가 나오는 것입니다.

18 통일교회에서는 종의 종에서부터 종, 양자, 서자, 직계 자녀, 어머니, 아버지, 하나님으로 돌아간다고 합니다. 이 8단계는 종적 기준입니다. 개인복귀·가정복귀·종족복귀·민족복귀·국가복귀·세계복귀·천주복

귀·하나님까지 이것은 횡적 기준입니다. 종횡을 맞추는 것입니다. 이 양면의 탕감 기준을 세우지 않으면 안 됩니다. 여러분은 다 모릅니다. 선생님이 이런 것을 모르게 되면 세계를 수습할 도리가 없고, 이 세상은 망해서 악마의 소굴이 됩니다. 동서사방으로 돌아다니면서 때려죽이는 가운데서 살아남기 위해서는 별의별 일을 다 하는 것입니다. 사탄이 혈통적으로는 아버지 자리에 있는데, 이것은 원수의 원수가 되어 있습니다. 자기 출처를 모르고 사탄의 종노릇을 하고 있습니다. 비로소 선생님이 와서 뿌리를 밝히는 것입니다. 요즘은 역사시대의 뿌리를 찾는 일을 하고 있습니다.

19 우리는 못해도 8단계 과정을 거쳐 나가야 됩니다. 여러분에게 통일교회에서 가르쳐 준 종의 종의 시대가 있었느냐? 종의 종 시대에는 종이 주인이 됩니다. 주인이 시키는 종이 아니라 종이 시키는 종의 종의 자리입니다. 그 자리에서 종의 자리를 얼마나 그리워하느냐는 것입니다. 그래서 종의 자리에서 양자의 자리라든가 서자의 자리라든가 직계 자녀의 단계까지, 그다음에 어머니의 단계, 아버지의 단계까지 가야 됩니다. 그래 가지고 하나님 단계까지 올라가야 됩니다. 하나님 단계에 가서 하나되어 가지고야 사랑의 세계에 들어가는 것입니다. 천국은 사랑의 세계입니다. 그 단계를 놓고 바라보면서 이것을 극복하고 초월한 자리에서 사랑의 세계에 들어가야 됩니다.

20 팔정식이란 뭐냐? 종의 종, 종, 양자, 서자, 직계 자녀, 어머니, 아버지, 하나님까지 종적 8단계와 개인·가정·종족·민족·국가·세계·천주·하나님까지 횡적 8단계에서 완전 승리했다는 식을 말합니다. 이 종적 탕감노정과 횡적 탕감노정을 8단계 노정으로 거쳐 정착함으로써 장자권복귀가 벌어지고, 이 땅 세계 인간 앞에는 탕감의 노정이 해소되었다는 식이 팔정식입니다. 이 팔정식을 함으로써 그런 것입니다. 장자권이 복귀되어 부모님이 품어 줌으로써 부모의 사랑권 내에서 장자권복귀를 위한 역사시대의 전쟁사, 투쟁사가 없어지고 사랑으로 화합할 수 있는 탕감이 필요 없는 때에 들어왔다는 것입니다. 그런 것을 하기 위해서는 팔정식을 해야 됩니다. 팔정식을 함으로써 그 아들딸을, 장자와 차자를 앞에 둔 부모가 이런 자식들을 용서해 주었기 때문에, 그다음에는 부모 용서권 시대가 오는 것입니다.

참부모의 탕감복귀의 길

21 감옥을 거치는 모든 사람들은 감

옥에 들어가면서부터 절망과 낙망을 갖고 갔지만 선생님은 감옥생활 이후에 찾아올 결과가 무엇이냐 하는 여기에 상당히 관심이 많습니다. 여러분은 탕감복귀를 배웠기 때문에 알 것입니다. 이 고개를 넘으면 무엇이 벌어질 것이냐? 지금 당하는 고통이 문제가 아니라, 그 고통 뒤에 오는 새로운 역사적인 하나의 선물이 무엇이냐 하는 것을 언제나 생각했던 것입니다.

22 책임분담을 완수 못한 인간조상의 죄로 말미암아 사망의 심연의 구렁텅이가 생겼습니다. 그래서 선생님은 세계로부터 반대받으면서 국가기준을 넘어 탕감복귀노정을 가는 것입니다. 미국이 민주세계의 기독교 문화권을 중심삼고 원래의 평형선, 직접주관권과 완전히 하나된 자리에서, 선생님이 세계 탕감조건을 세운 터 위에서 가인 아벨이 탕감복귀해야 되는 것입니다.

23 통일교회 교인들이 나라의 중심자리에 서야 되고, 세계의 중심 자리에 서야 됩니다. 원리와 사상 내용은 국가의 중심이 되고 세계와 하늘땅의 중심이 될 수 있는데, 그것이 나와 무슨 관계가 있느냐는 것입니다. 꼭대기에 가서 중심적 가정이 되어 주체적 가정이 되고 중심 자리에 나서야 되는데, 그러려면 타락해서 올라간 것을 없애 버려야 됩니다. 불가피한 것입니다. 없애 버리지 않으면 나라를 못 찾습니다. 내려와 서 있더라도 올라갔던 것을 가정에서부터 다시 올라가야 됩니다. 선생님은 그렇기 때문에 일생을 거쳐서 가정적 7년노정을 다시 개인시대·가정시대·종족시대·민족시대·국가시대를 승리하여 효자·충신·성인·성자의 도리, 가정적 이상의 자리에 다시 올라가야 됩니다. 이렇기 때문에 가정이 없었지만 가정을 찾아서 다시 올라가는 것입니다. 그것이 40년입니다.

24 선생님은 원수 이름을 다 잊어버렸습니다. 내가 영계에 가게 될 때 원수가 누구냐? 원수보다도 원수의 아들딸, 원수의 족속을 사랑하는 마음이 생겨서 그 이름을 먼저 생각해야 됩니다. 선생님은 그렇게 살았습니다. 원수의 자식들이 학비가 없으면 학비를 보내 줬습니다. 먹지 못하면 먹을 것을 사줬습니다. 그러니까 원수들이 저주한 것이 어디로 가겠느냐는 것입니다. 그 가정이 선생님을 저주한다고 하더라도 선생님은 저주를 받지 않습니다. 선생님이 사랑한 마음의 빚을 갚아야 하기 때문에, 자기 일족이 망하면서라도 그 후손은 선생님의 종의 감투를 쓰고, 칼을 쓰고 선생님의 뒤를 통곡하면서 따라와야 합

니다. 그러니 불쌍하다는 것입니다. 그런 심정이 하늘에 있었기 때문에 오늘날 세상을 바로잡아서 하나님을 중심삼고 천하를 수습할 수 있는 중심, 영원한 중심이 결정될 수 있었다는 것입니다.

25 하나님 대신 조상이 되어서 믿음의 아들딸 천 명이 있으면 그 천 명을 품고 매일같이 도와주면서 사는 것이 조상들이 해야 될 일입니다. 선생님이 생애를 그렇게 나왔습니다. 그래서 남모르는 눈물을 많이 흘렸습니다. 개인을 위해서 눈물을 흘리고, 가정을 위해서 눈물을 흘리고, 종족을 위해서 눈물을 흘리고, 세계 인류뿐만 아니라 천상세계에 있는 모든 인류와 하나님의 해방을 위해서 눈물을 흘린 것입니다. 그냥 그대로 탕감이 안 됩니다. 땅 위에 떨어진 물방울이 바다로 흘러가는 것과 마찬가지입니다. 그런 자리에서 역사적인 공을 세운 천지부모 앞에 감사할 수 있는 마음이 없다 할 때는, 그런 사람은 선생님이 책임지지 않습니다.

26 복귀섭리의 완성은 탕감복귀의 완성입니다. 그렇기 때문에 부모님이 책임져야 됩니다. 부모님이 책임 못 질 때는 하나님이 책임지고 전부 간섭을 못하는 것입니다. 여러분이 가야 할 탕감복귀의 노정은 여러분 스스로 가야 됩니다. 지상에서 6천년 역사를 6년 동안에 단축시킬 수 있고 60년 이내에 단축시킬 수 있습니다. 지상에 그것밖에 없습니다. 선생님이 다 가르쳐 줬습니다. 그것을 절대 믿고, 세상에 부모들이 많지만 그 부모들보다도 참부모님을 더 사랑해야 됩니다. 사탄의 피와 상관없는 순결한 자리에서 태어난 아들딸의 모습으로서 천주를 자기 고향 땅으로 삼고, 천주를 자기 이상나라로 삼고 부모를 모시는 효자·충신·성인·성자의 일족을 내가 이루고 가겠다는 결론을 자기 가정에서 끝내야 전체 일족이 천국에 들어갑니다.

27 선생님이 나왔으니 다행입니다. 인간의 역사적인 한, 저질러지고 얽히고설킨 것을 바로잡기에 얼마나 고생이 많았는지 모릅니다. 한도 없이 굴러 나갈 이 역사적인 비참상에서 누가 하늘 앞에 돌아갈 수 있는 길을 닦느냐 하는 것이 문제입니다. 통일교회 몇 년의 역사 위에 수천년의 역사가 전개되고, 수십만년의 역사가 배후에 맞물려 돌아간다는 것입니다. 슬픈 역사를 통일교회가 탕감의 비운을 지니고 찾아 나왔다는 사실을 망각해서는 안 됩니다.

28 하나님의 영원한 희망으로서 기다리고 기다리던 그 순간, 역사상의

종교권이 기다리고 기다리던 일순간, 메시아를 대표하는 참부모도 기다리고 기다리던 일순간, 역사의 해방권을 이루는 일순간을 내 일생에 맞이했으니까 거기에 어긋나지 않는 정성을 다하지 않으면 안 될 책임이 있습니다. '하나님왕권즉위식'을 위해서 수많은 국가들이 망했고, 수많은 종교권도 흥망을 반복했고, 수많은 성인현철들도 희생되었습니다. 거기에 더해서 하나님의 독생자로 오셨던 예수님이 책임을 다하지 못하고 남겨 놓았던 것을 재림주가 와서 탕감복귀해서 완성하지 않으면 안 되었던 비참함, 그 배후에 하나님이 창조주로서의 체면을 세울 수 없었던 부끄러운 입장을 벗어날 수 없었던 사실을 생각해야 됩니다. 그분이 바로 내 참아버지입니다. 그분은 사랑의 주인, 생명의 주인, 혈통의 주인입니다. 그분과 나의 관계는 떨어질 수 없는 일체권을 이루고 있는 숙명적인 부자의 관계입니다.

29 성인들도 모두 하나님을 아버지라고 생각해 본 적이 없습니다. 그러한 관념을 어떻게 소화하고 체휼할 것이냐 하는 것이 큰 문제입니다. 선생님도 하나님을 알고 영계를 알았기 때문에 어떤 핍박의 노정도 아무것도 아니라고 생각하고 따라온 결과 지금은 천주를 대표할 수 있게 된 것입니다. 그렇게 살지 않으면 하나님 앞에 승리자로서 영원히 기억될 수 있는 사람이 못 됩니다. 그런 입장에 있는 사람이 참부모이고, 그런 노정이 구세주의 생애노정이었습니다. 그 노정을 따라와야 할 사람들이 축복받은 사람들입니다.

2절 축복을 통한 복귀의 길

1 하나님의 사랑을 받으려면 세상의 것을 다 부정하고 하나님을 사랑하기에 생명을 바쳐야 합니다. 먼저 하나님과 사랑의 관계를 맺어야 합니다. 하나님의 사랑을 받으려면 자기 생명을 투입해야 됩니다. 그렇게 되면 생명력이 비례적으로 투입되어 들어옵니다. 이렇게 해서 하나님의 생명과 자신의 생명이 일체가 되면 비로소 타락하기 전의 아들로서, 하나님이 믿을 수 있는 아들로서 복귀됩니다. 이렇게 하여 믿음의 기대가 세워집니다. 믿음의 기대가 세워졌다는 것은 조건적인 입장에서 하나님을 불신함으로써 타락했던 것에서 믿을 수 있는 아담의 자리, 즉 소망적인 아담의 자리에 다시 선 것입니다. 이렇게 된 후에는 사탄과 싸워 실체기대를 세워야 합니다. 아벨의 자리에서 가인을 굴복시켜야 합니다. 사탄과 주먹으로 싸우는 것이 아니라 사랑으로 싸우는 것입니다. 사랑으로 타락했기 때문입니다. 만약 사탄이 열만큼 사

랑하면 나는 열다섯만큼 사랑하고, 사탄이 열다섯만큼 사랑하면 나는 스물만큼 사랑해야 됩니다.

메시아를 통한 혈통전환

2 인간이 타락함으로써 첫째는 부모를 잃어버렸고, 둘째는 사탄의 피를 받았고, 셋째는 사탄의 지배를 받게 되었습니다. 그러니 그것을 복귀하기 위해서는 거꾸로 올라가야 합니다. 믿음의 기대를 이루고 실체기대를 이루어야 메시아를 바랄 수 있게 됩니다. 이것이 원리입니다. 그러므로 외적으로 믿음의 기대와 실체기대까지 이루자는 것입니다.

3 아담이 믿음을 잃어버렸고 실체를 잃어버렸으니, 믿음의 기대를 찾고 실체기대를 확보한 다음에야 사랑을 찾을 수 있습니다. 아담이 잃어버린 것이 무엇이냐? 먼저는 믿음을 잃어버렸고, 그다음에는 실체를 잃어버렸고, 사랑을 잃어버렸습니다. 이 세 가지입니다. 이것을 찾자는 것입니다.

4 복귀의 길을 가기 위해서는 먼저 믿음의 기대를 세워야 합니다. 믿음의 기대는 자기가 자리를 잡을 수 있는 확고한 기반을 닦아 주체적인 입장에 서기 위해 필요합니다. 그다음에는 자기 스스로 목적을 향해 갈 수 있는 자신이 되었다 하더라도 그것만으로는 안 되기 때문에 되돌아와서 실체기대를 세워야 됩니다. 실체기대는 아벨 앞에 가인을 굴복시키는 기대입니다. 가인은 원수의 자식입니다. 이 가인을 통해 역사적인 투쟁이 벌어져 나왔고, 악의 모체가 뿌리를 박았고, 지금까지 사망의 물결이 역사시대를 향해 줄달음치고 있습니다. 이 모든 악의 요건과 악의 편을 방지하기 위해서는 아벨적인 입장, 즉 하늘 편에 선 사람이 반드시 가인 입장에 있는 사람을 굴복시켜야 됩니다.

5 우리가 갈 길은 두 길입니다. 그것은 가인과 자기를 위해 가는 길입니다. 원수를 위한 길까지 거쳐 가야 합니다. 그것은 가인을 수습해서 가야 한다는 말입니다. 실체기대란 무엇이냐? 아벨이 자신의 길을 닦았다 하더라도 가인을 완전히 굴복시키지 않고는 하나님 앞에 가지 못합니다. 원수를 이끌고 가야 합니다. 원수와 싸우며 가는 것이 아니라 원수를 이끌고 가야 합니다.

6 믿음의 기대와 실체기대를 복귀하여 메시아를 위한 기대를 이루는 것은 원죄를 벗기 위해서입니다. 원죄를 벗게 되면 하나님의 생명권과 사랑권 내로 새로이 넘어가는 것입니다. 그렇게 되려면 접붙여야 됩니다. 돌감람나무를 참감람나무로 만들기

위해서는 돌감람나무를 잘라 버리고 참감람나무를 접붙여야 됩니다. 이와 마찬가지로 돌감람나무와 같은 인간을 참감람나무와 같은 사람으로 만들기 위해서는 자기 자체를 부정하는 과정을 거쳐서 새로운 긍정, 전폭적인 긍정을 제시하는 과정을 거쳐 넘어가야 됩니다.

7 인간은 완성 기준에 들어갔다고 해도, 이것은 아직도 혈통적으로는 완전히 청산되어 있지 않습니다. 사탄의 혈통을 이어받은 것이므로 혈통적으로는 아직 청산되어 있지 않습니다. 혈통적 청산을 하는 데는 반드시 메시아가 필요합니다. 그래서 믿음의 기대, 실체기대, 메시아를 위한 기대가 타락한 인간에게는 절대로 필요합니다. 최후의 문제는 어떻게 메시아를 위한 기대를 만들어 메시아를 통해 자신이 혈통전환을 이룰 것인가 하는 것입니다.

8 신앙생활을 할 때는 무엇을 표준하고 믿어야 하느냐? 인류조상 아담 해와보다도 더 높은 자리에 올라가야 된다는 것을 목표로 하고 믿어야 합니다. 그다음에는 싸워야 되는데 누구하고 싸워야 되느냐? 형제끼리 싸우는 것이 아닙니다. 사탄하고 싸워야 됩니다. 무슨 새로운 선한 일을 하려고 할 때는 반드시 사탄이 나타나게 마련입니다. 선한 일을 하려고 할 때는 사탄도 나타나지만 하나님도 나타나게 마련입니다. 여러분은 선악의 중간 위치에 있습니다. 그 자리에서 악을 굴복시키고 선을 남김으로써 악이 자동적으로 순응하는 자리에 서야만 선한 사람이 됩니다. 그것을 원리적으로 말하면 실체기대 완성입니다. 이것을 이루기 위해서는 사탄과 싸워서 이겨야 됩니다. 사탄을 이겼으니 상을 받아야 됩니다. 세상에서는 무슨 상패를 주고 부상으로 돈을 주고 하지만 그런 시시한 상이 아닙니다. 상은 상인데 하나밖에 없는 하나님의 사랑을 상으로 받는 것입니다.

9 타락한 인간은 메시아를 찾아가는 것입니다. 메시아는 우리를 다시 낳아 주기 위한 부모로 오시는 분입니다. 생명이 아니라 사랑을 통해 낳아 주는 것입니다. 그 사랑은 어디서부터 출발하느냐? 부자관계를 중심삼은 부모도 부모이지만, 본래 사랑의 주체는 하나님입니다. 하늘을 대표해서는 하나님이 사랑의 주체라면, 땅을 대표해서는 아담이 사랑의 주체입니다. 아버지가 사랑의 주체라는 것입니다. 아버지가 사랑의 주체이기 때문에 그 주체 되는 아버지 앞에 상대 되는 어머니가 나와야 됩니다. 이것을 두고 기독교에서는 아직까지 찾아지지 않은 아버지 어머니의 자리

를 찾아 나오는데, 그 길을 이렇게 찾아가야 한다고 결정적으로 가르쳐 준 것이 신랑 신부 이념입니다.

축복의 기원과 가치

10 인류조상인 아담 해와가 타락했다는 것을 우리는 성경을 통해서 배웠습니다. 타락했다는 것은 떨어졌다는 것이요, 떨어졌다는 것은 불합격했다는 것을 의미합니다. 즉 병이 났다는 것입니다. 그렇기 때문에 인류역사는 기쁨의 역사가 아니라 슬픔과 눈물의 역사로 출발했습니다. 그러한 자리가 복 될 수 없는 자리임은 틀림없습니다. 축복이라는 말은 어디서부터 시작해야 되느냐? 축복의 역사는 아담 해와로부터 시작해야 될 것입니다. 축복받는 사람과 축복하는 사람이 있는데, 축복받는 사람이 아담 해와라면 축복하는 분은 하나님입니다. 그렇기 때문에 하나님을 중심삼고 인간이 축복을 받아야 되고, 하나님은 축복을 해줘야 됩니다. 하나님이 축복을 해줌으로써 그 축복이 끊어지는 것이 아니라 하나님으로부터 연결되어 인간과 관계를 갖기 때문에, 그 축복은 하나님의 것이 되는 동시에 인간의 것이 됩니다.

11 아담 해와가 장성기 완성급에서 타락했기 때문에, 복귀노정에 있어서도 부모로 말미암아 복귀해 들어갈 수 있는 축복의 기원이 되는 곳은 장성기 완성급입니다. 여기서 축복을 받는 것입니다. 또 축복을 받은 다음 거기서 완성 단계의 기준에 서려면 7년이라는 기간을 거쳐야 합니다. 이 과정은 선생님 자신도 거쳐야 되고 여러분도 거쳐야 됩니다. 우리는 모두가 이 과정을 거쳐야 되는 공동운명을 가졌습니다.

12 축복이라는 말은 통일교회로부터 시작된 것이 아닙니다. 이 말은 지금까지 하나님이 복귀섭리를 해 나오면서 마음속에 지니고 이것이 실천되기를 바라며 나왔습니다. 하나님이 에덴동산에서 아담 해와를 창조하고 그들에게 축복해 주며 그 뜻이 이뤄지기를 바라던 것도 역시 마찬가지였습니다. 그 축복을 아직까지 그 누구도 실천하지 못했습니다. 이처럼 하나님은 서글픈 입장에서 축복이 실천되기를 소원 중의 소원으로 고대하면서 지금까지 역사과정을 거쳐 나왔습니다. 4천년의 역사과정을 거친 후 하나님이 본래부터 주고 싶었던 축복을 최후로 결행하기 위해서 예수님을 이 땅에 보냈습니다. 하나님은 그러한 섭리역사를 했지만, 예수님 역시 그 축복의 자리까지 나아가지 못하고 십자가에 돌아갔습니다. 그 이후에도 기독교 역사과정 속에서 많은 기독교인들이 순교의 피를 흘리면서 싸

워 나왔지만 아직까지도 그 하나님의 소원을 풀지 못했습니다. 그러한 소원의 한 날을 찾기 위해서 하나님이 지금까지 수난길을 걸어왔지만 아직까지 그날을 찾지 못하였습니다. 그러기에 이 한 날을 찾는다면 그날은 역사적인 해원성사를 할 수 있는 날이요, 하나님의 역사적인 소원을 성취하는 날입니다.

13 타락이 장성기 완성급에서 되었기 때문에 이것을 원상으로 회복하기 위해서는 타락한 반대의 경로를 통해서 되돌아가지 않으면 안 됩니다. 아담 해와는 사랑의 문제를 중심삼고 타락했기 때문에 우리의 복귀노정에 있어서도 그 기준에 도달했다면 반드시 사랑의 문제를 중심으로 해서 넘어가지 않으면 안 됩니다. 지금까지는 사탄의 부모로부터 사랑을 받고 있었기 때문에 사랑의 문제를 극복하려면 하나님의 사랑을 중심으로 한 참부모의 사랑에 연결되어야 합니다. 그러지 않으면 이것을 극복할 길이 없습니다. 그러므로 타락한 부모의 혈통을 이어받은 타락권에 있는 인류는 최후에는 부모를 맞아 종적으로 하나되어 타락권을 극복하는 길을 더듬어 가지 않으면 안 됩니다. 이것이 원리의 입장입니다. 이것을 극복하는 것은 혼자서는 할 수 없습니다. 반드시 남녀가 짝짓지 않으면 안 됩니다. 이것이 통일교회에서 하고 있는 축복입니다. 그러므로 축복은 자기 나름대로 해서는 안 됩니다. 종적 중심인 부모를 중심으로 해야 됩니다.

14 인간이 타락함으로 인해 먼저 만물을 잃어버렸습니다. 그리고 실체가 사탄에게 더럽혀졌습니다. 그리고 심정을 빼앗겨 버렸습니다. 이 모두를 탕감복귀하지 않으면 안 됩니다. 만물의 문제, 실체의 문제, 심정의 문제를 완전히 하나님을 중심으로 해서 해결하여 완성기간을 통과하지 않으면 완성 기준에 도달할 수 없습니다. 이것이 원리원칙입니다. 만물을 복귀하지 않으면 안 되고, 실체를 복귀하지 않으면 안 됩니다. 그리고 심정을 복귀하지 않으면 안 됩니다. 이것을 횡적으로 보면 만물은 소생이고 실체는 장성이며 심정은 완성입니다.

15 인간은 축복이라는 말에 최고의 의미를 부여합니다. 이 세상 사람들은 자기 사업이 잘되면 축복을 받았다, 복을 받았다고 말합니다. 혹은 좋은 아들딸을 가졌으면 그 사람 복 받았다고 합니다. 축복을 받는 사람은 남자 여자입니다. 남자에게 최고의 복이 무엇이고, 여자에게 최고의 복이 무엇이냐? 첫째는 생명의 인연이 맺어질 수 있는 자리에서 사랑의 인연이 출발합니다. 이것이 가장 귀합

니다. 그다음에는 생명이 인간만의 것이 아니라 생명의 중심 되는 영원한 하나님의 생명과 결속되고, 사랑이 우리만의 사랑이 아니라 영원한 하나님의 사랑과 결속되어 사랑의 이상을 이어받을 수 있는 자리가 최대 축복의 자리입니다. 그 기반 위에 이상을 그려 가는 삶이 축복입니다.

16 축복은 천지부모의 인연을 내가 계승받는 것이고 상속받는 것입니다. 천지부모의 인연, 하나님을 중심삼고 천지를 창조해서 아담 해와와 맺으려던 심정적 인연이 맺어지지 못했던 것이 맺어짐으로써 천세만세에 후손을 번식하게 됩니다. 그리하여 천세만세에 하나의 세계를 만들려고 했지만 그것이 되지 않았는데, 그것을 다시 계승한다는 것입니다. 그렇기 때문에 아버지 어머니를 대신 계승받는 자리입니다. 아버지 어머니가 지금까지 사탄세계에서 싸워 승리한 영광스러운 훈장과 훈패와 모든 위업, 승리했던 위업, 그 간판을 전부 씌워 상속하는 것입니다.

17 역사 이래 가정적 구도의 도리를 비로소 체계적으로 잡아 놓은 곳은 통일교회뿐입니다. 그래서 통일교회를 믿는 사람은 가정이 구원을 받고 천국에 들어갈 수 있는 것입니다. 이러한 가정을 이루는 행사가 합동결혼식입니다. 세상에서 비웃고 별의별 소리를 다 하지만, 이 축복의 내용이 얼마나 멋지고 얼마나 놀라운 것인지 그들은 모르고 있습니다. 우리는 천륜과 인륜, 천정과 인정이 합한 참아들딸의 모습으로 참장남과 참장녀의 위치에서 가정을 이루고 하나님을 중심한 지상생활을 할 수 있어야 합니다. 이렇게 될 때 이 땅 위에 태어난 참된 인간으로서의 목적을 완성하고, 하나님이 인간을 창조하신 소기의 목적이 달성됩니다. 이 길이 참사람이 가야 할 길입니다.

18 우리는 지금까지 복귀의 인연을 따라 에덴에서 타락하던 아담 해와보다 높은 가치를 지니고 참된 부모의 공적의 터전 위에 서게 되었습니다. 그렇기 때문에 우리는 예수님이 갖지 못한 민족의 기준을 대신할 수 있고, 종족의 기준을 대신할 수 있고, 가정의 기준을 대신할 수 있고, 부부의 기준을 대신할 수 있는 권내에 있습니다. 그런 권내에서 부모의 말과 생활과 심정에 절대 일치하는 신앙 기준을 따라가면 무난히 하나님 앞에 축복받을 수 있습니다.

19 여러분이 누구를 중심삼고 축복을 받을 수 있습니까? 부모입니다. 절대적으로 믿을 수 있는 참부모입니다. '나는 참부모의 인연을 중심삼은

피 살을 갖고 나왔다. 어떠한 힘도 이 인연을 끊을 수 없다.'라고 할 수 있는 절대적인 신념을 갖지 않고 축복을 받으면 벌 받습니다. 앞으로 여러분이 이 조건에 걸려 넘어가는 날에는 비참해질 것입니다. 여러분은 역사를 대표하고 선한 조상들을 대표해서 나타났습니다. 선한 조상들과 이 시대의 자기 종족을 대표해서 나타난 엄숙한 자리에 있다는 것입니다.

20 부모의 사랑을 통해서 완전히 부활된 자신이 손끝에서 발끝까지 살아 있는 자체를 느끼면서 감사할 수 있는 자리에 서야만 하늘로 돌아갈 수 있습니다. 그런데 발끝에 별의별 것이 다 얽매여 있으니 여러분은 이러한 현실을 박차고 넘어가지 않으면 안 됩니다. 그 길이 아무리 천신만고의 수난길이라 해도 건너가야 할 운명길인데, 가지 하나도 붙잡을 수 없는 꽉 막힌 과정에서 지금까지 그 구렁텅이에 떨어져 죽은 사람이 얼마나 많았습니까? 거기에서 수많은 개인과 가정이, 종족이 망했고, 수많은 나라가 망했습니다. 그 벼랑에서 전부 죽어 갔다는 것입니다. 그렇지만 그 벼랑이 있는 골짜기에 다리를 놓아 줄 수 있다면 그것은 나라를 주고도 바꿀 수 없고 이 세계를 주고도 바꿀 수 없습니다. 이런 고귀한 가치의 인연이 참부모로 말미암아 이루어졌다는 사실은 천지를 한꺼번에 갖다 준 것보다도 더 귀한 것입니다.

21 여러분의 피 속에는 사탄의 피가 준동하고 있습니다. 그러기에 하나님이 가까이할 수 있는 모든 요소를 갖추지 못한 자기 자신의 부끄러움을 자탄하고, 이것을 저주하고 밟고 난 후에 이 자리에 와야 합니다. 그런데 여러분은 부모님이 아픔을 겪고 있는 이 길을 사랑하는 마음, 감사에 사무친 마음을 갖고 가야 합니다. 이 길은 여러분의 생각과 여러분의 머리로 비교해서 좋고 나쁨을 결정짓는 길이 아닙니다. 여기에서 새로이 혈통을 전환시킬 수 있습니다. 핏줄이 전환된다는 것입니다. 축복의 자리는 세계에서 제일 좋은 자리입니다. 그 축복의 자리는 여러분 자체로 완성되는 것이 아니라 순전히 부모님의 사랑에 의해서 완성됩니다. 자식이 부모의 품에서 태어나면 잘났든지 못났든지 그 부모의 형태를 닮습니다. 그와 마찬가지로 통일교회에서는 참부모의 도리를 가르쳐 줍니다. 그것이 여러분에게는 복 중의 복입니다.

3절 참인간의 생활

1 참사랑의 삶은 한마디로 위하여 사는 삶입니다. 남이 자기를 위해 주기를 바라기 전에 먼저 남을 위해 주는 삶입니다. 위해 준 것을 잊어버리

는 삶입니다. 위해 줬다고 해서 무엇인가를 기대하는 삶이 아닙니다. 위해 주고도 더 많이 위해 주지 못해 안타까워하는 삶입니다. 위하는 데도 겸손히 머리 숙여 위해 주는 삶입니다. 그것이 부모의 사랑이고 주인의 사랑입니다. 인류의 참부모인 하나님이 그렇습니다.

위하여 사는 인생철학

2 하나님을 사랑한 만큼 인간을 사랑하게 될 때는 하나님이 나를 사랑하듯이 또 인간이 나를 사랑하는 것입니다. 그렇기 때문에 성경에서 예수님도 사람 앞에서 나를 안다 하게 되면 나도 하나님 앞에서 안다 한다고 했습니다. 마찬가지 이치입니다. 하나님을 사랑하듯이 사람을 사랑하라는 것입니다. 거기에는 무엇을 투입하더라도 생각하지 말라, 아까워하지 말라, 무엇을 투입했는지 기억하지 말라는 것입니다. 먹을 것이 있으면 그것을 먹지 않고 두었다가 내가 먹지 못하더라도 주고 싶고, 혼자 못 먹겠다고 식구들을 생각할 수 있는, 그러한 부모의 마음을 갖춘 책임자가 돼야 합니다.

3 언제나 하나님의 사랑을 중심삼고 주체가 되어야 합니다. 영향을 미쳐야 됩니다. 영향을 미친다는 것은 뭐냐? 줘야 된다는 것입니다. 주는 데는 어떻게 줘야 되느냐? 먹다 남은 찌꺼기를 줘서는 안 됩니다. 먹다 남은 찌꺼기를 주면 먹고 나서도 기분 나빠 침을 뱉습니다. 떡을 주더라도 다섯 개가 있으면 다섯 개 가운데 이것저것 들었다 놓았다 하다가 줄 때는 차라리 안 주는 것보다 더 기분 나쁘다는 것입니다. 남에게 주는데 다섯 개가 있으면 절반쯤 그냥 집어 주면 그래도 고맙다고 하지, 이것저것 집었다가 주면 신세를 지는 사람이 신세지고 나서 평을 합니다. 그렇기 때문에 주는 데에는 하나님과 더불어 부모의 심정으로 주라는 것입니다.

4 자기를 위주로 해서 작용하자는 것은 악을 가져오지만, 전체를 위해 작용하자는 것은 발전을 가져옵니다. 전체를 위해서 가는 데는 모든 것이 문을 연다는 것입니다. 개인도 문을 열고, 가정도 문을 열고, 종족도 문을 열고, 민족도 문을 열고, 세계도 문을 열고, 하늘나라도 문을 열고, 사랑의 길이나 모든 길이 문을 열고 환영한다는 것입니다. 통일교회는 이러한 관점에서 위해서 가는 길을 취해라, 위해서 살라, 위해 태어났다 하는 천리를 가르치는 것입니다.

5 만일 여러분을 위해서 누군가가 진정으로 생명을 다하고 희생을 다하면서 백 퍼센트 은사를 베푼 사람이 있

다면 여러분의 본심이 그 은사를 갚는데 50퍼센트는 주머니에 집어넣고 50퍼센트만 갚고 싶습니까, 아니면 있는 대로 다 갚고 싶습니까? 누구나 더 갚고 싶어하는 것이 인간의 본심입니다. 주는 대로 진정 사랑하는 가운데서 준 것을 안다면 백 퍼센트 이상을 돌려보낸다는 것입니다. 이렇게 함으로써 여기에 영원이라는 개념이 설정됩니다. 영원이 시작되는 것입니다. 그렇기 때문에 이런 원칙을 세우지 않을 수 없습니다. 여기에서 발전과 번창이 벌어지는 것입니다.

6 부모의 사랑이 좋지만 부모의 사랑이 부모를 위하라는 사랑이라면 자식은 그 부모의 사랑을 필요로 하지 않습니다. 자식의 사랑이 좋지만 자식이 자기를 위하라고 한다면 그 사랑은 부모도 원치 않습니다. 자기가 열을 주었으면 위하는 사랑은 반드시 열 하나로 돌아옵니다. 위하는 사랑은 그렇습니다. 상대가 조그만 것으로 나를 사랑하고 위해 주었으면 나는 그 이상의 것으로 돌려보내고 싶은 것입니다. 이것은 자꾸 확대해 들어갑니다. 확대 확대하면서 시일이 가면, 일생 동안 그러다 보면 이것이 나라를 넘고 세계를 넘고 영원한 세계, 천국을 넘고 천상세계를 넘어갑니다. 자기를 위하라는 데는 삭감입니다. 한 번 하고 난 다음에 두 번 할 때는 열이었던 그 사랑이 삭감돼서 여덟으로 떨어지는 것입니다. 밤낮 자기만을 위하라고 하는 것은 마음이 거꾸로 말려들어 갑니다. 사랑은 상대에게서 오는데, 위하고자 하는 그 길을 따라서만이 순수한 이상적 사랑이 왕래합니다.

7 개인주의 사상이 있을 수 없습니다. 자체 자각으로부터 자기에게 이익 되게 하겠다는 사상을 중심삼고 해와가 천사장과 하나됐기 때문에 그 길을 부정해야 됩니다. 지금까지는 타위(他爲)사상을 말했지만 이제는 타위가 아닙니다. 타아(他我)주의 사상을 말해야 됩니다. 타(他)가 뭐냐 하면 나입니다. 상대가 나라는 것입니다. 가인세계를 위해야 된다고 하는데 아닙니다. 한 몸이니까 하나돼야 합니다. 타위적 사상의 시대가 아니고 타아적 사상시대입니다. 나는 상대를 창조해서 나에게 일체화시키고 더 큰 것을 나로 만들 수 있는 길을 가야만 하늘로 돌아가지, 자기 제일주의로 나가는 사람은 천국에 못 갑니다. 그것이 원리입니다. 하나의 모델이 중심이 돼 있으면 중심의 사방을 중심삼고 360도는 같은 도수로 나눠져야 됩니다. 거기에는 경계선도 없고, 평등·평화·통일입니다. 또 자유입니다. 그렇기 때문에 타위적인 사상이 아닙니다. 타아적인 사상으로

내 몸 마음에서 더 큰 마음을 중심삼고 몸이 하나되어야 합니다. 가인을 굴복시키는 내가 되어야 합니다.

8 위해 주는 부모에 대해서는 나도 갚아야 되기 때문에 효도를 아니할 수 없습니다. 생명이 여러분 자신을 중심하고 출발한 것이 아니라 우주의 근본에서 생겨났습니다. 그 우주 전체가 위하는 자리에 있는데, 그것을 부정하는 존재는 없어져야 됩니다. 근원이 없으니까 없어져야 됩니다. 인간은 위해 살기 위해서 태어났다는 것입니다. 위하는 데는 사랑의 상대를 위하라는 것입니다. 어머니 아버지를 위하게 될 때는 그 어머니 아버지의 사랑을 내가 받아서 키워 줘야 되니까 늙어 죽도록 어머니 아버지를 위해야 됩니다. 그러면 내 가정이 커 갑니다. 나라를 이어받으려니까 부부끼리 사랑하는 것보다 더 크게 나라를 위하는 가정이 돼야 합니다. 그래야만 그 나라가 품어 줄 수 있는 가정이 되는 것입니다. 가정보다 더 큰 나라, 나라보다 더 큰 세계를 위해서 살아야 됩니다. 그다음에는 더 큰 세계인 하늘땅, 하늘땅보다 더 큰 하나님을 위해서 살아야 됩니다.

뜻적인 심정생활

9 사탄의 침범은 하나님의 심정을 유린하는 데서부터 출발했기 때문에 사탄을 굴복시켜 심판할 수 있는 제일의 기준은 하나님의 심정을 부활시키는 것입니다. 즉 하나님의 심정을 다시 유발시키는 데에서 승리의 터전이 마련된다는 것입니다. 그렇기 때문에 끝날에 있어서는 말씀 심판, 인격 심판, 심정 심판이 있습니다. 그 말씀과 인격과 심정이 심판의 기준인데, 그 기준이 어느 단계여야 되느냐? 아담 해와가 타락하기 전 단계 기준 이상의 자리에 올라가야 합니다. 그러지 않고는 말씀을 다시 찾았다는 자리에서 승리의 기치를 가지고 나타날 수 없습니다. 그 말씀과 실체를 이루었다고 하는 자리에도 설 수 없고, 또한 말씀의 실체이신 하나님 앞에 부름 받은 사람으로서 하나님의 심정을 상속받았다고 하는 자리에도 서지 못한다는 것입니다. 그 기준은 아담 해와가 타락하기 전 단계보다 더 차원 높은 단계에서 결정지어야 합니다. 그래서 통일교회에서는 완성시대의 하나님의 심정을 가르쳐 주는 것입니다.

10 아담과 해와는 장성기 완성급에서 타락할 때 하나님의 심정을 헤아리지 못했지만, 통일교회에서는 완성시대에 있어서 하나님의 심정을 가르쳐 왔습니다. 완성을 중심삼은 하나님의 뜻이 어떻다는 것을 가르쳐 왔습니다. 그러므로 그 기준 이상의

자리에 서지 않고는 사탄이 아담 해와를 타락시켰던 그 기준을 청산할 수 없기에 여러분이 그런 자리에 나아가지 않으면 안 됩니다. 그런데 이 세계 인류를 두고 볼 때 지금까지 그런 자리에 나아간 사람은 한 사람도 없었습니다. 그 자리에 우리가 가자는 것입니다.

11 여러분은 하나의 뜻을 세워서 그 뜻과 더불어 생활해야 됩니다. 하나님이 동할 수 있는 생활, 역사가 동할 수 있는 생활, 인류가 본받아야 할 생활, 후손이 뒤따라야 할 생활을 해야 됩니다. 그리고 행동은 강하고 담대해야 됩니다. 하나님이 여호수아에게 '강하고 담대하라. 역사적인 하나님을 네가 잊지 말라.'라고 했듯이, 하나님은 섭리의 뜻을 이루기 위해서 중심인물에게 미리 권고해 두십니다. 원수와의 싸움을 하늘이 명령하실 때는 반드시 이기게 되어 있습니다. 세상적인 뜻을 세워 그 뜻에 따라 생활하고 행동하면 거기에는 사탄이 침범합니다. 그러기에 어떤 뜻을 세웠느냐가 문제입니다. 세상에서 공인된 뜻을 가지고는 안 됩니다. 세상에서 공인하는 생활로는 안 됩니다. 심정적으로 공인받을 수 있는 뜻을 세워야 합니다.

12 뜻과 생활과 행동에는 심정이 뒷받침되어야 합니다. 역사적인 심정, 복귀적인 심정, 창조적인 심정, 범인류적인 심정, 이런 심정들을 중심삼고 뜻과 생활과 행동이 이루어져야 합니다. 아담 해와에게는 소생·장성·완성의 단계를 거쳐 완성한 이후에야 심정 문제가 대두됩니다. 앞으로 새로운 시대에 있어서 중심문제는 심정입니다. 하나님의 심정을 중심삼고 생활해야 됩니다. 하나님의 심정은 복귀의 심정, 창조의 심정입니다. 타락이 없었다면 복귀의 심정이란 없었을 것입니다. 영광의 심정, 보기만 해도 좋은 창조의 심정만이 있었을 것입니다. 그런데 타락하여 복귀의 심정이 생겨난 것입니다. 그러니 그 뜻을 이루어내야 합니다. 그러기에 여러분이 하나님의 뜻을 중심삼고, 하나님의 이념을 중심삼고 지금까지 복귀노정에서 슬퍼하신 하나님의 심정을 풀어 드려야 합니다. 아담 해와가 하나님 앞에 영광의 한 날을 이루어 드리지 못하고 타락했으니, 그것을 여러분이 이루어 드려야 합니다. 복귀적인 심정과 창조적인 심정을 뒷받침하여 하나님 앞에 영광의 한 날을 이루어 드려야 합니다.

참인간의 생활

13 영국이라든가 미국을 방문한 일본 사람이나 독일 사람을 원수 나라의 사람이라고 생각해서는 안 됩니

다. 원수 나라 사람이라도 자기 가족의 연장이라고 생각해야 됩니다. 세계 어디를 가더라도 노인을 보면 자기 할머니를 사랑하는 이상 사랑해야 됩니다. 그래야 하늘 앞에 가까이 갈 수 있습니다. 그런 환경이 되면 미국 할머니도 일본 아이들을 친손자같이 아주 귀여워하게 됩니다. 자기 손자가 있으면 국가를 넘어서 결혼을 시켜 주고 싶다고 생각하게 됩니다. 사랑은 위대한 것입니다. 환경을 넘어서 자기의 가장 가까운 데에 놓고 싶은 것이 사랑의 세계입니다. 가정은 천국생활의 훈련장입니다. 그것을 확대한 것이 지상·천상천국입니다. 선생님이 미국에 대해서 걱정을 한 것이 그것 때문이었습니다.

14 가정의 생활에서 사랑을 중심삼고 하나된 모델적 그 형태가 교과서와 마찬가지입니다. 이것을 확대시킨 것이 세계입니다. 할아버지 할머니 연령, 어머니 아버지 연령, 자기 부부 연령, 아들딸 연령으로 세계는 급이 나뉘어 있습니다. 그렇게 서로 다른 연령의 급들이 한 가정에서 훈련되어 하나된 모양으로 그 공식을 통해서 화합할 수 있는 자가 되면, 세계의 어디를 가든지, 천국 천하 어디를 가든지 그 상속을 받을 수 있고, 거기에 동참할 수 있고, 주인의 자리에 들어갈 수 있습니다. 천국이 가정입니다. 그런 경험적 사랑을 가져서 국경을 넘고 형제자매와 같이 사랑하는 세계가 지상천국입니다. 그렇게 살던 사람이 영원한 천국에 연결되는 것입니다. 그것은 인생 최고의 성공이요 최고 행복의 길입니다.

15 남자 여자는 서로서로 이상적 길을 완성시키는 상대입니다. 상대가 없으면 참사랑을 찾을 수 없기 때문에 내가 완성할 수 없습니다. 여러분의 어머니 아버지가 사인해야 되고, 할머니 할아버지가 오케이해야 되고, 자기 상대가 오케이하고, 아들딸들이 틀림없이 우리 아버지는 오케이라고 할 수 있는 그때 아들딸은 행복한 것입니다. 하나님 대신, 이 우주의 왕 대신 대표자를 모시고 행복한 황태자 황녀로서 살 수 있고, 왕궁에서 궁중생활을 하므로 행복하다는 것입니다. 그곳이 천국입니다. 그것을 선생님이 발견하고 가르치고 실천하는 것입니다.

16 천국은 가정에서부터입니다. 할아버지 할머니는 하나님 대신이고, 어머니 아버지는 현재 대신이고, 아들딸은 미래입니다. 과거·현재·미래가 축소되어 있습니다. 그렇기 때문에 어머니 아버지는 이 세상을 대표합니다. 할아버지 할머니는 하나님을 대신한 것입니다. 할아버지 할머

니는 과거의 하나님 자리요, 어머니 아버지는 현재의 하나님 자리요, 아들딸은 미래의 하나님 자리입니다. 참사랑을 중심삼고는 동등한 것입니다. 참사랑 논리를 중심삼고 평등, 동등한 내용의 가치, 본질적인 일체이상관을 형성할 수 있습니다. 참사랑을 중심삼고, 위하는 사랑의 핵을 중심삼고 동서남북 사방이 하나로 엉클어질 때 그 자리는 영원히 하나님의 사랑의 운세가 보호하기 때문에 이것은 하나님의 사랑의 상대로서 영원불멸, 영생한다는 것입니다.

17 참부모는 횡적이니만큼 횡적인 수평이라 할 때 거기에는 종적인 것을 필요로 합니다. 이 종적인 부모를 닮은 것이 마음입니다. 종적인 사랑과 생명과 핏줄을 이어받은 것이 양심이고, 횡적인 사랑과 생명과 핏줄을 이어받은 것이 몸입니다. 그렇기 때문에 90각도 될 수 있는 인정과 천정이 합덕해서 영원 고착한 그 자리에 하나님이 안정하십니다. 모든 만복의 기원이 거기서 무한히 솟아나기 때문에 영생 행복, 복된 세계가 발발합니다. 이런 가정천국을 형성해야 됩니다. 그런 생활을 하던 것을 확대하면 세계가 되는 것입니다.

18 하나님의 사랑을 알고, 부모의 사랑을 알고 부모를 모실 줄 알고, 남편의 사랑을 알고 남편을 모실 줄 알고, 자식의 사랑을 알고 자식을 모실 줄 알아야 됩니다. 자식에게 명령만 할 것이 아니라 모실 줄도 알아야 됩니다. 위할 줄도 알아야 됩니다. 그래야 하나님의 사랑을 이해할 수 있습니다. 교재로서 필요합니다. 자식이 없으면 미완성입니다. 하나님의 사랑을 알 수 없습니다. 하나님이 인간을, 자식을 얼마나 사랑했는지 모른다는 것입니다. 남편이 안 되어 보고는 아내 사랑을 모르고, 아내가 안 되어 보고는 남편 사랑을 모릅니다. 또 부모가 안 돼 가지고는 부모의 사랑이 어떠한 줄 모릅니다. 그것을 연대해 알게 하기 위한 교재로서 지었습니다. 그러기에 아들딸이 없으면 참된 부모가 못 됩니다. 본연의 그 원칙 규범에 합격될 수 있는 일등품이 되기 위해서는 부모가 필요하고, 아내가 필요하고, 자식을 가져야 됩니다. 그래야 하나님의 사랑을 체휼할 수 있는 일등품이라고 이 우주가 도장을 찍어 줍니다. 그래야 천국에 자연히 들어간다는 것입니다.

19 하나님이 기뻐하시고 슬퍼하시는 것을 항상 감별하면서 사는 사람은 악한 사람이 되려야 될 수 없고, 하늘의 법도에 어긋나려야 어긋날 수 없습니다. 공적이든 사적이든 하나님이 제일 싫어하는 사람은 대인관계

에 있어서 남을 이용하려는 사람입니다. 그리고 그다음에는 무엇이든지 자기 이익을 중심삼고 판단하려는 사람입니다. 하나님이 좋아하는 사람은 양보하는 사람입니다. 양보는 내가 자꾸 그를 따라가는 것입니다. 그가 하자는 대로 자꾸 따라가는 것입니다. 자꾸 따라가면 돌게 되고, 돌다 보면 나중에는 내가 그 자리를 점령하게 됩니다. 결국은 그 사람의 모든 것을 점령할 수 있다는 것입니다.

20 항상 온유겸손하고, 그 사람이 하자는 대로 순종·복종·굴복해야 됩니다. 그것은 그 사람을 완전히 점령하기 위해서입니다. 사람만을 점령하는 것이 아니라 그 사람의 전체를 점령하기 위한 작전입니다. 따라서 신앙세계에서는 자기를 부정하고 대신 상대방의 요구에 완전히 순응해 들어가는 작전을 해야 됩니다. 그것은 나 자체가 없어지는 것이 아니라 상대방을 완전히 점령하기 위한 하나의 작전입니다. 이런 것을 생활에서 감지해야 됩니다.

21 교만은 원수입니다. 교만과 고집은 사탄의 본질이요 사탄의 요소입니다. 그러니 우리는 교만 대신 겸손, 고집 대신 화합을 해야 됩니다. 화이유친(和而有親)입니다. 이 사람도 좋게 해주고, 저 사람도 좋게 해주는 사람이 되어야 합니다. 그렇게 되면 여기에서부터 모든 일이 통하게 되는 것입니다. 이 사람 저 사람 둘이 하나가 되지 않으면 더 큰 것이 나오지 않습니다. 화합하지 않으면 그렇게 됩니다. 사탄의 본질에는 시기와 질투 같은 것들도 있지만 교만과 고집은 우리에게는 용허할 수 없는 것입니다.

22 통일교회는 성인을 만들자는 것입니다. 위인 앞에는 원수가 있지만 성인 앞에는 원수가 없습니다. 위인은 자기 민족만 사랑한 사람이지만 성인은 인류를 사랑한 사람입니다. 그러기에 위인이 하나님 앞에 나서게 될 때 '너는 네 민족은 사랑했지만 내가 사랑하는, 내가 찾는 세계 인류를 사랑하지 못했지 않느냐?'라고 하면 나아갈 수 없지만, 성인의 도리를 따라간 사람은 하나님 앞으로 직행할 수 있습니다. 통일교회는 성인을 만들자는 것입니다.

23 하나님을 숭상하는 사람은 피를 흘리지 않으면 안 되고, 하나님을 사랑하려는 사람은 눈물을 흘리지 않으면 안 됩니다. 눈에서 눈물이 말라서는 안 됩니다. 그리고 하나님을 찾아가려고 하는 사람은 땀을 흘리지 않으면 안 됩니다. 그래서 부모의 심정을 가지고 종의 몸을 쓰고 인류를 위해 아벨의 입장에서 희생봉사하고 정

성을 다해서 주라는 것입니다. 그렇게 주면서 자랑할 것이 아니라 더 좋은 것을 주고 싶은 마음을 가지고 부끄러움을 느끼면서 주라는 것입니다. 그것이 하나님주의입니다.

24 선생님이 지금까지 밤을 새워 가면서 사람을 대하고 있는 것은 모든 사람들을 좋아하기 위해서입니다. 사람을 싫어해서는 복귀역사를 책임질 수 없습니다. 악한 사람도 좋아해야 되고 선한 사람도 좋아해야 됩니다. 모든 사람을 좋아하지 않으면 하나님을 대신할 수 없기 때문입니다. 타락은 하나님 세계에서 반대되는 자리로 떨어진 것입니다. 이 세계를 나쁘다고 하는 자리로 떨어지게 한 것이 타락입니다. 하나님도 이 세계가 나쁘다고 하게 된다면 하나님이 아닙니다. 하나님이 복귀역사를 못하신다는 것입니다. 하나님이 이 세계를 좋다고 하면서 지었는데, 타락해서 이 세상이 나쁘다고 하는 입장으로 내려오게 된다면 하나님이 아니라는 것입니다. 그렇기 때문에 나쁜 일도 좋게 대하는 것이 원칙입니다. 그래서 예수님도 '원수를 사랑하라.'라고 하신 것입니다.

25 원수를 사랑하라는 것은 원수가 없는 자리에 서라는 말입니다. 원수가 없는 자리에 서라고 하는 것은 에덴동산에서 타락권을 맞이하지 않은 본연의 세계, 본연의 자리로 돌아간 상태가 되라는 것입니다. 우리는 이것을 중심삼고 싸웁니다. 전부가 그렇게 되기 위해 싸우는 것입니다. 그러므로 여러분은 맨 처음 사람을 대할 때에는 나쁜 사람이라 할지라도 나쁘게 보지 말라는 것입니다.

참된 충신·효자의 삶

26 정오정착을 하는 가정, 그림자가 없는 가정이 되어야 합니다. 에덴동산은 그림자 없는 참사랑이니까 사랑하는 데에 그림자가 없어야 됩니다. 그러니 세상만사 모든 것이 거기 와서 달라붙고 하나되게 되어 있습니다. 거기에 딴 것이 나서서 자기주장을 할 수 없습니다. 그러니 절대신앙·절대사랑·절대복종입니다. 그렇기 때문에 자기가 없습니다. 참사랑 앞에는 전부 그렇게 됩니다. 그림자가 없는 정착을 아담 가정에서 이루어 아담 족속, 아담 민족, 아담 국가, 아담 세계가 돼야 합니다.

27 그림자가 없는, 하나님이 그 가운데서 밤이나 낮이나 마음대로 안식할 수 있는 보금자리가 돼야 합니다. 그런 보금자리가 하나님의 창조이상이기 때문에 우리가 이렇게 사는 것은, 하나님을 개인에서부터 천상세계까지 영원히 아버지로 모시고

그 아버지 앞에 효자 효녀의 가정이 되고, 충신 충녀의 가정이 되고, 성인 부부의 가정이 되고, 성자와 성녀의 가정이 되기 위한 것입니다. 그 가정 가운데 하나님이 자유자재로 어디든지 갈 수 있습니다. 저 말단 집에서 한꺼번에 몇 대 조상까지 마음대로 갔다가 마음대로 돌아올 수 있는, 사방 천지에 하나님이 마음대로 통할 수 있는, 그림자 없는 그 세계가 하늘땅에 연결될 때는 지상천국이 되고 천상세계의 천국이 되는 것입니다. 그림자가 없는 정오정착이 돼야 합니다.

28 여러분은 그림자 있는 생활을 하면 안 됩니다. 그래서 정오정착이라는 것을 선포했습니다. 그것이 훌륭한 말입니다. 그림자가 없습니다. 몸 마음이 하나되고, 가정의 사위기대가 하나돼야 합니다. 아버지가 잘못하면 아버지의 그림자가 생기고, 어머니가 잘못하면 어머니의 그림자가 생기고, 네 식구면 네 식구가 정착하지 못하면 빛의 혼란이 벌어지는 것입니다. 그림자가 있는 데는 다 싫어합니다. 그렇기 때문에 정오정착을 해야 됩니다. 저나라에 가서도 그림자가 있으면 안 됩니다. 그림자가 없는 데서 개인부터 가정·종족·민족·국가·세계·천주·하나님까지 8단계의 수직선을 왕래하는 분이 하나님입니다. 하나님의 사랑에 그림자가 생기겠느냐는 것입니다. 순결 그 자체입니다. 그러니까 누구나 다 그 순결한 피를 원합니다. 누구나 다 그림자를 싫어하는 것입니다. 그림자는 사탄입니다. 그렇기 때문에 무엇이든지 잘못하면 가리려고 합니다. 그것이 원수입니다. 국경선입니다. 국경철폐는 정오정착을 말하는 것입니다. 이것은 비사로 얘기하는 것이 아닙니다. 반드시 이렇게 해야 됩니다.

29 참부모 앞에 참된 효자, 참된 충신, 참된 성인, 참된 성자의 도리를 해야 됩니다. 그럼으로써 비로소 왕권 수립이 됩니다. 받드는 아들딸의 권한이 그만큼 확대되면 그 위에 세워야 할 것이 하늘나라 왕권입니다. 왕권을 세워서 거기에 즉위함으로써 사탄세계는 없어져야 됩니다.

30 이제부터 새로운 충신·성인·성자의 도리로 가정을 중심삼고 그렇게 산 사람들의 역사를 전통으로 새로이 세워야 됩니다. 지금까지 탕감시대의 전통 말고 이상세계의 새로운 전통을 세워야 됩니다. 그 전통이 하늘나라에 여러분이 영원히 살 수 있는 전통이 되는 것입니다. 참효자·효녀의 길, 참충신·열녀의 길을 세우고, 성인·성자의 가정의 도리를 여기서 준비해 가야 됩니다.

제4장 참인간이 가야 할 생애노정

1절 인간 본성의 길

1 내가 왜 왔으며, 왜 살아야 하며, 어디로 가야 하느냐? 태어난 것을 여러분 스스로 태어난 것으로 생각해서는 안 됩니다. 태어나기는 했는데 나를 낳게 한 동기와 목적을 알지 못하는 우리입니다. 나기는 났지만 내가 나고자 해서 난 것이 아니요, 살기는 살지만 내가 살고자 해서 사는 것이 아니요, 죽기는 죽지만 내가 죽고자 하여 죽는 것이 아닙니다. 그런데 자기를 들어 무엇을 자랑할 것이냐? 자기 자신이 나고 싶어 나지도 못하고, 그 무엇을 갖고 살지도 못하고, 죽음의 길을 피할 수도 없는 자신을 가지고 자랑해 보았자 처량할 뿐입니다. 났으니 살아야 할 운명이요, 또 그렇게 살다가 가야 할 운명입니다.

인생의 목표와 준비

2 세상에서 인생이 무엇이냐고 하는데 인생관·국가관·세계관의 확립, 그 다음엔 우주관의 확립, 더 나아가서는 신관의 확립이 문제가 됩니다. 이것을 어떻게 확립할 것인가? 계통적 단계와 질서를 어디에다 둘 것이며, 그 차원적 계열을 어떻게 연결시킬 것이냐 하는 것은 심각한 문제입니다. 위해 존재한다는 원칙에서 볼 때에 가장 가치 있는 인생관은 내가 전 인류를 위해 있고, 전 세계를 위해 있고, 국가를 위해 있고, 사회를 위해 있고, 가정을 위해 있고, 아내를 위해 있고, 자녀를 위해 있다는 입장에서 행복한 자아를 발견할 수 있다면, 이 이상의 인생관이 없습니다.

3 출발을 잘못하면 난데없는 곳으로 갑니다. 그렇기 때문에 배가 대해를 항해하더라도 출발한 항구에서부터 나침반을 중심삼고 가야 할 목적지를 그려 놓고 가는 것입니다. 인간은 출발한 항구가 어디인지 모르고 있습니다. 나침반을 가지고 피안의 세계에 도달할 수 있는, 목적지를 그려 갈 수 있는 방향성이 없다는 것입니다. 이것이 꼬불꼬불 제멋대로 왔다 갔다 했습니다. 인간은 제아무리 한다고 해봤자 인간으로 끝나는 것입니다.

4 내가 어떤 일을 하겠다는 그런 관이 없어서는 안 됩니다. 벌써 20대가 되었으면 관을 가지고 무엇을 할 것이라고 정해서 일생 동안 싸워 나가야 그 사람이 역사적인 인간이 되든가 뭘 하나를 남기는 것입니다. 다음에는 그 목적을 위해서는 어떠한 어려움이 있더라도 투쟁해 나갈 수 있

는 용맹심이 있어야 됩니다. 그것을 싫다 하지 않고 소화할 수 있는 배포가 있어야 됩니다.

5 제일 중요한 때가 18세부터 24세까지의 기간입니다. 24세까지는 완전히 전 인생을 걸 목표를 정해야 됩니다. 그것은 수양을 하고 정성을 들이면 알게 되어 있습니다. 통일교회 아기로 태어났으면, 정상적인 신앙생활을 하면 내가 뭘해야 되는지를 벌써 알게 돼 있습니다. 자기를 중심삼고 살고 자기 생각을 중심삼고 행동하는 사람은 모릅니다. 자기가 자기 분야를 모른다는 사실은 심각한 것입니다. 심각하게 중요한 일생문제를 하늘과 더불어 타협해야 됩니다. 그리고 자기 스스로 환경적 여건에 적응해야 됩니다. 그것은 어차피 자기가 해야 됩니다.

6 선생님은 벌써 16세 때 심각했습니다. 어디를 가더라도 가고 싶지 않은 데에는 안 가는 것입니다. 갔다가는 반드시 사고가 납니다. 지금도 그렇습니다. 그렇기 때문에 원수들이 많은 세계에서 지금까지 살아남은 것입니다. 큰 사람이 될수록 어려움이 정말 많습니다. 그것을 넘기 위해서는 자기가 갈 길을 어느 정도 가려야 됩니다. 선생님보고 '선생님, 야단났습니다. 무슨 문제가 벌어졌습니다.'라고 하면 벌써 다 압니다. 그러지 않고는 앞으로 큰 지도자가 못 됩니다. 여러분은 평면적인 생각을 하는데, 입체적인 생각을 가져야 됩니다. 입체권 내에 평면은 무한히 들어갑니다. 그런 것이 있기 때문에 아무리 잘났어도 양심이 바르지 않은 사람은 선생님 앞에 오면 그냥 눌려 버립니다. 설명이 필요 없습니다. 물론 지식적인 실력도 있어야 되겠지만, 영계라든가 앞으로의 세계는 도의 세계이기 때문에 심령이 성장해야 됩니다.

7 사람은 침착하면 마음 깊은 곳에 마음이 가라앉는 자리가 있습니다. 마음이 잘 수 있는 그 자리까지 내 마음이 들어가야 됩니다. 거기서 자고 깨게 될 때에는 예민하다는 것입니다. 그때에 잡생각을 하지 않고 정신을 집중하면 모든 것이 통합니다. 그렇기 때문에 수양과 기도가 필요합니다. 언제나 정성을 들여야 됩니다. 정성은 언제 한 번 들여서 써먹는 것이 아닙니다. 조용히 마음의 자리를 잡아 놓아야 됩니다. 그러면 자기가 해야 될 것을 다 안다는 것입니다. 그것을 해야 됩니다. 방향을 잡아서 그 방향을 중심삼고 따라가야 합니다. 방향은 뾰족하게 하나밖에 없습니다. 그것이 어려운 게 아니라 쉽습니다. 지금 만반의 준비를 해야 되고 정비를 해야 됩니다. 매일같이 그것을 스

스로 밀어줄 수 있는 추진력을 만들어야 됩니다. 그것은 자기 혼자 해서는 안 됩니다.

8 18세가 되면 자기가 어떤 사람이라는 것을 다 압니다. 힘 가지고는 안 됩니다. 그러니까 초조해지기 쉽습니다. 친구의 힘이 필요하든가, 스승이 필요하든가, 하나님의 힘이 필요하게 됩니다. 선생님도 선생님 자신이 지금 갖고 있는 힘보다도 더 큰 세계적인 일을 할 때는 심각합니다. 더 큰 힘이 필요한 때에는 그것을 어디서 가져오느냐 하는 것이 문제가 됩니다. 못 가져올 때에는 후퇴해야 되는데, 그럴 수 없습니다. 그러니까 기도가 필요하고 하나님이 필요합니다. 심정의 세계가 그래서 필요합니다. 사랑의 세계는 아무리 끌어내도 끝이 없습니다. 물질의 세계도 끝이 나고, 지식의 세계도 끝이 나고, 권력의 세계도 붕괴될 수 있지만, 심정의 세계는 무한합니다. 그렇기 때문에 심정의 세계를 중심삼고 움직여야 됩니다. 심정의 세계 중앙에 가면 축을 중심삼고 내려갔다 올라갔다 운동합니다. 마음, 심정의 중심 복판에 들어가 보라는 것입니다. 거기에서 무한한 힘이 전해집니다. 90각도만 만들면 무한한 힘을 90각도로 유지할 수 있습니다. 그래서 도를 닦아 나가야 됩니다. 정성을 들여 세상의 모든 면에서 깊은 심령세계를 체험하라는 것입니다.

9 자기의 제일 가까운 선생이 자기 마음입니다. 제일 친한 친구보다도 귀한 것이 자기 마음이고, 어머니 아버지보다도 더 귀한 것이 자기 마음입니다. 마음한테 물어보는 것입니다. 그 마음에는 하나님이 들어와 계십니다. 그 소리를 들을 줄 알아야 됩니다. 마음의 소리를 들을 줄 아는 자리까지 들어가야 됩니다. '천상천하 유아독존'이라고 석가모니가 말했는데, 그것은 내가 나한테 물어보면 나에게 하나님이 들어와 있는 것을 안다는 것입니다. 그렇게 되면 못할 것이 없습니다. 그렇기 때문에 자기 마음을 밝혀야 됩니다. 마음이 선생보다 낫습니다. 마음은 영원한 내 주인입니다. 그러므로 삿된 마음을 갖지 말고, 공리에 속한, 공적인 자리에 선 마음을 가져야 됩니다.

하나님의 아들딸이 되라

10 인간은 본래 우주의 왕자입니다. '하나님이 나의 아버지이고, 아버지의 것인 하늘과 땅은 내 것이다.'라고도 할 수 있습니다. 하나님을 점령해야 비로소 안식할 수 있습니다. 하나님의 심정을 점령하면 하나님을 점령하는 것이 됩니다. 하나님의 심정을 중심하고 만물만상을 품어야 다른 어

느 누구도 점령할 수 없게 되어, 거기에서 비로소 천운이 움직이고 천하의 복이 머물게 되며 에덴동산이 열립니다. 하나님과 인간과 만물, 또 하늘과 사람과 땅, 이 셋이 심정적으로 합친 곳이 지상의 낙원입니다. 심정이 아니고는 안 됩니다.

11 인간은 하나님의 아들딸이 되어야 합니다. 하나님은 주체로 계시고 우리는 그 대상인데, 타락은 했을망정 그와 같은 본성의 기준은 지금까지 남아 있기 때문에, 그 본성의 기준을 통해서 본연의 주체적인 이상권을 바라지 않을 수 없습니다. 그 작용은 양심작용보다 강하여서 밤이나 낮이나 인간을 그곳으로 가라고 재촉하고 강제로 몰아냅니다. 그런 힘이 여러분 양심의 배후에 있습니다. 타락은 했을망정 그곳을 향해 나아가라는 것입니다.

12 지남철은 플러스 극(N극)과 마이너스 극(S극)이 있는데, 그 극 사이에 절연체나 종이 같은 방해되는 물질이 있으면 그것을 뚫고 작용을 합니다. 그것이 점점 두꺼워지면 작용이 점점점 둔해집니다. 더 두껍게 해 놓으면 작용을 안 하는 것 같습니다. 그러나 작용을 한다는 것입니다. 그와 마찬가지로 인간은 타락했기 때문에 하나님과 인간 사이에 무엇이 끼어 있습니다. 이것이 다 막혀 버린 것 같지만 양심은 그곳을 향해서 언제나 작용을 합니다. 이것을 열어젖히는 날에는 그 작용이 강해집니다. 그 사이의 절연체를 하나하나 빼 버리면 점점 강해집니다. 그것을 전부 빼 버렸다 할 때는 완전히 통해 버립니다. 배우지 않고도 다 알게 된다는 것입니다.

13 인간시조가 에덴동산에서 저지른 타락의 동기가 무엇이냐? 나를 중심삼은 것입니다. 그랬기 때문에 하나님 아들의 자리에서 아들이 되지 못했고, 하나님 딸의 자리에서 딸이 되지 못했습니다. 사탄의 침범을 받은 것입니다. 그렇기 때문에 다 잃어버렸습니다. 침범받는 것을 피하게 되면 아들이 되고 딸이 됩니다. 그러므로 '절대적인 하나님은 내 아버지이시다.'라는 자각이 아담보다도 강해야 됩니다. 그 아버지는 천상세계의 중심이요 지상세계의 중심입니다. 그 아버지와 하나되어야 합니다. 그럼으로써 나는 절대적인 중심과 하나되는 것이요, 천지를 주관하시는 절대적인 주관자와 하나되는 것입니다. 이것을 어떻게 자각하느냐 하는 것이 문제입니다. 그 가치가 얼마나 절대적인지를 확실히 알기 전에는 청산할 도리가 없습니다. '아버지와 나의 가치가 얼마나 귀하냐! 그 아버지는 세계의 주권자이시다! 그 아버지

는 세계를 주고도 바꿀 수 없고, 온 천하를 주고도 바꿀 수 없다! 나는 그 아버지의 아들딸이다! 틀림없는 아들딸이다!'라는 자각을 해야 됩니다. 타락하기 전 아담 해와 이상의 자리에 서야 합니다.

14 부모와 내가 한자리에서 같이 출발했다는 사실은 놀라운 것입니다. 부모의 사랑은 내 사랑이요, 부모의 생명은 내 생명이요, 부모의 이상은 내 이상으로 결정지을 수 있습니다. 부모는 자녀를 바라보게 될 때, 이는 내 사랑하는 아들딸이라고 말합니다. 이는 내 사랑과 내 생명, 그리고 내 이상의 실체라는 것을 부모는 느끼고 깨닫고 알고 있습니다. 사랑하는 아들딸은 하루만 안 봐도 보고 싶고, 금방 봤어도 또 보고 싶은 것입니다. 그것은 아무리 떼려고 해도 뗄 수 없는 뼈 중의 뼈요, 살 중의 살입니다. 거기에는 모든 이상이 달려 있습니다. 오늘날 타락으로 참된 사랑과 참된 생명, 그리고 참된 이상을 갖지 못한 인간세계에 태어난 부모도 그와 같이 자식을 사랑할 줄 아는데, 그런 부모의 주체가 되시는 하나님은 그보다 더하다는 것입니다. 본래 타락하지 않은 아담 해와는 하나님의 직계 아들딸로서 하나님의 왕손이었습니다. 아담 해와는 천상천국과 지상천국을 이어받을 수 있는 왕자 왕녀였다는 것입니다.

2절 자아주관 완성의 길

1 인간 자체가 모순된 존재라는 사실을 두고 볼 때, 인간이 어느 기준에 미달하고 고장 났든가 떨어졌다는 관념을 도입하면 신은 있다는 이론을 발견할 수 있습니다. 그렇기 때문에 타락이라는 말이 얼마나 고마운 말인지 모릅니다. 타락했기 때문에 모순된 입장에 섰습니다. 타락했다는 그 자체를 두고 볼 때 신이 있다는 말을 가능케 하고, 우리 자체가 떨어졌다는, 고장 났다는 말을 가능케 합니다. 우리가 타락되었으니까 모순될 수밖에 없고, 우리가 모순되었기 때문에 완전한 하나님은 모순된 우리와 공통된 자리에 있을 수 없습니다. 이러한 논리적 추구에서 신의 존재성을 확정지을 수 있습니다.

마음과 몸이 싸우는 모순된 인간

2 하나님이 만물을 지으실 때 절대적인 목적을 갖고 짓지 않았다면 하나님은 절대적인 분이 될 수 없습니다. 타락한 인간도 하나의 목적을 중심삼고 그 목적을 달성할 수 있는 물건을 만들어 나가고자 합니다. 인간 자체 내에 각기 다른 두 개의 목적을 추구하는 몸과 마음이 존재한다는 사실은 모순된 것입니다. 절대적인 하나님이 지은 피조물로서 그래서는 안

된다는 것입니다. 하나님이 한 분이기 때문에 그분이 지은 피조물도 하나의 목적을 지녀야 됩니다. 그런 하나의 목적 가운데서 하나님 자녀의 명분을 가지고 태어난 인간이라면 하나의 목적에 인연을 맺고 일체가 그 목적을 중심삼고 관계를 맺어야 할 텐데도 불구하고, 나 개체에 있어서 제일 가까운 몸과 마음의 상충이 있다는 것입니다. 이것은 인간이 타락했기 때문입니다.

3 인간이 타락하지 않았으면 본래 천국에서 살게 돼 있고, 천국의 모든 생활 여건에 백 퍼센트 적응할 수 있도록 되어 있었습니다. 그런데 타락한 세계가 됐기 때문에, 우리 마음과 몸은 지남철이 거꾸로 남북이 뒤집힌 것과 마찬가지이기 때문에 완전히 대치돼 있습니다. 플러스와 마이너스가 완전히 반대로 돼 있습니다. 절대적인 신이 있다면 그 신은 하나의 관념을 가져야 됩니다. 하나의 사상을 가져야 됩니다. 신을 원인으로 해서 그 결과로 생겨난 인간임에 틀림없다면, 그리고 원인 된 하나님의 생각이 하나라면 그 결과 된 인간도 하나의 생각과 일치되어야 합니다. 그런데 모순된 인간이 됐다는 것입니다. 아무리 보아도 모순입니다. 타락을 모르면 그렇게 결론지을 수밖에 없습니다. 타락됐기 때문에 플러스와 마이너스 방향이 뒤집어져 있습니다. 마음은 하나님을 향해서 가려고 하는데 몸은 거꿀잡이가 되어 있습니다. 여기에는 상충이 벌어집니다.

4 인간에게는 선한 요소도 있고 악한 요소도 있는데, 이것이 문제입니다. 나라는 한 개체를 두고 보면 몸이 있고 마음이 있습니다. 그런데 이 몸과 마음이 언제나 화목하게 되어 있지 않습니다. 마음은 이렇게 가라고 하는데 몸은 언제나 마음이 가자고 하는 방향에 제동을 겁니다. '그리 가지 말고 이리 갑시다.'라고 한다는 것입니다. 그렇기 때문에 지금까지의 역사과정에 왔다 갔던 수많은 선지선열들은 마음과 몸을 어떻게 조정하느냐 하는 문제로 고심했습니다.

5 마음과 몸이 서로 하나되지 못하고, 하나는 동쪽으로 가려고 하는데 다른 하나가 서쪽으로 가려고 하면서 서로 상충된 결과를 추구한다는 것입니다. 마음이 가자고 하는 곳으로 가면 타락한 오늘날의 인간세상과는 다른 곳으로 가게 되고, 몸이 가자는 곳으로 가면 타락한 곳으로 가게 됩니다. 이 몸은 무엇을 먹여 주면 더 잘 먹여 달라고 하고, 놀려 주면 더 잘 놀려 달라고 하며, 남의 것도 모두 자기 것으로 만들려 하고, 자기 위주로 하여 나만 제일이라는 식입니다. 남

은 아랑곳하지 않습니다. 마음은 몸과 반대입니다. 마음은 언제나 남을 위해서 희생하라고 명령합니다. '남을 위해 살아라. 불쌍한 사람을 도와줘라. 못사는 사람이 있으면 도와줘라. 공적인 입장에서 대중을 위해 몸을 바쳐라. 몸을 희생시켜라.'라고 하면서 마음은 항상 몸과는 다른 방향으로 지도합니다.

6 본래는 인간의 마음과 몸은 하나님의 사랑이 들어가 안팎으로 모순이나 상충 또는 투쟁이 없어야 합니다. 그런데 인간이 하나님으로부터 떨어져 나가 사탄을 중심삼고 외적인 사랑을 한 것이 동기가 되어, 몸과 마음이 상충된 입장에서 투쟁하는 결과가 빚어진 것입니다. 그리하여 외적인 몸을 중심삼은 사랑이 내적인 마음을 중심삼고 이상적인 영원한 생명의 기원이 되는 하나님의 사랑을 배반하여 나오는 역사의 결과가 빚어진 것입니다. 그러니 외적인 사랑, 즉 사탄의 사랑을 제거하고 거기에 본연의 내적인 사랑, 즉 하나님의 사랑을 상속받아서 몸과 마음을 규합시켜야 됩니다. 그래야만 여기서부터 통일이 벌어지는 것입니다.

7 종교의 세계를 가면 갈수록 어려움이 상반되어 들어옵니다. 내 몸의 모든 욕망의 요건을 전부 다 탈피해 넘어설 때까지 반대작용이 벌어집니다. 그래서 종교에서는 몸을 강제로 치라고 합니다. 영점의 몸을 만드는 데서 하나의 소망이 제시된다고 봅니다. 그렇기 때문에 절대적인 입장에서 육신을 완전히 부정하는 데서부터 참된 종교의 기원이 성립된다는 것입니다. 인간이 가야 할 공식적인 노정이 있습니다. 고장이 났으면 고장난 것을 반드시 원래 창조할 때의, 다시 말하면 공장에서 나올 때의 설계도에 의해 그대로 재차 맞춰야 합니다. 재현시켜 갖다가 맞추어야 된다는 것입니다. 수리하기는 처음 지을 적보다 더 힘이 듭니다. 그 말은 하나님이 창조하시던 것보다 수리하기가 더 어렵다는 말입니다. 이것이 인간 완성의 길입니다.

8 나 자신이 변치 않는 마음의 기준을 하나님의 심정에 일치시켜 그 심정을 중심삼은 마음이 내 생에 있어서 몸을 조정할 수 있는 주체적인 입장에 설 수 있느냐 하는 것이 문제입니다. 언제든지, 밤이나 낮이나 24시간 상대적인 입장에서, 마이너스와 같은 입장에서 내 몸이 마음에 하나되기를 바라는 힘의 작용이 내 몸과 마음에서 벌어지면, 그 힘은 우주를 움직일 수 있는 힘과 통합니다. 내 마음이 플러스가 되고 내 몸이 마이너스가 돼야 합니다. 그런데 마음도 플

러스고 몸도 플러스가 돼 있습니다. 플러스끼리는 상반되기 때문에 이 몸이 원수입니다. 이것을 어떻게 마이너스로 만드느냐? 이것이 종교가 가려 가야 할 길입니다.

9 하나님의 뜻의 길을 가려면 몸과 마음이 하나되어야 합니다. 마음이 주체이기 때문에 마음을 중심삼고 몸을 정복해야 됩니다. 그래서 도의 길은 몸이 말을 안 들으면 '이놈의 몸뚱이!' 하고 치면서 갑니다. 금식을 하고, 절제를 하고, 제재를 가하고, 모든 것을 부정하게 하는 것입니다. 종교의 길에는 하지 말라는 것이 많습니다. 극장 앞에도 가지 말라 하고, 연애도 하지 말라 합니다. 돈이 문제가 아니요, 지식이 문제가 아닙니다. 몸이 마음을 언제나 공격할 수 있도록 백 퍼센트 무장을 하고 백병전을 할 태세로 한시도 놓치지 않고 노리고 있습니다. 이것을 어떻게 해결하느냐, 이것을 어떻게 넘어서느냐 하는 것이 여러분의 싸움입니다. 이것을 넘지 않고는 하나님의 뜻은 안 이루어집니다.

10 도 닦는 사람들을 보면 영계를 통하기 위해서 많은 정성을 들입니다. 그런데 남자가 도를 닦을 때 최후에 가게 되면 방해하는 것은 여자입니다. 미녀가 나타나서 꾀는 것입니다. 이것이 사탄의 무기입니다. 또 여자가 정성을 들이면 미남자가 나타나서 꾀는 것입니다. 악마로부터 천지를 파괴시킨 동기를 넘어서 근본을, 새로운 것을 찾아가려고 하니, 하나님의 본성적 세계를 접하려고 하니 사탄 악마는 이를 막기 위해 남자 앞에 제일인 여자를 동원하는 것입니다. 세상 남자들 가운데 미인을 동원하면 그 미인계에 안 걸릴 남자가 없습니다. 또 여자가 아무리 도를 닦는다 해도 허우대 좋은 천하의 미남을 보게 되면 아무리 얌전하고 뭐 어떻다 하더라도 자기도 모르게 눈보다 손이 먼저 갑니다. 가만히 있어도 몸이 먼저 가는 것입니다. 사랑의 인력에 의해서, 플러스와 마이너스 인력에 의해서 그럽니다.

11 종교는 독신생활을 하라고 가르쳐 줍니다. 사랑을 막는 방패라는 것입니다. 육신이 원수인데 이 원수의 무기가 3대 무기입니다. 첫째는 먹는 것, 그다음엔 잠자는 것, 그다음엔 정욕입니다. 거기에 선생님도 부딪혔습니다. 선생님이 이것을 넘기 위해서 얼마나 눈물을 많이 흘리고 얼마나 몸부림쳤는지 여러분은 모를 것입니다. 이것을 이길 수 있는 탕감조건을 세우기 위해서는 감옥에 10년 동안 들어가 있는 것이 문제가 아니고, 무슨 짓이든지 다 해야 됩니다. 달콤

한 하나님의 사랑을 받을 때는 좋았는데 이런 담벼락에 부딪혔을 때 어떻게 할 것이냐? 선생님은 만민을 구하기 위한 하나님의 뜻이 이래서는 안 된다는 것을 알았기 때문에, 이 길을 돌이킬 수 있는 길이 없느냐 하는 문제에 부딪혔던 것입니다.

12 주관성을 어떻게 복귀해야 되느냐? 악한 사탄세계에서는 주관성을 강제로 복귀하려고 합니다. '너는 내가 지배해야 되겠다.'라고 하면서 채찍을 들고 수단 방법을 가리지 않고 주관하려고 합니다. 그것은 안 되는 것입니다. 본성적 주관성의 복귀는 무엇을 토대로 해야 되느냐? 오늘날 사탄세계와 마찬가지로 수단과 방법을 가리지 않고 강제로 하는 것이 아닙니다. 자기가 출세하기 위하여 제삼자를 희생시키고 모해하는 방법으로 하는 것이 아닙니다. 하나님은 시대를 초월하는 주관성을 제시해 나왔습니다. 그것이 희생과 사랑입니다. 희생과 사랑의 주제를 앞세우고 갖은 수욕과 어려움을 극복해 나가면, 그 환경에 있는 사람들이 자동적으로 주관성을 취해 주기를 바라게 됩니다. 자동적인 주관성을 바란다는 것입니다.

마음과 몸이 하나된 경지

13 아담 해와도 몸과 마음의 이중구조로 되어 있습니다. 마음이 안이 되고, 몸이 밖이 되어 있습니다. 이런 개체가 안팎으로 일체가 되어 있습니다. 이렇게 하나된 남성과 여성이 또 다시 주체대상관계에서 횡적으로 하나가 되어 있습니다. 다시 말하면 여자도 안팎으로 하나되고, 남자도 안팎으로 하나되어 그 남성과 여성이 비로소 사랑으로 하나되는 것입니다. 본래 타락이 없었다면 몸과 마음이 무엇으로 하나되느냐? 도의적인 어떤 관념이나 생각으로 하나되는 것이 아닙니다. 무슨 힘으로 하나되는 것이 아닙니다. 하나님이 우리 몸과 마음을 분립시킨 동기는 사랑을 구체화시키기 위해서입니다. 사랑을 구형화시키기 위해서, 사방으로 적용시키기 위해서입니다. 한 점에 정착시키기 위해서가 아니라 전체에 활용될 수 있는 환경권을 만들기 위해 사랑을 필요로 합니다.

14 인간 마음은 언제나 부모를 생각합니다. 부모의 사랑을 생각합니다. 그 마음 줄기의 방향성이 무엇이냐? 마음은 부모의 사랑, 형제의 사랑, 나라를 생각하는 사랑, 세계를 생각하는 사랑, 그리고 하늘땅을 생각하는 사랑을 연결하려고 합니다. 이렇게 전후·좌우·상하관계의 사랑을 연결하려고 합니다. 왜 그래야 되느냐? 몸과 마음이 하나되는 자리는 북쪽에

치우쳐 있지 않습니다. 또한 남쪽에도 치우쳐 있지 않습니다. 나를 중심으로 동서남북 중앙에 가까이 서려고 합니다. 중앙 가까이에 서려고 하는 것은 중앙에 본래의 사랑, 종적인 우주의 사랑, 하나님의 사랑과 인간이 관계를 맺을 수 있는 하나의 길이 있기 때문입니다. 창조주도 인간이 완성하면 인간과 사랑할 수 있는 하나의 중심적 사랑의 길이 있습니다. 하나님이 인간을 분신화시킨 것은 인간의 모습을 보기 위해서가 아닙니다.

15 육신이 바라는 욕망과 마음이 바라는 욕망은 반대입니다. 이 몸은 남의 것을 강도질해서 내 배를 채우려고 합니다. 동물적입니다. 어머니 아버지 입에 들어간 것도 내가 배고프면 빼앗아 먹습니다. 그럴 수 있는 소성이 충만합니다. 사탄세계의 후손으로 태어난 이상 그것은 전부 평등하게 나타나게 되어 있습니다. 이 몸이 문제입니다. 그렇기 때문에 고차적인 종교를 가진 민족은 발전합니다. 왜 발전하느냐? 마음 앞에 몸을 플러스시킬 수 있으니까, 몸을 흡수해서 하나 만들 수 있으니까 그렇습니다. 플러스와 마이너스가 하나되면 빛을 발합니다. 새로운 힘, 에너지가 발생합니다. 이것이 천지의 이치입니다. 지남철을 보면 플러스도 있고 마이너스도 있습니다. 내 몸과 마음이 완전히 하나되면 완전한 지남철과 같이 됩니다. 지남철과 같이 된 남자의 몸과 여자의 몸은 플러스적 지남철과 같이 될 수도 있고 마이너스적 지남철과 같이 될 수도 있습니다. 그렇기 때문에 남자와 여자가 자동적으로 하나됩니다. 사랑이니 뭐니 하는 것은 다 2차적입니다. 사람을 만나면 다 좋게 돼 있습니다.

16 플러스인 마음과 마이너스인 몸이 완전히 하나되면, 플러스인 마음에 하나되는 그 힘은 본연의 창조주의 힘의 권한에 동참할 수 있습니다. 전능한 창조력이 있고 생명력이 있으면 하나님의 창조력과 생명력에 접선할 수 있는 가능성이 있다는 것입니다. 몸과 마음이 영원히 하나되는 경지에 들어가면 온 천하가 다 보입니다. 여기에 천지가 다 공명합니다. 완전한 마음을 중심삼고 완전한 몸이 공명적으로 일체화하는 입장에 들어가면 모두 통합니다. 우주가 움직이는 소리가 난다는 것입니다. 그 소리와 비례해서 웃음이 터져 나오고 기쁨이 터져 나옵니다. 초연한 힘이 무한히 연결될 수 있는 하나의 경지가 있는데, 그 경지는 창조적 이상의 힘이 도달하는 경지입니다.

3절 남녀의 참사랑과 참된 결혼

1 남자가 생겨난 것은 사랑 때문입

니다. 남자의 사랑은 남자에게서 오지 않습니다. 남자의 사랑은 여자에게서 옵니다. 여자의 사랑은 남자에게서 옵니다. 사랑을 중심삼고 볼 때, 남자는 자기를 위해서 태어나지 않습니다. 남자가 태어나 찾아가는 참된 사랑의 길은 자기를 위하는 자리에서는 절대 못 찾습니다. 전진하지 못하고 고착돼 버립니다. 하나님이 자기를 전부 투입해서 위하여 우주 창조를 한 길을 따라가야 할 입장이기 때문에, 남자가 태어나는 것도 위해서 태어나게 됩니다. 참사랑을 위해서 태어났는데, 남자 때문이라고 하면 참사랑을 못 찾습니다. 그러니 남자가 태어난 것은 여자 때문이라는 결론이 나옵니다. 참사랑을 중심삼고 여자는 남자 때문에 태어났습니다.

남자 여자는 서로 상대를 위해 존재

2 하나님이 사랑을 가지고 좋아하려면 이 우주는 어떻게 되어야 하느냐? 하나님만 좋아해서는 안 되니까 이 우주도 전부 쌍쌍제도로 만든 것입니다. 광물세계에도 쌍쌍이 있습니다. 수정의 결정은 붙고 붙고 붙어서 쌍쌍이 붙어 있습니다. 그러한 상대적 개념이 연결되어 확대되는 것입니다. 우리 눈에는 보이지 않지만 다 그런 작용을 합니다. 우주가 사랑의 개념을 표준으로 해서 지어졌기 때문에 모든 것은 그 사랑 앞에 화동할 수 있는 인연을 따르게 되어 있습니다. 그러니 모든 것은 그 사랑 앞에 화동하려면 주체대상관계가 없어서는 안 됩니다. 혼자서는 사랑을 못합니다. 주체대상 개념을 중심삼고 사랑으로 연결되기 때문에 우주는 쌍쌍제도로 되어 있는 것입니다.

3 남자와 여자는 서로를 위해서 태어났습니다. 남자는 여자 없이는 사랑을 찾을 길이 없습니다. 사랑 때문에 남자는 여자를 위해서 태어났고, 여자는 남자를 위해서 태어났습니다. 그것이 귀합니다. 참사랑은 자기를 주장하는 데에는 없습니다. 위하는 데에 있습니다. 그렇기 때문에 서로를 위해서 태어났습니다. 하나님은 참된 사랑을 지닌 분이기 때문에 위하려고 합니다. 위해서 인간을 지은 것입니다. 하나님을 위해서 인간을 지은 것이 아닙니다. 참사랑은 위해서 존재하는 것입니다.

4 남자는 여자 때문에 태어났습니다. 듣기 싫지만 천리입니다. 억천만년 변할 수 없는 진리입니다. 이것을 몰랐다는 것입니다. 남자에게 제일 귀하고 제일인 것이 사랑인데, 남자에게는 여자가 절대 필요합니다. 남자와 여자가 결혼하게 될 때 무엇 보고 결혼합니까? 생리적 구조에 있어서 다른 한 가지, 그것을 보고 결혼하

지 않습니까? 여자끼리도 결혼할 수 있을 텐데 왜 남자와 해야 되느냐? 그것은 절대적입니다. 생리적 구조가 다릅니다. 남자의 사랑의 귀한 생명줄을 이어받을 수 있는, 사랑의 전달을 통해서 우주와 관계맺을 수 있는 길이 생기는 것입니다. 남자가 찾는 사랑의 길은 여자를 통해서 옵니다. 여자가 찾는 사랑의 길은 남자를 통해서 옵니다. 그렇기 때문에 그 사랑이 아니고는 이상 기반, 모든 가치의 기준을 찾을 수 없습니다. 이 사랑에 하나가 되어 나서게 될 때는 이 우주가 환영합니다. 동서남북, 사방의 방향을 극복할 수 있고 주관할 수 있는 능력이 여기에 있습니다. 사랑은 위대한 힘을 갖고 있습니다.

5 봄철이 되어 비둘기가 '구구구!' 하는 것은 사랑의 노래입니다. 그것이 나쁜 것이 아닙니다. 자연은 전부 인간을 가르치는 교재입니다. 모든 새나 동물은 쌍쌍으로 되어 있습니다. 서로가 사랑을 중심삼고 화동합니다. 이것은 천지조화입니다. 우주의 극과 극이 사랑을 중심삼고 화동이 벌어집니다. 철새도 마찬가지입니다. 남쪽에 있던 새가 북쪽으로 날아가고 북쪽에 있던 새가 남쪽으로 날아가서, 지역을 넘나들면서 사랑을 이룹니다. 영원히 돕니다. 인간은 이와 같은 사랑을 하나님이 지은 박물관의 교재를 통해서 배웁니다. 인간과 하나님이 좋다고 사랑하게 되면 천하의 모든 만물은 거기에 박자를 맞춰서 화동합니다. 하나님이 사랑하고 좋아하게 되면 천사세계도 좋아하고, 이 모든 피조세계가 좋아서 박수를 보내고 찬양을 보냅니다.

6 예술은 정서적인 배후가 깊이 개재되어 있지 않으면 가치가 없습니다. 천년 전의 것을 몇 천년 후에 봐도 그 이상의 감정을 느낄 때 명작이라고 할 수 있습니다. 그림 한 폭을 볼 때도 그런 감동이나 자극을 느낄 때 걸작품이라고 합니다. 하나님의 작품 가운데 최고의 걸작품은 인간입니다. 또 인간 가운데 있는 사랑입니다. 하나님이 바라던 이상적 사랑의 주체 앞에 대상적인 사랑의 미를 갖추고 서면 하나님이 눈물을 글썽입니다. 자기도 모르게 녹아서 미궁으로 쏙 끌려 들어갈 수 있게 하는 것이 사랑의 아름다움입니다. 따뜻한 봄이 되면, 우리 눈에는 잘 보이지도 않는 조그마한 벌레들도 암놈 수놈이 사랑을 합니다. 그것을 보면 참 신기합니다. 암놈이 있으면 수놈이 있어서 서로 사랑할 줄 압니다. 그것을 누가 가르쳐 주었는지 모르지만 사랑을 해서 새끼를 칠 줄 압니다. 그것이 다 하나님이 인간에게 사랑을 가르쳐 주기 위한 사랑의 박물관입니다.

7 아담 해와가 서로 사랑할 때 하나님은 기뻐하십니다. 자기 자신이 사랑하기 때문입니다. 하나님 자신이 자신의 몸인 아담과 그의 상대인 해와로 갈라놓았던 것끼리 충돌을 일으키는 것입니다. 극과 극이 갈라졌다가 합쳐지면 폭발하는데, 그런 폭발적인 충동을 느낄 때 하나님도 사랑에 취해서 나가자빠지는 것입니다. 이렇게 얘기한다고 해서 불경스러운 것이 아닙니다. 사랑에는 불경이 없습니다. 하나님이 좋아하는 사랑만 있으면 그만입니다. 세상에서 여자 앞에 제일 좋은 것이 남자입니다. 아무리 잘나고 천하가 부러워할 정도로 아름다운 여자라 하더라도 그 여자 앞에 사랑할 수 있는 남자가 없다면 아무것도 아닙니다. 집에 들어가더라도 쓸쓸하고 모든 것이 귀찮습니다. 비단 이부자리를 펴 놓았더라도 차 버립니다. 그렇지만 남자만 있으면 누더기 포대기를 깔고 자더라도 구수하다는 것입니다.

8 모든 자연은 사랑의 전시장입니다. 주인 될 수 있는 아담 해와가 중심에서 동서남북을 바라볼 때에 그 보이는 모든 존재들이 교재가 되는데, 그것은 사랑의 교재입니다. 식물도 전부 상대적 조건이고, 동물도 마찬가지이고 곤충도 마찬가지입니다. 전부가 상대인데, 아담 해와가 이상적인 사랑의 길을 가도록 가르쳐 주기 위한 박물관입니다. 사랑의 교시를 위한 하나의 자연박물관이 되어 있습니다. 그것은 아담과 해와를 위해서입니다. 그렇기 때문에 자연을 사랑하지 못하는 사람은 사람을 사랑하지 못합니다. 사람을 사랑하지 못하는 사람은 가정을 가질 수 없습니다.

9 남자는 여자 때문에 태어났습니다. 또 여자는 남자 때문에 태어났습니다. 그렇기 때문에 남자의 생식기와 여자의 생식기가 자기 것이 아닙니다. 하나님은 지혜로운 분입니다. 주인을 엇갈리게 해 놓았습니다. 통일교회에서는 바람피우는 것을 절대 용서하지 못합니다. '오른쪽' 할 때는 왼쪽을 선유조건으로 하고 말하는 것이고, '위쪽' 할 때는 아래를 선유조건으로 하고 말하는 것입니다. '여자' 할 때는 남자를 선유조건으로 하는 것입니다. 남자가 남자 때문에 태어나지 않았습니다. 볼록이 필요로 하는 것은 오목입니다. 볼록의 주인은 남자가 아닙니다. 그것은 지극히 거룩한 것입니다. 여기에서 하나님의 생명, 하나님의 사랑이 연결됩니다. 영원한 사랑이 발굴되어 계속되는 사랑의 원천지입니다. 남자가 이 원천지를 통하지 않으면 하나님의 사랑에 접근할 수 없습니다. 그곳이 사랑의 원천이요, 생명의 원천이요, 핏줄의 원천입

니다. 사랑이 움직이게 될 때 생명이 끓고 피가 약동합니다. 어머니 아버지의 사랑을 하나로 교류시켜서 백 퍼센트 구형으로 섞어 놓은 것입니다.

10 하나님은 사랑의 지성소에 계시려고 했습니다. 타락하지 않았으면 인간의 생식기가 하나님의 지성소입니다. 그 지성소는 사람이 만든 것이 아닙니다. 그러면 하나님이 만든 것 중에서 제일 복잡하고, 제일 자극적이고, 제일 신경이 예민한 것이 무엇이냐? 남자와 여자가 사랑을 이룰 수 있는 접촉 부분을 무엇이라고 합니까? 번갯불이 피뢰침에 접촉할 때는 끄트머리에 접촉합니다. 사람의 모든 신경의 끄트머리가 남자와 여자의 단 한 가지 다른 기관입니다. 그 한 가지가 다르기 때문에 여자이고 남자입니다. 그것이 뭔지는 설명하지 않아도 다 잘 알 것입니다. 그것이 귀한 것입니다. 타락하지 않았다면 하나님이 임재할 수 있는, 하나님의 사랑이 거할 수 있는 지성소였다는 것입니다.

11 원래 지성소는 완성한 아담 해와를 상징합니다. 두 석판이나 만나와 메추리, 그리고 아론의 싹난 지팡이는 아담과 해와를 상징합니다. 성경의 비밀 얘기는 아담과 해와에 대한 내용이 많습니다. 구름기둥 불기둥도 아담 해와이고, 생명나무와 선악을 알게 하는 나무도 아담 해와를 말합니다. 아담 해와의 비밀적인 사랑을 암시적으로 전부 다 그렇게 기록해 놓았는데, 그것을 모르고 있습니다. 그렇기 때문에 아담 해와가 타락하지 않고 성숙해서 부부를 이루었다면 만사는 다 끝나는 것입니다. 거기서부터 천국이 시작됩니다. 하나님이 사랑한 기반 위에서 천국이 벌어집니다. 그러나 타락함으로써 그 사랑한 기반이 없습니다.

12 남자가 왜 태어났느냐 하는 것이 문제인데, 남자 때문이 아니라 여자 때문에 태어났습니다. 남자에게 제일 중요한 것은 여자입니다. 여자도 자기 때문에 태어나지 않았습니다. 생존의 기원이 자기가 아니라 남자입니다. 여자가 여자로 태어나 갖고 있는 그 미모는 자기 것이 아닙니다. 가슴이 여자 것입니까? 큰 엉덩이가 여자 것입니까? 여자 때문에 그렇게 태어났습니까? 남자를 위해서 태어났습니다. 또 남자의 어깨가 큰 것은 으스대며 힘써서 폭력의 괴수가 되라고 그렇게 생겨난 것이 아니라 여자를 보호하기 위해서입니다. 그래서 여자는 엉덩이가 크고 남자는 어깨가 큽니다. 그렇게 되어야 균형을 이룹니다. 태어나기를 자기를 위해 태어나지 않았습니다. 자기를 위해서 태어

났다고 주장하게 될 때, 참된 사랑은 다 파탄되어 버립니다. 참사랑은 하나님으로부터 시작했습니다. 인류를 위해 계시는 하나님입니다. 하나님의 사랑은 주고 주고 주고도 잊어버리는 것입니다. 그것이 참사랑입니다.

13 생명의 근원지, 사랑의 근원지, 혈통의 근원지가 여러분의 생식기입니다. 그것을 뒤집어 박았기 때문에 제일 쌍소리가 된 것입니다. 그것이 그릇되지 않았으면 쌍소리가 아니라 왕소리입니다. 거룩한 소리입니다. 인간이 타락하지 않았으면 남자 여자의 생식기가 사랑의 왕궁입니다. 그것을 함부로 사용할 수 없습니다. 그리고 생명의 왕궁입니다. 거기서 생명이 생겨납니다. 또 혈통의 왕궁입니다. 거기에서 내 생명이 혈통을 이어받아 태어나는 것입니다. 내 생명의 근원지요, 내 혈통의 근원지요, 내 사랑의 근원지입니다.

14 우리 기관 중에 제일 귀한 것이 뭐냐? 사랑의 근본도 여기서, 생명의 근본도 여기서, 후대 인류의 혈통적인 모든 것도 여기서 연결됩니다. 구조적으로 볼 때 가장 귀하게 모든 신경계와 규합돼 있는 것이 생식기관입니다. 그러니까 참된 사랑을 원하는 사람은 생식기관을 지킬 줄 알아야 됩니다. 생식기관을 범하게 되면 자기 조상을 침범하는 것이요, 하나님을 침범하는 것이요, 생명의 근원을 침범하는 것이요, 혈통과 사랑, 모든 것을 침범하는 죄가 되는 것입니다. 그것은 인류를 유린하는 것이요, 역사시대의 모든 인간을 유린하는 것이요, 모든 이상적 사랑을 파탄시켜 놓는 것입니다.

15 남자 여자의 피와 살이 어디서 화동하느냐? 이것이 부부관계에서 이루어집니다. 남자 여자가 이렇게 눈만 보고서 피가 섞어지는 것이 아닙니다. 부부생활, 부부관계에서 섞어지는 것입니다. 부부관계를 하는 곳이 생명의 원천지입니다. 남자 여자의 생명의 피가 딴 데서 섞어지는 것이 아닙니다. 단 한 곳밖에 없는데 부부가 사랑하는 관계에서 섞어진다는 말입니다. 그다음에는 혈통이 연결되는 것도 그 자리입니다. 생명의 결합, 생명의 유착도 그곳이요, 혈통의 기원도 그곳이요, 사랑의 결착도 거기서 이뤄집니다. 사랑이 하나되는 그 점밖에 없습니다.

책임분담과 이상상대

16 사람이 복 받는 길은 어떠한 길이냐? 정상적인 원리원칙을 따라서 하나님의 최고 걸작품인 사람을 사랑하는 길입니다. 그러면 사랑의 순서가 있는데 어디서부터인가? 자식부터

가 아니라 부모한테 사랑받는 데서부터 시작합니다. 그리고 제일 꽃다운 시기, 꽃이 활짝 피는 청춘시대가 언제냐 하면 사춘기입니다. 그 시기가 바로 18세부터 24세까지 7년간입니다. 이 7년간은 일생에 둘도 없는 사랑의 꽃이 필 시기입니다. 한 번밖에 없는 꽃다운 이 시절이 얼마나 귀하냐는 것입니다. 함박꽃은 그 꽃봉오리가 색다른 노란 꽃송이로 쉽게 헤칠 수 없도록 꽁꽁 싸여 있습니다. 남자나 여자도 이와 마찬가지입니다. 여러분의 붉은 사랑, 노란 꽃과 같은 그 사랑의 봉오리를 어느 때에 활짝 피울 것이냐? 천지의 조화 가운데 아름다움이 가장 잘 드러나는 때가 그 시기입니다. 인간으로 볼 때에도 최고로 피는 때입니다. 하나님의 걸작품이 되어 제일 중심의 결정으로서 반짝이는 기간입니다. 자라면서 제일 꽃다운 시절, 제일 아름다운 시절이 청춘시대입니다.

17 사랑은 원형을 그리며 나갑니다. 점점 작아지는 것이 아니라 점점 커 가야 됩니다. 사랑은 더 커 가야 하기 때문에 개인적 사랑보다도 가정적 사랑을 추구합니다. 그러기 위해서는 내 가정만 가지고는 안 됩니다. 종족이 필요합니다. 종족이 필요하기 때문에 나선형으로 확대운동을 하면서 발전하는 작용을 합니다. 통일교회에서는 '개인은 가정을 위해서'라고 하는데 나라는 세계를 위해서, 세계는 천주를 위해서, 천주는 하나님을 위해서, 하나님은 사랑을 위해서 생겨났습니다. 그렇기 때문에 이 땅의 모든 존재들은 사랑에 흡수되려고 합니다. 사람도 남편하고 부인 둘이 살게 될 때 남편이 잘 사랑했는데, 남편에게 부부의 사랑보다 더 강한 사랑이 있다면 남편은 그 사랑에 달라붙는다는 것입니다. 부처끼리 사는 사람도 세계를 중심삼고 전부 품을 수 있는 사랑의 세계가 있다는 것을 알게 될 때는 가정을 버리고 떠나는 것입니다. 그것이 나쁜 것이 아닙니다. 그 큰 사랑을 따라 나서는 사람들이 하나님 편에 더 가까이 가기 때문에 그것을 선이라고 하는 것입니다.

18 하나님은 아담과 해와가 완전히 성숙하기를 바랐습니다. 이것은 밤송이와 마찬가지입니다. 6월이나 7월쯤이면 밤송이의 크기는 수확할 때의 크기와 같습니다. 그런데 이때 그것을 까 보면 알이 없습니다. 밤알의 형은 다 있는데, 먹을 수 있는 알이 아직 생기지 않았습니다. 그와 마찬가지입니다. 아직 알이 안 생겼습니다. 성숙해야 알이 생기므로 하나님은 알이 생길 때까지 기다렸습니다. 아담 해와가 성숙하면 우주의 중심이

됩니다. 존재하는 모든 것이 우주의 중심 자리에 서게 된다는 것입니다. 그래서 17, 18세 이상으로 자랄 때까지 하나님은 기다렸습니다. 하나님은 아담 해와를 성숙한 사람으로 만든 것이 아니라 자연의 법도에 따라 어린아이로 지었습니다. 아담 해와가 그렇게 성장해서 하나님과 하나되어 사랑했다면 오늘날 인류는 비참하게 되지 않았습니다.

19 하나님의 사랑 이상 귀한 것이 없기 때문에, 하나님의 사랑만 갖게 되면 우주는 내 것입니다. 하나님의 것이자 내 것입니다. 여자가 가진 그 사랑의 기관은 남자의 것이요, 남자가 갖고 있는 그 사랑의 기관은 여자의 것입니다. 네 몸이 내 몸이고, 내 몸이 네 몸이라는 말이 그래서 성립되는 것입니다. 그렇게 엇바뀌어 있습니다. 남자에게 있다고 해서 남자가 주인이 아니요, 여자에게 있다고 해서 여자가 주인이 아닙니다. 그러니 함부로 썼다가는 큰일 납니다. 그것은 절대적입니다. 그렇기 때문에 통일교회에서는 연애를 못하게 합니다. 첫정을 자기 남편에게 주어야 합니다. 아담 해와도 마찬가지입니다. 그래서 첫사랑이 귀합니다. 첫사랑은 하나님이 인도합니다. 하나님이 첫사랑의 다리를 타고 지옥과 천국을 연결시키는 것입니다. 이렇게 되면 지옥이 없어집니다.

20 책임분담이 중요한 줄 알아야 됩니다. 책임분담에 대해서 하나님이 아담에게 선생님같이 이렇게 설명해 주었으면 아담이 타락을 안 했을 것입니다. '책임분담, 이 녀석아! 이래서 따먹지 말라고 그랬어. 책임분담, 책임분담!'이라고 하면서 밤이나 낮이나 언제든지 책임분담을 외쳤더라면 타락하지 않았을 것입니다. 여자들은 허우대 좋은 남편을 얻어야 되겠다고 생각합니다. 남편이 허우대가 좋고 키가 좀 멀쑥하고 그래야지, 쩨쩨하거나 키가 작으면 안 되겠다고 생각한다는 것입니다. 그래서 선생님은 그런 여자에게는 제일 키가 작은 남편을 얻어 줘야 되겠다고 생각합니다. 그것이 탕감복귀입니다. 그리고 키 작은 사람이 키 큰 여자를 한번 얻어 봐야 한을 푸는 것입니다. 홀쭉이가 뚱뚱한 남자를 얻어야 한을 푸는 것입니다.

21 춘하추동으로 계절이 다른 것과 마찬가지로 사람도 다 다릅니다. 태어날 때 여름절기에 난 사람이 있고, 가을절기에 난 사람이 있고, 겨울절기에 난 사람이 있고, 봄절기에 난 사람이 있습니다. 봄절기에 난 사람은 여름을 통해야 되고, 겨울절기에 난 사람은 봄절기를 따라가야 됩니다.

가는 방향이 다릅니다. 지구가 도니까 방향이 달라진다는 것입니다. 하나는 올라가는 운세로 가야 되고, 하나는 내려가는 운세로 가야 됩니다. 그런데 내려가는 운세로 가는 사람이 내려가는 사람을 만나면 둘 다 악살박살 나는 것입니다. 사고가 나서 둘 다 죽든가 하는 일이 벌어집니다. 그러므로 내려갈 수 있는 운세이면 힘 안 들이고 올라갈 수 있는 운세를 타야 남습니다. 그러므로 그런 남자는 될 수 있으면 밀고 올라갈 수 있는 여자를 얻어야 됩니다.

22 여러분은 태어난 천성이 무슨 절기에 부합됐느냐? 내려가는 절기냐 올라가는 절기냐, 아니면 건너가는 절기냐 상대형이냐 반대형이냐? 전부 다르다는 것입니다. 그것을 처음에는 맞춰 가야 됩니다. 맞추는 데에 몇 개월로는 안 됩니다. 3년 동안은 맞춰야 됩니다. 그런 운명길을 개척해야 할 길이 남아 있다는 것입니다. 여러분이 결혼한다고 다 되는 것이 아닙니다. 결혼이 참 문제입니다. 결혼을 잘해야 됩니다. 길거리에서 만나서 좋아 보인다고 결혼하면 오래 못 갑니다. 처녀 총각의 눈에는 전부 여름이니까 푸르게 보입니다. 푸른 나무인데, 아름다운 열매가 있고 까막까치가 날아들고 있으니 좋아 보입니다. 그런데 그 열매가 무슨 열매인지 압니까? 소나무는 소나무끼리 접붙여야 됩니다. 분과가 있고 분과의 경계선이 있는 것입니다.

23 완전한 플러스가 있으면 완전한 마이너스는 나타나게 되어 있습니다. 완전한 마이너스가 나타나지 않더라도 완전한 플러스가 없어지는 법은 없습니다. 그렇게 된다면 완전한 플러스 입장에 있는 하나님 자체도 마이너스가 없게 될 때는 없어져야 된다는 결론이 나옵니다. 그렇기 때문에 완전한 플러스는 완전한 마이너스를 창조해 냅니다. 이런 점에서 볼 때, 하나님이 해와를 아담의 갈비뼈를 빼서 만들었다는 것은 아담의 본을 떠서 만들었다는 말입니다. 완전한 플러스가 있으면 완전한 마이너스는 자연히 생겨나기 때문에, 아담이 완전한 플러스라면 완전한 마이너스인 해와는 아담을 통해서 태어났다는 말이 됩니다. 이것이 천지이치입니다. 이렇게 알고 보면 하나님은 참 과학자입니다.

24 하나님이 완전한 남자를 지은 것은 그 완전한 남자를 위해서가 아닙니다. 그러니까 완전한 플러스는 완전한 플러스를 위해 지은 것이 아니라 완전한 마이너스를 위해서 만들었습니다. 완전한 마이너스인 여자를 위해서 만들었습니다. 근원적인 하

나님이 절대적인 주체자라면 하나님은 절대적인 대상을 만들어야 합니다. 다시 말해서 하나님이 완전한 플러스인 절대적 주체자라면 완전한 마이너스의 대상을 창조해야 됩니다. 그렇기 때문에 완전한 플러스는 없어지는 것이 아니라 완전한 마이너스를 만들어 냅니다. 완전한 인격자는 가만히 있더라도 그 환경의 모든 양심적인 존재들이 그 주변에 모여서 그를 닮으려고 합니다. 마찬가지입니다. 그 주체자 앞에 대상권을 확보하기 위해서 모든 존재물, 모든 원소세계, 모든 물질세계는 움직입니다. 보다 가치 있고 보다 차원 높은 단계로 올라가기 위해서입니다. 모든 원소들은 한 단계 올라가 높은 단계의 보다 원만하고 보다 이상적인 자기를 추구하게 됩니다.

25 내가 완전한 주체가 되느냐, 완전한 상대가 되느냐 하는 것이 결정되어야 완전한 이상상대가 나오는 것입니다. 그러므로 선결 문제는 어떻게 나 자신이 완성하느냐 하는 것입니다. 여러분이 사춘기가 되면 이성에 대해서 사랑하려고 하는데, 그보다 부모님을 더 사랑했다는 조건을 세워야 됩니다. '효자 효녀다.' 이렇게 되어야 하나님과 사랑의 관계를 맺을 수 있습니다. 이것이 천리원칙이요 창조원칙입니다. 이상상대를 생각하기 전에 먼저 자기 스스로가 부모 앞에 효자가 되어야 하고, 부모가 효자로 공인할 수 있는 사랑의 인연을 가져야 됩니다. 그러려면 부모와 하나되어야 합니다. 효도를 하려면 형제들끼리도 하나되어야 합니다. 가정에 있어서 누구든지 참 모범이라고 할 수 있는 얘기들이 나와야 됩니다. 그것이 끝난 후에 이상상대가 시작되는 것입니다.

26 하나님은 사람을 볼 때에 마음을 꿰뚫어보고 그다음엔 과거를 보고 현재를 토대로 미래를 봅니다. 젊은이들, 나이 어린 여러분은 앞으로 그런 면을 중요시해야 됩니다. 얼굴을 보고 사람을 택하지 말고 그 사람의 마음이 어떠냐, 그 사람의 과거와 생활을 중심삼고 미래는 어떠냐, 이런 면을 보고 택할 줄 알아야 됩니다. 얼굴은 창구와 마찬가지입니다. 이 얼굴을 보면 네 가지밖에 안 봅니다. 얼굴은 못생겼어도 품행을 단정히 하고 후덕한 마음을 가지라는 것입니다. 하나님은 세계를 전부 뒤져서 사람을 찾는다면 어떤 사람을 찾으려고 하겠습니까? 세계만한 사람입니다. 그러나 과연 그런 사람이 있다고 한다면, 눈도 세계만하고 손도 세계만하면 어디 가든지 환영하는 사람이 하나도 없을 것입니다. 마음을 크게 가질 때 조화가 되는 것입니다. 얼굴보다는

덕망 높은 마음을 지니고 살아야 됩니다. 그렇다면 여러분은 미래에 얼굴이 좋은 아내를 맞겠습니까, 마음이 좋은 아내를 맞겠습니까? 마음이 좋은 사람을 맞아야 합니다.

참된 결혼은 창조이상을 이루는 것

27 결혼은 창조이상을 완성하기 위해서, 즉 창조목적을 이루기 위해서 합니다. 창조목적은 아담의 목적이기 이전에 하나님의 목적입니다. 그러니 아담이 기뻐하기 전에 하나님이 기뻐해야 됩니다. 이렇게 볼 때 결혼은 하나님 때문에 하는 것입니다. 다시 말하면 하나님의 창조목적이라는 뜻 때문에 하는 것입니다. 뜻은 창조이상을 완성하는 것입니다. 창조이상은 자신을 중심삼고 이루어지는 것이 아닙니다. 모든 심정이 주체적인 하나님과 일체가 되어 그가 동하면 내가 동하고 그가 정하면 나도 정하여 심정적 일치점을 이룸으로써 안팎이 하나되어야 합니다. 이와 같이 하나님 앞에 화할 수 있는 기준을 세우지 않으면 창조목적을 이룰 수 없습니다. 여러분이 창조목적을 완성한 아담이 되고 해와가 되려면 결혼을 해야 되는데, 이 결혼을 하나님 때문에 하는 것이요 하나님의 뜻 때문에 하는 것입니다.

28 내가 태어난 것은 사랑 때문입니다. 우주의 근본은 참사랑입니다. 남자나 여자나 마찬가지입니다. 남자와 여자가 왜 결혼합니까? 결혼하는 것은 하나님을 점령하기 위해서입니다. 횡적으로 먼저 이동하는 것이 아닙니다. 종적인 사랑, 수직적인 사랑이 먼저입니다. 하나님이 직단거리로 90각도를 세워 수직이 된 거기에 90각도로 맞게 되면 그것으로 끝나는 것입니다. 그렇게 되면 여러분의 몸 마음은 언제나 영원히 싸우지 않습니다. 화합하게 됩니다.

29 남자 여자가 결혼을 사랑 때문에 합니다. 왜 사랑 때문에 결혼해야 되느냐? 하나님을 만나기 위해서입니다. 남자 여자가 어디에 가서 만나야 되느냐? 수직적인 우주의 중심, 부자관계의 인연을 통해서 자라 오던 그 종적 기준에 가서 이마를 맞대야 됩니다. 여자가 한 발짝 빨리 와도 안 되고, 남자가 한 발짝 빨리 와도 안 됩니다. 같이 와서 서로 붙들고 딱 하게 되면 도는 것입니다. 사랑하는 사람을 만나서 춤을 추게 될 때 버티고 서 있습니까, 돕니까? 잡아당기게 되면 돌아가는 것입니다. 돌아가면 수평선에서 올라갑니다. 운동을 빨리 하면 올라갑니다.

30 타락한 세상에서는 사랑이란 것이 위험합니다. 에덴동산에서는 아

담 해와밖에 없었습니다. 여자는 해와밖에 없었습니다. 그러나 여기 타락한 세상에는 여자가 얼마든지 있습니다. 그러니 그 여자들이 밤낮없이 남자들을 꼬여 넘기려고 야단하고 있습니다. 그러니까 남자들이 자기 입장을 지켜 나가기가 얼마나 어렵겠습니까? 여자들도 마찬가지입니다. 결혼한 다음에는 남자는 다른 여자를 만나지 말아야 됩니다. 결혼하고 난 다음에는 부부가 꼭 붙어 다니라는 것입니다. 타락한 것은 관리를 잘못했기 때문입니다. 그 아내가 남편 관리를 잘못했기 때문이고, 남편이 아내를 잘못 관리했기 때문입니다. 또 자기만의 남편이요 자기만을 절대시할 수 있도록 교육을 못했기 때문입니다. 그렇게 가까운 사랑을 못했다는 것입니다.

31 가정에 아들딸이 없으면, 부부끼리만 있으면 횡적 기준은 세우지만 종적 기준은 세울 수 없습니다. 그래서 결혼한 모든 부부는 아들딸을 바랍니다. 천리 운행법도의 힘이 작용해서 그렇게 바라는 것입니다. 왜 시집가면 힘든데도 아기 낳기를 바라느냐? 왜 그렇게 고생하면서도 아기를 낳아야 되느냐는 것입니다. 자기 생명을 희생해서라도 남편을 사랑해야 되고, 자기 생명을 희생해서라도 아들딸을 사랑해야 된다는 것을 몰랐습니다. 그것은 우주의 중심 되는 하나님의 사랑에 접하기 위한 것이요, 하나님의 사랑에 접함으로써 만사에 다 승리하고 만사가 형통하기 때문에 그 사랑 때문에 그런다는 사실을 알아야 됩니다. 그것은 여러분에 의해 만들어진 것도 아니고 여러분이 원한 것도 아니지만, 본래 창조하신 하나님의 창조원칙이 그러한 프로그램으로 되어 있기 때문입니다.

4절 참사랑의 인생길

1 인간은 하나님의 아들딸이 되는 것이 최고의 소원입니다. 왜냐하면 부모와 제일 가까운 자리는 부자관계이기 때문입니다. 나라는 사람은 부모의 사랑과 생명이 집중된 자리, 부모의 이상을 대신한 자리에 태어났습니다. 그런데 사랑이나 이상이란 말은 혼자를 두고 하는 말이 아닙니다. 생명도 혼자 독단적으로 나오는 것이 아니라 연결된 입장에서 나오는 것입니다. 그러므로 하나님이 사람을 만드실 때 하나님의 참사랑과 생명 그리고 이상의 대상으로 지으셨습니다. 이것이 놀랍고 위대한 것입니다. 내가 없으면 부모의 사랑은 나타날 수 없습니다. 부모의 사랑과 생명, 그리고 이상은 나와 더불어 상관되어 있습니다. 나는 부모의 사랑과 생명, 그리고 이상의 결실체입니다. 그렇기 때문에 아들의 자리는 최고의 가

치 있는 자리입니다. 하나님과 인류는 부자관계입니다.

참된 부모와 부부의 길

2 하나님의 아들의 특권이란 그분은 내 것이요, 그분이 갖고 있는 모든 것도 내 것이라는 것입니다. 하나님의 사랑·생명·이상까지도 내 것입니다. 이런 놀랍고 위대한 본연의 가치를 인간은 다시 회복해야 됩니다. 그러므로 하나님이 주체적인 참사랑이고 영생하신다면, 그 참사랑의 상대도 영생해야 됩니다. 하나님의 참사랑과 하나되면 하나님이 내가 되는 것입니다. 타락하지 않은 아담 해와의 몸은 하나님이 거하실 수 있었던 집입니다. 아담 해와가 하나님을 마음의 중심으로 삼고 참사랑으로 영원히 통일된 사랑체와 생명체 그리고 혈통체가 되었더라면, 오늘날 우리 마음과 몸이 싸우지 않을 것입니다.

3 왜 하나님이 세상을 창조했느냐고 할 때, 하나님은 '사랑 때문에!'라고 하십니다. 사랑 때문입니다. 그 사랑은 어떤 유형의 사랑이냐? 몽땅 내 사랑을 바라는데, 여러분도 '사랑' 하면 '몽땅 내 사랑'이라는 말을 하지요? 노래는 들어 봤지만 사랑은 모르지요? 생각만 해도 신비롭고, 동그랗다면 동그랗고 길다면 길다는 것입니다. 그런데 여자 혼자서 그 사랑을 찾을 수 있습니까? 보기 싫고 짓궂은 더벅머리 총각 궁둥이를 따라가지 않으면 안 됩니다.

4 '몽땅 내 사랑' 하는데 '몽땅 내 사랑' 가운데에는 다 들어가 있습니다. 거기에는 남편 사랑도 들어가 있고, 어머니 사랑도 들어가 있고, 아들 사랑도 들어가 있고, 하나님의 사랑도 들어가 있습니다. 그렇기 때문에 사랑 하나만이 이 전부를 넣고도 견뎌낼 수 있지, 사랑이 아닌 보자기로는 넣고 견뎌낼 수 없습니다. 부모가 자식을 사랑하는 마음을 가지고 있으면 세상의 모든 것을 다 주고 싶은 것입니다. 주고 주고 주고도 또 주고 싶은 것입니다. 사랑이 그렇게 큽니다. 사랑의 마음은 무한입니다. 무한히 통하고, 무한히 크고, 무한한 가치의 내용을 갖고 있습니다. 그렇기 때문에 사랑을 지닌 사람은 우주를 지닌 것이 된다, 사랑을 지닌 사람은 모든 행복이 거기에 있는 것이다, 사랑을 지닌 사람은 모든 면에 승자가 되는 것이다, 이런 결론이 나옵니다. 인생살이를 아무리 훌륭하게 하더라도 이 사랑을 지니고 사랑에 대한 승리자가 못 되면 인생의 패자가 된다는 결론이 나옵니다.

5 여자로 태어나서 평생의 꽃이 필 수 있고 생명의 씨가 연결될 수 있는

낭군이 찾아오는데 '어서 오소. 어서 오소. 이 모든 꽃은 당신의 꽃이오. 몽땅 당신이 소화하소. 먹든, 자르든, 때리든 다 좋소.'라고 하며 웃음꽃이 피려고 하는 미녀의 모습으로 '천년만년 행복할지어다!'라고 기도하는 것이 얼마나 멋집니까? 첫사랑의 인연을 중심삼고 꽁꽁꽁꽁 다져지고 묶어진 밧줄을 풀지 못하기 때문에 싸우고도, 다리가 부러져도 그 밧줄을 다시 붙드는 것입니다. 이러면서 사는 부부가 위대하다는 것입니다. 그래서 싸움하지 않고 서로서로가 사랑하고 그러면 얼마나 더 위대하겠는가를 생각할 때, 그 싸움하는 부부가 있기 때문에 그것을 교재로 삼아서 싸움하지 않는 부부가 행복하다는 것을 아는 것입니다. 불행한 사람이 있는 것을 볼 때 행복한 것을 아는 것입니다. 평등합니다.

6 사랑은 모든 것을 채웁니다. 기울어진 것을 채울 수 있습니다. 진정 사랑하는 여인이 병이 났다고 해서 병신이라고 할 수 없습니다. 그것을 밉게 보려야 밉게 볼 수 없습니다. 첫사랑은 함부로 아무에게나 줄 수 없습니다. 함부로 인연맺을 수 없습니다. 하늘땅이 공인한 가운데, 이 우주가 공인한 가운데 인연맺어야 합니다. 그렇기 때문에 주인의 승낙이 없으면, 여자가 자기 마음대로 못하고 남자가 자기 마음대로 못합니다. 시집을 왜 가려고 하느냐? 주인을 찾아 모시려고 시집가는 것입니다. 천국이 사랑 가운데 있습니다. 예수님도 '천국이 네 마음 가운데 있다.'라고 했는데, 그것은 네 깊은 마음속에 사랑이 있다는 것입니다. 그렇기 때문에 남편이 진정 아내를 사랑하듯 그 사랑을 가지고 모든 인간을 사랑하게 되면 어디 가든지 통과합니다.

7 여러분 가정에서 둘이 갈 길은 확실합니다. 누가 잘했느냐 잘못했느냐 하는 문제보다 하나님을 더 사랑하기 위해 앞장서는 데는 이의가 없습니다. 따라가야 됩니다. 아무리 남편이라도 그 남편이 말을 안 들으면 발길로 차 버리고, 안 따라오면 그냥 가야 됩니다. 그러지 않으면 둘 다 망하고, 따라오는 자식까지 망하게 합니다. 첫째로 환경에 습관화되어서는 안 되고, 둘째로는 사랑을 중심삼은 전진적인 발전을 해 나가야 됩니다. 아내는 남편을 위해야 되고 남편은 아내를 위해야 됩니다. 그러면 부부는 하나님을 위한 것이니 그 뜻 가운데는 하나님이 찾을 수 있는 종족이 필요하고, 민족이 필요하고, 국가가 필요하고, 세계가 필요하다는 것입니다. 하늘나라의 영계를 해방할 수 있는 해방권, 지옥을 해방해야 할 해방권이 남아 있습니다.

8 하나님이 인간을 지을 때 남자를 더 사랑했겠습니까, 여자를 더 사랑했겠습니까? 여자를 더 사랑했습니다. 남자는 하나님의 집입니다. 그래서 남자는 성숙해서 사춘기가 되면 천하를 호령하고 싶고, 우주를 돌면서 만사에서 일등이 되고 싶어합니다. 남자는 그런 욕망이 더 큽니다. 그런데 여자는 그렇지 않습니다. 여자는 '내가 세계 전체에서 일등 되겠다.'라는 생각을 안 합니다. 한 방향밖에 없습니다. 어떤 곳에 가서 고이 잠들고 싶고, 고이 기대고 싶은 성격이 있습니다. 언제 뚫고 나가고 싶다는, 이런 모진 투쟁을 하겠다는 기질이 없습니다. 그저 사랑받으면서 살고 싶고 기대어 살고 싶어하는 것입니다. 그래서 어디 가서 끼여 살고 싶고, 달려서 살고 싶고, 그다음엔 걸려 살고 싶은 것입니다. 여자는 하나님이 맨 나중에 지은 걸작품입니다. 그리고 남자보다 더 사랑받을 수 있는 자리에 있습니다.

9 예술을 하는 것은 생활화하기 위해서 한다고 생각하면 됩니다. 자녀 교육에 있어서 예술적인 교육을 시켜야 된다는 말입니다. 남편에 대해서 예술적인 감정을 갖고 후대할 줄도 알고 감싸줄 줄도 알아야 됩니다. 그것이 더 멋진 예술입니다. 예술을 함으로써 가정에 사랑을 미화시킬 수 있고 승화시킬 수 있습니다. 그것이 예술의 더욱 보람 있는 가치라고 생각합니다. 가정이 나쁜 것이 아닙니다. 여자는 암만 해도 가정에 들어가야 됩니다. 그래서 시집가야 됩니다.

10 부부생활에 있어서 밤이나 낮이나 남편의 참사랑의 손이 쓰다듬어 주는 경우 언제라도 아내는 백퍼센트 환영을 합니다. 여자로서 제일 부끄러운 것이 뭐냐? 젖가슴을 드러내 보이는 것을 부끄러워하지요? 남자도 마찬가지입니다. 생식기를 감추는 것입니다. 부부끼리 있는 데서 그것을 서로 감추면 어떻게 됩니까? 제일 은밀하게 보관하고 싶습니까? 그때는 제일 노골적으로 드러내고 싶은 것입니다. 처녀 때에는 남자가 만지면 큰일이지만, 결혼해서 남편이 만져 주면 그렇지 않다는 것입니다. 사랑하기 전에는 감추더라도 사랑하면 그렇지 않습니다. 그렇게 일심동체가 되는 것입니다.

참사랑을 찾아가는 인생길

11 인간이 태어난 것은 사랑의 세계를 여행하기 위해서입니다. 사랑의 우주를 여행하기 위해서 태어났습니다. 내가 어머니 아버지에게서 핏줄을 이어받게 될 때 어머니 아버지의 사랑 가운데 동참한 것입니다. 그래서 나면서부터 사랑받은 것입니다.

어머니 복중에서부터 어머니 아버지가 사랑한 것입니다. 10개월 동안 그저 만지고, 그리고 낳아서 또 사랑하고, 학교 들어갈 때까지, 대학교까지 기간에 부모의 사랑권 내에서 자라는 것입니다. 그 어머니 아버지는 자기 아들딸을 최고로 사랑하는데, 남과 같이 해주지 못하면 가슴이 아픈 것입니다. 이제 아들딸을 낳아 봐야 '우리 부모가 이랬겠구먼.' 하고 압니다. 그럼에도 불구하고 우리를 이렇게 버리고 돌아다닐 때 부모는 어떻게 편안한 잠을 잤으며, 언제 편안한 시간을 가졌겠습니까? 언제나 초조한 마음, 불안한 마음을 가졌을 것이라는 것을 여러분이 알고, 우리 부모가 훌륭하다는 것을 깨달아야 됩니다. 사랑입니다. 낳아 가지고 16세가 되면 철이 듭니다. 그러니까 18세 내지 20세가 되면 결혼합니다. 그래서 또 사랑입니다. 결혼하고 몇 년 동안 아들딸을 낳고 또 사랑입니다. 시집 장가를 보내게 되면 이제 손자 사랑을 하게 됩니다.

12 할아버지 할머니는 늙으면서 아들딸보다도 손자 손녀를 더 사랑합니다. 여러분도 할머니가 있는 사람은 어머니 아버지 사랑보다도 할머니 사랑을 많이 받지요? 할머니 소원이 뭐냐 하면 손자 손녀를 쓰다듬는 것입니다. 자기 집 가운데는 뭐가 있느냐 하면, 거기에는 옛날에 자기가 소년 때부터 청소년 때를 지낸 것과 같이 그런 형(形)이 다 있습니다. 그다음에는 장가가서 아들딸까지 다 있다는 것입니다. 자기 일생 걸어 나온 것을 재차 내가 실체로 볼 수 있는 환경이 벌어집니다. 할아버지가 되고 증조할아버지가 되면 동서남북을 다 갖추어서 수많은 자손들을 거느리고 있다는 것입니다. 그 자손들이 전부 사랑에 엉켜 있는 것입니다. 그것이 많으면 많을수록 복이라는 것입니다. 사랑에서 태어나 사랑에 의해 흘러나오게 돼 있습니다. 인생행로는 사랑길을 이어 가는 것입니다. 그렇기 때문에 사랑 때문에 태어났다는 인생임을 부정할 수가 없습니다.

13 우리는 자극적인 영화를 좋아합니다. 더 재미있고 더 자극적인 것에는 가지 말라고 해도 자꾸 마음이 끌립니다. 재미있고 자극적인 것에는 모든 것이 모입니다. 우주의 중심적인 변화무쌍한 자극적인 모체가 있다면 그 모체 앞에는 모든 만물이 모이게 되어 있습니다. 인간은 말할 것도 없습니다. 원소들도 전부 작용하고 있습니다. 작용을 하면서 높은 것과 합하려고 합니다. 그런 힘이 있기 때문에 우주 창조가 가능했습니다. 그 높은 데에서의 자극적인 길은 주고받음으로써 조화를 이루는 길입니다.

거기에서 자극을 느낄 수 있습니다. 원소면 원소 자체들로서 운동하고 있다는 자극을 느낄 수 있습니다. 이래서 더 차원 높은 데로 가려고 합니다. 그 자극은 모든 것을 완전 동화시킬 수 있는 힘이 있습니다. 그 힘은 하나님도 취해서 아뜩하게 할 수 있습니다. 하나님도 아뜩하길 바랍니다. 우리가 하나님을 닮았으니까 그럴 수 있습니다. 우리도 취해서 멍하고, 동서남북을 분간하지 못할 정도로 취합니다. 그 취한 맛은 어디에 비할 데가 없습니다. 그래서 취하려고 합니다.

14 아담 해와가 성숙하면 보이지 않지만 사랑의 주관을 받습니다. 그리고 종적인 꼭대기에 있는 하나님이 내려와서 횡적인 입장의 양쪽 끝에 있는 아담 해와의 중앙에 와서 떡 섭니다. 그렇게 종적 주체인 하나님이 횡적인 자리의 핵으로 있게 되면 아담 해와는 마이너스이므로 플러스인 하나님과 완전히 하나됩니다. 그런 다음에는 종적 핵인 하나님의 사랑을 중심삼고 제자리에서 올라갔다 내려갔다 하는 작용을 합니다. 하나님도 사랑하게 되면 가만히 있으면서 사랑하지 않습니다. 인간도 사랑하는 사람끼리 붙들고 키스를 할 때에는 눈을 감고 가만히 입만 맞추는 것이 아니라 비비고 빙빙 돌면서 요동합니다. 종적 사랑은 하나님의 사랑입니다. 우리가 평형적으로 불이 타면 그 몇 천 도 되는 핵의 자리에 하나님이 내려와 부딪칩니다.

15 부부가 사랑하는 것은 하나님을 심는 일입니다. 본래 부모는 본연의 하나님 자리를 대표하고, 여기서 남편과 아내는 서로 다른 한 쪽의 하나님이 됩니다. 그리고 아들딸은 또 하나의 작은 하나님입니다. 하나님은 참사랑의 본체이므로 참사랑과 연결되면 모두가 같은 몸이 됩니다. 부모는 하나님을 대신한 살아 있는 하나님이요, 부부도 하나님을 대신하고 자녀도 하나님을 대신합니다. 이렇게 3대가 참사랑을 중심삼고 하나님의 자리를 대신하는 것입니다. 그래서 부모, 부부, 그리고 자녀도 참사랑을 필요로 합니다. 이렇게 참사랑을 중심하고 이루어진 가정 조직이 천국의 기반입니다. 그런 기반을 이루지 않고는 천국이 이루어지지 않습니다. 이것이 공식입니다. 가정이란 모든 현실세계의 중심입니다.

16 가정 완성은 우주 완성의 기초가 되기 때문에 가정에서 사랑하는 것과 같이 우주를 사랑하면 어디든지 무사통과입니다. 이 경우 하나님은 전체 우주의 부모로서 사랑의 복합적인 중심의 자리에 계십니다. 참사랑을 중심삼고 남자와 여자가 하나되어 이상

적인 부부가 되고 가정을 이루면, 그들은 하나님을 대신하는 자리에 서게 되어 우주의 모든 것에 연결됩니다. 그렇게 될 때 하나님의 모든 것이 내 것이 됩니다. 그러면 얼마나 행복하겠습니까? 그러니까 우리 마음이 만물을 정복하고 싶어하는 것입니다. 남자와 여자가 합하여 가정·사회·국가, 그리고 세계를 이루는 것이기 때문에 그 남자 여자가 중심이 되어 이루는 가정은 종족의 모델이 되어야 하고, 종족은 국가의 모델이 되어야 합니다. 우리 가정이 가야 할 길이란 이상적 가정·종족·나라를 찾아가는 것입니다. 그러므로 이상적 나라가 나오기 위해서는 이상적 가정이 없어서는 안 됩니다.

17 우리는 사랑에 의해서 태어났고, 사랑에 의해서 살아야 되고, 사랑의 세계를 향해서 죽어야 됩니다. 죽음이 무서운 것이 아닙니다. 죽음은 시집가는 것과 같습니다. 이동하는 것입니다. 제한된 인간의 사랑, 벗어날 수 없는 사랑의 한계권에서 시공을 초월한 무한한 세계로 연장하는 것입니다. 무한한 세계로 도약하는 것입니다. 어머니 복중에 있으면서 어머니 배를 차면서도 답답한 줄 몰랐습니다. 그렇게 있으면서 그것이 제일인 줄 알았습니다. 그런데 보자기가 터져서 어머니 뱃속에서 나올 때 편안했겠습니까? 머리를 보게 되면 머리가 긴 수박 통처럼 되어서 나옵니다. 그것이 얼마나 힘들겠습니까? 하나님은 참 조화의 왕입니다. 머리가 단단한 돌 같으면 첫 아이 낳을 때 어머니가 얼마나 죽었다가 깨겠습니까? 그것이 쭉 수박 통같이 늘어나서 도수를 맞출 수 있게 되어 있기 때문에 출산이 가능한 것입니다.

18 영계와 우주가 합한 것을 천주라고 하는데, 참사랑을 중심삼고 이 천주가 하나로 통일되기를 원합니다. 천주를 통일할 수 있는 것, 전체 가정들을 이상화시켜서 하나로 만들 수 있는 것도 참사랑입니다. 인간이 지상에 사나 영원한 생활을 하는 영계에 들어가나 절대로 필요한 것은 참사랑일 수밖에 없습니다. 참사랑은 인간이나 영계뿐만 아니라 전부가 좋아합니다. 그렇기 때문에 참사랑을 가진 사람은 동물이나 식물들도 좋아하여 그를 주인으로 맞으려고 하고, 어떠한 존재든지 참사랑을 중심삼은 사람과 하나되려고 합니다. 피조세계의 모든 존재들은 참사랑을 지니고 사는 남자나 여자 앞에 가까워지려고 노력하고, 그와 더불어 살고 그에 의해 주관받는 것을 이상으로 여깁니다. 그러므로 이 세상에서 제일 귀한 것은 참사랑을 가진 남자와 여자, 즉 참된 사람입니다.

제5편

참가정

제5편 참가정

| 차 례 |

제1장 하나님의 뜻으로 본 참가정

1절 가정이란 무엇인가

1 가정이라는 말을 보면, 이 '가정(家庭)'의 '정' 자는 '뜰 정(庭)' 자입니다. 뜰에는 가지각색의 예쁜 꽃들이 많이 피듯이 가정에도 형제가 있고 부모가 있습니다. 가정은 서로가 기뻐하고 즐거워하고 노래 부르고 춤출 수 있는 곳이 되어야 합니다. 거기에서 서로 싸움을 한다면 그 뜰은 황무지가 됩니다. 식물은 좋은 음악을 들으면 잘 자라지만 나쁜 음악을 들으면 제대로 자라지 못합니다. 가정도 마찬가지입니다. 사랑이 깃들어 있는 노랫가락을 듣고 자라면 멋지게 살 수 있습니다. 그 멋지게 살 수 있는 그 무엇을 가진 마음이 사랑입니다.

2 가정에는 반드시 부모가 있어야 되고, 부부가 있어야 되고, 자녀가 있어야 합니다. 이뿐만 아니라 주위에는 친척도 있어야 합니다. 가정에는 할아버지 할머니, 어머니 아버지, 자기 부부, 아들딸이 다 들어가 있습니다. 여기에서 무엇을 중심삼고 하나되느냐 하면 말을 중심삼고 하나되는 것이 아닙니다. 돈을 중심삼고 하나되는 것이 아닙니다. 밥 먹고사는 것을 중심삼고 하나되는 것이 아닙니다. 한집에 사는 식구라고 해서 다 하나되는 것이 아닙니다. 거기의 높고 낮음을 극복하고 넘어서서 정을 중심삼고 하나되어야 합니다. 사랑을 중심삼고 하나되어야 합니다. 가정은 어머니 아버지의 사랑, 부부의 사랑, 형제의 사랑, 이뿐만 아니라 할아버지 할머니의 사랑과 손자 손녀의 사랑을 중심삼고 종횡·좌우 전체가 화합하는 것입니다. 정이 핵이 되어서 전체가 일원화되어 움직이는 하나의 연체적 기반입니다. 가정은 정을 중심삼고 이루어집니다.

3 집에는 할아버지 할머니가 계시고, 어머니 아버지가 계시고, 남편 아내가 있고, 아들딸이 있습니다. 그러면 집이 왜 좋으냐? 거기는 할아버지의 최고의 사랑이 있고, 할머니의 최고의 사랑이 있고, 어머니 아버지의 최고의 사랑이 있고, 부부의 최고의 사랑이 있고, 형제들의 최고의 사랑이 있는 곳입니다. 최고의 사랑을 좋아하는 것이 인간의 본성이요 본질이기 때문에 불가피적으로 가정으로 돌아가지 않으면 안 됩니다. 할아버지 할머니는 하늘나라를 대표한 하늘나라의 특사로 와 있고, 아버지 어머니는 가정의 중심으로서 세계 나라의 왕으로 임재한 것입니다. 과거의 아

버지 어머니가 할아버지 할머니이고, 현재의 아버지 어머니가 우리 아버지 어머니이고, 미래의 아버지 어머니가 우리 부부입니다. 이 3대가 하나됨으로써 천상세계의 과거시대를 묶을 수 있고, 현실세계의 가정을 넘은 이 지구성의 역사적 사랑권을 묶을 수 있고, 미래에 있어서 천리와 더불어 통할 수 있고, 만민이 하나될 수 있는, 유토피아 가정과 묶을 수 있는 그런 핵심적인 결합체가 우리 가정입니다.

4 과거·현재·미래가 연결되는 최소한의 기준이 가정입니다. 가정은 세계의 축소체와 같습니다. 거기에서는 과거와 현재와 미래가 연결됩니다. 가정에는 할아버지와 아버지와 아들이 공존합니다. 아버지가 할아버지 입장에 올라가게 되면 자기가 아버지 입장에 올라가서 아들딸을 갖게 됩니다. 할아버지로부터 아버지, 자기 3대가 하나되어야 합니다. 즉 과거·현재·미래의 세 인연이 하나되어야 합니다. 그러한 가정은 세상이 아무리 요동한다 해도 요동하는 사회의 침범을 받지 않고 행복의 터전을 가질 수 있습니다.

5 가정에는 할아버지 할머니, 아버지 어머니, 자기 부부, 아들딸의 4단계가 있습니다. 이와 같은 것을 확장해 놓은 것이 세계입니다. 세계의 자기 아버지 어머니와 같은 연령의 사람들, 자기 남편과 아내와 같은 동년배, 자기 아들딸과 같은 사람들을 사랑해야 됩니다. 가정에서 부모의 사랑을 중심삼고 하나된 것과 마찬가지로 세계 모든 인류를 그와 같은 기준에서 자기 할아버지 할머니, 자기 아버지 어머니, 자기 부부, 자기 아들딸과 같이 사랑해야 됩니다. 하나님이 사랑의 상대를 만들기 위해서 보다 투입한 것과 마찬가지로 자기 가정보다 더 사랑해야 됩니다.

6 할아버지 할머니, 어머니 아버지, 자기 부부, 아들딸을 동서남북으로 확대한 것이 우주입니다. 가정은 모든 사랑을 통일한 하나의 이상적 모델이기 때문에 교과서와 마찬가지입니다. 여기에 적용되는 사랑의 모든 이념을 세상으로 확대시켜야 합니다. 자기 할아버지 할머니 연령의 사람을 대해서 인종을 초월하여 자기 할아버지 할머니와 같이 존경할 줄 알아야 하고, 온 세계의 자기 어머니 아버지 연령 되는 사람을 대해서 사랑을 중심삼고 가정에서 자기 어머니 아버지를 사랑하듯이 사랑을 할 수 있어야 합니다. 그런 사람이 천국을 소유할 수 있는 사람입니다. 이 천하의, 천국의 판도를 상속받을 수 있는 사람입니다. 또 남편과 아내가 서로

사랑하듯이 세상의 남자 여자를 사랑하는 마음을 세계적으로 평준화시키고, 자녀들 연령의 사랑을 세계적으로 평준화시켜야 합니다. 그리하여 가정이 하나의 교과서가 된 그 교육방법을 세계 전체 앞에 타당하게 적용하는 사람은 하나님의 사랑의 왕자 왕녀가 됩니다.

7 하나님이 원인자이시니 원인 된 그분을 중심삼은 대표자로서 이 땅 위의 우리 집에 사는 분이 할아버지 할머니요, 그 할아버지 할머니의 전통을 받아서 나와 피 살이 통하고 생명과 사랑과 혈육이 직결돼 있는 분이 어머니 아버지요, 또 나와 더불어 직접 핏줄을 같이 나눈 것이 형제입니다. 참된 사랑, 참된 생명, 참된 혈육을 통해서 연결돼 있는 일족이 가정입니다. 그 사랑은 동서남북 어디를 가든지, 전후좌우 어디를 가든지 변할 수 없는 하나의 핵심적인 통일된 사랑임에 틀림없습니다.

8 가정에서의 일상생활은 정분합작용을 구현합니다. 즉 아침에 서로의 일을 위해 헤어질 때도 기쁨으로 헤어지고, 저녁에 다시 만날 때도 기쁨으로 만나야 합니다. 또 가정에 돌아와서는 그날 있었던 일을 아내와 자녀들에게 이야기하고 의논하여 잘못된 것은 고치도록 해야 됩니다. 가정 전체를 사랑으로 연결시키고 웃음으로 연결시켜야 합니다. 자식들이 '우리 아빠 좋아! 우리 엄마 좋아! 엄마와 아빠가 서로 좋아하는 것을 보니 참 좋아!'라며 자랑할 수 있는 가정이 자식들의 안식의 보금자리입니다. 다른 어느 곳을 가고 싶지 않을 만큼 영원한 기쁨의 터전이 되고, 자랑의 터전이 될 수 있는 부부가 되어야 합니다.

9 여러분은 왜 사랑을 좋아합니까? 좋아하지 않으려야 않을 수 없게 되어 있기 때문입니다. 어머니 아버지가 서로서로 사랑하는 힘이 개체를 위하는 힘보다 강할수록 더 이상적인 것입니다. 어머니 아버지를 완전히 하나로 얽어매는 그것은 사랑의 밧줄입니다. 쇠로 만든 줄은 시간이 지나면 녹이 슬어 끊어지지만 사랑의 밧줄은 영원합니다. 부모와 자식 사이는 밥으로도 돈으로도 얽어맬 수 없습니다. 오직 부자관계의 사랑으로만 얽어맬 수 있습니다. 형제끼리 하나되는 것도 사랑으로만 가능한 것입니다.

10 가정을 두고 볼 때 집이 좋고 그 주위환경이 좋다고 해서 좋은 것이 아닙니다. 반대로 아무리 환경이 나쁘고 집이 초라하더라도 그것을 안식처로 삼고, 거기에 자기 사연과 생애

와 생활의 모든 기준을 인연맺고자 하는 가정이 좋은 가정입니다. 거기에는 부모와 자식 간에 서로 위해 주는 심정이 있습니다. 이것이 추억의 본향이요, 모든 생활의 동기가 되기 때문에 우리 생활에서 행복을 좌우하는 기초가 됩니다. 그것은 왜 그러냐? 부모와 자식 간에는 그 누구도 침범할 수 없는 단 하나의 사랑의 인연과 단 한 번밖에 없는 혈통적인 사랑의 인연이 있기 때문입니다. 거기에는 부모와 형제의 사랑이 동기가 되어 있기 때문에 우리의 생활에 그리움의 대상으로 연결되는 것입니다.

2절 창조본연의 가정

1 창세기 1장 27절을 보게 되면 '하나님의 형상대로 사람을 창조하시되 남자와 여자를 창조하시고'라고 되어 있습니다. 하나님은 어떤 분이냐? 하나님 속에 주체와 대상이 있어야 합니다. 모든 씨는 근원을 닮습니다. 하나님이 우주의 근본적인 원인이시기 때문에 그 원인 되시는 하나님의 형상을 닮아서 모든 씨가 맺히게 됩니다. 씨를 보면, 무슨 씨든지 두 쪽이 한 꺼풀에 씌워져 있습니다. 그것은 하나님이 그렇게 생겼다는 뜻입니다. 그것에 플러스와 마이너스의 성격이 있어서 생명의 근원이 연결되어 있습니다. 그처럼 하나님이 자신의 형상을 상대적으로 지으셨는데, 주체적인 형상이 아담이요 상대적인 형상이 해와였습니다. 왜 그것을 갈라놓으셨느냐? 그것은 남자와 여자를 별개로서 완성시키기 위함이었습니다.

창조본연의 이상가정

2 남자가 완성되고 여자가 완성되면 그 둘이 주체와 대상으로 서로 합하는 것입니다. 그들이 서로 합하기 전에는 하나님의 아들딸로서 사랑을 받았습니다. 그렇게 사랑을 받아서 장성한 다음에는 하나가 되어야 합니다. 서로 만나서 부부가 되는데, 그것이 가정의 기원이 됩니다. 그 둘이 합하니까 누구를 닮았느냐 하면 주체가 되시는 하나님을 닮았습니다. 그래서 하나님과 똑같은 하나님의 대상이 됩니다. 그러면 주체가 하던 일을 대상도 할 수 있다는 것입니다. 여기에서 강한 사랑의 힘으로 하나님처럼 주체대상관계를 맺을 수 있는 자리로 가기 때문에 새로운 생명이 생겨나는 것입니다. 하나님이 사람을 창조하던 것과 마찬가지로 인간도 사랑의 힘을 통해서 아들딸을 낳을 수 있습니다. 하나님의 사랑, 하나님과 동등한 위치와 하나님의 창조의 능력을 갖출 뿐만 아니라 천지만물을 짓고 사랑하던 그 재미, 그 묘미까지 느끼게 해주기 위해서 아들딸을 사랑하는 마음이 우리에게

있는 것입니다. 결국 하나님한테 있는 자녀의 사랑, 부부의 사랑, 그리고 부모의 사랑까지 우리가 몽땅 인계받아야 합니다. 이것이 인간에게 있어서 행복의 원천입니다.

3우리가 살고 있는 세계는 본래 하나님이 이상 하던 세계가 아닙니다. 수많은 종교는 인간의 뜻을 따르는 것이 아니라 하나님의 뜻, 신의 뜻을 찾아 나섭니다. 하나님의 뜻이 무엇이냐? 이것이 확실하지 않고는 뜻 성사의 길을 찾을 수 없습니다. 하나님의 뜻은 하나님의 창조이상을 완성하는 것입니다. 하나님의 창조이상을 이루는 것입니다. 하나님의 창조이상이 무엇이냐? 하나님께서 만물을 창조하고 나서 인간을 창조했습니다. 결국은 인간조상 아담 해와를 중심삼고 만물을 주관하고, 이뿐만 아니라 하나님의 사랑의 가정을 이루는 것입니다. 통일교회에서는 이 기준을 '사위기대 완성'이라고 정의를 내리고 있습니다.

4하나님의 뜻은 창조이상을 완성하는 것인데, 구체적으로 말하면 사위기대를 완성하는 것입니다. 사위기대는 완성한 아담과 완성한 해와가 하나님의 사랑 가운데 축복을 받아, 그분의 아들딸이 됨과 동시에 하나님이 원하는 부부가 되고, 그다음엔 하나님이 원하는 가정을 이루기 위해서는 자녀가 있어야 되기 때문에 자녀를 완성시키는 것입니다. 결론적으로 말하면 창조이상세계는 하나님의 사랑을 중심삼고 하나님과 아들딸인 아담 해와가 하나되고, 그다음에는 하나님의 사랑을 중심삼고 아담 해와가 부모가 되어 자녀와 하나된 하나의 사랑의 이상적 가정입니다.

5하나님의 뜻은 하나님이 이 우주를 만든 창조이상, 즉 창조목적을 완성하는 것입니다. 창조할 때는 반드시 목적을 가지고 창조하셨습니다. 그렇기 때문에 그 목적을 이루는 것입니다. 그 목적의 중심은 아담과 해와였습니다. 통일교회에서는 하나님의 창조이상을 완성하는 것이 하나님의 창조목적이라고 합니다. 그 창조목적은 아담과 해와를 중심삼은 이상을 실현하는 것이고, 그 이상 실현은 바로 사위기대를 이루는 것이라고 합니다. 하나님을 중심삼고 아담과 해와가 완전히 일체가 되어 하나님의 사랑권에서 벗어나려야 벗어날 수 없는, 위로는 하나님을 아버지로 모시고 아래로는 땅 위에서 인류조상의 입장에 서서 결합된 하나의 사랑의 기점을 이어 나갈 수 있었던 가정이 중심이었습니다. 아담이 해와를 대하는 자리는 하나님이 창조하던 아담이상, 해와이상을 완성하기 위한 하나의 일체이념을 이룰 수 있는 사랑의 결합 자리입니다. 아담 해와가 그런 사랑으로 하나된 부부로서 자녀를 낳아 그 자녀와 부모가 하나될 수 있는 사랑을 이뤄 하나님의 사랑을 중심삼고 뜻이 이루어졌더라면 아담 문화권이 형성됐을 것입니다.

6 하나님의 창조목적 완성은 하나님의 사랑을 중심삼고 사위기대를 완성하는 것입니다. 사위기대는 참된 자녀와 참된 부부와 참된 부모, 곧 하나님을 중심한 아담과 해와, 그리고 자녀를 말합니다. 사위기대가 완성되면 삼대상목적이 완성됩니다. 하나님을 중심삼고 보면, 아담에게 가는 사랑의 길이 있고, 해와에게 가는 사랑의 길이 있고, 그리고 자녀에게 가는 사랑의 길이 있습니다. 이 사랑이 하나의 결실을 맺는 것입니다. 자녀로서 결실을 맺는 것입니다. 그렇기 때문에 자녀는 부모, 즉 어머니 아버지의 사랑의 결실이요, 그다음엔 하나님의 사랑의 결실입니다. 참된 자녀를 가졌다는 것은 우주 전체의 사랑을 대할 수 있는 자리에 비로소 내가 서게 됐다는 것입니다.

7 인간조상을 중심한 하나님의 이상은 이상적인 남자와 이상적인 여자가 이상적인 가정을 이루는 것이었습니다. 이상적인 가정을 이루는 중심은 남자도 아니고 여자도 아닙니다. 가정은 결국 부모와 자녀의 모임입니다. 또 부부는 남자 여자의 하나의 묶음을 말합니다. 그 묶음의 중심이 하나님의 사랑입니다. 따라서 하나님의 뜻의 완성은 하나님의 사랑을 중심삼은 부부, 하나님의 사랑을 중심삼은 가정 완성을 말하는 것입니다.

8 하나님이 아담과 해와를 지어 놓은 것은 그냥 보기 위한 것이 아니었습니다. 남자와 여자를 만든 것은, 남자는 남자대로 여자는 여자대로 늙어 죽게 하기 위해서가 아니었습니다. 이들이 장성하여 서로 이성에 대한 상대적인 심정을 통하여 하나님을 중심한 인류의 참된 지상천국을 건설하게 하기 위함이었습니다. 하나님을 중심한 사랑의 보금자리를 만들도록 하기 위함이었습니다. 여기에서 남성인 아담은 하늘을 대표하고, 여성인 해와는 땅을 대표합니다. 그러므로 그들은 둘이지만 그들이 횡적으로 하나되면 하늘과 땅이 통일되는 것입니다. 하나님의 사랑을 중심하고 두 사람이 통일하고 나면 천주는 자동적으로 통일이 됩니다.

9 통일교회에서 가르쳐 주는 내용의 핵심은 간단합니다. 하나님이 기뻐하실 수 있는 이상가정의 편성입니다. 하나님의 속성을 보면 원리의 내

용인 형상과 성상, 음양의 속성이 있는데 그 속성은 하나님의 사랑을 중심삼고 연결되어 있습니다. 사랑이라는 속성이 전 속성의 주류입니다. 그 사랑은 속성 가운데 절대성을 가지고 있습니다. 유일·불변·영원성을 가지고 있습니다. 그러므로 하나님의 사랑에 의해서 묶어진 부부는 절대부부·유일부부·불변부부, 그리고 영원부부입니다. 그 아들딸도 마찬가지입니다. 그렇게 하나님의 참사랑에 연결된 3대 가정권을 편성하는 것이 이상입니다. 그러한 가정에서는 부모로서도 절대부모·유일부모·불변부모·영원부모이고, 부부와 아들딸도 모두 그렇습니다. 그런 절대·유일·불변·영원한 결속체가 하나님이 이상적으로 생각하시는 가정입니다. 그 가정에는 하나님이 임재하십니다. 그러한 가정이 종족·민족·국가·세계와 천주까지 확대되면 지상천국과 천상천국이 됩니다. 그 가운데 부모, 스승, 그리고 왕으로 계시는 분이 하나님입니다.

하나님을 모시고 살아가는 이상기지

10 하나님의 이성성상의 실체는 아담과 해와였습니다. 하나님의 마음 가운데는 사랑의 최고 이상으로서 자녀 완성애(愛)의 이상, 형제 완성애의 이상, 부부 완성애의 이상, 그리고 부모 완성애의 이상 이외에 아무것도 없습니다. 보이지 않는 영적 세계와 보이는 실체세계도 하나님의 이성성상으로부터 갈라져 나왔습니다. 자녀의 심정, 형제의 심정, 부부의 심정, 그리고 부모의 심정을 완성하는 것이 하나님이 바라는 최고의 목적입니다. 그것들이 실체적으로 완성되면 하나님이 거기에 꼭 맞게끔 내려오십니다. 자녀의 사랑과 형제의 사랑뿐만 아니라 모든 사랑이 한 점으로 결착하는 것이 부부의 사랑입니다. 그래서 남자와 여자가 결혼한 첫날밤에 사랑의 일체권이 생기는 것입니다. 동서남북을 통하는 그 일체권이 생겨날 경우에는 하나님과 완전히 하나되어 최고의 기쁨이 생깁니다. 아담과 해와가 완성함으로써 하나님이 창조의 기쁨을 얻을 수 있는 것과 마찬가지입니다.

11 아담과 해와가 타락하지 않았으면 하늘의 왕궁이 어디서부터 생겨났겠습니까? 하늘과 땅이 하나되는 곳에서부터 생겨났을 것입니다. 그러면 왜 아담과 해와를 갈라놓았느냐? 그것은 아담과 해와가 성숙할 때까지의 기간이 필요했기 때문입니다. 그 둘이 횡적으로 성숙해야 되었습니다. 그렇게 성숙해서 하나의 완성 형태를 이룰 수 있는 단계까지 들어가야 했습니다. 그래야 거기에 종적인 하나님이 들어와 통일할 수 있습니

다. 횡적인 아담과 해와가 성숙해서 하나되는 그 자리에 종적인 하나님이 들어옴으로써 참사랑의 집이, 아담과 해와의 가정이 된다는 것입니다. 하나님이 거처할 수 있는 참사랑의 집이 아담과 해와의 가정이었습니다. 아담과 해와의 가정이 하나님이 거하는 곳입니다.

12 아담과 해와는 하나님께서 축복하신 소망을 마음에 품고 살아야 했습니다. 하나님이 따먹지 말라고 하신 말씀을 아담과 해와가 믿고 따를 때 하나님의 뜻을 이룰 수 있는 1남1녀로서 하나의 가정이 출발할 수 있었습니다. 이것이 원칙으로 되어 있습니다. 그렇기 때문에 인간은 반드시 소망을 가진 사람이 되지 않으면 안 됩니다. 그다음에 우리가 소망을 가지고 영원한 관계를 맺고 인연을 맺으려면 믿음의 과정을 통해야 됩니다. 따라서 이 소망이 이루어지고 믿음이 이루어지는 날, 비로소 우리는 하나님의 사랑을 받을 수 있습니다. 이것이 원칙입니다.

13 하나님은 어린아이에 대한 사랑의 주체, 남자와 여자에 대한 사랑의 주체, 남편과 아내에 대한 사랑의 주체, 아버지와 어머니에 대한 사랑의 주체, 그리고 할아버지와 할머니에 대한 사랑의 주체입니다. 그와 같은 단위 기준을 중심삼고 가정을 볼 때, 가정은 최고의 사랑을 중심한 자리이기 때문에 타락하지 않은 아담과 해와가 사랑을 중심삼고 완성했다면 그들은 하나님의 맏아들과 맏딸이 되었을 것입니다. 또 그 가정은 사랑의 보금자리가 되었을 것입니다.

14 아담이 완성함으로써 해와도 완성하고, 그 아담 해와가 완성함으로써 사랑을 중심삼은 가정의 출발을 보는 것입니다. 그렇게 되었으면 완성된 가정으로부터 종족·민족·국가·세계는 하나님을 모신 하나의 나라가 되고 민족이 되었을 것임에 틀림없습니다. 그러면 거기의 중심은 하나님과 아담 해와가 되었을 것입니다. 그렇게 그 중심이 하나님이 됨으로써 생활이라든지 아담과 해와의 일생노정은 하나님과 더불어 생활하는 역사적 전통으로 남았을 것입니다. 그러면 생활방식이라든가 습관이라든가 풍습이라든가 역사적 전통은 하나님과 더불어 사는 생활, 하나님의 사랑으로 엮어진 전통이 아닐 수 없습니다.

15 인류시조 아담과 해와가 타락하지 않고 가정을 이루었다면, 그 가정을 이룬 날이 하나님의 창조이상을 완성하는 날이요, 하나님의 기쁨의 날이 되었을 것입니다. 이뿐만 아니

라 비로소 지상에서 하나님과 인간의 사랑이 맺어지는 날이 되었을 것입니다. 또 그날은 아담과 해와가 참부모로서 출발하는 날이 되었을 것이고, 인간만이 기쁨을 누리는 것이 아니라 만물까지도 기쁨을 누리는 날이 되었을 것입니다.

16 아담 가정은 하나님의 이상과 일치된 참사랑의 가정을 이루어야 했습니다. 아담 해와, 인간조상은 하나님의 무형의 성품을 실체적으로 완성하여 하나님의 뜻과 사랑을 우주에 전해 주는 기대 속에 창조되었습니다. 아담 해와와 그 자녀들은 온 인류가 따를 수 있는 근본원리를 생활 속에서 확립했을 것입니다. 아담 해와의 후손들은 마음과 몸을 하나로 완성하여 하나님과 하나된 개인, 그리고 부부가 하나된 가정, 또 자녀들과 더불어 하나된 가정을 이루어 자유와 평화, 행복과 희망이 온 지상에 가득한 안정된 기반을 이루었을 것입니다. 그 전형은 가정이나 국가에 머물지 않고 세계와 전 우주에 퍼지는 것이 하나님의 이상이었습니다. 참가정에서 이루어진 천국 모형이 국가 전체로 확대되고, 국가권의 천국이 세계로 확대되고, 세계권의 천국이 전 천주로 확대되는 것입니다.

17 하나님의 왕자와 왕녀가 되면 하나님과 부자관계가 되어서 하나님의 전체를 상속받을 수 있습니다. 그러한 자녀가 참사랑을 중심삼고 부부일체를 완성하면 하나님을 모시고 사는 가정이 되는 것이요, 그 가정은 평화와 이상의 기지가 됩니다. 반쪽 되는 남자와 여자는 일체가 되어 하나님의 상대로서 신의 이상애를 완성하게 됩니다. 하나님과 아담 가정을 중심삼고 보면 하나님은 1대, 아담은 2대, 아담의 자녀는 3대가 될 것이었습니다. 하나님은 조부모의 자리요, 아담 해와는 부모의 자리요, 자녀는 아들딸의 자리입니다. 이 3대가 한 가정에 안착하게 되므로 할아버지 할머니는 천상천국의 하나님 자리이며 지상세계·천상세계의 왕과 왕후의 자리요, 부모는 지상천국을 대표하는 왕과 왕후의 자리요, 자녀는 미래를 대표하는 천상천국과 지상천국을 상속하는 왕자와 왕녀의 자리입니다.

3절 가정은 참사랑의 훈련장

1 하나님의 사랑은 부모의 사랑, 부부의 사랑, 그리고 자녀의 사랑의 세 사랑이 합한 자리에 나타납니다. 이것들이 절대적으로 합한 자리에는 하나님이 절대적으로 영원히 같이하십니다. 변치 않는 부모의 사랑, 변치 않는 부부의 사랑, 그리고 변치 않는 자녀의 사랑, 이 세 사랑이 존재하는 곳에는 언제나 하나님이 계십니다.

통일교회 사위기대 이론이 이러한 기반에서 나왔습니다.

가정은 참사랑의 정착지

2 이상적인 사랑은 가정에서 이루어집니다. 그러나 하나님은 참다운 아들딸을 갖지 못했습니다. 참다운 부부를 갖지 못했고, 부모가 되지 못했습니다. 이러한 것을 이루려는 것이 하나님의 뜻입니다. 그 뜻이 이루어지는 곳이라야 사랑이 머무를 수 있습니다. 이러한 사랑이 이루어지는 곳에는 사람들이 세상의 모든 것을 버리고 찾아옵니다. 가장 중요한 것은 사랑입니다.

3 여러분은 '하나님은 사랑이심이라.'라는 말을 알고 있을 것입니다. 그 사랑이 어디에 나타나야 하느냐? 모든 사람들은 자기에게 나타나기를 바랍니다. 그런데 그 사랑이 한 사람에게 나타난다면 개인에게서 끝나 버리는 것입니다. 남자면 남자, 여자면 여자에게만 나타난다면 1세기만 지나면 다 거두어져서 끝나 버립니다. 다시 말하면 한 사람이 그 사랑을 옮겨 놓지 못하고 죽어 버리면 1대에 끝나는 사랑밖에 될 수 없다는 것입니다. 그러면 어떻게 영원한 혈통적인 사랑의 기준을 세울 것이냐? 한 남자와 여자에게 나타난 하나님의 사랑으로 이루어진 가정에서 혈연관계를 맺은 자녀에게 그 사랑을 심어 줄 수 있다면 영원한 사랑이 인간에게 나타나는 것입니다. 즉 무형의 하나님의 사랑이 실체로 현현할 수 있는 기점이 나타난다는 것입니다. 하나님의 사랑을 이룰 수 있는 기반은 결국 가정이라는 것입니다.

4 아담은 해와를 위하여, 해와는 아담을 위하여 있습니다. 그리고 아담과 해와는 가정을 위하여 있습니다. 사랑을 중심삼고 그렇습니다. 이와 같은 하나의 모델, 훈련장을 만들어 그것을 재현하기 위한 것이, 느끼고 체험한 사실을 횡적으로 확대시키는 것이 국가 형성이요 세계 형성이요 천국 형성입니다.

5 종적인 3대와 횡적인 3대를 중심삼고 살아야 합니다. 한 집안에서 3대가 연결되어 살아야 한다는 것입니다. 종적으로도, 횡적으로도 3대가 연결되어야 합니다. 아들딸의 상대를 찾을 때는 할아버지와 할머니가 있고, 아버지와 어머니가 있고, 그리고 아들딸이 있는 원만한 가정에서 상대를 찾아야 합니다. 남자가 아내를 얻더라도 그러한 가정에서 얻어야 합니다. 그래야 남편도 원만하다는 것입니다. 그래야 낮은 것도 알고, 높은 것도 알고, 전후좌우를 다 잴 줄 아는 원숙한 남편과 아내가 됩니다. 그런

원만한 구형의 심정권을 서로 훈련하는 것입니다. 그러한 사랑의 훈련을, 심정의 훈련을 하는 것입니다.

6 여러분이 안팎으로 서로서로가 사랑할 수 있는 가정의 인연이 되어야 합니다. 가정에서의 사랑은 나라의 사랑을 축소시킨 것이요, 세계의 사랑을 축소시킨 것입니다. 그러므로 가정에서 여러분이 심정적인 훈련을 받아서 본질적으로 여러분에 있어서 생활화되고, 하나님의 뜻을 이루겠다는 간절한 심정에 동화되어 그 마음을 종족에 적용할 뿐만 아니라 국가적으로도 적용해야 됩니다.

7 먼저 내가 부모를 누구보다도 더 사랑해야 되고, 형제를 누구보다도 더 사랑해야 됩니다. 가정을 가졌으면 서로서로 최고로 사랑해야 됩니다. 그리하여 꽃 중의 꽃이요, 향기 중에서도 제일의 방향을 가진 향기로서, 우주를 대표한 가치의 결실이 거기에서 맺어질 것을 그리워하면서, 서로서로가 하나로 결집되는 그 인연이 공고화되어야 합니다. 그래야만 거기에서 완전한 씨가 발아되는 것입니다. 생명의 기원도 그러한 사랑에서부터, 존재 가치의 기원도 그런 내재적인 사랑을 기반으로 한 데서부터 시작됩니다. 인격적인 가치는 상대를 중심삼고 결정됩니다.

8 열매라는 것은 일년 열두 달 동안 풍상을 겪은 모든 요소들이 압축되어서 결실됩니다. 그러면 사랑의 결실은 어떻게 되어야 하느냐? 그것을 몰랐기 때문에 오늘날 세상이 요사스러운 세상이 되어 버렸습니다. 가정 파탄이 벌어진 것입니다. 부모가 적당히 필요한 것이 아닙니다. 사랑을 중심삼고 볼 때 절대적으로 필요한 것입니다. 자식도 적당히 필요한 것이 아닙니다. 절대적으로 필요합니다. 아내와 남편도 적당히 필요한 것이 아니라 절대적으로 필요합니다. 형제도 절대적으로 필요합니다. 그 사람들이 서로의 사랑을 연단하는 곳이 가정이고 그 사랑을 실현하는 장(場)이 천국입니다.

9 통일교회는 하나님이 인간의 가정 안에서 사람과 더불어 가장 기쁘게 살기를 바라신다고 합니다. 우리가 사랑을 주고받는 것을 배우는 곳도, 조화의 기쁨을 창출하고 육성하고 체휼하는 곳도 바로 가정인데, 이것이 신앙의 핵심입니다. 가정적인 사랑의 양육 없이는 유아기와 청년기를 통하여 어떤 사람도 그의 배우자나 자녀를 사랑하는 능력을 계발하지 못하는 것입니다.

10 사랑을 우주에 적응시키기 위해서는 가정이 절대적으로 필요합니

다. 가정에서 부모를 사랑할 줄 알아야 부모와 같은 연령의 사람들을 사랑할 수 있고, 가정에서 할아버지와 할머니를 사랑해 보아야 그러한 연령의 사람들을 사랑할 수 있습니다. 그다음에 시누이를 사랑해 보아야 시누이와 같은 사람들을 사랑할 수 있고, 시동생과 시아주버니를 사랑할 수 있어야 시동생과 시아주버니 같은 사람들을 사랑할 수 있습니다. 그래야 전 세계 인류를 사랑할 수 있다는 것입니다.

11참사랑의 이상적 훈련을 어디서 시키느냐? 참사랑의 이상적 기틀의 훈련도장이 어디냐 하면 가정입니다. 우리 아버지는 어디서 왔습니까? 하늘나라에서, 큰 세계에서 왔다고 생각해야 됩니다. 하늘나라에서 왔다고 생각해야 된다는 것입니다. 그다음에는 '세계에서 왔다.', '나라에서 왔다. 나라의 어떠한 종족을 통해서 왔다. 그렇게 해서 내 아버지로 나타났다.'라는 관념을 가지라는 것입니다. 어머니에 대해서도 마찬가지입니다. 어머니는 어디서 왔습니까? '우리 어머니는 하늘나라의 대표다. 우리 어머니는 세계의 대표다. 우리 어머니는 나라의 대표다. 우리 어머니는 종족의 대표다. 그래서 우리 집에 파송되어 왔다.'라고 생각하라는 것입니다.

12가정은 인간이 천국에 들어갈 수 있는 사랑의 수련소요 교재입니다. 거기에는 할아버지와 할머니, 아버지와 어머니, 부부, 그리고 형제자매들이 있습니다. 그 할아버지와 할머니, 아버지와 어머니, 남편과 아내, 그리고 아들딸의 관계가 확대된 것이 세계 인류입니다. 인류를 할아버지나 할머니처럼 사랑하고, 아버지나 어머니처럼 사랑하고, 남편이나 아내처럼 사랑하고, 아들딸처럼 위해 줄 수 있는 가정만이 천국을 상속받을 수 있습니다. 하나님이 지으신 하늘과 땅의 모든 권세를 상속받을 수 있는 특권이 거기에 있습니다. 세상에서도 옛날 사대부의 가정에 아무리 층층시하가 있더라도 그 집안에서 보다 수고하고, 보다 위하고, 보다 가정을 사랑한 사람이 상속자가 되었습니다. 마찬가지 이치입니다. 그것이 사랑의 특권입니다. 무한하고 영원하신 하나님이라 하더라도 하나님과 사랑의 관계를 맺게 될 때는 즉각적으로 동위권과 동참권을 갖게 됩니다. 이뿐만 아니라 우주의 상속권을 이어받을 수 있습니다.

13부부간에 서로가 횡적인 사랑을 찾지 않고는 하나님의 종적인 사랑도 찾을 길이 없습니다. 인간시조가 타락하지 않았다면 천국은 가정에서부터 시작되었을 것입니다. 가정을 확대한 것이 세계 인류이기 때문입니다. 그러므로 가정은 천국 들어가게 하는 사랑의 수련소입니다. 하나님의 사랑을 소유한 사람만이 하늘땅의 권세를 상속받을 수 있는 특권을 얻게 됩니다. 생명이 먼저냐, 사랑이 먼저냐 할 때 사랑이 먼저입니다. 가정에서도 부모의 사랑에 의해서 자녀가 태어납니다. 그렇기 때문에 자녀는 부모의 사랑에 동참한 자리에서 생명을 이어받을 수 있는 특권을 갖게 됩니다. 사랑의 관계를 맺으면 대등한 자리, 동위급에 설 수 있습니다.

14 가정에 할아버지와 할머니, 아버지와 어머니, 자기 부부, 그리고 아들딸이 있습니다. 이것을 확대하면 나라가 되고 세계가 됩니다. 이것을 종횡으로 엮어서 한데 모아 놓은 것이 가정입니다. 그렇기 때문에 3대가 사는 집은 세계를 축소시킨 것입니다. 세계를 보면 할아버지나 할머니, 아버지나 어머니, 남편이나 아내, 그리고 아들딸과 같은 사람들이 살고 있습니다. 그러므로 이러한 가정은 세계 만민과 화합할 수 있는 하나의 공동적인 훈련소입니다. 세계와 심정적인 유대를 묶어서 초국가적이고 초인종적으로 화합하고 화동할 수 있는 상대 주체의 권한을 이루기 위한 훈련장입니다. 사랑을 중심삼고 훈련하는 것입니다.

가정을 중심삼은 삼대상사랑

15 하나님은 사랑의 하나님입니다. 그 하나님의 사랑이 인간 가운데 부모의 사랑으로 나타나고, 부부의 사랑으로 나타나고, 그리고 자녀의 사랑으로 나타납니다. 아무리 잘난 사람이라고 하더라도 남자는 여자를 찾아가게 마련이고, 여자는 남자를 찾아가게 마련입니다. 그래 가지고는 자녀를 낳아야 됩니다.

16 하나님의 뜻은 창조목적 완성이고, 창조목적 완성은 사랑을 중심삼고 합니다. 그 사랑은 어떻게 완성되느냐? 다시 말해서 사랑을 중심삼은 창조목적 완성은 어떻게 되느냐? 그것은 사위기대 완성입니다. 그래서 원리 책에서 창조목적 완성을 사위기대 완성이라고 했습니다. 그러면 사위기대 완성은 뭐냐? 아버지의 사랑은 어머니의 사랑이고 어머니의 사랑은 아버지의 사랑이요, 부모의 사랑은 자식의 사랑이고 자식의 사랑은 부모의 사랑이요 형제의 사랑입니다. 전부가 하나입니다. 사랑은 어디든지 통합니다. 종으로 보게 되면 3단계로 되어 있지만, 평면적인 기준에서는 서로가 하나로 통일됩니다. 그곳이 어디냐? 부모입니다. 부모가 중심입니다. 그렇기 때문에 부모의 사랑을 중심삼고 남자 여자의 사랑이 하나되고, 그다음에는 하나

님의 사랑이 하나됩니다.

17 완전한 부부의 사랑이 이루어지면 하나의 구형과 같이 사방이 둥그렇게 됩니다. 행복과 만족은 사랑의 요소를 접하는 데에서만 가능합니다. 사랑을 빼놓으면 모든 것이 끝납니다. 통일원리에서는 창조목적 완성은 사위기대 완성인데, 아버지와 어머니 둘만 완성되어 가지고는 안 된다고 합니다. 그 아버지와 어머니가 하나되어 하나님의 사랑이 임재함과 동시에 그 하나님의 사랑이 부모를 통해서 자식에까지 갈 수 있게끔 절대적으로 사랑해야 된다는 것입니다. '내가 이 자식을 키워야 늙어 죽을 때 편안하다.'라는 사랑이 아닙니다. 하늘로부터 시작된 출발 궤도가 가정을 통해서 앞으로 종착점을 향할 아들딸 앞에 틀림없이 같은 궤도로서 사랑의 보따리가 옮겨질 수 있도록 해야 할 책임이 있습니다. 그러려면 아들딸한테 하나님을 섬기는 것을 가르쳐 줘야 되고, 하나님을 사랑하는 것을 보여 줘야 됩니다. 아내는 남편과 아들딸을 사랑하는 것을 보여 줘야 되고, 남편은 아내와 아들딸을 사랑하는 것을 보여 줘야 됩니다. 그것을 통일교회에서는 삼대상사랑의 완성이라고 합니다.

18 사랑은 자기로부터 오는 법이 없습니다. 사랑이란 상대로부터 오는 것입니다. 상대가 없게 될 때는 사랑이 올 수 없습니다. 하나님도 우리 인간을 중심삼고 보면 상대적입니다. 남자한테 여자도 상대적이요, 또 부모한테 자식도 상대적입니다. 사랑이라는 것은 상대가 없이는 이루어지지 않는 것입니다. 그것을 통일교회에서는 삼대상사랑이라고 합니다. 삼대상사랑을 체휼하지 못한 사람은 하나님의 사랑을 체험했다는 자리에 설 수 없습니다. '하나님이 아담과 해와를 만들어 놓고 좋아하셨듯이 나도 아들딸을 낳아 놓고 그만큼 기뻐하자!'라는 것이 통일원리의 가르침입니다. 아담과 해와를 지어 놓으시고 '이제부터 세계를 주관하겠구나. 우리 집이 세계의 중심가정이 되겠구나. 어서 커라, 어서 커라!'라며 희망을 갖고 보호 육성하는 가운데서 기쁨과 만족을 느끼며 그들이 자라서 결혼하는 것이 하나님의 소망이었습니다. 이와 마찬가지로 아버지와 어머니는 아들딸을 잘 길러서 훌륭한 상대를 골라 좋은 부부를 맺어 주어야 되겠다고 생각하는 것입니다. 좋은 부부를 맺어 주면 그 집이 흥하는 것입니다.

19 본래 아담이 완성되고 해와가 완성되어 부부를 이루었더라면 그 부부를 중심삼고 사랑이 성립되었을 것이

고, 그다음에는 그 사랑 가운데서 아들딸이 태어났을 것입니다. 그렇게 보면 부부의 사랑이 이루어지기 전에는 형제의 사랑권 내에 있다가 점점점 개인이 완성되고, 그다음에는 부부의 사랑을 중심삼고 부모의 사랑으로 발전해 나가는 것입니다. 개인은 형제의 사랑에서부터 부부의 사랑을 거쳐 자녀의 사랑까지 체험할 수 있는 길을 통해서 비로소 하나님 앞에 완전한 아들딸로 완성되는 것입니다. 본래 하나님을 중심삼고 아담과 해와가 형제로서 부부가 되어 자녀까지 낳아서 완성되었더라면 어디로 더 갈 데가 없습니다. 이 이상의 것이 있을 수 없다는 것입니다. 아담과 해와가 비로소 완성하여 부부로서 아들딸을 낳아 완성한 부모로서 그 아들딸을 사랑했다고 할 수 있는 자리를 이루고 하나님이 그와 같은 전체를 사랑함으로써 창조의 모든 사랑이 출발할 수 있었던 것입니다.

20 누구든지 자랄 때는 남자나 여자, 오빠나 동생으로서 한 집에서 자라지만 생리적으로 볼 때 모든 생활이 다릅니다. 남자들은 개척적이고 거칠지만, 여자들은 다소곳하고 얌전합니다. 여자들은 앉아서 사랑을 받으려고 하고 울타리 안에서만 살려고 합니다. 그러니까 그 둘이 합해야 됩니다. 그래서 부모의 심정권을 중심삼고 자녀의 심정권, 형제의 심정권 위에 남편과 아내의 심정권이 폭발합니다.

21 형제와 같이 사랑하고, 형제로서 서로 사랑하는 상대가 되어 부부의 사랑을 이루게 되면 서로 떨어지려야 떨어질 수 없습니다. 그렇게 되면 부모의 심정이 결실되고, 형제의 심정이 결실되고, 그리고 남자와 여자의 심정이 완성되어 하나님의 창조이상인 사랑을 중심삼고 하나될 수 있도록 직행하는 것입니다. 사랑의 길은 직단거리를 통하기 때문에 직선입니다. 곡선으로는 안 갑니다. 그 둘이 어디에 가서 부딪치느냐 하면 수직에 가서 부딪칩니다. 남자가 한 발짝 가면, 여자도 한 발짝 가서 결국 떨어지고 싶지 않으니까 부딪치게 됩니다. 사랑하는 데 있어서 남자는 여자한테 지고 싶지 않고, 여자도 남자한테 지고 싶지 않으니까 대등한 입장이 됩니다. 가정에는 사랑의 핵이 있습니다. 여기에 부모의 사랑이 맺어져 있고, 형제의 사랑이 맺어져 있고, 그리고 부부의 사랑이 맺어져 있습니다.

22 사랑이 전체의 기준에 부합될 수 있는 근본이기 때문에 상대성을 띠는 남편이나 아내가 없으면 하나님 앞에 완전한 존재로, 완성된 합격품으로 설 수 없습니다. 부모가 없어도 마찬가지요, 자식이 없어도 마찬가지입

니다. 아들만 있거나 딸만 있어도 안 됩니다. 왜 아들만 있는 사람은 딸을 낳고 싶어합니까? 아들만 낳은 사람은 딸을 달라고 합니다. 그것은 왜 그러냐? 상대성을 띠고 있기 때문입니다. 사람은 부모의 사랑, 부부의 사랑, 그리고 자녀의 사랑 가운데 있어야 됩니다. 아버지의 사랑도 받아 봐야 하고 어머니의 사랑도 받아 봐야 하고, 그리고 남편의 사랑도 받아 봐야 하고 아내의 사랑도 받아 봐야 합니다. 아들을 사랑해 보기도 하고 딸을 사랑해 보기도 해야 됩니다.

23 아버지와 어머니, 남편과 아내, 아들과 딸이 제자리에 있는 것이 천주의 공법입니다. 그것이 우주를 구성하는 이상적이고 근본적인 표준이기 때문에 이것에 완전히 부합될 때, 그 내용과 완전히 일치될 때 기쁜 것입니다. 이 원칙에 부합되지 못할 때 불행이 깃드는 것이요, 그 원칙에 완전히 부합될 때 기쁨이 오는 것입니다. 이 원칙에 부합되는 것이 선한 것입니다. 그리고 이 선에 플러스시키는 사람이 선한 사람이요, 악에 플러스시키는 사람과 선에 마이너스시키는 사람은 악한 사람입니다.

4절 가정은 행복의 터전

1 우리는 심정을 떠나서는 살 수 없습니다. 자기가 대통령이라고 하더라도, 혹은 세계적인 모든 권위를 갖추었다고 하더라도 심정적인 기쁨을 표시할 곳이 없으면 살 수 없습니다. 자기가 거느리는 사람들이나 각료들, 혹은 추종하는 사람들에게서는 심정적인 만족을 느낄 수 없습니다. 그것은 가정에서 느껴야 합니다. 가정에 돌아와 부부가 서로를 통하여 기쁨을 느끼고, 또 자녀를 통하여 기쁨을 느낄 수 있어야 합니다. 그리하여 그 기쁨을 다른 사람들에게 자랑할 수 있어야 합니다. 하나님도 마찬가지입니다. 이 세계를 전부 복귀했다고 하더라도 가정이 없는 하나님은 기쁠 수 없습니다. 결국 가정이 있어야 한다는 것입니다.

행복의 기지는 가정

2 가정은 좋은 곳입니다. 아버지와 어머니가 있어서 좋은 곳이며, 오빠와 누나가 있어서 좋은 곳이며, 동생이 있어서 좋은 곳입니다. 인간이라면 누구나 자기 가정이 있는 본향 땅, 고향을 그리워하는 향수의 심정을 가지고 있습니다. 나라보다도 고향을 더 생각합니다. 대한민국에 살면서도 그리워하는 곳은 고향입니다. 고향은 내 심정을 사방으로, 입체적으로 몽땅 끌어 올려놓는 곳입니다. 그 심정은 사랑으로 얽어매는 것입니다. 위로는 아버지와 어머니가 얽어매고, 좌우로는 부부가 얽어매고, 아

래로는 아들딸이 입체적인 사랑으로 꽁꽁 얽어매고 있는 곳이 본향입니다. 인간은 사랑을 중심삼은 행복을 최고의 것으로 바라기 때문에 본향을 그리워하지 않을 수 없습니다. 그러면 하나님의 본향은 어디냐? 하나님의 가정이 마련될 수 있는 본향의 기점은 하나님을 아버지로 알고 있는 아들딸이 있는 곳입니다. 즉 하나님의 사랑을 독차지할 수 있는 독생자가 있는 곳입니다. 또 그러한 딸이 있는 곳입니다. 그 아들딸이 결혼해서 완전한 가정을 이루는 곳입니다.

3 통일원리와 창세기를 보면, 모든 만물은 전부 사람을 위해서 지음 받았다고 되어 있습니다. 또한 우리가 바라는 이상세계도 사람을 위해서 있는 것입니다. 그렇기 때문에 사람을 사랑하고 사람을 위할 줄 아는 세계가 천국입니다. 천국이 따로 있는 것이 아닙니다. 사람을 위하고 사람을 사랑할 줄 아는 사람들이 사는 세계가 천국입니다. 그러면 사람을 위하고 사랑할 줄 아는 그곳이 어디냐? 자기 자신을 중심삼고 볼 때, 사람을 사랑하고 자기 자신을 높일 수 있는 곳은 가정입니다. 부모의 눈으로 자식을 볼 때, 그 자식이 철부지한 개구쟁이라서 하나에서 열까지 자랑할 만한 것이 하나도 없더라도 부모는 그 자식을 누구보다도 사랑합니다. 가정은 사랑이 충만한 곳이요, 자기를 높일 수 있는 곳입니다. 자기를 무한한 가치로 나타낼 수 있는 곳입니다. 그곳이 행복한 곳입니다.

4 가정은 만고불변의 기원이며 기틀입니다. 이것은 아버지도 고칠 수 없고, 형제도 고칠 수 없으며, 어느 나라의 어떠한 제도로도 고치지 못합니다. 또한 세계적으로도 고치지 못하며, 하나님도 고치지 못합니다. 그렇기 때문에 가정에는 영원히 혁명이라는 명사가 필요 없습니다. 가정은 사랑의 곳이기 때문에 혁명이 필요 없다는 것입니다. 남자가 여자를, 여자가 남자를 사랑하는 것에 있어서는 옛날 할아버지 할머니들이 젊었을 때 서로 사모하던 것이나 오늘날 현대의 젊은이들이 서로 사모하는 것이나 다르지 않습니다. 마찬가지입니다. 사춘기 때 느끼는 것은 같습니다. 그런데 가정을 이루는 기틀은 천태만상으로 변하고 있습니다. 사랑하는 마음은 같은데 가정으로 자리 잡는 그 형태는 변하고 있습니다. 이것은 결국 망하게 됩니다. 혁명의 요소를 가할 수 없는 기틀로 이루어진 가정은 어떠한 주의나 사상에도 흡수되지 않습니다. 오히려 주의나 사상을 지배하고 능가합니다. 이런 기준이 세워진 가정은 십년 백년 천년이 가도 영원히 변하지 않으며, 민족과 국가의 형

태를 유지하게 됩니다.

5 여러분의 행복의 기지는 나라도 아니고 세계도 아니고 여러분의 가정입니다. 여러분의 이상도 세계가 아니라 여러분의 가정입니다. 그렇기 때문에 그 가정 가운데 이상적인 인간이 있어야 되고, 그 가정 가운데 이상적인 사랑이 있어야 됩니다. 그러한 가정이 있다면 그 가정의 아버지는 이상적인 아버지요, 어머니는 이상적인 어머니입니다. 그리고 아들도 이상적인 아들이고 딸도 이상적인 딸입니다. 그리고 우리는 이상적인 가정의 터전이라는 것입니다. 그래서 이상적인 가정을 이루어야 됩니다.

6 사람에게 있어서 행복한 환경이란 어떤 것이겠습니까? 행복한 환경에 있는 사람이란 부모의 사랑을 받을 수 있는 자리에 선 사람입니다. 그다음에는 부부의 사랑을 서로 주고받을 수 있는 자리에 선 사람입니다. 그다음에는 자식을 사랑할 수 있는 자리에 선 사람입니다. 그다음에는 형제의 사랑을 알 수 있는 자리에 선 사람입니다. 그러한 내용을 알아야만 국가와 세계를 발전시킬 수 있습니다. 따라서 행복의 모체가 될 수 있는 것은 완전한 가정의 원만한 부모와 부부, 그리고 자녀를 중심삼은 사랑의 터전입니다.

7 우리는 집이 절대적으로 필요합니다. 완전한 행복의 터전인 집을 떠나서는 나라도, 세계도, 어떠한 목적도 성립될 수 없습니다. 우리는 하나님이 바라는 집을 중심삼은 부모·부부·형제들이 되어야 합니다. 행복의 요인이나 원망의 요인도 집을 중심삼고 국가와 세계로 퍼져 나갑니다. 하나님이 바라는 출발점과 결착점은 집입니다. 그러나 우리는 하나님이 이상하는 집을 이루지 못했습니다. 오히려 파멸과 불행에 가까워지고 있는 것이 우리가 살고 있는 집이라는 것입니다. 최고 행복의 터전인 집이 절망의 터전이 되고 불신의 터전이 될 줄은 아무도 몰랐습니다. 하나님은 이것을 탕감복귀하기 위해서 지금까지 역사해 나왔습니다. 그러한 가정적인 불행은 아담과 가인 때부터 시작되었습니다.

8 우리는 좋은 것이 있으면 자랑하고 싶고 선전하고 싶어합니다. 선전하고 싶다는 것은 관계를 맺어 주고 싶다는 것입니다. 왜 선전이나 자랑을 하느냐? '너도 이와 같은 관계를 맺어라!'라는 것입니다. 사람에게 제일 좋은 것은 무엇이냐? 부모가 제일 좋고, 그다음에는 나이며, 그다음에는 자식입니다. 이렇게 해서 역사가 계승됩니다. 이러한 내용이 집약된 곳이 어디냐? 우리의 생명을 연결시

키고 생명에 연결된 그 환경을 중심삼고 사랑의 인연이 꽃필 수 있는 터전이 가정이라는 것입니다.

9 가정은 하나의 대표적인 인간이 살고 있는 모델입니다. 어떤 사람이든지 가정 기반을 통해서 삶의 길을 닦고, 거기에서 낳고, 그것을 중심삼고 동서남북으로 들락날락하고 상하로 들락날락하면서 살다가 가는 것입니다. 이렇게 볼 때, 가정의 행복을 갖지 못한 사람은 나라의 행복을 찾을 수 없습니다. 아무리 나라를 찾았다고 하더라도 나라의 어디서 삽니까? 자기가 갈 곳이 없으면 불행한 것입니다. 가정에 가야 부모가 있고, 가정에 가야 남편이나 아내가 있고, 가정에 가야 자녀가 있습니다.

10 어떤 사람은 '회사에 가서도 사랑을 찾을 수 있다.'라고 할지 모르지만 아닙니다. 회사는 물질로 연결된 곳입니다. 또 정치분야는 사람끼리 자기 권익을 취하는 곳입니다. 그리고 종교도 하나님을 중심삼고 동서남북 사방으로 하나님을 찾는 방법이 다릅니다. 하나님을 찾을 수는 있지만 사랑은 못 찾습니다. 진정한 사랑은 가정에서 찾아야 합니다. 아무리 회사에 나가서 돈을 잘 벌고 잘되었다 하더라도 사랑하는 가정이 없는 사람은 불행한 사람입니다. 또 아무리 정치분야에 나가서 대통령이 되거나 국회의원이 되었다 하더라도 돌아와 사랑할 수 있는 사랑의 집이 없게 될 때는 불행한 사람입니다. 유명한 목사가 되고 훌륭한 영적인 지도자가 되어서 교인들이 진정으로 사랑한다고 하더라도 그 사랑만 가지고는 안 됩니다. 그 사랑보다도 깊고 더 중심적인 사랑의 자리를 찾는다고 할 때 그것은 가정밖에 없습니다.

11 세계를 아무리 통일했다 하더라도 자기 가정을 통일하지 못한 사람은 불행한 사람입니다. 사랑의 이상 실현은 가정에서부터 해야 됩니다. 가정은 행복의 보금자리입니다. 그러므로 천국은 가정에서부터 시작됩니다. 이 땅 위에 천국을 이루기 위해 오셨던 예수님이 '나는 신랑이요, 너희는 신부다.'라고 하신 것도 가정을 표준으로 하고 한 말입니다. 가정은 사랑으로 얽혀 있습니다. 사랑으로 하나 만들 수 있습니다. 사랑은 변함이 없기 때문에 조부모의 사랑이 하나될 수 있고, 부모의 사랑이 하나될 수 있고, 부부의 사랑이 하나될 수 있습니다. 사랑에는 통일성이 개재되어 있기 때문에 하나될 수 있습니다. 또 사랑에는 생명의 동기가 같이 되어 있기 때문에 할아버지 할머니의 생명이 연결될 수 있습니다. 그리고 이상이 여기에 연결될 수 있습니다.

조부모는 부모에게 상속해 줍니다. 즉 자녀에게 상속해 주는 것입니다. 조부모의 자녀는 부모요, 부모의 자녀는 우리입니다. 이와 같은 사랑을 중심삼은 곳이 천국입니다.

12인간생활에서 어떤 사람을 행복한 사람이라고 할 때, 무엇을 기준으로 하여 행복하다고 합니까? 외적인 능력·권세·권위를 가졌다고 해서 행복한 사람이라고 할 수 없습니다. 남부럽지 않을 만큼의 돈이 있다고 해서 행복한 사람입니까? 아닙니다. 세계적인 지식을 가지고 있어서, 세계를 좌지우지할 수 있는 위치에 있다고 해서 그가 행복한 사람이 될 수 있습니까? 결코 그것만으로 사람이 행복한 것이 아닙니다. 이 땅의 모든 인간이 행복의 터전은 가정이라고 일반적으로 느끼고 체험하고 인정하면서도 아직 행복한 가정의 기준을 갖지 못하고 있습니다. 그렇기 때문에 문제는 가정입니다. 가정에는 부모가 있어야 합니다. 세상에서는 부모 없는 자식을 고아라고 부르며, 그 고아는 불쌍한 사람으로 취급받습니다. 가정에는 부모가 있는 동시에 부부의 인연이 있습니다. 부모가 없는 것도 불쌍한 것이지만, 부부 중 한 사람이 없는 것도 불쌍한 것입니다. 아무리 사랑스럽게 지내던 부부라 할지라도 사랑하는 배우자를 잃게 될 때는 더없이 비참하고 불행해지는 것입니다. 이뿐만 아니라 부부가 자녀를 갖지 못하면 그것 역시 불행이 아닐 수 없는 것입니다.

13어떤 사람이 사회에 진출하여 성공하지 못하고, 또는 사회의 일원으로서 당당한 권위와 자격을 갖지 못하였다 하더라도 가정에서 참다운 부모, 참다운 부부, 참다운 자녀를 중심삼은 가정을 이루어 그 누구라도 그 가정을 본받고 싶어할 정도로 평화스럽게 산다면 그 가정은 행복한 가정인 것을 부정할 수 없습니다. 그러한 가정은 가정의 진정한 행복에 국한할 것이 아니라 그 사회, 또는 종족을 거쳐서 민족이나 국가 앞에 영향을 주어야 합니다. 그러한 가정이 있다면 민족이나 국가 전체가 흠모해야 할 가정임에 틀림없을 것입니다. 이와 같이 민족을 대표할 수 있고, 나아가 국가를 넘어 세계가 흠모할 수 있는 하나의 가정이 이 지구상에 현현한다면 온 세계 인류는 그 가정을 추앙할 것임이 틀림없습니다.

14내 개인이 희생해서 가정을 찾아야 됩니다. 희생해서 찾은 그 가정들은 '아, 수고하신 아버지여! 수고하신 그대여!'라고 하는 것입니다. 남편을 대하면 '아, 당신! 진정한 의미에서 고맙습니다.'라며 뼛골이 녹아지는 감사의 눈물을 흘리는 것입니다. 인간의 참다운 모습이 나타나는 것입니다. 개인은 가정을 위해 희생하는 것입니다. 그 가정에 남편도 있고 자식도 있습니다. 이러한 사상으로 일원화된 가정은 행복한 가정입니다. 어머니도 자기 남편과 자식들을 위해서 있고, 자식은 부모와 형제들을 위해서 있는 것입니다. 그렇게 서로 위하려고 하는 가정은 전부 공(空)이 되니까 누가 내려오느냐 하면 하나님이 내려옵니다. 그렇기 때문에 하나님을 모실 수 있는 가정이 영원불멸한 이상적 가정이 아니 될 수 없습니다.

가정은 천국생활을 위한 훈련소

15 천국은 내가 부모를 사랑하듯이 나이 많은 사람들을 사랑할 수 있는 세계, 형제를 사랑하듯이 세계의 인류를 사랑하는 세계, 그리고 부부끼리 사랑하듯이 자기와 동년배가 되는 사람들을 사랑하는 세계입니다. 가정적인 심정을 중심삼은 대우주적인 인격관을 중심삼고 사는 세계입니다. 그러한 사람들의 가정이 전체화한 사회적 형태가 천국사회라는 것입니다. 천국은 내 가정을 확대한 세계, 내 형제를 확대한 세계입니다.

16 천국이 뭐냐? 자기 가족을 사랑하듯이 세계 사람들을 사랑할 수 있는 곳이 천국이요, 그러한 사람이 천국 백성입니다. 할아버지와 할머니, 아버지와 어머니, 부부, 형제와 자녀, 이 4대가 뭐냐? 하늘나라의 백성으로서 우주의 참사랑을 체험하기 위한 교재로서의 가정입니다. 교재로서 나에게 가르쳐 주는 기반이 가정입니다. 그렇게 산 사람은 영계에 가도 국경이 없습니다. 어디 가든지, 아무 데나 가더라도 길이 열리는 것입니다.

17 천국은 하나님의 사랑을 중심삼고 완전히 일체가 된 부부가 들어가는 곳이요, 그렇게 일체가 된 부부에 의해서 태어나는 자녀들이 들어가는 곳입니다. 하나님을 중심삼고 일체가 된 가정과 종족, 그리고 민족을 다 거느리고 들어가는 곳입니다. 그렇기 때문에 지상에서 가정을 갖지 못했던 예수님은 천국에 들어가지 못하고 낙원에 머물러 있습니다. 하나님의 사랑을 중심삼고 맺어진 부부가 아니면 천국에 들어갈 수 없습니다. 천국은 상대적 이념의 세계입니다. 그래서 가정이 들어가야 되고, 자기 종족과 나라가 들어가야 됩니다.

18 여러분의 가정은 하늘나라의 주권을 대신하는 입장에 있습니다. 부모는 주권을 대신하는 것이요, 자녀는 백성을 대신하는 것이요, 물질은 그 나라의 땅을 대신하는 것입니다. 그렇기 때문에 부모에게 효도하는 것

이 나라에 충성하는 것이요, 부모에게 효도하는 것이 성인의 도리를 다하는 길과 통합니다.

19 부모의 사랑, 부부의 사랑, 그리고 자녀의 사랑의 3대 사랑의 인연을 다 이루게 되면 사위기대가 이루어집니다. 그 사위기대가 갖추어진 자리에는 하나님이 틀림없이 오시는 것입니다. 사위기대 사랑이 있는 곳에 하나님이 임재하시는 것입니다. 거기에서 하나님을 모시고 천년만년 살고지고 해야 됩니다. 그 자리가 천국의 기반입니다.

20 무형의 하나님의 사랑이상이 실체 인간을 통하여 실현되는 기점은 인간이 하나님의 대상체로서 완성되는 순간입니다. 인간이 하나님을 중심삼고 인격이 성숙해서 마음과 몸이 완전히 하나됨으로써 하나님의 사랑과 이상과 생명의 영원한 대상이 되는 것입니다. 아담과 해와가 하나님의 자녀로서 이상적인 개체들이 되면 이상적인 가정으로 발전하고 이상적인 사회·국가·세계로 발전해서 절대사랑에 대한 감응으로 얻은 생명의 희열, 행복의 이상, 그리고 조화통일의 천국을 이루는 것입니다.

21 천국생활은 가정에서부터 시작됩니다. 다른 곳에서 벌어지는 것이 아닙니다. 천국은 가정을 입체적으로 확대시킨 것뿐이지 가정권을 벗어난 것이 아닙니다. 그렇기 때문에 자기 아내나 남편을 품을 때 이것은 세계의 남성과 여성이 하나되는 것이라는 생각을 해야 됩니다. 이렇게 세계인류를 사랑했다는 조건을 세울 수 있는 자리가 바로 가정입니다.

22 가정의 이상을 확대한 것이 국가의 이상이요, 국가의 이상을 그대로 확대한 것이 세계의 이상이요, 세계의 이상을 그대로 확대한 것이 천주의 이상입니다. 그렇게 되면 하늘나라는 가정의 모델로부터 확대시킨 것이기 때문에 가정에서 참사랑의 도리를 체험한 사람은 세계 어디를 가든지 환영받게 되고, 천상세계 어디를 가든지 그냥 그대로 자유롭게 통할 수 있습니다.

23 가정은 천국에 갈 수 있는 훈련소입니다. 수련소라는 것입니다. 세계에는 할아버지나 할머니와 같은 사람들도 살고 있습니다. 가정을 확대하면 세계와 똑같은 것입니다. 아버지와 어머니 연령급, 남편이나 아내의 연령급, 그리고 아들딸의 연령급을 확대한 것이 세계 인류입니다. 그러니까 가정에서 훈련받은 것을 사방으로 확대시켜 위하는 사랑권을 갖고 사는 사람은 천국에 갈 수 있습니다.

가정은 천국으로 직행할 수 있게 하는 수련소입니다.

24 인간이 보이지 않는 하나님 대신 창조의 기쁨을 느끼는 곳이 가정입니다. 세계를 보게 되면 자녀와 같은 사람들이 있고, 자기와 같은 사람들이 있고, 아버지나 어머니와 같은 사람들이 있고, 그리고 할아버지 할머니와 같은 사람들이 있습니다. 그들을 잴 수 있는 눈금자가 있다고 생각해 보십시오. 자녀의 눈금자, 부부의 눈금자, 부모의 눈금자, 그리고 조부모의 눈금자가 있다면 그 하나의 모체가 가정입니다. 이것을 확장하면 세계가 됩니다. 그렇게 자기 가정 대신 이것을 주체 삼고 이 세계를 상대와 같이 해서, 플러스 마이너스와 같이 해서 도는 것입니다. 그렇게 돌면서 살던 사람들이 들어가는 곳이 천국입니다. 이 세상은 천국 들어갈 수 있게 하는 훈련장입니다.

25 가정은 이상의 나라와 이상의 세계를 사랑으로 점령할 수 있는 훈련장입니다. 더 나아가서는 하늘나라와 하나님까지도 점령할 수 있는 훈련장입니다. 여기에서 사랑을 던져서 힘껏 잡아당기면 세계가 달려 들어오고, 영계가 달려 들어오고, 그리고 하나님까지 달려 들어옵니다. 결국 이상적인 가정이란 우주를 사랑으로 낚시질하는 곳입니다.

26 하나님은 종적인 부모입니다. 영원히 떨어질 수 없습니다. 가정에서 부모를 모시는 것은 영원한 세계에서 하나님, 즉 종적인 참부모를 모시기 위한 훈련입니다. 하늘나라는 사랑의 세계입니다. 사랑의 세계는 공기가 사랑으로 되어 있습니다. 그곳에 적응하기 위해서 훈련하는 곳이 가정입니다. 참사랑의 개념에는 준다는 뜻이 들어 있습니다. 마음대로 한다는 것이 아닙니다. 그것은 여러분이 집에서 하는 것처럼 쉬운 것이 아닙니다. 어려운 길입니다.

27 가정에서 할아버지와 할머니, 아버지와 어머니를 모시는 효의 도리를 교재로 삼아서 세계에 적응하는 사람은 영계에 가더라도, 몇 억만년 확대된 그 역사를 지나왔다 하더라도 통하지 않는 곳이 없고 어디에서든지 환영받는 것입니다. 여기에 평등이 있고, 조화가 있고, 그리고 통일이 있습니다. 동서남북이 평등·조화·통일입니다. 이런 중심이 나오면 자유가 벌어집니다. 자유는 하나님과 함께 하는 것입니다. 그 자리를 통하게 되면 온 피조만물이 환영합니다. 그것이 자유의 진정한 의미입니다.

28 하나님의 사랑을 받을 수 있는 아

들딸로서, 하나님의 사랑을 받을 수 있는 형제로서, 그리고 하나님의 사랑을 행사할 수 있는 부부로서 살면서 하나님이 아담과 해와를 사랑하던 것과 마찬가지로 제2 창조주의 입장에서 자기 아들딸을 사랑하고 가는 것이 인생행로입니다. 시작도 사랑이요, 과정도 사랑이요, 끝도 사랑입니다. 사랑의 교과서에 일치되는 완성품으로서 들어가는 곳이 천국입니다. 거기에 들어가는 데는 개인으로 들어가는 것이 아닙니다. 가정 전체가 들어가야 합니다.

29 가정에는 할아버지 할머니, 아버지 어머니, 그다음에는 아들딸이 있습니다. 세계도 마찬가지입니다. 자기 할아버지 할머니보다도 세계의 할아버지 할머니 연령의 사람들을 더 사랑하고, 자기 아버지 어머니보다 세계의 아버지 어머니 연령의 사람들을 더 사랑하고, 자기 아들딸보다 세계의 아들딸 연령의 사람들을 더 사랑할 수 있는 훈련만 되어 있으면 천상세계에서 수많은 사람들과 언제나 통할 수 있는 완성체가 됩니다.

30 가정에서 아버지 어머니를 중심삼고, 부부를 중심삼고, 자녀를 중심삼고 가정들이 불변적인 사랑으로 하나된 가정이 돼 있느냐? 가정적 보화가 돼 있느냐? 우주가 바라볼 때 놓칠 수 없고, 모든 인간이 원할 수 있는 가정을 가졌느냐? 그러한 가정을 단위로 해서 그것을 횡적으로 확대할 때 하나님이 사랑하실 수 있고, 놓으실 수 없는 종족권을 가져야 합니다. 그다음에는 그 기반을 확대해서 민족권을 가져야 됩니다. 그 민족권을 확대해서 국가권을 가져야 합니다. 그 국가권만 가지고는 안 됩니다. 세계권을 가져야 합니다. 또 세계권만이 아니라 영계권까지 지상세계에 연결될 수 있는 사랑의 통치 무대를, 통일된 권한을 갖지 않으면 인간이 완성될 수 없습니다. 인간이 해방을 받을 수 있는 길이 없다는 것입니다.

31 본래 하나님이 창조이상으로서 남자와 여자를 지으신 것은 사랑 때문이었습니다. 그렇기 때문에 사랑의 생활을 한 사람이 천국에 들어가는 것입니다. 천국이 결실을 수확해서 거두어들이는 창고라면, 사랑을 중심삼고 부부가 되어 이룬 가정이 들어가는 곳이 천국입니다. 그 가정을 표방하여 지상에서 내 집을 완성함으로써 내 고향 전체가 나를 환영하게 됩니다. 그 사람은 하나님의 사랑의 품에 품겨서 사랑을 받을 수 있는 대표적인 아들딸이요 손자 손녀입니다. 이것을 여러분의 가정에서 실천궁행함으로써 하늘나라에 직행할 수 있는 자리에 서는 것입니다.

제2장 본연의 남녀사랑과 축복결혼

1절 사춘기의 변화와 남녀사랑

1 하나님이 아담 해와를 만물의 주인공으로 세우고 소망하시던 목표가 있었습니다. 그들에게 하나님의 사랑의 감정이 스며들고 만물을 지으신 하나님의 창조의 감정이 스며들기를 바라셨습니다. 사춘기에 접어들면 만물을 대할 때에 신비감을 느끼게 됩니다. 여러분도 정열이 최고조로 불타오를 때 시를 쓰면 놀라운 시를 쓸 수 있습니다. 마찬가지로 하나님은 대우주의 심정을 지닌 인간으로 완성하는 것을 목표로 설정하고 인간을 지으셨습니다. 그리고 인간이 그 목표대로 성숙하기를 고대하고 고대하셨습니다. 때를 기다린 것입니다. 그들이 성숙하면 성숙할수록 남자가 여자를, 여자가 남자를 대할 때 각각 서로를 대우주 전체의 실체로 감각하기를 바라셨다는 것입니다. 그들의 감정세계에 하나님도 들어가고 만물도 들어갈 수 있는 정도까지 인간이 성숙하기를 바란 것입니다.

사춘기의 변화와 성장

2 사춘기 시절에는 천하의 왕자가 되는 기분입니다. 모든 것을 자기를 중심삼고 생각하는 시절입니다. 이렇듯 사춘기 시대는 반발하는 시대이기에 자기를 몰라주면 얼마든지 다른 길로 갈 수 있습니다. 그렇기 때문에 오늘날 청소년들의 문제가 세계적인 문제가 된 것입니다. 사춘기 때는 무슨 일이든지 자기를 중심삼지 않으면 좋아하지 않습니다. 그렇지만 자기하고 관계를 맺었을 때는 그것이 아무리 미미한 것이라 해도 신납니다. 20세 전후 되는 아가씨들을 가만히 보면 괜히 웃습니다. 가을에 잎이 다 떨어진 감나무에서 홍시가 뚝 떨어지는 것을 보고도 웃습니다. 그것은 뭔지 모르게 통한다는 것입니다. 모든 것이 자기와 관계를 맺었기 때문에 최고의 감정이 유발되는 것입니다. 그러므로 사춘기라는 것은 모든 것에 접해 인연맺을 수 있는 전환점입니다. 하나님의 사랑을 중심삼고 남성과 여성을 백 퍼센트 하나 만들기 위한 하나님의 창조본성이 바탕이 되어 있기 때문입니다.

3 사춘기 때 처녀와 총각이 서로 만나 이야기할 때는 가슴이 뜁니다. 그리고 흥분하게 되면 심장에 변화가 옵니다. 그런데 그 마음이 하나님을 중심삼지 않고 반대의 입장에 서면 악이 됩니다. 마음은 하나님을 중심삼아야 합니다. 그 하나님을 중심삼

은 마음과 심장이 하나되는 자리에 올라설 수 있도록 하는 것이 사랑입니다. 이러한 입장에서 한 생애를 지내야 할 인간이기 때문에 인간은 사랑을 중심한 이상과 희망을 갖지 않고서는 안 된다는 것입니다.

4 남자가 완성하고 여자가 완성하도록 하는 데에는 주체와 대상의 관계를 맺기 위한 사랑의 힘이 있습니다. 사랑의 힘은 남자가 완성하고 여자가 완성하여 사춘기 시대를 지내 가지고 생겨납니다. 사랑의 힘은 남자보다도 강하고, 여자보다도 강하기 때문에 통일시킬 수 있는 것입니다. 그렇기 때문에 남자나 여자나 서로 부부를 이루지 않으면 안 되는 것입니다. 사랑길에서는 자기 생명까지도 버리는 것입니다. 그것은 생명보다도 강한 것입니다. 남자나 여자가 다 성숙하게 되면 사춘기 시대에 반드시 입체적인 힘에 의해 상대를 그리워하는 것입니다.

5 인간에게 최고 행복한 곳은 인륜과 인정, 천륜과 천정이 하나로 일치되는 자리입니다. 하나님이 인간을 대상으로 지으셨다면, 하나님이 주체자로서 그 대상으로서의 완전한 가치를 인정하실 수 있는 때는 성숙한 때입니다. 사랑을 중심삼고 돌려받고 줄 수 있는 때입니다. 상대자가 주체자를 알아볼 수 있는 때는 성숙한 때라는 것입니다. 남자 여자가 성숙하면 사춘기로 들어가는 것입니다.

6 사춘기에는 여자들이 남자들을 생각할 때 '그 남자는 세계를 대표한 남자다.'라고 생각하려고 합니다. 그때는 전부 시인이 되든가 작가가 됩니다. 천하를 끌어 잡아다가 내 가슴에 다 몰아넣고 싶고, 대해를 갖다 품고 걸어가고 싶은 것입니다. 그렇기 때문에 청춘시대는 좋은 때입니다. 횡적인 입장에서 주체와 대상이 상봉함에 따라서 서로 거리가 가까워지고, 종적인 입장에서 하나님과 인간이 가까워지기 때문입니다. 남자와 여자가 성숙하여 참다운 사랑으로 묶어질 때, 하나님이 창조하실 때에 투입했던 소모적인 모든 것이 결실돼서 비로소 돌아온다는 것입니다.

7 아무리 어여쁜 아가씨도 사춘기는 단 한때밖에 없습니다. 그때는 꽃 중의 꽃이요, 일생에 가장 귀한 때입니다. 그런데도 불구하고 '나 혼자 살지.'라고 생각하는 여자가 있습니까? 그것은 여자가 아닙니다. 또한 남자들 중에서도 허우대가 멀쩡해 가지고 좋고 좋은 이팔청춘에 자기 혼자 살겠다고 하는 사람이 있습니까? 그런 때에는 반드시 상대를 찾게 됩니다. 누구를 닮아서 그렇겠습니까? 하나

님을 닮아서 그렇다는 것입니다. 하나님이 그렇지 않은데 그런 사람이 나올 수 있습니까? 하나님이 그렇다는 것입니다. 일생의 가장 귀한 때인 이팔청춘 때 상대를 찾아 나서는 것은 남자나 여자나 마찬가지입니다.

8 여러분은 지금 사랑을 마음대로 할 수 있게 돼 있습니까, 없게 돼 있습니까? 길거리에서 남자가 휙 부른다고 해서 따라가게 안 되어 있습니다. 여러분은 때가 올 때까지 자기 몸을 잘 보호해야 됩니다. 순정을 도깨비 같은 남성에게 맡겨서는 안 된다는 것입니다. 길거리에 꺼떡꺼떡거리고 쓸데없이 돌아다니는 남자들은 전부 도깨비입니다. 자기 운명을 그런 남자에게 맡기겠습니까? 간단한 문제가 아닙니다. 일생에 한 번밖에 없기 때문에 한 발짝 잘못 딛는 날에는 자기 일생이 왔다 갔다 하는 것입니다. 이것은 남자도 그렇다는 것입니다. 그렇기 때문에 지금까지는 여자에게 절개를 지키라고 했지만 앞으로는 남자도 절개를 지켜야 합니다. 아무리 세상이 악하고, 아무리 세상이 각박하더라도 여러분은 가야 할 정상적인 길에서 벗어나는 행동을 해서는 안 됩니다.

9 청춘시대에 순정을 잃어버렸던 아담과 해와의 한을 밟고 탕감할 수 있는 귀한 때인 사춘기에 순정을 더럽혀서는 안 됩니다. 그 순정을 깨끗하고 귀하게 보존해서 '천세만세 혼자 가더라도 사랑이 유린되는 일은 절대 있을 수 없다.'라는 지조와 결의를 가져야 합니다. 민족을 사랑하고 나라를 사랑하지 않고는 내가 사랑할 수 있는 사람을 만날 수 없습니다. 세계를 사랑하지 않고는 사랑하는 사람을 가질 수 없다는 것입니다. 이것이 통일교회의 전통적인 사상입니다. 그렇기 때문에 하나님을 사랑하고, 세계를 사랑하고, 민족을 사랑하고 난 후에 자기 아내를 사랑하고 남편을 사랑할 수 있습니다. 이것이 원칙입니다.

10 만물지중 유인최귀(萬物之衆 惟人最貴)라는 말이 있듯이 가장 귀하다고 하는 인간에 있어서도 봄절기가 있고 가을절기가 있을 수 있습니다. 그렇게 볼 때 결혼하기 전까지의 자라는 기간에 있는 젊은 남녀들은 봄절기라고 할 수 있습니다. 봄절기에는 추운 날씨가 점점 따뜻해져서 꽃이 피고 향기를 피우는 푸른 동산을 이루어서 무성한 여름을 맞기 위한 모든 준비를 하는 것입니다. 그렇게 여름절기를 지나 가을절기를 맞아서 수확시기를 맞는 것입니다. 인간에게 있어서 봄의 때가 어느 때냐 하면, 여러분이 한창 자라는 사춘기 시절입니다.

창조본연의 남녀사랑

11 여자로 태어났고 남자로 태어난 것이 참사랑의 합덕(合德)을 위한 것이라고 생각하면 됩니다. 그것을 보게 되면 여자도 음과 양으로 돼 있고, 남자도 음과 양으로 돼 있습니다. 통일원리로 보면 음과 양은 성상과 형상의 속성이라고 합니다. 개체를 두고 보면 나에게 음양이 있습니다. 음양은 성상 형상을 받기 위한 속성에 해당합니다. 본래 이것은 사랑 때문에 분립된 것입니다.

12 주체와 대상, 즉 양성과 음성이 무엇을 중심삼고 하나되겠습니까? 사랑은 개념이자 실재입니다. 사랑이 정착할 수 있는 실재가 무엇입니까? 남자가 남자 되고, 여자가 여자 되게 하는 것이 무엇인지 몰랐다는 것입니다. 그것이 바로 생식기입니다. 모든 남자들은 그것이 자기들 것이라고 생각하고, 또 모든 여자들도 그것이 자기 소유라고 생각하기 때문에 세상이 이렇게 망해 가는 것입니다. 서로들 주인을 잘못 알고 있습니다. 모두들 사랑은 절대적이고 영원한 것이라며 꿈같은 것으로 생각하고 있지만, 그 영원한 사랑의 주인이 뒤바뀐 것을 확실히 알았다면 세상이 이렇게 되지는 않았을 것입니다.

13 사랑을 점령하려면 투입하고 잊어버리고 투입하고 잊어버려야 됩니다. 왜 그러한 사랑을 가져야 하느냐? 사랑은 움직이면 움직일수록 작아지는 것이 아니고 커 가는 것이기 때문입니다. 역학세계에서의 자연현상은 움직이면 움직일수록, 작용하면 작용할수록 작아집니다. 참사랑의 세계는 움직이면 움직일수록 커 갑니다. 하나님이 그것을 알았기 때문에 참사랑을 중심삼고 창조를 시작할 수 있었던 것입니다. 사람이 장성해서 비로소 움직이기 시작할 때 사랑을 중심삼고 움직이려고 합니다. 처녀 총각도 다 크게 된 다음에는 사랑을 중심으로 움직이려고 합니다. 자기 혼자만 생각하던 그 눈이 달라집니다. 옆을 바라보는 것입니다. 얌체 같고 새침데기 같은 처녀들도 사춘기가 되면 곁눈질을 하며 어머니 아버지만 바라보던 눈이 옆으로 가는 것입니다. 그것이 나쁜 것이 아닙니다. 자연현상입니다. 자기 보존을 위해서, 큰 무대의 상대세계를 갖기 위해서입니다.

14 여러분은 어떻게 살고 싶습니까? 간단합니다. 눈이 빠지도록 보고 싶고, 코가 막히도록 냄새 맡고 싶고, 귀가 터지도록 듣고 싶고, 손이 뻣뻣해지도록 만지고 싶은 것입니다. 그런 것이 세상에 있습니까? 그것은 돈도 아니고, 지식도 아니고, 권력도 아

닙니다. 사랑입니다. 사랑은 줘면 줄수록 더 줘고 싶은 것입니다. 또 뇌주는 데는 그냥 그대로 한꺼번에 완전히 해방시켜 주는 것입니다. 모든 것을 가능하게 하는 것이 사랑입니다. 두 눈이 초점이 맞아야 되고 코도 초점이 맞아야 합니다. 귀도 초점이 맞아야 잘 들립니다. 삼반규관(三半規管)에서 균형이 맞아야 어지럽지 않습니다. 전부 초점상에 사는 사람입니다. 그것의 통합적인 초점이 무엇이냐? 눈 초점, 귀 초점, 코 초점, 입초점, 촉각 초점이 있는데, 그 모든 초점의 뿌리가 뭐냐? 초점을 만들 수 있는 뿌리가 될 수 있고 움직이게 할 수 있는 그것이 사랑입니다. 사랑 외에는 없다는 것입니다.

15 상대가 아니면 사랑의 주인 자리에 영원히 설 수 없습니다. 남자를 완성시키는 것은 여자입니다. 여자만이 남자를 사랑의 주인으로 만들고, 남자만이 여자를 사랑의 주인으로 만드는 것입니다. 그 가외의 주인들은 가짜들입니다. 그 열쇠가 하나이지 둘이 아닙니다.

16 하나님의 뜻은 창조목적 완성입니다. 개인은 하나님의 사랑권 내에 접하는 것입니다. 타락 인간은 아무리 노력해도 만사에 통과되고 합격될 수 있는 길이 없지만, 하나님이 절대적인 조건을 가지고 만사가 전부 백점으로 인정될 수 있는 사랑의 길을 허락했기 때문에, 그 사랑의 특권을 받기 위해 종교권을 형성해서 절대적으로 신앙을 유지하는 형이 벌어지게 된 것입니다. 몸과 마음이 하나된 가운데 하나님의 사랑이 같이할 수 있는 상대적 기반을 갖춘 남자와 여자가 축복받아 결혼해야만 비로소 지진이 폭발하는 것과 같이 폭발하는 것입니다. 천지가 진동함과 동시에 사랑이 성립됩니다.

17 하나님의 사랑이 인간의 3대 사랑을 중심삼고 같이 꽃필 수 있는 가정을 이루는 것이 세계의 소원이요, 인류의 소원이요, 미래의 소원입니다. 이것이 천지의 법도 앞에 역사의 향기를 풍길 수 있고, 새로운 꽃으로서 등장할 수 있는 귀하고 아름다운 부부의 사랑입니다.

18 통일교회에서 말하는 이상적 부부란 최고의 예술을 실체로 전개시킬 수 있는 부부요, 최고의 문학을 전개시킬 수 있는 부부입니다. 최고의 이상, 세계 최고의 문화세계를 접하기 전에 최고의 사랑으로 부부가 주고받는 달콤한 사랑이 세계 최고의 예술 작품이 되어야 합니다. 부부생활 자체가 최고의 문학작품이요, 그 자체가 문학의 실체가 되어야 합니다.

19 결혼하여 부부가 참사랑을 하는 자리는 하나님과 인간의 사랑과 생명과 혈통의 근원이 되는 왕궁의 자리요, 이상을 위한 지상천국·천상천국의 출발지입니다. 이러한 참사랑으로 결실된 자녀가 참사랑을 중심한 부부 일체를 완성하여 하나님을 모시고 사는 가정을 이루어 평화와 이상의 출발 기지가 되는 것이며, 반쪽 되는 남자 여자는 일체가 되어 하나님의 상대로서 신의 이상애(理想愛)를 완성시키게 됩니다.

2절 축복결혼의 의의와 가치

1 축복(祝福)이란 복을 비는 것입니다. '빌 축(祝)' 자입니다. 복을 비는데 무슨 복이 제일 귀하냐? 사랑의 복이 제일 귀한 것입니다. 우주의 공약을 대표한 제일 핵심적인 이러한 기원이 남자 여자가 결합하는 데서부터 시작되므로 그 축복이 제일 위대하다는 것입니다. 축복이 최고의 복이기 때문에 통일교회는 결혼식을 축복이라고 합니다. 통일교회에서 축복받았다고 하게 되면 오늘날 세상에서 말하는 복 받았다는 것이 아닙니다. 통일교회 선생님을 통해 결혼식을 하게 되었다는 말입니다.

결혼을 하는 이유

2 결혼은 하나님의 모양을 닮기 위해서 합니다. 하나님은 이성성상으로 계시는 분으로서 각 일성이 합체화한 일체적인 존재이고, 그 하나님의 분성적 인격 자체들이 남자와 여자이기 때문에 그들이 합성일체화하여 씨와 같이 되어 하나님의 본성의 자리에 돌아가야 됩니다.

3 남자 여자는 서로 반밖에 안 됩니다. 그러니까 여자는 남성의 세계를 점령해야 되고, 남자는 여성의 세계를 점령해야 됩니다. 그럼으로써 완성하는 것입니다. 하나님의 이성성상, 정에서 분립됐던 것을 다시 사랑으로 합해서 하나님을 닮아 나가는 것입니다. 하나님과 인간은 주체 대상의 사랑을 중심삼고 하나되게 되어 있습니다. 하나님이 이성성상을 지니고 사는 것도 사랑 때문입니다. 인간에게 있어서 귀한 대표적인 것이 아들딸이요 형제요 부부요 부모입니다. 사람은 자녀·형제·부부·부모의 과정을 안 거치고는 완성자가 못 됩니다. 그렇기 때문에 결혼해야 되고 아들딸을 낳아야 됩니다. 이것이 공식이요, 하나의 돌아가는 궤도입니다.

4 결혼을 왜 하느냐? 아담과 해와가 스스로의 사랑을 찾아가기 위해서가 아닙니다. 종적인 하나님의 사랑을 핵으로 하여, 그 핵을 중심삼고 부체로서 하나의 구형을 이루기 위한 것입니다. 하나님의 창조이상도 그러

한 사랑을 중심삼고 결착되는 것이고, 인간인 남자 여자도 성숙해서 거기에서 사랑의 결착점이 벌어지고 생명이 연결되는 것입니다. 그러니 생명으로 말미암아 연결되는 것이 아닙니다. 사랑으로 말미암아 연결되는 것입니다. 종적 아버지의 사랑과 횡적 부부의 사랑을 중심삼고 본연의 사랑의 씨가 비로소 연결됩니다.

5 결혼은 하나님을 사랑하기 위해서 합니다. 하나님을 사랑해서 하나님의 축과 일치되기 위해서입니다. 일치되면 절대적인 하나님의 영원하신 사랑을 중심삼고 영생이 벌어집니다. 그것만이 아닙니다. 그렇게 접촉된 거기에서부터 우주의 상속권이 전수되는 것입니다. 사랑을 중심삼고 지으신 피조세계를 하나님의 것인데 내 것으로 상속받는 것입니다.

6 남자와 여자가 개인완성을 하려면 상대완성을 해야 되므로 결혼을 해야 됩니다. 결혼을 하지 않고는 사랑권 내에 못 나아갑니다. 왜 결혼을 해야 되느냐 하면, 서로서로 하나님의 사랑을 접하기 위해서입니다. 하나님의 사랑을 접하기 위해서 남자 여자는 결혼하지 않으면 안 됩니다. 남자 여자가 결혼하게 되어 하나님의 사랑을 중심삼고 하나되는 그때부터 우주와 하나님 자신을 상속해 주는 것입니다. 하나님의 사랑까지 상속해 주고, 하나님에게 속한 모든 것을 상속해 주는 것입니다.

7 결혼은 자기 개인적 사랑을 완성함과 동시에 상대방의 사랑을 완성시키기 위해서 하는 것입니다. 개인의 사랑을 완성함과 동시에 하나님의 사랑을 완성시키기 위해서 내가 결혼한다고 할 때, 기분이 얼마나 좋습니까? 지상에 하나님이 사랑할 수 있는 터전을 마련하기 위해서 남자 여자는 결혼하지 않으면 안 됩니다. 둘이 사랑으로 하나된 그 기준 위에 비로소 하나님의 사랑이 찾아오는 것입니다. 결국은 하나님의 사랑을 위한 것입니다. 하나님의 사랑을 내가 갖기 위해서입니다.

8 남자 앞에 있는 그 여자는 하나님의 딸이요, 인류의 여성인 것을 남자들은 알아야 됩니다. 내 색시이기 이전에 인류의 여성이요, 하나님의 딸인 것을 알아야 됩니다. 인류가 사랑하는 여성으로서 사랑할 수 있고, 하나님이 사랑하는 딸로서 사랑할 수 있다면 남편이 될 수 있습니다. 그러지 않으면 안 됩니다. 여자는 그 반대입니다. '저 사람은 내 남자다.'라고 생각하지 말라는 것입니다. 내 남자라고 하기 전에 하나님의 아들이요, 인류의 모든 남성을 대표한 남성으로

생각해서 인류가 사랑하는 이상 내가 사랑하고, 하나님이 사랑하는 이상 내가 사랑하고 위해 주어야 합니다.

9 '남자는 오른발이 되고 여자는 왼발이 되어서 인류를 위하고 하나님을 위한 사랑의 발자국을 남기는 가정을 이루어 행복해질 것이다.'라는 부부가 되기를 하나님은 원하십니다. 오른발은 남편이요 왼발은 아내라는 것입니다. 절름발이가 되지 말라는 것입니다. '내가 틀림없이 잘 가겠습니다.'라고 해야 됩니다. 그러면서 똑바로 가야 됩니다. 이래야 결혼할 자격이 있습니다. '내가 남편을 보고 좋아하는 것은 인류를 좋아하는 것이요, 하나님을 좋아하는 것이다. 내가 남편을 사랑하는 것은 인류를 사랑하는 것이요, 하나님을 사랑하는 것이다.' 라고 해야 됩니다.

축복의 의의와 가치

10 통일교회에서는 결혼을 축복이라고 합니다. 내가 홀로 가는 길 앞에, 사랑을 찾아가는 길 앞에 외로웠던 남자와 여자의 길을 버리고 서로가 외로울 때 위로할 수 있고, 기쁠 때 같이 기뻐할 수 있고, 어려울 때 힘이 되어 줄 수 있는 상대적 입장에 서서 하나는 바른발이 되고 하나는 왼발이 되고, 하나는 바른손이 되고 하나는 왼손이 되어서 하나님을 찬양하고 하나님의 사랑을 우리 생활무대에 깔고 나간다고 하는 생활이 결혼생활입니다.

11 인간조상인 아담과 해와가 타락한 그날부터 인간은 하나님이 축복해 주시는 한 날을 고대하여 왔습니다. 그 축복의 날을 위하여 중간 역할을 하는 것이 종교입니다. 통일교회는 적자를 찾아 세워 모든 것을 상속받으려는 것입니다. 탕감의 과정을 거치지 않고는 축복받을 수 없습니다. 그 이유는 사탄 때문입니다. 지상에 있는 축복가정들의 뜻 대한 기준에 따라서 상대적으로 영계에 있는 선조들의 모든 것이 결정됩니다. 이날을 위해 선생님은 정성 들이며 투쟁해 왔습니다. 축복은 참부모의 인연을 계승받는 것입니다. 그러므로 참부모가 사탄세계와 싸우던 간판을 걸고 축복하는 것입니다.

12 축복이 이루어지는 지금의 때는 하나님의 소원이 이루어지는 최고의 때요, 6천년간 수고해 온 하나님의 한이 그치는 때요, 이 땅에 오시어 수고하셨던 하나님의 아들, 즉 예수님의 소원이 이루어지는 때입니다. 이뿐만 아니라 그 아들의 가정을 중심삼고 사랑이 시작되는 때요, 만물의 환희와 존귀와 영광을 받을 수 있는 때입니다. 죄악이 다 사라지고 광명

의 태양이 솟아오른 명랑한 천지를 맞이하는 날, 모든 자연이 화동하고 모든 동물이 춤을 추는 화창한 아침, 승리의 아침을 맞이하는 날입니다.

13 결혼하는 시간은 하나님의 사랑을 상속받는 시간입니다. 그리고 재창조의 권한을 상속받습니다. 하나님이 아담과 해와를 지어 놓고 느끼셨던 그 기쁨이 결혼을 통해서 벌어집니다. 그다음에는 주관권이 벌어집니다. 완성권에서 축복을 받음으로써 이렇게 제일 귀한 것들을 이어받게 됩니다. 그렇기 때문에 결혼식이라는 것은 사랑의 현현을 말하는 것이요, 이상적인 창조권을 부여받는 것을 말하는 것이요, 주체자나 대상자로서 서로서로 주관권을 부여받는 것을 말합니다.

14 하나님이 남자와 여자를 짓고 3대 축복을 해주신 것은 무엇이었느냐 하면, 가정완성의 이념이었습니다. '생육하고 번성하라. 모든 땅에 충만하라!'라고 하신 3대 축복은 개인이 이루는 것이 아닙니다. 가정에서 이루는 것입니다. 그렇기 때문에 가정은 개인이 정착할 수 있는 안식처입니다. 하나의 이상의 기지입니다. 아무리 잘난 남자나 잘난 여자라 하더라도 그 가정에 아버지와 어머니가 없으면 안 되고, 부부가 없으면 안 되고, 형제가 없으면 안 됩니다.

15 왜 절대적으로 남자한테 여자가 필요하고 여자한테 남자가 필요하냐? 절대적인 사랑을 위해서입니다. 절대적인 사랑은 왜 필요하냐? 하나님을 점령하기 위해서입니다. 왜 하나님을 점령해야 되느냐? 하나님을 점령하면 하나님이 내 것이 됩니다. 사랑에는 상속권이 있고 동거권과 동참권도 있습니다. 그렇기 때문에 하나님이 내 것이 되고 하나님의 피조물 전부가 내 것이 됩니다.

16 결혼의 목적은 자기완성과 우주의 주관에 있습니다. 자기완성과 더불어 우주를 장악하고 미래의 세계를 포용하는 것입니다. 자기를 완성하여 하나님을 점령해서 영원히 하나님과 함께 창조이상을 이루는 데에 협조한 상대로서 남아지겠다는 것입니다. 그러니까 하나님이 선한 아들딸을 창조하셨기 때문에 선한 아들딸을 많이 낳아서 길러야 된다는 것입니다. 아이를 낳지 않는 것은 죄입니다. 그렇게 해서 하나님이 다스리는 세계, 하나님이 창조하신 피조세계를 무한히 확장하는 것입니다. 하나님이 보시기에 즐거운 이상세계를 만드는 것입니다. 이것이 3대 축복입니다. 개성을 완성하면 하나님이 다스리는 세계에 대한 소유권이 생깁니

다. 그러면 기쁨이 배가됩니다. 자녀를 번식하면 횡적인 세계에 기쁨이 차고 넘칩니다.

17 영계에 가서 어떤 여자의 속을 들여다보면 웃는 얼굴의 남자가 있습니다. 그래서 '이러이러한 남자의 얼굴이 보이는데, 그게 누구요?'라고 물으면, '남편입니다.'라고 하는 것입니다. 하나되어 있기 때문에 둘로 갈라질 수가 없습니다. 죽어서도 영원히 함께 살아가는 것입니다. 그렇게 사랑한 남자는 여자의 마음속에 하나되어 있습니다. 또 남자 속에는 사랑하는 부인이 있습니다. 그것이 행복입니다. 결국 이것은 하나님한테 돌아간다는 것입니다. 이성성상의 실체권은 참사랑에 의해서 하나님의 상대로 서서 하나님한테로 돌아가는 것입니다. 정분합입니다. 하나였던 성상과 형상이 갈라졌다가 실체로서 다시 만나는 그것이 남자와 여자의 축복입니다. 여기에 하나님도 와서 하나되고, 남자 여자도 하나되어 여기에서 전부 통일되는 것입니다.

18 남자의 완성은 여자가 없으면 안 된다는 것을 몰랐습니다. 남자 여자가 서로 반쪽이니 서로 위하는 데서만 완전한 존재가 됩니다. 둘이 하나되어 서로 위하기 때문에 하나님이 위해 주면 돌려드릴 수 있는 자격자가 되고, 하나님의 사랑의 상대가 됩니다. 그렇기 때문에 여자는 남자를 완성시키고, 남자는 여자를 완성시켜 남녀의 사랑으로 완성된 무리는 하나님의 사랑을 완성시킬 수 있습니다. 하나님보다 높다는 것입니다. 사랑의 상대는 자기보다 높기를 바랍니다. 천 배보다 만 배, 만 배보다도 억만 배, 억만 배보다 무한 억만 배 높기를 바라는 것입니다. 무한 억만 배보다 영원히 무한 억만 배 높기를 원하는 것입니다. 그것이 어디서 왔습니까? 조상으로부터 온 것입니다. 조상의 근본은 하나님이니 하나님으로부터 왔다는 것입니다. 하나님도 자기 사랑의 상대는 자기보다 몇 억만배 훌륭하기를 바라는 것입니다. 이것이 천지의 원칙입니다.

19 아담과 해와가 타락하지 않고 완성하였더라면 축복의 자리에 나가게 되었을 것입니다. 다시 말하면 아담과 해와가 하나님의 실체대상으로서 하나님이 주체가 되면 그들은 대상이 됩니다. 그런 입장에서 사랑의 주체되시는 하나님으로부터 대상적인 입장의 사랑을 연결시킬 수 있는 터전은 결국 완성함으로써 이루어집니다. 결국 완성은 결혼을 말하는 것이요, 결혼은 하나님의 사랑의 현현을 말하는 것입니다. 결혼이 없었다면 인류세계에 사랑이 시작되지 않습니

다. 그 사랑의 주인은 인간이 아니고 하나님입니다. 그 하나님의 사랑이 인간 가운데 나타나게 될 때 참된 사랑이 됩니다. 또 인간 가운데 그 천적인 참된 사랑이 비로소 이뤄지게 될 때 그것이 하나님의 자랑이 되고 기쁨이 되는 것입니다. 하나님적 사랑으로 느낄 수 있는 것입니다.

20 복 중에서 제일 귀한 복은 하나님의 사랑입니다. 첫째는 하나님의 사랑의 복을 받는 것입니다. 그다음엔 하나님의 창조의 권한을 인계받는 것입니다. 하나님이 사랑을 중심삼고 아담과 해와를 창조해 놓고 기뻐하시며 소망을 가진 것과 마찬가지로, 인간에게도 평면적인, 횡적인 기준에서 창조의 권한이 부여된다는 것입니다. 그 기쁨을 부여받는 것이 자녀입니다. 여러분이 자녀를 왜 사랑하지 않을 수 없느냐? 그것은 하나님의 창조의 위업을 횡적인 실체권에서 이어받은 것과 마찬가지이기 때문입니다. 아담과 해와를 지어 놓고 하나님이 기뻐하던 그 기쁨을 인간도 느끼는 것입니다. 하나님의 사랑을 이어받고 하나님의 창조의 권한을 이어받은 것입니다. 하나님이 온 천지만물을 주관하시는 것과 마찬가지로 우리는 횡적인 입장에 있지만 우리에게 만물을 주관할 수 있는 권한을 부여했습니다.

21 여러분은 축복의 가치를 알아야 합니다. 그 한때를 바라는 재림시대에는 축복의 기준을 완결하자는 것입니다. 역사를 대표하고 하늘땅을 대표하고 만민을 대표해서, 섭리의 전체를 대표해서 모든 문제를 해결지어, 모든 것을 결정지어 한 곳으로 넘어옴으로써 신천신지가 출발하게 됩니다. 축복의 관문이 이렇게 엄청난 것입니다. 이것은 이스라엘 민족을 주고도 살 수 없는 것이요, 수많은 선지선열들을 주고도 바꿀 수 없는 것이요, 6천년 동안 하나님이 수고하신 모든 것을 주고도 바꿀 수 없는 것이요, 2천년 동안 예수님과 성신이 수고한 모든 것을 주고도 바꿀 수 없는 것이요, 지금까지 만민이 고생한 모든 것을 주고도 바꿀 수 없는 것입니다.

22 선생님의 생애에서 가장 귀한 것이라고 생각한 것이 무엇이었느냐 하면, 축복이었습니다. 여러분에게 있어서도 역사 이래 최고의 선물은 축복입니다. 하나님의 축복을 받은 자는 하나님의 대신자입니다. 따라서 여러분이 축복을 받으면 가정을 갖추어서 사탄을 굴복시켜야 합니다. 사탄을 심판해야 된다는 것입니다. 그다음에는 사위기대를 복귀하여 승리적인 주관자가 되어야 합니다.

23 하늘부모와 땅 부모가 사랑을 중

심삼고 하나되는 것이 결혼식입니다. 첫날에 남자 여자가 합하는 것입니다. 합덕(合德)이라는 말이 있잖아요? 한 몸이 되는 거기에는 하나님이 들어가 있습니다. 내적인 성상 형상인 하나님이 외적인 성상 형상, 아담 해와에게 들어가서 사랑으로 말미암아 두 세계가 하나됩니다. 영적 세계의 보이지 않는 성상과 형상이 플러스요, 보이는 세계의 성상과 형상이 마이너스입니다. 큰 플러스와 큰 마이너스가 비로소 하나됩니다. 어디서 하나되느냐 하면 사랑의 기관에서 하나됩니다. 그렇게 하나되어야만 그 아담과 해와의 몸을 통해서 태어난 아기가 하나님의 아들인 동시에 참부모의 아들이 됩니다.

24 완성을 해서 축복을 받지 못하면 하나님의 형상도 잃어버리고 하나님의 사랑의 상대도 잃어버립니다. 하나님의 뜻대로 되려면 첫째는 형상을 입어 사랑의 상대를 찾아야 되고, 둘째는 가정을 위하고 그 후손을 위해서, 나라를 위해서 아들딸이 필요합니다. 그것이 가정입니다. 가정이 완성되는 날, 그 가정이 성립되는 날 하나님의 형상을 갖게 되고, 사랑의 상대를 갖게 되고, 사랑하는 아들딸을 갖게 됩니다. 그러면 이것이 무엇으로 하나되느냐? 핏줄입니다. 중심 뿌리, 줄기, 순이 전부 하나입니다. 뿌리가 하나입니다. 하나님의 핏줄을 이어받아야 됩니다. 보이지 않는 하나님의 핏줄, 보이는 하나님의 핏줄을 이어받아야 됩니다.

축복받는 이들의 자세

25 축복은 천지에서 가장 귀한 것입니다. 동시에 지극히 두려운 것입니다. 만약 부부가 서로 딴 생각을 한다면 상대를 유린하는 것입니다. 여러분으로부터 선한 조상, 땅, 나라가 생기는 것입니다. 그러니 축복받은 사람은 눈만 뜨면 천지를 생각해야 됩니다. 축복은 남에게 복을 나눠 주기 위한 것입니다. 부부는 서로가 마음의 어머니 아버지가 되어야 합니다. 그래서 세상 사람들이 '우리도 당신들의 가정과 같은 가정을 만들고 싶소.'라고 말하게 해야 됩니다.

26 통일교회는 가정의 전통을 존중시합니다. 그래서 선생님이 해준 축복에는 만세의 어떠한 것과도 바꿀 수 없는 가치적인 내용이 있다는 것입니다. 여기에 오점이나 상처를 남기는 것은 일족의 수치가 되고, 일국의 수치가 되고, 그리고 인류역사를 대표하는 수치가 된다는 것을 알고 가정의 재창건 확립을 위하여 온 힘을 다해야 됩니다.

27 축복의 자리는 어마어마한 자리

입니다. 여기에는 적당히 자기 감정을 통해 가지고는 할 수 없습니다. 한 생명의 가치는 우주보다도 귀한 것입니다. 그러기에 한 사람을 책임지는 데 있어서는 영원을 중심삼고 책임져야 합니다. 이런 문제가 좌우되는 자리가 축복의 자리입니다. 그렇기 때문에 자기 일생에서 그러한 한때를 가졌다면 그는 행복한 사람입니다. 이러한 엄청난 축복의 자리에 여러분이 가담하기 위해서는 역사적인 결심을 해야 됩니다.

28 축복의 자리는 여러분 자신의 일대에 단 한 번밖에 있을 수 없는 가장 귀한 인연을 결정짓는 자리입니다. 그러니 여러분은 기도를 많이 해야 됩니다. 정성을 들여 이 자리에 오라는 것입니다. 상대를 쳐다볼 생각을 하지 말라는 것입니다. 제일 못난 사람과 결혼하겠다는 생각을 가져야 합니다. '내가 저 못난 사람을 만난다 하더라도 그 사람과 행복하게 살겠다.' 라고 생각하라는 것입니다. 그런데 밑도 끝도 없이 자기 혼자 마음이 붕떠서 이 사람에게 마음이 날아갔다가, 저 사람에게 마음이 날아갔다가 하면 곤란합니다. 자기를 위해 기도하는 사람은 욕심꾸러기입니다. 차라리 기도 안 하고 '당신 앞에 다 맡깁니다. 못난 제가 맞이할 상대가 없겠습니까? 오직 아버지의 처분대로 하시옵소서. 그저 혼자 늙어 죽으라면 기꺼이 그렇게 살다가 죽겠습니다.' 라고 생각하라는 것입니다.

29 결혼은 함부로 하는 것이 아닙니다. 길거리에서 오다가다 만난 사람끼리 하는 것이 아닙니다. 자기들끼리 정이 들었다고 하여 결혼하면, 결혼한 즉시 이변이 벌어진다는 것입니다. 자기들 나름의 입장에서 통과하려는 그런 자리에 절대 서지 말라는 것입니다. 축복이란 나라를 위하고 세계를 위하여 하는 것입니다. 또한 그것이 곧 후대를 위하는 것입니다.

30 남자나 여자나 지금까지 뜻을 모를 때는 자기 멋대로 살았을 것입니다. 이름은 총각 처녀이지만 그렇지 못한 과거의 오점이 있다면 하염없는 눈물로써 회개해야 됩니다. 그러면 축복의 기간을 통해 하나님이 용서해 줄 것입니다. 제일 복된 것은 순결한 여자면 여자로서, 동남이면 동남으로서 서로가 하나님이 기뻐하는 자리에서 천상의 뜻을 따라서 예를 올리는 것입니다. 그런 사람은 천지의 행운아입니다. 천하의 인생행로에 있어서, 만사에 있어서 성공한 사람입니다. 그렇지 못하거들랑 배알이 뒤집어지고, 복장이 뒤집어지는 입장에서 천지가 뒤집어지는 간절한 회개를 하여야 됩니다. 깨끗한 몸 마음을

가지고 '아버지, 제가 부끄러운 몸이 오니 어찌하오리까?'라고 할 때, 아버지께서 '오냐, 내가 네 마음을 다 안다. 그 이상 용서해 주고 그런 쓰라린 고개를 넘어온 것이 아버지의 기쁨이다.'라고 하신다는 것입니다. 그러니 내가 그만한 일을 다 알고 용서해 준다고 하는 하늘의 동정의 힘이 자기 자신에게 머무를 수 있는 자리에서 축복에 참가해야 됩니다. 그래야 하는 것이 원칙적인 자세입니다.

3절 축복결혼을 통한 중생

1 에덴동산에서 아담과 해와는 영육을 중심삼고 하나님과 일체가 되어야 했습니다. 그런데 아담과 해와는 하나님과 일체가 되지 못하고 참부모의 자리를 잃어버렸기 때문에 인간은 하나님을 중심삼은 참부모로부터 다시 태어나야 합니다. 성경을 보면, 예수님이 니고데모에게 '사람이 거듭나지 아니하면 천국에 들어갈 수 없다.'라고 했습니다. 그러자 니고데모가 '사람이 어떻게 거듭날 수 있습니까? 어떻게 어머니의 뱃속에 다시 들어갔다가 날 수 있습니까?'라고 물었습니다. 사람은 거듭나야 합니다. 자기가 태어난 자체를 부정하고 다시 나야 합니다. 중생하기 위해서는 자기 자체를 부정해야 됩니다. 부정하지 않으면 재생의 동기를 마련할 수 없습니다.

중생과 혈통전환

2 타락한 인간은 하나님을 중심삼은 직계의 혈연관계를 가지고 태어나지 못했습니다. 그렇기 때문에 이것을 부정하고 하나님과 새로운 인연을 맺어서 본래의 자리로 돌아가지 않으면 축복의 자리에 나아갈 수 없습니다. 다시 말하면 우리가 타락한 사망의 세계에서 태어났기 때문에 하나님을 중심삼은 생명의 세계로 돌아가기 위해서는 부활하지 않으면 안 된다는 것입니다. 새롭게 탄생하지 않으면 안 됩니다.

3 중생하려면 예수님을 누구보다도 사랑해야 됩니다. 타락권 내 사탄 사랑의 그늘 앞에 세워진 그 어떤 사랑보다 하나님을 중심삼고 더 사랑하여 이 사탄세계의 사랑을 능가하지 않는 한 하나님과 연결될 수 있는 길이 없습니다. 이것이 수난의 길이요, 종교인들이 가야 하는 어려운 길입니다. 기독교인들도 예수님을 사모하여 눈이 빠지도록, 간장이 녹아나도록 '신랑 되시는 주여, 오시옵소서!'라고 2천년 동안 부르짖고 있습니다. 몸이 터져 나가고 가슴이 깨지고 뼛골이 무너지는 자리, 몸 안에 있는지 몸 밖에 있는지 모르고 하나님만 있고 예수님만 있을 수 있는 경지에 들어가게 될 때, 비로소 성신이 임하여서 영적인 아기로서 재생할 수 있는 영적

중생의 역사가 벌어진다는 것입니다.

4 여러분이 축복을 받는 최후의 목적은 어디에 있느냐? 참된 가정을 찾자는 것입니다. 이것이 타락한 인간이 찾아 나오는 최고의 목적입니다. 이 참된 가정을 이루기 위해서는 참된 사람이 나와야 합니다. 참된 사람 중에서도 참된 남자가 먼저 나와야 됩니다. 그리하여 그 참된 남자가 참된 여자를 찾아 세워 하나님을 중심삼고 성혼식을 함으로써 비로소 참된 가정이 출현하게 됩니다. 인간이 타락함으로써 이런 기원을 갖지 못했기 때문에 우리는 지금까지의 모든 가정을 부정하고 새로이 하나님의 섭리의 뜻에 따라서 이와 같은 가정의 기준을 밟고 넘어가야 됩니다. 만일 그 기준을 넘어가지 못한다면 타락한 인간은 본연의 세계로 돌아갈 수 없다는 것이 원리적인 견해입니다. 타락한 인간은 누구든지 이 공식적인 조건을 거쳐 나가지 않고는 하나님 앞에 설 수 없는 것입니다.

5 하나님의 심정은 이론으로 연결되지 않습니다. 핏줄을 통해서만 연결됩니다. 여러분은 하나님의 심정의 핏줄을 받았습니까? 지금까지는 몰랐다는 것입니다. 그래서 여러분이 축복받기 전에 혈통전환식이 있습니다. 그때는 내가 아무것도 없다는 무의 경지에 들어가야 됩니다. 내 몸은 없다 하는 자리에 서서 부모님의 혈육을 다시 이어받는 결착점이 나로부터 시작된다는 신념을 가져야 합니다.

6 하나님 편에서는 사탄의 거짓 사랑권에 있는 인간을 더 큰 하나님의 사랑으로 빼앗아 와서 중생시키는 것입니다. 인간이 거짓 사랑의 부모, 거짓 사랑의 조상, 거짓 사랑의 혈통을 통해 태어났기 때문에 참사랑의 부모, 참사랑의 조상, 참사랑의 혈통을 통해 다시 태어나야만 하나님의 자녀, 하나님의 백성이 됩니다. 인간은 거듭나야 합니다. 이것은 타락 인간의 운명길입니다. 우리는 어떤 어려움이 있어도 이 길을 가야 합니다. 구원역사가 하나님의 혈통에 접붙이는 중생의 역사이기 때문에 나에 속한 지난날의 모든 것, 즉 소유관념·전통·의식 일체에 대해 완전부정을 해야 됩니다. 이미 가진 것은 하나님 앞에 그대로 인정받을 수 없습니다. 일단 취소하고 정리한 후 거듭나야 합니다. 이것은 나무를 접붙일 때 뿌리 부분만 남기고 다 잘라 없애고 접붙이는 것과 같습니다.

7 인류가 소망하는 것은 참부모를 모시는 것입니다. 6천년 전에 아담과 해와의 성혼으로 온 인류가 하나님의 후손이 되어야 했음에도 불구하

고 타락함으로써 인간은 사탄의 후손이 되어 버렸습니다. 그러므로 6천년 전에 잃어버린 하늘 편인 참부모를 다시 이 땅 위에 찾아 세워 그 참부모의 사랑의 인연을 통하여 중생해야 됩니다. 그래야만 천국 백성이 될 수 있습니다.

8 에덴동산에서 결혼을 잘못한 것이 타락이니 이제 참부모가 바르게 결혼시켜 줌으로써 다시 뒤집어 놓는 것입니다. 거짓 부모가 저질러 놓은 일을 참부모가 청산함으로써 지옥을 철폐하고 수백 수천억 영계의 조상들까지 축복을 해서 본연의 참사랑과 참생명과 참혈통을 찾아 참된 부자관계를 복귀하는 것입니다.

9 양자는 참다운 아들에게 접붙임을 받아야 합니다. 돌감람나무를 잘라 버리고 참감람나무 순을 접붙이는 일을 해야 됩니다. 돌감람나무를 참감람나무가 되게 하는 운동을 해야 됩니다. 중생하기 위해서는 참부모의 혈통을 이어받아야 하는 것입니다. 인류가 바라는 것은 참부모이고, 예수님과 성신이 바라는 것은 어린 양잔치입니다.

10 사탄 혈통을 빼 버리는 것은 메시아가 합니다. 그러나 제거되도록 하는 행동은 자기가 하지 않으면 안 됩니다. 거기에 일체가 되어서 순종하지 않으면 안 됩니다. 이러한 기준이 성립되지 않는 이상 우리는 구원될 수 없습니다. 그것은 죽느냐 사느냐 하는 경지를 통과해야 됩니다. 거기를 통과해야 악의 혈통이 제거됩니다. 생사가 엇갈리는 경지에 들어가지 않으면 안 됩니다. 죽음의 경지를 더듬어 가야 합니다.

11 혈통전환은 아무도 할 수 없었습니다. 선생님이 해왔습니다. 그래서 선생님이 눈물겨운 심정적 십자가를 지고 나온 것입니다. 그런 거룩한 기준이 있기 때문에 여러분은 아무런 공로도 없이 축복을 받았습니다. 그리고 축복을 통해 새로운 혈통을 받았습니다. 혈통전환의 승리권을 세우는 데 있어서는 수천년의 하나님의 노고를 바탕으로 하여 실체를 중심한 선생님의 노고의 생애가 덧붙여져서 이루어졌습니다. 그 위에 하나님과 선생님을 발판으로 해서 선 사람들이 여러분입니다. 축복받는다는 것은 악의 혈통을 잘라 버리고 새롭게 접붙이는 것입니다. 접붙임으로써 혈통이 달라지는 것입니다.

12 참부모가 필요한 것은 뭐냐? 심정권을 중심삼고 그 뿌리를 내리기 위해서입니다. 지금은 뿌리가 다릅니다. 타락으로 말미암아 줄기와 가

지가 전부 달라졌습니다. 여기에서 새로이 통일교회가 뿌리를 내리는데 참부모로부터 시작되어 줄기와 가지가 나와서 접붙이는 것입니다. 잘라내고 접붙여 가지고 그것이 우주의 큰 주류가 됩니다. 사탄세계의 모든 것을 잘라 버려야 됩니다. 뿌리까지 잘라 버려야 합니다.

혈통전환을 위한 주요 의식

13 약혼식을 한 후에는 성주식이 있고, 그다음에 결혼식이 있습니다. 이 약혼식과 성주식, 그리고 결혼식은 어떠한 전례에 따라 행하는 식이 아닙니다. 타락한 모든 내용을 다시 한 번 상징적으로 재현시켜, 그것을 탕감하기 위해 행하는 불가피한 행사인 것입니다.

14 타락한 인간은 사탄세계의 거짓된 사랑으로 더럽혀진 과거의 모든 사랑을 부정하고 새로이 하나님의 사랑을 중심삼고 참된 부모의 사랑을 재현시킬 수 있는 부활적인 실체를 갖추지 않고는 축복의 자리에 나갈 수 없습니다. 그러므로 성주식은 참부모의 사랑의 관문을 통하여 새로운 생명의 기준을 이룰 것을 약속하는 의식입니다.

15 성주식은 아담과 해와가 타락하던 그 반대의 코스로 합니다. 결혼하려면 약혼식이 있어야 됩니다. 그다음에는 성주식입니다. 그래 가지고야 결혼식에 나가는 것입니다. 여러분은 타락했기 때문에 하나님의 아들딸이 못 되었습니다. 약혼식은 아들을 찾으려는 하나님 앞에, 참부모 앞에 '타락한 아들보다 나은 아담과 해와가 됐습니다.'라고 하는 것입니다. 아담과 해와는 약혼 단계였습니다.

16 우리는 사탄의 혈통을 받았기 때문에 이것을 취소하는 식을 해야 됩니다. 그 식이 성주식입니다. 우리가 사탄세계의 혈통의 자국을 남겨 가지고는 하나님 앞에 축복을 받는다는 것이 원리적인 관점에서 절대 불가능합니다. 그렇기 때문에 사탄세계로부터 이어받은 모든 혈통, 그다음에 지금까지의 모든 죄를 청산해야 됩니다. 죄 가운데는 유전적인 죄, 역사적인 죄, 개인적인 죄 등 많이 있지만, 그 모든 죄가 전부 청산되는 조건이 되는 것이 성주식입니다. 그 성주에는 스물한 가지의 물질이 들어가 있습니다. 전부 성별한 것입니다. 이 모든 것은 영계와 사탄과 하나님 사이에 대치해서 승리적 조건으로 세운 그러한 물질입니다. 이 성주 한 잔 마시는 것이 아무것도 아닌 것 같지만 안 그렇습니다. 여러분이 믿고 마시는 날에는 그런 승리적 조건 기반 위에 서서 사탄세계의 혈통을 끊고, 여러분의

선조들이 지은 죄, 조상들과 엮어진 모든 연고를 끊는다는 것입니다.

4절 축복가정의 역사와 의의

1 통일교회 축복을 받게 되면 판도가 넓어집니다. 그것은 하나님을 중심삼고 주류적 가정권을 이루어 나가기 때문입니다. 그래서 통일교회 축복을 받은 가정 가정끼리를 종족이라고 합니다. 참부모라는 새로운 부모의 인연을 따라 천륜의 내적 심정을 이어받은 가정이 생겨나서 가정이 횡적으로 많이 된다는 것은 무엇이냐 하면, 통일가에 있어서 종족 형성으로부터 민족 형성, 국가 형성이 되어 나간다는 것입니다.

2 축복가정들은 새로운 이스라엘 나라를 편성해야 됩니다. 그래서 1960년부터 올라갑니다. 되풀이하는 것입니다. 거기서부터 역사시대는 가정·종족·민족·국가·세계시대로 나갑니다. 그래서 통일교회는 야곱과 같은 선생님이 가정을 중심삼고 하나 만들고, 그다음에는 종족과 민족을 편성해야 됩니다.

3 선생님의 가정을 중심으로 하여 결합한 가정은 새로운 씨족입니다. 그것이 날로 번성해 나가면 새로운 민족이 됩니다. 좀 더 발전하면 국가, 세계권을 이루게 됩니다. 새로운 민족, 제3 이스라엘 민족이 됩니다. 새로이 하나님에 의한 혈통권을 이어받은 자녀가 될 수 있도록 하는 곳이 통일교회입니다. 우리가 설 곳은 세상 사람과는 다릅니다. 사탄의 참소를 막고 승리권을 이룰 수 있는 내용을 여러분에게 가르쳐 주었습니다. 여러분은 장성기 완성급 기준에도 올라오지 못했으므로 축복이 문제입니다. 한 남자와 한 여자가 추방된 것이 타락이니까 축복받는 두 사람은 환영받지 못하는 경지를 넘어서지 않으면 안 됩니다. 그 경지를 넘어서서 받는 것이 축복입니다.

36, 72, 124가정의 섭리적 의미

4 하늘의 역사는 종족에서 민족 편성 운동이기 때문에 선생님을 중심삼고 1960년대의 성혼식, 축복식 이후부터 본격적인 종족 편성이 벌어지는 것입니다. 그것이 36가정으로부터 72가정입니다. 36가정은 이스라엘의 민족 역사, 유태교 역사 가운데 있어서 조상들을 다시 찾은 것입니다. 조상의 대표를 세운 것입니다.

5 36가정과 72가정은 모든 가정들 앞에 아담 가정의 가인 아벨 가정에 해당합니다. 지금까지 이 시대에 영향을 미쳐 나온 모든 조상들이 섭리 가운데에서 가인 아벨을 하나 만드는데 실패했습니다. 그 가인 아벨을 하

나 만들 수 있는 기반을 형성하지 못했기 때문에 타락의 세계가 연장되었던 것입니다. 그럼으로써 36가정을 중심삼고 72가정 형을 만들어서, 가인 가정과 아벨 가정을 연결시킨 하나의 조상 가정을 만드는 것입니다.

6 12사도가 하나의 종족적 기준이라 하면, 72문도는 민족적 기준이요 120문도는 세계적 국가를 대신한 기준입니다. 그래서 통일교회는 이런 전부를 다시 탕감복귀해서 해원성사해야 됩니다. 예수님이 실패한 역사적 내용을 해원성사해야 되는데, 오시는 주님께서 해원성사하지 않고는 세계는 살길이 없습니다. 그래서 36가정을 세우고 72가정을 세워 놓았습니다. 이것이 하나됨으로써 민족적 중심을 확정할 수 있는 것입니다.

7 36가정은 아담부터 아브라함까지 2천년 사이에 있었던 선조들을 대신한 가정입니다. 그렇기 때문에 36가정 앞에는 가인 아벨이 있어야 합니다. 이 입장으로 세워진 가정이 72가정입니다. 또 12수를 중심한 전체 수를 위해 세워진 가정이 124가정입니다. 124가정 중 4가정은 세상에서 이미 결혼했던 사람으로 세웠습니다. 이것은 타락한 인간의 입장을 복귀하는 것이요, 예수님이 역사 속에서 찾으려던 가정을 복귀하기 위한 것입니다.

8 선생님은 선생님의 가정을 중심삼고 3가정을 축복해 주었고, 3가정을 중심한 12가정을 중심으로 36가정, 72가정, 124가정을 축복해 주었습니다. 이것은 선생님이 세계사적인 투쟁을 거쳐 축복해 준 것입니다. 이것은 예수님을 중심삼은 3제자와 12제자, 70문도, 120문도와 같습니다. 예수님이 하나님의 아들 입장에서 아버지를 대신하여 승리적 책임자가 된 것과 마찬가지로 여러분도 아들의 입장에서 책임을 해야 됩니다.

9 국가와 민족을 대표한 자리에 있어서 생사기로의 접경에서 최후의 결전을 내려야 할 숨가쁜 과정을 거쳐 나가고 있습니다. 1960년대 선생님의 성혼식을 중심삼고 36가정으로부터 72가정, 124가정으로 이렇게 쭉 발전해 나온 것입니다. 36가정을 택하기 위해서 3가정을, 그다음에 12가정을 중심삼은 3시대 형을, 즉 구약시대·신약시대·성약시대 형을 대표로 전체를 연결시켰던 것입니다. 12수가 횡적 기반만 되어서는 안 됩니다. 종적인 입장에서 영계와 연결시키는 기반을 닦지 않으면 안 되기 때문에 36가정을 중심삼고 그것을 하나의 조상이 재림한 기반으로 해서 72가정 124가정으로 연결한 것입니다.

10 72가정은 씨족에서 민족을 편성

하여 하늘을 대표할 수 있는 중심자를 택해서 세운 격입니다. 모세가 72장로를 중심삼고 민족적 지도 기반을 닦았던 것과 마찬가지로 선생님도 씨족권에서 민족권으로 발전해야 됩니다. 그것이 뭐냐 하면 가정입니다. 어디까지나 가정을 중심삼고 하늘이 역사한다는 것입니다. 그다음에 124가정은 뭐냐? 예수님 시대를 중심삼고 볼 때, 120문도를 중심삼아 예수님이 승천함으로써 오순절에 120문도가 결합해 세계적인 출발을 한 격입니다. 이것은 세계 국가가 끝날에 120개 국가가 될 때, 주님이 현현할 수 있는 한계점을 제시한 것입니다. 그렇기 때문에 땅 위에 있어서 그러한 기반을 닦기 위한 120가정, 세계 대표 형 가정을 하늘 앞에 세워 놓아야 됩니다. 거기에 4가정을 합해서 124가정을 축복한 것입니다.

11 민족을 중심삼은 72가정 기반 위에 세계 대표 120개 국가를 규합했더라면 예수님은 이 땅 위에서 뜻을 이룰 수 있었다고 하는 것이 섭리관입니다. 이것을 탕감복귀해야 하는 것이 통일교회의 책임입니다. 통일교회의 책임인 동시에 통일교회 축복받은 가정들의 책임입니다. 124가정 축복이 끝남으로써 1965년에 선생님이 전 세계에 성지를 택정했습니다. 하나님의 뜻을 중심삼고 36가정을 찾았고, 그다음엔 72가정을 찾아 민족적 중심으로 만들었고, 세계 국가형 120가정 기반을 만들어 놓았기 때문에 세계 국가를 관리해야 됩니다. 그런 시대로 들어가기 때문에 전 세계 40개국에 120개 성지를 택정한 것입니다.

12 36가정은 타락한 인류의 조상들이 부활한 형이고, 72가정은 그 조상들의 아들딸들이 부활한 형이고, 그다음 124가정은 세계 사람들이 부활한 형입니다. 그러니까 이것이 하나되면 결국 가정과 아들딸이 하나되고 세계가 하나됩니다. 그래서 124가정까지는 선생님이 책임을 져야 되겠다고 봅니다. 이제부터는 여러분도 선생님과 같은 사고방식을 가져야 합니다. 하나의 세계를 찾기 위해서는 하나의 나라를 찾아야 되고, 하나의 나라를 찾기 위해서는 내 일족, 문 씨면 문 씨 종족을 동원해야 됩니다. 종족을 동원해서 이 대한민국을 구해야 된다는 것입니다.

민족을 대표한 430가정

13 세계적으로 성지를 택정한 후에 430가정을 축복했습니다. 그것은 유대민족의 애급에서의 430년에 해당하고, 한국 역사의 4300년에 해당합니다. 그것은 새로운 역사의 출발을 의미했습니다. 또한 430가정은 세계의 가정들을 대표합니다. 그 후에 선

생님이 제2차 세계순회 때 미국, 유럽, 그리고 일본에서 43쌍을 축복했습니다. 선생님은 그 43가정을 세계적인 차원에서 430가정에 연결한 것입니다. 43가정을 430가정과 연결함으로써 선생님은 한국에서 이룩했던 승리의 기반을 다시 세계에 연결할 수 있었습니다. 선생님은 그 기대를 서구세계에 연결할 수 있었습니다. 이것을 함으로써 통일교회 식구들뿐만 아니라 세계의 모든 가정들은 그때에 천적인 운을 받을 수 있는 입장으로 들어올 수 있었습니다.

14 430가정은 4300년의 역사와 딱 들어맞는 것입니다. 이스라엘이 430년 만에 4대를 중심삼고 애급에서 나왔습니다. 그와 마찬가지로 4300년 만에 43수의 지상 기반을 거쳐서 출발할 수 있는, 국가와 민족을 하늘의 뜻 앞에 세울 수 있는 터전을 넓히기 위한 대표 가정이 430가정입니다. 43수의 4와 3을 합하면 7수가 되고, 이것을 승(乘)하게 되면 12수가 됩니다. 이러한 원칙을 통해서 430가정을 한국에서 축복한 것입니다. 이렇게 해서 430년 만에 이스라엘의 해방이 벌어지고 이동이 벌어진 것과 마찬가지로 통일교회에서도 이동이 벌어진 것입니다. 그렇기 때문에 전라도 사람은 강원도로 가고, 강원도 사람은 전라도로 가고, 전부 섞어져 대이동이 벌어진 것입니다.

15 선생님이 430쌍을 축복한 것은 세계적인 차원의 사명을 수행할 수 있는 문이 열렸다는 것을 의미합니다. 여러분이 세계적인 차원에서 그 목표를 달성한 후, 그것은 여러분이 종족적인 차원에서 메시아가 되는 입장에 있다는 뜻입니다. 축복을 받은 사람들로서 여러분은 지금 죽은 예수님의 입장에 있는 것이 아닙니다. 축복을 받았기 때문입니다. 여러분은 종족을 복귀하기 위해서 다시 온 예수님의 입장에 있습니다.

777, 1800, 6000, 6500가정 축복

16 합동결혼식의 역사는 먼저 3가정을 하고, 다음은 36가정, 그다음엔 72가정, 그다음엔 124가정, 그다음엔 430가정, 그다음엔 777가정, 그다음엔 1800가정으로 이어졌습니다. 세계 어떤 민족이든지 하나님의 축복권 내에 들어갈 수 있게 개문하는 시대가 되었습니다. 그래서 미국과 독일과 일본을 주체국으로 해서 축복해 준 것입니다. 1970년에 777가정을 축복함으로써 비로소 어떠한 민족이든지 하나님의 섭리권 내에 들어오게 되었습니다.

17 1970년대에 대이동이 벌어졌습니다. 전 세계에서 10개국 이상의 축

복가정들을 한국에 불러다가 가나안 복귀를 한 것입니다. 한국에 불러다가 하나로 묶어 놓은 것입니다. 이것이 777가정의 축복입니다.

18 777가정부터는 초민족적 결혼시대로 들어가는 것입니다. 그래서 통일교회는 하나의 대한민국을 중심삼은 교회가 아닙니다. 벌써 777가정을 축복함으로써 통일교회에는 세계 인류를 통해 이루어질 수 있는 새로운 민족 형성의 기반이 닦아졌습니다. 777가정부터 세계 민족을 형성할 수 있는 새로운 초민족적 시대, 초종족적 시대로 들어간다는 것입니다. 그때부터 통일교회는 세계적 출발을 해야 됩니다.

19 한국의 모든 종씨들이 천국 갈 수 있는 문을 다 열어 놨습니다. 이것을 막으면 안 됩니다. 하나님의 사랑은 보편적인 사랑이요, 전체적인 사랑이니만큼 문을 닫을 수 없습니다. 다 열어 놔야 됩니다. 거기서부터 확대하는 것입니다. 430가정, 그다음에 777가정입니다. 이것은 세계무대에 서는 것입니다. 국가무대를 넘어서 세계무대로 가는 것입니다.

20 축복을 했다는 것은 부모를 중심삼고 이 땅 위에 하늘적 혈족권이 생겨났다는 것입니다. 그 혈족권에는 수많은 종족이 들어와 있습니다. 한국을 중심삼고 가지각색의 종족이 다 들어와 있습니다. 그 문을 열어 주는 것이 430가정 축복으로부터 777가정 축복입니다.

21 사탄은 가정을 중심삼고 타락했기 때문에 하나님의 주관권에 가정을 묶어서 초국가적인 운동을 전개해 나갑니다. 777가정, 그다음에 1800가정입니다. 1800가정까지가 마지막입니다. 사탄 수인 6수의 3배, 소생·장성·완성 해서 18수입니다. 사탄세계에 있어서 1800가정을 선생님이 가졌다고 하는 것은 종족권을 넘어서는 것이 됩니다. 국가 기준에 연결된 승리 기준은 세계에 연결되는 길의 시작입니다. 1800가정은 사탄의 주관권이 되는 600수의 3배수입니다. 그것을 기준으로 가정을 세워서 사탄권의 가정을 탕감하는 기준이 되는 것이 1800가정입니다.

22 전 세계권을 중심삼고 1800쌍 축복을 한 것은 완전히 세계적 기준을 향해서 기반을 닦아 넘어가는 것입니다. 1800쌍은 무엇이냐? 6수 플러스 6수 플러스 6수 해서 18수입니다. 이것은 사탄세계를 제압한다는 뜻입니다. 완전히 제압한다는 것입니다. 우리가 세계적 기반을 닦았으니, 국가를 중심삼고 마음대로 움직이고 세계

를 움직일 수 있는 시대로 들어간다는 것입니다.

23 6000가정은 전 세계의 종적인 기독교인과 일반 사람이, 종적인 기독교인과 횡적인 가인세계가 같이 연결된 것입니다. 6000가정을 선생님이 연결하게끔 했다는 것은 사탄세계가 가정적으로 공격하는 시대는 이미 지났다는 것입니다. 영적인 장성 기준을 국가 기준에서 이루었습니다. 세계적인 기준에 있어서는 영적인 기독교가 세계적인 기반이 되기 때문에, 세계적 실체기준을 기독교 문화권에 연결하기 위해서 미국에 가서 전국적으로 부흥활동을 했고 가는 모든 곳마다 환영받았습니다. 그렇게 해서 국가 기준을 대표해서 한국에 연결했습니다. 그렇게 승리해서 돌아왔습니다.

24 6000가정을 중심삼고 감옥에 있는, 지옥에 있는 가정도 다 모인다는 것입니다. 가인세계뿐만 아니고 천상세계 지상세계 지옥에 대해 문을 열어 주는 6000수입니다. 6000가정들이 문을 열어 주는 것입니다. 전부 다 열어 줬으니까 세계적으로 다 드러났습니다. 천국 들어가는 문을 어떠한 사람에게도, 지옥에 있는 사람에게도 전부 다 열어 놓았으니까 공개하는 것입니다.

25 일본 사람들과 한국 사람들을 6500쌍으로 교차결혼 시켰습니다. 일본 사람들은 한국 남자 여자를 얻고, 한국 사람들은 일본 남자 여자를 얻은 것입니다. 일본과 한국의 엘리트들을 교차결혼시킨다는 것을 일본 통일교회 책임자들에게 오래전부터 이야기를 했습니다.

26 아담 국가를 대표한 한국 사람과 해와 국가를 대표한 일본 사람이 교차결혼했다는 것은 의미가 큽니다. 교차결혼함으로써 통일적 가정을 연결시키는 데 있어서 국가적 차원을 넘어선다는 것입니다. 국가적 차원을 넘어서니까 세계적 시대로 넘어간다는 것입니다. 지금까지 국가가 문제였습니다. 사탄이 국가를 중심삼고 지배해 나왔습니다. 이 국가적 기준을 가정적으로 소화하여 일본과 한국이 어떻게 하나되느냐 하는 문제는 가정을 중심삼고 하나될 수 있는 2세를 중심삼은 체제를 만들어 나감으로써 해결되는 것입니다. 그렇기 때문에 6500쌍의 교차결혼이 중요한 것입니다. 하늘이 통일적 운세를 한국을 중심삼고 맞으려고 했는데, 하늘의 뜻을 받들지 못함으로써 사탄세계가 침입하여 남북이 분립되었고 세계가 문제 된 것입니다. 갈라진 것을 합할 수 있는 운세를 수습하지 않고는 본연지에 돌아갈 수 없습니다. 그런

데 선생님이 아담 국가와 해와 국가의 교차결혼을 함으로써 조건적으로나마 가정적 국가 기준을 넘어서게 되었습니다.

27 한·일 교차결혼을 한 사람은 일본 사람이 아니고 한국 사람이 아닙니다. 아시아를 넘어서는 것입니다. 자기들 나라를 지도할 수 있는 사상을 가지고 있다는 관점에서 한국에 와 있는 일본 가정은 중국도 개척할 수 있어야 됩니다. 본향 땅에 파견해서 세계를 포용할 수 있는 기반을 닦으려고 아담과 해와의 일체권을 선생님이 묶고 있습니다. 역사는 그렇게 되어 간다는 것입니다.

3만, 36만, 360만가정 축복

28 1992년에는 3만쌍 축복이 벌어졌습니다. 3만쌍은 국제적입니다. 1952년에 부모를 중심삼고 세계적으로 축복할 수 있는 세계시대를 잃어버렸는데, 40년 만에 세계적 축복시대로 들어가기 때문에 3만쌍 결혼이 벌어지는 것입니다. 이것은 세계적인 시대의 소생입니다.

29 3만쌍 축복은 소생입니다. 국제적인 기준이었습니다. 인종이니 문화니 모든 것을 부정하는 것입니다. 아담과 해와의 사랑을 위해서 만든 것이 결혼입니다. 아담과 해와는 사탄을 중심삼고 하늘을 부정했지만 하나님을 중심삼고, 참부모를 중심삼고 이것을 긍정함으로써 탕감복귀하는 것입니다.

30 1992년 4월 10일에 모슬렘을 비롯하여 8개국 사람들을 축복해 줘서 모슬렘까지 통일하는 조건을 세운 것입니다. 그 축복의 자리에 참석 안 한 사람이 없습니다. 모슬렘도 축복에 참석했습니다. 그리고 3만쌍 축복은 세계적인 축복입니다. 중국 사람, 북한의 젊은 사람들도 거기에 반해 가지고 들어왔습니다. 공산주의에서 전환하고 축복받은 사람들까지도 있습니다. 이것은 전 세계적으로 축복했다는 말입니다.

31 세계의 젊은이들 3만쌍이 한 곳에 모여서 결혼한다는 것은 우주사적인 경사입니다. 어떤 왕국의 왕자 왕녀들이 시집장가 간다고 해서 일국이 찬양하는 것보다 더 대단한 것입니다. 3만쌍은 131개국에서 온 사람들입니다. 이것은 아무리 부정하려고 해도 세계적이 아닐 수 없습니다. 세계적인 차원이라는 것입니다.

32 3만쌍 축복은 국제적 축복입니다. 비로소 부모가 나와서 대등한 자리에서 참부모의 승리권을 전 세계 국가에 심기 위한 소생적 국제결혼이

벌어진 것입니다. 그다음에 장성적 국제결혼이 36만쌍이고, 완성적 국제결혼은 360만쌍입니다. 3만쌍 때부터 어떤 종교든 어떤 민족이든 누구나 축복받을 수 있는 길을 연 것입니다. 36만쌍에서 본격적인 장성시대를 거쳐 360만쌍은 불신자까지 대등한 자리에서 이것을 상속해 주려고 한 것입니다.

33 3만쌍, 36만쌍, 그리고 360만쌍을 넘는 시대, 그러한 세계적인 기준의 해방권을 오늘에 이르러 조성하면서 만세를 하기 시작했습니다. 이날까지 선생님의 생활은 비참했습니다. 천하가 기뻐할 그날을 맞기 위해 이를 악물고 죽음길을 걸어왔습니다. 4천년 역사를 4백년에 해야 하는데, 4백년을 살 수 없으니 생애 40년 이내에, 생애를 걸고 이뤄내지 않으면 안 될 선생님으로서 얼마나 심각했겠는지 생각해 보라는 것입니다.

34 세계에 참부모권의 기틀을 마련하기 위해서 세계적인 운동을 하고 있습니다. 그래서 축복도 3만쌍으로부터 36만쌍, 360만쌍을 하는 것입니다. 소생·장성 단계를 넘었습니다. 장성 단계를 넘었다는 것은 국가적 기준을 넘어섰다는 것입니다. 예수님이 실패한 이스라엘권, 국가를 잃어버렸던 것을 복귀할 수 있는 때에 왔습니다. 이제 선생님을 위주로 한 가정과 종족과 민족과 국가를 찾아 들어가야 할 때가 왔습니다. 왕권시대로 넘어가는 것입니다.

35 360만쌍 결혼, 이것은 소생·장성·완성의 완성입니다. 3만쌍에서부터 36만쌍을 거쳐 완성 단계에 이른 것입니다. 이것을 수위로 말하면 물이 여섯 시간 동안 들어와서 열두 시간 만에 한 번씩 나가는 것과 마찬가지입니다. 여섯 시간 먼저 들어온 물이나 여섯 시간 후에 들어온 물이나 같은 수위에 서는 것입니다. 먼저 들어오는 것을 밀고 들어오면 도리어 새로 들어오는 것이 앞설 수도 있다는 것입니다. 그러니 평준화시대에 들어온 것입니다.

36 가정을 중심삼은 세계적인 확대는 축복가정을 중심삼고 하는 것입니다. 3만쌍으로부터 36만쌍, 360만쌍을 중심삼고 가정적 세계 판도가 됨으로써 하나님 개인보다도 하나님의 가정이 가는 데 있어서, 참부모의 가정이 가는 데 있어서 종횡을 거치지 않고 하나님이 이 땅 위에 거할 수 있는 시대권을 맞이했기 때문에 '천지부모천주안식권'을 선포한 것입니다. 세계의 통일가정들이 움직이는 데 있어서 장애물이 없이 환영받을 수 있는 시대가 되었기 때문에 하나님이

어디 가서든 쉴 수 있는 시대가 왔다는 것입니다.

37 360만쌍 축복을 해서 세계 최후의 고개를 넘어가는 데는 국가메시아를 중심삼고 넘어가야 됩니다. 360만쌍 축복을 승리하게 될 때는 각 나라의 메시아들이 그 나라의 각료들을 움직일 수 있는 기반이 됨으로써 유엔에 가 있는 대사를 중심삼고 '유엔이 필요한 것은 참부모의 설정과 여성유엔 가입, 청년유엔 가입이다.'라고 하는 것입니다. 그래서 어머니 아버지와 가인 아벨, 여성유엔과 청년유엔, 학생유엔이 가입하게 되면 통일천하의 세계가 벌어질 것입니다.

38 가정을 중심삼고 세계의 기준을 넘어서야 됩니다. 그래서 통일교회는 그 일을 실현시키기 위해서 합동결혼식을 한 것입니다. 36가정에서부터 10수를 중심삼고 3만쌍, 그다음에는 36만쌍, 그다음에는 360만쌍까지 해서 정상의 고개를 넘어가는 것입니다. 분수령을 넘었다는 것입니다. 거기까지 힘들었지만, 이제는 세계에 모든 축복의 문을 열었습니다. 360만쌍, 절정의 횡적 기준이 벌어짐으로 말미암아 종적인 기준도 비례적으로 높아지는 것입니다. 지상에서 전 세계의 어떠한 종족·민족·국가를 넘어서 축복을 받는 것과 마찬가지로 천상세계, 천사장권 세계까지 다 축복을 받는다는 것입니다.

3억6천만가정 축복

39 아담이 타락하지 않고 축복받았다면 이것은 우주사적인 축복입니다. 그런데 타락함으로써 갈라져 나왔기 때문에 가정들이 우주사적인 축복의 혜택권 내에 못 들어갔습니다. 아담 가정에서 실패하여 잃어버린 것을 세계 가정권에서 대등한 자리의 가치를 함께 맞기 위한 일이 세계 3억6천만쌍 축복입니다.

40 소생·장성·완성, 3억6천만쌍까지 열두 고개입니다. 거기서 내려오지 않고 4천만쌍을 전부 끝냈기 때문에 수평이 벌어진 것입니다. 그래서 축복가정이 4억쌍이 된 것입니다. 3억6천만쌍 축복은 지상에 있어서 평준화 축복입니다. 세계 만민 평준화 축복이라는 것입니다.

41 '천지부모천주안식권' 선포로 하나님이 이 땅 위에 찾아올 수 있게 되었습니다. 가정적 기반, 종족적 기반을 연결시키는 세계 대축복의 때입니다. 360만쌍, 3천6백만쌍, 3억6천만쌍을 축복해 줌으로써 온 인류의 사탄의 핏줄을 단절해야 됩니다. 사탄 핏줄을 가진 사람이 한 사람이라도 남아서는 안 된다는 것입니다.

42 3억6천만쌍 축복이 끝나면 선생님이 축복을 안 해주고 자기 어머니 아버지가 해주게 됩니다. 이것이 제4차 아담권 해방시대입니다. 탕감이 없습니다. 1차, 2차에 있어서 구약시대에는 아담이 실패했고, 신약시대에도 아담이 실패했습니다. 성약시대에는 핍박받으면서 나왔지만 이제는 해방권에 들어갑니다. 타락하지 않은 본연의 세계, 제4차 아담권 시대에 들어갑니다. 그렇기 때문에 타락하지 않은 부모가 아들딸을 축복해 주는 것입니다. 하나님이 창조한 내적 외적 전체 이상을 상속해 주는 가정이 되기 때문에 부모가 축복해 주는 것입니다. 그 부모가 참부모의 대신 자리에 서는 것입니다. 그렇기 때문에 세계는 하나 안 될 수 없습니다.

43 3억6천만쌍 축복을 하면 이 세계의 막힌 모든 담을 다 헐어 버리는 것입니다. 사탄세계의 개인적인 담, 가정적인 담, 종족적인 담, 민족적인 담, 국가적인 담, 세계적인 담, 천주적인 담, 하나님의 심정권의 담까지 다 무너뜨리는 것입니다.

기성 및 독신축복의 의의

44 축복을 해준 유(類) 가운데서 기성가정은 자기 마음대로 결혼한 사람들입니다. 그다음엔 남녀 간에 있어서 관계를 가졌지만 결혼생활을 이루지 못한 사람들이 있습니다. 오늘날 자유세계로 말하면 가정을 갖지 않은 사람들을 전부 구해 줘야 됩니다. 기성가정을 구해 줘야 되고, 가정을 이루지 못하고 사랑의 인연을 통해서 그릇되었던 모든 사람들을 구해 줘야 되고, 그다음엔 직계 자녀를 구해 줘야 됩니다. 그것을 대표적으로 길을 닦아 문을 열어 줄 수 있게끔 한 것이 36가정입니다. 36가정에는 아담 가정, 노아 가정, 야곱 가정의 형(型)이 있습니다. 여기에서 아담 가정이라는 것은 기성가정입니다. 본래 오시는 재림주, 참부모는 기성가정과는 하등의 관계가 없습니다. 그렇지만 기성가정 그 자체가 타락하기 전 아담의 몸을 통해서 태어났기 때문에 아담 몸을 통해서 태어난 것을 아담 완성자가 포기할 수 없다는 것입니다.

45 미완성 단계에 처한 모든 사람들, 타락한 사람들도 아담의 아들딸이고 하늘 편으로 돌려주어야 할 입장에 있기 때문에, 완성한 아담이 이 땅 위에 나타나서 타락하지 않은 자리에서 하늘이 축복하지 않았을 때 사랑관계를 맺은 것과 같은 입장에 세워 주는 것입니다. 그럼으로써 이 세계의 인류 전부가 사탄권에서 벗어납니다. 기성가정은 자기 멋대로 타락하지 않고 사랑의 인연을 맺은 것과 같은 아

담 가정 입장에 있는 것입니다.

46 앞으로 통일교회는 가인들을 축복해 줘야 됩니다. 지금 때는 기성가정 축복을 해야 됩니다. 자기들 멋대로 결혼했던 사람들도 축복을 받아야 합니다. 축복받지 않고는 천국에 못 갑니다. 결혼식을 잘못했기 때문에 타락했습니다. 거짓 부모가 거짓 사랑, 거짓 생명, 거짓 혈통을 중심삼고 결혼식을 잘못한 것이 지옥 행차가 되었으니, 이것을 반대로 지속하기 위해서는 참부모가 나와서 결혼식을 잘 해줘야 됩니다. 그것이 축복입니다. 그 축복은 한국적이 아니라 천주적이며 초민족적입니다.

47 여러분은 종족적 메시아가 되어야 합니다. 더구나 기성가정에게는 종족적 메시아라는 말이 얼마나 고마운 말인지 모릅니다. 그것이 없으면 일이 안 됩니다. 그러므로 아들딸을 길러서 필사적으로 축복을 받게 해야 됩니다. 그러면 그 아들이 낳은 여러분의 손자는 하나님 앞에 완성형이 됩니다. 이 아들딸을 중심삼고 조상들의 용서를 구하라는 것입니다.

48 기성가정하고 새로 축복받은 가정하고 선생님 가정하고 셋이 합해서 나라를 찾아야 됩니다. 나라를 찾아야 예수님의 소원이 풀립니다. 예수님이 실패했던 것을 해원성사하지 못하면 아들의 원한을 풀지 못합니다. 아들의 원한을 풀지 못하면 아버지의 원한이 풀리지 않습니다. 아들의 원한을 풀지 못하면 하나님의 원한이 풀리지 않습니다. 부모 앞에 해원성사해 드릴 수 있는 길이 생겨나지 않는다는 것입니다. 그러니 먼저 아들의 원한이 풀려야 됩니다. 예수님이 국가를 중심삼고 세계적으로 왔다가, 하나님의 아들로 왔다가 원한이 맺혔기 때문에 이것을 풀어 줘야 된다는 것입니다.

49 여러분 기성가정은 처녀총각이 축복받은 가정 이상이 되지 못해 가지고는 축복받은 기성가정의 면목을 세우지 못합니다. 하나님의 뜻 가운데에, 에덴동산에 기성가정 축복이 어디 있습니까? 이들을 살려 주기 위해서 선생님이 누더기 간판을 전부 꿰맬 수 있는 문을 열어 놓은 것입니다. 그것이 36가정에서 기성가정을 축복해 준 것입니다.

50 여러분이 혼자서 독신축복을 받는 것보다 둘이 땅 위에서 축복받는 것이 복입니다. 본래 축복은 혼자 못 받는 것입니다. 본래 에덴동산에서의 축복은 여자 앞에는 남자가, 남자 앞에는 여자가 있어야 됩니다. 창조 이상으로 볼 때 남자 여자가 하나님

앞에 축복받는 것이 원칙입니다. 그런데 이 독신축복은 비정상적입니다. 여러분이 독신으로 축복을 받게 되면, 장래에 영계에 가서 여러분이 상대를 선택할 수 있는 권한을 갖게 됩니다. 여자들이 선생님을 통해서 축복을 받으면, 수많은 영인들의 세계에서 남자를 택할 수 있습니다. 그래서 영계에 가서는 이런 식을 다시 해야 됩니다. 그런 것을 땅 위에서 참부모님의 이름으로 허락받는 것입니다. 영계의 수많은 영들 가운데는 지금까지 상대가 있는, 결혼한 영이 없습니다. 결혼이란 참부모로부터 참된 자녀로 태어나서 하는 것인데, 영계에 가 있는 영인들은 땅 위에서 참부모를 통해서 태어나지를 않았습니다. 사탄세계의 혈통을 통해서 태어났기 때문에 어차피 참부모를 통해 접붙임으로써 새로운 혈족으로 등장할 수 있게 됩니다. 그와 같은 인연을, 땅 위에 있는 여러분과 영계에 있는 미래의 신랑, 혹은 미래의 아내와 인연을 맺을 수 있다는 조건을 걸고 축복을 받는 것입니다.

51 독신가정들을 축복해 주면 영계에 있는 자기 상대자를 중심삼고 결혼할 수 있는 시대도 옵니다. 국가적 기준을 넘고 세계적 기준을 넘어서 영계에 가서 비로소 그 시대를 중심삼고 축복을 같이 받을 수 있는 것입니다. 지금까지는 그것이 불가능했습니다. 기성축복을 받게 되면 원래는 전부 갈라져서 축복받았습니다. 이제는 합해서 받아야 됩니다. 지상에서 그런 혜택이 들어오기 때문에 한 쌍을 하면 영계 축복까지 하는 것이니 같이 일원화 동위권에 서 있는 것이므로 지상에서 영계에 있는 상대와 축복받는 것입니다.

5절 축복가정의 책임과 입적

1 여러분 가정의 중심은 참부모입니다. 에덴동산에서 참부모와 함께 사는 가정을 이루지 못했습니다. 여러분이 그것을 복귀해야 됩니다. 그러려면 부모님의 명령에 절대적으로 따라야 합니다. 부모님 앞에서는 여러분의 의견이 있을 수 없습니다. 여러분에게 개인적인 개념이 없어짐으로써 비로소 참부모의 이름이 여러분의 가정에 정착하기 시작하는 것입니다. 그러지 않으면 이상적인 가정을 복귀할 수 없습니다. 이것은 선생님의 생각이 아니라 본연적인 하나님의 창조 개념입니다.

2 타락한 아담과 해와를 중심삼고 가인, 아벨, 셋과 그들의 대상을 포함한 아담 가정의 여덟 식구가 모두 떨어져 내려갔기 때문에 하나님 앞에 탕감조건을 세워 다시 완성급을 향하여 들어서야 됩니다. 그 자리에서는

부모의 사랑을 느껴야 합니다. 생명은 부모의 사랑을 통하여 태어납니다. 이런 생명의 가치를 세계의 그 무엇보다도 존중시하는 자리를 거쳐야만 새로운 길을 갈 수 있습니다.

3 지금의 개성완성은 절대적인 전체 개성완성이 되어 있지 않습니다. 조건 완성입니다. 복귀과정에서의 조건 완성이라는 것입니다. 그래서 그들이 부모의 자리에 서 있지만 하나님의 심정권을 모릅니다. 자기 아내는 우주를 줘도 바꿀 수 없고 남편은 우주를 줘도 바꿀 수 없다는 것, 둘이 사랑하는 거기에 하늘땅을 붙들고 갈 수 있는 위대한 힘이 있다는 것을 체험하지 못했다는 것입니다. 그렇기 때문에 축복해 준 가정들은 이 타락권을 넘어설 때까지는 조건 완성권 내에 서 있다는 것입니다. 천국 완성권이 아니라 조건 완성권입니다. 조건 완성권에 있기 때문에 여기서 살다가 영계에 가면 수속을 달리 받아야 됩니다. 수속 절차를 받아 완성적 완성을 했다고 하면 통행권을 받아서 천국으로 들어가는 것입니다.

4 하나님이 허락한 참된 자유는 책임성을 전제로 합니다. 만일 책임성이 없이 개개인이 사랑의 자유만 주장하고 실천한다면 얼마나 큰 혼란과 파국이 오겠습니까? 지고한 사랑이상을 이룰 인간의 완성은 사랑에 대한 책임성을 지닐 때 가능한 것입니다. 그 책임성은 다음 세 가지로 생각할 수 있습니다. 첫째는 인간은 사랑의 자유를 주신 하나님께 감사하면서 자기 수양, 자기 관장으로 자유로운 참사랑의 주체가 되는 책임입니다. 사람에게 있어서 사랑의 책임성은 법이나 이목 때문에 지켜지는 것이 아니고 하나님과의 생명적 종적 관계 속에서 자아주관, 자기 결단으로 지켜지는 것입니다. 둘째는 상대에 대한 책임성입니다. 인간은 본성적으로 자기 상대의 자기에 대한 사랑이 나누어지기를 원치 않습니다. 부부간의 횡적인 사랑의 관계는 부모와 자식간의 종적인 사랑의 관계와는 달리 나누어지면 벌써 그 온전성이 파괴됩니다. 이는 부부간에 절대적인 사랑의 일체를 이루게 되어 있는 창조원리 때문입니다. 사람은 자기 상대를 절대로 위해야 할 사랑의 책임성이 있습니다. 셋째는 자녀에 대한 사랑의 책임성입니다. 자녀들의 자랑과 행복의 기지는 부모의 사랑입니다. 자녀들은 참사랑으로 화합 일체 된 부모를 통해 생명이 태어나고, 그러한 사랑 속에서 양육되기를 바랍니다. 부모의 자녀에 대한 가장 귀한 책임은 외적인 양육만이 아니라 그들의 영성을 온전하게 해줄 참사랑의 생명적인 요소를 제공하는 것입니다. 가

정이 소중한 이유는 이 때문입니다. 생활의 경험을 통해 체득하는 참된 자식의 심정, 형제의 심정, 부부의 심정, 부모의 심정은 참된 가정 이외 그 어느 곳에서도 얻을 수 없습니다.

5 생식기를 눈먼 장님처럼 방향을 잃은 채 사용하게 되면 지옥행이요, 반대로 이것을 하나님의 절대사랑의 기준에 맞추어 쓰게 되면 천국 높은 곳에 가는 것입니다. 깨끗한 결혼입니다. 지금 청소년 문제가 심각합니다. 에덴동산에서 아담 해와가 청소년기에 음란으로 타락하여 프리섹스를 심었기 때문에 추수기인 끝날에는 반드시 세계적으로 청소년들의 프리섹스 풍조가 만연하는 현상이 나타나는 것입니다.

6 사랑의 기관을 함부로 다루면 벌을 받게 되어 있습니다. 그것이 사랑의 왕궁이요, 사랑의 조상 동산입니다. 사랑은 거기서 출발했습니다. 생명이 거기서부터 출발했습니다. 역사가 거기서부터 출발했습니다. 지상천국의 기원이요, 천상천국의 기원이요, 하나님 행복의 출발 기원이 거기서 형성된다는 것입니다. 하나님의 웃음 바탕이 거기서 출발하는 것입니다. 사랑을 찾아 하나님이 춤출 수 있는 자리가 그 자리입니다. 그 자리를 찾아가야 됩니다.

7 나라가 없으면 국적이 없는 것입니다. 나라가 없으면 입적할 수 있는 터전이 없습니다. 우리는 민족 편성을 해서 새로운 입적을 해야 됩니다. 이 지상에 하늘나라를 편성해서 그 국적을 가지고, 애국·애족하는 참되고 선한 부모의 혈통을 이어받은 승리의 아들딸로서 자기 족속, 혹은 가족을 거느리고 살다가 가야 천상세계의 천국에 들어갈 수 있습니다. 그것이 원리입니다.

8 시집가는 색시가 신랑을 따라가게 되면 적을 옮겨야 됩니다. 그런 사람은 자기가 태어난 본연의 적을 취소하고 다른 곳으로 옮겨가야 됩니다. 이 땅 위에 살고 있는 모든 사람은 고향을 갖고 있습니다. 그 고향에서 태어나는 즉시 그 나라면 나라에 입적하게 됩니다. 입적함으로써 그 집의 부모의 아들임이 증거되고, 그 나라의 백성임이 증거됩니다. 그 나라가 있는 한, 그 부모가 있는 한 입적된 자녀를 뽑아 버릴 수 없습니다.

9 앞으로 입적할 때가 옵니다. 선생님의 일족, 황족을 중심삼고 연결되는 여기에 여러분이 가입하기 위한 입적시대가 옵니다. 그러나 입적시대가 오더라도 종족복귀를 하지 못한 사람은 여기에 입적할 수 없습니다. 열두지파와 마찬가지입니다. 종족복귀를

하기 전에는 입적 못합니다. 사람들이 종족복귀의 이 내용을 알게 되면 통일교회에 먼저 들어오려고 무리를 지어 몰려옵니다. 입적할 때는 어떻게 되느냐? 지금까지는 사람으로부터 모든 만물이 하나님의 소유가 아니었습니다. 사탄의 사랑으로 말미암아 사탄의 것이 되었던 것을 이제 하나님의 뜻을 이룬 선생님을 중심삼고 아들딸과 만물을 찾아 세워야 됩니다. 지금 선생님에게는 나라가 없습니다. 나라를 찾아야 됩니다.

10 여러분에게는 앞으로 입적 시기가 있습니다. 축복받으러 나가는 것은 입적하는 것이 아닙니다. 이것은 상징적인 입적밖에 안 됩니다. 그렇기 때문에 우리는 입적할 수 있는 나라를 찾아가는 것입니다. 그 나라는 어떤 나라냐? 주권은 부모를 대신하고, 백성은 아들을 대신하고, 국토는 물질을 대신하여 삼위일체를 이루는 나라입니다. 국가를 형성하기 위해서는 주권이 있어야 되고, 백성이 있어야 되고, 국토가 있어야 됩니다. 종교도 마찬가지입니다.

11 아담과 해와가 가정적으로 타락함으로써 사탄 앞에 모든 것을 입적수속한 것과 마찬가지로 이번에는 여러분의 가정을 중심삼고 여러분 나라와 전체가 들어가서 하늘 앞에 입적하여 돌아와야 됩니다. 이것이 원리입니다. 타락할 때 가정을 중심삼고 타락했습니다. 그러니까 그것을 탕감해야 됩니다. 이 원리가 있기 때문에 세계 대통령이 있다면 그 나라를 하늘 앞에 등록해야 됩니다. 등록하는 날에는 그 나라 전체가 구원을 받는다는 것입니다.

12 하나님의 사랑을 받고 참부모의 사랑을 영원히 받을 수 있는 아들딸의 자리에 입적해야 됩니다. 이제부터 입적하자는 것입니다. 하늘나라의 생명록에 입적하자는 것입니다. 새로운 참부모주의, 하나님주의를 중심삼고 새로운 입적이 벌어짐과 동시에 지파 편성이 벌어져야 됩니다. 예수님의 열두 제자, 열두 지파 등과 같이 지파 편성을 하자는 것입니다.

13 통일교회 축복은 교회축복이지 국가축복이 아닙니다. 세계축복까지 3단계를 넘어가야 됩니다. 교회축복시대를 지나 남북통일을 해서 하나의 나라를 가지고 하늘나라를 중심삼은 축복시대가 국가축복시대이고, 그다음에는 지상·천상세계가 하나되는 축복시대입니다. 3대 축복권 시대를 넘어가야 합니다. 그것이 아담 일대에 됐을 것을 재림시대에 와서 선생님 일대에 전부 끝마쳐야 됩니다. 2000년까지 세계적 축복을 한꺼번에

해줘야 됩니다. 그래서 본격적인 입적이 되는 것입니다.

14 통일교회 결혼은 3단계를 넘어갑니다. 교회축복·국가축복·세계축복입니다. 그렇기 때문에 지금 축복받은 가정들이 지금까지의 단계를 넘어가야 됩니다. 원래는 탕감조건이 없는 해방된 사람들이 결혼할 것인데 탕감조건에 걸려 있습니다. 교회 앞에 핍박하는 나라가 있고, 나라 앞에 세계가 있는 것을 넘어가야 됩니다. 그렇기 때문에 가정을 끌고 핍박이 없는 해방된 자리로 넘어가서 하나의 통일된 세계에 있어서 아담 가정에서 하늘이 축복하던 상속권이 벌어지는 것입니다. 해방이 벌어지는 것입니다. 그러므로 교회권·국가권·세계권이 있습니다. 세계적인 왕권복귀의 권을 넘어가서 사탄세계의 참소권을 벗어남으로써 지상·천상세계의 해방이 벌어지므로 그 자리에 올라가서 축복을 받아야 됩니다.

15 구원의 길은 여러분이 지금까지 살아왔던 그냥 그대로의 습관적 생활을 통해 얻을 수 있는 것이 아닙니다. 완전히 탕감의 길을 가야 됩니다. 구원섭리는 복귀섭리이고 복귀섭리는 재창조섭리입니다. 그렇기 때문에 재창조되기 위해서는 타락하기 전의 물건과 마찬가지로 본연의 자리, 영(零)의 자리에 들어가야 됩니다. 거기에는 의식도 없고, 습관도 없고, 지금 자기가 갖고 있는 김 씨라든가 이 씨라든가 이런 성(姓)도 없습니다. 그러한 영의 자리에 들어가야 됩니다. 하늘의 창조본연의 기준을 생각하게 되면 지음 받은 모든 만물은 영에서부터 출발한 것입니다.

16 여러분은 절대신앙·절대사랑·절대복종하는 입장에 서야 합니다. 에덴동산의 가정들은 자기 소유물이 없습니다. 하나님의 절대사랑으로 하나된 아들딸만 되면 이 우주 전부가 아들딸에게 상속되기 때문에 자기 소유가 된다는 것입니다. 사랑으로 하나되면 내 것이 됩니다.

17 여러분이 축복받게 되면 절대 타락해서는 안 됩니다. 타락하게 되면 무슨 일이 벌어지느냐? 참부모가 와서 구원할 수 있는 도리의 시대는 지나갑니다. 축복은 핏줄이 달라진 것을 완전히 전환한 3시대의 조상을 대표한 왕권을 이어받은 것입니다. 그 혈통은 천년만년 가더라도 더럽혀서는 안 됩니다. 핏줄이 더럽혀진 것을 받으면 안 됩니다. 순결을 지켜야 합니다. 심각하다는 것입니다. '참부모의 이름으로 용서해 주십시오.'라고 용서를 빌 수 없습니다. 순결한 핏줄을 남겨야 됩니다.

제3장 가정의 법도와 질서

1절 가정 법도와 가화만사성

1 가정에는 반드시 부모가 있고 처자가 있어야 합니다. 그래야 그 가정이 행복의 터전이 됩니다. 신이 인류를 찾아 나오는 목적도 신 자신의 행복을 모색하기 위한 것임에 틀림없습니다. 그러기에 신 자신이 행복의 터전을 찾아 나오는 데에는 인간을 떠난 자리에서는 그러한 이상이 있을 수 없습니다. 인간과 더불어 관계를 맺어야 그 일치점을 가져올 수 있는 것입니다. 우리가 가정에서 정서적인 모든 내용을 갖춘 자리에서 행복을 느끼는 것과 마찬가지로 신도 역시 그러한 자리에서 행복을 느끼겠다는 것입니다.

3대가 함께 사는 가정 법도

2 하나님의 사랑은 부모의 사랑, 부부의 사랑, 자녀의 사랑으로 나타납니다. 이 3대 사랑이 인간에게 절대적인 관을 초월할 수 있는 영원한 실존적 권한을 가지고 있습니다. 그렇기 때문에 이 3대 사랑이 결합하게 될 때 인간은 행복해지는 것입니다. 이것이 완전하면 행복도 완전한 것이요, 이것이 결여되면 불행이 깃드는 것입니다. 어머니가 없는 사람이 행복합니까? 어머니가 없는 만큼 불행한 것입니다. 또 아버지가 없는데 행복합니까? 아버지가 없는 사람은 아버지가 있는 사람이 부럽습니다. 행복하다는 것은 부러운 것이 없어야 합니다. 사랑도 부러운 것이 없어야 합니다. 부러운 것이 있으면 행복하다고 할 수 없습니다.

3 할아버지 할머니, 시어머니 시아버지, 시누이, 손자까지 같이 살자는 것입니다. 센터를 중심삼고 소생·장성·완성의 3대가 정착하는 것입니다. 아버지 어머니만 사랑하지 말고 할아버지를 사랑할 줄 알아야 하나님을 사랑하는 것입니다. 아버지 어머니 위에 할아버지를 놓고 사랑할 줄 알아야 하나님을 사랑하는 것입니다. 그러면 왜 남편이 없으면 안 되고, 부모가 없으면 안 되고, 아들딸이 없으면 안 되느냐? 그들이 있어야 하나님을 모실 수 있기 때문입니다. 부모가 있어야 되고, 아들딸이 있어야 된다는 것은 원칙입니다.

4 세상에서 제일 경험이 많고 경력이 많은 하나님이 누구냐 하면, 할아버지 할머니입니다. 나이가 많으니까 잠을 많이 안 잡니다. 그러므로 '우리 집에서 할아버지는 자지 않고 지

켜 주는 하나님이구나! 우리를 지켜 주다가 그렇게 늙으셨구나! 주름살을 보니 늙으셨구나!'라고 생각해야 됩니다. 그러니 명령에 절대 순응해야 됩니다. 그것이 얼마나 아름답습니까? 할아버지 할머니가 잠을 안 잘 때는 '하나님, 우리 아들딸에게 복 주시오.'라고 기도한다는 것입니다. 기도하니까 '아무개야! 너 오늘 나다니다가는 위험하다. 말 들어라.'라고 다 가르쳐 주는 것입니다. 이상적 본연의 형태로 살려는 사람은 우주가 보호해 줍니다. 사랑을 가지면 할머니 할아버지도 춤추고, 어머니 아버지도 춤추고, 형제끼리도 춤춘다는 것입니다. 이와 같은 형태를 갖추고 사는 사람은 우주가 보호합니다. 누가 그 사람을 죽이려 하면 자동적으로 우주가 막아 준다는 것입니다.

5 누구든지 개인 완성, 부부 완성, 그리고 아들딸의 완성으로 사위기대를 이루지 않으면 3대를 중심삼고 결실되어야 할 열매가 맺히지 않습니다. 나무가 봄에 새싹을 틔워서 여름과 가을의 3계절로 연결되지 않으면 결실되지 않은 것과 마찬가지입니다. 아들딸로서, 부부로서, 아버지 어머니로서 말입니다. 자기 아들딸이 있으면 하나님과 동위, 동참하게 해서 하나님이 품고 입을 맞추게 됨으로써 '내 모든 것은 네 것이다.'라고 하는 상속이 있게 됩니다. 누구든지 하나님이 바라시는 이상의 기준을 세우면 대번에 상속이 있게 됩니다.

6 무형의 하나님과 실체의 인간이 하나될 수 있는 자리가 근본입니다. 근본이 출발할 수 있는 기준은 가정입니다. 하나님의 가정, 참부모의 가정입니다. 그 가정은 사위기대를 완성해야 됩니다. 할아버지 시대, 아버지 시대, 손자 시대, 3대를 거쳐야 됩니다. 인간이 타락했기 때문에 하나님이 3대를 못 가졌습니다. 3대를 갖출 수 있는 기준이 벌어져야 되기 때문에 일심·일체·일념을 중심삼은 세계의 제일 종적인 기준이 있으면 3대를 통해서 연결돼야 합니다.

7 모든 역사적인 제물적 결실체가 바로 여러분 가정입니다. 물질은 구약시대, 아들딸은 신약시대, 자기는 성약시대를 대신한 것으로 그 3시대 앞에 빚을 진 것을 물어야 합니다. 여러분이 역사시대의 그것을 탕감해야 할 입장에 있기 때문에 자기 물건을 자기 물건으로 취급하지 말고, 자기 아들딸을 자기 아들딸로, 자기 남편을 자기 남편으로 취급하지 말라는 것입니다. 이런 공법, 천리의 원칙을 따라서 이상적인 관에 일치될 수 있는 기본적인 자세를 갖추어서 평가하면서 살 줄 아는 남자 여자가 되고 할

아버지 할머니, 어머니 아버지, 남편 아내, 아들딸이 돼야 합니다. 이것을 합하면 가정 형성이 벌어집니다. 이러한 사랑에 의해 소유권 판도와 공유권을 이어받을 수 있는 기반이 되지 않고는 지상천국의 제일 기반이 되는 가정이 될 수 없습니다.

가화만사성

8 가화만사성(家和萬事成)의 '화(和)'는 '화합 화' 자입니다. 화학(化學)의 화(化)는 본질이 변해 가면서 화합하는 것입니다. 일화(一和)의 '화'는 본질이 변해 가면서 화합하는 것이 아닙니다. 남자면 남자가, 여자면 여자가 변하지 않고 화합하는 것입니다. 어떤 것이 귀하냐? 본질이 변해서 화합하는 것보다도 그냥 그대로 화합하는 것이 귀합니다. 남자와 여자가 합하게 되면 화하는 것이요, 어른과 아이가 합하는 것도 화하는 것입니다. 남녀노유, 전후·좌우·상하를 막론하고 화하는 것은 만사성(萬事成)입니다. 이상적인 존재 기준이 되기 때문입니다. 거기에는 모든 것이 지지하고 달라붙으려고 합니다. 그것을 중심삼고 하나되려고 하기 때문에 만사성이라는 말도 나온다는 것입니다.

9 가화면 만사성! 가화만사성이 되려면 할아버지 할머니의 관계가 이상적이어야 되고, 부부관계가 이상적이어야 되고, 자매관계와 형제관계가 이상적이어야 됩니다. 그렇다고 해서 할머니 할아버지가 자기들끼리만 좋아하고, 또 부부끼리만 좋아하고, 형제끼리만 좋아하면 안 됩니다. 할머니하고 아들하고, 아들하고 아들하고, 며느리하고 아들하고, 종적으로 횡적으로, 전후좌우로 다 화해야 '가화' 한다는 것입니다. 화라는 말은 '고를 화(和)' 자입니다. '화학' 할 때의 화(化)는 본질이 변해 가지고 하나되는 것을 말하지만, 이 화(和)는 본질이 있습니다.

10 동양에는 가화만사성이라는 말이 있습니다. 이 말은 평화를 이루려면 사랑을 중심삼아야 된다는 것입니다. 이 원칙은 우주에도 맞고 동서양에도 통하고 어디든지 통합니다. 양로원에 들어가 있으면 행복합니까? 선생님은 그런 곳을 싫어합니다. 부모가 가 있으면 아들딸이 따라가야 되고 집안이 따라가야 될 텐데, 그렇게 안 되어 있으니 걱정입니다. 가정에서 하나되지 못하고 사는데 세계 어디에 가서 하나되겠습니까? 천국 어디에 가서 함께 살 수 있겠습니까?

11 진정 자기를 사랑하는 사람이 자기를 위해 100만 원을 도와줬다고 할 때, 그 100만 원에서 조금 떼먹고 90만 원만 갚겠다는 사람은 없다는 것

입니다. 그 몇 배를 주고 싶어하는 것이 본심입니다. 이것은 무엇을 말하느냐? 사랑의 본성이 연결된 작용에서는 입력보다도 출력이 크다는 것입니다. 그러한 논리가 형성됩니다. 가화만사성이라고 하는데, 가정이 화합하기 위해서는 운동을 해야 됩니다. 운동을 하게 되면 힘의 이치로 볼 때 작아질 텐데, 화하면 어떻게 만사가 형통하느냐? 사랑을 중심삼고는 화합하면 화합할수록, 투입하면 투입할수록 작아지는 것이 아니라 커지는 것입니다.

12 가화만사성이라는 말에서 화(和)를 이루려면 참아야 됩니다. 많은 어려움을 겪어야 한다는 것입니다. 어려움을 당하는 사람이 중심자가 되고 책임자가 됩니다. 참된 남자는 변하지 않고 참된 여자도 변하지 않습니다. 참된 사랑을 중심삼고 절대적으로 변하지 않는 남자와 절대적으로 변하지 않는 여자가 나왔다면 우주 전체가 그 앞에 무릎을 꿇게 됩니다.

13 가화만사성이라고 할 때, 금덩이를 놓고 좋아한다고 가화만사성이 됩니까? 그것을 나누지 않고 서로 두고 볼 때에는 가화만사성이 되지만, 나눠 갖자고 할 때에는 싸움판이 벌어지는 것입니다. 그렇지만 사랑을 갖고 나누자 할 때에는 나눌수록 만사성이 벌어지는 것입니다. 돈을 갖고 나눌 때에는 나눌수록 분열이 일어나지만 사랑을 가지고 나누면 나눌수록 통일이 벌어지고, 화합이 벌어지고, 평화가 깃드는 것입니다. 사랑을 갖고 가화만사성입니다. 아버지가 어머니를 사랑하고 어머니가 아버지를 사랑하고, 부모가 자식을 사랑하고 자식이 부모를 사랑하고, 사랑의 교류에 화합으로써 만사성이 됩니다.

14 생명의 세계와 사망의 세계를 보면 사망의 기원은 사탄이요 생명의 기원은 하나님입니다. 하나님을 중심삼고 볼 때에 사탄의 세계는 반대가 되는 세계입니다. 사탄세계의 가정이 평화스러운 가정입니까, 아니면 불화하는 가정입니까? 불화로 출발했기 때문에 어디를 가든지 불화하는 가정입니다. 불화하는 가정으로 시작하여 불화한 가정으로 이루어진 세계는 하늘세계가 아닙니다.

15 가화만사성이라는 말은 참 잘한 말입니다. 만약 남편이 아내와 집안에서 싸우고 난 후에 직장에 가게 되면, 그 남편은 직장에서도 싸우지 않을 수 없는 일이 벌어집니다. 분풀이를 한다는 것입니다. 어떤 사장이 집에서 자기 아내하고 싸우고 회사에 나갔다면, 그가 사원들이나 부장들을 보게 될 때 기분 좋을 것이 없습니

다. 가정에서 기분 나빴던 것은 반드시 사회에 번식하게 됩니다.

16 제일 참기 어려운 것이 뭐냐? 사랑하는 사람끼리 서로 한이 맺히는 일입니다. 이것 이상 참기 어려운 것이 없습니다. 아담 가정으로부터 불화의 씨가 뿌려짐으로써 시작된 가정은 거짓 부모로 말미암아 시작되었기 때문에, 불화가 깃들어 있는 가정은 사탄세계의 가정이요, 평화가 깃들어 있고 화합이 깃들어 있는 가정은 하늘세계의 가정입니다. 이렇게 반대라는 것입니다. 불화덩어리 가정이 사탄세계의 중심이 됩니다. 사탄세계의 중심이 뭐냐 하면 악입니다. 불화덩어리는 매일같이 싸움하는 것입니다. 이런 가정을 두고 보면 아버지 어머니가 서로 상충합니다. 부부끼리 서로 상충한다는 것입니다.

17 아들딸 앞에 일생 동안 '우리 엄마 아빠는 싸움했다.'라는 소리를 듣지 않도록 해야 됩니다. '우리 어머니 아버지는 자주 싸웠다.'라는 말을 듣게 되면 아무리 잘해도 지옥 가는 것입니다. 아들딸이 말할 때 '우리 아버지는 하나님 대신이야. 우리 집의 하나님이야. 우리 아버지는 우리 집의 대통령이야. 우리 아버지는 우리 집의 성인이야. 우리 어머니도 그래.'라고 해야 합니다. 옛날에 성인들이 말하기를 가화만사성이라고 했는데, 통일교회에서 주장하는 것은 천화(天和)입니다. 천주를 중심삼고 하늘과 화합하라는 것입니다. '천화만사성(天和萬事成)'입니다.

18 가화만사성이라고 했지만 성경에도 말하기를 '화평케 하는 자는 하나님의 아들이라.'라고 했습니다. 평화를 일으켜 하나 만들 수 있는 사람이 하나님 아들이 된다는 것입니다. 이 세상 가운데 평화의 사자가 되어 싸움의 담벼락을 무너뜨리고 통일의 기원을 마련하자고, 하나의 주인을 향해 가자고 하는 운동이 있다면 하나님이 관심을 갖는 것입니다. 하나님은 평화의 왕이요 평화의 주인 되는 분이기 때문에 평화의 마음을 가진 사람을 바라보고 있습니다. 하나님은 인내의 하나님입니다. 수천 수만년의 역사시대에 슬픈 사정을 홀로 당하고 고통의 길을 홀로 걸었습니다. 어려운 자리에서 홀로 극복하셨지만 자랑할 줄 모르고 알아주는 것을 원치 않고 홀로 참아 나오는 자리에 계십니다. 그러한 주인 앞에 그럴 수 있는 길을 당당히 가고자 하는 사람이 있다면 하나님은 그런 사람에게 관심을 안 가질 수 없습니다.

19 가화만사성이라는 옛말이 있는데 자화(自和)가 안 돼 가지고 가화

(家和)가 되겠습니까? 가화만사성 하기 전에 내가 먼저 죽을 지경인데 가화가 무슨 말입니까? 본래부터 인간이 이렇게 되어 있었다면 하나님은 존재하지 않습니다. 인간이 잘못되었기 때문에 오늘날까지 유물론 같은 사상이 발전되어 나오는 것입니다. 절대자가 구상하신 그 목적은 절대로 둘이 될 수 없습니다. 하나가 되어야 됩니다. 그렇지만 인간은 미완성품입니다. 인간은 아직도 미완성품으로 있기 때문에 절대자는 재창조라는 힘을 가하여 완성품으로 만들고자 하시는 것입니다. 그래서 하나님은 역사과정을 통하여 인간을 완성품으로 만들 수 있는 공장에 투입하시는 것입니다. 그러니까 인간이 원하지 않더라도 새로운 작용체가 역사노정에 나타나야 되는데, 그것이 바로 종교단체입니다.

20 '우주주관 바라기 전에 자아주관 완성하라!'라는 것이 선생님이 도의 길을 개척하던 때의 표어였습니다. '우주주관 바라기 전에, 세상만사와 어떤 연관을 갖기 전에 자아주관 완성하라.'라고 했습니다. 주인이 될 수 있고, 스승이 될 수 있고, 부모가 될 수 있는 마음을 내 몸이 천년만년 모시고도 부족하다는 자기 자신을 발견할 때에 비로소 여기에 천운이 임하는 것입니다. 마음은 몸을 위하고 싶어하지만 몸은 마음을 위하지 않습니다. 이것이 문제입니다.

21 문제는 나 자신에게 있지 사회에 있지 않습니다. 우리 집에 문제가 있으면 형님이 나쁘고 누나가 나쁘고 아버지가 나빠서가 아니고 내가 나빠서입니다. 자신부터 올바로 세워 놓고 남을 비판하는 제2, 제3의 기준을 세우라는 것입니다. 내가 하나되어야 떳떳이 하나된 세계에서 살 수 있지, 내가 하나되지 못하였는데 전체가 하나된 거기에 어떻게 끼겠습니까? 자동적으로 물러나게 됩니다. 그렇기 때문에 마음을 짓밟고, 마음을 무시하고, 마음을 피곤하게 하고, 마음을 조이게 하는 몸이 주인이 되어서는 안 됩니다. 몸을 잡아서 마음과 같이 위하게 할 수 있는 내가 되었을 때에는 행복이 옵니다. 여기에 하나님이 임재한다는 것입니다. 그래서 가화만사성이라고 했습니다. 내 집안, 내 개인이 편하려면 몸과 마음이 하나되어야 합니다.

22 우주는 원형을 닮아 있습니다. 태양계만 하더라도 9개의 행성들이 구형을 따라 돌아갑니다. 태양계 같은 것이 1천억 개가 들어가 있다는 대우주도 둥글다는 것입니다. 그래서 둥글둥글 산다는 말도 합니다. 가화는 만사성이라 했는데 둥글둥글 화해야

됩니다. 할아버지와 할머니만 화하는 것이 아닙니다. 할아버지하고 손자하고 화해야 되고, 아들과 부모가 화해야 되고, 남편과 아내가 화해야 되고, 전부 화해야 됩니다. 그렇게 되면 만사성, 모든 것을 이룬다는 것입니다. 둥글둥글해 가지고 구형이 이루어져야 된다는 것입니다. 원만한 사람이어야지 뾰족한 사람은 문제가 벌어집니다. 우주가 운동을 하기 때문에 그렇습니다.

2절 이상적인 부부와 부자관계

1 신랑 신부가 결혼해서 신방을 차리고 들어갈 때, 어떻게 사랑하는지 어머니 아버지가 불러 놓고 가르쳐 줄 필요가 없습니다. 곤충도 안 가르쳐 줘도 잘하고 있습니다. 하물며 만물의 영장인데, 가르쳐 주기는 뭘 가르쳐 줍니까? 신비로운 베일에 덮여 있는 것을 주인이 된 자리에서 열어야 됩니다. 그런데 그런 도리의 원본, 교육의 원본이 나오지 않았기 때문에 통일교회에서 가르쳐 주는 것입니다. 그래서 부부가 되기 위해서는 자녀의 사랑과 형제의 사랑을 다 갖추어서 만인을 사랑할 수 있는 남성 대표와 여성 대표가 만나야 됩니다. 우주적인 남성 여성, 좌현 우현의 대표가 되어서 하나로 묶어지는 것입니다. 종적인 하나님의 사랑과 대등한 가치로서 묶어지는 것입니다.

이상적인 부부사랑

2 참사랑은 직단거리를 갑니다. 종적인 사랑은 90각도 한 점밖에 없습니다. 91도도 89도도 직단이 아닙니다. 오로지 최단거리는 90각도밖에 없습니다. 수직은 90각도를 통해야 됩니다. 남자 여자의 참사랑도 수직으로 가야 됩니다. 최단거리를 통하려면 90각도 외에는 없습니다. 형제의 사랑도 90각도입니다. 이것을 떼어 어디에 갖다 맞춰도 다 맞아떨어지는 것입니다. 여기에는 손실이 없습니다. 천지(天地)가 지천(地天)이 되어도, 부모(父母)가 모부(母父)가 되어도, 형제(兄弟)가 제형(弟兄)이 되어도 됩니다. 거꾸로 되어도 괜찮고 섞어 맞추어도 다 맞는다는 것입니다. 거기서 이상경이 벌어지는 것입니다. 그렇기 때문에 할아버지 할머니의 사랑은 나를 위한 사랑이요, 내가 형제를 사랑하는 것은 할아버지 할머니의 사랑의 증거체이기 때문입니다. 또 나는 어머니 아버지의 사랑의 실증체입니다. 부부가 되어 어머니 아버지를 모시고 아들딸과 함께 살고 싶은 그곳이 보금자리입니다. 가정적인 보금자리를 못 갖는 사람은 천국의 보금자리를 못 가지는 것입니다.

3 통일교회 가정은 가정천국을 이루어야 합니다. 가정천국을 이루게 되면 틀림없이 지상천국이 이루어집니

다. 미래의 천국에 대한 실감을 현재의 입장에서 자극시키려니 불가피하게 상대가 필요한데, 가정에서 상대로 말미암아 그 자극을 받음으로써 미래의 천국이념을 오늘의 생활감정에서 체득할 수 있기 때문입니다. 그것을 체득하기 위해서 부부가 필요한 것입니다. 그 자극으로 말미암아 부부가 영생할 수 있습니다. 발전은 자극이 없으면 안 됩니다. 부부의 사랑은 이상천국을 건설할 수 있는 자극을 주는 것입니다. 다시 말하면 미래의 기쁨을 현재권 내로 끌어다가 자극을 주어서 추진력을 보급시켜 그 자리까지 가게 하는 것이 부부의 사랑입니다. 그 사랑 가운데는 나라의 사랑도 들어가 있고, 세계의 사랑도 들어가 있고, 하나님의 사랑도 들어가 있습니다. 따라서 그 사랑은 어디든지 무사통과입니다.

4 여자는 한 남자를 사랑하되 세계 남성을 대표한 남자로 사랑해야 됩니다. 그 남성은 아버지를 대표하고, 오빠를 대표하고, 동생을 대표한 것입니다. 남편을 아버지와 같이 생각하고, 할아버지와 같이 생각하고, 오빠와 같이 생각하고 동생과 같이 생각해야 됩니다. 이와 같은 인연을 통해서 아버지를 사랑하고 할아버지를 사랑하고 오빠를 좋아하고 남동생을 좋아할 수 있는 여자라야만 상대를 얻을 수 있습니다. 전 세계의 남자를 전부 사랑할 수 있는 마음을 갖고 그 결실과 같은 남성을 내가 품고 사랑하는 것은 세계 남성을 대표해서 사랑하는 것이라는 관을 가져야 합니다. 그것이 인류애입니다. 내 아버지와 같이, 내 오빠나 남동생과 같이 만국을 초월하여, 국경을 초월하여 사랑할 수 있는 마음을 갖게 되면, 그 사람은 하나님의 딸이라 할 수 있습니다.

5 참된 남편은 어떤 남편이냐? '나는 태어나기를 당신을 위해 태어났으니 당신을 위해서 살고, 죽기를 당신을 위해서 죽을 것이다.'라고 하는 사람입니다. 참된 아내도 마찬가지입니다. '내가 태어난 것도 당신을 위하여, 내가 사는 것도 당신을 위하여, 또 내가 죽는 것도 당신을 위하여!'라고 상응하면서 스스로를 넘어서 상대를 위하는 원칙을 지닌 가정이라면, 이 가정은 이상적인 가정이요, 사랑의 가정이요, 행복의 가정이요, 평화의 가정이 아닐 수 없습니다.

6 남자가 아무리 잘났다고 해도 남자가 태어나게 된 동기는 남자 자신에게 있는 것이 아닙니다. 여자 때문에 태어났다는 것입니다. 그 반대로 여자는 미인이고 배우라고 자랑해 봤자 여자 때문에 태어난 것이 아닙니다. 그렇기 때문에 참된 사랑, 참된

이상, 참된 행복의 아내와 남편은 어디에 있느냐? 아내를 위해서 났고, 아내를 위해서 살고, 아내를 위해서 죽겠다고 하고, 아내도 역시 그럴 때 이상적 부부가 나오는 것입니다. 이 원칙을 두고 볼 때, 이상적 사람이니 행복한 사람이니 사랑의 사람이니 선한 사람이니 하는 사람은 어디에서 찾을 수 있느냐? 자기를 위해서 사는 사람에게서 찾아볼 수 없고, 다른 사람을 위해서 살겠다고 하는 사람에게서 찾아볼 수 있습니다.

7 아담 해와가 세우지 못한 기준을 세워야 할 축복가정이므로 하나님의 사랑을 중심삼고 연결되어야 합니다. 그런데 여러분은 하나님의 심정을 중심삼고 서로 얼마나 절대시했습니까? 서로 절대시하여 절대적인 사랑을 해야 됩니다. 이러한 사랑을 중심삼고 하나되어 화동의 중심체가 되어야 합니다. 부부끼리는 앞산을 바라보면서도 저 산이 생겨난 것이 누구 때문인가를 물어보고, 온 우주를 생각하면서도 이 우주가 생겨난 것이 누구 때문인가를 물어봅니다. 그러면 나 때문인 동시에 너 때문에 생겨난 것이라고 대답하는 것입니다. 부부는 바로 이런 것입니다. 이 우주가 생겨난 목적을 성사시키는 것이, 주체적인 목적을 중요시하는 것이 부부가 하나되는 길입니다. 부부는 마음을 중심삼고, 인격을 중심삼고, 사랑을 중심삼고 얘기하는 것입니다. 부부는 같은 길로 가는 것입니다. 시골뜨기 아가씨라도 장관하고 결혼하면 같은 길로 가는 것입니다. 그 시골뜨기 여자가 초등학교도 못 나왔다 할지라도 모든 사람이 장관 사모님이라고 하면서 머리를 숙여야 합니다. 이렇게 부부는 같이 가는 것입니다. 부부에게 그대 사랑이 따로 있고 내 사랑이 따로 있습니까? 그대 사랑이자 내 사랑입니다. 네 사랑이자 내 사랑인 것입니다.

8 부부가 서로 사랑하는 데 있어서 언제까지 사랑하겠느냐고 묻게 될 때 젊었을 때까지만 사랑하겠다고 하면 기분이 좋겠습니까? 죽을 때까지 사랑하기를 바랍니다. 그다음에는 영원히 사랑하기를 바란다는 것입니다. 영원은 미래를 중심삼고 전체를 대신하는 것입니다. 죽을 때까지 사랑하겠다는 것은 자기의 모든 것을 몽땅 주어 사랑하겠다는 것입니다. '영원히'는 전체적이요, '죽을 때'까지는 몽땅 사랑하겠다는 것입니다. 그래야 좋아하는 것입니다. 아가씨들은 시집가게 되면 남편에게 틀림없이 '당신, 날 사랑하오?'라고 물어볼 것입니다. 사랑한다고 하면 '나를 몽땅 사랑하오, 조금 사랑하오?'라고 물었을 때 몽땅 사랑한다고 대답해야 기

분 좋아한다는 것입니다. 남자도 그렇습니다. 하나님의 조화가 그렇게 되어 있다는 것입니다.

9 서로가 뜻을 망각하고 자기들끼리만 사랑하면서 살았다면 하늘 앞에 부끄러움을 느껴야 합니다. 이것이 축복가정의 부부생활입니다. 뜻을 앞에 놓고 자기들끼리 인연을 맺어 자기들만의 행복을 찾아 가정을 꾸려 나가는 입장에 서면 발전하지 못하는 것입니다. 절대로 발전할 수 없다는 것입니다. 따라서 가정에 좋은 일이 있으면 그것은 나라와 더불어, 세계와 더불어, 하늘과 더불어 관계를 맺어야 됩니다. 그 가정의 기쁨은 나라의 자랑이요 세계의 자랑이요 하늘의 자랑이어야 됩니다.

10 서로가 좋아하고 서로가 위하게 되면, 피조세계가 서로 위하려고 하기 때문에 천운의 복이 자동차보다도 더 빨리 따라온다는 것입니다. 가는 길까지도 개척해 줘서 날아간다는 것입니다. 천리의 도리를 따라 위해서 사는 부부는 천지가 보호하기 때문에 망하지 않고 창성, 번성하는 것이 천리 이치입니다. 참사랑의 부부가 되어서 그다음에는 참혈통의 씨를 낳아야 됩니다. 참사랑을 중심삼고 부부가 하나돼서 어머니 아버지의 전통인 아기를 낳게 된다면 가정 정착입니다. 일심·일체·일념·일화된 하나님의 본성, 영원한 주류 사랑의 절대 성과 합해서, 절대신앙·절대사랑·절대복종으로 마찬가지 신앙을 중심삼고 마찬가지의 확대를 위해서 투입하고 잊어버리고 살 수 있는 사람은 천리대도의 모델로 살기 때문에 망해도 흥하는 것이요, 흥해도 흥하는 것입니다. 사탄이 있을 수 없습니다.

이상적인 부자관계

11 자식을 낳아 길러 본 부모들은 알 것입니다. 애지중지하는 그 아들딸을 통하여 복을 받고 싶고 행복도 느끼고 싶을 것입니다. 또한 기뻐하고 복 받을 수 있는 기준이 있으면 그 아들딸에게 영원히 남겨 주고 싶을 것입니다. 그러한 소망의 마음을 가지고 그 아들딸이 고이 자라서 만국으로부터 추앙을 받고 만세에 칭찬을 받을 수 있는 아들딸이 되기를 타락한 인간도 바라고 있습니다. 밤이나 낮이나 그 아들딸이 상처를 입을까 보호하고, 애달픈 심정으로 초조해하는 것이 부모의 마음입니다. 타락한 부모의 마음도 그렇다는 것입니다. 자식이 똥 싸고 오줌을 싸서 냄새가 나더라도 사랑으로 그 환경을 잊어버릴 수 있는 것이 부모의 마음입니다. 여러분이 아기를 품고 키울 때에 잠자리에서 노래를 불러 주고 혼잣말로 얘기도 해주며 잘되기를 바라

는 그 마음은 부모라면 누구나 가지고 있을 것입니다. 아무리 못나고 부족한 자식이라도, 그 자식에게 결함이 있으면 부모의 마음은 그 가슴이 몽땅 젖도록 최고의 고통을 겪는 것이요, 이것이 풀어지면 그 고통에 비례한 만큼 기쁨이 동반됩니다.

12 힘을 가지고서는 하나가 되지 않습니다. 힘의 세기로 하나되게 된다면 그 세계는 언제나 힘이 센 사람이 주관하게 됩니다. 그렇지만 사랑을 갖고 할 때에는 큰 사랑을 가진 사람이 주어야 됩니다. 큰 사람이 위해야 됩니다. 위에 있는 사람이 아래를 위해야 합니다. 주관하는 것이 아니라 위해서 하나 만드는 것입니다. 그렇기 때문에 어머니가 가만히 있으면 아이들이 전부 와서 어머니 품에 그저 달려들게 됩니다. 그것은 사랑에서만 가능합니다. 부모가 아무리 어렵고 고통스럽더라도 사랑하는 자식이 사랑의 품에 안기면 안길수록 힘이 생기게 됩니다. 더 어렵고 고통스러워야 되는데 반대로 힘이 생깁니다. 거기에서는 기쁨이 나오게 됩니다. 피곤하고 지치지만 사랑에 부딪힘으로써 힘이 나는 것입니다.

13 부모의 심정을 두고 볼 때, 아주머니의 얼굴이 잘생겼다고 하더라도 그 아주머니가 안고 있는 아기를 보고 지나가던 사람이 '그 녀석 엄마보다 몇 천만 배나 더 잘생겼군.'이라고 하면 그 어머니는 기뻐하며 좋아합니다. 그것은 엄마는 그 아기보다 몇 천만 배 못생겼다는 말입니다. 그런데 그런 말을 듣고 '뭐라고? 나보다 몇 천만 배 잘생겼어? 그럼 나는 몇 천만 배 더 못생겼다는 얘기 아니야?'라고 하면서 대드는 엄마는 없습니다. 그저 좋아서 어쩔 줄 모르는 것입니다. 이것이 어머니의 마음입니다. 그런 마음이 누구를 닮았겠습니까? 어머니는 결과적 존재이지 동기적 존재가 아닙니다. 아들이 아버지보다 못하기를 바라는 집안이 있다면, 그 집안은 망하는 것입니다. 아버지는 대통령인데 아들은 그보다 못하게 될 때는, 그런 형태로 몇 대를 가게 되면 그 집안은 점점 망하는 것입니다. 맨 나중에는 쥐구멍을 찾는 신세가 됩니다.

14 부모가 자식을 사랑하는 그 사랑의 기원과 동기는 어디서부터 시작했느냐? 남자 여자를 중심삼은 사랑은 변하는 사랑인데, 거기서 태어난 아들딸을 중심삼은 사랑은 왜 변하지 않느냐? 이것은 그 남녀를 중심한 사랑에서 기원된 것이 아니고, 횡적인 부부의 인연으로 말미암아 된 것이 아니고, 종적인 어떠한 흐름의 기원을 통하여서 관계되어 있기 때문입니

다. 그런 종적인 사랑의 주체가 누구냐? 그러한 주체를 우리는 신이라고 합니다. 변하지 않는 사랑의 주체로서 인연될 수 있는 관계에서 연속적으로 상대를 추구할 수 있는 본연의 자리에 서 있는 어떠한 절대적인 주체를 필요로 하는 것입니다. 그의 사랑은 부부가 마음대로 할 수 있는 사랑이 아닙니다. 그 사랑 앞에 내가 하고 싶으면 하고 하고 싶지 않으면 안 하는 사랑이 아닙니다. 그것은 끊으려 해도 끊을 수 없습니다. 횡적인 인간으로서는 어떻게 손댈 수 없습니다. 그렇기 때문에 부모가 자식을 사랑하는 그 사랑은 만고불변입니다.

15 부모는 자식의 탯줄이 떨어지는 순간 자식을 사랑하는 마음이 자연적으로 발생하는 것입니다. 모든 생물은 어떠한 고하를 막론하고 자기 새끼를 사랑하지 않을 수 없게 되어 있습니다. 사랑하는 데에 생명을 투입해서, 생명을 고임돌 삼아서도 하고 싶어하는 작용이 있는 것을 보게 될 때, 만고불변에 가까운 것이 부모의 사랑입니다. 그것은 절대 성을 찾아 나가는 데 있어서 절대 그 자체는 못 되지만, 인간에게 제일 가까운 고임돌은 될 수 있습니다. 단 하나의 발판이 될 수 있는 것입니다. 이것이 인간 세상에 있어서 그래도 영원한 발판이 되어 있습니다. 그러한 부모의 사랑은 어디에서 왔느냐? 그것은 아버지에게 어떠한 권고를 받아서 배운 것도 아니요, 자기 상대에게 충고를 받아 배운 것도 아니요, 자기 자신이 그래야겠다고 생각해서 나온 것도 아닙니다. 자연히 그렇게 된 것입니다. 사랑이라는 것은 자연히 그렇게 되는 데서 성립됩니다.

16 선생님이 어렸을 때 새 둥지를 참 많이 관찰했습니다. 그러면 조그마한 새들이 덩치 큰 사람이 올라가서 둥지를 관찰하는데도 와서 막 쪼아댑니다. 그럴 때는 결사적입니다. 쫓으면 날아갔다가 또 와서 쪼아댑니다. 그런 것을 볼 때, 자기 생명을 넘어서 사랑하는 새끼를 보호하려는 동물세계의 힘이 있는 것을 부정하지 못합니다. 사람도 마찬가지입니다. 사랑을 위해서 생명을 투입할 수 있어야 합니다. 그런 사람이 참된 사람입니다. 진짜 선한 사람은 어떤 사람이냐? 사랑을 뿌리로 해서 자기 생명을 던져 가면서 사랑하는 사람을 보호하려고 하는 사람입니다.

17 부모의 자식을 향한 사랑의 한계점은 어디일 것이냐? 부모는 자식이 어릴 때에만 사랑해 주려고 하는 것이 아니라 생애를 통해서, 더 나아가 영원을 통해서 사랑하고자 하는 것입니다. 사랑함으로써 보람을 느낄 수

있고, 사랑함으로써 더욱 가치를 느낄 수 있는 부자관계가 맺어진다면, 무한한 힘과 무한한 자극과 무한히 새로운 그 무엇이 그 관계권 내에서 발생한다는 것입니다.

18 사랑은 어디서부터 나오느냐? 자기에서부터가 아닙니다. 그것은 부모로부터 나옵니다. 사랑의 기원은 자기가 아니고 부모이기 때문입니다. 원인 없는 결과는 있을 수 없습니다. 사랑을 중심삼고는 주인이 자기가 아니라는 것을 알기 때문에 자신을 내세워서는 안 됩니다. 그러니 부모 앞에 와서는 '예, 어머님 아버님, 그렇습니다.' 라고 하는 것입니다. 부모가 '네가 아무리 이름이 높고 힘이 세다 하더라도 어머니 아버지 앞에서는 해야 할 도리에 어긋나는 것은 안 된다.'라고 하면 '예, 어머님 아버님, 그렇습니다.'라고 하는 것입니다. 사랑이 있기 때문입니다. 부모는 주체요 자식은 대상이기 때문입니다. 주체는 대상을 위하고 대상은 주체를 따라야 하는 것이 천리원칙입니다. 이것을 파탄시키는 날에는 그 집안은 몽땅 무가치한 결과로 떨어집니다. 이 천리원칙이라는 것은 아무리 무식한 인간이라 해도 천성을 따라 태어났기 때문에 아는 것입니다. 그러므로 아무리 외적으로 힘이 센 챔피언이라 하더라도 부모 앞에서는 머리를 숙여야 됩니다.

19 무엇보다 부모의 사랑이 처음입니다. 그 사랑을 동기로 해서 그 사랑에서 원만히 자란 사람이라면 사랑이 어떻다는 것을 압니다. 아버지와 어머니 사이의 사랑이 어떻다는 것을 부모를 통해 배우게 됩니다. 아버지가 어머니를 사랑하고 어머니가 아버지를 사랑하는 그 사실은 자식들에게는 둘도 없는 기쁨이 됩니다. 그렇기 때문에 개개인에게 있어서 종적인 입장, 즉 1대1의 입장에 서서 사랑을 받을 수 있고 체휼할 수 있는 것은 부모를 가진 자리가 아니고는 안 됩니다. 또 부모들은 1대1의 입장에서뿐만 아니라 한 아들이면 아들을 중심삼고 1대2의 사랑을 줄 수 있습니다. 1대2의 사랑을 받을 수 있는 자리가 자식의 자리입니다.

20 아들딸들이 어머니 아버지에 대해서 '우리 어머니 아버지는 세계에서 제일 좋은 분이다. 하나님을 대신하는 존재야!'라고 해야 합니다. 두 사람 사이에 변함없는 마음과 사랑이 한결같은 것을 보고 자녀들이 '그 사랑을 본받아 자녀 된 우리도 하나되자!'라고 할 때 이상적인 가정이 이뤄집니다. 마음과 심정이 하나되는 상대를 찾아가는데, 만약 결혼을 통해서 이것이 안 되면 전체가 파괴되기 때문에, 전체가 몰살되는 것과 마찬가지기 때문에 그것을 지극히 존중시하며

그것을 세우기 위해 지극히 노력하는 것이 남자의 가는 길이요 여자의 가는 길입니다. 그래서 어머니 아버지도 하나님의 마음과 하나님의 사랑에 일치되고 자식들도 부모를 닮아 하나님의 마음과 하나님의 사랑에 일치될 수 있는 가정이 되어야 합니다.

21 선생님은 신비로운 경지에 들어가서 우주의 근본이 무엇이냐고 알아본 때가 있었습니다. 하나님으로부터의 대답이 '부자의 관계다. 아버지와 아들이다.'라는 것이었습니다. 일반 사람 같으면 자기를 낳아 준 아버지와 어머니로 생각하기 쉽습니다. 부모와 아들딸이 만날 수 있는 최고의 장소가 어디냐? 사랑이 교차되는 그 중심, 생명이 교차되는 그 중심, 이상이 교차되는 그 중심에서 만나는 것입니다. 그렇게 보면 사랑과 생명과 이상이 한자리에 있다는 것입니다. 그 자리에 가면 하나님도 사랑이요 나도 사랑이요, 하나님도 생명이요 나도 생명이요, 하나님도 이상이요 나도 이상이 된다는 것입니다. 그것을 결정지을 수 있는 최초의 인연과 최초의 통일의 장소가 부자관계가 이루어지는 자리입니다. 여러분이 어머니 아버지를 통해서 태어나려면 어머니 아버지의 사랑이 움터야 합니다. 서로서로 상대적 관계가 성립돼야 합니다. 그래서 그 사랑의 환경에서, 생명의 일치점에서 생명이 연결돼야 합니다. 남편과 아내가 서로 싫다고 하는 것이 아니라 서로가 이상적이어야 합니다. 부부가 사랑을 맺고 하나되어야 부부의 사랑이 이루어집니다. 남편의 사랑은 내 사랑이요, 남편의 생명은 내 생명이요, 남편의 이상은 내 이상이 되는 것입니다.

22 하나님의 씨는 창조이상의 씨인데, 그것이 자녀입니다. 부부끼리 아무리 비둘기같이 잘산다 하더라도 그것은 1대에 끝납니다. 아들딸이 없으면 부모가 못 됩니다. 여자는 남자가 없을 때는 남자를 사랑한다는 것을, 사랑이라는 말을 모릅니다. 남자나 여자나 사랑이 무엇인지 알 수 없습니다. 사랑을 알기 위해서는 상대가 절대 있어야 합니다. 하나님이 바라던 소원의 표준적인 결실체가 상대라는 것입니다. 그러면 그 상대가 자기보다 못하기를 바라는 남자 여자가 있습니까? 어머니 아버지가 아들딸이 자기보다 못하기를 바랍니까? 또 아들딸이 어머니 아버지가 자기보다 못하기를 바랍니까? 다 자기보다 훌륭하기를 바랍니다.

3절 이상적인 자녀와 형제관계

1 자녀가 뭡니까? 하나님이 사람을 얼마나 사랑했는지를 교육할 수 있고, 그것을 가르쳐 주고 체휼하게 하

기 위한 것이 자녀입니다. 그 자녀를 통해서 하나님이 아담 해와를 지어 놓고 얼마나 기뻐했는지를 알게 됩니다. 여러분이 자식을 사랑하는 것은 하나님이 인류시조를 지어 놓고 기뻐했던 것을 체험하는 것입니다. 하나님과 같은 자리에서 자녀를 사랑할 수 있는 사람이 되어야 하기 때문에 아들딸을 낳아야 합니다.

자녀의 의미와 필요성

2 자기 아들딸을 왕자 왕녀와 같이 키워야 합니다. 그리고 왕과 왕후같이 자기 어머니 아버지를 잘 모셔야 합니다. 하늘나라의 가정법이 그렇습니다. 거기에 싸움이 있을 수 없고 명령일하에 일사천리입니다. 그 가정 전체 배경의 근본사상은 '위해서 존재한다.'라는 것입니다. 그렇지 않으면 평화가 올 수 없습니다.

3 본래 아담과 해와는 왕자와 왕녀였습니다. 하나님의 한은 왕자와 왕녀가 어떻게 살아야 하는가를 못 가르쳐 준 것입니다. 그렇게 교육을 못한 한을 풀어야 합니다. 아담 해와는 왕자와 왕녀입니다. 본래 남자는 왕자였고 여자는 왕녀였다는 것입니다. 천국에 들어갈 수 있는 사람은 왕자와 왕녀의 심정을 거친 사람이라야만 됩니다. 그렇지 않으면 천국에 못 들어가게 되어 있습니다. 아담 해와는 하나님의 아들딸로서 하나님으로부터 왕자 왕녀로서의 교육을 못 받았습니다. 그다음에 형제의 교육을 못 받았습니다. 형제의 교육을 받았더라면 만민 형제의 인연을 중심삼고 만천하가 하나될 수 있었을 것입니다. 이와 같이 본래 인간은 하늘 왕궁에서 왕자권·황족권 심정을 체휼하여 살던 사람들이기 때문에 천국 가는 것입니다.

4 자녀는 미래의 왕권을 전수받습니다. 여러분은 큰 나라의 왕으로 보내기 위해 왕손을 기르고 있다는 마음을 가져야 합니다. 그렇기 때문에 낳아 교육시키고 길러서 출세시키기를 원합니다. 태어났을 때에 참부모가 되고 참스승이 되어서 참주인의 자리에 세우려고 하는 것이 인류의 모든 부모와 국가가 바라는 소원입니다. 자녀는 미래의 왕입니다.

5 아들딸은 제3의 하나님입니다. 제1의 하나님은 자기 할아버지 할머니요, 제2의 하나님은 부모요, 제3의 하나님은 아들딸입니다. 그래서 아들딸을 하나님같이 사랑하라는 것입니다. 세상의 부모들도 그렇습니다. 형제들이 부모를 사랑하는 것보다도 형제끼리 싸우지 않고 더 사랑하는 것을 원합니다. 부모의 사랑에 플러스해서 형제끼리 더 사랑해야 됩니다.

자기 어머니 아버지를 표준으로 해서 그 이상 더 멋지게 살겠다고 해야 됩니다. 본래 우리 조상들이 살던 그 이상 행복하게 살겠다고 해야 됩니다. 그것이 표준입니다. 그렇게 사는 사람은 틀림없이 천국에 가는 것입니다. 에덴동산에는 이것을 교육하는 방법이 없었습니다. 그렇지만 우리에게는 이것을 교육할 수 있는 원전(原典)이 있습니다. 하늘나라의 황족이 되지 않고는 본연의 하늘나라에 들어갈 수 없습니다. 그것을 교육할 수 있는 본연의 교재와 같은 생활환경권 무대가 우리 가정입니다.

6 아들딸을 낳고 위하는 것은 세계를 사랑하는 것을 배우기 위해서입니다. 아들딸이 세계와 연결되고 미래와 연결됩니다. 아들딸이 없으면 미래와 연결이 안 됩니다. 미래세계와 연결할 수 있는 교육의 재료로서 아들딸을 준 것입니다. 그다음에는 조상들, 할머니 할아버지는 영계에 대한 교육을 위해서입니다. 영계에 대한 교육을 받기 위한 것입니다.

7 선생님은 어디 갔다 오면 아이들한테 뽀뽀를 해줍니다. 그것이 내 생활의 습관이 되었습니다. 또 우리 아이들은 아버지한테 인사를 할 때도 아버지하고 뽀뽀를 합니다. 어디를 갈 때도 아버지 앞에 얘기하고 가고, 좋은 일이 있으면 아버지한테 와서 얘기합니다. 그런 사상을 길러야 됩니다. 그러면 하나님이 기쁘게 바라보시는 것입니다. 하나님을 위해서, 세계를 위해서 키워 주어야 합니다. 자기 아들딸도 그 길을 가야 됩니다. 자식을 낳는 것은 하나님 때문입니다. 자식을 키우는 것은 세계를 위해서입니다.

8 성경을 보면 사랑을 중심삼은 얘기가 많습니다. 부모가 자식을 많이 사랑하면 사랑할수록 부모와 자식이 불행해지지 않습니다. 이런 법도가 있기 때문에 사랑을 위해서 수고하면 그 사랑을 점령하게 됩니다. 그렇기 때문에 하나님을 위해서 수고하는 것은 하나님의 사랑을 마시는 것입니다.

9 자식이 많은 사람을 보게 되면, 그 사람이 고생이 많다고 하겠지만 그 일면에는 자식이 없는 사람이 느껴 보지 못하는 행복을 느낀다는 것입니다. 자식을 길러 본 사람은 그것을 알 것입니다. 자식을 길러 본 사람과 자식을 길러 보지 못한 사람을 두고 볼 때, 자식을 길러 본 사람은 자기 자식들이 아무리 복잡하게 들썩거리더라도 삶의 보람을 느끼지만 자식이 없는 사람은 그런 것을 못 느낀다는 것입니다. 자식들로 말미암아 삶의 보람을 느끼는 것입니다. 처해 있는 환경이 복잡하다고 해서 불행한 것이 아닙니다

다. 거기에는 내일의 소망이 접붙여져 있습니다. 남이 갖지 못한 아들딸이 많으면 많을수록 각 분야에서 사방성을 갖추어 새로운 소망을 가질 수 있기 때문에 스스로의 어려운 환경도 극복할 수 있다는 것입니다.

10 자녀가 많은 것이 복입니다. 자녀가 많은 것이 왜 복이고, 자녀를 거느리는 사람이 왜 복이 많으냐? 이 심정권을 중심삼고 커지니까 그만큼 하늘나라의 동위권 기준에 가까운, 높은 자리에 올라가는 것입니다. 그만한 계열이 생겨나는 것입니다. 하나님의 모든 복을 받을 수 있는 상속권을 갖기 때문에 하나님이 복을 줄 수 있는 것입니다. '너 복 받아라.'라고 하면 복 받는 것입니다. 그런 권한이 있다는 것입니다.

11 부부는 아기가 없으면 1대로 다 끝나는 것입니다. 상하·전후·좌우의 상대적 이상관계가 없기 때문에 거기서 끝나는 것입니다. 그렇기 때문에 영계에 가게 되면 아들딸을 낳지 못한 사람은 괴로운 것입니다. 하나님이 중심축에 있는데 반대의 입장에서 영원히 어두움을 바라보고 사는 것입니다. 그래서 자녀를 많이 낳아서 기른 사람들은 죄를 짓지 못합니다. 또 누구를 미워하지 못합니다. 열두 아들딸을 기른다 하면, 인간이 생존하는 표준인 열두 가지 형의 사람을 데리고 살고 그들이 움직이는 모든 목적을 아는 것입니다.

12 나에게 제일 가까운 상대를 중심삼고 그것만으로 만족하지 않고 왜 자녀를 남기려고 하느냐? 자녀를 남기는데도 자녀가 적을수록 좋은 것이냐, 많을수록 좋은 것이냐? 사람의 욕심은 자기가 선한 자리에 섰든가 고귀한 자리에 섰든가, 자신이 가치적 존재라고 생각하면 생각할수록 그 가치적 존재를 중심삼고 후손을 많이 남기고 싶어하는 것입니다. 그것이 사람의 본성입니다.

이상적인 형제자매관계

13 가정에는 부모가 있고, 그 슬하에는 많은 자녀들이 자라고 있습니다. 그 많은 자녀들에게는 각자의 개성이 있습니다. 각양각색의 개성을 가진 형제들이 자기를 주장할 수 있는 것은 부모님의 사랑과 뿌리를 같이하고 있기 때문입니다. 그러한 주장은 아무리 어린 동생의 주장이라 하더라도 형제들이 무시할 수 없습니다. 왜 무시할 수 없느냐? 부모님의 사랑을 중심삼고 하기 때문입니다. 크나 작으나 부모님이 같이해 주는 입장에서는 아무리 동생의 자리에 있더라도 그 동생이 부모님의 사랑과 하나된 자리에 있기 때문에 그가 주장하는 것을

인정해 줘야 됩니다. 또 그것이 환영 받을 수 있게끔 움직이는 것이 가정 생활입니다.

14 형님이 있고 누나가 있다면 형님의 뜻과 누나의 뜻이 다를 수 있습니다. 그러나 부모의 뜻은 그러면 안 됩니다. 형님의 뜻도 부모의 뜻과 연결되어야 하고, 누나의 뜻도 부모의 뜻과 연결되어야 합니다. 그래 가지고 그 뜻을 논하게 될 때 권위가 있는 것입니다. 형님으로서의 권위가 있는데, 부모가 인정할 수 있는 기반에 서서 주장하게 될 때는 부모 대신 형님으로서의 권한을 갖는 것입니다. 그와 같은 입장에서 주장을 해야 됩니다. 누나는 누나로서의 권위가 있는 것입니다. 아무리 동생이라 하더라도 부모의 사랑과 하나되어 주장하는 데는 부모와 동위권 동참권에 설 수 있습니다. 같은 자리에 동참할 수 있는 권한이 있다는 것입니다.

15 하나님을 중심삼고 하나되게 될 때 천태만상으로 돌게 됩니다. 그러므로 형제간에 사랑을 하는 것도 부모가 자식을 사랑하는 것을 본받아서 형은 동생을 사랑해야 됩니다. 그렇게 사랑하며 일원화된 가정은 가정애가 꽃필 수 있습니다. 이것이 또 사회애가 될 수 있습니다. 이것이 더 나아가 민족을 사랑하는 민족애가 됩니다. 이와 같이 사랑하면 세계애가 되는 것입니다.

16 여러분이 부모의 사랑을 받는 것은 무엇 때문입니까? 부부인 아버지 어머니가 서로서로 의지하고, 서로서로 사랑하는 그 동기가 여러분으로 말미암아 되어 있기 때문입니다. 그러므로 그 동기를 중심삼고 형제끼리 서로 사랑하는 그 사랑은 변하지 않을 것입니다. 그것을 중심삼고 이웃을 내 몸과 같이 생각하며 생활할 때, 올바른 사회환경이 벌어지는 것입니다. 가정을 중심삼고 보면 그 가정이 소생이요, 사회가 장성이요, 국가가 완성입니다.

17 부모의 사랑을 중심삼고 형의 자리에 선 사람은 자기를 희생시켜 가며 부모 대신 동생들을 사랑하는 것이 사랑의 질서요 전통입니다. 형님이라는 자리는 형제들 가운데 제일 고생을 많이 해야 될 책임이 있는 자리입니다. 부모를 위해서, 형제를 위해서입니다. 그것이 형님이라는 것입니다. 부모는 자식을 대표해서 자식들보다 더 고생하는 것입니다. 자식을 위해서 사랑을 중심삼고 그러는 것입니다. 그 자리는 눈물이 교차되더라도 떠나고 싶지 않은 것입니다. 눈물을 흘리면서도 따라가는 길이 거기에 있습니다.

제4장 참된 자녀교육과 가정천국

1절 교육의 참뜻과 최고의 교육

1 아들딸을 하나님과 같이 길러야 됩니다. 이것이 교육의 표준입니다. 그러면 하나님 같은 사람은 어떤 사람이냐? 얼굴이 크고 생명력이 있는 능력이 많은 사람이 아닙니다. 하나님같이 사랑하는 사람이 되라는 것입니다. 그러려면 완전한 사람이 되어 하나님과 같은 사랑을 할 줄 알면 됩니다. 그러면 하나님의 사랑이 뭐냐? 그것을 분석하면 부모의 사랑, 부부의 사랑, 자녀의 사랑입니다. 그 이외에는 없습니다. 그 세 가지 사랑밖에 없다는 것입니다.

교육의 참뜻

2 인간을 구원하는 데 있어서는 교육이 필요합니다. 인간조상이 무지한 가운데서 타락했습니다. 원리결과주관권에서 직접주관권까지 가야 할 단계에 있던 아담 해와는 하나님 섭리의 전반적인 뜻을 알지 못했습니다. 따라서 인간세상에 지금까지 역사를 통하여 수많은 위인들 혹은 종교지도자들이 나왔지만, 우리 조상이 알지 못하고 간 길을 깨쳐 하나님 본연의 기준과 일치시킬 수 있는 기점을 마련하지 못했습니다. 어느 종교, 어떠한 철인, 어떠한 위인도 그 내용을 밝힐 수 없었습니다. 그렇기 때문에 인간 역사는 무지한 우리 부모로부터 이어받은 전통을 따라서 무지한 가운데, 하나님 본래의 이상적 섭리 기준과는 일치되지 못한 채 흘러왔다는 것입니다. 그래서 이 무지한 인간을 교육해 나가야 됩니다.

3 어머니 아버지가 낳은 것만 가지고는 안 됩니다. 낳아서 길러야 됩니다. 교육해야 됩니다. 무엇으로 길러야 되느냐? 하늘나라에 갈 수 있는 교육을 해야 됩니다. 딴 교육은 못하더라도 하늘나라에 갈 수 있는 교육을 해야 됩니다. 하늘나라에 가게 될 때 자기 일족이 머무르는 그 자리에 못 가게 만들면 안 되는 것입니다. 그렇기 때문에 교육을 해야 됩니다. 천상법에 대한 교육입니다. 그것이 제일 교육입니다.

4 사랑의 생명력이 그대로 통할 수 있는 가정을 사랑하는 것이 효자의 길이요, 나라의 생명력을 중심삼고 사랑하는 것이 충신의 길이요, 세계의 생명력과 사랑을 연결해서 가는 길이 성인의 길입니다. 이렇게 볼 때 이런 방향을 통해서 인륜도덕을 교육해 왔다는 개념은 확실하다는 것입니

다. 그것이 옳았다는 것을 알아야 됩니다. 세계를 사랑하는 것이 성인의 도리입니다. 이것이 인륜도덕 교육의 표준입니다.

5 어느 누구나 배움의 길, 혹은 교육의 길을 따라가는데 그 목적이 무엇이냐? 보다 선한 세계로 전진하기 위해서입니다. 보다 가치적인 내용을 지니기 위해서입니다. 그래서 보다 높은 차원의 전진을 다짐하는 것은 보다 가치적인 중심과 일치하기 위한 것입니다. 간접적이나마 그러한 목적 추구의 길을 간다는 것입니다.

6 교육 중에 최고의 교육이 무엇이냐? 천국의 판도가 될 수 있는 기원지가 가정입니다. 가정에서 최대한 교육하는 것이 아들의 도리입니다. 하나님으로부터 그 도리를 가르침 받아야 됩니다. 하나님은 아버지인 동시에 스승이요 왕입니다. 왕실 내에서 교육을 할 때, 왕실의 왕자 왕녀를 내놓고 교육할 때는 '너는 이 나라에 사는 몇 백만이든 몇 억이든 그 절반 되는 남자 여자를 대표한 너임을 알아라!'라고 하는 것입니다. 그런데 왕손으로서 대표적 아들딸의 자리에서 교육을 못 받았다는 것입니다. 그다음에는 '형제로서 너희 둘이 하나되는 것은 세상에 평화를 가져올 수 있는 것이고, 남자 여자 국민 전체가 형제와 같은 입장이니 너는 만형의 자리에서 국민을 동생과 같이 사랑해야 된다!'라는 교육을 못 받았습니다. 그렇기 때문에 조그만 가정이지만 크게는 나라의 판도를 대표한 가정이요, 세계를 대표한 판도요, 하늘땅을 대표한 판도라는 것입니다. 그 표본적인 모형의 원칙을 교육해야 되기 때문에 가정에서부터 이런 세계 판도에 맞는 내용을 아들딸에게 교육하여야 됩니다. 형제끼리 사랑하는 것은 인류를 사랑하는 것입니다. 보다 큰 것을 위해서 살게 되면 보다 가치가 작은 것은 큰 가치한테 흡수되는 것이 천리 이치입니다.

7 책을 가지고 단에서 가르치는 것만이 교육이 아니라 말 한마디 하는 것, 행동 하나도 다 교육입니다. 여자들 옷차림에 대한 것도 그렇습니다. 옷차림을 보게 되면 그 사람이 어떻다 하는 것을 알 수 있습니다. 몸은 마음의 반영체이니만큼 옷차림이 그 사람의 인격을 반영하는 것입니다. 그런 문제에 있어서 우리 일생생활의 전부가 교육시키는 생활권을 이루므로 그 생활권 자체가 모든 사람 앞에 자극적인 영향을 주는 것입니다. 교육 강화의 실효성을 우리 생활을 통해서 연결시켜 나가면 거기서부터 사회가 발전해 간다는 것입니다. 세계의 새로운 희망이 그 자리

에서부터 벌어집니다.

8 학교는 유아시대에서부터 자라는 기간 동안, 성년이 되어서 사회에 진출할 때까지 교육하는 것입니다. 대학은 학사·석사·박사 코스, 사회에 진출할 때까지 교육하는 것이고, 그다음에 사회에 나간 사람들을 교육하는 것은 언론기관입니다. 그런데 이것들이 파탄시키고 있습니다. 언론기관이 세상에서 자기들을 중심삼고 돈벌기 위해서 별의별 짓을 다 하는 것입니다. 선생님은 세계에 사회적인 도의의 영향을 미치기 위해서 섰다는 자부심을 갖고 있습니다.

9 학교에 가서 공부하더라도 나를 위해서 공부하는 것이 아니라, 하나님이 지으신 모든 자연의 묘미를 내가 깊이 알기 위해서, 하나님의 심정세계를 파악하기 위해서 공부하자는 것입니다. 하나님을 앎으로써 더 깊은 사랑을 하고 더 높은 사랑을 하게 됩니다. 선생님이 내게 엄격한 교육을 하더라도 그것은 나로 하여금 하늘의 사랑과 자연의 사랑을 흡수하게 하고, 나를 중심인물로 만들기 위해서 그런다고 생각하라는 것입니다. 사랑의 주인으로 만들기 위해서라는 것입니다. 내가 사회에 나가 일하는 것도, 그 모진 바람이 불고 이렇게 하여도 사랑을 펴기 위해서, 사랑의 진가를 나타내기 위해서라고 생각하라는 것입니다.

10 실력은 잠깐 동안에 갖추어지는 것이 아닙니다. 모든 일을 거침으로써, 실제로 부대껴 봄으로써 실력을 연마할 수 있는 것입니다. 여러분이 학교에 가서 공부하는 목적은 사람들이 실천한 모든 경험을 그냥 그대로 인수하기 위해서입니다. 배움으로써 그것을 그냥 그대로 인수하기 위한 것이 학교 교육입니다. 그래서 그 배운 것을, 모든 사람들의 좋은 실적을 인수해서 자기 것으로 만들기 위해서는 그것들을 전부 해 보지 않으면 안 됩니다. 결국 알고 실천함으로써 그것이 내 것이 되는 것입니다.

11 올바른 지도자는 '죽을 때에는 사랑을 위해 죽어라.'라고 합니다. 교육 중에 최대의 교육이 뭐냐? '죽겠으면 사랑을 위해 죽어라.'라는 것이 제일 큰 교육입니다. 그것은 하버드 대학교에 가서 학위를 열 개 받는 것보다도 더 위대한 교육입니다. 통일교회는 '최고의 사랑을 위해서 죽자. 하나님과 인류와 세계를 위해 죽자.'라는 것입니다. '이런 작용도 사랑을 위해서 시작됐고, 이런 방향도 사랑을 위해서 시작됐고, 이런 목적도 사랑을 위해 시작됐다. 남자 여자도 사랑을 위해서 시작됐고, 어머니 아버지도

사랑을 위해서 시작됐고, 아들딸도 사랑을 위해 시작됐고, 우주의 모든 것도 사랑의 선물을 위해서 시작됐다.'라는 것을 가르치는 것 이상의 교육이 없습니다. 이렇게 살고 간 사람은 틀림없이 하나님 앞에 가기에 부끄럽지 않을 것입니다.

참사랑의 실천원리와 교육목표

12 선생님이 식구들을 낳아서 기르던 것과 마찬가지로 여러분도 밤낮 원리를 공부해서 자기 아들딸을 길러야 됩니다. 자기 아들딸을 잘 가르치기 위해서 사탄세계에 나가서 훈련을 하고 공부도 해야 됩니다. 이뿐만 아니라 주인으로 만들려니 부모의 심정과 스승의 심정과 하늘의 심정을 알고 소유권을 상속해야 됩니다. 교회에 들어와서 다시 태어나 교육을 받아서 완성됩니다. 성장하면 모든 것을 알게 됩니다. '나도 주인의 자리에 서고 싶다.'라고 하게 됩니다. 전부를 상속하는 것입니다.

13 하나님은 아담 해와를 통해서 사랑을 하시려고 했습니다. 그런데 그 아담 해와의 완성적 기준에 있어서 이상적 사랑의 상대권을 갖추지 못하여 비참하게 되었습니다. 그렇기 때문에 하나님이 참부모의 자리에 서지 못했습니다. 인류의 시조가 참된 아들딸을 낳아 길러서 세워 주어야 됩니다. 낳는 것은 부모이고 기르는 것은 스승이고 세워 주는 것은 주인입니다. 이것은 어디를 두고 하는 말이냐 하면 세계를 두고 하는 말이 아니라 한 집안을 두고 하는 말입니다. 어머니 아버지는 부모인 동시에 길러 주는 스승인 동시에 주인입니다.

14 타락으로 인하여 하나님이 아담 해와를 교육하지 못하였던 그 한을 풀어 드리기 위하여 3대 주체사상을 상속받아 교육해야 됩니다. 3대 주체사상이야말로 참사랑의 실천원리이며 생활철학입니다. 동시에 3대 주체사상의 교육과 그 실천을 통해서 장자권·부모권·왕권을 복귀할 수 있습니다. 그리고 아담 해와가 교육을 받지 못하여 하나님의 뜻인 이상가정이 완성되지 못하였으니, 참사랑으로 다시 자녀 교육, 형제 교육, 부부 교육, 부모 교육을 실천하여 전체 통일의 기본인 가정을 형성해야 됩니다. 그렇게 될 때 이상적 국가와 세계가 이루어집니다. 아담 해와를 참되게 가르쳤으면 아담 문화권 통일세계가 자동적으로 될 것이었습니다.

15 선생이라는 사람은 부모의 연장입니다. 나라의 주인인 나라님은 스승의 연장이고 부모의 연장입니다. 나라님은 부모 대신도 되고, 스승 대신도 되고, 또 나라의 주인도 됩니다.

이것이 통일교회에서 말하는 3대 주체사상입니다. 3대 주체사상, 이것은 빼려야 뺄 수 없는 것입니다. 가정에서 교육을 받고, 학교에서 교육을 받고, 나라에서 교육을 받아야 됩니다. 세계적으로 볼 때에 나라에서 그런 교육을 하는 제도가 없습니다. 나라가 갈 수 있는 교육적인 체제, 이런 모든 전부가 제각기 갈라져 있습니다. 부모는 부모대로, 스승은 스승대로, 혹은 나라는 나라대로 제멋대로 갈라져 있습니다.

16 최고의 진리가 무엇입니까? 첫째, 하늘을 잘 알고 그 중심이신 하나님을 확실하게 아는 것입니다. 둘째, 세계의 중심인 인간을 확실하게 아는 것입니다. 셋째, 신과 인간이 합하여 이루려는 이상의 나라를 아는 것입니다. 이러한 중요한 대목표를 관계맺도록 하는 것은 오직 사랑만이 그 관건이라고 결론짓지 않을 수 없습니다. 그러므로 교육목표를 애천(愛天)·애인(愛人)·애국(愛國)으로 정하고 참된 교육이란 이 목표를 실천하는 데 있다고 가르쳐 왔습니다.

17 '애천'은 뭐냐? 우리는 막연한 하늘을 추앙하는 것이 아닙니다. '애국' 하면 그것은 막연하지 않고 구체적입니다. 나라는 주권이 있고 국토가 있고 국민이 있습니다. 애천 할 때의 그 하늘은 막연한 하늘이 아닙니다. 거기에도 나라가 돼 있다면 그 나라에도 주권이 있고 백성이 있고 땅이 있는 것은 마찬가지입니다. 하늘나라, 땅나라 이러한 말이 됩니다. 그러면 하늘나라니 땅의 나라니 하는 것은 하나님 자신이 만드는 것도 아닙니다. 나라님이 만드는 것도 아닙니다. 백성을 통해서 이루어지는 것입니다. 이 말은 하늘이 있고 땅이 있다 하면 그 가운데 사람이 있음으로써 하늘나라가 형성되고 땅의 나라가 형성된다는 것입니다. 그 형성되는 모든 내용은 사랑에 의해서 연결됩니다. 하늘도 사랑이 필요하고, 나라도 사랑이 필요하고, 인간도 사랑이 필요하다는 것입니다.

18 애천이 뭡니까? 아무리 하늘이 크더라도 그것은 외적입니다. 사랑이 내적입니다. 하나님을 움직이고 하나님을 오라고 할 수 있는 힘을 가진 것이 사랑입니다. 하나님을 움직일 수 있는 힘은 지식이 아닙니다. 권력도 아닙니다. 돈도 아닙니다. 사랑입니다. 애천, 하늘을 움직일 수 있는 힘을 가지고 있으면 하늘이 따라오는 것입니다. '애인' 할 때, '인(人)'은 개인이 아닙니다. 인류를 말합니다. 인류가 사랑을 따라가야 됩니다. 애국, 나라는 다른 사람을 따라가지 않습니다. 나라를 누구보다 사랑하는 사람

을 따라갑니다.

2절 가정은 천국의 교본

1 가정은 하나의 교본입니다. 가정은 하나의 이상향, 이상국가를 이룰 수 있는 하나의 교본이고, 그 나라는 이상세계를 이룰 수 있는 교본입니다. 그 교본에는 가정교본, 국가교본, 세계교본, 우주교본의 넷이 있습니다. 이 교본들은 가정에서 교육을 해야 됩니다. 가정에서 기본교육을 해야 됩니다.

2 가정은 천국과 인연맺게 하기 위한 교재입니다. 교육의 교재입니다. 그것을 나라에 적용하면 애국자가 되는 것이요, 세계에 적용하면 성인이 되는 것이요, 하늘땅을 중심삼고 하게 되면 하나님의 아들딸, 성자가 됩니다. 인간은 다 그 욕심을 갖고 있다는 것입니다.

가정은 사랑의 학교

3 가정에서는 부모를 중심삼아야 하고, 사회를 대표하는 교육기관에서는 선생을 중심삼아야 합니다. 부모는 자기를 젖 먹여서 키우고, 즉 생리적인 발전을 돕고 해서 정서적인 면을 도와줍니다. 학교는 사회생활, 앞날의 생활무대를 중심삼고 훈련시키는 곳입니다. 가정이 정서적인 훈련장이라면 학교는 사회에서의 실험적인 훈련장입니다. 가정은 심정적인 훈련장소라는 것입니다. 그렇기 때문에 정을 가지고 학교에서 형제와 같이 살아야 되고, 정을 가지고 나라에서도 형제와 같이 살아야 합니다. 부모의 그런 교육은 학교를 위한 교육이요, 사회를 위한 교육이요, 나라를 위한 교육이 됩니다. 부모는 정서적인 모든 것을 자식들, 후계자들 앞에 전수해 줘야 합니다. 부모가 산 것과 마찬가지로 가정에서는 이렇게 살아야 하고, 사회에서는 이렇게 살아야 하고, 나라를 위해서는 이렇게 살아야 한다는 것을 중심삼고 정서적 바탕을 닦아 줘야 됩니다.

4 악이 가는 길에 있어서는 교육이 필요 없습니다. 교육을 받지 않고도 누구든지 갈 수 있는 것입니다. 악으로부터 시작된 역사이기 때문에 교육을 받지 않고도 누구든지 갈 수 있습니다. 악의 길을 가게끔 교육할 필요성이 있습니까? 스스로 그렇게 됐기 때문에 오늘날 인륜도덕을 중심삼고 양심의 표준 앞에 가려 가라고 교육하는 것입니다. 무엇을 중심한 교육이냐? 선을 중심삼고, 양심을 중심삼고 교육을 했는데도 불구하고 그 교육의 표준에 입각한 사람이 얼마나 있습니까? 악한 것은 배우지 않고도 누구든지 다 할 수 있습니다. 누구든지 다 만점이 될 수 있는 것입니다.

5 자식을 사랑하는 데 있어서 밤잠을 자지 않는 그런 부모들은 하늘 앞에 가까이 가는 것입니다. 그렇기 때문에 가정을 절대 기반으로 세워 놓고 '이 가정은 천국 가정을 생산하기 위한 공장이다. 생산 기지다.'라고 하라는 것입니다. 그래서 아들딸을 낳아 그런 행복한 가정을 만들 수 있게끔 교육해야 되고 그럴 수 있게끔 보호해 줘야 합니다.

6 천국을 이루는 하나의 모형적 지상의 발판이 가정입니다. 지금까지 하나님의 한이 인간을 참아들딸이 되도록 교육할 수 있는 교본을 못 만든 것입니다. 왜냐하면 인간이 타락했기 때문입니다. 하나님이 인간에게 참다운 아들딸 교육을 못한 것을 언제 교육할 것이냐? 이것이 역사를 통한 소원입니다. 그다음에는 인간이 사랑의 세계를 이룰 수 있도록 교육할 수 있는 교재를 못 만든 것이 한입니다. 형제 중에는 여자 형제도 있고 남자 형제도 있습니다. 그것이 둘만이 아닙니다. 열도, 스물도 될 수 있습니다. 그 형제들이 어떻게 살아야 될 것이냐 하는 교본을 못 만들었습니다. 아담 해와가 아들딸로 태어나 형제로 자라서 형제 교본을 만들고, 그다음에는 부부의 교본을 만들어야 하는데 그것을 만들 수 없었습니다. 그러한 것이 지금 없습니다. 그다음에 부부가 되면 어머니 아버지가 되는데, 그 부모가 어떠해야 된다는 전통적 교재를 못 만들었습니다.

7 이상세계의 체제는 가정 단위입니다. 가정이 천국 기반이고, 천국 창건의 정초석, 주춧돌입니다. 아무리 백성이 많더라도 가정을 확대한 사랑을 가지고 국가를 대하는 사람은 천국 어디에 가도 통과합니다. 그렇기 때문에 교본대로 가정에서 교육받은 그와 같은 마음을 가져야 합니다. 가정에는 할아버지 할머니, 어머니 아버지, 부부, 아들딸이 있습니다. 4대입니다. 그러니까 이것을 확대하면 세계 어디를 가든지 할아버지 할머니 연령이 있고, 어머니 아버지 연령이 있고, 자기 부부의 연령이 있고, 자기 아들딸의 연령이 있습니다. 그러니까 가정에서 교본대로 사랑의 내용을 체험한 사람은 세계 어디를 가든지 아무런 문제가 없다는 것입니다. 교본대로 살 수 있는 형태를 가지고 있기 때문에 합격자가 됩니다. 이렇게 사는 사람은 앞으로 어느 집에 가더라도 먹여 줘야 되고, 재워 줘야 됩니다. 그럴 때가 옵니다. 이 교육만 돼 있으면 됩니다. 그렇기 때문에 가정이 절대 기본 교본입니다. 가정에서 교육받은 그냥 그대로 살면 어디를 가든지 국경이 없고 막히는 데가 없다는 것입니다.

8 가정은 저나라에 가서 완전한 합격자가 되게 하기 위한 하나의 교육 장소입니다. 가정의 주인이 누구냐? 전체 식구들을 제일 좋아하는 사람이 주인입니다. 이 세상의 주인이 누구냐 하면, 하늘나라를 큰 가정으로 보면 이 땅 위에 살고 있는 모든 사람들을 좋아하는 사람이 주인입니다. 백인들은 백인만 제일이라고 생각하지만, 아닙니다. 그렇게 안 되어 있습니다. 동양과 서양이 있는데, 서양만 있고 동양이 없으면 서양이 없는 것과 마찬가지입니다. 이것이 상대적으로 다 묶게 되어 있습니다.

9 지상에 있는 가정은 하늘나라에 데려갈 백성을 재창조하는 공장입니다. 그래서 우리는 그 공장의 주인 노릇을 하다가 영계에 갑니다. 바른 길만 딱 잡아 놓으면 아들딸을 교육할 필요가 없습니다. 자연히 된다는 것입니다. 자기 하나님이 다 갖고 있습니다. 교육이 필요 없습니다. 타락했기 때문에 이렇게 된 것입니다. 타락해서 근본을 몰랐습니다.

10 가정은 개인완성의 기준이 되고, 교회 완성의 기준이 됩니다. 개인이 아무리 뜻 앞에 잘했다 하더라도 가정이 못하면 안 됩니다. 그러므로 가정이 문제입니다. 가정을 보게 되면 여기에는 한 면만 있는 것이 아니라 양면이 있습니다. 남성이 있고 여성이 있습니다. 그다음에는 남성 여성을 중심삼고 자녀가 있습니다. 이렇게 사방성이 갖추어져 있습니다. 이 사방성을 중심삼고 볼 때, 가정은 인간의 뜻으로 이루어진 것이 아닙니다. 가정이야말로 뜻을 중심삼고 개인을 완성할 수 있는 곳이요 교회의 출발점입니다. 만약 잘못되면 교회 내에서 수습할 것이 아니라 가정 자체 내에서 수습할 수 있는 기원을 가져야 됩니다. 그런 기원을 못 가진 사람은 교회에서도 수습할 길이 없습니다. 천국은 개인을 중심삼고 되는 것이 아니라 가정을 중심삼고 사방성과 입체성을 갖춘 터전에서 됩니다.

11 타락이 없었던 가정은 남자와 여자가 완전히 하나님의 아들딸로서 사랑을 받는 사람들입니다. 하나님과 완전히 하나된 사람들입니다. 그런 남자와 여자가 사랑을 중심삼고 완전히 하나되어야 합니다. 그 부부는 부부로서의 목적만 있는 것이 아닙니다. 자녀를 위한 교육이 필요합니다. 그것은 사방을 갖추어야 되기 때문입니다.

12 가정은 인생에 있어서 가장 중요한 사랑의 학교입니다. 자녀들은 가정권에서 부모만이 할 수 있는 사랑의 교육, 정서교육을 통해 심정의 깊

이와 폭을 키웁니다. 이것이 자녀의 인격을 만드는 주춧돌이 됩니다. 또한 가정은 자녀에게 미덕과 규범을 교육하는 학교입니다. 사람은 이와 같은 정서교육과 규범교육을 받은 터 위에 지식교육, 체육·기술교육을 받아야 하는 것이 천도입니다.

태교와 자녀교육의 중요성

13 아들 낳기를 고대하던 부부는 아들을 낳았다고 하더라도 그 아들 낳은 것만 좋아해서는 안 됩니다. 그 아들이 좋은 만큼 어떻게 가치 있는 아들로 키우느냐 하는 문제를 놓고 걱정을 해야 됩니다. 이러한 걱정을 하면서 그 아들을 좋아하는 사람이라야 천리를 아는 사람입니다. 그러나 이러한 걱정도 없이 그저 아들 낳은 것만 좋아한다면 그는 출발부터 잘못하는 사람입니다. 이 아들을 어떻게 하면 나라에 필요한 사람으로 기르는가 하는 걱정을 할 수 있어야 합니다. 그런 아들로 기르기 위해서 아들을 원했다고 한다면 그것은 출발에서부터 나라를 위해 출발했다는 조건이 됩니다. 이것은 중요한 문제입니다.

14 사랑은 어디서부터 울려 나오는 것이냐? 어머니 뱃속에서부터입니다. 먼저 어머니의 사랑부터 받는 것입니다. 자식을 중심삼고 상대적 사랑을 먼저 하는 사람은 어머니입니다. 아버지도 사랑을 하지만, 자식이 배 안에 있는 열 달 동안 고이고이 품고 다칠세라 상할세라, 사랑하는 마음을 갖고 말도 조심하고, 생활도 조심하고, 모든 태도도 단정히 하여 태교 기간을 거치는 과정에서 복중에 있는 아기를 자기 생명보다도 더 사랑한 사람이 어머니라는 것입니다. 사랑은 어머니로부터 시작됩니다.

15 우리 자체를 두고 볼 때, 내가 일생 동안 사는 데는 어디서부터 시작하느냐? 결국은 부모에서부터 시작한다는 것입니다. 여러분은 어디서부터 살기 시작했느냐 하면, 태어나서 살기 전에 부모의 복중에서부터 살기 시작한 것입니다. 복중에 있을 때는 어머니의 모든 요소를 빨아, 전부 흡수해서 큽니다. 복중에 있는 아기가 바라는 것이 있다면, 어머니가 언제나 기뻐하고 좋아하고 노래를 부르고 행복스러워하는 것입니다. 그것이 복중에 있는 아기의 최고의 바람일 것입니다. 그렇기 때문에 태교라는 것이 필요합니다. 아름다운 노래를 듣고, 아름다운 경치를 보고, 아름다운 생각을 하라는 것입니다. 그러면 아기에게도 좋습니다.

16 여자가 임신을 하게 되면 태교라는 것을 합니다. 이것은 행동하면서 바라면 그렇게 된다는 것입니다. 정

신력이라는 것은 강한 것이고, 하나님이 창조할 때의 그 정신력이 직접 연결되는 것이기 때문에, 지금도 재생하는 능력을 투입하고 잊어버리고 투입하고 잊어버리고, 또 투입하고 잊어버리면서 무한히 투입하는 것입니다. 투입해서 작게 되는 것이 아닙니다. 참된 사랑은 투입하면 할수록 커지는 것입니다.

17 하나님을 마음에 모셔야 합니다. 하나님을 마음에 모시고 자녀들을 올바로 교육시켜야 됩니다. 책임을 지고 있는 사람은 적당히 하라고 해서는 안 됩니다. 그런 것이 부모입니다. 자기 자식에게 그릇되게 가르치는 부모는 없습니다. 스승은 제자에게 그릇되게 가르칠 수 있습니다. 원수의 입장에 있는 스승이라면 망하게 가르칠 수도 있습니다. 스승은 두 종류가 있을 수 있습니다. 형제도 두 종류가 있을 수 있습니다. 그렇지만 부모는 오직 하나입니다. 아무리 악한 부모라 하더라도 자식에게는 올바로 가르쳐 주는 것입니다.

18 하나님께서 남자면 남자, 여자면 여자 각 한 사람을 대하여 찾아 나오시는 데는 이중의 목적을 갖고 계십니다. 즉 아담 해와를 복귀하는 것만이 아니라 그의 아들딸들까지 복귀하여 사위기대를 복귀하기 위한 것입니다. 사위기대는 여러분 각자가 복귀해야 됩니다. 내가 해야 된다는 것입니다. 나 자신이 하나님과 일치되고 또한 아들딸과 일치되어야 합니다. 믿음의 아들딸을 찾아 교육해서 죽음길을 대신 갈 수 있는 신앙의 아들딸로 세워 놓아야 합니다. 그래야 비로소 하나의 완전한 안식의 터전이 마련되는 것입니다.

19 부모라면 누구나 자식에게 '너는 나라를 위해서 나라의 위대한 인물이 되어야 한다.'라고 가르칩니다. 세계가 눈앞에 다가오는데 '너는 나라의 인물이 되라.'라고 가르치는 시대는 이미 지나갔습니다. 이제는 '너는 세계적인 인물이 되어야 해.'라고 교육해야 됩니다. 세계와 더불어 살라! 여러분의 심리가 어떤지 선생님이 알기 때문에 이렇게 결론을 지어서 이야기하는 것입니다.

20 부모는 자라는 아들딸에게 부모의 사상을 어떻게 전통적으로 심어 주어야 하느냐? 하나님에게는 복귀섭리를 위해서 6천년 동안 수고하시면서 사탄세계에서 당신의 자녀들을 어떻게 빼내느냐 하는 것이 문제가 되는 것과 마찬가지로, 여러분에게는 사탄세계에서 어떻게 아들딸들을 교육시키느냐 하는 것이 문제입니다. 이런 이중의 십자가를 여러분은

감수해야 됩니다.

21 최고의 공적인 생활은 천주를 위해서 일하는 것입니다. 통일교회는 천지주의가 아니라 천주주의입니다. '천주'의 '주(宙)'는 집이라는 뜻입니다. 천주주의는 사람이 주인이 아니라 집, 즉 가정이 주인입니다. 국가 형성의 기원도 사람이 아니라 가정입니다. 가정이 없으면 세계가 형성될 수 없습니다. 가정이 잘못되면 그 나라는 망합니다. 그래서 가정교육은 그 나라가 금후에 복 받을 수 있는 운명을 좌우하는 것입니다. 나라를 위한 공적인 법리에 의해서 살고 있는 가정이 많으면 많을수록 그 나라는 흥하고, 사적인 기준에서 사는 가정이 많으면 많을수록 그 나라는 망합니다.

22 한 나라를 찾기 위해서는 한 개인으로부터 출발해야 됩니다. 그러니 그 한 개인을 얼마나 소중하게 대해야 하겠습니까? 또 그러한 개인이 가정을 이루면 그 가정은 나라를 대신하고 세계를 대신하는 가정이니 그 가정을 얼마나 소중하게 사랑하고, 얼마나 귀한 입장에서 묶어 나가야 하겠습니까? 이제 사랑하는 아들딸을 중심삼고 이 세상에서 사탄과 분립된 새로운 종족을 창설해야 됩니다. 부모 입장에서 천정의 인연을 고취하기 위해 노력하는 가정을 이루어야 됩니다. 그러기 위해서는 있는 정성을 다해서 사랑하고 교육하는 생활을 해야 됩니다. 교육적인 면에서 보면 내가 사는 것은 아들딸의 갈 길을 가르쳐 주고, 아들딸의 행복의 터전을 만들기 위해서요, 나라와 민족의 복지의 터전을 만들기 위해서입니다. 그런 입장에서 산다면 그것이야말로 새로운 세계의 기원이 되는 엄숙하고도 고귀한 것입니다. 이것을 천주에 있는 그 무엇보다도 귀하게 여길 수 있는 입장에 서야만 하나님 아들딸로서의 책임이 시작됩니다.

23 아기를 낳아서 길러 봄으로써 그 가정을 통해 모든 사람을 사랑할 수 있는 경험을 가지고 사랑할 수 있습니다. 어린애로부터 나이 많은 사람들까지 전체, 남자는 여자 전체를, 여자는 남자 전체를 그렇게 서로서로 사랑할 수 있는 이런 인연의 세계가 보다 보람 있는 이상적인 세계가 아닐 것이냐! 그래서 가정이라는 것은 뭐냐 하면 이상세계를 소개하기 위한 교육장입니다.

24 천국의 기원은 가정입니다. 참사랑을 중심삼고 가정을 돌려놓아야 합니다. 그렇기 때문에 가정 중에서도 2세들이 활동해야 됩니다. 사탄은 청소년들을 다 파괴시켜 놓았습니다. 청소년들을 마약의 소굴로 몰아넣고

있습니다. 악마의 화살에 맞아 프리섹스 판이 되어 버린 것입니다. 이것을 청소년들이 부락 부락에서부터 단결해서 그 동네의 악돌이 같은 패들이 있으면 모두가 합해서 경찰과 더불어 제거운동을 하는 것입니다. 그 마을에 불한당이 나타나면 2세들이 책임지고 어머니 아버지와 합해 그들을 몰아내고, 부락에서 교육할 수 있는 시대로 넘어감으로써 우리 가정은 소망적인 가정이 됩니다. 그래서 평화의 왕궁적 기대를 자기 집안으로부터 세계 판도까지 확장할 수 있는 이념적 세계가 전개돼 들어오는 것을 맞이할 준비를 하는 사람이 지혜로운 국민이요, 앞으로 복 받을 수 있는 국민이 되는 것입니다.

25 자기 가정에서 할아버지 할머니를 모시는 것같이 만국이 그렇게 살 수 있는 시봉의 심정을 갖고 있는 사람은 천국 들어가는 데 있어 길이 막히지 않습니다. 교과서가 만국의 통일적 교육 기반을 위해서, 행동적인 통일을 위해서 필요한 것과 마찬가지입니다. 나이 많은 사람을 보면 자기 할머니 할아버지같이 생각하라는 것입니다. 점심때가 되어 식당에 들어가는데 돈이 없어서 걱정하는 빛이 보이면 모시고 들어가서 자기 할머니 할아버지같이 잘 대접하라는 것입니다. 위해서 살면 복을 받게 되고, 창조의 실적은 손해나는 법이 없습니다. 사랑을 중심삼고 투입하는 데는 손해나는 법이 없습니다.

26 하나님의 슬픔이 무엇이냐 하면, 3대를 못 가진 것입니다. 그것을 횡적으로 풀어야 됩니다. 하나님이 아담 해와가 참된 부부 된 모습, 참된 부모 된 모습, 그리고 참된 손자 된 모습을 못 봤습니다. 이것이 3대입니다. 이것이 거꾸로 되어 있으니, 타락한 세계의 잘못된 핏줄과 사랑과 생명을 이어받았으니 이것을 전부 뒤집어 놓아야 됩니다. 할아버지가 손자가 되지 않으면 안 되고, 아버지가 아들이 되지 않으면 안 되고, 형님이 동생이 되지 않으면 안 되는 논리가 성립됩니다. 이것을 두고 천지개벽이라 하는 것입니다. 천지개벽이란 말은 이때 쓰는 것입니다. 종적 기준에서 볼 때 조부모는 맨 첫 번 하나님 자리를 대신하고, 둘째 번 아담 해와는 부모를 대신하고, 자녀는 미래의 왕자 왕녀를 대신하기 때문에 가정에 횡적으로 나타난 할아버지를 하나님 대신으로 모셔야 합니다. 이것이 가정교육의 원론입니다.

27 가정에서 엄격해야 됩니다. 무슨 제재를 하더라도 사탄세계에 물들지 않게끔 부모들이 책임지고 관리하고 교육하지 않으면 안 되는 시대입니

다. 프리섹스, 성개방, 동성애, 이것은 악마의 계교입니다. 여기에서 180도 다른 방향으로 돌아가지 않으면 안 되기 때문에 하늘나라는 이 정반대의 길을 가는 것입니다. 그러니까 선생님 같은 사람이 이 세계의 반대를 받게 마련입니다. 그래서 복귀노정의 약속을 전부 다 이루었다는 선포식을 하지 않고는 실체 완성권으로 넘어갈 수 없다는 것입니다. 영원한 축복의 기준을 넘어섬으로써 하나님의 창조이상인 참사랑을 중심삼은 주체 앞에 참사랑의 상대로서 하나될 수 있는 것입니다.

28 할아버지는 천국의 특권대사, 부모는 현재 세계의 대왕마마, 자녀는 천국의 왕자 왕녀요 지상의 왕자 왕녀입니다. 그렇기 때문에 할아버지는 손자 손녀를 자기 자식보다 사랑합니다. 선생님이 할아버지가 되어 보니 정말 그렇습니다. 자기가 교육적인 기반을 만들어서 자신의 학교에 보내야 되는데, 그런 기반을 만들지 못했을 때는 할아버지의 사명을 다하지 못한 것입니다. 이중 삼중의 책임을 추궁하는 것이 손자 손녀입니다. 손자 손녀는 지상천국·천상천국 재창조의 출발의 부모가 되어야 합니다. 그러니 손자 손녀가 그런 자리에 설 수 있게끔 사명을 다하는 할아버지가 되고 선조가 되어야 합니다.

3절 부모의 사랑과 책임

1 자식을 기를 때는 자기를 사랑하는 이상의 사랑과 심정을 가지고 키워야 됩니다. 그렇게 부모의 책임을 다하게 되면, 그 자식이 부모의 사정을 알고 그가 또 자기 자식을 가지게 되면 그렇게 키울 수 있는 것입니다. 그렇게 될 때에 비로소 그는 부모의 슬픔이 자기 슬픔이요, 부모의 기쁨이 자기 기쁨이요, 부모의 할 일이 자기가 할 일이요, 부모의 책임수행이 자기 책임수행이라고 하는 자식이 됩니다. 그리하여 부모가 명령하지 않더라도 그 부모의 원수를 자기 원수로 대하고, 부모의 일을 자기 일로, 부모의 책임을 자기 책임으로, 부모의 사정을 자기 사정으로서 감당해 나가겠다고 나서는 것입니다. 그러한 자식을 세우는 것이 창조의 원칙이었습니다.

2 사랑의 힘은 모든 것을 통찰하는 것입니다. 사랑의 힘만이 가능하다는 것입니다. 부모의 사랑의 마음은 거리를 초월합니다. 거리를 초월해서 연락하는 것입니다. 여러분이 영화를 보게 되면, 자식이 사고가 났을 때 어머니 아버지가 꿈 가운데서 사고가 나는 것을 보고 '악!' 하고 놀라 일어나는 것을 볼 수 있을 것입니다. 사랑의 줄기를 통해서 반응하는 것입니다. 사랑의 줄을 통해서 실상이 그

냥 그대로 옮겨지는 것입니다. 실상뿐만 아니라 실체가 교류됩니다. 그렇기 때문에 지상에서 사랑의 줄을 타고 하나님의 실체를 접할 수 있다는 것입니다.

3 사랑하는 자식을 대하는 부모는 자식에게 결점이 있더라도 그 결점을 먼저 들춰내지 않습니다. 자신의 좋은 점만 닮기를 바랍니다. 자식의 악한 면을 보고 뺨을 때렸을지라도 그것을 동정하고 후회하는 것이 부모의 심정입니다. 그것은 그때의 악한 여건을 기준으로 해서 때린 것이 아니기 때문입니다. 자기를 닮은 작은 부분이라도 있으면 그것을 악한 면보다 크게 보려는 기준을 중심삼고 이해하려고 하는 것이 자식을 대하는 부모의 심정입니다.

4 부모가 자식에게 효도하라고 가르쳐 주어서 효자를 만드는 것이 아닙니다. 스스로 효도하겠다는 마음이 우러나오게 할 수 있어야 됩니다. 이런 것은 하루아침에 되는 것이 아닙니다. 오랜 기간을 두고 영향을 미쳐야 됩니다. 영향을 미친다고 하는 것은 아버지가 하는 대로 자식이 따라올 수 있도록 생활로써 자식에게 본을 보여 준다는 것입니다. 이러한 것을 실천하는 뜻에 대한 전문가가 되어야 합니다.

5 부모들이 뜻 생활에 있어서 모범이 되어야 합니다. 가정에서의 기도생활이라든가 가정예배라든가 신앙생활을 자녀들에게 보여 줘야 합니다. 또 경배시간이 얼마나 중요한가를 인식시켜 주어야 합니다. 그 시간에는 경배식만으로 끝낼 것이 아니라 뜻을 중심삼고 부모로서 자녀들을 교육해야 합니다. 자녀를 교육하기 위해서는 부모가 먼저 실천해야 됩니다. 부모가 본이 되어 뜻 앞에 충성해야 됩니다. 그리하여 부모가 어떤 말을 하더라도 자녀들이 일언반구도 대꾸하지 않고 부모를 경외할 수 있는 입장에 세워야 합니다. 그러지 않고는 자녀들이 따라가지 않습니다. 자녀들이 자기가 알고 있는 뜻과 원리를 중심삼고 볼 때, 교회생활을 하는 데 있어서 부모들이 본부에서 지시하는 원칙을 등한시하고 그 지시에 따라 생활하지 않으면서 자녀들에게만 원리원칙대로 생활하라고 하면 코웃음을 친다는 것입니다.

6 자식들이 옛날에 바라보던 부모와 현재에 바라보는 부모가 아무런 차이가 없다면 그 부모는 자녀들을 교육하지 못합니다. 그러므로 과거와는 현격히 달라져야 합니다. 가정생활이나 동네에서의 대인관계에서 이런 것은 문제가 되지 않을 수 없습니다. 자식은 자기 나름대로 뜻을 중심삼고

가는 사람은 이래야 한다는 관을 가지고 부모를 바라보며 점을 찍고 있다는 것입니다.

7 자녀들은 자기들의 부모가 나쁜지 좋은지를 바로 압니다. 뜻을 위해 움직이는 태도를 꾸준히 밀고 나가면 그 환경에서 알아줄 날이 있습니다. 부부는 죽더라도 천도는 남기고 가야 합니다. 가정은 자기 자녀를 위해서 있다고 하더라도 먼저 하나님을 위하고 나라를 위해야 됩니다. 그것이 결국에는 자기 자녀를 위하는 길입니다. 그래야만 자녀들이 하나님의 운과 세계의 운과 나라의 운과 함께할 수 있기 때문입니다.

8 축복가정들을 보면 자기 2세들에게 '공부해라.'라고 합니다. 자기 아들딸에게 공부하라고 해서 그 아들딸이 효자가 되고 충신이 되는 것이 아닙니다. '통일교회에서 어머니 아버지는 고생을 했지만 나는 그런 길을 안 가!'라고 할 수 있습니다. 그것을 소화할 수 있는 사랑의 도리를 가르쳐야 합니다. 그렇기 때문에 어머니 아버지가 아들딸을 끌고 다니며 밥을 굶으면서도 동네를 사랑하고, 나라를 위해서 기도하고 눈물지어야 합니다. 이런 것이 철모를 때는 나쁜 줄 알았지만, 철들게 될 때는 '우리 어머니 아버지가 제일이다.'라고 하는 것입니다. 어머니 아버지는 자기 자식을 위해서 눈물을 흘리는 것이 아니라는 것을 알게 됩니다. 자기 자식을 버리고라도 나라를 사랑하겠다, 하나님의 뜻을 위하고 인류를 구하겠다고 한 사실을 철이 들면 들수록 안다는 것입니다. 멋대로 살아서는 안 됩니다. 여러분이 자식을 염려한다고 그 자식들이 잘되지 않습니다. 사랑의 양식을 먹여서 키워야 합니다.

9 자식은 아버지 어머니가 가는 대로 갑니다. 그렇기 때문에 여러분 가정에서 하나님을 모시고 섬겨야 합니다. 자식에게 아버지는 기도하는 아버지라고 교육해야 됩니다. 하나님을 위하는 아버지, 남을 위하여 수고하는 아버지로 알게 해야 됩니다. 그래서 자식이 은연중에 자기를 존경하고 자기를 훌륭하게 볼 수 있는 터전을 닦아 봉사해야 됩니다.

10 '우리 아버지는 과거에 이런 고생을 하셨다. 나를 키우고, 교육하기 위해서 이런 수난의 길을 걸어오셨다.'라고 아버지의 배후를 들추게 될 때, 비참하고 어려운 사연이 많으면 많을수록 그것은 자식을 불행하게 만드는 것이 아니라 효성의 길로 방향을 돌이킬 수 있는 열쇠의 역할을 하는 것입니다. 이런 것을 우리는 많이 느낄 수 있습니다. 자기를 위한 눈물이 끊

이지 않는 부모의 배후를 아는 자식은 부모 앞에 불효를 할 수 없습니다.

11 사랑의 세계에서는 미지근한 것은 싫다고 합니다. 차든지 뜨겁든지 둘 중 하나로 가야 합니다. 때로는 찬 것이 필요합니다. 자식을 키울 때 사랑을 주었는데도 사랑을 잃어버렸을 때는 냉정해야지, 그래도 좋다고 하면 안 됩니다. 선생님이 책임자들을 모아 놓고 야단을 쳤더니 '아이고, 저런 선생님이 어디 있나?'라고 하는 것입니다. 누구보다도 무섭습니다. 선생님이 좋긴 좋지만 가장 어렵다는 것입니다. 악에 대해서는 무자비하지만 선에 대해서는 몇 천 도의 용광로와 같이 뜨겁습니다.

12 사랑의 본질은 남을 위하는 것입니다. 자기의 자주적인 본질을 중심삼고 남에게 주려고 하는 것이 사랑의 본질입니다. 그 사랑은 어디에서 왔느냐? 하나님에게서 온 것입니다. 하나님은 절대적 사랑의 주체이기 때문에 주려고 하는 것이 사랑의 본질입니다. 부모의 사랑이 그 본질에 제일 가까운 자리에 있기 때문에 자식을 대해서 항상 주려고 합니다. 자식이 받지 않더라도 옛날에 주었던 그 사랑보다도 더 큰 사랑을 갖고 나타나 사랑하면 그 불한당 같은 자식이라도 회개하고 돌아설 수 있습니다.

13 부모는 하나님을 대신한 부모가 되어야 합니다. 부모는 자녀들에게 '내 아들딸아! 너희가 나를 사랑하는 것 이상 너희 형제를 사랑하고, 너희 이웃 동네와 나라와 세계를 사랑할 줄 알아라.'라고 해야 됩니다. 이렇게 교육하는 사람이라야 부모 중에 참된 부모의 자격을 가질 수 있습니다. 그래야만 아들딸들과 자기 집이 더 큰 선한 자리, 선의 중심으로 발전해 나가기 때문입니다.

14 세상에서 인간으로서 일생 동안 살다가 남겨야 할 일이 있다면 그것은 세 가지밖에 없습니다. 하나는 원리의 길입니다. 원리의 길대로, 뜻대로 살았다는 사실입니다. 그다음엔 좋은 후손을 남기고 가는 것입니다. 그다음엔 이 땅에 살 때 그 후손들을 세상의 훌륭한 인재로 기르는 것, 교육하는 것입니다. 이러한 3대 책임이 있다는 것입니다.

15 여러분은 아들딸 앞에 어떻게 살아야 된다는 전통을 남겨야 합니다. 여러분이 각국에 가서 힘들게 싸움을 하며 사는 것은 앞으로 여러분이 후손 앞에 전통을 남기기 위한 것입니다. '우리는 이렇게 어려운 가운데서 일했단다.'라고 아이들에게 교육할 수 있고 유언을 남길 수 있는 전통적 자료를 수습하기 위한 것입니다. 그

렇기 때문에 전통이 문제입니다. 이것은 변경할 수 없습니다. 영원한 전통입니다.

16 가정적인 전통을 세우지 못하면 민족적인 전통을 세울 수 없고, 민족적인 전통을 세우지 못하면 국민이 형성될 수 없습니다. 축복가정은 가법을 만들어야 합니다. 그리고 자녀들의 교육 기준과 가정의 규범을 만들어야 합니다. 그러지 않고 부모가 잘못했다가 자녀들의 추궁을 받으면 할 말이 없는 것입니다. 자기를 사랑하기 전에 나라를, 세계를, 하나님을 사랑해야 됩니다. 아내는 '우리 남편은 나라를, 세계를, 하나님을 더 사랑하는 분이다.'라며 존경할 수 있어야 합니다.

4절 자녀교육의 주요 내용

1 부모는 아들딸에게 무슨 교육을 해야 되느냐? 지식 교육을 하는 것이 아닙니다. 사랑의 교육을 해야 됩니다. 어머니 아버지가 서로서로 하나 되는 교육을 해야 된다는 것입니다. 하늘이 좋아하는 어머니 아버지이고, 또 어머니가 좋아하는 아버지이고, 아버지가 좋아하는 어머니이고, 둘 다 좋아하는 동시에 아들딸이 좋아하는 어머니 아버지이고, 어머니 아버지가 좋아하는 아들딸이라는 것을 가르쳐야 한다는 것입니다.

2 하나님을 중심삼고 봐도, 아담 해와를 중심삼고 봐도 사위기대입니다. 이렇게 봐도 저렇게 봐도 모두 사위기대라는 것입니다. 그렇기 때문에 하나님의 사랑을 중심삼고 하나님 앞에 사랑의 교육을 받아야 됩니다. 그것의 기원이 어디냐? 인간으로부터 시작하는 것이 아닙니다. 하나님이 부모이기 때문에 하나님으로부터 아담 해와는 사랑의 교육을 받아야 합니다. 그 아담 해와의 가치 기준의 설정은 어디서부터 되느냐? 하나님의 사랑의 교육에서부터입니다. 그러면 사랑의 교육을 받는 데는 어느 때까지냐? 아버지가 아는 모든 가치의 기준을 헤아릴 수 있을 때까지, 다시 말하면 성숙할 때까지는 부모의 사랑을 받고 자라야 합니다.

사랑·본성·축복교육

3 여러분이 부모 된 것은 하나님 대신이기 때문에 사랑의 도리를 가르쳐야 되고, 사랑의 가정이라든가 나라의 이상을 가르치는 스승이 되어야 하고, 그 주인 될 수 있는 자격자를 양육해야 됩니다. 지금까지 학교가 교육을 해왔는데, 그것은 교육이 아닙니다. 기술 교육입니다. 본성 교육은 가정에서 해야 됩니다. 그래야 본연의 혈통을 상속받을 수 있습니다. 아버지 어머니를 닮은 계대를 천년만년 핏줄을 통해 남겨야 될 엄숙한 사명

이 있습니다. 운명이 아닙니다. 이것은 숙명적인 책임입니다. 어머니 아버지, 부모를 가를 수 없습니다. 형제를 바꿀 수 없습니다. 이런 원칙을 앎으로써 가정의 전통을 하늘 앞에 세워 참부모의 열매, 참스승의 열매를 맺어야 합니다. 사랑을 중심삼고 혈통을 밝히는 것을 말합니다. 그다음에는 참주인의 자리, 천년만년 같은 혈통의 주인 자리를 남겨야 됩니다.

4 축복받은 식구는 하나님의 주권, 하나님의 백성, 하나님의 영토에 대해 관념적으로가 아니라 실체적으로 항상 생각하여야 합니다. 이것을 책임진 입장에서 활동할 때입니다. 그러니 발걸음 하나를 옮길 때도 이 목표를 이루기 위해 옮겨야 합니다. 자녀들을 교육할 때에도 어떻게 하면 뜻 대한 사명을 다하는 사람으로 교육할 것인가를 생각해야 됩니다. 젖먹이 아이에게 젖을 먹일 때에도 이러한 생각을 하며 먹여야 합니다. 이렇게 살면 우리는 개인이지만 전체의 생명·소원·가치를 대신하고 있는 것이 됩니다. 여기에서 하늘땅 앞에 세워질 수 있는 가치가 결정됩니다.

5 자녀교육을 잘해야 되는 것은 물론이고 축복을 빨리 받게 해야 됩니다. 여러분 가정의 3대가 축복을 받으면 얽어맬 수 있습니다. 여러분이 죽기 전에 3대가 축복을 받아야 합니다. 그래서 넘어가야 됩니다. 이스라엘 민족도 아담 가정, 노아 가정, 아브라함 가정, 이 세 가정을 중심삼고 전부 연결된 것과 마찬가지로, 여러분도 3대의 기준을 연결시켜야 합니다. 그러기 위해서는 어떻게 해야 되느냐? 여러분 자신들도 그와 같은 조건에 해당하는 아들딸과 친척을 중심삼고 씨족을 만들어야 합니다. 그래야만 그 씨족을 중심삼고 양보할 수도 있고 양보받을 수도 있다는 것입니다.

6 여러분은 여러분의 아내를 '이 딸은 하나님의 3대 사랑을 받는 데 있어 세계에 없는 딸로 사랑받은 사람이요, 세계에 없는 아내로 사랑을 받을 사람이요, 앞으로 세계의 누구보다도 어머니로서의 사랑을 받을 사람이다.'라고 생각해야 됩니다. 그렇기 때문에 여러분은 '내 아버지 어머니는 세계에서 제일이다. 하나님 외에는 우리 어머니 아버지보다 더 높은 사람이 없다.'라고 자랑할 수 있는 교육을 해야 됩니다. 그것이 통일가정의 교육법입니다. 그것이 하나님이 그렇다고 할 수 있고, 여러분의 후손이 그렇다고 할 수 있으면 공인됩니다. 선생님 아이들도 보면 '하나님 다음에는 우리 아버지다.'라고 얘기합니다. 여러분도 그런 사상을 자녀들에게 교육해야 됩니다.

7 부모는 형제끼리 사랑하는 것을 가르쳐 주고, 어머니 아버지 사랑하는 것을 가르쳐 주는 동시에 '내가 너희를 사랑하는 것과 마찬가지로 내가 나라를 이렇게 사랑하니 너희는 나라를 이렇게 사랑해야 된다.'라고 교육해야 됩니다. 그렇게 가르쳐 주면 안다는 것입니다. 다른 교육이 필요 없습니다. '우리 집도 아버지도 나도 그렇게 사니, 나라의 가정 가정이 다 그렇게 사는구나. 우리 집과 같이 세계적이요 국가적인 기반을 이루는 것이 그 나라를 위한 애국이구나.'라는 것을 알게 되어 있습니다.

8 여러분은 교육하기를, 나라보다 세계를 위하는 사람이 되라고 가르쳐야 합니다. 선생님은 나라의 충신이 되지 말고 세계를 위해 성인의 도리를 하라고 가르칩니다. 성인의 도리뿐만이 아니라, 성인의 도리는 나라를 다스리는 법이 있기 때문에 하늘나라에 들어가서 왕자의 도리를 하라고 가르칩니다. 왕자의 도리, 하늘나라의 왕자가 될 수 있는 도리를 가르쳐 주는 것입니다.

9 자식을 놓고 뛰어가면서 '나는 죽더라도 너는 이 릴레이 바통을 쥐고 달려야 돼. 내가 어렵게 고생하는 것은 세계를 살리기 위한 것이야. 그래야 그런 세계가 오는 거야. 그것이 하나님의 소원이요, 참부모님의 소원이요, 네 아버지의 소원이요, 네 엄마의 소원이요, 너의 소원임에 틀림없기 때문에, 만세에 영원불변 천하인들이 찬양할 수 있는 소원임에 틀림없기 때문에 이 길을 가야 된다.'라는 교육을 할 수 있는 참다운 어머니 아버지가 되어야 합니다. 죽어 가면서라도 이 일을 남기고 가야 합니다.

10 여러분은 아들딸을 붙들고 '내 사랑하는 아들딸들아! 너희는 부모 앞에 빚지지 마라. 부모한테 빚지지 않을 뿐만 아니라 네 형제들한테도 빚지지 말고, 네 이웃 동네에도 빚지지 마라.'라고 가르칠 수 있는 교훈의 재료를 스스로 가져야 합니다. '나는 일생을 통해서 빚지지 않으려고 천신만고 노력하다가 이렇게 손이 꼬부라졌고, 이 손가죽이 말가죽같이 되었다.'라고 교육해야 됩니다. '이 손은 동네를 위하다가, 남을 위하다가 이렇게 되었다.'라고 가르쳐야 됩니다.

11 진정한 스승은 학문을 가르치는 스승보다 사랑을 가르쳐 주는 입장에 선 스승입니다. 부모는 사랑을 중심삼고 핏줄이 연결된 일체권 내에 있는 것도 물론이지만 자식에 대해서 사랑을 중심삼고 교육도 해야 됩니다. 그렇기 때문에 '형제간에는 이래야 하고, 부부관계는 이래야 하고, 일

가를 거느리는 데는 이래야 한다.'라는 것을 교육해야 됩니다. 그래서 모든 면에서 가화만사성 할 수 있게끔 사랑을 가지고 교육하고, 사랑의 주인이 되라고 가르쳐야 합니다. 이것이 부모의 소임입니다.

부모가 모범을 보여야

12 형제는 부모가 서로 사랑하는 것을 본받아야 합니다. 어머니 대신 딸이요, 아버지 대신 아들이니, 어머니 아버지가 좋아하는 사랑의 전통을 본받으라는 것입니다. 그러나 지금까지 사탄세계에 그러한 부모가 없었으니 참부모를 중심삼고 효하는 도리를 본받으라고 교육해야 됩니다. 통일교회에서 선생님의 가정과 여러분의 가정, 선생님과 여러분 개인을 두고 볼 때, 선생님을 대한 여러분의 마음을 여러분의 아들딸도 그렇게 배울 것입니다. 자식은 부모의 심정을 배우는 것입니다. 자식들이 '우리 부모는 아무리 어려운 일이 있더라도 그것을 실행한다. 시간을 초월해 있다. 또 환경을 초월해 있다. 빈곤을 초월해 있다.'라고 할 수 있는 부모가 되어야 합니다. 또한 자식들이 부모의 명령이라면 어떠한 환경에서도 움직일 수 있는 전통을 가정에 세워야 합니다. 그리하여 자식들이 '이 길은 부모가 간 길이기 때문에 가야 한다. 모든 여건으로 볼 때 실행할 수 있는 일이 아니냐!'라고 할 수 있어야 합니다. 또 부부가 부모를 위하는 것을 그 자식들로 하여금 본받게 해야 됩니다. 그리고 후세들을 교육할 수 있는 기준을 세워야 합니다.

13 하늘의 교육을 해야 됩니다. 교육하는데 여러분이 먼저 본보기가 되어야 합니다. 먼저 효자가 되어야 합니다. 여러분 자신이 먼저 하늘의 법도에 따라 효자가 되고 효녀가 되어야만 거기에서부터 하늘의 전통적인 효의 인연이 성립됩니다. 여러분은 그 자리에서 하늘나라를 위하여 뜻 앞에 충신이 될 수 있는 도리를 여러분의 아들딸에게 가르쳐야 합니다. 대한민국이면 대한민국을 위하여 아들딸이 울 때면 너희는 나라 없는 백성이라고, 너희가 살고 있는 이 대한민국은 너희의 진정한 나라가 아니라고, 다시 모셔야 할 한 나라가 있다는 것을 손을 붙들고 눈물을 머금으며 가르칠 수 있는 부모가 되어야 합니다. 품에 품은 아기의 숨소리를 느끼듯 하늘의 염려를 같이 느끼면서 눈물을 흘릴 수 있는 자리에서 교육해야 됩니다. 그래야 교육의 폭이 더해질 것입니다.

14 여러분이 가지고 있는 물건은 아버지의 것으로 생각해야 됩니다. 아들딸은 아버지한테 바쳐야 됩니다.

예수님 대신 하늘을 위해 충성할 수 있는 아들딸을 만들지 못하면 안 됩니다. 부모가 되었으면 무슨 짓을 하든지 아들딸이 통일교회의 정도를 가게 해야 됩니다. 그러지 않으면 안 됩니다. 그리고 자기 자신도 정도를 가야 합니다. 자기가 먼저 가고 나서 자식에게 가르쳐야 합니다. 자식을 교육하기 위해서는 자기가 먼저 그렇게 해야 됩니다. 그런 다음에 자식을 교육해야지, 자기는 하지도 않고 교육하려 하는 것은 천도에 어긋나는 것입니다. 선생님이 여러분에게 얘기하는 모든 것은 선생님이 먼저 실천해서 승리의 기반을 닦고 난 다음에 가르쳐 주는 것입니다.

15 개인운세는 가정운세를 따라가야 되고, 가정운세는 사회운세를 따라가야 되며, 사회운세는 국가운세를, 국가운세는 세계운세를, 세계운세는 천운을, 천운은 하나님을 따라가야 됩니다. 내 생활이 세계와 천운과 하나님의 운세와 접촉되는 심정을 중심삼고 그런 관계를 가지고 오늘날의 생활권 내에서 산다고 할 때에 그 사람의 생활은 세계를 대표한 생활권이 됩니다. 그 사람은 천하의 어느 누구도 막을 수 없습니다. 아내 보기에 부끄러운 남편이 되지 마십시오. 아내가 하나님의 특사입니다. 아들딸이 하늘의 특사입니다. 나를 감시하고 나를 교육해서 바른길로 가게 하기 위한 제일 측근자로서의 특사라는 것입니다. 자식 앞에 부끄러운 아비가 되어서는 안 됩니다. 그 하늘의 특사들을 먹이는데 도둑질한 물건을 갖다 먹이지 말라는 것입니다. 사기를 치고 하늘을 섬길 수 없습니다. 조상을 섬길 수 없습니다.

16 자식을 불러 교육할 때는 '내 뜻이 이랬으니 너는 이렇게 가야 되는 것이다.'라고 해야 됩니다. 남편이 죽을 때 아내에게, 아내가 죽을 때 남편에게, 부모가 죽을 때 자식에게 이런 유언을 해야 됩니다. '내 양심적으로 볼 때 부끄럽지 않으므로 사랑하는 아들에게 우주의 제일 좋은 선물을 주고 싶으니 내가 가던 이 길을 계승해 다오.'라고 하는 것이 최고의 유언입니다. 그것이 유산 중의 유산입니다. '그러면 세계가 너의 것이 되고, 하나님과 우주가 네 소유가 된다.'라고 하는 것입니다.

17 아들딸들에게 '부부는 이렇게 사는 것이다.'라는 본을 보여야 됩니다. '어머니 아버지는 저렇게 사이가 좋게 사는구나. 나도 빨리 결혼해서 저렇게 살아야 되겠다.'라고 하게 해야 됩니다. 다 배워서 실천하도록 어머니 아버지가 교육하는 것입니다. 어머니 아버지에게 달린 것입니다.

18 교육의 본당이 가정입니다. 선생님이 어머니하고 결혼할 때 약속한 것이, 자식들 앞에 눈물을 보이는 어머니 아버지가 되어서는 안 된다는 것이었습니다. 자식이 무슨 죄가 있습니까? 아무리 분하고 원통하더라도, 아침이 되어 자식이 엄마 아빠한테 인사하러 오는 소리를 들으면 아무리 눈물 흘리며 울다가도 어제와 마찬가지로 같은 자세를 취해야 됩니다. 그래서 엄마 되는 사람은 그 아기를 살짝 안아서 자기에게 뽀뽀하게 하고 아버지 앞에 뽀뽀를 시킬 줄 알아야 합니다.

19 부부가 하나되지 않는 데는 자유도 없습니다. 평화도 없습니다. 그러니까 여러분이 평화를 그리려거든 몸 마음이 절대 하나되어야 합니다. 이것이 선생님 교육의 제1조입니다. 지금까지 성현들은 세상이 다 나쁘고 자기들이 잘난 줄 알았지만 아닙니다. 제1조가 잘못됐습니다. 어머니 아버지, 부부끼리 하나가 안 되면 천하가 침을 뱉는 것입니다. 부부끼리 하나되고, 1대와 3대가 하나되면 천하가 찾아옵니다.

20 효자가 되어야 하고 충신이 되어야 합니다. 지금까지 효자가 못 되었고, 충신이 못 되었습니다. 성인이 못 되었습니다. 세계 국가를 사랑하는 마음으로 형제들을 위해서 기도해야 됩니다. 그래야 부모님을 따라 성자의 지위를 가지고 하나님 앞에 나타날 수 있습니다. 그것이 공식입니다. 여러분이 가정에서 선생님을 모시는 데 있어 자녀들이 교육받을 수 있게끔 다 보여 주어야 합니다. '이분은 이러이러한 역사적인 수난의 길을 거쳐 왔기 때문에 우리가 이렇게 모심으로 말미암아 선생님의 계대를 계승한 모든 축복이 우리 가정에 온다.'라고 하는 것입니다.

21 여러분의 아들딸이 있으면 그 아들딸에게 어머니 아버지가 말다툼하는 것을 보여서는 안 됩니다. 절대 그것을 보여서는 안 됩니다. 약속하는 것입니다. 선생님 가정도 마찬가지입니다. 아기들이 지금까지 '우리 엄마 아빠는 절대 싸움하지 않아. 우리 엄마 아빠는 세상에서 제일 좋은 엄마 아빠야.'라고 하는 것입니다. 어떠한 나라의 왕보다도, 누구보다도 희망봉의 주인공이라 할 수 있게 교육해야 됩니다. 아들이 있으면 '나는 아빠 닮을래.'라고 하고, 딸이 있으면 '나는 엄마 닮을래. 엄마 같은 여자가 될래.'라고 할 수 있게끔 되어야 합니다. 그것이 교육입니다.

22 아들딸들이 어머니 아버지가 일생 동안 싸움하는 것을 못 보았다고

해야 됩니다. 살다 보면 별의별 일이 다 있습니다. 그렇다고 해서 그것을 물고 늘어지고 싸우고 손가락질을 해서는 안 됩니다. '아무리 아버지가 서운하더라도 붉은 얼굴로 아들을 대하지 말라.'라는 것이 선생님의 철학입니다. 그래서 우리 아이들이 언제나 평화스럽고, 언제나 의좋은 어머니 아버지라고 생각합니다. 어머니 중에서 제일이고 아버지 중에서 제일이라고 생각하는 것입니다. 어머니 아버지는 제2의 하나님입니다. '하나님을 갖겠어, 어머니 아버지를 갖겠어?'라고 할 때, 어머니 아버지를 갖겠다고 하는 것을 하나님도 좋아합니다. 그것이 귀한 것입니다. 교육 중에서 제일 귀한 것입니다.

5절 자녀들이 가야 할 길

1 여러분이 스무 살이 넘게 되면 가정을 갖게 될 텐데 그때는 경쟁하게 됩니다. 모든 가정이 경쟁입니다. 형제끼리도 경쟁입니다. 부모는 부모대로 자기 생계를 유지해 나가기 위해서 경쟁 무대에 섭니다. 이렇듯 모든 것이 경쟁입니다. 거기에서 탈락하지 않기 위해서는 자기 스스로 실수하지 않고, 1년을 잃어버리지 않고 한 달을 잃어버리지 않는 확실한 길을 가야 됩니다. 그것을 어떻게 가느냐 하는 것도 경쟁입니다. 1년 떨어지면 못 따라갑니다. 1년 떨어지게 되면 벌써 가정들은 아기가 생기고 하여 한 발 뒤지게 됩니다. 활을 쏘는 것과 마찬가지입니다. 같은 힘을 가지고 화살을 줄에다 걸어 놓고 쏘게 되면 먼저 놓은 것이 먼저 가게 되어 있습니다. 그렇지 않으면 빠른 몇 배의 추진력을 가할 수 있는 힘을 갖든가 해야 됩니다. 그런데 그런 사람은 없습니다. 그러므로 청춘시대에 1년을 어떻게 소화하느냐 하는 것이 가장 중요합니다. 그렇기 때문에 자기 관을 가지고 거기에 맞춰 가야 됩니다. 배가 항해하는 데 있어서 방향을 잡고 나서 시동을 걸고 항해를 시작해야 됩니다. 만일 가다가 돌아서는 날에는 그만큼 힘듭니다.

2 본성의 마음이 가는 길을 가게 되면 우주가 하나로 벌어집니다. 그것은 총알보다 더 빠르고 더 강한 것입니다. 그런 자리에 들어가게 되면 자기 마음과 말하게 됩니다. 그런 경지에서는 마음과 말을 합니다. 뭘 하려고 생각하면 벌써 답변이 나옵니다. 그런 경지에 있는 사람이 자기가 갈 길을 모르겠습니까? 벌써 갈 길이 확실해서 우주의 모든 작용의 힘들이 돕게 됩니다. 손을 끌고 시험장에 들어가게 되면 벌써 모든 것이 협조합니다. 그래야 큰일을 할 수 있습니다. 그렇게 위대한 힘의 배경을 중심삼고 살 수 있는 것이 참된 인간입니다. 참

된 인간은 그렇게 무한한 힘의 배경이 있어서 자기가 지향하는 방향으로 무한히 밀어준다는 것입니다. 방향이 틀리면 대번에 압니다. 그러니까 여러분이 노력해서 이런 경지를 연결지어 올라가면 모든 것이 다 해결됩니다. 그런 면에서 여러분이 갈 방향을 결정해야 됩니다. 그것은 자기가 해야 됩니다. 자기가 제일 잘 압니다.

3 소년소녀시대가 중요한 때입니다. 이때에 결심한 것이 여러분 일생의 모든 문제가 좌우됩니다. 지금 결심한 것을 가지고 40년, 50년, 60년 동안 붙들고 밤이나 낮이나, 밥을 먹으나 쉬나, 자나 깨나 총 주력을 해 나간다면 그 사람은 세계적인 인물이 될 것입니다. 소년소녀시대에 결심한 것을 가지고 일생 동안 어떠한 어려움이 있더라도, 자식이 배반하고 부모가 반대하고 나라가 배반하고 전 세계가 배반하고 하나님이 차 버려도 가야 됩니다. 그렇게 해서 나가게 되면 세계적인 인물로 등장하는 것입니다. 그렇기 때문에 여러분만한 소년소녀시대가 참 귀합니다.

4 공부도 자기가 제일 좋아하는 과목이 있습니다. 가치 기준으로 보아서 어떤 것이 좋으냐를 생각해야 됩니다. 두고두고 좋아할 수 있는, 소년·청년·장년·노년 할 것 없이 전체를 두고 좋아할 수 있고, 또 과거·현재·미래를 두고 좋아할 수 있는 기준에서 '어느 것이 귀하다. 어느 것이 내게 맞다. 또 어느 것이 내게 재미있다.'라는 과목이 있을 것입니다. 그 과목을 중심삼고 집중적으로 공부해야 됩니다. 그러고 나서 과거·현재·미래의 모든 위대한 사람들과 다 비교하여 그들에 비해 부족하면 더 노력을 해서 최고의 자리에 올라가야 됩니다. 그렇게 노력해서 세계 첨단의 길을 가게 되면, 세계 각 분야의 훌륭한 사람들을 지도할 수 있는 자리에 나가게 된다면 세계가 단시일 내에 복귀된다는 것입니다.

5 여러분의 일생문제에 있어서 앞으로 전문분야를 결정하는 데는 하늘과 담판하고 깊은 자기 본심에 물어봐서 해야 됩니다. 자기 소성은 자기가 아는 것입니다. 내게 무슨 소질이 있는가를 잘 아는 것입니다. 마음이 나를 어디로 끌고 가고 싶어한다는 것을 알아야 합니다. 방향을 정하지 못한 배는 아무도 끌고 갈 수 없습니다. 누가 끌고 가더라도 가다가 놓아주면 자기가 찾아갈 방향을 가져야 됩니다.

6 기도하고 정성 들이는 것은 좋은 것입니다. 기도하면 왜 좋으냐? 정신이 집중되면 관찰이 빠릅니다. 학교

선생님이 강의하게 되면 벌써 시험문제에 나올 것을 압니다. 시험문제로 낼지 안 낼지, 선생님의 마음을 안다는 것입니다. 왜 그런가 하면 그것은 안테나를 높이 단 것과 마찬가지이기 때문입니다. 안테나를 한층 높여서 들으면 작은 소리도 들리는 것입니다. 그와 마찬가지이기 때문에 정성 들이는 사람은 반드시 미래의 세계가 연결된다는 것입니다. 그래서 계시라든가 예언은 정성 들이는 사람한테서 나오는 것입니다. 그리고 시험공부를 하기 위해서 정성 들여서 공부하고, 정성 들여서 점수를 따는 것은 앞으로의 발전을 위해서, 인류를 위하고, 하나님을 위하고, 전체를 위해서라고 하면 그 시험에는 모든 선한 영들이, 그 분야의 전문적인 선한 영들이 오는 것입니다. 틀림없이 온다는 것입니다.

7 끝날에는 순결을 강조합니다. 참가정, 참사랑을 강조하지 않으면 안 됩니다. 이것이 없어 가지고는 세계를 수습할 수 없다는 것입니다. 이것은 자연적입니다. 순결의 핏줄을 못 갖고 있습니다. 별의별 사람이 많습니다. 그런 핏줄을 연결시킨 것을, 곡절을 뒤넘기치며 온 이 핏줄을 누가 바로잡느냐는 것입니다. 이것을 바로 만들지 못하면 하늘나라로 돌아갈 수 없습니다.

8 '하나님의 사랑이 인간을 대표해서 머무를 수 있는 곳이 어디냐?'라고 할 때, 하나님이 뭐라고 하겠습니까? 하나님이 원하는 지성소, 인간세계에 필요한 정착 기지가 어디냐? '하나님도 절대적인 사랑의 정착지, 인간도 절대적인 하나님을 대한 사랑의 정착지를 원한다면 무슨 기관을 통해서 정착해야 되겠소?'라고 물어보라는 것입니다. 생식기를 중심삼고 하나된다는 결론이 나옵니다. 이것은 혁명적인 선언입니다. 세계 평화, 통일 평화, 이상세계의 완성은 거기서 벌어지는 것입니다.

9 사랑하는 사람을 위해서 살아야 됩니다. 사랑하는 사람은 세상을 주고도 안 바꾸려고 합니다. 절대적이고 유일적이고 영원하고 불변한 것입니다. 그 정착지가 나에게 있습니다. 나에게 정착되어 그 상대를 찾고 그 대상과 하나되는 그 이상 소원이 없다는 것입니다. 거기에 하나님도 있고, 우주도 거기가 뿌리가 됩니다. 사랑의 뿌리가 생겨나는 것입니다. 그렇기 때문에 남자 여자의 동기가 어디냐 할 때는 하나님을 모르더라도 동기는 사랑이라는 것입니다. 그것은 생리적으로 부정할 수 없습니다. 모든 만유의 존재가 주체 대상, 수놈 암놈의 개념으로 쌍쌍이 움직인다는 사실을 누가 부정할 수 없습니다. 그것

은 무엇 때문에 생겨났느냐? 사랑이 그렇게 만들었다는 것입니다.

10 하나님이 모든 것을 투입하여, 마음을 다하여 정성껏 만든 것이 여러분의 가장 중요한 생식기입니다. 나쁜 것이 아닙니다. 타락하여 하나님의 세계를 파괴하는 것으로 사용되었기 때문에 나쁜 것입니다. 거기에서 인간의 행복이 연결됩니다. 거기에서 인간의 역사가 연결됩니다. 그것은 원래 성스러운 것입니다. 성서에 지성소라는 말이 있습니다. 인간으로서의 지성소는 어디입니까? 몸은 성전이며 여러분의 그것이 지성소입니다. 그것을 범하는 사람은 천벌을 받습니다. 일족이 걸려듭니다. 이 기반을 세우기 위해 선생님이 얼마나 고생했는지 모릅니다. 사랑의 십자가를 짊어지지 않으면 안 됩니다. 끌려가면서 눈물의 고개를 넘고, 피투성이의 채찍질을 당하는 십자가의 고개를 넘어서 그 한의 동굴을 메우기 위한 고생을 얼마나 했는지 모릅니다. 여자에게, 남자에게 가까이 가지 말라는 것입니다. 그러한 심각한 과정을 통과하지 않으면 순결한 혈통의 인연에 되돌아갈 수가 없습니다.

11 아담 해와가 에덴동산에서 비원리적 행동에 의해 심은 사랑이 세계의 종말기, 수확기가 되어 세계 어느 곳에나 만연하고 있습니다. 여자의 생식기, 남자의 생식기가 자기들의 것이 아닙니다. 여자는 남자를 위해 태어났고, 남자는 여자를 위해 태어난 것입니다. 여자의 생식기 주인은 여자가 아닙니다. 그 주인은 남자입니다. 남자의 생식기 주인도 여자입니다. 자기 멋대로 하는 사람은 망합니다. 하나님은 지혜로운 분이기 때문에 그 생식기의 주인을 엇바꿔 두었다는 것입니다.

12 축복받은 혈통적 인연을 천대만대 더럽히지 않고 보존하는 것이 천명을 받은, 소명을 받은 자들의 책임입니다. 이러지 않고는 천국에 못 들어갑니다. 선생님이 올바로 가르쳐 주는 것입니다. 올바로 틀림없이 가르쳐 줍니다. 여러분 자신에서 천국을 이루어야 됩니다. 참사랑을 중심삼고 몸 마음을 하나 만들어야 됩니다.

13 가정을 중심삼은 사랑의 체험을 가정에만 국한되게 축소하지 말고 그 이상으로 확대해야 됩니다. 그러기 위해 자기 가정이 종족을 위해 희생하라는 것입니다. 또 국가를 위해서 희생시키라는 것입니다. 더 큰 사랑을 위해 희생시키라는 것입니다. 그 단계적 희생을 해서 더 큰 사랑의 조건만 세워 놓으면 어디든 사랑의 이상권과 연결될 수 있습니다. 실제로

는 못했지만 그와 같은 사랑을 환경에서 해내면 합격자로서 천상세계의 저나라에 들어갑니다. 울타리 안에서 사랑하고 환경의 한 고을에서 사랑했지만, 그 고을을 사랑한 사람이 세계 국가를 사랑하고 하늘땅을 사랑한 사람들과 같은 혜택의 자리에 동참할 수 있습니다.

14 통일교회 사상은 뭐냐? 개인은 가정을 위하여 희생해야 되고, 위해 살아야 되고, 사랑하면서 살아야 된다는 것입니다. 가정은 종족을 위하고, 더 큰 것을 위하라는 뜻이 있기 때문에 가인적 전체 대표, 세계적 대표와 같은 마음을 가지고 위해야 됩니다. 그 마음 하나를 가짐으로써 거기서 할아버지 할머니가 그렇고, 부모가 그렇고, 부부가 그렇고, 아들딸이 그렇게 될 때는 천상세계의 어떤 충신의 자리에도 서슴지 않고 갈 수 있다는 말입니다. 그렇게 사는 곳이 지상천국입니다.

6절 참가정과 가정천국

1 타락이 어디서부터 시작되었습니까? 가정에서 타락한 것이 무엇입니까? 가정적으로 타락할 수 있는 것은 사랑일 수밖에 없습니다. 선악과를 따먹고 타락했겠습니까? 선악과를 따먹어서 원죄가 생깁니까? 선악과를 따먹은 것이 죄라는데, 선악과가 무엇이기에 천대만대 후손이 죄인이 됐겠습니까? 이것은 혈통적 관계입니다. 혈통적으로 죄의 뿌리를 심어 놓으면 유전법칙에 의해서 영원히 가는 것입니다. 그럴 수 있는 것은 사랑 문제뿐입니다. 그릇된 사랑이 타락의 원인입니다.

타락과 가정복귀를 위한 노정

2 아담과 해와가 타락함으로 말미암아 하나님은 그들을 참다운 인류의 조상으로, 인류의 부모로, 당신의 아들딸로 대할 수 없게 되었습니다. 아담과 해와는 하나님 앞에 둘도 없는 아들딸인데도 불구하고 하나님이 아들딸로 대할 수 없는 자리에 서 버렸다는 것입니다. 하나님은 또 아담과 해와가 장성한 후에는 부부로 축복하여 위로의 대상으로 삼으려 했습니다. 그런데 그들은 아들딸로서의 위로의 대상이 되지 못한 것은 물론이고, 신랑 신부로서도 위로의 대상이 되지 못했습니다. 하나님도 바라던 소원이 큰 만큼 그들에게 무한한 가치를 부여하고 바라보았던 것인데, 그들이 타락함으로써 하나님은 자녀로서 위로의 심정을 느끼지 못했고, 신랑 신부로서, 즉 부부로서 위로의 심정을 느끼지 못했다는 것입니다. 하나님은 아담과 해와가 미래에 소망의 조상으로서, 만인류 앞에 하나의 군왕으로서 하나님 앞에

충효의 도리를 세우는 입장이 되기를 바랐던 것입니다.

3 하나님은 사랑의 왕이시고 주인이십니다. 만일 사랑의 왕이 되시며 신랑 되신 분이 하나님이라면 상대자 되는 황후가 필요하다는 말이 절대적 원리입니다. 하나님 앞에, 절대적인 그분 앞에 사랑의 상대가 될 수 있는 것은 참된 인간이라는 것입니다. 여러분은 돈을 필요로 하고, 지식을 필요로 하고, 권력을 필요로 하지만 아내가 없다면 다 허사입니다. 남편에게는 아내가 필요하고 자식이 필요하고, 아내에게는 남편이 필요하고 자식이 필요한 것입니다. 그런 사랑의 대상이 사는 곳이 가정입니다. 하나님의 사랑의 대상인 남자와 여자가 하나되어 그 사랑에서 아들딸을 가져서 행복하게 잘살 수 있는 그 가정이야말로, 하나님의 참사랑을 중심한 지상천국의 첫 출발의 기지가 됩니다. 우리 인간도 사랑하는 상대가 자기보다 몇 천만 배, 무한대의 가치 있는 존재로 나타나기를 소원하는 것과 마찬가지로, 하나님도 자기 사랑하는 상대가 무한한 가치의 존재가 되기를 바라는 것입니다. 그런 사람이 참된 인간입니다. 그런 남자와 여자가 바로 아담과 해와였습니다.

4 타락으로 말미암아 하나님께서는 아담 가정의 참부모와 아들딸들을 다 잃어버렸습니다. 하나님이 가질 수 있는 참아들딸이 없었습니다. 하나님의 참사랑을 중심하고 혈통적인 인연을 가질 수 있는 하나님의 가정이 없었다는 것입니다. 타락한 부모로 말미암아 거짓 사랑과 거짓 생명과 거짓 혈통의 인연을 맺음으로써 우리 몸 마음의 싸움이 벌어졌습니다. 아담과 해와가 원수가 되었습니다. 아담의 아들딸들 간에 살육전이 벌어졌습니다. 하나님이 이것을 복귀하기 위한 구원섭리가 복귀섭리입니다. 그렇기 때문에 잃어버린 참된 몸 마음이 하나된 아들딸로서 절대적으로 하나된 부부를 이루어야 하고, 절대적으로 아들딸이 하나님의 참사랑을 중심삼고 하나되어 하나님과 영원히 같이 살 수 있는 참가정을 이루어서 신부격인 기독교와 연결시켜 하나님과 혈연관계를 맺어야 합니다. 그렇게 하여 하나님의 참사랑으로 통일된 가정·종족·민족·국가·세계를 다시 편성하는 것이 하나님의 구원섭리의 완성입니다.

5 하나님이 종교를 세운 목적이 무엇이겠습니까? 하나님이 제일 사랑하는 아들딸, 하나님의 뼈와 살이 하나될 수 있는, 그런 사랑하는 아들딸을 중심삼은 가정·종족·민족·국가를 형성하는 것이 하나님의 뜻입니다.

그러면 메시아는 어떤 분이냐? 영원한 하나님의 참사랑을 뿌리로 하고 비로소 지상에 찾아오셔서 모든 종교들이 바라는 이상을 완성할 분이 재림 메시아입니다. 그렇게 하여 잃어버렸던 참사랑을 중심하고 참된 생명과 참된 혈통을 온 땅 위에 연결시켜 이상가정으로 찾자는 것이 하나님의 구원섭리의 목적이었습니다.

6 만물은 사람을 위해서 존재하는데, 역사 전체가 무엇으로 귀결되느냐? 물질과 자녀와 부모, 다시 말하면 가정의 기준으로 귀결됩니다. 이것이 우주의 근본입니다. 부모가 없어 가지고는 자녀가 태어날 수 없습니다. 부모로부터 태어난 자녀가 부모를 중심삼고 만물을 주관해야 됩니다. 아담과 해와도 만물을 주관해야 됩니다. 이것이 전부 한꺼번에 적용됩니다.

7 인류의 조상인 아담 가정이 파괴되었으니 이것을 복구해야 됩니다. 예수님은 타락하지 않은 아담 대신으로 와야 합니다. 그래서 예수님은 둘째 아담으로 오신 분입니다. 인류의 첫째 조상인 아담은 타락한 조상이 되었기 때문에, 하나님은 본연의 뜻을 세우기 위해 타락하지 않은 참조상으로 예수님을 보낸 것입니다. 그런 참조상을 중심하고 아담 가정을 찾아야 합니다.

8 모든 사건이 가정에서부터 벌어졌습니다. 즉 아담과 해와의 가정에서부터 벌어졌다는 것입니다. 하나님을 아담 해와 가정에서 쫓아냈습니다. 남자 여자가 합하는 일을 잘못함으로써 쫓아냈다는 것입니다. 또 천사세계도 남자 여자가 잘못 만났기 때문에 추방했습니다. 만물세계를 잃어버리고, 그다음에 인간의 가치를 잃어버리고, 인간의 사랑을 잃어버린 모든 것이 남자 여자가 잘못 만났기 때문입니다.

9 복귀의 가정은 어떠한 가정이냐? 역사적인 소원의 실체입니다. 하나님은 지금까지 6천년 동안 이 한 가정을 찾기 위해 섭리하셨습니다. 이 역사적인 소원의 실체가 어디에서 이루어져야 하느냐? 바로 이 현실사회에서 이루어져야 합니다. 미래에 이루어져서는 안 됩니다. 현세에 이뤄져야 합니다. 그것이 이뤄지는 때가 끝날입니다. 이것이 역사적인 소원의 기준이요, 현세 만민의 소원의 기준입니다. 인류의 과거·현재·미래 소원의 기준입니다. 인간으로 태어나서 왔다 갔던 수많은 성인현철들도 이 가정을 그리워했습니다.

10 오시는 주님이 신부를 맞이함으로 말미암아 비로소 복귀의 가정이라는 말이 나옵니다. 다시 찾아야 할 복

귀의 가정, 그것은 인류가 소망하는 가정입니다. 6천년 역사 속에서 믿고 나오던 수많은 종교지도자들이 수많은 원수의 집권자들이나 위정자들에게 희생당하면서도 간절히 소망한 것은 주님이 오셔서 그들의 한과 원수를 갚아 주는 것이었습니다. 그런데 그들의 원수를 갚는 데는 주님 혼자서는 안 됩니다. 혼자 할 수 있었으면 벌써 했을 것입니다. 그러니 하늘 가정이 나와야 합니다. 하늘 가정이 편성되어 이 땅 위에 새로운 발판을 닦아야 합니다. 그리하여 심정의 폭탄을 가지고 사탄세계를 폭파시킬 수 있어야 합니다.

11 우리의 한이 무엇입니까? 아담과 해와가 에덴동산에서 참된 아버지 어머니로서 참된 가정을 이루어 역사를 출발하지 못한 것입니다. 이것은 인류의 한이기 이전에 하나님의 한입니다. 하나님이 인간을 지으신 목적은 그러한 가정을 세워 이 지상에 평화의 왕국을 창건하는 것이었습니다. 그럼에도 불구하고 그 가정이 깨져 나감으로써 하나님은 6천년이라는 기나긴 세월 동안 한을 품으시고 복귀의 역사를 되풀이해 오신 것입니다. 그 과정에서 수많은 한의 고빗길을 수없이 밟고 넘어 지금까지의 역사를 이루어 오신 것입니다. 그러한 역사를 책임지고 해결짓기 위하여 오시는 분이 재림주입니다. 그러면 재림주는 무엇을 해야 하느냐? 가정을 이루어야 합니다. 가정을 이루는데도 공중에서가 아니라 땅에서 이루어야 합니다. 그래야 거기에서 종족이 나오고 민족이 나오며, 국가가 나오고 세계가 나오는 것입니다.

12 오시는 예수님은 반드시 하나님이 바라는 가정을 세워야 하는데, 그 가정은 참가정이어야 합니다. 지금까지 인류는 참된 사랑을 추구해 나왔습니다. 어차피 거짓된 사랑의 형태가 가정이나 사회에 있어서는 안 됩니다. 그러므로 모든 만민이 공유할 수 있는 하나님의 사랑을 중심삼은, 인류 전체가 바라는 최대의 사랑을 중심삼은 하나의 참된 가정이 출현해야만 됩니다. 그러한 가정이 나오지 않고는 종족을 편성할 수 없고, 그러한 민족이 나오지 않고는 국가나 세계를 이룰 수 없습니다. 그렇기 때문에 신이 인류 앞에 제시한 구원섭리에서 인간이 대할 수 있는 최고의 기준과 신으로서 바라는 최고의 이상적 기준점은 가정에 있습니다.

13 역사시대의 모든 종교는 지금까지 남자 하나를 다시 찾아 나온 것입니다. 지금까지의 종교는 상대의 인연을 허락하지 않았습니다. 새로운 것을 허락하지 않았습니다. 그렇게

나가다가는 망하게 됩니다. 그러나 남자 하나를 찾아 나오는 역사시대에 있어서 남자를 찾았다고 할 수 있는 기준까지 가게 되면, 그 후에는 여자를 찾아야 합니다. 여자를 찾기 위한 운동을 제시한 것이 통일교회입니다. 그렇기 때문에 통일교회는 가정을 찾는 교회입니다.

14 지금까지 종교의 목적은 개인을 구원하는 것이었습니다. 그러나 통일교회는 개인의 구원보다 가정의 구원을 목적으로 합니다. 구원을 하되 가정을 구원하고, 천국을 가되 자기 혼자 안 갑니다. 통일교회의 구원관은 남편은 천국에 보내고 부인은 지옥에 보내자는 것이 아닙니다. 둘 다 천국에 가자는 것입니다. 또한 어머니 아버지를 지옥에 보내는 것이 아니라 어머니 아버지를 모시고, 또 아들딸도 데리고 천국에 가자는 것입니다. 통일교회는 자기가 사랑하는 가정, 자기가 사랑하는 종족까지 몽땅 데리고 천국에 갈 수 있는 도리를 가르쳐 주는 곳이기 때문에 다른 종교와는 차원이 다릅니다. 지금까지의 종교는 독신생활을 강조했지만 통일교회는 가정을 중요시합니다. 가정을 중심삼고 나갑니다. 그 가정은 세계를 위한 가정이요, 하나님을 위한 가정입니다. 이것이 통일교회 교인들이 가야 할 길이요, 금후에 여러분이 생활해 나가야 할 길입니다.

15 법을 초월하고, 제도를 초월하고, 환경의 모든 배경을 초월하고, 자신까지 초월하여 영원히 같이 있고 싶어하는 인연을 맺고자 하는 것이 부모의 사랑이요, 부부의 사랑이요, 자녀의 사랑입니다. 이것을 무시하는 사회제도가 있을 수 없으며, 이것을 무시한 국가는 형성될 수 없습니다. 그렇기 때문에 통일교회는 개인구원을 원하는 것이 아니라 가정구원을 원하는 것입니다. 통일교회는 개인구원을 목적으로 하는 것이 아니라 가정구원을 이루자는 것입니다. 통일교회는 이 점이 다릅니다.

참가정과 가정천국

16 천주주의에서 천주는 하늘땅입니다. 내적인 면과 외적인 면에서 하나님과 하나된 사람, 즉 마음은 하늘을 상징하고 몸은 땅을 상징하는데 이것이 하나님을 중심삼고 하나되는 주의를 말하는 것입니다. 원래 에덴동산에서 몸 마음이 하나된 아담과 몸 마음이 하나된 해와가 하나님을 중심하고 하나됐어야 했습니다. 이리하여 하나님 편 가정을 이루면 하나님이 아담 가정에 임재할 것이었습니다.

17 인류역사는 문화를 통해서 발전해 나갑니다. 문화세계를 형성하는

배후의 목적은 하나의 인격을 중심삼은 진리체를 찾는 것입니다. 즉 진리를 중심삼은 인격체를 찾아 나가는 것입니다. 그렇기 때문에 인류역사는 진리를 찾아 나가는 역사입니다. 즉 참된 말씀과 참된 도리를 찾아 나가는 것입니다. 그런데 주의나 사상은 무엇이냐? 맨 처음부터 어떤 주의나 사상이 있을 수 없습니다. 구태여 그 주의나 사상에 이름을 붙인다면 그것은 아담주의요 아담사상입니다. 아담주의는 공산주의나 민주주의가 아닙니다. 부모주의입니다.

18 본래 아담 해와가 타락하지 않고 하나님을 중심삼고 출발하여 하나님을 아버지로 모시고 그의 아들과 딸이 되었다면 이들을 중심삼은 주의는 하나님주의입니다. 하나님을 중심삼은 그 주의는 만민이 주체와 화동할 수 있고, 전체를 긍정할 수 있고, 전체를 흡수할 수 있고, 자신을 흡수시킬 수 있는 주의로서 거기에는 무슨 파(派)가 있을 수 없습니다. 그런데 인간이 타락하여 그러한 주의가 나오지 못했기 때문에 다시 찾아 들어가는 것입니다. 이것이 하나님주의입니다. 또한 하나님을 중심한 아들과 딸의 주의입니다. 통일교회에서는 천주주의를 말합니다. 천주주의는 아들과 딸이 하나님을 중심삼고 부부가 되어 가정을 이루는 것을 말합니다. 천주주의 할 때 '주'는 집이라는 뜻입니다. '집 주(宙)' 자를 쓰는 까닭은 집은 가정, 곧 부부를 말하는 것이기 때문입니다.

19 세계를 진짜 사랑하는 데 있어서는 먼저 사람을 사랑해야 됩니다. 사람을 진짜 사랑하는 데는 자기 상대를 진짜 사랑해야 됩니다. 남자는 여자를 사랑하고 여자는 남자를 사랑해야 됩니다. 그것이 부부입니다. 부부가 된 사람들은 자기 상대를 사랑하는 마음을 가지고 세계를 사랑해야 됩니다. 다시 말해서 여자는 자기 상대를 사랑하는 마음으로 세계의 남성을 사랑하고, 또 자기가 남성으로부터 사랑받는 가치적인 존재인 줄로 알고 세계의 여성을 그렇게 사랑해야 됩니다. 남자도 마찬가지입니다. 세계의 여자들을 자기 아내와 같이 귀한 여성으로 사랑하고, 또 세계의 남성을 아내가 사랑하는 자기를 대신한 입장에 세워 아내를 위하는 입장에서 사랑해야 됩니다. 사랑의 길은 이렇게 더듬어 나가야 됩니다. 막연해서는 안 됩니다. 그래서 가정이 국가 형성의 기준이 됩니다. 아무리 큰 세계를 형성한다 하더라도 가정이 기준이 됩니다. 이런 입장에서 오늘날 통일교회는 천주주의를 부르짖는 것입니다. 하늘의 가정주의라는 것입니다. 천주, 하늘의 집이라는 것입니다.

20 통일교회 교인들은 이제 천주주의를 그려 나가야 합니다. 천주주의는 하나님의 집 주의입니다. 하나님의 집 주의니 그 집 살림살이는 하나님주의 살림살이입니다. 하나님은 세계의 왕이요, 세계를 위한 살림살이를 주도해 나가는 주체이기 때문에 그러한 살림살이를 해야 됩니다. 그렇기 때문에 천주주의 사상권 내에 있는 통일교회 축복가정들은 자기를 위해 살아서는 안 됩니다. 자기 남편이나 자기 아내만을 위하여 살아서는 안 됩니다. 그렇게 되어 있지 않습니다. 옛날과는 다릅니다. 그렇기 때문에 우리는 가정을 위주로 하고 나가는 것입니다. 우리는 구원을 받되 혼자서는 구원 못 받는 것입니다. 혼자서는 절대 천국 못 갑니다. 혼자서 천국 가는 법이 없습니다. 그러한 이념의 터전을 이 지상에서 새로이 출발시킨 것이 통일교회입니다. 그러므로 앞으로 무엇이 주인이냐? 가정이 주인입니다. 전통적 가정입니다.

21 통일교회의 주의는 천주주의입니다. 주의란 말은 타락세계에 있어서 건너갈 배와 마찬가지입니다. 과정적인 시대에 있어서 필요한 것입니다. 수습하기 위한 방편의 명사입니다. 이것을 중심삼고 하나되어 얽히게 되어 있습니다. 천주의 '주'는 '집 주(宙)'인데, 왜 집을 갖다 붙였느냐? 집이 없어 가지고는 천국을 건설할 수가 없기 때문입니다. 제3 이스라엘 민족이 되기 위해서는 집을 통과해야 됩니다. 가정을 통과해야 됩니다. 에덴에 천국이 이루어지기 위해서는 아담 가정을 통해야 됩니다. 그 가정의 집이 가정의 법도, 가정의 질서, 가정의 이념을 따라가고, 천추만대의 후손이 그 법도를 상속받아 횡적으로 세계화하게 될 때에 천국이 이루어지는 것입니다.

22 천주주의는 참부모주의입니다. 결국 이 두 주의는 부모주의입니다. 이것은 우리집 주의요, 우리나라 주의요, 여러분 개인의 주의입니다. 인간이 타락하지 않았다면 세계는 누구의 주의가 되느냐? 아담의 주의가 될 것이었습니다. 그 아담주의가 바로 참부모주의입니다. 아버지 어머니주의라는 것입니다. 이 이상의 다른 주의는 있을 수 없습니다. 그렇기 때문에 통일교회는 심정적인 문제를 이 본연의 이상적인 가정의 테두리 안에서 참부모라는 이념을 중심삼고 하늘주의와 결부되게 해야 됩니다. 이런 이념으로 제도화된 가정의 인연이 남아 있는 한 통일교회는 망하지 않습니다.

23 천국은 어디서부터 이루어지느냐? 가정에서부터 이루어집니다. 우리는 무슨 주의냐? 가정주의입니다.

우리가 표방하는 천주주의는 '하늘 천(天)' 자에 '집 주(宙)' 자, 즉 하늘집 주의라는 것입니다. 이렇게 되어야 천주라는 뜻이 확실해집니다. 그래서 성경 66권은 전부 이상적인 가정을 소원한 말씀입니다. 또 만민이 소원하는 것이 무엇이냐? 이상적인 아내를 맞이하는 것입니다. 여자가 가장 소원하는 것은 이상적인 남편을 만나는 것입니다. 여자가 아무리 학·박사가 되어서 세계에 큰소리를 친다 해도 그의 소원은 이상적인 남자를 만나는 것입니다. 사랑할 수 있는 이상적인 남자를 만나서 복스러운 아들딸을 낳는 것입니다. 이것이 행복의 뿌리입니다. 통일교회의 이상은 다른 곳에 있는 것이 아닙니다. 출발도 가정이요 결론도 가정입니다.

24 하나님의 이상은 막연하게 하나님의 마음 가운데에서 이루어지는 것이 아닙니다. 하나님의 관념 가운데서 이루어지는 것이 아니라 오늘 인간이 살고 있는 현실적인 생활의 기점에서 이루어집니다. 그 생활이라는 것은 우리 개인을 중심삼은 남자면 남자, 여자면 여자 개인의 일상생활이 아닙니다. 가정적 생활 기반을 표준으로 한 이상 실현을 하나님이 계획한 것입니다. 그 이상 실현이 완성될 때 거기에 있어서 참다운 이상적 자녀가 형성되고, 그 자녀의 형성을 중심삼고 씨족이 편성되고, 씨족과 민족과 국가와 세계가 이루어져서 하나님의 이상세계가 이루어집니다. 하나님의 뜻은 이 이상세계를 실현하는 것입니다. 그 출발점은 어디까지나 내가 아니고 가정입니다.

25 남자가 가는 길, 여자가 가는 길은 어떤 길이냐? 그것은 하나의 가정을 통해 가는 길입니다. 남자 여자가 하나될 수 있는 최초의 길이 가정이라는 기반입니다. 거기서부터 출발을 보게 됩니다. 그 가정의 일치가 이루어지지 않는 한 모든 것이 흐트러지는 것입니다. 남자의 이상과 여자의 이상이 달라서는 안 됩니다. 남자의 이상이나 여자의 이상이나 그것이 하나가 되어서 하나님의 이상과 일치되는, 즉 이 3대의 모든 기준이 하나의 인간을 중심삼고, 가정이라는 하나의 출발점을 중심삼고 일치되는 데 있어서 하나님의 이상 실현이 출발하는 것이요, 남자로서의 이상 실현이 성사되는 것이요, 여자로서의 이상이 구현되는 것입니다.

26 사랑의 이상 실현을 어디서부터 할 것이냐? 세계에서부터 해야 되느냐, 나라에서부터 해야 되느냐? 사랑이라는 말은 상대적이니까 개인적이 아닙니다. 그것은 우리 집에서부터 해야 됩니다. 세계를 아무리 통일했

다 하더라도 자기 집을 통일하지 못한 사람은 불행한 사람입니다. 천국은 집에서부터입니다. 예수님이 '회개하라. 천국이 가까웠다. 다 독신자만 모이면 천국 된다.'라고 했겠습니까? 아닙니다. 예수님은 뭘 어떻게 했습니까? '나는 신랑이요 너희는 신부라.'라는 말은 가정을 표준으로 하고 한 말입니다. 재림하는 것은 신부를 찾아오기 위해서라는데, 그것이 우리의 집입니다. 예수님의 집을 만들기 위해서 온다는 것입니다. 하나님의 원칙적 이상가정이 이루어지지 않았던 것을 비로소 역사상에 예수님으로 말미암아 이런 모형 가정을 만들어 그것을 교본으로 해서 만민 앞에 교육을 하자는 것입니다. 그렇게 해서 그러한 가정을 연결시켜 세계화하는 것이 지상천국의 이념입니다.

27 가정을 중심삼고 행복을 노래하고, 자유와 이상을 노래하고 세계를 품을 수 있습니다. 그런 것이 이상세계입니다. 만족한 세계입니다. 뭐 하나 부족한 것이 없습니다. 가정을 찾아 심정적으로나 물질적으로나 만족을 누리고 감사와 영광을 하늘 앞에 돌리는 것입니다. 그렇게 해야 천국에 들어갈 수 있습니다. 천국은 어떤 사람이 들어가느냐? 가정에서 부모를 모시고 형제와 더불어 행복과 자유와 이상과 만족을 느끼고, 천하를 붙들고 호령할 수 있는 기쁨의 자리에서 영광을 돌리는 승리자가 되어야만 천국에 들어갈 수 있습니다.

28 하나님이 이상 하는 이상의 결정적 기반이 이 지상입니다. 그러면 이 지상의 어떠한 자리냐? 남자와 여자가 하나되어서 하나님을 중심삼고 사랑으로 이루어진 가정입니다. 그렇기 때문에 천국 하면 여러분은 어떤 관념을 가져야 되느냐? 천국은 하나님하고 나하고 가정이 하나된 것이라는 관념을 언제든지 가져야 됩니다. 만일 천국에 갔다 하더라도 하나님이 없다면 천국이 될 수 없습니다. 하나님이 반드시 있어야 됩니다. 하나님만 있어 가지고 되느냐? 여러분의 이상상대가 없어 가지고는 그 하나님의 사랑도 나에게 필요 없습니다. 그렇기 때문에 영계에 가 보면 이 세상에서 이상적 부부생활을 한 사람이 하나님 앞에 가깝다는 것입니다.

29 부모를 사랑하는 것은 하늘땅을 사랑하는 것이요, 자식을 사랑하는 것은 인류를 사랑하는 것이요, 만물을 사랑하는 것은 만우주를 사랑하는 것입니다. 우리는 일상생활에서 부모와 자녀와 만물을 사랑해야 됩니다. 이것이 이 우주를 축소한 것입니다. 우리 가정 내에 이 전통을 세워야 됩니다. 가정을 중심삼고 전통

을 세우는 것이 절대 필요합니다. 가정복귀의 전통, 이상세계를 찾는 전통을 가정에다 세워야 됩니다. 타락하지 않았으면 자기 남편을 사랑하고 아내를 사랑하고 자식까지 사랑하여 완전히 하나되는 것입니다. 그러면 그냥 천국 가는 것입니다.

30 오늘날 세계를 두고 볼 때에 수많은 사람들이 '세계는 하나되어야 된다.'라고 말합니다. 평화의 세계가 오기를 바라고 있습니다. 행복의 세계가 오기를 바라고, 더 나아가서 종교적인 명사를 들어 말하면 지상천국을 이뤄야 된다, 혹은 이상세계를 건설해야 된다고 말하고 있습니다. 이렇게 말은 하지만, 제아무리 큰 세계가 그럴 수 있기를 바라고, 또 아무리 노력한다 하더라도 그럴 수 있는 터전이 어디냐 하면 가정입니다. 그렇기 때문에 가정에서부터 이상을 노래하고, 가정에서부터 평화를 건설하고, 가정에서부터 사랑과 행복의 노래를 부를 수 있는 터전을 세계적으로 갖추지 않는 한 아무리 이상세계 혹은 천국, 지상천국을 꿈꾸어도 그 세계는 도래할 수 없다는 것입니다.

31 가정천국이 어떻게 생겨나느냐? 어머니 아버지가 완전히 하나되어 사랑하면 아들들은 엄마 같은 색시를 얻고 싶다고 하고, 딸들은 아빠 같은 신랑을 얻고 싶다고 하는 것입니다. 그래서 그 어머니 아버지가 플러스되고 아들딸이 마이너스되어 완전히 하나되어서 가정이 하나되면 그곳이 가정천국이 됩니다. 가정천국을 이루는 곳에서 비로소 지상에 천국이, 하나님이 이상 하는 것이 자리 잡게 됩니다. 이것이 사위기대가 돼야 합니다. 창조이상 완성은 사위기대 완성이라고 원리에서는 말합니다.

32 통일교회는 관이 뚜렷하게 서 있습니다. 그렇기 때문에 오늘날 통일교회 이념을 가지고 어디에 가더라도 걸리지 않습니다. 이러한 자신을 가지고 내일의 천국을 건설해야 됩니다. 생활천국은 내 손으로부터, 심정천국은 내 가정으로부터 이루어 나가자는 것입니다. 즉 내 가정을 중심삼고는 심정천국을 만들고, 내 손을 통해서는 환경천국을 만들자는 것입니다. 하나님이 이 땅 위에 임재하고자 영원한 복지의 낙원을 이루려 하셨던 것을 우리 일대에서 하나님과 박자를 맞추어 하나님에게 영원한 복지를 이루어 드리자는 것입니다. 물질을 갖추어서 하나님을 찬양하고, 아들딸을 가지고 하나님을 찬양하고, 자기 형제를 가지고 하나님을 찬양하며 살아야 합니다. 그러지 않으면 창조원칙인 사위기대의 이념을 갖추어서 사는 아들딸이라고 할 수 없습니다.

33 참사랑이 무엇이냐? 부모의 사랑, 부부의 사랑, 자녀의 사랑입니다. 사랑은 서로서로가 희생하는 전통을 갖추지 않으면 오래 지속되지 못하고 깨지는 법입니다. 부모가 자식을 위해서 희생하기 때문에 부모가 자식을 사랑하는 인연은 깨지지 않습니다. 그리고 진정한 부모의 사랑을 받고 자라난 아들딸이라면 자기 부모에게 절대로 불효할 수 없습니다. 또 남편은 아내를, 아내는 남편을 대해 '당신은 나를 위했다.'라는 입장에서 서로가 더 위해 주고 더 희생하는 자리가 넓어지게 될 때, 그 가정에는 복이 찾아오는 것입니다. 그러한 가정이 하나님이 찾아오시는 복지입니다.

34 가정 하나하나를 중심삼고 재차 수습해야 됩니다. 통일교회의 조직은 가정 조직입니다. 가정을 위주로 한다는 것입니다. 개인을 위주로 해오던 것에서 가정을 위주로 한다는 것입니다. 지금까지는 여러분이 가정을 우습게 봤습니다. 우습게 알던 가정이 알고 보니 여러분에게 필요한 가정이더라는 것입니다. 여러분이 지금까지 무가치하게 느끼던 가정이 이제는 절대적인 권위를 가지고 나타날 때가 왔다는 것입니다. 이래서 축복이 귀하다는 것입니다.

35 축복가정을 중심삼고 종족이 이루어져 나오게 됩니다. 그러므로 여러분은 종족적인 메시아로서의 사명을 다해야 됩니다. 앞으로의 교회는 족장을 중심삼고 이루어집니다. 축복받은 사람들은 전부 족장들입니다. 앞으로는 통일교회에서 예배드리는 것도 설교 형식이 아니라 보고 형식으로 해야 됩니다. 보고의 내용은 그 가정이 자랑할 수 있는 것이어야 합니다. 그러므로 가정 전체가 와서 예배를 드려야 합니다. 그러면서 잘한 가정의 보고는 본을 받고 못한 가정의 보고는 잘되게 이끌어 주어야 합니다. 그리하여 가정천국을 건설하자는 것입니다. 가정천국을 먼저 이루지 못하면 지상천국은 이루어지지 않습니다.

36 천국은 서로 사랑하는 부부만이 들어갈 수 있습니다. 그렇기 때문에 이 땅에서 그런 사상을 가지고 서로 사랑하는 부부는 언제나 천국생활을 하고 있습니다. 예수님은 '천국이 네 마음속에 있다.'라고 했지만, 통일교회에서는 '네 가정에 천국이 있다.'라고 말하는 것입니다. 가정에서 천국을 이룰 수 없다고 할 때는 통일교회의 뜻이 안 이루어집니다. 그렇지만 할 수 있다 할 때는 그 뜻이 이루어집니다. 이런 관점에서 여러분은 원리를 중심삼고 정도의 길을 가려 가야 합니다.

제6편

참 만 물

참만물

제6편 참 만 물

| 차 례 |

제1장 만물 창조와 그 의미

1절 만물에서 배운다

1 선생님은 자연을 볼 때마다 하나님께서는 이 모든 것을 어떻게 지었을까 하고 깊이 생각해 보았습니다. 나무나 여러 가지 풀잎을 보며 이것들이 어떻게 만들어졌을까를 생각하노라면 신비하기가 한이 없었습니다. 무엇이든지 그것에 대해 많은 관심을 가져야 합니다. 그것에 대한 내용을 알고 나서야 비로소 그것을 지배할 수 있습니다. 우리가 자연이 갖고 있는 그 본연의 가치만 알아도 말할 수 없는 복을 받습니다. 그렇게 되면 자연이 나를 중심으로 하여 만들어졌다는 사실을 알게 될 것입니다. 그러나 사람들은 자연을 볼 줄 모릅니다. 자연은 참으로 신비합니다. 우리가 자연을 알면 바람 소리도 훌륭한 음악으로 들립니다. 그리고 신앙생활에도 큰 도움이 됩니다. 우리 몸과 제일 가까운 것이 자연입니다.

자연은 제1의 경전

2 만물지중(萬物之衆)에 인간이 주인이 되어 있으니 만물 앞에 본이 되어야 합니다. 하나님을 부모로 모시고 자녀 입장에서 하늘이 준 모든 만물을 자기 생애의 교훈으로 삼아 거기에 화합해서 살면 천지이치에 맞는 생활을 하게 됩니다. 동물들은 종족을 보호하기 위해 서로 협력하면서 살아갑니다. 아프리카의 얼룩말은 사자가 오게 될 경우 자기 새끼들을 가운데에 몰아넣고 뒷발로 사자를 차면서 보호합니다. 사자들도 먹을 것을 잡으면 자기들끼리 싸우면서도 다 나눠 먹습니다. 그렇게 자연한테 배워서 자연이 화합하는 것과 같이 살아야 되는 것이 우리 인생길입니다.

3 선생님은 문학적 소질이 많습니다. 시적인 내용을 읊어 나가면 얼마나 멋진지 모릅니다. 자연에는 만민이 공감하고 읊을 수 있는 배경이 많습니다. 사람은 환경을 먼저 자랑한 후에야 자기를 자랑할 수 있습니다. 산이 좋고 물이 좋고 들이 좋으니 그 가운데 있는 우리 집이 좋고, 우리 집이 그러하기 때문에 내가 좋다고 해야 말이 됩니다. 하나님은 환경을 창조하고 난 뒤에 아담을 창조했습니다. 그 환경 가운데는 주체와 대상이 있습니다. 자연 가운데는 쌍쌍을 갖추지 않은 존재가 없습니다. 인간이 우주의 표상의 모델이 되고 주인의 자리에 섰다는 것을 자연 가운데서 느낄 수 있는 사람이 행복한 것입니다. 선생님은 원리를 자연 가운데

서 찾았습니다.

4 선생님이 아침에 척 나서면 새가 지저귀는 소리를 듣습니다. 새 소리가 같은 소리이지만 '왜 이렇게 우느냐?'라는 것을 생각합니다. 혼자 앉아 외롭게 지저귀면 반드시 자기 상대를 부르는 노래입니다. 여기에서 소리치면 저기에서 상대되는 새가 소리를 치면서 응답합니다. 이렇게 주고받다가 서로 만납니다. 틀림없이 한 마리가 있으니 만날 것이라고 생각하면 그런 일이 벌어집니다. 그렇기 때문에 선생님은 자연을 참 사랑합니다. 자연에 관심을 가지라는 것입니다. 선생님이 원리를 찾는 길에서 얼마나 관심을 갖고 찾아냈겠습니까? 하나의 문제가 있으면 천 가지, 만 가지 다 대하다 보면 그 가운데서 맞는 것이 나오는 것입니다. 이것이 동쪽에서도 맞고 서쪽에서도 맞고 남쪽에서도 맞고 북쪽에서도 맞으면 틀림없습니다. 그것이 원리입니다.

5 선생님은 명승지에 가게 되면, 그것이 하늘의 운세를 중심하고 얼마만큼의 가치가 있는가 하는 입장에서 바라봅니다. 그리고 그것을 하늘의 운세와 연결되게 합니다. 그래서 통일교회 초창기에는 산으로 많이 돌아다녔습니다. 한 나라의 산과 땅과 물을 보면 그 나라의 민족성을 알 수 있습니다. 우리나라의 물은 어디에 있는 물을 마셔도 될 만큼 옥수(玉水)입니다. 우리는 자연에 대한 복귀를 먼저 이루어 놓아야 합니다. 우리는 외국에 나가기 전에 우리나라의 자연을 깊이 사랑해 주어야 합니다. 자기가 태어난 땅을 사랑할 줄 아는 사람이 자기 몸도 사랑할 줄 압니다. 또 자기 몸을 사랑할 줄 아는 사람이 자기 마음을 사랑하는 사람이요, 자기 마음을 사랑하는 사람이 하나님을 사랑하는 사람입니다.

6 여러분은 도의 길을 통해 깊고 오묘한 하나님의 심정세계로 들어가서 눈물을 흘리며 피조물을 향하여 하소연할 수 있어야 합니다. 그들을 향해 '내 사정이 있기 전에 네 사정이 있지만, 너는 나 때문에 이렇게 불쌍한 자리에 있으니 조금만 참아 다오.'라고 할 수 있는 마음자세를 가진 사람이 되어야 합니다. 이것을 가지기 위한 것이 도의 길입니다. 옛날 기도하는 사람들이 자연은 제1의 성경이라고 했습니다. 성경보다는 하나님이 지으신 자연세계를 보라는 것입니다.

자연은 인간을 위한 교재

7 모든 자연은 아담 해와가 이상적 사랑을 할 수 있는 사랑의 표본물들이요 사랑을 교시하는 교재, 즉 자연박물관입니다. 사랑을 가르쳐 주기

위한 박물관입니다. 그래서 사람을 완성시킵니다. 사랑을 완성시키기 위한 것입니다. 광물계도 '어서 사랑을 완성하소.'라고 하고, 식물계도 '사랑을 완성하소.'라고 하고, 동물계도 그럽니다. 그렇게 사람이 사랑을 완성하고, 하나님의 사랑이 완성되기를 바랍니다. 그때가 되면 모든 것이 충만한 가운데 사랑을 갖고 살고 하나될 수 있는 세계가 되기 때문에 그것을 원합니다. 하나님 사랑의 완성과 동시에 인간 사랑의 완성, 우주 사랑의 완성이 되어야 비로소 전부가 '아, 행복하다!'라고 할 수 있습니다.

8 인간이 본받을 교재로 전개된 것이 만물세계입니다. 인간이 만유의 주인이 되어야 할 텐데 주인이 못 된 사실이 얼마나 부끄럽습니까? 만물 가운데 새의 수놈과 암놈이 새끼를 찾는 소리 앞에 배역적인 인생행로를 걷고 있는 내 생활이 얼마나 모순된 생활인지를 느껴야 합니다. 아침에 밖에 나가서 새들이 어디로 날아가는지를 보라는 것입니다. 수놈은 암놈이 있는 곳, 암놈은 수놈이 있는 곳, 암놈 수놈은 새끼가 있는 곳으로 날아갑니다. 남미에 가게 되면 수천 마리의 앵무새가 모여서 노래를 부르고 있습니다. 그리고 거위 같은 것도 그렇습니다. 까막까치 같은 새들도 아침에 모여서 잔치를 합니다.

9 맨 처음 하나님의 자녀로 태어난 아담 해와도 하나님의 보호권 내에서 점점 커 감으로써 지능이 발달하기 때문에 하나님이 왜 피조세계를 지었는지를 알게 되고, 그 피조세계를 통해서 교육돼 나옵니다. 피조세계가 움직이는 모든 것은 인간시조, 본래의 조상이 되어야 할 아담 해와가 생활하는 데에 필요한 모든 것을 가르쳐 주는 교재였습니다. 하나의 완성된 아담 해와가 이상생활로써 거쳐 나가는 데 있어서 표본이요 하나의 박물관이었습니다. 그냥 그대로 자라게 되면 자연히 사랑관계를 맺을 수 있게끔 미리 만물을 통해서 배워 나갑니다. 곤충세계를 보나 동물세계를 보나 모두 쌍쌍입니다. 그들이 서로서로가 주고받고, 상대를 위하고 상대를 부르면서, 상대를 사랑하면서 사는 환경을 보기 때문에 철없는 아담 해와라 할지라도 지능이 발달함에 따라서 세상이치를 점점 깨쳐 간다는 것입니다. 그럼으로써 성숙하면 성숙할수록 지각은 사랑의 지각에 접근해 갑니다. 그래서 사랑을 알게 될 때는 모든 것을 통합니다.

10 어린애들이 좋아하는 장난감은 주로 움직이는 물건입니다. 움직이는 물건 가운데서 직감적으로 느끼는 것은 강아지나 곤충 같은 동물들입니다. 아이들은 대개 날짐승이나 들짐

승 같은 움직이는 것들을 좋아합니다. 본래 사람은 그렇게 되어 있습니다. 자연세계나 이 지구의 움직임을 보고 취미를 갖는다는 것입니다. 물론 상대기준이 다르지만, 그것을 감상하는 데에서 사람이 재미를 느끼고 흥미를 느끼는 것입니다. 그럼으로써 자기 자체의 사랑 속성을 다 배웁니다. 그런데 곤충들이 살고 동물들이 사는 것을 보면 전부 쌍쌍이라는 것을 알 수 있습니다. 이렇게 볼 때 자연은 인간 하나를 사랑의 대상으로서 상대이상을 교육하기 위해 전개시켜 놓은 교재, 박물관이라는 것입니다.

11 인간은 주체와 대상, 즉 상대적인 관계로 지어졌습니다. 또 인간을 위하여 존재하는 온 만물세계도 사랑의 원리 아래 조화를 이루고 있으며, 인간의 사랑으로써 생명과 이상을 실현하게 되어 있습니다. 만물세계는 인간에게, 특히 자라나는 아담 해와에게 사랑의 교과서요, 사랑의 진수가 무진장으로 진열된 박물관입니다. 하나님의 일성(一性)을 각각 대표한 아담 해와가 사랑의 교과서인 자연 속에서 사랑을 터득하면서 완전히 자라 횡적으로 일체 되는, 상대이상을 이루는 것이 우주사적인 하나님의 창조의 소망이었습니다.

12 참사랑의 기준을 놓고 보면, 아담 해와는 쌍쌍제도로 만들어진 사랑의 자연동산을 보면서 배우고 성장하게 되어 있었습니다. 아담 해와는 자라면서 어떻게 해야 된다는 것을 만물을 통해 알게 됩니다. 만물이 바로 아담 해와를 교육하는 사랑의 박물관입니다. 새도 수놈과 암놈, 나비도 수놈과 암놈, 전부 쌍쌍으로 태어나 서로 좋아하면서 새끼를 치고 살아가는 것을 보고 자라게 됩니다. 이렇게 성숙하여 하나님의 사랑을 대표한 플러스적 왕자가 남자요 마이너스적 왕녀가 여자라는 것을 깨닫게 됩니다. 여자는 '저 남자가 바로 나에게 필요한 남자구나!'라고 믿게 되고, 남자 역시 '저 여자가 정말 나에게 필요한 여자구나!'라고 생각하는 것입니다.

13 봄절기에 나무를 보면 꽃이 피고 나비와 벌이 날아듭니다. 전부가 사랑을 중심삼고 그렇게 합니다. 나무를 보면 잎사귀가 나오고 가지가 크는데, 그것은 사랑을 속삭이기 위해서입니다. 나무가 커서 때가 되면 열매를 맺습니다. 식물세계에도 사랑의 관계가 작용합니다. 그런 것들이 우리 인간에게 교재입니다. 그래서 자연을 볼 때 이 말이 이론적이라는 것입니다. 신도 사랑의 주체대상관계를 중심삼고 움직이는 연결적인 관계를 가졌습니다. 그러므로 어떤 식물이든지 그런 작용을 하고 있습니

다. 광물세계도 마찬가지입니다. 그래서 금맥 같은 것이 생기고, 은맥 같은 것이 생기고, 동맥 같은 것이 생기는 것입니다. 그런 작용을 하기 때문입니다. 자기 작용보다 더 큰 작용을 찾아가기 때문에 광물세계도 그런 작용을 하는 것입니다.

14 모든 만물세계는 서로 사랑을 합니다. 동물을 보나, 곤충을 보나, 식물을 보나, 광물세계를 보나 모두가 마찬가지입니다. 서로서로 상대를 중심삼고 노래도 하고, 춤도 추고, 날고 기고 합니다. 이런 모든 것을 바라보면서 '저들이 뭘 하나?'라고 다 보고 배우는 것입니다. 자연은 뭐냐 하면, 아담을 교육할 수 있는 박물관입니다. 아담을 교육할 수 있는 산 교과서입니다. 아담이 가는 데는 해와가 따라갔을 것이고, 해와가 가는 데는 아담이 따라다녔을 것입니다. 아담은 활동 범위가 넓습니다. 남자이기 때문에 외적으로 활동을 합니다. 자연을 보면서 '저기 봐라. 저기 뭐 하지?'라고 하면서 가만 보니까 서로 하나되고, 나중에는 배가 불러 새끼를 낳더라는 것입니다. 그런 것을 보고 배우는 것입니다.

15 해와는 열 살이 넘게 되면서 젖가슴이 커집니다. 그리고 동물들이 젖먹이는 것을 보는 것입니다. 남자 여자가 점점 커 가면서 서로 인력이 강해집니다. 무엇인지 모르게 자꾸 접촉하게 되고 이상한 느낌이 든다는 것입니다. 아담 해와는 인력이 강한 것을 느꼈을 것입니다. 동물들도 수컷과 암컷이 만나 둘이 입 맞추는 것을 봤습니다. 전부 보고 배우는 것입니다. 자연이 교육하게 되어 있습니다. 피조세계는 아담 해와가 이상적 자극을 느낄 수 있게 해주는 소재입니다.

16 하나님은 사랑 때문에 창조를 했습니다. 시작부터 끝까지 자기 전체를 몽땅 털어 넣은 것입니다. 그렇기 때문에 하나님은 '나는 알파와 오메가요, 시작과 끝이다.'라고 한 것입니다. 그것은 사랑을 중심삼은 데에서만 가능합니다. 사랑 가운데서는 전부를 포괄할 수 있습니다. 하나님도 사랑 때문에 우주를 지었고, 사랑 때문에 산다는 것입니다. 사랑의 대상이 필요했기 때문에 창조한 것입니다. 그리고 인간을 모델로 해서 동서남북 사방에 벌여 놓은 것입니다. 그래서 모든 만물, 광물·식물·동물계 전부가 쌍쌍으로 되어 있습니다. 쌍쌍제도를 중심한 만물은 이상적 사랑을 찾아갈 수 있는 인간에게 교재들입니다. 벌레를 봐도 수컷 암컷이 사랑을 합니다. 다 교재들입니다.

17 모든 자연은 과학적입니다. 이 우

주가 과학박물관입니다. 책상의 다리 같은 것도 자연에서 배워 만든 것이지, 인간이 자기 스스로 창조한 것이 없습니다. 우주는 모든 지식의 보고입니다. 자연 대학입니다. 물고기나 동물들이 사는 생태가 인간과 다른 것이 없습니다. 숨 쉬는 것도 마찬가지이고 보는 것도 마찬가지입니다. 조그만 벌레, 균에도 눈이 있습니다. 균에도 수컷과 암컷이 있습니다. 눈이 없으면 어떻게 상대를 찾습니까? 오관이 다 있기 때문에 전부 쌍을 이루어서 번식한다는 것입니다.

2절 만물 창조의 의미

1 하나님은 천지만물을 어떤 취미로 지으신 것이 아닙니다. 목적도 방향도 없이, 이념적인 내용도 없이 그저 지으신 것이 아닙니다. 크나큰 목적과 대우주의 이념을 두고 지으셨습니다. 지극히 작은 미물에서부터 어마어마하게 큰 우주에 이르기까지 모든 존재물에는 하나님의 심정을 통한 이념이 깃들어 있습니다. 이러한 이념을 두고 지으신 목적은 무엇일 것이냐? 하나님의 사랑을 중심삼은 이념의 세계, 즉 사랑과 더불어 통하고, 사랑과 더불어 즐기고, 사랑과 더불어 살고, 사랑과 더불어 죽는 세계를 목적하신 것임에 틀림없습니다.

2 하나님이 천지를 왜 창조하셨느냐? 하나님은 절대적인 주체이지만 주체로만 계셔서는 기쁨이 없기 때문입니다. 기쁨이란 혼자 있을 때 생기는 것이 아니라 상대적 관계에서만 생겨납니다. 평화나 행복도 상대적 관계에서만 이루어집니다. 그렇기 때문에 하나님도 독자적인 입장에서는 하나님 노릇을 못한다는 것입니다.

피조세계 창조의 목적

3 하나님이 이성성상의 주체로 계신다고 하였는데, 그 이성성상의 하나님이라고 할지라도 반드시 사랑의 대상이 필요하기 때문에 천지만물을 창조한 것입니다. 그렇기 때문에 원자세계를 보게 되면 전자가 양자를 돌고, 분자세계를 본다면 양이온과 음이온으로 되어 있고, 식물세계를 보면 수술 암술로 되어 있고, 동물세계에도 수놈 암놈으로 되어 있습니다. 이렇게 모두가 상대적으로 되어 있습니다. 쌍쌍으로 만든 것은 사랑 때문입니다. 모든 것이 사랑 때문에 태어났고, 사랑 때문에 살다가, 사랑의 목적을 이루고 가야 됩니다.

4 하나님께서는 엿새 동안에 지은 피조물을 바라보시고 무한히 기뻐셨습니다. 그 기쁜 마음을 가지고 '선한지라, 선한지라.'라고 거듭거듭 하신 이 말씀은 누구에게 하신 말씀이었느냐? 만물에게 하신 말씀이었습니다.

만물을 대해 그렇듯 간절한 마음을 품고 말씀하셨다는 것입니다. 그런데 지음 받은 모든 피조물이, 에덴동산에서 '선한지라.'라고 찬양을 받았던 그 피조물이 선의 가치를 잃어버렸습니다. 하나님께서 자랑하시려던 그 뜻이 만물 가운데 실체적으로 나타나지 못하고 있다는 것입니다. 이러한 서러운 사실을 생각할 때, 하나님께서 '선한지라.'라고 하신 그 말씀이 슬픔의 말씀이 되었다는 것입니다.

5 하나님이 왜 천지를 창조하셨느냐? 아무리 절대자라 하더라도 혼자서는 기쁨을 느낄 수 없으며, 설령 기쁘다 하더라도 기쁨의 자극을 느낄 수 없기 때문입니다. 절대자가 아무리 '나는 절대자다. 나는 사랑의 주인공이다. 생명의 주인공이다.'라고 한다 해도 절대자 혼자서는 사랑의 자극을 느끼지 못하는 것이요, 천지가 내 몸 속에 있다는 생명의 자극을 느끼지 못하는 것입니다.

6 신은 어떻게 우주와 인간을 창조할 수 있었을까요? 그것은 하나님이 심정을 지녔기 때문입니다. 심정이 있는 곳에서만 생명이 나타날 수 있으며, 생명이 있는 곳에서 발전운동이 벌어지기 때문입니다. 그 창조에는 반드시 목적이 있는데, 그 이유는 심정이란 본래 목적을 지향하는 것이기 때문입니다. 그러니 창조목적은 심정을 충족시키는 기쁨이 아닐 수 없습니다. 그런데 이 기쁨은 피조물, 특히 인간이 하나님을 닮았을 때 오는 것입니다.

7 하나님이 피조세계를 지으실 때 거기에는 기쁨이 있었습니다. 지어 놓고는 '보기에 선한지라!'라고 하셨습니다. 기쁨이 있었다는 것입니다. 기쁨이 무엇입니까? 어떤 목적을 이루었을 때 느끼는 것입니다. 지으신 만물에 하나님의 목적의식이 내재됐기에 창조된 만물을 놓고 하나님은 기쁨을 느끼셨던 것입니다. 그러면 복귀의 세계는 어떠한 세계냐? 한마디로 말한다면 삼라만상의 개체 개체를 보면서도 하나님을 찬양할 수 있는 심정적인 인연을 입체적으로 갖춘 사람들이 사는 세계입니다.

8 타락 전 인류의 조상은 하나님이 지으신 모든 만물을 수습하여 하늘 앞에 영광의 조건으로, 기쁨의 상징적인 대상으로, 미의 대상으로, 자극을 일으킬 수 있는 하나의 외적인 대상으로 세우고 그 만물로부터 오는 자극을 통하여 내적인 자극을 일으켜 천성의 심정을 대하여 영광의 실체임을 자랑해야 했습니다. 그러나 그렇게 되지 못한 것이 무엇보다도 슬픔이 된 것입니다. 그러면 하늘의 심정

에 동하여 살 수 있는 에덴, 선과 화할 수 있는 그 에덴, 하늘의 그 이념과 더불어 생활할 수 있는 그 에덴, 보고 듣고 느끼는 모든 것이 선의 상징이며 선을 자극시키지 않는 것이 없는 그 에덴에서 여러분 자신이 하늘의 심정에 화해서 선한 자리에서 아버지를 아버지라 부를 수 있는 영광의 한 시간을 가질 수 있다면 그것은 여러분에게 최대의 행복일 것입니다.

9 피조세계는 누구 때문에 생겨난 것이냐? 그것은 나 때문에 있습니다. 우리에게 기쁨을 주기 위해서 있는 것입니다. 그러기에 인간은 스스로 동기가 되어 얻은 결과를 놓고 행복을 느낄 수 있는 환경을 만들어야 합니다. 여기에 고차적인 사랑의 이념으로 발전시키기 위한 뜻이 있습니다. 인간은 만물을 사랑하고 만물은 인간에게 미를 돌리는 경지에 들어갈 때 인간은 화동의 중심체가 됩니다. 여러분이 지향하는 생활, 소망하는 생활 그 자체가 중요한 것이 아닙니다. 여러분의 현재 생활에서 그 중심을 찾아야 됩니다. 어떠한 방법을 통하여 그 중심을 찾을 수 있느냐? 화동의 중심체 자리를 잃어버린 타락한 나 자신이 그 자리를 찾으려면 어떻게 해야 되느냐? 모든 존재물과 비교해서 그보다 커야만 주체가 되는 것이 아닙니다. 나는 주체가 되어야 한다는 자신감, 다시 말하면 너보다 나아야 된다는 자신감이 있어야 됩니다. 주체는 절대적이어야 합니다. 온 우주가 절대적인 주체와 더불어 하나 되어 화동해야 됩니다. 여러분이 그런 자리, 즉 만물을 통합시킬 수 있는 자리에 들어가야 합니다.

10 하나님께서 만물을 지을 때에 기뻐하셨던 그 심정을 어떻게 느껴야 되느냐? 여러분은 그러한 하나님의 심정을 체득해야 됩니다. 싫은 물건이든 좋은 물건이든 그것이 문제가 아닙니다. 여러분이 이러한 것을 체휼하려면 동산에 앉아서 아침부터 저녁까지 해가 지도록 사색을 하는 것이 좋습니다. 시간이 가는 줄도 모르는 권내에 빠져야 할 것입니다. 거기에서 숨을 길게 들이쉬면 이 우주의 공기가 생명력을 가지고 몰려올 것입니다. 이렇게 우주의 생명력과 더불어 살아야 합니다. 그렇게 사는 나 자신이 숨을 내쉬면 모든 존재가 새롭게 각성하고, 깊이 잠들면 만물이 상대적으로 화동할 것입니다. 이러한 자리가 만유를 통치할 수 있는 절대자의 자리입니다. 그런 자리에 서게 되면 만물과 상대적인 관계를 갖추어야 여러분이 숨을 내쉬면 만물이 받아들이고, 들이쉬면 만물은 내줄 것입니다. 이렇게 사랑을 중심삼고 만물과 주고받는 관계를 맺으면 이 우

주가 서로 주고받게 됩니다. 여러분은 그런 관계에서 멈추지 말고 화동의 중심체가 되어야 합니다.

11 우주는 신비로운 세계입니다. 하나님이 장난거리나 놀음거리로 지은 것이 아니라 정성을 들여서 사랑하는 사람을 위해 지었다고 한다면, 이 세계가 얼마나 아름답겠습니까? 이 우주는 아버지가 나를 위해서 지었다는 지극히 고마운 마음을 가져야 합니다. 그런 마음을 갖고 동산을 거닐고, 초목과 꽃을 바라보고, 새소리를 듣고 감상을 하고, 물이 흐르는 것을 보고, 바람이 부는 모든 것을 볼 때 얼마나 굉장하고 멋지냐는 것입니다.

절대신앙·사랑으로 창조된 피조세계

12 절대신앙·절대사랑·절대복종! 이것이 하나님이 창조하기 전에 하나님이 취했던 태도입니다. 하나님이 만물을 지을 때 '내가 말씀한 대로 된다.'라는 절대신앙을 가지고 지었습니다. 그 지은 물건들은 하나님의 사랑의 대상입니다. 모든 미물의 곤충으로부터 식물세계·동물세계 전부가 절대 하나님의 사랑의 대상으로서 지어졌는데, 그 절대 하나님의 사랑의 대상 물건을 하나님의 아들딸이 먹고 자라게 되어 있습니다. 우리는 땅의 혜택과 만물의 혜택과 공기의 혜택과 태양의 혜택을 받아서 사는 것입니다. 자기 것은 하나도 없습니다. 자랑할 것이 없습니다. 절대신앙 가운데 절대사랑의 대상으로 지은 그 물건을 먹고살려면, 절대 하나님이 창조하신 것과 마찬가지로 자기를 위해서 생겨난 모든 만물을 절대믿음으로 대해야 되고, 절대사랑으로 대해야 되고, 절대사랑뿐만 아니라 자기가 주인 된 입장에서 생명까지도 투입해서 소화해야 할 책임이 있습니다.

13 하나님이 이 세계를 창조할 때, 하나님이 꽃 하나를 만들게 될 때도 앞으로의 아름다운 사랑의 상대를 상상하면서 절대신앙·절대사랑·절대투입하면서도 잊어버렸습니다. 미련이 없었다는 것입니다. 지극히 작은 만물도 사랑하는 아들딸의 피와 살이 되고 자기 몸의 피와 살이 될 것이기 때문입니다. 절대신앙·절대사랑·절대복종이 막연한 말이 아닙니다. 우주 창조 전부터 모래 한 알도 인간에게 앞으로 사랑의 실체가 될 수 있는 영양소로서, 피와 살이 되고 뼈가 되고 골수가 될 것을 알았기 때문에 절대신앙·절대사랑·절대복종 위에 지었다는 것입니다.

14 만물을 창조할 때에 주인이 상대적인 세계를 만들기 위해서 투입하고, 투입하고 잊어버리고, 또 영원히 투입하고 잊어버림으로써 대우주가

탄생했던 것입니다. 그런 전부를 포용하고도 남을 수 있는 천적인 사랑의 권한을 가지고 하나님이 무한히 투입했을 때는 창조된 본체가 무한의 힘을 갖는 것입니다. 절대 무한의 마이너스가 되었을 때는 절대 무한의 힘이 나타나는 것입니다. 운동이 시작되는 것입니다. 진공권이 되면 태풍이 불게 됩니다. 완전 진공이 되면 수직으로 떨어집니다. 떨어졌을 때는 천하가 뒤집어집니다. 위의 것이 밑이 되고, 밑의 것이 위가 되어 완전히 섞여 버립니다. 영원한 무한대의 운동이 무한히 벌어지기 때문에 우주는 영원히 존재하는 것입니다.

15 하나님은 절대신앙 위에서 만물을 지었습니다. 우주의 존재물을 그렇게 귀하게 지었는데, 그러한 것을 믿지 못하고 서로 싸우는 사람들은 만물 보기에 부끄럽다는 것을 알아야 합니다. 흐르는 강물을 보고도 수치스럽고, 나는 새를 보고도 수치스러운 것입니다. 베짱이나 곤충들도 만물의 본연적인 신의를 가지고 인간보다 나은 생활을 하고 있습니다. 절대신앙 가운데 지은 피조물이 그런 가치를 지녔다는 생각을 할 때, 우리 인간이 타락해서 절대신의를 찾을 수 없다는 것은 하늘 보기에도 부끄럽고, 저 산천의 모든 초목과 곤충, 심지어 병균 보기에도 부끄럽다는 것입니다. 병균까지도 의리를 갖고 산다는 것입니다. 하나님이 하나님 된 것은 절대 믿음을 세우고 절대사랑을 했기 때문입니다.

16 만물이 하나님 앞에 중얼중얼하면서 불평합니까? 절대신앙·절대복종입니다. 전체를 희생하더라도 불평하지 않습니다. 광물은 식물 앞에 전체가 삼켜지더라도 불평하지 않는다는 것입니다. 식물은 동물 앞에, 동물은 인간 앞에, 인간은 하나님 앞에 그렇습니다. 같습니다. 하나님을 위해서는 생명을 헌납하지 않으면 안 됩니다. 만물 전체를 하나님이 절대신앙·절대사랑·절대복종의 전통으로 만들었기 때문에 자기 자신이 남아 있으면 하나님께 돌아갈 수 없습니다.

17 홀로 있는 만물은 없습니다. 만물은 반드시 주체와 대상으로 돼 있습니다. 전부 쌍쌍제도로 돼 있다는 것입니다. 쌍쌍으로 우주를 창조한 데서 절대신앙관이 나옵니다. 쌍쌍제도가 생긴 것은 사랑 때문입니다. 그렇기 때문에 절대신앙 위에는 사랑의 길이 접할 수 있습니다. 절대신앙 위에는 참사랑이 심어질 수 있습니다. 광물세계·식물세계·인간세계도 역시 마찬가지입니다. 참사랑이 심어질 수 있는, 만물의 모든 가치를 대신한 자리에서 아담 해와가 완성

해야 됩니다. 하나님과 같이 절대신앙을 하였던 그 사랑의 실체가 돼야 합니다. 하나님 앞에 절대신앙·절대사랑을 해야 됩니다.

18 하나님은 에덴에서 절대신앙으로 만물을 창조했습니다. 농사짓는 것과 마찬가지입니다. 사랑하는 아들딸이 먹고살 수 있는 원소들이기 때문입니다. 그리고 하나님 자신이 절대투입했습니다. 하나님이 위신을 잊어버리고 아들딸을 위해서 영(零)의 자리에 올라가는 것입니다. 우주는 원형운동으로 움직이기 때문에 자꾸 밀게 되면 돌고 돕니다. 우주가 사랑이상을 완성한 하나의 존재가 돼야 합니다. 그래서 그것이 연결만 되면 그 가운데 하나님이 와서 합체가 되어 지상세계와 천상세계, 마음세계와 실체세계가 하나로 움직입니다. 그럼으로써 참사랑을 중심삼은 가정·종족·민족·국가·세계와 하늘땅이 하나되어 영계와 육계가 한 목적을 위해서 순환하는, 영원히 돌 수 있는 세계가 지상·천상천국입니다.

19 인간과 만물, 인간과 인간, 인간과 하늘 사이에도 엄연한 창조원리적 관계가 예지·예정되어 있습니다. 삼라만상의 개성진리체들이 조화와 통일 속에서 이루어낸 총합체인 대자연은 인간에 대해 절대대상의 자리에 서서, 주체 된 인간의 절대가치를 실체화시키는 절대역할을 하게 되는 것입니다. 마찬가지로 인간들 사이에서도 가정이라는 기본 틀 속에서 3대권을 이루어 살면서, 상하·좌우·전후의 종적 횡적 관계를 배우고 익히게 됩니다. 개개인 모두 개성진리체로서의 절대가치를 실체화하는 주체와 대상의 관계에 의한 수수작용을 통해 화합과 사랑의 생을 추구하게 됩니다. 인간과 하나님 사이는 어떻습니까? 창조주로서 절대·유일·불변·영원한 위상을 갖고 계시는 하나님도 알고 보면 당신이 세운 창조원리권 내에서 피조만물과 수수작용을 계속하면서 주체적 입장에 서 계십니다. 아무리 절대자라고 하지만 대상과의 수수관계를 떠나서는 기쁨을 느낄 수가 없기 때문입니다.

인간을 위한 환경 창조

20 천지를 창조하신 창조주가 천지를 창조할 때 먼저 생각하는 기간이 있었을 것이고, 준비하는 기간 또한 있었을 것입니다. 하나님께서 천지만물을 이렇게 창조하겠다고 하는 결정적인 계획을 세우기 전에는 먼저 생각하는 기간이 있었다는 것입니다. 그런 후 세워진 그 계획을 중심삼고 준비하는 과정을 지나 실천 단계로 넘어갔습니다. 이렇게 천지창조를 하였다는 것입니다. 천지창조가

그러했다는 것은 하나님이 그런 분이라는 것을 의미합니다. 하나님께서도 생각하는 기간으로부터 준비하는 기간과 실천하는 기간이 있었습니다. 그런 과정을 거쳐 천지만물을 지으신 것입니다.

21 말씀을 중심삼고 볼 때 실체는 보다 발전적인 소생의 형태가 아닐 수 없습니다. 이러한 실체가 나타난 자리에 비로소 기쁨이 생깁니다. 또 기쁨이 생기면 거기서부터 화동의 역사가 벌어집니다. 그리하여 나타난 실체가 어느 단계까지 발전 과정을 거치면 거기에 비로소 사랑이라는 것이 가해집니다. 이것이 하나님께서 피조만물을 창조하신 과정의 형태입니다. 먼저는 생각이 있었고, 거기에 말씀이 플러스되어 실체를 이루고, 그 실체 위에 사랑이 가해진다는 것입니다. 이와 같은 창조과정을 통해서 만물이 생성되었다는 것입니다. 생각하는 단계에서 체계적인 말씀의 단계로 갔을 때, 즉 이렇게 이렇게 창조해야 되겠다고 막연히 생각하는 단계에서 구체적인 내용을 첨부시켜 하나의 이론적 체계를 갖춘 말씀의 형태를 이루었을 때 거기에는 말할 수 없는 기쁨이 생기는 것입니다.

22 어떤 작가가 자기가 구상하던 것을 작품에 표현했을 때 완성된 작품을 보면 기쁨이 생깁니다. 나아가서 그 작품이 영화화되거나 극화되어 그것을 자기가 보게 되면 거기에는 보다 큰 환희가 생기는 것입니다. 마음으로 생각했던 것이 이론적으로 체계화되고, 체계화된 그 이론을 기반으로 하여 실체가 갖추어지고, 그 실체가 전체와 관계를 맺을 수 있게 되어 전체가 바라는 기쁨의 내용이 된다면 그 실체는 가장 귀한 존재가 됩니다. 인간을 두고 볼 때, 하나님께서 천지창조의 이념을 중심삼고 사람 하나를 창조하시기 위해 무한히 애썼다는 것을 생각할 수 있습니다. 어떠한 과정을 통하여 어떤 모양으로 지을 것인가를 생각했습니다.

23 인간도 말씀으로 창조하셨습니다. 사람을 짓기 전에 사람의 모양이 이렇다고 설명할 수 있는 체계를 모색한 후 그 기반 위에 실체적인 만물과 연결시켜서 인간을 창조하셨습니다. 이처럼 하나의 실체로 창조된 인간이 전체 만물 앞에 중심존재로 서게 될 때 하나님께서는 보다 크게 기뻐하실 수 있지 않겠습니까? 거기에서 하나님께서 기뻐하실 수 있는 가치의 내용이 결정되는 것입니다. 아담이 바로 그런 입장에 섬으로써 그 기반 위에 해와를 지었습니다. 여기에서 비로소 사랑이 생기는 것입니다. 사랑은 반드시 횡적인 기반을 통

해서 상대적인 가치의 내용이 결정된 자리에서 성립됩니다.

24 하나님이 지으실 때 무엇을 먼저 지으셨느냐? 영계를 짓고 그다음에 만물을 짓고 사람을 지으셨다는 것입니다. 사람을 지어 사랑으로 하나님과 하나되는 것입니다. 먼저 영계, 둘째 번은 만물, 셋째 번은 사람, 그다음에는 사랑입니다. 사랑으로 하나님과 사람이 하나되는 것입니다. 재창조과정에서 이것을 되돌아가면서 탕감했다는 조건을 세우지 않고는 돌아갈 길이 없습니다.

25 하나님은 무엇을 필요로 하시느냐? 하나님도 참사랑이 필요하기 때문에 하나님이 모든 우주를 짓게 될 때 제일 좋아하는 환경을 짓지 않을 수 없었습니다. 이렇게 하나님이 제일 좋아할 수 있는 환경을 먼저 지으시고 여기에 제일 좋아할 수 있는 주체와 대상으로서 남자와 여자를 지으셨다는 것입니다. 그 남자 여자가 하나되는 참된 사랑을 중심삼고 하나님과 종적 사랑의 축을 세우려고 한 창조이상이 있었다는 것입니다. 여기에 만민은 화합해야 됩니다. 모든 개인들은 여기에 동반자가 되어서 상대권이든가 대상권이든가 환경적 여건에 박자를 맞춰야 됩니다. 그렇게 하지 못하는 것은 춤추는 손이 오른쪽만 있고 왼쪽이 없는 것과 마찬가지요, 오른 다리만 있고 왼 다리가 없는 것과 마찬가지입니다. 사랑의 불구자가 되는 것입니다. 하나님은 그것을 원치 않으십니다.

26 하나님께서 창조를 하실 때 처음에 사람부터 짓지 않았습니다. 먼저 환경을 지어 놓고 그 환경 가운데에 집어넣은 것이 주체와 대상 개념입니다. 그렇기 때문에 이 창조의 환경 가운데에 있는 광물세계·식물세계·동물세계의 모든 것은 어떠한 것이든, 급이 높고 낮은 것을 막론하고 주체 대상의 관계, 즉 플러스와 마이너스, 수놈 암놈, 남자 여자와 같이 상대적 관계의 존재로서 배치되어 있습니다. 그렇기 때문에 광물세계도 플러스와 마이너스가 하나되는 것입니다. 식물세계·동물세계, 이 모든 세계가 마찬가지로 되어 있습니다.

27 천지창조의 이치를 보게 될 때, 핵심을 먼저 만들어 놓고 상대를 만든 것이 아닙니다. 핵심을 만들어 놓기 전에 상대적인 여건을 만들어 놓은 것입니다. 사람을 만들기 위해 흙을 먼저 만들어 놓았습니다. 외적인 것을 기반으로 하여 내적인 것을 세워 나온 것입니다. 그것이 천지창조의 이치입니다. 현재의 것보다 더 큰 것, 무가치한 데서 더 가치 있는 것을

찾아가는 것입니다. 천지창조의 이치가 그렇습니다. 인간 창조를 보더라도 몸을 먼저 만들어 놓고 영을 불어넣었다는 것입니다.

이성성상을 닮아난 우주만물

28 우주를 관찰해 보면, 모두가 양성과 음성의 이성성상이 상대적 관계를 맺음으로써 존재하고 있음을 알 수 있습니다. 이는 광물의 차원에서부터 시작해서 모든 경우에 적용되고 있습니다. 분자는 양이온과 음이온의 결합을 통해 형성되었고, 식물의 경우 생존과 번식은 암수를 대표하는 암술과 수술의 결합을 통하여 이루어집니다. 이러한 이성성상은 동물의 경우 더욱 분명합니다. 어류, 조류, 포유동물 등 모든 동물은 수컷과 암컷으로 존재합니다. 마지막으로 하나님의 최고 창조물인 인간도 남자와 여자로 구분되어 있습니다.

29 하나님은 이성성상의 중화적 주체입니다. 주체는 무엇을 중심삼고 성립되느냐? 사랑을 중심삼고 성립됩니다. 그러니까 횡적인 기반이 필요합니다. 자극적인 기반을 다방면으로 갖고 싶어서 확대 전개한 것이 피조세계입니다. 하나님은 언제나 기쁜 입장에 서기 위해서 만물을 창조하셨습니다. 하나님은 종적 기반을 중심삼고 역사할 수는 있으나 횡적 기반이 없게 될 때는 연결할 수 없습니다. 그렇기 때문에 어느 누구든지 절대 상대 기반을 갖지 않고서는 하나님의 주관을 받을 수 없습니다.

30 피조세계는 하나님의 성상을 닮았습니다. 모든 피조물은 이성성상의 분립체로 전개되어 있습니다. 주체와 대상의 관계, 그다음에 상하관계·전후관계·좌우관계의 상대적 관계로 연결되어 있습니다. 그러한 환경적 제도의 여건을 가진 목적은 무엇이겠습니까? 사랑을 목적으로 하고 움직이는 것입니다.

31 피조세계는 모두 쌍쌍의 상대권으로 되어 있습니다. 한 쌍, 두 쌍, 이렇게 전부 쌍쌍의 주체 대상의 상대권으로 되어 있습니다. 그렇기 때문에 가장 작은 것부터 만들었습니다. 하나님도 무형의 주체이기 때문에 실체 상대권, 절대적인 유형의 실체를 필요로 하지 않을 수 없습니다. 그렇기 때문에 하나님도 이성성상을 가지고 있습니다. 그것은 무형의 성상을 유형의 실체로 전개하는 창조를 위한 것입니다. 그것을 중심삼고 우주의 피조세계를 생각해 보면, 광물세계도 주체와 대상의 관계를 가지고 운동하고 있습니다. 분자를 볼 때는 플러스 이온과 마이너스 이온이 주체와 대상의 관계이고, 원자를 볼 때는 양자와

전자가 주체와 대상의 관계입니다.

32 우주를 보게 되면 광물세계나 식물세계, 동물세계가 쌍쌍으로 만들어져 있습니다. 쌍쌍이 아닌 것이 없습니다. 왜 천지가 쌍쌍으로 만들어졌느냐는 것입니다. 새끼를 치기 위한 것이 아닙니다. 사랑을 이루기 위해서입니다. 그렇기 때문에 수놈과 암놈, 전기로 말하면 플러스와 마이너스, 그다음에 양이온과 음이온이 전부 상대를 걸어 서로 합하려고 하는 것입니다. 차원은 다르지만 사랑을 중심삼고 합합니다. 사랑을 좋아하지 않는 것은 없습니다.

33 자연계를 바라보면 독자적인 입장으로 존속하는 것은 없습니다. 반드시 상대성을 갖고 상대를 위해 존재하고 존속합니다. 미물의 동물도, 혹은 광물세계의 원소까지도 반드시 상대적인 관계를 추구해야 힘이 생기고 작용이 벌어집니다. 존재하려면 힘이 있어야 된다는 것은 누구나 공인하고 있습니다. 이 우주의 구성은 힘으로 말미암아 되어 있습니다. 그러면 힘 자체는 어떻게 형성되느냐? 힘은 작용을 통하지 않고는 발생할 수 없습니다. 작용하려면 어떻게 되어야 하느냐? 독자적으로 작용하는 것은 없습니다. 이것은 과학세계에 있어서, 더욱이나 화학 실험실에서는 그런 것을 확실히 느낄 수 있습니다. 실험하는 당사자가 어떠한 원소와 원소를 통해 무슨 작용을 일으키려고 아무리 힘을 가하고 노심초사해 봐도 인간의 힘을 가지고는 작용하게 할 수 없습니다. 그렇게 할 수 없는 원소들이 있습니다.

34 지구는 사람을 닮았습니다. 하나님도 숨을 쉰다고 생각할 수 있습니다. 보이지 않는 숨을 쉽니다. 땅도 하나님을 닮았기 때문에 숨을 쉽니다. 그러면 숨길이 뭐냐? 지구에는 자력선이 있습니다. 자석에 지남철을 갖다 놓으면 숨길과 같이 길을 따라서 돌아가는 것입니다. 하나님을 닮아서 그렇게 돼 있습니다. 지구 표면에 있는 나무는 우리 머리카락과 같다고 볼 수 있습니다. 그다음에 땅은 피부와 같아서 그 아래에 기름 층이 있는 것과 같이 흙이 있고, 그다음에는 뼈와 같은 암층으로 들어가고 용암층으로 들어가는 것입니다. 전부 사람을 상징하고 있습니다.

35 하나님이 자신의 모양을 실체화시킨 것이 우주입니다. 다시 말하면 하나님이 생각하는 것을 그냥 그대로 실현화시킨 것이 만물의 창조이기 때문에, 우주는 하나님을 닮게 된 것입니다. 그렇기 때문에 어떤 물건을 보더라도 거기에는 하나님의 성품이 들

어가 있습니다. 이렇게 보게 될 때 우주는 하나님이 지은 창조물이지만 전체를 두고 볼 때는 하나님의 한 대상적인 존재라는 것입니다.

36 가정에서는 기본 원칙을 따라 아버지면 아버지, 어머니면 어머니를 중심삼고 생활을 해 나갑니다. 식물·광물·동물세계도 역시 그런 기본 원칙에 따라 존재한다는 것입니다. 우리 몸도 오관을 중심삼은 모든 계통을 따라 전체의 몸이 편성되어 있습니다. 이런 전체를 규합해서 하나의 원칙적인 기본을 따져 보게 되면 주체와 대상의 관계, 이성성상이라는 개념을 발견하게 됩니다.

3절 자연 탐구와 자연이 주는 교훈

1 선생님은 어릴 때 활동 범위가 크고 넓었습니다. 보이는 들이나 산꼭대기, 안 가 본 데가 없습니다. 그 산 너머까지도 가 봐야 됩니다. 그래야 아침 햇빛에 보이는 저 너머에는 무엇이 있다는 것이 머리에 들어오는 것입니다. 그렇기 때문에 어디에서나 앉아 있을 때가 없었습니다. 그렇게 선생님이 신앙적인 정서를 길렀던 고향산천입니다. 고향 물이요, 고향 나무요, 고향 땅이요, 고향 봄바람입니다. 지난 모든 것이 생생히 살아 있습니다. 기도하면서 있었던 이야기도 생생히 살아 있습니다.

자연에 몰입했던 어린 시절

2 선생님이 어렸을 때 산에 다니면서 꽃이라는 꽃은 관찰하지 않은 것이 없습니다. 모르는 꽃이 없습니다. 자연이 너무 좋아서 집에도 안 들어가고, 해가 지도록 자연과 어울려 돌아다니다가 피곤해서 엎드려 자다 보니 밤 12시가 되어 어머니 아버지가 찾으러 와서 데리고 갈 때가 많았습니다. 자연을 그렇게 좋아했습니다.

3 산에서 보이는 모든 새들은 선생님이 다 감정했습니다. 철새가 오면 수놈 암놈이 어떻게 생겼는지 알고 싶은데 그것을 알 수 있는 책자가 없습니다. 그러니까 할 수 없이 철새를 찾아가 연구하는 것입니다. 일주일 동안 밥을 안 먹고 기다리는 것입니다. 그래서 철새들이 나타나면 따라가서 구멍을 찾고, 둥지를 찾아 알을 깐 것을 보고는 '아, 저 새는 저런 알을 낳고 사는구나.'라고 확인합니다. 그래야만 마음이 편안했습니다.

4 선생님 집 앞뜰에는 큰 나무가 있었습니다. 상당히 큰 나무였는데 거기에 까치둥지가 있었습니다. 한번은 까치가 알을 낳는데 매일같이 그것이 궁금했습니다. 그것을 확실히 알기까지는 밤잠을 못 잡니다. 저녁에 까치집에 올라가 보고 또 새벽부터 까치가 나오기 전에 올라가 보는

것입니다. 그렇게 올라가 보면 한 알 낳고 두 알 낳고 세 알 낳고, 매일 알이 불어나는 것입니다. 매일같이 오르내리다 보니 까치와 친해졌습니다. 처음에는 죽겠다고 깍깍거리며 야단을 했지만, 매일같이 올라와도 지장이 없으니까 조용해졌습니다. 그래서 새끼에게 무엇을 잡아 먹이고 무엇을 하는가를 관찰했습니다.

5 까치는 나뭇가지로 둥지를 크게 틉니다. 안에는 공고하게 감탕(진흙)을 발라 놓고 바람이 부는 방향을 다 알고 구멍도 뚫어 놓습니다. 맨 처음 그 둥지에 올라갈 때는 얼마나 야단하는지 모릅니다. 그러나 한 번 올라가고 두 번 올라가고 해서 알 낳는 것을 보았습니다. 매일같이 아침과 점심때, 하루에 두 번은 올라가는 것입니다. 맨 처음에는 죽겠다고 야단하지만, 일주일을 그렇게 올라가더라도 자기에게 무슨 해를 입히지 않으니까 가만히 있습니다. 그런데 비 오는 날은 올라갈 수가 없습니다. 비 오는 날이 이틀 사흘이 되어 올라가지 못하다가 맑은 날이 되어 올라가면 얼마나 좋아하는지 모릅니다. '깍깍깍 깍깍깍' 하며 올라오라고 신호하는 것입니다. 친하면 통하지 않는 것이 없습니다. 하나님보다도 하나님이 지은 물건을 더 사랑하면 어떻겠습니까? 작가가 만든 물건이나 제품, 그림이라든가 하는 미술품을 보고 작가보다 더 사랑하게 되면 그 주인도 끌려온다는 것입니다. 하나님도 마찬가지입니다. 하나님이 만든 자연을 사랑하면 하나님이 찾아오신다는 것입니다. '이래서 이렇게 됐다.'라는 것을 전부 가르쳐 준다는 것입니다. 자연이 그렇게 귀한 것입니다.

6 선생님이 어렸을 때 선생님이 있는 방 앞에 밤나무가 있었습니다. 변소 앞에 있던 큰 밤나무인데, 그 빛이 얼마나 청청했는지 모릅니다. 밤나무 잎이 유난히 윤기가 나는 것입니다. 거기에 쓰르라미가 있는데, 동네에서는 거기가 제일 높은 곳입니다. 그 쓰르라미가 높은 곳에서 울어야 된다는 것을 다 아는 것입니다. 높은 데서 울어야 그 효과가 나는 것입니다. 그 소리를 들으면 어떤 때는 얼마나 기분이 좋은지 모릅니다. 얼마나 시원한지 한번 들어 보십시오. 거기에는 바느질하는 아낙네들이 더위를 잊고 바느질을 멈추면서 끌려 들어갈 수 있는 경지가 있습니다.

7 아카시아 꽃에 벌이 앉아서 머리를 처박고 꽁무니는 위로 쳐들고 들이빨아댈 때는 핀셋으로 꽁무니를 잡아당기면 그 꽁무니가 떨어지더라도 안 놓습니다. 그런 것을 보면 얼마나 지독합니까? 몸뚱이가 떨어지도록

당기는 녀석도 지독하지만, 그 맛을 알고 못 놓는 것이 더 지독하다는 것입니다. 선생님이 그것을 보고 '야! 이것 나도 배웠다. 나도 요렇게 해야 되겠다.'라고 생각했습니다.

8 바다에 가면 무슨 일이든 다 할 수 있습니다. 바다 밑에는 무슨 게들이 살고 있고, 무슨 고기들이 살고 있다는 것을 안다는 것입니다. 바다가 선생님 고향에서 멀기 때문에 바다를 배우기 위해서 방학 같은 때 매일같이 바다로 나가는 것입니다. 뱀장어를 잡기도 하고 게도 잡습니다. 그러면서 별의별 곳을 다 뒤지고 다닙니다. 그렇게 훤히 알고, 그다음에는 낚시를 하는 것입니다. 어떤 고기가 어디에 살고 있다는 것을 알고 고기를 잡는 것입니다. 뱀장어 같은 것을 잡는 데는 선생님이 챔피언입니다.

9 여름방학 때는 매일 하루에 뱀장어 40마리 이상은 잡았습니다. 뱀장어는 깊은 물속에 있습니다. 그냥 엎뎌 있는 것은 싫어합니다. 자신을 보호할 수 있는 구멍을 찾아들어 갑니다. 대가리나 꽁지는 나와 있더라도 몸뚱이는 가릴 수 있어야 안정감을 느낍니다. 생리적으로, 생태적으로 그렇게 되어 있습니다. 게 구멍 같은 데를 보면 거기에 있습니다. 그런 구멍을 쓱 보게 되면 아는 것입니다. 거기에는 벌써 전문가가 되었습니다.

10 암탉이 병아리를 까기 위해 알을 품는 것을 보면, 눈을 심각하게 뜨고 발로 알을 굴리면서 하루 종일 앉아 있습니다. 나중에는 배에 나 있는 털이 다 빠질 정도가 됩니다. 털이 빠지도록 앉아 있는데 그것이 기분 좋아서 앉아 있겠습니까, 기분 나빠서 앉아 있겠습니까? 선생님은 어릴 때 관심이 참 많았습니다. 그것을 매일 들여다봤습니다. 처음에는 쫓으려 하더니 하루에 세 번 이상 들여다보니까 으레 그러려니 하고 쫓지도 않았습니다. 단단한 알을 품고 있는 것을 보면, 그 자세는 '천하에 누가 건드리기만 해봐라. 용서하지 않겠다.'라고 하는 모습입니다. 자신에게 피해를 주는 그 누구도 용서할 수 없는 대왕지권을 갖고 살피는 것입니다. 암탉의 권위에는 수탉도 마음대로 못합니다. 수탉에게 그 알을 품으라고 하면 세 시간도 안 가서 도망갈 것입니다. 암탉이 알을 품고 있는 것은 사랑의 힘입니다.

11 큰 나무에는 틀림없이 까치둥지가 있습니다. 까치는 길조라고 합니다. 까치가 '깍깍깍' 하면 기쁜 소식이 온다고 합니다. 까치의 생리를 보면 참 재미있습니다. 까치둥지를 보면 '아, 금년에는 바람이 어디에서 어디

로 불겠구나.'라는 것을 알 수 있습니다. 동풍이 불 것 같으면 들락날락거리면서 거기에 대비해서 구멍을 딱 내놓습니다. 또 나뭇가지를 끌어다가 둥지를 치는 것을 보면 누가 가르쳐 주었는지 걸작품을 만들어 놓습니다. 이것은 나뭇가지로 엮어서 만들었기 때문에 비도 새고 그럴 것 아닙니까? 그러니 나중에는 진흙으로 전부 바릅니다. 바람이 안 들어오게 해 놓고, 비가 오면 빗물이 집으로 떨어지지 않고 한 곳으로 흐르게끔 나뭇가지 끄트머리를 해 놓습니다. 끄트머리를 될 수 있는 대로 그렇게 모아 놓아 가지고 비가 내리면 빗물이 둥지 바깥쪽으로 떨어지게 하는 것입니다. 이것을 누가 가르쳐 주었는지 참 대단한 솜씨입니다.

자연이 주는 참사랑의 교훈

12 만물을 생각해 보면 참부모와 하나님의 사랑이 나타날 수 있는 그때를 위해 준비하고 있다는 것을 발견하게 됩니다. 광물도 사랑하고 식물도 사랑한다는 것입니다. 나비와 벌, 동물 등 전부가 사랑을 중심삼고 엉켜 있습니다. 향기를 내고, 꽃을 피우고, 소리를 내는 모든 것이 만물의 사랑을 위한 상징적 표시입니다. 나비와 꽃이 무슨 관계가 있습니까? 나비는 꽃을 찾아다니고 꽃은 아름다움을 만물 앞에 드러내고 있습니다. 우주에 박자를 맞추기 위한 놀이를 하면서 존재하고 있습니다. 하나님이 사랑을 중심삼고 이러한 우주를 창조했다는 것을 생각할 때, 나를 위해서 이렇게 만들어진 그 정원과 조화된 박물관이 얼마나 멋지냐는 것입니다. 여름에 매미가 쌍쌍으로 소리를 내어 울고 박자를 맞추는 것은 사랑 노래를 하고 있다는 것입니다. 그것이 전부 교과서입니다.

13 선생님이 댄버리 교도소에 있을 때, 비탈진 고지대를 불도저로 정지 작업을 하여 운동장을 만들려고 자갈 같은 것을 주워 내고 하는 공사를 하다가 비가 와서 미처 끝내지 못하고 남은 곳이 있었습니다. 그 우기에 물새들이 와서 거기에 알을 낳고 새끼를 깠습니다. 그때는 비가 오는 우기이기 때문에 사람이 다니지 않아서 안전할 줄 알았는데, 우기가 지나고 나니까 그곳을 다니는 사람이 많이 생겨났습니다. 그 새끼를 깐 둥지가 산책로와 불과 2미터 정도밖에 떨어지지 않았습니다. 그런데 참 신기할 정도였습니다. 사람들이 그것을 모르고 지나갈 때는 어미가 가만히 있습니다. 그런데 눈만 마주치게 되면 움직이면서 '와와와' 야단합니다. 한 발짝만 더 가려고 하면 '왁!' 하고 덤벼들려고 합니다. 아주 조그마한 녀석인데 덩치가 큰 사람이 가면 자폭

하려고 합니다. 자폭을 해도 멋진 자폭을 하려고 합니다. 그것을 누가 가르쳐 줬을까요? 어떤 학설을 통한 계획적인 교육제도에 의해 가르쳐 줬습니까? 사랑을 갖고 있기 때문입니다. 사랑은 교육이 필요 없습니다.

14 고기 가운데 수놈 암놈이 사랑하는 데 있어서 제일 모범적인 것이 연어입니다. 그래서 선생님은 연어를 참 사랑합니다. 이들은 자기가 태어난 자리를 떠나 5천 마일 이상 오대양을 돌다가 4년이 되면 고향을 찾아옵니다. 알래스카는 날씨가 차기 때문에 곤충도 없어 이들 새끼가 먹을 것이 없습니다. 그래서 어미들이 죽은 뒤에 자신의 몸을 새끼가 먹게 하면서 키운다는 것입니다. 만물의 영장이 고기만 못해서야 되겠습니까? 동물세계가 그렇습니다. 사랑이 그런 위대한 힘을 갖고 있는데 만물의 영장인 인간은 어떻습니까? 인간은 참사랑의 주인입니다. 어떻게 고차원적인 부부의 사랑을 이루느냐는 것입니다. 선생님이 원리의 모든 것을 발견한 것도 성경에서가 아닙니다. 자연 가운데서 발견했습니다.

15 연어는 알을 낳고는 죽습니다. 그것을 보면 죽을 날이 정해진 사형수의 입장에서 부부가 사랑하는 것 이상의 사랑을 하는 것입니다. 암놈이 알을 낳게 되면 수놈은 땅을 파서 알을 보호해 줍니다. 그야말로 이상적인 한 쌍입니다. 그리고 알을 낳게 되면 두 놈은 죽습니다. 죽어 가는 암놈 수놈의 모양을 볼 때, 선생님은 참으로 큰 충격을 받았습니다. 그 어미의 몸은 새끼들의 먹이가 됩니다. 창조주가 있다면 왜 그렇게 만들었을까요? 그것을 보면 새끼가 얼마나 중요한가, 사랑이 얼마나 중요한가를 알 수 있습니다. 사랑이 최고의 것이요 새끼가 최고의 것이라는 것을 보여 주기 위한 하나의 표본으로 연어를 만들었을 것이라는 이론은 지극히 당연합니다. 생명을 버리더라도 사랑과 자식을 위해서 가야 됩니다.

16 연어는 4천 마일에서 6천 마일의 먼 대양에 가더라도 4년간 표류하다가 냄새를 맡아서 자기 고향을 찾아갑니다. 사람보다 낫지요? 그렇게 힘들게 돌아온다는 것입니다. 그래서 새끼치기를 합니다. 그리고 암놈과 수놈 둘이 한 번 만나 알을 낳아 놓고는 죽습니다. 그렇게 죽으면 그 새끼들이 어미 아비의 살을 먹고 자라납니다. 사랑의 위대함, 사랑을 통한 자녀의 위대함이 거기서 드러나는 것입니다. 그렇기 때문에 나라는 존재는 부모 생명의 대신 존재라는 것입니다. 자녀는 한 단계 남보다도 전진해서 높은 사랑에 접할 수 있는

후계자입니다. 그렇게 사랑이 높아지게 될 경우 종내에는 하나님의 사랑권 내로 들어가야 됩니다.

17 모든 존재는 계열이 다르고, 그다음에 정착지, 사는 기반이 다릅니다. 강물은 바다로 흘러갑니다. 바다로 갔다가 다시 공중으로 올라가 구름이 됩니다. 다시 기후 변화로 인해 물이 되는 것입니다. 물이 다시 눈으로 바뀌고, 우박이 되어 떨어집니다. 평안도 말로 그것을 무리라고 합니다. 그리고 새들이 고기를 잡아먹고, 고기들이 새도 잡아먹습니다. 식물과 동물 전체가 먹이사슬로 얽혀 있습니다. 동물은 식물을 먹을 수 있고, 식물도 동물을 잡아먹을 수 있습니다. 플랑크톤에는 식물성 플랑크톤과 동물성 플랑크톤이 있습니다. 그것들이 바다의 모든 곤충과 미물의 바이러스, 균까지 먹여 살립니다. 그것을 뜯어먹고 사는 것입니다.

18 창조의 근본 기준은 뭐냐? 하나님이 아무리 절대적인 분이라고 해도 사랑의 상대자를 찾아 나오십니다. 그것이 창조의 시작입니다. 사랑의 상대를 찾기 전에 먼저 환경을 만드신 것입니다. 환경은 그 상대자가 그것을 영양분으로 취하여 자라게 하기 위한 것입니다. 그 영양분을 취하는 것도 강제적이 아닙니다. 그 상대자가 참사랑의 주체 자리에 서기 때문에 자동적으로 만물 전체가 그에 따라 절대 순응해 감으로써 일체가 되게끔 되어 있습니다. 그것이 창조의 주류 근본정신입니다.

19 우주에 가득 찬 모든 존재는 자기 수준에서 상대와 더불어 존재하지만, 결국 더 높은 사랑의 차원으로 흡수되어 상승하게 되는 원칙을 따릅니다. 즉 광물은 식물에, 식물은 동물에, 결국은 사람에게 모두 흡수되기를 바라는 것입니다. 그러므로 모든 존재는 잡아먹히거나 흡수되어 더 높은 사랑의 차원으로 올라가 마침내는 사랑의 근원이 되는 하나님의 가장 가까운 사랑을 받는 자리에까지 나아가게 됩니다. 이렇게 모든 존재들이 궁극의 목적지로 삼는 것은 바로 참사랑의 본질입니다. 다윈의 약육강식이라는 말은 이러한 참사랑의 논리로 다시 해석되어야 합니다. 그러기에 개미나 미물들마저도 참사랑을 원할 뿐만 아니라 자기를 사랑하는 주인한테 가서 죽으려고 하는 것입니다. 이런 원칙에서 하나님의 사랑의 가장 높은 대상으로 지음 받은 인간은 모든 만물을 다 먹고 취할 수 있는 입장에 있습니다. 이 모든 것을 다 먹고 취하되, 이들을 지으신 하나님의 참사랑을 대신하는 마음으로 먹고 취해야 됩니다. 만일 그렇지 못하다면

우주는 존립할 수 없습니다.

20 남극의 펭귄 같은 새들은 바닷가에다 새끼를 치는 것들도 있고, 무리를 지어 백 마일 이상 먼 지역으로 가서 새끼를 치는 것들도 있습니다. 폭풍이 불더라도 휩쓸리지 않고 그 먼 거리를 그 발로 갑니다. 암컷은 알을 낳아서 그것을 자기 발등에 놓고 품습니다. 발을 움직이면서 털로 비벼 온기를 보존해서 새끼를 까는데, 몇 개월 동안 먹지도 않고 그럽니다. 그래서 그것을 수컷에게 전달하면 수컷은 먹이를 실컷 먹었다가 새끼에게 먹여 줍니다. 아이를 밴 여인보다 배가 더 불렀을지 모릅니다. 암놈하고 바꿔쳐서 부화되어 새끼가 나올 때까지 참는 것입니다. 그런 공을 들인 가운데 사랑의 열매로 태어난 새끼는 먹이사슬을 중심삼고 고맙게 생각하는 것입니다.

21 보다 큰 것을 보호하기 위해서는 보다 작은 것이 희생될 수 있습니다. 그것이 원칙입니다. 사람이 풀을 먹고 소를 잡아먹는 것은 죄가 아닙니다. 그것은 보호하기 위한 것입니다. 보호하기 위해서 희생되는 것입니다. 그것은 발전입니다. 작은 데서부터의 비약입니다. 풀의 세포가 됐던 것이 사람의 세포가 되면 얼마나 비약입니까? 하나님의 사랑에 접할 수 있는 분야가 넓기 때문입니다. 이것을 모르고 약육강식의 개념을 말하고 인간이 진화됐다는 개념을 말합니다. 이것을 투쟁의 개념으로, 계급 개념으로 엮어 냈습니다. 상하관계는 주체대상관계인데 여기에는 주체 대상의 개념이 없습니다.

22 약육강식은 투쟁의 개념입니다. 우주의 만물세계는 투쟁하고 있다고 합니다. 사랑이상의 큰 목적을 중심삼고 우주를 동원해서 하나님의 이상적 생명체의 근원을 조성한다는 개념이 없다는 것입니다. 타락으로 그렇게 됐습니다. 그런데 투쟁해서 하나 된다고 생각했습니다. 희랍철학에서는 자연계를 적이라는 개념으로 보았습니다. 거기에서 적자생존의 논리가 나왔습니다. 적절한 환경에서 남지 않으면 생존이 없다는 것입니다. 그것은 타락한 결과입니다. 마르크스나 레닌은 결과적인 것만 본 것입니다. 만물의 근본인 인간의 마음세계를 보더라도 투쟁하고 있다는 것입니다. 투쟁의 개념이 만물 가운데서 벌어졌다고 봤으니 그렇게밖에 결론을 내릴 수 없습니다. 사랑이상의 완결체를 넘어서 하늘나라의 가정 완성과 하늘나라의 왕권을 중심삼고 하늘땅의 통일적 하나님의 안식 기반을 꾸리기 위한 그런 개념을 모르기 때문에 투쟁의 개념으로 보았습니다.

제2장 우주의 근본과 질서

1절 우주의 근본과 사랑

1 '우주'라고 할 때 '우'는 '집 우(宇)'이고 '주'는 '집 주(宙)'입니다. 집입니다. 아래 위의 전(田)이 되는 집이란 말입니다. 그렇기 때문에 가정과 자식을 사랑하는 것입니다. 그 전통적 사상이 어디서 벌어져야 되느냐 하면 나라가 아니라 가정입니다. 이 가정은 우주적 가정을 대표한 것이고, 그 아들딸은 억천만세의 만민을 대신할 수 있는 조상이라는 것입니다. 그것이 창조본연의 수준입니다. 그렇기 때문에 하나님이 만물을 지은 것은 아담 해와를 사랑하기 위한 것입니다. 아담 해와를 찾고 나서는 하나님과 자녀가 합해서 인간 때문에 희생되는 만물을 사랑해야 됩니다.

2 피조세계의 모든 것은 하나님이 사랑하는 아들딸이 사랑의 이상을 찾아 나갈 수 있도록 교재로 만들어 놓은 것입니다. 그래서 전부 다 상대적 구조입니다. 광물도 주체와 대상의 관계로서 작용합니다. 원자도 그렇습니다. 양자하고 전자하고 주체와 대상의 관계로서 작용하는 것입니다. 작용하지 않고는 존속할 수 없습니다. 운동하지 않고는 영속, 존속이 안 됩니다. 그렇기 때문에 우주는 인간을 중심삼고 그 중점에 도달할 수 있도록 창조된 세계입니다. 인간이 크면 클수록 전부 자연을 보고 습득하는 것입니다. 가을날 달이 비추고 별이 빛나는 밤에 보면 곤충들이 종합적 오케스트라 연주를 합니다. 무엇을 중심삼고 그렇게 하느냐? 상대를 찾아 이상을 노래하고 있습니다. 사랑을 중심삼고 속삭이고 있다는 것입니다. 새나 다른 모든 동물도 슬픈 소리, 기쁜 소리를 사랑이라는 공통분모를 따라서 표시합니다. 급은 낮지만, 축에서 먼 거리에 있지만 그 축을 중심삼고 평형선을 취하고 돌고 있다는 것입니다. 모든 존재는 그렇게 되어 있습니다.

3 우주는 제2의 어머니 복중입니다. 여러분이 지금 사는 곳은 어머니 복중입니다. 우주 어머니 복중에서 살고 있습니다. 그래서 어머니의 피와 살을 뽑아서 주는 것과 마찬가지로 우주의 모든 진액을 뽑아서 삽니다. 그렇기 때문에 여기에서 이것을 공급 안 했으면 많은 희생자가 나오게 됩니다. 많은 희생을 치르고 있습니다. 약육강식이라는 말이 있습니다. 하나님이 왜 그렇게 만들었느냐? 그것은 잘못 생각한 것입니다. 내가 보다

차원 높은 하나님의 사랑권 내에 동참하는 것이 우주의 욕망이기 때문에, 보다 차원 높은 존재의 몸을 통해서 우주 사랑의 핵의 자리로 돌아가자, 이것이 소원이 되어야 합니다. 내 몸의 세포, 사람의 세포가 하나님과 직접 통할 수 있는 사랑의 세포로서 존재해야 됩니다.

4 우주의 근본이 무엇이고, 우주는 무엇에서부터 시작했느냐? 사랑에서 시작했습니다. 과학자들은 우주가 힘으로 되어 있다고 합니다. 작용하는 것을 보고 힘이 있는 줄 아는 것입니다. 힘이 있으면 작용을 합니다. 그러면 작용이 먼저입니까, 힘이 먼저입니까? 남자가 남자로 클 때는 사랑의 힘이 작용하지 않습니다. 남자로서 작용하면서 크는 것입니다. 몸과 마음이 작용하면서 점점 성년으로 커 가는 것입니다. 그래 가지고 여성을 만날 때 횡적인 힘이 생겨나는 것입니다. 힘이 나타나려면 반드시 작용을 거쳐야 됩니다. 힘이 있기 전에 작용이 있다는 것입니다. 작용은 어디서 나오느냐? 주체와 대상의 관계에서 나옵니다. 사람도 마음과 몸으로 되어 있고, 모든 것이 쌍쌍제도로 되어 있습니다.

5 우주는 어떻게 출발했느냐? 상대이상을 중심삼고 창조하신 하나님을 볼 때 전부가 위하는 데서부터, 투입하는 데서부터 출발한 것입니다. 자기를 소모하는 데서부터 시작됩니다. 그러면 자기를 소모해 상대를 만들어서 무엇을 하자는 것이냐? 둘 다 소모하는데, 소모하고 얻는 것이 사랑입니다. 사랑만 가지면 아무리 소모해도 좋다는 말입니다. 그러한 개념이 사랑이기 때문에, 사랑을 중심삼고 하나님이 창조를 시작한 것입니다. 하나님이 손해나는 일을 한 것이 아닙니다. 투입하는 것은 손해인데, 하나님이 왜 그렇게 했겠습니까? 사랑에는 모든 것을 채우고도 남을 수 있는 힘이 있기 때문에 소모시켜서 투입했지만 그 대신 사랑을 찾아오는 것입니다. 참사랑은 투입할수록 점점 작아지는 것이 아니고 커 갑니다. 움직이면 움직임 자체가 투입해서 소모되는 것인데, 참사랑은 투입하면 투입할수록 커 가는 것입니다.

6 사랑에는 창조의 능력이 있기 때문에 지치지 않습니다. 사랑의 마음을 가지면, 아무리 투입해도 소모된 에너지 이상 언제나 보충할 수 있는 사랑의 힘이 있기 때문에 지치지 않습니다. 그렇기 때문에 고통스럽더라도 싫지 않은 것입니다. 그것이 싫으면 갈 수 없습니다. 사랑을 위하는 길에서는 싫은 마음을 영원히 가질 수 없다는 것입니다. 참사랑을 위하

는 길에는 영원히 싫은 마음이 있을 수 없습니다. 하나님의 본질에는 원수의 개념이 없습니다. 악의 개념이 없다는 것입니다. 참사랑 가운데 있기 때문입니다.

7 이 우주 전체, 하늘나라 전체의 중심축은 사랑입니다. 사랑은 생명의 근본이요 혈통의 근본입니다. 그것은 사랑을 중심삼고 이루어져 있기 때문에 사랑의 축을 따라서 운동을 합니다. 운동은 그냥 하지 않습니다. 운동은 반드시 주체와 대상을 중심삼고 하기 때문에 그 나름의 위치에서 사랑을 중심삼고 사랑과 관계를 맺어서 행동하는 것입니다. 영원한 사랑의 실적으로 존속하고 싶은 것이 모든 운동하는 것의 목적이 돼 있습니다. 작용은 그냥 하지 않습니다.

8 하나님이 천지를 창조한 것은 자기를 위해서가 아닙니다. 하나님을 위해서 창조한 것이 아닙니다. 만물 창조는 하나님을 위한 것이 아니라 하나님의 사랑을 위해서 한 것입니다. 우주의 근본은 사랑으로부터 시작했습니다. 사랑이 중심입니다. 그래서 절대적인 하나님도 절대적으로 복종하고 싶은 이상향을 가져야 됩니다. 완전히 복종하는 곳에 완전한 행복이 있으며, 완전한 해방이 있는 곳에 완전한 행복이 있습니다.

9 사랑은 우주로부터 시작해서 어떠한 존재든지 인연을 갖지 않은 존재가 없습니다. 미물인 풀 한 포기도 반드시 사랑을 중심삼고 살고 있습니다. 광물도 플러스 이온과 마이너스 이온을 중심삼고 생겨나서 다 사랑 때문에 움직이고 있습니다. 작은 것으로부터 큰 것에 이르기까지 전부가 사랑을 중심삼고 인연되어 있습니다. 그 사랑이 무슨 사랑이냐? 하나님적 사랑, 참사랑을 중심삼고 인연되어 있습니다. 본래 하나님이 창조한 세계가 그렇다는 것입니다.

10 참사랑으로 이룩된 심정권은 아무리 작아도 우주와 연결되고, 그 속에서 일어나는 일들의 파장은 만상과 영계에까지 파급됩니다. 영계를 포함한 천주는 모두 동일한 하나님의 참사랑의 원리 아래 존재하기 때문입니다. 하나님과 인간 사이의 종횡, 전후적 참사랑관계는 인간 상호 간의 이상적 참사랑관계의 근본이요, 그 완성은 4대 심정권을 이룬 이상가정에서만 이룩됩니다.

11 가을날 곤충들이 모여 오케스트라 연주를 하는데 밤새도록 합니다. 아침부터 밤새도록 쉬지 않고 오케스트라 연주를 합니다. 다양한 소리로 하모니를 만들면서 훌륭하게 오케스트라 연주를 하고 있는데, 그 소리가

사방으로 울려 퍼집니다. 인간은 '저들이 지금 무엇을 하고 있지?'라면서 의아해합니다. 그들은 키스하고 사랑하고 있습니다. 사랑의 소리입니다. 음악소리가 아니라 사랑의 소리입니다. 키스하고 껴안고 사랑하는 소리라는 것입니다. 사랑의 오케스트라 연주입니다. 그것은 속된 것이 아니라 거룩한 것입니다.

2절 우주의 작용과 존재 원칙

1 우주는 존재세계입니다. 그것은 누구나 다 인정하고 있습니다. 존재하기 위해서는 힘이 있어야 합니다. 힘이 먼저냐, 존재가 먼저냐 하는 것이 문제입니다. 힘이 없으면 존재도 없습니다. 힘은 작용하지 않고는 나타나지 않습니다. 힘이 있기 전에 반드시 작용이 필요합니다. 작용을 하려면, 거기에는 힘이 있기 전에 선행조건으로 주체와 대상이 절대 필요하다는 것을 부정할 수 없습니다. 주체와 대상이 주고받는 데서 작용이 벌어지고, 작용이 벌어짐으로써 힘이 존속하는 것입니다.

주체와 대상의 관계인 우주만물

2 피조세계를 보면 동물세계도 그렇고, 식물세계도 그렇고, 감각도 없는 광물세계도 전부 음양의 이치를 따라서 주체대상관계를 지니고 있습니다. 분자를 보면 양이온과 음이온이 있습니다. 세계의 학자들은 말하기를 '우주는 힘으로 되어 있다.'라고 합니다. 막연하게 힘으로 되어 있다고 합니다. 그러면 힘이 한꺼번에 나오느냐? 힘이 먼저 있어 가지고 나오느냐, 아니면 힘이 있기 전에 작용이 먼저 있었느냐? 계란이 먼저냐, 닭이 먼저냐의 문제입니다. 힘은 작용을 통해서 나타나는 것이고, 그 과정을 통해서 단계적으로 보이는 것입니다. 전기의 작용은 전기의 힘이 아닙니다. 전기 자체는 아닙니다. 플러스와 마이너스는 주고받는 작용을 하지만, 거기에 전기라는 힘의 흐름은 아직까지 되어 있지 않습니다. 작용을 통해서 힘이 나온다는 것입니다.

3 우주는 반드시 힘으로 형성되지만 힘이 있기 전에 작용이 있습니다. 전기의 힘이 있기 위해서는 플러스와 마이너스의 작용이 있어야 됩니다. 플러스와 마이너스의 전기작용을 집합해 놓으면 힘이 됩니다. 여기에 전구를 달아 놓으면 우리가 사용하는 빛으로 화하는 것입니다. 그렇기 때문에 힘이 있기 전에 작용이 있고, 작용이 있기 전에 주체와 대상이 있습니다. 하나님이 이 세계를 인간을 위한 환경으로 지었습니다. 환경에는 반드시 주체와 대상이 있습니다. 이것은 존재의 법칙입니다. 이것이 갖추어지지 않고는 존재하지 못합니

다. 중성이 있다고 하지만 중성도 상대가 있습니다. 오정(午正)이 되면 그림자가 없어집니다. 그렇지만 그림자가 없어지는 것이 아닙니다. 내 자체 내에 들어갔을 뿐입니다. 전부 상대적 관계를 갖고 있다는 것입니다.

4 우주 형성에 있어서 힘이 먼저냐, 작용이 먼저냐 할 때 반드시 작용이 먼저입니다. 작용하는 데는 독자적으로 하는 것은 없습니다. 작용하기 위해서는 반드시 상관관계가 돼야 합니다. 그 상관관계가 같아서는 안 됩니다. 내가 손해 보겠다고 해서는 작용이 안 됩니다. 이익을 보겠다는 입장에서 주체적으로 주어도 좋을 수 있는, 플러스될 수 있는 환경의 여건을 바라보면서 주어야 됩니다. 그런 관점에서 주체와 대상의 관계가 형성되는 것입니다. 주체는 뭐냐? 먼저 주는 것입니다. 그렇기 때문에 주체는 책임을 져야 되고, 보호해야 되고, 육성을 해야 됩니다. 그렇기 때문에 작용이 있기 전에 먼저 주체와 대상의 관계를 인정해야 됩니다.

5 우주에서 제일 신비적인 것이 무엇이냐? 창조를 하게 될 때 하나님이 처음으로 가진 관념이 무엇이냐? 그것은 사랑입니다. 사랑이라고 하는 관념을 가지고 우주를 만들었기 때문에 전체 존재는 사랑을 중심삼고 상대적인 기준을 갖지 않으면 안 됩니다. 그렇기 때문에 환경에는 상대권이 없으면 안 됩니다. 주체 대상의 상대권이 없으면 안 됩니다. 상대권은 반드시 대응하게 되어 있고, 그 대응권은 가정에서뿐만 아니라 종족·국가·세계와 이어집니다. 그렇게 해서 그것이 주체로 서게 되면 거기에 보조를 맞추는 대상이 생기는 것입니다. 자기가 큰 입장에 섰을 경우에는 저쪽이 상대권에 서서 즉시 보조를 맞추는 방법을 취함으로써, 우주가 충돌 없이 수수작용을 함으로써 평화적이고 원만한 운동을 계속하게 됩니다.

6 우주의 근본인 힘은 물질세계에서 주고받는 사랑의 인연과 마찬가지 형태의 작용에 의해서 생성됩니다. 그렇기 때문에 어떤 존재든지 주체와 대상의 관계를 지니지 않으면 이 우주에 존재할 수 없습니다. 제일 귀한 것은 사랑이기 때문에 사랑을 중심삼고 주려야 줄 수 없고 받으려야 받을 수 없게 될 때에 제일 슬프고 불쌍한 것입니다. 하나님은 왜 우주를 창조하셨느냐? 사랑이 필요해서 우주를 창조하셨다는 것은 당연한 결론입니다. 그러므로 사람은 사랑으로 태어나서 사랑으로 살다가 사랑으로 돌아가게 되어 있습니다. 최대의 사랑은 어디서부터 오느냐? 주체와 대상이 완전히 하나되는 데서부터 옵니다.

어떤 힘으로도 뗄 수 없게 영원히 하나가 될 때 최대의 사랑은 찾아오게 됩니다. 사랑이 있음으로써 통일이 벌어지고, 사랑이 있음으로써 생명이 연결되고, 사랑이 있음으로써 이상이 실현되는 것입니다.

7 주체와 대상이 작용하기 위해서는 힘 가지고 안 됩니다. 돈 가지고도 안 됩니다. 지식 가지고도 안 됩니다. 오로지 둘이 좋아할 수 있는 내용, 사랑이라는 개념이 필요합니다. 왜 광물세계를 플러스 이온과 마이너스 이온으로 만들었느냐? 그들의 사랑을 중심삼고 연결하기 위해서는 그 작용이 필요합니다. 식물세계도 수술과 암술이 있습니다. 식물의 꽃이 작용하는 데 생명력으로 살기 전에 주체와 대상 개념이 있다는 것을 몰랐습니다. 동물세계는 수놈 암놈으로 되어 있습니다. 제일 큰 것에서부터 작은 것까지 전부 수놈 암놈으로 돼 있다는 것을 알아야 됩니다.

8 지혜의 왕이시고 전체의 중심이신 하나님은 참다운 사랑이나 참다운 이상이나 참다운 행복이나 참다운 평화의 기원을 주체와 대상, 이 양자 사이의 어디에 두느냐? 이것이 문제가 되지 않을 수 없는 것입니다. 주체가 있고 대상이 있는데, 주체를 위하는 길과 대상을 위하는 길, 이 두 길 가운데 이상의 요건을 어디에다 두느냐 하는 것이 창조주이신 하나님으로서 문제가 되지 않을 수 없습니다. 그래서 참된 이상, 참된 사랑, 참된 평화에 있어서 주체를 중심으로 하고 대상이 주체를 위하는 데에 이상적 기원을 둘 것이냐, 대상을 중심으로 하여 주체가 대상을 위하는 데에 이상적 기원을 둘 것이냐? 하나님이 그 이상적 기원을 주체 되는 자기 앞에 대상이 위하라고 하는 입장에 세운다면, 하나님이 그러함과 동시에 모든 사람도 자기가 어떠한 대상 앞에 주체의 입장에 있으면 자기를 위하라는 입장에 서게 될 것입니다. 그러면 하나될 수 있는 길이 막혀 버립니다.

9 자연세계에는 순환하면서 발전한다는 원칙이 있습니다. 지금까지 영원히 수억년 동안 끌고 나온 자연법칙이 무엇인가를 한번 생각해 봅시다. 그 공통 법칙, 공통성은 수놈과 암놈으로 되어 있다는 것입니다. 사람도 남자와 여자로 되어 있습니다. 전부 상대적으로 되어 있습니다. 광물세계도 그렇고, 식물세계도 그렇고, 동물세계도 수놈 암놈으로 엮어져 있습니다. 수놈 암놈을 중심삼고 끌고 나오는 그것이 천년만년, 몇 억만년 변함이 없이 계속해 나갑니다. 그것이 뭐냐 하면 차원은 다르지만 사랑이라는 개념입니다. 사랑이라는

개념을 중심삼고 후계자를 남기면서 나오는 것은 이 모든 자연계에 남아져 있는 중심 법칙입니다. 사람도 마찬가지라는 것입니다. 사람도 남자 여자로 되어 있으니, 사랑을 중심삼고 앞으로 보다 훌륭한 후손을 남기는 것이 변함없는 원칙입니다. 이것만은 누가 점령할 수 없습니다. 이것만은 혁명할 수 없습니다.

쌍쌍제도가 우주의 존재 원칙

10 만물은 광물세계나 식물세계나 사랑을 바탕으로 한 주체와 대상의 관계의 인연을 통해서 이상적 분모를 지니고 태어났습니다. 만물은 결과의 존재입니다. 결과의 존재는 원인적 내용 없이는 태어날 수 없습니다. 우리는 그 원인적 존재를 하나님이라고 합니다. 그래서 하나님을 중심삼은 사랑권 내에서 동서남북 상하·전후·좌우를 막론하고 언제나 화합하고 화동하기 위해서 광물세계도 쌍쌍제도, 주체와 대상의 관계로 존재합니다. 이렇게 쌍쌍제도로 구성돼 있습니다. 광물세계도 동물세계도 식물세계도 인간세계도 마찬가지입니다.

11 우주는 전부 다 플러스와 마이너스로 되어 있습니다. 분자를 보더라도 플러스 이온과 마이너스 이온으로 되어 있습니다. 전부 상대권으로 되어 있습니다. 원자를 보더라도 양자와 전자로 되어 있습니다. 우주 구성의 근본이 그렇게 되어 있습니다. 식물은 수술과 암술, 동물은 수컷과 암컷, 사람은 남자와 여자, 전부 상대적으로 되어 있습니다. 그렇게 상대적으로 되어서, 결국 하나의 체제권으로 수습되지 않으면 안 됩니다. 하나님이 주체이기 때문에 하나님을 중심삼고 수습되어야 합니다. 그 창조의 의지에 일체화된 상대권이 만들어지지 않았다면 하나님의 창조의 기쁨은 있을 수 없습니다.

12 모든 존재가 생겨난 것은 인간 완성을 위한 것입니다. 그것을 위해 동원되었습니다. 그렇기 때문에 완성체를 이루려고 그 세포 하나하나가 전부 쌍쌍제도로 돼 있습니다. 남자나 여자나 그 몸에 영양소를 다 갖추어서 보급되기 때문에 어느 하나 뺄 것이 없다는 것입니다. 다 약재요 필요한 것입니다. 길가에 민들레꽃이 많다고 천대하지 말라는 것입니다. 개성진리체로서의 자기 소임을 다하기 위해서 천년만년, 인류역사가 변하더라도 자기들의 종의 구별은 변하지 않으면서 확대시키는 것입니다.

13 모든 피조세계는 쌍쌍의 조직체제로 연결되어 있습니다. 광물세계도 그렇습니다. 모든 것이 플러스와 마이너스 작용을 하는 것입니다. 중

력을 가진 지구성 위에서도 강한 인력관계를 갖고 있는 지남석은 그 인력이 지구 중력보다도 강하기 때문에 작용이 표면상에 나타날 뿐이지, 지남석 이외의 모든 요소들도 플러스와 마이너스 작용을 하는 것입니다. 의식화 운동도 전류를 통한 플러스와 마이너스의 작용을 통해서 벌어지는 것입니다. 쌍쌍제도의 중앙에는 자기 나름대로 둘을 연결하고 보호할 수 있는 중심축이 있는데, 그 축이 바로 사랑의 축입니다. 그래서 광물세계의 원소들도 상대기준이 되는 것끼리는 스스로 하나되지만 상반된 원소끼리는 아무리 하나님이 명령하고, 또 어떠한 실험실 주인이 아무리 명령을 하고 천년 공을 들여도 하나될 수 없습니다.

14 여러분이 환경권을 만들어야 됩니다. 하나님도 환경권으로 태양·지구·공기·물을 만들었습니다. 환경권에는 언제나 주체와 대상이 있습니다. 그것이 공식입니다. 모든 피조만물은 쌍쌍제도로 되어 있습니다. 광물세계도 그렇고, 동물세계도 그렇고, 인간세계도 그렇습니다. 왜 주체와 대상으로 되어 있느냐? 참사랑의 완성을 위해서입니다. 주체가 없이는 사랑을 중심삼고 완성할 수 없습니다. 이것이 공식입니다. 그와 같이 완성된 조상이 지금까지는 이 지구상에 없었습니다.

15 이 세계, 우주를 보십시오. 광물세계도 플러스 이온과 마이너스 이온, 식물세계도 수술과 암술, 동물세계도 수놈과 암놈이 있습니다. 요즈음은 세균까지 암컷과 수컷이 있다고 합니다. 모든 것은 전부 사랑을 중심삼고, 자기 나름의 급을 중심삼고 하나되게 돼 있습니다. 이러한 쌍쌍제도의 우주를 보면, 이것들은 인간의 이상적 사랑이 하늘땅을 대표해서 하나될 때 같이 연결돼 가지고 받들기 위해 그렇다는 것입니다. 집을 지으려면 처음에 기초를 닦는 것과 마찬가지로, 사람을 위해 이런 쌍쌍제도를 만든 것입니다. 동물도 수놈과 암놈이 같이 다니다가 암놈이 피해를 보면 수놈이 목숨을 내걸고 사수하는 것을 보았을 것입니다. 새끼를 낳으면 새끼를 위해 목숨을 내놓습니다. 사랑의 도리는 그런 것입니다. 본래 근본이 그렇기 때문입니다.

16 참사랑의 깊은 경지에 들어가면 만물과 통합니다. 바위와도 통하고 식물과도 통합니다. 참사랑의 세계는 통하지 않는 것이 없습니다. 쌍쌍제도로 된 것은 하나님에게 속할 수 있는 사랑과 인연되어 하나되기 위한 작용을 하기 때문입니다. 참사랑은 공명하게 마련입니다. 그런 참사랑

권 내에 들어가면, 하나님의 내적인 세계와 외적인 세계를 느낄 수 있습니다. 그렇기 때문에 누가 가르쳐 주지 않아도 영계를 알 수 있고 하나님을 알 수 있으며, 이 땅에서 부모를 어떻게 모셔야 되고, 또 나라님을 어떻게 섬겨야 된다는 것 등 모든 것을 자연히 알게 됩니다. 사랑이 가는 길은 함부로 가게 안 되어 있습니다. 공식이 되어 있습니다. 사랑이 가는 길은 한 길밖에 없습니다.

17 사랑을 누가 가르쳐 주느냐? 자연이 가르쳐 주는 것입니다. 동산에 뛰는 동물을 보니 수놈과 암놈, 나비를 봐도 수놈과 암놈, 전부 쌍쌍제도로 되어 있습니다. 꽃이 피면 아름다운 동산에는 새가 지지배배 지저귑니다. 새가 왜 지저귑니까? 수놈 새, 암놈 새가 지저귀는 것은 무엇 때문이겠습니까? 새가 지저귀는 것은 세 가지 이유가 있습니다. 하나는 배고파서 부르는 것이고, 하나는 사랑 때문에 부르는 것이고, 하나는 새끼를 부르는 것입니다. 그 세 가지 이유입니다. 그것은 사랑 때문에 그러는 것입니다.

18 참사랑이 가는 길에서는 모든 것이 자동적으로 하나됩니다. 피조세계를 보면 아무리 작은 미물이라도 쌍쌍으로 되어 있습니다. 수천년의 역사가 흘러도 그렇게 쌍쌍으로 되어 있는 것에는 변화가 없습니다. 종의 쌍쌍 개념은 어떤 피조물도 바꿀 수 없습니다. 그것은 영원한 것입니다. 그렇게 주위에 있는 현상들이 가르쳐 주고 있습니다. 타락하지 않은 본연의 현상들이 가르쳐 주고 있는 것입니다. 나무를 보면 성장을 멈추지 않습니다. 쉬지 않고 있습니다. 모든 살아 있는 것들은 사계절 밤낮의 구별이 없이 성장을 멈추지 않는 것입니다. 모든 피조세계는 그러한 본연의 길을 가고 있습니다.

존재 양상과 작용 원칙

19 주는 것이 왜 흥하고, 줌으로써 왜 크느냐? 그것은 하나님이 우주를 창조할 당시의 근본과 통하기 때문입니다. 하나님이 창조하려는 것은 잡아당기는 것이 아니라 주는 것입니다. 주면 자꾸 커집니다. 모든 것이 주는 개념으로 바뀌면 점점 커집니다. 자꾸 받기만 하면 모든 것은 작아지는 것입니다. 그것이 왜 그러냐? 하나님의 창조원칙에 동반할 수 있기 때문에 우주가 나를 협조합니다. 우주가 나를 협조하기 때문입니다.

20 우주만물이 존재하려면 힘이 있어야 됩니다. 힘은 그냥 그대로 있는 것이 아닙니다. 힘이 있으려면 계속 작용을 해야 됩니다. 그래야 힘이 나옵니다. 즉 힘이 있으려면 작용이 있

어야 됩니다. 작용을 계속해야 힘이 존속하는데, 작용을 계속하려면 어떻게 해야 되느냐? 혼자서는 작용할 수 없습니다. 반드시 주체와 대상이 있어야 됩니다. 이것이 철칙입니다. 주체와 대상이 작용을 하는 데는 그냥 그대로 작용하는 것이 아닙니다. 주체와 대상의 자리보다 더 나을 수 있는 곳이 발견되는 데에서만 작용합니다. 이것이 원칙입니다.

21 사물은 반드시 이중구조로 돼 있습니다. 전부 이중구조로 돼 있습니다. 하나님이 내적 사랑을 중심삼고 위하게 되면, 무한히 자기를 잊어버리고 투입하고 투입하는 데는 큰 우주의 핵이 생겨나는 것입니다. 예를 들면 태양계의 수천억 개나 된다는 대우주는 전부 구형으로 되어 있다는 것입니다. 그래서 거기의 핵의 인연을 따라 가지고 움직입니다. 사랑도 마찬가지입니다. 인간의 사랑은 하나님의 심정권으로부터 이 우주 전체의 축의 자리에 서서 하나님의 존재 완성과 창조이상 완성을 위해 지금까지 역사성을 지닌 운동을 계속하는 것입니다. 영계에 가도 그렇습니다. 전부 사랑의 분위기 가운데 주체와 대상의 관계가 돼 있습니다.

22 발전하기 위해서는 반드시 자기보다도 더 나은 자리를 찾아가는 것입니다. 즉 플러스가 될 수 있는 곳에서만 작용하지, 마이너스가 되는 곳에서는 작용하지 않는다는 것입니다. 둘이 하나되어야 발전이 있지, 둘이 하나 안 되면 절대 발전이 없습니다. 그것이 우주의 철칙입니다. 서로서로가 플러스될 수 있는 가치를 발견해야 하나되는 것입니다. 작용해서 마이너스가 되는데도 하나된다면, 그것이 원칙이라면 이 세상은 없어집니다. 작아지는 원칙에 하나된다는 이치가 있다면 이 세상은 거꾸로 되는 것입니다. 세상의 원칙이 그렇다면 세상의 한쪽은 형성되더라도 한쪽은 무너져 나가는 것입니다. 그런 원칙은 없습니다.

23 주체와 대상이 주고받는 데 있어서 그보다 나을 수 있는 그 무엇을 발견하는 데서만 작용이 이뤄지지, 그렇지 않은 데서는 작용이 이뤄지지 않습니다. 이것이 우주의 철칙입니다. 화학실험에서 어떤 원소와 어떤 원소를 하나로 만들기 위해 약품을 넣고 별의별 일을 다 해도 합해지지 않는 것이 있습니다. 그것은 합했다 하더라도 마이너스가 됩니다. 작용하게 되면 서로 마이너스가 되기 때문에 절대로 작용하지 않는 것입니다. 하나님도 절대적으로 작용을 안 시킵니다. 그것이 원칙입니다. 그렇지만 어떤 원소끼리는 생각지도 않

앉는데 작용을 합니다. 서로 작용을 하게 되면 반드시 보다 큰 것이 형성될 수 있는, 보다 플러스될 수 있는 입장이 되기 때문에 작용하는 것입니다. 그것은 아무리 막으려고 해도 작용한다는 것입니다. 이것이 우주 형성의 원칙입니다.

24 원자면 원자를 두고 볼 때, 원자에는 양자를 중심삼고 전자가 돌고 있습니다. 그것도 역시 두 목적을 결합할 수 있는 주고받는 자리에 있기 때문에 그것이 하나의 원자 형을 형성합니다. 그러니까 전자의 목적과 양자의 목적을 겸한 목적을 중심삼고 합해 있는 것입니다. 크게 보면 하나님도 존재자입니다. 하나님도 존재한다면 실존체로 계시는 것입니다. 그렇다면 하나님 역시 주체와 대상의 관계가 되어 있어서 완전히 주고받을 수 있는 이중목적성을 중심삼고 결합된 자리에 서지 않고는 영원히 존재할 수 없습니다. 그 말은 뭐냐? 하나님도 결국은 주체성과 대상성이 합해져서 하나의 하나님으로 계신다는 말입니다.

25 모든 주체와 대상이 완전히 영원한 사랑에 하나되어 있을 때, 이 우주는 영원히 보호할 책임이 있습니다. 이것을 파탄시키려는 어떤 제3의 힘이 개재될 때는 우주력이 제거한다는 것이 현상세계의 존속 이치입니다. 원리원칙은 마찬가지입니다. 사랑의 세계에 있어서도 마찬가지 결론입니다. 영계에 가도 이 결론은 맞는 것이요, 지상세계의 현실적인 무대에 있어서도 맞는 것입니다. 그러므로 어디든지 현실화할 수 있는 것이 우주 법도입니다. 그렇기 때문에 원리원칙에 따라 살아야 됩니다.

26 창조에 있어서 직선상에서는 조화가 힘듭니다. 선은 양쪽을 연결한 것입니다. 직선상에서는 조화가 없습니다. 이것은 가면 갈수록 멀어집니다. 돌아올 수가 없습니다. 그렇기 때문에 이 세상, 이 우주의 출발은 직선이 아닙니다. 3점의 출발이 위대하다는 것입니다. 3점을 맞춰서 따라가면 구형이 생깁니다. 직선운동에서부터 어떻게 원형을 돌아 3점 기반을 찾았느냐? 이것은 그 자체, 운동하는 물체 자체가 할 수 없습니다. 여기에는 제3의 힘이 개입했다는 것을 인정해야 되기 때문에 창조주가 있다는 것을 공인하는 논리가 형성됩니다. 그리고 우주 창조의 기원에 있어서는 반드시 받는 작용이든 주는 작용이든 작용이 있었을 것인데, 무슨 작용을 먼저 했겠느냐? 하나님이 받겠다고 하는 작용을 했으면 우주를 창조한 것이 전부 하나님한테로 달라붙었을 것입니다. 하나님밖에 없는데 받겠

다고만 하면 영원히 없는 것입니다.

27 우주의 운동이 어떻게 시작되느냐? 직선상에서는 운동을 못합니다. 양 점을 연결한 것이 직선이기 때문에 직선상에서는 조화가 불가능합니다. 3점에서부터 창조의 조화가 시작됩니다. 3점에서부터 포물선을 통해 원형이 그려지는 것입니다. 3점을 통해서 돌고 돌면 연결되는 것입니다. 운동이 미는 데서부터 시작되었겠습니까, 잡아당기는 데서부터 시작되었겠습니까? 이것을 해결하지 못하면 우주의 근본을 해결할 길이 없습니다. 운동은 미는 데서부터입니다. 어떤 것이 쉬우냐? 미는 것이 쉽습니다. 당기는 것은 이중의 힘이 되기 때문에 이론적으로 모순입니다. 그러니 나로부터 투입하는 것입니다.

28 세계는 둥급니다. 달도 둥글고 태양도 둥그렇습니다. 전자세계와 분자세계도 전부 둥그렇습니다. 둥근데 혼자 둥글어질 수 없습니다. 혼자서는 절대로 둥글어질 수 없습니다. 주체와 대상의 관계가 활용적 조화를 원만히 발휘하려니 둥글어질 수밖에 없습니다. 모든 존재들은 이 상권을 필요로 하고, 거기에 작용을 하고 관계를 맺으려고 하기 때문에 자연히 둥글어지는 것입니다. 인간 가운데 원만한 사람은 어떤 사람이냐? 원만한 사람은 동으로 방향을 했다가 서로 방향을 하면 했지 부딪치지 않는다는 것입니다. 꼭대기를 꾹 누르면 푹 들어갔다가 다른 데에 가서 나오는 것이지, 자기 자체는 변하지 않는 것입니다.

29 우주는 공기마저도 원형을 품으려고 하지, 각진 것을 품으려고 하지 않습니다. 원형을 품을 수 있게끔 돼 있습니다. 그것이 이상형이기 때문에 거기에는 소모가 벌어지지 않습니다. 그 근본 원인이 뭐냐? 원형일수록, 둥글수록 오래갑니다. 둥글지 않은 것은 돌면 돌수록 마찰에 의해서 깎이든가 소모되는 것입니다. 그렇기 때문에 인간은 원만을 바라는 것입니다. 원만이라는 것은 납작한 것이 아니라 구형을 말합니다. 눈도 꽉 차 있고, 코도 꽉 차 있고, 입도 꽉 차 있고, 몸 전체가 전부 꽉 차 있어서 하나의 원형을 이루는 것과 같습니다.

30 세상을 보면 전부 도는 이치입니다. 힘의 작용이 직선으로 뻗어 나가면 영원한 소모입니다. 하나님께서 피조세계를 창조하신 제일 원칙적인 목적이 어디에 있느냐 하면, 직선으로 나가는 힘을 돌리기 위해서였습니다. 그러므로 세상의 이치는 도는 이치이며, 그와 동시에 움직이는 이치입니다. 여러분이 화학을 공부하려

면 물질을 연구 분석하고 운동하고 작용하는 모든 현상을 관찰하게 되는데, 그 이치를 벗어난 존재가 없다는 것을 알게 됩니다. 그 모든 것이 360도로 돌고 있는 것입니다. 우주도 돌고, 사회도 돌고, 내 마음도 돌고 있습니다. 온 우주의 중심인 하나님의 심정을 중심삼고 돌 줄 아는 사람은 하나님이 돌면 그도 돌 것입니다. 하나님이 도는 한 이 우주도 돌 것입니다. 하나님이 돌면 우리가 돌고 만물이 돌게 될 것입니다.

3절 우주의 질서와 공법

1 우리가 살고 있는 이 지구는 태양의 주위를 우주의 법도에 따라서 변함없이 공전하고 있습니다. 지구 자체가 그렇거니와 태양 자체도 자전하고 있습니다. 지구의 130만 배나 되는 태양이 쉴 새 없이 움직이고 있다는 것입니다. 우주에는 이런 태양계의 수천억 배나 되는 광대한 은하계가 있습니다. 이런 은하계를 소우주라고 하는데, 우주에는 은하계와 같은 성운들이 수없이 많이 있습니다. 이것을 통틀어서 대우주라고 합니다. 반경만 해도 수천억 광년이나 되는 어마어마한 대우주를 지으신 하나님은 그 대우주를 변함없는 법도에 따라서 수억만년 움직여 나오고 계십니다. 우리가 생각할 수도 없고 느낄 수도 없을 정도로 위대한 힘을 가지고 모든 천체를 움직이신다는 것입니다. 이러한 우주를 지으신 하나님을 생각하면 생각할수록 우리는 그 웅장함과 위대함에 자연히 머리 숙이지 않을 수 없습니다. 이런 대우주를 창조하신 그분이 우리를 지켜 주시는 아버지요, 우리를 보호해 주시는 하나님이요, 실존하시는 위대한 주인공이라는 것입니다.

2 대우주를 볼 때 우주가 무질서하게 되어 있지 않습니다. 단위를 구성하는 공식 위에 우주는 움직이고 있습니다. 그렇기 때문에 천년만년 움직인다 해도 착오 없이 움직입니다. 오늘날 과학의 발달도 공식상의 발달입니다. 수학을 통해서 모든 것을 풀어대는 것도 공식을 연결시켜 푸는 거와 마찬가지로, 과학문명은 공식상의 발달을 하는 것입니다. 공식은 단위적 완성입니다. 단위를 연결시켜야 됩니다. 그것은 출발과 끝이 완전히 연결되어 맞아야 됩니다. 수학문제를 풀 때에도 많은 공식을 통한 결론은, 전부 본연에서 제시한 이상의 길과 풀어서 돌아가는 것이 맞아야 된다는 것입니다.

3 우주는 막연히 되어 있는 것이 아닙니다. 질서가 있습니다. 이런 내용을 가지고 순환운동을 하고 있다는 것입니다. 운동은 수많은 모양으로

갖춰 나가지만 거기에도 하나의 주류가 있습니다. 그것이 큰 강을 중심삼고 볼 때, 지류와 주류가 마찬가지 입장에서 운동하고 있는 것입니다. 대우주도 하나의 축을 중심삼고, 주류와 같은 흐름을 따라 운동한다는 것입니다. 그렇기 때문에 종착점에 선 이 세계는, 이 우주는 하나의 목적을 중심삼고 움직인다는 결론을 내리지 않을 수 없습니다.

4 하나님은 절대적인 분이어야 됩니다. 유일·불변·영원하셔야 됩니다. 그분이 정한 법도는 절대적이어야 됩니다. 그렇기 때문에 이 우주는 그 법도에 따라서 천년만년, 몇 억만년 운동을 계속합니다. 미물인 동물세계라든가 식물세계도 그런 과학적인 공식 법도에 의한 터전 위에서 존속합니다. 그렇기 때문에 수학으로 다 풀 수 있습니다. 미물인 동물도 그렇고 식물도 그렇고 대우주의 운행하는 모든 것도 법도 위에 서서 영원한 궤도를 따라 존속하기를 바라는데, 만물의 영장인 인간이 주먹구구식으로 제멋대로 되었겠느냐는 말입니다. 그렇게 안 되었다는 것입니다.

5 광대무변한 대우주는 하나의 공식 원리를 통해 운동합니다. 공식은 단위를 통해서, 단위를 결속시켜서 이뤄집니다. 이 우주는 공식을 바탕으로 한 형식을 통해 창건된 세계이기 때문에 공식에 들어맞습니다. 그래서 수학으로 풀 수 있는 것입니다. 전기도 수학으로 풀잖아요? 수학은 공식을 활용해서 풀어 나갑니다. 공식은 단위가 있어야 됩니다. 하나 둘 셋이라는 단위를 통해서 나옵니다. 그러니 단위가 맞아야 되고 공식에 맞아야 됩니다. 그렇지 않으면 정당한 답이 안 나옵니다.

6 자연계라든가 이 세계의 움직임을 보더라도, 무한 광대한 대우주를 보더라도 우리는 볼 수 없지만 전부 우주의 공법에 의해 변함없는 회전운동을 하면서 궤도를 따라서 영원히 존속하고 있습니다. 여름이 지나가면 가을이 오고, 가을이 지나게 되면 겨울이 올 줄 누가 알았겠습니까? 겨울이 가게 되면 또 봄이 올 줄 누가 알았겠습니까? 우주는 자기 갈 길을 따라서, 춘하추동 궤도를 스스로 맞추어 가지고 자전하면서 자존하고 있다는 것입니다.

7 우주는 가정을 확대한 것입니다. 가정을 보게 되면 상·중·하가 있고, 좌우가 있고, 전후가 있습니다. 이것이 원칙입니다. 그래서 상하를 말할 때는 부모와 자녀를 말하고, 좌우를 말할 때는 남편과 아내를 말하고, 전후를 말할 때는 형제를 말합니다. 이러

한 전체가 무엇으로 하나가 되느냐? 힘으로, 지식으로, 돈으로 할 수 없습니다. 그러면 어떤 것으로 할 수 있느냐? 사랑입니다. 사랑도 보통 사랑이 아닙니다. 참사랑입니다. 그것은 틀림없는 진리입니다. 그렇지 않고는 구형이 안 됩니다. 그러면 상·중·하는 가정에 있어서 무엇이냐? 사랑의 교재입니다. 우주 사랑을 접할 수 있는 사랑의 교재입니다. 그와 같은 것을 사회에 가서 하라는 것입니다.

8 사랑의 법을 세우기 위해 우주가 있다고 생각할 때, 얼마나 이 세계가 일정하게 달라지느냐? 봄철에 짹짹거리는 참새들도 그러는 것을 볼 때 '야, 우리 부부가 참새보다 나으냐?' 라고 생각하고, 제비가 먹이를 물어다가 자기 새끼에게 먹이는 것을 볼 때 '야, 자식을 저렇게 사랑해 주는 것이 원칙이구나.'라고 생각해야 됩니다. 다 같은 법입니다. 그 어미가 배가 불러 먹을 수 없어서 새끼들에게 물어다 먹이겠습니까? 자기가 배고파도 물어다 먹인다는 것입니다. 인간세계에서는 이런 사랑의 공법을 어디서 찾느냐? 선생님에게서도 찾을 수 없고, 나라님에게서도 찾을 수 없고, 남편에게서도 찾을 수 없고, 아내에게서도 찾을 수 없는데, 그래도 어머니 아버지가 자식을 사랑하는 데만은 그것이 남아 있다는 것입니다. 하나님이 인류를 사랑하는 그 사랑이 남아 있기 때문입니다. 그래서 부모가 자식을 사랑하는 그 사랑에만은 그것이 남아 있다는 것입니다.

9 사람이 아무리 잘났다고 하더라도 춘하추동 사계절에 순응해야 됩니다. 겨울인데도 '아이고, 나는 여름을 좋아하기 때문에 모시 적삼 치마저고리를 입어야 되겠다.'라고 하면 죽습니다. 보조를 맞춰야 됩니다. 봄이 되면 봄옷을 입어야 됩니다. 갈아입지 않으면 지장이 오고 파탄이 벌어집니다. 겨울이 되면 겨울옷으로 갈아입어야 됩니다. 마찬가지로 여러분이 천지의 법도, 천리의 법도에 그 환경과 처지에서 순응할 뿐만 아니라 맞출 줄 알아야만 천리의 보호를 받게 됩니다. 거기에서 살아남아야 생명체로서 영원한 우주 앞에 주체성을 지닐 수 있습니다.

10 우주는 운동의 법칙, 힘의 작용의 원칙에 의해 시작되었습니다. 모든 것은 우주의 박자에 맞는 천운의 법도에 맞추어 갑니다. 그 천운의 법도에 맞추어 가는 것이 무엇이냐 하면, 사위기대의 법도입니다. 그러니 우리는 이 사위기대의 법도에 자신을 부합시켜서 사위기대의 법도를 옹호해야 됩니다. 그러나 그 결과가 부실하면 불합격자가 됩니다. 다시 말하

면 부부간에 아무리 잘 주고 잘 받는다 해도 결과적 존재인 자녀가 없으면 불행한 것입니다. 왜냐하면 우주의 법도와 원칙이 사위기대를 중심삼고 돌고 있는데, 삼위기대밖에 못 이루게 되면 영원히 도는 사위기대 법도 앞에 배치되기 때문입니다. 그렇게 되면 하나님과 거리가 멀어지게 되니 자연히 슬퍼지는 것입니다.

11 기쁨은 어디서 오는가? 마음의 요구에 몸이 응할 때 생깁니다. 마음과 몸이 완전한 주체와 대상이 되어 사위기대를 이루게 되면 마음이 원하는 대로 몸이 움직이게 됩니다. 그러한 입장에서 기쁨이 오는 것입니다. 우주의 원칙인 천운이 옹호해 주니 하나님과 만날 수 있는 거리가 점점 단축되어 가까워지기 때문에 기쁨이 생기는 것입니다. 그렇지만 양심에 가책되는 일을 하여 마음의 상대요소가 없게 될 때는 결국 그 주체까지도 없어집니다. 우주의 원칙은 주체만 있게 되면, 대상이 반대하지 않는다 하더라도 몰아내는 힘이 반드시 나타나게 되어 있습니다. 그것이 슬픔으로 나타나는 것입니다. 기쁨과 슬픔은 내가 원인이 되어 생깁니다.

12 가슴이 아프게 슬플 때도 있는데, 왜 슬프냐? 무슨 힘이 나에게 작용해서 슬프냐? 그것은 우주의 대운세에 생명력을 좌우할 수 있는 우주의 공법 작용 때문입니다. 그러므로 이 공법에 부합되지 못하고 반대되면 제거당합니다. 우주의 힘은 밀기도 하고 잡아당기기도 합니다. 여기서 반대 방향으로 밀어내는 힘이 크면 클수록 기쁠 수가 없습니다. 부부가 같이 살다가 한 사람이 먼저 죽으면 울게 됩니다. 그것은 우주의 공법 앞에 불합격 기준에 해당하면 우주의 공적인 힘이 그 사람을 밀어내게 되고, 또 그렇게 될 때에 슬픔의 강도가 높아지기 때문입니다. 그러면 기쁨은 어떻게 생기느냐? 우주 공법에 일치되는 자체가 되면 우주의 힘이 그를 안으려고 합니다. 그 힘이 크면 클수록 강하게 부여안게 되고, 강하게 안으면 안을수록 그는 내적인 중심에 들어가게 되기 때문에 기쁨이 온다는 것입니다. 그러므로 슬픔과 기쁨은 자기 자신에게서 벌어지는 것이 아닙니다. 이것은 힘의 원칙, 즉 우주 공법을 중심삼고 벌어집니다.

13 공존하는 우주를 바라보면, 거기에는 반드시 화합작용과 반발작용이 있습니다. 화합작용은 더 큰 데로 화하려고 합니다. 여러분의 마음도 화합하려고 하는데 더 큰 데로 화합하려고 합니다. 화합하는 데는 그냥 하지 않습니다. 돌면서 하는 것입니다. 작은 것이 둘이 합하려면, 서로가 좋

아서 합하려면 어떻게 되어야 하느냐? 나 자체가 자기를 넘어서 상대를 감쌀 수 있는 힘이 있어야 하나되는 것입니다. 자기를 넘어서 큰 힘으로 품으려고 하는 것이 있어야 하나됩니다. 자기보다 작게 만들려고 하는 데서는 절대 하나 안 됩니다. 자기를 넘어서 더 큰 것을 품으려고 하는 서로의 작용을 갖게 되면 그것은 우주력이 보호합니다. 그것이 주체와 대상의 관계입니다.

14 아프다는 것은 무엇이냐? 우리의 모든 기관에 있어서 균형을 취할 수 있는 일면이 파괴되었을 때 그것을 빨리 시정하지 않으면 우주는 '너는 현재 공존 원칙의 기준에 불합격자다.'라고 하면서 몰아냅니다. 그 몰아내는 힘 때문에 아픔을 느낀다는 것입니다. 그러면 슬픔은 왜 오느냐? 마찬가지입니다. 나 자신이 평화스러운 경지에서 몸과 마음이 하나되어, 환경과 하나되어 우주의 더 큰 세계로 전진해 나가는 데 있어서 화하는 자리에 선다면 거기는 우주가 보호해 주는 것입니다. 우주 전체 세계에 있어서 서로가 연결되어 공존할 수 있는 연체적 작용권을 이루고 있으면 서로서로가 상응하는 입장에서 보호해 주는데, 거기에 상반될 때는 반드시 우주력이 몰아냅니다. 이것이 슬픔으로 연결되는 것입니다.

15 우주에는 상대이념을 갖추지 않은 존재는 존속할 수 없습니다. 상대이념을 갖춘 사람은 보호합니다. 반드시 보호해 주는 것입니다. 그렇기 때문에 남자 여자가 영원한 사랑을 중심삼고 하나되어 살려고 할 때는 전 우주가 보호합니다. 전후좌우에서 이것을 침범할 자가 없습니다. 병난 것은, 몸에 주고받는 길이 있는데 그중 하나가 막혀 있는 것입니다. 플러스와 마이너스의 길이 막혀 있는 것입니다. 막혀 있으면 우주의 불합격자입니다. 상대이상을 갖추고 있어야 보호하는데, 그렇지 못하면 불합격된 그 비율만큼 냅다 모는 것입니다. 냅다 모는 작용이 아픔으로 나타납니다. 누르면 아프지요? 병이 아프게 하는 것이 아닙니다. 우주력이 아프게 하는 것입니다. '네가 수수작용을 못해서, 주체와 대상의 화합관계를 이루지 못해서 그래. 네 몸이 반드시 이 막힌 것을 터서 화합시키지 않으면 우주의 폐물 단지로 들어가는 거야.'라고 경고하는 것입니다. 우주는 화합하는 것을 보호하게 마련입니다.

4절 만물의 창조와 진화

1 지금까지 학자들에게 진화론이 맞느냐, 하나님의 창조론이 맞느냐 하는 것이 문제였습니다. 사랑 개념이 있기 전에 먼저 진화 개념이 있었습니까? 어느 것이 먼저입니까? 진화

의 개념이 먼저가 아닙니다. 그것은 사랑의 개념이 먼저 있고 난 후에 있었다는 것입니다. 쌍쌍제도의 우주가 먼저 생기고 그 가운데 형체적인 구조가 맞는 것이 진화론 형태로 맞았을 뿐이지, 근본이 그래서 그렇게 된 것이 아니라는 것입니다.

진화보다 사랑 개념이 먼저

2 모든 새 종류는 형태가 비슷하다고 할지라도 종은 구별됩니다. 참새와 멧새가 부부가 되어 새끼를 낳을 수 있습니까? 안 됩니다. 아메바에서부터 사람까지는 몇 천 단계의 종의 구별이 있는데, 이것을 무시하고 한꺼번에 '쑤욱!' 사람이 나올 수 있습니까? 아메바에서부터 사람이 되기까지는 몇 천 단계를 넘어서 연결돼야 하는데, 자기 멋대로 연결될 수 없습니다. 천만부당입니다. 종의 구분은 절대적입니다. 개념이 먼저냐, 실재가 먼저냐 할 때 실재가 먼저라고 해서 유물론이 나왔다는 것입니다. 그러니까 참사랑만이 모든 것을 연결할 수 있습니다.

3 오늘날 진화론이 사실이냐, 조화의 창조가 사실이냐 하는 것이 큰 문제가 돼 있습니다. 진화론의 방향성은 누가 결정하느냐? 자기가 결정합니까? 발전하는 그 물질이 결정할 수 있습니까? 또 문제는 그 자체가 이상권과 관계를 맺을 수 있는 힘을 어떻게 길러 낼 수 있느냐, 더 품어 낼 수 있느냐, 플러스시킬 수 있느냐 하는 것입니다. 그것은 하나님에 의해서만 가능합니다. 그런 문제는 과학도 해명을 못합니다. 물질에도 역시 사람의 욕망과 같은 것이 있는데, 그 욕망의 방향은 하나님과 하나되는 것입니다. 그것이 목적입니다. 여기에 있어서 우주의 모든 원소들의 종합적 대표, 물질세계의 대표가 인간입니다.

4 하나님은 인간의 주체입니다. 피조세계 전체의 주체입니다. 이와 같이 작용의 중심이 되는 분을 하나님이라고 부릅니다. 오늘날 과학자들은 말하기를, 이 우주는 힘으로 되어 있다고 합니다. 그러나 힘이 있기 전에 작용이 있다는 사실을 모르고 있습니다. 주체와 대상이 있어서 작용이 있다는 사실을 모르기 때문에 혼란이 생기는 것입니다.

5 환경권 내에 존재하는 물건은 반드시 주체대상관계를 갖고 있게 마련입니다. 필연적 조건입니다. 그렇지 않은 것은 이 모든 우주의 힘, 자연의 힘이 추방합니다. 모든 존재물은, 광물세계에서부터 동물세계까지 아무리 미물일지라도 그들이 바라는 것은 하나님의 사랑을 받을 수 있는 대상, 실체의 구조물이 되는 것입니

다. 원소는 사랑의 원소가 되어 광물에 흡수되고, 광물은 사랑의 원소를 끌어들여 식물 앞에 흡수되기를 바라는 것입니다. 하나님의 사랑의 대상 자리까지, 인간까지 찾아갑니다. 인간이라도 인간의 사랑의 기관까지 가는 것이 목표입니다. 만약에 그런 것이 없으면 생물이 존속하지 못합니다. 저급의 것은 고급의 존재에 흡수되게 되어 있습니다. 흡수됨으로써 자기 가치나 급이 높은 존재로 올라가는 것입니다.

6 힘의 공식적인 원칙을 보면, 들어오는 힘과 나가는 힘이 같을 수 있습니까? 힘이 들어와서 작용을 했는데, 작용하려고 들어오는 힘과 작용하고 난 후의 힘이 같을 수 있습니까? 여기에는 소모가 벌어집니다. 운동을 하면 소모가 벌어지는 것입니다. 그러니 들어오는 힘과 나가는 힘이 같을 수 없습니다. 작용하고 난 후에는 힘이 언제나 작게 마련입니다. 진화론자들은 작용하고 나면 힘이 더 커진다고 합니다. 그런 공식은 없습니다. 그렇게 되면 이 세상은 뒤집어집니다. 그렇기 때문에 제2의 힘이 필요한 것입니다.

7 주체와 대상이 작용하여 현재보다 못하게 되면 작용을 안 하고, 보다 나을 수 있는 서로의 목적을 발견하면 작용하는 것이 원칙으로 되어 있습니다. 그렇게 보면, 진화하는 것도 보다 나을 수 있는 목적인 그 무엇을 갖지 못할 때에는 발전할 수 없습니다. 발전하기 위해서는 횡적으로 보다 강한 힘이 가중되어야 합니다. 그러지 않고는 발전할 수 없습니다. 그 힘은 작용할 수 있는 목적과 대상이 없어 가지고는 절대 안 나옵니다.

8 진화론을 해결해야 됩니다. 진화론의 개념과 실재는 공산주의가 문제로 삼는 것입니다. 보이지 않는 것이 귀한 것입니다. 하나님이 보입니까? 양심이 보입니까? 사랑이 보입니까? 인간에게 제일 귀한 것은 이 세 가지입니다. 보이지 않는 세 가지 귀중한 것이 하나님과 양심, 사랑입니다. 양심이 있다는 것은 다 알 것입니다. 양심이 없다는 사람 있습니까? 사랑이 없다는 사람 있습니까? 눈에는 안 보입니다. 안 보이니까 어디에나 들어갈 수 있고, 어디에나 하나될 수 있습니다. 보이면 들어갈 수 있습니까? 보이지 않으니 세포 속에도 들어갈 수 있습니다. 통하지 않는 곳이 없다는 말입니다. 그런 논리의 근원을 찾을 수 있습니다. 사랑만은 그 누가 제지하지 못합니다. 참사랑은 우주가 제지할 수 없고 막을 수 없습니다.

9 우주의 근본은 무엇이냐? 진화론

도 아니요, 창조론도 아닙니다. 진화와 창조의 개념이 있기 전에 수놈 암놈이 있었다는 것을 알아야 합니다. 수놈 암놈이 생긴 것은 사랑 때문입니다. 이것이 공식입니다. 사랑 때문에 남자가 있고 여자가 있습니다. 남자가 남자세계에서는 사랑을 못 찾습니다. 여자가 여자를 중심삼고 사랑을 못 찾습니다. 여자가 남자를 찾는 데서, 남자가 여자를 찾는 데서 비로소 사랑을 찾을 수 있습니다.

종교와 과학의 통일

10 하나님이 인간에게 총괄적인 통일이념을 성취하는 책임을 지워 주셨기 때문에 인간은 자연을 연구하는 자연과학을 하나의 통일과학 형태로 발전시켜 나오고 있고, 종교를 통하여 마음의 세계를 규합해 나오고 있습니다. 16세기 후반에는 종교와 과학이 갈라졌으나, 끝날인 오늘날에 와서는 다시 하나의 목적을 달성할 수 있는 귀일의 단계로 넘어가고 있는 것입니다.

11 오늘날 과학의 발달, 즉 과학을 중심삼고 나온 현대문명이라는 것은 통일적인 외적 이념을 성취해 나오고 있습니다. 그것이 세계적인 통일의 이념권까지 나오고 있습니다. 내적인 면에서 말로 밝혀내는 과학문명 말고 마음으로 밝혀내는 종교, 즉 인간의 본성과 성품을 밝혀내는 종교와 온 인류가 하나될 수 있는 내적인 세계를 건설하는 사명을 완수해야 됩니다. 오늘날 종교와 과학은 서로 대립되는 입장에 놓여 있습니다. 그러나 원칙은 그런 것이 아닙니다. 끝날에는 반드시 몸을 지은 다음에 생기를 불어넣어 하나님 대신 나설 수 있는 아담을 지으신 것과 같이 역사의 종말적인 현상도 그렇게 귀일되어야 합니다.

12 과학은 결과적인 세계를 타진하는 논리이고, 종교는 심정을 통하는 곳이고, 사상은 지금까지의 문화사를 중심삼은 논리입니다. 이 세 가지의 계통이 내려오는데, 이것이 전부 따로따로 되어 있습니다. 종교는 종교대로, 과학은 과학대로, 사상은 사상대로 전부 따로 돼 있다는 것입니다. 하나님은 한 하나님이기 때문에 이것을 서로서로 갈라놓을 수 없다는 것입니다. 끝날에 와서는 하나님을 중심삼고 종교하고 과학하고 사상이 하나되어야 합니다.

13 종교적 최고 정상에서 과학적 최고 정상을 통해 사상적 최고 정상까지 연결시킬 수 있는, 지상에 나타나 있는 하나의 사상체계에 종교의 이상적인 기반이 돼 있는 곳은 통일교회밖에 없습니다. 그렇기 때문에 통일

교회를 통해서 하나님이 대역할 수 있다는 논리적인 결론이 나옵니다. 이것은 인간이 하는 것이 아닙니다. 하나님이 지금 시대에 있어서 과학을 이렇게 급변하게 발전시키고 우주과학까지 발전시킨 것은 우주를 통일하기 위한 사상적인 변혁시대에 들어왔기 때문입니다. 과학이 이렇게 된 것은 종교적 통일권을 우주를 포함한 통일권으로 확대하기 위해서입니다. 그렇지 않고는 종교와 과학과 사상이 하나될 수 없습니다.

14 하나님은 종교적 진리의 근원일 뿐만 아니라 과학적 진리의 근원이기도 합니다. 하나님은 최초의 설교자인 동시에 최초의 과학자이기도 합니다. 선생님은 이 사실이 우주의 근본 진리라는 것을 굳게 믿고 있으며, 선생님 일생의 과업은 이러한 가정에 그 토대를 둔 것이었습니다. 살아 계시는 하나님의 사도로서 선생님은 전 피조세계에 실체적으로, 영적으로 분명히 나타나 보이시는 하나님 존재의 본질적인 모든 면을 더욱 넓고 깊게 또 명확히 하고, 그리고 통일시킬 것을 시도해 왔습니다.

15 과학은 인류의 꿈을 실현하는 데에 그 목적이 있습니다. 그런데 과거에는 과학은 민족적·국가적 장벽에 가로막혀서 훌륭한 발명이 이루어졌더라도 그것이 즉시 인류 전체의 복지에 기여할 수 없었던 때가 자주 있었습니다. 때때로 과학문명에도 국경이 있어야 한다는 주장도 있었습니다. 그러나 과학문명은 본질적으로 인류 전체의 것이어야 하며, 어느 특정한 국가나 진영의 전용물이어서는 안 되는 것입니다.

16 과거 수세기 동안 과학은 너무 분석적 방법에 기울어져서 많은 부문이 전문화되어 과학의 부품화 현상이 벌어진 것이 사실이나, 최근 총합적인 방법에 의하여 세분화된 지식을 총합, 통일하는 소망스러운 경향이 나타나고 있습니다. 통일과학은 그 두드러진 예라고 할 것입니다. 여하간 오늘까지의 과학은 비록 세분화 현상은 있었을망정 모든 부문이 그 각각의 입장에서 오로지 복지세계의 실현이라는 일치된 목표, 일치된 방향을 지향해 왔던 것이 사실이며, 또 앞으로도 그렇게 지향해 나갈 것임을 믿어 의심치 않습니다.

17 과학은 인간생활에 있어서 단순한 수단이며 목적일 수는 없습니다. 인생의 목적은 하나님의 창조목적을 실현하는 데 있습니다. 인간은 영과 육의 결합체입니다. 따라서 인간은 육적 생명을 바탕으로 해서 가치 있는 인생, 곧 사랑과 진리와 선과 미의

생활을 하게 되어 있습니다. 편의적으로 말하자면 과학기술은 영적 생활에 부합되고 육적 생활에 필요한 것입니다. 따라서 가치 있는 생활을 강조하지 않거나 무시하는 과학은 도리어 가치관의 파괴를 가져오며, 오늘날과 같은 공포와 불안의 현실로 이끄는 것입니다. 이 불안한 현실에서 인간을 구하는 것은 진정한 가치관을 추구하고 발견함으로써만 이루어질 수 있습니다. 그러므로 과학은 말할 것도 없이 절대가치에 기인한 이 가치관에 일치하지 않으면 안 됩니다.

18 절대가치는 어디에서 발견할 수 있을 것인가? 그것은 하나님의 사랑에서만 찾을 수 있습니다. 하나님의 사랑으로 인한 미와 진리와 선이 곧 절대가치입니다. 결국 과학기술의 악용에 따르는 피해로부터 인간을 해방하는 것은 과학 자체가 하나님을 인식하고 하나님의 사랑과 같은 방향에 그 기술을 응용할 때에 가능합니다.

19 하나님은 메시아를 다시 보내시기 전에 반드시 성취하여야 할 두 가지 중요한 숙제가 있었습니다. 그 하나는 고도의 물질문명의 발달입니다. 하나님의 뜻이 이루어진다는 말은 곧 지상천국이 이루어진다는 말인데, 그것은 영적 천국만을 의미하는 것이 아니라 육적 천국, 또는 물질적 천국도 의미합니다. 그러니 메시아의 강림과 더불어 성취할 고도의 정신문명을 담을 수 있는 그릇, 말하자면 고도의 물질문명 세계를 준비하실 필요가 있습니다. 나아가 하나님의 이상에서는 세계가 한 나라이니, 그 세계가 과학의 발달로 교통과 통신수단이 고도로 발달하여 온 인류가 일일생활권 안에서 산다고 하는 것은 지상천국 건설에 지극히 중요한 요소입니다. 이는 통일세계 문화 창조에 필요 불가결한 조건입니다.

20 과학은 인간의 물질적 생활을 개선하는 것이 그 본령이기 때문에, 통일과학은 실천면에 있어서 전보다 더 효과적으로 물질적 생활의 개선에 기여할 것입니다. 그러나 본연의 인간이 정신과 육신의 통일체인 것처럼, 사회생활도 물질과 정신의 통일적 생활이며, 이상세계도 사랑과 창조의 통일적인 세계이기 때문에 물질적 생활의 개선만으로는 진정한 행복의 세계는 실현될 수 없습니다. 그러니 불가피하게 통일과학은 그 역할을 온전히 다하기 위해서 통일사상과 다시 하나로 합치하지 않을 수 없습니다. 이러한 합치가 이뤄지게 될 때 오랫동안 숙제였던 종교와 과학의 통일이 실현되어서 명실상부한 복지세계, 행복한 세계, 선한 통일세계가 이뤄지게 될 것입니다.

제3장 만물의 탄식과 참된 만물주관

1절 만물과 인간의 관계

1 오늘날 보이는 만물세계를 주관하고 있는 인간, 만물의 영장이라고 자처하고 있는 인간이 자신을 자신의 것인 줄 알고 있다면 그것은 오해입니다. 여러분의 몸은 여러분의 것이 아닙니다. 여러분의 마음 또한 여러분의 것이 아닙니다. 여러분의 것이라고 인정할 수 있는 근거가 무엇이냐고 반문하게 되면 대답할 수 없을 것입니다. 만약 이 문제가 해결되면 그것이 역사적인 하나의 기점이 되는 동시에 모든 문제를 풀 수 있는 해결점이 됩니다. 그러나 오늘날 이 땅 위에 살고 있는 인간은 이 문제를 망각한 채 그저 살고 있습니다. 하나님은 우주를 잃고 슬퍼하시는 것보다도 이러한 인간들이 되었다는 사실을 더 슬퍼하십니다. 그렇기 때문에 그러한 하나님의 심정을 느끼고 체휼하는 사람이 있다면 그로부터 근본적인 종교의 섭리가 출발할 수 있습니다. 여기에서부터 하나님을 다시 찾을 수 있는 길이 개척되는 것입니다. 이 땅 위에 존재하고 있는 모든 것이 땅을 부모로 하고 있고, 천체를 부모로 하고 있으며, 더 나아가서는 창조주를 부모로 하고 있는 것과 마찬가지로, 여러분의 한 자체도 여러분 한 자체로서 끝나는 것이 아닙니다.

땅은 인간의 제2 어머니

2 우리 몸을 양육해 주는 것은 땅입니다. 우리 몸에 필요한 요소를 제공해 주는 땅이 우리의 부모입니다. 그런데 이 땅이 인간의 부모라는 것을 아는 사람이 없습니다. 그다음에 우리를 낳아 준 부모가 있습니다. 몸적인 부모는 땅이요, 마음적인 부모는 우리를 낳아 준 부모입니다. 그러나 인간에게는 이 두 부모만 있는 것이 아닙니다. 이 부모를 넘어 이념적인 가치의 모습, 절대적이요 영원무궁하신 한 분의 부모가 있는데, 그 부모를 인정하지 않고 해명하지 못한다면 인간은 탄식할 수밖에 없습니다. 그러기에 전 인류는 흘러가는 역사노정에서 그러한 부모를 해명하는 어느 한순간, 한때, 한 시기를 갖지 않는 한 안식의 동산을 차지할 수 없습니다. 우리에게는 심정적인 부모가 있습니다. 그 부모는 땅과 더불어 망해가는 부모가 아니라 땅의 역사와 인류의 역사를 뒤흔들어 지배하고도 남을 수 있는 부모입니다. 그 부모가 바로 천상의 부모, 즉 우리를 창조하신 부모입니다. 인간에게는 이렇게 3대 부모가 있는 것입니다.

3 인간은 자기를 낳아 준 부모만이 부모인 줄 알고 있으나 아닙니다. 여러분 몸의 원천은 흙덩이입니다. 여러분은 낳아 준 부모의 아들딸로 태어났지만 낳아 준 부모만을 닮지 않았습니다. 인간은 그 부모를 넘어 새롭고 더 큰 무엇을 추구하는 것입니다. 동기와 인연이 없이는 천적인 결과가 있을 수 없는 것이 철칙인데, 절대적인 가치의 모습을 그리워하는 것은 그러한 부모가 있기 때문임을 부정할 수 없습니다. 참다운 인간은 땅을 대하여 심정이 통할 수 있는 인간이어야 할 것입니다. 자기를 낳아 준 부모가 땅이라면, 인류는 그 부모와 함께 심정적으로 위하여 살 줄 아는 사람이어야 됩니다. 더 나아가서는 하늘을 알고 천상의 부모의 뜻을 염려하며 그 뜻이 바라는 선의 목적지를 향하여 오늘도 내일도 싸워 나가는 사람, 그 어떠한 절대적인 인연을 해명하기 위해 노력하는 사람이 참다운 인생행로를 가고 있는 사람이라고 볼 수 있습니다.

4 우주에 있는 만물들이 인간의 육체 속에서 각각 자기들 것을 모두 찾겠다고 주장하게 되면 인간은 모든 것을 빼앗기고 말 것입니다. 우주에서 모든 원소를 빌려와서 형성되었기 때문입니다. 그 말은 '우주가 나를 낳아 주었다. 우주가 나를 만들었다.'라고 하는 말입니다. 그래서 내 몸의 부모는 우주입니다. 나는 우주의 원소를 종합한 실체라는 것입니다. 그러므로 '나는 움직이는 우주다. 나는 활동하는 우주다.'라는 것입니다. 이러한 관점에서 우주를 사랑해야 됩니다.

5 자연 가운데 앉아서 만물을 보고 자연을 바라보면 신비함이 느껴집니다. 자연을 지극히 사랑할 수 있는 마음이 우러나면 인간을 자동적으로 사랑하게 됩니다. 꽃과 나비, 모든 만물을 보면 희망을 가지게 됩니다. '나는 자연에 있어서의 독생자요, 너 또한 자연에 있어서의 독생자다. 그러니까 이 우주는 나와 너를 위해 있다.' 라고 생각해야 됩니다. 이것이 얼마나 멋지냐는 것입니다.

6 땅은 사랑의 씨를 심어 거둘 수 있는 밭입니다. 땅에서 우리 생명요소를 흡수해서 자라는 것입니다. 어머니 몸은 밭과 같습니다. 어머니 뱃속에서 어머니 몸의 모든 피 살과 영양소를 흡수해서 자란 아기가 태어나 지상에서 커 가지고 가정을 통해 완성하여 수확되어 가는 곳이 영계입니다. 그러니 영계는 가을에 추수한 것을 쌓아 두는 창고와 마찬가지이고, 지상은 그 추수하게 하는 밭과 같은 것입니다. 밭에서 잘 자라야 훌륭한 열매가 생겨납니다. 지상에서 상하

관계·좌우관계·전후관계의 참사랑으로 일체권의 사랑이상을 체험해 감으로써 하나님 나라의 창고에 들어가서 하나님의 사랑을 중심삼고 생활의 이상적 상대권이 되어 하나님과 영원무궁토록 사는 것입니다. 대우주가 우리 집입니다. 이것이 천주입니다. 대우주가 우리 집인데, 마음대로 주관하면서 하나님과 사랑으로 같이 영원히 사는 것이 인간의 최대 행복이요, 최대 해방이요, 최대 자유입니다.

7 사람 몸의 4분의 3이 물입니다. 안 보이는 공기와 보이는 물이 공급되어서 여러분의 아이를 키우는 것입니다. 그것은 땅에서 공급합니다. 그러니까 땅은 제2 어머니입니다. 그렇기 때문에 여러분의 어머니보다 더 사랑해야 됩니다. 그렇게 자란 다음에는 영계로 날아가야 합니다. 자궁과 공기의 세계를 거쳐서 영계로 들어가 해방이 되는 것입니다. 그곳이 마지막 목적지가 됩니다. 그곳이 하나님을 중심삼은 천국입니다.

만물의 중심은 인간

8 하나님은 아담 해와의 외적이고 생물적인 성장을 위한 발판으로 아름답고 섬세하게 예비한 환경인 만물세계를 창조하셨습니다. 이러한 환경 속에서 인간은 장성하고 발전합니다. 하나님의 더 깊은 관심은 인간의 내적 성품과 사랑의 인격에 있었습니다. 그들은 참사랑의 경험을 통해 하나님의 참사랑을 닮고 완성하는 것입니다. 하나님은 사랑의 힘을 내적이며 비물질적 힘 중에서 가장 강력한 것으로 창조하셨습니다.

9 만물지중(萬物之衆)에 유인최귀(惟人最貴)라는 말이 맞는 말입니다. 하나님도 사랑의 상대가 필요해서 만든 것이 인간입니다. 모든 만물을 중심된 인간을 본떠 화합하고 흡수될 수 있도록 만든 것도 사랑이상 때문입니다. 피조세계를 살펴보면 광물세계·식물세계·동물세계·인간세계도 모두 쌍쌍제도로 되어 있는 것을 볼 수 있습니다. 광물세계를 보아도 플러스 이온과 마이너스 이온이 작용하고 있습니다. 원소와 원소끼리도 아무것이나 갖다 붙인다고 해서 결코 결합하지 않습니다. 상대적 요인이 맞지 않으면 하나님도 마음대로 명령을 할 수 없습니다. 그와 반대로 서로 상대적 요건이 맞게 될 때는 하나님이라도 못 말립니다. 급은 낮지만 광물세계도 사랑의 창조이상형 모델의 핵에 반응할 수 있도록, 거기에 통할 수 있도록 작용하게 돼 있습니다.

10 우주의 존재 질서는 위하는 것을 근본으로 삼고 있습니다. 참다운 이상, 참다운 사랑, 참다운 평화의 세계

는 하나님의 창조이상인 동시에 인간의 소망입니다. 그러므로 이상의 기원, 행복과 사랑의 기원은 상대를 위하여 사는 데에 있습니다. 우주를 보면, 그 어떤 존재물도 자기만을 위하여 존재하는 것은 하나도 없습니다. 동물계는 식물계를 위하여, 광물계와 식물계는 동물계를 위하여, 또 이 모두를 합한 만물은 인간을 위하여 존재합니다. 그러면 인간은 누구를 위하여 존재합니까? 인간은 하나님을 위하여 존재합니다. 그 하나님은 또 만물을 위하여 그들을 있게 하시고 성장·발전하게 하십니다.

11 인간은 모든 존재세계의 열매요 축소체인 동시에 모형이라고 할 수 있기 때문에 광물과 식물, 동물의 모든 요소를 다 지니고 있는 가장 고차원의 존재입니다. 그러나 인간도 어디까지나 결과적 존재이기 때문에 어떤 제1 원인적 존재가 있어 그를 닮아서 생겨났다는 결론이 성립됩니다. 즉 인간을 대상으로 하는 절대 주체적 존재가 반드시 있는 것이니 우리 인간이 인격적 존재라면 그 주체도 분명히 인격적 존재임에 틀림없습니다. 그 제1 원인적 절대자를 철학에서는 존재자라고 하고, 종교에서는 신이라고 부릅니다.

12 만유는 이중목적, 즉 개체를 위하는 목적과 전체 안에서 화하고 보다 높은 차원의 것을 위하는 전체목적을 가지고 있습니다. 그러므로 우주는 이중목적의 연체로 되어 있는 하나의 큰 유기체와 같으며, 개체 내에서 주체와 대상이 완전히 하나되어 개체목적을 이룬 존재는 그 자체만으로 고립, 단독 고정된 상태로만 존재하지 않습니다. 개체는 다른 존재와 더불어 관련을 맺기 위하여 주체적 입장 혹은 대상적 입장을 취하여 그와 하나됨으로써 보다 고차원의 방향성과 목적성을 띤 존재로 발전합니다. 이렇게 우주는 주체와 대상의 공통이익으로 연결되어 있는 공동목적체이므로 그 속에 우주 전체의 공동목적을 위하는 그 어떤 힘, 우주력을 가지고 있습니다. 주체 대상의 영원한 조화 합일을 위한 가장 진하고 완전한 상관관계의 내용은 무엇일까요? 사랑을 중심한 수수관계입니다. 사랑의 동기는 인간이 아닙니다. 사랑의 궁극적 근원은 절대불변의 원인적 주체입니다. 종교에서는 이 제1 원인자를 하나님이라고 합니다.

13 하나님의 창조과정을 살펴보면, 하나님은 만물을 먼저 창조하신 터 위에 최종적으로 인간을 지으셨습니다. 인간은 맨 나중에 지은 걸작품입니다. 하나님을 중심하고 모든 것이 시작되었습니다. 인간 창조를 마침

으로써 하나님과 인간, 그리고 만물이 평형적인 입장에서 통일을 보기를 원하셨던 것입니다. 인간은 하나님을 위시한 영계와 육계를 접속시키는 매개체의 사명을 갖고 있습니다.

14 만물은 하나님의 아들딸을 지을 수 있는 토대입니다. 관계되고 연결될 수 있는 토대입니다. 동물도 그렇고 광물도 그렇습니다. 광물세계에도 플러스와 마이너스가 있습니다. 식물세계에도 암술과 수술이 있고, 동물세계에도 암놈과 수놈이 있습니다. 전부 다리를 놓아 모든 것이 결집되어 창조된 최고의 걸작이 인간의 내적 형상과 외적 형상입니다. 모든 형상을 부여해 상징적이고 형상적이며 실체적으로 다 드러내 다리를 놓게끔 해서 전부 연결되도록, 관계맺도록 한 것입니다.

15 세상은 각양각색의 조직체와 관계들의 조화 속에서 운행되고 있습니다. 복잡하고 다양한 이 세상에서 참된 주인이 되어야 한다는 사상은 인간과 인간의 관계는 물론 인간과 만물의 관계에서도 적용되는 사상입니다. 문제는 어떤 사람을 두고 참된 주인이라고 부를 수 있느냐는 것입니다. 보다 남을 위해 배려하고 헌신·봉사하는 '위하는 삶', 즉 참사랑의 삶을 실천궁행하는 사람이 참된 주인이 됩니다. 참된 사랑을 갖고 만물을 사랑하고 보호·육성하는 사람이 만물에 대해서도 참된 주인이 되는 것입니다.

16 사랑 가운데 엮어진 것은 하나입니다. 하나의 연체 현상입니다. 내 머리카락하고 나하고 닮았습니다. 머리카락을 보게 되면 이것은 아무것도 아닙니다. 관계가 없는 것 같지만 관계가 있습니다. 마찬가지로 이 모든 만물은 솜털과 마찬가지입니다. 사랑이 기묘한 작용을 하는데, 이 모든 만물도 자기 나름의 사랑의 표시적 정서를 느끼고 있습니다. 그래서 꽃도 음악을 들려주고 정서적인 환경을 만들어 주면 온전하게 핍니다. 봉오리가 피다가 찌그러지지 않습니다. 원만히 핀다는 것입니다. 닭도 기를 때 음악을 들려주면 잘 크는 것입니다. 상대적인 주변 환경과 보조를 맞춰 가고 화합하는 환경에서 자라게 될 때는 기울어지지 않지만, 사방에 화합하지 못하고 자라게 될 때는 찌그러지는 것입니다.

17 하나님이 환경을 창조한 것은 왜냐? 거기에 모든 만물과 식물이 살게 됨으로써 인간이 그들을 흡수해서 영양소를 채우도록 하기 위해서입니다. 바다의 고기, 산의 초목, 풀과 나무, 이 전부가 사람에게 영양을 보급

하는 것들입니다. 그다음에 병이 나면 약재로 만들 수 있는 것이 만물입니다. 하나도 쓰지 못할 것이 없습니다. 제일 천대받는 것이 제일 좋은 약이 됩니다. 독사의 독이 약 중에 제일 좋은 약이라는 것입니다.

2절 만물의 탄식과 만물복귀

1 만물은 사탄세계에서 사탄의 자녀 이름으로 사탄의 주관을 받고 있습니다. 또 사탄세계의 국가 앞에 주관을 받고 있습니다. 이것이 하나님이 탄식하시는 이유요, 만물이 탄식하는 이유입니다. 그렇기 때문에 이것을 탕감 해원하여 하나님 편으로 복귀해야 됩니다. 그러기 위해서는 하나님을 중심삼은 하나님의 아들딸이 만물을 주관해야 됩니다. 하나님 앞에 주관받기를 원하는 만물을 아담뿐만 아니라 해와까지도 주관해야 됩니다. 또한 인간조상 아담 해와의 후손인 인간 역시 하나되어서 만물을 주관해야 됩니다.

탄식하는 만물

2 사람이 타락함으로 말미암아 만물세계를 타락시켰습니다. 그래서 만물의 탄식권이 벌어졌습니다. 인간세계의 탄식권과 만물세계의 탄식권, 두 탄식권이 벌어진 것입니다. 창조된 피조세계에 있어서는 인간을 중심삼고 모든 피조세계의 환경적 여건이 이루어집니다. 다시 말하면 사람이 타락함으로써 만물이 탄식권 내에 있게 되었고, 또 타락한 후손들을 중심삼고 인간이 탄식권 내에 있게 되었다는 것입니다. 그렇기 때문에 만물이 먼저 해방받아야 됩니다. 만물을 먼저 만들었고 다음에 인간을 지었으니 재창조 과정에서도 그래야 합니다. 만물 탄식권을 해방해야 됩니다. 만물권이 해방된 그 기반 위에 사람을 지은 것과 같은 입장으로 돌아가야 됩니다.

3 만물 가운데는 광물세계·식물세계·동물세계가 있습니다. 광물세계에서부터 탄식하고 있습니다. 전부 사탄의 피에 걸려 하나님을 주인으로 생각도 못하고 관계를 맺을 수 없다는 것입니다. 다 막혀 버렸습니다. 그러기에 만물 탄식, 그다음에는 인간 탄식이 있는 것입니다. 영계에 가서는 천사세계의 탄식, 하나님의 탄식이 터져 나갑니다.

4 인간이 타락함으로써 하나님의 이상을 중심삼고 하나님이 기뻐할 수 있는 날을 못 가졌고, 인류시조가 소망하던 이상의 날을 못 가졌고, 만물들이 타락하지 않고 본래의 하나님 것으로서 사랑받을 수 있는 권내에 들어가지 못했습니다. 그렇기 때문에 이것을 다시 찾아 맞추지 않으면

이 세계는 다시 살길이 없고, 하나님의 사랑의 세계를 찾아갈 길이 없다는 결론이 성립됩니다. 로마서 8장을 보면, 인간이 타락함으로써 하나님의 탄식이 생겼고, 그다음엔 인간의 탄식이 생겼고, 만물의 탄식이 생겼다고 했습니다. 그 탄식이 왜 생겼느냐? 그것은 하나님이 사랑할 수 있는 아들딸을 잃어버렸고, 또 인간은 사랑받을 수 있는 부모를 잃어버렸고, 또 만물은 사랑을 받을 수 있는 주인을 잃어버렸기 때문입니다.

5 만물이 탄식한다는 것은 사실입니다. 자기들이 고통스러워 탄식하는 것이 아니라 자신들을 지으신 하나님이 탄식하시기에 탄식한다는 것입니다. 팔을 들어 사방을 휘둘러 부딪치는 것 중 어느 것 하나 한을 품지 않은 것이 없습니다. 그러니 인간은 슬퍼할 줄이라도 알아야 되는데, 그러한 사람이 어디 있습니까? 이 탄식권을 누가 풀어 줄 것이냐? 하나님 혼자서는 못합니다. 만물도 못합니다. 사탄은 더욱 못합니다. 오직 인간만이 할 수 있습니다. 그러니 적어도 슬픔의 동지라도 되어야 합니다.

6 복귀섭리역사를 두고 볼 때, 구약시대에는 제물을 통하여 복귀해 나왔습니다. 처음에는 제물을 중심삼고 사람과 하나되기 위한 섭리를 했고, 다음에는 사람을 중심삼고 하나님과 하나되는 섭리를 했습니다. 이것이 지금까지의 복귀섭리역사입니다. 이제부터는 이와 같은 일들이 여러분 자신에게서 벌어집니다. 그리하여 여러분 자신이 제물과 같은 입장에서 만물과 하나되고, 그다음에 하나님과 하나되어야 합니다. 이처럼 종적으로 내려오던 역사가 이제 횡적으로 여러분 가정에서 이루어져야 합니다.

7 만물을 지배하기 위해서는 남자와 여자가 사랑이란 두 글자를 중심삼고 하나되어야 합니다. 이때 만물을 주관하는 것이 원칙입니다. 하나님이 아담 해와를 축복하실 때 '생육하고 번식하고 주관하라.'라고 하셨습니다. 생육하고 번식하여 땅에 충만해서 만물을 주관하라는 것입니다. 결국 가정을 갖추고 나서 만물을 주관하는 것입니다.

8 인간은 신랑 신부의 이름을 갖추어 참다운 가정을 이룰 때까지 만물을 주관할 수 있는 권한을 갖지 못합니다. 인간이 만물을 주관하려면 본래의 기준, 아담 해와의 본래의 기준을 복귀할 때까지 기다려야 합니다. 만물은 하나된 사람에게 주관받아야 되기 때문에 본연의 사랑을 거친 후에야 피조만물을 주관하게 됩니다. 만물은 사랑의 인연 가운데 사랑을

받고, 사랑의 인연 가운데 존중받을 수 있는 입장에서 성장하기를 원합니다. 그러한 곳이 만물이 머물러야 할 영원한 장소입니다.

9 인간의 타락으로 말미암아 본래의 자리와 거꾸로 되었기 때문에 만물이 탄식한다는 것입니다. 그래서 만물도 모든 탄식권을 다스려 갈 수 있는 권한을 가진 하나님의 뭇 아들이 나타나기를 기다려 오고 있습니다. 이러한 뭇 아들이 나타남으로써 비로소 하나님의 아들 가정을 중심삼고 만물이 지배받을 수 있는 것입니다. 만물이 이러한 때를 바라며 나오기 때문에 이러한 때를 이루어야 하는 것이 종교의 사명입니다. 인간은 그때가 이루어질 때까지는 만물을 주관할 수 있는 권한이 없습니다.

10 만물의 특권적인 가치를 주장하는 데에 있어서 사랑을 중심삼고 주장할 수 있는 사람이 없습니다. 본연의 사랑의 심정으로 만물을 대할 수 있는 기준에 도달하지 않으면 만물을 먹고 소화할 수 있는 자격이 우리에게 없습니다. 만물은 가정으로부터 주관받는 것입니다. 사랑으로 가득 찬 가정과 함께 있으면 만물이 탄식하겠습니까? 안 한다는 것입니다. 만물도 사랑이 꽃피는 자리에서 주관받겠다고 합니다. 지금까지 도의 기준은 그런 자리에 나오지 못하였습니다. 그런 자리에 나오지 못하고서는 만물을 주관할 수 없기 때문에, 그 자리의 주인이 되려면 신랑과 신부로서 둘이 합해야 됩니다. 신랑 신부가 가정을 이루어 그 가정을 중심삼고 만물을 주관하는 것이 본연의 법도입니다. 그렇게 하기 위해서는 잃어버린 사람을 찾아야 합니다. 그렇게 하지 못했기 때문에 만물을 주관할 수 있는 특권적인 권한을 허락받지 못하는 입장에 있습니다.

11 여러분이 입는 옷이나 하나하나의 필수품까지도 만물의 일부분이기 때문에 자기가 쓰고 있는 일상생활의 모든 필수품들을 자기 생활의 한계권 내에 머물러 있는 만물로 대해서는 안 됩니다. 모든 것을 피조세계의 만물을 축소시킨 직접적인 상대물로 대하고 그 가치를 세계적인 것으로 평가하는 생활을 하지 않으면 안 됩니다. 그리하여 자신의 생활 자체가 하나의 산 제물의 표시가 되도록 하여 그 제물 된 환경을 중심삼고 언제나 하나님이 임재하실 수 있다는 신념을 가지고 생활하지 않으면 만물의 참된 가정적 기반이 이루어지지 않습니다.

12 모든 피조만물은 사탄권 내에 있는 사탄의 자녀들을 통해서 주관받아 나왔기 때문에 사탄의 것이라는 입장

에 놓여 있습니다. 이것을 전부 하나님의 것으로 복귀해야 됩니다. 복귀노정의 원칙적인 기준으로 볼 때, 만물은 먼저 인류시조의 것이 되어야 합니다. 물론 하나님의 것은 말할 것도 없지만, 하나님이 인간 앞에 내려주신 축복의 기준을 중심삼고 볼 때 인간시조의 것이 되어야 합니다. 즉 타락하지 않은 선의 부모의 것이 되어야 하는 것입니다. 그다음에는 선한 자녀들의 것이 되어야 합니다.

13 완전한 복귀는 나 하나만 복귀되어서는 안 됩니다. 하늘과 내가 하나되고, 외적인 만물과 완전히 하나되어 '이것은 하늘의 것이다.'라고 할 수 있는 입장을 결정지은 다음에야 '내 것이다.'라고 할 수 있는 자리에 서게 됩니다. 자기 것이기 전에 하나님의 것이 되어야 하고, 더 나아가 참부모의 것이 되어야 합니다. 그러지 않고는 자기 것이 될 수 없습니다. 내가 갖고 있는 물건을 그런 자리로 끌어올려 공적 인연을 거치게 해야 됩니다. 나를 통한 물질적인 인연을 맺어야 합니다. 그러기 위해서는 작은 물질적 인연보다도 더 큰 물질적 인연의 기준을 거쳐 대한민국을 복귀할 수 있는 터전을 만들어야 합니다.

만물의 한을 해원해 줄 참된 주인

14 인간이 만물의 영장이라는 특별한 가치를 갖고 살 수 있는 조건은 무엇이냐? 만물보다 먼저 있었고 이후에도 영원히 있을 하나님의 심정을 갖는 것입니다. 하나님의 심정을 가지면 무엇보다도 앞설 수 있습니다. 중심, 즉 뿌리와 인연을 맺고서야 비로소 인간의 가치가 결정되는 것입니다. 그것이 곧 심정입니다. 이 심정은 태초부터 하나님과 더불어 있는 것입니다. 이 심정을 가지고 호령할 때에 만물은 '예, 지당합니다. 감사합니다.'라고 할 것입니다. 그렇게 되어 있습니다. 그런데 하나님도 만물도 왜 슬퍼하느냐? 그것은 이 심정의 인연이 끊어졌기 때문입니다. 이 끊어진 심정의 인연을 잇기 위한 것이 복귀역사요 부활의 역사입니다. 하나님을 대하여 '당신은 내 아버지요, 나는 당신의 아들딸입니다.'라는 것을 부정할 논리는 없습니다. 어떤 사람도 부정할 수 없습니다. 부자간의 심정적인 인연은 어떠한 무엇으로도 부정할 수 없습니다.

15 우리가 잃어버린 본연의 기준을 되찾아서 새로운 이념의 천국에 들어가 살려면 어떤 사람이 되어야 할 것인가를 알아야 합니다. 지어진 모든 만물은 하나님과 사랑의 인연을 맺고 있다는 것을 알고, 그것을 아버지의 그림자와 같이 느낄 줄 알아야 됩니다. 사실 만물은 아버지 심정의 그림

자와 같은 것입니다. 아버지가 있는 정력을 다 기울여 지으셨습니다. 아버지의 손길을 거쳐 지어진 것이니 만물은 아버지의 대신자와 같이 귀하고 가치 있게 여기고 사랑해 주기를 바라고 있습니다. 그런데 타락 이후 오늘날까지 어느 누구도 그렇게 대해 주지 못했습니다. 그러니 탄식을 안 할 수 있습니까? 그렇기 때문에 성경에 만물이 탄식한다고 했습니다.

16 탄식하는 만물의 한을 해원해 주어야 할 책임을 진 여러분은 나무 한 그루, 풀 한 포기에서도 6천년 전 그것들을 지을 때의 하나님의 심정과 창조의 손길을 체휼해야 됩니다. 그렇기 때문에 길을 가다가 풀 한 포기를 보고도 눈물지을 수 있어야 됩니다. 나무 한 그루를 붙들고도 울 수 있어야 됩니다. '주인을 잃어버렸으니 얼마나 외로웠느냐?'라고 하면서 말입니다. 여기서 말하는 선생님은 그것들을 붙들고 많이 울었습니다. 바위를 붙들고도 울어 보고, 바람이 부는 것을 보고도 울어 보았습니다.

17 하나님이 심정으로 지으신 천지만물을 사랑하고 자랑해야 됩니다. 그것은 하나님이 사랑하는 아들딸을 잘살게 하기 위하여 지어 주신 것입니다. 금은보화를 주고도 살 수 없는 귀한 창조의 유물입니다. 그런데 그 유물이 천대받고 무시당해 왔습니다. 그래서 지금 천지만물이 탄식하고 있는 것입니다. 산을 보면 산이 탄식하고, 들을 보면 들이 탄식하고 있습니다. 불어오는 바람결마저 탄식하고 있습니다.

18 여러분은 하나님을 모시는 아들딸이 되어야 합니다. 그런 후에는 하나님의 아들딸의 자격으로 만물을 책임지는 만물의 주인이 되어야 합니다. 하나님의 심정, 6천년 동안 죄 많은 우리를 찾아오셔서 버리지 아니하시고 사랑하신 하나님의 심정을 본받아 몽땅 사랑할 수 있는 여러분이 되어야 합니다. 누가 있든 없든 여러분은 풀 한 포기를 붙들고 '아버지! 당신이 이 풀을 지으실 때 이러이러한 마음을 갖고 지으셨지요? 이 풀을 갖다가 사랑하는 아들딸에게 보이면서 얼마나 자랑하고 싶으셨습니까? 아버지가 지으신 이 풀도 사랑하는 아들딸 앞에 자기를 자랑해 주기를 얼마나 그리워했겠습니까? 그러한 날들을 맞지 못하였으니 얼마나 불쌍합니까?'라고 할 수 있어야 합니다.

3절 참된 만물주관

1 세계의 주인은 하나님입니다. 그러면 누가 이 땅을 지배해야 됩니까? 당연히 이 세계의 주인 되시는 하나님께서 지배하셔야 됩니다. 그렇지

않으면 하나님으로부터 사랑받는, 주인을 대리하는 사람이 지배해야 됩니다. 세계의 주인은 하나님이십니다. 따라서 하나님께 충성하는 사상을 가진 사람이 세계를 지배하는 것입니다. 인류를 영존하게 하기 위해서는 하나님을 주인으로 삼아 하나의 세계, 다시 말하면 보다 가치 있는 하나의 세계, 보다 영원한 하나의 세계를 이루겠다는 주의를 가져야 합니다. 그것이 무슨 주의냐 하면 하나님주의입니다. 하나님의 사랑을 받는 아들딸이 되면 세계는 내 것이라고 할 수 있습니다.

공적으로 관리해야 할 만물

2 만물은 공적인 법도의 치리를 받게 됩니다. 공적인 법도의 주관권 내에 있다는 것입니다. 사람도 공적 법도권 내에 속해 있는 것이고, 만물도 공적 법도권에 속해 있습니다. 국가도 공적 법도권 내에서만 존속할 수 있습니다. 여기에 사적인 내용이 개재될 때는 존속할 수 없는 것입니다.

3 공적인 사람은 모든 만물을 공적인 세계의 치리법으로 관리할 수 있고 주관할 수 있습니다. 그 내용이 바로 천법입니다. 여러분이 이런 원칙을 알고 나면 말을 하나 어떤 행동을 하나 주먹질을 하더라도 죄가 되지 않습니다. 악을 제거하기 위한 일은 죄가 안 됩니다. 세 번 이상 일러주었는데도 불구하고 말을 듣지 않을 때에는 들이쳐도 법에 걸리지 않습니다. 그러므로 여러분은 항상 선과 악을 가려서 보다 큰 것을 위해 살아야 됩니다. 하늘땅을 위해 사는 사람들처럼 무서운 사람은 없습니다.

4 이 세상에 있는 만물을 보고 '너는 공적인 법에 의해 치리받기를 원하는가, 사적인 법에 의해 치리받기를 원하는가?'라고 물으면, 보다 공적인 법에 의해 치리받고 싶다고 할 것입니다. 그것은 왜 그러냐? 사람이 최고의 선권(善圈)에 나아가고 싶어하는 것과 마찬가지로 만물도 최고의 선권에 나아가고 싶어하기 때문입니다. 그렇기 때문에 세계의 모든 만물과 모든 사람들은 누구에게 치리받고 싶어하느냐? 보다 공적인 존재에게 치리받고 싶어하는 것입니다.

5 여러분은 만물을 공적으로 관리할 수 있는 사람이 되어야 합니다. 밥을 먹을 때는 그 밥의 가치를 알고 먹어야 합니다. '너는 어떤 사람의 입에 들어가기를 원하느냐? 너는 어떠한 얼굴을 가진 사람의 입에 들어가 뼈가 되고 살이 되고 에너지가 되어 선한 세계를 위하여 무엇을 남기고 싶어하느냐?'라는 생각을 하면서 밥을 먹어야 한다는 것입니다. 밥이 배에 들어

가는 것은 마찬가지이지만 단 한 알의 밥풀이라도 선한 사람에게 들어가기를 원하는 것입니다. 보다 공적인 것을 원한다는 것입니다.

6 공적인 것은 무서운 것입니다. 공적인 것은 개인을 죽일 수 있습니다. 요즈음 도시의 공기를 오염시키지 말자고 하는데 마땅히 그래야 하는 것입니다. 깨끗이 하지 않으면 침범당합니다. 또한 물도 깨끗이 해야 됩니다. 이렇게 만물은 전부 공적인 것입니다. 태양은 생명의 근원이며 무한한 가치를 지니고 있습니다. 우리는 그러한 태양 빛을 공짜로 받고 있습니다. 태양 빛을 사 먹겠다고 돈을 마련해서 들고 다니는 사람을 봤습니까? 또 태양 빛을 받았다고 한 푼이라도 낸 사람을 봤습니까? 이 태양 빛을 판다고 하면 사겠습니까, 안 사겠습니까? 물이라든가 공기라든가 빛이라든가 하는 모든 자연물은 여러분 개인의 것이 아닙니다.

7 지금까지 자기가 갖고 있는 물건, 혹은 자기 소유의 재산은 자신이 잠시 관리하는 과정에 있습니다. 즉 여러분은 관리인이라는 것입니다. 각자가 잘 관리하여 하나님 앞에 봉헌해 드려야 할 이 만물은 참된 부모의 품을 거쳐 하나님의 품으로 돌아가야 합니다. 다시 말해서 하나님의 것임과 동시에 참부모의 것이라는 과정을 거치지 않고는 내 것이 될 수 없다는 사실을 확실히 알아야 합니다. 여러분이 지금까지 이 땅 위에서 살아온 관례로 보게 되면, 어떤 것을 놓고 아무개의 소유라고 주장할 수는 있겠지만 거기에 머물러서는 안 됩니다. 이 모든 것은 부모의 이름을 거쳐야 되고 하나님의 이름을 거쳐야 됩니다. 그래야 비로소 복귀한 만물의 기준이 완결된다는 것입니다. 여러분은 그런 날을 맞이할 때까지 소유주가 아니라 관리자입니다. 이 때문에 주인 앞에 돌려드리는 그때까지 관리인으로서의 책임을 잘해야 됩니다. 이런 관점에서 공적인 것과 사적인 것을 분명히 구분지어야 됩니다.

8 여러분은 공적인 물건과 사적인 물건을 반드시 질서적으로 구별해야 됩니다. 그런 과정을 거쳐 사적인 것과 공적인 것의 기준을 분명히 하여 공고한 원칙을 중심삼고 살 줄 알아야 됩니다. 그런데 대개 보면 거꾸로 되어 있습니다. 사적인 물건은 소중하게 여기고, 공적인 물건은 등한히 하고 있습니다. 그래서는 절대로 안 됩니다. 여러분은 공적인 물건을 소중하게 여길 줄 알아야 됩니다. 우리가 갖고 있는 사적인 물건을 통해서 만물복귀의 고개를 넘으려면 먼저 그것을 공적인 물건으로 만들어서 교회

면 교회, 국가면 국가, 더 나아가서는 세계의 물건으로 만들어야 합니다. 그렇기 때문에 공적인 물건을 더 중요시해야 됩니다. 이렇게 볼 때, 만물보다도 사람이요, 사람보다도 하나님입니다. 인간은 자기를 중심삼고 '내가 제일이다.'라고 하는데, 자기를 중심삼고는 세계복귀는 어림도 없습니다. 물건보다도 사람이요, 사람보다도 하늘입니다. 하늘을 중심으로 모든 만물을 볼 줄 알아야 됩니다.

9 여러분이 갖고 있는 것은 여러분 것이 아닙니다. 내가 살고 있는 그 집이 내 것이 아니요, 내가 먹고 있는 밥이 내 것이 아니요, 내가 사용하고 있는 사소한 일상의 집안 물건 전부가 내 것이 아니라는 것입니다. 이것은 영원무궁토록 계승할 수 있는 공적인 아버지를 중심삼은 세계 앞에 길이길이 인연을 맺고 있는 공적인 물건임을 망각하면 안 됩니다. 내가 입고 있는 하나의 옷도 그러하거니와 내가 지니고 있는 생활 기반은 물론이요, 내 몸도 내 것이 아닙니다.

10 죄란 공적인 물건을 유린하는 것입니다. 통일식구들은 앞으로 이러한 점에서 철두철미해야 됩니다. 아버지 것은 거룩한 것입니다. 그 만물이 거룩해야 그 만물을 먹고사는 내 몸이 거룩한 것입니다. 그 만물이 무한한 가치를 지니게 될 때 그 만물을 생활 요소로 하고 사는 내 몸이 무한한 가치를 지니는 것입니다. 그러한 내가 무한한 가치의 공적인 존재라는 것을 알게 될 때, 내가 그 공적인 가치를 지니고 가정을 통일해야 됩니다. 가정을 기반으로 하여 종족, 종족을 기반으로 하여 민족, 민족을 기반으로 하여 국가, 국가를 기반으로 하여 세계로 전진해 나가야 됩니다. 더 큰 분야에 작은 것이 흡수되고, 작은 것이 제물 되어 나가지 않으면 안 될 우리입니다.

11 여러분은 자나 깨나 아버지의 나라는 우리나라요, 아버지의 백성은 우리 백성이요, 아버지의 것, 아버지의 물건은 내 것이 되게 해야 됩니다. 이것은 하나님의 심정과 더불어 내 일신을 통해 심정적인 두 상대적 기반 위에서 놀아나고, 생활하고, 존재하기를 바라는 것입니다. 이것이 지음 받은 피조만물입니다. 그렇기 때문에 심정을 제거해 놓고 대하는 것은 죄라는 것입니다. 심정을 벗어나서는 죄가 된다는 것입니다. 우리는 형제를 대하게 될 때, 우리 세대에 있어서는 하나님을 입회시켜 놓고 하나님의 심정을 연결시켜서 대할 수 있어야 됩니다. 그리고 물질을 대하는 데 있어서도 하나님의 심정을 입회시켜 놓고 대할 줄 알아야 합니다.

12 나 자신은 공적인 물건을 가졌느냐, 사적인 물건을 가졌느냐? 이것이 문제입니다. 여러분은 내 것이라는 관념을 초월해야 됩니다. 이것이 금후의 세계 인류에게 가르쳐야 할 가장 큰 교훈입니다. 여러분은 내 것이란 관념을 부정하고 공적인 것이란 관념을 가지고 나아가야 됩니다. 피조세계의 모든 만물은 어떤 특정한 개인에게 고착되어 있는 소유물이 아닙니다. 자기 땅이라고 해서 그것이 좋다고 지나치게 자랑하면 망합니다. 그것은 공적인 것이기 때문입니다. 나는 다만 그것을 관리하고 있을 뿐입니다. 그 치리법에 따라 내가 공적인 관리인으로서 관리하게 되면 영원히 관리할 수 있지만, 관리법에 따르지 않으면 망합니다.

13 공적 관리법, 만물에 대한 공적인 관리법을 어느 누구도 모르고 있습니다. 만물에 대한 진정한 가치를 설정하는 때가 되어야 비로소 성경에서 말하는 만물의 해방시대를 맞게 됩니다. 그러지 않고 만물을 대하는 것은 관리가 아닌 겁탈입니다. 따라서 만물에게는 참다운 주인이 필요합니다. 만물은 지금까지 공적인 권한과 가치를 부여받지 못했습니다. 만물은 그런 입장에서 치리받기를 바라고 있습니다. 즉 만물은 참사랑의 관리를 받아야 한다는 것입니다. 참은 자기를 중심삼은 것이 아닙니다.

14 아내 되는 사람은 남편을 위하고, 자식 된 사람은 부모를 위하고, 또 부모는 가정을 위하고, 할아버지 할머니도 가정을 위하고, 손자도 가정을 위하고, 이렇게 사랑으로 서로를 위해서 일하는 것이 행복한 것입니다. 모든 식구들이 내 것을 만들려고 하기보다 우리 것을 만들겠다고 노력하는, 할아버지도 안 쓰고 절약해서 우리 것을 만들려고 하고, 어머니 아버지도 우리 것을 만들기 위해 안 쓰고 절약하고, 아들딸도 그렇고, 온 가족이 우리 것을 확대시키기 위해 노력하는 집안은 번창할 것입니다. 그렇기 때문에 돈을 안 쓰고 절약하여 전체를 위하는 데서부터 사랑의 보금자리가 확대되는 것입니다. 이런 가정들을 중심삼고 사회나 세계로 퍼지게 될 때 이상 실현이 가능하지, 자기 것, 자기를 중심삼고는 안 됩니다.

15 통일교회 선교사들은 서구 문명사회의 어떤 호화스러운 요소들을 필요로 하지 않을 만큼 훈련되어 있습니다. 우리가 새로운 문화를 가지고 있기 때문입니다. 그것이 슬리핑백 문화입니다. 우리 젊은이들은 어디를 가든지 낯설어하지 않습니다. 우리 선교사는 호화가구 없이 제일 검소한 살림도구만 갖추고 삽니다. 여

러분이 선교사가 되어 슬픔에 젖어 있는 사람들을 전도할 때는 먼저 눈물의 심정을 가져야 합니다. 여러분은 하나님이 슬픔의 하나님인 것을 그들에게 인식시켜 줘야 합니다. 하나님은 슬픔에 젖어 있는 사람들과 함께 울기를 바라고 계십니다.

16 여러분이 버리지 않을 것을 많이 버리고, 소모하지 않을 것을 많이 소모하는 것을 많이 보았습니다. 그렇기 때문에 어떻게 하든지 세계를 위해서, 하나님의 뜻을 위해서, 이 나라의 복귀를 위해서 한 푼이라도 절약할 수 있는 길을 모색해야 됩니다. 그러니 경제적 관리에 있어 한층 더 절약할 수 있는 길을 개척해야 됩니다.

17 원리적으로 볼 때 낭비하는 것은 죄입니다. 우리는 태어날 때부터 일정량의 소모품을 쓰게 되어 있습니다. 그 이상 쓰면 죄입니다. 우리는 남기고 가야 한다는 것입니다. 그렇지 않으면 우리 후손이 그것을 빚으로 상속받습니다. 그러한 것을 누가 말을 해서 교육해 줍니까? 교육 이전에 원리가 선생입니다. 자연이 선생이고, 바다가 선생입니다.

18 아끼고 절약하고 고생해서 무엇을 하자는 것이냐? 후대를 위해서 좋은 일을 하자는 것입니다. 그래서 세계에 자랑할 수 있는 터전을 만들겠다는 사상을 지니자는 것입니다. 십년 그런 사상의 전통을 남기고, 백년 그런 사상의 전통을 남기고, 천년 그런 사상의 전통을 남기게 될 때에는, 대한민국은 세계에서 추대받는 민족이 될 것임에 틀림없습니다. 그렇기 때문에 이러한 원칙으로 지도하려는 것이 선생님의 사상입니다. 당하고 있는 현재에는 제일 나쁜 사상으로 볼 수 있지만, 두고두고 보면 이 사상만이 남아지고 이 사상만이 승리한다고 보기 때문에 이런 길을 취하기 시작했다는 것입니다.

만물주관과 건강

19 금식을 해본 사람은 시간이 얼마나 많은지 알 것입니다. 세 끼 밥 먹는 것이 시간을 얼마나 많이 소비하고 있는지를 알 것입니다. 또 정신적으로도 사과 하나 얻어먹겠다고 냉장고를 열고 들여다보고, 콜라 하나 마시려고 왔다 갔다 하는 정신적 소모가 얼마나 많겠습니까? 식사 때에만 먹는 습관이 필요합니다. 그러면 병도 안 나고 건강해진다는 것입니다.

20 배가 고파 밥을 먹더라도 식기에 밥을 가득 담아 먹지 말고 5분의 2를 제해 버린 5분의 3을 먹고 만족할 수 있는 기준을 가지라는 것입니다. 그래야 지혜로운 사람입니다. 무엇이

든지 절약할 줄 알아야 됩니다. '최고로 절약해서 얼마를 가지고 살겠느냐?' 이러한 훈련을 해서 최소한 3개월 동안은 각자 기록을 내는, 자기 스스로 최대 한계점까지 해보아야 됩니다. 그렇게 해서 어떻게 되는가 보자는 것입니다.

21 하나님을 직접 사랑하기 전에 여러분의 발 앞에서부터 여러분이 먹는 음식을 사랑하고, 물질을 사랑하고, 만물을 사랑하고, 여러분의 몸을 사랑해야 됩니다. 만물을 사랑함으로써 만물의 요소를 흡수해서 내 몸을 사랑하게 됩니다. 여러분의 제1의 부모는 여러분을 낳아 준 부모이지만 제2의 부모는 지구입니다. 이 땅입니다. 여러분은 땅으로부터 여러분의 육신이 클 수 있게끔 요소를 공급받은 것입니다. 땅을 사랑하라는 것입니다.

22 누구든지 많은 동물과 고기를 사랑해서 놓아주면 후손이 잘된다는 것이 맞는 말입니다. 자기 고향 땅에서 살게 되면 토질병이 생기지 않습니다. 신토불이(身土不二)! 그 지역의 흙을 밟고, 공기를 마시고, 곡식을 먹고, 채소를 먹고, 물을 먹는 것이 신토불이입니다. 자기가 살던 고향 땅과 같은 곳을 세계적으로 1, 2, 3, 4, 5, 6, 7번으로부터 몇 백까지 정할 수 있으면 그곳을 차례대로 유람하면서 살 수 있습니다. 세계가 하나의 광복의 조국강토가 아니 될 수 없는 시대가 된다는 것입니다. 바다에도 서양과 동양이 균형이 되도록 물고기들이 잘 자랄 수 있는 해류가 흐르고 있습니다. 공기도 마음대로 흐르는 것이 아닙니다. 기온의 차이에 따라서 흐르는 것이 균형이 돼 있다는 것입니다. 그렇게 균형이 될 수 있는 일들을 생각하고, 멸종하는 동·식물의 종을 번식시킬 수 있는 훈련을 초등학교 때부터 해야 됩니다. 그러면 하나의 세계가 안 될 수 없습니다.

23 원리적으로 볼 때, 온전한 인간은 정신과 육체가 하나님의 심정과 절대가치를 중심하여 통일적 관계를 가지고 건강한 상태로서 올바른 역할을 해야 됩니다. 아무리 건전한 정신을 가지고 있다 하더라도 건강한 육체를 갖지 못하면 온전한 사람이 못 되고, 그와 반대로 건강한 육체를 소유했어도 정신이 올바르지 못하면 올바른 사람의 구실을 못합니다. 이러한 사실을 인식하고 여러분은 몸과 마음이 올바른 통일을 성취해 나갈 수 있도록 끊임없이 정진해야 됩니다.

24 만물세계는 하나님의 솜털 같은 것입니다. 이것이 땀으로 흘러서 때가 되어 떨어지는 입장에 있더라도 하나님의 몸과 일치되었던 존재들을

중심삼고 내가 사랑하고 쓰다듬는 것과 마찬가지로, 만물을 사랑하고 먹고살아야 병이 안 나는 것입니다. 하나님이 사랑하는 물건을 지어 놓았으니, 지어진 사랑하는 그 물건들을 하나님같이 사랑하고 하나님 대신 먹어 줘서 하나님 대신 인격이 될 때 모든 영양소는 건강을 도울 수 있게 돼 있습니다. 병나서 죽게 안 되어 있습니다. 그러려면 하나님의 사랑과 생명과 혈통에 하나돼야 합니다. 하나님 대신 존재가 되어야 합니다.

25 인간이 얼마나 멋집니까! 사랑의 오케스트라 연주를 하고 사랑의 맥박을 중심삼고 우주를 살려 나가는 동물과 식물을 먹고삽니다. 사랑의 결실을 먹고산다는 것입니다. 꽃도 결국 사랑의 결실입니다. 잎도 사랑의 결실입니다. 이러한 결실의 사랑을 먹고사니 얼마나 행복한 나 자신이냐는 것입니다. 사랑의 결실을 먹고사는 인간은 병이 없습니다. 참사랑의 열매를 먹고사는 인간은 병이 나지 않습니다. 식당에서 식사할 때 빵이 하나 남아 있더라도 '이것이 세계적으로 수많은 손을 거쳐서 여기에까지 오는 데에 여행 수단이 얼마나 많았고, 얼마나 많은 고통을 이기고 왔겠느냐? 모든 사람의 노력의 열매, 사랑의 열매로 만든 것을 가져다가 나에게 진상한 것인데, 이것을 사랑의 주인 되는 내가 상대와 같이 생각하면서 먹어 줘야 되겠다.'라고 해야 됩니다. 그렇게 하기 싫어하는 사람은 병이 따라오게 마련이고, 좋아하는 사람은 병이 물러가게 됩니다. 사랑으로 충만한 세계의 열매를 따먹는 신선들이 인간이라는 것입니다.

26 사랑하는 마음을 가지고 음식을 대할 때, 그 먹히는 음식은 '당신의 피와 살이 되고 힘이 되어 하나님을 사랑할 수 있는 원소로 내가 흡수되는 놀라운 사실을 감사합니다.' 하면서 어서 입에 들어가겠다고 할 것입니다. 쇠고기를 먹더라도 '이 쇠고기는 송아지 때부터 어미가 사랑하고 주인이 사랑으로 길러 여기까지 온 사랑의 열매로구나!'라고 알아야 합니다. 사랑의 열매로서 소화하고 먹고산다는 개념을 중심삼고 사랑하고, 하나님의 본질적 사랑과 일치되는 자리에서 먹고 감사하는 사람은 병도 안 난다는 것은 이론적인 결론입니다.

27 우리가 먹고 있는 음식은 전부 열매입니다. 모든 만물의 열매를 먹고 있다는 것입니다. 아름다움의 씨의 본체, 아름다움의 생명체들이 축소된 것을 먹고 있습니다. 우리 자신이 그 가치 있는 것을 먹고 있는데, 그것을 가치 있는 사랑을 중심삼고 완성하기 위해서, 크기 위해서 먹고 있다

는 것을 잊어서는 안 됩니다. 그런 마음을 가지고 먹게 되면 병도 안 나고 건강하게 잘 자랄 수 있다는 말이 성립된다는 것입니다.

4절 만물을 대하는 자세

1 우리가 잠에서 깨어 눈을 뜨면 눈앞에 펼쳐진 만상을 보게 됩니다. 보이는 그 만상을 통해 무엇인지 모르는 간접적인 인상을 받고 그 반응되는 감각으로 생활에서의 감각을 높여가는 것입니다. 우리 주변에 있는 지극히 작은 미물이라도 반드시 우리와 인연되어 있고 관계되어 있습니다. 우리가 무시해도 그 미물은 그날그날 천륜의 이념에 따라 존재의 가치를 드러내며 인간과 더불어 인연맺고 있다는 것입니다. 왜 그러냐? 지극히 작은 존재에서부터 만물을 주관할 수 있는 만물의 영장이라는 인간에 이르기까지 그 존재목적을 중심삼고 보면, 하나님의 대우주의 이념을 통할 수 있는 사랑의 이념권 내에 들어 있기 때문입니다. 그래서 작은 것은 대우주의 목적을 달성하는 데 있어서 큰 분야를 맡고 있는 것에 흡수되어 움직입니다. 작은 것은 큰 것에 흡수되어 그것의 재료가 되고 한 요소가 되어 대이념을 중심하고 하나의 목적을 향하게 됩니다. 역사는 이렇게 진전되어 나오고, 존재세계는 천륜이란 원칙의 궤도에 따라 하나의 목적을 위해 움직여 나온다는 사실을 부정할 수 없습니다.

만물의 가치와 자연 파괴

2 선생님은 '하나님이 지으신 가치 있는 만물이, 하나님과 더불어 영원한 인연을 맺은 귀한 만물이 오늘날 어떠한 왕궁에서 국보니 보물이니 하며 귀하게 여기는 물건만큼의 취급도 받지 못하는 서글픔을 나는 알아줘야지, 나만은 알아줘야지.'라고 하면서 나왔습니다. '이 땅에 사는 세계 인류가 전부 몰라주어도 나는 알아줘야지.'라는 마음을 여러분이 가진다면, 이 민족은 앞으로 세계 인류를 지배할 수 있는 새로운 민족이 될 것입니다. 이것은 관념이 아니라 사실입니다. 어느 누가 만물을 놓고 대대로 내려오는 자기 가문의 보물보다, 세상에서 제일 귀한 보석이라고 하는 다이아몬드보다 귀하게 여겨 붙들고 놓지 않으려고 합니까? 그런 사람이 어디 있습니까? 하나님은 당신께서 지으신 것을 심정적으로 알아주고 그것을 붙들고 눈물짓는 사람을 보고 '오냐!'라고 하십니다.

3 자연은 하나님이 위하는 사랑을 가진 아들딸이 태어날 때 그 아들딸에게 위할 수 있는 만물로, 선물로 준 전시품입니다. 새 한 마리도, 자라고 있는 풀 한 포기도 사랑의 아들딸들

의 생활의 미화를 위해서 만들어진 장식품입니다. 길거리에 굴러다니는 돌멩이도 아들딸이 나라를 다스리는 주인이 될 것을 알고 그 나라의 장식품으로 지었다는 것입니다. 흐르는 물도 마찬가지입니다. 무미건조하고 단조로우면 안 되겠으니 조화무쌍한 화합의 동산, 사랑을 위하는 세계를 보고 그것을 상속받을 수 있는 꿈의 왕자, 희망의 왕자를 만들기 위해서 창조했다는 것입니다. 그러므로 만물을 통해서 배우는 것입니다.

4 박물관에 있는 어떤 작품이 아무리 귀중하다고 해도 살아 있는 작품을 당할 수 없습니다. 하나님의 작품인 이 지구성 만물박물관을 누가 하나님 이상 사랑했느냐, 자기 나라의 박물관 이상 사랑했느냐 하는 것입니다. 길가에서 밟히는 민들레 한 포기가 박물관에 있는 신라시대의 금관에 비할 수 있습니까? 그러한 하나님의 심정으로 '너를 본연의 하나님이 위할 수 있는 왕의 자리에서, 사랑을 받던 그 자리에서 사랑을 못하는 나 자신이 미안하다. 부끄럽다.'라고 하는 마음을 지니고 위하는 왕이 있다고 할 때, 풀포기도 그 왕을 따라가서 영원불변 같이 있고 싶어한다는 것입니다. 그렇게 살아야 할 인간입니다.

5 하나님의 사랑이 깃들어 있는 자연을 바라보고 '세상의 왕, 혹은 어떤 유명한 사람이 갖고 있는 훌륭하다는 물건에 비할쏘냐? 골동품에 비할쏘냐? 어떤 유명한 부인이 입고 있는 호화로운 옷에 비할쏘냐?'라는 마음을 가져야 합니다. 그러지 못하면 우리는 자연세계 앞에 자신도 모르는 죄를 범하고 있는 것입니다. 하나의 생명체를 볼 때 '인간이 만든 어떤 물건에 비할쏘냐? 아무리 훌륭한 사람이라 할지라도 하나님보다 훌륭하겠는가?'라고 하며, 하나님이 심정을 기울여 지으신 만물을 붙들고 무엇보다도 귀하게 느끼는 사람이 있다면 이는 틀림없이 하나님의 아들딸입니다. 이런 사람은 기도가 필요 없습니다. 하나님과 같이 사는 사람입니다. 하나님은 인간을 그러한 자리에까지 내모는 것입니다.

6 공해 때문에 자연이 훼손되고 있습니다. 2차대전 이후 물이 공해로 인해 오염돼 고기들이 죽고, 공기가 공해 때문에 오염돼 새도 떨어지는 시대가 되었습니다. 그렇기 때문에 물을 보호해야 되고 공기를 보호해야 됩니다. 물이 제일 중요합니다. 그다음에 공기, 태양 빛입니다. 사람들이 귀한 줄 모르고 살고 있습니다.

7 공해 때문에 사람들이 지금 문제가 돼 있습니다. 2차대전 이후 지금

까지 공해로 말미암아 바닷물이 더러워져 고기가 죽고 있습니다. 산에서 사는 동물들이나 새들도 그렇습니다. 자기 나라만 살아남겠다고 다른 나라와 가까운 공해상에 폐기물을 버리고 있기 때문에 바다가 죽어 가고 있습니다. 오염이 해가 갈수록 점점 심해지게 되니 얕은 바다에서 살던 작은 고기가 점점 늘어나서 깊은 곳에서 살아가는 고기가 잡아먹습니다. 그 조그만 미끼 되는 고기를 잡아먹고는 다 죽는다는 것입니다. 그래서 고기 자체의 먹이가 점점 감소합니다. 이것이 큰 문제입니다. 그래서 선생님은 오염된 바닷물을 다시 끌어들여서 정화해야 된다고 생각합니다. 다시 더러워지지 않은 물처럼 만들어서 고기들이 살게 해야 됩니다.

8 공해 중에 물의 공해가 제일 심각합니다. 인류의 멸망을 촉진시키고 있습니다. 사람이 죽기 전에 동물들이 죽습니다. 바다의 고기가 죽고, 새들이 죽고, 작은 곤충들이 죽어 갑니다. 2차대전 이후 공기가 오염돼 새들이 죽고, 물이 오염돼 고기들이 죽어 가고 있습니다. 지금도 농약 때문에 작은 동물, 큰 동물이 죽어 가고 있습니다. 앞으로 세계가 싸우게 되면 어떻게 되느냐? 산소를 발산하는 것이 아니라 탄산가스를 많이 발산하게 됩니다. 인류가 멸망하는 도탄의 상황이 벌어집니다. 아무리 잘난 사람이라도 물이 없고 공기가 희박하면 다 죽습니다. 땅이 있으면 뭘합니까? 풀이 안 납니다. 그러니까 물을 사랑해야 됩니다. 물을 사랑하고 땅을 사랑해야 됩니다. 그래서 고기를 보호해야 되고 동물을 보호해야 됩니다.

9 인간은 하나님이 만들어 준 환경을 파괴하고 공해를 일으켜서 많은 동물을 죽게 했습니다. 하나님의 아들딸에게 최고의 선물로 준 것을 죽여 버린 것입니다. 그러니 하나님의 제2 창조주가 되어 하나님이 선물로 준 것을 하나님 대신 사랑하면서 살다가 천국으로 가자는 것입니다. 요즘 한국에서는 까치가 인간에게 손해를 입힌다고 해서 잡아 죽인다는데, 그런 걱정을 하지 말고 나라에서 까치가 1년 먹을 곡식을 준비해서 잘 길러 보라는 것입니다. 선생님은 비둘기 모이, 새 모이를 준비해서 언제든지 줍니다. 그러니까 동네를 지나가는 새들도 배가 불러서 지나갈 때는 까치가 '깍깍깍' 하고, 비둘기가 '구구구' 하고, 참새가 '짹짹짹' 하고 지나갑니다. 인사를 합니다. 주인이 있게 되면 그냥 지나가지 않고 인사하고 가는 것입니다. 매일같이 먹을 것을 주니까 고맙다고 생각한다는 것입니다.

10 인간이 공해 때문에 죽어 가고 있

습니다. 동물들이 죽고 곤충들이 죽는 일이 없게끔 보호해야 됩니다. 그것을 누가 책임지겠습니까? 하나님이 그것을 책임질 수 없습니다. 그런 먹이사슬을 만들어 균형을 취할 수 있게끔 해야 됩니다. 국가에서 법적인 조치를 해서 장기적으로 그것들이 남아질 수 있게끔 지도해야 됩니다. 세계 블록이 그래야 합니다.

11 인간이 살기 위해서는 공기와 물과 태양 빛, 그다음엔 흙이 있어야 합니다. 그렇기 때문에 태양이 고맙고, 물이 고맙고, 공기가 고맙고, 그다음엔 흙이 고마운 것입니다. 여러분이 더러운 것을 공기 가운데 던지더라도 땅에 떨어집니다. 땅을 보호해야 됩니다. 땅에 거름을 줘야 됩니다. 거름을 주면 그 거름에서 생명의 씨가 길러집니다. 어머니들은 집에서 제일 더러운 것을 만지게 됩니다. 땅과 같습니다. 어머니한테 가야 가정이 깨끗해집니다. 남자들은 무엇이든 벌여 놓습니다. 땅을 무시하고 막 밟고 다닌다는 것입니다.

자연보호와 사랑

12 자연을 보호하고 사랑하는 데서부터 인간을 사랑할 수 있는 모델이 되는 것입니다. 아기들도 그렇습니다. 아기들도 장난감 같은 것이나 애완동물을 사랑함으로써 사람을 사랑할 수 있는 교육이 됩니다. 그렇게만 살면 자연과 더불어 사는 사람이 종교생활보다 심정적인 면에서 차원이 높아지기 때문에 좋은 영계에 가는 것입니다. 그렇기 때문에 나이가 70이 넘고 80이 되면 자연으로 돌아가야 됩니다. 자기 기억이 해이해지고 체력이 약해지면 자연으로 돌아가 살아야 됩니다. 그래서 하나님이 지어 준 자연의 모든 원초적인 것을 사랑하고, 관리 보호하고, 주인 노릇을 하며 삶으로써 높은 심정의 세계인 천국에 갈 수 있다는 것입니다.

13 참사랑을 가진 사람, 참사랑을 가진 부부가 사랑하고 사는 뜰에는 아름다운 꽃이 피려고 하고, 아름다운 새와 아름다운 짐승이 가까이 와서 살고 싶어합니다. 그런 본성의 움직임이 있다는 것을 알아야 합니다. 그런 사람은 자연히 모든 만물이 그리워 따라오기 때문에 잘살지 말라고 해도 잘살게 마련입니다.

14 사람들은 자연으로 돌아가서 하나님이 창조하신 만물을 사랑하고 살아야 됩니다. 나를 위해 만들던 하나님의 심정을 느끼면서 흙·물·식물·동물을 만드신 하나님 아버지의 것을 내가 상속받는 것입니다. 그래서 창조하신 하나님의 본연의 마음 앞에 기쁨으로써 영광을 돌려드리고 모든

것을 돌려드려야 됩니다. 그렇기 때문에 일년 동안 수고해서 지은 곡식을 수확해서 겨울이 되면 쉬는 것과 마찬가지로, 한해 한해 거둔 모든 수확을 요즘의 추수감사절과 마찬가지로 하늘 앞에 바쳐서 하나님 앞에 영광을 돌리고 다음해 봄이 되면 또 출발하는 것입니다. 그렇게 출발하면 그 영광을 돌릴 수 있는 기준을 중심삼고 하나님이 축복해 줌으로써 번창할 수 있다는 것입니다.

15 하나님이 하는 일은 인류 구원입니다. 인류를 구원하는 데 있어서 하나의 큰 나무라면 한 나무의 가지는 큰 나무와 마찬가지입니다. 우리도 그렇기 때문에 결국 하나님이 찾는 일에 도움이 될 수 있게 잃어버린 인류를 찾는 것입니다. 그러니 동서양 어디를 가든지 사람을 사랑하는 관계를 남겨야 됩니다. 사람을 사랑할 줄 모르는 사람은 자연을 사랑하지 못합니다. 또 자연을 사랑할 줄 모르는 사람은 사람을 좋아할 수 없습니다. 그것이 하나님의 일입니다. 사람과 더불어 자연을 좋아하고, 하나님의 사랑과 더불어 사람이 사는 것입니다. 좋아한다고 되는 것이 아닙니다. 사는데 사랑과 더불어 사는 것입니다.

16 자연을 사랑하고 사람을 사랑할 줄 알아야 됩니다. 사람을 사랑하지 못하고 자연을 사랑하지 못하는 사람은 하나님을 사랑할 수 없습니다. 만물은 하나님의 상징적 존재요, 인간은 실체적 존재이기 때문에 만물과 인간을 사랑할 줄 아는 사람은 하나님을 사랑하게 됩니다.

17 하나님 대신 산을 사랑하고, 하나님 대신 물을 사랑하고, 하나님 대신 만물을 사랑하게 되면 만사형통입니다. 건강하다는 것입니다. 3대 조건입니다. 그래서 산수원입니다. 나도 그래서 산을 좋아하여 산수가 겸한 곳을 찾습니다. 하나님 대신 만물을 사랑해야 됩니다. 바다를 사랑해야 됩니다. 그래야 사랑하는 주인이 되는 것입니다. 보다 사랑하는 사람이 주인이 되는 것은 틀림없는 결론입니다.

18 이 땅 위의 온 만물을 하나님 대신 사랑할 줄 아는 사람이면, 그 정도에 따라서 하나님의 사랑을 자연적으로 받게 마련입니다. 그러기에 만물을 사랑해야 됩니다. 만물을 사랑하고 사람을 사랑하는 사람은 하나님의 사랑을 받을 수 있는 자격자가 되는 것입니다. 세계와 이 우주를 사랑하고 세계 만민을 사랑하는 사람은, 진짜 생명을 바쳐서 내 생명 이상 귀하게 여기고 사랑할 줄 아는 사람은 자동적으로 하나님의 사랑을 그만한 가

치의 것으로 받을 수 있습니다.

5절 복귀해야 할 본연의 에덴

1 타락이 없었던 본연의 에덴동산을 생각할 때 어느 누구나 연상되는 것이 무엇이냐 하면 하나님입니다. 그리고 하나님이 6일간 창조함을 필하시고 축복하셨던 아담 해와가 연상됩니다. 또 하나님을 중심삼고 죄 없는 본연의 인간조상이 있었고 죄악의 침범을 받지 아니한 만물이 있었습니다. 만물이 있음은 인간을 위함이요, 인간이 있음은 하나님을 위함이었습니다. 그런데 하늘을 위주로 한 인간이 되지 못하고 인간을 위주로 하여 화동할 수 있는 만물이 되지 못하였다는 사실은 에덴을 생각하는 인간 앞에 크나큰 슬픔이요 서러움이요 억울함으로 남아져 우리 마음과 몸을 사로잡고 있습니다.

하나님의 심정이 깃든 피조만물

2 우리는 천하 만상을 무심코 바라보아서는 안 됩니다. 하나님의 대창조 이념세계의 존재물은 모두 하나의 사랑을 목적으로 하여 움직이기 때문에, 지극히 미미한 존재라 할지라도 거기에는 하나님의 온 정력이 깃들어 있습니다. 하나님께서 이 피조세계를 엿새 동안에 지으셨지만, 그 하나하나의 존재물, 예를 들면 첫째 날이나 둘째 날에 지음 받은 존재물에도 엿새 이후에 벌어질 대우주의 창조이념이 연결되어 있었습니다. 이렇게 볼 때, 어느 것이든 하나님의 심정을 뿌리로 하여 지어지지 않은 것은 하나도 없다고 단정할 수 있습니다.

3 우리는 옛날 유명한 사람들이 남긴 유물을 소중히 여깁니다. 그들이 지니고 살던 골동품을 소중히 여깁니다. 그러나 지금 여러분의 눈앞에 모래알이 떨어져 있다고 할 때, 그 모래알 하나에도 하나님의 심정이 인연되어 있다는 것을 알아야 됩니다. 그것은 어떤 귀한 사람이나 훌륭한 사람보다 더 높은 창조주의 손길을 거쳐서 생긴 심정의 결실체입니다. 이러한 가치적인 존재물인 것을 알고, 모래알 하나라도 우주와 같이 귀하게 여기는 자가 있다면 그는 틀림없는 하나님의 아들딸입니다.

4 들에 자라고 있는 미미한 풀 한 포기도 하나님의 손길이 거치지 않은 것이 없습니다. 자라고 있는 나무 한 그루를 보더라도, 거기에는 하나님의 무한한 내적 심정의 인연을 통한 사정이 거쳐 나가고 있습니다. 비단 초목뿐만 아니고 들에서 뛰놀고 있는 어떠한 짐승이나 곤충, 혹은 어떠한 조류를 막론하고 이것들이 무심하게 된 것이 아니라 철두철미한 하나님의 내적인 심정을 통하여 지어

졌고, 실체의 손길을 거쳐서 지어졌다는 것입니다.

5 지으신 만물을 하나님께서 사랑하시는데 우리는 어떠한 생각을 해야 되느냐? 하나님이 만물을 지어 놓고 '선한지라!'라고 하셨지만, 그 가운데서도 제일 사랑하는 것이 풀이라면 풀 가운데서도 하나님이 제일 사랑하는 풀이 무엇일까를 생각해야 됩니다. 이런 것을 여러분이 시간을 아끼지 않고 생각할 수 있는 자리에 머무른다면, 여러분은 사람을 짓기 전에 만물을 통하던 하나님의 은사와 접할 수 있습니다. 그리고 한 포기의 풀을 붙들고도 즐거워하면서 이것이 한 날의 소망의 대상이 된다는 사실을 알고 기쁜 심정을 가져야 하고, 하나님의 손길을 거쳐 나온 풀이라는 것을 체휼해야 됩니다. 그런 사람이 있다면 그는 타락한 인간이지만 태초에 천지를 창조하시던 하나님의 창조의 심정세계에서는 하나님의 친구 입장에 들어갈 수 있을 것입니다.

6 하늘의 심정을 흠모하고, 하늘의 이념을 고대하고, 하늘의 복귀의 동산을 바라보는 참다운 마음을 가졌다는 사람 중에 하나님을 높이면서 영광의 자리, 즐길 수 있는 자리에서 기쁨을 체득하기 위하여 노력하는 사람은 많을지 모르나, 미미한 초목으로부터 곤충, 나아가 전체에 이르기까지 미쳐져 있는 아버지의 내적 심정의 인연을 상기하면서 기뻐할 수 있는 사람은 적다는 것입니다. 자기의 정력을 다 기울여 어떤 곤충을 만들었다고 할 적에, 그가 기울인 이상의 정력을 가지고 사랑하려는 사람이 나타나 마음과 정을 다해 바라보며 그 곤충을 사랑해 줄 수 있다면, 그 곤충을 만든 분에게는 그 이상의 만족이 없다는 것입니다.

7 만물세계, 피조세계의 원리와 법칙, 공리와 공식을 해명하기 위해 노력하는 분야가 과학입니다. 그리고 자연에 깊이 숨어 있는 정서적인 분야를 나타낸 것이 문학입니다. 자연에 나타나 있거나 숨겨져 있는 아름다움을 어떤 형태로서 구상하여 표현한 것이 예술입니다. 그리고 자연의 근본이치를 해명하려는 분야가 철학입니다. 이런 단계 위에 있는 것이 종교입니다. 그러면 참다운 종교와 종교가가 해명할 것이 있다면 그것은 무엇일 것인가? 그것은 자연 속에 깊이 흐르고 있는 정적인 내용을 해명하는 것입니다. 그러한 책임을 종교가 짊어져야 합니다.

8 인류 문화는 자연을 벗어나서는 생각할 수 없습니다. 자연을 떠난 인류 문화는 말할 수 없다는 것입니다.

인간이 제아무리 당당하게 그 위세를 자랑하고 권세를 누린다고 해도 자연을 무시한다면 그 모든 것이 성립되지 않습니다. 이와 같이 인간 생활을 가치 있게 해주는 것이 자연이요, 인간 생애에 있어서 반드시 필요한 것이 자연입니다. 그렇기 때문에 자연 만상에 흐르고 있는 심정을 느낄 줄 아는 사람이 되지 못한다면 참다운 행복을 누릴 수 없고, 하늘과 인연을 맺을 수 있는 영광의 자리에 나아갈 수 없습니다.

9 여러분은 하나의 풀을 바라보더라도 하나님의 입장에서 바라보고, 꽃을 바라보더라도 하나님의 심정을 대신한 입장, 하나님의 심정과 통할 수 있는 입장에서 바라보아야 됩니다. 곤충이나 새, 혹은 어떤 동물을 바라보게 될 때에도 하나님의 심정과 인연맺어지는 내적인 감정을 체득할 수 있어야 합니다. 그런 사람이 있다면 그가 어떤 공식과 정의로써, 즉 과학적인 논리로써 그것을 해명하지는 못할지라도, 혹은 문학적으로 그 정서를 표현하지는 못할지라도, 혹은 예술적으로 그 미를 표현하지는 못할지라도, 정서적으로 사랑을 체휼하는 힘이 없을지라도 이는 위대한 과학자요, 위대한 문학가요, 위대한 예술가요, 위대한 철학자요, 위대한 종교가임에 틀림없습니다.

만물의 주인이 될 자격

10 우리는 우리 시선에 자극을 주는 삼라만상을 매일같이 대하고 있습니다. 여러분은 그날을 그저 같은 심정 혹은 같은 감정으로 삼라만상을 대할는지 모릅니다. 그러나 인간이 타락하지 않았다면 선을 중심삼은 본연의 자연이 되었을 것입니다. 그랬다면 우리 조상은 이 자연을 보고 어떻게 느꼈으며, 또한 우리를 지으신 하나님은 어떻게 느꼈을 것인가 하는 것을 다시 한 번 생각하지 않으면 안 되겠습니다.

11 여러분은 어느 한때에 신비스러운 분위기, 혹은 은혜의 분위기에서 자연의 꽃 한 포기를 바라보는 것을 마음으로 그리워한 적이 있었습니까? 또 조상의 누구를 만나는 것과 같은 간절한 마음으로 대해 본 적이 있었습니까? 혹은 산천을 바라보게 될 때, 품겨 들어오는 자극에 자기도 모르는 찬미를 하늘 앞에 드린 일이 있습니까? 없다고 한다면 여러분은 만물의 주인이 될 자격이 없다고 선생님은 단정합니다.

12 아침에 눈을 뜨고 자연을 바라보면 그 자연이 은은하게 내 본성과 인연되어 새로운 이상의 감정을 싹트게 합니다. 그러나 인간세상은 바라보면 볼수록 절망과 슬픔의 감정을 돋

워 준다는 사실을 잘 알 것입니다. 본래 타락하지 않은 본연의 인간이 사는 세상이라면, 인간의 가치는 그렇게 바라보는 이로 하여금 슬픔을 느끼게 할 정도가 아니라는 것입니다. 풀 한 포기나 꽃 한 송이, 나무 한 그루와 같은 정도의 가치로 지어진 인간이 아닙니다. 피조만물의 그 무엇을 주고도 바꿀 수 없는 고귀한 인간이요, 그 무엇과도 비교할 수 없는 가치를 지닌 모습으로 천상을 대신하여 나서야 할 인간입니다.

13 우리는 자기 주위 환경을 바라보고 얼굴을 찌푸리고 탄식하거나 사회의 모순상을 바라보고 낙망하지 말고, 자라고 있는 풀 한 포기를 바라보고 그 즐거움에 자기 슬픈 감정을 잊어버릴 줄 아는 사람이 되어야 합니다. 만일 그런 사람이 있다면 그는 새 시대에 남아지는 사람입니다. 어떤 이상적이고 심정적인 세계를 지향하는 사람이 있다면, 그는 기필코 하나님과 어떠한 인연을 맺으려 할 사람임에 틀림이 없습니다. 자라고 있는 풀 한 포기를 바라보며 어쩔 줄 모르는 심정을 느껴 보십시오. 거기에는 무한한 생명이 있고 하나님이 계십니다. 솟아 있는 하나의 산봉우리를 바라보게 될 때, 어제 보던 감정과 오늘 보는 감정이 다릅니다. 춘하추동 사계절의 변화에 따라서 내 심정에 느껴지는 감정의 차이를 노래할 수 있다면 얼마나 고상한 일입니까? 이는 온 자연과 더불어 화동할 수 있는 사람입니다.

14 우리가 바라보는 자연은 어떠한 자연이며, 내가 밟고 있는 이 땅은 어떠한 땅이냐? 서럽게도 타락한 땅, 기뻐하다 말고 슬퍼해야 할 땅이 되었다는 것입니다. 만물을 바라보게 될 때, 마음에 좋다고 느껴지는 반면 슬픈 사정이 남아 있는 탄식권에 있는 만물임을 느껴야 합니다. 산고 수려한 명승지가 있어 그곳을 바라보고 좋다 하더라도 무한히 슬픈 감정을 느껴 아버지와 연결시킬 수 있는 사람이 되어야 합니다.

15 우리는 한 포기의 풀을 붙들고 기쁨을 느끼는 대신 슬퍼하며 울 줄 알아야 되고, 기쁨을 돌이켜 하나의 나무를 붙들고 울 줄 알아야 되고, 산천을 바라보고도 깊은 한숨을 쉴 줄 알아야 합니다. 그것은 에덴이 그리워지는 마음을 갖고 있기 때문이라는 것입니다. 그러한 심정에 사무쳐 계시는 분이 하나님입니다. 그런 심정을 가진 사람이라면 자연을 바라보고도 에덴을 그리워할 수 있을 것입니다. 그리운 에덴이라 한다면 피조만물을 주관할 수 있는 본연의 사람도 그리워해야 된다는 것입니다.

16 본연의 에덴동산에서 하나님께서는 아담 해와와 더불어 자연을 노래하고 자연에 대한 감정을 표현하는 한 시간을 가졌느냐 하면 못 가졌습니다. 하나님께서는 '내 아들아, 저 산을 바라보아라. 저 산은 내가 어떻게 어떻게 지었다. 저 초목을 바라보아라. 저것은 내가 어떻게 어떻게 지었다. 이 모든 것은 너의 행복을 위해 지은 것이다.'라고 말씀하시고 싶었음에 틀림없습니다. 그러나 하나님은 실제로 그런 말씀을 하시지 못했습니다. 왜 못하셨느냐? 아담이 아직 철이 들지 않았기 때문입니다. 그러나 하나님께서는 아담을 바라보면서 말씀하시고 싶었던 간절한 내적 심정이 있었음을 알아야 합니다. 정적으로 미숙한 자리에 있었기에 아담을 대하여 말씀하실 수 없었던 하나님의 사정을 알아야 됩니다.

17 본연의 에덴을 그리워해야 됩니다. 하나님의 무한한 사랑이 있는 세계, 한번 시작하면 그대로 영원히 사랑의 감정에 화할 수 있는 세계, 한번 노래하면 영원무궁토록 노래에 취할 수 있는 세계, 한번 뛰면 하나님과 더불어 영원히 뛰고 싶은 마음이 우러나는 세계, 한번 움직이고 한번 책임지면 이것은 영원한 가치의 책임이 된다고 생각하고 노력할 수 있는 세계, 이러한 세계가 그리워 울 줄 아는 사람이 되어야 합니다. 그러한 심정을 지닌 인간을 찾지 못한 것이 하나님의 슬픔입니다. 땅을 대하여 섭리하시는 하나님은 기필코 그러한 사람을 찾아 세우지 않을 수 없습니다. 우리가 부르는 노래에도 산천 혹은 자연이 들어 있는 것은, 이 모든 것을 빌려 가지고 우리의 감정을 높이려고 하는 것입니다.

18 복귀의 사명을 다하겠다는 심정에 사무쳐 만물을 찾으시며 혹은 인간을 찾아 움직이시는 하늘을 대하여 아버지라 부를 수 있는 사람이 있다면, 그 사람은 하늘이 모른다고 할 수 없습니다. 그런 심정을 갖고 본연의 동산을 찾아 헤맨 사람이 있다면 그는 하나님이 모른다고 할 수 없고, 인류가 모른다고 할 수 없고, 온 피조만물이 모른다고 할 수 없는 본연의 참다운 사람입니다. 그렇기 때문에 그리운 에덴, 거기에 자라고 있는 만물, 거기에 살고 있는 인간, 거기에 찾아주시던 하나님이 따로따로 사정을 통할 것이 아니라, 한 사람을 중심삼고 위로는 하늘이요 아래로는 만물이 화합하여 응할 수 있는 하나의 즐거운 보금자리를 이루어야 합니다. 그곳에 있는 사람은 하늘이 사랑할 수 있는 사람이요, 인간이 위할 수 있는 사람이요, 만물이 존중할 수 있는 참다운 주인임에 틀림없습니다.

제4장 자연과 바다에 대한 비전

1절 만물 환원과 취미생활

1 자연을 사랑하는 것은 무엇을 하기 위한 것입니까? 사람을 사랑하기 위해서입니다. 사람을 사랑하는 것은 무엇을 하기 위한 것입니까? 하나님을 사랑하기 위해서입니다. 하나님을 사랑하는 것은 무엇을 하기 위한 것입니까? 소유 결정권을 갖기 위해서입니다. 내가 아들이 되고, 딸이 되고, 당신은 아버지가 된다는 결정권을 가지는 것입니다. 결정을 해 가지고는 무엇을 하느냐? 격위가 생기게 됩니다. 천지만물의 질서가 생기는 것입니다. 그렇게 되면 모든 것이 연관되는 것입니다.

2 피조세계의 주인은 누구냐? 하나님의 실체 되는 아담 해와가 이상적 주인이 돼야 합니다. 그러니 이 아담 해와의 완성 때문에 피조세계가 동원되는 것입니다. 피조만물이 사랑 때문에 났으니 사랑받아야 됩니다. 그렇게 하나님같이 사랑할 수 있는 피조만물 앞에 주인이 없습니다. 타락했기 때문에 없다는 것입니다. 만물의 탄식이 여기에서 나오는 것입니다. 앞으로 하나님의 실체로서 영육 합한 일체의 합덕체가 나오면, 하나님이 지은 것보다도, 하나님이 투입한 것보다도 더 높은 사랑의 상대를 바랐으니만큼 이 피조만물도 아담 완성을 위한 고귀한 자리에 있기 때문에, 아담을 생각하는 것과 마찬가지 자리 이상의 원소가 되어 수많은 원소가 합해서 아담 해와의 완성을 이루어야 됩니다. 그런 천적 계약이 되어 있다는 것입니다.

3 아담은 만물의 주인이 돼야 했기 때문에 물속에 무엇이 사는지, 동산 가운데 무엇이 사는지를 알아야 했으니까 동물들과 잠자리 등 모든 것을 잡으러 다닌 것입니다. 아담은 해와가 완성해서 관계를 맺을 때까지는 하나님이 지었던 만물을 사랑해야 했습니다. 그래서 흙 가운데 무엇이 있는지 알아야 했고, 광물이 어떻게 생기고, 그것이 식물에 흡수당해서 크고, 식물은 또 동물한테 먹히고, 조그만 동물들은 큰 동물에게 먹히고, 큰 동물은 사람한테 먹히게 된다는 것도 알아야 했습니다. 하나님이 지어서 사랑하시던 그 사실을 아담은 그냥 그대로 대신 사랑해야 하는 주인이었습니다.

4 인간이 타락하지 않았으면 온 천하가 우리 것이요 하나님도 우리 것

입니다. 그런데 타락함으로 인해 소유할 수 있는 자격을 잃어버렸으니, 우리가 가지고 있는 모든 것을 버려야 합니다. '보이는 세계도 우리 세계가 아니요, 지어진 모든 만물도 우리 것이 아닙니다. 이 모든 것은 하나님의 것입니다.'라고 하면서 하나님께로 돌려드려야 합니다. 그런 입장에서 다시 하나님과 인연을 맺고 거듭난 후 모든 만물을 주관하는 위치에 세우려는 것이 구원의 목적입니다.

5 타락한 인류는 사탄 편과 하늘 편, 양편의 소유가 결정되지 않은 중간 입장입니다. 그렇기 때문에 이것을 결정하기 위해서는 나 자신이 하나님을 중심삼고 나는 하나님 편이라는 것을 스스로 다짐한 후, 최후에는 하나님의 사랑을 중심삼고 만물이나 백성이나 모든 나라를 하나의 터전 위에서 사랑으로 묶어 놓은 것을 부모님이 이 땅에 오셔서 하나님 앞에 돌려드려야 하나님의 사랑을 중심삼고 그 소유가 비로소 결정됩니다.

6 우리가 사탄으로부터 물질을 빼앗아 하나님 앞에 돌려드리고 몸을 빼앗아 돌려드리고 마음을 빼앗아 돌려드려야 하는데, 이 마음을 돌려드리기 위해서는 아무리 변하지 않는 이념이 있다 해도 그저 좋아해서만은 안 됩니다. 그 이념 깊이 스며 있는 심정 문제에 들어가 심정이 통하는 자리에 서야, 하나님이자 나요 나자 하나님이요, 하나님의 것이자 내 것이요 내 것이자 하나님의 것이라 할 수 있습니다. 이 심정을 연결시킬 때에 지금까지 드려 온 물질, 몸, 마음 전부가 하나로 통일되어 하나님 앞에 최고의 것으로 결정됩니다. 그러기 위해서 제물을 드리는 것입니다.

7 참사랑을 중심삼고 재미있게 살아야 됩니다. 동물과 말하고, 모든 만물과 화합하고, 하나님과 화합해야 됩니다. 그렇게 되면 국경이 없습니다. 문화가 다르지 않습니다. 사랑의 문화입니다. 사랑문화는 취미문화이기 때문에 취미생활이 사랑입니다. 자기가 아내를 사랑하고 아들딸을 사랑하는 것을 세계 판도에서 할 수 있다는 것입니다. 전부 자기 가정을 확대한 문화축전은 대상권입니다. 거기에 참석해서 즐기는 심정문화세계가 지상천국 문화라는 것입니다. 취미문화는 타락하지 않은 본연의 사랑의 문화입니다. 취미문화는 지상천국의 문화라는 것입니다.

8 앞으로 농촌으로 돌아가서 취미농장을 해야 됩니다. 그래서 오염 안 된 것을 자기 손으로 만들어 먹고사는 것을 취미생활로 해야 됩니다. 그렇게 되지 않고는 세계가 공해 때문에

망하게 됩니다. 취미생활, 취미농업, 취미산업! 선생님은 취미산업이라는 말을 지금 새로이 쓰고 있습니다. 그것은 이권을 위해 말하는 것이 아닙니다. 낚시를 해도 고기를 팔겠다는 것이 아닙니다. 취미로 하기 때문에 고기를 잡더라도 작은 고기는 놓아주는 것입니다. 자기 혼자 먹는 것이 아닙니다. 나누어 먹는 것입니다. 이것이 취미이기 때문입니다.

9 앞으로 산업은 레저산업이 됩니다. 앞으로 기술산업 시대는 자동기술로 말미암아 인간이 일하지 않는 시대입니다. 그런 때가 옵니다. 지금도 그렇게 되어 들어가고 있습니다. 사람이 버튼만 누르면 기계가 일을 합니다. 몇 천 명이 작업하던 공장에서 서넛만 가지고 밤낮 생산품을 내놓을 수 있는 시대가 온다는 것입니다. 그러면 이제 무슨 산업이 벌어지느냐? 그것이 레저산업입니다.

10 열심히 일하던 사람들은 나이가 많아지면 자연과 더불어 살다가 자연스럽게 돌아가야 합니다. 하나님의 사랑을 느끼면서 살다가 하나님의 사랑을 느끼고 감으로써 천국에 가는 것은 정한 이치입니다. 취미생활, 하나님이 그것을 좋아합니다. 여러분의 취미가 창조와 연결되는 것입니다. 모든 취미거리들이 나를 기다리고 있습니다. 그것은 지치지 않습니다. 취미가 겹치고 겹치고 해서 자동적으로 하나님의 세계와 가까워지는 것입니다. 이것이 인간이 바라는 최고의 생활입니다.

11 취미생활을 해야 됩니다. 하나님이 창조할 때 억지로 만든 것이 아닙니다. 재미를 느끼게 만들었다는 것입니다. 창조의 하나님 입장을 다시 우리가 느껴야 합니다. 누가 하라고 해서 하는 것이 아닙니다. 안 할 수 없습니다. 잠을 안 자면 안 잤지 그 일은 안 하면 안 된다는 것입니다. 거기에 돈이 개재되고 환경이 개재됩니까? 그렇기 때문에 취미생활, 취미산업, 취미연구 등이 하나님과 더불어 기뻐하는 가운데서 하나돼 이루어진 것이라야 하나님 앞에 소유될 수 있는 물건이고 하나님이 사랑하는 아들딸들이 애용할 수 있는 물건이지, 그렇지 않으면 사탄의 물건이라는 것입니다. 돈 보고 일하는 것이 아닙니다.

12 앞으로 세계는 공장에 가서 일하는 것을 다 싫어합니다. 그래서 앞으로는 여행하면서 살아야 됩니다. 지금 세계 사람들이 바쁜 생활을 하는 것을 보게 되면 불쌍하다는 것입니다. 스트레스가 쌓여 있고 취미라는 것이 없습니다. 인생살이에 취미가 없습니다. 종이 되어 있습니다. 전부

부속품이 되어 있습니다. 거기에는 무슨 취미도 없고, 자기의식도 없이 기계동작과 같이 살고 있습니다. 일생의 80퍼센트 이상을 그러고 사는 것입니다. 그래서 앞으로는 취미산업을 개발해야 됩니다. 레저산업이 아닙니다. 취미산업입니다.

2절 원초만물박물관

1 인간이 타락함으로써 만물까지도 희생됐다는 사실을 생각하고, 우리가 주인으로서의 책임을 못했다는 것을 알고 그것들을 사랑으로 품어 하늘 앞에 연결시킴으로써 하늘 아래 자연세계와 연결되는 것입니다. 그것을 누가 연결시켜야 됩니까? 아담 해와가 분리시켰기 때문에 아담 해와를 완성한 축복가정들이 연결시킴으로써 천상세계와 지상세계의 원한의 편차를 평준화시키는 것입니다. 이 수평과 같은 광야지대의 맑은 물에서 만물이 행복의 터전으로서 약동하고 살고 있는 모습을 하나님이 바라볼 수 있게 하는 것입니다. 또 후대 사람들도 그런 마음을 가지고 브라질에 있는 판타날의 만물을 바라보고 하나님이 지으신 본연의 마음을 느껴 보자 하는 마음을 가지는 것입니다. 그 마음이 일치되지 않은 그리움을 해소시켜서 하나님과 참부모 같은 마음의 일치권에 내가 만물과 더불어 동참할 수 있어야만 주인 자격이 결정된다는 것입니다. 그래서 판타날이 중요한 곳입니다. 아마존 유역이 앞으로 인류의 대혁신을 할 수 있는 하나의 소재라는 것입니다.

남미 자르딘 새에덴 건설

2 자르딘이 얼마나 불편합니까? 다시 가고 싶지 않은 자르딘을 어떤 곳보다도 더 그리워해야 됩니다. 가고 싶어서 울고, 달을 보면서도 그리워해야 되고, 해를 보면서도 그리워해야 되고, 그 해 아래 치리받는 생명체, 모든 만물을 보고 자기 심정을 토로하고 한의 하나님의 제물적인 조건이 되는 것을 전부 마음으로 씻어 버려야 합니다. 자르딘은 원초지입니다. 창조물 자체가 종합적으로 하나의 박물관같이 모여 있는 원초지라는 것입니다. 자르딘은 초점지역입니다. 만물 창조의 초점이라는 것입니다. 원초물이 서식하는 그곳에 가서 3년 이상 피땀을 흘려야 합니다. 노동을 3년 동안 해야 된다는 것입니다. 왜냐? 조국광복을 위해서입니다. 물 가운데서 그 일을 하는 것입니다. 물은 세상을 상징하기 때문에 물 가운데서 천국을 건설해야 됩니다. 부모님이 세우던 것과 마찬가지로 여러분이 그것을 해야 됩니다.

3 인간의 타락으로 파괴된 것을 빨리 복귀해서 관리해 가지고 옛날에

멸종됐던 종자를 여기서 다시 세계에 확장시켜 놓아야 합니다. 그렇기 때문에 새 박물관을 만들어야 됩니다. 새도 1천5백 가지가 있습니다. 1천5백 가지의 새 박물관을 만들고, 곤충 박물관을 만들어야 합니다. 그것을 만들어 놓으면 이곳이 섭리의 뜻 가운데 등장했던 곳이기 때문에 세계 사람들이 아들딸의 교육 장소로 방문하는 것입니다. 하나님이 지으신 것을 보고 기뻐하시던 그 사실을 보고 좋아할 수 있는 환경을 만들기 위해서 자르딘을 개발하는 것입니다. 자르딘은 에덴이라는 말입니다.

4 자르딘 농장에서는 많은 종류의 앵무새를 기르고 있습니다. 앵무새도 자연의 사람들과 같이 살 수 있고, 타조들도 먹이를 주면 자꾸 옵니다. 사람과 친해져서 사람이 가서 먹이를 주어도 도망을 안 갑니다. 하나님이 지어 놓고 그것을 보고 좋아하던 것과 마찬가지로 아담과 같이 놀던 세계를 만들어 보자는 것입니다. 선생님은 지금 그 일을 하고 있습니다.

5 물은 아무리 더럽다고 하더라도 수평을 취할 줄 압니다. 사람은 아무리 못되더라도 수평을 취할 줄 알아야 합니다. 선생님이 자르딘에 있다고 하더라도 브라질과 관련이 없습니다. 여기에는 오색인종이 사는데, 말이 통하지 않지만 다른 종자로 생각 안 하는 것입니다. 자기 친척이요, 자기 동생이요, 전부 6천년을 떨어져 살다가 다시 만났기 때문에, 말 못하는 사연을 넘어 습관과 풍습이 통하지 않아도 자연스럽게 받아들이고 있습니다.

6 자르딘의 4백 킬로미터 안팎을 무슨 고기가 살고 있는지 선생님이 조사했습니다. 모기에 쏘이면서 조사한 것입니다. 돈이 필요해서 그랬습니까? 명예가 필요해서 그랬습니까? 정치적 배경이 필요해서 그랬습니까? 죽어 가는 사람을 살리기 위해서입니다. 그들은 형제입니다. 선생님이 이런 생각을 안 하면 누가 만민을 구해 줍니까? 어느 정치가, 어느 나라 주권이 그런 것을 생각하겠습니까? 이런 기반을 갖고 그 땅에서 나는 모든 원자재를 우리가 파서 수출하는 것입니다. 자기들이 하려는 대로 해주는 것입니다. 공장이 필요하면 공장을 지어 줄 것이고, 무엇이 필요하면 그것을 대 주는 것입니다.

7 광활한 초원지대에 무수한 과일, 무수한 새, 무수한 동물들이 있습니다. 없는 동물이 없습니다. 별의별 동물들이 다 있습니다. 물이 있는 데는 고기가 얼마든지 있습니다. 여자들이 저녁을 지을 때 저녁 반찬감이 없

으면 강물이 흐르는 뒷문 밖에서 낚시해서 고기를 잡아 튀김도 해서 먹을 수 있습니다. 브라질은 그런 나라입니다. 세계에 그런 곳은 그곳밖에 없습니다. 투망을 한번 던졌다 하면 고기가 한 가마니도 걸립니다.

8 자르딘에서는 춘하추동의 계절을 초월하여 양식을 할 수 있습니다. 그러니 고기를 양식해서 낚시터에 공급할 수 있는 세계적인 장소가 됩니다. 선생님이 관심을 갖는 것은 뭐냐? 여기에 판타날 호수가 있는데, 이 호수에는 3천6백 가지의 고기가 있습니다. 이것을 잡아다가 양식장에서 양식해 3천6백 개의 낚시터를 만드는 것입니다. 그 고기들을 양식하는 방법을 개발해서 세계 도처에 이와 같은 곳을 확장하는 것입니다.

판타날 성지

9 한국에서 보면 판타날은 극과 극입니다. 일본에서 볼 때도 그렇습니다. 판타날은 지구의 끝이라는 것입니다. 거기에 원초성지가 있고, 근원성지가 있고, 승리성지가 있습니다. 그곳은 에덴의 출발 기지입니다. 기지라는 것은 완성된 부모님이 처음으로 사랑의 기초를 만든 곳을 말합니다. 근원성지가 판타날에 있는 호텔에 설정돼 있는데, 그곳은 물이 있든 뭐가 있든 아무 문제가 없습니다. 수상 궁중이 만들어진다는 것입니다. 인간은 고생 고생하더라도 세계에 영원히 칭송받을 수 있는 성지를 준비해 놓지 않으면 안 됩니다. 그렇게 되면 그 노력의 결과가 나타나기 때문에, 그 노력을 누가 처음 시작하느냐 하는 것이 문제입니다. 성지를 지키고 성지의 이름을 드높이는 것은 일본이 국가적으로 해야 됩니다. 그래서 모든 판타날의 관리를 일본의 국가메시아가 책임지고 있습니다.

10 판타날은 동물이나 식물이나 원래 하나님이 창조한 원초적인 보고가 될 수 있는 곳입니다. 그것을 선생님이 지키고 보호하기 위한 세계적인 운동을 일으키고 있습니다.

11 일본의 두 배가 되는 호수가 판타날 호입니다. 판타날의 호수에는 3천6백 가지의 고기가 삽니다. 그러면 그 물, 수온과 그곳의 입지조건과 환경 등 모든 것이 같은 입장의 호수가 세계적으로 얼마나 많고 물이 얼마나 많겠느냐는 것입니다. 이것을 분과별로 연구해서 양식할 수 있는 곳을 만드는 것입니다. 그러면 세계적으로 전부 다 할 수 있습니다. 전 세계의 전문적인 수산물 연구반을 중심삼고 어떤 물, 어떤 온도, 어떤 지역에 무슨 고기가 산다는 것을 연구하는 것입니다.

12 판타날에는 풀이나 고기 종류가 많습니다. 고기 종류도 3천6백 종입니다. 아마존강에는 3천 종이 있지만 판타날에는 3천6백 종이 있습니다. 그 종류를 생각해 보십시오. 그러니까 모든 만물, 풀로부터 곡식과 나무 등 수많은 종류들이 있는데, 하나님이 홍길동 놀음 하듯 이래라 하면 이러고 그렇게 된 것이 아닙니다. 다 생각이 있어서 구조적인 모든 내용이 자연세계의 법도와 기후조건에 맞게끔 비준을 맞춰서 만물을 지었다는 것입니다.

13 판타날은 하나님이 창조한 원초적인 모든 만물이 집약된 곳입니다. 선생님이 왜 여기에 왔느냐? 선생님만 온 것이 아닙니다. 하나님이 따라와서 역사적으로 희생했던 모든 만물을 사랑하는 것입니다. 노아 시대에 물고기는 심판 안 받았습니다. 심판 안 받은 고기들과 인연을 맺음으로써 만물이 해원 탕감해서 되돌아갈 수 있는 길을 닦으려고 판타날에 온 것입니다. 하나님이 지은 만물을 사랑해야 됩니다. 이것을 선생님이 보호할 책임이 있습니다. 종자를 더 번식시켜야지, 하나님이 창조할 때보다 종을 멸종시키면 안 됩니다.

14 판타날에는 고기가 얼마나 많은지 모릅니다. 뭘 던져 주면 어느새 깨끗해집니다. 벼락같이 깨끗하게 치워 버린다는 것입니다. 더러운 것이라도 언제 깨끗하게 해 버리는지 모릅니다. 여러 종류, 별의별 것이 있는데, 종류에 따라 먹는 것이 다 다릅니다. 그런 것들이 전부 섞여 청소작업을 쉬지 않고 하고 있습니다. 먹는다는 그 자체가 청소작업이라는 것입니다. 그들이 사는 것은 자기 목적을 위해서가 아니라 환경을 정리하면서, 주변을 깨끗이 하면서 서로 도우면서 살고 있다는 것입니다. 그것이 자연협조체제입니다.

15 뜻을 안 그날부터 영계를 사랑하고 인류를 사랑했습니다. 인류를 사랑하는 데는 자기 가정보다도, 자기 나라보다도 더 사랑해야 됩니다. 인류를 사랑하고 그다음에는 만물을 사랑해야 됩니다. 이 땅에 있는 모든 물건을 사랑해야 되고, 그다음에는 물속에 있는 것들을 사랑해야 됩니다. 재창조 과정입니다. 하나님의 사랑으로부터 인류와 연결하고, 인류의 사랑으로부터 지구성과 연결하고, 지구성을 연결시켜서 물의 세계까지 연결해야 됩니다. 판타날을 중심삼고 선생님이 있는 정성을 다하는 것은 그 때문입니다.

16 인간은 하나님이 창조한 종의 멸종을 방지해야 할 책임을 지고 있습

니다. 지금까지 얼마나 멸종시켰습니까? 판타날에는 고기만 해도 3천6백 종이 있습니다. 양식장을 만들었으니 세계의 토질이 같은 곳에서는 언제든지 번식시켜서 영원히 멸종되지 않게 하는 것입니다. 그런 일을 하는 것입니다. 선생님이 그런 방대한 일을 지금 시작하려고 합니다.

17 앞으로 3천6백 종의 물고기 양식을 위해 도시 빌딩보다도 더 높은 양식장을 만들어야 합니다. 이것을 컴퓨터로 고기 종류별로 온도를 조절해서, 해양세계의 고기와 담수 고기, 한대지방 고기와 열대지방 고기를 다 한 빌딩 안에서 전 세계의 3천6백 가지를 양식할 수 있다고 생각해 보라는 것입니다. 도시 빌딩이 문제가 아니라는 것입니다.

18 여러분은 하나님의 사랑을 가지고 자연의 탄식권을 해방시키고 살겠다고 하는 그 참부모의 생활을 따라가겠습니까, 아니면 도시에 박혀 환경을 파괴하고 공해를 일으키고 자녀의 정서적인 발전을 막는 부모가 되어 살겠습니까? 선생님이 이렇게 자연을 사랑하고 사는 것을 통일교회 교인들은 자연히 따라가기 때문에 자연과 화합할 수 있는 이상적 천국이 가능하다는 것입니다. 그래서 자연을 보호하기 위해서 선생님은 박물관을 만들어 모든 종류를 전시하려고 합니다. 표본을 만들어 전시하는 것입니다. 여기서 보는 것이 자연을 접하는 것과 같은 양식장을 만드는 것입니다. 동물을 사랑할 수 있는 표시로서 마을에 박물관을 만드는 운동을 펼치는 것입니다. 그래서 그 종류를 제일 많이 모아 놓은 곳은 세계적인 관광 마을이 될 것입니다. 또 풀과 나무 종류도 그렇게 모아서 전시하는 것입니다.

19 고기를 자꾸 잡으면 다 없어집니다. 그러니 양식을 해야 됩니다. 길러야 합니다. 그래서 남미의 판타날이라든가 아마존강 유역의 동물들을 가지고 동물원을 만들려고 합니다. 그리고 곤충을 기르는 도시가 생겨야 합니다. 종을 치면 먹고 싶은 새들이 전부 와서 먹을 수 있게 하는 것입니다. 새들을 먹여 살릴 수 있는 곤충을 기르는 도시가 생겨야 합니다. 곤충이 없어서 전부 죽게 되어 있습니다. 곤충을 기르는 동네가 생기고, 새를 기르는 동네, 동물을 기르는 동네가 생겨나야 합니다.

20 남미는 종으로 흐르는 강이 있고 횡으로 흐르는 강이 있습니다. 파라과이강과 아마존강 이 두 강 유역에 집을 짓고 살면서 통일교회 사람들이 주인이 되어야 합니다. 이곳을 찾아

오는 사람을 교육하면서 자연과 더불어 사는 것이 얼마나 멋집니까? 현대 문명, 도시생활과 연결될 수 있는 마을을 만들기 위해서 이런 방대한 지역에 3천만 종류의 곤충박물관을 만들 것입니다. 그러면 곤충학자들은 판타날에 와야 됩니다. 또 3천6백 종의 고기를 양식할 수 있는 양식장을 만들 것입니다. 그다음에 또 조류원을 만들고 식물원을 만들 것입니다.

21 하나의 조화로운 사회는 그 구성원들 사이의 삶의 수준이 동등해야 됩니다. 이러한 공동 번영은 공동 책임의 토대 위에서 사랑에 의하여 자발적으로 진행되어야 합니다. 이상사회에서는 어떠한 부정이나 차별 또는 타락도 존재해서는 안 됩니다. 이 모두는 참사랑의 실천이 전제될 때만 가능합니다. 민족과 피부색과 전통이 다른 사람들이 참사랑의 공동체를 만드는 역사적인 운동입니다. 세계는 심각한 환경위기에 직면하고 있습니다. 환경오염과 자연훼손은 하나님이 창조하신 아름답고 신성한 세계를 모독하는 것과 같습니다. 참사랑이 없는 사람은 자연세계를 단순히 이기적인 이용물로만 여길 뿐입니다. 타락이 가져온 심각한 결과의 하나는, 아담 해와가 하나님의 참사랑을 상속받지 못하게 됨으로써 사람끼리, 또 동식물이나 땅을 올바로 사랑할 수 없게 된 것입니다. 만물은 인간의 참사랑을 고대하고 있습니다.

3절 지금은 해양시대

1 생명의 조상과 같은 것이 물입니다. 하나님 대신 물을 사랑해야 한다는 생각을 해야 됩니다. 바다를 사랑해야 됩니다. 경치가 좋은 데는 물이 없으면 안 되고, 수림이 없으면 안 됩니다. 그것이 물의 조화입니다. 물은 형태를 갖지 않습니다. 절대적인 개성은 갖고 있지만 형태를 갖지 않습니다. 무엇에 담든지 거기에 맞추는 것입니다. 물에 대한 철학만 해득한다면, 성경 66권을 완성할 수 있고 하나님의 아들딸이 다 될 수 있습니다. 그런 말이 가능하다는 것입니다.

2 침례의식은 물에 들어가 다시 태어나라는 것입니다. 물은 모든 생명의 원천이기 때문에 그곳에서 깨끗이 돼서 다시 태어나라는 뜻도 있습니다. 그리고 물을 매일같이 보고 이렇게 움직이는 것을 보게 된다면, 자연히 내 마음도 움직이기 때문에 내 몸의 피도 정화된다는 것입니다. 물이 흘러갈 때 물과 더불어 내 마음도 흘러간다 하고 더러운 것이 다 깨끗이 씻어지는 것을 느껴 봤습니까? 그래서 물을 사랑하자는 것입니다. 물을 사랑하는 것은 생명을 가진 모든 인간이나 모든 만물이 거기에 달려 있

기 때문에 만물을 사랑하는 것이 됩니다. 이것은 원천적인 생각입니다. 물을 사랑하는데 밥 바리 물을 사랑하겠습니까, 호수 물을 사랑하겠습니까, 바닷물을 사랑하겠습니까? 매일같이 바다에 나가야 되겠습니까, 안 나가야 되겠습니까? 바람이 불어서 물결이 이는데, 배를 타면 피가 출렁출렁하기 때문에 피가 썩을 수 없습니다. 전부 정화된다는 것입니다.

바다에서 배운다

3 강이 아무리 많고 크다 하더라도 강은 어차피 대해로 들어갑니다. 대해로 들어가게 되면 전부 섞이게 마련입니다. 오대양을 중심삼고 보면 태평양에는 흑조(黑潮)라는 것이 있어서 4천 마일을 돌고 있습니다. 물론 달의 인력에 의해서도 그렇지만, 이렇게 도는 흑조가 있기 때문에 오대양 전체를 움직일 수 있는 것입니다. 그것이 바다의 기둥 역할을 하고 있습니다. 더러운 것이든 무엇이든 들어오면 그것을 전부 섞어서 하나의 모습을 취하려고 하는 것이 바다입니다. 아무리 큰 강물이 담수를 계속적으로 몇 만년 투입하더라도 그것을 전부 흡수하고 남을 수 있는 여유가 있기 때문에 바다에 권위가 있습니다. 바다는 얼마든지 들어가더라도 변하지 않는 자세를 갖추고 있기 때문에 위대하다는 것입니다.

4 자연은 속임수가 없습니다. 높으면 높고 낮으면 낮습니다. 높은 데 있으면 이의 없이 공급해 줍니다. 선생님이 그것을 배워서 높지만 이의 없이 공급해 주는 것입니다. 이국땅에 가더라도 나보다 못살면 선생님 창고를 열어서 쌀이 떨어지는 한이 있더라도 전부 나눠 줍니다. 수평이 되게 합니다. 그것이 다 물에서 배운 것입니다. 그래서 물을 좋아합니다. 거기에 사는 고기들은 심판을 안 받았습니다. 선생님이 하나님 앞에 제물을 바칩니다. 첫 번에 잡은 고기는 크든 작든 전부 놓아주는 것입니다. 선생님만은 처음 잡은 것은 크든 작든 놓아주는 것입니다. 그것이 얼마나 멋진 일인지 모릅니다.

5 바다가 잔잔할 때는 신비스럽습니다. 매혹적인 신비의 여왕같이 미녀가 되어서 모든 사람들을 끌어들이는 힘이 있습니다. 바다는 은빛으로도 보이지만 비취색으로도 보입니다. 천태만상입니다. 거기에 살랑 바람이 불면 그 물결의 아름다움이라는 것은, 무희가 아무리 춤을 잘 추더라도 거기에 따를 수 없습니다. 또 거기에 갈매기가 날고 있다고 생각해 보라는 것입니다. 앉아 있는 놈이 있는가 하면 나는 놈이 있고, 그때는 갈매기 소리가 슬퍼서 울든지 기뻐서 울든지 전부 아름다운 것으로 생각됩니다.

그리고 큰 파도가 높이 치솟다가 쏴악 하면 얼마나 멋진지 모릅니다. 금빛 같은 물방울이 퍼져 나가고, 그 물방울은 햇빛에 반짝거립니다. 그런 것을 보면 변화무쌍하다는 것입니다.

6 바다는 미녀와 같은, 무희와 같은 성질이 있는가 하면, 한번 성나면 광야에서 달려드는 사자보다도 더 무서운 것입니다. 몇 십 미터의 물결이 몰려오고 몰려갈 때에는 갈매기가 우는 것은 상대도 안 됩니다. '네가 아무리 노래를 잘하고, 네가 아무리 훌륭한 희극배우라 해도 웅장한 내 기세 앞에는 당하지 못한다!' 하는 것입니다. 위세가 당당합니다.

7 자연의 힘은 위대합니다. 그렇기 때문에 바다를 사랑하는 사람은 교만할 수 없습니다. 바다에는 그런 위대함이 있습니다. 바다에는 무진장한 어족이 있습니다. 황금빛으로부터 금빛, 푸른빛, 없는 색깔이 없을 정도로 많은 어족들이 살고 있습니다. 육지와 바닷속을 비교하면 어디가 더 아름답겠습니까? 육지에도 꽃과 나비, 그리고 아름다운 새가 있지만 그런 것은 단조롭습니다. 꽃은 움직이지 않는 것입니다. 바다에 있는 호화찬란한 색깔을 지닌 아름다운 모든 수족(水族)들은 춤을 추면서 활동합니다. 육지가 아름답습니까, 바다가 아름답습니까? 바다가 아름답습니다. 하나님이 왜 물을 만들어 놨을까요? 하나님이 감상하기 위한 특별장치가 물이라는 말도 할 수 있습니다. 딱 숨겨 두고 공개하지 않았다는 것입니다. 하나님은 육지보다 바다에 더 관심이 많을 것입니다.

8 사랑의 세계는 어디에 가든지 다 통하는 것입니다. 태평양 물이 생각할 때 '나는 태평양 물이야. 아시아 물은 전부 오염됐기 때문에 나는 싫어!'라고 합니까? 물이 어디서 흘러나오든 전부 꿰차는 것입니다. 거기에 나쁜 것이 있으면 그것을 섞어 빨리 해소시켜서 같은 길을 가려고 노력하는 것입니다. 그렇기 때문에 태평양 물은 아무리 공해가 심하더라도, 인류가 없어지는 한이 있더라도 여전히 푸를 것임에 틀림없습니다. 아무리 시련을 받고 우여곡절의 과정을 거치더라도 바닷물이 푸른빛을 점령당하지 않는 것과 마찬가지로, 사랑의 권위와 사랑의 내용과 사랑의 힘은 언제나 푸를 것입니다.

9 태풍이 불어올 때는 얼마나 물결이 밉고 바람이 무서운지 압니까? 그렇지만 바람도 자기 사명을 한다고 생각합니다. 만약에 바람이 안 불면, 바다에 물결이 없으면 고기가 못 삽니다. 바람이 부는 것은 바다에 산소

를 공급하는 것입니다. 파도는 산소를 공급하는 것입니다. 그렇기 때문에 물결이 대로(大怒)하고 있더라도, 암만 바람이 불어와도 그 맛을 보면서 '네 맛을 잃지 않았구나!'라고 해야 됩니다. 바다는 짠맛을 갖고 있습니다. 그렇게 생각하면 물결이 밉지 않고, 몰아치는 파도가 밉지 않다는 것입니다. 바다에 철학이 얼마나 많은지 모릅니다. 육지에서만 산 사람은 저나라에 가서 이상적 활동을 하는 데에 상당히 지장이 많을 것입니다.

10 바다에 다녀 보면 참 배울 것이 많습니다. 하루에도 몇 번 변합니다. 세상에서 인심(人心)은 조석변(朝夕變)이라고 했지만, 바다는 조석변이 아니라 시시변(時時變)입니다. 시간마다 변하는 것입니다. 가만히 보면, 아무리 날이 좋다 하더라도 어느 골에 가게 되면 바람이 없지만 어느 골에 가게 되면 바람이 부는 것입니다. 큰 바람은 아니지만 전부 다릅니다. 사람의 얼굴이 다른 것과 마찬가지입니다. 물이 있고 산이 있으면 산이 높고 낮음에 따라 기후가 달라지는 것입니다. 바다는 천태만상의 묘미를 가지고 있습니다.

11 선생님은 시간만 있으면 바다에 나갔습니다. 바다에 나가서 부대낍니다. 그렇지만 그것이 정신을 가다듬어서 큰 싸움을 하기 위한 시련이고 준비라고 생각합니다. 잠도 못 자고 참 피로하지만 정신을 똑바로 차리고, 자기 스스로 그러한 표준을 정해서 이 평형선에서 딴 데로 기울어지지 않는 생활을 하고 있습니다.

12 바다의 세계를 모르는 사람은 그만큼 행복의 영역이 제한된다는 결론이 나옵니다. 창조주가 있다면 육지를 알고 바다를 잘 알아서 바다의 신비성을 생각하고 육지의 아름다움을 생각하면서 찬양하는 것을 좋아하지, 한 면만 가지고 좋아하지 않을 것이라는 것은 지극히 이론적인 말입니다.

13 바다를 봐도 바다를 그저 바다로만 보는 것이 아닙니다. 아버지께서 나에게 주신 선물이라고 보는 것입니다. 재창조하는 과정으로서 모든 것을 재감관한다는 것입니다. 여기서 위대한 혁명이 벌어집니다. 위대한 승리의 기치가 여기서 싹터 오르는 것입니다. 그렇기 때문에 모든 만물은 누구의 것이 되기를 원하느냐? 하나님의 사랑을 받는 사람의 것이 되고 싶어한다는 것입니다. 그것이 진리입니다. 하나님의 사랑을 받는 사람의 것이 되고 싶다는 것입니다. 미물인 동물로부터 모든 식물까지 하나님의 사랑을 받는 사람의 소유가 되고 싶어한다는 것입니다.

14 선생님은 자극적인 것을 좋아합니다. 변동이 많은 데서 뚫고 나가는 것입니다. 그러려면 육지보다도 바다가 더 낫습니다. 바다에는 바람도 불고 잔잔하기도 하고 풍랑이 몇 번씩 일고 변한다는 것입니다. 그래서 육지 여행보다도 바다 여행이 좋다는 것입니다. 이 땅은 다녀도 아침의 생각 그냥 그대로 변동이 없습니다. 육지야 아무리 다녀도 손 안 대고 점잖게 갈 수 있지만 바다는 그렇지 않습니다. 나는 이렇게 간다고 하는데 이리 갔다 저리 갔다 하는 것입니다. 그렇게 변합니다. 변화하는데 참으로 자극적인 변화가 있습니다. 잔잔할 때에는 육지가 무색할 정도입니다. 참으로 신기할 정도로 잔잔합니다. 어떤 때는 그 바닷물이 유리판 같은 기분이 날 때가 있습니다. 너무나 아름다워서 만지고 싶고, 너무나 먹고 싶다는 생각이 들 때가 있습니다. 그렇기 때문에 '바다가 변화무쌍하지만 나는 간다.'라는 일념으로 전진해 갑니다. 그런 자극이 없어 가지고는 큰 일을 할 수 없습니다.

15 선생님은 지금까지 개척자였습니다. 개척해서 선생님이 선두에 섰습니다. 우리 회사에서 배를 만들어서 선장이 없으면 선생님이 전부 데리고 바다에 나가는 것입니다. '바람아, 불어오너라. 파도야, 쳐라. 사나이 가는 길을 막을쏘냐? 하늘을 위하고 인류를 위해 후대에 생명을 이어받을 수 있는 식량문제를 여기서 해결하겠다.'라는 생각을 가지고 있습니다. 그거 멋진 사나이지요? 선생님은 그런 사나이를 좋아합니다. 거기에서 앞으로 살아남을 산 영화가 나올 것이고, 역사의 소용돌이가 거기서 풀릴 것입니다. 희비극이 교차하는, 멋진 사내들이 동경하며 가야 할 길이라는 것입니다. 그래서 세계를 넘어갈 수 있는 기지가 거기에 있다는 것입니다. 이럼으로써 바다에 나가는 수많은 젊은이들에게 희망을 줄 수 있습니다. 내일의 바다세계에 대한 꿈을 그릴 수 있는 하나의 원천이, 샘이 여기서 폭발하는 것입니다.

16 선생님이 열심히 바다로 나가는데, 그 마음을 잊어버리면 문제가 됩니다. 정성은 천년만년 계속 들여야 됩니다. 바다에 나가서 정성 들이는 것을 편안히 앉아서 하면 탕감조건이 안 서게 됩니다. 어제보다도 오늘이 낫고, 오늘보다도 내일이 나아야 됩니다. 앞으로 선생님이 굶어죽는 사람들을 구해 줄 때까지 그 정성을 들이면 선생님이 죽더라도 그 뜻이 이 땅 위에 이루어진다고 봅니다.

17 하나님이 절대사랑 때문에 창조한 만물을 볼 때 하나님이 재미있게

지었다는 것입니다. 미래의 복지 천국을 중심한 가정에서 생활 필수요건을 갖추기에 충분하도록 다 만들어 놓았으니 얼마나 재미를 느끼겠느냐는 것입니다. 흐르는 물도 천지의 기능을 위한 것입니다. 바닷물이 수증기가 되어서 비를 내려 순환하면서 만물을 소생시키는 것입니다. 전부 협동권 내에서 상충이 아니라 전체가 협력해서 인간의 이상을 완성할 수 있게 되어 있다는 것입니다. 하나님의 생활적인 무대인 이 땅 위에서 하나님의 아들딸을 길러 천국으로 이양하자는 것입니다.

18 서양 사람들은 선생님이 한국 사람이지만 한국만을 위해 일한다고는 생각하지 않습니다. 세계를 위해서 일한다는 관념이 강합니다. 그래서 육지에서나 바다에서나 핍박을 받으면서도 대담하고 용감하게 세계적인 협회를 구성하고 있습니다. 그런 의미에서 일반 사상을 중심삼고 하는 것이 아니라 종교라는 배경을 중심삼고 이런 체제를 갖추어 해양교회라는 타이틀을 내걸었다는 것은 무서운 선언입니다. 이것은 선생님의 무서운 과제 설정입니다. 앞으로 해양교회를 해서 뭘할 것이냐? 바다에 나가서 훈련이나 하는 것이 아닙니다. 바다를 점령하고 바다를 사랑하는 것입니다. 바다를 점령한다고 해서 뭘 어떻게 하는 것이 아닙니다. 창조주의 본의에 합당하게 바다를 관리하고, 바다를 사랑하는 의미에서 바다를 중심으로 세계를 결속할 수 있는 무대로 삼자는 것입니다.

바다는 무한한 자원의 보고

19 바다를 좋아해야 됩니다. 개척해야 됩니다. 육지의 3배나 되는 바다를 무시할 수 없습니다. 이제부터 해저에 있는 자원을 누가 개발하느냐? 지상에 금은보화 석유가 있다고 하지만, 바다는 육지보다 3배나 넓으니 3배가 묻혀 있습니다. 그것을 개발할 수 없었는데 이제 수산자원 개발에 착수해야 됩니다.

20 물은 얼굴이 없습니다. 담는 대로 어디든지 틀림없이 거기를 채워 줍니다. 천만상을 가질 수 있습니다. 조그만 그릇에 담으면 조그맣게 되고, 큰 탱크에 담으면 큰 탱크가 되고, 집채보다 더 큰 곳도 꽉 찹니다. 그렇게 큰 바다 자체도 하나의 얼굴로 보는 것입니다. 태평양 대서양 인도양 등 오대양이 있지만, 하나의 얼굴과 마찬가지입니다. 여러 가지 모양을 가지고 있습니다. 지구성의 금은보화는 해저에 많습니다. 바닷속에 많다는 것입니다. 선생님은 거기에 관심이 있습니다. 남들이 손댄 것은 원치 않습니다. 해저의 모든 금은보화를 얼

마든지 파낼 수 있습니다. 요즘에는 과학이 발달했기 때문에 섬에서 바다 밑으로 몇 십리 굴을 뚫어서 무엇이든지 할 수 있습니다. 그렇기 때문에 바다를 점령하는 것이 중요합니다.

21 심각한 기아문제를 해결할 수 있는 대안은 어디에 있느냐? 지구성의 75퍼센트를 차지하고 있는 해양권이야말로 새로운 자원의 보고입니다. 바다는 각종 공해와 자원의 고갈로 인해 죽어 가고 있는 지구성을 회생시키고 인류의 밝은 미래를 약속해 줄 새로운 원자재의 보고입니다.

22 바다의 자원이 얼마나 방대하냐 하면, 이 육지가 문제 아닙니다. 앞으로 연료 문제를 보게 되면 유류 연료라든가 석탄 연료, 전기를 중심한 시대는 지나갑니다. 전기도 한계가 있습니다. 이제 에너지 보급처는 바다밖에 없습니다. 수소를 개발하는 길밖에 없다는 것입니다.

23 앞으로는 과학적으로 식량을 무진장 만들 수 있습니다. 그것을 지금은 왜 못 만드느냐 하면 원가가 많이 들기 때문입니다. 연료비가 많이 듭니다. 앞으로 수소에너지를 해결하게 될 때 에너지는 무진장입니다. 에너지가 너무 많아서 주체할 수 없게 됩니다. 그러니까 먹을 것도 얼마든지 주체할 수 없게 만들 수 있습니다. 그러면 혼자서 먹고살기가 심심하니까 길거리를 가는 사람보고 '어서 좀 먹고 가소. 그리고 이야기 좀 합시다!'라고 할 때가 올지 모릅니다. 그러니 지금부터 준비하자는 것입니다. 우리 후손들이 잘살 수 있게 우리가 그렇게 만들어야 됩니다.

24 바다에 가 보면 바다는 단조롭습니다. 수평선밖에 없습니다. 그렇지만 내용은 얼마나 복잡한지 모릅니다. 또 자원으로 말하더라도 육지보다 많은 자원을 갖고 있습니다. 거기에는 무진장의 보화가 있습니다. 인간이 좋아하는 모든 보물들이 거기에 잠겨 있습니다. 이와 같은 바다를 점령하려면 무엇이 필요하냐? 미국의 개척시대에 서부의 광산을 찾아가기 위해서 모험을 무릅쓰던 것을 생각해 보십시오. 그때 모험적이요 용맹스러운 사람에게 그것을 소유할 수 있는 특권이 있었던 것과 마찬가지로, 그렇게 모험의 고개를 몇 번이나 넘어가지 않고는 보물을 차지할 수 없습니다. 지금까지는 배들이 왔다 갔다 하는 항로를 소유하기 위해 싸움을 했지만, 바닷속의 것을 소유하기 위한 투쟁을 하지 않았습니다.

25 앞으로 바다의 주인은 누가 되느냐? 지구에 대변동이 벌어지면 바다

가운데 육지가 생겨날 수도 있고, 육지가 바다로 될 수도 있습니다. 만일 태평양 가운데 미국보다 더 큰 육지가 생겨난다면 그 땅은 누구의 땅이 되겠습니까? 그렇게 안 된다고 말할 수 없습니다. 언제 그렇게 될지 아무도 모릅니다. 바다 밑이라고 화산맥이 없는 것이 아닙니다. 그래서 '2백 해리 이내의 어디든지 내 것이다.'라고 주장하는 사람이 있으면 좋겠는데 그런 사람이 없습니다. 틀림없이 때가 올 것입니다. 바다를 중심삼고 싸우는 시대가 올 것입니다. 그때에 바다를 소유할 수 있는 사람은 용맹하고 개척정신이 있어야 합니다. 그러지 않고는 바다의 주인이 될 수 없는 것입니다.

26 앞으로 세계를 지도할 수 있는 사람은 바다를 지킬 줄 아는 사람입니다. 인류가 해저의 보화 보물을 자기들의 모든 권력과 문화적 배경, 전통과 국력을 투입해서 개발하는 시대가 옵니다. 그것을 개발하기 위해서는 해양지역을 누가 먼저 점령하느냐 하는 문제가 관건입니다. 이런 문제를 놓고 볼 때 참부모의 이름을 가진 역사적인 책임자로서 앞으로 통일교회가 머무를 수 있는 기지로 어떤 곳을 남겨 줄 것이냐? 그곳은 바닷가입니다. 앞으로 바닷물을 이용한 수산업, 양식업은 무한한 것입니다.

27 북극에는 8백 미터의 눈이 쌓여 있습니다. 그것은 깨끗한 물입니다. 천년 전에 쌓인 맑은 물이라는 것입니다. 공해가 없습니다. 그 물은 만년 후에도 깨끗한 물입니다. 남극도 마찬가지입니다. 얼음 아래에 인공적으로 얼음판의 문화도시, 뉴욕 같은 도시를 지었다면 많은 사람들이 관광을 가겠습니까, 안 가겠습니까? 그거 짓는 것은 문제없습니다. 생각만 해도 기분이 좋습니다. 터널을 한번 만들어 놓으면 만년 터널이 되고 허물어지지 않습니다. 일년에 한 번씩 냉수를 뿌려 놓으면 꽝꽝 얼기 때문에 자꾸자꾸 튼튼해지는 것입니다. 점점 강하게 됩니다.

28 얼음 아래에서 농사를 지을 수 있는 때가 왔습니다. 거기에서 꽃도 피는 것입니다. 알래스카 같은 데 가면, 높은 산중엔 만년설이 있고, 그 중간에는 풀이 돋아 있고, 그 아래에는 꽃이 피고, 그 아래에서는 낚시질하고 그런다는 것입니다. 얼마나 아름다운 선경(仙境)인지 모릅니다. 아름답고 물 맑고 공기 좋고, 모든 생태적 조건을 골고루 갖춘 환경이라는 것입니다. 한번 취미 삼아 갔다가 맛을 들이게 되면 거기서 살고 싶지 나오고 싶지 않다는 것입니다. 지금 선생님이 이렇게 노력하는 것도 그런 것이 있는 곳이기 때문입니다.

29 젊은 사람들은 바다에 대해서 관심을 가져야 합니다. 선생님이 24시간 바다로 나가는 것은 바다를 사랑했다는 전통을 세우기 위해서입니다. 배 타는 사람은 바다에 나가면 6개월 내지 1년 만에 돌아오기 때문에 여자들은 뱃사람을 싫어합니다. 그렇기 때문에 뱃사람이 점점 적어지는 것이 세계적인 경향입니다. 그래서 우리가 이것을 인수해야 되겠습니다. 그러니까 앞으로 세계의 해상권을 우리가 장악해야 됩니다. 앞으로 육지보다도 바다에 주력할 때가 온다는 것을 알아야 합니다. 그렇기 때문에 선생님이 바다에 관심을 갖고 있습니다. 선생님이 바다에 관심을 갖고 있는 것이 그러한 목적 때문이라는 것을 알고, 여러분도 바다에 관심을 가지라는 것입니다.

바다와 인류의 식량문제 해결

30 바다는 원료시장 가운데서 3분의 2를 차지하는 세계의 보고입니다. 바닷속에 다이아몬드 광산이 있겠습니까, 없겠습니까? 육지의 2배 이상이 있을 것입니다. 하나님의 뜻 가운데서 선생님이 하나님의 복귀섭리를 하기 때문에 2배 이상이 있을 것이라고 봅니다. 그다음에 바다에는 해초가 있고 고기가 있습니다. 이것이 전부 식량이 됩니다. 해초가 있는 면적이 이 육지 면적의 2배 정도 됩니다. 거기에 또 무수히 많은 고기가 있습니다. 이런 생각을 하는 사람이 거기에 관심을 안 가지겠습니까? 땅보다도 더 관심이 많을 것입니다.

31 육지의 원자재는 한계가 있지만 바다의 원자재는 무한합니다. 한 마리의 고기가 몇 백만 개의 알을 깝니다. 그러니 바다의 원자재는 무한하다는 것입니다. 이것을 인공적으로 부화하게 될 때는 백 퍼센트 부화할 수 있습니다. 밑감이라든가 사료 같은 것을 제대로 조절만 하면 무한한 원자재를 보급할 수 있습니다. 그런 곳은 바다밖에 없기 때문에 해양문제에 대해서 생각하고 있는 것입니다. 앞으로는 한 가족이 수중에 들어가서 살 수도 있는 잠수정을 생각해야 됩니다. 수중에서도 양식을 할 수 있게끔 하는 것입니다. 이렇게 볼 때 무한한 환경적 여건을 발전시킬 수 있고 확장시킬 수 있습니다.

32 금후에 인류의 식량문제 해결 방안은 양식 외에는 없습니다. 앞으로 바닷가에는 빌딩과 같이 수십, 수백 층을 지어서 버튼만 누르면 양식을 할 수 있습니다. 100평만 가지면 한 세대가 자녀들 대학 공부를 시키고 살 수 있습니다. 지금 때는 과학이 상당히 발달했기 때문에 바닷물을 몇 십리, 몇 백리, 몇 천리 밖에서도 끌

어올 수 있습니다. 산에다 양식 빌딩을 얼마든지 지어서 양식을 할 수 있다는 것입니다. 그렇지 않고는 인류의 식량문제를 해결 못합니다. 그렇기 때문에 선생님이 심각합니다.

33 담수어와 해수어를 바꿔치는 식으로 물고기를 기르는 것입니다. 연어는 바다에서 사는데, 담수에 올라와서 새끼를 칩니다. 양식장을 만들어서 담수어를 해수에서 기르고 해수어를 담수에서 기르는 것이 필요합니다. 왜 그러냐? 벌레 같은 것을 일일이 잡을 수 없으니 벌레를 죽이려면 어떻게 하느냐? 바닷물에서 살던 것을 담수에 옮겨서 한 달만 두면 다 죽어 버립니다. 그것은 간단한 것입니다. 2주일만 교체해 버리면 얼마든지 할 수 있습니다. 그 조정이 가능합니다. 그러니까 땅을 중심삼고 목장에서 얻는 수입과는 비교가 안 됩니다.

34 낚시터에 고기가 없으면 양식장을 만들어서 고기를 양식해야 됩니다. 고기를 양식해서 어디든지 운송해서 낚시를 할 수 있는 시대가 되었습니다. 기후가 맞고 온도가 맞는 데서 양식장을 만들어 양식하면 어디든지 무슨 고기든 낚시터에 집어넣을 수 있습니다. 배로 운반해 놓아주고 잡을 수도 있습니다. 짐승들도 호랑이 사냥까지 할 수 있는 시대가 옵니다. 늑대를 길러서 사냥터에 풀어 놓고 사냥할 수도 있습니다. 곰 사냥도 할 수 있고, 무슨 동물이든 사육해서 사냥할 수 있는 것입니다.

35 선생님은 참치에 착안해서 앞으로 인류의 식량문제에 대처하려고 합니다. 참치는 대량으로 길러서 바다에 보내더라도 빠르기 때문에 두 달만 길러서 놓아 놓으면 절대 잡아먹히지 않습니다. 참치는 보통 평균속도가 시속 35마일이고, 빨리 갈 땐 120마일이나 됩니다. 바다에서 제일 빠른 고기입니다. 이것이 얼마나 멋지냐 하면, 등지느러미가 지나갈 때는 쏙 들어가지만 옆 지느러미를 싹 펼치면 다른 고기가 딱 걸려듭니다. 하나의 어뢰나 폭탄같이 되어 있습니다. 참치는 오대양을 무대로 해서 사는 고기입니다. 이것을 무진장 산란시켜서 바다에 보내는 날에는 인류의 식량문제가 해결되고, 공해문제가 해결된다고 생각합니다. 그래서 선생님이 이것을 개발하고 있습니다.

36 남극에 가게 되면 조그만 새우, 빨간 새우가 있습니다. 1억5천만 톤에 해당하는 새우가 매해 죽어 갑니다. 인류가 고기를 잡아먹는 그 양이 1억4천만 톤이 못 됩니다. 고성능 단백질이 새우에 제일 많습니다. 고기하고는 비교가 되지 않습니다. 그렇

기 때문에 새우를 어떻게 처리하느냐 하는 것을 선생님이 생각했습니다. 그러니까 가루를 만드는 것입니다. 새우는 일년이면 죽습니다. 그것은 하나님이 지을 때 고기 먹이로 지은 것입니다. 그런데 다 잡아먹지 못하기 때문에 많이 죽어 갑니다. 매해 그러한 고기 양이 바다로 흘러가는 것입니다. 또 그것이 공해와 직결되는 것입니다. 이 문제를 어떻게 해결할 것인가? 선생님이 다년간 연구해서 어분을 생산한 것입니다.

37 세계에서 굶어 죽어 가는 2천만의 사람들을 위해서 선생님은 양식장을 만들었습니다. 공해로 인한 오존층 파괴 문제를 인류의 대표로서 해결할 수 있는 사람은 선생님밖에 없습니다. 그렇게 각 방면에 관심을 갖고 나가지 않으면 안 됩니다. 선생님이 갈 수 없을 때는 여러분이 눈물을 흘리고 땀을 흘리면서라도 가야 됩니다. 선생님의 발자국 위에 자기도 발자국을 남기겠다고 하는 마음을 가져야 합니다. 원리의 길은 그대로 밟아가는 길입니다. 넘어가는 길이 아닙니다. 몇 천대의 후손도 원리의 길은 마찬가지로 그와 똑같이 가지 않으면 안 됩니다. 그러니 탕감의 길입니다.

4절 바다낚시의 깊은 뜻

1 참치잡이 같은 것은 낚시가 아닙니다. 바다의 사냥입니다. 바다의 사냥이란 말은 처음 들을 것입니다. 그것을 잡기가 큰 소 한 마리 잡기보다 더 힘듭니다. 한 마리에 1천 파운드 이상 나가는 것입니다. 5백, 6백, 7백 킬로그램 나가는 것도 있습니다. 그런 것은 황소보다도 큽니다. 그런 것을 잡으면 신이 납니다. 잡아서 오래 두면 고기가 상하니까 피를 뽑는데, 피를 뽑으면 바다는 일순간 피바다가 됩니다. 그때는 선생님도 '내가 참 무자비한 마음을 썼구나!'라는 생각이 듭니다. 선생님은 그럴 때마다 '하나님도 우리를 인류 해방을 위한 제물로 생각하기 때문에 어쩔 수 없지 않을까?'라는 생각을 합니다. 또 '자연세계에서 잡아낸 것은 정성 들인 것이 아니기 때문에 제가 길러서 제물을 드리겠습니다.'라고 다짐하니 기분이 풀렸습니다. 그래서 양식사업을 하고 수산업을 하는 것입니다.

정신건강을 위한 바다낚시

2 바닷물고기를 보면 참 재미있습니다. 제일 가장자리, 제일 얕은 데는 조그만 고기가 있습니다. 깊은 데로 들어가면 점점 큰 고기가 있습니다. 조그만 고기는 조금 더 큰 놈한테 잡아먹히고, 또 더 큰 놈은 그보다 더 큰 놈한테 잡아먹히고, 잡아먹히고 하는 것입니다. 재미있는 것이, 고래라든가 참치를 보면 새끼는 똑같다는

것입니다. 명태나 참치나 새끼는 마찬가지라는 것입니다. 그렇게 먹히는 과정을 참고 넘어가야 됩니다. 그렇기 때문에 불평을 못한다는 것입니다. 큰놈의 새끼라고 크게 낳아 놓으면 작은놈의 새끼들을 다 잡아먹으라는 것이 아닙니다. 같은 입장에서 출발한다는 것입니다. 이렇게 공평한 하나님입니다.

3 바다에 가면 물이 깊으면 깊을수록 온도 차이가 많습니다. 온도 1도 2도 차이에 따라서 고기 종류가 전부 달라집니다. 인간은 모르지만 고기 세계는 1도 차이가 나는 층과 면을 따라 오대양을 찾아다니는 것입니다. 참 신비하다는 것입니다. 어제까지 고기들이 무진장 많았는데, 고기 절반 물이 절반이었는데 오늘 가 보면 한 마리도 없습니다. 그것은 왜 그러냐 하면 온도 차이 때문입니다. 0.5도 1도가 달라지면 완전히 없어지는 것입니다. 사람은 1도 2도 차이가 문제없지만 고기들은 그렇다는 것입니다. 사람은 한대지방에 가서도 살 수 있고, 열대지방에 가서도 살 수 있고, 온대지방에 가서도 살 수 있지만 동물들은 그렇지 않습니다.

4 바다낚시를 하러 가도 그냥 수평선만 있는 바다로 가는 것이 아닙니다. 반드시 바닥에 돌이 있는 데로 가야 합니다. 돌이 있어서 숨을 수 있고 벌레들이 붙어사는 데에 고기가 있다는 것입니다. 물이 흐르는 것을 보면 고기들이 있는 곳은 반드시 물결이 칩니다. 3미터 5미터의 물결이 친다는 것입니다. 그런 데에 가면 고기가 있습니다. 그런 곳에 가까이 가서 고기를 잡아야 됩니다.

5 선생님은 온도를 맞춰서 낚시질을 합니다. 온도가 어느 정도에는 어떤 고기들이 있는지를 벌써 압니다. 낚시를 몇 번 드리우면 고기들이 벌써 밑감을 건드립니다. 낚싯대를 빨리 감으면 위로 올라오고 천천히 감으면 가라앉는 것입니다. 천천히 감으면서 지금 수면의 몇 분의 1에 낚시가 흐르는가를 다 알아야 합니다. 지금 이런 기온에서 큰 연어는 어느 정도에 온다는 것을 선생님은 압니다. 연어는 보통 바닥에 있습니다. 바닥에 먹이들이 많기 때문입니다. 벌레들이나 게 같은 것들이 거기에 있으니까 바닥으로 몰린다는 것입니다.

6 낚시를 하러 바다에 가는 것이 아닙니다. 알래스카의 정신이 뭐냐 하면 연어의 정신입니다. 연어는 새끼를 낳기 위해서 4천 마일, 5천 마일의 대해를 거쳐 떠났던 자기 고향을 찾아옵니다. 인간의 복귀노정도 이와 마찬가지입니다. 몇 천만리를 떠났

더라도 다시 찾아갈 줄 알아야 합니다. 이 낚시를 하는 데 있어서도 그 이상 흥분되는 낚시가 없습니다. 그것이 얼마나 강한지 모릅니다. 다른 고기들이 물었을 때는 그저 몇 번만 감으면 나오지만 이것은 수십 번을 감아야 합니다.

7 선생님은 낚시를 곧잘 합니다. 40일 이상 밤낮으로 해봤습니다. 선생님이 낚시질해서 잡으려고 하는 고기는 첫 번에 데꺽 무는 그런 것이 아닙니다. '그것 물어라. 송사리 떼야, 모여라.'라고 해서 맨 나중에 지긋한 놈이 물 수 있게 기다립니다. 마찬가지로 지금 여러분이 전도하는 것을 보라는 것입니다. 지금 끈이 달렸는지 모르고 나가 전도하고 있습니다. 그렇지만 잡아당길 한때가 옵니다. 그러니 얼마든지 기다리라는 것입니다. 마음을 크게 먹어야 합니다. 지금 그런 표준을 가지고 나가기 때문에 여러분은 대번에 전도한다는 조급한 마음을 갖지 말라는 것입니다.

8 배를 타고 낚싯대를 드리워 놓고 앉아 있을 때는 한가하기가 이루 말할 수 없습니다. 거기서 산보를 할 수 있습니까? 비좁은 데서 움직이고 거기서 요리를 해야 됩니다. 거기서 극장 구경을 할 수 있습니까, 친구가 있어 놀러 갈 수 있습니까? 조용히 해야 하니까 음악도 못 듣습니다. 그러니까 바다를 바라보면서 바다하고 하늘하고 얘기하는 것입니다. 바다와 하늘이 하나되는 거기에 선생님 혼자 있으면 참 기분이 좋습니다. 거기에서는 하나님도 혼자이고 선생님도 혼자이니까 그 기분이 통한다는 것입니다. 고기를 잡으러 나왔지만, 그런 생각을 하는 사람은 역사상에 선생님밖에 없을 것입니다. 선생님이 왜 자꾸 바다에 나가느냐? 영적으로, 모든 면에 이익이 많다는 것입니다. 하루 종일 집에 있으면 정신이 산만해서 세계선교라든가 교회문제 등 전체를 생각해야 될 것을 몇 분의 1밖에 생각하지 못합니다. 그러나 바다에 나가면 전체적인 생각을 하게 됩니다. 그런 면에서 바다가 상당히 좋습니다. '이래서 낚시도라는 말이 나왔구나.'라는 것을 느끼게 됩니다.

9 선생님은 낚시를 하러 가서나 어디 가서나 생각을 많이 합니다. 낚시를 오래 한 사람은 낚싯대를 열 번 늘어뜨리면 열 번 생각하고, 백 번 늘어뜨리면 백 번을 생각합니다. 그러니 열 번 늘어뜨리면서 백 번 생각하게 된다면 앞설 수 있는 것입니다.

10 사냥은 육체운동으로서 육체건강을 위한 것이고, 낚시는 정신건강을 위한 것입니다. 앉아서 낚시질할

때는 자기 일생을 회상하고 생각을 참 많이 하게 됩니다. 그런 시간을 가질 수 있다는 것이 놀라운 일입니다. 자신의 과거를 분석하고 미래 생활에 대해 설계할 수 있습니다. 우리에게 가장 중요한 시간이 되는 것입니다. 위엄을 갖추고 자기 자신을 차분히 되돌아볼 수 있습니다. 그것이 절대 필요하다는 것입니다. 이것을 동양에서는 낚시도라고 합니다. 그렇기 때문에 낚시를 몇 년만 하게 되면 고기를 잡았더라도 놓아주고 싶지, 잡은 고기를 먹고 싶은 생각이 하나도 없게 됩니다. 그것이 진짜 도(道)입니다. 먹고 싶은 생각이 없어진다는 것입니다. 그러니까 얼마나 도덕적 정신적인 발전이 되는지 모릅니다. 그런 것을 배움으로써 잔인성을 없애 버릴 수 있습니다. 어떤 부서의 장이 되었으면 그 부서 요원들을 대해 신사적으로 대할 수 있게 됩니다. 이 모든 인간을 화합할 수 있는 하나의 도장이 되어 있습니다.

11 역사는 새로운 세계를 만들고 있습니다. 그러니까 선생님을 가리켜 틀렸다고 말을 못합니다. 선생님이 부끄럽지 않다는 것입니다. 고기 얼굴을 보고 말하는 것입니다. 하루 종일 앉아 낚시를 하면서 '너희는 나 같은 남자를 처음 보지? 너희를 잡는 것이 목적이 아니다. 너희를 연결시켜서 어장을 중심삼고 인류의 기근을 해결하기 위해서다. 그것이 너희가 창조된 본연의 목적이 아니냐? 그렇게 된다면 너희의 살을 먹은 사람은 나쁜 짓을 안 하게 될 것이다.'라고 말하는 것입니다.

12 선생님이 낚시를 할 때 '내가 주인이다. 다 오너라!'라고 하면, 고기들이 전부 몰려옵니다. 그러면 먹이를 주는 것입니다. 그렇기 때문에 낚시를 하면 언제나 주위 사람들보다 더 많이 잡습니다. 이상하다는 것입니다. 어떻게 그렇게 되는지 이해할 수 없습니다. 종적인 하나님을 중심삼고 하면 그렇게 됩니다. 거기에서 색다른 광채가 나는 것입니다. 여러분에게서 보통의 빛이 난다면 선생님은 특별한 빛이 나온다는 것입니다. 그 빛을 고기들이 본다는 것입니다. 그러니 고기들이 아무리 오지 말라고 해도 몰려옵니다.

13 선생님은 낚시를 가서 첫 번 잡은 고기는 놔줍니다. 하나님이 지어서 놔준다는 마음을 가지고 놔주는 것입니다. 그리고 선생님이 잡은 고기는 지금까지 먹지를 않았습니다. 2천만의 하나님의 아들딸이 굶어 죽는데 고기가 자연사하는 것을 허락할 수 없습니다. '너를 잡아 가지고 2천만 하나님의 아들딸을 살려 주어야겠

다.'라고 하는 것입니다. 동물이 혹은 식물이 생겨난 원칙이 그것이니까 거기에 대해서는 고맙게 생각해야 됩니다. 그런 의미에서 낚시대회에 나가게 되면 선생님 낚시에는 고기가 잘 잡히고, 일반 사람의 낚시에는 안 잡힙니다. 정성입니다. '야, 하나님이 지은 물 박물관에 잠수해 들어갈 수 없으니 한번 물속에서 뛰쳐나와 나로 하여금 하나님이 놓아주는 기쁨을 감상하게 하라.'라고 하면 자기가 찾아와서 잡히더라는 것입니다.

14 참사랑을 가졌으면 무엇이든지 통일이 가능합니다. 동물세계나 식물세계, 독사까지도 전부 보호해 준다는 것입니다. 선생님이 낚시질할 때는 '고기들아! 내가 너를 잡는 것은 나를 위해서가 아니야. 세계에서 굶어 죽는 저 불쌍한 사람들에게 하나님이 눈물을 흘리면서 먹이고 싶어하는 심정을 대신해서 잡는다. 나를 위해서가 아니고 후손과 만민을 위해서 잡는 것이니 너희가 용서해야 돼!'라고 하는 것입니다. 그래서 처음 잡은 것은 먹지 않고 제물로 놓아주는 것입니다. 사랑을 받았으면 그 앞에 생명을 바치려고 합니다. 그래서 배에 탄 열두 명이 잡은 물고기의 3분의 1은 선생님이 잡습니다. 주위에서 '고기들이 알아보고 선생님의 낚시에만 자꾸 물어!'라고 합니다.

15 배를 타고 푸른 바다에서 고기를 잡겠다는 것은 하나님의 복귀섭리, 구원섭리와 마찬가지입니다. 타락한 인간이 고기라면 그와 마찬가지입니다. 미끼를 좋은 것으로 꿰어 넣어야 되고, 그다음에는 든든한 줄을 매야 되고, 낚싯대도 좋아야 되고, 모든 것을 갖추어서 잡아야지, 줄도 약하고 미끼도 나쁘고 낚싯대도 나쁘고 잡는 기술도 나쁘면 못 잡는다는 것입니다. 세상을 사는 것도 딱 고기 잡는 것과 마찬가지입니다.

16 이 세상에서 성공하려면 자신이 낚싯대와 같은 입장에서 낚시를 만들어서 좋은 줄을 걸고 좋은 미끼를 걸어서 낚아야 됩니다. 그냥 낚아지질 않습니다. 그것이 상대적인 여건이 맞아 가지고야 수확이 벌어지지, 상대적 여건을 맞추지 않으면 수확을 가져올 수 없다는 것입니다. 그렇기 때문에 혼자 사는 것이 아닙니다. 전체, 즉 만물과 인류, 하늘땅, 하나님과 같이 산다는 것입니다. 그래서 만민이 바라보는 눈, 좋은 눈, 좋은 오관, 좋은 몸, 그것도 하나님이 바라보는 오관, 그러한 좋은 몸으로서 같이 살 수 있다는 것을 자각해야 됩니다. 그것을 느끼고 살게 되면 그 사람은 종교가 필요 없습니다.

17 최고의 낚시 미끼와 같은 것이 사

랑입니다. 만민을 낚을 수 있는 하나의 미끼가 사랑입니다. 역사를 낚고 하나님을 낚을 수 있는 미끼가 뭐냐? 하나님을 낚을 수 있는 미끼가 있다면 한번 준비하고 싶지요? 그것은 사랑의 미끼입니다. 역사를 낚을 수 있고 천지를 낚을 수 있는 미끼가 있다면 그것은 사랑입니다.

18 이제 우리의 때는 왔습니다. 하나님이 바라던 한때를 맞았다는 것입니다. 역사시대의 수많은 인류, 혹은 수많은 선열들이 피의 길을 가려 가면서 닦아 왔던 소망의 한 시대가 우리 목전에 도달했습니다. 그것이 우리 시대에 걸려 있습니다. 큰 고기 앞에 미끼가 되어 맛있는 냄새를 피우며 꼬리를 흔들면서 빙빙 돌고 있는 기분입니다. 그 미끼를 선생님이 쥐고 앉아 있다가 물고기가 덥석 물게 될 때는 잡아채는 것입니다. 그런 점에서 낚시질이라는 취미가 참 멋지다는 것입니다. 밤 12시가 넘고 새벽 3시, 4시가 지나서 노곤해지면 잠이 쏟아지고 먼 동네에서는 닭 우는 소리가 들려오지만, 고기가 미끼를 물어 방울이 울리게 되면 정신이 어디 갔다 왔는지 번쩍 듭니다. 정말 빠르다는 것입니다. 벼락도 그렇게 빠를 수 없습니다. 그와 같은 정신만 있으면 세계통일은 틀림없습니다. 눈을 감고 코를 골고 있다가도 어느새 정자세를 하고 낚싯대를 쥐고 있습니다. 그런 일이 벌어지는 것입니다. 그런 때의 기쁨, 그 맛이 도입니다. 이것이 진짜 하나님식 도라는 것입니다.

인류 미래를 위한 비전

19 우리는 미래에 바다를 점령해야 됩니다. 바다에 있는 모든 금은보화를 앞으로 개발할 것입니다. 그런 것을 생각하다 보니, 땅굴을 많이 파야 한다는 결론이 났기 때문에 지금 국제평화고속도로 계획도 나온 것입니다. 바다 밑에 터널로 길을 만들고 거기에 문을 만들어 놓는다면 그 문을 열고 나와 고기도 잡을 수 있으니 얼마나 재미있겠습니까? 바다에 있는 기름도 파이프로 배에 직접 공급하면 얼마나 멋지겠습니까? 바다 밑에 석유가 얼마나 많은지 모릅니다. 그저 버튼만 누르면 파이프가 쓱 나와서 기름이 나온다면 얼마나 멋지겠느냐는 것입니다.

20 인간은 어디든지 자유입니다. 국경도 없이 자유로이 바다에 가려면 바다에 가고, 산에 가려면 산에 가고, 수중에서도 사는 것입니다. 잠수정을 만들어 바다 가운데서 심도를 조정하면 얼마든지 살 수 있는 시대가 됩니다. 그렇지 않으면 인류는 살 데가 없습니다. 탱크에 물을 넣어 가라앉게 만들면 가라앉는 것입니다. 버

튼으로 조작해서 물을 채우고 빼면 가라앉고 뜨기 때문에 물 가운데서 살 수 있습니다. 10미터 이하는 천지에 그렇게 좋은 데가 없습니다. 30미터 아래로 내려가게 되면 아주 고요한 세계가 나옵니다. 해저 왕국입니다. 공중에 올라가면 바람도 많고 변화가 많기 때문에 야단이 벌어집니다. 기류가 다르고, 공기가 다르고, 비가 오고 야단입니다. 그러니까 바다에 가서 사는 것이 이상의 생활이라고 생각하는 것입니다.

21 앞으로는 바닷속에 들어가서 살 수도 있습니다. 그래서 5인 잠수정에 대한 연구를 시키고 있습니다. 바람이 안 불 때는 고요한 바다물결은 뭐라고 할까, 거기에서는 백만장자의 주인이 될 수 있는 것입니다. 얼마나 신비스럽고 기분 좋은지 모릅니다. 바람이 안 불 때, 유리알 같은 바다에서 대양에 꿈을 실은 부부가 앉아서 옛날, 혹은 미래의 꿈을 얘기하면서 사랑의 보금자리를 꾸며 나간다고 생각해 보라는 것입니다. 그것도 문제 없습니다. 만일 태풍이 분다면 바다 30미터 밑으로 들어가면 됩니다. 수중에서 마음대로 살 수 있는 때가 옵니다. 그러니까 대한민국 땅이 좁다고 걱정하지 않아도 됩니다.

22 앞으로 육지에는 먹을 것이 없어지게 됩니다. 식량이 부족하게 됩니다. 그러니 바다에 가서 살게 됩니다. 거기서 육지의 고기 대신 물고기를 잡아먹고, 야채 대신 해초류를 먹으면 됩니다. 지도자라면 여러분이 미래에 그렇게 바닷속에서 살게끔 계획해야 될 것 아닙니까? 물속에 산소가 얼마나 많습니까? 그러니 물속에서 산소를 만들어 자동으로 공급하는 것입니다. 바닷물 가운데 산소 비율이 얼마입니까? 그것을 어떻게 다 써먹습니까? 바다세계를 점령할 수 있는 시대가 불원한 장래에 올 것입니다.

23 선생님은 미래세계를 준비합니다. 바다에 나가기를 좋아해서 그러는 것이 아닙니다. 바다에 있는 것이 힘들다는 것입니다. 맨 처음에는 일주일 갔다 오면 오금이 쑤셨습니다. 그래도 속으로는 '할 일이 많으니 나이 타령하지 말고 가야 돼!'라고 생각했습니다. 그래서 쉴 수 없었습니다. 한 열흘이 지나니까 새벽같이 나가 밤 12시에 들어와도 끄떡없었습니다. 그러나 같이 갔던 사람들이 고단하다고 낚싯대를 붙들고 조는 것입니다. 그렇지만 사령관이 되어 명령을 내리는 입장에서 먼저 고기를 잡아야 한다는 생각을 하지 않을 수 없습니다. 그래서 어떤 때에는 고기가 와서 무는 것이 느껴졌습니다. 그렇게 정신이 무서운 것입니다.

제7편

지상생활과 영계

제7편 지상생활과 영계

| 차 례 |

제1장 인간 본연의 삶과 죽음

1절 3시대의 삶

1 나는 3대 부모를 통해 태어났습니다. 첫째는 물질세계가 부모입니다. 물질의 세계에서 모든 요소를 빼서 물질의 중심으로서, 물질의 복합적인 존재로서 나를 만들었습니다. 이런 관점에서 그 물질원소 자체가 나를 낳아 준 조상이기도 하고, 나의 연장이 물질세계이기도 합니다. 이 물질은 사랑이상의 자리에서만 안착하게끔 우주가 되어 있습니다. 사랑이상의 자리에서 모든 세포들이 편안하게 살게 되어 있습니다. 만일 성내게 되면 전부 뒤틀어져 돌아가 버립니다. 둘째는 내 몸을 낳아 준 부모가 부모입니다. 나를 낳아 준 부모가 나로 하여금 하나의 형태를 갖추어 태어날 수 있게끔 만들었습니다. 그러나 이 부모는 아무리 해도 사랑의 주인이 될 수 없습니다. 내 생명의 주인은 될 수 있지만 사랑의 주인은 될 수 없습니다. 사랑의 주인은 하나님입니다. 사랑을 우주화시키고 사랑을 영원화시키기 위해 하나님이 계시는 것입니다. 하나님은 사랑의 주체이기 때문에 사랑을 중심삼고 부모가 되어 있습니다. 그러므로 셋째는 하나님이 부모입니다. 이렇게 우리는 3대 부모를 갖고 있는 것입니다.

복중·지상·천상의 3시대 인생길

2 인간은 복중시대 10개월, 육신시대 100년, 그리고 영혼시대 천년만년 영원히 살아갑니다. 우리 얼굴을 보면 입, 코, 눈의 3단계로 되어 있는데, 이것은 인간이 살아가는 3시대의 모습을 보여 줍니다. 입은 물질세계인 복중시대를 상징하고, 코는 사람세계인 지상시대를, 눈은 영계의 천상시대를 상징합니다. 어머니 복중의 물속은 아기에게는 바로 자유천지입니다. 어머니 복중에서는 항상 등을 구부리고 있어야 되고, 또 마음대로 발길질도 못하고 코도 입도 다 막혀 있지만 이곳이 아기에게는 자유천지입니다. 아기에게 필요한 모든 것을 공급하는 파이프가 배꼽에 달려 있어서 배꼽 줄로만 숨을 쉬어야 하지만 그런 세계가 아기에게는 자유천지라는 것입니다.

3 여러분이 복중에서 '나는 육지 세상에 나가 입으로 꿀도 먹고 떡도 먹고 밥도 먹고 쇠고기도 먹고 다 먹는다.'라고 생각해 봤습니까? '여기를 벗어나면 죽는다.'라고 하면서 탯줄로 숨 쉬며 살고 있는 것입니다. 지금 그것을 생각하면 질식할 정도입니다. 그런데도 뱃속에서 밖으로 나갈

까 봐 '안 나가면 좋겠다!'라고 한다는 것입니다. 그렇지만 때가 되면 다 터져 나갑니다. 물이 확 터져 나오면 그 물을 따라 밖으로 나와 순산이 됩니다. 잘 태어나는 것입니다.

4 지상생활은 공기 중에서 태 안에서처럼 헤엄치고 다니며 사는 것과 마찬가지입니다. 공기 보자기 안에서 살고 있는 것입니다. 죽음은 제3의 인생으로 출생하는 것입니다. 그 순간이 죽는 시간입니다. 잠자리도 처음에는 유충이 되어서 물속에서 헤엄치고 다니다가 땅 위에 올라와서 한동안 기어 다닙니다. 그다음에는 훌훌 날아다니며 땅에서는 먹으리라고 생각지도 못하던 벌레를 잡아먹습니다. 천하를 자기 무대로 삼고 날아다니는 것입니다. 곤충류 가운데는 3단계 세계를 거치는 것이 많습니다. 곤충은 대개 날개가 있습니다. 곤충도 이와 같이 물에서, 육지에서, 공중에서 사는데, 만물의 영장이라는 인간이 지상에서만 살면 되겠습니까? 차원 높은 날개가 있는 것입니다.

5 복중시대는 수중시대입니다. 아기가 어머니의 태 안에 있을 때는 물 가운데 둥둥 떠 있습니다. 얼른 생각하면 어머니의 뱃속시대에는 숨이 막혀서 살기 힘들 것처럼 느껴집니다. 물속에 살고 있으니 당연히 물을 들이마시고 내보내는 일을 해야 되지 않겠습니까? 그것을 위해서 복중의 아기는 호스를 배에다 연결하고 사는 것입니다. 복중의 아기는 영양분을 어디를 통해서 공급받습니까? 배꼽에 달린 탯줄을 통해서 받습니다. 배꼽은 복중의 아기에게는 입입니다.

6 어머니의 복중에서 아기는 호흡을 하는데, 무엇으로 합니까? 배꼽줄로 호흡합니다. 이것이 어머니의 몸과 연결된 호스입니다. 그렇지만 제2 세계, 공기세계에 연결된 것을 알고 있습니다. 복중에서 살다가 차 버리고 나오면 파괴입니다. 그때는 울음과 동시에 숨을 쉬게 되어 있는 숨구멍, 콧구멍이 공기세계에 연결됩니다. 콧구멍이 절대 보급로입니다. 복중에서 공기세계를 위해서 살았는데, 그것을 연결시켜 나올 때는 복중세계에서 살던 탯줄과 물주머니 등을 다 파괴하고 나와야 됩니다. 복중의 탯줄은 파괴되는 것입니다. 그와 동시에 우주, 지구성 어머니한테 나타납니다. 입으로 원소를 보급받아서 사는 것입니다. 이 몸은 복중에서 탯줄로 숨 쉬는 것과 마찬가지로 공기 파이프인 콧구멍을 통해 숨 쉬기 위해 그것을 준비해서 공기세계로 나올 때에 바꿔서 숨을 쉬는 것입니다.

7 지상세계에 태어나서 해야 할 것

은 사랑을 체휼하는 일입니다. 사랑이라는 공기를 들이마셔야 됩니다. 어머니 아버지로부터 사랑의 공기를 들이마셔야 됩니다. 사랑의 공기를 공급받아 거쳐 가야 됩니다. 한 가정에 아기로 태어났다가 사인(sine) 곡선과 마찬가지로 올라갔으면 내려와야 합니다. 아기로 태어났다가 그다음에 분해됩니다. 아기로 태어났다가 아기로 돌아가는 것입니다. 그렇게 될 때는 어떻게 되느냐? 제2 복중세계를 차 버리고 제3 사랑세계의 호흡기관에 연결되어야 합니다. 부모의 사랑, 형제의 사랑을 차 버리고 대우주의 하나님 본체에 화한 사랑의 세계로 들어갑니다. 영계는 사랑의 공기로 꽉 차 있습니다. 그렇기 때문에 여러분은 지금 이 지상세계에서 사랑의 숨을 쉴 수 있는 파이프 장치를 해야 됩니다. 그래서 영계의 체험이 필요하고, 영적 사랑을 느껴 호흡할 수 있는 사람이 되어야 합니다.

8 어머니의 뱃속과 같은 이 지구성을 차 버리고 나설 때 여러분은 사랑의 호흡기관으로, 사랑의 숨구멍으로 숨을 쉽니다. 제3의 사랑이 이어져야만 영생을 얻습니다. 그렇게 사랑을 연결시켜 하나님에게로 돌아가는 것입니다. 사랑의 호흡기관에 연결되어 영계로 돌아가지만 하나님 본체로 돌아갈 길이 남아 있는 것입니다. 씨가 본체에서 나왔으니까 결과를 맺어서 본체로 돌아가야 됩니다.

9 인간을 보면 복중시대는 물의 세계입니다. 인간의 약 4분의 3은 물입니다. 지상세계는 공기세계입니다. 그렇기 때문에 물 가운데 있을 때는 눈·귀·코 등 오관이 필요 없습니다. 복중에서 10개월 자랄 때 코로 숨 쉬어 봤습니까? 코로 숨 쉬었다가는 죽어 버립니다. 즉사입니다. 코가 왜 필요합니까? 차기 세계를 준비하는 것입니다. 그다음 지상세계에서는 물 보자기가 아니라 공기 보자기입니다. 공기 보자기에서는 뭘해야 됩니까? 물 보자기에서는 오관을 준비했던 것처럼 공기 보자기에서는 영적 오관을 준비해야 됩니다. 하늘나라에 가서 사랑을 흡수할 수 있는 귀와 눈과 코, 영적 오관을 준비해서 죽음의 고개를 넘게 될 때 그것이 열린다는 것입니다. 무한한 세계에서 필요한 것이 영적 오관입니다.

10 물은 복중시대를 상징합니다. 그다음에 지상은 공기시대입니다. 어머니 뱃속에서 태어나 공기시대에서 사는 것입니다. 그다음에 영계는 눈시대입니다. 태양시대, 햇빛시대입니다. 사랑은 빛이라고도 말합니다. 밝아진다고 했습니다. 그래서 빛의 세계입니다. 이렇게 인간은 3시대를

거쳐 삽니다. 잠자리도 물에서 살다가 땅에 가서 살고, 그러다가 껍데기를 벗고 날아다니면서 벌레를 잡아먹습니다. 3시대를 거칩니다. 만물의 영장도 마찬가지입니다. 복중시대에서, 어머니 뱃속에서 나올 때 자기가 살던 살림살이를 부둥켜안고 나옵니까, 다 파괴하고 잘라 버리고 나옵니까? 하나라도 달고 나오면 큰일 납니다. 탯줄로 먹고 숨을 쉬었는데 그것을 잘라 버리면 죽게 됩니다. 그렇지만 어머니 뱃속에서 나오게 되면 그것을 잘라 버려야 됩니다. 무자비하게 잘라 버려야 됩니다. 다 파괴하고 나오는 것입니다.

11 인간은 때가 되면 누구나 어머니의 복중생활을 청산하고 지상계의 생을 시작하게 되어 있습니다. 본인이 원하든 원치 않든 우주의 법칙이 그렇게 운행하고 있습니다. 상상도 못하고 꿈도 못 꾸었던 광대무변의 새로운 세계가 펼쳐지는 것입니다. 수중생활 한평생이 끝나고 지상생활 한평생이 전개됩니다. 복중생활 10개월이 지상생활 100년으로 변화하고 발전하는 것입니다. 그리하여 인간은 각양각색의 변화무쌍한 삶을 살아가면서 마지막 단계인 영계, 즉 사후의 세계를 준비하는 삶을 살게 됩니다. 그러니 죽는 것을 걱정하지 말라는 것입니다. 더 좋은 곳으로 이사 가는 것입니다.

12 복중생활 기간에는 지상계의 삶을 상상도 할 수 없었던 것처럼, 육신을 쓰고 사는 인간으로서는 상상도 할 수 없는 영원무궁한 또 다른 세계가 기다리고 있습니다. 절망의 세계가 아닙니다. 한정된 지상계에서의 100년간의 삶이 시간과 공간을 초월한 영원한 세계로 탈바꿈하는 것입니다. 복중에서는 탯줄을 통해 모체로부터 영양을 공급받고 살다가 지상생활 기간에는 우주의 물과 공기 그리고 빛, 3대 기본요소와 영양소를 중심삼고 삶을 영위하지만, 일단 영계에 들어가면 물질적 영양소는 더 이상 필요로 하지 않고 사랑을 호흡하면서 영생하는 것입니다. 저나라에 가게 되면 먹고 싶으면 먹고 안 먹고 싶으면 안 먹습니다. 이처럼 인간은 누구를 막론하고 수중생활 10개월, 지상생활 100년, 그리고 영계에서의 영생, 이렇게 3단계의 생을 살게 되어 있습니다.

13 수중시대, 그다음에는 육지시대, 빛시대입니다. 이것을 보면 사람은 3시대를 사는데, 하나의 범주에 들어가 있습니다. 태양을 중심삼고 보면 태양계는 낮입니다. 지구성은 밤낮이 있습니다. 그러나 영계는 언제나 밝습니다. 이렇게 물시대와 공기시

대, 그다음에는 사랑시대입니다. 사랑은 언제나 꺼져서는 안 됩니다. 태양 빛과 같이 밤이나 낮이나 사랑이 있어야 됩니다. 아침이나 점심이나 저녁이나, 북극이나 열대지방이나 남극이나 어디나 사랑은 변하지 않습니다. 그래서 사랑시대의 영계에 가는 것입니다. 영계는 춘하추동의 모든 열매맺은 것을 거두는 창고와 같은 곳인데, 그곳은 태양 빛과 같이 빛난다는 것입니다.

14 우리는 처음에 어머니 태 속에 있었습니다. 그 태는 우리를 기르던 보자기입니다. 그 보자기 속에서 나올 때 전부 차서 끊어 버리고 태어나는 것과 마찬가지로, 우리 영인체에 대해 육신은 보자기와 같기 때문에 이것을 끊어 버리고 날아가는 것입니다. 그러므로 인간은 결국 물의 세계, 육지의 세계를 거쳐 공중 빛의 세계인 영원한 참사랑의 세계에서 살게 되는 것입니다. 영계에서는 생명요소가 사랑이므로 사랑을 통한 명령에는 모든 것이 불가능 없이 즉각적으로 이루어집니다. 거기에서는 억만인이 한꺼번에 저녁을 먹는다 해도 거기에 맞는 음식을 준비해서 순식간에 잔치를 할 수 있습니다.

15 영계에 비추는 그 빛이 참사랑의 빛입니다. 참사랑은 영계 육계의 햇빛과 같은 것입니다. 그렇기 때문에 코의 생활을 떠나서 눈의 생활과 같이하고 사는 것입니다. 눈의 생활은 모든 것을 확실하게 모르는 것이 없습니다. 코 세계를 지나면 빛세계입니다. 눈 세계로 들어가는 것입니다. 눈 세계는 무엇이냐 하면, 이 눈은 세상도 보지만 영계도 봅니다. 하늘부모도 볼 수 있고, 지상 부모도 볼 수 있고, 하늘나라가 얼마나 방대하고 지상나라와 비교해 어떻다는 것을 다 보고 살게 되어 있습니다. 그렇기 때문에 여러분은 영계와 지상이 둘이 아니라 하나라는 것을 알아야 됩니다. 이 눈은 둘을 보게 돼 있습니다.

지상에서 사랑의 호흡기관 준비

16 아기가 출생하게 되면, 태어나자마자 울음과 동시에 콧구멍으로 숨을 쉬게 되어 제2 세계, 즉 공기세계에 연결됩니다. 복중세계에서 공기세계에 연결되어 나올 때는 복중세계에서 살던 탯줄과 물주머니를 다 파괴하고 나와야 합니다. 그것들을 파괴함과 동시에 지구성 어머니한테 태어나는 것입니다. 태어나서는 입으로 먹고 코로 숨을 쉬는 것입니다. 그런데 지상에서 먹는 음식은 육신이 사는 데 필요한 영양분이지 본질적 생명요소는 아닙니다. 본질적 생명요소는 바로 사랑입니다. 그러므로 이 세상에서 또한 사랑이라는 공기를 들이마셔

야 됩니다. 어머니 아버지로부터 사랑의 공기를 들이마셔야 됩니다.

17 인간의 일생은 짧습니다. 일생에서 10년이 언제 가는지 모릅니다. 결혼하고 난 다음 30년 이내에 모든 것이 결정 납니다. 그렇기 때문에 인생길은 언제나 기다리고 있지 않습니다. 바쁩니다. 그리고 한 번은 다 죽어야 합니다. 안 죽을 자신 있습니까? 죽어야 됩니다. 죽으면 영계로 갑니다. 이 세상은 잠깐입니다. 10개월 복중생활과 마찬가지입니다.

18 영계는 사랑의 공기로 되어 있는데, 여러분의 영인체가 준비하지 못하고 천국에 들어가면 숨을 못 쉽니다. 지상세계는 공기로 되어 있지만 저세계는 사랑의 세계입니다. 여러분의 영인체가 사랑을 느낄 수 있도록 준비해야 됩니다. 그러지 못하고 영계에 가면 관계를 맺을 수 없습니다. 문제가 커집니다. 몇 천만년 걸린다는 것입니다.

19 땅 위에 살고 있는 인간은 이 지상에서 살 때, 제3 세계인 본연의 세계에 돌아가야 하기 때문에 이 사랑의 세계에 가서 살기 위해 사랑세계의 호흡기관을 준비해야 됩니다. 이 육신을 터뜨리고 나가는 것입니다. 아기가 아기집을 터뜨려 파괴시키고 나오는 것과 마찬가지입니다. 그래서 출산의 고통을 받습니다. 제2 출산의 고통이 죽음입니다. 육신이 살아 있는 동안에는 무엇을 준비해야 되느냐? 물 안에서 공기와 모든 것을 맞출 수 있는 숨 기관을 준비하는 것과 마찬가지로, 이 육신 세상에서는 영계에 가서 호흡할 수 있는 사랑기관을 준비해야 됩니다. 몸을 전부 터뜨리고 나가게 되면 사랑기관을 중심삼고 호흡하고, 제한적 환경에 살던 것을 넘어 무제한의 자유분방한 인간으로서 살게 된다는 것입니다.

20 지상에서 사랑을 호흡하는 사람은 죽은 것이 아니라 산 것입니다. 복중에서 호흡을 할 때는 미래 공기세계의 파이프를 준비하며 살았습니다. 살아 있지만 배꼽에 연결된 탯줄을 끊고 나오게 될 때는 새로운 차원, 높은 차원으로 변화하는 것입니다. 높은 차원에서 공급받는 것입니다. 공기를 공급받고 나온다는 것입니다. 지상에 나와서는 또 무엇을 발전시키느냐? 사랑입니다. 공기가 아니고 사랑입니다. 사랑의 요소를 받는다는 것입니다. 밥만 먹어서는 안 됩니다. 이 기간에 무엇을 채워야 되느냐? 이 기간에는 새로운 사랑의 인격을 형성해야 됩니다.

21 물시대에 필요 없는 오관을 복중

에서 준비해야 한다는 것을 누구도 몰랐습니다. 복중에서는 그것이 필요 없는 것입니다. 그러나 탯줄을 끊고 공기세계로 나오게 될 때는 그것이 필요합니다. 공기시대에도 물시대와 마찬가지로 영적인 내적 오관을 준비해야 됩니다. 실체, 외적, 몸적 오관이 아니라 하나님적, 내적 오관을 준비해야 됩니다. 사랑세계에 화합할 수 있는 자유분방한 생활을 하기 위해서 그것을 준비해야 됩니다.

22 여러분은 지금 제한된 자리에서 100년간 자연세계를 보는 눈이 있고 코가 있지만, 여러분 속의 영원한 존재는 그 존재가 태어날 때까지 코를 닫고, 입을 닫고, 귀를 닫고 가만히 있는 것입니다. 이와 마찬가지로 여러분 속에 영원한 세계를 볼 수 있고, 영원한 소리를 들을 수 있고, 영원한 냄새와 영원한 맛을 볼 수 있는 감각이 기다리고 있습니다. 마찬가지입니다. 그때가 되면 모든 사람들은 어디든지 갈 수 있고, 무엇이든지 들을 수 있으며, 무엇이든지 냄새를 맡고, 무엇이든지 먹을 수 있는 것입니다.

23 영계에 가서는 사랑의 노래를 하고 사랑으로 말을 합니다. 영계에서는 오페라 식으로 말하면 내가 오페라 식으로 대답해야 됩니다. 춤으로 말하면 춤으로 대답해야 됩니다. 그저 영원히 좋아하고, 춤을 추더라도 영원히 싫증 나지 않습니다. 한 군데서 춤추면 천국이 전부 춤추고, 한 군데서 노래하면 전부 노래를 합니다. 그때는 자기 사랑하는 아내하고 춤추는 것입니다. 남의 여자하고 춤을 춘다면 '우리 사랑하는 아내를 너보다 백 배 더 사랑하기 위해서 내가 너하고 춤추는 것이다.' 이렇게 생각하는 것입니다. 남의 여자하고 손을 잡고 춤을 춘다면 그것은 자기 사랑하는 대상과 천배 만배 더 자극적인 사랑을 하기 위해서 이런 과정을 거치는 것이라고 하는 것입니다. 영계에 가면 일할 필요가 없습니다. 밤이 없습니다. 언제나 눈을 뜨고 있습니다. 언제나 모든 기관이 일하고 있는데 무슨 일을 하느냐? 영원히 눈 뜨고도, 영원히 잠을 자지 않고도 좋아할 수 있는 일이 무엇이냐? 사랑입니다. 그런 사랑이상만 딱 지니면 '뭣이 나와라!' 하면 재까닥 나온다는 것입니다. 거기에서는 본연의 사랑을 중심삼고 사는 것입니다.

영계는 사랑의 결실을 수확하는 곳

24 사람이 왜 태어났느냐? 사랑 때문에 태어났습니다. 사랑의 열매를 맺기 위해서 부모로부터 사랑에 의해 태어나 사랑의 품에서 성숙하는 것입니다. 그다음에는 하나님 대신 사랑할 수 있는 아들딸을 키우는 것입니다

다. 그래서 늙게 되면 그다음에는 어떻게 되느냐? 세상에서 부모가 느낄 수 있는 모든 것을 느끼고, 세상을 통하여 하나님을 느낄 수 있는 모든 것을 느끼고, 거기서 하나의 열매가 됩니다. 식물의 열매와 마찬가지입니다. 나무의 모든 부분에서 진액을 흡수한 열매와 같은 자리에서 하나님의 품에 돌아가기 위한 것이 인간이 태어난 목적입니다. 또한 하나님이 인간을 창조한 목적입니다. 사랑으로 하나될 수 있는 것입니다. 그러니 우주를 주고도 바꿀 수 없는 무한한 가치의 기준이 사랑입니다. 그래서 그 사랑과 하나될 수 있는 거기에는 없는 것이 없습니다. 모든 것이 완성으로 벌어지는 곳입니다. 그런 곳이 오늘날 인간이 가야 할 이상세계입니다. 그곳이 영계라고 하면 영계요, 천국이라면 천국입니다. 그런 열매들이 맺혀서 들어가는 곳이 천국입니다. 천국이라는 곳은 개인이 들어가게 되어 있지 않습니다. 사랑을 중심으로 결실해서 하나님의 사랑의 소유권을 상속받은 대등한 가치에 있는 대상의 자격자가 들어가는 곳입니다.

25 제1 부모는 여러분을 낳아 준 부모이지만 제2 부모는 지구입니다. 여러분은 땅으로부터 몸이 클 수 있게끔 모든 요소를 공급받습니다. 땅이 몸의 제2 부모입니다. 제2 부모를 거쳐서 제3 부모에게로 들어가는 것이 죽음입니다. 제3 부모에게로 들어가는데 그냥 들어가는 것이 아닙니다. 제3 부모에게 돌아가려면 본래의 부모였던 하나님의 모양을 닮아야 됩니다. 따라서 결혼은 왜 하느냐? 하나님의 모양을 닮기 위해서입니다. 하나님은 이성성상으로 계시는 분으로서 각 일성(一性)이 합체화한 일률적인 존재이고, 그 하나님의 분성적(分性的) 인격 자체들이 남녀이기 때문에 그들이 합성일체화하여 씨와 같이 되어 하나님 본성의 자리에 돌아가야 됩니다. 그런데 그 씨를 연결시키기 위해서는 사랑의 도리의 길을 통하지 않으면 안 되기 때문에 태어나서 사랑받고, 자라면서도 사랑을 목표로 해서 자라고, 살면서도 사랑을 중심삼고 살며, 가면서도 사랑에 돌아가기 위해서 가야 됩니다. 그 길은 위하는 목표를 중심삼고 찾아가지 않으면 방향이 틀어집니다.

26 자기의 환경을 극복해야 됩니다. 이뿐만 아니라 미래에 결실될 수 있는 모든 여건을 이어받고, 그 결실의 내용에 동기가 될 수 있는 자체력을 지녀야 됩니다. 그래야만 결실의 과정을 거쳐 새로운 역사과정이라든가 인류사회에 필요한 하나의 결실체로 남아질 수 있습니다. 사람은 태어나서 반드시 그 자체로서 환경을 극복

해야 됩니다. 그렇다고 그것을 극복하는 것만으로 끝나는 것이 아니라 미래에 새로운 생명을 이어받아 결실의 내용을 지닐 수 있는 과정을 거쳐 나가야 됩니다. 이 과정을 거친 후에는 올바르게 실효를 나타낼 수 있는 한자리를 차지해야 됩니다. 예를 들면 곡식은 씨가 뿌려져 싹이 트고 자라 열매를 맺어 주인의 손길에 의해 거두어져 창고에 저장되는 것과 마찬가지로, 반드시 어떠한 목적에 필요해서 거두어지는 과정을 거쳐야 된다는 것입니다.

27 이 땅에서의 삶은 하나의 통과 기간입니다. 그렇기 때문에 영계에 간 자식에 대해서 울고불고하는 사람은 타락권 내의 인연을 벗어나지 못한 사람이기 때문에 영계에 가면 담에 막히는 것입니다. 사람은 사랑에서 태어나 사랑에서 살다가 사랑으로 돌아가는 것입니다. 뿌리에서 시작했으니 열매는 반드시 뿌리로 돌아가는 것입니다. 인간이 왜 태어났느냐 할 때 이상적 사랑을 위해서 태어났다는 것입니다. 그 사랑은 영원한 사랑이기 때문에 어머니 아버지를 갈아치울 수 없습니다. 자기네 부부끼리 갈아치울 수 없습니다. 자기 아들딸을 갈아치울 수 없습니다. 그러므로 사랑은 귀한 것입니다. 사랑은 하나님으로 시작하기 때문에 절대적인 하나님의 사랑은 변할 수 없습니다. 사랑은 영원하기 때문에 하나님의 사랑을 위해 태어난 사람은 사랑을 위해서 살다가 영원한 하나님의 상대의 자리에 섬으로써 영생한다는 것입니다.

28 공기의 세계에서 영인체가 몸에 붙어서 태아처럼 육신을 빨아먹다가 육신이 다 늙으면 차 버리고 나가려고 하는데, 육신이 안 죽겠다고 할 때에 하나님이 보면 웃겠습니까, 동정하겠습니까, 혼내겠습니까? 태아가 태어나 어머니 아버지 앞에 사랑의 대상이 되는 것처럼, 이 육신이 영적 아버지인 영원한 하나님과 상대할 수 있는 영인체로 다시 태어나야 하는 것은 원리원칙인 결론입니다. 태아가 태어나 어머니 아버지와 친구가 될 수 있는 것이 지상세계입니다. 어머니 아버지와 사랑을 같이할 수 있는 지상세계에 태어나는 것과 마찬가지로, 영적 무한한 세계를 통할 수 있는 부모 되신 하나님과 사랑을 나눌 수 있는 영계에 태어나야 하는 것입니다. 그러한 상대적인 자리를 차지하지 않고는 도저히 하나님의 아들딸이 될 수 없습니다.

29 보이지 않는 하나님이 발전해 보이는 아담을 통해서, 아담이 비로소 사랑의 주인이 되어 아들딸을 낳아 키움으로써 하나님 대신 실체권을 횡

적으로 느끼게 됩니다. 무형의 하나님, 아담의 실체권, 그다음에는 손자를 중심삼고는 두 나라의 결실체가 됩니다. 이것은 영계와 육계의 실체가 되기 때문에 그 실체는 어디 가든지 영계와 육계의 완성한 열매가 되는 것입니다.

30 인류조상이 하나님 가운데 품겨 자랐다면, 인간 자신도 하나님이 부디 고이고이 평안하고 행복하기를 바라지 않을 수 없습니다. 하나님이 불행을 느끼면 되겠습니까? 인간은 하나님이 언제나 아름답고 행복스럽고 그러기를 바라는 것입니다. 복중에 있는 아기가 바라는 것과 마찬가지입니다. 절대적인 하나님이 아담 해와를 지어 놓고 그들이 자라는 기간에는 무한한 희망 가운데, 무한한 행복 가운데, 꿈 가운데 있었을 것입니다. 우리 개인과 마찬가지 이치입니다. 여러분 자신에게도 어머니의 복중시대 생활이 있었던 것과 마찬가지입니다. 그다음에는 태어나서 일생 동안의 육신생활이 시작됩니다. 지금 우리 일생 동안에 사는 것이 복중생활과 뭐가 다르냐는 것입니다. 우주 가운데 내가 지금 품겨서 자라는 것과 마찬가지입니다.

31 우리는 하나님 대신 사랑으로 태어나 사랑으로 살면서 아들딸을 낳아 사랑의 목적지에 도달하여 영원히 하나님과 더불어 살기 위해 하나님에게로 돌아가는 것입니다. 즉 우리 일생이란 사랑으로 시작해서 사랑으로 무르익어 사랑의 열매로 거두어집니다. 사람이 죽는다는 것은 사랑의 열매를 거둔다는 뜻입니다. 우리가 부모의 사랑을 받고, 부부의 사랑을 나누고, 자녀를 사랑했기 때문에 하나님의 사랑이 내적인 사랑의 세계에 뿌려진 모든 것을 내가 일생을 거쳐 열매맺어 거두어서 저나라에 가는 것입니다. 그러므로 우리가 완전히 사랑으로 하나되면 하나님을 닮게 됩니다. 부부가 합해서 이런 3단계의 사랑을 완전히 이루고 영계에 가게 되면 영원한 주체인 하나님 앞에 영원히 상대적인 하나님이 됩니다. 참사랑을 중심삼고 부부가 죽으면 그렇게 됩니다. 그래서 하나님으로 시작해서 하나님으로 끝을 맺는 것입니다.

2절 이중구조로 창조된 인간

1 인간은 이중구조로 되어 있습니다. 영과 육, 마음과 몸의 이중구조로 되어 있습니다. 이것이 언제 하나되느냐? 여러분이 혼자 아무리 수양을 하고, 아무리 기도를 하고, 아무리 도통을 해도 완전히 하나되지 못합니다. 인간에게는 오관이 있습니다. 마음에도, 영인체에도, 양심에도 오관이 있습니다. 이 외적 오관과 영적인

내적 오관의 세포가 백 퍼센트 포화 상태를 이루어 하나되어서 완전히 꽉 차 폭발할 수 있는 선까지 돌아올 수 있게 하는 힘은 오로지 우주의 공통 분모 되는 하나님의 사랑뿐입니다. 그 외에는 불가능합니다.

2 인간의 영인체와 육신의 관계를 놓고 볼 때 보다 더 중요한 것은 육신이 아니라 영인체입니다. 육신은 한 100년쯤 버티다 간다고 하지만 영인체는 시간과 공간권을 초월하여 영생합니다. 제아무리 지상세계에서 호의호식하며 잘사는 사람이라 하더라도 결국은 죽습니다. 따라서 인간은 영적인 기준과 육적인 기준을 잘 조화시켜 영육이 합한 완성실체를 이루어 살다가 가야 합니다. 현상세계요 유한세계인 지상세계의 삶에서 육신을 터로 하여 영인체를 완성시켜야 할 책임이 있다는 말입니다.

3 우리 자신에게는 '육적인 나'와 '영적인 나'가 있습니다. 통일교회의 술어로 말하면 영인체와 육신입니다. 본래는 영인체와 육신이 하나되게 되어 있습니다. 하나되어야만 합니다. 그렇게 하나되는 데는 어떤 자리에서 하나되느냐? 공명된 자리에서 하나되는 것입니다. 음차(音叉)의 진동수가 같을 때는 '땅' 하고 때리면 '띵' 하고 울려서 소리가 납니다. 우리의 영인체와 육신도 음차와 마찬가지로 공명권을 통해서 통일되는 것입니다.

4 영인체와 육신이 언제 하나되느냐? 이것이 문제입니다. 하나님 사랑의 작용이 우리 마음에 오면 자동적으로 몸에 반응합니다. 그렇기 때문에 몸과 마음을 백 퍼센트 공명시키고 하나되게 할 수 있는 권내로 몰아넣을 수 있는 것은 하나님의 지혜도 아니요, 능력도 아니요, 힘도 아니요, 오직 사랑입니다. 여러분의 눈이나 코 같은 육적 오관과 영적인 오관이 바라는 하나의 초점, 이상적 표준점이 뭐냐? 하나님의 힘도 아니고 지혜도 아닙니다. 사랑이 모든 것의 중심이요 표준점입니다.

5 영인체와 육신이 하나님의 사랑을 중심삼고 공명되어 울리게 될 때는 비로소 영적 세포와 육적 세포가 완전히 작동하는 것입니다. 눈이 완전히 작동할 때는 눈을 뜨게 되면 천상천하 지상천하가 다 보입니다. 완전히 작동하기 때문입니다. 마이크도 성능이 좋으면 백 퍼센트 울려 퍼집니다. 마찬가지로 영육을 중심삼고 사랑의 힘에 몸 전체가 일치화해서 폭발할 수 있는 경지가 되면 거기서 비추어 나오는 빛에 의해서 천상세계 지상세계 하나님 할 것 없이 다 공명하게 되는 것입니다.

6 이 세계의 창조물은 전부 상대이상의 쌍쌍제도로 되어 있습니다. 그래서 2수가 반드시 필요합니다. 지극히 작은 존재로부터 큰 존재까지, 사람은 개인에서 몸 마음이 하나되고, 그다음에는 부부가 하나되고, 영계 육계가 하나되어야 합니다. 본래가 하나되어 있어야 합니다.

7 육신과 영인체 중에서 보다 더 중요한 것은 육신이 아니라 영인체입니다. 육신은 100년의 시간권, 한계권 내에서 살다가 사라지고 말지만, 영인체는 시간권을 초월하고 공간권까지 초월합니다. 따라서 역사적인 책임을 깨닫고 책임을 다하는 것이 인간의 본의입니다. 여러분이 아무리 육신을 중심삼고 잘살더라도 결국은 죽게 됩니다. 그러면 영적인 기준과 육적인 기준 중에 어느 것이 보다 중요한 것이냐? 우리는 육적인 기준을 중심삼고 살아가는 것이 아닙니다. 육신은 영인체를 위하여, 영인체는 육신을 위하여 존재합니다. 여러분은 세상 사람들이 살아가는 것과 같은 입장에 매달려서는 안 됩니다. 여러분은 육신을 구원한다는 입장에서 영육이 합한 실체를 갖추어 보다 보람 있는 자리에서 출발해야 됩니다.

8 하나님이 볼 때 젊은 사람, 중년, 늙은이의 차이가 있겠습니까? 하나님은 영인체를 봅니다. 영인체가 젊고 활달하고 인격이 벌써 숙련되어 있으면 그것이 보입니다. 껍데기는 안 보인다는 것입니다. 껍데기를 벗어 버리고 남은 알맹이를 보는 것입니다.

9 인간이 영계에 가면 어떻게 되느냐? 하나님의 몸이 됩니다. 인간은 하나님의 몸이 되는 것입니다. 요한복음과 고린도전서에 '너희가 하나님의 성전 된 것을 알지 못하느냐?'라고 기록되어 있는 것과 마찬가지로 하나님이 임재할 수 있는 성전, 집입니다. 하나님과 어떻게 닮아지느냐? 책임분담 완성 단계에 이르러 하나님이 임해서 하나되면 사랑으로 말미암아 생명의 일체성이 이루어집니다. 생명이 동화되는 것입니다. 남자 여자가 가정, 부부를 이룬다는 것은 사랑을 중심삼고 일체, 동화된다는 것입니다. 그와 마찬가지로 그 사랑의 힘은 하나님과 동화하게 됩니다.

10 인간에게는 몸과 마음이 있고, 마음 위에 영이 있으며, 영 위에는 하나님이 계십니다. 그러므로 인간은 하나님과 완전히 하나돼야만 완전한 사람이 됩니다. 사람은 비록 작은 하나의 개체이지만 전체 역사를 대신한 존재요, 미래의 모든 인연을 대신하는 존재이기 때문에 천주적인 가치를 지니고 있습니다.

11 여러분은 지상에서 영원히 살겠습니까, 무형의 사랑의 실체세계에서 영원히 살겠습니까? 무형의 사랑의 실체가 된 세계에서 영원히 살겠다고 할 것입니다. 하나님이 영계를 보여 주고 싶다 할 때, 여러분의 몸으로 하나님을 따라갈 수 있습니까? 그러니까 영인체가 필요합니다. 이것은 망상이 아니라 사실입니다. 보이지 않는 정신의 중심되는 신이 있다면, 그 신이 상대적 존재를 필요로 한다면 인간을 데려다가 자기가 창조한 영원한 이상권을 전부 보여 주고 싶고 주고 싶을 것입니다.

12 우리는 영안으로 무형의 몸을 볼 수 있습니다. 그 무형의 몸에는 영인체의 중심이 있는데, 그 부분은 인간의 마음에 해당합니다. 그곳이 하나님과 여러분이 만족스럽게, 그리고 여러분이 거기에서 무엇을 해오고 있는지 다른 사람들이 모르는 가운데 만날 수 있는 장소입니다. 그러한 장소에서 하나님과 여러분이 서로 사랑한다면, 여러분에게서 그 사랑을 빼앗아 갈 자는 아무도 없습니다. 그 자리는 종적인 사랑의 종착점이면서 횡적인 사랑의 출발점입니다.

13 생심이라는 것은 마음과 영이 합쳐져서 새로이 하나의 목적을 향해서 움직이는 것입니다. 하나님을 중심삼고 양심과 하나된 나, 영육을 중심삼은 이상적 나를 만들어낼 수 있는 동기적 마음입니다. 그래서 그 생심이 없어서는 영계와 참된 사랑과 관계맺을 수 있는 자체의 근원을 찾을 수 없다는 결론이 나옵니다. 생심이 나에게 생겨나면 몸도 좋아하고, 전부 다 그것을 따라갑니다. 자동적으로 하나됩니다. 지금까지 인간에게 제일 문제 되는 것은 몸과 마음이 서로 떨어져 있다는 것입니다. 영적인 힘이 나에게 임하여 생심적 기원만 되게 되면 마음과 몸이 자연히 하나 됩니다. 그러한 근본에서 혁명이 벌어지고, 근본에서 시정하는 근원을 발견하지 못하는 한 우리는 이상을 찾아갈 도리가 없습니다. 동기가 있어야 결과가 나옵니다.

14 마음은 종이고 몸은 횡입니다. 마음은 종적인 나이고 몸은 횡적인 나입니다. 두 가지가 있습니다. 종적인 나는 마음이고, 횡적인 나는 몸입니다. 모든 것이 같은 구조로 되어 있습니다. 공식적으로 같은 구조입니다. 올라가는 것과 내려가는 것, 나무도 두 종류입니다. 뿌리에서 영양소를 흡수하고 이파리에서 영양소를 만듭니다. 태양 빛을 받아 엽록소를 중심삼은 영양소를 만들어 공급하고, 땅에서는 또 땅의 영양소를 흡수하며 서로 교류합니다. 원리로 말하면 생

력요소, 생령요소입니다. 그 두 요소가 주고받는 것입니다.

15 영적인 밥을 먹어야 됩니다. 배고플 때 육적인 밥과 영적인 밥 중에서 어떤 것이 더 맛이 있어야 되느냐? 내가 살아남고 하나님 편에 서기 위해서는 영적인 밥맛이 육적인 밥맛보다도 더 좋아야 합니다. 영적인 힘을 중심삼고 사는 생활의 맛이 육적인 힘을 갖고 사는 생활의 맛보다도 더 맛이 있어야 됩니다.

3절 죽음이란

1 우리가 하나님을 닮고 싶어하고, 하나님도 우리가 하나님의 아들딸로서 당신을 닮게 하고 싶어하는 소망을 갖는 것은 당연합니다. 그래서 사람은 다시 하나님과 닮을 수 있는 체를 입고 태어나야 합니다. 하나님과 인간은 함께 영원히 날 수 있는 날을 고대합니다. 그렇게 날 수 있는 사람으로 태어나는 날, 그런 몸으로 태어나는 날, 그날이 바로 육신을 벗는 죽음의 날입니다. 그렇다면 인간은 죽음을 환영해야 되겠습니까, 아니면 슬퍼해야 되겠습니까? 물론 환영해야 됩니다. 그렇다면 우리가 죽는 데는 무엇을 위해 죽어야겠습니까? 하나님의 참사랑, 즉 위하는 사랑을 위해서 죽겠다고 해야 됩니다. 그러므로 육신을 벗는다는 것은 무한한 하나님의 사랑의 활동권에 우리가 동참하기 위해서요, 하나님의 사랑의 세계를 위해서입니다.

2 병이 나서 죽게 되면 혼수상태가 벌어집니다. 죽었는지 안 죽었는지 모릅니다. 거기서부터 자기가 가서 살아야 할 곳의 모든 것을 보게 됩니다. 자기가 가서 살 곳의 동지들이 와서 자기를 환영해 주고, 전개되는 방대한 천국이 얼마나 호화찬란한지 '나도 어서 가야 되겠다.'라고 합니다. 그래서 그리 가다 보니 죽는 것입니다. 점점점 좋은 곳을 향해서 1차 2차 3차 문을 지나게 되면 저나라에 들어가고, 거두어지는 것입니다. 죽음은 낙담이나 낙심을 할 일이 아닙니다. 떨어지는 것이 아니라 도약하게 됩니다. 승화(昇華)하는 것입니다. 그러니 죽음에 대한 공포를 가져서는 안 됩니다. 죽음은 이런 자연 순환법도에 의해서 옵니다. 더 좋은 세계로 옮겨 주기 위한 절차입니다.

새로운 인생의 출발

3 일반 사람들은 죽으면 다 없어진다고 생각하는데, 그렇지 않습니다. 영계가 있기 때문에 그대로 이어지는 것입니다. 영계에 가기 위해서는 지상에서 준비하지 않으면 안 됩니다. 영계에 가면 사랑으로 호흡하기 때문에 지상에서 사랑을 중심삼고 생활해

야 거기서도 자유스럽게 호흡할 수 있습니다. 지상에서 사랑을 중심삼고 생활하지 않으면 거기에서 자유롭게 호흡할 수 없습니다. 영계는 사랑을 호흡하는 세계입니다. 사랑의 공기와 같은 세계라고 생각하면 됩니다. 제2의 새로운 출발을 죽음이라고 하는 것입니다. 그렇기 때문에 그렇게 무서워할 필요가 없습니다. 죽음은 새로운 출발의 문을 여는 것입니다.

4 생명과 죽음을 두고 볼 때 어느 것이 강합니까? 죽음보다 생명이 강합니까, 생명보다 죽음이 더 강합니까? 사탄세계에서는 생명보다 죽음이 더 강합니다. 그러므로 뜻을 알고 난 후에는 죽어야 할 자리에서 죽기 싫어하면 안 됩니다. 죽어야만 부활합니다. 그러면 성경에서 말하는 죽음이란 무엇을 말하느냐? 하나님이 영원히 가질 수 있는 생명을 죽이라는 것이 아닙니다. 사탄세계의 타락한 혈통을 이어받은 생명을 죽이라는 뜻입니다. 그러니 뜻을 위해 죽으려는 사람은 산다는 것입니다.

5 인간이 육신생활을 마친 다음에는 제2의 출생을 하는 것입니다. 이것이 죽음입니다. 제2의 출생을 하는 곳, 죽어서 가는 세계가 바로 영계입니다. 그 세계에 들어가서 제3의 부모인 하나님으로부터 우주 전체를 대표한 참사랑을 공급받습니다. 이상적인 참사랑을 공급받는다는 것입니다. 그래서 영계에서는 통일이 안 될 수 없습니다. 죽는 순간부터는 제2 공기세계를 차 버리고 새로운 제3 사랑의 호흡기관의 세계에 연결돼야 합니다. 부모의 사랑, 형제의 사랑을 차 버리고 영계로 들어가서 결국은 대우주의 하나님 본체에 화한 참사랑의 세계로 들어갑니다. 씨가 본체에서 나왔으니 결과를 맺고 다시 본체로 돌아가야 되는 것입니다.

6 인간이 죽는 것은 육신으로는 제한된 사랑만 할 수 있기 때문입니다. 무한대의 하나님의 참사랑의 대상적 실권을 가지려면 제한된 육신을 가지고는 안 됩니다. 그렇기 때문에 무형의 영으로 화하지 않을 수 없습니다. 나아가 참사랑의 이상을 온 천지와 더불어 같이 동일화하기 위해서입니다. 그렇기 때문에 죽음은 고통길이 아니라 우주적 참사랑을 소유할 수 있는 행복의 문을 여는 시간입니다. 죽음은 기고 걸어 다니는 지상세계로부터 훨훨 날아다니며 살 수 있는 세계로 옮기는 것입니다. 온 우주를 자기 무대로 해서 참사랑으로 즐길 수 있는 여행 자격자가 되고, 그런 세계로 입문하기 위해서 죽는 길을 가게 됩니다. 그러니 죽는 것이 바로 새로 태어나는 것입니다.

7 우리는 어느 땐가 육신을 벗고 영계로 가야 됩니다. 그러므로 이 세상에 태어난 우리는 죽음을 각오해야 됩니다. 또한 선한 자아를 영원한 세계에 제2의 나로 세우기 위해서는 고생해야 됩니다. 어머니의 복중에서 태교를 잘 받아야만 건강하고 선한 아기로 태어나는 것입니다. 이 지상세계에서의 생활은 복중에서의 생활과 마찬가지입니다. 그러기에 하나님의 형상을 본받고, 하나님의 심정을 본받고, 하나님의 거룩한 신성을 본받으며 자라야 됩니다. 자라서 또 생명을 걸고 넘어가야 됩니다.

8 죽음은 제2의 출생이기 때문에 비참한 것이 아닙니다. 아담 해와가 타락하지 않았으면 하나님과 공명권에서 살았을 것입니다. 몸과 마음이 공명한다는 것입니다. 그래서 우리가 지상에서 사랑을 중심삼고 생활하게 되면 영계의 사랑과 같은 파장 기준이 되기 때문에 지상에 살면서 영적 세계를 감지할 수 있습니다. 지상에서 부모한테서 태어나 부모와 더불어 살면서 부모한테 배워 지상생활을 완성시키는 것과 마찬가지로, 천상세계의 사랑의 모체인 하나님을 중심삼고 다시 태어나 하늘부모와 더불어 영원한 사랑의 세계에서 내적 오관을 완성한 하나님의 아들딸로서, 하나님의 친구로서, 하나님의 몸으로서 살아가는 것입니다. 그렇기 때문에 죽음은 죽는 것이 아닙니다. 죽음은 제2의 생으로, 유한한 세계에서 무한한 세계로 가는 데 있어서의 한계선을 격파하기 위한 것이요, 고개를 넘기 위한 것입니다.

9 죽음은 물속에 있던 때에 탯줄과 물주머니를 터뜨리고 나오는 것과 같습니다. 코 세계인 이 공기세계, 이 제한적 세계에서 하나님의 사랑을 받을 수 있는 자리로 돌아가는 것이 제2 출생입니다. 그것이 곧 죽음입니다. 그래서 제1 조상이 있고, 제2 조상이 있는 것입니다. 부모의 사랑을 받고 세상에서 살던 것에서 무한한 부모, 영원한 부모, 하나님의 사랑의 자리를 찾아가서 하나님의 품에 품겨 무한대의 생명과 사랑의 인연을 맺어 사랑을 공기처럼 마시면서 영원히 살 수 있는 본향 땅으로 돌아가는 것이 인생길입니다. 그러니까 하나님으로부터 출발했으니 이런 사랑의 실권을 내가 이루어 감으로써 내가 하나님이 되는 것입니다. 사랑을 중심삼고 대등한 가치를 갖게 됩니다.

10 인간은 어차피 영계로부터 태어났기 때문에 영계로 돌아가지 않을 수 없습니다. 한국말 가운데 재미있는 말이 '돌아간다.'는 말입니다. 어디로 돌아가느냐? 공동묘지로 가는 것

은 돌아가는 것이 아닙니다. 출발하였던 본처로 돌아간다는 뜻입니다. 그 출발지가 공동묘지가 아닙니다. 멀고 먼 역사의 기원을 넘어서 돌아간다는 것입니다. 인간이 돌아간다는 것은 한국 사람으로 태어나서 한국 사람으로 돌아가는 것을 말하는 것이 아닙니다. 한국 사람으로 죽었지만 한국 사람으로 돌아가는 그 길이 아닙니다. 인류조상의 근원 세계로 돌아간다는 뜻입니다. 창조주가 계시는 곳으로 돌아간다는 말입니다. 거기에서 출발했으니 거기로 돌아간다는 것입니다.

11 한국에서는 나이가 많아서 죽으면 '돌아가셨다.'라고 말합니다. 할아버지 할머니가 왜 안 계시느냐고 물으면 '돌아가셨다.'라고 하지요? 어디로 돌아갔느냐? 영계로 돌아갔다는 것입니다. 본래 무형의 하나님으로부터 출발했기 때문에 본연의 고향이 무형의 세계입니다. 무형의 세계에서부터 유형의 세계를 거쳐 땅 위에서 번식해 가지고 살다가 다시 무형의 세계로 돌아가게 됩니다. 그렇게 돌아가는 것입니다. 무형의 아버지로부터 출발하여 유형의 아버지를 통해 어머니 몸을 빌려서 태어나 살다가 유형세계의 몸은 벗어 놓고 본연의 형태로 돌아가는 것이 영계에 가는 것입니다.

12 인간은 태어나면 죽게 마련입니다. 그런데 죽으면 어디로 가느냐? 연기가 사라져 버리듯이 사라져 버리는 것이 아닙니다. 반드시 영계에 가게 마련입니다. 영계에 가게 되면 영계의 나라가 있습니다. 그러면 그 영계의 주인이 누구이겠습니까? 하나님입니다. 그렇기 때문에 그 하나님의 아들딸이 되어야 합니다. 하나님의 아들딸이 되지 못하면 하늘나라에 들어갈 수 없습니다.

13 여러분은 영계의 사실을 모를지 모르지만 선생님은 하나님의 특별한 혜택을 입어 미지의 세계에 대해 잘 알고 있습니다. 그 세계의 근본을 헤쳐 보니 원칙은 간단했습니다. 그 세계는 하나님의 천지원칙, 이상적 근원인 위하여 산 사람만이 가는 곳입니다. 그러한 내용으로 형성된 세계가 이상천국입니다. 그곳이 인간이 찾아가야 할 본향입니다. 우리는 타락한 인간으로서 본향에서 추방당한 인간이 되었기 때문에 본향 땅을 향하여 돌아가야 할 운명에 있습니다. 그러나 그곳은 인간 자체로서는 돌아갈 수 없기 때문에 하나님이 인간이 돌아갈 수 있는 길을 역사과정에 설정하지 않을 수 없습니다.

하나님 사랑세계로 가는 것

14 우리는 알든 모르든 어느 곳을 향

하여 가고 있습니다. 내가 움직이는 시간에도 가고 있고, 쉬고 있는 시간에도 가고 있습니다. 비단 나뿐만 아니고 이 민족, 혹은 이 세계, 더 나아가 하늘과 땅까지도 어떠한 곳을 향하여 가고 있습니다. 이것은 부인할 수 없는 사실입니다. 일생을 거친 후에 나는 어떠한 곳으로 갈 것인가? 이것이 인간이 해결해야 할 중요한 문제입니다. 종교도 이 문제를 해결하기 위하여, 철학도 역사도 이 문제를 해결하기 위하여 동원돼 있습니다. 그러니 여러분 자신도 이런 운세에 사로잡혀 이끌려 가고 있다는 것을 부인할 수 없습니다. 이 문제를 해결하지 못한다 할지라도 우리는 어차피 가야 할 운명에 놓여 있습니다. 우리가 살다 죽는 날, 이 몸은 흙에 묻힘으로써 끝납니다. 그러면 몸이 묻히는 날 마음도, 생명도, 심정도, 이념도, 혹은 소원까지도 같이 묻혀 버리고 마는 것인가? 내용과 해결점과 확실한 목적관을 세워 놓지 않은 사람은 불행한 사람이 아닐 수 없습니다.

15 하나님이 인간의 부모라면 인간을 어떻게, 왜 지었느냐? 사랑의 하나님이 인간을 지을 때 하나님의 사랑에 동참시킨 자리에서부터 출발했다는 것입니다. 하나님의 마음에서 출발하여 하나님의 사랑의 품에서 자라, 하나님의 사랑의 품에서 성숙하여 가정을 이루고, 이 땅 위에서 세계적인 사랑과 연결시킬 수 있는 성숙자가 되어 하나님의 사랑의 품으로 돌아가야 하는 것이 인생길입니다.

16 인간은 영물이기 때문에 그 생명이 영원합니다. 사람들이 하늘 앞에 충성을 다하고 하늘을 위하여 죽음의 길도 가고 많은 사람이 싫다 하는 길도 소망을 품고 간 것은, 보통 사람들이 느끼지 못하는 것을 느꼈고 보통 사람들이 알지 못하는 가치를 알았기 때문입니다. 그랬기에 죽음의 길도 갈 수 있었다는 것입니다. 마음이 현실생활에서 부딪치는 어떠한 역경과 슬픔, 죽음보다도 더 강하지 못하면, 여러분은 죽음 앞에서 후회할 자요 슬픔과 고통 앞에서 후퇴하는 자밖에 되지 못합니다.

17 여러분은 어머니 아버지한테서 태어났습니다. 근본적인 입장에서 어디에서 나왔느냐? 나는 하나님으로부터 어머니 아버지의 뱃속을 빌려 가지고 나왔습니다. 어머니 아버지가 여러분을 만든 것이 아닙니다. 여러분이 태어난 것은 참부모를, 참된 부모를 찾아가기 위해서입니다. 우주의 부모를 통하고 몸의 부모를 통해서 참된 부모를 찾아가야 합니다. 그래서 죽음은 참된 부모를 만나러 가는 환희의 시간입니다. 거기에는

참된 부모의 참된 사랑이 있습니다. 그것을 영적 천국이라고 합니다. 그곳의 구성요소는 사랑입니다. 참부모의 사랑이 충만한 곳입니다. 그 사랑은 봉사와 희생의 원칙을 통한 사랑입니다. 이것은 일방적인 법도를 통할 수 있습니다. 거기에 합격될 수 있는 합격자가 되기 위해서는 만우주를 내가 사랑해야 됩니다. 이 지상생활은 인류를 사랑하기 위한 시험장이요 훈련 장소입니다. 이것이 우주의 근본입니다. 인간이 살아생전 이런 체험과 이런 사랑을 가지고 살다가 합격되어 가면 틀림없이 하나님 앞으로 돌아간다는 것입니다.

18 인간은 하나님을 닮고 싶어하고, 하나님도 자신을 닮게 하고 싶다는 관념을 갖고 있습니다. 그러니 사람은 다시 하나님과 닮을 수 있는 체를 입고 태어나야 됩니다. 그런 날을 하나님도 고대하고 인간도 고대합니다. 그런 사람으로 태어나는 날이 죽는 날입니다. 이런 입장에서 인간은 죽음을 환영해야 되겠습니까, 환영하지 말아야 되겠습니까? 환영해야 됩니다. 죽는 데는 뭣 때문에 죽을 것이냐 할 때 '하나님의 참사랑을 위해서 죽겠다.'라고 해야 됩니다. 그러므로 육신을 벗는 것은 무한한 하나님의 사랑의 활동권에 내가 동참하기 위해서요, 하나님의 사랑의 세계를 위해서입니다. 하나님의 사랑 가운데 태어나는 것이 죽는 것인데, 인간세계에서는 '아이고, 죽는다!' 하고 야단합니다. 제한된 사랑권 내에서 무제한의 사랑권 내로 돌입하는 기쁨을 맞는 순간이 제2의 출생인 죽음길을 통하는 순간입니다. 여러분은 죽음의 공포에서 해탈하지 않고는 하나님과 관계를 맺을 수 없습니다.

19 인간은 사는 데도 목적이 있습니다. 그런데 살아가는 인간의 목적이 전부 다릅니다. '마음을 다하고 뜻을 다하고 성품을 다하여 주 너의 하나님을 사랑하라!'라는 것은 무엇을 위해서입니까? 하나님의 아들이 되기 위해서입니다. 그러니 하나님을 사랑하기 위해서라면 목숨까지도 내놓으라는 것입니다. 그래야 할 우리는 저 밑창에 가서 죽을 수 없습니다. 최고의 자리에서 죽어야 됩니다. 하늘나라를 중심삼고 죽어야 됩니다. 천상천하에 하나밖에 없는 하늘나라에서 죽는 것입니다. 죽는 데도 방법이 있습니다. 죽는 데도 자리가 있습니다. 시시하게 한국적인 것 가지고는 안 됩니다. 최고의 자리, 천상천하를 통과한 하나님의 심정의 나라를 중심삼은 최고의 자리에서 죽어야 합니다. 하늘나라 복판에서 죽어야 됩니다. 천하가 깃발을 들고 환영하는 자리에서 죽어야 합니다.

20 하늘의 소망을 품고 사는 사람은 인간이 슬퍼하는 죽음의 고개도 기쁨으로 넘어설 수 있는 사람입니다. 그런 사람이 하늘의 소망을 품는 사람입니다. 그렇기 때문에 여러분은 죽음을 앞에 놓고 세상만사를 원망하고 탄식하는 사람이 되지 말고, 기뻐하고 하늘 앞에 서서 자기 죽음의 가치를 자랑할 수 있는 사람이 되어야 합니다. 하늘은 이러한 소망의 아들딸들을 찾고 있습니다. 이러한 자리에서서 하늘의 기쁨을 느낀 사람이 있다면 그는 하나님이 사랑하지 않으려야 사랑하지 않을 수 없습니다. 그런 자리에서 하늘을 대하여 울부짖는 무리가 있다고 한다면 하늘이 그 울부짖음에 응답하지 않으려야 않을 수 없다는 것입니다.

4절 천국이란

1 천국은 방대한 곳입니다. 이 우주보다 더 크고 더 넓은 세계입니다. 그것은 형용할 수 없을 정도로 방대한 세계입니다. 그리고 그 세계에서는 사랑하는 사람이 그런 세계의 어디에 있다고 하더라도 내가 보고 싶다고 하면 즉각 나타납니다. 무슨 마음을 갖고 보고 싶어하는지 저쪽에서는 대번에 안다는 것입니다. 오자마자 인사합니다. '이렇게 생각해 줘서 고맙다.'라고 상대가 마음먹은 것을 말해주는 것입니다. 그렇기 때문에 마음세계를 설명할 필요가 없습니다. 설명할 필요 없이 다 느끼는 것입니다. 거기에 가서 척 만나게 되면 '무슨 말을 할 것이다.'라고 압니다. 알고 듣는 것입니다. 그러니 얼마나 멋진 세계입니까? 참사랑은 직단거리를 통합니다. 참사랑은 직단거리를 통하고, 참사랑의 속도는 최고의 속도입니다. 사랑하는 자식이 외국에 나가 있다고 하더라도 부모는 그 자식을 생각하면 벌써 자식에게 갔다 오는 것입니다. 거리를 초월합니다. 참사랑의 속도는 최고의 속도이기 때문에 이 방대한 대우주를 자기 생활의 활동무대로 측정하는 것입니다. 시간과 공간을 초월하니 거리감이 없습니다. 다 눈앞에 있는 것과 같습니다.

천국은 하나님 사랑이 충만한 세계

2 천국은 하나님의 사랑의 세계입니다. 사랑의 공기를 맡는 세계입니다. 거기에는 생명이 꽉 차 있습니다. 어디 가든지 생명이 약동 안 하는 데가 없습니다. 그리고 전부 혈연적인 인연으로 묶여 있습니다. 하나님의 한 핏줄이기 때문에, 하나님이 슬퍼하는 것이 있으면 온 영계가 한 세포와 같이, 한 몸같이 슬픔을 느낍니다. 또한 하나님이 기뻐하게 되면 전부가 기뻐합니다. 그래서 하나님의 사랑이 방대한 대천국을 움직이고 있습니다. 거기에 화답해서 생명권이, 모든

만물이 주체 대상을 중심삼고 예술적인 미화의 대상이 되어 있습니다. 핏줄과 같이 연결되어 있어서 하나님이 기뻐하면 나도 기쁘고 하나님이 슬퍼하면 나도 슬퍼집니다.

3 '천국은 네 마음에 있다.'라고 했는데, 그 천국은 하나님의 사랑이 중심이 되어 있는 곳입니다. 하나님의 사랑이 중심이 되어서 인연을 맺어 보편타당한 환경권을 설정한 곳이 천국입니다. 그러면 그 권에 가서 머무르는 사람은 어떤 사람이어야 되느냐? 하나님의 사랑의 본질과 화합할 수 있는 사람이어야 됩니다. 그런 사람 외에는 못 갑니다. 하나님의 사랑의 본질과 화합할 수 있는 본질이 무엇이냐? 자기를 위주로 하고 나가는 사람은 가치가 없습니다. 상대를 위해서 자기의 생명을 투입하고, 자기의 모든 정성을 투입하고, 자기의 모든 것을 주고자 했던 사람만이 하나님의 사랑권 내에 존속할 수 있습니다.

4 천국은 준비한 것을 가지고 자랑하는 곳이요, 모시는 생활을 한 것을 자랑하는 곳입니다. 그러면 그 천국은 어떠한 사람이 가는 곳인가? 주를 믿고 복을 받겠다고 하는 자, 복을 앞세워 나가는 자가 가는 곳이 아닙니다. 천국은 모시기 위하여 심정적으로 준비하는 생활을 한 사람이 가는 곳입니다. 준비하는 기간에 죽는다 해도 모심의 생활을 남기고 기쁘게 갈 수 있는 자가 가는 곳입니다. 거기에 부활이 있습니다. 모시기 위한 준비를 한 후에는 모심의 생활을 해야 됩니다. 준비하는 목적은 모시기 위한 것입니다. 모심의 생활을 하기 위함입니다. 모심의 생활은 어떻게 할 것인가? 여러분 환경을 더듬어 살펴보십시오. 생활의 내막은 나타나지 않습니다. 어떻게 모심의 생활을 할 것이냐 하는 것이 우리가 사는 생활 가운데 생각해야 할 중대한 문제입니다.

5 천국은 심정을 통하지 않고는 갈 수 없습니다. 천국은 전체를 주관할 수 있는 본연의 나라요 본성의 나라입니다. 그 나라는 어떠한 사정을 가지고는 소유할 수 없습니다. 깊이 스며드는 심정의 인연을 갖추어야만 소유할 수 있는 나라입니다. 그렇기 때문에 사정이 통하기보다 궁극적으로 심정이 통해야 됩니다. 사정의 인연을 넘어서 심정을 노래할 수 있는 기반을 닦는 데에 땅을 대하여 섭리하는 하늘의 목적이 있습니다.

6 예수님도 본향을 창건하기 위해서 왔으나 그 본향을 창건하지 못하고 갔습니다. '천국이 네 마음에 있다.'라고 말씀은 했지만, 예수님도 천국을 직접 보지는 못했다는 것입니다. 역

사과정에 왔다 간 훌륭한 선지선열, 성현군자라 하더라도 그 한 곳을 보지 못했고, 그 한 날을 맞지 못했으며, 타락한 선조로부터 악의 혈통을 이어받은 모든 사람들도 본향과는 아직까지 인연이 닿지 못했다는 것입니다. 그러므로 모든 사람은 이상을 찾아 나가는 것입니다. 본향을 찾기 위해 나간다는 것입니다. 그러면 그 세계는 어떠한 세계일 것이냐? 서로 반목질시하면서 남이 잘되면 배 아파하고, 남이 좋아하면 죽겠다고 하는 세계가 아닙니다. 한 사람이 잘되는 것은 전체를 대표해서 잘되는 것이요, 한 사람이 좋아하는 것은 전체를 대신해서 좋아하는 것이므로, 한 사람이 좋아하면 전체가 좋아하는 것이요, 한 사람이 기뻐하면 전체가 따라 기뻐하는 곳이 본향입니다.

7 하나님을 중심삼고 기쁜 생활로 만들어야 됩니다. 천국화시켜야 됩니다. 천국은 주면서 사는 곳입니다. 하나님도 주어야만 됩니다. 부모는 자식에게 주어야만 됩니다. 좋은 것을 주고 나서도 더 좋은 것이 있으면 그것을 또 주고 싶어하는 것이 부모의 마음입니다. 아기에게 아무리 때때옷을 해 입히고, 아무리 좋은 것을 먹였다 하더라도 그것으로 만족하는 것이 아니라 '더 좋은 것을 해주었으면' 하는 것입니다. 주고 나서 더 좋은 것을 주고 싶어하는 것이 부모의 마음이자 하나님의 마음입니다.

8 천국은 부부를 중심삼고 그 부부가 낳은 아들딸을 거느리고 가는 곳입니다. 아들딸, 손자들과 더불어 그 족속을 거느리고 가는 곳입니다. 더 나아가서 나라 전체가 가는 곳입니다. 천국은 이렇게 해서 이루어지는 곳입니다. 오늘날 종교를 믿는 사람들이 천국 가겠다고 하지만 천국은 혼자 들어가는 곳이 아닙니다. 절대로 혼자는 못 갑니다.

9 천국은 본래의 선한 부모로부터 태어나서 하나님이 기뻐할 수 있고 우주의 모든 피조물이 그와 더불어 화동할 수 있는 자리에서 부부의 인연으로 아들딸을 낳아 사랑하고, 그 아들딸들에게 모든 것을 상속해 주고 가는 곳입니다. 천국은 아버지는 가고 어머니는 못 가는 곳이 아닙니다. 아버지 어머니, 아들딸 모두가 가는 곳이 천국입니다.

10 욕망의 종착점이 어디냐? 하나님의 사랑을 점령하는 것입니다. 하나님을 점령했다고 하더라도, 그 가운데에 더 귀한 사랑을 점령하지 못하면 하나님은 자기 하나님이 아닙니다. 그러므로 하나님의 사랑을 점령해야 됩니다. 그의 것이 내 것이요 내

것이 그의 것이 될 때, 비로소 안팎이 하나됩니다. 그러한 나라가 상하의 등급이 없는 이상의 본국이 되는 것입니다. 그러한 자리에 놓게 되면, 천하에 있는 모든 존재가 좋게 보이지 않는 것이 없고, 천하에 있는 모든 존재가 자신을 위해서 있지 않은 것이 없다고 느껴집니다. 그러한 것이 하나님의 사랑이기 때문에 오늘날 인간이 갈 천상세계, 즉 천국은 사랑으로 충만한 곳입니다.

지상·천상천국의 매개체는 인간

11 하나님의 창조과정을 보면, 하나님은 만물을 짓고 인간을 지었습니다. 하나님을 중심하고 모든 것이 시작되었습니다. 사람을 지음으로써 하나님과 인간과 만물이 평형적인 입장에서 통일을 보기를 원하셨습니다. 이것이 하나님의 창조의 뜻입니다. 하나님이 있고, 이 피조세계에는 땅이 있고, 그 가운데 사람이 있습니다. 이러한 중간적 입장에 선 것이 인간이기 때문에 인간은 영계와 육계를 접촉시킬 수 있는 매개체인 것입니다.

12 하나님이 천지만물을 창조하신 것은 하나님이 영광을 누리기 위해서였던 것임은 틀림없습니다. 그렇기 때문에 먼저 무형실체세계를 창조하셨고, 다음으로 무형실체세계의 표상으로 유형실체세계를 창조하셨습니다. 그리고 영계와 실체세계의 중심이자 대표로 아담 해와를 창조하셨습니다. 아담 해와는 천지가 변치 않는 이상 천지와 운명을 같이해야 했습니다. 즉 천지가 움직이는 대로 같이 움직여야 할 운명에 놓였던 아담 해와였습니다. 그래서 아담 해와가 변하면 천지도 변하는 것이요, 아담 해와의 중심이 흩어지면 온 천지의 중심도 흩어지는 것입니다. 그리고 온 천주의 중심이 흩어지면 창조주의 중심도 흩어지는 필연적인 조건을 갖고 지음 받은 아담 해와였습니다.

13 하나님이 인간을 1남1녀로 분립하여 창조하신 데는 목적이 있습니다. 첫째로, 이성성상의 중화적 주체로 자존하시면서도 무형으로 계시는 하나님은 실체세계를 상대하는 데 필요한 체를 입기 위함이었습니다. 무형세계와 실체세계인데, 하나님도 체가 없어서는 안 되겠다는 것입니다. 남성의 체만도 아니요 여성의 체만도 아닌 아담과 해와 두 사람의 체를 입고 실체세계와 자유자재로 교통하고 작용하기 위함이었던 것입니다. 체를 입지 않은 무형의 하나님만으로는 유형실체세계를 상대하는 데 한계가 있기 때문입니다. 따라서 아담과 해와가 하나님을 모시고 일체가 되어 완성한 터전 위에 결혼을 하고 자녀를 낳았더라면 아담과 해와는 외

적이요 횡적인 실체 참부모가 되고, 하나님은 내적이요 종적인 실체 참부모가 되었을 것입니다. 이렇게 되었더라면 아담과 해와는 내외 양면으로 백 퍼센트 하나님을 닮은 입장에 서게 되었을 것입니다. 하나님을 완전히 닮은 아담과 해와가 인류의 참부모가 되었더라면 그들의 모습을 통해 인류는 하나님의 실체를 인지하며 살게 되었을 것입니다. 둘째로는 사랑의 완성을 위해서입니다. 아담과 해와가 완성하여 완전일체를 이룬 사랑의 실체가 되면 그 위에 하나님이 임재하여 인류의 참사랑의 부모가 되고자 함에 있었던 것입니다. 하나님의 형상적 실체부모의 입장에 서게 되는 아담과 해와가 실체의 자녀를 번식함으로써 이상가정, 이상세계를 이룰 수 있었을 것입니다. 그렇게 되면 인간을 통해서 영계와 지상계가 연결되었을 것입니다.

14 본래 영계에 가게 되면 아담과 해와가 가정의 왕이요, 종족의 왕이요, 민족의 왕이요, 국가의 왕이요, 세계의 왕이요, 천주의 왕인 것입니다. 그래서 영계에 가서는 하나님 대신자가 됩니다. 하나님은 무형의 신이기 때문에 보이지 않습니다. 저나라에 가서도 하나님은 보이지 않습니다. 그러나 하나님도 체가 필요합니다. 그래서 하나님이 지은 만물세계는 체를 가지고 있습니다. 무형의 신이 체를 입을 수 있는 상대적인 존재를 필요로 해서 피조물을 창조했기 때문에, 완성된 아담과 해와는 하나님의 몸이 되는 것입니다.

15 하나님의 창조이상으로 볼 때, 하나님은 무형세계의 천국도 소망하셨지만 당신이 친히 임재할 수 있는 실체세계에서의 구체적인 천국을 소망하시어서 만물을 창조하셨습니다. 다시 말해서 하나님은 천상천국과 지상천국이 하나님과 아담 해와를 중심삼고 이루어짐으로써 영적인 천국과 실체적인 천국의 영광을 보시기 위해서 피조세계를 창조하셨다는 것입니다. 천상의 천국이나 지상의 천국도 하나님을 위하여 지은 것이 아니라 인간을 위해 지으셨던 것입니다. 아담 해와를 중심삼고 지상에서 천국을 이룸으로써 지상에서 천국생활을 하던 인간이 영원한 천국세계에 들어가 살 수 있게끔 지상천국과 천상천국을 세우는 것이 하나님의 천지창조의 목적이었습니다.

16 지상에서 천국생활을 하며 살 수 있는 사람들은 어떠한 사람들인가? 무한한 영계, 천상천국에서 살 수 있는 영인체는 어떠한 영인체들인가? 땅 위에서 예수님과 성신의 사랑을 받고, 그것을 넘어 직접 아버지의 사

랑을 받으며 아버지와 함께 살면서 사랑의 이상을 중심삼고 화동의 승리자가 된 사람만이 살 수 있는 곳이 지상천국이요 영원한 천상천국입니다.

천국은 지상에서 먼저 이뤄져야

17 하나님의 창조원리에 의하면 천국은 먼저 이 지상세계에서 완성되어야 합니다. 본래 인간은 육신을 쓰고 지상에서 천국생활을 하다가 자연스럽게 육신을 벗으면 영계의 천국으로 자리를 옮겨 영생하도록 창조되었습니다. 그렇다면 우리가 창건해야 할 지상천국은 어떤 모습이어야겠습니까? 본연의 가정과 천국은 그 유형이 같습니다. 기본적으로 가정에는 본연의 부모가 있고, 본연의 부부가 있고, 본연의 자녀가 있고, 본연의 형제자매가 있습니다. 그 가정이 참사랑을 중심삼고 하나되면 화합과 통일은 자동적으로 옵니다. 그 터전 위에 참사랑과 참생명과 참혈통이 연결되고 이상의 목적도 가능해지는 것입니다.

18 본래 인간의 타락이 없었다면 인간이 하나님의 참사랑 가운데 완성하여 하나님을 부모로 모시고 참된 자녀가 되었을 것입니다. 완성한 인간은 하나님의 사랑 가운데 참된 부부의 인연을 맺어 참된 자녀를 낳고 양육하여 함께 천국을 이루어 살다가 자동적으로 가족 모두가 함께 천상의 천국에 들어가서 살게 되어 있었습니다. 만일 여러분의 가족 중 아버지는 지옥에 가고 어머니만 천국에 간다면 그것이 무슨 천국이겠습니까? 부모는 지옥에 가고 자식들만 천국에 들어간다면 그것을 어떻게 천국이라고 부를 수 있겠습니까? 천국은 가족이 함께 들어가서 영원한 평화왕국을 이루어 사는 곳입니다. 따라서 지상에서도 가정천국을 이루어 사는 곳에 비로소 하나님이 임재하는 것이며, 하나님이 이상 하신 창조이상의 세계, 즉 천상천국이 자리 잡게 되는 것입니다.

19 할아버지 할머니가 절대 필요하고, 어머니 아버지가 절대 필요하고, 부부가 절대 필요하고, 자녀가 절대 필요하다는 마음을 가지고 나라를 자기 가정보다 더 사랑해야 됩니다. 세계는 그와 같이 4단계 인류가 분포돼 있는 것을 알고 자기 나라보다 더 사랑해야 됩니다. 과거·현재·미래가 합해진 영계에 가서 살려면 그런 4단계 사랑을 한 사람들이 가는 곳이니 그런 사랑을 해야 됩니다. 그러한 세상을 땅 위에 이룬 것이 지상천국이요, 천상천국은 지상천국으로 말미암아 자동적으로 형성되는 것입니다.

20 인류조상이 타락하지 않고, 죄를 짓지 않고 하나님의 뜻과 일치되어 하나님이 기뻐하는 자리에서 살다가

죽었다면 그들에게 원한이 있겠습니까? 원한을 품지 않고 기뻐하며 하나님 앞에 찬양을 드리고, 하나님도 좋아하실 수 있는 자리에서 살다가 죽어서 가는 곳이 하나님이 지으신 천국입니다. 그것이 본래의 천국입니다. 원한을 가진 사람이 그 천국에 들어가게 되어 있지 않습니다. 원한을 품고서는 천국에 들어갈 수 없습니다.

21 하나님이 바라는 천국은 영계에서만 이루어지는 것이 아닙니다. 하나님이 바라는 천국은 먼저 지상에서 이루어진 후에 영계에서도 이루어집니다. 인간이 죽은 이후에 그 영인체들로 이뤄지는 영계와 이 지상세계는 서로 분리될 수 없기 때문에, 여러분이 승리적 실체를 갖추어 천국의 이념을 구현하기 위해서는 천륜 앞에 설 수 있는 동시에 인륜 앞에도 설 수 있어야 하고, 천륜과 인륜을 통할 수 있도록 천국의 이념을 여러분의 생활권을 통해 보여 줘야 합니다. 그리고 그 천국의 이념이 개인적인 천국이념이 되는 동시에 가정적인 천국이념, 사회·국가·세계·천주적인 천국이념이 돼야 합니다. 이런 천국이념이 여러분 자체를 통해 나타날 수 있어야 합니다.

22 무형의 주체로 계시는 하나님이 아득한 시원에서부터 사랑의 우주사적 자극을 충족시킬 대상을 그리워하시다가 유형 무형의 완전한 대상체로서 인간과 상봉하는 그 사랑의 자극이 얼마나 컸겠습니까? 하나님이 아담과 해와를 지상에 지으셨으니, 천국을 지상에서 먼저 이루어 가지고 지상에서 이상적인 생활을 하다가 영인체가 천상의 영원한 천국으로 가게 되어 있습니다.

23 자기 집을 중심삼고 환경이 좋게끔 푸른 지대를 꾸며야 됩니다. 그것을 많이 한 사람은 저나라에서, 몇 백배나 큰 천국에서 비례적인 소유권을 가질 수 있습니다. 그런 위계가 땅에서 결정된다는 것입니다. 잘살고 싶습니까? 영계에 가서 조그만 방에 들어가 앉아 이마를 맞대고 얼굴 보고만 살겠습니까? 날고 춤추고 노래하고 어디든지 마음대로 백곳 천곳을 찾아다닐 수 있는 생활을 해야 됩니다. 세계에서 제일 황폐한 곳이 어디입니까? 그런 데에 가서 땅이 박토면 자기 나라의 보석들로 인공적인 조화도 해야 됩니다. 금강산의 만물상과 같은 모형적 기준이라도 만들어야 됩니다. 지금 무엇이든지 만들 때가 왔습니다. 돌도 만들 수 있고, 다 만들 수 있습니다. 그렇게 해서라도 미화의 천국을 이루어야 할 것이 우리 생애에 남겨진 일입니다. 우리가 기쁘게 살아야 할 환경을 만드는 주인이 되어야 합니다.

제2장 영계란 어떤 곳인가

1절 영계의 실상

1 영계를 모르면 안 됩니다. 몇 천년 이전의 조상들이 영계에 가서 무엇을 하고 있는지를 알게 됨으로써 어떻게 되느냐? 필연적으로 그러한 운명에 이끌려 가지 않을 수 없다는 것을 분명히 알게 됨으로써 이 땅 위의 어려운 문제를 초월할 수 있습니다. 선생님은 그러한 내용을 알고 있기 때문에 그 어떤 박해를 받더라도 좌절하지 않습니다. 그 이상의 내용을 알고 있기 때문에, 그러한 가치에 미칠 수 있는 것이 없기 때문에 모든 것을 부정하고 넘어갈 수 있는 것입니다.

사랑의 빛 세계

2 영계란 하나님의 영원한 이상의 본동산입니다. 본동산이 얼마나 멋지냐? 그것은 형용할 수 없습니다. 하늘나라 왕궁의 비밀을 하나만 딱 들여다보면 천년을 들여다봐도 좋고 만년을 들여다봐도 좋다는 것입니다. 세상의 일생이란 잠깐입니다. 그러나 영계는 영원, 영원한 것입니다. 일생이라는 것은 거기에 비하면 숨 한 번 쉬는 것도 안 됩니다.

3 영계는 이 세계를 위하여 있습니다. 이 세계도 영원한 세계를 위해 있습니다. 영계가 없는 것이 아닙니다. 있기 때문에 선생님이 이 일을 하고 있습니다. '세상에 하나님이 어디 있고, 영계가 어디 있어? 나는 모른다.' 라고 할지 모르지만 하나님이 계시는 곳이 영계입니다. 하나님은 무엇으로 있느냐? 하나님은 참사랑입니다. 하나님의 희망은 사랑을 통해서만 연결되는 것입니다.

4 영계에 가면, 거기에는 그림자가 없습니다. 영원한 아침의 햇빛이 넘칩니다. 하얀빛이 너무 밝아서 보라색 빛으로 변하고, 은빛, 금빛으로 변합니다. 전기의 빛이 뭐냐 하면 사랑빛입니다. 플러스 전기와 마이너스 전기가 하나되어서 나타나는 것이 전깃불입니다. 이와 마찬가지로 하나님의 성상과 형상도 하나되어서 번개와 같이 나타나는 것입니다. 영원한 참사랑의 빛입니다. 그것이 영생의 본질입니다. 그 마지막 목적점에 도달해야 됩니다.

5 영계는 영원한 요소를 원하는 영원한 곳입니다. 여기에서 사랑을 체험한 영인체는 틀림없이 자동적으로 그 세계로 갈 것입니다. 그것은 자기가 느낀 만큼의 영계에 간다는 뜻입

니다. 영계는 어떤 곳이냐? 모든 것이 사랑으로 충만한, 사랑으로 꽉 찬 조화의 세계입니다. 사랑의 버튼을 한번 누르면 이 우주가 동작한다는 말이 거짓말이 아닙니다. 그러므로 모든 사랑의 전구에 불이 켜지는 곳이 지상천국입니다. 그리고 사랑의 전구에 불이 완전히 켜질 수 있는 곳이 천상천국입니다. 그렇기 때문에 여러분이 사랑의 마음만 품고 사랑의 줄만 당기면 다 끌려옵니다.

6 영계는 제아무리 잘나고, 제아무리 훌륭한 지식인이라 하더라도 그가 갖고 있는 지식을 일주일 이내에 능가할 수 있는 직감의 세계입니다. 마음의 빛을 통해 가지고 보기 때문에 거기에 관계돼 있는 인연의 세계는 자동적으로 이해되는 것입니다. 그것은 심정을 통해서 보면 나와 상대적 관계, 주체적 관계를 갖게 되기 때문에 그렇습니다.

7 영계에 가게 되면 참사랑의 힘으로 아무리 먼 데 있는 사람도 순식간에 만날 수 있습니다. 아무리 먼 데 있는 사람도 사랑 때문에 찾아갈 때는 순식간에 고향으로 돌아갈 수 있습니다. 영계는 무한히 방대한 세계이지만 몇 백만 리, 몇 천만 리의 거리도 순식간에 사랑을 중심삼고는 오고 갈 수 있는 세계입니다. 사랑은 최고의 속도를 가졌습니다. 여러분의 몸 마음에 통일적 사랑의 기대를 못 갖게 될 때엔 그 세계와 나는 관계가 없습니다. 그러니 통일의 기원이 상대세계로부터 벌어지는 것이 아니라 나로부터 시작한다는 것입니다.

8 영계에 가면 날아다닙니다. 날아가는 것은 너무너무 빨라서 볼 수 없습니다. 참사랑은 최고의 속도를 가지고 있기 때문에 광대한 이 우주도 참사랑을 가진 하나님은 껑충껑충 한 걸음으로 뛰어넘고 다른 곳에서도 한꺼번에 활동할 수 있는 것입니다. 여러분도 모두 같습니다. 영계에서는 아무리 큰 우주체가 있어도 그곳은 나 자신의 활동무대입니다. 영계에 가면 꿈의 광산이 얼마든지 많이 있습니다. 금은 보석이 얼마든지 있습니다. 꽃도 좋아하는 사람이 다가오면, 사랑하는 사람이 다가오면 잠자고 있다가도 갑자기 '쩍—' 입을 열고 눈을 떠서 환영합니다.

영계의 계층 구조

9 영계를 볼 때 영계의 조직은 어떻게 되어 있느냐? 하나님과 상대인 사람과 같은 구조로 되어 있습니다. 하나님 앞에 인류는 하나의 사람과 같은 상대적 형태로 만들어진 것과 마찬가지입니다. 그렇기 때문에 이 사람들을 전부 하나님과 같은 형상으로

만들어 놓으면 하나님과 같은 하나의 사람이 됩니다. 하나님은 지금까지 우주를 대표한 인격자를, 사람을 만들어 나왔습니다. 그러니 거기에 황인도 있고, 백인도 있고, 흑인도 있습니다. 모두 한 사람입니다. 여러분은 하나님의 어느 한 부분에 들어가는 세포와 같습니다. 우리의 세포와 같습니다. 우리는 하나님 앞에 하나의 세포와 같은 사람입니다. 하나님은 아버지요, 하나님의 살과 같은 것이 인류입니다. 그래서 하나님 사람을 만들자는 것입니다. 영계의 조직은 그렇게 되어 있습니다.

10 영계에 가 보면 영계 전체가 사람 하나로 보입니다. 그래서 주체 되는 하나님과 하나되는 것입니다. 그러면 온 영계와 육계가 다 흐물흐물해집니다. 하나님이 뛰면 땅도 뛰고, 하나님이 웃으면 땅도 웃고, 그렇게 되어 있습니다. 영계에 가 보면 한 사람과 같은 조직이 돼 있다는 것입니다.

11 전체 영계의 구조가 어떻게 돼 있느냐? 영계라는 것은 참부모가 아니라 거짓 부모로 타락한 이후에 생긴 것이기 때문에 이것이 있어서는 안 되고, 타락하지 않은 세계의 영계가 있어야 됩니다. 구원섭리의 뜻이 끝나서, 오시는 재림주가 이 땅 위에 뜻을 완성하여 새로운 영계로 개조되어야 본연의 영계로 돌아갑니다. 복귀되어야 합니다.

12 영계에 가더라도 낙원과 중간영계, 그 외 모든 종교권의 영계가 있습니다. 그런 영계를 통해서 지옥과 연결되어 있습니다. 지옥과 연결된 그 영계는 결혼생활을 허락지 않습니다. 지옥의 어디에 가서 자기들이 숨어서 타락 행위를 계속하기도 하지만, 그것을 다 부정하는 것입니다. 원래 낙원권에 소속될 수 있는 사람들은 혼자 살아야 됩니다.

13 영계 자체가 광명한 햇빛이 비쳐 정오정착의 그림자가 없는 영계가 돼야 하는데, 얼룩덜룩한 곳이 돼 있습니다. 영계는 최고의 영계, 제1차 영계, 제2차 영계, 제3차 영계가 있고, 동물들도 다 다르다는 것입니다. 최고의 영계에서는 동물들이 주인을 찬양합니다. 전부 친구입니다.

14 천국은 혼자 못 들어갑니다. 인류 본연의 조상이 사춘기를 지나 하나님을 중심한 참다운 사랑이상을 이루고 땅 위에서 살다가 참된 사랑의 씨를 남기고 부모가 되어 먼저 들어가야 할 곳이 천국입니다. 그런데 아직까지 하나님의 사랑을 중심삼은 부모로서 이 땅 위에 사랑의 씨를 남긴 부모가 없었고, 그런 후손을 남긴 기반이

생겨나지 못했기 때문에 천국은 비어 있다는 것입니다.

15 하나님이 계시는 저 천국, 하나님이 계시는 저 영계는 어떠한 조직으로 돼 있느냐? 그 조직 구조는 간단합니다. 천국에 갈 수 있고 극락에 갈 수 있는 사람들은 자기를 위해서 살던 사람들이 아닙니다. 그런 사람은 못 가는 것입니다. 전체를 위해서 태어나서 전체를 위해서 살던 사람이 가는 곳이 천국입니다.

천상천국과 천상지옥

16 아담 해와가 타락함으로써 이 지구성은 사탄이 지배하게 되었고, 영계에는 지옥이 생겨났습니다. 그래서 사탄이 지배할 수 있는 판도는 지상지옥 세계와 천상지옥 세계까지입니다. 그렇기 때문에 그것을 해방해야 됩니다. 타락이 없었으면 지상지옥도 천상지옥도 생겨나지 않았고 하나의 이상적 천국으로만 귀착될 것이었는데, 타락으로 말미암아 두 세계에 사탄이 지배할 수 있는 세계 형태가 나타났습니다. 그래서 이것을 해소해야 됩니다.

17 몸 마음이 하나 안 됐으면 거기에 해당하는 분야는 악마의 영토가 됩니다. 지옥이 따로 있고 천국이 따로 있는 것이 아닙니다. 다 나에게 있습니다. 여러분 자신이 사랑을 중심삼고 몸을 감화시켜 놓을 수 있고, 사랑을 중심삼고 자기 생명을 넘고 자기의 혈통을 부정할 수 있는 운동을 일으켜야만 이 사악한, 음란한 세상을 깨끗이 청산할 수 있습니다. 그러한 하나님의 도리를 가르침으로써 하나님의 가정윤리, 하나님의 종족윤리, 하나님의 민족윤리, 하나님의 국가윤리, 하나님의 세계윤리가 지상에 벌어질 때 지상천국이 되고, 지상천국에 살던 사람이 그냥 그대로 들어가는 곳이 천상천국입니다.

18 참사랑의 본궁은 생식기입니다. 참사랑은 절대적입니다. 참사랑은 유일·불변하기 때문에 절대적입니다. 그렇기 때문에 역대 선조들을 보더라도 이 문제가 흐트러지게 되면 결국 가정도 붕괴되고, 사회도 붕괴되고, 정치도 붕괴됩니다. 소돔과 고모라도 그것이 흐트러졌기 때문에 가정이 붕괴되고, 사회도 붕괴되고, 국가도 붕괴된 것입니다. 그 결과는 붕괴되는 것입니다. 지옥입니다. 그러니까 천국과 지옥이 따로따로 있는 것이 아닙니다. 그렇기 때문에 지옥 같은 환경에서 살아간다고 해서 지옥에 가는 것이 아닙니다. 천국과 지옥은 자기 자신에게 달려 있습니다. 참된 사랑을 어지럽히는 근거지는 그것 이외에는 없습니다. 참된 생명을 더

럽히는 곳은, 참된 혈통을 더럽히는 곳은 거기밖에 없습니다. 어떤 행동으로도 그것을 더럽힐 수 없습니다.

19 지상의 천국은 어떤 곳이냐? 빚 안 지기 위해서 노력하고, 서로 빚 지우려고 노력을 하는 곳이 지상에 생기면 그곳이 지상의 천국입니다. 천상천국은 어떤 곳이냐? 천국 가는 사람은 빚을 진 사람이 없습니다. 선생님이 아는 천국은 그런 천국이 아닙니다. 세상에서 사는 동안에 나라에 빚을 지우고, 인류 앞에 빚을 지우고, 하나님 앞에 빚을 지우려고 노력했던 사람이 가는 곳이 천국입니다. 그 나라 앞에, 인류 앞에, 하나님 앞에 빚 지려고 한 사람은 천국이 아니라 지옥에 가 있습니다. 빚을 지우려고 노력하는 사람의 자리는 언제나 승리하는 자리입니다. 이것은 과거에도 승리했고, 오늘도 승리하고, 미래에도 승리할 것입니다. 그렇게 빚을 지우고 승리한 권한을 가지고 갈 수 있는 곳이 천국입니다.

20 여러분이 50평생을 살았다고 할 때, 그 50평생에서 25년 이상을 이 우주를 위하고 천륜을, 천리를 위해 살았다면 천국에 갑니다. 그렇게 살았으면 좋은 영계에 가서 머무를 수 있는 경계선을 넘어설 수 있지만, 50평생을 자기 위주로 산 것이 많았다면 섭섭하겠지만 선한 본향의 세계에 가는 것이 아니라 악의 본향, 지옥으로 갑니다. 과거에 자기를 위하여 산 것이 많았거들랑 그 생활을 청산하고 그것을 부정하고, 나라를 위하고 세계를 위하고 하늘땅을 위하고 하나님을 위해 사는 여생을 남기기 위해서 노력해야 됩니다. 그런다면 여기서부터 지옥이 아니라 천상의 이상세계로 향진할 것입니다.

21 성경 말씀에 '천국은 너의 마음에 있다.'라고 했습니다. 천국은 하나님의 사랑과 일치된 곳인데, 그 사랑이 네 마음에 있어야 된다는 말입니다. '네가 내 안에 있고 내가 네 안에 있다.'라는 말도 추상적인 말이 아닙니다. 사랑을 중심삼고는 다 가능한 말입니다. 타락한 인간은 내 몸과 마음에 하나님의 사랑이 현현할 수 있는 그날을 찾아가는 것입니다. 그러면 폭발적인 하나님의 사랑이 현현합니다. 이미 수천년간 틀어져 나갔던 몸이 완전히 하나될 수 있습니다. 이날은 사탄세계에서는 공포와 혁명의 한 날이요, 하늘세계에서는 환희와 승리의 한 날입니다. 그 자리에 서 보면 하나님의 사랑이 어떻다는 것을 압니다. 얼마나 좋은지 세포가 떨립니다. 모든 뼈와 살이 한데 어울려 굳어지는 것을 느낍니다. 화석같이 되는 것입니다. 모든 오관이 완전히 하나되

는 것을 느낍니다.

22 축복받은 가정은 나라를 위하여 몽땅 제물이 될 수 있어야 합니다. 천국이냐 지옥이냐가 여기서부터 갈라지는 것입니다. 성경을 잘 알고 말을 잘하는 것으로 천국과 지옥이 결정되는 것이 아닙니다. 실적과 심정이 문제 되는 것입니다. 결국 천국과 지옥의 경계선은 심정의 경계선, 실적의 경계선에 좌우됩니다.

23 양심을 해방해야 됩니다. 여러분의 마음은 천국의 초소요, 여러분의 몸은 지옥의 초소입니다. 여러분의 몸이 마음을 끌고 다닙니까, 마음이 몸을 끌고 다닙니까? 종교를 믿는 사람들은 마음이 몸을 끌고 다니고, 종교 안 믿는 사람은 백발백중 몸이 마음을 끌고 다닙니다. 자기를 중심삼고 삽니다. 그것이 다릅니다. 그렇기 때문에 지옥의 출발지도 나요, 천국의 출발지도 나입니다. 마음대로 하면 천국 가는 것이요, 몸대로 하면 지옥 가는 것입니다. 남을 위해서 살게 되면 천국 가고, 자기를 위해서 살게 되면 지옥 가는 것입니다.

24 영계에서는 결혼이 없습니다. 얼마나 심각한 문제인가 생각해 보십시오. 팔이 하나 없고 다리 하나 없는 것이 문제가 아닙니다. 그러니 불평해야 되겠습니까, 안 해야 되겠습니까? 불평할 수 없습니다. 기뻐해야 됩니다. 눈물을 흘리면서도 기뻐하며 가야 됩니다. 눈물을 흘리면서도 웃으며 가야 됩니다. 천국 가고 지옥 가는 것은 자신이 결정합니다. 선생님이 결정하는 것이 아니고, 하나님이 결정하는 것이 아니고, 자기가 결정하는 것입니다. 불평하면 지옥이요, 불평할 곳을 감사하면서 가면 천국이라는 것입니다.

25 영계는 어떠냐? 혼란한 인간상들이 영계에 가서 뭉쳐 있으니 영계도 혼란하지 않을 수 없습니다. 도둑질한 전과자는 언제나 도둑질해 먹게 마련입니다. 그러니 지구성에서 도둑질해 먹던 것들이 천상세계에 가서도 공짜를 바라는 것입니다. 그래서 처치 곤란하니 지옥이라는 것이 생겼습니다. 지옥은 하나님이 만든 것이 아니고 생겨난 것입니다. 쓰레기통을 만들어 놓고 집을 짓습니까? 집 짓고 살다 보니 쓰레기통이 생겼습니다. 마찬가지입니다.

26 자살하는 것은 죄 중의 죄입니다. 우주를 파탄시키기 위한 악독한 행동입니다. 그런 사람은 지옥 중의 지옥에 가야 됩니다. 이러한 사실을 알게 되면 자살할 수 없습니다. 나는 누구냐 하면 부모 생명의 연결체입니다.

나는 아버지와 어머니 두 생명이 하나로 결합된 것입니다. 같이 연결되어 있습니다. 그리고 나는 부모사랑의 동참자입니다. 부모사랑과 일체입니다. 사랑의 일치가 돼 있습니다.

27 지옥은 한번 걸려들면 영원히 벗어날 수 없는 곳입니다. 그런데도 여러분은 자기의 어머니 아버지, 그리고 친척이 지옥에 간다는 것을 실감하지 못합니다. 그저 '어떻게 되겠지.' 하고 그만입니다. 그러나 사랑하는 부모가 진짜 지옥에 간다고 생각해 보십시오. 세상의 감옥에만 들어간다고 해도 울고불고하면서 별의별 짓을 다 해서라도 끌어내려고 하는 것이 인정인데, 하물며 천정으로 맺어진 아들딸이 자기 부모와 친척, 형제자매가 영원히 나올 수 없는 감옥에 간다는 것을 안다면 그렇게 하겠습니까? 여러분은 아직까지 아무것도 모릅니다. 지옥이 있는지 없는지, 있긴 있는 것 같은데 어떤 것인지 모르고 있습니다. 틀림없이 희미할 것입니다. 그러나 죽어 보면 알게 됩니다. 죽어 보면 대번에 알겠지만 그때는 이미 늦습니다.

28 재림의 한 날이 오면, 천국이 아닌 낙원과 지옥의 밑창에 새로운 이상권을 만들어 나가는 것입니다. 지옥의 밑창에서 가인 아벨을 찾아 새로운 하나님의 가정권을 형성하는 것입니다. 새로운 하나님의 종족권, 새로운 하나님의 민족권, 새로운 하나님의 국가권, 새로운 하나님의 세계권을 이루어 지상에 있는 사람들을 전부 탕감복귀해야 됩니다. 가인 아벨을 중심삼고 탕감복귀해 모든 것을 흡수·소화해서 통일된 세계를 거쳐 비로소 비어 있는 영계를 지상세계에서 편성하여 뒤집어 맞추지 않고는 하나님이 하늘나라를 중심삼은 소원의 뜻을 해원성사할 수 있는 길이 없습니다. 그래서 예수님도 '너희가 땅에서 매면 하늘에서도 매일 것이요, 땅에서 풀면 하늘에서도 풀린다.'라고 했습니다. 땅에서 천국을 이루지 못하고는 천상세계에 천국이 생기지 않습니다. 땅 위에 하늘나라의 주권을 세우지 않고는 영계에서 선한 주권을 회복할 수 없다는 엄청난 사연이 내재돼 있다는 것입니다.

29 자기를 생각하는 자리에서는 천국에 갈 수 있는 길이 생기지 않습니다. 자신이 천국과 거리가 멀다는 것을 발견하게 되면, 자기라는 것을 타파해 버려야 합니다. 자기를 타파하는 데서만이 천국, 혹은 간접적인 천국이라도 개방될 수 있는 길이 열립니다. 그러나 자기를 옹호하는 입장에서 상대적 환경을 자기에게 적응시키려 하는 사람, 자기 스스로를 주체

적 입장에 놓고 상대 환경을 밀고 나가려는 사람이 있다면 그 사람은 천국과 관계를 못 맺습니다. 천국은 나로부터 이루어집니다. 아무리 상대적 천국이 완비되어 있다 하더라도, 그 천국이 부를 때에 화답할 수 있는 나 자신이 못 되어 있으면 그 천국과는 상관이 없습니다. 천국은 사탄을 극복한 자리입니다. 여러분 자체만을 극복한 자리가 아닙니다. 우리가 거주하는 사회환경, 타락한 세계권, 습관적인 환경권 혹은 상습화한 자리에는 천국이 임할 수 없습니다. 이 상습화한 환경을 사탄이 고질적으로 지배하고 있기 때문에, 사탄이 우거하고 있는 환경을 극복하고 나야만 천국이 오는 것입니다.

30 천국은 사탄세계의 내용과 상반된 자리에서 이루어집니다. 만일 그렇지 않다면 천국이 될 수 없습니다. 천국이라는 이름이 붙었더라도 그것은 환경을 농락하기 위한 속임수밖에 되지 않는다는 것입니다. 천국이라는 개념은 사탄을 극복한 자리에서, 사탄이 상대할 수 있는 일체의 요인을 부정한 자리에서, 부정할 뿐만 아니라 청산지은 자리에서 성립되는 것입니다. 사탄의 부정적 여건이 남아 있는 역사적인 유물이라든가 생활의 모든 내용을 부정하고 청산지은 터전에서 천국이 긍정될 수 있는 것이지, 그것을 남기고는 천국의 내용을 제시할 수 없는 것입니다.

31 통일교회 사람들은 어떤 사람이 되어야 할 것이냐? 내적 세계에도 들어갈 줄 알고, 외적 세계에도 나갈 줄 알고, 또 나갔다가 들어올 줄도 알고, 동서남북으로 다닐 수 있는 사람이 되는 것이 이상적입니다. 내적 세계가 주체가 되어 외적 세계를 지배할 수 있는 사람을 만들자는 것입니다. 외적인 세계는 악이 침범했기 때문에 그 세계로 가면 지옥 가고, 내적인 세계로 가면 선한 영계인 천국으로 가는데, 이 외적인 세계와 내적인 세계를 자유롭게 왕래할 수 있으면 지옥에도 갈 수 있고 천국에도 갈 수 있다는 말입니다. 그것을 알기 때문에 어디를 가더라도 환영할 수 있는 사람이 되어 보자는 것이 선생님의 주장입니다. 그것이 하나님의 주장입니다.

영계와 육계는 하나, 지상에서 완성

32 우리가 영계를 알기 위해서는, 하나님을 알기 위해서는 환경을 알아야 됩니다. 그 환경이 인간세계하고 다르지 않습니다. 사람이 죽더라도 영계에 가서는 죽었는지 안 죽었는지 모릅니다. 딴 세계에 간 줄로 압니다. 북극에서 살다가, 얼음 가운데서 살다가 더운 곳에 가면 사시사철 덥고, 언제나 푸르고, 나뭇잎이고 뭐고 다

르듯이, 죽으면 그렇게 느끼지 죽었다는 것을 못 느낍니다. 관계가 연결됐기 때문에 그렇게 생각합니다.

33 우리는 결국 영계로 가야 됩니다. 그곳을 사후의 세계라고 말하지만 사후의 세계가 아닙니다. 왜 사후의 세계가 아니냐? 참사랑과 관계되어 있는 세계이기 때문에 사후의 세계가 아닙니다. 참된 사랑을 중심삼고 출발한 것이기 때문에, 내가 참된 사랑의 자리에 서 있게 될 때는 지금 그 참사랑과 같이 있는 곳이 영계와 직결됩니다. 그렇기 때문에 참사랑이 위대합니다. 하늘세계와 지상세계의 모든 간격이 메워져서 공통적인 가치의 생활권에서 체휼할 수 있기 때문에 영계라는 것입니다. 사후의 세계도 갔다 왔다 할 수 있습니다.

34 태양이 실체세계라면 우리는 달과 같이 반사체가 되어 세상과 관계를 맺는 것입니다. 우리 개인은 거울과 마찬가지입니다. 사실 영계는 지상에 안팎으로 연결되는 것입니다. 그렇기 때문에 영계와 육계는 하나입니다. 그것을 모르면 저나라에 합격자가 안 됩니다. 이것이 중요합니다. 성약시대는 개인에게 있는 것이 아니고 가정완성을 해야 됩니다.

35 통일교회에서 축복한 것이 영계와 육계를 뒤집어 놓습니다. 뒤집는 새로운 전환기를 마련하기 때문에 영계와 육계의 통일이 벌어질 수 있는 때로 넘어간다는 것입니다. 그것이 영계와 육계를 연결시킬 수 있는, 변환시키는 전환시대입니다. 뒤집어 박아서, 사탄을 추방해서 지상의 모든 악한 길을 청산해 하나님이 직접 주관할 수 있는 시대로 넘어가는 때입니다. 그러니까 영계를 확실하게 알아야 됩니다. 여러분이 영계를 모르면 가정 기반을 완성할 수 없습니다. 영계를 알아야 모든 것을 완성할 수 있습니다.

36 영계와 육계는 참사랑을 가지고 일체를 이루는 것입니다. 참사랑이 나타나지 않았기 때문에 영계와 육계가 통일되지 못한 것이고, 참사랑이 나타나지 않았기 때문에 개인의 마음과 몸이 갈라졌고, 참사랑이 나타나지 않았기 때문에 종교와 정치가 갈라진 것입니다. 참사랑을 중심삼고 전부 하나돼야 합니다. 그래야 개인·가정·사회·국가·세계·천주가 다 연결됩니다. 우리 손으로 그렇게 만들지 않으면 안 됩니다. 그러지 않고는 본연의 천상천국과 지상천국을 상속받을 수 없습니다.

37 영계에서는 하나님의 사랑이 없으면 먹지 못합니다. 먹을 자격이 없

습니다. 지옥은 보면서도 먹을 수 없는 곳이요, 알면서도 행할 수 없는 곳입니다. 그렇기 때문에 하나님의 사랑을 중심삼고 영계와 육계가 하나될 수 있는 가치적인 중심을 세워 놓고, 하나님의 사랑을 중심삼고 지상에서 영육이 하나된 천국생활을 한 사람 외에는 영원한 이상적 세계를 가질 수 없고, 하늘나라를 소유할 수 없다는 것입니다.

38 영계는 내적인 세계요, 육계는 외적인 세계입니다. 마음의 세계는 내적인 세계요, 몸의 세계는 외적인 세계입니다. 여기에는 경계선이 있습니다. 이것이 얼마나 깊은가 하면 새카맣다는 것입니다. 여러분의 마음과 몸의 거리가 하나님과 이 세계의 거리와 맞먹는다는 것입니다. 여러분의 몸과 마음의 세계를 하나 만들기 위한 것이 6천년 복귀섭리입니다. 몸과 마음이 하나되면 될수록 지상에서 이 경계선이 제거됨으로써 땅에서 뿌려진 것이 거둬지기 때문에 하나님을 중심하고 영계와 육계가 통일된 세계가 옵니다. 그렇기 때문에 하나님이 인간을 찾아오고 인간은 하나님을 찾아가는 데 있어서 세계가 아닌 자신이 운동장이 돼야 합니다. 몸과 마음이 운동장이라는 것입니다.

39 완전한 마이너스는 완전한 플러스를 자동적으로 생겨나게 합니다. 완전한 플러스는 완전한 마이너스를 자동적으로 창조하는 것이 원칙입니다. 그것이 이 우주의 창조원칙입니다. 존재의 법칙입니다. 그래서 이 지상에서 원칙적인 완전한 운동을 하면 영계 자체가 연결되는 것입니다. 역사 이래 이런 일이 처음 벌어진다는 것이 문제 됩니다. 그러니까 영계에 문제 되는 것을 지상에서 해결해서 조치해 풀면 풀리는 것입니다. 그런데 그럴 때마다 탕감이 필요합니다. 여러분은 때가 무엇인지, 세계적인 때가 어떻게 되었는지 모르지만, 선생님은 이런 탕감길을 홀로 역사와 우주 앞에, 영계와 육계 앞에 책임지고 걸어 나왔습니다. 어떤 때에 탕감해야 된다는 것을 알기 때문에 그것이 무너지는 날에는 영계가 어떻게 되고 지상이 어떻게 된다는 것이 확실해지는 것입니다.

40 지상에서의 100년은 잠깐입니다. 이 세상에 사는 타락한 사람들은 세상이 제일인 줄로 알고 살고 있습니다. 아무것도 모릅니다. 그것은 복중에서 태어나지 않은 아기와 마찬가지입니다. 하나님을 알게 되면 땅에서 영계에 들어가서 사랑화할 수 있는 세포가 되고 사랑화할 수 있는 운동의 일체권을 갖추어 살 수 있게끔 살아야 됩니다.

41 지상생활을 하는 것은 영계를 완성시키기 위한 것입니다. 우리 영인체가 가서 살 수 있는 곳이 영계인데, 영인체가 지상에서 모델을 이루지 못하면, 영과 육이 지상에서 사랑의 체험을 하지 않으면 저나라에 가서 호흡이 안 됩니다. 인간은 이 땅 위에서 부모님의 젖을 먹고 사랑을 받으면서 부모의 사랑과 형제의 사랑을 느낍니다. 영계에 가서도 마찬가지입니다. 영인체가 가서 본래 부모 되는 하나님의 품에 안겨서 사랑을 받으며, 하나님의 사랑 가운데서 살아야 됩니다. 그러려면 이 땅에서의 오관을 가진 육체생활에 있어서 사랑을 느낄 수 있어야 됩니다. 지상생활은 영계 완성을 위한 생활입니다.

42 영계가 우리의 고향 땅입니다. 본연의 고향 땅입니다. 이 땅은 본연의 몸의 고향 땅이고, 영계는 본연의 마음 고향 땅입니다. 이다음에 가는 곳이 영계입니다. 그렇기 때문에 지상에서 미리 거기에 맞추어 살 수 있는 훈련을 해야 됩니다. 그래야만 거기에 가도 지장이 없습니다.

43 지상에서 완성하는 것이지, 영계에서 하는 것이 아닙니다. 지상에서 참사랑을 중심삼고 완성이 가능합니다. 영계에서가 아닙니다. 그러니 아들딸을 낳아야 됩니다. 아들딸이 바로 천국 백성이 되는 것입니다. 아들딸이 이상적인 하늘나라의 백성이 되는 것입니다. 그러니까 아들딸을 많이 낳아야 됩니다. 원래는 열두 방향 이상이 되어야 합니다. 그래서 선생님이 열두 방향 이상을 원합니다.

44 사랑이라고 하는 것은 잊어버릴 수가 없습니다. 생명의 뿌리가 되기 때문에 일을 할 때도, 잠을 잘 때도, 일어나 있을 때도 언제나 사랑과 함께하는 것입니다. 살아가는 데는 하나님을 생각하고 참부모를 생각하지 않으면 안 됩니다. 그렇게 함으로써 사랑에 의해서 심신이 원만한, 안정된, 만족스러운 권내에 서게 됩니다. 그런 생활을 한 사람은 영계에 가면 그대로 되는 것입니다. 지상에는 내면적으로 확대된 생활이 있는데, 내면적으로 확대된 그 기준은 영계에 가면 표면화됩니다. 사랑이 내면화되어 있기 때문에, 하나님과 인류가 한 몸의 세포와 마찬가지입니다. 자기 자신이 그 세포들 중 하나가 되는 세계가 영계입니다. 그런 경지에 들어가면 하나님이 틀림없이 자기 마음 속에 들어오는 것입니다. 하나님과 함께 살아가는 세계입니다.

2절 영인의 생활상

1 우리는 영계에서 마치 창조주이신 하나님이 온갖 종류의 것들을 참사랑

의 개념을 중심삼고 창출해 낼 수 있듯이, 사랑을 중심삼고 원래의 힘을 발휘하여 모든 것을 만들 수 있습니다. 내가 사랑을 중심삼고 이런 것, 저런 것 등을 지적하면 실재물이 완전히 모습을 나타냅니다. '어떤 공구 나타나라!'라고 하면 바로 그 공구가 생겨납니다. 그것이 얼마나 굉장합니까? 또 만찬장에 수십수백만 명이 참석했을 때 '이런 음식을 준비해야지.'라고 원하기만 하면 식사가 문제없이 나옵니다. 금빛 정장을 원하면 즉시 그런 정장이 나오는 것입니다.

2 영계는 시공을 초월해 있기 때문에 1초 동안에도 몇 억만리를 갈 수 있습니다. 광대한 세계가 시공을 초월해 있습니다. 천년 전이 보이고 몇 만년 전이 보이는 것입니다. 무엇을 보려고 하느냐? 무엇을 만나고 싶어하느냐? 남자로 생겼으면 여자를, 여자로 생겼으면 남자를 만나고 싶어하는 것입니다.

생각대로 이뤄지는 생활

3 영계에서는 '이렇게 이렇게 하고 싶다!'라고 생각하면 실제로 그렇게 됩니다. 그렇기 때문에 저나라에서는 사랑의 간절한 마음을 가지고 바라는 소원은 언제 어느 때나 무엇이나 가능한 것입니다. 자기가 사랑하는 상대에게 천만 가지 귀한 옷을 한꺼번에 해 입히고 싶다 하면 해 입힐 수 있는 곳입니다. 황금 실로 짠 옷을 입히겠다고 생각하면 상상하는 그 모습 그대로 나타납니다. 그 앞에 딱 나타나게 돼 있습니다. '나도 같은 옷을 입어야지!'라고 생각하면 이미 같은 옷을 입고 있는 것입니다. 그러면 천상세계, 모든 영인들이 '쿵작작 쿵작작' 왈츠를 추면서 하늘의 연회가 벌어진다는 것입니다. 그렇기 때문에 영계는 최고의 사랑을 가진 사람들이 가는 영광의 세계입니다. 그 영광된 자리에 서 있는 모든 피조만물이 화동의 대상을 이루지 않을 수 없는 놀라운 세계라는 것입니다.

4 모든 것은 순환운동을 통하여 생명이 연속됩니다. 순환하지 않게 되면 전부 원소로 돌아가는 것입니다. 하나님은 어떠한 분이냐? 하나님은 이 우주 존재세계의 마음 같은 분입니다. 하나님은 어떤 분이라는 것을 알았지요? 사실 알고 보면 우주의 마음 같은 분입니다. 여러분은 마음을 볼 수 있습니까? 영계는 마음 같은 체(體)가 화(化)한 생활의 세계인데, 이는 시공을 초월한 곳입니다. 거기서는 밥을 마음대로 먹을 수 있습니다. 밥걱정을 할 필요 없습니다. 물 걱정할 필요 없습니다. 음료수 걱정할 필요 없습니다. 옷 걱정이 필요 없습니다. 의식주 모든 것을 초월한다

는 것입니다. 거기에 자동차가 필요합니까? 자동차 공장, 식품 공장, 옷 공장이 있겠습니까? 다 없습니다. 거기서는 억천만리를 순식간에 왕래하는 것입니다. 사랑의 힘을 가지고 그렇게 합니다. 사랑하는 사람을 보고 싶다고 하면 쭉 나타납니다.

5 저나라의 생활은 어떠냐? 먹을 것 걱정 없습니다. 살 것 걱정 없습니다. 입을 것 걱정 없습니다. 자기의 심령 상태대로 원하는 모든 것이 가능하기 때문입니다. 저나라에서도 먹습니다. 저나라에서도 자기를 만져 보면 핏줄이, 맥박이 뛰는 것을 다 압니다. 마찬가지입니다. 영적인 몸이지만 마찬가지라는 것입니다. 내가 무엇을 먹고 싶다고 하면 대번에 벌어집니다. 모든 먹고 싶은 것, 이러이런 것을 먹고 싶다고 하면 대번에 나타납니다. 그것이 어디서 오느냐? 근원세계를 동원할 수 있는, 능동적 자주성을 행사할 수 있는 세계가 영계입니다. 그렇기 때문에 전체를 동원할 수 있는 주체적 능동권을 가진 것은 권력도 아니요, 지식도 아니요, 돈도 아닙니다. 사랑입니다.

6 영계에서는 의식주가 문제 되지 않습니다. 의식주는 완전히 자유자재입니다. 사랑의 일체권, 하나님의 상대권에 서게 되면, 하나님이 하는 것도 할 수 있습니다. 뭐든 할 수 있습니다. 몇 억만년의 세월도 한순간에 초월할 수 있습니다. 사랑의 속도는 초고속입니다. 사랑하는 사람이 있는 곳에 갔다 오겠다 할 때 시간이 걸리지 않는다는 것입니다. 금방 갔다 올 수 있습니다. 그래서 사랑의 상대자를 만나는 것은 순간입니다. 그곳은 절대권이기 때문에 아무런 장애가 없습니다. 그러한 한계를 넘어선 세계, 시공을 초월한 세계입니다. 그 무한의 세계가 인간을 위해서 준비되어 있습니다.

7 여러분이 영계에 가서 할 일이 무엇이겠습니까? 거기에서 돈벌이를 하겠습니까? 옷이 필요하고 집이 필요합니까? 여러분이 원하는 것을 즉각적으로 보급받을 수 있습니다. 영계는 자기 정도에서 모든 것을 해결할 수 있는 세계입니다. 원하는 것은 나타나라고 하면 즉각적으로 나타나는 것입니다. 하지만 나를 위해서 나타나라고 하면 아무리 죽겠다고 큰소리하고 야단해도 안 됩니다. 반대로 하나님을 사랑하고 세계를 사랑하고, 하늘나라 왕자의 입장에서 '왕을 모시는 데 필요하니 나타나라.' 하면 즉각적입니다. 상상이 미치는 것은 다 가능한 세계가 영계입니다.

8 아담과 해와가 에덴동산에서 먹을

것을 돈 주고 사 먹었겠습니까? 전부 공짜였습니다. 모든 환경적 여건을 지으신 하나님이 인간 앞에 무한한 가치를 거저 주었기 때문에 영계에 가더라도 무한한 가치의 존재가 자연적으로 공급됩니다. 그 영계는 하나님이 사시는 본향 땅입니다. 거기에서는 돈을 주고 사 먹지를 않습니다. 인간의 상상이 미치지 못할 정도로 모든 것이 가능한 보급지입니다.

9 영계가 얼마나 광대한지 모릅니다. 시공을 초월한 무한의 세계입니다. '어떤 시대에 이러이러한 심정을 가지고 지상에서 태어나 살다가 간 사람이 있으면 여기에 직접 나와 봐라!'라고 하면 그 사람이 순식간에 나타납니다. 그렇게 직감적 감각이 현실화되는 세계입니다. 한순간에 백만 명 연회를 하고 싶다고 하면 그것도 문제없습니다. 식사도, 과일도 문제없습니다. 순식간에 원하는 대로 나타납니다. 거기에는 취사장도 없습니다. 거기에서는 아무 걱정을 할 필요 없습니다. 거기에는 식량을 만드는 공장도 없고, 자동차를 만드는 공장도 없습니다. 꽃은 여러 꽃이 있습니다. 집도 사랑의 심정 기준에 상응하는 집을 자신이 원하는 대로 얼마든지 만들 수 있습니다.

10 영계의 움직임을 막을 것이 아무것도 없습니다. 다 통하게 돼 있습니다. 시공을 초월해 있으니까 몇 억년 전에 있던 사람도 같이 있습니다. 그 사람들도 다 젊은 사람으로서 자기가 원하는 연령으로 나타납니다. 그런 사람을 얼마든지 만날 수 있습니다. 그러니까 설명이 필요 없고 변명이 필요 없습니다. 척 보면 벌써 압니다. 저 사람이 내 아래인지, 옆인지, 높은 자리인지 대번에 압니다. 몇 억년 전 할아버지 됐던 사람들도 만나면 사랑의 위계를 대번에 압니다. 그 위계는 절대적입니다. 그 위계가 높은 사람은 자연히 그 위계를 맞춰서 자기가 설 자리에 서게 돼 있지 함부로 안 섭니다. 세상하고 다릅니다.

지상의 삶으로 자리가 결정되는 영계

11 영계에 가면 자기의 기록이 백 퍼센트 컴퓨터에 들어 있습니다. 기록된 것이 전부 나타나는 것입니다. 양심은 영원의 세계에 전시하는 컴퓨터의 저장장치 같은 것입니다. 전부 들어가 있습니다. 조작 단추만 누르면 어린아이가 어머니에게 안겨 젖을 먹을 때부터 일생 동안 기록된 것을 전부 마음의 영상을 통해 알 수 있게 되어 있습니다. 그러한 세계가 여러분의 완전 감정을 위해 날마다 기록하고 있습니다. 그날이 언제 오느냐 하면 죽을 때입니다. 만능이 된 감정 컴퓨터 앞에 서면 누구도 거짓말을 할

수 없습니다. 영계의 영상이 그림자 같은 세계로 나타나는 것입니다. 전부가 기록되어 있습니다.

12 양심은 못 속입니다. 전부 비디오테이프와 마찬가지로 기록됩니다. 일생 동안의 기록이 번호가 붙어서 영계에 있습니다. 심령상태의 빛을 벌써 알고 그가 올 때 데리고 옵니다. 데려오면 몇 번 해서 그 번호를 꾹 누르면 순식간에 압니다. 태어나서부터 그때까지를 순식간에 아는 것입니다. 어쩔 수 없습니다. 양심이 통곡하는 것입니다. 그 비례에 따라서 지옥과 천국의 경계선을 넘나드는 일이 연결되어 있다는 것입니다. 그 세계가 그냥 함부로 주먹구구로 움직이지 않습니다. 수리적인 세계입니다. 이론적으로 움직이는 것입니다. 하나님은 과학자의 왕입니다. 천국이 제멋대로 안 되어 있습니다.

13 우리는 좋든 싫든 간에 죽어도 탕감의 고개를 넘어가야 할 운명적인 타락의 후손입니다. 그것을 부정할 수 없습니다. 이 길을 넘어가야 됩니다. 그것을 자기 일생에 넘지 않고 영계에 간다면 몇 백만년이 걸릴지 모릅니다. 저 영계에는 탕감이 없습니다. 그곳은 해방된 완성권이기 때문에 사랑의 물결로 충만한 곳입니다. 탕감이나 재창조는 없습니다. 재생산도 없습니다. 그러한 자극이 없기 때문에, 한번 고착되면 그것으로 끝나는 것입니다. 하나님은 그런 것을 알기 때문에 이 지상에 메시아를 보내신 것입니다. 개인·가정·종족·민족·국가·세계·천주·하나님이라는 8단계의 탕감의 길이 남아 있습니다. 그 길을 단번에 통과할 수는 없습니다. 그래서 하나님은 역사를 통해 개인탕감시대, 가정탕감시대를 거치고 이스라엘의 4천년 역사를 통해 기독교 문화권 세계탕감시대까지 이끌어 내려오신 것입니다.

14 영계는 사랑이 제일입니다. 사랑의 주체인 하나님 앞에 가는 것이 제일 소원입니다. 그것을 알았기 때문에 선생님은 일생 동안 십자가를 지고 피땀을 흘리면서 왔지만 걱정을 안 합니다. 선생님이 갈 곳은 선생님이 잘 압니다. 영계는 한번 가면 다시 오지 못하게 되어 있기 때문에 걱정입니다. 간 다음에는 못 돌아옵니다. 거기서 알아서 해결하려면 억만년이 걸립니다. 거기에는 그러한 것을 청소할 수 있는 자극적인 장치가 없습니다. 이 세상에는 요동이 많고 변동이 많지요? 하루에도 천태만상의 부대낌이 많이 있습니다. 부대낌이 많으면 많을수록 껍질을 많이 벗을 수 있습니다. 그러나 저나라 영계에는 사랑의 자극적인 요소는 있지만 죄악

을 벗겨 줄 수 있는 탕감적인 요소가 없기 때문에 수많은 세월이 걸린다는 것입니다.

15 하나님을 잃어버린 것은 만우주의 대주재를 잃어버린 것과 같고, 우리 아버지를 잃어버린 것과 같습니다. 그 아버지는 우리가 육신을 쓰고 사는 100여 년의 짧은 기간 동안만 부를 아버지가 아닙니다. 영원무궁토록 부를 아버지입니다. 영원히 그가 기뻐하면 같이 기뻐하고 그가 슬퍼하면 같이 슬퍼해야 됩니다. 그것이 땅 위에서 결판지어집니다. 그렇기 때문에 땅 위에서 사는 동안 하나님이 기뻐할 수 있는 자리에서 도의 길, 신앙의 길을 지켜 간 사람이 가는 곳이 천국이요, 하나님이 슬퍼하는 자리에서 살던 사람이 가는 곳이 지옥입니다. 그런데 우리는 하나님이 슬퍼하는 자리에 살고 있습니다. 이러한 곡절이 타락으로 생겨났습니다.

16 영계에서는 아기를 안 낳습니다. 영계는 종적인 세계입니다. 하나님을 중심삼고 원형을 이룬 세계입니다. 그렇기 때문에 아기를 낳을 필요가 없습니다. 횡적인 기반이 필요하기 때문에 인간을 몸으로 만든 것입니다. 번식하는 밭입니다. 영계의 백성은 전부 이 지구에서 가는 것입니다. 그러면 세상에서는 지금 왜 산아제한을 하느냐? 그것은 천명에 의한 것입니다. 악한 혈통을 더 이상 번식시키지 말라는 것입니다. 통일교회의 축복가정은 어떻습니까? 여러분에게는 얼마나 천국 국민을 번식시키느냐 하는 것이 재산입니다. 믿음의 아들딸보다 자기가 낳은 아들딸이 더 가치가 있습니다. 믿음의 아들딸은 축복이라고 하는 관계를 모릅니다. 그런 아들딸을 얼마나 남기고 가느냐에 따라서 천국에서 자기 자리가 결정되는 것입니다.

17 심장이 멎을 때 죽었다고 합니다. 영인체의 심장은 영원히 멎지 않습니다. 그 심장의 뿌리가 하나님입니다. 하나님의 뿌리를 받았기 때문에 심장의 열매에 대해서 하나님 같은 사람으로 거두어 주는 것이 영계에 들어가는 것입니다. 그러면 여러분이 영계에 가게 되면 어떠할 것이냐? 영계는 육계하고 마찬가지입니다. 도리어 선화되고 신성화된 것이 영인체입니다. 그것은 우리의 오관보다도 입체적인 감각으로 삽니다. 우리가 지상에서 평형이라든가 종적이라든가, 상하관계·전후관계를 통할 수 있어서 생명의 맥을 느끼지만, 영계에 들어가면 이것이 우주적입니다. 커지는 것입니다.

18 영계의 생활에서 모든 가치의 중

심이 무엇이냐? 영계에 사는 사람들은 각 개인이 영계 사회에 속해 있습니다. 영계에도 인간세계와 마찬가지로 영계 가정이 있고, 족속이 있고, 나라가 있고, 세계가 연결돼 있습니다. 오늘날 지상에 살고 있는 사람은 좋으나 싫으나 누구를 막론하고 전부 돌아가서 머무를 곳이 영계입니다. 거기에는 미개인으로부터 문명인까지 역사시대에 왔다 갔던 천태만상의 인간 군상이 집결되어 있습니다. 여기에서 살던 사람이 저세계에 가서 갑자기 변할 수는 없습니다. '세 살 버릇이 여든 살까지 간다.'라는 말이 있습니다. 타고난 성격은 고치기 힘듭니다. 저나라에 가 있는 영인들은 오늘날 우리가 지금까지 살던 것과 특별히 다를 것이냐? 갑자기 달라질 것이냐? 그럴 수 없습니다. 여기에서 살던 그 모양 그대로 수확되어 가는 것입니다. 영계에 가 있는 모든 영인들은 결국 지상에 살던 사람들의 영인체입니다. 오늘날 사람들이 살고 있는 세상과 별 다름이 없는 세계라는 것입니다.

부부가 일심동체로 사는 생활

19 영계에 가면 참으로 일심동체가 된 부부는 언제라도 남자가 여자가 되고, 여자가 남자가 될 수 있습니다. 여자의 속을 들여다보면 남자가 들어가 있고, 남자의 속을 들여다보면 여자가 들어가 있습니다. 하나님의 이성성상과 꼭 마찬가지입니다. 성상과 형상, 그것이 갈라져 나온 것이기 때문에 그 본체로 돌아가는 데는 사랑의 사다리를 타지 않으면 안 됩니다. 창조의 기준이 사랑으로부터 시작되었기 때문에 이 사다리를 타고 돌아가야 됩니다. 결국 종착점은 하나님과 같이하는 것입니다.

20 어머니 아버지도 사망의 세계로 들어갑니다. 자기 자신도 마찬가지입니다. 그렇기 때문에 사랑의 기관을 달고 나온 존재물은 그것을 범하게 되면 사망과 직결되는 것입니다. 용서할 길이 없습니다. 이런 관을 딱 집어넣어 줘야 됩니다. 그 사랑을 중심삼고 하나님이 인간과 화하고, 인간은 하나님과 사랑으로 하나되는 것입니다. 하나님화하는 것입니다. 하나님의 이성성상이 분립된 것이 완전히 사랑으로 하나되면, 영계에 가서 보면 두 사람이 하나돼 있습니다. 그냥 보게 되면 분명 남자인데, 그 안에 여자가 화해서 들어앉아 있다는 것입니다. 사랑의 눈으로는 전부 통일입니다. 미운 사람도 곱게 보이고, 고운 사람도 곱게 보입니다.

21 하늘나라에 가는 데 있어서 결혼식하고 예복을 입고 들어가서는 하나님 앞에 사랑의 인사를 합니다. 하나

님 앞에서 부부가 사랑하는 것입니다. 거기에서 사랑하면 하나님 자신이 기쁨과 동시에 종적인 입장에서 덮어 가지고 횡적인 부부만이 아니라 우주 전체의 감정이 들어와서 취하게 하는 것입니다. 상상할 수 없는 요지경 같은 세계에 들어간다는 것입니다. 사랑하게 되면 보이지 않는 두 줄기의 힘이 와서 전부 하나되어 빛의 세계에 동화될 수 있는 놀라운 일이 벌어집니다. 참사랑이 없으면 그런 생활이 될 수 없습니다.

22 영계에 가게 되면 하나님 아버지만 있는 것이 아니고 하나님 어머니도 있다는 말입니다. 어머니 아버지 없이 생명체가 나올 수 있습니까? 그러한 어머니 아버지와 같이 아담 해와의 배후에는 하나님이 갈라져서 나와 하나돼 있는 것입니다. 그렇기 때문에 어머니를 통해서도 그렇고, 아버지를 통해서도 하늘 갈 수 있는 길이 생긴다는 말입니다. 그렇게 되었더라면 저 영계 천상천국의 주인공이 누구냐? 실체를 쓰고 살던 내 어머니 아버지가 저나라에 가서 영원한 천국의 왕이 되는 것입니다.

선령과 악령이 공존하는 생활

23 영계는 선한 영계와 악한 영계, 이렇게 둘로 나눌 수 있습니다. 그 세계는 실재하는 세계입니다. 지상세계의 사람들은 모르지만 그곳은 확실히 있는 세계입니다. 영계에서도 선한 영인들과 악한 영인들이 투쟁하고 있습니다. 영계에도 투쟁이 있습니다. 사탄을 중심삼고 악한 영이 연결되어 있는데, 그 악한 영의 통치권 내에 오늘날 지구성의 인간이 살고 있습니다. 왜 그러냐? 지금까지 살다 간 선조들은 선한 영이나 악한 영이나 전부 영계에 가 있는데, 그 선한 영도 타락한 세계에서 구별되었다는 조건을 이 땅 위에서 세워 선한 편에서 있는 것이지, 하나님이 보게 될 때 완전한 선의 자리에 서 있지는 못합니다. 하나님의 본연의 이상세계, 본연의 인간이 갈 수 있는 이상적 선권을 향해 가는 데 있어서 선한 영들은 그곳으로 전진하려고 하고 악한 영들은 그곳을 막고 있는 것입니다. 악한 영계하고 악한 세계라는 것은 무시로 통합니다. 무시로 연락됩니다. 선한 영은 악한 세계에서 대립되어 반대받는 자리에서 살다 간 영입니다. 그것은 종교를 믿고 간 영인들입니다.

24 저나라에 가면 살인한 자, 죽임을 당한 자, 별의별 사람이 한 곳에 모여 있기 때문에 거기에서는 칼부림도 나고 복수하려고 하는 일도 벌어집니다. 그러니 수많은 담으로 막혀 있습니다. 그렇기 때문에 악한 영들이 원수 자식들을 찾아가 사고를 당하게

해서 데려가는 일이 벌어집니다. 이것을 다 풀어야 됩니다. 이것을 풀기 위해서는 먼저 지상세계에서 풀어야 됩니다. 그러려면 더 좋은 것을 줘야 됩니다. 죽는 것보다 더 좋은 것, 원수관계가 되었던 것보다 더 좋은 것을 주지 않으면 풀리지 않습니다.

25 영계는 지금까지 역사 이래의 수많은 우리 조상들, 지금 살고 있는 수많은 인류, 앞으로 올 수많은 인생들이 전부 가서 머무르는 창고입니다. 그 영계에도 선한 영계, 악한 영계가 있습니다. 다 죽어 없어지게 되면 그만이지만, 하나님이 어떤 관계를 맺을 수 있는 인간이 남아진 하나의 집합체가 영계라면 그 영계도 불가피하게 두 종류가 됩니다. 악한 종류, 선한 종류입니다. 여기에서 문제 되는 것이 도대체 악한 종류가 무엇이고, 선한 종류가 무엇이냐는 것입니다. 하나님도 악한 영계와 선한 영계가 화합하고 인간세계가 화합할 수 있는 것을 원할 것입니다. 그래서 각자가 지녔던 목적을 달성하는 동시에 전체 목적도 달성할 수 있는 이상적 이중 결과의 자리를 추구할 것입니다.

26 사랑의 열매를 따서 창고에 보냈으면 천국이 이뤄지고, 천국 가정과 천국 나라와 천국 백성들이 됐을 것인데, 이것이 중간에 떨어져서 전부 썩게 되었으니 지옥 가정이 되고 지옥 백성이 돼 버렸습니다. 그렇게 된 것을 타락이라고 합니다. 떨어졌다는 것입니다. 우리가 살고 있는데, 이론적으로 부정할 수 없는 지옥에 떨어져 살고 있는 것을 인정해야 됩니다. 타락됐고 지옥에 살고 있다는 이 두 가지는 싫더라도 인정해야 됩니다. 사랑의 열매를 맺어서 하늘나라 창고, 하늘나라에 가야 되겠는데 타락됐기 때문에 지옥의 창고에서 썩고 있다는 것입니다.

3절 천사와 천사세계

1 우리는 하나님이 인간세계를 지음과 동시에 천사세계를 지었다는 것을 알고 있습니다. 그러면 천사세계는 어떠한 세계인가? 인간이 하나의 결실을 위해서 꽃과 같은 존재로서의 미를 갖추고 향기를 풍기며 나타나게 될 때, 비로소 사랑의 보금자리가 갖춰지게 됩니다. 모든 생명력은 거기에서부터 출발하게 되고, 모든 생명의 인연을 가진 존재들이 거기에서부터 화동할 수 있게 됩니다. 이처럼 화동할 수 있게 되는 기원이 바로 인간입니다. 그런 인간을 중심삼고 하늘에 있는 천군천사들이 나비와 벌같이 인간과 서로 주고받을 수 있는 화동의 주체권을 이루었다면, 그야말로 하나님이 기뻐하고 인간이 기뻐하고 천사가 기뻐하며 온 피조만물이 사랑

에 잠긴 화동의 꽃동산이 되었을 것이고, 봄 잔치가 시작되었을 것입니다.

2 에덴동산에는 아담 해와가 있었고, 천사장이 있었고, 하나님이 있었습니다. 천사장은 아담 해와가 축복받을 때까지 책임지고 양육해 가지 않으면 안 되었습니다. 그것이 천사장의 사명입니다. 그런데 타락했습니다. 그것은 자기를 생각한 것입니다. 하나님의 창조는 하나님의 이상을 중심삼은 것이지 천사장과는 관계가 없습니다. 하나님의 뜻에 의해서 창조했기 때문에 하나님의 생각대로 만들어졌다는 것입니다. 그 모든 가치와 내용과 목적은 하나님이 기뻐하기 위함입니다. 천사장이 기뻐하기 위한 목적이 아닙니다. 뭐라고 해도 목적의 중심은 하나님이었습니다. 그러나 그 목적의 중심 가치를 완성시키는 데는 하나님 혼자서는 할 수 없습니다. 하나님은 아담 해와를 중심삼고 창조목적을 완성하기를 바라고 있었습니다. 그래서 그 나름대로 하나님은 천사장보다 아담 해와에게 마음이 향하지 않을 수 없었다는 것입니다. 아기 때를 보면 아이는 어머니 품에 다른 애가 안겨 있을 경우에 모두 밀어내고 싶다는 것입니다. 아무것도 모르는 아기 때도 그렇습니다. 그와 마찬가지로 그때도 천사장에게 그러한 질투심이 있었다고 하는 것은 부정할 수 없습니다. 결국 아담 해와는 완성하여 하나님의 목적, 하나님이 기뻐하시는 목적을 완성해야 됩니다. 그것은 천사장과는 아무런 관계도 없습니다. 단지 보호하고 키워서 축복을 받아 가정을 갖게끔 돕는 것이 천사장의 사명이었습니다.

3 에덴에 있어서 천사장이 타락함으로써 사탄이 되었기 때문에, 하늘 앞에 천사장이 없어진 입장이 되었습니다. 천사장을 대신할 수 있고 그 사명을 감당할 수 있는 존재, 영계와 육계에 걸쳐 사탄세계의 그 무엇보다도 강한 존재를 찾아 세우기 위해 하늘은 수고해 나왔습니다. 첫째는 천사장을 찾아야 됩니다. 이 천사장은 사탄이 되었던 천사장보다 못한 천사장의 사명을 하는 사람이 되어서는 안 됩니다. 타락한 사탄을 물리치고, 굴복시키고 하늘 앞에 보다 충성을 다짐할 수 있는 중심 천사장과 같은 존재를 세워야 됩니다. 이런 천사장과 같은 세계적인 대표, 사탄을 능가할 수 있는 중심적인 대표를 세우는 데는 하늘과 인연맺을 수 있는 터전을 통해서 세워야 됩니다. 이것은 대번에 나타나는 것이 아니라 많은 수난길에서, 악한 환경에서 가려 악의 일체와 분립된 승리의 결정권을 갖추어야 됩니다. 개인적 권을 넘어 가정·종족·민족·국가, 적어도 하나의 국가를

중심삼은 터전 내에서 천사장적 승리의 권을 바라보고 하늘은 섭리해 나오지 않을 수 없습니다.

4 천사장이 해와를 유인했습니다. 이 천사장권에서 역사적 섭리의 사명을 감당하려면 천사장 자신만 완성해 가지고는 안 됩니다. 천사장이 해와를 빼앗아 타락시켰기 때문에, 다시 말하면 천사장권 내의 악한 천사장권을 중심삼고 끌어갔기 때문에 선한 천사장권에서 해와를 다시 돌려드릴 준비를 해야 됩니다. 사탄이 해와를 빼앗아 인류시조의 자리에서 출발했기 때문에, 이것을 부정할 수 있는 하늘적 천사장의 입장에서 사명을 감당해서 하나의 신부를 마련해야 됩니다. 하늘의 뜻을 배반한 해와가 아니라 하늘의 뜻을 이어받을 수 있는 하나의 신부를 마련해야 됩니다. 이러한 신부를 마련함과 동시에 신랑이 나타나게 되면 그 신부와 더불어 천사장권 내의 모든 것을 돌려드려야 됩니다. 사탄이 해와를 유인함으로써 아담으로부터, 하나님으로부터 모든 것을 빼앗아 왔기 때문에 하늘 편 천사장권에서는 이 전체를 돌려드려야 할 입장에 있는 것입니다.

5 본래는 하나님을 중심삼고 아담 해와가 천사를 지배해야 할 것이었는데, 천사가 아담 해와를 지배함으로써 거꾸로 되었습니다. 그래서 아담 편에 있는, 하나님 편에 있는 둘째 아들을 통해서 천사장 편에 있는, 사탄 편에 있는 가인을 굴복시켜 탕감을 하자는 것입니다. 아벨이 그런 입장에 섰기 때문에 하나님은 아벨의 제물을 기쁘게 받게 되었습니다. 기쁨을 돌려드리는 아벨을 대해서 가인은 자기의 제물을 하나님이 받으시지 않았다고 섭섭해할 것이 아니라, 그러한 아벨을 사랑하고 그 아벨을 통해 하나님 앞에 나아가야 했습니다. 그랬다면 거기서 구원섭리의 발판은 성립되었을 것입니다. 그런데 가인은 하나님 앞에 사랑을 받는 아벨을 원망하면서 때려죽였습니다. 결국 천사장이 아담을 지배했던 것과 마찬가지로 사탄 편 천사장의 입장에 선 가인이 하늘 편 아담의 입장에 선 아벨을 때려죽인 것입니다. 여기에서 영육 죄악의 결실을 보게 된 것입니다.

6 기독교를 믿고 간 수많은 영인들, 예수님 이하 수많은 영인들은 어떤 입장에 있어야 하느냐 하면, 오시는 주님 앞에 천사장 사명을 해야 됩니다. 천사장의 사명이 무엇이냐? 예수님이 영적으로 사탄과 대결해 사탄을 굴복시킬 수 있는 길을 닦는 것입니다. 세례 요한이 요단강에서 예수님에게 축복해서 모든 것을 상속하였던 것과 마찬가지로, 영적 세계에서 오

시는 주님 앞에 축복해 주어야 합니다. 그러지 않고서는 지상에서 섭리의 출발을 볼 수 없습니다. 그렇기 때문에 기독교가 가는 길은 육적인 세계는 버리고 영적인 세계만 바라보고 나가는 길입니다. 이들에게는 육적인 세계가 없습니다.

7 지금까지 수많은 도인들이 나왔습니다. 도인들은 전부 자기들이 이 세계를 움직인다고 합니다. 그것은 세례 요한이나 예수님이 '회개하라. 천국이 가까웠다.'라고 선포한 것과 똑같습니다. 그러면 '회개하라. 천국이 가까웠다.'라는 말은 무슨 말이냐? 세례 요한이 선포한 것과 예수님이 선포한 것이 뭐가 다르냐? 하나는 외적이요 하나는 내적입니다. 하나는 천사 형이요 하나는 아담 형입니다. 아담은 반드시 천사장을 통해서 나타나게 되어 있습니다. 하나님이 아담을 지을 때 천사장의 협조를 받아서 지었기 때문입니다. 또 천사장에게 아담을 보호하고 키워야 할 사명이 있었던 것과 마찬가지로 그런 사명을 해야 하는 것이 지금까지 기독교를 믿는 교인들이고 도를 통한 수많은 도인들입니다. 그런 사람들이 세계에 널려 있습니다. 그 가운데에 세계적 사명을 할 수 있는 한 사람이 있다는 것입니다. 예수님이 육을 잃어버렸던 것이 천사장 때문입니다. 예수님은 천사장 때문에 죽었습니다. 그렇기 때문에 세계적으로 천사장의 사명을 완결지을 수 있는 사람은 예수님의 죽음을 탕감할 수 있는 고개를 넘지 않으면 안 됩니다. 그러한 사람이 나오려면 그 사람의 가문은 반드시 비참한 역사를 거쳐야 됩니다.

8 예수님 이후 지금까지 수천년 동안 영적 세계의 사명을 담당한 수많은 종교들은 아담을 대신 모실 수 있는 실체적 천사장을 만들기 위한 싸움을 해 나왔습니다. 실체적 천사장, 즉 세례 요한과 같은 사람을 만들어 내기 위해서 세계가 동원되었고 기독교를 믿는 사람 전체가 동원된 것입니다. 끝날에 성신을 물 붓듯이 부어 주겠다고 했는데, 그것은 영적 세계의 영(靈)들이 이 땅에 와서 완전한 영을 주입하여 사람을 만든다는 것이 아닙니다. 미완성한 아담, 즉 타락 전 아담과 같은 사람을 만든다는 것이 아니라는 것입니다. 복귀한 세례 요한과 같은 사람을 만들기 위해서 영계는 지금까지 수고해 나왔습니다.

9 재림할 때는 천사세계의 가인 형은 사탄세계의 사탄을 추방해야 하는 사명이 남아 있습니다. 그다음에는 영계에 있는 아벨 형, 즉 영인들은 지상에서 선한 종교를 통합시키는 운동을 해야 할 사명이 있습니다. 지상에

서는 점점 악한 운세가 사라지기 때문에, 천사장으로 타락한 그 족속들을 전부 격퇴시켜야 할 책임이 있기 때문에 지상세계에서 사탄 권세는 점점점 몰락되어 들어갑니다.

10 여러분이 천국에 가려면 사탄의 영수증을 받아야 됩니다. 사탄을 사랑했다는 영수증을 받지 않고는 영영 천국에 못 갑니다. 그래서 통일교회는 그런 일을 하자는 것입니다. 반대하는 사람을 원수로 대해야 할 것인데도 불구하고 사랑해야 하다니, 기가 막히는 일입니다. 원수를 사랑하라는 것입니다. 그들을 위해 복을 빌어 줘야 됩니다. 그렇게 하지 않으면 안 됩니다. 가인과 아벨이 하나되지 않으면 복귀가 안 됩니다. 부모에게 못 돌아갑니다.

11 타락한 천사장은 하나님을 참소하더라도 하나님이기 때문에, 비록 타락했더라도 하나님이 세운 법도를 준수하지 않을 수 없습니다. 하나님은 절대자입니다. 그렇기 때문에 천사장은 타락했다 하더라도 하나님이 세운 법칙, 또는 규칙에 따라 피조물을 주관하지 않을 수 없습니다. 이것은 하나님이 타락 이전의 천사장에게 하고자 했던 것이 무엇이든지 간에 타락 이후에도 그렇게 하지 않으면 안 된다는 것을 뜻합니다. 그래서 천사장은 하나님에게 '하나님, 당신은 저를 완성기까지, 완성기 이후까지라도 사랑하기로 되어 있습니다.'라고 하는 것입니다.

12 사탄이 하나님에 대해 참소하기를 '당신은 영원불멸의 주체 되신 하나님이요, 천지창조의 대주재이신 것을 내가 압니다. 진리의 본체요, 사랑의 본체요, 원칙의 본체이기 때문에 당신은 그 법칙, 그 원칙대로 변할 수 없소. 그렇기 때문에 나는 타락했을망정 당신은 당신이 세워 온 원칙은 실행해야 될 것이 아닙니까? 그러려면 당신은 원칙적인 존재로서 타락한 천사를 사랑하지 않고는 본연의 세계에 아들딸을 데려갈 길이 없소. 당신이 나를 사랑하고 당신의 아들까지도 나를 사랑하지 않고는 천국 들어갈 수 없다는 것이 타락 전 천사장에 대해 당신이 세운 계획이기 때문에 나는 타락했더라도 당신은 그 원칙을 지켜야 됩니다. 그러니 나를 사랑해야 됩니다. 그러지 않으면 참하나님이 될 수 없소.'라고 딱 물고 늘어진다는 것입니다.

13 사탄은 하나님의 사랑을 유린한 원수입니다. 어머니 아버지가 잠을 자고 있는데 들어와서 아버지를 때려 죽이고 어머니를 겁탈한 도둑놈입니다. 사탄이 뭐냐? 하나님이 사랑하는

해와, 하나님의 실체적 상대인 해와를 겁탈한 사랑의 원수입니다. 그런 간부에게 자기의 사랑하는 사람을 넘겨주며 축복해 줄 수 있는 마음을 가져야 됩니다. 원수를 사랑하려면 용서해 주는 정도 가지고는 안 됩니다. 그 정도 가지고 사탄이 고맙다고 하겠습니까? 둘도 없는 사랑하는 사람을 원수에게 넘겨주고도 축복해 줄 수 있는 마음까지 가져야 됩니다. 이것이 마지막 고비입니다.

4절 천상천국 가는 길

1 여러분은 전부 선조들의 얼굴을 대신 쓰고 나온 역사적인 부활체입니다. 그 역사가 얼마나 되느냐? 몇 십만년이 되었다고 합니다. 그렇게 긴 역사과정을 결국 나 하나 만들기 위해 수고했다는 것입니다. 김 씨면 김씨라는 나 하나를 탄생시키기 위해서 수많은 선조들이 왔다 갔다는 것입니다. 그러니 우리는 역사적인 결실체입니다. 여러분에게서 잘 익은 씨가 나올 것 같습니까? 여러분의 2세가 틀림없는 하늘의 열매가 된다고 생각합니까? 여러분 마음속에서 잘 익은 통일교회가 나올 것 같습니까? 6천년 인류역사의 결실체가 낙과처럼 익지 못하고 떨어져서야 되겠습니까? '아이고, 내가 떨어질 것 같다. 바람이 조금만 더 불면 떨어지겠는데, 선생님, 흔들지 말고 가만 놔둬야 됩니다.'라고 해야 되겠습니까? 그런 사람도 있을 것입니다. 반면에 '선생님이 도끼로 들이치고 가지를 마음대로 흔들어도 가지가 찢어져 나가기 전에는 절대 떨어지지 않습니다.'라고 하는 무리도 있을 것입니다. 여러분은 어떤 사람에 속합니까?

인생의 결실체

2 선한 하나님과 그 반대적인 악한 사탄 둘 사이에 끼어 있는 것이 인간입니다. 그렇기 때문에 일생을 두고 내가 선을 추구하며 가게 될 때는 선하신 하나님이 같이하는 것이요, 그 반대에 서게 될 때는 악한 사탄이 같이하는 것입니다. 이것이 현재 인간의 운명입니다. 일생노정에서 선하신 하나님을 그리워하면서 선만을 남길 수 있는 길을 어떻게 세워 나가느냐 하는 것이 인간이 무엇보다 희망하는 것이 아닐 수 없습니다. 그럼으로써 선하신 하나님 편에 설 수 있습니다. 그러지 않으면 악한 편에 귀결됩니다. 절대적인 선을 중심삼고 계시는 하나님을 인간이 절대적으로 믿고 그분과 하나될 수 있는 길을 모색하는 데서만이 우리 인생행로가 선으로 시작되고 선의 과정을 거쳐 선의 결실을 맺을 수 있습니다. 우리가 일생을 다 살고 나서 선과 악을 하나하나 제하고 났을 때, 악이 선보다 많게 되면 악한 주관권 내에 귀결되고, 선

이 악보다 하나라도 더 남아질 때에는 선한 주관권 내에 귀결됩니다.

3 우리 일생에서 선한 일과 악한 일을 하나하나 빼낸다면 최후에 남은 것이 선이기를 바라는 것이 인간의 소망이지만, 선보다는 악이 남기 쉬운 것이 우리 인생의 행로입니다. 한 시대의 수많은 인류를 총합해 볼 때, 개개인의 선과 악을 제하고 나서 선보다도 악이 남아진다면 이 땅 위에 살고 있는 사람은 선한 사람이 아니라 악한 사람이고, 또한 이 사회는 선한 사회가 아니라 악한 사회라는 결론이 나옵니다.

4 선악은 생각 가운데서 결정되는 것이 아닙니다. 선악은 생활권 내에서 결정됩니다. 천국과 지옥이 여러분의 관념세계에서 결정되는 것이 아니라 생활무대에서 결정됩니다. 이것이 중요합니다. 전차를 타고 사람들을 둘러보면 기분 나쁜 사람과 기분 좋은 사람을 대번에 압니다. 기분 나쁜 사람은 나보다 영력이 낮습니다. 그러나 기분 좋은 사람은 그 상대 이상의 사람입니다. 만일 영적인 체험이 있는 사람이 있으면 쓱 찾아오는 것입니다. 그런 사람은 대번에 알 수 있습니다. 동물도 자기가 죽고 사는 것을 아는데, 만물의 영장인 인간이 자기 일생을 모르고 살겠습니까? 전부 사리사욕에 얽매여 하나님을 등지고 사니까 그렇게 되지만, 하나님과 더불어 살게 되면 압니다.

5 영계에 자신 있게 갈 수 있습니까, 없습니까? 자신이 있게 가면 천국이 있고 자신이 없이 가면 지옥이 있는 것입니다. 어차피 가는 것입니다. 잘 익은 열매는 천국 창고에 가고, 못 익은 열매는 썩은 냄새나는 쓰레기통에 갑니다. 지상에서 아무리 어렵더라도 완성하고 가야 됩니다. 그래서 열매를 잘 맺어야 됩니다. '눈 지옥 가자. 입 지옥 가자. 귀 지옥 가자.'라고 해서 오관의 지옥을 통해야 천국 갈 수 있습니다. 그래서 지상의 제일 보기 싫은 것을 봐야 되고, 맡기 싫은 냄새를 맡아야 되고, 듣기 싫은 소리를 들어야 되고, 하기 싫은 말을 해야 됩니다. 선생님이 이 방대한 세계를 다 알고, 영계를 환히 알면서 가는 길은 지옥길입니다. 어느 누가 가지 않는 길을 개척하고 가는 것입니다.

6 하나님은 만물을 지으실 때에도 말씀을 통해서 지으셨고, 우리를 찾아오시는 데도 말씀을 통해 찾아 나오십니다. 여러분이 하나님으로부터 나왔다고 한다면, 하나님이 말씀을 뿌렸으니 여러분에게는 그 말씀을 거두어서 아버지 것으로 찾아드려야 할 책임이 있습니다. 끝날은 말씀을 거

두어서 하나의 실체를 갖추어야 하는 때입니다. 말씀을 통하여 실체가 빚어집니다. 이같이 말씀을 통해 빚어진 실체를 찾아 헤매신 것이 하나님의 역사요, 예수 그리스도가 이 땅 위에 오셨던 목적입니다. 하나님은 타락한 인간에게 실체를 먼저 보여 주지 않고 말씀을 먼저 보여 주셨는데, 이것은 거꾸로 찾아 나가야 하기 때문입니다. 잃어버린 순서대로 찾아가야 됩니다. 실체를 소망하지만 먼저 타락한 인간의 가슴 가슴에 그 말씀의 씨를 뿌린 후 그 말씀을 근거로 하여 하나의 생명체를 이룬 실체를 갖추게 하는 것입니다.

7 아담 해와가 믿음을 잃어버리고, 실체를 잃어버리고, 사랑을 잃어버림으로써 혈통적으로 거꾸로 되어 버렸습니다. 그러므로 이것을 뒤집어 놓아야 됩니다. 니고데모가 예수님 앞에 와서 '천국에 들어가려면 어떻게 해야 합니까?'라고 물었을 때, 예수님이 '거듭나지 않고는 천국에 들어가지 못한다.'라고 했습니다. 그러자 또 니고데모가 묻기를 '어찌하여 이러한 일이 있을 수 있나이까?' 하니 예수님이 '너는 이스라엘의 선생이 돼 가지고 그것도 모르느냐?'라고 하였습니다. 그가 유대 나라의 선생이었기 때문에 예수님은 비사적인 말이 아니라 사실적인 내용을 가지고 제일 중요한 것을 언급했던 것입니다. '네가 거듭나지 않고는 하늘나라에 못 들어간다.'라고 했습니다. 거듭나는 데에서 아담 해와보다 못해서는 들어갈 수 없습니다. 거듭나는 데는 아담 해와보다 나아야 됩니다. 이것이 원칙입니다. 그렇지 않고는 근본 복귀의 자리에 올라갈 수 없습니다.

8 타락이 뭐냐 하면, 말씀과 실체와 심정의 인연이 떨어져 나간 것입니다. 그러니 여러분이 말씀을 알아서 그 말씀을 실천해야 됩니다. 말씀을 실천하는 데는 부모의 심정을 갖추어 움직여 나가야 됩니다. 탕감복귀의 해원을 할 수 있는 실체적인 행동을 거치고 난 자라야만 축복해 줄 수 있습니다. 그것이 말뿐이 아닙니다. 그것이 말뿐이면 안 된다는 것입니다. 이래 가지고 하늘의 족속, 다시 말하면 이 나라의 생명체가 되는 것입니다. 앞으로 여러분은 생령체가 되어야 합니다. 그렇게 되어서 입적해 가지고 자기 위치를 찾아가는 것이 복귀의 노정입니다. 그러니 여러분은 입적해야 됩니다. 생령체가 연결되어 입적이 되는 날에는 여러분이 아무리 잘못하고 아무리 실수를 했다 하더라도 사탄세계에서 세워 놓은 법으로 처리하지 못하게 됩니다. 오늘날 세상에서도 그렇지 않습니까? 미국 사람을 한국 국법 가지고 처리할

수 있습니까? 국적이 다르기 때문에 안 됩니다. 그런 권내에 들어가면 그 권내의 법을 통해서만 적용하게 됩니다. 그러니 사탄세계의 법은 일단 넘어서면 적용이 안 된다는 것입니다. 사탄세계의 법이 적용 안 되기 때문에 결국은 이 땅 위의 법 가지고는 안 됩니다. 그에 상응한 탕감적인 조건을 세웠기 때문입니다. 그러니 지옥은 안 가게 됩니다.

9 플러스의 하[illegible]은 창조주이고 마이너스는 피조물입니다. 그것이 무엇으로 끌어당기느냐? 사랑을 가지고 끌어당겨야 됩니다. 플러스의 전기와 마이너스의 전기 자체가 하나로 되지요? 인간끼리도 사랑으로 묶입니다. 영계에 가면 어떻게 되느냐? 하나님에게로 돌아갑니다. 최후에는 하나님에게로 돌아갑니다. 영계에 가서 '하나님-!' 하면 영계의 가운데서 '오냐! 나, 여기 있다.' 하고, 한편으로는 '어디에 계세요?' 하면 마음 가운데서 '여기에 있다.'라고 하는 것입니다. 그래서 양심과 영계가 상대관계로 됩니다.

10 하나님으로부터 시작된 것은 하나님에게로 돌아갑니다. 하나님에게 돌아간다고 하면 몸이 둘이겠습니까? 하나입니다. 하나는 원인이고 하나는 결과입니다. 이것을 출발시켜서 밀어내는 것도 사랑이고, 그 밀어내는 것을 끌어넣는 것도 사랑입니다. 이외에는 없습니다. 그래서 사랑의 마음은 역사와 함께 있다고 하는 것입니다. 역사가 밀어내는 것입니다. 사랑은 처음으로 돌아갑니다. 사랑 이외에 처음으로 돌아가는 힘은 없습니다. 생명력은 사랑에 의해서 나옵니다. 이것은 사랑의 끌어내는 힘, 끌어넣는 힘에 의해 나옵니다. 원심력과 구심력은 사랑의 힘 때문에 이루어집니다. 남자 여자의 생명력이 사랑에 의해서 연결되면 남자는 완전한 생령체가 됩니다. 남자 여자가 완전한 것이 되려면 여자 남자가 하나되지 않으면 안 됩니다.

천국 가는 비결

11 하나님 앞으로 돌아가려면 어떻게 해야 하느냐? 아담 해와가 하나되어야 합니다. 아담 해와를 복귀해야 됩니다. 타락한 아담 해와가 하나되지 않으면 해원성사와 구원이 될 수 없습니다. 그 둘이 하나되어야 부모를 복귀할 수 있습니다. 그러므로 우리는 이것을 복귀해야 됩니다. 원리가 그렇습니다. 왜 하나되어야 하느냐? 하나님을 해방시키기 위해서입니다. 이것이 결론입니다. 형제끼리 사랑하고 원수를 사랑해야 됩니다. 원수를 사랑하지 않으면 하나님을 해방할 수 없습니다. 하나님을 해방하

고 부모를 해방하려면 원수를 사랑해야 됩니다. 원수를 사랑하지 않고서는 하나될 수 없기 때문에 원수를 사랑해야 됩니다. 원수를 사랑하고 나면 어떻게 해야 되느냐? 부모를 복귀해야 됩니다. 부모를 복귀한 후에 하나님을 복귀해야 됩니다. 이것을 일시에 복귀해야 됩니다. 타락이란 사탄과 비원리적인 사랑관계를 맺었기 때문에 일시에 형제를 잃어버리고 부모를 잃어버리고 하나님도 잃어버린 것입니다. 이것을 일시에 복귀해야 됩니다. 그렇기 때문에 목숨을 걸고 생명을 다하여 사랑하고 넘어선다는 조건을 세우지 않고는 천국에 들어갈 수 없습니다.

12 천국 가는 비결이 뭐냐? 사위기대를 복귀하는 것입니다. 성경 66권이 여기에 다 걸려 있습니다. 6천년 역사의 소원이 여기에 다 걸려 있습니다. 인류의 해원성사도 마찬가지입니다. 사위기대는 절대적입니다. 이것을 이루지 못하면 큰일 납니다. 천국에 못 들어갑니다. 못 들어가는데 어떻게 하겠습니까? 그렇게 되면 축복받은 여러분의 아들딸들이 천년 만년 탄식할 것입니다. 부모가 책임 못해서 그렇게 만들 것이냐? 그렇게 되면 완전복귀가 된 후손이 못 됩니다. 통일교회에서 말하는 영계는 그렇습니다. 어찌할 수 없습니다.

13 천국은 사위기대를 세워 탕감하지 않으면 절대 들어가지 못합니다. 예수님도 이것 때문에 지금까지 수고하고 있습니다. 선생님도 이것 때문에 지금까지 고생했습니다. 그것을 가리기 위해 고생했습니다. 고생한 이유가 딴 데 있지 않습니다. 사위기대 복귀 때문입니다. 예수님 당시에 베드로, 요한, 야고보의 세 제자도 그것을 세우기 위해 필요했던 것입니다. 그러므로 천국은 어디서부터 들어갈 수 있느냐? 천국을 아담 가정에서 잃어버렸으니 가정에서부터 복귀해야 됩니다. 아담과 해와가 불륜의 사랑으로 타락하지 않았습니까? 거기서 잃어버린 것입니다. 이것을 복귀하기 위해서는 잃어버린 가인·아벨·셋을 찾아 세워야 합니다. 아담 해와 대신 부모가 되어서 이 세 아들을 세우지 않고는 사위기대를 이룰 수 없습니다. 이것은 공식입니다.

14 지금 때는 세계적인 때입니다. 백인종·흑인종·황인종은 3형제입니다. 여러분이 생각할 때 '이색인종이 모여서 살면 행복할 수 있을까?'라고 할지 모르나, 천국에서는 다투는 일이 없습니다. 천국은 인종에 따라서 가는 것이 아니라 사랑을 많이 한 업적에 따라서 가는 것입니다. 마태복음 5장에 '화목케 하는 자는 하나님의 아들이라.'라고 했습니다. 하나님의

아들을 만나면 좋지만, 사탄의 아들은 대하면 대할수록 공포와 불안이 생기게 됩니다. 이렇게 볼 때 형제는 나보다 귀한 것입니다. 형제를 위해 사는 사람은 자동적으로 천국에 갑니다. 어디서나 환영받고 추천된다는 것입니다. 형제를 위해서 사는 자는 중심적인 존재가 됩니다. 부모의 사랑과 부부의 사랑을 재현하는 형제의 사랑을 어떻게 이루느냐 하는 것이 곧 지상천국을 이 땅에 현현시키는 비법입니다. 결국 기쁘기 위해서 주고, 기쁘기 위해서 맞는 이것만이 천국에 들어가는 열쇠입니다.

15 앞으로 천국은 어떻게 이룰 것이냐? 천국을 이루기 위해서는 민족을 넘고 국경을 넘어서 예수님이 사랑하지 못한 세계 사람을 사랑해야 됩니다. 세계 사람을 사랑하라는 것입니다. 국경을 초월하고, 인종을 초월하고, 민족을 초월하여 사막이나 아프리카 오지의 사람이나 그 누구나 다 자기 자녀와 같이 사랑해야 됩니다. 예수님 대신 누나와 같이, 예수님 대신 동생과 같이 사랑할 수 있는 마음을 가진 사람이라면, 이는 하나님의 아들 예수님과 마찬가지입니다. 이것이 보편화된 세계가 지상천국입니다. 이렇게 가고 가고 가야만 천상천국에 들어갈 수 있지, 그러지 않으면 어림도 없습니다.

16 우리는 천국에 들어가야 합니다. 천국은 개인으로부터 가정·종족·민족·국가·세계·천주를 지나지 않고서는 들어갈 수 없습니다. 본래부터 천국 가는 길은 있었으나 지금까지 천국에 들어간 사람은 없습니다. 그것은 개인적인 십자가 도상에서부터 가정·종족·민족·국가·세계적인 십자가 도상에 이르기까지 각 단계의 사탄을 굴복시켜 승리의 기반을 세운 사람이 없었기 때문입니다. 예수님도 이 땅에 오셔서 그러한 승리의 기반을 세우지 못하였기 때문에 천국에 들어가지 못하고 낙원에서 기도하는 입장에 계신다는 것입니다.

천국 가는 통행증을 준비하라

17 인간의 타락이 하나님 입회 하에 이루어진 것이 아니라 사탄이 주체가 되어 이루어진 것이니, 타락권을 벗어나려면 사탄을 굴복시켜야 합니다. '사탄, 이놈아! 너하고 짝하여 내가 이렇게 되었으니, 너를 굴복시키고 나는 돌아가겠다!'라고 해야 됩니다. 그래서 사탄을 굴복시킨 증서를 받지 않으면 하나님의 사랑을 받을 수 없습니다. 예수님도 3대 시험에서 승리했습니다. 역사적으로 승리했다는 사탄의 사인을 받지 않고는 천국에 못 갑니다. 어떻게 해서든지 사탄의 사인을 받아야 합니다. 예수님이 사탄에게 3대 시험을 받고 승리했을

때 그 자리에서 사탄이 눈물을 흘리면서 '당신과 나는 영원히 다르다.'라고 인정했습니다.

18 예수님은 하늘나라는 상속받았지만 세상은 상속받지 못했습니다. 그러면 세상은 누가 상속받았느냐? 가인이 상속받았습니다. 그러므로 세상은 가인 나라입니다. 그렇기 때문에 아벨은 하늘나라를 상속받은 다음에 세상의 가인이 보증하는 영수증을 받아야 합니다. 천국에 가려면 사탄의 영수증을 받고 가야 됩니다. 타락 인간은 이 두 원칙에 걸려 있습니다. 거기에서 풀리지 않았기 때문에 지금까지의 6천년 역사가 꼬리에 꼬리를 물고 반복되어 나왔던 것입니다. 그렇지만 이제 알았다는 것입니다. 성경에 보면 '진리를 알지니 진리가 너희를 자유케 하리라.'라는 말씀이 있습니다. 알았으니 이를 악물고라도 사랑해야 됩니다. 어느 정도까지 사랑해야 되느냐? 원수인 가인까지 사랑해야 됩니다.

19 기독교는 역사시대의 수많은 인류와 더불어 비참한 운명을 개척하면서 참감람나무를 찾는 역사를 거쳐 나왔습니다. 참감람나무는 곧 하나님의 아들입니다. 그 아들이 오면 그분의 진액을 받고 가지를 받아야 합니다. 그 가지에 자신을 접붙여야 합니다. 그렇게 되면 역사시대의 모든 선조들이 탕감조건을 제시했다가 사탄에게 걸려 넘어져서 지금까지 맺혀 있는 역사적인 조건이 그 자리에서 전부 없어집니다. 옥토, 포근한 보금자리와 같은 터전이 아니라 자갈밭과 같은 곳에서 접붙임을 받아야 됩니다. 지금까지 사탄세계에 없는 본성을 갖추었으니, 하나님의 아들이 될 수 있다는 증명서를 사탄에게서 받아야 하기 때문입니다. 그것은 하나님이 해주시는 것이 아닙니다. 하나님 마음대로 해주실 것 같으면 6천년 전에 다 해주셨다는 것입니다.

20 형무소에서 나오려면 판사가 공인해 주는 것이 아닙니다. 그럼 누가 해주느냐? 검사가 공인해 줍니다. 공판정에서는 검사가 사탄입니다. 그러므로 재판정에서 검사의 공인을 받지 않으면 못 나옵니다. 마찬가지로 사탄의 공인을 받지 않으면 하나님이 '넌 내 아들이다. 내가 살려 주마!'라고 할 수 없습니다. 반드시 사탄의 공인을 받아 와야 됩니다. 여러분은 사탄의 공인을 받았습니까, 못 받았습니까? 사탄의 공인을 받아야 됩니다. 통일교회는 무엇을 가르쳐 주는 교회냐? 사탄에게 공인을 받아 내는 방법을 가르쳐 주는 곳입니다. 사탄에게서 공인을 받되 영적으로만 공인받아서는 안 됩니다. 영육을 합한 실체로

공인을 받아야 합니다.

21 천법에 걸리지 않아야 천국에 들어갈 수 있습니다. 천법에 의해 못 들어간다고 하면 어떻게 하겠습니까? 통일교회 교인들도 천법에 걸려들면 천국에 들어가지 못합니다. 잘못하면 다 걸려든다는 것입니다. 통일교회를 믿으니 생령체급 영계에 간다고 꿈꾸겠지만 다 허사가 되고 맙니다. 그러면 어떻게 해야 하겠습니까? 여기에는 한 가지 비법이 있습니다. 통일교회 교인인 여러분이 승리적 기반을 닦아야 합니다. 그래야 부모의 입장에 설 수 있습니다.

22 이제는 통일교회가 세계의 고개를 넘어가는 것입니다. 이제는 통일교회를 누가 없앨 수 없고, 선생님을 누가 감옥에 집어넣을 수 없습니다. 여러분이 지금 결혼해서 생활하고 아들딸 낳는 것이 바쁘지 않습니다. 천국에 들어갈 수 있는 증명서를 준비하는 것이 바쁩니다. 여러분은 언제 죽을지 모릅니다. 가다가 차 사고가 나서 언제 영계에 갈지도 모릅니다. 별의별 일들이 많이 일어납니다. 언제 어느 순간에 갈지 모릅니다. 축복받은 가정이 앞으로 영계에 가는 문제를 등한시하고 자기들끼리 재미있게 살다가 영계에 간다면, 통일교회 선생님 앞에 나아갈 수 있습니까? 축복받은 가정은 장성기 완성급 내에 있기 때문에 세계권까지 올라가지 못했습니다. 장성기 완성급에 있기 때문에 세계를 넘어가야 됩니다. 그러한 과정에 있기 때문에 넘어가지 않으면 안 됩니다.

23 여러분은 시집가는 것이 바쁩니까, 살림하는 것이 바쁩니까, 영계에 갈 준비가 바쁩니까? 내가 사는 것은 영계에 박자를 맞추기 위한 것입니다. 모든 사람은 영계에 박자를 맞춰 살아야 됩니다. 통일교회를 믿는 사람은 영계에 가게 되면, 선생님이 가르쳐 준 조건이 영계의 문전에 딱 박혀 여러분에게 질문하는 것입니다. 선생님이 지금까지 가르쳤던 모든 것이 조건이 되어 적혀 있다는 것입니다. 거기에서 대답을 못하면 못 들어가는 것입니다. 중간쯤의 영계에서 기다려야 합니다. 거기에서 선생님이 영계에 오기를 기다려야 합니다.

24 우리는 나라가 있어야 합니다. 나라가 있지만 우리가 가는 나라는 다른 나라입니다. 하나님 나라입니다. 그 나라의 공인받은 시민권을 새로이 받지 않고는 하늘나라에 들어갈 수 없습니다. 공인받은 시민권을 가진 사람에게는 사탄이 동서남북을 통해서도, 과거·현재·미래를 통해서도 참소하려야 참소할 수 없습니다.

제3장 영생을 위한 지상생활

1절 영생이란

1 사람은 누구나 각자 자기 나름의 삶의 길을 바라서 생활하고 있습니다. '생활' 하게 되면 하루하루 사는 것을 말하고, '생애' 하게 되면 일생의 삶, 일생을 두고 사는 것을 말합니다. 더 나아가 종교를 가진 사람들은 영생이라는 말을 쓰고 있습니다. 영생은 일생이 아니라 영원한 삶을 사는 것입니다. 생애노정을 영생에 어떻게 연결시키느냐 하는 것이 중요한데, 그것을 해야 하는 것이 생애의 책임입니다. 또 일생은 하루하루의 생활을 연결시켜 결정되는 것입니다.

2 여러분의 일생은 나날들이 연결된 것입니다. 생애의 가치적인 내용이 어디에서 결정되느냐? 생애를 다 살고 결정되는 것이 아닙니다. 하루하루 삶의 날들이 결정하게 마련입니다. 그렇기 때문에 잘살아야 됩니다. 잘사는 것은 생애의 모든 노정을 대표할 수 있는 나날들을 뜻있게 보내는 생활입니다. 오늘 잘살았다고 하는 것은 자기 일생에서 자랑스러울 수 있는 기억의 날입니다. '잘산다.' 하게 되면 생애노정에서 반드시 제일 가치 있게 사는 날일 것입니다. 가치 있게 산 날이 있다면 생애에서 그날은 잊을 수 없는 날이 될 것입니다.

영생의 개념은 어디서 생기는가

3 하나님은 영원한 사랑의 주체요 영원한 뿌리입니다. 그러므로 그런 주체의 대상 자리에 있는 사람 또한 영원하지 않을 수 없습니다. 그 사랑은 자기 생명을 투입하고도 잊어버리는 사랑입니다. 참사랑은 생명을 투입하면서도, 자기가 죽어 가는 것을 알면서도 기뻐하면서 또 투입하려고 하는 길입니다. 그러면 참된 주인, 참된 남편, 참된 스승, 참된 부모는 뭐냐? 자기 생명을 투입하면서도 잊어버리고 위하고 또 위하려고 하는 존재를 참된 부모라 하고, 참된 스승이라 하고, 참된 주인이라고 합니다. 이 경지에 들어가게 되면 천지가 공명권에 들어옵니다. 석가모니가 '천상천하 유아독존(天上天下 唯我獨尊)'이라는 말을 한 것은 그 경지에 들어갔다는 것을 말합니다. 몸 마음이 하나 되어 하늘의 방대하고 무한한 사랑권 내에 들어가 보니 온 우주가 전부 밝아지는 것입니다. 공명권이 벌어진다는 것입니다. 그런데 인간이 타락했다는 것입니다. 영생을 해야 할 인간이 타락함으로써 영생을 잃어버렸습니다. 만약 참사랑과 결탁하여 하

나님을 중심삼고 생명과 핏줄이 연결되었다면 자동적으로 영생하는 것입니다. 구세주가 필요 없습니다. 메시아가 필요 없습니다. 종교가 필요 없습니다. 여러분의 몸 마음은 이미 통일되어 있어야 합니다.

4 '나'라는 존재는 하나님의 사랑의 대상으로 지음 받았습니다. 절대적이고 주체적인 하나님의 대상이 바로 나입니다. 하나님의 사랑의 상대입니다. 하나님이 자신보다 더 귀하게 여기는 것이 참사랑의 개념입니다. 하나님은 절대적이고 영원하신 생명의 중심입니다. 하나님의 이상은 더 영원한 것이며, 그 이상의 중심이 바로 참사랑입니다. 그 사랑의 상대가 나입니다. 사랑의 속성이 어떤 것이냐? 그것은 주체와 대상이 하나되는 것입니다. 그것은 국가를 하나로 만듭니다. 그렇기 때문에 어느 자리에나 동참할 수 있고 어디를 가든 따라갈 수 있습니다. 전 재산을 다 상속받을 수 있습니다. 하나님의 영생의 자리, 심정까지도 다 상속받는 것입니다. 하나님의 사랑의 마음, 하나님의 피조만물에 함께하는 그 마음, 하나님이 모든 이의 마음에 머물고 싶은 마음까지 다 상속받는 것입니다. 그러니 얼마나 귀합니까? 선생님이 그 비참한 과정을 거쳐서 발견함으로써 그 기반 위에 서게 된 것입니다. 얼마나 기쁜 일입니까? 어느 무엇과도 바꿀 수 없는 숭엄하고 고귀한 자리입니다. 놀라운 은사입니다. 이제 하나님과 같은 자리에 서는 것입니다. 영원한 참사랑 자리에 동참한 것입니다. 바깥 세계 어디를 가더라도, 한국 어디를 가더라도 이 영생 개념은 없습니다. 나는 영원한 생명으로 태어났으니 죽어서 영계에 가 보라는 것입니다. 일순간에 비약하는 것입니다.

5 영생체의 참사랑을 중심한 대상체인 나는 영원한 생명체 된 지구상과는 차원이 다릅니다. 제한된 곳에서는 자유로이 움직일 수 없지만, 저세계는 차원이 높은 세계이기 때문에 무엇이든 할 수 있는 곳입니다. 시간을 뛰어넘는 것입니다. 사랑을 중심삼고 무엇이든 바라기만 하면 언제 어디서나 다 얻을 수 있는 것입니다. 무궁무진합니다. 하나님이 거하시는 자리는 본연의 고향입니다. 본연의 부모님의 고향입니다. 뭐든 다 할 수 있는 곳입니다. 이제 영계에 가기만 하면 우리는 자유로운 것입니다. 또 다른 세계와 완전히 하나되는 것입니다. 후루룩 쉽게 통과됩니다.

6 인간도 자기가 정성 들여 완성한 작품을 자기 자손만대에 남기고 싶고, 자기와 더불어 두고 싶은 마음이 간절한데 하나님은 어떠하시겠습니

까? 사랑스러운 아들딸로 태어난 인간을 잠깐 사랑하다가 말겠습니까? 영원히 사랑하고 싶어하신다는 것입니다. 그렇기 때문에 인간이 완성하여 하나님의 사랑을 영원히 받을 수 있다면 하나님은 인간을 영원히 곁에 두고 싶어하시지 않을 수 없는 것입니다. 절대자가 그렇게 기뻐할 수 있는 입장에 서야 하기 때문에 인간도 영생하지 않으면 안 됩니다. 영원히 남아지지 않으면 안 됩니다. 인류의 조상인 아담 해와가 그렇게 되었더라면 아담 해와의 완성은 물론 하나님의 모든 소원이 이루어지는 것입니다. 아담 해와가 완성된다는 것은 하나님이 창조하신 만물의 중심이 되는 인간에 대해서 바라던 소원이 전부 완결됐다는 것을 뜻합니다.

7 영생의 개념을 집어넣을 수 있는 것은 무엇이냐? 사랑입니다. 신앙길은 육신생활의 준비가 아니고 영원한 세계의 생활을 위한 준비입니다. 사람은 40세가 넘고 50세가 넘어 죽을 날이 가까워 오면 영생문제에 대해 심각해집니다. 나이가 들면 들수록 점점 심각해집니다. 사상은 나이가 많아질수록 희박해지지만, 영생 개념을 집어넣으면 나이가 많아질수록 점점 심각해지는 것입니다. 그렇기 때문에 종교 이념만이 앞으로 세계를 요리할 수 있습니다. 환경이 빈번히 변하며 희비극이 부딪쳐 오더라도 영생 개념만 철저하면 문제가 안 됩니다. 문제는 영생이라는 개념을 어떻게 인식하느냐 하는 것입니다. 하나님은 아담과 해와를 사랑의 대상으로 지었습니다. 그렇기 때문에 사랑의 대상을 이루고 살아야 됩니다. 그것을 말만이 아니고 실감해야 됩니다. 또 체휼해야 됩니다.

8 무엇보다도 먼저 하나님을 알아야 됩니다. 틀림없이 하나님이 계시다는 것을 알아야 됩니다. 그다음에는 영계가 어떤 곳인지를 분명하게 알지 않으면 안 됩니다. 영계를 모르면 하나님도 알 수 없습니다. 아담과 해와가 타락할 때 참사랑을 잃어버렸기 때문에 영생이 없어졌다는 것입니다. 그러니까 하나님, 영계, 그리고 영생이 문제입니다. 하나님을 알고, 영계를 알고, 영생에 대해 알아야 합니다. 영원히 인간이 살 수 있다는 것입니다. 영원히 하나님이 살아 계시기 때문에 그 아들딸도 당연히 그렇게 살지 않으면 안 됩니다.

9 제일 중요한 것이 영생입니다. 그런데 영계가 있느냐 없느냐 하는 것을 모르고 있습니다. 틀림없이 영생한다는 것을 알게 되면 다른 사람이 죄를 지으라고 해도 안 짓습니다. 자기를 위해 살라고 해도 안 사는 것입

니다. 이것을 모르면 무슨 종교를 믿든 절대로 천국에 못 갑니다. 하나님의 이상세계에 못 갑니다. 참사랑·참생명을 투입하지 않고는 안 됩니다.

10 영원한 세계에서 영원히 위하는 존재가 있으면 그는 영원한 주인이 됩니다. 그런 분이 누구냐? 하나님입니다. 그런데 그분은 우리 아버지이기 때문에 온 우주가 '나'와 더불어 있겠다고 하는 것입니다. 거기에 영생이 있습니다. 그렇지 않은 데는 영생이 없습니다. 그래서 성경에 '죽고자 하는 자는 살고 살고자 하는 자는 죽는다.'라고 했습니다. 그것은 죽음을 넘어서야지 넘어서지 않으면 살 수 없다는 것입니다.

참사랑으로 영원의 삶 결정

11 하나님이 절대적인 사랑의 대상을 구한다고 하면 그 대상은 틀림없이 인간입니다. 그렇기 때문에 만물지중(萬物之衆)에 유인최귀(惟人最貴)라는 말이 나왔습니다. 창조주의 영원한 사랑의 대상이 될 수 있다는 논리적 결론을 내게 될 때, 그 사랑과 하나된 사랑의 대상도 영생한다는 논리가 생겨나게 됩니다. 영생은 자동적인 산물입니다. 영생은 여기서 벌어집니다. 사랑의 관계를 중심삼고 영생 논리를 어떻게 세우느냐 하는 문제는 종교에서 지극히 귀중합니다. 남자에게 영생이 있거나 여자에게 영생이 있는 것이 아닙니다. 하나님에게 영생이 있는 것이 아닙니다. 하나님의 사랑에 영생이 있습니다.

12 사람은 어느 누구를 막론하고 최고를 바라고 있습니다. 인간이 최고의 자리에 가게 되면 하나님은 내 것입니다. 또 나는 하나님의 것입니다. 그렇게 되면 나는 하나님의 아들이 되고 하나님 자신도 되니까 우주가 내 것이 됩니다. 하나님이 제일 사랑하고 귀하게 여기는 물건이 있다면, 그것을 하루 혹은 10년이나 100년쯤 같이 지낸 후에 집어던지게끔 지었겠습니까, 영원히 같이 있게끔 지었겠습니까? 영원히 함께 있도록 지었습니다. 사람도 마찬가지입니다. 사람이 태어났다가 죽어서 그만이면 좋겠습니까, 영생해야 되겠습니까? 영생해야 됩니다. 절대자 하나님이 절대적인 사랑을 중심삼고 좋아할 수 있는 대상이기 때문입니다. 하루나 이틀 혹은 10년, 100년 좋아하다 던져버린다면 그것은 사랑이 아닙니다. 사랑하면 사랑할수록 함께 있고 싶어 하는 것입니다.

13 사람은 어떻게 해야 되느냐? 영생해야 됩니다. 좋은 소식이지요? 악한 세상에서 80년 정도 사는데, 개미가 죽는 것이나 사람이 죽는 것이나

다를 것이 없다고 할지 모르지만 다릅니다. 사람은 영물이기 때문에 다릅니다. 만물의 영장이 될 수 있는 것은 무엇 때문이냐? 늙지 않는 마음 때문입니다. 만물은 다 변할 수 있습니다. 순금도 변합니다. 퇴색됩니다. 풍화작용에 의해서 감퇴됩니다. 그렇지만 마음만은 그렇지 않습니다. 변하지 않는 데 있어서 으뜸가는 권위를 갖고 있습니다.

14 참사랑에 의해서 영생이 가능합니다. 창조의 출발 동기와 과정, 목적이 사랑을 중심삼고 완성되기 때문입니다. 과정을 통해서 결과가 나오는 것입니다. 자기 몸 마음의 완성은 참사랑에 의해 근본적으로 가능하게 되어 있습니다. 무한의 근본·원인·과정으로부터 이상의 결실을 맺는 것은 사랑밖에 없습니다. 참사랑밖에 없습니다. 하나님이 영존하는 것은 돈으로도 아니고, 권력으로도 아니고, 지식으로도 아닙니다. 본래 가지고 있는 참사랑에 의해서 영존합니다. 하나님의 기쁨은 독자적으로 생기는 것이 아닙니다. 상대 기반이 필요합니다. 아무리 위대한 하나님이라 하더라도 혼자로서는 외로운 것입니다. 종적 상대, 횡적 상대, 전후의 상대를 원하고 있습니다. 그렇기 때문에 참사랑, 하나님을 통하는 사랑이 없으면 영생의 길은 연결되지 않습니다.

15 영생할 수 있는 본질에 가장 가까운 자리가 어디냐? 사랑입니다, 사랑! 자기 혼자서는 영생할 수 없습니다. 사랑만이 영생의 본거지가 됩니다. 동시에 목적 성취의 본거지가 됩니다. 사랑으로 천지창조가 이루어졌기 때문에 사랑으로 시작해서 사랑으로 살고 사랑으로 끝맺는, 사랑으로 말미암은 영광이 벌어져야 됩니다. 사랑으로 말미암은 영광이란 이상한 것이 아닙니다.

16 참사랑의 자리에 있으면 하나님의 자리, 하늘나라의 보좌에 마음대로 갈 수 있습니다. 하나님의 친구가 될 수 있습니다. 하나님이 사랑 때문에 인간을 지었습니다. 영원하신 하나님, 절대적인 하나님, 영생하는 하나님이기 때문에 사랑에 일치된 인간 자체도 영생을 갖습니다. 이것은 자연적인 논리입니다. 그렇기 때문에 참사랑은 영원합니다. 영생하려면 그 참사랑권 내에서 살아야 합니다.

17 어떻게 영생하느냐? 예수님을 믿으면 영생한다, 구원받는다고 하는데 어림도 없습니다. 사랑으로만 구원을 받는 것입니다. 하나님의 창조 원칙으로 볼 때 참된 사람만이 하나님 사랑의 동반자이기 때문에, 참사

랑을 가지면 영원히 살 수 있게 돼 있습니다. 그 사랑권 내에 들어가 있으면 영계나 지상에 살게 될 때 자기가 어디에 가서 살 것인지를 다 보고 사는 것입니다.

18 '나'는 영생하는 사람입니다. 그 다음에 참사랑을 실천하는 사람입니다. 참사랑을 지상에서 실천하는 사람이라는 것입니다. 내가 지상에서 하는 모든 일들, 공장에서 일하고 하는 전부가 영생과 연결되는 재료들입니다. '영생을 훈련하고 영생을 키우는 훈련 재료를 생산하는 것이 내가 하는 일이다.'라고 생각하라는 것입니다. 여러분에게 영생과 참사랑은 언제나 필요한 것입니다. 영원히 필요한 것입니다.

19 생명을 가진 모든 존재는 쌍쌍으로 존재합니다. 그것은 사랑을 세우기 위해서입니다. 사랑의 조화를 이루기 위해서입니다. 하나님에게 필요한 것이 영원한 생명입니다. 그다음으로 하나님에게 필요한 것이 영원한 사랑입니다. 이 영원한 사랑을 중심삼고 볼 때, 하나님이 영원하다면 영원한 상대가 필요합니다. 이 우주 가운데 영원한 상대가 어디 있느냐? 사람은 쌍쌍제도의 관념을 중심삼고 영생한다는 것이 자동적인 결론입니다. 영생이 필요하다는 것입니다. 여러분은 영생해야 됩니다. 왜 영생해야 되느냐? 쌍쌍제도의 이상인 사랑을 완성하려니, 하나님의 사랑이 필요하니, 하나님 앞에 사랑 완성의 상대적 관계에 있으니 불가피적으로 영생해야 된다는 것입니다.

20 태양이 떠오르면 만물의 순은 그곳으로 전부 따라갑니다. 풀이나 모든 나무, 큰 나무도 순은 전부 태양빛을 따라가는 것입니다. 사람은 사랑에서 나서 사랑에서 커 가지고 사랑에서 살다가 사랑에서 죽습니다. 그런데 그냥 없어지는 것이 아닙니다. 하나님, 주체 되시는 그분이 영원·불변·유일하니까 그 앞에 대상적 사랑의 자리에 서게 될 때는 영생하는 것입니다. 영생이라는 이론이 여기에서 발발하는 것입니다. 생명에서부터 시작하는 것이 아닙니다.

21 아들딸은 자기 자신을 대신하는 열매입니다. 그렇기 때문에 사랑하지 않을 수 없습니다. 자기 자신을 사랑하기 때문에 하나님의 아들딸인 인간도 하나님을 대신하는 것입니다. 영생은 사랑에 의해서 연결됩니다. 그래서 영생의 환경을 이루는 데는 사랑의 환경을 중심삼고 생활하지 않으면 안 됩니다. 사랑의 실체권을 갖는 데는 사랑을 중심삼고 실체적인 체휼을 하지 않으면 안 됩니다.

2절 영계에 가기 위한 준비기간

1 우리는 이 세상에 살고 있지만 이 세상만 있는 것이 아니고 영계가 있는 것을 알고 있습니다. 이 세상과 영계는 두 세계가 아니고 하나의 세계로 연결되어야 한다는 것도 알고 있습니다. 우리가 가야 할 곳, 우리가 가서 살아야 할 그곳이 어디냐? 우리는 육신생활을 하면서 이 땅에 있지만 영원한 세계를 향해서 가고 있습니다. 일반 사람들은 세상에 태어나게 되면 10대, 20대, 30대 청춘시대를 지나 장년시대로 들어가게 되고, 한 고개를 넘어서 노년시대로 들어가게 됩니다. 이렇게 지는 해와 같이 일생을 끝마칩니다. 그러나 영계가 있다는 사실을 아는 사람들은 일생이라는 것이 잠깐이고 죽은 다음에 맞이해야 할 영원한 세계가 있다는 것을 알고 있습니다. 이 때문에 일생은 영원한 세계를 준비하는 기간입니다.

육신을 쓴 지상생활의 중요성

2 여러분은 어느 한때 하나님 앞에 가게 될 것입니다. 그런데 아버지 앞에 이르기까지의 길은 외로이 혼자 가야 할 최후의 운명길입니다. 그런 길을 갔는데 만일 하나님이 환영해 주지 않는다면 어떻게 할 것인가 하는 것을 생각해 본 적이 있습니까? 세상에 태어나게 될 때에 외로운 독자나 아무것도 없는 자의 아들딸, 그런 불쌍한 처지에 있는 아들딸로 태어나고 싶습니까? 그렇게 하기는 싫을 것입니다. 누구나 유복한 환경, 즉 유복한 가정, 유복한 나라에 태어나기를 원할 것입니다. 자신이 태어날 때부터 그 나라가 자신을 환영하고 맞이할 수 있는 유복한 환경에서 태어나기를 원하는 것입니다. 이런 것을 볼 때 우리는 어떠한 모습으로 어떠한 나라에 태어날 것인가? 유복한 환경을 가진 모습으로 태어날 것인가, 혹은 하늘나라와 땅 전체가 환영할 수 있는 모습으로 태어날 것인가 하는 운명을 결정짓는 것이 이 짧은 생애노정입니다.

3 앞으로 우리는 제2차의 세계와 당면하게 됩니다. 그 세계는 어차피 가야 할 세계입니다. 새로이 탄생해서 그 세계로 들어가야 됩니다. 그때 고독한 독자의 신세로 들어갈 것인가, 아니면 유복한 환경, 즉 자기의 태어남을 환영할 수 있는 환경으로 들어갈 것인가 하는 문제가 여러분이 가는 길에 남아 있습니다.

4 지상생활과 영생생활은 따로따로가 아닙니다. 지상생활도 중요하고 영생생활도 중요합니다. 영원한 생활은 지상생활에서부터 연결된다는 말입니다. 둘 다 중요한데, 오늘날 이 땅에 사는 사람들이 영생 개념을 모

르고 있다는 것입니다. 이 땅 생활이 중요한 줄 알고 있습니다. 문제는 통일교인들도 지금 살고 있는 것이 영생을 보장하는 증거적 기반이란 것을 모른다는 것입니다. 그렇기 때문에 영생이 지금부터라고 하는 천국관을 가지고 천국 기반을 설정한 그 위에 영원한 생명을 위해서 내가 산다고 하는 중요성을 언제든지 느끼라는 것입니다. 이것을 모르면 딴짓을 합니다. 지금 내가 하는 모든 일이 영생세계의 가치 결정을 좌우하고 있다는 것입니다. 그것은 서로 마주 보고 움직입니다. 지상세계가 올라가면 영생세계도 올라가고, 지상세계가 내려가면 영계도 내려갑니다. 한쪽이 돌면 다른 쪽도 같이 돕니다. 그래서 현세에 그것을 실감하고 영생에 플러스시키는 생활을 해야 됩니다. 영생과 현세는 나누어지지 않습니다. 천국과 지옥을 분명히 하지 않으면 그것을 모릅니다. 그러므로 영생과 지상생활의 중요성을 느끼면서 일을 하라는 것입니다.

5 여러분은 육신을 쓴 이 기간이 얼마나 귀한지를 알아야 됩니다. 우주도 부활시킬 수 있고, 모든 천하를 통일시킬 수 있는 것은 육신을 쓰고 있는 이 기간밖에 없습니다. 하나님과 만물을 합하더라도 이 육신세계와 바꿀 수 없습니다. 하나님과 이 우주를 합하더라도 육신을 가진 인간이 없으면 완성되지 않기 때문에 육신은 우주를 주고도 바꿀 수 없습니다.

6 이 육신세계는 짧은 기간입니다. 길지 않습니다. 그것을 알게 되면 잠자는 시간이 아깝습니다. 밥 먹는 시간도 아깝다는 것입니다. 밥도 걸어가면서 먹고, 잠도 걸어가면서 자고, 노는 것도 걸어가면서 노는 것입니다. 그럴수록 세계의 그 누구도 받지 못하는 복을 받는 것입니다. 하나님의 복을 전부 상속받을 수 있다는 것은 역사적인 내용입니다. 그 나라에서 이렇게 하면 그 나라에 이름이 남아지는 것입니다.

7 지상인은 체를 가졌지만 모든 것이 한정된 생활입니다. 그러나 영인들은 체는 없지만 무한의 세계에서 활동합니다. 또한 지상인은 체를 가졌으나 지상이 영원한 처소는 못 됩니다. 영인들은 체는 없으나 영원한 처소에 자리 잡고 있습니다. 이와 같이 지상인과 영인 간의 대비점을 나열하면 무한히 많습니다. 또한 지상인과 영인 간의 일치점을 살펴보면 지상생활이나 영인들의 생활은 모두 반쪽씩만 갖고 있기 때문에 반쪽씩밖에 이룰 수 없습니다. 그러면 체와 영인의 결실은 각각 어떻게 해야 완전한 열매를 맺을 수 있습니까? 지상생

활에서 육체와 영혼이 분리되기 전에 지상에서의 삶을 잘 마무리해야 완전한 열매를 맺게 됩니다. 그런데 영혼이 잘 익지 못하고 영계에 가게 되면 문제가 생기는 것입니다.

8 이 땅 위에서 하고 있는 생활이 얼마나 중요하냐? 한 번밖에 없습니다. 순간인데 한 번밖에 없습니다. 지상생활을 영생에 비유하면 이것은 한 점에 불과합니다. 너무나 짧은 순간입니다. 육신생활을 넘어 영계를 위해서 준비해야 됩니다. 항상 그런 주류사상을 가지고 중심에 서서 일체를 조종하고 일체를 정복할 수 있어야 됩니다. 그렇지 않으면 개성완성을 이룰 수 없습니다.

9 수중생활에서 잘못되면 지상생활을 전부 망치게 됩니다. 실체세계, 이 땅을 부모로 해서 사는 세계에서 잘못되면 영계, 영원한 부모를 모시는 사랑의 세계가 쭈그러들어 망치는 것입니다. 그러니 지상세계가 얼마나 귀한지를 알아야 됩니다. 여기에서 사랑해야 됩니다. 부모를 모시고 형제를 모시고 나라를 모시고 사랑하며 살아야 됩니다. 지상세계가 있기 때문에 거기에서 화하고 동할 수 있는 사람은 어떤 사람이냐? 서로서로 위하고 어려운 것을 자기가 하겠다고 부모 대신 나선 사람들이 중심존재가 되는 것입니다. 저나라에서도 높은 천국에 가는 사람은 그러한 장자권 장녀권의 책임을 한 사람입니다.

10 일은 우연히 벌어지는 것이 아닙니다. 준비하는 데도 쉬운 준비는 없습니다. 일생을 두고 볼 때에 소년시대는 청년시대를 위한 준비시대라는 것을 아는 사람은 장래성이 있습니다. 장년시대는 노년시대를 위해 준비하고 있고, 노년시대는 영계에 갈 준비를 하는 것입니다. 일생은 대우주의 인격을 갖추기 위해 하나의 훈련 과정을 거치고 있는 수련기간이요 준비기간입니다.

11 영원한 출발은 내가 죽어서 시작되는 것이 아닙니다. 영원한 출발은 내가 뜻을 알고 난 순간부터 계속됩니다. 여기에 한순간이라도 시간관계를 두고 비약이 있든가 구렁텅이가 생겨나면 영원은 중단되는 것입니다. 그러므로 우리가 생애노정을 중심삼고 신앙길을 가는데 금년에 못 가면 내년에 가고, 내년에 못 가면 내후년에 가고, 이렇게 해서는 안 됩니다. 일생을 이런 식으로 살아간다면, 그는 일생 동안 뜻과 더불어 하나될 수 있는 하루의 생활도 가져 보지 못하고 죽을 것입니다. 만약 그렇게 살았다면 그 사람은 천국에 가지 못합니다. 아무리 자기가 살고 있는 그 나

라가 좋다 하더라도 하루의 승리 기준을 갖지 못한 사람이 어떻게 하늘나라에 갈 수 있겠으며, 1년의 승리 기준을 갖지 못한 사람이 어떻게 영원한 세계에 들어갈 수 있겠습니까? 이것이 문제가 아닐 수 없습니다.

천국에 들어가기 위한 훈련기간

12 지상생활은 영원한 고향에 맞추기 위한 훈련장입니다. 이것은 영원한 것이 아닙니다. 학교생활과 같이 통과하는 기간입니다. 이 기간에 낙제생이 되면 큰일 납니다. 낙제생이 되지 않고 가정을 통과하고, 나라를 통과하고, 세계를 통과해야 됩니다. 세계를 통과하여 천국에 들어가는 것입니다. 지상천국을 통과한 사람은, 지상천국의 모든 것에 환영받는 사람은 천상천국의 모든 것에 환영받게 됩니다. 생애를 위하는 사랑을 가지고 투입하고 투입하고 잊어버리는 생활로 마친 사람은 높은 하나님의 왕좌의 측근에 갑니다. 하나님이 그런 분이시므로, 그런 분의 자녀 입장이 되는 것이므로 자동적으로 측근 자리에 머물게 됩니다. 영계는 하나님이 영원히 존재하는 본향, 본저, 저택의 세계입니다. 그곳에서 시작되었으므로 거기로 돌아가는 것입니다.

13 하나님이 창조해 놓고 저 하늘나라에서 앉아 안심하고 있는 것은 평등한 사랑의 공식을 제시해 주었기 때문입니다. 그래서 하나님은 참소받을 수 없습니다. 마찬가지 공식이 적용됩니다. 누가 사랑의 교재입니까? 아버지로서, 남편으로서, 아들로서, 지도자로서 여러분 자신이 표본입니다. 그래서 이러한 교육을 대신해서 내 어머니 아버지를 중심삼고, 그다음엔 식구를 중심삼고, 국가를 중심삼고 훈련하는 것입니다. 천국에 가서 살 수 있는 훈련을 하는 것입니다. 그것을 개인·가정·사회·국가·세계적으로 연결하는 것입니다.

14 저나라, 영계, 본향 땅에 돌아갈 때 합격하기 위한 훈련을 해야 됩니다. 합격하기 위해서는 개인으로부터 가정·종족, 그 일족 7대손을 중심삼고 완전한 하나의 모델이 되어야 합니다. 거기에서는 싸움이 있어서는 안 됩니다. 자기 소유를 갖겠다고 투쟁해서는 안 됩니다.

15 한 가정에 있어서 행복한 가정과 마찬가지로 나라가 행복해야 됩니다. 투쟁 개념이 아닙니다. 화합입니다. 화합이 하늘나라에서, 영계에서 최고 기준이 되어 있으니만큼 거기에 맞게끔 해야 됩니다. 영계는 시공을 초월하기 때문에 순식간에 생각하는 대로, 땅끝에서 땅끝을 돌아올 수 있습니다. 얼마나 빠른지 모릅니다. 전

파라든가 빛이 1초 동안에 3억 미터를 갑니다. 그런 세계에 박자를 맞출 수 있게끔 지상에서 이러지 않으면 저나라에 가서 탈락됩니다. 이제부터 영계를 모르는 사람은 저나라의 국민이 못 됩니다.

16 천국에 가고 싶다면 천국에 갈 수 있는 내용을 갖지 않으면 안 됩니다. 마찬가지입니다. 천국에 들어가는 데 있어서 표가 필요하지 않습니다. 무사통행이 아닙니다. 바로 안다는 것입니다. 영계의 컴퓨터가 있습니다. 인간이 만든 것도 대단하지만 영계의 컴퓨터는 살짝만 해도 1분에 한 평생 전체를 압니다. 거짓말을 할 수 없습니다. 이런 아들딸로 태어나서 이런 생활을 했다고 한다면 그것이 전부 나옵니다.

17 여러분의 양심이 자기의 생애 모두를 알고 있듯이 모든 내용이 영계의 컴퓨터에 입력됩니다. 영계에 가면, 쓱 이름만 입력하면 그 사람의 생애가 한순간에 다 나옵니다. 영계는 시간과 공간을 초월하기 때문에 순식간에 그 자리에서 모든 생애의 기록을 알 수 있습니다. 그래서 양심은 영원한 세계의 컴퓨터의 단추입니다. 알고 있는 대로 입력이 됩니다. 양심에 가책을 받는 일이 있으면 그것이 그대로 입력이 됩니다. 양심에 가책을 받지 않은 인생이라면 깨끗한 생애로서 기록이 됩니다. 그러니 영계에 가서 변명할 수가 없습니다. 자신이 살아온 한평생의 모습을 그대로 분명하게 볼 수 있습니다. 그런 세계가 있다는 것을 알고 그 세계에 통할 수 있는, 맞을 수 있는 준비를 하는 훈련소가 지상세계입니다.

18 천국에 가려면 '나는 아담이 실패한 구약시대의 대표요, 신약시대의 중심인 예수님 시대의 대표요, 완성시대를 대표한 성약시대의 대표다.'라고 말할 수 있어야 합니다. 그러한 3시대의 부모권이 완성된 다음에는 사탄이 머무를 수 없습니다. 거기에는 더 이상 어떠한 장애물도 없습니다. 3시대의 완성을 이룬 세계는 어떠한 문제도 있을 수 없습니다. 사탄은 사라지고 지옥문이 열리게 됩니다. 천국 가는 고속도로가 놓이는 것입니다. 하나의 가정이 출발하면 자동적으로 영원한 천국과 연결됩니다. 자유천지라는 것입니다.

19 몸 마음이 하나 못 되어 가지고는 천국 못 들어갑니다. 원리를 알았으니 무슨 일을 하더라도, 마음이 원하는 대로 몸을 강제로 타고 앉아서 굴복시켜야 됩니다. '우주주관 바라기 전에 자아주관 완성하라!' 그것이 얼마나 어려운 일인지 모릅니다. 이 몸

이 강한데 사탄세계가 그렇습니다. 선생님이 그렇게 싸웠습니다. 거기에서는 자기의 모든 것, 나라와 자기 일족을 빼앗아 가고, 자기 어머니 아버지와 남편 아내까지도 다 버려야 되고, 자기 몸까지 감옥살이를 했습니다. 지옥에 떨어져야 된다는 것입니다. 하나님이 개척을 하라고 하면 지옥까지 가서 개척해 올라와야 하나님이 필요로 하는 사람이 됩니다.

20 여러분이 열심히 전도하고 경제 활동을 하며 고생하는데 왜 욕을 먹고 핍박받습니까? 그것은 심정이 없으니 심정을 찾기 위해서입니다. 사랑을 찾기 위해서입니다. 그런 사람들을 사랑할 수 있는 사람이 되기 위한 것입니다. 여러분이 이런 훈련 과정을 거치지 않고는 아무리 하늘나라 사람이 되려고 해도 안 됩니다. 다시 말하면 사탄세계의 사랑 이상의 사랑을 내가 찾아야 됩니다. 그러지 않으면 하늘나라에 못 갑니다. 사랑의 사람이 되어서 천국에 가려고 그러는 것입니다. 사랑의 사람이 되어 천국에 가려고 하는 사람이 천국 가는 것입니다. 그때 하나님이 심판주가 될 것이고, 예수님이 심판주가 될 것이고, 선생님이 심판주가 될 것입니다. 그러니 실천해야 됩니다. 이것이 우리의 당면 과업입니다. 하나님의 법으로서 지시된 과업이요 명령입니다.

21 말씀에 대한 심판을 여러분이 받습니다. 말씀을 잘못 들으면 심판하는 것입니다. 그다음에는 여러분이 실체를 이뤄야 하는 것입니다. 실체를 이루어야 할 텐데, 실체를 이루는 행동을 하지 못할 때는 실체심판이 있습니다. 심판에는 말씀심판이 있고, 실체심판이 있고, 심정심판이 있습니다. 3대 심판 과정을 거쳐야 됩니다. 먼저 원리 말씀이 여러분을 심판하는 것입니다.

모든 죄는 자신에게서 청산해야

22 통일교회로 말하면 구원섭리는 복귀섭리라고 하는데, 그 복귀의 길을 피해 갈 수 있습니까? 피해 갈 수 없습니다. 그렇기 때문에 타락의 운명의 보따리를 짊어진 인간입니다. 그 보따리가 얼마나 크냐? 그 보따리는 세계적이요 우주적입니다. 그러므로 여러분은 늘 생활하는 데 있어서 '나는 어차피 한번 죽는다.'라고 생각해야 됩니다. 태어날 때 여러분이 '내가 태어나겠다.'라고 생각하지 않았지만 태어났습니다. 죽는 것도 여러분이 생각하든 안 하든, 안 죽겠다고 하든 죽겠다고 하든, 죽겠다고 해도 못 죽게 되고, 또 안 죽겠다고 해도 죽게 되는 것입니다. 그것은 자기 마음대로 못합니다. 그렇지만 어차피 정한 한때를 중심삼고 반드시 그때가 오는 것입니다. 이것은 변경할

수 없습니다. 탕감해야 할 것은 죽기 전에 하지 않으면 안 됩니다. 이것이 문제입니다. 지상에서 타락했기 때문에 지상에서 청산해야 됩니다. 지상에서 이 일을 탕감해 가야 됩니다. 영계에 가서는 불가능합니다.

23 인간의 완전한 구원을 목표로 하는 하나님이라면 비수를 가지고 인간의 썩은 부분을 베어 버릴 수 있어야 합니다. 그래야 훌륭한 하나님입니다. 여러분은 어떠한 하나님을 바랍니까? '몸아, 죄 많은 세상에서 이만큼이라도 남아지기 위하여 얼마나 고생했느냐? 공로가 많았다.'라며 등을 두드려 주는 하나님을 바랍니까, 아니면 무자비하게 이 몸을 처치하는 하나님을 바랍니까? 어떠한 하나님이 좋을 것 같습니까? 이 몸을 단번에 해치우고 싶은 것이 하나님의 심정입니다. 몸은 타락세계와 연락할 수 있는 안테나입니다. 이 몸은 인간세계의 죄의 근원입니다. 여러분은 이런 말을 들으면 몹시 기분이 나쁠 것입니다. 그러나 기분이 나쁜 사람은 속죄해야 됩니다. 속죄의 역사가 지상에서 벌어지게 되면 통일은 자동적으로 이루어집니다. 그러므로 통일이 그렇게 어려운 것만은 아닙니다. 단지 몸을 치면 되는 것입니다.

24 영계에 가서는 백 퍼센트 드러납니다. 나쁜 것이 먼저 드러납니다. 나쁜 것을 먼저 청산해야 영계에 들어가는 것입니다. 그러지 않고는 영계에 들어가지 못합니다. 눈감고 있다 하더라도 나쁜 것이 드러나서 처단을 바라게 되는 것입니다. 그래서 그것이 없어질 때까지 교육받아야 된다는 것입니다. 수련받아야 됩니다. 맹훈련을 받아야 됩니다.

25 내 몸이 완전히 승리했다는 것은 사탄까지도 완전히 뿌리 뽑아 정복했다는 것입니다. 천국은 사탄을 정복해야만 갈 수 있습니다. 사탄을 이기는 것은 육신을 벗고는 할 수 없습니다. 육신이 땅에서 사고가 났으므로 고치는 것도 육신을 쓰고 땅에서 고쳐야 합니다. 지상에서 할 일을 다 하지 못하면 영원히 지옥에 갑니다. 그렇기 때문에 땅에서 승리하여 하늘편의 선한 입장에 서게 되면 영원히 천국에 가는 것입니다.

26 인류조상이 참된 부모가 되지 못함으로써 어그러진 죄악의 결과, 참된 민족과 참된 국가와 참된 세계를 이루어 놓지 못함으로써 하나님과 인류 앞에 어그러진 죄상이 남아 있습니다. 이러한 죄상에 대해서 누가 책임지겠느냐 하는 문제가 남아 있습니다. 영계에 간 사람들이 지상에서 지은 죄를 영계에서는 해결할 수 없습

니다. 지상에서 그 누군가가 이것을 책임져 주지 않고는 영계에 간 사람들이 해방받을 수 없습니다. 지상에 살고 있는 만민이 하늘나라로 가기 위해서는 그 지은 죄를 청산짓지 않으면 안 됩니다. 그러면 지상인이 역사를 대표해서 어그러뜨려 놓은 죄를 누가 청산해야 됩니까? 그 누군가가, 그 어떤 종교가, 그 어떤 단체가 하지 않으면 안 될 이러한 사명을 오늘날 이 땅 위의 종교와 백성이 알지 못하기 때문에, 단지 그것을 아는 곳은 통일교회밖에 없기 때문에 아는 자가 책임져야 된다는 것입니다.

27 죄악 역사는 여러분 자신에서부터 청산하여야 합니다. 여러분이 역사에 마이너스되는 입장에 서면 지옥이요, 플러스될 수 있는 입장에 서면 천국입니다. 또 시대와 여러분을 비교할 때 시대가 여러분보다 크면 지옥이요, 여러분이 시대보다 크면 천국입니다. 그렇게 됩니다. 오늘날까지 천지 운세를 따라 나온 인간은 천지 운세를 조정할 수 있는 날을 회복해야 됩니다. 하나님은 그 한 날을 바라보며 6천년의 기나긴 세월을 역사해 나오고 계시는 것입니다. 천지 운세를 따라 나오던 역사의 슬픔을 박차고 이 운세를 주관할 수 있는 하나의 용자를 찾아 헤맨 것이 하나님의 6천년 복귀섭리노정입니다.

28 나 때문에 지옥도 생겨났고, 나 때문에 천국도 있는 것입니다. 그 둘이 갈라졌습니다. 본래는 타락하지 않았으면 이것들이 없는 것입니다. 그래서 마음은 오른쪽이 되고 몸은 왼쪽이 된 것입니다. 몸을 따라가는 사람들은 지옥으로 가고, 마음을 따라가는 사람들은 천국으로 가는 것입니다. 두 길이 있습니다. 오관 모두는 두 가지 성질을 가지고 있습니다. 그러면 어떻게 해야 되겠습니까? 한쪽을 완전히 잘라 버려야 됩니다. 여러분의 몸에는 사탄의 피가 들어가 있고 사탄의 생명이 들어가 있고 사탄의 사랑이 들어가 있습니다. 그것을 어떻게 빼느냐? 역사를 통해서 뿌려진 이것을 전부 빼야 됩니다. 그래서 하나님의 사랑, 하나님의 생명, 하나님의 혈통을 다시 심어야 됩니다. 거기서부터 희망찬 영생이 있고 영원한 행복이 있습니다. 그러지 않으면 다른 방법이 없습니다. 이것은 선생님의 말이 아니라 원리가 그렇습니다. 그래서 참부모가 필요한 것입니다. 참부모가 뿌리입니다. 거기서부터 참된 줄기·가지·새싹이 나서 숲이 되는 것입니다. 다른 방법이 없습니다. 이것은 쉬운 것이 아닙니다.

29 천국은 마음에서부터 시작됩니다. 마음의 어디서부터냐? 세상을 이긴 마음에서부터 시작됩니다. 아무

리 환경적으로 천국이 이루어졌다 하더라도 내 마음이 악하고, 그것을 그릴 수 없고, 거기에 동할 수 없는 입장에 있다면, 천국이 와도 그 천국은 쓸데없는 것입니다. 그렇기 때문에 천국을 맞이할 수 있는 터전이 되는 것은 환경이 아니라 나 자신입니다. 나 자신이 문제입니다.

30 천국을 유지할 수 있는 그 지지점이 어디냐? 환경이기에 앞서 내 마음입니다. 마음의 천국을 그리지 못한 사람은 천국 환경이 되어도 그 천국을 움직일 수 없습니다. 결심을 하지 못하고서는 완전한 행동을 할 수 없습니다. 완전한 결심에서 완전한 행동이 벌어집니다. 그렇기 때문에 내 마음이 선을 얼마나 동경하느냐? 그 동경하는 것이 역사적 선과 더불어 하나되겠다, 아무리 피눈물 나는 환경이 있다 하더라도 선과 동행하기 위해 그것을 극복하겠다, 아무리 외로운 역사적 종말의 환경 가운데 투쟁의 노정이 있다 하더라도 그것을 피해 가는 것이 아니라 격파하고 가겠다고 해야 됩니다. 마음이 변치 않는 일로를 개척하여 그 마음에 일체가 될 수 있는 몸의 생활환경을 결의하고 다짐하는 데서부터 천국이 시작되는 것이지, 마음과 몸이 따로 행동하는 데에 천국이 있는 것이 아닙니다. 마음과 몸이 일체 된 데서부터 천국 방향을 향한 전진이 벌어지는 것이지, 마음과 몸의 행동이 갈라지는 데서는 천국이 벌어지지 않습니다.

31 습관성을 타파한다는 것은 매우 힘듭니다. 그 말은 지금까지 여러분이 사탄세계에서 자기를 중심삼고 '내가 잘나야 되겠다.'라고 생각하는 습관성을 지니고 살았는데, 그 습관성이 고질적이라는 것입니다. 그렇게 고착되어 버린 습관성은 한국 사람들이 김치·된장·고추장을 먹는 습관성보다도 더 고질적입니다. 이것은 역사성을 지니고 있습니다. 악마가 출발한 그날부터 뿌리가 박힌 습관성을 지니고 있는데, 이것을 어떻게 빼 버리느냐? 구덩이를 파고 뿌리까지 묻으려 해도 묻을 수 없을 정도입니다. 심각한 문제입니다. 하늘나라에 가려면 하나님을 중심삼은 습관성을 지녀야 됩니다.

32 여러분 속에 물이 꽉 차 있다면 이것이 맑은 물이겠습니까, 흙탕물이겠습니까? 거기에 모래알이 끼어 있고 돌멩이가 끼어 있습니다. 큰 장마가 지나간 다음에 보면 얼마나 더럽습니까? 하천에 별의별 더러운 것들이 다 떠내려갑니다. 그것보다 더 더러울 것입니다. 여러분 자신은 다른지 생각해 보십시오. 그러니까 이것을 휘저어 다 걸러 낼 필요가 있습

니다. 그렇기 때문에 여과장치를 거쳐 나가야 됩니다. 힘들어도 좌우를 살피면서 모래알 사이를 뚫고 나가야 합니다. 자기가 있어 가지고 되겠습니까? 자기가 있으면 다 걸려 버립니다. 물 자체에 모래알같이 더러운 건더기가 있으면 흘러 보지도 못하고 거기에 다 걸리게 돼 있습니다.

참부모에게 절대순종해야

33 참부모는 한 분밖에 없습니다. 영계와 지상에 한 분밖에 없습니다. 절대·유일·불변·영원한 것은 둘이 아니라 하나밖에 없습니다. 온 우주의 유일한 중심입니다. 거기서부터 모든 것이 연결됩니다. 그러니까 그것이 중심입니다. 여러분이 그 중심에 대해서 절대신앙·절대사랑·절대복종의 개념을 가져야 됩니다. 그 중심이 참부모입니다. 하나님을 중심삼고 완성한 아담 가정이 인류의 첫 조상의 가정이 되어야 할 것인데, 그 아담 가정을 중심삼고 영계와 육계가 하나되어서 출발하는 것이 참부모입니다.

34 참부모를 왜 모셔야 되느냐? 영계와 하나님을 대표하기 때문입니다. 그다음에 제1 부모, 제2 부모, 제3 부모가 심정적 유대를 맺어 사랑 가운데 묶어 놓았기 때문에 이것을 대표할 수 있는, 심정적 승리권에 동참할 수 있는 자격을 얻기 위해서입니다. 타락함으로써 이것이 전부 갈라졌습니다. 내가 사랑해야 할 만물의 부모 앞에 효자가 되지 못했고, 나를 낳아 준 부모 앞에 효자가 되지 못했고, 이 영계와 하나님 앞에 효자가 되지 못했지만, 참부모를 모심으로써 효자의 자격을 대신 부여받을 수 있습니다. 그렇기 때문에 여러분은 악착같이 따라가야 됩니다.

35 하나님의 모든 상속권을 받을 수 있는 특권을 얻는 길은 사랑의 길에만 있습니다. 참사랑을 가진 사람이 내 몸을 스치고 지나가면 기뻐하지 반항하지 않는 것입니다. 전부가 환영합니다. 저나라가 그렇게 돼 있기 때문에 지상에서 그런 훈련을 받아야 됩니다. 선생님이 이런 것을 가르쳐 주는 것은 하늘세계에 갈 수 있는 사람, 하늘세계에서 호흡할 수 있고 박자 맞출 수 있는 사람을 만들기 위해서입니다. 그래야 춤추는 자리에서 춤을 추는 것입니다. 그러지 않으면 박자가 안 맞는다는 것입니다. 선생님도 이제 영계에 가야 될 것 아닙니까? 선생님 뒤에는 사탄이 따라올 수 없습니다.

36 영계의 말을 들으면 정신이 번쩍 들어야 됩니다. 하나님을 모셔야 되고, 하나님을 모시기 위해서 길을 닦아 놓은 참부모님의 뒤를 따라가야

됩니다. 선생님이 닦아 나온 길은 장난이 아닙니다. 필사적인 산 제물의 자리에서 이것을 전부 감아쥔 것입니다. 하나하나 감아 넘기기가 얼마나 힘들었는지를 모를 것입니다. 그렇기 때문에 하나님이나 영계 전체가 선생님에 대해서 절대순종하라고 하는 것입니다. 지상에서 아무나 만날 수 있는 인연이 아닙니다. 특별한 은혜로 만난 것입니다. 이것은 세계를 살리기 위해서입니다.

37 선생님은 일생을 고생하면서 변경하는 일을 안 했습니다. 50년 전에 한 말씀이나 지금 하는 말씀이 다 맞습니다. 영계에 대한 이야기가 지금 한 것이 아닙니다. 50년 전부터 한 것인데 그냥 그 공식을 따라 나왔습니다. 저나라에 영원히 남을 수밖에 없다는 것입니다. 그 말씀을 중심삼고 여러분이 고개를 넘지 않으면 안 됩니다. 그래서 절대신앙·절대사랑·절대복종하라고 하는 것입니다. 사탄세계에 절대신앙이 어디 있습니까? 절대신앙·절대사랑·절대복종이 하나님과 선생님이 약속한 내용입니다. 선생님을 붙들라는 것입니다. 나라니 무엇이니 전부 버리고 선생님만 붙들라는 것입니다. 절대신앙을 하라는 것입니다.

38 하나님도 참부모가 필요하고 여러분도 참부모가 필요합니다. 그래서 영계 육계의 축복 일족, 참사랑의 핏줄을 중심삼은 통일된 가정으로부터 세계 판도를 다 이루어 깨끗이 사탄이 서 있는 자리까지 없어져야 정오정착시대에 들어가는 것입니다. 24시간 일생 동안 그림자가 없어야 됩니다. 창조이상을 위해 나는 이렇게 살다가 이렇게 죽는다 할 때, 아무리 객사하더라도 쓰러진 그 자리에는 하나님의 탑이 세워지는 것입니다.

영계를 알고 거기에 맞춰 살아야

39 하나님을 알아야 되고, 그다음에는 영계를 알아야 됩니다. 그리고 하나님의 혈통으로 지금까지 사탄 혈통의 모든 것을 부정해야 됩니다. 완전히 뒤집어 놓아야 됩니다. 다른 세계라는 것입니다. 밤과 낮이 상충된 것과 마찬가지로 사탄세계의 혈통이 밤이라면 하나님의 혈통은 낮이라는 것을 확실히 확정지어서 이해한 삶을 살라는 것입니다. 하나님을 몰라도 안 되고, 영계를 몰라도 안 됩니다. 하나님의 아들딸로서 핏줄이 하나된 하나의 나무요 일체임을 이해하고 살라는 것입니다. 이것은 중요합니다. 그렇기 때문에 영계의 사실을 훤히 알아야 됩니다. 그 가운데 나는 영계의 어디 간다고 딱 정해 놓아야 됩니다. 상층 영계면 상층 영계, 거기에 대한 전문적 지식을 가져야 됩니다.

거기에 박자를 맞출 수 있게끔 생활을 맞추어 나가라는 것입니다.

40 우리는 앞으로 모두 영계에 가게 됩니다. 땅 위에 사는 것은 잠깐이지만 영계는 영원한 세계요 불변의 세계입니다. 그러기에 그 불변하는 세계에 가게 되면 변하는 모습으로는 자랑할 수 없습니다. 오늘날 통일교회가 어찌하여 부모의 심정을 중심삼고 인간 전체의 내정을 생각하게 되었느냐? 형제애나 동포애 같은 것은 외적인 환경이 변함에 따라 변할 수 있기 때문입니다. 부모의 심정만은 변치 않습니다. 그래서 변치 않는 부모의 심정이야말로 저나라, 즉 영원한 세계에 가서 박자를 맞출 수 있는 상대적 심정으로 남아집니다. 또 그러한 심정을 통해서 사랑하던 자연환경이 있으면 그 자연환경도 역시 변하지 않는 심정의 상대로 남아집니다. 여러분의 일생에 있어서 잊지 못할 것은 명승지 자체가 아니라 심정적으로 인연이 맺어진, 잊으려야 잊을 수 없는 하나의 사연이 담긴 곳일 것입니다. 우리는 그곳을 일생을 통하여 그리워하게 되고 일생을 통하여 회상하게 됩니다. 변치 않는 진정한 사랑의 심정이 거기에 인연되어 있기 때문에 그렇습니다.

41 여러분이 영계를 모르면 안 됩니다. 영계를 알아야 험한 세상을 헤엄쳐서 살아남을 수 있습니다. 흥진 군은 모든 통일가 또 지상·천상세계의 맏형님과 같은 입장에 있습니다. 흥진 군이 지금까지 영계에 있어서 중간 입장에서 영계 육계에 베풀어 준 모든 결과는 흥진 군과 참부모님에 의해서 이루어진 것이기 때문에, 여러분이 참부모님과 흥진 군의 말을 절대 생활의 표준으로 삼고 살아야만 천상·지상세계 해방의 주인이 되어 천일국의 주인이 될 수 있습니다. 이것을 불신하면 저나라의 사실이 완연히 나타난 것을 믿지 못했다는 것임을 벗을 길이 없습니다. 흥진 군이 희생해 영계에 가서 책임 내용을 갖춰서 해방된 지상천국의 천일국을 완성하기 위해 총동원하는데, 여러분이 흥진 군을 형님 오빠로 모시고 부모 대신, 왕 대신, 하나님 대신 따라가야 됩니다. 이것을 앎으로 말미암아 영계의 조직을 알게 됩니다. 믿지 못하면 문제가 큽니다.

42 영계가 고향입니다. 고향에 돌아가서 영원히 살 수 있는 기준을 지상에서 맞추고 가야 됩니다. 지상생활에서 자기 마음대로, 지금까지 세상의 아무것도 모르는 사람들처럼 생활할 수 없습니다. 영계를 알고 거기에 맞춰서 삶으로써 이 세상을 떠나게 될 때 하나님 앞에 가서 천국과 관계

를 맺을 수 있지, 그러지 않으면 불가능합니다. 그렇기 때문에 영계에 대한 사실을 확실히 알아야 됩니다.

43 나의 생애에 뭘할 것이냐? 사랑의 무덤을 남기고 가자는 것입니다. 이것이 결론입니다. 사랑의 무덤 가운데에서 살면 한이 없습니다. 무덤 같은 데서 아무리 지긋지긋하게 살더라도 사랑 가운데에서 살면 한이 없다는 것입니다. '사랑의 무덤을 남기고 가자!'라고 하면 인생살이는 영원을 두고 성공하는 것입니다. 그렇게 살다가 죽는다면 하나님이 축복해 줄 것이고, 영계에서는 하나님이 아들딸을 데리고 환영 나올 것입니다. 그때에는 가락지를 못 낀 손이라면 하늘나라의 다이아몬드 반지를 끼워 줄 것이고, 옷을 못 입었다면 하늘나라의 황족들이 입는 최고의 옷을 입혀줄 것입니다.

44 영인체와 육체가 수정같이 맑게 살고 가야 나중에 영계에 가서 문제가 없습니다. 거기에 어떤 흠집이 있으면 천국에 못 들어갑니다. 지상에서의 삶이 중요합니다. 살던 그냥 그대로 영계에 가는 것입니다. 여기에는 누구도 예외가 없습니다. 자기 자신이 투명하게 다 드러나 보이는 것입니다. 그렇기 때문에 지상생활을 참 잘해야 됩니다. 정성 들이며 하루에도 몇 십번 원리 기준을 중심삼고 반성하면서 아침 점심 저녁, 24시간 천상법에 걸리지 않게끔 살아야 합니다.

45 영계는 하나님을 위하고 온 피조세계를 위하는 사람들이 가는 곳입니다. 그곳이 바로 천국입니다. 그 세계의 이단자는 자기를 생각하는 사람입니다. 자기를 생각하는 사람에게는 미래가 없습니다. 세상에서도 마찬가지입니다. 오늘의 자기를 생각하는 사람이 내일의 행복한 길을 차지할 수 있습니까? 성공하려면 오늘 이 시간의 고통을 극복하고 내일을 위해서 준비해야 됩니다. 내일을 위해서 오늘 실천하고 모든 훈련을 하는 사람만이 내일을 갖는 것이지, 오늘 만족하고 오늘이 좋다고 하는 사람은 그것으로서 끝나는 것입니다. 내일의 입장에서 전체를 보게 될 때, 내일이 환영할 수 있는 사람은 오늘 여기에서 좋다고 하는 사람이 아닙니다. 오늘 여기에서 희생하는 사람입니다.

46 영계는 참사랑을 중심삼고 다른 사람을 위해 사는 곳입니다. 자기를 위해서 사는 것이 아니라 전체를 위해 사는 곳입니다. 그러나 자기 이익만을 취하게 될 때는 전부 원수가 되는 것입니다. 영계에 가도 마찬가지입니다. 보다 큰 것을 위해 살겠다고

할 때는 자연적으로 통과됩니다. 보다 큰 것을 위하게 되면 자연히 통하는 것입니다. 그러니까 세계를 위해 사는 사람은 미국을 위해서 살지 않아도 됩니다. 세계 가운데에 미국이 포함됩니다. 한국도 마찬가지입니다. 모든 나라가 다 포함되는 것입니다. 그러면 가는 데 있어서 가정도 그냥 지나가고 모두가 환영할 수 있는 방향의 내용이 뭐냐? 그것은 위하여 가는 사랑의 길밖에 없습니다. 이 두 가지는 지상 사탄세계에서도 막지 못합니다. 이 두 가지는 사탄세계도 절대 순응해야 됩니다.

47 왜 결혼해야 됩니까? 부모의 사랑, 부부의 사랑, 자녀의 사랑을 체험하기 위해서입니다. 왜 그것이 필요합니까? 그러한 사랑의 동기가 충만한 것이 영계입니다. 영계에 박자를 맞추기 위해서, 그러한 훈련을 하기 위해서 결혼을 하고 가정을 가져야 된다는 것입니다. 내가 갖고 있는 것은 내 것이 아닙니다. 하나님의 것입니다. 아들딸도 하나님의 아들딸이요, 우주의 아들딸이라고 생각하고 길러야 됩니다. '나'라는 것은, 부부라는 것은 자기 둘만이 아닙니다. 하늘땅을 대표한 부부입니다. 내가 가는 데는 아들딸도 가고, 만물도 가고, 하나님도 가고 어디나 따라온다는 것입니다. '나는 인간으로서 이 우주 앞에 부끄럽지 않은 승리자가 되었느니라!' 할 때, 하나님이 '오냐, 그렇다! 네가 승리했기 때문에 내 사랑을 선물로 주노라.'라고 한다는 것입니다.

48 천국은 어떻게 가느냐? 하나님의 사랑에 미쳐서 살아야 합니다. 아담과 해와 이상으로 하나님을 사랑해야 되고, 베드로·야고보·요한 이상으로 예수님을 사랑해야 됩니다. 그러지 않고는 하나님이 나를 사랑해 줄 수 있는 참사랑의 상대권을 복귀할 수 없습니다. 이것만 복귀하면 만사가 형통입니다. 돈이 없다고 걱정하지 말고, 아들딸이 없다고 염려하지 말고, 10년 20년 그 길을 계속 가라는 것입니다. 가다 보면 태산준령도 오르게 됩니다. 나는 점점 내려가면서 고생만 하는 것 같지만 점점 높아지는 것입니다. 통일교회는 맞으면서 큽니다. 한 집안에서 열 사람이 산다면, 공적 목적을 위해서 열 사람의 반대를 받으면서도 참고 참는 사람이 그 가정의 주인이 됩니다. 곧 하늘나라의 주인이 되는 것입니다.

49 오늘날 세상에 나가 보면 할아버지 할머니, 어머니 아버지, 형제들 같은 사람이 사방에 널려 있는데, 그 세계인들을 자기 집에서 사랑하던 것처럼 사랑하고 살아야 됩니다. 그들은 남이 아닙니다. 배고프면 먹여 줄 줄

알고, 어려우면 도와줄 줄 알고, 내가 그럴 수 있는 사람이 되어야 합니다. 이 땅 위에 태어나 저세계의 사랑의 박자에 맞게끔 준비하는 생활을 하는 것이 육신생활입니다.

50 천국이란 인간이 타락하지 않고 이 땅 위에서 하나님의 사랑의 품에서 성혼을 해 가지고 하나님이 좋아하는 아들딸, 하나님이 기뻐할 수 있는 손자 손녀들을 맞아 하나님의 사랑을 받다가 그 가정이 모두 함께 들어가는 곳입니다. 자식은 못 들어가고 자신만 들어가는 천국이 아닙니다. 그러나 낙원은 아무리 정다운 부부나 부모 자식이라도 헤어져서 들어가는 곳입니다. 가정과는 아무런 상관이 없습니다. 그러한 곳이 천국입니까? 부모를 모시고 온 가족이 들어가 하나님을 중심삼고 주고받을 수 있는 그 세계가 천국입니다. 아들딸은 지옥에서 죽겠다고 야단하고 있는데 부모는 천국에서 잘살면 되겠습니까? 그런 곳이 천국입니까? 통일교회가 제시하는 것은 그런 것이 아닙니다. 지옥을 해방시킬 수 있는 길을 제시하는 것입니다.

51 하나님의 섭리가 살아서 지상 역사와 더불어 움직이는 것은 영원한 길을 닦기 위한 것이라고 생각하면 신앙화하기 쉽습니다. 그렇지 않으면 착륙시킬 수 있는, 지상 기반에서 신앙화할 수 있는 기반이 애매해집니다. 이 시대적 한계성을 확실히 가르쳐 줌으로써 지상에 착륙할 수 있는 신앙 기반이 확정됩니다. 하나님이 이렇게 일하시는 것을 내가 지상에서 협조하기 때문에, 하나님의 뜻이 이루어진 저 영계가 우리 실제생활과 관계를 갖게 되어서 하나님과 더불어 영생할 수 있다는 개념을 취할 수 있습니다. 그렇기 때문에 지상생활은 영생할 준비를 하는 생활입니다. 직결되는 것입니다. 그것이 연결 안 되고는 신앙생활을 할 수 없습니다.

52 천국에 들어갈 수 있는 사람은 어떤 사람이냐? 먼저 하나님의 마음에 맞는 사람이어야 됩니다. 하나님이 영원한 목적을 중심삼고 영원한 이상을 그려 나가는 분이시라면 영원을 두고 마음이 맞아야 됩니다. 한 10년쯤 맞다가 안 맞으면 안 됩니다. 영원하신 하나님과 영원히 마음을 맞추어야 됩니다. 그러려면 어떻게 해야 되느냐? 영원히 좋아할 수 있는 아들딸이 되어야 합니다. 그런 아들딸이 되려면 슬픔의 대상으로 나타나서는 안 됩니다. 그다음에는 하나님의 몸에 맞아야 됩니다. 여기에서 몸이라 하면 방향성을 말합니다. 생각은 사방의 중심점을 대신하지만 몸은 방향성으로 나타나는 것입니다.

53 우리는 천국을 소망하기 전에 하나님의 심정을 바라야 되겠고, 또 하나님의 심정을 바라기 전에 나 자신이 어떻게 살아 나가야 될 것인지를 생각해야 됩니다. 자신이 먼저 모시는 심정을 갖지 않으면 안 됩니다. 높고 귀한 것을 대하여는 머리를 숙이고 그리워하는 것이 인간의 본성입니다. 우리 인간은 타락했을망정, 높고 귀한 하늘의 심정을 대하여 모시고 싶어하는 것이 지음 받은 인간 본연의 심정입니다. 심정을 통할 수 있는 모심의 생활을 해 보지 못한 사람은 천국과 하등의 인연이 없다는 것입니다. 모시기 위해서는 모실 수 있는 준비가 필요합니다. 그 준비 과정을 거친 후에는 모시는 생활이 필요합니다. 모시기 위한 준비 과정을 거치고 모심의 생활을 거친 후에 가는 곳이 천국입니다. 심정으로 모시는 사람이 가는 곳이 천국입니다. 모실 수 있는 준비와 모시는 생활을 찬양하며 높이 드러내는 세계가 천국입니다. 우리는 이러한 목적의 세계를 향하여 가야 할 운명에 놓여 있습니다.

3절 영성 계발과 영계 체휼

1 선생님이 나와서 영계 뿌리를 세밀히 밝힐 수 있었다는 사실이 인류 앞에 얼마나 큰 복이고 축복인지 모릅니다. 지금 그것을 다 믿지 못합니다. 안 믿는 사람들이 많으니까 믿는 사람들이 복 받는 것입니다. 그러면 줄기가 되고 줄기 앞에 제일 첫 번 가지가 될 수 있는 것입니다. 중심 줄기와 첫 번 가지가 된다면, 그 나무가 천년 가더라도 그 줄기와 가지를 따라서 발전하는 것입니다.

기도와 정성으로 영계 체험

2 마음의 문, 심문(心門)이 있습니다. 여러분이 기도해 보면 아는 것입니다. 시간에 따라 느낌이 다릅니다. 새벽 1시에 기도하는 것과 3시에 기도하는 것이 다릅니다. 그것은 여러분이 체험해 보면 압니다. 신비스러운 깊은 경지에 들어가서 기도해 보면 기도하는 시간에 따라 느낌이 다르다는 것입니다. 아침에 느끼는 것과 낮에 느끼는 것과 저녁에 느끼는 것과 밤에 느끼는 것이 모두 다릅니다. 우리의 마음 상태에서도 느끼는 기준이 우리가 육체적인 감정을 가지고 사시사철 계절의 변화에 따라 느끼는 감도가 달라지는 것과 마찬가지로 마음의 세계도 그렇다는 것입니다. 그렇기 때문에 기도하는 데도 어떤 시간에 잘되는지를 알아야 됩니다. 기도가 잘되는 시간은 하나님과의 감응의 도가 가깝기 때문입니다. 그 잘되는 시간에 마음의 문을 만나게 됩니다. 하나님의 마음 문과 인간의 마음 문이 딱 맞아서 어느 기준까지만 맞추어 돌아가는 날에는 하나님이 느

끼는 것을 체휼하는 길이 생깁니다. 여러분이 이 같은 자리에 들어가기 위해서는 마음을 닦아야 됩니다.

3 대개 영적으로 느끼는 사람은 영적으로는 크지만 진리 면에서는 크지 못합니다. 처음에는 굵지만 뾰족해지면 시종여일이 아니기 때문에 영원히 못 가는 것입니다. 어느 때에는 반드시 굴러떨어집니다. 또 진리는 크지만 영적인 면이 작다면 영원히 못 갑니다. 그렇기 때문에 이것을 조정하는 생활을 해야 됩니다. 기도와 진리, 신령과 진리로 예배하라는 말이 있습니다. 그것은 평형을 만들어 화하는 자리에 들어가라는 것입니다. 인간은 영계와 육계를 조정해야 됩니다. 영적 세계의 중앙에 서야 되고, 진리세계의 중앙에 서서 조정할 수 있는 인간이 되어야 합니다. 그런 인간이 되지 않고는 완전한 자리가 될 수 없습니다.

4 정성을 들이게 되면 하나님의 은혜가 오는 것입니다. 기도생활을 해 본 사람은 알 것입니다. 기도생활을 하게 되면 크고 위대한 힘이 옵니다. 그래서 기도하는 사람의 눈은 그 힘에 의해서 육계뿐만 아니라 영계까지도 투시합니다. 하나님은 초자연적인 실체의 이념권을 인간에게 인연맺어 주시기 위하여 종교적인 기반을 중심삼고 섭리해 나오셨습니다. 인간의 본질적인 감정을 자극시켜서 그러한 권내로 가게끔 하는 욕구를 일으키는 것입니다. 그리하여 인간을 초현실적인 선에 연결시키고자 하시는 것입니다.

5 사도 바울이 영계의 3층천 세계를 보고 체험한 것은 그가 14년 동안 꾸준히 선교활동을 할 수 있는 원동력이 되었습니다. 그러한 체험이 있어야 됩니다. 선생님도 그와 마찬가지입니다. 선생님에게도 바라는 기준이 있습니다. 여러분에게 말하지 않았으나 '이렇게 할 것이다.'라는 곧은 뿌리가 있습니다. 선생님은 이러한 신념을 갖고 끝까지 밀고 나갈 것입니다. 이 신념이 꺾이지 않고 뭉그러지지 않는 한 어떠한 시련과 풍파가 부딪쳐 와도 밀고 나갈 것입니다.

6 우리는 하나님의 심정을 말합니다. 하나님의 심정이 어디에 있느냐 할 때, 기도 가운데서 음성을 들어 보면 '선생님의 말을 잘 들어라. 선생님을 슬프게 해서는 안 된다. 선생님을 기쁘게 해드려라.'라고 하는 것입니다. 그것밖에 없습니다. 그렇게 가르쳐 줍니다. 그리고 선생님이 보고 싶어서 잠을 안 자고 그러다 보니 영계가 열리더라는 것입니다. 영계가 열립니다. 선생님이 미국에서 뭘하는

지 앉아서 봅니다. 그런 일이 벌어집니다. 이것은 막연하던 신앙의 주체적 대상을 현실적인 실체적 주체로서 횡적 무대에서 체휼할 수 있는 권을 형성했다는 것입니다. 이러한 사실은 종교세계에 위대한 혁명을 제시하는 것입니다. 그렇기 때문에 체휼이 없어서는 안 된다는 것입니다.

7 여러분이 지금까지 통일교회에 들어와서 일한다고 하는데, 어느 자리에서 일했는가를 생각해야 됩니다. 자기가 생활하는 자리에서 개인적인 생활과 화합해서 했느냐, 하늘을 중심삼고 세상과 화합하려 했느냐, 방향이 어디이고 위치가 어느 자리인가를 언제든지 생각해야 됩니다. 그렇기 때문에 기도하면서 하나님이 나와 같이하신다는 것을 알아야 됩니다. 그것은 벌써 눈만 감으면 압니다. 기도를 안 해도 안다는 것입니다. 어디 가서 말하려면 말이 술술 나옵니다. 양심 있는 사람에게 가면 내가 쭉 끌려 들어갑니다. 전부가 상대적입니다. 자기의 주체나 대상이 되면 끌어당기는 것입니다. 처음 만났다고 해서 상대가 안 되는 것이 아닙니다. 그 본질은 영원불변입니다. 그와 마찬가지로 그런 데에 가게 되면 마음이 좋고 말하고 싶은 것입니다. 그 경지에 들어가면 말을 안 하려 해도 입이 열린다는 것입니다.

8 오늘 길을 가다가 어떤 사람을 만날 것인가를 생각해야 됩니다. 첫 번째 만나는 사람은 어떤 사람일까, 두 번째 만나는 사람은 어떤 사람일까, 세 번째 만나는 사람은 어떤 사람일까를 생각하며 '아버지, 어떤 사람입니까? 저는 이런 사람을 만나기를 바라는데 어떤 사람입니까?'라고 기도해야 됩니다. 내가 생각하고 기도한 그 기준과 딱 맞아떨어진다면 기분이 좋습니다. 이러한 체험을 함으로써 여러분의 영적 촉감이 발달됩니다. 길을 나서면 벌써 오늘은 어떤 사람을 만날 것이라는 느낌이 드는 것입니다. 사람의 영은 무한정으로 통합니다. '오늘은 어떤 사람을 만날 것이다.'라고 생각했는데, 실제 그런 사람을 대하게 되면 '아이쿠!' 하고 깜짝 놀라게 됩니다. 이렇게 자기의 생각과 영계에서 가르쳐 준 영감이 실제의 사실로 들어맞을 때가 많습니다. 이런 체험을 쌓아 올라가야 됩니다.

9 물고기 세계에서는 물이 공기와 마찬가지이고, 인간세계에는 공기가 우리의 생명을 이어 주는 모체가 되는 것과 마찬가지로 영계의 생명요소는 사랑입니다. 사랑이 공기와 마찬가지입니다. 지금까지 호흡했던 이 오관을 통해서 그것을 체질에 화하게 해서 세포 자체가 사랑을 호흡하면서 하늘과 더불어 약동하고 하나님과 더

불어 호흡할 수 있는 상응적인 관계를 체휼하는 것입니다. 체휼적 신앙, 체험적 신앙이 되어야 합니다. 체휼적 사랑을 중심삼고 남편이 아내를 대할 때는 매일 체휼하면서 사랑하고 존경하고 사는 것과 마찬가지로 사랑을 중심삼고 체휼적 심정을 통해 천정과 인정이 합덕해야 됩니다.

10 마음이 반사작용을 함에 따라 몸도 같이 반사작용을 해야 소모가 벌어지지 않습니다. 전파가 들어왔는데 그 들어오는 전파를 몸이 가로막으면 반사가 되지 않습니다. 그러나 우리가 이 전파가 들어온 그대로 통할 수 있게 되면 우리 몸은 진동하는 것과 마찬가지의 작용을 하기 때문에 영적인 체험은 자동적으로 오는 것입니다. 영적 체험을 갑자기 하게 되면 부작용이 벌어집니다. 자연적으로 체험해야 됩니다. 봄이 되면 자연적으로 나무에서 꽃이 피는데, 나무가 꽃을 피우려면 꽃을 피울 만큼 자라야 됩니다. 이제 겨우 싹이 트는데 거기에서 꽃을 피울 수 있겠습니까? 꽃이 피기를 바라면서 빨리 커야 한다고 나무를 잡아당기면 되겠습니까? 뽑히면 그것으로 끝입니다. 꽃은 자연적으로 피어나야 합니다. 그러므로 신앙길은 조급하게 가지 말라는 것입니다. 천년사를 창조해 내는 길이기에 조급하게 가서는 안 됩니다.

11 심문(心門)에 맞추어 심전(心田)을 계발해야 됩니다. 이 마음의 밭을 계발하고 방향 기준을 개척하기 위해서는 반드시 주체 되시는 하나님을 발견해야 됩니다. 그런데 주체 되시는 하나님은 모호하게 느껴집니다. 하나님과 연결하려면 정신을 집중시켜 내 마음에서부터 출발하는 길 외에는 없습니다. 마음에서부터 마음을 밝혀 놓으면 반드시 방향을 알게 됩니다. 자연히 따라가는 것입니다. 동쪽을 향해서 기도를 했는데, 신비의 경지에 들어가면 벌써 방향이 달라집니다. 이런 것을 볼 때, 마음 문이 있다는 것입니다.

12 체휼하기 위해서는 먼저 기도를 해야 됩니다. 정신을 집중해야 됩니다. 될 수 있으면 영점의 자리에 내려가든가 해야 됩니다. 그러기 위한 제일 빠른 길이 어디냐? 이 영점 자리에 가기 위해서는 내려오는 것이 제일 빠릅니다. 그렇기 때문에 참선하는 사람은 '도대체 마음이 무엇이냐?'라는 문제를 놓고 고민하는 것입니다. 그것은 간단합니다. 하나님이 영원한 이상적인 선의 주체이면 그 주체적 존재 앞에 상대적 바탕으로서 언제나 변함없이 상대기준을 이룰 수 있는 것이 마음입니다. 이것을 통일교회에서는 생심의 기원이라고 합니다. 여러분이 신비스러운 기도 가운

데로 들어가서 상대기준만 딱 맞으면 초연한 힘이 나타납니다. 석가모니도 그 경지에 들어가서 '천상천하유아독존'이라는 말을 한 것입니다.

암시 몽시를 무시하지 말라

13 기도가 잘될 때가 있습니다. 아무리 목욕재계를 하고 정성을 들이더라도 기도가 안 될 때가 있습니다. 방에 따라 다르기도 합니다. 방의 위치에 따라서도 다릅니다. 그럴 수밖에 없습니다. 하나의 중심 앞에 동서남북이 있기 때문에 그 위치에 따라 다른 것입니다. 또 방향에 따라 다릅니다. 산에 가더라도 기도가 잘되는 곳이 있습니다. 또 사탄이 모여 있는 곳이 있습니다. 이곳은 음지입니다. 음지와 양지라는 것이 영적으로 그렇게 돼 있습니다. 여러 번 체험하면 그런 것을 다 알 수 있습니다. 그러한 모든 암시나 몽시나 계시나 묵시가 벌어지는 것은 하늘과 관계를 맺기 위해서 벌어지는 개척적이고 발전적인 불가피한 현상이기 때문에, 이것을 소홀히 하지 말고 생활에 적용할 수 있도록 노력해야 됩니다.

14 앞으로 여러분이 가정생활에 있어서 중요시해야 할 것은 무엇이냐? 선생님이 아내나 아이들의 몽시 가운데 나타나서 무엇을 가르쳐 주었다면 그것을 믿어야 됩니다. 자기 딸이 가르침을 받았다면 그 딸의 말을 하나님의 말씀과 같이 존중시하고, 그 가르침을 절대시하고, 그 말씀에 하나되어 가지고 따라갈 수 있는 가정환경을 만들어야 됩니다. 남편이 그 가르침을 받지 못하면 아내를 중심삼고 반드시 가르쳐 주게 되어 있습니다. 그렇게 되면 자기 가정에 하나님이 가까이해 주신다는 것을 알고 아내의 말을 하나님의 말씀과 마찬가지로 여기라는 것입니다. 그렇게 하는 것이 좋은 일인지 나쁜 일인지 두고 보면 알게 될 것입니다.

15 한국말에 암시라는 말이 있습니다. 그것은 무슨 말이냐? 내가 길을 무심코 쓱 가는데 어떤 좋은 집 담벼락에 앉아 있던 새가 날아가는 것을 보았을 때, 새가 날아가는 그 자체를 통해서 암암리에 무엇인가를 느끼는 것입니다. 실제 생활에 있어서 그런 형태가 전개되기 시작하는 것입니다. 그런 암시적인 것들이 많아진다는 것입니다. 어떤 사람이 말하는 가운데 우연히 무엇을 깨닫게 됩니다. 이러한 사실들이 점점 많아집니다.

16 암시의 단계를 지나게 되면 어떠한 형태가 벌어지느냐? 몽시 같은 것을 체험하게 됩니다. 꿈 가운데 일어나는 일인데 꿈도 깊은 잠 가운데서의 꿈이 아닙니다. 바울도 비몽사몽

간에 3층천을 체험했습니다. 비몽사몽간에 그런 현상이라든가 혹은 음성이라든가 하는 것이 오관에 감각이 오는 것을 느끼게 되는 것입니다. 그런 것을 무심코 흘려보내지 말라는 것입니다. 그것을 종합해서 어떤 방향의 인연을 나에게 연결시키기 위해 나타나는가 하는 것을 과학적인 면에서 통계를 내라는 것입니다. 반드시 그 결과가 나타납니다. 그렇기 때문에 여러분이 잊을 수 없는 몽시 같은 것은 백 퍼센트 적중하게 됩니다.

17 비몽사몽간에 어떠한 사람이면 사람, 물건이면 물건이 인연되었는데 그것이 현실 가운데서 실체로 연결된다는 것입니다. 내가 꿈 가운데서 누구하고 노래하고 있는데, 그 노래가 바로 꿈 가운데서의 노래가 아니고 옆에서 누가 부르는 그 노래라는 것입니다. 이런 사실이 벌어집니다. 이것은 무엇을 말하느냐? 영적 차원에 있어서 마음 상태가 공명할 수 있는 권내에 들어가는 것을 말합니다. 이런 것을 지극히 귀하게 여겨야 됩니다. 그렇게 되면 어떻게 되느냐? 하나님이 있다면 그 하나님이 어디에 나타나느냐? 공중에 나타나는 것이 아니라 마음을 통해서 나타납니다. 여러분이 그런 것을 느끼지 못하는 것은 왜 그러냐? 마음이 아직까지 존재성을 확립하지 못했기 때문이고, 몸한테 끌려다니는 사람이 됐기 때문입니다. 그 마음이 존재성을 확립해 또 다른 하나의 주체라는 인격적인 차원의 자리가 형성되면 그것은 반드시 다릅니다.

18 계시의 단계를 지나게 되면 묵시 단계입니다. 하루 종일 영계에 들어가서 체험을 한다든가 하는 것입니다. 그런 세계까지 연결됩니다. 하나님에 대한 생활적인 감정권까지 도달할 수 있습니다. 여러분이 이러한 체휼적인 신앙을 안 가지고는 위대한 하늘 뜻의 결과세계를 우리 생활무대에 적용할 수 없습니다. 그렇기 때문에 체험을 갖지 않는 신앙자는 믿을 수 없습니다. 체휼적인 신앙이 얼마나 고귀한가 하는 것을 여러분이 알고 계발해 나가야 됩니다. 그다음에 역사라는 것이 있습니다. 영적인 힘이 전기작용과 마찬가지로 들어옵니다. 고압에 접한 것과 같은 힘이 찾아들어 오게 되면, 우리 의식보다 강한 힘이 들어오기 때문에 그것은 딴 세계의 의식입니다.

19 체휼을 하기 위해서는 반드시 기도를 해야 되고 정성을 들여야 됩니다. 거기에서 나타나는 계시나 몽시를 절대 무시하지 말라는 것입니다. 그것을 조정해서 현실적 생활권 내에, 실천무대에 어떻게 적용시키느

냐 하는 것이 신앙생활에 있어서 가장 중요합니다.

4절 축복가정과 영생

1 축복결혼과 영생은 참부모로부터 시작됩니다. 참부모가 아니면 안 됩니다. 참부모가 이런 엄청난 내용을 해결지어 영계와 육계의 통일, 지상세계의 통일을 해야 됩니다. 세계가 선생님을 반대하다가 따라오게 돼 있습니다. 하나님 앞에 가서 어인을 받지 않고는 영계 통일과 지상 통일을 못하는 것입니다. 아무리 지상이 반대하더라도 선생님의 갈 길을 막을 수 없습니다. 천사세계와 영계가 동원되고 조상들이 동원돼서 안 가겠다고 하면 가위를 누르고 목을 눌러서 사탄의 행동을 대신할 수 있는 때가 온다는 것입니다.

축복가정은 천국문 열쇠

2 결혼해서 첫사랑을 하는 순간은 남성으로서, 여성으로서 완성되는 자리입니다. 모든 하나님의 플러스 세계, 모든 남성 형, 우현 형을 대표하는 안테나로서, 모든 하나님의 마이너스 세계, 모든 여성 형, 좌현 형을 대표하는 안테나로서 군림하는 것입니다. 안테나 꼭대기에 음전기와 양전기가 만나는 그 자리와 마찬가지입니다. 여자와 남자가 사랑하는 자리는 남성 완성, 여성 완성을 하는 자리입니다. 비로소 천지의 중심으로서 땅 위에 정착할 수 있는 사랑의 왕궁이 그곳에서 시작하는 것입니다. 비로소 사랑의 본원지가 출발하고, 생명이 그곳에서부터 연결되는 것입니다. 핏줄이 그곳에서 연결됩니다. 그와 동시에 거기서부터 나라가 생기게 됩니다. 지상천국 천상천국이 첫사랑의 문을 여는 자리에서, 사랑에서부터 시작되는 것입니다.

3 통일교회에서 말하는 축복은 타락한 인류가 필시 가야 할 길입니다. 아무리 반대하더라도 영계와 육계를 연결해 들어가야 할 중차대한 문제가 되는 것이 축복입니다. 오늘날 일반 종교를 믿는 사람은 '구원' 하게 되면 개인구원만을 생각합니다. 자기가 잘 믿으면 천국에 간다고 믿습니다. 그러나 본래의 하나님의 이상을 두고 볼 때 천국은 혼자 가게 되어 있지 않습니다. 사랑하는 부부, 사랑하는 가족이 함께 들어가게 돼 있습니다.

4 천국문의 열쇠는 누가 가지고 있느냐? 아담 해와가 천국 열쇠를 가지고 개인적, 가정·종족·민족·국가적으로 문을 열었어야 됩니다. 이제 축복가정을 편성했기 때문에 이것을 연합해 세계 판도에서, 통일적인 일원화가 된 영계 육계의 합작 축복 기반 위에서 천국문을 열쇠로 엶으로써 아담

해와로부터 수천만년 비어 있던 천국에 한꺼번에 갖다 채우는 것입니다.

5 천국은 혼자는 못 갑니다. 천국은 반드시 상대이상을 결정짓고야 천국문을 통해 들어가게 되어 있기 때문에, 타락 인간이 천국에 들어가기 위해서는 복귀의 역사, 부활의 역사, 재창조의 역사를 거쳐야 합니다. 여러분에게 축복해 주는 것은 천국문을 활짝 열어 놓는 것입니다. 여러분 앞에 천국문이 닫혀 있던 것을 축복이란 명사를 세워서 열어 주는 것입니다. 문을 열어 놓고 들어가는 데는 혼자서는 못 들어갑니다. 가정이 들어갑니다. 아들딸을 갖추어서 들어가야 된다는 말입니다. 가정은 역사적인 가정이니만큼 역사적인 열매의 모든 실적을 갖추었으니, 하나님의 6천년 복귀역사라는 것은 1차 아담, 2차 아담, 3차 아담 시대를 거쳤으니 세 아들을 거치고 그 세 아들까지 상대이념을 세워 놓아야만 됩니다. 그래서 가정적으로 들어가는 것입니다.

6 천상세계와 지상세계 모두 참부모 사랑의 문을 거쳐서 들어가는 세계가 천국입니다. 아담과 해와가 타락하지 않고 참부모의 사랑을 통해 천국으로 들어갔으면 만민 가정의 모델이 되었을 것입니다. 하나의 본연적 모델의 가정 형태가 천국에 들어가는 것입니다. 그럼으로써 그 전통적 역사를 이어받은 황족권 사랑을 연결한 모든 가정은 하나의 중심 줄기 앞에 동서남북 가지와 마찬가지입니다. 그렇기 때문에 같은 권 통합의 원칙에 따라서 천국에 들어가는 것입니다. 그래야 통일세계가 됩니다.

7 우주의 원칙은 부모와 부부와 아들딸, 이 3단계가 하나되어서 사위기대를 형성하게 돼 있습니다. 그래서 이 우주의 원칙에 대해 불합격자는 합격권 내에서 추방당하기 때문에 고통을 느끼는 것입니다. 3단계를 중심삼고, 하나님과 아담 해와를 중심삼고 종적 세계와 횡적 세계가 벌어지는 것입니다. 이것이 원칙입니다. 그렇기 때문에 아담 해와의 아들딸이 있어야 횡적인 세계가 벌어지는 것입니다. 이것이 크면 종적인 세계가 자연적으로 생겨나는 것입니다. 그래서 몸의 횡적 기준이 아들딸이요, 마음의 횡적 기준이 영계입니다. 거기서 비로소 하나님이 영계나 육계나 같이 가실 수 있기 때문에 지상에 천국이 실현되는 것입니다.

8 성약시대가 뭐냐? 가정 정착입니다. 가정 정착으로부터 종족·민족·국가 정착입니다. 그래서 천일국 안착을 선포한 것입니다. 다 끝났습니다. 영계와 육계가 하나되는 것입니다.

영계도 지옥으로부터 낙원, 천국 가는 길이 다 열렸습니다. 그것이 정비될 수 있는 결정적 정비는 지상에서 하게 돼 있지 영계에서 못하는 것입니다. 성경 가운데 왕권 수립이라는 말이 있습니까? 조국이라는 말이 있습니까? 선민권이라는 말은 있습니다. 축복의 문을 거쳐야 됩니다. 선민이라고 해서 축복 안 받고 천국 가는 것이 아닙니다. 신앙길은 전부 축복받는 데에 맞춰야 되는 것입니다.

축복가정 영계

9 축복받으면 천국 갈 수 있는 길이 다 열립니다. 축복받은 가정에서도 타락 행동을 한 사람이 있는데, 축복받은 가정의 영계 가운데 낙원이 생깁니다. 축복받은 가정들의 낙원, 축복받은 가정들의 지옥이 생깁니다. 그것은 하나님의 주관권 내에 있기 때문에, 선한 천사들이 돕던 것과 마찬가지로 모든 영계가 축복받게 되어 있기 때문에 축복받은 영인들이 조상의 자리에 있으면 조상의 자리에서 이 땅을 돕는 것입니다. 앞으로 조상의 후손이 땅에 나왔으면 땅에서 축복받게 하고 그 직계 자녀들을 보호하게 되어 있습니다. 그럼으로써 사탄과 관계없는 새로운 세계로 넘어간다는 것입니다.

10 지상에서 축복받은 부부는 영원의 세계인 영계에 가서도 함께하는 것입니다. 이 세상의 부부, 아들딸은 아무리 많아도 영계에 가서는 흩어져서 갈라집니다. 갈라져서 모두 어디에 갔는지도 모른다는 것입니다. 상대적인 관계가 없으면 만날 수도 없습니다. 심령 상태의 기준에 따라 모두 영계에서 갈라진다는 것입니다. 그러나 선생님이 말했듯이 사랑을 중심으로 하나되면 그대로 일족이 영계로 들어간다는 것입니다.

11 영계에 가더라도 누가 지옥에 가라는 말을 안 합니다. 자기가 찾아가는 것입니다. 자기 정도에 맞는 데로 찾아가는 것입니다. 통일교회만 하더라도 전부 같은 권에 가는 것이 목적이지만, 자기 심령 상태의 기준에 따라서 머무르게 됩니다. 그래서 축복받은 가정은 어떤 면에서 다르냐? 축복받은 가정은 떨어지려야 서로 떨어질 수 없습니다. 영계에 가게 되었을 때 자기 아내가 책임 못했으면 공동책임을 지고 남편이 해원해 주어야 됩니다. 아내가 잘못해도 걸리고, 남편이 잘못해도 걸리고, 아들딸이 잘못해도 걸린다는 것입니다. 가정이 함께 들어가야 되는 곳이 천국이기 때문에 그 가정을 하나로 통일시키지 않으면 안 됩니다. 그 가정의 일원이 잘못되면 그 일원의 잘못된 것을 해원성사할 수 있을 때까지, 탕감될 때

까지 기다려야 됩니다. 그렇기 때문에 어쨌든 이 땅 위에서 완성해 가지고 가야 됩니다.

12 여러분은 영계에 가서 보호관 생활을 해야 됩니다. 몇 천년을 기다려야 됩니다. 축복받은 사람들도 아들딸들이 전부 '엄마, 나를 왜 이렇게 낳아 놨어? 왜 여기 끌고 왔어?'라고 안 할 것 같습니까? 여러분의 아들딸이 가만히 있을 것 같습니까? 여러분 가정의 수준이 다 다릅니다. 그래서 가는 데도 다 자기 급에 맞는 곳에 가서 오랫동안 머무르는 것입니다. 그러면 여러분의 조상들이, 아들딸이 '왜 그랬어? 왜 그렇게 잘하지 못했어? 그것이 뭐야?'라면서 참소합니다. 그러면 여러분은 거기에 해당하는 만큼의 오랜 시간 동안 그곳에 머물러야 합니다. 그렇게 쉬운 것이 아닙니다. 그래서 땅에서 해야 됩니다. 선생님이 하라는 것을 다 해야 됩니다.

13 내가 한 걸음씩 가서 넘은 길을 중심삼고 다시 선생님 대신 보고해서 해방·석방권 자리에 나아가지 않으면 걸립니다. 천국 못 들어갑니다. 문에서 가인 아벨이 싸울 수 있는 패들은 영계에 못 들어갑니다. 하늘이 제한한다는 것입니다. 그렇기 때문에 통일교인이 아무리 축복받았다 하더라도 천국문에 못 들어가게 되면, 자기들이 잘못돼서 영계 축복가정의 낙원이 생겨나고 지옥이 생겨납니다.

14 10년 후에, 100년 후에 영계에 가 가지고 '하나님! 저 여기 왔습니다. 부모님을 알았으니 부모님 계시는 곳에 가겠습니다.'라고 한다고 갈 수 있겠습니까? 종족적 메시아의 사명, 국가적 메시아, 세계적 메시아, 천주적 메시아의 사명을 연결시키지 못하면 천국에 들어가서 자유롭게 살 수 없습니다. 얼마나 두렵고 심각한 자리냐는 것입니다. 현재의 상황을 생각하면 그것을 어떻게 부정할 수 있고 제거할 수 있느냐는 말입니다.

15 여러분도 축복받고 자기 멋대로 살면 다 탈락입니다. 증서만 갖고 있지 실체가 없습니다. 실체세계가 천국인데, 천국 들어가면 실체 없이 증명서만 가지고는 안 됩니다. 선생님도 그렇습니다. 아무리 재림주라 해도 영계의 실체권이 없이는 지상의 실체권을 주장할 수 없습니다. 그래서 영계 해방을 해야 됩니다.

16 매일 주체적 세계인 영계의 사실을 모르면 안 됩니다. 여러분이 밥을 먹으나 애들을 교육하나 영계의 사실을 조상이 남긴 생활의 기록보다도, 자기 나라의 전통보다도 더 앞서 알지 못한 것이 한입니다. 그것을 알기

때문에 참부모와 더불어 천지부모와 생활하는 입장에서 천지부모의 실정, 천상세계와 지상세계를 알아서 자기 이상적 기준에 방해되는 것은 무슨 희생이 있더라도 제거해야 할 각 가정의 책임이 있다는 것입니다. 해방된 중심가정이 못 돼 있습니다. 자기 나라와 자기 세계를 넘어가야 할 입장에 있기 때문에 이것을 못하게 되면 영계에서 못 이룬 그 단계에 머무르게 됩니다.

17 지금까지 사탄의 혈통으로 말미암아 생긴 낙원이나 지옥을 왕창 치워 버리고, 최고의 하나님에 가까운 이상적인 축복가정들을 중심해서 고위층 천국이 생기고 그 아래에 가정적 낙원이 생기는 것입니다. 그리고 불교라든가 유교의 중간영계가 있는 것과 마찬가지로 가정적 중간영계가 생깁니다. 수많은 계층이 생깁니다. 그다음에는 가정적 감옥이 생깁니다. 감옥이 생긴다면 그것은 사탄권 내 지옥의 감옥이 아닙니다. 지금까지는 후손들이 선조를 구하는 일이 벌어지지만, 지금 때는 원칙적 장자권이 생겨서 탕감이 없기 때문에 형님 부모들은 지옥에 아들딸이라든가 친척이 있으면, 아는 사람이 낮은 데 있으면 언제든지 가서 도와줄 수 있는 것입니다. 다리를 놓아 줍니다. 그러니 빨리 복귀되는 것입니다.

18 천국은 본래 가정이 들어갈 수 있게 된 곳입니다. 축복가정들이 영계의 최고 자리에 들어갔습니까? 가정들도 세상의, 타락권 내의 8단계권내를 벗어나지 못하면 거기에 그대로 있기 때문에, 축복가정들이 전부 해방됐지만 가정적 천국과 가정적 낙원과 가정적 중간영계, 가정적 지옥이 생겨나는 것입니다. 그러나 이곳은 사탄이 주관하고 있지만 영원한 것이 아니고 선조들이 가서 다리를 끌어주는 것입니다. 전체를 끌어올려 주는 것입니다. 그렇기 때문에 복귀가 빠릅니다. 지금 종교권을 중심삼고 교육을 다시 하고 있습니다.

영계에 갈 때 최고의 선물

19 영계의 하나님 앞에 갈 때 가져갈 수 있는 선물이 무엇입니까? 그것은 돈도 아니요, 학·박사의 명예도 아닙니다. 자기 사랑하는 남편이 좋고, 잘 살고, 그런 것이 아닙니다. 그런 것은 선물이 되지 못합니다. 거기에는 세계를 위하고 하나님을 위한 사랑을 갖고 가야 됩니다. 그것이 남는 것입니다. 요한복음 3장 16절에 '하나님이 세상을 이처럼 사랑하사…'라고 하나님이 세상을 사랑한다고 했습니다. 그래서 독생자를 주었습니다. 독생자는 세상을 사랑하기 위해서 온 사람입니다. 그렇기 때문에 사랑을 중심삼고 믿으면 멸망하지 않습니다.

구원받는 것입니다. 주인이 세계를 사랑하니 세계를 같이 사랑해야 된다는 말입니다.

20 여러분은 천국에 갈 때 예물로 싸가지고 갈 것이 있습니까? 영계에 가면 순교당한 공신들이 쭉 늘어서 있는데, 그들 앞에 여러분이 가지고 간 보따리를 펼쳐 놓을 수 있을 것 같습니까? 통일교회가 무슨 고생을 했으며, 여러분이 무슨 고생을 했습니까? 그만한 고생도 안 하고서 어떻게 나라를 위하고 세계를 위한다고 하겠습니까? '고생을 하긴 했지만 나는 고생했다고 생각 안 합니다.'라고 해야 당연한 것입니다. 아직도 갈 길이 남아 있습니다. 영계에 가서 보따리를 풀어 놓고 '이것은 일생 동안 제가 장만한 선물이오니 받으시옵소서!'라고 할 수 있어야 합니다. 여자들이 시집갈 때는 한 보따리씩 해 가면서 천국에 갈 때는 달랑달랑 영인체만 갈 수 있습니까?

21 이 지상은 천국 백성의 무한한 생산지입니다. 이것을 어느 누구도 몰랐습니다. 아들딸을 천국 백성으로 낳아 완성한 인간으로 길러서 가는 것이 본래의 부부로서 이 지상에서 살아가는 생애노정입니다. 그렇기 때문에 아기가 태어나면, 그 아기도 하나님에게 갈 때 선물이 되는 것입니다. 그런 선물이 없으면 자기 체면을 세울 수 없습니다. 여러분이 고향에 돌아갈 때 부모 앞에 가서 무엇을 자랑하겠습니까? 그때 아들딸을 잘 길러서 자랑하는 것처럼 영계에 갈 때도 마찬가지입니다. 하나님 앞에 갈 때에도 하나님의 자녀요 천국 백성을 지상에서 키워서 데리고 가는 것 이상의 선물은 없습니다. 돈과 권력과 지식이 중요한 것이 아닙니다.

22 많은 아들딸을 가진 부모는 많은 사랑의 상대를 맞았기 때문에 천국에 가더라도 사방팔방 누구든지 마음대로 만날 수 있습니다. 아들딸을 많이 낳은 여자들 가운데 악한 여자는 없습니다. 왜 그렇습니까? 자기 아들딸을 귀여워하는 어머니의 마음을 가지고 마을에 가면 자기 아들딸과 비교해서 좀 못할 경우에는 '좀 도와주고 싶지만, 어쩔 수 없으니까….'라는 생각을 언제든지 하기 때문입니다. 그러니까 생활권 내에서 자동적으로 사랑의 경지에 높이 올라갈 수 있는 입장에 서는 것입니다. 그러므로 많은 아들딸을 키운 사람은 영계의 제일 높은 데에 있습니다.

23 땅은 어떤 곳이냐? 하늘나라의 국민을 생산하는 생산 공장입니다. 광대무변한 천국입니다. 무한대입니다. 한 사람이 자식을 한 백 명씩 낳

더라도 하늘나라는 넓어서 과잉생산이라는 것이 없습니다. 저나라는 얼마든지 수용할 수 있는 세계입니다. 산아제한을 해서는 안 됩니다. 저나라에 가면 하늘나라 백성을 얼마만큼 만들어서 거느리고 오느냐 하는 것이 문제가 됩니다. 하늘나라의 참된 아들딸을 많이 거느리고 올 때, 그것이 자기 권익이 되고 천상세계에서 표창받을 수 있는 등급의 등차를 설정할 수 있는 자료가 된다는 것입니다.

24 앞으로 영계에 갈 때 무엇을 가지고 가야 하느냐? 돈을 가지고 가는 것이 아닙니다. 통일교회 이름을 가지고 가는 것도 아닙니다. 그러니까 앞으로 여러분이 해야 할 것은 하나님이 사랑할 수 있는 아들딸을 얼마만큼 많이 만들어서 가느냐 하는 것입니다. 사람들이 아기를 낳는다고 해도 몇 사람밖에 낳을 수 없습니다. 그것은 누구나 다 할 수 있습니다. 복귀과정에서 거쳐 가야 할 것이 무엇이냐? 여러분이 사탄세계에서 하나님이 사랑할 수 있는 많은 아들딸을 만들게 될 때, 그 공로는 선조와 연결되고 선조를 해방시킬 수 있는 길이 벌어지는 것입니다. 이것이 복귀노정에 있어서 자기가 취할 수 있는 최대의 선물입니다.

25 영계에 들어갈 때 돈 갖고 가는 것이 아닙니다. 한 사람이 120명 이상 수습해야 됩니다. 하늘나라의 백성을 다 잃어버렸습니다. 그것을 접붙여 잃어버리지 않았다는 조건으로 다시 갖다가 맞추어야 됩니다. 영계에 가서 열두 진주문을 거쳐 가기 위해서는 지상에서 얼마만큼 하늘의 백성을 사탄으로부터 다시 찾아서 돌아들어오느냐 하는 것이 문제입니다. 그러기 위해서는 눈물과 피땀을 흘려야 됩니다. 재창조의 참사랑의 심정을 중심삼고 사탄의 부모 이상, 사탄의 남편과 아내, 아들딸 이상의 심정을 투입해서 눈물과 피땀과 더불어 교차되는 과정을 거치지 않고는 하늘나라의 자기 백성을 소유할 수 없습니다. 이 수의 비례에 따라서 저나라 영광의 자리에, 하나님 앞에 가까이 가는 조건이 성립됩니다.

26 영계에 가면 자랑할 것이 뭐냐? 생명을 얼마만큼 살려 주었느냐 하는 것이 자랑입니다. 갑이면 갑, 을이면 을, 혹은 종족을 초월하여 수많은 민족을 새로운 생명과 관련시켜 얼마만큼 살려 주었느냐 하는 것이 재산입니다. 재산은 그것밖에 없습니다. 영계에는 없는 것이 없어서 그리울 것이 없지만 가장 그리운 것이 있다면 참된 사람입니다. 그렇기 때문에 참된 사람을 양육하기 위해 공을 들인 그 공신은 천상세계에서 당연히 영광

의 아들딸이 될 수 있습니다.

27 밥 먹는 것보다 더 중요한 것이 하늘나라의 백성을 거두는 것입니다. 그것이 사람들에게는 잘 안 되어 있습니다. 그것이 본직입니다. 이 땅 위에 사는 인간의 본업입니다. 생애에 해야 할 일 중에 그 이상 귀한 것이 없습니다. 세상에 취직해서 출세하거나 돈을 모았던 것은 다 흘러갑니다. 저나라에서는 돈을 모아 가지고는 아무 소용이 없습니다. 저나라에서는 물질이 필요 없습니다. 지식이 필요 없습니다. 배우지 않아도 마음이 먼저 압니다. 일주일 이내에 무엇이든 다 통하는 것입니다.

28 영계, 천국에 가는 데 있어서 필요한 것은 믿음의 아들딸입니다. 전도한 아들딸이 필요합니다. 그렇게 전도함으로써 영인들을 부활시켜 나가는 것입니다. 그러니까 여러분이 지상에서 활동하는 것은 지상에만 영향을 미치는 것이 아닙니다. 타락으로 말미암아 더러워진 모든 것을 정리하기 위한 활동이라는 것입니다.

29 천국은 무한한 세계인데, 그곳에서는 사랑의 심정으로 연결될 수 있는 다리가 있어야 됩니다. 그러므로 자기가 전도한 사람이 세상에 많이 펼쳐져 있으면, 영계에 가서는 그만큼 넓게 왕래할 수 있는 길이 생기는 것입니다. 전부가 자기와 관계맺고 인연맺으려고 합니다. 그것은 지상에서 사상을 무장해 연결시킨 것과 같은 체제가 자기를 중심삼고 연결된다는 것입니다. 교육해서 제자를 많이 가진 것과 마찬가지로 땅에서 풀고 저나라에 가게 되면, 영계에서 풀 수 있는 상대적 관계가 돼 있는 만큼 방대한 활동 기반이 되는 것입니다.

30 세월을 그냥 보내지 말아야 합니다. 청춘시대에 아들딸을 낳아 길러야만 후대에 자랑할 수 있는 기반을 남기는 것입니다. 또 그 자식들이 훌륭한 사람이 되어야만 역사에 자랑할 수 있는 것입니다. 역사에 대해서 자랑할 수 있는 실적이 없게 되면, 자기 일가나 동네에서는 축에 낄 수 있지만 나라에서는 못 끼는 것입니다. 나라에 끼기 위해서는 역사의 전통에 남을 수 있는 실적이 있어야 됩니다. 그렇기 때문에 어느 누구나 다 나라에 무엇을 남기기를 바라고, 세계에 무엇을 남기기를 바라고, 하늘땅에 무엇을 남기기를 바라는 것입니다. 마찬가지 이치입니다. 그러므로 자기 소유 판도를 어떻게 확정하느냐 하는 문제가 필생의 목적이라는 관념을 확실히 가져야 됩니다. 그렇기 때문에 뜻길에서 자기가 싫으면 그만두겠다는 생각은 할 수가 없습니다.

제4장 재림부활과 신령역사

1절 말세와 재림부활

1 지금 때는 어떤 때냐? 전 세계를 보게 되면 많은 사람들에게 노이로제 현상이 벌어지고 있습니다. 영적 세계와 육적 세계가 교차되기 때문에 그렇습니다. 이것이 교차하게 될 때는 선한 사람에게 먼저 오는 것이 아닙니다. 소식을 빨리 아는 것이 누구냐? 선한 사람이 먼저 아는 것이 아니라 반대하는 원수들이 먼저 압니다. 선한 편의 뉴스를 원수들이 빨리 포착하려고 하는 것입니다. 그와 마찬가지로 영적 세계가 지상에 임하는데 있어서 선한 영들이 먼저 지상에 임하는 것이 아니라 악한 영들이 먼저 지상에 임하게 됩니다.

끝날의 현상

2 에덴동산에서 타락함으로써 천사장을 중심삼고 해와가 원수가 됐고, 해와를 중심삼고 아담이 원수가 됐습니다. 서로가 원수가 됐습니다. 전부 원수입니다. 그렇기 때문에 여러분 자녀도 원수입니다. 믿지 못한다는 것입니다. 끝날이 되면 어머니 아버지까지도 원수가 됩니다. 형제간이 원수가 됩니다. 나라끼리 원수가 되고, 인연이 전부 산산조각으로 찢어질 때가 옵니다. 그때가 되면 인륜 도덕이 어디에 있습니까? 세계 풍조가 그렇게 휘몰아쳐서 방향을 가릴 수 없고, 어떤 것이 선이고 어떤 것이 거짓인지 가릴 수 없는 때가 오면 그때가 끝날이란 것을 알아야 합니다. 그때가 바로 이때입니다.

3 세상 끝날은 어떤 시대냐? 전 세계의 인류가 개인적인 사랑을 절대시할 수 있는 시대가 되면 세상 끝날이라는 것입니다. 타락한 사랑을 중심삼고 볼 때에 그러한 결론이 나옵니다. 세계적으로 개인적인 사랑을 중심삼은 시대가 끝날입니다. 나라의 사랑이니 민족의 사랑이니 혹은 가정의 사랑이니 하는 것이 다 부정된 입장에서 자기 사랑만을 중심삼고 가는, 인간의 윤리나 도덕관념에 서는 것이 아니라 동물적 사랑의 길을 가는 시대를 말합니다.

4 여러분의 몸 마음도 싸우고, 부부도 싸우고, 부자도 싸웁니다. 전부가 끝날에 와서 혼란이 벌어집니다. 선생님의 말씀을 중심삼고 영계 자체가 지금까지 자기가 믿던 신앙에서 대혼란이 벌어집니다. 지상에 재림하기 위해서는 통일교회 여러분과 후손들 앞에 실적이 있어야 됩니다. 실적이

없으면 재림할 수 없습니다. 재림할 수 있는 전체적 탕감노정을 선생님이 걸은 것입니다. 선생님이 하나님 대신 아벨의 왕입니다. 본연의 아담 가정에서 가인이 아벨을 죽였는데 역사시대에 쭉 지금까지 내려온 것입니다. 그러니까 하나님이 사탄 핏줄의 세계에 대해서 간섭할 수 없습니다. 영계에 간 성인들, 선배들도 왜 끝날에 와서 한때에 이렇게 다 뒤집어 박느냐? 불가피한 것입니다. 한꺼번에 뒤집어졌습니다.

5 오늘날 이때는 하나님의 뜻이 이 땅 위에 나타나는 때입니다. 오늘날 이 땅 위에는 가인과 아벨이 있습니다. 마태복음 13장에 있는 말씀과 같이 이 땅 위에는 가라지와 곡식이 있습니다. 또 요한복음 10장의 말씀과 같이 문으로 들어가는 참목자가 있는 동시에 문을 통하지 않고 다른 데로 넘어가는 거짓 목자가 있습니다. 그렇기 때문에 잘못하면 우리 교회에서도 바로 그러한 현상이 나타날 수 있음을 직시해야 됩니다.

6 성경에서는 말세에 메시아가 올 것이라고 가르치고 있습니다. 메시아라는 말은 세 가지를 복귀해야 하는 사람을 말합니다. 즉 영원한 진리, 영원한 인격, 그리고 참부모로서 자녀를 위한 참사랑입니다. 그래서 예수님이 신랑으로 왔다고 하였으며, 자신의 신부를 구하러 왔다고 했습니다. 말세에 재림주는 타락의 반대 경로를 가야 합니다.

7 주님은 주체입니다. 그래서 그가 타락한 세계에 오실 때는 진리를 말하지 않으면 안 됩니다. 사람이 그 진리를 들으면 몸과 마음이 그에게 속하게 될 것입니다. 인간이 타락했을 때 그들은 울면서, 슬픔의 눈물을 흘리면서 사탄에게 끌려갔습니다. 그러나 그가 돌아올 때는 기쁨을 갖고 주님께로 이끌려 와야 합니다. 그러한 운동이 끝날에 일어나야 합니다. 즉 정반대의 일입니다. 인간은 사탄의 말에 이끌려 넘어갔기 때문에 타락세계의 모든 사람들은 재림주의 말씀, 그의 메시지에 이끌려 넘어올 수 있습니다. 그래서 그의 말씀은 천사장의 말보다 뛰어나야 합니다. 그리고 하나님이 인정하는 자리에 서야 합니다. 그렇기 때문에 권위를 갖고 모든 인간을 인도하는 것입니다.

8 끝날에는 머리에 기름을 바르고 밀실에 들어가 기도하라고 하였습니다. 사람의 말을 들어서는 안 될 때입니다. 신랑의 말만 들어야 할 때입니다. 목사도, 신앙의 동지도 최후의 고개에 가서는 내 후원자가 못 됩니다. 나는 천국에 가고 그는 지옥에 가게

된다면 지옥에 가는 그 사람이 나를 붙듭니다. 사랑하는 친구가 물에 빠졌을 때 구하려고 물에 들어가면 그 친구가 붙드는 것과 마찬가지입니다. 그때는 동정해 줄 수 없는 때입니다. 어떤 지도자도 나의 생명을 구해 주지 못합니다. 그럴 때가 옵니다. 그러한 때를 먼저 맞이한 지역·국가·교단·사회에서는 혼란이 벌어집니다. 서로가 믿지 못한다는 말입니다. 목사가 장로를 못 믿고, 장로가 목사를 못 믿고, 평신도가 당회를 못 믿고, 교파는 교파끼리 못 믿고, 사회나 정당도 서로 못 믿습니다. 국민이 대통령을 못 믿고, 대통령이 국민을 못 믿고, 백성이 나라를 못 믿는 가운데 뒤넘기친다는 것입니다. 사방을 바라봐야 믿을 수 없는 혼란한 세상입니다. 그 속에서 자기가 자기를 믿고 하늘이 인정할 수 있는 믿음의 자리를 찾으라는 것입니다.

9 이제 지상에 영계의 혼란이 벌어집니다. 혼란한 영계가 지상을 습격해 온다는 것입니다. 그렇기 때문에 요즈음에 노이로제 현상, 반정신병자요 반미치광이가 된 사람이 많습니다. 중얼중얼하는 사람들이 점점 많아집니다. 수억천만의 영인이 있는 영계가 이 지구성을 내습해 온다는 것입니다. 왜 내습해 오느냐? 종교가 자기 위치를 찾지 못했기 때문입니다. 종교가 자기 자리를 못 잡고, 사람들이 수평선이 되어 하늘을 위주로 해서 수직으로 서 있게 돼 있는데 전부 쓰러졌다는 것입니다. 그러니까 영계가 이 지구성을 향해서 내습해 옵니다. 미치광이한테 귀신 들렸다고 하지요? 귀신이 무엇 하려고 사람한테 들어오는 것입니까? 이용해 먹자는 것입니다. 양심적인 사람들, 더욱이나 문인이나 예술계통의 사람들은 보통 사람보다 센스가 빠릅니다. 안테나가 높습니다. 그렇기 때문에 오늘날 그런 사람들이 그것에 먼저 접해서 노이로제 현상, 세계적인 끝날의 현상이 벌어지는 것입니다.

10 지금 수천억의 영인들이 지상을 점령하기 위해 공략해 옵니다. 노이로제 현상이 그 하나입니다. 더 나아가 2000년대가 되면, 그때는 악령에 통하든가 선령에 통하든가 다 영적으로 통할지도 모릅니다. 전쟁을 하지 말라고 하더라도 싸우지 않을 수 없습니다. 그럴 때가 올지도 모릅니다. 그것을 방비해야 할 것이 통일원리의 사명입니다. 높은 안테나에는 삐익 삐익 소리가 나옵니다. 그것이 노이로제 현상입니다. 가장 두려운 것은 악령만 동원하여 지상을 공략해 오는 것입니다. 그럴 경우에 어떻게 될 것인가가 문제입니다. 아무리 사람이 지구상에 가득 찼다고 할지라도 악령

에 공략되고 맙니다. 그래서 하나님은 거기까지 준비하고 계십니다. 선령들을 중심하여 영계의 기대를 넓혀 나오고 있는 것입니다.

영인의 재림부활

11 여러분이 땅 위에서 자신이 갖추어야 할 것을 다 갖추지 못하고 사탄에게 몽땅 마음을 빼앗긴 입장에서 영계에 가게 된다면, 실체의 행동을 어떻게 전개시킬 수 있겠습니까? 그것은 지극히 어렵습니다. 만일 여러분이 이 땅에서 책임을 못하게 될 때는 여러분의 후손들을 대신 세워야 합니다. 자기를 구해 줄 수 있는 메시아와 같은 입장에 그 후손들을 세워서, 그들을 도와주고 그들의 사정을 봐 가면서 협조해 주어야만 합니다. 그들로 하여금 여러분이 살아 있을 때 하지 못한 책임 분야를 이룰 수 있게 협조하지 않으면 안 될 입장에 놓인다는 것입니다. 이것이 재림부활의 현상입니다.

12 본래의 인간은 사탄의 지배를 받지 않고 하나님의 직접주관권 내에서 살아야 할 것인데, 타락함으로써 타락권에 살게 되었으므로 그것을 벗어나기 위해서는 개인으로 탕감하고 가정으로 탕감해야 됩니다. 이것을 탕감하지 않고는 벗어날 수 없습니다. 영인은 반드시 그 시대 시대마다 재림현상을 거쳐서 나타나기 때문에 그 단계 단계가 윤회, 즉 환생하는 현상으로 보이는 것입니다. 여러분도 마찬가지입니다. 여러분이 개인적으로 그냥 믿다가 죽게 되면 가정을 못 가졌기 때문에 가정 기준, 종족 기준, 민족 기준, 국가 기준, 세계 기준 등 단계를 다 넘어가야 됩니다. 그렇기 때문에 몇 억만년이 걸릴지 모릅니다. 그것은 무한에 해당합니다.

13 예수님이 죽음을 통하여 하늘과 땅 앞에 소망의 전체를 실제적으로 증거하였던 것을 우리는 잘 압니다. 마지막 십자가 도상에서 '할 만하시거든 이 잔을 내게서 지나가게 하옵소서. 그러나 나의 원대로 마옵시고 아버지의 원대로 하옵소서.'라고 기도하신 예수님은 그 마음에 죽음의 공포가 휩쓸면 휩쓸수록 소망의 날이 가까워 온다는 것을 누구보다도 철저히 느끼셨던 것입니다. 육신의 죽음을 넘고 난 후에는 새로운 소망의 세계가 그 앞에 전개될 것을 느끼며, 그 세계를 동경하였다는 것입니다. 육신의 죽음 이후에 영원한 자유의 몸으로 부활하기를 소망하고 그것을 동경하였기 때문에 죽은 후에 부활의 영광을 입을 수 있었습니다.

14 선생님에게 중심 뿌리, 중심 줄기, 중심 순이 연결되어 있습니다. 그

것을 개인적으로 가정적으로 주류로 해서 중심 가지, 중심 뿌리, 중심 줄기, 중심 순이 전부 일관된 흐름으로 되어 있습니다. 살아 있다는 것입니다. 재림부활을 한 것입니다. 가지로서 재림주님에게 연결하면 다 살게 됩니다. 이렇게 함으로써 아담 가정에서부터 세계 기준까지 한꺼번에 부활한 입장에 선다는 것입니다. 수만 년 동안 번식한 것을 수년 동안 접붙여서 완성시키는 일을 하는 것이기 때문에 지상의 개인천국에서부터 가정천국, 천상천국까지 한꺼번에 모두 완성할 수 있는 것입니다.

15 선생님이 이중의 일을 할 수 없으니 갈라서 했기 때문에 영적 기준을 중심삼고 흥진 군을 영계의 사령관으로 세웠습니다. 하나님을 중심삼고 재림주가 지상에 오는 것과 반대로 선생님을 중심삼고 지상에서 하늘나라의 재림주 입장으로 보내는 것입니다. 선생님이 갈라진 영계와 육계를 통일하고 아들을 시켜서 영계에 참부모의 사랑의 인연을 갖지 못한 것을 중심삼고, 축복 권한을 가지고 살아 있는 아버지의 대신자로서 영계의 부활권 역사를 하게 하는 것입니다. 중생식·부활식·영생식을 할 수 있게 되었기 때문에, 지상에 패권적 기반이 되었기 때문에 이 기반을 중심삼고 제1 이스라엘 나라, 제2 이스라엘 미국, 제3 이스라엘 한국을 중심삼고 그 경계선을 철폐해 버리는 것입니다.

16 이제는 걱정할 것이 없습니다. 내버려둬도 그대로 가는 것입니다. 그 대신 영계에서 재림하는 것입니다. 3시대의 영계, 구약시대·신약시대·성약시대에 구원하기 위한 하나님의 섭리의 뜻이 이루어지지 않았던 것이 뒤집어 박음으로써 자동적으로 이루어집니다. 구약 완성, 신약 완성, 성약 완성을 함으로써 자동적으로 섭리가 방향을 갖추어 나갑니다. 그러니 영계도 하나님을 중심삼고 영계의 방향, 지상도 지상을 중심삼고 앞서는 것이 아니라 본연의 기준을 중심삼고 장자권을 복귀해서 하나님 천주부모와 지상의 재림주님 천지부모가 새로운 주의로 축복을 중심삼고 혈통 결착함으로써 여기서부터 평면적으로 나아가는 것입니다. 그래서 자동적으로 지상·천상천국이 개문됩니다. 그러니까 여기서 뒤넘기쳐서 영계 전체가 내려오게 됩니다.

17 우리는 부활의 날을 고대해야 됩니다. 땅을 통하여 하늘을 부활시켜야 합니다. 우리는 부활의 근거지가 천상인 줄 알지만 아닙니다. 이 땅입니다. 이 땅이 중심입니다. 부활의 근거지도 해결점도 이 땅에 있습니다. 이 땅에서 부활이 이루어지지 않

으면 천상의 부활, 인간의 부활, 만물의 부활, 지옥 인간의 부활도 한낱 명사에 그치고 맙니다. 그러므로 땅에서 먼저 부활한 사람이 나와야 됩니다. 영계에는 지옥과 중간영계와 낙원과 천국이 있는데, 지금까지 하늘 앞에 충성했던 사람들은 다 낙원에 가 있습니다. 예수님도 낙원에 가 계십니다. 부활의 목적을 달성하는 데 있어서 간접 목적지는 영계요, 직접 목적지는 땅입니다. 영계는 부활시켜야 할 곳이요, 땅은 부활해야 할 곳입니다. 그러므로 먼저 땅에서 '나는 부활했다. 부활의 목적을 종결지었다.'라고 할 수 있어야만 천상천국에 갈 수 있습니다.

18 천지개벽이 무엇이겠습니까? 첫째 부활에 동참할 수 있는 자격을 갖춘 사람들은 어떤 사람들이겠습니까? 축복의 문을 통과한 사람들입니다. 그래서 팔십 노인들도 재봉춘해야 됩니다. 이상하게 들릴지 모르지만, 할머니 할아버지들도 다시 시집장가가야 된다는 말입니다. 왜냐하면 제3 이스라엘 국가를 이루기 위해서는, 또 제3 이스라엘 국가의 백성이 되기 위해서는 축복의 문을 통하지 않으면 안 되기 때문입니다.

2절 신령역사와 영적 현상

1 영계와 지상세계는 단절된 별개의 세계가 아닙니다. 하나의 근본 존재원리 밑에서 상호 교류하고, 수수하는 상관관계 속에 있습니다. 우리 협회도 본래 신령을 통하여 통일하는 신령협회로 출발했습니다. 신령이 무엇입니까? 일시적 배분적인 영력이나 영적 작용을 말하는 것이 아닙니다. 참사랑을 중심하고 영계와 인간세계가 조화, 공명을 일으킬 수 있는 하나님의 사랑의 힘입니다. 위하고 투입하는 참사랑의 생활을 통하여 사람의 마음에 감동을 주는 것은 물론 영적 세계의 협력도 얻는 운동이 통일교회 운동입니다.

영적 현상과 그에 대한 자세

2 초대교회 때는 방언을 하였고, 신령역사를 하였고, 예언을 하였고, 별의별 일을 다 했습니다. 이와 같이 초대교회에서 신령한 역사가 많이 벌어짐으로써 그 내용을 알지 못하는 무지한 인간이 영적인 현상에 이리 부딪치고 저리 부딪쳐 혼란하게 되니, 그것을 막기 위해 '성경 말씀이 제일이다.'라고 하게 된 것입니다. 성경에도 '끝날에는 내 영을 많이 부어 주리라.'라는 말씀이 나옵니다. 그래서 초대교회에서 일어난 현상이 종말의 기독교 역사세계에 나타나 사방에서 미쳤다, 이단이다 하는 말을 듣는 무리가 많이 나온다는 것입니다. 통일교회도 그중의 대표적인 한 멤버로

들어 있습니다.

3 영의 부음을 받은 자가 이유를 모르면 하늘이 가르쳐 주십니다. 그가 눈을 뜨면 영계를 보고, 그가 행동을 하면 영계 사람의 행동을 합니다. 여러분의 눈과 여러분의 마음과 여러분의 행동과는 판이합니다. 미친 사람처럼 보입니다. 옛날 예수님도 똑똑한 사람으로 보였습니까? 그 당시 사람들이 볼 때는 바보 멍청이였습니다. 앞으로 이와 같은 영적인 현상이 휩쓸 것이며, 민족을 휩쓸 것이며, 교단을 휩쓸 것입니다. 그러므로 오늘날 세계적으로 알 수 없는 정신계통의 환자와 신경계통의 환자가 기하급수적으로 늘어 가고 있습니다. 공포의 세계, 불안하고 초조한 세계가 다가오고 있습니다. 이것은 하나님의 아들인 예수님이 초조감과 불안감과 흥분된 심정을 갖고 일생을 거치고 뜻을 대하였기 때문입니다. 그래서 세계적인 운세가 그렇게 휩쓸린다는 것입니다. 그리하여 나중에는 방향을 찾으려야 찾을 수 없게 되고, 참것이 거짓 것 같고 거짓 것이 참것 같은 현상이 벌어집니다. 거짓이 우세하고 참이 열세가 되는 시대, 거짓이 번성하며 참이 말할 수 없이 미약한 상태가 되는 시대가 온다는 것입니다. 우리는 그러한 시대를 거쳐 넘어가야 합니다.

4 끝날에 가면 갈수록 공포심에 사로잡히는 사람이 있는가 하면 그 반면에 기쁨에 사로잡히는 사람도 있습니다. 이러한 움직임이 나타나는 것은 필연적인 현상입니다. 지극히 악한 사람이 있는가 하면 지극히 선한 사람도 있는 것입니다. 지극히 선한 사람에게는 지극히 악한 것이 침범할 수 없고, 지극히 악한 사람에게는 지극히 선한 것이 관여할 수 없습니다. 이 사회는 하나님도 붙들 수 없습니다. 어떠한 신령한 사람도, 어떠한 하늘의 은사가 있는 사람도 이것을 합하려야 합할 수 없는 때가 옵니다. 그 때가 오면 지극히 악한 세계에 살고 있는 사람, 하늘과 인연을 맺지 못한 자리에 있는 사람들은 영락없이 심판대에 올라갑니다. 그와 같은 실상이 여러분 마음에서 벌어질 때가 올 것입니다. 마음은 이렇게 가기를 원하나 몸은 저렇게 가기를 원합니다. 그 몸과 마음을 연결지을 수 있는 조건을 갖지 못하여 허덕이는 자는 영락없이 지옥행이라는 것입니다.

5 하나님은 특정한 종파를 중심삼고 섭리해 나오십니다. 요셉 가정과 사가랴 가정을 중심삼고 때가 되기 전에 그 누구도 모르는 가운데 내적으로 섭리하던 것과 마찬가지로, 대한민국의 해방 직후를 중심삼고 그 누구도 모르는 가운데 하늘은 이런 섭

리의 내용을 준비해 나온 것입니다. 거기에는 천사장적 사명을 하는 집단이 있어야 됩니다. 영적으로 잃어버린 것을 실체적으로 찾아야 되겠으니, 그런 시대상이 되는 해방 전을 중심삼고 육적 천사장 사명을 하는 한 사람이 나와야 됩니다. 그래서 영계를 통하는 사람들 중에 자기가 베드로니 바울이니 혹은 '나는 세례 요한이다.'라는 사람이 나옵니다. 12사도가 예수님을 믿지 못한 지상 터전을 닦기 위해서 그들의 영이 실체적으로 임해서 이 땅 위에 기반을 닦는 역사가 벌어져야 되는 것입니다. 그런 역사를 해 나왔다는 것입니다.

6 예수님의 한이 무엇입니까? 땅 위에서 제자들과 더불어 실체권을 이루지 못한 것입니다. 예수님을 중심삼고 열두 제자가 하나 못 되고, 예수님을 중심삼고 요셉 가정이 하나 못 되고, 유태교가 하나 못 되고, 이스라엘 나라가 하나 못 된 것입니다. 이와 같은 인연이 파탄되었기 때문에 그것을 12사도를 중심삼고 수습하려 했으나 다 파탄되었습니다. 그래서 영적 기준 형으로는 남아 있지만 실체 기준은 못 가졌기 때문에, 영적 승리의 터전을 닦은 12사도의 형을 이 땅 위에 재림역사와 더불어 재현해서 그때를 준비해야 됩니다. 이 터전이 닦아진 후에, 즉 불신하여 예수님을 추방하였던 사도들이 활동해 다시 신임할 수 있는 터전을 닦은 기반 위에 재림역사가 시작되어야 합니다. 그렇기 때문에 대한민국 해방 전을 중심으로 하여 영계를 통하는 사람들 중에 자기가 베드로니 요한이니 바울이니 혹은 아브라함이니 하며 역사상에 왔다 갔던 수많은 선지자들을 대표하는 사람들이 한꺼번에 이 평면적인 한국 신령계를 중심삼고 현현하게 되었습니다.

7 지금까지는 악한 영인들이 지상에 와서 역사했기 때문에 노이로제 현상이라든가 자기 인격을 파괴하는 현상이 일어났지만, 지금부터는 그렇지 않습니다. 몸을 점령해서 공명권을 이루어 바로 높은 영적인 체험권으로 들어가게 되는 것입니다. 고상한 인격권이 생겨나는 것입니다.

8 영적 현상은 하나님에 의한 영적 현상과 그 반대 현상, 두 가지밖에 없습니다. 그것은 금방 알게 됩니다. 즉 선한 현상과 악한 현상으로 나뉘는데, '선한 현상은 이렇게 돼야만 한다.'라는 공식적인 맥이 있습니다. 이것을 계속 맞추어 가지 않으면 아무것도 안 됩니다. 그래서 몇 백년마다 대전환기라든가 영적인 대현상이 일어나는 것입니다. 그렇게 되면 그 나라가 망하든가 흥하든가 합니다. 나

라가 망하게 될 때는 악령이 동원됩니다. 또 크게 번성할 때는 선한 영이 동원됩니다. 그것을 어떻게 하면 세계의 운세에 말려들게 하느냐? 그렇게 간단하지 않습니다. 그러면 영적 현상이라든가 종교의 목적은 도대체 뭐냐? 영적 현상을 일으켜 하늘이 섭리를 이끌어 가는 것도 결국은 인간 완성 때문입니다.

9 악신의 역사나 선신의 역사나 출발은 마찬가지입니다. 다만 결과가 다릅니다. 떨고 야단하고 뒤넘기치는 일이 벌어집니다. 똑같다는 것입니다. 악신도 신령역사를 하는데, 결국은 역사해서 어디로 들어가느냐? 세계의 이익으로, 하늘과 땅의 이익으로 돌아가지 않고 자기 이익으로 돌아간다는 것입니다. 그렇게 되면 반드시 꺾이는 것입니다. 자기를 중심삼고 개인적인 이익으로, 자기 가정을 위주로 한 이익으로 돌아가서는 안 됩니다. 그것도 꺾여 나간다는 것입니다. 어디까지나 하나님의 섭리는 출발은 같은 모양으로 하더라도 반드시 세계를 표준으로 해야 됩니다. 하나님의 해방과 인류의 해방을 목표로 하지 않는 교회는 끝날까지 못 갑니다. 자기 욕심만큼 가다가는 자연히 무너집니다. 그 지도자를 데려가는 것입니다. 데려가게 되면 그 시대의 환경을 가누어서 연결시킬 수 없습니다. 자기가 처해 있는 위치를 모르기 때문입니다.

10 오늘날 인간세계에 살고 있는 여러분은 인간세계를 중심삼고 영적 현상을 볼 수 있습니다. 어느 시대나 어떤 때나 종교인은 물론이고 그 외의 사람들도 영계의 인연을 따라서 영계와 혼합된 생활권에서 살고 있는 것은 역사적 실증입니다. 역사과정을 통해서 그렇게 생활해 나왔다는 사실은 우리가 종교를 믿지 않더라도 꿈을 통해서라든가 여러 가지 신비로운 체험을 통해서 알고 있습니다. 그래서 영계를 보면 선한 신과 악한 신이 있고, 지상에서는 그 영향을 받아서 선한 사람과 악한 사람으로 나뉘게 됩니다. 그것은 이론적인 결과입니다. 그렇기 때문에 좋고 나쁜 사람이라는 이 개념은 뭐냐? 좋은 신의 협조를 받는 사람과 나쁜 신의 협조를 받는 사람이 있는데, 그 두 종류의 내용을 놓고 좋은 사람 또는 나쁜 사람이라고 결론을 내리는 것입니다.

11 앞으로는 영적 현상까지 볼 수 있는 것을 발명하는 시대가 올 것으로 생각합니다. 그렇게 되면 영계가 없다는 말을 할 수가 없게 됩니다. 영안이 열리면 영계를 볼 수 있습니다. 모든 현상을, 그 세계 존재의 모든 것을 감각적으로 느끼는 것입니다. 날씨

예보처럼 그런 것을 볼 수 있게 되면 하나님이 없다는 등의 말을 못하게 됩니다. 그렇게 되면 종교 따위는 없어져도 됩니다. 타락하지 않았다면 그런 세계가 되었을 것입니다. 타락세계가 되어서 이렇게 되고 말았습니다. 복귀과정에서 우리에게는 이 지상이 그 세계와 상대적으로 일치시켜 가는 훈련소가 되어 있습니다.

이적 기사는 그 대가를 치른다

12 하나님의 협조는 원리원칙이 형성되는 데서 벌어집니다. 무모한 신앙은 하나님이 좋아하지 않습니다. 이적 기사를 바라고 '절대로 믿는 대로 되지.' 하던 사람은 어떻게 됐습니까? 이적 기사를 행한 사람은 그 자신과 그 일족이 어떻게 됐습니까? 한국에서 유명했던 부흥사들, 과거에 이름난 사람들 자신과 그 후손이 좋았습니까? 좋지 않았습니다. 그것은 왜 그러냐? 맹목적으로 요구해서 된 후에는 반드시 맹목적으로 요구한 그 대가를 그 자신이 요구받습니다. 내가 그런 능력을 행했으면 나 자신이 그런 능력을 움직일 수 있는 자체가 됐느냐 할 때, 그렇게 못 돼 가지고 하나님의 힘에 의해서 하게 된다면 그 자신이 받은 복으로 말미암아, 받은 일로 말미암아 침해를 받는 것입니다. 기반이 없으면 왕창 무너지는 것과 마찬가지입니다.

13 모세가 이적 기사를 행하지 않았으면 망하지 않았습니다. 예수님이 이적 기사를 행하지 않았으면 십자가에 안 돌아갔다는 것입니다. 이적 기사가 좋은 것이 아닙니다. 그것은 많은 희생의 대가를 치러서 한번 빵긋하는 것입니다. 오늘날 그것을 요사스럽게 믿고 그러한 이적 기사로 천지를 수습하고, 인간세계의 모든 것을 청산짓겠다는 황당무계한 패들이 어디 있습니까?

14 복귀의 노정을 걸어가신 예수님이 이적 기사를 행한 것은 기뻐서 행한 것이 아닙니다. 기쁘고 편안하여서 이적 기사를 행한 줄 안다면 큰 오해입니다. 이 땅에는 몸 둘 곳이 없고 이 우주 안에는 의지할 곳이 없으니 하늘을 대하여 호소하지 않으려야 않을 수 없는 사정이 있었던 것입니다. 이와 같이 비장한 경지에 있었던 예수님의 간곡한 모습을 바라보아야 됩니다. 예수님이 동정을 안 해줄 수 없는 서글픈 사정에 처하여 손을 들어 '아버지시여!' 하고 부르게 될 때에 여기에서 이적이 벌어진 것입니다. 지극히 슬픈, 뼈 살이 녹아지는 슬픈 장면에서 외치는 그 사정을 통하여 나타났던 것이 이적 기사였습니다.

15 선생님이 기도하면 이적 기사를 얼마든지 합니다. 그러나 별의별 일

이 다 벌어져도 선생님은 안 합니다. 그것 고쳐 가지고 무엇합니까? 고쳐 줘 봤자 하늘나라에 쓸 것이 있습니까? 아무 필요 없습니다. 몇몇 사람이 한국에서 왕창왕창 했지만, 선생님은 나타나서 그런 일을 안 했습니다. 욕을 먹어도 가만히 있습니다. 혼자 다니면서 선생님의 갈 길을 선생님이 준비하지 않으면 안 됩니다. 준비를 못한 사람은 흘러간다고 생각하는 것입니다. 준비를 다 해 놓고 큰 무대인 미국에 가서 들이쬐기는 것입니다. 기독교가 잘못했으니 회개하라고 하는 것입니다.

16 선생님이 지혜가 없었다면 다 망쳤을 것입니다. 선생님이 병을 고치는 기도를 하면 천명 만명이 한꺼번에 나을 것입니다. 그러나 그것을 싫다고 했습니다. 교육을 해야 됩니다. 신령한 역사는 한때이지만 진리로는 만년을 갑니다. 자기들이 이제 그럴 때가 왔습니다. 병을 고치는 일이나 무슨 일이든 다 할 수 있다는 것입니다. 가만 보기만 해도 문둥병이 낫고 별의별 병도 낫는 것입니다. 불이 붙어서 통일교회 선생님을 사모해서 밥 먹는 것을 잊어버리고 자는 것도 잊어버리면 무슨 병이든 다 낫습니다. 병이 난 것도 잊어버립니다. 잊어버리고 1년만 지내면 병이 없어진다는 것입니다. 성경의 이적 기사는 아무 것도 아닙니다. 그런 일을 선생님이 다 했습니다.

3절 영인의 재림부활

1 선생님이 특별히 몇 천년 전에 살다 간 영인과 지상에 있는 사람을 축복해 주었습니다. 그 사람들이 그 영인들과 살고 있습니다. 그들은 세상의 현재 사람하고 결혼하는 것보다 영계 영인과 결혼하면 천국 갈 수 있는 확률이 높기 때문에 영인들과 결혼하려고 한 것입니다. 그들의 몸과 마음은 언제든지 하나님처럼 하나되어 있기 때문에 싸우지 않습니다. 그러니까 그들의 상대가 되면 이 땅 위에서 살더라도 몸과 마음이 싸우지 않게 됩니다. 만약 그 상대가 지옥 갈 수 있게 되더라도 그들이 '나를 따라와! 내가 인도하겠다.'라고 하는 것입니다. 그러면 자동적으로 영계로 들어가게 됩니다. 그러한 배경을 알게 되면 모든 사람들이 영인들과 결혼하려고 할 것입니다.

영인들이 재림 협조하는 이유

2 여러분은 천지축복에 대해서 알지요? 이것을 해서 영계와 육계가 갈라졌던 것을 하나 만들고, 지옥에 가 있는 사람을 찾아서 축복해 주는 것입니다. 통일교회에 들어왔으면 국가 기준을 넘어섭니다. 세계적 권내의 사명을 갖고 있음으로 말미암아 국가

에 죄를 지어 지옥에 가 있는 사람을 빼다가 축복하는 것입니다. 지상의 어머니라든가 친척, 혈통적 관계에 있는 사람들을 중심삼고 해방운동을 하는 것입니다.

3 이제는 한이 있겠습니까? 선생님이 손댈 것을 다 댔는데 말입니다. 이젠 싸움을 합니다. 보이지 않는 영인들을 내려오게 해서 대장 노릇을 해야 됩니다. 세상 대장 노릇을 못했으니 영계에 가 있는 사람, 조상의 대장이라도 되어야 할 것 아닙니까? 모두가 그것을 바라고 있습니다. 수많은 종교권 내 사람들을 축복해 주고 자기 아들딸 축복을 허락하고 영계 축복을 허락하는 것입니다. 심정적 인연의 줄기가 남아 있는 데를 찾아가라고, 밤을 새워 가면서 자기 종단 계대를 축복해 주라고 하는 것입니다.

4 인간이 알지 못하는 영계의 영인들을 동원하여 증거하게 할 수 있는 기준이 나에게 서 있느냐가 문제입니다. 영계도 그런 것을 요구하고 있습니다. 영계는 하나님의 심정을 알고 있기 때문에, 땅 위에 그러한 사람이 호소하면 영인들을 동원하여 천국이념의 실현을 위한 지상의 일을 협조하게 됩니다. 영계의 영인들이 이 땅에 오지 못하는 이유는 이 땅이 탄식의 울타리가 되어 있기 때문입니다.

5 천상세계의 모든 영인들은 형님, 조상의 축복을 받고 지상의 이상적 아벨권 가정 완성을 위해서 동서남북으로 보호합니다. 하늘나라에 잘 들어갈 수 있게끔 보호 육성해서 데리고 들어가기 위해 영계 전체가 지상에 재림해서 협조하고 있다는 것입니다. 거기는 부락의 한계선, 국가의 한계선, 모든 인종과 종교의 한계선을 넘어서 통일적인 하나의 심정, 하나님의 사랑과 생명과 혈통을 가진 같은 혈족입니다. 같은 핏줄입니다. 빛깔도 같습니다.

6 영계에서는 멀고 가까움이 없습니다. 시공을 초월하기 때문에 집이 멀더라도 한 시야에 다 내려다볼 수 있습니다. 그렇기 때문에 거리 간격을 넘어서서 언제든지 도와줄 수 있다는 것입니다. 그렇게 영계에서 움직이는 영들이 그 망을 따라서 자꾸 내려옵니다. 자꾸 내려와서 부락에도 그것이 점점 증가하고 교체되게 되면 그 부락에 있는 악령들을 제거하는 운동을 합니다. 그렇기 때문에 자연히 환경이 맑아진다는 것입니다. 그런 운동을 합니다. 이 땅에 와서 자기 인친관계를 중심삼고 많은 인연을 맺는다는 것은 영계에 돌아갈 때 탕감되어 좋은 자리에 갈 수 있는 비례적인 터전이 된다는 것입니다. 그러니 영계에서도 경쟁시대로 들어갑니다.

7 이제 영계 조상들을 지상에 배치해야 되는데, 그 배치하는 사람은 누구냐? 하나님이 배치하지 못합니다. 원리가, 하나님이 배치하게 되어 있지 않습니다. 선생님이 배치해야 됩니다. 어디서 태어났든지 간에 태어난 땅, 고향 땅으로 재림하게 하는 것입니다. 만민 재림입니다. 축복행사에 가담함으로써 낙원 이상 천국 갈 수 있는 조상을 만드는 것입니다. 이론에 맞는 말입니다. 여러분의 땅에서 어떠한 선인이 살고 갔는지 압니까? 그 이상 되어야 합니다. 한의 한을 품고 죽어 갔던 영인들이 영계에서 지상에 재림해 우리 사는 곳에 와서 우리를 협조하고 형님같이 모시고 왕같이 모시겠다는 것을 생각할 때, 거기에 으뜸이 돼야 한다는 것입니다.

8 하나님이 동네를 내려다보면 전부 지옥으로 갈 수밖에 없는 인간이기 때문에 눈물을 흘리지 않을 수 없지 않느냐 해서 하나님 대신 자기가 눈물을 흘린다는 것을 스스로 느껴야 합니다. 하나님의 심정으로 눈물을 흘릴 수 있는 공명력이 들어가게 되면 영계가 총동원하는 것입니다. 인간으로서 하나님 앞에 감동적 눈물을 흘려야 됩니다. 하나님이 '고맙구나! 타락한 아담과 해와의 후손이 옛날의 아담과 해와보다 낫구나!' 하고 감동을 받아 눈물지을 수 있는 자리에 들어가지 않고는 영계와 안 통합니다. '타락한 아담과 해와의 후손으로서 하늘을 배반한 후손인 너희가 이럴 수 있느냐?'라면서 하나님이 감동할 수 있는 눈물을 흘려야 영계가 협조한다는 것입니다. 거기서부터 영계가 열립니다. 그 이하는 절대 안 됩니다. 그것이 원리입니다.

9 영계가 동원되어야 됩니다. 영계가 동원되지 않으면 어떻게 천국을 형성하겠습니까? 형성하지 못합니다. 천국은 참부모로부터 시작하게 되어 있지, 지금까지의 타락한 후손으로 시작하게 되어 있지 않습니다. 아담을 창조할 때 천사세계의 협조를 받은 것과 마찬가지로, 재창조도 영계에서 내려와 가지고 지상을 협조해야 됩니다. 그러지 않고는 안 되게 되어 있습니다.

10 앞으로 가족이 전부 다 하나님을 믿게 될 때 할아버지 할머니, 아들딸, 손주 3대가 이리 맡고 저리 맡으면 3대의 역할을 할 수 있습니다. 그것이 벌어지면 부모를 복귀할 수 있으니까 여러분은 부모, 부모, 부모, 수천수만 대의 조상들을 한꺼번에 복귀할 수 있는 것입니다. 영계에서 땅에 재림할 수 있는 시대가 됩니다. 지상의 조직이 영계의 조직까지도 편성합니다. 하나되는 것입니다. 이런 놀라운

일이 벌어지니 영계에서 얼마나 좋아하겠습니까? 그렇기 때문에 종교의 승리시대가 왔습니다. 영계의 승리시대가 왔다는 것입니다.

11 예수님이 땅 위에 오심으로써 그 이전의 선한 조상들이 영형체급 영계에서 생명체급 영계로 들어갈 수 있었던 것과 마찬가지로, 여러분의 조상들도 지상에 있는 여러분을 조건으로 하여 재림할 수 있는 특별한 혜택권 내로 들어왔습니다. 여러분이 이러한 뜻을 알고 승리의 가지가 되면, 하나의 생명체를 이룰 수 있는 입장이기 때문에 여러분의 조상이 여러분을 협조하는 것입니다. 이와 같이 여러분은 수천 대의 선한 조상들이 재림할 수 있는 터전이 되어야 합니다. 예수님 당시에는 영계에서 조건적으로 생명체급 부활을 위한 협조를 한 시대였으나, 이제는 영계가 무조건적으로 생령체급 부활을 위한 협조를 하는 시대입니다. 이러한 시대가 왔기 때문에 이 이상의 복이 없습니다. 다시 말하면 영계에서 협조한다는 것입니다.

12 지상에서 축복과 세계와 모든 것을 다 넘어섰으니, 그것을 누구나 다 공인할 수 있는 환경에 들어왔으니, 또 누구나 필요할 수 있는 환경 여건에 걸려 있으니, 여러분이 해원성사의 기준을 어떻게 정비해 가지고 행복하게 하느냐 하는 것이 문제입니다. 그 일을 여러분이 다 해야 됩니다. 하나님을 먼저 기쁘게 해야지 다른 사람들을 기쁘게 하게 되어 있습니까? 조상들과 같이 하나님이 기뻐하면 만대 천대가 가 있는 영계 전체가 기뻐할 수 있습니다. 한 몸과 마찬가지입니다. 그래서 하나님을 모르면 안 되는 것이고, 영계를 모르면 안 되는 것입니다. 인간의 생활이 지금 그렇잖습니까? 사랑하고 잘생겨라, 잘나라 하는 것이 뭐냐? 후대를 잘 남겨 가지고 보다 나을 수 있는 환경을 개척하자는 것입니다. 자기 후대에서 훌륭한 후손을 세워 핏줄의 결과가 나라에 영향을 미칠 수 있는 핵의 자리에 서고 주류의 자리에 나가자는 것 아닙니까? 간단한 것입니다. 그것은 불가피한 결론이니까 어느 누구든지 받아들이지 않으면 천상세계에서나 지상세계에서 받아들이지 않은 만큼 제재를 받는 것입니다.

13 통일교회에 영계해원식이라는 것이 있습니다. 조상해원식이 있고 다음에 조상축복식이 있습니다. 조상을 그냥 그대로 통일교회 교인들이, 축복받은 가정들이 모시지 못합니다. 영계에 가 있는 자기 형님 동생, 어머니 이모, 전부 축복해 줘야 하늘 가정으로서 하나님 대신 모시는 것입니다. 이제 그럴 때가 왔습니다.

이것은 우상숭배가 아닙니다.

14 지금까지 수많은 아기들이 영계에 갔는데, 그들에게 축복이라는 말이 있을 수 있습니까? 없습니다. 참부모가 와서 사탄세계의 혈통을 끊고 탕감조건을 다 해소했기 때문에, 영계의 축복받은 가정들을 중심삼고 일찍 아기로 죽은 사람들을 16세까지 키워서 축복해 줬습니다. 영계에서도 자랍니다. 부모들이 위해 주고 가정에서 그 아기가 태어난 날을 기념해 주고 하게 되면 자라는 것입니다. 정성들이면 자랍니다. 또 선한 조상들, 몇 대 조상들이 있으면 그 조상 관리권 내에서 키워 나가는 것입니다. 그런 16세 이상 된 사람들, 영계에 간 아기들을 축복해 줬습니다.

영계의 장자권 성립

15 영계로 보면 흥진 군이 사랑권을 중심삼고 사랑의 첫 번째 난 아들이고, 영계에 가 있는 사람이 동생의 자리에 서는 것입니다. 거꾸로 됩니다. 그래서 장자권 심정기준이 원칙적 자리를 잡고 들어간다는 결론이 나옵니다. 지금 영계에 가 있는 영인들 앞에, 예수님 앞에, 모든 선한 성인들 앞에 심정권을 중심삼고 흥진 군이 장자로 먼저 태어났다는 말입니다. 그러니까 심정권을 중심삼고는 흥진 군이 장자이고 그다음에 태어날 사람들이 차자입니다. 그러므로 흥진 군이 장자권을 차자권 앞에 상속해 줄 수 있습니다. 그러나 사탄은 상속 안 해주려고 했습니다. 사탄은 상속을 안 해주고 자기가 겁탈하는데, 장자권 흥진 군은 지상에 가진 복을 전부 다 넘겨줍니다. 그러니까 연결됩니다. 지금까지 사탄세계는 전부 다 안 넘겨주려고 하는데 자꾸 넘겨주려고 한다는 것입니다. 흥진 군이 부부를 갖추었기 때문에, 부부를 갖춘 기반이 있기 때문에 지금까지 전부 다 갈라져 있던 저나라의 영인들의 담이 터져 가지고 서로서로 만나 협력해서 옛날 지상에서 이루지 못한 소원을 이루기 위해 협조할 수 있는 지상의 기반을 갖게 된다는 것입니다. 심정을 통해서 그런 것입니다. 참부모님이 탕감한 기반이 있기 때문에, 참부모님이 탕감한 세계권은 참부모님의 관리권 내에 들어오기 때문에 심정권에 연결된 그 사람들은 참부모님을 중심삼은 흥진 군과 하나된 그 자리에서 대신 이 땅 위에 참부모님이 닦아 준 이 주관권에 동참할 수 있다는 말입니다.

16 흥진 군이 청소년으로 감으로써, 참부모의 사랑을 받던 후손이 감으로써 흥진 군과 영계가 하나되는 입장에 서게 됩니다. 이것이 참부모 가정과 연결됩니다. 영적 세계의 맏아들

이 됩니다. 형님이 됩니다. 그렇기 때문에 참부모님의 사랑권이 영계로 옮겨지는 것입니다. 예수님이 흥진 군을 형님으로 모셔야 됩니다. 그래서 전부 다 연결됩니다. 그리고 지상 재림을 함으로써, 지상에 영적인 후원이 몰아침으로써 사탄세계는 무너지기 시작합니다. 급진적인 하강을 하게 됩니다. 타락 후에 생긴 영계와 육계의 경계선이 다 무너진다는 말입니다. 흥진 군이 감으로써 참부모의 사랑권을 중심삼고 영계와 연결되기 때문에 지상세계와 천상세계의 담이 무너져서 교류할 수 있는 시대에 들어온 것입니다.

17 자유세계의 사람들은 흥진 군을 사랑하지 않으면 안 됩니다. 전 세계 사람을 자기의 생명을 대신해서 사랑했다는 타이틀을 남겼기 때문에 여러분도 생명을 대신해서 사랑할 수 있는 인연이 연결된 것입니다. 아버지 대신 갔습니다. 그렇기 때문에 흥진 군을 사랑하는 것은 참아버님을 사랑하는 것이 됩니다. 그 조건이 됩니다. 흥진 군을 사랑한다는 것은 참아버님을 사랑한다는 것과 연관관계가 맺어집니다. 영계에서는 지금까지 영계와 연결시킬 수 있는 중심이 없었는데, 흥진 군이 감으로 말미암아 흥진 군을 사랑하는 모든 영계의 영인들에게는 참아버지를 사랑하는 조건이 연결됩니다. 또 통일교회와 연결됩니다. 통일교회로 보게 된다면, 지상에서는 생명을 바쳐 싸우는 데에 표준이 되고, 영계에서는 사랑을 연결시키는 데에 지금까지 역사 이래에 없었던 영계의 대표가 되었다는 것입니다. 지상에서는 통일교회 교인들에게 생명을 바쳐서라도 뜻을 사랑해야 한다는 본을 보여 줬습니다. 참아버지를 사랑하라는 것입니다. 세계를 위해서 참아버지를 사랑하고 가야 된다는 것입니다. 그러니까 흥진 군이 영계에 감으로 말미암아 영계가 흥진 군을 사랑함으로써 지상의 참부모와 사랑의 관계가 연결됩니다. 그래서 영계에서는 역사 이래에 제일 기쁜 날이라는 말입니다. 사랑의 메시아로서 영계의 문을 연 사람입니다. 지상에서는 표본적인 순교의 길을 연 것입니다. 그래서 통일교회 교인들이 흥진이를 사랑해야 됩니다.

18 영계에 흥진 군이 있기 때문에, 흥진 군이 울타리가 돼서 책임지고 교육하고, 영인들은 지상에서 하지 못한 부끄러움을 벗기 위해 노력하기로 결심하고 훈련받는 것입니다. 참부모님이 껍데기만이 아닙니다. 영계를 중심삼은 모든 실체적 권한을 중심삼고 나아가고 있습니다. 그렇기 때문에 영계를 축복할 수 있습니다. 영계에 참부모의 실체권이 있으

므로 지상과 영계에 통일적 축복을 해서 축복받은 사람들이 천국 가게 되어 있습니다. 천국은 비어 있습니다. 천국을 채우려면 지상에서 축복이 되어야 합니다. 지상의 축복이 없이 천상에 축복이 있을 수 없습니다.

19 선생님이 청평에 가서 예수님의 가정을 잘해 가지고 흥진 군하고 형제관계를 맺어 줘서 기독교의 모든 사도들을 축복해 줘야 됩니다. 통일교회는 아벨 자리이고 기독교가 가인 자리입니다. 이것을 어떻게 하나 만드느냐? 영적인 관점에서나 육적인 관점에서나 전부 다 하나 만들어야 됩니다. 참자녀인 흥진 군은 아벨 입장입니다. 장자 자리입니다. 가인 편 장자는 예수님입니다. 지상세계와 영계를 연결해서 통일교회와 기독교 세계를 한꺼번에 축복해 주는 것입니다. 또 백인이나 흑인이나 전부 다 축복해서 미래에는 전부 섞어지는 것입니다. 그러면 싸움이 없습니다. 미국의 골칫거리인 흑백 문제를 누가 해결합니까? 그 싸움을 누가 그만두게 할 수 있겠습니까? 그것은 미국의 그 누구도 못합니다. 어떤 단체도 못합니다. 종교권도 하지 못합니다. 오직 선생님만이 가능한 것입니다.

20 영계에서도 이제 교육 체험관을 세우려고 합니다. 신앙세계, 종교세계의 전통을 가르쳐 주고, 그다음에는 방계인 세상의 사상도 가르쳐 줘야 합니다. 공산주의를 극복하는 통일사상을 가르쳐야 됩니다. 영계가 전부 다 갈라져 있기 때문에 모릅니다. 하나님이 자기 부모이고 자기는 사랑하는 아들딸이 되어 이상적 가정을 이루는 교육을 해야 됩니다.

21 지금 영계에서는 대청소작업이 벌어지고 있습니다. 선생님이 오래지 않은 기간에 지상에서 천상세계에 갈 텐데 천국의 백성이 다 준비 안 돼 있습니다. 기다리고 있습니다. 그러니까 그것을 위해 영계에서 100일 수련을 통해 새로운 선령으로 만들어 그들이 지상의 후손을 통해 축복받고 선생님이 돌아올 날을 기다리고 있다는 것입니다. 거짓 부모로 말미암아 낙원이 생기고 지옥이 생겼으니, 참부모는 이것을 정리해서 하나님의 깨끗한 천국, 지상·천상천국, 통일적인 천국 앞에 하나의 주권을 중심삼고 만세의 영원불변한 통치자가 돼야 합니다. 만국의 천세만세 태평성대를 갖추어서 영광과 영화의 주인들이 돼야 하는 것이 하나님의 창조이상입니다. 그 세계로 돌아가야 됩니다.

조상들의 협조와 후손들의 책임

22 선생님과 여러분의 관계가 얼마나 무섭고 두려운가 하는 사실을 알

아야 됩니다. 한 발짝 잘못 디디면 일가 일족, 친족을 전부 망치고, 한 발짝 잘 디디면 영계의 조상으로부터 현재의 종족, 후대까지 사는 것입니다. 여러분이 어떻게 하느냐에 따라 죽고 사는 문제가 좌우되는 엄청난 자리에 섰다는 것입니다. 선생님이 지금까지 아무것도 모르는 사람들을 데리고 세계적으로 넘어갈 때이기 때문에 선생님의 실체대상은 못 되어도 그림자 같은 모양이라도 되어서 따라가야 됩니다.

23 조상을 해방해야 됩니다. 조상을 해방하려면 지상의 자기 일족보다도 영계의 조상을 사랑하고 투입해야 됩니다. 그러지 않고는 천상세계의 지옥에 간 조상이 지상에 찾아올 수 없습니다. 그래서 그 가정들을 불러서 여러분이 중심에 서서 도와줄 수 있어야 하나됩니다. 보다 투입하는 자는 중심존재가 되는 것입니다.

24 가정에서 제일 중요시할 것이 뭐냐? 영계 내용의 교훈과 이 땅 위의 참부모님의 교훈을 철저히 붙잡아야 됩니다. 그것이 영계에 막혔던 담을 넘어서 본연의 해방 천국을 향해 갈 수 있는 길이 됩니다. 그래서 훈독회를 해야 됩니다. 이제는 여러분이 지상에서 잘못하면 조상들이 어떻게 하느냐? 지금까지 사탄은 지상의 아담세계를 거꾸로 뒤집어 박아서 마음대로 복 주고 화 주고 했습니다. 복이 아니라 화를 줬습니다. 그것을 벗기 위해서는 후손들이 정성 들여야 되는데, 여기는 반대가 됩니다. 축복받은 가정들이 후손을 위하는 것은 천사와 다릅니다. 축복받았다는 것은 참부모님의 피를 영적인 면이지만 전수해 준 것이기 때문에, 축복받은 가정은 사탄과 혈통적 관계가 없습니다.

25 이제부터 추석 때 고향에 가게 되면 조상들에게 잔치를 해주라는 것입니다. 자기 일가만이 아닙니다. 자기 조상들을 중심삼고 하나님까지도 이 날 조상을 모신다고 하면서 축하해 주면 그 자리가 하늘의 잔치 자리와 연결됩니다. 일족만이 아닙니다. 지상 천상이 화합됨으로써 통일세계가 벌어집니다. 그런 잔치에 참석했던 영인들이, 여러분이 저나라에 가게 되면 얼마나 환영하겠습니까? 여러분이 조상입니다. 그렇게 영계 해방을 위하고, 부모님의 지시에 따라 일체 일념으로 자기들을 섬겨 줌으로써 지상세계에 내려와서 협조할 수 있습니다. 해방적 은사를 전수해 준 조상들이기 때문에 언제나 여러분을 중심삼고 돕는다는 것입니다. 그렇기 때문에 사탄의 악운이, 나쁜 불행의 운세가 침범 못하고 천운이 보호할 수 있는 환경이 됩니다.

26 '우리는 참부모로 말미암아 새 혈대를 이을 수 있는 조상이 됨으로써 해방권이 벌어지는 축복받은 종족이 되었나이다! 이 종족은 영원불변 하나님의 권속이요 혈족이 되겠나이다!' 이렇게 되면 사탄하고 완전히 작별입니다. 그래서 통일교회는 조상들 섬기는 것을 허락하는 것입니다. 기독교가 제사하는 것을 허락했습니까? 통일교회는 이제 그 전통을 세워야 됩니다. 이것은 세상 전통이 아닙니다. 하늘부모·하늘나라·하늘조상을 섬기는 데 있어서 그 계대를 이은 종족적 메시아권, 전통적 혈족들을 천년만년 모실 수 있는 왕토가 됩니다. 왕을 모시고 영원한 태평성대를 부를 수 있는 그 나라가 되는 것입니다. 그 나라에서 살다가 가야만 여러분 어머니 아버지, 일가 일족이 천국으로 직행하는 것입니다.

27 영계는 이제 대혼란이 벌어집니다. 축복받고 가정적 메시아, 종족적 메시아가 되어서 조상들 7대를 해원성사 안 하게 되면 문제가 생깁니다. 병 주고 약 주고 한다는 말이 있는데, 조상들이 전부 병 주고 약 주고 하는 것입니다. 사탄세계에서 잘못해서 탕감받게 되면 문제가 큽니다. 탕감복귀가 안 됩니다. 걸리기 때문에 데려가는 것입니다. 데려가게 되면 저 영계에 가서 다시 돌이키는 것이 빠릅니다. 그런 때가 옵니다. 탕감기간이 없습니다. 아담 해와가 타락한 후에 즉결처분하지 않았습니까? 그와 마찬가지입니다. 조상들이 다 한다는 것입니다. 과거에는 후손을 통해서 복귀하려고 했지만 지금은 선조를 통해서 복귀하는 것입니다. 조상을 축복해서 지상의 미혼남녀들이 사탄 몸이 되어 있는데 영계에는 그것이 없습니다. 전부 선한 영을 만들고, 지상에 있는 악한 영들도 전부 축복받게 해서 선하게 만들어야 됩니다. 거꾸로 돼 있습니다.

28 여러분이 앞으로 움직이지 않으면 병 주고 약 주고 해서 지옥 데려가는 것이 아니라 병 주고 약 주고 해서 천국 데려가는 것입니다. 강제로라도 그렇게 합니다. 앞으로 이 뜻이 다 성립되고 헌법이 생기게 될 때는 즉각적입니다. 원수를 사랑한다는 말이 아닙니다. 법대로 움직이는 것입니다. 지금 사탄세계를 구해서 장자권을 찾으려니 할 수 없이 이렇게 나온 것입니다. 그렇기 때문에 이때가 오래 안 가고 휙 돌아가기 쉽습니다. 지금 때가 그렇게 되어 왔습니다.

29 영계에서 조상들이 내려와서 관리해 주기 때문에 거기에 순응해야 됩니다. 반대하게 되면 조상들이 가만히 안 둡니다. 영계가 치우치게 되

면, 영계 법에 침해당하게 되면 그 씨족 자체가 갈 길이 막히기 때문에 그것을 제거하는 것입니다. 안 됐으면 데려가고, 별의별 처리를 하는 것입니다. 지금까지는 원수가, 핏줄이 다른 사탄이 했지만, 이제는 자기 조상들이 하니만큼 자기 일족이 감퇴되지 않고 전진할 수 있도록 협력해서 도움으로 말미암아 필요한 아들딸은 번식하게 복을 주지만, 나쁜 사람들은 침식하니만큼 제거하고 제한하는 일이 벌어집니다.

30 여러분 가정은 하나님 앞에 3대 가정입니다. 참부모 대신 가정이라는 것입니다. 그래서 선생님보다 더 훌륭해야 됩니다. 선생님은 핍박받았지만 여러분은 핍박 안 받습니다. 나라가 환영하고, 세계가 환영합니다. 하늘땅이 다 증거합니다. 지금까지 증거 못했습니다. 꽉 막혀 버렸습니다. 이것을 터 버렸기 때문에 어디라도 영계 전부가 한 주류로 되어 있습니다. 앞으로 지상에서 안 하면 데려갑니다. 선생님이 일 안 하는 사람은 데려가라고 하면 조상들이 데려가게 되어 있습니다. 둬두면 그냥 지옥 구덩이에 떨어지기 때문입니다. 낙원에 올라온 것이 지옥에 떨어지면 큰일 납니다. 조상들의 한이 맺히는 것입니다. 하나님이 구원섭리를 하는 것과 마찬가지로 그런 어려움이 벌어집니다.

31 저나라에 가게 되면 수천 대의 조상들이 한꺼번에 몰려 있습니다. 거기에 지옥 간 조상들이 있습니다. 몇 대 조는 지옥에 가고, 또 몇 대 조는 어디에 가고, 조상마다 전부 급이 다릅니다. 위해 살던 사람들이 가는 곳이 천국입니다. 그렇기 때문에 가화만사성은 나로 말미암아 이루어지는 것입니다. 내가 가정을 위해서 살고, 할아버지 할머니를 세 번만 위하게 되면 할아버지 할머니도 잘못한 것을 아는 것입니다.

32 어제보다 오늘이 나아야 됩니다. 나은 것이 뭐냐? 자기 조상들을 축복하는 것입니다. 이 땅 위에 종적인 조상, 영계 조상과 횡적인 일족을 축복하는 것입니다. 일족을 중심삼고 후손들을 축복해서 가인적 선조를 구해줘야 됩니다. 막혀 버리면 어느 누가 안 구해 줍니다. 그것을 뻔히 알면서도 못하게 되면 누가 책임져 줍니까? 책임 안 집니다. 자기 일족은 자기가 해야 됩니다.

33 영계에 있는 만형님과 땅에 있는 여러분이 형제가 되어 형님이 하는 일을 지상에서 여러분이 협조해서 이뤄야 됩니다. 종결을 맺게 해주는 것은 영계에서 못합니다. 여러분이 그

이상 알아서 생활에 있어서 조상들을 대해서 기도해 주고 협조를 요청할 수 있게끔 해야만 여러분이 지상에서 모두 정리할 수 있는 책임을 다했다고 보는 것입니다. 그렇기 때문에 영계의 조상들이 지상에서 결정하지 못한 것을 여러분이 해줌으로써 천상세계에서도 해방이 오게 됩니다. 이것이 중요하기 때문에 세밀히 알지 않으면 안 됩니다. 여러분 일생만이 아니라 선조 전체가 여러분이 해결하는 데에 달려 있다는 것입니다. 영계 전체를 대해서 맏형님이 하는 것을 지상에 있어서 동생의 자리에서 전개하는데, 나중에 결정적인 모든 책임은 영계가 아니라 여러분이 져야 됩니다.

34 천국문에 들어가서 가정 낙원이 생기고 가정 지옥이 생깁니다. 조상들이 이것을 탕감해야 됩니다. 조상들이 희생해서, 몇 백명이 희생해서 한 가정을 가정적 종족 대표의 존재로 만들어야 됩니다. 지상에서 사는 통일교회가 중심이 되어야지, 저나라의 성인군자나 유명한 조상이 중심이 되면 안 됩니다. 현재 있는 자기 일족, 앞으로 오는 후손들을 통일교회 믿던 사람이 먼저 올라가서 연결시켜야 됩니다. 그래서 완성의 자리, 천국에 들어가야 그것을 따라 들어갑니다. 그렇기 때문에 종족적 결속을 지금 하고 있는 것입니다.

35 아담 해와가 공적인 자리에 못 섬으로써 참소의 조건을 남겼는데, 보다 공적인 자리에 서서 희생의 길을 극복했더라면 오늘날 인류 후손 앞에 참소를 받지 않았을 것은 당연한 이치입니다. 여러분도 그와 같은 자리에 섰습니다. 그러니까 여러분이 언제든지 생각해야 할 것은 '3시대를 대표한 나다.'라고 하는 것입니다. 그렇기 때문에 영계가 내 손에 달려 있습니다. 여러분의 조상들이 여러분 자신에게 달려 있다는 것입니다. 그러니까 영계가 내 손에 달렸고, 친척이 내 손에 달렸고, 친척뿐만 아니라 나라가 내 손에 달렸고, 앞으로 올 후손 앞에 올바른 전통을 세워 놓아야 할 것도 내 손에 달려 있습니다. 여러분 한 사람이 잘하느냐 잘못하느냐에 따라서 영계에 간 여러분의 선조들과 친척들도 해방할 수 있고, 여러분의 후손들이 해방의 선민으로 책정받을 수 있는 여부가 결정됩니다.

36 조상들이 협조해서 통일교회에 들어와 지금까지 기반을 닦았는데, 법을 어기게 되면 그 자녀들까지 데려갑니다. 영계의 다른 데 데려갔다가 영계 천국문 앞에 갖다 놓고 기다리게 합니다. 천국 못 들어간다는 것입니다. 할아버지 할머니 친구들은 선생님을 따라 천국에 들어가는데 자기 지식을 자랑하고, 돈을 자랑하고,

권력을 자랑하는 사람, 결혼해서 통일교회를 속여 나오던 사람은 천국에 못 들어가는 것입니다. 그 문 앞에 가서 기다려야 됩니다.

37 영계를 동원해서 축복받은 천사장권이 우리 조상이지만 조상이 아닙니다. 천사장권이 있고, 축복받은 천사장권이 있습니다. 타락함으로 말미암아 그런 일이 벌어졌는데, 축복해 가지고 천사장권 조상들은 지상에 와서 축복받아야 할 자기 일족과 축복받은 일족을 보호해 주고 형님같이 모셔서, 이 둘이 하나되는 기준에서부터 나라가 묶어지고 세계가 묶어지는 것입니다. 그렇기 때문에 여러분이 그들 앞에, 영계 앞에 져서는 안 됩니다. 내가 선두에 섰다는 자부심을 가지고 일해야 됩니다.

38 지상의 가정은 아담 가정 자리인데 본연의 축복받은 가정, 형님의 자리가 됩니다. 천사세계는 핏줄이 달라졌기 때문에 내려와서 다시 접붙여야 됩니다. 형님한테 동생의 자리에서 접붙여 하나돼야 되는데, 성신과 실체 어머니가 하나된 기준을 중심삼고 지상의 형님 가정과 영계의 동생 가정이 하나된 기반 위에 어머니가 하나돼야 합니다. 영육을 중심삼은 어머니를 중심삼고 형제가 하나된 가정들이 합해서 부모님을 모심으로써 지상에서 형제가 부모님의 인연을 중심삼고 관계가 안 맺어졌던 것이 맺어져 가지고 완성의 조건을 갖추어 천상세계와 하나되는 것입니다. 천사세계의 축복가정이 비로소 지상의 축복받은 가정을 형님으로 모시는 것입니다. 형님으로 모시기 때문에 비로소 장자권이 복귀됩니다. 장자권이 복귀됨으로써 하나님과 일체 되는 자리에 들어가는 것입니다.

39 참부모와 성약시대를 발표했기 때문에 선한 천사세계가 내려와서 악한 천사장권 악령들을 다 추방하는 것입니다. 영적인 장자권 복귀입니다. 거꾸로 되어서 사탄 편이 다 하나님을 공격했지만, 지금은 하나님 편이 영계에서부터 지상계까지 공격하는 시대가 되었습니다. 그때가 오기 때문에 선생님은 종족적 메시아 책임을 하라고 말한 것입니다. 종족적 메시아는 그 종족의 참부모입니다. 조상입니다. 조상으로서 안정되면 그 후손은 자동적으로 따르게 되어 있는 것입니다. 그러한 배짱하고 자신을 가져야 합니다. 그 장자권복귀와 부모권복귀, 그리고 왕권복귀, 황족권복귀, 이것은 역사를 총합한 결론입니다. 그 결론 위에 참부모와 성약시대를 발표했습니다. 그것은 뭐냐? 장자권은 하나님 것이 되었다, 참부모의 것이 되었다는 것입니다.

제8편

신앙생활과 수련

제8편 신앙생활과 수련

| 차 례 |

제1장 신앙생활은 무엇인가

1절 신앙생활이란

1 신앙생활은 반드시 제삼자의 입장을 탈피해야 됩니다. 여러분이 지금 선생님을 따라 나가지만 선생님을 중심삼고 신앙생활을 하는 것이 아닙니다. 여러분 자신을 중심삼고 신앙생활을 하는 것입니다. 그렇기 때문에 신앙생활을 하는 사람은 남이야 어떻든지 나 홀로 지켜 나가야 할 신앙의 길이 있습니다. 그러한 신앙생활은 가까운 사람한테서 체험하지 못하는 깊은 심정세계에서 하늘을 중심삼고 홀로 감사하는 생활, 홀로 만족하는 생활을 할 수 있어야 합니다. 세상이 아무리 악하더라도 하늘땅을 바라보면서 '감사합니다. 나는 행복합니다.'라고 할 수 있는 신앙생활을 해야 됩니다. 그렇게 하지 못하고 그런 것을 못 느끼겠거든 그 반대의 자리, 지극히 슬픈 자리에서 '나는 죄인입니다. 나는 부족하오니 용기를 주시옵소서.'라고 결의하여 재기하는 스스로의 기간을 반드시 가져야 됩니다.

참된 신앙관

2 내가 믿고 하면 안 되는 것이 없습니다. 이런 신앙관을 가져야 합니다. '제1 주체는 하나님이요, 나는 대상이다. 완전한 플러스는 완전한 마이너스를 창조하는 것이다. 내가 제2의 하나님, 제2의 예수님, 제2의 부모님 자리에 있으니 그 자리에 도달할 수 있소!'라는 생각을 가져야 됩니다. 선생님이 어떻게 세계적인 일을 혼자 하고 있느냐 하는 것을 생각할 때, 이와 같은 철학적 배경의 내용을 중심삼고 직접적으로 나라를 소화해 가고 있기 때문입니다. 그러므로 선생님 앞에 깨끗이 '틀림없이 우리가 그것을 전수받아 그렇게 살 것입니다!'라고 약속하라는 것입니다.

3 선생님이 이 땅에 와서 신앙세계에 남긴 위대한 내용이 네 가지입니다. 하나님과 인간의 관계를 확실히 했습니다. 책임분담과 탕감이라는 것을 역사의 누구도 몰랐습니다. 인간이 왜 이런 모습이 되었는지를 몰랐습니다. 이것을 확실히 해 놓았습니다. 그다음에 양심적인 사람은 못살고 악한 사람이 잘살았는데 왜 그러냐는 것입니다. 탕감법, 가인 아벨 문제를 몰랐습니다. 그다음에는 인간이 선을 바라는데 왜 점점 문제가 나빠 가느냐는 것입니다. 이것은 혈통 문제, 사탄의 더러운 피 때문입니다. 혈통 문제를 근본적으로 모르기 때문에 해결하지 못했습니다. 세계의 문제가 다 이

원리에 걸려 있습니다.

4 지금까지 신앙생활은 나 하나를 찾기 위한 일이었습니다. 잃어버렸던 아담 해와와 같은 입장에서 원죄 없는 본연의 개체를 갖기 위한 일이었습니다. 이제 하나님이 최후에 바라는 것이 무엇인가? 먼저는 하나님의 사랑을 중심삼고 개체 개체끼리 합한 하나의 가정을 찾는 것입니다. 나아가 하나님이 사랑할 수 있는 그 가정을 중심삼고 거기서 벌어지는 종족을 찾고 민족과 세계를 찾고자 하는 것입니다. 이것이 하나님의 전체적인 뜻입니다.

5 하늘은 인간적인 소망을 중심삼고 살고 있는 인간으로 하여금 새로운 소망을 갖고 죽음의 고비도 넘을 수 있고 영원한 세계를 흠모하면서 살 수 있도록 하기 위하여 무한히 애쓰셨습니다. 그렇기 때문에 신앙생활을 하는 사람들은 땅 위의 어떤 소망을 품고 살 것이 아니라 죽음까지도 넘어설 수 있는 소망을 품고 영원한 소망의 세계를 꿈꾸며 생활해야 됩니다. 이것을 위하여 우리도 지금 신앙생활을 하고 있습니다.

6 하늘의 심정을 체휼하고 그 심정권 내에서 미쳐지는 충격과 자극을 느끼는 자가 있다면 땅 위의 어떠한 핍박이나 고통이나 죽음의 길이 가로막더라도 그 사람이 가는 길을 막으려야 막을 수 없습니다. 이런 심정이 마음을 격동시키고 그 마음이 몸을 재촉하여 사지를 움직이게 함으로써, 자기도 모르는 사이에 무한한 경지를 향하여 걸어 나가게 되는 생활의 일편 일편을 체휼하고자 노력하는 것이 바로 오늘날 속세에 살고 있는 신앙자의 생활입니다.

7 하나님은 자기 교단을 위주로 신앙생활을 하는 기독교인은 원하지 않습니다. 선생님도 통일교회라는 간판을 붙이고 있지만, '이 간판을 언제 떼어낼 수 있을까?'라는 생각을 합니다. 여러분이 통일교회 사람들이라고 주목을 받고 있겠지만, 그 주목이 삼천리반도에서 언제 사라지겠느냐는 것입니다. 세계에 널려 있는 통일교회 식구들은 하나님의 맺힌 한을 풀고자 이를 악물고 노력하고 있고, 하나님의 고난길을 대신하여 나서겠다고 충효의 심정으로 뛰고 있습니다. 이 일을 하다가 쓰러지는 것을 최고의 기준으로 결의하고 나가고 있는 무리가 통일교회 식구들입니다. 이렇게 가는 길이 복된 길입니다.

8 하나님이 바라보는 여러분의 신앙관념은 너무나 염려스럽습니다. 지금 선생님이 이 땅에 없다면 여러분

가운데 몇 사람이나 남아질지 의문입니다. 모르긴 해도 싸움이 벌어질 것입니다. 지금 선생님은 뜻을 위해 죽겠다는 사람이 얼마나 될 것이냐 하는 점에서 여러분을 바라보고 있습니다. 그러므로 여러분은 심각한 자리에 들어가야 됩니다. 가정에서는 아내와 자식들을 위해서, 교회에서는 식구들을 위해서 내가 얼마나 정성 들였느냐 하는 것이 문제입니다.

9 자기 신앙생활에 동정을 남기고 가지 못하는 사람은 그것으로 끝장이 납니다. 지금 선생님 자신도 그렇습니다. 선생님 자신이 물론 공적인 입장에서 어디를 갔다가 예배시간에 늦게 되면 나오기 전에 기도합니다. 또 어떤 주일에는 예배시간이 됐는데 못 가게 될 때도 있습니다. 그럴 때에도 반드시 회개의 기도를 합니다. 주체적 책임을 짊어진 자로서 식구들이 나를 걸고 복 받겠다고 하고 생사문제를 해결하기 위해 정성 들이고 있는데, 그 시간에 가지 못한 자신을 용서해 달라고 기도하는 것입니다. 그러한 기도가 필요합니다.

10 세계를 위해 가야 합니다. 세계를 위해서 희생하는 것입니다. 목적을 성사하려고 하는 사람이 그 목적을 위해서 얼마만큼 희생의 대가를 치르느냐, 상대적 권내에 그것이 얼마만큼 흘러들어 가게 하느냐에 따라서 목적 성사의 기일이 단축됩니다. 세계를 위해서 살려면 대한민국을 위해 살아야 합니다. 대한민국이 세계를 위하지 않으면 우리가 세계를 위해 살아야 되겠다는 것입니다. 고스란히 나와 같은 신앙적인, 사상적인 사람을 만들어서, 혹은 그런 후손을 만들어서 천년만년 후대에 이와 같은 사상을 남겨 줄 수 있는 터전이 남아지는 한 통일사상은 세계에 새로운 문화세계를 창조할 사상이 될 것입니다. 이렇게 보는 것이 선생님의 관이요 하나님의 관입니다.

11 여러분의 신앙생활에 있어서 맛이 있어야 합니다. 선생님은 옛날에 여러분을 전도하라고 지방으로 보내고, 통일산업에 매일같이 하루에 두세 번 왔다 갔다 했습니다. 또한 청평을 하루걸러 왔다 갔다 했습니다. 무엇 때문에 그랬겠습니까? 맛이 있다는 것입니다. 보통 사람은 느끼지 못하는 맛을 압니다. 정성을 들이고 왔다 갔다 하는 그 세계에 있어서 심령의 모든 세포가 발전하고, 그 발전의 힘이 자기 내적 자체에서 운동을 한다는 것입니다. 그런 무엇인가가 있어야 합니다. 비가 오나 눈이 오나 맛을 느껴야 됩니다.

12 주님이 이 땅에 오시는 목적은 지

상에 천국을 이루기 위함입니다. 천국은 어떠한 곳입니까? 모시기 위한 준비에 합격한 자와 모시는 생활에 합격한 자가 가는 곳입니다. 모심을 위한 준비와 모심의 생활을 만우주에 영원히 자랑할 수 있는 세계가 천국입니다. 천국 가서는 무엇을 하는지 압니까? 그저 놀고 다니는 곳인 줄 알겠지만 그렇지 않습니다. 놀고 다니려면 놀고 다닐 수 있는 과거의 준비해 온 조건과 생활적인 조건이 있어야 됩니다. 그런데 아무것도 안 하고 복 달라고 기도만 합니다. 신령한 사람들이 가다가 힘들어하는 주된 원인이 거기에 있습니다. 아무리 은혜를 받았다고 하는 사람도 7년을 넘기기가 힘들다는 것입니다.

13 무조건 복 달라고 하는 것은 참된 신앙이 아닙니다. 그러한 자리에 나아가려면 어떻게 해야 되느냐? 오늘날 이 땅에 있는 인류는 6천년 동안 내려온 아담의 후손입니다. 그러므로 인류를 붙들고 통곡할 수 있는 마음의 기준이 잡혀 있어야 합니다. 그렇지 않으면 그 세계와 절대 인연 지을 수 없습니다. 불쌍한 거지를 보고 가슴이 아파 견디지 못하고, 옷을 입지 못한 사람을 보면 자기가 잘 입고는 못 견디고, 못 먹는 것을 보면 자기도 못 먹고, 자기 일신이 어떤 편한 자리에 있을 수 없다는 마음을 여러분이 가져야 합니다.

14 세계에는 두 종류의 사람이 있고, 종교인 가운데도 두 종류가 있습니다. 덮어놓고 나 편히 잘살고 복 받겠다고, 내 교단 잘살고 우리 민족 잘살겠다고 비는 기복종교는 사라져 가는 것입니다. 그런 것을 알았기 때문에, 통일교회는 내 일신을 희생해서라도 하나님을 도와주고 하나님을 해방하자는 것입니다. 통일해서 무엇을 하느냐? 하나님을 해방하자는 것입니다. 참된 하나님의 권위를 중심삼고 이상경에서 인류시조와 함께 무한한 행복을 찬양하면서 살 수 있는, 모심을 받으면서 지내실 수 있는 하나님이 이렇게 비참하게 됐다는 사실을 알았기 때문에 그 하나님을 우리 손으로 해방시키자는 것입니다. 이것은 놀라운 제언입니다. 그러한 내용이 종교계에서 나왔다는 사실은 하나님에게 지극히 기쁜 소식입니다.

15 신앙생활은 살아서 죽음 문제를 해결하자는 것입니다. 여러분은 사형수들에 대해서 모르겠지만, 선생님은 사형수들과 같이 지내 봤기 때문에 잘 압니다. 그 사람들은 자기가 죽는 그 형(刑) 앞에 얼마나 심각한지 모릅니다. 추석 같은 날이 되면, 그 추석의 달을 역사에 없는 마지막 달로서 감상하는 것입니다. 바람이 불고 태

풍이 불어와도 그것을 감상한다는 것입니다. '아, 내 살아생전에 이 태풍이 마지막이 되겠구먼.' 하면서 말입니다. 모든 만상을 새로이 감정할 수 있는 심각한 심정에서 지냅니다. 신앙길을 가는 사람 중에 이와 같이 심각한 자리에서 하늘의 생명을 가치 있게 저울질하면서 하루의 생활을 다짐해 나가는 자가 얼마나 될 것이냐? 이것은 심각한 문제입니다. 선생님도 그런 심각한 자리에 있기 때문에 이런 길을 계속해 나가는 것입니다.

신앙생활은 하나님을 모시는 생활

16 신앙은 하나님을 모시는 생활, 모시면서 같이 사는 생활입니다. 그 길을 가지 않으면 편안하지 않습니다. 벌써 몸에 지장이 옵니다. 환경에 지장이 온다는 것입니다. 신앙생활은 하늘을 모시고 같이 사는 생활입니다. 아침에 해가 뜨고, 점심때가 되고 저녁이 되어 해가 지는 것은 변하지 않습니다. 천년만년 다르지 않습니다. 그 궤도가 틀리게 되면 모든 것이 틀어져 나갑니다. 사랑의 마음, 참사랑의 길을 찾아가야 됩니다. 참생명·참혈통을 이어받은 사람은 하나님의 권속이 되어서 언제나 하나님과 같이 산다는 것입니다. 자연과 더불어 기뻐하며 살고 자기가 오고 가는 생활을 기쁘게 하는 것이 하나님과 같이 사는 것입니다.

17 신앙생활은 단체가 하는 신앙생활도 있지만 개인의 신앙생활도 있습니다. 단체 신앙생활을 하면 평균적인 은혜는 받을 수 있지만 개개인의 은혜는 받기 힘듭니다. 개개인의 은혜를 받기 위한 생활은 하늘과 가깝게 사는 생활입니다. 깊은 기도와 자기 스스로의 생활 가운데 얼마만큼 하늘과 가깝게 사느냐에 따라 개개인의 신앙이 높아진다는 것입니다.

18 여러분이 통일교회의 일을 하기 위해서는 새로이 신앙자의 각오를 가져야 됩니다. 중심에 대한 확실한 신념을 갖지 않으면 안 됩니다. 그 중심을 세계 이상의 중심으로 알기 전에는 세계를 요리할 수 있는 신앙생활을 할 수 없습니다. 신앙의 인격을 가려낼 수 없는 것입니다. 그러므로 여러분은 신앙의 중심에 대해 확실한 신념을 가져야 합니다. 산의 정상에 올라가기를 바란다면 밤이나 낮이나 가야 합니다. 그리고 마음의 세계에서 천번 만번 가 보고 옳은 길이라고 느꼈을 때 비로소 행동할 수 있습니다. 마음속으로 그렇게 하지 않고서는 행동이 안 됩니다. 마음속으로 천번 만번 다짐하고 나서 가야 합니다. 스스로 다짐하고 나섰기 때문에 가다가 어떠어떠한 위험이 닥칠 때 그 위험을 해결하기 위해 재료를 수습하는 것이 신앙생활입니다.

19 신앙생활은 그냥 하는 것이 아닙니다. 신앙생활은 정상이면 정상을 정복하기 위하여, 상상봉이면 상상봉을 정복하기 위하여 거기에 필요한 재료를 수습하는 것과 같습니다. 그러므로 여러분은 어려운 고비가 닥치면 그 고비를 피해 돌아갈 것이 아니라 헤치고 나아가야 됩니다. 지금 당하고 있는 어려운 일보다도 더 어려운 일을 당하게 될지라도, 나는 거기서 망하지 않는다고 하는 진지한 입장에서 그 어려움을 내 것으로 소화할 수 있는 주체적인 자아를 발견하기 위해서 노력해야 됩니다.

20 악한 분야를 방지하고 선한 분야를 생애노정에 남기려고 하는 것이 인간이 믿고 나아가는 신앙생활입니다. 인간이 바라는 최고의 희망은 무엇이냐? 완전히 선한 존재가 되는 것입니다. 마태복음 5장 48절에 '하나님의 온전함과 같이 너희도 온전하라.'라고 했습니다. 절대적이요 선의 주체이신 하나님은 그 사랑의 대상 자리에 인간이 서기를 바랄 것입니다. 그래서 인간도 절대적인 하나님의 상대적인 선의 존재로 서는 것을 최고로 바랄 것입니다. 그 상대적인 존재가 악한 입장에 서서 신음하고 사탄 앞에 참소받을 수 있는 자리에서 있는 것을 원치 않는 것이 선한 주체로서 소원하는 것입니다. 이것은 두말할 바 없습니다. 그렇기 때문에 완전한 선의 주체로 계시는 하나님은 인간에 대하여 완전한 대상적인 선의 실체이기를 바라십니다. 그러면 태어나면서부터 그러기를 바라느냐? 물론 그럴 것입니다. 또 태어나서 일생 동안 그렇게 살기를 바랄 것이냐? 물론 그럴 것입니다. 지금까지 그랬지만, 미래에 있어서도 선하기를 바라는 하나님이 아닐 수 없습니다.

21 신앙은 믿고 우러러 모시는 것입니다. 그 믿음의 한계가 어디입니까? 인내적인 믿음, 극복적인 믿음의 한계가 어디까지입니까? 하나님을 타고 앉는 자리까지입니다. 하나님을 모시는 것보다 하나님의 상투 끝에 올라가 춤을 추더라도 하나님이 좋아하며 '어서 춤추어라.'라고 할 수 있는 자리까지입니다. 그 자리까지 올라가야 합니다. 그러므로 믿지 못할 것이 없습니다. 내용만 뒷받침된다면 믿지 못할 것이 없습니다.

22 통일교회는 생활적인 하나님을 신앙의 대상, 모심의 대상으로 삼아 가지고 하나님의 사랑에서부터 결속과 통일을 주장하고 나가자는 것입니다. 이것이 통일교회 출발의 동기입니다. 가장 이론적인 터전 위에서 출발한 종교입니다. 망상적이 아닙니다. 구체적인 내용을 제시해서 출

발했다는 것입니다.

23 모심의 생활은 천년이 가도 자신을 생각해서는 안 됩니다. '내가 통일교회에서 수십년 동안 선생님을 모셨다.'라는 생각을 해서는 안 됩니다. 그런 사람을 선생님은 좋아하지 않습니다. 선생님은 지금까지 해온 일을 다 잊어버렸습니다. 잊어버리고 가게 될 때 더 큰 모심의 생활이 기다리고 있습니다. 하나님도 그렇습니다.

믿고 소망을 찾아가는 생활

24 신앙자는 보다 큰 것을 위하여 공적인 기도를 해야 됩니다. 그래서 이것을 횡적으로 어떻게 전개시킬 것이냐? 그것을 공상하는 것으로 그칠 것이 아니라 행동의 결실로 나타내기 위해 창조적인 모험을 하라는 것입니다. 그러니 신앙자는 현실의 환경과 부단히 투쟁해서 이상을 현실화시키기 위한 모험의 생활을 해야 됩니다. 그래서 신앙생활은 최고 개척자의 생활이요, 최고 투쟁자의 생활이요, 최고 전도자의 생활입니다. 그런 결과로 나타나야 최고의 승리자가 될 수 있습니다. 여러분은 그러한 신앙생활을 해야 됩니다.

25 영원히 내가 나를 믿고, 내가 나 자신을 소망으로 삼고, 내가 나 자신을 사랑하면서 '하나님, 저의 사랑을 받으시옵소서. 하나님, 저의 소망을 보시고 즐거워하시옵소서. 하나님, 저의 믿음을 보시고 즐거워하시옵소서.'라고 할 때, 하나님이 '오냐!'라고 할 수 있어야 합니다. 믿음을 세운 목적이 그것이요, 소망을 찾는 목적이 그것이요, 사랑을 그리워하는 목적이 그것이니, 그렇게 되면 거기에서 주님을 상봉하게 됩니다. 그래서 그 주님과 같이 사는 것입니다.

26 여러분의 잘잘못이 문제가 아니라, 여러분 자신이 하나님 앞에 순응할 수 있는 절대적인 신앙을 갖고 나갈 수 있느냐 하는 것이 문제입니다. 실적을 못 갖고 있으면 희망이라도 가지라는 것입니다. 희망을 갖기 위해서는 절대신앙을 갖는 것은 물론이요, 실천적 과정을 닦아 나오지 않으면 안 됩니다. 선생님은 이 땅 위의 남성을 대표하고 그 누구보다 더한 투쟁의 역사를 거쳐 나가야 됩니다. 선생님은 영계와 육계로부터 공인받을 수 있는 권한을 갖고 나왔지만 여러분은 그렇지 않습니다. 실적이 없으면 믿음으로 넘어가면 됩니다. 그 믿음은 어떠한 믿음이어야 되느냐? 나 좋을 수 있는 믿음으로는 안 됩니다. 그런 믿음으로는 뜻을 이루었다 하더라도 자기만이 좋아하는 뜻이기 때문에 하나님이 좋아하지 않습니다. 자기 마음대로 하는 일은 하면 할

수록 하나님과도 선생님과도 멀어지는 것입니다. '내가 좋아야 하지 싫으면 안 한다.'라고 해서는 안 됩니다. 하나님이 좋아하셔야 됩니다. 문제는 여기에 있습니다. 선생님 자신도 그렇습니다. 그렇기 때문에 자기가 실천적인 생활을 못하더라도 절대 믿으라는 것입니다. 믿으면 됩니다.

27 통일교회 교인들은 선생님의 말을 절대적으로 믿어야 됩니다. 소망을 찾아서 옛날과 같이 믿어야 됩니다. 옛날에 뜻을 알지 못할 때에도 어떤 소망을 품고 사랑을 그리워하며 나갔습니다. 하물며 여러분이 찾은 길을 가면서도 그런 자리에 못 서 있겠거든, 선생님의 말씀을 믿고 하나님의 사랑을 믿고 명령에 따라 움직여야 합니다. 그것밖에 도리가 없습니다. 이런 길을 거쳐 나가지 않으면 안 됩니다. 만일 여러분이 개인적인 승리의 자리에서 하나님의 축복을 받고, 가정적인 자리에서 축복을 받았다 하더라도 가정을 지나 종족·민족·국가·세계·천주까지 나아가야 합니다. 7단계가 남아 있습니다. 하나님 앞에까지 가려면 7단계를 거쳐야 합니다. 일곱 고개가 있다는 것입니다. 그 자리까지 나아가기 위해서는 하나님을 절대 믿어야 됩니다. 하나님이 무슨 명령을 하든지 거기에 절대복종해야 됩니다.

회개하여 새 생명을 얻는 생활

28 어떤 사람은 신앙생활은 나이가 많이 들어서 하겠다, 죽을 때가 다 되어서 믿고 천국 가겠다고 합니다. 그러나 천만의 말씀입니다. 그래서는 천국 갈 수 없습니다. 언제 하나님을 중심삼고 출발하겠느냐 하는 것이 중요합니다. 죽을 때가 다 되어서 출발했다면 전 생애의 대부분은 하나님을 배반하는 자리에 있었다는 것이 됩니다. 그렇기 때문에 거기에 비례하여 그 이상의 회개를 해야 됩니다. 그런데도 불구하고 나이 들어서 믿고 천국 가겠다고 말하는 사람은 어리석은 사람입니다.

29 신앙생활을 하는 데 있어서 뜻을 안 그날부터 지금까지의 생활이 어떤 사람은 1년이 되었고, 어떤 사람은 10년이 되었고, 혹은 반평생을 뜻과 더불어 살아온 사람도 있을 텐데, 그동안의 생활이 정지된 입장이었는가 아니면 전진한 입장이었는가, 그렇지 않으면 후퇴한 입장이었는가 하는 것이 문제 됩니다. 여러분은 이 가운데 어디에 속하는지를 반드시 명시하고 넘어가야 됩니다. 아무리 과거에 전진했다고 하더라도 오늘 정지해 있으면 거기에 하나님의 생명력이 있을 수 없습니다. 하나님의 사랑의 인연이 있을 수 없습니다. 과거에는 전진하면서 무한한 가치와 무한한 생명력

과 무한한 사랑의 힘을 지니고 살았다고 해도 현재 정지된 자리에 있다면 하나님과 이별한 것입니다.

30 타락한 우리가 하나님의 생명권과 사랑권 내로 들어가기 위해서는 반드시 회개가 필요합니다. 선조로부터 지금까지 백이라는 양의 죄를 지었으면 그 이상의 노력을 하고 회개해야 됩니다. 그렇기 때문에 신앙생활에서 회개는 빼놓을 수 없습니다. 우리는 천대만대의 선조들을 통해서 태어났습니다. 그 선조들이 선한 선조들이면 나는 자동적으로 하나님의 생명권 내에 접할 수 있는 가까운 거리에 있는 것입니다. 그러나 악한 선조들이라면 하나님의 생명권과 먼 거리에 있습니다. 먼 거리에 있는 사람이 하나님의 생명권과 인연을 맺으려면 선조들이 악하였던 모든 양을 넘어설 수 있는 회개의 기간이 절대 필요하다는 것입니다. 이것을 채우지 않고는 자기 이상의 생명력의 세계에 접촉할 수 없습니다. 그렇기 때문에 신앙길에는 반드시 회개의 눈물이 필요한 것입니다.

말씀대로 이루는 생활

31 10년 신앙생활을 했으면, 그 10년의 신앙생활이 하나님의 심정과 하나되기 위해 싸운 것이어야 됩니다. 그리고 여러분이 어떤 일을 대했을 때 커다란 기쁨을 느꼈으면, 그 자극을 중심삼고 반드시 그것을 이룰 수 있는 날이 와야 됩니다. 그러한 생각이 언제나 끊임없이 여러분의 마음속 깊은 곳에 남아 있어야 합니다. 여러분이 어려운 환경에 에워싸인 입장에 서거든 '봄이 오면 내가 이것을 다시 한 번 발휘하여 하늘 끝까지 뻗어 나간다. 어느 한때 두고 봐라. 그때가 오거든 나는 이렇게 간다.'라고 할 수 있는 신념을 가져야 됩니다.

32 믿음은 어디까지나 실천을 위한 동기를 마련하는 데 필요한 것입니다. 그렇기 때문에 성경은 천국이 어디에 있느냐고 할 때, 천국은 믿는 데 있다고 가르치지 않았습니다. 천국은 나에게 있다고 했습니다. 나에게 있다는 말은 주체적 입장이 상대적 세계에 달려 있다는 말이 아닙니다. 주체적인 내용을 내가 결정해야 한다는 것입니다. 그것을 결정할 수 있는 동기가 인간에게 있다는 사실을 나타낸 것입니다.

33 여러분이 영적으로나 선생님을 통해 체휼한 신앙을 실천무대에 적용시켜야 합니다. 그러면 거기에서 반드시 천국이 벌어집니다. 하나님을 중심삼고 볼 때, 내가 둘째 번이면 실천 환경은 셋째 번입니다. 소생·장성·완성입니다. 나는 중심 자리에 서

있기 때문에 내가 하늘도 완성시킬 수 있고 세상도 완성시킬 수 있습니다. 그렇기 때문에 성경을 보더라도 언제나 둘째 번이 문제가 되어 있습니다. 그 둘째 번 자리는 어떤 자리냐? 하나님과 우주를 두고 볼 때, 사람은 둘째 번 자리에 있습니다.

34 사람은 하나의 선을 중심삼고 보면 3점을 연결하는 것입니다. 그렇기 때문에 인간이 완성함으로써 하나님의 완성을 볼 수 있고, 인간의 완성을 봄으로써 우주의 완성을 볼 수 있습니다. 그러한 내가 지금 개척하는 도상에서 절대 필요한 것은 이 두 세계를 조정하기 위한 체휼과 실천입니다. 체휼이 영적인 면을 말한다면 실천은 진리적인 면을 말하고, 체휼이 오른쪽이라면 실천은 왼쪽입니다. 이것이 일치되는 평형선을 그려 가지고 내 인격 기준 앞에 완결시킴으로써 우주를 대표한 하나님의 아들로서 등장할 수 있는 것입니다.

35 실적이 없으면 안 됩니다. 싸움터에 나가 한 사람이라도 승리의 전과를 가지는 것이 문제입니다. 실천은 데데한 실천이 아닙니다. 하나님의 아무개 대신자로서 일가를 대표하고, 일국을 대표해 머리 숙일 수 있는 실천 과정을 거치는 데는 피어린 투쟁이 있어야 됩니다. 웃으면서 해서는 안 됩니다. 죽느냐 사느냐 하는 심각한 입장에서 실천함으로써 거기에 비례한 실적이 자연히 나타나는 것입니다. 그러니까 최고의 실력을 다해서 실적을 남겨야 할 때입니다.

2절 신앙생활의 목표

1 습관적인 신앙생활은 위험합니다. 그러한 신앙생활은 끊임없이 활동하는 사탄에게 참소조건을 제시하는 요인이 됩니다. 사람들이 복귀노정을 걸어감에 따라 한 사람도 잃지 않으려는 사탄은 온갖 방법을 통하여 재침범의 기회를 노리고 있습니다. 사탄은 개개인이 세운 탕감조건에 의해 한 개인에서 떨어져 나가야 하지만, 또다시 가정적 차원, 민족적 차원에서 침범할 수 있습니다. 어떤 의미에서는 엄격한 계율이 신앙생활에 유익합니다. 습관에 의존한 세속적 생활은 여러분 자신의 과거생활에 쉽게 말려드는 경향이 있으므로 참된 생활의 방도가 되지 못합니다. 인간은 오직 참사랑과 지속적 자기 희생의 생활을 할 때 비로소 사탄을 극복할 수 있습니다. 따라서 어려울지라도 공의를 실행할 때 인간의 위대한 만족도 얻어질 수 있습니다. 여러분 모두가 이러한 삶을 영위해야 됩니다.

신앙생활을 하는 이유

2 사람은 양심과 몸이 있습니다. 몸

이 끌어당기고 몸이 넓어지면, 욕망을 넓히면 중심이 줄어듭니다. 육신이 마음대로 하면 양심의 세계는 영으로 돌아갑니다. 잡아당겨서 내려오는 것입니다. 이것을 없애게 되면 종적으로 높아집니다. 종적인 기준에 있어서 하나님 앞에 완성 기준을 못 이루었으니, 거기에 도달하기 위해서는 세상의 어떤 사랑보다도 최고의 정성을 들여야 됩니다. 세상의 사랑 이상을 투입해야만 장성기 완성급이 완성기가 되어 직접주관과 간접주관의 일체권을 중심삼고 책임분담 완성권을 넘어서는 것입니다. 그것이 원리관입니다.

3 순수한 종교일수록 몸을 치는 것입니다. 특히 기독교인들이 독신생활을 많이 하는데, 사회와 만민을 위해서 희생봉사하라는 것입니다. 기독교에서는 '성의 윗돌이 되지 말고 맨 아래의 고임돌이 되어라.' '기둥 중에서도 정문 기둥이 되지 말고 울타리 기둥이 되어라.'라고 가르치고 있습니다. 성경의 가르침은 전부 몸이 원하는 것과 반대입니다. 타락한 몸과 마음을 둘 다 그냥 두어서는 안 됩니다. 그러기에 몸이 좋아하는 것의 반대편으로 모는 것입니다. 그래야 몸이 원하는 것이 제거되기 때문입니다. 순수하고 제일 고차적인 종교는 몸이 원하는 편과 반대편으로 제일 잘 모는 종교입니다.

4 신앙길에서는 자기주장, 자아관념이 있을 수 없습니다. 절대적 신앙은 자아관념이 하나도 남지 않는 신앙을 말합니다. 절대적으로 믿는다고 할 때는 나 자체에 절대적으로 반대되는 요인이 하나도 없어야 됩니다. 하나님을 중심삼고 하나되겠다고 하는 거기에는 자기주장이 있을 수 없습니다. 주체가 요구하는 대로 완전히 일치해야 됩니다. 완전히 일치한다는 것은 자기 스스로 주장할 수 있는 일편의 마음도 없는 것입니다. 신앙생활을 하면서 자기 마음대로 주장할 수 있는 자리가 있다면 그 자리는 천국이 아닙니다. 자기 마음대로 소원하는 자리는 아무리 잘 믿었다 하더라도 거기는 천국이 아닙니다. 이런 근본문제를 중심삼고 여러분은 심각하게 생각해야 됩니다. 선생님도 역시 그런 문제를 중심삼고 심각하게 생각한다는 것입니다.

5 개인적으로 해결하기 어려운 일에 부닥친 사람은 자기보다도 신앙면에 있어서 높은 사람, 자기보다도 위에 있는 사람을 찾아가서 솔직히 터놓고 이야기해야 됩니다. '나는 나로 있는 것이 아니라 그를 따라가는 사람으로 있겠다.'라고 해야 됩니다. 그가 우로 가라 하면 우로 가고, 좌로 가라 하면

좌로 가는 것입니다. 또 올라가라 하면 올라가고, 내려가라 하면 내려가는 것입니다. '나를 위하는 것이 아니라 지도하는 사람을 대신하여 있겠다.'라고 하면 그 환경을 피해 나갈 수 있는 길이 있습니다. 그렇기 때문에 신앙생활에 있어서 동지가 필요합니다. 동지가 없는 사람은 외로운 사람입니다. 동지가 있으면 서로 보충하고 보호할 수 있다는 것입니다. 그럼으로써 환경의 어려움을 극복할 수 있는 길도 생깁니다. 만약에 동지가 없으면 독단적으로 다 해결해야 되는데, 전후관계를 혼자서 해결할 수 있는 능력이 없는 자기로서는 심히 어려운 일이 아닐 수 없습니다.

6 타락한 인간은 생명이 사탄으로 말미암아 시작되었기 때문에 자기 자신을 부정하지 않고서는 하나님의 생명과 연결지을 수 없습니다. 그렇기 때문에 생명을 내놓고 하는 방법 외에는 없습니다. 생명의 통일은 어디에서 벌어지느냐? 타락한 생명을 버리는 자리, 즉 자기 생명을 희생하는 자리의 끝에서 하나님의 새로운 생명이 인연맺어지는 것입니다. 그러기에 신앙길은 뜻을 위해 가는 길이요, 하나되기 위한 길이요, 생명을 걸고 가는 길입니다.

7 선생님은 여러분이 방 안에서 웃으면서 이야기를 하더라도 벌써 그 느낌이 들어옵니다. 이 웃음이 하나님 앞에 플러스되는 웃음이냐, 마이너스되는 웃음이냐? 그 느낌이 들어온다는 것입니다. 여러분도 그렇게 할 수 있도록 습관화하고 발전시켜 나가야 됩니다. 그렇기 때문에 자기를 중심삼고 이뤄지는 주위의 모든 요건들은 무의미한 것이 하나도 없습니다. 모든 것이 나를 계발시키고 발전시키기 위한 하나의 교재로 등장하는 것입니다. 이런 생활태도가 필요합니다. 그러기에 혼자 있다고 해도 마음대로 못하는 것입니다. 이러한 생활태도를 중심삼고 살게 되면 처음 보는 사람이든 안면이 있는 사람이든 누구든지 소홀히 대할 수 없습니다. 처음 보는 사람이니까 아무렇게나 대하면 된다고 생각하면 안 됩니다. 그 사람이 어떤 사람인지 모르지 않느냐는 것입니다. 그러므로 이러한 모든 심정적인 기준을 중심삼고 체휼적인 환경을 개발하는 생활을 해야 됩니다. 그래서 사사건건에 있어 틀림없이 효과적인 가치를 발견하고 기쁨을 느꼈다면, 그 사람의 신앙생활은 관념적인 신앙이 아니라 실질적인 신앙생활이요, 하나님과 더불어 사는 신앙생활입니다.

8 신앙생활은 간절해야 됩니다. 배고픈 사람이 밥을 그리워하는 것, 어

머니를 잃은 아이가 어머니를 찾는 것과 마찬가지로 그런 간절한 마음이 앞서야 합니다. 신앙의 길, 신앙의 목적이라는 것은 보이는 것이 아니기 때문입니다. 하나님의 뜻이 보입니까? 하나님의 뜻은 사람을 통해서 이룰 수 있는 자리까지 가기 전에는 보이지 않습니다. 세상에서는 전부 계획을 하고 설계를 하고 예산을 편성해서 펼쳐 나가지만, 하나님의 뜻은 눈으로 볼 수도 없고 만질 수도 없습니다. 그러니까 그 보이지 않는 세계를 추구하고 거기에 대한 목적을 현실에서 이루어 나간다는 것은 지극히 어려운 과제입니다. 여러분의 눈은 보이지 않는 것을 보게 되어 있는 것이 아니라 보이는 것을 보게 돼 있습니다. 또 느끼는 것도 보이지 않는 것을 보고 듣고 느끼게 되어 있는 것이 아니라 보이는 것을 보고 느끼게 되어 있습니다. 반드시 오관의 작용은 보이는 세계를 보고 듣고 만지고 느끼게 되어 있습니다.

9 신앙의 길은 무엇이냐? 보이는 세계에서 느끼는 감각보다도 보이지 않는 세계에서 더 강한 감각을 느끼게 된다면 그 사람은 절대 지칠 줄 모른다는 것입니다. 외적인 세상의 일은 전부 보이는 것을 따라 움직이지만, 신앙길은 보이지 않는 것을 추구해 가기 때문에 그 목적이 막연하게 될 때는 힘이 안 나는 것입니다.

하나님과의 부자관계 회복

10 통일교회 사람들은 무엇을 신앙생활의 목표로 해서 살아야 하겠습니까? 부모의 심정을 지니고 종의 몸을 쓰고 십자가의 길을 가는 것을 목표로 살아야 할 것입니다. 종의 몸이라고 하는 것도 과분한 말입니다. 아버지를 죽인 살인자의 몸입니다. 그렇기 때문에 이것을 탕감하기 위한 길을 가야 됩니다. 예수님은 죄 없이도 그 길을 갔는데 아버지를 죽인 죄인인 우리는 백번 천번이라도 이 길을 가야 됩니다.

11 인간이 하나님에 대해 안타까운 심정으로 사무치게 호소한다 하더라도 하나님을 찾을 수 없었던 것은 인간이 타락으로 인해 하나님과 부자관계가 맺어지지 않았고, 천륜적인 사랑의 인연이 맺어지지 않았기 때문입니다. 그러므로 인간이 이러한 입장으로 떨어지게 된 원인과 내용을 알아야 하고, 사탄의 진상을 확실히 밝혀 본래의 입장을 회복하지 않으면 안 됩니다. 말로써 맺어지는 부자의 관계, 예약만으로써 맺어지는 부자관계는 필요 없습니다. 마음을 다하고 힘을 다하여 아버지의 뜻을 위하고, 뼈 살이 녹아나는 고통 속에서도 참고 승리하게 될 때 우리는 하나님

과 부자관계를 회복할 수 있습니다.

12 하나님의 손길로 지어진 만물, 하나님의 말씀으로 실현된 만물, 그 영광을 상상해 보십시오. 오늘의 하늘과 땅은 그렇게 되어 있지 않습니다. 원통하고 분한 일입니다. 창조의 동기와 목적도 이러한 것이 아니었는데, 뜻하지 않은 인간의 타락으로 창조의 동기와 목적을 유린한 결과가 되고 말았습니다. 타락은 고통과 슬픔과 불행의 원천이 되었고, 인간이 싫어하는 모든 것의 원인이 되었습니다. 원수란 칼을 든 사람만이 아닙니다. 타락, 이것이야말로 인류의 원수요, 만물의 원수요, 창조주의 원수입니다. 이 원수는 어디서부터 시작되었는가? 수천년 전 인간조상에게서부터 시작되었습니다. 그러니 결사적인 투쟁도 물론 필요하지만, 이 죄악의 뿌리를 뽑아 버리기 위해서는 타락의 본거지를 발본색원하여 폭파하고 잘라 버려야 합니다. 그래야 지상 인간과 관계를 맺지 못합니다. 그것이 아직까지 남아 있기 때문에 세상에 죄악이 만연하는 것입니다. 신앙인은 결과적인 것을 두고 투쟁할 것이 아니라 타락의 본거지를 찾는 데에 제1의 목표를 두어야 합니다. 원수의 근거지, 타락의 원천을 찾아 하나님과 인간과 사탄의 3자 사이에서 그 문제를 해결해야 됩니다. 그러지 않고는 불행의 실마리는 풀리지 않습니다.

13 인간이 참아들딸의 입장에서 하나님을 아버지라고 부르는 것이 인류의 소망이요, 모든 만물의 소원이며, 하나님의 소원입니다. 그러므로 우리는 이 땅 위에서 하나님의 참아들딸로서 복귀의 운명을 타개해 나가야 되는데, 여기서 우리가 단 하나 바랄 것이 있다면 참사랑을 중심삼고 하나님과 부자의 인연을 회복하는 것입니다.

14 기쁨과 슬픔은 천국과 지옥이라는 이름으로 대표됩니다. 선생님은 이 길을 처음 나설 때 우주의 근본이 무엇일까를 생각하며 파고들었습니다. 그것은 아버지와 아들의 관계입니다. 따라서 복귀의 근본 내용은 부자의 인연입니다. 역사는 이 관계를 복귀시켜 놓아야 합니다. 그러므로 복귀역사는 본연의 아버지와 아들딸의 관계를 회복하는 것입니다.

15 우리는 절대적인 아버지 앞에 참아들딸로 서기 위하여 새로운 신앙으로 모든 의심의 세계, 사망의 세계, 죄악의 세계, 공포의 세계를 넘어야 합니다. 우리가 하늘이 요구하는 신앙의 내용을 안다면 그것을 입증시킬 수 있는 기준을 세워 하늘 앞에 나서야 합니다. 그러지 못하면 하나님의 참아들딸이 될 수 없습니다. 이런 신

앙을 갖고 나설 때 여러분은 하나님과 영원한 관계를 맺을 수 있고, 영원한 선과 영원한 생명을 누릴 수 있고, 고통으로부터 영원한 해방을 받을 수 있어 영원한 천국권 내에서 살 수 있다는 것을 명심해야 됩니다.

16 인간은 부모의 인연이 없으면 서러워하고, 부부의 인연이 없으면 서러워하며, 자기와 자기 가정을 보호해 주는 국가가 없으면 서러워합니다. 이것이 인간 서로서로의 정으로 나타나고 있습니다. 이같이 변할 수 있는 인연이라도 서러워하는데, 영원한 이념을 중심삼은 인연을 갖추지 못한 것을 서러워하지 않겠습니까? 이같이 인간은 땅 위에서 모든 조건을 갖춰도 거기에 가중하여 천륜의 영원한 인연을 또 바라게 돼 있습니다.

17 신앙자들은 변하는 이념적인 조건을 갖고 살아서는 안 됩니다. 변하지 않는 불변의 인연을 회복하되, 그 인연은 따로따로 떨어진 것이 아니라 자기가 사는 생활권 내에서 전체가 하나의 인연으로 연결돼 있다는 사실을 알고, 스스로 하나님과 관계를 맺으며 살아야 합니다. 하나님과 관계를 맺는 그것이 실증적인 가치를 회복하고 하나님을 마음에 모시고 사는, 즉 하나님과 일체적인 인연 가운데 살 수 있는 것입니다. 그런 생활을 하게 해주는 신의 실체를 느낀다면 그 가치는 부분적인 가치가 아닙니다. 그렇게 전체적인 가치가 실현될 수 있는 환경을 회복하게 될 때, 개체와 전체의 가치는 자기를 중심삼고 움직이기 시작한다는 것입니다.

18 통일교회의 신앙관은 지금까지의 신앙관과는 다릅니다. 지금까지는 예수님과 성경을 중심삼고, 즉 구주라는 명사를 중심삼고 막연하게 믿어 왔습니다. 그러나 우리는 부모라는 명사를 중심삼고 하나님과 부자의 관계를 갖추어서 자녀의 입장에서 믿고 있습니다. 부모와 자녀는 떼려야 뗄 수 없는 인연을 가지고 있습니다. 날 때도 그렇고, 살면서도 그렇고, 죽을 때까지도 그렇습니다. 그러므로 여러분은 부모를 떠나 가지고는 생활할 수도 없고 활동할 수도 없습니다. 우주사적인 중심인 그 부모는 부모 자신만의 인연을 갖고 온 것이 아니라 하나님을 중심삼은 절대적인 인연을 갖고 왔습니다. 그렇기 때문에 여러분은 하나님과 그 부모가 일치된 자리에 연결되지 않고는 책임을 완수할 수 없고 목적을 달성할 수 없습니다. 제일 중요한 것은 하나님과 부모와 내가 언제든지 일치하여야 된다는 것입니다.

19 인간의 탄식은 무엇이며 온 피조

만물의 탄식은 무엇입니까? 인간이 하늘 가정의 식구로서 참여하지 못하는 것입니다. 이것이 천주의 탄식입니다. 오늘날 우리가 신앙생활을 하는 목표는 딴 것이 아닙니다. 하나님을 대해서 '아버지!'라고 부르는 것입니다. 아버지의 참자녀로서 인류 전체가 형제가 되어 즐거워하고 하나님을 아버지라고 부를 수 있는 그 한 날을 맞기 위해 하나님이 6천년 동안 복귀섭리를 해 나오셨다는 것입니다.

영적 성숙을 위해

20 예수님은 어찌하여 스스로를 하나님의 독생자라고 하셨는가? 예수님이 이와 같이 인간이 도저히 믿기 어려운 조건을 제시하신 것은, 그들에게 이것을 믿으면 순간적으로 비약할 수 있는 혜택을 주시기 위함이었습니다. 인간이 무한한 믿음으로 예수님을 믿고 진심으로 하늘을 향하여 부르짖게 되면 비약적으로 신앙이 성장하게 됩니다. 천국의 중심을 향한 여러분의 신앙의 정도가 높으면 높을수록 그만큼 영계도 여러분을 통해 더 크게 역사할 수 있고, 여러분이 무한한 신앙심을 소유한다면 여러분의 그 인격을 통해 여러분이 상상할 수 없는 정도의 초감각적인 세계의 사실과 우주의 사실을 일시에 느낄 수 있습니다. 그런데 인간은 이런 놀라운 것들을 잃어버렸습니다. 가고 가고 또 가야 하는 것이 무한한 세계를 지향하고 있는 신앙자의 자세라고 한다면, 어떤 한계권 내에 머물게 하는 신앙을 부르짖고 있는 무리를 물리치기 위해 끝날에는 우주적인 큰 싸움을 하지 않으면 안 됩니다.

21 본래 인간은 영육을 통하여서만이 완전한 인간이 됩니다. 그런데 예수님이 영적 부모의 자리에만 계시면 영적 구원밖에, 반쪽의 구원밖에 할 수 없는 입장이 됩니다. 그렇기 때문에 나머지 반쪽 구원, 즉 육적 구원을 해주기 위해서 재림주님이 이 땅에 오셔야 합니다. 그리하여 그 재림주님이 예수님을 믿다가 간 영인들과 전 세계에 널려 있는 기독교인들을 하나로 통일시켜 하나님 앞에 바침으로써 제3 이스라엘의 출발을 볼 수 있습니다. 영적인 제2 이스라엘 민족이 되기 위해서는 세례를 통해야 했지만, 앞으로 오시는 주님을 중심삼고 제3 이스라엘이 되기 위해서는 축복의 문을 통하지 않으면 안 됩니다.

22 아담 해와의 잘못된 사랑으로 말미암아 타락했기 때문에 이것을 탕감복귀하기 위해서는 하나님의 사랑을 중심삼고 축복의 관문을 통하여 신랑 신부의 인연을 맺어야 합니다. 그러지 않으면 천국에 못 갑니다. 예수님도 이 같은 책임을 다하지 못했

습니다. 이 일을 구세주가 다시 나타나 행하지 않고는, 땅 위의 모든 것들의 뿌리를 통하지 않고는 이 땅 위의 엉클어진 것을 수습할 도리가 없습니다. 그러니 그에 대한 책임을 다해야 됩니다.

23 예수님이 십자가에 못 박혔기 때문에 육신을 가진 참부모는 실현되지 않았습니다. 즉 하나님의 혈통은 세워졌지만, 영육을 함께한 참부모의 현현은 실현되지 않았던 것입니다. 영계에만 한정되어 있고 영적 구원만 이루어 온 것이며, 육적 구원, 즉 육신의 속죄는 실현되지 않은 것입니다. 결국 오늘날까지 기독교에는 영적인 아버지와 영적인 어머니밖에 없었던 것입니다. 그러므로 참부모가 오시면 우리는 모두 그 부모에 의해 영육이 함께 다시 태어나기 위해 조건적, 혹은 상징적으로 어머니의 태내에 들어갔다가 새로운 생명으로 다시 피어나야 합니다. 우리는 그것을 위한 노정을 더듬으면서 걷고 있습니다.

24 육신과 영인체를 중심삼고 볼 때, 보다 더 중요한 것은 육이 아니라 영이라는 것입니다. 육은 70, 80년의 시간권, 한계권 내에서 살다가 사라지고 말지만 영은 시간권을 초월하고 공간권까지 초월할 수 있는 권한을 가지고 있습니다. 따라서 역사적인 책임을 깨닫고 책임을 다하는 것이 인간의 본의입니다. 여러분이 아무리 육신을 중심삼고 잘살더라도 결국은 죽게 됩니다. 어차피 육신은 죽게 되어 있습니다.

25 예수님 당시 세례 요한이 가정적으로 예수님을 모시지 못했기 때문에 예수님이 대신 탕감받은 것과 마찬가지로 기독교 문화권이 재림주를 모시지 못함으로써 세례 요한적인 기독교 대신 통일교회를 만들어 나온 것입니다. 그래서 통일교회는 재림시대에 있어서 세계적인 판도의 유태교와 마찬가지입니다. 이스라엘 나라와 마찬가지 입장에 있는 미국이나 자유세계가 하나되어야 할 텐데 그들이 모두 반대한 것입니다. 한국도 그렇습니다. 하나님이 신약시대에 예수님을 통해 영적 구원섭리를 해오던 것과 마찬가지로 통일교회는 나라 없이 영적 구원섭리를 해 나온 것입니다. 끝날을 맞아 세계적인 판도의 영적 기반을 가진 기독교가 선생님과 완전히 하나되면 육적 기반이 연결되는 것은 문제없습니다.

26 우리는 먼저 사탄세계에서 빠져나와야 합니다. 그리고 바깥 세상 사람들과는 다른 감정을 가져야 합니다. 하나님의 사랑을 체휼할 수 있어야 합니다. 사탄이 사랑하는 것을 증

오해야 됩니다. 그리고 전 세계를 위하여 우리 자신을 희생하지 않으면 안 됩니다. 선생님을 중심삼고 여러분이 개인·가정·종족·민족·국가, 그리고 세계적으로 승리하게 되면, 우리는 제3 이스라엘, 이스라엘 선민, 또는 영적인 이스라엘을 다시 건설할 수 있습니다. 그러면 하나님은 우리를 통하여 온 인류를 영육 양면으로 구원하실 수 있습니다.

27 영적인 기준과 육적인 기준 중에 어느 것이 보다 중요한 것이냐? 육적인 기준을 중심삼고 우리가 살아가는 것이 아닙니다. 육은 영을 위하여, 영은 육을 위하여 존재하는 것입니다. 여러분은 세상 사람들이 살아가는 것과 같은 입장에 매달려서는 안 됩니다. 여러분은 영육이 합한 실체를 갖추어 보다 보람 있는 자리에서 출발해야 됩니다. 이것이 통일이념을 가진 여러분이 가야 할 길인데도 불구하고 육신을 중심삼고 먹고사는 것이 중요하다고 생각하는 사람이 많습니다. 그러나 그것은 전부 조건에 걸리게 되어 있습니다.

참부모님 삶 안에서 성장

28 하나님의 소원과 인류의 희망의 귀착점이 되고, 신앙자가 승리할 수 있는 기점이 되는 하나의 터전이 무엇입니까? 하나님의 한의 기원은 인류가 거짓 부모로부터 출발했기 때문에 참부모의 거룩한 인연을 중심삼고 그 앞에 순응하는 무리가 되는 것입니다. 그렇게 함으로써 비로소 천지가 해방될 수 있고 천국문이 열린다는 것입니다.

29 참가정은 참부모가 있어야 하고 참남자와 참여자, 참부부, 참자녀가 있어야 됩니다. 제일 중심이 뭐냐? 개인의 목적도 참부모이고, 남자 여자의 목적도 참부모입니다. 참부모가 되어 아들딸을 갖고 가정을 갖는 것입니다. 그래서 통일교회는 '참부모를 신앙하자.' '참부모를 믿자.'라고 하는 것입니다. 믿는 것은 확실하지 않기 때문입니다. 확실하지 않으니까 믿는 것입니다. 확실하면 믿는 자리를 넘어가는 것입니다. 지금까지 확실히 몰랐기 때문에 믿었지만 확실히 알고 나면 믿는 것이 아닙니다. 지금까지는 내가 왜 태어났는지, 우리 부부가 무엇인지, 자녀가 무엇인지, 가정이 무엇인지를 몰랐습니다. 그러나 우리는 참부모의 가정을 믿는 것이 아니고 참부모님의 가정을 아는 것입니다. 여러분은 참부모를 안다는 것입니다. 믿는 것이 아닙니다. 참부모를 믿는다고 생각하지 말고 안다고 생각해야 됩니다. 그다음에는 참부모와 생활을 해야 됩니다. 참부모와 같이 살아야 됩니다.

30 메시아가 타락하지 않은 완성한 참부모입니다. 참부모가 나타나야 하나의 축이 되어 하나님과 인간이 연결될 수 있습니다. 하나님은 영적인 참부모요, 아담 해와가 완성되면 실체적인 땅의 참부모가 됩니다. 이 축이 되어 있기 때문에 하나되는 것입니다. 지금까지의 종교는 참부모의 기준이 없었기 때문에 지상에서 연결할 길이 없었습니다. 언제나 정성을 들이고 들여서 하늘과 상대적 기준을 맞춰 공중에서 만나는 것입니다. 그렇기 때문에 많은 신앙자들이 정성을 들이고, 들이고, 들이는 계속적인 수도의 생활을 통해 자기가 점점 영적으로 다리를 놓아 하늘과 만나는 생활을 해 나온 것입니다.

31 거짓 사랑, 거짓 생명, 거짓 혈통으로 태어난 것을 잘라 버리고 참사랑·참생명·참혈통에 접붙여 다시 살아나야 하는 것이 인류가 가야 할 길이요, 개인 전체가 가야 할 길입니다. 종교가 나온 것은 몸을 정복해서 하나 만들기 위해서입니다. 이러한 입장에서 참사랑과 하나되어 이 땅 위에서 살다가 천국 갈 수 있는 아들딸들을 여러분이 낳아야 됩니다. 종교를 믿지 않고 하늘나라에 갈 수 있는 참된 아들딸을 낳을 수 있는 사람이 못 돼 있습니다. 그렇기 때문에 종교가 나와 몸을 정복해서 하나 만들고 참부모와 하나되어 접붙여야 됩니다. 돌감람나무가 참감람나무로 되어서 참아들딸을 낳아 이 땅 위에서 살다가 영원한 저나라로, 천국으로 들어갈 수 있는 것이 창조이상입니다.

32 참부모는 지옥 밑에서부터 천상자리까지 가는 것입니다. 그 참부모의 뜻을 따라서 참부모와 심정일체되고, 생활이상 일체 되고, 참사랑을 중심삼고 가는 참부모와 사람은 거리가 없습니다. 종적으로 세워 탕감한 것이 횡적으로 들어오는 것입니다. 개인복귀, 가정복귀, 종족·민족·국가·세계·천주복귀와 하나님 해방권까지 가야 8단계의 기준이 전부 없어지는 것입니다. 그렇게 횡적으로 됨으로써 개인이 가정·종족·민족에 다 갈 수 있습니다. 개인은 가정으로 마음대로 갈 수 있고, 가정은 종족으로, 종족은 민족으로 마음대로 갈 수 있기 때문에 개인에서 출발하여 세상 끝까지 가서 돌아올 수 있습니다.

3절 신앙생활의 길

1 인간은 타락한 인류시조의 후손으로 태어났기 때문에 타락의 고개를 넘지 않으면 하나님을 찾을 수 있는 길이 없고, 하늘나라에 들어갈 수조차 없습니다. 또 타락성을 지닌 존재로 떨어진 인간으로서는 타락했던 고개를 되넘어갈 수 있는 길을 모색했

댔자 자체로서는 불가능합니다. 타락했던 고개를 되넘는 데는 반드시 내 힘이 아닌 제삼자의 힘에 의지할 수밖에 없습니다. 이런 처지에 놓여 있는 것이 오늘날 이 땅 위에 살고 있는 우리인데, 고맙게도 하늘이 우리를 버려두지 않고 타락의 고개를 넘게 하기 위해 지금까지 역사를 통해서 수난을 당하면서 그 책임을 짊어지고 나오고 있는 것입니다.

하나님의 뜻대로 사는 길

2 참된 신앙의 길이라 할 때 참이란 하나밖에 없습니다. 신앙의 대상은 누구냐? 절대적인 하나님입니다. 신앙생활은 하나님의 뜻에 맞게끔 하나님이 원하는 소원의 목적지를 찾아가기 위한 것입니다. 내가 원하는 것이 아니라는 것입니다. 신앙하는 사람들이 원하는 것이 아닙니다. 지금까지 세계적인 신앙계가 혼란이 벌어지는 것은 신앙의 목적이 자기를 중심삼고 하는 것이 아니라 하나님의 뜻을 이루기 위한 것임을 모르고 있기 때문입니다.

3 모든 것이 자기와 연결되어 있습니다. 완성하는 것도 자신에게 달려 있고, 완성을 못하는 것도 자신에게 달려 있습니다. 성공하는 것도 자신에게 달려 있고, 성공을 못하는 것도 자신에게 달려 있습니다. 신앙생활도 그렇습니다. 일평생 같은 신앙생활을 하지만, 원래 양심을 중심삼고 최고의 목표에 도달하고 싶다는 것은 만민 공통입니다. 그러나 최고의 기준에 도달한다고 하는 것은 보통 일이 아닙니다. 올라가면 올라갈수록 최후에는 점점 적어집니다. 최후에는 하나면 전체가 완성한다고 하는 결론을 내지만, 그 하나에 도달하는 것이 어렵습니다. 양심은 선한 목적을 향해 지금까지 역사를 통해 왔지만 인간으로서 원하는 곳을 완성한다는 것은 여간한 일이 아닙니다.

4 생활 가운데 어떠한 자리에서 하늘과 동행할 것인가 하는 평가의 기준을 키워 나가는 생활이 통일교회의 신앙생활입니다. 이것이 여러분이 저나라에 갔을 때 재산이 되고, 앞으로 새로운 세대에서 역사의 주인공이 되느냐 아니면 낙오자가 되느냐를 결정하는 경계선이 되는 것입니다.

5 우리에게는 승리적 기준이 필요합니다. 사명을 완수할 수 있는 출발의 기점이 필요합니다. 이 말은 자기가 주체적 입장에서 승리적 기준을 세워야 한다는 것입니다. 그러지 않고는 목적하는 바를 실현시킬 수 없다는 것은 당연한 논리입니다. 그러면 승리적 기준을 어디에 세우느냐? 그것은 나 자신에게 세워야 됩니다.

6 예수님이 이 땅에 와서 하나님의 전체 사명을 대신 짊어지고 천주에서 벌어진 이 싸움을 완결하기 위한 책임자로 섰을 때 언제나 문제시했던 것이 하나님과 예수님 자신이었습니다. 하나님은 천주의 중심이 되어야 하고 자신은 실체의 중심이 되어야 했습니다. 이것을 언제나 염두에 두고 나갔습니다. 만약 여기에서 간격이 벌어지고 하나의 목적 기준을 중심삼고 상충이 벌어지게 될 때는 승리의 방향으로 전진할 수 없는 것입니다.

7 예수님이 언제나 심중으로 깊이 생각한 것이 무엇이냐 하면, 아버지와 아들은 언제나 하나되어야 한다는 것이었습니다. 즉 승리적 주체인 하나님을 중심삼고 내가 땅에 있어서 주체적인 입장에서 승리적 기반을 갖추기 위해서는 먼저 내 마음에 하나님을 모셔야 된다는 인식을 가지고 있었습니다. 그런 입장에서 예수님이 자신을 일러 하나님의 성전이라고 한 말이 성립됩니다. 결국 승리적 기준이라는 것은 땅에서 하나님의 실체되는 예수님을 중심삼고 성전과 같은 입장에서 일체가 되는 기반입니다. 즉 승리적 기준을 결정짓는다는 것을 표준으로 하지 않고는 복귀의 완결이라든가, 혹은 그 당시 예수님의 사명을 종결지을 방법이 없다는 것입니다. 이런 관점에서 신앙 기준을 세워 출발하지 않고는, 아무리 신앙생활을 오래 했고 아무리 어려운 노정을 경과했다고 하더라도 승리의 기준을 갖춘 입장에 섰다고 할 수 없습니다. 그러므로 제일 큰 문제는 승리의 기준을 자기 자체 내에서 먼저 결정지을 수 있는 한때를 가져야 한다는 결론을 내릴 수 있습니다.

8 여러분이 참을 찾으려 할 때에는 참을 찾을 수 있는 마음이 필요하다는 것을 느껴야 될 것이며, 하늘과 땅이 즐길 수 있는 진리를 찾고자 원할 때에는 여러분의 몸이 스스로 참된 몸이 될 수 있는 참의 상대기준을 갖추어야 한다는 것을 깨달아야 됩니다. 참되신 하나님과 참된 진리와 참된 인간은 각각 그 존재방식이 다르지만, 내적 기준에 있어서는 같은 방향을 향해 움직이고 있다는 것입니다. 즉 하나님과 진리는 같은 방향을 향해 영원히 실존한다는 것입니다. 오늘날 우리가 살고 있는 이 땅을 바라보며 누구든지 이 세상이 참된 세상이 되지 못한 것을 한탄하고 있습니다. 또 자기 자신을 반성해 보며 참된 자신이 되지 못한 것을 한탄하고 있으며, 우리가 신앙의 길을 걸어 나가면서 참된 하나님을 찾고자 원하되 참된 하나님을 찾지 못하고 있는 것을 또한 탄식하고 있습니다. 이것이 신앙자들의 고통입니다.

9 우리가 생명을 걸어 놓고 신앙하는 것을 두고 볼 때도 한낱 흘러가는 세파와 더불어 흘러가 버리기를 바라고 신앙하는 사람은 없을 것입니다. 생애를 걸어 놓고 심각한 입장에서 신앙하면 할수록, 그 문제가 중하면 중할수록 그것이 깊게 넓게, 혹은 길이 남아지기를 누구나 원할 것입니다. 하나님이 우리를 대하여 바라보게 될 때에 심각한 하나님이라면 그 누구보다도 심각한 관점에서 자기를 보아 주기를 원하는 것이 우리의 소원일 것입니다. 또 자기가 연유되어서 세계에 그 무엇이 남아질 수 있기를 바라는 것이 신앙자로서 그 누구나 갖지 않을 수 없는 태도입니다.

10 신앙하는 사람들은 하나님의 아들이 된다고 하는데, 하나님의 소원이 무엇입니까? 하나님의 소원은 우리가 먹고 자고 하는 일상생활과는 관련이 없습니다. 그것은 누구나 다 하는 것입니다. 성경에 '무엇을 입을까, 무엇을 먹을까, 무엇을 마실까 걱정하지 마라. 그것은 다 이방 사람이 원하는 것이다. 너희는 그 나라와 그 의를 구하라!'라고 정의를 내렸습니다.

11 환경을 극복하여 하나의 새로운 면의 돌파구를 이루어서 매일같이 방향을 달리하는 길을 찾아가지 않고는 하나님이 원하는 세계로 갈 수 없는 것이 신앙길입니다. 그렇기 때문에 우리 자신이 신앙길을 가기 위해서는, 내 힘이 부족하고 나 자신이 하나님을 중심삼은 어떠한 습관적 기준, 생활적 기준을 갖지 못함으로써 이것이 변하기 쉬우므로 우리는 언제나 하나님을 표준으로 해서 오늘의 생활을 조정하지 않으면 안 됩니다.

타락성을 벗어 가는 길

12 인간은 원래 위할 수 있는 한 중심과 연결되어 자기 생을 출발하게 되어 있었는데, 타락으로 인하여 그 누구를 위하는 데에서부터 자기 생을 출발하지 못하고 자기 자신을 위하는 데에서부터 생을 출발하게 되었고, 모든 것을 자기중심으로만 생각하고 인연맺으려 하게 되었습니다. 영원한 자유와 평화를 목표하고 나아가는 우리는 모든 것을 자기를 위한 일에 귀결시키려는 타락성을 벗어 버리고 자기를 넘어서 먼저 그 누구를 위할 수 있는 자신이 되어야 합니다.

13 우리는 자신을 자랑하기에 앞서 타락의 종족임을 자인해야 됩니다. 자신의 무엇을 나타내기에 앞서 타락성에 물든 죄악 역사를 드러내고 죄악의 본성을 고백해야 합니다. 이런 입장에 놓여 있음에도 불구하고 그런 자리를 이리 피하고 저리 피하고 있습니다. 하늘은 기필코 역사적으로

물든 죄상을 청산해야 되고, 혈통적으로 맺혀져 내려오는 죄악의 원한을 풀어야 됩니다.

14 동료 간이나 사제 간에 있어서, 혹은 가정에 있어서 나와 관계맺은 사람들 가운데 변명하는 사람을 좋아하는 사람이 있나 보십시오. 여러분은 자기에게 무슨 일이 있으면 누구도 어떻고 어떻다고 하면서 다른 사람을 끌고 들어가려고 합니다. 누구도 그랬는데, 동생도 그랬는데 왜 나만 나무라느냐고 합니다. 이것은 거짓입니다. 자기가 잘못했으면 솔직해야 할 텐데도 불구하고 다른 사람을 물고 들어가려고 한다는 것입니다. 이것이 타락성입니다. 그렇기 때문에 일상생활에서 솔직해지라는 것입니다. 하나님 앞에서는 더더욱 솔직해지라는 것입니다.

15 완전한 물건이 하나의 목적을 위해서 결합하게 될 때 완성된 물건이 됩니다. 하나의 집이 완성되려면 문짝이라든가 거기에 소속되는 일체의 부속품이 완전해야 됩니다. 그래야 하나의 집이 완성됩니다. 이런 문제를 두고 볼 때 완전한 개체를 추구하게 됩니다. 그렇기 때문에 마태복음 5장 48절에 '너희 아버지의 온전하심과 같이 너희도 온전하라.'라고 했습니다. 그 표준이 하늘의 완전함과 같이 너희도 완전해지라는 것입니다. 절대에 가까운 대상적인 가치를 추구하는 것은 두말할 것이 없습니다. 절대자 앞에 대상으로 서기에 부끄럽지 않은 완전품을 요구하는 것입니다. 그렇다면 우리 생활에서부터 분석해야 됩니다. 생활을 전부 헤쳐야 합니다. 우리 생각도 전부 헤쳐 버려야 됩니다. 우리 사지백체, 우리 감각기관까지도 분석해야 됩니다. 내가 느끼는 것도 전부 옛날과 달라져야 되는 것입니다.

16 타락한 인간 앞에 긍정적인 요인이 남아 있을 때는 타락성을 지니고 있다는 결론이 나옵니다. 이렇게 볼 때 완전 분해해야 됩니다. 그 형태와 그 요소를 그냥 연결시키는 자리에는 타락성 요인이 남아 있습니다. 그것은 완전 분해, 완전부정이 아닙니다. 완전 분해라는 것은 완전부정입니다. 참다운 인간 본연의 이상적인 소원성취의 길은 타락한 인간에게 있는 긍정적인 요인을 가지고는 있을 수 없습니다. 이렇게까지 결론을 짓게 됩니다. 그렇기 때문에 참된 신이 종교를 통해서 그의 섭리 목적을 추구하고 계시다면, 그 신이 주장하는 행로, 노정은 긍정이 아니라 절대부정입니다. 절대부정으로 출발한 기준이 나오지 않고는 타락한 인간 앞에 절대자의 상대이념을 성취시킬 수 있

는 길은 있을 수 없습니다.

17 타락성을 완전히 해탈해야 됩니다. 타락성을 완전히 해탈하기 위해서는 자기 개인에서부터 해탈해야 됩니다. 그리하여 개인에서 승리해야 되고, 가정에서 승리해야 되고, 민족·국가·세계·천주까지 승리해야 됩니다. 이것이 타락성 해탈권입니다. 그러니 그것을 극복할 수 있는 상대적 자기를 발견하게 될 때는 대번에 하나님이 주관하고 있는 것을 알게 됩니다. 믿는 것이 아니라 내가 하나님과 같이 있다는 것을 알게 됩니다.

18 여러분이 하늘 앞에 설 때에, 부족한 자기 자신을 발견해야 되고 죄인 아닌 죄인임을 인식해야 됩니다. 그리고 하나님이 마음대로 할 수 있는 진흙과 같이, 흙덩이와 같이 되라는 것입니다. 여러분 자신이 있다는 것을, 자신을 인정해 놓고는 불가능합니다. 그렇기 때문에 죽고자 하는 자는 산다는 말이 거기서 성립됩니다. 이 눈이 타락성을 갖고 있고, 이 귀가 타락성을 갖고 있고, 이 입이 타락성을 갖고 있고, 이 몸이 타락성을 갖고 있습니다. 이것을 완전히 배제해 버리라는 것입니다. 하나님이 원하시는 대로 이렇게 빚으면 이렇게 가고, 저렇게 빚으면 저렇게 가고, 내밀라 하면 내밀고, 후퇴하라면 후퇴해야 됩니다. 하나님이 원하는 대로 할 수 있어야 됩니다.

19 인식이나 의식을 바꾼다는 것은 무섭고 어려운 것입니다. 한번 습관을 잘못 들이면 고치기 힘듭니다. 그래서 세 살 버릇이 여든까지 간다는 말이 있습니다. 여러분이 통일교회에 들어와서 수십년이 되었어도 사회에서 살던 습관성이 근절 안 됐다는 것입니다. '뜻을 위해서 희생하라, 희생하라.'라는 말은 하지만 진짜 희생했느냐? 희생할 수 있는 자리와 희생 안 하고 갈 수 있는 자리를 택하라면, 희생할 수 있는 자리에 가겠다고 자신 있게 말할 수 있는 여러분이 되어 있느냐는 것입니다. 그렇게 못 되어 있습니다. 생활하는 인간의 역사적 전통을 따라 습관성이 그렇게 되어 있기 때문입니다. 바울 같은 사람도 '오호라, 나는 곤고한 사람이로다. 사망에서 나를 누가 해방하리요.'라고 했습니다. 그것도 습관성 때문입니다. 두 법이 있어서 마음은 하나님의 법을 따르고, 몸은 사탄의 법을 따르는 그 중간에 자기 자신이 놓여 있기 때문에 '오호라!' 하면서 탄식했다는 것입니다. 이 사망의 그늘에서 누가 해방할 것이냐고 말입니다.

20 생애의 몇 년간에 걸쳐서 붙여진 습관성을 없애기 위해서는 죽기까지

노력해도 오히려 부족하다는 것입니다. 다시 말해서 몇 백만년이나 계속되어 온 습관성과 타락성을 빼낸다고 하는 것은 몇 세기의 인생노정을 가지고도 할 수 없다는 것이 이론적입니다. 이것은 심각한 일입니다. 여러분은 타락성에 대해서 그저 막연히 말하고 있습니다. 그것은 먹어서 얻은 습관이 아닙니다. 골육을 받아 계승하고, 혈통을 받아 계승한 것입니다. 그리고 혈육을 섞어서 된 습관성입니다. 거기에 사람의 힘으로는 빼낼 수 없는 뿌리를 내리고 있습니다. 세계 만민을 안을 것 같은 커다란 나무와 같이 된 것입니다.

21 타락성에 대한 자각, 타락의 한에 대한 자각을 해야 됩니다. 에덴에서 쫓겨나 눈물을 흘린 아담 해와를 생각해 보십시오. 그것을 회상하는 것입니다. 그 이상 간곡하게 부모를 붙들고 하나되기 위한 마음이 사무쳐서 천년만년 죽음의 고개가 있더라도 그것을 넘고 넘어가겠다는 마음이 앞서야 됩니다. 그래서 몸 마음이 하나될 수 있는 자리를 찾지 않고는 승리의 패권 기반이 지상에 횡적으로 전개되더라도 나와 관계를 맺을 수 없는 것입니다.

본연의 나를 찾는 길

22 여러분은 찾아야 할 본연의 나를 놓고 기뻐하지 못하는 자신인 것을 알아야 합니다. 슬픔에 처해 있는 자신인 것을 알아야 합니다. 그런데 어떠한 세계를 보고 슬퍼할 것이 아닙니다. 고통을 느끼더라도 어떠한 상대적인 세계에서 벌어지는 고통을 느껴서는 안 됩니다. 슬픔과 고통을 느낀다고 한다면 참된 나를 찾지 못한 슬픔, 참된 나를 찾지 못한 고통을 느껴야 합니다. 세상에 슬픔과 고통이 많이 있다 할지라도 참된 나를 찾지 못한 슬픔과 고통보다 더한 고통과 슬픔은 없습니다. 그러면 창조주 하나님이 지금까지 누구를 찾아 내려오고 계십니까? 여러분 자체, 즉 나를 찾아오고 계십니다. 그렇기 때문에 참된 내가 완전히 결정되어야 합니다. 그러지 못할 때 완전히 하나의 실체를 중심삼은 참된 가정, 참된 가정을 중심삼은 사회, 국가, 더 나아가 국가를 단위로 한 세계, 세계를 단위로 한 천주와는 인연을 맺을 수 없습니다. 그러므로 완전한 내가 되는 것이 모든 단계의 제일 기준이 됩니다.

23 인간은 하나님의 말씀을 배반한 까닭으로 하나님의 말씀을 잃어버렸고, 하나님의 실체를 잃어버렸고, 하나님의 사랑을 잃어버렸습니다. 하나님이 말씀하실 때의 심정은 어떠했으며, 실체를 지을 때의 심정은 어떠했으며, 그 실체를 통하여 자랑하고

자 하던 하나님의 내적 심정은 어떠했겠습니까? 따라서 우리는 하나님의 말씀을 잃어버린 자요, 본연의 실체를 잃어버린 자요, 하나님의 이념 동산을 움직여 낼 수 있는 사랑의 실체를 잃어버린 자입니다. 그러기에 우리는 나를 세워 자랑할 수 없는 죄인인 것을 깨달아야 됩니다. 또한 내 실체를 세워 주도적인 행사를 일으킬 수 없는 존재요, 내 마음을 세워 안식의 터전을 찾을 수 없는 존재인 것을 알아야 합니다.

24 마음은 가는 길을 자꾸 막습니다. '돌아서라. 옛것으로 돌아가라. 마음 깊은 데로 돌아가라.'라고 합니다. 그래서 불교에서는 참선을 하라고 하는 것입니다. 본연의 나를, 본연의 마음을 찾아 들어가야 하는 것은 서러운 이 땅 위의 생활이요 오늘날 이 땅 위의 현실이지만, 옛것으로 돌아가서 이것을 청산한 후에는 꿈에라도 과거를 생각한다는 일은 지긋지긋하다는 것입니다. 이것을 없애 버리려는 것이 하나님의 목적입니다. 그러니 새로운 이상세계와 새로운 소망에 취하여 살아야 합니다.

25 세상 사람이 요구하는 것은 좋은 것을 먹으려고 하고, 좋은 것을 입으려고 하는 것입니다. 그렇지만 도의 길을 가는 사람은 나쁜 것을 먹으려고 하는 것이 본질이 되어야 합니다. 반대입니다. 좋은 것을 못 먹고, 좋은 것을 못 입고, 못살더라도 본연의 인연을 찾아 영원히 나를 품어 줄 수 있는 그 사랑을 찾아가는 것이 도인들의 생활목적이요 생활방편입니다. 가는 길이 이렇게 다르다는 것입니다.

26 뜻의 본연의 자리는 하나님이 계시는 곳입니다. 그러기에 뜻의 본연의 자리는 거룩한 것입니다. 그곳은 만유의 모든 단계를 초월해 가지고 사방에서 측정하더라도 자기 위치가 몇 도라는 것이 확실히 나올 수 있습니다. 그렇지만 그것이 틀리게 될 때는, 내가 볼 때 180도인데 그 원점 기준이 다른 데에 가 있으니 돌려서 맞추기 전에는 180도를 찾을 길이 없습니다. 그러한 결과에 부딪히는 것이 역사과정이 타락권 내에 있다고 하는 개념 아래에서는 불가피한 결론입니다. 사방으로 나를 조준해서 영점 자리를 찾아야 합니다. 찾는 데는 본연의 영점 자리를 중심삼고 원기의 모든 것을 확실히 알아야 된다는 것을 알고, 그 이론에 일치시킬 때 나도 그렇게 된다는 것입니다. 그 사실을 찾기 전에는 우리 자체가 제2의 결과적 존재로서 출발할 수 있는 뜻의 일치점의 자리를 찾을 수 없습니다. 그것은 이론적으로 맞습니다. 이의가 없는 것입니다.

27 아담 해와를 지을 때 본래의 인연을 중심삼고 온갖 정성을 다한 것과 같이, 타락한 이 고장 난 물건을 고치기 위해서는 천년 역사에서 창조하던 것의 몇 십배 이상의 힘을 들여서 본연의 자리를 찾아야 합니다. 몇 백번, 몇 백번, 몇 백번 이렇게 해서 자리잡아 나오려니까 수천년 수만년의 복귀역사가 걸리지 않을 수 없습니다.

28 인간은 악마의 주관권, 사탄의 주관권 내에서 본성의 마음에 반대되는 사탄의 사랑권에 의해 치리 받음으로써 양심과 몸이 투쟁하게 되었습니다. 이 투쟁을 어떻게 정비하느냐 하는 것이 중요한 문제입니다. 이것을 정비하는 데는 나 혼자 개인 사정을 정비하는 것으로 끝나는 것이 아닙니다. 나를 중심삼고 사탄권 세계의 환경을 정비해야 합니다. 그래서 그 환경이 자신과 상충을 일으키는 것이 아니라, 모든 환경이 나에게 순응하고 그 환경 자체가 나를 따라올 수 있게 만들어 놓아야 됩니다. 그러지 않고는 본연의 마음이 지향하는 곳으로 찾아갈 수 없습니다.

29 나는 어떤 존재입니까? 이 우주사적인 존재로서, 최후의 인생행로에서 승리의 면류관을 찾아 천지의 만우주를, 만유의 존재물을 상속받을 수 있는 거룩한 왕자입니다. 이러한 존재들이 떨어져 밥 한 덩이에 팔려가고, 어느 무가치한 악당 무리한테 농락을 당해야 되겠습니까? 그것을 용허할 수 없습니다. 이제 우리가 찾아야 됩니다. 우리가 복귀의 사명을 감당하여 인간의 본성을 회복시켜야 합니다. 본연의 나는 어디 있습니까? 나를 찾기 위해 헤매고 있고, 본연의 나 자신을 알아서 거기에 인연 맺어 살려는 소망에서 허덕이고 있습니다. 역사적인 기원과 통하여 있고, 역사적인 기원에만 통하는 것으로 그치는 것이 아니라 그 배후에는 천지의 법도와 연결돼 있고, 현실과 연결돼 있고, 앞으로 오는 미래와 연결돼 있는 나를 찾아야 됩니다.

4절 신앙생활의 단계

1 한문으로 믿음이라는 글자를 써보면 '신(信)' 자입니다. 여기에서 '사람 인(人)' 자를 떼어 내면 '말씀 언(言)' 자만 남습니다. 믿음이란 결국 사람의 말을 뜻합니다. 이때 말이란 사람과 사람의 관계를 맺어 주는 것을 의미합니다. 관계가 없으면 말이 나오지 않으므로 말을 할 때는 벌써 상대적 기준이 되어 있는 것입니다. 또한 관계가 맺어지려면 믿음이 있어야 됩니다. 이러한 근본이 사랑으로 빚어진 인연에서 나온 것입니다. 그런데 그 인연은 자기 멋대로 맺어진 것이 아닙니다. 그 인연이 맺어질 힘

의 여건이 있었고, 목적하는 바의 기준이 서로 부합될 수 있었기 때문에 맺어진 것입니다.

믿음을 세우는 단계

2 소망은 반드시 믿음을 표방하고 나갑니다. 믿음은 무엇을 요구하느냐? 믿음을 완성한 실체에 있어서, 백을 믿었으면 믿은 백만큼의 실제적인 가치를 요구하는 것입니다. 그것은 창조이상과 일치될 수 있는 사람, 즉 원리법도와 일치될 수 있는 사람, 타락하지 않고 완성한 사람을 표방하여 믿고 나가는 것입니다. 이 믿음에서 승리하게 될 때, 그는 소망을 이룰 수 있습니다. 소망과 믿음에서 승리한 실체가 될 때 하나님의 사랑은 자동적으로 나타납니다.

3 절대적인 신앙자를 절대적으로 찾아 나가는 하나님의 공식적 원칙이 있기 때문에 노아를 산꼭대기에 배를 지으라는 자리에 아니 세우려야 아니 세울 수 없었습니다. 노아는 120년 동안 그 책임을 다했습니다. 그렇게 해서 120년이라는 연수를 찾아 세운 것입니다. 노아는 일생 동안 그 일을 했습니다. 성경에는 노아의 아들들이 홍수심판 후에 '아버지가 미친 아버지인 줄 알았는데, 아버지의 말대로 하나님이 심판해서 우리 가정 여덟 식구만 남았다. 이것을 보니 우리 아버지의 말이 옳다. 우리 아버지는 선지자이고 하나님의 사람이다.'라고 존경해야 했습니다. 그런데도 불구하고 홍수심판 후에 노아가 방주에서 내려 벌거벗고 낮잠을 자고 있을 때, 둘째 아들이 '아버지가 미쳐서 벌거벗고 잔다.'라고 형제들을 충동질하여 옷을 가지고 뒷걸음질해 가서 덮었습니다. 샅샅이 부정했다는 것입니다. 결국 반대한 것임을 부정할 수 없습니다. 하나님 앞에 절대적인 신앙을 해야 됩니다. 사탄 앞에 절대적으로 하는 것이 아니라 하나님만을 위해서 절대적인 신앙을 하는 사람은 하나님이 믿음의 조상으로 축복하시지 않을 수 없습니다. 사랑하지 않을 수 없다는 것입니다.

4 실천과 믿음을 두고 볼 때 언제나 믿는 것이 앞서지 실천이 앞설 수 없습니다. 타락한 인간에게 있어서는 믿음이 강해야만 실천도 강하게 됩니다. 그러나 믿는 기준과 실천의 기준은 언제나 차이가 있습니다. 하나님은 믿음만을 바라는 것이 아닙니다. 보다 나을 수 있는 실천의 결과를 바라고 믿음을 요구하는 것입니다. 그럼에도 불구하고 인간은 실천을 등한히 하고 믿는 것을 위주로 하고 있으니 하나님이 바라는 것과 엇갈려 있습니다. 그러한 신앙생활을 항상 하고 있는 것이 우리의 입장입니다.

5 하나님이 절대신앙에서부터 시작했으니 뜻을 이루기 위해서는 절대신앙에서 시작해야 됩니다. 절대신앙은 절대사랑을 중심삼고 해야 됩니다. 주체 되는 것이 사랑입니다. 신앙은 상대입니다. 그렇기 때문에 여러분이 사랑을 중심삼고 절대신앙, 절대욕망을 바라는 것입니다. 사랑의 목적은 대우주를 해산하는 것입니다. 창조해 놓아야 됩니다. 그러니까 절대신앙입니다. 대우주를 생산해 내려니까 하나님 자체까지도 자기 실체, 몸 마음 전부를 투입하고, 더 투입하고 영원히 투입해야 됩니다.

6 절대신앙은 위하는 것입니다. 절대 하나님이 위하고 있다는 것입니다. 젊을 때 데이트하게 되면 남자나 여자나 서로가 얼마만큼 믿느냐, 얼마만큼 위해 주느냐고 합니다. 위하는 길을 세우기 위해서, 위하는 길을 가면서 하나되어야 합니다. 절대신앙은 창조의 대상물을 세우기 위한 것입니다. 절대신앙 위에 참사랑을 중심삼고 하나되기 때문에 투입해야 됩니다. 누군가 투입해야 수평이 되는데 누가 투입하느냐? 남자도 자기를 중심삼고 투입하라고 해도 안 되고, 여자도 자기를 중심삼고 투입하라고 해도 안 됩니다. 둘이 서로서로가 투입하면서 더 큰 것을 위해서 바랄 수 있어야 됩니다. 이러한 것이 절대신앙·절대사랑입니다.

7 왜 절대신앙이 필요합니까? 하나님도 최고의 이상적 기준 자리까지 가야 됩니다. 그러니까 그 기준을 중심삼고 사랑의 상대권이 나옵니다. 상대권 자체를, 미물의 동물, 광물세계도 절대신앙을 가지고 지었다는 것입니다. 절대사랑을 중심삼고 투입했습니다. 절대투입해서 광물시대·식물시대·동물시대, 그다음에 안착시대로 넘어가는 것입니다. 몸 마음이 싸워서는 절대 안 된다는 결론의 자리에 서지 않고는 천국화된 세계라든가 천국이 될 수 없습니다.

8 절대신앙은 무엇입니까? 절대사랑의 질서를 세우기 위한 것입니다. 사랑 때문입니다. 그 사랑을 위해서 절대신앙을 찾아가는 사람은 자기 자체의 개성진리체를 무시하고 투입합니다. 하나님이 인격적 신의 성상 형상을 전부 무시하고 몽땅 투입해야만 상대가 완성되는 것입니다. 그러고 나서는 '나를 비로소 아들을 사랑할 수 있는 부모사랑의 주인으로 만들어 다오.'라고 하는 것입니다. 그것은 아들이 하지 하나님 자신도 못하고 어머니 아버지도 못합니다.

타락성을 벗는 실천의 단계

9 오늘날까지 하나님이 잃어버린 것

을 찾아 나오심도 인간을 주관할 수 있는 능력이 없어서가 아닙니다. 오늘날까지 사탄의 참소를 받아 가며 싸우심도 하나님이 권능이 없어서 그런 것이 아닙니다. 원리원칙을 찾아 세우기 위해서였습니다. 하나님은 사탄을 앞에 세워서 사탄이 이룬 것을 다시 정리하는 역사를 해 나오고 계십니다. 사탄이 먼저 지배했던 것을 정리하는 것은 사탄이 참소할 수 없다는 것입니다. 그렇기 때문에 제일 지혜로운 사람은 사탄까지도 세워 심부름시킬 줄 아는 사람입니다. 그러한 사람이 있다면 그는 최후의 승리자일 것입니다.

10 여러분이 싸움에서 승리하여 과거 역사와 현실과 미래를 대표한 승리자가 되려면 역사를 지배했던 사탄의 실상, 현실을 지배하고 있는 사탄의 실상, 미래를 대하는 사탄의 의중을 알아야 합니다. 그러기 위해서는 예수님이 이스라엘 민족을 대표하여 혈혈단신 감람산에 올라 기도하시고, 생애를 바쳐 하늘 뜻을 가로막는 사탄과 대결하면서 역사와 현실과 미래를 대표하는 고난의 표준을 세우셨던 것과 마찬가지의 길을 가야 합니다. 여러분 각자의 가는 노정에 이러한 시련의 고개가 남아 있습니다.

11 통일교회에 있어서는 모든 복귀의 원칙을 제시해 놓고, 사탄의 참소조건에 걸리지 않게 전체 책임을 짊어지고 나가야 하는 것이 선생님의 책임입니다. 이 길을 선생님이 닦았습니다. 인간 자신들이 하나님 앞에 하나님의 사랑의 공법에 의해서 다시 하늘로부터 기쁘다 하는 조건을, 즉 팻말을 박아 놓고 그 팻말에 의해 사랑을 할 수 있도록 축복을 받았습니다. 사랑을 할 수 있는 출발을 통일교회 선생님이 비로소 세계 역사상에 있어서 처음 한 것입니다. 그렇기 때문에 통일교회 교인들로부터 원리를 배우는 수많은 인류는 앞으로 선생님이 지시하는 방법에 의해서 살아야 된다는 것입니다.

12 우리는 타락성을 갖고 있습니다. 타락성의 4대 조건이 뭡니까? 교만과 시기와 혈기와 거짓입니다. 교만, 질투, 혈기, 거짓, 이것이 타락성입니다. 여러분도 그것을 벗어야 된다는 말입니다. 이것을 벗으려니 지금까지 금식을 하고 야단을 하는 것입니다. 이것을 벗으려면 복귀노정의 심판시대에 있어서 어떻게 해야 되느냐? 나 자신이 말씀으로 무장하고 말씀의 실체가 돼야 합니다. 실체과정을 통과하려면 반드시 타락성 근성을 벗어야 됩니다. 여기에는 4대 조건이 남아 있으니 이것을 벗으려면 핍박도 받고 시련도 받고 해야 됩니다.

13 재창조역사는 어떤 것이냐? 떨어진 것이 올라가는 것입니다. 반대의 힘으로 솟구쳐서 올라가는 것입니다. 그래서 심정의 일치점을 세우면서 나가는 것입니다. 그렇기 때문에 믿음이 있어야 됩니다. 또한 믿음에 앞서 있어야 할 것은 행함입니다. 자기를 중심삼고 행하는 것이 아니라 하나님을 사랑하는 자리에서 행해야 됩니다. 사랑하는 분을 위해서 행하는 것입니다. 이것을 바로잡아 놓지 않으면 복귀의 길을 갈 수가 없습니다. 역사를 두고 보면 그렇게 돼 있습니다.

14 하나님은 선한 편으로 성별된 동물·식물·광물 등 모든 물건을 통하여, 즉 제물이라는 조건을 통하여 인간과 인연맺으려 하셨습니다. 그러한 시대에 살고 있던 사람들은 참된 제물과 하나되어야 했습니다. 이런 시대가 구약시대입니다. 참된 가치의 인연을 찾아 나가야 할 타락의 운명을 진 인간은 꿈에도 생각하지 못하고 있을 때, 하나님은 이들로 하여금 참된 물건을 통하여 참된 가치의 인연을 맺게 하기 위하여 수고해 나오셨습니다.

15 땅에서 타락했으니 땅에서 벗어야 됩니다. 하나님이 복잡한 상황을 만드는 것은 나쁜 것이 아닙니다. 어디 가든지 부딪치고, 어디 가든지 죽고 못살게끔 만들어 놓는 것은 더덕이를 떼어내고 흠집을 긁어내 타락성을 빨리 벗게 하는 일입니다. 몸이 엉망진창이 되어 더덕이가 더덕더덕 붙은 것을 전부 뜯어내는 것처럼 환경이 순탄치 않으면 껍데기를 자꾸 뜯어낸다는 것입니다. 그러니까 복잡다단할수록 탕감적 해원성사가 빠르다는 것입니다.

16 세상에 타락한 세계권, 타락권이 있기 때문에 그것을 벗어나야 됩니다. 안테나가 수중에 있어서 아무리 하더라도 이 평면선을 넘어 뾰족이 나오면 세계를 통하는 것과 마찬가지로, 참사랑의 안테나가 타락성 안테나 이상 넘어가야 됩니다. 그러니까 사탄세계의 모든 것을 부정하고 남음이 있어야 하늘과 관계맺을 수 있는 조건적 존재가 되는 것입니다. 전체적 존재가 아닙니다. 이런 것을 종교가 다 몰랐습니다.

17 실체를 쓰고 영광된 부활의 날을 맞아 하나님 앞에 보답할 수 있는 때가 끝날입니다. 하나님의 아들딸의 이름으로 사탄을 때려 부수는 것이 바로 전도입니다. 전도하는 자리는 눈물짓는 자리요, 역사적인 선조들이 잘 싸워 달라고 축복해 주는 자리요, 미래의 후손들까지 기대에 넘치는 눈으로 바라보는 자리입니다. 다

시 말하여 그 자리는 종의 자리에서 양자의 자리로, 양자의 자리에서 직계 자녀의 자리로 재생하는 자리라는 것입니다. 우리 인간이 이러한 재생의 인연을 세워 실체부활을 하는 것이 하나님의 소원입니다. 역사적인 기준을 횡적으로 세워 부활의 기준을 세워야 합니다.

18 통일교인들은 뜻을 믿고 나가는 데에 있어서 종의 시대와 양자의 시대와 직계 자녀의 시대를 거쳐야 됩니다. 그러한 세 과정을 거쳐 자기가 전도한 사람이나 자기를 따르는 식구를 부모가 자식을 위하여 죽음을 각오하고 사랑하는 것처럼 사랑할 수 있어야 합니다. 내가 희생하더라도 내 모든 전체의 복을 그 사람에게 넘겨주었으면 감사하겠다는 마음이 여러분에게 자동적으로 일어나야만 비로소 축복받는 아들딸이 될 수 있습니다.

참사랑으로 완성하는 단계

19 참이 무엇입니까? 남자 앞에 참사랑을 가진 여자, 여자 앞에 참사랑을 가진 남자가 참입니다. 부모 앞에 참이 무엇입니까? 참사랑을 가진 효자입니다. 효자 앞에 참이 무엇입니까? 참사랑을 가진 어머니 아버지입니다. 인간세계 앞에 참이 누구입니까? 하나님입니다. 하나님 앞에 참이 누구입니까? 참사랑으로 하나된 아담 해와입니다. 그러면 완성입니다. 거기에는 부모가 있고 스승이 있습니다. 어머니 아버지는 아들딸을 가르쳐 주는 것입니다. 남편은 아내를, 아내는 남편을 가르쳐 주는 것입니다. 그렇게 산 사람들은 어머니 아버지가 되고, 스승이 되고, 주인이 됩니다. 그러면 그 집이 평화의 기지가 됩니다. 그러니까 가정에 다 열매맺게 되어 있습니다.

20 참부모는 무엇으로부터 출발했습니까? 참사랑으로부터 시작했습니다. 결국은 사랑이 문제가 됩니다. 참사랑을 중심삼고 가는 가정·종족·민족·국가·세계는 하나로 통하는 것입니다. 역사의 방향성은 참사랑의 길 하나뿐이어야 되는데, 지금까지 그것은 지그재그로 엉망으로 되어 나왔습니다. 그것을 참부모가 와서 완전히 돌려놓아야 됩니다. 개인을 넘고 가정을 넘고 종족을 넘고 나라를 넘어서 그렇게 해야 됩니다.

21 몸과 마음이 참사랑으로 하나되면 몸의 소유가 마음이요, 마음의 소유가 몸입니다. 마음과 몸이 하나된 남자와 여자, 이 둘이 참사랑으로 하나되게 된다면 참사랑을 가졌기 때문에 하나님을 점령할 수 있습니다. 하나님을 점령하려니까 다리를 놓아야 됩니다. 그것은 남자 혼자 안 되고 여

자 혼자 안 됩니다. 사랑을 중심삼고 부부가 횡적인 사랑으로 연결돼야 합니다. 남자 여자가 완성하려면 자기 상대를 찾아가야 합니다.

22 참감람나무 가정 밭에는 사탄이 접할 수 있는 아무런 이론적 근거가 없습니다. 사탄이 접할 수 있는 것은 장성기 완성급이지 완성기 완성급은 접할 수 없습니다. 책임분담을 완결함으로써 원리결과주관권과 직접주관권이 참사랑으로 일체 됩니다. 결탁되는 것입니다. 이것을 사탄이 분립시킬 수 있는 내용이 없습니다. 여기서부터 새로운 역사적인 전환시대가 찾아오는 것입니다.

23 3대 왕권이 한데 모인 조직체가 우리 가정입니다. 과거·현재·미래세계의 왕궁 기지가 우리 가정입니다. 할아버지를 하나님처럼 모셔야 됩니다. 가정에서 대왕으로 절대적인 힘을 가진 분이 할아버지입니다. 부모는 아담 자리입니다. 현재 가정의 왕이요 중심입니다. 자녀는 미래세계의 왕권을 상속받습니다. 이것이 참사랑으로 맺어진 황족 개념입니다. 그렇게 완성해서 가는 곳이 천국입니다. 그러지 않고는 길이 없습니다. 이 자리에서 완성하는 것입니다.

24 하나님의 창조목적은 아담 해와가 참사랑의 주체이신 하나님의 계명을 지켜 참사람으로 완성하는 것입니다. 나아가서 하나님의 참사랑으로 하나된 참된 부부가 되는 것입니다. 아담 해와가 참사랑으로 완성하는 것은 곧 하나님이 실체를 입는 소망이 성취되는 것입니다. 그리고 그들이 참된 부부로 완성하는 것은 곧 하나님의 절대적인 사랑이상의 완성을 의미하는 것입니다.

5절 신앙생활의 체험

1 여러분은 신앙생활에서 신비적 체험, 혹은 영적으로 하나님이 계시다는 것을 체험하고 있습니까? 여러분 중에 영적으로나 기도 가운데나 몽시 가운데 선생님을 자주 보고 선생님의 지도를 받는 사람이 있을 것입니다. 백 퍼센트 그렇게 되어야 합니다. 그것은 우리만이 갖고 있는 힘이요, 우리만이 갖고 있는 자랑이요, 우리만이 갖고 있는 보화라는 것입니다. 지금까지 종교는 체험적인 과정을 거치지 못했기 때문에 갈팡질팡해 왔고 세속화되어 버렸습니다. 그렇지만 통일교회는 최후의 자리에 선 하나님임을 알기 때문에 아무리 풍파나 홍수가 밀어닥치더라도, 이것을 헤쳐서 죽는 한이 있더라도 내일의 소망을 유언으로 남기고 죽을 수 있는 사나이와 아낙네가 되어 있다는 사실이 놀라운 일입니다.

말씀 체험

2 진리의 말씀은 같은 내용을 여러 번 들어도 싫지 않습니다. 이것을 체험해야 됩니다. 같은 말씀을 백번 이상 들어도 또 듣고 싶은 진리의 말씀을 가진 교회에 나가면 틀림없이 천국에 갑니다. 또 백번 보고 천번 보아도 또 보고 싶은 교회 지도자를 만났으면 떨어지지 마십시오. 한 손을 자르면 나머지 한 손을 가지고라도 그를 붙잡으십시오. 그런 지도자를 만나면 틀림없이 천국에 갑니다.

3 통일교회 원리 말씀을 듣고 교회에 나오려고 결심하고 나면 반드시 시험이 따릅니다. 혹은 원리 말씀을 들으러 가겠다고 약속해 놓으면 반드시 집에 무슨 사고가 생긴다든가 번번이 어떤 일이 벌어집니다. 여러분은 그런 체험을 했을 것입니다. 이것은 틀림없는 공식입니다. 왜냐하면 개인적인 환경에서 더 높이 올라가려고 하면 사탄이 꼭대기에서 눌러 버리기 때문입니다.

4 누구보다도 깊은 심정의 인연을 거쳐서 주려니 말씀을 깊이 알아야 됩니다. 백 퍼센트 가까운 이상으로 심적 기준과 연결될 수 있는 입장에 서려면 그처럼 깊은 데까지 체험하고 실감하면서 줘야 됩니다. 그런 마음을 가지고 말씀을 전해야 됩니다. 행동적인 면에서 그들이 나를 좋아할 수 있게끔 해야 됩니다.

5 신앙생활은 실전입니다. 실전에서 이겨야 합니다. 새 사람이 교회에 나오려고 할 때는 반드시 사탄이 역사하는 것입니다. 새 사람이 들어오려면 반드시 막는 역사를 하는 것입니다. 그렇기 때문에 그것을 극복시키기 위해서는 주체가 절대적이어야 합니다. 완전한 플러스는 완전한 마이너스를 창조합니다. 그래서 기연가미연가해서는 안 됩니다. 확정적인 입장에서 모든 것을 설파해야 됩니다.

영적 체험과 심정 체험

6 초대교회는 신령역사로 말미암아 핍박의 와중을 넘어설 수 있는 행동을 할 수 있었습니다. 그러나 그것이 개인으로부터 시작해 가지고 가정을 거치고 민족을 거쳐서 세계적으로 되지 못하고 국한된 내용으로 남아지게 되었습니다. 그것은 그 근본원인이 어떻게 되어서 그런 영적인 현상이 자기들에게 미쳐지고, 또한 그것이 어떠한 과정을 거쳐서 어떠한 종착점을 향하여 갈 것인지 그 방향을 확실히 잡지 못했기 때문입니다.

7 처음부터 선생님은 영계를 중심삼고 중요한 해결점으로 세웠습니다. 해결할 그 기준이 국가를 넘고 세계

를 넘을 수 있는 영계냐 하는 것을 감정해 나온 것입니다. 영계는 초국가적이요 초민족적이기 때문에, 영계에서는 국가를 넘어서서 심령상태가 같은 사람들이 모입니다. 국가를 초월했다는 것입니다.

8 앞으로 영적인 체험을 해야 됩니다. 내가 하는 일이 성공할 것인가, 실패할 것인가 하는 것을 알아야 합니다. 기도를 열심히 하면 벌써 성공할 것을 압니다. 그것을 하면 기분이 좋고 몸이 가벼워집니다. 벌써 육체적으로 압니다. 몸이 그렇습니다. 그러려면 자기를 생각하는 관념, 개인주의적 관념이 갖춰져 있는 것을 전부 씻어 버려야 됩니다.

9 선생님은 영계를 통해 세상의 어디 가서 고생하는 통일교회 선교사들을 매일같이 지도하고 가르쳐 주고 있습니다. 그것을 여러분이 생활을 통해서 알아야 됩니다. 통일교회에 들어와서 일주일만 말씀을 듣고 결심하면 벌써 생활태도가 달라집니다. 옛날은 싫어집니다. 그래서 선생님이 가르친 말이 귀에 쏙쏙 들어오고, 말을 듣기 전에 벌써 예시해 주는 것을 다시 듣고, 이럼으로써 통일교회 정수분자가 안 될 수 없습니다.

10 신앙생활은 체휼입니다. 체휼하지 않으면 모른다는 것입니다. 그러니 체휼해야 됩니다. 체험이 아니라 체휼입니다. 체휼이라는 것은 무엇이냐? 하늘이 슬플 때 내가 그 슬픔을 알아야 됩니다. 그 슬픔이 느껴져 오는 것이 체휼입니다. 체휼하게 되면 기도가 필요 없습니다.

11 신앙에 있어서 가장 귀한 것은 체휼입니다. 체휼해서 나 자신도 알 수 없는 눈물을 한없이 흘려야 합니다. 여러분은 의식을 초월하여 눈에서 눈물이 떨어지는 것을 느껴 보았습니까? 누구한테 욕을 먹었다고 해서 분하고 서러운 것이 아닙니다. 자신도 알 수 없는 비장한 심정이 감돌아 하염없는 눈물이 떨어져야 합니다. 신앙자의 본질적인 생활상은 그래야 하는 것입니다. 자신도 모르는 고통이 사무쳐 들어와야 합니다. 가슴이 메고 몸 둘 바를 모를 정도까지 사무쳐 들어와야 합니다.

12 여러분이 생애를 통하여 체휼적인 신앙을 함에 있어서 분별적인 원칙의 노정을 걸고, 만물만상 앞에 영원을 대신한 불변의 승리자라고 자랑할 수 있는 기준을 세워야 됩니다. 그러한 기준을 여러분이 세우지 못한다면 이 땅 위에 슬픔의 조건이 남아지게 됩니다. 또 슬픔의 조건이 남아 있는 이상 천상에 가서도 하나님의 내

적 심정을 찾아 나가기 어렵습니다. 그렇기 때문에 여러분이 마음적인 예수님, 몸적인 성신을 통한 생명체로 하나님의 영광의 실체로 나타나야 됩니다. 그럴 때 비로소 여러분이 믿음의 실체가 될 것입니다.

13 선생님은 지금까지 한국에 있는 수많은 기독교인들보다도 하나님 앞에 정성을 많이 들였습니다. 심정적인 사람은 발전하게 되어 있습니다. 개인적인 심정에서부터 가정적인 심정, 민족적인 심정, 세계적인 심정으로 발전하여 체휼하게 되어 있습니다. 심정을 가지고 더욱 정성 들이는 사람이 있을 때 하나님은 그 사람을 붙드는 것입니다. 하나님은 그렇지 않은 사람을 붙잡고는 작전을 하지 못합니다. 천국 보위의 명령을 받은 입장에서 자기 위치를 어떻게 신앙적으로 이끌어 나가느냐 하는 문제가 무엇보다도 큰 문제입니다. 자기가 행동 하나를 잘못하게 되면 역사가 좌우되므로 후에 역사적인 심판을 받게 되는 것입니다. 그렇기 때문에 자는 것이나 먹는 것이나 입는 것이나 일체의 생활을 신앙을 중심삼고 해 나가야 합니다.

14 선생님이 길을 가려고 차를 척 타고 나서면 벌써 안 좋은 느낌이 올 때가 있습니다. 그때는 진로를 달리 잡습니다. 그런 영감이나 체감이 옵니다. 체감은 체휼적인 신앙생활에서 생깁니다. 여러분이 길을 가다가 전봇대고 무엇이고 간에 그것을 붙들고 통곡하고 싶은 심정이 들 때가 있을 것입니다. 그런 때를 절대 놓치지 말아야 합니다. 그런 때를 몇 번만 놓치게 되면 그런 기회는 나에게서 멀어집니다. 그것을 놓쳐 버리면 그것은 절대로 나에게 플러스되지 않습니다. 오히려 반대의 힘이 되어서 나를 밀어젖히는 것입니다.

15 체휼은 반드시 신앙생활에 필요합니다. 체휼을 통해서 하나님의 인격에 대해서 알 수 있고, 그와 동시에 하나님이 나와 더불어 어떠한 내적 심정의 인연을 갖는가 하는 것을 느낄 수 있습니다. 체휼의 길을 통해서만 우리는 그런 것을 느낄 수 있다는 것입니다. 신앙생활을 통해서 행복감을 느끼고, 또 신앙생활을 통해서 보다 이상적인 새로운 소망을 지닐 수 있는 것도 체휼의 과정을 거치지 않고는 나타나지 않습니다. 기독교가 로마 박해시대에 있어서 그런 핍박을 받고 사자의 밥이 되면서도 신앙길을 꿋꿋이 갈 수 있었던 것은 막연한 입장에서 그렇게 된 것이 아닙니다. 이것은 반드시 그러한 자리를 넘어갈 수 있는 체휼적인 내용이 있었기 때문입니다.

16 여러분은 천륜을 중심삼아 운행하시는 하나님과 그 뜻을 성취하기 위하여 무한히 인간에 대하여 충성했던 하나님의 사정을 체휼해야 됩니다. 또 이 뜻을 세우기 위해 무한히 희생해 오신 하나님의 심정, 또 미래의 이념을 세우기 위해 무한히 당신을 초월하신 하나님의 심정, 무한히 주시려는 하나님의 사랑의 심정을 체휼해야 되겠습니다.

중생 체험

17 우리는 신앙생활을 하는 데 있어서 완전히 나 자신을 잊어버리고 제물이 되면서도 부족함을 느끼고, 희생하면서도 부족함을 느끼며 죽음의 자리에서도 자신을 책망할 수 있어야 합니다. 이와 같이 하늘 앞에 아무런 자랑도 하지 않는 본성의 사람이 되어야 영원하신 하늘의 부활의 이상을 이룰 수 있습니다.

18 신앙노정에서 사탄세계의 어떤 사람보다 나아야지, 그들과 같은 정도면 안 됩니다. 내적인 심정과 심성을 비교해 보게 될 때, 감히 그들이 따라올 수 없을 정도의 높은 심정과 심성의 원만성을 지녀야 합니다. 그 조건을 근거로 하여 부활권 내에 들어갈 수 있습니다.

19 우리는 회개의 눈물로 부활의 권을 맞이해야 됩니다. 아담 해와가 가지고 있지 못한 눈물을 흘리고 벗어나야 됩니다. 서로가 반목질시하며 '내 죄의 동기는 너 때문이다. 나는 안 그랬을 텐데 너 때문에 이렇게 되었다.'라며 자기의 서러움을 제삼자에게 전가시키려 들고, '나는 긍정적이고 정상적이다.'라는 마음을 가져서는 안 됩니다. 나를 부정하고 환경을 긍정해야 됩니다. 내가 구원받기보다도 나라가 구원받기를 바라고, 나라를 위해서 눈물지어야 합니다. 또 가정이 구원받기를 바라고, 가정을 위해 눈물지을 수 있어야 합니다.

20 우리의 생활을 부활시키고 우리의 생애를 부활시켜서 선을 추구하게 할 수 있는 주체적인 대상이 확실히 존재한다는 사실을 알고 신앙심을 갖춰 나가는 나 자신이 되었다면, 나 자신이 대상의 입장에서 그 주체와 하나되어 주체의 목적과 대상의 목적이 일치될 수 있는 한 점을 취해 나가야 됩니다. 그런 사람은 아무리 어려운 환경일지라도 그 환경을 극복할 수 있습니다. 아무리 어려운 사정이 있다고 하더라도 그 주체 되시는 절대자의 소원과 목적이 이렇다는 것을 확실히 알고 깨달으면 깨달을수록 그 깨달음이 내 생애노정에서 직접적으로 새로운 힘의 원천이 되는 것을 느끼게 될 것입니다.

제2장 마음과 몸의 수련

1절 수련이란

1 수련이란 닦고 연단하는 것입니다. 닦고 연단하는 데는 무엇을 표준으로 할 것인가? 여러분 가운데에는 두 종류의 사람이 있습니다. 고깃덩이뿐인 겉사람과 다른 하나는 속사람이 그것인데, 타락한 입장에서 보면 타락한 겉사람과 타락한 속사람이 있습니다. 이것들이 본연의 인격체를 닮아 나가는 것입니다. 본연의 인격체란 만물이 경배하고 하나님이 품에 품으시고 입을 맞춰 줄 수 있는 어린애와 같은 모습입니다. 따라서 여러분은 본연의 인격체를 표준으로 수련을 받아야 합니다.

분립으로 선의 대상 되기

2 여러분이 통일교회를 얼마나 위했느냐? 통일교회를 위해서 내가 있었느냐, 나를 위해서 통일교회를 있으라고 했느냐? 여기에서 선악의 기준이 분립되는 것을 알아야 합니다. 선과 악이 따로 있는 것이 아니라, 뜻에서 어긋나게 될 때는 악과 선으로 갈라집니다. 선은 정상적인 궤도를 가고, 악은 비정상적인 궤도를 갑니다. 오늘날 인륜도덕이나 사회의 도덕 기준을 중심삼고 볼 때도 원리원칙이 있습니다. 원리는 나를 위하라고 하는 데서 성립되는 것이 아닙니다. 위하려고 하는 데서 원칙이 성립됩니다. 그렇기 때문에 통일교회 교인으로서 24시간 나를 생각하는 것보다 더 큰 통일교회 이미지가 나를 점령하고 있어야 됩니다. 꿈에서도 통일교회와 떨어져 있는 내가 되어서는 안 됩니다.

3 선한 하나님의 사람이 되지 않고는 선한 하나님이 원하는 가정을 바랄 수 없습니다. 또 선한 하나님의 가정이 되지 않고는 선한 국가나 세계를 바랄 수 없습니다. 그렇기 때문에 제일 문제는 나 자신에서 해결점을 찾지 않으면 안 됩니다. 그 경계선이 마음과 몸입니다.

고행으로 탕감받기

4 육신을 치는 방법이 바로 고행입니다. 그래서 예수님은 '죽고자 하는 자는 살고 살고자 하는 자는 죽는다.'라고 했습니다. 이것은 몸이 원하는 것을 잘라 버려야 된다는 말입니다. 몸이 원하는 것을 없애야 됩니다.

5 역사시대에 그 어떠한 종교보다도 더 고행하는 종교를 찾아가지 않으면 안 됩니다. 종교생활은 양심이 고문

관이 되어 '이놈의 몸뚱이야, 이놈의 몸뚱이야!'라고 하며 완전히 죽어 넘어질 때까지 고문을 하고 항복을 받아 다시는 깨어나지 않게끔 점령할 수 있는 일을 하는 것입니다. 마음이 몸을 고문해야 됩니다.

6 종교는 왜 고행을 해야 됩니까? 왜 십자가를 져야 됩니까? 왜 희생봉사를 해야 됩니까? 그것은 모든 인간이 싫어합니다. 그렇기 때문에 이 타락한 세계에서 종교는 출가를 강조해 온 것입니다. 모든 것을 완전히 부정해야 됩니다. 통일교회 축복은 완전 부정을 추구하는 것입니다. 개인 부정으로부터 가정 부정, 종족 부정, 민족 부정, 세계 부정, 사상 부정까지 모든 것을 부정해 왔습니다. 그 부정하는 단계가 높아 감에 따라 자기 가치가 축적되는 것입니다. 사탄세계를 부정하는 발판이 넓어지면 넓어질수록 내 본연의 인격의 축적은 높아집니다. 커진다는 것입니다. 그러니까 부정하는 것입니다. 그렇기 때문에 종교는 현실을 부정하고 출가를 하는 것입니다.

7 종교는 고행길을 갑니다. 몸이 좋아하는 것은 발로 차 버리라는 것입니다. 육적 눈이 좋아하는 대로 가다 보면 마음의 눈은 싫어합니다. 전부 반대입니다. 인간이 모순된 존재라고 생각하는 것도 타락을 몰랐기 때문입니다. 모순된 자아 발견, 이것이 위대한 발견입니다. 역사에 있어서 어떠한 발견보다도 위대합니다. 타락이 어떻게 됐는지 안다고 하면, 그것이 무엇보다 놀라운 것입니다. 이 혼돈 가운데서 해방되는 길이 있다면 무슨 희생을 치르더라도 가지 않으면 안 됩니다. 그것이 타락한 인간이 가야 할 책임노정입니다.

8 복귀탕감이 아니라 탕감복귀입니다. 복귀탕감이란 있을 수 없습니다. 하나님의 복귀탕감이란 개념이 에덴동산에 있을 수 없습니다. 그랬다면 아담 해와를 마음대로 할 수 있습니다. 타락으로 인해 핏줄이 달라졌기 때문에 문제입니다. 씨가 달라졌습니다. 그것을 탕감해야 됩니다.

부정으로 본연의 길 찾기

9 복귀의 길에서는 여러분이 제일 좋아하는 것이 원수입니다. 남자에게는 여자가 원수이고 여자에게는 남자가 원수이고, 부모에게는 자녀가 원수이고 자녀에게는 부모가 원수이고, 그 부모의 일족 앞에는 종족이 원수이고 종족은 민족이 원수입니다. 전부 원수가 되어 있습니다. 이것을 한꺼번에 청산하기 위해서는 전부 부정해야 됩니다. 자기 일족 사위기대를 잃어버린 슬픔도 체험을 못한 사

람은 하늘나라에 갈 수 없습니다. 하나님은 수천대를 연장하면서 지금까지 사위기대 복귀를 소망하고 나오고 있습니다. 하나님 앞에 천년만년 효도하더라도 얼굴을 들 수 없습니다. 죄인 중의 죄인 같은 자신을 피할 수 없다는 것입니다.

10 천국에 들어가기 위해서는 사탄의 핏줄을 부정하고 다시 돌이켜야 됩니다. 순결·순혈입니다. 순결혈통·순결사랑을 중심삼은 가정 기반 위에서 효자가 돼야 합니다. 가정적 효자가 못 돼 있습니다. 국가적 충신 효자가 못 돼 있습니다. 가정적 순효자(純孝子), 가정적 순충신(純忠臣), 가정적 충성인(忠聖人)·충성자(忠聖子)가 돼야 합니다. 하늘땅을 대신하여 상속받을 수 있는 아들딸이 못 돼 있기 때문에 이것을 여러분 일대에서 이루어야 됩니다.

11 자기를 위하는 세상은 망했습니다. 타락은 자기 자체를 먼저 자각하고 중심 자리에 선 것이니만큼 그것을 부정해야 됩니다. 자기를 부정하고 전체를 살게 하고 난 후에 내가 거기에 꽃이 피어야 된다는 것입니다. 꽃의 향기는 1년 자란 꽃이라도 뿌리와 줄기, 가지의 모든 영양소를 흡수해서 꽃이 핀 이후에야 나는 것입니다. 그러니 전체를 위하는 사람이 되어 꽃이 피고 향기가 나야 하나님이 찾아오고 천사들이 날아 들어와 보호하게 됩니다. 그것이 천지의 소원입니다.

12 여러분은 하나님이 좋아할 수 있는 선물을 갖고 있습니까? 하나님이 찾아올 때 '야, 참 고맙다!'라고 할 수 있는 선물을 갖고 있느냐, 하나님이 찾아올 때 가정적으로 선한 선물을 드릴 수 있느냐는 것입니다. 부부가 되어 있으면 부부가 하나님이 찾아올 때 선물로 드릴 것은 딴 것이 아니라 사랑으로 하나된 부부입니다. 사랑으로 하나된 부부인데, 그 부부가 어떤 부부냐? 자기를 위해서 사는 부부가 아니고, 아내는 남편을 위해 살고 남편은 아내를 위해 사는 부부입니다. 그 부부가 영원히 하나되겠다고 생식기를 붙들고 영원히 가겠다고 하는 그 가정을 하나님이 선물로 받기를 바란다는 것입니다.

13 아담 해와가 완성해서 비로소 아들딸을 낳아야만 실체적 하나님의 모양이 됩니다. 그러나 사탄의 아들딸이 되었습니다. 천사장의 아들딸이 됐습니다. 하나님과 관계없는 아들딸이 되었습니다. 그래서 완전히 부정해야 합니다. 핏줄을 더럽혔기 때문에 하나님이 마음대로 할 수 없습니다. 사랑하는 여자와 내일 모레 결혼하려고 하는데 산적이 훔쳐 간 것

이나 다름없습니다. 그렇게 산에 들어가 도적질한 물건을 가지고 먹고살고 아들딸을 낳아 한 민족이 된 것입니다. 옛날에 결혼 약속을 했던 남자가 그 모습을 봤을 때 얼마나 비참하겠습니까? 하나님이 전지전능하다고 해도 천사장을 마음대로 할 수가 없습니다. 천사장을 못 죽이는 상황에서 그 피 살이 섞인 아들딸 전체를 죽일 수 있느냐는 것입니다. 그러니까 하나님은 영어의 몸입니다. 감옥에 갇혀 있다는 것입니다.

14 자기를 부정하기 전에는 본연의 창조의 원자재, 본연의 그 원자재의 자리에 돌아갈 수 없습니다. 거기에는 갈라진 틈이 없어야 됩니다. 여러분이 본연의 사랑이상 가정에 정착하기 위해서는 사탄이 들어올 수 있는 틈이 있어서는 안 됩니다. 물이 들어와서는 안 되고, 공기가 들어와서는 안 되고, 빛이 들어와서는 안 됩니다.

15 사랑을 받기 위한 자리에 서려면 주체와 대상의 자리에서 하나되어야 합니다. 주체는 완전히 주려고 해야 되고, 대상은 완전히 받으려고 할 때 주체와 대상이 하나되는 것입니다. 100을 주려고 하는 주체가 있으면 나는 100을 받아야 되겠다고 해야 됩니다. 하늘이 100을 주려고 하는데 우리 인간이 자기 생각과 자기주장이라든가 자기 욕망을 중심삼고 받으려고 하면 100을 채울 수 있는 자리가 생겨나지 않습니다. 자기 욕망이 있고 희망이 있으면 그것이 80, 70, 60, 50이 될 것이 아니냐는 것입니다. 그렇기 때문에 100을 다 받을 수 없습니다. '100을 완전히 받으려면 너에게 있는 모든 것을 비워 버려라. 모든 것을 없애 버려라. 모든 것을 부인해라. 여기에서는 모든 것을 포기해 버려라.'라고 해야 됩니다. 전체를 포기하고 절대복종하는 것입니다. 복종이 나쁜 줄 알았더니, 복종을 완전히 해 나가면 그 사람을 점령할 수 있다는 것입니다.

16 선한 사람은 나면서부터 죽을 때까지 영원히 남을 도와주겠다고 하는 사람입니다. 계급을 초월해서, 동서남북을 초월해서, 인종을 초월하고 역사과정에 설정된 전통을 넘어서서 영원히 도와주면서 살고 갔다 할 때는 그 사람은 선한 사람입니다. 내가 영원히 남을 위해서 주다 보니 비어 있게 되어 저기압이 되는 것과 마찬가지입니다. 나 자체를 딴 데로 밀어내기 때문에 저 세계의 주변은 고기압권이 생깁니다. 그래서 숨이 멋게 될 때는 그 고기압이 한꺼번에 몰아칩니다. 천년 쌓아둔 것이 순식간에 올라와서 나를 한꺼번에 수천만년 꼭대기에 올려놓는다는 것입니다.

승리자가 되는 길

17 하나님이나 인간이나 아직까지 뜻을 성취하지 못한 채 역사는 흘러가고 있습니다. 이 뜻을 성취하지 못하게 된 것은 하나님 때문이 아니라 인간 때문입니다. 다시 말하면 아담 해와가 타락한 연고로 이 뜻이 실패하게 됐습니다. 그렇기 때문에 실패한 이 뜻을 수습하고자 하는 것이 지금까지의 역사과정이요 섭리노정입니다. 이 뜻이 이루어지려면 뜻을 이룰 수 있는 사람이 필요합니다. 하나님이 오랜 역사시대를 거쳐 오면서 아담 가정으로부터 노아 가정, 아브라함 가정, 모세 가정, 요셉 가정을 택해 뜻을 받들 수 있는 사람을 세우셨습니다. 만일 그들이 하늘의 인연을 땅에 연결시키는 책임을 못하게 될 때에는 뜻을 성취시킬 수 있는 방향조차 갖추지 못하게 됩니다. 이러한 사실을 우리는 섭리노정을 통해서 잘 배웠습니다.

18 오늘날 통일교회를 중심삼고 보면, 통일교회가 뜻을 성취시키느냐 못 시키느냐 하는 것이 문제입니다. 뜻은 개인에게 해당되는 것도 있고 전체에게 해당되는 것도 있습니다. 개인에 해당되는 뜻을 대할 수 있는 사람과 전체에 해당되는 뜻을 대할 수 있는 사람이 없어서는 그 뜻을 성사할 수 없습니다. 아무리 뜻이 성사될 수 있는 때를 맞이했다 하더라도 그 사람이 책임 수행을 하지 못하게 되면 뜻을 성사할 수 있는 한때도 잃어버리게 됩니다. 뜻을 성사하기 위해서는 반드시 사람이 필요하고, 그 다음에는 때가 문제 됩니다. 언제든지 때라는 것이 문제 됩니다. 그와 동시에 때와 사람 사이에 관계되어서 뜻을 성취시킬 수 있는 조건이 반드시 필요합니다.

19 예수 그리스도는 자기가 맡은 전문분야인 만민을 구원하는 책임을 수행하기 위해서 먼저 어떠한 입장에 서야 하느냐? 그분도 역시 전심전력하는 입장에 서지 않을 수 없습니다. 자나 깨나 일구월심, 자기의 모든 것을 여기에 투입하지 않으면 안 됩니다. 이러한 것은 어떠한 명령을 받는 입장이나 강요당하는 입장에서가 아니라 자기 스스로 해야 됩니다. 그래야만 그것을 통하여 자기 희망이 싹트고, 행복의 여건이 제시되고, 그럼으로 말미암아 자기 승패가 결정되는 것입니다.

20 자식이면 자식, 전도된 사람이면 전도된 사람을 중심삼아 가지고 주위에 울타리를 만들어야 합니다. 그러한 울타리를 만들어서 그 울타리에서는 어떠한 비밀도 자유자재로 논의할 수 있어야 합니다. 죽어도 우

리를 사탄세계로 옮길 수 없다고 할 수 있는 절대적인 권이 이루어져야만 하나님은 여기에서부터 절대적인 뜻을 펴 나갈 수 있습니다. 이것은 앞으로 여러분이 전문가로서 책임을 지고 수행해야 하는 분야이기 때문에 잘 알아야 됩니다.

21 승리자가 되려는 자에게 부딪혀 오는 모든 환경여건은 협조하는 환경이 아니라 반대하는 환경입니다. 그럴 때 그 환경을 감당해 내야 하고 마음만은 믿고 의지할 수 있게 되어야 합니다. 이 마음은 역사적인 피와 눈물과 땀으로 얼룩져 우리에게까지 연결돼 나옵니다. 그러므로 어떤 어려움에도 마음만은 움직이지 않고 변하지 말아야 합니다. '어느 누구도 승리하고 싶은 이 욕구의 심정을 빼앗아갈 수 없다.'라는 자신을 갖고 나가야 합니다. 자신이 없는 승리는 우연한 승리입니다. 그러한 승리 말고 자신이 있는 절대적인 승리를 해야 됩니다. 그러한 승리는 역사적인 승리인 동시에 창조이상의 승리입니다. 신념에 불타는 승리적인 마음이 있어야 합니다. 어떤 시련이라도 이겨내기 전에는 승리의 월계관을 쓸 수 없습니다.

22 원리를 배우면 부정할 수 없는 사실임을 알게 되기에 안 갈 수 없고 안 할 수 없습니다. 그래서 여러분은 자신이 가야 할 길이므로 그 노정에서 패배자가 되지 말고 승리해야 됩니다. 선생님도 지금까지 혼자 싸웠지만 승리한 기준이 있으므로 여러분도 승리할 수 있습니다. 선생님이 있는 한 염려하지 않고 끝까지 싸워 나가면 승리는 여러분의 것입니다. 선생님은 확신할 수 있습니다. 그렇게 알고 자신을 갖고 힘차게 돌격해 나가라는 것입니다.

23 지도자는 부하를 더 잘 먹이고 더 잘 입혀 주고 싶어해야 하지만, 만일 그가 위급할 때는 비참한 길로 몰아서라도 보내야 합니다. 모세가 얼마나 안타까웠으면 민족을 떠나 40일 기도를 했겠습니까? 모세는 그들 앞에 폭풍우가 불어닥칠 것을 알았습니다. 선생님은 오늘도 이 길을 걸어오는 식구들을 보고 가슴이 아팠지만, 그럴수록 그들을 내몰아서라도 하루바삐 천주주의를 이루어야 한다는 절실한 마음을 느끼게 됩니다. 선생님은 옛날에 죄인으로 형무소에 있었던 일을 기억하고 있습니다. 미국이 철창을 붙들고 눈물 흘리며 호소하던 선조가 있었다는 것을 잊으면 망합니다. 승리는 눈물과 피땀으로만 얻을 수 있습니다. 선생님은 어느 효자 못지않게 많은 눈물을 흘렸습니다. 하늘은 선을 지향하는 사람의 보호자라는 것을 선생님은 알고 있습니다. 죽

음을 각오하고 일할 때마다 하늘은 살길을 열어 주십니다.

24 신앙생활을 하는 데 있어서 세 가지만 하면 승리는 결정되게 되어 있습니다. 문제는 얼마만큼 지탱해 나가느냐 하는 것입니다. 몇 십년 가느냐, 아니면 몇 년 가느냐 하는 것은 여러분의 노력과 지구력에 좌우됩니다. 첫째는 '이념적으로 제패하라.', 둘째는 '정성과 충성에서 누구보다도 앞서라.', 셋째는 '선한 일에 최고로 앞장서라.'라는 것입니다. 이 세 가지만 실천하면 앞으로의 승리는 이미 결정되어 있는 것과 마찬가지입니다. 결과는 지탱하는 힘과 기간, 그리고 노력에 따라 좌우됩니다. 승리를 얻는 것은 여러분의 노력 여하에 따라 7년이 5년으로 단축될 수도 있고, 1년으로 단축될 수도 있습니다.

25 승리 중에서 최고의 승리는 어떤 것이냐? 본래 인간은 승리의 본향에서 출발하게 되어 있는데, 타락했기 때문에 그렇지 못한 자리에서 승리의 세계를 찾아 나가게 되었습니다. 그 찾아 나가는 표준이 무엇이냐 하면 인격완성을 이룬 자리입니다. 물론 인격도 필요하겠지만 그 인격을 움직일 수 있는 내심적인 핵, 즉 사랑이 더 필요합니다. 그 사랑이 바로 하나님의 사랑입니다.

26 말보다도 사실이 필요하고 변명보다도 실적이 필요합니다. 변명은 통하지 않습니다. 말은 통하지 않습니다. 실적 앞에 결과는 삼엄한 것이요 냉정한 것입니다. 옳으면 옳은 것으로, 나쁘면 나쁜 것으로 귀결됩니다. 승리는 승리로 귀결되는 것입니다. 패자는 패자로 서러움과 비참함과 더불어 귀결되는 것입니다. 그것이 역사적인 판단의 노정입니다.

27 옛날같이 함부로 살 수 없습니다. 그리고 자기 조상들과 저나라에 가 있는 종주, 왕, 그리고 하나님이 모두 일체가 되어 하늘나라의 핏줄을 전수해서 사탄세계의 핏줄을 지상에서 완전히 청산짓고 하나의 대가족 형제들을 만들어 가야 합니다. 하나의 대가족으로부터 한 나라, 하나의 문화세계, 아담 문화세계, 아담 절대·유일·불변·영원한 문화의 세계를 창조해야 하는 것이 내 책임입니다. 내가 책임을 해야 됩니다. 지금은 우리라는 말이 없습니다. 내 몸 마음이 하나되고, 그다음에 내 가정이 하나되고, 내 일족이 하나되어 국가권·세계권 나라에 접붙여서 돌감람나무 밭을 완전히 참감람나무 밭으로 만들어야 됩니다.

28 이상가정을 못 만든 것은 하나님의 책임이 아닙니다. 인류의 조상과

여러분 자손들이 책임을 해야 됩니다. 이상가정을 하나님이 갖다가 줄 수 없습니다. 파탄시킨 장본인이 고쳐야 됩니다. 이상가정, 평화이상세계왕국을 잃어버렸습니다. 그것이 죄 중에 엄청난 죄입니다. 절대적이고 유일·불변·영원한 하나님이 만드는 데 오차가 있을 수 없습니다.

2절 수련의 목표

1 인간이 잃어버린 자신을 찾으려면 어떻게 해야 합니까? 자식을 잃어버릴 당시의 하나님의 심정을 회상하여야 합니다. 그러지 않고는 본연의 나를 찾을 도리가 없습니다. 잃어버린 것은 잃어버린 그 장소에 다시 가야 찾을 수 있는 것과 같이, 잃어버린 나를 찾기 위해서는 나를 잃어버릴 때의 하나님의 심정을 회상해야 합니다. 그런 운동을 제시하지 않고는 인간은 본래의 자기를 찾을 수 없습니다.

본연의 나를 찾기

2 나를 찾는 데는 누구를 중심삼고 찾아야 됩니까? 자기를 중심삼고 찾는 것이 아닙니다. 하나님을 중심삼은 나를 찾기 전에는 본연의 자리에 돌아갈 수 없습니다. 그렇기 때문에 수많은 종교는 하나님을 찾는 것입니다. 하나님과 나의 관계를 알고 내가 어떻게 서야 된다는 것을 알기 위한 길이 종교의 길입니다.

3 인간에게 제일 귀한 것은 하나님의 전체 속성을 갖추어야 할 본연의 나입니다. 그런데 인간이 제일 귀한 것을 잃어버렸기 때문에 그것이 찾아지기 전에는 기쁨이나 행복을 느낄 수 없습니다. 그래서 오늘날 타락한 인류는 동서남북 사방에 흩어져 그 '본연의 나'를 찾아 헤매고 있습니다.

4 그 무엇인지 모르는 절대적인 이념의 본체요, 선의 본체요, 생명의 본체요, 사랑의 본체인 그 무엇을 필연적으로 찾아야 할 인간인데, 내 한 자체는 지금 방황하고 있습니다. 이러한 나의 모습이 절대적인 선의 방향과 각도에 비해 어떠한 방향과 각도를 가지고 있느냐? 내 마음은 우로 가고자 하는데 몸은 좌로 가는 것은 웬일입니까? 내 마음은 더 높은 이념을 가지고자 하는데 실제로는 한계적인 우주관을 갖고 있는 것은 웬일입니까? 우리 모습을 다시 한 번 냉정한 입장에서 관찰해 보아야 합니다. 그 무엇을 찾기 위해 허덕이고 있는 자신의 강팍한 모습을 바라볼 줄 알아야 합니다. 내 한 자체에는 몸이 있고 마음이 있고 영이 있습니다. 우리는 이 몸과 마음과 영이 통합한 하나의 모습이 되어야 합니다.

5 하나님과 더불어 동역·동사할 수 있는 입장에서 나를 재창조하는 노력

을 거치지 않으면, 평화의 경지, 하나님의 이상향은 나와 인연맺을 수 없습니다. 이 거리를 단축시켜서 그 이상적 평화의 경지가 내 것이라는 자각을 가져서, 내가 반드시 하나님이 창조하던 본연의 길을 따라 움직임으로써, 아기시대로부터 천국에 들어갈 때 사탄이 더럽힌 것을 청산해서 깨끗이 해방하여 천국의 왕권을 이어받아 들어가야 합니다.

6 사람은 다 빚을 졌습니다. 생명의 빚, 혈통의 빚이 그것입니다. 전부가 우주의 사랑 가운데 생겨난 존재세계 앞에 빚을 지고 있습니다. 빚 갚는 해방의 자리에 가야 됩니다. 만물을 지으시던 하나님의 사랑의 본연의 마음자리를 밟고 올라서서 하나님까지도 해방시켜 줘야 되는 것입니다. 창조하던 모든 것, 절대신앙·절대사랑·절대복종 기준에서 만든 것을 하나님이 잃어버렸으니 내가, 우리 인간이 찾아 줘야 됩니다.

자아주관이 우선이다

7 지금은 자신들의 생명과 선조들의 생명을 구해야 할 각성시대입니다. 이것을 생각할 때, 내 개인은 이렇게 자유롭게 움직이고 살 수 있는 자체가 아닙니다. 이 모든 존재세계는 우주적인 인연권 내에서 나의 실존가치를 세우기를 고대하고 있다는 것을 실체적으로 느껴야 합니다. 마음으로 느끼고 머리로 느낄 뿐만 아니라, 더 나아가서는 정적으로 느낄 수 있는 자리에까지 나아가야 되겠다는 것입니다. 오늘날 인간을 바라보고 '너무 불쌍합니다. 아버지여! 그러나 아버지께서 양심을 가진 인간 앞에 물질을 줘야 할 책임과 참다운 마음을 가지고 자기 몸을 주관하여야 할 뜻을 아옵고, 참다운 영 자체가 아버지의 주관을 받아야 할 것을 저희가 아옵니다.'라고 하면서 자기 자신에게 태산 같은 황금과 보물을 갖다 주더라도, 그것이 마음이 원하는 것이 아니라 한다면 그것을 과감히 버릴 수 있어야 됩니다. 문제는 이와 같이 크나큰 물질적인 고통을 훌쩍 넘어설 수 있느냐 하는 것입니다. 따라서 내 몸의 가치는 우주보다도 더 크니 이 우주보다도 더 큰 몸을 내 마음이 굴복시킬 때 내 마음은 우주적인 가치를 넘어서는 것입니다.

8 우리 마음은 세계를 품고, 하늘땅을 품고, 나중에는 하나님까지 품으려고 합니다. 그것이 마음이 가진 목적입니다. 그러기에 예수님은 '천국은 네 마음에 있다.'라고 했습니다. 더 나아가서 '나는 네 안에 있고 너는 내 안에 있고, 아버지도 네 안에 있고 너도 아버지 안에 있다.'라고 했습니다. 여러분은 여러분이 갖고 있는 이

념이나 여러분이 살고 있는 생활환경에서 이웃 사람을 얼마나 동참시킬 수 있으며, 이 민족과 이 세계를 얼마만큼 끌어넣을 수 있습니까? 여러분의 마음은 크지만 그 마음속에 자기 몸 하나를 잡아넣지 못하는 타락한 인간입니다. 여러분의 마음은 하늘땅을 품고 하나님까지도 품어서 안식시켜 드리려 합니다. 그런데도 불구하고 여러분은 자기 몸 하나를 정복하지 못하고 허덕이고 있습니다.

9 여러분 각자는 마음을 갖고 있습니다. 그러면 마음과 몸은 서로 친구가 되겠습니까, 싸움패가 되겠습니까? 만약 친구가 되지 못하고 싸움패가 된다면, 어느 쪽이 싸움의 주인공이 되겠습니까? 마음과 몸이 싸우게 되면 언제든지 몸이 마음에게 먼저 싸움을 걸게 됩니다. 마음은 가만히 있는데 몸이 마음을 못살게 구는 것입니다. 남자의 몸이든 여자의 몸이든 그 몸은 마음을 괴롭히는 것입니다. 그렇기 때문에 내 한 개체에 있어서 마음과 몸의 통일을 이루어야 합니다. 여러분이 '마음아, 몸아, 너희들 통일해라.'라고 명령한다고 해서 마음과 몸이 통일되는 것이 아닙니다.

10 마음이 얼마나 큰지 압니까? 보이지는 않지만 있기는 있습니다. 이 마음이 얼마나 크냐 하면, 아마 이 세계를 백개 천개 집어넣고도 만족하지 않을 것입니다. 또한 지구성 같은 다이아몬드가 몇 천개 몇 만개 있는데 한 개만 주면 기분 나빠합니다. 이렇듯 마음은 상상도 못할 만큼 크다는 것입니다. 또 여러분의 마음은 좋은 일과 나쁜 일을 배우지 않고도 잘 압니다. 마음이 누구에게 '야 마음아, 누가 이러이러하게 하면 나쁜 것이니까 그때는 네가 파수병이 되어라.'라는 것을 배웠습니까? 배우지는 않았지만 이 마음은 몸이 크고 큰 힘으로 대들더라도 문제 삼지 않습니다. 오히려 그 힘에 비례해서 즉각적으로 전기보다 더 빠르게 반응을 일으킵니다. 딴 마음을 먹게 되면 그 즉시 그만두게 하는 것입니다. 얼마나 교육받아야 그렇게 되겠습니까? 만약 사람이 교육을 시켜서 언제든지 그렇게 될 수 있게 만든다면 이것은 대성공입니다. 아무리 위대한 교육자라도 이렇게 하지는 못했습니다. 이런 것을 배워 보았습니까, 못 배워 보았습니까? 모두가 배우지 않고도 잘 알고 잘한다는 것입니다.

11 세상이 문제가 아닙니다. 천하가 통일됐더라도 내가 통일 못 되면 하나님 앞에 못 갑니다. 말 한마디 잘못해도 양심은 다 압니다. 양심은 부모보다 앞서 있습니다. 양심은 부모가 준 것이 아닙니다. 하늘로부터 오기

때문에, 뿌리가 하나님이기 때문에 자기 부모보다 앞서 있습니다. 양심은 타락한 세계의 스승보다 앞서 있고, 양심은 부모보다 앞서 있습니다.

12 여러분의 몸 마음이 싸우기 시작한 것이 언제부터인지 압니까? 타락한 직후부터입니다. 거기서 병에 걸린 것입니다. 그것을 뽑아 버리지 못하면 절대 천국 못 갑니다. 몸 마음이 싸우는 사람은 천국 못 갑니다. 선생님은 그것을 가지고 싸운 것입니다. '우주주관 바라기 전에 자아주관 완성하라.'라는 것입니다. 가면 갈수록, 신령한 세계에 들어가면 들어갈수록 더 무서운 사탄이 나타납니다.

13 여러분은 항상 나라는 존재는 선악의 모체라는 것을 생각해야 됩니다. 선생님도 여러분과 같은 연령일 때 이런 내용으로 고심했습니다. 그래서 선생님이 내세운 표어가 '우주주관 바라기 전에 자아주관 완성하라.'라는 것입니다. 이것이 신앙생활에 있어서 제1조입니다. 이런 면에서 자아를 완성하여 자아를 주관할 수 있게 될 때, 즉 내 몸을 제어하고 극복할 수 있는 자주성을 갖게 될 때는 내 몸과 마음의 상충이 없게 됩니다.

14 선생님은 돈 달라고 기도 안 합니다. 출세하려고 기도 안 했습니다. 3대 목표가 무엇이냐? 첫째는 '우주주관 바라기 전에 자아주관 완성하라.'라는 것입니다. 그다음에 둘째는 '절대적인 신앙을 갖자.'는 것입니다. 셋째는 '절대사랑을 갖자.'는 것입니다. 이것이 3대 목표입니다. 내 일에 있어서 사탄이 거짓말로 속이더라도 나는 절대적인 신앙을 가지고 사실을 확인할 때까지 가는 것입니다. 그렇기 때문에 '사탄 너도 마지막에는 나를 정도의 길로 안내해야 돼.'라고 하는 신앙을 하는 것입니다.

15 지고한 사랑이상을 이루어야 할 인간의 완성은 사랑에 대한 책임성을 지닐 때 가능한 것입니다. 그 책임성은 인간은 사랑의 자유를 주신 하나님에게 감사하면서 자기수양, 자기관장으로 자유의 주체가 되는 책임입니다. 사람에게 있어서 사랑의 책임성은, 법이나 이목 때문에 지켜지는 것이 아니고 하나님과의 생명적, 종적 관계 속에서 자아주관, 자기결단으로 지켜지는 것입니다.

마음 몸의 통일

16 사람의 마음과 몸을 통일하는 방법은 두 가지밖에 없습니다. 첫 번째는 이 몸을 악살박살 내서 점령하는 방법이고, 두 번째는 몸을 치지 않고 통일하는 방법입니다. 강제로 몸을 주관하는 방법은 좋지 않습니다. 그

러면 어떻게 해야 되느냐? 지금까지 마음은 허풍선같이 한 번도 몸과 대등하게 싸워 보지 못하고 번번이 져 왔습니다. 그것은 마음의 힘이 약하기 때문입니다. 그런데 이 마음에다 주사를 놔서 힘을 한 2, 3배쯤 늘린다면 어떻게 될 것 같습니까? 그러면 몸을 끌고 가는 것 정도는 문제가 안 될 것입니다. 열심히 잡아끌면서 갈 수 있습니다. 자동차 바퀴에다 공기를 강하게 불어넣으면 크게 부풀어 오르는 것과 같이, 마음에도 힘을 강하게 집어넣으면 어떻게 되겠습니까? 힘이 강하게 됩니다. 그런 다음에 이 마음과 몸이 싸우면 누가 이기겠습니까? 이와 같이 사정없이 몸을 때려서 점령하는 방법과 마음에 힘을 가하는 두 가지 방법이 있습니다.

17 마음의 힘의 원천은 사랑입니다. 그러니까 마음이 주고받아서 생기는 폭발적인 힘을 하나님에게 연결만 시키면 그것은 몇 배, 몇 백배, 몇 천배도 통일할 수 있고, 세계 만민이 고대하던 소망을 성취할 수 있고, 영원히 함께 살 수 있는 동시에 천국도 내 것으로 만들 수 있습니다. 그 비결이 바로 사랑입니다. 사랑은 통일을 향해서 올라가는 승강기이며, 통일을 이룰 수 있는 절대적인 비결입니다.

18 이 땅에 살고 있는 타락한 인간은 서러운 마음이 더하면 더할수록 서로 분열돼 나가고 있습니다. 자기를 중심삼고 서러워하면 악인들의 습성인 분열이 이루어지고, 선을 위하여 서러워하면 분열된 것이 합해지는 것입니다. 즉 갈라진 마음과 몸이 하나되어 천륜과 통일의 합일점이 이루어지게 되는 것입니다.

19 통일은 나의 몸 마음에서부터 해야 합니다. 이것을 가르쳐 주는 곳이 통일교회입니다. 따라서 통일교회에 들어오면 남처럼 멀게 지내던 사람도 형제보다 더 가깝게 지내게 됩니다. 또한 육신의 부모가 아닌 부모님을 모시고 서로 다른 형제와 서로 다른 나라와 서로 다른 민족이 더 강하게 규합될 수 있는 고차적인 사랑을 지니고 있습니다. 그러니 이러한 곳을 '만민지원 통일세계'라고 하지 않을 수 없는 것입니다. 통일교회에 들어오면 이러한 소망의 요소를 갖출 수 있습니다.

20 몸과 마음이 하나된 남자 여자, 몸과 마음이 하나된 그 마음 몸의 기준이 무엇입니까? 자기 마음 몸 기준이 아닙니다. 하나님의 마음 몸 기준, 본래 조상의 마음 몸 기준이 있어야 됩니다. 본래 하나님의 마음 기준, 하나님의 몸 기준이 있어야 됩니다. 보이지 않는 하나님의 몸과 마음을 닮

아서 났으니, 보이지 않는 하나님의 몸 마음의 기준을 중심삼고 지상에 있어서 평형선을 취해 가면서 만나야 됩니다. 만나는데 무엇에서 만나야 되느냐 하면 사랑에서 만나는 것입니다. 사랑에서 통일되게 돼 있습니다.

21 어떤 성인도 '몸 마음의 통일이 만사 통일의 기본이 된다.'라는 것을 주장하지 않았습니다. '가화는 만사성이다.'라고 했듯이 집이 화합하면 만사성이 되는 것은 사실인데, 화합해야 할 그 어머니 아버지의 몸 마음이 화합돼 있느냐 할 때, 아니라는 것입니다. 열 사람이 살면 열 사람의 몸 마음이 화합하여 전부가 하나되어야 할 텐데, 사탄세계에서는 열 사람의 몸 마음이 싸우기 때문에 스무 패가 되어 있다는 것입니다. 거기에 평화가 있을 수 없습니다.

22 여러분은 개인의 몸 마음을 하나 만들어야 됩니다. 그다음엔 부부 통일입니다. 사랑을 중심삼고 서로 위할 때에 통일이 가능한 것입니다. 마음은 지금까지 일생 동안 여러분 몸을 위했습니다. 그런데 이 몸은 마음을 위하지 않았습니다. 마음이 몸을 위하는 것과 마찬가지로 몸이 마음을 위할 수 있는 자리에 가서 하나되어야 합니다. 무엇을 중심삼고 하나됩니까? 참사랑, 위하는 사랑을 갖고 하나되는 것입니다. 그러한 내가 되어 서로서로를 위하는 참사랑을 중심삼고 남편과 아내가 하나돼야 합니다. 그래야 가지가 자꾸 뻗어 갑니다. 그래야 크는 것입니다. 그것을 자기가 압니다. 그래야 마음이 기쁩니다. 무엇을 봐도 기쁘고, 일을 해도 힘들지 않고, 잠을 안 자도 고단하지 않다는 것입니다.

23 통일교회의 '통일'이 무엇입니까? 하나님이 몸 마음이 있다면 몸 마음이 하나된, 통일된 자리를 갖지 않으면 하나님도 해방을 받은 기쁜 자리에, 행복의 자리에 나갈 수 없습니다. 하나님이 그렇다면 세계도 그렇다는 말입니다. 세계 자체도 주체와 대상의 관계, 사회도 주체와 대상의 관계, 가정도 주체와 대상의 관계로 되어 있습니다. 구원섭리는 복귀섭리고 복귀섭리는 재창조섭리입니다. 재창조섭리를 통하지 않으면 모든 것이 안 되는 것입니다. 남자 여자가 통해야 서로 부부도 될 수 있습니다. 주체와 대상이 하나되지 않고는 통하지 않습니다. 통일이라는 말도 그렇게 성립됩니다. 하나님과 인간이 통해야 하나됩니다. 통한다는 말은 몸이 통하고 마음이 통한다는 것입니다.

24 통일을 어디에서 찾느냐? 통일은 희생하는 데, 양보하는 데에 있습니

다. 그렇게 하면 어디 가든지 3년도 안 가서 하나되는 것입니다. 3년을 넘어서 화합 투입하면, 희생하고 투입하면 새로운 주인이 왔다 갔다 하면서 하나됩니다. 세상이 대우주의 참사랑의 공기로 꽉 찬다는 것입니다. 그러니 해방권입니다.

25 통일하기 전에 무엇이 돼야 하느냐? 통일은 수평에 서야 됩니다. 평화 없이는 통일이 안 됩니다. 평화통일입니다. 모르는 사람은 통일평화라고 하겠지만, 아는 사람은 평화통일입니다. 그렇기 때문에 말이 순리를 따라 이치에 맞게 연결되어 있습니다. 그것이 참 놀라운 것입니다. 그 자체가 전통적인 사상을 가지고 거기에 관계되어 있는 사람들이 살고 있다는 것이 다 기적입니다. 신비스러운 것입니다.

26 화합 통일은 흥하는 것이요, 투쟁 분열은 망하는 것입니다. 분열하면 망합니다. 전부가 상대, 쌍쌍주의가 돼 있는데, 분열하니까 망하는 것입니다. 없어지는 것입니다. 화합 통일입니다. 모든 것은 서로서로가 개성진리체로서 화합해서 통일합니다. 상·중·하, 우·중·좌, 전·중·후 이것은 전부 흥하는 것입니다. 보태니까 흥합니다. 악은 투쟁하면서 분열되어서 망하는 것이고, 선은 맞으면서도 화합하려고 하기 때문에 통일되어서 흥하는 것입니다.

27 평화와 화합은 다릅니다. 평화는 그냥 그대로 이 수평상에서 이뤄지지만, 화합은 둘이 하나의 관계를 맺어야 됩니다. 그다음에 통일은 핵이 없으면 떠돌아다닙니다. 중심이 없으면 큰일 납니다. 왜 사느냐 하는 문제나 왜 일을 하느냐 하는 문제는 목적관에 연결됩니다. 내가 우주 가운데 어디에 관계를 맺고 사느냐 하는 것이 문제입니다.

28 자연적인 환경에 있어서 원칙을 중심삼고 따라가 위함으로써 벌어지는 화합과 통일은 천국의 것이요, 반대로 강제로 위하라고 시키는, 위하라고 지시하는 것은 화평과 평화에 반대되는 지옥의 세계입니다. 여러분 자신의 몸과 마음을 두고 볼 때, 마음은 하늘이 정한 원칙을 알기 때문에 언제든지 나에게 위하여 살라고 하는 것입니다. 그러나 이 몸은 하나님이 정한 것에 반대 입장에 있기 때문에, 강제로 위하라고 하니 이런 존재는 있을 수 없고 자동적으로 없어져야 되는 것입니다.

3절 신앙 수련

1 요한복음 3장 16절에 하나님이 세상을 사랑했기 때문에 독생자를 주셨

다고 했습니다. 미국을 사랑하고 교파를 사랑해서 독생자를 준다고 하지 않았습니다. 세계를 위해 주신 것입니다. 무슨 침례교니 장로교를 위해 주신 것이 아닙니다. 그래서 선생님은 똑똑히 가르쳐 주는 것입니다. 통일교회는 세계를 위해서 있고 하나님을 위해서 있지 선생님을 위해서 있지 않습니다. 그러니까 선생님은 망하지 않습니다. 통일교회는 망하지 않습니다. 하나님이 보호하기 때문입니다. 모든 완성은 참사랑으로부터 시작됩니다. 전 세계가 참사랑을 중심삼고 이런 공식을 적용해서 훈련해야 합니다. 그렇게 안 하고는 못 살 정도로 습관화되어야 합니다. 세계 어디를 가더라도 그렇게 살아야 됩니다. 할아버지 할머니를 보면 자기 할아버지 할머니같이, 어머니 아버지 연령이면 자기 어머니 아버지같이, 자기 상대의 연령이면 자기 아내나 남편과 같이, 아들딸 연령이면 자기 자식과 같이, 자기 연령이면 형제와 같이 사랑해야 됩니다. 그것이 습관화해야 됩니다. 재미가 있어야 됩니다.

참사랑으로

2 강물은 바다로 갑니다. 지상은 강물과 마찬가지이며 영계는 바닷물과 마찬가지입니다. 인간은 누구나 영계에 가게 됩니다. 민물고기는 바닷물에서는 죽어 버립니다. 갑자기 들어가면 질식하게 됩니다. 그렇기 때문에 익숙해져야 합니다. 통일교회는 그 세계의 내용을 지상에서 훈련하는 곳입니다. 참사랑, 위하여 사는 사랑의 활용 훈련을 시키는 수련소가 통일교회입니다. 위하여 사는 사랑의 실체를 형성하기 위한 수련소입니다. 하나님이 위하여 사는 사랑으로 살고 있기 때문에 위하여 사는 사랑을 가졌을 경우 어디에 가든지 환영받습니다. 어디 가든지 반발이 없는 것입니다.

3 참사랑의 치리권으로 정복하기란 쉬운 일이 아닙니다. 첩첩 방위선을 거치고 수난을 극복하고 나서야 가능합니다. 또한 그 수난을 감수할 수 있는 스스로의 입장이 결정된 현재의 터전을 갖지 않고는 달성할 수 없습니다. 이런 점에서 통일교회의 현재 입장을 두고 볼 때, 통일교회가 이 세계의 역사과정에서 미래의 주인으로 군림할 수 있는 자리는 어떤 자리냐? 개인을 위한 자리가 아닙니다. 개인의 자리보다 나은 자리입니다. 세계 인류의 개개인보다 조금 나으면 개인적인 미래의 주인이 될는지 모릅니다. 그러나 개인적인 주인으로는 안 됩니다. 또 가정을 중심삼고 볼 때 조금 나으면 가정적 주인이 되는 것입니다. 그렇지만 우리가 바라는 것은 그것이 아닙니다. 가정을 넘어서 종족, 종족을 넘어서 국가, 국가를 넘어

서 세계적 주인으로 군림해야 합니다. 이런 것을 두고 볼 때 간단한 문제가 아닙니다. 누구보다도 비참한 역사과정을 거쳐서 현실적 승리의 터전을 마련하지 않고는 미래의 주인이 될 수 없습니다.

4 사랑의 보자기는 하나님과 이 우주를 집어넣고도 남습니다. 하나님까지도 그렇습니다. 만약 하나님이 1초 동안에 3억 미터나 가는 전기를 만들었다고 합시다. 그것보다 더 빨리 가는 하나님일 텐데, 그 사랑 보자기에서 있는 힘을 다하여 달리더라도 사고가 안 날 수 있을 만큼 사랑의 보자기는 크다는 것입니다. 아무리 우주가 크더라도 그 사랑을 중심삼고 돌게 되어 있지 직선으로 안 갑니다. 참사랑을 가진 사람은 우주를 가진 것이고, 이 우주를 가진 사람은 우주를 지배하는 것입니다. 오늘 지상생활은 이와 같은 사랑을 훈련하는 곳입니다. 그런 광장에 살고 있는 것이 인생입니다.

5 참사랑으로 위하면 올라가고, 자기를 사랑하면 내려갑니다. 지옥과 천국이 자기를 중심삼고 되어 있습니다. 몸을 중심삼고 좋아할 때는 사탄의 무도장이 되고, 마음을 중심삼고 절대 좋아하면 하나님의 무도장이 됩니다. 하나님이 절대마음을 중심삼고 좋아할 수 있는 것이 못 되었다는 것입니다. 몸을 중심삼고 절대 좋아하면 지옥으로 떨어지고 망해 없어지는 것입니다.

6 원수를 참사랑으로 위해 주게 되면 원수의 세계를 지배할 수 있게 되고, 그 원수의 세계가 오히려 여러분을 존경하고 모시게 됩니다. 여러분의 자식이나 부모보다도 주위의 모든 사람들을 위해 주고 지극한 참사랑을 베풀면 사탄은 자동적으로 도망가게 되고 하나님이 대신 그 자리에 오셔서 천배 만배로 갚아 주는 것입니다. 사탄이 도망갈 수밖에 없게 만드는 비법이 무엇이겠습니까? 참사랑으로 위해서 살고, 위해서 죽고, 위해서 사랑하겠다는 참사람 앞에서는 아무리 지독한 사탄도 국경선을 포기하고 도망갈 수밖에 없게 되는 것입니다. 도망을 가더라도 국경선을 헐어 버리고 가게 되어 있지 그냥은 못 가는 것입니다. 그렇게 되면 무슨 일이 벌어지겠습니까? 악마 사탄이 떠나감으로써 지옥의 사망권으로 직행하던 무수한 생명들이 180도 선회하여 하늘나라로 상승할 수 있는 영생의 도리가 펼쳐집니다. 이렇게 영생의 축복이 내리는 것입니다.

말씀에 따라

7 선생님이 하나님의 말씀으로 살았

으니 여러분도 하나님의 말씀으로 살아야 됩니다. 여러분은 선생님보다 몇 배 숙달될 수 있게끔 말씀을 읽고 또 외우고 행해야 됩니다. 그러면서 '내가 이런 길을 가야 되겠다. 부모님이 원하는 것이 이런 길이니 이리 가야 되겠다.'라고 해야 됩니다. 그러면 여러분이 어떤 마을에 들어갈 때 그 마을의 조상들까지 와서 자기를 모셔 줄 수 있는 환희의 동참자가 되고 싶어한다는 것입니다.

8 부모님이 남겨 놓은 말씀을 더듬을 수 있는 후세가 되어야만 그 만국 만민 전체가 영원한 천상에 가까운 길로 접근해 들어간다는 것입니다. 조상을 존중시하고 조상이 남긴 유물과 조상이 훈시로 남긴 말씀을 세상에 자기 사는 것보다도 표상적이 아닌 실상적인 주체로 어두운 세계의 등대와 같이 바라보아야만, 어두운 바다에 암초가 겹겹이 싸인 세계를 가려 갈 수 있고 자활의 해방의 길로 갈 수 있습니다. 그 등대를 보고 자기 방향을 찾아가는 길밖에 없습니다. 그 등대가 될 수 있는 이야기를 선생님이 하는 것입니다. 지금까지 하늘땅을 중심삼고 선생님 말씀 이상의 말씀을 한 사람은 없었습니다. 지극히 높은 심정의 세계에서 싹터 나오는 천상의 말씀으로 받아들일 수 있어야 합니다.

9 끝날에는 심정과 인격과 말씀으로 심판하는 것입니다. 얼마나 잘 믿었는가 하는 것으로 심판하지 않습니다. 하나님은 심정의 중심이 있습니다. 하늘땅을 중심삼고 하나님이 세워야 할 단 하나의 심정의 중심이 있습니다. 그리고 이 하나님의 심정과 일체가 될 수 있는 인격의 중심이 있습니다. 또 이 인격과 심정과 일체가 될 수 있는 사람으로서 하나님 대신 말할 수 있는 말씀의 중심이 있습니다. 이것이 심판의 3대 요건입니다. 그중에서도 말씀심판이 제일 먼저 벌어집니다. 타락한 인간세상에서는 말씀심판이 먼저 벌어진다는 것입니다.

10 오늘날 타락한 세계의 사조는 진리의 세계를 찾아 나갑니다. 그리고 문화와 더불어 발전해 나가는 역사는 하나의 문화세계를 향하는 이념을 찾아 나가고 있습니다. 지금까지 세계 사조는 사상과 주의를 통해 나왔지만, 만민이 하나될 수 있고 만민이 화할 수 있는 하나의 말씀 기준을 세우지 못한 채 막다른 골목에서 몸부림치고 있습니다. 이것이 지금의 현실입니다. 그렇기 때문에 공산주의자들도 녹여내고 민주주의자들도 녹여내어 하나로 만들 수 있는 말씀이 나와야 합니다. 진리를 추구하는 이 세계에 하나의 말씀이 나와서 지금까지의 진리를 심판해야 되는 것입니다.

11 여러분이 은혜에 사무치고 생명을 결심하고 나서면 하나님이 대신 마이크를 들고 나선다는 것입니다. 천사세계도 마찬가지입니다. 선생님도 그렇습니다. 그렇기 때문에 이 말씀에 취해서 밥 먹는 것을 잊어버리고, 자는 것도 잊어버리고, 사는 것을 잊어버릴 수 있을 정도로 올라가게 되면 여러분은 누구든지 선생님이 하던 일을 대신할 수 있습니다. 이 작용이 위대한 것입니다.

탕감의 고개를 넘어

12 하나님은 아담과 해와의 타락으로 인해 인류를 한꺼번에 죽여 버리는 것 이상으로 더 분통하고 억울한데도 그 아버지의 신세를 지고 잘살겠다고, 자기가 행복하겠다고 해서는 안 됩니다. 하나님이 버릴 수밖에 없는 세계를 다시 수습해서 제2 이상향을 향하여 본향의 고향산천 부모들을 모시던 효자·충신·성인들이 간 그 뒷모습을 따라가서 한 발짝이라도 틀림없는 그 길을 밟고 이 탕감의 고개를 넘어야 됩니다. 부모님이 간 길은 여러분이 다 같이 가야 됩니다. 따라가야 됩니다. 천리만리 천리원정입니다. 천리원정이 남아 있습니다.

13 탕감길은 반드시 시간이 소모되어야 합니다. 또한 단지 시간의 소모뿐만이 아니라 자기 자체의 소모가 벌어져야 됩니다. 이러한 신앙길을 개척해 가야 할 각자의 책임이 남아 있습니다. 그러면 여러분이 여기에 얼마나 시간을 소모했으며, 얼마나 자기 자신을 소모했느냐? 이것이 탕감 요인을 제거시키느냐, 못 시키느냐를 좌우합니다. 이렇게 볼 때에 신앙길은 희생의 길입니다. 자기 생애의 희생입니다. 다시 말하면 자기가 행복할 수 있는 모든 요인을 투입하는 길입니다. 이뿐만 아니라 자기 육신도 여기에 말려 들어가야 됩니다. 전체를 중심삼은 희생과 자기 자체를 중심삼은 희생의 대가를 치러야 됩니다. 그 시간이 길고 자기 자체의 희생의 양이 많으면 많을수록 자기 일대에 대한 탕감의 양을 비례적으로 청산지을 수 있는 것은 정당한 이치입니다.

14 잘사는 사람보다 고생을 많이 하는 사람이 복을 받습니다. 제일 높은 기준은 제일 고생하는 것입니다. 그래서 선생님은 여러분을 고생하는 자리로 내모는 것입니다. '그 분야에 있어서는 내가 아니면 안 된다.'라고 할 수 있어야 합니다. 그래야 책임을 수행하는 것이 됩니다. 종 중의 종이 되고, 양자 중의 양자가 되고, 아들 중의 아들이 되어 후손까지도 공인하는 영원한 축복의 자리까지 나아가야 책임을 다한 여러분이 되는 것입니다.

가는 데는 종으로 가고, 양자로 가고, 아들로 가고, 성신과 예수님의 자격으로 가고, 최후에는 아버지로 가야 합니다. 아들딸의 자리까지는 자기를 위한 탕감분야요, 성신과 예수님의 자리는 아버지를 위한 탕감분야입니다. 아버지의 책임까지 다해야 자신의 책임을 다하는 것이 되고, 과거·현재·미래를 대해 부족함이 없는 자신이 됩니다.

15 하나님의 아들인 예수님이 세계와 천주를 연결하여 효도를 하는 남자가 되는 것이 목적이 아닙니다. 효도를 하는 가정을 만드는 것입니다. 가정 혈통의 잘못된 기준에서 개인적 가정, 가정적·종족적·민족적·국가적·세계적 가정을 만드는 것입니다. 선생님 혼자서 그 십자가를 지고 탕감의 고개를 넘고, 경계선 국경선을 넘어와 있습니다. 선생님은 세계적인 기준에서 승리함으로 말미암아 하나님과 사탄의 전쟁까지 멈추게 하여 평화로운 지상천국·천상천국을 만드는 것입니다.

16 하나님의 슬픔을 탕감해 드려야 합니다. 하나님이 나를 위해서 눈물을 흘린 대신 우리는 형제를 위해서, 국가를 위해서 눈물을 흘리고, 세계를 위해서 눈물 흘리자는 것입니다. 이런 책임을 수행할 수 있는 무리가 세상에 나오게 되면 그 무리는 망하지 않습니다. 그 후손은 틀림없이 발전할 것입니다. 여러분 당대에는 물론 비참한 역사적인 무엇이 있을는지 모르지만, 지금 끝날이 왔기 때문에 당대에 두 세계를 심판하고 한 세계를 건국할 수 있는 시대가 온다는 것을 알고, 이때야말로 역사적인 시점인 것을 알고, 하나님 앞에 효자가 될 수 있고 충신이 될 수 있는 이때인 것을 알고 하나님을 위로하는 여러분이 되어야 합니다.

17 만일 어떠한 비참한 환경 속에서도 자신감과 용기를 가지고 어려움을 극복하며 재출발할 수 있는 무리가 있다면, 새로운 세계는 그들로부터 시작됩니다. 그런데 무엇인가 가지고 있는 무리는 움직이는 데 있어서 용기가 없고, 가지고 있지 못한 무리는 움직이려 해도 움직일 수 있는 힘이 없는 것입니다. 그렇기 때문에 우리는 이와 같은 처지에 있는 사람들에게 수행할 수 있는, 또 줄 수 있는 그 무엇을 가지고 있지 않으면 안 됩니다. 이 경지를 넘어서는 데에는 자연적으로 될 수 없습니다. 거기에는 많은 탕감조건과 희생을 거쳐야만 됩니다. 자기 이익을 위한 희생이 아니라 전체에 이익이 될 수 있는 희생을 하고 전체의 승리, 전체의 가치를 위하여 자기 일신을 희생하는 데에 만

족하는 무리가 필요합니다.

관계 회복의 원리

18 하나님의 사랑을 중심삼고 모든 만물이 화동하는 가운데 만물의 주인 자격을 갖추어 하나님 앞에 '나의 아버지여! 영광을 받으시옵소서!'라고 할 수 있었던 아담이 타락으로 말미암아 그런 가치를 상실했습니다. 그래서 하나님은 창세 이후 본연의 아들딸이 나와 아버지라 부르는 그 한 마디의 음성을 듣고 싶어하는 것입니다. 오늘날 우리가 부르고 있는 그 아버지는 죄악의 입장에서 부를 아버지가 아닙니다. 그러므로 우리는 죄악의 세상에서 벗어나 선의 이상동산에 들어가야 합니다. 그 이상동산은 인간이 하나님의 영광을 나타낼 수 있는 동시에 기쁨에 도취되어 살 수 있는 세계입니다. 다시 말하면 인간이 동하면 만물이 동하고, 인간이 정하면 만물이 정하게 되어 인간과 만물이 동하고 정하는 동시에 창조주 하나님도 동하고 정할 수 있는 세계입니다. 이뿐만 아니라 상대적인 하나님과 인간의 관계를 초월하여 일체될 수 있는 이상동산입니다.

19 하나님은 인간이 당신과 하나되기를 바라셨고, 하나된 가운데서 놀라운 사랑을 중심삼고 기쁨에 취하는 그 한 장면을 그리면서 그러한 세계를 창조해 오셨습니다. 그런데 그만 인간이 타락함으로써 이것이 자기들의 원한이 된 동시에 천륜의 원한이 되었고, 타락 이후 지금까지 그 원한에 원한을 가중시키는 슬픈 역사를 저질러 왔습니다. 그러면 하나님이 오늘 이 땅을 대하시어 섭리하시는 최대의 희망은 무엇인가? 그것은 타락의 부모를 갖고 있는 인류를 다시 하나님 편에 세워 놓고 '나는 그대들의 영원한 아버지요, 그대들은 나의 영원한 아들딸이다.'라고 부르는 것입니다. 그럴 수 있는 날을 맞이하는 것이 타락한 인간의 역사적인 소망이요, 천륜을 대하는 천적인 소망입니다.

20 평화의 세계는 국가와 국가 사이에 좋은 관계를 맺어야 됩니다. 투쟁 개념이 있어서는 안 됩니다. 인연은 관계를 맺어야, 상대적 입장이 되어야 됩니다. 인연이 있어서 왔으니 상대적인 관계가 되어야 관계가 맺어지는 것입니다. 관계라는 것은 나쁜 것을 중심삼고 하는 말이 아닙니다. 좋은 의미입니다.

21 관계는 인연이 없는 데서는 맺어지지 않습니다. 불교에서는 인연을 말하는데, 통일교회에서는 관계를 말합니다. 한 단계 앞서 있습니다. 관계는 반드시 둘 이상에서부터 맺

어집니다. 인연은 혼자서도 맺어집니다. 마음과 몸이 인연돼 있기 때문에 통일된 관계를 맺습니다. 남자와 여자의 인연이 돼 있기 때문에 부부일체라고 말할 수 있습니다. 이렇게 보면 인연될 수 있는 그 중심이 있어야 되는 것입니다. 부자관계도 인연이 있기 때문에 아버지를 중심삼고, 아들을 중심삼고 절대적인 내용을 채워 줄 수 있는 중(中)이 있어야 됩니다. '가운데 중(中)' 자, 이것은 사방의 중심을 말합니다.

22 주체와 대상의 관계라는 것은 시간과 공간을 포괄하고 있습니다. 관계를 맺게 될 때 상대는 낮은 자리에 있지만 큰마음을 가지고 대하면 그 상대에게도 큰 영광을 주는 것입니다. 부모의 마음이 넓으면 넓을수록 그 상대도 그렇게 되는 것입니다. 반드시 주체 앞에는 대상존재가 생기게 마련입니다.

23 관계라는 것이 틀이 있으면, 그 틀에 매인 모든 인간 역사라든가 개인 사정이 다 다릅니다. 그러니까 주류와 무슨 관계가 있느냐는 것입니다. 나무로 말하면, 나뭇잎은 천년 전에 나온 잎이나 천년 후에 나온 잎이나 그 본질은 마찬가지입니다. 그 나무의 중심 뿌리와 연결돼 있습니다. 또 중심 줄기와 연결돼 있고, 중심 순이 연결돼 있습니다. 가지도 마찬가지입니다. 동서남북 사방에 다른 가지가 있더라도 그 내용에서는 다 같다는 것입니다.

24 공명권은 두 사람이 하나된 경지입니다. 부모도 두 사람이요, 부부도 두 사람이요, 형제도 두 사람이요, 자녀도 그렇습니다. 전부 두 사람입니다. 쌍쌍이 되니 관계라는 말이 됩니다. 형제관계라는 것도 두 사람을 두고 말합니다. 혼자로는 관계란 말을 못합니다. 정치관계도 나라와 백성이고, 주체와 대상의 관계도 역시 두 사람을 두고 하는 말이지, 혼자서는 관계를 맺을 수 없습니다.

25 인간에게 체휼시키고, 인간과 부자의 관계를 맺기 위해 수고하고 계시는 아버지인 것을 마음으로나 생활에서 느껴야 합니다. 우리의 최후 소망으로 남아져 있는 것, 즉 하나님의 은사 가운데 우리가 세움 받는 것도 무엇을 기준으로 하여 이뤄질 것인가? 그것은 창조의 이념인 하나님과 인간의 부자관계를 회복하기 위해 땅 위에서 어느 정도나 실천했느냐 하는 것에 달려 있습니다. 우리의 생활권에서 어느 정도나 실천했느냐에 따라 자기들의 가치를 찾을 수 있습니다.

26 새나 바다에 있는 고기 같은 만

물, 만유의 존재들도 노래와 춤과 화답할 수 있는 말이 있습니다. 말이 조금 발전하면 노래가 되고, 걸음걸이가 발전하면 춤이 되는 것입니다. 이 형용하는 전부로써 화합 화답할 수 있는 관계라는 것은 사랑을 중심삼고 되어 있는 것을 알아야 됩니다. 사랑의 시간들을 나누고 사랑의 시간들을 서로 높이기 위한 일을 만유의 존재가 경쟁적으로 하고 있는 것입니다. 인간은 만유의 주인입니다. 그렇게 되니까 인간이 이 노래의 말씀과 화합의 말을 하루에 10배 100배 가담시켜 가지고 지저귀고 좋아할 수 있는 세상이 된다면 그 세상은 하나님이 취해 살 수 있는 환경의 세상입니다.

4절 마음의 수련

1 마음은 영원을 동반하고, 몸은 일생을 동반합니다. 마음은 생애를 조정하여 나오고, 몸은 생활을 조정하여 나옵니다. 생활과 생애는 다릅니다. 생애는 일생을 두고 말하는 것이고, 생활은 하루를 두고 말하는 것입니다. 이렇듯 우리의 몸과 마음은 그 자체가 다릅니다. 인간은 마음이 생애를 주관하고 몸이 생활을 주관하게 되어 있습니다. 그렇기 때문에 하루하루의 생활에서 먹지 않으면 몸은 죽게 됩니다. 그렇지만 마음은 먹긴 먹되 생애에 어긋나는 자리에서 먹어서는 안 된다고 하는 것입니다. 이러한 의미에서 볼 때, 마음이 바라는 관이 더 크다는 것입니다.

마음은 부모 중의 부모

2 우리가 다른 사람과 화합하지 못하는 마음을 가지고 있다면 우리는 그 마음을 움직여 모든 사람에게 백 퍼센트 맞춰 줄 수 있는 마음 수련을 해야 됩니다. 그러지 않으면 사탄은 끝날에 여러분을 심판대 위에 세워 놓고 '아무개야, 너는 이런 미비한 조건이 있지 않으냐?'라고 하며 그렇게 하지 못한 점을 들어 참소할 것입니다.

3 마음은 우주의 하나님을 대신했기 때문에 부모 중의 부모입니다. 스승 중의 스승이요 주인 중의 주인입니다. 그렇기 때문에 순결을 가진 내 마음은 세상 어머니보다도 더 가까운 어머니요 부모입니다. 세상의 어떤 훌륭한 선생보다도 나에게 제일 가까운 선생입니다. 또 세상의 어떤 주인보다도 자기 종들을 올바로 인도할 수 있는 주인의 자리에 서 있는 것이 마음입니다.

4 마음과 몸은 다릅니다. 마음은 어디서 받았느냐? 하나님으로부터 받았습니다. 마음은 하나님에게서 오는 것입니다. 여러분의 마음은 하늘, 몸은 부모로부터 왔습니다. 몸은 땅에서 왔으니 땅에서 나는 것을 먹는

것입니다. 여러분은 땅의 신세를 지고 있는 것입니다. 이 땅은 물질입니다. 사람은 남자 아니면 여자입니다. 하나님이 창조하신 아담 해와의 연장이 바로 나입니다. 사람 하면 거기에는 벌써 실체가 있는 것입니다. 사람 속에 몇 가지가 들어와 있습니까? 땅이 들어와 있고, 사람이 들어와 있고, 하나님이 들어와 있습니다. 옛날부터 천·지·인이라고 하는 말이 있습니다. 마음은 천이고, 몸은 지이고, 사람은 인입니다.

5 나 하나에는 하나님이 들어와 있고, 땅이 들어와 있고, 사람이 들어와 있습니다. 마음이 주체가 되고 몸은 대상이 됩니다. 마음이 몸의 중심이 되니까 의지가 있어야 되고, 관이 있어야 되고, 주장이 있어야 됩니다. 이것이 하나로 일치된 사람을 인격자라고 합니다. 마음의 명령대로 몸이 움직이는 양심적인 사람을 인격자라고 합니다. 자기 일신을 마음대로 할 수 있는 사람이 인격자입니다. 그렇기 때문에 마음이 중심입니다. 마음은 하나님 대신이고 몸은 사람 대신입니다. 하나님은 사람의 마음을 지배하고, 사람의 마음은 사람의 몸을 지배하고, 사람의 몸은 만물을 지배합니다.

6 인간에게는 몸과 마음이 있습니다. 부모로부터 받은 몸, 땅으로부터 몸의 요소가 되는 물질을 공급받아 체를 갖추고 있습니다. 그런데 마음이 문제가 되고 있습니다. 하나님은 그 몸과 마음을 불변한 심정의 기대 위에 세우고 싶어하시는 것입니다. 그렇게 하는 것이 하나님이 인간을 창조하신 목적이요, 타락한 인간을 대하여 섭리하시는 목적입니다. 아무리 마음이 좋고 편하다 할지라도 그 마음은 심정의 집에 들어가 쉬지 못하고 있을 뿐만 아니라 몸도 역시 그렇다는 것입니다.

7 지금까지 인간이 무엇을 찾아 수고하여 나왔습니까? 인류의 마음을 대신할 수 있는 천륜의 심정을 찾아 그 심정과 우리 마음이 하나되려고 지금까지 애써 왔습니다. 하나된 그 마음은 절대적인 마음과 인연을 맺었기 때문에 그 마음은 어느 누가 도려내려야 도려낼 수 없습니다. 그렇기 때문에 이와 같이 어떠한 이념과 어떠한 주의 주장을 가지고도 감히 침범할 수 없는 마음을 우리는 지금까지 찾고 있습니다. 그러므로 만일 이것을 찾지 못한다면 반드시 서러움과 슬픔을 면할 수 없습니다.

마음의 지향성

8 마음은 자연의 이치에 부합됩니다. 선을 향해 무한히 움직이고자 합니다. 그것은 나침반이 남과 북을 가

리키는 것과 같습니다. 자연의 이치는 방향을 잃고 선을 피해 가는 법이 없습니다. 그런 현상은 없습니다. 인간의 마음도 역시 어떤 목적을 향하여 움직이고자 합니다. 생명을 향하여 움직이는 마음, 심정을 통하여 움직이는 마음, 진리를 분별하는 마음, 전체와 화합하고 싶은 마음, 전체의 어떤 이념에 화하여 살고 싶은 마음, 이 마음이 하늘이 도피의 방향을 지시할 수 있는 터전입니다.

9 우리에게는 마음이 있습니다. 그 마음은 더 큰 이념을 향하여 자나 깨나 시간과 공간을 넘어서 나를 어떠한 방향으로 몰아내고 있습니다. 그런데 이런 움직임이 연속되는 역사와 더불어 움직여 나가고자 하는 사실을 느끼면서도 그런 면을 갖고 있는 자신을 해명하지 못하고 있습니다. 여러분은 나를 알아 달라고 말하고 싶고 나를 믿어 달라고 말하고 싶을 것입니다. 그리고 내가 생각하고 내가 주장하는 모든 것이 그 어떠한 움직임과 인연을 맺기를 바라면서 지금까지 살아 나왔다는 사실도 부정하지 못할 것입니다. 그러면 나를 믿어 주고 나를 알아 달라고 요구할 때, 자체를 확정지어 어떠한 천륜의 대목적과 관계맺은 자리에 자신을 세워 놓고 그런 요구를 하였느냐 하면 그런 것은 아닙니다. 이렇게 볼 때 나의 가치는 어디에서 결정될 것이냐? 만상을 움직여 낼 수 있는 주체, 혹은 주동체가 되기를 마음으로 바라고, 생활로, 행동으로 움직여 이루고자 하는 자신을 다시 한 번 분석해 보고 냉정히 비판하는 과정을 거치기 전에는 대목적을 이룰 수 없습니다. 하늘은 천륜의 목적을 이루려 하시는데, 자신이 그런 일을 하지 못하면 하늘 앞에 떳떳이 설 수 없습니다. 천륜 앞에 고개를 들 수 없다는 것입니다.

10 하늘은 생명의 주체요, 이념의 주체요 사랑의 주체이며, 우리 마음과 몸의 주체입니다. 그러기에 내가 하늘과 접촉되는 순간에는 내 몸이 내 몸이 아닙니다. 내 마음이 내 마음이 아니며, 내 심정이 내 심정이 아닌 것입니다. 내 이념이 내 이념이 아닙니다. 그때에야 비로소 하나님을 대신한 몸이 되기 때문에 만물의 주인공이 되는 것입니다. 그때에 내 마음이 하나님과 같은 마음이 되기 때문에 내 마음은 하나님의 마음을 대신할 수 있는 것입니다. 그때에 비로소 내 생명은 만우주를 움직일 수 있는 생명의 권한을 가지는 것입니다. 내 심정은 하나님의 심정을 대신하여 나타날 수 있고, 내 이념이자 아버지의 이념이라는 것입니다. 그래야 비로소 우리 심적인 소원의 모든 목적은 종결되는 것입니다.

11 마음은 자극적인 현실의 고통스러운 환경을 피하고 이상을 향하여 나아가기를 촉구하고 있습니다. 어떤 지도자라도 이 현실과 싸워야 합니다. 그러나 이상을 지향하고 고대하고 재촉하는 이 마음에 대하여 아는 사람이 하나도 없습니다. 그 마음의 명령에 따라 해야 됩니다. 역대 수많은 선지자들도 그 마음에 항거하지 않았습니다. 앞으로 어떤 사람이라도 마찬가지입니다. 그 마음에 응하여야지, 누가 어떻게 한다고 해서 되는 것이 아닙니다. 항거할 수 없는, 스스로 응해야 할 운명에 처해 있는 자신들임을 명심하고 인정한다면, 오늘날 이 세계는 이상세계가 아니며, 우리가 꿈꾸고 소망하는 이상세계와 관계를 맺을 수 없다는 것입니다. 그것은 타락되었기 때문입니다.

12 하나님이 우리를 위하여 당한 모든 일들은 우리 몸과 마음에 반영됩니다. 몸이 행동하는 하나하나마다 마음은 선의 목표를 지향하도록 환경을 단속하며 쉴 새 없이 노력합니다. 또 몸이 그 목적과 방향을 잃어버리고 사망의 구렁텅이에 빠지게 될 때, 마음은 몸을 향하여 선한 것을 바라보라고 권고합니다. 그러기에 나 자신부터 해결해야 됩니다. 우리 마음이 하늘을 대신한다면, 마음이 바라는 목표와 하늘이 바라는 목표가 일치되어야 합니다.

13 하나님이 우리 마음의 중심이라면, 그 하나님이 바라는 목표와 우리 마음이 바라는 목표가 일치되어야 합니다. 또 몸과 마음이 하나되기 위해서 몸은 이 땅의 이상적인 기준과 일치되어야 하고, 마음은 하나님이 목표하는 방향과 일치되어야 합니다. 역사적인 최후의 종말시대, 선의 이상세계가 기필코 올 것이기 때문에 내 몸이 생활에서 선의 이념세계와 접할 수 있는 인연을 갖고 있어야 됩니다. 마음의 기준이 하나님의 기준과 갈라지게 될 때 고충이 생기게 되고, 몸의 생활 기준이 세계적인 이념과 상충될 때 또한 고충이 생기는 것입니다. 그러면 어디서부터 시정할 것이냐? 그것은 상대방이 아니라 나 자신에게 달려 있습니다.

믿음과 기도, 정성의 길

14 오늘 죽음을 각오하고 새로운 신앙길을 따라 나선 여러분이 절대적인 믿음으로 하나님의 소망을 향해 나가면 그런 신앙노정을 통하여 하나님적인 가치를 찾을 수 있습니다. 이런 믿음을 갖고 책임감을 느껴야 하고, 이런 믿음을 갖고 실천하는 참아들딸들이 되어야 합니다. 그렇게 되지 않고는 도저히 아버지 앞에 설 수 없습니다. 절대적인 아버지 앞에 참아들딸

로, 충신의 모습으로 설 수 없습니다.

15 역사적으로 무엇을 통하여 하늘이 인간을 찾아 주셨느냐 하면 믿음이라는 조건을 가지고 찾아 주셨습니다. 하늘은 인간으로 하여금 이 믿음의 조건을 세우게 하는 한편 인간에 대하여 실천을 요구했습니다. 하늘과 내가 인연되어 슬픔의 감정을 제거할 수 있는 하나의 발판을 세우기 위해서는 믿음을 중심삼아 가지고 하나의 실천적인 행로가 벌어져야 합니다. 그래야만 역사적인 인연을 세울 수 있습니다.

16 거북한 자리를 해소하기 위해서는 자기 자신에 대해 솔직히 직고해야 됩니다. '나는 본래 이러이러한 사람입니다.'라고 솔직히 통고해서 '나는 이와 같이 못된 사람이지만 당신은 선한 사람이니, 나 같은 사람을 동정하여 갈 길을 모색할 수 있는 방안이 있으면 나에게 친절을 베풀어 주시옵소서.'라고 해야 합니다. 기도하는 마음으로 사람을 대하게 되면 자유스러운 환경이 벌어집니다. 그런데 그냥 그대로 버티고 서 있으면 아무리 자기가 한다고 하더라도 마음으로는 수습되지 않습니다. 환경을 수습하지 못하고 나간다는 것입니다. 그렇기 때문에 '나는 이러이러한 사람으로서 당신과 관계를 맺고 싶습니다. 그러니 동정을 베풀어 주시옵소서.'라고 하려면 솔직히 직고해야 됩니다. 그것이 기도입니다. 기도는 내가 가는 방향이 틀렸을 때 올바른 방향으로 가게 이끌어 줍니다. 여러분의 생활을 보면 말 한마디, 행동 하나, 느낌 하나에 의해서 엎치락뒤치락하고 있습니다. 여러분 자신이 오늘날 현실 가운데에서 숨 쉬며 살고 있는 이 순간에 이렇게 저울질하고 있습니다. 그 저울눈을 맞추는 데 있어서는 솔직해야 됩니다.

17 선생님의 기도는 일반 사람이 들어도 모릅니다. 백번 읽어 봐야 통합니다. 하늘의 신비의 소리를 들어서 거기에 공명할 수 있는 몸 마음의 체휼경이 필요하기 때문에 자연과 통하고 다 통해야 됩니다. 통하지 않고는 모릅니다. 석가모니도 얘기했습니다. '천상천하유아독존'이라는 말은 그 경지에서 한 말입니다. 경계선을 넘게 되면 반드시 그렇습니다.

18 여러분에게 필요한 것은 기도와 정성입니다. 내가 스스로 부활된 자리에 섰느냐? 부활된 자리에 서지 못했다면 간절히 구할 수 있는 자리에라도 섰느냐? 신앙을 하면서 환경을 책임질 수 있는 자신이 되었느냐? 우리는 그렇지 못합니다. 그렇기 때문에 기도가 중요합니다. 기도는 생사

의 기준을 움직이게 할 수 있는 능동성을 가지고 있습니다. 그런 기도를 하는 것은 힘든 일입니다. 내가 넓은 탑을, 천길 높은 탑을 쌓는다면 얼마나 바쁘겠습니까? 넓고 높은 탑을 쌓으려면 얼마나 바쁘겠느냐는 것입니다. 그것을 50년이면 50년 동안에 다 쌓아 올려야 되겠다고 다짐했다면 쉴 새가 없습니다.

19 선생님은 기도를 가장 위력 있는 것으로 믿습니다. 불가능을 가능으로 만들 수 있기 때문입니다. 통일교회에서는 기도를 강조하지만 다른 특별한 방법으로 기도하지 않습니다. 그러나 그 내용이 다릅니다. '자기 자신을 위해 기도하지 말라.'라는 것이 선생님의 가르침입니다. 자신의 사명을 위해서, 그리고 다른 사람을 위해서, 또 자기 기도가 위로의 말씀으로 하나님에게 상달되도록 하라고 가르치고 있습니다.

20 어려운 문제가 있을 때는 기도를 해서 풀어 나가야 합니다. 그러면 기도는 왜 하느냐? 기도는 하나님의 심정적 기준을 중심삼고 관계를 맺는 것입니다. 어떤 문제를 놓고 진정한 의미에서 나라를 염려하고 하나님을 염려하는 마음으로 기도를 하게 되면 하나님은 반드시 전후를 가르쳐 주게 되어 있습니다. 그러한 역사는 얼마든지 있는 것입니다.

21 우리는 외적으로 뻗어 나가는 것보다도 정신을 통일해서 내적으로 깊이 추구해 들어가는 길을 모색해야 됩니다. 이것이 오늘날 기독교에서 말하는 기도생활입니다. 여러분이 목적을 세워 놓고 그것을 성사시키려는 기도보다도 하나님의 생각에 접해서 하나님이 하고 싶어하시는 말씀을 체휼하여 그것을 실천하겠다는 기도가 더 귀합니다. 그렇기 때문에 기도를 하기 위해서 조용한 곳을 찾아가는 것입니다.

22 기도생활을 하면 형용할 수 없는 기쁨이 옵니다. 그 경지가 창세 전 하나님의 생각의 경지입니다. 여러분이 그러한 경지에서 '이렇다!' 하는 내용을 갖고 설명할 수 있는 입장에 서게 된다면, 그 입장은 바로 하나님이 천지만물을 창조하시던 입장이라는 것입니다. 하나님이 말씀으로 피조물을 창조하시던 입장입니다. 그러한 경지에서 말씀을 선포해야 됩니다. 그러면 사람들도 반드시 그 말씀과 접하려고 하는 것입니다.

23 여러분이 기도를 하려면 하루 일과를 시작하기 전에 해야 됩니다. 그러니 가장 중요한 시간이 새벽입니다. 새벽이 가장 중요합니다. 이 시간

이 하루의 승패를 좌우하는 중요한 시간대입니다. 이때 기도를 해야 됩니다. 깊은 기도를 하는 데 있어서 자기가 지금까지 전혀 느껴 보지 않은 그 어떤 분야를 느끼기 위해서는 자기를 중심삼은 기도를 해서는 안 됩니다. 국가면 국가, 세계면 세계라는 큰 목적을 중심삼고 기도해야 됩니다.

24 뿌리 깊은 기도생활을 많이 해야 됩니다. 뜻에 사무친 생활을 하라는 것입니다. 그리고 하나님이 가시는 길과 교회가 가는 길에 자기가 얼마나 호흡을 맞추어 사느냐 하는 것을 항상 생각해야 됩니다. 그러려면 교회 소식이 궁금해 죽겠다고 하면서 직접 찾아가지 못하면 전화라도 해서 알고 싶어하는 마음이 있어야 합니다. 그런 마음을 앞세우고 사는 가정이면 하나님이 같이하지 않는 법이 없습니다. 그런 뿌리도 없는데 심어 놓으면 죽어 버리기 때문에 심지 않은 것만 못하다는 것입니다. 여러분이 이러한 원칙을 알고 생활을 재정비해서 그러한 기반을 닦아야 합니다.

25 기도가 밥 먹는 것보다 중요합니다. 그렇기 때문에 선생님도 자연을 좋아하고 혼자 있는 시간을 취미로 삼고 있습니다. 고요한 밤을 참 좋아합니다. 생활의 풍부한 저변 기반을 닦을 수 있는 것은 기도 이외에 길이 없습니다. 그 세계, 그 자리에서 사랑을 느끼고 사랑을 체험할 수 있지 보통 자리에서는 힘듭니다. 그러한 터 위에서 자기 자체가 힘을 보강할 수 있는 자리에 서야 여러분의 신앙길을 여러분 자신이 갈 수 있지, 언제나 이렇게 선생님이 이끌어 줘서 가게 되면 선생님이 없을 때는 어떻게 할 것입니까? 그러한 이면의 생활을 갖추기 위해서는 기도가 필요합니다. 밤이나 낮이나 전체를 위해서 기도해야 그것이 산 기도가 됩니다. 그래야 몇 년마다 자기가 원하는 기도가 달라지고 제목이 달라지면서 발전하는 것입니다. 그러므로 지금의 때가 어떤 때인지 알아야 합니다. 그러한 이면의 생활을 여러분이 기도생활을 통해서 갖춰야 됩니다.

26 기도는 내가 번덕스러운 데서 하는 것이 아닙니다. 깊숙한 곳, 하늘을 대표한 곳, 경계선에서 먼 중앙지에 가서 기도해야 됩니다. 그렇기 때문에 어떻게 기도할 것이냐? 자기 생애의 간절하고 중요한 문제를 놓고 기도하기 위해서는 나 자신을 깨끗이 하고, 이 경계선과 관계없는, 영원히 사탄과 관계없는 자리에서 기도하지 않으면 안 됩니다. 어떤 사람은 말하기를 '하나님 앞에 암만 기도해 봐야 응답이 없더라.'라고 하는데, 그것은 응답하게 되어 있지 않습니다. 사탄

편에서 기도하는데 하나님이 그런 기도를 들어주시겠습니까?

27 마음은 둥글고 심문(心門)이라는 것이 있습니다. 기도하게 되면 줄줄줄줄 언제나 잘되는 것은 아닙니다. 거기에도 춘하추동과 마찬가지의 자기 성품에 따른 형이 있습니다. 하늘과 더불어 이렇게 마음 방향이 딱 맞춰질 때가 있습니다. 그때를 놓치면 안 됩니다. 그런 때가 오면 벌써 압니다. 기도생활을 하면 대번에 무슨 일이 있다는 것을 압니다. 그때를 위해 단단히 준비해야 됩니다. 그때 가서는 백사(百事)를 대비해 놓고 이 마음문을 활짝 열고 거기에 파고 들어가면 크나큰 힘과 크나큰 하나님의 사랑이 어떻다 하는 것을 느낄 수 있는 단계에 들어갑니다.

28 눈물을 흘리며 기도를 많이 해야 하는 때가 끝날입니다. 또 눈물만이 아니라 피를 쏟으면서라도 기도해야 됩니다. 우리는 눈물의 고개, 십자가의 고개를 넘어왔습니다. 예수님은 겟세마네 동산에서 피눈물 나는 기도를 하셨습니다. 민족을 붙안고 눈물을 흘리셨습니다. 그런 기도는 사탄의 권한을 눌러 버릴 수 있는 것입니다.

29 여러분은 자신의 마음을 통하여 기도할 수 있는 사람이 되어야 합니다. 여러분이 몸을 통하여 나타내는 말이나 행동이 여러분 마음의 중심과 연결되었을 때, 그 말이나 행동은 하나님과 사탄, 또는 어떤 사람 앞에서도 부끄럽지 않고 떳떳할 것입니다. 하나님은 바로 이러한 존재를 찾고 계시는 것입니다.

30 마음으로 기도하고 모든 면에서 계율을 세워 하늘을 향해 부르짖은 기도는 이루어지게 되어 있습니다. 오늘날 기도하는 사람들 같은 기도를 몇 십년 했댔자 이루어지지 않습니다. 진정한 사랑의 심정을 갖고 약속할 수 있는 자리에서 기도드려야 합니다. 한번 기도하고 30년 40년 기다릴 수 있는 간절한 마음을 가져야 합니다. 30년 40년 지나서도 잊어버리지 않는 간절한 마음으로 기도하고 기다려 보십시오. 이루어집니다. 많은 기도가 필요 없습니다.

31 기도할 때에는 눈물을 흘리면서 기도하고, 땀을 흘리면서 기도해야 됩니다. '어떤 무엇이 부딪치게 되더라도 나를 쿵 뚫고 갔으면 갔지 나는 쓰러지지 않을 것이다.' 이러한 신념을 가지고 기도를 해야 됩니다. 핍박이 있고 반대가 벌어지더라도 기도를 이루어 주기 위한 하나님의 때가 가까이 온 것을 알아야 됩니다. 통일교회를 믿고 가면서 점점 힘들거들랑

힘든 만큼 때가 가까웠다는 것을 알아야 됩니다.

32 하나님만을 위주로 하여 자신이 새로운 것을 자극할 수 있는 생활을 직접 경험해야 됩니다. 그러한 심정을 느끼면서 활동을 하게 되면, 거기에는 반드시 번식이 일어납니다. 그러면 발전하는 것입니다. 살아 있는 나무에는 새싹이 나오는 것입니다. 어제와 오늘이 다르다는 것입니다. 거기에는 반드시 생명력이 약동하는 것입니다. 여러분이 이러한 감정을 잃어버리는 날에는 생사를 걸고 기도하라는 것입니다. 철야기도를 해서라도 정성을 쌓아 나가야 합니다. 하나님은 여러분이 그러한 생활을 하려고 하면, 일부러 그 시간을 빼앗아 가려고 할지도 모릅니다. 그렇게 되면 아무리 노력해도 소망을 찾으려야 찾을 수 없습니다. 노력하면 할수록 더 깜깜한 궁지에 들어갈 때도 있습니다. 그렇게 될 때에는 따라다니는 사탄까지도 내 편으로 굴복시켜서 하나님을 섬겨야 되겠다는 마음을 가지고 더욱 강하게 싸울 수 있어야 됩니다.

33 우리가 가야 할 길은 어차피 헤쳐 나가야 할 길인 것을 생각할수록 이것은 우리의 힘만 가지고는 불가능합니다. 그렇기 때문에 신앙자는 기도를 하지 않으면 안 됩니다. 개인으로서 하나님의 뜻과 일치되는 전통을 이어받을 수 있는 길을 못 찾게 될 때는, 그가 아무리 노력을 하고 아무리 충성을 다하면서 간다고 하더라도 그 결과는 반드시 하나님의 뜻과 위배되는 자리에 귀결되게 됩니다. 그러한 관점에서 현재 나의 위치가 얼마나 중요한가 하는 것을 알아야 됩니다.

34 여러분은 아들딸을 위해 기도하기 전에 먼저 천성에 있는, 지금까지 수고한 역사적인 선조들을 위해 기도해야 됩니다. 자기가 잘살기를 바라기 전에 이 땅의 인류가 잘살기를 바라는 마음을 가져야 됩니다. 내가 춤추기 전에 먼저 탄식권 내에 있는 만민을 바라보고 염려할 수 있어야 됩니다. 또한 기뻐도 기쁨의 표정을 취하지 못하고 즐거워도 즐거운 행위를 취하지 못했던 예수님의 사정을 대신할 수 있는 마음을 가져야 됩니다.

35 자기 뜻을 놓고 암만 기도해 보라는 것입니다. 아무리 밤을 새워 기도해도 하나님과는 상관이 없습니다. 한 세상을 부정하고, 한 세상을 붙들고, 그 세상을 위해서 가야 됩니다. 예를 들면 가정을 부정하고 나라를 붙들라는 것입니다. 더 큰 것을 위하는 것, 그것이 공적입니다. 그래야만 남아지는 것입니다. 자기 욕심을 중심삼고, 가정을 중심삼고 가는 것, 그

것은 나중의 일입니다. 보다 큰 목적을 중심삼고 가야 됩니다.

36 타락한 인간은 태어날 때 기쁨 속에서 태어난 것 같지만 갈 때는 눈물을 흘리며 가는 것입니다. 그러나 이제 불쌍한 민족을 붙들고 우는 자는 민족의 복을 받을 것이요, 불쌍한 교단을 붙들고 우는 자는 교단의 복을 받을 것이요, 불쌍한 세계를 붙들고 우는 자는 세계의 복을 받을 것입니다.

제물 되어 분립하는 길

37 여러분은 먼저 여러분 자체를 하늘 앞에 맹세의 조건물로 세울 줄 알아야 합니다. 예수님도 세계를 위하여, 하늘땅을 위하여, 혹은 뭇 백성을 위하여 단 한 번 맹세의 조건을 세웠는데 그것이 무엇이냐 하면 십자가입니다. 예수님은 이 십자가를 통하여 수많은 선지선열들이 생을 바쳐 수고해 나온 그 기준을 일시에 넘어섰던 것입니다. 그러므로 여러분은 우주적인 생의 가치를 실현하기 위하여 앞으로 어느 한때 하늘 앞에나 세계 앞에, 또는 개인 앞에 드려지는 하나의 맹세의 제물이 되겠다는 관념을 확실히 가져야 합니다.

38 통일교회 자체를 두고 보면, 하나님의 뜻과 선생님의 뜻과 여러분의 뜻이 일치가 되어야 합니다. 우선 그것이 되어야 합니다. 그런 다음에 방향을 잡고, 조건물을 제시해야 됩니다. 그것이 일치되지 않고는 아무리 때가 무르익었다 하더라도 뜻 성사는 절대 불가능합니다. 조부모·부모·자기, 3대가 합해져서 하나의 제물과 마찬가지 입장에 서야 합니다. 우주사적인 전체를 중심삼고 볼 때 하나되는 길밖에 없습니다.

39 제물이라는 것은 소유물을 결정짓는 조건물입니다. 선생님이 그런 것을 다 알기 때문에 이런 정의를 내렸습니다. 선한 곳에 소유되느냐, 악한 곳에 소유되느냐 하는 문제는 무엇을 중심삼고 결정되느냐? 사탄과 하나님이 사랑의 심정을 가지고 거래하고 있다는 것을 누구도 몰랐습니다. 사랑의 길을 개발하고 사랑의 길을 개척하는 뜻을 세우고 사랑의 사람을 찾아 나오는 입장에 서기 전에는, 높은 사랑의 기준을 하늘 앞에 돌리기 전에는 사탄세계의 사랑 기준의 물건이 하늘의 소유물로 등장할 수 없습니다. 하늘의 소유물로 등장하지 않고는 하나님이 인간과 더불어 하나된 물건을 소유할 수 있는 길이 없다는 것입니다. 그렇기 때문에 제물은 희생되고 사람을 대신 소유하는 것입니다.

40 인류가 당하는 모든 고통을 자기 고통으로, 인류가 기뻐할 수 있는 모

든 것을 내 기쁨으로 느낄 수 있는 입장에 서 계시는 하나님이니만큼, 그런 하나님 앞에 제물의 자리에 나가는 존재는 인류가 기뻐하고 하나님이 기뻐할 수 있는 그 자리에 보조를 맞춰야 됩니다. 인류와 하나님이 플러스될 수 있는 데 보조를 맞추다 보니 나는 마이너스가 되어야 합니다. 자기는 희생해야 됩니다. 이것이 타락으로 말미암아 잃어버렸던 모든 전체를 회생시킬 수 있는 하나의 조력부대입니다. 하나의 제물적 조건물이라는 것입니다.

41 본질적 사랑을 떠나서, 공적인 사랑을 떠나서 이질적이요 자주적인 각성을 한 데서부터 타락이 시작됐습니다. 자기를 중심삼은 데에서부터 타락이 시작됐기 때문에 자기를 중심삼고 사랑을 논하는 그 세계는 사탄의 착륙 기지가 그냥 그대로 연장되어 나간다는 것입니다. 그러나 하나님의 사랑, 공적인 사랑을 중심삼고 자기 개인적인 사랑까지도 희생시켜서 사탄을 분립하겠다고 이것을 밟고 넘어서는 그곳에는 사탄의 침식 기지가 영(零)이 돼 버리는 것입니다.

5절 몸의 수련

1 몸은 땅을 상징한다고 했습니다. 그러므로 몸이 안식하고 살 수 있는 복지를 향하여 가고자 한다면 다시 태어나는 고통을 겪어야 합니다. 그러니 시간이 가면 갈수록 점점 불안과 공포에 사로잡히게 됩니다. 그러나 그 고개를 넘고 나면 기쁨이 있습니다. 임신한 부인들은 해산의 기한이 가까워질수록 고통이 점점 더해 가지만, 그 고통을 넘고 나면 그 고통에 반하는 기쁨이 있듯이 그러한 고비가 있어야 됩니다. 인간을 사랑하시는 하늘은 인간을 지어 놓고 축복하시기를 '네 몸은 땅을 지배할 것이요 네 마음은 하늘을 지배할 것이다.' 라고 하셨습니다.

2 사탄은 사망의 장벽을 세워 놓고 있습니다. 그 밑에 깔려 있는 것이 우리 몸입니다. 하나님 앞에 원수가 된 사탄은 본래 천사장입니다. 하나님이 주체면 천사장은 영적인 대상입니다. 마음은 하늘을 상징하고 몸은 그 대상을 상징하기 때문에 사탄은 인간의 몸을 발판으로 활동하고 있는 것입니다. 그래서 어느 종교든지 몸을 치는 것입니다. 어떠한 국가나 어떠한 주의를 정복하는 것이 아니라 몸을 정복하는 것이 종교의 목적입니다. 그리하여 본연의 양심 기준에 들어가려고 하는 것입니다. 몸이 요구하는 모든 조건을 무시해 버리고 마음 문을 열고 아담 해와가 타락하지 않고 올라가야 했던 양심 기준에 들어서게 될 때에 비로소 거기에서 평

화가 시작되는 것입니다.

순결을 지키며

3 남자도 순결하고 여자도 순결해야 됩니다. 혼인 전에 더럽히는 것은 있을 수 없습니다. 순결, 그다음은 순혈입니다. 핏줄입니다. 사랑을 바라는 사람은 순결을 지켜야 되고, 새로운 핏줄, 순혈의 핏줄을 이어야 됩니다. 그래서 순결·순애·순혈입니다. 그러면서 남자 여자가 결혼해서 둘이 하나되어 동서남북으로 바꿔쳐도, 상하가 바꿔쳐도, 전후좌우가 바꿔쳐도, 이래도 좋고 저래도 좋고, 그래도 나는 투입하고 잊어버리고 위하고 위하겠다고 하면 천년만년 해방되니 화하지 않는 것이 없기 때문에 통일세계가 나타납니다.

4 우리에게는 탕감노정이 남아 있습니다. 뜻을 위해서는 모든 것을 희생하고 내 몸의 순결을 지키며 자기 혈족, 친족을 일시에 잃어버리더라도 뜻을 따라가야 됩니다. 모든 일가친척이 자기를 버리더라도 뜻을 따라가야 됩니다. 역사상의 노아가 그러했고, 아브라함이 그러했고, 모세가 그러했습니다. 그렇다고 전부 잃어버린 것은 아닙니다. 영원한 것으로 바꿔치기한 것입니다. 그런데 그들은 모든 것을 잃고 영원한 것을 얻는다는 것을 몰랐습니다. 대충 알지만 구체적인 내용을 몰랐다는 것입니다.

5 아무리 미남 미녀가 와서 여러분을 유혹하더라도 그런 와중에서 넘어가서는 안 됩니다. 그래서 순종과 정절을 중요시하는 남자 여자가 되어 가지고 축복의 혈대를 천년만년 지키고, 수천대 순결을 지키는 후손을 남겨야 합니다. 그런 후손을 길이 남길수록 세계를 지도하고 천국을 지도할 수 있는 황족권의 혈족으로서 남아지는 것입니다.

6 사랑은 유일한 것입니다. 하나밖에 없습니다. 유일한 것이고 절대적인 것입니다. 그런 사랑을 원하기 때문에 아내를 대할 때 절대 성을 가지고 대해야 됩니다. 아내를 만남으로써 천국이 나를 찾아오게 됩니다. 그렇게 돼 있습니다. 남자가 아무리 고생하더라도 사랑의 길을 찾아가고 사랑의 정도의 길을 따르지 않으면 천국 갈 수 없습니다. 그런 천국을 나에게 소개하기 위해서 찾아오신 분이 아내라는 사람이고 남편이라는 사람입니다. 그 둘이 틀어지는 날에는 천국이 깨져 나갑니다. 우리 인생 본연의 이상과 꿈이 터져 나가는 것입니다.

7 한 개체를 놓고 과거와 미래가 오늘을 중심하고 연결되어 있습니다. 과거·현재·미래가 관계되어 있습니

다. 과거와 현재와 미래를 중심으로 해서 천지의 운세는 돌고 도는 것입니다. 하나님이 최후의 심판을 하게 될 때 내 개인이 심판의 성경이 되고 법전이 됩니다. 그러니 심판을 하여도 걸리지 않는 절대적인 자리를 닦아야만 개인복귀가 완결됩니다. 지금은 개인완성 위에 가정을 완성해야 할 때입니다. 가정의 역사는 전부가 심판의 재료가 됩니다. 그렇기 때문에 심판받게 될 때에 사탄이 참소할 수 없는 순결의 가정이 되어야 합니다. 그래야만 가정적인 복귀를 이루고 민족적인 터전을 완결지을 수 있습니다. 민족적인 승리의 기반을 완전히 닦으면 사탄세계의 만민을 심판할 수 있고, 하나님이 친히 재판장의 자리에 서게 됩니다. 전 세계에 널려 있는 민족들이 사탄을 공격하게 될 때 항의를 받지 않는 절대적인 승리의 기반을 닦아야 민족적인 복귀의 길을 갔다고 할 수 있습니다. 그런 사람이 국가·세계·하늘땅, 온 인류의 구속의 주인이 되는 것입니다.

육신 주관으로

8 우리 몸의 한계점은 어디까지냐? 마음이 몸과 싸울 때 제일 이기고 싶은 것이 무엇이냐? 그것은 식욕입니다. 먹는 것입니다. 종교생활을 하기 위해서는 식욕을 어떻게 극복하느냐 하는 것이 문제입니다. 밥은 먹어야 되지만 인간은 밥 때문에 살아서는 안 됩니다. 예수님도 40일 금식기도를 할 때 사탄으로부터 '네가 하나님의 아들이어든 명하여 이 돌들이 떡덩이가 되게 하라.'라는 시험을 받았습니다. 그런데 거기에 대한 예수님의 대답이 걸작이었습니다. '사람이 떡으로만 살 것이 아니요 하나님의 입으로 나오는 모든 말씀으로 살 것이라.'라고 하였습니다. 말씀으로 산다는 것입니다. 말씀으로 산다는 것은 진리로, 즉 이치대로, 법대로 산다는 말입니다. 그러므로 예수님이 사탄에게 한 그 말씀은 '너는 왜 하나님의 법도를 어기면서 사느냐?'라고 때린 말씀입니다.

9 우리는 24시간을 지배해야 됩니다. 시간을 지배해야 됩니다. 사랑은 시간권을 지배하는 자리에 있어야 합니다. 그다음엔 행동을 지배해야 됩니다. 사랑은 행동을 지배할 수 있는 이상의 자리에 서야 합니다. 시간을 지배하라는 말은 잠을 지배하는 것입니다. 행동을 지배하라는 것은 밥 먹는 것 등 모든 욕심을 지배하는 것입니다. 그리고 정욕을 지배해야 됩니다. 사랑은 그 위에 있습니다. 그다음에는 물욕을 지배해야 됩니다.

10 예수님은 몸을 주관하기 위해 금식을 했습니다. 어느 종교를 보더라

도 그 종교 내에는 고행을 하지 않는 사람이 없습니다. 그런 종교일수록 고차적인 종교입니다. 이 세상을 완전히 부정한 자리에서 출발해야 완성이 이루어집니다. 참된 종교는 전체를 부정하며 나가게 됩니다. 세상이 생각하는 것과는 다르다는 것입니다. 참된 종교는 세상의 것을 긍정하는 데서부터 출발하는 것이 아니라 부정하는 데서부터 출발합니다. 부정의 밑바닥에서부터 긍정의 요건을 형성시켜서 자아주관권을 세워 나가야 합니다. 여기에서 마음을 중심삼고 재창조된 가치의 존재로 될 때에는 선한 사람이 되는 것입니다.

11 종교는 무엇을 지도해 나오느냐? 마음을 살리고 몸을 점령하자는 것입니다. 그래서 종교에서는 희생봉사하라고 하는 것입니다. 그리고 금식을 하고 고통을 주라고 합니다. 고행길을 가게 하고 희생봉사하라고 합니다. 그 길을 가지 않고는 하늘나라에 못 들어갑니다. 이것이 원칙입니다.

12 종교는 부정하는 것입니다. 그렇기 때문에 전부 버려야 합니다. 먹는 것도 버리고, 자는 것도 버리고, 좋아하는 것을 다 버리라는 것입니다. 정욕, 식욕, 수면욕을 버리라는 것입니다. 먹고 자고 좋아하는 것을 다 버리라고 합니다. 사람은 본래 먹고 잠을 자지 않으면 안 됩니다. 그리고 좋아해야 됩니다. 그런데 그 모든 것들이 육신을 통해서 사망의 행로가 되었으니 이것을 추방하라는 것입니다.

13 종교는 시인에서부터, 인정에서부터 출발하는 것이 아니고 부정에서부터 출발합니다. 악한 세상이기 때문에 악을 지지하면 악이 됩니다. 먼저 나를 심판하라는 것입니다. 내 개인부터 쳐야 합니다. 이 세계의 모든 죄악 사회를 치는 것이 아닙니다. 그것도 쳐야 하지만 먼저는 자기 자체를 치라는 것입니다. 몸과 마음이 싸우고 있으니 이 몸을 때려잡아야 합니다. 무엇을 중심삼고 칠 것이냐? 치기 위해서는 옳은 것을 세워 놓고 쳐야 됩니다. 무엇을 잼대로 해서 치느냐 할 때, 그 기준은 내 개체에 있어서는 양심을 중심삼고 치라고 합니다. 그러니 인간에게 있어서 성욕이니 식욕이니 하는 본능적인 것을 부정하라고 말합니다. 그래서 금식기도를 하라, 철야기도를 하라고 합니다.

14 종교를 중심삼았던 기존 가치체계들은 왜 무너져 갔습니까? 그것은 종교 자체가 본래의 임무를 저버린 채 분열 분쟁이 그칠 사이가 없었고, 그래서 현실에 대한 지도 역량을 상실했기 때문입니다. 기존 종교들은 하나님과 인생과 우주를 명확하게 가

르치지 못한 나머지, 선과 악, 의와 불의의 구별을 확실히 할 수 없었습니다. 특히 하나님의 존재 여부에 대한 질문에 명쾌한 답을 주지 못하였습니다. 종교가 무력해지자 인간 앞에 물질은 수단이 아니라 목적으로 화하였고, 향락이 당연한 것으로 되었으며, 인간성은 육욕과 물욕에 의해 마비되고 동물화되었으니, 이런 토양 위에 참된 사랑과 봉사, 그리고 의나 거룩함 등의 기존 가치관이 계속 존립할 수가 없다는 것입니다.

15 천국과 지옥행은 어디에서 결정되느냐? 나에게서 결정되는 것입니다. 몸의 오관을 통하여 느껴지는 조건들 속에서 양심의 가책을 받는 생활을 하는 사람은 지옥에 있습니다. 마음을 중심삼고 마음이 즐길 수 있는 생활을 하는 사람은 천국에 있습니다. 그렇기 때문에 사람은 물욕과 악심을 버리고 양심을 중심삼고 천륜을 바라보는 것이 지당한 일입니다.

선의 실적을 쌓는 길

16 여러분은 교만해서는, 자기 자랑을 해서는 안 됩니다. 개인적인 실적 앞에 플러스해야 될 것은 자기 가정의 실적입니다. 가정에서는 가정을 자랑하기 전에 가정의 실적을 중심삼고 종족의 실적을 위해서 투입해야 됩니다. 종족의 실적을 자랑할 것이 아니라 민족을 위해서 또 투입해야 되고, 민족의 권내에서 삼천리반도 한국이 축복 완료를 했다고 자랑할 것이 아닙니다. 세계를 중심삼고 개인에서부터 하나님까지 8단계를 넘어가야 됩니다. 그래서 하나님이 이제 다 되었다고 내세우게 된다면 여러분도 자랑할 수 있게 될 것입니다.

17 참부모의 인도를 따라가야 됩니다. 참부모가 맨 처음 천국에 들어가서 생활할 수 있는 이면을 남겼기 때문에 그 이면을 중심삼고 살던 생활의 상위 입장에서 여러분이 자기 실적을 통한 내용을 가지고 저나라에 가서 살아야 합니다. 저나라에서도 통계적 평가 기준에 의해서 자기의 위격, 머무를 수 있는 위계가 결정된다는 것입니다. 그것이 과학적으로 되어 있습니다. 자기가 믿고, 자기가 한다고 다 그렇게 되는 것이 아닙니다.

18 사람은 누구나 가정의 일도 다 하면서 민족을 위하고 국가를 위해서 살아가기를 바랍니다. 하나님도 그러기를 바라시는 것입니다. 그러나 우리는 양자택일해야 하는 운명에 처해 있습니다. 즉 타락한 우리 인간은 보다 큰 선을 추구해 나가야 할 급박한 운명권 내에 있습니다. 가정을 위한 선의 실적보다도 국가와 민족을 위한 선의 실적이 더 크기 때문에 하

나님도 그것을 더 추구하고 계신다는 것입니다. 그렇기 때문에 인격자가 되겠다는 사람들은 자기 가정이나 종족을 위주로 한 인격자가 되겠다고 하지 않습니다. 민족을 넘어서서 세계적인 인격자가 되고자 하는 것입니다. 우리 자체는 보다 큰 분야에서 공헌할 수 있는 중심적인 인물을 소원하고 추구하고 있다는 사실을 부정할 수 없습니다.

19 세계를 위하여 충성을 다하고 하나님 앞에 충성과 책임을 다한 사람이 있다면 그 사람은 그 나라와 민족 앞에 떳떳하고, 그 가정의 어머니 아버지, 그 누구에게든지 간에 떳떳합니다. 거울 앞에 서서 자기 자신을 바라볼 때도 당당하다는 것입니다. 솔직한 양심을 가지고 자기 자신을 찬양할 수 있다는 것입니다. '이만했으면 더 이상 할 수 없습니다. 아무리 봐도 이 이상 할 수 없습니다. 나는 죽기까지 했습니다. 이 땅에 와서 이 이상 할 수 없습니다. 내 있는 기력을 다하고 정성을 다했습니다. 단 한 가지 못한 것이 있다면, 그것은 이 민족과 국가와 세계를 나와 같이 하나님 앞에 못 나가게 한 것입니다. 그것이 죄라면 죄이지 나로서는 할 수 있는 것은 다 했습니다.'라고 할 수 있는 자리에서 가는 사람이 있다면 그 사람은 반드시 역사에 무엇인가를 남기고 가는 사람일 것입니다.

6절 마음과 몸의 통일을 위한 생활

1 우리의 눈은 하늘을 바라보고 있어야 합니다. 만일 인간이 타락하지 않고 근본적으로 잘되었다면 90도 이하를 바라보면서 살 수 있는 것인데, 타락하였기 때문에 눈은 하늘을 바라봐야 한다는 것입니다. 신앙자들에게는 90도 이하를 바라보는 것이 용납되지 않습니다. 하늘을 바라보아야 됩니다. 그런데 땅을 바라보고 가다가는 망합니다. 나를 중심삼고 가다가는 망합니다. 이제 우리는 모든 것을 수습해야 됩니다. 생활에서부터 몸, 마음, 심정에 이르기까지 전부 수습해야 됩니다. 그러면 그 심정의 기반은 어디에 두어야 할 것이냐? 심정의 기반은 역사노정에 두는 것이 아니라 타락하기 전 아담 해와의 심정에 두어야 합니다. 그래서 그 심정을 통하여 하늘과 더불어 오늘의 생활감정과 시대적인 모든 사조를 소화시키고, 하늘과 더불어 해결짓는 생활을 해야 됩니다. 그러한 아들딸들이 이 땅 위에 나와야 합니다.

2 몸과 마음을 통일시키는 데도 사랑이 없이는 안 됩니다. 부모가 자식을 사랑하게 될 때는 자신의 몸이 굶주리는 것도, 수고스럽고 헐벗는 것도, 혹은 원치 않는 자리도 자처해서 갑니

다. 이런 사랑의 길에는 몸도 마음도 통일적인 방향을 갖추어 나가기 때문에, 이 길만이 통일의 요인이요 통일의 방안입니다. 이것을 자기 생활노정의 기준으로 삼고, 생애의 표준으로 정하고 나가면 여러분은 망하지 않습니다. 그것은 선생님이 보증합니다.

전도생활

3 하나님은 복귀의 길을 더듬어서 개인과 가정을 찾아오셨지만 그 개인과 가정으로부터 배척을 당하셨습니다. 그런 하나님이 또다시 세계를 향하여 가는 그 걸음을 멈추지 않으니 나도 가야 되겠습니다. 그 길이 험준하다고, 그 길에 죽음이 있다고, 슬픈 곡절이 있다고 마다해서는 안 됩니다. 나의 아버지가 가신 길을 나도 가야 되겠으니 아버지가 어려우면 나도 어렵기를 바라고, 아버지가 슬프면 나도 슬프기를 바라야 합니다. 이것이 통일의 이념입니다. 이 뜻이 정녕 아버지께서 세우신 뜻임을 알게 될 때는 아무리 어려운 일이라도 극복해야 됩니다. 또한 아무리 어려운 사정이 있다 하더라도 그분은 내 아버지요 그 사정은 내 사정이 되기 때문에, 그 아버지가 세우신 전통을 상속받고 그 아버지의 역사와 심정에 접붙임을 받기 위해서는 그 아버지가 고통을 받으면 나도 고통을 받아야 합니다. 그것은 당연한 이치입니다. 그러기에 통일교인들은 쉬지 말고 그 길을 가야 합니다. 갈보리 산상에서 예수님이 죽음의 자리에서도 기도하며 전도한 것처럼, 통일교회 여러분은 사망의 어둠이 휩쓰는 이 천지 가운데서도 전도를 해야 됩니다. 지옥에 가더라도 그 속에서 제일 불쌍한 사람을 전도하라는 것입니다.

4 신앙생활은 부업이 아닙니다. 주업 중의 주업입니다. 사람을 만나도 내가 만나는 그 사람에게 지금 말씀을 전하지 않으면 그 사람이 돌아가다가 어떻게 될지 모르는 것입니다. 그 사람이 다른 사람이 아니라 자기 부모라든가 형님이나 누나라고 생각해야 됩니다. 늦게 되면 말씀을 전해야 할 텐데 내가 바빠서 미안하다고, 언제 다시 한 번 만나기를 바란다고 인사라도 해서 조건을 남기고 가야 됩니다.

5 전도는 생명을 접붙이는 일이기 때문에 간단하지가 않습니다. 그래서 한 사람을 놓고도 정성 들이는 것입니다. 여러분은 일생을 걸어 놓고 몇 사람한테 정성을 들여 보았습니까? 자기를 위해 정성 들여 주는 사람이 많다고 자랑해서는 안 됩니다. 정성을 들이는 사람은 복을 받지만 정성 들인 것을 받는 사람은 복을 받지 못합니다. 그러기에 내가 정성을 들여 주어야 합니다. 정성을 들여 주

었는데 그가 말을 안 듣는다고 외로워하거나 슬프게 생각해서는 안 됩니다. 천리원칙이 그렇다고 생각하라는 것입니다. 그런 사람은 절대로 서럽거나 외롭지 않습니다.

6 전도는 해산하는 것과 마찬가지입니다. 선생님이 지내보니까, 한 사람을 자기 아들 이상으로 믿을 수 있는 사람으로 만들기 위해서는 아들을 낳는 것보다 세 배의 노력이 필요하다는 것입니다. 전도한 이후에도 책임을 져야 됩니다. 다른 길로 가던 사람이 다시 돌아오려면 충격적인 감동을 받아 눈물을 흘리든가, 자기 스스로 분함이나 억울함을 느끼든가, 지금까지 느끼지 못한 심정적인 폭발사건이 벌어져야 됩니다.

7 전도는 누구 때문에 하느냐? 하나님 때문에 하고 인류 때문에 하지만, 내 아들딸 때문에, 그리고 나 때문에 하는 것입니다. 우리 때문에 하는 것입니다. 그러니 누구를 원망할 것이 없습니다. 자기를 원망해야 됩니다. 누구한테 하라고 할 것이 아니라 내가 해야 됩니다. 그래야만 우리가 소원하는 살 곳이 생겨나는 것입니다.

8 전도는 배고픈 사람이 밥을 찾듯이 그렇게 해야 됩니다. 배고플 때 밥의 귀중함을 알듯, 그러한 마음을 갖고 해야 영계에서도 협조하고 상대가 생기는 것입니다. 본업으로 해야 됩니다. 제일 중요한 것이 신앙생활입니다.

9 아담이 완성의 자리에서 결혼하지 못했기 때문에 타락한 데서 참부모가 복귀돼 가정을 거느리고 세계에 유리하면서 하늘 편 가정, 하늘 편 종족을 편성하여 사탄세계가 빼앗아 간 가정·종족·민족·국가·세계를 합해서 찾아와야 됩니다. 그래서 전도를 해야 되는 것입니다. 전도는 무엇이냐? 사탄세계의 핏줄을 중심삼고 태어났기 때문에 그 태어난 핏줄에 새로이 접붙인 하나님의 핏줄을 중심삼고 돌감람나무를 전부 없애 버려야 됩니다. 그것이 전도입니다. 하늘나라에 갈 수 있는 재산입니다.

10 하나님의 사랑을 받으면 그 사랑을 주어야 하므로 전도를 안 할 수 없습니다. 위로 하나님을 모시는 중간 자리에 서려면 자기 아래가 필요하므로 전도해야 됩니다. 내 죄까지도 책임져 줄 수 있는 신앙의 자녀가 있어야 합니다. 그러므로 전도는 교회를 위한 것이 아니고 자기 자신을 위한 것입니다. 하나님의 심정을 가지고 말씀을 전하면 전도가 되는 것입니다.

11 전도하러 돌아다니면서 가게 되면 하나님이 동행해 주는 것입니다.

전도를 거꾸로 하면 무엇입니까? 도전입니다. 내가 가는 데 있어서 적이 있으면 적을 물리쳐 주는 하나님과 같이하면 만사가 형통하는 것입니다. 도전입니다. 전도, 도전! 그것을 못하는 사람은 자꾸 까라집니다. 아버지가 싫어하고, 할아버지가 싫어하고, 할아버지 후손, 아버지 후손, 자기 아내, 아들딸까지 좋아하지 않습니다. 아버지는 아버지로서, 어머니는 어머니로서 도전해야 됩니다.

12 여러분이 사랑의 씨를 심어 놓고 크게 되면 어떻게 되겠습니까? 영계에 가서 자기한테 전도받은 후손들이 남이 아닙니다. 나뭇가지에 연결된 또 다른 새로운 가지로 생각하는 것입니다. 하나입니다. 몇 천년 된 나무, 몇 만년 된 나무에서 싹이 나올 때 금년에도 나오고 내년에도 나옵니다. 몇 천년 몇 만년 된 그 나무의 요소가 나와 더불어 끊어질 수 없습니다. 거기에 연결되어 더 크는 것입니다.

13 여러분이 자기도 모르게 하나님이 그리워 그냥 있을 수 없어서 길을 나서서 누구를 만나게 되면 그와 인연되어 자연히 전도가 됩니다. 누구 상대할 사람이 없어서 혼자 있을 때는 하나님이 직접 오셔서 같이하는 것입니다. 자기 손을 척 붙들면 빛이 납니다. 그런 것이 느껴집니다. 빛이 나를 옹호하고 품어 주는 것을 느끼게 됩니다. 그럴 때 평화스러운 얼굴, 평화에 잠긴 얼굴, 행복에 잠긴 얼굴을 하고 그런 심정을 어떻게 체휼하느냐가 문제입니다. 마음과 몸이 부풀어 오르고 세포나 모든 것이 흠뻑 충만되어서 하늘의 무한한 사랑에 잠길 수 있어야 합니다. 손짓하며 노랫가락을 읊조릴 때에 온 우주가 주목하고 있는 것을 느끼는 자리에 서서 '아버지!' 하는 그 음성, 그런 심정권이 필요합니다. 그런 것을 여러분이 체휼해야 됩니다. 그렇게 전도하게 되면 전도가 되게 마련입니다.

14 내 마음이 출발해서 움직일 때, 혹은 '전도하자.'라고 할 때 원해서 하는 사람이 있고, 마지못해서 하는 사람이 있고, 죽을까 두려워서, 무서워서 하는 사람이 있습니다. 어떻게 해야 됩니까? 환영해서 하느냐, 마지못해서, 죽지 못해 할 수 없이 하느냐, 무서워서 하느냐? 어떤 것입니까? 그것은 다 낙제입니다. 그러면 어떻게 해야 됩니까? 몸과 마음이 주체와 대상이라면 그 환경 여건이 상대의 뜻에 일치하게 될 때는 기쁨으로 출발하는 것입니다. 슬픔으로 출발하게 되어 있는 것이 아니라 기쁨으로 출발하게 되어 있습니다. 기쁨의 내용이 첫 번이지 슬픔의 내용이 첫 번이 아닙니다. 타락이 뭐냐? 슬픔의

내용이 첫 번이고, 기쁨의 내용은 시작도 안 했다는 것입니다. 복귀의 운명길을 찾아가는 우리로서는 뜻을 기쁨의 내용으로 출발하여 기쁨의 과정으로 소화시켜 나와야 됩니다.

축복가정 생활

15 축복가정은 마음이 하나님과 일체가 되어야 합니다. 또 몸이 하나님과 일체가 되어야 하고, 뜻이 하나님과 일체가 되어야 합니다. 그래야 창조이념을 대신해 나가는 가정이 되는 것입니다. 가정이 없이는 '나'라는 가치를 결정지을 수 없습니다. 우리 개체에는 하나님의 심정과 소망이 깃들어 있습니다. 우리는 하나님의 심정의 실체이고, 하나님의 뜻을 대표한 입장입니다.

16 축복가정은 수많은 민족 앞에 본이 되고, 수많은 교회 앞에 본이 되어야 합니다. 요셉 가정이 책임하지 못한 것을 여러분 가정이 잘함으로써 탕감복귀하고, 요셉 종족이 책임하지 못하고 유태교가 책임하지 못한 것을 우리가 교단적으로 탕감복귀해서 넘어가야 됩니다. 그리하여 가정적 실패, 종족적 실패를 국가 기준을 중심삼고 일시에 탕감복귀해서 넘어가자는 것입니다.

17 축복가정은 무엇을 해야 할 것인가? 그 나라와 그 세계를 상속받고 하나님의 사랑을 상속받아야 합니다. 나라를 상속받을 수 있는 권한과 하나님의 사랑을 상속받을 수 있는 권한을 축복가정은 갖고 있습니다. 금후에 하나님의 나라와 하나님의 사랑을 상속받을 수 있는 특권적 권한을 허락하는 것이 축복입니다. 통일교회는 하나님과 하나님의 나라를 연결시킬 수 있는 하나님의 사랑을 들고 나왔기 때문에, 심정의 세계를 말하는 것이요 심정의 역사를 말하는 것입니다. 그렇기 때문에 가정이 문제가 됩니다.

18 축복받은 가정들은 하늘나라 창건에 있어서 애국자의 가정이 되어야 합니다. 일체의 생활은 자나 깨나 하늘의 명령에 의해 움직여야 됩니다. 영계로 보게 되면 이 땅 위에 있는 축복가정은 하늘나라의 첩자 가정입니다. 사탄세계에서 핍박을 받으면서, 자유가 없는 예속된 환경에서 사는 사람들입니다. 그렇기 때문에 거기서 그것이 노출될 수 있는 기반을 확대시키기 위해서는 자기 생사지권을 걸고 활동하지 않으면 안 됩니다.

19 선생님은 축복가정을 앞세웁니다. 그런데 축복가정들이 고생하지 않고 하늘땅을 위해 눈물짓는 생활을 하지 않으면 소용없습니다. 눈물

없이 사는 사람은 가짜입니다. 끝날에는 알 것입니다. 오늘 우리 역시 눈물을 흘려야 합니다. 그렇다고 먹는 것 때문에 울어서는 안 됩니다. 맡은 바의 책임을 다하기 위하여 울어야 합니다. 원수와 대결하고 있는 우리는 원수의 기반을 점령하라는 특별 명령을 받은 책임자로서 그 책임 때문에 밤잠을 이루지 못하며 눈물지어야 합니다.

20 축복을 받으면 아담 해와가 타락하기 직전의 단계로 복귀하게 됩니다. 그러면 무엇을 해야 될 것인가? 완성해야 될 단계가 남아 있으니 하나님의 심정을 깨쳐 나가야 됩니다. 이 과정에서 하나님이 타락한 인간을 구하기 위해 수고하신 내적인 사정을 체득해야 됩니다. 하나님이 이 땅 위에 사랑하는 독생자를 보내시어 복귀역사를 책임지고 나가게 했던 것과 마찬가지로, 축복가정들도 자기 자녀들을 제물 삼아 사탄 세상에 나가야 됩니다. 자기 아들딸을 업고 다니면서, 요셉과 마리아가 예수님을 안고 애급으로 피난하던 것과 같은 생활을 해야 됩니다. 그러면서 사랑하는 아들딸이 굶는 것을 보고는 '이러한 생활을 하는 것은 이 인류를 위한 것이니 우리를 사랑하시는 아버지께서 보호해 주실 것이다.'라고 해야 됩니다. 그러면 하나님은 그들을 통해서 이 세상에 실체로 오실 주님과 같은 입장에 세우실 것입니다. 그러니 끝까지 남아져 책임을 해야 됩니다. '나는 축복가정이니 대접해라.'라고 하다가는 꺾여 나갑니다.

21 축복가정들이 하나님을 중심삼은 생활, 뜻을 중심삼은 생활을 했느냐? 못했습니다. 모두가 자기를 중심삼은 생활만을 했습니다. 모든 생활의 동기도 목적도 뜻과 하나님이어야 거기에 사랑의 동산이 이루어지는 것입니다. 그리하여 하나님을 주체로 하고 우리는 상대가 되어 주고받을 수 있어야 합니다. 그러면 거기에 하나님의 사랑이 개입되는 것입니다.

22 여러분은 어떤 사람이 되어야 하겠습니까? 하늘의 가정으로서 살아가는 원리원칙이 있어야 합니다. 축복가정은 자기가 속한 씨족을 위해서 고달픈 생활을 해야 된다는 것입니다. 자기 주위에 있는 가정들이 잘 때 같이 자면 안 됩니다. 또 그들이 무엇을 먹는다고 같이 먹어서도 안 됩니다. 축복가정은 그 씨족 내의 가정을 키워야 됩니다. 자식을 키우는 부모와 마찬가지 입장에서, 그 가정들이 어려우면 자기 어려움 이상의 어려움을 느껴야 합니다. 자기 동네에 아무개가 밥을 굶고 산다고 하면 '차라리 내가 굶는 것이 낫지 그 사람을 굶길

수 없다. 도저히 나만 먹을 수 없다.' 라는 심정을 갖고 그 사람에게 갖다 줄 수 있는 사람이 되어야 합니다.

23 오늘 축복가정들이 아기를 품고 사랑할 줄은 알 텐데, 그 아기가 무엇 때문에 태어났느냐? 하나님 때문에, 하나님이라는 인연을 통해서 태어났습니다. 남편이 귀하고 아내가 귀해서 비밀 얘기를 하고 무슨 일을 하든지 간에 그 상대가 자기들끼리 만난 것이 아닙니다. 공적인 천도를 앞에 놓고 만난 사람들입니다. 하나님을 개재시켜 놓고 만난 사람들입니다. 아들딸이 비참하면 비참할수록 거기에 개재된 하나님이 비참해진다는 것입니다. 그러면 그럴수록 정성을 들이고 자세를 가다듬고 하나님이 믿을 수 있는 절개와 지조를 가지고 가게 되면 우리의 갈 길은 절대로 막히지 않습니다. 반드시 타개됩니다. 그것은 지금까지 선생님이 싸워 나온 생활노정을 통해서 체험한 것으로 부정할 수 없는 것입니다.

24 축복가정들은 선생님이 자기들을 위해서 고생했다는 것을 생각할 때, 자기들도 가정에서 선생님 이상 고생할 수 있는 후손을 만들어 놓지 않으면 안 됩니다. 그것이 원리관입니다. 모세를 따라가는 이스라엘 민족이 모세의 길을 따라 나오기 위해서는 모세와 같은 고생을 해야 했습니다. 모세가 그 길을 나설 때까지는 애급의 풍습 가운데서 이스라엘 사람으로서의 지켜야 할 전통을 잃어버리지 않고, 선민권을 지켜 나올 수 있는 일을 해야만 했습니다. 그렇기 때문에 모세가 지도자가 될 때까지의 생활은 이스라엘 민족 어느 누구보다도 고생하는 생활이었습니다. 이스라엘 민족이 모세를 받들 때 그런 것을 생각해서, 자기 생애에 어려움이 있더라도 모세 이상 고생하지 못했다는 것을 생각하고 광야노정을 떠났다면 3주일 이내에 가나안복지에 갈 수 있었다는 것입니다. 문제는 거기에 있습니다. 부모를 모시는 입장에 있으면 부모보다 자식이 더 고생해야 됩니다. 나라에 있어서도 충신이 있으면 충신이 군왕보다도 더 고생하려고 해야 됩니다. 그것이 천리입니다.

25 통일교회 축복가정은 자기 나라를 찾아야 됩니다. 내 나라를 찾지 않으면 안 됩니다. 이것을 잃어버린 것이 아담 해와입니다. 아담 해와가 잃어버렸으니 이것은 필연적이고 숙명적입니다. 타락한 아담 해와의 숙명입니다. 하나님과 참부모가 개재했기 때문에 숙명적인 과제이니 돈 가지고 할 수 없고, 수단 가지고 할 수 없습니다. 언제든지 피를 흘려야 됩니다. 피의 제단에 서야 됩니다.

제3장 참부모를 닮기 위한 신앙생활과 노정

1절 복귀섭리에 따른 신앙생활

1 새로운 메시아를 맞이해야 될 이 때에 우리가 해야 될 것은 이스라엘 복귀역사를 되풀이해서 사탄세계의 어떠한 사상의 침범도 받지 않는, 절대적으로 하나님의 말씀을 믿는 신앙자가 되는 것입니다. 그런 신앙자가 필요합니다. 세상의 어떠한 영광과 영화가 있더라도 거기에 흔들리지 않고 그것을 끊고 새로운 메시아를 위해서 나설 수 있는 분립된 사람이 되어야 합니다. 그럼으로써 하나님의 사랑권 내에 설 수 있다는 역사적인 공식노정을 우리는 알았습니다.

복귀원리의 길

2 여러분은 원리강의를 여러 번 들어 봤을 것입니다. 그 원리는 복귀원리입니다. 이것은 타락한 인간이 하나님을 찾아가는 공식입니다. 그 공식은 무엇을 통해서 가느냐? 말을 통해서 가는 것도 아니요, 아는 것을 통해서 가는 것도 아닙니다. 심정을 통해서 가는 것입니다. 아담 가정을 두고 볼 때 가인 아벨의 자리도 심정으로 결정됩니다. 하나님을 누가 더 사랑하느냐 하는 것이 문제이지, 하나님의 사랑을 누가 더 많이 받느냐 하는 것이 문제가 아닙니다.

3 통일원리는 하나님의 아들딸이 되는 원리입니다. 하나님의 충신 열녀, 하나님의 효자 효녀가 되자는 원리이기도 합니다. 본심을 가진 인간은 누구나 예수님의 형님 누나가 되어야 하고 동생이 되어야 하고, 하나님 앞에 충남 충녀, 효남 효녀가 되어야 합니다. 이러한 통일교회 원리는 과거에도 없었고 앞으로 미래에도 없을 하나밖에 없는 원리입니다. 이런 면에서 배짱을 가질 만합니다. 역사적인 수많은 종교의 도주들과 싸워서 하나님의 공인을 받은 원리입니다. 불원한 장래에 통일교회가 세계를 움직일 때가 올 것입니다. 이 대한민국이 문제가 아닙니다. 통일원리는 보다 높은 진리, 보다 높은 사상, 보다 높은 뜻, 보다 높은 생활관, 보다 높은 행동관으로서 만민이 따라야 할 역사와 시대와 미래의 결과체입니다.

4 인간은 원리원칙을 따라 나가야 됩니다. 봄이 되면 씨를 뿌리고, 여름이 되면 무성해지고, 가을이 되면 열매를 맺고, 겨울이 되면 전부 정리하여 새로운 생명의 근원을 자기 내심에 지녀야 합니다. 그래야 재봉춘(再逢春)하게 되면 또다시 이것이 심어질 수 있는 씨앗이 됩니다. 이 말은

앞으로 여러분이 부모가 되어 여러분과 같은 아들딸을 낳아야 된다는 것입니다. 여러분의 아들딸을 여러분과 같이 키워야 되겠다는 것입니다.

5 복귀는 창조의 원리원칙을 중심삼고 해야 됩니다. 원래 아담과 해와를 중심삼고 영원한 사랑의 법도를 세웠기 때문에 그 법도를 따라야 합니다. 그 법도를 부정하게 되면 천리를 파괴시켜야 합니다. 그렇기 때문에 인간은 물론 하나님 자체까지 부정당할 수 있는 입장에 들어가게 되기 때문에 할 수 없이 재창조 과정을 통해서 수습해 나오는 것입니다.

사탄분립 노정

6 하늘은 우리 인류가 미워서 심판하는 것이 아닙니다. 인류를 이렇게 만들어 놓은 사탄, 악을 지배해 나오는 주인공, 하나님을 배반하여 나오는 주인공을 쳐서 분립시키는 것이 하나님의 섭리 목적입니다. 우리 인간을 잡아다가 죽음의 가마솥에 처넣는 것이 목적이 아니라, 인간을 유린하고 이 땅을 어지럽혀 나오는 사탄을 박멸하는 것이 하나님의 목적입니다. 그러기에 '이 길을 떠나라. 이 길을 피하여 나가서 싸워라. 원수시하라.'라고 여러분의 마음에 경고하고 있습니다. 양심을 가진 자에게는 가면 갈수록 너는 여기서 떠나야만 된다고 경고한다는 것입니다.

7 사탄분립은 그냥 안 됩니다. 사탄세계의 사람들이 좋아할 수 있는 길에서는 절대 사탄분립이 안 되는 것입니다. 사탄세계에서 제일 어려운 것, 사탄세계 사람들이 제일 싫어하는 것을 해야 됩니다. 십자가의 길, 수난길, 희생하는 길은 사탄이 싫어합니다. 그러니 밑창으로 내려가야 됩니다. 사탄은 올라가려고 하니 우리는 밑창으로 내려가야 됩니다. 밑창으로 내려가서 사탄을 분립시켜야 됩니다. 분립해 놓아야만 책임분담권이 생기는 것입니다.

8 사랑의 인연이 맺어지면 반드시 주관받게 되어 있는 것이 원리입니다. 이 원리를 세워 놓으신 하나님 자신이 원리를 부정할 수 없습니다. 사탄이 비법적으로 개입되었다고 해서 사탄을 쳐서 없애 버린다면 하나님 자신이 세우신 사랑의 원리 자체를 없애 버리는 것이 됩니다. 그러니 할 수 없습니다. 역사적인 모든 문제가 여기에서부터 벌어져 나온 것입니다. 그래서 아담 해와를 분립시켜 고장 난 것을 고장 나지 않은 것과 같은 입장으로 수리해 나온 것이 구원섭리 역사입니다.

9 제사를 드리는 데에는 반드시 피

를 흘리는 일이 벌어집니다. 사람을 중심삼고, 사탄과 인간의 권한을 중심삼고, 악신과 인간의 권한을 중심삼고 역사과정에서 투쟁이 벌어져 나왔는데, 이것을 분립시켜야 됩니다. 그런데 사람을 가를 수 없으니 하나님은 인간 대신 제물을 설정했습니다. 인간 대신 제물을 세워 하늘 편에 속하느냐, 사탄 편에 속하느냐 하는 것을 갈랐습니다. 그래서 제물을 바쳐서 승리하게 될 때 비로소 타락한 천사가 점령하였던 그 기준을 넘어설 수 있는 것입니다. 제물의 종교가 이렇게 해서 나왔습니다.

10 사탄을 굴복시켜야 합니다. 사탄을 무엇을 갖고 굴복시키느냐? 말씀과 하나된 기준을 가지고 굴복시켜야 합니다. 그 외에는 방법이 없습니다. 타락은 말씀하고 분립된 것입니다. 말씀과 하나되지 못한 것이 타락입니다. 그렇기 때문에 탕감복귀 원칙에 의해서 말씀을 중심삼고 하나됨으로써 인격이 복귀되는 것입니다. 인격이 복귀되었다는 것은 무엇이며, 말씀과 하나되었다는 것은 무엇이냐? 타락하지 않은 사람의 자리에 섰다는 것입니다. 그 타락하지 않은 사람은 천사장을 굴복시킬 수 있는 권한을 갖춘 사람입니다. 그렇기 때문에 여러분은 일선에 나가서 사탄을 굴복시키고 돌아오지 않고는 하나님의 사랑의 세계를 허락받을 수 없습니다.

11 탕감조건이 필요한 것은 사탄을 분립하기 위해서입니다. 여러분의 핏줄을 중심삼고 사탄이 몸 가운데에 뿌리를 박고 있습니다. 여러분이 사탄의 피를 받았다는 것입니다. 그렇기 때문에 거듭나지 않고는 하늘나라에 못 갑니다. 다시 태어나야 됩니다. 중생의 원리가 여기에 있습니다. 거듭나야 된다는 것입니다. 핏줄이 다르기 때문에 접붙임을 받아야 됩니다. 그러니 탕감조건을 세우려면 여러분의 모든 생활을 부정하고 선생님의 모든 것을 중심삼고 접붙임을 받아야 된다는 것입니다.

타락 이전의 자리로 복귀

12 타락 이전에 있었던 심정의 동산은 어디 갔습니까? 타락 이전의 높은 위치에서 하나님과 즐기고 기뻐할 수 있는 인연의 세계는 어디 갔습니까? 이것을 잃어버렸습니다. 아담 해와가 하나님의 사랑을 받을 뿐만 아니라 하나님으로부터 '너희는 나의 영원한 아들딸이다.'라는 인정을 받고, 천사장까지도 아담 해와 앞에 굴복하여 온 만상이 그의 명령에 순응하는 자리, 만천하를 주관하라고 당당히 내세울 수 있는 자리에서 타락한 것이 아닙니다. 천사장한테 끌려 다니는 자리에서 타락했습니다. 주인의

아들딸로서 아들딸의 위치와 아들딸의 권한을 갖추지 못한 자리에서 타락했습니다.

13 하나님은 타락 이전 본연의 선한 자리에 있던 아담과 해와에게 하늘땅을 총합하여, 여기에 하나님의 실체까지 겸하여 유업으로 주려고 하셨습니다. 하늘땅을 주는 동시에 창조주까지 주겠다는 것입니다. 이 이상 큰 유업이 어디 있겠습니까? 인간이 타락한 그날부터 하나님은 하늘을 수습하고 땅을 수습하고 인간을 수습하여 '네 것이자 내 것이다.'라고 할 수 있는 날을 향해 나오십니다. '너이자 나요, 네 가정인 동시에 내 가정이요, 네 사회인 동시에 내 사회요, 네 나라인 동시에 내 나라요, 네 세계인 동시에 내 세계다.'라고 할 수 있는 것을 바라시며 하나님은 지금까지 나오신 것입니다. 하나님은 하늘땅 전체의 유업을 홀로 붙들고 그 유업을 상속해 줄 인간을 찾아 나오셨습니다.

14 하나님이 역사노정에서 섭리해 나오신 전반적인 내용을 분석해 보면, 하나님은 복귀도상에 있어서 타락하지 않은 본연의 아담 해와를 찾아 나오셨다는 것을 알 수 있습니다. 타락함으로써 사탄의 혈통을 이어받았기 때문에 인간은 하나님의 혈통을 통하지 않고서는 하나님의 백성이 될 수 없습니다. 이렇게 악한 후손들이지만 그래도 하나님은 인간이 예수님을 믿고 타락 이전의 자리로 올라가기를 소망하시며 내일을 희망 삼고 나오셨습니다. 그러나 오늘날까지 예수님을 믿고 타락 전 아담 해와의 자리에 올라간 사람이 얼마나 됩니까? 한 사람도 없습니다.

15 거짓 부모에 의해 태어난 것을 얼마나 실감하느냐? 사람이 병이 났으면 병을 고쳐야 합니다. 만일 약한 사람이 병이 났다면 병나기 전의 약한 상태만큼만 고쳐서는 안 됩니다. 그 상태 이상으로 건강하게 고쳐야 합니다. 이와 마찬가지로 타락이란 인간이 고장 난 것이요, 악의 세계로 떨어진 것이기 때문에, 고장 난 것을 고쳐야 하고 떨어지기 이전의 자리로 끌어올리지 않으면 구원이 안 되는 것입니다. 구원이라는 것은 곧 복귀입니다. 복귀를 하는 데는 옛날 타락하기 전의 그 기준이 아니라 그 기준을 넘어선 자리로까지 복귀해야만 합니다. 그러므로 원죄를 가진 거짓 부모를 통하여 태어난 인류는 원죄를 넘어선 참된 부모를 통하여 다시 태어나야 합니다.

16 복귀라는 것은 본래의 씨로 돌아가는 것입니다. 복귀 완성은 씨 완성입니다. 지금까지 인류가 그 본연의

씨를 찾지 못했습니다. 그것은 타락 때문입니다. 사탄이 중심 뿌리, 중심 줄기, 중심 순을 점령한 것입니다. 그러니까 그것이 수직이 못 되고 구부러져 있습니다. 거기서는 완성된 씨를 거둘 수 없습니다. 그것이 세상을 점령하고 있는 사탄의 사랑입니다.

17 구세주 메시아 재림주, 이는 주로 구원과 복귀 과정에 초점이 맞추어진 차원에서 불리어 왔습니다. 그 누구도 천국에 못 들어갔습니다. 예수님도 낙원에 들어가 있습니다. 거짓 부모, 거짓 조상의 인연으로 하여 태어나 갈등과 죄악 속에 살아온 타락한 인간은 타락 직전 단계까지 복귀되는 것으로 모든 소원이 다 이루어지는 것은 아닙니다. 종교인들은 소망해 왔습니다. 하나님의 뜻도, 인간 본성의 소원도 창조이상을 완성한 본연의 이상적인 사람이 되고 이상세계를 이루는 것입니다. 그것은 하나님의 사랑이상을 완성한 개인으로 거듭난 후 참사랑의 부부를 이루고 참부모가 되는 것입니다.

2절 참부모를 맞이하기 위한 노정

1 이제 인류는 참부모를 찾아가야 합니다. 그다음에는 그 참부모 앞에 효성의 도리를 다하지 않으면 안 됩니다. 아담 해와는 하나님 앞에 효성의 도리를 다하지 못했습니다. 본래는 하나님에게 효성의 도리를 다한 후에 자녀들을 번식하여, 그 자녀들로 하여금 효성의 도리를 이어 받들게 해야 했습니다. 즉 하나님을 중심한 심정적인 법도의 종족이 나타났어야 합니다. 하나님은 그러한 하나의 종족을 세우기 위해서 6천년 동안 역사해 나오셨습니다.

참부모를 만나려면

2 우리는 하나님을 만나면 다 될 줄 알았습니다. 그러나 인간에게는 어그러진 분야가 아직 남아 있습니다. 즉 인간조상이 인류의 참조상이 되지 못함으로써 참부모를 갖지 못했고 참다운 자식이 되지 못하였습니다. 그렇기 때문에 여러분이 양자로서 하나님을 알아 사탄과 싸워 승리했다고 할지라도 직계 혈통의 인연을 맺으려면 참부모를 모셔야만 됩니다.

3 인간에게 있어서 최후의 목적은 무엇이냐? 그것은 하나님에게로 나아가는 것입니다. 하나님과 사랑을 직접 주고받는 것입니다. 그러기 위해서는 참부모를 만나야 됩니다. 그 참부모가 청춘시대에 나타났다 하더라도 그의 청춘시대는 개인의 청춘시대가 아닙니다. 그가 서 있는 청춘시대의 자리는 양자의 시대를 거치고 자녀의 시대를 거친 역사적인 운명을 지닌 자리입니다. 그의 가치를 개인

적으로 볼 때는 너와 나의 일대일의 입장이지만 그로 말미암아 전체와 개체가 인연을 맺을 수 있고, 절대자와 상대 될 수 있는 인연을 맺을 수 있습니다. 그렇기 때문에 우리가 참부모님을 모시게 되면 종의 종으로 왔던 사람이나 종으로 왔던 사람이나 양자로 왔던 사람이나 다 직계 자녀로 그 가치가 올라가게 됩니다. 그러지 않고서는 참부모와 연결될 수 없으며 인연을 맺을 수도 없습니다.

4 여러분은 어떠한 자리에서 메시아를 찾기 원합니까? 여러분은 어떠한 자리에서 신랑 된 예수님을 만나고 싶습니까? 어떠한 준비와 어떠한 모습으로 그 앞에 나타나기를 원합니까? 이것은 심각한 문제입니다. 호화찬란하게 갖춘 영광의 등불을 가지고 '그대는 나의 신랑이오.'라며 맞이하는 신부를 예수님이 원하겠습니까? 겟세마네 동산과 같은 외로운 자리에서 눈물지으며 끓어오르는 심정을 붙들고 '우리 선조들이 책임 못 하여….'라고 말하는 그러한 비참한 모습의 신부를 원하겠습니까? 여러분은 어떻게 대답하겠습니까? 주님은 영광의 신부를 만나기 전에 고난의 신부를 찾아갑니다. 여러분은 고난의 신부 된 인연을 거쳐서 여기에 신부의 자격을 만들어 놓아야만 됩니다. 이것이 복귀의 노정입니다. 아버지의 슬픔을 그 자식이 벗으려면 아버지의 슬픔 이상의 슬픈 자리에 가야 됩니다.

5 복귀섭리노정을 관찰해 볼 때, 여기에는 개인이 넘어야 할 고개가 있습니다. 지금까지의 6천년 역사는 잃어버린 아담 하나를 찾기 위한 역사입니다. 하나의 완성한 남성을 찾기 위하여 6천년이 걸려 나왔습니다. 이렇게 나오면서 한때를 결정하여 한 개인이 완성하고 개인적으로 승리했다는 그 고개를 넘어야 비로소 새로운 인연을 맺을 수 있는 때를 맞이하게 됩니다. 그때가 바로 오늘날 인류가 바라는 소망의 시대입니다. 또한 하나의 완성한 남성으로서 이 땅에 오셔야 할 분이 만민이 바라는 구세주요, 이런 사상이 구세주사상, 메시아사상입니다.

6 참부모는 영원히 하나입니다. 미국도 필요하고, 기독교도 필요하고, 불교도 필요하고, 각 나라가 필요합니다. 각 개인에서부터 가정·종족·민족·국가 어디나 다 필요한 명사입니다. 참부모로 말미암아 모든 것이 다 해결되어야 할 텐데, 타락으로 인해 해결되지 못함으로써 거짓 부모가 나왔기 때문에 참부모가 와서 복귀하여 해결해 준다는 것입니다. 개인으로서 참부모를 따라가게 되면 천국 가

는 것이요, 가정으로 따라가도 천국 가는 것이요, 종족·민족·국가·세계·하늘땅도 따라가면 천국 가는 것입니다. 여러분이 지금까지 통일교회를 개인적으로 믿고 참부모를 따라가서 천국 가려고 했지만 그것은 아닙니다. 가정이 믿으면 가정적으로 따라가는 것이요, 국가가 한꺼번에 믿으면 국가가 따라가는 것이요, 세계가 한꺼번에 믿으면 세계가 전부 천국 들어간다는 것입니다.

7 하나님이 자기를 잊고 나오셨기 때문에 선생님도 자기를 중심하고 나가지 못했습니다. 하나님은 그러한 한 사람을 찾아오셨습니다. 지상에서 그런 사람을 세워 탕감하지 않고는 이 설움의 고개를 넘을 수 없었습니다. 그러므로 선생님 가정에는 하나님의 6천년 서러움의 역사가 깃들어 있습니다. 원수들이 안팎으로 핍박을 하면서 선생님의 노정을 막아 나왔습니다. 하나님도 이런 길을 걸어 나오셨습니다. 땅에서 잘못하여 이렇게 되었습니다. 하나님의 심정은 누구도 알지 못했습니다. 이러한 환경에서도 하나님이 원하시는 가정을 찾아 세우려고 몸부림쳐 나온 참부모의 길을 여러분이 다시 걸어야 합니다. 그러므로 과거를 청산하지 않고는 이 길을 갈 수 없고, 자기 가정을 중심하고는 이 길을 갈 수 없습니다. 선생님의 내적인 고통이 얼마나 컸는지를 알아야 합니다. 여러분 가정을 보고 부모님이 고통을 잊을 수 있어야 합니다. 축복가정은 부모님 가정의 울타리가 되어 자기들이 훌륭하다는 것을 보여 줄 수 있어야 합니다. 또한 새 세계의 대표적인 가정이 되어야 합니다. 지금도 그런 가정이 되기 위하여 몸부림치고 있는 사람이 있어야 합니다.

8 여러분은 지금까지 기도하는 가운데 그냥 천국에 와 있는 것과 같은 입장에서 아버지를 불렀지만, 아버지가 심각한 자리에 계시고 아버지가 딱한 사정에 계시듯이 나도 딱한 사정에 있어야 하고, 서로서로가 마음에 표현은 못하지만 아버지의 딱한 사정이 나의 사정으로 느껴져야 합니다. 그리고 '아버지, 내게 어떠한 슬픔이 있더라도, 어떠한 어려움이 있더라도 걱정 마시옵소서.'라고 하면서 자식으로서의 도리를 다해 위로해 드릴 수 있어야 합니다. 그러한 한 사람이 이 땅 위에 나오지 않고는 역사적인 문제를 해결할 길이 없습니다. 우리는 지극히 어려운 입장에 서더라도 하나님 앞에 동정을 바랄 것이 아니라 하나님을 동정해 드릴 수 있는 입장에 서야 합니다. 그러한 인연을 따라 역사시대를 거쳐서 쌓고 쌓아 나온 결정체가 예수님이었습니다. 그

렇지만 예수님이 뜻을 이루지 못했기 때문에 다시 오시는 주님이 그 뜻을 이루어야 합니다. 그리고 다시 오시는 주님이 가야 할 길도 그 길입니다. 즉 참부모의 길입니다. 참부모는 역사적인 소원의 집약체입니다. 하나님이 전체를 대신한, 역사적인 조건적 실체로 내세운 분이 참부모입니다.

믿음의 기대

9 통일교회는 참부모를 믿음으로써 아들딸을 직접 교육할 수 있는 시대에 들어갔기 때문에, 여러분이 마음을 모으고 정성을 들이고 부모님이 원하는 길을 따라가게 되면 자연히 하나되므로 여러분 양심이 좋고 나쁜 것을 점점 알게 됩니다. 점점 밝아진다는 것입니다. 하나님이 다른 데 있는 것이 아닙니다. 여러분은 제2 하나님의 사랑의 대상입니다. 하나님의 사랑을 받을 수 있는 아들딸의 자리에 있습니다. 하나님이 내 양심에 들어와 있다는 것을 언제나 생각해야 됩니다. 한 몸이 돼 있다는 것입니다. 하나님이 종적인 아버지라는 것을 느껴야 됩니다. 그것을 중심삼고 일반 생활 속에서 환경의 모든 것을 처리해 나가야 됩니다. 그러면 하늘나라의 여러분의 모든 선조들이 같이하고 천사권이 같이함으로써 아담 가정 대신 훌륭한 완성한 가정을 이루어 천국에 직행하게 된다는 것입니다.

10 근본 시대를 포괄해서 믿음의 기준을 세우기 위한 중심존재가 참부모이기 때문에 참부모를 절대믿고 절대사랑하고 절대복종해야 됩니다. 창조이상으로부터 타락과 복귀 전체의 세계적 기준까지 설파하고, 말뿐이 아니라 그것을 거쳐 나가고 다리를 놓아 나오는 분이 참부모입니다. 그래서 선생님에게 구약시대 완성, 신약시대 완성, 성약시대 완성이 달려 있다는 것입니다. 절대신앙·절대사랑·절대복종으로 하나님이 지었던 상대를 타락으로 인해 잃어버렸기 때문에 그것을 찾으려니 우리도 절대신앙·절대사랑·절대투입할 수밖에 없는 것입니다.

11 아브라함이 소돔과 고모라성에 대하여 숨은 뿌리의 제단을 쌓았던 것과 마찬가지로, 자기 사는 지방과 그곳 주민들을 향해 간절히 호소하고 기도하던 아브라함의 불타는 심정을 여러분 자신들도 가져야 되겠으며, 아브라함의 수고의 노정으로 세워졌던 믿음의 기대, 숨은 뿌리와 같은 기준을 여러분 자신들이 인계받아야 한다는 것을 결코 망각해서는 안 됩니다. 믿음의 조상 아브라함 가정이 복의 기관의 약속을 받았는데, 이것이 이삭과 야곱을 거쳐서 모세를 통하여 민족적인 형태를 이루고 예수님을 통하여 세계적인 범위로 확대되었습니

다. 아브라함의 하늘 앞에 사무치는 충성심과 믿음이 없었더라면 이 땅 위에는 하늘과 접속시킬 수 있는 한 인연이 나올 수가 없었습니다. 아브라함이 믿음의 조상이 될 수 있었던 숨은 비결이 무엇이었는지 압니까? 오직 하늘을 향하여 사모하는 마음과 땅을 위하는 마음이 지극했기 때문에 하늘 아버지와의 넓고 깊은 인연의 발판을 가질 수 있었고, 믿음의 조상이 될 수 있었다는 것입니다.

실체기대

12 타락성을 벗는 것은 결코 쉬운 일이 아닙니다. 길어야 몇 년 혹은 몇십년 동안에 길러진 습관인 술이나 담배를 끊는 데에만도 엎치락뒤치락을 거듭하는 것이 타락 인간의 자화상입니다. 수천수만년간 끈질기게 혈통을 타고 뿌리내려 온 타락성을 벗어던지는 것이 어찌 쉬운 일이겠습니까? 인간의 노력만으로는 절대로 불가능한 일입니다. 하나님을 절대 신앙하는 기준에서 종적인 축으로 세워 모시고 평생을 몸부림쳐도 어려운 싸움입니다. 하나님을 자기 부모나 자식 이상 절대사랑하는 경지에서 참부모로 모시고 나서지 않고는 생각할 수도 없는 일입니다.

13 하나님이 무엇을 결정지을 때는 반드시 가인 아벨을 세워서 하게 됩니다. 가인을 통해서 가르쳐 주는 것입니다. 이러한 입장에서 볼 때에 슬픔도, 고통도, 죽음의 길도 자기가 개척을 해야 됩니다. 자기가 끝까지 참고 개척해 넘어가는 것이 복귀의 길입니다. 그렇기 때문에 예수님도 십자가에 돌아가셨다가 부활하여 승리의 기대를 세워 놓고 성신을 보냈습니다. 여기에서 결정적인 출발을 하여 기독교를 세워 세계적인 출발을 하게 된 것입니다.

14 세계에서 완전히 가인 아벨의 기준권이 형성되어 하나의 주권 이상국가를 형성하게 될 때, 비로소 하나님의 영원무궁한 이상적 지상천국이 건설되는 것입니다. 통일교회는 그것을 위해서 앞으로 나아가야 됩니다. 먼저 가인을 이끌고 그다음에는 부모님의 갈 길에 발판이 되어야 합니다. 언제든지 부모님의 갈 길을 위해 발판을 만들어야 합니다. 여러분 자신이 가인 아벨 가정을 만들고, 가인 아벨 종족을 만들고, 가인 아벨 국가 기준을 중심삼고 나아갈 수 있는 터전을 발전시킬 수 있어야만 그 터전을 통해서 부모님이 세계로 나아갈 수 있다는 것입니다.

15 기독교는 최후에 같이 남을 수 있는 형님입니다. 그러니 이 형님을 중심삼고 어떻게든 하나되지 않으면 죽

음을 피할 길이 없습니다. 우리는 그런 운명에 놓여 있습니다. 하나님은 무엇을 바라느냐? 통일교회와 기독교가 손을 잡아야 합니다. 왜냐하면 원리가 그렇기 때문입니다. 가인과 아벨이 하나되어야만 부모가 등극하는 것입니다. 가인 아벨을 통해서 부모가 복귀되는 것입니다. 가인 아벨이 싸워서 결렬됨으로써 부모도 함정에 빠졌기 때문에 가인 아벨이 세계적 기준에서 하나되어야 비로소 세계적 종족 기반을 중심삼은 부모의 출현이 이뤄집니다. 그렇게 되면 민주세계에는 그 통일된 기준에서부터 일시에 세계적인 승리의 터전이 벌어지는 것입니다.

16 오늘날 복귀노정에서 가인을 구원하려면 3배 이상 노력해야 됩니다. 그런데 명령만 할 줄 알지 명령을 받을 줄 모르고 있습니다. 자세가 틀렸다는 것입니다. 가인 아벨 원칙은 그렇지 않습니다. 아벨은 피를 흘렸습니다. 가인의 살길을 닦기 위해서 피를 흘렸다는 데에 가치가 있습니다. 거기에 귀한 것이, 거기에 승리의 기준이 있습니다. 목회자도 마찬가지입니다. 목회자 자신들이 식구들을 위해서 얼마만큼 아벨적인 책임을 다했고, 내가 인생살이의 최고 목적과 같이 그 한 사람을 생명을 기울여서 얼마나 길러 봤느냐 하는 문제를 자문자답해 봐야 됩니다.

17 가인 아벨이 하나될 수 있는 승리적 기반이 벌어짐으로써 부모가 이 땅 위에 임재할 수 있습니다. 부모가 나옴으로써 우리가 복을 받을 수 있고, 비로소 천국의 새로운 출발을 할 수 있습니다. 나 혼자가 아니라 부모를 모시고 천국에 들어가야 됩니다. 통일교회로 말하면, 이미 부모는 나타났지만 가인 아벨 세계적 탕감조건에 있어서 축복가정 기반 위에 이러한 것이 돼 있지 않다는 것입니다. 아벨적 가정 대표가 승리하여 하늘의 복을 받을 자로서 동네에 가면 그 동네 사람들이 눈물을 흘리면서 무릎을 꿇고 '세상은 망하더라도 당신 가정은 복을 받아야 되겠소.'라고 할 수 있어야 됩니다. 세상의 모든 악한 동네 사람들이 무릎을 꿇고 윗자리로 추앙할 수 있는 가정이 되어야 장자의 자리에 서는 것입니다.

3절 참부모를 통해 거듭나는 노정

1 지상세계에서 누구든지 참부모의 문을 통해 다시 태어나야 됩니다. 중생이라는 말이, 거듭난다는 말이 나옵니다. 니고데모가 밤에 예수님을 찾아와서 거듭난다는 것에 대해 묻게 될 때 예수님이 '네가 유태인의 선생으로 중생이라는 말을 모르느냐?'라고 반문했는데, 중생은 다시 태어난

다는 것입니다. 거듭난다는 것입니다. 거듭난다는 것이 무엇입니까? 거짓 부모에게서 났던 사람이 참부모를 통해서 다시 태어나는 것을 말합니다. 다시 날 때에 하나님의 사랑, 하나님의 생명, 하나님의 혈통을 이어받기 위해서는 사탄세계의 사랑과 사탄세계의 생명과 사탄세계의 혈연과는 관계가 전무하다고 해야 됩니다. 그것은 의식에도 없다고 할 수 있게끔 되어야 합니다.

2 우리가 종족메시아 사명을 함으로써 중생이 벌어집니다. 중생, 다시 낳을 수 있는 길이 생깁니다. 어머니 뱃속에 들어가는 것입니다. 가정적 메시아로부터 종족적·국가적·세계적·천주적 메시아까지 어머니 뱃속을 통해서 꼭대기의 하나님과 아버지와 어머니가 사랑할 수 있는 자리에서 색깔을 물들여서 나와야 됩니다. 그래서 왼쪽으로 들어갔다가 다시 돌아나와서 가정의 어머니 뱃속에서까지 나와야 됩니다. 가정에서 출발했으니 본연의 기준에 돌아가서 모든 것을 청산짓고 나타나게 될 때 사탄은 전무한 기반이 되는 것입니다. 그리고 중생의 산고를 체험해야 됩니다. 그렇게 됨으로써 축복받은 가정은 참부모가 되는 것입니다. 사탄과 영영 관계없는 새로운 출발을 할 수 있는 하나님의 직계 후손 자리에 들어가서 참부모가 되어 그 일족은 참부모 일색으로서 천국에 직행할 수 있는 종족이 됩니다. 종족과 민족 편성을 해서 국가와 연결되면 국가가 들어가고 세계가 들어갈 수 있는 것입니다.

말씀 수련

3 참된 말씀이란 어떤 말씀이냐? 그 내용이 어떻게 됩니까? 개인의 내용과 가정의 내용과 사회의 내용과 국가의 내용과 세계의 내용, 하늘땅이 있다면 하늘땅의 내용, 하나님이 있다면 하나님의 내용까지 개재되는 것입니다. 그렇게 일방적인, 직행적인 길을 가르쳐 주고 그 길을 지키고 그 길로 가게끔 하는 어떠한 법이 있어야 됩니다. 하나님이 있다면 하나님에게까지 도달하고, 하나님의 심정이 있다면 그 심정에까지 연결되는 법이 있어야 된다는 것입니다.

4 여러분이 수련을 받는 것은 여러분 앞에 있는 원수를 물리치고 원수를 심판하기 위해서입니다. 그러기 위해서는 첫째 말씀을 공부해야 됩니다. 이 말씀은 어디서 나왔느냐? 창조 당시의 심정에서부터 복귀의 노정을 거쳐 나온 것입니다. 이 사실을 잊어서는 안 됩니다. 말씀을 갖추지 않고는 실체를 세울 수 없고, 실체를 세우지 않고는 심정을 세울 수 없으니, 말씀을 들을 때는 몸으로 듣고 마음

으로 듣고 심정으로 들어야 합니다.

5 수련받으면서 말씀을 중심삼고 옛 날 자기가 뜻길을 출발하던 때에 뜻을 그리워하고 선생님을 따르던 간절한 마음을 회생시켜야 합니다. 그러지 않고는 천국문을 열지 못합니다. 안타까운 심정으로 안 보고는 못 살고, 안 위하고는 못 살아야 합니다. 식구들을 보고 싶어해야 하고, 식구들이 있는 곳으로 가서 살고 싶어해야 합니다. 이런 마음을 재차 갖지 않으면 하늘나라에 갈 수 있는 열쇠를 잃게 됩니다.

6 여러분은 세상을 박차고 그 반대 방향으로 나설 수 있어야 합니다. 나아가 세상을 바로잡기 위하여 참된 생활을 해야 됩니다. 어떤 사람을 대하든지 그 사람이 잘되기를 원해야 하겠고, 그 사람이 천적인 행복을 갖고 즐거워할 때 나도 함께 즐거워할 수 있는 마음을 가져야 합니다. 그리고 아버지 앞에 감사하면서 새로운 소망을 가질 수 있는 마음을 가져야 할 뿐만 아니라, 빛의 영광을 바라볼 수 있는 마음과 평화의 심정을 일으킬 수 있는 마음을 가져야 합니다. 더 나아가서는 모두가 하나로 맺어질 수 있도록, 그러한 마음을 생활을 통하여 나타내야 됩니다. 만일 여러분이 이 모든 것을 생활을 통해, 생애를 통해 나타내지 않으면 저나라에 가서 하나님의 영광을 노래할 수가 없습니다. 그러므로 여러분이 천국에 가서 하나님의 영광을 노래하려면 먼저 지상에 있을 때 하나님의 뜻을 위해 말씀을 전하고 실천해야 됩니다.

믿음의 자녀

7 여러분은 가정복귀를 해야 됩니다. 그러기 위해서는 믿음의 세 아들딸을 찾아야 합니다. 그래서 그 아들딸과 사위기대를 이루고 자기 부모를 중심삼은 외적인 믿음의 사위기대를 이루어서 믿음의 자녀가 자기 직계의 아들딸을 완전히 모실 수 있는 기대를 세워야 합니다. 이 믿음의 세 아들딸은 무엇이냐? 영계의 세 천사장에 해당됩니다. 세 천사장이 아담 해와를 지을 때부터 모셨던 것과 마찬가지로, 여러분이 축복을 받은 후 출산할 자녀가 복중에 있을 때부터 믿음의 자녀가 모셔야 합니다. 이것은 아담이 창조되기 전부터 창조되어 성인이 되어서 성혼식을 할 때까지 천사장이 협조해야 될 기준을 여러분이 이 땅 위에서 탕감복귀하는 것입니다. 그렇기 때문에 믿음의 세 자녀는 반드시 필요합니다.

8 부모가 되기 위해서는 축복을 받아야 합니다. 그리고 가정을 이루기 위해서는 가인을 복귀해야 됩니다.

자기 개체가 부활하기 위해서는 가인을 굴복시켜야 된다는 것입니다. 즉 아담이 부모의 자리에 있지만, 하나님의 한을 해원성사하고 아담 자신이 복귀되기 위해서는 가인이 굴복해야 됩니다. 그와 마찬가지로 복귀원칙에 의한 탕감노정에 있어서도, 여러분이 믿음의 자녀를 장자의 입장에 세우고 여러분의 아들딸을 아벨의 입장에 세워서 가인 아벨을 복귀시켜야 완전히 복귀됩니다. 그러지 않으면 참부모의 자리에 못 올라갑니다. 참부모의 자리에 올라가기 위해서는 가인 아벨을 복귀해야 되는 것이 원칙입니다. 가인이 아벨 앞에 굴복해야 된다는 것입니다.

9 자기가 믿음의 자녀를 가진다고 하는 것은 수천 대 종교인들이 바라온 최고의 이상입니다. 예수님도 그것을 얻지 못했습니다. 겟세마네 동산에서의 최후 담판기도에서도 모두에게 반대받고 버림받았습니다. 그러나 우리는 부활권에서 승리의 가정을 구축했기 때문에 이것은 천주가 받드는 가정입니다. 그런 가치의 축복가정입니다. 자기가 희생하더라도 자기 자녀들에게는 바른 전통을 전해주어야 하는 것이 축복받은 부부의 책임입니다. 또 가정의 책임입니다. 자녀에게 무거운 탕감의 짐을 지워서는 안 됩니다.

10 믿음의 자녀가 왜 필요한 것입니까? 3대 천사장과 아담의 세 아들과 사탄세계의 가인 형님들을 찾기 위해서 필요합니다. 구약시대·신약시대·성약시대를 찾기 위해서입니다. 구약시대는 민족, 신약시대는 국가, 성약시대는 세계를 찾는 것입니다. 그래서 구약시대는 이스라엘 60만 대중의 가나안 복귀, 예수님은 국가에서부터 세계의 가나안 복귀, 통일교회는 세계에서 천주의 가나안 복귀입니다. 가나안 복귀의 마지막 문입니다. 이런 의미에서 3단계로 표시가 된다는 것입니다.

11 여러분은 먹고 싶은 대로 먹고, 입고 싶은 대로 입고, 자기 하고 싶은 대로 다 하고 있는데, 그것이 참소조건이 됩니다. 장년 부부들은 하나님에게 충성할 수 있는 젊은이들을 못 가졌으니 하나님 앞에 부끄러운 줄 알아야 됩니다. 이제라도 그런 젊은이들을 길러야 됩니다. 다행히 고마운 것은 통일교회에는 '믿음의 자녀'라는 것이 있습니다. 장년 부부들을 구원할 수 있는 것이 믿음의 아들딸이라는 것입니다. 이것을 위해 뼛골이 녹아나도록 정말로 한번 뛰어 보라는 것입니다. 그리하여 젊은이들 앞에 소망의 눈물을 짓게 될 때, 그 젊음의 소망의 터전 위에 메시아가 찾아오는 것입니다.

축복에 의한 중생

12 인간은 참사랑의 근본을 깨달아서 하나님 앞에 참사랑을 돌려드려야 합니다. 참부모님을 통하여 축복의 기준을 거쳐 중생하여 성별된 자만이 하나님의 참자녀로 등장할 수 있습니다. 따라서 축복의 과정을 통과하지 않은 사람은 첫 열매의 자격이 없습니다.

13 축복식은 사탄의 혈통권을 단절하여 하나님의 혈통권으로 전환시키는 것입니다. 먼저 복중에 잉태한 아이부터 시작합니다. 축복가정의 자녀는 성주를 먹여 조건적인 중생식을 거쳐야 됩니다. 그렇게 다시 태어나는데, 복중에 있을 때 중생식을 해야 됩니다. 축복가정의 어머니도 그렇게 해야 되고, 축복받지 않은 부인들도 모두 마찬가지입니다. 같은 어머니 입장에 서게 됩니다. 성주를 마시는 것이 조건입니다. 그래서 참부모의 완성 혈통을 상속하는 내용 모두가 연결되는 것입니다.

14 어머니 아버지 핏줄을 받고 태어난 한 사람이라도 남기지 않고 축복의 자리로 가게 해야 됩니다. 복중에서 중생식을 하고, 유치원에서부터는 부활식을 하고, 그다음에는 영생식인 축복을 해야 됩니다. 혈통 근절이라는 것을 목표로 하고 전진하는 우리의 책임은 하나님 대신이요, 참부모 대신이요, 예수님 대신의 길을 가는 것입니다. 종족적 메시아, 국가적 메시아, 세계적 메시아, 천주적 메시아, 가정의 왕, 종족의 왕, 국가의 왕, 세계의 왕, 천주의 왕권을 설정했습니다. 여러분 가정에서 안 되면 세계의 가정에 일치되라는 것입니다. 그러면 가정에서 불효했고 가정에서 역적이 되었더라도 세계의 충신의 자리에 나가면 전부 해방된다는 것입니다. 그럴 수 있는 단계적 상충 환경을 불식시키고 차원 높은 전진적 미래의 기반이 남아 있게끔 만들어 주어야 합니다. 그것이 참부모의 책임이요 하늘부모의 책임입니다.

4절 참부모를 따라 성장하는 노정

1 혈통전환식의 과정에는 어머님의 생명과 아버님의 생명의 결합 내용이 들어가 있다는 것입니다. 그것을 통과하는 것에 의해 여러분은 사탄세계와 분립하게 됩니다. 참부모로부터 다시 태어났다는 신념을 갖지 않으면 안 된다는 것입니다. 그렇게 하지 않으면 참부모님 앞에서 축복받는 것은 불가능합니다. 다시 태어나 부모님을 모시며 성장한 남녀로서 하나님 앞에 서서 하나님의 심정권을 이어받고 부모님을 통하여 다시 태어났다는 상속권을 받지 않으면 결혼할 수가 없습니다.

참부모를 따르고 닮자

2 여러분이 가는 길은 여러분을 위해 가는 것이 아닙니다. 아버지가 이렇게 갔으니 아버지를 닮아야 되고, 아버지를 따르는 나 자신이 돼야 합니다. 지금까지 종적인 수고의 역사를 마련하여 횡적인 역사의 기준을 닦아 나오기 위해 수고하신 것과 마찬가지입니다. 아버지께서 우리 가정을 위주로 하여 세계를 주관하기를 바라던 그 뜻을 우리 자체로 회복해 드려야 합니다. 그럼으로써 우리 선조가 실수한 것을 우리 시대에 탕감하여 책임을 완수하겠다는 신념을 가지고, 근심하는 마음과 책임지는 마음과 실천하는 마음을 갖고 승리의 한 날을 맞이하여야 합니다. 그리하여 만민 전부가 이것은 아버지의 것이요, 참부모님 것이라고 하며 돌려드려야 됩니다. 아버지 것으로 돌려드리고 참부모님 것으로 돌려드린 후에 참부모가 '이것은 너희의 것'이라고 다시 우리에게 돌려주어 우리가 받을 수 있는 그날을 맞이하여야 합니다. 그래야 우리의 모든 섭리는 완결되고, 최후의 영광의 승리는 이 천상천하에 이루어지게 됩니다. 이것을 똑똑히 알고 그것이 이루어질 때까지 하나님 대신 근심하고, 책임을 짊어지고, 싸우고 나가야 합니다.

3 완전한 주체 되시는 하나님 앞에 대상으로 창조를 받은 인간도 완전한 대상, 즉 절대가치를 지닌 참된 대상이 되어야 합니다. 벌써 그 자리에 서 계시는 참부모님을 닮아 하나님이 절대적 자리에서 절대상대를 확보하고 해방을 받으실 수 있는 참된 이상가정의 사랑의 주인이 되어야 합니다. 그것이 인간의 책임입니다.

4 하나님은 참사랑을 중심삼은 종적인 사랑과 생명과 혈통의 아버지입니다. 간단히 얘기하면 참사랑을 중심삼은 아버지라는 것입니다. 종적인 아버지입니다. 타락하지 않은 인간은 그 종적인 부모 앞에 90도를 갖추어 완전히 하나된, 횡적인 참사랑과 참생명과 참혈통을 중심삼고 하나님과 완전히 합덕한 부모의 자리를 이룰 수 있는 사랑의 상대였다는 것입니다. 하나님의 생명, 하나님의 사랑, 하나님의 혈통과 아담 해와의 사랑, 아담 해와의 생명, 아담 해와의 혈통이 종횡으로 섞어져서 기쁜 가운데, 행복한 가운데, 충만한 가운데 인간이 태어났다면 여러분의 마음은 하나님같이 영원히 종적 자리에 서는 것이고, 여러분의 몸은 아담 해와와 같이 90도를 갖춘 참부모의 전통적 기준에 일치되어 자체가 공명체가 되었을 것입니다.

5 양심은 뭐냐? 종적인 참사랑의 하

나님으로부터 이어받은, 종적인 아버지를 닮아서 이어받은 나입니다. 그렇기 때문에 양심은 바르다고 하는 것입니다. 수직입니다. 그것은 하나님의 사랑과 생명과 혈육을 이어받은 내적인 자리에 있습니다. 그다음에 내 몸은 본연의 사랑과 본연의 생명과 본연의 혈육이 내적 외적으로 화동하는 가운데서 일체화할 수 있는, 횡적인 참부모의 몸을 이어받은 외적인 나라는 것입니다.

6 몸은 인류의 혈육의 부모 되는 아담 해와를 닮아서 태어났고, 마음은 종적인 부모의 혈육을 닮아서 태어났습니다. 그런데 이 둘이 싸웁니다. 왜 싸우느냐? 뿌리가 잘못되었기 때문입니다. 이것이 화합되려면 하나님을 절대 믿어야 됩니다. '하나님은 나의 종적인 아버지다.'라고 기도하기 전에 천명해야 됩니다. 죽으나 사나 하나님의 사랑을 중심삼고 직각의 자리에 들어가야 됩니다. 직각의 자리에 들어가면 그림자가 없어집니다. 도가 필요 없습니다. 그늘이 있기 때문에 도를 닦아야 됩니다.

7 하나님을 닮아야 됩니다. 하나님과 같이 되어 있어야만 합니다. 이렇게 되면 하나님과 자기가 닮아 있기 때문에 자동적으로 플러스와 마이너스로 합해서 사방으로 폭발하는 것입니다. 종적인 부모와 횡적인 부모가 하나로 통일된 사랑에서 태어났으면, 여러분의 마음은 하나님의 사랑과 생명과 피 살을 백 퍼센트 이어받았을 것입니다. 또 거기에 완전한 이상적인 상대인 참부모의 사랑과 생명과 혈통을 완전히 이어받는 것입니다. 또 여기에는 내적인 하나님과 외적인 하나님이 하나되어 있습니다. 하나님의 마음과 몸이 참사랑에 의해서 통일된 것과 마찬가지로, 우리가 참사랑의 내적 종적인 참부모 그리고 외적 횡적인 참부모와 하나된 그 기준에서 태어났다 할 때는 절대적인 참사랑권 내에 있기 때문에 우리 마음과 몸은 하나가 됩니다.

8 참부모는 메시아이고, 참자녀는 메시아를 닮아야 합니다. 그러려면 선생님을 중심삼고 종족적 메시아들이 그렇게 살아야 되는데, 그렇게 못 살면 문제가 크다는 것입니다. 영계에 가서 선생님이 하나님의 심판의 푯대가 될 것입니다. 선생님이 1백이라면 여러분도 1백이어야 됩니다. 부모는 자기 아들딸들이 자기보다 잘나기를 바라는 것이 원칙이기 때문에 그래야 된다는 것입니다.

9 선생님만 참부모가 아니라 여러분도 참부모가 되어야 합니다. 여러분도 다 되어야 하는 것입니다. 선생님

이 큰 나무가 되었으면, 여러분은 큰 나무의 세포와 같이 돼야 한다는 말입니다. 큰 나무인 선생님을 닮아야 됩니다. 전부 종자입니다. 근본을 닮은 것입니다.

10 내 개인이 하나님을 닮아야 되겠으니 재창조를 해야 됩니다. 몸과 마음이 역사의 전쟁마당으로서 쉴 사이 없는 고해의 노정을 걷고 있는 것이 우리 조상들이 가는 길이요, 우리가 가는 길이요, 미래에 연결된 우리 후손들이 가야 할 길입니다. 이 원한의 소굴을 알고도 몰랐습니다. 몰랐지만 이제는 알고 이 일을 해야 되는 것입니다. 만물의 영장으로서, 천사장까지 지배할 수 있는 영장으로서 권위를 상실했던 것을 비로소 자기 본연의 위치를 되찾을 수 있는 자리에 갖다 놓기 위한 것이 다시 오시는 메시아 구세주요, 참부모님이 세계의 가정들을, 세계 국가들을 한 곳으로 갈 수 있게 만들기 위한 것이 축복가정이요 축복행사인 것입니다.

참부모의 대신자

11 우리는 참부모의 대신자입니다. 남자는 아버지의 분신이요, 여자는 어머니의 분신입니다. 즉 하나님은 남성과 여성의 이성성상의 중화적 주체로 계시기 때문에 남자는 하나님의 남성성품을 대신하여 태어났고, 여자는 하나님의 여성성품을 대신하여 태어난 것입니다. 본성에 있어서 우리 개체들은 태어날 적부터 참부모의 지체입니다. 그래서 예수님도 '나는 포도나무요 너희는 가지라.'라고 하셨습니다. 남자들은 아버지의 지체요 여자들은 어머니의 지체이며, 남자들은 아버지의 분신이요 여자들은 어머니의 분신입니다. 그러므로 하나님이 보시기에 과연 아버지의 분신이 될 수 있고 어머니의 분신이 될 수 있다고 한다면 아무리 떨어져 있을지라도 거기에는 하나님의 사랑이 깃들지 않을 수 없습니다. 아버지의 사정과 아버지의 뜻을 중심하고 사는 사람에게는 하나님의 심정이 자연적으로 연결되는 것입니다.

12 여러분이 창조주로서, 아버지로서, 참주인으로서의 책임을 대신 진다면 어디 가든지 하늘땅이 여러분을 도울 것입니다. 여러분은 절대자의 책임, 아버지의 책임, 주인의 책임을 져야 합니다. 그것을 책임지고 나가면 절대로 배척받지 않습니다. 오늘날 모든 사람들은 자기 행동과 자기 생명과 자기 심정을 책임져 줄 수 있는 사람을 찾고 있습니다. 이런 사회가 이상사회입니다. 책임을 지고 생명을 각오하고 나가면 동지가 많이 나타납니다. 다시 말하면 여러분이 지역에 나가게 될 때, 생명을 지으신

창조주로서의 책임, 부모로서의 책임, 주인으로서의 책임, 이 세 가지의 책임을 져야 합니다. 그러지 못하면 절대자의 대신자, 참부모의 대신자, 참주인의 대신자가 절대로 될 수 없습니다. 이것마저도 못하면 존재세계에서 추방당할 수밖에 없습니다. 책임을 못 지겠으면 절대복종으로 모시기라도 해야 됩니다.

13 우리는 쉴 시간이 없습니다. 선생님과 선생님의 가정을 중심하여 복귀의 구조가 어떻게 확대될 수 있는지를 이해해야 됩니다. 우리가 이러한 형태를 따라서 개인복귀·가정복귀·종족복귀 등을 거쳐 세계복귀 차원에까지 이르게 되면 모든 국가들, 전 세계가 포용되어 복귀의 정상 아래로 들어오게 될 것입니다. 그러니까 여러분도 이 형태를 따라야 합니다. 그렇게 되면 여러분은 선생님과 참부모와 하나님의 대신자가 될 뿐만 아니라 이상세계의 이상적인 부부의 대표자가 되는 것입니다.

14 통일교회는 전부 식구라고 하고 참부모를 모시는 아들딸이라고 합니다. 그런데 만나자마자 다 헤쳐 버리고 세계로 쫓아냅니다. 남편과 아내를 결혼시켜서 동서남북으로 다 갈라놓는 것입니다. 그렇게 해서 하나님을 더 사랑하다 보니 심정적으로 참사랑의 주인공이 되더라는 것입니다. 만일 지상에서 만나지 못하게 되면 영계에 가서 그 사랑을 찾을 수 있습니다. 이것이 얼마나 멋지냐는 것입니다. 지상에서 만나 살면서 하는 이상의 사랑을 가지고 남편이 나를 모셔 주고, 부모와 아들딸이 나를 모셔 준다는 것입니다. 그런 사람은 참사랑의 주체가 되고 하나님과 같은 이상을 지닌 완전한 하나님의 대신자가 될 것입니다.

15 여러분은 참부모의 대신자, 아버지의 분신, 어머니의 분신으로 아버지 소원의 실체요, 아버지 사정과 아버지 심정의 실체로서 등장해야 됩니다. 여러분은 6천년 동안 아버지의 소원적인 실체, 사정적인 실체, 심정적인 실체로 나타난 것입니다. 여러분이 그 소원을 내 것으로, 그 사정을 내 것으로, 그 심정을 내 것으로 해야 됩니다. 하늘 대해서 이 땅의 여러분의 갈 길은 여러분이 아버지 앞에 제물이 되는 길입니다. 여러분이 책임져야 됩니다.

16 인간의 소원이 무엇입니까? 아들딸을 낳되 그 아들딸이 사탄세계로부터 핍박받지 않고 하늘나라로 직행하도록 키울 수 있는 참된 부모가 되는 것입니다. 그것이 못 되었습니다. 참아들딸을 낳아서 하늘나라로 직행할

수 있는 참부모의 대신자가 되는 것이 소원입니다. 여러분도 전부 좋은 아들딸을 낳고 싶겠지요? 세계에서 제일가는 자녀를 낳고 싶을 것입니다. 그것을 못했습니다. 그것을 어떻게 할 것이냐가 문제입니다. 그다음은 천사장이 하나님의 아들딸인 아담 해와를 기르지 못했습니다. 어떻게 하나님의 아들딸을 길러 하나님에게 필요한 사람으로 교육하느냐 하는 것이 문제입니다. 그래서 여러분은 열심히 일해서 나라를 대표할 수 있는 대통령의 대신자가 되고 싶고, 그 나라의 회사라든가 모든 행정부처의 주인이 되고 싶어하는 것입니다. 참된 주인이 되자는 것입니다. 이것이 우리의 3대 소원입니다. 하나는 참된 부모, 그다음에는 참된 스승, 참된 주인입니다. 여러분도 출세해서 미국의 주지사가 되고 싶고 대통령이 되고 싶어합니다. 그렇게 되기 전에 집주인이 되어야 합니다. 가정의 전통을 상속해서 선조를 대신할 수 있는, 하나님을 대신할 수 있는 주인의 자리에 서야 됩니다.

5절 참부모를 통해 완성하는 노정

1 하나님과 참부모와 나는 복귀를 완결시키는 데 있어서 없어서는 안 될 존재입니다. 하나님을 중심삼고 참부모가 되어야 할 인간조상이 타락했으므로 타락의 동기를 넘기 위해서는 3자가 일치점을 찾아야 합니다. 하나님의 뜻과 참부모의 뜻과 우리의 뜻이 일치되어야 합니다. 복귀라는 것을 생각할 때, 인간이 하나님의 창조목적과 일치되는 자리에 도달해야 인류의 목적도 성취되는 것이며, 인류의 부모로 오시는 주님도 만민을 복귀시켰다는 기준을 완성하는 것입니다. 이와 같이 부모와 자녀가 하나됨으로써 하나님의 뜻인 본연의 동산을 이루어 그곳에서 부모와 자식이 영원히 갈라지려야 갈라질 수 없는 가정의 인연을 갖추게 될 때 비로소 하나님의 뜻이 완결된다는 것입니다.

2 아담 해와가 참사랑으로 완성되는 것은 곧 하나님이 실체를 입은 소망이 성취되는 것입니다. 그리고 그들이 참된 부부로 완성되는 것은 곧 하나님의 절대적인 사랑이상의 완성을 의미합니다. 다음으로 아담 해와가 선한 자녀를 가져 참부모가 되는 것은 곧 하나님이 영존의 부모, 모든 사람들의 부모이신 것을 실제적으로 확정짓고, 또 하나님이 인간 혈대를 통하여 자자손손 번성함으로써 천상천국의 시민을 무한으로 두고 싶어하는 이상을 성취하게 되는 것입니다.

심정의 인연

3 하나님은 지금까지 역사를 두 가지 형태로 벌여 놓았습니다. 하나는

플러스요 하나는 마이너스인데, 이것이 합해져야 됩니다. 알파와 오메가가 하나로 종결되어야 합니다. 참부모에서 출발해야 할 역사인데 인간이 참부모를 잃어버리고 거짓 부모의 자식이 되었으니 참부모를 복귀하여 하나님 앞으로 다시 나아가야 됩니다. 그렇게 될 때 평화의 동산이 개방된다는 것입니다. 그렇기 때문에 이러한 심정적인 인연을 갖지 않는 한 여러분은 하나님의 아들딸이 못 됩니다.

4 여러분은 가치적으로 볼 때, 하나님의 6천년의 심정과 소망의 존재인 참부모를 모실 수 있고 참부모의 자녀로서 인연을 맺고 나설 수 있는 입장에 있습니다. 그렇기 때문에 여러분의 손가락과 머리카락 하나도 역사적인 것이요, 시대적인 것이요, 미래적인 것입니다. 즉 여러분은 새 시대의 조상으로 서야 할 엄숙한 자리에 놓여 있습니다.

5 여러분은 하나님의 사랑과 참부모의 사랑과 완전히 하나되어야 합니다. 그 기준에 있어서 몸 마음이 참사랑으로 하나되고 부모가 하나되어야 합니다. 부부가 참부모와 하나되어서 하나님과 하나되어야 합니다. 그래야 3대권이 생기는 것입니다. 심정적 3대 참사랑이란 하나님 사랑, 참부모 사랑, 그다음에는 참부부 사랑입니다. 그렇게 되어야 인간세계에 비로소 착륙이 벌어지게 됩니다. 그런 자리를 거쳐 나가야 됩니다. 그러니 그 자리는 자기 몸 마음이 하나되고, 부부가 완전히 사랑해서 완전한 하나님의 사랑과 참부모의 사랑과 하나되어야 합니다.

6 여러분은 고향 땅을 찾고, 나라를 찾고, 지상 천상의 영원한 하늘나라를 찾기 위한 전통을 내 일신에서 찾아야 합니다. 아담이 잃어버렸던 것을 몽땅 내 사랑으로써 찾아야 합니다. 그래서 하나님이 창조하던 이상의 심정을 가지고 눈물을 흘려야 합니다. 자기 혈족을 만나서 눈물을 흘려야 되고, 내 고향 산천을 붙들고 눈물지어야 합니다. 그래서 본연의 심정으로 사랑의 움이 터서 사랑의 꽃동산에 꽃이 피어나고 사랑의 열매가 맺어지기를 바라는 것입니다.

7 타락이 참사랑과 참생명, 그리고 참혈통을 잃어버린 것입니다. 누가 잃어버렸느냐? 아담과 해와가 완성해야 될 것이었는데 잃어버렸다는 것입니다. 그 완성이라는 것이 무엇이냐? 하나님의 사랑과 완전히 하나되고, 하나님의 생명과 완전히 하나되고, 하나님의 혈통과 완전히 하나되어야 했습니다. 부자관계는 혈통이

아니면 맺어지지 않습니다. 하나님의 가정이 없었습니다.

8 참사랑은 떨어질 수가 없습니다. 언제라도 붙어 있습니다. 영원히 붙어 있습니다. 그런 참사랑을 인간이라고 하면 누구나 다 바라고 원합니다. 부모는 지옥에 있더라도 자기 아들딸을 생각합니다. 부모가 지옥에 있으면서 자기 아들딸이 지옥에 있다고 하면 거기서 고통 때문에 눈물 흘리는 것이 아니라 아들딸을 위해 기도를 하는 것입니다.

9 우주 가운데서 영원·불변·절대의 원리는 원인과 결과, 주체와 대상의 관계입니다. 이것을 인간사회에 적용한다면 부자관계와 부부관계가 그 핵심입니다. 하나는 종적인 주체와 대상의 관계입니다. 또 하나는 횡적인 주체와 대상의 관계입니다. 양자가 차원 높은 주체와 대상의 관계에 있으면서 종으로 합한 것이 새로운 주체가 되고 횡으로 합한 것이 새로운 대상이 되어, 원만한 수수작용을 통하여 혼연일체, 입체화해서 조화적인 구형운동으로 들어간 상태가 사랑을 중심한 힘의 작용이요, 인간사회의 기본단위인 이상적 가정의 모형입니다. 이런 의미에서 사랑을 가장 가치적인 것으로 인정하지 않을 수 없다는 것입니다.

10 이 땅 위에서 중심되는 인류의 조상을 중심삼고 이어 나오는 데 있어서 먼저 무엇이 설정돼야 하느냐? 부자관계가 설정돼야 합니다. 남자로 태어나든지 여자로 태어나든지 간에 제일 먼저 맺게 되는 것이 부자관계입니다. 왜 부자관계이겠습니까? 그것은 천지가 그렇게 돼 있기 때문입니다. 종으로 내려오는 것이 부자관계입니다. 부자관계가 아니고는 종적으로 연결이 안 됩니다. 부자관계의 종적 연결은 생명이 연결되어야 합니다. 어머니 아버지의 생명과 그 다음에는 핏줄이 연결돼야 합니다. 부자관계는 그냥 안 됩니다. 핏줄이 연결돼야 합니다.

11 천주(天宙)의 '천(天)'이라는 것은 두(二) 사람(人)입니다. 그리고 '주(宙)'라는 것은 집을 말합니다. 우주도 그렇습니다. '천주'라는 것은 하늘을 중심으로 한 가정을 말합니다. 천운을 떠받치는 가정을 말합니다. 천운을 떠받치는 가정에는 종적으로 참부모인 창조주가 연결되고, 횡적으로 그 창조주와 90도의 결착점을 중심으로 연결됩니다. 종적인 참부모와 횡적인 참부모가 연결됩니다. 창조주와 창조된 자녀로서 부자관계입니다. 가정은 그것이 종적으로 움직이는 것뿐만이 아닙니다. 종적 횡적인 관계가 일체가 되는 것입니다.

창조목적 완성

12 하나님의 소원이 무엇이겠습니까? 하나님도 역시 참된 사람, 참된 남성과 참된 여성을 바라는 것입니다. 그것을 원할 수밖에 없습니다. 신앙자로서 최고로 바라는 것은, 통일교회의 술어로 말하면 완성한 사람입니다. 완성한 사람은 참된 사람입니다. 하나님이 구원섭리를 추진시켜 나온 그 목적도 역시 완성한 사람인 동시에 참된 사람에 있습니다. 그러면 하나님이 보고 싶은 사람은 어떤 사람이냐? 참된 사람입니다. 참된 남성과 참된 여성을 보고 싶다는 것입니다. 그런데 참된 남성과 참된 여성을 보지 못하게 된 것은 타락 때문입니다. 그러므로 복귀는 참된 사람을 찾는 것입니다. 참된 사람을 찾는 데는 창조원칙에 있어서 남자를 먼저 지었기 때문에 참된 남자를, 참된 남성을 먼저 만나야 합니다. 만나서 하나님이 본래 뜻하셨던, 소원하던 바의 목적을 달성해 보자는 것이 구원섭리의 목적이 아닐 수 없습니다.

13 신앙생활을 하는 사람들은 하나님의 사랑을 중심삼고 창조이상을 완성하려는 뜻을 몰랐습니다. 그것은 하나님의 뜻의 완성, 창조이상의 완성입니다. 그것은 사위기대 완성입니다. 사위기대를 완성하면 어떻게 됩니까? 하늘과 땅이 자리를 잡게 됩니다. 하늘과 땅이 비로소 정착하게 됩니다. 하늘은 위의 축과 같고 땅은 아래의 축과 같아서 이것을 중심삼고 하나되는 것입니다. 여기서 자녀는 중앙의 축을 향해 하나될 수 있는 평면적인 형태를 갖추어야 됩니다. 그래서 이것이 자람으로써 중앙에 올라가서 하나의 원형을, 사랑의 이상구형을 이루는 것입니다.

14 신앙생활을 하는 사람들은 흔히 관념적인 세계와 그런 상대로부터 위안을 받으려 하고 있습니다. 그러나 비록 타락했지만 인간은 본래부터 영원한 천성과 통할 수 있는 성품을 가지고 있고, 각자의 마음 가운데는 창조이상의 요소를 가지고 있습니다. 그러므로 인간이 죄악을 벗고 완성하여 하나님과 일체를 이루고 무한히 기쁜 생활을 할 수 있는 것입니다. 우리가 기도하는 목적은 마음의 핵심이 될 수 있는 요소를 깨우치자는 것입니다. 여러분이 그런 하나의 기준을 세워서 보고 듣고 느끼는 마음의 중심을 천륜 앞에 세운다면, 여러분은 하나님 앞에 경배드리며 할렐루야 영광을 돌릴 수 있습니다. 그런데 오늘날 인간들 가운데는 이러한 마음의 경지를 원하면서도 이런 경지에 도달하기 위해 심각하게 파고들어 자기의 본성을 찾아 세우기 위하여 투쟁하는 사람이 없습니다.

제4장 참부모의 삶으로 본 신앙인의 길

1절 소명의 삶

1 희망에 찬 내일이 나를 소명을 지닌 자로서 부르고 있습니다. 그 소명 받은 사람이 가는 길은 운을 따라가는 것이 아니라 숙명적인 길을 따라가는 것입니다. 운의 길은 변경시킬 수 있지만 숙명적 길은 변할 수 없습니다. 부자관계를 바꿀 수 있습니까? 형제관계를 변경시킬 수 있습니까? 없습니다. 그것은 숙명적입니다. 천운의 도리와 숙명에 귀착되어 안착하기를 바라는 그러한 역사가 회전하고 있는 것입니다. 그 안착 기점이 참부모입니다. 참부모를 중심한 참된 자녀의 숙명적인 인연을 하나님과 더불어 결탁지어 놓았기 때문에 이것은 변경할 수 없는 것입니다.

하나님의 소명

2 인간이 몸으로 마음으로 바라는 소망은 창조주 하나님이 다시 직접 주관해 주시는 것입니다. 오늘날 우리에게는 이와 같은 소망과 뜻을 이루어야 할 사명이 있고 그 일을 완수하기 위한 소명을 받고 있습니다. 그러므로 우리는 하나님의 주관성을 복귀해 드려야 하겠고, 그와 더불어 만물의 주인으로서의 주관성도 복귀해 드려야 합니다. 그리고 하나님이 주관해 주시는 은사에 대해 감사의 영광을 돌려드려야 합니다. 이런 책임이 만물에 있는 것도 아니요, 하늘의 천군천사에게 있는 것도 아니요, 오늘 우리에게 있습니다.

3 하나님은 우리 개인을 찾아오지만 그 개인을 중심삼고 가정과 사회, 나아가서 세계까지 찾기를 바라십니다. 그런데 이 길이 아직까지 막혀 있습니다. 하늘의 섭리역사노정은 나를 찾아 땅에까지 내려왔습니다. 이제는 나를 중심삼고 다시 하늘 방향으로 나아가야 할 것인데, 그 길이 막혀 있습니다. 이뿐만 아니라 선을 추구하는 사람들은 지금까지 세상적인 모든 것을 끊어 버리고 부정하면서 잃어버린 본연의 것을 하나님 앞에 다시 찾아 세울 수 있는 길을 찾으려 했지만 이런 길이 한계점에 와 있습니다. 이제 여러분이 느껴야 할 것은 하나님의 서러움입니다. 예수님의 서러운 심정을 체휼해야 됩니다. 그리고 하나님이 6천년이라는 기나긴 세월을 서러움 속에서 허덕이며 여러분 한 사람을 찾아오셨다는 사실을 실체적으로 느끼지 않으면 안 됩니다.

4 여러분이 제한된 환경에서 일을

하더라도 누구의 명령을 받아서 하고 있느냐가 중요합니다. 하나님의 명령을 받고, 혹은 세계와 국가의 소명을 받아서 하고 있다는 신념을 가져야 합니다. 세계를 대신한 일을 제한된 환경에서 하고 있습니다. 국가를 대신한 일도 제한된 환경에서 하고 있습니다. 개인을 중심삼은 일도 마찬가지입니다. 그렇지만 명령을 받은 배후가 다름에 따라 그 일의 결과도 다르다는 것입니다.

5 신앙길을 간다는 것은 그리 간단하지 않습니다. 하나님으로부터 소명은 누구든지 받을 수 있습니다. 그렇지만 이 소명을 따라간다는 것은 무척 힘이 듭니다. 하나님은 내 뒤에서 가시는 것이 아니라 언제나 앞서서 가십니다. 얼마나 바쁘게 앞서 가시는지 모릅니다. 우리가 보조를 맞추지 못할 만큼 앞서서 가십니다. 그렇기 때문에 복귀섭리 도상에 있어서의 계획적인 섭리, 계획적인 사업은 힘든 것입니다. 하나님의 섭리는 비약적인 발전을 통하여 나갑니다. 개인에서 가정, 가정에서 종족을 타고 넘으면서 탕감시켜 나간다는 것입니다. 순리적으로 돌아서 올라가는 것이 아니라 단계적으로 뛰어올라 가기 때문에, 여기에는 1년이면 1년이라는 일정한 기간을 통하여 계획적으로 일을 하다가는 막혀 버리는 것입니다. 말하자면 때에 뒤떨어진다는 것입니다. 이런 문제들을 볼 때 소명을 받아 뜻의 길을 가는 사람들은 언제나 초조한 마음으로 나아가야 됩니다. 하나님과 내가 플러스와 마이너스의 상대적인 관계를 중심삼고 조정해 나가면서 자기 위치를 찾아 그때를 맞추어 가야 합니다. 그러나 그때를 적절히 포착해서 행동을 개시하기는 심히 어렵습니다.

6 여러분은 여러분의 학문과 여러분 자신을 세계와 하나님 앞에 봉헌하도록 소명을 받고 있습니다. 여러분은 여러분의 공동체 안에서 하나님을 대변하고, 하나님으로부터 오는 사랑과 희망을 이웃에게 전달하고, 세상 사람들이 인류와 하나님에게 봉사하는 일을 돕는 사명을 받고 있습니다. 이것은 여러분의 교회나 사원이나 회중을 일깨워 하나님을 중심한 자유와 평화의 세계를 이루는 데 동원하는 일로 연결될 것입니다.

7 선생님이 하나님의 천명을 받아 미국을 구하라는 소명을 받고 미국에 갈 때 얼마나 긴장하고 얼마나 심각했겠습니까? 한국의 여러분은 선생님이 하나님의 명령을 받고 서울을 떠날 때 심각했던 것과 마찬가지로, 선생님의 지시를 받을 때 선생님이 미국을 향해서 책임을 짊어지고 나서

던 자세와 같지 않고서는 사랑의 동반자가 될 수 없습니다. 그 사랑의 천리는 부정적인 천리이지 공의적인 천리가 아닙니다.

8 선생님은 반대를 받으면서 올라왔습니다. 복귀노정이 그렇습니다. 지금까지 통일교회의 복귀역사는 그렇게 되어 있습니다. 그러니까 여러분은 첫 번 절개를 잃지 말고, 개인에서부터 세계 꼭대기를 넘어갈 때까지 끝까지 따라오라는 것입니다. 하나님 앞에 책임을 다했느냐 못했느냐 할 때 다했다는 결재를 받아야 합니다. 다했다고 할 때는 복을 받습니다. 그 복을 통고받을 때까지 남아진 자가 돼야 같은 권내에 들어갈 수 있는 혜택을 받는 것입니다. 개인적으로, 가정적으로, 세계적으로 여러분이 선생님을 중심삼고 생명을 각오하고 하나가 되어 나간다면 동형(同型), 동등의 혜택권 내에 서는 것입니다.

9 소명이라는 것은 내가 무슨 책임을 짊어질 수 있는 권한이 없다는 뜻입니다. 소명은 부름을 받았다는 것입니다. 이 말은 어떠한 절대적인 중심에 의해 나는 동쪽으로 가고 있는데 서쪽을 향해서 가라고 새로운 명령을 받았다는 것입니다. 그 명령받은 것이 동쪽에 있다고 해서 동쪽 사람들에게 명령받은 것이 아닙니다. 중심을 통해서 명령을 받았다는 것입니다. 그 중심은 모든 것의 소망의 기준을 대표할 수 있는 중심이기 때문에 그 소명받은 사람은 전체 중심의 상대적 역을 해야 됩니다. 소명을 받지 않았을 때에는 방향적 책임을 하면 됩니다. 그 말은 소명을 받고 난 뒤에는 사방적 혹은 구형적 사명이 부여된다는 것입니다. 선생님이 세계적 중심에 연결된 인간 개인 개인들을 대표한 자리에서 하나님의 소명을 받았다고 할 때는 동서남북 상하관계, 모든 면의 대표적인 격을 갖추어야 소명받은 자로서의 사명이 완수되는 것입니다.

10 소명자도 개인이 있어야 되고, 가정이 필요하고, 종족·민족·국가가 필요합니다. 이런 관점에서 선민이라고 하는데 그 선민은 무엇입니까? 소명을 받은 민족입니다. 선민의 나라, 소명을 받은 나라입니다. 선민의 세계라는 것은 소명을 받아서 소명된 모든 뜻을 완성한 나라입니다. 그래서 그 뜻을 이루게 되면 돌아가서 하나되는 것입니다. 그래서 하나님은 알파와 오메가, 시작과 끝이라는 말이 있습니다.

11 부모 중의 참부모가 하나님입니다. 하나님은 우리의 참부모입니다. 참가정의 왕, 참나라의 왕, 참세계의

왕이 우리 부모님입니다. 그분을 모실 수 있는 천년 태평시대를 맞이해야 됩니다. 한국의 '달아달아 밝은 달아 이태백이 놀던 달아…'라는 노래처럼, 이 땅 위에서 부모님을 모시고 천년만년 사는 희망을 이룰 수 있는 통일교회 각자의 사명과 소명적 목적이 있다는 것을 알아야 됩니다.

12 하나님의 뜻 앞에 부름을 받은 책임자로서 소명적 책임을 다해야 됩니다. 한국 사람은 한국 사람으로서의 소명, 세계 메시아로서의 소명이 있습니다. '소' 자는 '부를 소(召)' 자입니다. 명령의 부름을 말합니다. 군대의 출동명령과 마찬가지입니다. 소명적 사명을 다해야 됩니다.

사명 자각

13 선생님은 한 고개를 넘기가 얼마나 힘들었는지 모릅니다. 누가 한마디 하면 언제든지 백세 천세, 저나라에 가서도 통곡할 수 있는 마음이 사무쳐 있는 사람입니다. 선생님이 하나님 앞에 '문 총재, 문선명이 왔습니다.'라고 할 때, 하나님도 사무친 마음으로 자기도 모르게 천만 계단을 날아 내려와 목을 안고 통곡하며 '잘 왔다!'라고 하면서, 아담 해와 때문에 통곡을 했었지만 이제는 돌아왔다는 기쁨의 눈물을 흘리고 아들을 안고 천만 계단을 올라가서 앉았던 왕좌에 다시 앉아 '뜻이 이루어졌다. 아주!'라고 할 수 있는 하나님의 음성을 듣기 전에는 죽을 수 없습니다. 안 할 수 없습니다. 그것이 참부모가 가야 할 철칙의 노정이었습니다. 여러분 일생 노정에 그러한 기념의 기준을 중심삼고 남겨질 수 있는 선물을 이 땅에서 마련해 하늘 앞에 가져가야만 부모님 앞에 가까이 가고, 동고동락의 상속권의 분야를 차지하고, 여러분이 천상세계 계열의 책임자로 설정된다는 것을 틀림없이 알고 책임 있는 생애의 길을 가야 합니다.

14 자각이 필요합니다. 자기 자신에 대한 자각, 자신의 환경에 대한 자각, 국가에 대한 자각, 세계에 대한 자각을 해야 됩니다. 이렇게 새로운 세계관을 중심삼고 새로운 자각을 해서 모든 것을 청산짓고 넘어가는 자리에서 아벨의 자리가 결정되는 것입니다. 아벨의 자리를 결정지었으면 가인을 반드시 굴복시키고 하나님을 모셔야 합니다. 그럼으로써 여러분이 천국에 갈 수 있는 개인이 될 수 있고, 하늘 가정, 하늘 국가, 하늘 세계, 즉 천국을 이루는 개인이 될 수 있습니다. 이것이 복귀의 기점입니다.

15 나를 역사적인 죄의 결실로 봐야 합니다. 그다음에 그러한 종족이면 종족으로 봐야 합니다. 종족은 현실

로 볼 때 국가로 볼 수 있습니다. 현실의 모든 민족과 관계되어 있습니다. 수천 대 종족의 뿌리를 받았기 때문에 그것을 연장하여 평면적으로 보면 나라가 됩니다. 그렇기 때문에 나는 나라, 민족의 죄를 책임져야 할 죄의 후손입니다. 나는 민족이 받을 죄의 대가를 대신 받아야 됩니다. 세계의 죄를, 현재에 받을 죄의 대가를 내가 대신 받아야 된다는 것입니다. 이런 자아를 느껴야 됩니다. 그것이 메시아로 오셨던 예수님이 느낀 길입니다. 내가 살면 이 세상이 살고, 내가 죽으면 이 세상이 죽는다는 경지까지, 그런 자각을 한 단계까지 나아가야 되는 것입니다.

16 여러분은 자기 자신을 몰랐습니다. 그러다가 뜻을 알면서부터 자각의 심정을 갖고 이 문을 두드려 왔습니다. 여러분은 역사를 거치고 시대를 지나 미래를 세워 나가는 '나'라는 것을 자각해야 됩니다. 나 스스로가 자각하는 것 같으나 사실은 하나님이 나를 자각시키고 있는 것입니다. 오늘의 내 한 모습을 만들기 위해 수많은 선지선열들이 피를 흘렸고, 지금도 배후에서 자각한 내가 되기를 바라고 있습니다. 여기에서 또 역사를 망쳐 왔고, 망치고 있고, 망칠 가능성이 있는 한 자체라는 것을 느껴야 합니다. 역사에 어린 아담과 해와의 한을 양 어깨에 짊어지고, 현실과 미래까지도 책임져야 할 나라는 것을 자각해야 됩니다.

17 통일교회는 무엇을 하기 위해서 이 세상에 나왔느냐? 죄를 회개할 수 있는 길을 가르쳐 주자고 나왔습니다. 죄를 회개할 수 있는 길을 가르쳐 주자는 것입니다. 그러려면 어떠한 자각을 해야 되느냐? 믿음으로써 구원 얻는 내용은 있습니다. 세계를 대표한 자각을 해야 됩니다. 남자도 세계를 대표한 자각을 해야 되고, 여자도 세계를 대표한 자각을 해야 됩니다. 역사적인 승리의 제물이 되어야 한다는 자각, 시대적인 승리의 주체가 되어야 한다는 자각을 해야 됩니다. 메시아를 죽였기 때문에 자각해야 되는 입장에서 죽은 그분 앞에서 내가 죽어 탕감해서 그분의 긍휼이 나에게 미쳐짐으로써 그와 더불어 부활의 영광에 참여하겠다는 마음을 가져야 됩니다. 그러지 않고는 천국에 들어갈 수 없다는 것이 원칙입니다.

18 자각! 타락은 개인 자신을 중심삼고 자각한 위에서부터 출발했습니다. 이제는 탕감복귀해서 자기를 중심삼은 것이 아니라 하나님의 가정을 중심삼은 자각이 있어야 됩니다. 거기서부터 새로운 이상세계가 생기는 것입니다. 그렇게 하는 데는 혈통이

문제입니다. 인류가 그것을 지금까지 몰랐습니다. 처음으로 선생님이 지상에 나타나서 상세하게 해명해 주기 때문에 알게 되었습니다. 그렇게 안 자체는 자기 존재권과 관계가 없습니다. 혁명적으로 뒤집어엎어서 새로운 부모를 중심삼은 새로운 가정이 나와야 되는데, 그 가정은 지금처럼 개인을 자각한 입장에서의 타락한 그것과는 다릅니다. 이것은 공적인 자각 위에 섰기 때문에 몸 마음의 싸움이 없습니다.

인류 구원의 삶

19 종교가 지향해야 될 최후의 목적은 무엇이냐? 물론 개인 구도의 목적을 주장하는 것도 일리가 있지만, 그보다 더 나아가서 가정을 구해야 됩니다. 먼저 가정을 찾아 악주권에 속해 있는 인간을 죄악 가운데서 해방시켜야 됩니다. 진정한 의미에서 역사를 대표하고, 시대를 대표하고, 미래를 대표하는 가정을 찾아야 합니다. 또한 세계 인류가 다 같이 즐거워할 수 있는 가정의 터전과 가정이 가야 할 정도의 기준을 확정해야 됩니다. 그 가정의 제도가 어디서 출발하고 어디로 가야 할 것인가 하는 것이 결정되어야 합니다. 그렇게 되지 않는 한 이 지상에 평화의 세계를 창건할 수 없습니다. 외적인 것이 아무리 잘 이루어졌다고 하더라도 내적인 가정에 들어와서는 파탄될 수 있다는 것입니다.

20 아무리 태풍이 불어오고, 아무리 수난길이 첩첩이 가로놓여 있다고 하더라도 사랑의 말을 달리는 데는 적수가 없고 막을 자가 없습니다. 부모가 자식을 사랑하는 길을 가로막을 수 없습니다. 힘으로 막을 수 없습니다. 수단 방법으로도 막을 수 없습니다. 아내를 사랑하는 남편, 남편을 사랑하는 아내의 사랑을 그 무엇으로도 막을 수 없습니다. 그래서 사랑은 위대한 것입니다. 나라를 사랑하는 애국자의 가는 길을 어떤 힘을 가지고도, 무엇을 가지고도 막을 수 없습니다. 살 수도 없고 팔 수도 없습니다. 천리의 도리를 밝혀 나가는 성자의 가는 길에 있어서 인류를 구도하고 인류를 사랑하는 그것을 막을 수가 없습니다.

21 하나님이 망해 가는 세속적인 세계를 대치하기 위해 통일교회를 세웠기 때문에 이 통일교회는 대치받을 수 있는 모든 내용을 갖추지 않으면 안 됩니다. 중심이 없는 세속적인 이 세상 가운데에서, 떨어져 내려가는 이 현실세계에서 그것을 막을 수 없는 비탄의 환경을 맞은 이 인류는 절망에 부딪혀 있습니다. 반면에 이것을 대치하고, 떨어진 것과 반대로 무

한히 향상할 수 있는 한 길을 준비하지 않고는 인류를 구도해 나오는 하나님의 모든 섭리가 중단되어 버리고 만다는 것입니다.

22 선생님은 세계와 하늘땅을 살리는 것입니다. 하늘땅은 선생님이 책임지니, 여러분은 여러분 일족을 살리라는 것입니다. 자기 형제를 구원하고, 어머니 아버지를 구원하는 것입니다. 거기에 천사장을 굴복시키고 참부모를 따라서 조부모로부터 손자 손녀까지 4대가 합하여 하늘나라에 가서 돌이켜 드려야 할 책임이 있습니다. 국가와 전체를 내가 하늘 앞에 돌려드리는 것입니다.

23 일편단심 이 대우주에 심정세계를 다시 세우려는 것이 구원역사이니, 그 구원역사의 노정에서 내가 어느 정도의 재료가 될 수 있겠느냐 하는 것만 생각해야 됩니다. 만물을 재료로 삼고, 인류를 재료로 삼고, 영계의 천천만 성도를 재료로 삼아야 되는데, 내가 움직이면 만물이 어느 정도 움직이고, 인류가 어느 정도 움직이고, 천상의 천천만 성도가 어느 정도까지 움직이고, 내가 땅 위에서 부르짖는 것이 이 우주 어느 범위까지 심정의 반응을 불러일으키느냐에 따라 천상에서 나의 가치가 결정되는 것입니다. 예수님이 죽는 순간의 슬픔은 하늘에 반영되었고 만우주에 반영되었습니다. 이 때문에 예수님은 구주입니다. 심정의 구주입니다.

24 여러분은 개인의 어떠한 욕망을 충족시키기 위해 애쓸 것이 아니라, 보다 더 큰 목적을 위하여 희생하고 봉사하는 신앙생활을 하지 않으면 안 됩니다. 그리하여 오직 하나님의 뜻과 인류를 위해 수고하셨던 예수님의 심정 기준까지 나아가야 되고, 지금까지 수고해 나오신 하나님의 애달픈 심정을 위로해 드리는 하나님의 참자녀의 자리까지 나아가야 됩니다. 오늘날 여러분은 불의를 보면 분개하는 마음을 가지고, 또 주고 싶어하는 하나님의 사랑의 마음을 지니고, 이 세상 끝까지라도 나아가 하나님의 나라와 하나님의 의를 찾아 세우기 위하여 수고해야 됩니다. 나아가 애달픈 가운데 인류를 구원하기 위해 지금까지 수고해 오신 하나님의 심정을 위로할 수 있어야 합니다.

25 하나님은 타락한 인류를 붙들고 구원섭리하기 위하여 무한히도 애써 나오셨습니다. 인간이 죄악에 빠져 있을 때 인간을 찾아 주고, 인간을 위하고, 인간에게 복지를 소개해 주기 위해서 수고하신 분이 있다고 한다면, 그는 우리의 사랑하는 부모도 아니고, 어떠한 정으로 인연맺어져 있

는 자식이나 부부도 아닙니다. 또한 국가도 아니고, 어떠한 성인현철도 아닙니다. 하나님입니다.

26 우리는 타락하지 않았던 본연의 동산을 다시 회복해 나가지 않으면 안 됩니다. 타락한 인간이기 때문에 떨어지지 아니한 그 본연의 상태, 하나님을 잃어버린 인간이기 때문에 하나님을 잃어버리지 아니한 그 자리, 인류의 참부모를 잃어버렸기 때문에 참부모를 잃어버리지 않은 그 자리를 찾아야 합니다. 하나님과 이상의 참부모를 중심삼은 평화의 동산에서 자녀로서 생활할 수 있는 자리를 찾아 들어가지 않으면 안 되게 되어 있습니다. 그래서 이 일을 성취하기 위해서도 우리에게는 새로이 구원섭리라는 명사가 남아 있는 것입니다.

27 구원을 하기 위해 섭리하시는 하나님은, 이 땅에 대한 모든 고통을 방관하는 무책임한 입장에서는 이 세상을 수습할 수 없기 때문에 타락한 세상에서 인간이 당하는 모든 고통을 인간만의 고통으로 방관하는 것이 아니라 직접 그 고통권 내에 들어가 책임을 지고 대응해 나가십니다. 또한 이 슬프고 비참한 역사적인 대응의 노정 위에 하나님이 직접 참여하지 않고서는 인류를 구원할 수 없기에 인류의 슬픈 역사에 동반하여 지금까지 싸워 나오고 있습니다.

28 인류는 부모를 잃어버렸습니다. 부모로부터 태어나긴 태어났지만 진정한 부모의 깊고 높고 귀한 사랑을 몽땅 받지 못하고 태어났고, 그 부모와 더불어 살지 못한 것입니다. 또한 부모의 입장에 있는 하나님은 자식을 잃어버림으로써 바라던 기준을 달성하지 못했으므로, 기나긴 역사를 붙안고 그 목적을 달성하기 위하여 인류의 배후에서 지금까지 수습해 나오고 계십니다. 이것이 하나님의 구원섭리입니다.

29 구원을 받아야 할 우리가 영원한 생명을 찾아 아버지의 사랑 속에 품기기 위해서는 갖은 고난과 모진 상처를 딛고 일어서야 합니다. 이제 우리는 가정과 사회와 국가, 세계가 반대하더라도 그것을 밟고 올라가 오직 하나님의 뜻만을 붙들고 나섰던 예수님의 입장에 서서 역사적인 사망의 종족을 향하여 돌진할 수 있는 하늘의 정병이 되어야 합니다.

30 세상에서 결심 없이 이루어지는 일은 없습니다. 싸우는 데는 모름지기 정의에 입각하여 싸워야 합니다. 사탄은 근성적으로 높아지기를 원하나 우리는 그와 반대로 낮아져서 내 몸과 사랑으로 싸워 나가야 됩니다.

두 눈은 오직 일직선이어야 됩니다. 즉 일편단심이어야 된다는 것입니다. 나 자신은 포탄이기 때문에 내 귀와 눈과 손이 각각 다른 데 있으면 망합니다. 이 싸움에서 승리하기 위해서는 아까운 것이 없어야 합니다. 인류를 구원하기 위해서는 어떠한 희생도 각오하는 것이 하늘의 계산법입니다. 여러분은 선조들의 핏자국이 얼룩진 희생의 제단을 지켜서 하나님의 원수를 갚아야 합니다.

2절 성취의 삶

1 하나님은 자녀를 찾아, 만물을 찾아 창조본성의 세계를 이루고자 싸워 나오시며 이상세계의 주인에게 영원하고 거룩한 위업을 상속하여 만세무궁토록 기쁨을 누리고자 하셨습니다. 하나님은 슬픈 가운데서도 우리를 위하여 더욱 축복해 주고 싶어하신다는 것을 알아야 합니다. 그러기에 여러분은 '뜻 앞에 새로운 아들딸이오니 참된 가정으로 세우시사 참된 부부로서 참된 자녀를 갖춘 기반 위에서 만물을 주관하는 크나큰 영광의 실체들이 되게 하시옵소서.'라고 할 수 있어야 합니다. 그러니 허락해 주신 만세의 영광을 누릴 수 있는 참다운 자녀가 되어 오시는 참부모를 받들어 드리는 사명을 해야 됩니다. 여러분은 참부모를 안식시켜 드려야 하고, 다시 참부모와 여러분이 합하여 하나님을 안식시켜 드려야 합니다. 그렇게 될 때 비로소 선하신 하나님이 만천하의 군왕으로서, 우리의 아버지로서 군림하게 되고 선의 천국이 지상에 이루어진다는 것입니다.

섭리의 비밀을 밝힘

2 리브가는 해와의 입장에서 갈라진 형제를 하나 만들었습니다. 그래서 하나님 편에서 가정을 복귀할 수 있었습니다. 야곱이 장자권을 복귀해서 에덴동산에서 잃어버린 가정을 복귀한 것입니다. 리브가의 복중에서 야곱과 에서가 싸웠습니다. 그래서 리브가가 하나님한테 기도하면서 '왜 이 둘이 싸웁니까?'라고 할 때, 하나님이 분명하게 가르쳐 준 것입니다. '네 복중의 두 아이가 싸우지만 나중에 두 나라가 될 것이다. 앞으로 큰 나라가 작은 나라를 섬겨야 할 것이다.'라고 하나님이 대답했습니다. 그것은 장자가 내려가고 차자가 올라갈 것을 말한 것입니다. 장자권복귀의 개념이 남아 있었다는 것입니다. 그것은 다말의 경우도 마찬가지였습니다. 다말의 복중에서 베레스와 세라도 싸우기 때문에 문제가 되어서 다말이 '왜 이와 같이 싸웁니까?' 하면서 기도할 때, 하나님이 마찬가지의 대답을 한 것입니다. '네 복중에 두 나라가 있는데 큰 나라가 작은 나라를 섬길 것이다.'라고 대답한 것은 복귀

에 관한 것이었습니다. 지금까지 이것은 비밀이었습니다. 4천년 이상 어느 누구도 그 내용을 몰랐습니다. 하나님과 사탄만이 알고 있었습니다. 사탄은 거짓 부모입니다. 하나님이 바라는 것은 참부모입니다. 참부모는 본연의 에덴동산에서 하나님이 바랐던 가정의 주인입니다. 참부모가 나와서 하나님의 비밀과 사탄의 비밀을 밝히는 것입니다. 하나님이 차자를 통해서 복귀역사를 하는데 복중까지 찾아 들어가서 복귀하는 것입니다. 그러지 않으면 하나님의 혈통이 정착할 수 없습니다.

3 메시아로 왔던 예수님도 참부모의 이름을 가지고 왔다가 죽어 갔기 때문에 재림해야 됩니다. 재차 와서 주인 되기 위한 일을 하는데, 그것이 바로 지금 이때입니다. 선생님이 이때를 맞춰서 천기의 비밀, 하나님이 숨겼던 비밀, 사탄이 숨겼던 비밀, 역사적 비밀, 철학가들의 비밀 골자를 전부 해결했기 때문에, 이것을 아는 모든 사람은 어느 누가 부정할 수 없습니다. 긍정적인 천리를 따라서 크나 작으나, 교육받은 사람은 누구나 다 초등학교를 나오면 초등학교의 졸업생이 되는 것이요, 중·고등학교를 나오면 중·고등학교 졸업생이 되는 것입니다. 천국에 입성할 수 있는 해방적 기반을 가진 하늘의 아들딸이 태어나면 그들은 하늘나라의 박사코스를 통과한 것이 되기 때문에, 하늘나라의 장관도 되고 아들딸이 될 수 있는 길이 통일교회가 가르치는 길에 없을 수 없습니다. 그러니 진짜 누구에게나 다 필요한 가야 할 길입니다.

4 참부모님의 말씀은 미국의 헌법보다 더 귀합니다. 참부모님은 오직 하나입니다. 이때 단 한 번뿐입니다. 과거에도 없었고, 미래에도 없습니다. 참부모님이 육신을 쓰고 실체로 존재하는 것은 이때뿐입니다. 영원 가운데 딱 한 번입니다. 그러니까 참부모님이 하늘의 비밀을 확실하게 가르쳐 주는 것입니다. 이것은 숨겨진 진리입니다. 선생님이 그런 개념을 이미 다 완성시켜 놓았습니다. 그런 비밀 개념을 가르쳐 주기 전에는 사탄이 모든 것을 점령해 나왔다는 것입니다. 그런데 선생님이 가르쳐 놓았기 때문에 이제 모든 것이 분명해졌습니다. 이제는 사탄이 선두에 나설 수 없습니다. 하나님도 인정하는 것입니다. 이대로 따르기만 하면 완성하는 데에 문제없다는 것입니다. 그런 가르침입니다.

5 보이지 않는 것일수록 귀한 것이요, 무한히 침투되는 것일수록 귀한 것입니다. 무한히 위해 사는 하나님의 사랑은 자기 생명을 투입하고도

다 잊어버리는 사랑입니다. 그러니까 생명의 상대가 되면 생명이 갑자기 폭발적으로 부활할 수 있는 자극을 느끼는 것입니다. 그렇기 때문에 성경은 '죽고자 하는 자는 살고 살고자 하는 자는 죽는다.'라고 했습니다. 영(零)의 자리에 있어라, 아무것도 갖지 말라고 하는 것입니다. 죽은 자리 같이 서 있으라는 것입니다. 선생님이 지금까지 역사적으로 이런 천리의 비밀을 밝혀서 일생에 적용해 살다 보니 세상이 '죽여라!'라고 암만 떠들어도 가는 것입니다. 그것이 문제입니다. 핍박은 핍박하는 사람들의 소유권을 상속해 주기 위한 하나님의 제2 전략전술입니다. 그렇기 때문에 핍박을 일생 동안 받았지만 선생님이 지치지 않았습니다. 보기에는 아무것도 아니지만 천지대도의 주인인 하나님에게는 누구보다도 사랑하는 아들입니다. 핍박은 원수들의 소유권을 찾아오기 위한 작전입니다.

6 인간은 원리결과주관권과 직접주관권의 과정을 거쳐서 완성해야 됩니다. 그 과정에서 타락했다는 것입니다. 하나님의 사랑을 모르고 타락했습니다. 이것은 하나님과 사탄만이 압니다. 아담 해와는 모른다는 것입니다. 무지에서 타락한 인류시조가 됐기 때문에 그 과정에서 태어난 모든 인간은 이 비밀 고개를 넘어갈 수 없습니다. 또 가르쳐 주는 진리의 모든 경서도 그것을 밝힐 수 없습니다. 참부모가, 인류의 부모가 될 수 있는 사람이 나와서 이것을 밝혀야 됩니다. 밝히게 될 때 천지의 이치, 근본 역사로부터 뒤집어 놓을 수 있는 내용을 깨치지 않고는 불가능합니다.

7 전지전능한 하나님이 왜 지금까지 비참한 세계를 만들어 놓고 손을 못 쓰고 있느냐? 하나님이 마음대로 할 수 없습니다. 죽일 수 없습니다. 죽이려면 한순간에 죽일 수 있는 능력이 있지만, 이것을 처단할 수 없고 손댈 수 없습니다. 그런 혈족이 남아진 것이 타락의 세계라는 것을 오늘날 종교권은 몰랐습니다. 비로소 참부모의 이름을 가지고 영계의 모든 실상을 소상히 알고, 타락의 동기로부터 하나님의 비밀, 사탄의 비밀까지 파내어 알아서 이런 것을 밝힌 내용이 통일원리입니다. 이것을 가지고 지금 지상세계와 천상세계에 갈라져서 혼란상의 상충적인 역사를 이루는 모든 것을 화합시키기 위해서, 영계의 근본 실상에서부터 지상의 근본, 인생의 근본까지 전부 해소해서 연결시키고자 하는 것입니다.

가인 아벨의 싸움 종식

8 아담과 해와가 타락한 것을 수습하기 위한 가인 아벨의 역사에서 하

나님은 또다시 2차적인 실패를 보았습니다. 가인이 아벨을 죽이는 비참상을 당했습니다. 타락으로 피를 보지는 않았지만 타락한 결과로 말미암아 인류역사에서 피를 보았습니다. 그뿐만 아니라 피의 역사를 물어 가지고 서로서로 화해를 해야 할 인간인데도 불구하고 화해하지도 못했고, 하늘과 더불어 하나되지도 못했습니다. 그렇기 때문에 하나님은 그 인류를, 전 세계를 노아를 중심삼고 쳐야만 했습니다. 그리하여 물로 전체가 사라지도록 쓸어버리지 않으면 안 될 하나님이 되어 버렸습니다.

9 아담 가정에서 가인과 아벨이 갈라졌습니다. 가인 아벨의 갈라짐으로 인해 싸움의 시대가 됐습니다. 가인과 아벨이 적수가 되어 지금까지 몸 마음의 분쟁으로부터 부부끼리의 분쟁, 부자관계의 분쟁, 형제의 분쟁으로 이어졌습니다. 이것이 연결되어 갈래 갈래가 되어서 종족·민족·국가로까지 나아가 전쟁의 역사를 이어받았습니다.

10 가인이 장자권을 중심삼고, 하나님이 동생을 세워서 자기 자리를 빼앗아 나오니까 아벨의 피를 본 역사를 더 확대시킨 것이 인류역사입니다. 그렇기 때문에 인류역사는 피 흘리는 역사를 통해 전쟁역사가 아니될 수 없었습니다. 형님이, 힘을 가지고 있는 사람들이 부모 앞에 새로이 교육을 받고 참사람이 될 수 있는 동생의 길을 막아 나왔습니다. 그것이 역사의 과제입니다. 이런 가인 아벨 문제가 해결 안 되어 있고, 핏줄 문제가 해결 안 되어 있고, 그다음에 어머니와 아들딸이 소유권을, 고향과 조국을 잃어버렸습니다. 이것을 찾아야 됩니다. 가정에서 벌어진 사건이니까 가정에서 찾아야 됩니다.

11 부모가 나오지 않고는 형제의 싸움을 화해시킬 수 없습니다. 부모는 함부로 나오지 않습니다. 장자권을 해방해서 하나되지 않고는 천운을 맞을 수 없습니다. 여러분이 복을 받기 위해서는 몸과 마음이 하나돼야 합니다. 이것이 가인 아벨입니다. 남자와 여자, 남편이 플러스라면 아내는 마이너스입니다. 이 둘은 가인과 아벨입니다. 이 둘이 하나되어야 합니다. 투쟁을 해서는 안 됩니다. 본래 하나되어야 할 것이 원칙이었는데 갈라졌기 때문에 하나되어야 합니다.

12 아담 가정의 가인 아벨이 원수가 되었던 것과 마찬가지로 세계적인 판도에서는 구교와 신교가 원수가 되었습니다. 이것이 타락하지 않은 아담권 내에 들어와서 완전히 하나되는 것입니다. 예수님이 몸을 잃어버림

으로써 영적인 부모는 되었지만 실체적인 부모가 못 되었기 때문에 어린양잔치를 하는 것입니다. 새로운 주님이 와서 참부모권을 완성해서 잔치를 하는 것입니다.

13 여러분은 아담 가정에서의 가인과 아벨의 일을 잘 알고 있을 것입니다. 가인이 섭리를 완성하였으면 그 뒤에 아벨이 출발할 수 있게 되었습니다. 그러니 예수님의 생애를 시대성으로 보면, 앞의 시대는 가인의 시대이고 뒤의 시대는 아벨의 시대였습니다. 예수님은 제2의 세계적 아벨의 주인이고, 아벨의 세계를 건설하기 위한 제1의 책임자였습니다. 그때까지의 세계는 가인의 세계였습니다. 자기를 중심으로 한 세계였다는 것입니다. 그러니 그 세계를 수습해서 굴복시키고 처음으로 형제가 참부모님을 맞이하여 자녀의 입장에 서야 합니다.

14 참부모가 이 땅에 와서 아담 해와를 중심삼은 가인과 아벨의 원한을 풀어야 합니다. 그리하여 형제가 형제를 품고, 형제가 형제를 대신하며, 친구를 위하여 죽음의 길로 나설 수 있는 마음들이 생겨나야 합니다. 만민을 구원하겠다는 박애정신으로 세계 인류와 친할 수 있는 마음들이 나타나야 합니다. 그래야 새로운 생활터전이 이루어지는 것입니다.

15 아담 해와의 타락으로 인간은 참부모를 잃어버렸고 하나님을 잃어버리게 되었습니다. 또한 가인이 아벨을 죽임으로써 형제까지 잃어버리게 되었기에 인간은 하나님 앞에 나아갈 수 없게 되었던 것입니다. 그렇기 때문에 타락한 인간은 하나님을 찾아야 되고, 부모를 찾아야 되고, 아벨을 찾아야 됩니다. 어떠한 아벨을 찾아야 되느냐? 가인에게 매 맞아 죽은 아벨은 안 됩니다. 살아서 사탄과 싸워 승리한 아벨을 찾아야 합니다. 그래야 한 가정의 아들로서 설 수 있으며, 그래야만 악과 선을 심판할 때 하나님의 권능을 대신하여 심판의 권한을 갖는 아들딸이 될 수 있습니다.

16 하나님은 인간을 창조하실 때 맨 처음 아담을 창조하셨습니다. 그러므로 하나님이 참부모를 복귀할 때도 먼저 아담을 복귀하는 것입니다. 그래서 역사를 통하여 하나님은 하나의 씨 아담을 찾기 위해서 역사해 나오셨습니다. 그 씨 아담을 완성한 아담으로까지 키우고 계시는 것입니다. 이것이 하나님이 역사를 통해서 역사하고 계시는 것이라고 할 수 있습니다. 그래서 아담 가정에서 가인과 아벨을 통하여 섭리하셨고, 노아의 아들들을 통하여, 아브라함을 통하여,

그리고 야곱과 에서를 통하여 섭리하셨습니다. 하나님은 개인적인 차원으로부터 가정·종족, 그리고 국가적인 차원까지 섭리해 오셨고, 드디어 재림주님의 때에 이른 것입니다.

17 참부모는 가인과 아벨이 하나된 기반 위에서 복귀되게 돼 있습니다. 개인적으로 그런 원칙이 적용돼서 승리하게 될 때는 가인이 아벨한테 굴복해야 됩니다. 그리하여 아벨이 형님이 되고 형님인 가인이 동생의 자리에 서서 아벨을 타락하지 않은 본연의 형님 이상으로 모시며 순종할 줄 알아야 복귀돼 들어간다는 것을 알아야 됩니다.

참부모 되기 위한 삶

18 오시는 주님은 어떠한 사명을 완결짓기 위해 오셔야 하느냐? 물론 신랑의 자격을 완결짓기 위해 오셔야 합니다. 그러나 무엇보다도 참부모의 내용을 완결지어야 합니다. 그리하여 하늘땅 앞에 참부모라는 인정을 받아야 하고, 하나님 앞에 참효자 참효녀라는 인정을 받아야 됩니다. 그러한 효자 효녀로서 등장하는 대표적인 잔치가 바로 어린양 혼인잔치입니다.

19 참을 찾아 나선 모든 탐험가들 앞에 승리자의 인을 받는 우리가 되기 위해서는 역사적인 슬픔과 고충도 달게 받고, 시대적인 슬픔과 고충도 달게 받고, 하나님·참부모·참부부·참자녀·참형제·참백성·참나라·참하늘땅 앞에 나설 수 있어야 합니다. 이런 사무친 심정이 무너지지 않아야만 그 나라의 백성으로 남아질 수 있고, 그 나라의 충신 열녀, 혹은 효자 효녀의 위치를 차지할 수 있다는 것을 알아야 됩니다.

20 세계의 주인은 누가 되어야 합니까? 악한 사탄 마귀가 주인이 되기 전에 하나님이 주인이 되어야 합니다. 그다음에는 이 땅 위에 타락하지 않은 인류의 조상 되는 아담 해와, 즉 참부모가 주인이 되고 참아들딸이 사는 그 가정이 주인이 되어야 합니다. 그다음에는 그 종족과 그 나라와 세계가 주인이 되어야 합니다. 이것이 본연의 이상이었습니다.

21 여러분은 참부모라는 말을 몰랐습니다. 여러분하고 참부모하고 거리가 얼마나 멉니까? 천리원정입니다. 거기에는 수많은 담으로 막혀 있습니다. 개인적인 담, 가정적인 담, 종족적인 담, 민족적인 담, 국가적인 담, 세계적인 담, 천주적인 담으로 막혀 있습니다. 이 담을 넘어가서 승리한 분이 참부모이기 때문에 참부모의 이름과 더불어 하나되기 위해서는 여러분도 이것을 넘어가야 됩니다. 그

러려면 어떻게 해야 되느냐? 넘어가지 않고 여기에 다리만 놓으면 됩니다. 가정적인 담에다 다리만 놓으면 되는 것입니다. 개인적인 것에서 가정적인 다리를 놓고, 가정적인 것에서 종족적인 다리를 놓고, 종족적인 것에서 민족, 민족적인 것에서 국가, 국가적인 것에서 세계적인 다리를 놓고 쭉 넘어가게 된다면 쭉 꼭대기까지 한꺼번에 넘을 수 있습니다. 그런 평탄한 대로로 석교가 아니라 철교를 놓아두었다는 것입니다.

22 아담 가정이 천국에 못 들어간 것을, 부모님이 와서 전 세계 가정들을 편성해서 한꺼번에 문을 열어서 아담 가정 완성, 아담 종족 완성, 아담 민족 완성, 아담 국가 완성, 아담 세계 완성, 아담 천주 완성을 이루어 지상천국·천상천국으로 갖다 맞추어서 들어가야 됩니다. 전 세계 사람들이 나라를 넘어서 한 곳으로 갈 수 있는 길을 만들어야 합니다. 이 길은 가정들이 전부 부모를 따라가는 길밖에 없습니다. 그것이 부활적 가정 편성입니다. 그리하여 천국부활 입성이 가능해진다는 것입니다. 아담이 다시 축복받고 재림한 것과 같이 아담 족속, 아담 혈족의 형태를 갖추는 것입니다. 거짓 부모가 된 아담이 다시 참부모로 와서 아담 참부모 가정·종족·민족·국가·세계, 이렇게 되는 것입니다. 이것이 되기 전에는 천국에 들어갈 수 없습니다. 천국에 들어가는 데는 참부모가 들어가야 됩니다. 참부모가 앞에 서고 뒤따라 들어가야 됩니다. 그러니 참부모의 혈족이 되어야 합니다. 혈통이 연결된 것은 부자관계입니다. 참부모 참자녀가 안 되면 안 됩니다. 그것이 축복가정입니다. 아담 가정에서 타락해서 이렇게 되었기 때문에 반대로 뒤집은 것이 축복가정입니다.

23 참부모와 하나되어 축복받은 가정은 무슨 일이 벌어지겠습니까? 참부모와 주체 대상으로 일체이상권 내에 들어가면 무슨 일이 벌어지겠습니까? 상대 되는 축복가정도 참부모를 따라서 참부모 생활의 모든 것을 이어받아 탕감하지 않고도 넘어간다는 것입니다. 가정적으로 참부모의 심정을 이어받고 종족·민족·국가·세계적으로 이어받은 자격을 갖추기 때문에 참부모의 대상권에 설 수 있다는 것입니다.

24 선생님이 안 나타났으면 하나되는 것은 불가능합니다. 참부모가 아니면 하나 만들 수 없다는 것입니다. 말만이 참부모, 세상에서 듣기 좋으라고 참부모라고 하는 것이 아닙니다. 참부모 되기 위한 그 배후에서 얼마나 넓고 높고 험하고 깊은 곳을 헤

엄치고 뛰고 타고 넘어왔다는 사실을 생각해야 됩니다. 그럴 수 있는 내용을 갖추었기 때문에 하나님과 영계의 모든 선각자와 선지자들도 인정하는 밑에서 참부모를 선포하고 있다는 것입니다.

3절 돌봄의 삶

1 선생님이 1대라면 축복받은 여러분은 2대로서 3대인 여러분의 자녀를, 아담 해와의 자리에서 전통적인 아담 해와를 창조했던 하나님의 창조이상을 하나님 대신 보여 줄 수 있는 실체대상으로 양육해야 될 책임이 있습니다. 보이지 않는 하나님의 실체중심은 어머니 아버지, 즉 참부모요, 그 아들딸은 아담 해와의 입장이 됩니다. 자녀와 형제와 부부와 부모를 찾기 위한 가정 기반이 여러분의 대신가정으로 말미암아 완성한 에덴동산의 하늘나라를 대표할 수 있는 중심 자리가 됩니다. 이것은 이론적으로 틀림없는 사실임을 확실히 알고, 그런 가정이 되어 천국으로 이행해 갈 우리의 책임이 있다는 것을 알아야 되겠습니다.

아버지의 삶

2 선생님이 원수 갚을 사람이 많지만 하나님을 알기 때문에 참고 나온 것입니다. 수천년 동안 그렇게 반대하던 원수 중에 최고 원수요, 모든 것을 걸고라도 용서할 수 없는 원수지만, 천륜을 세웠으면 거기에 권위를 부여해야 되기 때문에 그 권위 때문에라도 머리를 숙이지 않을 수 없었고, 천대받으면서도 묵묵히 갈 수밖에 없었던 것입니다. 교회가 없더라도 선생님 손으로 개인을 수습해야 했습니다. 그래서 1950년대에는 먹지 않고, 자지 않고, 쉬지 않고 일을 한 것입니다. 그러면서 개인을 붙들고 눈물로 시작했고, 개인을 붙들고 통곡으로 시작했고, 민족의 비운을 그를 통해서 풀려고 했고, 민족의 한을 그 가정을 통해 풀려고 했습니다.

3 무한한 인간의 본성의 가치를 상실한 인간은 아무리 행락의 자리에서 춤을 추더라도 비탄의 소리가 양심 깊은 가운데서 밤낮을 쉬지 않고 들려온다는 것입니다. 이것을 피할 수 없기 때문에 인간의 길을 고행길이라고 말합니다. 이것을 해결하기 위해서 수도의 길을 찾아다니는 것입니다. 그런 고뇌는 남자 여자, 인간으로 태어난 그 누구에게나 있습니다. 이것은 만민이 공동으로 해결해야 될 하나의 숙제라는 것입니다. 이것을 연결시켜 내가 하나님 앞에 가게 될 때는 만사가 형통하는 것입니다. 대우주가 내 소유가 되는 것입니다.

4 선생님은 쉬지 않고 일을 했습니

다. 꿈같은 일입니다. 이와 같은 현실 세계에, 역사적인 세계에 있어서 정치적인 이 사회의 기반 위에 선생님의 말씀이 그냥 그대로 들어맞아 떨어지는 것입니다. 그러한 사회현상의 과정을 거쳐 나온 것을 살아 있는 우리의 눈으로 보고 있습니다. 그리고 우리가 여기에 깃발을 들고 선발대로 섰다고 하는 그 놀라움에 감사할 줄 알아야 합니다. 그것을 영광으로 자랑할 줄 알아야 된다는 것입니다. 그 자리에 참여한 나는 천번 죽어도 한이 없어야 합니다. 하나님의 이름으로 정의와 사랑의 용사로서 천국문을 개문하는 데 내 피와 살을 오려도 아깝지 않다는 생각에 불타야 되는 것입니다.

5 여러분은 하나님에 대해서 선생님이 어떻다고 다 가르쳐 줘서 알지 안 가르쳐 주면 모릅니다. 그것을 가르쳐 줘야 됩니다. 올바른 스승은 가르쳐 주는 것이 원칙입니다. 주인도 가르쳐 줘야 되고, 부모도 가르쳐 줘야 되는 것입니다. 부모도 사랑의 길을 가르쳐 줘야 되고, 스승은 사회제도에 대해서 가르쳐 줘서 사회 가정 앞에 합격되게 해야 되고, 또 주인은 세계 가정 앞에 합격할 수 있는 길을 가르쳐 줘야 됩니다.

6 구원섭리역사는 말씀을 통과하는 역사였습니다. 그렇기 때문에 인류는 진리의 말씀을 찾아 헤맸습니다. 진리를 찾은 후에는 실체를 통과하여야 됩니다. 이 실체를 통과하지 못한 한이 남아 있기 때문에 이 땅 위에 실체의 주인공인 한 분이 오기를 바라는 것입니다. 이것이 재림사상입니다. 실체 통과의 은사를 입은 후에는 무엇을 할 것이냐? 신부로 단장하여 신랑 신부의 인연을 맺고 심정의 문을 통과해 나가야만 하나님의 상속자가 될 수 있습니다. 말씀을 가지고는 상속을 못 받습니다. 몸만 가지고는 상속을 못 받습니다. 실체가 말씀의 화신이 되어 하나님의 심정을 통과했다는 합격증을 받아야만 천상천하의 대주재 되시는 하나님의 아들딸이 될 수 있습니다.

7 아담이 타락한 것은 하나님의 말씀과 일치되지 못하였기 때문입니다. 말씀과 일치되지 못함으로 인해 말씀의 목적인 완성실체가 되지 못했습니다. 인격 기준이 하나님 앞에 바쳐지지 못했다는 것입니다. 그럼으로써 완전한 하나님의 사랑이 완성된 인격 기준과 관계를 맺지 못했던 것입니다. 결국 말씀은 실체를 만들기 위한 것입니다. 따라서 사랑도 실체가 완성되지 않고서는 성립이 안 됩니다. 완성실체가 되지 않고는 화합의 길이 없습니다.

8 말씀의 실체는 재림주님이십니다. 그래서 지금까지 말씀의 세계적 기반을 만들어 나온 것입니다. 그런데 그 실체는 심정을 겸하지 않으면 안 됩니다. 그것을 아울러 갖는 실체가 아니면 하나님 앞에 설 수 없다는 것입니다. 이것은 기독교사에 있어서 완성 기반이 됩니다. 그리고 그 주체의 위치를 차지하는 사람은 심정이 일치된 내용의 기독교적인 진리를 갖지 않으면 안 되는 것입니다. 그 진리를 갖고 나온 것이 통일교회입니다.

어머니의 삶

9 어머니가 사랑하는 자식을 집에 두고 어디 갔을 때에 문득문득 생각이 날 때가 있습니다. 그럴 때는 분명히 자식에게 무슨 일이 있는 것입니다. 어머니는 안다는 것입니다. 그러나 당장에 갈 수 없으므로 어머니는 어쩔 수 없으니 자식이 혼자서 그 고비를 넘겨야 합니다. 그것은 스스로가 넘어야 할 담입니다. 그 고개를 넘어야 그 이상 안 떨어지겠기에 하나님은 약속을 해주시는 것입니다. 그러니 참대나무가 마디마디를 맺고 성장하듯이 한 고비 한 고비를 넘어야 됩니다. 그러지 못하면 떨어져 버립니다. 그렇기 때문에 단계적으로 개인 승리에서 가정 승리로 넘어갈 때는 하나님은 절대 관계하시지 않습니다. 홀로 싸워야 됩니다.

10 부모의 사랑은 국경을 넘는 것입니다. 아들이 미국에 갔다고 해서 한국에 있는 어머니의 그 사랑이 제약을 받지 않습니다. 어머니는 아들을 위해서 눈물을 흘립니다. 몸은 한국에 있지만 마음은 미국에 있는 아들을 위해 눈물 흘리는 것입니다. 땀을 흘리는 것도, 일을 하는 것도 그 아들을 위해서입니다. 이것은 사랑이 아니고는 안 됩니다. 힘 가지고, 소리쳐 가지고 될 수 있습니까? 사랑의 마음이 있어야만 됩니다.

11 자식이 어머니를 대해 '어머니!' 라고 할 때, 어머니는 그 한마디에 오장육부가 녹아난다는 것입니다. 뼛골이 다 녹아드는 감정에 사로잡힙니다. 그래서 쥔 손목에는 천하를 주고도 바꿀 수 없는 위대한 힘이 교류되는 것입니다. 부모의 숭고한 희생의 자리, 그러한 실천의 자리에서 통일이 벌어집니다. 그것은 인간의 사랑이 아닙니다. 천륜을 해원하고 천정의 소원성취의 한을 풀기 위해서 인간이 책임져야 할 것은, 사랑에 취해서 세계 인류를 품기 위해 십자가의 길을 자진하여 나가는 것입니다. 여기에 통일의 요인과 방안이 있는 것은 두말할 바 없습니다.

12 어머니의 사랑을 알게 되면 아무리 호랑이 같은 남자이고 천하에 무

서운 호랑이 같은 대장이라도 어머니 앞에 전부 굴복합니다. 사랑 앞에 굴복하는 것입니다. 그렇기 때문에 아들딸을 많이 낳아 기른 어머니는 악한 마음을 가질 수 없습니다.

13 사랑을 가진 어머니 품에는 경계선이 없습니다. 사랑을 가진 어머니는 모진 데가 없습니다. 둥글둥글하고 경계선이 없다는 것입니다. 거기에는 무한한 태평이 연결되는 것입니다. 그렇기 때문에 그 태평이라든가 둥글둥글한 것이 어머니 얼굴보다도 더 멋지다는 것입니다. 사랑하는 어머니 얼굴이 아들딸에게는 미인보다도 좋다는 것입니다. 그 동네의 미인, 아주머니, 할머니의 3대가 사는 집에는 한 번도 안 가더라도 보기 싫은 어머니 품에는 매일같이 가야 됩니다.

참부모로서의 삶

14 아버지는 엄격해야 됩니다. 어머니는 사랑으로 품어야 됩니다. 아버지의 사랑이 종적인 사랑이라면, 어머니의 사랑은 횡적인 사랑입니다. 이 종횡의 사랑이 화합하는 자리에서 자라는 아이들은 '나는 행복하다. 내 아버지는 그 누구와도 바꾸지 않을 거야. 대통령하고도 안 바꿔. 하나님하고도 안 바꿔.'라고 한다는 것입니다. 그것은 벌써 주체적, 종적인 아버지의 사랑을 알고 횡적인 어머니의 사랑을 알았기 때문입니다. 그렇기 때문에 종적인 아버지, 횡적인 어머니를 바꾸자고 생각하는 사람은 없습니다. 절대적입니다.

15 참사랑을 누가 수확할 수 있느냐? 부부가 수확할 수 있습니다. 수확해서 하늘나라의 창고에 갖다가 넣어야 됩니다. 여러분은 궤도가 되고 차가 되어서 여러분 아들딸을 실어가는 것입니다. 그러니까 여러분 어머니는 궤도가 되고, 아버지는 차가 되어 아들딸을 싣고 간다는 것입니다. 어머니 아버지는 아들딸이 우주의 참된 사랑의 목적을 향해 가는 데에 교재가 되고 교본이 되어야 합니다.

16 아버지는 뼈를 심어 주고 어머니는 살을 붙여서 나를 낳았습니다. 거기에는 자기라는 개념이 없습니다. 사랑만이 있습니다. 사랑하면 다 들어갑니다. 사랑만 있고, 생명만 있고, 혈통만 있습니다. 내게 있는 것은 부모님의 사랑과 부모님의 생명과 부모님의 핏줄입니다. 그래서 부모가 떼어 버리려고 해도 떨어질 수 없는 것입니다.

4절 상속의 삶

1 천주의 주인을 모시어 그분의 상속을 받기 전에는 천지의 대주재의 아들딸이 될 수 없습니다. 천지의 주

인을 모시고 천지의 부모의 사명을 하기 위해 오시는 분한테 혈통을 상속받아 축복을 받으면, 생육하고 번성하여 온 천지를 주관할 수 있는 천지의 주인이 되는 것입니다. 천지의 대주재 되시는 참부모, 참된 주인의 자리를 경유하여 참된 부모의 자리로 올라간 그분과 내적인 인연을 맺고 혈통을 상속받아 부모의 심정을 대신할 수 있는 자녀의 명분을 갖추기 전에는 주인이 될 수 없습니다.

오직 뜻을 위한 삶

2 가정에서 어머니 아버지를 모시고 살고 싶지 않은 사람이 어디 있겠으며, 자기 자식을 품에 품고 자고 싶지 않은 사람이 어디 있겠습니까? 또한 그러한 자리에서 하나님을 모시고 싶지 않은 사람이 어디 있겠습니까? 선생님도 그러고 싶습니다. 그렇지만 그렇게 해서는 뜻이 이루어지지 않기 때문에 비참한 길을 거쳐 나오고 있습니다. 선생님이 그러한 길을 걸어온 것은 나 자신을 위해서가 아닙니다. 천륜의 뜻을 세우기 위해서였습니다. 전통을 세우기 위해서였습니다. 그런 책임이 있었기 때문에 내 일신에 흠이 생기고, 얼굴이 초췌해지고, 혹은 남들로부터 침 뱉음을 당하는 형편없는 입장에 서더라도 그것이 문제가 아니었습니다. 단 한 가지 이 몸이 죽기 전에 어떻게 전통을 이 땅 위에 남겨 놓느냐 하는 것이 문제였습니다. 그러지 않으면 안 되겠다는 것입니다. 아무리 폭풍우가 휘몰아치는 환경에 처하더라도, 아무리 거지와 같은 불쌍한 자리에 놓이더라도, 아무리 민족의 반역자란 말이 씌워져 영어의 몸이 되더라도 그것이 문제 될 수 없었습니다. 오로지 변치 않는 하늘의 전통을 남기겠다는 것이 지금까지 선생님의 생애였습니다.

3 통일의 길에 인연되어 있으므로 우리가 가는 길은 눈물의 길이요 피와 땀의 길입니다. 하나님의 슬픈 사정을 대할 때는 눈물 없이 대할 수 없고, 비참한 그 소식을 대할 때는 피가 솟지 않을 수 없습니다. 선생님은 내 피와 살을 다하는 한이 있더라도 하나님의 그 슬픔을 해소하기 위해서는 무엇이나 다 해드리고 싶습니다. 수천만의 제자들을 희생시키더라도 그 뜻을 이루기 위해서는 무엇이라도 할 수 있습니다. 그렇다고 해서 여러분을 사랑하지 않는 것이 아닙니다. 사랑하기 때문에 통일교회를 중심삼고 여러분을 종으로서 눈물과 피땀을 흘리게 하여 양자로서, 혹은 직계 자녀로서 나아가도록 하고 있습니다. 직계 자녀로서 죽음의 자리를 개의치 않고 나설 수 있는 사람이 되어야만 오시는 그분의 실체적인 십자가의 노정을 대신 맡을 수 있습니다. 하나님

이 지금까지 우리 선조들을 내세워서 탕감복귀의 사명을 하게 했듯이, 실체적인 참부모에게도 사랑하는 자녀를 내세워 세계적인 탕감노정을 개척해야 될 사명이 남아 있습니다. 그래서 하나의 민족이 완전히 복귀될 때까지는 이 일을 계속해야 됩니다.

4 우주의 정점은 세계 인류가 한 족속이라는 것입니다. 그렇기 때문에 인류는 사랑의 망태기 안에서 엉클어져서 자기를 위한 사랑이 아니라 자기보다 가정을 더 위하는 사랑을 찾아 나가야 합니다. 또한 가정보다도 종족을 위한 사랑을 찾아 나가야 되고, 종족보다도 민족을 위한 사랑을 찾아 나가야 되고, 민족보다도 국가를 위한 사랑을 찾아 나가야 되고, 국가보다도 세계를 위한 사랑을 찾아 나가야 됩니다. 그것이 뜻이 가는 길이요 사랑이 가는 길입니다. 충신은 나라를 위하여 자기 개인을 무시하고, 자기 가정을 무시하고, 자기 종족을 무시하고 나서야 합니다. 그것이 충신의 도리입니다. 또 효자는 자기 일신을 무시하고, 자기에 속한 처자를 무시하고, 부모의 뜻을 따라 나가야 합니다. 그것이 효자의 도리입니다. 그렇기 때문에 뜻이 가는 길은 사랑이 가는 길입니다. 내 개인보다도 큰일을 먼저 사랑하는 길이 뜻이 가는 길이요 사랑이 가는 길입니다.

5 우리는 이제 하나님의 품으로 돌아갈 수 있는 가까운 거리에 있습니다. 그러므로 우리는 나 자신이 어떻게 해야 될 것인가를 생각해야 됩니다. 우리가 뜻을 알고 가는 이 길은 내가 구원받고 내가 축복받기 위해서 가는 길이 아닙니다. 그것은 뜻이 아닙니다. 뜻을 따라가면서 내가 가정을 필요로 하는 것은 세계 인류 앞에 공헌할 수 있는 가정을 만들기 위한 것이요, 종족을 필요로 하는 것은 민족과 국가와 세계 앞에 공헌할 수 있는 종족을 만들기 위한 것입니다. 그렇기 때문에 그런 입장에 서서 이 사상과 일치돼 움직일 수 있어야 합니다.

6 통일교회 교인들이 가야 할 길은 어떤 길이냐? 나라를 위하여 싸우는 것도 필요하겠고, 나라를 위하여 자기 위치를 지키는 것도 필요하겠지만, 그것보다 더 문제 되는 것은 나 자신이 어떻게 예수님을 대신한 입장에 서느냐 하는 것입니다. 역사과정에서 하나님의 아들로서 보내심을 받은 예수 그리스도가 하나님과 하나된 기반 위에서 이루려고 했던 것을 이루지 못했기 때문에, 오늘날 우리 각 개인이 이것을 다시 한 번 재현시켜 이루어야 됩니다. 예수님이 이루지 못한 그 내용을 우리 일대에 결부시켜 이룰 수 있는 기반을 마련하지 않고는 하나님의 뜻은 진전할 수 없습니다.

7 우리는 우리 자체를 역사적인 부활의 실체로서 운행할 수 있게 해야 됩니다. 70, 80년의 일생을 나를 위해 사는 것이 아니라, 섭리의 뜻으로 보아 영생의 노정을 거쳐서 발전할 수 있는 뜻을 세워 나온 것이 하나님의 섭리이기 때문에 그 뜻과 더불어 살아야 된다는 것입니다. '내가 사는 것은 뜻을 드러내기 위한 것이요, 뜻을 위해 사는 것이기 때문에 뜻이 가는 길은 내 생명의 연장이요, 내 이념의 연장이요, 내 생활의 연장이다.'라고 찬양할 수 있는 인격을 중심삼은 생활무대를 어떻게 펼치느냐 하는 것이 중요한 문제입니다.

8 내가 한 페이지의 책을 보더라도 하나님 섭리의 뜻이 여기에서 개문할 수 있음을 생각하고, 그런 심각한 입장에서 그 한 페이지의 책을 통독하는 사람은 하나님이 필요로 하는 것을 위해서 준비해 나가는 사람임이 틀림없습니다. 하나님은 그런 사람을 들어 쓰는 것입니다.

9 '내 슬픔을 풀어 다오.'라고 하는 것이 하나님의 첫 번째 소원입니다. 그리고 두 번째는 '내 고통을 풀어 다오.'입니다. 그러면 누가 그 소원을 풀어 줄 것이냐? 하나님 자신은 못 풉니다. 그것은 상대적으로 어그러진 것이기 때문에 하나님 자신이 풀려야 풀 수 없습니다. 우리가 풀어 드려야 합니다. 그러니까 길은 딴 것이 없습니다. 오직 하나님을 위해서 천번이고 만번이고 죽겠다는, 하나님이 원하는 사람들을 위해서 내가 희생하겠다는 그것밖에는 없습니다. 그러한 깊은 것을 중심삼고 말하지 않을 수 없었기 때문에 성경은 '하늘을 위해 네 생명을 바쳐라. 뜻을 위해 바쳐라. 뜻을 위해 죽고자 하는 자는 살고 살고자 하는 자는 죽는다.'라고 했던 것입니다. 이 역설적인 말이 타당한 말입니다.

10 여러분이 가는 데 있어서는 별의별 사연이 많습니다. 피를 팔아서라도 전도 나가야 되겠고, 갈 여비가 없으면 천리 길도 멀다 않고 걸어가야 되겠고, 자기의 일편단심 정한 뜻을 향하여 산을 넘고 들을 건너며 모험을 무릅쓰고 가야 합니다. 선생님이 바라는 것은, 여러분이 그런 자리에서 쓰러지더라도 한(恨)하지 말라는 것입니다. 여러분이 그런 자리에서 쓰러지고 희생하더라도 한하지 말라는 것입니다. 천국 건설의 횃불을 들고 나선 용사인데 어찌 화살이 없겠으며, 어찌 적이 포위하지 않겠습니까? 그럴 수 있다는 것입니다. 그렇지만 스승을 위하고 하나님을 위하는 마음은 나를 위함이 아니라 민족을 위함이요 세계를 위함입니다.

그렇기 때문에 그 뜻을 대해 걸어가는 길은 죽음길도 즐거이 찾아가야 할 길이요, 그것이 통일용사들이 가야 할 길입니다.

11 여러분은 뜻을 알았으니 가는 도상에 있어서 후퇴할 수 없습니다. 하늘 앞에 충신이 되고 효자 효녀가 되기 위해서는 하늘이 가기 전에 내가 앞장서서 가야 합니다. 그것이 복귀의 길인 것을 알았으니 '지금까지 개인적인 십자가의 길을 내가 모를 때 간 것이 섧다. 가정적인 십자가의 길을 내가 모를 때에 간 것이 섧구나. 종족적이요 민족적인 십자가의 길을 내가 모를 때 간 것이 섧구나! 이제는 알았으니 이 한까지 첨부하여 국가적인 십자가를 내가 짊어지겠다.'라고 해야 되는 것입니다.

12 선생님의 일생이 그렇습니다. 뜻을 품은 사나이가 가는 길은 비참할수록 가치가 있습니다. 선생님에게 무엇이 있습니까? 아무것도 없습니다. 아무것도 없다고 생각하는 것입니다. 모두 놓고 가는 것입니다. 선생님이 한 모든 것은 후대를 위해서, 통일가의 세계를 위해서입니다. 세계 사람들이 사랑할 것을 남기고 가는 것입니다. 선생님이 사랑하고 선생님 아들딸이 사랑할 것을 남기겠다고 생각하지 않는다는 것입니다.

하나님의 영광을 위한 삶

13 여러분은 자신이 하나님 앞에 나를 중심삼아 가지고 어떠한 탕감을 해 달라고 해야만 탕감이 됩니다. 하나님에게 제물을 드릴 때도 하나님이 드리라고 해서 제물을 드리는 그것으로 끝나는 것이 아니라 자진해서 또 제물을 드릴 수 있어야 합니다. 하나님이 제물을 드리라고 해서 드리는 것은 탕감하기 위한 제물이지만, 자기가 자진해서 드리는 제물은 영광을 받을 수 있는 조건이 되는 것이기 때문입니다.

14 하늘의 식구가 있다면 그는 세상에서 고립된 사람일 것입니다. 하늘의 아들딸이 있다면 그들은 악한 세상에서 미움 받는 사람들일 것입니다. 여러분은 원수의 나라, 사탄의 도성을 궤멸시키기 위한 책임자로 나타난 사람들입니다. 그렇기 때문에 가정에 들어가면 가정의 핍박을 받을 것이요, 사회에 나가면 사회의 핍박을 받을 것입니다. 예수님이 그러하고 하나님이 그러하고 하늘을 위하여 죽어간 사람들이 그러했기 때문에, 역사적인 슬픔의 고개가 우리 앞에도 있는 것입니다. 그 고개를 넘고 나서 모실 수 있는 예수님입니다. 그러기에 예수님은 그런 자리에서 있는 사람들과 친구하기 위하여 찾아오시는 것입니다.

15 통일 신도들이 가는 발걸음 앞에 조금 천천히 가라는 말은 있을 수 없습니다. 어서어서 가야 합니다. 늠름한 모습으로 가야 합니다. 얼마나 영광입니까? 그러한 입장에서 하늘의 보내심을 받고 승리의 발판을 세워 하나님이 영원히 기억하지 않을 수 없는 지역이면 지역, 세계면 세계를 만들지 않으면 안 됩니다. 내 한 개체만이 아니라 후손들까지 아버지께 '길이길이 영광 받으시옵소서.'라고 할 수 있는 세계를 만들어야 합니다. 그러한 일을 하기 위해 가는 나이기에 내 손은 내 손이 아니라 삼천만을 대신한 손이요, 세계 인류를 대신한 손입니다. 그러한 것을 느껴야 합니다. 이 손은 아버지의 손으로 선조들이 자랑하고 후손들이 기념할 수 있는 손이라는 것을 실감해야 됩니다.

16 하나님이 나에게 100을 명령했다고 실제로 하나님이 나에게 그 100만을 원하시겠습니까? 바라는 것에서 조금이라도 더 바쳐 드리면 '오냐!' 하며 칭찬할 것입니다. 여기에서 가치가 달라집니다. 하나님이 명령을 하면 여러분은 여러분의 단 하나의 목숨을 바칠 수 있습니까? 하나님께 100이라는 명령을 받으면 여러분은 그 이상을 해드려야 됩니다. 이것이 최선의 방법입니다. 만약 그렇게 했다면 그것은 개인에게 있어서는 영광이요, 하나님이 자랑할 수 있는 내용입니다. 하라는 대로 100만 했다면 그것은 다른 사람들도 할 수 있는 것입니다.

17 우리 자신은 자랑할 것이 없습니다. 자랑은 싸워서 승리한 다음에야 할 수 있습니다. 그냥 자랑하면 사탄이 참소하게 되어 있습니다. 무형의 아버지 대신 싸워서 유업을 상속받고, 오시는 실체의 참부모 대신 유업을 상속받아야 합니다. 그리고 '아버지, 영광을 받으시옵소서.'라고 해야 되는 것입니다.

18 여러분은 하나님의 본연의 동산을 소개하는 생활, 하늘의 생명과 사랑과 영광을 노래하는 생활을 해야 됩니다. 나아가서 모든 사람들로 하여금 그렇게 살게 만들어야 합니다. 즉 창조주 하나님을 대신하여 여러분이 재창조의 역사를 해야 됩니다. 또한 지상에서 생애를 바쳐 하나님에게 충성을 다하고, 피조만물을 대신하여 선한 세상에서뿐만 아니라 악한 세상에서도 사랑할 수 있는 사람이 되어 본연의 이상을 노래할 수 있어야 됩니다. 그럴 때에 여러분은 하나님의 창조이상을 실현하는 참아들딸이 되어 영원한 하나님의 사랑과 영광권 내에서 하나님과 길이길이 동고동락할 수 있습니다.

제9편
가정교회와 종족적 메시아

제9편 가정교회와 종족적 메시아

| 차 례 |

제1장 가정교회

1절 가정교회의 섭리적 의의

1 가정교회는 본래 에덴동산에서 타락하지 않고 하나님을 중심삼고 아담 가정이 완전히 사랑해서 하나된 것을 의미합니다. 그렇게 가정교회가 시작되어 가정 종족교회, 가정 국가교회로 발전하여 세계 형태의 가정이상을 갖춘 하나의 세계가 되는 것입니다. 이것이 원리에서 가르치는 관입니다. 통일교회가 가정교회를 주장할 수 있고 세울 수 있다고 하는 사실은 하나님 앞에 있어서나 인류 앞에, 전체 앞에 중요한 일이라는 것을 알아야 됩니다. 본래 아담 해와가 타락하지 않았으면 하나님을 중심삼고 일생 동안 사랑 가운데서 아들딸을 낳고 살다가 지상생활이 끝나고 영계에 들어가게 되면 그다음엔 그 후손들이 따라 들어가고, 또 그 후손들이 따라 들어가면 그 혈통적 후손들 전부가 아담 해와를 중심삼고 천국 가게 마련인 것입니다.

가정교회란

2 지금까지 여러분은 '가정교회는 통일교회의 제도다.'라고 생각했지만 그것이 아닙니다. 통일교회의 가정교회는 내 천국입니다. 내 천국, 내 것입니다. 예수님이 베드로한테 천국 열쇠를 주고 어디로 갔느냐 하면 십자가로 갔습니다. 그 천국 열쇠가 가정교회 운동입니다. 다시 말하면 지파 편성을 해야 된다는 것입니다. 지파 편성 모형을 대표해서 하는 것이 우리의 사명입니다. 그래서 예수님이 '너희가 땅에서 매면 하늘에서도 매일 것이요, 땅에서 풀면 하늘에서도 풀릴 것이다.'라고 했습니다. 그것을 풀지 않으면, 그것을 만들지 못하면 천국 갈 수 없습니다.

3 선생님은 통일교회 교인들에게 천국 열쇠를 주는 것입니다. 선생님이 십자가에 죽으러 가는 것입니까? 죽으러 가는 것이 아닙니다. 희망을 갖고 더 높은 데로 가는 것입니다. 예수님은 가서 못 돌아오고 몇 천년 동안 안 왔지만, 선생님은 가면 언제나 올 수 있고 마음대로 왔다 갔다 할 수 있습니다. 돌아와서는 통일교회를 찾아가는 것이 아니라 가정교회를 찾아가야 됩니다. 선생님이 찾아가야 할 곳은 가정교회인데, 가정교회는 하나님이 임재할 수 있는 곳이요, 부모님이 임재할 수 있는 곳이요, 아들딸이 살 수 있는 곳이요, 일족이 살 수 있는 곳입니다. 교회는 가정을 위한 사회의 사무실입니다.

4 에덴동산에서 타락으로 인해 가인과 아벨의 싸움이 있었는데, 가인이 형님으로 태어났고 아벨이 동생으로 태어났습니다. 이것이 원한입니다. 이것을 뒤집어 놓아야 됩니다. 그러지 않으면 부모를 찾을 길이 없습니다. 이러한 곡절의 역사를 걸어 나온 하나님의 섭리 가운데 통일교회가 나와서 주장하는 것이 가정교회입니다. 에덴동산이 뭐냐 하면 가정교회입니다. 가인과 아벨, 형님과 동생의 싸움이 없는 것입니다. 그리하여 부모와 하나되고, 하나님과 천사장이 하나되고, 모든 것이 하나되어 통일되는 것입니다. 이러한 환경을 위해 통일교회 선생님이 나와서 천사세계와 하늘의 경계선을 걷어치우고, 인간세계와 천사세계의 경계선을 걷어치우고, 가인과 아벨의 원수 간의 담을 헐고 바로잡자는 뜻입니다. 역사시대의 섭리를 중심삼고 모든 국경이라든가 사회제도들을 다 버리고 가정교회 안에서 하나되면 모두 복귀하는 것입니다.

5 하나님 앞에 기억될 수 있는 날이 있다면 그날은 사랑의 이상세계에 동참할 수 있는 새로운 출생과 더불어 그 세계의 완성자로서 하나님과 영원히 살 수 있고, 영원히 친구가 될 수 있고, 영원히 사랑받을 수 있는 아들딸이 되는 날입니다. 그날이 하나님에게 최고의 날로 기억됩니다. 지상에서 육신을 쓰고 저나라까지 통과할 수 있는 사랑의 관문을 만들기 위해서 통일교회는 사랑의 문제를 중요시합니다. 가정문제를 중요시합니다. 그래서 우리는 그런 가정이 필요합니다. 그런 이상을 우리가 찾아가는데, 그것이 하나님의 뜻의 완성이요, 인간으로서의 최고 목적점입니다. 그러니 우리는 그 길을 향해서 가야 합니다. 그러한 시대가 오기를 바라며 하나님은 남자와 여자를, 혹은 아들딸을 그런 자리에 한꺼번에 묶기 위해서 종교를 통해서 지금까지 섭리해 왔습니다. 그 섭리해 나온 모든 것을 한꺼번에 묶어 이상적 가정 기반을 세우기 위해 만든 것이 가정교회입니다.

6 참된 남성과 참된 여성으로서 등장시켜 타락권에 승리한 자리에 세워주기 위한 것이 가정교회 운동입니다. 이것은 역사시대에 어떤 종교에도 없었고 금후에도 없는, 단 한 번 있는 일입니다. 그러니 반대하는 것을 가정교회에 가서 이겨야 됩니다. 반대하던 사람들의 '저 사람은 선한 사람이다. 진짜 하나님의 사람이다.'라는 사인을, 증명서를 받고 나서 축복을 받아야 됩니다. 거기에서 승리한 조건을 가지고 출발해서 가게 된다면 천국문을 척척 지나서 하나님 앞에까지 간다는 것입니다. 가정교

회가 있는 곳이 천국입니다. 역사적 책임을 중심삼고 통일교회는 승리의 길을 닦아 나오고 있습니다. 현재 황막한 사막, 지옥 같은 세상에 이런 길이 나왔다는 사실을 생각할 때, 이것은 생명의 길이요, 광명의 길이요, 희망의 길이 아닐 수 없습니다. 이 가운데에서 하나님을 만날 수 있고, 이 가운데에서 메시아를 만날 수 있고, 이 가운데에서 참부모를 만날 수 있고, 이 가운데에서 가인 아벨이 하나되어 만날 수 있고, 잃어버린 모든 원수들, 잃어버린 모든 종족, 잃어버린 모든 인류를 찾을 수 있습니다.

7 부모 대신 일할 수 있는 시대에 들어왔습니다. 여러분이 대신 일해야 하는 것은 선생님이 한 활동을 되풀이하는 것입니다. 그런데 선생님이 세계적 무대에서 했던 것을 여러분은 전 세계적으로 돌아다니면서 할 수 없다는 것입니다. 그러므로 제한된 한 제단과 같은 곳에서 해야 됩니다. 세계에 돌아다니면서 연결시켰던 모든 것을 축소시킨 하나의 제단, 세계 전체 인류를 대표한 확대된 그것을 축소시킨 제단에서 해야 됩니다. 여러분의 그런 활동적 탕감내용이 필요하기에 그러한 형으로 만들어 놓은 것이 가정교회입니다.

8 가정교회는 차자의 자리에서 장자의 기업을 상속받아 환고향하기 위해서 만드는 것입니다. 그것은 예수님이 실패한 것을 찾아 복귀할 수 있는 기반입니다. 예수님이 하지 못한 것을 이뤄 드릴 수 있는 여러분이 되어야, 예수님의 아들 못 됐던 것을 넘어서 아들 될 수 있는 조건을 세워야 하나님의 아들딸이 될 수 있습니다.

9 하나님이 우리 동네에 찾아왔을 때 아버지 어머니를 모셔 놓고 훈시를 할 수 있는 우리 집이 되어야 합니다. 정성 들여 하나님을 모시는 것입니다. 나라님을 모시는 것이 아니라 천지의 대주재이신 그분을 역사 이래 누구나 꿈 가운데서라도 모시고 싶었던 소망이 있었는데, 우리 시대에 평면적으로 실제로 맞을 수 있는 시대권 내에 있다는 것에 대해 감사의 마음을 가지고 동네를 꾸미고 집을 단장하여 하나님을 모시자고 해야 됩니다. 엄마 아빠 누나 형님 친척이 불신풍조와 이 모든 사망의 물결을 없애고 하나님이 영원히 같이할 수 있는 내 동네를 만들어 보겠다고 해야 됩니다. 그런 운동이 필요하기 때문에 오늘날 가정교회라는 과제가 통일교회에서 나오게 된 것입니다. 지금까지 종교는 개인구원을 목표로 했지만, 통일교회의 구원은 종족 구원이 목표입니다. 한꺼번에 종족이 구원받자는 것입니다. '나 죽어 천국 가는 것

이 아니라 살아서 종족이 천국 들어갈 수 있는 공의의 티켓을 받읍시다!' 라는 운동이 가정교회 운동입니다.

10 여러분은 죽을 때까지 부모를 그리워하면서 울어야 됩니다. 날 때도 울면서 났고, 살면서도 울면서 살고, 부모를 위해서 만날 때마다 반가워서 눈물지을 수 있는 생활을 하다가 가야 된다는 것입니다. 그래야 죽으면 천국에 갑니다. 그것이 원칙입니다. 그것을 못했기 때문에 오늘날 참부모가 나와서 그 운동을 재현시켜 때워서 그런 조건을 세웠다는 것으로 천국을 가는 것입니다. 가정교회는 하늘나라의 시작입니다. 천주주의는 참부모주의입니다. 그러니 여러분도 참부모주의를 중심삼고 여러분의 가정과 일족을 그렇게 만들어야 됩니다. 그것이 가정교회입니다. 가정교회는 나를 중심삼고 가정·종족, 이렇게 3단계입니다. 소생·장성·완성입니다. 종족이 없어서는 국가 편성이 안 됩니다. 여기서부터 나라가 생겨나기 때문에 우리는 종족적 메시아라는 이름을 가지고 가정교회 운동을 시작했습니다. 이것은 천국, 하늘나라의 시작입니다. 그러면 여러분은 부모님을 어디서 만납니까? 가정교회에 가야 만나는 것입니다.

11 가인 아벨이 하나되어야 합니다. 세례 요한이 형님의 자리에서 동생인 예수님과 하나 못 되었습니다. 하나 못 됨으로 인해 12지파와 70문도가 세계로 갈 수 있는 기반을 잃어버렸기에 이것을 탕감해야 됩니다. 12지파는 가정 형이고 70문도는 종족 형입니다. 그렇기 때문에 가정교회 없이는 이 수를 복귀할 수 있는 기반이 없습니다. 그리고 세계로 갔다 왔다 할 수 있는 조건 기반이 없습니다. 그래서 아담은 어차피 세계로 나갔다가 돌아 들어와야 됩니다. 선생님이 세운 세계사적 탕감조건을 인수받는 조건이 가정교회 기반입니다. 이것 없이는 천국에 못 들어갑니다. 선생님이 세계적인 조건을 거쳐 활동했는데, 그것을 축소한 것입니다. 그것을 축소해서 선생님 복을 인수할 수 있는 제단입니다. 하나님이 얼마나 고생을 했습니까? 선생님은 얼마나 고생을 했고, 예수님은 얼마나 고생을 했습니까? 이런 모든 수고와 고생으로 인해 승리의 제단을 갖고 온 것을 여러분이 인계받으려니 여러분도 제단을 쌓아야 됩니다. 그렇게 인수인계하기 위한 것이 가정교회입니다.

12 원리를 중심삼고 세계를 보면 나라, 주권자, 국민, 이것이 3단계입니다. 이 3단계를 벗어나면 선생님과 관계맺을 길이 없습니다. 그러니 선생님이 세계적인 일을 하게 되면 여러

분은 적어도 국가적인 일을 하든가 민족운동을 해야 됩니다. 대부흥을 해서 초교파운동을 해야 됩니다. 360집을 중심삼고 정성을 들여야 합니다. 이것은 360종족을 대표한 것입니다. 또 360도를 대표합니다. 완전 구형을 상징합니다. 음력으로는 360일이 1년입니다. 복귀섭리는 지상에서 이뤄지기에 음력을 씁니다. 음력이 중심이 되어 있습니다. 여러분이 선생님을 안다고 해서 '선생님이 세계적으로 승리한 모든 탕감복귀 내용, 책임분담 완성권을 나는 전수받았소.'라고 하면 그것이 전수됩니까? 선생님이 모든 것을 전수한다는 조건을 갖춰 '이것을 함으로써 전수받는다.'라고 제시한 것이 가정교회입니다.

13 가정교회를 완성하면 여러분은 모든 짐을 벗고, 여러분의 가정과 더불어 360가정의 씨족을 거느리고 이 지상에서 천국생활을 하는 것입니다. 이런 일이 벌어집니다. 통일교회가 옛날에는 개인 구원을 했는데, 가정교회를 중심삼고 씨족 구원을 허락하는 이 세계가 되었다는 것은 놀라운 발전입니다. 너나 할 것 없이 이것을 안 하고는 천국 못 갑니다. 이것이 타락한 세계에 있어서 우리 각자에게 맡겨진 임무입니다. 천국이 어떻게 되는지 이제 알았습니다. 이론적으로나 원리적으로나 딱 들어맞게끔 모든 것에 있어서 섭리의 완성시대를 말할 수 있는 놀라운 시대입니다. 여러분에게 다 메시아 자격자로서 가정교회 구역에 나가라고 명령하는 것입니다. 여기서 먹고, 여기서 자고, 여기서 살면서 여기서 승리해야 됩니다. 여기서 승리하지 않고는 천국 못 가는 것입니다.

참부모의 승리권 상속

14 선생님이 통일교회에 남겨 준 보물이 있다면 가정교회입니다. 가정교회는 선생님이 일생 동안 희생길을 가서 남겨 준 보물입니다. 교인들에게 남겨 줄 수 있는 보물이 뭐냐? 하늘땅으로부터, 사탄과 하나님으로부터 당당히 상속받을 수 있다는 것이 보물입니다. 가정교회가 완성될 때는 통일교회라는 명사가 없어집니다. 하나님의 섭리가 가정교회 미완성권에는 있을지 모르지만, 나 자체로 이루어진 가정교회권 내에는 하나님의 섭리, 종교는 없습니다. 거기는 천국인이 살 곳입니다. 그러면 360집은 뭐냐? 모든 인류의 이상형을 동등하게 하기 위해서는 거기에 못해도 열두 동네, 열두 나라의 민족이 집결되어 있어야 합니다.

15 세계가 아직까지 우리 교회화한 천국 기반이 안 됐으니, 가정교회 조직을 통해서 선생님이 40년 동안 모

든 탕감조건, 하나님의 사랑을 중심삼은 소유 결정적 권한을 완전히 편성해 승리했다는 인을 찍어야 됩니다. 사탄이 공증하고 하나님이 공증한 입장에서 '승리했습니다.'라고 할 수 있는 결정을 봐야만, 사랑의 승리의 소유 결정권을 부모가 여러분 앞에 전부 상속해 주는 것입니다. 참부모라는 이름을 가졌기 때문에 여러분이 상속받을 수 있지, 그렇지 않으면 상속받을 수 없습니다. 참부모에게서 상속받으려면 사탄세계의 소질을 지닌 돌감람나무 성품이 남아 있어서는 안 된다는 것입니다.

16 여러분에게 첫째로 중요한 것은 하나님과 인간의 관계입니다. 그다음에는 가인 아벨 문제입니다. 이것이 왜 필요합니까? 그래야 장자와 차자가 복귀되기 때문입니다. 축복을 받으면 자연히 혈통전환이 됩니다. 이 모든 것을 여러분 가인 편에게 선생님이 다 해줬습니다. 부모님과 부자의 관계가 되어 있다고 하기 때문에 상속받을 수 있는 것입니다. 상속받는 장소가 가정교회입니다. 그런 기도를 해야 됩니다. 24시간 전체의 뜻이 이루어질 것을 바라며 그 자리에 가겠다고 노력하면서 기도하는 사람, 그런 기도의 마음을 가지고 노력하는 사람은 생활화 기도자로서 하나님에게 도달할 수 있습니다. 그렇게 되면 선생님과 같이 살 수 있고 하나님과 같이 살 수 있습니다. 하나님이 직접 간섭하는 것입니다. 직접주관권 내에 들어갑니다. 원리가 그렇게 되어 있습니다. 그렇기 때문에 여러분이 가정교회 활동을 하면 하나님을 만날 수 있습니다. 그렇게 해서 산 하나님을 앎으로써 하나님의 뜻을 이루는 것을 체험해야 됩니다.

17 선생님이 개인·가정·종족·민족·국가·세계적인 탕감노정을 다 넘어서 지금 한국에 연결시키는 것입니다. 사랑의 인연으로 하나되어 있기에 사랑을 통해 상속이 벌어집니다. 전수가 벌어지는 것입니다. 사랑은 하나입니다. 사랑의 자리는 동참의 가치를 가집니다. 아무리 시골에 사는 처녀라 할지라도 그 처녀가 나라의 대통령과 사랑의 인연을 맺게 되면 그날로 대통령 부인이 됩니다. 대번에 동등한 자리에 올라가게 됩니다. 그렇기 때문에 여러분이 통일교회를 중심삼고 참부모님을, 선생님을 중심삼고 완전히 하나되어야 합니다. 사랑의 마음이 무엇보다 앞서야 됩니다. 선생님이 참부모이니까 여러분이 장성기 완성급 이상의 기준, 직접주관권 내의 기준에 못 나갔던 것을 이제부터 연결시키는 것입니다. 연결시키는 데 있어서의 조건 기반이 가정교회입니다.

18 가정이 책임을 완성해야 됩니다. 여러분이 5퍼센트를 함으로써 100퍼센트의 책임을 완수하는 것입니다. 인간 책임분담 5퍼센트를 함으로써 하나님이 할 수 있는 책임을 여러분이 다 하는 것입니다. 가정교회를 여러분이 함으로써 선생님이 일생 동안 한 것을 여러분이 완성시켰다고 할 수 있습니다. 여러분의 책임입니다. 선생님이 나라라든가 세계라든가 하늘땅의 책임분담까지 전부 탕감하고 여러분 가정이 탕감함으로써 이 전부를 탕감할 수 있는 축복을 줬다는 사실에 대해 감사해야 된다는 것입니다. 다시 말하면 선생님 자신이 국가라든가 세계라든가 영계까지 동원하여 탕감복귀를 다 했으니 여러분이 가정 기준의 탕감복귀만 하면 이것을 전부 상속해 준다는 것입니다. 가정의 5퍼센트는 남아 있습니다.

19 천국은 어디에 있느냐? '마음에 있고, 나에게 있다.'라는 결론을 지어야 됩니다. 마음의 천국이 있은 다음에 몸의 천국이 있어야 됩니다. 몸의 천국이 있은 후에야 가정교회, 가정의 천국이 이루어집니다. 그 천국은 사탄이 참소할 수도 없고, 사탄이 살 수도 없습니다. 사탄의 활동이 허용되지 않는 곳입니다. 천국이 내 마음과 몸에 있다고 할 수 있는 사람이 되지 않고는 환경천국을 가질 수 없습니다. 가정교회는 환경을 중심삼은 천국을 말합니다. 가정교회 기지는 어떤 것이냐? 가정교회 기지가 여러분의 천국으로서 허락을 받는 것입니다. 환경이란 가정교회를 중심삼고 나라와 세계에 연결되는 것입니다.

2절 가정교회의 목적

1 지금까지 종교는 나 하나만 구원받겠다고 했습니다. 나 하나가 구원을 어떻게 받느냐 하는 개인 구원을 표준으로 했다는 것입니다. 우리는 개인 구원이 아닙니다. 종족 구원을 일시에 하자는 것입니다. 여러분 때문에 종족이 구원받는 것입니다. 이러한 일은 종교 역사상에도 없었고 인류역사상에도 없었습니다. 이렇게 단 하나의 사건이 벌어졌습니다. 같이 흥할 수 있는, 전체 구원 기반을 부여받을 수 있는 시대에 왔습니다.

2 예수님은 죽어서 승천할 때 베드로에게 천국 열쇠를 줬지만, 선생님은 살아서 천국 열쇠를 주는 것입니다. 개인을 위해 주는 것이 아니라 종족을 구할 수 있는 열쇠를 주는 것입니다. 여러분은 가정교회의 메시아가 되는 것입니다. 공론이 아닙니다. 땅에서 되는 그냥 그대로 영계에서도 되게 되어 있습니다. 우주 다이아몬드 광산과 같은 곳에서 누가 많이 파느냐 하는 것은 여러분의 노력 여하

에 달려 있습니다. 우주 다이아몬드 광산을 통일교회 교인들이 뚫는 것입니다. 가정교회를 뚫는 것입니다.

360가정 복귀가 기본조건

3 본래는 축복을 받으려면 뭘해야 되느냐 하면, 만물을 복귀해야 되고 자녀를 복귀해야 됩니다. 복귀된 그 세계에서 상대를 복귀해야 됩니다. 타락해서 다 잃어버렸기 때문입니다. 형제를 잃어버렸고 부모를 잃어버렸으니, 그 부모를 찾으려면 자기가 부모의 자리에 나아갈 수 있는 기반을 어느 한때에는 닦아야 됩니다. 부모를 찾음과 동시에 천사세계도 찾아야 되고 사탄세계도 찾아야 됩니다. 하나님도 찾아야 됩니다. 여기에서 이것이 다 결정됩니다. 이것이 가정천국입니다. 그 360집 전부가 여러분을 메시아와 같이 모실 수 있고, 여러분을 참부모와 같이 모실 수 있는 기반을 갖추어 하나님 앞에 봉헌했다는 사실은 전 세계를 통해서 사탄이 기반을 닦고 반대했던 전부를 이긴 자리에서 이어받았다는 것입니다.

4 어디든지 360집 가정교회 운동을 해야 됩니다. 그것은 특정 씨족입니다. 씨족을 해방하지 않으면 특정 씨족이 생겨날 수 없습니다. 이제는 하늘나라의 판도를 세계 어디 가든지 이룰 수 있습니다. 국경을 넘어 어디 가서든지 우리 가정교회만 하면 거기는 이미 지상천국의 기반이 되어 재림이 필요 없는 세상이 됩니다. 메시아가 필요 없는 땅이 됩니다. 그 족장을 중심삼고 부모를 모심으로써 구원을 얻습니다. 그 가정교회 책임자는 3대를 연결시키는 것입니다. 아담시대에 하나님, 아담, 아들딸 3대를 연결시키지 못한 것을 우리 시대에 와서 하나님을 대신한 실체인 평면시대의 종족적인 메시아를 중심삼고 자기 어머니 아버지, 그다음에 그 아들딸을 연결시키는 것입니다.

5 여러분 앞에 선생님이 가정교회 기반인 360집을 나눠 줄 수 있었다는 것은 역사적인 희망의 날이요, 종교가 희망하던 종착점이요, 하나님 섭리의 종착점이 되는 것입니다. 사탄세계에서 지금까지 확보해 둔 사탄의 기지가 완전히 격파될 수 있는 출발의 날이 됩니다. 만약 선생님이 가정교회를 발표하지 못했다면 비참한 운명의 역사로 끝났을 것입니다. 가정교회라는 이름은 여러분에게 무한한 복입니다. 역사과정에 수많은 왕이 있었고 수많은 대부호가 있었고 수많은 학자가 있었고 유명한 사람이 있었지만, 그것 다 문제가 아닙니다. 여러분 자신들이 '비록 나는 천한 몸이지만, 비록 무가치한 몸이지만 나 살아생전에 선생님으로부터 가정교회

라는 이름을 내가 전수받을 수 있다.' 라는 사실은 놀라운 것임을 알아야 됩니다. 그러니까 여러분의 학문이나 학교보다도 더 사랑해야 됩니다. 명예보다 더 사랑해야 되고, 사랑하는 사람보다도, 자기 아들딸보다도 사랑해야 됩니다. 이것은 가인의 역사를 철폐하기 위한 불가피한 원칙입니다. 가인을 복귀하지 못하면 하늘나라에 돌아가지 못합니다.

6 세계를 대표한 탕감무대를 360집으로 하는 것입니다. 왜 360집이냐? 원리적 숫자에서는 여기에 전체가 들어갑니다. 1년도 들어가고, 12수도 들어가고, 120의 3배도 들어가고, 전부가 들어간다는 것입니다. 3수, 4수, 12수도 들어가고 전부 들어갑니다. 이것은 역사적인 연한도 말하는 것이 됩니다. 그다음에 360도의 모든 입체적 내용도 갖추었다는 것입니다. 거기에는 사계절이 있고, 또한 이것은 열두 달을 합한 수가 됩니다. 360집은 120개 국가를 3배 한 것도 됩니다. 이것은 3시대로 구약시대·신약시대·성약시대라는 것입니다. 그러한 모든 종합적인 수입니다. 그래서 여러분이 이제 360집을 중심삼고 사생결단해야 됩니다. 선생님은 세계무대를 갖기 위해서 일생 동안 고생하고 그랬지만, 여러분은 이제 360집을 하나 만들어야 됩니다.

7 가정교회 운동만 하면 360집을 중심삼고는 모든 것을 다 해결할 수 있습니다. 360집은 나라로 말하면 가인 나라의 120개 소생국가, 그다음에는 장성국가, 완성국가를 대표하는 것입니다. 그렇기 때문에 이것은 사탄세계의 전부를 대신한 가정 수와 마찬가지입니다. 그러므로 360가정에서 완전히 환영받을 수 있는 기반을 닦게 될 때는 사탄세계의 참소를 받지 않고 영계 어디든지 갈 수 있습니다. 천국 들어가는데 동서남북 사방문으로 한꺼번에, 360도로 한꺼번에 들어갈 수 있습니다. 북쪽 문이든 남쪽 문이든 동쪽 문이든 서쪽 문이든 들어가 자기 어머니 아버지를 중심삼고 360가정의 종족을 영계에 옮겨 놓을 수 있다는 것입니다.

8 통일교회는 가정교회를 해야 됩니다. 이것은 가인 종족을 하나 만드는 것입니다. 가인 종족을 하나 만들고 아벨 종족권을 만들지 않고는 그 종족 기반 위에 부모님을 모실 수 있는 기반이 안 생깁니다. 종족적 천국이 안 나타나는 것입니다. 그 기반이 생긴 뒤부터 민족이 연결됩니다. 민족이 되면 그다음부터는 민족을 중심삼고 국가로 가는 것입니다.

가정교회는 세계 연결의 기반

9 선생님이 탕감노정을 가는 것은

개인을 위해서 가는 것이 아니라 전 세계 남성을 대표한 자리에서 가는 것입니다. 그다음에는 전 세계 가정을 대표한, 아내를 대하는 남편의 자리에서 갑니다. 전 세계를 대표한 부모의 자리에서 갑니다. 그래서 개인·가정·종족·민족·국가·세계를 대표하고 영계까지 대표합니다. 그리하여 사랑을 중심삼고 하나님이 해방의 깃발을 꽂을 때까지 가자는 것입니다. 그래서 승리의 결정을 받아서 이것을 축소시켜 앞으로 통일교회를 따르는 사람들은 선생님과 같이 비참해서는 안 되겠다는 것입니다. 하나님의 소원이 그것입니다. 선생님을 고생시켰는데, 그 고생을 단축시켜서 이런 비참한 운명을 일시에 한 곳에서 세계를 대표해서 넘을 수 있는 곳이 있으면 얼마나 좋겠느냐는 것입니다. 그것이 하나님의 소원이요, 선생님의 소원이요, 여러분의 소원입니다. 그런 소원의 기준을 필생의 목표요 섭리의 목적지로 삼고 있습니다. 이렇게 나타난 것이 가정교회입니다.

10 가정교회를 중심삼고 가르쳐 주고 본이 돼야 합니다. 여러분이 본이 되어 다 보여 주라는 것입니다. 가정교회를 함으로써 하나님의 주권이 생겨나고 국민이 생겨나고 땅이 생겨납니다. 사랑을 중심삼고 실적을 가진 사람이 돼야 합니다. 사상을 가지고, 노력을 가지고, 사랑을 가지고 주관하라는 것입니다. 여러분이 가르쳐 줄 수 있는 능력이 없으면 안 됩니다. 그다음엔 노력입니다. 실적을 가진 사람이 되어야 합니다. 그다음에 사랑을 중심삼아야 됩니다. 그다음에는 하나님이 관리할 수 있는 사람이 되어야 합니다.

11 기독교가 가정교회 간판을 붙여야 합니다. 장로교면 장로교 가정교회, 배리타운이면 배리타운 가정교회라고 하는 것입니다. 교파를 바꾸라는 것이 아니고 그냥 그대로 붙여도 됩니다. 예수교 가정교회라고 해도 되고, 기독교 가정교회라고 해도 되고, 장로교 감리교 성결교 다 그냥 두고 가정교회라고 하는 것입니다. 이렇게 하면 하나하나 자동적으로 감리교고 무엇이고 다 없어집니다. 기독교니 예수교니, 구교 신교도 다 하나로 만들어야 합니다.

12 선생님은 아담 국가 해와 국가, 아벨 국가 가인 국가 통일권의 전통을 세웠습니다. 여러분도 여러분의 가정을 중심삼고 그러한 전통 기반을 심었다는 기준이 없으면 선생님의 세계 천국이념을 연결시킬 수 있는 길이 없습니다. 선생님은 반대를 받는 세계 판도의 자리에서, 사탄세계 가인권 세계에 가서, 역사적인 원수국

가에 가서 그 나라의 애국자들이 나라를 사랑하는 이상의 사랑을 가지고 원수와 하나되어 사랑하는 역사적인 세계 기준을 넘을 수 있는 탕감조건을 세웠다는 것입니다. 선생님이 무슨 호령으로 한 것이 아닙니다. 사랑으로 했습니다. 사랑으로 연결시켜 기반을 닦았기 때문에, 댄버리를 중심삼고 고개를 넘었기 때문에 이제는 세계 국가가 환영하는 때입니다. 그러한 심정권을 선생님이 세계적으로 닦았으니, 그와 같은 심정권의 조건을 여러분도 갖추지 않으면 가정으로부터 종족·민족·국가·세계까지 부모님의 탕감노정을 이어받을 수 없습니다. 갈 길이 막힙니다. 천국에 갈 수 있는 길이 막힌다는 것입니다. 이것을 열어 놓기 위해서 가정교회를 만들었습니다.

13 천자(天子)의 자리에서는 하루를 살아도 편하게 살 수 없습니다. 화살촉이 구부러질 수 없습니다. 목표, 표적에 적중시켜야 됩니다. 여러분은 그런 생각을 합니까? 사시사철 다른 입장에서 감각을 통해 느끼면서 뜻길을 가고 있습니까? 선생님은 매일같이, 365일을 다르게 생각하면서 이 길을 나왔습니다. 세계평화통일가정연합을 몇 년 전에 발표했습니다. 가정교회를 했으면 이 세계평화통일가정연합이라는 과정을 안 거치는 것입니다. 이미 다 끝났을 것입니다. 그것을 안 했으니까 여러분의 친척을 중심삼고 다시 해야 됩니다. 가정교회는 가정 기반을 닦자는 것입니다.

14 우리는 이상의 조국건설을 위해서 출정한 하늘나라의 정병입니다. 여러분의 아내와 남편, 그리고 여러분의 아들딸은 출정한 하늘의 정병임을 망각해서는 안 됩니다. 하나님의 조국은 개인 가지고는 못 찾습니다. 우리가 이상 하는 조국은 남자 혼자 가지고는 안 됩니다. 가정을 가지고야만 찾을 수 있습니다. 가정을 가지고 싸우지 않고는 찾을 수 없는 조국이라는 것입니다. 가정을 가지고 싸워야 됩니다. 그러지 않고는 본연의 조국을 찾을 수 없습니다. 그래서 선생님도 가정을 끌고 그저 고생시키면서 어디든지 돌아다니는 것입니다. 세계 국가로부터 몰리며 다니는 집시의 가정이 선생님의 가정입니다. 이 나라에서 쫓으면 저 나라로, 저 나라에서 쫓으면 이 나라로 방황하는 집시의 가정이라는 것입니다. 우리가 정착할 수 있는 조국을 찾는 것이 여러분 가정의 중심 목적입니다.

15 선생님은 지금까지 부모의 이름을 가지고 전 세계 인류 앞에 만민들이 개인·가정·종족·민족·국가·세계·

천주·하나님에까지 갈 수 있는 탕감 조건을 대표적으로 세워 놓았습니다. 그리고 대표적으로 세워 승리했기 때문에, 이 승리의 이름으로 그것을 백 퍼센트 상속받아서 여러분이 7년노정을 거쳐 가야 합니다. 선생님이 일생 동안 세계무대에서 이룩한 것을 여러분이 할 수 있습니까? 그러므로 세계무대를 축소시킨 발판, 제단이 필요합니다. 그것이 가정교회입니다. 여러분이 하나님을 어디서 만날 수 있습니까? 선생님은 세계의 탕감 기반을 중심삼고 각 나라에서 피땀 흘리는 투쟁 가운데에서, 승리의 발판을 세워 놓는 데에서 하나님을 만날 수 있었습니다. 하지만 여러분은 부모님의 이름을 통해 승리의 모든 것을 상속해 세계무대에는 가지 않더라도 세계로 갔다고 하는 조건을 성사했다는 것이 필요합니다.

16 가정교회는 하나님을 가정에 모시자는 것입니다. 하나님을 가정에 모시게 되면 세계적으로 교차되는 시대에 있어서 탕감이 필요 없는 자유 환경을 만들 수 있고, 그러면 선생님이 오자마자 가정에서 편성을 해서 대번에 거국적인 운동을 할 수 있습니다. 교회가 존재하는 것은 나라와 세계를 위해서입니다. 자기와 가정만 붙들고 교회는 뒷전으로 밀어제쳐 놓으면 안 됩니다.

17 축복받은 가정들은 전부 가정교회 간판을 붙여야 됩니다. 지금부터 자꾸 교육해야 됩니다. 자기 교회에 가서도 그런 말을 할 수 있게끔 해야 됩니다. 간판을 목사가 붙여 줘야 되겠습니까, 나라님이 붙여 줘야 되겠습니까? 나라라고 하게 되면 나라에는 그 전통사상이 들어갑니다. 그 전통사상을 중심삼고 개인·가정·국가 기준을 대표하는 가정이 되는 것입니다. 지금까지 사탄세계 이상의, 그 위에 선 이상가정입니다. 천국에서 하나님을 모시는 가정을 말합니다. 가정이 지상에서 이루어야 할 가정교회라는 것입니다. 천상세계에서 하나님을 모실 수 있는 가정적 모델을 지상에서 훈련하는 것입니다.

18 이제는 가정 전도시대입니다. 선생님의 가정을 중심삼고 공식적인 중심이 나타나고, 이것을 여러분에게 연결하는 때이기 때문에 가정을 중심삼은 전도시대에 들어간다는 것입니다. 가정 단위의 중심은 여자, 어머니입니다. 어머니가 두 자녀를 품고 가야 됩니다. 어머니를 중심삼고 아들딸을 하나 만들면 다 끝납니다. 아들딸의 문제는 없습니다. 그러면 문제가 있는 세상의 가정들이 여기에 와서는 간청할 것입니다. '이 어려운 문제를 어떻게 해결하느냐?'라고 물어보면, '이 책을 읽어야만 됩니다.'라

고 하면서 원리책을 주는 것입니다. 이 책의 내용을 이해하면 자녀문제를 쉽게 풀 수 있을 것입니다. 그 책을 빌려 돌아가면 여러분한테 다시 찾아와서 의문이 나는 것을 물어볼 것입니다. 그러면 여러분이 자세히 가르쳐 줄 수 있어야 합니다.

19 지상천국을 어떻게 만드느냐? 가정교회를 통해서 내가 하늘나라의 모든 사랑과 일치될 수 있는 상속권을 부여받았습니다. 그렇기 때문에 우리 부부는 하나님의 사랑을 중심삼고 소유 결정을 받은 이후의 부부이고, 내 아들딸이나 내 물건도 그렇다 할 수 있어서 세계가 전부 통일교회 편으로 돌아서게 된다면, 그다음에는 가정교회도 없어진다는 것입니다. 360집이 전부 통일교인이 되고, 한국과 전 세계가 통일교회가 되는데 가정교회가 어디 있느냐는 것입니다. 360집 그 자체가 합해서 가정교회 탕감조건권을 찾아 천국에 들어가는 것입니다. 그렇기 때문에 앞으로 자치제를 중심삼고 가정교회권 내에 무슨 문제가 벌어지면 큰일 나는 것입니다. 공동책임제입니다. 자체 정화시대, 자체 수호권이 앞으로 가정교회 조직을 통해서 이루어지기 때문에 사탄의 그림자는 얼씬 못하게 됩니다. 그래서 그러한 공동 소유 기지 확대를 사랑이라는 주류를 통해서 관계를 맺어 가정교회를 만드는 것입니다. 가정교회 그것이 종족교회·민족교회·국가교회·세계교회로 확대되고, 나라가 전부 통일교회를 믿으면 국가교회가 되는 것입니다. 조직 편성이 이와 같이 되는 것입니다.

3절 가정교회 완성

1 이제는 하나님 섭리의 모든 담벼락을 헐어야 됩니다. 여러분 자신도 이제는 어떠한 일을 해야 되느냐? 선생님이 그렇게 닦아 놓은 모든 것을 여러분 앞에 무조건 상속해 줄 수 없습니다. 상속해 주는 데는 그냥 안 됩니다. 여러분이 5퍼센트의 책임을 해야 된다는 것입니다. 선생님이 100여 국가에서 모든 탕감조건을 세우고 하늘땅에 막힌 담을 심정적 기준으로 연결시켰으니, 여러분 자신도 그러한 세계를 축소한 형을 중심삼고 탕감조건을 세워서 현시점에 하늘과 땅에 담벼락이 막히지 않은, 자기 스스로 움직일 수 있는 기반을 닦아 놓아야 합니다. 그것이 가정교회입니다.

2 통일교인들은 뭘해야 되느냐? 세계 메시아는 못 되더라도 종족적 메시아는 되어야 합니다. 그 메시아가 못 되거든 세례 요한이라도 돼야 합니다. 그래서 이제 가정교회 문제가 벌어집니다. 타락한 인간이 개인복귀·가정복귀·종족복귀를 하느라고

선생님처럼 죽을 고생을 하고 일생 동안 핍박을 받으며 희생해서 천국 가겠다고 하면 그것 되겠습니까? 대표자를 세워 그 길을 닦게 하는데 선생님이 길을 닦았습니다. 그러니 여러분은 그 형태로 탕감복귀 조건을 중심삼고 가면 됩니다.

지상천국의 기반

3 하나님이 나를 사랑하는 동시에 인류를 사랑하는데 그것은 참된 후손입니다. 타락한 세계에서 하나님은 우리를 사랑하고 인류를 구하려고 하니, 우리는 하나님이 우리를 사랑하듯이 인류를 사랑할 수 있는 목적을 위해 가는 것입니다. 그런 사람이 하나님 앞에 제일 사랑받을 수 있습니다. 앞으로는 핍박이 없습니다. 사탄의 핍박만 없어지는 날에는 이것은 다 쉬운 것입니다. 선생님을 중심삼고 개인적으로 사탄이 얼마나 방해했습니까? 발전을 못하게 다 핍박했습니다. 핍박했지만 다 물리치고 발전해 나왔습니다. 가정적으로 얼마나 핍박당했습니까? 그다음에 종족적으로 이렇게 반대하고 그랬지만 이것을 앞질러 나온 것입니다. 이렇게 싸워서 승리한 부모님의 모든 위업을 상속받는다는 자부심을 가져야 됩니다. 그렇게 해서 세계를 하나의 세계로 몰고 가야 할 것이 여러분의 책임입니다. 선생님은 실체탕감을 해 나왔지만 여러분은 조건탕감을 하는 것입니다. 그 조건적인 운동이 가정교회 운동입니다.

4 영계의 영들이 지상에 오기를 얼마나 고대하겠습니까? 지금까지 왔다 간 선하게 살던 양심적인 영들이 지상에 내려오기를 얼마나 고대하겠느냐는 것입니다. 그러려면 자기 일족이 인연돼야 합니다. 그래서 가정교회 조직이 벌어지는 것입니다. 이것으로 말미암아 자기와 관계된 전문분야, 경제면 경제 분야의 학자를 중심으로 세계 각 나라, 120개 국가 이상의 영들이 자유로이 활동할 수 있는 기지가 된다는 것입니다. 가정교회가 절대 필요합니다.

5 선생님은 개인적 메시아, 가정·종족·국가·세계·천주적 메시아의 길을 개척해 나왔습니다. 개인적 기반도, 가정·종족·민족적, 국가적인 기반도 이미 기대를 다 닦아 놓았습니다. 이러한 길을 개척해 나오는데 사탄은 전면적인 반대를 했습니다. 선생님은 핍박의 생활, 연속적인 핍박을 넘기 위한 싸움의 노정을 걸어왔습니다. 2차대전 이후에 영·미·불이, 해와 국가와 아벨 국가와 가인 국가가 하나되어 선생님과 하나되었다면 그때 세계적으로 출발했을 것입니다. 국가를 넘어 세계를 중심삼고 자동적인

국가 편성이 되어 들어간다는 것입니다. 그때 그렇게 출발했으면 핍박 없이 환영받으면서, 개인적인 환영, 가정·종족·민족·국가·세계적인 환영을 받으면서 하나된 환경에서 가정교회 편성과 종족적 메시아 편성을 하여 하나님과 부모님을 중심삼고 가정 정착이 이루어졌을 것입니다. 그때도 역시 가정을 중심삼고, 요즘 말하는 가인 아벨을 중심삼고 어머님을 중심삼고 새로운 가정을 편성해서 종족과 민족을 연결하여 국가를 형성해서 세계와 통할 것이었습니다.

6 새로운 세계로 넘어갈 때는 종교도 없어집니다. 가정교회만 남습니다. 참부모를 중심삼은 가정입니다. 가정은 참부모의 전통을 중심삼은 그 사랑의 인연으로 말미암아 연결된 한 나무와 같은 이상세계, 통일된 세계입니다. 영적인 세계는 보이지 않는 신경계와 마찬가지요, 보이는 세계는 혈관계와 마찬가지입니다. 이 두 세계가 조화 통일될 수 있는 데서 우리 인간의 상충된 몸과 마음이 하나되는 것과 마찬가지로 이 세계와 영계가 완전히 하나돼야 합니다.

7 가정교회는 첫째, 자녀들이 실패한 것을 대신 탕감해 온 부모님의 세계적인 탕감노정을 상속받기 위한 것입니다. 둘째, 예수님이 잃어버렸던 종족적 메시아권을 탕감함으로써 종족적 메시아권에서부터 국가, 세계까지 가기 위한 것입니다. 이 두 가지를 탕감하지 않고는 못 갑니다. 이것을 해결하기 위해서는 불가피하게 가정교회를 거쳐야 합니다. 그러지 않고는 천국에 못 갑니다. 여러분은 가정교회를 통해서 피땀을 흘려야 되고, 눈물을 흘려야 되고, 천대도 받아야 됩니다. 그리하여 부모님이 수고했던 사연을 알아야 됩니다. 이제는 핍박이 없어지니까 서로가 통일교회 원리를 알고자 합니다. 선생님의 소원이 그것입니다. 따르는 자녀들 앞에 고생길을 남겨 주지 않는 것입니다.

8 예수님 당시의 종족적 메시아권은 참부모권을 위한 국가 기준, 세계 기준, 천주 기준의 탕감조건을 세운 기반이었지만, 지금 우리 시대는 참부모를 모시고 참부모의 탕감조건 기반 위에 섰다는 것입니다. 가정교회 기준은 예수님이 실패한 기준을 탕감하는 것입니다. 여러분의 책임분담인 5퍼센트를 탕감하기 위해서는 그 조건을 집약해서 여러 번 할 것을 한 번에 탕감하는 것이 불가피합니다. 여러분은 어디서 탕감받겠습니까? 가정교회를 해서 개인적으로 탕감받고, 가정적으로 탕감받고, 종족적으로 탕감받고, 민족적으로 탕감받고, 그리고 국가적으로 탕감조건을 세우고

갈 수 있습니다.

9 우리는 일생 동안 고생하더라도 하늘 앞에 면목을 세울 수 없습니다. 부모님을 만나서 은사시대에 있는 것을 감사하고, 눈물 흘리며 감사하는 생활을 계속적으로 해야 할 통일교인입니다. 자신의 본연의 모습을 찾기 위해서 성별된 생활을 하고 온갖 충성을 다하면서도 얼굴을 들 수 없는 죄인의 후계자라는 것을 잊어서는 안 됩니다. 그래서 부모님이 가는 길을 협조해 줘야 합니다. 부모님이 할 일은 이제 다 끝났습니다. 여러분이 해야 됩니다. 가정교회 활동을 열심히 하라는 것입니다.

10 가정교회 책임자로부터 1대 2대 3대로 계속 전도를 하게 되면 천명, 2천명, 몇 천명이 가정교회 운동을 하게 되는 일이 벌어집니다. 그렇게 해서 입적시대로 들어가게 되어 명부를 꾸미는데, 명부를 함부로 못 꾸밉니다. 가정교회를 통하지 않고는 명단 기입이 안 됩니다. 하늘나라의 족보 편성이 안 됩니다. 축복받은 가정이라도 빼는 것입니다. 거기서 떨어지는 것입니다. 그것을 알고 하늘이 제시하는 모든 일을 서둘러서 해야 됩니다. 땅 위에서 안 하고 영계에 가면 영계에 가서 영원을 두고 해야 됩니다. 땅 위에서 해결을 못 짓고 가게 되면 큰일 난다는 것입니다. 그 기간에는 먹을 것, 입을 것, 잘 것을 생각할 여지가 없습니다. 그렇게 가야 할 탕감노정이, 남겨진 인생길이 얼마나 비참한지를 알고 살아 있는 동안에 여러분이 탕감해 가야 됩니다.

11 가정교회는 겟세마네 동산, 십자가의 절정에서부터 해야 됩니다. 더 나아가서는 골고다의 산정에서부터 시작해야 합니다. 예수님이 골고다 산정에서 죽을 때에는 동정하던 사람이 하나도 없었지만, 내가 죽으려고 할 때에는 수많은 사람들이 동정할 수 있는 것입니다. 그러한 기반을, 환경을 가지고서 죽을 수 있다는 것이 얼마나 행복하냐는 것입니다. 여러분이 죽을 때 도망가는 베드로가 아니고 여러분을 대신해서 '내가 죽겠다.'라고 할 수 있는 무리를 지상에서 가질 수 있는 자유로운 환경을 가졌습니다. 이러한 역사적 전통을 탕감한다고 생각하는 것입니다.

12 참부모를 중심삼고 종족적 메시아가 될 수 있는 책임자를 선택해서 임명할 수 있는 시대에 들어왔습니다. 유태교를 중심삼고 예수님이 당시에 사가랴 가정과 요셉 가정을 연결해야 했던 기준을 세우지 못한 것을 탕감복귀하는 것입니다. 그것을 탕감복귀해야 부모의 자리에 들어갈

수 있습니다. 그래야 나라를 통해서 세계로 갈 수 있습니다. 이 기반을 예수님이 못 가져서 죽었기 때문에 이것을 탕감하기 위한 것이 가정교회운동입니다. 기독교가 반대한 것을 여기서 여러분이 대신 그 기반을 이어받았다는 조건을 세움으로써 그 종족을 통해서 민족과 국가와 세계로 갈 수 있는 길이 연결되는 것입니다.

13 기독교가 바라던 개인 메시아가 아니고 가정적 메시아로서 참부모를 모시고 세계로 가기 위한 준비를 하는 것이 가정교회입니다. 그래서 나라의 메시아와 세계의 메시아를 모셔가지고 하나의 세계로 넘어가는 것입니다. 참부모가 오는 것입니다. 참부모를 국가와 세계의 메시아로 모셔 메시아 이상천국을 향해 전진하는 것입니다. 그럼으로 말미암아 기독교가 실패한 것을 기독교가 종족적으로 받아들인 자리에서, 새로운 통일교회를 통해서 세계적인 부모를 모시고 지상천국으로 전진한다는 것을 알아야 됩니다.

14 이제는 선생님이 여러분 대해서 '너를 찾기 위해 일했다.'라는 것을 알고 여러분도 가정교회를 찾아가서 선생님이 여러분 대해 한 것과 같이 해야 됩니다. 그래야 효자라는 이름을 하늘이 인(印)을 쳐서 하늘나라로 데려가는 것입니다. 그런데 전부 선생님만 따라다니려고 합니다. '가정교회는 싫다. 선생님 가는 데만 가겠다.'라고 하는데, 그러면 안 됩니다. 아무리 아버지가 대통령이라 해도 아버지의 그것을 그냥 그대로 자신이 인수할 수 있습니까? 대통령이 되기 위해서는 대통령이 될 수 있는 기반을 닦아야 됩니다. 황태자로 태어났더라도 왕이 되기 위해서는 왕이 될 수 있는 모든 법도와 규례를 배워야 합니다. 갖추어야 됩니다. 인류역사 최후의 노정에 참부모님 말을 듣고 기반을 갖추면, 하나님이 '너는 효자였다.'라는 인을 쳐서 하늘나라의 효자로 천국 보내겠다는 것입니다. 이것이 얼마나 놀라운 사랑이냐는 것입니다. 그 기반이 가정교회입니다. 여러분도 하늘나라에 효자 효녀로 가고 싶지요? 가정교회를 통하지 않고는 효자 효녀의 인을 받을 길이 없습니다. 천국은 효자가 들어가는 곳입니다. 아들이라도 불망나니는 못 들어갑니다. 효자의 이름을 가지고 가야 되기 때문에 효자의 이름을 인침 받기 위한 것이 가정교회입니다.

15 가정교회는 예수님이 실패한 종족적 메시아권과 기독교가 실패한 세계국가 편성 기반을 복귀하기 위해서 우리가 가야 할 불가피한 길입니다. 통일교회로 말하면, 통일교회가 아

벨이라면 기독교는 가인이기 때문에, 가인 가족 대신 가인 교회와 아벨 교회를 연결하려니 가정교회가 있어야 됩니다. 예수님이 실패한 것을 성사시키고 기독교가 실패한 것을 성사시키기 위한 것이 가정교회입니다. 이렇게 해서 하나되어 가정교회를 중심삼고 통일교회와 참부모가 하나돼야 천국에 들어갈 수 있습니다. 하나의 세계로 가는 것입니다.

16 선생님이 비참한 역사를 다 거쳐서 인간에게 최고 단위의 간단하고 강력하게 제시할 수 있는, 사탄과 하나님 앞에 제시할 수 있는 하나의 조건을 세운 것이 가정교회입니다. 가정교회는 여러분이 쓰러지면 일으키고, 어려운 일이 있으면 다 위로해 줄 수 있는 자리요, 여러분이 책임분담 과정을 무난히 통과할 수 있는 자연스러운 환경이라는 것입니다. 또 개중에는 핍박하는 것이 있을는지 모르지만 전체 환경이 핍박하는 시대를 넘어 환영할 수 있는 시대의 경계선에서 이 일을 출발했다는 것입니다. 그리하여 여러분이 여기에서 승리함으로써 선생님과 하나님이 6천년간 소원하던 모든 이상의 기지가 확립된다는 것입니다. 여러분은 지금 선생님에게 접붙이는 것입니다. 그러면 자동적으로 성장합니다. 그러면 성장하는 데에 필요한 비료는 어디서 얻어야 되느냐? 반대하던 가정교회 모든 지역에서 큰 나무로 자라게 할 수 있는 비료를 얻는 것입니다. 여러분은 비료가 필요합니다. 그런 종류의 비료를 어디서 얻을 수 있느냐? 핍박에서 오는 것입니다. 그것이 썩어서 비료가 되는 것입니다.

17 우리는 가정교회를 해야 됩니다. 가정교회를 하는 목적을 확실히 알지 않으면 안 됩니다. 탕감복귀의 길이 남아 있기 때문입니다. 야곱의 역사를 이스라엘 민족이 따라가야 되고, 모세의 역사를 유대 나라가 따라가야 됩니다. 또한 예수님의 역사를 기독교가 따라가야 되고, 통일교회 선생님의 역사를 통일교인이 따라가야 됩니다. 따라가는데 그 가는 길이 간단하지 않습니다. 40년 동안의 재탕감노정을 걸어가야 됩니다. 만약 기독교와 미국이 한국 독립과 더불어 통일교회를 받아들였다면 우리가 가정교회를 할 필요가 없습니다. 순식간에 세계 국가 편성이 벌어졌을 것입니다. 그렇게 되지 못했기 때문에 40년간의 재탕감노정이 남아진 것입니다. 이것을 참부모님이 간 길이기 때문에 자녀들이 가야 됩니다. 그래서 지금까지 40년 동안 개인 탕감복귀, 가정 탕감복귀, 종족·민족·국가 탕감복귀를 해 나온 것입니다. 개인 탕감복귀를 하는 데는 반드시 사탄하고

싸워서 이겨야 됩니다.

18 여러분 백인들이 '나는 백인의 집만 방문하고 흑인의 집은 안 간다.'라고 해서는 안 됩니다. 그 반대로 해야 됩니다. 그래야 미국이 살고 세계가 삽니다. 예수님이 이 땅 위에 와서 왕권을 중심삼은 장자권을 상속받는 것이 실패로 돌아갔기 때문에, 끝날에 이것을 세계적인 기준 위에 올려서 다시 회복하려고 하는 것이 하나님의 뜻입니다. 이제는 선생님이 없더라도 가정교회를 중심삼고 이 기반이 닦아지므로 자동적으로 그 권은 이루어지게 마련입니다.

19 가정교회가 무엇입니까? 가정교회는 통일교회가 핍박의 역사에 있어서 선생님을 중심삼고 모든 역사적 탕감 기준, 즉 개인 탕감 세계적 기준, 가정·민족 탕감 세계적 기준, 국가 탕감 세계적 기준, 천주 탕감 세계적 기준의 탕감노정에서 챔피언의 계승권을 이루어 전체 승리한 사인을 받아 결정해 나온 것입니다. 가정교회에서만이 비로소 모든 탕감조건을 벗고 정착할 수 있습니다.

20 통일교회에서 세계적 탕감, 모든 탕감 판도를 축소해서 현실화시켜 놓은 것이 가정교회입니다. 이것을 종족교회로 발전시켜야 됩니다. 한국에는 성씨가 많습니다. 그 성씨를 연결하면 종족이 되고, 민족이 되고, 국가가 됩니다. 그렇게 되면 통일교회를 중심삼고 가정교회를 시작했으니 종족권 교회가 벌어지고, 민족권 교회가 벌어지고, 국가권 교회가 벌어져 나가는 것입니다. 왜 그것을 해야 되느냐? 예수님의 해원성사를 해야 되기 때문입니다. 예수님의 해원성사를 하지 않고는 여러분을 결혼하는 자리에 세울 수 없는 것입니다. 예수님을 해원성사하려면 가인 가정과 아벨 가정, 가인 종족과 아벨 종족이 있는데 가인 가정과 가인 종족을 구해야 됩니다.

세계 기반 조성을 위한 제물

21 왜 종족적 메시아가 돼야 하느냐? 그것은 예수님의 한을 풀어 줘야 되기 때문입니다. 선생님의 한을 풀어 줘야 됩니다. 아담의 한을 풀어 줘야 된다는 것입니다. 아담의 한은 무엇이냐? 이상가정을 못 가진 것이고, 예수님의 한은 이상 나라를 못 가진 것입니다. 그리고 선생님의 한은 이상세계를 못 가진 것입니다. 아담의 소원, 예수님의 소원, 선생님의 소원을 풀어 줄 수 있는 탕감조건으로 필요한 것이 바로 가정교회입니다. 가정교회는 가정을 완성시키고, 나라를 완성시키고, 세계를 완성시키는 조건이 되는 것입니다. 선생님이 이

런 원칙에서 말하는 것입니다.

22 통일교회 지도체제를 선생님이 끌고 갈 때가 지났습니다. 평면적 확대시대가 되었기 때문에 가정이상을 지닌 자체 종족을 중심삼고 확대하면 세계는 자연히 복귀됩니다. 그 종족 확대 방법이 가정교회입니다. 이런 총결산적 공판정이 생겨났습니다. 여러분이 이제부터 축복가정으로서 어머니 아버지를 모시고 하나되어야 하고, 여러분의 아들딸이 있으면 거기에서 여러분 부모가 하나님의 사랑을 중심삼은 소유물 결정권 판정을 받아야 됩니다. 여러분 자신들이 그래야 되고, 여러분 부부가 그래야 되고, 여러분 아들딸이 그래야 됩니다. 구약시대·신약시대·성약시대와 마찬가지로, 하나님의 사랑의 판정권을 참부모에 의해 대신 받았다 하는 조건을 상속받지 않으면 안 됩니다. 참부모 소유권 결정을 한 후에 천국으로 가는 것이 원리인데, 이것을 상속받지 못하면 천국 갈 길이 절대적으로 있을 수 없습니다.

23 여러분에게는 부모가 있고 아들이 있고 만물이 있는데, 가정교회는 이와 같은 것을 확대한 것입니다. 아담이 타락함으로써 이 세 가지를 잃어버렸습니다. 이 세 가지를 한꺼번에 찾아서 하나님 앞에 바쳐야 합니다. 잃어버린 것들을 찾아 참부모를 통해서 하나님 앞에 바쳐야 합니다. 잃어버린 것을 찾아 드려 하나님이 가졌다가 부모로부터 다시 상속받아야 됩니다. 그래야 여러분의 집이 생겨나고, 여러분의 세계가 생겨난다는 것입니다. 그 터전이 바로 가정교회입니다. 이것은 제물입니다. 제단에 3대 제물을 바치는 것입니다.

24 가정교회를 선포하기 위해서는 선생님이 국가를 전부 교회화하는 운동을 해야 됩니다. 한 단계 앞서 가는 것입니다. 국가교회, 세계교회, 하늘땅교회, 이렇게 나갑니다. 교회가 무엇입니까? 사탄과 하나님을 분립시키는 하나의 기관입니다. 개인적인 기관, 가정적인 기관, 종족적인 기관, 민족·국가·세계적인 기관입니다. 교회를 중심삼고 갈라지는 것입니다. 여러분이 정착되어 있지 못하더라도 시대에 따라 자극을 주어서 끌어올려 줄 수 있는 선생님이 줄을 달아 놓았기 때문에 지금까지 남아진 것입니다. 그러지 않으면 사탄이 다 끌어갑니다. 가정교회는 종족적 기반을 확대하기 위한 것입니다. 종족적 메시아를 중심삼고 씨족을 거느리는 것도 횡적인 기반을 확대하기 위한 것입니다. 선생님은 끝에서부터 종족적 기반, 민족적 기반, 국가적 기반, 세계적 기반을 닦아 나왔습니다.

4절 훈독회와 가정교회 운동

1 선생님 말씀은 선생님이 말한 것이 아닙니다. 하늘이 선생님을 통해서 하신 말씀입니다. 그 말씀은 여러분이 언제 어디서 듣더라도 마음이 동하기 시작합니다. 그것이 다릅니다. 선생님 혼자가 아닙니다. 종횡을 맞춘 그 자리에서 말씀하려고 했기 때문에 마음이나 몸이나 공명체가 됩니다. 진동이 일어납니다. 몸이 진동해도 마음이 하나될 수 있기에 진동하고, 마음이 감동받으면 몸에 일대 혁명적 변화가 벌어집니다. 그런 힘이 있습니다. 그것이 선생님의 말이 아닙니다. 훈독회는 말씀을 팔라는 뜻입니다. 갖고 있으면 큰일 납니다. 팔지 않고 주라는 것입니다. 물건을 쌓아 놓고 썩히면 벌 받습니다. 돈 받고 파는 것보다 더 귀한 일이 벌어지니 팔지 않더라도 나눠 주라는 것입니다. 이것이 훈독회 본연의 뜻입니다.

훈독가정교회와 활동방향

2 훈독의 '훈(訓)' 자는 '말씀 언(言)' 변에 '내 천(川)' 자입니다. 물은 모든 생명의 요소입니다. 푸른 지대를 만들고 공기 중에 떠도는 구름을 이루어 깊이 가고 높이 움직이면서 세계를 평준화시킵니다. 물은 평준화시킵니다. '독(讀)' 자는 '말씀 언(言)' 변에 '팔 매(賣)' 자입니다. 말씀을 중심삼고 팔라는 뜻입니다. 팔지 않으면 거두어 써야 합니다. 물은 흘러서 큰 강이 되어 바다를 이루고 이 우주를 생성하는 힘이 있는 것과 마찬가지로, 이 말씀에는 그런 내용이 있습니다.

3 훈독회를 통해서 훈독가정이 완성됩니다. 훈독교회에서 다시 중생·부활·영생해야 천국 가는 것입니다. 가정에서 천국을 가야 된다는 것입니다. 그 가정에서 천국 가야지, 다른 데서는 천국을 못 갑니다. 가정에서 평화와 천국을 이루어서 가야 합니다. 지상에서 하는 것입니다.

4 사람은 만물을 복귀하고 난 다음에 사랑하게 돼 있습니다. 구약시대는 만물 제물시대입니다. 신약시대는 자녀 제물시대, 성약시대는 부모 제물시대입니다. 하나님을 이 땅에 모시기 위해서 부모가 가정을 끌고 십자가의 길을 거쳐 온 것입니다. 지상에서 가정교회 제단을 중심하고 활동하고 정성 들이면 각계각층의 영인들이 재림하여 지상 성도를 협조할 것입니다. 가정교회가 훈독교회로 변천하는 것입니다. 그리고 앞으로는 종족 가입시대가 옵니다. 개인 가입시대가 아닌 종족 가입시대가 오는 것입니다. 김 씨면 김 씨, 박 씨면 박 씨가 가입하는 것입니다. 그것이 지나게 되면 국가 입적시대가 옵니다. 빠릅니다. 이제부터는 빠릅

니다. 눈코 뜰 새가 없을 만큼 돌아가는 것입니다.

5 천국은 가정을 중심삼고 출발하니만큼 여러분이 훈독교회의 뜻을 알고 하면 무서운 것입니다. 거기에 교회가 있더라도 가정교회입니다. 가정교회가 있더라도 마음의 교회 위에다가 가정이 있으니만큼 훈독교회를 발전시킨다는 것입니다. 씨를 많이 뿌려서 많은 수확의 열매를 거두어들이면 그것을 천상세계가, 혹은 만민들이 먹고살 수 있습니다. 그래서 새로운 출발을 하고 봄을 맞이하는 것입니다. 겨울을 견디고 살아남아 더 높은 차원의 봄절기를 맞아 또 발전에 발전을 할 수 있게끔 되어 있는, 그런 기원이 되어 있는 것이 훈독회를 하는 가정입니다.

6 가정에 씨를 뿌려 열매가 열리면 그것을 나라를 넘고 세계를 넘어서 하늘나라에 납품시킬 수 있습니다. 그 세계가 천상천국이니만큼 얼마만큼 열매를 자기 자신에서 거두어 헌납하느냐 하는 것이 인간의 최고 목적입니다. 이 대가의 기준에 따라 천상세계에 여러분이 살 수 있는 영원한 위치가 결정됩니다. 투입하고 잊어버리고, 낮은 데에 투입하고 주고 잊어버리라는 것입니다. 잊어버리는 것을 더하면 반드시 돌아오는 것입니다. 인간은 개성진리체이니만큼 참을 받았으면 참이 그냥 그대로 없어지는 것이 아닙니다. 인간은 정성을 들인 선물을 받았으면 그 받은 이상의 것을 주고 싶은 마음이 있습니다. 개성진리체가 있기 때문에 순환운동에 더 큰 것을 주고받을 수 있는 환경여건을 만들 수 있는 기반이, 터전이 훈독교회입니다.

7 통일교회가 인정한다고 해서 천국에 들어가는 것이 아닙니다. 수속을 밟고 국민 된 생활을 해야 됩니다. 세금을 바치고 이래야 됩니다. 통일교회도 없어지고 종교도 없어지고 정치도 없어지게 됩니다. 국가도 없어지게 돼 있습니다. 선생님이 살아온 생활, 심정적 면을 훈독회에서 철두철미하게 교육함으로써 세계는 하나의 대가정 국가, 하나의 국가 심정세계가 되는 것입니다. 그렇기 때문에 훈독교회, 훈독가정입니다. 교회는 가정으로 찾아야 됩니다.

8 훈독회를 하는 것은 종교와 국가 기준을 넘어서는 천일국의 일로 실천하는 것으로 알고, 효자 중의 효자요, 하늘나라 충신 중의 충신 조상과 후손들이 이 일을 받들어 나가는 것입니다. 하늘과 땅이 하나되어 훈독하는 그 말씀을 통해서 재창조된 실체 완성자로서 가정이상의 터전을 우리

가 하늘 앞에 받들어 드려야 할 새로운 교육의 시대, 전체 교육시대로 넘어간다는 것입니다.

9 자기 종족을 중심삼고 훈독가정교회를 해야 됩니다. 이것이 세계적 가정입니다. 훈독교회에 출석하고 있는 사람은 이제 국경이 없어지기 때문에 어디에 가더라도 그 나라가 우리나라라는 것입니다. 문화와 종교의 배후가 어떻다 저떻다 할 수 있는 때는 지나갑니다.

10 말씀에 미쳐서 밥 먹는 것을 잊고 뛰어 보십시오. 병이 다 도망갑니다. 선생님이 젊었을 때 폐병에 걸려 남들이 다 죽는다고 했지만, 죽겠으면 죽으라고 한 것입니다. 폐병보다도 더 바쁘고 더 재미있으면 병이 도망간다고 생각한 것입니다. 이제는 민주와 공산의 두 세계 가운데 우리가 들어가서 둘을 소화하기 위해 혁명적인 책임을 해야 됩니다. 어머니 아버지의 책임을 해야 됩니다. 전국에서 훈독교회를 해야 어머니 아버지가 설 수 있는 자리가 생깁니다.

11 훈독을 함으로써 차원이 달라집니다. 하늘나라와 땅이 하나되어 훈독회를 하면 영계가 다 내려와 협조하게 되어 있습니다. 그것을 안 해서는 자기가 살길을 개방도 못하고 그 목적들을 성사도 못한다는 것입니다. 그래서 훈독교회입니다. 가정교회입니다. 천국 가정이 없습니다. 하나님도 가정이 없습니다. 천국 들어갈 수 있는 가정이 없으니까 천국 백성이 없다는 것입니다. 이것을 다시 편성해야 됩니다.

가정교회 운동과 통반격파

12 복귀는 돌아가는 것입니다. 어디로 돌아가야 됩니까? 선생님이 천하에 아무리 높은 자리에 올라갔다 하더라도 순환하는 제일 밑은 가정입니다. 그래서 통반격파입니다. 통반격파는 사탄세계의 모든 가정들에 대해서 근원적으로, 혈통적으로, 문화적으로, 생활적으로 침투한 이것을 다 뒤집어 놓는 것입니다. 그래서 격파라는 말이 나온 것입니다.

13 통반격파와 더불어 부흥회를 해야 됩니다. 그러면 종적 기반이 세워지는 것입니다. 가정에 있어서 내 어머니 아버지는 참어머니 참아버지요, 내 아들딸은 참아들딸이라고 할 수 있는 가정의 합성이 이 땅 위에 솟구치게 될 때 지상세계의 사탄권은 끝장이 나는 것입니다. 가정에서 출발했으니 가정에서 끝을 보아야 합니다. 통반격파는 사탄세계의 가정을 전복하기 위한 것입니다. 사탄세계의 혈통을 전복시키고 의식적인 모든

내용을 소화하기 위한 것입니다.

14 우리는 통반격파를 해야 됩니다. 그렇게 해서 하나님의 역사적 소원을 이루어야 됩니다. 가정에서부터 그릇된 것을 가정에서부터 뒤집어 놓아야 됩니다. 하늘나라가 나라를 통해서 나옵니다. 나오는 데는 참된 남자와 참된 여자를 통해서 나옵니다. 사탄세계의 반대 가정에서부터 나오는 것입니다. 그렇기 때문에 통일교회는 전부 반대입니다. 참부모라는 말도 반대입니다. 그러면 지금까지의 부모는 무엇이냐? 참부모하고 반대니까 자기를 낳은 부모는 거짓 부모라는 말입니다. 그 말이 하나님 편에서는 맞습니다. 또 사탄 편에서도 맞습니다. 그렇기 때문에 참부모를 강조하면 사탄은 물러가는 것입니다. 하나님이 중요시하기 때문에 사탄은 물러간다는 것입니다. 그래서 뒤집어 놓는 것입니다.

15 왜 통반격파를 해야 되느냐? 복귀역사는 지금까지 타락한 세계로부터 어디를 통해 돌아가느냐 하면 참부모의 문을 통해 돌아가는 것입니다. 타락의 문으로 나와 번식되었던 것이 전부 참부모의 문을 통해 에덴에서 출발했던 것을 중심삼고 다시 돌아 올라가야 됩니다. 돌아 올라가는 그 주류가 통일교인입니다. 돌아 올라갈 때에는 누더기 보따리 짐 같은 것은 필요 없습니다. 사탄이 더럽힌 모든 것을 깨끗이 청산하고 수정과 같이 맑아야 됩니다. 증류수와 같이 깨끗한 참사랑의 몸 마음을 가지고 이 땅 위에 현현한 하늘나라의 왕자 왕녀 된 참사랑의 후계자라고 자신을 가진 사람이 되어야 합니다.

16 지금 표준은 통반격파입니다. 이것은 예수님을 중심삼고 보게 되면 일가, 종족적 판도를 중심삼고 성사하지 못했던 것을 오늘날 통일교회 교인 가정을 중심삼고 종족 판도를 완성함으로써 세계 종족권이 사방에서 해방이 벌어지게 되는 것입니다. 그렇게 하여 만국에 통·반 해방권이 벌어지게 할 수 있는 조건이 된다고 보기 때문에 선생님이 명령을 하고 다짐을 받는 것입니다.

17 이제 제일 중요한 것은 우리가 어디에 뿌리를 박아야 되느냐 하는 것입니다. 이 뿌리를 도에 박아서는 안 됩니다. 도 아래에 군이 있고, 군 아래에 통·리가 있는데, 이것이 붕 떴으니 여기에 사탄이 들어와서 우거할 수 있는 터전이 된다는 것입니다. 그러니 통·반에 뿌리를 박아야 합니다. 이것을 원리적으로 알아야 됩니다. 통일교회의 목표는 통·반을 격파하는 단일목표입니다. 복귀의 목표는

하나입니다. 과거시대나 현재시대나 미래시대나, 소생·장성·완성, 모든 목표는 하나입니다. 완성은 언제든지 개인에서 시작됩니다. 그와 마찬가지로 통·반을 중심삼고 철옹성 같은 기반을 닦아야 됩니다.

18 여러분이 일선에서 싸우는 선생님과 같은 자리에 미치지는 못할지라도 통·반을 중심삼고 눈물의 고개를 넘어서 정착해야 됩니다. 타락한 운명, 어그러뜨린 이 비애의 운명을 타개해야 됩니다. 그러지 않으면 하늘이 협조를 안 합니다. 하늘이 움직이지 않습니다. 하늘이 떠납니다. 선생님이 아무리 애를 쓰고, 여러분이 아무리 선생님을 따라간다 해도 하늘이 같이하지 않으면 안 됩니다. 하늘이 같이해야 됩니다.

19 여러분이 통반격파 운동을 하는데, 구두가 몇 켤레 떨어지도록 해야 됩니다. 통·반장을 찾아가려면 자동차로는 안 됩니다. 걸어가야 됩니다. 구두를 몇 켤레 버리더라도 걸어 다니라는 것입니다. 땀을 흘리면서 하루에 세 번, 네 번 찾아가 보라는 것입니다. 여러분은 거의 한 번밖에 찾아가지 못했을 것입니다. 하루에도 통·반에 강의를 몇 번씩 하러 가게 되면 땀에 젖게 되는데, 그러면 목욕을 해야 됩니다. 그렇게 해 보라는 것입니다. 하늘이 역사해 주나, 안 해주나 말입니다. 불이 붙어 나가나, 꺼져 나가나 보라는 것입니다.

20 이제는 통반격파를 해야 됩니다. 한 집이라도 놓치면 안 됩니다. 지금이 그런 때입니다. 선생님이 통반격파라는 말을 그래서 하는 것입니다. 아무리 피곤하더라도 피곤함을 모르면서 밤이나 낮이나 한 집이라도 자기 발걸음이 거쳐 가야 합니다. 동서로 가고, 남북으로 거치고, 원형으로 거쳐야 됩니다. 그러므로 세 번은 찾아가야 합니다. 세 번 이상 다 찾아가라는 것입니다. 만나 가지고는 무엇을 하느냐? 제일 귀한 선물을 주는 것입니다. 그 귀한 선물이 뭡니까? 참부모의 아들딸이 되라는 것입니다. 그러니까 거기서는 혈통을 전환하지 않으면 안 됩니다.

21 선생님은 여러분을 우리 어머니 아버지보다 더 사랑했습니다. 일생을 전부 통일교회를 위해서 피눈물 나는 사연을 거쳐 채워 가는 것입니다. 개인을 채우고, 가정을 채우고, 종족을 채우고, 민족을 채우고, 국가를 채우고, 세계를 채워 가는 것입니다. 채우지 않으면 사탄이 떨어지지 않습니다. 그래서 선생님이 미국에 가서 천신만고의 수난길을 간 것입니다. 그리고 소련을 구하기 위해 준비

하고 있습니다. 이제는 다 이루었기 때문에 고향에 돌아와서 통반격파를 하는 것입니다.

22 본연의 고향 땅으로 돌아가야 됩니다. 이것이 원리관입니다. 그래서 지금 한국에서 환고향을 하라고 했습니다. 자기 마을의 통반격파를 완수한 기반 위에 국가 기반을 완수해야 됩니다. 각 가정의 출발점을 세워서 소생·장성·완성을 통하는 것입니다. 가정은 소생이고, 통·반은 종족 장성이고, 국가가 완성이 됩니다. 가정에 이 셋이 연결되어야 합니다. 그러지 않으면 종족을 연결할 수 없고, 국가를 연결할 수 없고, 세계를 연결할 수 없습니다. 여러분이 이렇게 확장해 감으로써 사탄이 숨을 곳이 없어집니다. 깨끗이 청산하는 것입니다. 여러분이 금방 그런 기반을 닦을 수 있습니다. 핍박이 없다는 것입니다. 여러분을 환영할 수 있는 기반이 다 준비되어 있습니다.

23 통반격파는 총칼로 협박하고 공갈하라는 것이 아닙니다. 사랑의 말씀과 사랑의 실천을 통해서 밤이나 낮이나 활동하게 되면 할아버지 할머니가 담배를 피우고 술을 마시면서도, 또 나쁜 일을 하면서도 '우리 아들딸은 저 사람들을 본받게 해야 되겠다.'라고 통일교회를 찬양합니다. 그렇게 하면 술 좋아하는 악마가 거기 붙었다가 도망간다는 것입니다. 싸우던 녀석들도 통일교회에 입교하더니 안 싸우는 것을 보고 '우리 아들딸도 통일교회 교인들같이 되어야 할 텐데….'라고 생각하면 사탄이 다 도망가는 것입니다. 모든 면에서 원리원칙을 대표한 하나의 팻말이 되어서 가정에 조상의 표적을 세워야 됩니다. 조상 중의 조상이 참부모입니다.

24 통반격파 조직만 완료하게 될 때는 집집마다 깃대를 꽂고, 통일교회 사람이 하루에 세 사람이 왔다 가더라도 좋아할 수 있는 가정만 되면 다 구원받습니다. 그러니까 선생님이 신세를 지우는 것입니다. 선생님을 중심삼고 이루어진 모든 사실, 선생님 말씀으로부터 해서 정신적 분야와 물질적 분야에서 혜택을 다 받게 했습니다. 그런 단계에까지 왔습니다. 그러니까 부모님을 선포하고 환영하게 함으로써 세계 정상을 넘어 사탄이 지금까지 무대로 해왔던 이 지구성을 밟고 올라서서 한국에 돌아와 하늘나라와 연결시켜서 왕권 정착 선포식을 할 수 있는 때가 되었습니다. 내려 누르는 것입니다. 정신을 통일하게 되면 말을 못한다는 것입니다. 주먹으로 때리는 것이 아닙니다. 생각만으로 다 제압할 수 있는 때가 온다는 것입니다.

제2장 종족적 메시아

1절 종족적 메시아의 선포

1 종족적 메시아라는 말이 왜 나왔습니까? 메시아의 자리는 부모의 자리입니다. 참사랑을 가진 주체가 되지 않고는 부모의 자리라는 말이 있을 수 없습니다. 타락한 세계에 한 가지 남아 있는 본연의 것은 사랑하는 자식을 위하는 부모의 마음입니다. 타락한 세계에 틀거지로 남아 있는 단 하나의 본연의 심정 기준은 부모가 자식을 사랑하는 마음입니다. 꺼져 가는 심정권이지만 그것이 창세 이후에 본질적 형태로 남아 있는 불씨와 마찬가지입니다.

종족적 메시아 선포의 의의와 기준

2 가정을 찾아가는데 어디로 가느냐? 복귀섭리를 하는 데 있어서 우리가 탕감조건을 종족권 내에서 세워 가정으로 가는 것입니다. 민족·국가·세계의 탕감조건을 선생님이 세웠습니다. 그렇기 때문에 여러분은 어디를 찾아가야 되느냐? 공통적으로 여러분의 종족권 내로 들어가야 합니다. 예수님이 하려다가 못한 그 자리에 들어가서 해야 된다는 것입니다. 종족권 내에서 가정교회를 하면서 반대를 받고 욕을 얻어먹으면서 그들을 눈물로 품고 사랑한 그 사랑을 가지고 가정에 들어가야 됩니다. 가정교회 운동은 더 사랑하기 위한 훈련입니다. 360집으로부터 '당신은 하나님의 아들입니다.'라는 사인을 받아야 됩니다. 가정으로 돌아가서는 자기가 종족을 복귀하려고 가정교회를 사랑한 것보다도 몇 백배 이상으로 사랑하라는 것입니다.

3 승리적인 메시아와 더불어 하나되어 참생명의 씨를 심어야 됩니다. 에덴동산에서 해와와 가인 아벨이 하나되지 못한 것을 탕감해서 이 씨를 심는 것입니다. 이 씨와 같은 환경이 가정에 있어야 되는데, 그것이 어머니요 형제자매입니다. 그곳이 타락하지 않은 본연적인 아담 해와의 이상적인 참사랑과 참생명이 출발한 곳입니다. 그런 가정을 편성하기 위해서 선생님이 종족적 메시아를 선포한 것입니다. 예수님은 가정을 찾으러 왔습니다. 가인 일족, 아벨 일족이 하나되어야 합니다. 예수님으로 말하면, 요셉의 지파와 세례 요한의 지파가 하나되어 가정을 이루어야 합니다. 그와 같이 가정이 책정되어야 합니다. 그러면 사탄이 침범할 수 없습니다. 그렇게 해서 종족적 메시아 앞에, 예수님 앞에 모든 일족이 품김으로써

비로소 이스라엘 나라에서 실패했던 가정 본연의 기준이 타락하지 않은 기준으로 복귀되는 것입니다.

4 통일교회 교단은 종족입니다. 내 피가 같이 동하는 것입니다. 내가 눈물지으면 종족이 눈물을 지어야 되고, 내가 기뻐하면 종족이 기뻐해야 됩니다. 혈족입니다. 오색인종을 넘고 문화배경이 다른 국가 기준을 넘어 벽을 헐고 하나로 뭉친, 새로운 하늘나라의 창건을 위한 민족입니다. 이 민족이 거룩하게 될 때 하늘나라 창국(創國)이 현현하고, 거룩한 창국의 민족으로서 살아갈 때 창세계(創世界)가 벌어지고, 그 세계 위에 천주적인 지상천국과 천상천국이 연결되는 것입니다. 그것이 말만 가지고 되는 것이 아닙니다. 개인에 있어서 최후의 결정을 지어 하늘땅에 선포해야 되고, 가정을 중심삼고 최후의 선포를 해야 되고, 종족을 중심삼고 최후의 선포를 해야 됩니다.

5 이제는 종족을 중심삼고 최후의 선포를 할 때입니다. 선생님은 그런 일을 선도하기 위해서 만민족과 만국가를 대신해서 하늘땅에 승리의 절대적 조건, 한 방향성의 절대적 조건을 세워야 합니다. 그러지 않고서는 나라에 들어가서 종족을 단합하여 공의의 법도에 따라 최후의 해방을 앞에 놓고 선포할 수 없는 것입니다. '사탄은 물러갈지어다.'라고 선포하면 여러분의 조상이 여러분 가정에 들어와 주인 노릇을 합니다. 달라지는 것입니다. '우리 가정은 하늘을 사랑하는 데 있어서 부부사랑 이상, 자녀사랑 이상, 갖고 있는 소유물 전체를 희생하고 일가를 제물삼아 내 종족을 대표해서 하늘 가정으로 기르노니, 민족 해원을 성사하기 위해서 이 일을 하니 받아 주소서!'라고 하면 받아 준다는 것입니다. 통일가는 민족 해방을 위한 자리에서 하늘 앞에 제물적 가정 환경으로 드려질 수 있는 결의를 다짐해야 됩니다.

6 여러분은 종족적 메시아입니다. 가인 종족을 찾으면 아벨 종족은 자동적으로 찾아집니다. 그 운동을 하는 것입니다. 그래야 천상세계에 간 여러분의 종주 할아버지로부터 선한 사람은 지상에 와서 탕감조건을 세워 혜택 받아 가는 것입니다. 그렇지만 이것은 가정교회 기반이 없으면 안 됩니다. 해 보았자 자기 선조 한 사람이 도와주었으면 가정 기준은 가정 기준에 서 있지, 종족·민족·국가로 연결할 길이 없습니다. 그런데 선생님이 이것을 연결한 것입니다. 그래서 댄버리 교도소에 들어가 있으면서 천상세계와 지옥문을 열고 영계의 지옥에서부터 천상의 보좌까지 고속도로

를 닦아 놓았습니다. 하나님의 혜택권 내에서 선한 영인은 누구든지 지상에 내려와 전도해서 한 단계씩 끌어올릴 수 있는 고속도로를 닦아 놨습니다. 부모가 잘못해서 담이 많이 생겼으니 참부모가 열어 놓았습니다. 그것을 다 열어 놓고 전수 방법을 제시해 놓았기 때문에 하늘나라와 지상세계를 연결할 수 있는 하나의 기지가 가정교회입니다. 인공위성이 기지에서 날아갈 수 있게 각도만 잡아 주면 날아가는 것과 마찬가지로 그런 기지가 가정교회입니다.

7 지금은 예수님이 이루지 못했던 이상의 가정 기준을 이루어 배치하는 때인데, 그것이 가정메시아 파송입니다. 가정메시아로서 어디로 보내느냐 하면 자기 혈족, 자기 친족에게 보내는 것입니다. 선생님은 개인·가정·종족·민족·국가·세계의 탕감노정을 걸었습니다. 그러므로 여러분은 선생님과 같은 탕감노정을 걷지 않아도 됩니다. 선생님은 여러분을 예수님 입장과 같은 종족적 메시아로 보내는 것입니다. 여러분은 지금 결혼한 입장에 있습니다. 그런 기반 위에 있습니다. 그것은 개인·가정·종족이 하나로 연결되는 것입니다. 선생님은 항상 모든 것이 하늘에 연결되는 탕감노정을 걸었습니다. 여러분은 그런 노정을 통과하지 못했습니다. 그렇더라도 여러분을 축복해 줬습니다. 축복받은 것은 예수님보다 나은 입장을 뜻합니다. 사탄은 축복받은 여러분을 참소하지 못합니다. 왜냐하면 참부모를 중심삼고 혈통이 연결되어 있기 때문입니다. 그것을 바라보면 사탄도 개인·가정·종족·민족·국가·세계의 어떤 차원에서도 참소할 수 없습니다. 그것이 하나님의 최종 관점입니다. 절대로 참소할 수 없습니다. 그것이 해방의 경지입니다. 그래서 이번에 종족적 메시아를 선포한 것입니다.

8 종족적 메시아가 되라고 선포했다는 것은, 여러분이 선생님 대신 책임지고 하게 되면 하늘이 후원한다는 것입니다. 선생님이 어려운 가운데 개척하던 그 시대에 후원하던 역사를 영계에서 지금도 틀림없이 하고 있다는 것입니다. 그때는 반대받는 가운데서도 통일교회를 종족적 복귀시대로 발전시켰는데, 지금은 반대를 안 받으니 얼마나 발전하겠습니까? 지금까지 통일교회 교인들이 십자가를 지고 핍박받은 것은 장자복귀시대이기 때문에 장자를 복귀하기 위한 것입니다. 장자복귀시대에 그만큼 고생했는데, 여러분의 어머니 아버지 복귀시대에 장자복귀시대보다 고생을 더 해야 되겠습니까, 안 해야 되겠습니까? 더 해야 됩니다. 그렇기 때문에 종족적 메시아는 예수

님의 해원성사를 해야 되고, 선생님의 해원성사를 해야 됩니다.

9 자기 일족 앞에 종족적 메시아라는 것을 선포해야 됩니다. 듣든 안 듣든 하는 것입니다. 맡겨진 책임을 잘 수행하지 않게 되면 누가 맞느냐? 하늘이 대신 걸리는 것입니다. 그런 때가 옵니다. 그래서 종족적 메시아를 선포하는 것입니다. 그런 때를 넘어가기 위해서 종족적 메시아를 선포했기 때문에 지금 행동 개시를 해야 됩니다. 전부 고향으로 가야 합니다. 만약 고향을 못 가겠으면 나라를 살리라는 것입니다. 고향에 못 가면 남북을 위해서 살아야 됩니다. 종족적 메시아 책임을 못하게 되면 북한을 구할 수 있는 민족적 메시아의 책임을 하겠다고 해야 됩니다. 그렇게 노력하면 종족적 메시아권을 넘어선다는 것입니다.

10 예수님은 종족의 대표인 동시에 민족·국가의 대표가 될 것인데, 자기 가정적 부모권을 갖지 못했기 때문에 죽었습니다. 그래서 통일교회는 이제 형제권을 해방했으니 부모권을 해방해야 합니다. 오늘날 종족적 메시아를 내세움으로써 여러분의 어머니 아버지가 통일교회를 반대하던 것을, 타락한 아담 해와가 실패한 것을 다시 부활시켜서 찾아진 가정의 자격을 하늘나라의 권한을 가지고 시인 공포하는 것입니다. 그것이 종족적 메시아 선포의 목적입니다. 왜 그래야 되느냐? 부모의 기준을 중심삼고 타락하지 않은 아담 해와를 세우지 못하면 그 태어난 고향을 하늘나라의 고향으로 연결시킬 길이 없습니다. 본래 타락하지 않은 고향에서 태어날 때는 본래의 부모로부터 태어날 것인데, 타락했기 때문에 거꾸로 갖다 접붙여 놓은 것입니다. 그 고향도 타락하지 않은 아담이 본래 부모로서의 왕권을 대신해서 태어나 치리할 수 있는 기준을 대신 갖다 맞췄다는 기준을 세워야 합니다.

11 종족적 메시아를 선포했던 것과 마찬가지로 그런 때가 돌아오니만큼 여러분도 깨끗이 자기 고향에 돌아가야 됩니다. 선생님도 지금 고향에 가고 싶습니다. 여기 서울에 있고 싶지 않습니다. 여러분이 환고향 활동을 하여 그 여파가 북한을 능가하게 될 때는 선생님의 고향은 자연히 올라오는 것입니다. 싸움하지 않고 그냥 통한다는 것입니다. 그렇기 때문에 북한 이상의 정성을 들여 심정적인 고향, 가나안 땅을 편성하는 것이 통일가의 사명입니다. 그래서 종족적 메시아가 되라고 하는 것입니다.

12 종족적 메시아를 왜 한국과 더불

어 세계에 선포했는지 압니까? 한국에서 하면 세계의 국가 전부가 선생님을 중심삼고 하나되는 것입니다. 영계에서 얼마나 총동원이 되겠는지 생각해 보라는 것입니다. '이때다!' 하고 전부 눈에 불을 켜고 해원성사할 수 있는, 몇 천년 몇 만년의 역사를 탕감할 수 있는 좋은 때가 왔다고 전부 내려가기를 바라고 있습니다.

13 종족적 메시아로 축복가정을 배치해 예수님 완성, 자기완성, 아담완성, 3대 조상 기준을 세워 놓았기 때문에 이 땅 위에 있는 모든 인간을 품을 수 있는 자유스러운 환경에 들어가는 것입니다. 그렇기 때문에 종족적 메시아 선포를 하게 된 것입니다. 이것은 하나님의 섭리에서 지대한 복음입니다. 인류역사의 종말이요, 해방의 날이 여기서 벌어지는 것입니다. 남북통일이 아무렇게나 벌어지는 것이 아니라는 것입니다. 이것을 엮어 가지고야 가능합니다. 그것이 가정적 기준과 종족적 기준에 연결됐으니 국가적 기준에 연결될 것이고, 그렇기 때문에 통일교회와 정부가 하나돼야 합니다.

14 예수님이 실패한 이후 여러분에게 종족적 메시아를 위임해서 타락한 아담과 마찬가지로, 자기 마음대로 결혼한 자기 부모를 지금에 와서 축복이라는 하나님의 천혜(天惠)에 의해서 타락하지 않은 부모의 자리에 세운다고 하는 것은 엄청난 일입니다. 꿈같은 얘기라는 것입니다. 그런 것을 완성하기 위해서 종족적 메시아를 선포한 것입니다. 예수님은 홀로 종족적 메시아, 국가메시아가 되기 위해 보내진 것이지만, 선생님은 전 세계적으로 축복가정들을 종족적 메시아로 발표했습니다.

15 참부모의 승인을 받음으로써 하늘 편의 공인을 받은 것이 됩니다. 가인 아벨, 부모, 하나님에까지 공인을 받아, 그 모든 충성심과 정성을 보고 불쌍히 여겨 '그래라!'라고 할 수 있게 될 때, 다시 축복을 받을 수 있습니다. 이런 곡절이 있기 때문에 하나님이 할 수 없이 이 고개를 해결해 주는 것입니다. 하나님이 해결해 주지 않고는 다리를 건너올 수 없습니다. 이것이 참부모와 중생입니다. 참부모가 없어서는 중생할 길이 없습니다. 그렇기 때문에 종족적 메시아가 가정메시아의 다리를 놓치면 중생할 수 있는 길이 막혀 버립니다. 선생님이 이런 것을 알았기 때문에 인류를 해방시키기 위해서 종족적 메시아를 선포한 것입니다. 이것은 세계적인 혁명적 사건입니다. 특권적 특사적인 사건입니다. 이렇게 한 날 해와의 실수로 억천만세 동안 많은 피해를 당

하며 복귀의 길을 더듬어 왔던 하늘이 얼마나 비참한지, 참부모의 대를 이어 놓은 수천 대의 아벨적 존재의 희생이 얼마나 비참한지를 알아야 됩니다. 그것이 아담 해와를 복귀하기 위한 역사노정이었습니다.

종족적 메시아를 위한 조건

16 지금 선생님이 여러분한테 메시아라는 이름을 주었습니다. 여러분은 종족적 메시아입니다. 여러분이 종족적 메시아로서 무엇을 해야 되겠습니까? 국가적 메시아, 세계적 메시아, 천주적 메시아가 될 수 있는 모든 것을 다 준비해 놓았다는 것입니다. 산과 같이 큰 보물을 여러분을 위해 준비했습니다. 여러분이 메시아가 되기만 하면 보석산 같은 이 모든 것을 다 상속받는 것입니다. 수도관 같은 것이 연결되어 물이 흘러 내려가듯이 여러분에게 상속됩니다. 여러분이 이 값진 것을 상속받는 데 있어서 실패하게 된다면 여러분의 후손들이 여러분을 참소합니다.

17 하나님이 여러분을 도와주지 않고, 선생님도 여러분을 도와주지 않고, 선생님의 직계 자녀들도 도와주지 않고, 교회 식구들도 도와주지 않습니다. 선생님을 따라야 됩니다. 선생님이 과거에 걸어왔던 것과 같은 길을 걸어가야 됩니다. 그런 다음에 자유가 있는 것입니다. 그다음에 신천지가 전개되는 것입니다. 지금까지의 메시아는 남자 하나밖에 없었지만 이제는 가정메시아라는 것입니다. 지금까지 혼자로서의 메시아는 반대도 받았지만, 이제 가정메시아가 자리 잡는 세상이 될 때는 반대할 사람이 없습니다. 틀림없이 종족적 메시아 책임을 갖고 각자 고향으로 돌아가서 '나는 종족적 메시아로서 돌아왔노라!'라고 하면서 자랑하라는 것입니다. 이것은 여러분과 여러분의 후손들을 위해서입니다. 이스라엘 민족이 열두 지파를 배당하는 때와 마찬가지입니다. 이제 가나안 땅에 들어왔습니다.

18 자기 생각만 하면 안 됩니다. 할아버지 할머니를 돌아보고는 제일 늦게 자야 됩니다. 피땀을 흘려 가지고 벌어서 자기 아들딸, 가족뿐만 아니라 일족을 먹여 살려야 됩니다. 광야노정에 있는 것과 마찬가지입니다. 모세 앞에 있는 60만 명은 먹을 것이 있으면 자기 집안만 먹여서는 안 됩니다. 지파를 넘어서 모세 앞에 갖다 놓고 죽더라도 같이 죽자고 해야 됩니다. 백날 먹던 것을 하루에 먹더라도 열두 지파장은 모세 앞에 갖다 바쳐야 됩니다. 이런 생활을 하지 않고는 심정적 유대관계를 가정으로부터 종족·민족·국가·세계로 연결할 수 없

습니다. 외적인 국가와 세계는 선생님이 탕감복귀 기준을 세웠기 때문에 연결될 수 있는 기반을 닦았지만, 여러분의 종족적 기반은 선생님이 닦아 줄 수 없습니다. 이것이 종족적 메시아의 책임입니다.

19 이스라엘 민족이 가나안 7족의 문화와 전통을 따랐던 것이 문제입니다. 그래서 이스라엘 민족이 망하게 된 것입니다. 그것이 중요합니다. 지금은 다릅니다. 우리가 중심입니다. 망해 가는 바깥 세계에는 희망이 없습니다. 여러분이 유일한 희망이라고 그들이 쳐다보는 것입니다. 여러분이 하나되어 이제부터는 메시아로서의 책임을 완수해야 됩니다. 하나님이 여호수아와 갈렙에게 그랬던 것처럼 강하고 담대해야 됩니다. 장자권 복귀를 위해 부모를 갖고, 하늘을 갖고, 모든 것을 갖춘 이 지상 기반을 가졌으니 냅다 밀라는 것입니다. 뒤에서 하나님이 받쳐 주고, 참부모와 참가정의 힘이 요새(要塞)처럼 뒤에서 여러분을 보호해 주게 됩니다. 하나의 길로 전진만 하면 됩니다. 그것이 승리하는 길입니다.

20 여러분의 어머니 아버지로부터 받아서 지금까지 살던 습관성을 가지면 안 됩니다. 여러분 아들딸들을 지금부터 진정으로 가르쳐야 합니다. 그냥 놓아두면 가정이 축복받은 것이 다 망합니다. 그러니까 할 수 없이 메시아의 책임을 지워 내세우는 것입니다. 그것이 '역사적 최고의 시대'에 사는 것입니다. 영계와 육계가, 하늘땅이 바라보고 우주가 바라보는, 이러한 사랑의 놀라운 시기를 차지하는 주인이 되어야 합니다.

21 종족적 메시아가 왜 귀하냐 하면 가정 앞에 중심에 서 있기 때문입니다. 선생님은 세계적인 나라의 중심이 돼 있지만, 여러분 자체에는 그것이 없습니다. 여러분에게는 5퍼센트 실적이 없다는 것입니다. 그렇기 때문에 선생님이 세계를 사랑하고 나라를 사랑하던 것과 마찬가지로, 여러분은 하나님을 사랑하듯이 자기를 사랑하고, 자기 남편과 아내를 사랑하고, 자기 가정을 사랑하라는 것입니다. 자식 사랑하듯이 자기 가정을 사랑하고, 아내 남편을 사랑하듯이 자기 식구를 사랑하라는 것입니다. 나라를 사랑하고 세계를 사랑하라는 것입니다. 그러면 나라와 세계는 선생님이 이미 연결하고 있기 때문에 자연히 연결됩니다.

22 여러분 자신들이 가는 길은 개인적 심정권에서 가정적 심정권, 종족적 심정권, 국가적 심정권, 세계적 심정권, 천주적 심정권까지 연결될 수

있는 기반이 형성되기 때문에 이 종족적인 메시아 기준이 얼마나 중요한지를 알아야 됩니다. 가정이 소생이라면 종족이 장성, 국가는 완성입니다. 국가를 중심삼고 볼 때는 국가가 소생이고, 세계가 장성이고, 천주가 완성입니다. 세계를 중심삼고는 세계가 소생이고, 하늘땅이 장성이고, 하나님이 완성으로서 사랑으로 결탁됩니다. 이 3단계 원칙으로 연결돼 나가는 발전 원칙을 보게 되면, 나라를 찾을 때 종족적 메시아 기준이 귀중하다는 것입니다.

23 여러분은 김 씨면 김 씨 가문의 메시아와 마찬가지 사명을 해야 됩니다. 김 씨 가문이면 김 씨 가문, 박 씨 가문이면 박 씨 가문에서 하늘나라를 창건하는 데 있어서 종족을 대표해서 내가 메시아라고 생각하라는 것입니다. 자기 종족을 구해 주는 구세주라고 생각해야 됩니다. 그러기 위해서는 전체 종족을 대신하여 제사장적인 책임을 해야 됩니다.

24 지금의 자유세계를 망하게 하는 것이 개인주의입니다. 이 개인주의의 자유세계가 어떻게 살아남느냐가 문제인데 이것은 간단합니다. 위해서 살라는 것입니다. 위해 사는 것 하나 가지고 다 구해지는 것입니다. 통일교회가 종교를 통일할 수 있느냐? 통일할 때까지 우리는 위하는 것입니다. 위해 사는 것입니다. 이제 최후에 남은 종착지가 어디냐? 해결 방법은 뭐냐는 것입니다. 모든 벽을 헐고 혜택을 받으려면 어떻게 해야 되느냐? 종족적 메시아가 되라는 것입니다. 세계적으로 이것만 끝나면 개인적 참소조건, 가정적 참소조건, 종족적 참소조건, 민족적 참소조건, 국가적·세계적 참소조건이 다 없어집니다.

25 종족적 메시아가 얼마나 무서운 말인지 압니까? 메시아가 책임을 못하면 죽어야 됩니다. 죽기 전에는 돌아올 수 없습니다. 메시아의 사명을 다해야 됩니다. 메시아권을 유린해서는 안 됩니다. 내 생명이 꺼지고 내 일족이 꺼지는 한이 있더라도 메시아권을 유린해서는 안 된다는 것입니다. 어머니 아버지가 여러분을 죽일 수는 없지 않습니까? 십자가에 못 박을 수 없지요? 그것이 복입니다. 예수님 앞에 그런 복이 있었으면 얼마나 잘 했겠습니까?

26 세계와 싸워 탕감조건을 세우고 환고향할 수 있는 전통을 누가 만들었습니까? 종족권까지 만들고 가정까지 갈 수 있는 길을 선생님이 만들었습니다. 여러분이 세계적 문제를 걸고 탕감노정을 가 보았습니까? 종의 종으로 해서 가인 아벨을 중심삼

고 아들이 되어 해와권, 아담권을 중심삼고 하나님에게로 돌아가야 됩니다. 만유의 주인인 하나님에게로 돌아가야 됩니다. 그럴 때가 옵니다. 그다음엔 종적인 하나의 심정권을 찾았으니 이것을 중심삼고 개인·가정·종족·민족·국가·세계를 포괄하고도 남아야 됩니다. 역사 이래에 선생님이 수천년의 한을 품고 탕감복귀를 위해 세워 준 종족적 메시아권의 놀라움을 망각하지 말라는 것입니다.

27 선생님이 축복가정을 종족적 메시아로 보낸 것은 세계 가정을 대표했기 때문입니다. 그렇기 때문에 전 세계의 부부 앞에 기록적인 남자 여자가 되고 기록적인 남자 여자로부터 태어난 아들딸들은 지금까지 지구성에 살고 갔던 인간과 다른 족속의 조상들이 된 것을 알고, 그야말로 하나님의 아들딸로 직행해서 천국에 들어갈 수 있는 사람이 되어야 합니다. 하나님을 절대 믿고 참부모를 절대 믿고 인류를 절대 사랑해야 됩니다. 종적·횡적 사랑을 중심삼고 인류를 사랑해야 됩니다. 그렇게 사랑했다고 하게 될 때 중앙에 들어와서 자리 잡는 것입니다. 그러지 않고는 안 됩니다. 그래서 가정적 기준을 중심삼은 소명의 책임을 감당하기 위해 어떠한 가정보다 모범적인 가정을 이루어 나가라는 것입니다.

종족적 메시아의 자리

28 종족적 메시아는 한마디로 말하면 어머니 아버지를 왕권 자리로 올려 세우기 위한 역사를 하는 것입니다. 그다음엔 지금까지 사랑을 중심삼고 부모가 시작해서 내가 태어난 본래의 고향인 하늘나라의 고향으로 돌아갈 수 있다는 것입니다. 그렇지 않으면 고향이 없습니다. 이것을 안 해주면 고향이 없습니다. 고향이 없는 곳에는 부모가 있을 수 없습니다. 고향이 설정돼야만 한국에서 살던 모든 사람들의 고향이 앞으로 하늘나라 고향의 자리에 입수되는 것입니다. 그럼으로써 인간이 태어난 곳곳마다 부락이 있고 부모들이 있는데, 그 모든 곳이 하늘나라에 속해서 타락하지 않은 자리에서 태어난 부모의 자리를 대신 이어받게 되는 것입니다.

29 종족적 메시아는 1대에 종족을 중심삼고 고향을 안내하는 선봉자입니다. 모세와 같이 출애급의 선봉자입니다. 맹목적이 아닙니다. 고향을 찾아가야 됩니다. 그러나 가인을 찾지 않고는 고향에 못 들어간다는 것은 원리적인 사실입니다. 사탄세계에 형님의 종족이 남아 있기 때문에 그들이 내 종족 자리에 오도록 형님을 구해 주어야 됩니다. 그러지 않으면 사탄이 되니 할 수 없습니다. 그를 구해 주고 가야 그가 울타리가 되고, 자

기 고향에 돌아가서 자기 일족을 구할 수 있습니다. 그러지 않으면 여러분의 아버지 어머니를 전도해 놓아도 사탄이 또 물어 갑니다. 또 끌려갑니다. 그럴 수 있는 위험성이 있으니 하나님은 이런 섭리를 하지 않을 수 없습니다. 자기 아버지 어머니, 자기 일족, 고향을 다 전도해도 또 끌려간다는 것입니다.

30 선생님이 하나님 대신 횡적인 면에서 종족적 메시아를 파송했습니다. 종족적 메시아는 선생님이 이제 죽더라도 반드시 세계적으로 닦아진 판도, 수직적 세계에 접붙여지게 마련입니다. 그렇기 때문에 지금 선생님은 종족적 메시아를 보내 아벨적 문중의 조상이 되게 하는 것입니다. 이 조상들은 생명의 씨를 가졌습니다. 메시아는 부모이기 때문에 씨를 갖고 나타나는 것입니다. 여러분의 일족과 어머니 아버지는 사탄세계의 씨를 받은 것입니다. 여러분이 생명의 씨를 가지고 부딪치면 어디 가든지 승리할 수 있습니다.

31 종족적 메시아권을 여러분에게 준 것은 지금까지 역사상의 수많은 종교를 총합한 그 모든 공의의 실적을 갖다 준 것입니다. 아담이 타락하지 않고, 노아가 실패하지 않고, 아브라함·이삭·야곱이 실패하지 않고, 모세가 실패하지 않고, 예수님이 실패하지 않고, 선생님이 실패하지 않은, 고생의 십자가를 지지 않은, 수난받지 않은 역사시대 전체를, 해방된 자리에서 갖춘 그 결과의 열매를 아무것도 모르는 여러분 앞에 갖다 준 것입니다. 그 이름 가운데는 수천만 사람들의 순교의 피가 호소하고 있고, 도를 중심삼고 수난당하고 희생한 수많은 선인들의 부활의 기지가 되어서, 평면적으로 어디든지 하늘의 기지가 되어서 해방의 행보를 갖출 수 있는 지상천국이 되어 주기를 바라는 소원이 깃들어 있습니다. 피의 호소와 인류의 소원의 호소가 어우러져 있다는 것입니다. 종족적 메시아는 유태교와 기독교를 중심삼고 종적으로 내려오면서 실패한 모든 것을 통일교회를 중심삼고 압축시켜 전통적인 승리의 권한을 가지고, 불교 유교 등 모든 종교들이 받겠다고 하는 모든 복을 총합한 자리에서 결정적 핵으로 전수한 것입니다. 그것이 종족적 메시아라는 것입니다.

32 메시아라는 말은 고향의 조상과 마찬가지입니다. 횡적인 세계 전부가 종족들이 사는 곳입니다. 완전히 소화하는 중심은 하나님입니다. 우선 참부모를 중심삼고 그런 목적 달성을 위한 활동을 하는 것입니다. 미국에 있는 선생님이 한국으로 돌아가

면 중심도 금방 한국으로 이동하는 것입니다. 선생님이 없으면 허전합니다. 선생님이 오게 되면 또다시 모든 곳이 꽉 찹니다. 사방이 희망찬 자리에 들어가는 것입니다. 종족의 왕이 종족적 메시아입니다. 종족적 메시아의 자리는 제2 부모의 자리, 예수님의 자리입니다. 선생님으로부터 축복을 받는 여러분의 자리는 예수님 이상의 자리입니다. '나는 참부모를 중심삼고 종족적 메시아로서 파송된다.'라는 것입니다. 여러분의 종족을 구원해 주고 난 다음에 여러분이 아담의 자리에 올라갈 수 있습니다.

33 종족적 메시아는 역사적인 모든 피조세계, 인류의 남자 여자, 가정의 모든 씨로서 축복해 준 것입니다. 씨라는 것입니다. 수많은 가정들이 자라 왔지만 하늘땅이 필요로 하고 하나님이 필요로 하는 가정이 아니었습니다. 그것은 씨가 아닙니다. 종족적 메시아로서 가라고 하는 것은 여러분 종족에게 가서 새로운 씨를 심어 가지고 거기에 난 것이 가짜, 돌감람나무이기 때문에 이것을 잘라 접붙여서 참감람나무를 나게 하는 참감람나무 밭을 만들라는 것입니다. 그 일족에게는 이 이상의 복음이 없습니다. 나라를 찾는 것보다도, 세계를 찾는 것보다도, 하늘땅을 찾는 것보다도 더 귀한 것입니다.

34 여러분이 외지에 나가 수련하고 뜻을 중심삼고 열심히 활동하던 새로운 습관성을 가지고 그 동네 전체를 변혁시켜야 됩니다. 따라가면 안 됩니다. 하나님이 아무것도 없는 가운데서 자기 전체를 투입해서 사랑의 대상권을 만들었던 것과 마찬가지로 여러분 자체를 투입해야 됩니다. 반드시 하나로 일치시켜야 됩니다. 여러분의 고향 사람들 가운데 누구보다도 최고의 자리까지 가게 되면 영계가 협조하는 것입니다.

35 하나님 앞에 제일 가까운 데 가겠습니까, 먼 데 가겠습니까? 모두 가까운 데 가겠다고 합니다. 공부를 하는 것도 이것 때문입니다. 왜 공부합니까? 내가 씨 될 수 있는 요소를 많이 흡수하고 크게 흡수하기 위해서입니다. 그러려면 전부 흡수해야 됩니다. 흡수하는 데는 강제로가 아닙니다. 자연히 나에게 빨려 들어와야 됩니다. 그러려니까 위해 줘야 됩니다. '나는 비어 있습니다. 어서 오시옵소서!'라고 할 수 있는 생활, 씨 될 수 있는 생애로 연결되어야 하늘땅 앞에 대표적인 존재로서 남아지지 않겠느냐는 것입니다. 그 뜻을 안 여러분은 고향에 들어가서 씨 될 수 있는 존재로서 심어져 대한민국은 물론이고 하늘땅이 찾아갈 수 있는, 하나님이 언제든지 찾아가고 싶은 환경을 남길

수 있어야 됩니다. 그렇게 해 놓고 저 나라에 가게 될 때, 하늘나라의 아들딸로서 사랑을 받고 살 것임에 틀림없습니다. 이러한 생애노정을 이제부터 정립해야 되겠습니다.

36 여러분이 고향을 찾아가는 것은 새로운 씨를 심는 것입니다. 아담과 해와의 씨가 못된 씨가 되었으니, 여러분을 통해서 새 씨를 심어서 새 뿌리를 박으려고 하는 것입니다. 그러니 새 씨를 심을 때는 거름을 갖다 퍼부어야 됩니다. 그러니 욕을 먹으러 가야 합니다. 선의의 욕을 먹고 고생을 많이 해야 됩니다. 3년, 3년까지 필요 없습니다. 6개월이면 다 끝난다고 봅니다.

2절 종족적 메시아의 책임

1 종족적 메시아는 장자권이 복귀된 기반 위에서 부모권 해방을 위해서 오시는 주님이 개인 아벨, 가정 아벨, 종족적 아벨, 민족적 아벨, 국가적 아벨, 세계적인 아벨권을 대표해서 기독교와 미국이 못한 것을 다시 접붙여서, 반대하던 공산당까지 무너뜨리고 통일천하할 수 있는 환경적 여건을 갖춘 터 위에 보내는 것입니다. 그렇기 때문에 천상에서 재림주를 보내던 것과 마찬가지로, 하나님 대신 부모가 여러분을 종족적 메시아로 보내서 이스라엘 나라가 4천년간 준비한 메시아를 맞기 위한 약속의 기반인 주류 종교권을 여러분에게 상속해 준 것입니다.

가정교회와 믿음의 자녀

2 종족적 메시아는 가인 아벨 두 족속을 품어야 됩니다. 자기 일족과 가인 일족을 품어야 됩니다. 예수님을 중심삼고 볼 때 요셉 가정과 사가랴 가정과 마찬가지입니다. 이 가정들이 하나되지 못함으로써 예수님이 죽었던 것과 마찬가지입니다. 지금은 가정교회와 종족교회가 필요합니다. 요셉 가정과 사가랴 가정이 하나된 그 위에 예수님이 서는 것입니다. 그 종족적 메시아를 모시고 국가적 메시아를 모시게 되면 복귀입니다. 그렇기 때문에 가정교회는 가인적 교회로서 종족적 메시아 기반이요, 아벨적 교회는 자기 일족입니다. 이 둘을 합해야 됩니다. 그래야 종족적 메시아의 사명이 끝난다는 것입니다. 이제 종족과 완전히 하나되는 것은 문제없습니다. 그리고 외부적으로도 문제될 것이 없을 때에 왔다는 것입니다. 종족적 메시아를 임명했다고 해서 가정교회가 없어지는 것이 아닙니다. 이 수십억 인류가 복귀되더라도 가정교회는 필요합니다. 몸과 마음이 통일되고 온 세계가 통일돼야 하는 것과 마찬가지로 가정교회도 종족적 안팎으로 통일돼야 합니다.

3 여러분이 종족적 메시아의 사명을 다하려면 가인적 종족을 복귀해서 아벨적 종족을 복귀하지 않으면 안 됩니다. 여러분이 정성 들여서 여러분의 명령에 따라 자기 생명과 재산을 다 투입해서 움직일 수 있는 자를 120명만 확보하게 되면, 그들이 여러분의 어머니 아버지를 대해 '당신 아들딸을 길러 놓기에 얼마나 수고하셨습니까? 당신의 아들딸이 우리를 살려 주기 위해 얼마나 수고했는지 모릅니다.'라고 하게 된다는 것입니다. 그렇게 120명이 여러분 문중을 중심삼고 잔치하면서 한마디씩 치사를 하게 되면 하루저녁에 다 돌아간다는 것입니다.

4 고향에 돌아가 종족적 메시아가 되어야 합니다. 그렇다고 지금까지 다년간 활동해 나온 가정교회가 없어지는 것은 아닙니다. 가정교회 기반은 가인 기반이요, 자기 일족은 아벨 기반입니다. 가정교회 기반에서 눈물과 피땀을 흘린 공적을 가지게 되면 자기 일족은 자동적으로 돌아갑니다. 가정교회를 통해 백 명만 전도해서 자기 일족한테 가게 되면 영웅이 왔다고 그 동네가 하루저녁에, 일시에 돌아옵니다. 그 싸운 경력을 보고 하는 것입니다.

5 타락한 아담 해와는 아벨에 의해 복귀되는 것입니다. 축복받은 부모도 자녀에 의해 완성됩니다. 이것은 참으로 타락한 부모가 아벨에 의해 복귀되는 것과 같습니다. 이런 식으로 해서 탕감복귀됩니다. 그러므로 믿음의 자녀가 없으면 자신의 자녀를 잉태해서는 안 됩니다. 자녀를 낳아 사랑할 수도 없습니다. 이것이 원리의 길입니다. 타락은 원리의 반대 방향으로 떨어진 것이기 때문에, 그 반대 방향을 틀어막아서 물이 흘러나가지 않도록 갖다 맞추어 일치시켜 올라가는 길이 복귀의 길입니다. 그러므로 여러분에게 절대로 필요한 것이 믿음의 자녀입니다.

6 통일교회 식구들도 뜻을 알고 하나님의 사랑을 받게 되면 아벨이 됩니다. 그런 기준이 이루어지면 그 나름의 선령인을 중심으로 해서 아벨의 입장에 서는 것입니다. 20세에 들어온 경우에는 20세를 중심으로 해서, 30세에 들어온 경우에는 30세를 중심으로 해서, 40세 들어온 경우에는 40세를 중심으로 해서 그 나름의 연령을 중심으로 아벨의 입장에 섭니다. 거기에서 어떤 사람을 전도하면 그 나름의 연령 기반 위에서 가인 아벨의 기준이 복귀됩니다. 그 이외에는 허락되지 않습니다. 그것을 다시 해야 되기 때문에 자녀를 통해 복귀해 가지 않으면 안 됩니다. 그렇게

하려면 3명의 믿음의 자녀가 복중에서부터 직계 자녀를 모시고, 자녀가 결혼하기까지 힘을 다하고 모든 것을 협조하는 전통을 세우지 않으면 절대로 완전복귀는 안 되는 것입니다. 세계적인 승리의 기대를 세우려면 선생님도 그 길을 가지 않으면 안 되고, 여러분도 그 길을 가지 않으면 안 됩니다. 선생님이 세계적 사명을 가졌다고 한다면, 여러분은 국가적 사명까지 하면 됩니다. 선생님은 한 단계 앞섭니다. 이렇게 해서 선생님은 세계적 승리 기반을 만들고, 여러분 개인은 국가적 승리 기대를 만들지 않으면 안 됩니다.

7 사랑은 누구에 의해 시작되었는가 하면 사탄, 천사장으로부터 시작되었습니다. 복귀는 사탄, 천사장으로부터 빼앗아 와서 믿음의 자녀를 만들고, 믿음의 자녀를 사랑하고 난 뒤 자기에게로 돌아오는 것입니다. 참부모가 한 것같이 돌아오는 것입니다. 사랑은 사탄으로부터 시작된 그 사랑권으로부터 빼앗아 오지 않으면 안 됩니다. 사탄이 빼앗아 갔으므로 그것을 반대로 사탄권으로부터 찾아오는 것이 승리적 천사장, 절대복종하는 천사장의 입장에 서야 할 3인의 믿음의 자녀의 사명입니다. 그 믿음의 자녀를 구해서 하나님과 같은 입장에서 사랑하였다고 하는 입장에 서야 합니다. 사랑의 문제로 사랑을 잃고 타락한 것이므로 그 이상의 사랑을 하지 않으면 안 됩니다. 그러므로 믿음의 자녀를 어느 정도 사랑하면 좋은가 하면, 이 세상 부모가 자기 자식을 사랑하는 것 이상 사랑해야 됩니다. 그러지 않으면 믿음의 자녀는 복귀되지 않습니다.

8 세상 부모의 사랑 이상의 사랑의 길이 아니면 사람은 끌려오지 않습니다. 사랑에 의해서 끌려간 사람은 사랑에 의해서 되돌아오게 하지 않으면 안 됩니다. 그렇게 함으로써 승리한 사랑의 기준이 세 믿음의 자녀에 의해서 세워지고, 승리한 그 기반 위에 서야 비로소 자기 자녀를 사랑할 수 있습니다. 이것은 공식입니다. 선생님도 그러한 생활을 계속해 오고 있습니다. 그 공식을 통과하지 않으면 완성 기반은 생겨나지 않습니다. 그러므로 아무리 자녀가 있더라도 믿음의 자녀가 완전히 복귀되지 않았을 때는 그 자녀를 자기 집에 들여서 함께 살 수 없습니다. 하나님이 탕감복귀를 위해 예수님을 지상에 보내어 죽음길로 보내고 인류를 사랑하신 것같이 믿음의 자녀를 완전히 사랑해야 됩니다. 그래서 믿음의 자녀가 자기 자녀를 위하여 희생하는 기대를 세우지 않는다면 자기 자녀를 사랑할 길은 생기지 않습니다.

9 우리는 적어도 믿음의 세 자녀를 가져야 합니다. 모든 사람에게는 두 유형의 자녀들이 있습니다. 즉 믿음의 세 자녀와 자기들을 통해서 태어난 참자녀가 있습니다. 이 세계를 총괄적으로 보게 되면, 이 세계에는 하나님의 직계 자녀 자리에 있는 아들딸이 있고, 양자의 자리에 있는 타락한 인간이 있습니다. 구원은 개인을 위해서 있는 것이 아닙니다. 구원은 가정적인 기준에 있지 않으면 안 됩니다. 그러므로 우리는 믿음의 세 자녀를 가져야 하고, 그들을 우리 자신의 직계 자녀와 하나되게 만들어야 합니다. 그것이 공식입니다.

10 아담 해와를 본래 누가 교육해야 되느냐 하면 천사가 해야 됩니다. 하나님이 교육하는 것보다도 성년이 될 때까지는 천사가 보호해서 육성하는 것입니다. 그와 마찬가지로 믿음의 아들딸은 그 믿음의 부모가 하늘에 돌아갈 수 있는 자리에 서게끔 모두 협조해 줘야 됩니다. 그 믿음의 아들딸의 협조를 받아서 하늘 앞에 축복받고 넘어갈 때에 믿음의 부모를 협조했다는 조건으로 따라 넘어간다는 것입니다. 그렇게 해서 천사세계의 세 천사가 복귀되고, 아담의 세 아들이 복귀되고, 노아 가정의 세 아들이 복귀되고, 3단계 전체를 대표한 자리에서 넘어갈 수 있는 조건이 성립된다는 것입니다. 완전히 하나됐다는 것은 뭐냐? 에덴동산에서 타락하지 않은 아담을 중심삼고 세 천사가 완전히 하나됐다는 말입니다. 그것이 하나되어서 하나님의 축복권 내로 넘어가는 것입니다.

11 타락하기 전 아담 해와 앞에 세 천사장이 완전히 협조해서 아담 해와의 결혼 날을 천사장들이 고대하던 것과 마찬가지로, 믿음의 아들딸들이 자기 믿음의 부모에 대해서 간절히 축복받기를 원해야 됩니다. 천사장이 실수함으로써 천사들이 다 걸렸으니, 믿음의 아들딸이 실체를 가지고 협조함으로써 육계와 영계에 걸린 조건을 탕감하는 것입니다. 그렇기 때문에 믿음의 부모와 믿음의 아들딸은 타락한 세계의 부모보다도 심정이 높아야 됩니다. 타락한 세계의 부자관계보다도 심정이 낮게 될 때는 하늘 편에 설 수 없습니다. 타락한 세계의 부자관계 이상의 자리에 나가서 하나돼야만 하늘의 축복을 이어받을 수 있는 자리로 넘어가는 것입니다. 이래 가지고 축복받은 후에 자기 아들딸이 태어나서 부모가 사랑을 하더라도 사탄세계에서 탕감조건을 걸고 참소할 수 없다는 것입니다.

12 선생님이 국가 기준을 넘었기 때문에 여러분은 핍박이 없습니다. 대

한민국이 국가적 차원에서 통일교회를 받들 수 있는 단계에 들어왔으니, 여러분은 그냥 그대로 대한민국의 누구누구 친척을 택해 세우면 되는 것입니다. 이제는 우리 친척 형제와 같은 사람들을 택해 세우면 믿음의 아들딸을 대신할 수 있는 단계에 들어왔습니다. 그런데 그 믿음의 아들딸은 어떻게 해야 되느냐? 여러분을 위해서 생명을 바칠 수 있고, 여러분의 아들딸을 위해 생명을 바칠 수 있어야 됩니다. 그런 사상을 어떻게 집어넣겠습니까? 여러분이 집어넣을 수 있습니까? 원리를 통해서 집어넣어 줄 수 있습니다. 앞으로는 그것이 전통이 됩니다.

전도와 축복을 통한 종족 편성

13 여러분의 마음이 하늘만을 생각하고 하늘의 가정을 위하는 데에 있어서만 그 가정이 나라를 위하기 때문에, 그 가정을 따라가야만 내가 나라를 차지할 수 있습니다. 그 가정이 세계를 위할 수 있는 중심의 자리에 있기 때문에, 내가 세계로 갈 수 있는 길은 그를 통해서, 그를 세계적인 중심으로 모시고서야 따라갈 수 있는 것입니다. 원리의 길이 그렇게 되어 있습니다. 여러분이 원리에 입각한 선생님 대신의 자리에 서려면 믿음의 세 아들딸을 만들고, 열두 아들딸을 만들고, 70문도를 만들고, 자그마치 120명을 전도해서 시집 장가보내야 합니다. 그래야 영계에 가서 열두 진주문을 사방으로 낮이나 밤이나 마음대로 행차하더라도 거기에서 문지기가 '누구요?'라고 하지 않고 '어서 듭시오.'라고 안내하는 것입니다. 만일 믿음의 세 아들딸밖에 없으면 언제나 한 문만을 중심삼고 들락날락합니다. 딴 데는 못 가는 것입니다.

14 제일 시급한 것이 여러분이 종족적 메시아 책임을 하는 것입니다. 그러기 위해서는 여러분이 문중에 들어가서 12제자를 만들고 축복해 주어야 됩니다. 그다음에는 70문도를 만들어야 되고, 120문도, 자그마치 전부 합해서 120명을 빨리 규합해야 됩니다. 중심이 된 36가정 72가정을 선생님이 다 탕감했고, 120가정을 선생님이 대번에 탕감했기 때문에 여러분은 120명만 갖다가 붙이면 됩니다. 그러면 종적으로 횡적으로 전부 탕감할 수 있게 됩니다. 그렇기 때문에 120명은 반드시 여러분이 종족에 들어가서 규합해야 할 통일교회 가정들의 책임입니다.

15 여러분은 믿음의 아들딸을 중심삼고 새로운 이스라엘을 편성해 나가야 됩니다. 선생님이 열두 가정을 중심삼고 36가정 72가정 120가정을 찾아 놓은 것같이 그 길을 그대로 밟아

가야 됩니다. 선생님이 그냥 이 일을 한 것이 아닙니다. 예수님이 그것을 해결짓기 위해서 비운의 죽음길까지도 가게 됐고, 하나님도 그런 문제를 해결짓지 못했기 때문에 지금까지 6천년 동안 역사해 나오셨습니다. 선생님이 가는 길은 그 분야가 여러분보다 한 단계 앞서서 더 넓은 국가적이요 세계적일 뿐이지 내용은 마찬가지입니다. 사는 데 있어서는 마찬가지입니다. 선생님은 기독교의 반대를 받았기 때문에 종족적 메시아의 터전이 없습니다. 그래서 그것을 찾아와야 되겠기에 거리에서 난데없이 만난 행인과 마찬가지 입장인 여러분을 선생님의 혈족보다도, 부모처자보다도 더 사랑해 왔던 것입니다. 여러분도 믿음의 아들딸들로 하여금 여러분의 생명을 대신해서 희생할 수 있는 자리에 나아가게 하기 위해서는 친아들딸을 기르는 것보다 3배 이상 수고하지 않으면 안 됩니다.

16 여러분은 120명을 전도해야 됩니다. 120명을 전도해서 자기가 결혼시켜 줘야 됩니다. 축복해 주라는 것입니다. 그러면 세계적 대표, 국가적 대표, 가정적 대표가 영육을 중심삼고 연결되니 여러분이 가는 길은, 천국의 씨족권은 자연히 이루어지는 것입니다. 세 사람을 전도 못하고는 얼굴을 들고 있을 수 있습니까? 그것은 영육이 갈라진 것과 마찬가지이기 때문에 죽은 것과 마찬가지입니다. 세 사람을 못 가진 사람은 사위기대가 안 되기 때문에 그 기준에 설 수 없습니다. 전도해야 됩니다. 그것을 누가 해줄 수 없습니다. 여러분이 해야 됩니다. 그렇게 전도하는 것은 통일교회를 위한 것이 아니고 선생님을 위한 것이 아닙니다. 자신을 위한 것입니다.

17 하나님이 지금까지 재창조하던 것과 마찬가지로 그 재창조 과정을 하나님 대신 현실에서 한다는 마음을 가져야 됩니다. 그래서 120가정을 어떻게 복귀하느냐? 이것이 중요합니다. 120집 가운데는 12제자도 들어가 있고, 72문도도 들어가 있고, 다 들어가 있습니다. 예수님이 부활하고 나서 성신이 강림하여 120명의 사도가 성신을 받아서 복음을 세계로 전파한 것과 마찬가지로, 그것을 가정적인 기준에서 여러분이 수습하고 복귀해서 묶어야 됩니다. 그래야 종족적 메시아 사명이 끝나는 것입니다. 그렇게 되면 그때부터 여러분이 축복해 주는 것입니다. 여러분이 선생님 대신 결혼식도 다 해줘야 됩니다. 왜 그러냐? 여러분이 조상이라는 것입니다. 앞으로 그 일만 하면 됩니다. 나라는 이미 하나돼 있습니다. 세계 전체가 선생님을 따라갑니다. 이것만

하면 국가 편성, 세계 편성은 일시에 다 끝나는 것입니다.

3절 종족적 메시아의 역할

1 종족적 메시아가 되어 고향을 찾아야 합니다. 종족적 메시아는 고향을 찾고, 조상을 찾고, 하나님을 모셔야 합니다. 첫째가 뭐냐 하면 땅입니다. 둘째는 조상입니다. 셋째는 참다운 하나님의 심정권, 하나님과 동거하는 것입니다. 여러분이 지금까지 태어나 자란 땅이 하늘나라의 땅이 아닙니다. 여러분의 어머니 아버지도 하늘나라의 조상이 아닙니다. 그러니까 하나님이 동거를 못하는 것입니다. 타락하지 않은 본연의 아담 해와를 중심삼고 사는 그 땅이 아담 해와의 땅이요 하나님의 땅이요, 그 조상이 하나님의 조상이요 인류의 조상이 됩니다. 그곳이 하나님과 동거하는 곳이기 때문에 지상천국입니다. 그것이 지금 안 됐습니다. 종족적 메시아의 책임을 못하게 되면 이것이 없습니다. 아무리 선생님을 따라갔다고 하더라도 환국할 때는 이스라엘 민족과 마찬가지로 자기 종족을 거느리고 환국해야 됩니다. 천국은 가정을 가지고 들어가게 돼 있습니다. 지상천국이나 천상천국이나 그렇습니다. 일족을 거느리고 가게 돼 있는 곳입니다. 그래야 나라를 찾는 것입니다. 그렇지 않으면 나라를 못 찾는 것입니다.

종족적 메시아의 사명

2 환고향하기 위해서는 생명·사랑·혈통의 세 가지 조건이 있습니다. 이것을 실천하기 위해서는 생명을 각오하지 않으면 안 됩니다. 선생님이 생명을 걸고 수많은 고개를 넘어왔습니다. 생명을 각오하고 하는 일에 있어서 새 나라의 여명을 지닌 동녘의 아침 햇빛이 비칠 것입니다. 그 나라에 비치는 햇발도 하나님의 사랑이요, 그것은 천추만대에 계속할 수 있는 광명한 전통의 해가 되는 것입니다. 영원히 변치 않는 하늘의 혈통을 이어받고 그 햇살을 받아야 영원히 모실 수 있다는 것입니다. 그것은 인류 생명의 본체 되는 하나님을 상징하고 부모님을 상징하는 것입니다. 부모님의 전통과 하늘의 복귀섭리의 전통을 계승해서 생명과 바꿔 놓고, 그 바꿔 놓은 것이 세상의 어떠한 위협에도 제거되지 않는 주체성을 지녔다고 자신하게 될 때에 새로운 날을 출발하게 될 것입니다.

3 새로운 나로부터 새로운 가정, 새로운 나라를 위해 종족적 메시아가 필요합니다. 거기까지 있는 정성을 다해서 성취해야 됩니다. 선생님이 닦아 온 신앙길, 하나님이 창세 이후 몇 억년간 수고해 개척한 모든 결실

을 여러분 앞에 무상으로 전수해 주노니 완전히 계승받아야 합니다. 그래서 천상천하에 부럽지 않은 통일세계 혈족 권한을 찬양할 수 있게 되라는 말입니다. 그 이상 의로운 것, 그 이상 가치 있는 것은 없습니다. 그 가치 앞에 있는 평화의 세계로 직행할 수 있는 여러분이 되어야 합니다. 그러면 환고향의 길과 더불어 새 나라의 통일이 벌어질 것입니다.

4 종족적 메시아는 아버지 어머니를 타락하지 않은 아담과 해와로 만드는 것입니다. 그다음엔 고향을 찾아 세움으로써 왕권 회복이 벌어집니다. 그렇게 되면 다 끝나는 것 아닙니까? 첫째는 부모 동위권에 서는 것이요, 그다음에는 고향복귀를 하는 것이요, 왕권복귀를 하는 것입니다. 그렇기 때문에 모든 사람들은 하늘나라의 고향을 갖게 된다는 것입니다. 하늘나라의 고향을 가지려니까 하늘나라의 부모를 갖지 않으면 안 됩니다. 하늘나라의 부모를 만드는 것이 종족적 메시아의 사명입니다.

5 하늘을 위해서 땀을 흘리던 것과 같이 피를 흘려야 됩니다. 피 흘리는 역사적인 수난 고개를 즐겁게 찾아가야 됩니다. 내 해방을 위하여 그 이상 퍼부어야 할 자체들임을 이제까지 모르고 왔습니다. 나는 상관없이 상대적으로 하면 다 될 줄 알지만 그것이 아닙니다. 근본에 돌아오는 것입니다. 고향 땅으로 돌아오기 위해서는 여러분이 근거지를 격파해야 할 책임 소관이 남아 있음을 확실히 알아야 합니다. 이제 여러분의 뿌리를 정비해야 됩니다. 타락함으로써 아버지 어머니가 잘못되었고 장자가 잘못되었습니다. 그렇기 때문에 참부모를 중심삼고, 참아들딸을 중심삼고 본연의 부모권과 장자권을 거꾸로 틀어 넘겨야 됩니다. 그냥 그대로는 접선이 안 됩니다. 180도 반대로 갖다 붙여야 출발할 수 있습니다.

6 지금까지는 선생님이 책임졌지만 이제 여러분의 족속은 여러분이 책임져야 됩니다. 90각도 심정을 중심삼고 이 각도를 맞춰야 된다는 것입니다. 개인적으로, 가정적으로, 종족적으로 하나 만들어야 됩니다. 자고 깨고 먹고사는 모든 것이 자기를 중심삼은 것이 아닙니다. 일족을 위해서입니다. 내가 죽어도 김 씨면 김 씨를 위해서 모든 것을 해결해야 됩니다. 통일교회는 이 준비를 해야 됩니다. 그것이 살아남는 길입니다. 나라를 살리는 길입니다. 그렇기 때문에 종족적 메시아의 사명을 위해서 전진에 전진을 해야 됩니다.

7 개인이 승리해서 가정을 가진다

면, 가정은 종족과 민족과 국가와 세계의 고개를 넘어가지 않으면 안 됩니다. 그러므로 개인의 소원은 하늘편에 설 수 있는 가정을 찾는 것입니다. 가정을 찾아 놓고는 '지금까지 축복 문제를 중심삼고 천신만고의 수난길도 극복해 나왔는데 이제는 결혼했으니, 아이고 됐다.'라고 하면서 슬슬 낮잠만 자 보라는 것입니다. 재미있게 살아 보라는 것입니다. 그것은 사탄이 세계적으로 포위하고 있고, 국가적으로 포위하고 있고, 민족적으로 포위하고 있고, 종족적으로 포위하고 있는 권내입니다. 개인이 안식하려면 가정이 없어서는 안 되겠기 때문에 지금까지 가정을 찾기 위해 싸워 나온 것입니다. 또 가정이 안식하려면 종족권이 없으면 안 됩니다. 종족이 울타리가 되어 불어오는 바람과 그 외의 모든 것을 막아 줄 수 있어야 됩니다. 그런 책임을 대신하는 무대를 만들지 않고는 편안한 가정에서 생존할 수 없습니다. 그러려면 친척들을 중심삼고 족장이 되어야 합니다. 그래서 여러분에게 종족적 메시아의 사명을 하라고 한 것입니다.

8 종족적 메시아에 있어서 가정이 그 교과서입니다. 자기 조상으로 현현한 것이 할아버지 할머니이고, 어머니 아버지는 현재 대표이고, 여러분은 미래 대표입니다. 이 3시대를 축소한 것이 종족적 메시아의 사랑의 교과서입니다. 그와 같이 하나된 그 심정을 중심삼고 동서남북 세계 어디를 가더라도 그와 같이 살 수 있고 그와 같이 대할 수 있으면, 세계는 할아버지 할머니 같은 사람, 어머니 아버지 같은 사람, 형제 같은 사람이 다 있으니 그와 같이 따뜻하게 대할 수 있는 하늘나라의 백성으로서 하늘나라의 사랑을 소유한 사람이기 때문에 천국 가는 것은 문제없다는 것입니다. 타인들을 자기 부모형제와 같이 대할 수 있는 그와 같은 분위기가 되면 영계와 즉각 연결되는 것입니다. 여러분은 가정에서 그와 같은 삶을 살아야 됩니다. 그런 분위기를 조성하기 위해 지금부터 종족적 메시아로서 환고향해야 됩니다. 그것이 여러분의 사명입니다. 아무리 어려워도 극복해야 됩니다.

9 예수님은 종족적 메시아가 못 되었습니다. 완성시대에 부모님의 자녀가 될 수 있는 자격이 없습니다. 그럼으로써 부모가 잘못한 모든 것을 탕감하고, 신·구약의 소생·장성 모든 것, 역사적인 전체를 총합해 한꺼번에 불살라서 바치기 위한 것이 가정교회 제단입니다. 이것을 완성하여 승리하면 세계나 천상세계나 어디나 왔다 갔다 할 수 있는 통행권을 받을 수 있습니다.

10 절대신앙·절대사랑·절대복종 위에서 축복가정이 성립되는데, 그 축복가정은 하늘의 소유권, 하늘의 모든 나라와 세계를 품을 수 있는 자리의 가정입니다. 절대신앙·절대사랑·절대복종하는 마음을 가지고 하늘나라에 가서 혈통을 복귀한 것입니다. 절대 혈통전환, 절대 소유권전환, 절대 심정권전환을 했습니다. 다 찾아왔습니다. 종족적 메시아를 통해 절대 혈통을 전환하고, 절대 소유권을 전환하고, 절대 심정권을 전환한 종족이 많으면 나라는 자연히 구원됩니다. 마지막이 되는 것입니다. 깨끗이 청산됩니다. 이것은 자신만만하게 활동하는 내 손에 달려 있습니다. 내 활동 여하에 달려 있다는 자신을 가지고 출정하는 것입니다. 우리는 참부모의 아들딸이기 때문에 참부모가 승리한 전 세계를 우리가 수습해서 부모가 주장해야 할 소유권을 우리가 부모 대신 주장해야 된다는 것을 자각해야 됩니다. 그것을 다 받아서 부모에게 연결하는 것입니다. 그것이 국가복귀의 종족적 메시아입니다.

고향에서 해야 할 일

11 부모님 사진을 붙이고 통일교회 깃발만 달면 그것으로 하늘나라 권속이 되는 것입니다. 하늘나라 권속을 만들어 주겠다는 것입니다. 그래서 깃발을 다는 것을 저주하다가 벌받은 사람이 많습니다. 참 신기합니다. 선생님을 손가락질하다 손에 병나서 며칠 밤 기도하고 회개하고야 낫고, 그런 일이 벌어집니다. 왜 그러겠습니까? 천운이 찾아오는데 개인 운세로 막을 수 없습니다. 숙명적인 길입니다. 바꿀 수 없습니다. 모세가 구리뱀을 들고 있을 때 그것을 바라본 사람은 다 살았습니다. 통일교회 기를 바라보고 갈 적마다 경배하고 올 적마다 경배하고, 참부모님의 사진을 보면서 갈 적마다 경배하고 올 적마다 경배하면 산다는 것입니다.

12 통일교회 깃발을 다는 것은 지나가던 통일교인들이 배가 고프거든 여기 들어와서 점심때면 점심이라도 먹고 가고 쉬라는 표시입니다. 그렇기 때문에 언제나 손님을 대접할 수 있는 준비를 해야 된다는 것입니다. 부모님을 대신해서 그런 준비를 해야 됩니다. 그래서 방도 있어야 됩니다. 부모님을 모심으로 구원을 얻는데 부모님이 안 오시니 손님을 부모님 대신 모시겠다는 것입니다. 이 사상은 하늘의 최고 기준 앞에 평준화 사상을 연결시키기 위한 것입니다. 그러한 뜻에서 손님을 하나님같이, 부모님같이 모시라는 것입니다. 그런 사람은 복을 받습니다.

13 가정부흥회를 해야 됩니다. 가정

부흥회는 여러분 일족을 중심삼고 하는 것이지만, 그 부흥회는 전체의 종족들을 대표한 부흥회입니다. 그것은 한국뿐만 아니라 세계의 수많은 축복가정들이 종족을 연결시킨 그 종족을 대표한 부흥회라고 생각해야 됩니다. 그러한 부흥회에 세계 사람이 다 동참하는 것입니다. 오늘날 한국에 있는 통일교회는 한국이 기지가 됨으로써 종족 기반을 중심삼고 세계를 대표해서 부흥회를 할 수 있습니다. 이것이 얼마나 복인지 모릅니다.

14 이제 고향을 찾아가서 종족부흥회를 하면 그것은 역사적인 부흥회가 되는 것입니다. 이것은 나라를 찾자고 3·1운동 만세를 부르던 것 이상의 놀라운 사건입니다. 환영을 받을 수 있는 입장에서 천리가 움직여 나갈 수 있는 환경을 가진 것입니다. 이러한 무대에서 자기 종족을 못 움직이면 안 됩니다. 선생님이 이곳에 돌아오기 위해서 40년이 걸렸던 것입니다. 탕감복귀의 길이 그렇습니다. 세계무대에서 사탄이 참소하는 것을 분립 안 시키면 안 됩니다. 돌아 들어와서 국가 기준에서 이렇게 방어해서 종족적 메시아권을 설정함으로써 동서남북을 통할 수 있는 세계적인 연계가 되게 하는 것입니다.

15 고향에 돌아가서 이제부터는 등대를 세워야 합니다. 등대는 밤에, 어두운 데에 불을 밝히는 것입니다. 무슨 등대입니까? 동서통일과 남북통일의 등댓불을 켜라는 것입니다. 이제부터는 성지에 불을 켜서 그 불이 꺼지지 않도록 해야 됩니다. 올림픽 때 피우는 성화 같은 불을 마련해 동서남북의 통일 등대에, 우리 중앙의 성지를 중심삼고 성화를 하나 켜면 밤의 등대가 되는 것입니다. 그래서 여러분이 그 등대에 불을 붙일 때마다, 동서남북으로 찾아드는 모든 불쌍한 애혼의 생명들을 해방시켜야 할 생명의 불빛, 이 생명의 불빛을 이어주는 등대의 심지가 되고 기름이 되겠다는 것을 기도와 정성으로 보급해 준다고 해야 됩니다. 그 불이 꺼질 때까지 우리 교회에서 지켜야 됩니다.

16 참된 심정을 본향 땅에 심어야 합니다. 이것을 못 심은 것이 타락이니 이젠 돌아갈 때가 왔으니 빨리 심어 놓자는 것입니다. 여기에 온갖 정성을 다해야 되겠습니다. 그래서 여러분은 여러분 종중의 종장 가정이 되어야 합니다. 이제 고향에 돌아가서 참된 제물을 드리고 참된 사랑의 씨를 심어 희망의 조국이 동터 올 그날을 위해서 전진하라는 것입니다.

17 참부모님에 대해서 알아야 할 때가 왔습니다. 참부모님을 모르고서

는 전통을 모릅니다. 전통을 갖지 못하는 것입니다. 이제는 부모로서, 하늘부모로서, 참부모로서 할 수 있는 역사적인 탕감을 다 거쳐 나왔습니다. 선생님은 세계적 조상의 자리에 서기 위해 이런 일을 했지만, 여러분은 나름대로 종족적 조상이 되기 위한 그 전통을, 그 나름의 분야에 해당하는 전통을 이어받기 위한 길을 가야 됩니다. 여러분의 종족을 위해서 그러한 전통을 세워야 됩니다. 그러니 전통이 필요하다는 것입니다.

18 고향에 가서 어떻게 해야 되느냐? 여러분과 하나되게 만들어야 합니다. 하나 만드는 방법은 간단합니다. 아들은 하늘 전통을 전수하는 교사가 되어서 '이렇게 해야 천국이 이루어진다.'라는 본을 보여 주고, 어머니 아버지는 그 동네 어머니 아버지들에게 '이렇게 하면 천국 마을이 된다.'라는 것을 보여 줘야 됩니다. 남편은 아내를, 아내는 남편을 서로 사랑하고 부모는 자식을, 자식은 부모를 사랑하는 사랑의 가정을 교재로 써서 전수해 주면 됩니다.

19 자기 고향에 가서 눈물 흘리고 정성 들여야 됩니다. 지금까지는 사실상 타향살이였습니다. 이스라엘 민족이 애굽에 나가서 4백년 동안 살던 것과 마찬가지로, 우리가 43년 동안 그 일을 했으니 고향에 돌아가서 사랑의 뿌리를 내려야 됩니다. 하나님을 사랑하고 부모를 사랑하고 형제를 사랑해야 됩니다. 그래서 세계적 사탄이 참소할 수 있는 기원을 끊어 버려야 됩니다. 이스라엘 민족이 그것을 못했기 때문에 가나안 복지 이상 천국을 형성하지 못했습니다. 그러니 사탄세계에 무엇을 바라지 말라는 것입니다. 보따리 짐을 지고 다니더라도 우리가 제일입니다. 욕을 먹고 다니고 밤에 동네 개가 짖어도 우리가 제일입니다.

20 여러분은 참부모 앞에 참자녀의 명분을 가졌기 때문에 상속권·동위권을 부여받을 수 있습니다. 이러한 하늘의 특권적 사실을 믿고 모든 것을 사랑권 내에 투입해야 됩니다. 하나님이 투입한 것과 마찬가지로 여러분이 완전히 투입함으로써 일족이 부활할 것이고, 일족이 부활함에 따라서 일국이 부활할 것입니다. 그러니 고향에 안 가면 안 됩니다.

21 고향에 돌아간 여러분은 가나안 복지에 들어간 이스라엘 민족과 마찬가지이기 때문에 고향에 돌아가서 돈 많은 사람을 부러워하지 말라는 것입니다. 권력자를 부러워하지 말라는 것입니다. 바람 들지 말라는 것입니다. 올바른 교육을 해야 됩니다. 하나

님을 사랑하고, 내 후대를 사랑하고, 이스라엘권 우리 민족을 사랑할 수 있는 전통이 제일입니다. 여러분 자식을 품고 교회를 출입할 때 그들에게 흡수되어서는 안 됩니다. 몇 천년 만에, 몇 만년 만에 고향에 돌아온, 환고향의 기쁨을 갖고 세포와 뼛골이 울려나는 울음과 더불어 피눈물로 그 땅을 적셔서, 하늘로부터 피눈물을 적신 거룩한 땅이라는 이름이 내려와야 됩니다. 거기서부터 천국이 벌어진다는 것입니다.

22 사람을 사랑하는 데는 비참한 어린애들로부터 사랑해서 중년으로 올라오는 것입니다. 세상에서 못사는 사람들 중에 양심적인 사람들이 많습니다. 통일교회 가정들은 세상에서 제일 못사는 사람을 사랑하라는 것입니다. 못사는 사람이 악마의 세계에 있더라도 앞으로 그런 사람 가운데서 하나님의 천운을 이어받을 수 있는 사람이 나온다고 보는 것입니다.

본향과 조국창건

23 여러분이 가야 할 길은 어떤 길이냐? 역사적인 조국해방을 위해서, 조국광복의 날을 맞이하기 위해서 잃어버린 본향 땅을 찾아가는 길입니다. 그날을 맞이하는 것은 동서고금을 막론하고 역사적인 모든 사람의 소원이자 문화의 최고 목적이요 인류의 소망 중에 소망이기 때문에 그날은 필시 와야 합니다. 그날이 오지 않으면 인간은 지금까지 헛수고한 것이 됩니다. 돈이니 윤리도덕이니 하는 것은 다 무효가 됩니다.

24 지금까지의 인류는 본향 땅을 갖지 못하였기 때문에 본향의 나라를 가질 수가 없습니다. 이 지구성에서 지금까지 복귀섭리를 해 나오시는 하나님이 끝날에 기필코 재림주님을 이 땅 위에 보내야 합니다. 재림주님이 이 땅에 와야 할 터인데, 오는 데는 반드시 본향 땅을 찾기 위해서 올 것입니다. 그러면 본향 땅을 찾아서 무엇을 할 것이냐? 거기서 본향의 형제를 편성해서 종족·민족에 접붙이는 역사를 해서 민족을 편성하고, 그것으로 국가를 편성해서 나중에는 이 세계를 본향의 조국으로 복귀하지 않으면 안 됩니다.

25 우리는 조국광복을 위하여 나가는 무리이기 때문에 메시아가 이 땅 위에 오면 반드시 심판해야 됩니다. 심판은 누구를 통해서 하느냐? 제물적인 입장에 서서 남은 무리를 통해서 하는 것입니다. 그런 과정을 틀림없이 거쳐 오기 때문에 통일교회 교인들은 삼천리반도 혹은 삼천만 민중 앞에서 제물이 되라는 것입니다. 어떠한 시련도상에서도 절대로 삼킴을

당하지 않아야 합니다. '악이 제아무리 힘이 있다 하더라도 우리의 갖춘 바 이념과 심정을 꺾을쏘냐? 아무리 나가더라도 우리가 갖춘 절개를 더럽힐쏘냐?'라고 하는 것입니다. 그래서 본향 땅을 찾아가야 합니다. 본향 땅을 찾는 모든 백성, 본향 땅에 간 모든 족속이라면 그 족속들이 모여서 조국창건을 해야 됩니다. 본향 땅을 찾아야 하고 조국을 찾아야 합니다.

26 우리에게는 조국이 없습니다. 여러분이 살고 있는 나라가 여러분의 조국이 아닙니다. 그것은 하나님이 원치 않는 타락한 후손으로 태어나 이루어진 나라이기 때문에 그 나라는 어차피 작별해야 됩니다. 청산해 버려야 됩니다. 깨끗이 개인으로부터 가정·종족·민족, 지상지옥으로부터 영계 지옥으로부터 영계 낙원으로부터 이것을 청산짓지 않으면, 본연의 하나님의 본향 땅, 본연의 고향이 나타날 수 없습니다. 끝날에 우리 개개인의 신앙자가 연합해 교파를 넘고, 종파를 넘고, 국가를 넘고, 최후의 하나님의 뜻을 알아서 결합된 새 인류가 돼서 조국광복을 해야 됩니다. 하나의 나라를 찾아 그 나라 위에 부모로 모시고, 스승으로 모시고, 왕으로 모셔야 할 분이 하나님입니다.

27 땅 위의 인류는 지금 돈이 없어서 한하는 것이 아니요, 그 나라의 주권이 없어서 한하는 것이 아니요, 그 나라의 백성과 그 나라의 국토가 없어서 한하는 것이 아닙니다. 마음이 기뻐할 수 있고 좋아할 수 있는 세계가 못 된 것이 한입니다. 이 땅이 마음이 좋아할 수 있는 땅이 못 되어 있습니다. 마음이 좋아할 수 있는 땅과 마음이 좋아할 수 있는 사회가 안 되어 있기 때문에 그런 것입니다. 마음이 좋아할 수 있는 사회와 마음이 좋아할 수 있는 땅이 되어 있으면 그렇지 않다는 것입니다.

28 어느 부자가 망하고 싶은 사람이 있으며, 어느 누가 나라를 잃어버리고 싶은 사람이 있으며 망하게 하고 싶은 사람이 있습니까? 인간은 모르지만 대우주 힘의 원동력이 작용하는 원칙에 부합되지 않을 때는 깨지는 것이요, 부합될 때는 세워지는 것입니다. 그래서 자고로 하나님을 추상적인 존재 같지만 막연하게나마 받들어 나오는 것입니다. 우리가 살고 있는 현세의 인류가 바라는 것은 무엇이냐? 이 세상은 우리가 살 수 있는 본향 땅이 아닙니다. 여기가 평등·평화·행복을 노래할 수 있는 자유세계, 해방의 깃발이 영원무궁토록 우리 마음과 몸에서 휘날릴 수 있는 세계가 아닙니다. 하나님이 양심세계에 힘을 강하게 불어넣었으면 이렇게 되지

않았을 텐데 왜 이렇게 됐습니까? 타락했기 때문이고 미완성했기 때문입니다. 미완성 단계에서 타락했으니 고장 났다는 것입니다.

29 통일교회 교인들은 지금까지 뭘 했느냐? 사회의 모든 압제와 핍박을 받으면서도 그것을 넘어왔습니다. 넘어가는 데는 나만 발을 들여놓고 넘어가지 말고 가족을 끌고 넘어가자, 우리 종족과 삼천만 민족을 끌고 넘어가자는 것입니다. 이것이 통일교회 주의입니다. 그래서 우리는 싫다는 삼천만을 움직여 '좋다!'라고 하도록 만들고, 삼천만이 도망가는 곳으로 가서 주인 노릇을 하자는 것입니다. 전부 반대입니다. '너희는 먹고 즐기지만 우리는 굶고 앉아서 즐거워한다. 너희는 비행기 타고 좋다 하지만 우리는 걸어 다니면서도 좋다.'라고 하는 것입니다. 우리는 그렇게 나왔습니다. 그렇게 나가다가 쓰러지지 말고, 이 나라가 끝나고 반드시 해결지을 날이 올 것이니 그때까지 가 보자는 것입니다. 참것과 강한 것은 남아집니다. 이것은 천칙입니다. 또 하나님은 자기편 것을 남기기 때문에 우리는 하나님 편에 입적해야 됩니다. 우리는 이 길을 가려고 할 때 가정이 반대하면 가정을 타고 넘어가고, 사회가 반대하면 사회를 타고 넘어가야 합니다. 기필코 가야 할 목적지는 본향 땅입니다.

30 참부모가 있어야 됩니다. 뜻을 찾아가는 운동을 가르쳐 주고 본향 땅에서 이 억조창생의 본연의 참부모를 소개해 주는 종교가 나와야 합니다. 만인류는 참부모의 후손이 못 되고 악한 부모의 후손이 됐으니 다시 하나님이 보장하는 참부모의 인연을 맺어야 합니다. 이것을 유·불·선에서는 천지부모라고 합니다. 참부모의 인연을 받고, 참부모가 세운 도의 문을 통하라는 것입니다. 그다음에는 만민이 참된 형제가 되라는 것입니다. 그 부모의 혈육을 통하고 그 부모의 심정과 사정과 소원이 일치된 자리를 통하여 형제가 되는 것입니다. 그 형제의 이념을 붙들고 나오는 사람은 지금까지 세상의 혈육끼리 아무리 다정하고 행복하더라도 참부모의 혈육의 인연을 갖다 물려놓으면 대번에 풀려 나오게 됩니다. 그 참부모를 만나게 될 때는 세상 부모가 문제가 아닙니다. 세상 부모도 그 부모를 찾아가야 됩니다. 안 찾아가면 망합니다.

31 내 양심은 살길을 압니다. 향기로운 냄새를 맡으면 좋지요? 그것이 왜 그렇습니까? 그렇게 생겼기 때문입니다. 내 마음도 마찬가지입니다. 내 마음이 좋다는 것은 벌써 그 향기를 맡는 것과 마찬가지입니다. 마음이

괜히 좋습니다. 선전이 필요 없습니다. 가기만 해도 좋고, 안 보면 보고 싶고 그런 것입니다. 그렇기 때문에 오늘날 이 세상 탄식권 내에서 '아이고, 가고 싶구나!'라고 하소연합니다. 나도 모르게, 뭣인지 모르게 마음은 가고 싶은 것입니다. 그 가고 싶은 곳이 본향 땅입니다. 왜 가고 싶으냐? 어머니 아버지가 있고, 형제 친척이 있고, 내 나라가 있으니 가고 싶은 것입니다. 거기에 내 복지요 내 안식처가 있으니 가고 싶은 것입니다.

32 하나님은 만민이 보고 싶은 분입니다. 그분이 계시는 곳은 만민이 가고 싶고 만민이 같이 살고 싶은 곳입니다. 행복한 곳, 이상의 본향은 어떤 곳이냐? 가고 싶은 곳입니다. 거기에는 보고 싶은 부모가 있으며 형제가 있습니다. 그러니 가서 보고 영원무궁토록 떠나지 않고 같이 행복을 노래하며 살고 싶다는 것입니다. 그런 본향 땅을 잃어버린 인간은 어차피 그곳을 찾아가야 합니다.

4절 환고향과 종족적 메시아

1 우리는 환고향, 참된 고향에 돌아가야 되는데 고향이 어디입니까? 참된 고향은 사랑이 있는 곳입니다. 고향은 내 동맥의 피가 역사와 같이 움직이는 곳입니다. 내가 자랄 때까지 그 지방의 모든 요소들을 흡수해서 컸기 때문입니다. 내 세포와 더불어, 피와 더불어, 심장의 고동과 더불어 약동하는 곳입니다. 사랑의 감정을 뺄 수 없는 깊은 자리가 숨어 있는 곳이 고향입니다. 고향에 간다면 누구를 찾아가는 것입니까? 고향을 찾아갈 때는 부모의 품이 그리워서 찾아가는 것입니다.

참된 고향과 조상의 역할

2 종교는 인간이 고향을 추구하는 데 있어서 지대한 공헌을 했습니다. 천국을 가자, 혹은 이상세계를 가자, 극락세계를 가자고 하는데 그런 곳은 우리가 사는 이러한 곳이 아닙니다. 우리가 영원히 살 수 있는 본향의 땅입니다. 바로 이런 면에서 종교가 본향을 추구하도록 하는 데 공헌을 했습니다. 그러면 그곳은 어떤 곳이냐? 모든 조건이 갖추어진 곳입니다. 마음과 몸이 조금도 부족함을 느끼지 않는 완전무결한 곳입니다. 그곳을 인류는 지금 추구해 나가고 있습니다. 그렇지만 아무리 고향에 간다고 하더라도 반겨 줄 수 있는 사람이 없으면 공허합니다.

3 이 지구성에는 아직까지 참된 고향이 태어나지 않았습니다. 종교적으로 보면 그렇습니다. 참된 고향이 태어나지 않았습니다. 그러기에 참된 고향에는 참된 부모가 있어야 됩니다.

참된 고향 집에 주인이 되어야 할 분은 참된 부모이고, 그 참된 부모는 참된 남자와 참된 여자가 참된 사랑을 기둥으로 삼고 묶어진 부부를 말합니다. 사랑의 기둥에 매어져서 자기 마음대로 못하고 일생 동안 붙들고 사는 부모가 있어야 됩니다. 그런 참된 부모라야 됩니다. 참된 부모가 있어서 참된 사랑을 해야만 참된 아들딸이 나올 수 있습니다.

4 타락으로 인하여 하늘 편이 차자의 서러움의 자리에 섰기 때문에 장자권을 회복할 수 있는 일을 사람들을 위해서 시키는데 하나님이 마음대로 못한다는 것입니다. 이 종족을 세계 개인적 장자권복귀, 세계 가정적 장자권복귀, 세계 종족적 장자권복귀, 세계 민족적 장자권복귀, 세계 국가적 장자권복귀, 세계적 장자권복귀를 해 가지고야 비로소 본연의 타락하지 않은 에덴동산에 사탄의 참소권을 벗어난 가정의 출발이 시작됩니다. 이것을 보게 되면 우리는 모두 실향민입니다. 실향민이 고향을 찾아 돌아가는데 이렇게 어려운 줄 미처 몰랐다는 것입니다.

5 탕감복귀노정에 있어서 메시아가 와서 해야 할 것은 무엇이냐? 세계사적인 탕감 기준을 넘어선 위에서부터, 아담의 타락권 이상에서부터 하나님 섭리의 출발을 보게 되어 있지, 아담이 타락한 이하에서부터 하나님 섭리의 출발을 볼 수 없는 것입니다. 지금까지 고향으로 돌아갈 수 있는 길이 아담의 타락으로 말미암아 막혔으니, 고향으로 돌아가려면 아담 대신자가 와서 개인으로부터 가정·종족·민족·국가·세계적인 탕감조건이라도 설정해야 됩니다. 그러지 않고는 돌아갈 수 없습니다.

6 지금까지는 사탄이 고향을 차지해 주인 노릇을 하면서 우리를 내쫓았는데, 이제는 여러분이 고향에 가니까 여러분이 사탄을 내쫓아야 됩니다. 그것은 자동적입니다. 그렇게 되면 선한 영들이 여러분의 고향에 와서 지키는 것입니다. 악한 영을 다 쳐 버리는 것입니다. 그것이 원리관이요, 선생님 관입니다. 이것은 역사에 기록될 일입니다. 선생님은 세계에 환고향을 선포할 수 있는 그때를 바라보며 나왔습니다. 어머니 아버지가 다 영계에 가신 것을 생각하면 기가 막히다는 것입니다. 그렇지만 여러분 고향에서 여러분의 수많은 친척들이 우리 어머니 아버지 형제 대신 해방받을 것을 생각하면서 그 일을 잊고 축복해 주는 것입니다.

7 축복가정은 지팡이와 같습니다. 세계적인 사망의 세계를 건너갈 수

있는 다리요, 그런 길로 인도하는 지팡이입니다. 가정이 그렇습니다. 여러분이 전도하러 나가야 할 곳은 고향입니다. 고향에 돌아가라, 환고향하라는 것입니다. 여러분은 선생님보다 복된 입장에 있습니다. 선생님은 아직까지 고향에 못 갑니다. 선생님의 고향은 이북이기 때문에 국가가 통일되기 전에는 고향에 갈 수 없습니다. 다리를 건널 수 없습니다. 환고향할 수 없다는 것입니다. 그러나 여러분은 환고향할 수 있지 않느냐는 것입니다. 사랑하는 부모처자 형제를 붙들고 눈물을 흘리며 통곡할 수 있고, 영원히 망할 수밖에 없는 민족을 염려하는 자리에서 내 부모 형제를 붙들고 통곡의 눈물을 흘려 그들을 감동시킬 수 있는 환경을 갖고 있지 않느냐는 것입니다.

8 지금은 통일교회 환영시대입니다. 옛날에 어머니 아버지가 '이놈의 자식! 집안을 망치고 마을을 망치고 나라를 망치고 도망한 녀석이야!'라는 말을 한 것은 사탄의 대언(代言)이라는 것입니다. 하나님의 이름으로 승리의 방패를 들고 환고향하는 여러분은 옛날과는 다릅니다. 그 마을이 환영할 수 있고, 대한민국이 환영할 수 있고 세계가 환영할 수 있는 시대로 들어왔기 때문에 여러분의 부락들은 다 환영해야 됩니다. 그러면 어디서 단합할 것이냐? 부모님을 그리워하고, 부모님을 사랑하고, 부모님의 뜻을 해원성사하기 위해 역사를 걸고 눈물과 피와 땀을 전부 바쳐 본연의 기준에 화하고 하나님의 사랑의 꽃을 피울 수 있는 나 자신을 찾아 나서겠다는 여러분인데, 어디서 그 꽃을 피울 것이냐? 이것이 문제입니다.

9 하나님의 심정을 알고 선생님의 심정을 알아야 됩니다. 여러분이 고향 마을에 들어가서 이 심정권을 재차 심어야 됩니다. 탕감이 아닙니다. 과거는 탕감해서 흘러가 버렸습니다. 이제는 참것으로 심어야 된다는 것입니다. 부모님의 고향을 찾아가기 전에 여러분의 고향을 먼저 찾을 수 있는 혜택을 받고 있다는 사실을 알아야 합니다. 선생님은 한 단계 높은 자리에 가야 됩니다. 남북을 통일해 고향으로 돌아가야 합니다. 여러분은 자녀 입장이라서 한 단계가 낮습니다. 부모님이 역사시대의 개인적·가정적·종족적·민족적·국가적 탕감노정을 걸어오면서 하염없는 눈물과 피땀을 흘려 나온 모든 사실을 부모님 대신 짊어지고, 부모님이 이북 땅에 들어가서 하늘 앞에 승리와 감사를 드릴 수 있는 심정을 대신해, 여러분의 고향 땅을 부모님을 대신해서 눈물로 적시고 피땀으로 적셔야 될 책임이 남아 있습니다.

10 예수님이 선지자는 고향에서 대접 못 받는다고 했습니다. 그런데 통일교회 선생님은 여러분에게 어디로 가라고 그랬습니까? 고향에 가서 조상이 되라고 하는 것입니다. 그런 역사는 없었습니다. 성경에 그런 가르침은 없습니다. 고향에서 대접 못 받는다고 했는데, 이제는 고향에서 대접받을 때가 왔다고 말하는 것입니다. 그것은 선생님 말씀이자 틀림없이 하늘의 경륜 가운데 나타나야 할 말입니다. 그렇기 때문에 고향에 가라고 하는 것입니다.

11 에덴동산에서 하나님은 아담 해와를 고이 키워서 성숙한 그 자리에서 '너는 내 영원한 집이다. 네 집안이 천년만년 온 세계에 모래알같이 번성하고 하늘의 별과 같이 확대될 것이다.'라고 했을 것입니다. 그 가운데 어디든지 서슴지 않고 핏줄을 따라 동거할 수 있는 터전이라 할 수 있는 소망의 터전이 끊어졌습니다. 그것을 연결시켜야 됩니다. 연결시켜서 돌아가는 데는 어디로 돌아가느냐? 아담 해와가 타락해서 나쁜 씨를 뿌려서 거짓된 뿌리가 나왔습니다. 거짓된 조상이 출발했습니다. 그러니 여러분을 몰아서 참된 조상의 자리에 갖다 심어 놓아야 됩니다. 그래서 환고향해야 됩니다. 타락으로 말미암아 거짓 뿌리가 생겨났습니다. 본연의 심정이 아닙니다. 본연의 심정에 배치되는 사탄적 뿌리를 걷어치워 빼 버리고 이것을 썩게 해야 됩니다. 썩은 뿌리 위에 참된 씨를 심어서 본연의 고향 땅 위에 새로운 심정권이 싹터야 됩니다. 참부모와 참하나님의 사랑이 여러분의 집안에서, 김 씨면 김 씨, 문 씨면 문 씨, 여러분의 마을과 집에서부터 새로이 출발해야 됩니다. 그러니 환고향 안 하면 안 된다는 것입니다.

12 고향으로 돌아가야 됩니다. 이제 사탄세계에서 장자권을 전수받아야 됩니다. 여러분은 참된 사랑을 전수받아서 고향에 돌아가 참된 부모님의 전통을 심어야 됩니다. 그럼으로써 하나님이 같이하고, 하나님의 모든 상속권이 만민에게 축복이 되고, 만복이 횡적으로 스며들 수 있는 복된 한국 땅이 된다는 것입니다.

13 섭리의 뜻과 일치되는 종족적 메시아 사명의 심정을 중심삼고 심으면 누가 빼지 못합니다. 선생님이 다 박아 놨기 때문입니다. 종족적 메시아를 선생님이 박아 놨기 때문에 뺄 자가 없습니다. 그러므로 통일교회 축복받은 사람들은 고향으로 돌아가라는 것입니다. 선생님 대신 모든 것을 버리고 고향에 가야 합니다. 이제부터 여러분은 고향 물을 먹어야 되고,

고향에서 생산하는 쌀로 지은 밥을 먹고 거기서 살면서 있는 정성을 다 들여야 합니다. 선생님이 세계적 승리의 기반을 닦았으면 여러분은 종족적 승리의 기반을 닦아야 됩니다. 여러분에게는 아무것도 없어야 됩니다. 모세시대와 마찬가지입니다. 여러분 일족을 적수(赤手)로 찾아가 먹여 살리겠다고 해야 됩니다. 조상이 돼야 합니다.

환고향의 깊은 뜻

14 세상은 실향의 세계입니다. 실향민 세계 판도가 된 이 인류를 어떻게 엮어서 귀향시킬 것이냐? 이것을 아는 하나님이 메시아를 이 땅에 보내셔서 실향민을 귀향하게 하는 것이 하늘의 섭리입니다. 귀향한 다음에는 종교고 뭐고 다 필요 없습니다. 어머니 아버지를 붙들고 사랑하고 그리워하며 눈물을 흘리는 것이 예배 중의 예배요, 모든 뜻의 완성입니다. 천만번의 천지개벽이 있더라도 할아버지 할머니, 어머니 아버지, 아들딸의 3대가 하나되어 철옹성같이 똘똘 뭉쳐서 거기에 하나님을 핵으로 모시면, 우리가 있는 곳은 어디든지 천국을 실현할 수 있는 하나의 씨가 되는 것입니다. 그런 자체가 됩니다. 이것은 하나님의 사랑의 씨요, 하나님의 생명의 씨로서 혈통의 근원이라고 할 수 있습니다. 이것을 찾아가야 됩니다. 그러지 않으면 지상천국, 평화의 천국, 행복과 자유의 세계라고 하는 소망은 있을 수 없습니다.

15 통일교회는 하나님을 알았기 때문에 맞고 빼앗아 오는 작전을 하는 것입니다. 이제는 장자권복귀를 했으니 반대로 적용할 때가 왔습니다. 어느 집이든지 들어가서 '당신 참부모의 역사를 아느냐? 들어 봐라.'라고 해야 됩니다. 두 부부가 무릎을 꿇고 앉아 통곡할 수 있는 사연을 갖고 있습니다. 여러분에게 종족적 메시아로서 고향을 천국 기지에 입적시켜야 할 책임을 위해서 환고향하라고 한 것입니다.

16 아담 해와가 타락하지 않고 사탄이 없는 자리에서 하나님과 사랑관계를 맺어야 될 것인데, 못 맺은 것을 비로소 조건으로나마 세웠습니다. 그것을 기준으로 해서 확대하게 되면 그것이 크게 됩니다. 그런 조건을 세웠기 때문에 선생님이 여러분에게 고향에 돌아가라고 하는 것입니다. 부모님은 승리의 주권을 가졌기 때문에 여러분이 가나안 복귀를 해야 됩니다. 애급 세계에서 돌아와 고향에 돌아가서 영원히 잘살 수 있는 행복한 가정을 만들고 새로운 종족을 편성해서 나라에 접붙여야 된다는 것입니다. 그러니 고향에 안 돌아가면 안 됩

니다. 종교의 역사에 고향에서 나오라고 하는 말, 출가하라고 하는 말은 있었지만 이렇게 고향에 돌아가라는 말은 없었습니다.

17 타락한 세계를 구원하는 것은, 종교를 만들어 구원섭리를 한다는 것은 새로 돌아가기 위한 것입니다. 구원섭리역사는 복귀역사입니다. 복귀역사는 재창조역사입니다. 하나님의 인간 창조는 근본적으로 사랑을 투입하는 그 세계에서부터 시작했습니다. 말없이 그 일을 함으로써 그 집의 사랑의 여왕이 되고 사랑의 왕이 되는 것입니다. 그들을 위해서 여러분이 조상이 되라는 것입니다. 지금까지 종교세계에 나라를 떠나고 집을 떠나라는, 출가라는 말은 있었지만 환고향이라는 말은 없었습니다. 고향에 돌아가서 어려움을 다 지고 새로운 사회를 건설하라는 것입니다. 거기에는 천지가 후원하는 것입니다. 망하지 않습니다.

18 환고향하라는 말은 복된 말입니다. 이스라엘 민족이 가나안 복지에 돌아가도 그것은 고향 땅이 아닙니다. 거기에는 싸워야 할 미래의 세계적 판도가 남아 있습니다. 세계 판도권을 넘어서 이제 고향에 돌아가 남북을 중심삼고 통일한 자리에 있으면 누가 나를 쫓아낼 사람이 없습니다. 만국이 들어와 모실 것이고, 만민이 추앙할 수 있는 자리입니다. 하나님을 모실 수 있는 놀라운 자리인데도 불구하고 이것을 무시하는 사람들은 어디로 가겠습니까? 망해야 됩니다. 그렇기 때문에 가르쳐 준 것을 뼛골 깊이 명심하고 내일의 행동을 생각해야 됩니다. 이제는 횡적인 행동이 아니라 종적인 도수를 맞춰 가면서 행동해야 됩니다. 이 종적 기점에 90각도여야 되고, 어디 서게 될 때는 평형선에 선 하나님의 대신자로 행동할 수 있는 사람이 되지 않고는 하늘나라에 남아 있지 못합니다.

19 고향으로 돌아갈 수 없던 사람들이 고향으로 돌아갈 수 있다는 허락을 받고 그날을 내가 가졌다 할 때는 얼마나 기쁘겠습니까? '명동에 20층짜리 빌딩을 샀으니 그것 때문에 나는 고향이고 뭣이고 싫다!'라고 하다가는 천년만년 후손에게 한을 계승해서 그 가슴에 대못을 박아 놓는 악당의 무리가 되는 것입니다. 아담 해와가 잘못한 것에 대해 지금까지 원망을 안 하는 이 땅의 인류 후손들이 어디 있습니까? 빌딩 하나 갖고 고향을 팔아먹겠습니까? 그랬다가는 역적의 아들이 되어 천년만년 한을 품고 가려야 갈 수 없고, 동정의 표를 얻으려야 얻을 수 없고, 어디 발을 둘 수 없는 사람이 되고 말 것입니다.

20 옛날 이스라엘 민족이 가나안 복귀를 하는 데는 다 거지 떼거리로 들어갔습니다. 40년간 광야에서 굶기를 매일같이 하고 만나와 메추리만 먹었으니 모습이 형편없었을 것입니다. 얼굴을 보고 모양을 보면 죽을 지경이 된 사람들이라는 것입니다. 그래서 가나안 7족 가운데 잘사는 집을 보고 '저 사람들하고 결혼하면 좋겠다. 좋은 것 먹고 싶다.'라고 했습니다. 팔려갔다는 것입니다. 반대할 때 팔려갔다는 것입니다. 여러분이 이제 환고향하게 될 때는 팔려가지 않아야 됩니다. 가나안 7족을 굴복시켜 자유롭게 결속시킬 수 있는 자유환경을 개척해서 메시아로서 주인 노릇을 하라는 것입니다.

21 선생님은 여러분에게 일을 시킬 때 맹세를 하고 시킵니다. 맹세했으면 실천해야 합니다. 선생님은 그 이상 했습니다. 종족적 메시아뿐만 아니라 국가적·세계적 메시아의 책임을 지금 하고 있습니다. 선생님이 세계적 메시아이면 여러분은 국가적 메시아가 되겠다고 해야 소망이 있는 것이지, 종족적 메시아도 안 되겠다고 하면 안 됩니다.

22 환고향할 수 있는 비법의 내용은 첫째로 하나님과 절대적으로 하나된 참사랑입니다. 둘째는 그 사랑과 절대 하나된 생명입니다. 셋째는 그 생명과 절대로 하나된 핏줄입니다. 종족적 메시아가 돌아가는 데는 사랑을 가져야 됩니다. 통일교회 축복받은 가정은 해와의 자리에 있습니다. 여기에서는 싸우지 않는 자기 아들딸을 품고 구해 주러 가는 것입니다. 아담 가정이 타락해서 종족이 잘못 번창한 것을 종족적 메시아의 책임을 가지고 구해 주러 가는 것입니다. 그 아들딸을 앞에 세우고 아버지가 뒤에 서지 않고는 아버지의 갈 길이 없습니다. 하늘나라 앞에 있는 새로운 생명의 씨를 이어받지 못합니다. 가정의 사랑, 가정의 생명, 가정의 혈통 기반은 돼 있지만 종족적 하나님의 사랑, 하나님의 생명, 하나님의 혈통이 안 돼 있습니다. 이것을 연결해야 됩니다. 그것만 하게 되면 선생님이 중앙에 서 있기 때문에 접붙일 수 있습니다.

23 환고향하는 데는 어디로 가느냐? 환고국(還故國)이 아닙니다. 환고향입니다. 환고가(還故家)입니다. 자기 본집에 돌아가는 것입니다. 인류역사를 생각할 때 환고향의 본집이 어디냐? 환고향은 타락한 아담 해와를 기준 삼은 것이 아닙니다. 우리가 하는 환고향은 타락하지 않은 본연적 완성된 아담 해와의 고향을 말하는 것입니다. 거기에는 하나님이 계시는 것입니다.

제3장 교회장의 길

1절 교회장의 사명과 책임

1 제사장으로서 제물을 드리고 제사를 지내는데 사람이 모이지 않으면 그것은 제사장의 책임입니다. 내가 대신 눈물을 흘리며 나를 치고 이 백성을 용서해 달라고 기도해야 됩니다. 내가 죄가 많기 때문에 사람들이 오지 않는다고 생각하며 민족을 위해서, 나라를 위해서 자기 죄를 회개해야 됩니다. 여러분이 기도하는 장소가 마루면 그 마루가 마르지 않고 24시간 눈물에 젖어 있어야 됩니다. 그러면 하나님이 전도할 사람을 보여주고 그럽니다. 그리고 여러분 앞에 찾아오는 사람을 왕과 같이 모셔야 됩니다. 내가 종이 되어 모셔야 합니다. 죄인이 죄를 벗으려니 할 수 없습니다. 왕과 같이 모시면 모실수록 여러분의 탕감이 빨라지는 것입니다. 내가 밑에 내려가 죄 있는 사람을 하늘같이 모셨으니 그 사이에 탕감조건이 많이 세워지는 것입니다.

2 제사장 족속은 가인들이 먹여 살려야 됩니다. 속죄함을 받기 위해서 바치는 제물은 속죄 받을 사람들이 바치는 것입니다. 제물은 가인들을 속죄해 주기 위한 것이기 때문에 가인 편에서 아벨에게 제물을 드려 먹여 살려야 됩니다. 가인이 아벨을 먹여 살리는 대신 아벨은 생명을 바치는 것입니다. 물질적인 것을 기준으로 하는 가인과 사람을 기준으로 하는 아벨이 여기에서 하나가 됩니다. 그럼으로써 복귀의 터전이 이루어지는 것입니다. 이스라엘 민족을 대표한 제사장들은 아벨의 입장이기 때문에 가인을 복귀하기 위한 수고의 대가를 치러 가인을 분깃으로 갖는 것입니다. 물질을 갖는 것이 아니라 사람인 가인을 갖게 됩니다.

3 제단을 꾸미기 위해서는 제사장이 책임을 다해야 됩니다. 제사장 책임을 다하려면 제사장이 있어야 합니다. 제사장이 없는데 제단을 꾸미면 안 된다는 말입니다. 제사장이 되려면 어떻게 해야 되느냐? 세상에 있어서 하나님이 사랑하는, 축복받은 족속이 되어야 합니다. 그렇지 않으면 안 됩니다. 그것이 레위 족속입니다. 제사장은 아무나 되는 것이 아닙니다. 레위 족속은 자기 소유의 분깃이 없습니다. 그들의 소유는 성전밖에 없습니다. 성전 가운데는 제단이 있습니다. 그래서 제단이 있는 동시에 제단 위에 제물이 있습니다. 제물을 제단에 바쳐서 속죄적인 혜택

을 백성 앞에 주고 난 후에 제물을 자기 분깃으로 취하는 것밖에 없다는 것입니다.

4 통일교회는 어떻게 해야 되느냐? 현재 통일교회 자체는 레위 족속과 같은 입장에 서야 됩니다. 그러려면 우리는 가진 것이 없어야 됩니다. 그런 입장에 섰다면 제사장이 됩니다. 제사장이 되어 성전을 가져야 합니다. 성전을 가진 후에는 제단을 가져야 됩니다. 또 제단을 예비해 놓으면 제물을 드려야 합니다. 하나님이 이 땅의 인류를 구원하기 위해서 옛날에는 양과 소를 잡아서 제물을 바치게 했는데, 맨 나중에는 자기의 제일 사랑하는 아들을 제물 삼아 바치게 했다는 것입니다. 제일 사랑하고 제일 귀한 제물이 무엇입니까? 자기 자신입니다. 그러니 자기를 제물로 바치라는 것입니다.

5 책임자 자체를 두고 보면 언제나 행복한 사람이 아닙니다. 불행한 사람입니다. 왜 불행한 사람이냐? 언제나 부채감을 느끼기 때문입니다. 그저 '식구들에게 내가 잘해 줘야지.' 하며 언제나 빚을 졌다는 생각을 해야 됩니다. 불쌍한 사람을 보게 되면 그 사람의 생명을 염려해 밤을 새워 가면서 얘기해 줘야 합니다. 그 사람이 죽을 수 있는 입장에 있으면 내가 희생해서 그 사람의 죽을 길을 막아 줘야 할 것이 영적 지도자의 책임입니다. 그런 자리에 서야 됩니다. 그 말은 얼마나 식구를 위할 수 있는 자리에 섰느냐 하는 말입니다. 얼마나 위했느냐는 것입니다. 그 사람은 남이 아니고 나의 연장이 되는 것입니다. 자기 가지가 됩니다. 가지가 자라려면 잘 보호해 주어야 합니다.

6 전도를 하면 믿음의 아들딸이라고 하는데, 그것이 자기 가지입니다. 그 가지에게 얼마나 보급하려고 불철주야 노력했느냐? 그러려면 내가 줄기가 되든가 뿌리가 되어야 합니다. 뿌리가 되어 있으면 그 줄기가, 혹은 가지가 많으면 많을수록 그 줄기와 가지가 필요로 하는 영양소를 땅에서 나 자신이 쉬지 않고 그 요구하는 이상으로 보급할 수 있는 여유의 조건이 있어야 됩니다. 그래야 크는 것입니다. 한계선이 있게 되면, 꼭대기에서는 영양소를 요구하는데 그것을 보급하지 못하게 되면 꼭대기는 말라 죽는 것입니다. 저변에 생명의 감사와 생명의 윤택함이 언제나 샘솟듯 흐르는 그 무엇이 자기 스스로에게 있어야 됩니다. 고통스럽지만 평화스럽고, 안식할 수 있는 보금자리와 같은 생명이 깃들 수 있는 안식처가 자기 마음에 잠겨 있어야 됩니다. 그러면 하나님이 같이하는 것입니다.

7 책임이 중요합니다. 그런데 여러분은 시대적 책임뿐만 아니라 역사적 책임을 짊어졌다는 사실을 느끼지 못한 채 살고 있습니다. '내 조상이 나에게 달려 있고, 이 시대의 일족이 나에게 달려 있고, 앞으로의 후손이 나에게 달려 있다.'라는 것을 느껴야 합니다. 그렇기 때문에 자유로운 마음을 가질 수 없는 것이 영적 지도자의 책무입니다. 사면초가와 같은 입장에서 하나만, 한 길만 가지고 살 수밖에 없는 것이 영적 지도자의 책무입니다. 한 길이 무엇입니까? 심정의 길, 효성의 도리를 가르치는 길 외에는 갈 길이 없습니다. 밥을 먹으나 잠을 자나 그 심정에 사무쳐야 됩니다. 그러면 발전합니다.

8 선생님은 식구들이 그리워 운 때가 얼마나 많은지 모릅니다. 하나님이 지금까지 진정한 아들딸을 찾아 나오기 위해서 그렇게 눈물을 흘렸습니다. 사람이 척 나타나면 '연보를 얼마 하겠느냐?'라며 돈을 생각하는 것은 안 됩니다. 그것은 바리새교인이 보는 관입니다. 절대 그런 사람은 발전 못한다는 것입니다. 돈보다도 사람을 사랑해야 됩니다. 사람을 사랑하게 되면 돈은 저절로 따라오는 것입니다. 그런데 거꿀잡이로 생각한다는 것입니다. 또 얼굴 잘생기고 젊은 사람이라야 전도한다고 하는데 천만에요! 교회는 가정의 연장입니다. 할머니 할아버지가 있어야 되고, 아주머니 아저씨가 있어야 되고, 젊은 사람도 있어야 됩니다. 통일교회에 젊은 사람만 있다면 이것은 병폐입니다. 이것을 빨리 시정해야 됩니다.

9 영적 책임자는 어떠한 좋은 것이 있으면 그것을 공동의 이익이 될 수 있도록 해야 됩니다. 좋은 것을 맞이한 환경에 또 좋은 것을 줘야 됩니다. 계속적으로 좋은 것을 가해 줄 수 있는 입장에 있지 않으면 안 됩니다. 이런 것을 두고 볼 때에 하나님이 얼마나 불쌍한 분이냐는 것입니다. 여러분이 세계적으로 유명한 영적 지도자의 자리에 있는 사람들한테 행복감을 느끼느냐고 물어본다면 진정한 행복감을 느낄 수 없다는 대답을 들을 것입니다. 그 사람들은 언제나 줘야 합니다. 또 대하는 사람이 여러 층입니다. 여러 종류의 사람입니다. 그렇기 때문에 한 면만 줘서는 안 됩니다. 전체를 위해서 줘야 됩니다. 언제나 모든 것을 줄 수 없게 될 때는 문제가 생기는 것입니다.

10 복귀섭리를 책임지고 나오는 하나님은 가장 불쌍한 분입니다. 사람들은 받으면 받은 것으로만 만족하지 않습니다. 받으면 더 받고 싶어합니다. 어디서 받고 싶어하겠습니까? 어

떤 중심존재를 통해서 받고 싶어합니다. 그러니 앞으로 따르고 있는 사람들이 전부 받기만을 바라는 사람들이 되어서는 하나님도 곤란할 것입니다. 사랑이면 사랑을, 혹은 귀한 것이면 귀한 것을 자기 것으로 만들겠다고 하면 참 곤란할 것입니다. 그러기에 하나님은 믿는 것도 자기를 위해서 믿는 것이 아니라 상대를 위해서 믿어야 되고, 순응하는 것도 자기를 위해서 순응하는 것이 아니라 상대를 위해서 순응하고, 사랑하는 것도 자기를 위해서 사랑하는 것이 아니라 상대를 위해서 사랑하라는 상대적 여건을 강화하지 않을 수 없습니다. 그러므로 우리는 이러한 공적인 기준에서 믿어야 하고, 공적인 기준에서 위해야 하고, 공적인 기준에서 사랑해야 됩니다. 이런 공적인 기준을 세워야 됩니다. 이러한 공적인 것들을 자기와 관계맺게 하려면 보다 공적인 자신이 되지 않으면 안 됩니다.

11 책임자의 사명은 말씀을 전하고 뿌리는 것이 아니라 거두는 것입니다. 말씀을 전하는 것은 뿌리는 것이요, 뿌려서 거둬야 하는 것이 책임자의 사명입니다. 이를테면 돋아난 싹에 물을 주어 가꾸고 제초작업도 해서 꽃이 피게 하고 열매가 맺히도록 해야 됩니다. 이것이 어느 기간이 지난 다음에 완전히 익어서 수확을 할 때 비로소 책임자로서의 사명을 완결하는 것입니다. 그런데 남이 심어 놓은 것을 새로운 책임자가 다시 심으려고 해서는 안 됩니다. 이것을 잘 가꾸어 주어야 합니다. 비록 다른 사람이 심었을망정 잘 가꾸어서 수확을 하게 되면, 그것은 하늘 창고에 입고됩니다. 그런데 이런 생각을 갖지 않고, 과거 지도자의 성격이나 그에 대한 전체적인 지도 방법을 파악하지도 않고 자기 것을 다시 심으니 죽는 것입니다. 그래서는 안 됩니다.

12 주류는 어디까지나 교회 활동을 하는 사람입니다. 교회를 맡고 있는 사람은 이스라엘 민족의 레위 족속과 마찬가지입니다. 레위 족속은 분깃이 없었습니다. 목사님들에게 누가 월급을 줍니까? 교인들이 월급을 줘야 합니다. 교회장은 자기 생계를 이어 가기 위해서는 교인들 앞에 그 이상의 제물이 되어야 합니다. 교인들이 기뻐서 자기 먹던 밥까지 가져오고, 찬까지도 가져올 수 있을 정도로 희생의 제물이 되어야 한다는 것입니다. 이것이 교회장이 가야 할 길입니다. 그것이 선생님이 천도를 통해서 안 법도입니다.

13 하늘은 여러분을 기반으로 해서 환경을 다시 변혁시켜야 할 책임을 바라볼 수밖에 없습니다. 그렇기 때

문에 공직에 있는 통일교회 교인들은 눈물과 더불어 복귀의 심정을 가지고 모든 부처에서 이런 운동을 제시하여 국가 운동으로부터 세계 운동까지 전개하지 않고는 스스로 눈물 흘린 이 세계를 하늘나라로 전환시킬 수 있는 길이 없습니다. 통일교회 사람, 진짜 식구는 눈물을 흘리는 사람이요, 진짜 책임자 또한 눈물을 흘리는 사람입니다. 눈물로써 타락했으니 눈물로써 복귀해야 됩니다. 자기를 중심삼고 울 것이 아니라 하나님을 중심삼고 인류를 위해 공적인 눈물을 많이 흘려야 합니다. 그런 눈물을 많이 흘린 사람일수록 하늘의 심정권 내에 가깝다는 것입니다.

14 신앙길은 자기 나름대로 판단한 길, 자기가 바라보는 길로 가서는 안 됩니다. 신앙길은 영계에 가 있는 수많은 도의 지도자들과 인연맺어 높은 단계로 하나씩 올라가야 합니다. 베드로, 요한, 야고보, 이 세 제자 이상의 자리에 나아가야 비로소 예수님과 관계맺을 수 있습니다. 그것은 여러분이 자기보다 높은 사람을 만났을 때, 그 높은 사람에게 자기를 직접 소개하는 것은 실례가 되는 것과 마찬가지입니다. 이렇게 볼 때 여러분은 자신이 신앙생활을 하는 데 있어서 어떤 길이 빨리 영광에 접할 수 있는 길이냐 하는 것을 알아야 합니다. 그것은 어떤 도의 길을 책임지고 간 사람들의 길을 내가 찾아서 따라가야 한다는 것을 아는 일입니다.

15 우리의 평면적 생활에 있어서 다리를 놓기 위해 교회를 갈 때, 교회에는 반드시 지도자가 있습니다. 교회 지도자는 자기 목적을 달성하려는 사람이 아닙니다. 만약 그런 사람이 있다면 그 사람은 지도자가 못 됩니다. 지도자에게는 중간 다리를 놓아 주어야 할 책임이 있기 때문에 찾아오는 교인들을 위해 주어야 합니다. 교회 지도자는 교인들을 위해 있기 때문에 하나님의 뜻을 중심삼고 교인들의 정신적인 문제나 생명문제까지도 책임을 지고 있는 것입니다. 그 지도자는 자기가 책임진 분야를 중심삼고 교인들을 지도하는 것입니다. 그러면 하나님이 그를 보아서 그 사람이 높은 자리에 있다고 할 때, 교인들이 그 사람과 하나되면 교인들도 높은 자리에 나갈 수 있습니다. 그 사람이 나를 대신해서 정성을 들여 주고, 그 사람이 나를 대신해서 나의 죄를 속죄하기 위하여 기도해 주면, 나는 그의 기도로 말미암아 그 사람이 선 자리에 동참할 수 있는 것입니다. 사람들이 은혜 받은 사람의 기도를 받겠다고 하는 이유가 여기에 있습니다. 이렇게 다리를 놓아서 찾아가는 것입니다. 그런데 끝날이 되면 될수록 영적인

세계의 내정이 지상에 나타날 수 있는 때가 되기 때문에, 종교지도자 가운데에는 하늘의 역사를 직접 하는 사람들도 많이 나타나게 됩니다.

16 오늘날 사람들은 사람에 대해서 너무나 무관심합니다. 횡적 관계에 있어서 횡적인 인연을 중심삼고 서로 존중하는 일이 적습니다. 남녀노소를 막론하고 사람에 대해서 귀찮아하고 있습니다. 사람이 귀찮아지면 도의 길을 가는 사람이 될 수 없습니다. 하나님이 복귀섭리를 해 나오는 데에는 대한민국만을 필요로 하는 것이 아닙니다. 세계 모든 인류를 다 필요로 합니다. 그렇기 때문에 사람에 대한 깊은 관심을 갖고 나오게 되는 것입니다. 이것은 지금까지 하나님의 섭리 가운데에서 가장 중요한 목표였습니다. 우리가 그 목표를 이루기 위해서 모인 무리라면, 모든 사람에 대해서 하나님과 같은 자리에서 관심을 가지고 대할 줄 알아야 됩니다. 겉으로만 그렇게 하는 것이 아니라 본심에서 우러나오는 마음을 갖고 대할 때 인연 중에 최고의 인연을 결실하는 자리에 설 수 있고, 관계를 맺는 데 있어서도 최고의 관계를 맺는 자리에 설 수 있습니다.

2절 교회장의 공적 생활

1 선생님은 아침 경배시간에 조금만 늦어도 그날 하루 종일 얼굴을 들고 다니지 못합니다. 선생님은 그런 생활을 하고 있습니다. 그 하루 종일, 그 일주일 내내 마음이 안 잡힙니다. 그러면 그다음 주에는 일찍 일어나서 열배 백배 정성 들여 지난주의 잘못을 탕감하는 것입니다. 이렇게 조건을 세워야 마음이 편안합니다. 선생님은 이렇게 살고 있습니다. 그러니 얼마나 불쌍합니까? 선생님이 여러분에게 이야기를 할 때의 모습이 근사하게 보일는지 모르지만, 그것 때문에 몇 주일, 혹은 몇 달 동안을 꼼짝없이 구속당하는 생활을 하고 있습니다. 이것이 사적인 생활입니까, 공적인 생활입니까? 공적인 생활이라는 것입니다. 이 종교지도자의 자리가 얼마나 힘이 드는 자리인지 여러분은 모릅니다.

2 선생님이 살아 있을 때는 선생님의 역사를 안 쓰지만 선생님이 죽은 다음에는 선생님의 역사를 쓸 것입니다. 그러므로 원리에 공인될 수 없는 일을 했다면 큰일 날 것입니다. 왜 이렇게 살았느냐 하는 것을 뒷받침할 수 있는 원리적 내용이 있느냐가 문제입니다. 이것이 만약 그릇된다면 지금까지 이루어진 것을 몽땅 잃어버리게 될 것입니다. 그렇기 때문에 책임자는 어렵다는 것입니다. 책임자는 아무리 피곤해도 먼저 눕는 것이 아

닙니다. 다 뉘어 놓고 누워야 됩니다. 기도를 할 때도 맨 나중까지 해야 하며, 신앙생활을 하는데도 못 먹고 못 입고 못살면서 정성을 들이는 입장이 책임자의 자리입니다. 그렇게 하면 망하라고 해도 망할 수 없습니다.

공의의 길

3 여러분이 젓가락을 들고 밥을 먹을 때에도 이 먹는 것이 공적이냐 사적이냐를 생각해야 됩니다. 대한민국 삼천만 민족을 위하여 밥을 먹고, 세계 인류를 위해 밥을 먹어야 합니다. 대한민국을 위한 세계를 만들겠다고 하면 대한민국은 망합니다. 미국을 위한 세계를 만들겠다고 하면 미국은 망합니다. 세계를 위한 미국이 되어야 흥하는 것입니다.

4 오늘날의 타락한 세상에서 하는 직접적인 관계의 사랑과 하나님을 중심삼은 간접적인 관계의 사랑 중에서 어느 것이 높아야 되겠습니까? 세상을 중심삼은 직접적인 사랑보다 하나님을 중심삼은 간접적인 사랑으로 이루어진 우리 기준이 낮아서는 안 됩니다. 만약 낮다고 할 때는 높여야 됩니다. 그러므로 이러한 인연이 벌어지게 되면 그 누구도 이 자리를 그리워하지 않을 수 없고, 이 인연과 관계를 존중하지 않으려야 않을 수 없습니다. 그러면 여기에서 우리는 무엇을 해야 하며 무엇을 배워야 할 것이냐? 인류를 사랑할 수 있는 방법을 배워야 됩니다. 오늘날 우리는 세상적으로 보면 하늘과 인연도 없고 관계도 맺지 않은 것처럼 보일지 몰라도, 하나님을 중심삼고 인연과 관계가 맺어진 우리로서는 하나님이 인류를 사랑하고 싶어하는 그 사랑을 실현시켜야 됩니다.

5 여러분 자신이 식구라는 이름 밑에서 서로를 사랑함이 민족을 사랑하는 이상 되어야 하고, 더 나아가 세계를 사랑하는 이상이 되어야 합니다. 세계적인 사랑의 터전과 환경을 이루는 입장에서 사랑해야 된다는 뜻입니다. 이런 점에서 여러분이 한 식구의 생명을 얼마나 존중하느냐가 중요합니다. 식구 한 사람을 얼마나 귀하게 여기느냐 하는 것이 문제입니다. 타락한 세상에서도 어려운 일이 있을 때에는 자기의 모든 것을 바쳐 협조하는데, 우리가 그 이상의 인연, 그 이상의 관계로 발전하지 않는다면 앞으로 타락한 세상에 흡수되고 말 것입니다. 하나님이 그토록 소망하는 사람의 인연을 펼 수 있는 발판이 될 수 없다는 것입니다.

6 교회 책임자들은 뚜렷한 관이 서 있어야 합니다. 그렇지 않고는 전체에 미쳐지는 영향이 큽니다. 기업체

나 교회를 책임진 사람들은 언제든지 공적인 마음, 즉 사랑의 마음을 지니고 하나님이 세운 인연 가운데서 사랑할 수 있어야 합니다. 공적인 법도를 따라 자기를 위함과 같이 식구를 위해야 됩니다. 또 책임자의 입장에서 자기가 자기를 인정하는 것 이상 자기에게 속한 모든 사람을 사랑해야 됩니다. 그 기준이 오늘날 사탄세계의 어떤 인연보다도 높아야 합니다. 그렇게 되지 않고는 우리가 바라는 천국은 이루어질 수 없습니다.

7 교회에 세 번만 안 나오게 되면 사고가 생깁니다. 1주일 안 나오고, 2주일 안 나오고, 3주일만 안 나오게 되면 서먹서먹해집니다. 심중의 말은 못하고 거짓말을 하게 됩니다. 이런 일이 반복되면 교회로부터 점점 멀어지게 되어 나중에는 완전히 떨어져 나가게 됩니다. 이처럼 전도는 해 놓았지만 차후 수습 방법에 있어서 결여된 활동 체제를 가지고 나왔기 때문에 많은 사람을 희생시켰습니다. 그러기에 원리강의를 해서 인연을 맺는 것보다도 인연된 사람을 결실하는 것이 우리의 책임입니다.

8 공적인 책임자는 어떠한 자리에 서야 되느냐 하는 문제가 중요합니다. 하늘은 최고의 자리입니다. 예수님이 '누구보다도 나를 더 사랑하지 않으면 나의 제자가 되지 못한다. 부모 형제나 그 누구보다도 나를 더 사랑하라.'라고 했는데, 이것은 예수님이 최고의 자리를 말한 것입니다. 이러한 최고의 자리에서 사랑하려고 하고 인연맺으려고 하는 하늘입니다. 그러면 여러분 자신들이 뭇사람 앞에 하나님을 소개하려고 나서게 될 때에 어떻게 해야 되겠습니까? 먼저 여러분이 사람을 대할 때 기분이 나빠서는 안 됩니다. 그 사람의 차림새가 특별히 잘난 것도 아니고 특별히 못난 것도 아니고 수수하게 생겼지만, 무엇인지 모르게 '우리 형님 누나 같다.' 라는 느낌이 들 때가 있고, 그가 옆으로 쓱 돌아서는 것을 보면 '언젠가 본 사람이다.'라는 기분을 느낄 때가 가끔 있을 것입니다. 이런 사람은 틀림없이 인연이 있는 사람입니다.

9 여러분이 전도를 할 때 얼마나 생명을 중요시하면서 해 봤느냐 하는 것을 반성해 봐야 합니다. 의사는 자신이 아프더라도 아픈 사람이 방문을 하면 그를 위해서 고쳐 주어야 할 책임이 있습니다. 만약에 그 병은 나밖에 고칠 수 없다고 한다면, 그리고 수술을 해야 된다면 칼을 들고 자기 아픔을 잊어버리고 몇 시간이라도 그 사람을 위해서 자기 의술을 투입하는 것이 의사의 도리입니다. 그런 의사는 의사 중에서 참된 의사라고 볼 수

있습니다. 만일 수술을 끝내자마자 그 의사가 죽었다 하면 그는 의사로서 참다운 생애를 마친 사람이라고 볼 수 있습니다. 만일 그렇게 해서 병을 고친 사람이 있다면 그는 일생 동안 그 은덕을 잊지 못할 것이고, 그러한 사실을 자기 후손에게 유언으로까지 남기려고 할 것입니다.

10 시대의 책임자는 자기가 잘났다는 생각을 해서는 안 됩니다. 많은 선조들의 공적과 희생의 대가로 그 자리에 있다는 사실을 알아야 합니다. 자신이 잘나서, 자신이 당당해서 여러 사람의 것을 취하는 것이 아니라 보다 대중을 위해 갈 수 있는 주권자의 자세를 가져야 합니다. 당을 위주로 한 국가가 아니라 국가를 위주로 한 당이어야 합니다. 통일교회는 통일교회를 위주로 한 것이 아니라 국가를 구하기 위한 통일교회입니다. 세계를 자기 것으로 만들기 위한 통일교회가 아니고 세계를 살리기 위한 통일교회가 돼야 합니다. 이렇게 될 때는 언제나 하늘이 같이합니다. 그러니 이 전통을 알고 책임자들이 일을 해야 됩니다. 책임자 된 사람들은 자기가 잘나서 이 자리에 올라왔다고 생각하지 말라는 것입니다.

11 인간이 사는 세계에는 법이 없을 수 없습니다. 법을 중심삼고 모든 것이 좌우로 갈라지는 것입니다. 그와 마찬가지로 하나님을 중심삼은 이 우주는 무슨 법을 중심삼고 갈라지느냐? 공의의 법입니다. 공적인 법입니다. 공의의 법을 중심삼고 선이냐 악이냐 하는 문제가 갈라집니다. 한 가정을 중심삼고 보면 가정에도 법이 있습니다. 그 가정의 공적인 기준을 중심삼고 공과 사를 분별해 나갑니다. 가정에도 역시 가정의 공의로운 법, 공적인 법을 중심삼고 좋으냐 나쁘냐 하는 문제를 가립니다. 부모는 그 가정의 모든 공적인 법을 치리하는 책임자입니다. 그 가정이 나아갈 수 있는 그 법에 위배되는 것을 행하는 것이 아니고, 위배된 모든 것을 처리할 수 있는 책임을 짊어진 것입니다. 그렇기 때문에 부모가 잘못하면 그 가정은 전체가 걸려 들어가는 것입니다. 사회에서도 회사면 회사, 어떤 단체면 단체도 마찬가지입니다. 거기에도 반드시 법이 있는데 그 책임자를 중심삼고 공적이냐 사적이냐, 혹은 선이냐 악이냐 하는 문제가 연결돼 나가는 것입니다.

12 책임자는 어디까지나 공적인 책임, 그 부처에 대한 전체의 책임을 지고 법을 세워 나갈 수 있고, 법의 대표가 돼서 법의 표준에 맞춰 실천할 수 있는 주체가 되어 그 단체의 사람들이 선한 길로 가느냐, 악한 길로 가

느냐 하는 것을 가려 줘야 합니다. 나라도 마찬가지입니다. 나라의 주권자가 있으면 그 주권자는 그 나라의 공적인 법을 중심삼고 법의 모든 책임을 진 주체자로서 행동 면이나 모든 면에서 안팎으로 완전히 갖춰야 합니다. 그래서 법으로 다스릴 수 있는 책임자 입장에서 공의의 법도를 세우는 데에 책임을 다하고, 맡은 바 책임을 수행할 수 있게 전체 국민 앞에 영향을 미칠 수 있는 입장에 서야 됩니다. 그러지 않고는 공적인 법을 중심삼고 볼 때에 그 주권자는 전체 국가를 대표할 수 있는 주권자가 되지 못한다는 것입니다.

13 세계는 반드시 공법을 따라 중심자와 더불어, 그 중심자의 공적인 이념과 더불어 하나될 수 있는 길을 따라가고 있습니다. 비단 인간세계와 우주뿐만 아니라 하늘나라도 역시 마찬가지의 법에 따라간다는 것입니다. 그렇기 때문에 하나님 자신이 아무리 공적인 입장에 서 있다고 하더라도 마음대로 할 수 없습니다. 법을 세워 놓았으면 그 법을 중심삼고 그 법의 목적을 달성할 수 있는 공적인 의무와 책임을 다함으로써 자기 위치가 공고해지는 것입니다. 공적인 그 모든 법을 무시하고 일체 되지 않는 자리에서는 하나님의 권한을 행사할 수 없는 것입니다. 그것은 가정의 법이나 사회의 법이나 국가의 법이나 마찬가지입니다.

14 정성을 들이면서 번 돈을 도둑질하고, 그것을 응당 자기가 받을 돈으로 받겠다고 생각하면 벌을 받게 됩니다. 정성 들인 물건은 독약보다 무서운 것입니다. 눈물을 흘리고 배를 주리고 살이 야위어 가면서 모았던 것은 그 이상의 마음을 갖고 대하지 않으면 그 물건에게 걸리고 맙니다. 자손이 벌을 받게 됩니다. 하늘 앞에 정성 들인 돈을 소화할 수 있는 선의 기준이 못 돼 있기 때문에 그것이 병이 되는 것입니다. 후손을 잡아먹는다는 것입니다. 그래서 공금이 귀하다는 것입니다. 세계적으로 그렇습니다. 부흥강사의 아들딸이나 이름난 종교지도자의 후손이 나쁘게 되는 것은 그런 빚을 졌기 때문입니다. 선생님은 그것을 압니다. 그래서 헌금을 가져오면 선생님 손으로 안 받습니다. 선생님 모르게 해서 그 돈은 딴 데 돌려쓰라고 하는 것입니다. 그 돈을 안 받아도 살 수 있습니다. 그 대신 받게 될 때는 하나님의 이름으로 받는 것입니다. '이 돈은 공금으로 쓰겠습니다.'라고 하고 받습니다. 한 푼도 사적으로는 손을 안 댑니다.

15 공적인 사람이 무서운 것입니다. 함부로 살 수 없습니다. 말을 하더라

도 일반 교역자들이 한 시간을 한다면 선생님은 10분이라도 더 해야 됩니다. 산꼭대기를 올라가더라도 한 발짝이라도 더 움직였다고 해야 조건에 안 걸립니다. 그러니까 불쌍한 생활을 했습니다. 마음 놓고 사는 생활을 못하는 것입니다. 그렇게 선생님이 조심하고 사는 만큼 하늘도 선생님을 조심히 대하고, 온 천운이 선생님을 조심스럽게 대하는 것입니다.

16 교회 책임자는 눈에서 눈물이 말라서는 안 됩니다. 세상에서 정말 불쌍한 사람은 교회 책임자입니다. 언제나 슬픔을 품고 다니는 사람이 교회 책임자입니다. 하나님의 심정을 생각하고 복귀섭리의 때를 생각하면 하나님이 불쌍하다고 느껴질 때가 많습니다. 어떤 일을 해서 복귀의 길을 가야 되느냐 하는 것을 생각할 때, 선생님이 이렇기 때문에 이런 길을 가지 않을 수 없다는 것을 생각할 때, 기가 막히고 목이 막히고 가슴이 터지는 슬픔을 느낄 때가 많습니다. 졸도할 정도의 느낌이 올 때가 많습니다. 이런 심정이 없이는 하나님을 위한, 하나님의 일을 할 사람이 못 되는 것입니다. 선생님은 동네 어디를 가다가 나쁜 것을 보게 되면 '지금은 내가 그냥 지나가지만 다음에 와서 보자. 내 손으로 깨끗이 치워 놓을 것이다.'라는 생각을 하는 사람입니다.

17 기도를 많이 해야 됩니다. 기도를 하지 않고는 하나님의 동정을 받을 수 없습니다. 하나님의 도움을 받을 수 없다는 것입니다. 자기를 중심삼고는 동정을 받을 수 있는 배경이 없기 때문입니다. 그래서 슬픈 것입니다. 하나님이 동정할 수 있는 사람이 되면 외롭지 않습니다. 절대 외롭지 않습니다. 찬 방에 눕더라도, 동삼삭의 얼음덩이 같은 방에 눕더라도 자신이 불쌍하지 않은 것입니다. 그렇기 때문에 예수님도 기도를 많이 하지 않았습니까? 기도할 시간이 없으면 걸어 다니면서 기도하라는 것입니다. 기도하는 대신 전도를 하라는 것입니다. 자기 하루의 기도를 대신해서 전도하라는 것입니다.

18 지도자란 주어야 할 사람입니다. 받아야 할 사람이 아닙니다. 주는데 같은 것을 주어서는 안 됩니다. 새로운 것을 주어야 합니다. 설교를 하려면 어렵지요? 원리 말씀은 그대로 하면 되지만 설교는 힘든 것입니다. 그것은 같은 것을 주지 않아야 하기 때문입니다. 부모가 사랑하는 자식에게 이것저것 좋은 것을 가려서 먹여야 되는 것과 마찬가지로 같은 것을 줘서는 안 됩니다. 줄 것이 없으면 하나님으로부터 받아야 됩니다. 하나님으로부터 받은 것을 식구들에게 먹여야 합니다. 하나님과 더불어 의논

도 해야 됩니다.

19 여러분은 분명히 하나님을 대신하는 것입니다. 자기가 기도를 하면서도 뭘 기도하는 줄 모르면서 기도하는 때가 있습니다. 그럴 때는 기도하면서 자기가 기도하는 말에 자기가 감동받는 것입니다. 그런 경지에서 기도를 하면 청중은 다 하나님 앞에 사로잡히게 되고, '하나님이 생명의 원동력이요 본체다.'라는 것을 체득하게 됩니다. 그런 체험을 하게 될 때 하나님이 절대 필요하다는 것을 느끼게 된다는 것입니다. 이런 사연을 연결시켜 청중을 매료시키기 위해서는 기도가 절대 필요합니다.

20 책임진 사람은 교만해서는 안 됩니다. 책임자는 어버이가, 어머니 아버지가 되어야 합니다. 하나님의 대신자가 돼야 합니다. 밤이나 낮이나 누구보다도 노력을 하고, 눈물어린 심정을 품고 그들의 영적 육적, 안팎의 모든 길을 해결해 줄 수 있는 책임을 져야 합니다. 의논의 상대는 물론이고 심정의 주체가 되어서 그들을 부모 이상 사랑할 수 있는 운동을 제시하지 않고는 책임자로서의 소행을 다했다고 볼 수 없습니다.

보다 큰 것을 위하는 길

21 여러분은 사회에 충성해야 되고, 교회에 충성해야 되고, 가정에 충성해야 됩니다. 그러면 교회는 무엇을 하는 곳이냐? 인격을 형성하고 인격을 기르는 곳입니다. 타락했기 때문에 교회가 필요한 것입니다. 가정과 사회로 끝나는 것이 아닙니다. 인격을 복귀하는 데는 그냥 그대로 안 됩니다. 대학을 나와서 박사학위를 받았다고 해서 그것으로 인격이 복귀되는 것이 아닙니다. 그래서 교회가 필요합니다. 선생님을 중심삼고 새로운 부모의 인연을 찾아서 새로운 자식이 되어 가정부터 새롭게 수습해 나가면서 새로운 세계를 향해 가야 합니다. 가는 데에 있어서 발판이 되는 것이 교회입니다. 교회를 발판으로 하지 않고는 못 가는 것입니다. 새로운 가정도 교회를 통해서 나오는 것이고, 새로운 사회도 교회를 통해서 나오는 것입니다.

22 사람이 바르다고 할 때에 무엇을 두고 바르다고 합니까? 천심과 인심이 한 기점에 뿌리를 두게 될 때 바르다고 하는 것입니다. 그와 같은 자리에 서야 됩니다. 그렇기 때문에 교회를 통해서 인심이 중심을 결정하는 자리에서 온갖 정성을 다해야 됩니다. 여기에는 자기의 모든 성심성의를 다해야 됩니다. 가정보다도, 학교보다도, 자신의 출세를 위해서보다도 정성을 더 들여야 됩니다. 그래서

'네 마음을 다하고 목숨을 다하고 뜻을 다하고 힘을 다하여 주 너의 하나님을 사랑하라.'라고 했습니다. 하나님을 사랑하되 정성을 다하고 뜻을 다하고 마음을 다하는 자리에서 사랑하라는 것입니다.

23 교회가 있는 목적은 나라를 구하기 위해서입니다. 그러나 기독교는 이것을 모르고 있습니다. 기독교에서는 교회가 있는 목적을 천국 가기 위해서라고 합니다. 그것도 자기 개인을 중심삼고 있습니다. 그래서 결국 미국과 같은 개인주의 나라를 만들어 놓았습니다. 이런 세상을 개척하자는 것이 통일교회입니다. 통일교인들이 전도하는 것은 통일교회를 잘되게 하기 위해서가 아닙니다. 나라를 잘되게 하기 위해서입니다. 나라 안에 머물러 있는 종교여서는 안 됩니다. 이스라엘 나라를 구할 수 있는 주도적인 역할을 잃어버렸기 때문에 유태교가 망했습니다. 나라를 위하자는 것이 통일교회의 방침입니다.

24 교회가 가야 할 목적은 하나님의 나라를 찾아 세우는 것입니다. 교회를 찾아 세우는 것이 목적이 아니라, 하나님의 본래의 창조이상은 나라를 중심삼고 세계를 하나의 세계로 이루는 것이기 때문에 교회가 가야 할 목적지는 그 나라를 찾는 것입니다. 그렇다면 나라를 찾기 위해서, 나라를 찾는 데 필요조건은 뭐냐? 가인과 아벨이 하나되는 것입니다. 가인과 아벨이 하나되지 않고는 나라를 찾을 수 없습니다.

25 여러분은 축복가정의 사명이 크다는 것을 알아야 됩니다. 여러분은 자기 아들딸한테 영향을 미칠 수 있는 부모가 되어야 합니다. 이것이 첫째 사명입니다. 그러려면 교회생활이나 공적 생활을 철저히 해야 되고, 사적 생활에 있어서 모범이 되어야 합니다. 이것은 자녀로 하여금 금후에 뜻길을 갈 수 있게끔 교육하는 데에 절대 필요합니다.

26 여러분이 지금까지 습관적으로 살아온 사회생활 전체와 교회를 중심삼고 생활한 전체를 놓고 볼 때, 어느 것이 내적이냐 하면 교회생활이 내적입니다. 여러분이 얼마만큼 내적 생활의 가치 기준을 세워 나왔느냐? 혹자는 뜻을 중심삼고 간다고 하면서도 '내가 이렇게 하는 것이 뜻이 될 것이다.'라며 자기 멋대로 생각합니다. 그런 곳에 하나님이 계실 수 있겠습니까? 선생님이 지금까지 이 뜻을 세워 나오면서 어디에 가장 중점을 두었느냐? 하나님이 임재하는 곳, 즉 하나님이 임재할 수 있는 기점이 어디냐? 여기를 중심삼고 어떻게 일체가 되느

냐? 어떻게 동화되느냐? 여기에 하나님이 공인할 수 있는 일체성의 기반을 어떻게 세워 내적으로 적응시키느냐? 이런 것에 가장 중점을 두고 지금까지 싸워 나왔습니다.

27 비신앙자들은 가정을 중심삼고 사회생활만 하면 되지만, 신앙자들은 가정을 중심하고 사회생활뿐만 아니라 교회생활도 아울러 해야 됩니다. 비신앙자는 사회생활을 하면서 입신양명하기를 원합니다. 그러나 신앙자들은 사회생활을 하면서 입신양명하는 것보다도 교회생활을 더 중요하게 여겨야 합니다. 그것은 가인 아벨과 마찬가지 입장입니다. 외적인 사회생활은 가인적이며 내적인 교회생활은 아벨적입니다. 그렇기 때문에 외적인 사회생활은 내적 생활의 상징체가 되어야 합니다. 대상이 되어야 합니다. 외적인 사회생활의 중심이 되는 것은 내적인 교회생활입니다. 내적인 교회생활에 있어서 하나님으로부터 공인을 받을 수 있는 입장에 서지 못한 사람은 외적인 사회생활에 있어서 하나님을 대신한 생활을 할 수 없습니다. 이렇게 내적인 교회생활에 있어서 하나님으로부터 공인을 받는 것이 문제입니다.

28 어떤 사람을 보면 교회생활은 잘하는데 사회생활은 못하는 사람이 있습니다. 또 사회생활은 잘하는데 교회생활을 못하는 사람도 있습니다. 사회생활은 잘하지만 교회생활을 못하는 사람은 열매를 갖출 수 있는 요인과 그 내용이 없습니다. 교회생활은 잘하지만 사회생활을 못하는 사람과 사회생활은 잘하지만 교회생활을 못하는 사람 중에 어떤 사람이 더 나으냐? 사회생활을 잘하는 사람보다 교회생활을 잘하는 사람이 낫습니다. 결실의 요인을 갖춘 사람은 내일의 희망을 가지고 움직여 나갈 수 있지만, 결실의 요인을 갖추지 못한 사람은 결실과 관계를 맺을 수 없습니다.

29 하나님을 모시고 나가는 사람으로서 정성 들이는 것은 생명선과 마찬가지입니다. 수원지에 수도 파이프를 연결하는 것과 마찬가지이기 때문에 언제나 정성을 들여야 됩니다. 더구나 교회를 책임지고 있는 교회장은 못해도 남자 식구 세 사람과 여자 식구 세 사람과 하나되어야 합니다. 교회장을 합해서 일곱 사람이 언제나 한마음이 되지 않으면 교회가 발전하지 않습니다. 세 사람과 하나되는 데에 자기 마음에 맞는 세 사람과 하나되어서는 안 됩니다. 자기와 마음이 잘 맞는 사람, 자기와 제일 마음이 안 맞는 사람, 중간인 사람을 중심삼고 언제나 하나되어서 교역자면 교역자를 위해서 정성을

들이게끔 만들어야 됩니다.

30 교역자가 어디에 순회를 갈 때, 교역자 혼자 가는 입장이 되어서는 안 됩니다. 교역자가 순회 가는 것을 위해 뒤에서 기도해 주는 사람이 있어야 됩니다. 더구나 선생님이 순회하는 동안에 선생님이 어디에 간다는 것을 알고서 선생님이 가는 데 대해서 기도하고 정성을 들이면 어떻게 되겠습니까? 거기에는 반드시 하나님이 같이해 주십니다.

31 책임자는 반드시 기지가 있어야 됩니다. 기지를 중심삼고 기동활동을 해야 되는데, 그 기지는 언제나 기동활동을 하는 곳보다도 강하지 않으면 발전하지 않습니다. 나무를 보면 줄기에서 가지가 뻗어 나갑니다. 줄기는 가지보다 큰 것입니다. 마찬가지로 교회장이 처하여 있는 기지는 반드시 기동활동을 하는 현지보다도 언제나 강력한 힘의 모체가 되어야 합니다. 그런 터전을 갖지 않으면 발전을 못합니다. 그렇기 때문에 교회장은 언제나 남자 세 분과 여자 세 분이 교회를 위해 일심동체가 되어 하나로 움직일 수 있게끔 만드는 것이 교회의 발전에 지대한 기틀이 된다는 것을 알고, 이러한 활동체제를 강화해 나가야 됩니다. 거기에서 한 사람이 세 사람을 중심삼고 삼위기대를 만들어 놓으면 자동적으로 24명이 되는 것입니다. 세 사람을 중심삼고 삼위기대를 이루게 되면 자연히 12명이 되고, 남자 세 사람의 삼위기대와 여자 세 사람의 삼위기대를 합하게 되면 자연적으로 24명이 된다는 것입니다. 이렇게 하나의 주체를 중심삼고 떼려야 뗄 수 없는 입장으로 묶어 나가야 됩니다. 교회장 자신이 그 사람들을 위해 얼마만큼 정성을 들여 주었느냐 하는 것이 그 사람들이 교회장을 위해 얼마만큼 정성을 들여 주느냐 하는 것을 결정하게 됩니다.

32 참된 지도자가 되려면 참부모의 심정을 가지고 자기가 책임진 무대에서 안팎의 작전을 세워서 그 무대를 내외적인 작전으로 소화해 나가야 합니다. 그러기 위해서는 여러 가지 재료를 수집해서 연구하고 남보다 자지 않고 더 노력해야 됩니다. 그 동네 사람들 앞에 어떤 자극을 주고 그 사람들 앞에 플러스 요건을 어떻게 남겨 주느냐에 따라 그 마을이 확 끌려오느냐, 안 끌려오느냐 하는 것이 결정됩니다. 신세를 지면 좋아할 사람이 없습니다. 선생님도 좋아하지 않습니다. 그다음에는 안팎으로 부모의 책임을 진 교회장, 지도자는 어떤 지도자이고, 책임을 어떻게 하느냐 하는 것이 문제입니다. 또 그다음에는 하나님과 관계를 어떻게 맺느냐 하는

것이 문제입니다.

33 정성을 들여야 합니다. 지도자로서 하루 종일 기도하기 위해서는 하나님을 그리워해야 됩니다. 사람을 그리워하는 것보다도 하나님을 더 그리워해야 됩니다. 흠모와 사모의 심정이 언제나 사라져서는 안 됩니다. 보고 싶고, 그 무엇인지 모르게 클클하고, 배고픈 아이가 젖을 먹고 싶어 하는 마음처럼 무엇인지 모르게 그리워해야 됩니다. 그럴 때는 남모르는 가운데, 은은한 가운데 자기 스스로 영적 양식을 공급받는 것입니다.

34 여러분이 진심으로 어떤 사람을 그리워하지 않으면 그 사람도 절대 나를 그리워하지 않습니다. 그러기에 교역자는 항상 일찍 일어나서 문 열어 놓고 4시가 넘도록 사람을 기다리다가 첫 닭이 우는 소리를 들어야 합니다. 닭이 먼저 울면 '나보다 닭이 먼저 일어나서 우는구나, 이놈의 닭아!'라며 푸념도 해봐야 된다는 것입니다. 그렇게 하지 않으면 식구들이 새벽에 일어나지도 않고, 여러분을 선생님으로 또는 자기 지도자로 그리워하지 않으며 기도도 하지 않는다는 것입니다. 동기가 없는데 결과가 나타나는 법은 없습니다.

35 공든 탑은 무너지지 않습니다. 문제는 여기에 있습니다. 선생님이 사람을 얼마나 그리워했느냐? 그것은 설명해도 여러분이 이해하지 못할 것입니다. 여러분은 얼마나 그리워했습니까? 하나님의 아들딸을 얼마나 그리워했습니까? 소망의 가정을 얼마나 그리워했으며, 소망의 민족을 얼마나 그리워했습니까? 소망의 국가, 소망의 세계를 얼마나 그리워했습니까? 여러분은 그것을 모릅니다. 그것을 위해서는 돈이 문제가 아닙니다. 걸인의 행세를 하더라도 사람을 그리워하면 그것이 영광이라는 것입니다. 세상의 영화를 잊고 하늘의 길을 닦으려는 것은 영광입니다. 그것은 멋진 일입니다.

36 배고픈 사람에게 밥을 주는 것은 인간의 도리입니다. 얻어 온 밥이라도 나누어 먹는 것이 인간의 도리라는 것입니다. 쌀독에 쌀을 두고 있으면서도 지나가는 배고픈 사람이 밥을 얻어먹는다고 해서 타박하면 그 집은 오래가지 않습니다. 공밥만 많이 먹여서는 안 됩니다. 공밥을 먹이는 동시에 공적인 마음을 많이 써야 됩니다. 그것이 복 받는 일입니다. 공밥을 많이 먹임과 동시에 공적인 마음을 많이 쓴 사람, 그런 사람은 누구도 싫어하지 않습니다.

37 교회에 새로 들어온 사람을 제일

처음 맞아 주는 사람이 복을 받습니다. 그 사람이 스스로 신앙생활을 할 수 있을 때까지 모셔 주면서 완전히 자리를 잡게 해주면 그 사람과 더불어 영광의 자리에 참여하게 되는 것입니다. 이러한 관계를 열 사람 이상 맺은 사람이 만일 사지에 들어가게 되었을 때에는 그와 연관된 그 사람들로 말미암아 해방받을 수 있는 특권을 갖게 됩니다. 복은 여기서부터 받을 수 있습니다. 그렇기 때문에 오는 손님들을 잘 대접하라는 것입니다.

주체적으로 활동하는 길

38 여러분 스스로 여러분의 과거와 현재를 중심삼고 과거가 주체가 되고 있느냐, 현재가 주체가 되고 있느냐 하는 문제를 가려 봐야 합니다. 과거와 현재가 주체와 대상의 관계로 형성되지 못할 때에는 미래를 소망의 주체로 삼아야 합니다. 그러나 미래의 소망을 중심삼고 그것을 주체로서 모실 수 없는 해이한 입장이라면 어떻게 해야 되느냐? 과거를 주체로 삼고 현재를 대상으로 삼을 수밖에 없습니다. 그렇기 때문에 신앙생활에 있어서 과거에 받았던 은혜를 그대로 흘려보내서는 안 됩니다. 우리는 신앙길을 가면서 자기도 모르게 해이할 때에 부딪히게 됩니다. 그럴 때는 과거의 신앙생활을 하나의 주체로 삼아서 오늘의 현실적 환경을 어떻게 수습할 것인가를 생각해야 됩니다. 과거 은혜 생활을 하던 때에 기록한 일기를 다시 보거나 기도 가운데서 체험한 것들을 다시 한 번 회상한다든가 하여 그때의 심정을 재생시켜야 합니다. 그래서 그때에 행한 것을 다시 반복함으로써 과거보다 자극적인 입장에서 결의해야 할 것입니다.

39 뜻길을 가는 데 있어서 교회 전체를 대표한 입장에 있는 주체, 진리적인 측면의 주체가 있을 것입니다. 만약 그 주체와 보조를 맞출 수 있는 상대적인 인연을 갖추지 못한다면 어떻게 되겠습니까? 자기 과거 생활과 현재의 생활을 비교해 볼 때, 과거가 오늘보다 낫다면 그 과거의 생활을 현재의 생활에 재현시켜야 합니다. 그렇게 해서 그때 가졌던 결의를 어떻게 다시 한 번 스스로 모색하느냐, 그때에 느끼던 심정을 어떻게 다시 한 번 체휼하느냐, 그때에 내가 싸워 오던 환경을 어떻게 다시금 재현해 나가느냐 하는 것이 문제가 됩니다. 만일 이것이 자기 스스로 기도 가운데서 해결되지 않으면 행동적인 면에서라도 해결할 수 있는 길을 찾아야 합니다.

40 우리는 이 뜻길을 가면서도 교회와 격리되기 쉽습니다. 교회와 나를

두고 볼 때 교회 안에 있는 내가 아니라 나 자신을 중심삼고 교회생활을 하는 경우가 있다는 것입니다. 교회 전체를 중심삼고 교회 안에 있는 나 자신이 되지 않고 교회와 격리된 입장에 있는 제삼자의 입장에 서게 되면, 교회와 거리가 멀어지게 되고 교회에 대한 관심이 없어집니다. 자극이 없다는 것입니다. 그렇게 되면 교회와 자기의 관계가 점점 희박해집니다. 반드시 교회생활이 해이해지는 입장에 떨어지지 않으려야 떨어지지 않을 수 없습니다. 그러면 어떻게 해야 되느냐? 교회 전체를 대신해서 주체적으로 활동해야 하고, 그 활동에서 여러분 자신이 고립되지 않아야 됩니다. 고립된 입장에 서지 말고 주체와 보조를 맞추어 나가라는 것입니다. 그렇게 같이 보조를 취하며 싸워 나아갈 때 선두에 선 사람들이 느끼고 채택하고 의욕을 갖고 있는 환경을 살필 수 있습니다. 그렇게 되면 교회를 대표하여 주체적인 입장에서 움직이는 사람들의 뒤를 따라가는 것만이 아니라 그들보다 앞서 나갈 수 있는 입장에도 서게 됩니다.

41 통일교회를 중심삼고 무엇을 가르쳐야 하겠습니까? 선생님과 여러분의 관계를 가르쳐 주는 것입니다. 그 내적인 관계를 중심삼고 외적인 관계로 확대시키기 위한 모델을 형성하는 것입니다. 그것이 절대시될 수 있는 가치로 확정짓지 않는 한 절대적인 상대권은 형성이 안 됩니다. 이것이 교회생활에 있어서 가장 귀합니다. 그러면 통일교회에서는 실제 어떻게 움직입니까? 선생님과 여러분이 느끼는 심정적인 그것이 핵심이 되어서 상대적인 세계에 응용해야 됩니다. 선생님 자신은 어떻게 해야 되겠습니까? 하나님에 대해 선생님이 느낀 것을 여러분한테 응용해야 됩니다. 그래서 선생님이 아는 것은 여러분이 모르지만, 여러분이 선생님을 대해서 느낀 것은 여러분의 것으로 아는 것입니다. 그러니만큼 여러분 자체에 있어서 신앙세계의 마음문을 열고 마음 밭을 계발하는 일을 지금까지 해오고 있습니다. 그것이 계발되는 날에는 그것으로 끝나는 것이 아니라 그것을 상대적인 세계에 적용시킬 수 있어야만 됩니다.

3절 교회장의 정성생활

1 여러분은 식구가 왔다 가면, 왔다 간 그 사람을 생각하며 밤새워 기도하고 호롱불을 켜 놓고 내일 말씀해 줄 것을 준비하면서, 아침 해가 떠오를 때까지 그 사람이 오기를 얼마나 기다려 봤습니까? 그렇게 기다려 보십시오. 그 사람이 오게 돼 있습니다. 틀림없이 옵니다. 그것은 실현이 가능합니다. 그러면 '야, 정성이 이런

것이구나! 정성이 지극하면 하나님을 움직일 수 있구나!'라는 것을 실감하는 것입니다. '누가 와야 된다.'라고 생각하고, 정신통일을 해서 3시간만 기도하면 그 사람이 싱숭생숭해 자기도 모르게 마음이 움직이게 됩니다. '교회에 가 보자.'라고 마음이 시키는 것입니다. 그런 것이 가능하다는 것입니다.

2 정성을 들일 때에는 여러 사람을 놓고 들이는 것보다 한 사람 한 사람을 놓고 정성 들이는 것이 좋습니다. 여러 사람을 놓고 정성 들이는 것과 한 사람 한 사람을 놓고 정성 들이는 것은 판연히 다릅니다. 동서남북이 다르다는 것입니다. 그렇기 때문에 주체가 있으면 하나의 대상을 결정지어 그 대상을 중심삼고 금을 그어야 합니다. 그래야 사방이 그려지는 것입니다. 그 사방이 그려질 때까지는 대상과 절대적인 관계를 가져야 됩니다. 그래야 둥근 원이 그려집니다.

하늘이 기억하는 지도자

3 인간이 이 땅 위에 살면서 하나님을 섬기기 위해서는 반드시 성인의 도리를 기반으로 한 종교를 통해야 됩니다. 그리고 지금까지 과거의 수많은 종교지도자들이 간 길을 자기도 응당 가야 할 길로 알고 그 길을 소망하며 가겠다고 다짐하는 사람이 되어야 합니다. 그리하여 종교를 중심삼고 왔다 갔던 수많은 종교지도자들과 하나되면 그 도의 세계, 종교의 세계에 자연적으로 자리가 잡히는 것입니다. 그런 기반 위에서 기도하게 되면, 그것은 하나의 종교권을 넘어설 수 있는 입장에 서게 되기 때문에 그만큼 하나님과의 거리를 단축시킬 수 있습니다. 그래서 지상에서 종교의 길을 찾아 나가는 사람은 정성을 들여야 됩니다. 인간 중에는 정성을 들이고 종교의 길을 찾아가야 하는 사람도 있지만, 선한 선조들을 많이 가지고 있어서 그들이 바라던 것을 향하여 그냥 곧바로 나가는 사람도 있습니다. 그러면 그들이 바라던 것은 무엇이냐? 그들이 추구하는 것은 종교가 추구하는 목적의 세계입니다.

4 종교의 목적은 하나의 참된 사람을 찾는 것이요, 참된 가정과 참된 국가와 참된 세계를 찾는 것입니다. 이것은 종교의 목적이자 하나님의 목적입니다. 그것이 곧 하나님이 땅을 대하여 섭리하는 목적입니다. 그러므로 우리가 종교지도자들이 정성 들인 그 터전 위에 서게 되면 하나님의 목적권 내를 자연적으로 접할 수 있는 경지까지 가게 됩니다. 그렇기에 어떤 특정한 종교를 믿는 사람이 있다 할 때, 그 사람은 그 종교의 최고지도자만을 믿는 것이 아닙니다. 그 종교

를 따라간 사람들과 그 종교를 위해서 사방에서 정성 들이고 있는 지도자들을 믿게 되는 것입니다. 그뿐만 아니라 그 종교가 세계적인 기반을 가지고 있으면 세계의 수많은 지도자들까지 믿고 따라가려고 하는 것입니다. 그것은 영계와 종교권의 거리를 단축시키기 위해서입니다.

5 끝날에는 은혜 받은 사람을 한 사람만 통하지 말고 반드시 여러 사람들을 비교해 보아서 통해야 됩니다. 높은 내용을 가진 영적 지도자를 만나서 스스로 그 단계를 높여 가는 지혜로운 방법을 써야 한다는 것입니다. 그런데 오늘날 땅 위에 살고 있는 신앙자들은 이런 것을 모르고 있습니다. 그렇기 때문에 신앙자는 종합적인 관측, 종합적인 비교, 종합적인 분석을 하여 나 자신이 제일 빠른 길을 찾아 나가야 합니다. 그러기에 어떠한 새로운 길을 갈 때는 반드시 그냥 가서는 안 되는 것입니다.

6 언제나 은혜를 받겠다고만 해서는 안 됩니다. 남이 파 놓은 우물에서 물을 길어다 먹을 것이 아니라 그 우물의 수맥을 따라가서 새로운 생수 줄기를 찾기 위해 노력해야 됩니다. 이와 마찬가지로 자기를 지도하며 은혜를 주던 지도자가 한계점에 도달했다고 생각될 때에는, 그 지도자가 한창 은혜 받을 때 정성 들이던 그 이상의 정성을 들여야만 그 길을 넘어설 수 있습니다. 그런데 오늘날 신앙자들은 이것을 모르고 있습니다.

7 천국이란 어떠한 곳이고 그 구조는 어떻게 된 것인가? 간단합니다. 한마디로 결론을 내리면 그 세계는 위해서 존재했던 사람이 가는 곳입니다. 자기를 위해서 산 사람이 가는 곳이 아닙니다. 하나님과 인류를 위해서 살고 간 사람만이 가는 곳입니다. 여기에 아무리 잘 믿는 교회의 지도자나 신자가 있다 하더라도, 아무리 정성을 다한 사람이 있다고 하더라도 그 정성이 하나님과 인류를 위한 정성이 아닌 한, 그것을 자기에게 귀결시키는 사람은 결국 천국에 들어가지 못합니다. 그러나 자기를 위해 살지 않고 본향의 도리의 뜻을 따라, 위하여 존재하는 원칙을 본받아 철이 들면서부터 남을 위해서, 하나님을 위해서 생활을 하고, 자기를 위해서 죽을 길을 가는 것이 아니라 하나님과 인류를 위해 죽음길을 가는 사람은 틀림없이 천국에 가게 됩니다.

8 교회장이든 교역장이든 사람을 볼 줄 알아야 됩니다. 심령을 검토해서 어떤 상태에 있는지를 알아야 합니다. 그래서 제일 힘든 일이 영적 지도자의 일입니다. 그러므로 기도해야

됩니다. 건너편 산에 무엇이 있느냐 하는 것이 기도하면 떠올라야 됩니다. 그러니 정성을 들이지 않으면 안 됩니다. 식구들의 심령상태가 어떤가를 교회장이 먼저 다 알아야 됩니다. 정성 들인 사람은 어떤 일이 일어났는지를 미리 다 압니다.

9 옛날에 선생님은 교회에서 인도할 때 4백 명이 모여들었습니다. 사람들의 이름을 쭉 불러 나가는 것입니다. 그러면 대번에 알 수 있습니다. 그때 심령이 좋은 사람은 수평선 이상에 서고, 낮은 사람은 비스듬하게 서고, 제일 나쁜 사람은 거꾸로 서 있습니다. 그러한 영적인 체험을 통해서도 하늘과 음률이 맞아야 합니다. 공명해야 됩니다. 거문고의 줄을 타면 음률이 맞아야 되는 것과 같이 하늘과 공명해야 됩니다. 줄이 조금만 늦추어지더라도 안 맞습니다. 그러면 화음이 안 됩니다. 그래서 잘 맞춘 공명의 소리가 필요합니다.

10 하늘 앞에 정성을 들이는 사람은 함부로 대할 수 없습니다. 지방에서 어떤 식구가 사과 하나를 선생님께 가져왔더라도 선생님은 함부로 손대지 않습니다. 정성 들인 것을 잘못 건드리게 되면 용서받지 못합니다. 하나님의 일편단심의 심정과 하나님의 최고의 노력을 무시하게 되면 천륜 앞에 용납될 수 없는 죄인이 된다는 것입니다. 남이 정성 들인 물건을 함부로 대해서는 안 됩니다. 99만큼의 정성을 들인 물건이라면 100만큼의 정성을 들여야 대할 자격이 있는 것입니다. 예를 들어 어떤 집단의 책임자가 정성 들인 것을 받아서 하늘 앞에 연결시키지 못하게 되면 정성 들인 사람이 많으면 많을수록 빨리 망합니다. 그렇기 때문에 신령한 집단들이 자기 당대에는 영화로울지 모르나 천도를 넘어서는 일이 많아 곧 망하는 것입니다.

11 자기를 위해 기도해 주고 정성 들여 주는 사람이 많이 있으면 많이 있을수록 그 사람은 복된 사람이 아닐 수 없습니다. 나 한 사람을 위하여 정성 들이는 사람을 많이 갖기 위해서는 먼저 내가 가진 모든 복을 많은 사람 앞에 넘겨줘야 합니다. 그러기 전에는 많은 사람들이 나에게 복 받으라고 축수하지 않는다는 것입니다. 한 사람을 위해 열 사람이 정성 들이면 그 한 사람은 하나님이 기억하지 않을 수 없습니다. 그렇게 정성을 들이는 환경을 수습하여 '서로가 서로를 새로운 단계로 자극시킬 수 있는 환경의 터를 넓히자.'라고 해서 하나의 단체를 구성한 것이 교회입니다.

12 교회 책임자는 자기를 위하여 정

성 들여서는 안 됩니다. 수많은 무리를 위하여 정성을 들여야 됩니다. 그 수많은 무리가 가야 할 곳은 자기 가정뿐만 아니라 그 나라와 세계까지입니다. 그렇기 때문에 교역자의 시선이 자기 가정과 자기 교회 교인들에게만 머물러서는 안 됩니다. 그 교인을 통하여 나라와 세계로 향하는 마음을 가지고 하나님을 향해 '제가 들인 정성과 교인들이 들인 정성을 합하여 세계로 나아갈 수 있는 길을 닦아 주시옵소서.'라고 해야 됩니다. 이렇게 교역자와 교인이 하나되어 주고받으면 거기에는 반드시 하나님이 임재하시는 것입니다. 하나되어 하나님이 임재하시는 때는 자기 교회의 부흥을 위해서가 아니라 나라의 부흥을 위해서 하나될 때입니다.

정성과 하늘 역사

13 민족복귀시대에는 가정복귀시대에 들이던 정성 이상의 정성을 들일 수 있는 사람이 통일교인 가운데 없다면 책임을 짊어진 책임자가 정성을 들여야 합니다. 그러지 않으면 통일교회는 민족적인 운명을 남겨 놓고 그 한계선을 넘어갈 수 없습니다. 만일 한 사람이라도 그 한계선을 넘어가서, 하나님의 무한하신 생명력을 투입하듯이 자기 생명을 투입하고 온갖 사랑의 마음을 투입하는 한 통일교회는 그로 말미암아 발전할 것입니다. 그러나 그런 사람이 없을 때는 정지해 있거나 후퇴할 것입니다. 통일교회가 발전하는 데에는 반드시 그 배후에 발전하게 하는 동기가 있습니다. 즉 통일교회를 국가와 민족을 넘어 세계로까지 끌고 가기 위해 자기 생명력을 투입하는 사람이 있을 것입니다. 그 사람이 누구인지 알아야 됩니다. 생명력뿐만 아니라 온갖 사랑을 투입하고 희생하는 사람이 있어야 합니다. 그런 사람이 없이는 세계로 발전할 수 있는 통일교회가 될 수 없습니다. 이것은 원리적인 입장에서 볼 때 당연한 이치입니다.

14 뜻길을 따라 나온 여러분은 자기 생명력과 사랑의 힘을 민족을 넘고 세계를 넘어 그 이상의 자리까지 투입해야 됩니다. 여러분이 투입하는 생명력과 사랑의 힘이 교회 발전의 행로를 개척하는 요인이 되는 것입니다. 땅 위의 슬픈 사연을 품고 부딪쳐 가는 통일교회의 운명을 안고 몸부림치는 사람들이 있다면, 그들을 위해서 온갖 정성을 들이고 감사와 치하를 드려도 부족할 것입니다. 그런데도 불구하고 자기를 중심삼고 비판하고 자기와 관계가 되어 있지 않다고 무관하게 대해 버린다면 그는 거기에서 마지막이라는 것입니다. 여러분은 통일교회가 발전하는 사실을 바라보고 무한히 고마움을 느낌과 동시에

자신의 부족함을 느끼고 '오늘은 이렇지만 나에게도 힘을 주소서.'라고 해야 됩니다. 가을절기면 가을절기로 끝내고 겨울절기면 겨울절기로 끝낼 것이 아니라, 내 깊은 속에 깃들어 있는 내일의 봄날을 맞이하여 활짝 피어날 수 있는 생명력과 사랑의 힘을 찾지 못하면 여러분이 가는 길은 끝장이라는 것입니다.

15 하나님은 도의 책임자나 지도자들이 지상에서 영계의 길을 닦아 나가다가 실패하여 그 길을 넘지 못하게 되었는데도, 다시 그 길을 위해 정성을 들이며 찾아 나오는 사람이 있다면 그 사람을 보호하십니다. 하지만 언제나 그를 보호하시는 것이 아닙니다. 그 사람이 앞서 간 사람들의 실패의 경지에 다다랐을 때나 그런 자리에 들어갔더라도 거기에서 정성을 들이면 하나님은 그 사람이 실패권 내에서 빠져 나올 수 있도록 배후에서 조정합니다. 그리하여 하나님의 직접적인 은사를 받을 수 있게 역사하신다는 것입니다.

16 하나님은 도의 세계를 책임졌던 사람들이 그 책임을 완수하지 못하고 간 길의 배후에서 수많은 영계의 인연을 중심삼고 언제나 또다시 책임지울 수 있는 은사의 터전을 마련하여, 다시 그 길을 따라 나오는 사람들에게 실패의 길을 모면케 해주신다는 것입니다. 이때는 하나님이 자기 입장을 중심삼고 생각하는 것이 아니라, 도의 길을 위하여 정성 들이는 입장을 중심삼고 역사해 나오시게 됩니다. 하나님은 이렇게 한 단계 한 단계 높이 올라갈 수 있게끔 역사하는 것입니다.

17 교회장은 부모 입장입니다. 부모는 자식들을 다 재워 놓기 전에는 먼저 자지 못합니다. 아프지 않는 한 그러지 못하는 것입니다. 철모르는 아들딸의 내일을 염려하면서 눈물짓고, 생활의 어려움을 느끼게 될 때에는 가슴을 조여 가면서 그 아들딸을 위해 복을 빈 후에 잠자리에 드는 것이 부모의 마음입니다. 마찬가지로 책임자는 잠을 못 자야 합니다. 그리고 새벽이나 밤에 조용한 시간이 나면 자기 교회 식구들을 위해 남모르게 눈물 흘리며 정성 들여 줘야 된다는 것입니다. 그래야 기반이 닦아지는 것입니다. 이렇게 자식을 키워 어떻게 해야 됩니까? 교회보다 나라를 위해 살 수 있는 애국자로 만들어야 합니다. 그러기 위해서는 부모가 본을 보여 주어야 합니다.

18 사랑으로 올바른 교육을 한 후에 하라고 해야 올바른 부모입니다. 여러분이 그러한 생활을 하면 하나님은

여러분을 떠나려야 떠날 수 없습니다. 또한 그런 사람에게는 무엇인지 모를 강한 힘이 있어서 모든 사람의 시선을 자동적으로 끌게 됩니다. 그 사람에게 관심을 안 가질 수 없다는 것입니다. 겨울에 화덕에 불을 피워 놓으면 찬 화덕과 더운 화덕은 설명을 하지 않더라도 누구나 알기 때문에 가지 말라고 해도 더운 화덕을 찾아가게 됩니다. 마찬가지로 여러분도 그렇게 사람이 찾아들 수 있는 사람이 되어야 합니다. 그러한 전통적 기반을 갖추어서 희생적 각오 아래 개인의 새로운 전통을 확대시켜서 가정적 기반에 연결시키고 그것으로 종족·민족·국가를 형성하자는 것입니다. 이것이 하늘이 가는 길입니다.

19 만일 책임자가 잘못하게 되면, 책임자가 옳지 않게 될 때는 어떻게 하느냐? 내가 그 사람을 중심삼고 끝까지 맞춰 나가게 될 때는, 그 책임자가 잘못되었으면 책임자는 꺾여 나가고, 책임자를 위하여 정성껏 모시던 나는 그 책임자의 후계자가 됩니다. 그런 사람은 어디를 가든지 발전할 수 있습니다. 아무리 나쁜 사람을 대해도 그 사람의 마음을 맞추어 조정하려고 하는 사람한테는 그 마음에 맞추도록 조정받는 책임자는 반드시 꺾여 나간다는 것입니다. 못할 것을 명령받고 그 못할 것을 틀림없이 한다고 하게 되면 자기는 안 하고 시킨 사람이 오래 못 갑니다. 안 하는 사람은 나무 싹으로 말하면 정지해 있고 이것을 하는 사람은 자라는 것과 마찬가지입니다.

20 신세를 지는 사람은 어느 사회에 서든지 제거당하고 전부 그를 싫어하게 됩니다. 삼자 취급을 하는 것입니다. 여러분은 무슨 책임자가 나쁘다고 말하면 안 됩니다. 그 책임자 앞에 내가 나 자체를 빛낼 수 있고 내 실적을 공정하게 나타낼 수 있는 좋은 기회가 됐다고 생각하라는 것입니다. 그 주위에 있는 사람은 전부 나를 인정한다는 것입니다. 그 책임자가 능력이 있어 세밀히 지도해 주면 나에게 무슨 실적이 있겠습니까? 책임자가 부족함으로 인해 내가 빛날 수 있는 좋은 기회가 된다는 것입니다. 그렇기 때문에 불평할 수 있는 데 가서 불평하지 말고 후퇴하는 데 가서 후퇴하지 말라는 것입니다. 내가 만난 사람의 장사를 치러 주고, 제사를 지내 주고, 꽃을 꽂아 주고 가겠다는 마음을 가지라는 것입니다. 그러면 언제나 주인이 됩니다.

21 여러분이 높은 산에 올라가면 그 주위 사람들이 어서어서 구해 달라고 하는 음성을 들을 수 있고, 영계의 선조들이 어서어서 구해 달라고 하는 감

을 느껴야 됩니다. 그 가운데 책임을 해야 됩니다. 그것이 제사장입니다. 제사장의 자격증을 갖고 자기 책임을 해야 됩니다. 아무리 머리가 아파도 아프다고 못하고, 아무리 고단해도 고단하다고 얘기 못하는 것이 제사장입니다. 하나님이 쉬라는 명령을 해야 쉬는 것입니다. 책임 못하게 되면 도리어 탕감을 받게 되어 병이 납니다. 그 길을 피해 가기 위해서 자체 내에서 핍박받는 길을 만들어서 가기도 해야 됩니다. 제사장은 맨 아래서부터 먹는 그 밥을 먹고 쭉 올라가야 됩니다. 입고 사는 것도 저 밑창에서부터 입고 가야 됩니다. 전부 복귀해 가는 것입니다. 그래서 나라와 하나되고 백성과 하나됨으로써 올라가는 것입니다. 비참한 것입니다. 그런 의미에서 선생님이 핍박받는 것을 감사하게 생각할 때가 많습니다. 내 가정과 우리 교회가 해야 할 탕감을 외부에서 이렇게 떠들고 함으로써 외적 탕감으로 전부 소모시키고 있습니다.

22 책임자는 고생해야 됩니다. 고생하는 것은 탕감조건을 제시하는 것이 됩니다. 잠을 안 자고 기도하고, 정성 들이고, 그저 쉬지 않고 노력해서 외적 탕감을 해줌으로써 어떻게 됩니까? 사람을 왕과 같이 모시는 것도 탕감입니다. 탕감법입니다. 그 사람이 암만 나쁘더라도 왕과 같이 모시게 됐을 때, 그 정성의 마음을 그 사람이 못 받으면 하나님이 받아 줍니다. 그 사람이 통일교회를 믿지 않고 나가면 그의 선한 조상이 쌓은 모든 복을 내가 몽땅 인계받습니다. 무서운 작전입니다. 전체의 복, 만민의 것을 내가 찾는 것입니다. 수확하는 것입니다. 거두는 것입니다.

23 통일교회가 가르치는 것은 '개인은 가정을 위해서 희생하라.'라는 것입니다. 개인이 가정을 위해 희생하게 되면 그 가정은 자연히 탕감해 반드시 복 받을 수 있는, 잘살 수 있는 자리에 가는 것입니다. 희생한 사람이 중심이 됩니다. 보다 희생해서 모든 환경에 이익을 갖다 준 사람은 반드시 중심자가 되는 동시에 책임자가 됩니다. 그러니 자기가 잘되기 위해서, 복 받기 위해서 정성 들이는 것보다도 전체의 중심, 책임자가 될 수 있는 복을 받기 위해서 정성 들이고 신앙길을 따르는 것이 천리와 역사가 원하는 신앙길임을 확실히 알아야 됩니다. 그래서 통일교회는 이 원칙에 의해 '개인은 가정을 위해서 희생하라.'라고 하는 것입니다. 까닭 없이 하는 것이 아닙니다. 여러분이 그렇게 희생하면 여러분이 가정의 중심존재가 되고, 그 가정의 복을 계대하는데 있어서 여러분의 아들딸을 통해 여러분의 집안이 복을 나누어 갖게

마련입니다. 그리고 앞으로 종족이 되면 그 가정이 그 종족을 치리할 수 있는 중심가정, 복의 중심이 된다는 것입니다.

식구 위해 정성을 들이는 생활

24 정성을 더 많이 들이는 사람이 중심존재가 됩니다. 하늘의 축복은 그를 통해서 나타나게 됩니다. 안테나가 높으면 높을수록 세계를 향해서 멀리 퍼져 갑니다. 한 치가 높아도 세계의 모든 전파들을 타고 넘어갑니다. 이 전파를 타고 세계를 간다는 것입니다. 딱 그와 마찬가지입니다. 그렇기 때문에 정성을 많이 들이고, 보다 투입하고 잊어버리는 사람이 되어야 합니다. 그것이 하나님이 창조하시는 원칙이기 때문에, 보다 투입하고 잊어버리는 사람은 영원한 책임자가 된다는 것입니다.

25 기도해야 됩니다. 사람 앞에 정성 들이고, 그다음에는 하나님 앞에 정성 들이는 두 길이 있습니다. 영적 지도자의 생명력을 연결시키는 데 있어서는 하나님과 인간이 연결되는 중간적 입장에 있으니 여러분이 정성 들인 비율에 따라서 결과가 달라집니다. 원인이 100이 되면, 하나님과 100의 원인을 가지면 그것이 여러분을 통해서 100의 결과로 나타납니다. 하나님과 하나되는 비례에 따라서 식구가 하나됩니다. 선생님과 하나되는 비례에 따라서 식구가 하나됩니다. 그렇기 때문에 여러분은 생명선으로 선생님을 생각하지 않을 수 없습니다. 하나님은 막연하니까 잠을 자면서도 선생님이요, 길을 가면서도 선생님이요, 오매불망 그렇게 해보라는 것입니다. 그러면 영계의 문이 열립니다. 처자를 다 잊어 보라는 것입니다. 정성 들이는 길이 제일 빠른 길이기 때문에 여러분 자신을 중심삼고 식구들에게 그런 현상이 벌어지게 돼 있습니다. 원인이 그러니 결과로 나타나는 것입니다.

26 목회자는 사흘에 한 번씩이라도 식구들을 위하여 기도해 주어야 됩니다. 선생님은 흥남감옥에서 3년 가까운 세월을 보냈지만, 그 가운데에서도 몇몇 식구들을 위한 기도는 밥 먹을 때부터 잠잘 때까지 매번 안 해준 적이 없습니다. 설령 떨어져 나간 사람일지라도 그를 위하여 계속 기도해 주었습니다. 그러면 영적으로 선생님을 찾아와서 떨어져 나가게 된 사연을 처량하게 눈물 흘리며 보고를 하는 것입니다. 육신이 약하여 어쩔 수 없이 선생님을 떠나지 않으면 안 되겠다고 인사를 하며 떠나는 그 비참한 정경은 동정하지 않으려야 않을 수 없습니다. 그렇게 떠나갔어도 그 사람을 위해 계속 기

도해 주지 않으면 안 됩니다.

27 선생님은 지역을 위해 기도할 때, 그 지역의 책임자들을 위해서 기도하지 않습니다. 책임자를 위하여 충성을 다하고 그 책임자와 상대기준을 조성하여 열심히 일하는 식구들을 위해서 기도합니다. 이렇게 해야 우리 뜻이 점점 발전해 나가는 것입니다. 지역 책임자들이 책임을 다했다고 해서 그 책임자들을 칭찬하는 것이 아니라 그를 칭찬받게끔 한 식구들을 칭찬해야 됩니다. 앞으로 책임자들은 자기들을 협조한 식구들을 위해 기도해 주어야 됩니다. 심정적인 면에서 빚을 져서는 안 된다는 것입니다. 일선에서 싸우고 있는, 고생하는 식구들이 있으면, 밥을 먹을 때에도 그들을 생각하며 눈물과 더불어 수저를 들고 눈물과 더불어 밥을 넘길 줄 알아야 합니다. '하늘이여, 그들을 보살펴 주시옵소서.'라는 기도가 저절로 나와야 합니다. 이런 심정이 결여되면 발전하지 못합니다.

28 책임자들이 일편단심으로 해야 할 일이 무엇입니까? 밥 먹는 일입니까? 아닙니다. 이 죄악세계에서 한 생명 한 생명을 어떻게 하늘의 아들딸로 부활시켜 하늘나라로 옮겨 주느냐 하는 책임적인 사명감을 가져야 합니다. 일구월심 그러한 사명감을 가지고 나가 보십시오. 안 되는 일이 없습니다. 완전한 주체 앞에는 완전한 대상이 생겨나는 것입니다. 그러니 주체는 대상을 위하여 기도해 주어야 합니다. 기도를 하는데 대상이 새벽에 일어나면 그보다 먼저 일어나서 정성을 들여 주어야 됩니다. 사람은 자기를 위하여 정성 들여 주면 대번에 알게 되어 있습니다.

29 책임자는 자기 위치를 지켜 가며 정성을 들여야 합니다. 여러분이 책임자라면 아침에 기도할 때 20명 이상씩은 생각해야 됩니다. 그래서 하루에는 70명 이상 생각하며 기도해 주어야 됩니다. 식구들과 같이 먹고 식구들과 더불어 살라는 것입니다. 사람에게 있어서 가장 심각한 시간은 밥 먹을 때와 잠잘 때입니다. 배가 고파서 밥을 먹을 때, 그리고 졸음이 와서 잠을 자려 할 때는 모든 신경이 거기에 집중되기 때문입니다. 그 반면에 깨어날 때는 모든 신경이 풀어진 상태이기 때문에 심각하지 않습니다. 그러므로 하루의 생활 가운데 세 끼 밥 먹을 때와 잠잘 때가 제일 심각한 시간입니다. 뜻을 위해 그런 심각한 자리에서 기도하라는 것입니다. 그럴 때 한 번 하는 기도가 보통 때 몇 번 하는 기도보다 낫습니다.

30 여러분은 항상 식구들과 밥도 같

이 먹고 잠도 같이 잔다는 심정으로 식구들을 생각해야 됩니다. 그러면 누구누구는 어떻다는 감이 오게 됩니다. 그렇게 감각이 예민해지면 멀리 있는 사람도 가까이 보이고 가까이 있는 사람은 더욱 가까이 보입니다. 척 보면 대번에 알 수 있다는 것입니다. 심령을 지도하는 사람들이 그 정도의 능력도 없이 맹숭맹숭해서 어떻게 사람들을 지도할 수 있겠습니까? 자신이 한 생명에 대해서 얼마나 정성을 들였느냐 하는 것이 문제입니다. 예수님이 '사람이 만일 온 천하를 얻고도 제 목숨을 잃으면 무엇이 유익하겠느냐.'라고 하신 말씀의 뜻도 한 생명을 우주보다 더 귀하게 여겨서 거기에 심정의 닻을 내리신 것임을 알아야 됩니다. 세계를 망각하고 한 생명을 위해서 1대1로 싸우며 인간의 가치의 골짜기를 찾아 들어가시던 예수님의 심정적 경지에 도달할 때, 비로소 새로운 식구의 인연을 얻게 되는 것입니다.

31 기도가 얼마나 위대한지, 기도의 힘이 얼마나 큰지를 알아야 합니다. 나 한 사람이 여기서 기도를 했지만 입체세계의 영계를, 무한한 세계를 움직여 동원할 수 있는 인연이라는 것은 위대합니다. 그렇기 때문에 기도는 지남철과 같은 작용을 합니다. 또한 기도는 힘을 갖고 있기 때문에 여러분이 장래에 책임자가 되어 식구를 위해서 24시간 마음먹고 '그것이 곧 된다.'라고 믿고 기도하면 그렇게 되는 것을 볼 수 있습니다. 사실 그런 힘이 있습니다. 그래서 성경에도 '두 세 사람이 기도하는 곳에 내가 같이 하겠다.'라고 했습니다. 세 사람만 합해서 기도하게 되면 위대한 힘을 가져올 수 있다는 것입니다.

4절 교회장과 설교

1 책임자는 환경을 피하지 말고 그 환경을 소화해야 합니다. 환경을 소화할 수 있는 능동적인 사람이 되지 못하고 어떻게 하늘의 뜻을 이루어 드릴 수 있겠습니까? 하나님은 어느 누구도 꺾을 수 없는 확고한 자리에 세우기 위해 감옥에 넣어서 작전상 시련을 당하게 하는 것입니다. 과거에 고생하던 기준이 있기에 현재의 생활에서 고생이 있어도 그때의 입장을 생각하면서 참아 나갈 수 있는 것입니다. 선생님도 흥남감옥에 들어갔을 때, 거기서 해마다 모범노동자상을 받았습니다. 하나님이 그런 과정을 거쳐서 선생님을 훈련시킨 것을 생각하면서 여러분을 훈련시키는 것입니다. 자녀들이 어려운 처지에서 부모에게 무엇을 달라고 하면 그것을 못 주는 부모의 심정은 어떻겠습니까? 선생님은 고생의 노정을 밟아 왔기 때문에 어떤 일도 다 좋습니다. 가

치 없이 고생한 것은 소용이 없지만, 크나큰 뜻을 품고 한 고생의 경력은 억천만금을 주고도 바꿀 수 없을 만큼 귀중한 것입니다. 이것이 선생님의 재산입니다. 선생님은 설교를 위하여 준비를 해 본 적이 없습니다. 산 체험으로 사실을 말할 때는 모두 감동하지 않을 수 없습니다.

설교 준비를 위한 마음가짐

2 책임자는 전도지에서 자기의 뼈와 살이 녹아나는 감성을 지녀야 합니다. '아버지! 제가 이렇게 부족하옵니다. 그래도 제가 나가지 않으면 안 된다니 안타깝습니다.'라고 기도하는 심정으로 단 위에 나서서 설교하라는 것입니다. 자기를 중심삼지 말고 참부모와 천지를 대신하여 하나님의 통첩문을 들고 나선 하나님의 정병이라고 생각하라는 것입니다. 선생님은 설교하기 전에 설교를 위해서 기도하는 시간보다 식구를 위해 기도하는 시간을 많이 갖습니다. '아버지! 이들을 이끌어 올려야 되겠사온데 어떻게 해야 하옵니까? 이것입니까, 저것입니까?'라고 정성을 모은 다음 마음의 명령대로 설교합니다. 심정을 떠나서는 생명이 없다는 것입니다. 심정의 골짜기 길은 고통스럽고 처참한 길입니다. 스승을 요구하되 지식의 스승을 요구하지 말고 심정의 스승을 요구해야 됩니다. 심정의 골짜기는 파고들면 파고들수록 눈물이요 자기는 없어집니다. 목적지에 가까워지면 가까워질수록 목적과 뜻은 커지고 나는 작아집니다. 작아지는 나와 커지는 뜻을 대한 심정만 있으면 만사는 해결이 됩니다.

3 부모의 심정을 갖고 종의 몸으로 제물의 과정을 거침으로써 제사장이라고 자칭할 수 있어야 합니다. 제사장이 되기 위해서는 제물 되는 자녀가 있어야 합니다. 직계의 자녀가 없으면 믿음의 자녀라도 있어야 한다는 것입니다. 예배를 드리는 시간은 제사를 드리는 시간입니다. 자기 과거를 하나님에게 보고하고 속죄해야 됩니다. 그러므로 예배시간은 자유가 없는 시간입니다.

4 일년 열두 달 돌아다니다가 그냥 그저 대충 해서 단에 올라서서 '여러분, 찬송합시다.'라고 하고는 아버지 뭐 어떻고 하며 기도하고 그래서는 안 됩니다. 그렇게 해서는 하늘나라가 이루어지지 않고 생명이 부활되지 않습니다. 엄마들이 아기 낳는 것을 보십시오. 육신으로 아기 하나 낳는데도 오장이 끊어지듯이 아프고, 얼굴에 그저 오만 가지 만물상을 만들고 이러지 않습니까? 그 이상 미쳐야 됩니다. 반드시 땀을 흘리면서 눈물을 짓고 나와야 됩니다.

5 영적 지도자는 체휼적 무엇이 없이는 일을 못합니다. 책을 봐서 설교 준비를 하는 것이 아닙니다. 책을 봐서 하나님이 보입니까? 그 책 가운데 하나님이 있습니까? 그렇지 않습니다. 하나님은 신령한 가운데 계시기 때문에 신령을 통하지 않으면 안 됩니다. 체휼적인 신앙은 가장 귀한 것입니다. 그래서 통일교회에 들어온 식구라면 대개 체휼하게 됩니다. 반드시 체험을 합니다. 어떤 일까지 벌어지느냐 하면, 여러분의 현실적 생활권 내에 다 벌어집니다. 진정 뜻을 위해서 있는 정성을 다 들이면 하늘이 같이해 주는 것입니다.

6 여러분이 하나님과 직접 밀접한 관계에 있다면 설교 준비를 하지 않았다고 걱정하지 말라는 것입니다. 그런 훈련도 필요합니다. 선생님이 유명한 사람을 만나게 되면 하루에 열 번 이야기할 때도 있습니다. 그때는 장소에 따라 내용이 다른 이야기를 해야 할 것입니다. 그런데 그것을 다 준비해서 하겠습니까? 그럴 때 마음은 완전히 제물로서의 자각을 하는 것입니다. '나'라는 것이, 존재의식이 없습니다. 소유관념도 없습니다. 완전히 바쳐지는 자리입니다. 그 자리는 엄숙한 자리입니다. 제물 앞에 선 제객들은 머리를 숙여야 되는 것이 천법입니다. 그 제단에는 하나님이 임재하셔서 간섭하는 것입니다. 심정적으로 오늘 이 제단 앞에 나는 정열과 모든 힘과 모든 노력을 다 바친다고 하게 될 때는, 자기의 일생에 없는 성심성의를 다해서 입을 열게 될 때는 하나님이 도와주십니다. 제물은 심각한 자리에서 바쳐지는 것입니다.

7 설교는 주일날에만 하는 것이라고 생각해서는 안 됩니다. 주일날만 되면 '성경은 어디를 볼까? 찬송가 나오너라. 성가 나오너라.' 이래서는 안 됩니다. 사람들에 대한 정보를 중심삼고, 산 재료를 중심삼고 성경에서 그와 같은 역사를 빼서 그 사람의 일과 성경의 내용을 대조해 가면서 재미있게 설교를 하는 것입니다. 그러면 듣는 사람이 자기 일을 말하니까 홀딱 반하는 것입니다. 좋아합니다. 책을 보고 하려고 생각하지 말라는 것입니다. 사람에게서 책도 나옵니다. 사람 자체가 책의 원본입니다.

8 선생님도 지금까지 인상에 남는 것이 있습니다. 강도와 함께 쇠고랑을 차고 흥남감옥으로 이송되어 갈 때, 산골짜기에 접어들어 개울 길을 따라 걷던 그때가 참으로 새롭게 느껴집니다. 굽이굽이 산골짜기 길을 걸어가던 그때가 지금도 잊혀지지 않습니다. 인상적이었습니다. 그 걸음은 새로운 세계를 향해 출발하던 걸

음이었습니다. '앞으로 날마다 가야 할 나의 길은 어디일 것이냐? 형을 마치고 나가서는 어떻게 해야 할 것이냐?'라고 아주 궁금했습니다. 감옥 생활을 어떻게 해 나가느냐? 어렵지만 나는 간다는 것입니다. 그때가 새로운 자아를 각성할 수 있는 좋은 기회가 되었습니다. 선생님에게 남아진 것은 그러한 것밖에 없습니다.

9 선생님은 한때는 함흥에서 굴을 뚫는 일을 했습니다. 배가 너무 고픈 가운데 일을 하니 곡괭이를 움켜쥔 손이 올라가지 않고 기진맥진해 정신마저 혼미해졌습니다. 그러다가 '점심시간이다!'라는 소리를 들으면 그 소리가 얼마나 반가웠는지 모릅니다. 그때 밥을 먹기 위해 곡괭이를 땅에 박고 돌아서는 그 순간의 기분, 선생님에게 그와 같은 산 역사의 재료가 헤아릴 수 없이 많습니다. 어떠한 고생도 그러한 것에 비길 수 없습니다. 이런 비참했던 사연들이 선생님을 망하게 하는 것이 아니라 청사에 길이 빛날 수 있는 것임을 알아야 합니다. 그래서 하나님이 간직한 보화를 끌어모을 수 있는 그날까지 가야 된다는 것입니다. 그런 수난의 사실을 세계 만민 앞에 털어놓고 이야기하면, 다른 내용으로 한 시간 설교하는 것보다 이 내용으로 10분만 이야기하면 통곡이 벌어진다는 것입니다. 그처럼 좋은 설교 내용이 어디에 있겠느냐는 것입니다. 그래서 여러분에게 걱정하지 말고 30세 전까지는 고생하라고 하는 것입니다.

10 설교를 할 때는 여러분이 절대 제목을 정하고 나가서는 안 됩니다. 원래는 기도 가운데서 제목을 잡아야 합니다. 준비한 제목을 가지고는 절대 감동을 못 시킵니다. 남을 울리려면 내가 설교를 준비하고 기도하는 가운데에서 눈물을 흘려야 합니다. 이런 사람 저런 사람, 천태만상의 사람을 생각하면서, 오늘날 한국의 실정으로부터 쭉 생각하면서 '오늘 찾아오는 사람은 이런 사람이겠다.'라고 하는 것입니다. 그것을 두고 눈물을 흘리며 단에 나서야 청중을 눈물 흘리게 하는 은혜를 줄 수 있습니다. 편지도 눈물 흘리고 쓴 편지라야 상대방을 울릴 수 있는 것과 마찬가지로 자기가 주체적인 동기가 되어야 합니다. 그러지 않고 상대방이 그렇게 된다는 것은 거짓말입니다. 그렇기 때문에 여러분이 단에 설 때는 그 단이 심판정이라는 것을 알아야 합니다. 이전보다 더 잘하기를 바랐지만 못할 때는 회개해야 됩니다. 은혜를 못 주고 설교를 한 시간 했다면 세 시간 회개해야 됩니다. 설교를 잘하지 못해서 은혜 못 주고 그럴 때는 3배 이상 회개해야 됩니다.

11 책임자는 누구든지 식구가 자기 사정을 얘기할 때 잘 듣고, 내용을 기록했다가 전체의 본이 될 수 있는 교재로 쓸 줄 알아야 됩니다. 거기에 감동을 받으면 일요일 설교 제목으로 정해 정성을 들여서 식구들에게 그 감동을 전해야 됩니다. 언제나 하늘을 모시고 살아야 됩니다. 하늘을 모시지 않고 자기중심으로 설교를 해서는 안 됩니다. 설교를 책 보고 참조하면 하늘이 역사를 안 합니다. 흘러가 버리는 것입니다. 생명의 씨는 하늘로부터 왔습니다. 인간으로부터가 아니고 지식으로부터가 아닙니다. 그렇기 때문에 설교하기 전에는 반드시 눈물을 흘리고 가야 합니다. 눈물을 흘려야만 부모가 되는 입장에서 그 자식들의 모든 것을 회개시킬 수 있는 것입니다. 눈물을 짓기 위해서는 먼저 눈물의 문을 열어야 합니다. 눈물의 문은 눈물로 열어야 됩니다. 눈물의 문을 열어야 비로소 눈물이 나오는 것입니다. 통회의 눈물을 흘려야 통회의 문이 열리는 것입니다.

12 언제나 빚진 사람의 입장이 되어야 합니다. 그런 사람이 공인입니다. 자기가 책임을 못하면 다른 사람이 대신합니다. 주변을 보고 '이런 면은 내가 하지 못한 일이기 때문에 우리 식구가 해주고 있구나!'라고 생각해야 됩니다. 지금까지 통일교회 전체가 당해야 하는 것을 선생님이 대신 당해 나왔지만, 이제는 개인과 가정·종족·민족을 넘어서 세계적인 모든 사건들은 다 식구들 앞에 일면씩 다가올 것입니다. 선생님도 물론 당했지만 전 세계 식구들이 당하면서 고개를 넘어가는 과정입니다. 이런 면에서 볼 때 우리는 공동운명에 있습니다. 공적인 면에서 영계가 직접 지도하는 사람들의 말을 듣고 있다는 것은 심각합니다. 이것을 키득거리면서 들으면 안 됩니다. 그것은 선생님도 마찬가지입니다. 좋은 일이 있으면 말하는 것보다, 웃는 것보다 먼저 하늘을 생각해야 됩니다. 슬픔이 있어도 하늘을 먼저 생각하라는 것입니다. 내가 슬픔을 당해도 '내가 하늘 대신 당한다.'라고 할 때 그 슬픔을 의연히 넘어갈 수 있는 것입니다.

13 슬픔을 당하고 나면 반드시 대가가 따라옵니다. 땅 위에서 탕감하는 과정 중에 참 선한 입장에서 슬픈 눈물을 흘리면 반드시 선한 기쁨이 오는 것입니다. 그러니까 슬픔을 열만큼 당하면 기쁨이 천만큼 온다는 것입니다. 그런 생활을 느끼기 때문에 신앙생활을 계속해 오는 것입니다. 열만한 슬픔을 넘었어도 하나만한 기쁨밖에 찾아오지 않는다면 그런 기쁨은 며칠 만에 내려가게 되어 있습니다. 진정으로 하늘을 따라 나가는 길

은 진정한 슬픔을 당하면 진정한 기쁨이, 내가 상상할 수 없을 만큼의 기쁨이 다가오는 것입니다. 내가 못 받고 내가 못 느끼면 자기 아내라든가, 자기 자녀라든가, 자기 조상에게 그런 기쁨이 찾아온다는 것입니다. 그래서 모든 일을 경솔히 할 수 없습니다. 언제나 하나님을 모시고 의논하는 자세로 생활해야 됩니다. 답답하면 앉아서 기도하라는 것입니다. 자는 것이 문제가 아니고 일하는 것이 문제가 아닙니다. 기도하는 것이 생활화되어야 합니다.

정성이 듬뿍 담긴 설교

14 선생님은 될 수 있으면 원고를 안 쓰려고 합니다. 그래서 원고를 안 가지고 얘기하는 것입니다. 원고를 가지고 하면 하늘의 역사가 일어나지 않습니다. 그렇기 때문에 여러분이 원고를 썼더라도 자기가 쓴 글을 기억하면 안 됩니다. 원고를 썼더라도 자기가 원고 쓸 때의 기억이 남아 있어서는 안 됩니다. 외웠더라도 그 줄을 보면서 외워서 한다는 생각을 안 하는 것입니다. 그것이 공명권에 들어가는 것입니다. 자기 마음과 몸이, 그 은혜의 분위기라든가 하늘이 대하는 환경에 서로 화해 버리는 것입니다. 거기에는 자기주장이 있을 수 없습니다. 어떤 때는 내가 대상의 자리에 서기도 하고, 어떤 때는 주체의 자리에 서는 것입니다. 대상의 자리에 서야 할 텐데 주체의 자리에 서면 분위기가 깨져 나갑니다. 그렇기 때문에 기도가 필요합니다. 눈물을 흘릴 수 있는 심정으로 척 나서면 심정의 기준이 벌써 맨 밑창에 내려가서 대번에 압니다. 오늘 무슨 말을 해야 되겠다는 것을 아는 것입니다.

15 여러분은 설교하고 나서도 견딜 수 없는 부끄러움에 몸부림쳐야 됩니다. 그래야 발전합니다. 10년 전이나 10년 후나 그저 단에 서서 습관적으로 설교했다면 점점점 말라 가는 것입니다. 자기 말을 하지 말라는 것입니다. 정리한 노트를 가지고서 10년 20년 우려먹으면 거기에 생명이 있을 리 없습니다. 언제나 자기 말을 하지 말고 새 말을, 하늘의 말을 해야 됩니다. 아는 말이라도 언제나 하늘의 말을 해야 됩니다. 그렇기 때문에 원고를 쓸 때에도 자기가 쓴 원고를 잊어버려야 됩니다. 이러한 영적 활동이라는 것은 심각합니다. 그래서 선생님은 12시가 아니라 3시, 4시에도 그런 예감이 들면 잠이 어디 있습니까? 휙 돌아갑니다. 영적 세계의 감응이라든가 촉감, 자극이라는 것은 잠을 초월합니다. 잠의 세계를 넘어서는 것입니다.

16 통일교회 책임자들은 설교를 할

때 몸 마음을 다해서 하늘땅을 감동시키고, 청중을 감동시키고, 과거·현재·미래의 감동권을 움직일 수 있는 동기가 필요합니다. 그 동기가 없게 될 때는 대중화되는 것입니다. 그렇기 때문에 그것은 점점 세속화되는 것입니다. 그러니 하늘을 대신해서 해야 됩니다. 또 주일 말씀은 책을 보고 연구해서는 안 됩니다. 깊은 기도 가운데서 제목을 알아야 됩니다. 제목을 잡기 위해 기도하고, 생명의 감동을 받은 자리에서 자기가 최후의 선언, 나라가 망하고 흥하는 모든 문제를 걸고 선언을 하는 마음이어야 됩니다. 다시 말하면 형장에 나서서 선포하는 마음이어야 됩니다. 그 말이 이뤄지느냐, 안 이뤄지느냐 하는 경계선에서 선포해야 됩니다. 기도도 마찬가지입니다. 교수대에 나가는 사형수와 같이 심각한 것입니다. 사람들이 부르는 노래가 가사나 음성이 다 같은 노래이지만, 감동을 주려면 그 모든 내용을 알아야 됩니다. 성대에서 나오는 말이 깊은 내용을 가지고 공명되게 해야 합니다. 공명, 산울림처럼 갔다가 와서 자기 가슴을 밀치고 내가 감동받아 자세를 옮길 수 있는 자리에 어떻게 들어가느냐는 것입니다. 그와 같은 노래를 해야 대중에게 감동을 주는 것입니다.

17 설교를 하든지 강의를 할 때 새로운 것을 제시해야 됩니다. 어떻게 해서라도 자극을 주어야 합니다. 기도를 해서라도 보충해야 됩니다. 그래도 안 되면 생명을 걸고서라도 보충해 주어야 됩니다. 여러분은 길을 가더라도 새로운 것을 찾는 마음을 가지고 가야 합니다. 또한 교회에 간다고 하더라도 그냥 가지 말라는 것입니다. 새로운 입장과 환경에 접한다는 마음을 가지고 가야 새로운 것이 생겨납니다. 교회에 가는데도 직선 코스로만 가는 것이 아니라 돌아가기도 해야 됩니다. 남쪽으로 가야 되지만 북쪽으로도 가 보라는 것입니다. 왜냐하면 새로운 길을 찾기 위해서입니다. 또 그런 실감이 안 나거든 집안 살림살이를 바꾸어 보라는 것입니다. 수개월이 되어도 그냥 그대로 놔두지 말고 거꾸로 뒤바꾸어 보라는 것입니다. 그러면 생각이 달라집니다. 이렇게 하는 것이 반드시 필요합니다. 기도를 할 때도 단 앞에서 기도를 하는 경우와 맨 뒤편에서 기도를 하는 경우 그 느낌이 각각 다릅니다. 청중 가운데에서 기도를 할 경우에 또 느낌이 다르다는 것입니다. 그렇기 때문에 환경적인 변화를 어떻게 모색하느냐, 이것이 필요합니다.

18 여러분이 설교할 때 옛날에 했던 것을 다시 하게 되면 식구들이 알고 기분 나쁘게 생각한다는 것입니다.

원리강의를 할 때도 옛날식으로 하면 기분 나쁘다는 것입니다. 그것은 사람이 춘하추동 사계절에 따라 변화를 느끼는 것과 같기 때문입니다. 아침이라고 해서 기분이 항상 좋은 것이 아닙니다. 아무런 걱정이 없는데도 유난히 우울한 날이 있다는 것입니다. 아침 햇살도 밝고 상쾌한 날씨인데도 불구하고 자기 스스로 우울할 때가 있다는 것입니다. 그럴 때는 어떻게 해야 해결되느냐? 이것을 변동시키는 어떤 자극적인 것이 없다면 더 우울한 자리로 찾아 들어가라는 것입니다. 이처럼 반대적일 수 있는 새로운 자극을 준다든가, 아니면 그것을 극복할 수 있는 직접적인 새로운 자극을 일으켜서 보충해 나가야 합니다. 여러분이 해결 방안을 세워서 하루하루의 생활을 조절해 나가지 못하면 앞으로 뭇 인간들의 심령을 지도할 수 없습니다.

19 말씀·실체·영으로 되어 있는 인간이기 때문에 먼저 말씀을 세우고, 인격을 세우고, 신령역사를 해야 됩니다. 그래야 정상적입니다. 만약 먼저 신령을 앞세우면 단계를 뛰어넘은 것이 되기 때문에 탕감이 큽니다. 설교는 우선 자기가 감동을 받아야 합니다. 자기 기도가 자기를 감동시켜야 합니다. 설교는 동정받는 입장에서 해야 됩니다. 나를 통해 생명의 인연을 맺어야 할 사람들의 불쌍함을 하나님에게 호소하고 동정을 받는 입장에 서야 합니다. 여러분이 그러한 동정을 받는 입장에 서기 위해서는 자기가 고생을 하면서 하늘길을 찾던 입장으로 돌아가야 합니다. 그러기 위해서는 원수가 없어야 합니다.

20 정성이란 한꺼번에 들이는 것이 아닙니다. 설교를 할 때에도 대중을 앞에 놓고 설교한다고 생각하지 말고 한 사람을 놓고 설교한다고 생각하라는 것입니다. 한 사람이 은혜를 받아 눈물을 흘리면 그것이 전체로 퍼져 나가는 것입니다. 지금까지 교회를 발전시키지 못한 이유는 뿌리도 없이 공중에 떠 있는 설교를 했기 때문입니다. 흡수될 수 있는 터전이 없으니 전도가 될 리 없습니다. 교회장 자신도 자기 발판은 자기가 닦아야 됩니다. 선생님이 어떤 지시를 했을 때 교회장들이 생명을 걸고 움직이는 본을 보여야 일반 식구들도 움직이는 것입니다.

21 세상만사가 전부 설교 자료가 되어야 합니다. 자기가 고생한 것이 있으면 내가 어느 때 이렇게 했다는 것을 설교하는 것입니다. 그렇기 때문에 교역자는 고생을 많이 해야 됩니다. 인생 수련을 많이 해야 됩니다. 불쌍한 노동자로부터 거지, 혹은 고

급관리, 혹은 권세권 내에 있는 자리까지 한때 경험하는 것도 필요하다는 것입니다. 그런 상황을 중심삼고 그런 때에 공적 입장에서 어느 한때 슬펐던 사실, 그런 것을 놓고 자기가 체험한 얘기가 실감이 나는 것입니다.

22 여러분이 설교를 하고 강의를 할 때에 원리책을 많이 보는 것보다는, 원리책에 대해 어느 정도까지 기준이 되어 있으면 원리책 내용을 중심삼고 여러분 자신이 그 말씀 가운데 스며들어 가야 됩니다. 이 말씀이 얼마만큼 어려운 말씀인가, 이것이 얼마만큼의 희생의 과정을 통해서 발견되었는가 하는 것을 체험해야 됩니다. 그것을 느끼게 되면 반드시 통곡이 나오게 돼 있습니다. 하나님 복귀의 심정권 내에 들어가게 되면, 거기에는 기가 막힌 사연이 뿌리가 되어 있기 때문에 자기도 모르게 안갯속에 말려들어가 혼자 뒤넘기치는 일이 벌어집니다. 거기서 하나님을 대신한 주체성을 확정지어야 됩니다. 거기서부터 자기가 주체가 되어 역사가 벌어집니다. 영적인 협조 기반이 없어서는 안 되는 것입니다. 그러한 경지에 못 들어가면 기도를 해야 됩니다. 정성 들여야 하는 것입니다.

23 원리강의를 하는 데 있어서 원리를 완전히 몰라서는 상대적인 영향을 미칠 수 있는 심적 기반을 갖출 수 없습니다. 그러기 위해서는 기도해야 됩니다. '아버지, 오늘은 이런 제목을 가지고 강의하겠습니다.'라고 기도하고 해야 됩니다. 기도 가운데 강의를 하면서 하나님이 이런 심정을 가졌다는 것을 느껴야 합니다. 하나님과 논의하면서 강의하는 것입니다. '당신이 이 말씀을 중심삼고 당신이 필요로 하는 대상으로서 오늘 부활시킬 사람이 누구입니까? 당신이 바라고 고대하는 사람이 있으면 제 있는 힘을 다해서 그 사람을 놓치지 않겠습니다.'라고 해야 됩니다. '내가 하는 식대로 언제나 강의하면 되지.'라고 하는 것은 전달은 되지만 사람의 생명을 부활시킬 수는 없습니다. 절대 생명을 소생시킬 수 없습니다.

24 여러분이 공적인 단에 서게 될 때 그 마음은 형장에 나가는 심정과 똑같은 것입니다. 그것은 공판정에서 판사의 준엄한 판결을 바라는 순간에 선 사나이와 같은 심정일 것입니다. 즉 제물이라는 것입니다. 수많은 생명을 이 시간에 내가 책임을 지고 있다는 것입니다. 한마디 잘하면 살릴 수도 있는 것이요, 한마디 잘못하면 죽일 수도 있는 것입니다. 의사가 주사를 잘못 놓으면 그 생명을 희생시키는 것과 마찬가지입니다. 제일 무서운 자리입니다. 그 자리에는 하늘

이 같이하는 것입니다.

25 강의할 때는 반드시 원리 말씀 자체를 말씀한다고 생각하지 말고, 선생님의 역사를 말하고, 하나님의 역사를 말한다고 생각해야 됩니다. 결국 내가 그 역사를 상속받고 그 역사와 일치되기 위해서 말한다는 뜻입니다. 열 번 하면 열 번 함으로써 깊어지니, 깊어진 만큼 내가 심정적으로 가까워지기 위해서 말한다는 것입니다. 남을 구하는 것보다도 내가 가까워지기 위해서 말한다는 것입니다. 열 번 하면 열 번 하는 것만큼 가까워지고, 열 번 하면 열 번 하는 것만큼 깊어지는 것입니다. 그것을 위해서 기도하면 기도하는 것만큼 그것이 깊고 넓어집니다. 높아집니다. 높아지니 심정 기준에 있어서 자기가 발전하고, 심정일체를 중심삼은 발전의 도수를 강화할 수 있는 기회가 생깁니다. 그런 때가 말씀을 전하는 시간이요, 식구를 가르치는 시간입니다.

26 선생님은 기도할 때 무릎에 굳은살이 박힐 정도로 했습니다. 기도하게 되면 하루에 열두 시간 이상 하는 것입니다. 문제를 걸고 그것을 해결하기 위한 담판기도를 하는 것입니다. 그런 경험을 통해 습관화된 경지에 들어가게 되면, 척 문제를 대할 때 그것이 어떻게 될지 벌써 결과를 압니다. 느껴집니다. 설교도 책을 봐서 하면 안 됩니다. 영계라는 그 자체가, 본연의 상태가 책을 중심삼고 움직이게 되어 있지 않습니다. 사랑을 중심삼은 세계에 들어가서 주관받는 것이 원칙입니다. 그리고 복귀는 사랑을 중심삼은 인격 완성을 말합니다. 사랑을 중심삼고 감동하고, 사랑을 중심삼고 인격을 하늘 편에 접붙이는 일입니다. 지식이 아닙니다. 책 보고 따서 해서는 안 됩니다. 그래 가지고는 생명의 부활이 안 됩니다.

27 설교 제목을 정하기 위해서는 싸워야 됩니다. 일대 싸움입니다. 제목을 일주일 전에 책을 봐서 잡으면 하늘이 역사하지 않습니다. 그것은 나하고 관계가 없습니다. 그래서는 절대 안 됩니다. 그렇기 때문에 설교 제목을 잡을 때까지는 죽느냐 사느냐 해야 됩니다. 오늘 내가 단에 서게 될 때 청중 가운데서 죽느냐 사느냐 하는 문제를 갖고 하늘이 분별시킬 수 있는 사람을 찾아야 합니다. 그러려면 벌써 어떤 사람이 올 것인지 다 알아야 합니다. 그것이 맞으면 영계가 열리는 것입니다. 선생님은 언제나 설교 제목을 며칠 전에 준비하지 않습니다. 대개 나오기 10분 이내에 설교 제목을 정합니다. 그 설교 내용에 내가 살아야 됩니다. 그렇게 체험할 수 있는 자리에 서야 당당하다는 것

입니다. 딱 잡고 서면 자세가 잡힙니다. 그리고 상대기준이 잡히기 시작합니다. 한꺼번에 전부 안 잡힙니다. 처음에는 한두 사람입니다. 그 상대기준을 중심삼고 그 사람이 감동받고 휙 돌아가면 펴져 나가는 것입니다.

감동을 주는 설교

28 수십만 청중을 감동시키려면 원고를 써 가지고는 안 됩니다. 영감이 필요합니다. 그렇기 때문에 영적 지도자는 언제나 눈물이 그쳐서는 안 됩니다. 깊은 심정의 말을 하게 되면 자기도 모르게 가슴을 통해서 눈물이 폭발할 수 있어야 됩니다. 그런 심정을 잃어버리면 안 됩니다. 그것을 잃어버리면 생명을 부활시키지 못합니다. 이것은 심각한 문제입니다. 여러분 자신들이 한 생명을 살리기 위해서 얼마만큼 심각해 봤느냐는 것입니다. 여러분을 의사와 비교해 보는 것입니다. 칼을 든 의사가 수술대에 들어가게 될 때는 칼끝 하나에 생명이 왔다 갔다 하는 것입니다. 그렇게 심각한 의사의 입장과 뭇 생명을 책임진 책임자로서의 자기를 비교해 보면, 내가 한 사람의 생명을 다루는 의사보다 더 심각한 때가 온다는 것입니다. 이것은 보통 말이 아닙니다. 그렇지 않으면 사기꾼이 되는 것입니다.

29 청중에게 감동을 주겠다고 생각하지 말고 내가 설교 가운데서 먼저 감동받아야 합니다. 말하는 그 자체의 내용을 중심삼고 나 자신이 은혜가 돼야 합니다. 나에게 설교하는 것입니다. 내가 감동받을 수 있으면, 영적 기준이 높은 사람이 감동받을 수 있으면 청중은 은혜의 도가니로 들어가는 것입니다. 자기 계발입니다. 설교는 상대를 계발해 주기 위한 것이 아닙니다. 내 계발입니다. 될 수 있으면 선생님 말씀을 많이 인용하라는 것입니다. 여러분이 기도하는 것보다도 선생님 설교집을 봐야 됩니다. 은혜 되는 것을 한 번, 두 번, 세 번 읽어 골자를 중심삼고 얘기하게 되면, 그것이 여러분이 몇 주일 공부하는 것보다 낫다는 것입니다. 방대한 내용이 있습니다. 그 기도 가운데에는 여러분이 미치지 못할 높은 경지의 내용이 있습니다.

30 청중 앞에 나설 때는 먼저 어떠한 태도를 취해야 되겠다는 것을 생각하고 단에 나서야 합니다. 그다음에 5분, 10분 내에 어떻게 하든지 청중 앞에 자기 인상을 남길 수 있는 것을 준비해야 됩니다. 이 5분에서 10분 내에 청중이 자기 앞에 기울어지지 않고는 힘듭니다. 그러니 처음에 어떻게 하느냐 하는 것이 문제인데, 전체가 관심 있는 말부터 시작하고, 만약 그것이 불가능할 때는 전연 관계없고

흔치 않은 모르는 말로 시작하는 것입니다. 그리하여 그 말에 대해 무슨 말이냐 하고 끌려오게 하는 작전을 펴서 자기 작전권 내에 집어넣지 않으면 안 됩니다.

31 사람이 타협심이 있는 사람인지, 아니면 꽁생원인지 그것을 잡아내야 됩니다. 사람이 심리적으로 어떤 타입의 사람인지 잡아내 그 사람에게 맞는 말을 연구해 놓아야 합니다. '아, 저 사람은 내 친구 가운데 어떤 타입의 사람과 같다. 저 사람은 내가 아는 백 사람 가운데 어떤 타입의 사람이구나.'라는 것을 비교 연구해야 됩니다. 그래서 서너 타입의 사람을 골라서 시험해 보는 것입니다. 온유한 사람이냐, 교만한 사람이냐, 강렬한 사람이냐, 우물쭈물하는 사람이냐? 그래서 극적인 장면을 가지고 눈물을 흘려야 되는 자리에서는 눈물을 흘리는 입장에 서야 되고, 용서해 주는 입장에서는 용서해 주는 표정과 감정을 갖고 그 사람을 움직이는 것입니다. 그렇기 때문에 보이지 않는 싸움을 하는 것입니다. 그다음엔 그 사람에게 시적인 감정이 있으면 시를 읊어 나가는 것입니다. 연설해 나가는 도중에 생각해 내서 한 1분 동안 자기가 시정에 잠겨 그런 제목을 쓱 읊어 내 보는 것입니다. 문학적인 감정이 있으면 다정하게 속삭이는 감정으로 말해 보는 것입니다.

32 여러분을 어디에 갖다 세우더라도, 원리의 전편을 강의하든 후편을 강의하든 탁 트여서 막히지 않아야 합니다. 그것 자체가 하나의 공식이 되어 있어야 합니다. 그래서 이것을 모든 현상세계에 공식으로 활용할 수 있는 사람이 되면 얼마나 방대한 지식권을 갖출 수 있겠습니까? 여러분은 원리가 재미있어서 밤을 새워 가며 책을 보고, 거기에 취하여 내재적인 면에서도 발전을 가져와야 하며, 생활면에서도 발전을 가져와야 합니다. 자신이 없으면 발전이 없습니다.

33 명강사가 되려면 어떻게 해야 되느냐? 전국의 유명한 강사들이 강의한 것을 녹음해서 그것을 듣고 평가해서 좋은 것들만 빼 가지고 자기의 노트를 만들어 놓아야 합니다. 녹음한 테이프가 항상 쌓여 있어야 됩니다. 참 재치 있는 내용, 수십 명 혹은 수백 명이 재치 있게 강의한 것을 빼서, 자기가 강의할 때에 활용하는 것입니다. 그러면 명강사가 될 수 있습니다. 매일같이 여덟 시간 이상 강의해야 됩니다. 새 사람을 한 사람이라도 데려다가 해야 됩니다.

34 여러분이 청중을 감동시키기 위해서는 자신이 먼저 원리책을 붙들

고 눈물을 흘려야 됩니다. 그 원리책을 붙들고 밤을 새워 읽으면서 시간이 가는 것을 아까워하고, 페이지마다 신비로움을 체휼하는 사람이 되어야 합니다. 그것을 느낀 후 청중에게 감동의 역사가 어떻게 일어나는지, 원리에 취해서 설교해 보라는 것입니다. 그러면 틀림없이 새로운 감동의 역사가 벌어집니다. 죽은 것, 곧 생명력을 잃은 것은 퇴화하고, 산 것은 반드시 발전하는 것입니다. 발전하면 새로운 것이 생겨난다는 것입니다. 원칙이 그렇습니다.

35 강의할 때는 강의 시간에 내가 무엇을 남길 것이냐? 또 말을 할 때에는 그 말을 통해서 무엇을 남길 것이냐? 손이 갈 때에는 내 손이 가서 무엇을 남길 것이냐? 내가 행동할 때에는 무엇을 남길 것이냐? 이러한 것을 다짐해야 됩니다. 그렇기 때문에 힘든 길을 가면서도 무엇을 남길 것이냐를 궁리해야 됩니다. 힘들고 지치는 길을 자꾸 걸어가면서도 무엇을 남길 것이냐를 생각해야 됩니다. 흥미가 진진해야 됩니다. 지칠 수 없다는 것입니다. 어려우면 어려울수록 그런 생각에 몰려 들어가는 것입니다.

5절 교회장과 전도

1 통일교회의 현재 입장을 보면, 지금까지 책임자들이 해왔던 활동방법을 갖고는 앞으로 혁신적인 발전을 기대할 수 없습니다. 옛날의 사고방식과 옛날의 생활태도, 혹은 옛날의 전도 방법이나 신앙자세를 그냥 그대로 가지고 있으면 안 됩니다. 이제까지 그런 식으로 걸어 나왔지만 오늘날 기대할 만한 결과를 가져오지 못했기 때문입니다. 좋은 결과를 가져왔다면 모르지만 그렇지 못한 입장에 있는 것을 볼 때, 과거와 같은 신앙자세와 생활태도, 전도 방법에서 벗어나 새롭게 달라진 모습이 되지 않으면 안 됩니다. 그렇기 때문에 우리가 새로운 신앙자세, 새로운 생활태도, 새로운 행동을 제시하지 않고는 새로운 발전을 가져오기 어렵습니다.

심정 기준을 먼저 세워야

2 발전은 우리에게 가장 필요한 것입니다. 그러나 그 발전을 추구하기 전에 자기 자체 내의 순수성을 어떻게 조성하느냐 하는 것이 더 문제입니다. 그래서 여러분에게는 기도하는 시간이 필요하고 정성 들이는 시간이 필요합니다. 정성은 그냥 들여서는 안 됩니다. 과거를 청산하고 들여야 됩니다. 과거의 의식이 남아 있다면 그 의식이 나를 어디로 끌고 가겠느냐 하는 생각을 해야 됩니다. 과거의 의식에 내가 도취하여 얼마나 강한 입장에 서 있느냐 하는 문제를 두고 과거가 순수했느냐고 비판해야

된다는 것입니다. 순수한 입장에 처해 있다면 선했느냐 하는 것을 비판해야 되고, 현재 그런 입장에 서 있느냐 하는 것을 비판해야 됩니다. 또 내가 바라는 소원이 순수한가 하는 것을 비판해야 됩니다. 순수한 선의 입장이란 무엇입니까? 자기를 위하는 데에는 순수한 선은 존속할 수 없습니다. 선은 자기를 강화시키는 데에는 존속하지 않습니다. 선은 하나님을 모시기 위한 바탕이기 때문입니다. 선 가운데서 하나님을 모신다는 것은 선의 주인으로 하나님을 모시는 것입니다. 선의 주인은 타락한 인간이 아니라 하나님입니다.

3 지방에 나가 전도할 때 먼저 그 마을 사람들과 내적인 면에서 일체를 이루어야 합니다. 내적인 일체란 심정통일을 말합니다. 그다음엔 생활통일, 이념통일의 기준을 연결시켜 나가야 합니다. 현실적인 무대에서 하나님을 중심삼고 마음과 몸이 하나 되어야 합니다. 즉 하나님과 마음이 일체 된 거기에 몸이 굴복해야 한다는 것입니다. 그래야 소생·장성·완성의 3점을 연결시킬 수 있습니다. 개인적으로 그렇게 갈 뿐만 아니라 이 민족을 그렇게 이끌고 가야 합니다.

4 목회자 중에 자기는 천적 완성 기준에 섰다고 생각하며 자신에게 모심과 경의를 표해 주기를 요구하는 사람이 있습니다. 그것은 큰 잘못입니다. 모심을 받는 것보다 모셔 주고 위해 주는 것이 부모 입장입니다. 형제 입장에서 보면 아벨입니다. 부모 입장에서 보면 부자관계입니다. 자신은 아벨이므로 가인이 모셔야 한다고 생각하는 것은 큰 잘못입니다. 무엇을 위한 아벨인가 하면, 부모의 입장을 복귀하기 위한 아벨입니다. 그러므로 아벨은 부모의 심정을 먼저 갖지 않으면 될 수 없습니다. 그것이 원칙입니다. 형제끼리 아벨이라고 생각하여 부모로서의 입장을 잊어버리고 있는 사람이 많습니다. 그 결함을 빨리 일소하지 않으면 안 됩니다.

5 우리는 발전할 수 있는 내용을 충분히 갖고 있습니다. 시대적인 여건과 환경도 완전히 구비되어 있습니다. 그런데 발전을 못하는 것은 왜 그렇습니까? 이 시대와 입장, 현재의 처한 환경, 마을이면 마을에 플러스되고 있지 않기 때문입니다. 이익을 주고 있지 않기 때문입니다. 만일 물질적인 면에서 이익을 못 주었다고 하더라도 정신적인 면에서라도 너나 할 것 없이 이익을 받고 있다는 사실을 절실히 느끼게 하면 교회에 오지 말라고 해도 오게 되어 있습니다.

6 교회가 발전하지 못하는 원인은

어디에 있느냐? 그것은 전도된 사람에게 끝까지 관심을 가져 주지 못하기 때문입니다. 전도한 사람에 대해 시일이 지남에 따라서 점점 더 관심을 가져야 하는데도 불구하고, 전도할 때는 관심을 가지지만 전도를 하고 나서는 무관심해진다는 것입니다. 적어도 3년까지는 어느 때를 막론하고 관심을 가져 주어야 됩니다. 왜 그러냐? 사람의 심령 정도는 점점 발전합니다. 처음 원리를 들었을 때와 1년 뒤의 입장이 다르다는 것입니다. 1년이 지나게 되면 원리 안팎에 대한 입체적인 내용을 이해하게 됩니다. 그것을 이해하면 이해할수록 원리에 대해 알고 싶은 마음이 더 갈급해지는 것입니다. 그래서 자기를 지도할 수 있는 사람과 접근하고 싶어지는 것입니다. 이런 사람에게 시간을 더 투입해 세부적인 계획을 세워서 내면적으로 갈구하는 그 마음을 해결해 주어야 합니다.

7 교회가 왜 발전하지 못하느냐? 그것은 책임자가 남을 위한다는 내용을 가지고 살지 못하기 때문입니다. 그러니 영계에서 협조를 안 하는 것입니다. 책임자들이 식구들에게 시킬 줄은 알지만 식구들의 심부름을 할 줄은 모르고 있습니다. 문제는 거기에 있습니다. 95퍼센트 남을 위해서 살겠다는 책임자가 없기 때문에 발전을 못하는 것입니다.

8 전도란 사탄세계를 버리고 웃으면서 하늘길을 따라오게 하는 것입니다. 하늘나라로 인도하는 것입니다. 여러분을 보게 되면 전도한다고 그저 그 사람이 좋아하든 안 하든 강제로 '오소, 오소.'라고 하는데 그래서는 안 됩니다. 사람은 영물이기 때문에, 여러분이 어떤 한 사람을 두고 기도해 보고 한번 실험해 보라는 것입니다. 어떤 한 사람을 지극히 사랑하고, 그를 뜻 앞에 세우기 위해서 아픈 심정을 가지고 눈물을 흘려 보라는 것입니다. 그리고 연구해 봐야 됩니다. 진정 그의 부모가 사랑하는 자리 이상의 자리에 내가 어떻게 나가느냐 하는 것이 문제입니다. 이것이 싸움입니다. 그의 어머니 아버지 이상의 마음을 갖고 내가 어떻게 그를 점령하고 나서느냐, 이것이 문제입니다.

9 아벨이 플러스라면 가인은 마이너스입니다. 사탄세계에 대해서 내가 플러스, 아벨의 자리에 있습니다. 전도는 사탄세계의 플러스를 하늘세계의 마이너스가 되게끔 복종하게 만드는 것입니다. 창조하는 것입니다. 나하고 하나될 수 있도록 만드는 재창조입니다. 싫어서는 안 됩니다. 기뻐서 해야 됩니다. 하나님이 천지를 창조할 때에 기쁨으로 지었지 슬픔으로

지었습니까? 그러니 자기가 어려운 것보다, 힘든 것보다도 더 놀라운 사랑을 줘야 합니다. 내가 전체를 위해서 있다고 생각할 때는, 전체를 위해 주려고 하면 그 사람이 전체 앞에 주체가 됩니다. 재창조가 되는 것입니다. 투입하는 것입니다. 재창조가 다 끝난 다음에 내가 주체가 되는 것입니다. 그 주체 앞에는 전체가 좋다고 머리 숙이는 것입니다.

전도 방법과 자세

10 어떻게 전도를 해야 되느냐? 매일같이 무작정 돌아다닐 것이 아니라 백 집을 돌았으면 그중에서 열 집을 고르고, 그 가운데서 다시 한 집을 골라서 집중적으로 말씀을 전해야 됩니다. 한 달에 한 사람 전도하는 것을 목표로 움직여 보라는 것입니다. 그렇게 해서 한 달 동안에 한 사람을 전도했다면, 그 사람이 한 달 동안 정성들이며 수고했다는 것은 틀림없는 사실입니다. 한 사람이 전도되었으면 그다음에는 전도된 그 사람에게 '너도 너희 친척들에게 내가 너에게 한 것처럼 정성을 들여 전도를 하라.'라고 해야 됩니다. 그런 전통을 세워 놓고 지도하면 틀림없습니다. 이렇게 한 달에 한 사람씩을 전도하는 일률적인 방법으로 나가게 되면, 한 사람에서부터 그다음 사람으로 이어지는 횡적인 전도가 벌어져 식구들이 무한정 늘어나는 것입니다.

11 여러분이 나가서 전도한다고 하는데 전도가 무엇입니까? 길을 가르쳐 주는 것입니다. 여러분이 세계를 위해서 하나님에게로 돌아가는 길을 가르쳐 주니 그것이 얼마나 위대한 것입니까? 본성의 인간을 보고 '너 어디로 갈 거야?'라고 물으면 '아이쿠! 세계를 통해서 하늘나라로 돌아가야 되겠다.'라고 합니다. 그 길을 개척해 주니 얼마나 멋집니까?

12 지금까지 종교는 자신의 구원이라는 문제를 중심으로 해 나왔습니다. 그런 종교는 반드시 멸망합니다. 끝이 옵니다. 지금은 아무리 세계적으로 되어 있다고 하더라도 그것은 반드시 다시 한 번 부활하지 않으면 안 됩니다. 자기 한 사람의 생명을 구하기 위한 종교와 기독교를 믿는 신자들의 목적이 어디에 있습니까? 자신이 구원받아 천국에 가겠다고 하는데 그래서는 안 됩니다. 천국에 가는데 혼자 가서 무엇을 하겠습니까? 만민을 데리고 가기 위해서 신앙을 해야 됩니다. 그러므로 전도하지 말라고 해도 전도하지 않을 수 없습니다. 선을 행하지 말라고 해도 행하지 않을 수 없는 것입니다.

13 전도 나가는 것은 나도 살고 가인

도 살리기 위한 것입니다. 다시 말하면 전도는 하나님과 사탄 앞에 인증서를 받아 놓고 실천하기 위해서 가는 길입니다. 내가 싸우는 것은 인증서를 받기 위해 세워 놓은 조건대로 실천하기 위해서입니다. 여러분은 그것을 알고 길을 가야 하는데, 지금까지 그렇게 간 사람이 있습니까? 아무것도 모르고 왔다 갔다 했다는 것입니다. 그러므로 제일의 원수가 사탄이 아닙니다. 내가 제일의 원수입니다. 내가 원수 된 입장에 서 있으니까 사탄인 원수가 달려드는 것입니다. 그렇기 때문에 여러분은 자신이 언제나 원수라고 생각하라는 것입니다. 원수는 우리 몸을 통해서 나타나기 때문입니다. 즉 핏줄을 통해서 사탄과 연결되어 있기 때문에 자신의 몸이 원수 입장에 있다는 것입니다.

14 내가 생명을 바쳐 악을 굴복시키게 되면 생명을 찾을 수 있는 하나님의 사랑이 나에게 옵니다. 이것은 공식적입니다. 저울추와 마찬가지입니다. 한 쪽이 내려가면 다른 한 쪽은 올라가게 됩니다. 악을 많이 제거하면 선이 올라가고, 악을 많이 갖게 되면 선이 내려갑니다. 이와 마찬가지입니다. 악을 제거하는 만큼 사랑을 주는 것입니다. 그렇기 때문에 하나님이 누구보다 나를 더 사랑하라고 한 것입니다. 하나님을 더 사랑하라는 것은 하나님을 더 사랑한 만큼 하나님의 사랑을 더 받는다는 것입니다. 즉 하나님을 사랑했으니까 하나님의 사랑을 받는다는 말입니다.

15 전도할 때는 반드시 정성 들여서, 하늘을 부여안고 눈물을 흘리며 '내가 오늘 만나게 되는 사람과의 인연을 파탄시키는 천륜의 거역자가 되지 말고, 모든 사람 앞에 환영을 받고 여기에 동기를 일으킬 수 있는 사람이 되게 하시옵소서.'라고 해야 됩니다. 그런 마음으로 전도 나가 보십시오. 그렇게 하지 않고 기분 나쁘게 해서 동네에서 제일 좋은 사람을 찾아간다면, 소박맞고 쫓겨나는 것입니다. 그런 체험을 여러분이 생활을 통해서 하고, '아, 하늘이 이런 곳에는 같이 하시고 이런 곳에는 같이하시지 않는구나!'라는 것을 시험하면서 가리어 가야 여러분이 발전하고 인격수양도 되어 하나님의 심정세계에 도달할 수 있습니다. 욕심만 더 품은 채 도사리고 앉아서 자기 이익만 생각하고 있으면 안 됩니다.

16 전도는 무한히 주면서 하게끔 되어 있습니다. 만약 여러분이 그렇게 했는데도 불구하고 그들이 응하지 않게 되면 하늘의 호출명령이 내려지는 것입니다. 용서받지 못하는 것입니다. 선은 뿌려서 거두지 못하는 일이

없기 때문에 선한 사람이 부를 때 거기에 대답하지 못하면 벌을 받는 것입니다. 선이 손길을 폈는데도 불구하고 그 결과가 안 나오면 그 동네와 이웃 마을까지 사탄의 손길에 말려들기 때문에, 선한 인연을 가진 선조들은 그런 곳에 가서 전도하려고 하는 사람이 요구하는 기준에 합당한 대상자를 자기 후손 가운데 긁어모아서라도 세우려고 하는 것입니다. 이것이 원칙이기 때문에 후손에게 몽시 가운데에서라도 가르쳐 주는 것입니다.

17 여러분은 전도 대상자를 놓고 밤을 새워 통곡하며 기도해 보았습니까? 자기 어머니 아버지가 죽은 이상으로 슬퍼하면서, 혹은 사랑하는 애인이 죽은 이상으로 슬퍼하면서 통곡해 보았느냐는 것입니다. 그렇게 안 해봤으면 해봐야 됩니다. 밤을 새워 가면서 통곡해야 됩니다. 하나의 생명을 살릴 수만 있다면 그 무엇도 아까운 것이 없다는 것입니다. 돈이나 옷이나 집이 문제가 아닙니다. 사람을 사랑하기에 미쳐야 합니다.

18 전도를 하려면 사람들의 심리를 연구해야 됩니다. 표정이나 걸음걸이만 보고도 저 사람이 좋아하겠는지 싫어하겠는지 알아야 됩니다. 그 사람의 감정을 공식적으로 감정할 줄 알아야 됩니다. 자기 아내의 발걸음 소리만 듣고도 그에게 좋은 일이 있는지 나쁜 일이 있는지 알 수 있습니다. 아내가 방에 척 들어오면 '당신 왜 기분이 좋지 않소?'라고 하는 것입니다. 그러면 아내는 언제 보지도 않았는데 벌써 남편이 다 알고 있으니 할 말을 못하는 것입니다. 그런 잼대를 가지고 살아야 됩니다. 관심을 가지고 기도하게 되면 그 사람이 나에게 관심을 갖게 되는 것입니다.

19 우리가 전도를 할 때도 어제 전도할 때의 마음과 오늘 전도할 때의 마음이 출발할 때부터 달라야 합니다. 다시 말하면 과거에는 이러이러한 마음을 가지고 나섰지만 오늘은 새로운 마음을 갖고 해야 되겠다는 각오로, 출발 동기부터 그렇게 다른 각오로 나섰다면 틀림없이 좋은 결과를 가져온다는 것입니다. 그러나 그러지 못하고 옛날보다 더 낮은 입장에서, 어제보다 못한 마음으로 출발을 하게 되면 반드시 후퇴의 일로를 걷게 됩니다. 그러한 환경 속에서 계속 일을 하면 할수록 파경을 자초하게 됩니다. 또 그것이 일방적이 아니라 사방적으로 그런 후퇴의 감정을 일으켜 간다면, 아무리 목적이 크고 아무리 스스로 굳게 다짐을 한다고 하더라도 그것은 정지 상태로서 움직이려야 움직일 수 없는 완전히 고착된 입장을 체험하게 되는 것입니다.

20 인간이면 누구나 말씀을 중심삼고 복귀의 길을 가야 합니다. 그런데 내가 국가적 기준을 탕감할 수 있는 자리에 들어가려면 국가적 기준 앞에 종족적 탕감을 해야 하는데, 그것을 대행할 수 있는 사람을 세워 놓으면 종족이 반대하는 것을 그가 막아 줄 수 있습니다. 가정에서도 그러한 사람을 세워 놓으면 가정들이 반대하는 것을 막을 수 있습니다. 종족 대표를 세워 놓으면 다 막을 수 있는 것입니다. 그래서 전도를 하는 것입니다. 내가 높이 올라가더라도 후계자를 세워서 그가 내 갈 길에 동참하여 반대하는 것을 막아 줄 수 있게 하는 터전을 넓히려니 전도가 필요합니다.

21 우리는 무기를 가지고 전도하는 것이 아니고 사랑을 가지고 전도하는 것입니다. 아벨이 사랑으로 가인을 구한 승리의 터전을 통하여 거짓 사랑으로 점령당한 것을 참사랑으로 복귀해야 됩니다. 그래야 상충이 없는 본연의 세계로 돌아갈 수 있습니다. 다른 수단 방법을 통해서 했다가는 또다시 사탄이 수단 방법을 가지고 나오는 전법이 남아 있을 수 있는 것입니다. 예수님은 죽음길 위에서도, 생명이 끊어지는 마지막 순간까지도 사랑의 도리를 세워 나왔습니다. 완전한 가인 구원의 도리를 세우지 못했기 때문에 가인 구원의 도리의 문을 열 수 있는 증거를 죽음을 통해서 보여 주었던 것입니다.

22 전도하는 것은 통일교회 자체를 위해서가 아닙니다. 통일교회를 살리기 위해서가 아니라 나라를 살리기 위해서 전도하는 것입니다. 세계를 살리기 위해서 전도하는 것입니다. 기독교와는 목적이 다릅니다. 그들은 자기 교파의 발전을 위해서 전도하지만, 통일교회는 우리 자체를 위한 전도가 아닙니다. 통일교회가 완성한 자리에 섰다고 하더라도 통일교회가 궁극적으로 찾아가야 하는 곳은 나라입니다. 교회를 버리고라도 나라 완성의 길을 가게 되면 한 단계 높은 자리에서 완성의 길을 맞게 됩니다. 그 길이 보다 가치 있는 길이기 때문에 교회를 희생시켜서라도 나라를 찾아야 합니다.

6절 가인 아벨의 섭리

1 여러분은 교회를 중심삼고 누가 아벨이고 누가 가인인가를 분별할 줄 알아야 합니다. 두 사람이 있으면 반드시 한 사람은 아벨이요 한 사람은 가인이라는 것, 세 사람이 있으면 두 사람은 아벨도 될 수 있고 가인도 될 수 있는데 가장 중심적인 아벨과 가인이 있다는 것, 이것을 여러분이 확실히 분별할 수 있어야 됩니다. 그리고 그 가인과 아벨이 하나되지 않고

갈라져서는 안 됩니다. 한편은 바른 손이고 한편은 왼손이라는 것입니다. 그렇기 때문에 누구든지 내 하나님인 동시에 네 하나님이요, 나를 사랑할 뿐만 아니라 너를 사랑하는 하나님이라는 믿음의 입장에서 서로서로 아벨적인 존재를 찾아 모시며 가인적인 입장을 피하기 위해 최대의 노력을 해야 됩니다.

2 가인 아벨의 논리는 위대한 논리입니다. 하나님의 참된 사랑은 자기 자식을 희생시키더라도 나라의 젊은이를 위해서 제물 삼기를 원하는 것입니다. 그런 하나님의 마음이 있기 때문에 그런 세계에서만이 통일이 벌어집니다. 위하는 사랑에서만이 통일이 벌어집니다. 위하지 않는 사랑에는 사탄이 오가고 파괴가 벌어집니다. 하나님의 소원이 그렇고, 만물의 소원이 그렇고, 인간의 소원이 그렇다면 3대 이상권의 소원을 가지고 살겠다는 사람이 있을 때 망할 수 있겠습니까? 찾아오는 천운은 그 사람을 보호하고, 천운뿐만 아니라 하나님이 보호하고, 만물이 그 사람을 따라가기 때문에 죽을 자리에 가더라도 죽지 않는다는 것입니다. 죽을 것 같고 없어질 것 같은데 거기에서 새로운 길로 도약해 갈 수 있는 발전의 길을 가더라는 것입니다. 참된 사랑의 길을 가는 데는 방해하고 막을 어떠한 무엇이 없습니다. 사탄도 여기에 굴복하는 것입니다.

섭리로 본 가인 아벨

3 가인과 아벨이 다 같이 하나님에게 제물을 바쳤는데, 아벨의 제물을 받으신 하나님의 입장과 가인의 제물을 받지 않으신 하나님의 입장이 서로 다른 것 같지만 그렇지 않았다는 것을 알아야 합니다. 가인에게 하늘의 입장을 대신했던 아벨을 통하고자 하는 마음이 조금이라도 있었다면 하나님이 가인의 제물을 취하셨을 것입니다. 하나님은 시간적인 차이는 있었을지라도 공평한 입장에서 그들을 대하고자 하셨다는 것입니다. 이제 여러분이 하나님 앞에 우주적인 탄식의 고개를 넘어서 하나님이 즐거워하고 기뻐할 수 있는 하나의 제물로서 나타나기를 원한다면 여러분은 어떻게 해야 될 것이냐? 온 우주만물을 복귀하기 위한 아벨적인 제단을 쌓고 아벨적인 제물로서 양을 잡아 바칠 것이 아니라 여러분 한 생명의 실체를 바칠 수 있어야 됩니다.

4 아벨은 복귀노정에 있어서 무엇보다도 중요한 사명을 해야 됩니다. 아벨이라는 존재가 뜻 앞에 설정된 것은 타락 때문입니다. 만일 타락이 없었다면 아벨이라는 존재가 뜻 앞에 설정되어야 할 필요가 없습니다. 아

벨 혼자 있어서는 아벨이 설정될 수 없습니다. 가인이 없어서는 아벨이 될 수 없습니다. 또 아벨이 진정한 아벨로서 택정받는 자리에 설 때까지는 준비기간이 필요합니다. 다시 말하면 하늘 편에 서느냐 못 서느냐 하는 기간이 필요합니다. 통일원리에서는 그것을 믿음의 기대를 세우는 기간이라고 하는데, 그 기간은 제물을 드리는 기간입니다. 제물을 드리는 것은 하나님과 인간이 갈라졌던 것을 다시 심정적으로 유대를 맺게 하고, 외적으로도 유대를 맺게 하기 위해서입니다.

5 아벨은 어떻게 해야 되느냐? 하나님과 일체가 되어야 하고, 천사장을 사랑해야 됩니다. 그리하여 사탄인 천사장에게 '당신은 하나님의 아들이기 때문에 틀림없는 상속자입니다.' 라고 인정받아야 합니다. 이때 천사장 입장의 사람은 가인이며, 아담의 입장의 사람은 아벨입니다. 인간이 타락함으로써 거짓 부모가 나왔습니다. 그래서 가인과 아벨로 분립해서 복귀역사를 하는 것입니다. 즉 아담 대신 아벨, 천사장 대신 가인을 세워 복귀역사를 하는 것입니다. 아벨이 되려면 먼저 하나님과 심정일치가 되어야 합니다. 심정일치가 되어 하나님의 마음에 들면 하나님이 사랑하시지 않을 수 없습니다.

6 내가 아벨이 되기 위해서는 가인을 찾아야 됩니다. 가인을 찾기 전에는 아벨이 될 수 없습니다. 따라서 내가 하나님을 대신하는 입장에서 종의 종 자리와 종의 자리를 거치고 양자의 자리를 거쳐 아들의 자리로 올라가야 됩니다. 그리하여 가인 아벨을 중심삼고 굴복했다는 조건을 세워야 비로소 하나님 앞에 설 수 있는 아들의 책임이 끝나는 것이며, 그 자리에서 가인이 협조하는 입장에 서면 부모의 자리에 나아가게 되는 것입니다. 그러므로 여러분이 전도하는 것은 첫째로는 가인을 만들기 위한 것이요, 둘째로는 아벨의 자리를 결정짓기 위한 것입니다. 따라서 아벨적인 입장에서 전도하는 여러분은 하나님을 대신하는 입장입니다. 또한 여러분은 하나님을 중심삼고 예수님을 대신하여 종의 입장을 복귀한 시대에 조상들이 하지 못하였던 것을 대신해서 복귀하고 있는 것입니다.

7 여러분이 지금 아무리 하나님의 사랑을 받는다고 하더라도 여러분 앞에 가인이 없다면 여러분은 아벨이 될 수 없습니다. 가인과 아벨은 어떠한 자리에서 결정되느냐? 가인과 아벨은 편안하고 좋은 자리에서 결정되는 것이 아닙니다. 가인과 아벨이 필요한 것은 무엇 때문입니까? 탕감복귀하기 위해서 필요합니다. 탕감복

귀하려면 어떻게 해야 되겠습니까? 제물이 되어야 합니다. 내 몸과 마음이 하나되고, 다음에 하나님과 하나되고, 다음에 제물과 하나되는 것입니다. 거기에 사탄을 입회시켜 판가리를 지어야 됩니다. 결판을 짓는다는 것입니다.

8 하나님은 아벨을 어떠한 자리에서 결정하느냐? 사탄의 참소를 받지 않는 자리에서 결정합니다. 사탄의 참소를 받지 않는 자리란 어떠한 자리냐? 하나님과 일체 된 자리인데, 그 자리는 기쁜 자리가 아니라 가장 슬픈 자리, 가장 어려운 자리입니다. 다시 말하면 죽고자 하는 자리, 가장 비참한 자리에서 하나님과 일체가 될 수 있습니다.

9 원리적인 입장에서 아벨은 무엇이냐? 중심입니다. 이 중심 가운데에는 하나님이 들어가 계셔야 합니다. 그런데 여러분은 아벨이 되었습니까? 아벨이 되기 위해서는 먼저 순종해야 됩니다. 하나님에게 순종하여 일체가 되어야 합니다. 하나님과 일체가 되려면 하나님이 하라는 대로 다 해야 되겠습니까, 안 해야 되겠습니까? 하나님이 하라는 것을 다 하지 못하면 아벨이 되지 못합니다. 아흔 아홉 가지를 다 했더라도 한 가지를 못하면 아벨이 못 됩니다.

10 하나님과 사탄의 싸움이 인간과 우주를 중심삼고 벌어지고 있습니다. 하루는 하나님 쪽으로, 하루는 사탄 쪽으로 해서 전환 역사가 이어지고 있습니다. 통일교회는 선악의 싸움, 가인 아벨의 싸움을 하고 있습니다. 복귀섭리는 곧 가인 아벨의 싸움입니다. 여기에 전부 연결되는 것입니다. 그러면 무엇 때문에 선생님이 역사성을 대표해서 가인 아벨의 문제를 덧붙여 나오게 되었느냐? 가인 아벨의 문제는 근본문제입니다. 이것은 가정을 중심삼은 문제입니다. 아담 해와의 문제와 형제 문제 때문에 가정이 파괴됐습니다. 그렇기 때문에 아담 해와의 문제, 형제 문제를 중심삼고 복귀하려고 합니다. 원점으로 돌리려고 하는 것입니다. 그렇게 전복될 수 있는 기준이 역사의 열쇠가 됩니다. 그것이 열쇠로 되어 있습니다. 그래서 아담 해와의 문제와 가인 아벨의 문제가 중요합니다.

누가 아벨이냐

11 가인과 아벨을 어떻게 구별하느냐 하는 문제를 여러분이 알아야 됩니다. 통일교회 교인들 가운데에도 두 사람이 있으면 그 가운데에 가인과 아벨이 있습니다. 어떠한 사람이 아벨이고 어떠한 사람이 가인이냐 하면, 침해를 받는 사람이 아벨이고 가해를 하는 사람이 가인입니다. 가만

히 있는 사람에게 가서 괜히 '이 자식아!'라고 말 한마디라도 하게 되면 가인이 됩니다. 예를 들어 부모 앞에 두 아들이 있다고 합시다. 그런데 그 부모의 의논 상대라든가 모든 면에 있어서 부모를 대신할 수 있는 아들은 맏아들뿐이라 하더라도, 작은아들이 아무 실수도 하지 않고 아무 잘못도 없는데도 불구하고 맏아들이 작은아들에게 손을 대면 대번에 그 부모는 작은아들 편에 서는 것입니다. 이것이 오늘날 사회에서 적용되는 선악의 비판 기준이라는 것을 모르고 있습니다. 해를 입히는 사람이 반드시 가인이 되는 것입니다.

12 통일교회 교인들에게 있어서 교회를 위해서 열심히 일하고 정성 들이는 사람을 보고 '저 사람 남달리 유난하게 저게 뭐야?'라며 흉을 보는 사람은 벌써 가인이 됩니다. 가인 아벨은 그렇게 갈라지는 것입니다. 죄 없는 자리에서 비판받는 사람, 피해를 당하는 사람은 반드시 아벨이 되는 것이요, 비판하는 사람, 가해를 하는 사람은 가인이 되는 것입니다. 한마디의 말을 하는 데 있어서도 그렇습니다. 말을 하더라도 남에게 이익을 주는 말을 하는 사람은 아벨이 되고, 남에게 해를 끼치는 말을 하는 사람은 가인이 됩니다. 내가 남에게 이익을 끼친다는 것은 가해가 아니라 이익을 주는 것이지만, 자기 이익을 위해서 무엇을 한다는 것은 남에게 해를 주는 것입니다. 그렇기 때문에 남에게 이익이 되게 하기 위한 자리는 공적인 자리요, 자기 이익을 위한 자리는 사적인 자리입니다. 이렇듯 공과 사를 중심삼고 아벨과 가인, 선과 악은 갈라진다는 것입니다.

13 보다 공적인 존재가 아벨입니다. 통일교회 교인들 중에 먼저 들어왔으니 아벨이라고 생각하는 사람이 있는데, 먼저 들어왔어도 공적인 입장에 서지 못하면 가인입니다. 틀림없이 가인입니다. 가인도 자기가 먼저 태어나긴 했지만 아벨보다 공적인 입장이 못 되었기 때문에 아벨을 따라야 했던 것입니다. 아벨적인 존재는 보다 공적인 입장에 선 사람입니다. 공적인 길을 가려면 형제의 관계를 가져야 합니다. 공적인 길을 가는 데는 횡적인 관계가 중요하다는 것입니다. 천국을 가는 데에 있어서도 하나님과 하나되는 것이 문제 되는 것이 아닙니다. 천국 가는 비결은 공적인 길을 가는 것입니다.

14 책임자는 무조건 자기가 아벨이라고 생각하는데 그것이 아닙니다. 아벨은 가인을 구해 줘야 되는 것입니다. 그리고 가인하고 하나돼야 어머니한테 가는 것입니다. 책임자와

하나되지 못했어도 여러분끼리 하나되어 있으면 그 자리에는 책임자가 찾아온다는 것입니다. 두세 사람이 기도하는 데는 언제나 하나님이 같이 한다는 말을 그래서 하는 것입니다. 오늘부터는 지금까지의 책임자를 위주로 한 생각을 버리고 식구를 위주로 한 사상을 가져야 합니다. 가정에 주인이 있으면 그 주인은 자기보다 식구를 위주로 하는 관을 세워야 합니다. 그러지 않고는 가정천국이 생겨나지 않습니다.

15 아벨로 태어나기 위해서는 가인이 없어 가지고는 안 됩니다. 여러분이 이것을 먼저 알아야 됩니다. 아벨은 아담의 입장입니다. 아담의 입장인 아벨은 첫째로 하나님의 사랑을 가져야 됩니다. 하나님의 사랑과 인연을 못 맺은 것이 타락입니다. 둘째는 천사장과 하나되어야 합니다. 아벨에게 있어서 천사장격 인물은 가인입니다. 아담이 있기 전에 천사장이 먼저 있었습니다. 그렇기 때문에 아벨이 있기 전에 가인이 먼저 있게 된 것입니다. 하나님은 인간의 타락으로 인하여 아담을 잃어버렸기 때문에 아담 대신 아벨을 세우신 것입니다. 본래는 하나님 앞에 아담이 하나되고, 아담 앞에 천사장이 하나되어야 합니다. 그렇게 되었다면 타락이 있을 수 없습니다. 그렇기 때문에 복귀는 하나님과 아담이 하나되지 못하고 아담과 천사장이 하나되지 못한 것을 하나될 수 있게 땜질하는 것입니다. 그러려면 하나님을 중심 삼고 아벨이 하나되어야 합니다. 하나님의 사랑을 먼저 받아야 아벨이 되는 것입니다.

아벨의 책임

16 하나님이 바라는 관에 입각하여 산 사람이 얼마나 되느냐? 어떤 때는 개인적으로 감정이 좋지 않은 것을 가지고 식구들에게 분풀이하면서 하고 싶은 말을 다 하는 사람을 보게 됩니다. 형제관계에서 먼저 나온 사람이 가인의 입장에 있다는 것을 알아야 합니다. 아벨이 되기 위해서는 가인을 구원해 놓아야 됩니다. 가인을 구해 놓지 않고는 아벨이 못 됩니다. 복귀된 가인이 못 되는 것입니다. 아벨은 복귀된 가인의 입장입니다. 결국은 장자의 자리에 있는 것입니다. 그러기 위해서는 세상에 있는 가인, 즉 사탄 편에 있는 그 형을 복귀시켜야 합니다. 복귀시키는데 때려서 강제로 복귀시키는 것이 아니라 자연굴복시켜야 됩니다. 새로운 세계관을 보여 주고, 새로운 국가관, 새로운 생활관, 새로운 미래관, 새로운 인격관, 새로운 혈통, 새로운 심정을 보여 주어야 합니다. 무엇인가 다른 면모를 보여 줘야 된다는 것입니다.

17 아벨은 가인을 위해서 죽을 수 있는, 생명을 다 바칠 수 있는 입장에 서야 합니다. 그러지 않고는 가인이 아벨 앞에 절대 굴복하지 않습니다. 가인을 위해 대신 죽을 수 있는 자리에 서야만 돌아갈 수 있는 것입니다. 그렇기 때문에 예수님의 가르침 중에 '죽고자 하는 자는 살고 살고자 하는 자는 죽는다.'라는 말씀이 있는 것입니다. 이 말씀은 아벨에게도 적용되고 가인에게도 적용됩니다. 아벨이 가인을 구하려면 자기 생명을 아끼지 않아야 됩니다. 그러지 않고는 가인을 구할 수 없는 것입니다. 또한 가인이 아벨을 따라가려면 죽음을 각오해야 됩니다. 그러지 않고는 따라갈 수 없습니다.

18 장자도 하나님의 것이요 차자도 하나님의 것입니다. 하나님이 내 것이라 할 수 없고, 내가 하나님을 아버지라고 할 수 없는 이 원한의 구렁텅이를 격파해야 됩니다. 어디에 가서 하느냐? 천사세계에 가서 다 이겨서 해야 됩니다. 천사장은 양자권입니다. 아벨의 자리에 있다고 해도 아담의 아들딸이지 하나님의 아들딸이 아닙니다. 복귀된 천사장의 자리에 설 수 있어도 하나님의 직계 아들딸 자리에는 못 서는 것입니다. 뿌리를 뒤집어 박아야 됩니다. 그래서 여러분은 고향에 돌아가서 조상을 바꿔쳐야 할 운명이 남아 있다는 것입니다. 그 조상을 세계에서 못 바꿔칩니다. 그 다음에는 장자권을 바꿔쳐야 됩니다. 그럴 수 있는 주체가 지금까지는 없었습니다. 그렇지만 이제는 참부모를 중심한 참아들딸이 있다는 이 놀라운 사실, 이들을 중심삼고 수평선으로 화(和)해야 됩니다.

19 탕감길은 누가 가느냐? 가인이 가는 것이 아닙니다. 아벨이 가야 됩니다. 눈물을 흘려도 먼저 흘려야 되고, 배가 고파도 먼저 고파야 되고, 욕을 먹어도 먼저 먹어야 되고, 매를 맞아도 먼저 맞아야 됩니다. 그렇게 탕감길을 가는 것입니다. 한 사람이 들어왔다 하면 그 사람을 이끌어갈 수 있게끔 책임져야 됩니다. 밤을 새워 가며 그 사람의 지난 일을 들어 주고, 아버지와 같은 입장에서 의논해 주고 눈물을 흘려 주고 기도해 주어야 됩니다. 돌아갈 때는 안심이 안 되어서 그 집 앞에까지 데려다 주고, 또 아침이 되면 안심이 안 되어서 그 집 앞에 가서 기다렸다가 만나고, 이럴 수 있어야 됩니다. 결국은 그 누구보다도 사람을 좋아하는 사람이 되어야 합니다. 가인을 제일 좋아하는 사람이 되어야 합니다. 그래야 그 사람이 내 뒤를 정상적으로 따르는 것입니다. 탕감길을 따라오는 것입니다. 그렇게 탕감길을 가야 됩니다.

20 가인 아벨을 중심삼고 최후에 가야 할 것은 혈통복귀입니다. 천사장의 혈통의 뿌리를 받았던 것을 아담의 혈통의 뿌리로 교체해야 됩니다. 그 뿌리가 그릇되게 된 것이 무엇 때문이냐 하면 거짓 사랑 때문입니다. 사탄 사랑, 사탄 생명, 사탄의 혈통, 여기서부터 뿌리가 연결되었으니 이것을 끊어 버려야 된다는 것입니다. 그러려면 하나님의 사랑을 중심삼고 하나님의 생명과 하나님의 혈통을 투입해야 됩니다. 그렇기 때문에 성경에도 '네 마음을 다하고 목숨을 다하고 뜻을 다하여 주 너의 하나님을 사랑하라.'라고 했습니다. 마음 다하고 목숨 다하고 뜻 다하는 것이 무엇입니까? 사랑을 가지고 생명과 모든 피를 투입하라는 것입니다. 정성 들이는 것은 하나님을 사랑한다는 것입니다. 사랑을 중심삼고 하늘을 사랑하는 데 있어서 마음을 다하고 목숨을 다하고 뜻을 다하는 것이 첫째 계명이라는 것입니다. 사탄세계의 핏줄을 방어하기 위한 것입니다. 근본문제에 들어갑니다.

21 여러분은 지금까지 하나님과 사탄의 작전법을 모르고 있습니다. 맞고 빼앗아 나오는 길이 아벨이 가는 길입니다. 사탄은 먼저 치기에 이긴 것 같지만 나중에는 가지고 있는 자기의 선한 것까지 플러스시켜 돌려주어야 되는 것입니다. 악한 편은 상대를 쳐서 점령했더라도 점령한 그것이 흥하는 것이 아니라 악한 편에 있는 선한 것까지 빼앗기는 것입니다. 다시 말하면 하나님은 찰떡을 쳐서 넘겨주었다가 그것을 찾아올 때는 찰떡에 보숭이를 묻혀 오는 것과 마찬가지의 역사를 하신다는 것입니다. 한때에는 악이 성해서 선을 치는 자리에 서지만 그런다고 해서 하늘이 망하는 것은 아닙니다.

22 통일교회 식구들은 원리를 알고 있기 때문에 아벨의 자리에 서 있는 것입니다. 그렇기 때문에 여러분은 우선 사탄을 대항해서 싸울 수 있어야 하고, 사탄세계로부터 자신을 분립할 수 있어야 합니다. 이것은 여러분이 하나님의 사랑권 내로 들어와야 한다는 것을 의미합니다. 그러나 이것이 전부는 아닙니다. 그때부터 여러분은 하나님의 슬픈 심정과 사탄세계에 묶여 있는 형제자매의 슬픈 심정을 풀어 드리기 위해서 자신을 기꺼이 희생하려고 해야 됩니다. 여러분의 생명, 여러분의 희생을 대가로 사탄세계에서 그들을 기꺼이 구해 내려고 해야 됩니다. 아벨이 희생하는 데서부터 복귀섭리는 진전되는 것입니다. 이것이 여러분이 기억해야 할 공식입니다. 이것이 하나님 섭리의 한 단위입니다.

제10편

평화사상

제10편 **평화사상**

| 차 례 |

제1장 평화란 무엇인가

1절 평화의 개념

1 지금 이 세계에서 제일 긴박한 과제가 뭐냐? 세계 전쟁은 하다가 끝납니다. 나라 간의 싸움도 끝날에 가서는 끝나지만, 영원히 계속되는 전쟁은 몸과 마음의 싸움입니다. 마음을 중심삼고 몸을 완전히 정복하게 되는 거기에 평화의 기준이 있습니다. 어머니 아버지가 영원히 하나되고, 부부가 영원히 하나되고, 부자가 영원히 하나되고, 일족이 영원히 하나되는 평화의 기지가 벌어지는 것입니다. 그 평화의 기지가 개인을 넘고 종족을 넘고 민족을 넘고 인종을 넘어 세계 끝까지 돼 있어야 세계평화가 이루어집니다. 그렇기 때문에 인간 개조 혁명이 필요합니다.

평화의 참뜻

2 평화를 이룬다는 것은 주체와 대상이 서로 하나됨을 말합니다. 한문의 평(平)은 영어로는 호리존털(horizontal)이고, 화(和)는 하모니(harmony)라는 말입니다. 그것은 중심과 상대가 상충이 벌어지는 것이 아니라 화하여 들어가는 것입니다.

3 역사 이래 인류는 평화를 염원하여 왔으나 이 땅에는 여전히 전쟁이 존속하고 있습니다. 불행하게도 강대국이나 권력자들은 평화란 말을 종종 오용해 왔습니다. 그들은 평화를 운운하면서도 실제로는 사람들을 평화가 아닌 것으로 괴롭혀 왔습니다. 특히 공산주의자들은 도발을 일삼으면서 평화란 말을 입버릇처럼 써 왔습니다. 이렇게 평화라는 말은 불의를 실현하는 수단으로 많이 이용되어 왔습니다. 진정한 평화는 지식이나 부, 그리고 사회적 위치나 정치적 권력과 같은 외적 조건에 달려 있지 않습니다. 세상에서는 세계적 관심사를 공평하게 판단할 절대적 기준이 없으므로, 변화하는 세계 속에서 상충되는 이해관계에 얽혀 진정한 평화 유지는 불가능한 것입니다. 참평화는 오로지 참사랑의 기반 위에 세워질 수 있으며, 사랑의 관계는 인류를 함께 묶는 신(神)을 중심한 절대가치를 이해할 때만 체험할 수 있습니다.

4 화평이나 평화란 오랜 역사기간을 두고 세계가 지금까지 모든 수단 방법을 다 동원하여 온갖 노력을 기울여 왔지만, 어느 한 국가의 정치력이나 경제력, 군사력만을 가지고는 완전히 해결될 수 있는 문제가 아니었습니다. 문제는 가장 가까운 가정에

서부터 종족·민족·국가, 그리고 세계를 넘어 천주까지를 포함하여 통용될 수 있는 근본적인 진리, 즉 평화의 사상이 있지 않으면 안 됩니다.

5 평화라는 것은 구김살 하나 없는 평평한 상태를 말합니다. 모두 평평한 것으로 화해진다는 말입니다. 백퍼센트 화하다 보면 원형이 됩니다. 흙을 섞어서 자꾸 굴려가다 보면 둥글게 됩니다. 빵빵하게 펼쳐져서 화하니까 결국은 최고의 원형이 이루어집니다. 구김살이 없고, 어느 무엇이든지 꽉 차지 않은 것이 없고, 완전히 충만하게 원형을 이루는 것입니다.

6 하나님은 절대자이시고 한 분입니다. 그 한 분이 완성의 기준을 자기 자신에게 두었겠습니까? 그랬다가는 큰일 납니다. 기쁨과 행복이라는 말은 혼자를 두고 말하는 것이 아닙니다. 행복도 상대적 관계를 두고 말하는 것입니다. 어머니와 자식 간에 둘이 하나가 되는 데에 행복이 있는 것입니다. 평화라는 말 자체, 평평히 화한다는 것은 벌써 상대성을 안고 들어가는 것입니다. 평화나 행복이라는 말은 독자적인 입장을 두고 하는 말이 아니라 상대권과의 관계를 두고 하는 말입니다.

7 평화는 상대적인 말입니다. 둘이 화(和)해서 평(平)이 되는 것이지, 독평(獨平)이 아닙니다. 상대와 동등한 자리에서 서로 좋아해야 행복하다는 것입니다. 자유니 무엇이니 해도 사랑을 빼놓고는 자유가 없습니다. 사랑이야말로 그것은 무한정의 자유입니다. 사랑을 가지고 채찍질을 하는 독재자가 되더라도 그것은 자랑스러운 것입니다.

8 평화는 수평이 돼서 화하는 것을 말합니다. 평화는 혼자 이룰 수 없습니다. 이것은 상하관계 좌우관계 등 전부가 화해서 기쁠 수 있고, 모든 것이 기울어지지 않고 원만해야 됩니다. 그래야만 평화라는 것입니다.

평화와 사랑

9 하나님도 혼자 있으면 불행합니다. 우리와 마찬가지로 혼자서는 외롭습니다. 그래서 하나님도 절대적인 참사랑을 좋아한다고 하면 이론에 맞습니다. 하나님보다 높은 사랑, 절대적인 존재보다 높은 사랑을 원한다는 것입니다. 하나님이 제일 필요로 하는 보다 절대적이고 높은 사랑을 원한다면, 거기에 대해서 하나님도 절대적으로 복종해야 됩니다. 우주 존재의 근원은 무엇이냐? 절대적인 존재가 아니라 절대적인 존재를 묶을 수 있는 절대적인 사랑이 우주 존재의 근원이요 기원이 됐으면, 이 천지

는 평화의 세계를 조성할 수 있다는 결론을 지을 수 있습니다. 그런 사랑 때문에 모든 것이 우주에 존속하기 시작했다는 결론을 지으면, 사랑 때문에 평화와 이상도 현현한다는 논리가 자동적으로 나옵니다.

10 생명의 원천이 되시는 하나님은 어떤 기반 위에서 살기를 원하느냐? 평화의 기반 위에서 살기를 원할 것입니다. 평화의 기반은 생명이 설정하는 것이 아닙니다. 주체와 대상이 높고 낮음을 초월하고 공통적 가치를 인정할 수 있는 질서적 단계를 초월한 그 무엇입니다. 그것이 참된 사랑입니다. 하나님은 참된 사랑의 바탕 위에서 생명을 지니고 있고, 참된 사랑의 바탕 위에서 전지전능해야 됩니다. 그래야 하나님은 역사를 초월한 입장에 선 이상적 주체가 될 수 있는 것이지, 생명의 힘만 가지고 주체적 입장에 선다면 모든 만물이 하나 안 되려고 합니다. 미물인 동물이나 식물들도 전부 사랑의 주인이 자기를 가꿔 주기를 바라고 사랑의 손길이 오는 것을 좋아한다는 것입니다.

11 오늘날까지 인간은 눈부신 과학의 발전을 이뤄 놓음으로써 창조적 생활면에서는 신을 닮았다고 할 수 있으나, 사랑의 생활에 있어서는 아직 전혀 신을 닮지 못하고 있습니다. 그것 때문에 슬픔과 고통과 불행이 계속되고 있습니다. 사랑은 조화이기 때문에 사랑이 없는 곳에 조화가 있을 수 없으며, 조화가 없는 곳에 평화나 행복이 또한 있을 수 없습니다. 여기서 가지가지의 비참상이 벌어지게 됩니다. 이리하여 신도 인간도 신을 닮은 이상적인 생활, 이상적인 세계를 원하고 있는 것입니다. 신이 원하고 인간의 본심이 원하는 이상적인 인간은 창조적이면서도 신을 중심한 사랑을 실천하는 선한 인간입니다. 또 신과 인간이 바라는 이상적인 세계는 환경을 개선하는 창조적 활동이 계속되면서 개인과 개인, 국가와 국가 사이에 사랑이 차고 넘치는 대조화의 통일세계입니다. 이 같은 새로운 타입의 인간이 새로운 통일세계에서 생활할 수 있게 될 때 오랫동안 인간을 괴롭혀 오던 일체의 슬픔, 고통, 싸움은 비로소 영원히 자취를 감추게 된다는 것입니다.

12 무엇을 중심삼고 세계를 수습하느냐? 오늘날 여기에 대해 역사가들도 말하고 현재 지성인들도 말하지만, 우선 세계를 지도할 수 있는 사람이 필요합니다. 그러면 무엇을 지도할 것이냐? 경제력을 중심삼고 지도할 수 있는 능력 있는 사람은 얼마든지 있습니다. 정치적인 입장을 중심삼고 지도할 수 있는 능력 있는 사람

도 얼마든지 있습니다. 돈이 없어서 안 되는 것이 아니고, 정치체제가 없어서 안 되는 것이 아닙니다. 하나님과 하나님의 이상에 통할 수 있는 사랑의 질서가 없습니다. 본연의 사랑의 질서가 세계적 기반 위에서 성장할 수 있는 진리를 모색할 수 있다면 거기서 비로소 평화의 기원이, 인간 본심이 안식할 수 있는 출발이 벌어지는 것입니다.

13 평등은 하나를 중심삼고 하는 말이 아닙니다. 좌우라는 관념에서 둘이 하나의 수평을 이루어야 평등이 됩니다. 평화라는 말 자체가 반드시 상대적 관계를 두고 하는 말입니다. 동서를 중심삼고 평화를 말합니다. 동쪽만을 중심삼은 평화는 일방적 평화이지 전체 평화를 대신할 수 없습니다. '평(平)' 자가 들어간 '평준(平準)' '평형(平衡)'이라는 말은 모두 상대적 개념입니다. 둘 이상을 중심삼고 연결되는 데에서 성립되는 말입니다. 평화의 경지도 남자와 여자가 하나되는 데서 이루어집니다. 남자와 여자가 하나된다는 것은 키가 같아서가 아닙니다. 키를 중심삼고 보면 남자는 크고 여자는 작습니다. 힘으로 봐도 남자는 강하고 여자는 약합니다. 외적인 면을 가지고는 수평을 취할 수 없습니다. 그러면 상대적 수평권을 무엇을 중심삼고 이루느냐? 그것은 어떠한 힘도 아니고 지식도 아닙니다. 지식은 아무리 해박하다 하더라도 높고 낮음이 있습니다. 평등의 자리를 이룰 수 있는 단 하나의 것이 있다면 그것은 사랑밖에 없습니다.

14 '평'이라는 기준은 어디서 찾을 것이냐? 사랑을 중심삼은 기준에서만 가능합니다. 사랑은 남성이나 여성이나 우리의 모든 세포들이 요구하는 절대적인 이상봉입니다. 그 이상봉을 중심삼고 하나될 수 있는 기준, 전체를 대표한 기준으로 서기 때문에 평균이나 평등이라는 말은 힘이나 모양을 중심삼은 것이 아닙니다. 사랑을 중심삼고 하는 말입니다.

15 우리는 어디로 가고 있느냐? 이상세계를 향해 갑니다. 또 평화세계, 통일세계를 향해 갑니다. 이상이니 통일이니 평화니 하는 것은 하나의 세계입니다. 그 하나의 세계의 중심이 뭐냐? 이 모든 것에 사랑이 중심이 안 돼 있으면 안 됩니다. 공산세계가 평화의 세계입니까? 민주세계가 평화의 세계입니까? 아무리 조직이 통일됐다고 하더라도 사랑이 없으면 그것은 통일세계가 못 됩니다. 사랑이 있어야 됩니다.

16 천년만년 불변하는 본질이 있다면 그 본질을 중심삼고 평화가 이루

어져야 영원한 평화가 벌어질 것이고, 행복도 그런 본질을 중심삼고 벌어져야 영원한 행복이 이루어지는 것입니다. 그러한 것이 참사랑에서부터 시작됩니다. 참다운 사랑을 중심으로 해서 주장하는 자유는 영원한 자유요, 그 참사랑을 중심삼고 시작되는 평화는 영원한 평화요, 그러한 행복은 영원한 행복이요, 그것을 중심삼고 전체가 통일되면 그것이 영원한 통일이 된다는 결론이 나옵니다. 그러면 영원한 평화가 영원한 사회, 세계까지 연결되는 것입니다.

평화와 행복

17 하나님의 사랑을 받는 사람이 된다면 어떻겠습니까? 몸과 마음이 기쁘겠습니까, 기쁘지 않겠습니까? 그런 사람은 불행할 수 없습니다. 하나님이 영원하신 것과 같이 나도 영원히 살 수 있습니다. 하나님은 영원한 생명의 주체요 모든 것을 갖춘 분이고, 나는 그 갖춘 분의 사랑의 대상이니만큼 그가 슬퍼하지 않는 한 나도 슬퍼할 수 없고, 그가 기뻐하는 한 나도 영원히 기뻐할 수 있습니다. 그래서 인간이 완성한다는 것은 간단합니다. 행복한 것입니다. 평화롭고 행복한 것입니다. 그 이상은 필요 없습니다. 그것은 모든 것이 꽉 차 있는 자리를 말합니다. 물론 그 가운데에는 자유가 있는 것입니다. 또 원하는 것이 모두 이루어질 수 있습니다.

18 불행한 사람은 어떤 사람이냐? 주려야 줄 수 없고 받으려야 받을 수 없는 사람이 불행한 사람입니다. 혼자서는 행복이 있을 수 없습니다. 혼자서는 평화가 있을 수 없습니다. 평화라는 것은 상대적 관계에서 벌어집니다. 사랑이니 행복이니 평화니 하는 말은 혼자 있을 때 성립되는 것이 절대로 아닙니다. 상대적 관념에서 성립되는 말이기에 그 상대가 완전한 상대가 아니고는 완전한 행복이 있을 수 없고, 완전한 평화와 완전한 사랑이 있을 수 없습니다.

19 인간은 갖은 노력을 다해 봤지만, 인간이 참으로 요구하는 참된 사랑이니, 참된 이상이니, 참된 행복이니, 참된 평화니 하는 것들을 바랐음에도 그러한 요건들을 성사할 수 있는 가망성마저 상실해 버린 비참한 실상에 놓여 있습니다. 이 변하는 인간상을 넘어 영원하고도 불변하고도 절대적인 분이 계시다면, 그분이야말로 우리가 아는 하나님이 아닐 수 없습니다. 하나님은 인류가 바라는 참된 희망의 중심이요, 참된 행복의 중심이요, 참된 평화의 중심이요, 참된 사랑의 중심이요, 참된 이상의 중심이 아닐 수 없습니다. 하나님은 사랑의 왕이요, 이상과 행복과 평화의 왕이 아

닐 수 없습니다. 하나님과 인간이 같은 소망의 기준, 같은 희망의 자리, 동고동락할 수 있는 자리에 들어가기 위해서는, 하나님을 중심삼고 참된 사랑이 어디서부터 시작하며 참된 이상과 참된 행복과 참된 평화가 어디서 시작하느냐 하는 근원을 확실히 알아야 합니다.

20 오늘날 세계 인류는 자기들도 모르지만 평화의 세계, 행복의 세계를 추구하고 있습니다. 그리고 자유를 추구하고 있습니다. 이것은 곧 근본적인 자유의 기반 위에 서지 못하고, 평화와 행복의 근본 된 자리에 서지 못한 연고임을 증거하는 것입니다. 하나님은 절대자이시고 전능하신 분이기 때문에, 그분으로 말미암아 지음 받은 모든 만물은 말할 것도 없고, 우리 인간도 그 하나님이 자유 하시면 그와 더불어 자유 해야 되고, 하나님이 평화스러운 자리에 있으면 우리도 그분과 같은 자리에 서야 됩니다.

21 나 자신이 비천한 줄 알았지만, 우리 개개인 자체로 말미암지 않고는 하나님의 사랑을 완성시킬 수 없다는 사실, 나 자체가 아니고는 하나님의 이상을 성사시킬 수 없다는 사실, 하나님의 행복과 하나님의 평화를 완성시키는 데에 있어서 인간이 아니고는 안 된다는 확실한 사실을 지금까지 몰랐습니다. 부족한 나이지만, 나는 하나님의 사랑을 완결시키고 이상을 완결시키고 하나님의 행복과 평화를 완결시킬 수 있는 고차원적인 가치의 존재입니다.

22 상대방을 위하면서 살아가겠다는 원칙만 들고 나가게 되면, 가정에서는 평화의 가정, 자유의 가정, 행복한 가정, 사랑의 가정, 사회에서도 평화의 사회, 자유의 사회, 행복한 사회가 이뤄질 것입니다. 국가와 세계에서도 마찬가지입니다. 어떠한 곳에서든지 이 원칙을 중심삼고서는 행복과 자유와 평화와 사랑이 깃들지 않을 수 없다는 결론은 당연한 것입니다.

23 남을 위해 살고자 하는 남자와 여자가 부부가 되었다고 한다면, 그런 부부야말로 이상적인 부부입니다. 그러한 부부야말로 참다운 평화의 기준을 구할 수가 있습니다. 그런 부부가 참으로 행복한 부부라는 것입니다. 그런 부부야말로 영원 보편의 참사랑의 주체자가 될 수 있습니다. 그러면 참으로 이상적인 부모는 어떠한 부모일 것인가? 자체를 위하여 존재하고 자기 자체를 위하여 생애를 보내려고 하는 것이 아니라 자식을 위하여 태어났고, 그 자식들을 위하여 존재해 왔다고 생각하는 부모, 자식들을 위하여 생명을 바치고 생애를

끝마치겠다고 하는 부모가 있다고 한다면, 그러한 부모야말로 참부모가 아닐 수 없습니다. 이러한 부모야말로 진정한 평화, 진정한 행복, 진정한 이상의 부모입니다. 자식이 태어나기를 부모를 위해서 태어났고, 사는 것도 부모를 위해서 살고, 죽는 것도 부모를 위해서 죽는다고 한다면, 그 자식은 효자가 아닐 수 없습니다. 진정한 사랑을 받을 수 있는, 진정한 행복과 진정한 평화와 진정한 이상의 자식이 되지 않을 수 없습니다.

24 평화의 기원, 행복의 기원을 어디에 세울 것이냐? 이제 자기 자신을 중심삼고 '나는 나를 위해 태어난 것이 아니라 대상과 상대를 위해 태어났다.'라는 것을 발견하게 되면 우주의 모든 난문제는 해결될 것입니다. 타락의 원인은 아담 해와가 자기 자각과 자기주장을 한 데에 있습니다. 하나님을 위하고 하나님을 주장해야 할 텐데 반대로 되었다는 것입니다. 여기서 여러분에게 하나의 공식을 제시할 수 있습니다. 위해서 존재하는 데서만 참다운 이상과 행복과 영원한 세계가 연속될 수 있습니다.

25 아무리 잘난 남자라도 그 남자는 남자를 위해 태어난 것이 아닙니다. 여자를 위해 태어났습니다. 아무리 잘난 미녀도 자신을 위해 태어난 것이 아닙니다. 남자를 위해 태어났다는 것입니다. 본래 존재의 기원이 위해서 태어나는 것에서 시작했다는 사실을 생각하지 않을 수 없습니다. 하나님이 이상세계를 창조한 공식을 여기서 찾아낼 수 있습니다. 위해서 존재하는 데에서만이 하나님의 참된 사랑이 출발할 수 있고, 하나님의 이상적 상대가 현현하고, 평화가 이루어지고 행복이 이루어진다는 것입니다.

26 오늘날 세계의 혼란상을 맞이한 모든 인류는 국가를 초월해 평화세계를 추구하고 있습니다. 그러나 사람을 중심삼은 평화는 지금까지 실패해 나왔습니다. 사람들이 바라던 모든 평화는 실패해 나왔으므로 이제 한 가지 가능성이 있고 소망을 줄 수 있는 곳이 있다 할 때, 그곳은 신을 중심삼은 평화세계의 논리를 제창하는 곳입니다. 그곳에서만이 혼란된 세계에 새로운 방향성, 새로운 역사성을 제시할 수 있는 그 무엇이 있을 것입니다. 이와 같은 결론은 논리적으로 추구하게 될 때 얻어지는 당당한 결론입니다. 이 결론이 천국입니다. 천국을 말하는 것입니다. 평화의 세계, 중심을 가진 평화의 세계입니다. 그런 곳이 천국입니다. 그 중심은 역사성을 극복해야 되고, 종단성(宗團性)을 극복해야 되고, 그다음에 민족성, 인종성(人種性) 등 모든 것을 극

복해야 됩니다. 그러한 자리에서 변치 않는 하나의 중심으로 남아질 수 있는 곳이 돼야 합니다.

27 종교가 가는 길, 윤리를 중심삼고 가는 길, 혹은 철학이 지향하는 진리의 길에서 행복의 세계를 소개할 수 있는 평화와 자유를 어떻게 찾아야 되겠습니까? 사람의 심정은 누구나 다 마찬가지입니다. 수천년 전에 가졌던 심정이나 억천만년 후에 나타나는 심정은 같습니다. 심정의 세계는 발전이 없는 것입니다. 같은 기반에서 움직이는 심정을 이끌어내어 행복의 동산을 이룰 수 있는 세계, 행복을 느낄 수 있는 사회적인 기준, 행복감을 맛볼 수 있는 종교적인 의식, 이러한 것이 이 땅 위에는 없을 것인가? 만일 없다고 단정한다면 하나님은 어디로 가 계실 것인가? 그렇게 되면 하나님은 인류와 더불어 계실 수 없다는 결론이 내려집니다.

28 인류를 붙들고 섭리와 윤리 도덕을 세워 선을 지향케 하는 천륜이 있다고 한다면, 하늘은 기필코 우리와 관계되고 인연된 모든 것을 해명하여 주는 것은 물론이고, 나아가 남녀노유를 막론하고 이것을 심정적으로 긍정할 수 있는 한 날이 올 것입니다. 그런 자리에서 화하고 동하면서 이 행복이 우리의 행복이요, 이 평화가 우리의 평화요, 이 자유가 우리의 자유라고 소리 높여 말할 수 있는 한때가 나타나야 될 것입니다. 그러지 않다면 하나님도, 어떤 위대한 사상가도 우리와는 하등의 관계가 없습니다.

평화와 자유

29 세계 인류는 평화를 고대하고 있습니다. 더 나아가서는 자유를 누리는 개인이 되어 자유의 사회, 자유의 나라, 자유의 세계에서 살기를 어느 누구를 막론하고 바라고 있습니다. 내 마음에 평화가 없고 내 마음에 자유가 없고서는 진정한 행복이 있을 수 없습니다. 참다운 인생길을 걷고자 하는 사람이 있다면, 그는 참다운 평화 속에서 참다운 자유를 구가하며 참다운 행복을 누리기를 바랄 것입니다. 오늘날 잘난 사람이나 못난 사람이나 이구동성으로 이 세계는 평화의 세계가 못 되어 있다고 말하고 있습니다. 자유를 부르짖고 있으나 심정에서 우러나 살 수 있는 자유스러운 환경이 못 되어 있음을 시인하고 있습니다. 그러므로 인간은 이념적으로 고대하는 행복의 자아가 못 되었다는 사실을 부정할 수 없습니다.

30 모든 것은 기원이 좋은 것을 찾아갑니다. 또 자유로운 곳을 찾아가는 것입니다. 행복한 것을 찾아가는 것입니다. 자유는 자유대로, 행복은 행

복대로, 평화는 평화대로 따로따로 가는 길이 아닙니다. 보조를 맞춰서 가야 합니다. 그러면 평화 가운데 자유가 있어야 되겠습니까, 자유 가운데 평화가 있어야 되겠습니까? 평화 가운데 자유가 있어야지, 자유 가운데 평화가 있을 수 없습니다. 평화는 둘이 서로서로 화하는 것입니다. 그것은 서로 양보할 때 가능합니다.

31 사탄세계의 사랑을 중심삼고는 자유가 없습니다. 평화가 없습니다. 행복이 없습니다. 소망이 없습니다. 영원한 생명이 없습니다. 그것을 탕감복귀해야 됩니다. 물권·인권·애권을 복귀함으로써 거기서 자유가 생기는 것입니다. 그러니까 몸 마음이 하나되어야 합니다. 인권을 환원하라는 것입니다. 몸 마음이 하나로 통일된 기준에서만 자유가 있습니다. 할아버지와 손자며느리가 하나되면 비밀리에 문을 열고 들어가든, 어디로 가든 관계가 없습니다. 담이 없어진다는 것입니다. 그렇게 하나되어야 자유가 있습니다. 자유가 없으면 평화가 없습니다.

32 통일된 기반 위에 서지 않고는 자유가 있을 수 없습니다. 몸 마음이 싸우고 있는데 자유 보따리를 갖다 놓고 그 자유를 붙들고 기쁘다고 할 수 있습니까? 자유가 생겨날 수 있느냐는 것입니다. 어림도 없다는 것입니다. 또 평화가 어디에 있습니까? 평화는 평탄한 상태에서 모든 것이 결여됨이 없이 충만히 자유로운 것입니다. 그런데 몸과 마음이 싸우고 있는데 평화가 머무를 곳이 있습니까? 행복도 마찬가지입니다. 몸 마음이 싸우고 있는데 행복을 찾을 수 있습니까? 어림도 없다는 것입니다. 이런 모든 근본문제를 두고 볼 때 몸 마음이 완전히 하나되는 자리에서만 자유를 차지할 수 있다는 것입니다. 몸 마음이 하나되는 자리에서만 평화의 기반이 생기는 것입니다. 몸 마음이 하나되는 데에서만이 행복이 벌어지는 것입니다. 남편의 마음과 아내의 마음, 남편의 몸과 아내의 몸이 하나되는 데서만이 가정의 평화를 중심삼고 세계에 대한 꿈을 꿀 수 있다는 것입니다.

2절 하나님과 인류의 소망인 평화세계

1 인류가 선할 수 있기 위해서는 먼저 인류를 형성하고 있는 개개인이 선하지 않으면 안 됩니다. 그렇지 않고서는 인류가 선해질 수 없습니다. 결국은 한 사람 한 사람이 선한 사람이 되고, 한 사람 한 사람이 참된 입장에 서서 평화의 동기가 되든가, 혹은 선한 결과의 입장에 변함없이 영원히 설 수 있어야 합니다. 그렇지 않고는 아무리 평화로운 세계가 되기를

바란다 하더라도 이 세계는 평화의 세계가 될 수 없습니다.

평화와 하나님

2 인류의 조상은 타락했기 때문에 하나님의 아들딸이 되지 못했습니다. 아들딸이 못 되었으니 참다운 자녀가 될 수 없었습니다. 그러다 보니 자기들 멋대로 짝을 이루어 아들딸을 낳게 되고 거기에서 종족이 생기고, 민족이 생기고, 국가가 생기게 된 것입니다. 이것은 하나님을 중심삼은 원칙적인 사랑을 중심삼고 이루어져야 했는데 이루어지지 못했습니다. 평화의 세계니, 이상의 세계니, 행복의 세계니 하는 것은 하나님의 사랑을 빼놓고는 있을 수 없습니다.

3 메시아의 역사는 하나님을 중심삼고 나오는 역사입니다. 그래서 지금까지 하나님과 사탄이 대립하는 것입니다. 하나님이 플러스라면 사탄은 마이너스가 되어야 될 텐데 플러스가 되어 있으니 반발한다는 것입니다. 그래서 이것을 마이너스권으로 만들어 사탄이 굴복할 수 있는 인연을 통하지 않고는 통일이 벌어지지 않습니다. 통일이 되지 않고는 에덴동산, 평화의 세계는 출발할 수 없습니다. 하늘 편이 아벨이 되어 이 세상에 오지 않으면 안 됩니다. 그래서 하나되는 데는 평화가, 싸우는 데에는 전쟁과 파괴와 멸망이 찾아오는 것이 원칙입니다. 아벨은 싸우러 오는 사람이 아니라 통일을 해서 평화를 이루려고 오는 사람입니다.

4 인류는 참된 진리, 불변의 진리를 찾아왔습니다. 그러면서 사랑과 이상과 행복과 평화와 자유를 추구하기를 계속하고 있습니다. 아무리 혼란된 세상, 아무리 절망의 세계라 할지라도 우리가 이러한 희망을 포기하지 않은 채 그러한 참된 사랑이니 이상이니 행복이니 평화가 있기를 바라는 마음을 갖고 있는 것은 틀림없는 사실입니다. 그러면 여기에서 문제 되는 것은 하나님은 어떠하실 것이냐는 것입니다. 하나님도 참된 사랑의 세계, 참된 이상의 세계, 참된 행복과 평화와 자유의 세계를 추구하지 않을 수 없습니다. 그것은 인간이 추구하는 것이나 하나님이 추구하는 것이나 마찬가지가 아닐 수 없습니다. 그러면 사랑이니 이상이니 행복이니 평화니 하는 그 말들은 혼자를 두고 하는 말이냐, 아니면 상대적 관계에서 성립되는 말이냐? 그 말은 혼자 성립되는 말이 아닙니다. 혼자서 사랑이 있을 수 있습니까? 혼자서 이상이 있을 수 있습니까? 혼자서는 행복이니 평화니 하는 것이 있을 수 없습니다. 이러한 말들은 상대적 관계에서 성립되는 말입니다.

5 모든 학문을 초월하고 사회의 구성 체제, 혹은 관습을 초월해서 결정지어야 할 것은 신의 문제부터 시작해야 됩니다. 시작은 신이 되어야 합니다. 그 신이 시작에서부터 과정을 거쳐 인간을 지었으면 그 창조이상의 실현, 그 목적지까지 갈 수 있는 것을 재발견하지 않으면 평화의 세계는 이룰 수 없습니다. 평화의 세계는 하나의 세계이기 때문입니다. 인간이 가는 방향과 하나님이 가는 방향의 두 방향이 있다고 할 때는 하나의 평화의 세계는 안 나오기 때문에 불가피적으로 결론은 하나의 방향이 되어야 합니다. 그렇기 때문에 인간을 위주로 한 세계를 타파해 버리고 신 제일주의 세계로 결정하지 않고는 하나의 평화세계로 갈 수 있는 길을 발견할 수 없습니다.

6 완성된 개인은 하나님의 창조이상을 대신할 수 있습니다. 하나님이 만물을 지으신 것은 그냥 그대로 보고 대하기 위해서가 아닙니다. 기쁘기 위해서 지은 것입니다. 기쁨으로 말미암아 행복한 것이고, 행복함으로써 거기에 서로서로 평화로운 환경이 이루어지는 것입니다. 기쁨을 느끼는 데에는 돈이 필요한 것이 아니고, 사람 자체만이 필요한 것이 아닙니다. 여기에는 서로서로 끊으려야 끊을 수 없고, 하나님이 아버지로서 아들을 대할 수 있는 기쁨의 요소, 기쁨의 힘이 있어야만 됩니다. 어떠한 힘도 제거할 수 없고 방지할 수 없는 절대적인 힘, 주체적인 힘이어야 합니다. 거기에는 그 하나만이 우리의 절대이상이라고 추구할 수 있는 길이 있어야 됩니다. 그것이 결정되지 않고는 서로서로 이상의 주체요 이상의 상대자를 가질 수 없습니다. 그렇기 때문에 기쁜 일을 만들고 행복의 문제를 해결할 수 있는 중심 요인이 무엇입니까? 우리 평화의 기원이 될 수 있는 핵이 무엇입니까? 이것은 절대적인 하나님의 사랑과 상대적인 관계를 맺는 자리밖에는 없습니다.

7 세계문제를 해결하는 데에 제일 중요한 것이 무엇이냐? 신이 있느냐 없느냐 하는 문제를 확실히 해명하는 것이 무엇보다 중요하다고 봅니다. 만일 하나님이 있다는 것을 온 인류가 아는 날에는 하나님의 뜻이 어떠한 곳을 지향하는지를 확실히 알게 되고, 그 지향하는 뜻을 알게 될 때는 그 세계는 그야말로 하나의 세계요 평화의 세계요 이상의 세계가 아닐 수 없다는 것을 알게 될 것입니다.

8 평화의 세계를 인간만으로 꿈꾼다는 자체는 부정적이며 가망이 없습니다. 왜 그러냐? 여러분의 몸 마음을 볼 때 그 싸움이 얼마나 치열합니까?

그래서 선생님도 수양노정에 있을 때 '우주주관 바라기 전에 자아주관 완성하라.'라는 것이 표어였습니다. 이 몸이 얼마나 지독하고 센지, 언제나 길을 가로막게 마련입니다. 우주를 주관하는 능력이 있다고 하더라도 자기를 주관하는 것은 어렵다는 것입니다. 본질이 그렇게 되어 있기 때문에 혼란상이 되어 있는 이 천지간에 있어서 평화니 통일이니 하며 하나의 세계를 꿈꾼다는 것은 망상에 지나지 않습니다. 그러나 신이 있는 한, 신이 있다면 가능합니다.

9 본연의 에덴동산은 생명의 동산이었습니다. 그리고 어떠한 시간권 내에 머무르는 생명의 동산이 아니라 영원을 중심삼고 나타나는 생명의 동산입니다. 그 생명의 동산이 이 땅에 이루어졌다면 인간은 생명을 가진 존재들로서 하나님의 생명의 은사에 대한 고마움과 영원한 즐거움을 가질 수 있었을 것입니다. 또 본연의 에덴동산은 인간이 모든 생명의 주인의 입장에서 생명의 빛을 나타낼 수 있는 세계였습니다. 즉 그 세계에서는 개개인의 생명이 하나님 앞에 영원한 소망의 실체로 나타날 수 있는 동시에 무한한 가치의 존재들로서 빛을 나타낼 수 있었다는 것입니다. 그리고 본연의 그 동산은 사랑의 동산인 동시에 평화의 세계이며, 하나님의 사랑을 중심삼고 서로가 화목하며 하나되는 통일의 세계입니다.

평화의 왕과 평화왕국

10 여러분이 아담 해와의 세계 기준에서 완성한 국가들을 중심삼고 하나의 통일적 대가족이 되는 것입니다. 이 통일 대가족은 나라가 아닙니다. 대가족과 같이 세워서 영계와 육계를 중심삼고 새로운 1대조 2대조를 편성해서 종족과 민족과 국가와 세계를 편성하는 역사적인 최후 페이지의 결론을 지어야 하는 것이 남아 있습니다. 그러니 얼마나 심각합니까? 하나님의 조국과 평화왕국 시대를 발표했습니다. 그때가 되어 오기 때문에 모든 존재물은 하나님의 조국과 평화왕국 위에 서야 합니다. 그래서 하나님의 조국과 평화왕국은 해방·석방권 위에 서지 않으면 하나님 소유로 취급하지 못합니다.

11 우리가 찾기를 원하는 본연의 동산은 행복의 동산이며 하나님에게 찬양과 감사를 돌려드려야 할 세계입니다. 또 그 세계는 생명을 중심삼은 소망의 세계요, 생명과 사랑을 중심삼은 평화의 가치와 통일의 가치가 실현된 세계입니다. 그리고 그러한 인간의 모든 가치가 결합되어 미(美)로 나타나는 세계이며, 모든 개체가 노래와 웃음과 춤으로써 하나님의 생명

과 영원한 사랑을 찬양하는 세계입니다. 나아가서는 인간이 움직이는 대로 피조물이 함께 동하고 정하며 화동하는 세계입니다. 하나님은 이러한 창조본연의 세계를 인간을 통하여 이루시고자 원하셨던 것입니다.

12 가인과 아벨은 하나님의 사랑을 중심삼고 태어난 아들딸이 아닙니다. 아담과 해와는 하나님의 채찍에 몰려 쫓겨난 우리 조상입니다. 원래 아담과 해와는 하나님으로부터 '사랑하는 아담아, 사랑하는 해와야, 내가 너희를 만우주의 창조목적의 세계, 사랑의 동산을 건설하기 위해 지었으니 너희는 평화의 왕이요 행복의 왕이다.'라는 축복을 받아야 했습니다. 이 땅의 다른 어떠한 존재도 왕이 될 수 없습니다. 우리의 조상만이 왕이 되어야 했던 것입니다. 아담이 천추만대 영원무궁토록 지상의 왕이요 천상의 왕으로 설 수 있었던 것입니다. 천지가 생겨난 이후에, 신과 사람의 인연이 생겨난 이후에 비로소 '왕'의 이름을 붙일 수 있었던 분이 바로 우리의 조상 아담이라는 것입니다.

13 하늘은 인간이 타락한 이후 4천년의 역사를 경과하여 선민을 택하여 세워 놓고 그들에게 '너희의 지도자요, 너희의 주인이요, 너희의 평화의 왕자요, 자유의 왕자요, 행복의 왕자가 될 사람을 보내 주마.'라고 약속하였습니다. 그리하여 하늘은 행복의 주인공이요 평화의 주인공이요 자유의 주인공이며 하늘의 한을 풀고 하늘의 복을 소개할 수 있는 한 존재로, 오랜 역사를 거쳐 오면서 약속하였던 그 한 분을 보내셨습니다. 그리하여 오랜 역사를 거쳐 오면서 약속하였던 그 한 분이 나타났으나 택함 받은 이스라엘 선민들이 그 한 분을 모시지 못하고 환영하여 그 뜻대로 살지 못하였기 때문에, 즉 그분의 뜻대로 단결하여 하늘의 뜻을 세우고 하나님의 한을 풀기 위하여 싸우지 못하였기 때문에 한스러운 역사는 지금까지 연장을 거듭해 오고 있다는 것입니다. 평화의 왕자요 행복의 왕자요 자유의 왕자로 오셨던 분이 타락 이후 4천년 역사과정의 한스러운 심정을 도맡아 가지고 오셨던 예수 그리스도였습니다.

14 여러분이 우주적인 천국의 이념을 대신할 수 있는 존재가 되어 하나님의 사랑과 생명과 진리의 운동을 전개한다면 평화의 세계가 이 땅에 건설될 것입니다. 그러므로 자기 부모만이 부모가 아니고, 자기 형제만이 형제가 아니며, 자기 아들딸만이 아들딸이 아니라는 것입니다. 여러분이 모든 사람을 나의 부모와 형제, 자녀로 여길 수 있는 인격을 갖춘 사

람이 되면, 사망세계에서 시달리는 뭇 백성들을 바라볼 때 눈물 없이는 대할 수 없을 것이며, 형제나 나이 어린 사람들을 바라보게 될 때에도 그들을 구하겠다는 책임감을 가지고 눈물 흘리며 노력하게 될 것입니다. 진정으로 그러한 여러분이 된다면 그러한 여러분을 중심삼고 이 땅에 천국이 건설될 것입니다.

15 평화의 왕이 없으면 평화가 영원히 안 이루어집니다. 인간이 평화의 왕이 되어야 합니까, 신이 평화의 왕이 되어야 합니까? 그것은 두말할 필요도 없이 신이 평화의 왕이 되어야 합니다. 그 평화의 신이 어떤 신인지 알게 되면 그 아들이 되고, 평화의 신의 아들이 되면 평화의 뜻을 받으니 지상에 있어서 왕권을 이어받을 수 있는 후계자가 됩니다.

16 세계를 하나로 만드는 것은 위대한 힘 가지고, 위대한 지식 가지고 안 됩니다. 사랑을 가지고 만들어야 됩니다. 자체를 희생시켜서, 나를 희생시켜서라도 모든 책임을 완수하겠다는 곳에서 세계평화가 이루어지는 것입니다. 힘으로 통일시킨 것은 힘이 없을 때에는 갈라지지만, 희생으로 통일시킨 것은 힘이 없어도 안 갈라집니다. 하나님은 지혜의 왕이기 때문에 장기적으로 남을 수 있는 통일적인 원칙을 세워 놓았습니다. 희생하라, 위하여 존재하라는 원칙, 사랑의 원칙을 세워 놓았습니다. 그렇게 살게 되면 사랑은 자연히 싹트는 것이요, 기쁨의 상속권이 자동적으로 벌어집니다. 그래서 나를 희생하라는 것, 남을 위해 살라는 것은 우주와 통할 수 있고, 하늘의 영원한 사랑과 제일 단거리에 설 수 있게 하기 위한 하나의 주장입니다.

17 존재세계를 법칙적으로 헤아려 공식화하고, 이것으로 지식의 일부를 이루어 놓은 것이 과학입니다. 과학이 전부가 아닙니다. 우리가 자신의 피부를 만지면 체온을 느끼고, 물론 촉감도 있지만 그 외에 느껴지는 다른 무엇이 또 있다는 것입니다. 우주의 이념은 우리 생활을 수습해 나가면서 우리가 반대 방향으로 가려고 할 때에는 우주의 목적과 일치하는 방향으로 가라고 합니다. 그러기에 큰 물건이든지 작은 물건이든지 어떤 물건이라 할지라도 그것들은 전부 천지를 창조하신 하나님의 대이념권 내에 있습니다. 그것들을 하나님이 사랑을 중심삼고 지으셨습니다. 그렇게 지어진 대우주는 하나님이 바라볼 때 최고로 희락을 느낄 수 있는 평화의 세계가 되어야 합니다. 그 목적이 이루어져 하나님이 '나는 행복하다.' 라고 할 수 있어야 합니다.

제2장 평화는 어떻게 이뤄지는가

1절 평화세계 실현의 단계

1 개인의 평화, 가정의 평화, 종족의 평화, 민족의 평화, 국가의 평화, 세계의 평화, 우주의 평화를 이루어서 해방한 다음에 자유천지가 이루어집니다. 그러한 자유세계의 기반 위에서 행복이 있을 수 있습니다. 지금까지 아무도 그러한 평화의 세계를 찾지 못했습니다. 그렇다면 누구로부터 그러한 평화의 기반을 찾을 수 있을 것이냐? 지금 하나님과 사탄이 싸우고 있습니다. 이상의 하나님과 악한 사탄이 싸우고 있다는 것입니다. 그렇게 싸우고 있는 하나님과 사탄이 어떻게 평화의 기반을 닦을 수 있겠습니까? 그 싸움을 누가 말릴 수 있겠습니까? 여러분의 몸과 마음도 싸우고 있습니다. 그것이 문제입니다. 하나님과 사탄이 싸우고 있을 뿐만 아니라 나에게서도 싸움이 계속되고 있다는 것이 문제입니다.

개인·가정·사회·국가·세계·천주의 평화

2 내가 가는 길, 즉 우리가 가는 길은 역사를 대신한 길이요, 우리가 바라보고 나아가는 방향은 역사의 흐름과 일치된 방향이며, 동시에 그것을 수습해 나가는 길입니다. 우리는 이 목적을 향하여 우리의 전 생애노정을 걸어 놓고 가고 있습니다. 나로부터 출발하여 그 목적점까지 가는 길은 개인은 물론 가정·종족·민족·국가·세계, 더 나아가서는 하나님과 전체가 동원되어 가야 할 길입니다. 이런 방향을 향해 가는 도상에는 평탄함이 거의 없습니다. 그것은 인간이 타락했기 때문입니다. 개인이 이 방향에 맞추어 목적점까지 나아가는 데에는 투쟁이 있습니다. 개인적인 투쟁, 가정적인 투쟁, 국가적인 투쟁, 세계적인 투쟁, 천주적인 투쟁이 가로놓여 있다는 것입니다.

3 내가 평화의 세계를 찾아가야 되겠다고 해도 평화의 세계가 되어 있지 않습니다. 외부에는 없습니다. 아무리 미국을 가 보고, 러시아를 가 보고, 세계 어디를 가 봐도 없습니다. 평화의 세계는 나로부터 시작해야 됩니다. 세계를 주고도 바꿀 수 없는 평화의 마음이 되어야 합니다. 인간의 욕망은 하늘땅의 모든 것을 내 것으로 만들고 싶은 것입니다. 모든 중심적 가치의 자리에 서고 싶은 것입니다. 그러려면 원칙적 기준에서 통일적 공식노정을 거쳐서 가야 그 공식노정에 계산된 모든 길이 맞아떨어져서 끝까지 통일의 목적지에 도달할

수 있지, 공식과 틀려 가지고는 아무리 욕망을 버려도 안 된다는 것입니다. 오늘날 우주 구성 전체가 공식 법도 위에서 움직이고 있습니다. 오늘날 과학기술도 공식의 발전 기대 위에서 이루어지는 것입니다.

4 개인에서부터 가정·종족·민족·국가·세계로 가는 데에 걸림이 없어야 합니다. 개인으로부터 가정이 승리점을 이어받고, 가정으로부터 민족이 승리점을 이어받아야 합니다. 그러한 패턴으로 가정의 승리점을 종족이 이어받고, 종족의 승리점을 민족이, 민족의 승리점을 국가가, 국가의 승리점을 세계가 이어받아 넘어갈 수 있어야 합니다. 그러한 패턴이 출발과 동시에 변함없이 개인에서부터 세계까지 이어받을 수 있는, 일관된 인연을 갖춘 터전이 지상에 벌어지지 않고서는 하나님이 바라시는 섭리적 최후의 승리점은 이 땅 위에 현현할 수 없습니다. 그러한 것이 없이 이 땅 위에 평화의 세계는 올 수가 없습니다.

5 오늘날 이 세계는 평화를 바라고 있습니다. 만민은 하나의 통일된 이상세계를 꿈꾸고 있습니다. 그 이상세계라는 것은 우리 개인 개인을 통하지 않고는 이루어질 수 없습니다. 우리 개인 개인이 그러한 이상의 터전을 확보하여 환경을 넓히는 과정을 거치지 않고는 그 세계에까지 도달할 수 없습니다. 한 사회를 두고 보면, 사회에서도 서로 경쟁하고 있습니다. 서로서로 분쟁하고 있습니다. 가정을 보더라도 상충된 입장에 있습니다. 우리 개인에서도 몸과 마음이 투쟁하고 있는 것을 볼 때 평화의 길, 통일의 길을 딴 곳에서 구할 것이 아닙니다. 우리 개인에서 모색하는 길 외에는 없습니다.

6 세계의 모든 사람들이 옳다고 할 수 있는 기준, 공인된 그 기준은 어느 누구도 변경할 수 없다고 할 수 있는 기준이어야 합니다. 그 기준을 중심삼고 세계의 평화가 싹틀 수 있는 것입니다. 거기서부터 선의 개인과 선의 가정, 선의 종족, 선의 민족, 선의 국가, 선의 세계가 출발할 수 있습니다. 그러나 국가가 아무리 선하다 하더라도 세계적인 기준과 방향을 못 맞추게 될 때는 그 국가는 깨져 나갑니다. 그렇기 때문에 우리에게 문제가 되는 것은 주의와 사상입니다. 우주관과 세계관, 그리고 인생관과 생활관, 새로운 세계의 인격관 등이 문제가 됩니다.

7 내가 의지하고 있는 세계, 내가 의지하고 있는 나라, 내가 의지하고 있는 사회, 내가 의지하고 있는 가정, 내가 의지하고 있는 부모, 내가 의지

하고 있는 처자, 이렇게 생각할 때에 나 자체에도 의지할 수 있는 그 무엇이 없다는 것을 발견하게 됩니다. 자기 자신도 의지할 수 없게 몸과 마음이 분립돼 있습니다. 여기서 문제 되는 것이 무엇이냐? 내가 살고 있는 세계가 문제 되는 것이 아닙니다. 세계는 먼 곳에 있습니다. 나라도 문제 되지 않고, 사회도 문제 되지 않고, 가정도 문제 되지 않습니다. 남편 혹은 아내도 문제 되지 않습니다. 결국은 나 자신이 어떠한 통일적인 기반을 닦느냐 하는 것이 지극히 중요한 문제입니다. 이렇게 볼 때 내가 평화와 통일의 세계를 바란다면 나부터 통일하고 나부터 하나되는 자리를 찾아야 됩니다. 그러지 않고 통일적인 세계와 관계를 맺는다는 것은 이론적인 모순입니다.

8 제2차 세계대전이나 지금 러시아와 미국이 문제가 아닙니다. 내 속에서 영원히 계속할 이 전쟁을 어떻게 평화로 뒤집어 만드느냐가 문제입니다. 이것은 지극히 중요하다는 것을 알아야 됩니다. 이것이 안 되면 세상이 평화세계가 되더라도 지옥이 됩니다. 선생님이 이 길을 나설 때 제일의 표어가 '우주주관 바라기 전에 자아주관 완성하라.'라는 것이었습니다. 자기 자신을 점령 못하는 사람은 세계를 점령할 수 없습니다.

9 타락한 운명권의 후손으로 태어난 우리는 개인을 희생시키지 않고는 가정을 연결시킬 길이 없습니다. 개인을 투입하지 않고는 가정에 평화의 기지를 만들 길이 없습니다. 가정을 위해서 희생하겠다는 정신 기반이 없어서는 그 가정이 민족과 세계로 전진할 수 있는 기지가 되지 못합니다. 안식의 터전이 못 됩니다. 그러므로 가정 자체는 민족을 거쳐 가는 기지가 돼야 합니다. 민족을 거쳐 가려니 일족을 거느려야 됩니다.

10 예수님은 '네 마음에 천국이 있다.'라고 했습니다. 천국은 내 마음에 있습니다. 마음 자체를 중심삼고 볼 때 천국은 통일된 세계이기 때문에 마음이 몸과 통일된 기반이 안 돼 있으면 임재할 수 없습니다. 그래서 통일교회가 세계통일을 주장하는 것이 아닙니다. 세계통일이 있기 전에 국가통일이 있어야 되고, 국가통일이 있기 전에 민족통일이 있어야 되고, 민족통일이 있기 전에 종족통일이 있어야 되고, 종족통일이 있기 전에 가정통일이 있어야 되고, 가정통일이 있기 전에 개인통일이 있어야 됩니다. 제일 근본이 되는 마음을 중심삼고 개인통일을 하라는 것입니다.

11 통일의 내용은 간단합니다. 내 몸과 마음이 하나되면 됩니다. 그렇게

하나된 것이 가정과 하나되면 평화스러운 가정이 됩니다. 그렇게 하나된 가정이 사회와 하나될 때 그 가정은 사회에 누구도 부럽지 않은 행복한 가정이 될 것입니다. 그렇게 하나된 사회가 나라와 하나될 때 그들은 나라에 있어서 어느 누구도 부정할 수 없고 존경할 수밖에 없는 통일권이 벌어질 것입니다. 더 나아가서는 세계 인류와 더불어 틀림없이 하나됐다 할 때 그런 사람들을 통해서 지상에 천국이 이루어지는 것입니다.

개인에서 출발하는 평화의 8단계

12 앞으로 전체적인 섭리를 대신하는 종교가 있다면 그 종교는 영계까지도 해원성사, 탕감해 줘야 됩니다. 이 땅 위에 있는 인류, 세계문제만이 아닙니다. 영계 문제까지도 해결해 줘야 세계에 평화의 시대가 옵니다. 영계 문제를 해결하고 그다음엔 하나님까지도 모셔다가 자리에 앉혀 드려야 영원무궁한 지상·천상세계가 됩니다. 개인·가정·종족·민족·국가·세계·천주·하나님까지 8단계입니다.

13 하늘을 위주로 한 중심적인 존재가 가는 길은, 그 개인은 무엇을 위한 걸음을 걸을 것이냐? 개인을 위한 걸음이 아닐 것입니다. 그 개인은 가정을 거쳐 나가야 되고, 세계로 가는 길을 가야 될 것입니다. 그 개인이 세계뿐만 아니라 하늘땅을 통일하고, 하나님과 영원한 사랑으로 묶어질 수 있는 승리의 한때를 맞게 될 때 비로소 인간이 바라는 사랑의 세계, 평화의 세계가 벌어질 수 있습니다.

14 인간은 분쟁으로 연결되어 있는 역사의 결과체입니다. 그래서 전체를 뒤집어서 새로운 결과를 만드는 것이 어렵다는 것입니다. 자기를 중심삼고 그러한 분쟁의 세계가 연장되기 때문에 평화를 구하는 사람으로서는 고민을 하지 않을 수 없습니다. 개인을 기준으로 해서 악을 생각하고 선을 생각하는 것입니다. 개인을 중심삼고 선악의 싸움이 벌어집니다. 더 나아가 가정을 중심삼은 분쟁, 종족을 중심삼은 분쟁, 민족을 중심삼은 분쟁이 벌어지게 됩니다. 그것이 좀 더 커지면 민족을 넘어서 국가끼리 싸우는 것입니다. 그렇게 부딪침으로써 세계의 평화는 더 어렵게 됩니다. 개인으로부터 보면 개인의 평화권이 세계까지 연결되기 때문에 가정의 분쟁권, 종족의 분쟁권, 민족의 분쟁권을 넘어야 합니다. 통일교회에서 말하는 8단계의 경계선을, 벽을 넘어가지 않으면 안 됩니다.

15 하나님도 혼자서는 절대로 사랑의 이상을 이룰 수 없습니다. 하나님이 복중기, 유아기, 청소년기, 부부,

부모, 조부모, 왕이라는 8단계의 주인이 돼야 합니다. 그런데 그 모든 것들을 타락 때문에 잃어버렸습니다. 하나님이 그 8단계 사랑의 모델을 세워야 했는데 타락 때문에 모든 것을 잃어버린 것입니다. 그것을 우리가 만들어 드려야 합니다. 그래서 우리가 하나님의 사랑의 모델이 되어 아들딸을 갖게 돼 있습니다.

2절 마음 몸의 평화

1 여러분이 살고 있는 곳은 전부 싸움패입니다. 마음과 몸이 싸우고 있으니 부부를 합하면 네 싸움패입니다. 열 식구가 살면 스무 싸움패이고, 36억 인류가 살게 되면 72억 싸움패입니다. 이 가운데서는 평화를 꿈꿀 수 없습니다. 하나님은 지혜가 있고 이런 이치와 사연을 잘 아시기 때문에 평화의 기점을 어디에 뒀느냐? 종교를 통해서 개인을 중심삼고 이런 운동을 하는 것입니다. 그것을 보면 하나님이 위대하신 분이라는 것입니다. 평화의 기점을 세계에 둔 것이 아니고, 나라에 둔 것이 아니고, 종족에 둔 것이 아니라 개인에 두었다는 것입니다. 개인의 몸 마음의 평화를 영원한 기점으로 삼아 그럴 수 있는 남자와 그럴 수 있는 여자를 탄생시켜 이 땅 위에 하나의 남자 여자가 완전히 통일된, 완전한 남자의 플러스와 완전한 여자의 마이너스가 하나님의 사랑의 힘을 중심삼고 완전히 달라붙은 가정이 나왔으면 누가 그것을 떼겠습니까? 그럴 수 있는 힘의 모체인 하나님의 사랑을 중심삼고 연결된 가정의 기반이 이 지구성에는 아직까지 현현하지 않았습니다.

2 종교는 개인의 생사 문제를 결정하는 것입니다. 내가 죽느냐 사느냐 하는 문제, 내 몸 마음의 평화의 기준, 내 몸 마음의 해방적 자유권을 갖는 것이 문제입니다. 그것이 해방된 자리에 서고 자주적인 자유권을 찾아 가지고야 사회 해방, 국가 해방, 세계 해방이 있는 것입니다. 그래야 이론적인 모순이 없는데, 이런 몸과 마음이 서로 매일같이 싸우는데 자유를 찾을 수 있겠느냐는 것입니다.

3 인류는 평화의 세계를 바라고 있습니다. 억천만년이 되어도 평화가 안 돼 있습니다. 타락 인간으로는 될 수가 없습니다. 평화의 주인이 누구냐? 가정이 평화롭게 되려면 평화의 주인인 어머니 아버지가 평화의 원인과 평화의 내용, 생활 방법을 가르쳐 줘야 됩니다. 그러기 전에는 영원한 평화를 찾을 수 없습니다. 인류조상이 평화를 이루었습니까? 아담 해와가 원수가 되었습니다. 그 원수의 핏줄을 받은 여러분은 몸과 마음 사이에 싸움이 벌어지고 있습니다. 몸 마

음이 왜 싸우게 됐느냐? 몸 마음이 싸우게 된 것은 평화의 본원지를 잃어버렸든가 파괴시켰기 때문입니다. 몸 마음의 평화의 기준을 찾지 못한 사람들이 평화를 어떻게 찾을 수 있습니까? 싸우는 사람은 가정에서 쫓겨나고, 국가와 세계에서 쫓겨나게 됩니다. 오늘날 인류 전체가 몸 마음이 싸우고 있는데 천국 갈 수 있습니까? 아무리 수양한다고 하더라도 못 갑니다. 종교의 목적은 몸 마음을 통일하기 위한 것입니다.

마음과 몸의 투쟁

4 하나님의 사랑의 이상동산과 반대되는 세계는 실체적으로 분열과 분쟁이 끊이지 않는 세계입니다. 사랑을 중심한 평화의 이념이 구현된 진리의 세계가 아니라 사탄이 우거하여 천륜을 파괴하는 세계요, 시기와 질투로 인하여 투쟁과 분열이 끊임없이 벌어지는 세계입니다. 천성, 즉 본연의 이상동산을 찾아가려고 하는 여러분의 마음속에 시기와 질투심이 있습니까? 또 분쟁과 분열의 마음이 있습니까? 이것들이 남아 있다면 여러분은 결코 본연의 이상동산을 찾지 못할 것입니다.

5 타락은 자기를 자각한 데서 시작되었습니다. 타락이 인류역사의 파탄, 고뇌와 실패의 역사, 전쟁의 역사를 빚어냈기 때문에 이것을 일소해서 근본 문제를 알아야 합니다. 하나님을 중심한 사랑을 위해서 사는, 모든 것을 위해 사는 근원을 찾아야 됩니다. 그러지 않고는 평화의 근원을 발견할 수 없습니다. 평화의 근원을 발견하지 못하면 평화의 세계는 찾을 수 없습니다.

6 하나님의 혈통을 받고 영원히 하나님의 사랑을 받아야 할 몸이, 하나님의 원수요 본연의 인간 앞에 원수되는 사탄 마귀의 피를 받아 가지고 지옥으로 끌려가야 할 원통한 입장에 있다는 사실을 지금까지 몰랐습니다. 다시 말하면 하나님을 중심삼고 평화로운 천국에서 이상적으로 재미있게 살 수 있는 가정을 사탄이 덮쳐서 불행과 지옥의 세계를 만들었다는 것입니다.

7 마음과 몸의 싸움은 핵전쟁보다도 더 무서운 전쟁입니다. 그 전쟁은 휴전이라도 있지만 여기에는 휴전도 없고 종전도 없습니다. 인간이 이 땅 위에 존속하기 시작한 그날부터 끝날 때까지 인간 마음 바탕에는 휴전도 없이 전쟁이 계속되고 있습니다. 이러한 사람들이 가정을 이루고 종족을 이루었으니 더 싸우게 되었고, 이러한 민족과 민족이 합해졌으니 더 싸우게 되었고, 국가와 국가가 싸우게

되었습니다. 지금까지의 인류역사는 전쟁으로 이어진 역사였습니다. 어느 한 날 전쟁이 그치는 날이 없었습니다. 그 싸움의 근거지는 몸과 마음입니다. 몸과 마음이 싸움의 근거지가 되어 개인·가정·종족·민족·국가가 그렇게 된 것입니다.

8 아무리 허우대가 좋은 사람이라고 해도 그 사람을 분석해 보면, 김 아무개면 김 아무개로서 안팎으로 투쟁을 하고 있다는 것입니다. 끊임없이 속사람과 겉사람이 대결을 하고 있다는 것입니다. 이것은 부정할 수 없습니다. 여러분 안에서는 언제나 선의 마음과 악의 몸이 싸우고 있습니다. 이 싸움이 문제입니다. 이 싸움의 출처가 어디냐? 기원이 어디냐? 이 싸움은 인간이 태어난 그날부터 발생한 것입니다. 앞으로도 이 싸움은 수만년 후까지 계속될 수 있는 가능성이 다분합니다.

9 여러분은 지금 싸우고 있습니다. 자기 일생을 중심삼고 포를 쏘고 있는 것입니다. 세상을 대하기 전에 여러분 자신의 몸과 마음이 싸우고 있는 것입니다. 이것을 어떻게 평화롭게 하느냐? 이 싸움에서 몸이 이기느냐, 마음이 이기느냐? '나는 틀림없이 마음이 이깁니다.'라고 할 수 있는 사람이 되어야 합니다. 마음이 이기는 사람은 선한 편이요, 몸이 이기는 사람은 악한 편입니다.

10 지금까지 인간은 자기 자신의 마음과 몸을 중심삼고 투쟁의 과정을 거쳐 나왔습니다. 어느 한 날 평화를 이루고 통일을 이루어서 천륜을 따르는 뚜렷한 목적을 향해 달려가 보지 못한 인간이라는 것입니다. 몸과 마음이 싸우면서 지금까지의 역사를 지탱시켜 나왔기 때문에 결과적으로 이런 두 세계로 갈라지지 않을 수 없었다는 것입니다.

11 본래 사람이 태어나기를 몸과 마음이 싸우는 사람으로 태어났으면 인간에 있어서의 이상이니 평화니 사상이니 하는 것은 다 공론입니다. 그것은 전부 허사가 되는 것입니다. 본래 그렇지 않은 사람이었다면 그것이 가능하지만, 본래 그런 사람으로 태어났다면 허사라는 것입니다. 이것은 이론적으로 안 맞는 것입니다. 사람은 어디까지나 원인적 존재가 아닌 결과적 존재입니다. 그 무엇에 의해서 태어났기 때문에 그 결과는 원인과 하나가 되어야 합니다. 원인과 결과가 다를 수 없습니다. 결과는 원인을 내용으로 삼고 나타나는 것이므로 원인과 결과는 통합니다. 그래서 과정도 일치돼야 합니다. 그것이 과학적입니다.

12 하나님의 근거지인 본심은 천국의 초소요, 사탄의 근거지인 몸은 지옥의 초소가 되어 있습니다. 이 본심과 몸이 국경선이 되어 있습니다. 그 경계선에서 총소리가 들려오는 것입니다. 그것이 여러분 본심의 소리요, 본심과 몸이 싸우는 소리입니다. 이 전쟁을 제거하기 전에는 하나님의 아들딸이 될 수 없고, 하늘나라에도 갈 수 없습니다. 또한 그러한 터전을 갖지 않고는 천국이니 이상세계니 하는 것은 올 수가 없습니다.

13 우리의 몸과 마음은 하나님과 사탄의 선악 대결장이 되어 치열한 싸움을 벌이고 있습니다. 선생님도 '우주주관 바라기 전에 자아주관 완성하라.'라는 표어를 세워 놓고 몸부림친 사람입니다. 이 습관성을 어떻게 하느냐? 한국 사람은 고추장과 된장을 먹어야 됩니다. 이것을 극복할 수 있느냐? 낮에는 일해야 되고 밤에는 자야 됩니다. 그런데 안 잘 수 있느냐? 이것이 문제입니다. 잠을 극복해야 되고, 배고픈 것을 극복해야 되고, 남자가 여자를 대해, 여자는 남자를 대해 극복해야 됩니다.

14 우리 몸은 사탄의 왕국입니다. 그렇기 때문에 하나님은 '너를 이겨라. 너를 정복해라.'라고 가르쳐 주십니다. 나에게서 하나되는 길을 모색하지 않는 한 세계의 평화통일은 절대 있을 수 없습니다. 오늘날 세계 인류는 외적인 세계에 있어서 민주세계를 중심삼고, 혹은 공산세계를 중심삼고 '하나 만들어 보자. 통일해 보자. 평화의 세계를 만들어 보자.'라고 하지만 틀린 생각입니다. 우리 마음과 몸이 싸우는 것을 놓고는 불가능합니다. 외적으로 하나 만들었다고 해도 내적으로는 내 몸과 마음이 싸우고 있으면 불가능한 것입니다.

15 우리는 양심도 살아 있고 몸도 살아 있다고 자부하지만, 선의 인연 속에서 생활할 수 없는 사탄의 포로가 되어 있으니 죽은 사람입니다. 그러므로 우리를 에워싸고 있는 철창을 부수고 나와야 합니다. 또 우리 마음속에나 주위에는 두 주인이 있어 평화란 있을 수 없고 고통이 연속되고 있는데, 여기에서 삶의 길을 찾아가야 할 우리가 해야 할 각오와 결의는 무엇이겠습니까? 우리를 에워싸고 있는 철창은 다름 아닌 이 몸이니, 양심을 동원하여 이 철창을 헤치고 나와야 합니다. 그때가 끝날입니다.

16 평화와 평등은 모든 인류가 바라는 공동목표입니다. 그 세계는 무엇으로부터 출발할 것인가? 상응·상합(相應·相合)을 할 수 있는 도와 진리로부터 출발해야 됩니다. 그렇기 때

문에 새로운 진리는 무엇이냐? 하늘과 땅이 상응할 수 있고, 상하고저 전후좌우를 막론하고 입체적인 세계에 머무르는 어떠한 존재와도 상응할 수 있는 원동력과 내용이 갖춰진 세계관과 인생관과 생활관을 가진 주의만이 인류세계의 종말에 남을 수 있는 절대적인 진리일 것입니다. 역사는 상응으로부터 출발한 것이 아니고 상극으로부터 출발했으니, 이 역사는 파탄과 비애로 막을 내리지 않을 수 없습니다. 상응의 이념을 가지고 인류를 부르고 있는 하나의 절대자가 없다면 인류역사는 절망일 수밖에 없는 것입니다.

마음과 몸의 통일

17 지금까지 수많은 성인이 왔다가 갔지만 원수가 어디에 있고 세계평화의 기준이 어디에 있는지 몰랐습니다. 악마와 사탄의 싸움터가 내게 있습니다. 그래서 선생님은 몸 마음의 통일을 주장하는 것입니다. 역사 이래 어느 성인도 설파하지 못한 이론적인 기준에서 몸 마음이 하나 안 되면 절대 안 되게끔 되어 있는 논리를 가지고 교육하고 있습니다. 여러분의 마음 가운데 여러분 자신이 정착했습니까? 자기가 자기 자신을 믿을 수 있습니까? 심각한 문제입니다. 자기 자신이 자기를 믿지 못하는데 어떻게 하나님에게 알아 달라고 할 수 있습니까? 선생님께 알아 달라고 할 수 있느냐는 것입니다. 내 마음이 내 몸을 인정하고 내 몸이 내 마음을 인정하는 절대적인 자리에 서야 됩니다. 하나님이 나를 인정하지 않을 수 없는 자리에 들어가야 됩니다.

18 세계평화의 기준은 역사시대의 종말점에 있는 것이 아니라 내 몸과 마음이 싸우는 것을 통일시킬 수 있는 자리에 있습니다. 우리가 그 자리를 차지하지 못한다면 이상세계는 오지 않습니다. 그 세계는 불변의 세계인데, 여러분 자신의 그 변하는 자체를 가지고 불변의 자체를 소유할 수 있습니까? 그것은 논리적인 모순입니다. 절대 불가능한 것입니다. 그러므로 이상세계를 추구하기에 앞서 나 자신의 통일권, 행복된 자아를 발견해야 됩니다.

19 여러분은 마음을 중심삼고 단결하여 먼저 내적인 기반을 쌓고, 다음에 외적인 기반을 찾아 나가야 합니다. 그리하여 하나님을 중심삼은 내 개체를 넘어 가정·사회·국가·세계를 찾아 나가고, 하늘땅까지도 찾아 나가야 합니다. 그러면 하나의 세계, 하나의 이념을 찾아 나오는 인간에게 가장 중요한 문제가 무엇이냐? 한때에 있다가 없어지는 국가와 세계의 이념이 문제가 아닙니다. 권세가 크

고 지위가 아무리 높다 해도 그것이 중요한 것이 아닙니다. 두 세계를 하나로 만들 수 있는 이념과 주인공이 문제입니다. 인간은 마음을 중심한 내적인 세계와 몸을 중심한 외적인 세계가 있습니다. 세계가 이와 같이 두 세계로 되어 있는 것과 같이, 영계도 하늘이 지배하는 선권의 영계가 있고 사탄이 지배하는 악권의 영계가 있습니다. 하나님의 6천년 섭리의 종결점이 내 한 몸에 있다는 것입니다.

20 오늘날 천하를 통일했다고 하더라도 그 통일된 세계는 그 내부에 싸움을 내포하고 있는 통일권의 세계이지, 그 내부가 통일되어 외적인 통일권을 이룬 세계가 아닙니다. 그러므로 설령 외적인 통일을 이루었다고 하더라도 그 세계는 어차피 갈라진 결과를 가져옵니다. 자유를 바라고 평화를 바라며 천국생활을 누리고자 하여도 현재의 어떠한 줄로 얽어매어서는 그런 것을 이룰 수 없습니다. 근본적인 문제는 우리 개체의 통일입니다. 몸과 마음이 통일을 이루어 그 근본 된 마음이 이 세상의 그 무엇과도 바꿀 수 없는 행복의 여건을 차지했다고 주장할 수 있고, 지금 이 세계에 존재하는 어떤 무엇에 부딪혀도 양보하지 않고 깨지지 않는 중심을 갖춘 인간으로 출발하지 않으면 세계평화의 기원을 가져올 수 없습니다.

21 통일의 기반 위에서만 평화가 있고, 행복이 있고, 자유가 있고, 희망이 있습니다. 여러분의 몸 마음이 하나 안 되어 있는데 거기에 자유가 있습니까? 회사에 가더라도 몸 마음이 세계대전을 해서 자리를 못 잡는데 자유가 있습니까? 자유라는 말 자체도 싫어한다는 것입니다. 몸 마음이 싸우는데 거기에 행복이 있습니까? 그렇기 때문에 여러분도 인생문제를 놓고 고민하는 것입니다. 이것이 근본적으로 큰 문제입니다. 몸 마음이 하나 안 된 거기에 행복이 있고 평화가 있느냐는 것입니다.

22 하나님은 지금까지 종교를 통해서 섭리해 나오셨습니다. 종교를 통해서 마음을 중심한 생활을 강조했습니다. 마음을 중심한 생활을 강조했지, 이 세상과 더불어 생활하라고 하지 않았습니다. 끝날 이후의 세계, 이 세상을 넘어선 끝의 세계의 생활 인연을 강조해 나오신 것입니다. 기독교를 보더라도 이 현실세계를 중심삼고 살라고 가르쳐 주지 않았습니다. 이 세상에서 잘 먹고 잘살라고 가르쳐 준 그런 무엇은 없습니다. 반드시 마음세계의 평화를 부르짖고 나옵니다. '천국이 어디에 있겠느냐? 이 세계에 있는 것이 아니라 네 마음속에 있다. 마음세계에 천국이 있고, 또한 천국은 끝날에 이루어지는 것이다.'

라고 가르치며 나오고 있습니다.

23 참사랑이 없이는 마음과 몸의 세계를 하나로 만들 수 없습니다. 마음과 몸이 분리되어서 싸우는 세계가 바로 타락된 세계입니다. 마음이 절대적으로 중심이어야 합니다. 몸은 절대로 불평할 수 없습니다. 몸은 언제나 마이너스 입장을 취해야 되고, 마음은 언제나 플러스 입장을 취해야 됩니다. 플러스가 앞에 서면 그것은 영원합니다. 마음의 힘을 중심삼고 몸은 그 자리를 만들어야 됩니다. 그러지 않으면 이 세계가 평화로운 세계가 되었다 하더라도 여러분은 그 이상세계에 연결될 수 없습니다.

24 통일이 없는 데는 평화가 없습니다. 통일이 없는 데는 희망이 없습니다. 여러분의 마음과 몸이 하나 안 되었는데 행복합니까? 마음과 몸이 싸우는데 행복합니까? 거기에 자유가 있습니까? 서로가 잘 돌아야 됩니다. 평화는 서로 균형이 이루어져야 되는데, 균형이 되어 있습니까? 여러분은 부부끼리 서로 잘 맞습니까? 여러분 부부 둘이 아침에 싸우고도 종일 행복합니까? 그렇지 않습니다. 통일된 기반 위에 자유가 있다는 것입니다. 통일이 없으면 행복도 없고, 통일이 없으면 평화도 없고, 통일이 없으면 희망도 없습니다.

25 미래의 새로운 이념은 하나님의 인간에 대한 뜻과 이상을 확실히 규명해야 할 뿐만 아니라 하나님과 인간의 관계를 분명히 밝히지 않으면 안 됩니다. 본래 인간의 마음과 몸은 하나님의 참사랑을 중심으로 완전한 하나의 통일체를 이루도록 되어 있습니다. 그리고 이렇게 하나님의 참사랑으로 마음과 몸이 하나된 남자와 여자가 하나님의 참사랑을 중심으로 만나 남편과 아내로서 한 가정을 이루게 되면, 이 가정은 하나님의 참사랑을 중심삼고 일체를 이룸으로써 참된 자유와 평화와 행복의 근원지가 되는 것입니다.

26 마음과 몸에 있어서 평화의 기준을 어디에 세울 것이냐가 인생에 있어서 가장 귀한 문제입니다. 마음과 몸이 싸우고 있습니다. 평화의 기준은 어디에 있느냐? 세계도 아니요, 나라도 아니요, 종교도 아닙니다. 나 자신에 있어 몸 마음의 절대통일을 이룬 평화의 기준을 확립하는 것이 종교지도자요, 그렇게 되게 하는 것이 교육과 수련의 목적입니다. 그렇기 때문에 여러분이 아무리 종교를 믿고 위대한 종교지도자가 되었다고 하더라도 몸 마음의 통일을 이루지 못하면 안 됩니다. 개인의 기준에 평화의 기원을 확립하고 정착시켜야 됩니다. 평화의 기원을 나로부터 설정

하지 않고는 이상적인 종교니 천국이니 하는 것은 꿈에 불과합니다. 그것은 나와 관계가 없습니다.

27 내 몸과 마음을 어떻게 하나 만드느냐? 세계에 대한 불평을 하기 전에, 세계에 대한 참평화를 부르짖기 전에, 세계에 대한 참행복을 부르짖기 전에 여러분 자신을 중심삼고 몸과 마음이 하나되어 평화의 기점을 이루고 있느냐, 평화의 중심의 기점이 하나님이 되어 있느냐가 문제입니다. 그 기점은 마음만 가지고도 안 됩니다. 하나님을 중심삼은 마음에 일치될 수 있는 몸이 돼야 합니다. 이렇게 되었더라면 하나님을 따라가는 길이 둘이 될 수 없습니다. 그런데 타락함으로써 오늘날 사람은 두 길로 가게 되었습니다. 갈라지게 됐습니다. 그러한 결과를 두고 볼 때 원인이 그릇되었다는 사실을 부정할 수 없는 것입니다.

28 세계적인 이념의 장벽을 헐어 버리고 세계를 위해 자기를 희생하겠다는 주의가 바로 하나님주의입니다. 하나님은 세계를 위해 제일 가까운 아들딸을 희생시키는 것입니다. 하나님은 제일 가까운 사람을 희생시켜 세계를 사랑할 수 있는 기원을 갖추어 놓았기 때문에 결국에는 하나님주의만이 남아지는 것입니다. 그래서 역사에 종말이 오더라도 세계의 장벽을 넘어설 수 있는 심정을 지니고, 세계를 중심삼은 민족이나 국가의 입장에서 살아갈 수 있는 뜻을 가져야 됩니다. 그러지 않고는 세계에 남아지는 무리가 되지 못합니다. 우리는 몸을 중심삼고 하나되는 것이 아닙니다. 몸은 마음을 중심삼고, 마음은 하늘을 중심삼고 하나되어야 합니다. 하늘과 마음과 몸이 일치된 그 사람에게는 평화와 행복과 이상이 정착됩니다.

29 사람이 본래 마음적 분야를 중심삼고 몸이 하나되어 갈라지려야 갈라질 수 없게 되었다면 타락이 없는 완성한 인간이 되었을 것입니다. 에덴에서 타락하지 않았으면 몸과 마음이 갈라지지 않는다는 것입니다. 그런데 인간의 마음과 몸은 지금까지 싸우고 있습니다. 타락한 세계의 그 누구나 마음과 몸이 싸우고 있습니다. 그렇기 때문에 마음과 몸을 하나 못 만드는 것이 한입니다. 몸 마음이 하나되지 못하면 평화가 올 수 없습니다. 행복이 깃들 수 없습니다. 인간의 생애가 비운의 생애요, 인생은 고해와 같다고 말한 것도 다 일리가 있습니다. 하나되어야 하는 것이 본래의 섭리관인데도 불구하고 마음과 몸이 갈라짐으로써 전부 사방으로 갈라진 것입니다. 다시 말해서 주체와 대상

이 갈라졌다는 것입니다.

30 평화의 세계는 어떻게 오느냐? 몸 마음이 하나된 자리를 찾지 못하면 평화세계의 뿌리가 없습니다. 오늘날 사람들은 평화세계가 오면 통일의 세계가 오고 혹은 이 땅 위에 지상천국이 온다고 하지만, 그 지상천국의 기반은 어디까지나 몸 마음이 하나되는 데서부터 시작됩니다. 몸 마음이 하나되어야 하고, 그다음에는 부부가 하나되어야 하고, 그다음에는 자녀가 하나되어야 합니다. 인간이 타락했기 때문에 세계적으로 전부 파탄되는 것입니다.

31 인간의 마음과 몸의 간격이 벌어지면 벌어질수록 고충이 커집니다. 거기에는 고통이 개재되고 비극이 깃듭니다. 그러므로 우리 몸과 마음의 간격을 좁혀 그것이 하나로 통일되는 때를 맞이해야 됩니다. 그러지 않으면 인간세계에 평화나 행복이 있을 수 없습니다. 그렇기 때문에 자기 자신의 싸움, 자기 한 개체의 싸움을 종식시키지 못한 사람은 세계적인 싸움이 종식되어서 그런 세계에 들어가 산다고 하더라도 희망이나 행복 혹은 평화의 여건을 차지할 수 없습니다. 문제는 나 자신에게 있습니다. 나 자신의 근본 문제를 해결해야 됩니다. 그리하여 나 자신이 외적인 세계의 이상적 환경을 맞이하게 될 때에 비로소 마음에 스며드는 평화, 마음에 스며드는 행복을 느낄 수 있습니다. 그런 터전 위에서 세계와 연결되어야 비로소 자유롭고 행복한 천국이 이루어질 수 있지, 환경이 제아무리 갖추어졌다고 해도 자신의 문제가 해결되지 않은 입장에 있으면 어떤 행복한 환경에도 화할 수 없습니다.

32 평화세계로 가는 길은 두 방향에서 하나의 방향으로 가는 것입니다. 여태까지 몸 마음 둘이 싸웠기 때문에 온 세계가 분열하게 되었습니다. 이 몸 마음이 분열되어 세계적으로 전개된 것이 종교세계와 정치세계입니다. 이 둘을 평면적인 세계권으로 만들어 통일함으로써 하나의 방향으로 일체화한 세계적인 평화권이 생겨나는 것입니다. 타락하지 않았으면 아담을 중심삼고 세계평화의 기준이 가능합니다. 방향이 반대입니다. 지옥으로 가는 것이 아니라 천국으로 갑니다. 하나님과 부모님을 중심삼고 개인·가정·종족·민족·국가·세계로 전개되어 갑니다. 그렇게 되면 전부 천국 소속이 됩니다.

33 천국을 이루는 데 있어서 중요한 하나의 표준이 무엇이냐? 천국을 이룰 수 있는 하나의 요인이 무엇이냐? 그것은 통일입니다. 통일이라는 원칙

과정을 거치지 않고는 천국은 실현될 수 없습니다. 하나되는 데서만이 천국이 이루어집니다. 인간이 바라는 평화니 행복이니 하는 모든 요건도 하나되는 데서 이루어집니다. 몸과 마음이 하나되지 않은 곳에서는 아무리 내가 행복하고자 해도 행복할 수 없습니다. 아무리 평화의 기준을 유지하려 해도 유지할 수 없습니다. 그렇기 때문에 여기에서 하나되는 것이 무엇보다도 중요하다는 것입니다.

3절 가정의 평화

1 남자와 여자가 사랑으로 돌아가게 되면 그 가정은 평화의 가정이 됩니다. 부모와 자식 간도 마찬가지입니다. 나라도 마찬가지이고, 전부 그렇게 됩니다. 이러한 원칙을 가진 행복의 날을 인류가, 인류조상이 가져야 하는데 지금까지 갖지 못했습니다. 남녀가 하나되는 자리 외에는 완성 기준이 있을 수 없습니다.

가정은 평화의 기점

2 종교의 목적은 만민이 선한 사람이 되어 평화스럽게 살아갈 수 있는 하나의 세계를 이루는 것입니다. 평화의 여건은 어떠한 국제적인 정치가들의 손에 의해서 생겨나는 것이 아닙니다. 그러기에 어떠한 정책이나 주의에 의해 세계에 평화가 온다는 것은 불가능합니다. 더구나 군사력으로 인해 세계의 통일과 평화가 온다는 것은 불가능한 것입니다. 평화의 기점을 발견할 수 있는 근거지, 행복의 기점을 발견할 수 있는 그 근거지는 여러분이 살고 있는 가정입니다.

3 인간은 누구나 가정에서 울고 있는 부모보다는 웃고 있는 부모를 모시고 살고 싶어합니다. 웃고 사는 형제와 더불어 살고 싶어합니다. 그러면 어떻게 해야 웃는 부모를 모시고 살 수 있으며 웃는 형제와 살 수 있느냐? 세상적인 부부와 그 부모를 중심삼은 가정이 아니라 온 인류와 온 세계의 부모를 중심삼은 가정이 되어야 합니다. 세계를 대표하고 만국을 대표할 수 있는 가정의 기틀은 어디에 머무를 것이냐? 누구나 평화스러운 가정을 찾고 있는 것과 마찬가지로, 절대적인 신이 있다면 그분 역시 절대적인 평화의 가정적 기준을 찾아 나올 것입니다.

4 남자와 여자가 하나되면 어떻게 되느냐? 하나님과 종적으로 하나된 남자 여자가 결혼해서 몸 마음이 하나되게 될 때는 천리대도의 창조원칙에 맞기 때문에 하나님의 사랑을 점령하게 됩니다. 하나님의 사랑을 가질 수 있다는 것입니다. 축이 생깁니다. 결혼은 왜 하느냐? 하나님의 사랑을 중심삼고 하나님을 점령하고,

사랑을 중심삼고 남자 여자가 통일하기 위해서입니다. 천하의 기원, 평화의 기원이 여기서부터 시작됩니다. 참사랑의 본질은 아버지가 어머니를 위하고 어머니가 아버지를 위하고, 형님이 동생을 위하고 동생이 형님을 위하는 것입니다. 위하는 사랑으로 하나된 거기에 영원한 하나님의 사랑이 임재하기 때문에 그 가정은 영원무궁 영생적 가정이 되는 것입니다.

5 한 가정에서 부부가 서로 상반된 입장을 고수할 때는 그 가정에 평화가 있을 수 없습니다. 반드시 주체적 입장인 하나의 중심을 기준으로 하여 그 중심과 상대가 하나되어야 하는 것입니다. 주체와 대상의 관계에서 누가 중심이 되어야 하느냐? 주체가 중심이 되어야 합니다. 대상은 주체를 중심삼아야 하고 주체 앞에 자신을 연결시켜야 합니다. 그래야 자신이 대상으로서의 목적을 이룰 수 있습니다. 그런데 주체가 대상의 입장에서 왔다 갔다 하면 하나의 목적을 성취할 수 없습니다. 결국 한 가정에서 목적을 이루려면 그 가정의 내외가 하나되어야 합니다.

6 평화의 세계는 어떻게 오느냐? 제1의 조건이 뭐냐? 하나되는 기원을 찾아야 합니다. 그것을 찾지 못하게 될 때 통일의 세계는 영영 이별입니다. 집안이 하나되기 전에 나 자신이 하나되었느냐고 묻게 될 때, 하나된 나를 발견하지 못한다는 것입니다. 몸과 마음이 싸우게 될 때 개인이 행복할 수 없고, 부부가 행복할 수 없습니다. 평화로울 수 없습니다. 희망이 있을 수 없습니다. 끝날이 되면 될수록 마음적 분야, 몸적 분야로 나뉘어 부부는 네 패가 됩니다. 몸 마음이 둘씩이니까 네 패가 되어 서로 싸우는 것입니다. 여자 마음을 중심삼고 하나되려고 해도 몸과 싸우니 도망 나와야 되고, 몸을 중심삼고 하나되려고 해도 몸 마음이 싸우고 있으니 또 나와야 됩니다. 어디에 근거지를 잡을 수 없습니다. 이 땅에서 평화의 기점을 찾을 수 없습니다.

7 가정에서 아버지가 슬퍼하는데 아들이 기뻐할 수 없습니다. 아버지와 형님이 슬퍼할 때 그 동생이 기뻐할 수 없습니다. 인간은 아버지가 슬프든지, 남편이 슬프든지, 아들이 슬프든지 전부가 같은 마음, 같은 심정으로 화해야 됩니다. 자식이 사장이라 하더라도 아버지가 슬퍼하는 것을 보고 회사에 나갔다면, 일을 하면서도 슬픈 아버지를 염려하는 것이 자식의 도리입니다. 자기가 집으로 돌아올 때 그 아버지가 반기면서 맞이하는 것이 무엇보다도 기쁨이 되어야 합니다. 그럴 수 있는 가정의 일원이 되어

야 평화와 이상을 누릴 수 있는 행복한 가정이 됩니다.

8 사랑하는 남편과 아내가 더불어 일생 동안 자고 일어나고, 일하고 또 일할 수 있는 것이 얼마나 행복한 것입니까? 그런 사랑을 지니고 살면 혼자 살게 되더라도 어려운 것이 없습니다. 그런 사랑은 우주가 침해하지 않습니다. 여기는 우주가 공동보조를 취하는 입장이기 때문에 지상세계나 천상세계나 언제나 보호하게 마련입니다. 그 사랑을 중심삼고 가는 사람은 현세에서나 후세에서나 불행한 사람이 아닙니다. 우주 가운데 그러한 사랑으로 하나되어 사는 부부에게 주는 가장 큰 상이 자녀입니다. 그 아들딸은 무엇보다도 귀하다는 것입니다. 아내보다도 더 사랑하고 싶고, 남편보다도 더 사랑하고 싶은 것입니다. 어머니 아버지와 같이 하나되어 주고받는 가정은 사랑을 중심삼은 평화의 기지입니다. 사랑을 중심삼고 자녀들과 부모가 완전히 하나되는 가정이 평화의 가정입니다.

9 가정천국을 이루는 것이 하나님의 뜻입니다. 세상에서 제일 무서운 것이 아들딸입니다. 아들딸은 여러분이 하는 대로 배웁니다. 그러므로 제일 무서운 것이 아들딸입니다. 모든 것을 용납해 주고 용서해 주고 평화롭게 살게 되면 그 아들딸도 그대로 배우는 것입니다. 죄 없는 아들딸의 어머니 아버지가 되기 쉽지 않습니다.

10 천국은 여러분 가정에서 이루어지는 것입니다. 행복이 따로 있고 평화가 따로 있지 않습니다. 여러분 가정이 틀어지면 세계 아니라 그 무엇을 얻었다 하더라도 다 불행한 것입니다. 그렇게 사랑하는 가정은 선생님이 가는 천국에 틀림없이 뒤따라 올 것입니다.

11 가정은 이 세계에 평화의 왕궁을 세우기 위한 훈련도장입니다. 참사랑을 중심삼고 위하는 남편과 위하는 아내가 천륜의 중심으로서, 영원한 사랑의 길을 가기 위한 부부로서, 가정으로서, 아들딸로서 책임을 해야 됩니다. 우리 가정이 평화의 기지라는 것입니다.

12 참부모를 중심삼은 가정의 가법이 생겨나야 합니다. 부모를 중심한 사랑의 법도가 아직 세워지지 않았기 때문에 이 땅 위에 평화의 기준이 세워지지 않았고, 평화의 기준이 사랑을 중심삼고 세워지지 않았기 때문에 평화의 아들딸이 없고, 평화의 가정, 평화의 종족, 평화의 민족·국가·세계가 없습니다. 부모로 오시는 그분을 따라 사랑의 품에 들어가야 합니다.

13 통일식구의 소원은 무엇이냐? 복귀의 가정이 되는 것입니다. 우리의 소원도 이것이요, 만국의 평화의 기원도 이것이요, 천상천하의 행복의 기점도 이것이요, 하나님의 섭리의 기점도 이것이요, 하늘땅이 뒤집어지는 천지개벽의 기점도 이것이요, 모든 인생의 가치의 근원도 이것이요, 소망의 출발도 이것입니다. 그러면 복귀된 가정의 중심은 누구냐? 참조상, 아버지 어머니입니다.

14 하나님이 원하는 나라가 부모님이 원하는 나라이고, 부모님이 원하는 나라가 여러분의 나라입니다. 그 나라의 근본은 개인과 가정에서 시작됩니다. 이 가정을 담을 넘어 여기까지 끌고 가야 됩니다. 가정을 중심삼아야 합니다. 가정이 이상세계의 기초입니다. 사랑을 중심한 가정이 희망의 기초이며 평화의 기초입니다. 원래의 참사랑을 중심삼아야 합니다. 영원하고 변하지 않는 참사랑을 중심삼은 부부여야 합니다. 변하지 않는 쌍이 되어야 합니다. 여러분은 끝이 없는 힘을 창출해야 됩니다. 가정의 기반, 이것을 끌고 가야 합니다. 구멍을 뚫고 가야 합니다. 가정이 이와 같은 길을 가야 합니다.

15 세계평화의 기원은 가정에서 자녀와 부모가 어떻게 평화의 기반을 닦느냐 하는 것입니다. 이것이 모든 평화의 전반적인 해결을 할 수 있는 기초라는 것을 알았기 때문에 통일교회는 개인완성 가정완성을 강조하고 있습니다. 대한민국에 있어서 아무리 남북통일을 가져왔다고 해도 가정의 평화를 갖지 못하게 되면 남북통일의 평화도 무너지고 마는 것입니다. 아무리 세계의 평화를 선진국 대표의 국가들이 국제회의를 통해서 형성해 나왔다고 하더라도 세계의 가정을 중심삼은 부모들이 평화의 기준을 이어받을 수 있는 가정적 기반이 형성되지 않을 때는 그 세계의 평화도 무너지게 됩니다.

16 세계평화가정연합을 이루지 못하게 되면 평화세계는 절대로 안 옵니다. 가정이 그만큼 중요한 것입니다. 평화세계도 가정에서부터 시작하는 것입니다. 가정에 열 식구가 산다면 열 식구가 전부 하나가 되어야 합니다. 하나가 되어 서로서로가 종횡으로, 전후좌우 입체적으로 화합하게 될 때에 이상적 평화의 세계가 찾아오는 것입니다.

17 집안 전체가 좋기 위해서는 할머니 할아버지가 화합해야 되고, 어머니 아버지가 화합해야 되고, 자기 부부가 화합해야 되고, 형제가 화합해야 됩니다. 화합해서 서로서로가 하

나되어야 합니다. 그러면 어떻게 해야 하나될 수 있느냐? 자기를 위하라고 할 때는 전부 갈라지게 마련입니다. 여덟 식구가 같이 살 때, 여덟 식구가 하나되려면 어떻게 해야 되겠습니까? 할아버지 할머니도 전체를 위해야 됩니다. 자기를 위하라고 하면 여덟 패가 생깁니다. 하나되는 방법은 서로가 위하는 것입니다. 할머니는 할아버지를 위하고 할아버지는 할머니를 위하고, 아버지는 어머니를 위하고 어머니는 아버지를 위하고, 남편은 아내를 위하고 아내는 남편을 위하고, 또 형제끼리도 형은 동생을 위하고 동생은 형을 위하는 것입니다. 하나될 수 있는 비법은 이렇게 간단합니다. 위해서 관계를 맺으면 그 집안에는 평화가 찾아옵니다.

18 세계평화가 어디에 있느냐? 세계에 있는 것이 아니라 나에게 있습니다. 아무리 외부가 통일이 되어 홍청망청해도 내 몸과 마음이 하나 안 되어 있으면 무슨 상관이 있습니까? 그 평화는 세계로부터 오지 않습니다. 나로부터 이루어 나가게 되어 있는 것입니다. 아담 해와가 몸 마음이 하나된 그 기준에서 참사랑을 중심삼고 완전히 하나되는 데서부터 평화의 가정이 벌어집니다. 그 평화 가정이라는 것은 세계적입니다. 평화 가정인 동시에 통일된 가정이기 때문에 그것은 세계적입니다.

19 본래 하나님의 뜻 가운데에서 타락하지 않고 하나의 가정이 이루어졌으면, 그것은 하나님의 사랑 가운데에서 평화를 중심삼은 모든 인류의 공동적인 하나의 기원이 되었을 것입니다. 그 가정은 하나님이 임재한, 하나님을 중심한 가정이 될 수 있고, 그 가정은 하나님과 일치되어 하나의 종족의 중심이 되고, 종족의 중심이 되었으면 그 종족을 중심삼고 민족이 하나되는 것입니다. 또 그 민족을 중심삼고 국가, 국가를 중심삼고 세계가 하나되는 것입니다. 이렇게 일련의 사랑이상의 길로 자연적인 환경으로 전개된 세계가 되기 때문에 그 세계는 하나의 사상으로 이루어진 세계요, 하나의 혈연적 관계인 종족 형태가 확대된 세계이기 때문에 그 세계는 두 개의 세계가 될 수 없습니다. 하나의 세계입니다. 그러한 세계가 바로 이상세계입니다.

20 남자와 여자가 세상에 태어나 부부가 되어 '나는 행복하다. 나는 평화스럽다.'라는 마음으로 하나됐다고 할 때는 하나님은 자연히 하나된 자리에 찾아와서 관계합니다. 이것이 신인(神人)관계를 맺을 수 있는 제1동기입니다. 이렇게 하나님과 인간이 관계를 맺었을 때, 하나님과 인간만

좋은 것이 아니라 관계되어 있는 동물세계·식물세계·광물세계도 그 통일적 내용을 환영하고 감사해합니다.

21 가정 가운데는 남자 여자를 중심삼은 사랑의 무대가 엮어져 있습니다. 이 가정을 중심삼고 애국사상, 성인 사상, 성자 사상을 엮어 가야 됩니다. 이러한 일치된 방향을 중심삼고 종착점에 정착하게 될 때 일치된 목적의 가치가 세계 기준 앞에 이루어집니다. 그렇기 때문에 통일의 세계, 평화의 세계는 사랑의 방향을 갖추어서 전 세계를 품기 위한 하나님의 사랑의 역사적 방향성을 거쳐야만 가능합니다. 그것이 없어 가지고는 이상천국이 현현할 수 없습니다.

지구촌 대가족주의

22 역사는 누가 이끌어 가느냐? 몰리고 쫓김을 받는 사람들이 역사를 창조해 나가는 것입니다. 역사는 그런 단계를 거쳐 발전해 나갑니다. 우리가 한 가지 명심해야 할 것은 세계평화주의를 내세우고 가야 된다는 것입니다. 그러려면 자기 민족을 위주로 해서 가는 것이 아니라 세계 만민을 위주로 하여 세계 평등화운동에 공헌하겠다고 하며 나서야 됩니다. 그런 민족은 절대로 망하지 않습니다. 이런 사상을 가지고 오늘날까지 역사를 발전시켜 나오는 데에 공헌한 것이 바로 기독교입니다. 세계 만민의 평등화운동, 세계 만민의 형제운동, 세계 만민의 대가족운동 등의 이념을 중심삼고 나왔기 때문에 역사시대에 공세를 받은 것입니다.

23 여성유엔과 종교유엔, 그리고 정치세계의 유엔, 이 셋이 해와와 가인 아벨로서 하나되어야 합니다. 이것이 참아버지 참어머니와 하나되면 온 인류가 하나의 가족권 내에 들어가게 됩니다. 모든 나라와 그 지도자들이 전부 이 방향을 따라가서 평화세계로 들어가는 것입니다. 하나님을 중심한 하나의 나라가 나오게 됩니다. 전 세계는 가정제도로 되어 있습니다. 그러니 가정에 들어가서 수습해야 됩니다. 그다음에는 자동적으로 종족 기반에 가더라도 싸움이 없습니다. 그렇게 해서 나라와 세계·천주·하나님까지 올라가는 것입니다.

24 일반 종교에도 재림주의 개념이 있습니다. 이런 것을 볼 때, 종교를 세운 공통적인 하나의 목적이 있습니다. 그 하나의 목적은 세계평화와 세계통일입니다. 왜 그래야 되느냐? 주인이 하나이기 때문입니다. 절대자이신 하나님의 사상은 절대적으로 하나이지 둘이 아닙니다. 그 하나의 사상, 주의가 무엇이냐? 세계를 하나 만들어서 평화의 세계, 통일된 세계

를 이루는 것입니다. 사랑을 중심삼은 단일 가족과 같이 형제의 우애로 세계가 동화되어 일체권을 이루는 것이 하나님의 뜻입니다.

25 인류는 전부 가족입니다. 우리는 가족이라는 것입니다. 참사랑으로 관계된 하나의 가족입니다. 인류는 한 나무입니다. 여러분의 가정은 여러 가족이 같이 사는 것입니다. 거기에는 아기도 있고, 소년도 있고, 청년도 있고, 장년도 있고, 노년도 있습니다. 이와 같은 가정의 도장은 세계 대우주 가정을 연결시키기 위한 시범 교육장입니다. 그렇기 때문에 자기 가정을 중심삼고 관계되어 있는 할아버지 할머니로부터 어머니 아버지, 자기 형님, 자기, 이와 같은 한 가정에서 훈련된 네 종류의 사람이 있습니다. 그러니까 자기 가정을 중심삼고 훈련하는 것이 세계 가정에 접붙이기 위한 길입니다. 세계 가정에 연결시키기 위해서는 자기 가정을 투입해야 됩니다. 더 큰 목적을 이루기 위해서는 투입해야 된다는 것입니다.

4절 세계의 평화

1 통일교회의 중심사상은 '위하여 살라.'라는 것입니다. 그러면 내가 중심이 되는 것입니다. 서로 위하는 과정이 없으면 가정의 평화가 없는 것이요, 가정의 평화를 형성하지 못하면 민족평화·국가평화·세계평화가 없습니다. 그렇기 때문에 전 세계의 사랑권을 중심삼고 살라는 것입니다. 이것은 인류 평화의 절대적인 요인이 됩니다.

2 통일교회의 사상은 구원의 목표를 개인에 두고 있지 않습니다. 하나의 나라와 하나의 세계에 두고 있습니다. 나라가 구원이 되어 태평왕국이 되면 그 나라의 백성은 태평한 백성이 됩니다. 마찬가지로 세계가 평화의 세계가 되면 그 세계권 내에 속해 있는 수많은 민족과 국가들도 평화로운 국가권을 이루게 됩니다. 여기에서는 상충권이 있어서 투쟁을 하는 것이 아닙니다. 통일조국의 광복을 세계화하고 그 세계화된 권내에서 보편적인 생활 문화를 창건할 수 있는 내용을 지니게 됩니다. 이러한 사상을 갖는 것이 현재 난국에 봉착한 세계정세를 새로운 국면에서 타개할 수 있는 방편입니다. 이러한 사상이 통일사상입니다.

3 본래 사람은 마음을 중심삼고 몸을 제어하고 관리하고 통괄하고 주관하여 하나의 목적을 이루는 공동목표를 달성해 나가야 합니다. 마음과 몸은 그러한 상대적 기준입니다. 그런 상대적 기준을 아주 제거해서는 안 됩니다. 마음적인 것을 중심삼고 몸

적인 것을 흡수하여 그에 동화할 수 있는 새로운 운동이 이 시대의 세계 앞에 나타나지 않으면 안 됩니다.

4 앞으로의 세계는 어떻게 될 것이냐? 정치적 형태가 갖추어졌다고 세계가 하나되는 것이 아니요, 경제적 생활제도가 같다고 해서 세계가 하나되는 것이 아닙니다. 정책 방향이 하나되어야만 세계는 하나됩니다. 국가 간의 싸움이나 결렬 같은 것은 어디에서 비롯되느냐? 정책 방향의 차이에서 비롯됩니다. 그 차이 때문에 세계는 부딪치기도 하고 갈라지기도 합니다. 결국은 생각이 달랐다는 것입니다. 그러므로 저마다 다른 그 생각들을 통합해 나가야 됩니다. 그러면 그것을 통합하는 데 있어서 인간 끼리끼리의 생활로써 통합할 수 있겠느냐, 아니면 신을 중심삼고 통합할 수 있겠느냐? 길은 둘밖에 없습니다. 인간 자체로써는 이상을 찾을 수 없습니다. 인간끼리의 욕망으로 세워진 정책 이념 가지고는 하나의 정책 방향, 하나의 노선을 추구할 수 있는 길이 없습니다. 그러므로 절대적인 사상, 절대적인 정신과 인연된 하나의 사상체계를 통해서 인간의 양심과 몸을 통한 생활무대를 재현시키는 길을 발굴하지 않고는 하나의 세계를 모색할 수 없으며, 평화의 세계를 이룰 수 없습니다.

5 통일교회는 희생하라고 가르치고 있습니다. 통일교회 교인들은 통일교회보다 나라를 위해서 희생하라고 합니다. 나라, 민족에게 지금까지 나타나지 않은 희생의 마음을 가지고 위한다면, 지금까지 역사상에 나타나지 않은 애국정신이 여기에서 현현하게 됩니다. 국민을 사랑하는 새로운 전통이 여기에 세워지게 될 때 그 전통을 세운 단체는 망하지 않습니다. 그것만 심어 놓게 되면 만민은 그 사랑의 길을 너도나도 좋아할 것입니다. 그것은 과거에도 좋아했을 것이고 현재도 좋아하고 미래에도 좋아할 것입니다. 이것을 능가하는 시간성 관념성이라는 것은 없습니다. 모든 것이 이것을 표준으로 하고 종착을 보게 되어 있습니다. 이것이 모체요 기원이기 때문에 그 사랑만이 인류에게 필요합니다.

공생·공영·공의주의

6 남성과 여성이 천정과 더불어 새로운 세계로 문을 열고 나설 수 있는 그때가 바로 우리가 소망하던 천국이 출발하는 때입니다. 그래야만 거기에서부터 하늘땅의 끝날이 오는 것이요, 인류가 바라던 목적과 희망의 한 정착점이 생기는 것입니다. 그때가 되면 혼자 주장하는 시대는 다 지나가게 됩니다. '내가 제일이다.'라고 할 수 없는 시대입니다. 그때부터는 공

동세계입니다. 즉 공생·공영·공의주의 세계라는 것입니다. 그렇기 때문에 통일교회에서 공생·공영·공의를 주장하는 것입니다. 그 세계는 혼자 이루는 것이 아닙니다.

7 이상적인 사회나 나라는 모든 사람이 국경과 피부색을 초월하여 상호 협력하고 조화를 이루어 행복하게 살아가는 사회입니다. 이 사회는 사람들이 한 하나님의 아들딸임을 자각하고 참부모를 중심하고 한 형제가 된 대가족사회이며, 그곳은 혈통과 소유권과 심정을 복귀한 축복가정들이 참부모의 언어, 참부모의 문화 아래 자유와 평화와 통일의 세계를 이룬 곳입니다. 사람들은 하나님의 심정문화 속에서 공생·공영·공의의 생활을 하게 됩니다. 인류는 지구 환경에 대한 공해 요인들을 제거하고 만물에 대하여 참된 주인으로서 사랑하고 보호하며 살게 돼 있습니다. 그 세계에서의 생활을 위한 활동과 작업은 남을 위하고 사랑하는 심정을 바탕으로 한 기쁜 봉사요 실천이며, 따라서 구성원의 생활 정도는 평준화됩니다. 이와 같은 이상의 실천은 참부모의 사상, 즉 위하는 참사랑의 이념이 아니고서는 불가능합니다.

8 부모의 사랑, 부부의 사랑, 형제의 사랑, 이런 것은 서양사상에 없습니다. 그러므로 심정적인 면에서는 동양사상이 서양사상보다 한 단계 더 높습니다. 그 터전에서부터 공생·공영·공의주의를 주장하는 것이 통일교회입니다. 그러므로 이런 관점을 떠나서는 '나'란 존재할 수 없습니다. 절대 혼자서는 승리할 수 없습니다. 여러분에게 교회를 위하라고 하는 것은 무엇 때문이냐? 보다 더 크게 하기 위해서입니다. 가정에서 대장이 되겠다고 하면 되겠습니까? 교회를 위하는 것은 내가 더 크기 위해서요, 나라를 위하는 것도 내가 더 크기 위해서요, 세계를 위하는 것도 내가 더 크기 위해서요, 하늘땅을 위하는 것도 내가 더 크기 위해서입니다. 얼마나 크기 위해서냐? 최고로 크기 위해서입니다. 여기서 크다고 하는 것은 부피가 큰 것을 말하는 것이 아니라 안팎으로 최고의 원만함과 원숙함을 갖춘 것을 말합니다. 여러분은 그러한 자리에서 통일교회를 중심삼고 세계 수준의 무대에서 만민과 더불어 살겠다는 사람이 되어야 합니다. 그래야 천지를 창조하신 하나님의 아들딸이 될 수 있습니다.

두익사상

9 두익사상은 뭐냐? 하나님주의를 찾아가는 것입니다. 하나님주의를 찾아서는 무엇을 하느냐? 평화주의로 다시 출발하는 것입니다. 하나님

주의는 하나님과 만나 사랑을 중심삼고 하나되어 평화주의로 재차 출발하는 것입니다. 그 세계에서 본연적 지상천국의 출발 기지가 생겨납니다. 거기에서 일생 동안 산 사람은 틀림없이 영원한 세계에 수속도 밟지 않고 그냥 들어갑니다.

10 복귀의 길이 쉬운 것이 아닙니다. 좌우의 종말시대입니다. 좌우를 놓고 죽어 가던 예수님은 부모의 한을 남기고 갔습니다. 그러니 부모의 사상을 가지고 두익사상과 하나님을 중심삼고 좌익의 참소권을 벗어나 통일권을 논의하여 반대로 뒤로 돌아가서 무한히 전진할 수 있는 환경을 만들지 않고는 천국이 생겨나지 않습니다. 그런 때입니다. 그런 의미에서 선생님이 하나님주의, 두익사상을 들고 나와 형제주의를 무마시키는 일을 하는 것입니다.

11 통일교회에서 말하는 두익사상이 무엇입니까? 좌익 우익이 싸우는데, 머리가 없으니 싸우는 것이 아닙니까? 두익사상·좌익사상·우익사상, 세 사상이 합해서 연합사상이 나올 수 있습니다. 그 연합사상의 주체가 누구냐? 아무리 생각해 봐도 머리 꼭대기가 모든 신경계통, 중추신경의 뿌리니까 머리를 거치지 않고는 나오지 못합니다. 그러면 그 뿌리 중의 뿌리는 무엇이냐? 뿌리 중의 뿌리는 하나님입니다. 하나님으로부터 나오는 것이 두익사상입니다. 그렇기 때문에 우리의 정상적인 본연의 마음이 흡족한 것입니다.

12 통일교회는 사상적 통일을 중심삼고 두익운동을 합니다. 좌익 우익은 날개를 말합니다. 그런데 두익, 머리는 날개가 아닙니다. 좌라 하면 왼쪽을 의미하듯이 두익 하면 머리 편, 머리 쪽으로 생각하면 됩니다. 예수님이 이 땅 위에서 새로운 세계적인 분립역사를 어디에서 했느냐 하면 십자가상에서 했습니다. 예수님을 중심삼고 좌우로 오른편 강도와 왼편 강도, 바라바권, 이렇게 3세계권으로 분립된 것입니다. 끝날에 가서는 좌우가 있고 예수님과 같이 머리가 나오고 바라바가 있습니다. 바라바는 공산세계도 아니고 민주세계도 아닌 세계로 아랍 진영의 세계입니다.

13 세계주의 사상이 필요합니다. 민족주의 사상, 국가주의가 나왔는데, 지금까지 공산주의는 국가를 위주로 하고 자기들의 인종적 한계를 중심삼고 주장해 나왔습니다. 그것을 다 넘었습니다. 그렇기 때문에 초종교·초국가입니다. 지금까지의 국가의 사상을 넘어가야 합니다. 이것은 세계주의가 아니라 천주주의입니다. 초

국가·초세계입니다. 초세계의 국가, 초세계의 종교라는 것입니다. 지금까지 그런 사상이 없었기 때문에 하나님을 중심한 주의 사상이 나와야 되는데, 여기에 하나님주의, 두익사상이 대두하게 된 것입니다.

14 선생님은 초종교·초국가·초유엔의 이상을 가지고 모든 것을 결속시킵니다. 현실세계에서는 '초(超)'가 없습니다. 종교권과 국가권에도 '초'는 없습니다. '초'라고 하면 하나님한테로 돌아가는 절정권을 말합니다. 거기에 서 있는 인간으로서의 재림주이고 참부모인데, 그 참부모는 두익사상을 가지고 좌우를 수습합니다. 두익사상은 하나님을 절대중심으로 세계의 모든 것을 수습하는 것입니다. 그러니까 종교권이나 국가권은 상대가 안 됩니다. 그것을 넘어가는 주의가 필요합니다. 그것을 넘어가는 것은 하나님 앞에 완성되어서 연결되는 심정의 문화권인 아담 통일문화세계입니다. 그것은 하나님과 일체권을 이루는 심정권의 출발 기지입니다. 군대의 기지와 마찬가지입니다.

15 하나님주의는 뭐냐? 초국가·초종교·초NGO(WANGO;세계비정부기구연합)를 위한 통일주의입니다. 그 통일을 무엇으로 하느냐? 생각만 가지고 통일이 안 됩니다. 사랑이 필요합니다. 여기에서 종교나 사회의 모든 전통적 사상의 주류가 나오는데, 그것이 희생봉사입니다. 희생하는 데에는 새로운 싹이 나올 수 있습니다.

16 지금부터는 하나님을 중심한 생각과 관념으로 시작하지, 인간을 중심한 생각과 관념으로 시작하는 것이 아닙니다. 인간 중심한 거기에는 길이 없습니다. 유일하게 희망적인 길은 그 하나님이 이상 실현을 위한 종착역을 향해 출발할 수 있었다는 것입니다. 선생님은 그런 개념을 선언하고 있는 것입니다. 두익을 중심삼고 좌익 우익이 180도 전환하여 하나가 되어 하나님의 세계로 돌아가야 되는 것입니다. 하나님의 사랑으로 하나의 세계를 만들 수 있고 세계평화를 이룰 수 있습니다.

17 역사를 보면, 기독교를 중심삼고 물본주의와 신본주의로 갈라졌습니다. 물본주의도 무너지고 신본주의인 기독교 문화권도 무너져서 세속적인 인본주의로 떨어졌습니다. 그래서 하나님을 중심삼은 주의가 없습니다. 유물론자와 인본주의자들로는 세계가 수습되지 않습니다. 주인은 하나님이기 때문에 그 주인의 입장에서 봐야 수습이 되는 것입니다. 어떤 사상을 가진 권위자가 있다 하더라도 그가 세계를 끌고 갈 수 없습니다. 양

쪽, 우익도 좌익도 안 됩니다. 그래서 생겨나야 하는 것이 두익사상입니다. 두익사상은 심정주의입니다. 무슨 심정주의냐? 참자녀의 심정, 참부부의 심정입니다. 하나님을 부모로 모시고 그 하나님과 혈통적 인연을 맺는 가정환경이 아니면 안 됩니다.

18 가정적인 천국 기반을 마련하기 위해 통일적 주인의 자세와 가정적 자세를 갖출 수 있는 터전을 완성하자는 것이 두익사상의 목적입니다. 가정은 천국 기반의 단위입니다. 금형(金型) 기능을 하는 모델입니다. 대량생산을 하는 것입니다. 천국을 이룰 수 있는 가정 모델이 어디 있습니까? 천상세계의 왕국과 그 왕권 세계에 대응될 수 있는 지상에서의 천국 단위의 가정이 어디에 있느냐는 말입니다. 그것은 선생님이 가르쳐 준 것 외에는 없습니다. 우리가 두익사상을 주장하는 것은 아담 해와의 상충적인 요인들을 통일적 기반 위에서 해결하고 본연적인 가정 기틀을 마련하자는 것입니다. 그것이 두익사상의 기반이 됩니다.

19 동양과 서양을 누가 갖다 붙이느냐? 선생님밖에 없습니다. 기독교 문명권과 동양사상 문명권을 중심삼고 불교·유교·이슬람교를 연합시킨 배경, 그 큰 배경을 소화할 수 있는 세계평화를 위한 종교연합을 만들어 놓았습니다. 그다음 정치풍토에서는 세계평화연합을 만들어서 서구사회와 기독교사회가 동양에서 합할 수 있는 준비를 해 놓고 기다리고 있습니다. 정치적으로는 두익사상과 하나님주의를 중심삼고 초국가적 이념으로 세계 정치풍토를 하나 만들어서 평화세계로 가는 것입니다.

20 지금은 완충지대에 놓여 있습니다. 이데올로기, 즉 가치관의 몰락으로 말미암아 세계가 수습될 수 없게끔 됐습니다. 현재의 그 무엇도 완충지대에 들어온 어려운 이 혼란시대에 주체성을 지닌 가치관의 내용을 갖고 있지 않다는 것입니다. 그것을 가질 수 있고 그것을 이룰 수 있는 것은 우리가 말하는 두익사상과 하나님주의밖에 없습니다. 이것이 마지막 가치관을 대표할 수 있는 시대로 들어간다는 것입니다. 이 하나님주의는 절대적인 가치입니다. 지금까지 모두 인간적인 생각으로 떠들어댔지만, 지금부터 인간 중심에서 하나님 중심으로 넘어갑니다. 하나님은 절대자입니다. 절대자에게는 절대적인 생각이 있습니다. 지금까지 아무도 이런 내용을 몰랐습니다. 수많은 종교들이 문화적인 배경이 되어 있어도 하나님주의를 몰랐던 것입니다. '하나님주의'라고 할 때 주의라는 것은

생활방식을 말합니다. 개인적인 생활방식, 가정적인 생활방식, 사회적인 생활방식, 국가적인 생활방식, 세계적인 생활방식, 천주적인 생활방식 등과 같은 체계적 방식에 있어서 이상적인 종교의 내용은 없었습니다. 그러나 통일교회가 이 땅 위에 출현함으로써 두익사상을 선포하고 하나님주의를 선포하게 된 것입니다.

21 미국은 소련 공산당을 이길 수 있는 사상이 없습니다. 선생님의 두익사상을 중심삼고 하나님주의로 무장하게 된다면, 황금만능 발판과 더불어 안팎이 하나돼서 선생님의 지도를 받아 하나님의 수직 방향, 직선 방향으로 가게 됩니다. 수직은 직선과 통합니다. 직선 방향을 따라서 본연적 창조이상 기준에 가서 세계가 하나의 가정을 연결시킨 형제적 판도를 성사함으로써 세계평화권이 됩니다. 정치와 종교를 결합시키기 위해 종교권은 마음적 세계를 대표한 것이기 때문에 세계평화종교연합을 만들고, 세계 정치권을 중심삼고는 세계평화연합을 만들어서 이것을 하나 만드는 것입니다.

22 지금까지의 수많은 주의들이 불변의 방향을 취하지 못했습니다. 미국은 미국만을 중심삼고, 소련은 소련만을 중심삼고, 민주주의는 민주주의만을 중심삼고, 공산주의는 공산주의만을 중심삼고 나왔습니다. 종교도 그와 마찬가지였습니다. 그것은 하나님이 바라시는 방향이 아닙니다. 어느 한때도 같은 방향을 취하지 못하고 모두 동서남북으로 제각각 달랐던 것입니다. 지금까지는 어떤 조직, 어떤 책임자, 어떤 국가도 하나님이 바라시는 방향을 잡지 못했습니다. 그러니까 지금부터는 개인·가정·사회·국가·세계·천주 등 모든 것은 영원불변의 방향성이 잡혀야 됩니다. 그런 것을 대표한 것이 두익사상, 하나님주의입니다.

23 한국 땅에서부터 세계적인 지도자들을 배출하여 통일의 세계, 평화의 세계인 지상낙원을 성취해야 됩니다. 우리 조국의 통일은 물론 동서의 문화적 차이와 남북의 빈부 격차를 하나님주의, 두익사상으로 해소하며 사랑을 중심한 인류 대가족사회인 평화의 세계를 건설해 나가야 할 것입니다.

24 민주세계는 우익을 대표하고, 공산세계는 좌익을 대표합니다. 이것들이 지금 무너지고 있습니다. 미국도 마찬가지입니다. 양 세계에 모두 중심이 없습니다. 중심이 무엇입니까? 지금부터 필요한 것은 두익사상, 하나님주의라고 선생님이 선포했습

니다. 어떤 휴머니즘도 하나님 앞에 나설 수 없습니다. 하나님주의밖에 있을 수 없습니다. 하나님만이 절대적이고 영원한 중심입니다. 두익사상만이 전 인류의 중심이 될 수 있습니다. 진정한 영계와 육계의 중심이 되는 것은 참부모주의입니다.

25 이 세상에는 종교 문화권과 역사적 문화권, 민족 문화권이 남아 있습니다. 종교 문화권은 신의 생활에서부터 출발한 것입니다. 그렇기 때문에 신주의를 실현할 수 있는 것이 종교 문화권입니다. 동서남북의 문화 배경을 수습하기 위한 것입니다. 그 다음에는 좌·우익이 싸우고 있으니 이것을 수습하자는 것이 두익사상입니다. 하나님주의 가지고는 종교를 통일할 것이고, 인간세계의 철학사조와 신음하는 이 세계를 수습하자는 것이 두익사상입니다.

세계주의

26 기독교가 어떻게 해서 세계적인 종교 중의 종교가 되었느냐? 성인 중에서도 왕 성인을 중심삼았기 때문입니다. 성인 중에서도 중심 성인이 있습니다. 중심 성인은 무엇을 가르쳐 줘야 되느냐? 하나님을 중심한 인간의 도리, 정도를 가르쳐 줘야 됩니다. 성인은 하나님에 대한 인간의 도리, 하나님 앞으로 갈 수 있는 도리를 가르쳐 주어야 합니다. 성인은 이것이 다릅니다. 성인은 하나님이 지도하시기 때문에 세계적이 아닐 수 없습니다. 역사를 초월한 평화의 나라를 추구하고, 사랑의 심정을 중심한 인류애를 추구하는 것이 하나님의 도리이기 때문에 그 도리를 따르는 성인의 가르침은 세계주의입니다. 그러니 하나님을 위주로 하지 않고는 성인이 될 수 없습니다.

27 오늘날은 끝날입니다. 이 시대는 세계주의 시대로 들어가고 있습니다. 그 세계와 멀어지는 것이 아닙니다. 천심이 있다면 천심을 중심삼은 천주주의시대로 들어갈 것입니다. 그러면 우리 마음은 어디를 향하여 가야 합니까? 자기를 위하던 시대는 지나갔습니다. 가정을 위하던 때도 지나갔습니다. 사회를 위하고 민족을 위하던 때도 지나갔습니다. 일개 국가를 위하던 때도 지나갔습니다. 이제는 세계주의 시대가 옵니다. 어떠한 이념 밑에서 세계를 위하지 않으면 안 될 단계에 들어왔습니다. 이제는 천심이 대하고 싶어하는 개인을 찾아야 되고, 천심이 대하고 싶어하는 가정을 찾아야 되고, 천심이 대하고 싶어하는 민족과 국가와 세계와 천주를 찾아야 됩니다. 그것을 알지 않는 한 역사상의 위인이나 성인들의 노정을 되풀이하는 것에 지나지 않습니다.

28 우리의 이념은 무엇이냐? 인간을 위주로 한 세계적인 주의가 아닙니다. 종교라는 테두리를 넘어서서 하나님을 위주로 한 하나의 주의와 세계를 모방하고, 이 모방한 하나의 주의와 세계권 내에 인간이 모방해 놓은 선의 세계가 모순 없이 들어맞아야 됩니다. 그래야 천지가 합하는 것입니다. 하늘은 마음이요 인간은 몸과 같기 때문에, 몸과 같은 이 세계가 하나로 수습되어 인간 중심한 선의 세계가 된다 할지라도 그것으로는 안 됩니다. 하나님을 위주로 한 마음적인 선의 주체가 선의 세계라고 인정할 수 있는 전체적이며 내적인 세계가 나타나야 합니다. 이것이 모순 상충 없이 하나의 주의로써 완결되게 될 때에 천지는 거기에서 비로소 평화의 세계로 향할 수 있는 것입니다.

29 지금 때는 끝날이라 말할 수 있습니다. 세계적인 교단이나 어떠한 주의 사상으로도 해결하기 어려운 시대가 왔습니다. 오늘날까지 인간 앞에 제시된 주의 주장으로는 우리 마음세계를 포괄할 수 없고, 심정의 세계를 안식시킬 수 없습니다. 철학도, 종교도, 과학도 스스로 항복하여야 할 단계에 들어와 있습니다. 여기서 알아야 할 문제는, 이 세계는 무엇을 품어야 되느냐 하는 것입니다. 마음세계를 넘어서, 천주를 넘어서 무한한 것을 품어야 합니다. 이 세계가 품고 있는 이상의 그 무엇을 품고 그것의 가치를 노래하는 것이 지상의 어떠한 것보다 귀하다는 것입니다. 그래야만 이 세계를 지배할 수 있습니다. 오늘날은 세계주의 시대입니다. 두 진영이 대결하여 세계를 나누는 때입니다. 이것이 싸움으로 끝나서는 안 됩니다. 어느 것이 마음을 상징하고 어느 것이 몸을 상징한다는 내용의 기준을 세워 놓고 해결하지 않는 한 이 세계는 혼란이 벌어져 자멸의 길을 피할 수 없게 됩니다.

30 세계에서 '자유를 위해서 투쟁한다. 자유를 위해서 생명을 투입한다. 죽음을 갖느냐, 자유를 갖느냐? 자유를 위해서 죽음을 바친다!'라고 하는데, 그것이 아닙니다. 자유라는 문제를 중심삼고 혁명을 일으켜 어떤 단체나 나라를 가졌다 하더라도 거기에서 또 투쟁이 벌어집니다. 거기에는 영원한 주체의 개념이 없습니다. 내 자연적 힘의 일체로 표시해 놓은 총칼의 힘을 가해서 강제로라도 얻으려고 한다는 것입니다. 그런 대표적인 존재가 공산주의입니다. 개인주의입니다. 가정주의·민족주의·국가주의도 마찬가지입니다. 지금은 국가주의 한계선을 못 넘고 세계주의라는 개념 위에서 살고 있는 사람이 하나도 없습니다.

31 최후에는 하나님의 사랑을 중심 삼은 가정주의인 동시에 국가주의요, 국가주의인 동시에 세계주의가 나와야 합니다. 그렇기 때문에 '세계 만민은 한 가정 식구가, 형제가 되어야 한다.'라고 말합니다. 만국이 평화로워지고 세계가 통일되게 될 때 어떤 세계를 이룰 것이냐? 형제의 관계를 가진 가정주의 세계가 와야 됩니다. 그것이 이상세계입니다. 가정주의 세계에 형제만 나와서는 안 됩니다. 형제끼리는 싸움이 안 끝납니다. 유엔의 백 수십 개 국가는 미국이 아무리 크더라도 미국과 일대일로 상대합니다. 형제 국가권이기 때문입니다. 그다음에는 부모가 나와야 합니다. 형제끼리는 싸움이 끝나지 않기 때문에 부모가 '너는 잘했고 너는 잘못했다.'라는 것을 가르쳐 줘야 합니다. 이런 때가 오기 때문에 그 부모가 와서 세계통일주의를 주장하게 됩니다. 부모의 품을 떠났지만 다시 부모의 품을 찾아서 하나님의 사랑권 내에 깊이 잠들어 봄날을 맞이할 수 있는 그 세계가 통일의 세계입니다.

천주주의

32 천주주의는 몸과 마음을 합한 후 하나님의 사랑의 본체가 되는 가정을 이루어 그 이념을 영계와 육계에 연결시키는 주의입니다. 천주(天宙)의 주는 '집 주(宙)' 자입니다. 그래서 천주주의란 말을 쓰는 것입니다. 천주는 무형세계와 유형세계를 합한 것입니다. 이것이 우리와 어떤 관계가 있느냐? 우리는 가정이 필요합니다. 가정에서 하나되지 못하고서는 천주주의와 상관없습니다. 가정이 천주주의를 완결시키는 최종 기준이 되는 것입니다. 여기서 평화의 노래를 부르지 못하고 행복을 찬양하지 못하는 사람은 이 지상에서나 영계에서나 불행한 사람이 됩니다.

33 하나님은 온 천지만물을 창조하신 분으로서 온 하늘땅을 통치하여야 할 주인공이지 어느 한 지역을 주관하여야 할 분이 아닙니다. 그렇기 때문에 여러분이 하나님을 대하여 아버지라고 부를 수 있는 하나님의 아들딸이 되려면, 하나님이 지향하는 세계에 대하여 생각이라도 해야 됩니다. 그럴 때 하나님과 인연을 맺을 수 있습니다. 지금까지 수많은 주의와 사상은 변천되어 나가고 있습니다. 그런데 이것이 땅 위에서 하나의 이념 형태를 거친 후에는 이 우주의 근원자이신 하나님과 합할 수 있는 천주주의적인 형태를 이루어야 됩니다. 이것이 바로 필연적인 역사적 귀일점으로 남아져야 됩니다.

34 이제 세계주의 시대가 지나가고 새로운 천주주의 이념시대가 찾아 들

어옵니다. 이 시대가 올 때에 쌍수를 들고 환영하며 그 시대의 중심 앞에 전체가 굴복하지 못하면 모두 깨집니다. 이것이 바로 대심판입니다. 이스라엘 민족이 도탄 중에서도 자기들의 역사적인 관념과 모든 것을 잊어버리고 모세 앞에 머리 숙이고 하늘이 같이하는 모세를 붙들고 나갔을 때에는 앞을 가로막고 있는 홍해도 무난히 건널 수 있었고, 바로 밑에서의 역경과 고통스러운 환경도 무난히 넘길 수 있었습니다. 그러나 모세와 갈라지게 되자 60만 대중은 광야에서 다 쓰러졌습니다. 왜 그랬겠습니까? 역사를 지배해 나오는 것은 그 당시의 사람들을 이끌어 가는 사조나 주의가 아닙니다. 더 높은 곳을 향하여 이끌어 주는 마음입니다. 그 더 높은 곳은 하나님의 마음입니다.

35 우리는 민주주의도 공산주의도 아닙니다. 그러면 무슨 주의냐? 천주주의입니다. 천주주의는 민주주의 할 때의 '주인 주(主)' 자가 아닙니다. '집 주(宙)' 자입니다. 하나님이 이 나라에서 살 수 있습니까? 살 수 없습니다. 이 나라는 천주, 즉 하나님의 집이 되어야 합니다. 이것이 못 되어서 야단입니다. 주인이 집을 떠나서 야단이라는 것입니다.

36 지금까지의 역사시대에서 그 어떤 사상도 따라오지 못할 내용을 지니고 있는 것이 바로 천주주의입니다. 이것은 세계의 어떠한 사상도 능가할 수 있는 새로운 사상으로, 이 사상의 특징은 집입니다. '집 주(宙)' 자 천주주의입니다. 결국 내가 살아갈 수 있는 집, 나라가 살아갈 수 있는 집, 세계가 살아갈 수 있는 집, 하늘과 땅이 살아갈 수 있는 집이 있어야 합니다. 개인의 집, 나라의 집, 세계의 집, 하늘땅의 집을 향해 가야 한다는 것입니다. 이러한 집의 중심은 하나님입니다. 하나님을 중심삼고 개인의 집으로부터 민족·국가·세계적인 집으로 발전해 나가야 합니다. 사탄은 세계 형을 만들어 놓았지만 하나님은 아직 거기까지 자리를 잡지 못했습니다. 사탄은 개인의 집에서부터 종족의 집, 국가의 집, 세계의 집까지 지어 놓고 있습니다. 그러므로 우리는 하나님을 중심삼은 대표적인 힘을 가지고 사탄의 모든 집들을 부수어 버리고 하나님의 뜻을 중심삼고 다시 새로운 집을 지어야 됩니다.

37 여러분은 하나님과 같이 천주주의자입니다. 그러니 자기 가정을 위하는 것이 아니라 나라를 위하고 세계 인류를 자기 형제와 같이 사랑해야 됩니다. 그래야 하늘나라의 가정과 접붙일 수 있는 세계적 발판이 거기서부터 벌어집니다. 하나님과 인

류를 위해서 모든 것을 희생할 수 있는 아들이요 딸이라는 입장에서, 내가 결혼하는 것도 나를 위한 것이 아니라 하나님과 인류를 위한 것이요, 잠을 자는 것도 나를 위한 것이 아니라 하나님과 인류를 위한 것이요, 먹는 것도 나를 위한 것이 아니라 하나님과 인류를 위한 것이어야 됩니다. 이렇게 모든 것을 하나님과 인류를 위해서 한다는 것이 하나님주의, 천주주의입니다.

38 인류의 근본은 부모입니다. 그렇기 때문에 여러분은 정서적인 면에 있어서 하나님의 심정을 중심삼고 모든 생사의 기원점을 세워야 합니다. 그것이 인간으로서의 필연적이고 절대적인 요건입니다. 그러한 요건을 갖추어서 세계를 생각하고 자신의 일생을 살아가는 사람이 있다면, 그 사람은 천주주의에 속한 사람입니다. 그런 사람은 비록 대한민국에서 살고 있다 하더라도 천주주의에 속한 사람이라는 것입니다. 천주주의 주권이 서서 세계의 모든 사람들이 천주주의 세계에 속하게 될 때, 그 주권이 서기까지 핍박받았던 그 사람들은 하늘땅이 환영하는 가운데서 상을 받게 될 것입니다. 그 상을 받은 사람들은 새로운 지상천국에서 살다가 영원한 천국으로 들어가는 것이요, 그 후손은 지상에서 영원히 남아지는 하늘의 백성이 되는 것입니다. 거기가 비로소 우리가 가야 할 종착점입니다. 그렇기 때문에 그 기준을 찾아가야 합니다.

39 통일교회는 지상의 인류를 구하는 것은 물론이고, 지금까지 이 땅에 왔다가 영계에 가서 지옥에 사로잡혀 있는, 아직까지 지옥의 쇠사슬에 매여 있는 영인들까지 해방하자는 것입니다. 이것이 통일교회 이념입니다. 그렇기 때문에 천주주의를 논하고 나오는 것입니다. 그것은 어떤 법적 조건을 가지고 되는 것이 아닙니다. 하나님을 울릴 수 있고, 하나님의 심정을 통해서 하나님 속에 있는 역사적인 모든 한을 해원성사할 수 있는 효자가 나오기 전에는 불가능합니다. 그렇다고 효자만 가지고 되는 것이 아닙니다. 그런 가정이 나와서 '하나님이여, 예수님이 개인적인 아들로서 인류를 용서해 줬사온데, 하나님의 가정 된 부부, 하나님의 아들딸이 가정을 이룬 부부가 합하여 속죄의 제물을 드릴 수 있는 입장에 섰사오니 영계에 가 있는 영인들까지도 구원해 주옵소서.'라고 해야 그 일이 가능해집니다. 가정이 합해 가지고서야 영계와 육계의 전반적인 인류를 해방할 수 있습니다.

40 인간이 요구하는 최후의 시대는

정적인 주의 시대입니다. 인정이 아니라 천정을 통할 수 있는 정적인 주의 시대입니다. 우리는 그 시대를 생각할 필요가 있습니다. 제아무리 잘났다고 하는 무엇이 있다 할지라도 반드시 그런 시대가 와야만 역사는 해결될 것입니다. 이러한 세계적 종말시대가 오는데, 종교이념을 지닌 세계적 종교를 헤아려 보면 기독교가 이것을 잘 간파해 나왔습니다. 그러면 그 기독교의 정적인 기반은 무엇인가? '나는 신랑이요 너희는 신부라.' 하여 신랑 신부의 횡적인 관계를 세운 그 주의, '하나님은 아버지요 나는 아들이라.' 하여 부자관계의 인연을 맺을 수 있었던 그 주의, 만민이 형제라 하여 온 세계 인류를 형제로 연결시킬 수 있었던 그 주의는 관념주의가 아니라 양심을 넘어선 정적인 주의입니다. 이 시대는 천정을 통할 수 있는 천주주의 시대입니다.

41 오늘날 이 시대에는 세계주의보다 더 큰 천주주의 이념이 나와야 됩니다. 하나님주의가 나와야 됩니다. 그리하여 인간이 이 땅에서 생활하는 데 있어서 그 하나님주의를 중심삼고 몸과 마음이 하늘의 심정을 통할 수 있는 확고한 기준을 세우지 않는다면 우리는 행복하게 살 수 없습니다. 그러니 우리는 생활권 내에서 그 이념을 중심삼고 마음과 몸이 안식하고 즐길 수 있는 동시에 그 이념을 통하여 역사적인 하나님의 심정, 시대적인 하나님의 심정, 미래적인 하나님의 심정을 체휼해야 됩니다. 그리하여 세계 앞에 우주사적인 마지막 선물로서 서야 합니다. 이 선물의 최후 목적은 땅을 지배하는 것이 아닙니다. 이 세계를 기반으로 하여 무한한 세계를 품고 나중에는 하나님을 품는 것입니다. 이것이 최후의 목적입니다. 하나님을 품는 것, 하나님을 내 것 만드는 것입니다.

42 한반도의 갈등은 선진국과 후진국 사이의 갈등뿐만 아니라 동서 문화의 갈등까지도 잘 드러내고 있습니다. 그러므로 한반도의 통일은 세계평화와 불가분의 관계를 가질 뿐만 아니라 미래의 세계문제를 해결하는 데 중요한 방향성을 제시하는 지표가 될 것입니다. 오늘의 세계는 영적인 대각성이 필요한 때를 맞고 있습니다. 개인이나 국가나 세계 모두가 하나님의 실존에 대한 새로운 이해뿐만 아니라 하나님과 인간이 다시 만나 떨어지려야 떨어질 수 없는 본연의 관계를 다시 찾아야 합니다. 이를 위하여 제시된 것이 선생님이 창도(唱導)한 참사랑을 중심한 하나님주의인 것입니다. 이 하나님주의는 좌익도 아니요 우익도 아닌 두익사상입니다.

제3장 세계평화 실현 방안

1절 종교를 통한 세계평화

1 종교는 세계적인 것입니다. 인류를 표제로 해서 그 기반 위에 평화의 기틀을 만들고자 하는 것입니다. 그래서 종교는 세계평화를 지향합니다. 세계평화는 인간만을 중심삼은 평화가 아닙니다. 하나님이 기뻐할 수 있어야 합니다. 하나님이 바라는 평화의 기준과 인간이 바라는 평화의 기준이 일치되는 자리여야 합니다. 무엇을 중심삼고 일치되느냐? 세계 사람을 중심삼은 것이 아닙니다. 하나님을 중심삼은 것이 아닙니다. 하나님도 치리받고 싶고, 사람도 치리받고 싶어하는 한 길이 있으니 그것이 사랑의 길입니다. 지금까지 하나님의 한은 참된 사랑 앞에 지배받지 못한 것입니다. 참된 왕으로서 저 말단 백성이 그런 참된 사랑을 가졌다면 말단 백성의 사랑을 필요로 하는 하나님입니다. 그 사랑은 통과하지 않는 것이 없습니다. 간격이 없습니다. 빛과 어둠, 전과 후, 좌우는 모두 갈라진 것입니다. 사랑은 이것을 다 통할 수 있습니다.

2 오늘날 우리가 보는 종교 역사는 박애주의가 중심 사조입니다. 종교는 넓은 의미에서 하나님 편을 중심삼은 주류이기 때문에 사랑을 말하고, 자비를 말하고, 공의를 말하고, 선을 말하는 입장에 있습니다. 그렇기 때문에 그것은 자기 야욕을 확장하고자 하는 것이 아니라, 공적인 이익에 부합할 수 있는 자기의 모든 소성을 악한 세계의 영(靈)에 투입해서 악한 세계를 하늘 편으로 넘겨 놓자는 것입니다. 그것은 악을 중심삼고 싸우는 것이 아니라 선을 중심삼고 화평을 도모하고 평화를 도모하고, 화해의 분위기를 조성하기 위해서 하는 것입니다. 이 악한 세상을 대치해 나가기 위해서 종교세계는 결국 새로운 투입을 해야 됩니다. 새로운 무엇을 투입함으로써 환경이 자기로 하여금 영향 받게 해야 됩니다. 투입하라고 하는 데서가 아니라 서로 투입해 나가는 데서만이 화목과 화합과 평화를 가져올 수 있습니다. 이것이 선한 역사성을 지닌 종교들이 걸어 나온 배후 주류사상입니다.

종교의 목표는 평화세계 건설

3 하나님은 평화의 근거지를 어디에서 찾겠습니까? 미국도 아니요, 러시아도 아니요, 다른 어떤 나라도 아닙니다. 그곳은 바로 인간의 본심입니다. 그 말은 세상의 온갖 것을 다 내

버리고 본심의 기준으로 돌아가라는 것입니다. 내 안으로 들어가라는 것입니다. 그래서 예수님은 하나님의 나라는 네 마음에 있다고 한 것입니다. 그렇기 때문에 우리 마음 가운데에 있는 선을 해방시켜 주지 않으면 이상세계나 행복의 세계는 불가능합니다. 종교는 이러한 역사적 기준을 결정하는 것입니다. 하나님은 사람들을 평화의 길로 인도해야 됩니다. 역사과정에 인간을 평화의 길로 인도하려 했던 흔적이 남아 있어야 됩니다. 그런 활동을 했다고 하는 그 흔적이 바로 종교입니다.

4 참된 평화는 내게서부터 시작됩니다. 나의 어디서부터 시작되느냐? 내 개인의 마음이 아니라 하나님과 하나된 마음에서부터 시작되는 것입니다. 그래서 몸을 조정해야 됩니다. 그러므로 인간은 어디까지나 무엇으로 보더라도 원인적인 존재가 아닌 결과적인 존재입니다. 따라서 이 근본인 하나님과 완전히 하나되어야 합니다. 그런데 여러분은 하나님과 하나 못 되어 있습니다. 원인과 결과는 하나입니다. 반대가 될 수 없습니다. 그런 관점에서 여러분은 이 결과에서 하나되는 것이 아니라 원인에서부터 하나되어야 합니다. 그것을 접선시키기 위한 역사적 사명을 하는 것이 종교라는 것입니다.

5 하나님의 목적은 세계평화입니다. 그것은 불교의 석가모니한테 물어보나 기독교의 예수님한테 물어보나 이슬람교의 마호메트한테 물어보나 전부 마찬가지인 것입니다. 종교의 목적은 평화입니다. 하나의 세계입니다. 이상적 세계입니다.

초교파운동을 통한 세계평화

6 뜻적으로 볼 때, 이스라엘과 유태교가 예수님을 대하는 것과 같은 기준, 즉 예수님 시대와 같은 환경이 이제 우리 앞에 조성되었습니다. 이런 시점에 놓여 있기 때문에 우리로서는 초교파운동을 전개하지 않을 수 없는 것입니다. 이런 신념을 가지고 양면작전을 하지 않을 수 없습니다. 우리가 민족복귀를 위해 충성했듯이 초교파운동에도 정성을 다해야 됩니다. 지금까지 우리는 이러한 기준을 세워 나왔습니다.

7 하나님의 뜻은 세계를 구원하는 것입니다. 세계를 구원하기 위해서는 초민족주의 초교파주의 과정을 통해야 됩니다. 미국의 창국정신을 보게 되면, 신교를 중심삼고 초민족적으로 국가가 결성되었습니다. 초국가적인 결성을 본 것입니다. 그러나 초교파주의적인 기준은 세우지 못했습니다. 초국가주의가 되더라도 초교파주의는 안 된다는 것입니다. 그

렇기 때문에 초교파주의적 기준만 만들어 놓으면 자동적으로 초국가적이요 초세계주의가 됩니다.

8 선생님은 전기로 말하면 배전소와 같은 역할을 하고 있습니다. 발전소가 고장이 나지 않는 한 전깃불을 비추는 것입니다. 모든 이들의 집에 불을 켜 주는 것입니다. 불을 켜 주면 좋아하게 돼 있습니다. 이런 원칙을 따라서 지금 하나의 세계를 만들자고 하는 것입니다. 하나의 세계를 만드는데 막연해서는 안 됩니다. 구체적인 내용을 제시하려니 종교연합운동을 안 할 수 없습니다.

9 끝날이 가까우면 가까울수록 종교연합운동으로 연결되어 나갑니다. 지상에 있는 사람들은 종교 배후에 있는 신의 역사를 모르지만, 종교권은 신이 주동하여 하나의 세계를 향해 전진하는 과정에 협조할 수 있는 체제를 형성하지 않을 수 없기 때문에 종교연합이라는 세계적 운동이 나타난 것입니다. 여기에 반해 사탄은 종교와 반대 입장을 취해서 하나의 체제를 형성했습니다. 악한 신을 중심삼고 형성한 체제가 종교에 반대되는 이념으로 벌어져 나오는 것입니다. 신을 부정하면서 물질을 절대시하는 유물주의를 주장하고 인본주의를 주장하는 것입니다. 신과 관계없는 자리에서 하나의 세계 형태를 갖춘 것입니다.

10 본인은 하나님의 사랑을 실천하는 데에 전 생애를 바쳤습니다. 하나님의 참아들의 자리에서 여러분도 통과해야 하는 것과 똑같은 노정을 걸어왔습니다. 우리가 거기에서 완전히 성공할 수 있다면 해결하지 못할 문제는 없습니다. 그래서 세계평화종교연합을 창설한 것입니다. 이 기구를 창설함으로써 종교들이 하나님을 중심한 이상가정과 사회, 하나의 세계를 이루는 데에 협력할 수 있게 된 것입니다.

11 몸 마음이 갈라진 것이 세계적으로 확장된 것이 정치권과 종교권입니다. 정치권하고 종교권이 싸우고 있습니다. 몸적인 정치권이 언제나 마음적 종교권을 차고 나왔다는 것입니다. 그것이 유엔에까지 벌어졌습니다. 이것을 대치하기 위해서 세계평화종교연합을 창설한 것입니다. 또 세계평화연합을 만든 것입니다. 사탄세계의 정치권이 말을 안 들으면 아벨적 정치권을 만들어 소화해 나가야 됩니다. 정치권과 종교권을 일체화하기 위한 것이 이 세계평화연합과 세계평화종교연합입니다.

12 몸과 마음이 갈라져서 두 세계가

싸우고 있는 꼴이 되었으니 이제 마음의 세계를 상징하는 종교계를 세계평화종교연합을 중심하고 통일해야 되고, 몸 세계를 상징하는 이 세계 각국이 싸우고 있는 것을 수습해야 되는데 이것을 위해서 세계평화연합을 창설하는 것입니다. 이미 다 결성되어 있는데, 거기에서 공동회의를 해서 평화세계 건설의 임무를 중심삼고 출동명령을 하게 될 때 종교인들이 앞장을 서야 됩니다. 그때는 통일교회 사람들과 모든 종단의 계승자들이 이 세계의 평화를 위해서 끌고 나가야 됩니다. 마음이 몸을 움직이는 것과 마찬가지의 일을 하지 않고는 평화의 세계는 안 옵니다.

13 역사노정에서 종교를 핍박한 것은 정치입니다. 정치는 몸과 같습니다. 몸을 중심한 활동무대는 신을 인정하지 않습니다. 유신론권 내에는 본심이 있고 무신론권 내에는 몸이 있어서 이 둘이 투쟁하는 것입니다. 종교를 규합하기 위해서는 종교가 서로 싸워서는 안 됩니다. 하나님은 투쟁의 개념이 없습니다. 평화의 개념뿐입니다. 본래 신을 찾아가는 이론은 평화의 개념이어야지 투쟁의 개념으로는 안 됩니다. 투쟁하는 모든 종단은 꺼져 버려야 됩니다. 인류가 남겨두지 않습니다. 모두 헤쳐 버리는 것입니다.

2절 이상가정을 통한 세계평화

1 평화는 가정의 참부모로부터 몸 마음이 하나되고, 부부가 하나되고, 자녀가 하나될 때 벌어집니다. 참부모 참가정이 벌어져야 거기서부터 평화가 시작되지, 세계니 국가니 다 상관없는 것입니다. 거기서부터 지상천국이 시작됩니다. 이것이 인류의 기초입니다. 사랑의 왕국, 생명의 왕국, 혈통의 왕국, 지상천국·천상천국 왕국, 행복·희망·통일의 왕국, 평화의 세계 등 전부가 여기서부터 시작합니다. 그래서 거기는 몸 마음이 하나돼야 합니다. 남자 여자, 가인 아벨이 하나되어야 합니다. 타락으로 인해 몸과 마음이 갈라졌고, 아담 해와가 갈라졌고, 아들딸이 갈라진 것이 통일돼야 합니다. 참부모는 몸 마음 일체, 부부일체, 자녀일체로서 이상 모델입니다. 세계적으로 모두 승리한 참부모를 통해 전부 배워서 알고 있기 때문에 여러분은 가정적 천국만 만들면 됩니다.

2 세계통일은 간단합니다. 통일교회에서는 교차결혼을 말합니다. 원수와 원수가 사돈이 되는 길이 있다면 천하는 순식간에 평화의 세계로 들어갑니다. 선생님은 일본 사람과 한국 사람을 교차결혼시켰습니다. 거기에 별의별 사람들이 다 있었지만 교차결혼을 한 것입니다. 원수를 천국 데리고

갈 수 있어야만 예수님도 천국을 맞이할 수 있습니다. 원수 된 사람들은 원수를 자기 아들딸보다도 부모보다도 더 사랑할 수 있는 세계를 찾아가야만 하나님이 평화의 왕터를 닦아 왕궁에서 살 수 있는 동족을 거느릴 수 있습니다. 원수 관계인 일본 사람과 한국 사람이 결혼을 못하는데, 통일교회는 그것을 극복한 것입니다.

3 평화세계를 이루는 데에 국제결혼 이상의 직단거리가 없습니다. 국경에서 전부 원수가 되어 있습니다. 가장 가까이 있는 사람이 원수가 되지, 멀리 있는 사람은 원수가 안 됩니다. 그렇기 때문에 평화의 세계가 빨리 될 수 있도록 하기 위해 국경을 넘어서 원수 국가의 사람들끼리 결혼시키는 것입니다. 그렇게 되면 반은 평화세계로 들어가는 것입니다.

4 세계평화의 선두에 서지 않으면 안 되는 것이 종교권의 임무입니다. 절대적으로 하나님이 요구하는 임무입니다. 거기에 반대하는 사람은 이 자리에 없을 것입니다. 평화로 가는 제일 단거리, 가까운 길이 무엇이냐? 그것은 종파를 넘어 청년들을 결혼시키는 것입니다. 분쟁하는 종파끼리 결혼한 경우에는 반은 감합니다. 그것을 두 번만 하게 되면 평정되어 버립니다. 통일교회 청년들을 중심삼고 각 종교의 청년들과 교차결혼을 시키자고 하는 것입니다. 세계의 종파가 교차결혼을 하게 되면 원수의 나라가 하나되는 것과 마찬가지로 원수의 종교가 하나가 됩니다. 그것이 세계평화를 이루는 직단거리입니다. 그것을 이루지 않는다면 하나님이 종교를 세운 의미가 없습니다.

5 지금 세계 종교대회에서 다른 종교 신도끼리 결혼하자고 나오고 있습니다. 13개 종단 대표들이 모여서 앞으로 세계평화로 가는 직단거리는 이 길밖에 없다는 결론을 내린 것입니다. 종교가 앞장서야 되는 것입니다. 마음이 평화를 주도해야 됩니다. 마음권이 종교이기 때문입니다. 하나되는 데는 결혼 이상 빠른 길이 없습니다. 국경을 중심삼고 전부 원수가 되어 있습니다.

6 앞으로 평화의 세계를 어떻게 이루느냐? 골자는 간단합니다. 원수끼리 아들딸을 결혼시켜 자기보다도 잘살기를 비는 그 나라에서부터 평화의 세계는 출발합니다. 그것을 안 해 가지고는 영원히 평화의 세계가 될 수 없습니다. 국경을 중심삼고 어떤 나라든지 원수가 돼 있습니다.

7 결혼도 국경을 넘어서 하게 되면 자연히 국경이 소멸됩니다. 영국 사

람과 프랑스 사람이 결혼하면 국경은 자연히 없어집니다. 자기들도 모르게 변천하고 있다는 사실을 알아야 됩니다. 그렇게 되면 프랑스로 시집갔다고 해서 프랑스 사람이 아니고, 또 영국 남편을 얻었다고 해서 영국 사람이 아닙니다. 이것이 문제입니다. 어디 사람이냐 하면 틀림없이 통일교회 사람입니다. 그 통일교회 사람은 뭐냐? 앞으로 이상으로 하던 평화세계, 혹은 자유세계가 성사되면 그것을 기지로 해서 성상(性相)세계를 출발시킬 수 있는 무리입니다.

8 인류의 조상이 결혼을 잘못해서 국경선이 생겼기 때문에 축복을 받아 국경선을 철폐해야 됩니다. 가인 아벨이 있는 두 나라가 원수입니다. 그것을 결혼이 갈라놨기 때문에 결혼을 해야 됩니다. 그런데 교차결혼을 하지 않으면 통일세계가 안 됩니다. 국경으로 갈라졌던 것을 교체할 수 있는 데에서 바뀌지는 것입니다. 형님이 동생이 되고 동생이 형님이 됩니다. 교차결혼을 하지 않는 데에는 평화의 출발이 없습니다. 그래서 하나님이 원수를 사랑하라고 한 것입니다.

9 통일교회에는 국경이 없습니다. 문화 배경의 담이 없습니다. 그런 것을 다 잘라 버리는 것입니다. 백인하고 흑인이 결혼을 많이 했습니다. 이번에 일본 사람 수백 명이 아프리카 사람들하고 결혼했습니다. 이 수가 백만이 넘고 천만이 넘어서 나라까지 넘게 되면 세계는 평화의 세계로 가는 것입니다. 그래서 하나의 혈통이 됩니다. 한 집에서 열두 나라 사람들이 서로 하나되면 어떻게 되겠습니까? 하나만 되어 보라는 것입니다. 평화세계가 되지 말라고 해도 평화세계가 되는 것입니다. 얼마나 멋지겠습니까? 그때는 선생님이 평화의 왕이 됩니다. 그러니 메시아요 참부모라고 하는 것입니다.

3절 문화와 세계평화

1 인간이 타락하지 않았다면 이상적인 봄동산을 맞았을 것입니다. 그 이상적인 봄동산에서 하나님이 기뻐할 수 있는 사람들로서 자라났을 것입니다. 그렇게 자란 인류는 이 땅 위에 새로운 문화세계를 창조했을 것입니다. 문화세계를 창조한 그 가운데서 평화롭고 행복하게 살았을 것입니다. 만물이 춘하추동의 계절을 따라서 순행하는 것과 마찬가지로, 인류역사도 역시 봄절기 여름절기 가을절기 겨울절기와 같은 과정을 거치면서 영속되는 세계가 되어야 함에도 불구하고, 인류가 타락함으로써 우리 인간세상에는 인간이 기뻐할 수 있는 소생의 때, 영광의 한 날을 맞이할 수 있는 기쁨의 출발을 보지 못했습니다.

2 하나의 창조세계, 하나님이 인간을 통한 목적이 하나이기 때문에 그러한 세계를 어차피 인간도 추구해야 되고, 하나님도 이루어야 된다는 것은 쌍방적인 입장에서 볼 때 당연한 결론입니다. 오늘날 역사를 통해서 하나의 문화세계, 하나의 주권세계, 하나의 평화세계, 하나의 통일세계를 지향해야 된다는 것은 인류 혹은 개개인의 생활적인 면에서 필요 요건이 아닐 수 없습니다.

3 세계문화체육대전은 인류의 정신문화를 수습하여 인간의 행복을 위한 진정한 가치를 찾고, 하나님과 인간과 만물이 조화된 평화로운 새 문화세계를 지향하는 역사적인 행사입니다. 전 세계의 학자, 종교인, 언론인, 정치인, 청년 대표들이 지구촌 가족의 일원으로 한자리에 모여 인류 화합의 지혜와 경험과 실천을 결집하는 축전입니다.

4 아름다움을 추구하고 그것을 표현하고자 하는 것은 인간의 본성입니다. 하나님의 창조이상을 닮은 인간의 내면세계는 정·지·의의 3기능을 발휘하며, 인간의 육신은 그 마음의 명령에 감응되어 행동합니다. 그 결과 인간은 언제나 사랑과 진리와 아름다움을 추구하고 있으며, 각 종교와 과학과 예술이 그 표현 수단입니다. 결국 우주만상은 창조주 하나님의 내적 성상의 다양한 실체로서의 외적 형상들인 것입니다.

5 예술을 하는 마음의 극치는, 하나하나 손수 지으신 작품인 갖가지 만물만상을 통하여 무한히 기뻐하고자 하시는 창조주 하나님의 심정세계에 도달하는 것입니다. 주고도 또 주려고 하고 위하고도 또 위하려 하며 조건 없이 투입하고도 잊어버리려는 것이 하나님의 마음입니다. 그 심정세계의 근본은 참사랑입니다. 피조세계에 대한 하나님의 창조이상은 그 심정에서 출발한 것입니다. 예술의 원점은 그 마음을 닮는 것에 있습니다. 따라서 예술세계는 국경이 있을 수 없습니다. 특정 이념이나 이상이 도구가 되어서는 안 됩니다. 조화와 통일이 기본원리입니다. 분열과 갈등은 타락성의 열매입니다. 따라서 작품세계에서도 동양은 서양을 이해하고 서양은 동양을 받아들여 사방성 세계성을 띠어야 합니다.

예술·스포츠를 통한 세계평화

6 예술과 체육은 평화시대를 만드는 데 있어서는 뺄 수 없는 것입니다. 거기에서 우리가 첨단 기준의 세계적 자리를 잡았다는 사실이 놀라운 것입니다. 축구대회, 그다음에 예술문화세계에서 러시아의 볼쇼이 발레단

그 이상으로 올라갈 수 있는 간판을 이미 다 갖고 있다는 것입니다. 앞으로 자유와 평화세계, 전쟁이 없는 세계로 갈 때에는 반드시 체육과 예술이 필요합니다.

7 예술을 중심삼고 대중을 선도하려고 합니다. 무용은 여성 선도의 무기이고, 체육은 남성 선도의 무기입니다. 이 두 가지 무기를 세계 정상에 어떻게 끌어올리느냐 하는 것이 선생님의 꿈이었습니다. 이것은 순간에 대중을 움직일 수 있는 힘이 있습니다. 기백이 거기에 있습니다. 이 기백을 통일교회 정신과 결부시키게 되면 사탄세계를 하나님이 능가하게 됩니다. 지금까지 하늘이 원한을 품고 사탄세계를 능가하기 위해서 얼마나 고심했습니까? 이 담을 타고 넘지 못해서 고생했습니다. 그런데 담을 타고 넘는 시대에 있어서는 이것을 다시 꺾을 수가 없습니다.

8 이제는 체육과 예술세계가 새로 워져야 합니다. 발레는 서양의 무용 중에서 최고의 무용인데 이것이 지금까지는 땅에 가라앉아 있었던 것입니다. 그것을 선생님이 새로 올려놓으려고 합니다. 체육도 그렇습니다. 이런 것은 사상이 없으면 안 됩니다. 발레도 훌륭한 기술이 있어야 하는 것은 체조와 마찬가지입니다. 기술이 들어가 있지만 거기에 고상한 정신이 들어가 있어야 됩니다. 그러면 무엇인지 모르지만 그 매력적인 힘에 따라갑니다. 그런데 지금 모든 예술 분야는 그것이 죽었다는 것입니다. 체육 분야도 철저한 정신이 있어야 합니다.

9 스포츠는 본래 튼튼한 몸과 안전한 사회를 유지하기 위하여 나왔으며, 오늘날 수십억 사람들의 삶을 즐겁고 풍요롭게 하면서 전 세계 곳곳에 확산되고 있습니다. 이와 같은 만민의 스포츠를 통해 만민의 평화에 기여할 수 있는 방법을 여러 측면에서 모색해야 됩니다.

10 체육과 예술을 일체화시키기 위한 것이 선생님의 계획입니다. 춤과 노래가 운동과 하나되게 합니다. 그렇기 때문에 체조식 운동이 아니고 음악과 합한 무용식 체조 형태를 만드는 것입니다. 그렇기 때문에 가라테(空手道) 같은 것도 예술화하려고 합니다. 그 운동을 지금 선생님이 합니다. 체육과 예술을 하나 만들기 위한 운동을 하는 것입니다. 거기에 하나님의 사상이 들어가는 것입니다.

11 세상사람들은 왜 종교지도자인 선생님이 체육, 축구에 관심을 가졌느냐고 할 것입니다. 이것은 앞으로

문화축전, 문화올림픽대회 때 젊은 사람들의 기백을 향상시키는 데에 절대 필요합니다. 그 나라가 흥하느냐 쇠하느냐 하는 것은 젊은 사람들의 기백에 따라서 좌우됩니다. 아무리 지식이 많고 훌륭하고 잘생겼다 하더라도 기백이 없으면 안 됩니다. 기백이 상승하는 젊은 사람들을 가진 나라는 흥하는 것입니다. 그렇기 때문에 사상이 중요합니다.

12 세계문화체육대전은 체육만 하는 것이 아닙니다. 문화가 들어갑니다. 학자면 학자, 종교인이면 종교인, 여자면 여자의 모든 장기를 자랑할 수 있는 대회입니다. 그것이 얼마나 멋지겠나 생각해 보십시오. 모든 존재는 음양 합동, 서로 사랑을 중심삼고 하나가 됩니다. 어울리기 위한 것이기 때문에 이러한 대회를 했다면 그것이 얼마나 멋지겠습니까?

13 종교는 문화의 중심이기 때문에 세계종교의회와 세계평화종교연합은 세계문화체육대전의 중심에 위치하게 됩니다. 종교적 이상과 그 지혜와 가치는 세계 속의 교육·학문·예술·체육·언론·정치·경제에 스며들어서 그 기준이 되어야 합니다. 세계문화체육대전은 인류의 정신문화를 수습하고, 인간의 행복을 위한 진정한 가치를 찾고, 하나님과 인간과 만물이 조화된 평화로운 새 문화세계를 지향하는 역사적인 행사가 될 것입니다.

14 체육인들이 느끼는 그 감정세계는 국경을 초월합니다. 일화천마 축구팀이 아시아의 대표가 됐다고 하면 아시아인의 초점이 됩니다. 남미에 가서 휩쓸었다고 하면 전 세계 축구인들의 이목이 여기에 모아지는 것입니다. 종교성이 없이 일화 축구팀을 중심삼고 언제든 누구나 환영하려고 하고 상대하려고 합니다. 축구 하면 남미가 제일 잘한다는 것은 누구나 알고 있습니다. 그러니 그 이상 올라가면 세계가 일화 축구팀을 따라다닌다는 것입니다. 단시간권인 90분 동안에 세계의 수십억 인류가 같이 박수하고 만세를 할 수 있는 것은 이 운동밖에 없습니다.

15 선생님이 왜 축구팀을 만들고 운동에 관심을 갖느냐? 운동은 화합과 평화를 증진하는 데 있어서 필요합니다. 유명한 축구팀이 경기를 하게 되면 전 세계가 보게 됩니다. 권투는 한 사람이 하지만 축구는 열한 사람이 해야 됩니다. 그 축구팀 자체가 융합되어야 합니다. 하나가 되어야 합니다. 화합이 되어야 합니다. 싸움, 투쟁이 없이 평화와 조화가 벌어지는 것입니다. 그리고 경기장에 나오는 축구팀을 만나는 것을 자기 인생살이

보다도 더 좋아하게 됩니다. 거기서 통일이 됩니다. 그렇기 때문에 축구팀 자체가 화합과 통일입니다. 하나입니다. 이것이 우리 가정에 필요하고, 사회에 필요하고, 국가에 필요하고, 하늘땅에 필요합니다. 평화가 필요하다는 것입니다. 평화가 되지 않고는 통일이 안 됩니다.

16 선생님은 일찍이 1960년대에 리틀엔젤스를 창단하여 한국의 아름다운 예술세계를 전 세계에 선양하여 왔으며, 이를 토대로 '애천·애국·애인'을 건학이념으로 하는 선화예술학교를 창립하였습니다. 나아가 유니버설발레단을 한국에, 그리고 키로프발레학교를 미국의 워싱턴에 창설하였고, 뉴욕에는 뉴욕시티 심포니오케스트라를 창단하였습니다.

17 오늘날 예술 분야를 보면 참된 사랑을 완전히 없애는 데에 앞장서고 있습니다. 노래를 하거나 운동을 하는 사람도 마찬가지입니다. 동계올림픽 대회를 보더라도 젊은 사람들이 타락의 행동을 보여 주고 있습니다. 그것을 막기 위해서 선생님이 예술 분야에서 리틀엔젤스라든가 유니버설발레단을 만들었습니다. 극반대입니다. 예술 분야에 있어서 배우학과를 만들고 체육, 무술학과까지 만들어 놓은 것입니다. 본연의 사랑을 중심삼고 돌려 잡아야 합니다.

18 1960년대에 선생님은 한국 문화를 다른 나라에 소개시켜 보겠다는 꿈이 있었습니다. 그때 나는 한국 어린이무용단 리틀엔젤스를 만들었습니다. 그동안 리틀엔젤스는 세계 60개 이상의 국가에서 공연을 했습니다. 그리고 300회 이상의 텔레비전 방송에 출연을 했습니다. 무용단은 아이들로 구성되어 있습니다. 왜냐하면 선생님이 느끼기로는 아이들이야말로 어느 누구보다도 정신세계를 잘 표현하기 때문입니다. 아무리 냉소적인 사람일지라도 아이들 앞에서는 상투적인 마스크를 벗어 버리고 모든 인간이 본질적으로 추구하는 순수함과 사랑을 느끼게 됩니다.

언론을 통한 세계평화

19 언론은 행정·사법·입법에 이어서 제4의 권력이라고 말할 정도로 사회에 막강한 영향력과 권력을 행사하고 있습니다. 그 막강한 언론의 권력은 선을 위해 쓰여야 하며, 세계평화를 위하여 기여하는 권력이 되어야 한다고 믿습니다. 언론인들도 전문직업인이기 이전에 그 근본은 모두 하나님의 자녀들입니다. 여러분은 하나님이 원하시는 도의세계, 참평화의 세계에 특별히 소명받은 평화의 챔피언들입니다. 이와 같은 언론

인들의 자유토론의 광장으로 궁극적인 도의세계 구현을 목표로 한 세계언론인회의가 있는 것입니다. 온 세계와 인류가 하나님의 섭리 가운데 궁극의 참평화세계를 지향하고 나아가는 이때에 언론은 하나님의 부름을 받은, 평화세계 구현의 중요한 사명이 있습니다. 언론은 평화를 열망하는 타의 모든 노력과 연합하여 지구촌시대에 인류 대가족의 이상을 구현하는 데 막강한 영향력을 행사하여 참다운 평화, 도의세계 실현의 주역이 되어 용감하고 담대하게 전진하여야 할 것입니다.

20 언론기관은 사회적인 면에서 도의를 책임지고 국가를 발전시킬 수 있는 교육기관입니다. 기자 자체도 인격이 되어 있어야 합니다. 선생님은 퇴폐사상에 춤추는 미국 언론기관과 싸우는 사람입니다. 언론기관에서 지금까지 선생님을 어떻게 대해 나왔습니까? 동네북과 같이 생각했습니다. 그래도 말 한마디 안 했습니다. 실력은 말없이 결정됩니다. 언론기관의 역사는 이래야 되고, 그 역사를 엮어 나가는 언론인은 이래야 된다는 정의가 없습니다. 그래서 선생님이 언론인대회를 지금까지 해 나오고 있습니다. 언론인의 책임을 추궁하기 위해 지금까지 세계언론인회의를 만들어 그 일을 해 나오는 것입니다. 책임적 언론인이 되라는 것입니다. 그 신념에 자기 생명을 걸고 생사지권을 대표해서 책임져야 됩니다.

4절 남북통일과 세계평화

1 아시아의 동녘에 있는 작은 한반도, 그중에서도 한민족은 배척받은 민족이요 쫓김 받는 무리였습니다. 하나님은 쫓김 받는 이 무리를 통하여 세계적인 섭리의 주권을 세워서 새로운 시대를 창건하려 하였습니다. 이 민족이 말세적인 환난과 도탄에 빠져 있는 이 세계, 민주와 공산세계가 서로 맞부딪치는 환경 속에서 제물이 된 원인이 어디에 있습니까? 바로 거기에 있습니다. 그런 의미에서 한국은 공산세계에서도 민주세계에서도 중요한 나라입니다.

한반도의 섭리적 의미

2 한국은 역사시대의 모든 종교와 인류를 하나님의 뜻에 맞게끔 수습해서 통일적인 세계와 통일적인 천국을 건설할 수 있는 책임을 하는 나라가 되어야 합니다. 문화 배경을 중심삼고 남북이 통일되어 그러한 자리를 잡고 들어설 때는 세계의 종교를 움직이고 세계 만민을 움직일 수 있는 자리에 서야만 이스라엘을 택하신 하나님의 뜻에 일치될 수 있는 종교권이 현현하고, 하나님의 뜻에 일치될 수 있는 민족권, 국가권이 형성되는

것입니다. 한국은 남북으로 딱 갈라졌습니다. 타락은 몸과 마음이 갈라진 것입니다. 세계적으로 볼 때 북쪽은 유물론으로 물질 위주이고, 또 남쪽은 유심론으로 마음 위주입니다. 이것은 아담 해와가 몸과 마음을 뿌려 놓은 것이 전 세계적으로 열매맺혀서 결실된 것과 마찬가지입니다.

3 한국은 남북으로 갈라져 있기 때문에 아무리 민족을 찾았다고 하더라도 하나의 주권을 찾을 수 없습니다. 남북으로 갈라져 있기 때문에 하나의 주권을 찾기 위해서는 민족이 단결하여 싸우지 않으면 안 됩니다. 이 민족이 그렇게 해서 주권을 찾았더라도 그 주권만으로는 다 됐다고 할 수 없습니다. 주권을 찾았으면 세계를 향해서 가야 합니다. 주권을 희생시키는 한이 있더라도 세계를 찾아 나서는 싸움의 행로를 거치지 않고는 하나님이 찾고자 하는 평화통일세계는 오지 않습니다.

4 한국은 삼팔선을 중심삼고 아벨 나라와 가인 나라로 갈라졌습니다. 여기에서 가인 나라인 북한이 아벨 나라인 남한에 굴복하지 않고서는 세계평화가 오지 않습니다. 세계도 크게 보면 민주세계와 공산세계로 갈라져 있습니다. 이 갈라진 민주세계와 공산세계가 접선된 곳이 한국입니다. 그러므로 한국의 통일은 세계통일의 하나의 방안이 될 것입니다.

5 대한민국이 앞으로 세계에서 살아남고, 세계 만민 앞에 환영받을 수 있는 나라가 되기 위해서는 대한민국의 주권과 대한민국을 희생시켜서 세계를 살리겠다고 십자가를 먼저 지는 민족이 되어야 합니다. 십자가를 통하여 승리의 터전이 되어서 평화의 왕국이 건설되는 날에는 십자가를 진 민족이 영광의 출발점에 서는 것입니다.

6 통일교회 사람들은 하나의 씨족과 같은 입장에서 대한민국을 위해 희생해야 됩니다. 희생하게 되면 대한민국은 오늘과 같은 대한민국이 되지 않을 것입니다. 남북으로 갈라진 나라가 아닐 것입니다. 통일된 나라, 하나의 나라, 보다 고차적인 이상으로 북한에 있는 사람들까지도 우리를 좋아할 수 있는 사상에 입각한 나라가 될 것입니다. 그런 나라를 만들어야 합니다. 그들을 교화시켜서 올바른 사람, 즉 하나님을 숭상할 수 있는 사람으로 만들어야 합니다. 그러면 통일된 하나의 나라가 자동적으로 이루어지는 것입니다. 이렇게 하나된 나라를 이루게 되면 그 나라는 세계를 이용하는 나라가 아닙니다. 세계를 위해서 희생하는 참된 나라가 될 것입니다.

7 우리가 탕감복귀라는 엄연한 인과 법칙을 섭리역사 과정에서 부정할 수 없는 원칙으로 공인한다면, 이 세계사적인 종말시대에 세계사적인 탕감의 사명을 대신할 수 있는 비참한 나라가 어떤 나라냐? 그 나라는 다름 아닌 한국입니다. 한국이 6·25동란을 통해 삼팔선이라는 대치선을 중심하고 이 민족과는 아무런 관계도 없고 인연도 없었던 좌우의 세계사적 사조 때문에 제물이 되어 피를 흘렸다는 사실은 비참한 일이 아닐 수 없습니다. 세계무대에서 또다시 비참한 운명의 자리를 대표해야 될 입장에 있는 나라가 한국입니다. 이런 사실을 두고 볼 때, 어찌하여 한국은 이러한 운명의 권에 휘몰아침을 당하지 않으면 안 되는가를 생각하게 됩니다.

8 민주주의와 공산주의가 한국에서 대결하고 있습니다. 판문점을 중심삼고 양대 진영이 서로 갑론을박하고 있는데, 이 사실이 바로 하늘세계와 사탄세계가 서로 싸우는 것을 나타내는 것입니다. 외적으로는 이렇게 한국을 걸어 놓고 대결하고 있지만, 내적으로는 역사적인 사실과 시대적인 사실과 미래적인 사실을 중심삼고 하나님과 사탄이 최후의 대결을 하고 있습니다. 그렇게 함으로써 내적인 탕감조건을 세우지 않으면 안 됩니다. 역사는 이러한 양면적인 관계를 가지고 흘러가고 있습니다.

9 한국은 삼팔선을 중심으로 남과 북으로 갈라져 있습니다. 원리로 볼 때 제물은 쪼개야 됩니다. 그리고 제사장이 제물을 드릴 때는 상하를 막론하고 제단 앞에 머리를 숙이는 것입니다. 속죄의 제물 앞에는 그 나라의 군주도 머리 숙이게 되어 있습니다. 앞으로 통일교회는 민족 전체가 머리 숙일 수 있는 기준을 닦아야 합니다. 그것을 못하면 통일교회의 사명은 완결되지 못합니다.

10 한국이 남한과 북한으로 갈라진 것은 해방 직후에 기독교와 선생님이 하나 못 되었기 때문입니다. 기독교와 나라가 선생님을 반대하고 선생님과 하나 못 되었기 때문입니다. 그래서 나라의 대표와 교회의 대표가 선생님을 중심삼고 갈라졌기 때문에 그것을 재탕감 기반을 닦아 나오는 선생님을 중심삼고 하나가 되어야 합니다. 남한 지역 전체가 선생님에게 순응할 수 있는 기반, 판도가 이미 연결되어 있습니다.

11 하나님은 인류의 조국 되는 한국을 보호하고 조국광복을 위해 한국동란에 세계의 많은 나라를 동원시켰습니다. 조국광복을 위한 독립군으로서 희생한 사람들이 한국동란 참전용

사들이었습니다. 한국동란은 하나님의 섭리로 볼 때 조국광복을 위해 피를 흘리게 하기 위한 세계적인 동원이었습니다. 한국동란 당시에 예수님이 공중에 나타났다는 얘기도 이를 뒷받침해 주는 재료입니다. 그리고 예수님의 현현과 더불어 한국동란은 하나님의 성전을 찾기 위한 거룩한 전쟁입니다. 또 한국은 섭리의 뜻이 있는 나라로서 여기에 참부모가 나타나면 이상적 조국이 되기 때문에 조국광복을 위하여 하늘이 민주세계의 기독교사상을 가진 국가들을 동원해서 싸우게 했다는 것입니다.

한반도와 환태평양문명

12 애급을 중심삼고 이루어진 나일강문명이 지중해를 중심삼은 반도문명인 희랍문명을 거쳐 로마문명에서 결실했습니다. 그러면 어찌하여 문명의 발발은 서구권으로 회전하지 않으면 안 되느냐? 타락 때문에 그렇게 되지 않을 수 없습니다. 본래는 아시아를 중심삼고 세계통일문화를 형성해야 했는데, 인간이 타락함으로써 그 반대의 입장에서 출발하지 않으면 안 되었습니다. 그것은 원리적 관에 일치됩니다. 그리하여 나일강을 중심삼고 이루어진 지중해 문화권인 로마문명권을 거쳐 섬나라 영국이 근대 서구문명, 기독교 문화권을 중심삼은 근대문명 형성의 요람지가 된 것입니다. 그러나 그것은 거기에서 정착할 수 없습니다. 그것은 어차피 일주하여 아시아로 돌아와서 통일문명권을 형성해야 됩니다. 그렇게 되는 것이 하나님의 뜻이기 때문에 그런 결과에 도달해야 된다는 것은 당연한 결론입니다. 이리하여 세계적인 기적을 이룬 근대문명을 형성한 미국은 태평양을 연하는 태평양문명권으로서 아시아와 연결해야 하는 최후의 길이 남아 있습니다.

13 서양문명과 동양문명이 어느 때 합해야 되느냐? 그리고 어디서 합할 것이냐? 섬나라에서 합하는 것이 아닙니다. 반도에서 합하는 것입니다. 이렇게 볼 때 아시아에서 반도국가로서 제일 미묘한 자리에 있는 나라가 한국입니다. 한국 주변을 보게 되면 러시아 중국 일본 미국이 있습니다. 역사는 지금 태평양문화권 시대로 이양한다고 학자들이 말합니다. 세계의 정치·경제·역사학자들이 그런 시대가 온다고 말합니다.

14 문명은 반도를 중심삼고 발생합니다. 반도를 중심삼고 해양문명과 대륙문명이 교류하고 연합되어서 문명이 발전합니다. 그렇기 때문에 그리스 반도라든가 이탈리아 반도, 스페인 반도를 중심삼고 문명권이 발생했습니다. 지금 세계사적으로 문제가

되고 있는 반도가 아시아에 있는 인도차이나반도와 한반도입니다. 그러니까 세계 대운세에 따라 서양문명과 동양문명이 절충해 들어오는데, 이 둘은 어차피 하나되어야 합니다. 이것이 어디에서 부딪치느냐? 세계적인 운세를 중심삼은 태평양문명권 내에서 중심이 될 수 있는 섬나라와 반도와 대륙이 연결된 곳에서 뒤넘기치는 것입니다. 이러한 환경적 중심지역으로 요새지와 같은 곳이 한반도입니다. 이것은 지정학적으로 부정할 수 없습니다.

15 한민족의 시련은 이 민족 자체만의 것이 아니고 섭리적인 것이며, 하나님은 이 민족이 이것을 극복하기를 고대하고 계십니다. 세계사의 총합적 유산이라 일컬을 수 있는 동과 서, 남과 북, 정신과 물질, 유심과 유물의 대결과 혼돈이 집약되어 한반도에서 소용돌이치는 것도 마치 새 시대를 잉태한 산모의 몸부림과도 같은 것입니다. 한민족의 민족적 국가적 어려움은 하나님의 뜻과 섭리를 떠나서는 해결할 수 없으며, 한국 단독으로서가 아니라 세계와의 관련 속에서만 해결이 가능하다고 봅니다. 한민족은 이제 하늘의 뜻을 깨닫고, 하나님이 세계의 정신계를 지도할 목적으로 보내신 분을 따르고 고난을 넘어서야 하는 것입니다.

16 세계문명은 틀림없이 아시아를 찾아옵니다. 태평양문명권 시대가 도래한다는 것입니다. 오늘날 사회과학을 연구하는 저명한 학자들은 물론이요 과학계의 학자들까지도 '태평양문명권 시대가 와야 한다. 역사적 귀추는 그렇게 된다.'라고 주장합니다. 벌써 40년 전부터 태평양문명권 시대가 온다고 가르쳐 왔습니다. 그것이 어느 나라로 갈 것이냐 하는 것은 아무도 모릅니다. 선생님은 대한민국이 주도해야 된다고 봅니다.

17 이제 태평양문명권 시대가 옵니다. 미국 일본 한국 중국 러시아를 중심으로 싸움판이 벌어질 수밖에 없는 이런 상황에서, 이런 문명과 문화의 배경에서 준비하지 않는 나라는 퇴각하는 것입니다. 그런 첨단에 서서 준비한 사나이가 선생님입니다. 그렇기 때문에 일본을 엮고 미국을 엮고 중국을 엮고 러시아를 엮었습니다. 그런 선생님과 미국 사람들이 손을 잡고 하나되어 큰일을 하는 것은 앞으로 미국과 세계, 태평양문명권에서 공동운명권을 쟁취해 들어가는 하나의 조건이 된다는 것을 생각할 때 희망적입니다.

18 지금 때는 태평양문화권 시대입니다. 역사는 하천문화, 지중해 문화권을 거쳐 대서양 문화권을 돌아 이

제 태평양문화권을 중심삼고 우주공간 문화권으로 도약하는 시대가 오고 있습니다. 어떻게 이것을 연이어 나가느냐 하는 것이 세계 정략가들이 모색하는 문제이지만, 그들에게서는 해결이 안 납니다. 선생님이 세계에서 훌륭하다는 정략가들을 다 모아서 수많은 국제적인 회의를 했습니다. 그들의 결론은 선생님의 사상만이 이 시대의 소망이라는 것입니다.

19 반도 나라는 언제나 역사 문명의 발생지입니다. 새로운 문명을 유도할 수 있는 기원지라는 것입니다. 그리스가 그러했고 이탈리아가 그러했습니다. 세계적인 입장에 있어서 모든 문화를 종합할 수 있는 하나의 역사적 사명을 해왔습니다. 동북아시아에 있어서 한국이 중요한 입장에 있습니다. 기독교 문화권을 중심삼고, 미국을 중심삼고 세계를 제패할 수 있는 그 보호권 내에 한국이 태어났습니다. 그러므로 옛날 로마시대에 기독교를 중심삼고 예수님 시대를 대표해서 탕감해야 됩니다. 세계적인 로마 형태 기반의 판도를 중심삼고 하나의 세계적인 기준, 기독교를 중심삼고 속국과 같은 입장이 대한민국이라는 것입니다.

남북통일은 참사랑으로

20 21세기에 바랄 수 있는 비전이 무엇이겠느냐? 그것은 평화의 세계, 통일의 세계, 하나의 세계입니다. 세계도 하나의 새로운 평화의 세계, 통일의 세계를 바라고 있고, 우리 민족도 남북통일을 바라고 있습니다. 더 나아가서 나 자신은 어떠냐? 세계에 평화가 아무리 찾아왔다 하더라도 우리나라가 분단되어 위험수위를 넘는 입장에 있다면 우리나라는 세계평화에 대해서 상관할 수 없습니다. 남북통일을 가져왔다고 하더라도 우리 개인에 있어서 몸과 마음이 갈등하는 자리에 있다면, 남북이 통일된 평화의 대한민국이 나 자신에게 이상의 국가가 될 수 없습니다. 그러므로 세계의 평화가 있기 전에 나라의 평화를 준비해야 되고, 나라의 평화가 오기 전에 개인의 평화를 준비해야 됩니다.

21 통일교회는 나라보다도 먼저 백성을 위해서 싸워야 됩니다. 민족을 위해서 싸워야 됩니다. 그런데 민족을 볼 때 남북으로 갈라져 있습니다. 민족이 나뉘어 있으면 주권이 있다고 하더라도 일방적인 주권밖에 안 됩니다. 무엇보다도 중요한 것은 남북한을 능가하는 민족적 정신 기준을 어떻게 일원화하느냐 하는 것입니다. 이것이 금후의 통일교회가 힘써 나가야 할 과제입니다.

22 하나님이 원하시는 나라가 찾아

지면 세계복귀는 순식간에 됩니다. 한 나라에서 세 나라만 넘게 될 때에는 네 나라가 됩니다. 그러면 세계에 사위기대 국가의 형태가 갖추어지기 때문에 사탄이 침범할 수 없는 사방의 방어성이 쌓아지게 됩니다. 그때에 비로소 평화의 세계, 천국의 옥토가 형성됩니다. 그것이 통일교회가 찾아 나가는 본향입니다. 그것을 위해서 우리의 정열을 바치고 우리의 젊은 생을 투입하기 위해서 모인 무리가 통일의 무리입니다. 생의 노정을 가로막고 있는 악의 세력이 드세더라도 그것을 분쇄하고 해부해서, 샅샅이 뿌리를 뽑아서 한때에 처단하기 위한 결의를 다짐해야 할 사람들이 통일의 무리입니다.

23 지도자는 식구들을 강력히 내몰아서 현실 생활에 있어서 보다 이상적인 구조의 실적의 가치를 드높여야 됩니다. 통일교회는 실적을 통해 국가나 혹은 세계가 공인할 수 있는 기준을 만들어야 합니다. 이것을 만들지 못하면 하나님의 뜻이고 무엇이고 이룰 수 없습니다. 그런 의미에서 한국을 찾아오는 인연과 국운, 모든 것을 대해 우리가 국가를 구하겠다는 새로운 신념과 절대적인 신앙을 가지고 세계를 구하기 전에는 죽을 수 없다고 해야 됩니다. 그런 신념의 결합운동이 통일교회를 중심삼은 주체사상이 되어 남한 땅을 움직이고 북한 땅을 움직인다면, 나라는 망하더라도 세계를 구할 수 있는 길은 남아집니다. 그래서 선생님이 다년간 주장해 온 것은 공산당이 나라를 위해 애국·애족하는 사상을 갖고 나온 통일교회를 보고 자기들보다 낫다고 증거할 수 있는 재료가 필요하다고 하는 것입니다.

24 피어린 역사적인 길을 개척해 나온 그 생활이 슬프고 비참하였지만, 자기 일신의 행복을 위한 것이 아니라 민족의 해방과 세계의 평화를 위한 하늘의 사자로서 그런 일을 했다면 이는 길이길이 역사에 남을 것입니다. 그 실적이 드높이 빛나게 될 때에 이 터전을 통하여 남북한의 해방은 물론이요, 아시아의 새로운 해방의 종소리가 울려 퍼질 것이고, 세계해방의 기운이 여기서부터 솟구쳐 오를 것입니다.

25 선생님은 북한 땅에 들어가서 많은 고생을 했습니다. 그러나 선생님이 원수에게 몰려 흥남감옥에서 영어의 몸이 되어 처참한 고문을 받고, 비료공장에 가서 죽을 고비를 넘기는 중노동도 했지만, '나는 망하지 않는다. 나의 명령에 따라 나의 불붙은 이 심정을 인계받은 세계의 모든 젊은이들이 불타는 가슴으로 폭탄을

안고 북한 땅을 향하여 총진군하는 한때가 올 것이다.'라는 마음을 가지고 지냈습니다.

26 선생님이 삼팔선을 넘어오면서 하나님 앞에 기도한 것이 있습니다. '아버지여, 이 삼팔선을 다시 넘을 때에는 대한민국이 넘어와야 되겠습니다.'라고 눈물을 흘리며 기도했습니다. 선생님은 언제나 그때에 결의했던 내용을 잊지 않고 있습니다. 그래서 고향 땅을 그리면서 삼팔선을 넘어갔지만 평양에까지 가서도 고향에는 안 갔습니다. 갈 수 없었습니다. 선생님 자신이 다짐했던 사명을 완수하지 못하면 죽더라도 고향에 갈 수 없는 것이 선생님의 운명입니다. 그래서 감옥에서부터 혹은 비참한 운명길에서 배반당하고 민족이 원수시하는 길을 거쳐서 오늘날 이만한 기반을 닦은 것입니다.

27 우리의 최후의 결승점, 결승선이 어디냐? 그것은 삼팔선입니다. 이것을 넘어가야 합니다. 이것이 통일교회가 부딪쳐 넘어가야 할 최후의 결승선입니다. 그것을 넘기 위해서는 누구에게도 져서는 안 됩니다. 우리는 공산당 이상 돼야 합니다. 그 어떤 종교도 따를 수 없는 실적을 갖추어 놓아야 됩니다. 선생님이 삼팔선을 넘으면서 하늘 앞에 결의하면서 기도하던 기준이 그런 것이었습니다. 내 고향의 부모형제를 보지 못하고 남한 땅에 왔습니다. 감옥의 철창문을 열고 나오는 그날 '어머니!' 하고 부르며 달려가고 싶었고, 나를 위하여 희생한 형님을 찾아가서 만나고 싶었고, 희생한 형제들을 만나고 싶었습니다. 그 마음은 인간으로서, 동물이 아닌 이상 그 누구에게나 있을 수 있는 마음이지만 그 길을 돌아설 수밖에 없었습니다. 이틀 이내에 갈 수 있는 거리였지만 옛날에 인연되었던 사람들을 수습해서 북한을 등지고 남한 땅을 향하여 나온 것입니다.

28 선생님이 삼팔선을 넘을 때 남북통일을 내 손으로 이루겠다는 결의를 했듯이, 여러분도 가정에 들어가서 일족을 중심삼고 결의해야 됩니다. 아버지 어머니가 축복가정이면 더더욱 좋습니다. 3대를 중심삼고 아들딸까지 품어서 우리 가정이 아무리 어려운 수욕의 길을 가더라도 남북통일과 아시아의 통일은 내 손으로 이루겠다는 결의를 다짐하지 않으면 안 될 때가 된 것을 알아야 합니다.

29 우리의 과제는 조국통일입니다. 이는 우리의 숙명이요, 우리가 생애를 바쳐 이룩하여야 할 필생의 성업입니다. 선생님은 지금까지 하나님의 뜻을 따라 통일의 성업을 이루기 위

한 일념으로 살아왔고, 나머지 일생도 오직 하나님의 뜻을 이루기 위한 일념으로 살아갈 것입니다. 통일을 염원하는 남북한 7천만 겨레 모두는 이제부터 갈등과 투쟁을 종식시키고, 화해와 사랑으로 민족의 동질성을 회복하는 일에 거족적으로 나서 주기를 바라는 바입니다. 총칼을 녹여 쟁기와 보습을 만들 때가 지금이고, 이제 통일조국의 밝은 신세기를 맞이할 준비를 서둘러야 되겠습니다.

30 세계는 민주세계와 공산세계로 갈라져 있는데 민주세계는 유심사관이며 마음 쪽이고, 공산세계는 유물사관이며 몸 쪽입니다. 이렇게 가르지 않을 수 없습니다. 이 두 세계가 지금 큰 파문을 일으키고 있는데, 이 파문이 어디에서부터 시작됐느냐 하면 여러분 자신에서부터 시작되었습니다. 여러분 자신이 그 파문의 씨입니다. 이것이 문제입니다. 그러니 여러분은 세계의 어떤 정치가로 말미암아 이 세계가 통일된다고 생각하지 말라는 것입니다. 통일 방안은 어디에 있느냐? 그것은 외부에 있는 것이 아니라 내부에 있습니다. 통일 방안은 내 몸과 마음의 싸움을 평정시켜서 마음이 앞서게 해야 됩니다. 그렇게 해서 마음이 가자고 하는 대로 나 자체가 가야 되고, 가정이 가야 되고, 사회가 가야 되고, 나라가 가야 되고, 세계가 가야 됩니다. 이렇게 되면 통일은 자동적으로 되는 것입니다.

31 남북통일은 비단 지금의 국가문제를 걸고 말할 수 있는 것만도 아닙니다. 이것은 크게 하면 세계적인 문제요, 작게 하면 개인의 문제에도 연결됩니다. 세계의 통일이 있기 전에 국가의 통일이 있어야 됩니다. 국가의 통일이 있기 전에 가정의 통일이 있어야 합니다. 부부가 아무리 행복을 바라더라도 하나되지 못할 때는 그 가정이 행복할 수 없습니다. 또 그 가정이 행복하길 바라더라도 내 개인이 행복하지 않으면 그 가정의 행복도 불가능한 것입니다. 옛말에 '가화만사성'이란 말이 있습니다. 제일 중요한 것은 부부가 하나되어 평화의 가정을 이루는 것입니다. 이것이 모든 해결의 기점이 됩니다.

32 통일의 방안이 어디에 있느냐? 위해 주는 데에 있습니다. 사랑이 깃든 것은 무엇이든지 받고 싶은 좋은 것이기 때문에, 그 좋을 수 있는 입장에서 영원히 줄 수 있는 자리에 서게 되면 북한도 통일됩니다. 현재 북한 백성이 사는 이상의 입장에서 영원히 줄 수 있는 기반만 잡게 되면 공산당의 선전 따위는 먹히지 않습니다. 그들이 사는 만큼도 못살면서 주겠다고 하면 안 됩니다. 그들이 받지 않는다

고 하는 것입니다. 더 좋은 입장에서 주어야 됩니다. 대한민국이 살 수 있는 길은 간단합니다. 대한민국이 경제 분야, 생활 분야, 지식수준 등의 모든 분야에서 월등해서 영원히 줄 수 있는 입장에 서게 되면 완전히 하나됩니다. 하나되지 말라고 해도 하나되는 것입니다.

33 하나님이 선생님을 세운 것은 천륜의 갈 길 때문입니다. 생애를 통해서 그 길을 걸어가게 한 것입니다. 공산당을 때려 부수기 위한 것이 아닙니다. 공산당까지 구원하자는 것입니다. 선생님이 미국 워싱턴 대회가 끝난 후에 모스크바 대회 개최를 선언했을 때에 총칼을 가지고 선언한 것이 아닙니다. '나를 끌어내려서 너희들 발밑에 세워라. 나는 올라간다.' 라고 했습니다. 올라갈 것입니다. 남북의 통일도 총칼을 가지고는 안 됩니다. 하나님을 위하는 심정적 터전을 따라서 가는 것입니다. 본질적인 평화의 노정을 벗어나서는 불가능합니다. 천운이 화합해 주지 않습니다.

34 하나님의 대신 자리에서 북한 김일성을 찾아갔습니다. 그래서 '하나님에게 복종해야 된다.'라고 해서 밑바닥부터 흔들어 놓아야 합니다. 딴 방법이 없습니다. '여러분은 두익사상, 하나님주의를 따라야지, 딴 길은 없다!'라며 깨끗하게 결론을 내린 것입니다. 결국은 선생님 책임을 다했습니다. 죽고 사는 것은 하늘 앞에 맡기는 것입니다. 지금도 창조의 능력을 발휘할 수 있는 하나님이라는 것입니다. 하나님은 신비한 방법으로 역사하십니다.

35 개인에서부터 가정·종족·민족·국가·세계, 모든 사상계로부터 반대를 받으면서 이 길을 나왔지만 이제는 다 극복했습니다. 김일성까지도 극복했습니다. 김일성의 그 담벼락을 허는 것은 인간의 힘으로는 안 됩니다. 하늘의 사랑만이 뚫을 수 있다고 보는 것입니다. 이번에 선생님이 알고 나오던 이 길이 참이었다는 것을 여실히 깨달았습니다. 여기에서만 완전한 승리가 있지, 그 외에는 완전한 승리가 없다는 결론을 내릴 수 있었습니다. 그래서 선생님이 갔던 북한에서는 재창조 역사의 기적이 벌어진 것입니다.

36 지금 남북으로 갈라진 것도 개인이 하나님의 사랑을 통해서 사랑을 중심삼고 하나되어야 하는데 하나 못되었기 때문입니다. 부부끼리도 갈라졌습니다. 이렇게 갈라진 것을 참사랑으로 통일하자는 것입니다. 부자간도 갈라지고 형제간도 갈라졌습니다. 민족과 민족, 동족끼리 피를 흘

리는 것은 참사랑이 없기 때문에 그런 것입니다. 그렇지만 세계적 정세를 업고 나타난 그 기반이 대한민국과 북한 이상의 기준을 중심삼고 나타나게 될 때는 대한민국과 북한은 흡수되어 들어가야 됩니다. 국가 기준이 아니라 세계적 운세권 내에서 남북통일권이 벌어지게 됩니다.

37 여러분 가정이 종족을 중심삼고 완전히 하나가 될 때는 남북통일은 문제가 되지 않습니다. 정당, 자기 파당을 중심한 정당정치 또한 성립이 안 됩니다. 조직이 힘입니다. 누가 나라를 사랑하고, 누가 아시아를 생각하고, 누가 하늘땅을 사랑하느냐? 우리 이상 할 자가 없다고 생각합니다. 대한민국을 어디로 끌고 가야 됩니까? 사랑의 동산으로 끌고 가야 됩니다. 권력의 동산이 아닙니다. 술책의 동산이 아닙니다. 진정한 사랑의 동산으로 남북을 끌고 갈 때 남북은 여기에서 치리되는 것입니다. 부모를 중심삼은 형제의 인연을 갖고 소화하지 않으면 평화의 세계는 안 나옵니다.

38 조국광복은 남한만이 아닙니다. 남북한을 중심삼고 4대 강국권 내에 있는 각 국가를 사랑의 힘으로 소화해야 됩니다. 그것은 참다운 사랑의 힘으로만 소화할 수 있습니다. 이것은 영원불변입니다. 억천만년 전부터 우리 조상들이 원하던 사랑입니다. 이 시대에 수십억 인류가 찾고 있는 사랑입니다. 앞으로 영원히 후대들이 이 사랑을 중심삼고 전부 하나 될 수 있는 공통분모가 국가의 차원을 넘어 세계적으로 이루어질 때, 하나님의 사랑을 중심삼고 통치하는 세계를 지상천국이라고 합니다. 그 세계를 만들자는 것입니다.

39 삼천리반도에 선생님의 정신이 어리지 않은 곳이 없습니다. 통일교회 신자를 통해서 전부 투입했습니다. 투입을 하다 보니 결실을 맺는 것입니다. 이제는 명실공히 이 역사시대에 드러날 수 있는 때가 되었습니다. 우리의 주체사상은 김일성 주체사상이나 민주주의, 공산주의 주체사상이 아니라 하나님을 중심한 사랑의 주체사상입니다.

40 중심이 모호한 개인의 몰락을 방지하고, 사회의 몰락을 방지하고, 중심이 없는 국가를 방지하고, 중심이 없는 세계를 방지하고, 중심이 없는 하나님의 섭리관을 방지할 수 있는 단 하나의 공식 궤도는 '위해 존재하는 원칙'입니다. 이것은 출발과 더불어 종착점까지, 하나님의 창조의 세계로부터 종착점까지 영원히 남아지는 진리요 원칙인 것을 여러분이 기억해야 됩니다.

제4장 세계평화를 위한 구상

1절 참부모님이 구상하신 평화세계

1 본래 인간시조 아담과 해와가 타락하지 않았다면 어떻게 되었겠습니까? 아담 가정에서의 아담은 족장이 됩니다. 족장이 되는 동시에 민족장이 됩니다. 또한 국가의 대표자가 되어 아담 왕이 됩니다. 그러므로 이 세계는 아담주의 하나로 통일되어 나옵니다. 시시한 주의들이 나와서 세계를 교란하고 있으니 우리는 이런 주의를 뿌리째 전부 뽑아 버려야 합니다. 아담주의, 아담 언어, 아담 문화, 아담 전통, 아담 생활방식, 아담 제도 등 모든 것이 아담 국가의 이념 제도가 되어야 했습니다. 이러한 주의는 하나님주의입니다. 하나님의 마음에 의해 하나님과 일체가 되어야 하니 하나님주의라는 것입니다.

하나님과 평화세계

2 아담과 해와가 타락하지 않았으면 축복으로 결혼식을 해줘서 하나님이 기뻐할 수 있는 아들딸을 낳게 하여 하나님이 기뻐할 수 있는 가정을 편성하고, 이것을 번식시켜 종족과 민족을 편성하려고 했습니다. 이것이 더 넓어지면 그 세계는 하나님주의 세계인 동시에 아담주의 세계입니다. 그 세계에 이념이 있다면 이는 아담주의 이념이요, 거기에 우주관이 있다면 아담주의 우주관이요, 천주관이 있다면 아담주의 천주관이요, 생활관이 있다면 아담주의 생활관입니다. 그리고 오색인종이 알록달록하고 그런 것은 괜찮습니다. 그것은 환경에 따라서 달라진 것이니 수많은 민족, 피부 색깔이 다른 것은 괜찮다는 것입니다. 그러면 어찌하여 수많은 민족의 언어가 달라졌느냐? 인류시조가 타락함으로 인해 하늘이 분립시켰다는 것입니다.

3 본연의 땅은 어떤 곳이냐? 악이 깃드는 곳이 아닙니다. 악과 절연하고 넘쳐흐르는 본연의 사랑을 중심삼고 영원무궁토록 행복을 노래하며 사는 영원한 통일세계입니다. 그런데 그러한 곳에서 생활한 사람이 있었느냐? 한 사람도 없었습니다. 역사상에서 수많은 사람들이 그런 세계를 추구했지만, 그러한 세계는 이 땅 위에 세워지지 않았습니다. 그 세계가 어떠한 세계라고 말을 한 사람은 많이 있었지만 몸소 실천해서 그런 세계를 이룬 사람은 없었다는 것입니다.

4 우리가 살고 싶은 곳은 하늘나라입니다. 하늘나라에서 살고 싶다는

것입니다. 하늘나라에는 경계선이 없습니다. 하늘나라에서 쓰는 말은 둘이 아닙니다. 인종의 차이가 없습니다. 사람은 전부 다 하나님의 품에서 태어났기 때문에 인류는 한 형제입니다. 하나님을 중심삼고 보면 하나님의 아들딸이니까 전부가 형제이고, 지상천국을 중심삼고 보면 백성입니다. 지상천국의 국민입니다. 백성이라는 것입니다.

5 공생·공영·공의주의 세계는 인류가 바라 왔던 이상천국의 세계입니다. 그 세계는 절대로 혼자서는 이룰 수 없는 세계입니다. 그렇기 때문에 그 세계는 혼자만 있는 세계가 아닙니다. '나' 하면 반드시 상대가 있는 것이고 또한 가정이 있습니다. 이것은 관념으로만 끝나는 것이 아니라 실제 생활에 있어서 적용이 되어야 합니다. 그것이 생활무대에서 실제로 표현될 수 있는 세계가 바로 천국의 세계입니다.

6 인간이 본래 타락하지 않았으면 하나님이 기뻐하고 하나님이 좋아하고 하나님이 즐거워하고 하나님이 사랑할 수 있는 조국을 가졌을 것입니다. 원래는 그랬어야 됩니다. 이 지상이, 이 지구성이 우리의 조국이었습니다. 그 조국이 지상천국입니다. 그랬으면 하나님을 중심삼고 시작하였고, 하나님의 사랑을 중심삼고 관계를 맺었을 것입니다. 하나님이 계시고 하나님의 사랑이 있는 한 우리는 하나님을 모를 수 없습니다. 하나님의 사랑을 체험하니 하나님의 사랑이 어떻다는 것을 알 수 있기 때문에 만민이 형제의 인연을 중심삼고 하나의 식구와 같이, 하나의 형제와 같이 한 가정을, 대가족을 이루었을 것입니다. 이 지상천국에서 하나님의 가족으로 살던 사람들이 가는 곳이 영계의 천상천국입니다. 천상천국은 우리의 본향 땅입니다. 인간이 타락한 이후에 지금까지 그런 지상천국이 생겨나지 않았기 때문에, 지상에 우리의 조국이 생겨나지 않았기 때문에 천상천국이 비어 있습니다. 천상천국에 들어간 사람이 없다는 것입니다.

평화세계는 대가족사회

7 천국은 주체적인 하나님의 사랑을 중심삼고 전부가 하나되어 가지고 화합하고 서로 기뻐할 수 있는 가정을 세계적으로 전개시킨 곳입니다. 그곳이 하나님이 이상 하시는 천국입니다. 결국은 대가족 이념이 하나님의 사랑을 중심삼고 조화되는 세계권이 이루어져야만 천국이 됩니다. 그래야만 하나님이 구상하셨던 세계가 되는 것입니다. 오늘날 세계는 이것을 꿈도 꾸지 않고 있습니다. 그런 세계를 모르고 있습니다. 하나님이 이러

한 세계까지 수습해 나오시려는데, 이 사탄세계의 종이 반대해서 하늘의 법도를 어겼기 때문에 그 종 이상 될 수 있는 하나의 남자, 사탄 이상 높은 자리에서 하나님을 위하여 충성을 다 할 수 있는 종 이상의 참다운 사람이 나오지 않고는 하나님이 손을 대실 수 없습니다. 이것이 오늘날 타락세계를, 악한 세계를 대하시는 하나님의 입장입니다.

8 하나님은 부모요, 인간은 그 나라의 백성이자 자녀의 입장입니다. 개인도 그러하고, 가정도 그러하고, 종족·민족·국가·세계도 그러합니다. 이와 같이 하나님을 중심삼은 하나의 주권 하에서 우리 만민은 하나님의 친아들딸로서 전개된 개인적 가정을 중심삼고 볼 때, 그 나라의 주권이 가정을 연결시키는 주권입니다. 나라의 주권이 가정을 대표한 주권이라는 것입니다. 그렇기 때문에 그 주권은 수많은 개인에서부터 수많은 종족, 수많은 민족이 있다 하더라도 반드시 주체적이요 상대적인 입장에 서 있습니다. 그렇게 주체와 대상의 인연이 어디에서나 형성될 수 있는 창조이상적인 세계가 됨으로써, 그러한 곳에는 하나님의 주권이 계시므로 하늘나라라고 할 수 있는 횡적인 세계가 형성되어야 합니다. 그것이 하나님의 창조이상이었습니다. 그러나 인류시조가 타락함으로써 근본적으로 파탄을 가져왔습니다.

9 이상세계의 체제가 어떻게 되어 있느냐? 가정 체제를 확대한 것입니다. 그 가정 교본 원칙에 일치되는 심정권을 완성한 사람이면 어느 가정에 가든지 형제와 같이 대하고 아들딸같이 대하게 됩니다. 그렇다고 부부와 같이 대하라는 얘기는 아닙니다. 또 자기 할아버지 할머니의 연령과 같은 사람은 자기 할아버지 할머니같이 대하고, 자기 아들딸 같은 연령의 사람들은 자기 아들딸같이 대하는 것입니다. 어디를 가다가 자기 아들딸 같은 아이들이 지나가면 오라고 해서 먹을 것이 있으면 같이 나눠 먹는 것입니다. 이런 세계를 만들어야 합니다. 위해서 사는 세계가 아니면 평화세계가 올 수 없습니다. 위하는 철학의 논리를 생활철학으로부터 생애철학으로 발전시키지 않고는 이 세상에 평화의 세계가 올 수 없습니다.

10 모든 인간이 최후에 가져야 할 공동적인 목표요 가야 할 공동적인 관문이 무엇이냐? 나라도 아니요 세계도 아닙니다. 공산주의 세계도 아니요 민주주의 세계도 아닙니다. 공산주의 세계가 있기 전에 본연의 가정이 있어야 합니다. 또한 민주주의 세계가 있기 전에 참된 민주주의 세계

를 창건할 수 있는 본연의 가정이 있어야 됩니다. 지금까지 여기에 대한 질서가 어디에 있었으며, 여기에 대한 교육이 어디에 있었으며, 여기에 대한 목적 기준이 어디에 있었습니까? 이런 결정적인 기준이 이 땅 위에 나타나지 않았다는 것입니다. 이것이 나타나기 전에는 평화의 왕국, 평화의 이상국가, 평화의 나라는 있을 수 없습니다. 그래서 이런 이상적 가정, 본연의 가정, 살아야 할 가정, 만나야 할 가정, 찾아야 할 가정이 이 지구상에 반드시 나타나 인류역사와 더불어 운명을 같이할 수 있는 한때가 와야 합니다. 그래야만 땅에 대한 하나님의 섭리가 이루어지는 것이요, 안식의 복지, 안식의 보금자리가 출발한다는 것입니다.

초국경·초민족·초종교 사회

11 하나님이 창조한 세계는 국경이 있을 수 없습니다. 흑백의 인종문제가 문제 되지 않을 것입니다. 선악의 투쟁도 필요 없을 것입니다. 이런 관점에서 우리가 사는 세계에 국경이 없습니까? 각 국가마다 국경이 있습니다. 흑백의 인종문제뿐만 아니라 가정에 있어서 남편과 아내, 부모와 자녀 간에 분열이 벌어져 있습니다. 선한 사람과 악한 사람이 싸우고 있습니다. 이러한 현 정세에 오시는 주님은 국경이 없는 나라를 만들고, 인종을 초월해서 세계를 하나로 만들어야 됩니다. 분열된 가정을 통일해야 되고, 선악이 싸우는 이 세계에 평화의 왕국을 만들어야 됩니다. 그래서 개인은 가정 앞에 희생해야 됩니다. 나라는 하나의 세계를 위해서 희생하고 굴복하고 들어가야 됩니다. 이러한 길을 모색하지 않고는 앞으로 올 하나의 세계까지 나아갈 길이 완전히 단절되는 것입니다.

12 종교는 국가 체제를 넘고 세계 체제를 넘어야 됩니다. 그런 절대적인 힘을 가진 종교가 되어야 합니다. 그러한 진리를 가진 종교는 타락권 내에서 이루어진 모든 제도나 모든 풍습이나 모든 국가나 모든 종족 혈족까지도 변화시킬 수 있는 주체적 힘을 갖지 않으면 안 됩니다. 거기에는 아시아가 따로 없고, 서구가 따로 없습니다. 거기에는 국가적으로 분립되고 민족적으로 분립되고 종족적으로 분립되는 현상이나 편파적인 현상으로 말미암은 사탄의 기원이 있어서는 안 됩니다. 그들이 바라는 표준은 하나의 나라가 있을 뿐입니다. 하나의 백성만이 있을 뿐입니다. 하나의 국토를 가질 뿐입니다. 그래야 하나님을 중심삼은 영원불멸의 하나의 주권이 형성될 수 있습니다. 그 나라는 하나님을 중심삼고 직계의 자녀들이 천명을 받들어, 하나님을 대

신한 명령을 가지고 그 왕권으로 치리하는 나라임에 틀림없습니다. 거기에는 민주주의나 공산주의가 있을 수 없습니다.

13 지금까지 세계의 수많은 민족, 혹은 오색인종이 만든 문화권의 세계를 전부 타파해 버리고 하나의 문화권으로 만들어야 되는 것입니다. 다시 말하면 하나님주의적인 가정제도, 하나님주의적인 사회제도, 하나님주의적인 국가제도, 하나님주의적인 내용을 갖춘 이상세계가 벌어져야 한다는 것입니다. 그러한 주의가 타락하지 않은 완성한 아담주의입니다. 공산주의도 민주주의도 아닌 아담주의입니다. 그것은 하나님주의를 찾아가는 과정입니다.

14 선생님은 이제 유엔을 하나로 묶어야 됩니다. 유엔을 묶어서 뭘할 것이냐? 싸움을 해서는 안 됩니다. 그 모델이 평화의 국가가 될 수 있고 통일국가가 될 수 있습니다. 초민족·초종교·초인종·초문화권을 중심삼고 형제애로 아담 한 가정에서 모시는 어머니 아버지가 천하의 대왕마마가 됩니다. 아담 가정이 가정의 왕으로서 종족왕·민족왕·국가왕·세계왕으로 발전돼 나가야 됩니다. 그래서 왕권이 전수되어 계속될 수 있는 일을 해야 할 것이 하나님의 섭리입니다.

15 종교의 중심은 무엇입니까? 신입니다. 하나님입니다. 물론 신에 대한 이름은 많습니다. 그렇지만 이름이 문제가 아닙니다. 그 신은 둘이 될 수 없는 것입니다. 근원은 하나이기 때문에 하나의 신입니다. 하나의 신을 두고 말할 때 각 나라의 언어가 다르기 때문에 하나의 신을 표시하는 명사는 달리 나타나지만 그 본체는 하나입니다. 신이 지향하는 목적은 종교를 통해 나타납니다. 그러므로 아무리 수많은 종단들이 있다고 하더라도 그 종단이 가는 길의 목적은 하나의 귀결점에 도달해야 됩니다. 그 귀결점은 평화와 연결될 수 있는, 천국과 연결될 수 있는 이념이 아닐 수 없습니다.

16 인간이 아무리 평화의 나라를 이루려고 하지만 인간세상의 그 무엇을 가지고는 세계적인 평화의 나라를 이룰 수 없습니다. 만약에 가능하다면 지금보다도 옛날의 많은 도인들이 정성 들인 것으로 이미 그 세계를 이루었을 것입니다. 오늘날 사람들은 발달된 과학문명 속에서 실존주의 현실주의에 입각하여 그 이상을 탐구하겠다고 허덕이고 있습니다. 여러분은 우리 인간이 소망하는 본향의 나라, 이상세계를 이룰 수 있겠습니까? 여러분의 마음과 몸이 하나되지 못하고 갈라져 있는 것이 문제입니다. 그러

므로 외적인 몸과 내적인 마음이 하나가 된다면 문제 될 것이 없습니다. 마음과 몸이 통일되어 있느냐 할 때 이 몸이 원수입니다. 마음은 곧바로 가기를 바라는데 몸은 반대로 가기를 바라고 있다는 것입니다.

17 천지를 창조하신 하나님은 선을 중심삼고 개인과 가정·국가·세계·천주를 세워서 하나님이 원하셨던 사랑을 중심삼은 평화의 세계를 이루려 하셨습니다. 그런데 인간의 타락으로 말미암아 이러한 것을 전부 잃어버리게 되었습니다. 그리하여 하나님이 창조한 이 세계는 참다운 개인과 참다운 가정·국가·세계·천주가 되지 못하고 슬픔을 동반한 개인과 가정·국가·세계·천주가 되었습니다. 하나님은 지금까지 이것을 복귀하기 위하여 수고해 나오고 계십니다. 그리고 우리 선조들도 복귀의 뜻을 따라 나왔지만, 어떻게 해야 하나님의 뜻에 맞게 개인이 복귀되고, 가정이 복귀되며, 국가·세계·천주가 복귀될 것인가 하는 것을 모르고 나왔습니다. 그리하여 선생님은 참다운 개인으로부터 가정·국가·세계·천주까지 어떻게 복귀할 것이며, 이 천주가 하나님의 심정에 어떻게 일치될 것인가 하는 중대한 문제를 걸어 놓고 이를 해결하기 위해 지금까지 고생해 왔습니다. 선생님은 원리를 찾고 난 후에 이것이 과연 인류에게 필요한 것임을 알았고, 또 이 원리가 아니면 하나님이 창조이념을 달성할 수 없다는 것을 알았습니다.

2절 공산주의의 문제점과 종언

1 오늘날 세계는 공산세계와 민주세계, 가인과 아벨로 갈라져 있습니다. 세계적으로 갈라져 있습니다. 가인 아벨이 싸움으로써 불행을 초래했는데, 그 역사적인 한의 혈통을 청산짓기 위해서는 가인과 아벨, 공산세계와 민주세계가 갈라져 싸우는 입장에 서서는 안 됩니다. 이 땅 위에 세계평화 왕국이 임하지 못한다는 것입니다. 평화의 부모가 이 땅에 임하지 못합니다. 가인 아벨과 마찬가지 입장에 있는 공산세계와 민주세계가 하나되어야 이 땅 위에 부모 입장에 있는 세계통일 주권이 임하는 것입니다.

공산주의, 왜 문제인가

2 민주세계와 공산세계는 반대로 되어 있습니다. 민주세계는 하늘을 찾아가고, 공산세계는 반대로 가고 있습니다. 공산세계는 물질세계를 찾아가지만, 민주세계는 그 반대의 길을 가고 있습니다. 민주세계는 개인을 중심삼고 있지만, 공산세계는 당이 주관하는 것입니다. 민주세계는 자유와 사랑과 평화를 중심삼고 있지만, 공산세계는 위협과 총칼을 중심

삼고 강제로 주관합니다. 두 세계가 지금 반대로 벌어진 것입니다.

3 민주세계는 마음주의입니다. 거기에는 그래도 동정이 있고 미래가 있습니다. 또 거기에서는 평화를 논합니다. 그러나 공산주의 이념은 변증법에 의한 투쟁을 주장합니다. 그들은 투쟁과정이 발전의 요인이라고 말합니다. 거기에는 평화가 있을 수 없습니다. 이념이 다르다는 것입니다.

4 오늘의 세계는 몸과 물질을 위하여 싸우는 세계입니다. 아무리 경제학·과학·사상이 발전한다고 할지라도 그것이 인류에게 평화를 가져다줄 수 없습니다. 그것으로는 안 됩니다. 마음의 세계에 들어와 이 육체와 물질을 재감별시킬 수 있는 어떠한 주의나 천적인 움직임이 역사적인 종말시대에 나타나지 않는 한 이 세계는 망해 버릴 것입니다. 이제 하늘이 기필코 하나의 중심을 결정지어야 할 최후의 시대에 봉착했습니다. 이러한 시대에 살고 있는 우리는 이 많은 문제들을 어떠한 입장에서 해결하고 청산할 것이냐? 이 문제가 세계적으로 벌어져 두 사조로 나타났으니, 그 하나는 유물사관이요 다른 하나는 유심사관입니다. 딱 나뉘어 나왔습니다. 물질과 더불어, 몸과 더불어 나가면 망합니다. 그러니 하나님과 더불어 청산해야 됩니다. 여기에서 우리가 제창해야 될 것은 마음인데, 이 마음의 주체가 누구입니까? 마음의 주체는 하나님입니다.

5 민주주의는 민주주의대로, 공산주의는 공산주의대로 자기들을 중심삼고 평화세계에 도달하려고 합니다. 공산주의는 지금부터 완전히 지상에서 없어지는 시대에 들어갑니다. 이것은 섭리적으로 봐도, 또 역사적으로 봐도 그렇게 될 수밖에 없습니다. 공산주의가 없어지면 민주주의는 어떻게 되겠습니까? 민주주의 세계에서도 공산주의 세계가 없어졌기 때문에 지금부터는 민주주의 시대가 오게 될 것으로 생각합니다. 자기들이 주도권을 가지고 세계를 지배하고, 민주주의가 희망이라고 생각하고 있지만, 공산주의의 멸망과 함께 민주주의 자체도 그 뒤를 좇아서 급히 떨어져 가는 것입니다.

6 지금까지 공존은 상대를 서로 부정하려는 싸움이 계속되는 상태에서의 공존입니다. 서로가 평화를 유지하며 서로 좋아하는 상태에서의 공존은 있을 수 없습니다. 이런 관점에서 유심사관과 유물사관의 투쟁은 근본에서부터 해결해야 됩니다. 이것을 해결하려면 선을 어느 위치에 세우느냐? 먼저 원칙적인 기준을 확고히 세

운 후에 그 기준을 중심삼고 나중 된 입장을 처리해야 됩니다.

7 선생님은 가인권인 공산세계와 아벨권인 민주세계를 통합한 기반 위에 서지 않으면 안 됩니다. 그러므로 이들이 하나 못 되면 안 됩니다. 몸과 마음이 확대된 세계가 민주세계와 공산세계입니다. 하나는 마음주의적 세계요, 하나는 몸주의적 세계입니다. 이것을 합한 기반 위에 서지 않고는 세계평화의 문을 열 수 없습니다. 이것이 원칙입니다. 이것이 개인 몸으로부터 가정·사회·국가·세계에까지 전부 연결되는 것입니다.

8 공산주의 논리를 보면 '세계는 투쟁 과정을 거쳐서 우리가 지향하는 하나의 이상세계에 도전하는 것이다. 그것은 절대적이다. 당의 명령을 어떠한 명령보다도 절대시해야 된다.'라고 하는 것입니다. 그것이 선한 편에 서서, 자유와 행복과 평화를 가져올 수 있는 편에 서서 그런다면 모르지만, 공산주의의 본질적 내용을 보면 이것은 가히 상상할 수 없는 내용을 갖고 있습니다. 자기들의 목적을 달성하기 위해서는 수단 방법을 가리지 않습니다. 자기 부모도, 자기 나라도, 자기 동지도 그 가는 길에 방해가 되면 자르는 것입니다. 그리하여 70년 역사의 공산주의는 세계의 문제로 등장하고 있습니다.

9 공산세계가 추구하는 것은 무엇이냐? 투쟁의 결과로 말미암아 갖게 되는 평화의 세계입니다. 그 평화의 세계는 오늘날 민주세계에서 말하는 평화와는 다릅니다. 평화에 위배되는 모든 것은 숙청하는 것입니다. 공산주의 사상에 위배되는 모든 것은 숙청합니다. 반동분자라는 것입니다. 그러니까 반동분자를 다 잘라 버리고 반동분자가 없게 만든 그 세계의 평화를 말합니다. 다릅니다. 오늘날 소련이 평화를 주장하지만 그 평화는 마르크스·레닌주의를 중심삼고 거기에 위배되는 모든 반동분자들을 숙청해 버리고 마르크스주의 일변도의 입장인, 그런 반대 무리가 없는 경지를 말하는 것입니다.

10 공산주의는 뭐냐? 주체도 인정 안 한다, 대상도 인정 안 한다, 방향성도 없다, 목적성도 없다는 것입니다. 이 가운데 어느 하나를 인정하면 다 깨져 나가는 것입니다. 여기서는 주체와 대상의 관계를 투쟁 관계로 보고 있습니다. 싸워서 하나된다는 것입니다. 세상에 그런 법이 어디 있습니까? '여자와 남자가 싸워서 하나된다. 몸과 마음이 싸워서 하나된다.' 라고 하는 것입니다. 그들은 또 주체와 대상에 있어서도 '물질이 먼저지

마음이 먼저가 아니다. 마음은 물질에 의한 파생물이다.'라고 합니다. 거꾸로 뒤집어 놨습니다. '방향은 투쟁이다.'라면서 투쟁의 방향을 취하고 있습니다. 평화의 방향이 아닙니다. '통일은 피를 봐야 된다. 피를 보고 통일이 된다.'라고 합니다. 이것은 역사 발전의 원칙에도, 우주 존재의 원칙에도 위반됩니다.

11 변증법은 모든 것은 투쟁하면서 하나된다고 하는 것입니다. 만약 자본주의 세계가 없어지고 자본주의 체제가 공산주의 체제로 화했을 때는 투쟁 목표를 어디에 둘 것이냐, 그때에 평화의 세계가 그냥 그대로 올 것이냐 하는 것입니다. 그때 그냥 가만히 있어 가지고 이상적인 공산세계가 온다고는 절대 생각할 수 없습니다. 만약 이 자체가 포화상태에 들어가서 이상 실현이 불가능하게 될 때는 반드시 자체 분열이 격심해집니다. 만일 그런 세계가 된다면, 반대로 영계가 있다면 영계가 그 세계를 가만히 두겠느냐는 것입니다. 하나님이 있다면 어떻게 하겠습니까? 그 세계가 되었다면 종교가 없어집니다. 종교가 없는 세계가 되는 것입니다. 그렇게 되었을 때 지금까지 종교를 대하던 하나님이 아무런 일도 하지 않고 가만히 있겠느냐는 것입니다. 공산주의는 자본주의에 대해서 투쟁 목표를 세우는 동시에 하나님에 대해서 투쟁 목표를 세우고 있습니다. 종교를 투쟁의 목표로 세우는 것입니다.

12 공산주의가 말하는 평화는 우리와 개념이 다릅니다. 어휘적 전술을 활용하고 있습니다. '평화' 하면 우리 자유세계, 민주세계 사람들은 서로가 의견이 다르고 주장이 다르고 목적 방향이 다른 입장에 있더라도 서로서로 화합하여 하나를 이룰 수 있는 기준을 찾아 나갑니다. 그것이 평화입니다. 그렇게 하나된 것이 평화라고 보는데, 공산세계는 아닙니다. 프롤레타리아 독재정권 앞에 반대하는 모든 반동분자는 완전히 제거해 버리고 거기에 상대적으로 나타나지 않는 기준에 선 평화입니다.

13 이미 미국의 행정부나 군대나 교회에 공산당이 투입되어 있습니다. 그래서 무신론적 기독교화 운동을 본격적으로 백주에 선전하고 나옵니다. 물질사상을 중심삼은 공산주의 사상 기반 밑에서 조직적인 편성을 해서 나오고 있는데, 이것을 중심삼고는 기대할 수 없습니다. 행정부를 기대할 수 없고, 군대를 기대할 수 없고, 교회를 기대할 수 없고, 전부 기대할 수 없습니다. 학자도 그렇고, 대학생도 마찬가지입니다. 그러니 할 수 없이 공산주의에 대처할 수 있는

사상적인 기반 밑에서 새로운 종교운동을 제시하여 세계문제화시켜서 희망을 존속시키는 길밖에 없다는 결론이 나옵니다. 그런데 공산당은 순리적인 자기의 이상세계를 원치 않습니다. 폭력적인 이상세계를 원한다는 것입니다. 목적을 위해서는 수단 방법을 가리지 않습니다. 그런 세계화된 기반을 대해야 할 것이 선생님의 입장이요 통일교회의 입장인 것을 생각해 봐야 합니다. 그렇기 때문에 사상적으로 돌려놔야 되고, 생활적인 감정을 돌려놔야 되고, 행동의 방향을 돌려놔야 됩니다.

14 공산당, 악이라는 것은 힘이 셀 때는 언제나 공격해 옵니다. 평화가 없습니다. 그런 의미에서 선생님이 통일교회 젊은이들 가슴에 불을 질러 놓고, 미래에 있어서 투쟁이라는 내심적인 결의를 다짐시키기 위해서 총공장을 만든 것입니다. 힘은 힘으로 써 제압할 수 있는 기준이 되어 있지 않고는 안 됩니다. 그렇다고 공격한다는 것이 아닙니다. 약하게 될 때는 언제나 침공할 수 있는 것이 사탄의 본질입니다. 평화니 뭐니 하는 것은 그들의 전략전술입니다. 급변하는 정세가 몰려오는 이때에 한국 백성들이 해야 할 것이 무엇이냐? 생사의 결단을 내릴 수 있는 사상적인 무장을 해야 할 때가 왔다는 것입니다.

15 유물론을 중심삼은 공산주의가 어떻게 나왔습니까? 그것은 역사적으로 물질밖에 모르는 이 몸의 투쟁적 내연을 확대시켜 세계적으로 결실시켜 놓은 것입니다. 그것이 유물론적 세계관입니다. 또 유심론, 오늘날 민주세계는 마음과 몸이 싸우는 데 있어서 마음 편으로 열매맺어 세계적으로 결실한, 그러한 실정으로 나타난 것입니다. 이것이 지금 세계문제로 대치하고 있습니다. 언제나 몸이 마음을 치고 끌고 다니듯이 끝날에는 유물, 물질주의가 마음주의를 침범해서 사망의 구렁텅이로 몰아넣을 수 있는 위험천만한 수위를 넘고 있습니다. 이렇게 볼 때 21세기에 세계의 통일도 필요하지만, 하나의 세계나 평화의 세계도 필요하지만 내 마음속 깊이 통일과 평화를 가져올 수 있는 단 하나의 방안을 어떻게 찾아내느냐? 이것이 문제의 동기입니다. 이것이 기원이 되어 있기 때문에 여기에서부터 해결짓지 않으면 모든 것이 수포로 돌아갑니다.

16 오늘날 세계정세의 상황을 살펴볼 때 공산주의자들은 세 가지 형태의 전쟁을 벌이고 있습니다. 그것은 사상전·정보전·선전전입니다. 미국은 크고 강대한 국가이지만 공산주의자들과 싸워 이길 수 있는 확실한 정책 방법을 갖고 있지 않습니다. 미국

의 위정자들은 공산주의자들과 맞서 서 싸우기를 꺼린 나머지 후퇴와 양보를 거듭해 나왔습니다. 그렇기 때문에 미국과 인접한 중남미 국가들이 공산주의자들의 조종을 받아 미국의 자유와 평화를 위협하는 단계에까지 이르고 말았습니다. 만일 공산주의자들이 미국의 통치권을 잡는다면 여러분은 어떻게 하겠습니까? 그들이 지금처럼 여러분에게 자유와 평화를 보장해 줄 것 같습니까? 선생님은 그러한 불행한 사태가 미국에서도 발생할 가능성이 있으며, 그러한 징후는 이미 세계 도처에서 나타나고 있음을 확신합니다. 중남미 여러 국가들은 선생님과 그의 사상만이 미래의 희망이라고 인식하기 시작했습니다. 이제 통일교회 신도들은 미국을 설득하고 이해시켜야 합니다.

공산주의 종언

17 선생님은 공산주의가 73년을 못 넘긴다는 것을 천리를 통해서 알았기 때문에 기다리고 또 기다려 왔습니다. 김일성하고 소련의 정보 당국이 1987년 12월까지 선생님을 암살할 계획을 완료했습니다. 그런 사실을 미국 정보국을 통하여 통고받았습니다. 1987년 일본의 적군파 25명이 뉴욕에 투입되었다가 붙잡혀서 실토한 사실입니다. 그런 소련이 통일교회의 진리를 알아보고 나서 이것이야말로 대단한 것이며, 소련에 새로운 희망을 줄 수 있는 진리란 점을 알게 된 것입니다.

18 선생님은 스위스 제네바에서 열린 세계평화교수협의회를 중심삼고 '1985년 8월 15일이 되기 전에 소련의 멸망을 선포하라.'라고 했습니다. 350명의 세계 학자들과 소련 연구 전문가들을 모아 소련은 멸망하지 않을 수 없다는 것을 선포해 버렸습니다. 그런 조건을 세우지 않으면 소련이 내려갈 수 없습니다.

19 선생님은 공산주의를 종식시키기 위해서 '소련제국 멸망'이라는 주제로 1985년 세계평화교수협의회를 중심삼고 대회를 했습니다. 이때 소련은 승승장구하던 시기였습니다. 1985년에는 미국을 인수하겠다는 것이 소련의 프로그램이었습니다. 그때 카플란 박사가 댄버리 교도소로 찾아와서 '소련제국 멸망이라는 말을 노골적으로 하지 맙시다. 메이비(maybe), 그럴지도 모른다는 말을 넣읍시다.'라고 건의했습니다. 그래서 선생님이 '소련제국이 5년 이내에 망하면 어떡할 거야? 책임질 거야? 두고 봐!'라고 해서 그대로 한 것입니다. 그랬는데 5년 만에 망했습니다.

20 싸워서 발전하는 것은 없습니다.

싸우면 반드시 둘 다 떨어져 내려갑니다. 투쟁해서 발전한다는 공산주의는 73년을 못 갔습니다. 선생님은 벌써 1950년대부터 예언했습니다. 공산주의가 73년을 넘으면 내 손가락에 장을 지지라고 했습니다. 딱 73년 만에 깨끗이 망했습니다. 싸움을 조장하는 사람은 반드시 현재의 기준을 파탄시키는 것입니다. 전락시키는 것입니다. 투쟁 개념이라는 것은 발전적 동기가 없습니다. 현재 이상의 기반을 못 닦아 놓습니다.

21 선생님은 사상적인 체제를 중심삼고 40년 동안 싸워 왔습니다. 공산당이 망하기 때문에 공산당을 버리게 될 때는 뭘 잡겠습니까? 공산당을 적극적으로 반대한 것을 붙잡는 것입니다. 그것밖에 붙들 것이 없습니다. 그것이 전환시대의 팻말이 아닐 수 없다는 것입니다. 그렇기 때문에 자유세계가 그렇게 반대했고 공산세계가 그렇게 반대했지만 조금도 거침없이 지금까지 싸워 나온 것입니다. 또 모스크바에 가서 공산당은 망한다고 들이죄기고 하나님을 소개했습니다. 소련이 앞으로 하나님을 찾아가기 위해서는 선생님이 말한 그 기준을 중심삼고 찾아야 됩니다. 지금까지 희랍정교라든가 기성 종교의 관과는 근본적으로 다릅니다. 하나님을 현실적 생활의 중심으로 등장시켜 놓았다는 것입니다. 그런 면에서 역사적인 선언을 한 것입니다.

초이념 시대의 비전

22 일대는 물론 십대, 혹은 백대, 천대, 더 나아가 인류의 종지조상으로부터 앞으로 올 수많은 후손까지 길이길이 감사할 수 있는 주의 사상이 이 땅에 나올 수 있다면, 그 사상으로 말미암아 세계는 정복되는 것입니다. 과거의 수많은 성인현철까지도 감사·감격할 수 있는 그 무엇이 있다면 영계도 협조하게 됩니다. 그리고 이 시대 수많은 인간도 그런 사상과 이념이 있다면 감사·감격하지 않을 수 없을 것입니다. 그것이 지금 시대에 끝날 것이 아니라 과거로부터 현재, 미래까지 연결될 수 있음에 틀림없습니다. 그런 내용을 우리가 탐지해 볼 때 이것이 무엇으로 그럴 수 있겠느냐? 이런 관점에서 통일교회가 특별히 주장하는 것은 심정입니다.

23 역사를 종합해 보면 로마 교황청을 중심으로 한 신본주의도 실패하고, 인본주의인 민주주의도 실패하고, 물본주의인 공산주의도 실패했습니다. 그래서 신본주의 인본주의 물본주의를 전부 합할 수 있는 초국가적 초이상주의적인 세계가 있으면 어떨 것이냐 하는 생각을 하게 되는 것입니다. 그것을 종합할 수 있는 사

상적 체계가 필요함과 동시에 종교적 체계가 융합된 하나의 길이 절대 요구되는 시대권으로 넘어가고 있습니다. 그러니까 사상도 필요하지만 종교주의도 필요합니다. 신을 중심삼은 인간 이상의 것이 필요하기 때문입니다. 인간 가지고는 안 됩니다. 세계 역사의 모든 정치적 취향이 이런 방향으로 넘어가기 때문에, 여기에 통일교회가 그것을 통합하기 위한 방편적인 길을 모색해서 발표하는 것이 두익사상입니다.

24 앞으로는 공산세계도 아니고 민주세계도 아닌 새로운 세계가 나와야 합니다. 우리 마음을 위주로 한, 하나님을 존중하는 세계가 이 땅에 나타나야 됩니다. 사망의 몸을 넘어서 우리 마음이 갈구하는 소망의 세계가 이 땅에 나타나야 한다는 것입니다. 그때가 바로 우리가 갈망하는 평화의 왕국 시대요, 통일교인들이 말하는 지상천국 시대입니다.

25 지금까지 민주세계와 공산세계가 투쟁해 나오고 있습니다. 그래서 공산세계의 원수는 민주세계요, 민주세계의 원수는 공산세계라고 하면서 서로가 때려잡으려 하고 있습니다. 이러한 세계에서는 우리가 바라는 평화가 나타날 수 없습니다. 그렇기 때문에 여기에서 필연적으로 요구되는 것은 몸 마음을 중심삼은 새로운 운동입니다. 마음이 절대적으로 완전히 몸을 관리할 수 있는 하나의 승리적 기반을 닦기 위한 새로운 운동이 이 지상에서 벌어져야 됩니다. 그리하여 그것이 민주세계를 포섭하고 나아가 공산세계까지 포섭할 수 있어야 합니다.

26 왜 좌익이 나오고 우익이 나왔느냐? 우익 좌익이 나오게 된 기원이 어디냐? 그것은 정치가들이 그렇게 하고 싶어서 붙인 것이 아닙니다. 역사적 탕감노정을 재현시켜 이것을 벗어나지 않고는 예수님의 해방이 벌어지지 않기 때문입니다. 우익과 좌익, 바라바까지 한꺼번에 예수님 앞에 무릎을 꿇고, 당신만이 영광의 승리자요 최후의 승리자라고 찬양할 수 있는 세계가 되어야만 평화의 천국이 개문됩니다.

27 역사의 진전 과정을 두고 볼 때 종교통일운동과 승공운동을 하지 않을 수 없습니다. 종교 통일운동과 공산세계와 자유세계 통일운동을 했다는 증거를 남기는 것입니다. 오른발에는 원리, 왼발에는 승공이론을 중심삼고 통일사상의 사람으로 서서 '나 여기 있소!'라고 하게 될 때 하나님의 아들이 되고, 거기에서 새로운 이상, 지상천국이 시작됩니다. 선생

님은 지상천국을 행진해 가는 것입니다. 하나님이 어떻게 되었느냐고 물으면 선생님은 '모든 것을 끝냈습니다. 우리도 역시 평화의 세계를 원했습니다.'라고 대답할 것입니다.

28 지금 동서문제를 중심삼고 볼 때, 민주주의가 이겼다고 생각하지 말라는 것입니다. 민주주의는 아무것도 없습니다. 민주주의는 정치 형태의 해설 방법입니다. 사상적 기초는 아무것도 없습니다. 지금 사상의 공백기에 들어갔습니다. 이제부터 우리 사상을 교육해야 됩니다. 하나님주의, 두익사상을 들고 나가야 됩니다. 그것을 들고 나와서 제도화하고 끌고 나갈 기관이 필요합니다. 통일교회 가지고는 안 됩니다. 그것을 통일교회가 끌고 나가면 통일교회 교리가 됩니다. 또 승공연합을 중심삼고 하면 공산주의에 대해서 편파적인 입장의 단체 이념이 됩니다. 그렇기 때문에 큰 테두리를 중심삼은 세계평화연합을 중심삼고 하는 것입니다. 제1차 세계대전 이후에는 국제연맹이 생겼고, 제2차 세계대전 이후에는 국제연합이 생겼습니다. 새로운 세계를 수습하기 위한 세계 기구로 정치 방향이라든가 지식층의 사람들을 수습할 수 있어야 합니다. 그것을 수습할 새로운 지도 이념을 채워 나가야 합니다.

29 통일교회가 미국이나 공산주의와 다른 것이 무엇입니까? 미국은 민주주의로써 인간 중심의 평면적 기준의 나라들을 중심한 주의를 주장해 나왔고, 공산주의도 역시 평면적인 기준의 세계평화를 중심삼고 주장해 나왔습니다. 미국이 기독교 문화권이라 하지만 하나님을 절대주체로서 세우는 것이 아니라, 하나님을 뒷전에 놓고 하나님이 죽었다고 하며 인간이 선두에 섰다는 것입니다. 그렇지만 통일교회는 입체성을 지니고 있습니다. 세계를 하나의 평화의 세계로 만들어도 그것이 마지막이 아닙니다. 그것을 하나의 새로운 우주 평화의 이념을 위한 출발 기점으로 삼는 것입니다. 이것이 무서운 것입니다. 거기서 신의 출동이 가능합니다. 그런 차원에서 통일교회는 세계평화 기준을 출발점으로 보고 있는데, 오늘날 평면 이념을 주장하는 민주주의나 공산주의는 세계평화 기준을 자기들의 목적으로 삼고 있습니다.

30 공산주의나 민주주의는 형상세계의 평화니 형상세계의 자유니 하는 것을 찾아 나가지만, 성상세계의 평화와 자유는 모르고 있습니다. 형상은 변할지라도 성상은 변하지 않습니다. 형상적으로 언제나 변화가 있을 수 있지만 변질할 수 있는 길은 없습니다. 형상적인 변화 형태를 취하면

발전하는 것입니다. 그러나 본질적인 변화는 있을 수 없습니다. 성상은 변하지 않기 때문입니다. 성상과 형상이 합할 수 있는 기준으로 볼 때 통일교회는 지상 평화니 지상 통일이니 하는 개념을 성상세계를 향해서 출발하는 기점으로 봅니다. 오늘날 이 세계는 형상세계의 평화와 자유를 논하지만, 그것을 중심삼고 우리는 성상세계를 바라기 때문에 자유세계의 종착점이 성상세계를 향한 출발점이 된다고 봅니다.

31 현재 공산세계라든가 민주세계를 두고 볼 때, 2대 대결시대는 지나가고 이제는 융합시대가 왔습니다. 그러나 평화를 주장하는 시대가 왔지만 그 평화를 이룰 수 있는 내용이 분명하지 않습니다. 이 세계가 혼란의 와중에 있지만, 이것을 극복할 내용을 제시할 수 있는 미래상이 없습니다. 공산주의는 이상세계를 제패하려고 했지만 그 꿈이 다 무너졌습니다. 민주세계도 그렇습니다. 현재 민주세계를 미국이 주도하고 있지만 세계의 평화적 종착점에 도달하기에는 너무나 먼 입장입니다. 도리어 그 소망의 기준이 비탈길에서 미끄럼을 타고 내려가는 형상입니다. 더구나 청소년들이 부패하여 인종지말(人種之末) 단계에 들어갔기 때문에 미래상은 있을 수 없습니다.

3절 유엔과 세계평화

1 제1차 세계대전 이후에 세계는 국제연맹을 중심삼고 평화의 세계, 전쟁이 없는 세계로 갈 줄 알았지만 30년도 못 되어 전쟁이 벌어지기 시작했습니다. 그러나 평화를 추구하는 인간 본성의 욕구는 불변입니다. 죽더라도 평화의 세계로 가고자 하는 것입니다. 그래서 2차대전 이후에 국제연맹을 해체한 뒤 국제연합을 만들어 '모든 인류는 형제다.'라고 해서 전승국가가 패망국을 독립시켜 형제권으로 보호 육성하는 시대로 들어온 것입니다. 이제 냉전을 통한 싸움은 끝이 났습니다. 3차대전은 사상전입니다. 소련과 미국이 싸우는 것을 서로 무서워합니다. 이제는 싫든 좋든 간에 평화를 위해 '세계는 이렇게 되어야 한다. 신이 있다!'라고 주장하지 않고는 수습할 방법이 없습니다. 그런 것을 안 선생님은 신의 절대가치를 기반으로 세계관과 우주관을 편성하고 하나님까지 해방할 수 있는 논리를 체계화시켜 나온 것입니다.

유엔 갱신과 세계평화

2 이제 평화의 모델 국가 형을 만들어야 됩니다. 이 일을 시작해서 세계 통일을 완성해야 됩니다. 유엔을 시켜서 세계의 여러 나라를 끌고 갈 수 있는 자리로 세워야 됩니다. 세계평화종교연합이니 세계평화연합이니

세계평화교수협의회니 해서 모두 '평화'를 넣은 것은 유엔을 목표로 삼았기 때문입니다. 선생님은 수십년 전부터 준비해 나온 것입니다. 원래는 유엔을 표준으로 해서 따라가게 되어 있습니다. 인류의 평화는 유엔이 주도해야 됩니다.

3 세계의 개별 국가를 중심삼고 나오던 것이 평화세계로 가기 위해서는 하루저녁에 될 수 없습니다. 오랜 기간을 통해서 나와야 됩니다. 무엇을 전환시키려면 하나의 표본물이 있어야 됩니다. '야, 저렇게 함으로써 나라가 발전하겠다!'라고 할 수 있는 모델이 있다면, 그것을 유엔이 선전하고 국가 국가가 지원할 수 있는 환경만 되면 모든 나라가 따라가게 돼 있습니다. 그래서 지금 선생님이 하는 일을 저개발 국가들이 환영합니다. 선진국가는 G7이니 G8이니 하는 몇 개 나라밖에 없습니다. 그 외에는 전부 후진국가 형이 되어 있기 때문에 유엔이 주장하는 평화적 모델 국가 형태가 있다고 할 때는 그 이하의 모든 나라는 하나의 방향으로 자동적으로 돌아갑니다.

4 지금 유엔으로는 세계평화를 가져올 수가 없습니다. 나라마다 자국의 잇속을 챙기기 위해 싸우고 있습니다. 그러면 안 됩니다. 양심적이 아닙니다. 그렇기 때문에 양심을 중심한 종교연합과 현재의 유엔을 합병시키는 것입니다. 그 배후에 해와와 같은 여성연합이 있습니다. 원래 세계평화는 여자가 중심이 되지 않으면 안 됩니다. 그렇지 않고는 싸우기만 합니다. 여자가 중간에서 가인 아벨을 안는 것과 같은 조직을 만들어서, 여자를 중심으로 해서 전 세계에 평화의 분위기를 조성하는 것입니다.

5 세계평화를 누가 주도해야 되느냐? 하늘이 주도해야 됩니다. 종교권도 정치권도 하늘이 주도해야 됩니다. 선생님이 주창하는 것이 종교권 유엔입니다. 그다음에 여성유엔을 주창하는 것입니다. 이것은 틀림없이 됩니다. 이렇게 되면 현재의 인류는 하나님의 프로그램권 내에 완전히 빨려 들어가는 것입니다.

6 정치적 입장에서는 세계를 요리할 수 없습니다. 요리하는 상대가 정치권입니다. 정치권은 다 썩었습니다. 가정을 중심삼고 이 부패한 사실을 시정할 길이 없습니다. 그러니까 종교가 다시 규합해야 됩니다. 세계를 규합해서 평화의 세계로 갈 수 있는 첩경, 똑바른 길을 마련해 줘야 됩니다.

7 국제연합은 몸입니다. 몸에 마음세계를 갖다 붙여야 됩니다. 그것이

종교권, 세계평화종교연합입니다. 종교권을 붙여야만 몸 마음이 하나됩니다. 그다음에는 어머니, 여성연합을 갖다 붙여야 됩니다. 그다음에 청년연합을 갖다 붙이는 것입니다. 4대 단체를 유엔에 갖다 세우면 앞으로 유엔이 평화통일을 할 수 있는, 하나의 세계로 갈 수 있는 방향을 제시할 수 있는 것이 됩니다.

8 오늘날 유엔을 두고 보면, 유엔이 하나되기 위해서 새로운 정치이상을 이루어 보겠다고 하나의 세계적인 정치기구를 만들었지만, 그 안에 하나되지 못하는 복잡한 문제가 외적으로 하나되는 것보다도 더 많게 될 때는 외적으로 하나되려는 그 자체도 무너져 갑니다. 공산세계도 노동자 농민을 중심삼고 전부 하나되자고 외적으로는 주장하고 있지만 내적으로는 역시 분열되고 있습니다.

9 유엔은 나라 형태를 못 가졌습니다. 유엔은 정치풍토에 젖어서 절름발이가 되어 있습니다. 가정이 이루어지려면 아버지 어머니가 있어야 되고 아들딸이 있어야 됩니다. 유엔은 주인이 없습니다. 누가 누구인지도 모르는 것입니다. 평화의 세계로 가는 새로운 유엔의 구성은 선생님 이외에는 할 수 없습니다. 가정의 왕을 중심삼고 잃어버린 모든 전부를 여기서 접붙임으로써 하나의 세계적인 왕권 중심국가가 되는 것입니다.

아벨유엔

10 지금의 유엔은 가인적이기 때문에 이제 아벨적인 유엔을 만들어야 됩니다. 그러니 대한민국은 대한민국의 책임자들이 맡으라는 것입니다. 앞으로 대한민국이 세계로 갈 수 있는 길을 여기서 만들어야 됩니다. 선생님은 대한민국이 어디로 가야 할 것인가를 알기 때문에 남들은 꿈도 못 꾸는 일을 하고 있습니다.

11 평화를 위한 유엔 기구와 같은 것을 만들어야 합니다. 지금의 유엔 기구는 머리만 있지 손발이 없는 기구입니다. 세계평화교수협의회라는 것을 만들어 그 간판만 붙이면 유엔총회도 될 수 있습니다. '유엔총회에 너희는 정치인들만 모이지? 우리는 평화를 위한 사절들만 모인다.'라고 하며 새로운 아벨적인 유엔총회를 만들자는 것입니다. 현재 유엔총회는 머리만 있고 손발이 없기 때문에 전신이 마비되어 있습니다.

12 이제 평화의 시대가 왔습니다. 미국이 세계평화의 선도국이 되려면 모델 국가가 있어야 되는 것입니다. 남북을 통일해야 되고, 중동을 통일할 수 있는 길을 선생님이 유엔 기구

를 중심삼고 제시하는 것입니다. 기존의 유엔 기구를 가인 입장에 세우고 새로운 유엔 기구를 만들어 아벨 입장에 세워 가인 아벨을 중심삼고 하늘의 뜻과 하나되게 해야 됩니다. 그래서 평화의 모델 국가로서 해방된 그 모델을 가지지 않고는 평화를 주도할 수 없습니다.

13 중국 문제를 두고 우리가 유엔에서 3일 금식기도를 하면서 대만의 가입 문제를 논의한 것이 뜻이 있습니다. 중국이 문제라는 것입니다. 사탄세계로 보게 되면 김일성의 북한이 아담 국가라고 하면 중국은 해와 국가이고, 러시아는 천사장 국가입니다. 그러니까 거꾸로 하나되어야 합니다. 러시아와 중국을 중심삼고 대만까지 하나되어야 합니다. 도서국가연합이니 반도국가연합이니 대륙국가연합이니 해서 전부 묶어 놓았기 때문에 그것을 유엔에 건의하려고 합니다. 아벨적인 유엔을 만들어야 됩니다. 현재의 유엔은 방향감각을 잃어버려서 세계 인류 앞에 필요하지 않습니다. 그런 시대로 넘어갑니다. 그래서 유엔을 중심삼은 통일왕국시대로 넘어갑니다. 그런 여건을 갖춰서 만반의 준비를 한 것입니다.

종교유엔

14 전 세계에 널려 있는 종교인들이 단합하여 어떠한 민족이나 주권이 이겨낼 수 없는 세계적인 주권을 만들어야 됩니다. 그래서 잠자고 있는 유엔을 정신 차리게 해야 됩니다. 지금은 공산주의가 반대하면 유엔은 꼼짝 못합니다. 그러니 종교유엔을 빨리 만들어야 합니다. 그런 다음 좌·우편 세계를 수습하여 하나님 앞에 드리는 것이 종교인들의 사명입니다.

15 지금 하나님 앞에 나타난 가정은 타락한 가정입니다. 타락한 세계를 넘어서 타락하지 않은 가정이 돼야만 하나님의 이상가정이 나옵니다. 이상가정이 나오더라도 이상가정에서 이상 유엔을 중심삼고 이상세계 전체의 체제를 갖춘 새로운 시대가 와야 됩니다. 그렇기 때문에 거기에서 모델이 나오게 됩니다. 그래서 이상가정을 중심삼은 모델세계가 됩니다. 모델세계는 가정에서부터 출발해야 됩니다. 가정부터 출발해서 국가, 세계를 넘어 가인 아벨이 하나된 초아벨유엔이 시작됩니다.

16 세계의 유엔 형성과 더불어 전 세계의 종교유엔이 되어 '외적 나라도 하나요, 내적 종교도 하나돼야 한다.' 라고 주장했으면, 오늘날 통일교회가 새로운 종교 이념을 갖고 나오더라도 반대해서는 안 된다는 시대에서 있을 것입니다. 종교유엔과 세계

유엔이 합해서 '하나의 형제요, 하나님의 뜻을 참으로 모시는 효자가 되고 나라를 사랑할 수 있는 곳이 어디냐?'라고 해서 찾고 연구했더라면 통일교회는 반대 안 받았을 것입니다. '세계는 이런 사상이 아니면 안 되겠다.'라고 했을 것입니다.

17 정치체제에서 유엔이 생겨났습니다. 그 반면 종교유엔은 생겨나지 않았습니다. 종교유엔이 생겨나야 합니다. 종교유엔을 중심으로 해서 유엔이 하나돼야 합니다. 이것이 생겨나지 않음으로써 오늘날 공산당의 기지가 돼 버렸습니다. 그 사명을 못했기 때문에 이렇게 됐다는 것입니다. 그래서 선생님이 미국의 아이젠하워 대통령을 만나 '당신이 외적 세계인 공산당을 조정할 수 있는 기구를 만들어야 된다.'라고 제안했던 것입니다. 공산당을 막기 위한 대비를 하라고 했습니다.

18 이제부터 선생님의 계획은 종교유엔을 만들려고 합니다. 전 세계의 종교인들이 유엔을 만들어야 됩니다. 그다음엔 여성들을 중심삼은 여성유엔을 만들어야 됩니다. 왜 그래야 되느냐? 정치는 몸을 대표한 것입니다. 이것이 사탄의 기지입니다. 사기성이 많고 속여서라도 자기 나라를 위하겠다는 것이 사탄의 마음입니다. 이 사탄세계를 조정할 것은 마음세계, 정신세계입니다. 이 땅의 인류 가운데는 신자가 있고, 불신자가 있습니다. 하나님을 부정하는 사람과 하나님을 긍정하는 사람의 두 패로 되어 있습니다. 하나님을 부정하는 사람은 인본주의요 세속주의인 동시에 개인주의에 떨어지는 것입니다. 그것은 하나님과 상관없고 악마와 상관이 있습니다. 몸 세계의 유엔을 만들어 놓았으니 마음세계, 종교세계의 유엔이 있어야 됩니다.

19 이제 앞으로 우리가 계획하는 것이 초종교유엔을 만드는 것입니다. 초국가유엔은 있으니까 초종교·초국가·초NGO(WANGO)를 중심삼은 새로운 문화 창조를 중심삼고 이러한 조직을 만들어야 합니다. 새로운 종교유엔 가운데는 국가 유엔이 들어가야 되고, 그다음에는 정치·경제 분야의 사람들이 들어가야 합니다. 그다음에는 남자 여자입니다. 남자 여자가 들어가야 되고, 그다음에는 청년이 들어가야 합니다. 그리고 초교육연합을 만들어야 합니다. 그래서 하나의 나라 형태로서 해야 됩니다. 군대도 지금 나토(NATO;북대서양조약기구)를 중심삼고 초국가적 군사연합을 만들 계획입니다.

20 세계에 종교의회를 만들어야 합

니다. 종교인들을 중심삼고 하나의 나라를 만들 수 있기 때문에 이 사탄 세계에서 싸우는 것을 완전히 청산할 수 있습니다. 그렇기 때문에 종교 의회를 중심삼은 유엔 기구를 편성할 것을 생각하고 있습니다. 그것이 말만이 아니고 지금 그 일을 하고 있습니다. 그다음에는 뭐냐 하면, 여성 유엔을 만들자는 것입니다. 그래서 세계평화여성연합을 만들고 있습니다. 여성연합을 중심삼은 유엔 기구를 만드는 것입니다. 앞으로 여성연합이 결성되면 세계 정상급의 아내들, 대통령 부인, 수상 부인, 왕의 왕후, 전부가 여성연합에 들어오게 되어 있습니다. 그들이 들어오면 유엔에 보내는 것입니다.

21 종교와 정치는 원수관계였다는 것을 알아야 됩니다. 이것이 유엔에까지 왔습니다. 유엔은 몸의 정치 체제를 중심삼은 세계 결합체입니다. 그래서 전 세계적인 완결을 부정할 수 있는 때가 왔습니다. 이제 선생님이 와서 마음적인 것을 중심삼고 유엔에 종교가 가입해야 됩니다. 몸 마음이 갈라졌는데 몸의 유엔이 있으니 마음의 유엔이 있어야 됩니다. 그다음에 여자의 유엔이 있어야 됩니다. 남자들만의, 천사장 편 남자만을 위주로 한 유엔이 아니라 여성을 위한 유엔이 있어야 됩니다. 해와를 잃어버렸으니 해와를 찾아야 됩니다.

4절 초종교운동과 세계 기술평준화

1 지금까지는 분열적인 기준에 서 있었지만, 이제 때는 민족적인 관념을 초월하여 하늘적으로 볼 때 형제 사회국가 시대로 들어오게 됩니다. 그렇기 때문에 전부 유엔 기구 아래 형제입니다. 그런데 형제가 싸움을 하는 것입니다. 가인과 아벨이 싸워 나왔습니다. 이제 평화적인 형제만 되면 다 됩니다. 그래서 세계는 형제라고 하는 동등한 입장에 있으니 미국이 가진 재산을 나눠 주자는 것입니다. 그 재산은 자기들이 만든 것이 아니라 부모에게서 상속받았으니 나눠 주는 것입니다. 껍데기를 나눠 주면 줄수록 화가 됩니다. 그래서 지금 때는 하늘을 위주로 한 심정의 세계가 반드시 되어야 합니다.

2 인류가 살기 위해서는 백인과 황인이 합해서 흑인을 살려 주는 운동을 해야 됩니다. 그러지 않고는 평화의 세계가 올 수 없습니다. 그것을 앞으로 통일교회가 해야 됩니다. 영계에 가게 될 때 백인이 따로 가고, 황인이 따로 가고, 흑인이 따로 가지 않습니다. 하나되는 것입니다.

초종교·초인종·초국가 운동

3 하나님의 사랑을 내가 소유할 수

있는 영광의 자리를 찾아가려니 원수들까지도 사랑하는 것입니다. 하나님은 국경이 없으니까 국경을 무너뜨려야 합니다. 여기에서만이 하나의 세계가 벌어지게 됩니다. 여기에서만이 평화가 벌어집니다. 여기에서만이 영계와 육계가 하나되어 통할 수 있는 길이 생기는 것입니다.

4 인간을 앞잡이로 세워 가지고 조종해 온 어떤 주의 사상, 어떤 종교이념으로도 세계의 평화와 통일을 이룩할 수 없습니다. 이렇게 전부 길이 막혀 있으니 참된 불교인도 고대하고, 참된 기독교인도 고대하고, 참된 철학인도 고대하고, 참된 주의 사상가들도 고대하는 하나의 이념, 사회·국가·세계·천하를 통일할 수 있는 하나의 이상이 나와야 합니다.

5 이제 일개국주의 시대는 지나갔습니다. 민족주의 시대는 지나갔습니다. 인간이 제아무리 발악을 하더라도 하나님이 가는 통일 공식노정을 완성하기 위해서는 일개 민족을 가지고는 안 됩니다. 연합민족, 종합민족을 통해서 이뤄진다는 것입니다. 하나의 평화세계는 단일민족을 따르는 것이 아닙니다. 그리고 종교 역시 민족을 넘어 아시아와 세계, 하늘땅을 전부 포용할 수 있는 능력이 있지 않으면 안 된다는 결론이 나옵니다.

6 세계적으로 종단이 합해서 이제 평화의 이상세계, 통일된 천국 세계를 바란다고 할 때는 그것은 절대적인 신의 뜻이니 둘일 수 없습니다. 절대적인 하나의 세계일 것인데, 그 세계를 중심삼은 천국이념은 초국가적 초인종적으로 모든 것을 승리하고 넘어선 자리에서 이루어집니다.

7 종교가 지금 하늘나라를 추구하고, 이상세계와 극락을 바라고 있습니다. 하나님과 인간이 최대로 행복하고 최대로 평화로운 곳을 평화의 세상, 천국이라 한다면, 그 천국의 주권자가 누구냐 하는 것입니다. 그 주권자는 하나님입니다. 그다음에 그 백성은 초인종적인 백성입니다. 거기에는 머리가 까맣고 노랗고, 얼굴이 새까맣고 하는 것은 문제가 아닙니다. 색깔이 문제가 아닙니다. 하나님은 초인종적인 나라의 대왕님입니다.

8 종교인들이 해야 될 것은 평화의 세계를 이룩하는 것입니다. 하나의 평화세계를 만들어야 됩니다. 모슬렘이든 크리스천이든 누구나 할 것 없이 모두가 평화의 세계를 만들어서 영원히 하나의 희망적인 인류로서 남아져야 됩니다. 이것만은 통일이 되어 있습니다.

9 종교들을 보게 되면 자기 교파 제

일주의를 중심삼고 전부 배척적입니다. 이런 환경이 되어서는 앞으로 세계에 상당한 어려움의 시대가 온다는 것입니다. 앞으로 하나의 평화세계를 구성하는 데 있어서 종교가 어떤 도움이 되겠습니까? 이 종교들의 담벼락을 헐지 않으면 종교가 인류 평화에 막대한 피해를 가져올 것이라고 생각하기 때문에 초교파적인 일을 하는 것입니다. 종교는 국경을 넘고 수천년의 문화 배경을 넘어서 초민족적으로 신자들을 포용하고 있기 때문에 이 담을 헌다는 것은 지극히 어려운 일입니다. 4대 종교인 기독교·이슬람교·불교·유교가 모두 수천년의 역사를 거쳐 나왔습니다. 앞으로 이들이 대립해서 싸우게 되면 세계의 평화는 파괴되고, 인류는 멸망한다는 것입니다. 이러한 종단들이 어떻게 싸우지 않고 하나의 평화세계를 향하여 서로 교류하면서 연합체제를 취하게 하느냐 하는 것이 문제입니다. 이것은 우리 인간보다도 하늘이, 영계가 그렇게 지향하기를 바라기 때문에 그 뜻을 따라서 선생님은 통일교회를 중심삼고 세계적인 운동을 전개하고 있는 것입니다.

10 몸과 마음, 초종교권과 초정치권이 하나되어야 합니다. 초종교초국가연합입니다. '초(超)'라는 것은 지금까지의 세상하고 다릅니다. 지금까지는 횡적인 기준을 중심삼고 인간끼리 생각한 것이지 하나님이 안 들어갔습니다. 그러나 초종교는 하나님이 들어가는 것입니다. 하나님을 중심삼고 통일하는 것입니다. 하나님의 소원은 종교 통일입니다. 국가 통일입니다. 그래서 국가와 종교를 통일하는 것입니다. 종교와 국가를 통일해서 심정 일체권에서 온 천주를 대표한, 하늘땅을 대표한, 전체를 대표한 하나의 결실체로서 지상에 해방적인 착지를 하자는 것입니다.

11 참가정의 하나님의 아들딸, 하나님을 중심삼은 가정이면 절대적인 그 가정 자체가 초교파·초종파·초국가 이념을 갖는 것입니다. 세상에 있는 것을 초월하는 초종교초국가연합입니다. 지금까지의 종교권으로는 세계문제를 해결하지 못합니다. 지금까지의 국가 이름을 가지고는 세계를 수습할 수 없습니다. '초'라는 말을 넣어 초종교·초국가를 말하는 것입니다. 하나님을 중심삼은 내정적인 실상이 현실사회와 일치될 수 있는 실체적인 기준을 중심삼고 최적·체계화할 수 있는 그것이 나타나야 해결 방법이 됩니다.

12 세계평화초종교초국가연합은 유엔을 움직일 수 있는 최고의 자리에 있으며, 그 책임을 해야 됩니다. 통

일교회가 이제부터 세계를 대할 수 있는 최후의 프로그램이 그것입니다. 언론기관, 그다음에는 대학연맹, 그다음에는 금융계입니다. 이렇게 네 가지입니다. 이것은 최후에 이 세계를 요리할 수 있는 기둥과 마찬가지이기 때문에 이제 세계평화초종교초국가연합에 속하는 문제입니다.

기독교와 이슬람교의 화해

13 예수님의 죽음으로 인해 좌익, 우익, 바라바와 예수님의 4대 원수권이 대결하게 되었습니다. 재림의 때에는 그 세계가 통일되어야 하기 때문에, 좌익 우익을 하나 만들고 바라바권을 하나 만들어야 됩니다. 이슬람교와 기독교를 하나로 해서 돌아가지 않으면 안 됩니다. 이렇게 전체를 찾아서 평화통일의 길로 돌아가야 합니다. 오른쪽의 것이 왼쪽에 가고 왼쪽의 것이 오른쪽으로 가는 것입니다. 반대한 기독교가 공산당에게 져 버린다는 말입니다. 반대한 기독교가 이슬람교에게 져 버리는 것입니다. 그러므로 성서에서 '먼저 된 자가 나중 되고 나중 된 자가 먼저 된다.'라고 한 말은 바로 끝날을 두고 한 말입니다. 이것이 뒤로 도는 데는 공산당이 반대해도 돌지 못하고, 이슬람교가 반대해도 돌지 못하고, 그다음에 민주사회가 반대해도 돌지 못합니다. 어떻게 해서라도 평화통일을 해서 뒤로 돌아야 합니다. 그렇게 돌게 됨으로써 하나님의 보좌를 향해 가는 길이 생기는 것입니다.

14 예수님이 죽음으로 말미암아 사탄이 세계를 점령했습니다. 그것이 역사에 있어서 재현되는 것이 재림시대입니다. 끝날에 좌익과 우익이 나와서 서로 싸운다는 것입니다. 그것이 공산세계와 민주세계입니다. 예수님이 죽음으로써 좌익과 우익이 나와서 세계까지 확장된 것입니다. 미국을 중심삼은 우익과 공산세계를 중심삼은 좌익이 그것입니다. 예수님 때와 꼭 마찬가지입니다. 재림 때에 세계적인 기반으로 확장됩니다. 재림 때 민주세계가 하나되고, 공산세계가 하나되고, 그리고 이슬람세계까지 하나되는 것입니다. 그것이 재림 때의 사명입니다.

15 재림주님은 민주세계를 수습하고, 공산세계를 수습하고, 이슬람권을 수습해야 됩니다. 현재 바라바권이 예수님의 몸을 차지했습니다. 예수님이 죽음으로 말미암아 이슬람교가 축복받은 이스라엘의 12지파 민족권을 점령한 것입니다. 바라바가 예수님 대신 살게 되었습니다. 살아남은 바라바권이기 때문에 아랍권, 이슬람권이 점령한 것입니다. 기독교와 원수이고, 이스라엘과 원수입니

다. 예수님의 몸을 차지해서 모든 것을 이어받았다는 것입니다. 끝날에 들어와 이것을 통일해서 돌아섬으로써 하나의 천국의 평화세계로 갈 수 있다고 봅니다.

16 선생님의 사명은 2차대전 때 갈라진 두 세계를 통일하는 것입니다. 전부 갈라졌습니다. 한국도 두 세계로 갈라졌고, 이스라엘도 환고향을 했지만 두 세계로 갈라졌습니다. 미국도 인본주의 세계, 하나님을 떠난 세계로 갈라져 갔습니다. 이것을 선생님을 중심삼고 제2 이스라엘 기독교와 제3 이스라엘 한국을 통일함으로써, 미국을 중심삼고 세계통일권이 벌어지고 이스라엘 문제와 남북한 문제가 해결됩니다. 지금 세계적으로 남북한과 이스라엘, 제1차와 제3차 아담 국가가 문제입니다. 이것만 통일하게 되면 평화세계가 오게 됩니다. 그것을 해야 될 책임이 통일교회와 선생님에게 남아 있습니다.

17 이슬람교와 기독교의 싸움을 그냥 놔두면 인류가 멸망합니다. 원자탄도 쓰고, 그다음에는 생화학무기까지 쓰게 된다면 큰 전쟁이 문제가 아닙니다. 한 개인이 부락을 망치고, 한 사람이 도시 전부를 망칠 수 있는 시대에 들어왔습니다. 힘 가지고 안 됩니다. 아무리 싸워도 그것으로 끝날 수 없는 시대가 왔습니다. 그렇기 때문에 지금까지 수십년 동안 종교계 연합활동을 해왔습니다. '이스라엘의 하나님과 모슬렘의 하나님이 다른 분이 아니다. 딴 종교의 하나님이나 기독교의 하나님이나 마찬가지다.'라는 하나님대회를 통해서 하나로 만드는 것입니다. 그렇게 초종교운동을 세계적으로 해 나왔고, 또 초민족 운동을 지금까지 해 나온 것입니다.

18 이슬람권이 장자권을 가지고 고향에 돌아오는 이스라엘을 반대했습니다. 그렇기 때문에 이스라엘과 이슬람교를 하나 만들지 않으면 세계에 평화가 없습니다. 국가끼리도 역사적으로 둘로 갈라져 있습니다. 지금 세계는 종교를 중심삼은 중근동의 이스라엘 지역 문제와 민주주의 사상과 공산주의 사상을 중심삼은 한반도의 남북한 문제가 있습니다. 그래서 종교와 사상을 배경으로 한 양대 진영의 충돌로 인해 제3차 세계대전이 일어난다면 지상의 인류는 전멸하게 됩니다. 그런 위험의 한가운데에 서 있습니다. 이것을 누가 평화의 세계로 수습하겠습니까? 선생님 외에는 수습할 수 있는 재료를 갖고 있는 사람이 없습니다.

19 좌·우익이 전환할 수 있는 계기를 선생님이 만든 것은 역사적 사실입니

다. 누가 부정할 수 없습니다. 세계 제일의 문제가 이스라엘의 유태교, 그다음엔 기독교, 이슬람교의 싸움입니다. 이것을 누가 화해 붙이느냐? 지금까지 이것을 손댄 사람이 없었는데, 비로소 선생님을 중심삼고 연결되는 것입니다. 그래서 세계평화의 문제가 근본적으로 해결돼 간다는 사실을 알아야 됩니다. 역사적 전환 시기에 서 있습니다.

20 예수님을 중심삼고 왼편 강도와 오른편 강도가 있었습니다. 좌익 우익, 한 쪽은 하나님이 없다고 하고 한 쪽은 하나님이 있다고 합니다. 이제는 우익과 좌익이 다 무너졌지만 바라바가 남아 있습니다. 이것은 사탄편 대표 종교입니다. 이것을 주님이 와서 하늘 편 종교로 소화해야 됩니다. 공산주의를 하늘 편 나라로 소화해야 됩니다. 그래서 선생님이 세계평화종교연합을 만든 것입니다. 이것을 만들어 선생님이 시리아 같은 이슬람권을 중심삼고 평화를 주장할 수 있는 조건을 이미 다 세웠습니다.

21 기독교와 이슬람교가 싸우게 될 때는 민주세계와 공산세계의 분쟁은 문제가 아닙니다. 종교는 무서운 것입니다. 지금 악마는 종교전쟁을 일으키려고 합니다. 그리하여 기독교 문화권을 중심삼고 영적인 기반을 전부 자기편에 끌어넣겠다는 것입니다. 이런 일이 일어나기 전에 그것을 방어하기 위해서 평화주의자로서 선생님이 배후에서 연락을 하는 것입니다.

22 바라바권이 이슬람교입니다. 이슬람권으로서 유대 나라 12지파를 점령했습니다. 이것이 예수님이 죽을 때 생겨났으니, 예수님이 다시 올 때는 우익을 수습하고 이슬람교를 수습해 가지고 평화의 세계로 갈 수 있게 되어야만 이 땅 위에 예수님의 부활적 통일과 평화의 이념이 성사됩니다. 그다음에 무엇으로 통일하느냐? 두익사상입니다. 좌익 우익을 소화할 수 있는 것은 참사랑뿐입니다. 그다음엔 뭘할 것이냐? 교육입니다. 가정에 있어서 하나님이 교육하지 못했던 자녀 교육, 형제 교육, 부부 교육, 그다음에 어머니 아버지 교육을 해야 됩니다. 그렇게 해서 평화적 하늘나라의 축복을 받을 수 있는 가정이 되어야 합니다.

23 지금은 이슬람권 나라끼리 싸우지만 기독교권이 대폭발을 하고 이슬람 지역이 하나되면 종교전쟁으로 전개됩니다. 이러면 문제가 크다는 것입니다. 이번 중동회담은 선생님하고 아랍권의 이슬람교 지도자 그랜드 머프티하고 둘이서 제안했습니다. 발기인이 둘입니다. 그것이 지금 세

계적으로 알려지고, 이슬람세계에도 알려지고 있습니다. 결론은 간단합니다. 종교인들이 나서서 평화의 세계를 이루어야 됩니다. 그것은 틀림없는 결론입니다. 그것이 선생님이 지금까지 자유세계와 종교세계에 대해 내린 결정적인 결론입니다.

24 종교가 나라 위에 있는 것이 아랍권입니다. 일시에 규합해서 기독교권과 이슬람권 간에 전쟁이 벌어지는 것입니다. 그러면 오른편 강도와 하나님 편이 사탄을 친 입장이 되니 세계평화의 문이 무너지는 것입니다. 그래서 절대 싸움하지 말라고 엄명을 내린 것입니다. 그래서 아랍권의 이슬람교 책임자인 그랜드 머프티, 시리아, 예멘 등의 종단장들에게 긴급회의를 지시한 것입니다. 기독교와 싸워서는 안 됩니다. 그것을 평화의 기점으로 삼을 것을 이슬람교의 꼭대기에서 가르쳐 줘야 됩니다. 그래야 그 지도자들이 기독교와 싸우자는 주장을 방어할 수 있기 때문에 그 일을 시키고 있는 것입니다.

25 세계평화라는 목적을 중심삼고 볼 때 인류가 받을 피해가 크기 때문에 페르시아만 사태 때 그것을 수습하려 한 것입니다. 며칠 동안 전부 때려 부수어 초토화시켜 미국이 이겼다고 하더라도 무슨 이익이 있느냐는 것입니다. 역사적인 오점이 되어 기독교 문화권과 이슬람 문화권을 결렬시킬 수 있는 자극적인 재료가 될 뿐이지 아무 이익이 없다는 것입니다. 선생님은 세계평화의 문제를 중심삼고 첨단에 서 있기 때문에 이것을 생각하지 않을 수 없는 것입니다.

세계 기술평준화 제안

26 기술이라는 것은 인류의 것입니다. 어느 특정한 나라의 것이 아닙니다. 독일 기술, 일본 기술, 미국 기술, 이것들을 세계의 기술로 확대시켜야 할 책임이 있고, 그것이 정의의 깃발을 들고 전진하는 사나이의 갈 길이라고 생각하고, 인류가 소망하는 평화의 기지를 닦는 길이라고 생각하기 때문에 10년 전에 세계평화를 위해 기술평준화를 주장하고 나선 것입니다. 중국에 '보따리 풀어라. 내가 갖춘 독일의 기술, 일본 최고의 전자과학 기술을 너희에게 갖다 줄 것이다.' 라고 해도 믿지를 않았습니다. 그러나 3년에 걸쳐 연구해 보고 사실이라는 것을 안 것입니다.

27 선생님은 과학기술에서 세계의 왕자의 자리에 올라섰습니다. 독일에서 1980년부터 1985년까지 5년 동안에 4대 공장을 샀습니다. 독일 최고의 기술을 전부 연결시키는 공장을 사야 되겠다고 생각한 것입니다. 과

학자대회 때 중국의 기술평준화 촉진 문제를 중심삼고 선포한 대로 즉각적으로 샀습니다. 또 국제평화고속도로를 즉각적으로 건설하기 위하여 한·일터널을 파기 시작했습니다.

28 이제 정책 방향이 필요 없는 때가 옵니다. 선진국가와 후진국가가 필요 없다는 것입니다. 지식은 전부 우주의 것이지 자기들 일개 나라의 것이 될 수 없습니다. 그래서 선생님이 1980년대부터 기술평준화, 지식 평준화, 그다음에는 물물 평준화, 돈 평준화, 금융기관 평준화를 주장한 것입니다. 요즘에는 교육 평준화, 기술 평준화를 주장해 나온 것입니다. 독일을 중심삼고 기술센터를 만들어 수많은 나라들이 경쟁하고 있습니다. 조그마한 부속품 하나를 개발하기 위해 각 나라가 경쟁을 합니다. 이것을 공식화시켜 원자재를 공급하고 시간만 투입하면 될 것인데 무한한 손실을 보고 있습니다. 이런 세계의 국제적인 분할 경제시대를 재고해야 됩니다. 그렇기 때문에 통일세계가 되지 않으면 안 됩니다.

29 독일의 앞날을 걱정하는 사람들이 조사해 보니까 선생님 이상으로 독일을 위해서 생각하는 사람이 없다는 것입니다. 10년 전부터 쭉 얘기한 것을 녹음해 둔 테이프를 들어 보면, 그때에는 그 사람이 선생님이었다는 것을 몰랐습니다. 그때 말한 그 내용이 과학기술평준화 운동입니다. 독일을 넘어서 평화의 세계에 연결하는 것입니다. 그들은 모르는 말입니다. 그렇게 쭉 말한 내용을 들어 보면 반대할 것이 아무것도 없다는 것입니다. 존경할 내용밖에 없습니다.

30 하나님이 만민의 평화의 무기로 주신 과학기술을 특정한 일국만이 사용해서 세계를 탐하고 행복하게 되는 것을 하나님은 용서하지 않습니다. 만민의 행복을 위해 인간에게 주신 것이 과학기술입니다. 특정 백인만 그 혜택을 누리고 평화를 무시한 무기로서 사용할 수 없습니다. 그런 관점에서 선생님이 기술평준화를 말하는 것입니다.

31 중국은 지금 선생님 편에 안기게끔 되어 있습니다. 지금 중국은 중공업화가 필요하며, 중소기업의 발전이 긴급히 필요합니다. 그래서 선생님과 손잡지 않으면 세계적으로 효과를 거둘 길이 없다는 것을 잘 알고 있습니다. 선생님과 손잡으면 30년 비약하고 선생님과 손잡지 않으면 큰일 나게 됩니다. 일본과 외교관계를 맺어 만든 합병회사 제도로는 몇십년이 걸립니다. 인색한 일본은 과학기술을 양도하지 않습니다. 미국

도 그렇고, 선진 자본주의 국가들은 그것이 불가능합니다. 그러한 세계의 현상 속에서 1981년 제11차 과학자대회에서 선생님은 과학기술평준화를 세계에 제창했습니다. 선생님이 가지고 있는 모든 것을 중국에 양도해 주겠다는 것입니다. 왜냐? 미국도 중국을 소화할 수 없었고, 소련도 소화할 수 없었습니다. 그 누구도 소화할 수 없었던 중국을 선생님은 과학기술에 의해서 소화합니다.

32 선생님은 세계 전역에 걸쳐 닦은 과학기술 기반을 중심삼고 도와주겠다는 것입니다. 그래서 세계 과학기술의 평준화를 위해 1981년에 '첨단과학기술은 한 국가에 속한 것이 아니고 세계평화를 위해 전 세계 인류에게 속해 있다.'라고 선언한 바 있습니다. 미국 같은 한 나라를 중심삼고 과학기술을 준비하는 것이 아니라 전 세계적인 목적에 따라 그것을 사용해야 된다는 것입니다.

5절 세계평화를 위한 기구

1 세계평화종교연합, 세계평화여성연합, 세계평화연합, 세계평화언론인협회, 세계평화교수협의회, 전부 '평화'가 들어갑니다. 평화사상이 뭐냐 하면 하나님주의입니다. 두익사상입니다. 가정은 세계평화를 위한 가정입니다. 개인도 세계평화를 위한 개인입니다. 전부 자기중심이 아닙니다. 평화를 위한 것입니다. 그 사상을 안 가진 사람은 전부 개인주의입니다. 이것은 전부 제거당하는 것입니다. 밥을 먹어도 세계평화를 위해 밥을 먹고, 물을 마셔도 세계평화를 위해 물을 마시고, 공기를 먹어도 세계평화를 위해 공기를 먹는 것입니다. 사랑도 세계평화를 위한 사랑입니다. 일도 세계평화를 위해 하는 것입니다. 그렇게 생각하라는 것입니다. 거기에 보조를 맞추지 못하는 것은 전부 추풍낙엽이 되지 가지가 못 된다는 것입니다. 잎밖에 안 됩니다. 가지가 되어야 합니다. 가지가 되려면 평화사상을 가져야 됩니다. 말을 해도 세계평화를 위하고, 냄새를 맡아도 세계평화를 위하고, 오관이 전부 그래야 되는 것입니다.

세계평화를 위한 기구 창설

2 하나님은 참사랑을 중심한 환경권을 조성하기 위해 참사랑과 참가정의 실체가 되는 참부모를 중심으로 세계적인 기반을 조성해 왔습니다. 세계 석학들과 더불어 절대가치를 탐구하는 국제과학통일회의와 세계평화교수협의회, 언론의 자유와 윤리적 책임을 추구하는 세계언론인회의, 각 종교 간의 화해와 일치를 모색하는 세계평화종교연합, 세계평화를 모색하는 세계평화연합, 여성들의 사회

적 참여를 통한 이상사회 실현을 위한 세계평화여성연합, 참가정이상을 실현하고 그 이상을 전 세계적으로 확대하기 위한 세계평화통일가정연합, 그리고 21세기의 새로운 청년문화운동을 주도할 세계평화청년연합의 결성 및 조직 확대 등이 그러한 배경에서 출발한 것입니다.

3 선생님이 세계평화 기구를 만들어서 무엇을 하겠습니까? 세계평화교수협의회를 만들어서 무엇을 하겠습니까? 세계적으로 막대한 돈을 쓰면서 지금까지 이러한 일을 해왔습니다. 국제과학통일회의를 개최해 왔지만 선생님이 학자들에게 대우를 받지 못했습니다. 선생님이 학계에 말없이 봉사하고 희생해 가면서 자기들의 길을 열어 주고 연대적 기반을 닦아서 학술 평준화 기준의 자유통로를 만들어 준 것입니다. 학자들은 전문가로서 조금 더 아는 것을 가지고 자기가 제일이라고 생각하는 사람들입니다. 이제는 세계의 학계가 선생님의 공헌이 크다는 것을 압니다. 그렇기 때문에 선생님을 무시하지 못합니다. 언론기관도 마찬가지입니다. 언론기관을 만들어서 뭘하자는 것이냐? 권력을 잡아서 대통령 해먹겠다는 것이 아닙니다. 미국에 가서 그 일을 하는 것은 미국을 살리고 세계를 살리자는 것입니다. 학계에도 그런 의미에서 하는 것입니다.

4 남북통일운동국민연합은 한국만을 위주로 한 것이 아닙니다. 아시아를 위한 것입니다. 그뿐만 아니라 세계 만민을 연합·연결시키기 위한 세계 기반을 닦았습니다. 세계를 대표해서 한국과 아시아 국민을 연합시키는 운동을 하고 있습니다. 전국대학교수학생남북통일운동연합, 교학통련을 만든 것도 남북통일을 위해서입니다. 일본에서는 동서남북 교학통련을 만들었습니다. 일본에는 남북이 없습니다. 세계적인 동서의 사상적 대립과 남북의 빈부격차 문제를 해결하기 위한 운동을 일본에서는 이미 시작하고 있습니다.

5 지금 종교권 해방을 선포해서 하늘땅이 갈라진 것을 통일하기 위해 참부모의 사랑을 중심삼고 지상에 성약시대 선포와 더불어 안착하는 것입니다. 안착이라는 말이 무서운 말입니다. 성약시대는 창조이상의 완성을 이루는 때입니다. 그것이 세계적 무대입니다. 가정적 무대가 아닙니다. 아담은 가정적 무대에서 망했고, 예수님은 국가적 무대에서 망했습니다. 선생님은 세계적 무대에서 망할 수밖에 없는 그 길을 되찾아 복귀해서 승리의 패권을 세워 만세에 찬양할 수 있는 전통을 남겨 놓았습니다.

참부모님의 승리권은 안착 위에서의 승리권입니다.

6 이제는 종교가 필요 없습니다. 세계기독교통일신령협회 시대는 지나갔다는 것입니다. 그래서 세계평화통일가정연합을 선포한 것입니다. 에덴에 있어서 타락하지 않은 본연의 가정, 아담과 해와의 절대신앙·절대심정권, 절대 영원히 갈라질 수 없는 부자관계의 일체권을 이루어야 됩니다. 세계의 어떠한 사악한 것이 유인하더라도 아담 해와가 타락하던 근원적 동기에 접할 수 있는 아무런 것도 없는 자리에 서서 해방을 받아야 되고 석방을 받아야 됩니다. 그것이 타락한 인간의 숙명적인 임무입니다.

7 몸을 대표하는 유엔 기구 앞에 하나의 마음적 대표로서 세계평화를 지도할 수 있는 세계평화연합을 만드는 것입니다. 1차대전 이후 국제연맹과 2차대전 이후 국제연합이란 유엔 기구가 평화를 모색해 나왔지만 다 실패했습니다. 선진국가를 대표하는 위정자들이 선도적 입장에 서게 되니 몸이 마음을 움직이는 입장에 섰다는 것입니다. 그러나 이번에 선생님이 제창하는 세계평화연합은 종교지도자들이 앞장서는 것입니다. 이것은 몇 천년 역사를 갖고 있습니다. 이 세계적 종교지도자들이 힘을 합해서 정치세계를 컨트롤해야 됩니다. 마음이 몸을 컨트롤하듯이 그것을 수습하려는 것입니다. 그렇기 때문에 외적인 정치세계에 상대적 평화 기준을 설정하기 위해서 선생님이 제창한 것이 세계평화연합입니다.

8 세계평화여성연합은 가정윤리를 철저히 교육하는 운동으로 정착해야 됩니다. 이것이 정착하지 않는 세계는 하나님의 뜻이든, 세계의 평화든, 나라의 부흥이든 다 없습니다. 선생님도 이 기반을 닦기 위해서 가정을 찾아갑니다. 세계평화여성연합은 세계평화가정당이 되는 것입니다. 세계평화가정연합이지만 모두 가정당이 되는 것입니다. 이 '당' 자는 '집 당(堂)' 자입니다. '무리 당(黨)' 자는 투쟁하는 당, 싸움하는 당이라는 것입니다. 싸워서는 평화의 기준으로 못 바꿉니다. 그렇기 때문에 선생님은 일생 동안 맞고 빼앗아 나오는 일을 했던 것입니다.

9 종교권이 연합해야 됩니다. 지금까지는 종교권이 정치문제에 관여하지 않았지만 이제부터는 본격적으로 마음이 몸을 지도하듯이 종교권이 정치 분야에 완전히 영향을 미칠 수 있게 주도적 역할을 해야 됩니다. 보이지 않는 마음이 무한한 힘의 배경을 갖춘 것과 같이 종교권이 연합운동을

해서 그야말로 이 세계를 지도해야 됩니다. 그래서 세계평화종교연합을 창설했고, 거기에 대치해서 세계평화연합을 창설한 것입니다. 인간 타락 이후 몸 마음이 갈라져서 역사시대에 투쟁 과정을 통해 나오던 역사의 방향을 전진적인 섭리의 발전에 따라서 수습해 자유세계와 공산세계, 좌익 우익을 하나님의 뜻 앞에 수습해야 됩니다. 우익이 이 책임을 못 했습니다. 공산주의의 무신론이 유신론을 완전히 유린해 버렸습니다. 그 결과 하나님을 떠난 세속적 인본주의사상이 재현할 수 있는 시대로 움직여 나갑니다. 이것을 막기 위해서 어떻게 해야 되느냐? 연합적 종교체제가 필요합니다.

10 세계적으로 선생님이 닦아 놓은 모든 저명인사를 중심삼고 세계평화연합을 만들어서 몸과 마음이 갈라진 것을 하나 만들어야 됩니다. 종교와 이 외적 세계를 하나 만들지 않고는 평화의 세계가 절대 안 옵니다. 학자 세계의 조직을 선생님이 갖고 있습니다. 100개국 이상에 학자 조직을 갖고 있습니다. 이것은 강력한 조직입니다. 그다음에 언론계를 갖고 있습니다. 언론계를 묶었습니다. 그다음에는 정상회의, 전 세계의 정상급들을 묶어 놨습니다. 사상계에 있어서는 정상의 자리에 올라온 것입니다. 최정상의 자리에 올라왔습니다. 그리고 과학기술에 있어서도 선생님을 못 당합니다. 독일의 기계기술과 일본의 전자과학기술을 이끌고 있습니다. 그다음에는 금융계도 마찬가지입니다. 앞으로 미국이 세계 최대 부채국이 됨으로써 달러화가 몰락해 세계 경제 공황 시대가 옵니다. 벌써 8년 전부터 대책을 강구하고 있습니다. 이런 전반적인 문제를 중심삼고 선생님이 세계의 중심이 되고 있습니다.

11 선생님이 미국에서 법사협회를 만들었습니다. 그것을 왜 만들었느냐? 러시아나 중국, 북한은 아직도 인권유린이 위험한 상황입니다. 그래서 선생님이 세계 구도의 선두에 서서 만민을 평화의 길로 올바로 인도하기 위해서는 이 재판 제도를 올바르게 확립해야 되겠다고 생각했던 것입니다. 그러한 의미에서 이 법사협회를 만든 것입니다.

12 우리가 갈 길은 나라를 찾는 것입니다. 나라를 찾는 데는 초국가적 기준에서 찾아야 합니다. 그러려면 유엔을 배경으로 한 나라를 찾아야 하는데, 유엔이 말을 안 들으니까 도서국가연합을 만든 것입니다. 이것은 아벨적 유엔입니다. 그다음엔 반도국가연합을 만들었습니다. 그래서 육대주국가연합을 만들어 놓은 것입니다.

13 지금은 왕권복귀 시대이기 때문에 도서국가연합, 반도국가연합, 대륙국가연합을 만들었습니다. 북미대륙은 포기해도 됩니다. 아시아와 남미를 중심삼고 가인 아벨로 묶으면 됩니다. 그런 시대가 되는 것입니다. 국가 정착의 섭리관을 초월하기 때문에 세계로 돌아가는 것입니다. 중심을 찾으면 360도 돌아가는 것입니다. 360국가를 마음대로 택할 수 있는 권한이 있습니다.

14 섬나라, 도서국가연합을 만들고 반도국가연합, 대륙국가연합을 만들어 새로운 유엔을 구성할 수 있는 기반을 닦았습니다. 그래서 종교유엔, 여성유엔, 청년유엔, 학생유엔을 가입시켜야 합니다. 이것이 4대 유엔입니다. 아담 가정에서 마음과 몸이 갈라졌기 때문에 장자권과 차자권이 하나되어야 합니다. 그리고 오시는 주님을 유엔이 모시지 못했으니 유엔이 참부모의 날, 참자녀의 날, 참만물의 날을 설정해서 축하를 하는 날에는 통일천하가 벌어지는 것입니다.

평화대사와 분봉왕

15 평화대사는 하늘나라의 대사입니다. 사탄세계를 정비하기 위한 대사라는 것을 알아야 됩니다. 부모님을 대신한 맏아들의 자리에 세우는 것입니다. 하나님 주권 정착시대에 기수가 될 수 있는 사람들입니다.

16 평화대사들이 가야 할 것은 부모님 대신입니다. 사탄 편으로 보게 되면 가인과 마찬가지지만 가인이 아닙니다. 형님을 위한 동생의 자리에서 봉사하라는 것입니다. 나라에 봉사하고 통일교회에 봉사하라는 것입니다.

17 대사라는 것은 그 나라의 특사입니다. 그 나라를 대표한, 어디 가든지 대행할 수 있는 모든 권한을 갖는 것입니다. 그러면 평화대사는 뭐냐? 하나님 왕권이 수립돼 하늘나라의 전권을 분배받은 사람들이 하늘나라의 대사입니다. 하늘나라의 평화를 위한 대사라는 것입니다.

18 남자 평화대사는 아버지 대신이요, 여자 평화대사는 어머니 대신입니다. 나라의 아버지 어머니로서 하나님 대신 사랑의 심정을 가지고 그 나라의 아들딸을 위해서 희생하면서 투입하고 잊어버리기 위한 정치체제가 됨으로써, 그런 한 나라의 형태가 됨으로써 지상천국과 천상천국이 완결되고, 천상 해방과 지상 해방, 하나님 부모 만민 해방 만만세 세계가 되는 것입니다. 이상세계가 자동적으로 이루어집니다.

19 선조들이 축복받으면 천사장 가

정과 같이 세워서 지상에 다리를 놓는 것입니다. 그 중간 다리가 뭐냐? 공(功)이 없이 천사장 자리에 들어간 것이 평화대사입니다. 예수님을 중심삼고 유태교와 이스라엘 나라가 하나됐으면 가정을 편성해서 평화대사를 파송하는 것입니다. 그러한 평화대사 120명을 파송하지 못했지만 그것을 다시 탕감하는 것입니다. 실패한 것을 다 탕감해야 됩니다.

20 평화대사는 천사장입니다. 시온주의 이상, 팔레스타인의 모슬렘 이상이 돼야 합니다. 통일교회밖에 그럴 사람이 없습니다. 사지를 자진해가서 평화의 문을 열겠다고 하는데, 그것은 큰 댐이 터진 것을 막는 것과 마찬가지입니다. 몸에다가 철갑을 두른 군대를 한꺼번에 투입해서 희생할 수 있는, 구멍을 겹겹이 옷과 뼈와 살을 짓이겨 막아 치울 수 있는, 일개 사단으로 막다가 일개 사단이 한꺼번에 죽더라도 할 수 있는 무리가 있어야 그 댐을 막아서 평화의 농토를 유지해서 살 수 있습니다. 그렇게 희생하는 무리가 나오지 않으면 세계평화를 완성할 수 없습니다.

21 선생님이 계획하는 대로 청년 평화대사, 중고등학교 평화대사, 초등학교 평화대사, 유치원 평화대사를 중심한 새로운 평화대사 체제를 중심삼고 완전히 하나될 수 있게 해야 됩니다. 유치원에서부터 대학교, 사회 중진까지 어느 마을에서나 평화대사의 이름을 가지고 하기 때문에 한길로 안 갈 수 없습니다. 우리가 사는 곳에서 전쟁은 있을 수 없고, 부모 앞에 불효하든가 나라 앞에 불충하는 것은 있을 수 없습니다.

22 국가메시아는 로마 제국을 중심삼은 수많은 나라의 분봉왕과 마찬가지입니다. 그 나라의 아벨적 왕입니다. 그 나라의 주권자는 가인인데, 그 가인세계 전체를 아벨 왕인 국가메시아가 포섭해야 됩니다. 그래서 국가메시아는 세계적 메시아에 연결돼야 합니다. 세계적 메시아는 오시는 재림주입니다. 국가메시아는 세계적 메시아 앞에 절대신앙·절대사랑·절대복종해야 됩니다. 거기에 자기 의견이라든가 의사가 있으면 평형선이 안 됩니다. 자기주장을 하게 되면 반드시 부딪치게 돼 있습니다.

23 국가메시아라는 것은 옛날 로마로 말하게 되면 분봉왕입니다. 분봉왕은 총독보다 더 나은 것입니다. 왕은 황족권의 핏줄을 타고나야 합니다. 그래야 분봉왕이 됩니다. 각 나라의 대통령을 중심삼고 보면 그 대통령은 가인 대통령이고, 국가메시아는 아벨 대통령입니다. 이 둘이 하나

돼야만 부모가 착륙할 수 있는 길이 벌어집니다. 그것이 원리입니다.

24 분봉왕은 하늘나라의 총독입니다. 왕 위에서 교육해야 됩니다. 한 나라를 만들어서 천국에 데리고 갈 수 있는 그 나라의 믿음의 어머니 아버지입니다. 새로운 메시아들입니다. 국가를 대표한 메시아들입니다. 그 나라를 살려 주기 위해서 갔지, 자기들이 착취하기 위해서 간 것이 아닙니다. 선한 총독입니다.

25 아벨유엔이 해야 될 것은 무엇이냐? 지금 재향군인과 현역군인을 평화권 내의 평화군과 평화경찰로 만들어 선한 세계를 이루어야 됩니다. 현역군인과 재향군인들로 평화군을 창설해야 됩니다. 선생님은 이러한 기초를 닦아 왔습니다.

6절 국제평화고속도로와 한일·베링해협 프로젝트

1 여러분은 나라에 속해 있지만 세계에 속해 있지 않으면 안 됩니다. 나라를 붙들고 가서는 안 됩니다. 여러분이 에덴동산에 가정을 끌고 갈 때에 동으로 가나 서로 가나 에덴동산에 국경선이 있고, 가지 말라고 제지하는 사람이 있었겠느냐는 말입니다. 없었다는 것입니다. 그 기준에 가야 됩니다. 그러니까 세계를 통과해야 됩니다. 통일교회 이름을 가지고 어디든지 갈 때에 막힘이 없는 세계적 판도를 가져야 합니다. 그러지 않고는 지상에 천국이념을 완성한 자리에서 가정이 들어가지 못한다는 것이 이론적입니다.

2 이제는 선생님이 없더라도 지상에서 천국을 자동적으로 이뤄 갈 수 있습니다. 이렇게 할 수 있게 다 닦아 놓았습니다. 그렇기 때문에 영계의 지옥문을 철폐하고 천상에 갈 수 있는 고속도로를 다 닦아 놓은 것입니다. 만약 우리가 워싱턴에 가려고 한다면 그 과정에는 천만 단계가 있습니다. 숙명적 차이에 따라 좀 가깝고 먼 거리가 있을 뿐이지 워싱턴에는 다 갈 수 있습니다. 십년 걸려서 가느냐, 백년 걸려서 가느냐 하는 것은 자기 노력 여하에 달려 있습니다.

국제평화고속도로 건설의 의미

3 영계처럼 지상도 오래지 않아 국경선 철폐 운동이 벌어지게 됩니다. 할 수 있다는 것입니다. 그래서 각 민족을 중심삼고 러시아의 크렘린까지도 영들이 재림해서 통일교회 선전운동을 하고 있다는 것입니다. 선생님에 대해서 반대하면 영계가 가만두나 두고 보라는 것입니다. 영계가 가만있지 않습니다. 세계 후방 지대까지 파병을 해서 선생님을 반대하면 반대

하는 것에 비례해서 영적으로 가만 안 둔다는 것입니다.

4 모든 경계선을 철폐해야 됩니다. 사탄의 모든 것들을 청산하고 평지를 만들어야 됩니다. 개인·가정·종족·민족·국가·세계·천주의 모든 벽들을 선생님이 헐어 버리고 평지로 만들어 놓았습니다. 그러니까 경계선이 없습니다. 히말라야산맥과 같은 벽도 문제없습니다. 그 모든 벽들을 깨끗이 청산하고 고속도로를 닦아 놓았습니다. 그러한 벽들을 무너뜨리고 경계선을 넘어가게 되면 참사랑이 드러납니다.

5 세계 국가군을 바라볼 때 수많은 국경선으로 가로막혀 있습니다. 이 국경선은 누가 막아 놓고 주권은 누가 세워 놓았느냐? 그것은 원수의 조작으로 만들어진 주권이요, 원수의 조작으로 만들어진 국경선입니다. 하나님을 대신한 신념을 가지고 그것을 타파하고 갈 수 있는 무리, 원수 사탄의 땅을 처치해 버릴 것을 각오하고 결속해서 나설 수 있는 무리는 어디 있느냐? 그 무리는 오늘날의 기독교가 될 수 없습니다. 이런 의미에서 통일교회는 자중한 자리에서 자각하고, 자각한 자리에서 내일의 소망을 재차 다짐하면서, 오늘 스스로 준비를 완벽하게 해서 전진적인 목적을 이루기 위해 철옹성 같은 조직을 갖춰야 됩니다. 그를 통해 행차하는 데에 다시 수습이 필요 없는 생활과 더불어 전통의 길을 가려 나가지 않고는 사탄권 내에서 승리의 한 날을 맞을 수 없습니다.

6 이제부터 거꾸로 된 것을 바로 세워야 합니다. 여러분의 가정에 들어가서 작은 메시아가 되어 좌익 우익이 없는 하나의 통일된 세계를 만들어야 합니다. 1985년 2월 초하루 3시 댄버리를 중심삼고, 이스트가든의 어머님을 중심삼고 하늘땅의 지옥문, 영계의 지옥문과 지상에 막혔던 모든 담을 헐어서 심정적 지류가 모두 통할 수 있는 길을 닦았습니다. 저 지옥 밑창에서 천상까지 고속도로를 닦았습니다. 우리가 지상에서 평화고속도로라는 말을 하는 것도 그런 때가 되었기 때문입니다. 그래서 조상들이 있는 지옥 밑창에도 가서 전도할 수 있습니다. 지금까지는 그것을 못했습니다. 조상들이 못했습니다. 이제는 도주들이 가르쳐 주는 것입니다. 영계에 있는 할아버지가 지상의 자기 아들딸에게 와서 전부 코치할 수 있는 시대에 들어왔습니다.

7 선생님이 과학자대회에서 국제평화고속도로 계획을 발표했습니다. 그때 의장단은 그것을 반대했습니니

다. 평화고속도로 가운데 하나는 한·일 간에 터널을 파서 중국을 중심삼고 시베리아를 통과하여 모스크바를 거쳐 런던까지 가고, 또 하나는 인도를 통과하고 중동을 통과해서 런던에까지 이르는 것입니다.

8 소련을 방어하기 위해서는 미국과 일본을 업어야 되고, 그다음에는 중국을 업어야 됩니다. 중국을 업기 위해서 1981년 제10차 과학자대회에서 선생님이 국제평화고속도로를 건설할 것을 선포했습니다. 그때에 세계평화교수협의회 의장단은 '의장단은 전부 반대하는데 선생님이 왜 이러냐?'라면서 반대하였습니다. 그래서 선생님이 한 말이 '여러분은 아시아를 나만큼 모른다. 아시아에 대해 아무것도 모르고 역사에 대해서도 모르지 않느냐?'라고 하면서 시작했습니다. 과학자대회에는 111개국에서 880명의 학자들이 왔습니다. 그들 나라의 총리들한테 국제평화고속도로 건설 계획안을 보냈습니다. 그리고 대학교 총장들한테도 보냈습니다.

9 지금은 세계주의 시대입니다. 우주시대가 오는 것입니다. 사람들의 이상은 부부끼리 세계를 일주하며 사는 것입니다. 이것이 이상입니다. 그래서 선생님은 국제평화고속도로를 계획한 것입니다. 이것이 세계적인 문제가 되고 있습니다. 얼마전에 일본에서 국제평화고속도로 기공식을 하고 터널을 파기 시작했습니다. 대한민국은 알지도 못하고 있지만 일본에서는 조야가 야단을 하고 있습니다. 대한민국에서는 꿈도 못 꾸고 있습니다. 자기 세상인 줄 알고 낮잠만 자고 있습니다.

10 만민이 평화롭고 행복하게 갈 수 있는 탄탄대로를 닦아야 합니다. 그리하여 기분 좋게 몇 백 마일로 달릴 수 있는 국제평화고속도로를 만들어야 합니다. 비록 후대인들이 누가 닦았는지도 모르고 감사할 줄도 모른다고 할지라도 이러한 길을 닦아 놓아야 하는 것이 우리의 사명입니다. 그러기에 우리는 직선으로 탄탄대로의 길을 닦아야 합니다.

전쟁 없는 평화공도

11 세계평화를 이루는 데 있어서 문제는 전쟁입니다. 전쟁을 없애기 위해서는 아시아 차원에서 공항을 관리해야 됩니다. 비행기로 병사도 보내고 무기도 보내고 있습니다. 앞으로 선생님이 국제평화고속도로를 만들어 '이 고속도로로 군사기구를 운반할 수 없다!'라고 하면 세계는 전쟁을 할 수 없습니다. 멋대로 공항도 사용할 수 없다고 하는 것입니다. 비행기도 그러한 공동 비행기로 하게 되면

계약제가 됩니다. 그래서 '이 비행기는 모든 아시아 국가가 활용하는 동시에 아시아에 피해를 입히는 물건은 절대로 운송하면 안 된다.'라고 하게 되면 전쟁은 점점 없어지게 됩니다. 항구와 고속도로도 그렇게 하면 앞으로 전쟁을 할 수가 없습니다.

12 세계는 점점 교류하게 됩니다. 선생님이 그래서 1981년에 국제평화고속도로를 건설할 것을 제창했습니다. 그것은 국경 없이 왕래하는 것입니다. 국경이 없습니다. 4차선 도로를 중심삼고 좌우편의 4킬로미터씩 8킬로미터, 일본이면 일본이 국제평화고속도로를 통하는 그 좌우편의 8킬로미터 이외는 간섭할 수 있지만, 그 이내는 절대로 간섭 못하게 합니다. 그 지대를 어디든지 절대 불가침 지역으로 설정해서 세계의 모든 사람들이 왕래할 수 있게 하는 것입니다. 거기만 들어가면 국경이 없습니다.

13 사탄이 수많은 장벽을 쌓았지만 선생님이 그것을 다 무너뜨리고 청소한 것입니다. 일직선의 고속도로를 닦은 것입니다. 세상에서도 하늘과 마찬가지로 이런 고속도로를 닦는 것입니다. 통일교회 교인들은 바다가 있으면 터널을 파고 달리고, 산이 있으면 터널을 파고 달려야 합니다. 왜냐? 참사랑은 직단거리입니다. 직선의 길입니다. 상하·전후·좌우를 보지 않습니다.

14 평화의 달성, 이것이 선생님 전 생애의 소망입니다. 1981년 서울에서 제10차 국제과학통일회의가 열렸습니다. 100개 이상 국가의 저명한 학자들이 모인 회의였습니다. 선생님은 그 회의에서 국제평화고속도로 건설안을 발표했습니다. 이 거대한 계획이 실행된다면 동경에서 런던까지 자동차로 갈 수 있습니다. 국제평화고속도로가 사람들을 하나의 인류 가족으로 단결시키리라고 생각합니다. 현대의 기술은 인류가 한 가족으로 사는 것을 가능케 해줄 것입니다.

15 일본은 선생님과 옛날엔 원수의 나라였습니다. 그러나 아시아 나라로서 가인 형님의 문화적인 배경에서 복 받을 수 있는 선발대로 세워서 교류시키려는 것입니다. 그래서 이것을 연결시키기 위해 북한을 통해 중국 대륙을 거치는 국제평화고속도로 건설을 계획하는 것입니다. 일본 사람들이 안 하면 안 됩니다. 그런 일을 선생님이 했다는 것입니다. 역사상에 이론과 더불어 실제 행동을 통해서 그렇다고 할 수 있는 증거적 기반을 댄버리를 통해서 갖고 나왔기 때문에 여기서부터 통일의 운세가 벌어지는 것입니다.

16 국제평화고속도로권의 이상을 구체화하기 위해서 우리 통일교회를 중심하고 일본과 미국과 중국에 거주하는 한국 교포를 결속하여 기술권을 형성할 것입니다. 그러면 일본과 미국의 방향도 자동적으로 일치를 보아 세계적으로 자유를 보장받는 신경제 기반 위에 국제평화고속도로권을 발전시킬 것입니다. 이리하여 역사적 숙원이었던 아시아인의 자유통로가 성립되어 황색인종의 대이동이 실현되는 것입니다. 우리는 이곳 아시아를 기점으로 하여 절대가치인 하나님의 사랑을 중심으로 현실적 통일경제권을 실현하고 동서 신문명을 결합하여 새로운 세계의 평화를 구현하고자 하는 것입니다.

17 선생님이 지금 제창하는 것이 국제평화고속도로입니다. 앞으로 모든 종교의 블록을 움직이는 것입니다. 극동의 유·불·선, 인도의 힌두교, 중동의 이슬람교, 유럽의 기독교 문화권의 종단장들을 움직이고, 청년 핵심 요원을 딱 움직이면 어느 지역에서든지 사람을 등용할 수 있습니다. 오늘날 종교인들이 세계 전체 앞에 공헌한 것이 없습니다. 자기 교단을 위해서는 공헌한 것이 있지만 세계 인류 앞에는 한 것이 없습니다. 이 국제평화고속도로 건설계획은 참으로 재치 있는 아이디어입니다. 이 프로그램이면 종단 블록제도, 극동이면 유·불·선 3도를 중심삼고 종교인 동원은 문제없습니다. 그런 의미에서 한국과 일본 종단이 아시아를 위해서 공헌할 수 있도록 거기에 가담해야 됩니다. 그다음엔 인도의 힌두교를 묶는 것입니다. 그렇게 묶으면 사람은 얼마든지 동원할 수 있습니다.

18 금후에 있어서 일본에 문제가 되는 것은 원자재 문제입니다. 일본이 원자재를 공급받는 데 있어서 미국이라든가 자유세계가 대대적으로 환영하면 모르지만, 제동을 건다면 일본이 열어야 할 단 하나의 길은 중국으로부터 원자재를 보급받는 것입니다. 그렇기 때문에 그것을 위해서 1981년 선생님이 세계적으로 선포한 것이 국제평화고속도로입니다. 국제평화고속도로를 건설함으로써 대륙과 연결하고, 동남아로부터 서구사회 또는 시베리아까지 연결하자는 것입니다. 그러면 자동적으로 원자재를 보급할 수 있는 기반을 닦는 데에 지대한 공헌을 한다고 보기 때문에 이러한 계획을 선포한 것입니다.

한·일터널 건설의 의의

19 아시아에 영향을 미칠 수 있는 것이 한·일터널입니다. 이제 한국에 철도를 중심삼고 교통로만 연결되면 세계의 물동량, 아시아와 미국, 태평양

권 3분의 2는 한국을 통과하게 됩니다. 그래서 통일이 되어 터널만 뚫어 놓으면 많은 물동량을 한국을 통해 기차로 나를 수 있는 때가 옵니다.

20 한·일터널을 파기 시작한 것은 오래전입니다. 일본으로부터 한반도를 통해서 중국까지 길을 열게 되면 남북통일은 문제없습니다. 그러면 앞으로 일본도 희망이 있을 것입니다. 대륙의 무한한 자원을 공급할 수 있는 길을 닦으려고 생각하는 것입니다.

21 한·일터널을 파는 것입니다. 국제평화고속도로를 만들어 중국까지 연결하고 러시아까지 연결하는 것입니다. 한반도에서 연결시킬 수 있습니다. 고속도로의 중심지입니다. 세계정치사조의 관점에서 출발 기지가 극동입니다. 선생님이 태어난 고향 땅입니다. 조국이 기지니까 모든 것의 출발이 여기서 벌어집니다. 그렇게 되면 한국은 수송 기지가 되고 문화교류의 초점이 되기 때문에, 세계의 문화가 이 기지를 중심삼고 평준화를 따라가지 않으면 안 됩니다. 그러니까 한국의 위치가 중요합니다. 선생님이 20년 전부터 이런 말을 한 것입니다.

22 일본이 수출할 수 있는 길은 대만해협과 현해탄뿐입니다. 그 두 길이 막히면 큰일 납니다. 3일만 그곳을 막고 자원을 보급하지 않으면 일본은 손들고 그대로 망합니다. 그러한 위험을 방지하기 위해서 한·일터널을 빨리 파라고 한 것입니다. 일본은 터널이 있으면 육지와 연결됩니다. 터널이 있으면 자동차로 두 시간도 안 걸립니다. 두 시간 이내에 터널을 통해서 물자를 보낼 수 있습니다. 아래는 철로를 놓고 위에 고속도로를 닦으면 무엇이든지 할 수 있습니다.

23 세계평화의 왕권을 세우는 데 있어 한반도가 주도적 역할을 할 수 있어야 합니다. 일본과 한국을 중심삼고 남북을 통일해야 되고, 그다음에는 일본과 연결되고 태평양과 연결되기 위해서는 터널을 파야 합니다. 그래서 미국이 주동해서 태평양의 대만과 일본을 중심삼고 연합해 원수들을 묶을 수 있습니다.

24 한·일터널이 경제유통로의 중요한 목과 마찬가지입니다. 일본으로 들어오고 나가는 모든 수송물, 유럽이라든가 중동이라든가 방대한 러시아까지 오가는 물건이 한국을 통하지 않고 블라디보스토크나 대련을 통하려면 멀다는 것입니다. 그렇지만 고속도로를 중심삼고 세 라인만 해서 런던까지 연결되면 유럽이니 아시아니 4대주, 5대주 이상이 전부 이 루트를 통해서 움직이는 것입니다.

베링해협 프로젝트는 세계평화의 상징

25 앞으로 세계평화의 공도, 베링해협을 중심삼고 우리가 구상하는 평화의 도로를 개척하는 이 일은 인간세상에 전쟁을 그치게 할 수 있는 하나의 방법이라고 생각합니다. 그것은 인류가 바라는 것이기 때문에 어차피 통일교회가 시작했다면 선생님 이름과 더불어 영원을 두고도 해결하지 않으면 안 될 문제로 보고 있습니다.

26 여러분이 어디에 가서 강연하더라도 베링해협을 빼지 말라는 것입니다. 아침 점심 밥 먹는 것을 잊어버리더라도 어디 가서 얘기할 때는 베링해협이 주목적이 돼야 합니다. 통일교회가 이제는 생명을 걸고 세계 나라의 조국 땅을 결정하기 위해서 벌거벗고 나섰습니다. 그러니 세상이 안 하더라도 우리는 해야 되겠습니다. 이것을 하면 국경을 넘어서 나라가 생겨납니다.

27 베링해협을 중심삼고 선한 왕권시대에는 전쟁이 있을 수 없습니다. 바다로 오는 길, 공중으로 오는 길, 육지로 통할 수 있는 길을 중심삼고 평화의 도로를 개설하자는 것입니다. 그러나 군사물자는 그 도로로 못 나릅니다. 선생님이 그런 기반을 닦았기 때문에 깃발만 들고 움직이면 세계가 움직이게 됩니다.

28 베링해협 문제, 이것은 평화왕국을 세우는 데에 제1의 열쇠입니다. 이런 최후의 결전장에 와서 여러분이 뭘해야 되느냐 하면, 돈 가진 부자를 설득하라는 것입니다. 이런 차제에 다이아몬드 광산, 금광, 열두 달을 대신할 수 있는 열두 가지의 보석 광산을 아는 것보다 더 가치 있는 것을 아는데, 자기 재산과 자기 나라의 땅, 흙을 팔아서라도 투자해야겠다는 욕심이 있어야 됩니다.

29 베링해협을 중심삼고 러시아 대륙과 알래스카를 연결하는 터널을 뚫어 해양권만 연결된다면 지구성에는 자동차를 타고 세계를 어디든지 돌아다닐 수 있는 시대가 오게 됩니다. 한·일터널도 한 방편입니다. 이렇게 해 놓으면 한국이 중심지가 됩니다. 그런 구상 아래 유럽, 아프리카, 남미, 아시아대륙으로부터 해양대륙에 영향권을 갖고 있는 사람은 선생님밖에 없습니다. 유엔 가입 국가에 다 기반이 있습니다.

30 팔레스타인 지역은 이스라엘 민족과 팔레스타인인데, 이슬람교와 유태교의 종교 싸움이 벌어지고, 그다음에 한반도는 북한과 남한의 정치권 싸움입니다. 그다음에 선생님 시대에는 베링해협 경계선 철폐의 싸움입니다. 그것을 다 끝내야 합니다. 종

교의 싸움, 정치의 싸움, 그다음에 베링해협 소유권의 싸움을 끝내야만 선생님의 시대가 오게 됩니다.

31 구약시대에는 가정 섭리, 예수님 시대에는 국가 섭리, 재림주시대에는 세계 섭리를 하는 것입니다. 재림주시대에는 하늘땅이 하나되어 통일되어야 합니다. 그 일을 선생님 1대에 해야 됩니다. 구약시대 국경선이 걸려 있는 것이 팔레스타인, 가인 아벨이 걸려 있는 것이 남북한의 삼팔선, 그다음에 하나님의 나라와 고향 땅이 걸려 있는 것이 베링해협입니다. 러시아와 미국이 교차결혼만 하면 세상은 완전히 해방되는 것입니다.

32 베링해협은 제일 어려운 국경선입니다. 땅의 국경선인 동시에 사상적으로도 제일 어려운 국경선입니다. 이 국경선을 철폐해서 두 나라가 하나되면 지옥과 하늘나라가 하나될 수 있기 때문에 베링해협을 중심으로 전 세계 사람들이, 영인들까지 같은 고향, 같은 조국의 이름으로 이 일을 성사해야 됩니다.

33 툰드라 같은 지역을 점령하게 되면 세계를 제패하고도 남을 수 있습니다. 금후 후천시대에 원자재 보유지를 가짐으로써 후천시대의 주인이 될 수 있는데, 그것을 빼앗겨서는 안 됩니다. 그러니까 선생님이 지금 베링해협을 무엇보다 중요시합니다.

34 베링해협 지역을 12지역으로 나눴는데, 거기에 12지파를 편성하는 것입니다. 전 세계 사람들이 그 지파권 내에 다 들어가서 분할된 지역에, 있는 돈을 투입하고 정성을 다해서 어떻게 빨리 트럭이 달릴 수 있는 4차선 고속도로를 만드느냐 하는 것입니다. 기초공사가 필요합니다.

35 희랍철학을 중심삼고 발전한 것이 하나님을 반대하는 인본주의 사상입니다. 기독교와 새로운 아벨 문화의 세계를 반대한 것입니다. 그것이 공산주의를 중심삼은 소련입니다. 1953년에 스탈린이 죽은 때부터 공산주의는 분열한 것입니다. 선생님이 미국의 종교 기반을 중심삼고 유엔과 하나될 수 있는 환경이 되면 사탄세계는 갈라지게 됩니다. 이제 미국이 해야 될 것은 러시아와 중국을 하나로 만드는 것입니다. 이것을 해결하는 것이 베링해협입니다. 땅에 대한 경계선을 허물고 하나로 만들어야 합니다. 영적인 경계선을 타파하고 하나로 만들었으니, 이제는 실체적 경계선을 타파해야 됩니다. 군사력으로 통일하려고 해서는 안 됩니다. 하나님이 원하는 희생봉사, 선생님이 가르치는 사상을 가지고 해야 됩니다.

제11편
예식과 명절

제11편 **예식과 명절**

| 차 례 |

제1장 모심의 예법

1절 모심의 생활

1 이제부터 여러분은 모심의 생활을 해야 됩니다. 지금까지는 믿음으로 구원을 얻는 신앙생활을 했지만, 앞으로는 모심으로 구원을 얻는 시대입니다. 본래 인간이 타락하지 않았다면 하나님을 모시는 길을 가는 것입니다. 모실 때는 여러분의 생활과 마음으로 모셔야 됩니다. 여러분이 어디 갈 때 반드시 앞에는 아버지가, 뒤에는 어머니가 있다는 것을 느껴야 되고, 좌우와 상하에는 반드시 하늘이 같이하고 있다는 것을 느껴야 됩니다. 통일교인들이 어떠한 공적인 책임을 지고 임무를 수행하는 데에 있어서 난관에 부딪혀 자기 혼자 해결하지 못할 문제가 있을 때에는 목욕재계하고 하늘 앞에 기도하면서 문의하면 가르쳐 주게 돼 있습니다. 여러분 심정의 정도가 하늘이 표준으로 하는 기준까지 가지 않았기 때문에 안 가르쳐 주지 가르쳐 주게 돼 있습니다. 모든 것을 맡기고 의지하는 가운데 기도하는 마음을 갖고 거기에 부딪히면 직감을 통하여 자기의 갈 방향을 제시해 주게 돼 있습니다.

2 이제는 모시고 사는 시의(侍義)시대입니다. 모심으로 구원을 얻는 것입니다. 지금까지는 탕감으로 구원을 얻었습니다. 하늘을 모시고 살 수 있는 시의시대로 들어가야 됩니다. 그 나라가 없으면 안 됩니다. 예수님이 나라가 없었기 때문에 쫓겨난 것입니다. 여러분도 마찬가지입니다. 선생님의 말씀을 붙들고 가야 합니다. 말씀을 부정할 사탄의 권세는 없습니다. 하나님을 긍정하기 때문에 그 말씀과 영계와 더불어 보조를 맞춰 실체적인 존재가 가정적으로 딱 되어 있으면 그 가정을 중심삼고 얼마든지 확장할 수 있습니다. 가정이 없는데 나라가 어떻게 생겨납니까? 우리 가정에서 우리 종족이 생겨나고, 우리 종족을 중심삼고 우리나라가 생겨나고, 세계가 자동적으로 될 수 있습니다. 그 판도가 축복받은 가정을 통해서 됩니다.

지금은 하나님을 모시고 사는 시대

3 통일교회에서는 믿음의 천국을 말하지 않습니다. 시의를 말합니다. 모심으로 구원을 받는다는 것입니다. 모르고서 모실 수 있습니까? 통일교회에서 가르치는 것을 아는 것은 문제가 아닙니다. 가르치면 누구나 다 알게 됩니다. 여러분은 하나님이 계시다는 것을 하루에 몇 번이나 자각

합니까? 24시간 가운데 몇 번이나 하나님이 계시다는 것을 느낍니까? 모심으로 구원을 받겠다고 하는 사람들이 24시간 가운데 한두 시간 정도 모셔 가지고 되겠습니까? 공기보다도 절박하게 필요한 것이 하나님입니다. 물보다도 절박하게 필요한 것이 하나님입니다. 밥보다 더 귀한 것이 하나님입니다.

4 여러분은 하나님의 사정을 알아야 합니다. 그 사정을 알고 그다음에는 하나님의 심정을 알아야 하고, 하나님이 내 아버지라고 생각해야 됩니다. 내 아버지, 우리의 아버지라는 것입니다. 우리가 배우고 듣고 모심의 생활을 하는 것은 무엇 때문입니까? 그것은 성경에 흐르고 있는 하나님의 사정을 알고 하나님의 심정을 알기 위해서입니다. 상처를 당하고 유린당하고 배척받고 찢기며 나오신 그 하나님이 내 아버지라는 것을 알기 위해서입니다.

5 참된 인연 가운데 표준이 되는 것은 하나님과 인간 사이에 맺어진 부자의 인연입니다. 이 인연에서 비롯된 심정은 어떠한 존재의 권한에 의해서도 굽혀질 수 없는 영원하고 불변하고 유일한 것입니다. 또 이 심정의 권한은 절대적입니다. 그러기에 이 권한을 가지고 나타나게 될 때 모든 존재물은 그 앞에 머리 숙일 수밖에 없으며, 이 심정의 권한을 가지고 움직이게 될 때 만천하는 따라 움직이지 않을 수 없습니다. 이것이 우주의 철칙입니다.

6 오색인종을 품고 자기 식구나 일족과 같이 살 수 있을 것이라는 그 이상의 배포를 갖지 않고는 미래 이상세계인 천국에서 하나님을 모실 수 없습니다. 그렇기 때문에 통일교회 교인들은 흑인과도 결혼을 합니다. 한국 사람, 일본 사람, 미국 사람을 서로 결혼을 시키는 것입니다. 그렇게 하지 않으면 선생님이 인류의 심정세계에 있어서 주도적 책임을 할 수 없습니다. 그렇게 하지 않으면 오색인종 가운데 백인만 사랑하고 흑인을 사랑했다는 조건을 왜 안 세우느냐고 한다는 것입니다. 그래서 한국에 있는 사람들과 백인 흑인, 전부 같이 결혼을 시키는 것입니다.

7 모심의 생활은 쉽지 않습니다. 여러분도 쉽지 않지만 선생님도 쉽지 않습니다. 선생님도 그런 내용이 있으면 잠을 못 잡니다. 선생님이 안 하면 하나님이 꼼짝 못합니다. 해방 못 받습니다. 여러분도 그렇습니다. 여러분이 아니면 여러분의 생활무대에서 선생님이 꼼짝 못할 수 있게 해야 됩니다. 여러분의 발판이 넓어져야

활동무대가 벌어지는 것과 마찬가지입니다. 그러니까 그런 환경을 알고 여러분이 전체에 그런 환경을 만들 수 있는 마음을 가지고 있어야 됩니다. 모심의 생활이 쉽지 않습니다. 부모가 자식을 사랑하는 마음 이상 하나님을 모셔야 됩니다. 부모를 생각하면, 자기들이 태어나서 20년 기간을 정성 들인 것입니다. 하나님은 몇 천만년입니다. 인류가 생긴 지 몇 천만년입니다. 몇 천만년 동안 그리워하던 아들을 만나기 위해서 투입하고 정성 들였다는 것입니다. 정성을 들였다고 해서 내가 정성을 다 들였다고 생각하면 안 됩니다. 정성 들이고 나서도 부족하다고 해야 됩니다.

8 하나님은 여러분 가까이 계시고, 누구보다 여러분 한 사람 한 사람을 염려하시는 분입니다. 세상에서는 육친의 부모사랑이 제일 큰 줄 알고 있지만 하나님의 사랑은 그보다 더 크고 깊으며, 세상의 그 어떤 인간적인 사랑보다도 깊고 큽니다. 이러한 하나님의 사랑의 품에 안기어 아버지를 부를 수 있는 여러분이 되어야 하고 '아버지의 서러움을 내가 알겠나이다.'라고 말할 수 있는 입장에서 하나님의 내적인 심정을 체휼하는 참된 아들딸이 되어야 하는 것입니다. 그런 아들딸이 되어 하나님을 모신 천국을 소유한다면, 그 천국은 어느 누구도 빼앗아 갈 수 없습니다.

모심 생활의 마음가짐

9 하나님은 망상적이고 관념적인 하나님이 아닙니다. 추상적인 하나님이 아닙니다. 생활적인 주체성을 지니고 늘 우리가 살고 있는 생활의 주인으로서 함께 있는 것입니다. 모심만을 받는 것이 아닙니다. 공동적인 사랑을 중심삼고 공동적인 생활을 하고 있는 하나님입니다. 선생님은 이런 환경에서 지금까지 일생을 투쟁해 나왔습니다. 이런 사람을 세상이 제아무리 반대한다 하더라도 하늘이 입증해 주는 데는 사탄이 칠 수 없고 허물 수 없습니다. 그런 기반이 서 있기 때문에 치고 나면 그들이 넘어지게 돼 있습니다.

10 하나님을 마음 가운데 모시고, 몸자리에서 인간이 완전히 하나될 수 있는 기원을 만들지 않고는 이 악마의 세계를 청산할 길이 없습니다. 그래서 모심의, 시의의 구원시대라고 보는 것입니다. 모심으로 구원받는 것입니다. 하나님은 저 공중에 동떨어져서 계시는 분이 아닙니다. 우리 생활권 내의 주체자로서 하나님을 모셔야 됩니다. 모시는 것은 어떻게 해야 되느냐? 탕감원칙에 따라 역사시대에 하나님이 슬프고 고통을 당했던 모든 사연을 풀어 드려야 됩니다.

11 행함의 의니, 믿음의 의니, 모심의 의를 추구하는 것은 무엇 때문입니까? 의롭지 않고는 선악을 분별할 수 없기 때문입니다. 악한 세계와 선한 세계가 갈라지지 않습니다. 선의 기준점이 되는 것이 하나님입니다. 하나님이 믿는 것과 같이, 하나님이 행하는 것과 같이, 하나님이 모시는 것과 같이 언제나 하나님이 중심이 되어야 합니다. 사탄은 하나님과 같이 의로운 자에 대해서는 참소할 수 없다는 것입니다.

12 하나님이 믿고, 행하고, 생활하는 모심의 환경에 처해 있으면 사탄이 간섭할 수 없습니다. 언제나 사탄권 내에 있더라도 그런 환경에서 하나님과 같이할 수 있는 의로운 기준이 벌어지면 사탄은 거기서 후퇴하는 것입니다. 그렇다고 해서 행함의 구약시대가 지나가고, 믿음의 신약시대도 지나가고, 모심의 성약시대만 이 있는 것이 아닙니다. 구약시대의 행함도 필요하고, 신약시대의 믿음도 필요하고, 성약시대의 모심도 필요합니다. 성약시대에도 믿음이 필요하고 행함이 필요하고 다 필요합니다. 그것은 소생 위에 장성이 있고, 장성 위에 완성이 있는 것과 마찬가지로 떼려야 뗄 수 없습니다. 지금 특별히 시의라고 하는 것은 생활화 천국시대를 말하기 때문입니다.

13 구약시대에는 제물을 희생시켜서 아들이 올 수 있는 길을 닦았습니다. 그리고 신약시대에는 아들을 보내 희생시켜서 부모님이 올 수 있는 길을 닦은 것입니다. 기독교를 중심 삼고 피를 흘리게 해서 재림주가 부모님으로 오는 길을 닦았다는 것입니다. 통일교회 시대는 부모님 시대입니다. 하나님이 땅에 임할 수 있는, 오실 수 있는 길을 닦는 것입니다. 그래서 하나님이 오시게 될 때 모심으로 말미암아 구원을 얻는다는 말이 성립됩니다. 역사는 그렇게 발전하는 것입니다. 낮은 계급의 물건을 희생시켜서 아들을 찾아야 됩니다. 만물을 희생시키더라도 아들을 살려야 됩니다. 만물이 탄식하는 것은 하나님의 높은 사랑과 자녀의 사랑권에 못 나가기 때문입니다.

14 참다운 아들딸들이 들여야 할 정성은 무엇입니까? 현실적인 생활무대에서의 정성이 아니라 소망의 정성, 영광의 정성, 충성의 정성, 모심의 정성을 들여야 합니다. 그러한 정성을 남기고 가야만 천국이 내 천국이 되고 그 아버지가 내 아버지가 될 수 있습니다. 지금까지의 정성은 탕감 도상에서의 정성이었지만, 앞으로의 정성은 하늘을 모시기 위한 정성이어야 하고, 모시는 자리에 동참하기 위한 정성이어야 합니다. 여기

에 동참하는 우리는 첫째 부활에 동참하는 사람들입니다. 모심의 자리에 동참하기 위해서는 지금까지 슬퍼하며 나오신 하나님을 위로해 드릴 수 있고 슬픈 정성의 사연에 동참할 수 있는 내용을 갖추어야 합니다. 이것을 소개하고 그에 따르는 탕감조건을 하나님 앞에 세우기 위해 나온 것이 복귀섭리입니다.

15 여러분은 효자·충신·성인·성자의 가정이 되기 위해서 지금부터 시의의 생활, 모심의 생활을 해야 됩니다. 선천시대, 사탄의 싸우던 시대를 지나 후천시대, 평화의 왕권시대로 넘어가는 것입니다. 이것은 불가피한 것입니다. 필연적으로 가야 할 내 길입니다. 남의 길이 아닙니다. 안 가면 저나라에서 걸립니다.

2절 하나님 모심의 생활

1 하나님의 사랑을 많이 받으면 받을수록 커 가기 때문에 자동적으로 중심적인 개인이 되고 단체가 될 수 있습니다. 또 국민을 통해서 사랑받을 수 있는 기반을 닦았으면 세계를 움직일 수 있는 국가가 되는 것입니다. 이러한 원칙이 있기 때문에 여러분은 모심의 생활을 해야 됩니다. 모심의 생활을 하는 것은 하나님의 사랑을 받기 위해서입니다. 하나님을 먼저 모셔야 됩니다. 하나님의 사랑을 받으려면 어떻게 해야 되느냐? 하나님이 우리 인간에게 완전한 사랑을 갖고 오느니만큼 우리가 완전한 무엇을 투입해야 됩니다. '지성(至誠)이면 감천(感天)'이라는 한국의 격언이 있는데, 그것은 천리를 통한 말입니다. 정성을 다 들인다는 것은 안팎을 다 한다는 것입니다. 또 언행심사(言行心事)와 모든 실천, 안팎의 모든 생활권까지도 몽땅 합해서 바친다는 것입니다. 그것이 정성입니다.

2 아침에 잠자리에서 일어나 첫마디 말을 하늘 앞에 바치고, 집을 나설 때도 오른발로 첫걸음을 내디디며 하늘 앞에 바쳐야 합니다. 평소의 습관이 이렇게 된다면 시의생활이 될 수 있습니다. 이런 관점에서 여러분은 원칙적인 기준에서 생활태도를 취해 나가야 합니다.

모심의 생활 자세와 법도

3 여러분은 현재 어디에 있습니까? 밤이나 낮이나, 언제 어디를 가든 선생님과 더불어 보조를 맞추어야 됩니다. 지금까지 선생님은 하나님이 가는 방향에 보조를 맞추면서 모든 생명을 투입하며 살아왔습니다. 이제는 삼합(三合), 하나님·참부모·여러분이 일치되어야 합니다. 보조를 맞추어야 됩니다. 생사를 결정할 수 있는 내용이 달려 있기에 삼자가 일치

되는 점에서 하나되어야 합니다. 그곳에 생명의 부활권이 있습니다. 그 점이 아버지와 선생님이 하나되고 선생님과 여러분이 하나되어 일치될 수 있는 연결점입니다. 거기서 일심통일이 벌어지는 것입니다. 그렇기 때문에 여러분은 뜻과 일치된 생활을 해야 됩니다. 그러려면 뜻이 어떤 것인지 알아야 합니다. 여러분이 이것을 모르니까 기도하라는 것입니다. 기도하면 반드시 선생님이 나타나서 가르쳐 줍니다.

4 한 치의 땅이라도 내 재산이라고 할 수 없습니다. 전부 하나님으로부터 받았습니다. 하나님으로부터 받았으니 다시 돌려드려야 합니다. 아무리 적은 것이라도 하나님으로부터 받았으니 하나님에게로 가치 있게 돌려드려야 됩니다. 그렇게 할 때 역사는 영글어 나가는 것입니다. 그렇게 받았으니 그렇게 주는 사람이 되어야 합니다. 그러한 사람들의 세계가 되지 않으면 이 땅은 천국이 될 수 없습니다. 하루 24시간의 생활권 내에서 내가 보고 듣고 했던 모든 일들은 무엇을 위해서냐? 하나님을 위해서입니다. 하나님을 위해 보고 들어야 되고, 느끼는 것도 하나님을 위해 느껴야 합니다. 우리가 지상에서 생활하고 있지만 천상세계의 생활과 연결시켜 생활해야 됩니다.

5 여러분이 두메산골에 들어가서 생활하게 되면 통일교회 식구들이 찾아와 주었으면 하고 간절히 바라게 되고, 또 식구 중에 누가 아픈 것이 아닌가 하고 염려하게 됩니다. 그리고 자기와 제일 가까운 식구를 맞이했으면 좋겠다, 또 선생님을 맞이했으면 좋겠다, 목회자를 맞이했으면 좋겠다는 그리움이 있어야 합니다. 매일같이 하나님을 그리워하지 못하는 사람은 하나님을 모시지 못합니다. 여러분은 누구를 그리워하든 항상 그리움에 사무쳐 있어야 됩니다. 그런데 밤 12시만 되면 '야야! 자자!'라고 하는 사람은 하나님에게 걱정을 끼쳐드리는 사람입니다. 천국은 밤과 낮이 없습니다. 심정의 인연을 안고 나올 때는 밤이 문제가 아닙니다.

6 여러분이 배가 고프면 '아이고, 배고파! 밥 밥 밥!'이라고 하는데, 누구를 위해서 먹겠다는 것입니까? 하나님을 위해 먹겠다는 것입니까, 나를 위해서 먹겠다는 것입니까? 하나님을 위해서 먹어야 합니다. 그렇게 하여 하나님의 완전한 성전을 만들어야 합니다. '내 속에 있는 하나님이 배가 고파서 밥을 먹자고 한다.'라고 생각하라는 것입니다. 그렇게 밥을 먹으면 그 밥은 거룩한 밥이 되는 것입니다. 변소 가는 것도 그렇고, 숨 쉬는 것도 그렇고 전부 마찬가지입니다.

듣는 것도 나 혼자 듣는다고 생각하지 말라는 것입니다. 보는 것도, 만지는 것도 그렇습니다. 나 혼자 한다고 생각하지 말라는 것입니다. 사람을 대하더라도, 사탄세계를 대하더라도 하나님이 대한다고 생각하라는 것입니다. 말을 하더라도 하나님이 말한다고 생각하라는 것입니다. 그렇게 하나님과 완전히 하나된 후에는 나 중심삼고 살고, 나 중심삼고 생각하고, 나 중심삼고 사랑하는 것이 원칙입니다. 그때는 자기를 중심삼고 생각하고 자기를 중심삼고 사랑해도, 그것은 하나님을 중심삼고 생각하는 것이 되고 하나님을 중심삼고 사랑하는 것이 됩니다. 그것이 원칙입니다.

7 하나님을 모신 자로서 여러분이 기쁠 때 하나님을 얼마나 기쁘게 해 드렸습니까? 여러분이 배고플 때 밥을 먹으면서 느끼는 고마움 이상 하나님을 모셔 드려야 합니다. 여러분은 좋은 것을 먹을 때나 입을 때, 그리고 슬플 때나 어려울 때에도 항상 하나님을 모셔야 합니다. 그래서 하나님의 마음에 기억될 수 있는 사연들을 남겨 놓아야 합니다.

8 하늘은 심정이 통할 수 있는 하나의 손길에 만물이 어루만져지기를 원하고 계십니다. 심정이 통할 수 있는 자녀로 인해 모든 아들딸이 안겨지기를 바라고 계십니다. 심정이 통할 수 있는 신부에 의해 하나님의 주권이 이루어지기를 고대하고 계십니다. 심정이 통할 수 있는 아들딸들 앞에 이 세계가 주관되기를 고대하고 계신다는 것입니다. 이것을 여러분은 생각해 보았습니까? 생각하면 생각할수록 어마어마합니다. 이러한 하나님의 소원이 내 일신만이 아니라 세계와 천주까지 연결되어 있다는 것을 생각할 때에 나는 아버지의 것임을 부정할 수 없습니다. 그러므로 내 마음도 아버지의 것이요, 내 심정도 아버지의 것이요, 나의 의식과 직관과 감각기관 일체까지도 아버지의 것이요, 내가 느끼고 의식하는 전체가 아버지의 것이라는 관이 결정되어야 합니다. 전력을 다하여 하늘의 소원을 이루어 드려야 합니다. 죽음의 길이 아무리 무섭다 하더라도 비웃고 넘어설 수 있는 강렬한 심정과 신념을 갖고 그것을 극복해 나갈 줄 아는 자체가 되어야 합니다.

9 하나님을 모시는 것에는 법도가 있습니다. 그 법도를 어길 때에는 하나님이 무척 노여워하십니다. 자식을 사랑하는 부모가 자식의 말 한마디에 가슴에 못이 박혔다 빠졌다 하는 것과 같이 하나님도 인간을 사랑하시기 때문에 노여움이 많으신 분입니다. 그렇기 때문에 자칫 잘못하면

하나님으로부터 노여움을 사게 됩니다. 그래서 언제나 선생님도 하나님을 기쁘게 해드리려고 합니다.

10 6천년 역사를 종적으로 보면, 구약시대에는 하늘 백성을 모았고, 신약시대에는 하늘의 자녀를 모았습니다. 이렇듯 역사는 거꾸로 흘러왔다는 것입니다. 오늘날 세상에는 천국 동포의 이념을 중심으로 천국을 건설하려는 사람이 있습니다. 또 천국 자녀, 천국 형제, 천국 부부의 이념에 의지하여 천국을 건설하려는 사람도 있습니다. 여러분은 생활 속에서 천국 법도를 지킬 줄 알아야 됩니다. 천국을 건설하기 위해서는 하늘이 요구하는 천국의 법도를 지키고, 또 천국 법도를 지킬 줄 아는 동시에 천국생활을 할 줄 알아야 됩니다. 그리고 천국생활을 할 줄 아는 동시에 천국의 사랑으로 하나되어야 합니다. 말씀이 곧 천국 법도이므로 말씀을 중심삼고 살아야 됩니다. 여기에 여러분의 길이 있습니다.

11 기도를 통해서, 신령역사를 통해서 은혜의 기준에는 갈 수 있을지 모르지만, 그것은 영계에서 영인들이 협조해 주어서 되는 것입니다. 그러나 본래 인간은 생명체와 생령체를 갖게 되어 있습니다. 나 자체에 영이 있다는 것입니다. 영계의 협조를 받지 않은 영력을 중심삼고 영의 작용을 계발해 놓으면 영인들이 지도해 주지 않아도 나 자체의 생령체가 감지할 수 있는 능력이 생기는 것입니다. 이렇게 되어 어느 기준만 올라가게 되면 하나님이 서러워하실 때 나에게도 형용할 수 없는 서러움이 찾아오게 됩니다. 어떤 사람을 만났다가 떠나보내는데 말할 수 없는 서러움이 느껴진다면, 그런 사람이 가는 길은 제물의 길이 아니면 하나님이 긍휼히 보시는 길입니다. 두 가지 중에 한 가지입니다. 그런 일을 실제로 느끼고 생활권 내에서 자극을 받을 수 있는 입장에 선 사람이 체휼적인 사람입니다.

12 부모가 천륜의 원칙과 더불어 생활한 인연이 이 땅 위에 세워지는 날, 인간 본성의 인륜 도덕이 천지에 창건되는 역사가 벌어질 것입니다. 오늘날 가정을 탈피하는 불행한 청년남녀가 많은 원인이 어디에 있겠습니까? 천륜의 법도에 일치된 사랑이 상실되었기 때문입니다. 그래서 가정을 중심으로 하나님을 그 가정에 좌정시킬 수 있는 천지부모가 현현하여야 됩니다. 예수님 혼자 오셔서는 구주가 될 수 없습니다. 타락한 인간을 어떻게 구해 주어야 하느냐? 부모의 자리에서 구해 주어야 합니다. 하나님은 참사랑의 아버지이기 때문에 아

버지 자신이 이 땅 위에 와서 부모의 자격으로 인간을 직접 구해 주는 것입니다. 자식이 사망세계에서 신음하며 구원을 요청할 때 구해 주고 싶은 것이 부모의 심정입니다.

13 주체를 위한 대상의 자리는 불평이 있을 수 없습니다. 불평하는 것은 망동입니다. 파탄입니다. 그렇기 때문에 신앙길은 불평을 불허합니다. 감사만이 있어야 됩니다. 하늘은 언제나 주체로 계시기 때문에 주체와 더불어 상관된 운명을 가지고 그를 이탈하는 생활의 법도, 생활의 형태는 있을 수 없습니다.

14 천리는 순서를 올바로 지키는 데서 성립됩니다. 그렇기 때문에 주체와 대상의 관계에서 하늘은 절대적인 주체 입장에 서야 합니다. 그 주체를 무시하는 사람은 대상이 못 됩니다. 절대적인 주체 앞에 절대적인 대상이 되려니 절대적으로 하나여야 됩니다. 그러므로 보고 듣고 느끼는 모든 것은, 가정에 들어가 사랑하는 것까지도 전부 대상과 주체 입장에 서서 하늘을 위해서 하는 것입니다. 일체가 그런 것입니다. 그런 가정은 망하지 않습니다.

15 최후에 남아질 것은 무엇입니까? 하나님과 인간, 즉 신인의 삶의 길, 신인의 생활관입니다. 인생관도 마찬가지로 신인 인생관, 신인 세계관, 이렇게 되어야 합니다. 그것이 막연하게 하나님을 대해 사람이 알 수 있는 정도의 자리가 아니라 사람이 영원히 떨어지려야 떨어질 수 없는 자리입니다. 하나님과 사람은 본래 떨어질 수 없는 자리에서 떨어졌으므로 그 떨어질 수 없었던 자리 이상의 자리에 도달해야 하기 때문입니다. 그런 자리에서 신인이 하나된 생활적인 무대, 세계적인 무대를 요구하고 나서야 합니다.

16 이제는 탕감의 양이 사랑으로 변해서 여러분 자체 앞에 연결됩니다. 그런 의미에서 모심의 생활의 법도를 갖추지 않으면 안 되는 때가 왔습니다. 축복을 받았으면 남편이 필요합니다. 남편이 필요하다는 말은 남편을 사랑하는 마음을 중심삼고 척도가 생긴다는 것입니다. 사랑을 가지고 재는 것입니다. 사랑이 얼마나 필요하냐? 절대적으로 필요하다면 절대적 사랑을 중심삼고 내가 대상적인 입장에서 필요하다는 것입니다. 하나님이 그런 입장에 있습니다. 하나님의 모든 것은 절대적입니다. 시작과 끝, 과정도 절대적입니다.

지성감천과 효의 길

17 마음을 다하고 뜻을 다하고 정성

을 다하라는 말은 무슨 말입니까? 생명을 바치라는 말입니다. 그 이상 무엇이 없습니다. 내 마음 끝이 어디겠습니까? 마음을 다하라는 것은 생명을 내놓으라는 말입니다. 뜻을 다하라는 것도, 정성을 다하라는 것도 생명을 내놓으라는 말입니다. '지성이면 감천'이라는 말에서 지성의 한계점은 생명을 걸고 정성을 들이는 것입니다. 목을 내놓고 죽을 각오를 하고 정성을 들이는 사람은 하나님이 모른다고 할 수가 없습니다.

18 복귀섭리의 길에서 그 골수사상은 무엇이냐? 제물을 따라가는 길입니다. 제물은 어떤 것이냐? '네 마음을 다하고 뜻을 다하고 성품을 다해 주 너의 하나님을 사랑하라.'라고 했습니다. 마음을 다하고 뜻을 다하고 성품을 다하라는 것의 결론은 간단합니다. 생명을 내놓고 하나님을 사랑하라는 것입니다. 생명을 내놓는데 억지로 내놓는 것이 아니라 미칠 듯이 좋아하면서 내놓으라는 것입니다.

19 선생님이 마룻바닥에 엎드려 기도할 때는 눈물이 마르지 않았습니다. 무릎에 굳은살이 생길 정도였습니다. '공든 탑이 무너지랴.'라는 말이 있습니다. 하나님을 위해 공을 들여야 됩니다. 하나님이 그리워서 미칠 만큼 사무친 경지에까지 들어가야 됩니다. 하나님이 계시는 곳이 땅이라면 하루에 천 번도 왔다 가고 싶은 마음이 있으나, 땅이 아니기 때문에 할 수 없어서 선생님을 보낸 것입니다. 그런 무엇이 있기 때문에 여러분이 선생님을 사랑하지 않고는 안 되게 되어 있습니다. 괜히 그렇게 정이 가는 것이 아닙니다. 눈물을 흘리며 기도할 때에 동삼(冬三)에 솜바지저고리를 눈물로 적실 때가 많았습니다. 얼마나 기가 막혔겠나 생각해 보십시오. 칼을 꽂아 놓고 담판기도를 할 때가 한두 번이 아니었습니다.

20 밥을 먹으나 물을 마시나, 앉으나 서나 누구를 대하든지 부모님 앞에 보여주었던 어린 심정을 보일 수 있으면 그것으로 만점입니다. 지식 많은 것이 통하는 것이 아닙니다. 하나님 앞에서 '나 아무개 박사요!'라고 하며 살겠습니까? 그런 것은 다 필요 없습니다. 하나님의 사랑을 어떻게 내가 유도할 수 있느냐? 단 하나의 길은 '지성이면 감천'밖에 없습니다.

21 불평하면 안 됩니다. 불만을 가지면 안 됩니다. 자기를 생각해서는 안 된다는 것입니다. 자기 소유, 자기 사랑의 관념을 세워서는 안 됩니다. 하나님을 생각하면서 '내가 불평하면 부모님이 얼마나 아프실까? 그분의 사정을 내가 알고 그분의 전통을 이

어받을 수 있는 한순간이 내 앞에 찾아들어 오면 그것을 이어받고 그분을 따라가면서 그분을 위로하겠다.'라는 마음을 가져야 합니다. 그러면서 눈물짓는 그 자리에 하늘이 같이하는 것입니다. 자기를 중심삼은 눈물은 하늘이 같이하지 않습니다. 하나님을 위해서 울고, 부모님을 위해서 울어야 됩니다. 이것이 통일교회 제단이요 통일교회의 모심의 생활입니다.

22 선생님은 배가 고파 지쳐 쓰러지는 한이 있어도 어떻게 하면 하나님이 염려하는 그 길을 갈 것이냐, 짊어질 수 있는 십자가의 길이 있다면 어떻게 그 길을 갈 것이냐 하는 것을 생각했습니다. 그런데 여러분은 이러한 길을 가려고 준비하지도 않고 있습니다. 모심으로 구원받는다는 것을 알면서도 뻔뻔스럽게 바라보고만 있습니다. 그런 마음에서 멈추면 안 됩니다. 우리는 자나 깨나 아버지를 위하여, 아버지의 나라를 위하여 나아가야 되겠습니다. 천번 만번 죽는 한이 있더라도 그 한을 풀어 드려야 하겠습니다. 그러한 용기가 있는 사람이라면 자기 십자가를 감당하고 하나님의 십자가를 대신 질 수 있어야 됩니다. 그렇기 때문에 오늘날 우리는 아버지와 그 나라를 위하여 일해야 되고, 아버지가 부를 수 있는 효자 효녀가 되어야 합니다. 우리는 하나님을 위하여 태어난 백성이니 효자·효녀·충신·열녀가 되어야 합니다. 이것이 우리가 해야 할 사명입니다.

23 여러분은 체면과 위신, 배고픈 것을 느끼거나 말할 수 있는 여지가 없어야 합니다. 자기 자식이 앓는 데 신경 쓰는 것보다 뜻의 움직임에 대해서 더 신경을 곤두세우지 않으면 안 됩니다. 그것이 안 되어 있다면 절대복종이라도 해야 됩니다. 선생님이 무엇을 하는지 모르면 밤잠이 안 와서 한밤중에라도 뛰어와서 물어보고 갈 수 있는 생활을 해야 됩니다. 그래서 모심으로 구원받는다고 했습니다. 선생님은 하나님에 대해 언제나 그렇게 삽니다. 촌분도 방심하지 않습니다. 내 몸을 치고 나서 오히려 하나님을 위로할 수 있는 탕감의 노정을 걸어야 합니다.

24 어렵고 고통스럽거든 조용한 밀실에 들어가서 기도하는 것입니다. 그래도 답이 안 나오면 더 깊이 더 심각하게 기도하는 것입니다. 더 시간을 투입해서 하는 것입니다. 선생님은 그 길을 가기 위해서 12시간 이상 기도하는 것은 보통이었습니다. 대양의 몇 천 피트 깊은 곳을 찾아 들어간다고 생각해야 됩니다. 그러니 얼마나 극복하고 얼마나 참아야 되겠습니까? 기도하는 사람들은 실수를 안

합니다. 자기가 다 압니다. 기도의 맛을 알게 되면, 밥맛보다 맛있고 어떤 취미보다도 재미있습니다. 그렇게 되면 모든 환경이 좋고 나쁜 것을 대번에 아는 것입니다.

25 통일교인들은 기도를 해야 됩니다. 의식주를 극복하고 자만심을 극복하기 위해 기도해야 됩니다. 인류와 하나님을 해방하려면 얼마나 많이 기도해야 되겠습니까? 인류역사의 누구보다 최고의 심각한 자리에서 기도해야 됩니다. 아무리 힘들더라도 우리는 기도의 길을 통해서 이 길을 가고야 말겠다는 결의를 다져야 됩니다. 언제나, 24시간 기도하는 것입니다. 그러면 하나님이 같이합니다. 여러분도 여러분을 생각해 주는 사람을 찾아가지 않습니까? 하나님도 마찬가지입니다. 어느 누구보다 하나님을 생각하고 하나님을 위해 봉헌하겠다고 하는 그 사람을 하나님은 찾아가는 것입니다.

26 여러분은 눈이 뭉그러지고 코가 메도록 울면서 하나님을 그리워해야 됩니다. 사람이 너무 울면 가슴이 아픕니다. 그만큼 사무치게 그리워해야 됩니다. '아버지!'라고 부르는 경우 사형장에 끌려가는 아들의 입장에서 아버지를 부르는 사람도 있을 것이요, 다른 먼 나라로 떠나는 아들의 입장에서 애절하게 아버지를 부르는 사람도 있을 것입니다. 하나님 아버지를 부를 때는 그런 기준 이상이 되어야 합니다.

27 하나님이 내 개인 때문에 어려움을 당하고, 내 가정 때문에 어려움을 당하고, 우리나라 때문에 어려움을 당하고, 세계 때문에 어려움을 당하고 계시니 나 자신도 내 개인을 위해서 어려움을 당하고, 가정을 위해서 어려움을 당하고, 사회를 위해서, 국가를 위해서, 세계를 위해서 어려움을 당하자는 것입니다. 하나님을 중심삼고 대한민국과 더불어 어려움을 당하자는 것입니다. 바로 그것이 선생님의 주의이자 하나님의 주의입니다. 모두가 어려움을 당하고 있는데 내가 아니라도 할 사람이 있다는 식으로 슬쩍 남에게 미루고 기회만 보려고 하는 사람은 하나님을 팔아먹겠다는 사람입니다. 한마디로 줏대가 없다는 것입니다. 이 길을 가기 위해서는 미욱해야 됩니다. 충신들은 어떻게 보면 미욱한 사람들입니다. 조금은 미련해 보입니다. 곰 같은 성격이 있다는 것입니다. 자기 팔을 잘리고도 '아이고, 여기 덜 잘랐다. 더 잘라라!'라고 할 수 있는 미욱한 점이 있어야 합니다.

28 선생님은 지금까지 뜻을 위해 고

생해 나왔고, 지금도 자나 깨나 그 길을 가고 있습니다. 선생님을 가까이에서 모셔 보지 못한 사람은 선생님을 잘 알지 못합니다. 선생님은 자다가 눈만 뜨면 엎드려 기도합니다. 왜 그러한 생활을 하고 있느냐? 밤중에도 세계에 있는 사랑하는 자녀들이 선생님을 의지하며 하나님을 위해 기도하고 있기 때문입니다. 정성은 들이지 못하더라도 그에 못지않게 박자를 맞춰 줘야 할 것이 아니겠습니까? 선생님이 잠을 잘 때에는 모르니까 하나님도 용서해 주시는 것입니다.

29 선생님은 어떤 사람이냐? 한 가지 재간밖에 없는 사람입니다. 미욱하게 그저 똑바로만 가는 사람입니다. 말을 안 하고 가만히 있으면서 적당히 돌아가면 될 텐데 왜 자꾸 욕먹을 작용을 하고 그러느냐? 많은 사람들의 반대를 받아야 한 고개를 넘어가기 때문입니다. 그런데 여러분은 돌아갈 생각을 하고 있습니다. 왜 세상의 모든 것을 다 끊어 버리고 가야 되느냐? 어머니 아버지의 사랑에 이끌리면 곧게 갈 수 없기 때문입니다. 하나님이 지금까지 곧은길을 찾아오셨기 때문에 곧게 가야 됩니다.

30 하나님이 외로운 분이고 고독한 분이고 선생님 같은 분이기에 나의 사정을 알아주는 것을 알았기 때문에 죽는 날까지 그분의 뜻과 소원을 하나라도 풀어 주고, 그 분야를 한 터전이라도 확대시켜 하나님을 위하는 사람을 모으는 것이 나의 사명인 줄 알고 나왔습니다. 그래서 욕을 먹어도 반대하지 않고, 매를 맞아도 복수하지 않고 사랑으로 참아 나온 것은 하나님의 자식으로 태어났기 때문이요, 그분의 뜻을 세워야 할 책임이 있었기 때문입니다. 이 전통을 어떻게 세우느냐를 생각하면서 비틀걸음으로 걷고, 허리를 구부리며 걷고, 배밀이를 해서라도 이것만은 남겨야 된다고 하며 싸워 나온 것입니다.

31 참부모가 할 일은 모든 것을 승리해 하나님의 마음 깊은 곳까지 찾아 들어가 한을 해원하고 그 승리권을 지상에 이루는 것입니다. 그런 참부모가 출현했다는 것을 여러분은 감사해야 합니다. 종적 참부모인 하나님이 지상에 재림주를 보내서 지상 해방을 이루기까지 얼마나 비참했던가를 알아야 됩니다. 우리는 지금 위대한 시대를 맞았습니다. 왜냐하면 참부모를 중심삼고 효자 효녀가 될 것을 맹세할 수 있기 때문입니다.

32 여러분은 뜻길을 걸어 나오면서 얼마나 심각해 봤습니까? 선생님은 일생 동안 그런 길을 걸어온 것입니다. 이것은 처자도 모르고 나만이 알

고 하나님만이 압니다. 고독단신 외로운 사나이가 가는 길을 그 누구도 모르는 가운데 하나님이 협조해서 놀랄 만한 실적을 가지고 오늘날 이 사회에 문제를 제시했고, 또 피폐해 가는 이 민주세계의 사상권 내에 새로운 파급을 제시하는 문제의 인물이 되었습니다. 이렇게 된 것도 선생님이 잘나서가 아니라 하나님이 같이해 주셨기 때문입니다.

3절 참부모와 모심의 생활

1 여러분은 이제 참부모하고 같이 살아야 됩니다. 하나님은 할아버지 할머니 입장이고, 참부모는 어머니 아버지 입장이고, 자기들은 장자의 입장이라는 것입니다. 3대가 같이 살아야 한다는 결론이 나오는 것입니다. 하나님이 나와 같이하고, 참부모가 나와 같이하는 것을 느끼고 살아야 되는 것입니다.

참부모님 모심의 생활

2 여러분은 참부모의 진짜 아들딸입니까? 자녀가 무엇입니까? 참자녀는 참혈통을 가지고 말하는 것입니다. 물론 참자녀는 참사랑을 통해서 인연되지만 참혈통을 통해서 연결되었다는 것입니다. 그렇기 때문에 참혈통을 통해서 연결된 것은 어머니 아버지를 닮는 것입니다. 여러분은 선생님을 닮았습니까? 여러분의 눈은 새파랗고 나는 새까맣습니다. 머리카락도 다릅니다. 나는 동양 사람이고 얼굴이 팡팡합니다. 닮는 데에 있어서 제일 골자만 닮아야 합니다. 사탄을 이기는 것과 하나님을 절대로 사랑하는 것만 닮아야 합니다.

3 여러분이 선생님을 얼마만큼 사랑해야 되느냐? 사탄세계의 사랑의 흔적이 있는, 그 사랑이 물든 자리에서 사랑하면 안 됩니다. 그 이상이라야 됩니다. 사탄세계에서 태어난 여러분의 어머니 아버지, 처자, 그 누구보다도 더 선생님을 사랑해야 됩니다. 그래서 성경에서 말하기를 '네 처자를 나보다 더 사랑하면 나에게 합당치 않고, 네 어미나 아비를 나보다 더 사랑하면 나에게 합당치 않다.'라고 한 것입니다. 그런 결론을 내린 것입니다. 그러면서 나중에는 '네 십자가를 지고 나를 좇아라!'라고 했습니다. 십자가를 져야 된다고 했습니다. 반대로 끌고 가는 힘을 누르고 넘어가려니 십자가입니다. 여기에서 비통한 눈물을 흘려야 됩니다.

4 축복의 자리는 세계에서 제일 좋은 자리입니다. 그 축복의 자리는 누구와 관계맺어야 되느냐? 여러분은 자기 자체로 완성되는 것이 아닙니다. 순전히 부모님의 사랑에 의해서 완성되는 것입니다. 자식이 부모의

품에서 태어나면 잘났든지 못났든지 그 부모의 형태를 닮는 것입니다. 그와 마찬가지로 통일교회에서는 참부모의 도리를 가르쳐 줍니다. 그것이 여러분에게는 복 중의 복입니다. 인간의 소원은 참부모를 만나는 것입니다. 죽음길을 가더라도 만나야 할 사람이 참부모입니다. 역사를 다 잃어버리고 시대를 다 잃어버리고 자기 후손을 다 잃어버리는 한이 있더라도 참부모를 만난다면 역사를 찾는 것이요, 시대를 찾는 것이요, 미래를 찾는 것입니다. 이런 분이 바로 참부모입니다.

5 모든 것은 참부모를 만나는 데에 귀결됩니다. 인류의 참부모가 나타나는 것이 역사의 소원이요, 국가의 소원이요, 사상의 소원이요, 섭리의 소원입니다. 그래서 그런 참부모가 나타나는 때는 전무후무한 때요, 역사상에 한 번밖에 없는 꼭대기입니다. 영원한 세계를 두고 보면 인간의 일생이라는 것은 숨 한 번 쉬는 기간과 마찬가지입니다.

6 여러분은 선생님 사진을 가지고 다녀야 합니다. 그러면 어떠한 고난에 처한다고 해도 무사히 견뎌낼 수 있도록 보호해 줄 것입니다. 모세가 이스라엘 백성들을 애급의 바로 왕으로부터 탈출시켜 가나안으로 인도하기 위해서 이적 기사를 행할 때, 애급의 장자는 환난을 당해 죽었지만 양의 피를 문설주에 바른 집의 이스라엘 백성들은 그 환난이 모두 피해 갔습니다. 영계에서는 인간의 모든 행동을 볼 수도 있을 뿐만 아니라 보호해 주기도 하는 것입니다.

7 이스라엘 민족이 애급에서 나올 때 문설주에 양의 피를 발라서 화를 면한 것과 마찬가지로 선생님 사진을 갖고 있으면 그와 같은 일이 일어날 것입니다. 영계에서는 선생님 사진을 아무리 호주머니에 넣어 두었다 하더라도 압니다. 여러분의 조상들이 이것을 매개체로 해서 연결될 수 있습니다. 그런 좋은 재료로 알고 있다는 것입니다. 이것을 가지고 다닐 때는 사고가 안 나고 고장이 안 나는데, 이 사진을 놓고 다닐 때에는 그런 일이 즉각 벌어질 수 있습니다. 그럼으로써 선생님 사진이 얼마나 귀한가를 여러분이 깨닫게 되는 일이 빈번하게 벌어지는 것입니다.

인륜 도덕과 효

8 오늘날까지의 인륜 도덕은 부모가 자식을 사랑하고, 자식은 부모에게 효도하고, 부부는 유별해야 한다는 것이었습니다. 이것이 삼강오륜의 초석으로 지금까지 내려왔으나 이것 역시 바뀌고 있습니다. 이렇듯 기존

의 관습이나 규범 등이 자연적으로 바뀌는 기세가 사회환경과 생활환경에 침투해 들어오는 날이 끝날입니다. 세계적인 지도자, 메시아가 이 땅 위에 나타난다면 그분은 이 문제를 수습해야 됩니다.

9 한국 예법에 어른으로부터 무엇을 받을 때는 두 손으로 받게 돼 있습니다. 그것은 수평이 돼야만 사랑을 받을 수 있다는 뜻입니다. 인심은 천심이라 합니다. 우리의 모든 규례는 양심의 도리에 따라 상대적으로 빚어져 나온 것이기 때문에 수평이 돼야 합니다. 남자 여자는 사랑을 축으로 삼고 수평이 돼야 합니다. 성인이 세계를 사랑하는 마음, 성자가 하나님을 사랑하는 마음을 가지고 언제나 수평이 돼야 합니다. 겸손해야 됩니다.

10 길을 가더라도 동양사상에서는 어른이 먼저 가야 됩니다. 먼저 나왔기 때문입니다. 그렇게 환경을 맞추려고 한다는 것입니다. 나중 된 사람은 나중에 서고, 높은 것은 높은 것으로, 낮은 것은 낮은 것으로, 앞의 것은 앞의 것으로, 뒤의 것은 뒤의 것으로, 위의 것은 위의 것으로서 전후를 갖춰야 됩니다. 그런 관은 달라지는 것이 아닙니다. 영원불변합니다.

11 한국의 가정을 보면, 아침에 부모가 일어나면 아들 며느리가 가서 부모님께 먼저 인사를 드리고 나서 이부자리도 정리하고 방 청소도 하고 밥도 해드립니다. 이런 것이 한국의 법도입니다. 여러분이 이러한 역사시대를 탕감하기 위해서는 법 중의 법, 효도하는 법이면 효도하는 법 중에서도 최고의 법도를 세워야 하고, 국가에 있어서도 최고의 기준을 넘어설 수 있는 법도를 세워야 합니다.

12 세상에는 부모가 죽어서 3년상을 치를 때에는 매일 아침저녁으로 상식을 올리고, 나갈 때나 들어올 때 영좌(靈座)에 고하여 인사하는 법도가 있습니다. 여러분은 그 이상 해야 됩니다. 여러분이 지금 하는 것이 뜻적으로 볼 때 하늘의 격식에 딱 맞춘 생활이냐 하면 아닙니다. 어림없습니다. 부부가 함께 그날의 일을 하나님 앞에 보고하고 나가서 일을 시작하고, 마치고 돌아와서도 하나님 앞에 보고하고 나서 밥을 먹게 돼 있습니다. 그런 것을 모두 규범화시키는 생활이, 하나님을 표준으로 한 생활이 얼마나 엄격한지를 알아야 합니다. 여자에게도 여자로서 지켜야 할 가정생활의 규범이 있고, 남자에게도 남자로서 지켜야 할 가정생활의 규범이 있습니다. 이런 엄청난 천적인 규범을 체계화시켜서 생활하는 것이 여러분이 가야 할 노정입니다.

13 어려우면 어려울수록 더 잘해야 됩니다. 모두가 선배 가정들을 하늘같이 우러러보고 있습니다. 그렇기 때문에 무엇인가 다른 점이 있어야 합니다. 골수에 흐르는 심정이 달라야 합니다. 축복가정의 부부는 남들 앞에 동경의 대상이 되어야 합니다. '저런 남편을 가진 부인은 얼마나 행복할까?', '저런 부인을 가진 남편은 얼마나 행복할까?'라고 동경할 수 있어야 합니다.

14 인륜 도덕이라는 말은 들어 보았지만 천륜 도덕이라는 말은 못 들어 보았을 것입니다. 인륜 도덕의 기원이 어디입니까? 그 기원을 파고 들어가면 양심에 근거합니다. 오늘날의 법은 로마법을 기초로 하여 만들어졌고 현재 세계 문화의 밑바탕이 되었다고 할 수 있지만, 인륜 도덕은 어디까지나 양심을 근거로 합니다. 법보다는 양심이라는 것입니다. 양심의 기초는 선입니다. 선을 표준으로 하는 것입니다. 선을 벗어나서 잘못될 때는 양심이 그 잘못된 것을 시정해 나가는 것입니다. 그리고 순수한 양심에 일치될 수 있는 보편적인 사회 체제를 형성하려니 법령도 필요한 것입니다. 그러니 결국 인륜은 천륜에 근거를 두는 것입니다.

15 인륜을 세우려면 본연의 도리가 필요하고, 본연의 도리를 세우려면 천륜이 필요합니다. 그러면 그 천륜은 무엇을 중심하고 나타날 것인가? 이는 절대적인 사랑을 중심삼고 나타날 것입니다. 본연의 도리는 무엇을 중심삼고 나타날 것인가? 이는 생명의 권한을 가지고 나타나는 것입니다. 그러면 오늘날 인륜을 대신한 의리는 무엇을 갖고 나타나야 하느냐? 영원한 신의를 중심삼은 것으로 나타나야 합니다. 오늘날 여러분이 천륜을 대하고자 하는 마음이 있습니까? 그런 마음이 있다면 진정 마음으로 하나님 대신 믿을 수 있는 친구를 가져야 됩니다. 나아가 하나님 대신 믿을 수 있는 하나의 형제·부모·부부를 가져야 됩니다. 그렇게 해서 가정을 넘어 사회·국가·세계적인 무대로까지 뻗어 나가야 됩니다. 이것이 하나님의 소망이었습니다.

16 이웃 사랑하기를 내 몸과 같이 하는 것보다 더 큰 사랑이 없다고 했습니다. 그것이 제일의 사랑입니다. 부모를 사랑하지 못한 한이 맺혔거든 부모 앞에 효도하는 이상의 사랑을 가지고 이웃을 사랑하게 되면 반드시 효할 수 있는 환경이 벌어지고, 효와 같은 사랑의 환경이 벌어지게 될 때는 그 사람이 비록 부모 앞에는 효도를 못했더라도 천륜은 효한 이상의 가치로 알아주는 것입니다.

제2장 예배의식

1절 예배와 기도

1 예배시간에 일찍 온 만큼의 시간은 하나님을 위해 바친 시간이기 때문에 천금만금을 주고도 살 수 없는 가치가 있습니다. 예배시간은 하나님에게 바치는 시간이기 때문에 그 시간에 늦게 나온다는 것은 하나님을 도둑질하는 것이 됩니다. 예배는 제시간에 나와서 드려야 합니다. 그럼으로써 그만큼 못한 것을 탕감할 수도 있고, 하나님 앞에 면목도 세울 수 있습니다. 그렇게 되면 어제보다 나은 마음을 가지고 하나님 앞에 가까이 갈 수 있습니다.

2 '나는 누구 때문에 교회에 간다.'라고 하면 안 됩니다. '나는 내 사랑하는 아들딸 때문에 교회에 간다.' '사랑하는 남편 때문에 교회에 간다.' '사랑하는 아내 때문에 교회에 간다.'라는 사람들은 다 못 넘어갑니다. 누구 때문에 가느냐 하면 하나님 때문에 가는 것입니다. 하나님을 내 것으로 소유하기 위해, 하나님의 사랑을 내 사랑으로 찾기 위해 교회에 가는 것입니다.

안식일과 안시일

3 하나님을 모시는 자리는 예복을 입고 참석해야 됩니다. 겉모양의 예복이 아닙니다. 심정의 예복입니다. 마음에서 말씀과 더불어, 찬송과 더불어 감격된 심정이 흘러나온다면 하늘은 여러분을 통해서 역사하시는 것입니다. 타락한 인간이 에덴동산에서 추방될 때 눈물 흘리며 쫓겨났지만, 여러분은 눈물을 흘리되 기쁨의 눈물을 흘리며 웃는 얼굴로 하나님과 상봉해야 됩니다. 슬픔의 눈물도 흘려 보지 못한 사람이 기쁨의 눈물부터 흘리면 안 됩니다. 그러니 하나님을 잃지 말라는 것입니다. 내 눈으로 찾은 하나님을 잃지 말라는 것입니다. 내 귀로 들은 그 하나님, 내 촉감을 통해 느껴진 하나님을 잃어버리지 말라는 것입니다. 더 나아가서는 내 심정으로 스며들어 오는 그 하나님을 잃어버리지 말라는 것입니다. 이것은 누구도 간섭하지 못합니다. 어떤 위대한 사람이나 권세가도 심정으로 들어오는 하나님을 떼어 놓을 수는 없습니다. 그러니 심정으로 사무쳐 들어오는 그 하나님을 모셔야 합니다.

4 역사는 나 하나를 살리기 위한 것입니다. 그러니 은혜를 갈급해해야 하며, 은혜를 상속받을 줄 알아야 합니다. 통일교회에 들어오게 된 것은 자기가 잘해서 들어온 것이 아니라

자기를 위해 하나님과 조상과 교회가 정성을 들였기 때문입니다. 통일교회가 수고하는 것도 나 하나를 세우기 위한 것입니다. 그러므로 그 많은 빚을 갚아야 됩니다.

5 안식일을 거룩히 지키는 목적은 어디에 있느냐? 결국은 하나님이 원하는 나라를 찾고 인류를 구하는 데 있습니다. 기독교가 안식일을 지켜 온 것은, 이날을 거룩히 지킴으로써 나 자신이 승화돼 구원의 목적을 가중시키는 것에 주력하기 위해서였습니다. 우리가 안식일을 지키는 목적은 나 자신의 구원의 길을 촉진시키는 것이고, 더 나아가서 전체를 구원하고 하나님 섭리의 나라와 세계를 구하기 위한 것입니다. 이것이 보다 높은 하나님의 소원입니다.

6 하나님이 좋아하는 것을 인간도 좋아해야 됩니다. 그런 까닭에 하나님은 제7일을 안식의 날로 정하고 쉬라고 하셨습니다. 그런데 6천년 역사가 지난 오늘날까지 안식의 날을 자랑하며 쉬어 보지 못한 하나님입니다. 예수님도 복음의 말씀을 강조했고, 안식일의 중요성을 강조하며 2천년 섭리역사의 곡절 속에 싸움의 역사를 붙들고 왔지만, 승리의 영광의 한 날을 맞아 하나님에게 자랑하고 만민과 더불어 안식한 때가 없었습니다. 이렇게 하나님과 예수님이 안식할 수 없는 입장에 있으니 우리도 안식할 수 없는 것입니다. 그래서 안식이 오기 전에 전쟁이 있을 것이고, 안식이 오기 전에 고통이 있을 것이며, 안식이 오기 전에 죽음이 있을 것입니다. 이것을 각오하고 넘어설 때 비로소 우리는 안식의 맛이라도 볼 수 있게 될 것입니다.

7 교회에 나올 때는 자기 부모처자를 전부 데리고 나오라는 것입니다. 형님 누나 다 데리고 나와야 됩니다. 여러분이 어머니 아버지, 사촌이나 사돈의 팔촌까지 전도하기 위해 얼마나 피눈물을 흘려 봤습니까? 그 한 생명을 끌어 주기 위해 밤을 새우며 정성을 들여 기도하면서 자기 일신을 제물 삼아 얼마나 몸부림쳐 봤습니까? 이것이 문제가 됩니다. 여러분은 각자 처한 환경에서 중심이 되어야 합니다. 중심이 되어서 나가야 됩니다.

8 이제 안식일이 없어지고 안착시의의 날이 되었습니다. 안식일에 하나님이 쉬려고 하지 않습니다. 재창조를 해왔기 때문에 몇 십배 논 그 이상을 탕감해야 됩니다. 안착시의, 모심으로 구원받기 때문에 '안시일(安侍日)'입니다. 안식일보다도 안시일입니다. 안착시의로 구원받는 것이니까 안시일이라는 말로 약해서 쓰면

통일교회는 어디에 가든지 아는 것입니다. 8일을 지키는 놀라운 재출발의 축복 안착과 시의 세계, 지상·천상 이상세계의 문이 열려 들어갈 수 있는 나 자신이 되는 것입니다.

예배 정성과 기도

9 주일날 준비된 시간을 중심삼고 여러분이 경배드리는 것은 제한된 권내에서 드리는 것이 아닙니다. 국가를 초월해서 지구상에 활동하고 있는 수많은 통일식구들이 선생님이 있는 본부를 향하여 정성을 다하고 눈물을 흘리며 기도하고 있는 것입니다. 그들은 세상 사람들에게 몰리고 쫓김 받는 자리에서도 본부를 향하여 기도하며 정성 들이고 있습니다. 그런 기도 앞에 '옳소이다.'라며 찬양하고, 그들의 심정을 대신하여 하나님을 받들어야 할 책임을 가진 사람들이 본부 식구들입니다. 그러니 주일 예배시간을 위하여 사흘 전부터 마음을 졸여 가면서 준비해야 됩니다. 만민의 행복을 빌어 주고, 나를 통해 만민이 소생할 수 있는 부활의 권한과 생명의 인연을 연결시키겠다고 몸부림치며 교회 문을 들어서고, 하나님 앞에 목이 메는 마음을 가지고 예배에 참석해야 됩니다.

10 정성 들이는 사람은 예배시간에 늦으면 안 됩니다. 그런 사람이 있다면 부끄러워서 얼굴도 들 수 없는 죄인 중의 죄인이라는 마음을 가져야 합니다. 여러분은 예배시간을 잘 지키겠다고 다짐하고 남보다 더 많은 정성을 들여야 합니다. 시간도 안 지키면서 '오! 하늘이시여!'라고 할 수 있습니까? 정성은 남이 알게 들이는 것이 아닙니다. 교회에서 정성을 들이려면 차를 타고 오는 것이 아니라 걸어와야 합니다. 교회에 와서 기도할 것이 아니라 먼저 기도를 하고 와서 더 간절한 기도를 해야 됩니다. 정성은 그렇게 들이는 것입니다. 세상 사람들이 바라는 환경과 그들이 추구하는 욕망과는 반비례하는 데에서 정성은 쌓아진다는 것입니다.

11 하늘 앞에 나아가는 데 있어서 약속이라는 것은 어디를 가더라도 절대적으로 엄수해야 됩니다. 약속을 안 지키는 사람이 무슨 은혜를 받겠습니까? 그런 사람은 가다가 맙니다. 하늘은 간절히 사모하고 간절히 애쓰는 사람을 대해 주십니다. 아무나 막 찾아가서 대해 주시는 하늘이 아닙니다. 그렇기 때문에 예배시간만은 절대로 엄수해야 됩니다.

12 여러분 가운데는 부모 된 사람도 있고 자식 된 사람도 있지만, 여러분이 하나님 앞에 나아가는 데 있어서 시간이라는 것은 무엇보다도 중요합

니다. 때라는 것이 무엇보다도 중요하다는 말입니다. 때를 못 맞추면 망하는 것입니다. 하나님은 지극히 성별된 환경을 요구하고 성별된 마음을 요구하는데, 시간도 지키지 못하고 뒤에서 찬송을 부른다면 하늘은 그런 찬송 원치 않습니다.

13 신령한 세계에 들어가 기도하게 되면 먼저 하나님을 위해 기도해야 됩니다. 주인을 만나는 시간이니 주인의 복을 먼저 빌어야 됩니다. 그러고 나서는 예수님을 위해 기도해야 됩니다. 하나님을 위하여 기도해야 역사적인 하나님의 심정을 압니다. 예수님을 위해 기도해야 역사적인 예수님의 심정을 압니다. 그다음에는 지금까지 기독교계에서 뜻을 위해 싸워 나온 수많은 사람들을 위하여 기도해야 됩니다. 타락 이후 아담 해와로부터 지금까지 수많은 선지자들이 걸어간 걸음걸음을 더듬으면서 '제가 이들을 해원하는 제물이 되게 해주시옵소서.'라고 하고 하나님께 기도드린 후 선지자들 앞에 '나는 그대들의 한이 땅 위에 남아 있는 것을 알고 그 한을 풀고자 하오니 협조해 주시오.' 라면서 눈물 흘릴 줄 알아야 됩니다. 그런 후에 사랑하는 자기 아들딸을 위해서 기도하고, 그다음에 자기를 위해 기도하는 것입니다. 천법이 그렇게 되어 있습니다.

14 선생님은 기도를 할 때에 '지금까지 나를 대해 오셨던 아버지시여!'라는 심정으로 합니다. 오늘 한 생명을 아버지 앞에 세우느냐, 사탄 앞에 농락당하게 하느냐 하는 판가리의 기로에서 그 생명을 하늘 앞으로 세워야 한다는 책임감을 느끼면서 기도합니다. 설교를 하더라도 세상의 다른 설교자들같이 어떠한 제목을 정하여 준비하는 사람이 아닙니다. 이때에 필요한 아버지의 말씀을 하고자 하는 것입니다. 그런 기준이 안 서면 몸부림치고 눈물 흘리면서 기도를 합니다. 여러분의 갈 길을 염려하면서 기도한다는 말입니다.

15 정성을 들일 때는 '절대 믿습니다.'라는 자리에 들어가야 합니다. '하나님을 절대 믿습니다. 뜻을 절대 믿습니다.'라는 자리에 들어가야 합니다. 그런 자리에서만 하나님이 협조하는 것입니다. 기도하면서도 기도가 이루어질지 안 이루어질지 의심해서는 안 됩니다. '아버지여! 저만 남았나이다. 제가 아니면 이 나라가 없어지고 이 세계가 없어질 것이온데, 아버지여, 당신이 6천년 동안 수고해 오신 이 한 경지에, 이 경계선에 저 혼자 남았나이다. 당신이 성취시킬 뜻 가까이 있는 자가 저밖에 없습니다. 저라는 존재가 이렇게 중요하지만 저는 아직 갖추지 못하였습니다.

그래도 그러한 저에게 명령하셨으니 제가 그럴 수 있는 조건, 그럴 수 있는 기반을 갖추어 이 민족을 대신하겠습니다. 이것이 복귀섭리가 아니옵니까?'라고 할 수 있어야 됩니다.

16 기도할 때는 맨 처음에 나라를 위해서 기도해야 됩니다. 그다음에는 세계를 위해서 기도하고, 그다음에는 영계에 있는 천사들과 영계에 있는 조상들을 위해서 기도하고, 그다음에는 하나님의 해방을 위해서 기도해야 됩니다. 자기가 할 일이 무엇인지도 모르고 세상의 운세가 어떻게 돌아가는 줄도 모르면서 '오 주님, 저 천국 보내 주시옵소서!'라고 하게 되어 있지 않습니다. 오늘날 우리가 불쌍한 예수님을 해방해 드리기 위해서는 역사로부터 '불쌍하구나.'라는 증거를 받아야 합니다. 역사의 선조들로부터 '너 하나만은 우리의 후손으로서 당당하구나. 전체 역사를 네가 일으켰구나.'라는 증거를 받아야 합니다. 또한 거기에 더하여 가지고 '시대적인 사명과 민족적인 사명을 책임지고 아들의 사명과 부모의 사명, 효자와 충신의 사명을 다했구나.'라는 증거를 받아야 합니다.

17 '당신이 원하는 아들이 못 되거들랑 아들을 살릴 수 있는 종의 길이라도 닦겠소. 돌 조각이라도 갖다 놓든가 판자라도 하나 갖다 놓고 아들이 건너올 수 있는 징검다리를 만들겠소.'라고 하는 것이 하나님의 동정을 받을 수 있는 기도이지, '내 아들딸!'이라고 하는 것은 동정을 받을 수 있는 기도가 아닙니다. 순차적으로 세계의 성인들을 축복해 주고 자기 기도를 하게 되어 있습니다. 아무리 그런 기도를 해봤자 쓸데없다는 것입니다. 기도하는 방법을 알아야 됩니다. 자기 이익을 위해 종교를 믿는 사람들은, 복 받겠다고 믿는 사람들은 복 받으면 하나님을 그만 믿는다는 것입니다. 복 받는 것이 목적이기 때문입니다. 좀 살게 되면 떨어져 나갑니다.

18 여러분이 은혜를 받고 영계를 접해 보면 기도 제목이 자연히 나오게 됩니다. 자기가 기도한 것을 통계로 내 보면 기도의 방법과 내용이 공식적으로 발전해 나가는 것을 알 수 있습니다. 타락한 인간이 맨 처음에 기도할 때에 세계적인 문제를 놓고 기도하려고 하면 꽝 하고 나가자빠집니다. 처음에는 제일 가까운 사람, 즉 부모와 사랑하는 아들딸과 남편을 구원해 달라고 기도하게 됩니다. 그 시기가 지나서 발전하게 되면 기도의 내용이 달라집니다. 하나님의 뜻을 아는 사람들은 무엇을 위해서 기도하느냐? 자기 가족을 위해 하지 않고 세계를 위해 기도합니다. 또 자기가

처해 있는 자리가 어떠한 자리이고, 앞으로 하나님이 소망하는 자리가 어떤 자리일 것인가를 알고, 하나님이 소망하는 그 자리에서 탕감노정을 개척하겠다고 한다는 것입니다. 이런 사람이 지혜로운 사람입니다.

19 기도할 때는 대상을 두고 기도해야 됩니다. 그냥 기도하는 것보다도 어떤 대상을 염두에 두고 하는 것이 필요합니다. 그러면 주체와 대상이 되어서 수수작용의 법칙이 성립되는 것입니다. 주체와 대상이 주고받는 자리에서 수수작용을 하기 때문에 여러분이 기도하고 정성 들여야 됩니다. 정성을 들이는 데는 천년사의 심정을 넘어서 간곡히 정성을 들여야 합니다. 천년사의 심정을 중심삼고 안팎이 하나되어 하나님을 부르는 그 자리는 거룩한 자리요 멋진 자리입니다. 그렇게 되면 실체적으로 느껴지는 것입니다. 그 자리에서 부르는 '아버지!'라는 한마디의 말에는 최고의 아름다움이 깃들어 있습니다.

20 기도의 내용이 어제나 오늘이나 마찬가지인 사람이 있는데, 그런 사람은 신앙생활을 하는 사람이 아닙니다. 매일같이 같은 것을 보지만 그것이 매일 다르다고 할 때, 그 사람은 신비스러운 신앙세계에 들어갑니다. 그래야 위대한 신앙세계에 들어가서 새로운 세계를 발견할 수 있습니다. 매일 같은 것을 계속하여도 그것이 좋고 맛있게 되면, 그 계속하는 가운데서 그것을 먹으며 크는 것입니다.

경배식과 가정맹세

21 참부모님을 모시고 떡을 나누어 먹는 것은 우리가 영적으로 하나님과 하나된다는 것입니다. 한 몸이 되는 것입니다. 이런 떡을 먹는 것은 몸과 마음이 두 갈래로 되어 있는 사람들의 몸 마음을 하나되게 하고, 부모가 하나되고, 가정이 하나되고, 일족과 세계가 하나될 수 있도록 영향을 미치는 것을 말합니다. 통일교회 축복가정들은 매주일 경배식을 해야 됩니다. 경배식을 하는 날은 성일인데, 성일에는 성식(聖食)이라는 아침을 먹습니다. 그것은 타락함으로써 아담가정에서 하나님을 모시고 거룩한 성식을 나누어 주지 못했던 한을 풀어 주는 것입니다. 그것을 풀어 주기 위해서 그러한 경배식과 더불어 축하하는 소원의 마음을 가지고 그런 식을 하고 있습니다.

22 통일교인들은 경배식을 아담 가정에서 종족·민족·국가·세계, 지상천국 세계가 될 때까지 하나님을 모시고 같이 하나되는 식으로서 세계로 확장하고 있습니다. 그렇기 때문에 일주일 동안 성찬을 대할 수 있는 시

간을 무엇보다 소망의 시간으로 기다려야 됩니다. 이 시간이 하나님을 모시는 시간이요, 하나님과 직접 관계를 맺는 시간인 것을 알고 세계의 축복가정들이 존중시하고 전통으로 지켜 나가야 합니다.

23 경배식은 선생님과 더불어 시작을 같이했습니다. 여러분이 선생님과 더불어 매일같이 경배식을 하고 있다는 사실이 놀라운 것입니다. 축복가정들은 참부모도 이와 같은 식전을 존중시하고 있고, 자기들도 이와 같은 식전을 존중시한다는 것을 보여주면서 자기 아들딸 앞에 이 전통을 이어 주어야 됩니다. 이 경배식을 통한 심정적 유대라는 것은 가정의 부모와 자식을 중심삼고 평면적으로, 횡적으로 이루어짐과 더불어 종적으로 참부모와 인연을 맺게끔 하고 사위기대, 3대가 하나가 될 수 있는 인연을 맺는 중요한 시간이라는 것을 여러분이 자기 후손들 앞에 가르쳐 주어야 합니다.

24 여러분은 자기 가정에서 일요일에 경배식을 해야 됩니다. 이것은 축복받은 사람들의 선언식입니다. 이런 가정은 사탄이 침범하지 못합니다. 그렇기 때문에 '나의 맹세'를 외우는 것입니다. 하나님을 중심한 하나의 주권을 자랑하고, 하나의 백성을 자랑하고, 하나의 국토를 자랑하고, 하나의 언어와 문화를 자랑하고, 하나의 부모를 중심한 혈족임을 자랑하고, 하나의 심정문화세계를 이룩할 역군임을 자랑해야 합니다. 그것은 사탄세계와 관련이 없다는 선포입니다. 일주일 동안에 별의별 일을 다한 전부를 청산지어 줄 수 있는 하나의 선포식입니다.

25 엄마 아빠가 아이의 손을 잡고 앉아 같이 기도하는 것이 얼마나 아름답습니까? 우리 가정에서 아침에 경배하는 것은 참부모를 만나는 시간, 하나님을 만나는 시간이라는 전통을 세워 나가야 합니다. 참부모를 만나러, 하나님을 만나러 가자는 것입니다.

26 경배할 때 자기 혼자 경배하더라도 혼자 한다고 생각하지 말라는 것입니다. 남자가 와서 경배할 때는 자기 아내하고 둘이 같이 서서 경배한다고 생각하고, 여자가 와서 경배할 때는 남편과 같이 경배한다는 생각을 하라는 것입니다. 그런 입장에 섬으로써 남자 여자가 하나된 것을 표시하는 것입니다. 그것은 축복받은 사람은 완전히 하나되어야 한다는 것을 의미합니다.

27 모든 가정에서 참부모님의 사진을 걸고 사위기대가 함께 경배해야

됩니다. 3대가 경배해야 됩니다. 사위기대는 3대입니다. 할아버지 할머니, 어머니 아버지, 자식들까지 3대가 경배를 해야 됩니다. 참부모의 이름과 더불어 사위기대권을 이루어서 경배하는 곳은 타락권이 아닙니다. 하나님이 직접주관을 하기 때문에 해방권이 벌어짐으로써 천상세계에 간 모든 영인들이 지상에 와서 천사장하고 같이 아담 가정을 보호하듯이 보호할 수 있는 시대에 들어왔다는 것입니다.

28 주일날 경배식을 하는데 누구한테 경배하는 것입니까? 선생님에게 하는 것이고 자기 가정에 하는 것입니다. 하늘부모와 참부모를 왕으로 모시기 위한 것입니다. 왕권을 상속받기 위한 것입니다. 그런데 바쁜 일이 어디 있고, 자기 귀한 것이 어디 있습니까? 자식은 어머니 아버지에게 경배하고, 그 아버지 어머니는 서로에게 경배하는 것입니다. 효의 길을 가르쳐 주는 부모가 되어야 합니다. 그러니 본이 될 수 있는 삶을 사는 운동입니다.

29 여러분이 경배할 때는 지상의 우리만 경배하는 것이 아닙니다. 반드시 천상세계를 중심삼고, 하늘나라를 중심삼고, 하나님을 중심삼고 축복가정들과 천사세계가 완전히 하나되어 경배하고, 서로가 마음으로 생각하는 것이 간절하게 되면 영계에 가 있는 여러분의 어머니 아버지, 혹은 친구들을 끌어내리는 것입니다. 72대를 넘어서 120대까지도 끌어내릴 수 있는 것입니다. 여러분이 국가 기준을 아직까지 이루지 못했기 때문에 그렇지, 국가 기준을 이룬다면 가능한 일입니다.

30 '가정맹세'는 역사에 없었던 것입니다. 가정맹세가 나옴으로써 지상세계 사탄 가정은 앞으로 갈 데가 없습니다. 가정맹세가 나온 것은 선생님이 2차대전 승리의 기반을 잃어버린 것을 40년을 통해서 4천년 역사를 탕감해 복귀된 기준에 섬으로써 하늘나라가 지상에 설정되는 것을 말합니다. 첫째가 '우리 가정은 참사랑을 중심하고'입니다. 전부 그 표제가 나옵니다. 참사랑은 하나님의 사랑을 말합니다. 하나님의 사랑과 참부모의 사랑을 중심삼고 참생명과 참혈통이 연결된 것을 말합니다.

31 지금까지는 '나의 맹세'를 했지만 이제부터는 '가정맹세'를 하는 것입니다. 역사시대에 가정맹세라는 것이 없었습니다. 이것은 놀라운 사실입니다. 40년 동안의 세계 탕감노정을 끝내고 전 세계가 선생님을 중심삼고 움직일 수 있는 시대에 들어왔

기 때문에 그 일이 가능한 것입니다. 2차대전 직후에 이루어진 통일적 세계인 기독교 문화권을 파탄시킨 것을 선생님을 중심삼고 조건적이지만 세계적으로 이 모든 패권적 기반 위에 올려놓았습니다.

32 가정맹세는 역사에 처음 나온 말입니다. 남자 여자가 가정을 잃어버렸기 때문에 가정맹세를 설정해서 하나님과 인류가 이 땅 위에 타락하지 아니한 본연의 기준에서 환영을 받을 수 있는 가정의 모체를 다시 세우지 않고는 하나님이 기뻐하고 하나님이 이 땅에 와서 살 수 있는 지상천국과 천상천국을 이룰 수 없습니다. 그렇기 때문에 불가피하게 이러한 맹세문을 세운 것입니다.

33 가정을 중심삼고 가정의 뼈를 만들기 위한 것이 가정맹세입니다. 가정맹세를 만들어서 뭘하자는 것입니까? 뼈 될 수 있는 하늘부모를 가정의 중심으로 모시자는 것입니다. 참사랑을 찾아 사랑함으로써 하나님이 우리 가정에 찾아온다는 것입니다. 내 몸 마음이 하나되고, 몸과 마음이 하나된 부부가 하나되면 그 가운데 하나님이 찾아오는 것입니다. 여러분의 몸 마음이 싸운다면 영원히 하나님이 안 찾아옵니다. 참사랑이 있을 수 없습니다.

목회자의 기본자세

34 전도사, 인도자는 그 지방의 제사장입니다. 그러니 그 지방을 위해 잠을 못 자면서도 복을 빌어 주어야 합니다. 뭇사람을 살려 주기 위해서 제물을 다루어야 하니 정성 들이는 수고를 해야 됩니다. 제사는 실체와 주인이 하나되어 드려야 응답이 있습니다. 교인이 제물이 아니고 자기가 제물입니다. 앞으로는 지식적인 지도가 아닌 조직적인 지도를 해야 됩니다. 식구는 살이요, 인도자는 뼈입니다. 뼈는 나타나지 않습니다. 살이 잘 감싸 줘야 합니다.

35 공적인 일을 위해 피곤한 줄 모르고 뛰다가 언제 자는지 모르게 축 늘어지게 자고 아침에 일어나면 몸이 얼마나 거뜬한지 모릅니다. 그런 것을 보게 되면 '야, 하늘 길은 이렇게 가는 것이 원칙이로구나!'라는 생각이 듭니다. 그렇지만 '아이고, 어저께는 3시간밖에 못 잤으니 오늘은 5시간 6시간은 자야 할 텐데….'라고 생각하면서 잠을 자고 일어나게 되면 허리가 아프고 온 몸이 천근만근 같습니다. 그러니 그런 생각을 하지 말라는 것입니다.

36 선생님은 정성 들이는 사람에게는 꼼짝 못합니다. 그래서 지금까지 교회를 지도해 나오면서 두 사람이

있으면 그 두 사람 가운데 누가 잘났느냐 하는 문제를 해결해야 할 때에는 얼굴이 잘난 것을 보는 것이 아니라 마음이 어디로 향하느냐 하는 것을 보았습니다. 즉 사적이냐 아니면 공적이냐 하는 것을 본 것입니다. 여러분이 이러한 원칙을 중심삼고 공적인 길을 걸어가게 되면 절대 망하지 않습니다. 그렇기 때문에 여러분은 물건을 공적으로 관리하고 사람을 공적으로 대하며 하늘을 공적으로 모시라는 것입니다.

37 아침에 첫발을 내디딜 때에도 공적인 발걸음인지 사적인 발걸음인지 반성해야 됩니다. 그리고 하루의 일을 끝내고 자리에 누울 때 공적인 하루를 보냈는지 사적인 하루를 보냈는지 분별해야 됩니다. 혹은 1년을 중심삼고 공적인 생활을 했는지 사적인 생활을 했는지, 일생을 중심삼고 공적이었는지 사적이었는지 반성해야 됩니다. 이러한 것을 중심삼고 여러분의 생사를 판가름할 수 있는 저울대가 올라갔다 내려갔다 한다는 것입니다. 이런 원칙을 여러분이 알아야만 공적인 노정에서 가야 할 길이 결정되는 것입니다.

38 일단 책임을 지고 나면 그다음에는 전투요 투쟁입니다. 네가 꺾이느냐, 내가 꺾이느냐 하는 싸움을 해야 됩니다. 그 싸움에서 여러분은 여러분 1대에 적어도 반대 입장에 있는 세 사람 이상을 자연굴복시킬 수 있는 터전을 다져야 됩니다. 하나님에게는 수단이나 방법이 절대로 통하지 않습니다. 또한 일생을 뜻 앞에 받는 입장에 있어서도 안 됩니다. 뜻 앞에서는 오직 주는 입장에 서야 됩니다.

39 지도자가 될 때에는 진정으로 병자를 치료하는 의사의 입장이 되어야 합니다. 병든 사람의 심령 상태가 저하될 때에는 밤이나 낮이나 시간을 가리지 않고, 밤을 새워 가면서 그 사람과 더불어 눈물을 흘리면서 그 사람을 치료해 주기 위해 노력해야 됩니다. 그것이 영적 지도자입니다. 여러분은 생명을 살려 주기 위해서 며칠 밤을 새워 봤습니까? 생명을 구하기 위해서 얼마나 바쁜 걸음을 해봤습니까? 그런 것이 앞으로 영계에 가면 표창의 대상이 될 것이고 인격적인 기준이 될 것입니다.

40 식구가 떨어져 나갔다고 낙망해서는 안 됩니다. 참으로 이상한 것은, 한 식구가 떨어져 나가면 그 사람과 성격도 비슷하고 말하는 것도 비슷하고 걸음걸이까지도 비슷한 사람이 들어온다는 것입니다. 어떤 면으로 보더라도 신기할 정도로 떨어져 나간 그 사람과 너무도 닮은 사람이면서도

모든 면에서 월등히 나은 사람이 들어온다는 것입니다. 그런 것을 볼 때 정성 들인 것은 잃어버리지 않는다는 것입니다. 이것은 틀림없는 사실입니다. 우리는 어느 누구를 만나더라도 만난 그것으로 끝나서는 안 됩니다. 더욱이 하늘을 중심삼고 만난 사람이라면 절대 그 인연을 잊어버려서는 안 됩니다. 그 사람이 교회에 나오다가 나오지 않는다고 해서 잘라 버리거나 저주하지 말라는 것입니다. 그 사람이 떨어져 나갔다고 하더라도 그 사람과 맺었던 인연만은 버리지 말아야 합니다.

41 여러분이 말을 하고 가르치는 모든 말 앞에 하나님의 심정을 느껴야 합니다. 말 뒤에 서는 것이 아니라 말 앞에 하나님의 심정이 앞서야 됩니다. 그렇기 때문에 언제나 겸손해야 됩니다. 주일에 설교를 하는 데 있어서도 여인이 해산하는 고통을 느끼는 것과 같은 자리에서 해야 됩니다. 정신을 거기에 집중해야 됩니다. 설교 단상에 설 때에는 임산부가 분만실에 들어가는 느낌이 들어야 됩니다. 그 경지에 가면 준비가 필요 없습니다. 설교 내용이 문제가 아니고 말하는 것이 문제가 아닙니다. 그런 심정이 돼 있느냐가 문제입니다.

42 설교하는 시간은 어떤 사람을 천국에 들어가게 하느냐, 지옥에 들어가게 하느냐 하는 경계선이 됩니다. '지금까지 통일교회에 대해 궁금했는데 한번 가 보자!'라며 교회에 왔는데, '설교가 뭐야?'라고 생각하게 만들면 그 한 사람을 완전히 목을 자르는 것입니다. 공판정에 선 판사가 선고하는 그 시간보다 더 심각한 자리가 설교하는 자리입니다. 수십 명, 수백 명의 사람이 그런 운명의 자리에 선다는 사실을 알아야 됩니다. 책임자들이 그 책임을 소홀히 해서 수하에 있는 사람들이 자기를 싫어해서는 안 됩니다. 그런 사람이 없게끔 노력해야 됩니다. 그래서 책임자가 힘들다는 것입니다. 자기 정체를 사람들 앞에 나타내는 그 자리는 지극히 무섭고 두려운 자리입니다.

2절 헌금 생활

1 여러분이 통일교회에 들어와서 탕감복귀라는 말을 배웠습니다. 탕감복귀하기 위해서는 제물적인 조건이 필요한데, 제물을 드리기 위해서는 정성을 들여야 됩니다. 생각대로 하면 얼마나 좋겠습니까? 자기 생각대로 한다면 하나님이 받아줄 수 없다는 것입니다. 어림도 없다는 것입니다. 그렇기 때문에 조건물은 내 생명 대신입니다. 나 대신 죽는 것입니다. 그러니 그 조건물과 완전히 하나되어야 하고, 그 조건물을 완전히 사랑해

야 됩니다. 그것이 죽음을 당할 때 같이 아픔을 느끼고 속으로 울면서 제사를 드려야 됩니다. 아브라함이 자식을 제물로 드리던 것과 마찬가지로 심정적으로 끊으려야 끊을 수 없는 인연을 갖춘 자리에서 드려야 됩니다. 이런 자리에서 제물을 바쳐야 합니다. 그렇기 때문에 자기에게 제일 귀한 것을 제물로 바쳐야 됩니다. 물질을 바치게 될 때에는 여러분이 쓰고 남은 찌꺼기를 바치면 벌을 받습니다. 그런 것은 차라리 안 바치는 것이 낫습니다.

2 십일조의 내용을 보면 거기에는 참 무서운 내용이 있습니다. 십일조를 내야 한다는 성경 구절도 있습니다. 열 가운데 하나를 하나님께 바치라는 것입니다. 십일조가 무엇이냐고 하는 사람도 있겠지만, 십일조는 하나만큼만 갔는데 열까지 갔다는 인정을 받는 것입니다. 만약 여러분이 여러분 부모님의 생일잔치나 환갑잔치, 혹은 상감마마의 탄신일을 맞아 축하해 드리기 위해서 소도 잡고 돼지도 잡고, 있는 것 없는 것 다 만들어 바친다고 했을 때 그분들이 그것을 전부 먹습니까? 아닙니다. 받기는 다 받지만 다 먹지 못하고 극히 조금밖에는 먹지 못합니다. 이렇듯 조금만 먹지만 다 먹었다고 하는 조건이 세워지는 것입니다.

3 십일조는 내가 소유하고 있는 물질 중에서 10분의 1을 하나님에게 바침으로써 전체를 바친다는 뜻이 있습니다. 아버지에게 전체를 바치지는 않지만 그 가운데서 하나를 정성들여 바친다는 것은 그런 의미에서 가치가 있습니다. 그렇게 하나를 바침으로써 남는 아홉도 거룩한 물건으로 취급받게 됩니다. 이렇게 십일조를 바치며 사는 사람은 절대 망하지 않습니다. 날이 가면 갈수록 그의 창고가 불어나게 되어 있습니다.

4 하나님 앞에 정성을 들이더라도 숫것을 놓고 정성을 들여야 합니다. 그래야 하나님과 관계를 맺지, 쓰다 남은 것 가지고 정성 들여서는 안 됩니다. 십일조는 제일 정성을 들인 숫것이어야 합니다. 그것이 제물입니다. 제물을 드릴 때에는 숫것을 드려야 합니다. 아들을 제물로 드린다면 제일 좋은 아들을 드려야 합니다. 제물은 '나' 대신이기 때문입니다.

5 정성 들여 십일조를 하게 되면 절대 굶어 죽지 않습니다. 그 후손이 물질에 대한 궁핍함을 당하지 않는 것이 원칙입니다. 십일조를 드리기 위해서는 정성을 들여야 합니다. 그것이 신앙의 본질입니다. 적당히 하는 것은 통하지 않습니다. 제물은 내 생명 대신으로 바치는 것입니다. 그러

니 제일 귀한 것을 바쳐야 됩니다. 사람에게 제일 귀한 것이 생명입니다. 그러니 내 생명을 바치는 것입니다. 이것이 탕감복귀의 제물을 통해서 죄를 씻는 일입니다.

6 10수는 하늘수입니다. 인간이 차지할 수 있는 수는 9수까지입니다. 9수는 지금까지는 나쁜 수로 취급받았습니다. 이것을 사탄이 지금까지 지배했다는 것입니다. 오늘날 사탄이 지배하는 이 땅 위에서 이 9수를 하늘 앞에 맡겨 연결시킴으로써 하나님이 나를 주관할 수 있는 것입니다. 그리하여 10수의 위치를 찾아 놓을 수 있기 때문에 내가 하나님을 믿고 9수를 끌고 들어가면 이 9수권 내의 모든 소유권을 사탄세계에서 분리해 낼 수 있는 것입니다. 그래서 십일조라는 말이 나왔습니다.

7 하나님에게는 돈이 필요 없습니다. 하나님과 타락한 인간이 관계를 맺기 위한 조건물로 돈을 필요로 하는 것입니다. 하나님을 위해서 헌금합니까? 하나님은 돈이 필요 없습니다. 하나님은 24시간 언제라도 얼마든지 황금 판, 다이아몬드 판을 만들 수 있는데 무슨 돈이 필요하겠습니까? 여러분을 살려 줄 수 있는 조건을 세우기 위해 필요한 것입니다. 하나님을 위해서 내가 헌금한다고 생각하지 말고, 나라를 위해서 헌금하고 세계를 위해서 헌금한다고 생각해야 됩니다. 구원의 목적을 이루어 드리기 위해서 헌금하는 것입니다. 하나님을 위해서 헌금하는 것이 아닙니다.

8 한 생명을 기른다는 것은 결코 쉬운 일이 아닙니다. 정성 들이지 않고는 안 되는 것입니다. 쓰고 남은 것 가지고는 안 됩니다. 먹다 남은 찌꺼기 같은 것을 가지고도 안 됩니다. 그런 것은 과감히 잘라 버려야 합니다. 맨 처음 것은 하나님 앞에 드려야 합니다. 숫것은 하나님 앞에 바쳐야 합니다. 숫것이 없는 데는 하나님이 함께하지 않습니다. 새것이 없는 데는 하나님이 같이하지 않습니다. 제물도 남이 남긴 것 가지고는 안 됩니다. 그것은 더러움이 탔다는 것입니다. 은혜를 받은 사람이라면 대번에 알 수 있습니다. 그래서 부정한 곳에는 못 가게 합니다.

9 정성 들이고 은혜 받고 가는 대가로 감사헌금을 하도록 해야 됩니다. 시시한 돈은 하늘이 원치 않습니다. 정성 들인 돈이어야지, 주머니에 있던 돈을 그냥 헌금해서는 안 됩니다. 자기 몸에 3일 이상 지녀서 성별하고 헌금을 해야 됩니다. 자기 생명, 재산을 전부 넣어야 됩니다. 선생님은 있는 재산을 다 바쳤습니다. 그 바친 물

건을 통해서 세계의 물질이 건너올 수 있게 다리를 놓는 것입니다. 그러면 영원히 망하지 않습니다. 영원히 살아남습니다.

10 정성 들인 헌금이나 예물을 대할 때 그 가치를 모르고 대하다가는 정성 들인 예물에게 심판을 당합니다. 군왕도 처신을 잘못하다가는, 즉 정성 들인 사람을 함부로 대하다가는 망하게 됩니다. 그 군왕을 따르던 사람들도 정성 들이는 사람을 반대하다가는 하늘의 역적으로 몰리게 됩니다. 그렇기 때문에 선생님은 정성 들이는 사람을 함부로 대하지 않습니다.

11 기념하는 축하의 날에는 반드시 통일기와 더불어 선생님의 사진을 놓고 예물을 드려야 합니다. 민족을 대표하고 국가를 대표하고 자기 가정을 대표해서 기념 예물을 봉헌해야 됩니다. 이것은 선생님이 먹는 것이 아니라 앞으로 나라와 자기 후손들 앞에 돌려주기 위한 것입니다. 잔치를 하거나 좋은 일이 있을 때에는 반드시 정성 들인 보답 물건을 봉헌해야 되는 것입니다. 그것이 하늘을 모시는 생활입니다.

3절 훈독회 생활

1 이제부터 훈독회를 해야 됩니다. 책을 사서 여러분이 그런 체제를 만들어 나가야 됩니다. 식구들이 한자리에 모여 훈독회를 해야 됩니다. 선생님은 산에 가서도 훈독회 시간이 되면 혼자서라도 하고 있습니다. 여러분도 훈독회 시간이 되면 자다가도 일어나서 해야 됩니다. 앞으로는 원리를 모르는 사람은 사람 취급을 못 받게 됩니다.

2 선생님과 인연된 말씀을 통하게 되면, 말씀을 통하면 통할수록 그 정성의 도수가 강해지고, 사랑의 마음이 거기에 깃듭니다. 그러니 말씀 훈독회를 매일같이 하라는 것입니다. 훈독회의 맛이 자기가 밥 먹는 것보다도, 자기가 사랑하는 것보다도 맛있다고 하는 사람은 무한한 발전을 할 것입니다. 선생님 생애의 장면 장면을 심각한 자리에서 최고로 모아 선포한 것입니다.

3 말씀이 얼마나 귀한 말씀인가를 잘 아는 사람은 선생님밖에 없습니다. 그 말씀이 전부 지금까지 묻혀 있었습니다. 그 말씀을 전할 때, 그때는 생사지권을 넘어서 이야기했다는 것을 알아야 됩니다. 그 말씀에는 하늘의 그때 심각했던 심정권이 묻혀 있습니다. 그 말씀을 하기 시작하면 옛날에 감동받았던, 인연되었던 영인들이 전부 협조하기 때문에 상당한 은혜가 깃드는 것입니다. 다시 한 번

이렇게 일깨워서 읽음으로 말미암아 옛날에 하늘이 역사하던 그 역사를 지금도 같이 하는데, 그 배후에서는 영계의 협조로 몇 십배, 몇 백배 강하게 역사한다는 것입니다.

훈독회의 기원과 의미

4 아이들도 주일 경배식에 참석하고 그 시간을 그리워할 수 있게 어머니 아버지가 본을 보여 줘야 됩니다. 어머니 아버지가 그 시간을 기쁨으로 기다릴 때 아버지와 어머니가 기뻐하는 그것을 보고 '우리도 저렇게 어머니 아버지가 가는 길을 배워야 되겠다.'라고 할 수 있어야 됩니다. 그런 것을 남겨 줘야 됩니다. 또 훈독회 모임을 갖는 것을 보여 줘야 됩니다. 훈독회 말씀이 어디에나 있는 것이 아닙니다. 통일교회에만 있고, 선생님으로부터 시작했습니다. 선생님의 말씀을 훈독하는 자리에 가는 것을 좋아하고, 밥 먹는 시간도 내쳐 버리고 손님이 오든 어떤 사람이 와도 다 내쳐 버리고 갈 수 있는 전통을 세워야 합니다. 그래야 자기 가정이 바로 가는 것입니다. 아들딸들에게 전통을 잡아 줘야 됩니다.

5 말씀은 흐르는 것입니다. 흘러야 됩니다. 자기들 앞에 머무르게 되면 말씀 때문에 십자가를 지게 됩니다. 말씀이 짐이 되어서 주저앉게 됩니다. 그것을 흘려보내야 됩니다. 사촌 동생, 어머니 아버지, 동네에 흘려보내야 됩니다. 흐르면 흐를수록 말씀이 커지면서 자기 실적이 큰 강처럼 되어 군이면 군을 점령하게 됩니다.

6 훈독회의 '훈(訓)' 자는 '말씀 언(言)' 변에 '내 천(川)'으로, 말씀은 흐른다는 것입니다. 그렇기 때문에 죽지 않습니다. 물은 일주일만 고여 있으면 썩습니다. 그래서 흘러가야 됩니다. 아버지가 들었으면 아들딸 앞에, 할아버지가 들었으면 손자 앞에, 시장이 들었으면 시 전체 시민 앞에 가르쳐야 됩니다. 물은 높은 데에서 흐르는 것입니다. 훈독회는 말씀을 나눠주는 영원한 장사입니다. '독(讀)' 자는 '말씀 언(言)' 변에 '팔 매(賣)'입니다. 판다는 것입니다. 말씀을 천 사람에게 주면 천 사람이 손해나지 않습니다. 이것은 영원한 장사입니다. 돈을 모으면 돈은 흘러가지만 말씀은 흘러가지 않습니다.

7 훈독회의 '훈(訓)' 자는 '말씀 언(言)' 변에 '내 천(川)'인데, 내는 물입니다. 물은 흘러가는 것입니다. 물은 흘러가야 삽니다. '훈'이라는 것은 말씀의 물을 상징했기 때문에 움직여야 살지, 그냥 있으면 썩습니다. 물은 높은 데서 낮은 데로 흘러가야 됩니다. 자꾸 전수해 줘야 됩니다. 맑

은 물이 흘러야 됩니다. 더러운 물이 흐르면 안 됩니다. 순결 정신이 거기에 있다는 것입니다. 훈독회라는 것은 물입니다. 말씀의 물을 가둬 놓으면 썩습니다. '독(讀)' 자는 '말씀 언(言)' 변에 '팔 매(賣)'이므로 말씀을 주든가 팔든가 해야 됩니다. 훈독에 그런 뜻이 있습니다.

8 선생님 말씀을 전하게 되면 그 사람은 조상이 됩니다. 지금 타락한 세계, 종의 세계, 지옥에 떨어진 사람들에게 이 말씀을 전해 줌으로써 그렇게 됩니다. 말씀을 잘 모르겠으면 말씀집을 사서 나눠 주라는 것입니다. 나눠 주면 줄수록 그것이 재산이 됩니다. 그 말씀을 전하면 전해 준 사람이 영원한 조상이 됩니다. 얼마만큼 말씀을 주어서 하늘나라의 백성이 되게 했느냐 하는 것이 저나라에 가서 위계를 정하는, 자기 자리를 정하는 재산이 됩니다. 이런 엄청난 사실을 가르쳐 주는 것입니다. 훈독회 말씀은 선생님이 지금까지 한 말씀이지만 선생님 말씀이 아닙니다. 하늘땅의 말씀입니다.

9 선생님이 아무렇게나 말씀을 하는 것 같아도 공식적인 것들을 빠짐없이 얘기하고 있습니다. 머지않아 선생님은 영계로 가야 되기 때문에 50년 동안 정성을 다해서 말씀한 내용이 어떤 영향을 미칠 것인가를 감정하고 있습니다. 훈독회의 챔피언이 선생님입니다. 말씀이 누구로부터 시작되었습니까? 하나님으로부터 시작된 것입니다. 그러한 사실을 알기 때문에 선생님은 그것을 적당히 생각할 수 없습니다. 심각합니다.

훈독회 방법

10 1년 365일을 중심삼고 그날과 관계된 말씀을 미리 정해서 훈독하는 것입니다. 훈독회 프로그램을 전 세계적으로 일원화시켜야 됩니다. 그것을 매일같이 '오늘 훈독할 말씀이다.'라며 훈독하는 것입니다. 서로가 밥을 먹든 뭘하든 시간만 있으면 토론해야 됩니다.

11 이제는 훈독회를 통해서 교육하는 길밖에 없습니다. 그것을 몇 번씩 읽어야 합니다. 그래서 1시간 보던 것을 30분 동안에 중요한 것을 내놓을 수 있게끔 번호를 붙여 가면서 읽으라는 것입니다. 얼마든지 할 수 있습니다. 이렇게 해서 훈독회를 통해 심령 교육을 해야 됩니다. 책이 선생입니다. 공부하라는 것입니다. 책만 읽으라는 것이 아닙니다.

12 점심때나 언제나 시간만 있으면 훈독회를 해야 됩니다. 자기가 먼저 읽고, 또 모여서 전체적으로 읽어서

보조를 맞춰야 됩니다. 자기 가정에서 읽는 것과 교회에서 읽는 것을 보조를 맞춰서 훈련해야 되는 것입니다. 원래는 부부끼리 그렇게 해야 됩니다. 훈독회에 남편이 참석했으면 아내에게 오늘 훈독회 한 것이 무엇이라고 가르쳐 주는 것입니다. 아내에게 그 부분을 읽으라고 해서 그것을 맞춰 나가야 됩니다.

13 훈독회가 좋은 것이 뭐냐? 책을 나누어 줘서 훈독하다가 책을 든 사람이 읽고 나서는 누구 읽으라고 지명하는 것입니다. 이렇게 훈련해야 됩니다. 그리고 훈독하는 사람이 열 명이 왔으면 반드시 세 사람, 3분의 1은 관심이 있는 데를 질문하게 하는 것입니다. 시간이 모자라면 몇 사람만 질문하게 해서 그 질문에 해설해 주는 것입니다. 그것이 강의보다 더 중요합니다. 책을 세 번만 읽게 되면 환하게 알 수 있습니다.

14 훈독하는데 대표가 나와서 읽는 것보다 책을 같이 나누어서 읽어야 됩니다. 어디까지 읽을 곳을 정해서 다 읽게 되면 다음에 읽을 사람을 지명해서 읽게 하는 것입니다. 그렇게 읽으면서 자기 목소리에 감동받아야 됩니다. 은혜가 안 된다면 책임자가 훈독회를 하기 위해 책을 열 번 이상 읽고 나오라는 것입니다. 선생님 자신도 그렇습니다. 순회강연을 할 때는 선생님이 원고를 다 써서 알고 있지만 기도하는 마음으로 전부 투시를 해야 됩니다.

15 이제부터 훈독회 할 때는 혼자 하지 말고 반드시 여럿이 나누어서 책을 소리 내어 읽는 것입니다. 한 사람이 몇 쪽 훈독을 하고, 그다음에 '누구!' 하고 이름을 불러서 지명하는 것입니다. 그러면 이름 불린 사람이 계속해서 읽게 하는 전통을 세워야 됩니다. 그리고 중요한 내용, 질문하고 싶었던 내용을 가지고 '오늘 훈독회에서 필요한 내용은 이것인데, 이것은 우리가 지키고 가야 할 철칙입니다.' 라고 해서 표준을 세우는 것입니다.

16 충효의 도리를 다하고 성인의 도리, 성자의 도리를 다해 지상·천상천국을 완결짓겠다는 뜻에 대한 이러한 생애를 지냈다는 것은 귀한 인연입니다. 그 표준 앞에 탈락하지 않도록 각자 넘어야 할 가정의 표준을 만들지 않으면 안 됩니다. 에덴동산에 돌아가면 하나님이 직접 주관하는 자리를 허락받는 것입니다. 이것은 천 갈래 만 갈래 남아질 것입니다. 그렇기 때문에 부모님의 전통을 이어받게 하기 위해서 훈독회를 시작했습니다. 지금까지 부모가 어떻다는 것을 하나도 모르고 있었습니다.

제3장 예식과 의식

1절 축복식

1 축복은 인간만을 위한 것이 아닙니다. 또 하늘땅만을 위한 것도 아닙니다. 하나님은 당신의 내적인 심정의 기반으로부터 전부를 투입하여 축복하셨습니다. 그 축복이 그대로 이루어졌으면 이 세계, 이 천지는 승리의 영광이 충만했을 것입니다. 그러한 세계 가운데서 하나님의 심정적인 모든 내용을 완비한 표시체인 인간으로 하여금 하나님이 기뻐할 수 있는 가정적인 기반을 꾸며 놓고, 거기에서 천적인 성업을 인간적인 성업으로 받아들여 영원무궁한 행복의 복지를 건설하게 하셨을 것입니다. 이것이 하나님의 이상이며 소원이었습니다.

축복의 의의와 가치

2 축복가정이 얼마나 엄청난 것인지를 알아야 합니다. 축복이란 개인을 완성하고, 선을 완성하고, 자녀를 번식하기 위한 것입니다. 개인완성, 상대완성, 그다음에는 선의 번식입니다. 그것이 인간에게 있어서 핵심적이고 근본적인 요건입니다.

3 아담과 해와가 타락하지 않았다면 그들의 종적·횡적 사랑이상의 초점, 즉 화합의 일체적 각도를 맞추어 합동하는 자리가 이뤄졌을 것입니다. 그 자리가 인류 참조상의 사랑의 설정과 더불어 참생명의 기원이 설정되고 참핏줄의 기원이 설정되는 것입니다. 이것은 인간만이 아닙니다. 인간의 마음에 하나님이 들어와 외적인 하나님과 내적인 하나님이 하나되는 결혼식이 됩니다. 그것이 타락하지 않은 본연의 결혼식입니다. 이것은 종교세계에 혁명적인 말입니다.

4 축복이 뭐냐? 남자를 동쪽이라 하면 여자를 서쪽이라 할 수 있는데, 동쪽 서쪽이 평형선상에서 중앙점을 중심삼고 하나로 뭉치는 것입니다. 하나로 뭉치게 하는 그 힘이 뭐냐? 사랑입니다. 사랑으로 하나되게 하기 위해 남자와 여자를 지었습니다. 그렇기 때문에 남녀가 성숙하게 된 다음에는 반드시 서로서로 하나될 수 있는 길을 찾아오는데, 그것이 중앙점입니다. 그 중앙점에 하나님이 종적으로 임할 수 있는 것입니다. 수평선 가운데 종적인 90도를 중심삼고 360도 중앙선에 연결될 수 있는 자리에서 하나님의 사랑을 중심삼으면 남자 여자가 하나될 수 있는 것입니다. 하나님의 사랑을 중심삼고 하나되었더라면 인간시조는 하나님의 몸이 됩

니다. 아담 해와가 누구냐? 실체를 쓴 하나님의 몸입니다. 그래서 고린도전서에 '우리 몸이 하나님의 성전이 되는 것을 너희가 알지 못하느냐?' 라고 한 것입니다. 우리 몸이 하나님의 성전입니다. 타락한 인간이 성전이 될 수 있다면 타락하지 않은 본성의 아담 해와는 물론 자연적으로 하나님이 임재할 수 있는 인간세계의 본성전이 되었을 것입니다.

5 하나님은 플러스와 마이너스의 이성성상으로 계십니다. 하나님을 플러스로 분립시킨 것이 남자인 아담이요, 마이너스로 분립시킨 것이 여자인 해와입니다. 그리고 아담 해와를 다시 합한 모양과 같은 것이 자녀입니다. 이렇게 하나님을 중심삼고 1대 2대 3대가 형성됩니다. 이 3대 중에서 문제가 벌어진 것이 몇 대냐 하면 2대인 아담 해와 대입니다. 아담 해와가 하나님의 사랑을 중심삼고 하나되지 못했습니다. 만약 아담과 해와가 하나님의 사랑을 중심삼고 하나되었다면 하나님이 임할 수 있는 인연이 결정되므로, 자녀에게도 하나님과 관계맺을 수 있는 사랑의 기준이 연결되었을 것입니다. 그것을 축복이라고 합니다.

6 빚을 청산해 주는 복의 기관이 축복이었습니다. 비로소 역사시대에 축복을 중심삼고 전부 청산했다는 것입니다. 파산자가 된 것을 조건으로 해서 청산한 것과 마찬가지입니다. 죽을 수밖에 없는데 그것을 조건으로 전부 청산한 것입니다. 통일교회의 축복은 역사 이래의 모든 좋다는 것들을 한꺼번에 다 쌓아 놓은 것보다도 귀한 것, 참부모를 통해 만나게 된 사랑과 생명, 그리고 혈통의 인연을 그 무엇을 주고도 바꿀 수 없는 귀한 것으로 느껴야 됩니다. 그렇기 때문에 여러분의 몸과 모든 것, 재산을 팔아서라도 같이 투입해야 됩니다.

7 통일교회의 축복은 하나님의 생명과 하나님의 사랑과 하나님의 이상의 무형체가 실체로 현현하기 위한 것입니다. 하나님의 생명과 사랑과 이상을 연결시키기 위한 것이 축복입니다. 그렇기 때문에 하나님이 어디에서 기뻐하시느냐? 축복의 자리에서 기뻐하십니다. 그럼으로써 하나님의 생명이 약동하고, 사랑이 약동하고, 이상이 약동하는 것입니다.

약혼식과 성주식

8 축복약혼식 때 선생님이 손을 얹고 축도하는 것은 아담 가정에서 나누어진 해와 대신 세계 여성들을 아담 가정에 세워서 조건적인 혈연관계를 맺기 위해서 그런 것입니다. 그것이 혈통전환입니다. 세계의 모든 여

자들은 어머님을 중심삼고 선생님을 오빠로 모셔야 되고, 남편과 같이 모셔야 되고, 아버지와 같이 모셔야 된다는 것입니다.

9 하나님을 중심삼고 에덴동산에서 참부모가 나왔으면, 그 참부모는 자손만대까지 하나님을 대신하여 축복을 상속해 주는 것입니다. 하나님을 믿음으로써 하나님으로부터 참부모가 그것을 이어받고, 참부모로부터 여러분이 이어받는 것입니다. 그래서 선생님이 이 축복을 해주는 것입니다. 그것을 이어받음으로써 타락권이 아닌 영원한 새로운 승리권에서 난 아들딸들은 떨어지는 아들딸이 아니라 올라가는 아들딸이 됩니다.

10 여러분에게 축복해 주는 자리는 어떤 자리냐? 소생·장성·완성의 완성한 자리로 바로 올라가는 것이 아닙니다. 원리가 그렇습니다. 장성기 완성급에서 축복해 주는 것입니다. 여러분에게는 7년노정이 남아 있습니다. 결혼 전 7년노정, 결혼 후 7년노정, 그다음 가정을 가진 후 그 가정을 중심삼고 7년노정, 3차 7년의 21년 과정을 거쳐 나가야 됩니다. 그래서 이 3차 7년의 21년노정까지는 국가 기반 위에 내가 올라가야 됩니다. 거기에 못 올라가면 안 됩니다. 이제 그 식을 해야 됩니다. 약혼식이 있고, 그다음에는 해와 복귀식, 그다음엔 아담 복귀식입니다. 그것이 심정복귀, 혈통전환식이 됩니다.

11 성주식은 새로운 사랑을 중심삼고 하나님의 몸을 자기 몸속에 투입하는 식입니다. 몸은 하나밖에 없으니 하나님의 사랑을 중심삼고 바꿔치기하는 것입니다. 이것이 성주식입니다. 예수님이 '떡은 내 몸을 상징하는 것이요, 포도주는 내 피를 상징하는 것이니 너희는 그것을 받아먹고 마셔야 된다.'라고 했던 것과 마찬가지로, 하나님의 실체를 중심삼고 새로운 핏줄을 이어받아야 원죄를 씻을 수 있습니다. 그 식을 거치지 않고서는 축복의 자리에 못 나갑니다. 성주식은 혈통을 전환하는 식입니다.

12 타락으로 더럽혀진 혈통을 계승한 것을 전환하지 않으면 안 됩니다. 이것을 하지 않으면 원죄를 벗을 수 없고, 원죄를 벗지 않으면 참자녀로서 축복을 받을 수 있는 단계에 올라갈 수 없습니다. 원리가 그렇게 되어 있습니다. 타락으로 인하여 생긴 원죄를 벗는 혈통전환, 즉 혈육을 교환하는 식이 성주식입니다.

13 성주식을 했다는 것은 참부모의 사랑, 참부모의 생명, 참부모의 혈통 관계에 있어서 축복의 피를 받았기

때문에 참부모의 혈족이 되었다는 것을 말합니다. 죽을 사지에서 선생님이 피를 넣어서, 수혈을 해서 선생님의 피를 대신 쓴 사람같이 해주는 것이 축복입니다. 성주를 마셔야 축복해 주는 것입니다. 피를 나눠 주는 것입니다. 성주식을 하는 순서는 여자가 먼저 성주를 마십니다. 축복받을 때에는 여자가 남자보다 앞섭니다. 성주 절반을 여자가 먼저 마십니다.

14 성주식은 탕감복귀식입니다. 성주식을 하는데 천사장 자리에서 하는 것입니다. 그렇기 때문에 혈통과 전부를 바치는 것입니다. 복귀하는 조건이 됩니다. 여기서 어머니를 통해서 선생님이 하는 것입니다. 여러분도 똑같은 입장입니다. 성주식을 거행함으로써 여러분이 부모의 자리와 마찬가지인 복귀의 자리에 들어간다는 것입니다. 성주는 여자가 먼저 받습니다. 여자가 먼저 선생님한테 경배하고 성주를 받아서 절반만 마십니다. 그다음에는 남자가 여자에게 경배해야 됩니다. 여자가 절반을 마실 때에 남자는 머리를 숙이고 있는 것입니다. 이때는 여자가 어머니 자리에 있습니다. 어머니 자리와 마찬가지입니다. 그래서 여자가 절반을 마시고 남은 것을 남자에게 주어 남자가 마심으로써 인연이 맺어지는 것입니다. 그래서 남자도 대등한 자리에 나아갈 수 있게 됩니다.

15 천사장을 통해 해와가 타락했기 때문에 복귀역사에 있어서는 해와가 아담을 통해서 하늘 앞에 서서 천사장을 복귀해야 됩니다. 그러기 위해서 하는 것이 성주식입니다. 성주식을 할 때 선생님이 여자에게 성주를 먼저 주는데 그것이 잃어버린 해와를 복귀하는 식입니다. 성주식을 함으로써 영적으로 하나되고, 심정적으로 하나되고, 육적으로 하나되는 것입니다. 절대적인 내약(內約)입니다.

16 성주는 그냥 만들어지는 것이 아닙니다. 그냥 그대로 되는 것이 아니라는 것입니다. 사탄과 하나님 입회하에, 영계에 있는 수많은 천사들 입회 하에 만들어집니다. 거기에는 여러분이 모르는 스물한 가지의 물질이 들어가 있습니다. 만물세계와 인간의 복귀역사 과정에서 형성되는 모든 물질이 다 들어가 있습니다. 성주를 만들 때는 영계의 영인들이 와서 제발 한 잔만 마시게 해 달라고 합니다. 성주를 마시면 복귀되는 줄 알기 때문입니다. 그렇기 때문에 무리 지어 와서 자꾸만 자기들에게도 혜택을 달라고 합니다. 선생님이 그것을 할 수 있다는 것을 아는 것입니다. 그러나 선생님은 영계를 위한 선생님이 아닙니다. 지상을 위한 선생님입니다. 그렇

기 때문에 '너희는 기다려!'라고 하고, 고생한 여러분에게 준 것입니다.

17 성주에는 부모의 사랑을 상징하는 것이 들어 있습니다. 그다음에는 피를 상징하는 것이 들어 있지 않으면 안 됩니다. 그러므로 그것을 마시면 부모의 사랑과 일체가 되고, 피와 일체가 됩니다. 이런 것이 성주의 내용입니다. 성주는 땅과 바다와 하늘을 상징하고, 전체를 상징하는 것으로 만들어진 술입니다. 성주에는 세 종류의 술이 들어 있습니다. 그 이외 모든 만물을 상징하는 것이 들어 있습니다. 이것을 마신다고 하는 것은 영적으로 태어나고 육적으로 태어나는 것을 뜻합니다. 이 식이 없으면 원죄를 벗고 혈통을 전환할 수가 없습니다. 혈통이 전환되지 않으면 완성 기준을 통과해서 하나님의 사랑과 일체 될 수 없습니다. 그러므로 성주식은 그 모든 것을 탕감하는 식입니다.

18 여러분은 축복받을 때 혈통전환식을 했습니다. 혈통을 전환하기 위해서는 성주가 있어야 됩니다. 성주가 나오기 위해서는 스물한 가지의 성별된 물질이 있어야 됩니다. 그것은 공중에서 열매맺는 것과 땅에서 열매맺는 것과 땅속에서 열매맺는 것들, 그다음에는 광물세계·식물세계·동물세계에서 가장 귀한 것, 이렇게 스물한 가지의 성별된 물질로 만들어지는데, 그 모든 것이 사탄의 참소조건에 걸리지 않아야 됩니다. 그렇게 만들어서 7개월 동안 묵히는데 거기에는 불상사가 있으면 안 됩니다. 그것이 간단하게 나온 것이 아닙니다.

축복예식과 탕감봉식, 삼일식

19 에덴에서 하나님이 아담 해와의 결혼식을 해주지 못했습니다. 하나님이 결혼식을 못해 줌으로써 자기들 멋대로 결혼해 사탄의 핏줄이 연결됐습니다. 축복식은 이것을 뽑아 버리고 다시 하나님의 핏줄로 이어 주는 식입니다. 그렇기 때문에 하나님을 아버지로 모시고 타락이 없는 해방의 천상천국, 우리의 본국에서 살 수 있는 국민증을 전수해 주는 식이 이 축복식입니다.

20 약혼식을 한 후에는 성주식이 있고, 그다음에 결혼식이 있습니다. 이 약혼식과 성주식은 어떠한 전례에 따라 행하는 식이 아닙니다. 타락한 모든 내용을 다시 한 번 상징적으로 재현시켜 그것을 탕감하기 위해 행하는 불가피한 행사입니다. 아담과 해와는 어느 단계에서 타락했느냐? 약혼단계에서 타락했습니다. 즉 완성이라는 목표를 바라보고 성장하는 과정에서 타락했다는 것입니다. 그러므로 약혼의 목적은 결혼입니다. 아담

해와가 약혼한 입장에서 결혼을 잘못하여 타락했기 때문에, 그 잘못된 결혼을 부정하고 하나님을 중심삼고 새로 시정하고 넘어가야 됩니다. 이것을 부정하는 것도 아무렇게나 부정할 수 없습니다. 타락한 내용에 반대되는 내용을 갖지 않고는 안 됩니다.

21 성수식은 축복의식입니다. 성수식은 세례와 마찬가지입니다. 예수님은 세례를 받았지만 성혼식은 못했습니다. 결혼을 못하고 갔습니다. 아내도 자녀도 없습니다. 가정도 없습니다. 선생님은 생명을 걸고 이날을 찾아온 것입니다.

22 통일교회 축복받은 가정들이 성례식을 했는데, 그 성례식은 교회 내에서의 성례이지 국가 내에서의 성례가 아니요, 세계 내에서의 성례가 아니요, 천주 내에서의 성례가 아닙니다. 그렇기 때문에 축복도 교회의 축복, 나라의 축복이 있어야 됩니다. 세계의 축복, 천국 가서 영원한 축복의 예식을 거쳐야만 본연의 세계에 돌아갈 수 있는 길이 있습니다. 통일교회 축복을 받을 때 간단히 편리하게 살짝 선생님 모르게 축복받았다고 해도 안 통합니다. 나라 축복을 거쳐야 합니다. 거기에는 경력이 전부 나옵니다. 그다음에 세계축복을 거쳐야 됩니다. 그래서 천상에 가서 대입회식과 더불어 입적식을 거쳐 열두 지파 편성을 끝낸 뒤 하나님을 중심삼고 참부모가 저나라에 가서 좌정해야만 만민은 순차적으로 자리를 잡고 앉게 된다는 것입니다.

23 부모로부터 아들딸이 하나만 되면 그 가정에 사위기대가 나오게 됩니다. 하나님이 6천년 동안 소원하던 모든 창조이상이 이루어지는 사위기대 완성이 벌어집니다. 사위기대가 완성되면 그 자리에서 하나님이 인정해서 천국의 백성으로 삼고 천국의 가정으로 삼겠다는 것을 약속하는 자리입니다. 통일교회가 제일 주시하는 것이 축복입니다. 축복은 가정입니다. 천국은 무슨 천국이냐? 가정천국입니다. 가정천국을 이루어야 됩니다. 가정천국을 못 이루는 사람은 천상천국에 못 들어갑니다.

24 탕감봉식은 뭐냐? 아담과 해와가 엉덩이를 잘못 써서 타락했기 때문에 아내와 남편이 다시는 타락할 수 없다고 해서 있는 힘을 다해 엉덩이를 때리는 것이 탕감봉 행사입니다. 다시는 그 엉덩이를 가지고 헛놀음을 하지 않게끔 하는 것입니다. 이스라엘 민족도 맹세할 때 환도뼈를 두고 맹세했습니다. 할례를 했습니다. 아들이 태어나면 8일 만에 남자의 생식기에 피를 냈습니다. 남자의 생식기

가 잘못됐기 때문입니다. 씨가 그릇됐기 때문에 씨를 개종하기 위해서 할례라는 법이 있습니다. 그것이 다 조건입니다. 소유물을 결정하기 위한 조건입니다.

25 다말은 하늘의 천도를 잇기 위해서 자기 생명을 걸었습니다. 그리고 야곱은 천사와 생명을 걸고 싸웠습니다. 환도뼈를 맞아서 부러졌어도 밤새껏 놓지 않았습니다. 환도뼈를 맞아야 됩니다. 환도뼈를 잘못 쓴 것이 타락입니다. 그렇기 때문에 통일교회에서는 결혼 후에 탕감봉 의식을 합니다. 탕감봉 의식은 허리를 죄기는 것입니다. 이 엉덩이를 잘못 썼다는 것입니다. 3시대를 대표한 우리 조상이 사랑을 잘못함으로써 엉클어졌으니 이것을 청산해야 됩니다.

26 탕감봉은 무엇입니까? 성경을 보게 되면 탕감하기 위해서 하는 할례라는 것이 있습니다. 아담 가정에서 사랑으로 인해 깨져 나갔습니다. 세례는 뭐냐? 그것은 노아 때를 말합니다. 이미 더럽혀진 생식기를 탕감했습니다. 노아 때는 물 심판을 했습니다. 씻었다는 것입니다. 씻었는데 미완성해서 조건적으로 세례를 받았습니다. 더럽혀진 그곳을 탕감하고 더럽혀진 몸을 씻었으니 그다음에는 야곱 때 착지를 해야 됩니다. 사랑의 생활을 해야 됩니다. 혈통전환·소유권전환·심정권전환입니다. 선민은 혈통을 뒤집어서 출발한 것입니다.

27 통일교회의 축복받은 사람들은 혈통전환식을 합니다. 그리고 탕감봉행사, 삼일행사가 있습니다. 그곳에는 사탄이 들어올 수 없습니다. 그것은 참부모와 하나님의 법에 의해서 천국문을 열고 해방을 선언하고 나선 것이기 때문에 장성기 완성급에서 행사하던 사탄은 상관할 수가 없습니다. 그래서 축복받은 가정은 혈통전환식을 하는 것입니다. 그것을 안 거치면 안 됩니다.

28 삼일식을 안 하면 참부모님의 혈통과 아무 관계가 없습니다. 울타리에 들어와서 구경꾼밖에 안 됩니다. 삼일식을 끝내야 예복을 입고 남아질 수 있지, 그러지 않으면 떡을 얻어먹고 잔치 구경 잘하고 동료와 같이 놀고 그랬지만 갈라지는 것입니다. 하나 못 됩니다. 갈라지면 영원히 갈라지는 것입니다. 혈통이 이렇게 무서운 것입니다.

29 사랑에 대한 얘기를 지금까지 나쁘게 생각한 것은 사랑의 기관이 나쁜 궁전이 되었기 때문입니다. 3대 파괴의 무기가 되었습니다. 사랑을 파괴하는 궁전이 되었고, 생명을 파

괴하는 궁전이 되었고, 혈통을 파괴하는 궁전이 되었습니다. 이런 3대 궁전이 되었다는 것입니다. 천지의 모든 것을 암흑세계로 만드는 궁전이 되었기 때문에 그것이 나쁜 말 중의 나쁜 말이요, 쌍소리 중의 쌍소리가 된 것입니다. 본래 '쌍'이라는 말이 나쁜 말이 아닙니다. '쌍쌍' 할 때 나오는 쌍입니다. 그것을 쌍소리라고 그러는 것입니다. 쌍소리는 둘이 사랑하는 내용을 말하는 것이므로 나쁜 말이 아닙니다. 본래는 거룩한 말입니다. 자기 조상도 여기에 달려 살아온 것입니다. 수천만 대의 조상이 그것을 붙들고 살았고, 아담 해와도 그것을 붙들고 하나되어 살았습니다. 남자의 것과 여자의 것, 선조가 전부 거기에 달려 살았습니다. 남자의 것에는 여자가 달려 살고, 여자의 것에는 남자가 달려 살았습니다. 그럼에도 불구하고 그것이 얼마나 귀한 것인지를 몰랐던 것입니다. 여자의 것은 남자의 생명을 조정하는 주체 중의 주체입니다.

30 우리 몸을 구조적으로 보더라도 남자의 그것과 여자의 그것이 가장 귀하기 때문에 제일 안전지대에 두었습니다. 그곳이 제일 안전지대입니다. 바람이 불어도 그렇고, 무엇이 습격해도 거기는 침범 못합니다. 여자들은 더 침범 안 받습니다. 이것이 쌍소리가 아니라 거룩한 소리입니다. 그것을 선조로부터 제일 귀하게 여겼던 것인데, 이것을 쌍소리라고 하게 되면 지금까지 선조가 전부 나빴다는 말이 됩니다. 아담 해와의 제1 선조까지 나빴다는 것입니다. 쌍선조였기 때문에 쌍소리가 된 것입니다. 본래부터 참사랑을 중심삼았으면 선조들이 거기에 뿌리박고 자라서 거룩한 나무가 되었을 것입니다. 그랬으면 좋은 소리가 되는 것이고, 좋은 소리이기 때문에 함부로 할 수 없습니다. 모시고 가야 되는 것입니다. 그렇기 때문에 사랑하기 전에 선조들 앞에 '오늘 이와 같은 특정한 날을 주셔서 감사합니다.'라고 경배하고 사랑해야 됩니다. 그래서 우리는 삼일식을 할 때 경배부터 시작합니다. 그것을 약식으로 대표로 하는 것입니다. 그다음엔 자유입니다. 그 고개를 넘어간 다음에 사랑하는 것은 마음대로 하라는 것입니다.

31 이제 축복이 가능하기 때문에 얼마든지 축복을 하는 것입니다. 한 사람도 남기지 않고 전부 축복해 줘야 됩니다. 선생님이 가기 전에 영계에서는 축복받지 않은 사람들이 없게끔 해야 됩니다. 그런 축복이 없었는데 생겨났습니다. 지상세계에나 천상세계에나 선생님이 가기 전에 축복받은 사람이 꽉 차야 되는 것입니

다. 그러지 않고는 지금까지 아담이 뿌려 놓은 타락의 모든 혈통이 근절되지 않는다는 것입니다.

봉헌식

32 우리는 아들딸을 낳으면 8일째에 봉헌식을 합니다. 그것은 중심수를 말합니다. 중심수이니까 남자 여자가 갖춰야 하고, 할아버지 할머니가 갖춰야 합니다. 3단계의 사방을 갖춰야 됩니다. 중심이 없어 가지고는 3단계가 없습니다. 아무나 중심의 자리에서 3단계가 될 수 없습니다.

33 예수님은 3년 공생애 기간이 끝나면서 돌아갔지만 통일교회는 지상천국의 기반을 닦고 있습니다. 선생님 자녀의 봉헌식 때 3대 제물의 조건으로 세 가지 선물을 분배하고, 미역국과 밥과 우유를 먹게 했습니다. 3년 기간은 예수님이 이루지 못한 사위기대를 이루는 기간입니다. 예수님이 유태교를 수습하여 로마를 굴복시켰더라면 십자가에 돌아가지 않았을 것입니다. 선생님은 제1차 승리를 거두었습니다. 백성을 만들고 주권을 세우려고 3녀1남에게 상을 주고 헌공을 하였습니다.

34 오늘 아침에 하나님의 날을 축하하는 의식을 가졌습니다. 그 전에 무엇을 했느냐 하면 봉헌식을 했습니다. 이번에 여러분이 제일 사랑하고 심정적 기반이 되는 아내를 동원시켰는데도 불구하고 여러분이 반대하거나 데모하지 않았다는 사실은 지극히 영광스러운 일입니다. 그렇기 때문에 선생님 가정을 중심삼고 전체가 최일선에 나가서 상봉할 수 있는 가정적인 일치의 터전이 연결되는, 승리의 기반이 마련되었다는 조건을 갖추게 된 것입니다. 그렇게 하여 선생님 가정이 비로소 하나님 앞에 봉헌할 수 있는 승리적 조건을 세울 수 있었습니다. 그래서 하나님의 날을 축하하는 식도 했고 2층에서 선생님의 가정 봉헌식을 했습니다. 그렇기 때문에 선생님 아기들에게도 축복해 주었던 것입니다. 그런데 봉헌을 하는 데 있어서 질서를 세워야 됩니다. 하늘의 가정이 있기 전에 천사세계가 있었기 때문에 선생님 가정을 봉헌함과 동시에 예수님의 한도 해원하고 땅 위의 소원도 풀어 주어야 됩니다.

35 선생님은 개인적으로, 가정적으로 싸워서 국가를 대해 나갈 수 있는 기준이 되어 있지만, 여러분은 아직까지 그 기준이 안 되어 있습니다. 여러분이 국가 기반 위에 섰다는 자격, 국가 기반 위에 선 부모의 자격, 국가 기반 위에 선 자녀의 자격, 국가 기반 위에 선 만물 주관의 자격을 갖추어 만물을 주관해야 합니다. 그다음에

오시는 주님이 그 기준을 중심삼고 끝까지 싸워서 세계를 대표한 세계적인 부모의 기준, 자녀의 기준, 만물의 기준을 세워 놓아야 합니다. 지금은 그것을 위해 싸워 나가는 과정에 있습니다. 거기에 여러분이 동참하고 있는 것입니다. 그리고 국가적 식과 더불어 어떤 식이 있어야 되느냐? 만물 봉헌식이 있어야 되고, 자녀 봉헌식이 있어야 됩니다. 거꾸로 되는 것입니다. 만물 봉헌식, 자녀 봉헌식, 자기 자신 봉헌식, 자기 가정의 봉헌식이 있어야 됩니다. 그것을 하지 않고는, 여러분이 종적 역사를 완전히 탕감하고 횡적으로 탕감해서 승리한 제물로 그냥 그대로 드릴 수 없습니다.

2절 성화식

1 통일교인들은 영계가 있는 것을 알기 때문에 죽는 것을 그렇게 무서워하지 않습니다. 통일교회에서는 장례식을 승화식(昇華式)이라고 합니다. 승화! 거룩히 승천한다는 것입니다. 승화되어야 된다는 승화식입니다. 그것을 하기 위해서는 선생님이 죽은 아들을 놓고 아들딸을 낳은 것보다도 더 기뻐하고, 하나님이 왕자 왕녀를 가졌던 그 기쁨을 발견해야 됩니다. 그런 자리가 안 되면 죽음의 고개를 넘을 수 없습니다. 아들이 죽은 그 자리에서 어머니 아버지가 해방된 만세를, 사랑에 승리했다는 만세 기도를 해야 됩니다. 홍진 군이 갈 때 선생님이 눈물 한 방울 흘리지 않았습니다. 그 세계에 갈 길이 멀기 때문에 통일식을 해준 것입니다.

승화식과 성화식

2 세계적 가나안 복귀 40년 기간에 3년노정을 책정했습니다. 이 3년노정에 결판을 봐야 됩니다. 3년노정에 있어서 2년째가 위험합니다. 제일 힘들 때입니다. 그래서 그때에 홍진 군이 갔고, 선생님이 감옥에 들어갔습니다. 지도자로서 하늘땅을 책임진 선생님은 심각했습니다. 홍진 군을 사탄이 그렇게 했기 때문에 먼저 통일식을 하고 승화식을 했습니다. 승리의 아들로서 보내야 했기 때문에 홍진 군이 갈 때까지 선생님이 눈물을 안 흘렸습니다. 꿈같은 이야기입니다. 세계에서 선생님이 기도한 대로, 말한 대로, 사실 그대로 지금 벌어지고 있습니다. 믿지 못할 일이 벌어지고 있습니다.

3 홍진 군이 영계에 갈 때 통일식을 하고 애승일을 선포했습니다. 부모님의 사랑은 사탄세계의 사망을 밟아 치우는 것입니다. 그렇기 때문에 그 자리에 가는 홍진 군을 3일 동안 선생님이 보고도 눈물 흘려서는 안 됩니다. 죽은 아들딸을 놓고도 하나님의 사랑을 나눌 수 있고 사랑을 바쳐

드려야 됩니다. 그래서 애승일을 선포한 것입니다. 사랑이 모든 것을 승리했기 때문에 승화식입니다.

4 통일교회는 장례식을 승화식이라고 합니다. 출생도, 그다음엔 성혼도, 그다음에는 끝도 완전한 열매로서 하나님 앞에 바치는 것입니다. 그것이 승화식입니다. 자기 멋대로 산 사람을 승화식 해주고 꽃 잔치를 해주는 것이 얼마나 저나라에서 부끄러움인지 모릅니다. 그러니 그런 원칙을 알고 초석을 놓고 거기에 맞춰 나가야 됩니다.

5 흥진 군이 혼자 갔지만, 오순절에, 예수님이 돌아가신 지 50일째 되는 날에 마가의 다락방에서 120명의 문도가 성신 강림을 받았던 것과 마찬가지로, 그날을 기해 땅에서 흥진 군을 축복해 주었습니다. 구덩이를 다 메워 준 것입니다. 그렇기 때문에 흥진 군을 보내면서 눈물을 흘리면 안 됩니다. 어머니에게도 떠난 흥진 군 앞에 섭섭해하지 말라고 맹세하게 했습니다. 그때 길을 안 잡아 줬으면 일반 사람과 마찬가지로 비참하게 영계에 가기 때문에 예수님이나 영계의 갈라진 축복세계와는 무관하게 되는 것입니다. 그래서 승화식입니다. 그런 것을 함으로 말미암아 승화식의 기원이 되었습니다.

6 흥진 군의 승화식에서는 눈물을 흘려서는 안 됩니다. 부모님도 미국에서 승화식을 기쁨으로 끝냈다는 보고를 받고 난 뒤에 비로소 잘 가라고 하면서 축복의 눈물을 흘렸습니다. 눈물로 갈라진 역사가 눈물로 화합하는 것입니다. 통일교회 승화식 때에는 눈물을 흘리면 안 됩니다. 눈물을 흘리면 갈 길을 못 간다는 것입니다.

7 사랑의 마음이 없는 데는 희망이 없습니다. 사랑의 마음과 관심이 없으면 인연이 맺어질 수 없습니다. 죽음에 대해서도 애정을 갖지 않으면 그 죽음 너머의 세계를 주관하는 하나님과 관계를 맺을 수 없다는 것입니다. 죽음의 경지를 초월하지 않으면 하나님의 사랑의 세계로 들어갈 수 없습니다. 누구든지 타락권을 넘어서지 못하면 아무리 하나님이 기다리고 있다 하더라도 사랑을 찾을 수 없습니다. 희망이 있는 곳에는 사랑이 있습니다. 영계에 희망이 있으면 죽는 것도 사랑을 가지고 넘어가지 않으면 안 됩니다. 그러니까 통일교회에서는 장례식을 승화식이라고 합니다. 그것은 사탄의 방파제를 대번에 돌파해서 승화해 가는 것입니다.

8 일생 동안 아내 보기에, 남편 보기에 부끄럽지 않아야 됩니다. '순결한 핏줄을 지켜 후손들 앞에 남겨 주기

위해 이 전통을 지켰습니다. 천상이 바라는 하나님의 순결한 천국을 창건할 수 있는 전통이 여기에 있기 때문에, 저는 그렇게 살다가 갑니다. 아버지 앞에 가니 부탁합니다.'라고 할 수 있어야 합니다. 그래서 승화식이라고 했습니다.

9 인간은 죽는 것이 무엇인지를 모릅니다. 그것은 슬픔이 아닙니다. 차원이 낮은 세계에서 차원이 높은 세계로 사랑의 다리를 통해 이동하는 것입니다. 그러니까 통일교회는 죽음을 승화라고 합니다. 차원 높이 승화하는 것입니다. 그것은 사랑에서만이 가능합니다.

10 통일교회에서는 죽어서 장사하는 것을 승화식이라 합니다. 승화식이기 때문에 죽은 사람을 붙들고 울면 안 됩니다. 우는 것을 보고 죽은 영이 탄식하는 것입니다. '이렇게 무지해서 내 갈 길을 밧줄로 묶어 당기면서 못 가게 만들어 놓는다.'라고 하는 것입니다. 그런 것을 알기 때문에 통일교회에서는 승화식이라고 합니다. 거룩히 비상천(飛上天)한다는 것입니다. 사랑의 힘을 가지고 밀어주어야 됩니다. 잡아당기지 말고 밀어주어야 됩니다.

11 승화식이란 말은 홍진 군으로부터 나왔습니다. 애승일의 그 애승(愛勝)이란 말은 사랑을 가지고 사망을 이긴다는 것입니다. 남들 같으면 어머니가 몸부림을 치고 배밀이하며 통곡할 수 있는 일이지만, 어머니가 눈물 흘리면 안 되는 것입니다. 3일 이내에 이 식을 해줘야 됩니다. 사망을 이겼노라고 선포해야 됩니다. 그렇기 때문에 통일교회에서는 승화식을 하는 것입니다. 사망을 넘어 기쁨을 향해서 가는 것입니다. 승화식을 거쳐 가는 사람들은 영계의 모든 골짜기를 휘익 넘어가는 것입니다.

12 죽음이라는 단어는 신성한 말입니다. 슬픔과 고통의 대명사가 아닙니다. 그래서 참부모님께서 그 단어를 성화(聖和)로 고쳐 발표했습니다. '거룩할 성(聖)' 자입니다. 올라가는 '승(昇)' 자가 아닙니다. 이 성화라는 말도 선생님이 쓰는 단어입니다. 승화와 성화를 분별 못하던 것을 성화로 고쳐 발표했습니다. 지상의 삶을 꽃피우고 열매맺어 알곡을 품고 환희와 승리의 세계로 들어가는 때가 영계 입문의 순간입니다. 한 번밖에 없는 때입니다. 그렇기 때문에 기뻐해야 할 순간입니다. 마음껏 축하하고 전송해 주어야 할 때입니다. 슬픔의 눈물이 아닌 기쁨의 눈물을 흘려야 할 때입니다. 영원한 생명이 살아가야 할 인생행로에 죽음 후 3일간은 1

초도 안 되는데, 그것을 왜 서러워하느냐는 것입니다. 그것을 서러워하다가는 영원한 생명이 죽어 없어지는 것입니다. 얼마나 무섭습니까? 맞는 말입니다. 슬픔의 눈물이 아닌 기쁨의 눈물을 흘려야 할 때입니다. 이 성화라는 것은 3일 동안 죽은 사체를 놓고 영계 가는 길에 정성 들이는 것입니다. 이 승화식이라는 말을 성화 예식이라는 말로 고쳤습니다.

원전식

13 통일교인들은 영계를 넘어섭니다. 선생님은 죽음에 대한 공포가 없습니다. 타락이 뭐냐 하면 사망을 가져왔으니 종교가 부활권을 만들어야 됩니다. 애승일을 통해 승화식을 할 수 있었습니다. 그래서 원전입니다. 사망이 아닙니다. 천국에 직행입니다. 지상 나라에서부터 천국 나라의 궁전이 연결되는 것입니다. 그것이 원전입니다. 세상에 그런 종교는 통일교회밖에 없습니다.

14 통일교회 식구들이 가는 곳은 원전입니다. 원전이란 어머니의 뱃속에서부터 근본을 찾아간다는 말입니다. 원전이 어디입니까? 사람이 태어나기 전 어머니 뱃속입니다. 크든 작든 정자와 난자가 만난 그 순간서부터 숨을 쉬고 같이 붙들고 좋아하며 산다는 것입니다. 둘이 붙들고 밀어주면서 존속합니다. 그 원전 이상을 지나가야 된다는 것입니다. 원전에서 '전'은 '집 전(殿)' 자입니다. 궁전의 '전' 자입니다. 어머니의 난자가 아버지의 정자를 만나서 지상에 태어나기 전의, 이상의 하나님 속에 있던 근본을 찾아 들어가게 됩니다.

15 칠성판이 무엇인지 압니까? 사람이 죽어서 널에 들어가기 전에 깨끗이 씻기고 해서 준비합니다. 널에 옮겨 놓기 전에 판 위에 놓고 다 씻어야 됩니다. 그 자리에서 하나 안 되어서는 널에 못 들어갑니다. 누가 그 일을 해주느냐? 제일 사랑하는 사람이 하는 것입니다. 수의도 정성 들여서 미리 마련해서 입혀 보내야 됩니다. 죽어서 널에 들어가게 될 때 입는 옷을 수의라고 합니다. 충신과 효자의 대표되는 사람이 바느질을 시작해서 그것을 받아서 만든다는 것입니다. 천국에 가려면, 영계에 가려면 애국자 충신의 전통이 아니면 안 됩니다. 한국의 장례식에는 그런 뜻이 있습니다. 통일교회가 장사 지내는 곳을 공동묘지라고 하지 않고 원전이라고 했습니다. 하늘땅이 해방되기 위해서 그 자리에 들어가서 묻히고 싶은 것입니다. 그런 근본적인 궁전을 말하는 것이 원전입니다. 그곳에는 아무나 묻히지 못합니다. 순교당하든가 하는 사람들이 묻히는 것입니다.

제4장 축복가정의 생활의례

1절 축복가정 생활 법도

1 서로의 좋은 면을 갖추어서 부모를 모시는 생활을 해야 됩니다. 부모를 모시고 싶은 간절한 마음을 가지고 매일같이 기다리지만, 부모가 오실 수 없다는 것을 잘 알고 있기 때문에 사랑하는 하늘의 형제나 하늘의 아들딸들이라 하더라도 자기 집에 오기를 고대하면서 아침부터 저녁까지 손님을 접대하기 위하여 준비하는 사람이 하늘의 복을 받을 사람입니다. 옛날에 한국의 선비들은 지나가는 길손이 묵어 갈 수 있도록 사랑방을 잘 꾸며서 손님을 접대하는 방으로 썼습니다. 이런 것은 한국만이 가졌던 내력입니다. 이 법도는 하늘의 법도를 미리 사탄세계의 역사과정에 상징적으로 보여준 것입니다.

가려 가야 할 가정법도

2 지금까지 우리는 함부로 살아왔고 말도 함부로 해왔습니다. 그러나 이제 우리 가정에도 규율을 세워야 되겠습니다. 부모가 화가 난다고 자녀들을 마음대로 때리고 '이놈의 망할 자식아!'라는 세상적인 속된 말을 해서는 안 됩니다. 이제 모두가 일신되어야 합니다. 하나님을 중심삼고 말부터, 태도부터, 생활부터 일신된 입장에 서야 됩니다.

3 종갓집이 흥하려면 선조로부터 내려온 가법이라든가 예법을 잘 받아들이고 실천해야 됩니다. 그렇지 않고 '그까짓 것 뭐 될 대로 되라지, 그것이 나하고 무슨 상관이야!'라는 사람은 종갓집 자손이 될 수 없습니다. 그런 사람은 종손으로 태어났다고 하더라도 종손이 될 수 없습니다. 지금까지의 선조들보다도 나아야 되고, 그 어떤 선조도 하지 못한 무수한 책임을 할 수 있는 후손이 되어야 합니다. 통일교인이 그런 후손이 되어야 합니다.

4 옛날 충신들 가정에서는 좋은 것이 생기면 먼저 나라님 앞에 드렸습니다. 이것이 한국 충신들의 생활법입니다. 그런 관점에서 한국의 예법은 그 어떤 나라에도 없는 천국의 중심 내용입니다. 유교에서는 공자의 가르침을 따르는데, 그 공자의 가르침을 중심한 예법을 보면 천법에 가까운 것이 많습니다. 앞으로 여러분 후손들이 여러분을 대해서 제사 지내게 해야 됩니다. 아직까지는 생활규범이나 장사 지내는 절차 등이 통일원리를 중심삼고 정해지지 않았지

만, 앞으로 그 예법이 나오게 되면 그때부터는 아무렇게나 해서는 안 됩니다. 이제부터 여러분은 무슨 내용이든 하나님이 같이해 주신다는 마음을 중심삼고 자신의 환경을 극복하고 뿌리를 깊이 박아 어떤 풍상에도 자랄 수 있는 생명력을 지녀야 합니다.

5 효도하는 사람은 자신의 생활 가운데에서 좋은 일이 있으면 부모를 먼저 생각합니다. 자기 남편이나 아내를 먼저 생각하는 것은 타락한 세상에서 하는 것입니다. 자기 부모에게 귀한 것을 먼저 사 드리지 않고는 자기 아내에게 사 줄 수 없습니다. 자기 아내에게 옷을 해 입히려면 부모에게 먼저 해드려야 합니다. 아내도 자기 남편이 부모에게 못 해주었는데도 불구하고 '이것이 마음에 드는데 당신이 나를 사랑한다면 하나 해주소.'라고 말할 수 없습니다. 먹는 것도 그렇습니다. 남자들도 마찬가지로 자기가 옷을 해 입으려면 부모에게 먼저 해드리고 나서 해 입고 아내에게도 해주어야 됩니다. 밥을 먹을 때도 부모를 모시고 먹어야 됩니다.

6 습관적이고 세속적인 가정이어서는 안 됩니다. '지금은 이렇지만 훗날에는 잘될 것이다.'라고 생각하면 안 됩니다. 완전해야 됩니다. 현재가 문제입니다. 과거와 현재가 완전해야 미래도 완전할 수 있습니다. 에덴동산에서도 이러한 한 날을 갖지 못한 것이 타락의 증좌입니다. 과거·현재·미래가 일치될 수 있는 자리가 이상적인 자리입니다. 현재를 바쳐 드릴 수 있어야 합니다. 땅 위의 영원한 발판이 될 수 있겠는가 하는 것이 하나님의 소원입니다. 이것이 역사적인 종합점입니다.

7 앞으로 법 중에서 사랑을 침범하는 것을 다스리는 법 이상 무서운 법이 없는 때가 올 것입니다. 지금까지 여러분이 별의별 짓을 한 과거가 있으면 여기서 깨끗이 회개해야 됩니다. 원리를 들을 적마다 참 기가 막히고 분하고 원통한 것을 느껴야 합니다. '타락의 후손으로 태어난 것도 원통한데 나 자신이 또 그런 일을 했다니!'라고 씻을 수 없는 비통함을 느끼면서, 하나님 앞에 이것을 용서받을 수 있는 일이 있으면 그 이상 감사할 수 없다는 자리에 서야 합니다. 여러분이 이 죄에 걸리면 여러분의 선조까지 희망이 없습니다.

8 일심·일체·일념·일화! 그다음에 참사랑·참생명·참혈통·참가정입니다. 일화까지는 상대가 없습니다. 하나님의 이성성상이 남자 여자로 분립돼 그들이 아이를 낳은 뒤 사위기대 완성이 됩니다. 이것은 철칙입니다. 선

생님이 적당히 갖다 붙인 것이 아닙니다. 하늘의 법도, 영계의 조직이 그렇게 돼 있다는 것을 알아야 됩니다. 여기에 일치 안 되게 될 때는 문제가 발생합니다. 사랑의 법도는 몇 억천만년이 가도 절대·유일·불변·영원해야 됩니다. 사랑의 상대적 이상권에 우주가 그렇게 존속하고 있다는 사실을 생각할 때, 자기들의 사랑은 절대·유일·불변·영원하다는 것입니다. 그래야만 만우주 앞에 부끄럽지 않습니다. 만우주가 주인으로 모시기에 당당한 나 자신의 가정이라 할 수 있는 관념을 가져야 됩니다.

9 여러분에게는 식구가 있으니 형제끼리 사랑을 주고받을 수 있고, 서로가 서로를 위해 줄 수 있는 사람이 되어야 합니다. 그런 모범 식구들이 되어야 합니다. 통일교회면 교회 식구 전체가 받들 수 있는 남자 여자가 되어야 합니다. 이제부터는 자를 것은 자르고 해부할 것은 해부해야 됩니다. 여러분 마음대로 해서는 안 됩니다. 통일교회는 천국을 이루어야 할 교회이기 때문에 개인이 아니라 가정을 찾아야 합니다. 가정생활에서 본이 못 되는 사람은 세계적인 지탄을 받을 것입니다. 온 천주적인 지탄을 받을 것입니다.

10 축복이란 책임을 다해야 귀한 것입니다. 세상적인 욕을 해서는 안 됩니다. 세상 사람들과는 무엇인가 달라야 합니다. 가정은 소교회입니다. 하나님의 대행기관으로서 하나님이 찾아가고 싶은 가정이 돼야 합니다. 최소한 세 가정이 한 살림을 하는 이상으로 뭉쳐야 합니다. 특별히 말해 주고 싶은 것은, 첫째 많은 사람들이 왕래할 수 있는 가정이 되라는 것입니다. 인화가 가장 중요합니다. 그리고 둘째는 하늘 가정끼리 단결해야 된다는 것입니다. 최소한 삼위기대가 된 축복가정끼리만이라도 완전히 하나되어야 합니다.

11 우리는 개인 위주가 아니고 가정 위주입니다. 그렇다고 해서 가정만 중심삼고 모든 것을 청산짓는 것이 아니라 전부 연결지어야 합니다. 그러므로 옛날 홀로 도의 생활을 하던 때의 노력으로는 안 됩니다. 옛날에 노력했던 것의 몇 배 이상 노력하겠다는 결의와 각오를 첨부시키지 않으면 안 됩니다. 악을 대해 도전해 나가는 생활은 까딱하면 지치고 후퇴하기 쉽습니다. 가정을 가졌을 때는 혼자일 때보다 몇 배 노력해야 됩니다. 가정은 중심을 잡는 자리입니다. 우리는 현실을 피할 수 없습니다. 전후·좌우·상하의 관계를 가정에서 이루어야 합니다. 과거의 신앙 형태로는 안 됩니다. 과거의 일방적인 신앙 태도

가지고도 안 됩니다. 축복은 죽느냐 사느냐의 결정점입니다.

12 개인의 신앙은 지도자만 잘 만나면 됩니다. 그러나 가정에서는 서로서로 지도자가 되지 않으면 안 됩니다. 가정은 누구를 위해, 무엇을 위해 사느냐가 문제입니다. 혼자일 때에는 기도하면 모든 것이 되었습니다. 그러나 가정에서는 반대하는 사람이 있으면 그 십자가를 지고 본연의 기준까지 뚫고 나가야 합니다. 혼자는 객차와 같고 가정은 기관차와 같습니다. 개인이 실수한 것을 복귀하는 것은 간단합니다. 그러나 가정적으로 실수하면 파탄입니다.

13 부모의 사랑을 받으려면 무엇을 해야 되느냐? 부모님이 사랑하는 모든 것을 사랑해야 됩니다. 그러고 나서야 사랑받는 것입니다. 자기 부모에게 사랑받기를 원한다면, 부모의 사랑을 받으려고 하는 아들은 부모가 갖고 있는 모든 것을 사랑하고 나서 사랑받아야 됩니다. 이것을 안 하고 사랑받으려고 해서는 안 됩니다. 부모가 귀하게 여기는 것을 자기가 마음대로 인수해서는 사랑을 못 받는다는 것입니다.

14 하나님의 자리와 부모의 자리는 먼저 생각해 주는 자리입니다. 하나님은 나보다 먼저 생각해 주십니다. 부모는 나보다 먼저 생각해 주십니다. 그래서 좋다는 것입니다. 그래서 주체입니다. 둘이 산다고 할 때 '저 식구가 해야 할 일을 내가 해줘야 되겠다.'라고 해야 됩니다. 하나님이 그런 분입니다. 그런 사람이 중심입니다. 위해 주는 사람이 중심이 됩니다.

15 보다 위해야 됩니다. 보다 위하는 사람이 책임자가 됩니다. 열 사람 가운데 누가 중심이 되느냐 하면, 그 열 사람을 위해 사랑하고 위하는 사람입니다. 그 사람에게는 열 사람이 다 찾아가는 것입니다. 지금까지는 위하는 것이 나쁜 줄 알았습니다. 그러나 주인이, 중심자가 된다는 것입니다. 천리가 그렇습니다. 위해 사는 것이 나쁜 줄 알았는데 이것이 중심자가 되기 위한 것이요, 책임자가 되기 위한 것이요, 모든 것을 상속받기 위한 것입니다. 그렇기 때문에 위해 살라고 하는 것입니다. 나쁜 것이 아닙니다. 손해나는 것이 아닙니다. 장사 중에 이런 장사가 없습니다.

16 시대가 달라지는 것을 알고 말이나 생활이나 태도가 달라져야 합니다. 영계에서 그것을 바라고 있습니다. 저나라는 벌써 통일돼서 한 목표를 향해서 달리고 있는데, 지상은 복작복작해서 목표도 정하지 못한 채

혼란 가운데 있습니다. 그러니 정성을 잘 들여야 자리를 잡지 그렇지 않으면 떨어져 나가는 것입니다. 지금 때가 그런 때입니다. 그러니 함부로 살 수 없습니다. 선생님을 중심삼고 어디든지 마음대로 따라다니고 무슨 대회를 해도 자기 대회와 같이 하는데 그것은 안 됩니다. 일체 그런 행동을 해서는 안 됩니다. 자기 가정을 중심삼고 하늘의 뜻을 가정으로부터 세울 수 있는 일을 해야 됩니다. 그러려면 아버지부터 어머니부터 달라져야 됩니다. 이제 전통을 세우는 데 있어서는 먼저 통일교회 오래된 사람이 아들딸 앞에 전통을 세워야 됩니다. 전통을 세우는 데 있어서 믿을 수 있는 부모가 돼야 하고, 믿을 수 있는 형제, 믿을 수 있는 남편 아내, 믿을 수 있는 아들딸이 돼야 합니다. 가정에서부터 정리해야 됩니다.

남녀 간의 사랑 예절

17 서구 문명권에서는 초등학교 때부터 성교육을 하는데 그것은 좋지 않습니다. 그것은 자연히 알게 해야 됩니다. 아담 해와에 대해서 하나님이 성교육을 했습니까? 오히려 모르는 것이 좋습니다. 알 만한 연령이 되면 그것이 무섭다는 것을 가르쳐 줘야 합니다. 그리고 얼마나 귀한 것인지를 가르쳐 줘야 합니다. 선생님의 시대에는 남녀공학 시대가 아니었습니다. 그런데 요즘 아이들은 몸을 접촉하면서 춤을 춥니다. 그렇기 때문에 우리는 그러한 교육기관을 만들어야 합니다. 이것은 무서운 것 중에서 제일 무서운 것입니다. 살인죄보다도 더 무섭습니다. 살인은 한 사람을 죽이는 것이지만, 이것은 수천 대 후손을 망하게 만드는 것입니다. 몇 사람, 몇 백 사람, 몇 천 사람이 희생되는 것입니다. 앞으로 이 문제는 살인보다 더 무서운 죄로 다스려야 합니다. 이것은 앞으로 생각도 못하게 교육해야 됩니다.

18 오늘날 청소년들이 부모를 반대하고 가정을 파탄시키는 것은 사랑의 질서를 파탄시키는 것이기 때문에 악입니다. 그것으로 인해 가정이 파괴되고, 사회가 파괴되고, 국가가 파괴되고, 인간이 파괴되니 이것은 악이 아닐 수 없습니다. 사춘기 때는 영화에 나오는 스릴 있는 장면을 보면 실천해 보고 싶어합니다. 그것이 무엇이 나쁘냐고 할지 모르지만 그러한 방종이 벌어져 환경을 파탄시키는 일이 벌어지기 때문에 제재를 하지 않으면 안 됩니다. 여러분의 지성이 다 밝아져 사회의 체험과 환경적인 모든 것을 조정할 수 있는 그때에는 되어도 지금은 안 된다는 것입니다.

19 여러분은 지금 한창 피어나려고

하는 꽃봉오리가 좋습니까, 활짝 핀 꽃이 좋습니까? 선생님은 활짝 핀 꽃이 좋습니다. 피어나는 데 있어서는 네 마음대로 활짝 피라는 것입니다. 남의 힘에 의해서 피지 말고 네 마음대로 활짝 피라는 것입니다. 그 말은 여러분이 자연스럽게 자라서 자연스럽게 사춘기를 지나 자연스러운 환경에서 활짝 피어서 사랑하고 싶은 남편을 맞아야 된다는 것입니다. 피지도 못한 채 찌그러져서는 안 됩니다. 잎이 떨어지고 가루가 떨어져서 피는 꽃이 되지 말라는 것입니다. 남자들도 마찬가지입니다. 남자들도 활짝 피어야 됩니다.

20 아직 피지도 않은 꽃봉오리인데 편지하고 연애를 하는 못된 젊은이들이 되어서는 안 됩니다. 자연스럽게 활짝 피어야 됩니다. 하나님이 보시게 될 때 '야! 순수하게 본성적으로 피었구나. 향기를 맡아 보니 숫것이구나.'라고 할 수 있어야 됩니다. 그렇기 때문에 하나님도 희망이 많다는 것입니다. 그런 하나님이 숫것을 원하시겠습니까, 찌그러진 것을 원하시겠습니까? 그러면 여러분은 숫것을 원합니까, 찌그러진 것을 원합니까? 타락한 여러분도 숫것을 원하는데, 하나님은 그것을 더 원할 것이 아닙니까? 그렇기 때문에 순정을 가지고 활짝 피어서 오늘날 타락한 세계에서 슬픔의 고비에 걸리지 말고 그것을 넘어설 수 있는 가치 있는 여러분이 되어야 합니다.

21 아담 해와의 한 번 실수를 복귀하는 데 몇 만년 걸렸는가 생각해 보십시오. 수많은 사람이 희생의 대가를 치르면서 이 자리에 찾아오기까지 수고했는데, 여기에서 또다시 그러겠습니까? 모를 때는 모르지만 알고 나면 그런 짓을 할 수 없습니다. 자기에게 손해가 나고 피해가 막대하다는 것을 알기 때문에, 자기에게 피해가 되고 어떠한 결과가 온다는 것을 너무나 잘 알기 때문에 이기는 것은 문제가 아닙니다. 몇 천 배 이상의 피해가 오는 것을 확실히 알기 때문에 그것은 하라고 해도 못합니다. 아담 해와의 한 날의 실수로 인해 얼마나 피해를 입었는가를 알면, 자기 자신에게 얼마나 치명적인 손해가 온다는 것을 알면 그런 짓을 못합니다. 그것을 모르기 때문에 그것을 어떻게 이기겠느냐 하는 말이 나옵니다.

22 여자에게는 남자가, 남자에게는 여자가 제일 무서운 것입니다. 그러니 가까이하지 말라는 것입니다. 앞에서 여자가 오면 피해서 돌아가라는 것입니다. 요즘 처녀 총각들이 나무 아래에 앉아 얘기하는 것을 보게 되는데, 그래서는 안 됩니다. 얘기를 하

려면 반드시 세 사람 이상 모여서 하라는 것입니다. 세 사람은 괜찮습니다. 천사장과 해와, 둘이 만났기 때문에 타락했습니다. 아담을 불러다 놓고 애기했으면 타락했겠습니까? 그리고 아담 해와도 둘이 만나서 애기했기 때문에 타락했지, 하나님을 모셔 놓고 애기했다면 타락했겠습니까? 만나려면 세 사람 이상 함께 만나라는 것입니다. 이것은 강제가 아닙니다. 그렇게 잘못될 일이 얼마든지 있으니 그것을 방지하려는 것입니다. 그러려면 아담 해와가 타락할 수 없는 입장을 취하는 것이 원리적입니다. 잘못되는 것을 방지하기 위한 것이, 그것을 청산하기 위한 것이 우리 뜻입니다. 그렇기 때문에 세 사람 이상 만나라는 것입니다.

23 전도를 하더라도 여자들은 혼자 해서는 안 됩니다. 나이 많은 할아버지나 할머니라도, 그저 지팡이를 끌고 다니는 할머니 할아버지라도 모시고 다니라는 것입니다. 그러지 않으면 초등학교 학생이라도 하나 데리고 다니라는 것입니다. 전도하지 말라는 것이 아닙니다. 위험하기 때문에 그러는 것입니다. 타락할 수 있는 가능성이 있기 때문에 그것을 방지하자는 것입니다. 세 사람이 있으면 괜찮습니다. 우리가 서로 사랑하는 것은 이것을 방지하자는 것입니다. 그것이 사랑입니다. 아무리 책임자라 해도 그렇게 해야 됩니다.

24 남자와 여자만 있으면 타락할 가능성이 있습니다. 휘발유가 있는데 성냥을 왜 들고 들어가고, 휘발유통 옆에서 왜 담배를 피우느냐는 것입니다. 한번 잘못하면 다 깨져 나가는 것입니다. 영원히 벗어날 도리가 없습니다. 원리를 알면 벗어날 도리가 없습니다. 원리가 이렇게 된다 하면 그것은 조직적으로 돼 있기 때문에 한 번 걸리면 그것을 벗어날 수 있는, 부인할 아무런 근거가 없습니다.

순결·순혈·순애의 생활

25 부모는 자녀들에게 참사랑을 실천하는 것을 교육해야 됩니다. 이것이 전부 가정에 대한 애기입니다. 부부가 순결을 지켜야 되고, 일심이 정착해야 되고, 그다음에는 자녀에 대한 참사랑의 실천교육을 해야 됩니다. 아버지가 술을 먹고 들어와서 어머니를 패면서 아버지 말을 들으라고 하면 듣겠습니까? 어머니는 아버지를 속이고 거짓말하면서 자식들에게는 '내 말 들어라!'라고 하면 듣겠습니까? 그래서 자녀에 대한 참사랑 실천교육입니다. 교육이 아니고 실천교육입니다. 실천하고 가르쳐 주라는 것입니다. 이것을 표어로 해서 잘 써서 걸어 놓아야 됩니다. 여러분이 정

성 들여서 써야 됩니다.

26 순결·순혈·순애, 그다음에 순정입니다. 정을 떠나서는 핏줄이 생기지를 않습니다. 천년만년 정을 기반으로 해서 핏줄이 연결되는 것입니다. 아들딸을 천년만년 계승시킬 수 있는 길은 본처밖에 없습니다. 이혼할 수 없다는 것입니다. 그렇지 않으면 3배 이상 탕감하라는 것입니다.

27 하나님이 1대, 참부모가 2대, 여러분은 3대입니다. 하나님 1대, 여러분 2대, 여러분의 자녀 3대권이 사위기대 이상을 중심삼고 백옥과 같이 순결한 처녀 총각이 되어 순결한 사랑, 순결한 생명, 순결한 핏줄을 천세만세 남기는 것이 축복의 근본 전통이었다는 사실을 알아야 됩니다.

28 20대에 가까운 청소년으로서 더럽혀지지 않고 물들지 않은 거룩한 순정을 고이 꽁꽁 싸서 어디에 갖다 놓을 것입니까? 하늘이 제일 기뻐할 수 있는 제단 앞에 놓아서 하나님이 기뻐하고, 그다음에는 자기와 같은 순정을 가진 사나이와 여자가 만나서 기뻐해야 합니다. 하나님이 같이 묶어질 수 있는 거룩한 터전이 신랑 신부가 만나는 자리입니다.

29 자기 몸은 귀한 것입니다. 이것을 더럽히지 말고 효도를 하라는 것입니다. 하늘에 봉사하는 그 책임을 가지고, 하나님으로부터 인정받은 그 몸을 가지고 사탄의 사망권으로부터 탈출하지 않으면 안 됩니다. 이것은 인간으로서의 최고의 목적이며 또 그것이 기준입니다. 창조원리로 말하면 그렇게 되지 않을 수 없습니다.

30 성자는 하늘땅을 사랑하는 사람입니다. 성자는 영계와 육계를 중심삼고, 하나님을 중심삼은 천상과 지상 왕권을 중심삼고 나라를 사랑하는 사람입니다. 천상의 왕궁 법도 알고 지상의 나라 법도 알아서 하늘땅 두 세계의 모든 법을 지키며 사랑하려고 하는 사람입니다.

31 하나님은 아담 해와를 공을 들여 지었습니다. 거기서 받은 것이 참사랑의 씨, 참생명의 씨, 참혈통의 씨입니다. 그곳으로 돌아가야 됩니다. 뿌려 줬으니까 돌아가야 됩니다. 잡동사니는 아무도 원치 않습니다. 그러나 영계에 가게 되면 자기가 지난날을 전부 압니다. 죽으면 모든 것을 청산하고 가야 될 것인데, 외적인 면을 청산하고 갔지만 내적으로 남아 있다는 것입니다. 그것이 문제입니다. 내적인 것까지도 완전히 몰랐으면 좋을 텐데, 내적 마음에서는 상처 받은 흠이 남아 있다는 것입니다. 양심의 가책

을 받은 흠이 남아 있다는 것입니다.

32 일심·일체·일념, 그다음에는 일핵입니다. 거기에 필요한 것이 순결·순혈·순애이고, 순애가 있기 전에 순성입니다. 성(性) 문제입니다. 성에도 소생 단계, 장성 단계, 완성 단계가 있는데 타락했기 때문에 생긴 것입니다. 성 하면 다 끝납니다. 한 번으로 끝나야 할 텐데 구약시대·신약시대·성약시대 거기에 맞추어야 됩니다. 순결·순혈·순성입니다. 남성은 몸 마음이 완전하게 하나돼야 합니다. 하나돼서 순결해야 됩니다. 결혼하기 전에 그것을 범할 수 없습니다. 순결·순혈, 그다음에 순성입니다. 성을 지켜서 결혼할 시간에 들어가 핵을 이루어서 둘이 하나돼야만 남자 완성, 여자 완성의 하나님 대상적 존재가 출발하는 것입니다.

33 일심·일체·일념·일성의 완성은 몸 마음이 완전히 하나되어야 합니다. 몸 마음이 완전히 하나되는 것은 언제 되느냐? 타락한 인간에 있어서 영원히 몸 마음이 하나될 수 없는데, 결혼할 때 비로소 핵이 이루어지는 것입니다. 일심·일체·일념·일핵 그 위에 무엇이 오느냐? 순결·순혈·순성·순애가 하나되는 것입니다. 그래서 화해야 됩니다. 일화 해야 됩니다. 이래도 저래도 그것은 영원히 하나입니다.

34 일심, 하나님의 마음, 마음의 근본을 중심삼고 정착해야 됩니다. 우주 완성을 할 때 정착해야 될 것 아닙니까? 그 마음 가운데 일심이라는 것은 통일된 마음, 평화 통일된 마음을 말하는 것입니다. 그래서 일심, 여기에 일체가 돼야 합니다. 그다음에 일념이 돼야 합니다. 일체가 돼서 하나의 생각이 돼야 합니다. 그다음에 순결을 중심삼은 성이 돼야 합니다. 이래서 남자 여자가 일심·일체·일념·일핵을 중심삼고 성관계를 함으로써 남자 여자가 비로소 하나됩니다. 핵이 하나되는 것입니다. 플러스와 마이너스를 중심삼은 구형을 보게 되면 상현 하현, 우현 좌현, 전현 후현이 있는 것과 마찬가지로 핵에도 그렇게 있어야 됩니다. 남자의 마음과 여자의 마음이 다릅니다. 둘이 하나돼서 하나님 앞에 대상적 몸과 마음의 자리에서 부부 사랑의 근본이 무엇인가를 알고, 하나님을 모시고 하나된 가정을 중심삼고 일체가 됨으로써 몸 중심한 남자 여자의 사랑을 중심삼은 일체권이 전체화하기 때문에 일화, 화해서 통일되는 것입니다. 영원히 변치 않은 통일이 되는 것입니다. 그래서 안착하는 것입니다.

2절 가정의 사랑 법도와 부부 예절

1 부모한테 아들딸 둘밖에 없다면 어떻겠습니까? 아들을 두고 볼 때 그

에게는 누나가 필요하고 형이 필요하고 동생이 필요합니다. 또 딸에게는 오빠가 필요하고 언니가 필요합니다. 또 그들에게는 남동생과 여동생이 필요합니다. 형님이 있어야 되고, 누나가 있어야 되고, 남동생 여동생이 있어야 됩니다. 이것이 다 갖추어지지 않으면 불행한 것입니다. 여동생·남동생·누나·오빠 다 갖추어져 완전히 하나되는 가정은 하나님이 보호하십니다. 이것이 씨족과 민족과 국가의 기원이 되기 때문입니다. 형과 누나는 동서를 말하고 남동생과 여동생은 남북을 말하는 것이니, 그것이 완성되면 입체가 되는 것입니다. 이것이 사랑의 법도입니다. 하나님의 사랑의 법도에 근원 된 창조원리의 개념이 여기에서 나옵니다. 이러한 사랑의 법도가 자리를 잡게 될 때 평화의 기원은 이루어지는 것입니다.

가정의 사랑 법도

2 내가 부모님을 보고 싶은 것과 마찬가지로 부모는 자기 형제를 자기보다도 더 사랑해 주는 것을 원합니다. 부모에게 효도한다면서 형제끼리 싸우게 되면 그 효도는 성립이 안 됩니다. 부모의 마음은 자기를 위하는 마음보다도 형제끼리 더 위하는 것을 원합니다. 부모를 돌보지 못하더라도 '어머니, 조금 기다려요. 나 동생 사랑하고 오겠소.'라고 하면 '그 녀석, 앞으로 쓸 만한 녀석이구먼.'이라고 하는 것입니다. 형제를 부모 이상 사랑하겠다는 사람은 천국에서 영원히 살 수 있는 사람입니다. 형제를 부모와 같이 사랑하지 못하는 사람은 여기에서 벗어나는 것입니다. 그 도리의 근본을 깨우쳐 보면 간단합니다. 그것을 몰라서 지금까지 못한 것입니다. 우리 식구들끼리 하나되느냐, 못되느냐 하는 것이 문제입니다. 부모 앞에 효도 못하는 자리에 섰으면, 부모를 위해 자기가 정성 들인 것을 부모 대신 자기 식구를 위해서 주라는 것입니다. 그러면 부모에게 효도한 이상의 것으로서 하늘이 받아들이는 것입니다. 그런 사람은 반드시 축복을 받습니다.

3 천국에 가는 길은 형제를 하나님과 같이 사랑하는 데서 열립니다. 여러분은 선생님을 따라가고자 하는데, 그 마음으로 형제를 따라 같이 가려고 노력해 보라는 것입니다. 천국에 제일 높게, 빠르게, 좋게 인도하는 자는 하나님도 아니고, 선생님도 아니고, 형제입니다. 부모와 부부의 사랑을 능가하는 사랑을 가지고 노력하는 자는 최고의 사랑의 주체자로서 상대를 선택하는 것입니다.

4 형제는 같은 사랑의 동참자입니다. 부모사랑의 같은 동역자입니다.

그러니 서로 싸울 수 없습니다. 그렇기 때문에 바른손을 들 때는 아버지 손, 왼손을 들 때는 어머니 손, 바른발을 들 때는 아버지 발, 왼발을 들 때는 어머니 발이 됩니다. 벌써 사랑을 중심삼고 그렇게 되어 있습니다.

5 형제는 많으면 많을수록 좋습니다. 형제가 아무리 많더라도 밥 한 그릇만 있다면 형제들과 나눠 먹어야 됩니다. 밥 한 그릇밖에 없다고 싸움을 해서는 안 됩니다. 형제가 많아 어렵게 살더라도 '내가 밥을 굶더라도 누나 줘야 되겠다. 동생 줘야 되겠다.'라는 사랑의 마음을 가지면 얼마든지 좋다는 것입니다. 좋은 옷은 내가 입고 나쁜 옷은 동생에게 줍니까? 사탄세계와 반대로 생각해야 됩니다. 통일교회 축복받은 가정의 아이들이 생각하는 것은 사탄세계와는 달라야 합니다.

6 여러분이 태어날 때, 어머니 복중에서 나올 때 얼마나 힘들었는지를 기억하고 있습니까? 하나님은 왜 아기를 이렇게 낳게 했습니까? 말하듯이 그저 쉽게, 맛있는 음식을 먹듯 쉽게, 향수 냄새가 나듯 쉽게, 뭐 그저 좋아서 입을 벌리고 '하하하!' 하고 아기를 낳게 했으면 얼마나 좋았겠습니까? 왜 그렇게 하지 않고 땀을 흘리며 죽는다 산다 하는 경계에서 낳게 했습니까? 빛나는 사랑을 보기 위해서 그런 것입니다.

7 부모는 자식을 위해 있게 마련입니다. 만일 부모를 위해 있게 마련이라고 하면 그는 부모가 아닙니다. 앞으로 통일교회 원리를 중심삼고 윤리관이 형성되게 되어 있습니다. 부모는 어떠해야 하느냐? 자식을 낳은 부모는 자식을 위해 애를 써야 됩니다. 이것이 윤리의 제1조입니다. 왜 그래야 되는지는 설명이 필요 없습니다. 좋아서라는 것입니다. 좋아서 그를 위해서 있고자 하는 그 자리, 아들딸을 위해서 있겠다고 하는 부모의 자리는 행복한 자리입니다.

8 여러분 자신은 부모의 것이자 아들딸의 것입니다. 그렇게 되면 부모는 자녀의 것인 동시에 하나님의 것입니다. 그러기에 여러분 자체는 먼저 하나님의 것이 되고 자녀의 것이 된 후에 자신의 것이 되어야 합니다. 그렇게 될 때 비로소 완성이 됩니다. 그렇기 때문에 부모를 공경하는 그 법도가 땅 위에 남아 있고 인간생활에 남아 있는 것입니다. 여기에서 부모를 공경하고 자식을 사랑하라는 말이 나온 것입니다. 부모가 없으면 고아라고 하는 것입니다. 부모의 사랑을 받아 보고 자식을 사랑해 보십시오. 그래야 '나'라는 사람이 사방을,

위도 아래도 가릴 줄 아는 것입니다.

9 아버지는 자식을 대할 때 친구 중의 친구가 되어야 합니다. 그러면 자기 친구하고 놀다가도 아버지가 나타나면 친구를 버리고 아버지를 향해 달려가게 됩니다. 그리고 스승 중의 스승이 되어야 합니다. '우리 아버지는 대통령보다도 낫다. 제일이다. 하나님 다음 가는 분이 우리 아버지다.'라고 해야 됩니다. '친구를 주고도 못 바꾸는 우리 아버지다. 어떠한 스승을 주고도 못 바꾸는 우리 아버지다. 내가 사랑하는 아내를 버리면 버렸지 아버지는 버릴 수 없다.'라고 해야 된다는 것입니다.

10 선생님은 어디 갔다가 집에 들어와서는 반드시 자는 아기들의 얼굴을 쓰다듬어 줍니다. 부모 노릇 하기가 쉬운 것이 아닙니다. 그럼으로 해서 '우리 아버지가 나를 사랑하듯이 나도 아들딸을 사랑해야 되겠다.'라는 것을 자동적으로 심어 주게 됩니다. 또 '우리 아버지가 세계에서 제일이다!'라는 것을 알게 해야 됩니다.

11 사람들은 누구나 훌륭한 아들딸을 갖고 싶어합니다. 그러면 훌륭한 사람으로 키우기 위해서는 어떻게 교육해야 될 것이냐? 어떤 사람은 유치원에서부터 대학교까지 학교가 많은데 거기에서 교육하면 된다고 할지 모릅니다. 그러나 교육은 부모가 일생 동안 해야 됩니다. 정성을 들여야 됩니다. 부모가 정성 들여 키운 자식에게 가문을 맡길 때, 즉 그 대신자로 세울 때 부모의 마음에 일치되게끔 하여 부모의 인연을 따라가게 하면서 대신자로 세우는 것이 상례입니다.

12 선생님이 염려하는 것은, 어떻게 하면 통일교회의 이름을 후세에 남길 것인가 하는 것이 아니라, 어떻게 하면 선생님의 전통을 이어받은 사람들을 후세에 남길 것인가 하는 것입니다. 그렇기 때문에 지금까지 전통을 중요시하라는 교육을 해 나오고 있습니다.

13 축복가정과 축복가정의 아들딸들, 그 아들딸의 아들딸들, 즉 3대가 어떻게 선생님과 같이 살 수 있겠느냐 하는 것이 큰 문제라는 것입니다. 3대가 공신이 된다면 천하에 없는 천상세계의 공신이 된다는 것을 생각해 보았습니까? 그렇기 때문에 자기 아들딸들에게 지금부터 그러한 사상을 집어넣기 위해서 교육을 하고 정성을 들여야 하는 것입니다.

부부간의 예절

14 부부는 같이 다녀야 합니다. 하나 되어야 합니다. 어디 가서 앉을 때도

따로 앉지 말고 같이 앉으라는 것입니다. 밤이나 낮이나 언제든지 같이 통할 수 있는 것이 부부라는 것입니다. 부부가 아니면 그럴 수 없습니다. 부부가 아닌 남녀가 한 방에 들어가 잘 수 있습니까? 그렇게 되어 있지 않습니다. 앞으로 이상세계에서는 부부가 사이좋게 가면 그 사람들한테 처녀 총각들은 인사해야 됩니다. 이제 그럴 때가 옵니다. 부부가 하나된 것을 영광으로 알고 그것을 찬양하는 사회 풍토가 되어야 합니다. 더욱이 축복받은 가정 부부가 가게 되면 앞으로 그런 표식이 있을 것입니다. 그 사람들은 어디 가든지 사회에서 추앙받고, 뭇사람들이 그 부부에 대해서 찬양할 수 있고 존경할 수 있게 되어야 합니다.

15 남자는 하늘을 상징하고 여자는 땅을 상징합니다. 그래서 예수님은 하늘에서, 성신은 땅에서 구원의 혜택을 주고 있습니다. 그렇게 해서 가정적인 기반을 닦아 나가고 있습니다. 가정적인 기반을 닦는 데 있어서 남편에게 부인이 마음을 맞춰 주면 복을 받는 것이요, 부인에게 남편이 마음을 맞춰 주면 복을 받는 것이요, 자녀들이 하나되면 복을 받는 것입니다. 지금은 가정구원 시대입니다.

16 축복가정들이 아기를 품고 사랑할 때 그 아들딸이 무엇 때문에 태어났느냐 하는 것을 명심해야 됩니다. 하나님 때문에 태어났다는 것을 알아야 합니다. 하나님이라는 인연을 통해서 태어났습니다. 남편이 귀하고 아내가 귀해서 비밀리에 무슨 이야기를 하든 간에 그 상대가 자기들끼리 만난 상대가 아닙니다. 공적인 천도를 앞에 놓고 만난 사람입니다. 하나님을 개재시켜 놓고 만난 사람입니다. 그러한 자기들이 비참해지면 비참해질수록 하나님은 더욱 비참해지는 것입니다.

17 남자가 여자의 방에 들어갈 때는 천지에 하나밖에 없는 여왕의 자리에 들어가는 것입니다. 여자가 남자를 대하는 자리는 왕을 모시러 들어가는 자리입니다. 그렇기 때문에 경배하고 들어가야 됩니다. 3배 하고 들어가서 맞아야 되는 것입니다. 자기 남편에게 경배하고 들어가서 사랑해 본 때가 있습니까? 그러니까 가정교육도 그렇게 해야 됩니다. 아버지 방으로 들어갈 때는 어머니가 거룩한 옷으로 단장하고 모든 것을 갖추고, 외출할 때보다 더 예쁘게 단장하고 들어가야 됩니다.

18 부부가 사랑을 하러 문을 열고 들어갈 때는 경배해야 됩니다. 여왕마마를, 대왕마마를 모시러 들어가는

것입니다. 아담이 지상천국의 왕이요 전통의 모델입니다. 그런 마음을 갖고 살면 천상세계에서 아담의 왕자의 자리를 대신할 수 있는 자리에 갑니다. 왕족이 됩니다. 대등한 가치를 지니는 것입니다.

19 여자의 방을 찾아갈 때는 자숙해야 됩니다. 생명이 깃드는 곳, 하나님이 찾아올 수 있는 곳, 영원한 후손이 빛나게 싹이 트는 곳이니만큼 자숙해야 됩니다. 그것을 나로부터 정비해서 엄숙히 첫사랑의 꽃을 피워야 합니다. 그 합환성(合歡城)을 찾아 들어가는 것이 부부사랑의 곳입니다. 왕권이 부럽지 않고 천상세계 행복의 기지가 부럽지 않습니다. 전부가 여기서 시작합니다. 이런 것을 알고, 이제부터 부인이 있는 방을 찾아갈 때는 경배해야 되겠습니다. 3대의 왕궁을 거룩히 빛내기 위하여 찾아가는 사나이의 늠름하고 영광스러운 모습을 무엇에 비하겠습니까?

20 살림살이가 어려운 것은 불행한 것이 아닙니다. 얼마나 하늘과 은밀한 가운데 가까워질 수 있는지가 행복과 불행의 갈림길입니다. 개인이 망하는 것은 괜찮지만 가정이 망하는 것은 안 됩니다. 남편에게 있어서는 아내 되는 사람이, 아내에게 있어서는 남편 되는 사람이 세계에서 제일 필요한 사람입니다. 그러니 서로 권고해 주면서 지팡이가 되고 동역자가 되어야 합니다.

21 자기 아내를 사랑한다면 남편은 아내의 생일이 될 때, 그 동네 아주머니들을 초대해서 아내를 지극히 사랑하는 마음으로 아내를 위해 춤을 추고 노래라도 해줄 수 있어야 됩니다. 그렇게 되면 동네의 모든 사람들이 자기 부부에 대해서 복 받으라고 축수해 주는 것입니다. 복을 빌어준다는 것입니다. 그 사람들이 마음을 모아 복을 비는 것은 지극히 귀한 것입니다. 거기에 선한 사람이 천 사람이면 천 사람이 소원을 빌어 주는 것입니다. 선한 사람 한 사람이 소원을 빌어 주어도 그 소원을 이루어 주는데, 선한 사람 천 사람이 그렇게 빌어 준다면 그 천 사람의 소원을 안 이루어 주겠습니까?

22 사랑을 많이 가진 남편은 그 집안에서 욕을 하더라도 이것은 다 사랑의 자극이 될 수 있습니다. 사랑이 없는 남편의 한마디 말은 그 한마디가 살을 에는 것 같은 파괴의 동기가 됩니다. 사랑이 있으면 매를 치더라도 좋지만 사랑이 없는 곳에는 무엇이든지 싫은 것입니다.

23 아내가 남편의 마음을 흐리게 하

면 그 파도가 세계를 흐리게 합니다. 아침에 일하러 나가는 남편을 위해 아내는 일찍 일어나서 서비스를 잘해야 됩니다. 분을 바르고 향수를 뿌려서라도 아름답게 해야 됩니다. 여자는 정서생활에 있어서 빗지지 말아야 합니다. 또한 남편의 몸이나 의복 등에 대해 항상 관심을 가져야 합니다. 남편이 집에 들어왔을 때 피곤해 보이면 세숫물도 떠다 주고, 양치질할 준비도 해주고, 발도 씻어 주고, 머리도 빗겨 주고 해야 됩니다. 여자의 웃음은 집안의 꽃입니다. 원만한 가정을 이루려면 여자는 희비극의 일등 배우가 되어야 합니다. 남편이 기쁠 때도 완전히 녹여 놓고, 슬플 때도 완전히 녹여 놓을 수 있어야 합니다.

24 길을 가다 보면 절벽강산도 있고 큰 수렁도 있는 것입니다. 그 고개를 끝까지 못 넘게 될 때는 나중에 가서는 사망밖에 없다는 것입니다. 뜻을 따라가는 데 있어서는 사랑하는 처자가 있더라도 두고 가야 하고 사랑하는 남편이 있더라도 두고 가야 합니다. 여자는 천도에 따라 순응해서 여자로서 가야 할 길을 가야 합니다. 남편이 같이 죽자고 하면 죽을 수 있어야 합니다. 죽더라도 저나라에 가서 같이 살면 됩니다. 남편의 명령을 절대시한 뒤에는 해방될 수 있는 길이 있다는 것입니다.

3절 축복가정의 일상 예절

1 새벽에 일어나면 나의 하루 생활이 아버지 앞에 감사의 실체가 되게 해 달라고 기도하면서 꽃이 피어 있는 봄동산처럼 자유스러운 동산에서 아버지께 나를 세워 섭리하실 수 있는 소망의 결실체가 되겠다고 해야 됩니다. 낮이 되어 일터에 나가면 소망의 결실체가 자라나는 여름절기와 같이 한 발 더 발전하여 하나님이 같이하는 가치적 존재가 돼야 합니다. 또 저녁이면 모든 전체를 집약시켜 하나의 결실을 아버지 앞에 바칠 수 있는 가을절기와 같은 때이기 때문에 제물 될 수 있는 자리에 서겠다고 하고, 겨울절기에 해당하는 밤이면 생명력을 지녀서 하나님과 내재적인 부자의 기원을 맺어 모든 기를 받아들일 수 있는 자신이 되겠다고 해야 됩니다. 그렇게 1년 365일을 승리의 날로 만들면서 감사하는 생활을 하는 사람이라면 그 사람은 아버지와 관계를 맺고 사는 것이 보람 있는 생활이라는 것을 느낄 수 있을 것입니다.

전도와 의식주 생활

2 낮에도 일해야 되지만 종교 일은 밤에 해야 됩니다. 밤이 효과적입니다. 그리고 새벽에 가르쳐 줘도 효과적입니다. 그래서 한 번 왔던 사람이 안 올 수 없어서 집에서 도망해 올 수 있게끔 만들어야 됩니다. 여러분 자

신이 그렇게 돼야 합니다. 동기가 없는데 결과가 있습니까? 지금까지 안 되었으면 지금보다 더 열심히 하고 더 잘하라는 것입니다. 다른 방법을 연구해야 됩니다. 그리고 한 곳에 기도하는 장소, 성지를 만들어 놓고 새벽같이 가서 큰소리로 기도하는 것입니다. 지나가던 사람이 그 기도 소리를 들을 때 참 신비로이 느껴지게 해야 됩니다. 여러분이 그것을 계속하면 그 동네의 뜻있는 사람은 몰래 올라와서 그 기도 소리를 듣습니다. 기도 소리가 좋고, 무엇인지 모르지만 쫙 마음에 울려온다는 것입니다.

3 밤 12시가 넘어 첫닭이 우는 소리를 들을 때까지 말씀을 전해 보라는 것입니다. 얼마나 신비스러운지 모릅니다. 조용하고 고요한 밤에 동네 개들이 짖는 소리를 들어 가면서 말씀을 전해 보라는 것입니다. 마치 광명한 햇빛을 찾아 새로운 인생길을 타개하고 가는 것과 같고, 등대 빛을 찾아 새로이 항해하는 선장과 같은 기분을 느끼게 됩니다. 주위가 온통 신비로 꽉 찬 세계를 혼자 가는 듯한 용감한 모습, 씩씩한 모습, 장엄한 모습을 느끼게 될 것입니다. 이러한 심정적인 유대를 가지려면 밤 시간을 중심삼고 지도하라는 것입니다. 밤이나 새벽에 이러한 활동을 전개할 필요가 있습니다.

4 방을 깨끗이 정돈하고 옷을 거는 것도 원리적으로 걸어야 됩니다. 남자 옷은 오른쪽, 여자 옷은 왼쪽에 걸어야 합니다. 옷을 넣더라도 남자 옷은 위에 넣고, 여자 옷은 아래에 넣는 것이 원리적입니다. 그런 훈련이 필요합니다. 그래야 됩니다. 남자 옷을 밑에 넣고 여자 옷만 위에 넣게 되면 원리에 위배되는 것입니다.

5 옷을 벗을 때에도 바지를 먼저 벗고 웃옷을 그 위에 놓아야 합니다. 그런 원리적 생활로써 환경을 정리할 줄 알아야 됩니다. 남자 신발은 오른쪽, 여자 신발은 왼쪽, 또는 남자 신발은 위, 여자 신발은 아래에 놓아야 됩니다. 그렇게 전부 원리적으로 정리할 줄 알아야 됩니다.

6 웃음이라는 것이 참 묘합니다. 살짝 웃는 것도 웃는 것입니다. 웃으면 어떻게 되느냐 하면, 모든 것이 둥글어져 나갑니다. 영감이 크게 웃게 될 때 '허허허!' 하고 웃는데, 계속 올라가지 않고 끝에 가서는 '걸걸걸' 하고 꼬부라집니다. 왜 꼬부라집니까? 계속 올라가면서 웃지, 왜 꼬부라지느냐는 것입니다. 둥글어져야 되기 때문입니다. 해쭉 웃게 될 때에는 입이 살짝 웃지만, '하하하!' 하고 웃게 될 때에는 입이 둥글어진다는 것입니다. 그렇기 때문에 둥글게 웃는 사람

중에는 악한 사람이 없습니다.

7 남자들도 여자들처럼 머리 손질을 잘해야 됩니다. 화장을 하는 것도 그렇고, 머리도 자기가 봐서 가르마를 왼쪽에 타느냐 오른쪽에 타느냐를 알아야 됩니다. 서양도 그렇고 동양도 그렇고 전부 왼쪽을 가릅니다. 이것은 서양풍이지만 대개 왼쪽을 가르는 것입니다. 이것을 여자들이 잘 생각해야 됩니다.

8 걸음은 단정히 걸어야 됩니다. 서서 걷는 것이 균형이 잡혀야 됩니다. 서서 걷는 것이 균형이 돼 있느냐는 것입니다. 안전하게 걸어야 됩니다. 어떤 사람은 구부정하게 걷는데, 걷는 것도 균형이 잡혀야 됩니다. 그러한 것이 필요합니다.

9 여자들이 어디에 가서 앉을 때 동양의 경우에는 절대 기대앉지 못하게 합니다. 남자는 그렇게 앉는 것을 허락합니다. 왜냐하면 여자는 엉덩이가 커서 앉으면 자동적으로 편안하다는 것입니다. 남자는 엉덩이가 작고 상체가 큽니다. 여자들이 기대어 앉게 되면 아기에게 지장이 있습니다. 임신하면 큰일 난다는 것입니다.

10 건강이 제일입니다. 아무리 아픈 데가 있어도, 다른 사람이 뭘 알 수 없는 표정이 필요합니다. 감기에만 걸려도 아픈 표정을 하고, 조금만 어려워도 어려운 표정을 하는데 그러지 말라는 것입니다. 남편이 걱정스러운 모습을 해도 왜 그러느냐고 하면서 위로할 수 있어야 됩니다. 언제나 건강한 표정이 필요합니다.

11 인륜은 정을 통해서 형성됩니다. 가족관계라든가 도덕관념이라든가 사회제도라든가 질서라는 것은 전부 정서적인 면입니다. 정을 먼저 느낀 그것이 오래됐든가 차원이 높든가 하면, 사람들이 거기에 머리 숙이게 됩니다. 인륜 형성의 동기는 정에서부터입니다. 부모가 자식을 사랑하는 데서 인륜은 시작됩니다. 자식이 부모를 사랑하는 데서 참다운 인간관계는 성립됩니다.

12 여러분은 부모를 좋아하고 필요로 합니다. 언제나 부모를 만나고 싶어하고 같이 있고 싶어합니다. 그것은 연령으로 봐도 차이가 있고, 질서적 단계를 봐도 상하의 관계가 있기 때문입니다. 그러므로 거기에는 예를 갖춰 존경하고 효도를 해야 됩니다. 이런 모든 사회생활의 인륜 도덕적인 내용을 갖춰 상하관계에 있어서 하나는 주체요 하나는 대상의 자리에 서야 합니다. 여기에서 효자가 되려면 순종이나 복종이란 내용을 개재시

켜 내가 만나고 싶어해야 됩니다. 이것이 부자관계입니다.

13 인간이 귀한 것은 인륜 도덕이 있기 때문입니다. 인륜은 사람과 사람의 관계를 말합니다. 한 사람을 두고는 인륜이라는 말을 안 합니다. 인륜이란 말은 두 사람 이상이 되어야 성립됩니다. 남자와 여자가 결혼한 가정에서부터 사회의 윤리라는 말이 성립됩니다. 윤리는 인간관계의 도리요 법칙입니다.

14 우리는 초민족적·초국가적인 새로운 전통을 세워 나가야 합니다. 그 전통을 우리 마음대로 하는 것이 아니라 하나님이 바라는 대로 전통의 상대적 기반을 닦아 나가야 됩니다. 여러분의 습관성이나 과거의 풍습, 현재 성행하는 유행이라든가 하는 것에 보조를 맞추는 것이 아닙니다. 완전히 다르다는 것입니다.

성염 성초의 성별생활

15 성염은 누룩과 같습니다. 물건을 샀을 때에 성별하고, 바깥에서 생활을 하다가 집으로 들어올 때에도 대문에서 성별하는 것이 원칙입니다. 성별한 것은 사탄세계에 내주지 말아야 됩니다. 불가피할 때는 왼손으로 주라는 것입니다. 성염은 십자(북남동서의 순)로 뿌립니다.

16 우리 식구들은 모든 것을 성별해야 됩니다. 성염을 뿌려 성별하는 것은 별 문제가 없지만, 밥을 먹고 국수를 먹고 물을 마시고 할 때에 언제 성염을 가지고 그렇게 하겠습니까? 그러면 어떻게 하느냐? 예수님이 부활한 후에 '훅' 불면서 성령을 받으라고 했던 것과 마찬가지로 그렇게 하면 됩니다. 아담을 지어 놓고 코에 생기를 불어넣어 실체의 새 생명을 탄생시킨 것과 마찬가지로, 앞으로는 여러분도 생명의 실체를 대신하여 물을 마시든가 밥을 먹든가 할 때에는 세 번 불고 먹어야 된다는 것입니다. 한국 풍습이 묘합니다. 물을 마실 때도 꼭 불고 나서 마시는 것입니다. 또 앉을 때에는 불고 앉습니다. 그것은 하늘이 이 민족 앞에 실천할 수 있는 자연적인 양심을 움직여서 우리에게 하나의 풍습으로 남아지게 한 것입니다. 이것이 모두 우연히 된 것이 아닙니다. 그렇기 때문에 마음으로 언제나 그런 성별을 해야 됩니다. 우리는 소생·장성·완성, 6천년의 기나긴 시대를 3시대로 거쳐 오면서 더럽힌 것을 성별하기 위해 세 번 불고 먹어야 된다는 것입니다.

17 기쁠 수 있는 만물이 되지 않고는 기쁠 수 있는 사람이 생겨날 수 없습니다. 타락한 권내에서 슬픈 만물이 되었기 때문에 기쁠 수 있는 만물로

만들어 주자는 것입니다. 이렇게 만들어 주기 위한 것이 성염입니다. 성염으로 성별을 하는 것입니다. 무엇 때문에 만물이 그렇게 더럽혀졌느냐? 부모 때문에 더럽혀졌습니다. 성염은 참부모가 나올 때부터, 참부모님의 성혼식장에서부터 시작되었습니다. 타락한 부모의 사랑으로부터 모든 것이 더럽혀지기 시작했습니다. 그래서 성염은 부모님의 사랑을 중심삼고 성혼식전에서 나온 것입니다. 성염은 새로운 사랑의 인연이 종횡을 중심삼고 출발한 터전 위에서 벌어졌기 때문에, 타락한 슬픔의 모든 탄식권을 제거하고 새로운 희망의 세계로 넘어갈 수 있는 절대적인 조건물입니다. 그래서 사탄도 성염을 뿌리면 도망을 간다는 것입니다.

18 지금까지 이상세계가 걸려 들어갔는데, 그것을 우리가 대신 속죄해서 책임지겠다는 의미에서 애천일을 선포했습니다. 흥진 군이 영계에 감으로써 지옥의 문이 열리고 지상에서 지상지옥의 문이 열렸습니다. 그래서 하늘권에 통할 수 있게 되었습니다. 영계 지옥세계나 지상 지옥세계, 감옥세계까지 통할 수 있는 것입니다. 예수님이 죽은 후 3일간 지옥에 가서 문을 연 것과 마찬가지로 선생님이 3일간에 지상지옥의 문을 열었다는 것입니다. 예수님이 십자가에서 다 잃어버렸던 것을 이 일로 해서 다 찾는다는 것입니다. 애천초 촛불은 이스트가든에서 붙여 왔습니다. 1984년 5월 16일에 선포했는데, 거기에서 이 촛불을 붙여 왔습니다. 애천초는 가정을 가진 사람만이 켤 수 있습니다. 혼자일 때는 안 됩니다. 결혼해야만 됩니다. 이것은 사랑의 부모님을 중심삼고 하늘과 하나가 됨으로써 사랑 주관권이 벌어지는 것입니다. 그 주관권을 위한 하나의 상징적인 초이기 때문에 결혼한 가정들이 갖고 켜는 것입니다.

19 애천초는 나라와 세계에 중요한 문제가 있고, 자기 가정에 중요한 문제가 있고, 자기 일족에 중요한 문제가 있을 때 사용하는 것입니다. 가정의 할아버지 할머니나 부모나 자기 가정 전부가 합하여 이 촛불을 중심삼고 사랑의 주관권이 이루어지도록 기도하는 것입니다. 그러면 거기에는 사탄이 침범 못합니다. 이렇게 분별된 초입니다. 이 빛이 가는 데는 하나님과 부모님이 같이한다는 생각을 하고, 사랑의 주관권이 이루어진다고 생각해야 됩니다. 성별된다는 것입니다. 부모님을 중심삼고 이것을 시작했는데, 여러분이 이것을 가짐으로 말미암아 여러분 가정에까지 연결시키는 것입니다. 이제 초를 갖게 되면 부끄러움을 가져서는 안 됩

니다. 그러지 않으면 이 초를 가질 자격이 없습니다. 초를 보면, 심지를 중심삼고 자체가 희생한다는 뜻이 있습니다. 하늘을 중심삼고 인류가 하나되기 위해서는, 하나의 빛을 발하기 위해서는 희생해야 된다는 상징도 됩니다. 불이 붙는 것은 초도 아니요 심지도 아닙니다. 초와 심지가 합해서 불이 붙습니다. 여러분 부부도, 주체와 대상도 희생하면서 빛을 발해야 된다는 상징도 됩니다. 거기에는 사탄이 존재 못합니다. 그래서 부모님이 애천일을 정한 기반을 중심삼고 세계적으로 모든 축복가정들을 연결하는 것입니다. 이 애천초에는 하늘 주관의 뜻이 있습니다.

축복 중심가정 보고기도

20 2001년 정월 초하루부터 기도가 달라집니다. '축복의 중심가정 아무개 이름으로 기도합니다.'라고 하게 됩니다. 다 탕감해서 장자권복귀·부모권복귀·왕권복귀를 한 것입니다. 아담 해와가 타락의 인연이 없었던 해방적 시대에 들어가는 입장에서 주체적인 자기 가정을 연마시키지 않고는 탈락됩니다. 아담 해와가 타락했을 때 즉각적인 처단을 했습니다. 여러분도 남편이 잘못하면 즉각적으로, 아내가 잘못하면 즉각적으로 자기와 관계를 끊을 수 있는 시대로 들어가는 것입니다.

21 아버지 앞에 모든 것을 상대적 입장에서 기쁨으로 보고할 수 있는 시대가 오기 때문에, 기도할 때 '참부모의 승리권을 축복으로 이어받은 아무개 이름'으로 기도하는 때가 지나갔습니다. 이제는 '축복 중심가정 아무개 이름으로 보고하나이다.'라고 해야 됩니다. 기도가 아닙니다. '보고하나이다.'라고 하는 것입니다. 보고할 때가 왔습니다. 보고하려면 선의 결과가 있어야 합니다. 거지같이 언제나 '비나이다, 비나이다.'라고 하겠습니까? 자랑하기 위해서 보고해야 됩니다. 실적이 없으면 기도도 못합니다.

22 예수님 이름이 아닌 참부모 이름으로 기도하다가 '축복 중심가정 아무개 이름으로' 기도하는데, 요즘에는 보고기도를 합니다. 보고기도를 하지 않으면 앞으로 제4차 아담 시대에 있어서 하늘의 소유권을 분배받을 수 없습니다. 소유권을 분배받으려면 하늘나라의 대표 가정이 돼야 한다는 것입니다.

23 축복 중심가정은 타락세계와 아무런 관련이 없습니다. 아담과 해와가 타락하기 이전에 하나님의 심정세계와 연결되어 있던 입장이라는 것입니다. 그것이 축복 중심가정입니다. 그것은 하나님의 창조이상이 완성된 가정으로서, 타락하지 않은 아담의

가정을 대신하는 것입니다. 그러한 자리에서는 기도를 대신해서 보고를 드리는 것입니다. 완성한 아담의 가정에서는 기도할 필요 없이 보고를 드리면 된다는 것입니다. 날마다 보고를 드리면서 이상세계를 이루어 나가는 것이 완성한 아담 가정의 나아갈 길입니다. 그러한 새로운 무엇이 없으면 보고를 할 수 없다는 것입니다. 거기에서는 메시아도 필요가 없고, 종교도 필요가 없습니다. 왜냐하면 모든 것을 다 알기 때문입니다. 개인·가정·종족·민족·국가·세계·천주, 그리고 하나님의 심정세계까지 다 알 수 있습니다.

24 이제 통일교회는 기독교에서 '아멘' 하는 것을 '아주'로 바꾸어서 합니다. '아주'는 내 집이라는 뜻입니다. 아주라는 것은 '나 아(我)' 자하고 탄복하는 모든 것을 말합니다. 놀랄 수 있는 '아', 탄복하는 '아' 등 모든 한의 역사를 넘어서는 것입니다. '아주 좋아!'라고 하지 '아주 나빠!'라는 말을 씁니까? 그것은 최고를 말합니다. '아주'의 '주'라는 것은 '임 주(主)' 자의 주도 되고 '살 주(住)' 자도 됩니다. 사람으로서 주인이 되어 사는 최후의 자리라는 것입니다. '아주'가 그렇다는 것입니다. 입주(入住)라는 것입니다. '아, 이제는 주인이 됐구먼! 주인이 됐으니 내 집에 가서 살아야 되겠구먼!'이라고 할 때 내 집은 하나님의 안방입니다. 태어날 때는 하나님의 안방만이 아닙니다. 하나님 부인의 복중에, 뼛골 가운데서 살아야 되는 것입니다. 가를 수 없습니다. '아주, 내 집' 하게 되면 그 이상 소원할 것이 없습니다. 하나님의 내적 심정에 갈라질 수 없는 영원한 일체권을 중심 삼은 자리가 내 집이라는 것입니다. 내 집도 되지만 제일 깊은 집이 되는 것입니다. 두 가지 뜻이 있습니다.

25 '기도한 내용대로 될지어다.'라는 것이 아멘인데, 된다는 것이 무엇입니까? '내가 됐다.'라는 자리에 서라는 것입니다. '아주! 내가 전체 기도하는 이상의 주인이 됐습니다.'라는 자리에서 하라는 것입니다. 기도하는 내용이 나와 관계없으면 '아주'라고 할 수 없습니다.

26 '아멘' 대신 '아주'인데, 일등 주인이라는 말입니다. '임 주(主)'입니다. 주님 위에 간다는 것입니다. 주님이 '아멘'만 했지 '아주'를 못했습니다. 주님 위에도 간다는 것이 아닙니까? 아주 좋다! 백성이 여왕이든 왕이든 만나면 '아주 좋았다!'라고 하는 것입니다. '아주'라는 말은 최고에 갖다 붙이는 것입니다. '아주'라는 것은 '임금 주(主)' 자입니다. 3시대를 꼭대기에서부터 꿰었습니다.

제5장 주요 명절과 기념일

1절 주요 명절

1 이제 여러분이 하늘의 왕자이고 하늘나라의 무리인 것을 알고 자기의 모든 환경에 대한 예법을 갖추어 자기 본분을 수행해야만 합니다. 축복을 받았다는 사람들이 그런 것을 모르고 있습니다. 그러면 통일교인들은 앞으로 어떻게 해야 되느냐? 하나님의 날을 중심삼고 가정의 전통을 수립해야 됩니다. 또 부모의 날을 중심삼고 가법을 세워야 합니다. 자녀의 날을 중심삼고서는 하나의 질서를 세워야 합니다. 이날들을 기념하는 데 있어서는 세상의 어떤 명절보다도 정성을 들이고 기뻐하며 맞이해야 됩니다. 그래서 그 가정 전통의 기원은 부모의 날, 자녀의 날, 만물의 날, 하나님의 날이 되어야 합니다. 또한 이날들을 축하하는 전통을 세워 자기 천추만대 후손에 이르도록 천적인 가법을 만들어 놓아야 됩니다. 이것을 중심삼고 부모의 날에서 자녀의 날로 직행하고, 여기서 만물의 날로 직행하여 하나님의 날까지 직행해야 됩니다.

참하나님의 날

2 지금까지 사탄세계에 의해 침범받지 않은 고차원적인 기준에서 하나님의 심정을 중심한 하나의 회로를 조성해야 됩니다. 이런 전통의 첫 기초 발판이 통일교회에서 지키고 있는 명절입니다. 이날을 맞이하여 기념하기 위해서는 자기 생활 전체를 이날을 중심삼고 결부시킬 수 있어야 합니다. 또한 충성과 정성을 다 모아서 이날과 연결시켜야 합니다. 이렇게 해서 이날을 축하할 수 있어야 하늘이 세우신 명분과 예법을 지키는 자녀가 됩니다. 6천년 만에 비로소 찾아진 날이 바로 하나님의 날입니다. 이날은 하나님이 기뻐하실 수 있고 천지의 운세가 총집결하는 날입니다. 역사상에 전무후무한 날입니다. 그렇기 때문에 정성을 들여 이날을 맞이하고 기념해야 됩니다.

3 인간이 가장 바라는 축하의 날, 희망의 날이 있다면 그날은 자기가 태어난 날도 아니요, 자기가 결혼한 날도 아니요, 자기 나라를 잃은 국민의 한 사람으로서 나라를 찾은, 혹은 국가가 독립한 날도 아닙니다. 인간에게 있어서 제일 희망하는 날, 바라는 날이 있다면 하나님의 날, 부모의 날입니다. 그날들이 땅 위에 생겨나는 그것만이 우리의 전체 소원이 됐다는 것입니다. 하나님의 날과 부모의 날

이 시작되게 되면 자녀의 날도, 만물의 날도 자연히 연결됩니다.

4 오늘날 이 땅 위에 사는 사람은 어느 누구도 하나님의 날을 본 사람이 없고, 부모의 날을 본 사람이 없고, 어떠한 피조세계의 만물도 보지 못했다는 것입니다. 1년 365일이 연결되는 모든 날들 중에 제일 중요한 날이 모든 것이 해결될 수 있는 하나님의 날, 부모의 날이라는 것입니다. 그날은 날 중에 왕 같은 날이요, 그런 해가 있다면 그해는 해 중에 왕 같은 해라는 것입니다.

5 참부모를 복귀하기 전에는, 즉 타락하지 않은 아담 해와의 가정을 찾기 전에는 타락하지 않은 후손도 가질 수 없고, 타락하지 않은 만물세계도 가질 수 없습니다. 인간이 만물세계를 마음대로 주관할 수 있는 입장이 되지 않고는 하나님도 하나님으로서 행세할 수 없습니다. 그래서 1960년을 중심해 가지고 부모의 날을 책정하고 자녀의 날과 만물의 날을 책정한 것입니다. 부모가 있어야 자녀가 있을 수 있고, 자녀가 있어야 만물을 주관할 수 있습니다. 만물을 주관하려면 생육하고 번성하여 땅에 충만해야지, 아담 해와 둘만이 주관하게 되어 있지 않습니다. 자녀는 횡적인 기반이고 부모는 종적인 기반입니다. 그렇기 때문에 부모는 땅 위에서 하나님 대신입니다. 이러한 종적인 터전을 갖추어 만물을 주관하게 되어 있습니다. 그래서 통일교회에서는 부모의 날을 세운 후에 자녀의 날을 세우고, 자녀의 날을 세운 후에 만물의 날을 세웠습니다. 부모의 날과 만물의 날, 그리고 자녀의 날 자체는 타락권에 있는 것이 아니라 하나님의 주관권 내에 있습니다. 즉 사탄의 참소권을 벗어난 자리에 있다는 것입니다. 그렇기 때문에 하나님과 직접적인 관계를 맺을 수 있습니다.

6 1960년은 타락한 아담 해와의 입장, 즉 장성기 완성급 기준에 올라선 해였습니다. 장성기 완성급 기준을 중심으로 완성권까지 올라가는 데는 7년의 기간이 필요합니다. 그것이 제1차 7년노정이었습니다. 완성 기준에 올라서면 하나님의 직접주관권으로 들어갑니다. 직접이라고 하면 내외공히 직접이니까 심정생활권 역시 직접 주관할 수 있는 것입니다. 그 완성 기준을 남긴 채 축복한 해가 1960년이었습니다. 아담의 타락으로 인해 타락권, 즉 사탄의 주관권에 있었지만 이 사탄의 주관권을 때려 부술 가정이 나타났기 때문에 이 가정에 대해서 사탄은 총공격을 해왔습니다. 그러나 사탄과 싸우고 부딪쳐서 몰아내고 탕감하여 하나님의 날, 자녀의

날, 만물의 날, 부모의 날, 이 4대 명절을 이 7년간에 찾아 세웠습니다.

7 하나님의 날의 결정과 동시에 지상에 하나님이 임재하실 수 있는 기준을 세울 수가 있었습니다. 그러므로 이제 통일교회의 발전은 지상에서 급속히 촉진될 것입니다. 그런 기준을 이루었으므로 통일교회는 진리를 중심삼고 영계 해방과 함께 지상 해방, 그리고 지옥 해방으로 발전해 갑니다. 왜냐하면 하나님의 날을 맞이한 그때부터 지옥이 궤멸되고 사탄도 멸망할 수밖에 없는 입장에 이르기 때문입니다. 그래서 하나님의 날의 결정과 동시에 선생님의 사명은 완성되었습니다.

8 하나님의 날이 나오기까지 얼마나 힘들었는지 모릅니다. 하나님의 날을 책정하던 때가 제일 힘들었습니다. 아무리 부모의 날이 세워졌다고 하더라도 그 부모의 날을 뒷받침할 수 있는 자녀의 날이 없으면 부모의 날은 부모의 날로서의 역할을 할 수 없는 것입니다. 또 자녀의 날을 세웠다고 하더라도 만물의 날을 세우지 않고는 자녀의 날이 자녀의 날로서의 책임을 못합니다. 그렇기 때문에 하나님의 날, 부모의 날, 자녀의 날, 만물의 날이 완전히 하나되어 하나님의 주관을 받아야 합니다. 그러지 못한 것이 탄식의 요인입니다. 이것을 연결시키기 위해 세운 것이 1968년 정월 초하루에 세계적으로 선포한 하나님의 날입니다.

9 아담이 장성기 완성급에서 떨어졌기 때문에 장성기 완성급으로 가정을 끌고 올라갈 수밖에 없습니다. 완성 자리가 아닙니다. 그리고 장성기 완성급에서 아담 해와가 떨어졌으니 선생님도 장성기 완성급에서 출발해서 7년노정을 올라가야 됩니다. 그래서 1968년 정월 초하루에 가서야 하나님의 날을 책정한 것입니다. 7년노정을 넘어가야 됩니다. 그래서 하나님의 직접주관권에 들어가서 하나님의 날이 책정된 것입니다. 하나님의 날이 책정됨으로써 그 기간에 부모의 날, 자녀의 날, 만물의 날, 역사시대에 잃어버렸던 모든 슬픔의 날들을 탕감하고 세계적으로 본격적인 출발이 시작된 것입니다.

10 하나님의 날이 설정됨으로써 이제 하늘땅 앞에 새로운 방면에서 발전 단계를 향하여 더욱 전진할 것입니다. 그런데 지금까지의 역사는 탕감의 역사였기 때문에 우리가 수고하고 땀을 흘리며 희생하였다 하더라도 그것들은 탕감을 위한 것이었을 뿐 하나님이 진정으로 기뻐할 수 있는 수고가 못 되었습니다. 그러나 이제

부터 우리가 눈물과 피땀을 흘리며 수고한 모든 실적은 사탄세계에서 탕감조건이 되어 흘러가지 않습니다. 이제부터 우리의 수고는 자체의 것으로 연결되고 자체의 실적으로 거둘 수 있는 것입니다. 그런 시대권 내로 들어왔습니다. 즉 우리의 수고는 전적으로 하나님의 승리로 결정지어질 수 있는 시대가 되었다는 것입니다. 이렇게 영광의 시대권 내로 들어서고, 하나님이 기뻐할 수 있는 시대적 한계가 설정되었으므로 하나님이 간섭할 수 있는 시대를 맞이한 것입니다. 그래서 하나님의 날을 설정했다는 것입니다.

11 이제 하나님의 날이 시작됨으로써 하나님을 중심삼고 여러분의 1차 7년노정과 선생님의 21년 노정을 넘기고 이제 제2차 7년노정, 그 후의 세계에 있어서는 하늘 가정을 중심삼고 하나님이 직접적으로 지휘할 수 있는 시대가 된다는 것을 여러분은 알아야 합니다. 이것을 연결시켜 종족을 세운 것은 민족을 구하기 위한 것이며, 이것이 하나님의 사명입니다. 그러므로 이제 우리에게 남은 사명은 민족을 중심삼고 복귀의 사명을 완결지어 나가는 것입니다. 우리 단계에 있어서는 핍박은 이미 사라져 버렸습니다. 지루하고 어려웠던 그 탕감의 시대가 가고, 이제는 우리가 뿌리면 거둘 수 있는 시대가 되었습니다. 그러니 하나님 앞에 감사해야 됩니다. 이제 여러분이 열만큼 수고하면 그 열만큼 수고한 결실을 맺을 수 있는 시대권을 이루었습니다. 이것이 하나님 앞에는 무한한 자랑이 되고, 사탄 앞에는 무한히 원통한 사실이 되었습니다. 그럼으로써 1968년 1월 1일 오전 3시를 기하여 하나님의 날을 책정한 것입니다. 이날은 모든 것을 다 바치고 모든 정성을 다 들여 감사하고 하나님에게 영광을 돌려드려야 합니다. 이날은 천추만대의 우리 후손들이 길이길이 찬양할 것입니다. 하나님이 계시는 것을 알게 한 이날을 길이 찬양하지 않으면 안 됩니다.

12 인간은 지금까지 자기가 태어난 날을 축하해 왔고 자기들이 결혼한 날을 축하해 왔습니다. 또한 국가는 국가대로 기념하는 날들을 축하해 왔습니다. 지금은 세계적으로 어떠한 날을 축하하는 시대로 되고 있습니다. 그러나 지금까지의 수많은 날들 가운데는 하나님을 모셔 놓고 진정으로 기념한 한 날, 하나님의 날이 없었습니다. 이것이 얼마나 큰 슬픔이며, 하늘땅에 사무친 한인지를 우리는 원리를 통하여 잘 알고 있습니다. 하나님 앞에 타락한 세계가 가로놓여 있는 한 이 하나님의 날은 책정할 수 없습니다. 그렇기 때문에 이날을 찾아

세우기 위해서는 타락한 기준을 탕감복귀해야 됩니다. 이 땅에 타락한 부모가 생겨났기 때문에 이 타락한 부모를 탕감해야 되는데, 이 타락한 부모를 탕감하고 승리의 날로 세운 것이 바로 부모의 날입니다.

13 우리가 맞이한 하나님의 날은 모든 것이 집중된 소망의 날입니다. 또한 이 자리는 예수님 때의 사도들의 자리와는 비교도 안 됩니다. 이러한 엄청난 내용과 결실의 가치를 지니고 있는 것이 하나님의 날이기 때문에, 이날을 마음으로 축하하는 우리의 자세는 어떠해야 하겠습니까? 여러분 개개인의 마음은 어떠해야 하겠습니까? 아담과 해와 때의 아벨이 이날을 축하할 수 있도록 해야 됩니다. 또한 노아 할아버지가 '그대들의 놀라우신 성상을 찬양할지어다.'라고 축원할 수 있도록 해야 됩니다. 그리고 3대 믿음의 조상인 아브라함·이삭·야곱으로부터 '내가 수고하고 내가 어려움을 당한 것은 오늘 이 한 날을 맞기 위함이었거늘 그대들의 놀라운 성상을 찬양한다.'라는 치사를 받을 수 있도록 해야 됩니다. 이뿐만 아니라 이스라엘 민족으로부터도 '우리가 나라를 찾아 세우기 위해 모세를 중심삼고 사막을 횡단하며 그 모든 어려움을 겪으면서도 갖추지 못하고 거두지 못했던 이스라엘권을 이렇듯 마련해주니 감사하다.'라는 치사를 받을 수 있도록 해야 됩니다. 이런저런 문제를 두고 볼 때 나는 이날을 위하여 얼마나 충성을 하고, 이날을 위해 얼마나 고생을 했으며, 이날을 위해 얼마나 희생의 대가를 치르고 이 가치 있는 날을 맞아 축하하느냐 하는 것을 생각해 보십시오.

14 여러분은 하나님의 날이라는 잔칫날을 맞기 위하여 얼마나 준비했습니까? 자기 외아들의 결혼식을 준비하는 것 이상의 준비를 했습니까? 여자들은 시집갈 때 신랑이 있는 신방에 들어가기에 앞서 때라는 때는 다 빠지라고 닦고 또 닦고 정성을 다해 단장한 것 이상으로 준비해 봤습니까? 또 남자들은, 당신 아니면 나는 죽고 만다고 야단하며 가망 없던 어려운 입장에서 수많은 장벽을 헤치고 비로소 소원을 성취하여 사나이로서 기쁜 마음으로 신부를 맞이할 때의 마음 이상으로 참석할 수 있는 준비가 되어 있습니까? 6천년 동안 고대해 온 하나밖에 없는 이 거룩한 하나님의 날 행사를 위한 준비는 얼마나 엄청나게 해야 되겠습니까? 여기에 참석한 여러분의 성심성의가 미급하다는 것을 자인해야 되겠습니다. 그리고 참석하는 데 있어서도 그냥 참석하지 않고 통일교인들 중에 그 누구보다도 남모르는 가운데 정성의 도

수를 채워서 하나님 앞에 중간도 아닌 제일 가까운 자리에 참석하겠다는 마음을 가져야 합니다.

15 여러분은 누구보다도 이 하나님의 날에 대한 깊은 의의와 높은 가치를 알아야 합니다. 그리고 이날을 지표로 하여 이날 앞에 영광이 될 수 있는 각자의 생활 토대를 개척하고, 나아가 통일교회 교인으로서의 책임을 추구하여 민족적인 책임을 완수해야 됩니다. 그리하여 민족이 이날을 영원한 하나님의 날로 모실 때까지 끊임없는 전진을 계속해야 됩니다. 하나님의 날이 책정됨으로 인해 영계의 수많은 영인들이 지상에 내려와 하나님이 원하시는 뜻을 중심삼고 본격적으로 전투할 수 있는 시기가 되었습니다. 지금까지는 하나님이 사탄의 참소조건에 걸려 그것을 변상하며 방어하는 시대였습니다. 그러나 이제는 하나님이 이 사탄세계를 점령할 수 있는 조건을 세워 하나님이 공격할 수 있는 시대가 되었습니다. 영계의 수많은 선지선열들이 지상에 내려와서 자유스럽게 활동할 수 있는 무대가 전개된 것입니다.

참부모님 탄신일

16 타락을 안 했으면 참부모가 나오기 전에 먼저 참아버지가 나와야 됩니다. 오늘날 수많은 종교에서는 믿고 있는 자기들의 교주가 참아버지가 되었으면 하고 바라지만 하나님은 그렇지 않습니다. 참아버지란 존재는 종교 중의 종교 가운데서 태어날 것입니다. 참아버지는 참자녀를 만들 수 있는, 참자녀를 낳을 수 있는 자격을 가진 사람입니다.

17 전 세계는 새로운 역사적 전환시기가 옵니다. 오늘 이 참부모님 탄신을 축하하는 것은 역사적인 의의를 지녔습니다. 통일교회 신도는 물론이고 영계에 간 영인들, 통일교회 영인들, 기독교 영인들, 모든 영인들이 축하할 수 있는 단계로 들어오는 것입니다. 천운을 몰아서 한 길로 갈 수 있게끔 길잡이를 땅 위의 인간이 해주어야 됩니다. 오늘날 도를 믿고 종교를 믿는 책임자들이 해야 되는데 그것은 꿈도 안 꾸고 있고, 맹목적인 신앙을 해서 천국 가겠다는 사람들이 많다는 것입니다. 그런 의미에서 오늘 축하하는 참부모님 탄신일은 천주사적인 의의를 가진 날입니다. 앞으로 부모님이 태어난 날을 진짜 축하할 수 있는 사람이라야 자기가 태어난 날을 축하할 수 있는 것입니다.

18 오색인종의 여러분이 선생님의 생일을 축하하기 위해서 여기에 모였다는 것은 놀라운 사실입니다. 누가 이렇게 만들었습니까? 선생님이 한

것이 아닙니다. 하나님의 뜻이 이렇게 만들었고, 하나님의 사랑이 이렇게 만들었습니다. 딴 사람은 모르지만, 통일교인의 마음속에 있는 하나님의 뜻과 사랑을 여러분은 알고 있습니다. 세계가 반대하고 이 나라가 반대하더라도, 이것을 아는 우리는 이 뜻을 성사시키기 위해 모든 것을 희생하더라도 감사하면서 끝까지 전진해 가야 합니다. 이것이 최고의 가치가 있는 것이기 때문에 그 무엇도 빼앗아 가지 못합니다. 내 앞에 다가오는 시련이 아무리 크다고 하더라도 이 시련을 극복하고 가야 됩니다. 이 세계에 가치 없는 것으로부터 이 이상 일시에 침해를 받을 수 있는 일이 있다면 내 생명을 투입해서라도 방어해야 됩니다. 우리는 생명을 투입해서 하나님의 사랑을 찾아갈 수 있는 것을 자랑해야 됩니다. 오늘 선생님과 어머니의 태어난 날을 축하해 주는 것도 고맙지만, 그러기 전에 이 뜻과 사랑 앞에 모든 오색인종이 하나되어야 됩니다. 또 선생님과 어머니가 하나되어 하나님을 찬양하는 그날임을 축하해야 됩니다.

19 하나님은 반드시 역사적인 종말, 혼란시대에 새로운 역사의 창건을 위한 준비를 하지 않을 수 없습니다. 그렇기 때문에 제1차 세계대전을 중심으로 세계적인 문제가 전개됨과 동시에, 그 후의 역사에서 세계적 문제는 세계 인류가 흥망을 가려 나가는 방향이 될 것이라는 것을 예측하지 않을 수 없습니다. 그러한 뜻을 두고 볼 때 서구사회가 몰락으로 향한다면, 서양사상이 기울어지는 길로 향한다면 하나님은 반드시 그 반대인 동양을 기점으로 해서 기울어지지 않는 길을 모색할 것입니다. 지구가 둥글어서 해가 아침과 낮 저녁 밤으로 엇바꿔 돌아가는 것처럼 역사도 돌아갑니다. 서구사회가 멸망으로 향한다면 하나님은 반드시 아시아 사회를 중심삼고 새로운 아침으로 향하는 길을 모색할 것입니다. 이렇게 볼 때 오늘날 서구사회가 찾고 있는 것은 아시아 문명입니다. 그러면 동양에서 하나님이 언제부터 그런 준비를 시작했느냐? 1차대전을 중심삼고 이 일이 시작되었습니다. 대개 큰 사건이 일어난 후 3년 이내에 모든 것이 드러나게 됩니다. 선생님이 1920년에 태어났다는 것입니다.

20 선생님이 어머니 뱃속에 있을 때는 소나무 껍질, 송기를 깎아 먹고 지냈다는 말도 들었습니다. 하나님이 선생님을 사랑하는 것 같은데, 태어날 때는 왜 그렇게 역사적으로 몰고 몰아 제일 환란, 저 골짜기에 갖다 세우고 닦아세웠는가? 선생님이 태어날 때는 우리 집안 일족이 어려움을

겪었습니다. 선생님이 탕감법을 알기 때문에 이러한 것을 다 이해하지, 안 그러면 그것 다 거짓말이라고 할 것입니다. 우리 집안의 일가, 사촌 칠촌까지 전부 탕감을 받는 것입니다. 우리 집은 선생님 하나 태어남으로 인해 쑥대밭이 됐습니다. 선생님이 15세 되기 전까지 그러한 환란이 가정에서 떠나지 않았습니다.

21 지정학적으로 볼 때 한국이 강대국의 침략을 받으면서 얼마나 많은 피를 흘렸는지 모릅니다. 그러한 한 많은 역사과정에서 얼마나 많은 젊은 남자들이 군대로 끌려갔고, 또 그 젊은 여자들이 끌려갔느냐? 원치 않는 수난의 과정에서 가정과 개인이 희생되었고, 남자 여자가 그렇게 희생되었고, 국토가 유린당하고, 국권이 짓밟히는 일을 당하였습니다. 얼마나 많은 수모를 당했는지 모릅니다. 선생님 일가를 중심삼고 벌어진 내적인 일들을 두고 볼 때, 그것이 우연히 그렇게 된 것이 아닙니다. 필연입니다. 꿈에서도 그렇게 할 수 없는 필연적인 결과입니다. 그렇기 때문에 아벨을 중심삼은 탕감역사가, 어느 한 가문을 중심삼고 전후좌우로 전부 청산지어야 할 섭리사적 운명이 있기에 그 운명의 자리에 불림 받은 것이 선생님 가정이라는 것을 부정할 수 없습니다. 선생님은 그러한 배경을 갖고 태어나지 않으면 안 됩니다.

참부모의 날

22 우리의 조상 아담 해와가 타락하지 않았다면 우리는 이미 부모의 날을 맞이했을 것입니다. 그러나 아담 해와가 타락했기 때문에 부모의 날을 맞기 위해서는 먼저 이 땅 위에 참부모가 와야 합니다. 그래야 부모의 날을 맞이할 수 있으며, 그날을 기준으로 참부모로 인해 자녀를 갖게 된 후에야 자녀의 날을 맞이할 수 있습니다. 그렇게 되면 만물을 주관할 수 있는 날도 맞이할 수 있게 됩니다. 이와 같은 날들을 하나님은 타락하지 않은 인간조상에게 약속하셨습니다. 그러나 인간조상이 타락함으로써 하나님의 창조이상이었던 부모의 날, 자녀의 날, 그리고 만물의 날을 맞이하지 못하게 된 것입니다. 따라서 하나님도 천지창조의 목적을 완성한 하나님으로서 기뻐할 수 있는 날과 자랑할 수 있는 날을 맞이하지 못하셨습니다. 물론 아담과 해와가 하나님을 잃어버린 상태에 떨어진 것이 타락이지만, 아담 해와의 타락으로 인해 하나님은 또한 부모의 날과 자녀의 날과 만물의 날을 잃어버렸습니다. 그럼으로써 하나님은 소망하신 모든 날들을 다 잃어버리셨던 것입니다.

23 오늘날 인류는 타락의 혈통을 가

지고 태어났기 때문에 영원히 불행한 자리에서 신음하지 않으면 안 되는 운명에 놓여 있습니다. 그러나 인간은 이 땅에서 하나님을 모실 수 있고 행복과 영광을 누릴 수 있다는 소망을 갖고 있습니다. 그러면 이러한 소망 중에 최고의 소망은 무엇이냐? 그것은 바로 부모의 날을 맞는 것입니다. 부모의 날을 통하지 않고서는 하늘나라에 갈 수 없고, 또 하나님을 찾아갈 수도 없습니다. 기독교는 어린양잔치를 할 날을 바라고 있습니다. 그렇지만 그들이 바라고 있는 날이 바로 부모의 날입니다. 부모의 날은 전 인류를 위하여 있습니다.

24 세계에는 하나님을 대신하여 만민을 해방시키고 만민을 행복하게 해 줄 수 있는 하나님의 아들딸이 필요합니다. 예수님이 이 땅에 오셨던 목적도 여기에 있습니다. 하늘땅이 바라는 날이 바로 부모의 날입니다. 오늘날 전 세계에 기독교가 퍼져 있는데 그들이 소망하는 날은 어린양잔치를 하는 날입니다. 그날이 부모의 날입니다. 이미 다 컸다 하더라도 다시 태어나 부모를 맞이해야 됩니다. 부모의 날을 맞지 못한 지금까지는 아무리 잘 믿어도 하나님 앞에 양자로밖에 설 수 없었습니다. 예수님이 다시 오실 때에는 아버지로, 아버지의 사명을 가지고 오신다는 것입니다.

25 세계에 널려 있는 수많은 인종과 민족은 많은 명절들을 맞고 있지만 아직까지 부모의 날은 맞이하지 못했습니다. 그런데 1960년을 중심하고 한국에서 부모의 날이 설정되었습니다. 이날은 한국이 해방되던 그날보다도, 세계가 기뻐할 수 있는 그 어떠한 날보다도 더 기쁜 날입니다. 그러한 부모의 날이 몰리고 쫓김 받는 통일교회 무리로 인해 세워진 것입니다. 이날이 없이는 천주의 한을 풀 수 없습니다. 이날이 오지 않고서는 하나님의 뜻을 받들 수 없습니다. 이날이 세워지지 않고서는 사탄세계인 이 땅 위에 하나님의 승리의 발판을 닦을 수 없습니다. 하나님이 승리의 날을 결정하는 날도 이날이요, 성도들이 해방될 수 있는 날도 바로 이날입니다. 천주 간에 소원과 이념이 하나 되는 날도 이날이요, 천지가 개벽하는 날도 이날입니다.

26 우리는 부모의 날을 맞이하는 가운데서 기쁨을 느낄 수 있고, 기쁨을 느끼는 자리에서 다시 태어날 수 있는 기준을 가져야 합니다. 또한 부모의 날은 자녀가 태어날 날을 하늘땅 앞에 공포하는 날이기도 합니다. 하나님은 자녀로서 아담과 해와를 지어 놓으시고 만물을 주관할 수 있도록 축복하셨습니다. 여러분도 이러한 심정적인 인연에 의해 복귀의 노정을

따라가고 있기 때문에, 부모를 대할 수 있는 자리에 선 다음에 만물을 주관할 수 있는 축복을 받는 자녀의 입장이 되어야 합니다. 이와 같이 부모의 날은 참으로 의의가 깊은 날입니다. 부모의 날이 세워짐으로써 자녀의 날이 있게 되고, 자녀의 날이 있음으로써 만물의 날이 있게 됩니다. 부모의 날을 기준으로 하여 3대 날이 나올 수 있습니다.

27 부모의 날의 이념은 본래 하나님의 창조이념 가운데 중심 이념이었습니다. 하나님이 만물을 창조하신 후, 그 만물을 주관할 인간을 창조하시고 인간에게 만물을 주관하라고 축복하신 목적도 바로 참부모를 세우기 위해서였습니다. 원래는 아담 해와가 하나님을 중심삼고 일체가 되어 참부모가 되어야 했습니다. 그러면 부모의 날이 세워지게 됩니다. 그렇게 되면 온 우주가 부모의 이름과 더불어 송영을 드리게 됩니다. 이처럼 부모의 날은 온 우주가 부모의 이름과 더불어 송영을 드리는 기쁨의 날입니다.

28 부모의 날은 통일교회만을 위한 날이 결코 아닙니다. 한국을 위한 부모의 날로도 만족할 수 없습니다. 세계를 위한 부모의 날로도 그 뜻을 다 할 수 없습니다. 천상천하, 온 천주가 화합할 수 있는 한 날로서 하나님과 함께 온 우주가 기뻐할 수 있는 날이 되어야 합니다. 우리에게는 개인적인 부모의 날이 있을 수 없습니다. 우리는 개인적인 부모의 날을 종족적인 부모의 날로, 종족적인 부모의 날을 민족적인 부모의 날로, 민족적인 부모의 날을 국가적인 부모의 날로, 국가적인 부모의 날을 세계적인 부모의 날로, 세계적인 부모의 날을 천주적인 부모의 날로 세워야 합니다.

29 전 인류는 참부모를 맞이할 수 있는 입장에서 참부모의 사랑을 중심삼고 전체적인 것을 갖추어야만 합니다. 그래야 비로소 부모의 사랑과 자녀의 사랑을 가질 수 있게 되는 것입니다. 그러기 위해서는 참부모의 사랑을 받는 형제들끼리 이 땅에서 하나되어 모든 것을 갖추어 나가야만 합니다. 참부모를 중심삼고 한 많은 역사의 모든 것을 청산지을 수 있어야 합니다. 그리하여 참부모를 맞는 기쁨을 오색인종이 찬양하고 그 마음이 사랑으로 터져 나와 이 세계에 있는 수많은 고통을 제거해야 됩니다. 그때에야 비로소 하나님이 안식하실 수 있습니다.

참자녀의 날

30 하나님은 천지만물을 지어 놓으신 후 아담 해와를 중심삼고 자녀의 날을 맞이해야 했습니다. 만일 그때

에 자녀의 날을 맞이하셨더라면 거기서부터 부모의 날도 세울 수 있었고, 만물의 날도 세울 수 있었고, 하나님의 날도 책정되었을 것입니다. 그러면 이 자녀의 날은 어떠한 날이냐? 자녀로서 승리하여 우주적인 영광의 자리에 나아갈 수 있게 되는 날입니다. 그러나 인간조상이 타락했기 때문에, 아담 이후 전 인류는 아직까지 하나님의 뜻 앞에 일치된 자리에서 승리하여 하나님이 허락하실 수 있는 영광의 자리에 들어간 사람이 하나도 없습니다. 그래서 그와 같은 입장에 처해 있는 인간을 복귀하기 위한 역사, 구원하기 위한 역사, 즉 다시 전과 같은 자리로 끌어다 놓기 위한 역사가 지금까지 하나님의 복귀섭리역사입니다. 자녀의 날은 이날 하루가 다른 날과 특별히 달라서 기념하는 것이 아닙니다. 자녀의 날은 타락으로 인하여 하나님의 영광의 자리에 동참할 수 없던 인간이 비로소 역사 이후 처음으로 그런 자리에 동참할 수 있게 된 것을 자녀들로서 기념하는 날입니다.

31 자녀의 날을 갖기 위해서는 그릇된 자녀로 하여금 그릇되게 한 것을 시정할 수 있는 기원에서 하나님을 붙들게 해야 됩니다. 그릇된 자녀의 행동으로 인해 하나님을 잃어버린 것을 시정할 수 있는 아들딸들이 나와서 자녀의 날을 세움으로써 하나님을 찾아야 한다는 것입니다. 하나님을 찾게 되면 하나님이 영광의 자리에 나가 기뻐하시게 됩니다. 하나님이 기뻐하시게 되니 아들딸도 기뻐하게 되고 만물도 기뻐하게 됩니다.

32 자녀의 날이 왜 필요합니까? 자녀의 날을 필요로 하는 것은 우리가 그날을 잃어버렸기 때문입니다. 그러면 누가 잃어버리게 했습니까? 아담과 해와가 잃어버렸습니다. 그러니 아담과 해와가 찾아야 합니다. 아담 해와가 실수해서 구멍을 냈으니 아담과 해와가 때워야 됩니다. 그래서 첫 번째 아담은 망치는 아담이 되었지만, 둘째 아담은 고치는 아담이 되었습니다. 첫 번 아담은 망하는 아버지가 되었지만, 둘째 아담 예수님은 구해 주는 아버지가 되었습니다.

33 통일교회에서 자녀의 날을 결정했다는 것은 아담과 해와가 뿌린 죄악의 씨를 뽑아 버리고 인류를 악으로부터 해방시킬 수 있는 기원을 만들었다는 말입니다. 그동안 인간이 자녀의 날을 세우지 못했기 때문에 만물도 해방을 받지 못하고 탄식권 내에 있었고, 하나님도 탄식권 내에 머물러 계셨습니다. 자녀의 날을 갖지 못함으로 말미암아 만물의 날도 찾지 못하고 만물이 영광의 자리에

나아가지 못했습니다. 그래서 만물 앞에 원한이 남아진 것입니다. 또한 하나님이 기뻐하실 수 있는 영광의 날을 맞이하지 못했습니다. 그렇게 된 모든 원인이 자녀의 날을 세우지 못한 데 있습니다.

34 타락한 인간에게 있어서 명절 중 제일 큰 명절은 부모의 날보다도 자녀의 날입니다. 그날은 부모의 권한을 다시 찾는 날이요, 6천년 동안 인류역사를 유린하던 사탄을 물리치고 승리의 깃발을 들고 나타나는 날입니다. 타락한 인간은 그날을 맞아야만 하늘나라에 들어갈 수 있고 하늘부모를 모실 수 있습니다. 통일교회 교인들이라도 교인들끼리만 가서는 하늘부모를 모실 수 없습니다. 다리를 놓아서 모셔야 됩니다. 그러니 남자 여자 할 것 없이 전부 영계에 가 있는 사람들에게 다리를 놓아 주어야 됩니다. 이날은 통일교인들만이 아니라 앞으로 세계 만민이 영원히 지켜야 될 날입니다. 타락한 인간에게 제일 복된 날이 자녀의 날입니다.

참만물의 날

35 만물의 날은 만물을 해원성사시키는 날입니다. 그런데 만물을 해원성사시킬 수 있는 인간의 자격은 타락하기 전 아담 해와의 입장이어야 합니다. 본래 만물은 참부모의 사랑을 중심삼고 주관을 받는 것이 천리원칙입니다. 참부모의 사랑이 없다면 자녀의 날도 있을 수 없습니다. 자녀가 참부모의 사랑을 통해서만 나오듯이 만물의 날도 참부모의 사랑을 통해서만 나옵니다. 그러면 만물의 날을 맞이할 수 있는 자격자는 어떤 자리에 있어야 되느냐? 타락하지 않은 아담 해와 이상의 자리에 서 있어야 합니다. 그 자리는 부모의 사랑을 통해서만 이루어집니다. 아담 해와의 타락으로 인연된 자리에 태어나고 보니까 우리는 원치 않았던 사탄의 주관권 내에서 살게 되었습니다.

36 만물의 날로 인하여 만물세계가 해원되었고, 자녀의 날로 인하여 역사적인 해원이 한국을 중심삼고 벌어졌습니다. 또 부모의 날로 인하여 역사적인 해원이 한국을 중심삼고 벌어졌기 때문에, 지구상에서 사탄이 하나님의 세력을 몰아낼 수 없는 공고한 터전이 닦아졌습니다. 이것으로 말미암아 지상 섭리의 출발이 공고하게 다져져서 사탄을 가로막는 장벽이 되어 커 나가야 합니다. 여기에서는 하늘 편의 사람들이 많으면 많을수록 커 가는 것입니다. 하늘 편의 힘과 기준이 커지면 하늘 편이 승리하고 천국이 이루어지게 되는 것입니다. 선생님은 이러한 관점에서 보고 있습니다. 그렇기 때문에 1963년에 만물의

날을 책정했던 것입니다.

37 본래 만물은 인간을 위해서 지어진 것으로 인간에게 주관을 받아야 할 것이었습니다. 그러나 인간조상 아담 해와가 타락함으로써 만물은 지금까지 인간에게 주관받지 못하고 사탄에게 주관받아 나왔습니다. 하나님이 만물과 관계를 맺을 수 없었습니다. 인간조상이 타락함으로써 만물까지도 사탄의 주관권 내에 들어갔기 때문에 이 땅 위에서 만물권까지 침해하고 있는 사탄의 권한을 제거하지 않으면 만물이 본연의 자리로 돌아갈 수 없습니다. 인간이 만물을 탄식권 내에 몰아넣었기 때문에 만물을 해방시켜야 할 책임도 인간에게 있습니다.

38 만물의 날이 설정되기 위해서는 어떻게 해야 되느냐? 인간조상의 타락으로 인해 만물이 사탄권 내로 들어갔기 때문에 그 만물을 복귀하기 위해서는 인류의 참된 조상이 현현하지 않으면 안 됩니다. 그다음에는 하나님이 자녀의 인연을 중심삼고 아담에게 축복하신 주관성이 복귀되어야 합니다. 부모와 자녀를 중심삼고 횡적으로 연결시켜 전 피조세계를 주관할 수 있는 기준을 세우지 않으면 안 됩니다. 그래서 통일교회에서는 부모의 날을 중심삼고 자녀의 날을 세우고, 거기에서 다시 만물의 날을 세운 것입니다. 이 만물의 날은 어떤 한 개인만이 기념하는 날로 남아져서는 안 되는 것입니다.

39 우리는 부모의 날을 맞이하고 자녀의 날을 맞이하였습니다. 그러나 부모와 자녀만 있어 가지고는 완전한 복귀가 안 되는 것입니다. 하나님이 인간에게 축복하실 때에 생육하고 번식하여 모든 피조만물을 주관하라고 하셨기 때문에, 부모와 번식된 자녀가 있으면 그들 앞에 주관을 받을 수 있는 만물이 있어야 됩니다. 그러므로 우리는 이 만물의 날을 맞이함과 더불어 가정을 중심삼고 만물을 먼저 하늘과 연결시키고 참된 가정을 이루어 만물과 완전히 하나된 다음에라야 자기 자신을 하늘과 연결시킬 수 있는 것입니다.

40 우리가 만물의 날을 맞이함과 동시에 언제든지 생각해야 될 것은, 우리가 하나님의 날을 세우기는 했지만 아직까지 만물을 하나님이 주관하실 수 있는 자리에 연결지어 놓지 못했다는 것입니다. 따라서 오늘날 피조세계의 만물은 아무개 아무개의 것으로 남아져서는 안 됩니다. 참부모의 이름을 거쳐 가지고 하나님의 것이 될 때까지 복귀의 단계를 거쳐 나가야 됩니다.

천주통일국개천일

41 오늘이 대한민국 개천절인데, 4321년째가 되는 해(1988년)입니다. 그래서 오늘을 통일국개천일로 정하는 것입니다. 형제를 모시고 이렇게 되면 소원을 이룬 것입니다. 여러분은 소원을 다 이루었습니다. 타락한 사람들의 소원이 뭡니까? 하나님이 없는 줄 알았다가 참된 하나님을 알았습니다. 하나님을 알았지, 하나님을 선물로 줬지, 참부모를 선물로 줬지, 참된 남편과 아내를 선물로 줬지, 참된 아들딸을 갖게 해줬지, 그다음에 참된 종족까지 편성하라고 다 줬습니다. 참된 나라까지 만들게끔 다 했기 때문에 이제는 참된 세계밖에 남지 않았습니다. 그래서 오늘을 참된 세계통일국가 출범일로 정하는 것입니다. 이는 세계 만국의 개천절의 기원이 될 것입니다.

42 서울올림픽을 중심삼고 명실공히 천리의 도수를 맞추는 외형적인 모든 규격을 갖추었습니다. 사위기대입니다. 금년이 단기 4321년입니다. 이 21수라는 것은 엄청난 사실입니다. 한국에 있어서 오늘이 개천절인데, 개천절이란 하늘이 열리는 때라는 말입니다. 건국일이라고 하지 왜 개천절이라고 합니까? '개' 자가 '열 개(開)' 자입니다. '천' 자는 '하늘 천(天)' 자입니다. '하늘이 열리는 절기'라는 것입니다. 그러니까 하늘이 열리는 절기인 이 절기를 타서 개인적 문이 국가적으로 열렸던 것을 세계적 문까지 열어야 한국의 운세는 세계로 안팎으로 굴러가는 것입니다. 그래서 오늘이 세계통일국개천일입니다. 세계통일나라, 통일세계, 세계통일국개천일을 선포할 수 있는 모든 섭리관적인 내연을 통한 이론에 있어서 일치점이 안팎으로, 전후좌우로 맞아떨어지는 것입니다. 또한 이날은 이론적으로나 체휼적으로나 통일교회 역사 관점에 있어서 일치되기 때문에 이날을 들어 우리 희망의 날이 개문된다는 말로 대치해도 이의가 없습니다. 그렇기 때문에 세계통일천국입니다. 세계통일국이 지상천국입니다. 지상천국개천일입니다.

43 구약시대는 물질의 희생시대이고, 그다음에 신약시대는 자녀의 희생시대입니다. 성약시대는 부모님의 희생시대입니다. 부모님이 전부 희생해 나오는 것입니다. 선생님이 사랑의 십자가를 지고 나옵니다. 사랑의 철학을 다 알면서 그것을 꿈의 세계의 것으로 소망하고 나옵니다. 그런데 그 세계로 나가는 길을 사탄이 그렇게도 막았습니다. 다리를 못 놓게 그렇게도 막았는데도 천신만고 끝에 하늘의 협조와 선생님의 뜻을 위한 충정의 길을 따라서 오늘날 세계

적인 모든 탕감 기준을 중심삼고 통일국개천일을 선포할 수 있게 됐다는 것은 이 이상 기쁜 소식이 없습니다.

44 통일 소유권을 확정지어야만 심정적 기준 앞에 일치된 통일세계가 되고, 하나님 소유권으로 돌아간 그 자리에서만이 통일세계, 하늘땅의 참부모님을 중심삼은 하나의 세계로 전진할 수 있습니다. 이런 기반 밑에서 소유권을 반드시 하나님의 소유권으로 돌이켜야 됩니다. 어머니 아버지가 반대해도 모든 것을 하늘 앞에 바칠 수 있는 좋은 때가 왔으니, 이것을 통일교회의 누구든지 전통적 사상으로 받아들여야 됩니다. 그러한 환경에서 일족이 전통적 사상으로 받아들일 때 일족의 해방이 완전히 벌어지는 것입니다. 그럼으로 말미암아 여러분은 지상의 아담 해와 자리에 가게 됩니다. 천상세계의 모든 성도들은 천사장의 입장에 서고, 여러분이 선조와 같이 됩니다. 아들딸을 낳고 살다가 몇 천대 할아버지, 몇 천대 후손이 됩니다. 그래서 천국 개문 역사가 벌어진다는 것입니다.

칠일절
(하나님축복영원선포의 날)

45 오늘이 칠일절입니다. 칠일절이 '하나님축복영원선포의 날'입니다. 인간이 생겨난 이후에 하나님으로부터 약속의 축복을 받은 그 축복은 지금까지 미성사로 연장되어 나왔습니다. 구원섭리를 통해서 어느 한때 하나님의 그 축복이 성사되기를 바라 나온 것이 인류역사를 통한 하나님의 소망이었습니다. 그것이 어느 한 때 종결을 보지 않으면 인류의 행복, 하나님의 이상세계는 실현할 수 없는 것입니다. 그렇기 때문에 하나님이 축복한 것을 다시 살려서 영원한 축복으로 세워 놓지 않으면 영원한 인류의 이상세계는 찾아올 수 없습니다. 그러므로 누군가가 이 일을 해야 됩니다. 누군가라는 그분은 아무나가 아닙니다. 하나님이 택한 타락하지 않은 본연적인 완성한 아담 이상을 성취할 분이 와야만 이것이 가능합니다. 즉 참부모의 현현과 더불어 그런 일이 가능하다는 결론을 내릴 수 있습니다.

46 하나님의 영원한 축복이 이루어지지 않은 것은 무엇 때문이냐? 인류의 거짓 부모가 생겨남으로써 축복을 성사하지 못했기 때문입니다. 그것을 탕감복귀하기 위해서는 인류의 참부모가 나타나서 이 모든 것을 청산 지을 수 있는 입장에 서서 '영원한 하나님의 축복이 만세를 부를 수 있는 자리에 섰습니다.'라고 선포해 놓아야 합니다. 그러지 않으면 그 휘하에 있는 모든 자녀들과 종족·국가·세계

는 다시 당당한 자리에서 하나님 앞에 설 수 없습니다. 그렇기 때문에 영원한 축복을 재차 선포하는 것입니다. 그것이 칠일절입니다.

47 1992년을 앞두고 1991년에 선생님이 1945년부터 1952년까지 7년 동안 해야 했던 것을 40평생을 걸고 재탕감노정을 거치고, 수난길을 나서서 비로소 다 청산하고 칠일절을 통해서 어머님을 세계적 어머니로서, 어머니의 아들딸들을 세계적 아들딸로서 내세울 시대가 오는 것입니다. 그것이 칠일절입니다. 제1차 이스라엘 선민권을 잃어버리고, 제2차 이스라엘 선민권인 기독교를 잃어버렸습니다. 그 잃어버린 것을 전부 탕감복귀해야 됩니다. 다시 가정을 편성해서 하늘 편 가정과 하늘 편 종족과 하늘 편 민족과 하늘 편 국가까지 찾아나와야 된다는 것입니다. 사탄세계 국가 기준까지 나와야 됩니다.

48 인간이 타락함으로써 하나님의 3대 축복을 잃어버렸습니다. 이 복귀과정에서 실체가 나타나기 전에 이것을 재개시켜서 선포해야 됩니다. 그것이 칠일절입니다. 1991년을 넘어서면서, 다가올 1992년을 중심삼고 참부모 선포와 더불어 역사적인 전환시기를 바라보면서 이것을 성경 역사 가운데 다 청산지어 놓은 것입니다. 전부 다 깨끗이 청산지어 놓았다는 것입니다. 하나님이 비로소 인간을 대해서 처음 주신 말씀이 3대 축복이니만큼, 하나님의 말씀을 위한 출발의 기준까지도 깨끗이 청산지어서 투입한 기준을 넘어선 자리에 서서 참부모 선포와 더불어 성약시대를 발표해야 됩니다. 그러니까 전체 모든 프로그램을 섭리해 온 것이 이때를 위해서라는 것입니다.

49 오늘 칠일절 행사에서 영원한 축복을 재차 약속하는 것입니다. 이제부터는 타락이 없다는 말입니다. 지금까지 아담 해와의 시대에는 타락이 있었지만, 이제부터는 타락해선 안 된다는 것입니다. 역사시대에 영원한 축복의 약속을 선포함으로써 타락할 수 없다는 것입니다. 아담 해와는 어린애에서 자라서 장성 기준까지 올라가야 합니다. 완성할 때까지는 올라가야 되겠지만, 이것은 어디까지나 원리결과주관권 내에 아담 해와가 가야 할 5퍼센트의 책임입니다. 하나님과 영육이 하나되어 사랑으로 연결될 때는 비로소 안팎이 직접 관계로 들어가기 때문에 마음대로 할 수 있습니다. 그전까지는 이것이 흩어져 나옵니다. 하나 안 됐다는 것입니다. 이제 하나된 기반 위에서 참부모를 선포하고 성약시대를 선포했기 때문에 가정에서는 원리결과주관권과 직

접주관권이 통일되어 있습니다. 직접주관권과 원리결과주관권을 하나님이 직접 간섭할 수 있는 시대가 왔다는 것입니다.

50 오늘이 칠일절입니다. 칠월 초하루라는 것은 7수로서 7년 희년(禧年)에 해당하는 것입니다. 역사적인 해방의 시대로 들어온 것입니다. 역사에 제일 불쌍하게 구속돼 있는 사람이 여자이기 때문에, 여성해방이라는 일성과 더불어 천하의 여성을 중심삼고 통합하기 위한 세계평화여성연합을 창설한 것입니다. 그것을 누가 주도하고 있습니까? 어머니가 주도합니다. 대표는 어머니입니다. 감사한 것은 칠일절이 생겨남으로써 어머니가 나타난 것입니다. 그래서 종족적 메시아를 파송하고, 김일성과 대결하여 김일성을 굴복시키고, 그 후 남한에 돌아와서 비로소 선생님의 이름이 난 것입니다.

51 역사 이래에 세계 판도를 다 제압하고, 아담 가정에 있어서 '생육하고 번성하고 땅에 충만하여 하늘땅을 주관하라.'라는 축복을 이루지 못한 것을 비로소 세계 정상의 자리에서 하나님의 축복을 재개시켜 영원한 축복 승리를 선포한 것입니다. 그 선포의 기반 위에 어머니도 비로소 얼굴을 천하에 드러내는 것입니다. 선생님이 40년, 50년 한 것을 어머니는 9개월 만에 하여 같은 자리에 올라왔습니다. 이제 선생님을 중심삼고 어머니가 절대복종하고 하나된 기준에서 어머니를 내세워 가지고 여성해방을 선포함으로 말미암아 비로소 땅 위에 남자와 여자가 하나님의 참사랑을 중심삼고 완성한 역사적인 표준 앞에 일체화되는 것입니다. 그리하여 승리적 패권을 온 세계를 넘어서 세우는 것입니다. 국가와 세계가 반대하는 모든 환경을 밟고 넘어서서 영원한 하나님의 승리적 축복을 선포할 수 있다는 것은 놀라운 사실입니다.

칠팔절
(천지부모천주안식권 선포의 날)

52 음력으로 1997년 7월 7일 7시 7분 7초를 중심삼고 360만쌍 가정 축복을 중심한 '참부모님 자랑과 사랑은 360만쌍 축복 완수'라는 금년 표어의 모든 일을 성취하였습니다. 여기 서 있는 참부모를 이 땅에 보내시어서 고달픈 역사시대에 당신의 심정을 알지 못하였던 인간들에게 당신의 심정을 토로할 수 있고 내적인 사정을 교육할 수 있게 되었습니다. 청소년시대의 아담 해와를 잃어버림으로 말미암아 가정이 파탄에 이르고, 16세 이후에 사탄의 음모를 통하여 하나님의 혈족을 이어받아야 할 아담이 사탄의 혈족에 연결됨으로 말미

암아 슬픈 역사를 남겼습니다. 천사장권 혈통, 사탄의 혈통을 남긴 것을 청산하고 당신이 하늘나라에 새로운 역사를 세우기 위해서 종교권을 세운 것을 생각하게 될 때, 지금까지 개인구원 섭리를 펼쳐 나온 것은 천사장권 장자를 찾기 위한 역사였습니다. 그 위에 구약시대·신약시대·성약시대를 거쳐서 선민권 위의 메시아, 세계적인 구도의 재림시대를 맞게 하시어서 아담으로 말미암아 어그러진 청소년 윤리와 가정의 파탄을 세계적 도상에서 정리해야 할 엄청난 시대를 맞게 되었습니다.

53 하늘나라가 비어 있습니다. 아담 가정도 없었고, 역대의 모든 조상들이 아무도 없었던 것을 참부모가 세계적 조상을 완성하여 다시 1대 2대 편성해서 비었던 천국을 한꺼번에 꽉 채우는 것입니다. 이래서 180도 뒤집어지면 사탄이 없어지게 되니까 자유해방 천국에서 하나님이 마음대로 활동할 수 있는 것입니다. 개인에서부터 세계의 끝, 천상세계, 하늘 끝까지 갔다 왔다 하는 데에 아무런 지장이 없는 해방권을 선포한 날이 칠팔절입니다. '천지부모천주안식권 선포의 날'입니다.

54 1997년 8월 9일은 '천지부모천주안식권 선포의 날'입니다. 천지부모의 '천(天)'은 하늘인데 아버지를 상징하는 것입니다. 아버지로서의 천은 무한한 것입니다. 아버지는 무한합니다. 아버지는 그렇게 높고 큰 위엄을 가져야 합니다. 그런 아버지가 되어야 한다는 것입니다. 그리고 어머니는 자상해야 됩니다. 그러니까 어머니나 아들딸이 아버지 품에 집을 짓더라도 그 방이 남는 것입니다. 참사랑만이 무사통과입니다. 우리가 천국을 가게 되면 관문이 있는데, 거기를 통과할 때 참사랑의 증표만 내면 무사통과입니다.

55 가정을 찾음으로써 그 위에 종족을 편성할 수 있고, 종족을 편성함으로써 민족을 편성할 수 있고, 민족을 편성함으로써 국가를 편성할 수 있고, 국가를 편성함으로써 그 위에 세계, 지상·천상천국 편성의 자유권 내로 넘어갑니다. 세계가 반대하지 못할 초국가·초민족·초종파의 기준을 중심삼고 넘어갈 수 있는 축복을 했기 때문에 사탄세계는 문을 닫고 이 일을 환영하지 않으면 안 됩니다. 이것을 수습할 수 있는 분은 참부모님밖에 없습니다. 그래서 본연적 하나님의 전통을 따라 개인 완성, 가정 완성, 종족·민족·국가·세계 완성, 지상천국·천상천국의 완성을 결의할 수 있는 시대가 왔다는 것입니다. 이것을 실천궁행하는 것이

목전에 도달했기 때문에 그와 같은 기준에서는 사탄의 반대가 있을 수 없습니다. 이 길을 가는 데는 자유의 환경으로 승리의 패권을 실천할 수 있는 기반을 닦았기 때문에 이 기반 위에 '천지부모천주안식권 선포'를 완성해야 됩니다.

56 우리의 이상가정은 하나님의 안식처를 찾아가는 집입니다. 내 개인의 집부터 격파해야 됩니다. 그다음에는 부부 집입니다. 내 개인의 안식처에도 하나님이 계실 수 있고, 아내의 집에도 하나님이 계실 수 있는데, 더 큰 사랑을 중심삼고 부부의 집에 찾아온다는 것입니다. 전통도 다르고 인격도 다릅니다. 주장도 다르고 모든 모양도 다르다는 것입니다. 180도 다른 형이 하나로 묶어진 통일적 부부 형태를 중심삼은 그 안식처를 찾아오는 하나님을 그 가정에서 모셔야 됩니다. 하나님의 가정적 부부 안식처를 만들어야 된다는 것입니다. 무형의 하나님이 들어와서 사랑을 중심삼고 주체로서 마음과 같이 되고, 아담 해와는 실체 몸과 같이 되어서 몸 마음의 통일을 이룬 기준을, 몸 마음이 하나된 사랑의 안식처를 연결시켜야 됩니다. 남자 여자의 그 기반 위에 부부의 안식처가 벌어짐으로 말미암아 가정에 하나님의 쉴 자리가 생기게 되는 것입니다.

57 안식처를 찾아야 됩니다. 개인 안식의 집, 부부 안식의 집을 찾아야 합니다. 부부를 중심삼고 아들딸을 낳았으면 아들딸을 중심삼고 주체 대상의 관계에서 안식의 집이 되는 것입니다. 이것이 제일 중요합니다. 가정에서 이것이 소생·장성·완성을 하는 의미가 되는 것입니다. 그러니 당신이 없어도, 내가 없어도 하나님이 쉴 자리를 이루지 못합니다. 천년만년 하나님이 완성을 할 수 없다는 것입니다. 그래서 천천만만년 하나되어서 하나님을 모실 수 있는 효녀가 되고 효자가 되어야 합니다. 이 효녀 효자를 못 맞은 하나님의 한이 얼마나 컸던가 하는 것을 알고, 그 마음의 뿌리까지 우리 부부를 통해 씻어 버려야 됩니다. 영원히 나와 더불어 살 수 있고, 하나님을 아버지로서 모실 수 있는 터를 만들겠다고 해야 됩니다. 그다음에는 어디로 갈 것이냐? 가정적 안식처를 찾아서 가자는 것입니다. 그래서 소생·장성·완성의 완성 집이 되는 것입니다. 아들의 집에도 하나님이 영원히 있고, 부부의 집에도 하나님이 영원히 있고, 개인의 집에도 하나님이 영원히 있기 때문에 그 가정 전체는 하나님의 사랑 가운데 영원히 존속하는 것입니다. 그래서 이곳에서 지상천국·천상천국의 기원이 되는 가정의 출발을 볼 수 있다는 것입니다.

2절 주요 기념일

1 예수님은 가정을 찾다가 못 찾고 십자가에 돌아갔습니다. 예수님은 '나는 신랑이요 너희는 신부다.'라고 하면서 다시 찾아와야 할 가정의 이상을 남겨 놓고 십자가에 돌아갔습니다. 그렇기 때문에 그가 다시 회생할 재림의 날을 찾아 나온 것이 2천년 기독교의 수난길입니다. 예수님은 예비된 신부를 찾아야 됩니다. 그래야 가정을 중심삼고 이루려는 세 가지의 사랑 목적을 결론지을 수 있습니다. 그 자리가 요한계시록에 예언된 어린양잔치입니다. 인간시조가 타락했기 때문에 인류는 거짓 부모, 거짓 조상을 모셨습니다. 하나님의 뜻에 일치된 참부모가 안 나타났습니다. 하나님은 알파요 오메가이기 때문에 첫 번에 구상했던 것을 끝에, 창세기에서 실패한 것을 요한계시록에서 갖다 맞추려는 것입니다.

참부모님 성혼일

2 1960년에 행했던 선생님 성혼식의 배후에는 아담 이후 예수님 때까지 4천년, 예수님으로부터 오늘에 이르기까지 2천년의 역사과정에서 걸렸던 모든 것을 탕감조건을 세워 해결해야 될 내용이 있었습니다. 그 행사는 세계적이고 천주적인 의미를 지니고 있음에도 불구하고, 현실적으로는 소수의 사람들에 의해서 이루어진 것이고, 그에 대한 박해는 상상할 수 없을 정도로 컸습니다. 그것을 준비하기 위한 1953년부터 1960년까지의 기간은 박해의 시기였습니다. 그 기간에 적어도 360만 이상의 사람과 3개 이상의 교파, 국가로부터 박해를 받았습니다. 그런 가운데 탕감조건을 승리권 내에 세운 것이 성혼식이었습니다. 그날이 통일교회의 운명을 결정한 최초의 날입니다.

3 통일교회 무리를 모아서 1960년에 전국에 못해도 120개 이상의 교회 기반을 닦았습니다. 그것은 세계 120개 국가를 대표합니다. 그 기반을 닦은 후에 거기에서 아무리 국가적 시험을 당하더라도 쓰러지지 않고 망하지 않을 기반을 닦아 나온 것입니다. 그러한 기반 밑에서 1960년에 새로운 성혼식을 한 것입니다. 그래서 하나의 통일종족을 편성한 그 기반을 중심삼고 민족적 사명을 완수해서 이런 축복의 날을 세웠다는 것입니다. 그것은 역사적 기점입니다.

4 성혼식은 일개인의 것이 아닙니다. 세계사적인 것입니다. 이러한 세계사적인 하나님의 섭리를 대해 이러한 심정적 기원을 총합한 자리에서 누구보다 사랑하는 하나의 가정적 기원을 선포한다고 할 때, 그 가정적 기원을 중심삼고 천륜은, 천지의 운세

는 움직이지 않을 수 없는 것입니다.

5 통일교회가 1960년에 가정이라는 기반을 가졌기 때문에 망하지 않습니다. 가정 기반을 못 가졌으면 망하게 됩니다. 1960년의 선생님 성혼식이 얼마나 역사적인 사건이었던가! 지금까지 6천년 섭리역사시대에 아담 하나 찾기 위해서 수고하던 그 기반 위에 아담이 지상에 기준을 닦아 해와를 완성한 해와로서 맞아들일 수 있다는 것은 영계와 육계로 갈라졌던 것이 비로소 지상세계에서 연결된다는 것입니다. 남자는 하늘 대신이요 여자는 땅 대신입니다. 갈라졌던 영계와 육계가 연결됩니다. 아담과 해와가 원수였던 그 담이 무너지는 것입니다. 아담 해와와 하나님이 만날 수 없던 이 담이 무너지는 것입니다. 사탄이 빠져나간다는 것입니다.

6 어머니가 되기 위해서는 3대가 혼자 살아야 합니다. 어머니는 어릴 때에도 누구의 후원도 받지 않고 혼자 자란 외동딸이었습니다. 그런 외동딸을 만든 것은 사탄의 핏줄을 남기지 않기 위해서입니다. 어머니의 어머니도 외동딸이고, 그 어머니도 외동딸입니다. 3대가 끌려들어 가는 것입니다. 그래서 어머니는 3대 수난을 받았습니다. 할머니와 어머니는 신앙에 취해서 돌아다녔으니 기저귀인들 잘 채워 주고 밥인들 잘 먹여 주었겠습니까? 인간세계의 정을 모르고 천정의 도리를 이어 주기 위해서 일편단심, 신골(身骨)이 녹아나는 것도 개의치 않고 하나님 앞에 절대복종하고 절대순종하는 길을 갔습니다.

7 뜻이 없었으면 선생님이 어머니와 만날 수가 없습니다. 뜻이 그렇기 때문에 만났습니다. 어머니가 될 사람은 20대가 넘으면 안 됩니다. 원래는 18세가 넘으면 안 됩니다. 18세를 하루라도 거치면 안 됩니다. 해와가 16세에 타락했기 때문에 3년을 거쳐 19세까지 연결되는 것입니다.

8 어머니 자신은 사랑을 중심삼고 양같이 순종해야 됩니다. 모든 면에 절대순종할 수 있는 조건을 찾아야 됩니다. 그래서 전적으로 남편을 위해서 희생해야 됩니다. 남편을 사랑하는 데 있어서 절대적이어야 됩니다. '우리 아버지만도 못하다. 우리 오빠만도 못하다.'라고 비교의 기준을 두면 안 됩니다. 왜 그러냐? 에덴동산에서 해와는 남자라는 것을 보지 못했습니다. 남자에 대해서 딴 생각을 할 여지가 없었습니다.

9 어머니를 택하는 데 있어서는 모든 조건이 맞아야 했습니다. 앞뒤로 맞아야 되고, 좌우로 맞아야 되고, 상

하로 맞아야 됩니다. 제1의 조건이 뭐냐 하면, 어떠한 핏줄을 타고났느냐 하는 것입니다. 사탄세계에서 참소 받을 수 있는 핏줄의 인연을 가지고 태어났느냐, 아니면 그것을 넘어설 수 있는 핏줄의 내연을 가지고 태어났느냐가 중요합니다.

10 어머니를 볼 때 아주 단정합니다. 어머니가 얌전하게 가만히 있을 때는 누구 못지않게 존경할 수 있는 내적 성품을 지니고 있습니다. 그렇기 때문에 서양 사람들도 동양의 여성미가 저렇다고 하면 나도 동양 여자하고 결혼하고 싶다고 할 수 있게 교육을 시키는 것입니다. 서양 남자들 중에는 동양 여자들은 어머니 같을 것이기 때문에 결혼 대상을 동양 여자로 결정했다고 하는 사람이 많습니다. 그런 면에서 동양 여성상을 세계 식구들에게 가르쳐 주는 데에 위대한 공적을 낸 어머니라고 생각할 수 있습니다. 그런 의미에서 어머니로서 자격이 충분하다는 것입니다.

11 해방 직후 7년 7년 해서 만 14년을 지내고서 성혼식을 한 것입니다. 소생 구약시대, 장성 신약시대의 기준을 넘어서, 아담 해와가 장성기 완성급에서 결혼하게 돼 있었으니 소생·장성의 각 7년 기간을 넘어가서 완성기 소생급을 연결시킬 수 있는 자리에 나아가야 됩니다. 국가 기준을 넘어야 됩니다.

세계기독교통일신령협회 창립일

12 통일교회는 역사적인 인연을 따라 기독교라는 명칭을 붙였습니다. 하나님은 통일교회 하나님만으로 있기를 원하지 않고, 기독교 하나님만으로도 있기를 원치 않습니다. 통일교회가 통일교회만을 위해서 생겨난 것이 아니요, 기독교도 기독교만을 위해서 있는 것이 아닙니다. 이 둘은 공동목적을 중심하고 인연과 관계를 지어 보다 큰 세계적인 일념을 중심삼고 나아가야 합니다.

13 '세계기독교통일신령협회', 신령으로 통일하는데 부자관계의 신령으로 통일한다는 것입니다. 사랑을 중심삼은 영적 세계와 인간세계의 조화를 일으킬 수 있는 것을 신령이라고 합니다. 신령은 안 보이던 봉사가 눈을 뜨는 것이 문제가 아닙니다. 막혔던 귀가 열리는 것이 문제가 아닙니다. 하나님은 그것이 필요치 않습니다. 성경에도 예배 볼 때는 신령과 진리로 보라고 했는데, 그것은 무슨 진리냐? 사랑의 진리입니다. 그 사랑의 진리의 최고가 뭐냐? 아버지와 아들딸을 말합니다. 하나님은 돈이나 권력, 지식이 필요한 것이 아닙니다. 사랑이 필요합니다.

14 통일은 둘이 하나되는 것입니다. '통(統)' 자는 '거느릴 통' 자입니다. 주체성이 있다는 것입니다. 연합이 아닙니다. 통일입니다. 통일은 어디까지나 주체성을 지니고 있습니다. 통일교회는 연합교회가 아닙니다. 통일교회입니다. 주체성을 갖고 있다는 것입니다. 그 주체의 근원이 어디냐? 영원히 남아야 할 절대적인 신의 심정의 기원에서 출발한 것입니다.

15 선생님은 교파를 만들려고 하지 않았습니다. 이름을 '세계기독교통일신령협회'라고 하는데, 그것을 만들려고 하지 않은 것입니다. 교파를 초월한 초교파적인 면에서 운동을 하려는데, 안 되었다는 것입니다. 그래서 할 수 없이 통일교회를 만들었던 것입니다.

16 수난과 시련 가운데 통일교회가 창립되었다는 것이 어떤 의미에서 하늘의 전체적인 뜻을 중심삼고 볼 때는 슬픈 일이지만, 우리가 역사적 전통을 회상하는 데 있어서는 그렇게 어려운 환경에서 창립된 것이 더 인상적입니다. 통일교회는 모두가 환영하는 자리에서 창립된 것이 아니라 외로운 입장에서 몇몇 사람이 모여서 눈물과 더불어 이날을 선포한 것입니다. 이처럼 서러운 사정이 있었지만 그것이 도리어 역사상에 추억의 중심이 되었습니다. 흔히 사람들은 좋은 것을 바라고 있지만 좋은 것만이 좋은 것이 아닙니다. 좋은 것은 일상적으로 지나갈 수 있지만, 그 좋은 것을 찾기 위하여 어려움을 극복한 역사는 언제나 좋은 것을 맞이할 수 있는 새날의 약속을 자극시키는 힘의 모체로 남아진다는 것입니다.

17 통일교회란 어떤 교단이냐? 반대하던 기독교 대신 그 앞에 새로운 아벨적인 종교 형태로 등장한 것이 통일교회입니다. 다시 말하면 반대하는 기독교로 인해 뜻을 이룰 수 없기 때문에 그 기독교를 대신해서 찾아 나온 것이 통일교회입니다. 기독교가 가인이라면 통일교회는 아벨의 입장입니다. 우리가 아벨 교단이라면 무엇부터 복귀해서 아벨을 만들어야 되겠습니까? 기독교부터 복귀해야 됩니다. 이것은 가인을 복귀하는 원칙과 마찬가지입니다.

18 세계기독교통일신령협회를 창설하게 된 동기는 인의(人意), 즉 사람에 의한 뜻보다도 신의(神意), 즉 신에 의한 뜻이 있어서 출발하였습니다. 이 사회나 역사는 인의만으로 구성되어 나가지 않습니다. 여기에는 반드시 신의를 중심삼은 크나큰 뜻을 중심삼고 하나의 목적을 지향해 나오고 있습니다. 그런 의미에서 사람의

뜻만으로 협회가 창설되어서는 역사의 흐름이나 앞으로 오는 새로운 세계 앞에 공헌할 수 없다는 것을 생각하고, 신의에 입각한 새로운 종교를 창설했던 것입니다. 인의와 신의가 합할 수 있는 하나의 조직체가 종교라는 생각을 했기 때문에, 종교는 반드시 신의를 중심삼고 인류 전체가 바라는 인의적인 모든 것을 결속하지 않으면 안 된다고 본 것입니다.

19 통일교회가 하나님으로 인해 시작되었다면 이 통일교회가 거쳐서 가야 할 길은 여러 길이 아닙니다. 출발도 하나일 것이고, 가야 할 길의 방향도 하나일 것이며, 귀착되어야 할 목적지도 반드시 하나임에 틀림없을 것입니다. 하나님으로부터 시작했으니 가는 길도 나 스스로 갈 수 없습니다. 하나님이 동기가 돼 있기 때문에, 그 동기를 따라서 우리가 집합되었기 때문에 그 동기와 하나되어 방향을 거쳐 나가는 도상에 서 있습니다. 그 방향은 어디까지나 우리가 스스로 좌지우지할 수 있는 것이 아닙니다.

20 통일교회는 종교 가운데에 제일 오랜 역사를 갖고 있다고 볼 수 있습니다. 제일 오랜 역사를 갖고 있다는 것은, 하나님의 사랑의 역사를 두고 그 누구도 모르는 세계까지 발굴했다는 것입니다. 사랑의 세계는 시간과 공간을 초월합니다. 역사는 거기서부터 출발했고, 과정에서는 그곳을 그리며 가고, 종착점인 그곳을 표현화해서 생활무대에서 이어받기 위해서 가는 것입니다. 따라서 그것은 과거에도 있어야 됐고, 현재에도 있어야 되고, 미래에도 있어야 됩니다.

21 이제부터 통일교회 이름을 세계평화통일가정연합으로 명칭을 바꾸어서 사용합니다. 세계평화통일가정연합이 중심적으로 선두에 서 가지고 나가는 것입니다. 지금까지는 통일교회가 선두가 되었지만, 이제는 가정연합이 선두가 되고 통일교회는 서서히 없어질 때가 옵니다. 통일교회의 '세계기독교통일'이라는 말은 없어지는 것입니다. 기독교가 책임을 하지 못했습니다. 그래서 그 차원을 넘어서 기독교의 축복이 만민 앞에 전부 이양될 수 있는 시대로 접어든다는 것입니다. 세계기독교통일신령협회인데, 신령도 결국 참부모님을 중심삼고 지상에 가정적 메시아 기준이 정착될 때는 끝나는 것입니다. 신령의 실체를 이 땅 위에 모시고 살아야 할 사람들이 참부모의 계승자들이기 때문에, 그 참부모는 영적 완성과 지상 완성을 대표한 가정의 출발로부터 국가 출발, 세계 출발, 천주 출발을 대신할 수 있는 하나의 모형적인 기대가 됩니다. 그렇기 때문에 세계

기독교통일신령협회 시대는 지나간다는 것입니다.

22 오늘날 단체 모임은 한 가정을 중심삼고 결속할 수 있는 대표적인 핵입니다. 여성연합은 어머니 입장입니다. 그다음에 청년연합은 가인 입장입니다. 그리고 학생연합은 아벨 입장입니다. 해와와 더불어 이 셋이 하나되어야 합니다. 이제 단체 활동을 하는 데는 전부 분별되어서 하는 것이 아니라 하나되어서 해야 됩니다. 지금까지는 종적인 시대니까, 사탄이 위에서 반대하기 때문에 할 수 없이 종적이면서 횡적인 관계를 안 맺었습니다. 여러 단체를 선생님이 많이 만들었지만 이것은 세계적 기준까지 종적 탕감을 넘기 위한 것이었습니다. 이제는 종적 탕감을 종결시키는 때가 되었기 때문에 횡적으로 전개할 수 있습니다. 그래서 모든 단체는 전부 세계평화통일가정연합에 결속하는 것입니다. 가정이 착지해야 됩니다. 그렇지 않으면 탕감복귀가 안 됩니다. 공식이 되어 있습니다.

23 하나님을 중심삼고 참사랑의 혈통을 이어받았으면, 참생명·참혈통과 참된 양심을 가진 참된 내가 되었을 것입니다. 타락으로 말미암아 거짓된 내가 되었기 때문에 몸 마음이 싸우고 있습니다. 이제 본연적 아담가정 세계 형 판도에 가입해야 될 시대에 들어왔으니, 전 세계인들이 가정을 중심삼고 완성해야 됩니다. 완성해야 될 것이 뭐냐? 타락한 가정을 탕감복귀한 가정이 되어야 하는데, 이것은 세계평화통일가정연합을 통해서 세계적으로 각자가 노력해서 갖추어야 됩니다. 완성은 아담과 해와가 해야 됩니다. 하나님이 해주는 것이 아닙니다. 참부모가 해주는 것이 아닙니다. 이렇게 됨으로써 가정연합이 형성되는 것입니다. 이것은 세계적인 조직입니다. 타락한 세계의 아담 혈통을 넘어서는 것입니다. 산을 넘어 비탈길을 넘는 것처럼 복귀과정을 올라가다가 실수하면 언제든지 이것을 되풀이합니다. 몇 백만년, 몇 천만년을 되풀이하는 것입니다.

입감·출감일과 애승일

24 선생님은 감옥에 들어가 머리를 깎일 때 하나님 앞에 기도했습니다. 내가 원해서 머리를 깎는 것이 아니라 원수의 손에 끌려와 강제로 머리를 깎이는 것이라고 했습니다. 그때 선생님의 눈빛이 얼마나 빛났는지 모릅니다. 떨어져 내리는 머리카락을 보면서 내가 원하던 행복을 버리면서, 더욱이 원수 앞에서 머리를 깎이는 것이 서러웠습니다. 복귀의 사연을 엮어 가는 노정에서는 그 모든 역경이 한스러운 것입니다. 그러나 지

낼 때는 한스러웠지만, 지내고 보니 하나님이 나를 기억해 주셨기 때문에 그것을 이길 수 있었다는 것입니다. 며칠 동안 고문을 당하고 매를 맞고 쓰러지는 자리에서도 마찬가지였습니다. 내가 매를 맞는 것은 나를 위해서가 아니라 민족을 위해서요, 내가 흘리는 눈물은 이 민족의 아픔을 대신한 탕감의 눈물이었습니다. 선생님은 모든 행로에 있어서 하나님을 붙잡고 몸부림치면서, 하나님의 동정을 받을 때까지 이 탕감노정의 길을 가야 했습니다. 나 홀로 이 길을 넘어왔던 것입니다.

25 고문을 받고 쓰러지는 순간이 하나님의 음성을 들을 수 있는 순간이요, 숨이 끊어질락 말락 하는 자리가 하나님을 만날 수 있는 자리입니다. 통일교회의 이 진리가 나오기까지에는 여러분이 모르는 깊은 배후가 있었고, 골짜기가 있었고, 굴을 통했다는 사실을 여러분은 생각도 못할 것입니다. 하나님이 '어떻게 여기까지 왔느냐?'라고 할 수 있는 자리였다는 것을 내가 알고 있습니다. 그렇기 때문에 선생님은 고생이 나쁘고, 감옥살이했다는 것을 조금도 슬프게 생각하지 않습니다. '내가 복을 받을 수 있는 좋은 방법, 하늘이 내게 재산을 남겨 주기 위한 방법이었구나.'라고 생각하는 것입니다.

26 옷을 벗으면 이 길을 나선 뒤에 생긴 흉터가 여러 군데 있습니다. 그것을 바라볼 때 이 흉터는 인류와 하늘이 선생님에게 준 훈장이라고 생각합니다. '너 그때에 결의하던 것을, 죽을 때까지 생명을 걸고 가겠다고 하던 그 맹세를 잊어버렸느냐?'라고 하는 것입니다. 비참하다는 것입니다. 이것이 없어지지 않았는데 내가 없어질 수 없다는 것입니다. 이것을 볼 때마다, 아침 점심 저녁 그것을 바라보면서 맹세한다는 것입니다. 승리하라고 '이 흠집을 가진 너는 승리해야 돼!'라고 격려한다는 것입니다.

27 선생님이 흥남감옥에서 일할 때, 겨울 그 추운 때에 맨손으로 암모니아 비료 가마니를 날랐습니다. 살이 갈라져 뼈가 보일 정도가 되어 피가 나는데도 매일같이 암모니아 비료를 날랐습니다. 보통 면 제복은 일주일 이내에 다 뭉개지는 것입니다. 그런 곳에서 반년만 일하게 되면 몸 세포가 죽어서 짜면 물이 나옵니다. 그렇지만 이것은 문제도 아니라는 것입니다. 자문자답하는 것입니다. '이것이 힘들면 이 이상 될 때는 하늘을 저버릴 것이고, 하늘의 배신자가 될 것이 아니냐!'라고 하는 것입니다.

28 흥남감옥에서 비료를 가마니에 넣는 작업에 동원되어 일할 때, 밥이

배급되면 배가 고프기 때문에 밥그릇을 받자마자 무의식적으로 밥을 입속으로 털어 넣습니다. 자기 밥을 우물거리면서 두 눈은 다른 사람들의 밥그릇에 고정됩니다. 배식이 끝나기도 전에 다 먹어 버립니다. 자기가 먹었다는 것을 잊어버리고, 다른 사람이 밥그릇을 받는 것을 보고는 자기 밥그릇이 비어 있음을 알게 됩니다. 그래서 때때로 옆 사람과 싸우기도 합니다. '네가 내 밥을 먹었지?'라고 하면서 말입니다. 밥을 자기 입속에 털어 넣다가 목구멍이 막혀 죽는 사람도 많았습니다. 한 죄수가 그의 밥을 다 먹기 전에 죽으면, 다른 사람들이 그 죽은 사람의 입에서까지 밥알을 꺼내 먹기 위해 싸웠습니다.

29 선생님은 정신력의 중요성을 알았습니다. 그래서 선생님은 정신적으로 특별한 결심을 했습니다. 먹는 음식의 절반으로도 살 수 있다고 마음에 확신을 가졌습니다. 그래서 그 다음날부터 선생님은 다른 사람들에게 선생님 음식의 절반을 나눠 주기 시작했습니다. 그것을 3주 동안 계속 했습니다. 절반의 음식만을 먹고도 작업량을 완수할 수 있다고 확신하게 되었습니다. 그리고 3주가 지나고부터 선생님 몫의 음식을 모두 먹기 시작했습니다. 그때부터 선생님은 선생님의 식사는 절반이고 다른 절반은 하나님에 의해서 주어진 덤이라고 생각하며 먹었습니다.

30 선생님은 지금까지 감옥살이 등 별의별 경험을 다 했습니다. 지금 지내고 보니 하나님이 고마웠습니다. 결국 선생님 하나를 키우기 위해서 하나님이 그렇게 수고하셨다는 것입니다. 지금까지 거친 그 과정들은 절대로 선생님한테 마이너스되지 않았습니다. 오히려 얻은 것이 많았습니다. 배가 고플 때의 밥 한 알이 얼마나 귀한지, 지금도 정신이 번쩍 듭니다. 밥 한 알이 그렇게까지 온 신경을 자극할 수 있다는 것을 느끼고 그것에 대한 무한한 가치를 느낄 수 있었습니다. 배가 고파 밥을 그리워하면서도 그것을 잊으려고 애쓰면서 하나님을 더 그리워하고자 눈물을 지었습니다. 또 불쌍한 사람들을 보면 남이 모르는 가운데 눈물지으며 그들을 위해 기도했습니다. 이러한 마음에는 하나님이 같이하시는 것입니다. 선생님은 지금도 그때가 그립습니다.

31 흥남감옥에 있을 때 선생님에게 좋은 옷이 있으면, 식구들에게서 좋은 바지저고리가 들어오게 되면 제일 불쌍한 사람에게 갖다 입혀 주었습니다. 거기에서 가마니에 비료를 담아서 새끼로 묶는 작업을 하기 때문에 손이 전부 갈라져 피가 나올 정도였

습니다. 그런 손으로 선생님은 천막의 천을 풀어서 옷을 만들었습니다. 바지를 만들어서 죄수들 중에 누구도 면회 오지 않아 입을 옷이 없는 사람에게 주었습니다. 그것이 얼마나 품이 들겠습니까? 그러면 그들이 좋아합니다. 자기 어머니 아버지가 사다 주는 것보다 더 기뻐하는 것을 볼 수 있었습니다. 선생님은 옷이 다 찢어져서 바람이 불 때 엉덩이가 보이는 옷을 입고 다녔어도 감옥에 있는 사람 중에 그런 사람이 있으면 내 옷을 들고 가서 그에게 주었습니다.

32 선생님은 공산당이 감옥에 넣고 별의별 놀음을 다 하더라도 하나님을 끝끝내 사랑했습니다. 하나님을 믿되 절대적으로 믿는 것입니다. 내가 약속했으면 내가 약속한 것이 절대적이요, 그가 나에게 명령하면 그것을 절대적으로 안다는 것입니다. 어렵고 쉬운 것이 문제가 되지 않습니다. 감옥에서도 효자는 효자 노릇을 해야 됩니다. 충신은 충신 노릇을 감옥에 들어가서도 해야 됩니다.

33 6·25때 이북에 유엔군이 제일 먼저 상륙한 곳이 흥남이었습니다. 그것은 하나님이 바쁘게 구해야 할 한 아들이 그곳에 있었기 때문입니다. 공산당은 그 전전날 감방에 있는 사람들에게 밥을 준다고 꼬여서 데리고 갔습니다. 사람들은 죽이려고 하는 줄은 모르고 밥을 준다고 하니까 그것을 먹겠다고 서로 가려고 했습니다. 선생님은 벌써 그것을 알았습니다. '너희는 다 죽더라도 난 죽지 않는다. 어떠한 참사의 비운이 거쳐 가는 자리에서도, 총살을 당해 쓰러지는 자리에서도 난 결코 죽지 않고 살아남을 것이다!'라고 했습니다. 그렇게 사람들을 꼬여서 산속으로 끌고 들어가 전부 죽여 버렸습니다. 그리고 그 다음날이 선생님이 끌려갈 차례였습니다. 그러니 하나님이 얼마나 바빴겠습니까? 그런 상황에서 유엔군이 흥남에 상륙했습니다. 이렇게 되어서 선생님이 감옥에서 빠져나올 수 있었습니다.

34 유엔군이 북한의 흥남에 상륙함으로써 선생님이 감옥에서 나오게 된 그것이 민주세계가 혜택 받을 수 있는 조건이 된 것입니다. 다시 말하면 유엔군이 상륙하여 감옥 문을 열어 선생님을 구출하게 되었기 때문에 거기에서 민주세계가 구원받고 후원받을 수 있는 인연이 남아졌다는 것입니다. 만일 선생님이 감옥에서 사흘만 더 지냈다면 영계에 갔을 것입니다. 공산당은 죄수들의 1차, 2차, 3차 숙청을 정해 놓았는데 선생님은 3차 숙청에 걸려 있었습니다. 형기가 7년 이상이면 1차, 5년 이상

이면 2차 숙청 대상이었는데 선생님은 5년형을 받고 감옥에 있었습니다. 1차 숙청을 하던 날이 바로 선생님의 출옥 사흘 전입니다. 3차 숙청을 당하기 전에 결국은 선생님이 해방된 셈입니다. 선생님은 그렇게 아슬아슬하게 복귀섭리를 해 간다는 것을 여러분이 알아야 하겠습니다.

35 1954년 5월 1일에 세계기독교통일신령협회를 창설함으로써 반대가 벌어졌습니다. 싸움이 시작된 것입니다. 전쟁 마당에 나왔습니다. 그래서 기독교, 한국 정부, 모두가 선생님 하나를 두고 싸워 나왔습니다. 선생님 혼자밖에 없었습니다. 전부가 반대했습니다. 세계사적인 주인공을 끝까지 반대함으로써 그런 문제가 생긴 것입니다. 여기서부터 전 세계의 운세를 몰아 선생님 한 사람을 전 세계 사탄세계가 때려잡는 것입니다. 그럼으로써 금후에 사탄세계가 망하지 않을 수가 없습니다. 불가피하게 그런 일이 벌어지는 것입니다. 그래서 1955년 7월 4일에 사건이 벌어졌습니다. 그때 공산당이니 뭐니 하면서 세상의 나쁜 것은 다 선생님이 걸머진 것입니다. 선생님에게 모든 것을 뒤집어씌웠습니다. 나쁜 이름이면 다 갖다 붙였습니다. 그렇게 해서 별의별 조사를 했는데도 아무것도 없으니 무죄 석방을 했습니다. 그래서 반대를 딛고 새 출발을 한 것입니다.

36 연세대학교와 이화여자대학교 사건이 일어난 그 모든 문제가 교육기관을 중심삼고 기독교의 최고 기준을 연결시키기 위한 일이었습니다. 반대를 하지만 하늘 편을 형성할 수 있는 조건을 갖추었기 때문에 1세는 그만두고 2세를 포섭할 수 있게 되었습니다. 왜 1세를 그만두게 되었느냐? 1세는 이미 더럽혀졌다는 것입니다. 남한에서 이 뜻을 세우려 할 때 반대했기에, 북한에 가서 다시 찾아오기 전까지는 사탄이 제시하는 조건을 세운 기반이 되었으므로 1세를 위주로 하는 것이 아니라 반드시 2세를 중심삼은 구원섭리를 추진시켜 간 것입니다.

37 이화여대 총장이 종교사회사업학과 교수를 통일교회 내용에 대해 알아보라고 보냈는데, 이분이 일주일 만에 원리 말씀을 듣고 통일교회에 들어와 버렸습니다. 그러자 여러 교수들이 찾아왔습니다. 그리고 기숙사 학생들이 이 원리 말씀을 듣고 몽땅 찾아왔습니다. 이화여대는 당시 미국 선교부로부터 원조를 받고 있는 입장이었는데, 이름도 없는 통일교회에 흡수될까 봐 위험을 느낀 것입니다. 그리하여 통일교회에 들어온 학생들을 상대로 긴급조치를 하

게 되었고, 그것이 퇴학사건입니다. 이자택일을 하라고 했습니다. '학교를 택할 것이냐, 통일교회 문 선생을 택할 것이냐?'라고 한 것입니다. 그런 퇴학사건이 벌어짐으로써 선생님이 감옥에 가게 되었습니다.

38 이화여대와 연세대학교 기숙사 학생들에게 통일교회 바람이 불어 몇 주 만에 뒤넘기치니까 이것을 두어뒀다가는 몇 년 이내에 기독교가 망한다고 해서 어떻게 하든지 때려잡으라고 한 것입니다. 이렇게 해서 별의별 요사스러운 소문을 내 선생님을 조사하게 했습니다. 조사해 보아도 아무것도 없으니까 나중에는 병역기피라는 혐의를 씌운 것입니다. 선생님이 북한에서 감옥살이하다가 나왔기 때문에 군대에 갈 나이가 지났습니다. 그랬는데도 병역기피라는 혐의를 씌워 조사했습니다. 그런 혐의를 씌워 조사해도 사실이 아니니까 할 수 없이 무죄 석방을 한 것입니다.

39 당시 자유당 정권이 선생님을 얼마나 반대했는지 모릅니다. 선생님이 이화여대를 끌고 가고 연세대를 끌고 간다는 것입니다. '아이고! 선교부가 끌고 가야 할 텐데, 레버런 문의 말을 들으면 이화여대든 연세대든 할 것 없이 몽땅 끌려간다.'라고 한 것입니다. 거기에 대한민국의 모든 교파가 있으면 교파가 끌려가게 돼 있다는 것입니다. 그러니 야단났다고 한 것입니다. 그래서 학생들을 퇴학시키는 일이 벌어진 것입니다.

40 선생님이 한국 사람이기 때문에, 한국을 중심삼고 섭리의 기점이 출발함으로써 한국에 있어서 기독교는 한국 내의 기독교로서 그치는 것이 아닙니다. 섭리와 전체 세계를 대표한 기독교의 위치에 있다는 것입니다. 그런 입장에 섰던 교회와 나라가 반대하면 전 세계가 걸려 들어갑니다. 선생님 한 사람을 어떻게 꺾느냐 하는 것이 문제였습니다. 그러한 문제의 복잡한 와중을 통하여 예수님이 십자가에 돌아가던 것과 마찬가지로 최후에 사탄 편에 끌려가는 일까지 벌어졌습니다. 7·4사건 같은 것이 그 대표적 예입니다.

41 나라에서 문제시하던 것에 걸려 넘어가면 문제가 크다는 것입니다. 그러나 연세대와 이화여대를 중심삼은 7·4사건으로 감옥에 들어갔다가 무죄 석방을 받았기 때문에 영육을 중심한 새로운 출발을 할 수 있었습니다. 기독교와 나라가 반대함으로써 기반을 잃어버린 입장에 있었기 때문에 통일교회나 선생님 자체로 보게 되면 어떻게 되느냐? 물론 분립적인 입장에서 잃어버린 것을 전부

찾은 자리가 아닙니다. 이제 다시 찾아야 할 자리라는 것입니다. 기독교가 영적 세계의 기반을 닦았기 때문에 이 영적 기반을 대신할 수 있는 기반을 선생님이 만들어야 됩니다. 기독교와 같은 기반을 갖지 않으면 안 됩니다. 그래서 이것을 다시 편성한 것이 통일교회입니다.

42 선생님이 댄버리 교도소로 가면서 '댄버리 저쪽 편에는 하나님의 사랑의 벽이 있는데 그 사랑의 벽이 얼마나 높은 줄 아느냐? 얼마나 큰 줄 아느냐?'라고 했습니다. 그때 모였던 통일교회 교인들은 눈물을 흘렸지만 선생님은 콧노래를 부르면서 희망의 행각으로, '내일 회생되어 찾아오는 태양 빛은 더욱 빛날 것이다.'라고 하면서 들어갔습니다. 생활환경이 180도 변하는 것이 연구 대상입니다. 전부 사랑으로 수놓을 수 있는 연구 재료로 삼는 것입니다.

43 선생님이 댄버리에서 나옴으로써 지금은 서구 기독교 문명과 동양 문명을 대표한 통일교회 문명이 자리바꿈을 하여 차자가 장자가 되고 장자가 차자가 되어 돌아가는, 조수가 바뀌는 시점이 되었습니다. 이것을 40년 고개를 넘어서면서 바꿔치지 않고는 하늘 섭리가 깨지기 때문에 선생님은 감옥에 가서라도 이 일을 하지 않으면 안 되었고, 그러한 사명이 있었던 것입니다.

44 선생님은 감옥에서도 95퍼센트를 남을 위해 살려고 했습니다. 그래서 아침 일찍 일어나서 청소하고 더러운 곳을 깨끗이 치우고는 일과를 시작하는 것입니다. 댄버리 감옥에 있을 때 식당에 가서도 쉬지 않고 무엇이든지 해야 된다는 것이 습관이 되어서, 남들은 일이 없으면 잠을 자고 별의별 짓을 하지만 선생님은 서서 기다립니다. 습관이 그렇게 되어 있는 것입니다. 무슨 일이 있으면 선생님이 먼저 가서 도와주는 것입니다. 그러니까 그 식당에서 유명해질 수밖에 없었습니다.

45 선생님은 하늘 앞에 '나를 도와주소.'라는 기도는 한 번도 안 했습니다. 댄버리에서 선생님은 첫째는 말없이 일하는 사람, 둘째는 책 읽는 사람, 셋째는 명상하는 사람, 넷째는 수영하는 사람이라는 이미지가 남았습니다. 풀장이 가까우니까 시간이 있으면 수영을 했습니다. 그래서 수용자들이 전부 알고 있었습니다. 거기는 소식이 빠릅니다. 선생님이 지나간 그 발자취는 어느 누가 보더라도 회상의 인연이 남아지는 것입니다.

46 댄버리의 벽을 통과해서 살아남

아 다시 복귀해서 완성하지 않으면 하늘의 뜻에 연결되지 않습니다. 그러한 어중간한 사람에게 완성의 길은 영원히 없습니다. 아무리 세계가 통일되고 선생님이 가르치는 진리가 세계의 진리라고 해도 큰 상처만 입을 것입니다. 그러나 선생님은 그렇지 않습니다. 죽음길을 선택하더라도 직행하는 것입니다. 거기에 선생님의 위대함이 있습니다. 선생님은 생애에 몇 번이나 감옥에 끌려갔어도 불평을 하지 않았습니다. 선생님은 그 이상의 것을 생각하기 때문에 어디서든지 당당합니다. 만민의 괴로움을 짊어지고서도 옥중 생활을 천국 생활같이 생각하고 있는 것입니다.

47 선생님이 댄버리에서 한 일이 뭐냐? 부모가 길을 다 막아 놓았기 때문에 선생님이 지옥에서부터 영계까지 직통하는 고속도로를 닦는 식을 했습니다. 그럼으로써 지옥에 있는 사람들이 그 길을 통해 올라갈 수 있게 됐습니다. 길이 열렸기 때문에 자기 조상들이 지옥에 내려와서 탕감해 주게 됩니다. 교육을 해서 한 단계 한 단계 끌어 올리는 것입니다.

48 댄버리에서 선생님이 영계와 육계가 거짓 부모로 인해 닫혀졌던 담을 헐고 참부모를 만날 수 있는 문을 열어 놓았습니다. 고속도로를 닦아 놨습니다. 그렇기 때문에 영계에서 자기 조상들이 와서 부모가 자식을 사랑하는 도리로써 한 단계씩 끌어올린다는 것입니다. 그래서 영계의 통일운동도 이 사랑으로 벌어지고, 지옥해방 운동도 이 사랑의 도리로써만이 가능하다는 것입니다. 사망권까지 소화할 수 있는 능력이 사랑에만 있는 것입니다.

49 선생님은 댄버리에서 13개월 동안 미국에서 13년 동안 말씀한 것을 전부 재감정했습니다. 앞으로 학자들이 이것을 파고 들어오면 질문을 하게 될 텐데, 거기에 대한 답을 못 얻게 되어 선생님한테 물으러 올 것이기 때문에 여기에 대한 해설을 확실히 해주기 위해서 그렇게 한 것입니다. 책임자는 역사적인 책임을 져야 됩니다. 몇 번씩 탐독해 거기에 대한 방패를 결산할 수 있도록 나에게 하나님이 허락하신 좋은 한 시기였다고 생각하는 것입니다. 그렇기 때문에 일반 사람들은 '문 선생은 명상하는 분이다. 쉴 새 없이 밤낮 책을 읽고 공부하는 분이다.'라는 것으로 알았습니다. 그다음에 '말을 하되 절대 불평하지 않는 분이다. 불평할 환경에서 희망의 말을 하는 분이다.'라고 소문이 났습니다.

50 애승일은 사망권을 이겼다는 뜻

입니다. 하나님의 사랑을 가지고 이겼다는 것입니다. 하나님과 참부모님의 창조이상을 중심삼고 책임분담을 완성한 기준의 사랑의 성립권에 들어가기 때문에 사망권을 이기는 것입니다. 그렇기 때문에 앞으로 통일교회를 믿는 사람들에게는 사탄이 와서 근접을 못합니다. 근접하려면 즉각적으로 영계가 동원하게 됩니다. 부모님의 사랑권을 받은 것과 사탄과 천사장 사랑권을 받은 것과는 다릅니다. 부모님의 사랑권 인연을 영계에까지 연결시켰습니다.

51 애승일이란 선생님 시대에 있어서 사탄이 가정권을 중심삼고 침범해 들어오는 그 사망권을 막아내는 것입니다. 사랑으로 막아내는 것입니다. 아들이 죽은 것과 마찬가지이지만 죽기 전 최후의 시간이 온다는 것을 알고 처리해야 됩니다. 그렇기 때문에 흥진 군이 가기 전에 통일식을 해준 것입니다. 아버지와 너는 하나라는 것입니다. 아버지와 너는 하나이기 때문에 아버지가 살아 있는 한 너를 사탄이 마음대로 못한다는 것입니다. 이렇게 해서 제물대에 내세움으로써 사탄이 통일가에 침범하려 하던 모든 것을 방어하는 것입니다. 영적 세계의 승리 판도를, 하나님이 예수님을 중심삼고 영적 세계에서 제물 바치는 일을 이루었던 것을 지상에서 부모님의 사랑을 받던 아들을 제물 바치는 일과 연결시키는 것입니다. 그러면 그것은 지상세계에서 이룬 것이 됩니다. 영적 세계의 판도 기반 위에 육적 실체권을 중심삼은 부자관계의 천국이념을 연결시키는 것입니다. 그럼으로써 천상세계와 지상세계의 다리를 놓는 것입니다.

52 영계도 사랑하고 지상도 사랑하니 우리 부모도 사랑하라는 표어를 세워야 됩니다. 사랑하라는 표어를 세워야 된다는 것입니다. 선생님은 흥진 군이 죽었지만, 지상세계와 영계에 있어서 죽지 않고 사랑의 부활권을 이룰 것이라고 생각했습니다. '너는 죽음을 통해서 갔지만 너의 죽음을 통해서 사랑을 부활시킨다.'라는 것입니다. 영계를 붙들고 지상을 붙들고 사랑의 부활권을 선포한다는 것입니다. 이럼으로써 사망권과 작별하는 것입니다. 그렇기 때문에 승화식 때에도 슬퍼해서는 안 됩니다.

53 흥진 군이 지상에서부터 영계로 들어가는 동안 선생님은 영계와 육계를 중심삼고 특별한 식을 했습니다. 그것이 애승일인데, 탕감조건을 넘어 애승일을 선포하기 위해서는 아들이 죽었다는 생각을 하면 안 됩니다. 사체를 옆에 놓고 하나님의 사랑을 위해서 싸움을 했다는 것입니다. 어

머니나 아버지가 죽은 아들을 생각하는 것보다도 하나님의 사랑을 생각해야 됩니다. 사망권을 이길 사랑을 생각해야 된다는 것입니다. 그래서 어머니에게 '당신과 나는 이 시간 하늘이 볼 때에 자랑할 수 있는 부모가 되어야 하고, 영계에 있는 모든 선조들과 천사세계와 천천만 성도, 성인현철들이 자랑할 수 있는 부모가 되어야 한다. 세계 인류가 과연 사망권을 지배할 수 있는 사랑의 권한을 갖고 있는 분임에 틀림없다고 머리 숙일 수 있는 분위기를 만들어야 된다.'라고 했습니다. 그래서 모든 인류가 선생님에게 '당신은 과연 하나님의 사랑의 중심자다.'라고 증거할 수 있게 해야 됩니다. 아들을 보내면서도 사망과 바꾸고 전진하면서 사랑의 깃발을 들고 새 세계를 위해 출동한다는 기원의 날이 애승일입니다. 그럼으로써 민족적이요 세계적인 새로운 사랑의 방향을 세워 나갈 수 있는 기준이 되었기 때문에 애승일이라는 말을 사용하게 됐습니다. 그래서 1984년 1월 3일 오전 4시를 중심삼고 애승일을 선포한 것입니다.

하나님왕권즉위식과 후천시대의 기념일

54 기독교는 로마권을 넘어설 수 있는 세계 판도권을 이루었습니다. 예수님이 몸을 잃어버렸기 때문에 기독교가 영계를 대표한 기준에서 2차대전 때 연합국과 추축국이 싸워서 연합국이 승리함으로써 기독교 문화권이 세계를 통일하게 되었습니다. 기독교가 세계를 통일함으로써 영육이 합쳐질 수 있는 시대가 되어 연합국과 추축국이 하늘 편에 귀속될 수 있게 되었습니다. 그 기반을 중심삼고 천주교와 신교인 개신교가 하나되어 기독교 문화권을 대표하여 오신 재림주를 맞았더라면 1945년부터 3년 반 내지 혹은 7년 후인 1952년에 통일천하가 이루어져서 그때에 하나님왕권즉위식이 끝났을 것입니다. 그러나 기독교가 통일교회를 받아들이지 못했습니다. 지금도 그들은 방망이를 들고 끝까지 반대하고 있습니다. 유태교가 기독교를 끝까지 반대하다가 망할 수밖에 없게 된 것과 마찬가지로 기독교가 통일교회를 반대하면서 똑같은 길을 가고 있습니다. 모든 종교가 마찬가지입니다. 그리고 가정으로부터 사회·국가·세계가 지옥같이 되어 버렸습니다. 하나님이 바라시던 사랑의 이상권은 지구성에서 찾아볼 수 없게 되었습니다.

55 축복을 해줘서 혈통을 전환시킬 수 있는 존재가 참부모입니다. 거짓부모가 나옴으로써 하나님과 사탄이 싸우게 되었는데, 그 싸움을 그만두게 하기 위해서는 참부모가 중간에 딱 서서 '하나님은 이런 목적으로 싸

우지요? 제가 그것을 다 바꿔 드리겠소!'라고 하는 것입니다. 바꿔도 좋다고 하면 끝나는 것입니다. 하나님과 사탄을 화해시키고 유태교와 그 주위에 있는 종교도 화해를 붙이는 것입니다. 예수님이 다시 와서 가정을 중심삼고 국가와 화합하여 주권만 갖추어지면 다 끝납니다. 2차대전 이후에 제2 이스라엘인 미국이 지상과 천상의 주인으로 오신 분을 만났다면 그 분을 중심삼고 지상통일과 천상통일의 기반이 조성되어 일체가 돼서 제3 이스라엘 천국 출발과 동시에 제3 해방권, 지상·천상천국 해방이 연결되었을 것입니다. 그것이 이루어지지 못한 채 56년의 세월이 지나 오늘 하나님왕권즉위식을 할 수 있다는 것은 꿈같은 이야기입니다.

56 하나님왕권즉위식을 누가 해드리는 것입니까? 애초에 누가 그 즉위식을 망쳐 놓았습니까? 사탄과 아담이 망쳐 놓았습니다. 아담과 해와가 참부모가 되지 못함으로써 사탄이 들어왔고, 이 땅 위에 참부모의 혈통적 기준을 세우지 못했습니다. 타락으로 말미암아 사탄의 핏줄을 남겨 놓았기 때문에 이것을 전부 부정해서 뒤집어 놓아야 됩니다. 이것은 하나님도 못하고 사탄도 못합니다. 사탄이 자기 나라를 지금까지 만들어 놓은 것을 자기가 깨뜨려 버리기는 힘든 것입니다. 어느 누구나 자기가 만든 것을 개조하면 싫어합니다. 또 그것을 하나님이 뒤집어 놓을 수 없습니다. 하나님이 뒤집을 수 있다면 에덴동산에서 아담 가정을 잃어버리지 않았습니다. 하나님이 손댈 수 없다는 것은 틀림없기 때문에 그것을 손댈 수 있는 분이 있어야 되는데, 그분이 완성한 아담이라는 것입니다. 본연의 사랑을 가진 가정은 아담 가정 외에는 없습니다.

57 하나님왕권즉위식을 함으로써 나라가 달라졌습니다. 지금까지 하나님은 뜻의 선두에 못 서서 한이 맺혔습니다. 하나님은 하고 싶었던 대로 하시지 못한 원한에 사무쳐 계십니다. 그러니까 여러분은 하나님이 하시고 싶은 대로 하실 수 있게끔 후원부대가 되라는 것입니다. 하나님께 즉위식을 해 드렸으니 행차를 하시라고 할 수 있어야 합니다. 이제부터는 때가 달라집니다.

58 쌍합십승일(雙合十勝日)을 몰라 가지고는 선천·후천을 논의할 수 없고, 지옥과 천국을 논의할 수 없습니다. 두 쌍쌍이 전부 갈라졌습니다. 마음과 몸이 하나될 것인데 갈라졌고, 눈도 자기 좋아하는 눈과 자기 나빠하는 눈으로 갈라졌습니다. 결혼할 때는 좋다고 하다가 딴 여자가 잘났

다고 생각되면 눈이 달라지는 것입니다. 전부가 갈라졌습니다. 쌍이 안 돼 있습니다. 그래서 쌍합십승일, 그날이 2004년 5월 5일입니다. 종적인 면의 다섯과 다섯을 합한 열이 이긴 승리의 날이라는 것입니다. 하늘땅이 갈라졌던 것이 하나되는 것입니다. 해방·석방이 되는 것입니다.

59 수(數)도 하나님의 것이 아니라 사탄 것입니다. 모든 것은 쌍쌍제도로 돼 있습니다. 그것이 하나되는 자리에 사랑의 씨를 심는 이상적 창조원칙이 있기 때문에 쌍합십승일, 5월 5일이 상하의 십승일입니다. 그다음에는 후천시대와 선천시대입니다. 선천시대는 지나갔기 때문에 하나님이 지나간 선천시대를 왼손으로 붙들고 후천시대를 바른손으로 붙들어서 한 바퀴 돌아서는데, 그냥 이것을 붙든 오른쪽과 왼쪽의 다섯과 다섯이 하나됐으니 쌍합십승일입니다. 그래서 360날의 주인 자리에 비로소 선다는 것입니다. 날을 주관하고 수를 주관하기 때문에 이 계수된 모든 수로 풀어낼 수 있는 우주의 공법이나 운동의 질서, 모든 단계도 쌍쌍이므로 상대와 주체 관계가 연결되지 않으면 작용을 못하는 것입니다. 그렇기 때문에 모든 것이 쌍쌍으로 되어 있는 자리에 사랑의 씨, 사랑의 열매, 사랑의 본체로서 사랑을 결착시키는 하나님이라는 것입니다.

60 최후에는 하나님의 조국과 평화의 세계 창건이 이루어집니다. 선천시대는 지나가고 후천시대가 도래한다는 것입니다. 선천시대가 가고 후천시대가 도래했다는 것을 발표한 날이 쌍합십승일입니다. 선천시대는 지나가는데 포기할 수 없습니다. 선천시대의 사람들도 왕손으로 만들어야 하기 때문에 지나가는 것을 하나님과 참부모는 왼손에 붙들고, 새로이 찾아오는 후천시대는 바른손으로 붙들고 가는 것입니다. 시계가 거꾸로 도는 것입니다. 오른쪽으로 돌던 것을 돌이켜서 180도 방향을 전환하는 일을 지금 하고 있는 것입니다.

61 모든 만물이 타락함으로써 거꾸로 됐던 것이 하나되어 시간과 날과 해와 세기와 천세만세가 다 하나님이 탕감한 승리의 수인 십승수로 승리했기 때문에 이제는 하나님의 왕권 보좌와 더불어 직결되는 것입니다. 그래서 선천시대에서 후천시대가 시작되어 모든 것이 해방시대, 완성시대로 넘어가는 것입니다. 하나님의 소유권 내에 들어가는 것입니다.

62 선생님이 평화의 왕 대관식을 했습니다. 대관 즉위식이라고 해야 됩니다. 대관식이 아니라 대관 즉위식

입니다. 대관식은 했지만 즉위식이 안 됐습니다. 아담 가정에서 가인이 아벨을 죽였기 때문에 셋을 중심삼고 나왔고, 노아로부터 아브라함·이삭·야곱과 모세를 거쳐 예수님까지 나온 것입니다. 예수님시대에 나라의 즉위식을 해야 됐는데, 그렇게 하지 못했습니다. 대관식도 못했지만 즉위식도 못했습니다. 선생님 시대에는 대관식과 즉위식을 하는 것입니다. 이스라엘 나라에서 예수님의 대관식을 했는데, 예수님의 대관식을 할 때 예수님 혼자서는 못 갑니다. 선생님의 둘째 아들인 흥진 군이 영계의 재림주와 마찬가지 입장에서 사랑의 문을 여는 축복을 해준 것입니다. 죽었던 애혼들, 원수까지 축복해 주어 흥진 군이 예수님을 모시고 가서 이스라엘 나라에서 대관식을 해준 것입니다. 즉위식이 아니라 대관식입니다. 대관식을 해주고 그다음에 미국에서 즉위식을 하고 십자가를 내린 것입니다. 영광의 주나 고난의 주와 같은 성경 말씀은 이제 더 이상 의미가 없습니다.

63 가인 아벨이 하나가 돼야 합니다. 예루살렘에서 영계와 육계가 갈라진 것을 통일시켰으니 제1 이스라엘권 탕감복귀, 재림주가 이 땅에 와서 예수님이 하지 못한 국가 기준과 세계 기준을 닦아 놓은 터 위에 연결시킨 것입니다. 제1 이스라엘의 왕권, 제2 이스라엘의 왕권이 성립된 것입니다. 하늘을 대신한 예수님과 땅의 참부모를 대신한 흥진 군을 중심삼고 영·육계의 분립된 것을 연결시켜 전체 영계와 육계, 전체 나라와 교회가 하나된 그 자리에 있어서 제2 이스라엘 왕권을 중심삼은 기반 위에서 부모님 앞에 드리는 대관식이라는 것입니다. 그다음에 하늘나라의 상원과 땅 위의 하원, 상·하원을 중심삼고 대관식을 한 것입니다. 그것은 예수님이 로마 원로원에서 선포를 못하고 지상과 천상의 일체권을 이루지 못한 것을 이룬 것이 됩니다. 영계와 육계를 중심삼고 비로소 대관식을 선포한 것입니다. 그래서 하나된 자리에서 오시는 재림주 앞에 대관식과 즉위식을 했습니다.

64 예수님이 13억에 해당하는 기독교를 가졌습니다. 자기 나라에 있어서 민족 반역자로 죽었다고 하더라도 세계 인류를 품고 정치 풍토, 종교 분야의 최상의 자리에 앉았는데 그런 예수님을 모세보다 못한 사람으로 보는 유태교라는 것입니다. 선생님을 유태교와 기독교가 반대해서 별의별 일을 다 한 것입니다. 그 싸움에서 그들이 졌지 선생님이 지지 않았다는 것입니다. 그것이 다 끝났기 때문에 비로소 '평화의 왕 즉위식'을 미국 의회에서 한 것입니다. 로마 원로원에

예수님이 들어가서 '내가 왕이요, 만국의 왕으로 왔다.'라고 선포를 못했기 때문에 죽었습니다. 백주에 미국의 상원 하원 의원들을 모아 놓고, 3대 종단의 최고 지도자들을 모아 놓고 한 것입니다. 자기들이 원해서 '평화의 왕'으로 모셨다는 것입니다.

65 오늘 기공식을 하는 이곳이 본전성지(本殿聖地)입니다. 그러면 본전이란 뭐냐? 하나님이 바라는 궁전, 하나님이 살 수 있는 황궁, 본연의 집입니다. 그것이 성지입니다. 모든 것을 이긴 것입니다. '성(聖)'이라는 말은 '귀 이(耳)' 변에 '입 구(口)'에 '임금 왕(王)'을 합한 것입니다. 귀와 입이 왕 같은 사람이 성인(聖人)입니다. 잘 들어야 되고, 말을 잘해야 됩니다. 그것은 하나님밖에 모른다는 것입니다. 참부모, 메시아밖에 모릅니다.

66 천정궁이란 올바른 것을 만드는 궁입니다. '하늘 천(天)' 자와 '바를 정(正)' 자에 '집 궁(宮)' 자입니다. 천정궁의 뜻이 뭐냐? 하늘에 제일가는 궁입니다. 선생님이 그렇게 지었습니다. '정(正)' 자는 '머무를 지(止)' 위에 뚜껑(一)을 덮어 놓았습니다. 움직이라는 것입니다. 천정궁의 의미는 '두 사람이 합해서 끊임없이 움직여라! 그러면 네 집이 된다.'라는 것입니다. 네 집의 궁(宮)이라는 뜻입니다.

67 천정궁에는 새로운 국가도 있고, 국화도 있고, 국기도 있고, 국민도 있고, 교육하는 이념도 있어서 어떤 사상이나 어떤 종교도 하나로 만들어 가지고 해방할 수 있는 것입니다. 선생님이 그러한 목표를 정해 가지고 나아가고 있습니다.

68 천정궁, 언제 어디든지 자연 천정궁이 한국 땅입니다. 그렇게 생각하는 것입니다. 하나님도 떠돌이를 하는 하나님이 아닙니까? 하나님이 지상에 발을 내릴 곳이 있습니까? 로마 교황청에 있지 않습니다. 그래서 선생님이 여기에 와서 샅샅이 다 뒤졌습니다. 하나님을 대신한 주인이 되기 위해서 전부 거쳐 봤습니다.

69 지금까지의 모든 인류는 가인적인 혈족이었으니까 형님의 자리에 있었습니다. 맨 꼴찌 메시아가 나와서 마지막에 다 탕감하는 것입니다. 떨어진 두 세계를 끌어올리는 것입니다. 탕감은 기독교가 했지만 끌어올리는 데 있어서는 어떻게 해야 됩니까? 단일민족의 혈족이 된 몽골반점 동족들이 어떤 종교보다도 통일을 해서 깃발을 들고 나서게 될 때는 종파의 관념과 국가의 관념을 극복할 수 있다는 것입니다. 선생님이 하나님도 하나님의 본연의 자리, 아담 해와도 본연의 자리, 가인 아벨도 본연의

자리, 천사장도 본연의 자리에 세워 주는 것입니다. 그러니까 천정궁입니다. '천(天)' 자가 두(二) 사람(人)인데, 그 두 사람이 바르게(正) 만든 궁(宮)이라는 것입니다.

70 만왕의 왕은 왕 중에서도 왕입니다. 그 왕이 뭐냐 하면 하나밖에 없는, 한 분밖에 없는 왕입니다. 그런 말은 한국말밖에 없습니다. 만왕의 왕, 그분은 한 분입니다. 하나님은 한 분밖에 없는 '님'이라는 것입니다. 하나님 해방권의 '권' 자는 '둘레 권(圈)' 자가 아니라 '권세 권(權)' 자를 씁니다. 그다음에 대관식인데, '대관(戴冠)'이 무엇입니까? '대(戴)' 자를 보면, 그 안에 '다를 이(異)' 자가 들어가 있습니다. 다른 관을 써야 되는 것입니다. 지옥에 들어가는 멸망의 관이 아니고 영광의 관입니다. 해방권 만세입니다. 거기에는 사탄도 동조하고, 하나님도 동조할 뿐입니다. 우주의 법이 치리하는 것을 도울 뿐이지 받는 것이 아닙니다. 해방권 태평성대입니다. 태평성대, 억만세 찬양의 시대로 넘어가기 때문에 좋다는 것입니다. 좋은 하나님을 만나기 위해서 하나님의 감춰졌던 비밀의 세계, 마음의 행복, 마음의 봄동산, 마음의 꽃동산 세계로 날아가자는 것입니다. 사랑의 세계에 길이 열리는데, 그곳을 여행하자는 것입니다.

71 무슨 문제든지 해결하는 데 있어서 영계만 가지고도 안 되고 지상만 가지고도 안 됩니다. 또 하나님의 뜻을 안다고 해서 하나님이 해방되는 것도 아닙니다. 참부모와 하나되어 세계의 국가와 종교권을 치리할 수 있는 기반까지 닦아야 됩니다. 그런 것들을 하나로 해결할 수 있는 방안을 세우지 않으면 올바른 판단과 올바른 세계적인 운동이 안 됩니다. 그렇기 때문에 선생님이 지금까지 보류해 나왔습니다. 만왕의 왕 대관식이 무엇입니까? 한 분밖에 없는 하나님의 해방권 대관식이 끝나기 전까지는 흑인들이 따라올 수 있고 백인들이 따라올 수 있습니다. 그것이 끝난 이후에는 아무나 따라올 수 없습니다. 그다음엔 중간에 유엔에 가입한 가인 아벨이 서로 싸우고 있습니다. 공산주의하고 민주주의가 싸우고 있습니다. 그것을 중간 입장에서 화합시켜서 하나의 새로운 평화세계를 발표하고 나온 것이 만왕의 왕, 한 분 하나님의 왕권을 중심삼은 해방권 대관식이라는 것입니다.

72 오늘로서 만왕의 왕, 한 분밖에 없는 하나님이 참부모의 자리에 서는 것입니다. 참부모는 한 분입니다. 지금까지 수천수만의 왕들이 있었지만, 한 분밖에 없는 재림주가 와서 만왕의 왕 자리에 올라가 한 분밖에 없

는 하나님과 일체가 되는 것입니다. 그러니까 하나님의 내적 외적인 실체를 중심삼고 에덴동산에서 보이지 않던 하나님의 실체권이 어떻게 됩니까? 실체를 중심한 참부모의 자리에 서서 그 참부모가 세상에 한 분밖에 없는 하나님과 하나되는 것입니다.

73 만왕의 왕의 왕권을 정착시켜 하나의 왕권이 성립됨으로써 하나님이 비로소 주인의 자리에 서서 통치할 수 있는 것입니다. 선생님은 지금까지 닦아 온 모든 것을 하나님께 봉헌해 드리고, 참부모가 참부모 못 되었던 모든 실수를 다 걷어치워 하나님이 왕의 자리에 비로소 출동할 수 있게 해야 할 책임이 있습니다. 거기서 맨 마지막에 가정적 대표 12지파, 그다음에 국가적 대표 120명, 그다음에 세계적 대표 1200명, 그다음에 하나님을 해방할 수 있는 1만2000명입니다. 그것을 중심삼고 모든 탕감세계를 완전히 수평으로 만들고 하나님만이 등장하는 주인의 권세로서 행차할 수 있는 시대가 되었기 때문에 이상 지상·천상천국이 아니 될 수 없느니라! 아주!

74 아벨유엔을 중심삼고 새로운 부모유엔이 발족했으니만큼 만왕의 왕, 왕 중의 왕이 돼서 어떻게 해야 되겠습니까? 하나님과 둘이 합해서 대관식을 올림으로써 하늘과 땅의 모든 전부가 하늘에 정착할 수 있는 핵이 결정됐으니, 결정된 이 핵을 중심삼고 세계적인 조직 편성을 개문하지 않으면 안 될 것이 선생님의 책임입니다. 어느 누가 여기에서 장(長)의 입장에서 이러고저러고 할 수 없습니다. 만왕의 왕 하나님의 왕권을 대신한 실체를 중심삼고 영육의 일체권을 이룬 기반에서 선생님이 주장하는 도리의 기준을 중심삼고 어떻게 해야 되겠습니까? 세계 전체의 초월적인 자리에서 하나의 주권과 하나의 조국, 그리고 하나의 고향 땅을 창건하는 것입니다.

75 아담 해와가 타락하지 않고 주인이 돼서 하나님 대신 축복의 깃발을 들고 나설 수 있는 몇 천년 이후 첫날 되는 날이 지금에 와서 이루어지고 있습니다. 하루가 아닙니다. 몇 천년이 아니라 수만년입니다. 이 자리를 잡기 위해 얼마나 고생했는지를 알아야 합니다. 누구도 모르니까 하나님이 가르쳐 줘서 알 수 있는 그런 때를 열 때까지 얼마나 고생했겠습니까? 2001년이 3000년의 시작입니다. 이제 찾아올 새천년, 3000년 이후에 될 것을 가르쳐 주었습니다. 선천개벽시대가 아니라 후천개벽시대입니다. 하나님이 책임지고 일할 수 있는 시대가 되었습니다.

제12편

천 일 국

제12편 천일국

| 차 례 |

제1장 하나님 조국과 천일국

1절 하나님 나라와 하나님 조국

1 하나님의 나라는 참된 자유와 신앙과 이상이 열매맺힌 곳이요, 참사랑과 참생명과 참된 혈통이 정착한 참된 가정이 자리 잡은 곳입니다. 더 나아가 영원한 참사랑과 행복이 충만한 천년왕국시대가 시작되는 것입니다. 그동안 천지 안식권의 중심은 하나님이 함께하는 참된 남녀가 결합한 가정이기 때문에 참된 가정의 가치를 설파해 왔습니다. 따라서 우리는 성서에서 말하는 에덴동산을 이 지구상에 구현시켜야 하는 것입니다.

하나님 나라는 어떤 곳인가

2 하나님의 나라는 하늘과 땅, 즉 천지가 합해진 것입니다. 하나님의 백성은 영계에 있는 영인과 지상에 사는 인류 전체를 말합니다. 지상에서는 일개 국가면 그 국가의 영토 내에 사는 사람을 자기 나라의 백성이라 하고, 국경선 내에 있는 땅을 자기 나라의 영토라고 하지만, 하나님의 나라는 하나님을 위주로 하여 하늘과 땅, 즉 무형세계와 유형세계 전체를 영토로 삼는 것입니다. 또 지금까지 인간으로서 이 땅에 왔다가 하나님을 위주로 하고 살다 간 수많은 영인들과 현세에 하나님을 위주로 하여 살고 있는 사람들과 앞으로 후대에 있을 수많은 후손들까지도 하늘나라의 백성으로 사는 것입니다. 이것은 영원히 변할 수 없는 천주적인 뜻이기 때문에 이것을 부정할 자는 아무도 없습니다. 그러니 여러분은 그런 뜻을 중심삼고 그런 이념을 중심삼은 사람이 되어야 합니다. 그리고 그것은 만우주 존재가 공통적으로 소망하는 최대의 목적점이기 때문에 그 점만 나타나면 우주는 통일될 수 있는 것입니다.

3 인간의 소망은 하나님의 나라를 건설하는 것입니다. 천국창건이라는 목표를 실현하는 것입니다. 여러분의 나라는 세상에 있는 것이 아니라 하늘에 있습니다. 인간이 사는 것도 세상을 위해서가 아니라 하늘나라를 위해서라는 것입니다. 또 여러분은 이 세상 나라의 주인이 아니라 하늘나라의 주인입니다.

4 우리는 하나님의 나라를 앙모합니다. 그곳은 사랑이 있는 곳이기 때문입니다. 일시적인 사랑이 아니라 시간을 초월하여 영원한 사랑이 존속할 수 있는 곳입니다. 또 자기 스스로를 높임 받을 수 있는 곳이고, 자기 가치

를 백 퍼센트 인정받을 수 있는 곳입니다. 즉 영원히 행복한 곳입니다. 그렇기 때문에 인간은 하늘나라를 그리워하고 동경하는 것입니다.

5 새로 맞이한 새천년은 6천년간의 구원섭리가 완성되고 창조이상을 중심한 본연의 하늘나라가 건설되는 때입니다. 구약과 신약의 약속이 이루어지는 성약의 시대를 말합니다. 다시는 눈물이 없고 사망이 없으며 애통하는 소리가 들리지 않는 새 하늘과 새 땅을 말합니다. 수정같이 맑은 생명수를 값없이 나누어 받는 조건 없는 참사랑의 시대를 말합니다. 영계와 지상이 하나로 통하여 천상과 지상에 하나님의 나라가 이루어지는 시대입니다. 살아 계시는 하나님의 직접주관이 복귀된 장자권·부모권·왕권을 통하여 전체·전반·전권·전능의 새 시대가 열리는 때입니다.

6 지구성은 인류의 고향이요, 영계는 인류가 완성하여 도달해야 될 영원한 조국을 의미합니다. '한 하나님 아래 하나의 나라'를 넘어 '한 하나님 아래 하나의 천주'로서 하늘부모를 중심한 지구성 대가족주의 세계가 이루어지는 때입니다. 따라서 우리는 하나님과 인간의 근본적인 관계인 부자지연을 마음에 새기어 천주, 즉 영계와 지상을 우리의 고향과 조국으로 창건하는 데 적극적으로 앞장서야 합니다.

7 예수님도 참하나님의 조국을 창건하기 위해서 오셨고, 선지선열들도 그 조국 건설의 역군들이었습니다. 천국을 창건하기 위하여 완성된 남성이 와야 합니다. 하늘땅이 공인하는 남성이 가정을 이루어 자녀를 번식하고 종족·민족·국가를 이루어야 합니다. 가인과 아벨을 기준으로 탕감하고 접붙여서 이 세계를 하나님 주관의 조국으로 창건해야 됩니다. 선지선열들이 이것을 바라고 나왔지만, 소망하는 개인·가정·종족·민족·국가·세계로 이어지는 지상천국을 건설하지 못했으니 우리는 가던 길을 버리고 가야 합니다.

8 영원한 하나님의 나라는 하나의 목적을 중심삼고 하나의 방향만으로 가기 때문에 광명한 모습으로, 명랑한 모습으로 힘차게 뻗어 나가야 합니다. 아무리 여기에 먹구름 같은 것으로 막혀 있더라도 그것을 뚫고 나가는 것입니다. 세상의 빛은 구름에 가리게 되면 그림자가 생기지만, 하늘나라의 빛은 이 구름도 뚫고 나가는 것입니다. 그 빛과 열을 갖고 거기에 가게 되면, 모든 것은 열에 뜨거워져서 타 버리는 것과 마찬가지로 없어지게 됩니다.

9 하나님의 나라가 어디에서부터 시작하느냐? 완성된 사람, 그 한 사람 가운데서 이루어진다는 것입니다. 그랬으면 하나님은 우리의 마음 가운데 계십니다. 여러분이 원리를 통해 배워서 아는 것과 마찬가지로 주체와 대상, 혹은 안팎이 완전히 하나된 곳에는 하나님이 계십니다. 중심이 생깁니다. 그 주체와 대상은 하나님과 공동적인 자리에 있게 된다는 것입니다. 주체와 대상이 상관된 모든 일체는 하나님과 관계를 맺게 됩니다. 그렇게 되면 아담 해와가 기뻐하는 것은 하나님도 기뻐하게 되고, 하나님이 기뻐하는 것은 아담 해와도 기뻐하게 된다는 것입니다. 관계된 일체는 전부 공동적인 작용으로 나타난다는 결론을 내릴 수 있습니다.

10 하늘나라는 사랑으로 이룩된 세계입니다. 그러므로 사랑의 감도에 적응될 수 있는 소성 비준에 따라 원근의 거리가 결정되는 것입니다. 태양 빛을 많이 받는 나무는 빨리 자라는 것입니다. 빨리 무성해집니다. 그런 나무는 꽃이 피어도 많은 꽃이 피게 되고, 열매를 맺어도 많은 열매를 맺게 되는 것입니다. 마찬가지입니다. 그렇기 때문에 사랑의 감도를 흡수하는 입장에서 보게 되면 그 줄기와 마찬가지입니다. 전체가 느낄 수 있는 사랑의 요인이 그를 통해서 거쳐 나가기 때문에, 그는 그 분야, 그 환경에 해당하는 사랑의 기쁨을 느끼는 것입니다. 그 기쁨의 결과가 하나님의 전체 기쁨과 어떠한 상대적 입장에 해당되는 기쁨의 기준이냐 하는 문제를 중심삼고 하나님과 나의 관계가 결정되는 것입니다.

11 하늘나라는 어떤 곳이냐 하면 선한 곳이요 의로운 곳입니다. 그런 환경이 벌어지는 세계입니다. 그곳은 좋아하는 것, 기뻐하는 것, 사랑하는 것이 언제나 충만한 곳입니다. 그러면 천국에 들어갈 수 있는 사람은 어떤 사람이냐? 그 환경에 맞는 내용을 갖춘 사람이 되어야 합니다. 이것은 당연한 결론입니다. 우리는 그런 천국을 바라보며 가고 있습니다.

12 하늘나라는 하나님 나라의 가정으로부터 시작됩니다. 그 가정은 하나님의 뜻에 맞는 남자 여자로부터 시작됩니다. 결국 한 남자와 한 여자가 가정의 중심이 되고, 나라의 중심이 되고, 전체의 중심이 되어야 합니다. 나라가 먼저 되는 것이 아니고 가정이 먼저 완성되는 것이 아니라 한 남자와 한 여자가 먼저 완성해야 됩니다. 그 남자와 여자를 생각할 때 오늘날 여러분과 나 자신에게까지 연결되는 것입니다. 완성된 남자와 여자라는 것은 옛날이나 지금이나 미

래나 마찬가지입니다. 거기에는 차이가 없습니다.

13 하늘나라는 어떠한 사람이 가느냐? 본연의 원칙에 입각한 사람, 타락 전 본연의 사람만이 가게 됩니다. 본연의 사람은 사랑을 받겠다는 사람이 아닙니다. 하나님의 사랑을 받겠다는 사람이 아닙니다. 하나님의 사랑에 취해 살자는 사람입니다. 자식을 사랑하는 부모의 마음은 아름답습니다. 자기가 배고픈 것을 참고 자식을 위해서, 허리춤에 있는 먹을 것을 녹여 자식에게 주겠다고 하는 그 부모의 사랑 앞에는 천하가 머리를 숙이는 것입니다. 그 아들딸은 틀림없이 우주가 협조합니다. 천하가 머리를 숙이는 것입니다. 자식이 잘나서 그 자식이 출세한다고 생각하지만 부모의 사랑이, 위하는 공덕이 거기에 묻혀 있기 때문에, 그것을 무시할 수 없기 때문에 그 후손들은 한때에 출세를 하는 것입니다.

조국광복은 하나님의 소망

14 하나님의 조국은 어디입니까? 참부모와 참가정이 있는 곳입니다. 그러면 참부모의 본향은 어디입니까? 하나님과 자기와 아들딸이 있는 곳입니다. 그 참부모의 조국은 어디입니까? 하나님과 자녀가 있는 곳, 사랑할 수 있는 주체와 대상이 있는 곳이 조국입니다. 주체와 대상의 사랑을 가질 수 있는 곳이 조국입니다. 그렇다면 자녀의 조국은 어디입니까? 하나님을 주체로 하여 부모님을 사랑할 수 있고, 자녀는 대상으로 사랑을 받을 수 있는 곳입니다. 그곳이 통일교회에서 말하는 사위기대의 본향지입니다. 그곳이 이상적인 조국입니다. 어째서 이상적인 조국입니까? 참하나님의 사랑과 참부모의 사랑과 참자녀의 사랑이 있기 때문입니다. 이것이 근본이 돼 확대된 세계가 이상세계입니다. 사위기대에는 그런 원칙이 있습니다.

15 조국은 어머니 아버지의 나라입니다. 우리 조상들의 나라입니다. 종지조상의 나라입니다. 그 종지조상으로부터 사랑해 내려온 나라라는 것입니다. 그 사랑이 불변하니까 그 나라가 변해서는 안 되는 것입니다. 역사시대에 나라를 중심삼고 조국이라고 주장한 모든 사람들의 전통적인 배후를 볼 때, 이런 부모님이 사랑하는 조국을 잃어버리지 않은 민족이 없습니다. 언제나 잃어버렸습니다.

16 오늘날 하늘을 위해서 가는 사람들은 사탄세계에 파송받은 밀사입니다. 개개인에 있어서 크고 작고, 넓고 좁고, 높고 낮은 차이가 있을는지 모르지만, 각자가 처해 있는 생활 자체

는 밀사의 생활을 떠나서는 안 되는 것입니다. 여기에는 언제나 생사의 위협이 개재되어 있습니다. 자칫 잘못하면 영원한 생명 문제가 좌우되는 입장에 놓이게 되는 것입니다. 그렇기 때문에 영원한 생명을 지탱시킬 수 있고 영원한 생명을 보호해 줄 수 있는 우리의 조국을 찾겠다는 관념이 그 환경보다 몇 백 배 강하지 않고서는 밀사의 생활을 할 수 없습니다. 그 조국의 영광을 바라보는 마음으로 조국의 원한을 풀었을 때에 온 만민이 기뻐한다는 것을 생각하고, 새로운 역사를 창건하여 조국광복의 한 날을 맞는 그때에 자기 공로가 드러날 것을 생각하면서 현재의 입장을 무시해 버릴 수 있어야 됩니다. 그런 마음이 앞서지 않고는 밀사의 사명을 수행하지 못한다는 것입니다. 다시 말하면 조국광복을 위한 소망이 현실의 소망보다 천배 만배 강한 마음이 되어야만, 오늘의 생명을 바꿔치는 한이 있더라도 그것을 극복하고 밀사의 사명을 수행할 수 있는 것입니다.

17 제2의 조국광복을 위해 삼팔선을 타파하고 만민 앞에 자랑할 수 있는 아시아의 새로운 결실로 나타날 수 있어야 합니다. 한민족의 역사적 처참사를 딛고 새로운 문화를 창건해야 될 사명이 우리에게 있는 것을 알고, 약한 손을 서로서로 맞잡고 약한 몸을 움직여 하늘을 향하여 쌍수를 들어 맹세해야 됩니다. 지금이 바로 그 순간이라는 것을 알고 여러분은 자중하는 마음으로 내일을 준비해야 됩니다. 국가를 사랑해야 되겠고 세계를 사랑해야 되겠기 때문에 환경을 개척해야 됩니다.

18 본향 땅과 본향의 조국은 어디입니까? 조국은 물론 어떤 특정한 한 국가적인 기준이 되겠지만, 하나님이 찾아 나오는 인류의 조국은 이 지구성입니다. 이 지구가 하나님이 소망하는 인류의 조국이라는 것입니다. 수많은 역대의 우리 선조들이 희생의 길을 걸어갔지만, 그들이 소망으로써 하늘 앞에 호소하면서 간 것이 무엇입니까? '소망의 조국의 한때가 어서 오소!'라고 하는 것이었습니다. 하늘의 한 국가를 세움으로써 지금까지 하늘 앞에 원수인 대사탄을 심판해 버리고, 악을 제거해 버리고 선만을 위주로 한 평화의 천국을 이 지상에다 이루어 놓아야 합니다. 그것이 하나님의 소원이요, 예수님의 소원이요, 지금까지 섭리노정에 있어서 지대한 공헌을 한 우리 선조들의 소원이었다는 것입니다.

19 세계 모든 국가들의 역량을 총동원하여 대우주의 주인 되신 하나님이 원하시는 평화이상세계왕국 창건에

총매진해야 될 때가 왔습니다. 인류는 이제 선생님의 가르침인 참사랑·참생명·참혈통의 평화사상을 받아들이지 않고는 살아갈 수 없는 막다른 길에 들어섰습니다. 여러분의 선한 조상들이 총동원되고, 후천시대의 천적인 권세가 몰아치면 제아무리 막강하게 보이는 국가나 민족이라 할지라도 천지운세 앞에 순응할 수밖에 없게 될 것입니다.

20 하나님이 직접 왕권 중의 왕권을 가지고 만국을 다스릴 수 있는 것은 타락이 없는 세계입니다. 그 자리는 참부모의 완성과 더불어 하나님의 완성, 참부모의 나라와 세계가 완성할 수 있는 자리이기 때문에 행복과 평화만이 깃들 수 있는 우리 조국광복의 본향 땅입니다. 그것을 기억해서 그 잃었던 것을 복귀하기 위한 모든 만유의 존재가 어둠 가운데서 탄식과 한의 역사를 바라보면서 소원하는 것은 참부모 완성의 때입니다. 지금까지 오랜 기다림의 심정을 가지고 참으신 하나님의 고통이 얼마나 컸느냐는 것입니다.

2절 천일국 선포와 그 배경

1 지금까지 영인들은 하나님이 아버지인 것을 몰랐습니다. 부모인 것을 몰랐다는 것입니다. 핏줄이 다르니까 알 수 없습니다. 영계에서부터 하나님은 천주부모요, 지상에 온 참부모는 천지부모입니다. 천주부모와 천지부모가 하나입니다. 그래서 천지인부모, 사람으로서 실체를 중심삼고 왕권이 옮겨지는 것입니다. 천지인부모가 아니고는 지상에 정착할 수 없습니다. 천주부모·천지부모·천지인부모가 같은 자리에 서 있기 때문에 여러분 개개인이 아담 대신 완성자가 되어 타락하지 않은, 하늘땅이 통일된 승리의 패권을 상속받은 자리에 서게 된 것입니다. 그래서 가정맹세문에 나오는 것처럼 '천일국 주인'이라고 할 수 있습니다.

천일국 탄생의 섭리적 배경

2 천일국이 탄생하기 위해서는 몸과 마음의 싸움에서부터 가정적 싸움, 종족·민족·국가·세계의 싸움, 하늘땅의 싸움, 사탄과 하나님과의 싸움 등 모든 싸움을 말려서 하나 안 될 수 없는 시대를 맞이해야 됩니다. 그런 시대를 맞이했기 때문에 초종교초국가평화의회(IIPC)의 기준을 넘어서 평화유엔을 설정하게 된 것입니다. 평화의 왕이요, 평화의 주인이요, 평화의 스승인 하나님을 중심삼은 이상적 세계 국가가 지상에 착지함으로 말미암아 우리는 중생식·부활식·영생식·축복식까지 해 가지고 하늘나라에 완전히 들어갈 수 있는 기반을 닦는 것입니다. 그래서 비로소 천일국을 선

포하기에 이른 것입니다.

3 '천지부모님 천일국 개문 축복성혼식'을 통해 천일국을 개문하는 것입니다. 개인적 개문, 가정적 개문, 종족적 개문, 민족적 개문, 국가적 개문, 세계적 개문이 벌어지게 됩니다. 비로소 지상에서 상대가 될 수 있는 천상세계를 축복해 줬기 때문에 사탄이 간섭을 못합니다. 영계도 개인으로부터 축복을 해서 종족을 편성하는 것입니다. 거짓 부모가 갈라지게 했기 때문에 참부모가 본연의 자리로 복귀하는 것입니다. 그래서 부모님을 절대신앙하고 절대 따라가도록 하는 것입니다.

4 2001년 1월 13일에 '하나님왕권즉위식'을 했고, 2003년 2월 6일에는 '천지부모님 천일국 개문 축복성혼식'을 했으며, 3월 10일에는 '천주평화통일가정당'을 만들었습니다. 가정당을 만들자 정치하는 사람들은 선생님이 한국이나 세계정세를 얘기할 줄 알았지만 혼인신고 얘기, 출생신고 얘기를 했습니다. 정치 얘기는 한마디도 안 했습니다. 부모가 혼인신고를 못했기 때문에 자녀를 낳고 출생신고를 할 수 없습니다. 호적이 없기 때문입니다. 호적이 있으려면 나라가 있어야 합니다. 그래서 천일국을 발표하고, 천일국 1년에는 하나님왕권 수립을 선포한 것입니다.

5 제4차 아담 혈통권 환원식을 했기 때문에 하나님의 왕권즉위식을 할 수 있는 것입니다. 즉위식은 하나님만 해서는 안 됩니다. 부모의 자리에서 혼인신고를 해야 되는데 그것을 하려니 나라가 없습니다. 그래서 천일국을 만든 것입니다. 두 사람이 하나되는 나라, 그것은 참 고마운 말입니다. 두 사람이 하나되니 종교와 정치도 하나가 되는 것입니다. 그 둘이 하나되면 천일국이 되는 것입니다.

6 재창조역사 과정을 아담을 중심삼고, 제1차 아담, 제2차 아담, 제3차 아담이 완성함으로써 천일국이 복귀되는 것입니다. 지금까지 국가 기준을 한꺼번에 완성해서 일체화시키는 해방·석방시대를 맞이할 수 있는 그 나라가 천일국, 우리 조국이요 우리 고향 땅입니다.

7 아담 가정에서부터 시작된 가인 아벨의 갈등과 투쟁이 마침내 세계적 차원의 공산세계와 민주세계의 싸움으로 비화된 20세기의 대전환기에서 선생님은 섭리적으로 필요한 모든 단계의 탕감조건들을 세워 승리했습니다. 그 터전 위에서 비로소 아벨 지배권의 참사랑 시대인 천일국 시대를 선포하였으며, 2001년에는 하나님왕

권을 즉위해 올렸습니다. 그리고 2004년에 들어서는 인류의 참부모 자격으로 선생님이 제2 이스라엘격인 미국과 제3 이스라엘격인 한국에서, 그리고 세계적인 차원의 초종교 초국가 평화의 왕으로 등극하는 대관식과 즉위식을 가졌습니다. 이와 같은 일련의 섭리적인 승리 기반 위에 인류는 이제 2005년부터 천일국 창건의 장성급인 제2 단계에 접어들었고, 입적 섭리를 완결짓기 위한 혈통전환, 소유권전환, 그리고 심정권 상속의 3대 목표 완성을 위해 총진군 명령을 받았습니다.

천일국 개문 축복성혼식

8 '천주천지참부모님 평화통일 축복가정왕 즉위식'을 했기 때문에 비로소 이 땅 위에 천일국이 시작됩니다. 하나님의 가정으로부터 종족적·민족적·국가적 조건을 중심삼고 천지를 묶어서 성인들을 축복해 주고 영계에서 교육하는 것입니다. 하나님이 있는 줄을 영계에서 몰랐습니다. 보이지 않기 때문에 못 믿었는데, 선생님을 중심삼고 가르쳐 주게 됩니다. 원리 교육을 함으로써 천주부모, 하나님이 부모라는 것을 아는 것입니다. 부모를 찾게 된 것은 자기로서가 아닙니다. 참부모가 찾아서, 참부모를 따라서 하나님이 마음대로 천상·지상세계에 넘어갈 수 있는 것입니다.

9 천일국 개문 축복성혼식으로 인해 비로소 나라가 생기게 되었습니다. 천지부모님 천일국 개문 축복성혼식입니다. 나라가 생겼으니, 천일국이 생겼기 때문에 그다음에는 천주천지참부모님 평화통일 축복가정왕 즉위식이 있게 되는 것입니다. 가정에 비로소 왕이 생겨나고 주인이 생겨나는 것입니다. 타락이 없었으면 21세 젊었을 때 할 것이었는데, 몇 천만년이 걸렸습니다. 엄청난 사실입니다. 비로소 하나님 천주부모와 참부모 천지부모가 참사랑을 중심삼고 평화통일 축복가정왕 즉위식을 했기 때문에 가정의 왕을 모시는 것입니다.

10 하나님의 탕감복귀 전체를 중심삼고 원수들의 담을 다 헐어 버렸습니다. 몸 마음의 담, 가정의 담, 세계의 담, 종족의 담, 민족의 담, 국가의 담, 하늘땅의 담을 전부 해방해서 탕감적 조건을 중심삼은 내적 기준을 다 탕감했기 때문에 천일국이 나오는 것입니다. 두 사람이 하나된 나라입니다. 아담 해와가 하나되어 나라가 시작됩니다. 하나님이 두세 사람만 합해서 기도하더라도 같이하겠다는 그런 뜻이 있습니다. 두 사람이 하나되는 나라가 천일국입니다.

11 천지부모님 천일국 개문 축복성혼식! 비로소 나라가 생겨났으니 혼

인신고를 할 수 있고 출생신고의 길이 열린다는 것입니다. 그것이 천일국 개문 축복성혼식입니다. 지상에서 고장이 났으니 참부모를 중심삼고 천주천지참부모님 평화통일 축복가정왕 즉위식을 하는 것입니다. 그것이 비로소 하나돼 출발하게 됩니다. 이 기반 위에서 출생신고를 다시 해야 됩니다. 입적이 벌어지는 것입니다. 그러면 출생신고를 한 여러분은 조상들이 바라던 것처럼 완성한 가정의 기틀을 갖출 수 있고, 타락하지 않고 축복받은 아담 가정의 실체와 같은 가정이 됐느냐 하는 것입니다. 자신이 있습니까? 회개해야 됩니다. 세포가 통곡을 해야 됩니다.

12 여러분이 선생님과 같이 하나님 왕권과 조국정착과 하늘나라, 천일국에 입적을 해야 할 때입니다. 나라가 생겼으니까 여러분이 입적할 수 있는 것입니다. 출생신고, 혼인신고, 사망신고를 하는 것입니다. 그것을 나라가 보증하는 것입니다. 태어나면 나라 앞에 출생신고를 하고, 혼인신고도 해야 되고, 죽었으면 죽었다는 통고를 해야 됩니다. 나라가 있기 때문에 영계에 영원히 입적하게 됩니다. 출생신고, 혼인신고, 그다음에 승화식(성화식)을 통해 천국으로 이동하는 것입니다. 가정맹세문 5번에 나온 것처럼 매일같이 천상세계가 주체이니만큼 거기에 맞춰서 살아야 합니다. 그것이 막연한 것이 아닙니다. 여러분이 그렇게 삶으로써 지상과 천상이 경계선 없이 연결되는 것입니다.

13 참부모님의 생신을 중심삼고 천지부모님 천일국 개문 축복성혼식을 했기 때문에 비로소 혼인신고를 할 수 있는 것입니다. 그다음에 천주천지참부모님 평화통일 축복가정왕 즉위식을 함으로써 가정이 비로소 하늘나라를 상속받아 왕으로서 출발하는 것입니다. 가정왕이 종족왕이 되고, 종족왕이 민족왕이 되고, 민족왕이 국가왕이 되고, 국가왕이 세계의 성인, 성자의 자리에서 하나님 자리에 올라가 상속받는 것입니다.

14 2003년 참부모님의 생일을 중심삼고 천일국 개문 축복성혼식을 했습니다. 천일국을 중심삼고 참부모님의 성혼식을 한 것입니다. 하나님과 참부모님이 비로소 참사랑·참생명·참혈통을 중심하고 일체가 되어 성혼식을 한 그 기준을 세계의 정상을 넘어선 지금 이때에 와서 전부 갖다 맞춰야 합니다. 천일국을 선포하기 위해서는 제1, 제2, 제3 이스라엘 나라의 혈통전환 축복결혼 기반이 없어서는 안 됩니다. 천국은 심정의 일체권이 되어야 합니다. 참사랑·참생명·참혈통 일체권이 아닙니다. 타락했기

때문에 탕감 일체권을 거쳐 나와야 했던 것입니다. 그 일체권을 만들어야만 천국이 될 텐데 그것을 못했기 때문에 '3시대 대전환 사위기대 입적 통일축복식'을 거행한 것입니다. 이런 것을 선포하고 천일국이 선포됨으로써 모든 영계와 육계의 축복가정들이 입적하게 된 것입니다.

15 3000년의 첫해 되는 2001년 1월 13일을 중심삼고 하나님왕권즉위식을 거행했습니다. 원래 선생님 60세 될 때인 1980년도에 해야 될 텐데 연장해서 어머님 60세 넘어 61세를 맞이하는 환갑 때인 천일국 3년 새로운 천주·천지부모가 하나되어 성혼식을 할 수 있는 기념의 날로 책정해서 거행한 것이 천일국 개문 축복성혼식입니다. 그리고 천일국 개문 축복성혼식을 거행했기 때문에 비로소 천일국 가정에 참부모가 왕의 자리로 즉위할 수 있는 것입니다.

16 천일국을 중심삼지 않으면 천지부모가 성혼식을 못합니다. 하나님왕권즉위식을 하지 않으면 성혼식과 출생신고를 할 수 없다는 것입니다. 그것은 나라가 없기 때문입니다. 하나님왕권즉위식을 한 이후 만 2년 만에 어머니의 만 60세 생일에 천지부모님 천일국 개문 축복성혼식을 거행했습니다. 비로소 하나님과 참부모님이 조국광복의 터전을 마련한 그 기반 위에서 성혼식을 할 수 있었습니다. 그 이후에 천주천지참부모님 평화통일 축복가정왕 즉위식을 했습니다. 비로소 역사 이래에 가정의 왕의 자리를 차지하는 것입니다.

지금은 섭리적 대전환기

17 양심혁명시대는 지금까지 여러분의 몸이 마음을 지배하던 것을 완전히 굴복시켜 놓는 것입니다. 이것은 절대적 조건입니다. 마음이 몸을 통일 못하는 사람들은 하늘나라에 들어갈 수 없습니다. 3대권 혈족을 이어받아 천국의 본연 기준에 들어갈 수 없습니다. 양심혁명 완성 위에 하나님의 심정혁명 문화권을 중심삼고 3대가 하나되어야만 천국에 들어가는 것입니다. 3시대 대전환 사위기대 입적 통일축복식을 해준 것과 마찬가지로, 반드시 3대가 결속해서 통일되지 않으면 심정문화 정착시대의 하나님 심정권 내의 천일국 가정, 해방적 천일국 나라에 들어갈 수 없다는 것입니다. 이제부터는 마음이 절대적으로 몸을 굴복시키지 않으면 안 됩니다. 몸이 하자는 대로 해서는 안 된다는 것입니다.

18 여러분은 섭리역사상 오늘 여러분이 서 있는 위치가 과연 어떤 자리인지 궁금할 것입니다. 인간적인 눈

으로는 볼 수 없는 대전환기의 한 시점입니다. 특히 2000년대로 접어들면서 하늘의 섭리는 이제 엄청난 속도로 완결 섭리를 향해 치닫고 있습니다. 그동안 수많은 조직과 단체들이 섭리를 촉진시키는 기관으로 창설되었습니다. 그중에서도 세계평화초종교초국가연합과 평화유엔은 사탄권을 포용하고 아벨 입장에 서서 가인격인 몽골반점동족세계평화연합과 사탄권을 해방시켜 통일세계를 이루어 인류역사가 더 이상 가인과 아벨 간의 갈등과 투쟁으로 점철되는 일이 없도록 책임을 다해야 하는 자리에 서 있습니다.

19 천일국이라는 말이 그냥 나온 것이 아닙니다. 역사적으로 탕감복귀를 완료해야 됩니다. 2차대전 승리의 기반을 중심삼고 초국가·초종교·초NGO권까지 넘어서서 참소할 수 없는 내용을 가져야만 천일국이 생겨나게 됩니다. 지금 선생님이 하는 일을 세계가 부정할 수 없습니다. 팔도강산, 아시아로부터 세계 전체에 일을 벌인 것입니다. 40년 동안 그와 같은 일을 한다는 것은 쉬운 것이 아닙니다. 꿈같은 이야기입니다. 하나님의 나라를 찾아 책정할 수 있었다는 사실! 하나님의 나라를 찾기 위해서는 하나님왕권즉위식을 해야 됩니다. 나라 없이 즉위식을 할 수 없습니다. 비로소 천일국을 출발해 개문하는 축복식을 한 것입니다.

20 2004년 미국과 한국의 국회에서 평화의 왕으로 추대하여 대관식을 가진 후 2005년에는 미국 뉴욕에서 천주평화연합을 창설했습니다. 그 승리적 터 위에 지난 6월 13일에는 실체적 천일국 창건을 위한 천주평화의 왕 참부모님 천정궁 입궁식과 대관식을 거행하였습니다. 돌이켜 보면, 오늘은 지난 80여 평생을 바쳐 하늘의 뜻을 이루어 나오는 과정에서 억울한 모함과 핍박으로 인해 치러야만 했던 여섯 번의 감옥살이 중 그 마지막인 미국 댄버리 감옥에서의 옥고를 승리하고 출감한 21주년 기념일이기도 합니다. 이 뜻 깊은 날을 기념하고, 또 선생님을 대신하여 세계 180개국 말씀 순회를 완료하고 귀국한 한학자 총재의 승리귀국을 환영하고 축하하는 의미에서 이 역사적인 대회(천주평화조국향토천지환원승리석방대회)를 준비했습니다. 한 총재는 참부모의 자격으로 지난 6개월간 세계를 돌며 하늘이 후천개벽시대를 개문하며 인류에게 내리신 평화의 메시지를 실체적인 축복결혼과 함께 베풀어 줌으로써 하나님이 태초에 소망하셨던 이상가정과 평화이상세계왕국을 이 지구성 위에 창건하고 정착시키는 혁명적 대장정을 승리한 것입니다.

제2장 천일국의 구조와 정착

1절 천일국은 어떤 나라인가

1 '하늘 천(天)' 자는 두(二) 사람(人)입니다. 그 두 사람이 하나된 나라가 천일국(天一國)입니다. 아담 해와 두 사람이 하나된 것입니다. 횡적인 면에서 아담 해와가 하나되고, 종적인 면에서 아담 해와가 하나님과 하나되는 것입니다. 거기에서 아들딸이 나오게 됩니다.

2 이제부터 여러분은 천주평화통일국의 사람입니다. 그것을 간단하게 하면 천일국이 됩니다. '천일'이라는 말은 천지 간에 하나밖에 없다는 말입니다. 두 사람이 합해 가지고 한 나라를 이루는 것입니다.

참사랑으로 두 사람이 하나된 나라

3 천일국의 천(天)이란 것은 두 사람을 의미합니다. 하나님 무형의 수평과 실체의 수평, 두 사람이 묶는 것입니다. 그것을 하나로 만들 수 있는 것은 참사랑입니다. 그래서 두 사람이 절대 하나된 나라가 천일국입니다.

4 '두 이(二)' 자와 '사람 인(人)' 자를 갖다 놓으면 하늘(天)이 됩니다. 두 사람이 하나돼 있는 나라를 천일국이라 하는 것입니다. 여러분의 몸과 마음, 두 사람입니다. 마음의 사람, 몸 사람의 두 사람이 하나 안 되어 있다 할 때는 지일국(地一國)이라는 것입니다. 천일국은 천상의 제일가는 나라, 하늘나라입니다.

5 쌍쌍으로 지어진 모든 것은 하나님의 사랑 가운데서 생겨났습니다. 그렇기 때문에 꽃으로 말하면 수술 암술, 동물은 수놈 암놈, 인간은 몸과 마음, 그다음에 남자와 여자 등 전부 둘로 돼 있습니다. 부자관계가 하나되고, 부부관계가 하나되고, 자녀관계가 하나되는 곳, 둘이 하나되는 곳이 천일국입니다. 둘이 하나된 그 가정에는 하나님이 임재하는 것입니다. 그래서 상하관계인 부자관계, 좌우관계인 부부관계, 전후관계인 형제관계가 완전히 하나되어야 되는데, 하나될 수 있게 하는 것은 위하는 것입니다. 자기를 위하라고 하는 사람은 탈락됩니다.

6 천일국은 두 사람이 하나된 나라입니다. 두 사람이 하나되는 데는 상하가 하나되고, 좌우가 하나되고, 전후가 하나되어야 합니다. 그다음에 가인과 아벨이 하나되고, 악한 세계와 선한 세계가 하나되고, 지상·천상

천국이 하나되고, 하나님과 참부모가 갈라졌던 것이 하나되는데, 전부가 천국 개문을 완성함으로써 기틀이 잡히는 것입니다. 그러면 사탄세계는 자동적으로 물러가게 됩니다.

7 부모와 자식, 남자와 여자, 형제, 모든 것이 둘입니다. 둘이 하나된 나라가 천일국입니다. 사랑의 길을 중심삼고 3대를 연결해서 정착할 수 있는 가정을 터로 해서 비로소 천일국 평화통일 평정시대가 벌어지는 것입니다. 기원이 자기를 중심삼고 평정적 기반을 생각해야 됩니다. 나를 중심삼고 볼 때, 나는 하나님 부모를, 세계에 없는 부모를 가진 것을 자랑해야 됩니다.

8 천일국은 참부모의 나라, 천지부모의 나라입니다. 참사랑을 중심삼은 자유세계, 참사랑을 중심삼은 평화세계, 참사랑을 중심삼은 행복의 세계입니다. 천지부모의 이상인 참사랑을 중심한 자유, 평화, 행복의 천일국 안착 만세라는 것입니다. 참사랑을 중심한 자유의 해방, 평화의 해방을 받아야 되고, 그다음에는 행복해야 됩니다. 하늘땅이 참사랑을 중심삼고 하나된 나라가 천국입니다.

9 하나님과 더불어 일체 되어서 하나님의 일체 된 그 권내에 있어서 상하관계 일체, 좌우관계 일체, 전후관계 일체가 된 이것이 하나의 모델이 된 정착 가정이 되어야 합니다. 이런 가정이 전부 연결되고, 그럼으로 말미암아 종족이 되고 민족이 되고 국가가 되고 세계가 되는 것입니다. 이 공식 다리를 통해서, 결속하는 공식을 통해서 하늘땅의 이상적 천일국도 완성됩니다.

10 하나님의 창조이상, 타락하지 않은 본연의 세계가 천일국입니다. 두 사람, 세 사람이 하나될 수 있는 나라입니다. 하나의 세계 종착점을 중심삼고 하나에서 시작해 종착점도 거기에 동일한 가치로서 나눠 주더라도 불평할 수 있는 사람이 한 사람도 없다는 것입니다. 같은 가치의 내용을 가지고 천국에 들어가서 영원한 태평성대, 번성할 수 있는 시대를 맞게 되는 것입니다.

11 여러분은 후천시대를 맞아 하늘이 주시는 진리의 말씀을 여러분의 가정에서, 그리고 여러분의 나라에서 실천궁행하여 영생을 위한 준비를 철저히 해야 될 때입니다. 선천시대의 갈등과 상충, 그리고 대결 주도의 세계에서 천지부모님 되시는 참부모님의 승리적 기반 위에 서서 이제 우리는 상생과 화합통일의 실체적 천국, 천일국을 창건해야 될 것입니다.

12 두 사람이 하나될 수 있는 데서 평화가 생깁니다. 싸움의 세계에는 평화도 없는 것이요, 하나님도 존재할 수 없습니다. 싸움하면 분해돼 해체되기 때문에 없어지는 것입니다. 이론적으로 누구도 부정할 수 없습니다. 그것은 자연이치요 과학의 원리입니다. 선생님은 과학을 공부한 사람입니다. 조부모·부모·아들딸을 중심삼고 3대가 한 가정에서 영존하시는 하나님을 모시고 사는 천일국 가정을 찾아 세우는 것이 종족메시아들의 책임이요 평화대사들의 사명이며, 하나님의 소원입니다.

13 천일국 가운데에는 가정이 들어갈 수 있고, 종족이 들어갈 수 있고, 개인·가정·종족·민족·국가, 이 5단계의 기준이 전부 들어가게 됩니다. 사탄세계의 국권을 양도받았기 때문에 국가까지 해방받은 자리에서 완전히 하늘나라의 권한을 행사할 시대가 왔다는 것입니다.

14 한국 역사를 보면 전부 충신과 간신의 싸움입니다. 충신이 피 흘린 역사입니다. 왕권 수립을 위해서 역모를 하다가 걸리게 되면 7대가, 3대 이상이 멸족하게 됩니다. 비참한 벌을 받아 온 것입니다. 한국 여자 이상 고생한 여자들이 없습니다. 그러한 것을 탕감해서 해방시키기 위해 지옥 밑창에서 천상 끝까지 전부 일체화해야 됩니다. 두 세계를 하나 만든 것이 천일국입니다. 천일국 사람, 천일국 가정, 천일국 종족, 천일국 민족, 천일국 국가, 천일국 세계, 천일국 천주, 천일국 해방의 하나님 왕권과 더불어 하나님 아들딸이 에덴에서 타락하지 않고 하늘의 창조이상 위에 지상·천상천국 완성 결과의 자리에 살아갈 수 있도록 다시 출발하는 이때인 것을 알아야 됩니다.

제4차 이스라엘국과 천일국

15 하나님의 조국창건은 제4차 아담권 환원을 말합니다. 제4차 아담의 나라가 생겨나는 것입니다. 제4차 아담의 나라가 생겨나면 천일국과 제4차 이스라엘국이 하나돼야 합니다. 하나는 종교권이고 하나는 정치권인데, 그 둘이 하나됨으로써 통일되는 것입니다. 그렇기 때문에 제4차 이스라엘국이 필요합니다.

16 평화왕국의 대표가 천일국입니다. 그것이 하나님의 조국의 기틀이 되는 것입니다. 천일국과 제4차 이스라엘 나라, 평화유엔입니다. 제1 이스라엘 왕권과 더불어 제2 이스라엘 왕권, 그리고 참부모가 예수님이 실체 기반을 잃어버린 것을 비로소 제3 이스라엘 왕권으로 대신했기 때문에 영계 전체, 예수님을 중심삼은 모든

종교권이 합해서 제3 이스라엘 부모를 모실 수 있는 하나의 통일세계로 넘어가는 것입니다.

17 천일국은 종교권을 중심삼고 탕감복귀의 내적인 하나님을 해방하기 위한 것이고, 제4차 이스라엘 국가를 세우려는 것은 외적인 세계국가를 세우기 위함입니다. 이 둘이 하나돼서 하늘나라의 지상천국 이상인 하나님의 나라가 설정된다는 것입니다. 그런 최후의 전선을 향해 총돌격을 명령할 수 있는 때가 이제부터입니다.

18 제4차 이스라엘과 평화유엔이 하나되어 가지고 심정문화세계의 기반이 되는 참부모 가정과 하늘땅의 가정을 모심으로써 가인 아벨의 투쟁역사가 끝나게 됩니다. 그래서 온 세계 국가가 지금까지 비었던 천국을 한꺼번에 가득 채울 수 있는 해방·석방시대에 들어감으로써, 하나님이 태평성대 억만세 시대로 들어감으로써 하나님의 조국과 평화왕권 시대가 성립되는 것입니다. 미국을 중심으로 제3 이스라엘이 통일되는 날에는 평화유엔권은 자동적으로 결속해서 제4차 이스라엘 나라와 하나될 것입니다. 미국은 유엔을 새로이 편성해서 천일국, 하나님의 조국을 시봉해야 됩니다. 그렇게 함으로써 하나님은 타락하지 않은 본래의 하나님 자리를 차지해서 만국을 치리하는 태평왕국시대로 전진하게 될 것입니다.

2절 천일국의 3대 요소

1 한 나라가 형성되기 위해서는 주권이 있어야 하고, 백성이 있어야 하고, 국토가 있어야 합니다. 하늘나라도 역시 마찬가지입니다. 주권을 대신한 것이 부모이며, 백성을 대신한 것이 아들딸이고, 그리고 국토를 대신한 것이 나라입니다. 이 가운데 어느 한 가지도 빼놓을 수 없습니다. 이것은 철칙입니다.

2 나라가 형성되기 위해서는 그 나라의 주권이 있어야 되고, 백성이 있어야 되고, 국토가 있어야 됩니다. 그런 관점에서 지상에 천국을 실현한다는 문제를 두고 볼 때 천국의 주인, 주권자가 누구냐? 틀림없이 하나님이 주권자입니다. 그리고 백성은 누구냐? 백성은 만민입니다. 그러면 국토는 어디냐? 지구성입니다.

천일국의 근간은 주권과 백성, 국토

3 하나님이 확실히 있는 것만 알게 된다면 하나님의 뜻을 안 따라갈 수 없습니다. 하나님의 뜻은 세계 인류를 당신이 사랑하는 백성으로 만들고, 지구성을 당신이 사랑하는 국토로 만들고, 국토와 백성을 합해서 하나의 주권국가를 만들자는 것입니

다. 이것이 이상세계입니다.

4 나라가 형성되려면 국토가 있어야 하고, 백성이 있어야 하고, 그리고 주권이 있어야 합니다. 주권은 무엇이냐? 근원적인 하나님과 인연맺는 것입니다. 나라를 치리하는 사람들은 백성이 깊이 잠든 다음에 하나님과 인연맺어 정치를 해야 됩니다. 그리하여 주권자는 백성과 하나되어야 합니다. 백성과 하나되어 자기에게 있는 모든 것은 자기를 위한 것이 아니라 나라를 위한 것이라고 생각해야 됩니다. 그렇게 되면 그 나라는 번영하는 것입니다.

5 우리가 나라와 민족을 위하여 피땀을 흘리는 것은 결국 영원한 하늘나라를 이루기 위해서, 천추만대의 후손들이 길이 찬양할 수 있는 복지국가를 이루기 위해서입니다. 그 나라는 하나님을 중심삼고 직계 자녀들이 천명을 받들어, 하나님을 대신한 명령을 가지고 그 왕권을 치리하는 나라임에 틀림없습니다. 거기에는 민주주의나 공산주의가 있을 수 없습니다. 한번 형성되면 영원한 국가체제로 남아진다는 것입니다. 그런 것을 생각하게 될 때, 나 자신이 그런 나라의 백성이 못 됐다는 사실이 원통하다는 것입니다. 나 자신이 그런 나라에서 살지 못하는 것을 탄식해야 됩니다. 그런 하나의 나라를 갖지 못한 것을 한탄해야 됩니다. 그런 하나의 불변의 주권을 갖지 못한 것을 회개해야 됩니다.

6 하나님이 사랑하는 아들딸을 지상에 보내어 절대적인 하나의 국가를 세우기 위한 일을 진행시켜 나왔지만, 현 시점에서 하나의 국가를 복귀할 수 있는 터전을 마련하지 못했습니다. 번번이 실패했기 때문에 이 땅 위에 하늘의 사람을 보내 그 일을 경영시키고, 추진시키고, 성사시키기 위해 애써 나온 것이 지금까지의 하늘의 역사입니다.

7 주권이 없는 나라의 국민은 불쌍한 것입니다. 그래서 예수님이 염려하여 이르기를 '무엇을 먹을까, 무엇을 마실까, 무엇을 입을까 하지 말라. 이는 다 이방인들이 구하는 것이라. 너희 천부께서 이 모든 것이 너희에게 있어야 할 줄을 아시느니라. 너희는 먼저 그의 나라와 그의 의를 구하라. 그리하면 이 모든 것을 너희에게 더하시리라.'라고 하였습니다. 먼저 아들을 구하라고 하였습니까, 나라를 구하라고 하였습니까? 하나님이 찾고 있는 나라를 구하라고 하셨다는 것입니다.

8 예수님도 낙원에 가서 기다리고

있습니다. 하늘 보좌 앞에 못 갔다는 것입니다. 예수님은 하나님 앞에 나라의 주권을 세우고 나라를 치리해서 지상에서부터 천국까지 직통할 수 있는 권한을 가진 나라를 못 만들었기 때문에 하나님 앞에 설 수 없는 것입니다. 그러므로 낙원은 천국 가는 대합실입니다. 또 천국은 혼자서는 못 갑니다. 천국은 본래 타락하지 않았으면 아담과 해와, 가정 단위로 가야 됩니다. 아들딸들과 같이 가야 됩니다. 그러지 않으면 못 가는 것입니다.

9 하나님의 사랑의 주권은 절대·유일·영원·불변입니다. 그 나라의 주권도 그렇고, 그 나라의 백성도 그렇고, 그 나라의 만물도 그렇기 때문에 이제 다시 정비해서 절대·유일·불변·영원한 국민으로 재등록해야 됩니다. 만물도 그렇게 재정비할 때이기 때문에 전체를 반대로 돌려야 합니다. 하나님의 나라에서는 절대 주권이 필요하고, 백성이 필요하고, 만물이 필요합니다. 우리 가정을 보면 주권을 대신한 부모가 있고, 백성을 대신한 아들딸이 있고, 만물을 대신한 물건이 있습니다. 그것이 작은 하늘나라의 기반입니다. 그것을 전부 하나님을 위해 바쳐야 합니다. 그래야 큰 나라, 큰 세계가 이루어지는 것입니다.

10 나라를 이루기 위해서는 주권이 있어야 됩니다. 그다음에 백성이 있어야 됩니다. 그래서 하늘나라 입적카드를 갖게 돼 있습니다. 이럼으로써 하늘 전권을 중심삼은 주권과 백성과 국민을 갖춘 천일국의 기반이 준비되는 것입니다. 여기에 확정적인 자기 가치 결정은, 여러분이 일족을 얼마만큼 하늘 앞에 수습하느냐에 달려 있습니다.

11 하나의 하나님 주권 하에 하나의 나라를 세워야 됩니다. 여러분이 이제 하나님을 중심삼고 참부모를 대행하는 실권자이니만큼 땅 위에 조국광복, 세계 통일적인 국가에 세금을 바칠 때가 왔습니다. 선생님의 지갑에서 나온 돈을 가지고 여러분 개인을 도와줘서는 안 됩니다. 하늘의 뜻을 따라야 됩니다. 그렇기 때문에 한국은 한국대로 책임을 해야 되고, 일본은 일본대로 책임을 해야 되고, 미국은 미국대로 책임을 하는데 이 세 나라가 한 나라입니다. 부모의 나라와 형님의 나라입니다.

12 지금까지 종교인들은 왜 어려움을 겪어 왔느냐? 종교를 협조해 줄 수 있는 가정도 없고, 사회도 없고, 나라도 없었기 때문입니다. 나라 없는 백성입니다. 나라가 있었다면 종족이 반대하는 자리에 서더라도 그 나라권 내에 남아질 수 있는 길이 있

었을 것입니다. 지금까지 종교를 믿는 사람들이 어디 가든지 핍박을 받고, 어디 가든지 피를 흘리는 제물의 길을 걸어온 것은 나라가 없었기 때문입니다. 주권자가 있고 나라만 있었더라면 제물의 길을 가지 않았을 것입니다. 나라 없는 백성입니다. 지금까지 종교는 나라와 국민이 없었습니다. 하나님이 바라는 국민을 형성해야 된다는 것을 몰랐습니다.

13 여러분은 하늘나라에 데려갈 수 있는 아들딸을 몇이나 만들었습니까? 여러분이 해야 될 일은 그것밖에 없습니다. 아무리 억천만금을 가지고 잘살았다고 하더라도 다 흘러갑니다. 그것은 자기 모든 물질과 지식과 자기 생명까지, 타락한 내 생명까지 투입해서라도 해야 됩니다. 따로따로 투입하는 것이 아니라 한꺼번에 투입해서 하늘나라의 백성을 만들겠다고 해야 됩니다. 투입하는 전체가 가중함에 따라서 그 가치는 비례해 가는 것입니다.

14 통일교회는 가정천국 이상을 위해서 전진하는 대표적 교회입니다. 이 가정 가운데는 나라가 깃들고, 세계가 깃들고, 하늘땅이 깃들고, 하나님이 깃든다는 것입니다. 참부모 혈족의 인연을 가졌으니 앞으로 돌감람나무가 되어서는 안 됩니다. 참감람나무 씨를 가지고 만국 어디에 가서 뿌리를 내리더라도 참감람나무 열매가 열려야 합니다. 만국 만방을 넘어서 동일한 결실을 거두어서 하늘나라의 거룩한 백성으로 입고시켜야 합니다. 그것이 하나님의 창조이상입니다. 천국 백성을 확장시켜야 할 책임이, 탕감의 역사가 없는 자유 해방권의 천국 백성을 확장시켜야 할 책임이 통일교회 가정들에게 있습니다. 그것이 여러분의 사명임을 망각해서는 안 됩니다.

15 통일교회 교인들도 나라가 없습니다. 지금의 민주주의 세계도 하나님이 6천년 수고해 만들어 놓은 것입니다. 만약 여러분이 옛날 예수님시대에 이스라엘에서 태어났으면, 여러분의 목은 벌써 떨어졌을 것입니다. 선생님 같은 사람은 벌써 이 세상에 흔적도 없어졌을 것입니다. 국가적으로 불의의 사탄 대역자가 있는가 하면, 지금 세계적인 불의의 대변자인 공산주의가 종교를 말살시키기 위한 최후의 배수진을 치고 있다는 이 엄연한 사실을 똑똑히 알아야 됩니다.

하나님의 소유권과 천일국 국민증

16 지금까지 하나님은 소유권을 갖지 못했습니다. 사탄이 모두 소유했다는 것입니다. 사탄의 나라, 사탄의 백성, 사탄의 물건입니다. 모두가 사

탄의 소유입니다. 사탄이 하나님의 소유권을 훔쳐 갔습니다. 참부모도 소유권을 가진 적이 없습니다. 참자녀·참나라·참세계로서의 소유권을 가진 적이 아직 없습니다. 참사람, 참된 남자와 참된 여자가 생겨나지 않았기 때문에, 소유할 수 있는 사람이 생겨나지 않았기 때문에 그런 소유권을 가질 수 없었다는 것입니다.

17 지금까지 하나님은 소유권자가 되지 못했습니다. 악마가 주인이 되었지, 하나님의 아들딸이 주인이 못 되었습니다. 악마와 악마의 아들딸이 하나님이 창조하신 피조물 앞에 주인 대신 행세해서 피해를 입히는 일을 했습니다. 이것을 전부 회수해야 됩니다. 만물이 전부 본연의 부모 앞으로 돌아가야 합니다. 참부모와 참자녀·참종족·참나라 앞으로 돌아가야 합니다.

18 사회주의, 공산주의는 절대적인 하나의 나라를 지향하고 있습니다. 앞으로 하나님의 이상을 중심삼은 소유권복귀의 시대가 오기 때문에 사탄은 먼저 알고 공산주의를 통해서 세계적인 하나님의 소유권을 없애 버리려고 계획한 것입니다. 그래서 사탄으로서는 할 수 있는 것을 다 했습니다. 선생님은 그것을 하나님 편으로 돌려놓았습니다. 그래서 이론적으로나 사상적으로 손을 들었던 것입니다. 이제는 선생님 앞에, 하나님 앞에 반대할 것이 아무것도 없습니다.

19 여러분에게 소유권이 문제가 되어 있습니다. 공산주의, 사회주의는 국가가 소유주가 되어 있습니다. 민주주의는 개인이 소유주가 되어 있습니다. 그것을 이행하여 누구의 소유가 돼야 하느냐? 세계의 소유는 하나님 것이며, 세계는 그 자녀들의 것이며, 그 자녀는 가정의 것이기 때문에 그 이행하는 과정에 있어서 한데 모으지 않으면 안 됩니다. 그러한 주인은 오직 하나님이 되지 않으면 안 됩니다. 하나님이 주인이 되어, 하나님이 소유권을 가지는 주인이 되어 참부모에게 전수되고 참부모에 의해 자녀에게 전수돼야만 하나님 세계의 것으로 소유가 결정됩니다.

20 자기 물건, 자기 아들, 자기 부부 자체가 자기 것이 아닙니다. 천사장 자리에 있기 때문에 절대부정의 자리, 소유권을 부정하는 시대를 넘어가야 됩니다. 그런 시대로 가기 때문에 사회주의나 공산주의 세계는 개인 소유가 없습니다. 국가 소유라든가 사회 소유를 말하고 있는 것입니다. 이런 모든 것이 우연적으로 발전하는 것이 아닙니다. 하나님의 복귀섭리, 재창조역사의 프로그램을 중

심삼고 창조이상의 세계로 전개되어 들어가는 것입니다.

21 천일국에서는 주권과 나라와 그리고 백성이 필요합니다. 하나님왕권즉위식은 주권복귀입니다. 그다음에 하나님조국정착대회는 땅 복귀요, 그다음엔 천일국 국민으로 입적하게 됩니다. 천일국 국민증을 가져야 백성이 됩니다.

22 나라를 찾으면 어느 누구나 천국에 가고 그 국민이 되는 것입니다. 그래서 어느 누구나 천일국의 국민증을 받으라는 것입니다. 그것을 우습게 생각했다가는 큰일 난다는 것입니다. 싫어하더라도 친척이 있으면 그들도 받게 해야 됩니다.

23 하늘나라의 여권이 결정됐습니다. 앞으로 천일국 여권은 비자가 필요 없습니다. 한국이나 미국의 시민증 이상 공증해야 됩니다. 유엔 이상 공증해야 됩니다. 아무나 가질 수 있는 여권이 아닙니다.

24 영계의 성인현철도 천일국의 국적을 가져야 됩니다. 여러분도 천일국의 국민증을 가져야 합니다. 천일국의 국민증을 가지는 것은 그런 세계를 하나로 만들기 위한 것입니다. 하나님의 한 나라, 한 민족, 한 문화, 한 언어입니다. 한 하나님, 하나의 인격적인 신을 닮은 자녀가 되고, 부부가 되고, 가정이 돼야 합니다.

25 천일국 국민증이 없으면 하늘나라에 못 들어갑니다. 여러분의 생명과 재산, 나라까지 하나님 앞에 바치고, 우리가 다시 그것을 상속받아서 살 수 있을 때에 나라의 국민증을 받을 수 있는 것입니다.

26 우리는 나라가 없습니다. 축복가정의 아들딸들이 많지만 하나님이 바라시는 이상국가를 못 세우고 있습니다. 그러니까 여러분 아들딸의 이름을 입적할 나라가 없고, 앞으로 결혼하고 승화할 때도 등록할 나라가 없는 것입니다. 나라가 없으면 정착이 있을 수 없습니다. 머물러 살 곳이 없다는 것입니다. 여러분이 자기 나라 여권을 가지고 있지 않으면 어떤 나라에서도 인정을 받을 수 없습니다. 한 국가의 국민으로서 인정을 못 받는다는 것입니다.

27 영계의 축복가정인 절대선령들에게도 천일국 회원에 가입할 수 있는 은사를 선생님이 다 허락했습니다. 그 사람들이 천일국의 국민증을 가지면 하늘땅에 자랑하고 하나님 앞에 자랑하고 성인들 앞에 자랑할 수 있는 사건이 아닙니까?

3절 천일국의 헌법과 교본

1 선생님으로서 탕감복귀시대는 지나가게 됩니다. 이제는 천일국의 법을 중심삼고, 원리원칙을 중심삼고 천국 구조적인 평형을 이뤄야 할 때가 왔습니다. 옛날과 달라집니다. 가정이 천국의 출발이니만큼 가정을 중심삼고 재정비하는 것입니다.

지금은 천법 치리시대

2 천신만고 끝에 사탄까지 굴복시켜서 수고해 이룬 천도의 길을 자기 일족을 중심삼고, 자기 가정과 개체를 중심삼고 농락하는 것은 용서할 수 없습니다. 하늘나라에 헌법이 필요하고 법이 필요합니다. 우리가 천년 만년 하나님의 한이 깃들어 있는 것을 풀어 줘야 합니다. 그것을 위해 나라를 가져야 합니다.

3 하나님왕권이 수립되고 하늘나라의 헌법이 제정됨으로써 용서가 없습니다. 잘못하면 즉각적으로 처단하는 것입니다. 하늘나라의 헌법을 중심삼고 부부시대가 되기 때문에 하나님 앞에 기도하고, 구세주 앞에 기도하고, 참부모 앞에 기도하는 시대는 지나갑니다. 개인완성을 어떻게 하고, 어떻게 가정이 하나되느냐 하는 것을 다 알고 있을 것입니다. 그것을 모른다는 말은 그동안 선생님이 말씀한 것을 제대로 받아들이지 못했다는 것입니다. 나라가 성립돼 헌법이 설정되고 각 분야의 부처에 대한 법이 생겼을 때 그것을 몰랐다고 해서 자기가 책임을 지지 않는 것은 아닙니다. 여러분이 알아야 할 것은 이제 복귀섭리에 의해 완성되는 것이 아니라 법을 지킴으로써 완성된다는 것입니다. 법을 지켜야 완성합니다. 선생님에게는 탕감법이 없습니다. 그러나 여러분은 1대, 2대 이상 하늘의 법을 지켜야만 완성의 고개를 넘을 수 있지, 믿기만 해서는 안 됩니다. 지켜야 합니다. 부자관계는 부자관계의 법이 있고, 부부관계는 부부관계의 법이 있고, 자녀관계는 자녀관계의 법이 있습니다. 그렇기 때문에 매일같이 점검해야 됩니다.

4 하늘나라가 있으면 하늘나라의 헌법이 나와야 됩니다. 헌법이 나오고 국가 형태를 갖추면 주권이 있어야 됩니다. 그다음엔 국토가 있어야 되고 국민이 있어야 됩니다. 하나님을 중심삼은 국토가 어디 있습니까? 주권이 어디 있습니까? 국민이 어디 있습니까? 없다는 것입니다. 그것을 누가 의탁받아서 완성시켜야 되느냐? 재림주, 참부모가 해야 될 일입니다. 참부모가 세계적 기준을 잃어버렸기 때문에 그 기준을 넘어서서 하나님의 사랑의 주권을 성립시켜 선언을 해야 됩니다. 하나님을 중심삼고 통일천

하를 선언해야 됩니다.

5 하나님 자신이 고심하던 모든 것을 참부모 치리권을 통해 강력한 조치로 그 기간을 단축시키기 위한 혁명적인 과제가 남아 있습니다. 이것이 얼마나 복잡한지 모릅니다. 그렇기 때문에 나라를 중심삼고 지상에서부터 처리 방법을 알아야 합니다. 하늘나라를 치리할 수 있는 헌법을 지상에서 만들어야 합니다. 지상에서 완성할 수 있는 해방적 조건을 설정해야 됩니다.

6 인류의 소원이 무엇이냐? 최후의 세계적인 전선에 서는 것이 타락한 인간의 최후의 소망입니다. 그 전선에서 승리해서 그 승리의 권한을 가지고 세계를 하나님 것으로 돌려드리는 그날을 갖는 것이 우리의 소원입니다. 그다음에는 바친 것을 '오냐, 이것은 너희가 찾아 이루었기 때문에 너희 것이다!'라고 하며 하나님이 다시 사랑과 더불어 축복해서 주실 때 받을 수 있는 그날을 갖는 것이 우리의 소원입니다. 그럼으로써 세계는 내 나라요, 세계는 내 땅이요, 세계의 백성은 내 백성이요, 세계의 주권은 내 주권으로 가질 수 있는 것입니다. 그 주권을 갖고 나서게 될 때 거기에 하나의 법, 하나의 헌법을 중심삼고 새로운 생활체제, 새로운 사회체제, 새로운 인생살이의 체제를 갖추게 되고, 거기에서 비로소 천국생활이 시작되는 것입니다. 그곳이 우리가 살 곳입니다.

7 하나님을 중심삼고 아담 해와가 하나되어 사랑을 중심삼은 출발에서부터 사랑의 고향이 현현해야 됩니다. 그 사랑의 고향의 터전 위에서 비로소 하나님을 중심삼고 묶어진 새로운 부부로부터 새로운 자녀가 탄생해서 가정을 이루고, 그다음에는 가정을 중심삼은 종족의 확대로 말미암아 하나의 민족을 이루고, 그 민족을 중심삼고 비로소 하늘나라의 헌법을 중심삼은 하나의 통치적 지상천국이 완성되어야 합니다.

하늘나라 헌법은 참사랑이 근간

8 하나님이 하나의 헌법을 만든다고 한다면 사랑을 옹호하고 사랑을 세우기 위한 헌법을 만드는 것입니다. 이것이 하늘나라의 헌법일 것이고, 그 법을 통해서 치리하는 것이 하늘나라의 정치일 것입니다. 이것은 지극히 이론적입니다.

9 하늘나라 헌법은 개인의 생활을 완전히 유지시킬 수 있고 가정과 사회와 국가가 침해받지 않고 완전히 갈 수 있는 내용을 결정짓는 것으로 만들어져야 됩니다. 하나님의 아들

딸들이 살 수 있는 개인적인 생활관, 가정적인 생활관, 국가적인 생활관, 세계적인 생활관, 천주적인 생활관을 보호하고 그 생활을 지탱시킬 수 있는 내용의 법을 제정해야 됩니다. 그것이 하나님이 원하는 하늘나라의 헌법이 될 것입니다.

10 하늘의 헌법 중에서 제1은 하나님을 자기 몸 이상 사랑하라는 것입니다. 그다음에는 하나님이 사랑하는 형제들을 자기 몸 이상 사랑하라는 것입니다. 그 자리에 서는 사람은 나면서부터 천상세계 어디 가든지 막을 자가 없습니다. 그런 기반이 타락으로 인해 더럽혀졌기 때문에 이것을 청산해 나오면서 비로소 주류 되는 기독교 문화권을 중심삼고 세계를 통일하려 했습니다.

11 지금까지 하나님의 나라가 없었기 때문에 하나님 나라 헌법을 발표할 수 없었습니다. 이제는 그러한 시대가 왔기 때문에 하나님의 나라가 이루어짐과 동시에 하나님 나라의 헌법과 모든 법률이 설정됨으로써, 지상에서 그것에 맞게 생활한 다음에 영계로 가면 모든 것이 무사통과입니다. 만약에 그대로 생활하지 못하면 모든 기준에서 걸립니다.

12 이제는 하늘나라의 헌법을 중심삼고 법의 치리시대가 왔습니다. 아담 해와가 타락함으로써 즉각 지옥으로 떨어졌습니다. 이제는 구원섭리니 사랑이니 하는 것이 아니라 하늘나라의 헌법과 하늘나라의 제반 법이 나왔으니 그 법대로 살지 않으면 안 됩니다. 천국은 법을 중심삼고 완성하게 됩니다.

13 하나님의 사랑은 개인을 희생시켜서 가정적 사랑을 찾아 세우고, 가정을 희생시켜서 종족적 사랑을 찾아 나가고, 종족을 희생시켜서 민족적 사랑을, 민족을 희생시켜서 세계적 사랑을, 세계를 희생시켜서 천주적 사랑을 찾아 세우는 것입니다. 천주를 희생시켜서 하나님의 사랑을 해방하는 것을 제도화해 놓는 것이 천지 이치입니다. 그러한 이치의 법도를 하나님 자신이 헌법으로 제정했기 때문에 하나님 자신도 그 법에 따라 전진하고 있는 것입니다.

14 하늘나라의 헌법 제정이 우리의 목표입니다. 우리의 생활규범이라고 할 수 있는 하늘나라의 헌법을 제정해서 만국에 선포하고 온 천주에 선포하는 날이 와야 됩니다. 그것이 나와야만 개인의 생활이나 사회의 법, 사회제도를 만들 수 있습니다.

15 선생님이 하늘의 헌법, 하늘의 법

이 얼마나 무섭다는 것을 아는 사람입니다. 선생님이 그 법에 걸리지 않기 위해서 천신만고의 길을 직행하고 있습니다. 못나서 그런 것이 아닙니다. 여러분보다 머리가 나빠서 그런 것이 아닙니다. 너무나 잘 알기 때문에 이 길을 안 갈 수 없습니다.

16 우리가 지상의 나라만 건설되면 헌법으로 치리합니다. 하나님이 참부모, 천지부모를 중심삼고 천지의 헌법 제정을 발표하는 것입니다. 그것은 지상 법이 아닙니다. 하늘나라 법이요 이상적 영원한 세계의 법이기 때문에 이 땅에서부터 지키는 훈련을 안 하면 안 됩니다. 자기 멋대로 살아서는 안 된다는 것입니다.

17 이 지구성에는 하나님의 나라가 없습니다. 오색인종이 원수를 사랑하면서 종족과 민족, 세계가 싸우지 않고 하나되는 가운데 나가다 보면 조국광복이 이루어질 것입니다. 그래서 하나님의 조국을 광복해서 하늘 헌법을 선포하는 날이 되면, 그것은 영원무궁토록 점령당하지 않고 영원히 기념하지 않을 수 없는 최고의 날이 될 것입니다.

18 160가정이 하나됨으로써 입적시대가 벌어집니다. 지금 여러분이 태어나면 출생신고를 해야 되고, 결혼하면 혼인신고를 해야 되고, 죽으면 사망신고를 해야 되는 것과 마찬가지입니다. 나라가 설정되면 헌법을 중심삼고 호적이라든가 거기에 대한 체계를 이루어 가지고 관리할 수 있는 기본법이 생겨나야 됩니다. 그 나라에 입적하기 위해서는 모국어를 알아야 합니다. 말과 문화와 생활환경이 완전히 참부모님의 문화권을 상속받고 심정문화세계를 대표한 가정으로서 마찬가지의 모양을 갖추지 않고는 천국에 입적할 수 있는 자격을 박탈당하는 것입니다.

19 하늘나라의 법을 지키고 하늘나라의 왕궁법을 존중해야 됩니다. 이제부터 남북이 통일된 세계의 모든 것을 대비해야 됩니다. 그 훈련을 해야 될 것이 아직까지 남아 있습니다. 그때는 아무나 못 들어갑니다. 입적시대가 오는 것입니다. 그때는 대학교를 졸업하고 박사가 되어서 대학교 교수로 입적하는 것보다 더 어려운 것입니다. 자기 일대에 일족의 모든 역사를 편성해 거기를 통과해야 됩니다. 영계 육계로부터 감정을 받고 선출하는 것입니다.

20 천법으로 보장할 수 있는 법이 없습니다. 그래서 선생님을 통해서 법을 만들려고 합니다. 천법을 세워야 합니다. 인법이 아닙니다. 인권이

아닙니다. 천권을 세우자는 것입니다. 여러분이 요구하는 것이 인권인데, 프랑스면 프랑스 인권, 한국이면 한국의 인권이 아닙니다. 제4차 이스라엘 나라의 인권입니다. 원수 원수끼리 싸우는 것이 아니라 원수 원수끼리 이마를 맞대고 '네 딸을 내 아들 앞에, 내 딸을 네 아들 앞에!' 라고 하면서 서로 기뻐할 수 있는 아이디어를 가진 사람이 하늘나라의 왕권을 지킬 수 있습니다.

하늘 자녀의 교본

21 하나님의 한이 뭐냐? 첫째는 하늘 자녀의 교본을 못 세운 것이고, 둘째는 하늘 형제의 교본을 못 세운 것이고, 셋째는 하늘 부부의 교본을 못 세운 것이고, 넷째는 하늘부모의 교본을 못 세운 것입니다. 4대를 가르칠 수 있는 교본을 만들어 인류를 교육 못한 것이 하나님의 한입니다. 하나님이 다 가르쳐 주고 갈 수 있게끔 했더라면 오늘날 이런 비참상이 없었을 것입니다. 이런 비참한 모든 것을 바라보시는 하나님은 하나님 자신이 책임지고 교육하지 못한 것을 한탄하며 교육할 수 있는 그날을 찾아서 지금까지 나왔습니다. 새 나라의 백성들이 되고 새 나라가 되기 위해서는 이런 교육 원칙에 합격한 사람이 아니면 안 됩니다. 하나님의 한을 해원할 수 있는 개인과 가정과 종족과 민족과 국가가 되어야만 새로운 나라가 된다는 말입니다.

22 하늘 자녀의 교본을 세우지 못한 것이 하나님의 한이었기 때문에 하늘 자녀의 교본이 또다시 나오는 것입니다. 그러면 부모 앞에 서 있는 자녀들은 어떤 생각을 가져야 되느냐? 아담의 입장에서 해와를 볼 때 그 해와 자체만이 아닙니다. 해와는 하나님 때문에 생겨났습니다. 해와는 참부모가 못 되었기 때문에 참된 아들딸은 못 낳았지만, 만일 참부모가 되었다면 그 아들딸도 참자녀가 되는 것입니다. 종적 하나님, 횡적 참부모 때문에 태어났다는 것입니다.

23 하나님의 사랑, 참부모의 사랑, 미래 자기 상대의 사랑, 3대 사랑의 인연을 잘 간직해야 됩니다. 이것을 혼자 마음대로 취급할 수 있습니까? 이것을 치고 피해를 주는 것은 하나님 앞에 피해를 주는 것이고, 부모 앞에 피해를 주는 것이고, 내 미래의 사랑의 상대를 파멸시키는 일입니다. 그러한 사랑을 가지고 상대를 대해야 됩니다. 그것이 하나님의 자녀들이 가져야 할 사랑을 중심삼은 교본, 공식의 가르침입니다. 형제를 미워하는 것은 하나님을 미워하는 것이고, 부모를 미워하는 것이고, 앞으로 자기의 상대권을 파멸시키고 부정하는

것입니다. 사랑을 떼어 버리는 것입니다. 그러니까 그런 사람은 하나님뿐만 아니라 부모나 만물 전체가 싫어합니다. 하나님으로부터 참부모, 피조세계 전체의 원수의 자리에 서게 됩니다. 아담 해와가 그렇게 살 수 있도록 하나님이 교육을 못했다는 것입니다. 하나님의 한을 풀 수 있는 하늘 자녀의 교본의 원칙은 이러한 기준이니, 형제들이 잘해야 됩니다. 부모를 중심삼고 하나님 앞에, 만물 앞에 그렇게 지내야 됩니다.

24 우현과 좌현이 있다고 할 때, 우현을 플러스라고 하고 좌현을 마이너스라고 하면 우현과 좌현은 각각 남자를 대표하고 여자를 대표합니다. 또 남자는 하늘을 대표하고 여자는 땅을 대표하고, 전후를 중심삼고 보게 되면 남자는 앞을 대표하고 여자는 뒤를 대표합니다. 그러니까 구형의 이상을 이루는 상대적 여건을 무시하면 안 됩니다. 그 말은 상대적 여건을 무시하면 하나님으로부터, 인간뿐만 아니라 피조세계도 싫어한다는 말입니다. 그래서 상대적 존재를 부정하기 때문에 그런 자리에 서게 됨을 알고, 이런 교육을 철저히 해야 됩니다. 그것이 하나님이 가르쳐 주고 싶었던 교본의 내용입니다. 해와 앞에 하나님이 있고, 부모님이 있고, 사랑의 상대가 있습니다. 그와 반대적 입장에 있는 것이 아담입니다. 이렇기 때문에 아담 해와가 앞으로 하나님 대신, 부모님 대신 아들딸을 낳을 수 있게 됩니다. 그 아들딸은 자기 아들딸을 낳는 것이 아니라 만우주를 대표한 주인 자격의 아들딸입니다. 그런 점에서 첫째로 3대 사랑을 중심삼은 존재로서 자녀 교육을 철저히 해야 됩니다.

25 둘째는 자기 이상 관심을 갖고 대하라는 것입니다. 그러면 일일생활에서 어떻게 해야 되느냐? 여기에 오점을 남기지 않고, 그릇되지 않은 자리에 가려면 나 이상으로 형제와 자녀들을 대하는 것입니다. 자기 이상 관심을 가지고 자기 이상 대우하는 것입니다. 가정에서 형제들이 생활하게 되면 좋은 것은 서로 먼저 가지려고 그러지요? 형님들이 올 때까지 기다려야 합니다. 좋은 것은 형님이 먼저 취하고, 그다음에 동생이 취하고, 기다렸다가 막내동생은 제일 마지막에 취해야 됩니다. 그렇게 질서를 잡아 주는 교본을 가지고 아기를 업고 자장가를 부르면서 가르쳐 줘야 됩니다. 어머니 아버지같이 이렇게 사랑해야 된다고 어머니 아버지가 그렇게 가르쳐 주는 것입니다.

26 셋째는 자기 소유와 같이 중히 여기는 것입니다. 자기 물건같이 중히

여기라는 것입니다. 이상적 사랑은 자녀로부터 시작합니다. 부모로부터 시작하는 것이 아닙니다. 사랑이라는 말이 부부에서 시작되는 것도 아닙니다. 부부란 남자 여자가 다른 부모에게서 태어나 만나는 것입니다. 그러면 이상적 사랑은 어디서부터 출발했느냐? 그것은 자녀입니다. 아담 해와를 사랑의 대상으로 지었기 때문에 하나님 앞에 대상의 사랑을 가지고 대상에서 열매를 맺어야 돌아옵니다. 이상적인 사랑은 부모로부터 시작하는 것이 아니라 자녀로부터 시작하는 것입니다. 자녀 때문에 이상적 사랑이 출발하기 시작한다는 것입니다. 부모가 자식을 사랑하는 것은 부모의 사랑이지만, 그 사랑의 출발 동기는 부모 때문이 아니고 자녀 때문이라는 말입니다. 그렇기 때문에 사랑을 가진 사람은 자녀와 같이 만민을 사랑해야 된다는 결론이 나옵니다. 만민을 그와 같이 사랑하는 사람은 하나님같이 사랑하는 것입니다. 부모의 자리를 대신할 수 있는 자리에 선다는 말입니다.

하늘 형제의 교본

27 첫째, 형제는 횡적 세계를 대표하기 때문에 서로를 위해야 됩니다. 참사랑은 위하는 데서부터 시작됩니다. 둘이 만남으로 말미암아 저쪽에서는 이쪽, 이쪽에서는 저쪽으로 서로 주려고 할 때 원형운동이 벌어집니다. 원형운동이 벌어지면 거기서부터 이상권이 벌어집니다. 형제를 왜 중히 여겨야 되느냐? 형제는 판도가 세계적이고 자녀는 종적입니다. 형제의 사랑으로 인해 횡적인 기준이 펴져 나가는 것입니다. 그렇기 때문에 형제를 사랑하는 것은 세계를 사랑하는 것입니다. 만민평등사상은 만민형제애를 중심삼고 연결됩니다. 그것은 세계성을 중심삼고 말하는 것입니다. 그렇기 때문에 형제의 사랑은 하나의 축에서부터 확대되어 나가는 것입니다.

28 둘째, 부모와 형제와 나입니다. '형' 하면, 부모의 사랑이 가해지고 형제애가 가해진다는 것입니다. 원래 형제는 갈라지지 않고 있다가 나중에 옆으로 펴져 나가는 사랑을 해야 됩니다. 나를 위한 개척자의 자리에 선다는 것입니다. 남자가 가는 길은 여자가 앞으로 하나될 수 있는 소유 판도를 확대시키기 위한 것이고, 여자가 가는 길은 앞으로 사랑을 중심삼고 하나됨으로 말미암아 남자의 새로운 판도를 확대시키기 위한 것입니다. 그래서 우현이면 우현, 좌현이면 좌현의 새로운 판도를 확대시키기 위한 입장에 있기 때문에, 그 형제는 나 대신 사랑의 판도를 확대시킨다고 봐야 합니다. 오빠가 갖고 있는 것이 내

게 상관없을지라도 그렇게 자꾸 커나가고 판도가 확대됨으로써 그것이 내 판도를 위한 것이 됩니다. 형제를 많이 사랑하는 사람은 판도가 넓어진다는 것입니다. 형제가 많으면 판도가 넓어진다는 말은 그 말을 두고 하는 말입니다. 그래서 형제애를 세계로 확장할 수 있는 것입니다. 자녀애를 가지고는 안 됩니다. 형제애를 중심삼으면 세계로 확장할 수 있는 판도를 개척할 수 있다는 말입니다. 그렇기 때문에 부모애와 형제애와 나를 위한 사랑을 대신해서 개척자의 길을 가는 사람은 부모의 사랑과 형제의 사랑과 미래의 사랑을 합한 자와 같이 대해야 됩니다. 미래의 내 사랑의 판도를 개척하기 위한 길이 형제애가 가는 길입니다.

29 셋째, 형제의 사랑으로 위하는 자는 세계권을 차지한다는 것입니다. 형제들을 사랑한다는 것은 세계 판도를 확대하고 세계 판도권을 찾기 위한 것입니다. 그리고 횡적 기반이 커져서 중심존재가 된다는 것입니다. 맨 나중에는 종적 기준과 하나됨으로써 횡적 기준이 커져서 중심존재와 일체가 되는 것입니다. 그러면 수직과 하나되어 영존할 수 있는 자리에 들어가게 됩니다. 하나님의 직접적인 종적 세계와 하나되어 일체권으로 넘어간다는 것입니다.

하늘 부부의 교본

30 첫째, 부모의 사랑, 자녀의 사랑, 형제의 사랑을 이어받아 부부의 사랑을 얻음으로써 3단계의 사랑을 찾아서 참된 부부가 된다는 것입니다. 자녀의 사랑, 형제의 사랑을 거치지 않은 사람은 부부의 사랑을 차지할 수 없습니다. 부모의 사랑과 자녀의 사랑과 형제의 사랑을 이어받아 부부의 사랑을 이룸으로써 3단계의 사랑을 찾은 참된 부부가 됩니다. 참된 부부는 자녀의 도리, 형제의 도리를 거쳐 사랑할 수 있는 입장에 이르러서야 비로소 시작됩니다. 그러나 자녀의 시대, 형제 시대를 거쳐서 하나되기 위해서는 부부가 되어야 합니다. 결혼은 남자의 세계를 점령하고 여자의 세계를 점령하고, 남자 여자의 세계를 점령하고 나서는 하나님을 점령하기 위한 것입니다. 그것이 결혼의 목적입니다. 왜 하나님을 점령해야 되느냐? 창조주 대신 나도 창조주의 입장에 서서 자녀를 번식하기 위해서는 하나님을 점령하지 않으면 안 된다는 결론이 나옵니다. 이것이 창조 교본의 내용입니다.

31 둘째, 동서가 합하고, 상하가 합하고, 전후가 합하여서 천지합덕이 성사된다는 것입니다. 부부는 동서가 하나되는 것인데, 동서가 하나되는 것이 상하가 하나되는 것이요, 전

후가 하나되는 것이요, 하늘땅이 하나되는 것입니다. 하늘땅, 천지합덕이 성사된다는 말입니다. 하나님에게 있어서 소원 성취의 터전을 이룬다는 말입니다.

32 셋째, 전부 합덕을 해야 됩니다. 하나님은 종적이고 아담 해와는 횡적이기 때문에 이 종적인 하나님과 횡적인 아담 해와가 합해야만 새로운 정착이 성립된다는 것입니다. 하나님도 내적인 본성상을 중심삼고 외적인 본형상을 중심한 횡적인 아담 해와의 실체가 하나되어 비로소 자리를 잡는 것입니다. 정착이 벌어집니다. 타락함으로써 그것이 안 되었습니다. 하늘 교본과 일치하지 못하고 완성한 사랑이상권에서 정착하지 못했기 때문에 오늘날 이 우주에는 중심이 없다는 말입니다. 종적인 하나님과 횡적인 아담 해와가 합덕을 이룬 후에야 새로운 참사랑을 중심삼고 정착이 시작된다는 것입니다.

33 넷째, 합덕을 통해 정착함으로써 하나님을 대신한 부모의 자리로 나갈 수 있는 자격자가 됩니다. 정착해서 하나의 정착인이 되는 대신 주인적 자격을 갖춰 우주에 등장합니다.

하늘 부모의 교본

34 첫째, 부모·자녀·형제·부부의 사랑을 결합함으로써 재창조주의 자리에 나아가 자녀를 번식하여 하나님 대신 지상 왕권을 전수받는다는 것입니다. 타락했기 때문에 4대 사랑이 갈라져 나왔는데, 이것을 종합해서 결합한 그 자리에 섬으로써 하나님의 자리, 재창조주의 자리에 나가 자녀를 번식하여 하나님을 대신한 지상 왕권을 전수받는 것입니다. 하늘나라의 왕권을 중심한 모든 전체를 지상에서 전수받음으로써 지상천국이 형성된다는 말입니다.

35 둘째, 이상적 가정을 지상에 확대함으로써 종주(宗主)가 됩니다. 하나님 대신 지상 왕권을 전수받음으로써 이상적 가정을 지상에 확대하는 것입니다. 그러기 위해서는 가정 하나만 되어서는 안 됩니다. 확장해야 됩니다. 확장함으로써 종주가 되는 것입니다. 종족메시아가 된다는 말입니다.

36 셋째, 종주로서의 책임 완수와 더불어 왕권을 성립한다는 것입니다. 종족메시아의 사상을 중심삼아 가지고 책임 완성을 함으로써 왕권을 성립한다는 것입니다. 이렇게 종주권을 중심삼고 왕권의 자리에 나아갈 수 있다는 것입니다.

37 넷째, 천지가 합덕함으로 말미암아 천상 왕권과 지상 왕권이 성립된

다는 것입니다. 이를 통해 하늘과 땅이 하나가 되어 지상천국·천상천국이 되는 것입니다. 지상 왕권과 천상 왕권이 벌어짐으로써 아담 창조의 이상이 끝난다는 말입니다.

천일국 국민 서약문

38 천일국 국민으로 부름 받은 우리는 하나님과 승리하신 평화의 왕 천지인참부모님의 천정궁 입궁·대관식을 맞아 실체적 평화이상세계왕국시대의 출범을 경하드리며, 천지인참부모님의 천명을 받들어 하나님의 창조이상세계를 천상천하에 완성할 것을 맹세하고 다음과 같이 선서합니다. 하나, 우리는 참심정문화 실현과 정착을 통해 하늘의 전통상속 공동체를 형성하여 모든 혈족과 민족을 지도할 수 있는 천일국 민족 정체성을 확립할 것을 맹세하고 선서합니다. 하나, 우리는 승리하신 평화의 왕 천지인참부모님을 중심삼은 하나의 주권, 하나의 국민, 하나의 국토, 하나의 문화를 형성하여 영원한 태평성대의 평화왕국을 창건할 것을 맹세하고 선서합니다. 하나, 우리는 분열과 대립으로 점철된 선천시대를 마감하고 하늘이 열어 주신 후천시대의 새로운 질서와 평화를 수호하는 선봉대가 되어 세계 한 가족시대를 열어 갈 것을 맹세하고 선서합니다. 하나, 우리는 영육 일체화를 완성함으로써 하나님의 창조이상인 천주대가족을 형성하여 영원한 천주평화이상세계를 완성할 것을 맹세하고 선서합니다.

4절 천일국 입적과 정착

1 지금까지 하늘나라에 입적이 없었습니다. 하늘나라에 나라가 없었습니다. 가정도 없고 나라도 없었습니다. 영계에 가게 되면 열 식구면 열 식구가 전부 갈라져 있습니다. 그러나 이제부터는 그렇지 않습니다. 본래 타락하지 않았으면 어머니 아버지와 일족이 같이 들어가야 하는 것이 천국입니다. 참사랑을 중심삼고, 조부모로부터 어머니 아버지, 자기 부부, 아들딸이 하나되어서 하나님의 참사랑을 지니게 되면, 거기에는 하나님도 절대복종하는 것입니다. 그런 사랑의 전통에 복종하면서 위하는 사랑만을 갖고 움직이는 그 세계, 위하려고 하는 그 세계에는 평화의 기지가 생겨나지 않으려야 생겨나지 않을 수 없다는 것입니다.

천일국 입적시대 개막

2 이제 입적시대가 오게 됩니다. 그래서 여러분이 입적하는 것입니다. 하나님의 아들딸로서 모두 하나님같이 되고 참부모같이 되었습니까? 말이 쉽지 쉬운 일이 아닙니다. 자나 깨나 이 생각을 해야 됩니다. 먹으나 자나 어디를 가게 되더라도 이 생각

을 해야 된다는 것입니다. 그러려면 조국에서 살다가 가야 됩니다. 그러니 한국말을 배워야 되겠습니까, 배우지 말아야 되겠습니까? 인간은 본래 두 개 이상의 말이 없었습니다. 오직 하나입니다.

3 이 땅 위에 와서 뜻을 세우지 못한 예수님은, 시대적인 신부의 이름을 세워서 참부모의 인연을 결정짓고, 참된 자식들을 세워서 지상에서 상속권과 입적권을, 천국의 권한을 가지고 입적시킬 수 있는 권한을 어느 기준은 마련해 놓고 가야 할 것인데 그것을 못하고 간 것입니다. 입적시키는 데는 종으로 입적시키겠습니까? 직계 아들이 아니면 양자라는 이름으로라도 입적시켜 놓아야 하나님 앞에 상속을 받습니다. 상속권 내에 동참할 수 있다는 것입니다.

4 여러분이 이제부터 고향에 돌아가 가지고 어떻게 빨리 자기 혈족은 물론 환경적 여건을 확대시키느냐 하는 싸움이 벌어지는 것입니다. 경쟁이 벌어진다는 것입니다. 그래서 어느 지파에 속하든 고향에 돌아가서 그 뿌리와 더불어 지파 편성을 하게 됩니다. 동서남북의 가지들 중에 어디에 속하느냐 하는 것입니다. 그 가지들이 책정되어서 본적에 등록하기 시작할 때가 오게 됩니다. 인종차별이고 무엇이고, 문명국이고 저개발국이고 없다는 것입니다.

5 여러분의 고향은 고향이 아닙니다. 나라가 고향이 될 수 있는 때가 왔습니다. 그렇기 때문에 여러분이 저나라에 가게 되면 나라의 경계선이 없어집니다. 지금은 고향이라는 한계가 있지만, 이런 일을 해 놓으면 영계에 가서 국경 없이 연결될 수 있는 것입니다. 고향 땅 어디에나 연결될 수 있는 지상천국의 기반이 되는 것입니다. 그래서 모든 국가의 호적에 입적하는 것이 하늘나라로 그냥 편입되는 것입니다. 타락하지 않고 번식한 인간의 고향이 하늘나라의 고향으로 대치되기 때문에 하늘나라에 태어난 입장에서 접붙여 천국에 들어가게 되는 것입니다.

6 앞으로 입적하게 됩니다. 남북이 통일될 때는 세계 통일교회의 축복받은 가정들 중에서 정상적인 행동을 한 모든 사람은 종족을 넘어서 입적하게 됩니다. 선생님의 힘에 의해 남북이 통일되면 말입니다. 법을 만들어 세계 통일교회 충신들을 대표 민족으로, 씨받이 민족으로 세우겠다는 것입니다. 그렇게 한다고 해서 누구도 반대할 수 없을 것입니다.

7 앞으로 통일교회를 중심삼고 조국

을 만듦으로써 대한민국을 중심삼고 입적할 때가 오기 때문에, 지금까지 동원된 모든 사람들은 앞으로 대한민국에 땅을 살 수 있는 때가 오게 됩니다. 선생님을 중심삼고 대한민국을 움직일 수 있다면 말입니다. 서양에 있는 자기의 모든 것을 팔아서 대한민국에 있는 조그마한 오두막과도 바꿔야 할 때가 온다는 것입니다.

8 남북이 통일되고 그 축복받은 자들로 나라가 이루어지게 된다면 입적시대에 들어가게 됩니다. 참부모님을 중심삼고 혈족이 되었으면 입적시대로 들어섭니다. 평면적으로 인류가 일시에 축복받아 입적함으로써 수천만 대의 조상이 결정된다는 것입니다. 평면적으로 같은 날 축복받았지만 그중에는 수천 대 조상의 차이가 벌어지게 됩니다. 무서운 시대가 온다는 것입니다.

9 여러분이 마음대로 태어나지 않았습니다. 남편을 아무리 잘 얻었고 아무리 잘살더라도 하나님을 모르면 지옥 가게 됩니다. 하나님의 백성으로 입적을 하지 않으면 안 됩니다. 아무리 유명한 하버드대학 총장이라도 하나님 나라의 백성으로 등록이 안 되면 지옥 갑니다. 가정·사회·국가·세계·인류의 환영을 받은 다음에 천국에 들어가는 것입니다.

10 여자에게 제일 행복하고 제일 귀한 것은 남편을 가졌다는 것입니다. 그다음에 부부가 제일 기쁜 것은 자녀를 가졌다는 것입니다. 그 자녀는 아버지 것도 아니요 어머니 것도 아닙니다. 이 세계의 것입니다. 하늘나라의 것입니다. 족보는 하늘나라에 있는 것입니다. 자기 아들딸이지만 다 국적이 있습니다. 국적이 있다는 것은 그 나라의 백성이라는 말입니다. 그와 마찬가지로 그 아들딸은 하늘나라의 아들딸입니다. 그 부부는 하늘나라를 대표한 남편이요, 하늘나라를 대표한 아내라는 것입니다. 그럴 수 있는 마음이어야만 입적하게 될 때 하늘나라의 기준 앞에 박자가 맞는 것입니다.

11 모든 과거지사, 아담과 예수님시대의 실패를 전부 정리해서 가정을 편성함으로써 하나님의 혈족권이 벌어집니다. 그래서 입적이 벌어지는 것입니다. 참부모를 중심삼고 태어난 일족이 되는 것입니다. 가정적 기반이 아니면 입적할 수 없습니다. 참부모는 가정을 중심삼고 축복의 기반을 대표한 세계적 가정을 이루었기 때문에 그와 상대권을 이루어 입적하지 않으면 안 됩니다. 가정적으로 출생신고를 해야 됩니다.

12 하늘나라에 여러분이 등록이 안

되어 있습니다. 나라가 없기 때문에 출생신고를 못한다는 것입니다. 결혼식을 못합니다. 사망신고도 할 수가 없습니다. 그래서 밀치면 쓰러져야 할, 죽어서도 호소할 수 없는 한스러운 길을 종교인들이 걸어왔다는 것입니다. 선생님이 그 대표적인 길을 걸어왔습니다.

13 내가 아들딸로 태어났더라도 입적할 수 있는 하늘나라가 없기 때문에 보류돼야 합니다. 나는 하늘나라의 남편이 되기를 원하며 하늘나라에 입적한 그 백성으로서 아내를 맞이하여 가지고 그 가정에서 아기를 낳고 싶다고 해야 됩니다. 그래서 자나 깨나 하루 한 시간, 1초를 바쁘게 싸워 승리해야 된다는 전제를 갖고 있다는 것입니다. 언제나 그렇게 살아야 되는 것입니다.

14 출생신고를 하는 것이 입적입니다. 일본인이라면 일본의 어디 어디에서 태어난 일본인인가 하는 것으로 등록하는 것입니다. 지금까지는 하나님의 나라가 없었습니다. 진짜 참부모를 중심삼고 나온 가정이 없었으니까 종족도 없고 나라가 있을 리가 없습니다. 그러니 사탄세계, 사탄 나라로부터 모두 탕감해서 가정으로부터 종족·민족·국가·세계를 다시 찾아와야 합니다. 종교권을 중심삼고 종교권이 아닌 세계를 하나 만들어서, 사탄이 가졌던 것을 하나님 편으로 환원시켜야 합니다. 그러지 않으면 영계에 가서 평안한 생활을 할 수 없습니다. 영계에서 지상과 관계를 가지려고 하면 몇 십배, 몇 백배, 몇 천배가 힘듭니다.

15 여러분이 국가를 복귀하지 못하고 죽게 되면, 이 땅 위에 재림해서 개인을 후원하고 가정을 후원할 수 있을 뿐이지 당당하게 권세 있는 후원은 못합니다. 사탄세계를 정복하기 위한 싸움을 할 수 있는 자격자가 못 된다는 것입니다. 그러므로 나라가 생겨나야 여러분이 입적할 수 있습니다. 여러분은 통일교회에는 입적했지만, 통일된 하나님의 나라에는 입적을 못했다는 것입니다. 나라가 없는데 백성이 될 수 있습니까? 없는 것입니다.

16 나라를 찾게 될 때는 여러분이 입적을 해야 됩니다. 입적이 무엇인지 압니까? 족보를 꾸미는 것입니다. 앞으로 통일교회를 중심삼고 나라에 입적할 때는 족보를 꾸며야 됩니다. 족보를 꾸밀 때는 반드시 모든 것을 하늘 앞에 돌리는 것입니다. 많고 적고 간에 정성껏 자기 생애의 모든 것을, 생명을 대신한 모든 것을 나라에 바치는 것입니다.

17 앞으로 천국에 등록하는 새로운 일이 벌어지게 됩니다. 호적에 올려야 합니다. 호적에 올리기 위해서는 나라가 있어야 합니다. 나라가 없으면 입적을 못합니다. 나라가 얼마나 중요한지를 알아야 됩니다. 나라가 있어야 그 나라로 말미암아 하나님이 마음대로 할 수 있고, 우리도 비로소 핍박권인 사탄세계를 밟고 올라설 수 있는 기반이 만들어지는 것입니다. 그러므로 밥을 먹으나 무엇을 하나 언제나 나라 생각을 해야 됩니다.

입적시대에 해야 할 일

18 호적이 달라져야 됩니다. 호적을 새로 만들어야 됩니다. 사탄세계의 호적은 다 망하는 것입니다. 그것은 지옥권에 속하는 것입니다. 그렇기 때문에 하늘나라의 호적에 다시 입적되어야 합니다. 오늘 이것을 확실히 알고, 이제부터 우리가 가야 할 자세를 가다듬고 우리 주변에 이 사실을 전파해야 됩니다.

19 우리가 하나님을 중심삼은 자주적인 나라에서 살 수 있는 희망의 한 날은 무엇을 주고도 바꿀 수 없는 가치 있는 시간입니다. 영계에 간 사람들 중에는 하나님을 중심삼은 나라권 내에서 산 사람이 없습니다. 선생님은 그것을 아는 것입니다. 선생님이 통일교회 교인들을 고생시켰지만, 나라를 찾아 섭리적 국가권에서 나라를 가진 주권자 앞에 국민으로서 당당히 살고 간 본연의 인간상을 가질 수 있다는 사실이 얼마나 권위 있는 일이냐는 것입니다. 선생님은 일생을 그것을 표준으로 삼고 살아가고 있습니다. 지금까지 선생님이 많은 사람을 고생시켰지만, 그 나라의 국민을 위한 주권자로서의 하나님을 모시고 그 심정을 기울여 일생의 모든 것을 고스란히 바칠 수 있는 영광의 날을 위해 싸워 나왔던 것입니다.

20 여러분의 생활을 정비해야 됩니다. 경거망동한 불의의 죄를 회개해야 됩니다. 회개하지 않으면 여러분은 공의의 심판을 받게 됩니다. 사랑의 그 치리 법도 앞에 설 자가 없습니다. 그때에 선생님이 변호사가 되고, 선생님 가족 일족이 변호사가 되고, 여러분을 지도하는 통일교회의 모든 사람들이 변호사가 되어 주는 것입니다. 하나님도 그렇고, 선생님도 그렇고, 선생님 가정으로부터 지도자까지 그럴 수 있어서 변호의 범위가 참소권보다도 커야 하늘나라 백성으로서 입적이 될 수 있습니다.

21 통일교회 교인들은 절대 제멋대로 못 삽니다. 자기 마음은 못 속입니다. 자기 마음을 속일 수 있습니까? 자기 마음을 못 속이는 한 하늘나라

의 호적을 속일 수 없습니다. 모든 것이 입적되는 것입니다. 내가 이 손을 한번 들면 지금 비디오테이프에 기록됩니다. 인간세계도 이렇게 기록되거늘 하늘나라에 기록이 안 될 것 같습니까? 아무개 축복받은 부부의 기록을 단추만 한번 누르면 어려서부터, 그 조상부터 전부 나오는 것입니다. 순식간에 나오는 것입니다. 오래 걸리지도 않습니다. 여기는 시간관념이 있지만 하늘나라는 재까닥 하면 다 끝나는 것입니다.

22 축복가정은 앞으로 정비를 해야 됩니다. 부부의 일기를 써야 됩니다. 그다음에 아들딸의 공인을 받아 입적을 해야 됩니다. 모든 것을 청산짓고 넘어가야 됩니다. 그때는 사탄이 따라오지 않습니다. 그런 심각한 때가 옵니다. 그래서 축복받은 가정들은 앞으로 전부 일기를 써야 됩니다. 슬쩍 넘어가서는 안 됩니다.

23 기력이 없어 그저 문턱 너머를 바라보고 '아이고, 늙었는데….'라고 할 만큼 나이가 많아도 전도를 해야 됩니다. 자기 어머니 아버지를 하늘 앞에 입적시킨 뒤에 영계에 가지 않으면 큰일 나는 것입니다. 여러분의 어머니와 아버지, 그리고 조상들, 형제나 친인척을 중심삼고 역사적으로 위대한 일을 할 수 있는 이 시대, 이 때를 맞은 통일교회 축복가정이라는 것을 알아야 합니다.

24 지금까지 여러분에게 전도하라고 하는 것은 위신을 세워 주기 위해서입니다. 앞으로 족장을 만들어 새로 입적시대가 올 때 그 축에 끼워 주려고 하는 것입니다. 그런데 실적이 있어야 끼워 주게 됩니다. 천국도 마찬가지입니다. 천국도 아무나 가는 것이 아닙니다. 자기 실적에 따라서 가는 것입니다.

25 앞으로는 세계가 열두 지파를 중심삼고 입적을 해야 됩니다. 입적할 때는 여러분의 일생, 통일교회에 들어와서부터 지금까지의 모든 것을 낱낱이 기록해야 됩니다. 교회에서 뭐 하나, 보자기 하나라도 가져갔으면 그것을 기록해야 됩니다. 그것이 영계에 기록된 컴퓨터 기록과 맞지 않게 될 때는 못 들어갑니다.

26 천국 재산이라는 것은 무엇이냐? 지금 천국에 국민이 없기 때문에 천국 국민을 부활시켜서 데리고 가는 것 이외에 길이 없습니다. 천국 국민이 없으면 영계에서의 재산도 없다는 것입니다. 그렇기 때문에 여러분이 낳았다고 해서 여러분의 아들딸이 아닙니다. 일본의 1억2천만 모두 하나님의 국민이 되는 길을 찾아야 합니

다. 어떻게 해서 수많은 일본인을 여러분의 아들딸과 함께 천국 국민으로서 입적시키느냐? 그 숫자가 여러분이 영계에 정착하는 데 있어서 초석이 되는 것입니다. 그것이 없을 때는 아무리 통일교회 회장을 몇 십년 하였다고 해도 모두가 허사라는 것입니다. 지금까지는 통일교회가 반대받았기 때문에 불가능했지만, 이제는 세계적으로 선생님을 존경하게 되었기 때문에 할 수 있습니다.

27 참부모와 하나되어 전통을 상속받고 여러분 가정이 주체적 전통으로서 만국을 치리할 수 있는 기반이 되고 주체성을 지닐 수 있는 가정이 될 때, 하늘나라의 황족권 내에 입적하는 것입니다. 그렇게 해서 들어가는 곳이 천국입니다. 천국은 아무나 들어가는 곳이 아닙니다. 그 길을 가겠다고 3대가 결심해야 됩니다. 할머니 할아버지로부터 어머니 아버지, 부부, 아들딸까지 단계는 4단계이고 계열은 3대입니다.

28 이제 여러분이 가는 길에는 반대가 없습니다. 선생님이 다 만들어 주었습니다. 다 막아 주었습니다. 다 헐어 주었습니다. 그러니 여러분이 선생님을 얼마만큼 숭배해야 되느냐? 여러분의 후손들은, 여러분이 핍박시대에 선생님을 숭배하던 이상 몇백 배 숭배할 수 있는 가정의 전통을 남기지 않으면 하늘나라의 본관에 입적하기 어렵다는 것입니다. 여러분의 아들딸들에게 여러분이 선생님을 모시던 몇 배 이상 모실 수 있는 기반을 만들어 놓지 않으면 떨어져 나가는 것입니다. 밀려 나가는 것입니다.

29 앞으로 하나님의 나라를 중심삼고 입적시대가 옵니다. 14만4천 무리에 들어가겠다고 하지요? 14만4천이 무엇인지 압니까? 입적시대를 향해서 가려면 자기 종족권이 하늘나라의 고향 땅과 같은 입장이 되어야 합니다. 그래야 하늘나라의 입적시대에 종족적으로 입적하는 것입니다. 개인구원 시대는 지나갑니다. 한 나라의 대통령이 통일교회에 입교해서 선서하면 그 나라 사람들도 하늘나라의 권속이 되고, 교회가 제시하는 예식만 거쳐 나가면 다 사탄권에서 벗어나는 것입니다.

30 입적시대가 올 때는 대한민국의 백성이라는 이름을 가지고는 안 됩니다. 사랑을 중심삼고 모든 민족을 극복해야 됩니다. 가정을 부정하고, 종족을 부정하고, 민족을 부정하고, 국가를 부정하고, 세계를 부정하고, 천상세계의 지옥까지도, 영계의 지옥까지도 부정하고, 마귀까지 부정해야 됩니다. 그것을 긍정하는 것이 타

락입니다. 이렇게 떨어졌으니 반대로 올라가야 됩니다.

31 축복받은 사람은 결혼하지 못한 예수님보다 나은 자리에 서게 됩니다. 그렇기 때문에 종족들이 반대하지 않고 선생님을 환영할 수 있는 시대가 왔습니다. 종족적 메시아로서 160가정을 규합하는 것은 누워서 떡 먹는 일입니다. 문제없습니다. 빨리 이 일을 해야 됩니다. 이 일을 안 하다가는 여러분은 쫓겨납니다. 세계 사람들이 행렬을 지어 들어와서 입적하게 될 때 여러분이 거기에서 빠지게 된다면 어떻게 되느냐는 것입니다. 입적할 수 있는 수가 4천만이 넘게 된다면 보따리 싸서 남미로, 아프리카로 가야 됩니다. 싫어도 그럴 때가 옵니다. 대이동시대가 옵니다.

32 나라가 있어야 입적이 벌어집니다. 출생신고·결혼신고·사망신고를 하는 것입니다. 통일교회의 수많은 가정들이 축복을 받았지만 지금 전부 수속을 할 수 없습니다. 나라가 없기 때문입니다. 등록을 새로 해야 된다는 것을 알아야 됩니다. 그래서 대이동이 벌어집니다. 북쪽 사람이 남쪽으로, 남쪽 사람이 북쪽으로 가는 것입니다. 앞으로 수속하는 절차에 따라서 나라와 지파가 달라집니다. 대이동이 벌어진다는 것입니다.

33 하늘나라가 지상에 건설되면 모든 전체를 하늘나라에 귀화시켜야 됩니다. 그렇기 때문에 통일이 안 되려야 안 될 수 없습니다. 이것은 강제가 아닙니다. 자원해야 됩니다. 이로써 입적하는 날이 벌어집니다. 그 종족이 입적할 수 있는 순서가 되기 때문에 먼저 입적하면 조상이 됩니다. 나머지는 그 앞에 머리 숙여야 됩니다.

34 이제는 종족권이 발족하는 것입니다. 하나님이 주관하는 것이 아니라 여러분의 일족을 천국 종족화하는 시대로 들어가게 됩니다. 그렇기 때문에 조상들이 역사해서 자기도 모르게 통일교회로 가게 됩니다. 봄이 찾아오면 잎이 강제로 나는 것이 아닙니다. 자연히 나는 것입니다. 그러니까 서서히 아침 해가 떠오르는 그 세계가 목전에 다가왔으니 해방된 모습으로 하나님 자녀의 명분을 중심삼고 위세당당하게 천지의 대주인으로 출전하는 것이 우리의 의무요 사명이라는 것을 망각해서는 안 됩니다.

35 지금은 나라가 없으니 교회 안에서 축복했지만, 앞으로는 나라에 입적해야 됩니다. 종족적 메시아의 책임을 해야 나라에 입적됩니다. 나라에 입적하고 세계에 입적해서, 참부모가 주체라면 세계 가정들이 객체로서 하나되어서 하나님을 모실 수 있

는 가정을 헌납해야만 천주적 축복가정 이상이 형성됩니다. 그것이 지상천국·천상천국입니다.

천일국 정착과 안착

36 천일국은 하나님의 나라입니다. 하나님의 나라는 불변이요 절대적입니다. 하나님의 속성은 절대·유일·불변·영원입니다. 그러한 네 속성이 있습니다. 어느 누구도 그것을 바꿀 수 없습니다. 일단 정착하면 영원합니다. 지금 타락세계의 방향은 다양합니다. 하나님의 창조이상은 하나의 전통적인 인류역사입니다. 그것이 하나님의 본연의 이상입니다.

37 천지부모 통일 안착 선포! 안착은 정착해서 살림을 시작하는 것입니다. 그다음에 안식권입니다. 모든 것이 다 쉬게 됩니다. 하늘나라의 이상권에 취해 사는 것입니다. 싸움이라든가 바라는 소원이 없고 천상세계의 환경적 여건에 보조를 맞춰 영원히 사는 것입니다. 안식권이 그렇습니다. 그래서 어떤 입장에 있는지 알아야 합니다. 천일국 주체국 승리권 해방시대입니다.

38 지금 하늘나라가 없습니다. 선생님을 통해 하나님왕권 수립을 하고, 하나님조국정착대회를 하고, 천주평화통일국, 천일국을 선포했습니다. 이제 정착시대에 들어갑니다. 정착이 아니라 안착입니다. 정착은 목적을 바라보고 가야 할 길이 있지만, 안착은 다 와서 쉬는 것을 말합니다. 하나님의 왕권 안착, 하나님의 조국 안착, 하나님의 천일국 안착시대를 맞이하기 위해서는 내 몸과 마음이 싸워서는 안 됩니다. 하나돼야 합니다.

39 여러분의 몸 마음도 두 사람입니다. 하나되지 않으면 천일국 백성이 못 됩니다. 천국이 막연했다는 것입니다. 개인의 몸과 마음이 싸워서는 개인으로부터 나라를 이룰 수 없습니다. 천일국 하게 된다면 개인에서 몸 마음이 하나되고, 부부가 하나되고, 부모와 자녀가 하나되고, 형제가 하나되어 가정이 정착하는 것입니다. 그것이 하나 안 되어 가지고는 정착이 없습니다.

40 자유와 평화와 행복의 천일국 정착이 아니고 안착입니다. 정착은 움직여 목적지를 찾아가서 머무르는 것을 말하지만, 안착은 정착했으니 이제 살림살이를 시작하는 것입니다. 정착을 할 때는 개인의 몸 마음이 하나되고, 부부가 하나되고, 부모와 자식이 하나되고, 그다음에 형제가 하나되어야 합니다. 여기서 아버지가 빠져도 안 되고, 어머니가 빠져도 안 되고, 아들이 빠져도 안 되고, 딸이

빠져도 안 됩니다. 부자관계는 그렇게 됩니다. 그다음에는 자녀가 축복을 받아 부부관계를 맺어 아들딸을 낳아 정착하는 것입니다. 3대를 거쳐야만 정착하게 됩니다.

41 천일국, 그다음에 자주국입니다. 자주국인 동시에 주체국이라고 해도 됩니다. 자주국 승리권 해방시대이기 때문에 주체국 천국시대라는 것입니다. 천일국은 주체국 해방시대이며, 그다음이 원일(圓一) 통일시대입니다. 근본으로 돌아갑니다. 원일 통일시대입니다. 다시 내가 맞춰야 합니다. 통일해야 됩니다. 하나님이 통일해 주는 것이 아닙니다.

42 이제 마지막 때입니다. 그래서 천일국과 자주국 승리권, 주체국 승리권입니다. 하나님을 중심삼은 자주국 승리권, 또 재림주님을 중심삼은 자주국 승리권이라는 것은 주체국 승리권입니다. 하나님이 본래의 중심인 주체국 승리권 해방시대입니다. 그 해방시대가 됐으니 원일, 근본 되는 통일세계로 돌아가게 됩니다. 이것이 마지막입니다.

43 하나님왕권 수립을 중심삼고 태평성대의 천일국을 선포하고, 그러한 터전 위에 천일국 안착을 맞이하게 됩니다. 그다음에는 자주국 승리권 해방시대가 됩니다. 모든 것이 해방되었기 때문에 원일 통일세계가 옵니다. 본연의 하나님 창조이상의 근본된 거기에 통일시대를 맞추는 것입니다. 그 통일은 누가 맞추느냐? 하나님이 맞추는 것이 아니라 내가 갖다 맞춰야 됩니다. 가정을 완성한 그 기준을 만들어서 맞춰야 됩니다. 원일 통일시대입니다. 그래서 에덴에서 해방시대, 천국 가기에 당당한 이름표가 붙어 있는 것입니다.

44 천일국, 그다음엔 자주국 승리권 해방의 세계, 그다음에는 원일 통일세계입니다. 거기에서 통일이 되는 것입니다. 그래서 세계가 평준화되고 전부가 해방의 자리에서 해방권이 벌어졌으니, 그다음에는 동서남북과 전후좌우에 거리낌이 없이 본래의 원일이 됩니다. 본래의 하나의 원칙인 하나님 창조의 근본, 창조의 구상으로부터 실천까지 전체를 거기에 맞춰야 되는데, 하나님이 맞추어 주지 않습니다. 우리가 맞춰야 합니다. 그래야 천국에 들어가는 것입니다. 그것이 공식입니다.

45 천일국의 자주국 승리권 해방시대입니다. 자주국 승리권 해방시대는 모든 만물이 타락하지 않은 본연의 자리에 들어가서 개성진리체인 자주 자체의 승리권을 자랑할 수 있는

해방시대를 말합니다. 해방시대가 왔으니 원일세계로 돌아갑니다. 근본세계로 돌아갑니다. 근본세계에는 사탄도 없고 이 땅 위에 모든 국가도 없고 하나밖에 없습니다. 아담 일족을 중심삼고 아담 종족, 아담 민족, 아담 국가, 아담 세계, 아담 천주입니다. 하나님의 절대사랑, 유일사랑, 불변·영원한 사랑을 중심삼고 절대생명, 유일생명, 영원·불변한 생명, 절대혈통, 유일혈통, 영원·불변의 혈통을 중심삼은 단일민족입니다. 한 나무와 마찬가지입니다.

46 천일국은 두 사람이 하나된 나라인데, 그다음에 3대를 중심삼고 원일국(圓一國)이 됩니다. '둥글 원(圓)' 자 하나의 나라입니다. 그다음에 통일세계, 통일의 나라가 나오게 됩니다. 천일국·원일국·통일국으로 발전해야 됩니다. 삼대상목적과 사위기대를 완성하지 않으면 원일국이 못 됩니다. 상하·전후·좌우가 완전히 하나되는 것입니다.

47 쌍합십승일, 승리의 날을 맞이함으로써 이제부터 하나님이 날의 주인이요, 달의 주인이요, 사계절의 주인입니다. 이 땅 위에 왕권을 중심삼은, 천지가 통일된 사랑의 왕의 주인, 참부모의 왕의 주인, 참스승의 왕의 주인입니다. 참왕의 왕의 시대를 맞이하는 것입니다. 그렇기 때문에 자기가 어떤 민족이라는 것, 역사적인 전통을 중심으로 지금까지 살아 나온 기반을 완전히 잊어버려야 됩니다. 그래서 완전히 혁명한 기반 위에서 이제는 하나님 완성과 참부모 완성과 천지인부모 완성을 이뤄 지상에 정착하여 새로운 후천, 신천신지 사랑의 영원한 주권세계로 출진하는 세기말적인 전환점에 선 것을 알아야 됩니다.

5절 천주평화연합과 아벨유엔

1 천주(天宙)는 하늘땅이 하나된 것을 말합니다. 천주의 '하늘 천(天)' 자는 둘(二)하고 사람(人)이 합한 것입니다. 그다음에 집(宙)이라는 것은 안전지대입니다. 이것(由)은 자유, 평화를 말합니다. 두 사람의 평화로운 집, 하늘땅을 대신한 두 사람이 영원히 자유스럽게 살 수 있는 것이 천주입니다. 이것은 하나님의 집입니다. 개인적인 하나님의 집, 종족적인 하나님의 집, 민족적인 하나님의 집, 국가적인 하나님의 집, 천주적인 하나님의 집입니다.

천주평화연합과 아벨유엔의 창설

2 평화! 이 '평(平)' 자는 두 세계를 연결시키는 것입니다. 부부로부터 연결시켜 수평이 됩니다. '평' 자의 중심은 참사랑·참생명·참핏줄입니다. 영원한 것입니다. 횡적인 것은 1대입니다. 그

렇지만 종적인 것은 영원합니다. 핏줄은 영원한 것입니다. 그리고 '화(和)' 자의 이것(禾)은 '벼 화(禾)' 자입니다. 쌀에 말씀(口)을 갖다 붙인 것입니다. 육적으로도 말씀을 먹는 것이요, 영적으로도 말씀을 먹는 것입니다. 영육으로 먹는 것입니다. 말씀을 통해서 평화세계를 이뤄야 됩니다.

3 우리가 유엔 대회를 하기 전에 '제1차 이스라엘 참사랑 평화통일 갱생운동은 하나님의 조국창건의 이상이다.'라고 선포했습니다. 이 표어를 중심삼고 제1차 예루살렘선언, 제2차 워싱턴선언, 제3차 서울선언을 했습니다. 그렇게 해서 비로소 제4차 이스라엘권을 출발하는 것입니다. 4차 이스라엘 나라가 안 나왔습니다. 1차도 실패, 2차도 실패, 3차도 실패했기 때문에 이제 그 나라를 세우기 위한 중심에 서서 선포하는 것입니다.

4 이제 천일국을 만들어 평화의 왕권을 대표한 세계적인 아벨유엔을 만들어야 합니다. 아벨유엔은 천주평화연합입니다. 국제연합이 가인유엔입니다. '국제' 대신 '천주'입니다. 하늘땅을 대표한 아벨유엔이 형님 유엔이 되어서 가인유엔의 역할을 대체할 수 있어야 합니다.

5 아담이 타락한 이후에 뒤집어졌던 것을 재림주가 돌아가서 포위하여 바로 맞춰 놓을 수 있는 시대권에 들어왔으니 가인유엔에 대해 천주평화연합입니다. 아벨유엔, 본연의 유엔입니다. 그래서 사탄세계가 없는 평화의 천국세계로 전진합니다.

6 아벨유엔, 완성한 유엔이 생겨나게 될 때는 그 유엔 법에 따라서 모든 것이 달라집니다. 아침에 만물의 모든 순들이 햇빛을 향합니다. 지옥이 없는 자리에 정착하는 과정을 거치지 않고는 천국에 못 들어갑니다. 정오정착이라는 말은 청산하라는 것입니다. 밤과 낮이 갈라집니다. 그것은 누구도 모릅니다. 똑딱하는 순간에 갈라지기 때문에 알지 못합니다. 봄과 여름이 순간에 갈라지는데 그 순간을 모릅니다. 열두 시가 되는 것도 똑딱하는 순간입니다. 1초 동안에 바꿔지는 것입니다. 그것과 마찬가지입니다. 밤낮이 갈라져 두 패가 됐던 것이 낮의 세계로 넘어가서 정오정착입니다.

7 여러분이 선생님 이상 하겠다고 할 때는 세계가 그냥 그대로 승리의 판도 위에서 존속할 수 있지만, 선생님을 보내고 후회하게 되면 여러분 후손과 3대에서 얼마만큼 탕감을 받아야 됩니다. 그러니 무슨 어려움이 있더라도 이 아벨유엔을 만들지 않으

면 안 됩니다. 천주평화연합입니다. 그리고 하나의 땅입니다. 천주평화연합의 땅은 둘이 아니라 하나입니다. 악한 사람이 선한 사람을 죽일 수 없고, 선한 사람이 피를 흘리게 할 수 없습니다. 그런 땅은 천주평화연합의 소유가 아니면 안 됩니다. 여기에 대해서 반대하는 사람, 보충하지 않고 자기 돈을 써서 자기 일신의 개인적 향락을 위하는 사람은 멸망합니다. 개인주의 왕초는 투쟁의 개념을 가지고 선한 세계를 부수겠다는 것입니다. 그렇게 감축시키니 망하는 것입니다. 자기 개인이 망하더라도 나라를 살려야 되고, 나라가 망하더라도 세계를 살려야 되고, 세계가 망하더라도 하나님을 살려야 됩니다. 그러면 세계의 도리를 다 실천하는 기반에서 나가니만큼 해방·석방을 중심삼은 태평성대의 세계가 아니 될 수 없습니다.

8 새로운 선의 왕권을 대신한 천주평화연합이 생기고, 그다음엔 아벨유엔과 평화의 왕권이 나타나게 됩니다. 이제는 선만이 흥하고 악은 물러가게 됩니다. 그래서 지구성이 완전히 하나님의 주권 가운데 선의 왕권 치리 하에 돌아가야 할 기준이 됩니다. 이 시대는 아담이 16세에 타락한 기준을 넘어 21세가 되어 완성축복으로 이어질 수 있는 때로 넘어갑니다. 아벨유엔을 그러한 기준으로 보는 것입니다. 아벨유엔과 평화왕국, 왕권과 왕국이 생겼기 때문에 사탄세계의 악한 사람들과 모든 물건들, 기물들은 이 평화의 왕도에 접할 수 없습니다. 천주 나라, 천일국의 국도권에는 투쟁의 물물이 왕래할 수 없기 때문에 이제 평화가 오지 않을 수 없습니다. 그렇기 때문에 성경의 이사야 2장 4절에서 말하는 것과 마찬가지로, 모든 병기를 녹여 농기구를 만들어서 평화의 왕터를 개간해야 되는 일이 다 끝나는 것입니다.

9 천주평화연합을 선포하는 것은 독립할 때의 독립선언과 마찬가지입니다. 선언문과 마찬가지 내용입니다. 부자관계의 가정을 중심삼고 정착할 내용을 밝힌 것입니다. 핏줄과 상속권, 상속권 위에 창조의 위업, 그것은 부자관계에 다 들어갑니다. 하나님 대신 대등한 자리에서 생활하고, 상대될 수 있는 천운을 완성시킬 수 있는 지상·천상천국의 이념을 완성시키는, 상대적인 기준에 떨어질 수 없는 것입니다.

10 이제는 초세계적 차원에서 아벨권과 가인권이 하나되어 아벨유엔의 자리에서 출범을 한 천주평화연합과 일체를 이루어야 합니다. 공식입니다. 그리고 이 땅에 평화이상세계왕

국을 창건하기 위해 초종교·초국가적인 차원에서 모든 국경과 담을 철폐해야 됩니다. 그리하여 전 인류가 본연의 창조이상세계에 진입할 수 있고, 아담 해와의 타락으로 잃어버린 본연의 소유권까지도 찾아 세워야 할 숙명적 책임이 있습니다.

11 천주평화연합이 우리의 천일국 국명이 되어야 합니다. 천부주의와 평화의 왕권시대가 도래하면서 천일국이 국명이 되고 하나의 나라가 되어야 합니다. 하나의 핏줄을 중심삼고 몸 마음이 하나되어야 합니다. 가정에서 부부가 갈라지면 안 되고, 형제가 갈라지면 절대로 안 됩니다. 그래서 축복이 무서운 것입니다. 프리섹스나 동성애는 있을 수 없습니다. 그런 시대로 들어가지 않고는 하늘나라의 권속이 될 수 없습니다. 아벨유엔을 창설하고 이것이 일원화될 때 구세주, 재림주, 참부모가 선포한 새 하늘과 새 땅이 됩니다. 그러기 위해서는 하나의 나라, 하나의 유엔, 하나의 민족, 하나의 가정이상이 이뤄져야 합니다. 싸워서는 안 됩니다. 이제 천국도 대혁명이 벌어지게 됩니다. 종단과 교파도 이때가 되면 다 없어지는 것입니다.

12 천일국 창건을 위한 종적 아벨 위치에 초종교초국가세계평화연합을 세우고, 세계 인구의 70퍼센트 이상을 포함하고 있는 몽고반점 동족을 결혼축복을 통해 몽고반점 혈족으로 묶어 횡적 가인권으로 세움으로써 수십억 인류를 한 가족으로 만드는 섭리적 책임을 축복가정들이 완수해야 될 때가 왔습니다. 인종 간의 담, 종교 간의 벽, 그리고 국가 간의 국경선들도 깨끗이 헐어내야 할 것입니다.

13 초종교초국가평화의회를 거쳐 이제 실제 아벨유엔을 완성해 초국가 초종교 위에 형성하지 않고는 하나님이 마음대로 할 수 있는 가인 아벨 평화의 유엔이 안 됩니다. 그러므로 선생님은 탕감복귀의 해방·석방 평화의 왕권을 중심삼고 안착 태평성대를 이뤄야 할 뜻이 있는 한, 이 일을 기필코 성사시켜야 합니다.

아벨유엔의 역할과 책임

14 미국과 세계를 중심삼고 유엔이 새로 생겨나야 됩니다. 가인유엔이 아니라 통합 유엔입니다. 가인유엔을 없애 버리는 것이 아닙니다. 그것을 동생 유엔으로서 교육해서 아벨유엔 형태로 만들어야 타락이 없었던 동등한 가치를 가지고 하나님의 품에 품길 수 있습니다. 형님이 동생을 사랑하니까 형님이 사랑하는 동생은 하나님도 사랑하지 않을 수 없기 때문에 자동적으로 한의 역사가 뒤집어져

평화의 세계가 될 수 있는 것입니다.

15 민주세계의 정치체제는 투쟁의 체제입니다. 우리가 부모의 자리에 올라가야 싸움을 말릴 수 있습니다. 모든 형제들이 부모를 중심삼고 하나 되는 것입니다. 부모가 되어야 싸움을 말릴 수 있습니다. 부모의 자리에 가서는 가만히 있어도 반대할 사람이 없습니다. 그렇지 않으면 다른 방법이 없습니다. 먼저 참부모를 찾아야 거기서부터 참자녀·참국가·참평화를 포함한 모든 것이 찾아질 수 있습니다. 그 이외에는 다른 방법이 없습니다. 천부주의를 중심삼고 소화시켜야 됩니다. 이것은 천부주의로 해야 가능합니다.

16 종교권을 하나로 만들 아벨유엔과 가인유엔을 합하는 작업을 해 나오고 있습니다. 현재 가인유엔과 아벨유엔을 두고 볼 때 가인이 아벨을 쳐 나왔습니다. 이제 천주평화연합을 설정함으로써 거꾸로 됩니다. 참부모가 종교권 일치, 아벨권 국가와 가인권 국가 일치를 이루는데, 가인권 유엔이 아벨유엔 앞에 굴복해야 됩니다. 그래서 비로소 형님의 자리가 동생의 자리가 되고 동생의 자리가 형님의 자리가 됩니다.

17 오늘날 통일교회가 해야 될 것은 뭐냐 하면 하나의 유엔 판도를 중심삼고 뒤넘기치는 것입니다. 그러려면 아담 가정의 확대가 유엔 무대로 확대돼야 합니다. 그런 복귀시대에 있어서 외적인 가인 아벨 세계에서 유엔 판도를 수습하고 내적인 가인 아벨 유엔 판도를 수습해야 됩니다. 그 아벨적 기준이 수습되었을 때 그 아벨 기준이 가정이 됩니다. 이것은 유엔 기구를 대표한 가정적 조건을 탕감해야 될 입장이니 안팎의 내용을 갖추어야 됩니다.

18 현재 유엔은 정치 분야밖에 없습니다. 정치세계를 대표한 것이기 때문에 종교권도 없고, 여성계도 없고, 청년계도 없고, 학생계도 없습니다. 유엔이 감투만 썼지 손발이 없다는 것입니다. 이제 아벨유엔을 만들어야 합니다. 종교유엔과 여성유엔과 청년유엔과 학생유엔이 있어야 합니다. 세계 판도 위에 하나님을 대표한 종교유엔이 생겨나고, 해와인 여성유엔이 생겨나고, 가인인 청년유엔이 생겨나고, 아벨인 학생유엔이 생겨나야 됩니다.

19 정치세계는 다 흘러갑니다. 우리와 관계가 되는 것은 종교유엔이니까 종교인들을 세계적으로 결속해야 됩니다. 세계적 여성 결속, 세계적 청년 결속을 해야 되는데 그 기반을 이미

다 닦아 놓았습니다. 한국에서는 이것을 완전히 연결시켜 유엔에 가입할 때 주체적 자리에 들어가서 교육해야 됩니다. 초종교적인 입장에서 교육을 함으로써 가정의 평화이상을 위해 도울 수 있게 해야 됩니다.

20 유엔을 중심삼고 종교연합을 중심삼은 종교의회를 땅 위에 착지시켜야 됩니다. 그래서 세계의 모범적인 종교지도자들을 총동원해서 앞장서게 하는 것입니다. 국가와 마찬가지로 정신적 유엔 기구를 중심삼고 종교단체들이 대사관 설정을 하는 것입니다. 불교권은 불교 대사관, 이슬람교권은 이슬람교 대사관, 이렇게 해서 종교유엔 대사관과 종교권 대사를 설정하는 것입니다. 싸움은 안 됩니다. 유엔에 지금 주인이 없습니다. 여기에 종교연합이 들어가고, 여성연합이 들어가고, 청년연합이 들어가고, 가정연합이 들어가면 세계 국가 형태를 안팎으로 완전히 정비하는 것입니다.

21 이 땅은 사탄의 핏줄을 이어받아서 거짓 부모로부터 거짓 사랑과 거짓 생명과 거짓 혈통이 벌어졌습니다. 그것을 중심삼고 지금까지 사탄이 하나님을 가두고, 하늘나라의 백성과 하늘나라의 자녀를 같은 입장에서 자기 마음대로 이용해 나왔던 것인데, 이것을 비로소 처음으로 참부모를 중심삼고 회복해서 본연의 자리에 세우게 되니 끝이 나는 것입니다. 아벨유엔은 평화를 위한 유엔이고, 가인유엔은 분쟁을 위한 유엔입니다. 둘이 싸우고 있습니다. 이것을 평화유엔으로 하나 만들어야 됩니다. 가인유엔과 아벨유엔이 나라를 중심삼고 대립해 왔습니다. 아벨유엔과 가인유엔을 하나 만들어 평화유엔을 창설하는 것입니다. 그 위에 평화의 천국, 유엔 평화왕국을 세워야 됩니다. 그때는 나라가 없어집니다. 종교도 없어집니다. 그래서 나라와 종교가 없어지면서 하나의 대가정 천국시대로 넘어가는 것입니다.

22 예수님의 몸을 아시아에서 잃어버렸기 때문에 그것을 다시 복귀해서 이스라엘을 해방하고, 모슬렘을 해방하고, 모든 종교권을 해방해야 됩니다. 종교가 없어질 수 있는 해방권, 싸움이 없는 평화의 해방권을 만들어야 됩니다. 그리하여 참부모가 설 수 있는 하나님의 이상적 본거지를 가정으로부터 국가·세계·천주까지 설정함으로써 지상천국과 천상천국이 발현됩니다. 그 일을 출발하기 위해서 천상세계의 통일권과 지상세계의 통일권을 딱 맞춰 끝냄으로써 이 가운데서 참부모와 성약시대를 발표하게 되었던 것입니다.

제3장 천일국 국민의 길과 가정맹세

1절 순결과 일심·일체·일념·일화의 삶

1 구원섭리는 재창조섭리입니다. 재창조섭리는 하나님의 창조원칙에 맞는 순결한 만물, 순결한 사람, 순결한 혈통, 그리고 순결한 사랑을 세우기 위한 것으로, 이것이 창조의 과정입니다. 순결한 땅 위에 순결한 만물, 순결한 사람, 순결한 사랑을 세우기 위한 것이 창조의 이상, 창조목적이기 때문에 이 일을 이루기 위해서는 우리의 일신에서 벗어나야 합니다. 순결한 몸을 찾기 위해서는 사탄의 기반이 되어 있는 몸을 쳐서 사탄을 추방해 버려야 됩니다. 그래서 순결한 마음과 몸, 물질과 정신이 하나되어 사탄권을 벗어나 약혼단계와 마찬가지로 거기에서 3년을 지낸 후에 완성권의 축복가정을 이루는 것입니다. 이것을 원리로 보면 인간책임 완성을 할 수 있는 자리에 올라갑니다. 이러한 복귀노정과 탕감노정을 알아야 됩니다. 이렇게 하지 않으면 올라갈 길이 없습니다.

2 혈통을 유지해야 됩니다. 정결한 혈통, 순결한 혈통을 유지해야 된다는 것입니다. 하나님이 타락한 아담 해와를 추방한 것과 마찬가지로 혈통이 더럽혀지면, 완전히 자기를 제거해 버리고 타락한 사람과 같이 다시 인류의 뒤로 돌아 들어와야 됩니다. 앞으로 책임자는 이러한 순결을 지키며 살아온 사람만이 될 수 있습니다. 이 사람들은 주류의 전통사상을 이어받고 상속해 나가야 합니다. 축복받은 가정들이 재타락하는 것은 용서할 수 없습니다.

3 한국에는 집에 들어와서는 누구보다도 부모 앞에 먼저 인사하고 효도하는 전통이 있는데, 그것은 특별히 여자에게 더 강조돼 왔습니다. 왜 심청입니까? 그것은 태초에 여자가 불효했기 때문입니다. 세계적인 역사를 탕감하기 위해서 여자 한 사람을 세계 제일의 효녀로 세워야 됩니다. 이것이 복귀천국을 이뤄 나가는 데에 탕감의 제1조가 됩니다. 그렇기 때문에 여자가 효녀의 전통을 세우고 절개를 지키고 순결을 자랑할 수 있는 딸이 되어야 합니다.

4 여러분은 효자가 되어야 하고, 효부가 되어야 하고, 그다음에는 효성(孝聖)이 되어야 합니다. 그다음에는 순결·순혈·순애를 중심하고 가정 기반 위에 하나님 앞에 효자가 되어야 합니다. 혼자만이 아닙니다. 가정 전

체가 효자가 되어야 합니다. 그리고 효자 충신가정과 효자 성인가정, 효자 성자가정입니다. 그런 입장에서 개인에서 천주까지 하늘나라의 왕권을 상속받을 수 있는 왕자 왕녀로서 손색이 없는 주인 대신자가 되어야 합니다. 우리는 항상 그런 훈련을 해야 됩니다. 천일국 주인이라는 말은 그런 뜻입니다.

5 축복받은 가정이 순결혈통 순애가정을 중심삼고, 가정적 효자, 나라적 효자, 세계적 효자, 천주적 효자가 되어 하나님을 내 아버지라고 해야 됩니다. 안팎에 있는 모든 것이, 마음도 닮았고, 몸도 닮았고, 세계도 닮았다는 것입니다. 일심·일체·일념·일화가 되어야 하지만 상대가 없습니다. 일화의 입장에서 사랑을 투입해야 됩니다. 투입해서 만물시대로부터 자꾸 올라가야 합니다. 나중에 하나님에까지 올라가야 합니다. 하나님이 기뻐하면 천하가 기뻐하고, 천지가 화동할 수 있어야 합니다. 본연의 창조이상을 완성·완결한 해방적 기원이 거기서부터 출발하는 것입니다. 거기까지 가야 합니다.

6 아담 해와가 하나님 앞에 책임을 다했다면, 하나님이 축복식을 해주셨을 것입니다. 축복을 받으면 거기서부터 선이 출발하고, 진리의 일체화, 실체의 일체화, 심정의 일체화가 이루어집니다. 진리의 일체화란 하나님이 '이렇게 하라!'라고 하시면 '예!' 하고 하나님의 말씀대로 다 따라서 이루는 것입니다. 하나님의 뜻으로 본 아담 해와는 원래 둘이 아닙니다. 아담이 해와에게 이끌려 천법을 어겼으니 둘이 되었지 원래는 하나입니다. 진리의 일체화, 실체의 일체화가 된 다음에는 심정의 일체화가 되어야 합니다. 그렇게 되면 하나님과 일체화가 됩니다. 하나님은 그렇게 될 날을 바라보고 나오신 것입니다.

7 나와 너는 같은 자리, 즉 부부일심 부자일심이라고 하는 자리입니다. 하나는 위에 있고 하나는 아래에 있는 상황에서 일심이 될 수 없습니다. 아버지는 위에 있고 아들딸은 아래에 있다면 일심이 될 수 없습니다. 동등한 입장에서 평면적으로 위치해 있어야 일심이 됩니다. 내적 외적 관계가 평면선상의 자리에 서야만 일심이 됩니다. 부부도 마찬가지입니다. 횡적 관계에서 안팎관계, 전후관계의 자리에 서야만 일심이 되는 것이지, 상하관계에서는 절대로 일심이 될 수 없다는 것입니다.

8 통일교회의 제일 조건이 무엇이냐? 심신일체입니다. 하나님이 천지를 창조할 때 절대신앙·절대사랑·

절대복종한 것입니다. 내가 말하면 믿는 대로 실체가 나타난다는 것입니다. 나타나지 않으면 투입해 가지고 나타내서 이룬다는 것입니다. 아무리 큰 것이라도 명령한 대로 이루어집니다. 소망한 이상 투입하니까 완성된다는 것입니다.

9 일심·일체·일념에서 하나님을 중심으로 몸과 마음이 하나된 일심은 애천입니다. 하늘을 사랑하라는 말입니다. 일체는 인류를 사랑하라는 말입니다. 일념은 애국인데 애국은 국가를 사랑하라는 말입니다. 국가는 가정을 확대한 것입니다. 가정을 사랑하라는 것입니다. 남자 여자 소원의 모든 골자 주류가 일심·일체·일념 사상입니다. 천주 하면 하나님의 집이니까 만물세계, 하늘땅이 다 들어갑니다. 피조만물이 다 들어갑니다. 천주인의 주류사상이라는 것입니다. 일심·일체·일념은 하나님과 천주인의 주류사상입니다.

10 일화(一和)라는 말은 '한 일(一)' 자에 '화할 화(和)' 자입니다. '될 화(化)' 자가 아닙니다. '화할 화' 자라는 것은, 여러분의 개성이 전부 다르지만 개성이 다른 사람들이 그냥 그대로 하나되는 것과 마찬가지로 개성이 다른 민족, 개성이 다른 국가가 합해야 된다는 뜻이 내포되어 있습니다.

2절 정오정착과 공명의 삶

1 정오정착은 그림자가 없어질 때 가능합니다. 몸 마음이 하나되면 그림자가 없어집니다. 부부끼리 하나되면 그림자가 없어지는 것입니다. 해가 동쪽에 있으면 서쪽에 그림자가 생기고, 서쪽에 있다면 동쪽에 그림자가 생기게 됩니다. 또 남쪽에 있다면 북쪽에 그림자가 생기고, 북쪽에 있다면 남쪽에 그림자가 생기게 됩니다. 동서남북에 그림자가 생기게 됩니다. 그러나 정오의 자리, 딱 중앙에 서게 되면 그림자가 없습니다. 그러한 부모·부부·부자관계, 그러한 형제관계가 되어야 합니다. 그래야 하나님이 8단계 사랑을 중심삼고 주인 될 수 있는 자리가 결정됩니다. 아무리 정성 들여도 정오정착이 안 되면 안 됩니다. 12시에 그림자가 없는 정착을 하지 않고는 그림자가 없는 하나님 앞에 가지를 못합니다. 수직이 안 됩니다. 영원히 그림자가 없는 수직이 되어야 합니다.

2 정오정착! 사위기대에 그림자가 있어서는 안 됩니다. 그렇게 되면 하나님이 꼭대기로부터 내려와 전부가 좋아하게 됩니다. 아무리 넓더라도 전부가 좋아하는 것입니다. 내가 정오정착을 할 수 있는 어머니 아버지가 되고, 남편 아내가 되고, 아들딸이 되어야 합니다. 여기에 그림자가 생

기게 되면 나 때문에 천지의 모든 화가 우리 가정에 뿌리내리게 됩니다. 무서운 말입니다. 이것이 하나의 공식이요 모델입니다. 거기에 맞추어야 됩니다. 다 쌍쌍이 되어 있습니다. 사위기대입니다. 보는 것도 시신경을 중심삼고 초점을 맞춰야 의식구조에 제대로 들어가게 됩니다. 이것이 전부 사위기대입니다. 입도 사위기대요, 듣는 것도 삼반규관(三半規管)을 통해서 공명되어야 알아들을 수 있습니다. 차이가 있으면 무슨 말인지 모릅니다. 정오정착을 생활철학으로 모시고 나가야 됩니다.

3 하나님의 보좌가 지상에서 지옥의 복판에 와 있지만 중심은 태양같이 솟아야 됩니다. 그러면 모든 것이 그림자 없는 정오정착시대로 들어갑니다. 그 정오정착이라는 말은 그림자가 영원히 없는 것을 말합니다. 영계에 가게 되면 태양이 언제나 중간에 떠 있습니다. 그림자가 없다는 말입니다. 그림자가 지게 되면 벌써 선한 영들이 모여서 훅 불어 버립니다. 없어지는 것입니다. 그렇기 때문에 선한 영들이 지상에 와서 그림자 있는 세상을 처단해 버리게 됩니다.

4 여러분의 몸과 마음이 언제 공명을 하느냐? 하나님의 사랑을 중심삼고 성숙된 자리에서 마음은 자연히 하나님의 사랑과 주파가 맞는다는 것입니다. 그 사랑의 주파로 말미암아 몸이 완전히, 백 퍼센트 하나님의 사랑 앞에 하나됩니다. 전기로 말하면 플러스와 마이너스가 불이 확 붙어 땜질한 것과 같이 됩니다. 그랬으면 우리의 몸과 마음과 이상이 하나님과 완전히 접붙였을 것입니다. 그런데 그 자리를 잃어버렸다는 것입니다. 그러니 하나님의 사랑을 중심삼고 우리가 접붙일 수 있는 몸과 마음의 기준을 발견하지 않고는 이것을 떼어 가정에서 발견할 수 없습니다. 이것을 국가적으로 가지고 가서 국가에서 발견할 수 없습니다. 그러면 어디에서 찾아야 되느냐? 개인에서 찾아야 합니다. 그렇기 때문에 종교는 개인완성을 추구해 나온 것입니다. 그것을 몰랐다는 것입니다. 그러한 공명권을 이루어야만 완성됩니다.

5 인간의 완성, 즉 절대자의 대상체로 완성된다는 것은 어떤 경지입니까? 사랑과 완전 조화의 주체이신 절대자 앞에 대상체가 갖추어야 할 조건은 자체 내의 주체와 대상이 완전히 조화되고 일체를 이루는 것입니다. 그러므로 인간이 절대자를 중심한 인격적 성장을 함으로 말미암아 마음과 몸이 완전히 하나되면 절대사랑을 실현할 터가 되는 것이요, 이때에 인간은 절대자와의 사랑의 공명권

에 들어가게 됩니다. 즉 마음과 몸이 조금의 상충도 없이 완전히 조화되면 사랑의 감응권이 생기고 음차가 공명하듯이 자동적으로 절대자와의 공명권이 생기는데, 이것은 상대적인 세계에서 절대경지를 접하는 최저기준이 되는 것입니다.

6 우리 인간은 어디에서 시작됐느냐? 사랑에서 시작됐습니다. 그러면 인간의 목적은 어디에 있느냐? 사랑에서 시작했으니 사랑의 귀결점을 이루어 연결돼야 합니다. 출발이 사랑이었으니 목적도 사랑으로 도달해야 됩니다. 그러면서 그 가운데 이미 완성이라는 하나의 테두리를 갖추고, 여기서 전후·좌우·상하로 사랑을 중심삼고 교류할 수 있는 나 자신이 되어야 합니다. 사랑으로 완전히 핵에 일치되고, 핵과 일치된 자리에 서게 된다면 내 몸 마음, 사지백체, 마음의 오관과 몸의 오관이 완전히 화합할 수 있어서 공명권에 들어가게 됩니다. 이 공명권에 들어가게 될 때 비로소 몸 마음을 중심삼은 성숙한 사람, 타락하지 않은 본래 인간의 개인완성이 출발하는 것입니다.

7 사랑의 자리에 들어가게 되면 모든 것이 유아독존입니다. 석가모니가 '천상천하 유아독존'이라고 했는데 이것은 그냥 한 말이 아닙니다. 몸과 마음이 하나되어 가지고 '천지가 조화롭기는 지금이나 옛날이나 마찬가지구나. 내 속과 전체 움직이는 것을 참된 사랑의 공명권에 들어가 바라보니, 하나님도 내 속에 있고 만물도 내 속에 있고, 모든 것이 나와 친구이고 모든 것이 나와 형제로구나. 내가 주체이니 내가 주인과 같고, 내가 주체가 되어 있으니 천상천하에 유아독존이로다.'라는 경지에서 그런 말을 했다는 것입니다.

8 참사랑의 공명권에 들어가면 하늘땅이 환히 보이는 것입니다. 석가모니가 '천상천하 유아독존'이라고 한 것도 그 공명권의 핵심에 들어가 보니 천하가 다 내 손아귀에 들어와 있고, 하나님이 내 속에 계시고, 천리가 나와 더불어 연결되어 있기 때문에 그런 말을 할 수 있었던 것입니다. 참사랑의 공명권에 들어가게 되면 신앙이 필요 없습니다. 하나님과 같이 사니까 구세주가 필요 없습니다. 해방입니다. 다 끝나는 것입니다.

9 사람이 완성하면 영인체와 육신이 심정권에서 공명권이 비로소 설정됩니다. 인간세계에서 영인체와 육신이 무엇을 중심삼고 공명되느냐? 공명이 다른 것으로 되는 것이 아닙니다. 지식을 가지고도 공명하지 않습니다. 이상을 가지고, 기쁨을 가지고

도 공명하지 않습니다. 물질적인 기쁨, 세상의 소유욕을 통한 기쁨을 가지고는 영인체와 육신이 공명하지 않습니다. 사랑을 중심삼은 것에 의해서만 공명합니다.

10 사랑의 힘이 작용하게 될 때는 우주를 창조하시던 하나님의 능력의 본질과 통할 수 있는 위대한 힘의 동반자가 될 수 있습니다. 사랑만이 가능하지 지식을 가지고는 안 됩니다. 돈을 가지고도 안 됩니다. 권력을 가지고도 안 됩니다. 여러분은 지금까지 그렇게 살아 봤습니까? 몸 마음의 각도가 틀어진 것을 맞춰 하늘 공명권의 사랑에 화할 수 있는 내 인격 완성의 도리를 찾아가겠다고 얼마나 허덕여 봤습니까? 이것을 못하게 하기 위해서 나라가 붙들고 나라의 각도로 당기고 있고 세계가 붙들고 있습니다. 이것을 끊고 끊고 끊어서 각도를 맞추어 나가야 할 심정적 본연권을 어떻게 획득하느냐 하는 것이 문제입니다. 이 자리에 가지 않고는 해방이 없다는 것입니다.

11 사랑은 심신이 함께 백 퍼센트 공명하여 서로 합해서 진행해 가려고 하는 것입니다. 사랑은 한 쪽으로만 가지 않습니다. 그러므로 양심과 육심이 완전히 하나되어 목적을 향하는, 돌격적으로 향하는 방향과 함께 사랑은 달립니다. 그러므로 심신이 함께하는 공명권에 의해서 확실히 절대적 방향성을 갖춘 곳에는 사랑이 있다는 말입니다. 그렇기 때문에 여러분이 기쁨을 위해서는 육심과 양심이 공명권에 서지 않으면 안 됩니다. 공명권에 서지 않으면 사랑이 생겨나지 않습니다. 그러므로 여러분의 양심과 육심이 영원히 공명권에 서 있는가를 중시하지 않으면 안 됩니다.

3절 신인애일체와 모심의 삶

1 선생님이 제일 고심한 것은 신인일체를 어떻게 형성하느냐 하는 문제입니다. 이론적으로 어떻게 설명하느냐는 것입니다. 이것이 해명되지 않고서는 이론적 체제가 정착되지 않는 것입니다. 인간 사랑의 근본적인 자리가 설정되지 않으면 모든 것이 틀려지는 것입니다.

2 선생님이 근본 문제를 추구할 때 신인일체권은 도대체 어디인지를 쭉 생각했습니다. 이것은 중대한 문제입니다. 이것을 해결하지 않고서는 출발점과 종결점이 맞지 않습니다. 그런 가운데 번개처럼 번쩍 하는 깨달음이 있었습니다. 참사랑은 직단거리를 통한다는 것입니다. 그 한마디가 모든 것을 해결했습니다. 하늘땅이 참사랑으로 연결된다면 직단거리를 통한다는 것입니다. 다시 말하

면 수직은 하나입니다. 수평에 대해서 90각도 외에는 없습니다. 이것은 최고의 직단거리입니다.

3 결혼은 사랑을 완성하기 위해서 하는 것입니다. 횡적으로 좌우, 동쪽과 서쪽을 남자와 여자라 하면, 그 남자와 여자의 참이상은 직단거리를 통하는 것이기 때문에, 수평면에 대하여 횡적인 사랑의 직단거리는 중앙의 한 점밖에 없습니다. 이것은 90각도 이외에는 없습니다. 이것이 옆으로 되면 타원형이 되기 때문에 안 됩니다. 모두 같지 않습니다. 평등한 위치에 모두가 같은 기준으로 서는 것은 90각도 외에는 없습니다. 신인일체로 하는 사랑의 결집 장소라는 것은 90각도 외에는 없습니다.

4 하나님의 사랑과 인간의 사랑이 문제가 됩니다. 하나님의 사랑과 인간의 사랑이 색이 같은가 다른가 하는 것이 커다란 문제입니다. 하나님의 사랑과 인간의 사랑이 어디에서 결착되느냐? 이것이 결착하지 않으면, 신인애일체의 거점을 보지 않으면 하나님도 인간도 같이 정착할 수 없습니다. 하나님이 기뻐하는데 인간도 사랑을 통하여 기뻐하는 장(場)이 틀린 경우에는 큰일 난다는 것입니다.

5 새 시대 21세기는 공의의 시대입니다. 새 시대 21세기는 물질이 판을 치지 않는 정신과 영(靈)의 시대라는 것입니다. 새 시대 21세기는 신인일체가 되어서 사는 시대입니다. 새 시대 21세기는 남을 위하여 사는 것이 나를 위하여 사는 것보다 더 영원한 가치가 있음을 깨닫고 사는 시대입니다. 자기주의는 퇴색하고, 공생·공영·공의의 이타주의가 드디어 개가를 올리는 시대, 그것이 바로 밝아 오는 21세기입니다.

6 인류는 하나님을 찾아야 됩니다. 무형의 참부모를 알지 못하는 무지로부터 벗어나야 합니다. 전지전능성의 시현으로 이룩된 우주의 무궁하고 오묘한 질서 속에 살면서도 창조주의 위업에 감사할 줄 모르는 패역을 더 이상 반복해서는 안 됩니다. 타락한 인간은 자기 생명의 주인이 자기라는 오만에서 벗어나 하나님의 참사랑의 절대성 앞에 자각된 영성을 키워야 할 것입니다.

7 하나님은 참부모이십니다. 영원무궁토록 참사랑을 더 크게 투입하시려는 심정을 절대적인 것으로 굳히고 사시는 하나님을 발견해야 됩니다. 당신의 절대·유일·불변·영원한 참사랑·참생명·참혈통을 온전히 상속해 줄 대상으로 인류를 지으신 하나님의 정을 알아야 합니다. 그리하여 절대

참부모·참스승·참주인이신 하나님과 참부모를 우리 개인·가정·종족·민족·국가·세계·천주의 절대가치의 축으로 세워야 합니다. 개인적인 생활에서부터 가정·국가·세계적인 삶의 근본이 돼야 합니다. 혁명을 해야 됩니다. 참사랑의 위하여 사는 길인 천지부모의 전통적인 길을 천년만년 불변으로 따라가고 싶어해야 됩니다. 그렇게 한다면 가정문제, 사회문제, 인종문제, 종교 간의 갈등문제 등 풀리지 않는 문제가 있을 수 없습니다.

8 창조이상세계인 신인일체 심정세계가 되어 사는 시대가 와야 합니다. 남을 위해 사는 것이 나를 위해 사는 것보다 더 영원한 가치가 있음을 깨닫고 사는 시대, 자기중심의 이기주의 시대가 퇴색하고 공생·공영·공의의 이타주의 세계를 창건해야 됩니다. 우리 모두 그 목적을 위하여 하나님과 영계를 바로 알고, 나아가 온 세상에 천도를 증거하면서 인류를 바르게 지도하여 하나님의 참사랑과 참생명 그리고 참혈통에 연결된 천주대가족을 형성하여 하나님의 조국과 고향을 지상과 천상에 창건해야 됩니다.

9 하나님이 창조하던 당시에 이상으로 하셨던 신인애일체의 가정이 이루어졌다면, 우리는 천국으로 다 들어가게 되었을 것입니다. 그러니까 문제가 되는 것은, 하나님과 인간의 참사랑이 주체와 대상의 참사랑으로 하나되지 않으면 하나님과 인간의 참사랑이 서로 달라지기 때문에 두 방향과 목적지가 설정된다는 것입니다. 그렇게 될 때는 하나님과 인간이 바라는 절대적인 이상세계는 찾아질 수 없습니다. 그 두 참사랑이 한 점에서 출발하기를 바랐던 하나님의 뜻은 타락으로 완전히 정지되어 버렸습니다. 사탄의 사랑을 중심삼고 거짓 부모가 생겼고, 인류는 거짓 사랑과 거짓 생명, 그리고 거짓 혈통을 이어받은 후손들이기 때문에 모두 지옥으로 가는 것입니다. 천국과 관계가 없습니다. 지금까지 육신을 제거시켜 마음이 마음대로 할 수 있는 사람을 중심삼고 하나님의 참사랑을 점령해야 한다는 사실을 몰랐습니다.

10 신인애일체, 이 일체는 어디서 이루어지는 것입니까? 하나님의 사랑과 인간의 사랑이 어디서 합하느냐 하는 논리를 지금까지 누구도 몰랐습니다. 이것을 몰라 가지고는 하나님 아버지라는 말은 허황된 것입니다. 상관없는 말입니다. 아담과 해와의 실체 결혼식은 하나님의 결혼식입니다. 영계에 가 보면 그것을 확실히 알 수 있습니다. 알 수 없는 이론이 다 들어맞는 것입니다. 그렇기 때문에 여러분이 하나님의 사랑을 점령해야

그 욕심이 꽉 차 가지고 '이젠 됐다.' 라고 하는 것입니다. 작용은 주체와 대상이 있어야 됩니다. 인간의 욕망이 작용하려면 내가 상대라면 주체가 있어야 한다는 것입니다. 그 주체가 하나님의 사랑입니다. 신인애일체권의 특권적인 기준을 부여했기 때문에 그것을 성사할 때까지 욕망은 언제나 활동합니다. 그것을 점령하면 꽉 차는 것입니다.

11 신앙생활에 있어서 '하나님!'이라고 외치는 것은 하나님의 신뢰를 받기 위해서입니다. 신뢰를 받으면 결국 하나님의 사랑 일체권을 찾아가게 됩니다. 그럼으로 말미암아 인간의 사랑과 하나님의 사랑이 하나된다는 것입니다.

12 통일교회는 안식일 대신 시의(侍義), 모심으로 구원을 얻는 시대로 들어갑니다. 모시는 데는 그냥 모시는 것이 아닙니다. 영원한 안착의 하나님이 임재해서 가정에 들어와서 안착한 자리에서 모심으로써 하나님과 같이 생활할 수 있는 해방권이 아니라 석방권이 이루어집니다. 지금까지 일주일을 중심삼고 성일로 했지만 10수권 내에 제일 중요한 날이 8일입니다. 8일이 재출발의 날입니다. 8일이 제일 중요한 날이기 때문에 안착시의의 날입니다. 비로소 '안시일(安侍日)'이 자리 잡아 하나님을 모심으로써 구원을 얻는 것입니다.

13 시의시대란 무엇이냐? 하나님을 모시고 사는 시대입니다. 성경에서 말하는 첫째 계명도 하나님을 사랑하라는 말씀이지 않습니까? 그런데 후천시대에는 하나님 자신이 참부모의 모습으로 만인 앞에 현현하십니다. 따라서 참부모를 모시는 통일교회의 위상은 세상의 그 어떤 힘이나 세력과 비교할 수 없는 하늘의 권세로 나타나게 됩니다.

14 오늘날 타락한 인간에게 부모는 있으되 그 부모는 참부모가 아닙니다. 그 부모는 하나님 앞에 인정받은 부모가 아닙니다. 그러면 끝날 우리가 해야 될 것이 무엇입니까? 우리가 살아 있는 이때에 우주적인 부모를 모시고, 교단적인 부모를 모시고, 가정적인 부모까지 모셔야 됩니다. 즉 3대 부모를 모셔야 됩니다. 가정은 백성을 대표할 수 있고, 교단은 자녀를 대신할 수 있고, 우주적인 부모는 참부모를 대신할 수 있는 형입니다. 오늘날 땅 위에 인간이 살고 있으나 하나님이 허락한 참다운 부모의 사랑권을 벗어나고 있습니다. 부모와 피와 살이 상통하는 인연이 나면서부터 영원한 세계까지 연결되지 않은 것이 서러운 일입니다. 그렇기 때문에 가

정적인 부모로부터 교단적인 부모와 우주적인 부모와 하나님의 사랑이 엉켜야만 비로소 6천년 전체의 사랑권에 들어가 하나님 앞에 얼굴을 들고 설 수 있는 것입니다. 이것이 우리 인간이 필히 가야 할 노정입니다.

15 에덴동산에서 아담 해와는 마음대로 타락했고, 그 타락권 내에서 살았기 때문에 직접적인 모심의 생활을 못해 봤습니다. 이런 모심의 생활을 하지 못한 인간은 천상의 천국에 들어갈 자격이 없습니다. 그러나 여러분은 타락의 혈통을 받아 생활했지만 복귀의 한 노정을 탕감해 놓고 지상에서 실체를 쓰고 아담 해와가 모시지 못한 참부모를 모시고, 하나님을 모시고 살다 갔다는 조건으로 인해 천국에 들어갈 수 있는 자격을 얻는다는 것입니다. 그래야 천국 시민권을 얻게 됩니다.

16 하나님을 우주의 부모로 모시면 하나님의 사랑이 이 지상에 군림한다는 것입니다. 그렇게 되는 날에는 하나님의 사랑을 받고 형제를 사랑하게 되어 싸움을 하라고 해도 하지 않게 됩니다. 에덴동산에서 타락한 것이 얼마나 지긋지긋합니까? 에덴동산에서 싸워 지금까지 피 흘린 노정이 얼마나 지긋지긋합니까? 개인이 천국 가려면 혼자서는 갈 수 없습니다. 둘이 합해, 형님과 동생이 하나되어 부모를 모시고 가야 합니다.

17 '천일국 평화통일평정'을 선포합니다. 천일국 평화통일평정, 어디나 같다는 것입니다. 어디나 같지 않은 것이 없다는 말입니다. '평정세계시대를 발표한다.'라고 하는 것입니다. '천일국 평화통일평정시대 도래 발표 선언', 이 말은 하늘나라나 지상이 같다는 것입니다. 평정입니다. 조상을 부르면, 후손들이 진정한 천일국평화통일의 축복받은 가정이니만큼 조상들이 답변해 주어야 됩니다. 그러니 영계가 지상에 자유자재로 재림할 수 있고, 지상 사람의 소원이 자유자재로 선조와 하나님 앞에 상달될 수 있는 시대를 말합니다. 그래서 평정시대 도래 발표를 선언합니다.

18 우리의 소원은 하나님과 같은 자리에 서는 것입니다. 동위권입니다. 동거권은 같이 사는 것입니다. 그다음에 동참권입니다. 동행권이나 동참권이나 마찬가지입니다. 같이 참석하고 같이 행동해야 됩니다. 그다음에는 동애권, 같이 사랑의 목적을 위해서 사는 것입니다. 그래서 예수님도 '나는 길이요 진리요 생명이니 나로 말미암지 않고는 아버지의 나라에 갈 수 없다.'라고 한 것입니다. '나는 진리요 생명이요 말씀이라!'라고

했지만 사랑이라는 말이 빠졌습니다. 천일국은 사랑을 중심삼고 나가는 것입니다. 그래서 여러분의 소원이 부모님과 같은 자리에 머무르고 싶은 것입니다. 부모님과 같이 살고 싶다, 부모님과 모든 일에 동참해 행하고 싶다는 것입니다. 영원히 같이 사랑을 중심삼고 행복하게 자유스럽게 해방된 자리에서 살라는 것입니다. 그런 의미에서 천일국 평화통일 평정시대가 왔다는 것입니다. 그렇기 때문에 여러분이 움직이는 데는 혼자 움직이는 것이 아니라 여러분의 나라가 따라다니는 것입니다. 영계 전체가, 하늘나라 전체가 따라다니고, 지상세계와 만민이 옹위하는 가운데 주인의 자격으로 살고 있다는 것입니다. 그래서 하나님의 사랑의 전통을 내 일족을 통해서, 일국의 전통의 뼈와 같은 사상을 내가 시봉(侍奉)해야 할 주인이 되어야 합니다.

4절 심정과 심정문화세계

1 심정은 마음(心)의 정(情)을 말합니다. 마음의 정이 있는 곳은 어디나 심정권에 속한다는 것입니다. 하나님이 인간을 지었기 때문에 하나님의 심정의 흐름이 벌써 거기에 내적으로 연결되어 있습니다. 하나님의 사랑의 전기가 통하는 것이 심정권입니다. 심정권에 대한 체휼은 그 전기를 '아이고!' 하고 느끼는 것입니다. 심정 체휼은 얼마나 강한가를 느끼는 것입니다. 좋은가 어떤가를 느끼는 것입니다. 심정권이라는 것은 모든 것이 통할 수 있는 내용을 갖고 있습니다. 이 심정권에 속하지 않은 것이 없다는 말은 어디든지 심정적 전기가 통할 수 있다는 것입니다.

2 어머니가 자기 아기를 낳았다고 하더라도 이웃 동네의 거지, 혹은 빈민의 아들딸이 젖을 못 먹고 있으면 그들에게 자기 아들딸과 같이 젖을 먹여 줘야 심정이 생겨나는 것입니다. 심정이란 그렇습니다. 자기 아들딸과 같이 사랑할 수 있고, 세계를 넘어서라도 그 사랑을 실천해야만 심정의 세계가 오게 됩니다. 정의 세계가 옵니다. 동네에 수많은 아들딸이 태어나면 그들을 자기 아들딸보다 더 사랑할 수 있고 자기 아들딸을 사랑하던 것과 마찬가지의 심정을 가져야만 심정의 세계, 해방의 세계, 하나님이 찾아올 수 있는 세계가 된다는 것입니다. 그들을 한 몸같이 사랑해야 됩니다.

3 심정은 생활관념 등 모든 것을 통과할 수 있는 내용과 힘을 가지고 있습니다. 생명의 근원의 위치에 있는 것이 심정이기 때문에 생명을 부정하더라도 심정을 부정할 수는 없습니다. 존재를 부정하더라도 심정을 부

정할 수는 없습니다. 심정은 존재 이전의 것입니다. 그래서 하나님은 사랑이라고 하는 결론이 나옵니다. 우리는 심정을 본 일이 없습니다. 심정이 긴 것이냐, 둥근 것이냐, 높은 것이냐 하고 따져 묻는다면 대답할 수가 없습니다. 그러나 사랑하는 사람이 떠나면 그리움이 가득히 고여 온다는 것입니다. 신경의 최고 촉감까지 가득히 괴어 옵니다. 오감으로 한계를 잴 수 있는 심정은 우리에게 필요치 않습니다. 인간의 심정만 하여도 이러한데 절대적 심정의 주체이신 하나님과 관계를 가지고 그 심정에 접한 사람은 어떠하겠습니까? 이것은 표면에는 나타나지 않으나 존재하는 것임에 틀림없습니다. 그러한 심정주의, 심정이념을 중심으로 새로운 세계를 향해서 나아가자고 하는 것이 통일용사들입니다.

4 통일교회에서 말하는 심정이란 인류가 공히 바라는 소망의 심정이요, 만민이 인연맺지 않으면 안 될 심정이요, 하나님이 지금까지 찾아오시는 심정입니다. 그 영역에 있어서는 천지를 포괄할 수도 있고 전체를 감싸고도 남을 수 있는 심정을 말하는 것입니다. 그렇기 때문에 하늘의 용사가 되려면, 첫째로 이 심정을 통해야 됩니다. 그다음에 사람이 문제입니다. 그런데 아담 해와는 타락함으로써 하나님의 심정을 모르게 되었습니다. 아담 해와가 인격을 완성하여 하나님 앞에 가까이 나아갔더라면 하나님은 그들을 축복해 주시고 그들에게 당신의 심정을 상속해 주셨을 것입니다. 하나님은 사랑과 심정이 통할 수 있는 천적인 부부를 통해 혈통적인 가정을 만들려고 하셨다는 것입니다. 원래 아담과 해와는 이러한 엄청난 하나님의 심정을 상속받아 심정의 기반 위에 인류의 참시조가 되어야 했습니다. 그러한 심정의 터전을 잃어버린 것이 타락입니다. 그리하여 하나님의 심정을 상속받을 수 없게 된 것입니다. 하나님의 심정을 잃어버렸고, 하나님의 심정을 닮을 수 있는 인격을 잃어버렸으며, 인격 위에 세워져야 할 말씀의 목적을 잃어버렸다는 것입니다.

5 인간이 타락함으로써 이 세계에 국경이 생겨났습니다. 뿌리가 달라졌고 문화 배경이 달라졌습니다. 하나님이 마음대로 행차할 수 있는 문화권이 되지 못했습니다. 사탄의 문화권입니다. 아담 문화권이 아닙니다. 하나의 뿌리, 하나의 혈통을 중심삼고, 하나의 심정적 기반을 닦아 동서남북 입체적인 구형까지도 관할할 수 있는 사랑이상권에 우리 인간이 살지 못하고 반대의 자리에 있게 된 것입니다. 그렇기 때문에 오늘

날 우리는 본연의 이상권으로 돌아가야 합니다.

6 역사가 흘러감에 따라 모든 문화는 발전해 나오고 있습니다. 오늘날 문명은 번화한 세계를 만들어 나오고 있습니다. 그러나 이것이 우리의 몸과 마음 문제, 심정 문제를 해결하는 데는 아무런 도움이 못 되고 있습니다. 외적으로는 복잡한 환경과 복잡한 조직 형태가 나타났으나 그 모든 전체와 내 심정이 통하지 못해 모든 것과 화할 수 없는 실정입니다. 하늘땅이 같이 즐거워하고, 하늘땅이 같이 외쳐 줄 수 있는 기준을 갖지 못한 세상이라는 것입니다. 오늘의 이 시대는 마음이 지향하는 방향과 심정이 찾고 있는 방향과는 판이하게 흘러가고 있습니다. 인간은 언제나 마음과 이념을 통할 수 있는 심정을 요구하므로 그러한 심정에 대하여 외적인 생활을 통할 수 있는 몸과 실제의 인연을 조정하는 어떠한 기준이 서 있지 않으면 인류는 어느 시대이고 허덕이는 입장에서 헤어나지 못할 것입니다. 하나님이 목표하는 세계는 현세의 문화세계와 문명세계가 아닙니다. 마음의 기준과 심정의 기준을 세워 문명을 지배할 수 있는 세계가 하나님이 원하셨던 세계요, 우리 선조들이 후대 만민 앞에 남겨 주어야 할 세계입니다.

7 오늘날 세계는 하나님이 찾아오실 수 있는 외적인 세계 형태는 갖추어졌으나 심정의 세계는 갖추어지지 않았습니다. 이 세계가 사정을 통할 수 있는 환경은 되어 있으나 심정을 통할 수 있는 환경은 못 되어 있다는 것입니다. 이제 하나님이 찾아오신다면 심정을 갖고 찾아오실 것입니다. 이 세계를 대표하고 세계 인류를 지배할 수 있는 민족이 있다고 한다면 하나님의 심정을 전통으로 세워 나오는 민족입니다. 또 사람의 마음과 사람의 심정을 통하여 나오는 문화가 세계를 지배하는 것이 아니라, 하나님의 심정을 통하여 나오는 문화가 세계를 지배하게 될 것입니다. 최후의 문제는 거기에 있다는 것입니다. 심정이 통하는 세계, 심정의 세계를 이룰 수 있는 최후의 목적의 세계를 찾기 전에는 여러분이 여기에서 짐을 풀고 영원한 안식의 생활을 할 수 없다는 것을 알아야 됩니다.

8 하나님이 목표하는 세계는 어떤 세계입니까? 현재 우리가 보는 이러한 문화의 세계가 아니요 문명의 세계가 아닙니다. 문명을 바른 방향으로 지도할 수 있는 마음의 기준, 심정의 기준을 세우는 것이 하늘이 원하는 중심되는 뜻이요, 우리 선조들이 후대 만민 앞에 세우고자 했던 기준의 세계입니다.

9 만민은 평화의 세계를 바라고 있습니다. 그 세계는 오늘날 선진국가들이 추구해 나가는 문화를 통해서 이루어지는 것이 아닙니다. 참부모를 통해 이루어지는 것입니다. 참부모가 아무리 거적을 쓰고 누더기 보따리를 짊어지고 빛이 바랜 해진 옷을 입었을망정, 또한 천길 만길 구덩이에서 기진하다 나왔을망정 타락한 인간은 그 참부모를 중심삼고 하나님의 심정을 배워야 합니다. 통일교회는 심정의 도리를 가르치는 곳입니다. 여러분은 하나님의 심정에 접붙여야 합니다.

10 그리움은 사랑을 빼놓고는 이루어질 수 없습니다. 그 사랑은 인간적인 사랑이 아닌 영원한 안식과 영원한 생명의 원천인 하나님의 사랑이어야 합니다. 그렇기 때문에 딴 종교보다도 기독교는 사랑의 종교로서 그 사명을 다하고자 하는 것입니다. 종교의 목적은 심정세계의 법도를 활용하여 생활적인 감정과 대하고 있는 우주만상의 모든 이치를 관할할 수 있는 권한으로 인격자를 배양하기 위한 것입니다. 목석과 같은 사람들이지만 하나님은 6천년 동안 인간을 그리워하는 심정의 기준을 세워서 섭리해 나오셨습니다. 역사는 천태만상으로 벌어져 왔지만 하나님은 알파요 오메가의 입장에서 시종일관 그리워하고 그 심정을 잃지 않으신 것입니다. 그런데 인간이 그러한 하나님의 심정과 차이가 있다고 한다면, 그 인간은 패배자요 역사노정에서의 낙오자일 것입니다.

11 많은 사람들이 복귀과정에서 사탄의 참소를 받을 수 있는 권내에서 천국의 맛을 보았을지는 모르나 사탄을 제거한 가운데 진정으로 영원한 평화의 조국, 천국의 맛을 체휼한 사람은 없습니다. 진정한 천국의 맛을 느끼고 하나님의 사랑을 느낀 사람은 사탄과 싸워야 한다는 자극을 받습니다. 그리고 진정한 천국의 맛을 느끼고 하나님의 사랑을 한번 받으면 하나님으로부터 다시는 떠나지 않습니다. 이와 같이 하나님의 사랑을 체휼한 사람이 이 땅에 나타나야 합니다. 하나님의 소유가 결정되어야 할 한계선은 어디까지입니까? 그것은 한 포기의 풀에서부터, 한 평의 땅에서부터, 하나의 사람에서부터, 최말단에서 출발하여 천국까지, 더 나아가 하나님의 심정세계까지입니다.

12 우리가 바라는 본향은 여러분이 어느 곳이 내 고향이라고 하는 것과 같은 그런 곳이 아닙니다. 본향, 그곳은 마음이 즐길 수 있는 내 심정의 안식처, 심정세계의 보금자리입니다. 하늘이 나를 찾아 준다고 할 때 나는

하나님에게 '사정적인 조건보다도 심정적인 조건으로서 저를 찾아 주시옵소서.'라고 말할 것입니다. 그것은 사정은 천태만상이 될 수 있으나 심정은 오로지 하나의 조건밖에 없기 때문입니다.

13 심정의 세계는 어떤 제재도 받지 않습니다. 그러나 마음의 세계는 제재를 받습니다. 마음은 상대적인 조건 여하에 의하여 제재를 받지만 심정의 세계는 제재할 자가 없는 것입니다. 부모가 자식을 사랑하는 마음을 무엇이 제재할 수 있습니까? 아무리 태산 같은 장벽이 앞을 막아도 꺾지 못한다는 것입니다. 마음의 세계는 제재를 받을 수 있습니다. 마음의 세계는 상대적인 입장이요, 심정의 세계는 주체적인 입장입니다. 마음은 사방성을 갖고 있는 연고로 제재를 받습니다. 그러나 심정의 세계는 그렇지 않다는 것입니다.

14 하나님의 뜻 가운데에 있어서 심정의 조상은 누구일 것이냐? 통일교인은 심정세계에 있어서 하나님의 골수에 사무친 슬픔을 압니다. 하나님의 억울함과 분함을 알고, 또 이 원수세계를 일시에 심판해 버릴 수 있는 배포를 가지고 계시는 하나님을 안다는 것입니다. 그런 의미에서 통일교인들이 심정의 조상이라는 것입니다.

15 심정세계가 따로 있는 것이 아닙니다. 사랑의 기준은 심정 이상입니다. 심정이 중요하기 때문에 대우주의 공통분모와 같은 사랑의 승리권이 우리의 생활권 내에 연결되는 것입니다. 사랑의 다리가 연결돼 나갑니다. 그래서 세계에 있는 모든 만민에게 다리를 놓아 지상세계에서부터 지옥을 통해서 천상세계에까지 나아가는 것입니다.

16 여러분이 심정세계에 도달할 수 있는 단 하나의 길은 하나님의 간 길과 선생님의 간 길의 발자취를 따라가겠다는 자세를 가지는 것입니다. 거기에서만 심정세계를 체득할 수 있지 다른 데에서는 체득할 수 없습니다. 이 자리에 올 때까지 얼마나 눈물을 많이 흘렸는지 여러분은 모를 것입니다. 이 길을 오기 위해서 얼마나 고통스럽고 얼마나 비통했다는 사실을 알아야 합니다.

17 사랑하는 사람에게는 모든 것을 주고도 더 주고 싶은 것입니다. 주고, 또 주고, 또 주고 싶은 것이 참사랑입니다. 무한히 주고도 만족할 수 없는 길을 연결시킨 것이 참사랑의 심정세계입니다. 그러한 본연적 주인이 되고 뿌리가 되는 하나님이 계시기 때문에, 하나님의 이상적 대상은 하나님보다도 몇 억만배 나을 수 있는 자

리까지 가야 된다는 인간의 가치를 생각한 사람이 없다는 것입니다.

18 오늘날 수많은 종교들이 주장하던 세계적인 사조도 지나가 버립니다. 최후에 재림주로 오시는 신랑을 중심삼고 신부들이 만나는 새로운 세계문화권 시대가 옵니다. 그 세계는 언어도 통일이요, 생활도 통일이요, 행동도 통일이요, 소원도 통일이요, 심정도 통일된 시대입니다. 그러한 통일문화세계를 통해 하나의 세계로 수습되기 때문에 그 기준을 바라보면서 출발한 것이 통일교회입니다.

19 심정문화세계를 창건하기 위하여 우리는 참사랑, 참부모사상의 교육을 통한 인격을 함양하여 하나님의 축복 아래 참사랑의 가정을 이루는 운동을 더욱 넓혀 나가야 합니다. 생활신앙의 연단을 통해서 위하고 투입하고 또 투입하는 참사랑의 인격이 만들어져야 이상적인 부부, 이상적인 가정이 이루어집니다. 이 길만이 극단적인 이기주의와 개인주의, 물질주의의 타성에서 벗어나 인류에게 밝은 미래를 기대할 수 있습니다.

20 앞으로 이상적인 세계의 주류, 혹은 그 기틀이 될 수 있는 문화의 원천이자 원료가 되는 문화로서 누구나 필요로 하는 문화는 심정문화입니다. 부모에게 자식이 없어도 안 되고 자식에게 부모가 없어서도 안 됩니다. 형제가 없어서도 안 됩니다. 내 민족이 없어서도 안 되고, 내 나라가 없어서도 안 됩니다. 내 세계가 없으면 안 되고, 내 하늘땅이 없으면 안 됩니다. 이것이 심정의 문화세계입니다. 그렇기 때문에 동방에 밝아 오는 찬란한 문화는 심정의 문화입니다. 이제부터 우리는 심정적인 문화세계를 창조하는 것입니다.

21 도래하는 미래세계는 하나님과 인간과 만물이 조화를 이루는 새로운 심정문화, 참가정에 의한 사랑문화의 세계입니다. 참사랑에 의하여 서로 위하면서 화합 협력하고 더불어 사는 공생·공영·공의의 세계입니다. 미래 역사는 '인류 한 형제자매'를 염원하는, 인종을 초월한 참사랑에 의한 참가정, 참부모 중심의 참가족 이상으로 '세계 한 가정'의 꿈을 실현하는 역사라야 합니다.

5절 천일국 주인 생활과 가정맹세

1 가정맹세는 1994년 5월 1일 세계평화통일가정연합의 창설과 더불어 하늘이 인류에게 내리신 축복 중의 축복입니다. 구약시대와 신약시대를 완성·완결하는 성약시대를 선포하여, 선천시대의 흑암을 뚫고 밝은 후천시대의 신천신지, 즉 천주평화통

일왕국 천지개벽의 시대를 열어 가는 길잡이로 주신 이정표입니다.

2 1954년에 세계기독교통일신령협회를 창설한 이래 40년의 기나긴 탕감노정을 참부모께서 직접 싸워 승리하고 넘으신 기대 위에서 이제는 개인적인 차원의 '나의 맹세'가 아니고, 천국 입성의 기본단위가 되는 참된 가정이 함께 외치며 실천해야 되는 '가정맹세'입니다. 눈물 없이는 부를 수 없는 하늘과 참부모님의 한이 배어 있는 맹세입니다. 타락한 종교의 탈을 벗고 해방의 자리에서 천년만년을 두고 부를 수 있는 인류의 표제입니다. 가정은 천국에 입성하는 기본단위가 되기 때문입니다.

가정맹세 선포 배경

3 섭리적인 관점에서 복귀섭리의 시대는 끝났다고 봅니다. 복귀섭리시대가 끝나면 본연의 창조이상의 세계로 넘어가게 됩니다. 복귀섭리시대가 끝난다는 말은 타락한 세계의 사탄 권한 세계가 끝나고 하나님이 지상과 천상세계를 직접 관리하는 시대로 넘어간다는 것입니다. 이런 때가 오기 때문에 통일교회에서는 가정맹세를 선포했습니다. 가정맹세는 일반 사람이 하는 것이 아닙니다. 가정맹세는 아무나 할 수 있게 안 되어 있습니다. 가정맹세의 8개 조항의 서두에는 '천일국 주인 우리 가정은 참사랑을 중심하고'라는 것이 전제되어 있습니다. 그것은 사탄세계와 관계없는 기반에서 하는 말입니다. 타락함으로써 거짓 사랑을 중심삼아 가지고 거짓 생명, 거짓 혈통이 연결된 세상이니, 이것을 극복하고 넘어서려면 참사랑과 참생명과 참혈통의 자리를 차지해야 됩니다. 그렇지 않으면 이것을 극복할 수 없습니다. 왜 가정맹세에 참사랑을 전제조건으로 했느냐? 에덴동산에서 타락이 없었던 본연의 세계에 들어가 있는 것을 말하기 위한 것입니다.

4 복귀된 가정은 개인의 심신이 통일되고, 부부가 통일되고, 자녀가 통일된 가정이 되어야 합니다. 이 가정들이 외워야 할 것이 가정맹세입니다. 가정맹세는 심신이 투쟁하는 가운데서는 외우지 못합니다. 부부끼리 싸움해서는 안 됩니다. 또 자녀를 낳지 못하고서는 안 됩니다. 참사랑의 일체권을 이룬 자들이 불러야 할 가정맹세입니다. 천국은 심신통일·부부통일·자녀통일이 된 참아들딸, 하나님의 사랑을 중심삼고 하나되어 '가화만사성' 할 수 있는 가정이 들어가는 곳이기 때문입니다.

5 가정맹세는 본연적인 가정의 권한 일체를 부여한다는 것입니다. 그래

서 타락했지만 타락하지 않은 본연의 자리에 돌아가 영원히 원칙적 기반 위에서 종족이 연결되고 민족·국가·세계가 연결되어야 합니다. 이렇게 되어야 지상천국이 되는 것입니다. 그렇기 때문에 가정맹세는 몸 마음이 하나 안 된 사람은 못 부릅니다. 부부가 하나가 되지 않고, 아들딸과 하나 안 된 사람은 못 부르는 것입니다. 이것을 모르면 맹세문 전체가 흩어지게 됩니다.

6 가정맹세는 모든 것을 청산하는 의미가 있습니다. 그렇기 때문에 가정맹세의 3절을 보면, 4대 심정권과 3대 왕권과 황족권을 완성해야 된다는 것을 말하고 있습니다. 가정맹세는 어떠한 사람이 할 수 있느냐? 사탄세계의 거짓 부모로 인한 거짓 사랑과 거짓 생명의 인연을 가진 사람은 하게 안 되어 있습니다. 이것은 본연의 세계로 돌아가서 하나님과 타락하지 않은 참부모와 하나되어 참사랑으로 자기 개인의 몸 마음이 하나되고, 부부가 하나되고, 자녀가 하나될 수 있는 기준에 선 사람만이 이 가정맹세를 하게 되어 있습니다.

7 가정맹세는 모든 원리의 내용을 중심삼고 가정 편성에 합당한 핵심적 내용을 발췌해서 기록한 것입니다. 그래서 반드시 여러분이 기도하기 전에는 맹세문을 외워야 합니다. 그리고 자기 일신의 현재 상태와 자기 가정 상태가 어떠한가 하는 것을 확인해서 잘못됐으면 그것을 시정해 나가야 합니다. 맹세문 그대로 이루어야 됩니다. 앞으로는 국가맹세, 세계맹세까지 나와야 됩니다.

8 가정맹세는 성약시대를 넘어 천주평화통일왕국을 이루는 절대기준이요 헌법과도 같은 것입니다. 만인이 인정하고 존경하는 참된 모델 가정이라야 세계를 이끌어 가는 지도자적 위치에 서게 된다는 뜻입니다. 이처럼 가정은 하늘의 최대 최고의 축복이자 무서운 현실입니다. 천일국을 창건하는 초석이 됩니다. 참가정을 이루는 것이 천일국의 시민권을 획득하는 지름길이 된다는 말입니다.

9 가정맹세는 참부모님의 전승기록입니다. 시의시대인 성약시대의 가르침을 주는 법도입니다. 가정맹세는 참사랑을 뼈로 하고 참가정을 심장으로 세워 여러분의 삶을 하나님과 연결시켜 주는 다리입니다. 하나님을 점령하는 참사랑의 핵폭탄입니다. 가정맹세는 종과 횡, 남과 북, 전과 후를 연결하는 중심에 참사랑을 모시고 영원한 구형운동을 출발시켜 주는 에너지요 지혜입니다. 가정맹세는 천국문을 열어 주는 열쇠입니

다. 천국문은 금이나 은으로 만든 열쇠로 열 수 있는 문이 아니요, 참사랑으로 완성한 참가정의 열쇠로 열어야 열리는 문입니다.

10 통일교회의 뼈와 같은 사상이 가정맹세입니다. 가정맹세 하나만 가지고도 천국 백성이 되고도 남습니다. 가정맹세 8번처럼 절대신앙·절대사랑·절대복종으로 신인애 일체이상을 이룰 때 지상천국과 천상천국의 해방이 벌어지는 것입니다. 천상세계의 해방은 하나님이 혼자 할 수 없고, 구세주가 혼자 할 수 없습니다. 하나님과 구세주가 합하고, 통일교회 전체가 합해 가지고 각 나라의 주권을 넘어서서 그들을 축복해 줘야 끝나는 것입니다.

11 가정맹세가 가르쳐 주는 교훈은 천주주의입니다. 개인주의가 아닙니다. 현실의 각종 어려움을 피하고서는 살아갈 수 없을 것입니다. 과감히 현실을 격파하고 승리를 쟁취해야 됩니다. 그 무기가 바로 가정맹세의 전통으로 무장된 여러분의 가정입니다. 여러분 1대만을 중심한 가정이 아닙니다. 적어도 3대권을 이루어 확고부동한 하늘의 전통을 세워야 합니다. 대대손손 선민의 참된 혈통이 흐르는 가문을 정착시켜야 할 사명이 있다는 뜻입니다.

12 하나님이 비로소 참부모의 실체를 써서 실체세계의 부모가 되기 위한 모든 과정이 다 끝났습니다. 참부모가 승리의 패권적인 기준을 갖춰 하늘과 땅의 어그러진 모든 것을 수습한 뒤 하나님의 나라를 찾아서 결혼을 하고 출생신고를 할 수 있도록 한 것입니다. 제3대까지 부활시켜 나라를 창건한 것과 마찬가지입니다. 그래서 여러분이 그 모든 전권을 상속받았기 때문에 가정맹세에 '천일국 주인'이라는 말이 나오게 된 것입니다.

13 여러분은 부모님의 결혼식에 참석했습니다. 같이 축복받은 것입니다. 그리고 부모님이 혼인신고를 하고 출생신고를 하는 자리에 참석했습니다. 그래서 혼인신고를 한 자리, 출생한 자리의 계대를 이어 한꺼번에 천국으로 넘어간다는 것입니다. 그렇기 때문에 놀라운 것입니다. 여러분은 아담 가정의 개인으로서 천국에 들어가는 것이 아니고, 천일국을 중심삼고 하늘땅이 하나되어 고개를 넘어가는 것입니다. 부모와 같이 넘어가는 것입니다. 동위권에 섰기 때문에 '천일국 주인 우리 가정'이라는 말을 할 수 있습니다. 그것이 특권입니다.

14 천일국 백성은 하늘땅을 대신한

백성입니다. 그렇기 때문에 하늘이나 땅이나 어디든지 이 지구성 전체를 위해야 됩니다. 북극에 무슨 문제가 있으면 북극에 대해 전체가 관심을 갖고 해결해야 되고, 남극이면 남극, 동양이면 동양, 서양이면 서양, 전체가 내 책임이라고 생각해야 됩니다. '천일국 주인'이라고 할 때, 책임자와 주인은 다릅니다. 책임자는 언제나 때때로 갈릴 수 있지만 주인은 영원한 것입니다. 이 땅의 가정을 중심삼고 주인이 되기 위해서는 혼자가 아니라 부부끼리 주인이 돼야 합니다. 부부끼리만이 아닙니다. 사위기대를 완성해서 3대가 주인이 돼야 합니다. 3대가 주인이 못 되면 안 되는 것입니다. 할아버지 할머니, 아버지 어머니, 그다음에 자기 부부, 그리고 그 아들딸까지 대수로는 3대지만 단계로는 넷이 됩니다. 그것이 천일국 주인입니다.

15 여성해방을 선언한 날이 1992년 4월 10일입니다. 천일국 12년까지 20년입니다. 부모님이 여성해방을 선포한 그날부터 상대가 지상에 나타난 것을 알아야 합니다. 아담이 축복받을 수 있는 스물 한 살 되는 그때와 마찬가지입니다. 어머님이 그때까지는 선생님 앞에 상대적 기준에 설 수 있는 터전이 없었습니다. 나라가 없었다는 것입니다. 여성해방 때부터 천일국 12년까지, 모든 축복가정이 아담 해와가 20세를 지나서 21세 되는 때에 축복받아 하늘나라를 이루어야 했던 것과 마찬가지의 자리에 서게 됩니다. 그래서 가정맹세에 나오는 '천일국 주인 우리 가정'이라는 말이 성립됩니다.

16 60년 전 참부모님의 결혼식은 사탄권 내에서 치러졌던 아담 가정을 대표한 기준이었는데, 종족·민족·국가·세계를 넘어설 수 있었던 승리의 기반 위에 하나님의 조국이 생긴 것입니다. 그래서 2001년 1월 13일을 중심삼고 하나님의 왕권즉위식을 해드렸습니다. 그리고 2003년 2월 어머님의 만 60세가 되던 날을 중심삼고 하나님과 참부모님이 일체 되어 하나님의 조국에서 성혼식을 했습니다. 그렇게 됨으로 말미암아 전 우주의 중심 권한이 전환된 것입니다. 사탄세계의 중심으로부터 하나님 중심으로 전환된 것입니다. 탕감복귀역사를 하나님 중심으로 전환시킨 것이 2003년 7월 13일입니다. 그러한 터전 위에서 가정맹세에 여러분 부부를 '천일국 주인'이라고 한 것입니다.

가정맹세 1절

17 가정맹세 첫째 번은 '천일국 주인 우리 가정은 참사랑을 중심하고 본향땅을 찾아 본연의 창조이상인 지상천

국과 천상천국을 창건할 것을 맹세하나이다.'입니다. 가정맹세를 할 수 있다는 것이 역사상 얼마나 좋은 복음 중의 복음인지 모릅니다. 여기서 창조이상은 하나님을 중심삼은 창조이상을 말합니다. 지상천국과 천상천국을 만드는 것이 하나님의 창조이상이었습니다. 그런데 타락으로 인해 그것을 이루지 못했으니 복귀해야 됩니다. 본향 땅을 중심삼고 창조이상인 지상천국과 천상천국을 창건해야 된다는 뜻입니다.

18 참사랑은 몸 마음이 하나되고, 부부끼리 하나되고, 자녀와 하나되는 기준 위에서 펼쳐지는 사랑입니다. 이런 기준의 참사랑을 실천하지 못하고 여러분이 영계에 가게 되면 틀림없이 걸려듭니다. 가정맹세가 그렇게 무서운 것입니다. 언제나 가정맹세를 따라 살아야 됩니다. 만일 여러분의 가정에서 아버지가 맹세문의 어느 한 가지에라도 걸리게 되면 어머니도 공동으로 책임을 지게 되고, 자식들의 공동책임도 되는 것이며, 가족 모두가 공동으로 책임을 지지 않을 수 없게 됩니다. 해와가 타락함으로써 아담 가정 전체가 타락한 결과를 초래한 그런 의미를 지닌다는 것입니다.

19 '우리 가정은 참사랑을 중심하고' 라는 말은 인간이 타락했기 때문에 참사랑을 갖지 못한 사람은 가정이라는 것을 갖출 수 없다는 의미입니다. 참사랑을 갖지 못한 사람은 본래 하나님 앞에 가정을 갖지 못하게 되어 있습니다. 참사랑은 하나님과 관계를 맺은 사랑입니다. 자기라든가 세상의 습관성, 풍습, 국민의 전통과 같은 것과 관계를 맺은 사랑이 아닙니다. 하나님과만 관계를 맺은 사랑입니다. 타락했기 때문에 사탄 사랑과 관계를 맺게 된 것입니다. 사탄의 가정을 넘어서 종족·민족·국가·세계, 지상세계·천상세계까지 확대되어 있다는 것입니다. 하나님의 사랑에 접하기 위해서는 자기의 사랑이라는 습관성, 사랑이라는 전통을 완전히 부정해야 됩니다.

20 참사랑은 자기 생명까지도 투입하고 또 투입하겠다고 하는 자리, 주고 또 주고 잊어버릴 수 있는 자리에서만 시작됩니다. 참사랑은 천지를 꿰뚫는 것입니다. 죽음의 세계도 뚫고 올라갑니다. 어디든지 뚫고 갑니다. 사랑은 통하지 않는 곳이 없습니다. 사랑은 비밀의 방도 통합니다.

21 본향이라는 곳은 가고 싶고, 보고 싶고, 살고 싶은 곳입니다. 우리의 마음이 가고 싶고 마음과 더불어 몸이 가고 싶은 곳입니다. 마음이 그리워

함과 동시에 몸도 그리워하는, 영원히 안식할 수 있고 행복의 터전이라고 자랑할 수 있는 본향을 우리는 찾아가야 됩니다. 그렇기 때문에 지금까지 역사과정에서 수많은 사람들이 이런 본향을 그리워하고 추구하고 흠모하다가 죽어 갔습니다. 또한 수많은 종교인들이나 철인들도 이 본향 땅을 찾기 위해 지금까지 수고하고 있는 것입니다. 그러므로 본향 땅이 기필코 나타나야 됩니다.

22 본연의 동산은 이상동산입니다. 유무상통하는 세계요, 형제의 감정이 만우주 어느 곳이든지 통할 수 있는 세계입니다. 오늘날과 같이 민족적인 감정, 혹은 국가의 어떤 주권적 차이를 가지고 논의할 수 있는 이상과 주의의 세계가 아닙니다. 민족의 차별, 혹은 국가의 주권 등 그러한 모든 것을 넘어서서 논의하는 세계, 인간의 경제적인 사정이라든가 문화와 같은 조건의 차이를 가지고 논의하는 것이 아니라 심정을 가지고 논의하는 세계입니다.

23 원래 인간시조가 타락하지 않았으면 본향은 아담과 해와가 살던 에덴동산이요, 그 마을이요, 그 산천임에 틀림없습니다. 오늘날 타락한 부모의 혈통을 받고 태어난 인간은 '본향'이라고 하면 자기들이 태어난 곳을 생각하는데, 인류가 추구하고 그리워하고 있는 이상적인 본향이라는 것은 너무나 헛된 것입니다. 오늘날 통일교회는 잃어버린 본향을 찾아 나가야 합니다. 그 본향에는 부모님이 계시고, 형제가 있고, 친척이 있습니다. 그들이 슬픔 가운데서 우리를 맞아 주는 것이 아니라 영원한 기쁨과 행복 가운데서 우리를 맞아 줄 수 있는 곳, 그리고 그 기쁨이 일시적인 기쁨으로 끝나는 것이 아니라 영원히 계속될 수 있는 그 본연의 곳을 찾아가야 됩니다.

24 우리가 본향 땅을 그리워하는 것은, 그곳에는 누구보다 가까운 부모와 형제와 친척이 있어서 언제나 나를 이끌어 주고, 언제 어느 때 찾아가더라도 나를 한결같이 맞아 주고, 내가 어려움을 당하면 그 사정을 동정하며 위로해 주고 나를 기쁘게 맞아줄 수 있기 때문입니다. 만일 그것이 없다면 본향이 그립고 좋아서 찾아가더라도 간절히 사모하던 당시의 심정은 없어지고 도리어 탄식의 조건들을 가지고 돌아오게 된다는 것입니다. 본향 땅에는 반드시 맞아 줄 사람이 있어야 합니다.

25 하나님이 이 땅 위에 착지해 가정을 가지고 생활할 수 있는 곳이 있다고 할 때는, 그곳은 인류 전체를 대표

한 자리가 되기 때문에 하나님이 생활을 출발한 그 가정 기지가 인류의 본향 땅이 됩니다. 그렇기 때문에 하나님이 사는 근본 출발지가 고향이 됩니다. 인간은 타락했기 때문에 하나님을 중심삼고 그곳에서 출발하지 못했습니다. 가정이 그런 자리가 못 되었습니다. 그런 고향이 없습니다. 비로소 선생님이 나와서 참사랑을 중심삼고 하나님과 참부모가 하나되어 착지해 출발할 수 있는 기원을 마련한 것입니다. 그곳이 인류의 본향 땅이 될 수밖에 없습니다. 복귀는 되었지만 그 복귀된 것이 본연의 형태의 출발 기지와 같기 때문에, 그곳이 하나님의 사랑을 나눌 수 있고 참사랑의 기지로서 출발하려던 곳이기 때문에 인류의 본향 땅이 되는 것입니다.

26 하나님이 원하는 조국이 어디이고, 인류의 본향이 어디입니까? 참부모님이 태어나신 고향이 역사적이요 우주적이요 세계적인 본향 땅이 됩니다. 조상과 사상과 전통을 이어받아야 됩니다. 그러지 않으면 의붓자식 취급을 받습니다. 한국 백성은 선민이 되어야 합니다. 그러기 위해서 선생님은 안팎을 뒤집어 놓아야 합니다. 한국이 본향이고 조국이라면 모든 세계적인 문명이 한국에서 이루어져야 합니다. 우리가 한국을 본향으로 만들기 위해서는 충성·정성·사랑·희생의 제물이 될 것을 각오해야 됩니다. 그러지 않으면 한국은 본향으로서의 자격을 잃게 됩니다. 좋은 것을 만들기 위해서는 실천이 필요합니다. 피와 땀과 눈물을 흘리면서라도 이루어야 합니다.

27 가정맹세 제1절은 만물복귀입니다. 잃어버린 모든 것을 탕감복귀하지 않으면 안 됩니다. 지금까지 종교는 출가를 요구하고 독신생활을 요구했지만, 통일교회에서 처음으로 환고향을 명령한 것입니다. 환국입니다. 세계적으로 엄청난 일이 벌어진 것입니다. 종교계에 이 이상의 행복은 없습니다.

28 본향 땅을 찾아 그다음에는 지상천국과 천상천국을 창건해야 됩니다. 내가 창조를 해야 됩니다. 잃어버렸으니 전부 만들어 놓아야 됩니다. 도둑맞았으니 다시 찾아 만들어 놓으라는 것입니다. 천년만년 가더라도 하라는 것입니다. 그래서 통일교회는 환고향을 말한 것입니다.

29 본연의 창조이상인 지상천국과 천상천국을 내가 만들어야 됩니다. 가정을 잃어버렸기 때문에 우리 가정이 만들어야 됩니다. 그래서 우리 가정은 참사랑으로 본향 땅을 중심삼고 본연의 창조이상인 지상천국과 천상

천국을 창건한다는 것입니다. 본향 땅은 가정을 중심한 본향 땅입니다. 나라가 아닙니다. 그래서 고향에 돌아가야 된다는 말입니다. 그런 가정이 있으면 고향 땅으로 돌아가서 지상천국과 천상천국을 이루어야 합니다. 이제 고향만 찾으면 자연히 나라, 세계 전부가 하나되는 것입니다. 걱정할 필요 없습니다. 지상천국 천상천국이 자연히 이뤄집니다. 가정에서 벌어지는 것입니다.

30 '본연의 창조이상인 지상천국과 천상천국을 창건할 것을 맹세하나이다.' 여기에서 창건이라는 말을 썼습니다. 이것은 우리가 다시 만들어야 된다는 것입니다. 그냥 되는 것이 아닙니다. 재창조해야 됩니다. 지상지옥이 되어 있고 천상지옥이 되어 있으니만큼 이것을 우리가 다시 창조해야 되는 것입니다. 나 개인에서 지상천국·천상천국이 되는 것이 가정입니다. 가정에서 만들어야 되니 가정맹세입니다. 이것을 못 만들면 안 됩니다. 우리가 만들어야 됩니다.

가정맹세 2절

31 둘째 번은 '천일국 주인 우리 가정은 참사랑을 중심하고 하늘부모님과 참부모님을 모시어 천주의 대표적 가정이 되며 중심적 가정이 되어 가정에서는 효자, 국가에서는 충신, 세계에서는 성인, 천주에서는 성자의 가정의 도리를 완성할 것을 맹세하나이다.'입니다.

32 하나님과 참부모님을 모셔야 되는데 아담 해와가 타락함으로써 하나님과 참부모님을 가정에서 쫓아 버렸습니다. 하나님과 참부모를 모시지 않고서는 하나님의 뜻이 완성될 수 없습니다. 하나님은 종적인 부모이고 완성한 아담과 해와는 횡적인 부모입니다. 두 부모가 하나된 그 위에 개인의 통일이 이루어지고 천국과 하나님이 연결되는 것입니다. 그러니까 하나님과 참부모를 모시지 않고서는 아무것도 안 됩니다. 그래서 천주의 대표적 가정은 타락하기 전 아담과 해와 그 이상의 자리입니다.

33 아담의 자리는 세계 인류의 과거와 현재를 대표한 자리에서 맨 꼭대기 자리입니다. 수억만년 인류조상의 꼭대기입니다. 처음에는 이 하나밖에 없었습니다. 아담과 해와는 꼭대기에서 결혼해 가지고 지상의 중심 가정으로 착지한 뒤 세계로 확대해 나가는 것입니다. 그러한 자리에서 하늘나라의 효자·충신·성인·성자의 도리를 다해야 되는데, 아담이 그것을 못했다는 것입니다.

34 아담과 해와는 참사랑을 통해 하

나님을 절대 시봉하는 자리에서 가정으로부터 국가·세계·하늘로 직행하게 되어 있습니다. 지금까지 역사시대의 사상관은 그런 내용이 없었습니다. 전부 지그재그로 올라가는 것입니다. 만년 불파(不破)의 사랑을 중심삼고 일체적인 가정 확대 이상을 따라가야 됩니다. 가정의 모델 형태는 변하지 않습니다. 그것이 대표적 가정이고 중심적 가정입니다.

35 아담과 해와는 천지의 모든 중심입니다. 세계 인류를 대신한 중심가정입니다. 여기서부터 올라가는 것입니다. 가정이라는 축을 중심삼고 하나됩니다. 나는 가정 축의 대표이기 때문에 세계에 하나밖에 없다는 자리에 서는 것입니다. 그래서 왕자 왕녀가 되고 싶어하는 것입니다. 욕망은 최고의 남자 여자로서 최고의 하나님의 상대가 됨으로 말미암아 하나님이 내 것인 동시에 하나님이 지은 모든 피조세계가 내 것이 됩니다. 사랑은 일체가 됩니다. 소유권이 결정되는 것입니다.

36 대표적 가정이 뭐냐? 아담과 해와 두 사람밖에 없습니다. 하나님과 아담과 해와밖에 없습니다. 천지의 최고의 자리이고 대표적 자리입니다. 대표적 자리가 되어 결혼함으로써 땅에 착륙하는 것입니다. 아들딸을 번식해야 되기 때문입니다. 대표적 가정은 중심적 가정입니다. 가정은 둘입니다. 남자가 둘이 아니요 여자가 둘이 아닙니다. 짝을 맺는 것입니다. 단일적 남자 여자가 하나님 앞에 대표적 자리에 서기 때문에 아담 가정이 씨라 하면 우리 가정도 씨입니다. 소나무 씨는 천년만년 어디로 가든지 같은 가치를 갖고 있습니다. 같은 가치, 대등한 가치를 지닙니다. 이것을 심으면 어디에서든지 소나무가 나오는 것과 마찬가지입니다.

37 참부모의 가정은 씨입니다. 씨가 완전한 씨라면 그 씨를 심어서 번식된 수억만의 가정이 있더라도 같은 가치를 가집니다. 똑같습니다. 하나님이 정착하는 가정의 기준은 몇 천대, 몇 만대, 몇 억만대가 되더라도 같은 가치를 인정받기 때문에 씨는 같습니다. 그렇기 때문에 우리 가정은 대표적 가정입니다. 대한민국을 대표했다는 것입니다.

38 효자 효녀는 부모를 위해 몸 마음을 희생하더라도 그것을 넘어 부모를 사랑하고 싶다고 하는 사람입니다. 애국자는 국가를 위해 자기 일신을 돌보지 아니하고 희생하고, 투입하고 잊어버리는 사람입니다. 열 번 투입하고 잊어버리는 사람과 열한 번 투입하고 잊어버리는 사람이 있다면

그 가운데 열한 번 투입하고 잊어버리는 사람이 주체가 됩니다. 이 원칙에 따라 모든 것이 평화로 수습됩니다. 위하여 사는 길을 빼고서는 그것을 이룰 수 있는 길은 없습니다.

39 하나님은 성자를 원합니다. 성인은 세계가 원하는 것입니다. 나라는 충신을 원합니다. 가정은 효자를 원합니다. 이것이 바로 참된 진리의 길입니다. 참된 부모가 있다면 '너는 효자가 됐으니 충신이 되지 말라. 충신의 길을 가지 말라.'라고 하지 않습니다. 참된 부모는 그 효자에게 '너는 가정을 희생하더라도 충신의 길을 찾아 나라를 섬겨야 되고, 나라를 희생시키더라도 성인의 도리를 다해야 되고, 세계를 희생시키더라도 하늘이 바라는 성자의 길을 가야 되고, 하늘땅을 희생시키더라도 하나님을 찾아가야 된다.'라고 가르쳐 줘야 됩니다. 지금까지 그 누구도 이러한 개념이 있다는 것을 몰랐습니다. 투입하고 희생해야 됩니다. 그러지 않고는 하나의 세계, 하나의 나라는 영원히 안 나오는 것입니다.

40 위하고 또 위하는 사람은 중심존재가 되는 것입니다. 틀림없습니다. 가정에서 효자는 부모를 위하고 위하는 사람입니다. 그 가정의 중심존재가 되어 가정의 상속을 받는 것입니다. 애국자도 마찬가지입니다. 나라님을 위하고 나라를 위해서 전부 투입하고 투입하고, 희생하고 또 희생하면 나라를 책임질 수 있는 사람이 됩니다. 반드시 중심존재가 됩니다. 그렇기 때문에 가정에서 효자가 되고, 나라에서 충신이 되고, 세계에서 성인이 되고, 나아가서는 하늘땅에 있어서 성자의 길까지도 가라고 가르쳐 주는 것입니다.

41 효자는 부모의 신세를 지는 것이 아닙니다. 부모에게 신세를 끼치는 것입니다. 충신은 나라에 신세를 지는 것이 아니라 나라에 신세를 끼치는 사람입니다. 성인은 세계에 신세를 지는 것이 아니라 신세를 끼치는 사람입니다. 우리 가정은 하늘의 대표적 가정이 되어 이 땅 위에서 평화와 행복과 자유를 갖다 주는 일을 해야 됩니다. 그래서 언제나 하늘땅에 보조를 맞춰야 됩니다. 그다음에는 하나님과 박자를 맞췄기 때문에 주변에 천운을 옮겨 줄 수 있는 가정이 되어야 합니다. 결국 부모님의 대신 가정과 하늘의 심정적 통일권을 이뤄 심정문화세계가 오늘 세계 도상에 출발한다는 것입니다. 사탄세계의 효자, 사탄세계의 충신, 사탄세계의 성인, 사탄세계의 성자의 도리가 있었지만, 이제는 하늘나라를 중심삼은 효자와 충신과 성인과 성자의 도리입

니다. 그 표준이 없었다는 것입니다. 그것을 우리가 창건해야 됩니다.

가정맹세 3절

42 셋째 번은 '천일국 주인 우리 가정은 참사랑을 중심하고 4대 심정권과 3대 왕권과 황족권을 완성할 것을 맹세하나이다.'입니다. 4대 심정권과 3대 왕권은 타락하기 전 아담과 해와의 완성을 말합니다. 타락하기 전의 아담과 해와는 4대 심정권과 3대 왕권을 이루어 황족이 되어야 합니다. 그래서 이 절은 타락한 인류를 복귀하여 황족을 만들어 가는 것을 말합니다. 축복가정들이 이 사명을 완수해야 됩니다.

43 가정맹세 3번은 타락하지 않은 본연의 세계를 말하고 있습니다. 본연의 세계로 돌아가는 것입니다. 아기가 자라서 부부의 자리를 찾아가고, 부모의 자리를 찾아가는 것입니다. 하나님과 한 몸이 되기 위한 자리를 찾아 나가는 길입니다. 4대 심정권은 하나님의 공상이 아닙니다. 내가 가야 할 길입니다.

44 사람은 부모·부부·형제·자식으로 나눌 수 있습니다. 누구나 이러한 과정을 거쳐야 됩니다. 누군가의 딸이 돼야 하고 누군가의 아들이 돼야 합니다. 아들딸은 형제입니다. 형제가 어머니 아버지와 같이 됩니다. 아담과 해와도 형제입니다. 그들이 부부가 되고, 부모가 됩니다. 마찬가지입니다. 아내라는 것은 동생입니다. 해와 동생입니다. 그리고 남편은 오빠입니다. 하나님 앞에는 아들딸입니다. 하나님의 아들딸로서 남자는 남자의 갈 길이 있고, 여자는 여자의 갈 길이 있습니다. 남자의 도리, 여자의 도리를 다해서 어머니 아버지를 닮아 갑니다. 어머니 아버지와 같이 결혼하는 것입니다.

45 가정맹세 3번은 하늘나라의 교재입니다. 아담과 해와가 완성하지 못한 것이 4대 심정권입니다. 아들딸 완성의 종착점, 형제 완성의 종착점이 결혼생활입니다. 부부 완성의 자리, 부모 완성의 자리가 결혼생활입니다. 결혼생활을 하고 거룩한 아들딸을 낳아야 됩니다. 그것이 열매입니다. 그래서 부모가 자식을 사랑하는 것이 천년만년 변하지 않습니다. 결혼한 부부의 자리는 이렇게 엄청난 자리입니다. 역사시대에 인류가 소망하던 자녀로서의 희망이 꽃피는 자리요, 형제로서의 희망이 꽃피는 자리요, 부부로서의 희망이 꽃피는 자리입니다.

46 부부는 4대 심정권을 중심하고 볼 때 서로가 자기를 완성시켜 준 절

대적 대상자인 것입니다. 그러므로 남편은 부인에게 이상적 하나님의 아들을 맞게 하는 자리요, 하늘의 오빠를 맞게 하는 자리요, 하늘의 남편을 맞게 하는 자리요, 하늘의 아버지를 맞게 하는 자리입니다. 부인도 남편에게 이와 마찬가지 위치에 서게 되는 것입니다. 이러한 부부는 하나님이 체휼한 것과 같이 자녀를 낳아 자기들이 자라 온 전체를 자녀를 통하여 실체적으로 체휼함으로써 기쁨을 느끼게 됩니다.

47 4대 심정권이 언제 완성되느냐? 아들딸이 언제 완성되느냐? 형제가 언제 완성되느냐? 부부가 언제 완성되느냐? 결혼하는 그 시간입니다. 결혼하는 그 시간에 자녀의 사랑과 형제의 사랑과 부부의 사랑, 3사랑이 결실됩니다. 이 세 사랑의 기반 위에 부모가 서는 것입니다. 그래서 여러분은 아기를 낳아야 됩니다. 자기 후대를 낳아야 된다는 것입니다. 하나님이 아담과 해와를 창조한 것과 마찬가지로 제2 창조주로서 아들딸을 만드는 것입니다. 그렇기 때문에 부모는 하늘을 대신합니다. 자녀와 형제와 부부는 땅을 대신합니다. 부부를 중심삼고 하나되게 될 때 종적 기준이 하나됩니다. 그래서 아담과 해와의 완성은 하나님의 창조이상의 완성이 되는 것입니다. 창조이상으로 소원하던 모든 것이 완성됩니다.

48 이제 지상천국 시대에 들어오면서 우리 가정이 왕의 집안이 됩니다. 그러니까 얼마나 모범적이 되어야 됩니까? 왕이 마음대로 살 수 있습니까? 왕과 왕비, 왕자 왕녀들은 그 나라의 법을 다 지켜야 됩니다. 그뿐만 아니라 왕궁 법이 있습니다.

49 하늘나라에 들어갈 수 있는 사람들은 하나님의 사랑의 직계 자녀로서, 하늘나라의 왕손으로서 하나님 앞에 왕자 왕녀의 문을 거쳐야 되는 것입니다. 천국은 왕손으로서, 황족으로서 가는 곳입니다. 이 땅 위에 모범적인 형제지우애(兄弟之友愛)의 직계 자녀와 방계적 자녀가 되어 모범적인 하나의 일족과 국가를 형성한 자리에서 황족의 명예를 가지고 살다가 그냥 그대로 이동해 가는 곳이 천국입니다.

50 이제 여러분은 참사랑을 중심삼은 황족이 되어야 합니다. 아담이 직계 자녀라면 방계 자녀인 그 형제자매들은 전부 백성이 됩니다. 그렇기 때문에 하늘나라의 왕자 왕녀의 사랑을 갖추어 그 권위와 위신을 당당히 지니고 생애의 노정에 보무도 당당하게 위신을 갖고 들어가야 하는 곳이 본향의 나라 천국입니다.

51 4대 심정권과 3대 왕권, 황족권 생활을 함으로써 비로소 가정이상, 하나님의 창조이상이 완성됩니다. 그래서 왕가(王家)가 되어야 합니다. 왕가는 왕을 중심삼고 하나되지 않으면 안 됩니다. 그래서 황족권 내에서 살다가 가는 곳이 천국입니다. 거기서 살다가 옮겨 가는 곳이 천국입니다.

52 하늘나라의 국민, 하늘나라의 종족과 나라의 백성은 황족에서부터 시작됩니다. 그러므로 하늘나라의 참사랑을 중심삼고 황족 심정권을 체득하지 않고는 하늘나라로 돌아갈 수 없습니다. 그렇게 되지 못한 것이 하나님의 한입니다. 하나님이 왕자 왕녀를 가져서 사랑을 못한 것이 한입니다. 그리고 왕손을 못 가졌습니다. 아담과 해와가 왕자 왕녀로서 왕의 대를 이을 수 있는 자리에서 사랑을 못했습니다. 중간에서, 원리결과주관권에서 타락했습니다. 그러니 하나님의 사랑을 중심삼고, 하나님과 직접 의논할 수 있는, 천지창조의 대위업을 중심삼고 아버지와 아들이 서로서로 의논해서 역사를 편성할 수 있는 의논 상대가 안 되었다는 것입니다.

53 인간이 타락하지 않았으면 하늘땅의 왕권과 하늘땅의 부모권과 하늘땅의 장자권을 중심삼은 직계 아들딸이 되어 가지고 이 땅 위의 왕궁, 하늘나라의 왕궁이 되었을 것입니다. 또 거기에 방계적인 모든 형제들은 직계 왕궁 전통을 횡적으로 받을 수 있게 되며, 이것과 하나되어 모든 사람들이 천국에 가게 되어 있었을 것입니다. 천국은 사랑을 중심삼고 황족 전통을 통과한 그 가정과 일족이 들어가는 곳이라는 것을 부정할 수 없습니다. 그렇기 때문에 모든 만민의 가정들은 사랑을 중심삼은 황족 전통의 생활을 하지 않으면 안 된다는 결론이 나옵니다.

가정맹세 4절

54 넷째 번은 '천일국 주인 우리 가정은 참사랑을 중심하고 하늘부모님의 창조이상인 천주대가족을 형성하여 자유와 평화와 통일과 행복의 세계를 완성할 것을 맹세하나이다.'입니다. 하나님의 이상은 세계가 전부 한 가정입니다. 한 집안이라는 것입니다. 4대 심정권과 3대 왕권을 완성한 사람들이 외치는 가정맹세라면 하나님을 중심삼고 한 가정이지 두 가정이 될 수 없다는 것입니다. 창조이상인 천주대가족을 형성하여 '하나님 아래 한 가족'입니다.

55 하나님의 창조이상은 아담과 해와를 중심삼은 사위기대를 완성하는 것입니다. 사위기대 완성은 하나님의 창조의 측면에서 볼 때 뜻의 완성입

니다. 사위기대를 완성하려면 완성된 아담과 완성된 해와가 있어야 됩니다. 그렇게 완성된 여성과 남성이 합하여서 완성된 자녀를 번식했더라면 창조이상의 완성 실체가 되고 인간 완성권이 이루어집니다. 그래서 하나님의 창조이상이 실현된다는 것입니다. 완성한 아담과 해와, 자녀가 하나님을 중심으로 사위기대를 이루고 하나님의 사랑과 연결됨으로써 모든 창조이상은 실현되는 것입니다.

56 아담과 해와를 참부모로 하여 번성된 인류는 하나의 대가족을 이루고 아담 문화권의 평화세계를 실현했을 것입니다. 따라서 복귀역사는 참부모와 참사랑을 중심한 참된 가정을 찾아 세워 이를 중심으로 모든 것이 편성됩니다. 이때 중심인 참가정은 인류의 소원인 동시에 하나님의 소원입니다. 이 참가정은 참사랑과 참생명의 시원이 되며 인류의 평화와 행복의 기점이 됩니다.

57 세계가 형제입니다. 한 핏줄입니다. 하나님같이 보호해야 됩니다. 그래서 하나님의 왕궁에 앉았더라도 천주대가족을 이루어야 됩니다. 천주의 대가족을 형성해서 자유와 평화와 통일과 행복의 세계를 이루어야 됩니다. 선생님은 천주대가족주의자입니다. 자유와 평화와 통일과 행복을 심어 줘야 됩니다. 그것은 선생님의 역사를 드러냅니다. 선생님이 추구해 온 역사의 표제입니다.

58 하나님이 세워 나온 가정을 중심 삼고 천하가 요구하는 표준을 세우려고 하다 보니 할아버지 할머니 모델, 어머니 아버지 모델, 부부 모델, 자녀 모델이 있어야 됩니다. 한국은 친족 대가족주의입니다. 7대가 한집에서 살 수 있는 전통적 역사를 여러분이 만들어 가야 합니다. 통일교회 종족 메시아의 길과 어떻게 그렇게 딱 맞는지 모릅니다.

59 동생의 자리에 있는 가인세계의 사람들을 여러분이 형님의 자리에서 올바로 가르쳐 줘서 전통을 세워야 합니다. 그래야만 사탄 편이 황족권으로 복귀됩니다. 우리가 장자권을 잃어버린 것을 복귀해서 그들을 구해 주는 것입니다. 이들을 제2 왕자로 세워 줌으로써 나는 제1 왕자권을 가지고 하늘나라에 들어가는 것입니다. 둘이 그렇게 함으로써 황족권이 복귀되는 것입니다. 그것을 하지 않고서는 장자권이라든가 황족권이 복귀 안 됩니다.

60 '하나님의 창조이상인 천주대가족을 형성하여'라는 하나님의 뜻인 대가족을 이루어야 된다는 것입니다

다. 자기가 아무리 왕권을 갖추었다고 하더라도 아담 가정 왕권이 없기 때문에 타락하지 않은 왕권을 대표하려면 사탄세계를 대가족으로 수습해서 자유와 평화와 통일과 행복의 자리에 서게 만들지 않으면 안 됩니다. 비로소 거기서 자유와 평화와 통일과 행복이 나타나게 됩니다. 우리 이념은 평화통일입니다.

61 평화는 통일의 토대가 없으면 이루어지지 않습니다. 평화, 행복이라는 말이 있고 자유라는 말이 있습니다. 이 모든 것이 하나되지 않는 곳에는 아무것도 존재하지 않습니다. 부부가 싸움하는 곳에 평화가 있습니까? 하나가 되는 곳에 평화가 오게 됩니다. 자유도 마찬가지입니다. 남녀가 서로 부딪치는 데에 자유가 있습니까? 대립하는 곳에는 평화나 자유가 없는 것입니다. 자유도 통일의 토대 위에 있습니다.

62 하나된 자리에 자유가 있습니다. 눈도 일점이 될 때는 기분이 좋습니다. 코가 막히면 야단이지만 뚫리면 자유입니다. 귀도 자유입니다. 손도 자유입니다. 몸도 뭐도 다 자유입니다. 하나 안 되면 자유가 없고, 평화가 없고, 행복이 없고, 통일이 없습니다. 균형, 평평한 데에 모든 창조의 완성이 있는 것입니다. 뾰족한 데는 머무를 수가 없는 것입니다.

가정맹세 5절

63 다섯째 번은 '천일국 주인 우리 가정은 참사랑을 중심하고 매일 주체적 천상세계와 대상적 지상세계의 통일을 향해 전진적 발전을 촉진화할 것을 맹세하나이다.'입니다. 여러분은 먼저 주체적 천상세계를 생각해야 됩니다. 인류의 분포를 놓고 볼 때 영계에 가 있는 사람이 많겠습니까, 현재 이 세계의 사람이 많겠습니까? 지상계의 인구와는 비교도 안 될 만큼 많은 사람들이 영계에 살고 있다는 것입니다. 영계가 주체입니다. 마음이 몸에 대해 주체 입장이요 플러스인 것과 마찬가지입니다.

64 몸은 지상계를 대표하고, 마음은 영계를 대표합니다. 마음은 플러스와 같고, 몸은 마이너스와 같습니다. 그러니까 주체 마음을 몰라보는 생활, 마음세계를 몰라보는 생활을 했다가는 지옥 가게 되어 있습니다. 몸이 마음을 쳤던 삶에서 이제는 마음이 몸을 쳐서 굴복시키는 삶을 영위해야 할 때라는 것입니다. 우리는 생활 속에서 매일 천상세계가 주체로 되어 있다는 관념을 갖고 살아야 합니다. 여러분의 일상생활이 주체적 하늘나라를 대해서 그 상대적인 지상의 완성 형태를 갖추지 않으면 천상세계에

가서 완성 기반을 형성할 수 없습니다. 직접적 관계입니다. 그 직접적 관계가 매일, 1년, 일생을 통해서 맺어져야 저나라에 가서 제2 활동무대가 되고 주거지가 되는 것입니다.

65 천상세계는 주체의 자리에 있습니다. 거기는 수많은 종족, 수많은 민족이 다 들어가 있습니다. 천상세계를 표준으로 해서 지상도 거기에 맞추어 나가야 합니다. 주체적 천상세계와 대상적 지상세계의 통일을 위해서는 갈라지면 안 됩니다. 여러분의 생활 가운데서 체휼적 사랑을 느껴야 됩니다. 영계를 느낄 수 있어야 합니다. 하나님이 슬퍼하는 것과 기뻐하는 것을 느낄 수 있는 체휼적 생활이 되어야 합니다.

66 영계와 육계는 사람을 중심삼고 통일되는 것입니다. 그래서 통일을 향해 전진적 발전을 촉진화하는 것입니다. 후퇴하면 안 됩니다. 전진적 발전을 촉진화하라는 것입니다. 여러분이 이 세상에 살 때 한 지역에서만 살지 말고 여러 곳과 관계를 만들어 전체에 영향을 미칠 수 있게끔 움직여야 됩니다. 춘하추동, 동서남북, 사시사철에 있어서 동서남북이 도는 것과 마찬가지로 여러분도 한 나라에만 있어서는 안 됩니다. 이제 국경이 없는 통일의 세계가 되면 마음대로 세계를 돌아다니면서 살아야 됩니다.

67 여러분은 지금까지 매일 천상세계가 주체가 되어 있다는 관념을 갖지 않았습니다. 한 달에 한 번도 안 가졌습니다. 매일 생각해야 됩니다. 일일생활권에서 주체적 하늘나라를 대해 상대적인 지상의 완성 형태를 갖추지 않으면 천상세계의 완성 기반이 형성되지 않는다는 것입니다. 직접 관계입니다. 매일, 1년, 일생을 통해 관계를 지어야 저나라에 가서 자기의 제2의 활동무대가 되고 생거지(生居地)가 되는 것입니다.

68 천상세계와 지상세계를 연결시킬 수 있는 내용이 무엇이겠습니까? 그것은 일시적으로 있는 것을 가지고는 안 됩니다. 시공을 초월한 것으로서 오늘도 그와 같고, 과거에도 그와 같고, 미래에도 그럴 수 있는 내용이 되어야 하며, 그 내용은 우리 일상생활에서 모든 것들이 거부하지 않고 좋아해야 됩니다. 밤이나 낮이나 좋아할 수 있는 내용이 되어야 합니다. 그래야 행복할 것입니다. 그것이 사랑이라는 것입니다. 돈 가지고는 그것이 불가능합니다. 지식 가지고도 불가능합니다. 그러한 것은 일방적인 것밖에 안 됩니다. 권력도 역시 마찬가지입니다. '나'라는 개인적 권력을 국가적으로 확대시키기 위해서는

사랑이라는 다리가 있어야 합니다.

69 하나님을 중심삼고 지상세계와 천상세계가 하나되는 것입니다. 참부모를 중심삼고 통일적 팻말을 가져옴으로 말미암아 여기서 하나되는 것입니다. 하나님이 창조할 때 절대신앙·절대사랑·절대복종으로 위해서 만들었기 때문에 우리도 이런 전체·전반·전권·전능의 기반 위에 서야 됩니다. 창조본연으로 돌아가기 위해, 사랑의 대상을 찾기 위해 절대신앙·절대사랑·절대복종의 심정을 가지고 투입하고 잊어버리는 것입니다. 하나님이 하던 모든 것을 다시 찾아서 우리 자신도 하나님 대신 이 세계에 대해서 절대신앙·절대사랑·절대복종해야 됩니다.

70 전진적인 발전이란 말은 절대 멋어선 안 된다는 것입니다. 언제나 전진해야 됩니다. 발전해야 됩니다. 전진적 발전, 이것은 동서사방으로 발전해야 됩니다. 맹세문을 괜히 선포한 것이 아닙니다. 그렇기 때문에 몸 마음이 하나 안 되고 부부가 싸우면 맹세문을 외울 수 없습니다. 아들딸을 중심삼고 하나 못 되면 외우지를 못한다는 것입니다. 가정이 얼마나 귀중한지 알아야 됩니다. 그래서 가정맹세문을 가졌다는 것을 영계에서 주시하는 것입니다. 영계에 간 모든 선조들은 부러워한다는 것입니다.

71 전진적 발전의 촉진화! 발전하는 데도 촉진화하라는 것입니다. 중요한 말입니다. 땅 위에 있어서 주체적 하늘나라의 상대적 세계를 중심삼아 가지고 하늘나라의 판도와 같이, 자기 사는 환경이 판도가 작지만 하늘나라의 모형적 기준을 만들어 놓아야 저나라에 옮겨질 수 있습니다. 그것은 어쩔 수 없습니다. 선생님이 적당히 말하는 것이 아닙니다. 하늘나라와 지상세계의 모든 것을 총합해서 하늘이 원하는 길이 이렇게 가야 되는 길이기 때문에 가정맹세가 나왔다는 것입니다.

72 매일같이 전진해야 됩니다. 정지하면 사망이 벌어집니다. 그러니 정지해서는 안 됩니다. 한 발짝이라도 매일매일 앞으로 나아가야 됩니다. '그렇게 할 것을 맹세하나이다!'라고 하는 것입니다. 그러니 천상세계에서 요구될 수 있는 모든 내용을 지상세계에서 촌분도 틀리지 않게끔 전진적 발전을 해야 됩니다.

가정맹세 6절

73 여섯째 번은 '천일국 주인 우리 가정은 참사랑을 중심하고 하늘부모님과 참부모님의 대신가정으로서 천운을 움직이는 가정이 되어 하늘의

축복을 주변에 연결시키는 가정을 완성할 것을 맹세하나이다.'입니다. '하늘부모님과 참부모님 대신가정으로 서'라고 했으니까 여러분 가정이 하나님 가정과 참부모 가정의 대신가정입니다. 하나님과 참부모의 대신가정은 천운을 움직이는 가정입니다.

74 하나님과 참부모의 대신가정이 되어야 합니다. 참된 가정이 되어 천주를 움직이는 가정으로서 하나님의 축복을 자기만 받는 것이 아니라 주변에 연결시키는 가정을 완성하는 것입니다. 움직이며 복을 나누어 줄 수 있는 가정이 되라는 것입니다. 여러분 주변에 원리를 모르는 사람이 있으면 원리를 전해 주면서 점점 더 확대시켜 나가야 합니다. 혼자 살지 말라는 것입니다.

75 하나님과 참부모의 대신가정은 천운을 움직이는 가정입니다. 그러니 나만이 축복받고 잘살겠다고 해서는 안 됩니다. 결국은 하늘의 왕족이 되어 가지고 전체 사람들을 하늘 백성으로 만들어야 됩니다.

76 천운이 찾아오는 길이 어디냐 하는 것을 알아야 됩니다. 천운은 영원히 움직이는 것입니다. 천운은 영원한 길을 가는데, 그 길은 영원한 원칙을 따라 변하지 않고 돌고 돈다는 것입니다. 돌고 돌면서 인연을 맞추어 나가면서 흥망성쇠의 길을 엮어 나가는데, 여기에 서 있는 인간이 어떻게 이것을 맞추어 나가느냐 하는 것이 문제입니다.

77 천리의 운세는 아무렇게나 다니는 것이 아닙니다. 질서가 있고, 궤도가 있고, 법칙이 있기 때문에 그것을 통해서 움직이는 것입니다. 천운에 예속되어 있는 모든 존재들은 위해서 사는 존재로 있는 것입니다.

78 천운은 망하지 않습니다. 우리 인생은 일생을 통해서 환경에 따라 치우침을 받아 곁길로 흘러가 버리기도 하지만, 천운은 하나님의 경륜을 따라 가지고 가는 길에 변동이 없습니다. 영원하다는 것입니다. 춘하추동 사계절이 변하지 않는 것과 마찬가지로, 인류를 움직이는 천운의 도의도 불변의 궤도를 타고 개인과 가정·종족·민족·국가·세계를 대하면서 움직여 나갑니다. 그것을 모르고 있다는 것입니다.

79 천운은 선한 사람이 필요로 하는 모든 것을 공급하게 되어 있습니다. 그렇기 때문에 욕심을 가지고 내가 이것을 어떻게 하겠다고 생각하면 안 됩니다. 선하려면 반드시 내가 높은 자리에 가든가 낮은 자리에 가든가

하는 두 길밖에 없습니다. 낮은 자리에 가게 되면 모든 것이 자연히 공급되게 되어 있습니다.

80 천운을 타려면 먼저 천운이 가는 길이 어떠한 곳인지를 알아야 합니다. 그곳은 만민이 좋아하는 곳, 즐기고 먹고 마시는 곳이 아닙니다. 전부가 싫어하는 자리입니다. 그 자리는 어떤 일이든 항상 감사하고 책임을 수행하면서 영광을 하나님 앞에 돌리고 자기 스스로 감사할 수 있는 자리여야 합니다. 그런 자리에 서는 사람이 천운을 탈 수 있습니다.

81 내가 축복받은 것은 나 하나 잘되기 위한 것이 아닙니다. 먼저 부름을 받았으면 세계의 전체 형제들의 가정을 나와 같은 가정으로 만들어야 됩니다. 천운을 이어서 나와 같은 가정을 만들기 위한 가정이 되겠다고 해야 됩니다. 혼자만을 위해서는 안 된다는 것입니다. 가정에 있어서 가화만사성을 이루고 모든 가정들을 화합하게 해서 통일될 수 있게끔 만들겠다고 해야 된다는 뜻입니다.

82 참부모님의 대신가정으로서 천운을 움직이는 가정이 되어야 합니다. 그럴 때 창조이상이 전부 따라가게 되어 있습니다. 하늘의 축복을 주변에 연결시키는 가정이 되어야 합니다. 그것을 해 놓음으로써 심정문화세계가 시작됩니다. 그리고 절대 핏줄을 더럽히지 않은 역사를 자기가 몇 대, 몇 천년을 남기느냐 하는 것입니다. 하나님의 축복세계, 천상세계에서 하늘나라의 공신이 되느냐 하는 문제가 달려 있습니다. 공식이 그렇게 되어 있습니다.

83 하늘의 축복을 주변에 옮겨 주는 일을 하지 않으면 영계의 여러분 선조들이 여러분 자신을 탕감시키는 것입니다. 반항한다는 것입니다. 길을 자꾸 막고 방해합니다. '맹세문에 이렇게 되어 있는데 왜 행동 안 하는 거야?'라고 한다는 것입니다. 그래서 전부 나눠 주라는 것입니다. 그것을 안 하면 영계에 가서 걸립니다. 중요한 하나의 계약문서입니다.

가정맹세 7절

84 일곱째 번은 '천일국 주인 우리 가정은 참사랑을 중심하고 본연의 혈통과 연결된 위하는 생활을 통하여 심정문화세계를 완성할 것을 맹세하나이다.'입니다. 여러분, 통일신앙의 길에서 제일 중요한 것은 무슨 일이 있어도 본연의 혈통을 더럽혀서는 안 된다는 것입니다.

85 가정맹세 7절이 중요합니다. 우리 가정은 참사랑을 중심삼은 본연

의 혈통입니다. 타락과 전혀 인연이 없는 본연의 혈통을 이어받아 심정문화세계를 완성한다는 것입니다. 우리 세계는 심정문화세계입니다. 하나님의 단 하나의 사랑을 중심삼은 통일 가족, 한 가족입니다. 높고 낮은 것 없이 오색인종이 하나의 가족생활을 해야 됩니다. 앞으로 그런 때가 옵니다.

86 하나님을 중심삼은 본연의 혈통을 이어받으면 본연의 심정문화가 벌어집니다. 본연의 혈통을 잃어버린 곳에는 심정문화가 안 생기는 것입니다. 문화는 역사성을 통해 연결되는 것입니다. 가정을 중심삼고, 사회를 중심삼고, 국가와 세계를 중심삼고 이것이 연결되어야 합니다. 순결한 혈통을 남기는 것이 문제입니다. 그러지 않고서는 자기들과의 심정문화세계가 중단되는 것입니다. 그렇기 때문에 심정문화권을 중심삼은 생활을 해야 됩니다.

87 본연의 혈통은 타락한 혈통이 아닙니다. 사탄 혈통을 근절하고 타락한 것을 탕감복귀한 혈통이 돼야 합니다. 접붙이는 것입니다. 뿌리를 빼가지고 접붙였으면 내 아들딸, 3대 이후에는 본연의 혈통의 씨를 받는다는 것입니다. 접붙인 나무에서 씨를 받은 것이 심어져서 다시 났을 때 참감람나무가 되어야 합니다. 그러기 위해서는 3대를 지나야 됩니다. 그렇다고 어머니의 뱃속에 다시 들어갔다가 나올 수는 없습니다. 3대를 지나 거기에서 거둔 씨를 심게 될 때 참감람나무가 되는 것입니다. 3시대를 지내야 됩니다.

88 본연의 혈통은 하나님을 중심삼은 혈통입니다. 본연의 혈통과 연결된 위하는 생활을 통하여 심정문화세계를 이루자는 것입니다. 수천 대 깨끗한 핏줄을 남겨야 된다는 것입니다. 남녀가 한순간에 저지른 타락이 원치 않는 세계를 영계와 육계에 벌여 놨다는 것입니다.

89 사랑을 주관할 수 있어야 합니다. 자기 마음대로 해서는 안 됩니다. 위하는 생활을 통해서 심정문화세계를 만든다는 것입니다. 심정문화세계는 하나님의 사랑의 문화세계입니다. 근본적인 문화세계를 추구하는 것입니다. 참사랑이 관계돼 있지 않은 것이 없는 문화세계입니다.

90 위해서 사는 사람은 망하지 않습니다. 또 위해서 사는 사람은 영계에서 자꾸 코치해 주는 것입니다. 자꾸 새것과 관계맺게 만들어 준다는 것입니다. 새것과 관계맺으니까 그 사람은 자연히 유명해지고 세계적으로

알려지게 되는 것입니다.

91 하나될 수 있고 평화의 기원이 될 수 있는 그 길은 어디에 있느냐? 하나님 자신뿐만 아니라 참된 인간은 위해서 사는 존재라는 원칙을 세우지 않을 수 없었던 것입니다. 그렇기 때문에 참된 사랑은 위하는 데서부터, 참된 이상도 위하는 데서부터, 참된 평화와 행복도 위하는 자리에서 성립되지, 위하는 자리를 떠나서는 찾을 수 없습니다. 이것이 천지창조의 근본이라는 것을 몰랐습니다.

92 심정문화세계는 본연적 하나님의 문화세계요, 타락하지 않은 완성한 아담문화세계입니다. 문화가 둘이 아닙니다. 하나밖에 없습니다. 언어도 하나요, 풍습도 하나요, 습관도 하나요, 전통도 하나밖에 없는 통일의 세계가 됩니다. 거기에서만이 하나님이 개인에서 같이 살고, 가정에서 같이 산다는 것입니다.

93 심정문화세계는 우리의 이상입니다. 문화가 둘이 아닙니다. 하나입니다. 타락한 세계는 문화가 복잡다단합니다. 심정문화세계가 아니고는 개인에서부터 가정·종족·민족·국가·세계·천주까지 연결할 수가 없습니다. 지그재그입니다. 지금까지 세상은 지그재그로 올라갔다 내려갔다 했기 때문에 몇 천년 걸려 가지고도 아직까지 종착점에 못 갔다는 것입니다. 심정문화세계에서는 순식간에 가는 것입니다. 오직 참사랑에 의해서만 가능한 것입니다.

94 본연의 혈통과 연결된 심정문화세계를 완성해야 됩니다. 아담과 해와가 타락하지 않은 순결한 하나님의 참사랑을 중심삼은 혈통의 관계를 맺어야 됩니다. 그래서 우리 문화에는 사탄이 없고 하나님이 기뻐할 수 있는 문화권을 형성해야 됩니다. 심정문화세계를 이루어야 됩니다. 참사랑을 중심하고 심정문화세계의 그 내용도 하나요 방향도 하나입니다. 둘이 아닙니다.

95 본연의 혈통과 연결된 심정문화세계는 참사랑이 표면화된 세계입니다. 심정을 표면화시켜서 세계화시키는 시대가 됨으로 말미암아 통일의 심정문화세계, 단일문화세계가 오는 것입니다. 전쟁이 없고 분쟁이 없는 하나의 세계, 지상천국과 천상천국이 되는 것입니다. 심정문화세계가 되면 모든 것이 끝입니다. 그냥 그대로 우리 가정들이 지상에서 하늘나라의 황족권에 들어갈 수 있는 안팎의 내용을 정비하고, 거기에 일체화될 수 있기를 바라서 이런 맹세문을 설정했다는 것입니다.

가정맹세 8절

96 여덟째 번은 '천일국 주인 우리 가정은 참사랑을 중심하고 천일국시대를 맞이하여 절대신앙·절대사랑·절대복종으로 신인애일체 이상을 이루어 지상천국과 천상천국의 해방권과 석방권을 완성할 것을 맹세하나이다.'입니다. 가정에서 몸 마음이 하나 된 부부가 되어서 왕가가 벌어져야 됩니다. 이것이 하나님의 창조이상이요, 성약시대 완성이요, 새 가정의 출발입니다.

97 성약시대라는 것은 이제부터 시작되는 새로운 시대를 말하는 것입니다. 가정으로부터 종족·민족·국가·세계까지 하나의 평화의 세계를 이룰 수 있는 통일된 세계가 되는 이때를 말하는 것입니다. 이것은 전체를 대표합니다. 가정이 아닙니다. 세계를 넘고 전체를 넘어서 성약시대로 가는 것입니다. 4대 심정권과 3대 왕권을 중심삼은 새로운 가정을 통해 세계 판도를 넘어서 성약시대의 형을 갖추게 될 때, 비로소 하나의 세계, 평화세계가 됩니다.

98 하나님은 절대신앙 위에서 우주를 창조했습니다. 하나님이 말씀한 것은 반드시 된다는 것입니다. 안 되는 것이 없습니다. 또 창조는 사랑의 대상을 만들기 위한 것입니다. 절대사랑입니다. 의심이 없습니다. 두 마음이 없다는 것입니다. 그다음에는 절대복종입니다. 절대복종하는 순간에는 하나님 자신까지도 존재의식이 없습니다. 순종과 복종은 다릅니다. 복종에는 자기의식이 없습니다. 순종한다는 것은 자기의식을 가지고 따라가는 것을 말합니다. 하나님은 복종하는 자리, 자기의식이 없는 자리에서 전부 투입했다는 것입니다. 하나님이 그렇게 아담 해와를 지었기 때문에 아담 해와에게 요구되는 것도 절대신앙 위에서 절대사랑하고 절대복종하는 것입니다.

99 하나님이 절대신앙 위에서 만물을 짓기 시작했습니다. 절대사랑의 대상을 위해서 짓기 시작했다는 것입니다. 절대복종이라는 것은 자기의 의식 관념이 없었다는 것입니다. 완전히 영(零), 완전히 무(無)라는 것입니다. 무로 돌아감으로써 자동적인 순환운동이 벌어집니다. 완전히 다 주고 없으니까 아래로 돌아옵니다. 이것이 우주운동의 기원이 되어 있습니다. 완전히 투입한 후에는 돌아오는 것입니다.

100 절대신앙·절대사랑·절대복종의 권내에서 모든 것이 이루어지게 됩니다. 하나님 자신이 절대신앙을 가지고 사랑의 상대를 만들었습니다. '내

가 이렇게 했다.'라고 한 다음에 만든 것입니다. 절대신앙·절대사랑·절대복종으로 자기 자신을 완전히 투입한 것입니다. 절대사랑 위에서 절대신앙이요, 절대사랑 위에서 절대복종입니다. 이것이 영원한 영계의 주류사상입니다. 또 지상의 주류이기도 합니다. 지상천국과 천상천국 두 세계에 있어 주류라는 것입니다. 그러니까 여러분도 이러한 관념을 가져야 합니다. 이러한 관념만 가지면 어디든지 통합니다.

101 축복가정은 세계적이고 천주적입니다. 선생님을 대행할 수 있는 직계의 아들딸과 같습니다. 선생님이 축복해 줄 때는 나보다 더 잘되고 내 뒤를 따라오라고 해준 것입니다. 그러니 절대신앙·절대사랑·절대복종의 마음만 가지면 선생님이 하던 일을 할 수 있습니다. 하나님이 창조할 때 그런 심정을 가지고 출발한 것입니다. 주체 되는 하나님이 '내가 말하면 실체 사랑의 대상이 생겨난다.'라고 한 것입니다. 절대신앙으로 지은 것입니다. 절대사랑의 상대를 만난다는 것입니다. 사랑의 주인이 되기 위해서는 상대가 없어 가지고는 안 됩니다. 그렇기 때문에 사랑 앞에는 하나님 자신도 절대복종한다는 것입니다. 절대순응하는 데서 순환운동이 벌어집니다.

102 참사랑의 주체자 되신 하나님은 참사랑의 상대자로 인간을 세웠습니다. 하나님의 사랑이상은 인간을 통해서만 완성되는 것입니다. 하나님의 창조목적은 신인애일체의 절대적 사랑이상세계입니다. 인간은 하나님의 최고 최선의 사랑의 대상으로 지음 받았습니다. 그러므로 인간은 창조물 중에서 유일하게 하나님의 실체를 입은 대상입니다. 무형의 하나님 앞에 보이는 몸으로 태어났습니다. 인간은 완성하면 하나님의 성전이 됩니다. 하나님이 자유롭게, 또 평안하게 언제나 들어와서 거하실 수 있는 유형의 실체입니다. 하나님의 절대적인 참사랑의 전체적 이상은 인간을 통하여 부모와 자식의 종적 관계로 실현 완성됩니다.

103 하나님은 사랑의 뿌리요, 생명의 뿌리요, 혈통의 뿌리요, 지상천국·천상천국의 뿌리입니다. 아담과 해와가 결혼할 때에는 하나님이 아담과 해와의 마음에 들어가서 일체적 사랑을 이루는 것입니다. 하나님은 종적인 참부모요, 아담과 해와는 횡적인 참부모입니다. 그런 두 부모의 혈육을 받고 태어났으므로 마음은 종적인 '나'가 되고 몸은 횡적인 '나'가 됩니다. 이리하여 신인애일체권을 형성하기 때문에 심신일체애를 완성한 사람은 하나님의 아들딸이 됩니다.

104 참부모님은 실체세계에서 초민족적인 축복의 인연을 중심삼고 축복하고 있습니다. 이것이 연결됨으로써 지상에서 개인 해방, 가정 해방, 종족 해방, 민족 해방, 국가 해방권이 이루어집니다. 그 해방권은 영계에서 이루어지는 것이 아닙니다. 이와 같이 천국 사랑의 나라, 천주 사랑의 나라까지 연결시킬 수 있는 기반이 지상에 있기 때문에 참부모를 중심삼은 모든 영계와 육계가 하나되어 통괄적인 면에서 총 청산을 지어서 개인·가정·종족·민족·국가·세계·천주까지 축복의 완성을 이루어야 됩니다. 그래서 영계와 육계의 축복가정 일체화권이 벌어짐으로써 타락하지 않은 아담을 중심삼은 천국이념의 기반이 역사이래의 모든 가정들을 중심삼고 동일적인 가치의 자리에서 성립되어 지상천국과 천상천국이 현현하는 데 있어서 하나님이 임재하는 것입니다.

105 이제부터 국가·민족적인 그룹이 연합할 수 있는 시대에 들어갑니다. 그래서 지상의 나라와 종족, 가정이 연합해 통일권으로 넘어갑니다. 이렇게 넘어감으로써 세계는 급속히 변하는 것입니다. 여기에 반대되는 사람들은 사탄들이 와서 가만히 안 두는 것입니다. 사탄이 지금까지 지옥 데려가려고 했지만 천국 데려간다는 것입니다. 이렇게 협조하고 조상들까지 천국 데려가려고 하기 때문에 천국 가는 것을 방해할 자가 없으니 해방권이 됨으로써 급속히 미래의 세계화시대로 넘어가는 것입니다.

106 선생님 시대는 모든 것이 해방입니다. 해방된 자리에 서게 되었습니다. 그 해방된 가치는 이루 말할 수 없습니다. 역사시대에 수많은 선조들로부터 하나님의 분별적 역사의 가치를 쌓고, 쌓고, 쌓아서 해방권을 만들었다는 것입니다. 그러니 그 자체되는 축복가정들은 전체가 해방된 자리에 있기에 모든 피조세계의 더러운 것으로부터 영광스러운 물건 전체를 대신한 제물이라는 것입니다. 제물과 같은 자리에 서 있는 것입니다.

107 해방권은 우주를 말합니다. 태양계의 수천억 배나 되는 대우주를 말합니다. 해방권에서 석방이 벌어집니다. 사탄이 우거하지 않고 우리 마음대로 살 수 있는, 장애가 없는 석방입니다. 죄가 없습니다. 감옥에 들어갔다가 영어 신세로 복역하던 것을 다 털어놓고 감옥 문을 나왔기 때문에 다시 새로운 국민으로 돌아갑니다. 그래서 하나님이 내 아버지가 되고, 내 가정과 내 나라를 지키는 그 주인 앞에 하나가 됨으로써 사탄과 관계없는 영원한 석방권에 들어가는 것입니다. 그래서 천국 안에 들어가 살게 됩니다.

제4장 천일국의 비전과 책임

1절 기원절 선포와 그 배경

1 1945년부터 7년이면 1952년까지입니다. 1952년에 하나님왕권즉위식을 하고, 선생님이 40세에 천하통일을 해서 하늘나라와 지상을 거느려야 할 책임이 있었습니다. 기독교가 반대함으로써 착지를 못했습니다. 신부될 수 있는 아들딸을 영적으로 찾아 육적으로 하나됐으면 통일천하가 됐을 텐데 종교권이 선생님을 쫓아내 버렸습니다. 유태교가 예수님을 쫓아내던 것과 마찬가지로 쫓아내 버렸습니다. 탕감의 원칙이 있기 때문에 광야에 쫓겨나서 하늘땅의 통일권을 부정하는 것을 아담 입장에서 해와권의 실패를 뒤집어 아무리 반대하더라도 찾아 놓아야 됩니다. 그래서 실체적 기준에서 예수님 몸을 다시 찾아 영적 기준을 연결시킨 것이 3000년의 출발과 성경 역사 7천년이 출발하는 2001년 1월 13일 하나님왕권즉위식입니다. 1월 13일, 13수입니다. 12수는 천지 도수의 4계절, 3수는 중앙수입니다. 열두 제자와 그 중심인 예수님이 하나되어 13수 가정만 됐더라도 예수님이 죽지 않았을 것입니다. 이런 것을 모르기 때문에 끝날에 아버지로서 완성한 천리의 대축복의 내용을 지니고 오는 것을 반대합니다.

2 천주의 운행법도는 무엇이냐? 13수를 중심삼고 이 천지가 돌고 있기 때문에 이 축이 마련되면 개인완성은 물론이요, 가정 완성, 국가 완성, 세계 완성, 천주 완성이 자동적으로 되는 것입니다. 하나님이 생활하는 무대에서나 생애의 영원한 노정에서 거침없이 자유, 자활적인 주인으로서 모든 우주의 중심 자리에서 관리 주관하는 것입니다. 자유 해방세계를 갖추지 못했던 것을 이제 총체적으로 완성하는 것입니다. 인류가 소원하는 목적, 구원섭리의 완성을 바라는 목적, 모든 문화 국가들의 전통을 자랑할 수 있는 여러 방면의 모든 목적을 완결시켜야 할 그 수가 13수입니다. 그 13수를 중심하고 천리의 중심인 하늘부모를 모실 수 있고, 하늘나라를 이룰 수 있는 것입니다.

기원절 선포 배경

3 열 셋, 13수! 2001년 1월 13일이 하나님을 해방·석방시킨 날입니다. 2013년에는 나라를 하나님 앞에 바쳐드려야 합니다. 하나님왕권즉위식을 함으로써 하나님이 왕이 됐으니 나라를 가질 수 있게끔 백성을 만들어야 합니다. 그렇기 때문에 왕국을 드리려면 12년 이상, 춘하추동 이상의 계

절을 지나 가지고 왕터를 다 만들어 하늘땅을 대신한 왕으로 모셔야 하는 것입니다.

4 3000년을 출발하는 2001년 1월 13일을 중심삼고 하나님왕권즉위식을 해드렸습니다. 그날을 중심삼고 만 12년 고개를 넘어 2013년 그때에는 우리 가정과 우리 민족과 우리나라와 우리 세계가 원수의 땅에 최후의 이별을 고할 수 있어야 합니다. 아무리 비참한 환경이 벌어진다고 하더라도 우리는 뒤를 돌아보지 않고, 소망의 조국광복의 횃불을 들고 승리했다는 우렁찬 함성의 개가를 천지가 진동하도록 울려야 합니다. 하늘땅과 합해야 할, 새로운 사랑의 함성과 더불어 사랑의 번갯불을 중심삼고 하늘의 영광의 깃발을 꽂아야 할 그날을 향해서 우리가 가고 있다는 것을 잊어서는 안 됩니다. 지금까지 연장시켜 온 한의 역사를 남긴 이 땅 위에 참부모가 하나님과 일체 되고 고생을 해서 왕권즉위식을 했던 것과 마찬가지로, 그 13일을 대표해서 2012년을 넘어 2013년이 될 때 건국이 아니라 거국적인 모든 승리의 패권을 가지고 하늘 앞에 봉홧불을 높이 들어 봉헌해야 될 천지인부모님의 소명적 책임이 기다리고 있다는 것입니다.

5 예수님이 실패한 모든 것을 선생님이 세계적 기준에서 연결해야 되는 것입니다. 2013년 1월 13일까지 12년 동안에 땅에서부터 하늘까지 1대에 청산해야 됩니다. 아담 해와가 1대에 모든 것을 뒤집어 박았기 때문에 재림주는 1대에 있어서 아담이 실패한 가정적 기반, 예수님이 실패한 국가적 기반, 재림주가 와 가지고 고생한 40년 기간, 이 3대를 하나로 만들어 하나님 가정과 아담 가정의 가인 아벨이 하나되어 창조이상 가정 유엔이 아니라 유엔 대신 천주천국 이상으로써 해방과 석방시대로 넘어간다는 것입니다.

6 2001년 1월 13일에 하나님왕권즉위식을 해드렸지만 왕권만 가지는 것이 아닙니다. 하늘땅의 주인을 선포해야 됩니다. 2013년에는 나라와 가정을 되찾아서 모든 것이 본연의 자리에 돌아왔기 때문에 하나님 중심삼은 하나의 통일적인 세계로서 넘어가야 됩니다. 지상·천상이 경계선이 없습니다. 개인 가정 전부가 상충됐지만 전부 하나될 수 있는 통일시대입니다. 가인 아벨이 싸우던 것, 국가가 종교를 지금까지 피 흘리게 해 나왔던 것을 청산지어 놓고 동생이 형님의 자리에 가는 것입니다. 형님이 동생을 죽이던, 사탄 편 가인이 종교권 아벨을 희생시켜 나오던 것을 뒤집어 가지고 비로소 아벨이 가인세계

에 개인으로부터 잃어버렸던 것을, 개인·가정·종족·민족·국가·세계·천주·하나님의 8단계를 전부 찾음으로써 비로소 하늘땅에 천지개벽이 벌어지는 것입니다.

7 종교를 하나 만들지 않으면 평화세계는 안 됩니다. 그것을 누가 하느냐? 선생님밖에 할 사람이 없습니다. 가정을 중심삼고 모델 가정을 새로이 편성함으로써 나라가 생기고, 그것을 넘어서 세계와 하늘땅의 모델 이상세계 형태가 되어 감으로써 하나님이 주도할 수 있는 세계로 넘어간다는 것입니다. 어머님이 같은 입장에서 가정을 대표해서 대등한 가치로서 잃어버렸던 아들딸, 가인 아벨을 품고 하나되어서야 에덴에서 쫓아 버린 참부모와 핏줄이 연결되는 것입니다. 그러지 않고는 연결시킬 도리가 없습니다. 그리고 어머니를 중심삼고 가인 아벨이 하나되어 이스라엘 나라와 교회가 하나된 기준에서, 그때 에덴에서 쫓아낸 참부모를 중심삼고 같은 자리에 서는데 그렇게 섬으로써 축복가정 세계 기준이 된 부모가 나타나면 원리원칙으로 사탄이 앞에 설 수 없습니다. 대번에 뒤로 돌아가야 됩니다. 하나님이 뒤에서 따라오던 것이 이 자리에 들어가서, 에덴동산에서 하나님을 중심삼은 아담 해와를 중심삼고 가인 아벨이 하나되어 비로소 소유권을 넘어설 수 있고 2013년 1월 13일까지 몽땅 하나님 앞에 바쳐야 합니다. 거짓 부모 사탄의 핏줄로 전부 도적질해 갔던 것을 참부모 1대에 찾아야 됩니다.

천력과 영연세협회

8 선생님은 2010년 2월 14일을 기해 '천력'의 출발을 만천하에 선포했습니다. 기존의 양력과 음력은 이제 가인과 아벨의 입장에 서서, 새로이 섭리를 기록하고 명시하는 '천력'을 보조하는 역할을 하게 될 것입니다.

9 지금 시대는 하늘이 '천력'을 선포한 시대입니다. 심각한 시대입니다. 인류의 영생을 책임질 '천인(天印)'을 갖고 오신 인류의 참부모님의 가르침을 따르지 않고는 살길이 없는 때가 왔습니다. 여러분 모두가 참부모님의 이름을 만천하에 드러내 놓고 자랑하고 칭송해야 할 때입니다.

10 이제부터 우리가 중심삼고 나아가야 할 단체의 이름이 '하나님 영연세협회'입니다. 영연세(靈聯世)란 영계의 '영(靈)' 자와 연합한다는 '연(聯)' 자, 세상의 '세(世)' 자입니다. 영계 육계가 하나돼 하나님의 가정과 나라와 세계, 그리고 우주가 돼야 합니다. 하나님의 영연세협회, 연합보다 협회입니다. 협(協)은 십자가(十) 옆에 힘

(力) 셋으로 돼 있습니다. 이렇게 적중하는 예언을 했다는 사실이 놀라운 것입니다. 협회의 협(協)이 십자가를 갖다 놓고 왜 그 옆에 큰 힘과 작은 힘 합해서 힘(力)이 셋이 돼 있느냐? 하나님과 가인 아벨이 통일되는 십자가의 세계라는 뜻입니다. 그것이 협회입니다. 영계와 세상을 연결시켜서 하나님이 좋아하는 개인으로부터 가정·종족·민족·국가·세계·천주인데, 그 백성으로 사는 사람은 타락하기 전의 선한 사람 가치 이상의 자리까지 올라간다는 것입니다. 그래서 이름이 '하나님 영연세협회'입니다.

11 지금 시대는 '하나님 영연세협회(靈聯世協會)' 시대입니다. 즉 '신애인협회(神愛人協會)'의 시대요, '천지부모협회'의 시대입니다. 다시 말해서 인류는 이제 하나님의 조국과 본향을 찾아 세우고 완성 해방의 천국을 성취하여 영원한 복락을 누릴 수 있는 하늘의 특별 은사권의 시대에 들어섰다는 것입니다.

12 실체적 천일국시대가 펼쳐지면 이 땅에 '영연세협회'가 중심축의 자리에 서서 만유를 치리하게 될 것입니다. 영계와 육계를 연결하여 실질적인 통일을 완성하고 천리와 천도로 섭리를 경륜하게 된다는 뜻입니다. 이 땅에서 세속적인 차원의 선거를 더 이상 볼 수 없게 되고, 교차축복결혼을 통해 인류는 한 가족이 되어 태평성대를 누리면서 평화와 행복을 즐기게 될 것입니다.

13 '하나님 영연세협회'는 '천지부모협회'라는 말도 됩니다. 천지부모가 조상이 될 수 있는 협회, 천지부모가 인류역사의 근본이 될 수 있는 협회뿐만 아니라 무슨 말이든 전부 들어갑니다. 천지부모천주안식권(天地父母天宙安息圈)의 안식권이라는 것은 안착하는 그 시대를 말합니다. 개인·가정·종족·민족·국가·세계·천주·하나님시대까지 8단계입니다. 개인·가정·종족·민족·국가시대가 5단계입니다. 그리고 세계·천주·하나님시대까지 8단계에 다 들어갑니다. 그 8단계를 넘어가야 되는데, 탕감복귀가 없으면 그 고개를 넘을 수 없습니다. 여러분이 그 고개를 넘기 위해서는 여러분에게 있는 모든 것이 하나님의 것으로 돼야 합니다. 여러분에게 있는 복이라는 것은 아담과 해와, 부모의 복이 될 수밖에 없습니다. 이제 하나님이 주인이 되고, 하나님이 부모가 될 수 있는 참부모를 중심삼고 천지부모협회가 되는 것입니다.

2절 뜻을 다 이루신 참부모님

1 참부모는 구세주로서 세상을 구하는 데 있어서 참부모요, 참스승이요,

참왕입니다. 그다음에 종교권 내에서 참부모요, 참스승이요, 참왕입니다. 이스라엘 나라 선민권에 하늘땅을 연결시켜 가지고 예수님이 왕권을 찾으러 왔기 때문에 참부모도 결국은 선민권에 있어서 참부모·참스승·참왕입니다. 한 분입니다. 참부모 자체가 지상·천상천국을 전부 뒤집어서 본연의 자리에 서서 다 이루었다고 할 수 있는 도장을 쳐야 됩니다. 하나님이 그래서 '이제부터 영원한 무한대의 확장을 위한 지상천국·천상천국 사랑의 왕권시대인 태평만년시대로 전진하기를 원하노라.'라고 축복하면 끝납니다.

2 하나님은 오죽하면 자기 아들딸을 희생시키고 자기 일족과 자기 나라를 희생시켜서 사탄 아들딸을 살려 주려고 하느냐는 것입니다. 그러지 않으면 평화의 출발 기대를 영원히 세울 수 없기 때문입니다. 평화는 영원히 있을 수 없다는 것입니다. 하나님은 지혜의 왕입니다. 이제 탐구한 모든 사실을 세상과 대조해서 한 차원 높은 곳이 있으면, 그 배후 주류의 내용이 얼마나 복잡하고, 얼마나 높고 깊고, 얼마나 광활하고, 대해와 같은 것을 건너야 되는데, 그것을 건너야 피안의 세계 안착의 자리에 갑니다. 통일교회가 훌륭한 것은, 천지부모 통일안착 생활권시대를 발표했다는 것입니다. 다 이루었다는 것입니다.

3 자유·평등·평화·행복! 그것이 하나님의 창조이상 지상·천상세계, 해방된 만국 주체 사랑의 주권으로서 억천만세 태평성대를 중심삼고 사랑이 충만한 세계, 참사랑이 득세할 수 있는 시대가 됩니다. 전체·전반·전권시대로 넘어갑니다. 다 이루었다는 것입니다. 예수님은 십자가에 돌아가면서 영적 구원을 다 이루었다고 했지만, 선생님은 하늘땅 통일세계에 있어서 다 이루었다고 할 수 있습니다. 그래서 하나님에게 찾아갈 때 '문 아무개 돌아왔습니다.'라고 하면 그 말을 듣자마자 수천 단계 높은 보좌에서 영어의 신세를 탄식하다가 선생님을 붙들고 목을 놓고 통곡하는 것입니다. 선생님이 울기 전에 통곡하고 눈물을 선생님보다도 더 흘린다는 것입니다. 에덴에서 추방할 때는 아들이 슬픔의 눈물을 흘렸지만, 돌아올 때는 하나님이 기쁨의 눈물을 흘리는 것입니다. 비로소 하나님의 만국정착 해방·석방시대가 되기 때문에 어느 누가, 이 모든 만물이나 천지에 있는 피조물은 그것을 거부할 수 없습니다.

4 해와가 잘못하여 하늘땅이 뒤집어진 것을 선생님이 참부모의 이름을 가지고 찾아 하나님 앞에 바쳐 드

리게 될 때 '다 이루었다.'라고 할 수 있는 것입니다. '네 소원, 내 소원을 다 이루었다. 모든 만물은 두 부모, 천지부모 천지인부모가 되었으니 천지인부모들이 지상천국과 천상천국, 하나님의 영원한 사랑 가운데에서 사는 것이다! 아주!' 하게 됩니다. 자기가 사는 동네에 거지가 있어도 안 되는 것이고, 범죄자가 남아 있으면 더더욱 안 되는 것입니다.

5 복귀섭리의 전체 문제를 중심삼고 볼 때에 하나님이 절대승리를 했다는 그 기준이 됐으니 끝입니다. 복귀섭리의 승리의 패권을 세우는 조건을 다 찾아 세웠다는 것입니다. 끝입니다. 그러니 섭리사적 절대승리입니다. 섭리사, 구원섭리가 개인·가정·종족·민족·국가·세계시대, 지상천국 복귀섭리, 모든 섭리에서 절대승리라는 것입니다. 절대라는 말이 나오게 되면 끝입니다. 섭리의 탕감적 시대는 다 이루었다는 것입니다. 그것으로 끝입니다. 그래서 선생님이 죽더라도 왕권을 중심삼고 하나님이 나타나 가지고 메시아를 통하지 않고 직접 가르쳐 줄 수 있는 때가 왔다는 것입니다.

6 해방의 나라는 전체를 대표한 것입니다. 석방의 나라는 뭐냐? 전체가 아직까지 끝이 안 났습니다. 소유권까지 넘겨받아 하나님이 '이제는 다 이루었다. 잃어버린 것을 다 복귀 완성했다.'라고 해서 하나님의 것이 되어야 합니다. 또 '하나님의 뜻을 중심삼고 다 이뤘다. 축복이 다 끝났으니 이제는 축복과 뜻의 인연으로 지은 모든 것은 너희 것으로 넘겨준다.'라고 하는 것입니다.

7 우리의 영원한 하나님을 중심삼은 만민 백성이 나라를 이룰 수 있습니다. 안팎과 좌우, 전체의 가인 아벨 탕감복귀, 해방·석방의 꽃, 그 꽃 가운데 맺힌 그 열매를 누구든지 따 가는 것입니다. 천국 자체가 발발할 수 있는 승리의 왕권 권한의 세계가 뻗어 나가는 것입니다. 그런 세계는 복중에 있는 아기가 태어나도 하늘 왕자의 권한이 연결되기에 미래세계의 후손 만대에 이상권이 따라다녀서 그를 지탱해 주는 것입니다. 모든 것이 완성·완결, 해방·석방의 완성시대, 태평성대 억·조·경의 만세 시대가 열리는 것입니다. 하나님의 가슴속에 기억할 수 있는 단계까지 연결시켜야 정상적인 해방·석방의 부활권이 아닐 수 없고 영원한 영생권이 아닐 수 없습니다. 그것이 내 영원한 고향과 내 조국이요, 하나님을 중심삼은 참부모 왕권과 이상세계, 즉 완전한 주체 대상의 하나의 세계임에 틀림없습니다.

3절 천일국시대 우리의 책임

– 참어머님 말씀 –

1 오늘 우리는 참으로 중요한 하나님의 섭리적 경륜 속에서 전무후무한 역사적이고 혁명적인 대전환기를 맞이하고 있습니다. 인류의 선한 혈통의 뿌리로 오신 재림주 메시아 구세주 그리고 참아버님은 이제 영계로 떠나셨습니다. 따라서 우리는 참부모님의 승리권을 상속받아 평화이상왕국을 창건해야 할 섭리적 출발점에 서게 되었습니다.

새로운 섭리의 출발

2 참아버님의 성화는 한평생을 함께 해 온 우리 모두에게 헤아릴 수 없는 고통과 슬픔입니다. 인류의 영원한 사랑의 본체 되시며 참부모 되시는 하나님의 심정도 이루 헤아릴 수 없을 것입니다. 그러나 다른 한편으로 보면 태초의 천지창조에서부터 하나님이 세운 천법에 따라 이 땅에서 인류역사 이래 그 누구도 성취하지 못한 섭리적 과제들을 완성·완결·완료하시고 영·육계를 주관하시기 위해 이제 영계로 삶을 옮기시었다는 것입니다. 그리하여 새로운 차원의 섭리를 열게 되시는 소망의 때이기도 합니다. 인간이 알고 있는 그 어떤 말이나 글로써도 표현할 수 없습니다. 이러한 만감 속에 오늘 우리는 섭리적 전환기를 맞았습니다.

3 참아버님께서 기원절을 우리에게 가장 중요한 날이라고 선포해 주셨습니다. 기원절을 위해 하나님왕권 즉위식으로부터 12년 동안 많은 섭리적 일을 해오셨습니다. 우연히 쉽게 찾아온 날들이 아닙니다. 하나님께서 복귀섭리를 하시면서 선민사상을 세워서 준비해 온 나라가 이스라엘입니다. 이스라엘 민족은 구세주가 오기를 기다렸습니다. 구세주가 오면 모든 것이 해결된다고 기대했습니다. 그 구세주가 화려하게 올 줄 알았지만 그들은 탕감이라는 것을 몰랐습니다. 복귀섭리역사에는 책임이 있게 됩니다. 그 책임을 못하게 되면 탕감이 따릅니다. 이 시대에도 마찬가지입니다.

4 이제 참아버님께서는 천법에 따라 영계를 거점으로 삼으시고 자유자재로 영계와 육계를 왕래하시며 천일국의 확장을 위해 섭리하실 것입니다. 참아버님과 나는 일심·일체·일화·일념의 경지에서 섭리를 경륜하게 될 것입니다. 기원절의 승리를 통해 본연의 에덴동산을 이 땅 위에 창건하는 데에 여러분과 함께하실 것입니다. 하늘의 섭리역사는 멈출 수가 없기 때문입니다.

5 하늘도 간섭할 수 없는 탕감복귀의 섭리노정에서 참아버님과 내가 겪

은 고통은 상상을 초월합니다. 우리는 참가정의 자녀 넷을 섭리의 제물로 바치기까지 했습니다. 그 험난한 탕감복귀의 노정을 누가 감히 헤아릴 수 있다는 말입니까? 나는 한평생을 바쳐 참아버님의 반려자로서 동고동락하며 만난을 헤쳐 나왔습니다. 그 승리적 터전 위에 참아버님과 나는 하늘이 주신 섭리적 차원의 동등권·동거권·동위권을 갖게 된 것입니다.

6 참아버님은 생전에 내외적으로 많은 일을 하셨습니다. 이제 그 유업을 계승·발전시키는 일이 남아 있습니다. 그 책임을 내가 앞장서서 하고자 합니다. 이것은 정말 힘든 일입니다. 내외적으로 정비를 해야 하는 것은 쉬운 일이 아닙니다. 여러분이 각자의 처소에서 책임을 다함으로써 나를 도와줘야 합니다.

7 이제 나는 이와 같은 역사적 섭리의 새로운 전환기를 맞아, 참아버님의 승리적 기반을 상속받아서 이 땅을 중심한 섭리를 주도하며 선봉에 설 것을 천명하면서 다음 몇 가지의 당부를 여러분께 드리고자 합니다.

향후 우리의 갈 길

8 첫째, 우리는 참부모님이 세워 주신 전통을 절대 생명시해야 하며 후손 만대에까지 상속하고 전승시켜야 합니다. 참부모님은 사랑과 심정의 전통, 말씀과 규정·규례의 전통, 심정문화의 전통을 세워 주셨습니다. 특별히 참부모님의 탕감복귀섭리 노정의 결정체인 말씀을 훈독하는 훈독회의 전통은 각 가정에서는 물론 교회 그리고 하늘을 중심한 모임에서 가장 중심적 내용이 되도록 해야 할 것입니다. 더불어 우리는 이 땅에서 새로운 질서를 세워 나가야 합니다. 그러므로 조직의 질서와 전통도 참부모님을 중심한 참가정과 아벨을 중심한 가운데 일사불란하게 통일체를 만들어 나가는 것이 참부모님의 전통임을 명심해 주시기 바랍니다.

9 둘째, 하늘이 축복하신 축복가정의 이상을 완성해야 할 것입니다. 가정은 참사랑·참생명·참혈통의 요람이며 하나님의 창조목적을 실현하는 터전입니다. 가정맹세의 8대 사항을 중심하고 나아가며 선한 핏줄의 전통을 절대신앙으로 지켜야 할 것입니다. 우리의 평화 비전은 '순결한 사랑, 행복한 가정, 평화로운 세상'입니다. 부부가 절대사랑으로 하늘을 모시고 일체가 되는 전통 속에 자녀를 사랑과 말씀으로 양육해야 할 것입니다. 가정에서 훈독회를 통해 천일국의 질서가 튼튼히 자리 잡게 해야 하고, 정오정착의 기준으로 종적 횡적으로 심정적 전통이 자리 잡는 축복

의 이상을 완성해야 할 것입니다.

10 셋째로 여러분 모두는 종족적 메시아의 축복을 받았기에 이 땅에서 천일국이 완성될 때까지 그 사명과 책임을 다해야 할 것입니다. 종족적 메시아는 참부모가 주시는 축복 중에 가장 큰 축복입니다. 탕감복귀섭리의 승리적 기대가 아니고서는 타락 인간을 종족의 메시아로 세울 수 없기 때문입니다. 그러므로 참부모님의 한평생 섭리적 경륜 속에는 항상 종족적 메시아의 사명이 강조되어 온 것입니다. 천일국의 천주적 완성은, 종족적 메시아들이 그 책임을 다해서 각 종족에게 말씀과 축복과 위하는 삶을 상속하여 선한 주권을 세워 평화로운 세상, 인류 대가족 이상의 실현을 통해 가능해집니다.

11 넷째, 우리 모두는 참부모님과 참가정을 중심하고 화합과 통일의 심정문화공동체를 만들어 가야 합니다. 여러분 모두는 예외 없이 하늘의 선택과 조상의 공적 그리고 자신의 후천적 천품에 의해 뜻길과 인연되었습니다. 그리고 수많은 박해를 무릅쓰고 참부모님의 뒤를 따라 오늘의 승리권까지 맞게 되었습니다. 그러므로 우리는 한 부모를 중심한 한 가족 심정공동체인 것입니다. 세상은 아직까지 분열과 갈등이 난무하고 있지만 우리 통일가는 인종 국경 및 어떠한 장벽도 거뜬히 뛰어넘어 한 형제자매가 될 수 있습니다. 위하는 삶의 본을 보인다면 분명히 이룰 수 있는 꿈입니다. 특별히 이런 섭리의 대전환기에는 우리 모두가 참부모님과 하나가 되어야 한다는 것을 명심해 주기를 바랍니다.

12 참아버님은 지금 영계에 계시지만 우리와 항상 함께하십니다. 다만 무형으로 계실 뿐이지 한순간도 우리 곁을 떠나지 아니하십니다. 지금 참아버님은 우리에게 무엇을 원하시겠습니까? 바로 중단 없는 전진을 바라실 것입니다. 하나님의 섭리는 온누리에 참부모님을 중심한 가운데 사랑과 평화가 넘치고 심정문화가 정착되어 새로운 질서가 자리 잡힐 때까지 계속되어야 합니다. 더군다나 기원절의 승리를 토대로 더욱 일로매진하여 하늘과 참부모님 앞에 큰 영광을 올리고 세상과 역사 앞에 큰 희망을 안겨 주어야 할 것입니다.

미래를 약속받는 탕감

13 하나님의 섭리역사는 탕감을 거치지 않고는 발전이 없습니다. 탕감이 나쁜 것만은 아닙니다. 미래를 약속받을 수 있기 때문입니다. 탕감복귀섭리는 쉽게 완성되는 것이 아닙니다. 단계적으로 탕감을 치르지 않으

면 발전해 나올 수 없다는 것입니다. 역사 이래 당대에 '다 이루었다. 하나님을 해방해 드리고 내가 완성·완결·완료하였다. 이제부터 모든 섭리역사는 새롭게 출발이 된다.'라고 선포하시고, 천명을 완수하신 분이 이 세상에 있었습니까? 여러분은 지금 섭리의 중심에 서 있습니다. 축복받은 자리입니다.

14 참아버님께서는 평생 밤낮을 쉬지 않고 일하셨습니다. 나도 참아버님을 모시고 생활하면서 3시간 이상 자 본 적이 없습니다. 그러니까 하루 종일 피곤하였습니다. 이제는 영계에 가셨으니 시공을 초월해서 더 분주히 움직이실 것입니다. 주무실 시간도 없을 것 같습니다. 여러분이 책임을 다하지 못했다고 한다면 이제부터 사생결단, 전력투구를 해야 됩니다. 지금까지 생활했던 그 태도와 방식 가지고는 안 됩니다. 무엇인가 새로운 전기를 만들어야 됩니다. 우리에게 마지막 기회입니다.

15 오늘 성화 40일 예배일은 새로운 섭리의 출발점입니다. 참아버님께서 그동안 40일 기간 동안 영계를 두루두루 섭렵하셨습니다. 섭리사에 등장했던 인물들도 만나셨고, 또 하나님이 천지창조를 하실 때의 상황도 몸소 체휼하셨습니다. 나도 40일 동안 참아버님과 같은 심정으로 마음속 대화를 하면서 살았습니다. 그리고 준비했습니다. 참아버님의 생각이자 내 생각이 되었고, 내 생각이자 참아버님의 생각이 되었습니다. 이제 일사불란하게 한마음, 한뜻으로 원리를 중심삼고 나아가야 합니다.

16 우리에게는 중단이 없습니다. 전진만이 있을 뿐입니다. 전 세계 참가정 여러분은 절대신앙·절대사랑·절대복종으로 신종족적 메시아의 사명을 다하여 하늘의 크신 은사와 천운을 상속받는 승리자가 되기를 기원합니다. 하늘은 우리에게 엄청난 축복을 내려 주셨습니다. 그 책임은 반드시 우리가, 여러분이, 2세들이 완성해야 합니다.

17 참아버님을 처음 만났을 때 나는 '탕감복귀섭리역사를 내 당대에 다 끝낸다. 하나님의 창조이상세계 구현이라는 큰 뜻을 이루어 드린다.'라는 두 가지 목표를 세웠습니다. 누구도 나에게 앞으로 이렇게 저렇게 해야 된다고 말해 주지 않았고, 참아버님께서도 말씀을 안 해주셨습니다. 그러나 이 일을 내가 정리하지 못하면 후대가 더 힘들어진다는 것을 알았습니다. 그래서 나에게 주어진 사명을 완수하기 위해 실천궁행하여 오늘에 이른 것입니다.

신령과 진리, 사랑의 교회

18 통일교회는 본래 신령과 진리로 출발했고, 세월이 가면서 심정이 우러나오는, 사랑이 넘치는 교회로 발전했습니다. 그래서 초창기에 참아버님이 목회를 하실 때는 식구들이 한번 교회에 찾아오게 되면 떠나길 싫어했습니다. 참부모님과 밤을 새우면서 같이 있고 싶어했고, 참부모님이 바라시는 것이라면 무슨 일을 해서든지 그렇게 해드리고 싶어했습니다. 누가 강요하지 않아도 스스로 모시던 초창기의 신앙생활이었습니다. 작은 교회였지만 참사랑이 넘치고 서로 하나가 되면서 아주 어려운 시대를 극복해 나갔습니다. 마찬가지로 오늘 각 교회에서도 원리강의가 끊이질 않아야 되겠습니다. 말씀으로 거듭나야 됩니다. 그래서 참사랑을 실천할 수 있는 개인이 되고, 가정·사회·종족·나라가 되면 그것이 천일국이고 지상천국입니다.

19 주일예배 설교는 30분 이내에 끝내야 합니다. 설교가 길어지면 식구들이 무슨 내용인지도 모르고, 빨리 돌아가고 싶어할 것입니다. 그리고 설교에서 받은 감동이 일주일 이상 가게 해야 됩니다. 설교가 끝난 뒤에는 식구들의 활동 보고를 듣거나 새로 전도된 사람을 축하해 주기도 하고, 심령 지도를 하는 프로그램을 가지면 좋을 것입니다. 그렇게 하면 정말로 살아 숨 쉬는 교회가 될 것입니다. 생동하는 교회가 될 것입니다. 그래서 식구들이나 새로 전도된 사람들이 '언제 일주일을 기다려? 빨리 교회에 가고 싶다.' 이런 마음이 자꾸 들게 해야 합니다. 교회에서는 영육 아울러 베푸는 자리를 만들어야 합니다. 식구들에게 말씀의 진액을 먹여주고 식구들을 사랑으로 품는 분위기를 만들어 가면 교회가 더욱 크게 발전하리라고 봅니다.

20 참아버님의 말씀이나 모든 행적들은 원석과 같습니다. 보석입니다. 나는 그 보석을 최고의 가치가 있는 것으로 만들어 항상 가깝고 사랑할 수 있는 곳에 갖고 다니고 싶습니다. 여러분도 마찬가지일 것입니다. 그래서 1차적으로 《천성경》의 말씀을 정리·정돈해서 여러분이 손에서 한 순간도 떼어 놓을 수 없는 보석으로 만들 것입니다. 여러분이 생을 다하는 날 그 보석을 안고 영계에 갈 수 있는 모습들이 되기를 바라는 마음으로 이 일을 하고 있습니다.

21 기독교는 성경 한 권으로 전 세계에 그 뜻을 폈습니다. 참아버님 말씀도 그렇게 해야 되는데, 말씀이 정리·정돈이 안 되면 미래에 혼란이 올 것입니다. 말씀집을 정비하는 것이 시

급합니다. 그래서 원로회의에서 집필이나 편찬을 감수하여 후대 사람이 흠잡을 데가 없게 만들려고 합니다. 뿌리도 하나요, 줄기도 하나요, 열매도 하나인 영원한 말씀으로 남겨야 합니다. 모든 사람들이 일일생활에서부터 삶을 살아가는 데 기준이 되고 푯대가 되고 지침이 되어야 합니다. 그런데 말씀이 정리·정돈이 안 되어 있다는 것입니다. 그래서 너무 안타까웠습니다.

22 참아버님의 말씀집을 새로 펴낼 때마다 편찬위원회의 감수 과정을 거쳐서 출판하게 될 것입니다. 이것은 모두 여러분과 후대를 위해서입니다. 여러분이 천명을 다하고 영계에 갈 때 이 책을 안고 가게 만들기 위한 것입니다. 참아버님께 자랑하십시오. '제가 지상에서 사는 동안 참어머님의 교육을 받아서 참아버님 말씀을 사랑하다가 품고 왔습니다.'라고 말씀드리라는 것입니다.

23 여러분에게는 참부모님이 계시고 원리와 말씀이 있습니다. 이제는 참아버님의 삶을 전 세계적으로 알려야 됩니다. 우리의 미래는 밝아 옵니다. 나는 교회가 활성화되도록 할 것입니다. 교회가 살아 숨 쉬어야 되겠습니다. 그래서 우리 축복가정들이 모범을 보여 이웃과 종족이 따라오게 만들어야 합니다.

24 참아버님께서 한국말을 공부하라고 몇 년도부터 말씀하셨습니까? 가까운 나라 일본이 해와의 사명을 해야 됩니다. 여러분에게 계속 통역이 따라다니면서 보조를 해야 되겠습니까? 그러니 여러분은 한국말을 배워야 합니다. 이제는 참아버님 말씀을 실천해야 됩니다.

감사의 생활

25 우리가 하나님을 모시고 천일국을 완성해야 하는 데 있어서 맨 먼저 시작해야 될 것이, 자기 자신을 돌아보는 것입니다. 천일국은 두 사람이 하나되어서 만드는 것이라고 참아버님께서 말씀하셨습니다. 그래서 마음과 몸이 백 퍼센트 통일된 자리에서 생활하는 것이 신앙생활에서 가장 중요한 목표가 되어야 합니다. 어떻게 해야 그런 자리에서 생활할 수 있겠습니까? 그래서 나는 이렇게 말했습니다. 여러분이 누구의 잘잘못을 비판하기 전에 우선 순수한 마음으로 하늘 앞에 '감사합니다.'라는 말부터 하라고 했습니다. 개인에서, 가정에서, 교회에서, 종족에서, 나라에서 통일된 자리에 서게 되면 하나님을 중심삼은 하나의 세계가 자동적으로 이루어지는 것입니다. 그런 마음가짐으로 살게 되면 하고자 하는 모

든 일에 있어서 하늘이 함께하시며 축복이 내릴 것입니다.

26 여러분, 마음을 비우고 회개해야 됩니다. 진심으로 회개해야 됩니다. 높은 자리에 있는 사람은 진심으로 낮은 자리로 내려가야 합니다. 매사에 이렇게 회개할 수 있는 마음을 갖게 일깨워 주신 하늘 앞에 감사하고, 자기 자신을 놓고도 새 출발을 할 수 있게 된 것에 대해 감사해야 됩니다. 오늘 하루도 그동안 책임을 다하지 못한 것을 놓고 최선을 다하게 해 달라고 빌어야 합니다. 감사한 마음으로 살게 되면 주위가 다 아름답게 보입니다. 행복해집니다. 그리고 이것을 혼자만 간직할 수가 없어서 남들에게 전하게 됩니다. 전도를 안 할 수가 없다는 것입니다.

전도와 환경창조

27 여러분은 수십 번, 수백 번 원리 강의를 들었을 것입니다. 그랬는데도 그것이 마음에 와 닿지 않고 행동으로 옮겨지지 못하는 것이 참 아쉽습니다. 환경창조는 하나님의 천지창조에만 있었던 것이 아닙니다. 복귀섭리의 과정에서도 있었습니다. 나는 후대를 위한 환경창조를 열심히 했습니다. 여러분의 부모들은 어땠습니까? 책임 다했습니까? 여러분을 위한 환경창조를 해주었습니까? 2세 여러분은 지금 통일가의 중심에 섰습니다. 여러분은 뿌리를 확실히 알아야 되고, 환경을 창조해야 됩니다. 환경창조는 쉽게 말하면 전도입니다. 전도해야 된다는 것입니다. 그 길만이 여러분이 참소받지 않는 길이고 방법입니다. 여러분이 세상에서 명예와 함께 무엇을 갖고 영계에 간다 할지라도, 뜻 가운데서 흐트러짐 없이 산다 할지라도 지상에서 참소조건을 남기면 영계에 가서 자유로울 수 없습니다. 그것을 알아야 됩니다. 그래서 여러분에게는 계속 자극이 필요합니다. 우리는 70억 인류를 생각해야 됩니다. 우리 환경은 아직 좁습니다.

28 참아버님께서 탕감복귀섭리를 완성·완료해 주셨습니다. 천일국을 열어 주셨습니다. 그러나 천일국을 위한 환경은 지금 우리가 만들어야 합니다. 금방 천지개벽이 되는 것이 아닙니다. 우리가 정성을 다해 얼마나 내 형제와 내 종족, 내 나라와 이웃을 사랑으로 품었는가 하는 것이 중요하며, 그것이 전도의 열매로 남게 됩니다. 먹고 자는 것을 잊어버리고 한 생명이라도 하늘 앞에 바치겠다고 생각하라는 것입니다. 여러분은 축복받고 자녀들을 두었을 텐데, 한 생명이 태어날 때 얼마나 신기하고 기다려지나요? 하늘의 축복을 느낄 것입니다. 여러분의 노력으로 하

루에 한 생명씩 탄생시킬 수 있다면 큰 축복을 받게 될 것입니다.

29 천지인참부모님을 만났다는 것은 여러분 가문의 영광만 되겠습니까? 70억 인류 앞에 자랑스러운 존재들입니다. 그런데 명심해야 될 것은 책임이 따른다는 것입니다. 책임을 못하면 탕감이 따른다는 것입니다. 그것을 알아야 됩니다. 그렇기 때문에 여러분이 이 시점에서는 참어머니와 완전히 하나가 되어야 합니다. 완전히 하나되어서 한뜻으로 나아가야 됩니다. 곁을 보지 말아야 됩니다. 그것이 여러분에게 복을 주는 것입니다. 영계는 사랑의 공기로 숨을 쉬는 곳입니다. 여러분이 얼마나 사랑을 많이 심고 가느냐 하는 것이 전도입니다.

30 섭리역사 가운데 하늘이 선택한 사람이나 민족이 책임을 못하게 되면 반드시 탕감을 치르게 됩니다. 참아버님은 협회 창설 이후 60년간 공적인 일을 해오셨습니다. 그중에 40여 년간은 미국에서 전 생애를 다 보내셨다고 해도 과언이 아닙니다. 우리의 영원한 조국이 대한민국인데 미국을 위해 더 많이 투입하셨습니다. 세계 인류를 생각하셨기 때문입니다. 장자국이라는 엄청난 축복을 받은 미국이 형제를 하나로 묶어 참부모님 앞으로 와야 되는 것입니다.

31 미국은 대표적인 기독교 국가입니다. 하나님께서 예수님이 십자가에 돌아가신 이후 2천년 동안 기독교를 키워 나오셨고, 미국에 큰 사명을 맡기셨습니다. 이 나라는 미국 국민만의 나라가 아닙니다. 세계평화를 위해 많은 일을 해야 되지만 그 책임을 다 못했습니다. 그래서 참아버님께서 일찍이 미국의 사명을 깨우쳐 주셨는데도 참아버님을 어떻게 대접했습니까? 무고하게 댄버리 감옥까지 보냈습니다. 언제 이 나라가 하늘 앞에 지은 죄를 탕감하겠습니까? 지금 외적으로 미국은 벼랑 끝에 선 입장입니다. 여러분의 사명이 크다는 것을 알아야 합니다.

32 여러분 스스로가 책임감을 갖고 살아서 숨 쉬는 활동을 하라는 것입니다. 그렇게 되면 영계가 백 퍼센트 협조한다는 것입니다. 영계의 소원이 무엇이고, 우리의 소원이 무엇입니까? 지상·천상천국, 천일국입니다. 그것을 우리 당대에서 이룰 수 있다는 것이 얼마나 흥분되고 기쁘고 감사한 것입니까? 이것을 실감하고 산다면 어떻게 가만히 앉아만 있을 수 있습니까? 어떻게 여러분이 노력을 안 할 수 있습니까? 우리의 목표는 기원절까지가 끝이 아닙니다. 모

든 인류를 다 축복받게 해야 됩니다. 천일국 백성으로 만들어야 됩니다. 그러려면 어떻게 해야 되겠습니까? 과거와 별다른 차이 없이 그저 그냥 하라는 대로 한다는 식의 태도로는 영계의 협조를 못 받습니다. 매일 하늘 앞에 보고하고 하늘과 같이 움직이는 자신들이 되라는 것입니다. 그래서 24시간이 모자란다고 생각하고 일해야 됩니다.

33 매일 가정에서 훈독회를 하고 하루를 출발하십시오. 이렇게 말하는 것은 아이들, 2세 교육이 시급하고 중요하기 때문입니다. 여러분이 공적인 일을 한다고 아이들에게 그런 시간을 주지 못했을 것입니다. 그래도 훈독회를 아이들과 같이 하면서 하루를 출발하라는 것입니다. 그래서 2세들을 잘 양육해야 되겠습니다. 어느 자리에 있든지 간에 후대를 생각해야 되겠습니다.

후천시대 여성의 역할

34 아버지보다는 어머니가 자식을 훈육하는 데 있어서 더 강해야 됩니다. 그래서 나는 며느리들을 앉혀 놓고 '남편보다도 너희가 더 전통을 세워야 되고, 너희가 더 강해져야 된다.'라고 말했습니다. 이스라엘 민족이 어려운 환경에서 탕감을 치르면서도 오늘날까지 나오게 된 데에는 어머니들의 역할이 컸습니다. 통일가도 마찬가지입니다. 여자들이 앞장서 가지고 모든 것을 수습하고 정리해서 남성들을 지원해야 될 책임이 있다는 것입니다.

35 여러분이 무슨 지위, 어떤 직책을 갖고 있든지 간에 우리 목표는 하나입니다. 전 세계 인류를 천일국 백성으로 만드는 것입니다. 이것이 우리의 축복이요 목적입니다. 지위에 연연하지 마십시오. 행동하고 실천하는 것이 더 중요합니다. 특히 2세들은 그런 것에서 고비를 넘지 못하면 더 이상 발전할 수 없습니다. 기원절은 천일국을 실체적으로 출발하는 날입니다. 하늘땅이 깨지는 날이 아닙니다. 전 세계 인류를 천일국 백성으로 만들 때까지 쉬어서는 안 됩니다. 이제 출발입니다. 어떻게 심지도 않고 결실의 열매가 맺어지겠습니까? 심어야 거둘 수 있는 것입니다. 그러려면 여러분이 최대의 역량을 발휘해 가지고 기원절을 하늘과 세상 앞에 드러낼 수 있도록 지금부터 노력해야 될 것입니다. 그래서 우리의 환경을 크게 넓혀 나갑시다.

36 기원절 이후에 여러분은 어떻게 나갈 것입니까? 역사에 한 번밖에 없는 엄청난 천지개벽 시대입니다. 이 때를 맞이해서 누가 과연 효자이며

누가 과연 충신입니까? 하늘은 여러분에게 말씀도 주었고 기회도 주었습니다. 절대신앙·절대사랑·절대복종의 자세로 나아가야 합니다. 자기라는 것이 있으면 안 됩니다. 겸손해야 됩니다. 자기가 잘났다고 생각해서는 안 됩니다. 자기 주변의 모든 사람에게 배워야 된다고 생각합니다. 하나님 앞에 잘난 사람이 없습니다. 천지인참부모님 앞에 잘난 아들딸이 없습니다. 아직 성장 과정입니다. 그것을 알아야 합니다.

70억 인류를 하늘부모님의 백성으로

37 하나님을 중심한 하나의 세계는 어떻게 이뤄지는 것입니까? 참사랑을 중심한 축복이상가정 완성입니다. 우리는 멈출 수가 없습니다. 계속 전진만이 이 땅 위에 천일국을 정착시킬 수 있는 길입니다. 그렇기 때문에 축복이상가정 완성은 여러분의 책임 여하에 달려 있습니다.

38 구약시대에는 하나님을 여호와라고 했습니다. 신약시대에는 하나님 아버지로 불렀습니다. 기원절은 하나님의 꿈이 이뤄지는 날입니다. 그래서 이제는 명칭을 바꾸려고 합니다. 기도할 때는 하나님을 '하늘부모님'으로 바꿔야 합니다. 영어로 '헤븐리 페어런트(Heavenly Parent)'입니다. 영어로 해도 부드럽고 한국말로 해도 의미가 있습니다. 하나님은 하늘부모님입니다. 기도할 때 제일 먼저 나오는 단어가 하늘부모님, 그다음에 사랑하는 천지인참부모님, 이렇게 되어야 합니다. 그리고 앞으로 통일교라는 명칭 대신 세계평화통일가정연합으로 변경합니다.

39 하늘부모님의 소원과 우리의 소원은 땅끝까지 하늘부모님을 모르는 사람이 없도록 하는 것입니다. 그것이 우리의 책임입니다. 하늘부모님을 위해 사생결단 전력투구를 함으로써 효자 충신의 호칭을 받을 수 있어야 합니다.

40 우리는 하늘 앞에 죄인입니다. 하늘의 은사 앞에 너무도 책임을 못했습니다. '나는 다했다.'라고 자랑할 수 있는 사람이 있습니까? 역사 이래에 처음으로 맞게 되는 전무후무한 기원절, 축복의 날입니다. 그런데 이번에도 여러분은 값없이 받겠습니까, 아들딸의 자격으로 받겠습니까? 다시 한 번 먼저 가신 참아버님을 생각하면서 우리는 베옷을 입은 자세로 회개해야 됩니다. 서로 용서하는 마음이 없으면 안 됩니다. 역사의 배후에서 고난의 탕감복귀섭리를 이끄신 하늘부모님에게 너무 면목이 없습니다. 모든 것을 아낌없이 주시고 자랑스러운 천일국의 백성이 되기를 기원

하시는 참부모님께도 우리는 너무도 자격이 없습니다. 너무도 준비가 안 됐습니다. 어떻게 해야 되겠습니까? 여러분 스스로가 낮은 자리에서 회개하는 마음으로 다시 하늘의 긍휼을 바라는 자리에서 기원절을 맞이해야 할 것입니다.

41 전 세계 축복가정들은 하늘 앞에 한 점 부끄러움이 없는 기간을 가져야 할 것입니다. 나는 기원절을 통해서 모든 문을 활짝 열었습니다. 참부모님을 중심에 모시고 절대신앙·절대사랑·절대복종으로 생을 다하는 마지막 순간까지 일편단심 불굴의 모습으로 충·효·열의 대열에 반드시 서겠다고 다짐하며 행동으로 실천하는 사람에게는 누구를 막론하고 그들을 위해서 나는 문을 활짝 열었습니다. 그렇게 결심하고 나선다면 우리의 미래에는 탕감이 없을 것입니다. 탕감이 없는 천일국시대를 준비해야 됩니다. 그렇게 하기 위해서는 책임을 해야 됩니다.

42 여러분 모두 충·효·열의 반열에 동참하기를 간절히 부탁합니다. 우리는 천일국의 백성을 탄생시키고 양육해서 나라를 넓혀 가야 됩니다. 이 나라만이 아닙니다. 전 세계 70억 인류를 다시 낳을 때까지 사생결단 전력투구의 자세로 나아가야 합니다. 우리는 하늘 앞에 봉헌해 드려야 될 나라가 있습니다. 우선 남북통일이 되어야 할 것입니다. 그러니 우리 여성의 역할이 얼마나 중요하겠습니까? 더군다나 이제는 딸의 사명보다는 어머니의 사명을 해야 됩니다. 생명을 낳아 주고 양육해야 됩니다. 참아버님께서 커다란 집을 지어 주셨으니 우리가 정리·정돈해서 집안의 모양새를 다 갖춰야 됩니다. 그것은 우리의 책임입니다.

43 여러분의 정성이 하늘에는 영광이요 땅에는 기쁨이 되기를 바랍니다. 영원한 천일국시대에 사랑받고 인정받는 천일국의 백성들이 모두 되기를 기원합니다. 우리 다 함께 70억 인류를 하늘부모님의 백성으로 인도하는 데에 있어서 최선을 다해 그 기간을 앞당길 것을 다시 한 번 결의합시다. 그래야만 저나라에 갔을 때에도 자유로워집니다. 참소가 없는 세계에서 살게 되는 것입니다. 지상에서 책임을 못하게 되면 참소가 영원한 세계에까지 이어집니다. 영계에서는 사랑으로 숨을 쉰다고 하는데 책임을 다 못하게 되면 숨 쉬기가 힘들어집니다. 지상에 몸담고 있을 때 책임을 다하십시오. 영원한 세계에서 자유롭게 하늘부모님과 참부모님 앞에 나설 수 있고 자랑할 수 있는 여러분이 되기를 부탁합니다.

제13편

평화메시지

제13편 평화메시지

| 차 례 |

제1장 천일국의 이상가정

1절 우주의 근본과 참된 혈통

1 여러분도 기도를 통한 신비스러운 경지에 들어가서 이 우주의 중심이 무엇이냐고 물어보십시오. '부자관계'라는 대답을 듣게 될 것입니다. 부모와 자식 간의 관계 이상 중요하고 귀한 것이 없다는 것입니다. 이것이 이 우주를 창조하신 하나님과 인간의 근본관계이기 때문입니다.

우주의 중심은 부자관계

2 부자관계가 갖고 있는 특성은 무엇입니까? 참사랑과 참생명과 참혈통의 관계입니다. 참부모의 참사랑이 전제되지 않고는 우리의 참생명이 존재할 수 없습니다. 즉 하나님 앞에 인간은 절대적인 참사랑의 상대로서 창조되었다는 것입니다. 그 자리가 바로 하나님은 아버지가 되고 인간은 아들딸이 되는 축이 세워지는 자리라는 것입니다. 만일 그보다도 더 높고 귀한 자리가 있다면 인간의 욕망은 또 그 자리를 추구할 것입니다. 그러나 그런 자리는 없습니다. 전지전능하신 하나님께서 최고의 자리는 당신을 위해 숨겨 놓고, 당신의 자식이요 사랑의 절대 상대자 되는 아담 해와에게는 두 번째 좋은 자리에 세워 창조했다는 것은 상상할 수도 없습니다.

3 우리의 영원한 참부모 되시는 하나님은 백 퍼센트 당신 전체를 투입하시어 인간을 창조하시고 동위권·동참권·동거권·상속권을 부여하셨습니다. 하나님의 모든 속성을 다 주셨다는 것입니다. 하나님이 아무리 절대자라고 하지만 당신 혼자서는 행복할 수 없습니다. '좋다'는 말, '행복하다'는 말은 혼자서는 성립되지 않습니다. 반드시 상대적 관계를 갖춘 자리에서라야 성립되는 것입니다. 평생을 성악가로 살아온 사람이라도 무인도에 버려져 혼자서 목이 터지라고 노래를 부른다고 해서 행복하겠습니까? 자존하시는 하나님께서도 기쁘고 행복하기 위해서는 반드시 주고받을 수 있는 사랑의 상대가 필요하다는 것입니다. 그렇다면 절대자 되시는 하나님께 기쁨을 돌려드려야 할 상대자로서의 인간은 어떤 모습이어야 합니까? 하나님이 아들이라 딸이라 부를 수 있고, 당신과 동격의 자리에 세워 함께 창조의 위업을 완성할 수 있으며, 천지만물을 모두 상속해 줄 수 있는 자식의 모습은 어떤 모습이어야겠느냐는 것입니다.

4 하나님이 창조의 이상적 출발점을 어디에 두신지 아십니까? '상대를 위

해서 존재한다.'라는 원칙에 당신의 이상적 출발점을 세웠습니다. 다시 말해서 참사랑의 소망적 상대를 위한 실천이 하나님의 창조역사 출발의 핵이라는 것입니다. 따라서 하나님의 자식된 인간의 책임은 무엇보다도 먼저 하나님을 닮는 것입니다. 효자·충신·성인·성자의 가정의 도리를 다하는 참사랑의 화신이 되라는 것입니다. 하나님의 깊은 심정의 내정을 알아내어 아담 해와의 타락 이래 수천수만년을 고통 속에 살아오신 하나님의 한을 풀어 드려야 한다는 것입니다.

5 전능하신 하나님께서 그토록 고통의 자리에서 벗어나지 못하고, 역사의 배후에서 수난을 감내해 오신 것은 하나님이 못나고 능력이 없어서가 아닙니다. 타락으로 잃어버린 아담 해와의 본연의 자리, 즉 완성한 후아담의 현현을 기다려야 할 복귀섭리에 얽힌 말 못할 사연이 있었기 때문입니다. 아무리 전권을 가진 하나님이라고 할지라도 당신 스스로 영원의 기준 위에 세운 천리원칙을 무시할 수는 없었던 것입니다. 그런데 아담 해와의 타락 이래 역사를 두고 하나님의 가슴에 가장 아픈 한으로 남아져 내려온 것이 무엇인지 아십니까? 하늘의 혈통권을 잃어버리고, 형제권과 소유권마저 잃어버린 사건입니다. 생명과도 바꿀 수 없는 이 핏줄을 잃어버렸습니다. 참생명과 참사랑의 열매를 맺지 못했다는 것입니다.

혈통의 중요성

6 생명보다 귀하고 사랑보다도 소중한 것이 혈통입니다. 생명과 사랑이 합해서 창조해 내는 것이 혈통입니다. 그중에 생명이 없어도 안 되는 것이요, 사랑이 없어도 혈통은 창조될 수 없는 것입니다. 사랑·생명·혈통 중에 그 열매가 혈통이란 말입니다. 하나님의 핏줄 속에는 참사랑의 씨가 들어가 있고, 참생명의 몸이 살아 있습니다. 따라서 이 핏줄과 연결이 되면 하나님께서 이상으로 하신 이상인간, 즉 인격완성도 가능하고, 이상가정도 생겨나는 것이며, 더 나아가서는 하나님의 조국, 이상국가도 출현하는 것입니다. 평화이상세계왕국은 이렇게 절대 성(性)의 관계를 통해 창건되는 것입니다.

7 혈통의 중요성은 아무리 강조해도 부족하다는 것을 여러분도 명심해야 할 것입니다. 핏줄이 없으면 생명은 물론 사랑도 떠나가 버립니다. 핏줄이 남아야만 사랑했던 자신의 전통이 남아지고, 혈통이 존속해야만 부모의 숨결이 계속 이어지는 것입니다. 다시 말해서 부모에게 사랑의 열매, 생명의 열매, 혈통의 열매, 그리고 모든 기쁨의 열매를 제공하는 첫 번이자

마지막 필요 충분한 조건은 참된 핏줄이라는 것을 확실히 알아야겠습니다. 그런데 생명과도 바꿀 수 없는 이 핏줄을 잃어버렸습니다. 참생명과 참사랑의 열매를 맺지 못했다는 것입니다. 지구성을 덮고 있는 65억 인류가 하늘과는 아무런 관계가 없는 사탄의 열매로 전락하고 만 것입니다. 하나님께서 지은 농사가 대풍을 만나 가을에 수확하시려 했던 그 동산이 에덴동산이었습니다. 아담과 해와, 두 아들딸을 길러 참사랑을 꽃피우고, 참생명을 꽃피우고, 참핏줄을 꽃피운 그곳에서 영원한 사랑, 영원한 생명, 영원한 혈통의 주인과 가정 그리고 하나님의 평화이상세계왕국을 수확하려 했던 것이 하나님의 인간 창조이상이었던 것입니다.

8 부자간의 관계야말로 모든 관계 중 최고 최상의 관계입니다. 하나님의 혈통을 전수해 주어 영존시킬 수 있는 유일한 길이 바로 부모와 자식 간의 혈통관계밖에 없다는 사실을 확실히 알아야 할 것입니다. 그러나 그 자리에 나타난 것은 거짓 사랑, 거짓 생명, 거짓 혈통이었습니다. 하나님의 사랑과 생명과 핏줄이 사랑의 원수인 간부 사탄의 소유권으로 떨어지고 만 것입니다. 천지가 캄캄해지고 지옥으로 변해 버려 하나님까지도 없어져 버린, 그런 처절한 세계가 되어 버린 사실을 인간은 지금까지도 모르고 살아온 것입니다.

9 원수의 핏줄이 생명선인 줄 착각하고 거기에 목을 걸고 살아가는 군상이 오늘 타락의 후예 된 인류의 처량한 모습입니다. 그래서 이 세계를 지상지옥이라고 부르는 것입니다. 이런 비참상을 바라보시는 하나님의 가슴이 얼마나 비통하셨겠습니까? 원래 하나님께서는 에덴동산에 아담과 해와를 창조하신 후 그들을 당신의 축복 하에 결혼시키고 하늘의 소유권까지도 완전히 전수해 주려 했던 것입니다. 우주만상의 소유권을 아담과 해와에게 상속해 주려고 하셨다는 뜻입니다.

10 타락으로 말미암아 혈통권·장자권·소유권이 사탄의 수중으로 떨어지고 말았습니다. 사랑하는 자식에게 상속해 주기 위해 평생 땀 흘려 모은 재산을 하룻밤 새에 강도에게 몽땅 빼앗겨 버린 부모의 입장이 되어 버린 것입니다. 이처럼 사탄에게 혈통권을 빼앗겨 자식을 잃어버렸고, 모든 나라와 세계의 소유권까지 내어주고 만 하나님의 서럽고 원통한 심정을 알 자가 없었다는 것입니다. 따라서 혈통권과 장자권, 그리고 소유권을 다시 찾아올 수 있는 길은 사탄을 자연굴복시키는 길밖에 없습니다

다. 사탄을 자연굴복시키는 비법이 무엇이겠습니까? '원수를 자기 자식보다 더 사랑하는' 참사랑의 힘으로라야만 가능한 것입니다.

11 인류의 참아버지 참어머니를 기쁨으로 맞이하여 좋아할 수 있는 하루를 보내고, 한 달을 보내고, 일년 십년 혹은 일생을 보낼 수 있는 시간을 가져 본 하나님이었느냐는 것입니다. 일년은 고사하고 단 한 시간이라도 그런 사람을 만나 볼 수 없었던 하나님의 고통을 누가 위로해 줄 수 있었습니까? 수천수만년을 거쳐 오면서도 왜 하나님과 인간 사이에는 도저히 좁힐 수 없는 거리가 생겼고, 부모와 자식의 관계도 맺을 수 없는 비참한 사이가 되었는지를 아는 자가 없었다는 것입니다.

참부모님의 현현

12 인류는 누구를 막론하고 예외 없이 사탄의 혈통을 받아 태어난 사탄의 자식들입니다. 여러분 자신을 놓고 한번 생각해 보십시오. 일상생활 속에서도 시시각각, 사사건건 선과 악이 여러분 내부에서 주도권 쟁탈전을 벌이고 있지 않습니까?

13 아담가정에서 비롯된 가인과 아벨의 투쟁역사는 인류역사를 몽땅 전쟁과 갈등의 역사로 만들어 놓고 말았습니다. 작게는 인간 개개인의 몸과 마음의 갈등으로부터 크게는 국가와 국가가, 더 나아가서는 전 세계가 물본주의와 신본주의로 갈라져 대립 투쟁해 나왔습니다. 극도의 이기적 개인주의는 오늘도 우리의 삶을 위협하고 있습니다. 인류의 소망이요 미래의 약속인 젊은이들을 프리섹스와 마약의 노예로 전락시켜 가고 있습니다. 물질만능주의에 빠진 선진국들은 자국의 이익에만 눈이 어두워 하루에도 수만 명씩 굶어 죽어 가는 불쌍한 생명들을 외면하고 있습니다.

14 누가 이 수천년 묵은 가인 아벨의 역사적 매듭을 풀어 줄 수 있겠습니까? 세계평화를 주창하며 출발했던 유엔이 할 수 있다고 생각하십니까? 유엔이 지난 60년간을 바쳐 노력했지만 아직도 세계평화는 요원할 뿐입니다. 몸과 마음의 가인 아벨 관계도 해결하지 못한 인간의 노력만으로는 불가능한 일입니다. 이제는 천명을 받들어 출발한 아벨적 평화이상세계왕국의 창건이 필요할 때가 왔습니다.

15 하나님은 이런 모든 비극을 깨끗이 청산해 줄 한 분을 학수고대해 왔지만 이 땅 위에 합당한 상대와 국가가 나타나지 않았습니다. 만일 그런 사람이 한 나라에 나타나서 참부모의 자리에만 설 수 있었더라면 하나님은

꿈에라도 현몽하여 헬리콥터로 태양을 운반하고 달을 옮겨서라도 공중에서 기쁨의 번개를 만들고 환희의 천둥을 울리고 싶었을 것입니다. 이런 의미에서 인류역사상 처음으로 잃어버린 아담의 자리를 찾아 세우고 참사랑의 주인 자리를 확보하여 하나님으로부터 인류의 참부모로 인침을 받고 현현한 선생님이, 오늘 여러분과 동시대권에 살아 같은 공기를 호흡하고 있다는 사실은 기적 중의 기적이 아닐 수 없습니다.

천륜의 숙명적 관계

16 우리가 세상을 살아가다 보면 많은 인연과 관계들이 필연적으로 우리의 삶에 영향을 미치게 되는 것을 발견하게 됩니다. 그런데 대부분의 인연은 인간의 자의에 의한 선택권 안에서 맺어지게 됩니다. 여러분이 처한 환경이나 여건 속에서 필요에 의해 맺게 되는 인연이라는 것입니다. 이런 인연은 후천적인 인연이요, 인간의 노력 여하에 따라 언제라도 바꾸거나 지워 버릴 수 있는 인륜적 차원의 인연일 뿐입니다. 그러나 태어날 때부터 하늘이 부여해 주신 천륜은 우리의 선택권 밖에 있는 원초적 인연이요 숙명적 관계입니다. 혈연이기 때문입니다. 부모나 형제를 싫다고 하여 바꾸거나 선거로 뽑을 수 없는 것도 그것이 혈연적 관계이기 때문입니다. 한번 김 씨 가문의 자식으로 태어나면 영원히 김 씨 가문의 혈통을 지니고 살게 되는 것입니다.

17 지금까지도 인류가 죄악의 덫에서 헤어나지 못하고 있는 이유는 무엇입니까? 시작부터 거짓 사탄의 혈통을 받아 태어났기 때문입니다. 섭리적인 뜻과 목적을 놓고 하늘이 점지해 준 본연적이고 원리적인 혈연이 아니고, 인간의 실수로 야기된 후천적이고 비원리적인 관계라는 뜻입니다. 다시 말해서 비록 타락하여 부모를 잃어버린 고아의 신세가 되긴 했지만, 하늘이 주신 부모와 자식 간의 근본 관계가 없어진 것은 아닙니다. 타락으로 무지한 식물인간이 되어 부모가 엄연히 살아 계시는데도 알아보지 못하고 사는 청맹과니의 삶이 되어 버린 것입니다. 따라서 타락의 혈통을 소유하고 있는 인간은 누구를 막론하고 예외 없이 혈통전환을 거쳐 다시 태어나야 합니다. 그 길만이 하나님께서 주신 창조본연의 혈연으로 환원하는 유일한 길이기 때문입니다.

참된 혈통복귀

18 인류는 이제 그렇게도 끈질기게 괴롭혀 온 거짓 사탄의 혈통을 과감히 잘라내고, 참부모님의 참된 혈통의 뿌리에 접붙임을 받아야 합니다. 더 이상 돌감람나무로 일생을 마치는

우를 범해서는 안 된다는 말입니다. 돌감람나무로는 천년을 살아도 돌감람나무의 씨를 생산할 수밖에 없는 악순환이 계속되기 때문입니다. 그렇다면 어디에서 우리가 돌감람나무의 신세로부터 탈출할 길을 찾을 수 있는 것입니까? 하늘의 참된 혈통을 갖고 오신 참부모님을 통해 결혼축복을 받는 것이 바로 참감람나무에 접붙임을 받는 은사입니다. 혈통을 바꾸지 않고는 씨를 바꿀 수가 없기 때문입니다. 축복은 중생·부활·영생의 3단계를 거치게 되어 있습니다.

19 참부모님으로부터 결혼축복을 받고 이상가정을 이루어, 죄 없고 순수한 참된 씨를 받는 최선의 길은 교차축복결혼입니다. 인종·문화·국경·종교의 벽을 뛰어넘어 '하나님 아래 인류 한 가족'을 만드는 대역사입니다. 하나님의 눈에는 피부색의 차이가 없습니다. 하나님의 눈에는 국경이 존재하지 않습니다. 하나님의 눈에는 종교와 문화의 벽이 보이지 않습니다. 이 모두가 수만년 동안 인류에게 거짓 부모로 군림해 온 사탄 마귀의 속임수에 지나지 않는 것입니다.

20 가장 저주하고 싶고 꿈에라도 만나기 싫은 원수 집안과 결혼축복을 통해 한 가족이 되어 보십시오. 원수의 감정에 젖어 있던 부모들의 혈통은 사라지고 새롭고 강력한 참사랑의 핏줄이 창조되는 것입니다. 양가의 자식들이 부부가 되고, 서로 사랑하며 행복한 가정을 이루어 사는 것을 저주할 부모가 어디 있겠습니까? 아무리 미워하는 원수의 딸이라고 할지라도 자기 아들의 사랑을 받는 며느리가 되어 수정처럼 맑고 깨끗하고 참된 하늘의 손자 손녀를 안겨 줄 때, 기쁨의 미소를 짓지 않을 할아버지 할머니가 어디 있겠습니까? 백인과 흑인이, 동양과 서양이, 유태교와 이슬람교, 오색인종이 한 가족이 되어 살 수 있는 길이 교차축복결혼의 길 외에 또 무슨 방법이 있겠습니까? 여기에 우리가 생명을 걸고라도 참부모님으로부터 결혼축복을 받고 하늘의 전통인 이상가정을 찾아 세워야 하는 근본 이유가 있는 것입니다.

21 인류는 이제 선생님의 가르침인 '참사랑·참생명·참혈통의 평화사상'을 받아들이지 않고는 살아갈 수 없는 막다른 길에 들어섰습니다. 여러분의 선한 조상들이 총동원되고, 후천개벽시대의 천적인 권세가 몰아치면 제아무리 막강하게 보이는 국가나 민족이라 할지라도 천지운세 앞에 순응할 수밖에 없게 될 것입니다.

하늘의 밀사

22 오늘 전해 주는 하나님의 메시지

를 통해 많은 것을 배우고 깨달았을 줄 믿습니다. 그런데 아직도 방향감각을 상실한 채 표류하고 있는 인류는 그 어느 때보다도 하늘을 대신한 여러분의 도움을 필요로 하고 있습니다. 이제 여러분은 새로운 각오와 결의로 천명을 받들고 나서는 하늘의 밀사가 되어야 합니다.

23 하나님의 자녀로 창조받았던 아담과 해와가 타락으로 인해 잃어버린 것이 무엇이라고 했습니까? 첫째로는 하나님께서 주신 혈통권을 상실하고 말았습니다. 핏줄은 부모가 자식에게만 줄 수 있는 특권 중의 특권입니다. 그러나 타락으로 인해 그들은 사탄의 거짓 혈통을 받고 사탄의 자식으로 전락하고 말았습니다. 따라서 오늘날 인류는 누구를 막론하고 예외 없이 사탄의 혈통을 전수받아 살고 있는 타락의 후예라는 사실을 확실히 깨달아야 할 것입니다. 하나님께서는 당신 전체를 백 퍼센트 투입하여 절대신앙·절대사랑·절대복종의 기준에서 아담 해와를 창조하시고 그들의 사랑과 생명의 씨로서 혈통을 주셨다는 것입니다. 따라서 이제 여러분의 위치는 다릅니다. 참부모님께서 허락하신 성주식을 통해서 혈통전환을 하고 재축복을 받아 참된 가정을 찾아 세울 수 있는 길이 활짝 열렸습니다.

24 둘째로는 인류의 첫 번째 가정인 아담가정에서 형님 가인이 동생 아벨을 죽임으로 말미암아 형제권을 잃어버렸습니다. 하늘이 주신 가정에서의 본연의 질서요 축복인 형님과 동생 간의 사랑과 화합의 삶이 시기와 원망의 원수관계로 떨어지고 만 것입니다. 따라서 인류는 이제 선생님이 주도해 온 세계적 차원의 교차축복결혼을 통해 혈통복귀를 완성하고, 보다 하늘 편인 아벨이 주체격 형님의 자리, 즉 본연의 질서를 확립해야 하는 것입니다.

25 하나님께서 태초에 인간을 창조하시며 소망하셨던 창조본연의 평화이상세계 창건이 여러분의 목전에서 지금 실현되어 가고 있음을 잊지 마십시오. 이것이 바로 기적이 아니고 무엇이겠습니까? 세계 도처에서 교차축복결혼 가정들이 하늘의 참사랑의 뿌리를 내리고 있습니다. 새로운 하늘의 혈통이 열매맺어 가고 있습니다. 이 아름다운 지구성을 본연의 에덴동산으로 가꾸어, 인류는 이제 영원한 평화와 행복을 구가하며 대대손손 천일국의 할렐루야를 마음껏 외치게 될 날이 가까워지고 있습니다.

2절 하나님의 모델적 이상가정

1 하나님께서는 아담과 해와를 창조하여 인류의 첫 조상으로 세우셨습니

다. 당신의 전체를 백 퍼센트 투입하시어 사랑과 생명, 그리고 당신의 혈통이 연결된 아들과 딸로 세우셨다는 것입니다. 부자간의 관계야말로 모든 관계 중에 최고 최상의 관계이기 때문입니다. 하나님의 혈통을 전수해 주어 영존시킬 수 있는 유일한 길이 바로 부모와 자식 간의 혈통관계밖에 없기 때문입니다. 그러나 생명보다 귀하고 중요한 이 부모와 자식의 관계가 아담 해와의 타락으로 말미암아 끊기고 말았습니다. 영원한 독생자로 세운 당신의 혈육이 원수 사탄과 혈연적 관계를 맺음으로 말미암아 사탄의 자식이 되어 떨어져 나간 현실 앞에서 하나님의 가슴은 역사적인 한으로 피멍울이 맺히게 되었다는 것입니다. 역사상 그 누구도 알지 못했고, 그 누구도 풀어 줄 수 없었던 억울하고 처절한 한으로 남고 말았습니다.

2 아담 해와를 중심삼고 당신의 혈통을 영원히 전수해 줄 참된 가정을 세우려 하셨던 하나님의 창조이상은 이렇게 제1대에서 좌절되고 말았습니다. 따라서 하나님의 한을 풀어 드릴 수 있는 유일한 길이 바로 사탄의 혈통과 무관한 참된 가정을 찾아 세우는 것입니다. 여기에 우리 모두가 하나님의 창조이상인 참된 가정을 세워야 하는 이유가 있습니다.

아담 해와를 창조하신 하나님의 목적

3 구약성경 창세기 1장 27절을 보면 '하나님의 형상대로 사람을 창조하시되 남자와 여자로 창조하시고'라는 말씀이 있습니다. 이 대목을 귀납적으로 추리해 보면, 하나님은 한 사람의 남성과 한 사람의 여성을 합한 분이시라는 결론이 나옵니다. 이런 하나님께서 독처하는 것이 좋지 않아 당신의 대상으로 창조한 것이 피조세계입니다. 즉 우주만상은 형상적 대상의 위치에, 그리고 그 중심에 실체적 대상으로서 인간을 창조하신 것입니다. 이렇게 하나님의 실체대상으로서 창조한 첫 번째 남성격 대표가 아담이요, 여성격 대표가 해와입니다. 그런데 하나님께서 이처럼 인간을 1남 1녀로 분립하여 창조하신 데는 목적이 있습니다.

4 첫째로, 이성성상의 중화적 주체로 자존하시면서도 무형으로 계시는 하나님께서는 실체세계를 상대하는 데에 필요한 체를 입기 위함이었습니다. 남성의 체만도 아니요 여성의 체만도 아닌, 아담과 해와 두 사람의 체를 입고 실체세계와 자유자재로 교통하고 작용하기 위함이었던 것입니다. 체를 입지 않은 무형의 하나님만으로는 유형실체세계를 상대하는 데에 한계가 있기 때문입니다. 따라서 아담과 해와가 마음속에 하나님을 모

시고 일체가 되어 완성한 터전 위에 결혼을 하고 자녀를 낳아 가정을 이루었더라면, 아담과 해와는 외적이요 횡적인 실체 참부모가 되고, 하나님은 내적이요 종적인 실체 참부모가 되었을 것입니다. 이렇게만 되었더라면 아담과 해와는 내외 양면으로 백 퍼센트 하나님을 입체적으로 닮은 입장에 서게 되었을 것입니다. 이처럼 하나님을 완전히 닮은 아담과 해와가 인류의 참부모가 되었더라면 그들의 모습을 통해 인류는 일상생활 속에서 하나님의 실체를 인지하며 살게 되었을 것입니다.

5 둘째로, 사랑의 완성을 위해서입니다. 아담과 해와가 완성하여 완전 일체를 이룬 사랑의 실체가 되면 그 위에 하나님께서 임재하여 인류의 참사랑의 부모가 되고자 함에 있었던 것입니다. 하나님의 형상적 실체 부모의 입장에 서게 되는 아담과 해와가 실체의 자녀를 번식함으로써 이상가정, 이상세계를 이룰 수 있었을 것입니다. 그렇게 되면 인간을 통해서 영계와 지상계가 연결됩니다. 이처럼 하나님께서는 영계와 지상계를 연결하는 목적을 두고 인간을 창조하셨다는 결론을 내릴 수 있습니다.

6 하나님은 참사랑을 중심삼고 아담과 해와에게 임재하심으로써 인류의 참된 부모, 실체의 부모로 계시다가 아담과 해와가 지상 생애를 마치고 영계로 들어가면 그곳에서도 아담과 해와의 형상으로 그들의 체를 쓰시고 참부모의 모습으로 현현하시게 되는 것입니다. 그러나 아담 해와의 타락으로 인해 하나님의 이 꿈은 좌절되고 말았던 것입니다.

7 하나님께서 필요하신 것은 돈도, 지식도, 권력도 아닙니다. 하나님은 절대자이시고 전지전능하시기 때문에 그런 것은 필요하지 않은 분입니다. 제아무리 현대과학이 눈부신 발전을 거듭해도 그 모두가 하나님의 창조권 안에서 새로운 사실들을 발견해 가는 과정일 뿐입니다. 방대한 우주는 인간의 생각과 과학이 미칠 수 없는 질서 속에서 법도를 따라 운행되고 있습니다. 이처럼 하나님은 절대적 과학자이기도 합니다.

하나님의 창조이상

8 인간 창조를 통한 하나님의 이상은 무엇이었겠습니까? 그것은 바로 사위기대를 이루는 것입니다. 여기서 사위기대란 하나님을 중심삼고 아담과 해와가 하나님의 사랑권 내에서 벗어나려고 해도 벗어날 수 없는 완전일체의 경지를 뜻합니다. 하나님과 일체를 이룸은 물론 그들이 서로 하나가 되어 이상적인 부부를 이루

고, 이상적인 자녀를 번식함으로써 이루게 되는 하나님 중심의 가정적 기대를 말하는 것입니다. 이처럼 가정적 사위기대가 완성되면 이것이 바로 하나님이 소망하신 창조이상가정이 되는 것입니다.

9 일반적으로 가정이란 결국 부모와 자녀 그리고 부부의 결합으로 이루어진 하나의 묶음인데, 이 묶음의 중심이 하나님의 사랑이어야 한다는 것입니다. 여기에서 남편은 하늘을 대표하고, 아내는 땅을 대표하게 됩니다. 그러므로 부부는 둘이지만, 그들이 횡적으로 하나가 될 때 하늘과 땅이 통일되는 입장에 세워지게 됩니다. 하나님의 사랑을 중심삼고 부부가 하나되면 천주가 통일되는 길이 열린다는 말입니다.

10 하나님께서 피조세계를 창조하신 것은 궁극적으로 기쁨을 누리시고자 하는 데 있습니다. 그러나 절대자 하나님도 혼자서는 기쁨을 느낄 수 없기 때문에 사랑을 주고받을 수 있는 대상이 필요했다는 것입니다. 기쁨은 배우는 것이 아니고 상대를 통해 느끼는 것이기 때문입니다. 다시 말해서 하나님은 인간과 만물이 하나님의 사랑을 중심으로 하나되어 화기애애한 사랑의 세계를 이루는 것을 보고 기쁨을 느끼시기 위해 이 세계를 창조하셨다는 것입니다. 이처럼 하나님의 사랑이상을 완성하는 데는 인간이 절대적으로 필요한 것입니다. 그런 차원에서 절대가치란 절대적 상대에게서 창출되는 것이라는 말도 이해가 될 것입니다. 그런 터 위에 인간이 하나님의 사랑을 중심삼고 참된 부부의 인연을 맺고, 참된 사랑의 가정과 종족·민족·국가, 그리고 세계를 이루는 것을 보고 기쁨을 느끼기 위해서 이 피조세계를 창조하신 하나님이라는 것입니다.

11 하나님은 아버지이고 인간은 자식으로서 종적인 축을 형성하도록 되어 있었던 것이 인간 창조입니다. 만일 이 축이 온전히 연결만 되었더라면, 즉 인간과 하나님 사이에 참사랑으로 일체 된 관계만 맺어질 수 있었더라면 우주의 어떤 힘도 떼어 놓을 수 없는 절대 불가분의 관계가 되었을 것입니다. 하나님의 본연의 사랑에다 줄을 매고 그 사랑의 맛을 본 사람이 어떻게 갈라질 수 있겠습니까? 꿀벌은 봄이 오면 긴 겨울잠에서 깨어나 신선한 꿀맛을 보게 됩니다. 넋을 잃고 꿀을 빨고 있는 꿀벌의 꽁지를 핀셋으로 잡아당겨 보십시오. 꽁무니가 빠져나갈지라도 꿀에서 입을 떼지 못하는 벌들이 있는 것을 보게 됩니다. 여러분은 어떻습니까? 여러분이 진정 하나님의 참사랑의 맛을

알게 된다면 도망가다가도 다시 와서 그 참사랑에 붙으려 할 것입니다. 이처럼 하나님과 연결시켜 주는 종적인 참사랑의 힘은 생명의 힘보다도 더 크다는 것입니다.

3대가 어울려 사는 가정

12 우리가 떠나온 가족을 그리워하는 것은 그곳에 위해 주는 사랑이 있기 때문입니다. 어머니 아버지의 사랑, 형님 누나와 동생의 사랑, 처자식과 이웃 친척들의 사랑이 알알이 배어 있는 곳입니다. 이 모든 관계와 인연들이 위해 주는 사랑으로 맺어져 있고 하나같이 품고 싶은 정다운 곳입니다. 그곳에 해방된 자신으로서 당당히 나타나 산천초목을 품고, 일가친척을 사랑하며 환희의 노래를 부르고 싶은 것이 가족을 떠난 나그네의 향수요 소망일 것입니다. 고향에서 쫓겨나 본향의 심정의 뿌리를 잃어버려 가족을 보고 싶어도 돌아갈 수 없었던 영원한 고독의 패망자로서 유리고객하며 살다가 지옥으로밖에 갈 수 없었던 신세가 바로 타락의 후예 된 인류였다는 것입니다. 인류는 이제 후천개벽시대를 맞아 이와 같은 질곡의 늪에서 해방을 받고 그처럼 몽매에도 잊지 못하던 고향을 찾아 가족들을 상봉할 수 있는 길이 열렸습니다. 인류에게 이보다 더 큰 축복의 날이 또 언제 있겠습니까? 아담 해와가 타락으로 잃어버린 본연의 가정을 우리가 다시 찾아 세울 수 있는 천운의 때가 도래했다는 것입니다.

13 여러분이 잃어버린 본연의 가족을 찾아갈 때는 아담 완성의 자리에서, 예수님 완성의 자리에서, 그리고 재림주를 대표하는 완성한 자리에서 가야 할 것입니다. 그 가정에는 하나님이 임재하실 것입니다. 조부모·부모·자녀가 한데 어울려 사는 3대의 가족이 될 것입니다. 할아버지를 역사적인 조상의 뿌리로 모시고 살아야 할 것입니다.

14 '더불어 위하여 사는 삶'의 모델적 전형은 하나님적 가정입니다. 부모와 자식은 사랑과 존경으로, 부부는 상호 신뢰와 사랑을 바탕으로, 형제자매 간은 서로 믿고 의지하며 하나되어 사는 보금자리가 바로 모델적 이상가정이라는 것입니다. 참사랑의 뿌리에 참사랑의 줄기가 생겨나고, 참사랑의 열매가 맺히는 참된 가정을 찾아야 한다는 뜻입니다. 그런 가정에는 역사의 뿌리가 살아 있고, 하늘나라의 뿌리가 뻗어 들어와 있다는 것입니다. 지상천국의 뿌리가 내리고 있는 곳이 그런 가정입니다. 영원히 계속될 왕권의 뿌리도 여기에 정착하는 것입니다. 과거·현재·미래의 뿌리가 각각 조부모·부모·손자 손녀로 대

표되어 과거의 뿌리는 영계를 대표하고, 현재의 뿌리는 현 세계를 대표한 왕궁이요, 미래의 뿌리는 손자 손녀를 왕자 왕녀로 세워 두 세계, 즉 영계와 육계를 대표하는 평화의 궁전을 짓고 사는 것입니다. 이렇게 조부모·부모·손자 손녀를 중심삼고 3대가 한 가정에서 영존하시는 하나님을 모시고 사는 천일국 가정을 찾아 세우는 것이 종족메시아들의 책임이요, 평화대사들의 사명이며, 하나님의 소원인 것을 알아야 합니다.

15 인류가 한 가족이 되어 서로서로 마음의 담을 헐고 천주적 차원에서 국가 간의 국경까지도 제거하자는 공생·공영·공의사회의 실현운동도 이렇게 한 가정으로부터 시작되는 것입니다. 따라서 우리가 참된 가정을 찾아 세우는 일은 이 땅에 천주평화왕국 창건을 앞당기는 섭리적 소명이라는 점을 명심해야 할 것입니다.

16 하나님께서도 어디 출타했다가 그리워서 다시 찾아올 수 있는 그런 가정을 여러분이 찾아 세워야 되는 것입니다. 부모가 자식의 집을 찾아가듯 기쁜 마음으로 편하게 찾아오는 가정을 준비하라는 것입니다. 그것이 바로 하나님을 모시고 사는 삶입니다. 이런 가정에는 하나님께서 종적으로 양심적인 주체가 되고, 여러분의 마음은 그 종적 주체를 따라 자기 자신의 종적 주체 자리에 서서 몸 마음을 통일하는 것입니다. 그곳에는 부모의 사랑, 부부의 사랑, 자녀의 사랑, 형제의 사랑, 이렇게 4대 사랑권, 즉 4대 심정권의 완성을 보는 것입니다. 이런 가정이라야 상하·좌우·전후가 하나로 연결되어 구형운동을 계속하게 되며 영존하게 되는 것입니다. 따라서 영존하게 되는 하나님의 모델적 이상가정과 이상국가와 평화이상왕국이 되는 것입니다.

17 만일 전 세계가 참된 가정들로만 채워진다면 그곳에는 변호사도, 검사도, 더 나아가서는 판사도 필요 없는 천도와 천법이 다스리는 순리의 세상이 될 것입니다. 여러분도 한번 생각해 보십시오. 누가 여러분의 잘잘못을 가장 잘 알고 있습니까? 여러분의 조부모요, 부모요, 여러분의 남편과 아내, 그리고 여러분의 자식들입니다. 가정 안에서 해결하지 못할 일이 무엇이 있겠습니까? 부모와 자식이, 남편과 아내가, 형님과 동생이 서로서로 위해 주는 삶의 모범을 보일 때, 용서 못할 잘못이 어디 있겠으며 범죄 할 수 있는 틈이 어디 있겠습니까? 천리와 천도가 다스리는 세계는 자연스러운 세계입니다. 막힘이 없는 진리와 순리의 세계입니다. 그림자가 생기지 않는 절대가치에 의한

정오정착의 세계입니다. 따라서 우리가 참된 가정을 찾아 세우는 일은 이 땅에 천주평화왕국 창건을 앞당기는 섭리적 소명이라는 점을 명심해야 할 것입니다.

3절 절대 성(性)과 교차축복결혼

1 여러분은 하나님께서 인간을 창조한 궁극적 목적이 어디에 있다고 생각하십니까? 참사랑을 중심한 이상가정의 완성을 통해 기쁨을 느끼는 것이었습니다. 그렇다면 이상가정은 어떤 모습이겠습니까? 하나님께서 창조하신 첫 번째 인간은 남성격을 대표한 모델인 아담과 여성격을 대표한 모델인 해와였습니다. 그렇다면 그들이 참사랑의 표제가 되는 인격자와 주인이 되는 길은 어떤 길이었을까요? 한마디로 하나님을 아버지로 모시고 살 수 있는 부모와 자식의 관계를 확보하는 절대평화모델 이상가정이었습니다. 하나님과 한 가족을 이루어 영원히 기쁨을 느끼며 사는 길이라는 뜻입니다.

2 하나님께서는 절대평화모델 이상가정을 이루시고자 아담과 해와를 창조하시고 그들을 인류의 첫 조상으로 세우셨습니다. 당신 전체를 완전 투입하시어 참사랑과 참생명과 참혈통이 연결된 천주의 총합실체요, 영계와 육계의 매개체이며 만물의 주관주인 아들과 딸로 세우셨다는 것입니다.

3 아담 해와가 하나님의 왕자 왕녀가 되면 하나님과 부자관계가 되어 하나님의 전체를 상속받을 수 있게 됩니다. 이러한 자녀가 참사랑을 중심한 부부일체를 완성하면 하나님을 모시고 사는 가정이 되는 것이요 그 가정은 평화와 이상의 기지가 되는 것입니다. 반쪽씩인 남자와 여자가 일체가 되어 완전한 하나님의 상대로서 하나님의 이상적 사랑을 완성하게 되는 기지라는 것입니다. 다시 말해서 참사랑을 중심하고 하나님은 인간을 무한가치의 존재로 완성시킴으로써 하나님도 참사랑의 완성을 보아 영원한 이상애(理想愛)가 깃드는 창조이상세계를 완성하시게 된다는 뜻입니다.

절대 성

4 아담과 해와가 모델 평화이상가정을 이루는 데는 절대 필요조건이 있습니다. 절대자 되신 하나님께서 절대적 기준 위에서 절대적 가치를 부여하기 위해 당신의 자식으로 창조한 인간은 천도가 요구하는 절대기준의 길을 가야 한다는 것입니다. 절대자이신 하나님을 부모로 모시기 위해 가야 할 숙명적 노정의 삶이 필요하다는 말입니다. 다시 말해서

인간이 하나님을 닮아 완성하고 절대자의 아들이라 딸이라 불릴 수 있는 인격자의 위상을 확보하는 데는 하나님이 정해 놓으신 절대적 기준의 길을 걸어야 한다는 뜻입니다. 그 중 가장 중요한 것이 바로 절대 성의 기준입니다.

5 첫째는 결혼식 때까지 지켜야 할 절대 성, 즉 절대순결의 기준입니다. 인간은 누구나 태어나서 성장과정을 거치게 됩니다. 부모의 사랑과 보호 아래 비교적 안전하고 무난한 유소년 시절을 거친 후 주위의 모든 사람들은 물론 만물만상과 더불어 새로운 차원의 관계를 맺으며 새롭게 역동적인 삶을 출발하는 청소년기에 들어가는 것입니다. 외적으로 성인이 되는 것만이 아니라 내적으로 인격완성을 통한 절대인간의 길로 들어서는 순간인 것입니다. 그런데 여기서 인간이라면 누구나 예외 없이 지켜야 할 절대 필요조건이 바로 순결입니다. 순결이 인간에게 절대모델 성(性) 필요조건인 것은 하나님께서 창조이상을 이루기 위해 당신의 자식에게 주신 숙명적 책임이요 의무이며 천도의 길이 바로 절대모델 성 완성의 길이기 때문입니다.

6 하나님이 인간시조인 아담 해와를 창조하시고 주신 유일한 계명이 무엇이었습니까? 하늘이 허락하는 때가 되기 전에는 서로의 성을 절대적 기준에서 지키라는 계명이자 축복이었습니다. 선악과를 따먹으면 반드시 죽고, 따먹지 않고 하늘의 계명을 지키면 인격완성은 물론 창조주이신 하나님과 대등한 공동 창조주의 대열에 서게 되며, 더 나아가서는 만물을 주관하여 영원하고 이상적인 행복을 구가하는 우주의 주인이 될 것이라는 성경의 말씀이 바로 이 점을 놓고 말한 것입니다. 혼전순결을 지켜 참된 자녀로서 하늘의 축복 하에 결혼을 하고 참된 부부가 되어 참된 자녀를 생산하여 참된 부모가 되라는 축복이었습니다. 이것은 하나님의 창조원칙인 절대 성을 떠나서 행해지는 것이 아니라는 사실을 확인시켜 주는 내용인 것입니다. 즉 하나님의 이 계명 속에는 인간이 하나님의 자녀로서 역사를 통해 개성을 완성하고 만물의 주관위(位)에 세우기 위해서는 하나님의 창조이상 모델 성을 상속시켜 줘야 하는 깊은 뜻이 숨어 있었던 것입니다.

7 둘째는 부부간에 생명보다 귀하게 지켜야 할 절대모델 성, 즉 절대정절의 천법입니다. 부부는 하늘이 정해 준 영원한 반려자로서 자녀를 생산함으로써 참사랑·참생명·참혈통을 창조하는 공동 창조주의 절대·유일·불변·영원성의 본원지인 것입니다. 혼자서

는 천년을 살아도 자식을 낳을 수 없는 것이 천리이기 때문입니다. 혼전 순결을 지켜 순수한 하늘의 부부로 맺어진 사람들이 어찌 천도를 벗어나 외도를 할 수 있겠습니까? 동물과는 달리 하나님께서 인간을 당신의 자식으로 창조하신 그 뜻을 안다면 상상도 할 수 없는 창조주에 대한 배신과 배역이요, 스스로 파멸의 무덤을 파는 길입니다. 인간 타락의 결과로 빚어진 창조이상권 밖의 결과입니다.

8 절대 성은 하늘이 인간에게 부여하신 최고의 축복입니다. 절대 성의 기준을 고수하지 않고는 인격완성, 즉 완성인간의 길이 불가능하기 때문입니다. 더 나아가서는 하나님께서도 인격신, 실체신의 위상을 세우기 위해서는 완성인간을 통해 참된 가정적 절대 성 기반을 확보하지 않고는 불가능하기 때문입니다. 절대자이신 하나님께서 우리의 삶을 직접 주관하시고 우리와 동거동락하시기 위해서는 당신의 대상이요 자녀로 창조한 인간이 하나님처럼 절대 성적 기준에서 완성을 본 가정의 모습을 갖추어야 한다는 뜻입니다. 절대 성을 중심삼은 가정이라는 테두리 속에서라야 조부모·부모·자녀, 이렇게 3대권을 포함한 인간 본연의 삶의 이상적 모델 성 관계가 창출되는 것입니다. 이 기대 위에서라야 하나님의 영생은 물론 인간의 영생도 가능해진다는 사실을 확실히 아시기 바랍니다.

9 절대 성을 중심삼은 아담과 해와가 하나님의 뜻대로 개인완성, 즉 인격완성을 이루어 하나님의 축복 속에 부부관계를 맺고 하나님과 완전일체를 이루었더라면, 하나님께서 그들 속에 임재하실 수 있는 인연이 결정되었을 것입니다. 더 나아가서는 그들의 자녀에게도 하나님과 직접적으로 부자의 인연을 맺을 수 있는 사랑의 기준이 연결되었을 것입니다. 다시 말해서 완성한 아담과 해와의 절대 성을 중심삼은 결혼은 하나님 자신의 결혼이 되었을 것입니다. 하나님이자 아담이요 하나님이자 해와가 되어 아담과 해와는 하나님의 몸이 되고, 하나님은 그들의 마음자리에 안착하시어, 더불어 유형 무형의 두 세계에서 절대 성을 중심한 인류의 참부모가 되었을 것입니다.

교차축복결혼의 목적

10 결혼은 왜 해야 하는 것입니까? 주인의 자리를 찾기 위한 것입니다. 남자나 여자나 혼자서는 반쪽 인간밖에 되지 않습니다. 하나님의 창조가 그렇게 되어 있습니다. 그래서 하나님께서는 사랑의 기관인 생식기의 주인을 서로 엇바꾸어 놓은 것입니다.

아내의 생식기 주인은 남편이고, 남편의 생식기 주인은 아내입니다. 서로 위해 주는 사랑을 중심삼고서야 상대의 주인 자리에 설 수 있습니다. 이런 주인의 자리를 확보하기 위해 인간은 결혼을 하는 것입니다.

11 주인의 자리를 찾아서는 무엇을 하자는 것입니까? 그 자리에서 하나님의 사랑을 점령하자는 것입니다. 하나님은 3대 사랑의 주체이십니다. 천주의 주인으로서 참사랑의 스승, 참사랑의 주인, 참사랑의 부모이십니다. 이것이 바로 진정한 3대 주체사상입니다. 이런 모든 가르침과 진리가 참된 모델적 가정의 삶을 중심삼고 창출되는 것이며, 이것을 확대하면 사회와 국가 그리고 세계와 천주까지도 모델적 이상가정의 평화왕국으로 바꿀 수 있는 것입니다.

12 이제 여러분의 위치는 다릅니다. 참부모님께서 허락하신 성주식을 통해서 혈통전환을 하고 재축복을 받아 참된 가정을 찾아 세울 수 있는 길이 활짝 열렸습니다. 혈통전환을 하여 인류를 다시 하나님의 자녀로 찾아 세우는 최상의 방법은 교차축복결혼입니다. 인종·문화·국경·종교의 벽을 뛰어넘어, 즉 모든 원수관계의 고리를 끊고 새로운 차원의 하늘적 혈통을 창조하는 혁명적 역사입니다. 하나님께서 이 현상세계를 섭리하시기 위해 실체를 쓰시고 현현하신 평화의 왕 참부모를 통해 재창조함을 받는 거룩한 혈통전환의 의식입니다.

13 생명보다 귀하고 사랑보다도 소중한 것이 혈통입니다. 생명과 사랑이 합해서 창조해내는 것이 혈통이라는 것입니다. 이중에 생명이 없어도 안 되는 것이요, 사랑이 없어도 혈통은 창조될 수 없는 것입니다. 사랑·생명·혈통 중 그 열매가 혈통이란 말입니다. 하나님의 핏줄 속에는 참사랑의 씨가 들어가 있고, 참생명의 몸이 살아 있습니다.

14 여러분도 가슴에 손을 얹고 조용히 한번 생각해 보십시오. 오늘 우리가 몸담고 있는 이 전쟁과 반목의 세상을 무슨 다른 방법으로 구할 수 있겠습니까? 원수 가문, 더 나아가서는 원수 국가와도 교차축복결혼을 통해 미워하고 싶어도 미워할 수 없는 한 가족이 되는 것보다 더 확실한 방법이 또 어디 있겠습니까? 더 나아가서 교차축복결혼이야말로 이 땅에 평화이상세계를 실현하는 궁극적 방법이요 수단인 것을 확실히 가르쳐 주어야 할 것입니다. 그리하여 여러분의 가문과 종족, 그리고 이 한민족이 모두 함께 교차축복결혼의 성스러운 대열에 나서야 할 것입니다.

참사랑의 삶

15 참사랑의 본체 되시는 하나님을 닮는 최선의 길이 참사랑의 실천을 통한 참사랑의 인격자요 참사랑의 주인이 되는 길이라고 했습니다. 그 길만이 우리도 참부모가 될 수 있는 길이라고 했습니다.

16 여러분의 삶은 참사랑에 미쳐서 사는 삶이어야 합니다. 아담과 해와 이상, 예수님 이상 하나님을 사랑할 수 있는 삶을 살아야 합니다. 철저하게 참사랑의 실천을 통해 몸과 마음을 완전통일하고, 참사랑의 상대권을 찾아 세워야 합니다. 다시 말해서 이 땅에서 참된 가정을 완성시켜 참된 부모, 참된 부부, 참된 자녀, 이렇게 적어도 3대가 함께 참사랑을 중심한 삶을 살다가 들어가야 하는 곳이 천국입니다.

17 참사랑이란 어떤 사랑입니까? 절대적 하나님의 참사랑의 본질은 위함을 받겠다는 사랑이 아니고 남을 위해, 전체를 위해 먼저 베풀고 위해 주는 사랑입니다. 주고도 주었다는 사실 자체를 기억하지 않고 끊임없이 베푸는 사랑입니다. 기쁨으로 주는 사랑입니다. 어머니가 자식을 품에 안고 젖을 먹이는 기쁨과 사랑의 심정입니다. 자식이 부모 앞에 효도하며 기쁨을 느끼는 희생적 사랑입니다. 하나님의 인류 창조가 그랬듯이 아무것도 돌려받겠다는 기대나 조건이 없이 베푸는 절대·유일·불변·영원적 사랑의 창조입니다.

18 참사랑은 공익성을 띤 무형의 질서요 평화요 행복의 근원입니다. 참사랑은 우주의 원천이요, 우주의 중심, 우주의 주인을 만들어 주는 사랑입니다. 참사랑은 하나님의 뿌리요 의지와 힘의 상징이기도 합니다. 따라서 참사랑으로 맺어지면 영원히 같이 있어도 좋기만 하고, 우주는 물론 하나님까지도 끌면 따라오는 사랑입니다. 타락의 후예 된 인간이 만들어 놓은 국경의 벽, 인종의 벽, 더 나아가서는 종교의 벽까지도 영원히 종식시킬 수 있는 힘이 참사랑의 가치입니다. 따라서 천국 들어가는 절대 필요조건이 바로 '위하는 삶', 즉 참사랑의 삶이라는 것입니다.

19 하나님의 참사랑의 주류 속성은 절대·유일·불변·영원한 것이어서 누구나 이 참사랑을 실천궁행할 때 하나님과 동거동락하게 되며 동참권, 상속권까지 누리게 되는 것입니다. 이처럼 천국 들어가는 절대 필요조건인 '위하는 삶', 즉 참사랑의 삶이란 모든 창조, 평화 이상적 모델인 하나님을 중심하고 평화롭게 사는 새로운 가정의 삶이라는 것입니다.

제2장 천일국 창건의 참된 주인

1절 영계와 천국

1 만유의 창조주 되신 하나님은 전 인류의 참부모이십니다. 어떤 특정 종교나 인종 또는 특정 지역 사람들만을 위해 계시는 제한된 개념의 부모가 아닙니다. 그 명칭을 여호와라 해도 좋고 알라 신, 또는 그 어떤 다른 이름이라도 좋습니다. 중요한 것은 하나님은 확실히 존재하시며 만인의 참부모로서 지금도 살아서 창조역사를 계속하고 계신다는 사실입니다. 당신이 태초에 세우신 천리원칙을 따라 우주만상을 경륜하시고 역사를 섭리해 나오고 계시는 것입니다.

실존하는 영계

2 인간에게는 몸과 마음이 있고, 마음 위에는 영인체가 있으며, 그 영인체가 들어가 살게 되는 영계에는 물론 육신이 살고 있는 현실세계 어디든지 하나님은 실존하십니다. 그리고 인간은 참사랑을 통해 하나님과 완전히 하나가 될 때 완전한 사람이 됩니다. 이런 관점에서 완전한 사람이란 비록 작은 개체의 모습일지라도 전체 역사를 대표한 존재요, 또 미래의 모든 인연을 대신한 존재이기 때문에 천주적인 가치를 지니게 되는 것입니다.

3 우리가 진정 인간의 천주적인 가치를 안다면 생을 살아가면서 마음을 앞에 모시고 따라가는 삶을 살아야 할 것이라는 점이 확실해질 것입니다. 그래서 여러분의 양심은 여러분의 모든 언행은 물론 생각까지도 감지하여 알고 있는 것입니다. 스승보다 먼저 알고, 부모보다 먼저 알고, 하나님보다도 먼저 아는 것입니다. 따라서 영원한 스승 된 양심의 명령에 절대복종하며 살기만 하면 여러분의 영생은 절대 보장이 되는 것입니다. 하나님의 창조가 그렇게 되어 있다는 것입니다.

4 인간의 구조를 보면 하나님은 본래 인간을 이중구조로 창조하신 것을 알 수 있습니다. 유형세계인 현상세계의 축소체로서 육신을 창조하시고, 무형세계의 대표요 주인으로 세우기 위해 영인체를 창조하셨습니다. 따라서 인간은 지상계에서 한 100년쯤 살다가 육신의 기능이 다하면 자연스럽게 그리고 자동적으로 무형세계인 영계로 들어가게 되어 있습니다. 이처럼 영계는 육신을 터로 하여 살고 있는 우리의 눈으로 볼 수 없을 뿐이지, 지상생활의 자동적이고 필연적인 연장인 것입니다. 하나님

께서 창조해 주신 인간의 영원한 본향입니다.

5 영계는 엄연히 존재하는 것입니다. 망상의 세계도 아니요, 상상의 세계도 아닙니다. 이것은 인간의 선택권 밖에 있습니다. 좋다고 해서 가고 싶다고 해서 가지 않아도 되는 세계가 아닙니다. 하나님이 영원하고 불변하신 분인 것처럼 당신이 창조하신 영계도 영원하고 불변한 것입니다. 우리가 지상계에서 육신을 쓰고 현상세계와 각종 관계를 맺어 가며 사는 것과 마찬가지로, 영계에서도 인간은 영인체를 갖고 영계의 모든 현상과 밀접한 관계를 유지하며 살아가야 하는 숙명적 존재입니다.

영인체와 육신의 관계

6 인간의 영인체와 육신의 관계를 볼 때 보다 더 중요한 것은 육신이 아니라 영인체입니다. 육신은 한 100년쯤 버티다 간다고 하지만 영인체는 시간과 공간권을 초월하여 영생하는 것입니다. 제아무리 지상계에서 호의호식하며 잘사는 사람이라도 결국은 죽는 것 아닙니까? 따라서 여러분의 삶은 영적인 기준과 육적인 기준을 잘 조화시켜 영육이 합한 완성실체를 이루어 살다가 가야 합니다. 현상세계요 유한세계인 지상계의 삶에서 육신을 터로 하여 영인체를 완성시켜야 하는 소명적 책임이 있다는 말입니다. 그런데 영인체의 완성은 자동적으로 오는 것이 아닙니다. 반드시 참사랑의 실천을 통해서 몸과 마음이 완전일체가 된 삶의 터 위에 서라야 완숙한 영인체가 결과맺어지는 것입니다.

7 가을이 되어 창고에 들어가는 잘 익은 과일이 되기 위해서는 봄과 여름이라는 과정을 거치면서 자연계가 제공해 주는 영양소와 주인의 자상한 보살핌이 절대로 필요합니다. 게으르고 무식한 주인을 만난 과수원의 과일은 각종 질병과 악천후에 시달려 익지도 못한 채 낙과하거나 벌레 먹은 과일로 분류되고 말 것입니다. 과일은 과일이지만 다 같은 과일이 아닙니다. 모든 과일이 다 시장에 내어다가 팔 수 있는 완성품이 될 수 없다는 것입니다.

8 나무 위에서 완숙된 과일은 자동적으로 주인의 창고에 들어갑니다. 마찬가지로 인간의 영인체는 나무와 같은 입장인 지상계의 삶에서 완성을 보아야만 자동적으로 무형세계인 영계의 천국에 들어가는 것입니다. 다시 말해서 인간은 육신을 쓰고 사는 지상계의 삶에서 완숙한 삶, 즉 이 땅에서 천국을 이루어 즐기며 살다가 가야 자동적으로 천상천국에 입성하

게 된다는 것입니다.

9 지상계에 사는 동안 여러분의 일거수일투족은 하늘의 공법을 기준으로 하여 하나도 빠짐없이 여러분의 영인체에 기록이 되는 것입니다. 따라서 영계에 들어가는 여러분은 육계에서의 삶을 백 퍼센트 수록한 영인체의 모습입니다. 잘 익은 선한 삶이었는지 벌레 먹고 썩은 악한 삶이었는지는 여러분의 영인체에 적나라하게 나타난다는 것입니다. 하나님이 여러분의 심판주가 아니라 여러분 스스로가 자신의 심판관이 된다는 뜻입니다. 이런 엄청나고 무서운 천리를 안다면 어찌 감히 지상계의 삶을 온갖 사탄의 유혹에 빠져 이기적이고 쾌락만을 좇는 패덕의 삶으로 끝낼 수 있겠습니까? 여러분의 영인체에 상처를 입히고 흠집을 내는 일은 목숨을 걸고 삼가야 할 것입니다. 천국행과 지옥행이 오늘 이 시간 여러분의 생각과 언행에서 결정지어진다는 사실을 확실히 명심하시기 바랍니다.

10 영인체 자체가 참사랑의 삶을 주도하고 실천할 수 있는 것이 아닙니다. 여러분의 영인체는 반드시 몸과 마음의 원활한 수수작용으로 전개되는 육신의 삶을 터로 한 참사랑의 삶을 통해서라야 성장하고, 완숙하고, 완성되는 것입니다. 그러나 여러분 속에서는 겉사람과 속사람이 끊임없이 갈등하며 싸우고 있음을 부정할 수 없을 것입니다. 얼마나 더 이 싸움을 계속하시겠습니까? 10년입니까, 100년입니까? 우주의 모든 존재에는 엄연한 질서가 있습니다. 하나님께서는 우리 인간을 그렇게 불완전한 상태로 창조하시지 않았다는 것입니다. 겉사람 된 육신의 유혹을 과감히 떨쳐 버리고 속사람 된 양심의 길을 따라 절대 성을 완성하고 인생 승리를 달성해야 할 것이 여러분의 인간 된 의무요 책임이라는 것을 알아야 할 것입니다. 이와 같은 생을 사는 사람에게는 천운도 함께해 주는 것이며, 영인체의 완성도 볼 수 있는 것입니다.

천국은 어떤 곳인가

11 여러분, 천국은 어떤 곳이며 지옥은 어떤 곳일 것 같습니까? 어떤 사람들이 들어가는 곳이 천국이겠습니까? 분명히 존재한다면 그곳은 어디에 있는 것입니까? 하늘 저편의 은하계 밖입니까, 아니면 인간의 상상력의 소산입니까? 인간이라면 누구나 한 번쯤은 자문하며 고민해 본 내용일 것입니다.

12 천국은 어떤 곳일 것 같습니까? 한마디로 천국은 하나님의 참사랑이 충만하고, 참사랑이 축이 되어 세워진 세계입니다. 참사랑이 모든 환경

권의 외형이자 내용인 세계입니다. 삶의 시작과 끝이 참사랑으로 일관하는 세계입니다. 누구나 참사랑에 의해 태어나서, 참사랑 속에 살다가, 참사랑의 품에 안겨, 참사랑의 궤도를 따라 다음 세계인 영계로 옮겨가는 삶을 사는 사람들의 세계입니다. 따라서 그 세계에는 반목이나 질시가 있을 수 없고, 서로서로가 위해 주고 위함을 받는 자연스러운 세계입니다. 돈이나 명예, 또는 권력이 지배하는 세계가 아닙니다. 한 사람이 잘되는 것은 전체를 대표해서 잘되는 것이요, 한 사람이 좋아하는 것은 전체를 위해 좋아하는 것이요, 한 사람이 기뻐하는 것은 전체가 함께 기뻐하는 그런 모습의 세계입니다.

13 천국은 참사랑의 공기로 꽉 차 있는 세계입니다. 참사랑을 호흡하며 사는 세계입니다. 언제 어디서나 생명이 약동하는 세계입니다. 구성원 모두가 참된 하나님의 혈연으로 인연되어 있는 세계입니다. 온 세계가 우리 몸의 세포처럼 불가분의 관계로 엮어져 있는 곳입니다. 천국은 하나님의 본질적 사랑인 참사랑만이 지배하는 세계입니다. 따라서 하나님도 참사랑을 위해 존재하시는 것입니다.

인간 타락의 결과

14 오늘날 우리가 몸담고 있는 현세계를 보십시오. 극도의 이기주의 덫에 걸려서 물질만능을 외치며 가치관을 상실한 채 향락과 부패의 늪에 빠져 있습니다. 알코올 중독자가 우글거리고, 마약 중독이나 프리섹스도 모자라 이제는 근친상간이라는 짐승보다 못한 만행들을 자행하고도 버젓이 고개를 들고 살아가고 있는 것입니다. 그리고 여왕격의 여자, 할머니격의 여자, 어머니격의 여자, 아내격의 여자, 딸격의 여자, 이렇게 모든 단계의 여자들을 유린하고도 세상을 활보하는 인면수심의 작자들이 범람하는 세상이 되고 말았습니다. 여기에다가 부부들끼리 남편과 아내를 서로 바꾸어 가며 즐기는 스와핑(swapping)이 기승을 부리고 있는 세상이 되고 말았습니다. 이런 작태야말로 인륜도덕 파괴의 극치이며 타락행위의 단말마적 모습임에 틀림없습니다. 하나님의 창조이상세계 완성은 꿈도 꿀 수 없는 지상지옥이 되고 말았습니다.

15 알고 보면 인간의 모든 문제는 우리의 조상 된 아담 해와의 타락에 그 뿌리를 두고 있습니다. 장성기 완성급에 있던 아담과 해와가 사탄의 유혹으로 말미암아 타락하고 말았습니다. 때 아닌 때에 성적으로 타락하고 만 것입니다. 이처럼 남녀 간의 불륜한 성적 결합이 바로 타락이 되었기

에 수천수만년을 거쳐 오면서도 인류는 아직도 그 타락의 혈통권을 벗어나지 못한 채 생각하기도 싫은 만행들을 계속하고 있는 것입니다. 하나님의 가슴에 철못을 박고 있는 역적 행위입니다.

16 인간은 남자나 여자나 혼자서는 반쪽 인간밖에 되지 않습니다. 하나님의 창조가 그렇게 되어 있습니다. 그래서 하나님께서는 사랑의 기관인 생식기의 주인을 서로 엇바꾸어 놓은 것입니다. 아내의 생식기 주인은 남편이고, 남편의 생식기 주인은 아내라는 것입니다. 따라서 서로 위해 주는 참사랑을 중심삼고 하나가 되고서야 상대의 주인 자리에 설 수 있는 것입니다. 다시 말해서 인간은 누구를 막론하고 결혼을 통해 주인의 자리를 확보할 때 반쪽 인간만이 아닌 온전한 인간이 되는 것입니다.

17 인간의 생식기는 지극히 성스러운 곳입니다. 생명의 씨를 심는 생명의 왕궁이요, 사랑의 꽃을 피우는 사랑의 왕궁이요, 혈통의 열매를 맺는 혈통의 왕궁입니다. 이 절대생식기를 중심삼고 절대혈통·절대사랑·절대생명이 창출됩니다. 절대화합·절대통일·절대해방·절대안식이 벌어집니다.

18 생식기의 주인 자리를 찾아서는 무엇을 하자는 것입니까? 그 자리에서 하나님의 사랑을 점령하자는 것입니다. 하나님은 3대 사랑의 주체이십니다. 천주의 주인으로서 참사랑의 스승, 참사랑의 주인, 참사랑의 부모이십니다. 이것이 바로 진정한 3대 주체사상입니다. 이런 모든 가르침과 진리가 참된 모델적 이상가정의 삶을 중심삼고 창출되는 것이며, 이것을 확대하면 사회와 국가, 그리고 세계와 천주까지도 모델적 이상가정의 평화왕국으로 바꿀 수 있는 것입니다.

19 타락으로 말미암아 첫 아담은 본연의 참된 혈통을 잃어버렸고, 따라서 본연의 부부를 이루지 못했으며 본연의 가정을 이루지 못했습니다. 참된 스승, 참된 부모, 참된 왕이 되었어야 할 아담은 사탄의 혈통을 이어받은 거짓 스승, 거짓 부모, 거짓 왕으로 전락하고 만 것입니다.

20 알고 보면 예수님도 이 땅에 강림했던 목적이 다른 데 있었던 것이 아니었습니다. 제2 아담으로 오신 예수님이 만일 십자가에서 목숨을 잃지만 않았더라면, 예수님도 타락과는 관계가 없는 본연의 하늘 혈통을 갖고 첫 아담의 실패를 복귀하여 인류의 구세주로서 참된 가정을 세우고 인류의

본향인 평화이상세계왕국, 즉 지상천국을 이 땅 위에 창건했을 것입니다. 그러나 오신 주님을 알아 모시지 못한 제자들과 유태교 지도자들, 그리고 이스라엘 국가 지도자들의 불신이 예수님의 생애를 그처럼 억울하고 비참한 모습으로 마치게 만들고 말았던 것입니다. 한 점 혈육도 남기지 못한 채 불시에 떠나야 했던 예수님의 한에 맺힌 심정을 아는 자가 어디 있었습니까? 2천년간 기독교 역사가 진행되어 왔지만 진정 예수님의 서글픈 사정을 상상이라도 해본 기독교인이 있었느냐는 것입니다. 재림의 약속만을 남긴 채 홀연히 흔적도 없이 떠나신 예수님, 그분의 육신은 이미 흙이 되어 없어진 지 오래지만 하늘이 예수님을 통해 이루려 하셨던 그 뜻은 이제야 역사의 종말기를 맞아 하늘의 인침을 받고 현현하신 참부모님을 통해 완성되고 있는 것입니다.

천국은 가정에서 먼저

21 이제는 죄악의 탕감복귀시대인 선천시대가 지나가고 천법으로 다스리는 법치시대, 즉 후천개벽의 시대가 도래했습니다. 참부모님으로부터 결혼축복을 받고 혈통전환을 완성하여 정오정착적인 삶, 즉 그림자 없는 삶을 영위하기만 하면 여러분은 이제 자동적으로 천국에 들어갈 수 있는 은사권의 시대에 들어와 있는 것입니다. 먼저 이 지상계에서 참된 가정을 세워 천국생활을 하다가 죽으면, 그대로 하늘나라의 천국으로 연결되어 영생을 즐기게 된다는 것입니다. 따라서 여러분은 이제 가정이라는 틀 속에서 하나님을 맨 윗자리의 어버이로 모시고 모두가 자식이 되어 동거동락하는 혈연적 삶으로 완성된 부자지간의 관계를 형성해야 합니다. 하나님과 참사랑의 상대권을 이루어 살라는 뜻입니다.

22 우주 최고의 할아버지가 누구이겠습니까? 인류의 첫 조상 되는 아담과 해와도 하나님을 아버지라고 부릅니다. 그렇다면 그들의 자식들은 하나님을 할아버지라고 불러야 할까요? 그들도 아버지라고 부릅니다. 왜 그렇습니까? 종적인 중심인 하나님의 입장에서 보면 모든 사랑의 상대는 평등합니다. 하나님의 사랑을 횡적으로 펼치고 번식시켜 생산되는 그 상대는 시공을 초월하여 누구를 막론하고 평등한 가치를 갖게 되는 것입니다. 즉 완성된 사랑의 가치는 평등하다는 뜻입니다.

23 천국은 지상계에서 먼저 이루어져야 합니다. 유형세계의 천국이 무형세계의 천국을 이루는 전제조건이 된다는 뜻입니다. 따라서 천국은 은하계 저편에 숨어 있는 공간의 세계

도 아니고, 인간의 두뇌 속에만 존재하는 상상력의 부산물도 아닙니다. 여러분의 참사랑의 삶을 통해서라야만 창조되는 실체적인 지상천국을 말하는 것입니다. 그 터전 위에 육계를 벗어나면 자동적으로 무형실체의 천상천국으로 들어가게 되어 있습니다. 지상계에서 천국생활을 하고 살다가 가야 천상에서도 천국생활을 할 수 있게 된다는 뜻입니다.

24 나무 위에서 잘 익은 열매라야 창고 속에서도 최상의 수확품으로 분류된다고 했습니다. 여러분의 삶이 나무 위에서부터 벌레 먹은 지옥행의 삶이 되지 말아야 하는 이유가 바로 여기에 있습니다. 결국 천국과 지옥은 여러분이 지상에서의 삶을 통해 스스로 결정짓는다는 것을 잊지 말아야 할 것입니다.

2절 천일국 백성의 삶

1 동서고금 남녀노소를 막론하고 공통된 꿈이 있다면 과연 그것이 무엇이겠습니까? 누구나 한결같이 소원하고 고대해 온 것은 '평화이상세계의 구현'일 것입니다. 그러나 인류역사상 단 한 번도 하늘이 기뻐할 수 있는 항구적 평화를 실현시켜 보지 못한 것이 역사적인 한으로 남아져 내려오고 있습니다. 무엇이 잘못되었기에 이렇게 된 것입니까? 한마디로 인간은 하나님의 창조이상을 모르는 무지에 떨어졌기 때문입니다. 수천 수만년을 기다려도 무지에서는 완성을 기대할 수 없습니다.

인류의 소원

2 전지전능하시고 무소불위하신 하나님의 자식으로 창조받은 인간이 왜 그처럼 무지한 상태로 떨어지고 만 것입니까? 인류의 조상 아담 해와가 거짓 부모인 사탄을 따라 타락의 길로 빠져들고 말았기 때문입니다. 이 사건이야말로 인류역사상 첫 번째 비극이자 가장 원통하고 서러운 치욕이 되고 말았습니다. 따라서 원대한 창조이상을 갖고 당신의 자식이자 참사랑의 절대적 상대로 창조한 인간을 버릴 수 없는 하나님께서는 장구한 역사 속에서 비절참절(悲絕慘絕)한 한의 심정으로 참아 오셨습니다. 그 누구도 알지 못하는 역사의 뒤안길에서 영어살이를 하시며 참아 오신 인류의 영원한 참부모이신 것입니다.

3 하나님의 창조는 실로 오묘합니다. 당신의 자녀요 사랑의 상대로 창조한 인간의 완성과 행복을 위해 삼라만상을 먼저 창조하시어 환경을 준비하신 것입니다. 하나님의 창조물 중 걸작품의 하나인 꽃을 놓고 한번 생각해 보십시오. 외롭게 들판에 아무렇게나 피어 있는 이름 없는 꽃에

이르기까지 꽃에는 분명히 창조주의 의지와 목적이 숨어 있음을 쉽게 발견할 수 있습니다. 꽃으로서의 생을 표현하고 완성해 가는 모습은 실로 경이적이라 아니할 수 없습니다.

4 꽃은 만물의 영장이라는 인간도 감히 흉내 낼 수 없을 정도로 아름다운 색상과 음양의 조화를 현시합니다. 그리고 현란한 색상에 매료되어 찾아드는 벌과 나비들의 마음을 사로잡고야 마는 만능의 향기도 내어 뿜습니다. 더 나아가서 너무 강하고 눈이 부셔 쳐다보기도 힘든 태양 빛을 담아 생명을 창조하고 지켜 주는, 자연의 빛으로 되돌려주는 화합과 평화의 빛을 발산합니다. 부지런히 문전을 들락거리며 자신의 종을 번식시켜 주는 벌 나비들을 위해서는 달콤한 꿀을 제공함으로써 보답하는 도리도 잊지 않습니다.

5 하나님의 창조의 신비성은 우리가 필설로는 다 묘사할 수 없는 실로 무한의 경지입니다. 그러기에 인류 최고의 화가가 그린 그림일지라도 살아 있는 한 떨기 야생화에도 감히 비교할 수 없는 것입니다. 한낱 보잘것없는 꽃 한 송이를 창조함에 있어서도 이처럼 만물만상과 조화를 이루고 공생·공영할 수 있는 길을 열어 놓으신 창조주 하나님이십니다. 하물며 당신의 자식이요 영원한 사랑의 상대자이며 상속자로 창조한 인간의 위상은 어떻겠습니까?

6 천만 가지의 꽃이 만발해도 엄연한 창조의 원칙 아래 각각 개성진리체로서의 위상을 지키며 조화로운 대자연을 이루고 공생·공영하는 순리를 보며 인간도 조화와 평화, 그리고 자유와 행복을 찾아 영생하라는 하늘의 축복과 은총이 우리와 함께하고 있습니다. 다시 말해서 인간은 누구나 하늘이 부여하신 개성체로서의 삶의 모습과 특성이 있습니다. 즉 인간은 누구나 개성진리체로서의 특권을 받고 태어나는 것입니다. 남녀노소 지위고하를 막론하고 인간은 누구나 자신만의 고유하고 개성 있는 생의 노정을 걸어야 하는 숙명적 존재라는 뜻입니다.

개성진리체 된 인간의 가치

7 여러분, 65억 인류 속에 여러분과 백 퍼센트 닮은 사람을 찾아낼 수 있습니까? 다시 한 번 생각해 보십시오. 여러분과 똑같은 개성을 소유한 사람이 있다고 생각하십니까? 한 날 한시에 태어나 동시에 죽는 쌍둥이라고 할지라도 그들의 삶이 동일하겠습니까? 세계 최고의 미남도 최고의 추남이 갖고 있는 독특한 진리체로서의 개성을 갖고 있지 못하다는 것입니

다. 지혜의 왕이신 하나님께서는 정분합작용의 변화 발전을 통해 지금도 영원한 개성진리체의 창조를 계속하고 계시는 것입니다. 하나님의 창조원리가 그렇게 되어 있습니다.

8 여기에서 우리는 인간의 인간 된 절대가치적 기준을 발견하게 됩니다. 꽃과 나비의 상대적 관계와 조화처럼 인간끼리도 서로 위해 주는 참사랑을 나누며 살게 되어 있다는 것입니다. 이런 참사랑의 삶 속에서 주체와 대상의 관계를 조화롭게 꽃피울 때라야 인간 된 절대가치의 기준이 설정된다는 뜻입니다.

9 꽃과 나비가 상호 간에 주체와 대상의 관계를 설정하며 수수작용을 통해 상존하고 번영해 가듯, 인간과 만물, 인간과 인간, 인간과 하늘 사이에도 엄연한 창조원리적 관계가 예지·예정되어 있는 것입니다. 삼라만상의 개성진리체들이 조화와 통일 속에서 이루어 낸 총합체인 대자연은 인간에 대해 절대대상의 자리에 서서, 주체된 인간의 절대가치를 실체화시키는 절대 역할을 하게 되는 것입니다.

10 인간은 인간 사이에서도 가정이라는 기본 틀 속에서 3대권을 이루어 살면서, 상하·좌우·전후의 종적 횡적 관계를 배우고 익히게 됩니다. 개개인 모두 개성진리체로서의 절대가치를 실체화하는 주체 대상의 관계에 의한 수수작용을 통해 화합과 사랑의 생을 추구하게 된다는 뜻입니다.

11 인간과 하나님 사이는 어떻습니까? 창조주로서 절대·유일·불변·영원한 위상을 갖고 계시는 하나님께서도 알고 보면 당신이 세운 창조원리권 내에서 피조만물과 수수작용을 계속하면서 주체적 입장에 서 계시는 것입니다. 아무리 절대자라고 하지만 대상과 주고받는 수수의 관계를 떠나서는 기쁨을 느낄 수가 없기 때문입니다.

12 인류의 첫 조상 된 아담과 해와가 만일 타락하지 않고 창조원리를 따라 인간완성, 즉 인격완성을 이루었더라면 인류는 절대가치적 존재의 자리에 서서 위로는 하나님을 주체로 모시고 절대복종하며, 아래로는 자연계의 만물을 대상으로 삼아 영원한 평화왕국을 즐기게 되었을 것입니다. 지상계에서만이 아니고 영계에서도 영원한 천국시민으로 살게 되었을 것입니다.

천일국 백성의 길

13 하늘나라의 국민 여러분! 오늘 이 귀하고 복된 승리와 영광의 날, 천일국 6년 6월 13일을 기하여 본인은 천주

평화의 왕으로서 온 천상천하에 천일국 국민이라면 누구나 알고 실천궁행해야만 할 천도적 차원의 기본의무와 사명을 선포하고자 하는 바입니다.

14 첫째, 여러분은 이제부터 종적 참부모 되신 하나님의 참된 자녀로서 여러분의 가정에서 3대권을 이루어 살며 4대 심정권을 완성하고, 영원히 하나님을 종적인 축으로 모시고 살아야 할 것입니다. 더 나아가서 횡적 참부모 되신 천주평화의 왕을 영원한 횡적 축으로 받들며 천일국 시민으로서 절대복종의 삶을 솔선수범해야 함을 명심해야 할 것입니다. '위해서 사는 삶', 즉 참사랑의 실천을 여러분의 삶의 표준으로 세워 참된 가정을 세우고 대대손손 하늘의 혈통을 온전히 보전하고 전수할 수 있는 죄 없고 순수한 참된 자녀들을 양육해야 한다는 것입니다.

15 둘째, 여러분의 마음과 몸을 어떤 경우에도 하나로 통일하여 살아야 할 것입니다. 본인도 일찍이 하늘 길을 결심하면서 '우주주관 바라기 전에 자아주관 완성하라!'라는 표어를 걸어 놓고 비장한 각오로 출발했습니다. 하늘은 벌써 여러분이 이 목적을 달성하는 길잡이로 양심을 주셨습니다. 양심은 여러분의 스승보다 먼저 여러분에 대해 속속들이 알고 있습니다. 여러분의 일거수일투족은 물론 생각까지도 다 꿰뚫어보고 있다는 것입니다. 양심은 또 여러분의 부모보다 여러분에 대해서 먼저 압니다. 더 나아가서 여러분의 양심은 하나님보다도 여러분을 잘 압니다. 따라서 양심을 여러분의 삶 속에서 하나님 대신 자리에 세워 놓고 그림자 없는 정오정착적인 삶으로 절대복종의 길을 가면 여러분은 틀림없이 마음과 몸의 공명권(共鳴圈)을 이루어 통일을 완성할 것입니다.

16 셋째, 천일국 국민 여러분, 영계는 벌써 통일이 끝났습니다. 문제는 육신을 쓰고 사는 65억 지상계의 인류입니다. 죄악과 환란의 도탄 속에서 허덕이는 그들도 모두 여러분의 형제자매들이라는 것입니다. 이들을 바르게 교육시켜 천일국 백성으로 환원시켜야 할 사명이 여러분에게 있습니다. 인류는 누구를 막론하고 예외 없이 타락의 후예라는 점을 인지하고, 참부모님으로부터 결혼축복을 받아 혈통전환을 해야 한다는 사실을 확실히 깨닫도록 교육해야 할 사명이 여러분에게 있다는 것입니다. 아울러 수천억의 영인들까지 완전히 하늘 혈통으로 복귀되는 그날까지 교차결혼축복의 은사를 통해 참감람나무에 접붙임의 역사를 계속해 주어야 한다는 말입니다.

17 넷째, 여러분의 일생은 어머니의 복중에서 10개월, 지상계에서 공기를 호흡하며 한 100년, 그러고서는 영원한 천상세계에서 영생하도록 창조되었습니다. 여러분이 태어나서 정상적이고 건강한 삶을 영위하는 데는 복중에서의 준비가 절대로 필요하듯, 여러분의 지상생활은 다음 단계의 삶인 영계의 삶을 위해 철저한 준비의 삶이어야 한다는 점입니다. 다시 말해서 여러분은 언제 어디서 무엇을 할지라도 영계의 조상들이 여러분과 함께하고 있음을 잊지 말고 영계와 보조를 맞추어 사는 삶이어야 한다는 것입니다. 정성과 기도로 영계와 교통하며 사는 지상에서 완성을 본 영계인들이 되라는 말입니다.

18 다섯째, 천일국을 경영하고 다스리는 데는 백성의 힘이 절대적 필요요건이라는 점입니다. 이제 여러분은 선천시대의 잔재인 이기적 개인주의의 탈을 미련 없이 벗어던져야 합니다. 하늘로부터 소유권 전환을 받기 위해서는 여러분의 모든 소유권을 일단 하늘 앞에 봉헌하고, 소유권 환원식을 통해 돌려받는 절차를 거쳐야 한다는 뜻입니다. 더 나아가서 천일국 백성은 누구나 하늘 앞에 인류의 복지와 평화를 위한 기금 모금활동에 참여하게 될 것입니다. 그러나 세금의 형식이 아닌 성금으로, 수입 중 10의 3조를 국가 앞에 먼저 바치고 사는 모범을 보여야 하는 것입니다. 강제성을 띠는 것이 아니고 자발적이고 기쁜 마음으로 하늘 앞에 바치는 심정의 봉헌이어야 한다는 뜻입니다.

19 여섯째, 사랑하는 천일국 시민 여러분! 후천개벽의 시대는 인간 타락으로 잃어버린 창조본연의 이상세계를 다시 찾아 세우는 시대입니다. 하나님께서 창조해 주신 우주만상, 즉 자연환경도 인간의 삶을 풍요롭게 만들어 주는 데는 절대 필요한 조건입니다. 인간과 자연은 사랑의 주체와 관리의 대상으로서 서로 조화 속에서 공명권을 이루어 살게 되어 있습니다. 자연을 파괴하고 환경을 오염시키는 행위를 더 이상 방치하거나 용납해서는 안 될 것입니다. 환경을 보호하고 사랑할 줄 아는 지혜로운 천일국 시민이 되십시오. 자연으로 돌아가서 해방과 석방의 삶을 즐기십시오. 자연을 사랑하는 것은 곧 인간을 사랑하는 것이며, 더 나아가서는 하나님을 사랑하는 것입니다. 여러분의 삶이 자연과 공명권을 이루어 살게 될 때 그 속에서 인격완성의 꽃을 피우게 될 것입니다. 그 속에서 진정한 심정문화와 예술세계의 꽃을 피우고, 창조본성을 중심삼고 신과 인간 그리고 만물이 한데 어울려 사는 창조본연의 에덴동산이 될 것입니다. 이런

참사랑의 삶을 실천하는 천일국 백성들에게 어찌 하늘이 크신 복을 내리지 않을 수 있겠습니까? 영영세세토록 복락을 누리며 살게 될 것입니다.

20 일곱째, 천일국 시민으로 입적한 복되고 귀한 국민 여러분! 천지개벽의 후천시대는 분명히 하늘과 참부모님께서 개문하여 주셨습니다. 그러나 이 복되고 영광된 시대를 꽃피우고 열매맺게 하는 일은 이제 여러분의 손에 달려 있습니다. 아벨유엔의 위상을 정립해 가는 천주평화연합의 기치 아래 '평화왕국경찰'과 '평화왕국군'의 이중적 사명을 다하는 하늘의 밀사들이 되십시오. 하늘이 주신 축복가정들과 이 복된 지구성을 여러분이 아니면 누가 가꾸고 지켜내겠습니까? 억조창생의 평화의 왕 하나님을 참부모로 모시고 사는 참된 왕자 왕녀가 되십시오. 천주평화의 왕을 모시고 참된 효자·충신·성인·성자의 가정의 도리를 다하여 태평성대의 평화왕국을 창건합시다.

참부모를 찾아 나오신 하나님

21 참부모와 같이 평화를 사랑하는 천일국 시민 여러분! 오늘은 참으로 귀하고 기쁜 날입니다. 우리 다 함께 역사적이고 섭리적인 이날을 마음껏 경축하고, 우리의 영원한 참부모 되시는 하나님께 존귀와 영광, 그리고 한없는 찬양을 올립시다. 영계의 수천억 인류도 이 축복의 한 날을 축하하기 위해 재림하여 이 자리에 함께하고 있는 엄숙한 순간입니다.

22 하나님께서 만우주를 창조하신 후 그렇게도 기다리고 소망해 오신 날이 바로 이날입니다. 당신의 자식으로 창조한 아담과 해와가 하늘의 혈통을 더럽히고 어둠 속으로 숨어버린 그날 이후 하나님께서는 형언할 수 없는 고통과 비애 속에 수천수만 년을 참고 기다려 오신 것입니다. 당신이 만왕의 왕으로 등극하여 잃어버린 자식들과 만물을 다시 품고 천년만년 태평성대의 평화왕국을 즐기며 살 수 있는 그날을 학수고대해 오셨다는 것입니다.

23 하나님께서는 창조섭리 이전부터 만왕의 왕이셨습니다. 그러나 피조만물을 창조하신 이후에는 실체를 쓰시고 사랑의 대상권인 이 현상세계를 치리하는 실체 만왕의 왕으로 현현하셔야 할 천도가 남아 있었던 것입니다. 그래서 하나님은 참사랑을 중심삼고 당신의 대신자요 상속자 되는 지상 실체세계의 참부모를 찾아 나오신 것입니다.

24 오늘날 본인 부부가 황송하옵게도 하늘로부터 인침을 받고 하나님의

실체로 서서 만왕의 왕 대관식과 금혼식을 갖게 되어 참으로 기쁘면서도 하늘 앞에는 죄송한 마음을 금할 수가 없습니다. 아직도 65억 인류를 완전히 하늘 앞으로 복귀해 올리지 못한 채로 본인의 나이가 벌써 90에 이르렀습니다.

새로운 천법시대

25 하늘을 참사랑하는 천일국 시민 여러분! 시간이 바쁩니다. 하늘은 이제 더 이상 우리를 기다리시지 않을 것입니다. 당신의 실체로서 역사하는 지상의 참부모를 통해 새로운 천법을 세우고, 만왕의 왕 권한을 갖고 이 지구성을 복귀하는 참사랑의 혁명을 촉진화할 것입니다. 따라서 인류와 만물만상을 찾아 세우고 치리하는 새로운 천법의 개요를 이 엄숙한 자리를 통해 만 천상천하에 선포하는 바입니다.

26 첫째, 3000년을 향해 가고 있는 이 시대는 후천개벽의 시대입니다. 후천개벽의 시대는 더 이상 하나님께서 탕감복귀원리에 얽매이지 않고 만왕의 왕 직권으로 영계 육계를 치리하는 새로운 시대입니다. 환태평양권이 중심축이 되어 이 지구성을 다시 원상으로 돌리는 섭리의 도피성 시대입니다. 전 인류는 이제 새로운 천도와 천법의 시대의 테두리를 벗어날 수가 없게 될 것입니다. 따라서 여러분의 일거수일투족은 수정처럼 맑은 삶이 되어야 할 것입니다.

27 둘째, 하나님을 종적인 절대축으로 삼고 절대 성의 가치를 전 인류에게 하늘의 헌법으로 교육시키는 교육혁명을 완수해야 할 것입니다. 이 길만이 인류에게 선의 참혈통을 전수해 줄 수 있으며 하나님의 참가정 이상을 완성하는 길이기 때문입니다. 순결·순혈·순애가 향후 참된 인류의 교육이념이 될 것입니다.

28 셋째, 사탄이 지구성을 몇 겹으로 감고 있는 모든 사탄의 담과 성벽의 울타리를 깨끗이 태워 버리고 정당·종교·인종·문화, 그리고 국가 간의 화합과 평화를 찾아 세우는 데 새로운 분봉왕들과 평화대사와 부모유엔을 앞장세울 것입니다. 가인격 유엔 위치에 있는 기존 유엔과 아벨유엔이 하나되어 새로운 차원의 참부모유엔, 즉 참평화세계유엔을 중심삼고 전쟁·질병·기아 등 사탄 편 세계의 모든 악한 문제를 해결해 나갈 것입니다. 하늘의 하나님과 같이하고 참부모가 함께하기 때문에 인류는 선택의 여지가 없이 반드시 이 길로 나아가게 될 것입니다. 개인의 이기주의는 물론 집단 이기주의까지도 깨끗이 씻어내고 더 이상 사탄적 선거가 필요

없는 양심과 순리의 세계를 창건해 나갈 것입니다.

29 넷째, 타락 인간의 혈통을 맑혀 주고 참가정을 세워 평화왕국을 실현하는 최고 최선의 방법은 교차축복결혼밖에 없습니다. 화해와 평화도 알고 보면 핏줄을 통해 찾아옵니다. 흑인과 백인, 동양과 서양, 불교와 기독교, 유태교와 이슬람교가 서로 교차하고 교체하면서 참부모님께서 세운 축복결혼의 전통을 이어 간다면 이 세계는 자동적으로 하나님의 조국과 본향을 찾아 세우는 한 가족권이 될 것입니다. '하나님 아래 한 가정'의 이상천국이 실현될 것입니다. 총과 대포를 녹여 쟁기를 만들고 보습을 만드는 새로운 평화의 세상이 열릴 것입니다.

30 다섯째, 하나님께서는 인간을 당신의 사랑의 대상으로 창조하셨습니다. 마찬가지로 당신의 자식 된 인간을 위해서는 그 상대격에 자연환경을 준비해 주셨습니다. 산천초목이 결여된 공허한 사막에다 당신의 자식들을 버려둘 하나님이 아니라는 것입니다. 따라서 인류는 하나님과 같이 자연을 보호하고 사랑해 주어야 할 의무가 있습니다. 한 떨기 야생화를 만나서도 깊은 심정의 대화를 나누며 공명권을 형성하는 본연의 인성을 계발하여 살라는 것입니다. 이 길이 인간회복의 첩경이 될 것입니다.

31 하늘의 선택을 받은 귀빈 여러분! 오늘 여러분은 참으로 귀한 천복을 받으셨습니다. 만왕의 왕이 경륜하는 섭리적 역사의 출정식에 참가하고 계십니다. 역사적인 대전환기의 소용돌이를 직접 목격하고 계십니다. 종적 만왕의 왕 되신 하나님의 실체로 만유를 통치할 횡적 만왕의 왕 참부모님의 대관식과 금혼식, 그리고 자서전 출판 기념회에 초대받으셨습니다. 이보다 더 귀하고 역사적인 순간이 또 언제 오겠습니까? 천주에 수천억이 넘는 여러분의 조상들과 후손까지도 이 시간 기쁨과 환희에 벅차 지축이 흔들릴 정도로 환호하고 춤을 추며 살아가고 계실 것입니다. 부디 마음의 눈을 뜨고 이 기적 같은 역사적인 순간을 여러분의 영혼에 각인하십시오. 여러분의 생애에 언제 또 오늘과 같은 축복과 영광의 날을 볼 수 있겠습니까? 오늘 본인이 전해 주는 이 하늘의 말씀을 향후 여러분 생애의 지침으로 삼으시기 바랍니다.

32 지금 인류는 새로운 천리와 새로운 천도가 직접 지상계를 치리하는 새로운 섭리시대권에 들어서고 있습니다. 하나님의 새로운 본성적 심정기준을 상속받지 않고는 그 어느 누

구도 새로운 천국에 들어갈 수 없는 새로운 섭리시대인 제4차 본연의 아담권 시대인 것입니다. 오늘 이 신시대의 섭리적인 참부모님의 대관식과 금혼식, 그리고 자서전 출판과 협회 창립 55주년 기념식 행사를 통해 여러분의 삶 속에서 가인과 아벨을 철저히 구별하여 새로운 아벨권으로 통합하고, 선을 중심에 세워 구약·신약·성약 3시대권과 우리 가정의 3대권을 복귀하는 지혜로운 새로운 천일국 시민의 가정들이 되기를 기원합니다. 새로운 참조부모·참부모·참손자손녀가 다 함께 손을 잡고 새로운 천국에 들어가는 본성의 새로운 참가정을 이루어 살라는 당부의 말씀입니다. 이것이 바로 오늘 우리가 다 함께 경축하는 새로운 '참평화세계 참부모 유엔세계 안착대회'의 뜻이라는 것을 명심, 또 명심하시기를 바랍니다.

3절 섭리적 관점에서 본 3대 주체사상

1 여러분, 오늘날의 세상을 관찰해 보십시오. 세계 어디에서 진정 인류의 장래를 염려하고, 초종교·초국가적 차원에서 인류의 화합과 평화를 위해 살신성인하는 지도자를 찾을 수 있습니까? 인류는 지금 부모를 잃은 고아요, 스승을 몰라보는 불량아요, 주인을 잃은 종의 신세가 되어 한 치 앞도 내다보지 못하는 청맹과니로 전락하고 있습니다.

2 세계에는 지금 200여 국가가 있지만 국가들 사이의 관계를 놓고 보아도 모두들 자국의 이익에만 눈이 어두워 직·간접적으로 치열한 전쟁을 계속하고 있지 않습니까? 인류의 복지와 평화를 위한 숭고한 뜻을 세우고 출범을 보았던 국제연합(유엔) 역시 이제는 그 한계에 부딪혀 전쟁과 기아, 질병 등의 세계적 위기를 당하고도 속수무책으로 수수방관만을 일삼는 유명무실한 기구가 되어 가고 있지 않습니까? 인간은 스스로 '만물의 영장'이라는 위상을 세워 놓고 역사를 만들어 나왔습니다. 가공할 살육전과 천재지변을 겪어 왔지만 인류는 지금도 생존하고 번식을 거듭하며 막연하나마 더 밝고 행복한 세계를 추구해 나가고 있다는 것입니다. 그렇다면 왜 인류는 아직도 죄악과 질병의 수렁에서 헤어나지 못하고 있는 것입니까?

3대 주체사상

3 인류가 직면한 비극적 현실을 타개하고 하나님 아래 태평성대의 인류 한 가족을 만드는 섭리적 소명을 완성하기 위해, 본인은 2006년 6월 13일 '평화의 왕 입궁·대관식'을 기해 천일국 시민이라면 누구나 알고 실천궁행해야 할 천도적 차원의 기본의무와 사명을 선포한 바 있습니다. 더불어 오늘은 '섭리적 관점에서 본 3대 주체

사상'에 대한 내용의 말씀을 전해 주고자 합니다. 인류의 미래를 인도해 줄 중요한 가르침으로 주신 하늘의 축복입니다. 부디 마음 문을 열고 이 말씀을 받아 여러분의 영생을 준비하시기 바랍니다.

4 인간에게는 태초에 하나님이 창조하실 때 부여하신 3대 기본 주체사상이 있다는 것을 알아야 합니다. 그 첫째는 참된 부모가 되어야 하는 사상입니다. 하나님께서는 인간을 당신의 자녀로 창조하셨습니다. 따라서 인간은 하나님으로부터 이어받은 원리적 자율 성장권을 거쳐 스스로 인격완성을 하여 참된 자녀의 위상을 확보하고, 참된 부부를 이루어 자녀를 번식함으로 말미암아 참된 부모의 위치에까지 나아가게 되어 있었던 것입니다. 창조와 더불어 부여받은 참사랑을 실천궁행하여 인간완성을 이루어야 한다는 뜻입니다. 그러나 오늘의 세계는 인륜 도덕이 걷잡을 수 없이 무너져 가고 있습니다. 부모와 자식 사이의 천륜이 바닥을 치고, 부부간의 정절은 이미 구세대의 산물로 버림을 받고 있으며, 형제간의 우애도 이제는 이기적 개인주의의 늪에 묻혀 찾아보기 힘든 세상이 되어 가고 있습니다. 따라서 인간은 무엇보다도 먼저 참사랑을 바탕으로 한 참된 가정을 세워야 합니다. 참된 부모를 중심삼고 3대권을 이루어 참사랑으로 한데 어우러져 사는 가정을 완성해야 한다는 뜻입니다.

5 둘째는 참된 스승이 되어야 하는 사상입니다. 비록 사탄의 영향권에서 벗어나지 못하고 있는 오늘의 세계이지만, 인간은 일생을 살아가면서 어떤 형태로든 가르치는 자와 배우는 자의 관계 속에서 살아가게 됩니다. 먼저는 가정에서 부모를 통해 배우게 됩니다. 스승 중에 최초 최고의 스승은 여러분의 부모입니다. 참된 스승의 자리에서 참된 자녀를 키워내야 하는 첫 번째 책임이 부모에게 있다는 말입니다. 이렇게 참된 부모로부터 참되고 선한 가정교육을 받고 성장한 자녀는 자동적으로 학교교육으로 연결됩니다. 학교교육은 한 단계 발전한 제도권 내에서의 교육입니다. 그러나 학교라는 테두리 속에서도 스승은 참된 부모의 심정을 갖고 모든 학생을 참된 자녀로 기르고 교육해야 하는 책임이 있습니다. 횡적인 학문교육도 종적인 인성교육의 바탕 위에서 전개되어야 한다는 뜻입니다. 따라서 스승은 먼저 참된 부모의 심정을 소유한 스승이 되어야 합니다.

6 셋째는 참된 주인이 되어야 하는 사상입니다. 원래 만유의 참된 주인

은 우주를 창조하신 하나님이십니다. 그런데 하나님의 창조는 절대신앙·절대사랑·절대복종의 기준에서 달성하신 완전투입의 결실입니다. 여기에서 우리는 참된 주인이 되는 지혜를 배우게 되는 것입니다. 참사랑을 절대기준에서 투입하는 비결 말입니다. 이처럼 참된 주인이 되는 전제조건도 참부모의 심정을 소유하는 것입니다.

3대 주체사상의 유기적 관계

7 3대 주체사상은 상호 절대 불가분의 유기적 관계를 가지고 있습니다. 참부모·참스승·참주인 모두가 주체적 자리에 설 수도 있고 대상적 자리에도 설 수 있기 때문입니다. 다시 말해서 참부모의 위치만 확보해도 거기에는 참스승·참주인의 자리가 생겨나고, 참스승의 자리에만 나아가도 그곳에는 참부모·참주인이 함께하고, 참주인의 위치만 확보해도 여러분은 참부모·참스승을 만나게 된다는 뜻입니다. 그것은 인간이 원래 하나님의 완전한 3대 주체사상을 상속받아 태어났기 때문입니다. 따라서 여러분이 이런 3대 주체사상을 완성한 인격자가 되려면 하나님같이 되어야 합니다. 하나님 같은 마음을 가져야 되며, 하나님께서 만유를 사랑하시는 것과 같은 절대적 기준에서 인간을 사랑하고 만물을 사랑할 줄 아는 신인애일체의 경지까지 나아가야 된다는 것입니다. 그런 경지에서는 참부모·참스승·참주인이 모두 한자리에서 만나는 것입니다.

8 세상은 각양각색의 조직체와 관계들의 조화 속에서 운행되고 있습니다. 복잡하고 다양한 이 세상에서 참된 주인이 되어야 한다는 사상은 인간과 인간의 관계는 물론 인간과 만물의 관계에서도 적용되는 사상입니다. 문제는 어떤 사람을 두고 참된 주인이라고 부를 수 있느냐는 것입니다. 보다 남을 위해 배려하고 헌신 봉사하는 '위하는 삶', 즉 참사랑의 삶을 실천궁행하는 사람이 참된 주인이 되는 것입니다. 참된 사랑을 갖고 만물을 사랑하고 보호 육성하는 사람이 만물에 대해서도 참된 주인이 되는 것입니다. 이처럼 참된 주인은 그 지위나 위치가 만들어 주는 것이 아니고 그 사람의 인격과 사랑에 의해 세워집니다. 부모의 심정으로 모든 직원들을 사랑하고 배려하는 사장은 그 회사의 참주인이 되는 것이요, 부모가 자식을 기르고 아끼듯이 백성을 사랑하고 백성과 함께 동고동락할 수 있는 대통령이라야 그 나라의 참된 주인이 될 것입니다.

양심은 참부모·참스승·참주인

9 여러분, 하나님의 창조는 참으로

신비함과 오묘함으로 가득 차 있습니다. 인간을 당신의 자식으로 창조하시고 만물의 영장으로 세우신 하나님은 인간에게 '양심'이라는 최고 최선의 선물을 주신 것입니다. 인간이 지상계에서 일생을 항해하는 데 필요한 나침반으로 하사하신 것이 양심이라는 특별선물입니다. 흔히들 인생 100년을 얘기하고 있습니다. 그런데 인간은 누구를 막론하고 태어나서 죽는 순간까지 양심의 작용권을 벗어나지 못합니다. 그리고 양심의 작용 중 최고 최상의 기능이 바로 참부모·참스승·참주인의 역할을 하는 기능입니다. 다시 말해서 양심은 우리가 태어날 때부터 참부모·참스승·참주인의 위치에서 우리의 생을 지도하고 교육하는 하나님의 대신자라는 것입니다. 우리의 일거수일투족을 한순간도 놓치지 않고 인도하고 감시하는 책임을 갖고 있는 것이 양심의 기능이라는 것입니다.

10 양심은 우리의 모든 언행은 물론 생각까지도 부모보다도 먼저 알고, 스승보다도 먼저 알고, 하나님보다도 먼저 아는 것입니다. 하나님께서는 인간의 삶을 지도하고 감시하는 본원적인 기능을 양심에게 전수하여 주셨기 때문입니다. 그런데 수정처럼 맑고 투명해야 할 인간의 양심에 타락성의 때가 끼어 지금까지 각종 죄악과 질병들 속에서 본래의 기능을 다 발휘하지 못하고 있다는 것입니다. 따라서 사탄 주관권의 이 사악한 세계에서 하루라도 빨리 해방·석방을 받고 싶어서 울부짖고 있는 양심의 소리를 들을 줄 아는 여러분이 되어야 합니다.

11 타락한 우리 인간의 힘으로는 양심의 기능을 본연의 위치로 돌릴 수 있는 길이 없습니다. 하늘과의 종적인 관계가 수직을 이루지 못하고 있기 때문입니다. 65억 인류 모두가 자기 나름대로의 각도를 만들어 그것이 정통이요 최고의 것인 줄 착각하며 살고 있는 것입니다. 절대적 기준을 형성하여 측정할 수 있는 최단거리의 수직 각도가 나오기 전에는 그 누구도 구원받을 수 있는 길을 찾을 수 없다는 말입니다.

12 사랑하는 세계 지도자 여러분, 역사상 전무후무한 자리에서 인류를 사탄의 굴레로부터 구해 주고 천국으로 인도해 줄 수 있는 열쇠를 가지고 오신 분이 바로 지금 여러분의 눈앞에 서 있는 레버런 문입니다. 결코 본인이 원한다고 해서 찾아지는 자리가 아닙니다. 하늘이 인침을 주어 인류의 구세주, 메시아, 재림주, 참부모로 세워 준 자리입니다. 사탄의 영향권 밖에 있는 절대 해방·석방의 자리라는

것입니다. 65억 갈래로 갈라져 있는 인류를 90도의 수직각도 길로 다시 연결시켜 줄 수 있는 참부모·참스승·참주인의 길, 즉 양심을 주인으로 모시고 사는 진리의 삶을 직접 실천하고 보여 주는 분이 바로 레버런 문이라는 것입니다.

13 수천억이 넘는 영계의 절대선령된 인류도 이 사실을 이구동성으로 증거하고 있습니다. 예수님을 위시한 4대 성인은 물론 공산주의자들을 포함한 모든 사상가와 철학자까지도 이 엄청난 현실 앞에 감사의 눈물을 흘리고 있습니다. 영계에 가 있는 그들까지도 참부모의 축복은사를 통하지 않고는 구원받을 길이 없기 때문입니다.

14 여러분, 인류는 이제 참부모 되신 레버런 문의 가르침을 받들고 교차축복결혼을 통해 '하나님 아래 인류 한 가족'의 천명을 이루어야 할 때를 맞이했습니다. 인종·문화·종교·국가를 초월하여 인류를 하나로 묶고 전쟁과 갈등이 없는 창조이상세계, 즉 지상·천상천국을 창건할 수 있는 길이 전 인류가 하나님 아래 한 가족이 되는 길 외에 또 무슨 방법이 있겠습니까? 여러분이 모르는 사이에 참부모님은 벌써 인류는 물론 하나님까지도 해방·석방시켜 주는 후천개벽의 시대를 선포하고 세계 방방곡곡에 혁명의 불길을 댕기고 있습니다. 참부모·참스승·참주인이 되어야 하는 진리의 혁명 말입니다.

15 여러분, 2007 세계문화체육대전의 기본정신도 인류를 한 가족으로 만드는 성업(聖業)의 완성에 있습니다. 종교인·문화인·체육인 등 우리 모두가 한데 어울려 '천주평화 신문명 개벽시대'를 꽃피워야 할 사명이 여러분에게 있음을 잊지 마시기 바랍니다. 특히 모든 종교인들이 이 성스러운 참사랑의 혁명 대열에서 선봉대가 되어야 함을 명심하시기 바랍니다. 레버런 문은 벌써 모든 준비를 완료했습니다.

16 여러분은 이제 참부모를 믿고 따르기만 하면 됩니다. 양심의 나침반을 따라 참부모·참스승·참주인의 위상을 확보하고 영생을 보장하는 참사랑의 삶을 실천궁행하십시오. 여러분의 장도에 천운이 함께하실 것이며, 여러분의 축복받은 선한 조상들도 여러분의 활동을 적극 협력하게 될 것입니다. 그리고 용기를 갖고 전진적 발전을 촉진화하십시오. 여러분 모두 3대 주체사상에 의한 '태평성대 평화왕국시대 도래' 억만세를 부를 수 있는 참가정이상을 완성하시기를 축원합니다.

제3장 참부모와 천일국시대

1절 참부모님의 생애와 업적

참부모님의 생애

1 여러분, 돌이켜 보면 실로 꿈만 같은 본인의 생애였습니다. 청운의 꿈에 부풀었던 16세 청년의 나이에 하늘의 부름을 받고 모든 세상의 꿈을 접은 채 천명을 받들어 출발한 본인의 삶이었습니다. 결코 순탄한 길이 아니었습니다. 오직 앞만을 바라보며 걸어온 80여년의 삶이었습니다. 본인을 위해 온갖 희생을 감내하면서 형언할 수 없는 수난의 길을 걸어온 사랑하는 부모형제의 애절하게 붙드는 손길마저도 뿌리치지 않고는 걸을 수 없었던 숙명적 생애였습니다.

2 이 땅에 65억 인류가 살고 있지만 그 어느 누구 하나 이해하지 못하는 광야노정이었습니다. 지금까지 여섯 번의 옥고를 치르면서도 끝까지 섭리의 키를 놓지 않고 살아온 본인의 삶이었습니다. 이 모든 것은 수천수만 년을 기다리며 찾아오신 하나님의 한에 맺힌 비절참절의 심정을 너무나도 잘 알게 된 본인이었기 때문입니다. 억조창생의 근원 되시고 우주만상의 창조주 되시는 하나님의 한을 풀어 드리지 않고는 인간의 삶이 아무런 가치가 없다는 사실을 확실히 알게 되었기 때문입니다.

3 참부모의 사명을 완수해야만 하는 선생님의 생애는 실로 형언할 수 없는 고난과 핍박으로 점철된 한의 생애였습니다. 제1 아담과 제2 아담이 실패한 모든 것을 탕감복귀하고 완성해야만 하는 제3 아담 된 참부모의 사명은 구세주, 메시아, 재림주의 사명은 물론 모든 종주들의 사명까지도 총체적으로 완수해야만 하는 생애인 것입니다.

4 하나님의 우주 창조가 그러했듯이 한 치의 오차도 허용할 수 없는 인류 재창조의 대혁명적 역사였습니다. 어느 누구 한 사람과도 의논할 수 없는 고독한 노정이었습니다. 하나님까지도 돌아보시지 않아 철저하게 혼자서 찾아가야 하는 가시밭 광야노정이었습니다. 수없이 반복되는 생사의 기로에서 피를 토하면서도 하늘과의 약속을 이루기 위해 다시 일어서야만 했던 불사조의 삶이었습니다.

5 일찍이 일본 유학시절 지하에서 독립운동을 하다가, 또 해방 직후 공산치하인 평양에서 하늘의 뜻을 전파하다가, 그리고 자유국가로 탄생한 이승만 정권 하에서도, 더 나아가서

는 세계적으로 민주주의의 대표국임을 자랑하는 미국에서조차 옥고를 치르는 등, 일생에 여섯 번이나 무고한 옥중투쟁을 거쳐야만 했던 선생님의 파란만장한 삶을 그 어느 누가 이해할 수 있었습니까? 불쌍하신 하나님을 위해, 그리고 사망권에서 허덕이는 타락 인류를 구해 주기 위해 혀를 깨물며 참고 살아온 비참한 생애였습니다. 지금이라도 누군가가 본인의 이런 심정의 내연을 들여다보고 한마디만 던져도 본인의 눈물은 폭포수가 될 것입니다.

6 세상에서는 일반적으로 88세 노인의 나이가 되면 일생의 모든 것을 정리하고 조용히 다음 세계로 들어갈 준비를 하는 때라고들 합니다. 그러나 선생님의 삶은 이제부터가 시작입니다. 개인적으로 삶에 대한 미련이 많이 남아 있어서가 아닙니다. 아직도 타락권을 벗어나지 못한 채 허덕이고 있는 인류를 구해 주어야 할 참부모로서의 소명적 사명이 남아 있기 때문입니다.

7 이제는 후천개벽의 시대, 즉 추수의 때가 왔습니다. 본인은 금년에도 여러분을 선도하여 인류 복귀의 천주적 혁명을 수행해 나갈 것입니다. 주저하지 마십시오! 본인의 손을 잡고 천명을 받들어 주어진 소명적 책임을 완수합시다! 하루에도 수십만 명이나 되는 우리 형제자매들이 구원의 손길을 기다리다 속절없이 죽어 가는 현실을 어찌 외면할 수 있습니까?

참가정 3대권의 승리

8 본인과 더불어 한학자 총재는 2005년 9월 12일 미국 뉴욕에서 천주평화연합을 창설한 직후 그 창설 메시지를 선포하며 세계 120개국 순회를 완료했습니다. 이 참부모님의 승리적 기반을 이어받아 한 총재는 금년(2006년) 봄부터 다시 2차적으로 세계 180개국에서 말씀 선포대회를 개최하여 참자녀들을 직접 말씀 선포에 동참케 함으로써 참가정의 2대가 함께 승리하는 실로 엄청난 쾌거를 이루었습니다. 이 승리는 천주적 차원에서 가인권의 자녀와 아벨권의 자녀를 하나로 묶어 참부모님께 봉헌하는, 섭리적 소유권까지 전환하는 승리였습니다.

9 이 승리적 기대 위에 지난 6월 13일에는 마침내 하늘과 땅이 하나되고 하나님과 천지인참부모님께서 안착하시는 천정궁 입궁식과 천지인참부모님의 '천주평화의 왕' 대관식이 거행되었습니다. 실로 역사상 전무후무한 대승리였습니다. 역사의 배후에서 수천수만년간 눈물지으시며 홀로 한의 섭리노정을 걸어오신 하나님께서 해방·석방을 받고, 천주의 왕이

요 주인으로서 영원히 안착하시는 날이었습니다.

10 천정궁에 입주하신 하나님과 참부모님의 승리는 이제 세계 65억 인류를 하늘의 권속으로 환원시키고 품는 은사의 대장정으로 이어졌습니다. 2006년 8월 31일, 본인이 한국에서 첫 테이프를 끊어 주어 세 번째로 출발시킨 말씀과 축복의 세계순회가 참부모와 참자녀들은 물론 참손자손녀들까지 대동하여 참가정의 3대권이 전 세계 40개국을 순회하며 축복을 베푸는 대장정에서 당당히 승리를 쟁취하고 귀국한 기쁜 날이기도 합니다. 금번 세계순회가 특별한 것은 참부모의 가정 3대권이 동원되었다는 점입니다.

11 천주평화연합 창설 이후 선생님은 3대권 축복이상의 완성을 통해 말씀과 축복으로 전 인류를 '하나님 아래 한 가정'을 만들고자 본인과 한학자 총재, 나아가 직계 자녀들과 손자손녀 3대권이 나서는 세계순회를 완료하였으며, 더 나아가 미국의 기독교 대표 120명, 종교권 대표 1200명, 나아가 1만2000명의 평화대사들이 국가대표로서 세계 190여 개국을 순회하며 참부모님의 말씀과 축복행사를 함으로써 하나님 중심의 신문명세계를 이뤄 가는 데 있어서 인류와 천주가 참된 가정의 가치를 보편적 가치로 자리 잡게 한 것입니다.

12 매일 진리와 축복으로 한 나라씩 복귀해 가는 천주평화왕국군의 진군이었습니다. 각 나라마다 12개 주요 도시에서 동시다발적으로 말씀을 선포하고 축복해 주는 인류 최대의 경사였습니다. 역사상 그 어떤 성인도 꿈꾸어 보지 못한 참가정의 3대가 총동원되었다는 사실은 인류역사에 영원히 기록되고, 길이길이 찬양받을 기적이요 하늘의 해방적 승리입니다.

13 오늘(2006년 10월 14일)은 본인에게도 또 하나의 잊을 수 없는 역사적인 승리의 한 날이기도 합니다. 해방 직후부터 북한 공산치하에서 하늘의 말씀을 전파하다가 흥남감옥에 투옥되었던 본인이 2년8개월간의 옥고를 치르던 중 유엔군에 의해 마침내 자유의 몸이 되었던 승리와 해방의 날입니다. 1950년 10월 14일, 그날은 하늘이 기적을 일으킬 수밖에 없었던 실로 위험천만의 한 날이었습니다. 인류의 참부모로 인침을 받은 본인이 공개처형을 받게 될 날이었으니 하늘인들 어찌 외면하고만 있을 수 있었겠습니까? 이런 엄청난 섭리적 배경을 담고 있는 오늘을, 본인은 하나님의 보호 하에 인류의 참부모로서 하늘 앞에는 존귀와 영광을, 땅 위에는

축복과 사랑을 베푸는 역사적인 승리의 한 날로 선포하는 바입니다.

14 이제 1년을 넘긴 천주평화연합을 우리 모두가 힘을 합해 아벨유엔의 자리에 세워야 할 사명이 우리에게 있음을 잊지 마십시오. 새로운 천주평화기구로 발전시켜 나감은 물론, 사탄권을 대표한 가인격인 기존 유엔을 개혁해서 유엔 안에 세계적 종교지도자들로 구성된 상원격의 평화의회를 창설, 기존 안전보장이사회와 동등한 위치의 하나님의 보호를 받는 의결기관으로 세워야 한다는 것이 하늘의 명령입니다. 기존 유엔 대표부들처럼 자국의 권익만을 대변하는 것이 아닌 초국가적이고 초천주적인 차원에서 진정 인류의 복지와 평화를 위해 일하게 될 평화의회를 창설해야 한다는 뜻입니다. 이런 하나님의 창조이상적 목적과 취지를 갖고 출발한 천주평화연합의 출현은 결코 어떤 한 인간의 지혜에서 비롯된 결과가 아닙니다. 하늘이 새천년을 맞은 인류에게 주신 최고 최대의 축복입니다. 따라서 몽골반점동족연합도 이제 천주평화연합의 하늘이 부여한 숭고한 뜻을 성취해 가는 반려자로서의 그 역할을 다하게 되기를 바랍니다.

참부모님의 업적

15 평화를 사랑하는 세계 지도자 여러분, 본인은 실로 형언하기 어려운 수난의 노정을 극복하고 승리하여 오늘 이 자리에까지 왔습니다. 결코 개인의 영달과 안위를 위한 삶이 아니었습니다. 생사가 엇바뀌는 형극의 길에서도 하늘의 인침을 받고 하늘의 뜻이 어디에 있는지를 확실히 알게 된 본인이었기에 인류 구원이라는 천명을 붙들고 뒤넘기치는 불사조의 삶으로 일관해 왔습니다. 그리하여 미국을 비롯한 세계의 종교계, 학계, 정계 및 각계각층의 지도자들로부터 본인은 다음 여덟 가지 면에서 챔피언이라는 섭리적 완성자로 호칭을 받게 되었습니다.

16 첫째, 선생님은 하나님을 가장 잘 아는 챔피언입니다. 그동안 하나님은 전지전능하신 분으로 피조만물세계와는 절대적인 주종관계로서 존귀와 영광의 보좌 가운데 계시는 분으로 알려져 왔습니다. 그러나 사실은 정반대입니다. 본인은 섭리적 사명을 출발하면서부터 하나님과 인간의 관계가 부모와 자녀의 관계라는 것을 알았으며, 첫 아담을 사탄에게 잃어버린 이후 하나님은 슬픔과 탄식과 한의 하나님이 되셨다는 것을 깨달았습니다. 본인은 생애를 통해 그 하나님의 한을 해원해 드리고 하나님의 심정을 해방·석방해 드리고자 전력을 다하여 왔습니다. 드디어 2001년

1월 13일 하나님왕권즉위식을 봉헌해 드림으로써 하나님의 영광과 권위의 보좌를 되찾아 드린 것입니다.

17 둘째, 선생님은 사탄을 가장 잘 아는 챔피언입니다. 인류는 그동안 인간을 타락시키고 모든 악행을 주도하는 사탄 악마의 정체가 무엇인지를 몰랐습니다. 본인은 섭리를 출발하던 초창기에 14년여 동안의 피나는 영적인 기도생활을 통해 천상세계의 온갖 비밀을 파헤치던 중에 모든 악의 근원인 사탄의 정체가 무엇이며, 더 나아가 사탄의 전략과 전술이 무엇인가를 알게 되었습니다. 타락으로 혈통을 더럽혀 온 것이 사탄의 전략전술이었기에, 본인은 하늘 편으로 본연의 혈통을 되찾아 세우고자 전력을 다해 왔으며, 이러한 하늘의 전법이 세계적으로 널리 알려진 교차합동축복결혼운동입니다.

18 셋째, 선생님은 인간을 가장 잘 아는 챔피언입니다. 인간은 어디서 와서 어떻게 살다가 어디로 갈 것인가, 타락한 인간은 왜 마음과 몸이 싸우며 갈등하고 있는가, 삶과 죽음의 의미는 무엇인가, 진정 사후의 세계는 존재하며 이를 위하여 지상생활은 어떻게 해야 할 것인가 등에 대한 많은 의문은 선생님이 밝혀 놓은 창조원리에서 소상하게 설명하고 있습니다. 인간의 삶은 복중에서부터 지상생활을 거쳐 영원한 사후세계에까지 연결되어 있습니다. 선생님은 사람을 보면 그 사람의 운명을 직관하는 시각이 있습니다. 그러기에 세계의 수많은 젊은이들의 배우자를 짝 맞추어 온 것입니다.

19 넷째, 선생님은 영계를 가장 잘 아는 챔피언입니다. 사후의 세계인 영계는 모든 인간이 지상생활의 연장으로 자연스럽게 가는 세계로서 실재하는 세계입니다. 따라서 축복을 받고 원죄를 청산한 뒤 영인체를 완성하고 육신을 벗는 사람들에게는 죽음이 아닌 승화라는 거룩한 의식을 통해 영생의 하늘나라로 가는 길을 환송하고 축하하는 것입니다. 역사시대에 왔다 갔던 수많은 성현 열사들이 지금 영계에 실재하고 있으며, 참부모님으로부터 축복을 받고 절대선령이 되어 하나님의 지상 섭리를 돕고 있다는 사실을 알아야 합니다. 지상생활의 순간순간은 그대로 천상에 기록이 되어 훗날 영계에 가는 날 지상생활의 심판 자료가 되는 것입니다. 따라서 모든 인간은 더 큰 것을 위하여 희생하기를 즐겨하는 참사랑의 삶을 실천하여야 합니다.

20 다섯째, 선생님은 예수님을 가장 잘 아는 챔피언입니다. 하나님의 아

들이요 구세주 메시아로 오셨던 예수님이 준비되었던 유태교단과 당시 교계 지도자들로부터 반대를 받다가 급기야 십자가에 처형당하신 것은 인류역사에 있어 가장 비극적인 사건입니다. 예수님은 제2 아담으로서 하나님을 중심한 이상가정의 모델을 성취하여 모든 인류를 접붙여 주어야 하셨던 것입니다. 로마를 거쳐 서구문명의 바탕이 되어 대서양과 태평양문명권의 중심핵을 이루고 있는 기독교는 다시 오시는 재림주님을 위한 신부적 기반인 것을 이해해야 합니다. 기독교인들은 하나님의 뜻을 펼쳐 보지도 못하고 십자가에 몰리신 예수님의 서러운 심정세계를 이해해야 할 것입니다. 본인의 가르침을 통하여 예수님의 사명과 십자가로 인한 구원의 한계, 그리고 다시 오셔야 하는 이유 등이 명백하게 밝혀져 있습니다.

21 여섯째, 선생님은 성서 및 각 종교 경전의 핵심 내용을 가장 잘 아는 챔피언입니다. 성서를 중심한 각 종단의 주요 경서는 인간조상의 타락으로 말미암아 무지에 떨어진 인간을 다시 하나님 앞으로 되돌아오게 하는 길이 암시되어 있는 비밀 계시서입니다. 따라서 중대한 내용들이 비유와 상징으로 묘사되어 있는 것입니다. 비유와 상징은 하늘로부터 오는 메시아에 의해서만 밝히 밝혀집니다. 따라서 구약 율법의 핵심 내용을 밝히 알려준 분이 예수님이셨으며, 선생님의 가르침을 통해 신·구약성서 전체를 뚫고 흐르는 하나님의 구원섭리에 관한 하늘의 비밀이 밝히 드러나고 있는 것입니다. 성서는 하나님의 창조이상과 타락, 그리고 복귀의 길이 감춰진 비밀 계시서입니다. 선생님이 밝힌 원리는 각종 경서에서 의문시되고 있는 모든 것들에 대한 답이 명쾌하게 드러나 있습니다.

22 일곱째, 선생님은 인류역사를 가장 잘 아는 챔피언입니다. 역사는 막연하게 반복되는 단순한 순환사관이 아닙니다. 분명한 방향과 목적을 가지고 흘러가고 있는 것입니다. 인류역사는 본연의 창조이상을 회복해 가는 탕감복귀섭리역사이며 구원섭리역사입니다. 역사의 시원과 방향을 분명히 알고 있는 본인은 이러한 섭리적 관점에서 1985년 소비에트연방의 최전성기에 스위스 제네바에서 국제학술회의를 통해 공산주의의 종언을 예언하는 등 유물사관의 종말을 예견했던 것입니다. 이제는 모든 국가와 종교가 각각의 담을 헐 때입니다. 그리하여 '한 분 하나님 아래 한 가족'이 되는 시대가 급속히 도래할 것입니다. 역사의 주관자는 하나님이십니다. 천운의 도래가 역사의 축을 장차 아벨유엔을 중심으로 천일국

을 창건하기 위한 초종교·초국가의 세계로 급속히 전진할 것입니다.

23 여덟째, 선생님은 참가정 가치의 챔피언입니다. 하나님의 창조이상은 하나님을 중심한 참된 가정을 이루는 것입니다. 아담 가정이 이루지 못한 참가정의 이상을 되찾아 지상·천상 천국의 기반을 구축하는 것입니다. 본인이 주도해 온 축복운동은 단순한 결혼의식이 아니라 원죄를 청산하고 본연의 참된 혈통으로 하늘 앞에 접붙이는 거룩한 행사입니다. 참된 가정은 참사랑·참생명·참혈통의 근원입니다. 본연의 참된 이상가정을 통해 참된 나라, 참된 세계, 참된 천국이 건설되는 것입니다. 가정에서 참부모를 중심하고 4대 심정권과 3대 왕권의 기초가 천일국의 토대가 되는 것입니다.

24 위에서 말씀드린 바와 같이 레버런 문은 여덟 가지 면에서 챔피언으로 세계에 널리 알려져 왔으며, 이는 하늘의 도움으로 전 인류가 협조해야 할 승리의 표적으로 남아 있는 것입니다.

참부모의 승리적 전통 상속

25 21세기에 진입한 오늘의 인류는 실로 역사적인 대전환기에 처해 있습니다. 영원한 세계평화를 정착시킬 수 있을 것이냐, 아니면 20세기까지 반복되어 왔던 암울한 전쟁과 대결의 역사를 또다시 되풀이할 것인지를 결정짓지 않을 수 없는 시점에 와 있는 것입니다. 여러분도 아시다시피 인류는 20세기에 들어 본격화된 식민지 쟁탈전과 제1차, 제2차 세계대전을 겪었습니다. 그리고 하나님의 조국광복의 섭리적 차원에서 유엔군이 동원되어 세계 16개국이 참전했던 한반도에서의 성전(聖戰), 또 동서 냉전 등 끊임없이 지속되었던 전쟁과 반목의 시대를 거쳐야 했습니다.

26 본인은 생애의 전 과정을 하나님의 평화이상세계왕국의 구현을 위해 바쳐 왔습니다. 더 나아가서 본인은 제2차 세계대전이 끝나면서 창설된 국제연합이 영원한 세계평화 실현을 위해 하나님의 뜻을 받들 수 있는 명실상부한 평화의 기구가 될 것을 간절히 기도해 왔습니다. 그러나 1945년에 창설을 본 유엔이 세계평화를 위해 공헌했던 훌륭한 업적이 없는 것은 아니지만, 창설 60주년을 넘긴 오늘의 위상은 그 본래의 창설목적 수행에 심각한 어려움을 겪고 있는 것을 자타가 공인하고 있습니다. 회원국이 200개국에 육박하고 있지만 자국의 권익만을 대변하고 주장하는 유엔 대표부들의 역할은 이제 세계분쟁의 해결과 세계평화 구현에 태생적

인 한계를 드러내고 있습니다.

27 본인은 2005년 9월 12일에 마침내 하나님의 섭리사를 꽃피울 천주평화연합(UPF)의 창설을 만천하에 선포했습니다. 천주평화연합은 이제 후천개벽시대의 아벨유엔적 역할을 다하게 될 것입니다. 가인격인 기존 유엔의 갱신과 더불어 세계 도처에서 본인의 가르침인 '천부주의', 즉 참사랑·참가정주의를 전수받아 뛰고 있는 수백만의 평화대사들을 동원하여 '하나님 아래 인류 한 가족'의 천명을 반드시 완수하고야 말 것입니다.

조국광복의 주역

28 오늘 이 뜻 깊은 자리에 함께해 주신 귀빈 여러분은 본인이 전해 주는 이 메시지를 마음속 깊이 각인하십시오. 천상의 수천억에 이르는 여러분의 축복받은 선한 조상 가정들도 이 시간 지상 재림하여 여러분과 함께 이 메시지를 받고 있습니다. 그들도 지상에서 후손인 여러분을 통해 완성을 보아 참부모·참스승·참주인의 자리에까지 나아갈 수 있어야 하기 때문입니다. 이뿐만 아니라 그들은 만왕의 왕 되신 참부모님과 일심일체가 되어 타락 전 본연의 모습으로 그분들의 명령을 절대기준에서 받들고 동참하고 모시는 삶을 통해 지상·천상천국 창건에 총동원되어야 하는 것입니다. 영·육계가 이처럼 함께 살아 호흡하며 동행동사하고 있다는 사실을 잊지 마시기 바랍니다.

29 본인이 여러분에게 특별히 한 가지 더 부탁드리고 싶은 것은, 참부모님의 말씀집 6백여 권 중에서 요약 발췌한 '평화메시지' 책자의 말씀을 외우다시피 탐독하고 삶의 지표로 삼으라는 것입니다. 하나님께서 앞장서고 영·육계가 하나되어 여러분을 보호하고 도와서 하나님께서 소원하신 평화이상세계를 이루어 영원한 해방·석방을 즐기며 살게 될 것입니다.

30 여러분은 이제 후천개벽시대의 섭리를 주도할 아벨유엔의 평화군과 평화경찰로서의 사명을 다하는 역사적인 가정을 찾아 세워야 할 것입니다. 인류의 복지와 세계평화를 위해 숭고한 헌신의 길을 걸었던 여러분의 삶을 역사가 결코 잊지 않을 것입니다. 평화군과 평화경찰은 본인이 창설하여 지금 세계적 규모로 발전시켜 가고 있습니다. 아벨유엔의 깃발을 들고 평화군과 평화경찰의 선봉에 설 가정을 여러분 같은 영웅들이 아니면 그 누가 찾아 세우겠습니까?

31 세계 각지에서 모여 오신 지도자 여러분, 섭리적 결실기요 하나님의 조국광복을 이 땅 대한민국에서 먼저

완성·완결지어야 할 절박한 시점에 선 오늘, 여러분은 무엇을 하시겠습니까? 선천시대와 후천개벽시대가 교차하면서 야기되는 극도의 이기주의와 배타주의의 벽에 갇혀 자신의 안위와 영달만을 추구하다 생을 마치는 어리석은 자가 되겠습니까? 싫든 좋든 여러분은 이제 하늘로부터 소명을 받았습니다. 2007년 9월, 본인이 하늘과 땅 앞에 선포하고 출범시킨 아벨유엔의 빛나는 깃발이 여러분을 인도할 것입니다. 한편으로는 가인격인 기존 유엔의 개혁을 조속히 완성하고, 또 한편으로는 세계 모든 국가들의 정치·경제·문화·교육 등 전 분야에서 하나님의 창조이상인 신심정권을 축으로 하여 펼치고 있는 아벨유엔의 신문명권 혁명을 완성해야만 할 천명을 받았다는 것입니다.

32 한국도 예외일 수가 없습니다. 천주평화연합 천일국 쌍합칠팔희년의 천운 앞에 모든 벽과 담들이 녹아내리고 말 것입니다. 사탄세계에서 만난을 이기고 승리하신 천주평화의 왕 천지인참부모님의 그 승리적 전통을 상속받아 신심정권 시대의 주인이 되십시오. 하나님의 조국광복은 이제 우리 손으로 이루고야 말 것입니다. 지금 여러분이 몸담고 있는 민주주의는 참가정·참부모주의 시대, 즉 신문명 심정권 시대를 찾아가는 과도기적 형제주의임을 잊지 마시고, 과감히 민주주의의 고개를 뛰어넘어 혁명적인 비약을 하십시오!

33 세계 194개국이 참여하고 있는 아벨유엔의 무대에서 대한민국이 조국의 역할을 다할 수 있게 하기 위해 여러분 모두는 앞으로 있게 될 대통령 선거와 국회의원 선거, 그리고 군수·시장·도지사 등의 지방자치단체장 선거는 물론이고, 각종 장관 선임에도 적극 참여하여 기필코 마지막 한때를 승리해야 할 것입니다. 여러분의 목적은 이제 모든 국가들의 기존 정당들을 하나로 묶어 여러분의 분봉왕들을 중심하고 이 지구성에 진정한 조국광복을 성취하는 일입니다. 하늘 앞에 선포하고 시작한 한·일해저터널과 베링해협터널 프로젝트도 참부모님과 조국광복의 뜻을 완성시킨 주인의 자리에서 반드시 성공시켜야 할 것입니다.

34 아벨격인 천일국과 아벨유엔, 그리고 가인격인 미국과 기존 유엔을 하나로 묶어내어 천주적 차원의 수평을 찾아 세우고, 만왕의 왕 되신 하나님을 축으로 하여 평화의 왕 되신 참부모님과 여러분의 분봉왕, 그리고 여러분이 일심일체가 되어 타락이 없었던 본연의 에덴동산, 즉 조국창건을 완성해야 될 것입니다.

중생완성·부활완성·영생완성

35 여러분! 하나님은 참으로 오묘하게 섭리하십니다. 그 누구도 상상하지 못했던 대형 헬리콥터 사고에서 하늘은 영계를 동원하여 참부모 된 본인 부부의 몸에는 사탄도 감히 손을 대지 못하게 조치하신 것입니다. 인간의 눈에는 신비롭기만 한 기적 중의 기적으로 보일 것입니다. 그러나 이것은 헬기 사고 역사상 찾아볼 수 없는 불가사의로 기록이 되고 있습니다. 2013년 1월 13일을 조국광복 완성의 날로 공표해 놓고 불철주야 심혈을 기울이고 있는 본인을 하늘이 어찌 외면할 수 있겠습니까? 당신의 실체로서 지상계에서 이 성업을 이루어 가는 선생님에게 하나님이 함께하시지 않는다면 그 누가 있어 섭리를 완성하고 인류를 다시 하나님의 품으로 되돌릴 수 있겠습니까? 하나님의 크신 은사를 입고 다시 이렇게 여러분 앞에 설 수 있게 된 우리 부부는 참으로 감개무량할 따름입니다.

36 인류의 참부모로 하늘의 인침을 받은 본인 부부는 타락의 혈통으로 태어나 부모 없는 고아로서 수천수만 년을 방황하고 있는 인류를 구해 함께 데리고 들어오라는 하늘의 지상명령을 받았습니다. 이제 4년여 남아 있는 2013년을 향한 마지막 단계로서 '쌍합칠팔희년'을 선포하여 영·육계 만방에 총진군 명령을 내린 이 시점에 이런 불의의 헬기 사고를 당한 것입니다. 그러나 하늘은 이 사고를 통해 다시 한 번 무지몽매한 인류에게 하늘이 살아서 역사하고 계신다는 것을 확실히 보여 주신 것입니다. 이제 여러분은 본인과 손을 잡고 폭발적인 참사랑·참가정혁명을 수행하여 전 인류를 축복가정화해야 하는 절박한 시점에 처해 있다는 것을 한시라도 잊어서는 안 될 것입니다.

37 여러분, 타락으로 말미암아 아담 해와는 영육 모두를 사탄에게 내주고 말았습니다. 그러나 예수님은 십자가 고난을 통해 육신을 잃어버렸지만 40일 부활기간을 승리하고 영적 부활을 완성하시어 인류에게 영적 구원의 길을 열어 놓고 가셨습니다. 이런 차원에서 볼 때 이번 헬기 사고는 실로 엄청난 섭리적 의미를 갖고 있습니다. 사탄의 마지막 총공세 속에서도 참부모님은 영육 아울러 완전 실체 승리를 쟁취하신 것입니다. 섭리역사 속에서 잃어버린 참가정 3대권을 피 한 방울 흘리지 않고 고스란히 복귀 안착시킨 것입니다.

38 꿈에도 잊을 수 없는 그날 7월 19일 헬기 사고 당일에는 중생완성을, 그로부터 20일째인 칠팔절 8월 7일에는 부활완성을, 그리고 8월 27일에

는 사고 40일째를 승리로 마무리지으면서 영생완성의 날을 선포했습니다. 하나님을 중심에 모시고 섭리의 최종적 이상권인 신천신지를 열어 영원한 해방·석방을 구가하게 될 영생의 새날을 선포하였습니다.

39 이제 여러분 앞에는 새 시대 새 나라를 약속하는 2013년 1월 13일의 그날이 다가오고 있습니다. 참부모님의 참사랑은 평화통일 조국광복의 부모유엔을 통해 천일국을 실현할 것입니다. 하나님의 혈통과 완전축복을 보전하여 본래의 참하나님을 만유의 어버이로 모시고 영원한 희년을 즐기며 살 수 있는 평화의 실체왕국, 즉 천일국의 그날을 향해 우리 모두 총진군합시다!

2절 하나님의 섭리사관

1 여러분, 우주에 산재한 삼라만상도 그 크고 작음에 관계없이 모두 한 뿌리에서 시작되었습니다. 타락으로 모든 관계가 단절되어 인간이 무지에 떨어졌기 때문에 쉽게 감지할 수 없을 뿐이지, 만물은 물론 태양까지도 나름대로의 기준과 형태 속에서 참부모 참가정을 모시고 공명권을 이루어 위하는 삶, 즉 참사랑·참혈통권의 세계에서 살고 싶어하는 것입니다. 그 세계야말로 죽음이 없는 곳이며, 교육이 필요 없고, 선후도 필요 없는 곳입니다. 전기학에서 말하는 부하가 걸리지 않는 수평의 자리에서 만물도 인간과 함께 하나님만을 중심삼고 사는 순리의 세계, 즉 선의 왕국을 이루어 영영세세토록 태평성대를 누리며 살고 싶어하는 그런 세계입니다.

천주평화의 왕 대관식

2 여러분은 오늘 역사상 전무후무한 경천동지의 섭리역사적 대사건 현장에 서 계십니다. 천주평화의 왕이 마침내 영광된 등극을 하시는 날입니다. 여러분의 눈에는 보이지 않지만 지금 여러분 개개인의 머리 위에는 수천수만 명의 선한 축복가정 조상들이 임하여 함께 이 장엄한 순간을 경축하고 있다는 사실을 잊지 마십시오. 천지만물도 기뻐 함께 외치는 할렐루야의 찬송이 온 천주에 가득 울려 퍼지고 있습니다. 여러분이 진정 이날의 가치를 안다면 도저히 이렇게 가만히 앉아 있을 수만은 없을 것입니다. 온 지구성을 돌며 기쁨과 환희의 찬양을 끝없이 외치지 않고는 견딜 수가 없을 것입니다.

3 여러분, 2001년 1월 13일은 무슨 날이었는지 아십니까? 하늘이 그렇게도 고대하고 소원해 오신 '하나님왕권즉위식'의 날이었습니다. 인류의 참부모로 인침을 받고 출발한 선생님이 형언할 수 없는 수난과 형극의 탕

감복귀노정을 마침내 승리하고 완성한 터 위에서 봉헌해 올린 인류 최대 최고의 경사였습니다. 수만년간 탄식과 한으로 점철된 생을 부모의 심정으로 섭리해 오신 하나님께 마침내 해방과 석방의 날을 봉헌해 올린 날이었습니다. 하나님을 종적인 참부모요 천주의 대왕으로 모시고 천일국의 기치를 드높이 휘날리며 새로운 하늘 주권의 출범을 천상천하에 선포했던 실로 섭리적인 날이었습니다.

4 그로부터 3년, 태풍처럼 몰아치는 천운의 키를 잡고 하루를 천년같이 달려서 승리한 참부모님의 기대 위에 하늘은 드디어 2004년 5월 5일 쌍합십승일을 선포하였습니다. 기나긴 한의 세월 선천시대를 접고 이 땅에 신천신지를 창건할 수 있게 될 후천개벽의 시대를 열어 주신 것입니다. 실체적으로 이 지구성을 하늘 앞으로 환원시키기 위한 역사적 대혁명의 출발이었습니다.

5 참부모와 전 인류가 일치가 되어 피와 땀과 눈물로 일궈낸 승리의 터전 위에 본인은 2003년 예루살렘에서 기독교 유태교 이슬람교의 추대를 받아 예수님을 만왕의 왕으로 천상천하에 선포했습니다. 더불어 2004년에는 본인이 미국과 한국의 국회로부터 평화의 왕으로 추대를 받았습니다. 그리하여 2006년 6월에는 마침내 '천주평화의 왕' 대관식을 거행하게 되었던 것입니다.

6 오늘 여러분은 실체적 천주평화의 왕 대관식에 참석하고 천일국 국민으로 입적할 수 있게 되는 실로 엄청난 천은을 입고 있습니다. 수천수만에 이르는 여러분의 조상들도 이날의 은사를 두고 영원히 여러분에게 감사할 것입니다.

7 성경에 보면 '먼저 그 나라와 그 의를 구하라!'라고 했습니다. 오늘 여러분은 마침내 후천개벽시대의 실체적 주권이 될 '그 나라', 즉 천일국이 창건되는 기적 중의 기적을 목격하고 계십니다. 하늘은 실로 오묘하게 역사하십니다. 새천년의 원단에 이미 천일국의 지평을 열어 주셨습니다. 그러나 여러분 생전에 이렇게 꿈만 같은 천주평화의 왕 등극의 날이 올 줄을 그 누가 상상이나 했습니까?

분봉왕 중심 섭리시대

8 인류는 이제 새로운 시대권인 후천개벽의 시대로 들어서고 있습니다. 평화의 왕으로 등극한 본인의 명을 받아 세계 각지로 파송되는 분봉왕들을 중심삼고 하늘이 역사하시어 이 땅에 신천신지, 즉 천일국을 완성시키는 시대입니다.

9 예수님 앞에 세례 요한이 책임을 다했더라면 유태교와 이스라엘의 반대에 부딪혀 십자가의 길로 내몰리는 예수님이 되지는 않았을 것입니다. 세례 요한과 더불어 예수님은 이스라엘 민족을 이끌고 하늘이 수천년에 걸쳐 준비해 온 로마를 평정하고 치리할 수 있게 되었을 것입니다. 그런 터전만 확보했더라면 예수님은 세계로 통하는 로마의 길을 타고 세계 전역에 분봉왕들을 파송했을 것입니다. 그들은 평화의 왕 되신 예수님을 대신하는 대신자요, 하늘의 뜻을 전수받은 상속자로서의 분봉왕 역할을 다하여 이 지구성에 국경이 없고 담이 없는 해방·석방의 평화왕국, 즉 천일국을 창건했을 것입니다.

10 인류는 사탄의 술수에서 헤어나지 못한 채 다시 2천년간 탕감복귀의 길을 걸어왔던 사실을 우리는 잘 알고 있습니다. 세례 요한 한 사람의 실수가 이처럼 엄청난 결과를 초래한 것입니다. 하늘의 섭리는 결코 중단되어서도, 포기되어서도 안 되는 것이 천리입니다. 마침내 이 땅 대한민국이 하늘의 선택을 받아 섭리를 완성시킬 조국이 되었습니다. 참부모님께서 이 땅의 정기를 받고 태어나셨기 때문입니다.

11 본인은 세계 각국에 분봉왕들을 봉하는 절차를 역동적으로 진행시키고 있습니다. 그들은 결코 세례 요한과 같은 실수를 다시는 반복할 수 없는 시대권에 들어와 있습니다. 십자가의 길로 홀연히 떠나셨던 예수님 때와는 달리 평화의 왕으로 하늘의 인침을 받은 본인은 기필코 이 지구성에 하나님의 조국광복을 완성하고야 말 것이기 때문입니다. 하늘이 함께하시고 평화의 왕이 중심축으로 서서 세계 방방곡곡에 파송받은 자녀들과 분봉왕들을 인도하여 영원한 평화가 정착하는 본연의 이상천국을 창건할 것입니다.

인류역사의 발전 과정

12 국제연합의 창설 취지를 받들고 세계평화를 지키기 위한 숭고한 뜻을 품고 한국전쟁에서 크나큰 희생을 치른 유엔군, 미국을 비롯한 16개 참전국들 앞에 뜻을 중심하고 7천만 한민족을 대신하여 심심한 감사의 심정(마음)을 전하는 바입니다. 인류를 죄악에서 구해 당신의 창조이상을 완성하시려는 하나님의 섭리적 관점에서 한국전은 단순한 한 나라의 전쟁이 아니었습니다. 하나님의 섭리를 완결하는 데 결정적 역할을 해낸 역사적인 성전이었습니다. 본인과 한반도를 중심삼고 펼치신 하나님의 깊은 섭리적 내용을 여기서 일일이 다 설명할 수는 없겠습니다. 따라서 오늘

은 본인이 최근에 선포한 환태평양 중심의 섭리적 내용을 여러분에게 소개하고자 합니다.

13 인류역사의 발전사를 깊이 관찰해 보면 역사의 배후에서 끊임없이 역사하시는 하늘의 의지와 숨결을 확실히 느끼게 됩니다. 세계 4대 하천 지역들을 중심삼고 첫 출발을 보았던 인류의 문명사를 한번 살펴보십시오. 나일강 중심의 이집트문명, 티그리스·유프라테스강 중심의 메소포타미아문명, 인더스강을 중심한 인더스문명, 황하강을 중심한 황하문명을 우리는 잘 알고 있습니다.

14 그 후 인류문명사는 지중해권에 상륙하여 그리스반도의 희랍, 이탈리아 반도의 로마와 같은 지중해 반도문화로 꽃을 피우게 됩니다. 역사는 다시 발전을 거듭하면서 유럽 대륙문명으로 정착하는가 했으나, 이 대륙문화도 다시 대서양권의 영국 같은 도서문명의 꽃을 피워 주는 밑거름이 됩니다. 그러나 사해를 평정하고 그 땅에 해질 날이 없다고 외치며 기세가 등등하던 대영제국도 다시 그 화려했던 문화의 바통을 미주대륙에 넘겨주게 되었던 사실을 우리는 역사 속에서 목격하게 됩니다. 이렇게 미주대륙에 착륙한 인류문명사는 드디어 기독교에 뿌리를 둔 민주주의의 갑주를 입고 종교자유와 인권평등의 기치를 내걸고 싸워 제1, 제2, 제3차 세계대전을 승리함으로써 무신론적 악주권의 대명사였던 공산주의가 무릎을 꿇게 됩니다. 그렇다고 하여 인류문명사의 발전이 여기서 끝나는 것이 아닙니다. 미국이 위대해서 이루어낸 결과도 아닙니다. 섭리적 프로그램에 맞추어 하늘은 미국이라는 나라를 제2 이스라엘로 택해 세웠고 중심종교인 기독교를 통해 미국 국민을 기르고 훈련시켜 이 결실 단계의 섭리를 이루어 나온 것입니다.

15 여러분, 문제는 이제부터입니다. 지구성을 한 바퀴 다 돌아온 인류문명사의 발전은 마침내 태평양권에 도착했습니다. 인류역사는 이제 환태평양권을 중심삼고 완성 완결을 봐야 할 섭리적 시점에 도달했다는 것입니다. 이 섭리적 프로그램은 이제 그 어떤 힘도 막을 수 없습니다. 악주권 하에서 승패를 거듭하던 선천시대의 탕감노정은 비상하는 환태평양시대의 발목을 잡을 수는 없는 것입니다. 하늘이 희년을 선포하신 특별한 뜻이 바로 여기에 있습니다.

신문명권의 구축

16 환태평양시대의 도래가 의미하는 바는 실로 큽니다. 인류의 메시아로 오셨던 예수님께서 뜻을 이루었더

라면 세계는 어떤 모습으로 바뀌었을 것 같습니까? 예수님은 전 인류를 구하러 오신 구세주 메시아였지, 지중해 위쪽 한 귀퉁이에 자리한 이스라엘만을 구하러 오신 분이 아니었습니다. 그 당시 인류문화는 벌써 지중해의 중심인 로마를 거점으로 사해를 장악하고 다스릴 준비가 되어 있었던 것입니다. 따라서 하늘은 예수님께서 로마를 교화 치리하고 그 막강한 로마의 힘을 빌려 세계 인류를 새로운 신문명권으로 구해 줄 것을 고대했던 것입니다. 그러나 역사는 너무나 비참하게 십자가의 참형으로 끝난 예수님의 최후를 기록하고 있습니다.

17 하나님은 수천년을 준비한 터 위에 가까스로 당신의 독생자인 예수님을 이 땅에 보내시고 노심초사 일거수일투족을 지켜보시던 그 심정이 어떠했겠습니까? 인류의 시조로 지은 아담 해와가 타락으로 에덴동산에서 떨어져 나갔을 때보다도 더 큰 처절 참절의 한에 사무친 비극이 되고 말았던 것입니다. 그로부터 2천년, 하나님이 역사의 뒤안길에서 인간으로서는 도저히 상상도 할 수 없는 수난의 노정을 걸으시며 준비시켜 온 제2 이스라엘권의 나라가 미국입니다. 기독교국으로서 신교와 구교가 적절히 안배되어 있는 미국은 구교와 신교를 하루속히 화합 통일시켜 예수님 시대에 이루지 못했던 21세기의 로마 역할을 완수해야 할 사명을 띠고 있는 것입니다.

18 65억 인류의 화합과 통일을 일궈내어 이 땅에 평화이상세계를 창건하는 데 견인차 역할을 해야 할 섭리적 차원의 책임이 미국이라는 나라 위에 지워져 있다는 뜻입니다. 이것은 단순한 선생님의 말이 아닙니다. 하늘이 오늘 미국 위에 내리신 천명입니다. 그렇다면 우리가 어떻게 구교와 신교를 하나로 만들 수 있습니까? 하나님께서는 이미 그 답을 인류의 참부모로 현현하신 선생님을 통해 보내주셨습니다. 하나님의 창조이상을 완성할 신문명권의 구축은 참사랑의 삶을 실천궁행하고 영계의 실상을 확실히 알아 모델적 이상가정인 참가정을 찾아 세우는 것이며, 이는 하늘로부터의 지상명령입니다.

환태평양권을 중심한 인류의 미래

19 여러분, 이 지구성에 현존하는 65억 인류 가운데 50억에 가까운 사람들이 여러분의 이웃이요 친척인 환태평양권의 형제자매들입니다. 바꾸어 말하면 우리 인류 모두가 뿌리를 함께하고 있는 몽골반점동족권의 동족입니다. 하나님의 평화이상을 중심삼고 우리가 축복받고 한 핏줄로 뭉치면 못할 일이 어디 있겠습니까? 인

류의 미래는 이제 우리의 손에 달려 있습니다.

20 하늘의 섭리는 이제 미국 대륙을 거쳐 영국과 같은 입장인 일본 열도에서 도서문명의 꽃을 피우며, 인류의 구세주요 재림 메시아로 현현하신 참부모의 조국 대한반도에서 결실을 봐야 할 숙명적 순간을 맞이하고 있습니다. 한반도는 예수님 당시의 로마와 같은 입장에 서서 전 세계의 문제를 해결해야 할 초종교권과 초정치권의 분쟁지역으로 간주되고 있습니다. 지정학적인 차원에서 봐도 한반도는 지금 세계평화를 정착시키는 데 가장 첨예한 대립 지역으로 부각되어 있습니다.

21 인류문화가 한반도를 중심한 태평양권에서 결실을 봐야 하는 것은 하나님의 탕감복귀원리 때문입니다. 한국전쟁 시에는 고맙게도 미국을 중심한 유엔군이 동원되었으나 하나님께서 소원하시는 조국과 고향을 찾아야 하는 뜻을 이루지 못하고 중도에서 하차함으로 말미암아 물질 뺏기, 사람 뺏기, 하나님 찾기 등의 세계적 차원의 갈등과 분쟁은 냉전이라는 이름으로 계속되어 왔던 것입니다. 이것도 탕감복귀를 하기 위한 목적이 분명하지 않기 때문에 이제는 본인이 창설한 천주평화연합의 이름으로 보다 평화를 사랑하며 봉사하고 희생하는 축복받은 하늘의 여성들을 중심으로 평화군과 평화경찰을 재조직 편성하고 교육시켜 앞장세워 왔습니다. 이들은 하나님을 중심한 세계평화를 구현하는 평화전위대로서 하나님의 소원인 평화이상세계를 창건하게 될 것입니다.

22 여러분은 잘 모르겠지만 한반도의 핵문제 해결을 위해 현재 진행되고 있는 6자회담의 배후를 조종하며 민주주의국들과 공산주의국들을 화해시켜 그 해결책을 제시하고 있는 것도 선생님이 전해 준 새로운 천부주의의 평화 화합의 원칙이라는 놀라운 사실을 밝혀 드립니다. 이 절박한 시점에서 미국과 유엔의 역할은 과연 무엇이겠습니까? 환태평양권의 중심에 위치하고 있는 미국의 노포크와 하와이는 대서양과 태평양은 물론 오대양을 대표하고 있습니다. 하와이와 노포크는 동양과 서양을 잇는 가교요, 남과 북을 연결하는 연결고리라는 것입니다. 한반도는 미국 대륙을 등에 업고 태평양권의 모든 도서국들을 규합하여 환태평양권을 보호하고 지켜야 할 조국이 되는 것입니다. 다시 말씀드리지만 인류의 미래가 바로 한국과 일본, 그리고 미국을 중심한 환태평양권의 보전에 달려 있기 때문입니다.

23 이런 하늘의 뜻을 잘 알고 있었기에 본인은 1970년대부터 33년간 생애의 황금기를 이 미국을 중심삼고 세계평화를 위해 정성 들였던 것입니다. 그리고 1991년에는 냉전시대에 종지부를 찍기 위해 북한의 김일성 주석과 담판을 지으러 가던 심각한 순간에도 먼저 하와이를 들러 정성을 들였던 것입니다. 그 승리적 터전 위에 본인은 다시 한국에 돌아가서 하나님의 조국과 고향을 정착시키는 섭리를 완성해 나오고 있습니다. 특별히 금년에는 섭리적 희년을 맞아 다시 미국을 들르게 되었으며, 그 첫 기착지로 하와이에 가게 된 것입니다.

24 여러분, 작금의 세계정세를 냉철하게 분석해 보십시오. 공산주의의 탈을 벗었다고는 하지만 지금도 중국이나 러시아 같은 주변의 호전적인 강대국들은 호시탐탐 힘없고 작은 도서국들을 넘보고 있습니다. 어느 국가를 막론하고 작은 도서국으로서는 단독으로 이 강대국들의 정치·경제·군사적 공세를 당해낼 수가 없을 것입니다. 마음만 먹으면 하루에라도 무혈점령을 감행할 수 있는 힘을 갖고 있는 그들입니다.

25 환태평양권에 안정과 평화가 정착될 때 인류의 평화도 보장이 될 것입니다. 노도와 같이 밀려오는 주변 강대국들의 엄청난 '쓰나미'를 혼자서는 저지할 수가 없을 것입니다. 환태평양권의 모든 도서국들이 하나로 뭉쳐 하나님이 바라는 신문명권의 조국을 창건해야 할 때가 왔습니다. 적도를 중심에 두고 남북으로 산재해 있는 태평양권의 작은 도서국들은 물론 일본, 대만, 필리핀, 인도네시아, 솔로몬군도, 호주, 뉴질랜드 등 모든 국가들이 한 나라와 같이 연합전선을 펴서 인류의 평화와 안정을 보장해 줄 환태평양문명권을 지켜야 합니다. 날로 심해져 가는 환경파괴와 전쟁으로부터 인류의 미래 젖줄이요 생명선인 해양권을 보호하고 살려 미래의 평화를 위해 본연의 원자재를 지켜야 할 책임이 여러분에게 있다는 뜻입니다.

26 지난 80여 년간 본인은 초지일관 하늘의 명을 받들어 하나님의 창조이상인 지상·천상천국, 즉 평화세계를 이루기 위해 바쳐 왔습니다. 지구성 방방곡곡을 수십회씩 돌면서 하늘의 메시지를 전파해 왔습니다. 특별히 21세기에 들어서면서 본인은 하늘이 인류에게 내리시는 마지막 축복이자 경고인 환태평양권을 중심한 하늘의 섭리적 방향과 인류의 미래에 대한 메시지를 설파해 왔습니다. 평화세계를 구현하는 데는 다른 방법이 없습니다. 인류의 참부모 되신 하나님의 명

을 따라 세계를 품고 아벨유엔을 설립하여 구원섭리를 역동적으로 추진·실천하고 있는 본인의 가르침을 따르지 않는 한 인류의 미래는 희망이 없습니다. 하늘이 이 시대에 우리에게 주신 최후통첩과 같은 본 메시지를 가슴속 깊이 각인하시고 향후 여러분의 삶의 지표로 삼기를 바랍니다.

3절 천일국시대의 섭리

1 21세기에 진입한 오늘의 인류는 실로 역사적인 대전환기에 처해 있습니다. 영원한 세계평화를 정착시킬 수 있을 것이냐, 아니면 20세기까지 반복되어 왔던 암울한 전쟁과 대결의 역사를 또다시 되풀이할 것인지를 결정짓지 않을 수 없는 시점에 와 있는 것입니다. 여러분도 아시다시피 본인은 20세기에 들어 본격화된 식민지 쟁탈전과 제1, 2차 세계대전, 한반도에서의 6·25전쟁, 동서 냉전 등 끊임없이 지속되었던 전쟁과 반목의 시대를 거쳐 오면서 생애의 전 과정을 하나님의 평화이상세계왕국의 구현을 위해 바쳐 왔습니다. 그 과정에서 본인은 제2차 세계대전이 끝나면서 창설된 국제연합(유엔)이 영원한 세계평화 실현을 위해 하나님의 뜻을 받들 수 있는 평화의 기구가 될 것을 간절히 기도해 왔습니다.

2 1945년에 창설을 본 유엔이 세계평화를 위해 공헌했던 훌륭한 업적이 없는 것은 아니지만, 창설 60년을 넘긴 오늘의 위상은 그 본래의 창설목적 수행에 심각한 어려움을 겪고 있는 것을 자타가 공인하고 있습니다. 회원국이 200개국에 육박하고 있지만 자국의 권익만을 대변하고 주장하는 유엔 대표부들의 역할은 이제 세계분쟁의 해결과 세계평화 구현에 태생적인 한계를 드러내고 있는 것입니다.

천주평화연합의 출현

3 인류는 지금까지 역사를 통해 줄곧 인간을 중심한 평화운동만을 전개해 왔습니다. 그 좋은 예가 민주와 공산의 대결입니다. 개인의 권익과 자유를 얼마나 더 인정해 주고 보장해 주느냐의 정도 차이일 뿐, 민주주의나 공산주의도 모두 부모를 잃은 자식들이 가인 아벨로 갈라져 싸우는 형제간의 분쟁 범주를 벗어나지 못한 것입니다. 불완전한 인간만을 중심삼고 전개하는 평화운동은 역사적으로 언제나 그 한계에 부딪혀 좌절되고 말았던 것입니다. 세계평화 실현의 화려한 꿈을 안고 출발했던 국제연합이 오늘날 그 태생적인 한계에 부딪혀 인류에게 더 이상 소망을 주지 못하고 있는 것도 바로 이런 이유 때문입니다. 한마디로 하늘이 직접 운행하여 역사를 섭리하실 수 있는 때를 맞이하지 못했다는 것입니다.

4 하나님의 영원한 창조이상인 평화이상세계의 실현을 위해 가인격인 기존 유엔의 갱신과 더불어, 새로운 차원에서 평화이상세계왕국의 기능을 발휘할 수 있는 천주적 차원의 아벨격 유엔의 위상이 바로 '천주평화연합'입니다. 이제 여러분과 함께 탄생을 본 '천주평화연합'은 하나님의 승리요, 참부모님의 피와 땀과 눈물의 결실이며, 여러분의 희망이자 소망입니다. 가인적인 기존 유엔 앞에 천일국을 대표하는 아벨적 왕국의 사명을 다하게 될 것입니다.

5 천주평화연합은 이제 기존 유엔의 아벨적 위치에 서서 민족적이고 국수적인 유엔 대표부들의 각축장이 아닌, 범세계적이고 초세계적인 천주적 차원에서 인류의 평화와 복지를 위해 숭고한 혁명을 수행해 나갈 것입니다. 외적이요 형식적인 구호에 매달리는 유엔이 아니고, 보다 근본적이고 실질적인 차원에서 진정 인류를 위한 메시아적 사명을 다하게 될 것입니다. 그런 목적 하에 본인은 벌써 2005년 10월 20일, 천주평화연합 창설 메시지를 세계 120개국에 전파하는 세계순회노정 중 우크라이나에서 '세계평화왕국경찰'과 '세계평화왕국군'의 창설을 만천하에 선포했습니다. 이 두 조직은 이제 우리 몸의 적혈구와 백혈구 같은 역할을 하여 세계 방방곡곡에서 하늘의 혈통으로 접붙임을 받고 새 출발을 한 축복가정들을 보호하고, 한편으로는 하나님께서 주신 에덴동산, 즉 이 아름답고 고마운 지구성을 지키고 보호하고 가꾸어내는 파수대의 역할을 다하게 될 것입니다.

6 이 지구성을 하나님이 바라시는 이상천국으로 만들기 위해 오대양 육대주를 연결하고, 순회 질주할 수 있게 해줄 '세계평화초고속도로' 건설의 일환으로 베링해협에 터널을 뚫는 세계 최대의 프로젝트를 진행시키고 있습니다. 세계평화 구현의 숭고한 뜻을 품고 출발했던 국제연합이 유명무실한 기구로 전락한 현실을 외면할 수 없어 본인은 유엔의 갱신을 추진하고 있습니다. 그와 병행해서 '새 술은 새 부대에 담아야' 하는 차원에서, 본인은 인류를 천주평화 신문명 개벽시대로 인도해 줄 새로운 '평화유엔', 즉 아벨유엔(천주평화연합)을 창설하여 세계 120여개 국가들의 지지를 받고 있습니다.

7 세계 인구의 74퍼센트를 차지하고 있는 몽골반점동족은 세계에서 가장 큰 단일 동족체입니다. 50억에 가까운 이들을 규합하여 이 지구성에 참사랑의 태풍을 일으켜야 할 것입니다. 여러분과 선생님은 같은 한반도에서

태어나 같은 문화권을 향유하고 있습니다. 여러분은 본인의 가르침인 참사랑·참생명·참혈통을 통한 참가정 완성의 진리를 전파하고 교육시키는 평화대사요 하늘의 밀사들입니다. 평화대사 된 여러분은 이제 하늘의 진리를 들고 죽음길도 두려워하지 않는 선지자적인 신념과 긍지로 뛰어야 할 것입니다. 하늘의 밀사가 되어 뛰시는 여러분의 영생은 반드시 하늘이 책임져 주실 것입니다.

8 우리 모두가 공유하고 있는 몽고반점은 단순히 몽골인들을 표시하기 위해 생긴 생리적인 반점이 아닙니다. 후천개벽의 시대가 올 때, 참부모님을 중심삼고 전 인류를 규합하고 통일하는 구심점으로 삼기 위해 일찍이 하늘이 주신 동이족의 증표입니다. 더 나아가서 몽골반점동족의 중심축의 위치에 서 있는 한민족은 65억 인류의 선두에 서서 참부모님의 전통을 전수해 주는 대신자로서의 사명을 다해야 할 선민입니다.

9 여러분은 천주평화연합의 숭고한 뜻을 받들어 하늘을 위해, 그리고 인류를 위해 자랑스러운 '평화왕국경찰'과 '평화왕국군'의 대열에 나서야 할 것입니다. 280성(姓)이 넘는 한국의 모든 성씨들은 자신들의 성씨와 종친의 벽을 뛰어넘고 하나가 되어 하늘이 이 시대에 택해 세운 선민으로서의 위상을 세워야 할 것입니다. 이것이 바로 배달민족 된 한민족의 종친대표 지도자 여러분께 내린 천명임을 명심하시기 바랍니다.

10 여러분은 후천개벽시대를 이끌고 갈 세계 120만 평화대사들을 대표하는 지도자들의 위치에 서 계십니다. 금후 인류의 평화와 행복을 책임지고 '평화왕국경찰'과 '평화왕국군'의 사명을 완수해야 할 하늘의 밀사들이기에, 4대 성인은 물론 수십 수백 대에 이르는 여러분의 조상들까지 총동원되어 여러분의 일거수일투족을 지켜보고 계십니다. 따라서 여러분의 사명은 이제 명약관화해졌습니다. 먼저는 여러분의 종친들과 친지에게 후천개벽의 시대, 즉 천일국 창건의 때가 왔음을 주지시켜야 할 것입니다. 하늘이 이 시대에 참부모님을 중심삼고 전 세계적 차원에서 전개하고 계시는 섭리적 내용을 교육시켜야 할 책임이 여러분에게 있다는 뜻입니다.

인류 평화를 위한 프로젝트

11 인종·국경·종교의 벽을 뛰어넘어 이렇게 수십 수백 NGO(비정부기구)들과 각국 대사들, 그리고 종교지도자들이 한자리에 모여 '한 하나님 아래 한 가족'의 꿈을 실현하기 위한 참

사랑의 혁명 대열에 참가한 여러분의 모습을 보니 감개무량합니다.

12 본인은 일생을 하나님의 참사랑을 실천하는 '위하여 사는 삶'의 도리를 가르쳐 왔습니다. 이것은 개인에게뿐만 아니라 가정과 사회, 국가 이렇게 모든 차원에서 적용되어야 하는 기본원리입니다.

13 세계 지도자 여러분, 본인은 오늘 귀한 하나님의 섭리역사적 완성의 자리를 빌려 다시 한 번 하나님과 인류의 섭리적 최후의 목적인 평화천국 창건을 위해, 그리고 하나님의 조국과 본향의 창설을 위해 실로 섭리적이고도 혁명적인 프로젝트를 선포하고자 합니다.

14 역사적으로 사탄에 의해 동과 서를, 남과 북을 갈라놓았고, 지리적으로는 북미대륙과 러시아 대륙을 갈라놓은 베링해협에 교량을 건설하거나 해저터널을 뚫자는 것입니다. 그리하여 아프리카의 희망봉으로부터 칠레의 산티아고까지, 영국의 런던에서 미국의 뉴욕까지 자동차로 전 세계를 순회 질주할 수 있게 될 '세계평화초고속도로'를 연결해 줄 '세계평화왕 교량·터널(World Peace King Bridge and Tunnel)'을 완성하고, 세계를 해방·석방시켜 주게 될 일일생활권으로 만들자는 것입니다. 더 이상 분단과 분열은 용납될 수 없다는 것이 하늘의 경고입니다. 전 세계를 하루의 생활권으로 묶어 사탄이 만들어 놓은 인종·문화·종교·국가의 벽을 헐어내고, 하나님이 그렇게도 소원해 오신 평화이상세계왕국을 이 지구성에 창건하자는 것입니다.

15 미국과 러시아가 하나되고 유럽대륙, 중국, 인도, 일본, 브라질 등 세계의 모든 국가들이, 그리고 모든 종교들이 하나가 되어 함께 힘을 모아 이 역사적인 프로젝트를 성공시켜야 할 것입니다. 이 사업의 성공이야말로 인류에게 더 이상 전쟁과 분단이 필요 없는 평화이상세계왕국을 창건하는 데 결정적 역할을 하게 될 것입니다.

16 여러분, 이렇게 엄청난 프로젝트를 어떻게 완성할 수 있느냐고 의구심을 갖는 자도 있을 것입니다. 그러나 하나님의 뜻이 있는 곳에는 반드시 길이 있습니다. 21세기의 현대과학기술은 이제 베링해협에 터널을 뚫는 것 정도는 문제도 안 될 수준에까지 발전해 있습니다. 공사비용도 문제가 되지 않습니다. 세계가 전쟁이라는 이름으로 탕진하고 있는 돈이 얼마입니까? 인류는 지금 역사와 후대 앞에 실로 가공할 만한 죄를 짓고

있는 것을 자각해야 할 때입니다.

17 한 예를 들어 봅시다. 미국이 지난 4년여 동안 이라크 전쟁에 쏟아부은 전비가 얼마나 되는지 아십니까? 400조원에 육박하고 있습니다. 그 정도의 예산이면 베링해협 프로젝트는 완성하고도 남을 돈이라는 것입니다. 우리가 왜 서로 죽고 죽이는 전쟁들에 이처럼 엄청난 돈을 퍼붓는 어리석은 만행들을 계속해야만 하는 것입니까? 성경 이사야서 2장 4절의 가르침처럼 이제는 총칼을 녹여 쟁기와 보습을 만들 때입니다. 더 이상 인류는 이제 전쟁을 위한 전쟁에 자식들의 생명을 희생시키고 천문학적인 돈을 탕진하는 패악을 거듭해서는 아니 되겠다는 것입니다. 세계 모든 국가들의 역량을 총동원하여 대우주의 주인 되신 하나님이 원하시는 평화이상 세계왕국 창건에 총 매진해야 할 때가 왔습니다.

역사 속의 섭리적 결실

18 우리는 2009년 1월 1일과 15일, 31일, 3회에 걸쳐 역사적인 '만왕의 왕 하나님의 새로운 해방권과 대관식 및 금혼식'을 거행했습니다. 특히 1월 31일에는 동양권을 대표한 한국 천정궁에서, 그리고 서양권을 대표한 미국 뉴욕에서, 이렇게 같은 날 두 곳에서 역사상 전무후무한 섭리적 행사를 하늘 앞에 봉헌하는 기록을 세웠습니다.

19 2009년 4월 이후의 계절은 본인 부부가 성혼식을 치른 지 50회가 되는 계절입니다. 독재에 항거하며 포효하는 젊은 학생들의 절규가 마침내 한반도에 찾아왔던 1960년 음력 3월 16일, 우리 부부는 성혼식을 통해 하늘로부터 인침을 받고 인류의 참부모·참스승·참왕의 험난한 복귀섭리 노정을 출발했던 것입니다. 그로부터 50년, 하나님을 완전 해방·석방시켜 드리고 만왕의 왕으로 모시기까지 우리 부부가 걸어온 탕감복귀섭리의 노정들을 어찌 다 필설로 설명할 수 있겠습니까? 먼 훗날 역사가들이 증명하고 기록하게 될 것입니다.

20 여러분은 잘 모르시겠지만 참부모님의 대관식과 금혼식이 갖는 섭리적 의미는 실로 엄청납니다. 인간조상의 타락으로 말미암아 하나님의 참된 혈통은 없어지고 사탄의 거짓 핏줄이 인류역사를 지배해 온 사실은 여러분도 원리를 배워서 알고 계시리라 믿습니다. 핏줄이 뒤바뀐 인류의 역사는 결과적으로 육계는 물론 영계까지도 철저하게 선악의 가인과 아벨의 상충적 대립 투쟁의 관계로 얽히고 말았지 않습니까? 이런 비참한 역사를 놓고 그 누구도 해법을 찾지 못

한 채 지금까지 방치된 상태로 역사는 흘러오고 있었던 것입니다.

21 이제부터는 시대가 달라집니다. 참부모님의 대관식과 금혼식을 계기로 가인·아벨의 완전 일체권의 문이 열리고 있습니다. 하나님의 본성적 심정을 상속받고 공유하는 완성 완결의 단계, 즉 타락의 흔적조차 없는 원상의 인간으로 복귀될 수 있는 은사권에 진입하는 새로운 시대인 것입니다. O와 X의 원리적 차원에서 생각해 보아도 O의 입장이신 하나님의 선주권이 X의 입장인 사탄의 악주권을 흔적도 남기지 않고 송두리째 품고 소화시키는 시대권을 말하는 것입니다. 더 이상 실체의 하나님으로 역사하시는 참부모님과 무형의 하나님을 구별할 필요가 없는 지상·천상천국이 실체적으로 여러분의 눈앞에서 펼쳐지는 새로운 시대권이 열리고 있습니다.

22 이런 특별한 뜻을 갖고 있는 이때, 우리는 지난 4월 21일부터 13일간 본인 부부의 대관식과 금혼식을 경축하고 향후 인류의 평화제전으로서 올림픽 게임을 능가하게 될 '원구피스컵 가인·아벨 천주연합대회'를 성대하게 치렀습니다. 특히 금번 제1회 대회에는 참부모님의 초청으로 만사를 제쳐놓고 달려온 브라질의 소로카바 축구팀이 큰 역할을 해주었습니다. 2008년도 브라질 상파울루 지역 FA컵 우승팀인 소로카바 팀은 이번 짧은 기간을 통해 한국, 일본, 북한, 그리고 중국을 대표하는 4개국 팀들과 경기를 갖고 남미 축구의 진수를 가르쳐 보여 주는 훌륭한 경기를 펼쳤습니다. 여러분 모두 소로카바 팀을 위한 격려의 박수를 보내 주시지 않겠습니까?

23 여러분은 이제 축복결혼과 결실의 시대를 맞이하고 있습니다. 하나님의 창조이상인 지상천국, 즉 평화왕국이 여러분의 목전에서 창건되어 가고 있습니다. 참부모로서 80여 평생을 피와 땀과 눈물로 점철된 외길, 오직 하늘길만을 걸어온 본인의 삶이 이제는 65억 인류를 위한 승리적 결실을 거두고 있는 것입니다. 영계에서도 4대 성인은 물론 수천수만의 성현들과 여러분의 선한 조상들이 지상계에 내려오고 있습니다. 여러분의 일거수일투족을 지켜보며 천도를 어기는 자는 일벌백계로 다스릴 것입니다.

후천개벽시대 선포

24 천일국 7년을 시작하면서 하나님과 인류가 수천년 역사상 단 한 번도 경험하지 못했던 섭리적 차원의 희년을 선포했습니다. 하늘이 이해를

크게 축복하신 것입니다. 수천수만 년간의 역사를 통해 그렇게도 하나님의 가슴을 아프게 했고, 인류를 질곡의 늪에서 헤어날 수 없게 만들었던 사탄 주관권, 즉 악주권의 선천시대가 마침내 끝나고, 이해를 정점으로 하여 인류가 이제 하나님을 중심에 모시고 새로운 선주권의 시대인 후천개벽의 시대를 활짝 열어 갈 수 있게 된 것입니다. 이런 엄청난 하늘의 섭리가 여러분이 모르는 가운데 진행되고 있으며, 이제는 세계 185개국에서 본인의 가르침을 상속받아 밤낮을 가리지 않고 하늘이 이 시대에 내린 특명을 수행하기 위해 뛰고 있는 평화대사들의 수가 수백만에 이르고 있습니다.

25 여러분, 사탄의 비밀을 파헤친 레버런 문의 삶은 형언할 수 없는 핍박과 고난, 즉 한의 생애일 수밖에 없었습니다. 그러나 이제는 만난(萬難)을 이기고 승리하여 하늘의 권세가 드러나는 후천개벽시대를 선포했습니다. 그 터전 위에 세계 인구의 78퍼센트가 넘는 종교권과 국가권을 규합하여 신세계적 차원의 아벨권을 세워 나가고 있습니다. 더불어 신세계적 차원의 가인권을 확립하기 위해서는 전 세계 인구의 74퍼센트를 차지하고 있는 몽골반점동족권을 규합해 나오고 있는 것입니다.

26 이제는 초세계적 차원에서 이 두 아벨권과 가인권이 하나가 되어, 아벨왕국의 자리에서 출범을 본 천주평화연합과 일체를 이루어야 합니다. 그리고 이 땅에 평화이상세계왕국을 창건하기 위해 초종교·초국가적인 차원에서 모든 국경과 담을 철폐해야 합니다. 그리하여 전 인류가 본연의 창조이상세계에 진입할 수 있고, 아담 해와의 타락으로 잃어버린 본연의 소유권까지도 찾아 세워야 할 숙명적 책임이 있다는 사실을 다시 한 번 여러분에게 상기시키는 바입니다.

27 여러분, 이제는 때가 달라졌습니다. 지난 80여 년의 세월을 바쳐 오직 하늘길만을 걸어 승리한 선생님의 승리적 기대 위에 마침내 후천개벽의 시대가 선포된 것입니다. 죄악과 질곡의 늪에서 허덕이던 인류를 해방·석방시켜 자유와 행복의 세계인 창조본연의 이상세계를 창건하는 천운의 때가 우리와 함께하고 있다는 것입니다.

28 하늘이 선생님을 인류의 참부모로 인침을 해주시고 새 시대를 열어주신 데는 몇 가지 분명한 이유가 있습니다. 첫째로 '위하여 사는 삶', 즉 참사랑의 삶의 가치를 실천하여 승리하고, 인류에게 전수해 준 그 승리적 기대 때문입니다. 인간은 누구나 위

하여 살도록 태어납니다. 그러나 타락으로 인한 무지 때문에 정반대의 길인 이기적 개인주의로 빠져들고 마는 것입니다. 역사상 처음으로 이런 천비를 밝히고 인류를 교육해 온 선생님의 파란만장한 삶을 하나님은 잘 알고 계십니다.

29 둘째로, 본인은 일생을 바쳐 만난을 극복하고 승리적 기대를 세웠으며, 참사랑 실천 교육을 통해 하나님과 인간이 부자간의 관계를 다시 회복하여 정립할 수 있는 모든 조건을 다 충족시켰던 것입니다. 사랑의 원수인 간부 사탄의 자식이 되어 거짓 사랑, 거짓 생명, 거짓 혈통의 노예가 되어 살던 인류에게 참사랑의 근원되신 하나님의 참된 혈통으로 다시 부활 중생함을 받을 수 있는 길을 열어 준 것입니다. 참사랑의 삶을 통해 개인완성을 실현하고 참된 가정, 참된 종족, 참된 민족, 참된 국가, 참된 세계를 세울 수 있는 길을 활짝 열어 주었다는 것입니다.

후천개벽시대 우리의 사명

30 여러분, 천지개벽의 후천시대는 분명히 하늘과 참부모님께서 개문하여 주셨습니다. 그러나 이 복되고 영광된 시대를 꽃피우고 열매맺게 하는 일은 이제 여러분의 손에 달려 있습니다. 후천개벽시대는 참부모님으로부터 받은 축복결혼을 통해 아담이 타락으로 잃어버린 참된 혈통을 찾아야 하는 시대라고 했습니다. 개인·가정·종족·민족·국가, 이렇게 다섯 단계를 거쳐 축복섭리를 완성해야 할 시대라는 것입니다.

31 여러분은 지금 섭리적 4차 아담심정권의 시대인 해방·석방시대, 즉 후천개벽의 시대로 진입하고 있습니다. 후천개벽시대는 탕감복귀로 얼룩졌던 구약·신약·성약시대까지의 선천시대를 승리한 그림자가 없는 정오정착시대요, 아담 타락 이전 본연의 이상세계를 창건해 가는 시대입니다. 이뿐만 아니라 후천개벽시대는 평화의 왕 참부모를 중심삼고 영계와 육계가 일체권을 이룬 전체·전반·전권·전능의 참사랑 심정권의 시대, 즉 천주평화통일왕국의 시대를 말하는 것입니다.

32 인류는 참부모님께서 허락하신 성주식을 통해서 혈통전환을 하고 새로이 축복을 받아 참된 가정을 찾아 세울 수 있는 길이 활짝 열렸습니다. 교차축복결혼을 통해 절대 성의 삶을 완성하는 것이 바로 이 땅에 평화이상세계를 실현하는 궁극적 방법이요 수단인 것을 확실히 가르쳐 주어야 하는 것이 여러분의 소명적 사명입니다. 더 나아가서 우리는 이제 개념적

이고 의식적인 차원을 넘어 참부모님의 실체적 대신자요 상속자 된 소명적 책임을 다해야 할 것입니다.

33 역사상 전무후무한 이 후천개벽의 귀한 시대를 육신을 터로 한 오감에만 의지해 살고 있는 여러분의 눈으로는 직접 감지할 수 없는 것이 안타까울 뿐입니다. 하루속히 영적인 오감도 열려 하늘의 섭리가 지금 이 시대에 어떻게 이루어져 가고 있는지를 확실히 인지하며 살 수 있는 여러분이 되기를 바랍니다. 여러분의 입장에서 보면 값없이 받은 이 천운의 때이지만 절대적 기준에서 설정한 섭리적 프로그램은 마냥 여러분을 기다려 주지를 않는다는 점을 명심하십시오.

34 배달민족의 얼을 보전하고 백의민족의 기개를 지켜 온 이 한민족의 평화대사 대표 되시는 여러분은 이제 하나로 뭉쳐야 할 때가 왔습니다. 더 이상 낭비할 시간이 없습니다. 김 씨면 어떻고 박 씨면 어떻습니까? 경상도와 전라도가 하나되지 못할 이유가 어디 있습니까? 민단과 조총련도 다 같이 한반도에 뿌리를 두고 있습니다. 남한과 북한은 어떻습니까? 다 같이 한 혈통을 나눈 형제자매 간이지 않습니까? 우리는 모두 백의민족의 후손이요, 홍익인간의 숭고한 뜻을 세워 준비시킨 천손이요, 후천개벽시대에 평화왕국 창건의 선봉에 세우기 위해 하늘이 택해 세운 선민의 혈족인 것을 명심해야 할 때입니다.

평화이상세계왕국시대 도래

35 지금 역사상 가장 복되고 귀한 시대를 살아가고 있습니다. 역사 속에 왔다 갔던 수천억에 달하는 여러분의 조상들이 영계에서 그렇게도 소망하고 기다려 온 후천개벽의 시대, 즉 '평화이상세계왕국시대'의 출범을 선포합니다. 4대 성인들은 물론 수천억의 선한 조상들이 총 재림하여 여러분의 하늘길을 인도하고 있습니다. 적당히 악한 자들이 더 잘사는 것 같은 부조리하고 부패한 세계가 기승을 부리는 시대는 이제 지나가는 것입니다.

36 우리 모두의 궁극적 목표는 하나님을 중심에 모시고 사는 '그 나라'와 '그 의'를 찾아 세우는 것입니다. '그 나라'는 어떤 나라입니까? 3대가 어울려 서로 믿고, 존경하고, 의지하며, 사랑으로 하나되어 사는 참된 이상가정의 모습과 같은 평화이상왕국을 말하는 것입니다. 다시 말하면 인류가 지금까지 유토피아로 소망해 온 하나님 주권의 나라가 바로 '그 나라'라는 것입니다.

37 '그 의'란 무엇을 두고 하신 말씀입니까? 천도와 천리를 뜻하는 것입

니다. 온갖 권모와 술수가 판을 치고 있는 이 사악한 세계를 하늘적 참사랑의 권세로 심판하여 정의와 진리가 바탕이 된 해방·석방의 참사랑과 평화의 이상세계를 창건하라는 지상명령입니다. 인류는 어차피 한 가족이 됩니다. 현대과학의 눈부신 발전도 하나의 지구촌가족을 만들어 가는 데 크게 일조하고 있습니다. 백인과 흑인이, 동양과 서양이 모두 한 가족으로 어울려 조화를 이루고 아름다운 평화이상왕국을 이 지구성에 창건하게 될 것입니다.

38 인류가 한 가족이 되어 서로 마음의 담을 헐고 천주적 차원에서 국가 간의 국경까지도 제거하자는 공생·공영·공의사회의 실현운동도 이렇게 한 가정으로부터 시작되는 것입니다. 따라서 우리가 참된 가정을 찾아 세우는 일은 이 땅에 천주평화왕국 창건을 앞당기는 섭리적 소명이라는 점을 명심해야 할 것입니다.

39 세계의 화약고 중동에서도 선생님의 평화사상에 힘입어 유태교, 기독교, 이슬람교가 새로운 차원의 평화적 대화를 하고 있습니다. 동서 간의 냉전에 종지부를 찍도록 결정적 역할을 한 것도 선생님의 통일사상이었습니다. 본인의 조국 한반도 통일을 위한 실질적 배후 작업도 지금 선생님의 주도 하에 급속도로 진행되고 있습니다. 본인은 결코 여기에 만족할 수 없습니다. 천명을 받고 출발한 본인의 생애입니다. 하늘이 인침을 주어 인류의 참부모로 현현한 본인의 하늘과의 약속은 반드시 이루고야 말 것입니다. 이 지구성에 독버섯처럼 군림해 온 각종 국경과 벽을 완전히 철폐하고, 만인이 더불어 손잡고 살 수 있는 평화이상세계왕국을 창건하고야 말 것입니다.

40 하늘의 인침을 받고 인류의 참부모요 만인의 평화의 왕으로 현현한 선생님은 반드시 하늘과의 약속을 지켜낼 것입니다. 따라서 참부모 되신 평화의 왕을 모시고, 이 땅 위에 영원한 '평화이상세계왕국'을 창건하는 주역들이 바로 오늘 이 자리에 모이신 여러분이라는 점을 명심하시기 바랍니다. 아벨유엔의 기치를 들고 전 세계의 부조리와 악을 하나님의 참사랑으로 쓸어냅시다. 자랑스러운 천주평화연합의 '평화왕국경찰'과 '평화왕국군'이 되어 세계의 축복가정들을 지키고, 축복의 땅 이 지구성을 지켜내는 파수대의 역할을 완수합시다. 억조창생의 평화의 왕, 하나님을 참부모로 모시고 사는 참된 왕자 왕녀가 되십시오. 참된 효자·충신·성인·성자의 가정의 도리를 다하여 태평성대의 평화왕국을 창건합시다.

제4장 천지인참부모 정착 실체말씀 선포 천주대회

1절 창조적 3단계

1 본인이 여러분에게 선포하는 말씀은 참부모님의 생애에서 모든 복귀섭리역사의 최종 종결과 완성을 선포하기 위한 것이며, 그것을 위한 순회노정임을 알아야겠습니다. 참부모님이 걸어가신 길은 역사적 표본이 되는 전통이므로 그 길을 여러분의 생애도 본받아 걸어야 하는 것이며, 참부모님께서 완성하신 뜻을 상속하여 완결시킬 것을 맹세하고 실천할 가정이 될 것을 선포하는 것입니다.

2 본인은 지난 2011년 3월 16일 제52회 성혼기념일을 맞이하여 죄악과 탕감의 선천시대(先天時代)를 종료하고 참사랑으로 회귀하여 신천신지를 이루어 나가는 후천시대(後天時代)를 선포하였습니다. 이번 순회노정을 통하여 후천시대의 생활이 전개된다는 것을 여러분은 명심해야겠습니다. 참부모님의 혈족인 천상과 지상세계의 모든 축복자녀들은 무형의 하나님과 유형의 하나님, 밤의 하나님과 낮의 하나님, 예수님의 조상으로부터 그 이상의 나라, 참부모의 조상으로부터 그 이상의 나라를 완결하기 위한 이 전체적 최종적인 선포임을 명심해야 할 것입니다.

3 참부모님의 생애노정은 본인의 자서전을 통해서 여러분에게 다 공개되어 여러분에게 전해지고 있습니다. 이번의 '천지인참부모 정착 실체말씀 선포 천주대회'가 완결되기까지 여러분 모두는 참부모의 대신자 상속자들이 되시고, 아버님이 이 땅 위에 사시는 동안 승리의 패권을 세우기 위해 생애의 필승을 기록한 자서전과 실적, 베푸신 말씀, 이 모든 것을 상속하여 여러분의 생애도 참부모와 같이 기필코 승리하시기를 기원하는 바입니다.

4 여러분은 참부모님이 그러하였던 것처럼 여러분 주위의 모든 친족과 일족들에게 천상의 다리가 되어 하늘나라로 일족을 안내하는 종적인 사다리가 되어야 하겠습니다. 이와 같은 참부모의 선포를 받아서 명심하고 실천할 것을 맹세하여 주시기 바랍니다. 아주! 제44회 참하나님의 날 훈독 말씀과 하나님왕권즉위식 말씀을 첨부하여 선생님의 전체 생애노정을 중심삼은 교재 교본을 대표한 전체 말씀을 이어서 전할 것입니다.

5 본 대회에 참석하신 존경하는 세계 각국의 지도자, 그리고 내외 귀빈

여러분! 공사다망하심에도 불구하고 오늘 이 섭리적인 '천지인참부모 정착 실체말씀 선포 천주대회'에 참석하여 주심에 저희 참부모 참가정과 대한민국과 축복받은 천주(영계·육계) 식구의 이름으로 환영하며 감사를 드립니다. 지난해 세계 120여 개국의 최고지도자들 수천 명이 본인 부부의 금혼식과 대관식, 그리고 새로운 유엔빌딩에서의 성화축제 행사를 빛내 주기 위해 만장의 성황을 이루어 주셨습니다. 다시 한 번 대한민국 백성 모두와 전 인류의 이름으로 감사를 올리는 바입니다.

6 본인은 벌써 지난해에 만 90세 생일을 지내고 이제 100세를 향한 바쁜 섭리의 발걸음을 내딛고 있습니다. 세속적인 관점에서 보면 평균수명의 기준을 훨씬 넘어 장수하고 있습니다. 우리 부부는 또 금혼의 해를 맞아 이렇게 세계적 규모의 축하연도 베풀고 있습니다. 섭리적인 관점에서 보면 전년은 단순한 금혼의 해만이 아니요 희년이었습니다. 우리 부부가 일생 동안 세계평화를 위해 창설하고 운영해 나온 세계적 규모의 조직과 기구들도 수백 개에 이르고 있습니다. 종교·사회·문화·체육·교육·언론 등 많은 분야에 천문학적인 투자를 했고, 인류 구원과 평화 증진을 위해 성공리에 발전시켜 나가고 있습니다.

7 이만하면 한 인간으로서 만인의 축복 속에 자신의 삶을 되돌아보며 흐뭇하게 여생을 즐길 자격이 있다고 들 칭송할 것입니다. 모든 짐을 다 내려놓고, 이제 마음껏 하늘과 더불어 '구십 생애의 성공'을 자랑하며 살라고들 할 것입니다. 그러나 우리 부부의 생애는 세속적인 눈으로 보는 차원의 삶이 아닙니다. 인류의 종적 참부모 되신 하나님의 인침을 받고, 실체 참부모의 사명을 완수해야만 하는 우리 부부는 이제 실체 천일국 완성까지의 마지막 2년을 남겨 놓고, 그 어느 때보다도 심각한 나날을 살아가고 있습니다.

8 구십 평생을 바쳐 살아온 본인의 생애는 오직 천주의 참부모 되시는 하나님을 해방시켜 부모의 자리를 다시 찾아 드리고, 사망권에서 허덕이는 인류를 구해 하나님의 품으로 되돌려 드리는 것이었습니다. 이 뜻을 위해 본인은 홀로 만난을 뚫고 승리하며, 부모 잃은 고아의 신세로 전락해 버린 무지몽매한 인류를 이끌고 이 세계 구원의 길을 걸어왔습니다. 인류조상의 타락으로 인해 거짓 혈통을 전수받은 인간은 누구나 사탄의 굴레를 벗어나지 못한 채 지금도 어둠속을 헤매고 있지 않습니까? 65억

인류를 이끌고 지상천국 창건의 길을 걸어가는 우리 부부의 삶이 어찌 심각하지 않을 수 있겠습니까?

9 여러분! 하나님은 인간을 당신의 자식으로 창조하셨습니다. 절대·유일·불변·영원의 본체이신 밤낮의 하나님께서 당신의 사랑을 혼으로 불어넣어 지은 인간 역시 타락이 없었다면 하나님과 같은 기준까지 영인체도 완성하여 절대신앙·절대사랑·절대복종의 도리를 다하며 영생하게 되어 있는 것입니다. 그러나 불행하게도 인류는 타락의 후예가 되어 살아가고 있습니다. 따라서 인간은 누구를 막론하고 참부모님을 통한 중생·부활·영생의 3단계 축복을 거쳐 태어나야만 완성의 삶을 영위할 수 있게 되는 것입니다. 다시 말해서 중생은 개인적 기준의 거듭남이요, 부활은 가정과 국가적 기준의 거듭남이며, 영생은 세계적 기준에서 전 인류가 함께 완성하여 평화의 왕 참부모님을 모시고 지상·천상천국을 이루어 하나님의 조국에서 영생하는 것을 뜻합니다.

10 영계에 가 있는 여러분의 조상들까지도 무형으로 임재하시는 하나님의 실체로서 만생만사를 실체 주관하고 계시는 참부모님의 때를 맞이하여 이제 지상에 재림하여 중생·부활·영생의 3단계 축복을 거치고, 참부모님의 본체론 교육, 즉 절대 성 교육을 거쳐야만 본연의 성화권에 진입하여 지상에서 천일국 시민의 자격을 확보할 수 있게 됩니다. 우리 개개인의 생을 놓고 보아도 3단계의 삶을 쉽게 알 수 있습니다. 인간은 누구나 먼저 하나님의 은총과 축복받은 참가정을 통해 참부모의 사랑으로 새로운 생명의 잉태함을 받아, 10개월이라는 길고도 짧은 기간을 어머니의 복중에서 보내게 됩니다. 의식수준이 어느 정도이건 우리는 복중 10개월 기간을 예외 없이 거쳐 오게 됩니다. 보온밥통 속보다도 좁은 공간이라 할지라도 그 속에서 우리의 삶은 우주 공간보다도 더 큰 첫 단계의 삶을 맛보게 되는 것입니다.

11 제2단계인 지상의 삶으로의 태어남은 어떻습니까? 미지의 세계를 향한 어린 태아의 몸부림을 우리가 어찌 필설로 다 묘사할 수 있겠습니까? 보다 크고 넓은 세계, 복중세계에서는 상상도 못한 새로운 차원의 세계를 향해 출발하는 새 생명의 고고한 외침은 백년대계를 약속받는 새로운 시간과 공간으로의 축복이요 환희입니다. 오늘 여러분 모두는 이 제2 단계에서의 삶을 축복받아 살고 있습니다. 10개월이라는 시간이 100년으로 늘어났을 뿐, 우리에게는 아직도 가야 할 길이 남아 있다는 것을 잊지 마

십시오. 태중에서의 의식 기준은 다 잊어버리고 보다 높은 의식과 보다 넓은 공간에서 마음껏 생을 즐기고 있다고들 생각할지 모르지만, 여러분에겐 영생을 향한 마지막 단계가 더 남아 있다는 것입니다.

12 제3단계는 바로 우리가 완성하여 들어가 살 영생의 세계, 즉 영계입니다. 타락의 후예인 인간으로서는 상상도 할 수 없는 미지의 세계입니다. 시공을 초월하여 사는 세계입니다. 복중의 태아가 지상계를 상상도 할 수 없었던 것처럼, 지상계에서 공기를 호흡하고 사는 육신 쓴 인간으로서는 영인체로 태어나 참사랑을 호흡하며 사는 영계의 삶을 쉽게 이해할 수 없다는 것입니다. 여러분! 죽음에 임박하면 인간은 두려움에 떨게 됩니다. 공포를 느끼게 됩니다. 그것은 죽음이 무엇을 의미하는지 모르기 때문입니다. 불행하게도 인류역사가 6천년 기간을 거쳐 오면서도 그 어느 누구 한 사람도 이 죽음에 대한 진실을 밝히 가르쳐 주지 않았습니다. 그러나 이제 역사의 종말기가 되어 인류의 참부모께서 비로소 그 천비를 밝혀 주신 것입니다.

13 죽음이란 단어는 신성한 말입니다. 슬픔과 고통의 대명사가 아닙니다. 그래서 참부모님께서 그 단어를 '성화'로 고쳐 발표했습니다. 지상계의 삶을 꽃피우고 열매맺어 알곡을 품고 환희와 승리의 세계로 들어가는 때가 영계 입문의 순간입니다. 기뻐해야 할 순간입니다. 마음껏 축하하고 전송해 주어야 할 때입니다. 슬픔의 눈물이 아닌 기쁨의 눈물을 흘리고 흘려 주어야 할 때입니다. 성화예식이란 이처럼 성스럽고 숭고한 하늘 예식입니다. 하나님의 품으로 돌아가 모시고 영생을 즐기러 가는 첫걸음이기 때문입니다. 새색시가 시집가는 그 순간보다도 더 가슴 떨리고 흥분해야 할 때인 것입니다. 이처럼 귀한 영생으로의 문을 열어 주기 위해 본인은 작년(2010년) 3월 18일 뉴욕의 유엔본부에서 최근에 영면한 세계적 평화 지도자들에게 성화예식을 베풀어 주었습니다.

14 지도자 여러분! 그분들의 생애가 비록 이타주의와 박애주의에 입각한 위대한 삶이었다 할지라도, 인류조상의 타락으로 인해 하나님과의 부자관계가 단절된 현 세계에서는 참부모님의 결혼축복과 성화축복이 없이는 영생의 그 세계를 보장받을 수 없다는 것을 명심하십시오.

15 지금 이 시대는 하늘이 '천력'을 선포한 시대입니다. 심각한 시대입니다. 65억 인류의 영생을 책임질 '천

인'을 갖고 오신 인류의 참부모님의 가르침을 따르지 않고는 살길이 없는 때가 왔습니다. 여러분 모두는 참부모님의 이름을 만천하에 드러내 놓고 자랑하고 칭송해야 할 때입니다. 참부모님께서 출현한 한민족의 전통과 정신을 존경하고 전수받아 하늘의 전통을 정립하고, 유엔과 65억 인류가 하나가 되어 세계평화를 정착해야 할 때가 왔습니다. 여러분은 이제 '천력'의 출발과 더불어 거룩한 천국 백성의 이념을 전수해 주는 기치를 높이고, 하나님의 해방과 인류의 구원을 축하하는 성스러운 예식이 바로 성화축복식이라는 것을 잊지 마시기 바랍니다.

16 참사랑을 뿌리로 한 가정이상을 완성하고, 하나님과 인간이, 그리고 천상의 영계와 지상의 육계가 완전히 통일된 태평성대의 세상을 열어 가야 할 것입니다. 만국에 빛낼 수 있는 축복과 성화의 열쇠를 주시어 천일국의 전통을 세우게 해주신 하나님과 참부모님께 큰 감사를 올려야 할 것입니다. 이런 귀한 생명을 값없이 우리에게 은총으로 내려 주신 하나님과 천지인참부모님께 우리 모두 감사의 박수를 올리지 않으시겠습니까?

2절 하나님 아래 한 가족

1 귀빈 여러분! 오늘 인류가 가야 할 길은 어디에 있습니까? 지금도 세계 도처에서는 전쟁과 질병, 기아, 그리고 자연재해로 인해 무고한 인명이 매년 수천만 명씩 희생되어 가고 있습니다. 종교·정치·교육·문화·사상 등 어느 분야를 둘러보아도 개인은 물론 집단으로까지 극도의 이기주의적 아집의 늪에 빠져 철저하게 문을 닫아걸고 있습니다. 소통이 없는 불통의 세계로 전락해 버린 것입니다. 결국 인류의 제반 문제는 참부모 되는 본인 부부가 하늘로부터 받아 평생 동안 주창하고 교육해 온 '하나님 아래 한 가족' 사상, 즉 참사랑의 가르침에 의해 해결할 수밖에 없습니다. 이 사상만이 인류에게 평화와 행복의 길을 찾아 줄 수 있는 유일한 길이기 때문입니다.

2 여러분, 오늘 우리가 살고 있는 이 시대는 역사적인 대천주적 혁명기입니다. 역사를 바꾸고, 영계와 지상계를 하나로 만들어 하나님께서 태초부터 소원하셨던 이상천국을 이 지상에 창건해야 하는 대천주적 혁명기라는 것입니다. 더 이상 연기하거나 연장할 시간이 없습니다. 하늘은 벌써 2013년 1월 13일을 '기원절(基元節)'로 선포해 놓았습니다. 실체적 천일국의 시발이요 기원이 되는 날이 바로 그날인 것입니다. 2년도 채 남지 않았습니다.

3 인류는 이제 하늘의 명 앞에 겸허한 자세로 순종해야 할 때입니다. 평화의 왕 되신 하나님의 실체로서, 지상계에서 섭리를 경륜하고 계시는 참부모님의 인도함을 따라 남은 2년간을 전력투구 사생결단을 해야 할 숙명적인 시간이 오늘 우리 앞에 다가왔다는 것입니다. 영계의 모든 선령들도 총동원되어 여러분보다 한 발 앞서서 재림하여 뛰고 있습니다.

한민족의 사명

4 여러분! 억겁의 시간과 정성을 쏟아부어 당신의 자식으로 창조해 놓은 인간이 타락으로 말미암아 사탄의 혈통을 받고 어둠속으로 숨어 버린 그 순간부터 하나님께서 당하신 그 고통이 얼마나 큰지 아십니까? 뼈가 울고 살결이 떨리는 처절한 고통 속에서 수천수만년을 참고 기다려 오신 여러분의 아버지가 얼마나 길고 험난한 탕감의 터널을 거쳐 오셨는지 생각이나 해보았습니까? 이런 불쌍한 아버지를 위해 어느 한순간이라도 눈물을 흘려 본 적이 있느냐는 말입니다.

5 여러분, 하나님은 수천년간 조용히 한민족을 기르며 준비시켜 나왔습니다. 2천년 전 당신의 독생자 예수 그리스도를 이 땅에 보내시고 그를 통해 인류를 다시 구원하려 하셨던 역사를 여러분도 잘 아실 것입니다. 그러나 결과는 너무나 비참하게 끝나고 말았습니다. 예수님을 메시아로 받아들여 절대신앙·절대사랑·절대복종의 길을 갔어야 했던 유태교의 지도자들과 이스라엘 민족이 오히려 그를 십자가의 길로 내몰고 말았지 않습니까? 그러나 예수님은 '다 이루었다!'라는 영적 구원의 말 한마디를 또다시 조용히 남겨 놓고 홀연히 떠나 버렸습니다. 예수님의 재림은 슬프게도 2천년간의 준비를 거쳐 드디어 멀고 먼 이 한반도에서 열매를 맺게 된 것입니다.

6 한민족은 예로부터 하나님을 조상 중 최고 최상의 조상으로 숭앙하며 살아온 천손민족입니다. 오직 한 분이신 만인의 조상, 그분을 '한 분님', 즉 '하나님'이라 불러 주인(밤과 낮의 창조주)으로 모셔 왔고, 따라서 모든 수의 근원도 하나 둘로부터 시작했던 것입니다. 이런 하나님을 원초조상으로 모셔 온 민족이기에, 한민족의 정신과 전통 속에는 공생·공영·공의의 혼을 넘은 영인체로 살아 존속해 온 것입니다. 5천년이 넘는 역사를 지켜 오면서도 남의 나라와 민족을 침략하거나 약탈하지 않은 홍익인간의 맥이 뛰고 있는 선민입니다. 더 나아가 한국의 역사 속에는 인간 삶의 근본 덕목이 되는 효와 충과 열의 혼이 살아 숨 쉬고 있습니다.

7 꽃 같은 처녀의 나이에 자신의 몸을 바다에 던져 늙은 아버지의 눈을 뜨게 해주었던 효녀 심청의 참된 효성이야말로 부모를 섬기고 모시는 한국인들의 효의 기준입니다. 부군과의 약속을 하늘처럼 받들고 생명을 내놓는 자리까지 나아갔던 춘향의 애절한 사랑과 절개는 모든 한국 여성들의 삶의 푯대가 되어 있습니다. 자신을 버린 왕과 지도자들 앞에서도 백의종군으로 목숨을 바쳐 국가와 민족을 구한 이순신 장군의 백절불굴의 충성이야말로 한민족의 자랑이요 기개입니다. 이런 숭고한 전통들은 우연히 역사상에 나타난 한낱 사건들이 아니라는 것입니다. 하늘이 이 민족을 준비하고, 그 전통 위에 메시아를 세우기 위한 기대섭리였던 것입니다. 그리하여 마침내 이 한반도의 정기를 타고 인류의 참부모요 만왕의 왕께서 하늘의 인침을 받고 현현하시게 된 것입니다.

인류의 갈 길

8 존경하는 귀빈 여러분! 이제 인류의 갈 길은 확실해졌습니다. 하늘이 참부모님을 통해 밝혀 주신 디데이(D-Day)를 앞에 놓고 주저할 것이 무엇이 있겠습니까? 이제 6백여 일밖에 남지 않았습니다. 여러분의 바쁜 장도에는 하늘의 축복이 함께하실 것입니다. 인류역사의 흐름을 섭리사적 눈으로 살펴보면 시대의 변천은 크게 3단계로 대별됩니다. 첫째는 '물정시대', 즉 물본주의적 물질 우선시대입니다. 그리고 둘째로는 '인정시대', 즉 인간의 지식과 하늘의 공평한 감정을 앞세워 세계를 지배해 왔던 인간중심주의 시대입니다. 그러나 이런 시대는 과도기적 시대입니다. 인간이 타락성을 벗어던지고 본연의 모습을 찾아, 하나님을 아버지로 모시고 통일된 한 가족을 이루어 사는 시대로 진입하는 데 거쳐야 할 과정적인 시대라는 것입니다. 결혼축복을 통해 내외 양면으로 성별된 터 위에 절대적인 기준을 세우고, '위하는 삶의 길'을 가야 할 마지막 단계의 시대가 '천정시대'입니다. 즉 한 분 하나님의 심정에 회귀되는 천일국의 시대를 열어 가고 있는 때가 오늘 우리가 살고 있는 바로 이 시대라는 것을 명심, 또 명심하시기 바랍니다.

9 실체적 천일국시대가 펼쳐지면 이 땅 위에 '영연세협회'가 중심축의 자리에 서서 비로소 만유를 치리하게 될 것입니다. 영계와 육계를 연결하여 실체적인 통일을 완성하고 천리와 천도로 섭리를 경륜하게 된다는 뜻입니다. 이 땅에서 세속적인 차원의 선거를 더 이상 볼 수 없게 될 것이며, 교차축복결혼을 통해 인류는 한 가족이 되어 태평성대를 누리면서 평화와

행복의 참사랑을 즐기게 될 것입니다. 그런 날이 이제 우리 눈앞에 다가오고 있다는 것입니다.

10 그날을 준비하기 위한 일환으로 본인은 2010년 2월 14일을 기해 '천력'의 출발을 만천하에 선포했던 것입니다. 기존의 양력과 음력은 이제 가인과 아벨의 입장에 서서, 새로이 섭리를 기록하고 명시하는 '천력'을 보조하는 역할을 하게 될 것입니다. 이제 여러분은 참부모님의 가르침을 뼈에 아로새겨 실천하는 삶을 살아야 합니다. 선택의 여지가 없습니다. 지금부터 준비하지 않으면 분명히 낙오자가 될 것이기 때문입니다. 7천 미터가 넘는 히말라야산맥을 넘나들며 월동을 하는 재두루미의 용기와 기개를 우리도 배워야 할 것입니다.

인류를 위한 유언

11 참부모님께서는 벌써 인류를 위한 유언을 준비해 남겼습니다. 일생에 여섯 일곱 번이나 생사를 넘나드는 옥고를 치르면서도 승리하여 준비한 유언서입니다. 영원한 인류의 교재 교본으로 여덟 종류의 책을 남겼습니다. 권수로 말하면 1천 권에 가까운 분량입니다. '문선명선생 말씀선집' '원리강론' '천성경' '가정맹세' '평화신경' '천국을 여는 문 참가정' '평화의 주인, 혈통의 주인' '세계경전' 이렇게 여덟 종류의 서적입니다. 이 교본들은 여러분이 영계에 들어가서도 읽고 공부해야 할 책들입니다. 결코 인간의 두뇌에서 나온 말이나 가르침이 아닙니다. 하늘이 불쌍한 인류를 구원하기 위해 주신 천도를 가르치는 교재 교본이기 때문입니다.

12 여러분은 이제 먼저 여러분의 가정에서 위에 열거한 교재 교본을 중심삼고 훈독회의 전통을 세워야 할 것입니다. 한 가족 3대가 새날을 시작하면서 먼저 하늘의 말씀을 훈독하고, 새로운 마음으로 훈독의 삶을 실천하는 전통을 세우라는 것입니다. 영계와 육계가 동시에 참부모님을 모시고 같은 천도의 말씀을 매일 훈독하는 세상을 만들자는 것입니다. 이렇게 되면 제아무리 사탄이 여러분의 혈통을 타고 앉아 준동할지라도 훈독회의 전통 앞에서는 설 자리가 없어지는 것입니다. 정오정착적 기준에서 그림자 없는 삶을 살아가는 가정에 하나님의 축복이 내리지 않는다면 어느 누구에게 주시겠습니까? 이런 하늘의 가정들이 이 땅에 가득할 때 이 지구성은 자동적으로 '한 하나님 아래 한 가정'의 뜻이 완성된 지상·천상천국이 될 것입니다.

13 본인의 일생을 솔직담백하게 담아 내놓은 자서전이 2009년에 출간

되었습니다. 본인은 이 책을 통해 인류를 위한 하늘의 뜻이 어디에 있으며, 자식 된 우리 인간으로서 걸어야 할 길이 어디에 있는지를 자세하게 보여 주고 있습니다. 초부득삼, 칠전팔기의 전형적인 삶이었습니다. 본인은 이 책 또한 훈독 교본 교재 못지않게 실증적 차원에서 참된 진리의 삶을 보여 주는 교본이라고 자신하고 여러분께 권하는 바입니다. 천명을 따라 구십 평생을 걸어온 본인의 삶을 가감 없이 담아 놓은 이 참사랑의 기록을 다시 한 번 정독하시어 큰 깨달음을 얻으시기 바랍니다.

14 정오정착의 삶은 그림자를 만들지 않는 삶이라고 했습니다. 우리 모두가 발광체가 되어 빛을 주는 삶을 산다면 그림자가 생길 틈이 없습니다. 받는 자는 빚을 지는 자입니다. 여러분 모두는 이제 그 빚을 갚기 위해 불쌍하고 가난한 자의 눈물을 닦아 주고, 어두운 곳을 밝혀 주는 영원한 참사랑의 발광체 된 삶을 사시기 바랍니다.

3절 천지인참부모 시대 선포

1 여러분! 2010년 천력 5월 8일 새벽 2시20분과 5월 15일 새벽 3시25분, 이렇게 양일에 걸쳐 미국 라스베이거스에서 하나님을 중심삼은 천지인참부모님의 특별선포가 있었습니다. 그런데 여기서 3시25분의 3수는 초부득삼의 3시대를 대표하기도 하며 구약·신약·성약의 3시대를 상징하는 수입니다. 그리고 25분의 25수는 100의 4분의 1을 상징합니다. 이제 참부모님 양위분께서는 최종 일체를 이루어 완성·완결·완료의 기준 위에서 전체·전반·전권·전능의 시대를 봉헌 선포하신 것입니다.

2 알렉산더 헤이그 전 미국 국무장관의 성화식을 계기로 중생·부활 성화식을 생애노정 중에 완료하기 위한 제1, 제2, 제3 이스라엘 승리식을 한국으로 이양함을 선포했습니다. 그리하여 이제 하나님의 조국과 고향은 한국이 됩니다. 한국을 하나님의 조국으로 발표함으로써 '천지인참부모 정착 실체 말씀선포 천주대회'도 한국에서 완성을 보게 되는 것입니다. 일자는 7월 8일(칠팔절)로 선포되었습니다. 이로써 천주의 모든 경계선이 철폐됩니다. 따라서 자주적 하나님을 중심하고 천지가 밤낮없이 하나님의 치리 하에 천지인참부모님의 도움을 받아 영원히 존속하게 됩니다.

하늘의 메시지

3 귀빈 여러분! 이런 심각하고 귀한 시대를 맞이하여 여러분의 삶에도 이제 혁명적이고 천주적인 변화가 와야 할 것입니다. 그런 의미에서 하늘이

주시는 오늘의 메시지를 다시 한 번 요약해 봅니다. 첫째, 모든 축복가정은 먼저 가정 안에서 하나님을 중심에 모시고 부모와 자녀가 완전 하나가 되는 훈독교육을 매일 실천하라는 것입니다. 원리교육, 참부모님께서 주신 교재 교본 교육, 참부모님 자서전 내용 교육, 그리고 원리본체론의 절대 성 교육을 철저히 시켜야 한다는 것입니다.

4 둘째, 하늘은 이제 중생과 부활의 성화권 은사를 가정단위까지 허락하셨다는 것입니다. 여기에는 부모와 자녀들 간의 완전일체를 필요조건으로 하고 있습니다. 절대부모 절대자녀의 기준을 세워 절대가정을 자연스럽게 세우라는 것입니다. 셋째, 참부모님의 피땀 어린 고난의 은사로 인류는 이제 탕감복귀시대권을 벗어났다는 것입니다. 따라서 우리 모두는 참부모님 재세 시에 하늘이 임재할 수 있는 가정·종족·민족·국가·세계까지 지옥권을 해방시켜야 할 책임이 있다는 것을 잊지 말아야 할 것입니다. 탕감복귀시대가 끝났으니 이제 무슨 시대가 도래하겠습니까? 하나님과 참부모님을 중심삼은 승리권의 태평성대만이 영원하게 될 것입니다.

5 넷째, 우리는 이제 하나님의 직접주관권 시대로 진입하고 있다는 점입니다. 여러분, 하늘이 선포한 디데이가 2년도 채 남지 않았다고 했습니다. 영계의 친족까지도 지상 재림시켜 원리본체론 교육을 받게 하고, 한 가정에서 8대까지 동고동락하며 함께 살아야 할 천주안식권의 시대에 들어섰다는 사실을 명심, 또 명심하시기 바랍니다. 아주!

6 영·육계의 선생님이며 교조인 레버런 문께서 일생을 통해서 공을 세워 최종적인 이 결론을 짓기 위한 종교세계와 지상세계, 영계 육계, 가인 아벨 세계를 위한 대회의 종결 완료를 향해서 노력한 총론적 결론을 말씀드립니다. 지금까지의 역사과정에는 이런 내용이 나올 수 없었습니다. 비로소 참부모님의 일생을 통해 섭리의 총체적이고 패권적인 하나님의 해방·석방세계의 승리권을 향한 최종적 결말을 짓는 생애 표제의 승리권을 세우기 위해, 후천시대의 완성·완결·완료를 위해 하나님의 조국이 될 한국과 미국의 중심지를 대표하는 한국 서울대회를 시발로 워싱턴·뉴욕대회를 거쳐 오늘 대회까지 온 것입니다. 금번 '천지인참부모 정착 실체말씀 선포 천주대회'인 워싱턴·뉴욕대회와 후버댐·라스베이거스 대회, 그리고 하나님의 조국과 고향이 되는 한국 서울대회는 섭리의 최종적인 완성·완결·완료를 뜻하는 참부모님의

선포 내용입니다. 이 사명은 참부모님이 결정한 1년 8개월여 남은 디데이까지 완료해야 하는 것입니다. 그리하여 참부모님이 탄생한 한국이 하나님의 조국과 고향으로 완성·완결·완료되는 것입니다.

섭리적 결실기의 승리자가 되자

7 지금의 때는 하나님께서 섭리를 완결지으시고 최종 단계의 수확을 거두어들이는 때입니다. 유엔을 중심삼은 활동도 이제는 본격적인 궤도에 진입하고 있습니다. 그리고 본인 부부가 창설한 세계평화여성연합이 유엔의 본래 창립 목적과 뜻에 일치하는 활동을 펴 나온 실적이 인정되어 유엔에 등재된 3천4백여 NGO(비정부기구) 그룹들 중 최상 그룹인 제1영역에 속해 있음은 물론, 여성의 인권과 어린이들의 빈곤문제와 교육문제 해결을 위한 활동에 탁월한 실적을 거두고 있습니다. 그래서 벌써 수차례에 걸쳐 수상을 하기도 했습니다. 또한 최근에는 공산주의자들의 장난에 의해 본인의 손을 떠났던 워싱턴타임스도 다시 찾아오게 되었습니다. 이것이 기적이 아니면 무엇이 기적이란 말입니까? 가인권의 최고 흑백 지도자들이 하나가 되어 워싱턴타임스 이사회를 중심으로 한 연합체제로 하나님의 조국과 고향의 뜻을 펴며 하나님 주권의 나라를 보호해 나갈 것입니다.

8 이제는 참부모님을 중심삼고 세계가 돌아가고 있습니다. 역사적으로 원수였던 한국과 일본, 일본과 미국, 미국과 러시아 같은 나라들도 누시엘로부터 받은 타락의 혈통을 근절하고 새로운 하늘의 혈통을 전수받기 위해 교차축복결혼에 범국가적인 차원에서 참여하게 될 것입니다. 본인이 만천하에 선포하고 추진 중인 한·일해저터널 프로젝트와 베링해협터널 사업도 세계적인 차원에서 종교인들이 선두에 서서 해방된 하나님을 모시고 완성할 것입니다.

9 이 세상에서 하나님의 실존을 부정하는 무신론의 사상, 즉 공산주의를 폐기하고 하나님께서 본래 이상으로 하셨던 만민 소통·화통의 세계를 이루어 나갈 것입니다. 만인평등이요, 만국 형제국이 되어 '한 분의 하나님 아래 한 가정'의 세계가 여러분 눈앞에서 전개되고 있습니다. 여러분 모두는 이 역사적이고 섭리적인 혁명 대열에 동참하여 기필코 승리자가 되십시오. 천지인참부모님을 통해 내리시는 천운이 여러분과 함께하실 것입니다. 여러분과 여러분의 가정, 그리고 여러분의 국가 위에 하늘의 축복이 함께하시기를 참부모님의 이름으로 축원합니다.

참부모님의 기도

참기도

참부모님의 기도

| 차 례 |

제1장 하나님

승리의 깃발을 들고 아버지를 모시고 살 수 있게 하시옵소서

나의 아버님, 태초에 아버님께서는 선의 뜻을 두고 피조만물을 지었사옵고 본성의 표준으로서 불변의 모습으로 계셨사오나, 인간이 그런 아버님의 선의 상대가 되어 드리지 못한 연고로 아버님의 이상을 이뤄 드리지 못했사옵니다. 그래서 선한 양심의 기준으로부터 먼 거리에 처하게 되었다는 것을 알고 있사오며, 또한 그것이 하늘과 피조만물의 탄식이었음도 알고 있사옵니다.

아버님이여, 저희에게는 영원하신 선의 기준을 생명을 바쳐서라도 찾지 않으면 안 될 섭리적인 운명의 길이 남아 있사옵고 이 길을 최후까지 가야 할 사명이 남아 있사오니, 크신 능력으로써 이 길을 갈 수 있도록 재촉해 주시옵소서.

몸을 통하여 침범해 오는 악의 요소가 선을 지향하는 마음의 길을 막고 있사오니, 아버님이여, 이 싸움에서 선을 지향하는 저희의 마음이 몸의 제재를 받아 패배하는 모습들이 되지 않게 인도해 주시옵소서.

오로지 마음을 이끄는 선의 힘과 사랑의 힘에 이끌린 바 되어 아버님을 찾아서 불변의 모습으로 화동할 수 있고 분리될 수 없는 영원한 실존체로서 아버님의 형상을 닮아 영원히 아버지를 모시고 살 수 있게끔 붙들어 주시기를, 아버님, 간절히 바라옵고 원하옵니다.

오랜 역사과정을 거쳐서 죄악과 싸워 나오면서 저희는 상처투성이가 되었고 죄악의 뿌리가 저희의 뼈 살에 박혀 있사옵니다. 이를 제거해야 될 책임이 저희에게 있사오나 저희는 너무나 부족하오니 생명의 권한을 가지신 아버지시여, 능력의 권한을 가지신 아버지시여, 창조의 권한을 가지신 아버지시여, 보잘것없는 저희의 마음과 몸에 다시 한 번 능력의 손길을 뻗치시어 사망의 그늘에 사로잡혀 있는 모든 악의 요소를 제거해 주시옵고, 그 중심의 자극을 받아 승리의 마음을 일으킬 수 있는 하늘의 직접적인 생명의 역사를 이 시간에 나타내 주시옵기를 간절히 바라옵고 원하옵니다. 그리하여 저희 자체로부터 부활의 권능을 일으키시옵고, 저희가 처한 환경에서 그 중심을 대신하여 부활의 역사를 일으킬 수 있는 당신의 아들딸들이 되게 허락해 주시옵기를, 사랑의 아버님, 간절히 바라옵고 원하옵니다.

미비한 자리에 있다고 해서 탄식하는 저희가 되지 않게 이끌어 주시고, 완전한 자리를 향해 달음질쳐 나가는 노정에 있어서 이 길을 막고 있는 원수 사탄들과의 싸움에서 승리함으로써 아버님의 참자녀들로서 자격을 갖출 수 있게 허락해 주시옵고, 억만 사탄들 앞에 자랑할 수 있는 아들딸들이 되게 인도해 주시옵소서. 그리하여 하늘의 천군천사가 지녔던 무기를 저희가 대신 지녀서 억만 사탄과 싸워 승리할 수 있게 허락해 주시옵기를, 사랑하는 아버님, 간절히 바라옵고 원하옵니다.

아버님, 이 시간에 소수의 무리가 아버지 앞에 자신의 부족함을 직고하기 위하여 무릎을 꿇고 엎드렸사오니 저희에게 합당치 못함이 있을진대 스스로 뉘우칠 수 있는 회개의 마음을 주시옵고, 깨달을 수 있는 지혜의 마음을 주시옵고, 선악을 분별할 수 있는 눈과 마음을 지니게 허락해 주시옵소서. 그리하여 저희가 올바르게 볼 수 있고 깨달을 수 있게 이 시간에 아버님의 직접적인 역사가 저희에게 같이해 주시옵길 간절히 간절히 바라옵고 원하옵니다.

이제 이 시간은 아버님 앞에 참예물을 드려야 할 시간이오니, 아버지 앞에 아무것도 드릴 것이 없다고 할지라도 본연의 심정만은 온전히 바쳐 드릴 수 있게 허락해 주시옵소서. 죄악에 물든 몸에서 악의 요소를 제거해 주시옵고, 솔직하게 자신을 아버지 앞에 드러내어 아버지의 명령대로 움직이고 아버지께서 원하시는 뜻에 합당한 몸과 마음이 되게 해주시옵기를, 사랑하는 아버님, 간절히 바라옵고 원하옵니다.

이 저녁에도 사방에 널려서 외로운 제단을 쌓고 있는 수많은 아들딸들 위에 아버님께서 약속하신 은사를 일률적으로 내려 주시옵소서. 끝날을 맞아 예고하셨던 당신의 뜻을 성취시킬 수 있는 감동의 역사와 감화의 역사, 그리고 권능의 역사가 당신의 자녀들이 머무르는 곳곳마다 나타나게 허락해 주시옵고, 참다운 제단을 찾기 위하여 외로운 가운데 기도의 제단을 쌓고 있는 아들딸들이 많이 있을 줄 아오니 어서 속히 그들이 당신의 허락하신 뜻을 대할 수 있도록 당신이 명령하여 한 곳으로 모이게 허락해 주시오며, 그들이 영원토록 아버지의 승리적인 깃발을 들고 나서기에 부족함이 없는 자녀들이 되게 이끌어 주시길, 사랑하는 아버님, 간절히 바라옵고 원하옵니다.

이 시간에 하늘 제단에 예배드리기 위하여 모이는 곳곳마다 아버님의 거룩하신 성령의 역사가 같이해 주시옵고, 감동의 역사와 회개의 역사를 나타내 주심으로써 끝날에 이 민족에게 맡기신 사명을 감당할 수 있는 제단들이 되게 이끌어 주시옵소서. 남아진 시간도 아버지의 뜻대로 주관해 주시옵길 빌면서, 주의 이름으로 기도했사옵니다. 아주! (1957.3.6)

2 아버지의 뜻을 성취하게 하시옵소서

사랑의 아버님, 천상의 원한으로 남아져 있는 싸움의 역사를 종결지을 사람이 없는 것이 당신의 탄식임을 알았습니다. 인간으로 말미암아 심어진 타락의 근본 뿌리를 인간이 뽑아 버려야 될 것인데, 오랜 역사가 경과했음에도 불구하고 아직까지 인간은 그 죄의 근본 뿌리를 뽑지 못하고 있사오니, 아버님, 그것을 뽑을 수 있게 허락해 주시옵소서.

이 시간에 모인 청중 모두가 아버지의 심정에 사무쳐 일체가 되게 허락하여 주시옵길 간절히 바라옵고 원하옵니다. 아버지의 안타까운 마음을 닮게 허락해 주시옵고, 아버지께서 소망하시는 그 소망을 저희가 새로이 지니게 허락해 주시옵소서. 원한의 역사를 책임지고 억만 원수 사탄과 싸울 수 있는 용자들, 하늘을 대표하여 나타나는 용자들이 되게 허락해 주시옵고 땅을 대표하여 나설 수 있는 용자들이 되게 허락하여 주시옵소서.

남아진 싸움터에서 영원하신 아버지의 사랑의 심정을 서로서로 베풀 수 있는 기쁨의 동산이 이뤄질 때까지 각자가 아버지의 뜻을 책임지고 나설 수 있게 허락해 주시옵소서. 각자 각자가 아버지의 전체적인 뜻을 대신하여 사탄과 싸울 수 있는 아버님의 용맹한 아들딸들이 되게 허락해 주시옵길, 사랑하는 아버님, 간절히 바라옵고 원하옵니다.

저희의 마음이 하늘의 어떤 표적을 향하여 있고, 저희의 몸은 온 우주의 어떤 표적을 향하여 있는지를 이 시간에 깨닫게 허락해 주시옵고, 아버지의 원한을 풀어 드릴 수 있는 기쁨의 자녀들이 되게 허락해 주시옵길, 아버지, 간절히 바라옵고 원하옵니다. 아직까지 저희의 몸과 마음은 아버지의 품에 품기지 못하고 있사오니 아버지께서 권고해 주시옵고 능력으로 역사해 주시어서 저희 마음의 방향을 바로잡아 주시옵소서. 저희가 천성을 향하도록 마음의 방향을 바로잡아 주시고, 아버지께서 원하시는 소망의 길을 저희가 갈 수 있게 허락해 주시옵소서.

아버지의 기쁘심의 은총을 저희의 몸과 마음이 체휼하게 허락해 주시옵고, 저희를 중심삼고 재창조의 역사를 일으켜 주시옵소서. 그리하여 죄악의 뿌리를 붙안고 싸워 이김으로 말미암아 아버지의 사랑을 체휼하고 아버지 앞에 영광을 돌려드릴 수 있는 자녀들이 되게 허락해 주시옵길, 사랑하는 아버님, 간절히 바라옵고 원하옵니다. 이 시간에 모인 자녀들이 억만 사탄의 참소에 걸리지 않게 해주시옵고, 아버지의 제단에 영광의 제물로서 바쳐질 수 있게 허락해 주시옵길, 사랑하는 아버님, 간절히 바라옵니다.

이제 아버지 앞에 엎드린 저희가 아버지의 존엄하신 성상을 대하면서 자신의 부족함을 자각하고 스스로 직고할 수 있게 허락해 주시옵소서. 온유겸손한 제물로서 아버지의 속죄에 관한 은사 앞에 굴복하는 자녀들이 되고 아버지를 찾은 탕자와 같은 모습으로 나타나게 허락해 주시옵길 간절히 바라옵고 원하옵니다. 이 무리가 탄식의 눈물을 흘리지 말게 해주시옵고 사탄이 비웃는 걸음을 걷지 말게 해주시옵소서. 마음과 몸이 아버지 앞에 사로잡힌 바 되게 이 한 시간만이라도 같이해 주시옵고 영원하신 생명의 은사, 부활의 은사, 사랑의 은사에 접하여 기뻐할 수 있는 하나의 이상적인 제물로 바쳐질 수 있는 이 시간이 되게 허락해 주시옵길, 아버님, 간절히 바라옵고 원하옵니다.

아버님, 이날은 거룩한 날이옵니다. 만민 앞에 복을 주기 위한 약속의 날이오니 인류를 대신하여 모이는 성전마다 기쁨의 은사가 같이하게 허락해 주시옵소서. 이제 끝날을 맞이했사오니 성령의 불길을 물 붓듯이 부어 주셔서 당신이 택한 자녀들이 하나로 뭉치어 이 어두운 세상과 대결하여 싸울 수 있게 역사해 주시옵고, 6천년 원한의 심정을 대신하여 모든 악을 무찌르고 나서는 당신의 아들딸들이 되게 허락해 주시옵길, 아버님, 간절히 바라옵고 원하옵니다.

먼저는 민족을 대신하는 제단을 축복해 주시옵고, 제단을 대신하여 아버지께 있는 정성과 마음과 충절을 다하며 살려는 당신의 아들딸들이 영원하신 아버지의 제물이 되게 허락해 주시옵길, 아버지, 간절히 바라옵고 원하옵니다. 이제 남아진 싸움터에서 아버지께 빚지는 자들이 되지 말게 허락해 주시옵고, 영원한 승리의 은사를 감당할 수 있게 허락해 주시옵소서. 아버지께서 축복하심의 그 심정을 땅 위에 나타낼 수 있는 이상동산을 건설할 때까지 백절불굴의 용사와 같은 심정을 갖고 아버지의 뜻을 세워 나갈 수 있도록 허락해 주시옵길, 사랑의 아버님, 간절히 바라옵고 원하옵니다.

사랑의 아버님, 이 저녁의 이 자리에 참석하지 못한 수많은 자녀들이 있사오니 어느 곳에 있든지 아버지께서 일률적으로 역사해 주시옵고, 끝날에 이루고 싶으신 당신의 뜻을 만방에 선포하여 하늘과 땅이 화동할 수 있는 기쁨의 제단을 쌓게 허락해 주시옵소서. 모든 힘과 마음과 정력을 다 기울여 오로지 아버지의 뜻을 성취하는 당신의 자녀들이 되게 허락해 주시옵길 간절히 부탁드리며, 모든 말씀을 주의 이름으로 기도드렸사옵니다. 아주! (1956.10.7)

3 하늘의 심정을 책임질 줄 알게 하시옵소서

오늘 당신이 허락하신 날을 맞아 부족한 자신들을 염려하면서 무릎을 꿇고 당신의 존전에 모였사오니 이제 저희의 마음들이 어느 곳에 있는가를 통찰할 수 있게 허락하여 주시옵소서. 아버지께서 생명의 길을 개척해 오신 노정은 지극히 엄숙한 노정이었고 성별된 노정이었음을 저희는 알고 있사옵니다.

아버님, 이 자리에 모인 당신의 아들딸들을 긍휼히 보시옵소서. 여기에 존엄하신 아버지의 모습을 나타내 주시옵고, 허락하신 승리의 기준을 세우시어 성별된 무리라고 인정해 주시옵고 찾아주시옵기를 간절히 바라옵고 원하옵니다. 남겨진 섭리의 노정이 슬픔의 노정이라고 할진대 이 슬픔을 가로막아야 할 책임이 저희에게 있는 것을 알고 있사옵고, 하늘의 무한한 슬픔을 느끼지 못하는 자는 그 슬픔을 책임지지 못할 것이라는 것도 알고 있사옵니다.

남겨진 하늘의 슬픈 심정과 싸움을 책임질 줄 아는 자들이 되게 허락해 주시옵소서. 이 일을 감당하기 위해서는 누구보다도 큰 슬픔을 체휼하지 않으면 안 될 것을 알고 있사오며, 누구보다도 억울한 자리의 싸움터에서도 낙오자가 되지 않아야 될 것을 알고 있사옵니다. 아버님, 저희의 몸들이 하늘 앞에 바쳐지는 승리의 제물이 될 수 있는가를 염려하는 마음을 갖고 이 시간에 참석한 무리가 되게 허락해 주시옵기를 간절히 바라옵고 원하옵니다.

예수님이 왔다 간 후 2천년 역사가 경과했사오나 예수님이 갈보리 산상에서 쌓았던 제단, 하늘이 함께 울던 참다운 승리의 제단은 이 땅 위에 나타나지 않고 있사옵니다. 하늘이 움직이지 않을 수 없고 땅 위의 인간이 움직이지 않을 수 없는 산정, 하늘과 땅이 접하는 세계적인 골고다 산정이 나타나야 할 때가 되었사옵고 겟세마네 산정이 나타나야 할 때가 되었음을 알고 있사옵니다.

그 책임을 감당하는 수많은 성도들이 있어야 할 것이오나 하늘이 찾아와 기뻐할 수 있는 무리가 없는 것을 알면 알수록 아버지의 심정을 염려하는 아들딸들은 이 땅을 바라보고 통곡하지 않을 수 없는 현실임을 저희는 알고 있사옵니다. 아버지, 소원의 한 날을 고대하시는 아버지의 간곡한 마음이 크면 클수록 아버지를 위하여 충성하는 한 모습이 땅 위에 나타나기를 고대하는 심정도 크다는 것을 알게 허락해 주시옵소서.

오늘 저희의 마음과 몸을 다 드려서 아버님의 손길에 붙들릴 수 있으며 아버님의 심중에 세워질 수 있는 아들딸들이 되어서 역사적인 모든 서러움을 맡을 수 있는 모습이 되게 허락해 주시옵소서. 아버님께서 친히 역사하심을 통하여 저희의 마음과 몸이 새로이 부활되는 이 시간이 되지 않으면 안 될 것을 알고 있사옵니다. 지난 일주일 동안 저희에게 맡기신 책임을 다하지 못했음을 용납해 주시옵고, 아버지 앞에 충성을 다하지 못한 것을 용납해 주시옵고, 아버지의 심정을 붙들고 눈물어린 생활을 하지 못한 것을 용납해 주시옵고, 저희 한 개체들을 찾아오시기 위해 당신께서 수고의 걸음을 개의치 않으신 사실을 망각한 것을 용납해 주시옵소서.

오늘 이 시간에 새로운 각오와 결심을 하고, 과거의 모든 부족한 것을 깨닫고, 아버지의 심정을 중심하고 자신의 마음을 붙들고 나설 수 있는 아들딸들이 되게 허락해 주시옵기를, 아버님, 간절히 바라옵고 원하옵니다. 아버님, 이날은 거룩한 날이오니 불쌍한 처지에 놓여 있는 삼천만 민족을 긍휼히 보시옵소서. 이들의 친구가 되어 주시옵고, 이들의 지도자가 되어 주시옵고, 이들의 생명을 부활시키는 주인이 되어 주시옵기를, 아버님, 간절히 바라옵고 원하옵니다. 아버지께서 이들의 소망스러운 중심이 되시옵소서. 이들이 아버님을 떠나서는 움직일 수 없는 무리가 되게 해주시옵고, 민족이 되게 해주시옵고, 교단이 되게 해주시옵기를, 아버님, 바라옵고 원하옵니다.

이 민족 앞에 허락하실 축복을 이 시간을 통하여 내려 주시옵기를 간절히 바라옵고 원하옵니다. 승리의 한 날을 책임진 당신의 아들딸들이 그 사명과 책임을 감당할 수 있게 허락해 주시옵소서. 이 뜻을 이루어 아버지의 영광을 드러내야 할 책임이 이 민족에게 있음을 아옵니다. 그 책임을 완수해 나가는 과정에는 무한한 시련이 있는 것을 알고 있사오니 그 시련의 노정에서도 책임을 다하여 아버님을 대신하여 나설 수 있는 아들딸들이 되게 허락해 주시옵기를, 아버님, 간절히 바라옵고 원하옵니다.

이 뜻을 알지 못하는 수많은 인류에게도 축복해 주시옵소서. 생명과 사망의 물결이 휩쓸려 가는 이때에 아버님을 붙들어 당신의 아들딸이 될 수 있는 무리가 이 인류 가운데 많이 나타나게 허락해 주시옵소서. 인류를 심판의 채찍으로부터 피하게 해주는 전체의 책임을 감당하여 아버지 앞에 나설 수 있는 아들딸이 이 땅의 인류 가운데 많이 나타나게 허락해 주시옵기를, 아버님, 간절히 바라옵고 원하옵니다.

이와 같은 사명과 이와 같은 때와 이와 같은 책임을 알지 못하는 자들이 있다고 할진대는 저희를 통하여 경고시켜 주시옵고, 그들이 끝날의 책임과 사명을 감당할 수 있는 아들딸들이 되게 해주시옵기를, 아버님, 간절히 바라옵고 원하옵니다. 지방에 널리어 외로운 심정을 품고 아버지 앞에 호소하는 무리 위에 일률적인 은사의 손길을 펴 주시옵고 허락하신 승리의 한 날을 찾아 세우기 위한 싸움의 노정에서 떨어지는 자들이 되지 않게 붙들어 주시옵기를, 아버님, 간절히 바라옵고 원하옵니다.

이 시간의 첫 시간부터 끝 시간까지 아버지께서 친히 주관해 주시옵고, 어둠의 권한이 움직이는 시간이 되지 않게 해주시옵기를 간절히 부탁드리고 원하옵니다. 모든 것을 아버지 앞에 드리오니 맡아 주관해 주시옵소서. 주의 이름으로 기도드렸사옵니다. 아주! (1959.3.15)

4 최후의 운명길에서 승리하게 하시옵소서

아버지, 지방에서 싸우던 당신의 자녀들이 대한민국의 심장부인 서울에 찾아왔사옵니다. 아버지, 이들이 얼마나 비장한 각오를 해야 하는가를 알게 허락해 주시옵소서. 저희 자신들이 누구를 위해 이 자리를 찾아 나왔사옵니까? 저희 한 개체의 싸움에서 승리의 기반을 통해 하나의 생명으로 발돋움했지만 먼저는 천국건설이라는 엄숙한 과제를 택해 놓고, 그것을 책임질 수 있는 자신이 되었는가를 냉철하게 반성하는 사람이 되어야겠사옵니다. 주위의 환경이 문제가 아니라 책임진 자의 자세가 문제인 것을 아옵니다. 하옵기에 예수님도 3년노정을 거치고 최후에 운명의 순간을 겟세마네 동산에서 3차 기도와 더불어 아버님과 일치된 사정 가운데 맞이했던 것입니다.

아버지, 이제 저희는 이 서울도성을 아버지 앞에 복귀시켜 드려야 하는 책임을 지니고 있사옵니다. 이와 같은 심각한 때 아버님의 심정을 천만분의 일만큼도 생각하지 못하는 저희를 바라보시고 이끌어야 할 당신이 얼마나 불쌍하신지를 느끼게 해주시옵소서. 이런 자신을 무자비하게 비판하고, 이런 자신의 개체의식을 분석하여 전체와 관계된 자신의 입장이 어떻다는 것을 느껴야 되겠사옵니다. 그리하여 부족한 자신임을 깨달아야 되겠사오며, 주위의 형제들이 자신보다 낫기를 바라야 되겠사옵니다. 또한 숨은 실적을 쌓기를 바라는 소망의 마음을 가지고 전체의 뜻 앞에 보탬이 될 수 있는 연결점을 찾아서 움직이지 않으면 안 될 것을 다시 한 번 느끼게 해주시옵길 간절히 바라옵고 원하옵니다.

아버지, 이제 서울을 복귀시켜야 할 때가 다가오고 있사옵니다. 그동안 하나의 뜻을 중심해서 서울을 복귀하려고 했지만 세상 사람들이 이해하지 못하여 자유롭게 활동할 수 없었던 기간이 있었사온데 저희에게는 그 담벼락이 너무나 높았사옵니다. 그리하여 저희는 모진 시련의 폭풍에 시달리는 처량한 자리에서 하루살이의 생활을 지탱하기 위한 소모에만 급급해 왔사옵니다.

하오나 저희가 생각하지 못했던 공세의 때는 왔사옵니다. 아버님이 수고해 오신 행로로 말미암아 이제는 공세를 취할 때가 온 것입니다. 하오니 그 최후의 싸움을 수습하여 아버지의 영광을 찬양할 자세를 갖춰야 하는데도 불구하고 승리의 결과를 가져온다고 하더라도 말씀드릴 수 있는 내용을 갖지 못하는 무리가 되어서는 안 되겠사옵니다. 싸움의 마당에서도 그렇고, 또한 승리하고 나서는 백배 혈기왕성해 아버지께서 보시고 무슨 일을 시키더라도 부족함이 없다고 자랑하실 수 있는 사람들이 되어야 하겠사옵니다.

아버지, 남한 각지에 널려 있는 당신의 자녀들을 지켜 주시옵소서. 저희를 중심삼아 최후의 승리를 향해 주력하는 그 모든 활동체계가 당신의 심정과 일치될 수 있고 당신의 행보와 일치될 수 있어서 최후의 싸움터에서 승리할 수 있는 무리가 되게 해주시옵길, 아버님, 간절히 바라옵고 원하옵니다. 아버지, 이 시간에 서울을 위주로 하여 남한 각지에 널려 있는 자녀들 혹은 세계에 널려 있는 자녀들을 기억해 주시옵기를 간절히 바라옵고 원하옵니다. 가야 할 최후의 운명길을 스스로 재촉하면서 가는 불쌍한 저희의 모습에, 아버지, 당신은 언제나 긍휼과 동정의 마음을 아낌없이 퍼부어 주신다는 것을 저희가 알게 해주시옵소서. 또한 저희가 외로울 때 같이 외로워하시는 아버지가 계시는 것을 알게 해주시옵고, 저희가 어려울 때 저희의 어려움에 같이 마음을 졸이며 염려하시는 아버님이 계시는 것을 알게 해주시옵소서.

저희 자신의 비참함이 저희 자신만의 비참함으로 끝나는 것이 아니라 아버지까지도 비참하게 만든다는 사실을 절감할 줄 아는 자들이 되게 해주시옵소서. 오늘날 저희는 3시대를 해원성사해야 할 엄숙한 과제를 책임진 것을 망각할 때가 많사옵니다. 그러나 역사적인 선지선열들이 영계에서 저희를 내려다보고 있고, 이 시대의 인간이 저희를 바라보고 있고, 또한 앞으로의 저희 후손들이 저희를 고대하고 있사오니 3시대의 운명길을 찾아가야 할 엄숙한 책임을 짊어진 역사적인 저희는 경기장에 선 마라톤 선수와 같은 자신들인 것을 느끼게 해주시옵소서. 거기에서 부딪치는 모든 시련과 고통을 저희는 극복해야 되겠사옵니다.

잠을 이루지 못하면서도 극복하고 넘어가야 할 최후의 고개가 있다는 것을 알게 해주시옵고, 그 고개의 결승점을 향하여 달려가는 걸음걸이에 시련과 고통이 가중될지라도 그 가중된 모든 어려움을 극복하고 넘어가야 되겠사옵니다. 그래야만 승리가 세계적으로 빛나게 된다는 사실을 알게 해주시옵길 바라옵고 원하옵니다.

아버지, 앞으로 산정을 넘어가기 위해서는 그것을 끌고 넘어가야 할 책임진 자들이 얼마나 하나되고 단결되느냐에 따라서 달라진다는 것을 다시 한 번 깨닫게 해주시옵소서. 그리하여 당신이 보실 때 명령하기에 주저하지 않고 이끌기에 염려되지 않는 무리가 되어 높고 높은 산정을 서슴지 않고 넘어갈 수 있고 원수의 최후의 십자가를 물리치고 최후의 산정을 돌파할 수 있는 통일의 무리가 되게 해주옵기를, 아버님, 간절히 바라옵고 원하옵니다.

사랑하는 아버님, 남아진 그날을 위해 저희는 염려하면서 쉼 없이 스스로의 장비를 갖춰서 하루하루 한 번을 맞이하는 한 날에 온갖 정력을 다 바쳐서 천 번이라도 싸울 수 있는 당신의 아들딸들이 되게 해주시옵길 간절히 부탁드리고 원하옵니다. 이 날 위에도 아버지께서 함께해 주시옵길 부탁드리면서, 모든 말씀을 참부모의 성호를 받들어 잠시 아뢰었사옵니다. 아주! (1969.7.27)

5 새롭게 결심하고 나아갈 수 있게 하시옵소서

아버지, 이 땅 위에 당신의 성호를 찬양하는 사람들은 많사옵고 당신의 사랑을 받는 아들딸이라고 자처하는 사람들은 많사오나, 그들 가운데 진정으로 당신의 마음을 풀어 놓고 사정을 나눌 수 있는 참다운 아들딸은 몇 명이나 되옵니까? 생각하면 생각할수록 처량한 사실인 것을 더더욱 느끼게 되옵니다.

아버지, 수많은 민족과 수많은 땅 가운데서 쫓김을 받던 불쌍한 이 민족을 기억하시사 삼천리반도 외로운 이 강산을 선정하시어 섭리의 초점을 세우시려는 당신의 거룩한 뜻 앞에 먼저 감사를 드리옵니다. 이 뜻 앞에 충성을 다할 수 있는 무리가 심히도 귀하다는 것을 생각하면 생각할수록 더더욱 면목 없는 것을 느끼지 않을 수 없습니다. 그러나 아버지의 사랑을 중심삼은 심정은 완전한 자식보다도 불구자인 자식에게 더 깃든다는 것을 생각할 때 아버지께서 염려하실 수밖에 없는 역사적인 배경을 가진 이 민족을 용서해 주시옵기를 바라옵니다.

아버지, 통일의 자녀들은 오늘날까지 7년이란 한계선을 내걸고 남들이 모르는 가운데에서 피눈물 나는 투쟁의 역사를 걸어왔습니다. 때로는 몰리고, 때로는 가슴을 치며 통곡하고, 때로는 주린 창자를 부여안고 아버지의 사정을 논의하며 하염없는 눈물도 흘렸습니다. 이렇듯 모든 과거지사가 눈물로 시작했지만, 그것이 눈물로 거둬지지 않고 웃음으로 거둬져서 아버지 앞에 감사드릴 수 있는 한 날을 가질 수 있게 된 것은 모두 아버지의 도우심과 보호 때문이라는 것을 생각할 때 더더욱 감사드리지 않을 수 없사옵니다.

아버지를 모셔 놓고 저희가 자랑하고 싶은 마음을 다 토로할 수 있는 자유의 천지가 어서 속히 이뤄지기를 저희가 일심으로 하소연하오니 아버지 앞에 몸 굽혀 경배를 드리는 저희의 모든 사연들을 받아 주시옵기를 간절히 바라옵고 원하옵니다. 아버지, 오늘은 거룩한 날이옵니다. 남한 각지에 널려 있는 당신의 외로운 자녀들이 무릎을 연하여 이곳을 바라보며 호소하는 간곡한 심정을 부디 대하여 주시옵소서. 저희가 서글픈 사정이 있어서 아버지께 아뢰올 때 친구가 되어 주시고 보호해 주시던 것과 같은 사랑으로 그들을 위로해 주시옵기를 간절히 바라옵니다.

그 누가 뭐라고 하더라도 저희는 가진 것 없는 외로운 자들이옵니다. 당신만이 저희 편이요, 당신만이 저희 것이요, 당신을 위해서 살고 있다는 그 사실이 세상의 억천만금을 주고도 바꿀 수 없는 존귀한 것임을 아는 저희가 되어야 하겠사오니, 이들의 마음이 섭섭하지 않게 해주시옵기를 간절히 바라옵고 원하옵니다.

서울에는 세계와 연하여 있는 통일의 본부가 있사옵니다. 여기에 남아 있는 당신의 자녀들을 기억해 주시옵소서. 이 자리가 두렵다면 두려운 자리요, 슬프다면 슬픈 자리요, 어렵다면 어려운 자리인 것을 저희는 알고 있습니다. 그러나 저희가 아버지 안에 있고, 아버지와 심정을 통할 수 있고, 아버지로 말미암아 살고 있는 무리라고 할진대는 저희가 서 있는 자리에 아버지께서 영원히 좌정하시어 저희의 생활을 직접 주관하시고 관할해 주신다는 사실을 아오니 이 자리에 서게 해주신 아버지의 은사 앞에 더더욱 감사를 드리옵니다.

아버지, 못난 저희이오나 선조들이 전 생애를 통하여 쌓아 놓은 공의 터전과 시대적인 혜택으로 말미암아 오늘 이와 같은 자리에 세워진 것을 진심으로 감사히 여기게 해주시옵소서. 그 감사하는 마음이 나 자신만의 입장이 아닌 과거와 현재 그리고 미래를 통한 역사적인 입장에서 감사할 수 있도록 허락해 주시옵소서. 그런 승리의 모습은 역사상의 어떤 위인들보다도 더한 가치적인 존재로 아버지께서 인정하실 것을 알고 있사오니 그런 자리에 세워 주시옵기를 간절히 바라옵고 원하옵니다.

사랑하는 아버님이여! 이제 저희가 새로운 해를 맞겠사오니 이해에 계획하시는 천적인 모든 프로그램이 완결되고, 아버지께서 바라시는 천국을 이 지상에 이뤄서 승리의 개가를 드높이 올리고, 아버지 앞에 존귀와 영광과 찬양을 돌려드릴 수 있는 기쁨의 해가 되게 해주시옵기를 간절히 바라옵고 원하옵니다. 아버지, 마음과 마음으로 연결된 모든 자녀들이 아버지의 심정을 이끌어낼 수 있는 형제가 되게 하시옵소서. 믿음의 부모와 자녀의 인연을 통하여 소망의 종족을 이룰 수 있는 아버지의 아들딸들이 되게 해주시옵기를 간절히 바라옵니다.

세계에 널려 있는 뭇 자녀들을 기억해 주시옵소서. 오늘도 외로운 자리에서 아버지의 심정의 인연을 중심삼고 싸우고 있는 무리가 많사오니 그들을 기억해 주시옵기를 간절히 바라옵니다. 다시 만날 때까지 친히 보호해 주시옵고, 남아진 뜻 앞에 평생토록 충효의 도리를 다하여 아버지가 소원하시는 천적인 절개를 남기고 가겠다고 다짐하고 결의하는 이들이 되게 해주시옵기를 간절히 바라옵고 원하옵니다.

새해를 맞이하여 제2차 7년노정을 가야 할 저희들, 이제 들은 말씀으로 말미암아 새롭게 결심하고 늠름히 나아갈 수 있게 하시옵소서. 모진 광풍이 불어오는 자리에서도 하늘은 승리했사오니 저희도 그 뒤를 따라가겠다고 굳게 결심하고 나서면 그 길이 단축되어 평탄할 것을 알고 있사오니, 새해를 맞아 새로운 결심으로 제2차 7년노정의 발걸음을 힘차게 내디딜 줄 아는 뭇 자녀들이 되게 허락해 주시옵기를 간절히 부탁드리고 원하옵니다. 만만사에 당신의 은사와 승리의 영광이 있게 해주시옵기를 간절히 부탁드리면서, 모든 말씀을 참부모의 성호를 받들어 아뢰었사옵니다. 아주! (1967.12.24)

6 정성을 다하는 무리가 되게 하시옵소서

사랑의 아버님, 가는 길이 험하더라도, 당신을 사랑하는 충절의 마음이 나를 끌고 가게 될 때는 내 다리에 피가 낭자하게 흐르더라도 감사의 피로 여기고 옷깃을 여미면서 하늘 앞으로 갈 수 있는 길이 있다는 것은 놀라운 하나님의 사랑에 의한 것임을 알았습니다.

이제 나이 60이 넘었다고 혹자가 후계자를 운운한다는 말을 듣게 될 때 아직까지 제가 가야 할 길이 남았고 당신 앞에 충절의 도리를 못 채운 섭섭함을 느낀 적이 있사옵니다. 그런 것을 생각하게 될 때 기력을 다하여 남은 길도 끝까지 갈 수 있게 하시옵고 수난길로 출발했으니 수난길로 일생을 마치더라도 아름답게 모든 것을 마칠 수 있게끔, 사랑하는 아버지, 인도해 주시옵소서.

저에게는 권력이 필요한 것이 아니요, 돈이 필요한 것이 아니요, 지식이 필요한 것이 아닙니다. 다만 당신의 사랑을 중심삼고 민족이 눈물과 더불어 당신을 찾아갈 수 있는 길이 필요하옵니다. 세계 인류가 모든 것을 잊고 당신의 사랑길을 눈물을 흘리며 따라갈 수 있는 그 길만이 필요할 뿐이옵니다. 이런 전통을 살아 있는 동안, 짧은 생애노정에 전통의 재료로 남겨서 이 시대뿐만 아니라 후대에 통일가의 젊은이들의 가슴에 생수가 폭발할 수 있는 기원을 마련해 놓아야 되겠습니다. 이것이 이때에 있어서 가야 할 의무로 알고 가는 길임을 잘 아시는 아버님, 지금 전 세계에 널려 있는 통일의 무리를 기억해 주시옵소서.

제가 여기의 외로운 한국 땅에 와 있는 이 자리를 생각하며 눈물과 더불어 축수를 드리고 있는 그들, 스승이 가는 길에 만복이 깃들기를 바라는 가냘픈 그들의 호소의 음성은 그들이 내게 구원받고 싶어서가 아니라 당신을 협조하고 당신의 뜻 승리를 위한 것만은 틀림없사옵니다. 저도 불쌍한 사람이요 그들도 불쌍한 사람들이니 부디 당신이 기억하시사 축복의 손길을 가하시어 몰림의 자리에서 패배의 쓴잔을 마시며 한탄과 더불어 하늘을 배반하는 무리가 되지 않고 패배가 아닌 승리의 잔을 마시고 영광스러운 송영의 곡, 찬양의 곡으로 들릴 수 있게 아버지께서 도우시사 이뤄 주시옵기를 부탁드리옵니다.

아버지, 이제 미국에서 벌어지는 싸움판 위에 같이해 주시옵소서. 그 싸움은 당신의 영광과 사랑이 어떻다는 걸 보여 줄 수 있는 것이요, 통일교회의 늠름한 모습을 보여줄 수 있는 것이요, 하늘의 아들딸들이 가는 참모습을 보여줄 수 있는 싸움이옵니다. 그것을 알기 때문에 모든 것에 개의치 않고 선두에서 가는 것입니다. 불쌍한 자들의 기도와 불쌍한 이들의 눈물, 한을 품고 호소하는 그 기도소리를 듣기를 제가 원치 않습니다. 당신도 그럴 줄 알고 있습니다. 그들을 불쌍히 여기시사 그들의 소원을 이룰 수 있게끔 미국 국민을 용서해 주시옵고, 미국 법정을 축복하시어 선한 그 길을 가릴 수 있게끔 인도해 주시기를 재삼 부탁드립니다.

사랑하는 아버지, 이번에 한국에 와서 20일간 머물고 가옵니다. 그 기간에 변화도 많았고 사연도 많았지만 하늘의 사랑을 남기지 못하거나 민족이 깃들 수 있는 승리의 터전을 남기지 못하는 걸음이 되지 말게 해 주시옵소서. 제가 욕을 먹고 천대받더라도 하늘이 찾아와 이 민족의 장래를 축복할 수 있는 길이 있으면 그 길을 가겠습니다.

그럼으로 말미암아 세계 인류가 도탄 중에 들어갈 수 있는 길이 막히는 것을 알기 때문에 이 일을 붙들고 기도하지 않으면 안 되는 사연을 용납해 주시옵소서. 민족의 잘못이 있거든 용납해 주시옵고, 위정자들에게 잘못이 있으면 용납해 주시옵소서. 모름으로 말미암아 그런 길을 가고 있는 줄 아오니 하늘이 가르쳐 주고 실천하게 해주시옵소서. 그러고도 안 하게 되면 책망하는 것이 하늘의 법이거든, 그들에게 가르쳐 줘서 실천할 수 있는 내용이 참인지 어떤 것인지를 알고 나서 듣지 않거든 책하기 위한 당신의 뜻이 이 민족과 이 나라 위에 적용될 수 있기를 바라는 마음을 아시고 용납해 주시옵기를, 아버지, 간절히 간절히 바라옵고 원하옵니다.

선생님의 소식을 듣고 승리의 한 날을 고대하던 그들이 축수의 마음을 가하거들랑 천배 만배 복을 빌어 주시옵기를 간절히 바라옵고 원하옵니다. 이제 이 제단을 아버지께서 지키옵소서. 제가 남기고 가는 이 무리는 치열한 전투의 역사를 남기기 위한 싸움을 다짐했사옵니다. 한 생명을 붙들고 몸부림치고 울음을 연결시켜 통곡하면서라도 나 스스로 한의 고개를 개척하겠다고 모든 정성을 다하는 무리가 되게 허락해 주시옵기를, 아버님, 간절히 바라옵고 원하옵니다. 다시 만날 때까지 이들을 지켜 주시옵기를 부탁드립니다. 한국과 전 세계 통일의 무리를 기억해 주시옵고, 이 나라와 이 민족의 장래를 기억해 주시옵고, 민주세계를 보호하사 공산세계에 대하여 승리의 길을 개척해 주시기를 재삼 부탁하옵니다. 그리하여 하늘의 영광스러운 한 날, 당신의 사랑이상의 실천 기반이 이 지구성에 이뤄지기를 부탁하면서 허락하신 이 시간을 감사드립니다. 모든 말씀을 참부모님의 이름으로 아뢰었사옵니다. 아주! (1981.11.22)

7 승리의 해가 되게 하시옵소서

사랑하는 아버님, 신년을 맞이했습니다. 이 원단에 하늘의 축복이 이 땅 위에 임하시옵소서. 새로운 한 해를 이어받는 이 시간에 역사적이고 천적인 인연이 하늘로부터 땅으로 통하게 하옵소서. 그리고 모든 통일교회 무리를 중심삼고 모든 종교와 인류에게 하늘의 복이 연결되게 허락해 주시옵소서. 그리하여 당신의 중심이 되는 하나의 심정을 중심삼고 한 가정, 한 종족, 한 민족, 한 국가, 한 세계로 뻗어 나가게 하시옵소서.

아버지, 지금 이 시간에 민주세계와 공산세계가 최후의 정상에 올라서 그 위치를 잡지 못하고 서로가 혼란 상태에 처해 있습니다. 민주세계를 대표하는 미국이 그러하고, 공산세계를 대표하는 소련이 그러합니다. 민주세계에 있어서 당신이 세우시려던 아담 국가, 해와 국가, 아벨 국가, 가인 국가를 중심삼고 볼 때 그 모든 국가들은 오늘날 정상의 자리에 있는 민주세계를 대표하는 미국과 공산세계를 대표하는 소련이 처해 있는 입장과 맞먹는 시점에 놓여 있습니다.

이 시대에 있어서 세계의 모든 석학들을 중심삼고 미국의 뜻과 일본의 뜻, 그리고 한국의 뜻을 연결시키어 새로운 반공이라는 체제를 강화시켜서 한국이 세계적인 새로운 기점으로 마련되어 새로운 세계로 비약할 수 있는 터전을 마련하게 해주신 하늘의 은사 앞에 감사합니다. 이제 통일교회의 움직임에 따라서 세계의 운명이 좌우된다는 사실을 알고 있사오니 가는 길을 축복해 주시옵소서. 만복이 깃들어서 6천년 동안 당신이 품었던 한을 풀고 역사를 뒤집어 가면서 승리한 오늘을 찬양할 수 있도록 조건들을 세울 수 있게 허락해 주시옵기를 간절히 바라옵니다.

유태교와 기독교를 통하여 통일교회까지 타락 이후의 섭리역사를 위하여 손길을 펴면서 얼마나 수난길을 걸어오셨습니까? 많은 탕감을 치러 오셨습니다. 하늘의 뜻을 따라가며 잘 알지도 못하는 수많은 사람들이 생명까지 바쳐 가며 피어린 역사를 남기고 있사옵니다. 그 모든 피의 공로가 오늘날 결실되어 통일교회를 중심삼고 세계사적인 해원을 갖춰 드릴 수 있는 시점과 전환점을 맞이하는 1984년을 맞이했사오니, 아버지, 이제 하나의 전권을 나타내시옵소서.

지금까지 밟히던 자들이 스스로의 자세를 갖추어 하늘을 우러러보고, 쫓기던 자들이 스스로 본을 갖추어 하늘을 찬양할 수 있는 날이 찾아오는 것을 알고 있사옵니다. 지금까지 통일의 무리는 역사시대에 있어서나 이 시대에 있어서 쫓기는 무리였습니다. 지금까지 수많은 국가·민족·가정·개인들 앞에 쫓기어 왔사오나 이제는 석양길이 지나고 아침의 광명한 햇빛이 통일교회를 중심삼고 떠오르게 되었사오니 이제 세계가 통일교회의 빛을 바라봄으로 말미암아 새로운 세계와 광명한 햇빛을 맞이하는 올해가 되게 허락해 주시옵기를 간절히 바라옵고 원하옵니다.

쫓기는 자들이 들어와 스스로 옷깃을 여미고 때에 대한 감사를 드리며 아버지 앞에 감사할 수 있는 시대가 찾아오는 것을 고이 맞게 허락해 주시옵기를 간절히 원하옵니다. 이와 같은 시점에서 한 제물의 입장에 있는 아들이 있사오니 그 아들을 통하여 생축의 제물로서 승리의 천국을 이룰 수 있는 하나의 계기로 삼아 주시옵기를 간절히 바라옵고 원하옵니다.

그리하여 모든 종교들이 하나되고 모든 나라들이 하나되어 한 분의 하나님을 중심삼은 심정권에 일치될 수 있게끔 전능의 전권을 통한 아버지의 역사가 하늘로부터 땅에 내리게 허락해 주시옵기를 간절히 바라옵고 원하옵니다. 이제 통일교회를 중심삼고 나라를 대표해서 강하고 담대해야 할 때가 되었사옵고 결단을 짓고 정의의 한 혈선을 그어야 할 최후의 때가 되었사오니, 이와 같은 문제를 중심삼고 스스로 강한 태도를 갖추어 하늘을 향하여 가나안복지로 향해 직행길로 전진할 수 있는 통일의 무리가 되게 허락해 주시옵기를 간절히 바라옵고 원하옵니다.

금년의 전부를 아버지, 새로이 축복하시사 이해가 승리의 해가 되게 허락해 주시옵소서. 법적인 문제를 중심삼은 사탄과의 싸움으로부터 전체가 새로운 기원을 마련하여 아버지 앞에 축하를 돌리는 1984년이 되게 허락해 주시옵소서. 그리고 협회를 창설한 지 30년을 맞는 해가 되옵니다. 30수를 중심삼고 승리의 국가들이 출발하오니 예수시대의 3년 공생애노정과 같은 기간이 이뤄질 수 있게끔 축복해 주시옵기를, 아버님, 간절히 바라옵고 원하옵니다.

여기에 모여 신년을 맞이하면서 머리 숙인 모든 자녀들 위에 일률적으로 그 마음의 결의를 다짐할 수 있게 허락해 주시옵소서. 새로운 세계의 창건을 위하여 이제 하늘나라의 정병으로서 출정을 다짐할 수 있는 각자들이 내적인 결의와 외적인 결의를 다질 수 있는 이 시간이 되게 허락해 주시옵기를 간절히 부탁드리고 원하옵니다. 지난 한 해의 모든 슬펐던 사실들과 미비했던 사실들을 이제는 승리의 결과로 모두 다 아버지 앞에 거둬드릴 수 있는 이 한 해가 되게 허락해 주시옵소서. 금년에는 결정적인 하나의 획기적인 선을 그어 하늘의 전환점이요, 세계와 우주의 전환점이 될 수 있도록 이해를 승리의 해로 인도해 주시옵기를 간절히 부탁드리고 원하옵니다. 모든 말씀을 참부모님의 이름으로 축원하였사옵나이다. 아주! (1984.1.1)

제2장 참부모

1 잠들어 있는 인류를 깨우치게 하시옵소서

아버님, 저희 앞에 남아 있는 것은 천륜의 뜻뿐임을 아옵니다. 그 뜻의 중심은 아버님과 참부모라는 것을 알고 있사옵고, 또한 땅 위에 살고 있는 인간은 참부모의 참아들딸이 되어야 한다는 것도 저희는 알았나이다. 이뿐만 아니라 아버지께서 저희에게 원하시는 것은 만민이 하나의 형제가 되는 것이요, 만민이 아버님의 참다운 아들딸이 되는 것이라는 것을 알고 있사옵니다.

아버님, 저희는 또 당신이 소원하시는 아들딸의 입장에 서고자 원하는 사람들을 가로막고 그들을 유린하는 죄가 이 땅 위의 그 무슨 죄보다도 크다는 것을 알고 있사옵니다. 인간의 참다운 성실을 유린하는 것도 용납할 수 없는 죄이지만 참다운 형제애를 잃게 하는 것이 천륜 앞에 더 큰 죄가 된다는 것을 아오니 이것을 망각하지 않는 저희가 되게 인도해 주시옵기를 간절히 바라옵고 원하옵니다.

아버지, 여기에 모인 아들딸들이 깊은 잠 가운데서 깨워 주려고 하는 천륜 앞에서 어떤 형제 때문에 일어나지 못한다고 할 때 어찌 목자의 이끌림을 받아서 움직이는 자신이라고 말할 수 있겠나이까? 저희가 그런 자리에 서지 말게 하여 주시옵소서. 그 형제들까지도 자신이 책임지고 천륜을 대신하여 숨은 제단을 쌓을 수 있는 아들딸들이 되게 허락하여 주시옵소서.

그리고 당신이 원하시는 영원한 아들딸의 이상을 세우게 해주시옵고, 늘 바라보고 계시는 아버님의 눈초리가 있음을 알 수 있게 해주시옵소서. 아버님의 사랑의 손길을 느끼게 허락해 주시옵고, 아버님이 호소하시는 음성을 듣게 허락해 주시며, 훈계의 말씀을 하시고 애달파하시는 아버님의 심정을 체휼하여 아버지의 심정을 닮고 아버지의 성상을 본받아 그 뜻 앞에 천만 번 죽을지라도 경배를 드리며 감사할 수 있는 예수 그리스도의 수제자들이 되게 허락해 주시옵기를, 아버님, 간절히 바라옵고 원하옵니다.

이 시간에 저희는 천륜의 원한을 해원하는 길을 가로막고 있는 수많은 원수들에 대해 새로이 느낄 수 있는 말씀을 들었사옵고 새로이 아버님의 뜻을 대하게 되었습니다. 새로이 느낀 이 사실을 마음에 새겨 오늘의 말씀이 내 개인의 느낌에서 끝나는 것이 아니라 이 말씀은 역사성을 대신하고 우주성을 대신하는 천륜의 뜻 앞에서 전체에 연결시켜 주어야 하는 것이며, 우리가 그런 일을 해야 할 사명을 지니고 있다는 것을 알게 해주시옵소서.

사랑하는 아버님! 이 길을 가로막고 있는 수많은 원수들을 대하여 천륜을 대신하는 공의의 심정과 공분의 심정을 가지고 싸울 수 있게 해주시고, 아버지 앞에 승리의 한 날을 돌려드리기 위해 참고 또 참으며 전진하게 해주시고, 승리의 그날을 맞아 그동안 참아 나왔던 저희의 원한을 아버지께 아뢸 수 있게 해주시며, 아버지의 귀한 손길을 붙들고 위로받을 수 있는 자리까지 나아갈 수 있게끔 이끌어 주시옵소서.

잠들어 있는 이 땅의 모든 인류를 깨우치게 허락해 주시옵고, 창조하신 모든 세계가 탄식권에 있사오니 저희를 동원하여 이것을 회복하게 해주시며, 인류에게 각자의 책임을 완수하여 모두 천국인이 될 수 있게끔 하늘의 지혜를 허락해 주시옵소서. 이 자리에 모인 어린 자녀들이 어떤 싸움의 노정이라도 개의치 않고 나설 수 있게 해주시고, 자기의 모든 것을 포기해서라도 뜻만을 위해 나설 수 있는 하늘의 정병들이 되게 허락해 주시옵기를 간절히 바라옵고 원하올 때 모든 말씀을 주의 이름으로 아뢰었사옵나이다. 아주! (1957.5.19)

2 당신이 원하는 그릇으로 만드시옵소서

사랑하는 아버님, 하늘과 땅 위의 대주재가 되시는 아버지의 영광과 존귀와 찬양이 지으신 온 만물과 더불어 당신 앞에 미쳐지기를 바라나이다. 아버지, 당신께서 숱한 역사의 과정을 거치면서 인간시조가 잘못한 것을 위해서 얼마나 수난의 재창조역사를 거쳐 오셨는가를 저희는 잘 알고 있습니다. 저희 개체 개체를 대해 종의 종의 길을 넘고, 종의 길을 넘고, 양자의 길을 넘고, 자녀의 길을 넘고, 참부모의 인연을 넘어서 본연적인 당신의 자리까지 돌아오기에 얼마나 비참하고도 수난에 찬 탕감을 치러 왔는가를 생각하게 되옵니다.

죄를 지었으니 마땅히 벌을 받아야 할 인간으로서 한스러운 수난의 비참한 노정을 걸어야 하는 것은 당연하겠지만, 그와는 아무런 상관이 없는 자체로서 전체를 책임지고 선두에 서서 온갖 어려움을 극복하는 자리에서 재창조의 위업을 가중시켜 나오고 계시는 당신의 노고 앞에 저희는 진실로 감사를 드리옵니다.

아버지! 저희 한 몸이 당신의 손길을 거치지 않은 자가 없는 것을 알게 되었고, 어떤 나라든지 당신의 소원

가운데서 지금까지 이끌림을 받지 않은 나라가 없는 것을 알게 되었습니다. 더 나아가서 만민을 당신이 이상하셨던 본연의 세계로 이끌기 위해 국경을 넘고 넘으면서 현시점까지 아버지께서 지도하고 계시는 것을 저희는 잘 알고 있습니다.

최후에 남아져야 할 세계에는 당신과 사랑하는 아들딸 그리고 천군천사밖에 없다는 것을 생각할 때 이 세상에는 사탄의 권한과 무리가 너무나 많은 것을 보게 됩니다. 이것까지 저희가 아버지 앞에 청산해 주시기를 바랄 수 없는 입장인 것을 통일의 무리는 알고 있나이다. 참부모의 이름과 참자녀의 이름을 갖추어 그 가정을 찬양하고, 그 가정을 모실 수 있는 천사세계 본연의 모습을 지상과 영계에 완성시키지 않으면 안 될 막중한 책임이 통일교회 무리에게 있다는 사실을 생각하게 될 때 저희는 아들딸의 위업을 상속받음과 동시에 부모가 된 자리의 위업을 상속받아야 할 입장에 있고 하늘 본연의 창조이상을 상속받아야 할 입장에 있다는 것을 생각하게 되옵니다.

그러기에 저희는 오로지 당신의 혈육으로 태어난 어린아이가 돼야 하겠고, 당신의 품에 품기어 아들딸로서 사랑받아야 되겠습니다. 이제 다시 품기는 자리에 있는 저희는 아버님이 지어 놓고 소망 가운데서 사랑해 나오시던 아담과 해와에게 지지 않는 사랑의 심정적인 자리까지 나아가야 된다는 것을 생각하게 됩니다. 어찌 타락의 후손으로서 그 심정의 기준 앞에 나아갈 수 있사오리까? 다만 저희 자체를 위하여 수난길을 극복해 오신 당신에게 있어서는 저희한 모습이 본연의 자세를 그리면서 노력하는 입장에 서면 설수록 당신의 수고의 마음 앞에 귀한 모습으로 나타난다는 것이 얼마나 큰가를 생각하게 됩니다. 이럴 때 당신의 본연적인 심정 앞에 저희를 세워 놓으시려는 아버지의 마음을 조금이나마 짐작할 수 있나이다.

몸 굳은 어린 자녀들, 당신 앞에 재창조의 재료가 되어 당신의 손길을 거쳐야 되겠습니다. 흙과 물을 합하여 빚어내던 것과 마찬가지로 당신이 마음대로 빚을 수 있는 진흙, 거기에 순응하는 진흙과 같이 되지 않으면 안 된다는 것을 저희는 이미 알았사옵니다. 자신의 소견이 저희에겐 있을 수 없사옵니다. 절대적인 신앙과 절대적인 당신의 사랑을 흠모하는 마음, 그리고 절대적인 당신의 뜻 앞에 충복이 되겠다는 마음밖에는 저희에게 있을 수 없다는 것을 알았사오니, 아버님이여, 맡아 주관해 주시옵기를 간절히 바라옵고 원하옵니다.

당신이 원하는 그릇으로 만드시옵소서. 질그릇을 만들든지 가치 있는 그릇으로 만들든지 뚝배기를 만들든지 하는 것은 저희가 요구할 것이 아니오니, 당신이 소신껏 필요한 물건들이 될 수 있게끔 빚어 만들어 주시옵길 간절히 바라옵고 원하옵니다. 성경 말씀에 어린애와 같지 않으면 천국에 들어가지 못한다고 했습니다. 어린애는 부모에게 달린 생명이라는 것을 저희는 알고 있습니다. 어린아이는 부모의 생명줄을 의지하고 있다는 것을 저희는 알고 있습니다. 어린아이는 당신 앞에 전체를 대신하는 대상의 모습으로 나타나 있지만, 그 자체는 모르는 것과 마찬가지로 오늘날 이 땅 위에 살고 있는 인간들은 당신을 모르는 자리에 있습니다. 이런 것을 볼 때 어린애보다도 더 철부지한 자리에 서 있다는 것을 생각하게 됩니다.

이와 같은 무리를 바라볼 때 당신과 인연될 수 있는 본성의 요건은 다 더럽혀졌고, 하늘의 심정과 통하기에는 지극히 힘든 절연체와 같은 모습이 돼 있다는 사실을 보게 되옵니다. 이들을 다시 당신이 사랑의 마음으로 감동시켜 녹여 놓아야 되겠고, 엉켜 있으면 풀어 놓아야 되겠고, 굳어져 있으면 녹여서 아버지를 알 수 있는 자리까지 아버지께서 이끌어야 할 책임이 있다는 것을 생각하게 될 때 한 날의 타락의 실수가 이토록 수난길을 거쳤어도 해결할 수 없는 원한의 구렁텅이가 되었다는 사실을 저희는 미처 몰랐습니다.

저희의 보는 눈이 그러했고, 듣는 귀가 그러했고, 말하는 입이 그러했고, 저희 사지가 당신이 요구하는 본연의 입장과는 반대의 길을 그려 나왔고 행동해 나왔습니다. 그런 자체들인 것을 생각하게 될 때 천만 번 당신이 바라보시는 방향을 바라볼 수 있게 허락해 주시옵고, 당신의 말씀을 듣게 허락해 주시옵고, 당신과 속삭일 수 있는 입을 가져서 말할 수 있게끔 축복해 주시옵길 간절히 바라옵니다. 저희는 저희 사지를 가지고 당신이 가는 뒤를 남루한 옷이라도 입고 따라가야 할 것인데도 불구하고, 그것뿐만이 아니라 배밀이를 하면서라도 따라가야 할 것인데도 불구하고 도리어 하늘이 이끌어 줄 때는 갈 수 없다고 발버둥치는 서글프고 용서받을 수 없는 불충불효한 것들이 된 것을 아오니, 아버지여, 자비의 마음을 더하시옵고 사랑의 마음을 더하시옵소서.

버릴 수 없는 창조본연의 인연이 남아 있기에 영원한 이상을 남겨서 당신이 바라고 있는 이상, 그것은 버릴 수 없다는 것을 저희가 알기 때문에 하늘을 향하여 쌍수를 들고 구원해 달라고 아우성치지 않을 수 없는 자체들이오니 용납하여 주시옵길 간절히 바라옵고 원하옵니다. 부디 연약한 저희의 손길을 붙들고 당신이 원하는 본연의 세계로 인도하시옵소서. 당신이 채찍을 맞고 수모를 당하면서 어려움을 극복해 가고 있는 사실을 저희는 미처 몰랐사오니 이제 마음으로라도 부모가 당하는 그 고충을 알 수 있게 허락해 주시옵고, 느낄 수 있게 허락해 주시옵고, 깨달을 수 있게 해주시옵소서.

자기 한 사람으로 말미암아 하늘이 얼마나 수고했는가를 알아서 역사를 두고 회개하고, 시대를 책임지고 십자가의 수난길을 내가 대신 가겠다고 몸부림칠 수 있는 무리가 많게 허락해 주시옵소서. 그런 무리가 여기에 모인 통일의 무리밖에 없다는 사실을 알고 있사오니, 아버지여, 이들을 권고해 주시옵소서. 당신께서 한국의 이 무리뿐만 아니라 전 세계에 통일의 무리를 이미 펼쳐 나왔사오니, 그들이 지성을 다하고 충성을 다하고 간절히 사모하는 곳곳마다 당신의 사랑의 손길을 가하여 주시옵길 간절히 바라옵고 원하옵니다.

저희가 책정한 3차 7년노정, 당신의 뜻 앞에 허락하신 기간으로서 2차 7년노정을 보내고 3차 7년노정을 선포하고 이미 한 달을 보냈습니다. 2월 첫날을 맞는 이 아침에 지난달을 돌이켜 볼 때 바쁜 한 달이었지만 그 달을 통하여 빛나는 승리가 한국 땅에 있게 허락해 주시옵고, 빛나는 승리가 아시아에 퍼지게 허락해 주시옵고, 만민 앞에 울려 퍼지게 해주시옵소서. 그뿐만 아니라 천상세계의 수많은 영인들이 바라던 그들을 해방할 수 있는 기쁨의 역사가 하루속히 이룩되게 허락해 주시옵기를, 아버님, 간절히 바라옵고 원하옵니다.

2월 8일을 중심삼고는 세계의 선남선녀들이 아버지 앞에서 결혼식을 거행하고자 하옵니다. 역사적이요 세계사적인 그날이 저희 앞에 찾아오고 있사온데 여러 가지의 말과 행동으로 반대하는 무리가 이 길을 막으려 하고 파탄시키려 하고 있사옵니다. 그렇지만 이 소자는 당신의 소신대로 모든 것이 귀결될 것을 알고 이 길을 책임지고 인도하고 있사오니, 이제 8일 기간을 아버지께서 맡으시어서 그날이 영광 되게 해주시옵소서. 당신의 영광과 존귀를 온 만민을 통하여, 만국을 통하여 찬양할 수 있는 그날이 되기를 이 자식은 간절히 바라옵고 원하옵니다.

한국 땅에 머무른 40여 일간 당신이 같이해 주신 것을 감사하옵니다. 이 전부가 당신의 영광을 가리는 일이 되지 말게 하시옵고, 당신이 친히 행차하시는 길에 있어서 환영의 노랫소리가 되고 기쁨의 소리가 되어 하늘땅이 호위하고 환영할 수 있는 하나의 지상 승리의 터전이 되옵기를 간절히 바라옵고 원합니다.

아버님, 이제 그 일이 지나거들랑 지금 일본에 와 있는 국제기동대가 한국 땅에 찾아들겠사옵니다. 그간에 저희가 준비해야 할 일들이 태산같이 남아 있습니다. 국제적인 위신을 갖춰야 되겠고 조국으로서, 본국으로서 사명을 다하고 그들 앞에 무엇을 남겨 줄 것인가를 스스로 생각하고 저희 자체의 모습들을 반성해야 되겠습니다. 하늘 앞에 부끄럽지 않은 모습을 나타냄으로 말미암아 세계만방에 하늘 일가의 모습으로서 신망의 초점이 돼야 할 텐데 도리어 비판의 초점이 될까 봐 두려워하는 한국에 있는 당신의 자녀들이 돼야 하겠습니다. 그것을 알지 못하는 무리가 많은 것을 알고 있사오니 그들을 아버지께서 훈계하시옵고 교육해 주시옵기를 간절히 바라옵고 원하옵니다.

저희가 가진 것이 없고 갖춘 것은 없지만 하늘을 사랑하고 하늘을 위해 정성 들이는 모습, 누더기 옷을 입었더라도 당신 앞에 정성 들이는 모습과 깊은 심정 가운데 하늘이 어려 있는 것을 보여줄 수 있게 해주시옵소서. 그것만이 오늘날 본국에 있는 자녀들의 책임이요 해야 할 사명인 것을 알고 있습니다. 그 가외의 무엇을 보여줄 것이 없는 것을 생각하게 될 때, 저희는 내적인 가치를 높이 평가하면서 생활 가운데에서 깊은 수난길을 극복할 수 있는 인내력으로 다져진 강직하고 질긴 무리가 되게 허락해 주시옵기를 간절히 간절히 바라옵고 원하옵니다.

이 아침에 전 세계에 널려 있는 자녀들 위에 축복해 주시옵고, 이스트가든을 중심삼은 어린것들과 전 세계를 대표한 미국의 젊은이들이 이곳을 향하여 출동준비를 하고 있는 모든 행차의 노정 위에도 아버지께서 직접 주도하셔서 승리의 미를 갖출 수 있게끔 보호하고 지도해 주시옵기를 재삼 부탁드리옵니다. 아버지, 이제 한 달을 당신의 이름과 더불어 저희가 지내기를 원하옵니다. 일본에서는 2월 13일에 있을 대회를 앞두고 준비하고 있사오니 그들에게도 친히 같이 해 주시옵소서. 세계에 새로운 통일의 기치를 드높이 들어 올리고 하늘의 새로운 메아리 소리에 마음과 몸이 순응할 수 있게 영계의 수많은 천군천사가 친히 옹위하는 가운데 지도해 주시옵기를 간절히 부탁드리면서, 모든 말씀을 참부모님의 이름으로 아뢰었사옵니다. 아주! (1975.2.1)

3 주체성을 복귀할 수 있게 하시옵소서

아버님, 과연 봄은 해방을 상징하옵기에 저희가 아버님의 사랑의 품에 안기는 기쁨을 다시 한 번 그리워해야 되겠습니다. 봄은 새로운 출발을 약속하고 있기에 저희는 아버지의 사랑의 품에 안겨서 새로운 출발을 해야 되겠사옵니다. 봄에는 삼라만상이 화동하듯이 저희가 아버지의 사랑의 품에 안겨서 만우주와 화동할 수 있는 주체성을 복귀할 수 있게 허락해 주시옵소서.

봄은 노래와 춤의 인연을 자아내듯이 저희도 아버지의 사랑의 품속에서 아버님의 사랑을 중심삼고 그럴 수 있는 때를 그리워해야 되겠사옵니다. 아버지의 뜻을 중심삼고 이 봄은 안식의 터전이 되듯이 저희도 아버지의 사랑의 품에 안기어서 안식하는 모습이 되기를 그리워할 수 있는 이 시간이 되게 허락해 주시옵소서.

아버님, 그리하여 당신의 내적인 사연을 모두 상속받음으로써 에덴동산에서 소망 가운데 출발할 수 있었고 소망 가운데서 아버지의 사랑에 잠길 수 있었던 그 본연의 인간을 다시 한 번 내적으로 그리워하게 하시옵소서. 이 봄을 맞아서 그런 인연을 느끼며 아버지 앞에 무한히 감사드릴 수 있게 하시옵고, 그런 마음동산이 되게 허락해 주시옵기를 간절히 바라옵고 원하옵니다.

오늘의 이 시간은 아버님 앞에 경배를 드리는 시간이오니 당신의 이름을 찬양하는 곳곳마다 친히 당신께서 운행하시어서 같이해 주시고, 봄이 갖추고 있는 모든 요건들을 각자의 마음동산에 다시 한 번 재현시켜서 아버님께서 친히 그곳에 머물러 주시옵소서. 인간만의 해방이 아니요 인간만의 출발이 아니며, 인간만의 화동이 아니라 아버님이 해방을 받으셔야 되겠고, 아버님이 출발을 보셔야 되겠고, 아버님이 화동의 중심체가 되셔야 하겠사옵니다.

아버님께서 당신의 위신을 잊으시고 팔을 벌려 춤추시며 노래할 수 있는 아버님으로 저희가 받들어 드려야 하겠사옵니다. 아버님께서 안식하실 영원한 터전을 마련해 드릴 수 있는 저희가 되어야 하겠사오니, 이 봄을 통하여 그런 지혜를 배울 수 있는 이 시간이 되게 하여 주시옵기를 바라옵고 원하옵니다. 오늘 짧은 시간에 아버님을 모셔 놓고 경배드리는 이 모든 시간이 저희에게 잊을 수 없는 마음의 인연을 돋우는 시간이 되게 해 주시고, 아버님의 사랑의 품에 깊이 안길 수 있는 하나의 조건을 세워 주시옵소서. 아주! (1968.4.21)

4 다짐한 대로 실천하게 하시옵소서

사랑의 아버님, 아버님께서는 창세 이전에 품으셨던 이상으로 에덴을 창조하셨으나 아버님의 본연의 상대가 되어야 할 인간시조가 타락함으로 말미암아 이 땅의 모든 존재들은 그곳에서 살지 못하였고, 또 이 세상은 그곳과 인연을 맺지도 못할 슬픈 세상이 된 것을 생각하게 됩니다. 이것은 아버님께도 슬픈 일이요, 모든 피조만물에게도 슬픈 일이옵니다. 이와 같은 슬픈 결과를 초래케 한 장본인이 다름 아닌 창조된 인류요, 인류의 조상인 아담과 해와라는 것을 저희는 알게 되었사옵니다.

아버지의 직계 자녀로 태어난 아들딸들은 선해야 했으나 그들이 자기들에게 맡겨진 책임을 다하지 못함으로 말미암아 이 인류역사에 한 많은 서러움을 남기게 되었던 것을 회고하면 회고할수록 그동안 인간들의 노심초사도 컸었지만 인간들을 구원하시기 위한 아버지의 수고가 얼마나 컸겠는가 하는 것을 저희가 알게 되옵니다. 그 아버지의 수고를 저희가 마음으로 더듬어 헤아리면서 저희가 아버님 앞에 얼마나 민망한 자신들인가를 다시 한 번 깊이 절감하게 해주시옵길 간절히 바라옵고 원하옵니다.

아담을 잃어버린 그날부터 당신께서는 당신이 믿을 수 있는 한 사람을 찾기에 얼마나 수고하셨습니까? 또한 아버지 대신 책임지고 싸워 줄 자를 얼마나 찾았사오며, 아버지의 전권을 상속받을 수 있는 한 사람을 얼마나 고대하며 찾아 나오셨사옵니까? 이것을 생각하게 될 때 이 땅 위에 그런 사람이 없었던 것이 아버님의 서러움이요, 인류역사의 한이었다는 것을 저희는 다시 한 번 절감하지 않을 수 없사옵니다. 이렇듯 아버님께서는 슬픈 역사의 고빗길을 6천년이란 기나긴 세월 동안 걸어 나오셨사옵니다.

슬플 때에는 슬픔을 참으시고 모든 것을 책임지신 입장에서 오늘날까지 조금도 쉼 없이 나오셨습니다. 인간들은 어두운 밤길에서 허덕이고 있지만, 아버님께서는 그보다도 더한 어둠 속에서 인류역사를 섭리해 나오시기 위해 노심초사하고 계신다는 것을 저희가 다시 한 번 상기하게 해주시옵고, 저희가 아버님 앞에 면목 없고 민망한 자신들이 되어 있음을 깨닫게 해주시옵기를 간절히 바라옵고 원하옵니다. 또한 아버지께서 6천년 동안 역사의 뒤안길을 헤매며 찾아오셨던 그 걸음이 얼마나 서러우셨던가를 깨닫게 해주시옵소서.

수많은 민족과 국가들 앞에 몰림을 당하시면서 이 나라 저 나라, 이 도시 저 도시를 헤매며 찾아오신 아버지의 수고의 발걸음이 오늘날 이 한국 강산에 멈추게 된 사실을 저희가 알게 될 때 저희는 아버지 앞에 진실로 면목 없음을 다시 한 번 느끼게 되옵니다. 이 삼천리반도와 삼천만 민족을 중심삼고 아버님의 섭리적인 손길이 있었다는 사실을 이 민족은 알지 못했습니다. 이 땅에 왔다 간 저희의 선한 선조들도 그것을 알지 못했습니다.

그러나 때를 맞이하고 보니 아버지의 섭리적인 손길이 이 민족을 중심으로 움직여 나왔다는 사실을 알게 되었사옵니다. 이런 것을 생각할 때, 이 민족은 과거부터 현재까지 아버지 앞에 면목 없음을 아뢰지 않을 수 없사옵니다. 더욱이 아버지의 긍휼과 사랑의 손길을 대하기조차 부족한 저희를 아버지께서 사랑의 은사권에 세워 주셨사오니, 저희가 진실한 마음으로 이 민족과 이 강산과 만민을 대표하는 입장에서 아버님께 겸손히 경배를 드리는 당신의 자녀들이 되게 허락해 주시옵기를 간절히 바라옵고 원하옵니다. 역사과정에 있어서 아버지께서 소망하셨던 한 시대가 지나가고 새로운 역사의 한 날을 맞이할 수 있는 기로에 서 있사오니 오늘 여기에 동참한 당신의 아들딸들을 기억해 주시옵소서.

각자의 마음 마음을 주관해 주시옵고, 그 마음 가운데 과거에 부족했던 내용이 있거들랑 이 자리에서 종결짓게 해주시옵소서. 그리하여 새로운 뜻 앞에 있어서 승리의 실체를 갖추는 데 노력하지 못했던 과거를 반성하면서 새로이 약속의 세계를 향하는 새해를 맞이할 수 있는 아버지의 아들딸들이 되게 허락해 주시옵길 간절히 바라옵고 원하옵니다.

부족한 사람은 아버지 앞에 설 수 없다는 사실을 알고 있사옵니다. 그러나 아버지의 사랑의 은사로 말미암아 아버지의 무릎 앞에 부복했사오니 이 시간에 저희를 받아 주시옵소서. 간절히 바라옵고 원하옵니다. 아버지께서 저희를 알아주시지 않으면 저희보다 더 불쌍한 사람들이 또 어디에 있겠사옵니까? 세상에서 몰림을 받고 쫓김을 받는 가운데서도 참아 나왔습니다. 핍박받는 자리에서도 오직 아버지를 우러러보고 호소하며 나온 저희이오니 이 시간에 다시 한 번 긍휼히 여겨 주시옵소서.

저희는 남들이 알지 못하는 7년노정을 설정하고 이 길에서 모진 투쟁을 해 나왔습니다. 아버지, 그 기간 중에는 핍박이 하도 심해 눈물지으며 이 길을 피해서 걸어간 사람들도 있을 것이옵니다. 그리하여 아버지 앞에 민망함을 금치 못하는 그들의 심정적인 가책을 긍휼히 보아 주시옵소서. 마음이 떳떳하지 못해 아버지 앞에 얼굴을 들지 못하더라도 오직 심정 하나만을 품고 아버지를 부르고 있는 그들을 기억해 주시옵기를 간절히 바라옵고 원하옵니다.

못나고 부족한 저희이오나 아버지께서 보호해 주신 연고로 저희는 오늘 이 자리까지 나올 수 있었습니다. 그러하오니 아버지께서 약속하신 그날까지 참고 나갈 수 있게 인도해 주시옵고, 지금까지 이 뜻을 위해 수고해 온 당신의 자녀들 앞에 마음을 모아 감사하는 이 시간이 되게 허락해 주시옵길 간절히 바라옵고 원하옵니다. 오늘 저희의 모든 일체를 아버지께서 친히 주관해 주시옵고, 새해에는 새로운 약속의 세계를 향해서 다시 출발할 것을 다짐하고 결의하는 이 시간이 되게 허락해 주시옵기를 간절히 바라옵고 원하옵니다.

아버님! 저희의 21년노정도 긴 세월이온데 6천년이라는 슬프고 긴 아버님의 역사노정을 생각하게 될 때 아버님보다 더 불쌍한 분이 없사옵고, 아버님보다 더 외로운 분이 없다는 사실을 다시 한 번 느끼게 되옵니다. 아버지 앞에 충성을 약속했으나 그 충성을 다하지 못하고 효성을 약속했으나 그것을 다하지 못했던 저희의 과거를 후회하며 아버지 앞에 사죄드리오니 금후에 있어서는 아버지 앞에 충성과 효성을 다짐한 대로 다 실천하는 당신의 아들딸들이 되게 허락해 주시옵기를 간절히 바라옵고 원하옵니다.

아버지, 이날을 기억하고 축하하면서 아버지 앞에 마음과 뜻을 다하여 기도하는 당신의 아들딸들이 전국에 있사오니 그들을 마음 깊이 품어 주시옵소서. 당신의 사랑의 심정으로 품어 주시옵기를 간절히 바라옵니다. 이 시간에 당신의 아들딸들이 여기에 모였사오니 이들을 권고해 주시옵소서. 모이지 못한 아들딸들 위에도 아버지의 말씀으로 친히 권고해 주시옵기를 간절히 바라옵니다. 작은 것 하나라도 아버지의 뜻 앞에 합당치 아니한 것이 없도록 전체가 아버지의 뜻과 일체가 되게 해주시옵고, 오직 뜻에서 시작하여 뜻에서 그 결과를 맺어 아버지의 영광만을 드러낼 수 있게 해주시옵소서.

그리하여 이 땅 위에서 아버지께서 뜻하신 영광이 드러나 길이길이 저희와 함께하게 해주시옵길 간절히 부탁드리면서, 이 모든 말씀을 참부모님의 성호를 받들어 간절히 아뢰었사옵니다. 아주! (1967.12.31)

5 새로운 부모의 전통을 세우게 하시옵소서

사랑하는 아버님, 역사의 흐름을 가로막고 승리의 방패를 세우시려는 당신의 거룩한 뜻 앞에 있어서 우리 선조들의 부끄러움을 다시 한 번 무릎을 꿇고 사죄하나이다. 아담과 해와로부터 죄의 역사가 지금의 수많은 인간들에게 미칠 때까지 당신은 이것을 수습하기 위하여 억천만세의 한을 품고 그 누구도 알지 못하는 곡절의 흑암 가운데서 싸움의 역사를 이어 왔다는 사실을 저희가 생각하게 될 때 아버님, 당신의 노고 앞에 진실로 저희는 부끄럽게 생각하옵니다.

이러한 타락의 후예들을 천만 번 버려도 합당하지만, 당신은 버릴 수 없는 창조적인 주체자이기 때문에 원리에 의한 복귀의 노정을 더듬어 지금까지 나오셨다는 사실을 생각하게 되옵니다. 그 과정에 수많은 사람들이 왔다 갔고 수많은 사람들이 싸움과 비애의 곡절 가운데서 이 땅을 거쳐 갔지만 영계에 가서 당신 앞에 부끄러움을 감출 수 없는 서글픔 가운데 머물러 있다는 것을 생각하게 되었사옵니다.

땅을 보나 하늘을 보나 기쁠 수 없는 당신의 그 심정을 누구도 위로할 자가 없었고, 그 심정의 동반자가 되어 당신을 붙들고 사연을 털어놓을 수 있는 한 아들이 없었고 딸이 없었습니다. 더 나아가서는 당신의 사랑의 터전에 깃들 수 있는 한 신랑이 없었고 신부가 없었습니다. 사랑하는 아버지, 더 나아가서 당신의 사랑이 어떻다고 자랑할 수 있는 부모가 없었고 그 부모 앞에 사랑하는 자녀가 없었습니다. 그리하여 사위기대의 완성을 보지 못한 슬픔의 역사를 풀 수 없었던 아버지의 심정적인 괴로움을 위안해 드릴 수 있었던 그 누구도 이 땅 위에 없었습니다.

타락한 후손들 가운데서 극악스러운 이 모든 환경을 거슬러 올라가 이것을 수습해 드리지 않으면 안 되는 것이 이 땅 위에 살고 있는 인간이라는 사실을 그 누구도 몰랐습니다. 사랑하는 아버님, 당신의 존전을 더듬어 수많은 사람들이 죽음과 더불어 흘러갔고 순교한 선열의 피를 이어 역사적인 한의 고빗길을 막으려는 것보다도 더 높였던 사연들이 많았다는 사실을 알았습니다.

유태교를 세우셨던 당신의 거룩한 뜻, 야곱이 얍복강가에서 천사와 싸워 승리의 기지를 만들어 놓고 한 많았던 역사의 출발을 보려던 소망의 터전은 2천년 역사의 곡절을 더듬어 볼 때 우리의 조상들이 책임을 다하지 못했음을 아옵니다. 그리하여 야곱 이후 2천년 과정을 통해서 아버지의 뜻 가운데 개인·가정·종족·민족·국가의 기준을 중심삼고 외적인 형태의 국가 기준 위에 당신은 메시아를 보내셨으나 예수 그리스도의 비운을 바라보실 수밖에 없었습니다.

찬란히 빛나던 승리의 로마권을 당신의 주권 하에 집어넣고 천세만세 통일의 세계를 그리던 아버지의 뜻이 예수님의 비운의 한 날로 말미암아 처량한 역사로 남아졌다는 사실을 그 누구도 몰랐습니다. 오늘날 수많은 기독교인들은 그가 십자가에 돌아간 것은 영광의 터전이요, 자기 부활의 길을 닦아 놓은 것이요, 해방의 기치라고 찬양하고 있사옵니다.

그 서글픈 사실들을 깨우쳐 주기 위한 당신의 슬픔이 얼마나 컸고 예수 그리스도의 한스러운 심정의 곡절이 얼마나 깊었는가를 그 누구도 알지 못했습니다.

기독교가 로마제국으로부터, 택한 이스라엘 민족으로부터 원수의 기세 앞에 몰림을 받았고 수많은 기병들의 총칼에 쓰러지던 억울함을 당했던 사실과 사연이 많은 슬픔의 곡절을 남긴 역사의 슬픔을 당신은 친히 목격했사옵니다. 그리고 그 장면을 친히 주시하면서 주도하지 않으면 안 될 아픈 가슴을 갖고 후퇴하고 낙망에 떨어질 것이 천만 번이었지만 그 자리를 다시 찾기에 목메어 오는 사연의 심정을 억누르고 혀를 깨물며 다시 이상의 한 날을 추구하여 일어서지 않으면 안 되었던 아버지의 사연들을 그 누구도 몰랐습니다.

아버지, 흘러가는 역사시대는 주권국가의 형태로 갈라졌고 국가의 주권자들도 많이 교체되었지만 당신의 사랑의 심정적인 그 중심은 변할 수 없었고 당신이 세워 놓으셨던 창조의 원칙은 변할 수 없었습니다. 변할 수 있는 환경이 사방으로 벌어지면 벌어질수록 변할 수 없는 입장에 선 당신의 고독이 얼마나 컸던가를 알게 되옵니다. 오늘 이 시간을 맞이해서 당신 앞에 남아진 수많은 곡절의 역사를 잊어버리고 싶어하는 소원이 있거들랑 불초 이 자식이 아버지 앞에서만 20회를 맞는 부모의 날을 축하하는 이날 아침에 3차 7년노정을 끝내고 승리를 선포하는 이 시간을 보시사 위로받을 수 있거들랑 위로를 받아 주시옵기를 간절히 바라옵니다.

그러나 뜻을 대하던 역사시대의 슬픔 가운데 남아진 모든 사연들과 수많은 곡절들, 당신이 이 자식의 배후를 옹호하면서 승리의 터전을 가려주지 않으면 안 되었던 억울한 사연들을 잘 알고 있습니다. 기독교를 원수로 만들고, 자유세계를 원수로 만들고, 공산세계가 원수가 되어 총칼을 겨누는 입장에 몰아치게 한 서글픈 사실들은 오늘날 책임을 다하지 못한 한민족 때문이요, 하늘이 세운 뜻의 모든 탕감노정을 알지 못하는 무지한 인간들 때문이었습니다. 그렇기 때문에 이런 역사적인 곡절을 거친 것을 잘 알고 있습니다.

아버지! 이제 그 누구를 탓할 때는 아니지만 이런 수난길 가운데 아담 가정에 있어서의 슬펐던 사실, 예수님 가정에 있어서의 슬펐던 사실, 저희 가정에 있어서의 슬펐던 사실, 또한 이스라엘 민족에 대한 슬펐던 사실, 기독교를 중심삼은 미국에 대한 슬펐던 사실, 한국에 대한 슬펐던 사실과 이 세계에 슬픔의 역사를 뿌려놓았던 모든 것을 덮고 새롭게 창건해야 할 세계가 아버지의 마음과 뜻 앞에 복의 기지가 되지 못하고 슬픔의 기지가 되었다는 사실을 생각할 때 뜻을 아는 자녀인 저희는 천만 번 선서하고 분발하여 역사적인 모든 수치를 씻기 위하여 무엇이라도 감당할 수 있는, 전체를 희생하더라도 감당할 수 있는 통일가 스스로의 모습이 되어야 하겠고 통일교회의 무리가 되지 않으면 안 되겠습니다. 이런 사실을 오늘 깨닫게 해주시옵기를 간절히 바라옵고 원하옵니다.

아버지, 오늘 이 시간을 축복해 주시옵소서. 이제 제1회 3차 7년노정이 끝났다고 선포했습니다. 하늘과 땅에 제2회 3차 7년노정이 시작됐사오니 새로운 아들과 딸의 전통, 새로운 부부의 전통, 새로운 부모의 전통을 세우게 하옵소서. 그리하여 새로운 부모의 전통을 중심삼고 새로운 할아버지와 할머니의 전통이 세워져야 할 역사적인 그 전통이 남아 있다는 사실을 알게 하옵소서.

그날을 그리면서 지금까지 싸워 왔사오니 통일가에 있어서 남들이 갖지 못하고 남들이 알지 못한 모든 전통적인 사실을 이어받아 세계사적인 탕감노정을 오늘날 가정교회를 중심삼고 축수하여 여기에 새로운 아들딸의 모습으로부터 신랑 신부의 모습과 부모의 모습을 갖추고 할아버지와 할머니의 모습으로서 사위기대를 완성할 수 있는 터전이 되어야 하겠습니다. 이것이 민족적이 아닌 세계사적이요 천주적인 하나의 핵심제단으로서 오늘날 통일가가 이런 외적, 지상적인 기반을 갖게 해주신 은사에 감사하옵니다.

이것으로 말미암아 영계에 있는 모든 영인들이 재림부활을 할 것이고, 예수님의 해원성사는 이 가정으로 말미암아 될 것이고, 하나님의 소원의 뜻은 이 지상천국의 기지로 말미암아 이뤄진다는 표어 '가정교회는 지상천국의 기지'라는 표제를 중심삼고 1980년대의 출발을 보았사옵니다. 아버지, 이 터전을 중심삼아 천만 가지 사연의 모든 심정을 푸시옵고, 한 많았던 분한 마음은 이것을 통하여 탕감복귀할 수 있는 공세적인 심정의 터전을 높이시고 승리의 터전을 확대시키사 이 뉴욕으로부터 미주 전체와 전 세계뿐만 아니라 영계까지 해방권을 이룰 수 있게끔, 아버지, 역사해 주시옵기를 간절히 부탁드리고 원하옵니다.

이날을 위하여 기도하고 있는 모든 무리와 이 자리를 위하여 축수하는 모든 통일의 무리, 그리고 참부모의 이름을 마음으로 기억하고 아버지 앞에 이날의 승리를 찬양하는 모든 무리를 포함하여 통일교회를 믿고 갔던 모든 영인들, 기독교를 믿고 갔던 모든 영인들, 유태교를 믿고 갔던 모든 영인들을 결속시켜 하나의 체계로써 이제부터의 분담된 책임을 중심삼고 제2회 3차 7년노정에 있어서는 이들이 직접 선두에서 이 땅 위에 축복받은 통일가의 가정들과 기독교를 움직여 끌고 가야 할 역사적인 출발을 이 시간부터 할 수 있게끔, 아버지, 간곡히 아뢰고 있사오니 허락해 주시옵소서. 만만세의 은사와 사랑이 길이길이 같이하옵기를 부탁드리면서, 모든 말씀을 참부모님의 이름으로 축원하였사옵니다. 아주! (1980.4.15)

6 사랑하는 아들딸이 될 때까지 지켜 주시옵소서

사랑하는 아버님! 멀고 먼 나라를 향하는 나그네가 있다고 할 때 그 나그네 자신이 영원한 천주의 대주체요, 사랑이상의 본체가 되는 본연의 우리 아버지 하나님이라는 것을 미처 몰랐습니다. 지상을 향하여 하루도 잊을 수 없이 상대적인 인연을 품고 있는 아버지의 가슴속에는 천만인의 사연들이 엉키고 서려 있지만 통고할 수 있는 대상이 없어서 고독했던 그 심정을 누구도 알 수 없었습니다.

소위 참부모라는 이름을 가졌다는 나 자신이 아버지 앞에 면목 없습니다. 그런 사연에 사무친 아버지를 깊은 밤중에 위로할 수 있는 때가 억천만 번 있었는데도 불구하고 스스로의 피곤함으로 잠에 사로잡혀 그 시간을 넘기고 잃어버린 때가 얼마나 많았던가를 생각할 때 불효막심한 것을 다시 한 번 생각하게 됩니다.

알면 알수록 체면을 가릴 수 없고, 가면 갈수록 스스로의 부끄러움을 느낄 수밖에 없는 불효막심한 저희이옵니다. 선조들의 죄를 짊어진 후계자의 이름을 벗을 수 없는 불효막심한 저희이옵니다. 선조들의 죄를 짊어진 후계자의 이름을 벗을 수 없는 비통한 사실이 얼마나 저주스럽고 조롱스러운가를 잘 알고 있습니다. 저희가 이런 자리에 있으나, 그래도 남들보다도 아버지의 심정적인 자리에 가깝다는 자리에 있으나 세상에 아무것도 모르는 나그네로 살고 있는 천민(賤民)들이 어찌 당신의 심정을 이해할 수 있사오리까?

이 자리에 모인 통일교회 무리를 놓고 심각한 이야기를 안 하려다가 했사옵니다. 그 마음 깊이 새겨서 잊지 말게 하여 주시옵소서. 오늘은 우주적인 행사 이후로 첫 번째 맞는 주일입니다. 1982년 10월 14일은 이 자식에게 있어서 32년 전 슬픔의 날을 벗어젖히고 해방을 맞이한 날이옵니다. 그날을 기해 하늘땅이 기쁨으로 찬양할 수 있는 한순간을 찾았던 것을 아옵니다.

이 땅에 아버지께서 바라시는 하늘의 날이 있어야 됨을 알았고 인류의 심정을 모아서 희망적인 폭발구를 고대하던 인류의 소원을 알았습니다. 하늘의 마음과 천상세계의 선한 조상들의 마음, 그리고 지상에 살면서 도의 길을 가고 천륜을 따라가는 인류의 마음 등 셋을 한 초점에 모아서 역사 이래에 기뻐할 수 있고 잘했다고 할 수 있는 한 장면이 있다면 이번 80여 개국의 젊은이들을 모아 놓고 고명하신 당신의 뜻 앞에 그리스도의 한을 풀고 아담의 한을 풀 수 있는 역사적인 승리의 터전을 마련한 장면인 것으로 아옵니다.

천상에 있어서 무형의 실체로서 인간이 자유로이 교류할 수 없었던 서러움의 환경에서 벗어나 지상의 평면도상에서 하나님을 대신하는 참부모의 이름을 갖출 수 있는 환경을 마련했사옵니다. 평면지권에서 같은 밥을 먹으며 같은 환경과 사정권에서 훈시를 통하여 세계의 인류가 그렇게 된 환경이오나 가인 아벨과 같은 분립된 수많은 민족들을 아들딸의 심정기준에서 이번 이 기간을 통하여 묶어서 재림의 터전을 이어받을 수 있는 입장이 되었사옵니다. 그리하여 하늘과 심정의 유대를 맺고 6천년 동안 소원하던 신랑 신부를 중심삼은 어린양잔치의 환경적인 자리 이상의 가치를 지니고 한국 땅에 심정적인 인연을 맺고 세계로 출동할 수 있는 역사적인 출발을 가져왔다는 사실은 놀라운 것임을 알고 있습니다.

아버지, 구약시대의 슬픔을 망각하시옵소서. 신약시대 예수님의 비참했던 십자가를 망각하시옵고, 기독교 역사에 있어서 피를 토하고 기름 가마에 들어가 찢겨서 죽던 모든 참상들을 망각하시옵소서.

그와 같은 배후를 뒤로하고 태어난 이 시간에 천륜을 앞에 놓고 필시 가야 할 운명의 행각에 부끄러움이 없게 해주시옵소서. 모든 세계인들 앞에 전통의 인연을 갖추지 못한 것을 바로잡고 정비하여 새로운 전통으로 연결지을 수 있게 각자의 책임, 가정의 책임, 교회의 책임과 이 나라의 책임을 할 수 있기 위해서 이제 총출동의 명령을 하지 않으면 안 되는 입장을 기꺼이 보시사 소망을 품고 쉬지 말고 전진을 다짐하는 통일의 무리들이 되기를 선서했사오니 기쁘신 마음으로 받아 주시옵기를 간절히 바라옵니다.

만만세에 은사가 같이하시사 스스로 맹세하고 다짐한 것을 스스로 지킬 수 있게 허락하여 주시옵소서. 심정을 지닌 아들딸들이 될 뿐만 아니라 아버지께서 세워서 자랑할 수 있고 사랑할 수 있는 아들딸들이 될 때까지 지켜 주시옵고, 부디 채찍질하여 그 길을 가게 인도해 주시옵기를, 아버님, 재삼 부탁드리면서, 모든 말씀을 참부모님의 이름으로 아뢰었사옵니다. 아주! (1982.10.17)

7 참부모의 사랑권이 충만하게 하시옵소서

지금까지의 세계는 참다운 종교를 찾을 수 없었고 참다운 부부, 참다운 부모, 참다운 민족, 참다운 국가, 참다운 세계를 갖지 못함으로 말미암아 참다운 천상천국을 갖지 못하게 되었사옵니다. 이 땅 위의 모든 자녀들이 책임 못한 것을 탕감복귀하기 위해 부모님이 이 땅 위에 오셔서 친히 모든 책임을 다해 승리의 왕권 설정과 더불어 이 땅 위에 해방권을 갖추게 되었사옵니다.

지금까지 악마가 방어하여 천상세계의 선한 영들이 지상에 재림할 수 없었고, 주류적인 종교 기반을 통해서만 연결되었던 모든 것이 참부모의 이름을 선포함으로 말미암아 평면적으로 온 백성이 참자녀가 될 수 있는 특권을 부여받을 수 있었습니다. 그럼으로 말미암아 자기 일족의 조상들이 주류 종교권에 연결되고, 모든 선한 사람들이 세운 공의 터전을 이어받아 어느 곳에서든지 재림 협조할 수 있는 승리의 판도가 평면도상에 이뤄졌습니다.

이때가 찾아옴으로 말미암아 이와 같은 특권적인 참부모의 선포를 이 땅 위에 했사옵니다. 이는 내 나라만을 찾기 위한 것이 아니요, 내 세계를 찾고 지상천국뿐만 아니라 영원한 세계를 이어 주기 위해 하늘이 지금까지 희생한 대가로써 찾아 준 것이기 때문에 억천만세의 수난 가운데 희생하던 사람들의 소원이요, 선한 사람들이 십자가의 길을 가면서 하늘 앞에 소원한 소원성취의 한때를 맞이한 것임을 알아야 되겠사옵니다.

사랑하는 아버님, 이제 금년 표어인 '내 나라 통일'을 중심삼고 내 나라를 통일하는 데 있어서 선두에 서서 내 나라의 통일뿐만 아니라 내 세계를 통일하는 선두자라는 자각심을 가지고 하늘땅 앞에 선포하고 나서는 이 시간이 되게 하기 위해서 '내 나라 통일과 세계평화'라는 제목을 가지고 말씀했사옵니다.

여기에서 비로소 세계가 연결되어 통일된 조국광복이 이뤄짐을 확실히 알았사오니 결의한 모든 것을 받으시사 오늘의 이 말씀이 하늘땅에 선포된 표적의 말씀으로 천상세계와 지상세계를 통하여 땅 위의 백성과 천상세계의 영인들을 동원해서 통일적인 부모의 완성 기준을 이루어 천사권이 침범했던 것을 다 해소하고 해방천하를 이룰 수 있는 승리적인 조건들로 받아 주시옵기를 간절히 부탁드리옵니다. 만만세 승리의 표적이 될 수 있는 참부모의 도리와 참부모의 사랑권이 온 천주에 충만하게 하시옵소서. 참부모님의 이름으로 기도하면서 선포하나이다. 아주! (1990.7.8)

제3장 참사랑

당신의 심정을 선포하게 하시옵소서

아버지, 많은 무리가 당신의 뜻이 무엇인지 알고 싶어합니다. 많은 사람들이 당신의 성업이 무엇인지 알고 싶어합니다. 많은 사람들이 당신이 보내실 한 분을 맞이하기 위하여 고대하고 있사옵니다.

오늘 이 시간을 축복해 주시옵소서. 하늘의 모든 유업을 상속받을 자는 신앙의 연륜을 많이 쌓은 자도 아니옵고 남을 위해 봉사했다는 실적을 갖춘 자도 아닌 것을 아옵니다. 믿어도 참다운 심정을 통한 신앙을 해야 되고 남을 위하더라도 심정을 나눠주는 실적을 갖추지 않으면 안 될 것을 저희는 알았사옵니다. 당신은 많은 무리 가운데에서 참사람을 찾고 계신다는 것을 알았사옵고, 많은 사람들 가운데 참사람을 세우시어 당신의 유업을 상속시키려고 하는 뜻이 있음을 알았사옵니다.

오늘 보잘것없는 저희가 놀라우신 아버지의 뜻 앞에 나오게 될 때 먼저 저희 자신들이 부족하다는 것을 확실히 깨달아야 되겠고, 하늘 앞에 감히 설 수 없는 타락한 후손임을 뼈 살에 사무치게 느끼지 않으면 안 되겠사옵니다. 이리 보고 저리 보아도 하늘 앞에 내세워 자랑할 아무것도 갖지 못한 저희임을 알았사옵니다. 선조로부터 내려온 혈통도 당신을 배반한 혈통이옵고, 선조의 피와 뼈 그리고 살을 이어받은 모든 선지자들도 당신께서 기뻐하며 영원한 사랑의 심정으로 품을 수 없었던 죄악의 쓴 뿌리를 지녔기에 오늘의 저희도 하늘 앞에 용납받기에 합당치 못한 모습들임을 너무나 잘 알고 있사옵니다. 당신께서 지극히 선하게 지으신 몸들이 당신이 싫어하실 수밖에 없는 부분과 요소를 지니고 이 땅 위에 산다는 억울한 사실을 알게 될 때 저희는 통탄하지 않을 수 없사옵니다.

이제 저희의 피와 살 그리고 세포들 하나하나에 악의 근성과 요소가 잠재해 있다는 이 지긋지긋한 사실을 헤쳐 버리고 밟아 버리고 무자비하게 끊어 버려야 할 것을 알았사옵니다. 아버님의 거룩한 본성에 인연되지 못하여 본성의 심정과 본성의 혈통 그리고 본성의 뼈 살을 이어받지 못한 한스러운 후손임을 저희가 고백하지 않을 수 없사옵니다. 이와 같은 저희 가운데서 당신이 영원무궁토록 유업으로 남길 그 동산 가운데 세워서 축복할 수 있는 아들딸이 어디에 있겠사옵니까만 이 부족한 것들에게 사죄의 조건, 용납의 조건을 세워 주시고 이리 감하고 저리 감하시어서 죄 없다고 할 수 있는 자리에 세워 주시려는 당신의 크신 은사 앞에 몸 굽히고 머리 숙여 눈물지을 줄 아는 아들딸들이 되게 허락해 주시옵소서.

하늘을 알면 알수록 아버지 앞에 민망한 자신임을 깨닫지 않을 수 없사옵고, 가면 갈수록 머리 숙여 아버지 앞에 자신의 모습을 드러내 보이기에 두려움을 느끼지 않을 수 없사옵니다만 이것이 하늘을 따라가는 길인 것을 아옵니다. 오늘 여기에 모인 당신의 아들딸들도 아들딸이라고 불리기에 합당치 못한 것을 아오나 이들을 버리시지 않는 당신의 뜻이 있는 것을 아오니 굽어 살펴주시옵소서. 험한 자리에서 상처 받으며 살아온 이들의 모든 흠을 아버지께서 가려 주시옵소서. 아무리 피와 살의 인연이 끊어졌던 자식이라도 본연의 심정을 통하여서는 모른다고 할 수 없는 자리에 있기에 당신은 이들을 참된 자식이라고 기억하고자 하신다는 것을 아옵니다. 아버지, 이날을 축복해 주시옵고 기억해 주시옵기를 간절히 바라옵고 원하옵니다.

오늘 이날을 저희가 새로운 역사적인 한 날로 세우고 몸과 마음 그리고 심정 모두를 아버지 앞에 드려서 자녀의 영광과 명분에 접할 수 있게 허락해 주시옵기를 간절히 바라옵고 원하옵니다. 저희가 아버지 앞에 드릴 것이라고는 아무것도 갖추지 못하고 있사옵니다. 이렇듯 부족한 몸들이기에 이 몸에 속한 일체 가운데 아버지 앞에 영광이 될 것이 무엇이 있겠사옵니까? 그러나 저희는 부족한 것을 깨달으면서 부족한 심정에 하늘이 염려하는 마음을 간직하여 모든 것을 아버지와 더불어 인연을 맺고 아버지와 더불어 조건적인 무엇을 세우려고 하오니 긍휼히 보시옵소서.

그 마음과 심정의 터전은 억천만금을 주고도 바꿀 수 없다는 것을 아버지께서 너무나도 잘 아시기에 수많은 민족을 두고도 피어린 심정을 가슴에 품고 한 날의 뜻과 영광을 위해 참고 눈물을 흘리는 민족을 세워 나오신 것을 아옵니다. 그것이 택한 이스라엘 민족이요, 역사적인 선민들이 걸어 나온 길이요, 예수님이 왔다 간 이후로 지금까지 2천년 동안 택한 무리가 피의 혈통을 연하여 세워 나온 흔적인 것을 아옵니다. 아버지, 이 시간에 같이해 주시옵소서. 저희는 당신 앞에 아무것도 드릴 것이 없사오나 애달픈 저희의 눈물을 먼저 드리고, 남은 싸움터를 향하여 새로운 각오를 가지고 나아가 피 살을 아버지 앞에 아낌없이 바치는 저희가 되지 않으면 안 될 것을 이 시간에 다시 한 번 깨닫게 해주시옵소서.

아버지, 이날은 거룩한 날이옵니다. 만 인류를 축복해 주시옵소서. 수많은 인류는 이 시간에 어디로 가야 할지를 모르고 방황하고 있습니다. 사망의 물결이 눈앞에 다가오고 있으나 깨닫지 못하고 생사의 주권을 지배하시는 당신이 계심을 알지 못하고 있습니다. 그들을 깨우쳐 당신의 품으로 안기도록 해야 할 사명이 저희에게 있는 것을 알고 있사오니, 높고 크고 넓고 깊은 마음을 갖고 당신의 심정을 만방에 선포하는 아들딸들이 되게 해주시옵기를 간절히 바라옵나이다. 그와 같은 책임이 저희에게 있음에도 불구하고 그 책임을 다하지 못한 저희들, 이 시간에 부끄러운 마음을 금하지 못하여 아버지 앞에 엎드렸사옵니다. 아버지의 애달픈 심정 앞에 눈물을 흘리고, 그 눈물과 더불어 아버지의 인연을 노래하고 찬양하고 그 사정에 엉키어 아버지를 아버지라고 부르고 아들딸을 아들딸이라고 부를 수 있게 허락해 주시옵기를, 아버님, 간절히 간절히 바라옵고 원하옵니다.

아버지, 남한 각지에 널려 있는 새로운 아들딸들 위에 더더욱 같이해 주시옵소서. 핍박의 길을 가는 자의 뒤를 따르는 자도 핍박의 화살을 받아야 할 것을 아옵고, 몰리는 자리에서 외로이 눈물짓는 자의 걸음을 따르는 자들도 그와 같은 자리에 처해 있는 것을 알고 있사옵니다. 당신은 지금까지 그런 자리에 처할 적마다 위로해 주셨사옵고, 쓰러질 때마다 권고해 주셨사오며, 외로울 때마다 붙들어 주셨사옵니다. 그러면서 소망의 동산을 보여 주신 살아 계시는 아버지인 것을 아오니, 오늘 이 시간에 그와 같은 자리에 있는 당신의 아들딸들이 있사올진대 같은 은사로 역사해 주시옵고 품어 주시옵기를 간절히 바라옵고 원하옵니다.

그들이 이날 이 시간을 기억하여 아버지 앞에 정성 들인 것을 친히 받아 주시옵고 붙들어 주시옵고 생명의 인연을 세워 주시옵소서. 간절히 바라옵고 원하옵니다. 형편과 사정이 아버지의 원하시는 뜻대로 되지 못하고 있는 것을 아는 저희이기에 더욱 슬픈 마음을 헤아릴 수 없사옵니다. 저희에게 맡겨진 책임을 다하지 못한 것을 용납해 주시옵고, 염려하는 그 마음을 보아 모든 것을 덮어 주시옵기를 간절히 바라옵고 원하옵니다.

아버지! 불쌍한 이 민족 위에도 축복해 주시옵고, 천상에 있는 수많은 천천만 성도들과 땅에 널려 있는 수많은 천천만 성도들, 그리고 나머지의 수많은 인간들에게도 축복해 주시옵소서. 생명의 권한이 광명한 햇빛과 같이 비치어 하늘땅이 화동하며 노래할 수 있는 기쁨의 한 날이 올 것을 알기에 즐거이 그날을 소망하며 고대하고 있사오니, 그날까지 참고 싸워서 끝까지 남아질 수 있는 당신의 아들딸들이 되게 해주시옵기를 간절히 바라옵고 원하옵니다.

사랑의 아버지, 허락한 이 시간에 제단에 섰사오니 같이해 주시옵소서. 제가 무슨 말을 하기를 원치 않사오나 뜻이 있기에 이 자리에 섰사오니 같이해 주시옵소서. 인간적인 말이나 모든 것은 제거시켜 주시옵고, 당신이 친히 현현하시고 마음으로 통하여 마음으로 느끼게 해주시옵소서. 몸을 굽혀 하늘 앞에 눈물지으며 자기의 과거를 뉘우치고 생명에 부딪힘을 받아 부활의 역사와 인연을 맺게 해주시옵기를 간절히 바라옵고 원하옵니다.

전하는 자의 심정과 전하게 하시는 하늘의 심정이 부딪쳐 하늘의 뜻을 알고 전하는 뜻을 알아 영원한 아버지의 복된 동산에 승리의 깃발을 높이 들어 아버지의 영광을 노래하기에 부족함이 없는 당신의 아들딸들이 되게 해주시옵소서. 천민사상을 갖춘 당신의 아들딸, 복된 은사의 터전 위에서 길이길이 당신을 모시고 살 수 있는 아들딸이 되기에 부족함이 없도록 축복해 주시옵기를, 사랑하는 아버지, 간절히 바라옵고 원하옵니다. 모든 것에 아버지께서 친히 같이해 주시옵고 사탄이 틈타는 시간이 되지 말게 허락해 주시옵기를 바라오면서, 주의 이름으로 아뢰었사옵니다. 아주! (1960.11.27)

2 통일의 세계를 이루도록 그 길을 재촉하시옵소서

아버님, 존엄하신 아버님의 존전에 엎드려 기도할 적마다 기뻐하고 계시는 아버지의 모습이 아닌 것을 생각하면 생각할수록 민망스럽고 죄송함을 금할 길이 없사옵니다. 아버님! 넓고 넓은 이 천지 가운데 저희 한국 백성보다 못한 민족이 없지만 아버님은 이 민족을 택하시었고, 수많은 인류 가운데 저희보다 못한 자가 없지만 아버지께서는 저희를 찾아오셨사옵니다.

철없이 굴고 있는 저희를 백번 천번 보호하시면서 아껴 주신 것을 생각해 볼 때 아버지께서는 이 민족을 사랑하신다는 것, 저희를 무조건 사랑하신다는 것을 다시 한 번 느끼게 됩니다. 무지하고 철부지한 것들을 찾아오셔서 감당하기 어려운 천지의 복의 이념을 저희에게 부여하셨고, 남들이 꿈도 꾸지 못하는 거룩한 은사의 터전 위에서 무한히 샘솟는 심정으로 아버지라고 부를 수 있는 한 날을 갖게 해주신 것을 감사드리오며 이 모두가 아버지의 사랑의 손길임을 느끼옵니다.

아버지께서 지금까지 저희를 어

뚫게 길러서 아버지의 명령을 받드는 기수가 되게 하셨는가를 생각하게 될 때, 또한 찬 서리가 몰아치던 서글픈 지난날에도 참으시면서 복귀의 길을 닦기 위해 가셨던 당신의 길이 어떠했겠는가를 생각할 때 천만 번 불초했던 과거를 다시 한 번 뉘우치지 않을 수 없습니다. 오늘날까지 당신이 넘으셨던 최후 승리의 기준까지 쫓김을 받으면서도 나아갈 수 있는 무리를 이 나라와 민족 앞에 세우시옵소서. 자기 스스로 부끄러움을 느끼며 채찍질할 수 있는 이들이 되게 해주시옵소서. 당신이 크나큰 뜻에 사무쳐 오셨다는 사실을 새삼 깨닫게 될 때 저희는 천만 번 아버지 앞에 감사 또 감사, 찬송 또 찬송을 영광의 아버지 앞에 돌릴 길밖에 없다는 것을 스스로 느끼게 허락해 주시옵기를 간절히 바라옵고 원하옵니다.

이제 저희는 아버지 앞에 죽기를 각오하고 나가야 되겠습니다. 지금의 때가 귀하다는 것을 알아야 되겠습니다. 저희의 몸에는 역사적인 모든 더러운 누더기 옷을 많이 입었고, 저희 마음은 하나님이 깃들 수 없는 치졸한 것에 사로잡혀 있다는 것을 다시 한 번 느껴야 되겠습니다. 어린아이와 같지 않으면 천국에 들어갈 수 없다는 말씀에 따라서 저희는 어린아이가 되어야 하겠습니다. 어린아이가 어머니의 품을 그리워하고 어머니의 젖을 그리워하는 것과 마찬가지로 아버지를 그리워하고, 아버지의 품을 그리워하고, 아버지의 생명수를 그리워할 수 있는 본연적인 자녀의 자리를 저희는 찾아야 되겠습니다.

저희는 나라 없는 백성들이었습니다. 나라를 잃어버린 망명자들이었습니다. 잃어버린 나라를 찾기 위한 굶주린 거지들이었습니다. 아버지의 뜻이 새로운 고향, 본향 땅을 찾아 세우는 참된 것인 줄을 알았사오니 저희는 잃어버린 본연의 가정과 본향 땅을 찾아 사탄에게 원수를 갚아야 되겠습니다. 그것만으로 그칠 것이 아니라 사탄이 틈타지 아니할 천적인 복의 기관인 저희의 모든 상속권을 보태어 역사적인 원수요, 시대적인 원수요, 미래적인 원수인 사탄을 대하여 어떤 어려움과 고통이 있더라도 저희는 복수하여 탕감하지 않으면 안 될 것을 알고 있사오니, 아버님, 저희에게 힘을 주시옵소서. 당신을 위하여 충효를 다할 수 있는 힘과 능력을 주시옵기를, 아버님, 간절히 바라옵고 원하옵니다.

사망 가운데서 태어난 자식을 보고 탄식하면서 생명의 인연을 찾아 몸부림치는 당신의 자녀들이오니 이들이 흩어지지 않게 하시옵고, 이들이 하고자 하는 일들이 헛되지 않게 허락해 주시옵고, 당신 앞에 보람된 결과로서 수합되게 허락해 주시옵기를, 아버님, 간절히 바라옵니다.

아버님은 천만 번 저희를 부르고 있사옵고, 이 시간에도 저희가 가야 할 발걸음을 재촉하고 있는 줄 알고 있사옵니다. 가야 할 그 방향이 천태만상이기에 찬 서리의 길과 험한 바닷길도 걸어야 되겠으며 원수가 방해하는 험난한 길도 거쳐 가야 하겠습니다. 인생살이에서 체험해 보지 못한 곡절이 있는 고빗길을 가라고 명령하시지 않으면 안 될 아버지의 심정을 체휼하고, 천만 번 십자가를 지는 한이 있더라도 그렇게 명령하심에 감사하면서 그 길을 고이 가겠다고 몸부림치는 저희가 되게 해주시옵소서. 골고다 산정에서 아버지를 불렀던 예수님의 대신자가 되게 해주시옵고, 겟세마네 동산에서 생사를 걸어 놓고 담판기도를 올리던 그분의 입장에 설 수 있는 당신의 아들딸들이 되게 허락해 주시옵기를 간절히 바랍니다.

그리하여 골고다 산정에 승리의 팻말을 꽂고, 세상을 돌이켜 아버님이 원하시는 새로운 세계를 향해 출발시킬 수 있는 책임을 감당하겠다는 참다운 자녀들이 되게 해주시옵기를, 사랑의 아버님, 간절히 바라옵고 원하옵니다. 오늘은 거룩한 날이오니 이 백성 위에 축복해 주시옵고, 수많은 교단과 종교인들 위에도 축복해 주시옵소서. 남들이 모르는 가운데에서 당신이 임하실 수 있는 터전을 마련하기 위해 수고하고 있는 참다운 당신의 자녀들을 친히 보호해 주시옵소서.

끝날에 하나의 목적을 위하여 한 곳으로 모으셔서 당신이 소망하시던 통일의 나라, 통일의 세계를 이룰 수 있도록 그 길을 재촉해 주시옵기를 간절히 바라옵고 원하옵니다. 오늘 여기에 모인 자녀들이 다시 한 번 마음을 가다듬고 새해를 맞이할 수 있도록 해주시옵고, 새해에는 7년노정과 더불어 빛이 될 수 있게 하옵시고, 힘차게 노력하여 안식의 세계에서 주인이 되겠다고 스스로 몸부림치고 아버지의 앞으로 달려갈 줄 아는 당신의 아들딸들이 될 수 있게 허락하여 주시옵기를, 아버지, 간절히 바라옵니다.

아버님! 세계만방에 널려서 이곳을 위해 기도하고 있는 수많은 통일가의 형제들을 기억해 주시옵고, 그들이 이루고자 하는 소망의 나라를 어서 속히 이루고 희망하는 세계를 복귀하게 해주시옵소서. 아버지의 역사적인 원수를 갚고, 시대적인 원수를 갚고, 미래적인 원수를 갚고, 온 인류의 원수를 갚아서 아버지 앞에 승리의 개가를 올리고 아버지를 모시고 평화롭게 살 수 있도록 허락해 주시옵소서. 아버지, 그 세계를 이룩하는 그들이 연약하거든 힘을 더하여 주시옵고, 그들이 지쳐 있거든 강한 다리와 강한 무릎을 주시어서 적진을 향하여 달려가려는 마음이 용솟음쳐서 아버지 대신 달려가는 당신의 자녀들이 되게 허락해 주시옵소서.

남아진 날들이 저희를 바라보고 있고 저희를 부르고 있사오니 가는 길이 아무리 힘들더라도 참고 나가도록 역사해 주시고, 그 싸움에서 지치지 않게 해주시고, 목적을 향하여 똑바로 정진할 수 있는 당신의 아들딸들이 되게 해주시옵길 간절히 바라옵니다. 7년노정이 기울어져 가려고 하는 이때에 있어서 당신이 이 민족과 세계의 새로운 역사를 창건함에 있어서 저희를 부르시는 것을 감사드리옵니다. 당신이 허락하신 모든 것들을 기쁨으로 받아 주시옵고, 이 민족 앞에 새로운 본연의 터전을 만들 수 있게 축복해 주시옵길 간절히 바라옵니다.

사랑하는 아버님, 이 시간에 말씀한 내용을 통하여 각자의 마음에 새로운 무엇을 결심하게 하시옵고, 인생이 귀결지어야 할 것들을 귀결시키겠다고 마음에 새롭게 결의하고 다짐하면서 스스로 생활을 개척해 나갈 줄 아는 당신의 자녀들로 삼아 주시옵기를, 아버님, 간절히 바라옵니다. 이 시간 이후의 모든 것을 아버님께서 친히 맡아 주관해 주시옵소서. 참부모의 성호를 받들어 아뢰었사옵니다. 아주! (1966.12.18)

3 새로운 마음과 몸으로 각오할 수 있게 하시옵소서

아버님, 오로지 이 시간에는 아버지의 심정에 어리는 저희의 마음과 몸이 되게 허락해 주시옵소서. 본연의 그 마음에 어리는 시간, 아버지의 심정에 이끌려 가는 것을 느낄 줄 아는 이 시간이 되게 해주시옵소서. 아버지의 기뻐하시는 모습을 대하여 달음질쳐 나아가 아버지의 목을 안을 수 있는 사무친 심정이 저희의 몸과 마음에 싹틀 수 있게 허락해 주시옵소서.

은은한 가운데 은은히 나타나셔서 저희 마음을 털어놓기 전에는 동하지 아니하는 아버지이심을 알았습니다. 이제 저희의 마음이 더럽혀졌을망정 아버지를 향하는 충심만은 갖고 있사오니, 아버지, 이 심정을 통하여 저희를 찾아 주시옵고 이 심정을 통하여 명령하시옵소서. 몸의 부족함을 뉘우치고 과거의 생활이 불충했음을 깨달아서 자신도 모르는 사이에 눈물을 흘리며 아버님을 제 아버님이라고 부를 수 있는 간곡한 심정이 우러나게 허락해 주시옵소서.

하늘은 그 누구도 보호하기를 주저하지 아니하시는 것을 알았사옵고, 하늘을 찾아 나오는 자의 친구가 되기를 주저하지 않는다는 것을 알았사옵고, 하늘을 향하여 울부짖고 눈물 뿌리는 자들의 친구이며 영원히 같이 살 아버지로서 나타나기를 즐거워하시는 것을 알았사옵니다. 아버님, 은은한 가운데 권고하시던 아버지의 음성이 그립사옵고 은은한 가운데 품어 주시던 그 놀라운 사랑의 감촉이 그립사옵니다. 그런 저희의 마음을 통하여 아버지라고 부를 수 있는 한순간이 그리워지옵고 손을 들어 제 아버지라고 자랑하고 싶고 부르짖고 싶사옵니다.

멀리멀리 계시는 아버지인 줄 알았더니 저희의 마음속에 계셨고, 그 아버지를 만나던 순간이 기뻤사옵니다. 멀다고 할 때 가까운 심중에 계셨고, 심중에 계시다고 안심하고 있을 때 멀리서 부르짖으시던 아버님이셨사온데 오늘날의 인간은 여기에 박자를 맞출 줄 모르고 있사옵니다. 나를 버리신 줄 알았던 그 자리가 아버지와 가까운 자리요, 저와 함께 계시지 않다고 생각했던 그 자리가 아버지께서 저와 함께 계셨다는 것을 알지 못한 과거의 저희 자신들을 이 시간에 뉘우치게 해주시옵소서.

사랑하는 아들이라고 명명하시고 사랑하는 딸이라고 명명하시는 이상에는 그 아들딸을 고생의 자리에 두고 싶지 않으신 아버지의 마음을 몰랐사옵니다. 아버님의 곡절의 심정을 모르는 저희는 수고의 길에 내놓으신 아버님을 매정하고 무정한 아버님으로 알았고, 그동안 아버님을 대하여 자탄한 때도 많았사옵고 원망한 때도 많았사옵니다. 아버지와 저희의 사이에 가로막힌 곡절의 벽을 알지 못하여 원망도 하였고 배척도 하였고 부정도 하였고 불신하는 자리에 나아간 것을, 아버지, 용납해 주시옵소서.

그것은 저희 조상이 타락함으로 말미암아 어그러진 죄상 때문이었고 인류역사상에 원한의 핏자국을 남기고 선지선열들이 죽은 연고임을 알았사옵니다. 오늘 저희의 마음 기준이 높은 자리에 있습니까? 그 마음을 불살라 없애 주시옵소서. 제 몸과 위신을 내세워 아버지를 대신하고 나타나기를 고대하고 있습니까? 아버지의 성상 앞에 면목 없는 이 몸을 치고 처참한 입장에 계시는 아버지이심을 깨달아 아버지를 부를 줄 아는 아들딸들이 되게 해주시옵길 간절히 바라옵고 원하옵니다.

아버님, 많은 말이 필요치 않은 것을 알았사옵니다. 말씀을 전했는데 행하지 못하는 무리를 보시고 하늘이 슬퍼하게 될 때, 말한 자는 스스로 거짓말하는 자가 되었고 아버지의 슬픔은 날로 가중되었다는 것을 알았사옵니다. 그러나 다시 말하지 않으면 안 될 입장에 처한 이 슬픈 사정을 하늘은 알고 있으나 땅 위의 인간은 모르고 있사옵니다. 이런 사실을 알면서도 하늘은 그런 인간을 저버릴 수 없어서 염려하시며 다시 권고해야 할 하늘의 입장임을 다시 알지 않으면 안 될 저희를, 아버지, 용납해 주시옵기를 간절히 바라옵고 원하옵니다.

오늘도 거룩한 날이라고 모였사옵니다. 말씀을 고대하여 모였사옵니까, 하늘의 은사를 고대하여 모였사옵니까? 그 무엇을 바라고 모인 줄 알고 있사오니 이제 참된 자체를 바랄 줄 아는 자들이 되게 허락해 주시옵고, 참된 자체로부터 내려지는 말씀과 명령을 들을 줄 아는 자들이 되게 인도해 주시옵기를, 아버님, 간절히 바라옵고 원하옵니다.

아버지, 제가 아버님의 뜻을 따라 40평생의 노정을 걸어오면서 슬픈 일이 있어도 낙망하기를 원치 아니하고 시련을 당할 때 패배하여 후퇴하기를 원치 않았음을 아버지께서는 아실 것이옵니다. 아버지, 이제 남은 길에도 수없이 연속되는 고난의 역사가 남아 있는 것을 알게 될 때 오늘의 불충함을 아버지 앞에 머리 숙여 아뢰지 않을 수 없사옵니다. 원컨대 역사의 서러움을 이 한 몸에 지니게 허락해 주시옵고, 남아진 고난의 전부도 이 한 몸을 제물삼아 하늘이 밟고 넘어가게 허락해 주시옵소서.

아버지께서 안식하실 수 있으며, 모든 탄식을 저버리고 기쁨의 한순간을 맞아 서로 목을 껴안고 내 아버지요 제 아들딸이라고 부를 수 있는 그 순간이 그립사옵니다. 저희가 어떤 희생과 각오를 하면서 어떤 비참한 모습으로 땅 위에서 사는 한이 있더라도 그 충절의 일편단심만은 이 땅 위에 세우고 사라질 수 있는 아들딸들이 되게 허락해 주시옵소서. 그런 길을 가기를 각오하고 있는 저희이오니, 아버지, 개의치 말도록 몰아주시옵고 이끌어 주시옵기를 간절히 바라옵니다. 새로운 마음과 몸으로 각오하고 맹세할 수 있는 이 시간이 되옵기를, 아버지, 간절히 간절히 부탁하옵니다.

사랑하는 아버님, 허락하신 이 시간에 무슨 말씀을 하오리까? 아버지께서 나타내시고자 하는 모든 것을 전하려고 하오니, 아버지, 그 심정을 그대로 전할 수 있게 허락하여 주시옵고, 받는 자의 마음과 화하여 하나의 일체적인 심정이 되고 아버지의 크신 품에 안기어서 아버지의 영광을 노래할 수 있는 이 시간이 되기를 간절히 간절히 부탁하올 때, 모든 말씀을 주의 이름으로 아뢰었사옵나이다. 아주! (1959.3.29)

4 사랑의 세계에 들어갈 수 있게 해주시옵소서

사랑하는 아버님, 흘러가는 역사 속의 모든 일들이 당신의 섭리와 관계없이 되는 일은 없사옵니다. 슬픈 역사 가운데 사탄을 중심삼았던 것을 극복하기 위한 과정에 있어서 개인의 담을 헐고, 가정·종족·민족·국가·세계·천주의 담을 헐고 가야 할 복귀의 운명길이 있다는 것을 몰랐습니다. 이 담을 헐기 위해서는 타락한 사랑의 씨가 뿌려져서 뿌리가 박힌 이 세상에서 이상적인 사랑의 기원을 통할 수 있는 심정권을 찾아야 된다는 것, 그러지 않고는 복귀할 수 없다는 것을 통일교회 교인들은 알았습니다.

예수님도 이와 같은 심정을 중심삼고 가르치기를 '네 집안 식구가 원수'라고 했습니다. '누구든지 나를 더 사랑하지 않고는 나의 제자가 못 될 뿐만 아니라 자기를 이기고 자기 십자가를 지고 따르지 않는 자는 나에게 합당하지 않다.'라고 통고한 말은 역사적인 선언이었습니다. '이웃 사랑하기를 내 몸과 같이 하지 않고는 구원받지 못한다.'라고 했사오니 참하늘을 모시는 자리에 있을진대는 세계가 이웃이니 세계를 부모님 이상 사랑하기를 바라는 것이 하나님의 소원이요 부모님의 소원인 것을 저희는 아옵니다.

부모를 모시는 효자의 입장에서 부모에게 효도하는 마음 이상의 마음으로 전체의 형제들을 사랑하는 그 자식을 하늘이 사랑하시고 모든 상속자의 대표로 세우려고 하시는 것을 알았사오니, 이제 이 아침 여기에 앉은 통일교회의 모든 자녀들은 부모님을 절대적으로 사랑함으로 말미암아 사탄의 뿌리를 끊고 새로운 뿌리를 내릴 수 있는 기반 위에서 인류를 부모 이상 사랑하는 효자 효녀의 자리를 대신해야 되겠습니다. 그럼으로 말미암아 천상세계나 지상세계에 사탄의 심정권으로 인연되었던 모든 담벼락을 일시에 헐고 승리의 패권을 가지고 하늘나라를 상속받는 데 부끄럼이 없는 아들딸들이 될 것을 이 시간에 선언했사오니, 이들이 그런 자리에서 아버지의 축복을 받기에 부족함이 없게끔 자신을 연마하는 데 게을리하지 않게 허락해 주시옵기를 간절히 부탁하고 원하옵니다.

부모님과 세계를 사랑하지 못하는 자는 천국에 들어갈 수 없다는 것을 확실히 알았사오니, 이 일을 중심삼고 여기에 반대되는 사탄세계가 있더라도 그것을 사랑하고 소화할 수 있는 자리를 가져야 되겠습니다. 그러지 않으면 안 될 것을 알았기 때문에 제가 그런 자가 되느냐, 안 되느냐를 실험 실천하는 데 있어서 가정교회를 중심삼고 일편단심 충효의 심정적인 도리를 갖추게 허락해 주시옵기를 간절히 부탁하옵니다. 그렇게 하는 자만이 최후의 승리자요, 최후의 영광에 동참할 수 있는 자요, 모든 사랑을 중심한 상속권을 가지는 자요, 축복받을 수 있는 자리에 선 자라는 것을 확실히 알고 그 길을 가는 데 모든 것을 희생하고 맹진할 수 있게끔 축복해 주시옵소서.

이날을 세우신 것을 감사하옵니다. 천상세계의 선조들과 지상세계의 인간이 막힌 담을 넘고, 영계에 가 있는 모든 영인들이 재림부활의 혜택을 받아 해원성사하여 직접적으로 급에 따라서 지상의 후손들과 관계돼 있는 종교적인 기반 위에 임하여 실천공약을 다짐할 수 있도록 그 세대적인 혜택을 하나님께서 강행하시고 실천할 수 있도록 명령하여 사랑의 세계에 일방통행하여 들어갈 수 있게 축복해 주시옵기를 간절히 부탁드립니다. 허락하신 은사의 시간을 감사하면서 모든 말씀을 참부모님의 이름으로 아뢰었사옵나이다. 아주! (1986.2.1)

5 충절을 지키는 아들딸이 되게 하시옵소서

아버님, 하늘과 땅이 하나의 몸과 같이 되어 있다는 것을 저희가 말씀을 통하여 알았나이다. 하늘은 주체요 저희는 지엽인 것을 생각하게 될 때 어느 한 날 어느 한순간도 하늘의 사랑과 생명의 진액을 받지 않고는 살 수 없는 저희이온데, 오늘날 하늘의 한 가지와 잎사귀로서 살아야 할 저희 자체가 영원하신 하나님으로부터 우러나오는 사랑의 진액을 받으면서 살지 못하였음을 용납하여 주시옵소서.

아버님, 이제 끝날이 되어 심판의 날을 예고하는 이때에 저희 자체들이 완전한 뿌리가 되는 예수 그리스도를 중심삼고 아버지의 사랑에 접붙임을 받을 수 있게 허락해 주시옵소서. 영원하신 아버님의 사랑과 예수님과 성신의 사랑을 통하여 맺어지는 사랑의 열매를 저희 자체에서 거두기를 고대하시는 아버지이신 줄 알고 있사오나, 저희 자체가 거기에 도달하기에는 너무나 미급하고 불완전하고 미숙하여 아버님의 수확의 낫질을 가로막는 자가 될까 봐 두렵사옵니다.

이제 저희 자체를 아버지께 맡기오니 아버님이여, 저희를 길러 주시옵고 보살펴 주시옵소서. 시련과 환난 가운데서 연단을 시켜서 하나의 성숙한 결실로 완결될 수 있게 허락해 주시옵고, 영원하신 아버지의 사랑의 손길을 거치어 영원한 천국을 이루는 결실체가 되고 하늘의 열매를 거둬들일 수 있는 추수꾼들이 되게 허락해 주시옵소서.

아버지! 이 일은 오늘 이 시간에 처음으로 예고한 것이 아니옵고, 구약시대와 2천년 전 예수님의 당시에도 예고했던 것인 줄 알고 있사옵니다. 이것을 안다고 할진대 오늘날 저희 자체들이 결실하여 하늘 앞에 거둬질 수 있는 수확물로서 하늘이 안식할 수 있는 결실체가 되어야 할 것이온데 자기 스스로 판단해 보게 될 때 아직까지 완전함을 느끼지 못하는 자들이 있을 것이옵니다. 그럴진대 스스로 아버지 앞에 회개하고 자신의 미급함을 자탄하며 예수 그리스도의 서러움을 대신할 수 있는 회개의 자녀들이 되게 허락하여 주시옵기를, 아버님, 간절히 바라옵고 원하옵나이다.

아버지, 이날에 저희가 모였사오니 이들의 마음을 온전히 주관해 주시옵고 온전히 아버지께서 운행하시는 중심으로서 주관해 주시옵소서. 그리하여 아버지의 뜻 앞에 합당치 못한 모든 악의 관념이나 주의 주장을 일절 용납하지 마시옵소서. 여기에 모인 무리들, 성별에 성별을 더하여 사탄이 역사하던 것을 종결시킴으로써 완전히 성별된 자녀들이 되게 하셔서 아버지만이 운행하실 수 있으며 아버지만이 간섭하실 수 있는 이 시간이 되게 허락해 주시옵길, 아버님, 간절히 바라옵고 원하옵니다. 이제 저희를 통하여 그리스도의 날을 이루길 재촉하고 계시는 것을 알게 허락해 주시옵고, 저희를 세워 그리스도의 사랑을 나타내려고 하시는 때인 것을 알게 허락해 주시옵소서. 또 저희 자체를 세워서 그리스도의 환난을 붙안고 나서기를 고대하고 계시는 줄 알게 허락해 주시옵고, 천성을 향하여 달려 나가는 저희의 걸음걸이가 자기를 중심하지 말게 이끌어 주시옵고, 자기를 중심하고 기도하는 자리에 머무르지 않게 허락해 주시옵소서.

모든 악이 침범할 수 있는 요소를 박차고 나설 수 있게 허락해 주시옵소서. 아버님이 운행하시고 원하시는 그 뜻을 이루기 위하여 어떤 험한 싸움의 길이라도, 쓰러질 수밖에 없고 낙망할 수밖에 없는 길이라도 참고 나갈 수 있도록 아버지께서 붙들어 주시기를 간절히 바라옵고 원하옵니다. 저희는 땅의 사람이 아닌 고로 땅의 영광을 받을 수 없는 것을 아옵니다. 예수 그리스도를 통하여 예고하셨듯이 2천년의 역사를 경과하여 나오는 가운데 참다운 아버지의 사랑과 지조를 가진 하늘의 백성, 하늘의 아들딸이 있다고 할 때 그들은 어느 세기나 어느 시대를 막론하고 땅 위에서 환영받지 못했음을 알고 있사옵니다.

아버님! 오늘날 저희가 예수님을 대신하여 예수님이 땅 위에서 못다 이루신 일을 대신할 제단이 이 민족 앞에 핍박받게 될 때 감당할 수 있게 해주시고 하늘을 위하여 살게 될 때 이 땅 위의 인류로부터 모욕을 당하고, 어려움을 당하고, 서러움을 당하게 되더라도 능히 극복하고 남을 수 있게 해주시옵소서. 6천년이 경과한 오늘날까지 예수님께서 수확의 한 날을 고대하며 저희를 부르고 있사오니 저희를 통하여 역사적인 서러움과 십자가의 피눈물의 자국을 거두시고, 저희가 승리의 방패가 될 수 있게 인도해 주시옵소서.

소망의 실체인 예수님은 오늘도 저희가 사탄을 주관할 수 있는 자격자가 되기를 고대하고 있다는 것을 저희가 알게 허락해 주시옵소서. 그리하여 아버지의 기쁘신 뜻을 마음에 품고 오늘도 하늘을 대신하여 싸워야 되겠고, 생애노정을 바쳐서 아버지의 일을 하다가 저희 일대에 이 사명이 끝나지 않거든 후손들을 통해서라도 원수 사탄을 굴복시키겠다는 결심을 품는 아들딸들이 되게 허락해 주시옵기를, 아버님, 간절히 바라옵고 원하옵니다.

새해를 앞둔 저희들, 다시 생사를 건 싸움의 길을 가야 할 것을 마음 깊이 각오하지 않으면 안 되겠사옵니다. 어떤 원수들이 반대할지라도 굴하지 않고 충절을 지킬 수 있는 아들딸들이 다 되기를, 아버님, 간절히 바라옵고 원하옵니다. 그리하여 아버님을 대신한 아들딸임을 온 만상 앞에 나타낼 수 있고 천지를 대신할 수 있는 아버님의 아들딸들이 되게 허락해 주시옵길, 아버님, 간절히 바라옵고 원하옵니다.

이날 허락하신 말씀을 나타내시어서 마음과 마음이 연하게 허락해 주시옵고, 영이 영을 움직여서 아버지의 능력의 손길 앞에 다시 빚음을 받을 수 있는 이 시간이 되게 허락해 주시옵길 간절히 부탁드리면서, 모든 말씀을 주의 이름으로 아뢰었사옵나이다. 아주! (1956.12.30)

6 사랑의 심정으로 달려가게 하시옵소서

사랑하는 아버님, 뜻이 원하는 길이 이렇게 곡절의 고개가 많은 험산준령인 것을 미처 몰랐습니다. 여기에 서 있는 아들은 묵묵히 이 길을 향하여 생애를 걸고 겨누면서 출발하여 소년시절을 거치고 장년시대를 거치며 복잡한 환경의 과정과 교회를 붙들고 몸부림치던 시대를 나라와 민족이 핍박하는 와중에서 비틀거리며 걸어올 적마다 당신이 붙들어 주셔서 쓰러지지 않고 망하지 않았습니다. 그렇게 지켜 주신 과거를 돌아볼 때 감사합니다.

지금은 민주세계 첨단의 자리, 온 시선이 주목하는 천의에 맞는 하나님 아들의 자리에서 본이 되는 아들의 모습을 증거하기 위해 모든 것을 개의치 않고 나아가는 데 아버지께서 지켜 주시고 이끌어 주심을 감사하옵니다. 망하는 줄 알았지만 망하지 않고 살아남은 길이 몇 번이었던 사실을 생각할 적마다 진정으로 타락이 얼마나 무서운가를 알았으니, 저희 일대에 있어서 다시는 타락의 한스러운 길을 아니 가겠다는 철석같은 신념으로 맹세를 하고 남음이 있을 수 있는 통일교회 가정의 무리가 되어야 하겠습니다.

이제 어디서 병이 났는가를 알았고, 철석같은 신념을 가지고 하늘을 누구보다도 더 사랑해야 할 책임이 저희에게 있는 것을 알았습니다. 이제 모든 타락성 근성이 어떻다는 것을 알았사옵니다. 먼저 자기를 중심삼은 소유욕으로 출발했고, 거짓말을 했고, 부조리한 정조의 길을 갔고, 모든 하늘의 것을 빼앗는 강탈의 길을 갔고, 그다음에 아들시대에 와서는 죽이는 길을 갔습니다.

역사시대의 모든 독재자들이 어떤 사람들이었느냐 하면 거짓말을 한 자요, 불륜적인 사랑의 길을 마음대로 행한 자요, 모든 것을 자기 마음대로 강탈한 자요, 모든 선한 사람을 마음대로 죽인 자들이었음을 생각할 때 그와 같은 역사적인 오점의 길을 저희는 가지 않아야 되겠습니다. 이것을 사랑으로 소화시키는 하늘의 전통을 고이 이어받아 자기 스스로 만세의 어떤 역사적인 싸움보다도 더 비참하고 치열한 싸움을 하더라도 패자가 되지 않고 승자가 되어 하늘의 사랑의 깃발을 높이겠다고 몸부림치는 아들딸들이 될 수 있기를 원하옵니다.

그런 남자와 여자가 합해 하늘이 원하는 사랑의 소유 결정을 지은 자리에서 저희의 아들딸은 기필코 하늘의 아들딸로 낳아야 되겠다는 신념을 갖고 원리적인 부모로서 사탄이 참소할 수 없는 울타리를 쳐 나가는 당신의 아들딸들이 되고 가정들이 되게 축복해 주시옵소서. 오늘날의 이 소유권 결정 문제는 중차대한 것입니다. 사랑을 중심삼은 소유권은 가정을 기반으로 하고, 그다음에 만물의 소유권은 새로운 참부모의 가정을 중심삼아 본연의 상속 과정을 거쳐서 자기의 소유권을 결정하지 않으면 안 될 역사적인 한이 남은 것을 알았사옵니다.

민족과 국가를 넘어서면서 이 일을 감당할 수 있는 때가 가까워짐으로 말미암아 이런 무대 위에 서는 엄숙한 시간에 머물렀사오니, 온 지성과 마음을 다하여 이 제단 앞에 나타난 역사적인 고아와 같은 신세에 있더라도 하늘을 부여안고 몸부림치는 아들딸들이 되어 이 고개에 상처를 남기고 넘어가지 않게끔, 아버지, 축복해 주시옵고 인도해 주시옵기를 간절히 바라옵고 원하옵니다.

이제 마음과 몸을 다 바칠 것을 아버지 앞에 결의했사오니 사랑의 심정으로 불타는 마음을 가지고 하늘을 위해 미치는 길을 달려가기에 주저하지 않는 무리가 되게 허락해 주시옵기를 간절히 바라옵니다. 돌이켜 생각하면, 역사 가운데는 한도 많았고 슬픈 일들도 많았지만 당신의 사랑을 위해 가는 위로의 길이 있었던 것을 감사하옵니다. 회고하는 역사를 감사로, 스스로 비판하는 현재의 입장을 감사로, 미래에 나타날 승리의 한 날이 눈앞에 다가오는 것을 감사로 맞이하게 하소서. 감사로 시작하여 감사의 과정을 거쳐서 감사의 종착점에서 감사의 눈물과 더불어 서로서로 손을 붙들고 자기 아내와 아들딸과 모든 것을 하늘 앞에 바치고 승리하는 가정으로 아버지 앞에 입적해 들어갈 수 있는 하늘의 거룩한 무리가 되게 허락해 주시옵고 황족들이 되게 허락해 주시옵기를 간절히 부탁하고 원하옵니다.

남겨진 사연이 많더라도 오로지 사랑을 중심삼은 승리의 한 날을 위한 목적을 중심삼고 모든 것을 소화시키고 달려가는 담대하고도 용맹스러운 아들딸들이 되게 허락해 주시옵기를 간절히 바라옵고 원하옵니다. 황혼에 땅거미가 지는 길을 가는 한이 있더라도 사랑의 눈물자국을 남기는 걸음을 걷겠다고 하는 무리가 된다면, 그들이 가는 길은 망하지 않고 환영받는 길만이 있다는 것을 알고 있사오니 모든 가정을 대표하는 무리가 일치단결해 한 덩어리가 되어서, 한 몸이 되어서 이 나라를 살리고 세계를 향해 넘어가는 사랑을 중심삼은 가정의 무리가 되고, 종족과 교회의 무리가 되고, 축복받은 선민의 특권을 이어받을 수 있는 무리가 되게 허락해 주시옵기를 간절히 부탁드리고 원하옵니다.

남아진 그날들 앞에 부끄러움이 없는 남편과 아내가 되고, 부모가 되고, 종족과 민족의 책임자들이 되게 허락해 주시옵기를 간절히 부탁드리면서, 참부모님의 이름으로 기도드렸사옵나이다. 아주! (1982.10.27)

7 아버지의 사랑과 인연을 찬양할 자녀가 되게 하시옵소서

아버님, 높고 귀하고 거룩하신 당신의 섭리역사는 기나긴 인류역사를 더듬어 왔사옵니다. 아버님, 오늘도 저희를 세워 놓으시고 세계적인 책임을 추구하시는 당신의 입장이 얼마나 처량하고 불쌍한가를 저희가 느낄 수 있게 하여 주시옵소서.

당신은 그 누구와도 끊을 수 없는, 저희와 영원히 같이 살고 싶어하시는 사랑의 아버님인 것을 잘 알고 있사옵니다. 당신에게 안겨서 저희가 당신을 사랑한다고 하기보다는, 당신이 저희를 사랑한다고 하시는 그 말 한마디가 저희에게는 더 필요하다는 것을 알았사옵니다. 저희가 아버님을 사랑한다고 천번 만번 말하는 것보다는 당신의 아들이라고 믿어 주는 그 한마디와 그 한자리가 필요하다는 것을 알았사오니, 부디 그럴 수 있는 자녀들로 세워 주시옵소서.

그 누가 이 길을 막고 핍박한다 하더라도 당신이 알아주는 입장에 서게 될 때에 저희는 불쌍한 사람이 아니요 외로운 사람이 아닌 것을 알았사옵니다. 아버님께서는 저희가 외로운 눈물을 흘리기 전에 세계를 통해서 저희를 위로할 수 있는 터전을 먼저 닦아 나오셨습니다. 저희의 슬픈 자리를 염려하시면서 세계적인 위로의 터전을 넓혀 나오신 것을 생각할 때, 그 무엇으로도 아버지 앞에 은혜 갚을 길이 없는 저희 자신들임을 더더욱 느끼게 하여 주옵소서.

아버님, 세계에 널려 있는 당신의 자녀들을 위로해 주시옵소서. 거쳐온 곳곳마다 당신의 뜻이 그곳에 심어지기를 고대하고 정성 들이는 당신의 자녀들 위에도, 아버지의 무한한 축복의 손길을 가하여 주시옵길 간절히 바라옵고 원하옵나이다.

머나먼 이 한국의 한 모퉁이를 그리워하면서 지금 이 시간에도 이 스승을 염려하며 아버지 앞에 눈물로써 간곡히 호소하는 무리가 세계에 널려 있다는 사실을 생각할 때에, 이 본부가 얼마나 무섭고 엄청난 자리인가를 저희가 잘 알게 되옵니다. 겉으로 나타난 모습들은 부족하고 초라하오나 당신의 심정을 붙들고 당신을 아버지라 부르며 진정으로 모실 수 있는 마음만은 간절하옵니다. 그러나 아버지의 사랑과 인연을 찬양할 수 있고 당신이 세워서 자랑하실 수 있는 아들딸이라 할진대, 그 모습과 그 사정과 그 처지가 문제 되지 않는다는 것을 잘 알고 있사옵니다.

사랑의 아버님, 한국을 그리워하는 통일의 무리 위에 축복을 내려 주시옵소서. 그들은 한국을 자기의 조국이라고 마음으로 추앙하면서 이 땅을 위하여 피와 땀과 눈물을 흘리고 있사옵니다. 이 땅을 위해서는 뼈라도 묻고 싶어하는 수많은 무리가 통일의 이념과 같이한다는 것을 생각할 때, 그들을 한데 묶어 당신이 원하시는 하나의 나라를 세워야 되겠고 하나의 세계적인 이념을 성취해야 되겠사오니, 그 뜻을 이룰 때까지 저희는 참고 참고 또 참으며 가야 되겠사옵니다. 6천년의 지루한 역사과정을 묵묵히 참아 나오신 아버지의 본을 받아서 저희는 말없이 참으면서 가야 되겠사옵니다.

갈라져 있었던 수천년 동안에 저희가 아버지를 대하여 몸과 마음으로 그리워하면서 호소하던 모든 사연이 이제는 다 지나갔사옵니다. 이제는 다시 만났사오니 저희가 아버지의 내정을 품고 아버지와 더불어 의논하고, 아버지의 사정을 대신하여 앞날을 다짐해야 할 입장에 섰사오니 저희의 스승이 어느 누가 되는 것이 아니라 오직 아버지께서 저희의 스승이 되어야겠사옵고, 어느 누가 당신의 뜻을 맡는 것이 아니라 저희가 아버지의 명령을 책임지고 나가는 자들이 되게 하여 주시옵길, 사랑의 아버님, 간절히 바라옵고 원하옵나이다.

기나긴 역사과정에서의 당신의 슬픈 사연을 저희는 느낄 수 있사옵니다. 수많은 세계 국가를 바라볼 때, 당신이 찾아야 할 땅과 당신이 걸어가야 할 노고의 길이 아직도 많이 남아 있다는 것을 생각하게 되옵니다. 그러므로 저희는 피땀 흘리는 것을 개의치 않고 세계를 향하여 쉼 없이 달음질쳐야 할 책임과 사명을 몸과 마음으로 느껴 실천해야 되겠사옵니다. 아버님, 이 민족은 불쌍한 민족이 될 수밖에 없는 형편이었사옵니다. 그러하오나 세계만방에 자랑하여야 할 아버지의 섭리의 뜻이 통일의 무리 가운데 있다는 사실을 그 누구보다도 저희가 먼저 알게 되었음을 아버지 앞에 진실로 감사드리옵니다.

아버님, 그동안 당신께서 얼마나 수고해 오셨는가를 저희가 알게 허락하여 주옵소서. 마음으로 정성 들이는 당신의 자녀가 있사옵니까? 그들에게 천배 만배의 복을 베풀어 주시옵소서. 아버지를 향한 그리움에 사무쳐 아버지의 심정을 느끼며 민족을 부둥켜안고 몸부림치는 그들의 간곡한 소원이 결코 헛되지 않게 하여 주옵소서. 그리하여 이 민족이 이 한때를 극복하고 세계를 향하여 달음질칠 수 있는 해방의 민족이 되게 하여 주시옵고, 더 나아가서는 전 세계에 천국을 창건할 수 있는 제3의 이스라엘 민족이 되게 하여 주옵길 간절히 바라옵고 원하옵나이다.

여기에 모인 당신의 자녀들을 위로하여 주시옵고 만남의 기쁨과 더불어 아버지와 새로운 인연이 맺어질 수 있도록 허락하여 주시옵소서. 돌아가는 발걸음 위에도 당신께서 보호하여 주시옵고, 아버지, 이후에 저희에게 맡겨지는 모든 일과 만나는 시간 시간마다 당신의 거룩하신 손길이 같이하여 주시옵길 간절히 간절히 바라옵고 원하오며, 이 모든 말씀 참부모님의 성호 받들어 간절히 아뢰옵나이다. 아주! (1969.5.2)

제4장 참인간

1 아버님의 형상을 닮아나게 하시옵소서

사랑하는 아버님! 여기에 모인 자녀들의 심정을 당신께서 아시오니 이들의 몸에 있는 세포들까지도 긍휼의 아버지를 향하여 움직이게 허락해 주시옵소서. 이들의 온 몸과 마음이 당신이 운행하시는 사랑의 손길에 사로잡힌 바 되게 허락하소서. 이들을 전체적인 화동의 요소로 나타내시사 당신의 말씀을 증거하기 위하여 생명을 내어놓고 달음질할 수 있는 하늘의 용사들로 이 시간에 성별해 주시옵소서.

아버님, 모인 뭇 자녀들을 긍휼히 보시옵소서. 당신이 허락하시는 생명의 말씀을 의지하여 한 단계 올라가지 않으면 안 될 운명의 복귀노정이 남아 있는 줄 아오니 사랑의 아버님이여, 사랑의 손길을 펴시사 부족한 저희의 손을 붙들어 주시옵고 이끌어 주시옵소서. 저희가 몸과 마음을 합하여 부복했사오니, 아버님, 붙들어서 이끌어 주시고 일으켜서 저희의 마음을 하늘의 마음으로 바꾸어 가지게 허락해 주시옵기를 간절히 바라옵고 원하옵니다.

오늘 여기에 참석한 수많은 무리를 축복해 주시옵고, 아버님의 생명의 역사와 감동의 역사 그리고 부활의 역사가 나타나게 허락해 주시옵소서. 오늘날 저희가 갖고 있는 모든 현세의 관념을 아버지 앞에 다 내어놓고 온유겸손한 어린이의 심정으로 아버지의 존전에 나왔사오니, 아버님, 은혜의 손길로 재창조의 역사를 일으켜 주시옵소서. 성령의 불길을 나타내 주시옵소서. 감추었던 사랑을 나타내시사 이들로 하여금 끝날에 막혔던 사망권의 문을 열고 아버지의 승리의 영광을 드러낼 수 있게 허락해 주시옵기를, 사랑하는 아버님, 간절히 바라옵고 원하옵니다.

이제는 많은 말씀이 필요하지 않은 것을 아옵니다. 모인 자녀들이 많은 말씀을 받지 않았다고 하더라도 허락하신 바의 은사를 합당하게 받아 감당할 수 있게 하여 주시옵소서. 아버지 하나님, 허락하신 약속의 뜻을 이루고자 하늘을 향하여 이 시간에 약속했고 결의했사오니, 빈 그릇이 있사올진대 다 채워 주시옵소서. 아버님의 흡족하신 은사에 취하여 감사드릴 수 있고 아버님께 영광을 돌릴 수 있는 자녀들로 세워 주시옵고, 아버님이 사랑하실 수 있는 자녀들로 찾아지는 은사를 이 시간에 허락해 주시옵길, 아버님, 간절히 바라옵고 원하옵니다.

전하는 자의 마음이나 받는 자의 마음을 하나로 묶어 주시옵고, 하늘의 동함에 저희의 마음이 동하고 하늘의 움직임에 저희의 몸도 움직여서 아버님의 형상을 마음과 몸으로 본받아 닮아나게 허락해 주시옵소서. 간절히 바라옵고 원하옵니다. 남아진 시간도 긍휼하신 분부의 말씀으로 역사해 주시옵길 바라면서, 사랑하시는 주의 이름으로 기도하였사옵나이다. 아주! (1956.7.1)

2 부활의 역사를 일으켜 주시옵소서

이리저리로 돌아다니다가 생명의 길을 찾아서 아버지 앞에 엎드린 저희임을 느끼지 않을 수 없사옵니다. 오늘 아버지를 '아바 아버지'라 부를 수 있는 자리에 세워 주신 은사와 저희가 알지 못하는 사이에 무한한 수고를 개의치 않으시고 저희를 보호하고 분별하여 이 자리까지 이끌어 주신 은사 앞에 무엇으로 보답하오리까? 보답할 아무것도 갖추지 못했사옵니다. 몸을 드려도 그 은사를 갚을 수 없고, 마음 모두를 드릴지라도 아버지 수고의 공적 앞에 머리를 들 수 없는 부족한 것들임을 이 시간에 느끼지 않을 수 없사옵니다.

아버지 하나님, 여기까지 이끌어 주신 아버님께 저희를 살려야 할 책임도 있거니와 저희를 통하여 영광의 한 날을 보셔야 할 아버지의 사정이 있고 소원이 있다는 것을 아옵니다. 또한 이런 저희를 보시고 위안을 받으려고 하시는 아버지이심을 생각할 때 부족한 저희에게 소망을 두시고 역사노정의 고비고비를 참아 나오신 아버지 앞에 면목 없음을 느끼지 않을 수 없사옵니다.

저희의 피 살이 아버지의 심정을 동정할 줄 알고, 저희의 뼈가 하나의 인격을 구성할 수 있는 형태를 갖췄다고 할진대 그 자체가 아버지의 불변의 모습을 증거할 수 있는 하나의 구성체가 되게 해주시옵기를, 아버님, 간절히 바라옵고 원하옵니다. 세포들 하나하나까지도 아버지께 속하여 영광을 돌릴 수 있는 성스럽고 영광스러운 실체를 얼마나 고대하셨사옵니까? 역사노정에 있어서 저희의 선조들은 그와 같은 모습으로 아버지를 모시지 못했습니다. 하늘을 따라가다가 때로는 원망도 했사옵고, 때로는 저버리기도 했사옵고, 선민권을 자랑하다가 그것을 포기해 버리기도 한 역사적인 사실을 알고 있사옵니다.

아버지, 이런 한스러운 혈통을 받은 저희이기에 오늘은 하늘을 자신 있게 믿는다고 하지만 내일은 하늘을 배반할 수도 있는 악한 세계와 가까운 입장에 있는 모습들이옵니다. 아버지, 이런 저희를 긍휼히 보시옵소서. 아버지, 붙들어 주시옵고 새 생명에 약동하는 부활의 역사를 일으켜 주시옵기를 간절히 바라옵고 원하옵니다. 오늘날까지 땅 위에 왔다 간 사람들도 많사옵고 지금도 오고 가는 사람들이 많사오되 아버지의 사정이나 심정을 붙들고 통곡하는 사람은 없사오니, 오늘날 저희가 아버지의 사정과 심정을 붙들고 통곡할 수 있는 자들이 되게 해주시옵소서.

하늘땅을 원망하고, 인류를 원망하고, 역사를 원망하고, 타락한 선조를 원망할 줄 알고 아버지를 제가 모시고 위하겠다는 마음에 사무치는 아들딸들이 땅 위에 많게 해주시옵기를, 아버님, 간절히 바라옵고 원하옵니다. 누구를 보기 위해 이 자리에 나왔겠사옵니까? 어떤 옷 잘 입은 사람을 보기 위한 것이 아니옵고, 어떤 아름다운 사람을 만나기 위함도 아니옵니다. 추한 흔적을 지니고 상처를 입은 몸들이 존엄하신 아버지의 성상을 닮기 위하여 나왔사오니 버리지 마시옵고 품어 주시옵소서.

저희의 심정과 마음이 의지할 곳 없어 외로운 줄을 아버지께서 아시오니 이 시간에 위로해 주시옵기를, 아버지, 간절히 바라옵고 원하옵니다. 이런 심정을 갖고 현현하시어 영원한 생명의 주체로서 저희를 이끌어 주시옵고, 저희의 몸과 마음에 스며들 수 있는 생명의 말씀을 내려 주시옵고, 아버지의 은사를 감사하며 경배드릴 수 있는 이 시간이 되게 허락해 주시옵기를, 아버님, 간절히 바라옵고 원하옵나이다.

이 시간에 말씀을 갖고 대하고자 하오니, 아버님, 여기에 같이해 주시옵소서. 전하는 자와 받는 자의 사이에 간격이 있다고 할진대 그것이 사탄의 행로가 되는 것임을 알게 해주시옵고, 그곳이 사탄이 노리고 있는 사망권인 것을 알게 해주시옵소서. 전하는 자의 마음이나 받는 자의 마음이 하나되어 아버지의 심정에 연하여 동하고 정할 수 있는 시간이 되게 허락해 주시옵기를 간절히 바라옵고 원하옵니다.

남한 각지에 널려서 외로이 무릎을 꿇고 호소하는 당신의 아들딸들, 어려움에 시달리는 그들을 권고하여 주시옵소서. 끝까지 참는 자가 구원을 얻는다고 하셨사오니, 참음으로써 아버지의 영광을 높이고 아버지의 모습을 이 민족 앞에 실체로서 증거하고 남음이 있게 인도해 주시옵기를, 아버지, 간절히 간절히 부탁드리옵니다. 모이는 수많은 교단과 수많은 인류 위에 축복하여 주시옵소서. 주의 이름으로 아뢰었사옵나이다. 아주! (1959.9.6)

3 재창조의 부름을 그리워하게 해주시옵소서

사랑하는 아버님, 흘러가는 역사의 와중에서 그 누가 뭐라고 해도 당신의 뜻을 따라가겠다고 할 수 있는 참다운 책임자가 없었던 것을 저희는 알고 있습니다. 핍박의 화살 가운데서도 당신의 사랑하던, 당신 심정의 깊은 뜻을 논의하던 기독교 신자들이 얼마나 고귀했던가 하는 사실을 저희는 알고 있습니다.

한 생명이 이 땅 위에 왔다가는 기필코 가야 하는 것이 인간의 공동노정임을 알고 있사옵니다. 사람으로 태어났다가 아버님을 찾아가게 될 때 스스로 취해 갈 수 있는 선을 갖지 못하거나 명예밖에 갖고 가지 못하는 불쌍한 사람들이 되지 말게 하여 주시옵기를, 아버님, 간절히 바라옵고 원하옵나이다.

저희는 남들이 갖지 못하는 보물을 갖기 위해서는 남들이 거치지 않은 시련의 과정을 거쳐야 됨을 아옵니다. 눈물과 고충을 거치지 않고는 자기의 기준을 높일 수 없음이 사회생활이나 피조세계의 인연을 통하는 사실이라는 것을 저희는 공인하고 있사옵니다. 저희가 하나님의 심정을 중심삼아 역사의 전체를 대표하고 천주적인 가치를 대표하여 남아질 수 있는 보화로운 그 자리를 차지하여 아버지 앞에 효성의 도리를 다함으로써 청사에 빛날 수 있는 거룩한 효자의 이름을 갖게 해주시옵소서.

저희는 그것이 지극히 귀하고 가치 있는 일인 줄 알고 있사오나 그러기 위해서는 비장한 마음과 피어린 투쟁과 노력을 기울여야 된다는 사실도 잊지 않게 해주시옵소서. '공든 탑은 무너지지 않는다.'라는 속담이 있는 것과 마찬가지로 공을 들인 것은 귀한 가치로서 받아질 수 있으되 공들이지 않은 것은 귀한 가치로서 받아질 수 없다는 것을 알고 있사옵니다. 이런 것을 생각하게 될 때 당신이 통일의 무리를 사랑하시는 것이 고맙사옵니다.

한때 저희는 삼천만 민족의 화살을 받고 그들의 입에 오르내리면서 채찍질을 당해야 했습니다. 또한 그들이 저희에게 세상을 나쁘게 하는 무리라고 손가락질하고 침을 뱉으면서 좁은 길로 몰아넣었사옵니다. 그러나 저희가 당한 것이 원통하고 분한 것은 아니옵니다. 이 민족이 아버지의 노고에 보답해 드리지는 못하고 천륜을 대신하는 고귀한 아버지의 이름을 밟았사오니 죄 없이 당하시던 아버지의 그 일들이 저희에게는 참지 못할 수난이었습니다.

그러나 당신은 길이길이 참으시고 오늘날 저희에게 명령하여 저희를 배반하는 무리 앞에 새로운 봉화를 밝히게 하시고 어둠길에서 헤매던 그들 앞에 당신의 사랑하는 사자들을 보내신 사랑 앞에 감사하지 않을 수 없사옵니다. 욕을 먹고 매를 맞은 사람의 상처를 아버지의 손길을 대신하여 어루만져 주고 먹을 것이 없는 원수의 자식들을 아버지 대신 먹여 주는 참다운 사람을 아버님께서 찾고 계시는 것을 저희는 아옵니다.

통일교회 무리가 그런 뜻을 따라서 차가운 시대의 뒷골목을 밟아 가며 남모르는 눈물의 길을 자처하고 나섰던 옛날의 고빗길이 있었음을 오늘에 감사드립니다. 또 저희를 부르시는 아버지의 그 마음에 감격이 어리고 아버지와 인연을 살릴 수 있는 심정을 가질 수 있는 자신들임을 아오니, 그 무엇과도 바꿀 수 없는 아버지의 귀한 섭리에 남겨짐을 진심으로 감사할 줄 아는 통일의 자녀들이 되게 허락해 주시옵소서.

저희 가슴 가운데는 나무나 풀도 없습니다. 공허한 것 중의 공허한 것이요, 빈 것 중의 빈 것이요, 마른 것 중의 마른 것이옵니다. 그러나 한 가지 갖고 있는 것이 있사오니 그것은 '아버지!'라고 부르고 싶은 마음, 아버지를 만나고 싶은 마음, 아버지를 모시고 싶은 마음입니다. 그 마음만은 하늘과 땅을 주고도 바꿀 수 없는 귀한 것이라는 사실을 알고 있사옵니다. 저희가 최후까지 그 전체의 가치가 되겠다는 마음을 지니게 허락해 주시옵기를 간절히 간절히 바라옵고 원하옵니다.

사랑의 아버님, 불쌍한 민족을 바라볼 때 그냥 바라보는 자들이 되지 말게 해주시옵소서. 동맥에서 흘러나오는 피가 저희를 동하게 하여 서로 부둥켜안고 통곡하지 않을 수 없고 감정을 주관하여 그들을 주시하지 않을 수 없는 간곡한 자세를 가진 모습들이 될 수 있게 해주시옵소서. 아버님께서는 그런 모습들을 고대하고 계신다는 것을 알고 있사오니 그런 모습들을 품으시옵기를, 아버님, 간절히 부탁드리옵니다.

재촉해야 하는 발걸음을 멈추고 패망의 길에 있는 저희를 품어줄 수 있는 주인과 부모 그리고 책임자를 고대하는 것이 인간입니다. 지금까지 패망의 길에서 낙오된 신세를 한탄하던 것이 타락한 인류의 역사였사옵니다. 그것이 타락한 인류가 가는 길이었음을 저희가 알게 될 때 그 뒤안길에서 친구가 되고, 상처 입은 발걸음을 저희가 고쳐 주어 하나의 실적을 남길 수 있는 자녀가 되지 못했다는 사실이 얼마나 속된 것인가를 절절히 느낄 줄 아는 당신의 자녀들이 되게 해주시옵소서.

지금까지 살아왔던 과거와 현재 살고 있는 나 자신을 놓고 볼 때 이 손은 무엇을 위해 움직이고 있으며,

저희의 심정은 무엇을 위해 허덕이고 있으며, 몸과 얼굴은 무엇을 향하여 나아가고 있는지를 생각하게 됩니다. 민족이 부르고 있는 참다운 모습을 대신하기 전에 과거를 비판하고 현실을 통탄할 줄 아는 참다운 하늘의 아들딸이 되어야 할 것을 알고 저희가 그런 아들딸들이 되겠다고 얼마나 다짐하고 아버님 앞에 맹세했사옵니까? 그러나 저희의 가슴에는 찬바람이 감돌고, 아버님이 바라시는 것은 사라져 버려 사탄세계에 처해 있는 처량한 모습이 되었으니 하늘의 슬픔과 땅의 슬픔이 얼마나 클 것이며 하늘땅을 품고 싸워 나오신 아버지의 마음이 얼마나 아프겠사옵니까? 그것을 망각하는 우매한 저희가 되지 말게 해주시옵기를, 아버님, 간절히 바라옵고 원하옵니다.

그런 길을 갈 적마다 한 많은 아버지의 역사노정에 위로의 동참자가 되지 못했던 지난날을 간절히 뉘우쳐야 되겠사옵니다. 통일의 무리가 아버지 앞에 그런 자녀의 모습이 되지 못한 것을 생각하게 될 때 아버지라고 부를 수 있는 면목이 없사오니 용납해 주시옵기를, 아버님, 간절히 바라옵고 원하옵니다.

한 많은 역사노정에서 어느 곳에도 찾는 자가 없어서 저희를 찾아오셨으며, 남아진 민족이 없어서 이 민족을 찾아오셨습니까? 상처 받은 발걸음을 멈춰야 할 가엾은 아버지 앞에서 쓰러져 가고 흩어져 가는 외로운 민족이 있었사오나 그 민족이 아버지께서 소원하시던 기준에 미치지 못해 눈물을 흘리며 바라보셔야 하는 상심이 얼마나 크겠사옵니까? 어린 것을 사랑해야 할 아버지의 마음, 이 민족의 처량한 모습을 보시고도 백번 천번 참아 오신 아버지의 마음을 저희는 미루어 짐작할 수 있나이다.

저희는 그 아버지의 피와 땀을 이어받고 난 아들딸이옵고, 그 아버지의 소원을 이뤄 드리겠다고 다짐할 수 있는 무리이옵니다. 그렇기 때문에 저희들, 이 민족이 사경에서 허덕이는 것을 바라볼 때 밤을 새워 지치는 한이 있더라도 민족의 갈 길을 외칠 줄 아는 당신의 자녀들이 될 것도 각오해야 되겠습니다.

아버지, 비록 저희가 초라한 모습이라고 하더라도 아버님이 기억하실 수 있는 그 모습이 얼마나 귀한 것인가를 알고 그 길에서 낙망하지 않고 슬퍼하지 않게 해주시옵소서. 뜻을 염려하면서 남한 각지를 바라보시며 고뇌하시는 아버지의 그 일념을 저희도 함께하게 해주시옵기를 간절히 바라옵니다.

아버지의 그 수고를 알고 아버지를 모셔 드릴 수 있는 저희가 되지 못할 때는, 아버지, 저희를 사랑하지 마옵소서. 다만 아버지께서 저희를 세워 칭찬하실 때 아버지의 사랑을 받고 있다는 것을 자랑하게 허락해 주시옵소서. 자녀의 날을 보내고 12월을 맞이하여 둘째 번 주일을 맞이했사옵니다. 이해도 이제는 20일밖에 남지 않았사오니 지난 일들을 고스란히 보내고 새로운 해를 맞이해야 할 이때에 과거를 다시 한 번 회상하면서 좀 더 아버지 앞에서 고뇌하며 마음을 졸이고 새로운 미래를 창조하는 재창조의 부름을, 사랑하는 아버님, 그리워하게 해주시옵소서.

승리의 한 날을 위해 오늘도 곤경에 처해 있지만 과거에도 해산의 수고와 피나는 운동이 이 땅에 있었다는 것을 스스로 느낄 줄 아는 참다운 자녀들이 되게 허락해 주시옵기를 간절히 바라옵고 원하옵니다. 아버지 앞에 승리의 한 날을 맞이해 놓고 '아버지, 영광을 받으시옵소서!'라고 할 때 아버지께서는 대성통곡하실 것입니다. 그날을 그리워하는 것이 아버지의 마음인 것을 알고 있사오니 그 날을 향해 달음질치겠다는 저희의 결의가 변치 말게 해주시옵기를 간절히 바라옵고 원하옵니다.

이 민족은 세계 만민을 구원하지 않으면 안 될 책임과 사명을 짊어졌기 때문에 옛날에는 받고 의지하던 민족이었지만 이제는 주고 지도하지 않으면 안 되게 되었사오니 그 책임을 지고 세계만방에 흩어져야 하는 민족이 될 수 있게 해주시옵소서. 또한 저희에게는 환경적인 지도와 생활적인 지도를 해야 할 책임이 있다는 것을 잊지 않게 허락하여 주시옵기를, 사랑의 아버님, 간절히 바라옵고 원하옵나이다.

아버님, 지방에서 이날을 기념하며 예배드리는 당신의 자녀들을 기억해 주시옵고, 세계에 널려 있는 수많은 무리를 기억해 주시옵소서. 그들은 아버님을 알고 있으나 스승을 만난 일이 없습니다. 그들을 헛된 자리에 두지 마옵시고, 그들의 마음이 충성하지 않고는 견딜 수 없고 아버지를 사랑하지 않으면 견딜 수 없는 천적인 인연이 감돌고 생명이 싹틀 수 있는 자리에 있게 허락해 주시옵기를, 사랑의 아버님, 진실로 진실로 바라옵고 원하옵니다.

이날의 모든 전체를 당신께서 맡아 주관해 주시옵소서. 남아진 싸움의 길로 향하기 위해 저희가 헤어져야 할 시간이 된 것을 섭섭하게 생각하며 다시 만날 때 하늘 앞에 드릴 귀한 선물을 남기겠다고 노력할 줄 아는 저희가 되게 허락하여 주시옵기를 간절히 부탁드리옵니다. 남은 은사의 노정도 당신의 뜻 가운데로 승리의 한 날을 택할 수 있는 노정이 되게 허락해 주시옵기를 바라오며 참부모의 성호를 받들어 아뢰었사옵니다. 아주! (1966.12.11)

 충직한 자녀가 되게 하시옵소서

이스라엘 민족을 택하여 세우시기에 수고하신 아버지시여, 그들을 세워 놓으시고 뜻을 성취시켜 달라고 분부하시던 아버님의 간절하신 심정을 회상하면서, 오늘 저희는 이스라엘 민족을 대신하여 아버지의 뜻을 이루어 드려야 하는 기독교인의 책임을 다하지 않으면 안 된다는 것을 느끼게 되옵나이다.

오랜 역사를 거쳐 오면서 수고해 오신 아버지를 저희가 모실 줄 알게 허락하여 주시옵고, 오랜 세월 저희를 염려하시며 사탄 대하여 싸워 오신 아버지의 사정을 알게 허락하여 주시옵소서. 미래의 소망을 두고 택한 아들딸들을 품어 영광의 자리로 인도하시기 위하여 염려하고 계시는 아버지의 심정을 아는 저희가 되게 허락하여 주시옵소서.

오늘의 저희가 있게 된 것은 저희 자체의 뜻이 아니옵고, 저희가 누리고 있는 생의 영광도 저희로 말미암아 갖게 된 것이 아니었사오며, 오늘 저희가 아버지 앞에서 기뻐할 수 있음도 저희의 수고로 말미암은 것이 아니오라, 모두가 수천년 역사를 거쳐 수고해 오신 아버님께서 긍휼을 베푸시는 은사로 말미암은 것임을 저희가 알게 허락하여 주시옵소서.

오늘 저희에게 자신을 세워 만민 앞에 자랑할 수 있는 무엇이 있사옵니까? 저희 중에 진리를 갖고 우주를 대하여 호령할 수 있다고 느끼는 자가 있습니까? 그러한 일들이 오늘 저희에게 맡겨진 책임이 아님을 알게 하시옵소서. 저희가 아버님의 은사의 능력을 대신하는 동시에 세계의 인류를 대신하여 천륜의 전체적인 뜻을 나타낼 수 있는 아들딸들이 되게 허락하여 주시옵길, 아버님, 간절히 바라옵고 원하옵나이다.

오늘의 저희를 내 한 자체 속에서 찾지 말게 허락하여 주시옵고, 역사를 대신하고 전체 우주를 대신하고 미래의 세계를 대신하여 천륜의 뜻 앞에 부끄러움이 없는 아버지의 아들딸이 되게 허락하여 주옵시며, 그런 아들딸이 된 것을 자랑할 수 있는 기쁨의 영광을 저희에게 허락하여 주시옵길, 아버님, 간절히 간절히 바라옵고 원하옵니다.

아버님, 오늘 여기 모인 당신의 아들딸들, 자신을 아버지 앞에 솔직히 나타냈사옵니까? 스스로 아버지의 허락하신 제단 앞에 엎드렸사옵니까? 또 자신들을 희생하여 역사적인 죄악을 탕감할 수 있는 생축의 제물이 되어 있사옵니까? 현실의 죄악을 책임진 새로운 제물이 되어 십자가를 지고 골고다를 넘어가신 그리스도의 인격을 본받는 자녀들이 되어 있사옵니까? 미래의 영광을 위하여 아버님 대신 사탄과 싸워 승리한 영광의 실적을 저희는 갖고 있사옵니까? 아버님! 이러한 아들딸들이 되어 당신의 영광을 노래할 수 있게 허락하여 주시옵고, 이 한 뜻을 위하여 아버지를 따를 수 있는 충직한 자녀들이 되게 허락하여 주시옵길 간절히 바라옵고 원하옵나이다.

이제 이 한 날을 허락하셨사오니, 저희를 긍휼히 보시옵고 허락하신 뜻 앞에 모인 저희를 버리지 마시옵소서. 아버님, 불쌍한 이 민족을 대신하여 수많은 교단을 축복해 주시고, 중심을 잃어버리고 있는 민족과 제단 위에, 아버지, 축복하여 주시옵소서. 생명의 불길이 어디에서 타오르는지 모르는 불쌍한 민족과 교단 위에, 아버지, 긍휼의 은사를 허락해 주시옵고, 이 인류를 축복해 주시옵소서. 새로운 축복이 어서 속히 이 땅과 민족에 나타나게 허락하여 주시옵고, 새로운 불길이 교단을 통하여 나타나게 허락하여 주시옵길, 아버님, 간절히 바라옵고 원하옵나이다.

아버지, 인간의 이성만 중시하는 경향을 제거시켜 주시옵고, 인본주의만 강조하는 모든 사상을 바로잡아 주시옵소서. 저희는 천륜을 세우는 신본주의를 받드는 인격자들이 되게 해주시고, 하늘 뜻을 경건히 받들 수 있고 아버님의 사랑을 받을 수 있으며, 제사장의 직분을 맡을 수 있는 아들딸이 되어 이 민족을 대신하여 일어나게 허락하여 주시옵길 바라옵나이다. 또 저희가 수많은 교회를 대신하여 나타날 수 있게 허락하여 주시옵길, 사랑하는 아버님, 간절히 바라옵고 원하옵나이다.

지난 일주일을 지내는 동안 저지른 모든 과오를 청산할 수 있게 허락하여 주시옵고, 분부하시는 새로운 말씀과 허락하시는 새로운 은사에 잠기고 당부하시는 아버님의 그 뜻과 내리시는 깊은 사랑에 잠겨 우주만상 앞에 아버지를 자랑할 수 있고, 아버님께 영광의 경배를 드릴 수 있는 이 시간 되게 허락하여 주시옵길 간절히 부탁드립니다. 처음부터 끝까지 전체를 주관하여 주시옵길 빌면서, 주의 이름으로 기도하였사옵나이다. 아주! (1957.6.23)

5 새로운 방향을 취하게 하시옵소서

시온의 동산을 잃어버린 인간이 다시 시온의 땅을 찾지 않으면 안 될 수고의 역사가 남아 있음을 저희는 뼈저리게 느끼고 있사옵니다. 본연의 심정을 지닌 참다운 사람들이 사는 이 땅이 되지 못했고, 본연의 심정적인 흔적을 땅 위에 세울 수 없으니 이들을 붙들고 본연의 세계를 꿈꾸면서 싸우시는 아버지의 서러운 심정을 이 시간에 위로해 드릴 줄 아는 아들딸들이 되게 허락해 주시옵소서.

아버님! 저희는 아버님의 슬픈 역사노정을 회상하면 두려운 마음을 금할 수 없사옵고, 수고하시는 아버지의 성상을 대할 적마다 황공한 마음을 금할 길 없사옵니다. 이제 이들이 자신의 몸과 마음을 제물로 바치어 아버지의 수고를 덜어 드릴 수 있으며 중지시켜 드릴 수 있는 아들딸들로 세워 주시옵소서.

당신은 즐거워할 수 있고 기쁜 자리에서 해방을 노래할 수 있는 승리의 한 날이 어서 오기를 고대하셨사오나 그 해방의 뜻을 이루는 것은 당신이 아니요, 사망권에서 허덕이는 불초한 저희 인간이 아니면 안 된다는 사실을 저희가 알고 있사옵니다. 그와 같이 중요한 입장에 처해 있는 인간 자신의 가치를 알지 못한 채 사망의 노정에서 허덕이고 있는 인류를 용납해 주시옵고, 이제 저희에게 본연의 심정을 회복하기 위한 새로운 기치를 들고 아버지의 영광의 심정을 노래할 수 있는 간절한 마음을 일으켜 주시옵소서.

본연의 성상과 형상을 갖추고 참다운 아들딸의 모습을 갖추어 아버님의 해방을 노래할 수 있게 해주시옵소서. 이것이 저희의 천추의 소원임을 아버님께서 아실 줄 알고 있사옵니다. 아버지, 승리의 한 날이 있을 것을 아는 저희가 불쌍한 자리에서 신음하고 있는 이 민족을 대신하여 머리 숙여 아버지 앞에 기도드리옵니다. 승리의 한 표준적인 자리에 저희를 이끌어 주시옵고, 맡기고자 하시는 큰 뜻 앞에 제물이 될 수 있는 저희가 되게 이끌어 주시옵길 간절히 바라옵고 원하옵니다.

이제 아버지의 존전에 모였사오니 그 마음을 헤쳐 놓게 해주시옵고, 그 몸의 사정을 전부 풀어 놓고 참다운 심정에서 우러나오는 간곡한 마음을 갖고 아버지를 위로할 수 있게 허락해 주시오며, 아버지를 대해 겸손히 머리 숙일 수 있는 심정의 움직임이 이 시간에 나타나게 해주시옵소서. 저희에게 과거를 뉘우치고 현실을 더듬어 아버지의 거룩하신 은사를 흠모할 수 있는 간곡한 마음을 일으켜 주시옵고, 그 마음을 아버지께서 친히 주관해 주시옵소서. 이제 새로운 느낌과 감촉을 일으켜 새로운 방향을 취하지 않으면 안 될 자신임을 깨달을 수 있는 이 시간이 되게 허락해 주시옵기를, 아버지, 간절히 바라옵고 원하옵니다.

아버지, 저희가 부족한 정성을 묶어서 이 시간에 산 제단을 갖추게 허락해 주시옵소서. 저희 개체 개체가 승리의 제물이 되지 않으면 안 될 것을 예고하고 있다는 사실을 알고 있사오니 아버지 앞에 옳지 못한 것 일체를 제거시켜 주시옵고, 아버지, 권능의 손길을 펴시어서 새로운 재창조의 권한을 일으키시옵소서. 아버지의 것 이외의 일체를 제거시킬 수 있는 본연적인 재창조의 성상을 갖춰 주시옵고 형상을 갖춰 주시옵길, 아버님, 간절히 바라옵고 원하옵니다.

아버님, 이제 잠들어 있는 삼천만 민중을 깨우시옵고 도탄 중에 헤매고 있는 인류를 아버지의 장중에 두시어서 이들을 한 곳으로 몰아서 아버지의 본향의 동산, 아버지께서 이상 하시는 선의 동산으로 이끌어 주시옵소서. 어떤 핍박과 환난을 거쳐서라도 이 인류를 빨리 아버지가 원하시는 동산 가운데로 이끌어 주시옵기를 간절히 바라옵고 원하옵니다.

그러기 위해서는 아버지, 인간이 실천하지 않으면 안 될 책임이 있다는 것을 알고 있사오니 사랑하는 아들딸들에게 명령하시옵소서. 남은 죄악의 땅과 백성을 찾아야 할 책임이 있다고 할진대는 이들을 일으켜서 명령해 주시옵고, 승리의 동산을 건설할 수 있는 하늘의 정병으로서, 역군으로서 아버지가 원하시는 곳으로 명령하여 보낼 것을 작정할 수 있는 이 시간이 되게 허락해 주시옵기를, 아버님, 간절히 바라옵고 원하옵니다.

아버지, 이날도 외로운 당신의 아들딸들이 모여서 호소하는 곳마다 당신께서 친히 영광과 사랑의 손길을 펴신 것을 그들로 하여금 느끼게 하시어 마음을 다 드려 하나의 제단에 하나의 심정을 모아서 하나의 형태로서 드릴 수 있는 이 시간이 되기를, 아버지, 간절히 바라옵니다. 또 수많은 민족을 대신하여 모이고 있는 수많은 교단 위에도 축복해 주시옵고, 승리의 한 날이 이뤄지고 아버지의 즐거움이 회복된 기쁨의 이 땅이 되옵기를 간절히 바라옵고 원하옵니다.

이제 저희의 모든 것을 맡으시옵소서. 이제 아버지의 뜻 앞에 반대되는 어떤 것이 있사올진대 그것이 사탄이 틈타는 조건이 될까 봐 염려하지 않을 수 없사오니, 아버지시여, 사탄이 틈탈 수 있는 일체의 조건을 제거시켜 주시옵고 권능의 은사로써 이 모든 것을 품으시어 아버지께서 친히 명령해 주시옵고 품어 주시옵기를 간절히 바라옵고 원하옵니다. 첫 시간부터 끝 시간까지 친히 아버지의 것만으로 주관해 주시옵기를 간절히 부탁하올 때, 주의 이름으로 기도하였사옵나이다. 아주! (1959.6.28)

6 끝까지 싸워 나갈 수 있게 하시옵소서

사랑하는 아버님, 제가 지금 회고해 보게 될 때 20대의 청춘시대가 생각되옵니다. 젊디젊은 시절에 기독교를 하늘과 연결시켜야 할 조심스러운 마음을 가다듬고 하늘 앞에 기도하던 그때가 지난날의 한 사연으로 남아졌사옵니다.

이 민족이 당신의 뜻 앞에 1950년대에 하나됐던들 오늘날의 이 한국은 세계 속의 한국이 아니라 한국 속의 세계로서 도약하는 엄청난 국가가 되었을 것입니다. 경제가 문제가 아니요, 모든 자원이 문제가 아니요, 생산이 문제가 아닌 놀라운 국가를 형성했을 텐데 수난의 돌고빗길에서 책임을 못함으로 말미암아 비운이 찾아든 비통한 운명권에서 수많은 희생의 대가를 치러야 했습니다.

오늘날 이와 같은 일이 외부에서만 벌어지는 것이 아니라 오늘날 통일교회의 책임자로서 책임을 못하게 될 때 역사를 두고 이와 같은 문제가 우리 시대에 가중된 탕감의 조건으로 찾아온다는 무서운 사실을 확실히 아는 통일교회의 무리가 되게 해 주시옵소서. 저희는 책임분담이 어떻다는 것을 배웠습니다. 저희는 책임분담을 놓고 탕감적인 해원성사를 하지 않으면 안 된다는 엄청난 사실을 알았습니다. 피를 흘리고 땀을 흘리는 희생의 대가를 치르고 하나의 교차로를 거쳐서 하에 있던 것이 상으로 가야 되고, 좌에 있던 것이 우로 가야 된다는 엄청난 사실을 알았사옵니다.

이것이 교차되기 위해서는 사탄세계의 희생의 대가를 어느 역사적인 시대보다도 큰 조건으로 드리지 않고는 안 된다는 사실을 저희가 알았사옵니다. 아버지, 전국에 있는 통일의 어린 자녀들을 긍휼히 보시옵소서. 철부지한 이들을 아버지께서 기억해 주신 것을 감사드리옵니다. 이제 모든 교구장과 교역장 그리고 교회장들까지 여기에 모였습니다. 이들이 불같은 마음을 가지고 충효의 도리를 다하겠다고 나서게 될 때 이 삼천리 반도는 너무나 작은 것입니다.

아버지, 1971년도에 제가 미국으로 향할 때 아버지의 분부를 받던 그 간곡한 심정을 잊을 수 없사옵니다. 황무지와 같고 광야와 같은 미국 벌판에 나서게 될 때 날아가는 모래알과 같은 자신임을 느꼈지만 하늘이 있는 것을 알고, 약속하신 하늘의 분부를 믿고 동분서주했습니다. 밤이 밤인 줄 모르고, 낮이 낮인 줄 모르고, 쉬고 먹고 자는 것을 잊어버리면서 뛰다 보니 오늘날 이 역사적인 놀라운 승리권을 당신의 영광스러운 축복과 더불어 저희의 눈앞과 무릎 앞에 세계가 거할 수 있음을 직시할 수 있게 되었습니다. 이 사실을 볼 때 저희가 슬픈 반면에 하늘은 얼마나 고통을 당했던가를 알았습니다. 저희가 신음한 반면에 하늘은 핏자국을 남겨 왔다는 것을 이제 알았사옵니다.

이런 역사적인 사연이 미국 천지에서 벌어졌거들랑 그것의 5퍼센트 조건이라도 한국 땅에서 감당해야 할 책임을 여기에 모인 젊은이들의 몸과 마음 위에 재현하지 않으면 안 되겠사옵니다. 그런 역사적인 운명과 국가적인 운명, 그리고 세계적인 민주세계와 공산세계의 싸움을 결판지을 수 있는 책임적인 소행을 엄숙히 오늘 이 시간부터 작정하지 아니하면 안 될 역사적인 사명과 분부가 있는 것을 알았기 때문에 쌍수를 들고 무릎을 꿇어 아버지 앞에 맹세했사오니 잊지 마시옵소서.

아침 햇빛이 시간을 어기지 않고 동녘 하늘에 떠오르는 것을 보고 자연의 움직이는 전체 양상을 보며 환경적인 여건을 직시하면서 하늘의 약속을 중심삼고 시간을 어기지 않고 이 일을 하기 위하여 저희 스스로 부끄럽지 않은 천적인 자녀의 명분을 갖추겠다고 몸부림치며 비틀걸음을 걸으면서도 쓰러지지 않는 무리가 될 수 있게 해주시옵소서.

그리하여 승리는 당신의 것, 영광의 한 날은 당신의 것으로서 결부시키겠다고 가슴에 핏자국을 머금으면서 시간 시간을 재촉하는 무리가 되게 해주시옵기를, 아버님, 간절히 바라옵고 원하옵니다. 자유세계가 하늘을 배반함으로 말미암아 상처를 준 것이 얼마나 컸다는 것을 잘 알고 있습니다. 대한민국이 얼마나 많은 탕감의 조건을 치렀는가를 알고 있습니다. 이제 더 이상 탕감을 치르는 운명에 서게 될 때에는 대한민국이 망할 수밖에 없다는 사실을 확실히 알고 옷깃을 여미며 하늘 앞에 최후의 지성소에 들어가 판결적인 싸움과 결의를 하는 당신의 아들딸들이 되게 해주시옵길 간절히 바라옵니다.

그리하여 '승리만이 있을 것이다, 아주!'라고 나설 수 있는 당신의 영광스러운 모습들이 되지 않고는 안 되는 것을 이 시간에 마음 깊이 명심하고, 빛나는 내일을 위한 용사의 자세로서 출전을 가다듬는 이 시간이 되게 허락해 주시옵길 간절히 바라옵고 원하옵니다. 아버지, 이 나라와 민족을 두고 볼 때 얼마 후에는 또 모진 바람이 몰아칠 세계의 와중에서 거센 파도와 싸워야 할 당신의 섭리적인 터전이 남아 있사옵기에 스승은 가더라도 남아진 후방에 있어서 당신이 남기신 위업을 생명시하고 끝까지 싸워 나갈 수 있는 당신의 자녀들이 되게 해주시옵길 간절히 부탁드리고 원하옵니다.

그리하여 국가가 환희하고 영광을 찬양할 수 있는 한 날에 재상봉할 수 있는 날이 있거들랑 하늘 앞에 저희는 상하 일체가 되어 눈물과 더불어 당신이 승리했다며 온 천지가 아버지 앞에 영광을 돌리고 그 나라와 주권은 아버지의 것이라고 자랑할 수 있는 그날이 저희의 피와 땀과 눈물을 거치는 그 끝에 있지 않으면 안 될 것이옵니다. 그런 역사적인 숙명이 저희를 기다리고 있다는 사실을 망각하는 무리가 되지 않도록 허락해 주시옵기를 간절히 바라옵고 원하옵니다.

빛나는 세계적인 축복의 문이 대한민국을 향하여 열릴 것을 바라고 있사오니 온 영계의 영인들은 이들의 심령을 이어받아 제물의 실체로서 생축의 제물이 되겠다고 나선 어린 자녀들 위에 길이길이 같이하시사, 내일의 축복을 당신의 영광 가운데서 대한민국을 거쳐 만국 앞에 전수할 수 있는 기쁨의 역사가 있기를 바라마지 않사옵니다. 허락하신 축복을 떠나가게 하지 마옵소서. 그 대신 저희는 약속하신 그 약속을 생명을 여의는 한이 있더라도 사수할 것을 결의했사오니, 영계가 협조하게 하시고 타락하여 실수하는 자들이 되지 않고 승리하여 당신의 사랑을 받는 아들딸들이 될 수 있게끔 지키고 인도해 주시옵길 재삼 부탁드립니다.

미래의 세계 앞에, 또한 아버지 앞에 두려움으로써 나서는 자들이 되지 않게 하시고 아버지께서 자랑과 사랑의 손길로써 '내 아들아, 와라!'라고 할 수 있는 자리에 서는 모습이 될 수 있게끔 축복해 주시옵소서. 그와 같은 모습들이 되기 위해 저희 일생을 자기 생명의 활동무대로 알고 전진을 다짐하는 용사들이 되게 해주시옵길 간절히 부탁하면서, 허락하신 시간을 감사하옵고 남은 전체의 시간도 축복해 주시옵길 부탁하면서 모든 말씀을 참부모님의 이름으로 축원하였사옵나이다. 아주! (1980.11.10)

7 당신의 사정을 알게 하시옵소서

아버지, 저희의 마음 자체를 아버지 앞에 솔직히 헤쳐 놓고 하나하나 문답할 수 있는 이 시간이 되게 허락해 주시옵소서. 저희 하나를 세워 놓고 아버지께서는 진정으로 사랑해 주셨습니다. 그것을 몰랐던 나 자신이거든 회개해야 되겠습니다. 진정으로 이 시간에 아버지께서 저를 사랑하고 있습니다. 그러니 무엇보다도 사랑받을 수 있는 저희 모습이 되어야 하겠습니다. 천지를 주고도 바꿀 수 없는 그 사랑의 인연을 저희 생명을 들어 찬양할 수 있는 모습이 되도록 해주시옵소서.

그리하여 변치 않는 아버지의 사랑으로써 금후의 생애를 살아가는 동안 당신께서 영원히 사랑해 주신다는 것을 알게 허락해 주시옵소서. 그런 아버지 앞에 사랑의 대가를 이것으로써 대신하겠다고 할 수 있는 그 무엇이 있사옵니까? 과거에 각자가 지녔던 생활환경과 지금까지 살아온 생활무대에 있어서도, 이 자리에 참석한 마음의 바탕에서도 이것이 당신을 사랑한다는 증명서요, 이것이 당신에 대한 사랑을 통고하는 통고문이라고 할 수 있는 그 무엇을 갖고 있사옵니까?

만일 그것이 없다고 할진대는 당신의 사랑을 유린한 자요, 당신의 사랑을 배신한 반역의 아들딸이요, 당신의 영원한 사랑을 사탄세계에 팔아먹는 역적인 것을 다시 한 번 명심해야 되겠습니다. 제 손이 아버지께 사랑을 돌려드린 적이 있사옵니까? 제 발이 그럴 수 있는 무엇이 있습니까? 제 몸 자체가 그럴 수 있는 내용을 지니지 못하고 있고, 제 마음 자체가 그럴 수 있는 영원한 안식의 터전이 되지 못한 것을 스스로 깨닫게 될 때 아버지를 사랑하는, 아버지로 모실 수 있는 자격이 하나도 없다는 사실을 느끼게 되옵니다.

이와 같은 입장에 있기에 아버지께 사랑한다고 말하기가 두려운 자신인 것을 다시 느끼게 허락해 주시옵소서. 저희의 눈은 자기 이상을 중심으로 하여 아버지를 뵈려고 하였고, 저희의 입은 저희의 지각과 지식의 기능 그리고 지능의 기준을 가지고 아버지 앞에 사연도 말하고 간구도 했습니다. 아버지께 자기 이상을 추구했사오나 아버지께서는 저희 이상의 자리에 설 수 없는 아버지인 것을 생각할 때 만약에 그것을 몰랐으면 회개하게 허락해 주옵소서.

아버지께서는 위에 계시는 줄 알고 정성을 다하여 충성하는 마음을 갖고 찾아왔사오나 알고 보니 아버님은 저희의 발밑에 계셨던 것을 스스로 깨닫고 느끼며 부끄러운 자체를 감출 길 없어 통탄하는 신앙을 뼛골에 체험한 자들이 되어야 할 것을 이 시간에 다시 한 번 느끼게 해주시옵소서. 아버지께서는 인류 앞에 서서 지도할 수 없는 불쌍한 아버지가 되신 것을 알고 있사옵니다. 이렇듯 낙오자의 처진 걸음을 걷고 계시는 아버지, 세상의 그 무엇에도 의지할 수 없는 절망 속에 계시는 아버지인 것을 모르고 철없이 부르는 사람들이 많은 것을 알고 있습니다.

그런 자리에서 아버지께서는 당신이 불쌍하고 초조한 입장임을 잊어버리고 한 생명을 위하여 사경을 극복하면서 나오시는 아버지인 것을 저희는 알아야만 되겠습니다. 저희의 세포와 감정으로는 측정할 수 없는 당신의 많은 사연들이 이 역사 가운데 묻혀 있다는 것을 체험하고, 그 사연을 드러내지 못한 저희는 천년만년 한하여도 용서받을 수 없는 불효의 자식들인 것을 다시 한 번 깨닫게 해주시옵소서. 아버지의 내정을 이 민족을 통하여 마음 깊이 느낄 줄 알고, 묻혀 있는 수많은 역사의 비밀과 더불어 체휼할 줄 아는 당신의 자녀들이 되게 해주시옵소서.

아버지, 이와 같은 아버지의 사정을 알게 될 때 그 사연을 대하기에 부끄러운 자신을 발견할 수 있고 아버지의 긍휼의 사랑 앞에 이 몸을 다 드리기를 고대할 수 있고 부모를 잃고, 하늘을 잃고, 세상의 모든 것을 다 잃어버린 것 이상의 슬픔을 가지고 아버지를 부를 줄 아는 당신의 자녀들이 되어야 하겠사옵니다. 그러지 않고는 하늘의 복귀의 궤도에 저희가 접어들 수 없다는 사실을 확실히 알게 해주시옵길 간절히 간절히 바라옵고 원하옵니다.

바울은 에베소 교인들에게 '우리 주 예수 그리스도를 사랑하는 마음이 변치 않는 자에게 은혜가 있다.'라고 했습니다. 저희가 언제 변하지 않은 적이 있습니까? 저희가 십년 세월을 통일가의 문 안에서 아버지의 심정을 외치며 나왔사오나 변하기 일쑤였습니다. 하루에도 몇 십 번, 몇 백 번 변하는 저희였습니다. 그렇게도 불신할 수밖에 없었던 저희 자신들이기에 아버지께서 가시는 길 앞에 동조자가 되지 못했던 과거를 탄식하면서 아버지의 심정적인 인연을 다시 묶어 달라고 할 수 있고, 쓰러진 모습이나마 아버지를 향하여 일으킬 수 있는 당신의 자녀들이 되지 않으면 안 될 것을 확실히 깨닫는 이 시간이 되게 허락해 주시옵기를, 아버님, 간절히 바라옵고 원하옵니다.

아버지여, 이 시간에 당신의 사랑이 이렇다고 말하기 전에 당신의 사정이 이렇다고 하는 것을 알게 허락해 주시옵소서. 당신의 현재 사정이 그렇다고 말하기 전에 그 이상으로 비참했던 과거의 사정이 얼마든지 있었다는 것을 아는 자녀들이 되게 해 주시옵소서. 내 모습을 바라볼 때 아버지 앞에 부끄러운 모습인 것을 알게 허락해 주시고, 아버지를 위로해 드려야 할 나 자신이 되어야 할 것을 허락해 주시옵길 간절히 바라옵고 원하옵니다.

금번에 이 서울도성을 향하여, 또는 전국을 향하여 통일의 무리가 새로운 역사적인 표어 아래 진군의 행보를 내놓는 이 시간을 가졌사오니, 오늘 그들 앞에 새로운 역사적인 심정의 인연을 두텁게 맺어 주시옵고, 가야 할 방향과 살아야 할 생활의 지침을 그들의 마음 깊이 새로이 정하게 허락해 주시옵길, 사랑하는 아버님, 간절히 부탁드리고 원하옵니다. 이 시간 이후의 나머지 전체를 아버지 앞에 맡기오니 친히 주관해 주시옵길 간절히 바라면서, 모든 말씀을 참부모의 성호를 받들어서 아뢰었사옵나이다. 아주! (1969.5.25)

제5장 참가정

사랑의 질서를 세우는 선한 조상이 되게 하시옵소서

아버님, 세계적인 성혼식을 바라보며 당신이 허락하시고 소망하시는 넓고 크신 뜻을 성취하기 위하여 새로운 출발을 하오니 일체를 당신께서 맡아 주시옵소서. 지금까지의 역사 과정에서는 아버님을 중심삼고 한 남성과 여성이 결합하는 일이 없었습니다. 지금까지 없었던 그런 일이 통일교회에서 이뤄질 수 있게 된 것은 모두가 아버지의 수고의 공로와 은덕으로 말미암은 것임을 저희는 알고 있사옵니다.

지금까지의 역사노정이 한 남성을 찾기 위한 것이었음을 생각하게 될 때 통일이념을 중심삼은 가정으로 비로소 새로운 역사의 문을 열 수 있게 된 것이 하늘의 축복인 것을 알게 되었사옵니다. 아버님의 수고로 말미암아 이 엄청난 축복을 저희로 하여금 받을 수 있게 해주신 은사를 진실로 감사드립니다. 이제 이들이 각자의 모든 것을 아버지 앞에 맡기도록 허락해 주시옵소서.

결혼이라는 것을 중심삼고 생각할 때 저희는 아담 해와의 타락과 직결되는 문제를 연상하지 않을 수 없사옵니다. 타락한 부모의 혈통을 받고 태어난 저희에게 있어서 '아버님을 중심삼은 축복'이라는 것이 얼마나 엄청난 것인가 하는 것을 생각할 때 저희는 진실로 당신의 은사 앞에 감사드리옵니다. 이런 저희가 참된 선을 중심삼은 제물이 된 실체로서 아버지 앞에 먼저 바쳐질 수 있는 남성과 여성이 되어야만 한다는 사실을 알아야 되겠사옵니다.

그러나 개인적으로는 그런 자리에 갈 수 없는 입장에 있는 저희 자신들이라는 것을 생각하게 되옵니다. 그런 자리는 타락한 후손의 입장으로는 도저히 설 수 없는 자리인 줄 아옵니다. 그러나 이제 이들은 참부모의 인연을 통할 수 있는 자녀의 명분을 갖췄사오니, 거기에 아버님이 주동이 되어 주시옵소서. 참부모의 인연을 통하여 일이 시작되는 그 자리에서는 그런 은사의 터전이 이뤄질 수밖에 없다는 사실을 확실히 깨닫는 저희가 되게 해주시옵기를 간절히 바라옵고 원하옵니다.

아버님, 이제 한 남자면 남자, 여자면 여자가 자기의 전체를 아버지 앞에 바쳐 드렸사오니 아버지의 것으로 영원히 영원히 지니시옵소서. 이들로 하여금 권위를 갖추게 하시어서 사탄세계에 당신의 사랑의 질서를 세우는 데 있어서 표본이 됨으로써 선한 조상이 되게 해주시옵소서. 이제 이 엄청난 위업을 부여받아 아버님 앞에 약속을 하고 출발하는 특별한 수련회를, 아버지, 맡아 주시옵소서. 이 9일간, 다음 주 화요일까지를 특별한 기간으로 정하여 아버지 앞에 봉헌하오니 이 기간에 되는 만사가 당신의 경륜에 벗어나는 일이 없게 해주시옵소서.

저희는 몸과 마음이 하나되는 동시에 아버님과 일체가 되어서 사명을 다하지 않으면 안 되겠사옵니다. 아버님을 중심삼고 참부모의 인연 가운데에서 참다운 자녀의 명분을 갖추고 그 신념을 공고히 할 수 있는 자신이 된 다음에 여기에 참석해야 한다는 것을 이들이 알게 해주시옵기를 간절히 바라옵고 원하옵니다. 이제 작정한 시일을 표준하고 출발해 나가는 시간이오니 이 시간 위에 당신의 무한하신 은사를 내려 주시옵기를 간절히 바라옵니다. 더욱이 이 일을 집행해야 할 본부의 책임과 저희의 책임이 중요한 것을 알고 있사오니, 아버님, 만반의 준비를 하는 데 있어서 모든 일을 당신께서 관리하고 통찰해 주시옵소서.

최후의 선의 결정이 당신의 뜻에 합당하게끔 하시옵소서. 모든 것이 유익한 결과를 가져올 수 있게 지도해 주시옵기를 바라옵고 원하옵니다. 사적인 모든 인연을 떠난 공적인 터 위에 당신의 자녀들을 세우시옵소서. 그리하여 영원한 공적인 것으로 남아지게끔 스스로를 검토하고 스스로를 바칠 수 있는 거룩한 시간이 되게 해주시옵기를 간절히 바라옵고 원하옵니다. 하늘과 더불어 이뤄진 이 엄청난 축복의 은사를 고이고이 간직하여 천년만년 자손만대에 선한 조상이 되게 해주시옵소서. 그리하여 선한 조상의 표준을 잃어버리는 불쌍한 자녀들이 되지 않게 해주시옵기를 간절히 부탁드리고 원하옵니다.

이제부터 되어지는 모든 일을 당신이 친히 주관해 주시옵소서. 여기에 모인 수가 4백 명에 가깝사오니 이들 각자의 운명을 당신이 판정하시옵소서. 각자가 서로 응할 수 있는 하나의 이상적인 상대를 갖추어 당신의 뜻을 이루는 데 있어서 합심하여 사명을 하게 해주시옵기를 간절히 부탁드리고 원하옵니다. 각별히 천군천사가 이 환경을 옹위하는 가운데서 이번 기간이 당신이 기뻐하는 기간으로 유종의 미를 거둘 수 있게 보호해 주시옵기를 겸손히 엎드려 아뢰오니, 이들을 친히 맡아서 주관하시고 보호하시고 긍휼히 여겨 주시옵소서. 이 모든 전체를 아버지께 맡기면서 참부모의 성호를 받들어 아뢰었사옵나이다. 아주! (1970.3.23)

2 당신의 자녀들을 기억해 주시옵소서

통일교회 무리를 특별히 사랑하사 수난의 역사시대를 거치게 하신 아버지의 깊으신 경륜을 생각할 때 그 모든 지난날들에 대해 감사드리옵니다. 아직도 이 민족이 뜻을 알지 못하는 가운데 오늘도 수난의 길을 걸어가는 당신의 자녀들을 기억해 주시옵기를 간절히 바라옵니다.

아버님, 저희가 금후에 가는 길 앞에 어떤 어려움이 있더라도 그 길을 헤쳐 갈 수 있게 허락하여 주시옵소서. 영계의 수많은 영인들과 현재의 영통인들을 연결시키시옵고, 이 나라가 나아갈 참된 길과 참된 모습을 바라며 나온 무리를 축복해 주시옵기를, 아버님, 간절히 바라옵고 원하옵니다. 이와 같은 역사적인 인연을 수습하기 위해서 보잘것없는 저희를 불러 모으신 당신의 거룩하신 뜻이 있음을 아옵니다. 저희는 자신들의 모습이 아무것도 아닌 것같이 보이지만 이 역사적이고 시대적인 사명 앞에 아버지께서 특별히 불러 주신 것을 감사할 줄 아는 당신의 자녀들이 되게 해주시옵소서.

아버님! 저희는 아버지 앞에 벌거벗은 어린애와 같아서 당신께서 입혀 주셔야 되겠고, 당신께서 먹여 주셔야 되겠사오며, 당신의 품 안에 품어서 키워 주셔야 되겠사옵니다. 하오나 저희는 아직까지 그런 아들딸의 모습으로서 아버지를 대할 수 있는 한때를 갖지 못했사옵니다. 이런 저희의 마음과 몸이 그런 자리에 서게 해주시고, 저희가 아버지의 아들이 되고 딸이 될 수 있도록 축복해 주시옵소서. 저희는 이 세상에서 가진 것이 없고, 무엇 하나도 갖춘 것이 없는 모습이요, 그 무엇을 들고 자랑할 것이 없는 모습들이지만 당신의 품에 안겨 자랄 수 있는 아들과 딸의 인연을 갖고 있는 것을 감사합니다.

이런 인연은 승리의 권한을 대신할 수 있는 특권인 것을 알고 감사할 줄 아는 저희 자신들이 되어야 하겠사옵니다. 저희가 보기에는 아무것도 아닌 모습이지만 아버지께서 자랑스럽게 여길 수 있고 귀하게 느낄 수 있는 아들딸이 되게 허락해 주시옵소서. 저희가 어려운 길을 가더라도 아버지와 더불어서 가고 슬픈 일을 당하더라도 아버지와 더불어서 당하면서, 어려운 자리에 서더라도 아버지를 위로할 수 있게, 아버님, 이끌어 주시옵소서. 희망과 소망의 한 날을 더더욱 저희 가슴 깊이 품고 내일을 향하여 전진에 전진을 가할 수 있는 아버지의 참다운 아들들이 되고 딸들이 되게 허락해 주시옵소서.

저희가 가는 길이 아무리 험하다고 하더라도 당신이 가야 할 길 앞에 절대로 짐이 되지는 않겠다는 새로운 결의를 갖게 해주시옵소서. 저희는 아버지를 알았고 아버지의 가시는 방향을 알았습니다. 이 때문에 상처를 입고 가중된 십자가의 길을 간다고 하더라도 당신을 위로해 드릴 수 있는 때는 한때밖에 없다는 것을 알고 정성을 다 모아 가는 당신의 자녀들이 되게 허락해 주시옵기를 간절히 바라옵고 원하옵니다. 아시아의 일각에 있는 불쌍한 이 민족을 지금까지 수많은 시련을 거쳐 오면서도 망하지 않게 아버지께서 특별히 지켜 주신 것을 감사드리옵니다.

이제 이 민족이 금후에 가야 할 길을 알도록 아버지께서 일깨워 주시옵소서. 사방에 둘러싸인 국가적인 난시(難時)가 저희 앞에 다가오고, 어려운 시점이 이 민족 앞에 다가오는 것을 염려하게 되옵니다. 저희에 대한 아버지의 경륜의 인연을 연장해 주시옵소서. 저희가 꿋꿋한 모습을 갖추어 흰옷을 입고 제단을 쌓아 경배를 드리면서 아버지 앞에 복귀의 사명을 다해야 할 엄숙한 책임을 지고 있다는 사실을 생각하게 되옵니다. 이것은 누구에게 맡길 것도 아니요, 그 누구에게 부탁할 것도 아니요, 오로지 심혈을 다하는 모습으로서 저희 마음을 다 바치고 저희 몸을 다 바치고 저희 뜻을 다 바쳐서 책임을 다해야 할 것이옵니다. 그래서 아버님의 사랑과 동정이 나타날 수 있게 해야 되겠습니다.

그런 인연을 중심삼아야만 이 민족이 넘어야 할 골고다의 어려운 난관을 극복할 수 있다는 것을 알아야 되겠사옵니다. 지금이 그런 때인 것을 저희가 알고 있사옵니다. 이 민족이 걸어온 모든 수난의 길들이 아버지의 뜻으로 말미암은 길이었다는 사실을 생각하면 할수록 아버지께서 남기신 역사적인 사명을 책임지겠다고 선서하고 나선 저희는 아버지가 바라시는 모습들이 되어야 하겠습니다. 또한 세상에 자랑하실 수 있는 모습들이 되기를 바라는 아버지 앞에 또다시 슬픔을 가중시키는 불쌍한 무리가 되지 않게 해주시옵기를, 아버님, 간절히 바라옵고 원하옵니다.

역사과정에서 그 누구도 아버지를 알지 못했사옵니다. 당신의 소원이 무엇이고, 당신의 뜻이 무엇이고, 당신의 심정이 무엇이고, 당신의 사정이 무엇이며, 당신의 이념이 흥할 수 있는 방향은 어느 방향인가를 알지 못했습니다. 그럴지라도 오늘날 저희는 아버지의 모든 것을 헤아릴 수 있고, 긍휼과 자비의 심정을 갖고 계시는 아버지를 그리워할 줄 아는 참다운 아들딸이 되게 허락해 주옵소서. 간절히 바라옵고 원하옵니다.

이 아침에 삼천리반도에 널려 있는 외로운 통일의 무리가 무릎을 꿇고 아버지 앞에 간구하고 있을 줄 알고 있사오니 그곳에 같이해 주시옵고 두터우신 아버지의 사랑의 인연을 그 가운데 연결시켜 주시옵소서. 시련의 줄을 묶어 잡아당기더라도 당신과의 인연만은 끊어지지 않아야 되겠사옵니다. 모든 것은 제해 놓더라도 당신의 사랑만은 남겨 주시옵고, 모든 것은 제쳐 놓는 한이 있더라도 당신의 권능만은 남겨 주시옵소서. 그런 날을 갖지 못하는 저희라고 할진대는 이 민족 앞에 찾아오는 해방의 날을 아무리 맞으려고 해도 맞을 수 없을 것입니다. 또한 내일의 희망의 한 날을 품었다고 할지라도 뜻 앞에 결코 세워지지 못한다는 사실을 아는 당신의 자녀들이 되게 허락하여 주시옵소서.

지금까지 살아온 자기 자신의 모습을 받아들여서는 안 되겠사옵니다. 어디까지나 출발이 아버지로 말미암아 되어졌기에 결과도 아버지 앞에 귀속시켜 드려야 할 것을 생각하게 될 때 죽어도 아버지요 살아도 아버지라는 생각을 가지고 움직여야 되겠사옵니다.

이렇게 모든 인연을 아버지 앞에 결속시켜 갈 줄 아는 자신들이 되어야 하겠사옵고, 내일의 희망을 다짐해 나가야 하겠사옵니다. 그런 자리에 서야만 아버지께서 같이하시는 것이요, 아버지와 인연이 맺어진다는 사실을 확실히 알게 허락해 주시옵기를 간절히 바라옵고 원하옵니다. 저희 자신의 미숙함을 스스로 깨닫게 될 때 아버지 앞에 자신의 모습을 보여 드릴 수 없는 부끄러움에 사무쳐 한없이 땅을 치며 통곡하고 심정을 다하여 속죄의 눈물을 흘릴 수 있는 모습이라도 되지 않으면 안 된다는 사실을 느끼게 해주시옵기를 간절히 바라옵고 원하옵니다.

저희는 아버지를 수없이 불러 왔습니다. 이제는 아버지가 기쁨의 아버지인지 슬픔의 아버지인지 확실히 알고 그 아버지를 부를 줄 아는 성장한 자녀들이 되어야 하겠사옵니다. 저희는 지금까지 복을 주시는 아버지, 위로해 주시는 아버지, 자신을 어려운 시련 가운데서 구해 주시는 아버지로서 알아 왔사옵니다. 하오나 아버지를 위로해 드리고 구해 드리고 아버지 앞에 세상을 맡아 드려야 할 책임이 저희에게 있다는 사실을 알게 해주시옵소서. 그리하여 어렵고도 불쌍한 입장에 계시는 아버지를 바라볼 적마다 동정의 눈물을 흘리고, 외로운 아버지를 동정하기에 자기 스스로를 잊어버릴 줄 아는 자녀들이 되어야 하겠사옵니다.

그것이 자신의 생활철학이요 자기의 생애노정이라고 인정하면서 갈 줄 아는 자녀들이 되게 해주시옵소서. 그런 아들딸이 있거든 당신의 깊고 후덕한 사랑을 가하여 주시옵고, 남은 복귀의 사연을 나눌 수 있는 아들딸이라고 칭송해 주시옵길 간절히 바라옵고 원하옵니다. 지금까지 저희는 슬플 때 자신을 중심삼고 슬퍼할 때가 많았사옵니다. 그러나 이제는 자신의 슬픔이 극하거든 그 슬픔을 당신의 슬픔을 대신하여 아는 아들딸들이 되게 허락해 주시옵기를, 아버님, 간절히 바라옵고 원하옵니다.

내일의 소망이 아무리 좋다고 하더라도 현재의 입장에서 아버지와 저희 사이에 맺어진 공고한 인연이 없다고 하면 아무리 좋은 소원과 이념을 갖고 있다고 할지라도 그것만을 가지고 저희가 앞으로 소망을 걸 수 없다는 것을 알게 해주시옵소서. 저희를 찾아오신 아버지에게 슬픈 사연이 있고 저희와 아버지의 맺어진 인연이 있다면, 그 아버지의 슬픔의 십자가를 저희 자신이 대신 져야 된다는 사실을 아는 당신의 아들들이 되고 딸들이 되게 허락해 주시옵기를 간절히 부탁드리고 원하옵니다.

저희를 앞서 가신 당신의 뜻은 높고 귀한 줄 알고 있사오니, 어떤 시련도 극복할 수 있도록 심정을 다하는 동시에 최후의 힘과 생명을 다하여 적진을 격파해야 할 사명이 저희가 분부를 받은 사명인 것을 알면서 가고 또 갈 수 있게 하여 주시옵소서. 그런 자기 자신을 정비하기에 모든 것을 아끼지 않는 자녀들이 되게 허락하여 주시옵기를, 아버님, 간절히 바라옵고 원하옵니다. 오늘 당신의 이름을 찬양하고, 당신의 무릎을 그리워하고, 당신의 깊은 심정의 품을 그리워하는 당신의 아들딸들을 부디 버리지 마시옵고 품어 주시옵소서. 그리하여 영광의 한 날, 영광의 한 시간, 은사의 한 시간, 부활의 한때를 이룰 수 있는 거룩한 날이 되게 허락하여 주시옵소서.

지금의 때가 봄절기인 것과 마찬가지로 1970년대는 통일교회의 봄절기가 되게 하시옵소서. 그리하여 영광이 무성할 여름절기를 향하여 전진하게 해주시옵소서. 그것을 위해 새로운 각오를 갖는 자녀들이 되게 허락해 주시옵기를 간절히 바라옵고 원하옵니다. 소수의 무리가 모여 있습니다. 이들은 그 누구를 위하는 길을 가기 위해서 온 것이 아니옵고 당신께 가까이 나가고 당신의 남은 사명을 분담받기를 원해서 모였사오니 이들을 축복해 주시옵기를 간절히 부탁드리고 원하옵니다.

해외에 널리어 수고하는 자녀들도 보호해 주시옵소서. 부디 역사적인 크나큰 책임을 짊어진 일본 교회가 가는 길을 인도해 주시옵소서. 금후에 일본에서 치러야 할 여러 가지 행사와 이곳에서 저희가 계획하는 전체의 행사 위에 당신의 가호의 손길을 같이해 주시옵길 부탁드리오며, 모든 말씀을 참부모의 성호를 받들어서 아뢰었사옵나이다. 아주! (1970.4.19)

3 참다운 효자와 효녀들이 되게 하시옵소서

사랑의 아버님! 예수님이 땅 위에 저희 하나를 찾기 위하여 온 줄 알았더니 그것이 전부가 아니었사옵고, 저희 가정을 위하여 온 줄 알았더니 그것이 전부가 아니었사옵고, 택한 이스라엘만을 위하여 온 줄 알았더니 그것이 아니었사옵니다. 어떤 교파를 위해서 온 분도 아니었사옵니다.

예수님은 온 피조세계의 소망이신 동시에 그 모든 가치를 대신하여 왔다는 것을 저희가 알았사오니, 아버지, 그와 같이 전체를 복귀해야 될 사명을 지닌 예수님 앞에 오늘날 저희는 어떤 마음을 지니고 있습니까? 저희 가정을 붙들고 죽겠다고 하는 사람들이 되지 말게 하여 주시옵소서. 내 민족, 내 나라, 내 세계를 붙들고 죽겠다는 사람이 되지 않게 하여 주시옵소서.

저희가 살아도 천지를 대표하고, 저희가 죽어도 천지를 대표하여 죽는, 즉 천주의 생사문제를 걸어 놓고 살 수 있는 모습들이 되게 허락해 주시옵길, 사랑하는 아버님, 간절히 바라옵고 원하옵니다.

오늘날 이 피조만물 가운데 예수님이 복귀해야 할 뜻이 이뤄지지 않아 탄식의 아우성 소리가 남지 않게 허락해 주시옵고, 혹 그런 것이 조금이라도 남아 있다고 할진대 저희로 말미암아 그것을 제거하게 하시어 예수님과 아버님까지 안심시켜 드리고 그 심정까지 통과하여 아버지와 영원한 인연을 맺을 수 있는 참아들딸들이 되게 허락해 주시옵길, 아버님, 간절히 바라옵고 원하옵니다.

그리하여 역사적인 모든 원한을 해원하고 해원의 위로를 받을 수 있도록, 아버지 하나님, 협력해 주시옵고 같이 나아갈 수 있도록 허락하여 주시옵소서. 저희가 만사를 잊고 하늘을 찬양해 드릴 수 있는 참다운 효자와 효녀들이 되게 허락하여 주시옵길 간절히 바라오며, 모든 말씀을 주의 이름으로 기도하였사옵나이다. 아주! (1958.3.23)

4 아버지의 사랑을 잊지 않게 하시옵소서

오늘은 아버지 앞에 만민이 마음을 모아 경배하고 아버지의 무한하신 사랑과 존귀와 영광을 찬양해야 할 날인 것을 알고 있습니다. 아버지께서 천지창조의 이상을 중심삼고 이루려고 하셨던 소원의 한때가 아직까지 이 땅 위에 나타나지 못한 것을 알고 있습니다. 만물을 지으시고 인간을 지으실 때 아버지의 기쁨은 컸사오나 인간을 중심삼고 영원한 생명과 사랑으로 이뤄진 선의 가정을 그리워하시는 아버지의 심정을 아직까지 헤아린 자도 없었고, 체휼한 자도 이 땅 위에는 없었다는 것을 저희는 아옵니다.

인간시조가 아버지를 모시지 못하여 아버지의 뜻 가운데 안기지 못한 것이 한스럽고 분하고 원통한 것임을 저희가 깨달아야 되겠습니다. 아버지, 이 아침에 저희가 당신 앞에 부복했나이다. 역사과정을 두고 자녀를 찾아오기에 그렇게도 수고하신 아버님, 상심이 크신 아버지인 것을 저희가 마음과 몸으로 체휼하지 않으면 안 되겠습니다. 진정으로 저희의 마음과 몸이 하나되어 슬픔에 잠기신 채 역사과정을 홀로 책임지고 찾아오신 아버님 앞에 충과 효의 도리를 다하여 아버지라고 부르며 선하신 주인공이라고 부를 수 있어야 되겠습니다.

지난날 저희 자신의 기쁨이 영원히 당신의 마음에 기억될 수 있는 한 때가 있었는가를 냉정히 비판해 볼 때 그렇지 못한 자신들을 한탄하지 않을 수 없습니다. 아버님이 저희와 만나서 사연을 나누고 싶어하는 곳은 저희가 지금까지 살아온 현실의 환경이 아니라 차원이 높은 아버지의 심정적인 세계라는 것을 저희는 깨달아야 되겠습니다. 그 세계는 타락으로 엉클어진 사연을 중심삼고 되는 것이 아니라 모든 사연을 넘고 넘어 진정한 본연의 인연을 중심삼고 느끼고 거동할 수 있는 그 한 시간을 그리워하고 계시는 아버님의 심정을 중심삼고 되어지는 것을 저희가 이해할 수 있게 허락해 주시옵소서.

저희가 말로만 느낀다고 하지 말고 심정으로써 체득할 수 있는 자리에 설 수 있도록 허락해 주시옵길, 아버님, 간절히 바라옵고 원하옵니다. 저희는 얼굴을 들어 아버지의 높으심을 찬양하지 않을 수 없사옵고, 아버지의 고마우신 은사를 대하게 될 때 눈물 없이는 대할 수 없사옵니다. 그 아버지의 높고 귀하신 사랑을 잊지 말도록 인도해 주시옵소서. 저희의 동맥에 피가 흐르는 것으로 아버지가 살아 계시는 것을 느낄 줄 알고, 호흡 소리에서도 아버지의 숨결을 느낄 줄 알고, 피부의 감촉에서도 무한하신 아버지의 자비의 손길을 느낄 줄 아는 당신의 자녀들이 되기를 간절히 바라옵고 원하옵니다.

아버님, 깊고 높으신 당신의 자비로운 심정 가운데 흠뻑 잠기어 당신의 위로를 받을 수 있는 천진난만한 어린이와 같은 심정을 지닐 수 있는 한 시간을 갖지 못한 저희가 얼마나 슬픈 자들인가 하는 것을 알게 해주시옵소서. 저희는 타락의 한을 품고 역사를 되돌아가야 하는 복귀의 운명길을 가고 있사옵니다.

지금 이 땅 위에는 상처를 입은 불쌍한 사람들이 살고 있사옵니다. 그들은 아버님과 관계를 맺을 수 없는 먼 거리에 살고 있사옵니다. 그와 같은 사람들이 살고 있는 엉클어진 환경과 사정 속에 자기 자신을 이끌고 본성의 세계로 되돌아가 그곳에서 공인을 받고 이 땅 위에 새로운 출발을 가져오지 않으면 안 될 저희 자신들이라는 것을 생각할 때 아버님으로부터 저희가 너무나 먼 거리에 있다는 것을 다시 한 번 느끼게 되옵니다.

아버지의 깊으신 내적인 심정의 인연 가운데 영원한 아들딸의 인연으로 다시 맺어져서 거기서부터 새로운 분부와 약속 아래에서 재출발해야 될 저희 자신들인 것을 알게 되옵니다. 아버지께서는 저희를 오라고 하시는데도 불구하고 저희는 아직까지 미천한 자리에서 가야 할 길이 남아 있기에 가지 못하는 슬픔어린 불쌍한 자신들이 될 때가 얼마나 많사옵니까? 이것을 확실히 깨닫는 아들딸이 되게 해주시옵기를, 사랑의 아버지, 간절히 바라옵고 원하옵니다.

오늘 저희가 살고 있는 이 자리가 아버님과의 인연을 생각할 때 본래 저희가 있어야 할 자리가 아니라고 느끼면 느낄수록 몸부림치는 당신의 아들딸이 되게 해주시옵소서. 그런 자리에 아버지께서 임재하실 수 없다는 것을 알고 있사옵니다. 지금까지 슬픈 역사를 책임지시느라 수많은 사람들로부터 상처를 받고 배척을 받고 저버림을 받던 아버지께서 이 자리에 찾아오셔서 저희로 말미암아 다시 슬픔을 당하실까 염려하여 저희의 갈 길은 저희가 다 가겠으니 아버님은 기다려 달라고 외치고 나설 줄 아는 당신의 아들딸들이 되게 허락해 주시옵기를 간절히 바라옵고 원하옵니다.

효를 행하여 그 몸이 지치고, 충을 행하여 그 마음이 쓰러지더라도 아버지의 높고 귀한 뜻이 영원히 남아질 수 있도록 해 달라고 몸부림칠 줄 아는 당신의 자녀들이 되게 허락해 주시옵기를, 아버님, 간절히 바라옵고 원하옵니다. 저희의 흩어진 마음과 몸을 바로잡아 모심의 길을 간다고 하더라도 본연의 아버지 앞까지 가기에는 먼 거리에 있는 자신들임을 확실히 깨닫게 해주시옵기를 간절히 바라옵고 원하옵니다.

저희가 먼 자리에서 아버지를 불렀사옵고, 아버지와 관계를 맺을 수 없는 탕감의 내용을 앞에 놓고 아버지를 부를 때가 많았사오나 먼저 아버지를 부르기 전에 저희 각자에게 주신 바의 탕감노정을 헤치고 나가야 되겠습니다. 저희가 짊어진 십자가의 길을 헤쳐 나가야 되겠으니 싸워야 할 싸움을 위하여 정성 들이지 않으면 안 될 저희 자신들인 것을 확실히 알게 해주시옵기를, 아버지, 간절히 바라옵고 원하옵니다.

아버지의 거룩하신 뜻 가운데 숨어 있는 사랑을 느낄 줄 아는 자녀들이 되게 허락하여 주시옵길, 사랑하는 아버님, 간절히 바라옵고 원하옵니다. 전국 각지에 널려 있는 뭇 자녀들을 기억해 주시옵고, 이 시간에 아버지 앞에 무릎을 꿇고 머리를 숙이고, 아버지 앞에 엎드려 아버지를 부르는 자들이 있사오면 사랑으로 품어 주시옵소서. 당신의 깊고 높으신 그 사랑의 품에 안기겠다고 몸부림치며 하늘의 충신 효자가 되겠다고 아버지 앞에 간곡한 사연을 갖고 외치는 자들이 있사오면, 아버지, 그 자리를 그냥 지나치지 마시옵길 간절히 바라옵고 원하옵니다.

아버지, 그 자리에 발길을 멈추시어서 아버지의 깊고 높으신 자비의 심정으로 위로해 주시옵기를 간절히 바라옵고 원하옵니다. 아버님, 이때에 있어서 저희에게 맡겨진 책임이 얼마나 귀중한 것인가를 확실히 알게 해주시옵고, 하늘의 때는 언제나 저희에게만 머물러 있지 않는다는 것을 알게 허락해 주시옵소서. 사람과 이 땅 위의 인연 그리고 이 땅 위의 모든 물질적인 요건은 저희 인생과 더불어 길이길이 같이할 수 있으나 하늘의 뜻과 하늘의 섭리적인 내용은 언제나 저희와 같이할 수 없다는 사실을 알게 해주시옵소서.

한때를 놓치게 되면 영원히 탄식할 수밖에 없는 불쌍한 인간인 것을 저희가 알게 해주시옵소서. 그 한때를 맞기 위하여 충효의 도리를 다하고 준비하는 일에 게을리하지 않는 당신의 자녀들이 되게 허락해 주시옵기를 간절히 바라옵고 원하옵니다. 이 시간에 이곳을 흠모하면서 마음을 다하여 아버지를 부르는 자들을 축복하시옵길 간절히 바라옵고, 세계에 널려서 당신의 뜻을 중심삼아 만날 날을 고대하고 있는 무리 위에도 당신의 위로와 권고가 같이해 주시옵길 간절히 바라옵고 원하옵니다.

최후의 싸움터에서 승리해야 할 책임과 사명이 저희의 어깨에 짊어져 있다는 것을 확실히 알고 아버지의 뜻을 향하여 직행해야 되겠습니다. 선봉에 서서 원수들을 물리치고 아버지가 기뻐할 수 있는 아들딸이 되게 해주시옵기를 간절히 바라옵고 원하옵니다. 오늘 아버지의 이름으로 모이는 곳곳마다 당신이 친히 같이해 주시옵고, 생명의 불길을 밝히어 어두운 세계에 등대의 사명을 다하고 소금의 사명을 다할 줄 아는 당신의 자녀들이 되기를 간절히 바라옵고 원하옵니다.

통일교회가 나올 때까지 얼마나

많은 피어린 길이 있었는가를 그들이 체휼하게 해주시옵소서. 눈물의 길, 슬픔의 길, 억울하고 분한 길 가운데서 참기 어려운 고통을 무릅쓰고 찾아 나온 이 길 앞에 충효의 도리를 다해서 민족과 세계의 모든 탕감의 내용을 붙안고 아버지께서 참아 나오신 보람 있는 이 길을 저희가 상속받아 책임을 다할 줄 아는 당신의 자녀들이 되게 해주옵기를 간절히 바라옵고 원하옵니다.

수많은 사람들을 아버지의 품에 안겨 드릴 날을 위하여 저희는 달려가겠사오니 능력을 같이해 주시옵길 간절히 바라옵니다. 영계에 있는 수많은 영인들이 저희를 통하여 해원성사의 한 날을 바라고 있사오니 친히 같이해 주시옵길 간절히 바라옵니다. 현재의 모든 전부를 아버지의 뜻 앞에서 영광의 기점으로 삼아 길이길이 찬양과 존귀와 영광을 아버지 앞에 돌려드리고 참된 효성의 도리를 다하는 당신의 자녀들이 되게 해주시옵기를 간절히 부탁드리오며, 이 모든 말씀을 참부모의 성호를 받들어서 아뢰었사옵나이다. 아주! (1968.11.17)

5 부끄럽지 않은 부모의 인연을 갖게 하여 주시옵소서

사랑하는 아버님, 저희는 아버님이 찾아 나오시는 터전이 사위기대의 복귀라는 것을 원리를 통하여 배웠습니다. 사랑의 아버지, 하나의 완전한 정에서부터 분립된 것이 다시 합일됨으로 말미암아 사위기대가 이뤄진다는 것을 깨닫게 되었사옵니다. 사위기대의 권을 벗어나고 비켜나서는 아버지께서 바라시는 창조이상의 세계를 다른 어떤 것으로도 이룰 수 없다는 것을 원리를 통하여 저희는 알고 있사옵니다. 아버지께서 바라시는 창조목적의 완성이 무엇이냐고 묻게 될 때, 저희는 사위기대의 완성이라고 말하고 있습니다.

아버지, 이제 남편과 아내가 하나된 자리에 있어야 그 아들과 딸이 하나되는 줄 알고 있사옵니다. 아버지 앞에 고이 바쳐질 수 있는 책임을 다하기 위한 사명이 통일가 앞에 맡겨졌사오니, 아버지, 이 무리를 사랑해 주시옵소서. 아버지여, 통일가의 가정들이 당신이 신뢰할 수 있는 가정들이 돼야만 하겠습니다. 아버지께서 수천년간 수난의 길을 극복해 오신 것도 이와 같은 가정들을 내세워서 가정이 승리할 수 있는 결정적인 상대를 찾기 위한 것이었다는 것을 생각하게 될 때, 오늘날 통일가의 가정들이 전원 동원될 수 있는 시대를 맞이하게 해주신 것을 진실로 감사드리옵니다.

가정으로서 넘어야 할 탕감노정을 넘어야만 비로소 아버님이 기뻐하실 수 있는 자유의 천지에서 지파 편성이 벌어지게 된다는 것을 저희는 확실히 알았사옵니다. 아버지, 저희는 이제 스스로 설 자리를 잡아서 영원히 아버지의 백성으로 남아질 수 있는 거룩한 무리가 되어야 하겠습니다. 사탄세계와 하늘세계가 판가리의 싸움을 하는 순간에 있어서 아버지의 아들딸로서 승리를 위한 정성의 도리를 다하여 사탄세계에서 탕감짓고 떳떳이 넘어설 수 있는 이 3년 기간이 되게 해주시옵기를 간절히 바라옵고 원하옵니다.

저희가 자나 깨나 어떤 입장에 있더라도 스스로의 생애에 보람 있는 가치의 한 시대를 매듭지을 수 있는 마지막 때를 맞았다는 것이 기쁨이옵니다. 수많은 선지선열들이 이 한때를 위하여 소망을 갖고 나오다가 죽어 갔고, 그들이 나라와 세계를 위해 뜻과 더불어 싸우지 못하고 죽어 간 것이 천추의 한이 된 것을 저희는 아옵니다. 그러하오니 저희는 누구보다 복될 수 있는 입장에 선 가정이 되고 승리의 인연을 가진 가정이 된 것을 지극히 감사할 줄 아는 아들딸들이 되게 해주시옵소서.

일선에 나가 싸우고 있는 당신의 사랑하는 자녀들, 오직 아버지만을 생각하고 아버지만을 위하여 모든 것을 바쳐 드릴 수 있어야 되겠습니다. 그들이 남편과 자식을 뒤에 두고 일선을 책임지고 하루하루 개척해 나가는 것은 증거적인 실적을 갖추기 위한 것이오니 아버지께서 기필코 여기에 같이해 주셔야 되겠습니다. 그가 전도하는 것보다도 아버지 앞에 효성을 바쳐 드리는 것이 가치가 더 크다는 것을 알아야 되겠사옵니다.

아버지, 이들이 인류를 대신하고 이 민족을 대신해 원수의 세계로 가는 길에 있어서 맺고 끊을 줄 아는 거룩한 딸들이 되게 해주시옵소서. 6천년의 한으로 말미암아 여자들이 권위를 찾을 수 없었던 부끄러움의 역사를 이제 밟고 올라서서 승리의 한 날을 맞을 수 있는 특권적인 권한을 이번 기간으로 말미암아 아버지로부터 돌려받는다는 사실을 알게 해주시옵기를, 아버님, 간절히 바라옵고 원하옵니다.

아버지, 1971년도에는 생각하시는 모든 문제점들을 기꺼이 제시시키시옵소서. 이제 아버지께서 기뻐하실 수 있는 뜻을 세울 수 있게끔 마음 마음을 개척하시옵고, 여기에 인연된 무리를 이끄시옵소서. 기필코 거룩한 시대 이상으로 당신의 영광을 찬양할 수 있는 무리가 될 수 있도록 특사의 권한을 허락해 주시옵기를 간절히 부탁드리고 원하옵니다.

영계에 있는 수많은 영인들이 지금이 얼마나 중요한 때인 것을 알고 마음 졸이며 이때를 바라보고 있다는 사실을 저희는 느껴야 되겠습니다. 오늘날 제한된 기간 내에 온갖 충성을 다할 수 있는 한때에 있어서 자신을 잊어버리는 한이 있더라도 충성을 다하겠다고 몸부림치며 모든 정성을 다 기울여서 스스로 귀한 가치의 내용을 아버지 앞에 드러내어 감사할 수 있는 아들딸들이 되게 해주시옵기를 간절히 부탁드리고 원하옵니다.

아버지! 이날을 축복해 주시옵고, 이날을 축하하는 수많은 당신의 자녀들 위에도 축복해 주시옵소서. 만복의 인연이 두루두루 같이해 주시옵소서. 오늘 이날만은 주인 된 입장에 있는 저희가 아버지의 뜻 앞에 있어서 부끄럽지 않은 부모의 인연을 갖기 위하여 온갖 정성을 다 들일 것을 다시 다짐했사오니, 아버지, 부디 품어 주시옵기를 간절히 바라옵니다. 그리하여 당신의 딸들과 더불어 한마음과 한뜻이 되어 하늘과 땅을 거느리고 민족과 세계 앞에 정성의 실체를 세우면서 탕감짓고 넘어갈 것을 약속하는 이 시간이 되게 해주시옵기를 간절히 부탁드리고 원하옵니다.

사랑하는 아버지, 저희의 3년노정 위에 영원히 같이해 주시옵고 1970년대에 승리의 영광을 길이길이 뻗쳐 나가게 해주시옵소서. 영계와 땅 위에 있는 만민들의 해방을 이루는 그날이 어서 속히 오게 해주시옵기를 간절히 부탁드리오며, 모든 말씀을 참부모의 성호를 받들어서 아뢰었사옵나이다. 아주! (1971.2.1)

6 참부모의 사상을 지니게 하시옵소서

아버님, 통일교회가 지금까지 존속해 나온 것은 그 누구의 힘 때문이 아님을 알고 있습니다. 그것은 먼저 아버님의 힘으로 말미암은 것이요, 역사시대에 있어서 피의 대가를 치러 왔던 수많은 선지선열들의 공적의 터전으로 말미암은 것임을 아옵니다.

예수 그리스도가 생애를 바쳐 나갔던 충효의 터전이 남아 있음으로 말미암아 오늘날 이와 같은 인연이 성립된 것을 생각하게 되옵니다. 또한 역사노정의 수난길에 있어서 당신께서 저희 앞에서 얼마나 수고하셨는가를 잘 알고 있사옵니다. 제가 외롭기 전에 당신이 먼저 외로웠사옵고, 제가 슬픈 사정에 처하기 전에 먼저 슬픔을 당하셨던 아버지인 것을 잘 알고 있사옵니다.

이제 그와 같은 역경을 거쳐서 오늘날 통일교단을 형성하고 통일종족을 편성하여 수많은 가정들을 앞에 놓고 오늘 당신의 뜻과 더불어 참된 가정의 인연을 알 수 있는 자리에 선 것이 얼마나 고귀한 것인가를 알아야 되겠사옵니다. 참부모라는 이름이 얼마나 귀한 것인가를 알아야겠사옵니다. 아버지의 한을 풀 수 있는 모체요, 인류에 있어서 소원성취의 중심이요, 이상세계의 기원이 되는 이 참부모야말로 역사를 주고도 바꿀 수 없는 것이요, 시대를 주고도 바꿀 수 없는 것이요, 저희 가정을 주고도 바꿀 수 없는 것이요, 내 자식을 주고도 바꿀 수 없다는 것을 저희가 언제나 명심해야 되겠사옵니다.

그 참부모의 사상을 몸에 지녀야 되겠습니다. 참부모의 뜻은 세계를 구하는 것입니다. 참부모의 사상은 현실을 무시해 버리고 미래의 창건과 역사적 전통을 남기기 위한 사상인 것을 알게 되옵니다. 저희는 과거의 결실을 맺기 위해서 현재에 있는 것이요, 현재 목적의 중심이 되기 위해서 현재에 있는 것이요, 미래 목적의 중심이 되기 위해서 현재에 있사옵니다. 이렇게 3시대의 결정적인 운명을 좌우할 수 있는 거룩한 자리에 선 것을 생각할 때, 그런 인간임을 저희는 미처 몰랐사옵니다.

하오나 아버님, 이제는 알았사옵니다. 그렇게도 당신이 바라시던 참된 가정, 그 참된 가정을 이룸으로 말미암아 참된 민족이 형성되는 것이요, 참된 가정의 전통이 뻗어 나감으로 말미암아 참된 국가가 형성되는 것이요, 참된 가정의 인연을 통해서 국가를 넘고 세계로 흘러가게 될 때 참된 세계가 형성된다는 엄청난 사실을 생각하게 될 때 아버님이 기억하실 수 있고, 아버님이 안식하실 수 있는 참된 가정의 기틀을 마련하기 위해서는 아내들이 먼저 심정적인 전통의 동산을 가꿔야 된다는 것을 이 시간에 확실히 알게 해주시옵기를, 아버님, 간절히 바라옵고 원하옵니다.

제 일신이 쓰러지는 데는 얼마만한 가치가 있을 것인가를 생각해 볼 때 제 몸을 다 드려서 하늘의 해원성사, 땅의 해원성사, 참부모의 해원성사 등 3대의 해원성사뿐만 아니라 이 민족을 해원성사하고 후대의 우리 후손들을 해원성사할 수 있는 자리, 입체적인 소원성취의 내정이 결정되는 이 엄청난 자리가 오늘날 축복받은 아내들의 자리인 것을, 아버지, 알게 하여 주시옵소서.

이제 저희는 정성을 다하여 천추만대에 선한 선조로서의 명분을 세워 길이길이 높임 받기에 부족함이 없는 전통을 세워야 되겠습니다. 그래서 금년에는 '통일기반 확보'라는 표어를 내걸었사옵니다. 저희는 그 기반인 부모님을 몰랐습니다. 저희가 언제 부모님 앞에 효도했으며, 언제 꽃피는 봄에 부모님을 모셨으며, 혹은 여름 가을 겨울에 언제 같이 싸웠으며, 언제 같이 죽기를 각오했습니까?

3년 동안 부모님을 모셔야 됨에도 불구하고 모시지 못한 저희에게 부모님과 3년 동안 운명을 같이할 수 있는 이 기간을 부여해 주신 것에 진실로 감사를 드려야 되겠습니다. 낮에도 부모님이요, 밤에도 부모님이요, 외로워도 부모님이요, 기뻐도 부모님이요, 하늘땅을 바라볼 때도 부모님이요, '우리 부모님을 모셔놓고 천년만년 살고지고'라는 간절한 눈물이 어릴 수 있는 생활노정이 생활환경에 어리게 될 때에는 수많은 민족이 여기에 감동을 받을 것이며, 수많은 민족뿐만 아니라 수많은 세계의 인류가 감동을 받는다는 사실, 거룩하고도 엄청난 사연이 여기에 깃들어 있다는 사실을 확실히 깨닫고 힘차게 더 힘차게 전진하는 당신의 딸들이 되게 해주시옵기를, 아버지, 간절히 바라옵고 원하옵니다.

그동안의 한 많은 사연을 모두 듣고 서로서로 느끼고 서로서로 나눠야 할 것인데도 불구하고 시간이 없어서 그렇게 하지 못하는 그 사연을 아버지께서 알아주시옵소서. 간절한 마음에 사무치는 마음을 통하여 아버지 앞에 아뢰고 아버지 앞에 사연을 통고하는 그 자리마다 당신의 거룩한 손길로, 제가 그런 자리에 있을 때 위로해 주시던 몇 배의 인연을 통하여 같이해 주시옵소서.

그리하여 당신의 생명의 불길이 이들의 민족애의 기원을 통하여 온 삼천리반도에 불붙게 해주시옵기를 간절히 바라옵고 원하옵니다. 거룩한 무리, 깨끗한 무리, 숭고한 무리, 하늘땅이 굽어 살피시어 찬양하는 무리가 이 삼천리반도의 여성들을 통하여 거룩하게 나타날 수 있게 하시옵소서. 이런 시대적인 영광의 터전이 이들로 말미암아 이뤄질 수 있고, 거세적인 놀라운 역사가 이들의 움직임을 통하여 빛날 수 있다는 사실을 고이고이 간직하고 높고 귀하고 거룩한 이름과 숭고하고 고귀한 내용을 더럽히지 않는 딸들, 당신의 사랑을 받기에 부족함이 없는 딸들이 되게 허락해 주시옵소서.

모든 전체를 당신 앞에 맡겼사오니 허락하신 영광이 이들과 더불어 길이길이 같이하게 해주시옵소서. 내일의 싸움터에서 승리한 영광의 기수가 되어 하늘부모를 높이 모시고 그 부모의 사랑을 받기에 부족함이 없는 참다운 딸들이 되게 허락해 주시옵기를 재삼 간구하면서, 이 모든 말씀을 참부모의 성호를 받들어 아뢰었사옵나이다. 아주! (1971.4.29)

7 축복받는 후손들이 되게 해주시옵소서

사랑하는 아버님, 축복가정이 수만 쌍이나 수억 쌍만이 아닙니다. 한 가정이 잃어버린 것을 수억 쌍의 축복권으로서 대등한 가치를 평준화시키기 위해서 하나님이 피의 대가를 치러서 대등한 자리에 끌어 올려놓은 것을 생각하게 될 때, 오늘 평화메시지의 총론을 듣는 이 자리가 얼마나 두렵고 무서운 자리인가를 이 자식들도 생각하고 있사옵니다.

따라가야 할 후손들로서 자기들이 가야 할 길에 첩첩이 쌓인 탕감의 그림자가 남은 것을 청산지어 스스로 자주적인 환경을 개척해 새로운 자기 자신을 중심삼고 광명한 새로운 승리의 아침, 천일국의 새로운 아침이 개인시대로부터 8단계를 넘어 천상세계까지도 비춰질 수 있는 해방·석방을 거쳐서 상속받은 아들딸의 권한들을 갖추게 해주옵소서!

만우주를 사랑하고 싶었던 당신의 목전에 그와 같은 시대를 끌어올려 참부모님이 이것을 상속받아 대신 이뤄진 2대권을 중심삼은 승리의 터전을 제3대권을 중심삼은 이들 앞에 상속하는 시간도 되겠사오니, 아버지, 이들의 엄숙한 마음의 소리를 들으시옵소서. 자기가 일생의 길을 스스로 개척해야 할 금후의 생애노정들을 각자가 책임지기에 부족함이 없게끔 하늘이 조상들을 동원하고 천상세계의 축복가정들을 통하여 울타리가 돼서 보호 육성해 주시옵기를 간절히 바라옵고 원하옵니다.

그리하여 평화경찰과 평화군의 소명적인 책임을 완결할 수 있는 실질적인 저희의 책임이 이제 목전에 다가왔사오니 경찰의 책임과 군대의 책임, 더 나아가서 참부모의 책임까지도 맡아 하늘과 참부모를 보호할 수 있는 상속된 아들딸의 가정권, 가정의 나라권, 가정의 세계권을 갖출 수 있게끔 축복해 주시옵기를 간절히 바라옵고 원하옵니다.

오늘 서울권에 있는 자녀들이 이곳에 참석했사오니, 기념할 수 있는 이날을 더더욱 생각하시어 이들의 마음속에 깊이 소명적인 책임과 창조이상적인 실권을 잃어버렸던 것을 다시 찾게 하시옵소서. 그리하여 본래 이상의 기준까지 축복의 기준을 밟고 넘어가 태평성대와 만국을 넘어서 억만세를 부를 수 있는 석방의 민족들이 될 수 있게끔 책임지고 지도해 주시옵기를 간절히 바라옵니다.

이제 맡기신 이 말씀과 더불어 실체권의 승리적인 실적을 가져서 뒷받침이 되고 자기 울타리를 삼아 당당히 폭풍우가 몰아치는 천상세계의 환란과 지상세계의 환란을 막고 넘어갈 수 있는 축복받은 후손들이 되게 허락해 주시옵기를 간절히 바라옵고 원하옵니다. 금일 이후에 나타나는 시간들을 기쁨으로 받아 주시고 이날을 지나면서 다음날부터 계속해서 올해가 자랑의 해가 되게 허락해 주시옵기를 간절히 부탁하면서, 이 모든 말씀을 참부모님의 이름으로 보고하며 아뢰었사옵나이다. 아주! (2007.3.8)

제6장 참만물

1 만물을 주관할 수 있는 아들딸로 세워 주시옵소서

아버님! 저희는 타락한 세상에서 살면서 만물에게 빚진 자의 생활을 하고 있고, 가정의 부부끼리도 서로가 서로에게 빚진 자의 입장에 있는 것을 저희는 몰랐사옵니다. 부모를 대하는데도 빚진 자의 입장에 있는 것을 몰랐사옵고, 영원하신 아버님 앞에도 말할 수 없이 큰 빚을 지고 있는 저희인 것을 몰랐습니다. 타락세계의 입장에서 보더라도 빚을 진 저희였고, 만물 앞에도 빚을 지고 있고, 신랑 신부의 이념을 세웠던 예수 그리스도의 앞에도 빚을 지고 있는 저희이옵니다.

영원하신 아버님의 사랑을 대신하여 빚을 갚아야 할 저희이온데 진 빚을 갚을 줄 모르고 나 하나를 중심삼고 염려하고 탄식했으며, 땅을 대해 저주하고, 만물을 대해 저주하고, 하늘을 대해 저주했던 저희이옵니다. 어느 한 부분도 용납될 수 없는 저희이옵니다. 이런 인간을 다시 세우기 위하여 예수님은 죽음의 길도 개의치 않고 싸우다가 십자가에서 죽음을 당했습니다. 그럼으로 말미암아 천륜에 맺힌 빚을 갚기 위한 2천년의 싸움이 아직까지 종결되지 않은 채 심판이란 명사가 남게 되었사옵니다.

아버지! 심판의 고개를 저희가 넘을 수 있도록, 지금까지의 어그러진 역사과정에서 진 빚을 다 청산할 수 있도록 허락해 주시옵소서. 빚을 다 갚고도 남을 수 있는 자가 돼야만 영원하신 아버지 앞에 설 수 있다는 것을 알게 해주시옵소서. 참부모의 빚을 갚고, 참부부의 빚을 갚고, 참만물의 빚을 갚은 자로서 사탄들의 조건을 벗어나 아버님의 사랑에 대한 빚, 아버님이 원하시는 생명에 대한 빚을 갚을 수 있는 생활로 저희를 이끌어 주시옵소서. 아버님, 간절히 바라옵고 원하옵니다.

예수님도 이 길을 위해서 지금까지 수고하고 있다는 것을, 아버지, 깨닫게 허락해 주시옵소서. 예수님과 성신은 영계에서 만민을 위하여 무한히 기도하고 있사온데, 그것은 저희가 아직까지 천륜 앞에 진 빚을 탕감하지 못했기 때문이옵고 저희가 너무 불비하고 미비하기 때문임을 잊지 않게 해주시옵소서. 예수님과 성신이 아버지께서 기뻐하실 수 있는 영광의 자리에 서려면 저희가 예수님의 책임을 대신해야 됨을 이 시간에 알았사오니, 하늘에서의 역사가 땅 위에서 이뤄지고 하늘에서 사탄과의 싸움이 땅 위의 저희를 통하여 승리로 이끌어지게 허락해 주시옵소서.

그리하여 영원하신 아버지의 사랑을 기쁨과 영광으로 느끼는 당신의 영원한 자녀들이 되게 허락해 주시옵기를 간절히 부탁하고 원하옵니다. 그래서 아버지 앞에서나, 예수님과 성신 앞에서나, 수많은 선지선열 앞에서나, 땅 위의 인류 앞에서나 만물 앞에 있어서 부끄럼 없는 아버님의 사랑하는 자녀들로, 만물을 당당하게 주관할 수 있는 아버님의 참아들딸로 세워 주시옵기를, 사랑하는 아버님, 간절히 부탁하고 원하옵니다. 이들로 하여금 진 빚을 갚을 수 있게 아버님께서 주관해 주시옵고 이끌어 주시옵길 간절히 바라면서, 모든 말씀을 주의 이름으로 기도하였사옵나이다. 아주! (1956.6.10)

2 만물복귀의 날을 기념할 수 있는 자격자가 되게 하소서

하늘이 세워 주신 참부모의 인연을 통하여 사망의 세계가 새로 복귀된 영광의 날을 맞이하게 된 것을 생각할 때, 이 모두가 아버지 수고의 연고인 것을 저희는 아옵니다. 아버님, 황공하옵니다. 무엇이라고 아뢰올 수 없는 슬픈 마음, 아버지를 알기에 말로써 표현할 수 없는 이 마음을 아버지께서 받으시옵소서. 이 마음을 중심삼고 몸이 아버지를 알고 있사오니 이 몸도 받으시옵소서. 한 몸을 위주로 하여 맺어 주신 부부도 알고 있사오니 이들도 받으시옵소서. 부부를 통하여 선물로 주신 아들딸들도 알고 있사오니 받으시옵소서.

여기에 제1 이스라엘과 제2 이스라엘 그리고 제3 이스라엘의 역사적인 모든 것, 피와 눈물과 땀으로 아버지께서 쌓아 나오신 그 전통적인 위업을 본받아 불초 저희는 그 뜻을 염려하는 마음을 가지고 뒤따라 나왔습니다. 그리하여 아버지의 가정, 아버지의 나라, 아버지의 세계, 아버지의 땅, 아버지의 주권, 아버지의 백성을 복귀하라는 엄숙한 뜻 앞에 저희는 부족한 것들이오나 원수 앞에 승리적인 발판을 닦아서 이와 같은 조건을 복귀할 수 있는 승리의 기반 위에 서게 된 것을 대견히 보아 주옵소서.

이 모든 여건들이 시간적인 거리는 있을망정 저희로 말미암아 필시 이뤄질 것을 가르침을 받아서 이미 알고 있사옵니다. 그렇게 해야 할 책임적인 생활에 있어서 저희는 누구보다도 굳세게 서 있사오니, 아버지, 안심하시옵고 저희의 모든 것을 받아 주옵소서. 이날 헌공식전에 둘러선 당신의 제3시대 아들딸들을 울타리로 삼아서 참부모의 혈육들과 더불어 하늘가정의 중심을 세우신 모든 것을 아버지 앞에 드리고자 하오니, 이 식전에 미비하거나 부족함이 있다고 할지라도 사탄의 참소조건이 되지 않는다는 것을 아버지 앞에 예고하옵니다.

모든 것은 아버지의 긍휼 가운데 되어지는 것이오니 옛날 노아의 실수, 아브라함의 실수, 모세의 실수와 같이 조건을 세워야 할 책임적인 장소를 피하는 자리가 되게 허락해 주시옵소서. 아버지만이 주관해 주시옵기를 간절히 바랍니다.

거룩한 이날은 1963년 7월 26일이오나 오는 4월의 마지막 날까지 연장하는 사실을 아버지 앞에 통고했사옵고, 통고한 날의 다음날인 5월 초하루를 만물을 봉헌하는 날로 선포하고자 하오니 받아 주시옵소서.

이날이 있기 위해서는 부모의 날이 있어야 되고, 이날이 있기 위해서는 자녀의 날이 있어야 되는 연고로 부모의 날을 3월 초하룻날로 아버지 앞에 세워 놓았사옵고, 자녀의 날을 10월 초하룻날로 아버지 앞에 세워 놓았사옵고, 이제 만물의 날을 5월 초하룻날로 아버지 앞에 세워 놓았사옵니다. 지으시던 창조의 세계에서 복귀의 한 날을 찾아오기 위한 땅 위의 평면적인 제 조건은 구비됐사오나 이제 이 모든 날들을 기반으로 하여 하나님의 날을 찾아 세워야 할 날이 남아 있는 것을 알았습니다.

이날이 제창되는 날은 온 천주와 더불어 선포하는 날이오니 그날의 완전한 승리적인 조건의 날로서 이 모든 날들을 세웠사오니, 아버지, 그날을 연장하여 하나님의 날을 완결지을 때까지 저희는 싸울 것이며, 저희는 참을 것이며, 저희는 행진할 것이오니 저희 대열에 아버지의 직접적인 가호로 이제 같이해 주시옵소서. 하늘과 땅이 일체가 되시옵고, 하늘과 백성이 일체가 되시옵고, 하늘을 위주로 한 참부모와 자녀가 일체가 되시옵소서.

이리하여 혈육을 중심삼은 심정적인 인연의 역사를 중심삼고 인류를 하나의 족속으로 묶을 때까지 저희는 이 발판으로부터 구만 리 지구상을 점령하고자 하오니 모든 것이 이날부터 시작되오나 이미 이루신 기반으로 받아 주시옵길 바라옵니다. 그러기에 저희의 마음으로 가진 아버지의 주권을 아버지 앞에 드리고 생활로 자랑할 수 있는 주권을 위하여 저희는 싸우겠습니다. 아버지의 백성을 마음으로 아버지 앞에 바치오니, 아버지를 맞이한 만물의 모든 전부를 마음으로 바치오니 받아 주시옵소서. 그리하여 남아진 백성과 만물을 생활을 통하여 드릴 것을 맹세하오니, 아버지, 시간적인 기간을 용납해 주시옵소서.

이 모든 식전 위에 아버지의 영광이 같이해 주시옵길 간절히 바라옵니다. 정성어린 통일의 신도, 자녀들은 몸과 마음을 다하여 만물복귀의 날을 기념하기 위하여 피눈물어린 성금을 모아 아버지 앞에 드리고자 하옵니다. 여기에 드리는 이 봉투를 중심삼고 천승호를 지었사옵고, 그 외에 운영하는 공장과 모든 것을 하늘 것으로서 이름 지어질 제 만물의 기반 위에서 미리 아뢰옵고 소비한 것도 기쁨으로 받아 주실 것을 알고 있사오니 친히 아버지의 것으로서 받아 주옵소서. 존귀와 영광과 찬송이 우리 아버지께 길이길이 같이하옵길 비옵고, 참부모님의 이름으로 이날을 드리옵나이다. 아주! (1963.7.26)

3 모든 것을 뜻대로 이루어 주시옵소서

아버님, 한 많은 복귀의 길이 복잡하다는 것을 저희는 아옵니다. 그러나 복잡한 길을 다 지내고 아버지의 안식할 수 있는 하나의 고개를 남기고 밟아 오고 싸워 오던 저희가 이제는 소망의 날을 찬양할 수 있는 때가 가까워진다는 것을 은연한 가운데 느끼게 되었사옵니다. 이 모두가 저희가 수고한 바가 아니었사옵고, 남모르는 가운데 무한한 수고의 터전 위에 저희를 불러 세우기 위한 아버지의 노고의 연고임을 알고 있습니다.

오늘날 저희 앞에 부모의 날을 주셨사옵고, 자녀의 날을 주셨사옵고, 아버지를 중심삼은 심정을 통할 수 있는 기반 위에서 하나의 가정을 위주로 한 하나의 종족과 민족과 세계와 천주를 대신하는 아버지를 모실 수 있는 이 놀라운 인연권에 저희를 세우신 것을 감사하옵니다.

사랑하는 아버님, 이 인연이 저희를 끌 수 있는 자리에서 한탄하는 자가 되지 않게 해주시옵소서. 이 인연을 수습할 수 있고 이 인연을 이끌어 나갈 수 있는 한 책임자가 되지 않으면 안 될 것을 저희가 알았사옵고, 이런 목적을 달성하기 위해서 이런 날들이 필요했던 것을 알았사옵니다. 이리하여 억천만 하나님의 원수요, 인류의 원수요, 만물의 원수요, 천상의 원수를 갚고 이 원수의 항서를 받아 아버지 앞에 돌려드려야 할 아들딸의 책임을 감당해야 될 것이 저희의 사명임을 알았습니다.

이제 잃어버린 모든 만물권에 있어서 세워 줘야 할 전체적인 내용을 스스로 복귀시키는 데 저희가 책임 있는 활동을 하지 않으면 안 될 것을 알았사옵니다. 이제부터는 아버지를 안식시키고, 모든 슬픔의 역사는 저희의 시대에 있어서 횡적인 기준 위에 인간들끼리 책임지고 종적인 기준에서 영광만을 돌려드릴 수 있는 저희가 되게 허락해 주시옵길 간절히 바라옵고 원하옵니다.

이제 3년노정의 마지막 고비를 향하여 넘어가는 이때에 있어서 하늘과 땅의 모든 만물이 여기에 하나가 되게 하시옵고, 심정이 있는 곳을 중심삼고 모든 승리의 결정적인 기반을 닦으시어 아버지의 영광스럽고 영원한 기준 위에 승리적인 영광으로 나타나게 허락해 주시옵길, 아버지, 간절히 바라옵고 원하옵니다. 이것을 위하여 수많은 당신의 아들딸들이 오늘도 싸우고 있사옵고, 이 시간에도 당신을 향하여 호소하고 있사오니 그 호소하는 전체적인 내용의 심정을 친히 들으시옵고 승리의 성사의 한 날을 전체 뜻 앞에 이뤄 주시옵기를 간절히 바라옵고 원하옵니다.

이 일을 위하여 해외에 널려 있는 모든 당신의 아들딸들 위에도 같은 은사의 권내에서 보호해 주시옵고, 그 모진 싸움 앞에 지치지 말게 허락해 주시옵소서. 최후의 영광스러운 한 날을 같이 맞을 때까지 끝까지 참고 남아지는 무리가 되게 허락해 주시옵길 간절히 바라옵고 원하옵니다.

사랑의 아버지, 오늘날 이 시간까지 같이해 주심을 감사하오며, 돌아가는 저희의 마음과 몸을 통하여 저희가 각기 다시 한 번 새로운 결심을 가져서 다시 새로이 수습된 기반 위에 영광을 대신하여 다시 하늘의 승리적인 용사로 서기에 부족함이 없는 자기 자신을 찾기 위해 노력하게 해주시옵길 간절히 바라옵고 원하옵니다. 모든 것을 뜻대로 이뤄 주시옵소서. 아버지의 계획하신 승리의 영광만이 온 천주에 이뤄지게 허락해 주시옵소서. 주의 이름으로 아뢰었사옵나이다. 아주! (1963.5.15)

4 만물이 해방을 받을 수 있게 해주시옵소서

아버님, 우리 인류의 조상이 아버님의 사랑의 인연과 더불어 부부의 사랑을 이루어 일체가 되어야 했다는 것을 알았습니다. 아버지와 인류의 조상과 일치된 사랑을 중심삼고, 거기에 만물이 사위기대의 인연 가운데에서 일치되어야 했다는 것을 알았사옵니다. 그런데 인류의 조상이 타락함으로 말미암아 만물이 탄식권에 들어갔고 하나님 아버지께서도 탄식하고 계신다는 사실을 알고 있습니다.

복귀섭리역사의 노정을 회고해 볼 때 인간을 복귀하기 위해서는 반드시 만물을 앞에 내세웠습니다. 그 만물과 더불어 하나님 아버지를 중심삼고 하나될 수 있도록 연결해 나왔습니다. 개인 개인을 중심삼고 그런 인연을 연결시켜 나왔으나 오늘날 통일교단을 중심삼고는 개인을 가지고 안 되겠사옵니다. 인간시조가 부부를 이루기 전에 타락했기 때문에 부부를 중심삼고 하나님 아버지와 연결시킬 수 있는 하나의 기준을 완결시키지 않으면 안 된다는 것을 아옵니다. 그 부부를 중심삼은 모든 물건이 기필코 하나님의 이름을 통과해야 되고, 참부모의 이름을 통과해야 될 새로운 과제가 남아 있는 것을 저희가 확실히 알게 허락해 주시옵소서.

그것을 거치지 않고는 오늘날 저희가 창조될 수 없었다는 사실을 알아야 되겠습니다. 또한 선한 물건을 통하여, 아버지께 속한 물건을 통하여 저희가 빚어진 것과 마찬가지로 만물이 하나의 한계선을 넘어서 하나님과 만물의 해원성사가 이뤄진다는 것을 알고 있습니다. 오늘날 평면적인 세상에서는 세계적인 기준의 원천이 가정을 중심삼고 이뤄진다는 사실을 확실히 알게 허락해 주시옵기를 간절히 바라옵니다.

그럴 수 있는 물건을 위해 저희는 지금까지 정성을 들이지 못했고, 먹고 쓰고 남기고 관리하는 한 사람으로서 그 물건을 아버지 앞에 온전히 바쳐 드릴 한 날을 위해 정성 들이는 생활을 하지 못한 것을 오늘 다시 한 번 느끼게 해주시옵소서. 이것들을 한 가정의 인연으로부터 국가의 인연을 거쳐서 세계의 인연까지 연결시켜 순차적으로 아버님 앞에 봉헌할 수 있는 봉헌의 날이 이 땅 위에 기필코 나타나야 한다는 것을 알고 있습니다.

그때에는 가정을 통하여, 종족을 통하여, 민족·국가·세계를 통하여 거국적으로 인류 전체가 자기의 모든 소유권과 자기 가정 전체를 아버지 앞에 바쳐 드리는 축하의 날이 이뤄져야 된다는 것을 아옵니다. 다시 말해서 하늘 가정으로 입적되는 날이 성립되지 않으면 안 된다는 것을 아옵니다. 그날이 오게 되면 수많은 사람들이 서로서로 앞을 다투어 그 기쁜 날을 찬양하고, 하늘의 날로 그날을 아버지 앞에 봉헌하겠다고 시간을 다툴 수 있는 현실적인 무대가 지상에 나타남으로써 아버지께서 지금까지 6천년 동안 슬퍼하셨던 모든 탄식의 조건을 무너뜨리고 아버지께서 기뻐하실 수 있는 역사적인 소망만이 남아진다는 것을 이들이 확실히 알게 허락해 주시옵소서.

아버님, 그날을 맞이하기 위하여 자기가 갖고 있는 일체를 아버지 앞에 몽땅 바치고 자기의 몸과 가정 전부를 아버지 앞에 바치게 허락해 주시옵소서. 그리하여 하늘의 부모, 즉 참부모와 인연맺어 그 사랑의 품을 통하여 다시 내 것으로 분배받아 영원한 기업의 상속자로 남아져야 한다는 것을 알게 해주시옵고, 이런 엄청난 사명이 저희에게 있다는 것을 알게 해주시옵소서.

그런 일이 개인적으로 일어나야 하고 가정·종족·민족·국가·세계적으로도 일어나야 된다는 것을 알고 있사옵니다. 그 일이 온 세계적으로 이뤄지기 위해서 저희가 성별식을 거행하여 모든 것을 하늘 것으로 연결시켜 나가야 한다는 것을 확실히 아는 자녀들이 되게 허락해 주시옵기를 간절히 바라옵고 원하옵니다.

사랑하는 아버님, 축복을 받은 가정들도 이 자리에 있사옵니다. 저희가 언제 이와 같은 식전을 거쳐서 그런 조건을 갖춘 물건을 하늘 앞에 통과시켰으며, 언제 하늘 앞에 입적을 받아 아버님의 사랑을 중심삼은 본연적인 실체의 조건을 갖췄습니까? 그런 조건을 갖추지 못한 것을 알고 있기 때문에 국가적으로, 세계적으로 그런 터전을 이루기 위해서 저희가 나아가는 과정에 있음을 확실히 깨닫게 해주시옵기를 간절히 바라옵고 원하옵니다.

오늘 그와 같은 목적을 달성시키기 위하여 새로운 결의를 하고, 그런 자극적인 순간과 시간을 만들기 위해서 저희가 이날을 축하하게 해주시옵기를 간절히 바라옵고 원하옵니다. 전국에 널려 있는 자녀들이 이날을 축하하고 있사옵니다. 그들이 당신의 힘과 능력과 당신의 권위와 일치되어 활동함으로써 온 만물이 해방을 맞을 수 있는 환희의 날이 어서 오도록 허락해 주시옵기를, 사랑의 아버지, 간절히 바라옵니다. 그와 더불어 당신의 사랑하는 자녀들이 어떤 나라면 나라를 중심삼고 제2의 해방권을 만들어 아버지 앞에 돌려드릴 수 있는 그날이 어서 속히 오게 허락해 주시옵기를 간절히 부탁드리면서, 모든 말씀을 참부모의 성호를 받들어 아뢰었사옵나이다. 아주! (1969.6.15)

5 만물의 날을 문자대로만 알지 않게 해주시옵소서

아버님, 지금까지의 모든 날들이 슬픔을 품고 다 흘러갔사옵니다. 그러기에 저희는 앞으로 다가오는 날들을 슬픔을 품고 흘러가게 해서는 안 될 책임을 짊어졌사옵니다. 저희는 이 나라에 비운이 깃드는 이때에 그 비운을 걷어 버리고 소망과 희망을 심어 줘야 할 사명을 지닌 통일교회의 무리이옵니다.

절망과 낙담과 비애와 탄식이 감도는 역사사조에 있어서 그것들을 극복할 수 있고 새로운 소망과 희망을 남겨 놓을 수 있는 통일주의가 되어야 한다는 사실을 알았습니다. 그 길을 가기 위해서는 보다 공적인 가치를 찾아서 생활해야 한다는 것을 아는 당신의 아들딸들이 되게 해주시옵기를 간절히 바라옵고 원하옵니다.

아버지, 지금까지 통일교회가 당신의 경륜의 뜻을 따라 나오는 과정에는 슬픈 사연도 많았사옵니다. 그 누구에게도 말할 수 없는 딱한 사정에 몰려 발을 동동 구르면서 아버지가 없다고 저주하고 싶은 때가 한두 번이 아니었사옵니다. 그런 지난날들을 생각할 때마다 말할 수 없이 초조하고 조급하게 시간 시간을 거쳐 오신 아버지가 얼마나 불쌍하신 분인가를 저희가 다시 한 번 느끼옵니다.

저희를 위해 얼굴을 상하셨고, 저희를 위해 손발을 상하신 당신이었사옵니다. 이뿐만 아니라 천만 번 수고로운 공적인 인연을 갖추시고 저희를 위하여 눈물과 피와 땀을 흘리신 아버지인 것을 알고 있사옵니다. 이렇게 아버지께서 저희의 생활권에서 저희와 더불어 살고 계신다는 사실을 생각하게 될 때 아버지의 손을 붙들고 영원히 놓고 싶지 않은 간절함이 저희의 마음에 복받쳐야 되겠사옵니다. 아버지의 목을 붙들고 산길이나 어떤 길이라도 따라가고 싶은 마음에 복받쳐야 되겠사옵니다. 그런 인연을 갖추어 힘이 부족하더라도 어버이를 업고 가는 생활을 해야 되겠다는 마음이 나를 지배하고 생애에 넘치게 될 때 비로소 효와 충의 도리를 다한 입장이 된다는 것을 아는 저희가 되게 해주시옵소서.

아버지! 이 만물의 날이 설정될 때까지의 1960년대를 중심삼아 그 누구도 알지 못하던 싸움의 분기점, 좌로 갈 것인지 우로 갈 것인지 탕감의 인연을 결정지어야 했던 그때를 다시 한 번 회상하게 되옵니다.

그렇게 모든 것을 다 잃어버린 골짜기에서 아버지를 모셔 놓고, 대신 찾은 가치를 지니고 아버지를 중심삼은 소망 가운데에서 통일교회 가정의 역사가 시작되었사옵니다. 그 인연을 따라 부모의 날, 자녀의 날, 만물의 날이 책정되었사옵니다.

이런 날을 기반으로 하여 세워진 날이 하나님의 날이옵니다. 이 하나님의 날이 곧 만물의 날이 되고, 자녀의 날이 되고, 또한 부모의 날이 되어야 할 것이었는데도 불구하고 한 날에 이뤄져야 할 영광의 날이 간격을 두고 누덕누덕 꿰매져서 갖춰졌다는 사실을 생각하게 되옵니다. 이런 날을 맞을 적마다 그 배후에 있는 인류의 시조가 실수한 것을 마음으로 회개하지 않을 수 없사옵니다. 아버님, 용납해 주시옵소서.

전폭의 비단을 그냥 그대로 마름질하여 만든 옷과 같이 말할 수 없이 가치로워야 함에도 불구하고 누덕누덕 기운 옷과 같이 되었다는 것이 부끄러운 사실이라는 것을 저희는 느껴야 되겠사옵니다. 이날을 맞을 적마다 무릎을 꿇고 눈물을 흘리면서 불쌍하신 당신을 마음으로 동정하고, 다른 사람은 효를 하지 못하더라도 나만은 효를 다하겠노라고 이를 악물고 혀를 깨물면서 맹세할 수 있는 저희가 되게 하시옵소서. 이날을 맞을 적마다 많은 사람들이 이런 맹세를 하는 데에 이날을 기념하는 본의가 있다는 사실을 깨닫는 당신의 아들딸이 되게 해주시옵길, 아버지, 간절히 바라옵고 원하옵니다.

아버지의 옷깃을 한 번 붙들면 영원히 놓지 않겠다고 결의한 아들딸이 있사옵니까? 옷깃뿐만이 아니라 손목을 붙들면 자신의 손이 빠지고 자신의 몸이 일그러지는 한이 있더라도 놓을 수 없는 아버지의 손목이라고 하면서 생명을 다하여 그 손목을 붙들고 가겠다고 하는 아들딸이 있사옵니까? 당신의 목을 끌어안고 당신의 품에 안기어 영원히 떠날 수 없다며 죽음의 길이나 망하는 길이라도 그것을 잃을까 봐 두려워하면서 허덕이고 가는 아들딸이 있사옵니까?

세상적으로 보면 불쌍하고 모든 것을 잃어버린 사람일지라도 누구도 갖지 못하는 기준의 가치를 지녀 천지의 인연을 몽땅 사로잡은 채 그 내용을 모조리 움직여 갈 수 있고, 모든 가치의 근거가 거기에 깃들어 있다는 것을 알고 그것만을 자랑하고 그것만을 높이고 그것만을 위하여 사는 아들딸이 있사옵니까? 세상만사는 흘러가고 사회 환경은 변하더라도 마음은 변하지 않고 반드시 역사를 창조하고 환경을 창조한다는 사실을 확실히 아는 당신의 아들딸이 많게 하여 주시옵기를 간절히 바라옵고 원하옵나이다.

아버지, 저희 통일교인들이 가는 길을 축복해 주시옵소서. 저희는 지금까지 벌거숭이 몸이었사옵니다. 저희가 벌거숭이가 된 것은 아버지를 위해서였사오니 벌거벗은 몸이 얼어 죽는 운명에 처하더라도 저희는 감사해야 되겠사옵니다. 얼어붙은 몸으로 원수의 창끝에 찔려 쓰러지는 모습을 상상하면서 그런 자리가 저희 앞에 나타나지 않은 것을 감사할 줄 아는 당신의 아들딸이 되게 해주시옵소서.

오늘 이 자리에 모인 당신의 아들딸들이 만물의 날을 문자대로만 알지 않게 해주시옵소서. 만물이 문제가 아니라 만물이 따를 수 있는 사람이 문제요, 그 사람이 아버님을 따를 수 있는 것이 문제인 것을 알게 해주시옵소서. 그럴 수 있는 참된 사람에게 치리받고 싶고 관리받고 싶은 것이 만물이라는 것을 알게 해주시옵소서. 세상을 사랑하고 만물을 사랑하는 당신의 아들딸들이 되게 해주시옵소서. 누구보다 만물의 가치를 깊이 깨닫고 만물을 관리할 수 있는 당신의 아들딸들이 되게 해주시옵기를 간절히 부탁드리고 원하옵니다.

아버지, 이날에 모인 당신의 아들딸들을 축복해 주시옵고 세계에 널리어 선교에 임하고 있는 아들딸들을 기억해 주시옵소서. 그들이 흘린 눈물을 천배 만배로 당신이 갚아 주시옵고, 그들을 보호해 주시옵기를 간절히 바라옵니다. 저희가 한스러운 기아선상에 부딪치더라도, 휘몰아치는 환경에 부딪치더라도 당신을 찾아가게 해주시고 저희가 그런 자리에 있을 때, 아버지, 긍휼하신 손길로 같이해 주시옵기를 간절히 바라옵고 원하옵니다. 감정이 통하지 않는 이방 민족이오나 아버지와 연결시키어 부자의 인연을 맺게 하시옵소서.

외로운 신앙길을 가야 한다는 것을 생각할 때 원수의 총칼이 겨누고 있다고 하더라도 복귀해야 할 책임이 있다는 것을 알게 해주시옵고, 미리 지도해 주시옵소서. 이 나라를 아버지께서 같이하시는 나라와 민족으로 남겨 주시옵길 간절히 바라옵고 원하옵니다. 이날을 찾으려고 했지만 실체를 쓰고 이 땅에서 찾지 못하여 한을 품고 영계에 가서 지극히 고통당하는 영인들이 많이 있는 줄 아옵니다. 그들에게 선을 위해 협조할 수 있는 특사를 부여하시옵고, 지상에 선한 풍습을 세우는 데 협조할 수 있는 영광의 은사를 부여해 주시옵소서.

이 땅 위의 온 인류가 선의 뜻을 세우기 위해 생명을 아끼지 않고 신앙길을 달려갈 줄 아는 당신의 아들딸들이 되게 해주시옵소서. 그들의 갈 길을 밝혀 주시옵고, 인도해 주시옵고, 그들에게 당신의 생명의 노선을 가려 주시옵소서. 그리하여 끝날에 이르러 환희에 넘쳐 당신을 맞이할 수 있는 아들딸이 되게 해주시옵길 간절히 바라옵고 원하옵니다. 이 길을 가다가 지친 아들딸이나 떨어진 아들딸을 붙들어 주시옵소서. 그들의 발길을 수습하시어 패자의 쓴잔을 마시더라도 복수의 심정으로 내일을 바라보는 사람이 되지 않게 해주시옵고, 희망을 가지고 재기의 기회를 바라보면서 나아가는 아들딸이 되게 해주시옵소서.

대한민국의 수많은 사람들, 더구나 기독교 신도들은 지은 죄가 많사옵니다. 지금까지 통일교회에 대하여 불신과 핍박을 가해 왔던 것은 그들이 몰라서 한 것이오니 용서해 주시옵길 간절히 바라옵고 원하옵니다. 이날을 맞이함에 있어서 원수를 앞에 놓고서는 기쁜 날로 맞이할 수 없는 것을 알고 있사오니, 세상이 이날을 맞이하여 용서를 빌고 아버지께 경배드릴 수 있는 거룩한 날이 되게 해주시옵기를 바라옵니다.

남아진 날들과 이 세계가 당신의 영광 가운데, 당신의 자비와 당신의 사랑권에 머물 때까지 온 인류가 망하지 않게 해주시옵고, 여기에 모인 아들딸들이 그날을 맞이할 수 있는 승리적인 아들딸들이 되게 해주시옵기를 간절히 부탁드리면서, 모든 말

씀을 참부모의 성호를 받들어 아뢰었사옵니다. 아주! (1970.6.4)

6 대제사장의 책임을 다하는 자녀들이 되게 하시옵소서

아버님, 천지만물을 지으시던 당신의 심정을 오늘 이 시간에 감히 헤아려 보옵니다. 만물의 중심이요 행복과 희락의 중심인 심정을 터전으로 한 가정의 인연이 온 우주에 맺어져야 하는 것이 창조본연의 소망이요 목적이라는 것을 생각하게 될 때, 오늘날 이 땅은 당신의 소원과 사정과 심정을 중심으로 일체가 되지 못한 채 타락의 역사를 거듭해 왔사옵니다. 이런 것을 생각하면서 역사적인 모든 부족함을 다시 한 번 회개할 줄 아는 저희가 되도록 인도해 주시옵소서.

사망의 세계에서 아직까지 벗어나지 못한 채 내일의 소망을 위해 싸움의 길로 달려가야 할 수많은 인간들을, 아버지, 긍휼히 여겨 주옵소서. 또한 현세를 박차고 아버지께서 이루시려던 창조이상의 땅인 본향 땅을 향하여 달음질치고 있는 오늘날의 수많은 성도들을 긍휼히 여겨 주시옵기를 바라옵니다.

과거·현재·미래를 책임지고 역사해 나오시며 역경 중의 역경을 거쳐 오시는 아버지의 가슴에는 한이 많다는 것을, 아버지, 저희는 알고 있사옵니다. 아버님의 심정과 이상 앞에 수많은 사람들이 그 영원한 이념과 심정을 찬양하고 노래 불렀어야 함에도 불구하고 당신의 가슴에 못을 박고 말았던 슬픈 과거를 더듬어 볼 때 당신의 심정이 얼마나 슬펐던가를 느끼면서 당신 앞에 머리를 숙이며 무릎을 꿇고 속죄의 제단을 쌓아야 할 저희인 것을 다시 한 번 마음 깊이 명심하게 해주시옵소서.

아버지, 당신 앞에 승리의 제단을 갖춰 놓고 제사장의 사명을 다하는 자녀들이 없는 현실을 바라보시는 당신은 저희만이라도 하늘의 십자가를 대신 짊어질 수 있는 심복들이 되어 주기를 염원하고 계신다는 것을 알고 있습니다. 아버님, 생명을 다하고 책임을 다하여 죽는 한이 있어도 아버님의 한과 슬픔을 풀어 드리기 위하여 아버님의 참다운 효자 효녀가 되고 충신 열녀가 되겠다고 아버님 앞에 쌍수를 들어 맹세한 저희이오나, 실적을 갖추어 아버님이 기뻐하실 수 있는 자리에서 효성과 충성을 다하지 못한 불효하고 불충한 저희임을 탄식하지 않을 수 없사옵니다.

그러나 하늘이여, 저희를 버리지 마시옵고 저희로 하여금 최후의 승리를 약속하신 그날까지 자기의 직책과 사명을 다할 줄 아는 참다운 자녀들이 되도록 역사해 주시옵기를 간절히 바라옵고 원하옵니다.

아버님, 기나긴 역사노정 가운데 수많은 날들이 흘러왔지만 그 어느 한 날이라도 당신이 기뻐하실 수 있었사옵니까? 그런 역사의 흐름 가운데 이 땅 위에 참다운 부모의 날을 찾아 세우셨으며, 또한 참다운 만물의 날을 찾아 세우셨사옵니다. 아버님, 오늘이 바로 당신이 수고하여 찾으신 만물의 날이옵니다. 아버님, 당신이 수고해 나오신 섭리를 다시 한 번 회상하면서 오늘의 이날을 맞이하고 보니 감개무량한 마음을 금할 길 없사옵니다.

오늘은 아버님께서 이날을 만물의 날로 책정한 그날로부터 4년째를 맞는 역사적인 날이옵니다. 흘러간 노정 가운데 슬픔과 서러움의 비참한 역경을 걸어 나왔사오나 당신의 크신 섭리의 뜻 앞에 필승의 한 날을 약속하면서 준비해 온 날들이었다는 것을 다시 한 번 느끼게 되옵니다. 아버지, 지난날의 역경이 크면 클수록 그것이 오늘날의 크나큰 감사의 조건으로 나타난다는 것을 생각하게 될 때 천번 만번 감사하지 않으면 안 될 저희임을 깨닫도록 해주시옵기를, 아버님, 간절히 바라옵고 원하옵니다.

이제 사방에 흩어졌던 당신의 아들딸들이 여기의 청파동교회에 모였사오니 이들을 주관하시어 이날을 기억하게 해주시옵고, 이날로 말미암아 아버님께서 닦아 오신 축복의 날을 세울 수 있게 해주시옵기를, 아버님, 간절히 바라옵고 원하옵니다. 남한 각처에 널려 있는 수많은 통일의 무리가 이날을 위해 무릎 꿇고 정성들여 경배하고 있사오니, 그런 자녀들이 있는 곳곳마다 당신의 자비의 손길을 같이해 주시옵기를 간절히 바라옵니다.

또한 세계만방에서 당신의 이름을 붙들고 경배를 드리는 수많은 자녀들이 있사오니 그들 위에도 친히 같이해 주시옵기를 간절히 바라옵고 원하옵니다. 또한 이 엄청난 우주사적인 사명을 짊어지고 남들이 모르는 외로운 길에서 개척자의 서러움을 부둥켜안고 몸부림을 치는 수많은 당신의 아들딸들이 있사오니, 아버지, 그들을 기억해 주시옵소서. 아버지, 남들이 모르는 가운데 개척자의 길을 가는 역경이 얼마나 고달픈 것인지를 저희는 알고 있사옵니다. 당신도 그와 같은 자리에서 지금까지 싸워 나오셨기 때문에 그런 사정을 잘 알고 있사오니, 아버님의 사정과 통할 수 있는 자들을 세우셔서 그들로 하여금 세계사적인 책임을 완결하게 하시고, 승리의 약속을 이루고 아버님의 뜻을 대신하여 승리의 방패를 세우는데 부족함이 없는 일꾼들이 되도록 역사해 주시옵기를, 아버님, 간절히 바라옵고 원하옵니다.

이제 제1, 제2, 제3의 교회가 새로운 임지를 책임지고 서울 장안을 향하여 진군의 행보를 맞추어 나갈 때이오니 이들 위에 아버님께서 친히 같이해 주시옵고 명령해 주시옵소서. 그리하여 승리의 한 날을 위해 영원한 승리의 방패를 들고 대제사장의 책임을 다하고도 남음이 있는 당신의 자녀들이 되게 해주시옵기를 간절히 바라옵고 원하옵니다. 아버지, 저희는 시간이 가면 갈수록 저희에게 엄청난 책임과 사명이 지워져 있다는 것을 느끼게 되옵니다. 아버지, 이 민족의 운명을 책임지고 나아가면서 정성을 다해 아버지 앞에 보답해야 할 시간과 이 민족을 위해 최후의 결단을 내려야 할 시간이 목전에 다가온 것을 바라보면서 감사한 마음과 감격된 마음으로 아버지 앞에 새롭게 다짐하고 맹세할 수 있는 저희가 되도록 해주시옵고, 그 맹세한 것을 실천하여 실적을 만민 앞에 선물로 나눠줄 수 있는 당신의 자녀들이 될 수 있도록 역사해 주시옵기를, 아버님, 간절히 바라옵고 원하옵니다.

영계의 수많은 영인들도 이날을 소망하면서 탕감받을 수 있는 표본적인 한 날을 바라고 있다는 것을 알고 있사옵니다. 아버님, 오늘 저희 한 자체를 세워 놓고 영계와 육계를 연결시킬 수 있는 입장에서 생사의 판결을 지어야 한다는 것, 그런 중대한 책임이 저희에게 지워져 있다는 것을 알고 있사옵니다. 오늘 여기에 이렇게 모일 수 있는 시간을 허락해 주심을 감사드리옵니다. 지금도 이 시간을 위하여 도처에서 흠모의 심정을 갖고 아버지를 부르고 있는 수많은 자녀들을 품어 보호해 주시옵고, 외로운 길을 가는 자녀들의 모든 사정을 친히 통찰하시옵소서. 기쁨과 영광의 한 날인 오늘 흡족한 은혜로 채워 주시옵기를 원하오면서, 모든 말씀을 참부모님의 성호를 받들어 아뢰었사옵나이다. 아주! (1966.6.19)

7 봉헌전환식을 선포하오니 받아 주시옵소서

사랑하는 아버님! 전 세계가 방향을 갖추어 하나의 나라, 종주국을 찾아서 천국을 향해 갈 수 있는 고속도로를 달려가야 할 시대에 왔습니다. 여기서는 지옥이 해소될 것이고 탄식하던 모든 인류, 천상세계와 지상세계의 사람들이 해방을 받을 수 있는 시대를 갖게 해주셨습니다. 하늘이 부모님을 사랑함으로 말미암아 이제 부모의 나라를 세우고 장자권의 나라를 결정했습니다.

한국의 열두 사람과 일본의 36명을 중심삼은 해와 나라, 어머니 나라가 책임을 못했던 것을 이들이 하나됨으로 말미암아 사위기대적인 기준을 복귀하여 천사장의 세계가 되었던 미국을 비로소 축복할 수 있는 시대가 되었사옵니다. 이제 한국, 일본, 대만, 필리핀, 캐나다, 영국 그리고 2차대전을 벌였던 모든 나라들이 가담하여 2차대전 직후에 참부모를 중심삼고 이뤄야 했던 통일왕국시대를 대신하여 가정적인 왕국을 편성하기 위해서 축복의 길을 개척하던 참부모의 수고를 도와주신 아버지 앞에 감사를 드립니다. 꿈같은 사실들을 개척하기 위한 노정을 아버지께서 수고하며 개척하시던 그날들을 제가 알고 있사옵니다. 그 누구도 알지 못하는 이 길을 걸으며 고개를 넘고 산을 넘고, 대양을 건너, 대륙을 건너 이 일을 펴기 위해 얼마나 통일가의 사람들이 천대를 받고 눈물을 흘렸습니까?

이 눈물의 공을 버리지 않으신 아버지의 사랑에 의거해서 부모님의 나라를 조건적으로 대신 바치며 자녀의 나라까지 대신 바쳐 기독교를 중심삼은 통일왕국권을 세울 수 있는 해방적인 세계로 전진하게 되었습니다. 이로 말미암아 남북통일은 물론이요, 일본과 한국이 한 나라가 되고 대만과 필리핀 그리고 캐나다가 인종을 초월하여 하나된 기준에서 미국을 중심삼고 하나의 가정적 자녀의 인연을 아담 가정에서 세워서 하나님의 사랑을 몽땅 받아야 했던 상하의 사랑, 좌우의 사랑, 전후의 사랑권을 이뤘습니다. 가정적인 이상의 사랑 기준을 중심삼고 정착하지 못했던 모든 전부를 천하의 나라들을 중심삼고 재차 안착할 수 있는 기반을 참부모가 선포하고, 그것을 성사시킨 기반을 아버지 앞에 봉헌하오니 받아 주시옵기를 간절히 바라옵고 원하옵니다.

이제 어머님이 한국의 열두 사람과 어머니 나라인 일본을 중심삼은 대만 필리핀 캐나다의 36명, 그리고 천사장 나라까지 연합시켜 하나되는 자리를 만들었습니다. 비로소 이들 나라가 하나된 기반 위에 부모님과 하나되고, 하나님 앞에 부모와 자녀가 하나된 전체의 조건적인 승리의 한계선을 넘을 수 있는 약속의 때를 맞이해서 이런 식을 거행하오니 기쁘심으로 받아 주시기를 간절히 바라옵고 원하옵니다.

지나가는 모든 조건들이 역사적인 선언이 되고 섭리사적인 승리의 방패권이 되어 사랑주권의 완성세계로 천주 전체에 하나님이 자유롭게 왕래할 수 있고 사탄세계의 흔적을 제거시켜서 사랑의 패권을 가진 주권을 가지고 치리할 수 있는 사랑의 대왕님이 되게 허락하여 주시옵기를, 아버지, 간절히 부탁하고 원하옵니다. 이와 같은 '봉헌전환식'을 선포하오니, 아버지, 받아 주시옵소서. 참부모님의 이름으로 재차 재차 재차 선언 선언 선언하나이다. 아주! (1998.5.26)

제7장 지상생활과 영계

1 골고다의 한을 밟고 넘어가게 해주시옵소서

지금까지의 복귀노정 위에 얼마나 많은 곡절이 있었을까를 생각하면 생각할수록 저희가 가야 할 심정의 고빗길이 남아 있다는 것을 생각하지 않을 수 없사옵니다. 오늘 여기에 어린 자녀들을 모아 놓고 슬펐던 역사의 사실을 다시 한 번 생각할 수 있는 시간을 가졌사옵니다.

어제는 크리스마스여서 그날을 축하한 사람들은 많았사오나 예수님의 심정을 부여안고 눈물을 흘리면서 한의 심정을 가지고 아버님을 대한 사람이 몇 명이나 있었사오며, 또한 내일의 하늘길을 염려하는 자녀가 몇 명이나 있었사옵니까? 헤아릴 수 없을 만큼 수고하신 하나님 아버지라는 사실을 몇 명이나 알고 있사옵니까? 불쌍하고 불쌍하셨던 아버님이었다는 것을 다시 한 번 명심하게 하여 주시옵소서.

아버지의 노정에 이렇게 곡절이 많았던 것과 아버지의 사정이 이렇게 초라한 것이 우리 선조들의 죄로 말미암은 것인 줄 알고 있사옵니다. 아담과 해와의 실수로 말미암은 이 모든 골고다의 한을 저희도 밟고 넘어가야 할 때가 왔사옵니다.

저희는 내일의 여명을 맞이하기 위하여 이 와중에도 흑암의 길을 더듬어 가지 않으면 안 되겠사옵니다. 이 흑암의 길을 거쳐 가야만 새로운 여명을 맞이할 수 있다는 것을 알고 있기 때문에 통일의 역군들은 남들이 싫다고 하는 새벽길을 더듬으며 지금까지 싸워 나왔사옵니다. 이 노정에서 저희가 눈물을 흘리는 일이 있을 때 눈물을 흘리시는 당신과 같이하기를 바라고, 땀 흘림과 굶주림이 있을 때도 당신의 수고의 노정을 위로할 수 있는 한 날을 세우기 위해 몸부림쳤던 것을 당신은 알고 있사옵니다.

한 많았던 과거를 추억으로 남기고 눈물과 더불어 아버님을 염려하는 자들이 되게 해주시옵고, 한 많은 추억과 눈물로 지내오신 지난날을 청산하고 내일의 선을 찾아 웃으시는 소망스러운 아버님의 모습이 그리워서 자신의 초라하고 불쌍한 모습을 잊은 채 효자의 도리를 다하겠다고 몸부림칠 줄 아는 당신의 아들딸들이 되게 해주시옵기를, 아버님, 간절히 바라옵고 원하옵니다.

당신이 걸어오신 길을 따라와 보니 십자가의 길이었사옵니다. 그러나 남들이 알지 못하는 그 길을 개척자의 심정으로 몸부림치며 따라와 보니 그 길이 망하는 길이 아님을 알았사옵니다. 인간들은 조롱했으나 당신은 격려했사옵니다. 수많은 백성들과 인간들은 반대했으나 당신은 앞에서 위로해 주셨사옵니다. '내가 있고, 영계에 있는 천천만 성도들이 네 갈 길을 옹호한다.'라고 하시며 몇 번이고 권고하셨던 것을 저희는 알고 있사옵니다. 제가 그런 자리에 있을 때 위로해 주셨듯이 외로운 저의 뒤를 따르고 있는 저들도 외로운 자들이오니 그들에게도 아버지의 사랑이 같이해 주시옵기를 간절히 바라옵고 원하옵니다.

당신의 간곡한 사정과 서러운 심정을 부여안고 자신이 책임지겠다고 결의하는 딸들이 있사옵니까? 그들을 격려해 주시옵소서. 그런 아들들이 있사옵니까? 그들을 붙들어 주시옵소서. 당신이 남기신 최후의 싸움터에서 승리의 영광을 쟁취하여 아버님 앞에 개선가를 드높이 울리며 아버지의 영광을 찬양하는 자랑스러운 모습을 보여 드릴 수 있는 참다운 아들딸들이 되게 해주시옵기를, 아버님, 간절히 바라옵고 원하옵니다.

아버지, 한민족의 미래를 긍휼히 보시옵소서. 이 민족이 가야 할 길은 단 하나밖에 없사옵니다. 정치·경제·문화적인 면에 있어서 이 민족이 세계에 공헌할 것이 아무것도 없사옵니다. 심정적인 면 이외에는 공헌할 것이 없음을 아옵니다.

천륜의 도리를 따르고 있는 통일의 역군들이 이 민족 앞에 지대한 공헌을 하지 않으면 안 되고 세계사적인 사명을 해야 되는 것을 알고 있사옵니다. 그러므로 저희는 죽으려야 죽을 수 없는 몸들임을 스스로 자각하게 해주시옵고, 안 움직이려야 안 움직일 수 없는 책임과 사명을 짊어진 역군들임을 스스로 자각하게 해주시옵소서. 그리하여 내일의 승리를 쟁취하고, 오늘의 싸움에서 지치지 않게 해주시옵기를 간절히 바라옵고 원하옵니다.

그 누가 뭐라고 하든, 그 누가 반대하든, 그 누가 모략하든 당신을 따르고 당신이 가신 골고다의 산정에서 당신을 배반한 수많은 무리와 같이 당신을 모른다고 하고 뒤돌아서는 자들이 되지 않게 해주시옵소서. 넘어야 할 십자가의 고빗길을 마저 넘어가야 되겠사오니, 이제 저희 앞에 세계적인 골고다가 찾아온다고 할지라도 저희는 새 대열을 갖추어 이 길을 향하여 직행하고 그 고개를 넘어서 승리의 개가를 드높이 울릴 수 있는 저희가 되게 해주시옵소서.

당신이 기뻐할 수 있는 가족과 형제들이 나오기를 얼마나 바랐사오며 그 종족과 그 민족 그리고 그 국가를 얼마나 바랐사옵니까? 그렇게 될진대 이 모든 골고다의 산정은 평지가 되지 않을 수 없사옵고, 사탄의 세력은 쓰러지지 않을 수 없사오며, 하늘은 뜻의 채찍을 들어 치지 않을 수 없다는 사실을 저희가 알고 남아진 이 7년노정을 순종해 갈 줄 아는 당신의 자녀들이 되게 해주시옵소서.

저희에게는 아버지를 사랑하지 못한 한이 남아 있사오니 그 한을 풀어야 되겠사옵고, 아버지 앞에 효성의 도리를 다하지 못한 한이 남아 있사오니 그 한을 풀어야 되겠사옵고, 아버지 앞에 충신의 도리를 다하지 못한 한이 남아 있사오니 그 한을 풀어야 되겠사옵니다. 그러기 위해서는 싸움의 노정에서 효성의 도리를 다해야 되겠사옵고 충신의 도리를 다해야 되겠사옵니다.

아버지를 모셔 놓고 효성을 다하고 충신의 도리를 다하면서 아버지를 시봉할 수 있는 평화의 천국이 어서 속히 이뤄져야 되겠사옵니다. 그날을 위하여 저희는 오늘을 자랑하고 내일을 준비해야 되겠사오니 기쁨 가운데 가는 길에 지치지 않게 해주시옵고, 하늘을 배반하는 자가 되지 않게 해주시옵기를 부탁하옵니다.

1965년, 한 많은 한 해였고 역사적인 곡절을 넘기는 한 해가 지나가게 되었사옵니다. 남은 일주일간 새해를 맞는 그날까지 새로운 자아의 모습을 갖추어 깊은 잠 가운데 있는 이 민족을 위해 진정으로 아버지 앞에 축원할 수 있는 대신자의 사명을 다할 줄 아는 통일의 역군들과 통일교단이 되게 해주시옵기를 간절히 바라옵고 원하옵니다.

하늘이 저주하는 자리에 들어가지 않게 해주시옵소서. 저희가 흘리는 눈물은 만민을 위한 생명의 원천이 되고, 뭇 생명이 그 눈물의 길을 가지 않을 수 없는 생명의 동기가 되게 해주시옵소서. 뭇 백성이 하나님 앞에 부복하여 충신의 도리를 다하고 감사할 수 있는 인연을 남기는 저희의 행로가 되게 해주시옵소서. 저희의 역경의 길이 그런 길이 되게 해주시고, 저희의 슬픈 생활이 그런 생활이 되게 해주시옵기를, 아버님, 간절히 바라옵고 원하옵니다.

이 한 해의 남은 날들에도 이 민족 앞에 복을 베풀어 주시옵고 세계 만민에게 복을 베풀어 주시옵소서. 천상에서 재림의 한 날을 고대하는 수많은 영인들의 한을 해원해 주시옵고, 아버님과 예수님의 한이 해원되고, 이 땅에 평화의 왕국이 건설되고, 아버지가 통치하실 수 있는 그 세계가 어서 속히 이뤄지게 해주시옵소서. 아버님, 간절히 바라옵고 원하옵니다. 만만세의 영광과 승리가 이 땅위에 충만하여 아버님과 더불어 기뻐하고 아버님께 영광을 돌려드릴 수 있는 그날이 어서 속히 오기를 간

절히 부탁드리면서, 모든 말씀을 참부모님의 이름으로 기도하였사옵나이다. 아주! (1965.12.26)

2 뜻적인 승리에 동참할 수 있게 하시옵소서

사랑하는 아버님, 생각에서도 잊지 못하던 조국에 돌아왔습니다. 이 나라의 장래를 아버지께서 책임져 주시옵소서. 철부지한 통일교회 무리는 이 나라와 민족을 위해서 불철주야 많은 눈물을 흘린 것을 저는 알고 있습니다. 치성을 올리는 무리의 종말은 승리와 더불어 연결되고 최후의 영광과 더불어 연결되는 것을 알고 있습니다. 치성하는 도중에는 어려움이 따르는 것이요, 피눈물 나는 희생이 요구된다는 사실도 잘 알고 있습니다.

자아를 승리해야 되고, 가정의 십자가를 극복해야 되고, 더 나아가서는 종족과 민족을 넘어 국가를 중심삼은 십자가의 노정도 극복해야 할 민족적인 사명이 남아 있는 것도 알고 있사옵니다. 또 이후에는 세계사적인 십자가의 산정을 향하여 전진해야 할 크나큰 십자가의 노정이 기다리고 있다는 것도 알고 있습니다.

이뿐만이 아니라 영계를 중심삼고 당신의 심정적인 노정을 개척해야 하고, 현재 저희가 십자가의 길을 통하여 후세의 노정을 개방해야 한다는 놀라운 사실도 알고 있습니다. 작게는 저희로부터 가정을 통하여, 민족·국가·세계를 통하여, 영계를 통하여 아버님의 어전까지 가야 할 그 길은 환영의 길이 아니옵고 핍박과 슬픔이 엇갈리는 환경 가운데서 개척해야 할 행각의 노정인 것을 잘 알고 있습니다.

과거 수많은 종교인들은 이 길을 확실히 알지 못함으로써 개인적인 십자가의 노정, 가정적인 십자가의 노정, 혹은 사회와 국가적인 십자가의 노정에서 다 쓰러져 갔습니다. 여기에 모인 통일의 무리는 이것을 극복하고 최후의 십자가 노정을 아버님의 심정을 중심삼고 뚫지 않으면 안 된다는 사실을 알았기에 오늘날 한국 땅에서 어려움을 무릅쓰고 많은 수고를 한 것을 알고 있습니다. 이들에게 축복해 주시옵소서. 내일의 희망과 더불어 당신의 뜻적인 승리에 동참할 수 있는 영광의 무리가 되게 하여 주시옵기를 바라옵니다.

이제 이 자리에 같이 임하시옵소서. 전하는 말씀이 당신의 기쁘신 말씀으로서 모든 사람의 마음에 심어지게 허락해 주시옵고, 이곳을 향하여 마음을 모으고 기도하는 전 세계 통일의 무리인 당신의 자녀들을 일률적인 은사와 사랑으로 품어 주시옵기를, 사랑의 아버님, 간절히 바라옵니다. 허락하신 은사의 이 자리를 감사드리고 모든 것을 당신께서 먼저 흠향해 주시기를 부탁드리면서, 모든 말씀을 부모님의 이름으로 아뢰었사옵나이다. 아주! (1982.9.26)

3 길이길이 바라는 뜻대로 이루어 주시옵소서

사랑하는 아버님, 천리원정의 멀고 먼 복귀의 길에서 철부지한 어린 것들을 앞에 놓고 이렇게 말하기가 쑥스러움을 느끼면서도 어쩔 수 없었습니다. 이런 통곡스러운 사연을 이 땅 위의 인간세계에서는 그 누구도 몰랐고, 그와 같은 사연을 놓고 생사를 결정지어 판가리의 싸움을 한 사람이 당신의 눈앞에는 어른거리지도 않았다는 것이 역사적인 사실입니다.

이 자식이 뜻을 알고 난 그날부터 이 일을 감당하기 위해서 모든 것을 잊고서 싸울 수 있었고 미쳐서 이 길을 위해 달려올 수 있었던 여력과 건강 그리고 신념을 부여한 것은 제 자신이 아니었습니다. 당신의 혜택으로 오늘에 망한 낙인을 받지 않고 승자의 인을 남겨서 만세취향의 등대가 생겨날 수 있었던 사실을 생각하게 될 때 감사드립니다.

이와 같은 놀라운 하늘의 축복을 여기의 철부지한 2세들 앞에 그냥 그대로 수난길 없이 전수하고 싶은 것이 제 본심이지만 아직까지 나라가 그 자리에 미치지 못했고, 세계가 그 자리에 미치기까지에는 3년노정이 남아 있사옵니다. 모든 정성과 함성을 지녀서 여리고성을 함락해야 될 최후의 순간이 목전에 있사오니 패자의 낙인을 각자의 가는 길에 남기지 않고 승자의 길을 남기기 위해서 이 스승이 걸어간 역사적인 길을 재삼 느끼게 하옵소서.

또 스승의 가정에 이뤄졌던 흥진군과 수많은 형제들이 먼저 탕감의 제물로서 그 구덩이를 메우기 위해서 갔던 은덕을 생각하게 되옵니다. 그들이 부모를 위해서 효성하고 싶었던 모든 일들이 지상에 남아 있기 때문에 동서사방에 울타리가 되기 위해서 노력하는 축복 2세들이 된다고 할 때는 망할 수 있는 길이 있을 수 없다는 사실을 알고 있사오니, 간곡히 부탁드린 말들이 심판의 조건이 되지 말고 찬양과 영광의 조건으로 이들의 생애노정에 길이 빛나게 허락해 주시옵길 간절히 바라옵고 원하옵니다.

어린 마음을 가지고 쌍수를 들어 결의한 모든 것이 땅에 묻히지 않고 횃불과 같이 생애노정을 밝히게 하여 어두운 세상에서 당신의 이끌림을 받아 감사하며 자신도 모르게 수난의 고개를 넘어갈 수 있게끔 인도해 주시옵길 간절히 부탁드립니다. 남아진 생애에 사랑의 위대한 손길이 가

일층 같이하시옵고, 시련의 고비에서 자신만만한 2세들로서의 권위를 드러낼 수 있게 아버지께서 축복하심과 동시에 자랑할 수 있는 모습으로 격려해 주시길 재삼 부탁드립니다.

허락하신 이 한 해가 부끄럽지 않은 해가 되도록 그런 행적을 향해서 전진하겠다고 다짐했사오니 길이길이 바라는 뜻대로 이뤄 주옵소서. 모든 것의 형통을 바라면서 참부모님의 이름으로 간절히 아뢰었사옵나이다. 아주! (1986.1.3)

모든 것이 평준화될 수 있게 축복해 주시옵소서

사랑하는 아버님! 애승일을 책정한 이날을 다시 한 번 생각하면서 여섯 번째 맞는 이날 위에, 아버지, 사랑과 은사로 같이하여 주시옵소서.

세상의 모든 사람들은 죽음의 고개를 제일 무서워하고 사망의 장벽을 원한의 장벽같이 생각하지만, 통일가에 있어서는 죽음의 장벽이 제2의 소생을 창출해 내는 하나의 개문이 된다는 것을 선포하였고, 한 많은 역사시대의 죽음의 고개를 넘어간 모든 영인들을 새로운 인연 가운데 묶고 지상세계와 천상세계가 갈라졌던 것을 죽음의 장벽을 헤쳐 버리고 연결시킬 수 있는 애승일을 책정하게 되었다는 사실을 감사드립니다.

사랑이 이겼다는 것은 사망권을 이긴 것을 말합니다. 그 사망권이 아무리 모지고 강하고 단단하더라도 하나님의 사랑의 권한을 능가할 수 없다는 것을 세계적으로 선포하게 되고, 이 자식을 중심삼고, 부모님의 사랑의 심정과 하나님의 사랑의 심정을 중심삼고 죽음의 고개를 헐 수 있는 승리의 날을 이 흥진 군이 감으로 말미암아 이 땅 위에 책정할 수 있었던 것을 감사드립니다.

사랑하는 아버님, 이제 이 아들을 중심삼고 지상에서 가기 전에 부모님은 약속을 했습니다. 상대 결정과 그 직계 자녀들을 후대에 한 지파로 편성할 것을 작정했사오니, 앞으로 지상에 있는 훈숙 양과 더불어 흥진 군이 천상의 인연과 지상의 인연을 묶을 수 있게, 하늘과 땅을 종적으로 묶을 수 있게 하여 주시옵소서. 그러기 위해서 당신의 사랑하는 딸 훈숙 양이 하늘과 땅을 위해 정성을 들이는 일체의 마음을, 하나님과 부모님을 위해 산 생축의 제물이 되어 가는 생애노정을 흥진 군과 더불어 묶으시사 만민해방, 가정적 해원성사의 도리를 다하게 하시옵소서.

이 가정이 이렇게 지상에 있다 감으로 말미암아 천상세계의 모든 가정적 편성도 자유롭게 이루어질 수 있고, 내적인 모든 영인들도 혜택을 받아 가정적 승리권 내에서 방향을 갖춰 미래에 소망을 가질 수 있는 영계와 육계의 인연을 동반하고 택하여 세운 가정이 되게 축복을 하시옵소서. 이 가정을 중심삼고 앞으로 양자를 직계 자녀와 더불어 연결시켜 만민 해원성사의 축복의 터전을 이루어 가는 이 가정의 장래를 책임지고 인도하여 주시옵소서.

흥진 군 자신은 이 가정이 지상세계의 주인인 동시에 천상세계의 모든 것을 수습하여 이 가정적 인연을 묶을 수 있고, 새로운 천상세계의 가정을 편성하는 데에 개척자의 책임을 겸하여 주기를 바라노라.

오늘 이와 같은 애승일의 축제날을 가졌사오니, 아버지, 친히 함께하여 주시옵소서. 이날을 기쁘게 설정하신 만 5년 전의 그날을 생각하면서 비참하고 외롭고 슬프고 처절한 환경을 수습하고, 아버지, 이 아들이 갈 수 있는 길을 가릴 수 있는 그날을 기억하여 축복하신 애승일이 만세에 빛날 수 있게 허락하여 주시옵소서.

부모의 날과 겸하여 있음으로 말미암아 부모의 날 행사의 모든 예물을 중심삼고 이날을 시행하고, 이렇게 축하하는 축제일을 가질 수 있는 것을 아버지께서 허락하시고 흥진 군도 허락하는 이것으로 받아 주시기를 부탁드립니다.

이제 1989년을 맞이하는 이해는 통일가의 자랑스런 조국을 중심삼고, 지금까지는 조국이라는 그 터전을 하나의 표제로, 하나의 팻말과 같이 받아들여서 종적인 싸움을 무지하게 해 나왔지만, 그 종적인 싸움 터전을 향상시키지 못할 때는 언제나 떠돌이가 되었습니다. 잃었던 선조의 역사를 부모님이 1988년을 보내면서 이제 이 정상의 종적 기반을 확정하고 횡적 세계적인 선포를 한 기반을 중심삼고 종적 터전과 횡적 터전을 이어 줄 수 있는 한국 땅이 이 일을 이어받게 해 주신 은사에 감사드립니다.

이제는 제아무리 사탄이 악랄한 반대의 역사를 자랑한다 하더라도 이 종적 기반 위에 한국이라는 역사적인 종횡의 터전을 중심삼고 국가적 이념권을 세운 것을 밟을 수 없다는 것을 알고 있습니다. 그리고 이제 모든 나라를 대표한 통일가의 무리가, 국경을 넘어 세계에 흩어진 자녀들이 한 식구가 되어 조국광복을 위하는 데에 있어서 어떤 민족들이 충성하던 이상의 충성을 다함으로 말미암아 이 길을 막을 사탄의 터전이 없는 것을 알고 있습니다. 사탄은 장성기 완성급에서 출발했기 때문에 이제 조국을 대표한 한국의 자리를 설정한 것을 완성기 완성급을 중심삼고 참부모님의 사랑을 중심삼음과 동시에 하나님의 사랑에 일체됨으로써 책임분담권을 격파하고 모든 하늘나라와 땅 위의 장벽을 헐고, 만민의 모든 장벽을 헐고 아담 해와의 실수의 인연을 타파하고 그것을 뿌렸던 것을 역사적인 승리의 열매로 대신하고, 아담 국가와 해와 국가의 2세들을 중심삼은 국가적 차원의 사랑의 터전인 가정들을 배출할 수 있음으로써 종횡의 인연을 가정을 중심삼고 확장될 수 있는 세계적 인연을 갖게 하여 주신 은사를 감사드립니다.

이렇게 됨으로써 만국의 소망의 기틀이 한국이 될 것이옵니다. 금후의 한국, 이 나라가 가야 할 길은 저희가 표본이 되고, 이 나라가 밟아야 할 길은 저희가 밟은 길이 전통으로 이제부터 전 국민 앞에 확산되고, 확산된 그 전통이 자기 후대를 중심삼고 횡적 기반을 이어받은 종적 후계 역사를 창출함으로 말미암아 새로운 세계로의 축복의 터전을 이을 수 있는 때가 온 것을 감사드립니다.

금년서부터 이 일을 출발하오니 온 영계와 육계, 예수님과 홍진 군, 그다음에는 4대 종교 지도자, 땅 위에 왔던 효자·충신·열녀들이 여기에 대열을 같이하여 지상 행로의 보조를 갖출 수 있는 천사장권 책임을 완수함으로 말미암아 지상 아담권을 보호하고, 거기에 맞서 나오는 모든 악의 세계를 스스로 제거할 수 있는 자유스러운 전진적인 지상천국이 현현하는 환경적 개척과 실체적 개척이 이루어질 것을 바라고 있사옵니다.

아버지, 만만대를 통해서 바라던 소원 일체가 이제 한국 땅에 설정된 것을 불쌍히 보시옵고, 이 민족이 강팍한 모든 마음을 해소시키고 이 민족을 소란시키는 모든 악당의 무리를 자기 스스로 제어할 수 있는 분열적 계열을 통하시사 이것이 수습될 수 있게, 아버지, 영계의 모든 영들을 동원하여 명령하시옵고, 통일가를 가해하려는 모든 외적 세력을 방비하시사 영적인 천사권이 지상의 타락한 천사권을 굴복시킬 수 있는 전진적 출발을, 더더욱이 애승일을 기하여서 이날의 축복과 더불어 만민 앞에 선포되기를 간절히 바라옵니다.

여기에 모인 당신의 자녀들, 부모님을 중심삼고 직계 자녀들이 모였습니다. 축복받은 모든 외적 세계의 조상들을 대표한 가정들과 36가정 72가정 124가정 430가정, 그리고 21개국을 연결하여 이와 같은 축하의 인연을 펴고 있는 것을 120개 국가를 대표한 것으로 받으시사, 여기서부터 땅끝 전체 어디든지 자유로이 돌아올 수 있는 순환적 노정이 아버지 주관권에 주관받을 수 있는 승리의 천국으로 진전하게 허락하여 주시옵기를 간절히 바라옵고 원하옵니다.

이 애승일의 승리의 권한을 알고 있는 저희는 뜻길 앞에 죽음을 받아 넘어갈 수 있는 자주적인 은사를 허락받아 하늘의 특권적인 자녀의 권한을 가지고 이 모든 생애를 아버지 앞에 생축의 제물로 현현한 것을 감사하며, 아버지의 소망의 천국과 새로이 부활절을 가지고 온 우주를 통괄할 수 있는 사랑의 지도적인 직계 반열에 참석할 수 있는 해방자로서 모든 생사지경을 알고 실천할 수 있는 무리가 되게 하여 주시옵기를 바라옵고 원하옵니다. 그럼으로써 한국의 장래가 죽음이 없는 고개로 전진할 수 있게끔, 아버지, 보호하여 주시옵기를 간절히 부탁드리옵니다.

만만세의 은사와 사랑이 이날과 더불어 만국의 인연을 한국의 기반과 연결시켜 천국의 아버지와 만만 영인들과 지상의 참부모의 가정과 더불어 묶으시어 사망권을 해소할 수 있는 기념의 날로 받아 주시기를, 아버지, 간절히 부탁하나이다. 이 모든 것을 참부모의 이름으로 선포하며 아뢰옵나이다. 아주! 아주! 아주! (1989.1.2)

5 가정들이 정착할 수 있는 본향 땅을 축복하시옵소서

사랑하는 아버님! 한국과 세계에 널려 있는 통일교회의 식구들과 천상세계에 있는 식구들이 일체가 되어서 이곳을 향하여 새로운 결의를 할 수 있는 이 시간을 갖게 해주신 것을 감사합니다. 뜻이 염원하는 그곳을 향하여 축복받은 천지의 모든 가정들이 천지부모를 중심삼고 일심일체가 되어 정착할 수 있는 본향 땅을, 아버지, 축복해 주시옵기를 간절히 바라옵니다.

영계와 육계가 새로운 차원의 새천년을 맞이하여 당신이 원하는 소원의 나라를 세우고 세계를 세워서 사랑의 대왕이 되어 온 천주를 이상적인 평화세계로 지도해 주시옵기를 간절히 바라옵고 원하옵니다.

영계에 있는 모든 식구들, 더욱이 통일교회를 믿고 갔던 모든 식구들이 주도적인 입장에서 참부모가 이뤘던 모든 일들을 계대를 이어 책임수행에 본이 될 수 있게 허락해 주시옵소서. 그리하여 새로이 영계를 혁신하여 지상·천상천국과 이 전부가 하늘이 뜻하시던 창조이상의 결과적인 사랑의 세계로서 전진하게 해 주시옵기를 바라옵니다. 지상의 존재들이 일체가 되어서 역사적으로 슬펐던 하늘부모를 중심삼은 해원성사의 자리에서 모든 것을 주도할 수 있게 해주시옵소서. 그런 입장에서 천지가 일체 되어 아버님을 시봉하는 나라가 되게 허락해 주시옵기를 간절히 바라옵고 원하옵니다.

이제 한국에 와서 10일을 앞에 놓고 전 세계의 모든 식구들이 이곳을 향하여 집결한 모든 행로를 하늘땅이 협조 협력하여 당신이 바라던 소망의 뜻을 완결시킬 수 있는 세계사적인 축복의 날이 되게 하시옵소서.

새로이 출발하는 천상세계와 지상세계의 일체권을 향하여 참사랑으로 말미암아 축복받은 가정들을 중심삼고 전진 도약할 수 있는 역사적인 기원으로 삼아 주시옵기를 간절히 부탁드리고 원하옵니다.

남은 이 나라의 주권자와 백성들이 하나가 됨과 동시에 참부모와 더불어 하나되어서 지상세계 통일권의 기준과 하늘세계 통일적인 기준이 일체가 되어 해방의 승리를 찬양할 수 있는 사랑의 주권세계를 이뤄 주시옵기를 간절히 바라옵니다. 남북이 일체가 되어서 당신 앞에 불효의 모든 역사적인 과정을 다 청산하고 깨끗이 씻어서 해방된 축복을 받을 수 있는 이 나라, 이 강토가 되어 만국의 향토가 되게 허락해 주시옵기를 간절히 바라옵고 원하옵니다.

이 모든 전체를 축복·사랑·승리와 찬양으로써 아버지 앞에 돌려드릴 수 있는 복된 조국이 되게 허락해 주시옵기를 간절히 부탁드리면서, 모든 말씀을 참부모님의 이름으로 축원하였사옵나이다. 아주! (2000.2.6)

6 승리적인 터전을 마련할 수 있게 축복해 주시옵소서

사랑하는 아버님! 영계에 있는 천주부모와 지상에 있는 참부모가 합하여 일체이상을 이루어 이 땅 위에 축복받은 가정들 앞에 정착하려는 엄청난 뜻을 모시는 효자 가정, 충신 가정, 성인 가정, 성자 가정들이 되기 위한 축복을 받은 자녀들이 이 경배식에 참석했사옵니다.

이 천주에 속한 모든 존재들은 사랑으로 말미암아 기원되고 창조된 모든 물건들이 천지부모의 사랑권을 위하여 소속되고 존속하는 입장에서 생존을 유지하면서 승리와 영광의 실체로서 하늘 앞에 봉헌되기를 바라는 창조이상의 모든 전체를 저희가 축복가정으로서 완결 완성을 이뤄서 하늘 앞에 봉헌하옵니다.

이로 말미암아 지상의 해방권, 천상의 해방권, 천지부모의 해방권이 성립된 것을 선포하여 통일교회는 그간에 개인 탕감과 가정 탕감과 종족 탕감과 민족 탕감과 국가 탕감과 천주적인 탕감노정을 걸으면서 승리의 일로를 개척해 나오게 된 은사를 감사드립니다. 이 모든 결과는 하늘이 주체가 되어 상대적인 권한을 보호 육성하여 재창조의 이념 가운데에서 연마시켜 인도해 주신 연고인 것임에 진실로 감사드립니다.

이 청평의 천성왕림궁전을 중심삼고 세계의 모든 인류가 인연을 맺고 각 나라에 하늘나라의 뜻이 어떻다는 것을 인계받아서 선포할 수 있는 이 터전을 마련한 것을 감사하옵니다. 특히 통일가의 축복가정들 중에서 주된 가정으로부터 지금까지 4억 4천만쌍이 되는 모든 가정들이 입적해야 될 중차대한 때이옵니다. 개체 국가와 개체 가정들이 타락한 이후에 소원하던 목적을 결산짓기 위한 대전환의 시기에 처해서 어머니들이 선두에서 입적수련을 받게 해주심을 감사하옵니다.

이 어머니들은 하늘땅을 잃어버린 것을 다시 찾기 위한 선각자요 대표자요 희생적인 생축의 제물을 대신할 수 있는 뜻의 결실자들로서, 어머니의 사랑을 자녀들에게 부식하고 모자의 사랑을 아버지 앞에 연결시켜 천지부모의 사랑까지 연결시키려는 탕감노정의 슬펐던 역사를 완전히 청산짓고 해방의 은사와 승리를 찬양하옵니다. 온 천주에 사랑의 실권을 갖추어 생활할 수 있는 재창조의 주인들이 되게 허락해 주시옵기를 간절히 바라옵고 원하옵니다.

천상세계에 가 있는 흥진 군을 중심삼고 대모님, 충모님, 대형님이 영계에서 4대 성인들을 결속하여 새로운 형제지연으로 말미암아 통일적인 영계의 교회를 이룰 수 있게끔 하여 주시고, 지상에 축복을 확대시켜 추종자들을 아버지의 품에 품을 수 있어서 참부모의 뜻에 통일적인 하나의 혈족으로 맺게 하여 주신 은사를 감사하옵니다.

이와 같이 전진하는 발전을 통하여 승리의 영광과 수확을 하늘 앞에 바쳐 드리는 데 일체 일념, 모든 것을 감사한 마음으로 실행할 수 있는 어머니들이 되게 교육하시옵소서. 자식들을 길러 어머니와 아들딸이 합해 아버지를 모시고 천상세계의 참부모를 따라서 하늘나라의 입적과 해방적인 민족들이 될 수 있게 축복해 주시옵기를, 아버지, 간절히 바라옵고 원하옵니다.

오늘 바쳐 드리는 이 경배식을 기꺼이 받으시옵고 새로이 출발하여 새로이 도전할 수 있는 축복가정들을, 사랑하는 아버지, 기억하셔서 그 마음과 몸 전체를 아버지의 주관 가운데에서 사랑의 일체 일념을 가지고 완전히 하늘 앞에 봉헌할 수 있는 준비체제를 완성시킬 수 있는 세계사적인 종말의 책임을 다할 수 있게 허락하여 주시옵기를 간절히 간절히 바라옵고 원하옵니다.

그리하여 3대가 하나되어 아버지 앞에 봉헌할 수 있는 축복의 행사를 계획한 모든 일들이 뜻 가운데 일취월장되게 허락해 주시옵기를 간절히 바라옵고 원하옵니다. 이것을 마음에 품고 생각하고 기도하는 각자의 마음 마음에 천성을 그리워하고 하늘부모를 모시는 충효의 대표적인 자녀들이 되게 축복하시옵소서. 영광스러운 자녀의 모습을 온 천주에 자랑하시어 하늘이 같이 동참할 수 있는 승리적인 터전을 영원히 마련할 수 있게 축복해 주시옵기를 간절히 바라옵고 원하옵니다.

사랑하는 아버님, 모든 전체를 뜻하신 바대로 이루시옵소서. 승리와 영광과 찬양과 존귀가 길이길이 천지인참부모님과 축복받은 만세의 가정들 위에 같이해 주시옵기를 참부모님의 이름으로 참되고 진실하게 보고를 아뢰옵나이다. 아주! (2000.9.3)

사랑하는 아버님! 하늘과 땅이 주

7 자녀의 면모를 갖추게 해주시옵소서

시하는 코리엔테스, 이곳을 성별해 주시옵소서. 하늘이 이곳을 중심삼고 금후에 남미의 섭리를 연결시키기 위한 뜻이 있어서 남미를 중심삼은 역사를 시작한 지 1년이 넘었사옵니다. 당신이 경륜하신 가운데서 착지를 바라시는 이 땅 위에 승리와 영광과 찬양과 존귀가 길이길이 같이하시기를 바라옵니다.

금년 표어는 '참부모님을 자랑하고 사랑하자'라고 했습니다. 하나님을 자랑하고 사랑하자고 한 것입니다. 하나님의 가정과 나라 그리고 세계를 자랑하고 사랑해야 할 저희에게 맡겨진 임무가 얼마나 막중한지를 알고 있습니다. 하늘의 자식 된 것을 자랑하고 사랑하며, 자식들이 갖춰진 부모가 된 것을 자랑하고 사랑할 수 있게끔 해주시옵고, 그리하여 자녀를 품을 수 있는 오늘의 가정을 가진 것을 자랑하고 사랑할 수 있기를 얼마나 고대했사옵니까?

하늘이 저희를 자랑하고 사랑하는 것과 마찬가지로 저희도 하늘을 사랑하고 자랑할 수 있게 축복해 주시옵소서. 만민 만상이 합해서 하늘을 찬양하고 자랑하고 사랑하는 땅이 되고, 그런 만물과 인간들이 되게 하시옵소서. 그런 인류역사를 편성할 수 있는 가정들이 되지 못한 것이 한이었사오니 통일교회를 내세워 한스러운 모든 것을 걷어차고 이 땅 전체를 하나님의 창조의 솜씨를 자랑하고 사랑할 수 있는 만민이 되고, 역사가 되고, 세계와 지상천국이 되어야 할 것을 생각하옵니다.

모든 만유의 존재가 그 하나에 모든 것을 숙명적으로 바라고 있다는 것을 안 저희는 자연을 보기에 부끄럽지 않은 동시에 과거·현재·미래를 통한 인류역사 앞에 부끄럽지 않고 창조주 앞에 사랑의 대상으로서 부끄럽지 않은 자유와 해방의 실체를 갖추어 하늘에 영광을 드러낼 수 있는 존엄한 모습들이 될 수 있게 축복해 주시옵기를 간절히 바라옵고 원하옵니다.

그리하여 창조주가 이 땅 위에 인간과 더불어 같이 살고, 인간과 더불어 사랑하고, 인류와 더불어 역사 위에 새기지 못한 모든 것을 이 시대를 통하여 참부모의 이름과 더불어 하늘이 소원하는 목적을 기필코 성사시켜 드릴 수 있는 자녀의 면모를 다 갖추게 허락해 주시옵기를 간절히 바라옵고 원하옵니다.

사랑하는 아버님, 영계에서 지상을 중심삼고 총결산을 바라는 이 시대에 있어서 개인과 가정·종족·민족·국가·세계·천주사적인 전부를 가정으로부터 싹 틔워 가지고 해방적인 천주까지 발전시켜야 할 통일가의 사명 앞에 승리와 영광 그리고 만사형통이 같이해 주시옵기를 간절히 부탁드리고 원하옵니다.

부모님이 계시는 곳을 향하여 향심을 모아 정성을 들이는 모든 축복가정의 자녀들과 친히 같이해 주시옵고 그들이 처하고, 그들이 행하고, 그들이 움직이는 전체는 이 땅 위의 사탄세계와 달리 하늘이 같이함을 보여주고 증거함으로써 어디든지 하늘의 모습들임을 나타내게 하시옵소서. 만민 만상이 그들을 존경하고, 그들을 사랑하고, 그들을 자랑할 수 있는 자리에서 숭배할 수 있게 축복해 주시옵기를, 아버님, 간절히 바라옵고 원하옵니다.

이제 앞날에 저희가 바라는 360만 쌍의 축복을 앞두고 온갖 정성을 다하는 통일교회의 모습들을 축복해 주시옵고, 그 위에 갖추는 모든 모습들이 자랑스러운 가정의 형태를 갖춰서 하늘의 축복받은 가정으로서 부끄럽지 않고, 하늘에 자랑을 할 수 있고 사랑받을 수 있는 가정들이 되게 허락해 주시옵기를 간절히 바라옵고 원하옵니다.

이날 당신의 말씀과 더불어 나타나는 곳곳마다 재창조의 역사가 하늘 끝까지 움직여서 살아 있는 하늘이 같이하는 것을 실질적으로 증거하고 보여줄 수 있는 역사가 계속되게 허락해 주시옵기를 간절히 바라옵고 원하옵니다. 한국과 일본 그리고 미국을 중심삼은 160여 개국에 전체 축복권의 자녀들을 품으시어서 하나의 통일된 해방권의 혈족으로서 천주에 드러나게 허락해 주시옵기를 간절히 바라옵고 원하옵니다.

3월도 절반쯤 지냈사오니 찾아오는 날들 앞에 모든 저희가 결의와 새로운 각오로써 하늘 앞에 충효의 도리를 다할 수 있게 허락해 주시옵소서. 지상세계와 천상세계의 일체적인 사랑이상을 중심삼고 하나님과 참부모의 사랑에 전부 다 동거하는 생활이 되고, 온 천주가 환희와 영광 가운데서 품기게 허락해 주시옵기를 간절히 부탁하고 원하올 때, 이 모든 말씀을 참부모님의 이름으로 축원하였사옵나이다. 아주! (1996.3.17)

제8장 신앙생활과 수련

 사명을 알게 해주시옵소서

생명의 부활을 약속하신 아버님, 사랑의 은사를 허락하신 아버님, 영원한 생명을 주신 아버님! 멀리 계시지 않고 저희의 마음에 계시고 저희의 몸에 계시오며 저희의 주위에 계시는 아버님이시여! 저희는 아버님의 사랑을 흠모하는 마음을 갖고 있사옵고, 아버님의 사랑에 잠기고 싶은 마음을 갖고 있사오며, 아버님의 영광을 노래하고 싶은 마음을 갖고 있사옵니다.

이 시간에 저희를 찾아주신 아버지, 기뻐하시는 영광을 나타내 주시옵소서. 그리하여 저희도 기뻐할 수 있는 자체로 화하여 본심과 본성으로 화동할 수 있고 만물과도 화동할 수 있는 영광의 분위기로 이 시간에 각자의 몸과 마음을 바로잡아 주시지 않으면 안 되겠나이다.

약속의 아버지시여, 이 시간에 운행하옵소서. 능력의 아버지시여, 이 시간에 나타나옵소서. 보잘것없는 저희이지만 아버지의 명령에 순종하여 나설 때에는 영원한 생명의 노정을 개척할 수 있는 힘이 솟아날 것을 알고 있사옵니다. 사랑의 아버님! 이 시간에 서슴지 마시옵고 저희의 마음을 통하여 명령하시옵고, 저희의 몸을 통하여 명령하시옵소서.

지으신 본래의 형상을 다시 찾아 주시옵소서. 그리하여 그 미를 보시사 아버지께서 즐기실 수 있고, 천상천하의 모든 피조물 앞에 어엿이 내세우실 수 있으며, 자랑하실 수 있는 아들딸로서 이 시간에 지켜 주시옵고 세워 주시옵기를 사랑하는 아버님, 간절히 바라옵고 원하옵니다.

이날은 거룩한 날이옵니다. 만민의 생명을 책임져야 할 날이옵고, 사망권 안에 있는 원수들의 손에 붙들려 있는 뭇 중생들의 마음과 몸을 아버지 앞으로 인도하지 않으면 안 될 날이옵니다. 이 일을 책임지고 역사하는 분들이 예수님과 성신이옵고, 이 일을 협조해 나오는 이들이 천상의 천천만 성도들이오니, 오늘날 땅 위에 있는 저희가 무장하여 그 뜻을 위해 협조하지 않으면 안 될 남아진 사명을 알게 해주시옵소서.

아버지! 남아진 사명을 감당하지 못할 힘없는 자리에 있다고 할진대는 영원 전부터 약속하신 축복의 뜻을 저희의 마음에 간직할 수 있게 허락하여 주시옵고, 저희를 천륜 앞에 세워 주옵소서. 슬픔을 자극시키는 불쌍한 아들딸들이 되지 말게 허락해 주시옵소서. 아버님의 마음에 어리고 아버님의 품성에 어리어서 아버님이 세우신 전체의 뜻을 몸과 마음을 통하여 당신이 말씀하시기 전에 이룰 수 있고, 당신이 요구하시기 전에 행동할 수 있으며, 당신이 바라시기 전에 실천할 수 있는 당신의 아들딸들이 되게 허락하여 주시옵소서.

아버님, 먼저는 이 민족을 축복해 주시옵소서. 민족을 대신하는 교단을 축복해 주시옵소서. 또 여기에 모여 있는 당신의 아들딸들을 축복해 주시옵소서. 이 일을 만방의 뭇 생명들에게 예고해 주시고 새로운 생명의 축복을 허락해 주시옵소서. 만민에게 아버님의 뜻을 일깨워 주시고 만민의 생명의 터전을 높여 주셔서 그 위에 평화를 나타낼 수 있게 허락해 주시옵길, 아버님, 간절히 간절히 바라옵고 원하옵니다.

이제 엎드린 아들딸들이 새로운 마음으로 아버님의 사랑과 축복을 받을 수 있는 자녀들이 되게 허락해 주시옵고, 아들의 몸이 아버지의 축복이신 영광의 미를 갖추고 그 사랑의 미를 갖출 수 있게 허락해 주시옵소서. 아버지 앞에 합당치 못하여 서러움을 일으킬 수 있는 죄악의 쓴 뿌리를 품고 있는 아들딸이 있사옵니까? 아버님, 이 시간에 운행하시옵고 나타나시옵소서. 그리하여 직접적인 손길로 재창조의 역사를 일으켜 주시옵길, 아버님, 간절히 간절히 바라옵고 원하옵니다.

이 시간에 모인 아들딸들 위에 아버지의 충만한 은사를 나타내 주시옵소서. 지방에 널려서 외로운 제단을 쌓고 있는 자녀들과 당신의 말씀을 증거하는 아들딸들 위에 같은 은사로써 이 시간에 역사해 주시옵길, 나의 아버님, 간절히 바라옵고 원하옵니다. 개개인의 마음의 주인이 되어 주시옵고, 개개인 몸의 본래의 주인이 되어 주시옵소서. 저희의 몸을 성별시켜 주시옵소서. 허락하신 은사를 이 시간에 저희의 몸 마음에 듬뿍 채워 주시옵고, 전체의 머리들 위에 임하여 주시옵기를, 사랑하는 아버님, 간절히 바라옵고 원하오면서 모든 말씀을 사랑하는 주의 이름으로 아뢰었사옵나이다. 아주! (1956.11.25)

2 당신의 영광을 세워 드릴 수 있게 해주시옵소서

아버님, 허락하신 은사를 품고 일주일 동안 악의 처소에서 싸우다가 아버지의 무릎 앞에 이날 다시 모였사오니 저희에게 부족함이 있다고 할지라도 용납하여 주시옵소서. 저희는 아버지께 드릴 무엇을 갖고 나오지 못했사옵니다. 아버지의 염려의 대상으로 나왔사오니 긍휼의 아버님, 능력의 아버님, 사랑의 아버님께서 저희를 현재의 저희로서 남겨두지 마시옵소서. 저희를 맡아 주시지 않으면 안 되겠나이다.

억만 사탄들이 저희를 포위하고 있고 저희의 생명을 노리고 있사오니, 아버님, 저희를 지켜 주시옵소서. 오늘날 저희 개체들이 아버지의 깊은 사랑 가운데 잠기어 아버지의 영광을 마음으로 노래할 수 있게 허락하여 주시옵고, 여기에 엎드려 경배할 수 있는 이 시간이 되게 허락하여 주시옵길, 아버님, 간절히 바라옵고 원하옵니다.

일주일을 지내는 가운데 허락하시지 않은 행동이 생활과정에 남아 있사옵고, 아버지의 뜻 앞에 나타나지 못할 요소가 많이 있을 줄 알고 있사오니, 긍휼의 아버님, 능력의 아버님께서 승리의 권한을 갖고 나타나시옵고 재창조의 손길을 다시 허락해 주시옵길 간절히 간절히 바라옵고 원하옵니다.

아버님, 이날은 거룩한 날이오니 민족을 대신하여 모이는 수많은 교단들 위에 축복해 주시옵고, 아버지의 뜻 하나를 이루기 위하여 숨은 제단을 쌓고 있는 외로운 아들딸들이 이 시간도 아버님 앞에 엎드려 있는 줄 알고 있사오니 그들 위에도 일률적인 은사로 역사해 주시옵고, 끝날에 예고하신 최후의 은사를 그들 앞에도 허락해 주시옵소서. 그리하여 최후에 승리의 제단을 쌓을 수 있으며 당신의 영광을 삼천리반도에 세워 드릴 수 있도록, 아버지, 역사해 주시옵길 간절히 바라옵고 원하옵니다.

이제 이 자리에 모인 당신의 아들딸들이 아버지 앞에 모든 것을 의탁하오니 산 제물로서 받아 주옵시고, 한 생명이라도 아버지의 뜻을 벗어나지 않게 인도해 주시옵소서. 사탄의 공격을 받더라도 꿋꿋이 아버지를 내 아버지라고 부를 수 있는 참아들딸들이 되게 허락해 주시옵길 간절히 바라옵고 원하옵니다.

이날도 지방에 널려서 어려운 싸움을 하고 있는 외로운 아들딸들이 있사오니 모이는 곳곳마다 아버지의 재창조의 능권을 일으켜서 아버지의 아들딸임을 증거하게 허락하여 주시옵길, 사랑하는 아버님, 간절히 바라옵고 원하옵니다. 이제 이 시간에 아버지 앞에 드리는 모든 내용을 오로지 맡아 주관해 주시옵길, 아버님, 간절히 부탁하고 원하올 때 모든 말씀을 주의 이름으로 기도드렸사옵나이다. 아주! (1957.9.15)

3 모든 것을 깨달을 수 있게 해주시옵소서

한 많은 6천년의 모든 내용과 아버님의 내적인 사정이 이들에게 다 전해지지 못했을까 봐 염려되오니, 아버님, 이들을 당신의 품안에 품으셔서 모든 것을 깨달을 수 있게 허락해 주시옵소서! 그리고 이들의 마음에 깨달은 바가 있다면, 이것을 끝까지 책임질 수 있게 허락해 주시길 바라옵나이다.

아버님, 주는 자의 책임이 이렇게 귀중한 것을 느끼는 동시에 받는 자의 책임도 못지않게 귀중한 것을 깨닫게 되오며, 오히려 주는 자보다 받는 자의 책임이 더 중한 것을 알게 되옵니다. 주는 때는 한때이오나 받는 때는 영원을 두고 받아야 함을 알고 있사오니, 하늘로부터 한때 받은 그 진리를 영원히 보존할 수 있는 저희가 되게 허락해 주시옵고, 한때 받은 생명을 영원히 보존할 수 있게 허락해 주시오며, 한때 받은 사랑을 영원히 보존할 수 있는 저희가 되게 허락해 주시옵소서. 그런 저희가 돼야만 하나님 아버지의 참된 자녀들이 될 수 있다는 것을 알게 허락해 주시길 또한 간절히 바라옵고 원하옵니다.

과거에 저희는 많은 말씀을 들었사옵고 많은 생명과 사랑의 은사도 받았사오나 이 시간에 저희의 마음이 비어 있사오니 빈 저희의 마음을 채워 주시옵고, 이제까지 수십 번 하늘을 배반한 것을 이 시간에 회개하오니 용납해 주시길, 아버님, 간절히 바라옵고 원하옵니다. 그리하여 진리의 열쇠를 찾고 생명과 사랑의 열쇠를 찾아서 남아 있는 우주적인 진리와 생명과 사랑의 문을 열어서 천주의 중심으로 계시는 아버지의 내적인 사정을 풀어 드릴 수 있는 자녀들이 되게 해주시옵고, 당신의 믿으실 수 있는 참자녀의 자리까지 나아갈 수 있게 허락해 주시옵길, 아버님, 간절히 부탁드리고 원하옵니다.

남은 모든 것을 분별해 주시옵고, 미비한 모든 것을 채워 주시오며, 영원한 천국이 온전히 이루어지는 날까지 저희를 이끌어 주시옵기를 간절히 간절히 부탁드리면서 모든 말씀을 주의 이름으로 아뢰었사옵나이다. 아주! (1957.3.17)

4 새로운 생애를 향하여 달음질할 수 있게 하시옵소서

아버님, 당신께서 그리시던 본연의 창조이상세계는 당신의 사랑을 중심삼고 참다운 자녀와 가정이 즐길 수 있고 모든 만물이 화동할 수 있어서 행복이 우러나오는 곳인 줄 알고 있사옵니다. 그러나 타락으로 말미암아 본연의 세계, 본향 땅은 우리 인류 앞에 소망으로 남게 된 것을 생각하게 될 때 이 어찌 통탄할 일이 아니겠사옵니까?

인류의 조상이 잘못함으로써 기나긴 역사노정 가운데 수많은 후손들이 침해를 받았으며 쫓기는 길, 눈물의 길, 피의 길, 죽음의 길을 자진하여 걷지 않으면 안 될 복귀의 길을 더듬어 나왔던 사실을 생각하게 될 때 그것은 지루하고 슬펐던 역사노정이었음을, 아버님, 저희는 다시 한 번 절실히 느껴야만 되겠사옵니다.

타락으로 인하여 아버지를 잃어버리고, 본향 땅을 잃어버리고, 본연의 참부모를 잃어버리고, 본연의 참다운 이상적인 가정과 이상적인 종족과 이상적인 국가와 이상적인 세계, 이상적인 천주를 모두 잃어버렸사옵니다. 아버님을 중심삼은 권위의 세계가 자유로운 환경에서 이루어져야 할 것이었는데 타락이란 슬픈 운명에 부딪힘으로써 인류는 아버지와 아무런 관계가 없게 되었고, 아버지의 이상으로 하시던 세계와도 아무런 관계가 없게 되었사옵니다.

아버지, 저희의 주인이신 아버지께서는 주인이 되지 못하셨고, 당신의 원수인 사탄의 혈통을 이어받아 사탄이 주관하는 흑암권으로 저희가 끌려 내려왔다는 사실을 생각하게 될 때, 이 얼마나 원통하고 분한 사실인가를 다시 한 번 저희가 회고하면서, 이 지구상에서부터 수많은 영인들이 머무르는 영계에 이르기까지 억천만세에 원수가 되었던 사탄을 추방하는 것이 아버지의 소원이며 참된 인류의 소원이었음을 이 시간에 저희가 명심해야 되겠사옵니다.

아버님, 사탄의 권위와 권세의 터전이 얼마나 남아 있는가를 생활 가운데에서 느끼지 못하는 저희이옵니다. 시간 시간을 보내면서, 한 날 한 날을 지내면서도 사탄의 권세와 권한이 저희의 생활권에 얼마나 침투해 있으며 저희의 생활무대에 얼마나 침투해 있는가를 지금까지도 느끼지 못하는 저희의 신앙생활이었음을, 아버님, 생각하게 되옵니다.

더럽혀진 것을 청산짓지 않고는 아버지 앞에 도저히 나아갈 수 없는 것이 천리원칙인 것을 생각하면 할수록 저희는 눈물의 길 가운데서 아버지 앞에 울부짖으며 당신의 구원의 손길을 바라지 않으면 안 될 처량하고 불쌍한 자리에 있다는 것을 다시 한 번 생각하게 되옵니다. 이와 같은 처지에 있는 저희임을 잘 아시는 아버지, 긍휼의 마음을 펴시사 저희의 갈 길을 다시 한 번 지켜 주시옵고 저희의 주위를 맑게 하시어서 사탄권에서 저희를 분별시켜 주시옵기를, 아버님, 간절히 바라옵고 원하옵니다.

아버님, 저희의 몸과 마음은 하나님과 직접 관계를 맺을 수 없사옵니다. 사탄이 지배할 수 있는 죄악의 뿌리가 아직까지 남아 있는 것을 알고 있사옵니다. 마음으로 원하는 선은 행하지 못했사옵고, 원치 않는 악의 행위를 즐겨하는 저희 자신과 그런 생활권을 벗어나지 못하는 저희 자체를 용납해 주시옵기를, 아버님, 간절히 바라옵고 원하옵니다.

저희는 긍휼히 여기시는 아버지의 사랑과 생명의 권한 그리고 부활의 권한을 믿음으로써 아버지의 사랑권과 부활권 그리고 생명권 내의 인연을 따라서 지금까지 따라 나왔사옵니다. 이런 저희를 아버지께서는 기르시고 복귀섭리의 뜻을 펴시려는 사정이 있는 연고로 버리지 아니하시고 지금까지 품고 옹호하고 보호해 주신 것을 생각할 때 감사드리옵니다. 이제 저희는 복귀의 싸움터를 알았사옵고 생명의 은혜에 속하게 된 것을 깨달았사오니 이 자리에 모인 당신의 자녀들을 굽어살펴 주시옵길, 아버님, 간절히 바라옵니다.

저희는 생애노정에서 사탄과 격리돼야 하겠사옵고, 부활노정에 있어서도 사탄과 격리돼야 하겠사옵니다. 아버지와 일체가 되어 아버지께서 뜻하시는 생활과 생애가 되지 않으면 하늘의 백성이 될 수 없다는 사실을 저희는 확실히 알았사오니, 여기에 모인 당신의 아들딸들이 몸과 마음 전체를 바쳐서 새로운 생활과 생애를 향하여 달음질할 수 있도록 허락해 주시옵소서. 이 시간에 다시 한 번 아버지 앞에 결의할 수 있는 무리가 되게 허락해 주시옵길, 아버님, 간절히 바라옵고 원하옵니다.

아버지께서 저희의 모든 사정과 내용을 살피시옵고 '금후의 저희가 뜻 앞에 스스로의 입장을 밝히고 앞으로 나아갈 방향과 해야 될 책임, 그리고 사명에 대해 공고한 결의를 할 수 있게 다시 한 번 촉구해 주시옵소서.'라고 할 수 있는 이 시간이 되게 허락해 주시옵기를, 아버지, 간절히 바라옵고 원하옵니다.

오늘은 안식일이옵니다. 남한 각지에 널려 있는 외로운 자녀들이 이곳을 향하여 무릎을 꿇고 기도할 줄 알고 있사오니 그렇게 모인 곳곳마다 친히 같이해 주시옵고, 그들이 울부짖고 호소하는 전체가 땅에 떨어지지 말고 아버지의 심정을 움직이게 하시어 아버지가 일하시는 소원을 전해 받을 수 있는 거룩한 이 시간이 되게 하시옵소서. 아버지의 뜻을 받드는 자로서 이 땅 위에 있는 사탄을 정복하는 데 있어서 제2의 책임자 사명을 감당할 줄 아는 당신의 참된 아들딸들이 되게 허락해 주시옵기를, 아버님, 간절히 바라옵고 원하옵니다.

그리하여 저희로 하여금 당신이 소원하신 이상세계를 실현하여 탕감복귀를 완결짓는 무리가 되게 하시옵고, 아버지께서 자랑할 수 있는 아들딸들이 되게 허락해 주시옵기를 간절히 부탁드리옵니다. 이 시간 전체를 아버지께서 친히 맡아 주관 주장해 주시옵기를, 사랑하는 아버님, 간절

히 부탁드리면서 모든 말씀을 참부모의 성호를 받들어 간절히 아뢰었사옵나이다. 아주! (1968.1.7)

 참효자 참효녀가 되게 하시옵소서

만우주를 지으신 아버님이시여! 당신의 영광을 모든 만물과 나눌 수 있는 그 한 날을 당신은 얼마나 간곡히 소원하셨던가를 이 시간 저희가 마음 깊이 깨닫게 하여 주시옵소서.

아담 해와를 창조하시고 그들을 아버지 품에 기르셔서 영원한 사랑의 생활을 하게 함으로 말미암아 인류의 복지를 건설하려 하셨고, 자라나는 아담 해와를 통하여 기쁨을 누리려 하셨던 아버지이심을 다시 한 번 깨닫게 되옵니다. 그런 간곡한 소망을 가지셨던 아버님께서 아담 해와를 잃어버리시고 슬픔의 한 날을 맞이하게 됐다는 사실을 저희가 이 시간 다시 한 번 깨달아야 되겠사옵니다.

아버님, 이 땅에는 나라들도 많사옵고 민족들도 많사옵니다. 그들은 지난날 각각 역사를 달리했고, 현실 생활환경을 달리하고 소망도 달리하고 있사옵니다. 이것은 아버지께서 본래 경륜하신 뜻과 상반된 것임을 다시 한 번 생각해 볼 때에, 역사가 다른 것이 아버님의 한이옵고, 환경이 다른 것이 아버님의 한이오며, 소망이 다른 것이 아버님의 한인 것을 알게 되옵니다. 이러한 것을 생각할 때에, 아버님, 이것이 타락의 보응인 것을 알고 있사옵니다.

과거가 아버지로 말미암지 않으면 안 되고, 현재가 아버지로 말미암지 않으면 안 되고, 미래가 아버지의 이념과 인연을 맺지 않으면 안 될 것이온데, 오늘날 인류는 하나의 인연을 갖지 못하고, 하나의 생활적인 환경과 하나의 이념적인 터전을 갖지 못하고 비참한 현실에 처해 있사옵니다. 이와 같은 혼란된 자리에서, 방향이 뒤바뀐 자리에서, 자기 위치가 서로 상충되는 자리에서 살고 있는 인류의 신음 소리와 처절한 울부짖음을 저희가 다시 한 번 마음으로 듣게 해 주시옵고, 아버님의 심정과 더불어 생각할 줄 알고 아버님의 심정을 느끼며 지난날의 잘못을 깨닫게 하여 주시옵소서.

아버님, 진정 회개의 눈물을 흘리며 이 인류가 복된 소망을 갖게 해 달라고 애원하는 당신의 아들딸들이 있어야 되겠사옵니다. 그러나 그렇지 못한 것을 느끼면 느낄수록 아버님 앞에 고개를 들 수 없사옵니다.

오늘날 수많은 종교와 수많은 교단이 하나의 목적을 향하여 나아가고 있사오나, 당신이 가셔야 할 그 슬픈 길을 놓고, 인류가 받아야 할 처참한 심판의 서러움을 놓고 아버님 앞에 겸손히 엎드려 눈물짓는 무리가 많지 않은 것을 아옵니다. 오늘 여기에 모인 이 불쌍한 무리는 서러움의 길을 연하여 나왔사옵니다. 당신이 분부하시는 명령을 안고 이날까지 싸워 나오며 지친 발걸음을 이끌고 오늘 이 자리에 남은 당신의 아들딸들이오니 기억하여 주시옵소서.

이 한 해에 저희가 복을 받으려 하기 전에 현실에 남아 있는 지난날의 죄를 회개할 수 있는 이 시간이 되게 허락하여 주시옵소서. 이 민족이 그러하지 못했기 때문에 이 불쌍한 삼천만 민족을 대신하여, 수많은 교단을 대신하여, 수많은 믿는 신도들을 대신하여 눈물로써 아버님 앞에 회개할 수 있는 이 시간이 되게 하여 주시옵기를, 사랑의 아버님, 간절히 바라옵고 원하옵니다.

이제 당신의 상한 손길을 붙들고 당신의 사정을 위하여 염려할 줄 아는 아들딸이 되어야 하겠사옵고, 당신의 초초한 모습과 당신의 처절한 그 모습을 바라보고 내 아버지라고 달려들어 목을 껴안고 통곡할 줄 아는 참다운 아들딸이 되어야 하겠사옵니다. 그러나 그럴 수 없는 내 마음을 가졌을진대 스스로 죄인인 것을 직고하여 아버지의 긍휼의 품에 안길 수 있는 이 한 시간이 되게 하여 주시옵기를, 사랑의 아버님, 간절히 바라옵고 원하옵니다.

눈물로 속죄받으며 가야 할 인생길인 것을 알고 있사옵니다. 아버님께서 그러하옵기에 그 아들딸인 저희도 그렇게 하지 않으면 안 된다는 것을 잘 알고 있사옵니다. 지난해에도 그랬사옵고, 지지난해에도 저희를 그런 자리에 몰아넣으셨사오나 그래도 오늘날까지 참아 나오며 남은 무리를 기억하여 주시옵소서. 이제 새해를 맞이하여 다시 허리띠를 졸라매고, 단발을 하고, 새로운 투지를 가지고 하늘의 무기를 갖추어 아버님의 명령을 받들어 달려 나갈 수 있는 자녀들이 되도록 이끌어 주시옵소서.

아버님! 저희는 따라가는 무리가 되어서는 안 되겠사옵니다. 아버님 앞에, 민족 앞에, 인류 앞에 선발대로 나타날 수 있는 모습이 되도록 하여 주시옵기를 간절히 바라옵고 원하옵니다. 많은 날들을 슬픔 가운데 애쓰신 것이 한이었사옵고, 많은 사람들이 하늘을 배반한 역적의 무리가 된 것이 한이었사오니, 이 한 많은 날과 한 많은 사연들을 짊어진 하늘의 십자가를 짊어져야 할 저희인 것을 잘 알고 있사옵니다. 이제 저희가 그 짐을 책임지고 맡아 이 온 우주 만물을 위하여 하늘 제물로 바쳐지는 것을 스스로 즐거워할 줄 아는 당신의 아들딸들이 되게 하여 주시옵기를 간절히 바라옵고 원하옵니다.

이제 이 시간 저희는 지난날의 모

든 것을 직고해 버리고 순수하고 깨끗한 마음의 터 위에 아버님을 그리워하는 마음과 흠모의 정만이 저희의 마음에 채워질 수 있기를 바라고 있사옵니다.

그리하여 당신이 어떤 사정을 갖고 계시든, 당신이 어떤 모습을 하고 계시든 그것을 개의치 아니하고 당신을 정성 들여 모셔 드릴 수 있는 참효자 참효녀의 모습을 갖출 수 있도록 허락하여 주시옵기를, 아버님, 간절히 바라옵고 원하옵니다.

이 시간, 새해를 맞이하여 이 서울 본부를 향하여 외로운 자리에서 눈물지으며 기도하는 무리가 많은 줄 알고 있사옵니다. 그들에게 소망을 베풀어 주시옵소서. 그들이 소원하는 소망의 날을, 아버지여, 연장시키지 마시옵소서. 이 민족의 슬픔을 느끼게 하시옵고, 이 민족의 죄악사를 밟고 넘어설 수 있는 그들이 되게 하시오며, 아버님의 직접적인 주관 아래 인도하여 주시옵기를 간절히 바라옵니다.

저희가 참고 나오며 호소하는 내용을 당신이 귀 기울이실 줄 알고 있사오며, 저희가 외롭고 비참할 때 당신이 보호하여 주신다는 것을 잘 알고 있사옵니다. 핍박당하고 몰리는 자리에 같이해 주신다는 것을 알고 있사옵니다. 그러하신 아버님, 저희의 사정 사정을 수습하여 주시옵소서. 이제까지 저희가 얼마나 당신을 슬프게 했는지 말로 할 수 없사옵니다. 이 한 해만은 그러지 않게 허락하여 주시옵기를, 아버지, 간절히 바라옵고 원하옵니다.

이제 저희들 아버님 앞에 온갖 정성을 다 묶어 바치고, 겸손히 엎드려 아버님을 부를 수 있으며, 아버님 품에 안겨 한없이 흐느낄 수 있는 간절한 마음을 이 시간 각자가 지니게 하여 주시옵기를 간절히 바라옵니다.

지금까지 찾아오신 아버님께서는 딴 사람의 아버님이 아니셨사옵니다. 제 아버님이요 저희의 아버님인 것을 알았사오니, 그 아버님과 인연을 맺어야 할 복귀의 운명의 도상에서 있는 이 슬픈 자식들을 다시 당신의 품에 품어 주시옵기를 간절히 바라옵고 원하옵니다.

새해 벽두 첫 성일을 맞이하여 이들 앞에 섰사오나 무슨 말을 전하오리까? 전하는 자의 마음과 받는 자의 마음이 하나되게 허락하여 주시옵소서. 당신께서 이 가운데 창조의 능력과 더불어 나타나 주시옵기를 바라옵니다. 저희의 심정 심정을 연결지어서 하나의 제물로 바쳐지는 이 제단이 되고, 민족을 대신하여 속죄의 분향을 드릴 수 있는 이 시간이 되게 허락하여 주시옵소서.

만민을 대신하여, 아버지를 대신하여 눈물지을 수 있게 해주시옵고, 아버님께서 오셔서 아픈 심정을 토로

할 수 있는 이 시간이 되게 하여 주시옵기를, 아버지, 간절히 부탁드리옵니다. 만만세의 영광과 승리가 이 한 해에 저희와 같이하게 하여 주시옵고, 이 민족과 같이하게 하여 주시옵고, 인류와 뭇 영인들과 같이하게 하여 주시옵기를 간절히 부탁드리면서, 모든 말씀 주의 성호 받들어 아뢰었사옵나이다. 아주! (1966.1.2)

6 아버님 홀로 영광 받으시옵기를 원합니다

아버님, 오늘은 안식일이옵니다. 이날을 맞이하여 전국에 널려 있는 수많은 자녀들이 각 제단 앞에 모여 머리를 조아려 경배하고 마음을 모아 정성 들이고 있사오니, 그 무리 앞에 당신의 무한하신 사랑과 긍휼이 같이해 주시옵기를 간절히 바라옵니다. 저희를 이 자리에 세워 놓고 저희를 통하여 해원성사하시려는 아버님의 거룩하신 뜻이 있음을 아옵니다. 당신께서 해원성사하시려는 그 뜻 앞에 충성을 다하여 없어서는 안 될 자녀들이 되게 허락해 주시옵기를 간절히 바라옵고 원하옵니다.

오늘 저희가 있게 된 것은 저희 자신으로 말미암은 것이 아닌 줄 알고 있사옵니다. 시작도 당신이요 끝도 당신인 줄 알고 당신 앞에 전체를 맡겼사오니 주관하여 주시옵소서. 저희로 말미암아 승리의 개인, 승리의 가정, 승리의 나라와 승리의 세계를 복귀하시옵고, 더 나아가서는 승리의 천국을 이루시어서 아버님 홀로 영광 받으시옵기를, 아버님, 간절히 바라옵고 원하옵니다.

희생되고 제물 되신 당신의 모든 억울한 사정들을 저희가 대신 맡아 탕감하여 기필코 당신의 한을 풀어 드리고 기쁨과 영광을 돌려드릴 수 있는 자녀들이 될 것을 이 시간에 맹세하옵니다. 아버님, 저희를 중심삼고 3시대의 인연이 맺어져 있는 것을 알고 있사옵니다. 과거에 왔다 갔던 수많은 선조들이 저희로 말미암아 해원성사될 수 있기를 간절히 바라옵고, 세계에 널려 있는 인류가 해방의 한 날을 고대하고 있고, 미래의 후손들이 해방의 한 날을 고대하고 있사오니 그들을 해방시켜 줄 수 있는 저희가 되게 하시옵소서. 그리하여 하늘의 뜻을 받들고 땅의 뜻을 받들어 인륜의 도리를 찾아 세울 수 있는 아들딸들이 되게 허락해 주시옵기를 간절히 바라옵고 원하옵니다.

이 시간에도 동서양의 수많은 당신의 자녀들이 소망의 한 날을 바라보고 한국을 그리워하며 뜻을 위하여 끊임없이 정성 들이고 있사오니 그들을 당신의 깊은 사랑으로 품어 주시고 보호해 주시옵소서. 그리하여 그들로 하여금 승리의 일로를 개척하여 천하 만민을 당신의 뜻 앞에 부복하게 할 수 있는 하나의 승리적인 산 제물들이 되게 해주시옵기를, 아버님, 간절히 바라옵고 원하옵니다.

저희로 말미암아 이 민족을 위해 저희 생명의 주춧돌이 되게 하시고 영광스러운 제사장이 되게 하시어서 당신을 찬양하는 데 선도적인 역할을 하는 제물로서 부족함이 없도록 축복해 주시옵기를 간절히 바라옵고 원하옵니다. 여기 축복받은 가정들 위에 아버지의 사랑이 같이해 주시옵고, 특별히 통일교단 위에 같이해 주시옵고, 대한민국에 같이해 주시옵소서. 한국을 위시하여 아시아 구라파 세계 전체를, 아버지, 사랑해 주시옵소서.

이제 온 천주를 당신의 품에 품으시어서 모든 자녀의 활동무대가 되게 허락해 주시옵소서. 그리하여 당신이 소원하시던 영광의 세계가 하나로 통일된 형태로 나타나게 허락해 주시옵소서. 그날까지 저희가 제물이 될지라도 온갖 충성을 다하며 참고 갈 것을 맹세할 수 있는 이 시간이 되게 해주시옵기를, 사랑의 아버님, 간절히 간절히 바라옵고 원하옵니다. 뜻을 위해 나아가는 자녀들과 세계 위에 아버지의 영광과 자비와 사랑이 길이길이 같이해 주시옵기를 간절히 바라옵고 원하오면서, 이 모든 말씀을 참부모님의 이름으로 축원하였사옵나이다. 아주! (1969.10.19)

7 지상천국이 되게 해주시옵기를 바라옵니다

사랑하는 아버님, 하늘과 땅이 주시하는 이 자리에 온 천주의 만상이 일심일체가 되어 천지인참부모를 모시고 이날에 새로운 달을 맞는 축하의 경배를 드릴 수 있는 은사를 허락하심을 진실로 진실로 진실로 감사를 드리나이다.

역사적인 대전환시기를 지내고 새로운 천주이상 창건의 국권을 세울 수 있는 새로운 차원으로 전환할 수 있는 3월을 맞이했습니다. 이달에 엮어지는 모든 일들이 4월과 협력하여 하늘의 출발과 더불어, 새로운 역사와 더불어 계획했던 모든 대회들이 아버지의 심중으로부터 인연되게 하시옵소서. 그리하여 땅 위의 참부모와 더불어 만물이 당신의 사랑의 지상천국과 천상천국의 태평성대를 찬양할 수 있는 사랑의 주권을 맞이할 수 있는 시대가 되었사옵니다.

하오니 아버지께서 중심이 되시어서 지금까지 이 땅 위의 타락한 인류를 위하여 개인시대로부터 천주까지 8단계의 기준을 세울 때까지 수고하신 모든 역사노정을 잊으시옵소서. 그간에 정성 들여 참부모와 더불어 일체권을 갖추어 승리한 때와 정초석을 놓았던 모든 나날들이, 당신의 승리의 마음을 갖추어 고개고개를 전부 잊어버리고 승리의 새로운 4월을 향하여 전진하는 소망의 일념을 가하던 당신의 사랑의 주권을 갖출 수 있게 하시옵고, 천상세계와 지상세계에 하나님의 이상적인 가정을 중심삼고 평화이상세계의 왕권을 향하여, 해방적인 평화세계를 향하여 전진하는 모든 과정과 나날들이 기쁨으로 이어지게 하시옵소서.

이제 3월부터 시작하는 새로운 시대에 촛불을 높이 쳐들고 새로이 심신을 태워 가면서 하늘 앞에 충효의 도리와 성인·성자 가정의 도리를 완성하게 하시옵소서. 그리하여 천국민으로서 땅 위에 기반을 닦아 하늘을 시봉하는 데 온 천주가 일체의 모양으로 하나님을 모시는 세계가 되게 하시옵고, 만민이 찬양하는 시대로 전환케 하시어 당신의 승리적인 패권 위에 사랑의 세계가 전개되게 허락해 주시옵기를 바라옵고 원하옵니다.

이제 천상세계의 축복받은 가정들과 지상세계의 축복받은 가정들이 일심·일체·일념·일핵이 되어 가지고 당신의 몸 마음의 일체권에 연결시켜 만물만상까지도 심정의 일체를 갖추게 함으로써 당신의 창조이상적인 관점에서 승리 승리 승리를 자랑할 수 있게 허락해 주시옵기를 간절히 바라옵고 원하옵니다.

이 자리를 흠모하면서, 만국에 널려 축도를 드리면서 찾아오는 기념의 날을 위하여 마음으로 준비하는 모든 움직임 위에 함께하여 주시옵고, 당신의 본연적인 창조의 출발일을 대신하여 승리의 패권을 바라보면서 타락하지 않은 아담 가정의 소망의 일념을 연결시켜야 되겠사옵니다. 모든 타락의 흔적을 잊어버리고 정오정착 시대를 사랑을 중심삼은 주권의 시대로 이양하시옵소서. 그리하여 만세에 당신의 승리와 영광을 찬양할 수 있는, 독자적인 사랑의 주권으로서 천지를 자랑할 수 있는 아버님의 때가 되게 허락해 주시옵기를 간절히 바라옵니다.

이제 천지인참부모는 영계와 육계의 교량적인 책임을 완결하고 보다 높고 넓고 깊게끔 당신의 심정의 일치점을 이뤄 당신이 환희하시는 영광의 모든 기쁨이 생활무대를 통하여 세계에 참부모의 심정과 일치되어 기쁨의 찬양으로 만우주와 아버지 앞에 봉헌해 드리는 해방의 지상천국이 되게 해주시기를 간절히 바라옵니다.

3·1운동을 기념하는 이날에 한민족이 한마음을 가지고 결속하는 것과 마찬가지로, 새로운 세계를 향한 하늘의 축복받은 천민(天民)들이 한마음이 되어 한반도와 세계로 연결되게 허락해 주시옵기를, 아버님, 간절히 바라면서 이 모든 말씀을 참부모님의 이름으로 간절히 보고드리고 선포하나이다. 아주! (2006.3.1)

제9장 가정교회와 종족적 메시아

1 가정교회의 승리적인 날이 이루어지게 하시옵소서

실패로 돌아간 역사의 정상을 바라보시는 아버지의 슬픔을 그 누구도 몰랐습니다. 아버지! 고대 이스라엘 나라를 당신이 마음에 두시고 야곱 가정을 불러내어 섭리를 출발시키셨던 아득한 옛날, 그 후에 모세시대를 거치고, 예수님시대를 거치고, 기독교 순교의 핏자국을 남기고, 통일교회의 비참한 역사의 흔적을 남겨 놓고 오늘의 이 자리까지 쓰러지지 않고 망하지 않고 남아지게 해주신 당신의 인연이 남아 있는 것을 다시 한 번 감사드립니다.

지금부터 30년 전, 20대에 하늘을 돕자고 몸부림친 그때가 생각납니다. 뜻을 세우겠다고 모진 풍파 앞에서 제가 다짐하고 나서던 곡절로 엮어진 눈물과 피와 땀의 냄새나는 사연들이 파노라마와 마찬가지가 됐습니다. 이 민족과 나라를 당신의 뜻 앞에 세우기 위해 최후의 조건들을 세우고 하늘을 대하여 반대하던 그들 앞에 저 말단의 한 사람으로 밟히면서도 참았습니다. 나라의 원수, 민족의 원수와 같이 취급받으면서도 깊은 사연의 심정을 머금으며 참고 참았습니다. 당신이 살아 계시기에 망해야 할 자리에서도 망하지 않도록 당신의 손길이 가해졌던 것을, 아버지, 감사드리지 않을 수 없습니다.

저녁이 찾아오기 전에 뜻을 꼭 이뤄서 당신 앞에 바쳐 드리고 가야겠다고 필승의 노정을 다짐하고 고비고빗길을 가고 있습니다. 아버지, 이와 같은 잊을 수 없는 역사적인 사연들을 생각할 때 문 아무개를 피하는 그 심정적인 자리에 선 사탄의 진의를 다 아시는 것을 잘 아옵니다. 당신이 가시는 길을 제가 가야 되겠고, 제 갈 길은 참부모가 가는 길이요, 이 길을 가지 않으면 인류는 망한다는 것을 잘 알고 있습니다.

아버지, 이들의 가정교회로 가는 걸음이 비록 환경은 제한된 환경이지만 눈물의 교차로가 얽힌 길을 가고 있습니다. 집과 집이 서로 같은 심정을 통하는 가정교회를 엮기 위하여 전진하지 않으면 안 될 눈물의 길이 아직까지 남아 있습니다. 지금까지 같이하시던 당신의 손길이 같이할 줄 알고 있습니다. 그러기에 어려움의 환경에 부딪힌 것을 극복할 수 있다고 알고 있사오니, 사랑의 아버지, 같이해 주시옵소서.

오늘 아침 '통일교회와 나'라는 제

목으로 말씀했습니다. 통일교회와 저희는 끊으려야 끊을 수 없는 운명의 길로서 나타날진대 부모를 잃어버린 옛날에 역사적인 사연의 한을 품고 복귀의 사정과 탕감의 내용을 거쳐서 풀고 풀어 돌아가지 않으면 안 될 타락한 후손의 운명길을 아는 사람이 없어서 한을 품으면서 가야 할 것을 잘 알고 있사오니 복을 베풀어 주시옵길, 아버지, 간절히 바라옵고 원하옵니다.

며칠 동안 여기서 지내게 해주신 것을 감사하옵니다. 오늘도 또다시 뜻이 원하는 심정의 방향이 있습니다. 저와 후대들이 통일교회의 길, 아버님의 길을 가자고 전진하고 모든 마음과 정력과 정성을 다 바쳐서 감사하는 마음과 몸을 가지고 끝까지 전진할 수 있게 하시옵고, 당신의 마음 깊은 동지가 되고, 당신의 사랑을 받을 수 있는 당신의 자랑스러운 아들딸들이 되게 하시옵길 간절히 바라옵고 원하옵니다. 통일교회는 영광스러운 천지의 승리자로 현현할 수 있다는 사실을 알고 있사오니 그날까지 죽지 말고, 쓰러지지 말고 싸워서 승리하는 자녀들이 될 수 있게끔 당신이 맡아 주관해 주시옵소서.

사랑하는 아버지, 이날 이 시간에 이곳을 위하여 전 세계에 널려 있는 통일의 자녀들이 정성을 들이고, 외국에 있는 식구들이 이곳을 위하여 정성을 들이고, 더더욱 한국의 정세를 위해서 기도하고 미국의 정세를 위해서 기도하고 있는 아침이옵니다. 그 아들딸들의 길이 촉진되고 단축될 수 있게 모색해 주시옵기를 다시 한 번 바라옵고 원하옵니다. 그날의 영광이 당신과 더불어, 스승과 더불어, 나와 더불어 있게 하시옵고 가정교회의 승리적인 날이 이뤄질 수 있게끔 축복해 주시옵소서. 모든 말씀을 참부모님의 이름으로 축원하였사옵나이다. 아주! (1980.10.19)

2 가정교회를 중심삼고 전부가 하나되게 하시옵소서

만우주의 중심이 되시는 하늘에 계시는 아버지 하나님, 당신의 이상과 더불어 온 피조세계가 현현했사오니 당신의 사랑과 더불어 연결되어 만우주의 중심이 되는 인간과 당신이 바라는 사랑의 보금자리를 이 천주에 실현하기 위한 거룩한 뜻의 완성을 나타내시옵소서.

이와 같은 사명을 앞에 놓고 창조위업을 성사시키시려는 아버지 앞에 땅 위의 부모로서 책임을 다해야 될 인류시조가 타락함으로 말미암아 비통한 역사를 엮었고, 당신의 이상세계는 유린을 당했고, 사랑의 세계는 십자가에 못이 박혔으니, 아버지의 역사적인 노고 앞에 선조들을 대신하여 사죄를 드립니다. 이뿐만 아니라 이 세계에 널려 있는 인류는 하나님을 없다고 하고, 하나님을 알지 못하고 배반하는 자들이 많고, 하나님이 없다는 공산주의가 팽창한 가운데 선의 기준을 혼란시키고, 마치 거짓과 불의가 모든 것의 중심인 양 날뛰게 된 이 모든 슬픔의 결과를 맞은 인류를 아버지께서 불쌍히 보시사 통일교회를 세우셨습니다. 개인을 수습하고, 가정을 수습하고, 종족·민족·국가·세계·천주까지 혼란된 모든 인간상들을 수습하기 위하여 지금까지 지상에서 수고하신 아버지, 그것을 위해서 왔다 갔던 역사적인 모든 성현들과 예수님 그리고 재림시대의 참부모까지 수난의 길을 가게 된 것을 용납해 주시옵소서.

이제 연결되는 후손들까지 현세의 고통과 지나온 과거의 고통을 중심삼고 탕감조건의 인연이 남아진다는 두려움을 알고 있기 때문에, 저희는 가정교회를 중심삼고 개인으로부터 가정·종족·민족·국가를 넘어 전면적으로 전진할 것을 다짐하고 있사오며, 이 운동을 제시하게 해주신 은사를 감사드리옵니다. 더욱이 오늘 이 아침에 하나님의 날을 맞이하여 이 세계가 새로이 밝아 옴에 따라서 아버지의 영광이 드러나고, 아버지의 승리의 뜻이 온 천주에 충만하여 찬양의 함성이 땅 위에서부터 하늘까지 울려퍼지게 허락해 주시옵기를 간절히 바라옵니다.

이와 같은 사명을 감당하기 위해서 통일교회의 이 자리에 모인 각국의 모든 중심가정들이 선두에서 전통을 보여주고 행하는 모든 실제를 가르치게 해주시옵소서. 그다음에는 모든 세계가 여기에 따라서 행동할 수 있는 환경적인 여건을 바라지 않으면 안 되는 책임을 수행하는 데 있어서 선두에서 달리게 허락해 주시옵길 간절히 바라옵니다.

오늘 이 식전을 아버지께서 기꺼이 받으시옵소서. 영계가 주시하는 가운데 기독교 전체의 영인들과 예수님, 불교 신자들과 석가모니, 유교 신자들과 공자, 이슬람교 신자들과 마호메트까지 4대 종교를 중심삼고 선을 추구하는 모든 종교지도자와 종교인들이 지켜보고 있사옵니다. 그 가운데 하나의 목적을 중심삼은 참부모의 품을 바라면서 천상과 지상이 연결될 수 있게 축복해 주시옵소서. 그들과 더불어 통일교회가 하나되어 역사적인 모든 것을 탕감해 나가는 데 하늘이 기뻐하고 땅이 화동할 수 있게 축복해 주시옵길 간절히 바라옵니다.

전 세계에 널려 있는 통일의 무리를, 아버지, 기억해 주시옵소서. 이 식전을 기념함으로써 참부모의 이름을 찬양하며 하늘의 가정을 추앙하고 있는 모든 통일교회 무리에게 새로운 역사적인 축복을 더하시사 승리적인 영광을 드러낼 수 있게 허락해 주시옵길 간절히 바라옵고 원하옵니다. 이 자리를 거룩히 받으시옵소서.

이날을 기하여 가정교회의 승리를 다짐했기에 아버님이 직접 지상과 하나되고 선한 영들과 하나되어 통일교회의 가정교회 활동을 기점으로 삼아 환경과 국경을 넘어 연결됨으로써 지상세계를 점령하고 있는 악의 세력 판도를 중심삼고 형성돼 있던 사탄세계의 조직을 이제부터 제거할 수 있는 운동을 전개해야 되겠습니다.

아버님이 가정교회를 위하여 움직이는 것과 같이 땅 위의 가정교회를 중심삼고 전부가 일심이 되어 아버님 앞에 효성의 도리를 다함으로 말미암아 아버님이 기뻐하고, 영계가 스스로 도울 수 있는 환경을 이루게 하시옵소서. 그럼으로써 모든 국경을 넘고 악한 사탄세계, 악한 공산주권까지도 양심의 부름과 인도함에 따라서 아버지의 나라와 가정으로 들어올 수 있게 축복해 주시옵길 간절히 바라옵니다. 그리하여 한국·일본·미국·독일을 중심삼은 전 세계의 국가들이 하나되어 아버지의 영광을 찬양할 수 있는 때를 허락해 주시옵길 간절히 바라옵고 원하옵니다.

이날에 이뤄지는 모든 일을 아버지께서 축복해 주시옵고, 이해 전체 위에 축복해 주시옵소서. 승리를 찬양하는 이날이 되고, 그런 이달과 이해가 되고 80년대가 되게 허락해 주시옵기를 간절히 바라옵고 원하옵니다. 이 식전을 기꺼이 받아 주시옵소서. 만세무궁하신 당신의 승리가 이날서부터 길이 뻗어 나가게 허락해 주시옵기를 부탁드리면서, 모든 말씀을 참부모님의 이름으로 축원하였사옵니다. 아주! (1982.1.1)

3 여명의 때가 목전에 다가왔음을 깨닫게 하시옵소서

사랑하는 아버지, 한 많은 복귀의 길이 곡절과 사연에 묻혀 있는 것을 꿈에도 몰랐습니다. 철없이 아무것도 모르던 이 자식을 당신께서 세우시어 채찍질하시고 몸부림치게 하심도 지금에 와 보니 다 사랑이었다는 것을 깨달았습니다.

지나는 과정에 있어서 무정한 것이 하늘이요, 무자비한 것이 하늘임을 느끼고 나서 저에게 보다 가치 있는 상급을 부여하기 위한 절대적인 조건을 필요로 하기 때문에 그랬다는 것을 알 적마다 감사하며 나오다 보니, 오늘의 통일교회는 세계적인 이름을 띠게 되었고, 여기에 서 있는 이 자식의 이름을 오색인종이 어느 방방곡곡에서나 알 수 있는 때가 되었습니다. 그 이름이 악명 높은 이름으로 나타났지만 선명 높은 이름으로 변천해 갈 것을 알고 지금까지 싸워 나왔습니다. 당신도 그날을 보장하는 입장에서 저를 밀어줬기 때문에 그럴 수 있는 세계가 기필코 형성될 것을 알고 있습니다.

이제 핍박은 거쳐 가고, 칠흑 같은 암흑의 세계는 거쳐 가고, 여명의 때가 우리 목전에 다가왔습니다. 이제 목을 높이 들고 바라볼 때, 세계가 어떻게 끝날 것인가 하는 것이 내 시야권에서 결정될 수 있는 시대의 초점에 서 있습니다. 아버지, 말씀을 통해서 가정교회가 얼마나 귀중한가를 알았습니다. 만물의 해방, 인간의 해방, 하나님의 해방과 천사세계의 해방을 하지 않고는 본연의 세계를 복귀할 수 없는 심정권이 있다는 사실을 알았습니다.

저희는 심정을 중심삼고 하나님 대신 만물을 사랑하고, 인간을 사랑하고, 하나님 대신 천사세계에 대해서도 주체적인 입장에서 지시하고 명령할 수 있는 자리에서 하나님을 모실 수 있는 심정의 주체가 아니면 대상이 되어 아버지 앞에 일치돼야 할 미래의 소망권이 남아 있으니 그곳으로 직행하고도 남음이 있게 허락해 주시옵소서. 싸우는 도중에 쓰러지지 말고 끝까지 승리하여 당신 앞에 칭찬뿐만이 아니라 당신의 사랑을 이어받을 수 있는 아들딸들이 되게 허락해 주시옵기를 간절히 부탁드리고 원하옵니다.

남겨진 그날과 그때가 저희를 촉박하게 부르고 있다는 사실을 알게 될 때 이날부터 나머지 60일간 빛나는 성과를 거둬서 지금까지 하지 못한 것을 이번 기간에 단축시켜서 조건적인 내용이라도 아버지 앞에 남겨 드릴 수 있는 실적을 갖게끔 온갖 노력과 지성을 다할 수 있게 되기를 바라옵니다. 이 아침에 장장 몇 시간 동안 말씀을 했사오니 흘러가지 말고 가슴 가운데 싹이 트고, 생명의 빛을 가하시어 아버지의 사랑을 중심삼은 움이 터서 당신을 추앙하는 데 직행하여 달릴 수 있는 아들딸의 모습을 갖추게 허락해 주시옵기를 간절히 부탁드립니다.

그날과 그때에 부끄러움이 없는 하늘 왕자와 왕녀들의 모습을 갖추게끔, 아버지, 채찍을 가해 주시옵기를, 간절히 부탁하면서 모든 말씀을 참부모님의 이름으로 축원하였사옵나이다. 아주! (1980.11.1)

4 통일교회의 사명을 망각하지 않게 해주시옵소서

사랑하는 아버님, 냄새가 나고 정돈되지 못한 땅이라 하더라도 조국의 냄새가 뼛골에 사무치는 것을 느끼게 될 때 고향이 그래서 좋은 것이요, 조국이 그래서 좋은 것임을 다시 한 번 느끼옵니다.

아버지, 남북이 분단된 이 사정을 생각할 때, 이것은 대한민국이 져야 할 죄가 아니고 기독교가 책임하지 못함으로 말미암아 세계사적인 하나의 탕감의 골짜기로서 남은 것임을 생각하옵니다. 지금까지 한민족이 수많은 피를 흘린 것은 그 개체의 잘못보다도 역사적인 사명의 운명이 있었기 때문입니다. 탕감하지 않으면 안 될 사명을 놓고 많은 피의 대가를 치른 것을 알고 있습니다.

지금 복잡다단한 환경의 와중에서 허덕이고 있는데, 원리가 가르쳐 준 대로 가인과 아벨이 상봉하여 하늘 앞에 설 때까지 이 민족의 수난길에 소용돌이가 계속된다는 사실을 알고 있사옵니다. 그것이 싸움과 계교로 되는 것이 아니요, 자연적인 환경에서 승리의 터전을 닦아 주는 무리가 됨으로써 빚진 자의 입장에 가인세계를 세우지 않고는 장자의 자리를 넘겨받을 수 있는 자리가 없다는 것을 알게 되옵니다.

이런 역사적인 교차점이 없는 천륜세계에서 타락한 세계를 대하여 하나의 길을 요구하고 있다는 사실을 생각하게 될 때 통일교회 무리는 무릎을 꿇고 숙연한 모습으로 아버지 앞에 자신을 반성하지 않을 수 없다는 것을 다시 한 번 생각하게 되옵니다. 지금부터 북한 땅의 한때를 생각하면서, 남한 땅의 핍박받던 한때를 생각하면서 범냇골 골짜기를 중심삼고 애달픈 사연을 품고 하늘 앞에 호소하던 그때를 지내고 해외를 거쳐서 지내 오며 누구도 알지 못하는 길을 더듬어 왔습니다. 누구든지 자기의 욕망을 중심삼고 달려가지만, 여기의 이 자식은 당신의 사랑을 중심삼은 뜻을 세우기 위해서 지금까지 그 누구도 몰랐던 길을 달려왔습니다.

그 과정에서 쓰러질 수 있었던 자리, 절망할 수 있었던 자리에서 당신은 붙들어 주었고 권고했사옵니다. 역사를 생각할 때 사연도 많았고 슬픔의 고비도 많았지만, 당신이 저 이상 슬픔의 길을 체험하고 저 이상 원통하고 분한 역사적인 내정을 지니셨다는 것을 생각해 볼 적마다 얼굴을 들고 하늘 앞에 기도할 수 없는 부끄러움을 느끼옵니다. 이런 것을 깨닫게 해주신 것도 당신의 무한한 사랑이 있었기 때문인 것을 다시 한 번 생각하게 됩니다.

육십의 생애를 지나고 나서 핍박의 일방통행으로 끝날 줄 알았던 생애노정을 돌아다보니 세계적인 와중을 거쳐 끝에서 끝으로 통할 수 있는 길이 더 있었다는 것을 생각하게 되옵니다. 하늘을 향해서 다시 한 번 언제 어느 때 당신이 준비하여 이와 같은 환경을 만들어 놓았는가 하는 사실을 생각할 때 다시 한 번 감사하옵니다. 작년부터 1년 남짓 한국에 있어서는 여러 가지 정세의 변동도 많았습니다. 이제 당신이 주도하여 갈 길을 밝히시고, 이 나라와 민족이 어디로 가야 될 것인지를 알 수 있는 환경을 만들어 주시옵기를 부탁드리옵나이다.

이 나라의 모든 국민이 일체가 되어 잘잘못을 가려서 회개하고 하늘 앞에 부끄러운 민족이 되지 않겠다고 몸부림칠 수 있는 스스로의 모습을 발견할 수 있게 해주시옵소서. 그래서 단결하여 세계 인류 앞에 사랑의 교량이 되겠다고 하면서 스스로 희생의 자리를 개척해 나가는 무리가 한국 삼천리반도에 넘쳐흐르게 되면 세계는 새로운 소망의 기지가 될 것이고, 희망의 여명이 그곳으로부터 밝은 태양 빛이 되어 세계로 향해서 뻗을 수 있는 날이 틀림없이 온다는 것을 알고 있습니다. 그럴 수 있는 터전이 오늘날 이 통일교회가 되어야 한다는 것을 알고 있습니다.

한국과 세계의 뜻을 중심삼은 그 노정에 있어서, 황막한 사막지대에 있어서, 사망의 불쌍한 상처를 입어 해골들의 골짜기가 된 이 세계에 있어서 사랑의 옷을 입고 사랑의 기름을 발라 부활할 수 있는 운명권을 하늘이 바라는 것을 생각하게 될 때, 통일교회가 그 사명을 감당할 수 있게 허락해 주시옵기를 간절히 바라옵니다.

저희의 원수였던 기성교회를 위해서 지금까지 참아 왔습니다. 기성교회는 지금까지 저희를 반대하고 있습니다만, 아버지여, 여기에 당신이 중재자가 되시옵소서. 당신의 상심이 클 것을 생각하면서 저희가 참고 내일의 희망을 머금고, 형제와 같은 인연이 있기 때문에 형님의 자리에 세워 가지고 당신의 권한을 이어받아 그들을 살려 줘야 할 뜻이 있다는 숙연한 사실을 알 적마다 목이 메는 통곡의 심정을 가지고 하늘이 6천년 동안 수고했던 사실을 상기하게 허락하여 주시옵소서.

아버지, 제가 한국에 달리 찾아온 것이 아닙니다. 이 몸으로 당신의 사랑을 받고 체휼하기 위해서입니다. 그럴 수 있는 한 개인, 가정·종족이 있기를 당신이 바란다는 것을 알고 있사오니, 부끄러워서 몸을 둘 데 없는 제 자신을 다시 한 번 견책하면서 통일교회를 다시 한 번 불쌍히 여겨 주시옵기를, 아버지, 간절히 바라옵니다. 아버지, 아직 남겨진 일처리를 끝내지 못했습니다. 이제부터 3년 혹은 4년이란 기간을 중심삼고 미국에서 싸워야 할 일을 남겨 놓고 왔사오니, 아버지, 한국은 당신이 맡으시어서 여기의 책임자로부터 오늘 새로이 각성하고 뜻 앞에 사랑의 교량을 한국에서부터 세계 도처에 놓지 않으면 안 될 기지가 돼야 한다는 것을 확실히 아는 이 시간이 되게 해주시옵길 간절히 바라옵고 원하옵니다.

그것이 없게 될 때는 아무리 조국강산이라도 제가 돌아올 수 있는 길이 없다는 것을 생각하게 되옵니다. 아버지, 그럴 수 있는 한 곳이 한국이 되지 않으면 안 될 것을 당신은 바라서 5천년의 기나긴 세월 동안 탕감과 수난의 민족으로 비참한 피의 역사를 엮어 오게 하셨사옵니다. 그것도 이 한때를 대비하기 위해서인 것을 생각할 때, 통일교회의 사명이 크다는 것을 망각하는 무리가 되지 말게 해주시옵기를, 아버지, 간절히 바라옵고 원하옵니다.

어머니는 어머니로서 남편과 자식들 앞에, 아버지는 아버지로서 아내와 자식들 앞에, 자식은 부모 앞에, 교회의 책임자는 교인들 앞에, 교인들은 교회의 책임자 앞에 하나님의 사랑을 서로서로 보여줄 수 있고 동행할 수 있는 움직임이 나타나게 하소서. 삼천리반도에 이 불쌍하고 쫓기며 핍박받던 무리를 통하여 모두 심정적으로 결합시킬 수 있게 허락해 주시옵기를 다시 한 번 아버지 앞에 부탁드리옵니다.

남은 그날 앞에 오늘의 말씀이 부끄러움의 호소와 참소의 조건이 되지 않게끔 마음을 가다듬고 정성을 가다듬어 제2회 3차 7년노정을 36가정으로부터 72가정과 120가정이 선두에 나서고, 이 민족 앞에 기수가 되어 달려야 할 책임이 있다는 것을 알게 허락해 주시옵소서. 스승이 간 길이 그러하듯이 이들도 가야겠습니다. 자식에게 핍박을 남기고 싶은 부모가 없는 것이요, 아내에게 수난길을 남기고 싶은 남편이 없는 것을 알고 있습니다. 그러나 부모의 자리에서 자식들을 고생시키지 않으면 안 되고, 남편의 자리에서 아내를 고생시키지 않으면 안 되는 탕감노정이 남아 있고 복귀의 한스러운 길이 남아 있기 때문에 이 길을 싫다고 하면 영원히 이 길이 앞을 가로막는다는 것을 생각하게 될 때, 이를 악물고 혀를 깨물면서 이 길을 가야 할 운명에 처해 있는 것을 이 시간에 알게 허락해 주시옵길 간절히 바라옵니다.

가정교회의 활동을 중심삼고 부끄러운 역사를 남기는 무리가 되지 않게 해주시옵기를 간절히 바라옵니다. 역사적인 탕감과 역사적인 심정적 하나의 기준을 세우시어 만민에게 폭풍이 불어오고 홍수가 나게 될 때, 하나의 닻장이 되어서 여기에 무엇이든지 달리면 살 수 있는 터전이라고 사랑의 닻을 꽂고 기다리는 무리가 되게 허락하여 주시옵기를, 아버지, 간절히 간절히 부탁드리고 원하옵니다. 오늘의 모든 것을 기꺼이 받아 주시기를 부탁드리면서 모든 말씀을 참

부모님의 이름으로 축원하였사옵나이다. 아주! (1980.10.16)

5 가정교회의 시대를 맞게 된 것을 감사드립니다

사랑하는 하나님 아버지, 숱한 역사노정에 한스러운 날들이 지나갔고 또 연결되어 지내 왔습니다. 1920년대부터 60년 기간을 당신이 불초 이 자식을 이 땅에 보내서 키우시며 연단하시고 철이 들 때까지 아버지의 보호 가운데서 인도하시어 새로운 역사적인 관과 사명이 어떻다는 것을 알게 하셨습니다.

아버지를 알고, 예수님을 알고 난 다음부터 그것을 깨닫고 난 후에 환영과 영광의 한 날이 당신의 역사 가운데 있었으나, 민족을 중심삼은 기독교와 한민족이 책임을 다하지 못함으로 말미암아 슬펐던 역사를 엮어 온 것을 다시 한 번 회상하옵니다. 그러나 기필코 승리의 날을 맞이하기 위해서 숱한 날들을 숱한 피어린 투쟁의 길을 재차 거듭하신 아버지의 노고 앞에 진실로 감사를 드립니다.

더더욱 1960년대를 중심삼고는 2천년 역사를 다시 한 번 탕감하기 위하여, 기독교가 사명을 다하지 못한 것과 나라가 사명을 다하지 못한 것을 탕감하기 위하여 3차 7년노정을 설정하신 그때의 날을 생각하게 될 때 바로 어젯날 같습니다. 오늘의 이와 같은 역사적인 승리권이 있으리라고는 그 누구도 상상하지 못했던 그 시절을 다시 한 번 회고하옵니다. 이제 3차 7년노정을 이미 보냈고, 금년에 제2회 3차 7년노정을 발표할 수 있는 역사적인 시기를 살아생전에 아버지를 모시고 세계 앞에 당당코 발표할 수 있는 이날이 얼마나 감사한지 말로 할 수 없습니다.

이제 본격적으로 국가와 세계의 차원을 넘어서 새로운 역사를 개문하고 '가정교회는 나의 천국'이라는 금년 표어를 가지고 출발을 다짐하겠사오니, 아버지, 이 과제를 기꺼이 받으시고 통일의 무리가 이런 내용을 가지고 기도하는 곳곳마다 친히 아버지께서 같이해 주옵기를 간절히 바라옵니다. 더욱이 이 자리에는 어젯날 842쌍을 새로이 하늘의 가정으로 인연을 맺게 해주신 자녀들과 세계 각지에서 몰려온 당신이 기억할 수 있는 자녀들이 집합했사오니 여기에 같이 계시옵소서.

이제부터의 10년간을 온갖 정성과 충성을 다짐하는 데 있어서 가정을 대표하는 전체가 선두에 서지 않으면 안 될 가정교회의 시대를 맞게 된 것을 감사드립니다. 사탄세계의 혼란상을 아무리 바라보더라도 저희는 내적으로 더더욱 공고하게 하늘 앞에 다짐하고 희망이 없어져 가는 이 세상을 볼 때, 높고 큰 희망을 다짐하면서 전진할 수 있는 당신의 자녀들이 되게 허락해 주시옵기를 간절히 바라옵고 원하옵니다.

멀리 한국과 일본, 그리고 환경과 처지는 다르지만 전 세계 127개국에서 이곳을 바라보면서 부모님을 생각하고 하늘을 생각하는 어린 자녀들이 도처에 널려 있사오니, 그 자리를 축복해 주시옵기를 간절히 바라옵니다. 후대하신 아버지의 사랑 가운데서 이 자식의 가정을 보호하고 교회를 보호하시던 것과 마찬가지로, 아버지, 그와 같은 환경과 외로운 자리를 지켜서 보호해 주실 것을 저는 알고 믿고 있사오니, 그 자리에 있는 이들도 철석같이 하늘이 같이하심을 믿으면서 어려운 환경의 개척과 맡겨진 책임을 다하기에 온갖 노력과 충성을 다하는 부족함이 없는 자녀들이 되게 해주시옵길, 아버님, 간절히 바라옵고 원하옵니다.

아버지 하나님, 희망의 1981년을 맞고 새로이 출진하는 바쁜 날들을 아버지 앞에 봉헌할 것을 다시 한 번 다짐하옵니다. 흘러가는 역사 가운데서 자랑스러운 1981년이 될 수 있게끔 복을 베풀어 주시옵소서. 이 나라에 새로운 지도자가 세움을 받은 그날부터 세계의 역사적인 새로운 책임을 담당할 수 있는 길을 열어 주시옵고, 아시아와 서구가 연결될 수 있는 빛나는 새로운 차원의 세계를 전개시켜 주시옵기를 간절히 부탁드리며, 맡겨진 모든 날들에 충성을 다할 것을 다짐하오니 새로운 원단의 이 아침에 모든 것을 기쁨으로 받아 주시옵소서. 참부모님의 이름으로 축원하였사옵나이다. 아주! (1981.1.1)

6 한국을 불쌍히 보시옵소서

아버님, 한 많은 역사시대가 지나갔습니다. 제가 잊을 수 없었던 그 옛날을 개인적인 입장에서 다시 한 번 회상하옵니다. 가정을 세워야 할 비장한 역사적인 거스름 길, 역로의 길에서 치달아 가지 않으면 안 될 섭리를 앞에 놓고 당신이 염려하시던 그 때를 다시 한 번 회상하옵니다.

당신의 보호하심으로 망하지 않고 그 길을 찾았사옵고, 20년 과정에서 세계 정상인 미국까지 소화할 수 있는 기반을 연결시켰사옵니다. 그러지 않으면 당신의 해원이 불가능하고 인류의 해방이 불가능함을 알았기 때문에 일심으로 전부를 바쳐 달리고 몸부림치면서 달리다 보니 당신이 보호하시는 가운데 이제 역사적인 총결산을 짓고 섭리사적인 희망의 기치를 다시 들고 이 땅 위에 정정당당한 자세로 갈 수 있게 되었습니다. 이 길을 허락해 주신 아버지의 은사 앞에 감사드리옵니다.

이제 여기에 서 있는 통일교회 무리가 가정을 중심삼고 부모님의 가정 위에 완전히 하나가 되어 철옹성같이 엉키어서 당신의 사랑을 노래하고 인류 해방을 노래하면서 해방권이 우리 동산에 이뤄졌다고 찬양할 수 있는 기쁨의 모습을 갖출 수 있도록 허락해 주시옵고, 어려움이 다가오더라도 기쁨과 감사로 소화하고 감화의 환경의 인연으로 꽃피울 수 있는 무리, 당신이 기억하고 찾아오실 수 있는 무리가 될 수 있게 축복해 주시옵소서. 제가 험산준령을 넘을 적마다 지켜 주시던 당신의 손길로 이들의 가는 길을 지켜 주시옵소서.

이제 가정교회를 중심삼은 종족복귀의 운명은 지상천국의 실현 과정에서 있는 모든 인류들이 가야 할 공통적인 요소로 남아 있사옵니다. 그러나 핍박의 시대가 아니고 환희의 시대요, 부모님의 이름이 드높이 천상천하에 드러날 수 있는 때가 왔기 때문에 부모님의 명성을 가지고 따라가는 그 길이 이제는 수난의 길이 아니라 순탄의 행로요 쉬운 길이라는 것을 알았사옵니다.

그러기에 앞을 바라보고 감사하고, 좌우를 바라보고 감사하고, 아래위를 바라보고 감사하고, 앞뒤를 바라보고 감사할 수 있는 자신이 되고 자기 생활권에서 당신이 기뻐하실 수 있는 승리적인 안식처의 한 보금자리를 만들겠다고 몸부림치는 모습이 되어야 하겠습니다. 그런 아름다운 자세가 나라를 사랑할 수 있는 모습이요, 세계를 사랑할 수 있는 모습이요, 부모를 사랑할 수 있는 모습이라는 것을 확실히 알았습니다. 이제 마음 가운데 그 인연을 이어받을 수 있는 이 시간이 되게 해주시길, 아버지, 간절히 바라옵고 원하옵니다.

아버지, 제가 한국에 돌아와서 이들 앞에 권하는 이 마음을, 심정을 4천만 남한 땅에 있는 사람들과 북한 땅에 있는 사람들의 마음에 연결시켜 주시옵소서. 북한 땅은 공산당이 지배하는 자리에 있사오니 선한 조상들을 중심삼아 영계가 지상과 연결할 수 있는 남한의 기지를 통하고 시공을 초월하여 사탄세계의 제재를 받지 아니하고 그 후손들을 감동시킬 수 있게 해주시옵소서.

이런 역사적인 사명을 할 수 있는 시대권에 들어옴으로써 그들을 통하여 2세들이 통일교회로 향할 수 있는 시대권으로 이제 결합시킬 수 있는 때가 되어 오는 것을 알고 있사오니, 그 은사의 혜택이 그들 앞에 미쳐지게 해주시옵소서. 그리하여 남북이 통일될 수 있는 하나의 기원을 이제부터 2세를 통하여 마련할 수 있게끔 축복해 주시옵기를 간절히 부탁드리고 원하옵니다.

저희가 들이는 정성과 저희가 기도하는 모든 음성이 온 천지에 하나의 새로운 생명의 방송국 말씀이 되어 하늘나라와 땅의 모든 인간들의 마음, 본연의 마음 가운데 전해질 수 있게 해주시옵소서. 새로운 복음의 말씀을 본향으로 돌아가는 데 있어서 하나의 지시 말씀으로 듣고, 그 말을 따라서 생명의 인연을 맺어 본향길을 찾아 돌아갈 수 있게끔 축복해 주시옵기를, 아버지, 간절히 바라옵고 원하옵니다.

그 누가 뭐라고 하더라도 인생은 이 길을 가지 않으면 안 될 운명의 길을 남기고 있는 것을 저는 잘 알기에 일생을 거쳐서 이 길을 허덕이면서 달려왔사옵니다. 당신이 이와 같은 복된 자리를 이 인류와 이 나라 그리고 저희 통일교회 앞에 허락하신 은사에 재삼 감사드리옵니다. 이 시대적인 혜택권을 유린하는 불쌍한 무리가 되어서는 안 되겠습니다. 패도자가 되어서는 안 되겠사오니 지금까지의 그릇된 생각을 가졌던 축복받은 가정이 있으면 이 시간에, 아버지, 긍휼한 마음으로 다시 용서하시사 제2의 후계자를 통하거나 자식들을 통해서 하늘나라를 이어받을 수 있게끔 축복의 손길을 펴주시길 바라옵니다.

망할 길을 소개하고자 하신 것이 당신의 구도의 길이 아니요 섭리의 길이 아니옵니다. 통일교회의 저를 세워서 역사하신 것은 망하게 하기 위해서가 아니요, 당신의 간절한 소망인 인류를 해방하고 불쌍한 사망권에 있는 인류까지도 해방시키기 위한 뜻이 있어서인 것을 아는 이 자식의 기도를 명심하시사 한국을 불쌍히 보시옵소서. 이제 이들을 위해서 책임지겠다고 몸부림치고 움직이는 어린 자식들의 그 길에 축복의 손길을 가하여 주시옵소서. 그래야 당신이 이 나라와 이 민족 앞에 해방을 받을 수 있다는 것을 아오니 그런 뜻을 받아주옵고, 그 길로 인도해 주시기를 간절히 부탁하고 원하옵니다.

아버지, 남은 3일간을 저희가 역사를 걸어 놓고 무릎을 꿇고 회개해야 되겠사옵니다. 아버지를 보기에 부끄럽지 않고, 부모님을 보기에 부끄럽지 않고, 예수님을 보기에 부끄럽지 않고, 모세와 야곱을 보기에 부끄럽지 않고 당신이 자랑할 수 있는 참부모의 심정적인 인연을 갖추어 지상에서 훈련받은 가정으로서 보람 있는 자격을 갖추겠다고 맹세하는 무리이오니, 사랑의 아버지, 기억하시어 그런 자리에 설 수 있게끔 만반의 격려와 인도와 지도를 하여 주시옵기를 재삼 부탁드리옵니다. 허락하신 시대 앞에 부끄럽지 않은 이들이 되게 허락하여 주시옵소서. 모든 말씀을 참부모님의 이름으로 아뢰었사옵나이다. 아주! (1985.12.29)

7 사랑·믿음·소망의 계승자가 되게 하시옵소서

사랑하는 아버님이시여, 천륜의 감추었던 뜻의 세계가 이루어지지 못한 것이 다 아버님께 책임이 있는 줄 알았사온데 인간의 타락으로 말미암아 저희에게도 있다는 사실을 알았사옵니다. 아버님의 영원하신 소망이 남아 있는 한 오늘날 저희에게도 영원한 소망이 남아져 있고, 아버님의 영원하신 믿음의 뜻이 남아져 있는 한 저희에게도 영원한 믿음의 뜻이 남아 있고, 아버님의 영원한 사랑의 실천이 이루어지지 않는 한 오늘날 저희에게도 영원한 사랑의 실체를 이루어야 할 책임이 남아 있다는 것을 알았사옵니다.

이 한 날에 탕감적인 역사를 계승하기 위해서, 저희는 4천년 소망을 계승하여 6천년 소망으로서, 4천년 믿음을 계승하여 6천년 믿음으로서, 4천년 사랑을 계승하여 6천년 사랑으로서 나타내야 되겠사옵니다. 6천년의 사랑을 영원한 사랑으로 세워야 할 책임이 저희에게 남아 있사오니, 이날의 저희 미흡함과 부족함을 용납해 주시옵소서. 이날의 저희 불충함과 불효함을 용납해 주시옵소서. 제한 자체를 높이 세웠던 것을 용납하여 주시옵소서. 이제 만민의 소망을 결실시켜야 할 때가 되었고, 만민의 믿음을 결실시켜야 할 때가 되었으며, 만민의 사랑을 하나의 실체로서 나타내야 할 때가 되었사온데, 그 하나의 실체가 어느 곳에 결실되어 있사옵니까? 보잘것없는 저희이지만 새롭게 신부로 단장해야 할 자신들임을 알게 깨우쳐 주시옵소서. 그럴 때에 내적인 면에서 완결을 이루었던 예수 그리스도의 수고의 역사가 외적인 저희를 통하여서 결실될 수 있고, 재림이상을 실천할 수 있으며, 외적인 역사를 전개할 수 있는 것을 알고 있사옵니다.

오늘날 하늘땅의 중심적인 역할을 담당해야 할 사람이 누구이냐 하면, 끝날의 재림역사를 앞에 두고 있는 성도들인 줄 알고 있사옵니다. 아버지께서는 그러한 사람들에게 영원한 아버지의 소망을 맡기고자 원하시지만 그들이 그 소망을 맡을 자가 되었는가, 영원한 아버지의 믿음을 맡기고자 하시지만 그 믿음을 맡을 자가 되었는가, 영원한 하나님의 사랑을 맡기고자 원하시지만 그 사랑을 맡을 자가 되었는가 염려되옵니다.

그 모든 것을 주님 대신 맡아서 아버지 앞에 영원히 불변하는 모습으로서 아버지의 사랑에 속한 사람이 됨으로 말미암아 이제는 영원한 소망의 종족이 된 자로 서야 되겠사옵니다. 영원한 믿음의 종족이 된 자로 서야 되겠고, 영원한 사랑의 종족이 된 자로 서야 되겠사옵니다. 이러한 책임이 저희에게 분담되어 있다는 것을 알게 허락하여 주시옵소서.

선택받은 이스라엘의 승리적인 중심 실체로 계시는 예수 그리스도의 목적을 오늘날 저희 개개인에서 이루고, 즉 전체를 대신한 소망의 실체를 갖추고, 믿음의 실체를 갖추고, 사랑의 실체를 갖추어야 되겠사옵니다. 이제 재림역사 이후에는 그리스도가 이 땅 위에 오셔서 행하던 그 모든 것을 대신하는, 즉 예수 그리스도의 소망의 실체로 서지 않으면 안 될 것이요, 믿음의 후계자가 되지 않으면 안 될 것이요, 사랑의 후계자들이 되지 않으면 아니 될 것이오니, 이것을 똑똑히 알게 허락해 주시옵소서.

이제 타락의 고개를 넘어야 할 복귀과정에 처해 있는 저희가 '아버지의 소망과 믿음과 사랑을 맡겠사옵니다.'라고 할 수 있어야 되겠사옵고, 그 소망·믿음·사랑을 아버지 앞에 돌려드릴 수 있어야 되겠사옵고, 나아가 만민 앞에 불변의 사랑의 중심으로 서야 되겠사옵니다. 그리하여 아버지 앞에 사랑받을 수 있는 승리적인 존재가 되어야만 끝날에 최후의 영광을 대신할 수 있는 자격자임을 알고 있사오니, 부디 아버지께서 '너는 나의 소망의 존재요, 내가 믿을 수 있는 자요, 내가 사랑할 수 있는 자다.'라고 할 수 있는 모습들이 되게 허락하여 주시옵소서. 나아가 천상천하 온 만물 앞에 선포하여 판정의 은사를 받고, 화동의 하나의 조건을 세울 수 있는 승리의 자녀들이 되게 이끌어 주시옵기를, 아버지, 간절히 바라옵고 원하옵니다.

그렇기 때문에 아버지의 기쁨이 이 땅의 기쁨으로 옮겨지고, 아버지의 사랑이 이 땅의 사랑으로 옮겨지고, 아버지의 소망과 믿음이 이 땅의 소망과 믿음으로 옮겨져야 되겠사옵니다. 재림이상을 모시면서 평면적인 기쁨을 아버지 앞에 옮길 수 있게 허락하여 주시옵고, 아버지의 뜻이 땅을 중심한 저희로 말미암아 성취될 수 있는 영광을 온 피조세계에 나타낼 수 있게끔 역사해 주시옵소서.

저희의 생활을 통하여, 생애를 통하여 모세의 영광을 노래할 수 있어야 되겠사옵고, 모세의 사랑으로써 저희 모두가 하나되게 허락하여 주시옵소서. 그리하여 24억 인류를 다 합하고, 영계에 있는 천천만 성도들까지 합하여 하나의 자랑할 것은 아버님의 뜻을 이룩하는 것인 줄 알고 있사오니, 그 이룬 바의 소망, 이룬 바의 믿음, 이룬 바의 사랑을 영원히 자랑할 수 있는 조건으로서 하늘땅의 중심 가운데 세울 수 있게 허락해 주시옵기를 간절히 부탁드리면서, 모든 말씀 주의 이름으로써 아뢰었사옵나이다. 아주! (1956.6.6)

제10장 평화사상

당신을 저희 마음 가운데 모시게 하시옵소서

사랑하는 아버님, 저희가 찾아 올라가고 또 올라가게 될 때 그 귀착점은 오로지 아버지와 상면하는 자리가 되는 것을 아옵니다. 아버님이 말할 수 있고, 저희가 말할 수 있는 최후의 결정적인 말이 무엇이냐 하게 될 때 그것은 '너는 내 아들딸이다. 저는 당신의 아들딸입니다.' 하는 말일 것이옵니다. 그것만이 인류가 바라는 소원의 말이요, 당신이 찾아오신 인류를 만나기 위한 결정적인 말인 것을 알고 있습니다.

아들과 딸로서 상봉하는 것만으로 끝날 것이 아니라 그 아들과 딸은 당신의 뼈 중의 뼈요, 살 중의 살로서 바꿔칠 수 있을 만큼 내연적인 소원이 저희에게 나타나고, 저희에게 나타난 개인의 욕구가 가정에 나타나고, 가정의 욕구가 사회와 국가를 넘고 세계 만민을 넘어서 아버지의 진정한 내정적인 체휼의 감정이 되어 보편타당한 세계적인 기준까지 넘쳐흐를 수 있어야 되겠습니다. 그 세계가 당신이 찾아오는 소망의 세계요, 인간이 찾아가는 단 하나의 세계인 것을 알고 있습니다.

이런 입장에서 볼 때 오늘날 이 역사시대에 있어서 과연 이런 길을 찾는 무리가 있는지 저희는 알아봐야 되겠습니다. 예수님과 모든 성인들이 가르친 도리의 기원을 파헤쳐서 저희 자체에 있어서는 얼마만한 가치로 하늘의 가치를 찾아야 되며, 하늘과 저희가 어떤 위치에 서야 되느냐 하는 것을 분석하고 비판해 봐야 되겠습니다. 그리하여 이것이 아니면 안 된다는 결정적인 자리에서 만민과 만세계와 새로운 사조 앞에 나타나서 이들을 수습할 수 있는 하나의 참의 기준을 세우지 않으면 안 될 것을 이 시간에 저희는 알아야 되겠습니다.

참의 모습이란 과거에도 그러했고 현실에도 그러하고 미래에도 그러할 수 있는 것, 그 누구도 점령할 수 없고 부정할 수 없는 것이옵니다. 이것은 모든 것을 초월할 수 있는 것이옵니다. 타락한 인간도 부모의 사랑을 그리워하는 것이요, 부부의 인연을 따라서 사는 것이요, 자녀로 말미암아 미래의 소원을 남기고자 합니다. 이런 인생의 가정 제도는 타락한 세계의 심정을 결속시킬 수 있는 하나의 모체가 되고 인륜과 인정의 기반이 되는 것을 저희가 알고 있습니다. 마찬가지로 천륜과 인륜, 천정과 인정이 결속되려면 성인들이 찾아 나가던 표준을 오늘의 인륜과 결속시킬 수 있는 승리적인 하나의 가정 제도를 이 땅 위에 세워야 될 것입니다. 이런 사실을 두고 보게 될 때 남자 된 자와 여자 된 자는 과거와 같은 그런 남자가 되어서는 안 되고 여자가 되어서는 안 되겠습니다.

아버지는 저희 자신을 입증할 수 있고, 저희 자신은 아버지의 아들이고 딸이라는 것을 여실히 증거할 수 있는 신념을 가져야 되겠습니다. 신념뿐만 아니라 체휼적인 자리에서 아버지와 나는 전후관계와 좌우관계에 있음을 입증하고 그런 입장에서 영원히 같이 있었고, 영원히 같이 살고 있고, 영원히 같이 살 것이라는 기원을 스스로 세울 수 있는 자신을 발견해야 되겠습니다. 그것이 저희가 가야 할 참된 길인 것을 알았습니다.

아버님이여, 이제 누구보다도 귀한 당신을 저희 마음 가운데 모셔야 되겠습니다. 그 누구도 침범할 수 없는 마음의 자리에 절대자이신 아버지를 모셔서 아버지와 더불어 의논하고, 아버지와 더불어 상응적인 입장에서 주체적인 아버지와 더불어 상대적인 저희 자신의 무한한 가치의 입체성을 발견하고 살 수 있는 인생이 있다고 할진대 세상이 아무리 악하다고 하더라도 그 악한 권내에서 무한한 가치를 배가시킬 수 있는 역사 창조의 새로운 터전을 만들어 나가는 다른 무엇을 발견할 수 있을 것이옵입니다. 그런 것을 생각하게 될 때 그 사람이 당하는 고통은 고통이 아니라 행복으로 소화시킬 수 있는 것이요, 그는 사망의 물결이 충만한 이 땅 위에 있어서 불행한 사람이 아니라 행복하게 사는 사람이요, 행복을 위한 사람인 것을 저희는 알게 되옵니다.

통일교회 무리는 이와 같은 길을 가야 될 것을 알았기 때문에 지금까지 걸어온 길이 수난의 길이요, 핍박의 길이요, 외로운 길이었지만 그 핍박과 외로움이 엇갈리는 교차로에서는 그때마다 저희가 가야 할 길은 뚜렷했사옵니다. 인간이 가져야 할 가치의 인연을 심어 놓는 데는 자기의 행로뿐만 아니라 사방으로 뻗쳐 교차되는 그 길까지 흘러 넘어갈 수 있는 선의 인연을 남기기 위해서 사방으로 몸부림쳐 나온 통일교회의 역사적인 사실을 생각하게 될 때 비참했지만, 그 가운데 남들이 모르는 감사의 심정을 가질 수 있는 자리에 세워 주신 것을 감사드리옵니다.

그런 자리에서 뿌리를 박고 연마하여 세계적인 발판을 닦아 벅찬 희망과 더불어 아시아를 바라보며 세계를 넘나드는 새로운 하나의 세계를 꿈꿀 수 있는 애국자의 심정을 가질 뿐만 아니라 세계 인류 가운데 그 누구도 갖지 못했던 당신의 사랑을 중심삼은 아버지의 가정과 나라에 대한 애국심을 가지고 살겠다는 천정을 따라서 충신의 도리를 배우려고 하고, 천정을 따라서 효성의 도리를 배우려고 하고, 보다 높은 차원의 가치를 찾아 나가는 이들의 가는 길 앞에 축복의 손길이 길이 같이해 주시옵소서. 그 생활에 있어서 가중된 가치는 오늘날 평면적인 세계를 중심삼고 사는 사람의 어떤 가치보다도 비할 데 없는 고차원적인 내용임을 알고 나가는 이들 위에 당신의 긍휼과 사랑이 더 더욱 같이해 주시옵소서.

아무리 세상이 악할지라도 이 악한 세상을 끌고 가야 할 주체적인 힘은 보다 강하지 않으면 안 된다는 것, 약해서는 안 된다는 것을 저희는 누구보다도 잘 알고 외로울 때도 아버지의 힘과 능력을 대신하여 저희가 외로워해서는 안 되는 것을 아오니 저희가 이 세상 앞에 영향을 끼치는 무리가 되게 허락해 주시옵기를 간절히 바라옵니다.

오늘 저녁에 말씀을 통해서 당신이 이들의 가치를 높이 평가해 주시옵고, 그 누구도 추구할 수 없는 최고의 차원에서 제정된 원칙적인 가치를 지니는 새로운 남자면 남자, 여자면 여자로 결정될 수 있게 허락해 주시옵소서. 그 누구도 분립시킬 수 없는 세계를 중심삼고 엉클어질 수 있는 가정이 되고, 민족이 되고, 국가가 되고, 세계 인류가 되어야 한다는 것을 누구보다도 강하게 느낀 무리가 오늘 이 시대 통일의 무리이옵니다. 과거에 원수였던 일본 사람들도 식구의 이름을 갖게 될 때는 형제가 되는 것이요, 수많은 색깔이 다른 인종들도 식구라는 이름을 중심삼고 어느 민족 가운데서도 찾지 못하고 찾을 수도 없는 형제의 우애를 갖고 살 수 있는 움직임이 벌어지고 있사옵니다.

그런 움직임이 오늘 이 땅 위에서 기반을 잡고 실천적인 단계를 향하여 돌진하고 있사오니, 아버지께서 긍휼히 보셔서 여기에 무한한 힘과 능력을 가중시키셔서 내일의 승리적인 판국을 향하여 나아가는 데 있어서 졸장부가 되지 말고 승리자의 모습을 갖춰서 강하고 담대하게 직행하고 전진하는 하늘의 용사들이 되게 하여 주시옵기를 간절히 부탁드리고 원하옵니다. 이날의 모든 것을 당신 앞에 맡기오니 남아진 시간도 친히 당신의 뜻 가운데서 주관해 주시옵기를, 사랑의 아버님, 재삼 부탁드리면서 모든 말씀을 참부모님의 이름으로 아뢰었사옵나이다. 아주! (1971.2.11)

2 무한하신 자비와 사랑으로 같이해 주시옵소서

사랑하는 아버님, 높고 귀하신 당신의 뜻 앞에 저희는 역사적인 빚을 짊어진 후손들이기 때문에 이 빚을 갚고 가야 되겠습니다. 저희는 시대적인 죄악을 탕감해야 할 제사장의 책임을 지고 흰옷에 핏자국을 남기면서라도 가야 되겠습니다. 이런 것을 아는 당신의 자녀들에게 무한하신 자비와 사랑으로 길이길이 같이해 주시옵소서. 그리하여 내일의 소망 앞에 변함없는 아들딸들이 되게 허락해 주시옵소서.

저희는 참된 사람이 돼야 하겠고, 참된 가정이 돼야 하겠고, 참된 교회와 참된 나라가 돼야 하겠사옵니다. 참된 세계를 이뤄야 하겠사옵니다. 이것을 이들이 확실히 알게 허락해 주시옵소서. 이 땅 위에는 모든 것이 참에 대치되는 사악한 환경으로 둘러싸여 있사옵니다. 이런 환경에서도 참의 정열을 가지고 깨끗하고 힘 있는 그 모습을 변함없이 드러낼 수 있는 당신의 자녀들이 되게 지켜 주옵기를, 아버지, 간절히 바라옵니다.

이제부터 계획하는 모든 뜻은 당신이 높이심을 받고, 당신의 영광이 드러날 것을 위하여 저희가 싸우고 희생할 각오로 당신 앞에 효성의 도리를 다하고 충성의 도리를 다할 것을 맹세하는 이 시간이 되게 해주시옵소서. 그런 자녀들 위에 당신의 가호가 길이길이 같이해 주시옵소서. 남한 각지와 세계에 널려 있는 뭇 자녀들도 당신의 넓고 깊으신 사랑으로 품으시옵고 보호해 주시옵기를 간절히 부탁드리면서, 모든 말씀을 참부모님의 성호를 받들어서 아뢰었사옵나이다. 아주! (1970.11.1)

3 만민이 하늘나라에 속할 수 있게 하시옵소서

가는 세월이 참된 사람을 부르고 있다는 사실을 모르고 있는 이 사망의 세계를 바라보면서 오늘날 해방권을 지니고 자랑하는 저희에게 있어서는 남북이 엇갈려 있을지라도 틀림없이 해방되리라는 것을 저희는 알고 있사옵니다. 아무리 동서가 분립되어 문화적인 배경이 상충되어 있다고 하더라도 참다운 생명과 사랑을 중심삼은 통일적인 혈연의 기대 위에서는 모든 담들이 격파되고 붕괴되리라는 것을 알고 있습니다.

남북의 빈부 격차가 아무리 크다고 하더라도 형제인 것을 알기 때문에 사랑의 마음을 가지고 많이 가진 사람은 나눠 주지 않으면 안 된다는 것을 알고 있사옵니다. 사랑을 중심삼은 평화의 세계를 이루는 데 생명을 근간으로 하고 있는 민족적인 인연을 아버지의 사랑으로 동화시킬 수 있는 놀라운 길을 알았사옵니다. 이 전부가 참부모의 인연으로 말미암아 빚어진 것을 진심으로 감사드리지 않으면 안 될 것을 잘 알고 있습니다.

이제 하나님으로부터, 참부모로부터 새로운 문화세계를 창건하려는 놀라운 시대에 있어서 승리의 기준이 아침 햇빛을 바라보는 때에 접어들었다는 사실을 알고 있사옵니다. 누가 옳고 누가 그른가를 볼 수 있고 악한 사람도 알 수 있는 시대에 왔사오니, 온 세계의 사람들이 생사권을 밟고 넘어서 해방의 기준을 극복할 수 있고 초월할 수 있도록 이끌어 주시기를 부탁드리고 원하옵니다. 그리하여 만민이 아버지의 권속, 아버지가 통치하는 백성으로 하늘나라에 속할 수 있도록 축복해 주시옵기를 간절히 부탁드리고 원하옵니다.

남은 그때와 그 시간을 앞두고 해방을 책임진 해방의 주자들이 해야 될 책임 앞에 부끄럽지 않은 무리가 될 수 있게끔 지도 편달해 주시길 재삼 부탁드리면서, 이 모든 말씀을 참부모님의 이름으로 축원했사옵나이다. 아주! (1987.10.4)

4 전진적인 발걸음을 재촉하게 해주시옵소서

사랑하는 아버님, 한국에 와서 저주밖에 나올 수 없는 이런 환경을 바라보게 될 때 하나님 아버지의 위대함을 다시 한 번 찬양하지 않을 수 없습니다. 이것을 잊고 뒤로 돌아서면서 사랑하라고 권고하지 않을 수 없는 아버지가 되었다는 사실을, 참으로 불쌍한 아버지인 것을 알았습니다.

하늘의 분부말씀을 받아 비장한 각오로 고향 땅을 떠나면서 천하통일을 선언하던 날 이후로 오랜 세월이 갔지만 어제같이 생각되옵니다. 사랑길을 찾아 헤매는 자들의 과거지사는 역사가 아무리 멀고 멀더라도 순간권에 있는 것을 느끼듯이 먼 생애의 젊은 청춘시대, 혈기가 왕성하고 의기가 사무쳐 충천한 그 시대를 70이 넘도록 달려왔지만 아직까지 가야 할 길이 남아 있어 쉴 수 없는 자신을 발견할 적마다 언제 당신 앞에 가야 할 것을 생각지 않으면 안 되는 것을 다시 회상하면서 서글퍼질 때가 많사옵니다.

이런 나이에 남북통일을 보지 못한 원한이 맺혀 있음을 생각하게 될 때, 당신도 그렇고 이 자식도 그렇고 통일가의 축복받은 가정 전체가 그런 것을 생각하게 될 때 약속하신 대로 모든 것이 반드시 이뤄질 것을 알고 있지만 저희가 충성의 도수를 가함으로 말미암아 그 기간을 단축시켜 지상지옥 같은 북한 땅을 해방시켜야 되겠습니다. 우리 형님이요 동생이 되는 그들을 품어 하나되지 않고는 이 나라에 천국의 기지를 놓을 수 없다는 엄숙한 사실을 아는 저희가 천년의 사연을 하루의 생활 가운데 소화시키려는 애달픈 마음을 가지고 몸부림쳐야 할 입장을 발견하게 되옵니다.

불쌍하지만 그것이 저희 각자가 처해 있는 자리에서 하나님의 복귀섭리를 위하고 재창조의 섭리를 위하여 투입하면서 애달픈 사연을 스스로 위로하는 아버지의 사정을 위로해 드릴 수 있는 자리에 선 것을 감사히 여기면서 내일을 오늘같이, 한 달을 오늘같이, 천 년을 오늘같이 살겠다는 가륵한 자녀의 마음을 잊지 않게끔 축복을 베풀어 주시옵기를, 아버지, 간절히 바라옵고 원하옵니다.

소수의 무리를 거느리고서 엄청난 역사적인 사명을 규합해야 할 역사적인 소명이 있고, 그 사명을 해야 될 내연과 목적이 종착점에서 나를 부르고 있는 것을 생각하게 되옵니다. 바쁜 생애를 또 다짐하고 가는 세월을 한으로 보내고, 환희의 심정을 가지고 아버지의 사랑을 그리워하는 마음의 바쁨이 천 리의 길을 가기 전에 만 리의 길을 달려갈 수 있는 마음을 모시고 가겠다고 몸부림치는 불쌍한 무리라도 돼야 한다는 사실을 이 시간에 쌍수를 들어 맹세한 아들딸 앞에 허락해 주시옵기를 간절히 바라옵고 원하옵니다.

이 말씀과 더불어 오늘 출발하는 이들의 발걸음이, 역사시대에 오늘의 말씀이 심판의 조건으로 남지 않게끔 해주시옵소서. 온갖 정성에 정성을 다하고 충성에 충성을 다하여 남한 땅에 살고 있는 사람들은 가인을 사랑하라는 도리를 배운 것과 마찬가지로 북한 땅의 사람들을 사랑할 수 있어야 되겠습니다. 그들을 자기 아들딸보다, 자기 일족보다 더 사랑하겠다는 마음을 갖게 하시옵소서.

그렇지 않고는 남북한에 막힌 모든 담을 헐 수 없다는 사실을 여기에 모인 무리는 알고 있사오니, 남북을 동원하여 그런 방향으로 수습할 수 있는 책임소행을 하늘로부터 분부받았사오니, 그 사명 수행에 경거망동하는 불신풍조를 남기는 무리가 되어서는 안 되겠습니다. 엄숙히 내일의 기약을 다짐하면서 오늘의 이 시간에 천년사를 기약하는 하나의 조건을 남길 수 있는 제물적인 사랑의 기틀이 마련되게 해주시옵기를 간절히 바라옵고 원하옵니다.

사랑하는 아버님, 내 나라 통일을 선포한 지 1년이 다 되어 옵니다. 이제 올해도 40여 일을 남겨 두고 있습니다. 이 기간에 아버지께서 이들을 고이 다듬어서 미래에 내 나라의 통일이 세계통일의 기원으로 연결될 수 있도록 숨 가쁜 결의를 다짐하여 전진적인 발걸음을 재촉할 수 있는 용사들이 되게 해주시옵기를, 아버지, 간절히 부탁드리고 원하옵니다.

남은 그날과 그때에 부끄럽지 않은 모습들이 되어서 본연의 가정을 이루어 천국의 기지를 자기 혈족과 더불어 만들기 위하여 각처에 있는 자기 자신들의 가정과 종족을 중심삼고 평면적인 공동목적으로 각자의 경쟁노정에 선 것을 망각하지 말게 해주시옵소서. 그리하여 하늘을 위해 효자의 도리, 충신의 도리, 성인의 도리, 성자의 도리를 힘입어 갈 길을 다 가겠다고 몸부림치는 당신의 자녀들이 되게 하시옵기를, 아버지, 간절히 부탁드리고 원하옵니다. 이들이 가는 길 앞에 저를 보호하듯이, 저를 축복하시고 인도하시듯이 같이 동행 동보해 주시기를 재삼 부탁드리면서 이 모든 전체를 참부모님의 이름으로 축원하나이다. 아주! (1990.11.18)

5 전체가 하늘 뜻 가운데 일취월장하게 해주시옵소서

사랑하는 아버님, 천지도수를 따라서 세워 놓은 이상 실현을 위한 창조의 출발과 과정 그리고 목적이 있었던 것을 아옵니다. 이 원칙적인 노정을 우리 인류시조가 완성하지 못함으로 말미암아 창조한 모든 피조세계가 당신의 창조이상과 관계없는 원치 않는 한의 올무에 걸려서 역사과정에 숱한 인류들이 겪어서는 안 될 사연을 남겼을 뿐만 아니라, 하늘이 이런 일을 당하지 않으면 안 됐다는 사실이 얼마나 비통한 사실이요, 얼마나 전체 전반 앞에 원한의 터전이 되었던가를 알고 있습니다.

그와 같은 자리를 이루지 못한 것은 땅 위에 참부모님의 참사랑과 참생명을 중심삼고 혈통적인 인연을 정하여 모든 사람들의 양심의 터전을 닦지 못했기 때문임을 아옵니다. 그런 한이 있었기 때문에 이것을 다시 재현하여, 이것을 다시 복귀하여 본연의 기준을 완결시키기 위한 구원섭리의 한의 역사를 잘 알고 있습니다.

그것을 이루기 위해서 택한 참부모의 일족을 중심삼고 참다운 가정, 참다운 민족, 참다운 국가, 참다운 세계, 참다운 천주, 참다운 천지부모의 해방권을 이뤄야 할 그 본연의 기준을 잃어버린 것을 찾기 위해서 얼마나 수고해 오셨는가를 알고 있사옵니다. 장자권의 역사를 통해서 창세 이래 지금까지 이 땅에 참부모가 오셔서 부모권을 세우고 장자권의 자리에서 예수님의 입장을 해방하고, 예수님이 뜻을 세우는 데 필요했던 종족적인 기반을 민족적인 터전에 연결시키고, 민족적인 터전과 세계적인 교회를 중심하고 다리를 놓아 연결시키어 천주사적인 하늘의 축복 기반이 정착할 수 있는 나라의 기준을 마련하신 아버지의 수고가 얼마나 컸던가를 알고 있습니다.

가정과 교회를 마련하고 나라의 정착지를 다시 이 땅 위에 마련하기 위해 기독교 문화권이 오시는 주님을 중심삼고 계승해야 했으나, 그렇게 하지 못함으로 말미암아 참부모가 홀로 가정 기반과 교회 기반, 그리고 나라 기반을 연결하기 위한 수난의 40년 노정을 거쳐 온 것을 생각하게 되옵니다. 하늘의 원통함과 참부모님의 원통함, 그리고 천상세계에 가 있는 모든 영인들과 지상세계의 종교권에 속한 모든 종교인들의 슬픔의 담이 주변을 포위하고 있던 것을 참부모님이 와서 헐 수 있는 과정에 하늘이 같이하여 지금 다 넘고 참된 가정, 참된 교회, 참된 나라가 정착할 수 있는 때를 맞이했사옵니다.

참부모는 한국이 뜻을 세우지 못하면 남미의 우루과이와 파라과이를 연결시켜 세우기 위해서 구교와 신교, 흑인과 아시아인 그리고 백인들이 갈라졌던 모든 것을 남미에 연결시킨 브라질을 중심삼고 하나의 국가 형태를 이루고자 하옵니다. 여기에 포르투갈 민족과 스페인 민족이 대치하는 것도 수습해서 기독교 문화권인 구교와 신교를 하나로 만들어 유럽과 미국을 연결해 아시아와 연결하는 일을 지금까지 해 나왔습니다.

이제 조국광복이라는 목적을 중심삼고 한국에 천상세계와 지상세계가 정착할 수 있는 나라의 기준을 마련하려는 아버지와 천지부모님의 소원이 정착해야 될 때를 놓고 오늘부터 남북한의 정상이 만나는 자리에 있사옵니다. 참부모의 수난의 피 흘린 노정을 통해서 통일적인 새로운 정착의 일면을 총결산짓기 위해 국가메시아를 세워 놓았사옵니다. 나라와 세계를 갈라놓은 기준에 있어서 국가메시아들이 한국을 중심삼고 조국광복의 사업을 연결시켜 장자권 나라인 미국에서 전부 종결짓게 하시옵소서.

그리하여 아버지의 뜻 앞에 무한히 자유스럽고, 모든 것이 담을 헐고 넘어설 수 있는 해방의 터전을 향하여 새로운 세계가 출발할 수 있는 희망을 갖고 넘어갈 수 있게 축복해 주시옵기를 간절히 바라옵니다. 이제 한국을 중심삼고 일본·미국·중국·러시아를 중심삼은 5대 국가가 완전히 하나되어 정착할 수 있고 하늘의 운세와 보조를 맞출 수 있도록 허락해 주시옵기를 간절히 바라옵니다. 그 일을 위해서 미국을 중심삼고 중국과 러시아를 묶고, 중국을 중심삼고 미국과 러시아를 묶고, 러시아를 중심삼고 중국과 미국을 묶어서 원수가 아니라 형제인연으로 묶어질 수 있는 정상회담이 오늘 출발하옵니다.

남북한을 통일하기 위한 운세권으로 제시하는 모든 것이 아버지 뜻 앞에 일치되고, 참부모와 천지부모의 마음 가운데 일치되고 승리의 이 지상·천상천국에 하나의 방패가 되게 하시어서 그 기준을 중심삼고 일방통행으로 결정될 수 있는 승리의 기준을 세우게 해주시옵소서. 그리하여 북한이 듣든 안 듣든 문제시하지 않고 통일적인 이상조국을 세워서 넘어갈 수 있는 대전환적인 변환의 시기를 맞이하게 해주시옵기를 간절히 바라옵니다.

이제 한국에 접붙이는 새로운 국가를 중심삼고 새로이 입적해야 될 시대를 바라보며 진행하는 전체가 하늘의 뜻 가운데 일취월장하게 허락하여 주시옵소서. 여기에 승리적이고 영광스러운 방패의 조건을 세우시어서 사탄세계가 응하나 응하지 않으나 뜻의 일방도로서 모든 일이 성립되게 조건을 세우는 이 시간을, 아버지, 기쁘게 받으시어, 승리의 표석으로 정착시킬 수 있는 한국의 기준과 이 세계의 기준을 찾아 돌아갈 수 있게 허락해 주시옵기를, 사랑의 아버지, 간절히 부탁하옵니다. 온 천주사적인 승리의 조건을 세울 수 있는 이 시간이 되게 허락해 주시옵기를 간절히 부탁드리면서, 참부모님의 이름으로 승리적인 정착의 기준을 선포하나이다. 아주! (2000.6.12)

6 화합 통일의 안착시대로 전진할 수 있게 하시옵소서

사랑하는 아버님, 오늘은 천일국 5년 7월 초하루, 이해에 있어서 '내외 천일국 이상가정권을 완성하소서'라는 표어를 중심삼고 시작한 지 반년을 지냈습니다. 그래서 정상의 분수령을 넘고 세계사적인 제15회를 맞는, 만 14주년을 맞는 칠일절을 맞이했습니다. 하나님의 때를 기념할 수 있는 시대를 맞아 뉴욕에서부터 워싱턴, 시카고, 로스앤젤레스까지 돌아서 3일을 지내고 4일째 맞는 새 달의 새 아침을 맞이했습니다.

국경의 분수령을 넘고, 각자의 소유권의 한계선을 밟아치우고 그야말로 영점의 자리에서 새로운 구약시대를 대신하고 신약시대를 대신하는 삼칠절을 기념하고 있사옵니다. 지상의 저희가 참부모를 모시는 이런 기념의 기간을 통하여 영계의 선조들도 동참하고, 미래에 태어날 후손들도 같이 동참해 대전환의 칠일절을 기념할 수 있게끔 허락해 주신 은사 앞에 감사하옵니다.

이 일을 위해서 '세계평화의 왕 교량'을 중심삼고 당신이 정한 아벨유엔이 결정하는 보호권에는 어디든지 가서 살 수 있는 개방 평화의 세계를 향하여 새로이 출전하는 저희의 몸과 마음이 하나되게 하시옵소서. 지금까지 부부가 하나된 모든 것을 다시 축복해서 가정의 식구들이 하나되어 미래의 자녀들 앞에 본이 될 수 있는 기념의 때를 세울 수 있게 되었습니다. 그럼으로 말미암아 지금은 하나님의 때라고 선포하고 나서는 모든 천주의 존재들이 기쁨과 영광스러운 모습으로 한스러운 탕감복귀를 넘어서 영원한 천상세계에 평준화되는 아버지의 이상천국으로 전진할 수 있는 때를 맞이했습니다.

하오니 저희가 있는 정성을 다하여 지구성을 일주할 수 있는 8차선 이상의 고속도로와 교량 그리고 터널을 만들고, 그리하여 공중세계까지 당신의 주관권에 있어서 취미를 중심삼은 생활이 머무는 곳곳마다 아버지와 더불어 공동·공유·동참할 수 있는 시대를 허락해 주시옵소서. 해방적 지상·천상천국의 후천시대를 중심삼고 새 하늘과 새 땅을 맞이할 수 있고 영원불변의 태평성대를 구가할 수 있는 세계로 전진하게 허락해 주시옵기를 간절히 바라옵니다.

산꼭대기에는 눈이 쌓이고, 중간에서는 초목이 자라고, 아래에서는 꽃이 피는 가운데서 선인들이 바라던 것처럼 낚시를 하고 하늘과 모든 자연의 깊은 심정권을 체휼하면서 감사의 생활을 추구하는 것을, 아버지, 특별히 허락하시옵소서. 그리하여 만유의 존재가 동참·동행할 수 있는 해방·석방의 가치적인 존재로 아버지 앞에 봉헌해 드릴 수 있는 효자·충신·성인·성자 가정의 이름으로 새로운 문화 전통을 세워 전진할 수 있는 기념의 날로서 갖추게 허락해 주시옵기를 간절히 바라옵니다.

이 아침에 축복가정들과 전 세계의 육대주에서 모인 당신의 사랑하는 축복받은 장(長)들이 일심·일념·일체·일핵을 중심삼고 승리적 해방·석방과 화합·통일의 안착시대로 전진할 수 있게 축복해 주시옵기를 간절히 바라오면서 이 칠일절을 새로이 기념하오니, 아버지, 받아 주시기를 부탁드리면서 참부모님의 이름으로 간절히 간절히 간절히 봉헌하고 선포하나이다. 아주! (2005.7.1)

7 사랑의 왕권시대를 전수받는 시대가 되게 하시옵소서

사랑의 아버님, 오늘은 5월 3일, 이달 들어서 처음으로 맞이하는 안시일이옵니다. 하늘과 땅이 축복가정들을 중심삼고 일체 될 수 있는 이 자리가 하나의 초점이 되겠사오니, 이 초점을 중심삼고 만우주가 하나의 동기로 말미암아 하나의 인연을 따라서 하나의 방향을 갖추어 하나의 결과세계로 정착할 수 있게 해주시옵소서! 창조이상의 안착점을 세우려는 섭리역사의 모든 전체가 하나의 초점과 일치되게 하시옵소서. 그 근원과 목적 그리고 방향에 일치될 수 있는 당신의 심정과 상대가 되어 당신의 패권적인 사랑의 주권을 쥐고, 만유 존재의 생명과 영생의 출발이 되는 사랑을 중심삼고 하나의 주권을 연결시켜서 세우신 실체가 당신을 중심삼고 하나될 수 있는 상대적인 존재들로 남아 있사옵니다.

당신이 수고하여 모든 기원을 다시 회복하고, 그 회복한 기반 위에 꽃이 피고 열매를 갖춰서 타락이 없었던 왕권을 중심삼고 만우주를 천년만년 통치할 수 있는 평화의 왕국시대를 갖추게 하시옵소서. 이제부터 만세의 주인 자격으로 만우주의 작은 무리로부터 큰 무리까지 전체를 창조이상으로 세우신 가치적인 존재로서 품고 사랑하고 좋아할 수 있고 모든 것을 다 이뤘다고 선포할 수 있게 허락해 주시옵소서!

이제 이 땅 위에 있는 축복받은 가정들과 미국을 위주로 하여 연결된 모든 나라의 백성이 유엔을 중심삼고 하나의 목적으로 결착될 최후의 소망적인 목적을 앞두고 있사옵니다. 새로운 아벨유엔을 중심삼고 당신이 보좌에 정착할 수 있는 자리를 바라는 소원을 금년에 집중하여 연결시킬 것을 원하오니, 어머님을 중심삼고 평화의 왕과 평화군인 그리고 평화경찰이 하나되어 최후의 결실이 되게 하시옵소서. 그리하여 사랑을 중심삼은 주권의 미를 갖추어 만사형통할 수 있고 자주장할 수 있는 지상·천상천국으로 진행할 수 있게 축복해 주시옵기를, 아버님, 간절히 바라옵고 원하옵니다.

한국을 중심삼고 세계에 연결되어 저희가 일체의 행동을 제시해야 될 내용, 오늘의 모든 선포하는 내용들이 일체화되게 하시어서 만사형통할 수 있게 해주시옵소서. 천사세계 전체가 지상에 재림하여 만세의 해방·석방권에 들어가 하나님을 중심삼은 가정적인 기반으로부터 종족과 민족을 연결하고 지상·천상왕국의 세계를 완결할 수 있게끔 지도해 주시옵기를 간절히 바라옵고 원하옵니다.

이 시간 이후의 모든 전체도 아버지께 맡기오니, 전 세계에 참부모가 연결하는 이 지시사항을 일심일체로써 일족과 일국에 있어서 성취하겠다고 하는 온 인류가 되게 하시옵소서. 그 목적을 향하여 전진함으로써 사랑의 왕권시대를 전수받을 수 있는 시대가 되게 허락해 주시옵기를 간절히 바라옵고 원하옵니다.

이제 오늘부터 시작되는 한국과 세계에 퍼져 나가는 말씀을 선포한 내용이 살아 계시는 하나님의 말씀이기 때문에 영계의 전체에 중심이 되어 지상의 종교권과 통일교인들을 중심삼고 일체가 될 수 있는 가치를 갖춰서 아버지 앞에 봉헌하고, 그 봉헌한 가치를 따라서 저희도 하늘의 보호를 받을 수 있는 해방적인 지상·천상천국이 될 수 있게 허락해 주시옵기를 간절히 부탁하면서, 이 모든 말씀을 참부모의 이름으로 간절히 보고드리며 선포하나이다. 아주! (2006.5.3)

제11장 예식과 명절

1 모든 것을 저희 가운데서 성취하시옵소서

이 삼천리반도에 당신이 찾아오기까지 수고하신 노정에 당신의 피와 땀과 눈물의 역사가 얼룩져 있는 것을 저희는 아옵니다. 수많은 민족들 가운데 불쌍한 한민족을 사랑하시는 아버지, 당신이 사랑하시는 그 심정을 만천하에 드러낼 수 있는 날이 어서 속히 오게 해주시옵소서.

남들이 알지 못하는 가운데 이 민족을 택하시어 불쌍한 자리에 내몬 것도 당신의 크나큰 섭리의 뜻이 있어서임을 저희가 아옵고, 당신을 만민 앞에 아버지로 모셔 들이지 않으면 안 되는 것을 잘 아옵니다. 슬프신 그 아버지가 저희의 아버지요, 고통을 받으신 그 아버지가 저희의 아버지요, 이 민족이 어려운 역사노정을 걸어 나올 적마다 피와 눈물을 머금고 쓰러지던 수많은 자식들을 붙들고 통곡하시던 그 아버지가 저희 아버지인 것을 알지 않으면 안 될 저희인 것을 이 시간에 다시 한 번 깨닫게 해주시옵소서.

당신은 친히 사랑과 생명의 손길을 연하시어 당신의 아들딸들을 찾아오셨고 개척자 중의 개척자, 개척의 왕으로서 친히 역사하셨사오나 오늘날 이 삼천만 민족은 당신을 모르고 있사옵니다. 당신을 모실 날을 고대해야 할 민족이 되어야 할 것이온데 그러지를 못하고 있사옵니다. 용납해 주시옵소서. 옛날이나 지금이나 아버지의 뜻 앞에 부름을 받은 민족이 시대를 거쳐 오면서 역사적인 오점을 남긴 것을 잘 알고 있사옵니다. 오늘날 이 민족이 과거의 노정을 뉘우치면 뉘우칠수록 당신의 심정을 더 받들어야 할 텐데도 불구하고 그와 같은 자리에 있지 못한 것을 용납해 주시옵소서. 불쌍한 이 민족을 찾아 주실 때까지 당신의 수고가 크면 클수록 그것을 알고 있는 저희는 당신 앞에 면목 없는 모습임을 느끼지 않을 수 없사옵니다.

아버지, 불쌍한 이 민족과 생명의 인연을 맺은 이상 역사해 주시옵기를 바라옵니다. 온 인류 앞에 불쌍한 민족이었던 것을 자랑할 수 있으며, 고통 받은 민족이었던 것을 자랑할 수 있게 해주시옵소서. 이 땅 위의 어떤 무엇에 의지할 수 없었고 자랑할 수 없었던 이 민족이 하늘과 더불어 자랑할 수 있는 한 날이 어서 속히 임하게 허락해 주시옵기를 간절히 바라옵고 원하옵니다.

이제 여기에 모인 당신의 아들딸들이 이 뜻과 사명을 알았사오니 이들을 통해서 복귀의 노정을 개척하옵소서. 저희의 피와 살이 떨어지고 헤지는 한이 있더라도 저희의 1대에 이 민족을 찾아오기에 수고하신 아버지를 모셔 놓고 위로드릴 수 있는 안식의 한 날을 맞이하기 위해 산 제물이 되지 않으면 안 될 것을 알고 있사옵니다. 오늘날 저희는 이 민족을 대신하고, 이 세계를 대신하고, 하늘과 땅을 대신하고, 도의 길을 가다가 쓰러진 수많은 영인들을 대신한 자들이오니 이 시간에 새로이 각오하고 결의하게 해주시옵기를, 아버님, 간절히 바라옵고 원하옵니다.

당신의 심정과 더불어 노래해야 할 만물이요, 당신의 심정과 더불어 화동해야 할 모든 피조물들이 인간의 타락으로 말미암아 본연의 자리와 위치를 잃어버린 채 6천년이란 세월을 슬퍼하며 탄식해 왔음을 아옵니다. 이 시간까지도 당신께서는 복귀의 심정을 잃지 않으시고 슬픈 자리나 어려운 자리나 죽음의 자리에서도 소원성취의 한 날을 이루기 위하여 싸워 나오셨고, 참아 나오셨고, 견뎌 나오신 것을 저희가 아옵니다.

이제 아버지를 모시는 저희가 마음으로부터 평화와 사랑과 기쁨의 동산을 건설하지 않으면 안 되겠습니다. 그러나 아직까지도 저희 앞에는 악한 사탄들이 많기에 환경적으로 그것이 허락될 수 있는 여건이 되지 않은 것을 아옵니다. 하오나 저희는 마음으로부터 아버지를 모시고 본연의 우리 조상들이 아버지 앞에 영광을 돌리고 기뻐하던 모습을 마음속에서부터 이루어 생활하는 환경무대를 갖추고 온 천주까지 연결시키지 않으면 안 될 책임이 있는 것을 아옵니다.

오늘 여기에 참석한 저희가 아버지께서 친히 나타나서 부르고 명령하실 때 거리낌 없이 반길 수 있는 자신들이 되어 있는가를 스스로 살피게 해주시옵소서. 그런 아들딸들을 얼마나 그리워했사옵니까? 그런 아들딸들이 당신 앞에 머리 숙여 축복받기를 얼마나 고대했사옵니까? 오늘 저희가 진정으로 당신을 아버지로 모시게 허락해 주시옵소서. 그리고 이 자리에 당신을 친히 모셔 놓고 온 하늘땅이 영광의 송영을 드리기에 합당할 수 있는 이 시간이 되게 허락해 주시옵기를 간절히 바라옵고 원하옵니다.

아버지의 수고하신 노고는 이루 헤아릴 수 없사옵니다. 그 뜻을 대신하여 지금까지 수많은 선조들이 왔사오나 타락의 한을 청산하지 못한 채 역사의 장으로 사라졌사옵니다. 그들은 이 시간에도 천상에서 땅 위의 보잘것없는 이 무리를 내려다보고 해원성사의 한 날을 고대하고 있다는 것을 알게 될 때, 저희의 책임이 중대한 것을 느끼지 않을 수 없사옵니다. 오늘 저희는 저희 자신만을 위해 있는 것이 아님을 다시 한 번 깨닫게 해 주시옵소서. 저희 자신을 중심삼고 하늘과 땅이 연결되어 있고, 천상에 있는 선조와 앞으로 올 후손들, 그리고 현재의 식구들이 연결되어 있는 것을 알게 허락해 주시옵소서.

인류역사는 탕감복귀역사라고 했거늘 오늘 저희에게는 해원의 조건을 세워 놓고 탕감해 드려야 할 역사적인 책임이 남아 있는 것을 아옵니다. 오늘날 저희가 잘못하면 하늘의 슬픔이 되고, 이 시대의 슬픔이 되고, 미래의 슬픔이 된다는 것을 알게 해주시옵소서. 이와 같은 입장은 아담과 해와가 하나님 앞에 섰던 입장과 똑같은 것임을 저희가 깨닫고 금년부터는 자기 자신을 아버지 앞에 자증할 수 있어서 새로운 아버지의 뜻을 품은 자로서 아버지 앞에 바쳐지기에 부족함이 없는 아들딸들이 되게 허락해 주시옵소서.

그리하여 과거의 우리 선조들을 해원하고 이 시대의 수많은 민족을 해원함으로써 후대에 올 수많은 후손들을 아버지가 사랑하는 아들딸로서 품어 주시기에 부족함이 없는 터전을 마련할 수 있는 이 시간이 되게 허락해 주시옵고, 이 기간을 빛낼 수 있는 새로운 약속의 흔적과 터전을 마련해 드릴 수 있는 이 아침이 되게 허락해 주시옵기를 간절히 바라옵고 원하옵니다.

아버님, 이 시간에 남한 각지에 천 명 이상의 식구들이 널려 있습니다. 아버지, 이 시대에 자기 일신의 행복을 위한 모든 것을 다 버리고 싸우는 사람들이 많사오나 아버지의 안식의 한 날을 위해서 모든 것을 버리고 싸우는 사람은 적다는 것을 저희가 아옵니다. 그러나 오늘 당신의 어린 아들딸들이 각지에 널려서 싸우는 것은 세계적인 사명을 종결지을 수 있는 이념을 펴시는 아버지의 애달픈 심정 앞에 가까이 서기 위해서입니다. 이 시간도 잠자리에서 엎드려 눈물짓는 식구들이 있습니까? 아버지, 같이해 주시옵소서. 외로운 것들을 이끌어 나오시던 아버지요, 그와 같은 자리에 같이하시는 아버지인 줄 알았사옵고 쓰러지려고 할 때 권고하시는 아버지인 줄 알았사옵기에, 아버지, 이 시간에 같이해 주실 것을 저희는 믿습니다. 친히 인도해 주시고 붙들어 주시옵소서.

저희가 감당해야 할 새로운 사명과 책임을 다하여 갈 곳을 모르는 이 민족을 아버지의 품으로 인도할 수 있는 개척자들이 되게 허락해 주시옵고, 사무친 한을 품고 있는 당신의 그 마음을 어느 한 부분이라도 해원해 드릴 수 있는 제사장의 책임을 진 당신의 아들딸들이 되게 허락해 주시옵기를, 아버님, 간절히 바라옵고 원하옵니다. 저 멀리 해외에서도 이 시간을 고대하면서 눈물짓고 기도하는 식구들이 있는 것을 당신이 아시오니, 목적하신 뜻을 성사하시어 만민이 아버지의 품에 품기어 당신의 생명을 중심삼은 혈족임을 자랑하며 찬양할 수 있는 날이 어서 속히 임하게 해주시옵기를, 아버님, 간절히 바라옵고 원하옵니다. 오늘 여기에 모인 저희는 새로운 각오와 결의를 갖고 새롭게 출발할 수 있는 약속의 시간이 되게 허락해 주시옵소서. 남겨진 모든 뜻을 책임지기 위해 노력하겠사오니 맡겨 주시옵기를 부탁하옵니다. 모든 것을 저희 가운데서 성취하시옵소서. 주의 이름으로 아뢰었사옵나이다. 아주! (1961.1.1)

2 지옥에까지 사랑 빛을 비춰 주시옵소서

사랑하는 아버님, 복귀역사가 눈물로 연이어진 역사인 것을 이 자식은 잘 알고 있습니다. 그 누구도 모르는 심정의 세계를 더듬어 안 그날부터 누구에게도 말할 수 없었던 소망의 한 날을 그리워하며 이 자리까지 왔습니다. 흘러 내려가던 조수물이 반대로 흘러가야 할 새로운 역사적인 시점에 놓여 있사옵니다. 아버님이여, 당신의 창조이상 가운데 아담과 해와 그리고 천사세계가 하나되어 당신의 사랑을 중심삼고 상속권을 자랑할 수 있었던 본연의 기준을 역사시대를 통하여 찾아오신 아버지의 노고를 이 시간에 감사드리옵니다.

한민족 가운데 보잘것없는 어린 자식을 불러 세워 곡절의 길을 더듬게 하심이 이날을 찾아오신 아버지의 소원이었다는 것을 생각하게 되옵니다. 그동안 당신을 위로해 드리지 못하고, 당신 앞에 영광의 한 날을 갖춰 드리지 못하고 슬픔의 마음을 남겼던 수십년간의 역사를 다시 한 번 회고하옵니다. 그러나 죽지 않고, 망하지 않고 이날을 맞게 해주신 아버지의 사랑 앞에 감사를 드립니다.

이제 아버님의 이름과 참부모의 이름으로 전 영계가 하나되어 사탄세계의 참소 기준을 방어한다는 새로운 선포를 하오니, 아버님이여, 이날을 기꺼이 받아 주시옵기를 간절히 바라옵고 원하옵니다. 이제 통일의 무리 가운데 원리의 길을 따라서 이 내용을 알고 이 내용이 어떻다는 것을 확실히 설명할 수 있는 자들에게는 사탄의 참소에 대한 방어의 길을 부여할 것을 선포했사오니 그렇게 될 수 있도록 허락해 주시옵소서. 그럼으로 말미암아 오늘에 특사를 내리시사 지옥의 밑창까지 광명한 당신의 사랑 빛과 참부모의 사랑 빛을 비춰 주시옵소서. 그리하여 그 세계에서도 당신을 찬양하게 허락해 주시옵길 간절히 바라옵고 원하옵니다.

저희가 가는 역사노정에 있어서 슬펐던 것을 다 잊어버리고 사랑으로 용서하오니 당신께서도 인류를 품으시옵고 반대하던 기독교인, 반대하던 나라, 반대하던 세계, 반대하던 공산당까지 품으시옵소서. 당신의 사랑으로 하나로 만들어 남기시사 특별히 용서해 주시옵길 참부모는 바라옵고 원하옵니다. 그리하여 인류역사는 하나의 대가족을 이루고, 하나의 나라를 이루고, 하나의 세계를 이루어 당신의 선을 중심삼은 주권으로 통치할 수 있는 이상천국으로서 개문해 입문할 수 있는 이 시간이 된 것을 감사드립니다. 역사적인 이 시간을 기꺼이 받아 주실 것을 바라면서 참부모의 이름으로 선포하며 감사드립니다. 아주! (1977.2.23)

3 통일의 나라를 이룰 수 있게 해주시옵소서

사랑하는 아버님, 오늘은 아홉 돌을 맞는 자녀의 날이옵니다. 전국에 널려서 이곳을 향하여 마음을 모아 기도하는 자녀들 위에 당신의 사랑이 임하게 해주시옵소서. 통일의 무리를 보시고 당신을 슬프게 해드린 이 나라와 민족의 모든 과거지사를 용납해 주시옵고, 이들에게 새로운 역사적인 사명을 분부하시사 새 시대의 역군으로서 부족함이 없는 민족이 되게 해주시옵소서.

한국을 중심삼고 이 땅 위에 널려 있는 세계의 모든 국가들을 당신이 직접 주관하실 수 있는 승리의 한 날을 기필코 이뤄야 할 책임이 저희에게 있는 것을 알고 있사옵니다. 아버지, 이날을 기하여 만백성 위에 당신의 거룩한 사랑의 손길을 펴시어서 축복해 주시옵소서. 땅 위에 있는 만인류뿐만 아니라 지금까지의 역사과정에서 아버지의 뜻을 따랐던 수많은 사람들 혹은 뜻을 위해 죽어간 수많은 영혼들을 축복해 주시옵소서.

이 땅 위에 부활하여 탕감노정을 걸어가야 할 필연적인 운명길이 그들에게 남아 있는 줄 알고 있사오니 오늘날 통일교회의 활동을 중심삼고, 저희의 움직임을 중심삼고 배후에서 그들이 인연맺어지게 하시옵소서. 그리하여 영계에 있는 수많은 영인들이 저희와 일치되고 육적인 기준을 중심삼고 그들의 후손들까지도 일치시켜서 당신이 원하시는 통일의 나라를 이룰 수 있게 허락해 주시옵기를 간절히 바라옵고 원하옵니다.

세계에 널려 있는 뭇 자녀들도 이 날을 기념하고 있사오니, 그들로 말미암아 그들이 처해 있는 나라 위에도 당신의 직접적이고 주도적인 역사를 일으켜서 부활의 권한을 세우시고 만민을 당신의 품에 품을 수 있는 승리의 조건을 세우시기를 간절히 바라옵고 원하옵니다. 오늘을 기하여 당신이 원하시는 뜻이 대한민국을 중심삼고 횡적인 노선을 통하여 세계에 본격적으로 퍼져 나가게 허락해 주시옵소서. 이날을 영광의 한 날, 자랑의 한 날, 기쁨의 한 날로서 세우시어 당신의 자녀들이 당신의 축복을 받고 당신의 은사 가운데 품길 수 있는 날이 되게 허락해 주시옵기를 간절히 바라옵고 원하옵니다.

여기에 참석하지 못한 당신의 자녀들도 있사오니 그들도 축복해 주시옵기를 간절히 바라옵고 원하옵니다. 당신의 뜻을 위하여 희생했던 복귀도상에 있어서 책임을 지고 왔다 간 수많은 선조들 위에 친히 당신께서 해방의 역사를 일으켜서 땅에서 이뤄지는 것과 같이 하늘에서도 이뤄지게 허락해 주시옵기를, 아버지, 간절히 바라옵고 원하옵니다.

참부모의 인연을 중심삼고 참다운 자녀가 되고, 참다운 자녀의 인연을 중심삼고 참다운 가정을 이루고, 참다운 가정으로 말미암아 참다운 종족·민족·국가·세계와 천주로 전진해 갈 수 있게 허락해 주시옵기를 간절히 바라옵고 원하옵니다. 남아진 이 해에 저희에게 남아진 탕감의 노정을 더욱 힘차게 달려갈 수 있게 이끌어 주시옵소서. 1970년대는 저희에게 맡겨진 중차대한 사명, 즉 민족적인 사명과 자녀로서의 책임을 감당할 수 있는 각자들이 되게 허락해 주시옵고, 모든 것이 아버지의 뜻대로 형통하게 해주시옵기를 간절히 부탁드리고 원하옵니다.

오늘 하루를 당신의 뜻 가운데 세우시고 보호해 주시옵기를, 아버지, 간절히 바라옵니다. 첫 시간이오니 끝 시간까지 영광 가운데에서 저희를 인도해 주시옵소서. 참부모님의 성호를 받들어 간절히 아뢰었사옵나이다. 아주! (1969.11.10)

4 인류의 해방을 선언할 수 있는 때를 맞았습니다

사랑하는 아버님, 전 세계의 국가 메시아들과 간부들이 모인 식전을 아버지 앞에 봉헌하고자 원하옵니다. 이제 참만물의 날로부터 세계가 전체·전반·전권·전능의 권한을 가지고 평균 된 자리에서 만물을 생축의 제물로 봉헌할 수 있는 축하의 날을 갖게 되었사옵니다. 이제 가정적 메시아, 종족적 메시아, 국가적 메시아, 세계적 메시아, 천주적 메시아와 하나님의 이름을 중심삼고 모든 만물을 당신의 소유로 반환할 수 있는 역사적인 대전환의 기준을 36회째 맞는 이날부터 전개하고자 합니다.

이번 모임에 일본에서 40명, 대만에서 12명, 필리핀에서 12명, 캐나다에서 12명, 그리고 미국에서 40명이 동참하여 모든 것을 청산하는 생축의 제물로 섰사옵니다. 지금까지 제물은 둘로 쪼갰지만 가정적 메시아, 종족적 메시아, 국가적 메시아, 세계적 메시아와 천주적 참부모의 권한으로 지상·천상천국을 이룰 수 있고 하늘나라의 왕권 재림을 선포할 수 있는 시대가 옴으로 말미암아 모든 것을 정비하게 되었습니다. 지상세계의 거짓 부모로부터 이뤄진 모든 것과 천상세계의 거짓된 전부를 참부모를 통해서 깨끗이 청산지어야 할 엄숙한 역사적인 참만물의 날 식전을 거행하겠습니다. 참만물의 날을 책정함과 동시에 참자녀의 날, 참부모의 날, 참하나님의 날 기대를 이룬 것과 마찬가지로 탕감의 역사를 청산지을 수 있는 오늘의 식전이 되게 허락해 주시옵소서.

이제 가정적 메시아, 종족적 메시아, 국가적 메시아, 세계적 메시아, 천주적 메시아로서 왕권을 갖출 수 있는 기독교 문화권으로부터 통일천하를 이루려던 모든 것이 연장되어 이때를 맞이하여 참부모가 3억6천만 쌍을 축복함과 동시에 인류의 해방을 선언할 수 있는 때를 맞았사옵니다. 기독교를 중심삼고 영계를 대표하는 영인들이 축복받지 못했기 때문에 참부모의 가정을 중심삼은 아벨적인 부모의 권한을 중심삼고 가인적인 미국을 세워서 장자권을 축복함으로써 통일천하를 위한 하나의 기원으로 삼고자 원합니다.

미국 전체의 기독교가 통합하고, 온 종교가 통합하고, 온 인류가 통합할 수 있는 길을 통하여 하늘나라의 왕권 수립을 선포할 수 있는 그날을 위해 바쁘게 저희가 달리고 있사오니, 그 과정에서 하늘 앞에 그릇됨이 없이 모든 것이 형통하게 해주시길 바라옵니다. 이제 이와 같은 엄숙한 식전을 봉헌하고자 하오니 만물의 날을 맞이함으로써 에덴에서 아담 가정이 타락함으로 인하여 이루지 못했던 천국 복귀의 세계적인 선포를 할 수 있는 주인의 자리, 전체·전반·전권·전능의 기원을 중심삼고 하나님이 해방권에서 주도적인 역할을 할 수 있는 주인의 자리를 세워 준 모든 것을 기쁘신 가운데서 받아 주시길 참부모님의 이름으로 아뢰면서 선포하나이다. 아주! (1998.5.26)

5 부끄럽지 않은 아들딸의 모습을 갖추게 하시옵소서

흘러가는 역사 속에 당신의 발자취를 더듬어 본 사람이 지극히 적었던 사실을 아옵니다. 당신 앞에 있어서는 밤이 찾아오면 그 밤은 슬픔의 밤이었고, 아침이 찾아오면 그 아침도 슬픔의 아침이었고, 빛나는 광명한 태양 빛이 당신의 마음 앞에는 슬픔의 빛이었고, 밤의 만월이 동녘 하늘에 비치면 그 둥근달이 당신의 마음 앞에는 상처의 흔적이었다는 것을 그 누구도 몰랐습니다.

수많은 인류는 허덕이는 역사 속에서 제자리걸음을 하면서 사망의 골짜기로 굴러떨어져 갔고, 생사의 기로에서 모든 정의를 부르짖으며 흔적없이 사라져 간, 당신의 심정세계와 연이을 수 있는 다리를 놓지 못한 채 탄식과 더불어 역사의 뒷골목으로 사라져 간 사람들이 많았던 것을 저희는 알고 있습니다.

이런 해골의 골짜기와 같은 자리에서 오늘날 통일교회는 새로운 길을 모색하기 위해 천신만고 끝에 붙드신 고마운 역사적인 당신의 인연으로 말미암아 세계사적인 한의 기원을 풀고, 당신이 심정의 도리가 어떻다는 것을 알고 깊은 지옥 밑바닥에서부터 천상의 높은 보좌까지 심정의 다리를 연결할 수 있었다는 사실이 놀랍습니다. 이 시간이 당신 앞에 기쁜 시간이요 만민 앞에 희망의 기지가 되는 시간인 것을 알고 있습니다.

철부지했던 그 옛날 당신의 소명을 받고 미친 듯이 뛰다 보니 사방에서 적들의 화살이 무자비하게 날아왔지만 제가 맞기 전에 당신이 맞고 만신창이가 되었다는 것을 깨달았습니다. 제가 이번에 한국에 돌아와서 생각해 보니, 한 많은 육십 평생의 길이었지만 당신 앞에 기억될 수 있는 아들이 된 것만 해도 감사한 일입니다. 제가 눈물지을 수 있는 일이 있으면 당신의 사랑하는 아들딸들을 위해서 눈물짓게 하셨고, 제가 매 맞을 일이 있으면 수많은 자녀들을 통해서 저를 살려 주신 당신의 은사 앞에 감사드립니다.

한국과 일본 그리고 미국과 연하여 전 세계 127개국에서 숙연히 이곳을 사모하면서 스승이 돌아올 날을 기다리고 그 시간을 촉구하면서 눈물을 흘리는 통일의 무리가 세계에 널려 있사옵니다. 이 자유세계뿐만 아니라 철의 장막 배후에서도 하루의 생활을 마음 놓지 못하며 지하에서 밟히는 생활을 하면서도 뜻을 위하여 생사의 기로를 넘나드는 불쌍한 무리가 있는 것을 저는 알고 있습니다.

제가 편안할 때 그들을 잊을 수 없고 제가 안식할 때 그들을 기억하지 않을 수 없는 것을 당신이 아오니, 저 대신 기억하시고 그들의 소원인 천국으로 갈 수 있는 영광스러운 명찰, 원수를 부활시켜 당신의 아들이라는 영광스러운 명찰을 달아 줄 수 있는 자랑스러운 자녀들을 남길 수 있게끔 아버지께서 그들의 환경을 보호해 주시옵기를 바라옵니다. 어떤 때는 스승이 있는 곳을 찾아왔지만 만날 수 없는 환경을 가져야 하는 모습, 또한 만나고 떠나게 될 때는 지상에서 다시 만나는 것이 아니라 영계에서 만나자고 인사하며 떠나는 그 모습을 저는 똑똑히 보아 왔고, 가쁜 가슴을 억눌러 가면서 당신 앞에 호소도 많이 했습니다. 지금 제가 죽지 않았고 아직까지 기력이 남아 있사오니 제 갈 길을 염려하지 마시옵고, 그들의 앞길과 뒷길을 지켜서 영광의 한 날을 공산세계권에서 갖추어 만민 해방의 함성이 북쪽으로부터 온 지구성에 넘쳐날 수 있기를 바라옵니다. 그날이 있게 하기 위하여 숙원의 꽃으로 사라져 간 그들을 기억해 주시옵기를 바라옵니다.

아버지, 무릎을 꿇고 당신의 존전에 서게 될 때 불쌍한 당신이라는 것을 그 누구도 몰랐지만, 이 자식은 천년만년 한의 눈물을 흘리고 흘리더라도 그칠 수 없을 만큼 슬픈 아버지인 것을 알고 난 후에는 불평할 수 있는 사사로운 일은 잊어버리기를 바랐고 수난길을 잊어버리기를 바랐다는 것을 당신은 아옵니다.

그러다 보니 망할 수 있는 자리에서 망하지 않고, 손가락질받던 자리에서 쓰러지지 않고 남아지게 된 은사를 감사드립니다. 이제 제가 여기에 돌아왔사오니 대한민국을, 아버지, 사랑하시어서 이 민족이 금후의 갈 길을 지켜 주옵소서. 남북통일을 이뤄야 할 성업이 오늘날 통일교회를 위주로 한 대한민국에 남아 있는 것을 저는 똑똑히 알고 있사옵니다. 아버지, 이 나라 전체를 격려하시옵소서. 축복의 문을 활짝 열고 감사의 만세로써 아버지를 모실 수 있고 하늘을 모실 수 있는 그날이 삼천리반도와 아시아뿐만 아니라 전 세계에 오기를 당신이 바라고 계신다는 것을 알고 있사옵니다.

오늘날 여기에 모인 통일의 무리는 저 자신을 위주로 하여 전체가 다시 스스로 옷깃을 여며 잡고 아버지 앞에 부복했습니다. 천명이, 소명이 아직까지 저희에게 머무른 줄 알기 때문에 가고 또 가겠다고 다짐하고 다짐하는 불쌍하고 가련한 무리가 될지라도 그 길을 직행할 수 있게끔, 아버지, 몰아주시옵기를 간절히 바라옵니다. 그럼으로 말미암아 망하지 않을 줄 저는 알고 있사오니 그 길을 감수할 수 있는 청년 남녀들이 되게 하시옵소서.

그 길에서 모든 살이 에이고, 그 길 가운데서 얼굴에 주름살이 졌다고 하더라도 그 에인 살과 진 주름살이 한의 주름살이 아니고 한의 에인 살이 아니옵니다. 축복의 자리가 금후의 후손들에게 머물 것이고, 빛나는 청춘의 행복을 노래할 수 있는 세계적인 문화의 상속권이 후손들 가운데 머물 것을 알고 있사오니 그 길을 가는 데 있어서 숙연히 감사하고 갈 수 있는 무리가 되게 허락해 주시옵기를 간절히 바라옵니다.

자녀의 날과 더불어 거듭남의 한 모습은 어떤 모습이라는 것을 확실히 알았사오니 수고로운 역사임을 알면 알수록 오늘날의 현실에 있어서 스스로의 부족한 것을 깨닫고 내일의 희망적인 아들딸의 모습을 꿈으로 동경하면서 전진을 재촉하고 재촉할 수 있는 자신들이 되어 환경에 영향을 미칠 수 있는 아들딸, 당신이 사랑하기에 부족함이 없는 아들딸이 되게 축복해 주시옵기를, 아버지, 간절히 간절히 부탁하고 원하옵니다. 남아진 그날과 그 세계 앞에 부끄럽지 않은 아들딸들의 모습을 갖출 수 있게끔 재삼 축복해 주시옵소서. 모든 말씀을 참부모님의 이름으로 축원하였사옵니다. 아주! (1980.11.8)

6 천주의 통일과 해방을 선포할 수 있는 시대를 감사합니다

사랑하는 아버님, 칠팔절을 설정한 지 5회째 맞는 기념행사의 날입니다. 이날을 세우기 위해서 7수의 완성을 바라는 창조이상이 막혔던 것을 뚫고, 참부모님이 77세인 1997년 7월 7일 7시 7분 7초를 중심삼고 칠팔절을 마감했습니다.

6수의 타락으로 말미암아 7수의 안식권을 넘지 못했던 모든 것을 넘어설 수 있는 하나의 경계선을 세워서 부모님이 생애를 통하여 하늘과 탕감복귀의 7수 완성의 인연을 중심삼은 칠팔절이라는 천지부모천주안식의 정착을 선언할 수 있는 이 시대를 맞게 해주신 아버지의 노고에 감사드립니다.

역사시대를 거쳐 오면서 탕감의 굽이굽이 고개고개를 넘기 위한 수난의 역사 가운데 수많은 종교와 선한 사람들의 핏자국을 연결시킨 제단을 모아 개인을 넘고 가정·종족·민족·국가·세계까지 왔사옵니다. 구약시대에는 만물이 제물이요, 신약시대에는 자녀가 제물이요, 성약시대에는 부모가 제물 되는 과정을 거쳐서 사탄의 한스러운 모든 원한의 고개 가운데 포위됐던 포위망을 뚫고 넘어설 수 있는 새로운 칠팔절이라는 7수 완성의 8수를 세우는 하나의 경계선을 설정함으로 말미암아, 새로운 세계와 섭리 완성의 세계로 넘어갈 수 있는 시대를 만들어 주신 은사를 아버지 앞에 감사하옵니다.

역사시대에 수많은 종교의 교주들을 통해서 양심적인 인사들이 자기 나라에서 충효의 도리를 세우기 위해서 희생해 나왔습니다. 그렇게 해 나왔던 모든 성인현철들의 노고와 희생의 대가를 청산하고 새로운 해방의 축복을 중심삼고 칠팔절을 맞이했사옵니다. 그럼으로 말미암아 천상세계에 가정적 왕권, 민족·국가적 왕권, 세계적 왕권이 이루어짐으로써 360만쌍을 넘어 3천6백만쌍, 3억6천만쌍, 온 인류를 당신의 품에 품을 수 있는 해방적인 권한으로서 직결시켜 주신 은사를 감사하옵니다.

축복받은 무리를 중심삼고, 천상세계의 해방을 중심삼고 성인들을 규합하여 영계에 새로운 하나님의 주권을 중심삼은 주류의 행로를 개척할 수 있게 해주신 아버지의 은사에 감사하오며, 아담 가정을 중심삼고 잃어버렸던 축복의 은사를 지상에서 천상세계의 가인적인 모든 선조들의 축복권을 규합하여 천상에 주류적인 한 방향을 설정함과 동시에, 지상에 하나의 주류적인 방향이 일체권으로서 개인으로부터 천주까지 완결지을 수 있는 시대적인 혜택을 받을 수 있는 은사의 시대를 갖게 해주심을 감사하옵니다.

이제 남은 것은 하나님 왕권 수립을 중심삼고 준비하는 일체가 결실되는 것이옵니다. 2001년 1월 13일의 '하나님왕권즉위식'을 중심삼고 천주의 통일과 해방을 선포할 수 있는 시대를 맞게 해주심을 감사하옵니다. 이제 하나님의 사랑을 중심삼고 전체·전반·전권·전능의 행사로써 악한 세계의 모든 장애물을 넘고 넘어 자유적이고 자주적인 입장에서 천하를 치리할 수 있는 주인으로서 시봉할 수 있는 시대와 가정적 왕, 국가적 왕, 세계의 왕으로서 천지부모를 모실 수 있는 시봉의 환경적인 여건을 정비할 수 있는 시대를 맞게 해주신 은사를 진심으로 감사드립니다.

이번에 제주도에서 모든 통일가의 젊은이들이 수련을 받는 14일 동안에 이날을 같이 맞이하게 해주심을 더더욱 감사하오며, 모든 뜻 가운데서 의심스러운 모든 것을 넘고 인간이 해결하지 못했던 모든 어려운 것을 해결해 승리의 패권을 상속받을 수 있는 해방적인 아들딸의 권한을 가진 가정적인 중심을 이 땅 위에 세워 주신 것을 감사합니다. 이 가정들로 말미암아 중심 종족, 중심 민족, 중심 국가, 중심 천주로서 하나님의 심정적인 계통을 갖추어 하나님의 천민임과 동시에 하늘의 왕권을 상속받을 수 있는 혈통을 이어받을 수 있는 축복받은 천지의 가정들이 되게 허락해 주시옵기를 간절히 바라옵고 원하옵니다.

이번 기간을 통해서 새로이 전환되는 시대를 맞이하여 해방된 주인의 자리에서 만우주를 당신의 사랑으로 지어진 만물을 다시 상속받아 사랑의 주인, 온 우주에 부족함이 없는 주인이 될 수 있게 하여 주시옵소서. 그러한 중심존재로서 부끄럽지 아니한 행로를 갖출 수 있는 개인·가정·종족·민족·국가를 형성할 수 있게끔 하늘의 축복이 온 지구성에 임하게 허락해 주시옵기를 간절히 부탁드리고 원하옵니다.

오늘의 이 기념일을 더더욱 감사하면서 이날 이후에 되어지는 모든 것을 기쁨으로 환영하면서 전진적인 승리의 결과를 아버지 앞에 봉헌해 드리는 시위의 세계로 전환할 수 있게 허락해 주시옵기를 간절히 부탁하면서, 오늘의 이 경축일에 하늘의 큰 축복이 온 만민과 천주에 골고루 임하게 허락해 주시옵기를 간절히 바라옵니다. 그리하여 사랑을 중심삼고 절대 개인, 절대 가정, 절대 국가, 절대 천주로 전진 전진 전진, 승리 승리 승리의 패권적인 세계로 전진할지어다! 참부모님의 이름으로 축원하나이다. 아주! (2001.8.25)

7 지상천국해방태평시대를 맞이하게 되기를 바라옵니다

사랑하는 아버님, 하나님왕권즉위식, 대관식의 거행을 기념하는 이날을 중심삼고 온 하늘과 뜻이 땅과 일치되어 당신의 패권적인 새 출발을 할 수 있었던 2001년 1월 13일이 엊그제와 같사온데 벌써 5년이 지났습니다. 그간에 곡절의 고비를 땅 위에서 청산지어 수평적인 기준에 대한 수직적인 사랑의 원점을 중심삼고 천지부모를 대신하는 하나님이 자유자재로 활동할 수 있는 지상의 기반을 확대할 수 있는 출발을 거쳤사옵니다. 5년을 지낸 오늘까지 사탄의 탕감조건이 남은 것을 청산하고 다시는 하늘 주권에 가까이할 수 없게끔 정비 확장했습니다.

그리하여 이 시대에 있어서는 아벨유엔을 창설하여 하나님의 활동무대로 연결시켜야 하겠습니다. 에덴에서 아담이 이루지 못한 것을 국가적인 기준에서 예수님이 와서 해결하려다가 로마와 야합한 이스라엘 민족이 아벨의 책임을 못함으로 말미암아 남겨진 뜻을 연장하여 재림시대까지 왔사옵니다. 오늘날까지 기다려 오신 하나님과 예수님을 중심삼은 영계에 간 모든 성인현철들이 하나님을 바라보고 요구하던 것보다도 땅을 바라보고 참부모의 승리적인 한 날을 고대해 오던 지루하고도 고달픈 역사시대를 이제 잊으시옵소서. 이 새해를 중심삼고 천주평화이상해방세계를 위하여 당신이 자주적인 입장에 서서 가정에서 실패한 아담시대를 밟고 올라가고, 국가적인 기준에서 실패했던 예수님의 기준을 밟고 올라가서 세계적으로 승리하실 수 있기를 원하오며, 지상 유엔뿐만 아니라 천상 유엔을 중심삼고 하나님의 왕권적인 본연의 기준까지 연결시켜야 할 최후의 숨 가쁜 시간들을 지냈사옵니다.

섭리사적인 '천주평화이상모델섭리 안착시대'를 선포한 표준 밑에서 저희는 천주평화이상모델 가정과 모델국가와 모델세계의 기준을 중심삼고 2005년에 120개 국가를 순회하면서 강연하던 모든 말씀의 제목과 같이 하나님의 이상가정을 중심삼아 아벨유엔권 승리의 패권까지 연결시키기 위한 숨 가쁜 역사시대를 맞이했사옵니다. 그 길을 거쳐서 청평을 중심삼고 홍진 군과 대모님이 섭리하던 모든 프로그램을 참부모와 더불어 일체가 되어 완료할 수 있는 시점을 갖게 되었습니다. 그리하여 아벨유엔권을 중심삼아 개인·가정·종족·민족·국가·세계·천주까지의 탕감노정을 넘어서 참부모가 승리한 것을 아버지 앞에 봉헌함으로 말미암아 하늘이 일체를 주관할 수 있는 시대로서 전수된 이날에 봉헌하는 왕권대관식의 기념식을 기쁨으로 받으시옵소서.

지금까지 악한 영들이 지배하던 모든 소유권도 철회했사옵니다. 그리하여 재림주를 중심삼은 승리의 패권적인 초점에서부터 평형 혹은 수직으로 확대하여 정비할 수 있는 대정비시대를 맞은 그 위에서 오늘의 대관식과 더불어 아벨유엔권을 선포할 수 있는 시대를 맞이했습니다.

이스라엘 민족을 광야에서 불기둥과 구름기둥으로 인도하시고, 법도를 어긴 그들 앞에 석판을 두 번씩이나 만들어 주어 십계명을 중심삼고 이스라엘 민족이 갈 수 있는 모든 것을 선포하던 것과 마찬가지로, 이제 재림주님이 책임을 지고 이스라엘 민족이 실패한 가나안 복지 입성을 선포했사옵니다.

땅 위에 있는 모든 선한 족속이나 가인과 아벨 족속이 하나되어 선민권을 인정받아 예수님이 실패한 것을 재림주가 천상세계와 지상세계의 막힌 담과 모든 국경선을 철폐하여 탕감했사옵니다. 그 위에 신아벨권 유엔을 중심삼은 기반이 갖춰짐으로써 아버지께서 자유롭게 행사할 수 있는 시대를 준비해서 봉헌했사오니 당신이 선두에서 만사가 형통할 수 있게끔 축복받은 가정들 위에 연결시켜 주시기를 간절히 부탁하옵니다.

이날의 하나님왕권즉위식을 참부모의 자리에서 기념하며 승리의 패권적인 조건을 봉헌하는 시간으로 세우고자 하옵니다. 금후에 만만세의 온 천주가 당신의 사랑권에서 화합 통일세계로 전진하여 지상천국해방태평시대를 맞이하게 되기를 바라옵니다. 이 대관식을 중심삼은 해방적 권한을 기쁨으로 받으시옵고, 참부모가 원하는 뜻대로 일체 되시어 만사 형통하시옵기를 간절히 바라면서 아뢰었사옵나이다. 아주! (2006.1.3)

제12장 천일국

1 이상적인 아담 문화를 완결하게 하시옵소서

사랑하는 아버님! 오늘은 2001년 12월 9일, 12월을 맞이해서 두 번째 맞는 안식일이 되옵니다. 하늘과 땅이 주시하고 있는 이 자리에서 천상의 모든 관심과 천일국의 모든 관심의 대상이 되시는 천지부모님을 모시고 새로운 경배식을 거행하고 있습니다. 영·육계의 축복받은 가정들과 엮어진 전체가 일심일체가 되어 부모님을 모시는 데 있어서 가정에서는 효자, 국가에서는 충신, 세계에서는 성인, 천주에서는 성자의 도리를 완성하여 지상·천상천국의 천지부모님과 만우주 그리고 만민 해방권을 완성하여 지상의 참부모로 말미암아 아담이 잃어버린 전체를 총결실하여 지켜 나가게 하시어서 승리적인 봉헌을 할 수 있는 시대를 맞이했사옵니다.

그리하여 이제 개인의 나라 이름을 가지고, 가정·종족·민족·국가의 나라 이름을 갖추고, 세계와 천주의 나라 이름을 갖추어 봉헌할 수 있는 천일국을 지상과 천상에 선포했사옵니다. 그날의 영광을 아버지께서 축복하여 타락한 세계를 정비하시고, 사랑의 가정을 중심삼은 패권적인 하나님왕권즉위식을 끝낸 이해에 한국을 중심삼고는 하나님의 조국정착이라는 선포를 하고 천일국까지 선포하였사옵니다.

이제 전 세계에서 해방의 세계를 위하여 평화대사들을 축복하고 새로운 국가의 출발을 선포하는 과정에 있사옵니다. 어려운 혼란 중에서 갖춘 전부가 뜻 가운데서, 아버지의 보호 가운데서 영계의 축복받은 모든 영인들과 지상의 축복받은 통일의 가정을 대표하는 모든 종교권의 대표들이 일심일체가 되게 하시옵소서. 하늘을 모시는 데 있어서 충효의 도리를 다하고, 하늘부모를 모시는 데 있어서 충복들이 되게 허락해 주시옵기를 간절히 바라옵고 원하옵니다.

그리하여 당신의 주권을 중심삼고 완전한 개인·가정·민족의 심정적인 참사랑·참생명·참혈통이 연결된 일족 문화와 이상적인 아담 문화를 완결하게 허락하시옵소서. 창조이상의 전통적인 본류의 사상을 완결할 수 있는 개인의 승리적인 패권으로부터 천주해방과 하늘나라의 왕권즉위식을 중심삼은 천지부모의 권한을 갖춰서 지상의 모든 그릇된 것을 정비하고 사탄의 흔적이 없는 새로운 지상·천상 평화의 세계로 연결되게 허락해 주시옵소서.

이제 통일교회도 제3대 아담권을 축복가정을 중심하고 연결시킴으로 말미암아 타락하지 않았던 본연의 일체권을 세계적으로 확대해 하나님의 왕권과 더불어 천일국을 중심삼은 하나의 통일적인 세계를 정착시킬 수 있는 시대이옵니다. 전진하는 모든 일들을 아버지의 섭리의 길에 있어서 일치 완결하고 정비 청산하여 참부모의 이름을 가지고 잃어버렸던 우주를 아버지 앞에 다시 봉헌할 수 있는 국가와 세계적인 승리의 기간을 남겨 놓고 있사옵니다. 하오니 그 목적을 위해 전진하는 모든 일이 하늘과 더불어 승리의 영광을 갖춰서 만민 해방의 기쁨을 하늘 앞에 봉헌할 수 있게 허락해 주시옵기를 간절히 바라옵고 원하옵니다.

영계에 가 있는 통일교회 식구들이 일심일체가 되어 영계를 교육하여 모든 성인현철들이 일체화된 주류의 사상을 중심삼고 하나님의 왕권을, 하나님의 나라 정착을 위하여 개인으로부터 가정과 국가들이 합해서 해방적 국가를 갖추어 아버지 앞에 봉헌하기 위해서 총궐기할 수 있는 시대를 맞이했사옵니다. 영계의 4대 성인들을 중심삼은 모든 성인현철들을 축복하여 지상에 재림시켜 아벨적 천일국을 건설할 수 있게끔 영계와 지상이 협조하게 하시어 형제의 인연을 갖추어 본연적인 이상 완결의 기준을 넘어설 수 있게 허락해 주시옵기를 간절히 바라옵고 원하옵니다.

금번에 환태평양시대를 맞이해서 하와이의 이 자리를 다시 방문했사오니, 이제 한국으로 가기 전의 모든 길과 여기에 머무르는 모든 일체, 그리고 모든 인연이 당신의 뜻과 일치하여 기쁨과 승리의 영광을 갖추기에 부족함이 없게끔 주도해 주시옵기를 간절히 바라옵고 원하옵니다. 허락하신 이 아침의 경배를 기쁨으로 받으시옵소서. 12월에 정비돼야 할 모든 일을 깨끗이 정비하고 남음이 있게 허락해 주시옵기를, 아버지, 간절히 바라옵니다. 그리하여 승리의 천일국도 전진되게끔 모두를 보호·육성·지도해 주시옵소서. 모든 말씀을 참부모님의 이름으로 축원하였사옵나이다. 아주! (2001.12.9)

2 앞날의 갈 길에 동고동락해 주시옵기를 원합니다

사랑하는 아버님, 금년 표어인 '해방된 천지부모와 자녀가 일심일체가 되어 참사랑의 주체성인 절대·유일·불변·영원의 뜻을 완성하소서'를 발표하고 지상·천상의 왕국인 천일국을 성사할 것을 발표했습니다.

참부모를 중심삼은 당신의 창조이상이 본연적인 창조의 구상으로부터 실천과정을 통하여 창조목적의 실체권을 참부모를 중심삼은 자녀의 완성을 통한 가정의 정착과 더불어 나라의 정착이요, 천주의 정착과 해방의 자리에서 주인의 권한을 갖춰야 했습니다. 그러하오나 인간시조가 한 날에 잘못하여 억천만세의 한을 남김으로 말미암아 당신의 심정 가운데 남겨진 상처와 흠이 컸다는 사실을 알게 되옵니다.

그 흠을 품은 채 역사과정에서 천국이념의 왕권을 중심삼은 백성과 사랑의 세계를 바랐던 기반이 이렇게 됐다는 사실을 생각하게 될 때, 지금까지 인류가 당신 앞에 얼마나 불효했는가를 생각하게 되옵니다. 가정에서 불효했고, 나라에서 불충했고, 세계에 있어서 용서받을 수 없는 일을 했고, 천주에서는 성자들까지 희생시켰습니다.

참부모님의 지상 현현과 더불어 재림의 한때를 바라면서 참고 나온 원한의 모든 보따리를 청산하기 위한 역사적인 시대의 소원도 이 땅 위의 종교권이 받들지 못함으로 말미암아 한 많은 슬픔의 역사가 됐습니다. 그러나 참부모는 지상지옥의 밑창에서부터 천상까지 재창조의 노정을 개척하여 당신의 주도하심을 따라서 승리의 패권을 중심삼고 하나님왕권즉위식을 선포했사옵니다. 하나님의 조국 정착과 더불어 지상·천상천국의 이념을 중심삼은 성약시대의 천일국을 선포할 수 있는 한반도를 아버지께서 품으시옵기를 바라옵고 원하옵니다.

그 모든 것을 뜻 앞에 세워서 승리의 한때를 바라던 결심과 더불어 참사랑의 주체성인 모든 뜻을, 이 땅 위에 성사하길 바라던 모든 것을 해방하고 왕권 수립, 조국 정착, 천일국을 선포했사옵니다. 이제 새해에 온 인류의 환희의 합성과 더불어 천지부모의 영광을 재현할 수 있는 천상의 사람들과 지상의 만민이 일심일체가 되어 봉헌할 수 있는 때가 왔사옵니다. 그럼에도 불구하고 초췌한 통일교회 무리를 중심삼고 환란의 와중에 있는 세계를 염려하면서 당신을 시봉해야 할 자리가 안정되지 못한 것을 생각할 때 몸 둘 바를 모르겠습니다.

아버지! 오늘까지 모든 것을 참아 나오신 아버지를 편히 모시지 못한 이 자식이옵니다. 이 가정과 일족이 책임하지 못한 것도 있사옵니다만, 기독교를 중심삼은 구교와 신교가 하나되어 2차대전 이후에 참부모를 모시어 한국통일과 더불어 하늘과 땅이 교차될 수 있었던 때를 잃어버렸습니다. 그때를 잃어버린 한을 품고 30대의 청년시대를 넘어서 80세를 지나고 있사옵니다. 40대에 당신을 모시고 천일국 이상을 이뤄야 했지만 해방 후 56년이 지나고 이제 57년을 맞이하는 시점에서 새로운 천일국 봉헌식을 선포하지 않으면 안 되게 되었사옵니다.

하오니 통일가의 축복받은 모든 자녀들과 천상세계의 축복받은 모든 자녀들, 사탄세계에서 뒤넘기치면서 당신의 소원의 길을 가지 못했던 모든 불쌍한 무리를 용서하고 용서해 주시옵소서. 살인마와 성인을 같이 축복하는 부모가 되지 않으면 안 될 입장, 하늘이 그와 같은 부모가 되지 않으면 안 될 입장에 섰기 때문에 축복가정들이 실수한 모든 것도 잊어버리고, 사랑의 왕권인 천일국을 중심삼고 본연의 심정과 실체를 갖춘 개인과 가정 그리고 나라를 세우려고 하는 이들을 불쌍히 보시어서, 앞날의 갈 길에 동고동락해 주시옵기를 간절히 바라옵고 원하옵니다.

3000년의 첫출발인 한 해를 보내는 12월을 맞이하는 중요한 때입니다. 예수님을 중심삼고 최후에 결정을 지어야 할 모든 표준을 중심삼고 천일국 선포와 더불어 세계 만국이 여기에 가입해야 할 특권적인 혜택을 천상세계와 지상세계에 부여하셨는데도 불구하고 나라가 없는 입장에서 이와 같은 내일을 맞아 새로운 천일국을 재인식시켜야 할 때가 된 사실을 생각하게 되옵니다. 부족한 이 자식이 참부모의 이름을 가지고 갖출 바를 다 갖추지 못하는 한의 심정을 아시옵고, 당신의 억울하고 분했던 마음을 누르시어서 이 자식이 가는 길을 따라서 천일국 이상의 정상인 천상 해방과 지상 해방 그리고 천국이념을 넘어갈 수 있게끔 당신의 원조를 또다시 바라게 됨을 용납해 주시옵소서.

일심일체가 되어 참사랑의 주체성인 절대·유일·불변·영원의 뜻을 완성한 가정들과 그 가정들을 중심삼은 나라 그리고 나라를 중심삼고 세계와 해방적 지상·천상천국을 봉헌하고 시봉해야 할 아버님의 권위를 갖추기 위하여 왕권 수립과 조국 정착 그리고 천일국 선포를 했사오니 이 모든 것을 당신의 심중에 품으시옵소서. 당신이 주권의 자리에서 행차하여 만국 만세를 당신이 품은 본연의 자리에서 온 천지를 당신의 치리권으로 인수해 주시옵고, 해방된 자유의 심정을 갖추어 온 천하에 승리하신 선포의 왕국을 갖출 수 있게 허락해 주시옵소서.

그 나라가 천일국이 되기를 바라오니, 아버지, 한 해를 넘어 3000년의 제2년을 맞이하는 내일 모레를 중심삼고 그 모든 뜻이 평면도상에서 만국을 넘어 상하·전후·좌우의 구형을 갖추게 하시옵소서. 그리하여 당신의 사랑의 축을 중심삼고 가정과 나라 그리고 세계의 축이 만천주를 돌이켜 당신의 이상적인 천국 기반으로 삼아 주시옵기를 부탁드립니다.

오늘 새해를 맞을 수 있는 3일을 걸어 놓고 당신 앞에 아뢴 모든 뜻이 허락하신 가운데에서 성사되기를 바라며 이날을 맞겠사오니, 아버지, 불쌍하게 보시옵소서. 긍휼히 보시옵고 용서하시는 마음으로써 이제부터 갈 길인 희망과 영광 그리고 영화의 터전에 지상·천상이 연결될 수 있게 축복해 주시옵기를 간절히 바라오면서, 이 모든 말씀을 참부모님의 이름으로 간절히 바라면서 보고하나이다. 아주! (2001.12.30)

3 하나님 조국의 정착과 천일국을 선포했사옵니다

사랑하는 아버님, 뜻하신 대로 당신의 섭리가 승리의 일념을 갖추어 천상세계와 지상세계에 일체·일념·일심이 되게 하시어서 지상의 천일국 안착을 중심삼고 만세를 부를 수 있는 이 시대를 맞이했사옵니다. 하늘이 승리의 패권을 가지고 전체·전반·전권·전능의 역사로써 지상을 관리 지도할 수 있는 대전환의 시간을 맞게 했사오니, 아버지, 그동안의 수고하심에 감사하옵니다. 섭리의 뜻을 책임지고 나온 지상에서 참부모의 이름을 가진 저희 부부가 천상부모를 모시는 데 있어서 보다 큰 충효의 도리와 성인·성자의 도리를 갖추지 못한 것을 다시 죄송하게 생각하옵니다.

그러나 섭리의 전환기를 맞이하시어 한국을 중심삼고 하나님 왕권 수립의 완성을 포함하여 하나님 조국의 정착과 더불어 천일국을 선포했사옵니다. 평화세계의 출발과 평화세계를 치리할 수 있는 평화대사의 설정과 더불어 만국이 일치된 목적을 향하여 전진할 수 있는 천일국을 이 땅 위에 선포하여 만민이 포괄되고, 그 뜻을 따라서 지상·천상천국의 건설을 위하여 하나님 뜻의 완전 해방을 선포할 수 있는 시대를 맞게 하여 주신 것을 감사합니다.

더욱이 여기 태평양의 중심이 되는 하와이 섬에서 환태평양시대를 선언했고 이것을 중심삼아 해양환원, 육지환원, 이상적 창조이상의 환원과 하늘나라의 전체 환원을 선포한 이 기반을 중심삼고 계획하는 전부가 뜻의 전환세계와 새로운 기원을 마련한 이 자리를 맞이했사옵고, 아버님의 천일국 이상권을 향하여 당신의 섭리 가운데서 온 지상 나라를 넘어서 하늘 전체가 합하여 가야 할 방향을 설정하는 데 일심일체가 되시어 주류의 방향에 온 주력을 하늘이 행사할 수 있는 시대를 맞이했사옵니다.

그러하오니 지상은 개인으로부터 가정·종족·민족·국가와 상징적인 모든 세계까지도 영계의 대상권으로서 일체·일념·일심이 되어 하늘을 시봉하는 효자의 도리와 충신의 도리, 그리고 성인·성자의 도리를 완성하여 지상·천상국가의 왕권을 수립할 수 있는 세계로 전환할 수 있는 때를 맞아 이것을 선포할 수 있게 허락해 주신 은사를 감사합니다.

만우주의 존재들은 지극히 작은 미물의 동물들로부터 온 천상세계의 당신이 지으신 모든 피조물과 이 땅 위에 왔다 갔던 악하고 선한 모든 조상들이 지옥과 낙원의 한계선에 머물던 것을 해방하시어서 천상에 직행할 수 있는 해방권을 갖추게 하시옵소서. 그리하여 지상의 여러 국가권의 모든 담들을 헐고 하늘이 일심·일체·일념으로써 치리할 수 있는 주권세계로 전진할 것을 원하옵니다. 만민을 대표하는 참부모는 이것을 지지하며 영계의 모든 조상들까지 합해서 지지할 것을 선언하오니, 당신의 경륜과 뜻하신 모든 목적을 향하여 전진하는 이 시대에 자유·자활적인 입장에서 친히 지도해 주시옵기를 간절히 바라옵고 원하옵니다.

이제 한국에 있어서 하나님의 왕권 수립을 선포했고, 하나님의 조국 정착을 선포했고, 거기에 천일국을 선포했습니다. 한국과 일본 그리고 미국을 중심삼고 이 내용을 선포하여 전 세계적으로 평화대사의 설정과 더불어 천일국의 이념을 개문하여 전진하는 이 와중에 새로이 오늘을 중심삼고 하늘땅이 합한 전권 전능의 대표적인 주권을 중심삼은 왕의 왕 자리에서 만우주를 통치할 수 있는 부모님이 되기를 허락해 주시옵고, 하나님이 왕이 되시어서 주도해 주시옵기를 간절히 바라옵고 원하옵니다.

온 만민과 만우주의 피조물은 합심일체가 되어 이날과 더불어 하늘의 도리를 따라서 효자의 도리와 충신의 도리, 그리고 성자의 도리를 완결하여 지상·천상천국 평화의 세계로 전진할 것을 새로이 결심하고 선포하는 시간이 된 것을 감사하옵니다. 기쁜 이날을 중심삼고 새로운 환태평양시대로부터 육지와 온 천주를 연결할 수 있는 해방적인 왕권 수립의 시대로 전진하기를 원하옵니다.

참부모의 이름으로 온 피조물을 대표하고 천상과 지상이 통일된 중심에 있어서 하늘 왕권을 지지하는 전부를 선언하오니, 아버지가 중심이 되어 사랑의 주권을 가지고 치리하시옵소서. 그리하여 당신의 소원인 지상·천상 해방권을 갖추어 만민 앞에 당신의 주권을 중심삼은 왕 중의 왕, 만민의 부모가 되시어서 만우주를 치리할 수 있는 영광스러운 지상·천상천국으로 전진할 것을 참부모의 이름으로 봉헌하고 선포하오니 뜻대로 성사하시옵소서. 모든 것을 감사드리며 아뢰었사옵나이다. 아주! (2002.1.26)

만세에 승리의 태평성대국이 되게 하시옵소서

하나님 아버지, 오늘 새로운 해 2003년 원단을 맞이해 금년 표어로서 '참사랑으로 우리 가정은 천일국의 효자 충신 성인 성자의 참가정을 완성하소서'를 발표했습니다. 이 표제로써 모든 지상의 가정과 천상의 가정들이 정착의 완결을 이룰 수 있는 한 해, 참부모·참스승·참주인과 참왕을 중심삼은 하늘땅의 통일적인 참부모의 전통을 이어서 새로운 한 해를 출발하겠사옵니다.

만복의 근원이 되시는 아버지, 땅 위에 참부모를 보내시어 숱한 한의 고개를 탕감시키고 이제는 하늘과 땅이 공히 수평에 설 수 있는 '천상지상화합통일대회'와 '천상지상화합통일해방성화식'을 끝낸 후 '천일국평화통일평정시대'를 맞이하여 하늘과 땅이 일체이상을 중심삼고 개인으로부터 천주까지 하나의 목적을 향해 전진하게 되었습니다. 개인완성을 위한 몸 마음이 하나되고 일심·일체·일념으로 일화의 실체를 이루어 하늘이 바라던 상대적인 이상을 완성하기 위한 사랑이상을 위해서 절대 필요한 것이 대상적인 기준으로 창조하신 아담과 해와였습니다. 무형의 하늘나라 부모와 유형의 실체부모가 일심·일체·일념·일화의 통일적인 기준을 중심삼고 사랑의 이상상대를 갖지 아니하면 절대사랑, 유일사랑, 불변·영원한 사랑인 하나님의 목적을 완성할 수 없습니다.

하오니 이 사랑의 대상을 무엇보다도 귀하게 여겨서 당신의 절대소망이요 절대희망이요 절대소원인 절대신앙을 표준으로 하여 높고 귀한 희망을 품음과 동시에 그 높고 귀한 희망을 완성하게 하시옵소서. 하나님 자신이 지극히 작은 데서부터 큰 것까지의 전체, 개념마저 자신에게 남기지 아니하고 투입하고 또 투입하면서 높고 크신 사랑이상권을 남기셨습니다. 그 가운데 사랑의 대상권으로서 아담과 해와의 실체를 중심삼아 무형의 실체가 되시는 하나님께서 유형의 실체권을 이루기 위해 아담 앞에 모든 것을 퍼부어 아담 창조와 더불어 아담을 본떠서 해와를 창조하여 성상과 형상의 실체권으로서 부부의 인연을 갖춰서 제3대를 소망했던 것이 창조이상이었습니다.

그러하오나 인간시조의 타락으로 말미암아 뜻을 이루지 못하고 거짓부모, 거짓 사랑, 거짓 생명, 거짓 혈통을 남겼사옵니다. 하늘에 반대되는 사탄을 중심한 혈통적인 인연을 갖춤으로 말미암아 그 세계에 하나님이 개재할 수 없는 고독단신의 입장에서 이 일을 재창조하여 성사할 때까지 장구한 세월을 거치며 고대해 나오신 하늘부모가 있었던 것을 인류는 몰랐습니다.

이 영계의 비밀과 실체세계의 비밀을 참부모를 통하여 밝힘으로써 사탄이 사탄 된 근본 유래와 하나님의 사랑의 원수인 간부의 자리에 선 것을 선언하여 사탄의 갈 길을 막게 되었습니다. 개인적인 승리의 본성적인 기준을 찾을 수 있는 몸과 마음의 일체, 일념의 일체, 일화의 일체를 갖춘 하나님 자신이 아담 실체에 대해서 전부 투입함으로 말미암아 실체적 형상의 부모를 갖추기 위해서 아담을 짓고 해와를 그 가운데서 빼내어 상대적인 입장에 세웠습니다. 성상과 형상을 중심삼고 음과 양을 분별해 사방으로 갖출 수 있는 부자의 가정을 목표한 실체 정착지를 바라던 이상을 지금까지 찾지 못했습니다.

참부모가 와서 이 전체를 해결하고 모두 밝힘으로써 사탄의 길을 개인에서 방어하고 가정·종족·민족·국가·천주에서 방어해 국가를 넘고 하늘을 반대하던 세력권을 뒤로 돌이킬 수 있는 새로운 역사적인 기원을 마련했사옵니다. 하나님 왕권 수립과 더불어 천지부모통일안착생활권을 중심삼은 기반 위에 천상지상화합통일해방성화식과 천일국평화통일평정시대의 기준을 설정했습니다.

그리하여 이 땅 위에 태어난 조상들과 충신·열녀·효자들이 남긴 모든 것뿐만 아니라 성인·성자들이 나타나 일체가 되었나이다. 종교권의 종주들이 충·효·열을 중심삼고 하늘에 지성을 다했고 선한 조상들을 동원하여 지상에 재림시켜 가인적인 모든 실패권을 탕감복귀했습니다. 아벨을 중심삼고 장자권을 복귀한 기준에서 하나님 왕권과 더불어 태평성대를 이룰 수 있는 평정시대를, 지상의 개인으로부터 천주까지 사탄의 방해 없이 결속시킬 수 있는 자유 통일의 세계를 맞게 해주신 은사를 진실로 감사드립니다.

아버지! 그 기준에서 참사랑으로 우리 가정은 천일국 효자의 가정이요, 충신의 가정이요, 성인의 가정이요, 성자의 가정을 갖춰서 참된 부모와 참된 스승과 참된 주인과 참된 왕권을 세우기 위한 새로운 출발을 2003년, 천일국 3년을 맞이하는 이날에 있어서 선포할 수 있게 된 것을 감사하옵니다. 원단과 더불어 금년의 표어가 만국 만세에 통일적 승리와 영광의 찬양을 가져올 수 있게끔 영계와 육계가 일체화되어 전진적인 승리와 성과를 갖추고 하늘에는 영광이요, 지상에는 영화의 통일적 지상천국의 해방세계로 전진을 다짐하게 해주신 것을 감사하옵니다. 만세에 태평성대의 왕 중 왕이 되시어서 자주장할 수 있는 천상천국과 지상천국이 되게 허락해 주시옵소서.

이 모든 것을 받들 수 있는 축복의 중심가정들이 주인이 되고 왕권을 모실 수 있는 본연의 가정들로 출현하게 하옵소서. 온 천주의 해방적인 승리 만세를 아버지 앞에 돌릴 수 있는 시대를 갖게 해주셨사오니 가는 길, 오는 길, 머무르는 모든 길에 승리와 영화와 영광이 길이길이 충만하여 만세에 승리의 태평성대국이 되게 허락하시옵소서. 만왕의 왕으로서 영원 자주장할 수 있는 승리 천국의 전통이 오늘 이 시간부터 출발되기를 바라면서 참부모님의 간절한 마음과 정성 들이는 모든 마음을 가지고 하늘땅에 선포하나이다. 아주! (2003.1.1)

5 정착의 시대를 선포할 수 있게 되어 감사합니다

사랑하는 아버님, 천지가 일심·일체·일념·일핵이 되어 합성·일화·통일·안착의 시대로 향하고 있사옵니다. 천일국 이상의 표제를 중심삼고 귀일점을 갖추어 출발할 수 있는 해방·석방의 시대를 맞게 해주신 은사를 감사드립니다.

2004년 12월 1일 몽골반점동족세계평화연합을 중심한 대회가 시작되오니 이 용평 땅을 아버지께서 축복하시옵소서. 온 세계에 널려 있는 가인적 형제권이 하늘을 향했습니다. 동생을 침해함으로 말미암아 몸과 마음이 싸우기 시작하여 남자와 여자의 몸과 마음으로부터, 또 남자와 여자를 중심삼은 부부의 싸움으로부터 부모를 중심삼은 자녀의 분별, 중심적인 가정과 방계적인 가정들이 분쟁의 역사를 발전시켜 가정시대를 넘어 종족·민족·국가·세계·천주의 분쟁시대까지 이어져 왔사옵니다. 유물론과 유신론의 상반된 자리에서 하늘의 아들딸, 하늘의 존재, 하늘 소유의 생명체를 근거한 것도 모르고 반대하는, 신을 부정하는 유물론 세계와 유심론 세계가 대치한 이 모든 병폐가 개인에서 지상·천상지옥까지 미치게 되었습니다.

그 싸움으로 말미암은 환경세계에 갖춘 것을 아버지께서 책임지시고 총탕감의 역사를 포진시키고, 지극히 작은 만물의 존재로부터 광물·식물·동물·인간세계·하늘과 땅의 전부가 상충되고 혼돈된 것을 통일하기 위하여 재창조역사로 탕감원칙의 기준을 세워 나왔사옵니다. 개인·가정·종족·민족·국가·세계·천주까지 가정적인 기틀을 중심삼고, 천일국에 있어서 개인·가정·종족·민족·국가·세계·천주적인 기준이 효자·충신·성인·성자의 가정들을 중심삼고 하나님 창조본연의 심정 앞에 일심·일체·일념·일핵을 이뤘나이다. 새로운 사랑이상의 패권세계로 전진한 모든 것이 이제 끝을 향하여 정착의 시대를 선포할 수 있게 되었습니다.

이런 시대를 맞이하여 몽골반점동족 시대를 중심삼고 세계적인 대회를 아버지가 축복하시옵소서. 그리하여 석방·해방의 한스러운 고개를 넘고 태평성대의 억천만세를 불러 사랑의 주권을 모실 수 있는 만민과 만우주가 되게 허락해 주시옵기를 간절히 바라옵고 원하옵니다. 12월의 이 아침에 전체가 합심·일체·일념이 되어서 아버지를 경외하고, 아버지의 뜻 앞에 절대신앙·절대사랑·절대복종의 권한을 세움으로 말미암아 창조이상 위에 있었던 본연의 아버지와 일치되게 하시옵소서. 전체가 사랑의 왕권을 중심삼고 통일적인 세계로 전진하게 허락해 주시옵기를, 사랑하는 아버님, 간절히 간절히 간절히 부탁드리면서 참부모님의 이름으로 보고하나이다. 아주! (2004.12.1)

6 일화통일 정착해방의 세계로 향하게 하시옵소서

사랑하는 아버님, 하늘땅이 주시하고 축복가정들이 주목하여 경배를 드리는 제46회 참부모의 날을 기념하는 이 아침이옵니다. 당신이 창조이상을 잃어버려서 탕감복귀의 한스러운 노정을 거슬러 개인적인 세계탕감시대, 가정·종족·민족·국가·세계·천주적인 세계탕감시대를 넘으셨습니다. 지금부터 46년 전 이 땅 위에 참부모를 세웠고, 그 참부모를 중심삼은 참다운 자녀의 날과 참다운 만물의 날을 중심삼고 하나님이 직접 땅 위에 관계를 맺을 수 있는 이날을 세운 기념의 날이 되었습니다.

그간 숱한 역사노정의 탕감적인 조건을 넘고 넘으면서 어린 이 자식을 택해 세우시고 개척 길의 선두에서 영계의 모든 성인현철과 천사들을 동원하여 재차 창조이상적인 기반을 준비하셨습니다. 그 과정을 거쳐서 이 자식이 2차대전 이후에 영·미·불과 일·독·이 그리고 한국의 7개 국가들을 중심삼은 하늘의 축복가정이 출발했다면 1952년에 섭리의 한계를 넘어서 참부모의 날과 참스승의 날 그리고 참왕의 날을 설정해 피조세계 전체의 해방·석방시대를 맞이했을 것입니다. 그래서 당신이 창조이상으로 세우셨던 영계와 육계의 사랑을 중심삼고 생명과 혈통을 연결하여 일체권을 이룬 지상·천상의 해방·석방권 세계의 주인이 되시어서 사랑의 왕, 영원한 만왕의 왕으로 추대될 수 있었을 것이옵니다.

그리하여 개인적인 구원시대를 넘어서 가정·종족·민족·국가·천주적인 구원권을 저희가 획득하기 위해서 개인적인 세계의 승리권, 가정·종족·민족·국가·천주적인 승리권을 세워서 만국 만세에 당신의 축복 승리의 패권을 아담 가정에서 세워야 했사옵니다. 그런데 이제 모든 것을 넘고 넘어 세계와 땅이 하나된 가운데서 수직과 수평의 90각도를 중심삼아 새로이 시곗바늘이 돌아가는 방향으로 돌 수 있는 이 시대를 맞아서 천주의 모든 담을 헐고 국경선을 넘어 평화의 세계를 저희가 눈앞에 놓고 이 날을 기념하게 된 것을 진실로 진실로 감사하옵니다.

초민족적·초문화적 세계를 넘어 메시아의 터전을 설정함으로써 가정의 수난을 넘고 종족과 민족, 국가를 대신해서 종교권이 반대해 나왔지만 가정적 기준에서 승리하게 되었습니다. 세계사적인 초종교·초국가권을 반대하는 가운데서도, 참부모의 갈 길을 막고 파괴하려던 사탄의 계교를 넘고 초종교권·초국가권을 넘어서 초해방적 통일권이 오고 있사옵니다. 그리하여 몸과 마음의 분립이 없었던 사랑의 가정적인 기반 위에 당신의 사랑이상, 참부모의 사랑과 참주인의 사랑 그리고 참왕의 사랑을 세워서 만국 만세의 해방·석방권 실천궁행의 뜻을 통하여 양심혁명·심정혁명을 넘었사옵니다. 이제는 초종교·초국가·초세계·초천주·초통일적인 정상의 자리에서 상하가 하나되고, 좌우가 하나되고, 전후가 하나된 중심에서 초창조이상의 본연적인 기준을 확정지었습니다.

만세에 당신의 소원을 해원성사하려던 정착지를 최후로 정비하기 위해서 영·미·불과 일·독·이 그리고 한국의 7개국 대표들이 대회를 준비하고 있사옵니다. 온 세계에 새로이 초종교·초민족·초국가·초세계권이 하나로 규합해서 당신의 창조이상적인 목적을 향하여, 평화의 천국을 향하여 전체가 일심·일체·일념·일핵이 되어서 완성적인 성을 중심삼고 일화통일 정착 해방의 새로운 세계로 향하여 넘어설 수 있는 최후의 정비대회가 되게 하시옵소서. 아버지, 이 모든 대회가 당신의 주관 하에서 승리하여 영광이 사랑을 중심삼은 부모 위에, 스승 위에, 왕 위에 영원무궁토록 통치하기를 참부모님의 이름으로 간절히 이날을 기하여 아뢰면서 선포하나이다. 아주! (2005.4.9)

7 사랑의 주권이 확장되게 하시옵소서

사랑하는 아버님, 하늘과 땅이 주시하고 지상세계와 천상세계의 축복받은 자녀들이 주목하는 이 자리입니다. 흥진 군을 중심삼고 네 자녀의 가정들과 성인·성자들의 모든 가정들이 일심·일체·일념을 이뤄서 본성적인 성을 중심삼은 일화·통일·안착의 세계를 향하여 당신의 소원성취 해원의 한 날을 바라던 탕감복귀역사의 1

단계를 끝냈사옵니다. 이번에 청평에서 '천주통일평화의 왕 대관식'을 마친 후 처음으로 여수·순천에 와서 맞는 안시일의 이 아침에 경배식을 맞이했사옵니다.

천주의 모든 전체가 하나의 핵이 되어 하늘을 모시는 시봉의 나라로서 개인이 대표하고 종족·민족·국가·세계·천주의 축복가정들이 모여서 천지부모님 만왕의 왕권을 중심삼고 시봉의 새 아침에 경배식을 봉헌하오니 기쁨으로 받아 주시기 바라옵니다.

이제 본연의 고향 땅을 찾아가 자기 종친들을 중심삼고 해방의 축복권을 출발하기 시작했사오니, 아버지, 거기에 같이해 주시옵소서. 그리하여 축복받은 이 가정들이 천일국의 주인들이 되어서 참사랑으로써 온 인류가 하나의 형제가 되고, 천지부모를 모시는 하나의 가정 형태를 대신하는 천주적이고 통일적인 가정에서 당신 사랑의 전권 전능의 행사를 대행할 수 있는 태평성대 해방·석방의 시대를 이미 선포했사옵니다.

하오니 그 위에서 당신이 창조하시던 마음, 출발 당시의 모든 창조물의 과제를 대신해서 절대신앙·절대사랑·절대복종 위에 당신의 대상적인 실체권을 회복하기 위한 사랑의 뜻을 중심삼고 출발한 모든 존재물이 해방·석방되고, 지상에 참부모가 나타나 탕감혁명·양심혁명·심정혁명을 중심삼고 해방과 석방의 세계를 맞이하여 '천주통일평화의 왕 즉위식'을 거행하게 되었습니다.

그리하여 각자의 고향에서부터 새롭게 출발하는 국가의 형태를 갖추어 한국의 각 성씨들을 통일하여 아버지 앞에 봉헌하는 자리에 서게 하시옵소서. 이 땅 위에 천주통일조국의 출발을 갖추는 그 기반 위에 몽골반점동족을 몽골반점혈족으로서 일원화시킴으로써 해방·석방시대를 맞게 되었사옵니다. 이제 본연적인 천주통일의 부모를 중심삼고 참사랑·참생명·참혈통을 통하여 하나의 혈족으로서 만세에 주인의 권한을 당당히 취해 천상세계와 지상세계를 자유롭게 주관·주장할 수 있는 당신의 사랑을 중심삼은 주권이 태평성대 억만세 해방·석방의 세계로 확장될 수 있게끔 더더욱 축복해 주시옵기를 간절히 바라옵고 원하옵니다.

당신의 승리적이고 패권적인 중심만이 영광과 기쁨으로써 찬양할 수 있는 만세의 만물과 만인간이 되게 허락해 주시옵기를 간절히 바라옵고 원하옵니다. 이 전부를 당신이 주관하는 데 있어서 일심·일체·일념의 천리를 중심삼고 사랑의 주인 권한을 갖춰서 천만세를 통하여 주인의 기쁨의 영광을 갖추어 전진하기를 참부모님의 이름으로 바라면서 보고하나이다. 아주! (2005.2.25)

제13장 평화메시지

 하나님왕권즉위식 기도

새천년을 맞이하여 13일째를 맞는 오늘, 참천상부모의 왕권즉위식을 거행하고자 원하옵니다. 온 천주의 만상과 모든 존재들은, 그리고 축복받은 천상의 조상들과 지상의 후손들이 일심일체가 되어 역사적인 한의 탕감시대를 넘어서 제4차 아담권 심정시대를 맞이함으로 말미암아 새로운 지상과 천상이 연결된 천국을 개문할 수 있는 시대를 맞이하게 되었습니다.

거짓 부모로 말미암아 결혼을 잘못하고 참사랑을 반대하고 참생명과 참혈통을 반대하는 부끄러움의 역사를 시작한 한의 역사를 거쳐 오기에 수고하신 만군의 여호와 하나님 아버지 되시며 스승 되시며 왕 되시는 주인 양반을 지금까지 탕감의 길, 수난길에 계시게 하였습니다.

이 모든 것을 참부모님이 이 땅 위에 와서 거짓 부모의 모든 잘못된 것을 책임지고 탕감의 역사를 거쳐 해방을 바라보면서 8단계 승리의 권한을 세움으로써 거짓 부모의 실천장이었던 모든 것을 하늘이 인수해 참부모의 승리권으로 최고의 기준에서 혈통을 전환하는 축복의식을 통해서, 사랑의 축복의 은사로써 만국과 온 천주에 연결시켜 해방적 기반을 마련했사옵니다.

심신분쟁의 해방, 부부의 해방, 부자간의 해방, 형제간의 해방, 나라 나라들의 해방권을 거쳐서 천상세계와 지상세계가 모든 담들로, 국경들로 막혀 있는 것을 다 헐고 당신의 본연의 창조이상으로 바라보던 자유해방적 세계, 천국이 지상에서부터 천상세계까지 일원화되었습니다. 그리하여 참다운 가정, 참다운 종족, 참다운 민족·국가·세계·천주까지 지상·천상천국을 연결하였습니다. 이것을 승리의 참부모의 권한과 참스승의 권한과 참왕권의 전체를 대표한 천지 대창조주 되시는 주인 양반에 결속하여 다시 봉헌하고자 원하는 이 식전을 기꺼이 받으시옵기를 바라옵니다.

천상세계에 있는 모든 천군천사들과 축복받고 간 가정들, 지상에 있는 참부모와 연결된 모든 중심가정인 축복가정들과 지상을 중심삼고 영계가 형제인연의 장자권을 다시 복귀한 가운데서, 지상이 장자의 자리에 서 가지고 참부모의 특권적 권한을 중심삼고 타락했던 모든 세계를 개인으로부터 천주까지 전복시킨 승리의 해방권을 맞이했습니다. 천지의 참부모를 중심삼은 해방적 참부모와 지상의 해방적 참자녀가 일심일체가 되어 가지고 참사랑의 주체성인 절대·유일·불변·영원한 당신의 소원의 뜻을 탕감·해방함으로 말미암아 이제 하나님 아버지를 참부모가 본연의 기준에 즉위시켜 드릴 수 있는 기쁨의 식전을 봉헌하고자 원하옵니다.

기쁘신 마음을 가지고, 역사를 잊고 해방된 승리의 기반 위에 서 가지고 창조본연의 심정을 갖춘 사랑이상으로 일체화될 수 있는 승리권을 중심삼고 만우주 당신의 나라에 권한을 행사할 수 있는 전체·전반·전권·전능의 해방식의 축전을 봉헌하여, 당신이 본연의 자리에 즉위하여 오를 수 있는 이 식을 갖고자 하오니 기쁘신 가운데 받아 주시옵기를 부탁드리면서, 참부모님의 이름으로 참으로 간절히 보고하나이다. 아주! 아주! 아주! (2001.1.13)

2 쌍합십승일 선포 기도

사랑하는 아버님, 오늘은 천일국 4년 5월 5일, 이날은 쌍합십승일로 책정하여 하늘과 땅이 바뀌고, 상하가 전환되고, 좌우가 바뀌고, 전후가 바뀌어 악이, 어두움이 먼저 시작했던 것에서 선을 되찾고, 광명한 승리가 영원히 꺼지지 않는 정오정착의 천지의 태양, 천지의 부모이신 천지인참부모를 모실 수 있는 승리적 본연의 때를 맞이하였습니다.

통일교회의 금년 표어가 '하나님의 조국과 평화왕국 시대의 선포'입니다. 타락함으로 말미암아 평화왕국이 아니라 투쟁의 악한 사탄 왕권시대가 되었던 것을 청산하고 참사랑을 중심삼은 평화의 왕국시대로 바로잡을 수 있는 최후의 결전의 날이 왔습니다.

사랑하는 하나님 아버지, 선천(先天)시대와 후천(後天)시대가 오늘을 중심하고 바뀌고, 13수를 중심삼고 하늘과 땅이 하나되어서 하나님의 보좌의 권한이 지상·천상에 중심이 되어 당신의 참사랑·참생명·참혈통의 인연으로 말미암아 일족이 확대된 세계의 자리로서 당신의 통일적인 천하의 사랑의 왕국을 선포할 수 있고, 조국을 선포할 수 있는 대승리의 날을 오늘을 기하여 바뀌는 시대를 맞았습니다.

모든 것이 쌍쌍으로, 상하도 상중하가 사랑을 중심삼고 하나되고, 좌우도 좌중우가 사랑을 중심삼고 하나되고, 전후도 전중후가 사랑을 중심삼고 하나되고, 천지인참부모도 사랑을 중심삼고 하나되고, 모든 것이 하나가 되었으므로 이제 13수를 중심삼고 하나님왕권즉위식과 더불어 40개월을 맞는 5월 13일을 기하여 이 모든 것의 해원과 더불어 석방권을 선포하였습니다. 그럼으로 말미암아 아버지의 보좌와 직결될 수 있는 시대, 천지인참부모가 천주·천지·천지인참부모로서 무형의 신과 실체의 하나님이 사랑을 중심삼고 인격적 신을 대표하여 정착할 수 있는 가정이상을 갖추어 비로소 안식할 수 있는 날이 되옵니다.

그럼으로 말미암아 안식일(安息日)이 아니라 안시일(安侍日)로서 모실 수 있는 이런 때를 맞았습니다. 참부모의 날을 중심삼고 4월과 5월이 합하여서, 왼손과 바른손이 합하여서 열, 십승일을 맞이하여, 천하평정의 기반 위에서 모든 날들이 하루부터 열흘까지 하나님의 날로 주관할 수 있는 자유해방 천지의 시일, 날과 시간과 달과 연으로 엇바뀔 수 있는 이런 해를 맞이하여 천일국 4년 4월과 5월은 봄에서 여름으로 바뀌는 두 절기가 쌍이 됨으로 말미암아 거꾸로 도는 시곗바늘의 방향을 따라가던 세계가 본연의 시곗바늘의 방향을 따라 모든 것이 바로잡혔사옵고, 천지창조의 원리원칙을 중심삼은 이상적 정착 후에는 가정이상의 하나님이 정착할 수 있는 본연의 기준을 세계상에서 설정할 수 있는 최대의 승리권을 갖추어 모든 쌍들이 합하여 가지고 십승일(十勝日)을 갖게 되었습니다.

이날에 있어서 안식일을 종언하고 이제 하나님의 안착과 시의의 날을 세움으로 말미암아 안시일을 책정하고, 이제 4월을 보내고 5월 들어 첫 번째 맞는 안시일에 4월과 5월이 하나가 되었습니다. 그리하여 하나님을 중심삼고 봄절기와 여름절기가 계속됨으로 말미암아, 봄으로부터 시작하여 여름절기를 맞아 이제 130도를 돌아서 가을절기를 거쳐 한 대권 내의 세계를 돎으로 말미암아 춘하추동 본연의 기준을 갖추어, 하늘의 봄과 여름과 가을과 겨울을 갖추어 자주적인 모든 날과 해의 전체가 순환하는 모든 천리원칙에 따라 당신의 품에 품길 수 있는 시대가 되었습니다.

두 갈래로 투쟁하던 모든 것을 일소해 버리고 합승 십승일을 정함으로 말미암아 하나님이 안착하고 시의할 수 있는 사랑의 조국과 하나님의 평화의 왕국 위에 모든 존재들이 쌍쌍의 존재들로서 아버지의 소유권 내에 치리받을 수 있는 이날을 갖게 되었습니다.

그럼으로 말미암아 선천시대에서 후천시대로 전환할 수 있는, 위에 있던 땅이 내려오고 아래에 있던 하늘이 올라갈 수 있는, 바뀌칠 수 있는,

후천세계로 완전 해방될 수 있는 이 날을 갖게 되었습니다. 하나님의 직접 보좌와 더불어 가정이 일체가 되고, 이 땅 위에 만민의 보좌가 작은 데서 큰 데까지 일체 될 수 있는 사랑의 천주·천지·천지인참부모, 인격적인 신을 중심삼은 정착의 해방적 시의권을 맞이할 수 있는 안시일을 모시는 이날이 되었사옵니다.

이 모든 날들이 기억하고 기념할 수 있는 하나님의 날이요, 개인·가정·국가·세계·천주적으로 축하하는 모든 날들이 하나님의 전권을 찬양할 수 있는 날이옵니다. 하나 둘 셋 넷 다섯 여섯 일곱 여덟, 이 기초 수를 중심삼고 10배의 단계에 올라감으로 말미암아 천하가 커지는 데 있어서 기원의 표준이 되고, 작은 것은 큰 것을 받들어 더 큰 플러스가 될 수 있는 해방적 승리의 십배 백배 가호할 수 있는 날의 기원 수를 책정하여 이날을 세웠습니다.

천상세계의 참부모의 직계 아들딸 4남매와 더불어, 4대 성인의 가정과 더불어, 그다음에는 축복받은 모든 종주들과 더불어, 12형제와 120형제와 더불어, 예수님이 소원했던 120족속과 더불어 갈라졌던 모든 것들이 이제 합승 십승일의 기반 위에 섬으로 말미암아 하나님의 조국과 평화왕국을, 당신의 주관권 위에 존재하는 모든 전부를 십승일을 기하여 하늘 앞에 참부모의 이름과 더불어 만물이 환영하게 되었습니다. 그 가운데서 어제는 참부모님의 성혼 44돌이었고 4월 19일은 참부모의 날 45회여서 모든 것이 4월 5월 두 달을 중심삼고 결정지어질 수 있는, 갈라졌던 것이 합승 일체가 되어 승리적 당신의 귀일수인 10수를 중심삼고 천주통일의 출발과 더불어 하늘땅 전체의 날들과 시간, 모든 해의 주인이 당신이 될 수 있는 이날을 당신 앞에 묶어 바치옵니다.

모든 천상세계의 축복가정들과 지상의 축복가정, 천상세계의 직계 자녀들과 땅 위의 직계 자녀들이 하나되어 일체 된 가운데서 천수 만수의 중심이 되는 귀일수를 중심삼고 승리의 날을 갖추게 되었사옵고, 그럼으로 말미암아 모든 섭리의 끝과 탕감복귀의 노정이 개인·가정·종족을 중심삼고 넘어설 수 있게 되었사옵고, 축복과 만세의 해방권을 맞아 스스로 자기들이 머무를 수 있는 가정의 환경과 국가의 환경과 천주의 환경에서 하나님과 천지인참부모를 모시고 태평왕국시대로 영원무궁토록 만세의 만세의 만세의 세계가 되기를 바라오며, 참부모의 이름으로 쌍합십승일 이날을 기해서 모든 전부를 간절히 간절히 간절히 봉헌하면서 보고하나이다. 아주! 아주! 아주! (2004.5.5)

3 천주평화의 왕 참부모님 천정궁 입궁·대관식 기도

사랑하는 하늘에 계시는 아버님, 하늘과 땅이 주시하는 이 초점에서 천지인참부모님이 이 거룩한 천정왕궁을 봉헌할 수 있는 시간을 맞이했사옵니다. 이 시설의 시작부터 지금까지 수고하신 하늘의 주인을 모시고 하늘의 병사들을 동원하여 지상의 천지인참부모님과 같이 성심성의를 다하여 영원히 남아질 수 있는 평화와 사랑의 왕궁을 중심삼은 주인 설정을 정착시키기 위한 이 천정왕궁의 건축을 완성했습니다.

이 자리는 하나님이 영원한 사랑을 중심삼은 왕 중의 왕이 되시고, 주권을 가지고 만사를 주관할 수 있는 주인 중의 주인이며 왕 중의 왕이 되시어서 만세에 존재하는 모든 억조창생이 당신의 품안에서 사랑을 받고 영원히 공존·공생할 수 있는 천국이상권의 본궁이 될 수 있게끔, 아버지, 기쁨으로 창조·창설해 나왔사옵니다.

이제 참부모의 이름과 더불어 참된 가정들이 타락한 세계를 해탈하고 당신의 축복 하에서 하늘의 사랑과 생명을 중심삼은 인연을 결속시켜 영원한 천지부모님의 핏줄을 이 땅 위에 정착시킬 수 있는 초점을 이 성전의 자리로 정했사오니, 이 궁전복판에 영원히 계시옵소서. 그래서 창조이상의 세계를 출발하던 본연의 마음과 인간시조가 미완성권에서 당신의 뜻을 알지 못하여 타락함으로써 한스러웠던 역사를 거쳐 오며 타락하지 않은 본연의 완성된 아담 가정의 형태를 그리면서 홀로 악의 권한을 중심삼은 핏줄을 통하여 주관하던 모든 것을 자연굴복시키는 환경으로 돌이켜 세우시옵소서.

그러기 위해서 개인·가정·종족·민족·국가·세계·천주까지 8단계의 수난길을 참아 나오신 온 천주의 주인이 되시는 나의 아버지! 우리 아버지, 우리 가정의 아버지, 우리나라와 우리 세계 그리고 우리 하늘땅의 아버지인 것을 알지 못했던 모든 타락한 후손들을 깨우치기 위해서 이 땅 위에 천지인참부모님을 보내시어 열, 백, 천 가지를 개발·개척시키고 각성시켜 승리의 패권적인 초석을 놓았사옵니다. 또한 개인적인 몸과 마음의 싸움으로부터 부부의 분열, 부자의 분열, 종족의 분열, 국가의 분열, 세계의 분열을 조장하고 하나님과 대적하여 싸우던 모든 것을 천지인참부모님이 이 땅 위에 와 가지고 해결할 수 있게 해주셨사옵니다. 그래서 하늘과 땅의 미지의 모든 환경을 개척하여 모델적인 기준을 통하고 공식적인 원리를 통하여 개인·가정·종족·민족·국가·세계·천주적인 해방권까지 이루셨사옵니다.

그 승리의 표적 위에 오늘 이와 같은 천정왕궁의 봉헌식을 올릴 수 있는 자리에서 이 성전, 이 궁전을 아버지 앞에 바쳐 드리옵니다. 이 궁전에서 천지인·천주부모와 합덕 일체가 되시어 대관식의 행사를 할 수 있는 준비를 완료할 수 있게 인도해 주시옵소서. 이제 이 자리에 천지인참부모께서는 만민을 대표하여 만세에 흠이 있는 모든 흔적을 다 씻고 정오정착, 해방적 광명한 사랑과 생명 그리고 혈통의 태양 빛 아래 그림자가 없는 해방·석방의 천지를 맞이하게 해주시옵소서. 그리하여 하늘을 영원히 지상의 천정궁전에서 시봉하려는 은사를 허락하시사 봉헌하는 이 천정궁을 당신께 속하게 하시옵고, 이 자리에서 치르는 모든 행사 이후의 전체가 영화와 영광의 천국, 지상 해방·석방의 세계로 진전, 진전, 진전하고 향승하게 하시옵소서.

모든 인류를 대신하고 하늘의 모든 성인과 성도들, 조상들을 대표하여 최후에 모든 것을 성사하고 청산하려는 구세주, 메시아, 재림주, 참부모의 왕권 기틀을 완성의 기반 위에 상정해서 봉헌하오니, 영원무궁토록 주인의 권한을 갖추어 에덴에서 비롯된 슬픈 역사를 완전히 청산하고 남을 수 있는 해방·석방의 기쁨을 가지고 만유를 주관하는 주인이 되시옵소서. 참부모가 온 만유의 생명권 위에서 꽃이 되고 결실이 될 수 있게끔 이 시간 아버지 앞에 전체를 간절히, 간절히, 간절히 축정 봉헌하오니 기쁨으로 받아 주실 것을 원하오며 보고드리나이다. 아주! 아주! 아주! (2006.6.13)

4 2001년 원단 기도

사랑하는 하나님 아버지! 지금 막 기독교 역사 2천년을 마치고 3천년을 출발하는 2001년 새해를 맞이하였습니다. 아버지, 하늘과 땅이 주시하는 이 자리, 천주의 모든 전체가 하나님 아버지의 사랑의 인연을 따라 당신의 승리적 지상·천상천국의 건국을 바라던 뜻의 역사가 2천년을 통하게 될 때 제1 이스라엘, 제2 이스라엘, 제3 이스라엘권을 넘는 탕감과 원한의 시대를 거쳐 왔사옵니다. 해원성사의 길을, 이 땅 위에 참부모를 세우는 뜻의 길을 열기 위한 메시아를 제1 이스라엘권에 약속을 하셨습니다. 오신 메시아를 참부모로 모시지 못함으로 말미암아 십자가에 돌아가신 그날부터 기독교는 잃어버린 이스라엘권을 세계무대에서 편성하여, 국가의 중심과 세계의 중심을 연결할 수 있는 제2 이스라엘 건국을 기독교 국가인 미국을 중심삼고 이루었습니다.

지상과 천상이 갈라졌고, 동양과 서양이 갈라졌고, 모든 민족과 국가가 갈라졌고, 가정 가정의 개인 전체가 갈라진 이 모든 역사를, 오시는 참부모를 모시기 위한 약속을 성사하시기 위하여 이 땅 위에 가인과 아벨의 분별역사를 2차대전 이후 기독교 문화권의 승리로 말미암아 통일적 역사로 갖추어 해방의 뜻을 이루려고 하셨습니다.

예수님의 33년 생애의 목적을 사가랴 가정과 요셉 가정이 일체 되어서 종족적 메시아의 사명적 책임을 못하여 원한스럽고 원통스러운 십자가의 도리가 이 땅 위에 펼쳐짐으로 말미암아, 로마를 대한 승리의 발판으로 하늘이 도약이 아니라 비약할 수 있는 해방의 천국이상을 갖출 수 있는 출발인 가정의 기반을 갖지 못함으로 말미암아 원한의 십자가길을 걸어가게 되었던 역사적인 사건을 저희는 알고 있습니다.

그날로부터 2천년 동안 수많은 피의 역사를 엮어 나오신 하늘의 서글픈 심정을 그 누가 해원성사할 도리가 없었사옵니다. 그런 가운데서도 참고 또 참고 천년이 지나고 2천년의 마지막까지 참아 오신 아버지의 심정의 안타까움을, 이 땅 위의 자식들이 부모를 십자가에 못 박은 슬픔의 역사와 곡절을 갖고 있는 하나님의 심정을 알고 있는 사람이 없었습니다. 그러한 세상이요, 사망이 물결치는 탁류 속에서도 해방의 새로운 샘터를 마련하기 위한 아버지의 뜻이 있었다는 사실을 그 누구도 몰랐습니다. 구름 타고 오실 주님을 바라는 세상 위에 잃어버린 것을 다시 사람을 통하여서 탕감복귀해야 할 역사적인 사정을, 한의 심정을 품은 하나님이 계시는 것을, 하늘의 뜻이 있는 것을 알지 못하는 기독교와 모든 종교는 분쟁과 통일적인 기준이 망각된 자리에서 죽음의 길로 서로서로 몰아넣었습니다.

그런 싸움의 역사를 이끌어 왔던 가인 아벨의 역사가 2차대전 이후를 중심삼고 육적 세계와 영계가 갈라져서 예수님이 영계에 가서 부모의 책임을 영적으로, 땅 위에 있어서 부모를 중심삼은 통일적인 세계를 갖춤으로 말미암아 영적 세계 완성을 표준으로 한 기준에 지상세계 완성을 대신할 수 있는 실체적 승리의 발판으로서 참부모가 세워졌습니다.

참부모의 현현을 준비한 1차대전 이후에 천주교와 기독교가 하나되어서 성신과 예수님을 중심삼은 가운데 그것을 상속시킬 수 있는 영적 기준을 합한 기반 위에서 지상세계에 참부모를 세워서 이것을 상속하였다면, 2차대전 이후 7년 이내에 이 땅 위에 승리의 발판을 닦아 오늘 저희가 소원한 하나님의 해방은 물론이요 하나님을 이 땅 위에 중심존재로 다시 복권했을 것이오며, 인간이 완성하지 못하였던 한의 고개를 밟고 넘어서서 참부모의 해방적 권한을 가지고 개인·가정·종족·민족·천주사적 해방 기반 위에 하나님까지 해방할 수 있는 특권적인 혜택을 중심삼고, 하나님이 잃어버렸던 모든 주권, 사랑의 권한의 터전을 거짓 부모로 말미암아 잃어버렸던 것을 참부모로 말미암아 복권하여 사명의 완성시대가 지금부터 50여 년 전에 이뤄질 수 있었을 것입니다.

그런 때를 잃어버리고 한스러운 가정을 중심삼은 40년노정의 광야에서 허덕이던 생활을 통하여 40년을 맞이한 이때에 있어서, 2천년을 마감하는 이해에 참부모의 나이 80세를 중심삼고 모세가 이스라엘 건국을 위해 출발하던 것과 마찬가지로 천주의 해방적 지상·천상이상을 중심삼은 하나님의 조국광복을 위하여 2000년 이해에 가정적 해방과 종족·민족·국가·세계·천주적 해방을 갖추었사옵니다.

영계의 낙원과 지옥을 철폐하고, 천상세계의 모든 담을 헐어 버리고, 개인적 자유권에서 가정·종족·민족·국가·세계, 8단계의 자유권을 중심삼고 지옥과 천상에 막혀 있는 모든 담을 헐고 해방의 고속도로를 닦았습니다. 그리하여 지옥에 있는 영으로부터 천상세계에 머무르고 있는 낙원 이하의 슬픔의 한가운데서 오시는 부모의 축복의 한 날을 바라고 고대하던 모든 영인들의 소원의 뜻을 이룰 수 있는 조건들을 탕감해서 지상세계의 축복 확정과 더불어 천상세계의 해방적 축복권을 갖추었습니다.

이제 양 세계가 하나의 심정을 중심삼고 하나님의 혈연적 사랑의 인연을 가진 하나님의 절대사랑·절대생명·절대혈통으로 승리의 패권 위에 사탄을 굴복시키고 자유해방세계로 넘어설 수 있는, 1999년 3월 21일을 기해 사탄이 굴복한 그날부터 영계 정비를 서둘러서 바로 지난 2000년 마지막 날까지 서두르고 서두른 바쁜 나날들을 보냈습니다.

오늘 새해 새날, 2001년, 3000년을 출발하는 새로운 천년의 해방적 세계를 맞이하여 구약시대의 한, 신약시대의 한, 성약시대의 한을 성사해 해방적 제4차 아담권 심정권을 발표할 때까지 하늘이 얼마나 슬퍼했다는 사실을 아는 사람이 없었습니다. 그런 가운데 아버지의 명령에 따라 바쁜 걸음을 재촉하면서 나온 이 자식이 참부모의 이름을 가지고 효성과 충성과 성인·성자의 도리를 다해야 할 책임소행에 미비한 자체인 것을 아는데도 불구하고, 하늘 앞에 부족한 것을 무릅쓰고 하늘이 앞에 섰사오니 친히 인도하시옵소서.

오늘 영광스러운 3000년의 새로운 출발을 성약시대의 개문과 더불어 승리의 영광을 중심한 하나님의 해방은 물론이요 참부모의 해방권을 갖추어 천지부모와 자녀가 일심일체가 되게 하시옵소서. 그리하여 온 세상에 하나님이 원하는 주체적 뜻의 완성, 절대·유일·불변·영원하신 뜻의 완성을 해야 할 소명적 책임을, 완성의 조건을 세우고 넘어서서 이 고개를 넘나들 수 있는 해방권을 이 지상은 물론이요 천상까지 연이을 수 있는 길을 개척하신 아버지의 노고 앞에 진실로 감사드립니다.

아버지, 여기에 모인 당신의 자녀들, 축복받은 가정들이 주로 모였사오니, 이들이 축복이 얼마나 무서운가를 알아야 되겠습니다. 하나님의 소원인 창조이상을 바라서 참부모의 가정을 세우기 위한 본연의 뜻을 잃어버리고 몇 천만년이라는 한의 역사를 품고 사연을 통고할 수 없는 고독단신의 한스러운 하나님이 된 것을 그 누구도 모르나, 어린 몸으로서 그 뜻을 알고 난 다음부터 남이 알아주나 몰라주나 일방통행으로 거치고 넘고 넘다 보니 오늘의 세계 정상을 넘었습니다. 그리하여 지상은 물론이요 천상과 연결시키고 지상 해방을 온 국가를 초월해 직행할 수 있고, 천상세계의 민족과 국가와 종교 종파를 넘어서 통일적 기준의 해방의 혜택의 축복을 허락할 수 있는 가정의 날을 지상 일변도와 천상 일변도 권한을 중심삼고 그 누구도 반대할 수 없는 승리의 패권 자리를 갖추어 오늘의 이날과 같은 3000년의 출발의 해를 새로이 맞게 됨을 진실로 감사합니다.

오늘부터 이제 12일이 지나면 하나님이 소원 목적 완성의 해방을 이룰 수 있는 날이 온다고 이미 선포하였습니다. 그것을 위해 정성 들이는 통일가의 모든 축복가정들과 천상세계의 축복가정들이 일심일체가 되어 최후의 장벽을 헐어 넘김으로 말미암아, 지상지옥의 모든 담을 헐어 해방권 승리의 자주권 세계가 어디든지 막힘없이 성사되기를 바라는 마음을 받아 주시사, 3000년을 향하는 첫 출발의 이해가 천년을 중심삼고 기록적인 새로운 출발의 기념의 날들이 되게 허락하여 주시옵기를 간절히 바라옵니다.

2000년 마지막 날은 12월 31일인 동시에 주일날까지 모든 것을 끝내고 이제부터 일주일은 새천년 새로운 오늘 월요일부터 새로이 출발할 수 있는 한계적 구별도 확실하게 하늘이 이루어서, 여기에 해방적인 천년 벽두에 승리의 영광과 승리의 존엄성을, 하늘의 권위를 세울 수 있는 축복의 시대를 맞게 해주셨사옵니다. 그러하신 아버지의 은사 앞에 진실로 진실로 감사를 드립니다.

아버지, 이제 천년 동안에 남아진 미비한 수습할 일들이 많사오니, 이 일을 이제 하늘이 책임지고 해야 할 시대에 들어왔사옵니다. 당신이 사랑하는 참부모 이 자식이 소명적 책임을 완수하지 못하였사옵고, 그럼으로 말미암아 남겨 놓은 이 모든 것을, 하늘의 권한을 다시 의지하고 바라고 가야 할 수치스러운 이 아들의 모습을 용납하시옵소서.

그러나 향한 그 마음은 과거나 현재나 미래까지 변치 않고, 그 길을 엄숙히 받들어 가기를 원하는 충효의 도리는 변함이 없기를 선서와 더불어 맹세를 봉헌하오니, 뜻하시는 대로 인도하여 주시옵소서. 승리의 패권적 권한을 이 땅에 세워 아버지의 조국광복을, 지상·천상천국을 향하여, 찬양할 수 있는 승리의 그날을 향하여 10년이라는 기간을 정해 놓고 온갖 정성을 다할 것을 세계의 모든 국가를 초월하여 여기에 모인 축복가정들이 합하여 결의하오니, 받아 주시옵기를 간절히 간절히 바라옵고 원하옵니다.

나머지 이 천년 기간에, 아버지, 영광의 소신이 노출되어 지상지옥이 되었던 모든 깊은 곳에서 넓고 높은 곳까지, 천상세계까지 일심 통일권을 갖추어 그 위에, 영광스러운 정상의 자리에 서서 아버지가 군림하시어 만국 만우주를 통치할 수 있는 자유해방권 지상·천상천국으로 전진전진 전진할 것을 참부모의 이름으로 다짐하오니, 원하시는 뜻으로 성사하시기를 참부모는 모든 가정과 모든 뜻의 중심의 자리에서 이 일을 간절히 간절히 보고하면서 바라오며, 이 뜻을 성사할 것을 참부모의 이름으로 보고 선포하나이다. 아주! 아주! 아주! (2001.1.1)

5 청심평화월드센터 봉헌식 기도

사랑하는 아버님, 천지가 엄숙한 하나의 표제의 심정을 세워 놓고 이곳을 향하여 몸 마음을 모아 초점에 꽃을 피우려 하는 이 시간, 천지인참부모를 중심삼고 우주의 창조주와 일체 일심을 갖추어야 되겠습니다. 그리하여 본연의 에덴에서 아담 해와 창조 당시 하셨던 말씀인 '너희가 선악과를 따먹는 날에는 영원히 멸망한다.'라고 표현하던, 그 이전의 마음자리를 찾아가기 위해 참부모님은 정성을 모아 일심·일념·일청의 표준을 꽃피우기 위하여 이때를 맞추어 나왔습니다.

93년을 지내고 53회 참부모의 날을 맞이하여 이와 같은 대광장을 완결·완성하였습니다. 하늘부모를, 절대자 하나님을 중심삼고 몸 마음이 갈라지기 전 에덴의 창조이상을 계획하던 본 프로그램의 표준을, 미래 이상의 동산을 마음에 두고 바라 나왔사온데, 출발하기도 전에 생각지 않았던 불순한 그릇된 생각으로 말미암아 갈라졌사옵니다. 한마음으로 일대권을 완성하여 참부모의 이름과 더불어 거짓 부모가 없었던 본연의 자리에 그 이름과 더불어 계획하던 전당적 광장이 세워져 수많은 하늘땅 시민들이 와서 마음의 꽃을 피워 수호의 천지인참부모님과 더불어 홀로이신 창조주의 권위의 모습 앞에 경배를 드리게 되었사옵니다.

승리의 패권의 표상되는 이 한 기적의 땅을 바라 왔사온데, 해와의 실수로 말미암아 생각지 않았던 슬픔의 원한의 저녁이 찾아왔습니다. 그날부터 하늘은 낮의 세계를 거두고 밤의 세계의 행로 가운데서, 어두운 빛 가운데서 새로운 반딧불의 빛과 같이 밝혀 오면서 광대한 이 세계의 중심의 빛으로, 본연의 빛으로 비출 수 있을 때까지 거짓 부모가 행세하는 자리에서 참부모가 참부모의 뜻을 완성·완결하였사옵니다. 그리하여 본연의 에덴에서 수천년 이상의 역사의 꿈을 앞에 놓고 바라보며 환희의 축복의 한 날을 베풀지 못하였던 한스러운 시간을 밟고 넘고 넘어서서 본연의 창조주께서 설계하셨던 본 도면이 이루어질 수 있는 새로운 승리의 표적에, 초점의 자리에, 정상의 자리에 섰사옵니다.

온 천주가 주목하는 이 자리에서, 소원의 일념의 꽃봉오리에서 참부모의 승리의 한 날을 기념할 수 있는 초석을, 자손만대가 표준에 어그러지지 않게끔 표제의 표본을 세워서 효자의 일체권을 완비·완결하여 자유해방의, 속박이 없는 자유천지를 향해서 오늘 당신이 계획하신 궁전 앞에, 새로운 광장 앞에 만백성이 기쁨과 환희의 송영을 드리기 위해 환희의 영광의 광장으로서 오늘 이 청심평화월드센터를 아버지 앞에 세워 놓고 완비 완결의 기념의 한 초점을 잊지 않기 위해 모였사옵니다.

여기 모여 있는 천상세계의 많은 축복받은 가정들과 지상의 후세들이 시봉의 초점을 일체화시킨 광명 천지에, 자유해방의 광명한 중심 자리에 태양 빛이 비쳐서 어두움을 넘어 수호의 자유환경 천지로 동서남북 어디든지 그 빛의 권한을 가져 어두운 세계를 친히 양육할 수 있는 새로운 교당 교원의 한 광장으로 만민이 흠모할 수 있게 하여 주시옵소서.

과거의 갈라진 몸 마음을 닦아 묶어서, 참부모가 세우신 역사의 전부를 처음부터 붙여서 말아 가지고 같이 축복의 해원의 완성 식전을, 성애의 완성 식전을 향하여 준비하는 날들을 남기고 있사오니, 그 시간에 맞춰 직행하는 길 앞에서 일심 일념의 향심의 일체항을 곧추세워 동서남북의 중심을 자기 부부의 몸 마음 자리에 모셔야 되겠습니다.

그런 자리에서 양육할 수 있는 참다운 자녀들을 앞에 놓고 1년 가까운 기간까지 참부모의 3차 성혼 완결의 날을 모시기 위해서는 국적이 하나이며 백성도 하나이며 나라님도 하나여야 되겠사옵니다. 절대 창조주의 권위의 수하에 품겨서 자녀의 명분을 이어받을 수 있는, 부족하오나 참부모의 모습으로부터 넓고 높으신 용사의 심정으로 이 시간에 설 수 있는 자유로운 마음을 가지고 아버지 앞에 역사의 지난 모든 슬펐던 사실을 잊어버리고 기쁨의 건설의 이 초점에 서서 앞으로의 성혼식을 중심삼고 하나님 가정 이상의 향로에 밝은 등불을 피우고 한 혈족을 품었다는 감사 영광의 찬양을 부를 수 있는 기간이 되게 하여 주시옵기를 간절히 바라옵고 원하옵니다.

미진하오나 참부모의 이름을 바라서 이 자리에까지 나오면서 지내오며 들인 정성이 미치지 못했던 모든 것을 잊으시고, 붉은 하늘의 피어린 심정의 열매가 땅에 떨어지지 않고 지워지지 않을 수 있는 발자국으로, 아버지시여, 기억하오니 그 발자국을 따라 자손만대가 당신의 마음과 더불어 일치될 수 있는 일체·완결·완성의, 실체권 영광의 보좌의 축복을 받기를 준비하고 있사오니, 아버지, 그날까지 보호, 지도, 지켜 주시기를 바랍니다.

여기에 둘러 서 있는 축복받은 자녀들이 미래의 소망의 본향 땅을 그리워하는 마음에 광명의 평화의 태양 빛을 나눠 주시옵소서. 하나의 생명도 어긋남이 없이 같이 천상세계의 제4차 자유 행복의 본향 땅에 입성할 수 있는 특권적 승리의 그날을 일체가 화합한 심정 위에 피어나는 꽃의 열매로 거두어 주시기를 부탁드립니다. 그날까지 지키시고 인도하시옵고, 그 이상까지 영원히 맞추오니 받아 주실 것을 믿사옵니다.

크신 아버지를 믿는 자식의 소원대로 이루어지기를 바라면서 온 천유만유의 존재들과 하늘을 사랑하고 사람을 사랑하고 만물을 사랑하는 부모의 마음으로 교육이념을 완성·완결함에 부족함이 없게끔 최후의 종착지에, 영광의 수호의 광명 천지에 햇빛이 중앙으로부터 기둥을 따라 영원히 비치게 허락하여 주시옵기를 간절히 부탁드리면서, 이 조심스러운 자리를 아버지 앞에 참부모의 마음을 모아 봉헌하오니 기쁜 마음으로 받아 주시기를 바라옵니다.

천지의 환영의 합성소리와 더불어 같이 부모도 환성을 울리는 마음,

아버지와 같이 기리고 받게 할 수 있는 영원불변의 수호의 자리가 되게 하여 주시옵고, 참부모의 이름으로 거룩한 평화의 왕토가 되기를 간절히 간절히 바라오면서 보고·봉헌하오니, 아버지여, 받아 주시옵소서. 감사드립니다. 아주! (2012.3.22)

6 2005년 원단 기도

사랑하는 아버님! 천일국 4년을 바로 보내고 새로이 천일국 5년을 맞이했습니다. 당신의 수고로운 탕감복귀의 역사가 최종착점을 향하여서 한국 땅 청평 성지의 이 자리까지 찾아오시는 길이 얼마나 어렵고 황공하옵고 고통과 눈물어린 역사였다는 것을 알고 있습니다. 이제 그 길을 다 지내고 초종교초국가연합을 중심삼은 천주평화왕국시대를 선포하였습니다.

이제 땅 위에서는 하나님을 부모로 모시고 참부모를 부모로 모시어 내적 부모, 외적 부모를 일체화시킬 수 있는 하나의 새로운 기원이 마련되었사옵고, 그 자리를 밟고 넘어서기 위한 역사노정의 숱한 소망의 심정을 마음 깊이 묻고, 환경을 개척하여 재창조의 이상적 사랑의 동산을 그려 오시던 아버님의 고독하신 생애를 이 자식은 잘 알고 있습니다.

보잘것없는 이 자식을 한국 땅에 보내시어 수천년 역사의 배후의 인연을, 상대적 조건을 누구도 모르는 가운데 무형의 주체이신 주인 되시는 양반이 무·유형의 상대적인 형태를 갖출 수 없는 무형의 자리에서 형체를 갖출 수 있게끔 하시어 재차 출발하기 위해서 수난의 역사의 배후에서 어려운 길을 걸어오신 것을 알게 될 때, 아버지, 황공하옵니다.

이 땅 위에 수많은 민족이 살았고, 수많은 국가와 가정, 그리고 수많은 남자와 여자가 있었지만, 당신의 마음 깊은 가운데 있는 추앙하고 사모하는 아들딸의 깊으신 심정을, 높고 귀하신 심정을 대할 수 있는 상대의 한 사람이 없었던 것이 한이었음을 이 자식은 잘 알고 있사옵니다.

남자를 찾고 여자를 찾아야 할 당신의 심정의 애달픔은 아들도 모르고 사탄도 그의 한계선을 넘어서 어떻게 될지 모르고, 당신만이 아시는 혼미한 그 한 경계선을 넘기 위해서 아들을 찾아 억천만세의 무한한 역사적인 한의 길을, 끝없는 한의 길을 언제나 같은 심정을 품고 오셨습니다. 그런 아버님의 천적인 양상을 이 땅 위에 그 누구도 모르는 천지 가운데에서, 7천년 역사의 배후에 있어서 중원천지의 대륙을 넘나들면서 한국 땅에 안식할 수 있는 길을 찾아 올 때까지 수난의 역사를 거쳐 오신 것을 이 자식은 잘 알고 있습니다. 오늘 이 자리에 선 이 자식의 모습은 초라하지만 지금까지 한의 역사의 그늘에 살아온 왕권을 잃어버린 패자의 서러움의 길을 누구보다도 잘 알고 있사옵고, 왕국 왕권의 자식을 이어 주지 못한, 왕권 자체를 잃어버리신 아버지의 심정에 얼마나 한이 많았다는 것을 알고 있습니다.

아버지! 수많은 인류와 수많은 나라와 수많은 개인 가정들을 바라볼 적마다 그 모두는 당신 사랑의 하나의 소원의 꽃으로 피어난 등불이 되어야 하고, 그 나라와 세계는 태양과 달과 같이 비쳐 가지고 만유의 생명 자체를 움직여 나갈 수 있는 동조 동역적인 주체가 되어야 했습니다. 그것을 잃어버리신 아버지께서는 어두운 마음의 그늘 가운데 홀로 앉아 영어의 신세로서 아들을 찾아 천리 원정 길을 고독단신으로서 나오셨고, 먼 끝날에 찾아져야 할 아들의 모습을 그리면서, 그 그리는 역사의 기간이 하루 이틀이 아니라 수만년을 넘어왔고, 4천년이라는 종교권을 세워 가지고 오셨습니다.

그 고개를 더듬어 오는 길에는 사탄이 가는 길 앞에 모든 어려운 길을 개척해야 될 것이고, 땅 위의 인간이 누구도 원치 않는 생사지경을 헤매면서 그 일을 개척해서 자유의 경계선을 넘어 자기 모습을 자세로 하여 창조하던 본연의 만물만상 앞에도 부끄러운 모습을 넘어설 수 있어야 되겠습니다. 그리하여 만물의 주인으로 세우기 위한 역사의 사실을 회상하면서, 미래의 등불이 되고 달빛이 될 수 있는 아들을 소망하시던 그 마음 앞에, 이제 천일국 4년을 보내고 천일국 5년을 맞는 이 시간에 있어서 황공무지한 마음으로는 아버지 앞에 대할 수 없습니다.

이제 이 땅 위에는 초종교초국가연합을 중심삼고 평화의 왕권을 수립하신 왕권대관식을 성사하기 위해 몽골반점동족권을 넘어 몽골반점혈족권으로서 일체화해야 되겠습니다. 그렇게 하지 않으면 아담가정에 있어서 살육전이 벌어진 가인의 사탄의 혈연 된 인연의 패망적인 그늘 앞에 아담의 이상가정, 아담의 이상나라, 아담의 이상천국은 어두운 그늘로 싸여 버리고 말 것입니다.

그 세계를 새 아침의 광명한, 선명한 햇빛을 맞아서 천지의 주인과 더불어 사랑하는 마음을 가져야 되겠습니다. 쌍쌍으로 지은 모든 만물을 다시 지극히 작은 광물세계로부터 식물세계·동물세계·인간세계뿐만이 아니라 하늘땅이 같이 일체권의 사랑에 화할 수 있는 동고·동락·동생 해방적 안식권을 그리던 아버지의 마음 앞에 천세만세에 상처를 입혔던 인류의 조상들을, 이 자식은 다시 이 시간 이 자리에 서서 용서를 빌지 않을 수 없습니다.

천주를 책임 지워서 이 자식을 세우신 아버지의 소원 앞에 그간 말할 수 없는 수난길의 허덕임도 이 땅 위의 종교가 책임 못하였고 이 땅 위의 나라들이 책임 못하였기 때문입니다. 그 책임 못한 것을 걸머지고 무거운 짐에 무거운 짐을 가하는 그 순간보다 이 자식은 당신이 져야 할 십자가의 짐이 무거워지는 것을 염려하며 몸부림치던 옛날의 시대를 잊을 수 없습니다.

아버지! 이 시간 당신의 깊은 심정을 이 자식이 아는 이상의 깊고 높고 넓은 배후도 있는 것을 알지만, 그 세계에 알려고 하는 것이 불행인 것을 알고 있사옵고, 아는 것이 죄 되는 것을 알았기 때문에 묵묵히 자기 한자리에서 당신 앞에 달려가서 아버지라고 목을 안고 불러 볼 수 있는 자리에서 참아 나왔습니다. 그러하옵기에 당신의 내정적 깊은 그늘이 해소될 수 있는 그날까지 참음의 길, 인내의 길, 고통의 길, 핍박의 생사권에서 허덕이면서 당신의 협조의 나날들을 잊을 수 없습니다.

아버지! 천일국 4년을 맞기 전에 천일국 1년 1월 13일에 하나님의 왕권즉위식을 하던 그 기쁨의 날을 잊을 수 없습니다. 그날에 나라를 갖지 못하고 하늘 앞에 설 수 있는 면목 없는 이 자식은 조국 이 땅을 찾아와 가지고 철부지한 자녀를 놓아 놓고 4년 동안에 이루어야 할 소명적 책임이 얼마나 막중하다는 것을 말씀하였사옵고, 믿을 수 없으면서도 믿어야 할 자리에서 쌍수를 들어 아버지 앞에 4년 동안에 맡겨진 소명적 책임을 완결 완성하겠다는, 책임지겠다는 아들딸의 모습에는 미치지 못했습니다.

부모 된, 죄의 근원을 심었던 악한 부모의 근원을 초월하지 못한 이 자식은 그 기준을 메워 가지고, 이 자식들이 나라를 세워야 할 부모를 모셔서 천리의 대도를 밝혀 광명한 천지 위에 해와 달이 하나되고 천지가 합덕되어 사랑의 보금자리에서 가정이 출발해야 했사옵니다. 그 자리에 있어서 참사랑과 참생명과 참혈통을 이룰 수 있는 이상적 쌍쌍의 합덕 자리를 보지 못한 수난의 역사가 얼마나 외롭고 원통하고 분하고 한스러운 역사인 것을 이 자식이 가슴이 터지도록 체험하게 될 때, 하늘의 심정이 얼마나 기가 막힌 사정들이었다는 것을 이 자식은 아옵니다.

천일국 4년을 넘어서 이 땅 위에 나라와 종교의 모습도 보여 주지 못하는 아버지의 심정 앞에 그럴 수 있는 해결책을 정비하지 못해서 간간이 조건적 기반 위에서 이룬 이 자리까지 찾아왔습니다. 나라 이름만 갖고 기관차만 있어서 차를 달지 못하지만, 출발해야 할 갈 길을 바라보면서, 건너야 할 다리와 건너야 할 굴과 건너야 할 대양세계를 바라보면서 염려의 심정을 품고 이 자리에 나오기까지 허덕이던 자식의 부끄러움을 용납해 주시옵기를, 아버지, 간절히 바라옵고 원하옵니다.

할 수 없는 천명의 인연을 가지고 태어났기 때문에 할 수 없는 일을 할 수 있는 일로서, 소망할 수 없는 일을 소망의 일로서 삼아야 하겠습니다. 본래 죽음의 자리에 있는 자식이 부활을 시켜야 한다는 당신의 전능하심을 가중하지 않으면 안 될 불가능한 자리에서 애달피 허덕이던 그 자리를 당신이 찾아와 있었기 때문에 지금까지 했고, 당신이 가는 길 앞에 절대신앙·절대사랑·절대복종만 하고, 큰소리로 못하고 귓속말로 사탄 앞에 부끄러운 모습이 될까 봐 염려하는 불효자식이옵니다.

불효막심한 역사적인 인류의 조상들을 다시 이 자리에 세우기 위해서는 광명천지 해원성사해야 되겠습니다. 4수를 잃어버리고 5수를 찾아 넘어서는 데 있어서 구약시대를 대신한 신약시대에 아들딸을 이 땅 위에 메시아로 보내기 위한 소원이 있었기에 메시아를 맞을 수 있는 시대가 4천년을 넘어 5천년 시대를 맞이했습니다. 예수님이 이 땅 위에 와서 하늘나라의 정비와 땅 위에 정비를 완전하게 못하고 남김으로 말미암아 2천년 가운데 기독교의 수많은 사람이 피를 흘렸습니다. 개인적인 희생은 물론이요 가정·종족·국가 패망의 눈물과 더불어 당신의 정도의 자리에서 비켜서지 않을 수 없던 한의 모습을 봤고, 참아 오시면서도 다시 다시 다시 가야 된다고 하고 아들을 재차 마음으로 부르며 눈물을 짓고 고통스러워하시는 아버지의 모습을 이 자식은 잘 아옵니다.

이 땅 위에 충효의 도리를 갖출 수 있는 효자 한 사람이 없었고, 충신한 사람, 성인·성자의 가정이 없었던 것을 성사시켜야 하기에 할 수 없는 일도 이 자식이 가려 가야 할 책임으로 알고, 천신만고 고통의 눈물바다를 매일같이 헤엄쳐 놀이터와 같이 생각지 않고는 갈 수 없는 길이었습니다. 당신의 소원의 표적과 밝혀 주신 햇빛을 바라보고 그것만을 바라보면서 허덕이고 헤엄쳐 가던 모습도 잊어버리고 찾아오는 그 길들이, 이제 하나의 고개를 넘을 이 순간 5년을 맞고 있습니다.

영계에 비운에 갔던 모든 영인 전부를, 이제 이 땅 위에 이 자식이 직계 자녀라고 자랑할 수 있는 지상의 축복받은 혈육들의 기반 위에 영계에 있는 조상 전체와 하나님까지 땅 위에 불러 모시지 않으면 안 되겠습니다. 효자의 가정이요 충신의 가정이요 성인·성자의 가정이 되지 못한 것을 이 자식이 일생을 거쳐 교육해 나왔습니다.

그럴 수 없는 자리에서 노구의 몸을 가지고 청년 이상의 마음을 가져서 모시지 못한 이 한을 재현해 가지고 쓰러지는 순간까지도 그럴 수 있는 한 시간을 갖추기 위해 지상세계의 정비와 더불어 천상세계를 새로이 개문해야 할 소명적 책임을 준비해야 할 과정을 앞에 남겼습니다.

아버지! 이 자식이 그런 자리를 거쳐 오면서, 당신이 저를 위로하던 심정이 몇백 배, 몇천 배 컸다는 것을 알면서 아버지의 그 마음을 위로하지 못하였습니다.

쉬어야 할 그 자리에서 쉬지 못하고 방황하는 마음을 가지고 부족한 자식의 부족한 것을 채워 주기 위하여 개척의 선봉 자리에서 모진 풍상을 홀로 당하고 참아 오신 아버지 앞에, 이 시간 몸 마음이 하나되고 여기에 서 있는 아내까지 하나되어 아버지 앞에 아뢰옵니다.

당신의 몸 마음의 싸움이 있을 수 없었던 이 싸움을 만들어 놓은 장본인이 누구냐 하면, 참부모의 이름을 더럽힌 그 자인 것을 잘 알고 있습니다. 저희 두 몸이 일신 변화의 실체가 되어서 당신의 깊은 심정 가운데 폭발적으로 떠오르는 광명한 새 아침에 선명한 부부로서 해와 달이 비치던 어두움을 타고 넘는 광명한 천지의 새로운 기원이 되겠사오니 이해부터 삼아 주시옵고, 막중 막대한 책임소행을 발표해 가지고, 천상세계의 좋은 것 나쁜 것 전체를 땅에 와 가지고 좋은 것으로 결실시켜 이것을 아버지 앞에 봉헌하겠다고 새로이 결심을 하옵니다.

여기에 모인 세계의 모든 사람들이 부모님의 심정과 일심·일체·일념·일핵을 갖추어 가지고, 해방적인 자유 평안한 안식처 위에 천지부모를 하나의 가정에서부터 천만 가정까지 서로가 모시겠다고 할 수 있는 효자의 가정이요, 나라를 넘어서는 충신의 가정이요, 세계를 넘어서는 성인의 가정이요, 천주를 넘어서는 성자의 가정의 모습으로서 일관된 충효의 도리를 다하게 하시옵소서. 하늘이 품을 수 있는 안시일을 중심삼은 안식의 권에 자유·해방·분방의, 모든 것을 자유롭게 지도 소화할 수 있는 세계로서 기다리는 그 경사를 위해 이제 4년간을 통해서 있는 성심을 다하여 뛰어넘을 수 있게 축복하시옵소서.

8년 이후에 찾아올 천일국 9년 그때에는 지상에 왔던 그들과 더불어 천상세계와 지상세계의 경계가 없이 지상에서 천상을 자유자재로 왕래하면서 물을 것이 없는, 의문이 없는 자유 해방 천지에 본연 본궁의 세계의 대주권을 장악하시어 통치할 수 있는 만세의 주인과 만세의 부모와 만세의 스승이 되시옵소서. 그리하여 억천만세 태평성대를 누리시옵기를 바라옵니다.

이 자식이 있는 지성을 다하여 그 기반을 닦기 위하여 노구의 몸을 끌고 가더라도 찾아오는 나날을 두려워하지 않고, 지나가는 달들을, 지나가는 해들을 두려워하지 않고, 힘이 있는 이상 넘을 수 있는 그때까지 당신이 협조해 주기를 바라옵고, 의지할 수밖에 없는 이 자식의 마음 터를 주관하시옵고, 가야 할 행로에 모든 전체를 당신이 같이 같이 같이 지도·인도하시옵소서.

여기에 서 있는 어머님을, 아버지, 사랑하시옵소서. 그간도 많은 수고를 하였습니다. 이제 아버지 앞에 효자의 지성을 준비해서 가정에 있어서 모심의 준비를 해야 할 어머님의 소명적 힘이 얼마나 막중하다는 것을 이 자식은 알면서 훈시할 수 없는 책임도 남아 있사오니, 이제 4년간 남아진 어머니로서 해야 할 5퍼센트의 책임을 부디 하늘이, 이 자식이 돕도록 하여 이 자식의 마음이 하늘 앞에 감사하고 어머니의 마음이 하늘 앞에 감사해 가지고 그것이 두 향불과 같이, 어두운 자리의 두 촛불과 같이 비춰 줄 수 있는 참부모의 도리를 완성할 수 있게끔 보호 지도하여 주시옵기를 바라옵니다.

벽두의 이날, 표어를 정해 나온 내적 하늘세계와 외적 하늘세계를 왕래하면서 두 몸이 찢기고 상처를 받더라도 그 길을 기쁨으로 소망을 품고 가야 할 이 두 부부의 몸을 일체화시키어서, 당신의 승리의 패권의 자리까지 쓰러지지 않고 도달할 수 있게 축복하여 주시옵고 안내하여 주시옵기를, 부족한 저희가 겸손한 두 마음을 대신해서 참부모의 이름과 더불어 간절히 간절히 간절히 보고하면서 아뢰옵고 선포하나이다. 아주! (2005.1.1)

7 2007년 원단 기도

천주천지의 근원 되시는, 만세의 주인이요 영광의 왕 되시는 아버지, 승리하신 주체권을 가지고 행사하던 천일국 6년을 바로 보냈습니다. 새로이 천일국 7년 1월 1일 원단 이 아침에 하나님의 축복이 이 온 천주에 본연의 자세를 가지고, 본연의 주인의 권한을 가지고 이 땅을 대할 수 있는 시대를 맞이했습니다.

쌍합십승수를 중심삼은 수에 대한 모든 전부가 사탄 권한에 있던 것을 환원, 반환하시어 쌍합십승일을 정하였습니다. 절대자이신 하나님도 자기를 중심삼고 모든 전체를 대할 수 있는 상대 없는 세계에 홀로 절대적인 존재이시며, 그 전체 앞에 절대자유와 절대사랑과 유일·불변·영원한 주류 속성인 사랑의 심정을 가졌다고 하더라도 대상적 세계가 없음으로 말미암아 홀로 외로운 자리인 것을 저희는 원리를 통해서 배웠사옵니다.

아버님, 하나님 자체가 무형의 이성성상의 중화적 존재로서 격에 있어서는 아담격을 대표할 수 있기에, 실체세계의 중심이 될 수 있고도 남을 수 있는 주인의 자리에 서기 위해서는, 남성과 여성을 대표할 수 있는 상대적 관계를 갖지 않고는 이 온 우주의 존재세계의 생명의 원천이 되시는 운동을 할 수 없는 것이었습니다. 직선상에는 아무런 조화도 이룰 수 없고 끝과 끝이 멀리 떨어질 수밖에 없지만 3점 이후에 4점, 5점, 8점, 10점을 중심삼고 새로운 창조물을 대할 수 있는 실체세계를 존재하시게 만드신 것이 아버지의 창조의 소망의 이 대우주인 것을 저희는 알고 있습니다. 그 가운데 주인 된 참된 주체와 대상으로서 천지인참부모를 이 땅에 양성하기 위한 섭리노정이 있었던 것을 아옵니다.

에덴에 있어서 하늘이 보안조치를 하여 적혈구와 백혈구가 하나되어 축복받고 완성하는 과정으로부터 전체를 보호할 수 있는 보안의 권내의 한 말씀을 남기지 않음으로 말미암아, 아담 해와가 선악과를 따먹지 말라는 명령을 받았지만 거기에 그 결과가 어떻게 되는 것을 보안조치하지 않음으로 말미암아 생각지 않은 과정에 타락한 그날부터 하늘과 이 우주 전체는 절단되기 시작하였습니다.

하나님의 이성성상의 중화적 일체권이 정분합(正分合)의 실체를 써 가지고 모든 만유 존재의 주체와 대상의 세계 관계인 인연의 핵이 될 수 있는 창조적 참사랑의 주류적 속성권을 중심삼고 절대적인 동시에 유일적이며 유일적인 동시에 불변 영원하신 주체 대상인 상하전후의 관계가 일체화됨으로 말미암아, 그 위에 하나의 중심적 핵을 중심하고 만유의 모든 존재의 생태적인 환경을 조정하기 위한 당신의 무형의 이성성상을 중심삼고 실체형상을 쓰게 됨으로써 분립된 아버지 어머니의 실체권을 중심삼고 새로운 당신의 이상적인 사랑을 중심삼고 하나되는 것입니다.

재창조의 역사과정을 통하여 1대로부터 수많은 대수를 넘어설 적마다 환원 일치할 수 있는 하나의 기준에 되돌아와서 발전하여, 한계선까지도 연결될 수 있는 핵의 자리를 중심삼고 안착함으로 말미암아 하나님의 사랑과 하나님의 생명과 하나님의 혈통권에 모든 피조세계가 화합 통일될 수 있는 이상적 출발의 현현을 대하게 됩니다. 그 자리에 있어서 우리 인류 조상의 축복을 완수함으로 말미암아 당신이 자라 나오던 역사성을 대신하고 당신이 창조하던 상대세계를 대신한 모든 전체를, 하나님으로부터 실체 되신 천지인 참부모님까지의 역사적 근원을 만물만상의 개개 전체를 대표한 참된 진리의 분성체로서 화합 연대 작동할 수 있게 되었습니다.

대우주가 하나의 생명체같이 움직일 수 있는 이 우주를 참사랑의 뿌리와 근간을 중심삼고, 순을 중심삼고 하나의 가지와 하나의 나무와 같은 전체를 이루어 일심일체의 자주적인 천주 대주관의 왕의 자리요 영광의 주인 자리에 계실 수 있는 것입니다. 그런 아버지를 잃어버렸던 사실, 탕감복귀라는 한의 역사를 거쳐 오신 하나님의 역사와 심정세계 가운데 우리 인류의 조상이 절대신앙·절대사랑·절대복종의 기준 위에 만유의 존재를 설정하였던 모든 전부를 대신할 수 있는 주체요 중심의 핵을 갖추어서 상대세계를 포괄 용허할 수 있는 이상권을 바라던 모든 전부가 하나 못 되었습니다.

그날부터 지금까지 재창조의 역사를 거듭해 오신 하나님의 놀라우신 재창조의 수고로서, 하나에서부터 수억만까지 다시 다시 열이면 열 하나, 스물 하나, 백 하나, 천 하나, 억에 하나를 중심삼고 연결시켜서 연대적인 본래의 창조 소생적 근원과 더불어 포괄적 내용의 일체권과 일화 될 수 있고 일체 될 수 있게 하기 위한 수고로서 역사를 탕감복귀하고 참부모를 통하여 그 일체권을 완성 환원할 수 있는 시대까지 수고하여 주신 은사를 감사하옵니다.

하나님과 인류가, 부모와 자식이, 남편과 아내가, 형님과 동생이, 과거와 현재와 미래로 전체 세계가 분립·분단·절단되어서 사탄의 권한 행사를 자주장할 수 있는 환경을 대하신 아버지의 내정적 심정의 슬픔과 한의 역사를 참부모를 통하여 끝내야 하는 시대가 왔습니다. 제1차 가정에서 실패하고 국가에서 복귀하려던 것을 모세를 통하여 실패요, 예수님시대까지 실패를 거듭하여 수천년 동안 실패의 역사를 거듭해 왔던 것입니다. 하오나 이 땅 위에 참부모의 본체를 보내 가지고 실수하였던 근원의 내용에서부터 실수하였던 결과의 목적까지 완전히 체험 체득해서 아시는 하나님과 일심·일체·일념·일핵, 정착·통일·일화 될 수 있는 세계를 향할 수 있게끔 해방·석방의 은사와 영광의 하나님의 생명의 빛이 시작부터 끝까지 포용

활용할 수 있어서 모든 생명이 새로운 부활권을 맞을 수 있는 시대를 맞게 하여 주신 은사를 감사하옵니다.

아버지, 이 땅 위에 고향이 없었고, 조국이 없었고, 부모가 없었고, 부부가 없었고, 형제가 없었고, 참다운 민족, 참다운 인류가 없었던 이 모든 것을 다시 탕감하여 실체권을 세워 옛날에 타락하던 개인적 가정을 넘어서서 세계 수천만의 가정을 대신하여 아담 이상 슬펐던 모든 사연들을 수많은 가정들을 축복함으로 말미암아 해원성사하였습니다. 그리하여 새로운 조상의 출발로서 이것을 제정할 수 있게끔 자주적인 개성진리권의 가정적인 부활권을 저희에게 전수하여 줌으로 말미암아, 하늘의 영광의 권한을 상속받은 동시에 재창조·재생산·재완성의 전체 포괄된 내용의 핵과 상대세계의 힘이 작용하는 대우주의 권한 전체까지 포괄 활용할 수 있는 일체권 이상의 핵의 천주를 맞이하여 주인의 권한을 행사할 수 있는 새로운 천일국 7년을 맞이하게 되었습니다.

이제 이 땅 위에 하나님의 주권이 성립되었습니다. 천주평화 하늘땅의 평화의 왕국이 될 수 있는 천일국이 현현하였사옵니다. 현현한 기준은 절대신앙·절대사랑·절대복종 위에 만유의 존재를 창조하던 손길의 시작부터 끝맺은 모든 것을 재차 세우게 되었습니다. 거짓 부모가 어그러뜨린 모든 것을 치워 버리고 참되게 새로이 신생 부활한 참부모의 참사랑의 생명의 권한을 가지고 모든 꺼풀을 벗겨 버리고, 알맹이 알맹이 핵심 핵심의 내적인 한 점에서부터 온 우주의 깊은 숨 쉴 수 있는 맥과 숨을 들이쉴 수 있는 맥의 초점이 회전운동의 기원으로부터 확대하여 우주의 대운동세계까지 당신의 사랑의 맥박이 같이 동하고 정할 수 있는 자주적 천상천하가 될 수 있는 시대를 맞이했사옵니다.

이 가운데 하나님의 생명의 핏줄이 연결되게끔 그 위에 심어 이를 키워 가지고 참부모의 일생은 지금까지 역사시대의 거짓 부모가 심었던 모든 것을 개인시대의 탕감, 가정시대의 탕감, 종족·민족·국가시대의 탕감, 5단계의 탕감 기준의 설정을 바라셨습니다. 그런 아버지 섭리 앞에 사탄 핏줄로 심어진 모든 것이 국가적 기준에 있어서 열매를 맺어 미완전한 것에서 시작했기 때문에 계란 세계의 정란이 되지 못하고 무정란이 되었습니다. 그러므로 정란의 핵 될 수 있는, 하나님이 자체에 내재하여 억천만세 전부터 포괄된 사랑의 핵의 자리에서 배양해 나오던 정자의 출발이 시작해서 지금까지 안착의 난자를 맞아 참부모의 혈연적 인연을 결착시킬 수 있는 열매를 거두지 못했습니다.

그런 이 세상 위에 실체 참부모의 권한을 완성한 천주천지인참부모님의 축복의 사랑 기반 위에서 많은 자녀를 가지고 열두 지파를 넘길 수 있고 3대까지는 72명, 120명 이상의 축복된 상대세계의 부류 부류와 씨족 씨족, 민족을 연결시킨 이상 권한을 향하여서 규합, 세계적 표상의 자리에서 하나님의 승리적 보호의 권한을 전수받고 천주로서 새로이 소생 발전할 수 있는 특권적, 특허권적인 새 출발의 해방·석방권을 가지고 오늘 천일국 6년을 보내고 천일국을 완성시킬 수 있는 7수와 8수 9수 10수 11수 전체의 수를 총합할 수 있는 상하의 대상권까지 포괄된 입장에 서야 되겠습니다. 주인의 자리에서 이 모든 천주권의 존재권을 새로운 열이면 열 하나, 억이면 억 하나, 억천만세를 넘더라도 하나의 기준 앞에 귀환한 본연의 실체를 확립하고, 일심·일체·일념에 정착한 일체권 호흡하던 모든 감각 일체가 우리의 동맥 정맥에 흐르는 것과 같은 순환의 본연의 기준의 궤도를 따라 이제 해방·석방의 지상천국을 향해 출동할 수 있습니다.

이 우주에 남길 것은 참사랑을 중심삼은 상대관계에 있어서 좌우관계 전후관계이며, 좌우관계 전후관계에 있어서 상대권의 주고받는 화합을 통하여 화합 통일이 벌어지는 것이옵니다. 화합 통일이 벌어짐으로 말미암아 지상 본연의 당신의 이상의 실체권을 중심삼은 정착 일화의 세계를 갖추어 해방·석방의 세계를 넘어 가지고, 천일국 천주연합 중심의 핵의 국가로서 만국 해방과 만우주의 석방을 선포할 수 있는 조국광복은 물론이요 천주광복, 4차 아담 세계의 심정권 한복판까지 이 시간서부터 일체가 되어서 재출동할 수 있는 선언의 날로서 정하여 발표할 수 있사옵니다.

이제 오늘부터 그 이상에 관계되어 위로는 조상이요 횡으로는 세계요 종으로는 후손까지 일체가 되고, 이제부터 영계에 있는 영인들과 지상에 있는 아담의 실체를 중심삼고 축복받은 가정들이 화합 일체가 되어 형님의 자리와 동생의 자리가 바뀌고, 자식과 아버지가 바뀌고, 할아버지와 손자가 바뀔 수 있는 새로운 360도 전환을 해야 되겠습니다. 그 일 위에서 상을 중심삼고 오른쪽으로부터 왼쪽으로 시계가 돌아가는 방향으로 돌 수 있는 출발의 역사가 이제 정월 초하루부터 전체를 대신하여 핵에서부터 천천주 핵권 상대의 세계까지 재출발할 수 있습니다. 이 인연을 통해서 일심·일체·일념·일핵의 스스로의 자주 권한을 가지고 행사할 수 있는, 또 주관 주장할 수 있고 만복을 통치 관리할 수 있는 시대로 이양할 수 있는 새로운 새 천지의 환원의 역사 중의 역사가 이상 전체 위에 결속의 일체권을 중심삼고 재출발할 수 있는 것을 참부모의 이름으로 허용하옵니다.

천지부모와 천지인부모가 일체가 되어서 마음과 몸에 소망하던 창조의 기원으로부터 복귀의 종단 끝세계까지 돌아서서, 아침과 저녁을 넘고, 달과 달을 넘고, 연과 연을 넘고, 세계와 세계를 넘어 억만세의 출발의 하루로부터 억억만세의 다시 환원적 수많은 하루의 해방 태평성대 왕국이 출발할 수 있고 진전될 수 있게끔 부여하신 천지부모님 앞에 오늘 원단 새 아침을 통하여 가지고 온 만우주 천상·지상 전체 세계에 선포하옵니다.

참부모님의 소원대로 모든 만유의 존재는 절대신앙의 실체로서, 절대사랑의 실체로서, 절대복종의 실체로서 일체 된 하나의 모습으로서 다 거두어지기를 바랍니다. 하늘 것을 빼앗아 갔던 것을 이제 2013년 1월 13일을 중심삼고 환원할 수 있는 그날까지 저희가 있는 정성 다 퍼부어 가지고 선포한 이날의 목적 완성에 해방의 해방, 축구에 축구를 할 수 있는 안착 자유분방 자주권시대로 진전하기를 참부모의 이름으로 간절히 간절히 보고하며 부탁드리나이다. 아주! 아주! 아주!

아버지와 아들이 살 수 있는 맨 안방의 주인의 출발을 부여하시옵소서. 하늘의 축복이 영원히 같이하시옵소서. 모든 말씀을 참부모님의 이름으로 아뢰오니, 석방되옵소서. 아주! (2007.1.1)

8 참아버님 최후의 기도 다 이루었다!

오늘 최종적인 완성 완결을 지어서 아버지 앞에 돌려드렸사옵고, 지금까지 한 생을 아버지 앞에 바친 줄 알고 있사오니, 그 뜻대로 이제는 모든 생을 정성 들여 종료하는 시간을 맞이하여 타락이 없었던 본연의 에덴동산으로 돌아가서 해와가 잘못되고 아담이 책임분담에 걸린 것을 다 초월할 수 있게 되었습니다. 모든 것에 대한 해방·석방의 권한을 가지고 누구든지 부모님의 뒤만 따라오면 4차원에서도, 14차원에서도 지옥 갈 수 있는 것을 천국으로 입양할 수 있는 4차원 입적과 14명의 아들딸들을 중심삼고 종족적 메시아가 국가를 대표할 수 있는 이름을 이루어 387개 나라(아벨유엔권 194개국, 가인유엔권 193개국)만 복귀하면 다 끝나는 것을 선포합니다. 그 일을 위한 모든 것을 다 이루었다. 다 이루었다. 아주! (2012.8.13)

천일국경전 천 성 경

발행일 천일국 원년 1월 13일(2013년 2월 22일)
발행처 세계평화통일가정연합
편집처 참부모님말씀편찬위원회
보급처 (주)천원사

주 소 서울시 용산구 청파로 63길 3
전 화 82-2-701-0110
팩 스 82-2-701-1991